KRÖNERS TASCHENAUSGABE BAND 410

KARL-HEINZ HILLMANN

WÖRTERBUCH
DER SOZIOLOGIE

Begründet von
Günter Hartfiel †

4., überarbeitete und ergänzte Auflage

ALFRED KRÖNER VERLAG STUTTGART

Hillmann, Karl-Heinz
Wörterbuch der Soziologie

4., überarbeitete und ergänzte Auflage
Stuttgart: Kröner 1994
  (Kröners Taschenausgabe; Bd. 410)
   ISBN 3-520-41004-4

© 1994 by Alfred Kröner Verlag Stuttgart
Alle Rechte vorbehalten • Printed in Germany
Satz: Utesch Satztechnik GmbH, Hamburg
Druck: Omnitypie Gesellschaft, Stuttgart

INHALT

Vorwort VII

Die wichtigsten Abkürzungen X

Mitarbeiterinnen und Mitarbeiter XII

Haupteil: Sachwort- und Personalartikel von A–Z 1

Anhang I: Präsidenten bzw. Vorsitzende der Deutschen
Gesellschaft für Soziologie 959

Anhang II: Soziologinnen und Soziologen an Universitäten in
Deutschland, Österreich und der Schweiz 960

VORWORT

Um 1970 herum hat Günter Hartfiel nahezu im Alleingang die erste Auflage dieses Wörterbuchs geschrieben. Diese gewaltige Aufgabe konnte er nur schaffen, weil er über eine außergewöhnlich hohe Leistungsmotivation und Arbeitsgeschwindigkeit verfügte. Die Hauptarbeit leistete er nach dem 1. Oktober 1970, als er mit mir zusammen an der Universität Würzburg aus einem Nichts heraus das Institut für Soziologie und einen bei den Studierenden zunehmend beliebter werdenden Lehrbetrieb aufzubauen begann. Im Vertrauen auf seine Schaffenskraft hatte Günter Hartfiel den ursprünglichen Plan einer Zusammenarbeit mit Kollegen fallengelassen. Als schwierig erwies sich vor allem das »Unvermögen einiger in Aussicht genommener Spezialisten«, sich auf die notwendigen Umfangsbeschränkungen und didaktischen Vorgaben einzustellen. Unter steigendem Zeitdruck gönnte er sich eine gewisse Entlastung dadurch, daß er seine beiden damaligen wissenschaftlichen Assistenten – Dipl.-Soziol. Jürgen Bogdahn und mich – zur Abfassung von Artikeln über »ältere« deutsche und über ausländische Soziologen heranzog. Ich habe dann 122 Personalartikel sowie die Artikel über Marktforschung, Motivforschung und Werbung beigesteuert. Zu den prägenden Vorsätzen von Günter Hartfiel zählten das Bemühen um »sog. Objektivität« und Ausgewogenheit, die Berücksichtigung von Übergangszonen zu Nachbarwissenschaften, die Ergänzung vieler Artikel durch ausgewählte Literaturempfehlungen und die Würdigung möglichst vieler Vertreter der »jüngeren Generation« und der wissenschaftlichen Grenzbereiche zur Soziologie durch Personalartikel – wobei der Besitz einer Universitäts-Professur oder zumindest die Habilitation entscheidende Kriterien waren. Günter Hartfiel respektierte den ausdrücklich oder durch »Funkstille« vermittelten Wunsch vieler Persönlichkeiten, »nicht zur Soziologie gerechnet zu werden«. Infolge seiner Herkunft von der Volkswirtschaftslehre hat er in seiner interdisziplinären Aufgeschlossenheit vor allem die Ökonomie zum Zuge kommen lassen. Nachdem sich das »Wörterbuch der Soziologie« sehr schnell als eine nützliche und vielfach gelobte Arbeitshilfe erwiesen hatte, ließ Günter Hartfiel bereits 1976 eine zweite, leicht überarbeitete und ergänzte Auflage folgen. Hierbei hatte er »Lücken, Ungereimtheiten und andere Mängel im Text der ersten Auflage« beseitigt, auf die er durch Benutzer des Wörterbuchs hingewiesen worden war.

Nach dem tragischen, unverschuldeten Verkehrsunfalltod von Günter Hartfiel am 10. Januar 1977 habe ich als sein ehemaliger Schüler an der Freien Universität Berlin und Mitarbeiter in Würzburg auf Wunsch des Alfred Kröner Verlages, insbesondere von Herrn Walter Kohrs, die Aufgabe der Weiterführung übernommen. Diese bestand für mich vorrangig darin, Lücken zu schließen und die Personalartikel sowie Literaturhinweise zu aktualisieren. Besonders großer Wert wurde darauf gelegt, unter Berücksichtigung neuerer Entwicklungen die Darstellung der verschiedenen theoretischen Richtungen der Soziologie zu vervollständigen. Trotz meiner multidisziplinären Orientierung mußte ich zum Zwecke der Umfangsbeschränkung einen Teil der Stichwort- und Personalartikel,

VIII Vorwort

die mehr im Zuständigkeitsbereich anderer Fachwörterbücher des Alfred Kröner Verlages liegen, herausnehmen.

Kritisch-distanziert gegenüber allen Tendenzen des Dogmatismus und einer einseitigen theoretischen Orientierung lag und liegt mein Hauptziel darin, das Wörterbuch mit weitgehender weltanschaulicher Neutralität und Aufgeschlossenheit gegenüber allen theoretischen Ansätzen und sozialen Problemen weiterzuführen. Überdies soll das Wörterbuch dazu beitragen, Vorbehalte gegenüber der Soziologie und ihrer Fachsprache abzubauen.

1982 erschien die von mir erarbeitete dritte Auflage. Zur Beschleunigung der Fertigstellung hatte ich dankbar die Mitarbeit von Frau Dr. Ursula Henke (43 Sachwortartikel), Prof. Dr. Karl Acham (8 Sachwortartikel), Dr. Manfred Prisching (20 Sachwortartikel) und Dr. Gerald Mozetič (18 Sachwortartikel) in Anspruch genommen. Ich selber hatte mich neben meiner hauptberuflichen Tätigkeit als Akademischer Rat an der Universität Würzburg fast zwei Jahre lang einer zunehmend härteren Arbeitsdisziplin für das Wörterbuch unterworfen.

Ab 1990 habe ich mit steigender Intensität die vorliegende vierte Auflage erarbeitet. Wiederum ging es darum, zwischenzeitlich eingetretene Veränderungen und neue Entwicklungen in der Soziologie, in ihrem Objektbereich sowie in Randzonen angemessen zu berücksichtigen, zahlreiche neue Artikel abzufassen und die Literaturempfehlungen zu aktualisieren. Nachdem sich nunmehr der zeitliche Abstand zum Unfalltod von Günter Hartfiel erheblich vergrößert hatte, wurde ich nicht mehr durch Pietät daran gehindert, seine Texte gründlich – Zeile für Zeile – kritisch zu überprüfen. Demzufolge wurden viele Artikel gekürzt, ergänzt und aufgefrischt, etliche sogar entfernt. Auch war nun die Korrektur einer Schlagseite überfällig, die sich dadurch ergeben hatte, daß Günter Hartfiel ziemlich stark der Sozialphilosophie von Herbert Marcuse und Jürgen Habermas, einem allgemeinen Emanzipationsideal, der Neuen Linken, der antiautoritären (Studenten- und Protest-)Bewegung sowie dem Linksliberalismus zugeneigt war. Darüber hinaus war es mein besonderer Ehrgeiz, aus didaktischen Gründen keine überlangen Schachtelsätze mehr zu dulden, diese vielmehr aufzuspalten. Überhaupt habe ich auf einen einheitlichen Stil, klare Formulierungen und bequeme Lesbarkeit gesteigerten Wert gelegt. Jeder Satz muß auf Anhieb verständlich sein – gerade in einem Nachschlagewerk. Mit Verweispfeilen bin ich sparsam umgegangen. Das Fehlen derselben sollte den Leser nicht davon abhalten, die Erläuterung bestimmter Begriffe an den alphabetisch passenden Stellen aufzuspüren. Anregungen und Verbesserungsvorschläge verdanke ich vor allem Paul Trappe, ferner Bálint Balla, Lars Clausen und Mohammed Rassem.

Um den handlichen Charakter des Wörterbuchs zu bewahren, mußte der für viele neue Sachwortartikel notwendige Platz durch drastische Verringerung der Zahl der Personalartikel geschaffen werden. Als Ersatz dient nun der Anhang mit den wichtigsten Informationen über Soziologinnen und Soziologen an Universitäten in Deutschland, Österreich und der Schweiz, an dem auch Frau Beate Mnich vom Alfred Kröner Verlag mitgearbeitet hat. Nur wenige, besonders herausragende und auch international bekannte Persönlichkeiten konnten im Hauptteil gewürdigt

Vorwort

werden. Der Schwerpunkt des Wörterbuchs sollte mit großem Abstand bei den Sachwortartikeln verbleiben. Hätte ich angesichts der Zunahme habilitierter Soziologen die ursprünglichen Vorsätze und Kriterien von G. Hartfiel aufrechterhalten, dann wäre das Wörterbuch großenteils zu einem Soziologenlexikon geworden.

Neben meiner hauptberuflichen Tätigkeit als Hochschullehrer – zum Glück macht mir die Lehre Spaß – habe ich die gründliche Erarbeitung der vierten Auflage nur mit gewaltiger Willenskraft und eiserner Selbstdisziplin schaffen können. Ich wurde durch keine Assistenten oder Hilfskräfte entlastet. Statt eines Forschungsfreisemesters – das mir bisher noch nicht zustand – habe ich in Kiel eine Lehrstuhlvertretung und in Salzburg eine zweisemestrige Gastprofessur ausgeübt. Ein positiver Umstand war die hohe Frustrationstoleranz meiner Familie hinsichtlich meiner zunehmend mönchischen Zurückgezogenheit. Zur Beschleunigung der Fertigstellung habe ich dankend bibliographische Hilfsdienste von Herrn Walter Kohrs und seiner Mitarbeiterin, Frau Beate Mnich, in Anspruch genommen. Artikel über spezielle Soziologien habe ich von jeweiligen Spezialisten überprüfen und teilweise neu schreiben lassen, wofür ich mich auch an dieser Stelle herzlich bedanken möchte. Großen Dank schulde ich meiner Ehefrau Antje: ebenso wie für die dritte Auflage hat sie auch diesmal zuverlässig die umfangreichen maschinenschriftlichen Arbeiten geleistet.

März 1994   *Karl-Heinz Hillmann*

DIE WICHTIGSTEN ABKÜRZUNGEN

Abk.	=	Abkürzung
Akad.	=	Akademie
Akad. Rat	=	Akademischer Rat
Ass.	=	Assistent
Dept.	=	Department
DGS	=	Deutsche Gesellschaft für Soziologie
dies.	=	dieselben
Dir.	=	Direktor
Diss.	=	Dissertation
Doz.	=	Dozent
dt.	=	deutsch
Dtl.	=	Deutschland
ebd.	=	ebenda
em.	=	emeritiert
FH	=	Fachhochschule
FU	=	Freie Universität
Ges.	=	Gesellschaft
ges.	=	gesellschaftlich
Gesch.	=	Geschichte
gesch.	=	geschichtlich
GH	=	Gesamthochschule
Habil.	=	Habilitation
Hdb.	=	Handbuch
Hdwb.	=	Handwörterbuch
HU	=	Humboldt-Universität zu Berlin
Inst	=	Institut
Jb.	=	Jahrbuch
kult.	=	kulturell
KZfSS	=	Kölner Zeitschrift für Soziologie und Sozialpsychologie
Lt.	=	Leiter
Ltg.	=	Leitung
Mhg.	=	Mitherausgeber
MIT	=	Massachusetts Institute of Technology
Mitgl.	=	Mitglied
MWG	=	Max Weber-Gesamtausgabe
mod.	=	modern
nhg.	=	neu herausgegeben
o. Prof.	=	ordentlicher Professor
PH	=	Pädagogische Hochschule
Pol	=	Politik
pol.	=	politisch
Präs.	=	Präsident
Priv. doz.	=	Privatdozent
Prom.	=	Promotion
PVS	=	Politische Vierteljahresschrift
Red.	=	Redaktion
rel.	=	religiös

Die wichtigsten Abkürzungen

Rel.	=	Religion
Schr.	=	Schrift(en)
SOFI	=	Soziologisches Forschungsinstitut Göttingen
soz.	=	sozial
soziol.	=	soziologisch
Soziol.	=	Soziologie
TU	=	Technische Universität
u. d. T.	=	unter dem Titel
Verf.	=	Verfasser
Vers.	=	Versicherung
Vjs.	=	Vierteljahreshefte
Vors.	=	Vorsitzender
Wb.	=	Wörterbuch
Wiss.	=	Wissenschaft
wiss.	=	wissenschaftlich
Zs.	=	Zeitschrift
zus.	=	zusammen
zw.	=	zwischen

MITARBEITERINNEN UND MITARBEITER

Prof. Dr. Karl Acham	Wissenschaftstheorie der Sozialwissenschaften (neu)
Prof. Dr. Lars Clausen	Arbeit (neu) Arbeitssoziologie (neu)
Prof. Dr. Gerhard Deimling	Abweichendes Verhalten
Prof. Dr. Günter Endruweit	Polizeisoziologie (neu)
Prof. Dr. Jürgen Friedrichs	Lebensstil (neu) Mikro-Makro-Analyse (neu) Stadtsoziologie (neu)
Prof. Dr. Friedrich Fürstenberg	Betriebssoziologie (neu)
Dipl.-Soziol. Sabine Gries	Kindheit (neu)
Prof. Dr. Gerhard Grohs	Entwicklungssoziologie (neu)
Prof. Dr. Bernd Hamm	Gemeindesoziologie
Univ.-Doz. Dr. Josef Hochgerner	Techniksoziologie (neu)
Prof. Dr. Karl Heinz Hörning	Angestellte
Prof. Dr. Klaus Hurrelmann	Pädagogische Soziologie
Prof. Dr. Max Kaase	Wahlsoziologie (neu)
Dr. Bernd Kießling	Anthony Giddens (neu)
Dr. Marie-Luise Klein (zus. mit Prof. Dr. Dieter Voigt)	Sportsoziologie (neu)
Prof. Dr. Elmar Lange	Berufssoziologie
Prof. Dr. Hartmut Lüdtke	Freizeit (neu)
Dr. Lothar Mertens	Antisemitismus (neu) Judentum (neu)
Prof. Dr. Claus Mühlfeld	Familie (neu) Familiensoziologie (neu)
Dr. Dieter Neubert	Entwicklungsländer (neu) Entwicklungspolitik (neu)
Prof. Dr. Manfred Rehbinder	Rechtssoziologie
Prof. Dr. Dr. Helga Reimann	Alterssoziologie (neu)
Prof. Dr. Horst Reimann	Kommunikation Massenkommunikation Massenkommunikationsmittel
Prof. Dr. Johann J. Rohde	Medizinsoziologie (neu)
Prof. Dr. Bernd Schäfers	Jugend (neu) Jugendsoziologie (neu)
Prof. Dr. Johannes Siegrist	Krankheit (neu) Psychosomatik (neu)
Prof. Dr. Hans Peter Thurn	Kunstsoziologie (neu) Dekulturation (neu)

Mitarbeiterinnen und Mitarbeiter

Prof. Dr. Klaus Türk	Organisation Organisationssoziologie
Prof. Dr. Dieter Voigt (zus. mit Dr. Marie-Luise Klein)	Sportsoziologie (neu)
Dipl.-Verw.Wiss. Dr. Michael Weber	Bürokratie Verwaltung Verwaltungssoziologie
Prof. Dr. Günter Wiswede	Sozialpsychologie (neu)
Prof. Dr. Ralf Zoll	Militärsoziologie

Abbildtheorie, auch Widerspiegelungstheorie, Lehre des erkenntnistheoret.-dialekt. Materialismus, nach der die Erkenntnis ein Abbild bzw. eine Widerspiegelung der objektiven Realität im menschl. Bewußtsein sei. Es wird davon ausgegangen, daß die objektive Realität außerhalb u. unabhängig vom Bewußtsein der Menschen existiert, welche diese Realität auf der Grundlage der Praxis bewußtseinsmäßig erfassen u. in ideellen Abbildern (Empfindungen, Urteilen, Theorien) widerspiegeln. Dieser Ansatz hebt insbes. den sozialen Charakter u. die soziale Determiniertheit des Abbildungsprozesses hervor. Das menschl. Erkenntnisvermögen wird dadurch vor allem als ein Ergebnis ges. Entwicklung verstanden.

Abendland →Okzident

Abfolgeerwartung, in der frühesten Kindheit sich herausbildende Einstellung, nach der Ereignisse aus der Umwelt als relativ regelmäßig auftretende erlebt u. erwartet werden.

Abhängigkeit, (a) funktionelle A. ist die A. der Träger von sozialen Rollen von den sachl. u. techn. Erfordernissen organisierter, strukturierter (z. B. Arbeits-) Prozesse, (b) hierarchische A. bezeichnet Unterordnungsverhältnisse in einem gegliederten Anordnungs- oder Befehlssystem.

Abhängigkeitsbedürfnis, Bez. für das Bedürfnis des Säuglings u.

Kleinkindes nach emotionaler Zuwendung u. Versorgung durch Dauerpflegepersonen; für das Bedürfnis von Jugendlichen u. Erwachsenen nach Eingliederung u. Bindung in eine Gruppe, d. h. nach sozialen Beziehungen.

Ablösung, psychoanalyt. Bez. für die Lösung der engen Bindungen z. B. in der Pubertät an die Eltern oder überhaupt der Abhängigkeit der Kinder von den (erwachsenen) Bezugspersonen.

Abnormität (lat.), »Normwidrigkeit«, »Mißbildung«, eine unverkennbare u. über die Grenze des Tolerierten hinausgehende starke Abweichung der körperl. Merkmale, äußeren Kennzeichen oder Verhaltensweisen von den durch kulturelle Standards u. soziale Rollen »vorgeschriebenen« Formen.

L. v. Wiese, Der Einfluß des Abnormen auf das Gruppenleben, in: Soz. Welt 19, 1968.

Absentismus (lat.), »Abwesendsein«, ein System der Güter- oder Vermögensnutzung, bei dem der Eigentümer (insbes. Großgrundbesitzer, Firmenbesitzer) vom Ort der Nutzung seines Vermögens abwesend ist, andere mit der Verwaltung betraut u. das wirtschaftl. »arbeitende« Vermögen ledigl. als Quelle eines Renten-Einkommens betrachtet.
Im Betrieb das Fernbleiben von der vertragl. vereinbarten Arbeit durch Krankheit, Arbeitsunfähigkeit oder durch die Erledigung außerbetriebl.-persönl. Verpflichtungen u. Notwendigkeiten. Eine Zu-

nahme des A. kann auf schlechtes Betriebsklima, unzeitgemäßen Führungsstil, »innere Kündigung« u. auf eine Verschlechterung der Arbeitsmoral zurückgeführt werden. Es ist umstritten u. schwer feststellbar, inwieweit sich hinter Krankheit Bummelei u. Arbeitsunlust verbergen (»Krankfeiern«).

Absolutismus (lat.), Zustand des »Losgelöstseins«, »Unbeschränktseins«, eine Herrschafts- u. Staatsordnung, in der ein Herrscher, zumeist ein Monarch, die ungeteilte, unkontrollierte, unbeschränkte Gewalt ausübt, keinen Gesetzen unterworfen u. nicht an die Mitwirkung anderer Organe gebunden ist, aber entweder die Gebote Gottes oder die Normen des Naturrechts nicht übertreten darf. Der A. war die histor. Antwort auf die konfessionellen Bürgerkriege des 16. Jh. u. die offensichtl. Unfähigkeit der ständischen Gewalten des Feudalismus, den Staat zu organisieren, eine gesicherte Rechtsordnung zu schaffen, die schonungslose Ausnutzung von partiellen Privilegien u. regionalen Vormachtpositionen zu verhindern. Der A. entwickelte sich mit der Herausbildung größerer Territorialstaaten. Seine Macht beruhte auf einem verläßlichen stehenden Heer, dessen Offiziere gleichzeitig die polit. u. soz. Bindung an die oberen Stände herstellten, u. auf einer staatl. Beamtenschaft, die als willkürfreies, standesbewußtes u. »rechtschaffendes« Herrschaftsinstrument bei der Ausführung u. Ordnung wachsender Staatsaufgaben nicht zuletzt auch zur wirtschaftl. u. sozialen Entfaltung des Bürgertums beitrug. Als Beispiele für den A. werden der Staat des Sonnenkönigs (Ludwig XIV., 1638–1715) u. Preußen unter Friedrich II. (1740–1786) genannt. Die Be-

zeichnung »aufgeklärter A.« für das Staatswesen des letzteren zeigt die allmähl. Neuorientierung der Herrschaftslegitimation des A. in Richtung auf Rechtsstaatlichkeit, Pflichterfüllung u. Fürsorge des Monarchen gegenüber den Untertanen (der Fürst als »erster Diener seines Staates«).

W. Eckhardt, Das Zeitalter des A., 1950; F. Meinecke, Die Idee der Staatsraison, ⁴1957; F. Hartung, Staatsbildende Kräfte der Neuzeit, 1961; P. Anderson, Die Entstehung des absolutist. Staates, 1979; H. Duchhardt, Das Zeitalter des A., ²1992 (1989).

Abstand →Distanz, soziale

Absterbeordnung →Sterbetafel

Abstieg, sozialer, Wechsel von Personen, Personenaggregaten oder größeren Bevölkerungsteilen zu Positionen u. Statuslagen mit geringerem Soz.prestige u. verminderten Lebenschancen. In mod. mobilen Leistungsges.en hat die Möglichkeit bzw. Gefahr des A.s allg. zugenommen. Kollektive A.sprozesse sind insbes. mit krisenhaften ges. Umbruchsituationen verbunden. Mit dem A. werden das individuelle Selbstwerterleben u. Wohlbefinden sowie die soz. Kontaktmöglichkeiten beeinträchtigt. Die Abwehr von A.sgefahren setzt Bildungs- u. Weiterbildungsbereitschaft, berufl. Leistungsmotivation, Flexibilität u. oftmals die Pflege »guter Beziehungen« voraus. A. bildet den Gegenbegriff zum soz. →Aufstieg.

Abstoßung, Begriff eines nach dem Vorbild der klass. Newtonschen Mechanik von den französ. Materialisten (z. B. Holbach) des 18. Jh. entwickelten (aber schon auf die Lehren Th. Hobbes zurückgehenden) soz. Gravitationsprinzips. Das in der »Bewegung« zum Ausdruck kommende Wirken u. Verhältnis der elementaren physikal. Kräfte »Anziehung« u. »A.« wurde auf die Sphäre des Moralischen u. Sozialen übertragen. Liebe, Nutzen u. Lust werden vom Menschen gesucht (= Anziehung), Haß, Schmerz u. Unlust werden von ihm gemieden (= A.). Die Gesetze der Physik, der Moral u. der individuellen menschl. Lebensantriebe bildeten so eine Einheit. Auch S. Freud hat auf die Analogie der beiden Grundtriebe seiner psychoanalyt. Theorien (Eros u. Destruktionstrieb) zu dem im anorgan. Bereich herrschenden Gegensatz von Anziehung u. A. hingewiesen.

P. T. Holbach, System der Natur, 1960; S. Freud, Abriß der Psychoanalyse, 1955.

Abstraktion (lat.), »Verallgemeinerung«, »Zum Begriff erheben«, Verarbeitung eines konkreten Erfahrungsmaterials nach bestimmten ausgewählten Merkmalen, Eigenschaften u. Beziehungen zw. diesen. Man unterscheidet die generalisierende A., bei der die den verschiedenen konkreten Erscheinungen gleichen Merkmale herausgehoben oder die unähnl. Eigenschaften ausgesondert werden, von der isolierenden A., bei der bestimmte Eigenschaften von ihren Gegenständen gedankl. abgetrennt u. mit anderen zusammen zu »künstlichen«, abstrakten Gegenständen oder zu Beziehungen zw. diesen Gegenständen komponiert werden. Als Ergebnis des Prozesses der A. entstehen wiss. Begriffe oder Typen, die der Theorienbildung dienen sollen, deren Ziel die Aufdeckung von Kausalverhältnissen zw. den Merkmalen, Eigenschaften u. Variablen der von ihr problematisierten Gegenstände ist. Mit der A. bildet sich jede Wissenschaft nach den für sie relevanten Gesichtspunkten ihre bes. Art der »Realität«. So kann z. B. der reale Gegenstand »Stadt« jurist., geograph., ökonom., architekton. u. auch soziol. durch jeweils andere A. zu einem anderen wiss. Begriff werden. Jede wiss. Analyse beginnt mit der Trennung u. Auflösung der vom wiss. Vorverständnis bzw. der Primärerfahrung erfahrenen Realität.

Abstromquote, statist. Bez. für den Anteilswert derjenigen Personen, die, bezogen auf den Beruf ihrer Väter, einen anderen Beruf gewählt haben bzw. ausüben.

Abwanderung, Bevölkerungsbewegung aus Regionen traditionaler, unterentwickelter, wenig soziale Aufstiegsmöglichkeiten bietender oder von Krisenerscheinungen bedrohter Wirtschaftsformen in Gebiete intensiver, moderner, chancenreicher Wirtschaftsstruktur; in erster Linie ein Problem des Wandels agrarökonom. in urbane, industriegesellschaftl. Sozialstrukturen. Die A. vom Lande in die Stadt wird erzwungen, wenn durch techn. Fortschritt u. Rationalisierung der landwirtschaftl. Produktionsweise ländl. Bevölkerung freigesetzt oder zumindest nicht mehr arbeitsökonom. beschäftigt werden kann. Durch schnelle technolog. Wandlungen werden gegenwärtig auch innerhalb der Industrie- und Rohstoffwirtschaft Strukturumbrüche bewirkt, die zur regionalen Verlagerung u. Neuentstehung industrieller Ballungszentren führen u. dadurch Wanderungsbewegungen hervorrufen. Die Bevölkerungsstatistik beobachtet in den Gebieten, deren wirtschaftl. u. soz. Struktur unter A.erscheinungen zu leiden haben, fortwährend die Motive der A. u. die Abstromquoten, um die-

Abwehrmechanismus 4

sen Prozeß unter Einsatz öffentl.
Hilfs- u. Anreizmaßnahmen zu
steuern oder sogar abzuschwächen.
Begünstigt durch leistungsfähige
Transportmittel u. globale Kommunikation hat gegenwärtig die A.
aus Entwicklgs.- u. Mangelges.en
in Richtung westl. Wohlstandsges.en stark zugenommen (Problem der Armutswanderung, →Arbeitsmigration, →Wanderungen).

H. Kötter, Stadt-Land-Soziologie (Hdb. d.
empir. Sozialforschung II, 1969).

Abwehrmechanismus, Begriff
der Psychoanalyse für bestimmte
Reaktionen des Individuums auf
vorgestellte bzw. erlebte Belastungs- oder Gefahrensituationen.
Voraussetzung des A. ist der Angstaffekt, der als Gefahrensignal wirkt.
Was Angstvorstellungen als Gefühl
körperl. oder seel. Bedrängnis auslösen, hängt nicht von den Bedingungen der tatsächl. Situation des
Individuums, sondern von seinem
durch Erziehungseinflüsse u. Umwelterfahrungen geformten »Charakter« (»Ich«) ab. Die damit unverträgl. Vorstellungen rufen »eine
Kraft der Abstoßung von seiten des
Ich wach, deren Zweck die Abwehr dieser unverträgl. Vorstellung
ist« (Freud). Diese Abweisung wird
z. B. als Verdrängung, Sublimierung,
Regression, Rationalisierung u.
Projektion wirksam.

A. Freud, Das Ich u. die A., ³1958.

Abweichendes Verhalten, ein
Verhalten von Personen, das nicht
den für Interaktions-Beziehungen
in einer Ges. oder in einer ihrer
Teilstrukturen (Lebensbereiche,
Organisationen, Institutionen), geltenden Normen, Vorschriften oder
Verhaltenserwartungen entspricht.
Der mögl. Umfang u. die genaue
inhaltl. Definition von a. V. werden
bestimmt durch die normative

Ausprägung, Stringenz u. Fixiertheit einer soz. Struktur sowie durch
die Qualität u. den Bedeutungsgrad
der tatsächl. angewandten Sanktionen. Für die soziol. Analyse des a.
V. ist entscheidend, daß das normenverletzende Verhalten von den
Interaktionspartnern auch als solches erkannt u. beurteilt wird. Normen, die ihre legitime Geltung verloren haben u. damit die Motivationsstruktur der betr. Personen
nicht mehr berühren, sind zur Definition von a. V. ungeeignet. A. V.
muß demnach aus dem Spannungsverhältnis zw. der als legitim
geltenden soz. Ordnung einerseits
u. der Motivationsstruktur u. dem
tatsächl. Handeln der sich abweichend verhaltenden Personen andererseits beurteilt werden.
In den soziol. Theorien über die
mutmaßl. »Ursachen« des a. V. wird
ein biologist.-anthropolog. Ansatz
mehr u. mehr abgelehnt, der a. V.
letztlich immer als patholog. deutet.
Stattdessen wird a. V. als eine durch
Lern- u. Milieueinflüsse hervorgerufene Disposition bzw. als Abwehrmechanismus gegen sozial
verursachte Angst- u. Schuldgefühle sowie gegen normative Überforderungen betrachtet. In organisationssoziol. Analysen wird herausgestellt, daß u. U. nur durch gewisse
Beiträge a. V.s die Funktionsfähigkeit u. Effizienz von Organisationen garantiert werden können
(Cohen). In vielen Teilbereichen
der Ges. werden überdies Rollenstrukturen erkannt, die – im Vergleich zu den umgebenden Normsystemen – als stabilisierte abweichende Rollen gelten können.
Je nachdem, ob es sich um a. V. gegenüber den Normen handelt, die
die soz. Handlungsziele oder die
zur Realisierung dieser Ziele zugelassenen Mittel definieren, können
verschiedene Typen des a. V.s bzw.

Action Research

der Anpassung unterschieden werden (→Merton): »Innovatoren« (Diebe, Betrüger, Fälscher) halten sich an die Ziele, lehnen aber eine Beschränkung ihres Handelns auf die zugelassenen Mittel ab. »Ritualisten« (Bürokraten, z. T. Militaristen) konzentrieren sich so stark auf die Mittel, daß sie gegenüber den Zielen indifferent werden. »Weltflüchtige« oder »Apathische« (Hippies, »Eremiten«, Rauschgiftsüchtige) ziehen sich aus den Handlungsstrukturen der Ges. zurück, indem sie Ziele u. Mittel ohne klare eigene Alternative verwerfen. »Rebellen« fühlen sich ihrer »alten« Ges. nicht mehr verpflichtet u. versuchen, sowohl die Ziele als auch die Mittel durch neue normative Strukturen auszutauschen. A. V. erstreckt sich vom normenverletzenden Handeln einzelner Personen über regelwidrige Aktionen von Gruppen bis zum solidar. Einsatz sozial revolutionärer oder sozial reformerischer Bewegungen, die um die Abschaffung oder Neukonzipierung derjenigen normativen Strukturen kämpfen, aus denen ihr a. V. definiert u. beurteilt wird. In der polit. Soziol. (Dahrendorf) wird der Kampf um die Herrschaft als Auseinandersetzung konfligierender Gruppen um die Artikulation, Legitimation u. Durchsetzung der für eine Ges. gültigen Werte u. Normen interpretiert. In diesem Sinne ist organisiertes, gegen bestehende normative Strukturen sich richtendes a. V. eine der Voraussetzungen für sozialen Wandel. (→ Anomie, →Delinquenz, →Kriminalsoziologie).

E. Durkheim. Der Selbstmord, 1973 (franz. 1897); R. K. Merton, Social Theory and Social Structure, New York 1968 (1949); H. S. Bekker. Outsiders. Studies in the Sociol. of Deviance, New York 1963; A. K. Cohen, Abweichung u. Kontrolle, ²1970; K. D. Opp, A. V. u. Ges.struktur, 1974; E. M. Schur, A. V. u. soz.

Kontrolle, 1974. K. Lüdessen u. F. Sack, Seminar A. V., Bd. I–IV, 1975 ff.; G. Wiswede, Soziol. a. V.s, ²1979 (1973); A. Bellebaum, A. V., 1984; M. Amelang, Soziol. a. V., 1986; H.-D. Schwind, Kriminologie, ³1988; H. Peters, Devianz u. soz. Kontrolle, 1989; S. Lamnek. Theorien a. V.s, ⁵1993 (1979); P. Ludes u. A. Stucke, Vorbeugung abweichenden V.s, 1991; A. Redeker, A. V. u. moral. Fortschritt, 1993.

Achieved status (engl.), →erworbene Position

Action (engl.), Handlung →Handeln

Action Research (engl.) »Aktionsforschung«, Begriff der Gruppendynamik zur Umschreibung einer sozialwiss. Forschungsmethode, die, von angenommenen oder bereits bekannten sozialen Gesetzmäßigkeiten ausgehend, durch planmäßigen Eingriff z. B. in konkrete soziale Gruppensituationen die daraufhin einsetzenden Veränderungs- u. Wandlungsprozesse mit wiss. Mitteln beobachten, messen u. theoret. bestimmen will. Hinter solchen Eingriffen stehen neben dem sozialwiss. Interesse an der Aufdeckung von neuen sozialen Gesetzlichkeiten gleichrangig auch ges.polit. Motive, etwa das Bemühen um Abbau von Gruppenvorurteilen, von irrationalen Konflikten oder von autoritärem Führungsverhalten Vorgesetzter. Auf diese Weise wird die Lösung prakt.-polit. bzw. prakt-organisator. Probleme mit dem sozialwiss. Experimentieren verbunden. Die Methode der A. R. ist erstmals (1946) von K. Lewin diskutiert u. seither zum festen Bestandteil gruppensoziol. u. gruppenpäd. Forschung geworden.

K. Lewin, Die Lösung soz. Konflikte, 1953; ders., Feldtheorie in den Sozialwissenschaften, 1963; F. Haag, H. Krüger, Aktionsforschung, 1972; H. Moser, Aktionsforschung als krit. Theorie der Soz.wiss.en, 1975; D. Garbe (Hg.), Bürgerbeteiligung, 1982.

Actor (engl.), Aktor, Akteur, Bezeichnung für eine Einheit, die als Träger sozialer Rollen mit jeweils bestimmten Orientierungen (Werte, Einstellungen, Motivationen) in einer sozialen Situation handelt. Die Handlungseinheit wird nicht nur v. einzelnen Individuen getragen, sondern auch v. sozialen Gebilden u. Kollektiven.

T. Parsons, Aktor, Situation u. normative Muster, 1986.

Adaptation (engl.), »Anpassung«, Situationsbewältigung, Anpassung an die Erfordernisse einer Situation, Verhaltensweise eines Individuums oder einer Gruppe in u. zu bestimmten sozialen Situationen. Je nachdem, ob sich das Verhalten positiv (zustimmend) oder negativ (ablehnend) an den die Situation definierenden soziokult. Werten u. an den sozial »vorgeschriebenen« Mitteln zur Realisierung dieser Werte orientiert, können mit R. K. Merton verschiedene Formen der Situationsanpassung (Konformität, Innovation, Ritualismus, Eskapismus, Rebellion) unterschieden werden.

Adel, in der histor. Epoche des Feudalismus gegenüber den breiten Schichten des Volkes bevorrechtigter Geburtsstand mit bes. Standesethos, Lebensformen u. Elitebewußtsein. Die geburtsständ. Sonderstellung gegenüber Geistlichkeit u. Bauern (mit der Entwicklung städt. Lebensweise auch gegenüber Bürgern) war mit bestimmten ges. Funktionen gekoppelt. Die sozialökon. Zugehörigkeit zum herrschenden Stand des A. beruhte auf der Übertragung eines Lehens durch den königl. Herrscher, das dem A. als Großgrundbesitzer ein arbeitsloses Einkommen sicherte, so daß er jeder-

zeit für die vom König angeforderten militär. Dienste mit Tat u. Ausrüstung verfügbar war. Mit der Herausbildung zentraler (u. später nationaler) staatl.-königl. Herrschaftsbereiche entwickelte sich daneben eine A.kategorie, die überwiegend Verwaltungsaufgaben bei Hofe ausübte. Zur dritten Kategorie des A. zählten die freien Ritter, die insbes. zur Zeit der Kreuz- u. Kolonialisierungszüge entstanden. Im Verlaufe des soz. Wandels zur neuzeitl. u. später bürgerl.-industriellen Ges., zum Absolutismus u. zum Nationalstaat verlor der A. zunächst seine kriegerischen u. polit.-ständ. u. schließlich auch seine ökon.-soz. Funktionen.

O. Hinze, Staat u. Verfassung, 1941; O. Brunner, Land u. Herrschaft, ³1943; ders., Adeliges Landleben u. europäischer Geist, 1949; M. Weber, Wirtschaft u. Ges., ⁵1980; C. Brinkmann, A. (Hdwb. der Sozialwiss. 1, 1956); P. U. Hohendahl u. P. M. Lützeler (Hg.), Legitimationskrisen des dt. A.s 1200–1900, 1979; A. J. Mayer, A.smacht u. Bürgertum, 1984; J. Powis, Der A., 1986; H.-U. Wehler (Hg.), Europ. A. 1750–1950, 1990; A. Dornheim, A. in der bürgerl.-industrialisierten Ges., 1993.

Ad-hoc-Gruppe (lat.), nach E. Goffman eine zufällig entstehende Zus.kunft von Personen, die sich rasch wieder auflöst u. somit nicht die dauerhafte Struktur einer soz. Gruppe erlangt. Eine A. kann auch für einen bestimmten Zweck bewußt arrangiert werden, z. B. zur Bewältigung eines Konflikts, Durchsetzung eines Interesses, für gemeinsamen Protest, Behandlung eines speziellen Tagungsthemas.

Ad-hoc-Hypothese, Begriff der Wissenschaftslogik; eine Erklärung für einen erklärungsbedürftigen Tatbestand, die nicht dem erfahrungswiss. Postulat entspricht, nach dem jedes explicans (die »Erklärung«) vom explicandum (dem Sachverhalt, der erklärt werden soll) unabhängige Gründe, Zeugnisse mit unabhängigen Überprüfungsmöglichkeiten enthalten muß. Die A. erklärt einen Sachverhalt entweder ganz aus sich selbst heraus (Zirkelschluß) oder als zeitl.-räuml. Besonderheit, d. h. nur für den einen »Fall«. Solche Hypothesen werden als unbefriedigend empfunden, weil man mit ihnen nicht zur Erklärung größerer Zusammenhänge, in denen der gerade problematisierte Gegenstand oder Sachverhalt einen bestimmten Stellenwert hat, fortschreiten kann. A. werden als Hilfshypothesen zur Stützung eines theoret. Aussagensystems oft eingeführt, wenn sich bei Falsifikations-Tests bzw. bei einer empir. Überprüfung einer Theorie Widersprüche zwischen theoret. Behauptungen u. realem Sachverhalt herausstellen.

H. Albert (Hg.), Theorie u. Realität, 1964; K. R. Popper, Logik d. Forschung, ⁹1989 (1935).

Adoleszenz (lat. Jugend), im Anschluß an die Pubertät die Phase der vollen Ausbildung genitaler Sexualität (17.–22. Lebensjahr), die soziol. betrachtet mit der vollverantwortl. Übernahme von Erwachsenen-Rollen, mit der Einfügung in das ges. Wettbewerbssystem u. dadurch mit sozialen Zwängen zur endgültigen Selbstdefinition der sozialen Position, der sozialen Ansprüche u. Lebenserwartungen zusammenfällt. In der A. wird der Jugendliche aus dem spielerischen, mehr oder weniger unverbindl. Charakter der kindl. u. frühjugendl. Rollenansprüche in den »Ernst des Lebens« entlassen. Da dieser Übergang mit einer psych. u. phys. belastenden körperl. Umbruchphase zusammenfällt, wird die Forderung nach ges. Voraussetzung für die Schaffung eines »psychosozialen Moratoriums« (Erikson) erhoben,

das die Krisen bei der Suche u. Entfaltung von Identität für den Adoleszenten abschwächt.

E. H. Erikson, Identität u. Lebenszyklus, 1966; E. Z. Friedenberg, Die manipulierte A., 1971; P. Blos, A., ⁴1989; H. Fend, Identitätsentwicklung in der A., 1991.

Adoption (lat.), »Hinzuwahl«, (a) in bürgerl.-rechtl. Sinne die »Annahme an Kindes Statt«; (b) ethnolog. allg. die Aufnahme eines Fremden (z. B. verwaiste Kinder, Kriegsgefangene) in die eigene, verwandtschaftl. abgegrenzte Gruppe; (c) kultursoziol. die Annahme neuer (bisher fremder oder neu entdeckter oder entwickelter) Wertorientierungen, Verhaltensmuster, Produktionstechniken u. Produkte.

A. Napp-Peters, A., 1978; M. Bohmann, Adoptivkinder u. ihre Familien, 1980; B. J. Lifton, A., 1982; C. Hoffmann-Riem, Das adoptierte Kind, 1984; B. Ebertz, A. als Identitätsproblem, 1987; J. Jungmann, Aufwachsen in der Adoptivfamilie, 1987.

Adorno, Theodor W., früher Th. Wiesengrund, 11. Sept. 1903 Frankfurt/M. – 6. Aug. 1969 Brig (Kanton Wallis), Philosophie, Musikwiss., Psychologie u. Soziol., promovierte 1924 über Husserl, mit dem Frankfurter Institut für Sozialforschung seit dessen Gründung eng verbunden, 1931 Habilitation über Kierkegaard, 1933 Entzug der venia legendi, emigrierte 1934 nach England u. lehrte bis 1938 in Oxford, 1938–41 empir. Soz.forschung in New York, 1941–49 Aufenthalt in Los Angeles u. Lehrtätigkeit in Berkeley, Mitarbeit an den Untersuchungen über die »autoritäre Persönlichkeit«, Zusammenarbeit mit Max Horkheimer, 1949 Rückkehr nach Frankfurt/M., lehrte dort Philosophie u. Soziol., 1950 apl., 1953 planm. ao., 1956 oö. Prof. an der Univ. Frankfurt, 1953 geschäftsführender Direktor des Inst. f. Sozialforschung.

Adressant

A. zählt zu den Begründern der dialekt.-krit. Theorie. Seine geistigen Ursprünge liegen bei Hegel u. in der Theorie der Dialektik. Philosophie, Ästhetik und Ges.theorie waren für ihn eng miteinander verbunden. Wiss. sollte zugleich eine für bestimmte Werte engagierte Weltanschauung sein, soll der Verwirklichung von Vernunft innerhalb der Ges. dienen. Empir. Tatsachenfeststellung im wertfrei-positivist. Sinne diskreditierte A. als bloße Reproduktion und Fetischisierung dessen, was ist. Der Versuch, Wiss. empirisch zu begründen, erschien ihm als partikulare Rationalität im Rahmen totaler Irrationalität. A. betonte die ges. Totalität: jede soziale Tatsache muß im ges.-histor. Gesamtzusammenhang gesehen werden. Theorie soll in Praxis übergehen, die Ges. soll ihrer selbst mächtig werden, die Rationalität der Mittel soll durch Reflexionen über die Rationalität der Zwecke ergänzt werden. Die mit Philosophie verflochtene Soziol. hat als krit. Theorie die Aufgabe, Möglichkeiten und Lösungen zu suchen, die allen Menschen zu einem aufgeklärten und vernünftigen Dasein verhelfen können. Weitere Schwerpunkte seines Schaffens: Musik u. Musiksoziologie.

Schr.: Dialektik der Aufklärung (mit Horkheimer), [2]1969 (1947); The Authoritarian Personality (mit anderen), [2]1965 (1950); Minima Moralia, 1951; Prismen, [3]1969 (1955); Dissonanzen, [3]1963 (1956); Zur Metakritik der Erkenntnistheorie, 1956; Theorie der Halbbildung, 1962; Einleitung in die Musiksoziol., [2]1968 (1962); Sociologica II (mit Horkheimer), 1962; Eingriffe, 1963; Jargon der Eigentlichkeit, 1964; Negative Dialektik, 1970 (1966); Spätkapitalismus oder Industrieges. (Hg.), 1969; Der Positivismusstreit in der deutschen Soziol. (Mithg.), [8]1980 (1969); Aufsätze zur Ges.theorie und Methodologie, 1970.

Über Th. W. A. Mit Beiträgen v. J. Habermas u. a., [2]1968; Zeugnisse, Th. W. A. zum 60. Geburtstag. Hg. v. M. Horkheimer, 1963; H.

Schweppenhäuser (Hg.), Th. W. A. zum Gedächtnis, 1971; L. Düver, Th. W. A. Der Wiss.begriff der Kritischen Theorie in seinem Werk, 1978; T. Mirbach, Kritik der Herrschaft, 1979; H.-H. Kappner, Die Bildungstheorie A.s als Theorie der Erfahrung von Kultur u. Kunst, 1984; M. Löbig u. G. Schweppenhäuser (Hg.), Hamburger A.-Symposion, 1984; J. Naeher (Hg.), Die Negative Dialektik A.s, 1984; R. Wiggershaus, T. W. A., 1987; W. van Reijen, A., [3]1990; J. Früchtl u. M. Calloni (Hg.), Geist gegen den Zeitgeist. Erinnern an A., 1991; M. Wischke, Kritik der Ethik des Gehorsams, 1993.

Adressant, auch Kommunikator, in sozialen Kommunikationsprozessen der Sender von Botschaften (Adressen, Mitteilungen), die das Verhalten v. Kommunikationspartnern (→Adressat) beeinflussen sollen.

Adressat, auch Kommunikant oder Rezipient, in sozialen Kommunikationsprozessen der Empfänger v. Botschaften, die aufgrund der Absichten des →Adressanten sein Verhalten beeinflussen sollen. Meistens besteht zw. diesen Kommunikationspartnern ein Verhältnis der wechselseitigen Beeinflussung (→Reziprozität).

G. Ruhrmann, Rezipient u. Nachricht, 1989.

Ämterpatronage, Auswahl von Bewerbern für Positionen oder für Beförderungen nach persönlichen, (partei-) polit. oder weltanschaulichen Kriterien der Bevorzugung einzelner, wobei die üblichen (gültigen) Kriterien der Eignung oder Leistung z. T. oder gänzlich vernachlässigt werden.

Äquilibrium (lat.) →Gleichgewicht

Äquivalenz (lat.), »Gleichgewichtigkeit, Gleichwertigkeit«, a) im log. Sinne die Verbindung zweier Aussagen, die nur dann wahr sind, wenn die miteinander verknüpften

Aussagen beide wahr oder beide falsch sind; b) umgangssprachl. die Sinngleichheit verschiedener sprachl. Formulierungen für denselben Gegenstand oder dasselbe Problem; c) soziol. die gleiche funktionale Bedeutung verschiedener sozialer Institutionen, Normensysteme, Rollen für Stabilität oder Wandel eines sozialen Systems.

Äquivalenzprinzip, Grundsatz der Gleichheit von Leistung u. Gegenleistung.

Äquivokation (lat. »Wortgleichheit«), Verwendung des gleichen Wortes für verschiedene Gegebenheiten. Durch einen solchen undifferenzierten Wortgebrauch kann die soziol. Forschungsarbeit irritiert u. erschwert werden. So ist z. B. das Bemühen um raumzeitl.-unbestimmte, generalisierte Aussagen problematisch, wenn die histor., regionale oder spezif. kulturelle Besonderheit v. Fachausdrükken (z. B. Familie, Gemeinde, Staat) nicht genügend berücksichtigt wird.

Ätiologie, die Lehre von den Ursachen bestimmter Erscheinungen oder Ereignisse (Kausalität). In der Kriminologie ein Ansatz, der die Ursachen für kriminelles Handeln aus den persönl. Eigenschaften des Täters herleitet.

Affekt (lat.), psycholog. Begriff; Gemütsbewegung, stärkere emotionale Erregung oder Bindung an eine Person oder einen Sachverhalt. Beeinflußt rationale Einsicht u. Kritikvermögen. In der Soziol. werden soziale Rollen danach unterschieden, inwieweit die mit ihnen betrauten Personen (z. B. in Primärgruppen wie Familie,

Freundschaft) »Affektivität« oder (in »sekundären« Gebilden wie Betrieben, Organisationen) »affektiver Neutralität« als soziale Wertorientierung zu entsprechen haben (Parsons). In der Theorie der Sozialisation wird festgestellt, daß im Verhältnis von Person u. Rolle bzw. von Rollenlernen, Rollenidentifikation u. Herausbildung von Ich-Identität rationale Sachorientierung u. A.bindung zus.gehen müssen.

Im Verlauf der Gesch. ist die ges. Entwicklg. mit einer kulturspezifischen Regulierung der Ausdrucksmöglichkeiten für A.e verbunden.

R. Heller, Das Wesen der A.e, [2]1946; O. F. Bollnow, Das Wesen der Stimmungen, [2]1956; T. Parsons, The Social System, Glencoe, Ill. 1951; H. Marcuse, Der eindimensionale Mensch. 1967; G. Vowinckel, Von polit. Köpfen u schönen Seelen, 1983.

Affektkultur, Bez. für die kulturelle Ausformung bzw. »Zügelung« von Affekten, die – wie z. B. Wut, Freude – in beherrschter Form geäußert werden.

Affektuell, affektiv, emotional (lat.) »gemütsbedingt«, Begriffe zur Kennzeichnung des Gefühlsbereichs u. der Gefühlsaspekte des Handelns. Nach M. Weber ist a.es Handeln ohne konsequente planvolle Zielorientierung einseitig durch aktuelle Affekte u. Gefühlslagen bestimmt. Es ermöglicht eine rasche Abreaktion, ist aber oft nicht mehr bewußt »sinnhaft« orientiert.

M. Weber, Wirtschaft u. Ges., [5]1980 (1921).

Affirmation, Konfirmation (lat.), »Bewährung«, »Bestätigung«. Nach der Erkenntnis, daß weder das wiss. theoret. Postulat der Verifizierbarkeit v. Theorien, d. h. ihrer vollständigen Beweisbarkeit durch das Empirie, einlösbar ist, noch jenes der Falsifizierbarkeit den theoret.

Affluent Society 10

und prakt. Ansprüchen der Wiss. genügt, entwickelte sich eine Diskussion über die methodol. Anforderungen einer »Bewährung« v. Hypothesen durch empir. Befunde, die zu Formulierungsvorschlägen von Popper, Hempel und Carnap führte, aber keine eindeutige Lösung des Problems erbrachte. →Verifikation

R. Carnap, The Logical Foundations of Probability, Chicago ²1962; C. G. Hempel, Studies in the Logic of Confirmation, in: Aspects of Scientific Explanation and Other Essays in the Phil. of Science, New York 1965; K. Popper, Logik der Forschung, ⁹1989 (1935).

Affluent Society →Überflußgesellschaft

Agglomeration (lat. Anhäufung, Ballung), das Entstehen von soz. »Verdichtungsräumen« durch Urbanisierung und Industrialisierung einer Sozialstruktur. Im Frühstadium einer gering technisierten Ges. sind infolge der räuml. Abhängigkeit von der landwirtschaftl. Produktion sowohl der Städtebildung als auch der A. gewisse Grenzen gesetzt. Erst transportable Energie, entwickelte Verkehrstechnik u. soziale Normen, die räuml. →Mobilität zulassen, schaffen die Voraussetzungen für die Bildung größerer Städte u. vor allem für das Zusammenwachsen von Industriestädten zu sog. »Revieren«. Begünstigt durch den Individualverkehr hat der Drang zum Eigenheim im großstädt. Umlandbereich zur Entstehung ausgedehnter Flächenstädte (Megalopolis, engl. metropolitan area) beigetragen. – Neben den wirtschaftl. (für kooperierende Produktionstechnik u. Handel) bietet die A. zahlreiche kulturelle (Kunst, Bildung, polit. Öffentlichkeit) u. soziale (Medizin, Sozialfürsorge, Freizeit) Vorteile für die Bevölkerung. Soz., ökolog. u. wirt-

schaftl. Probleme der A. entstehen durch gesteigerte Aggressivität u. Kriminalität, Luft- u. Wasserverschmutzung, Industrie- u. Verkehrslärm, Bodenknappheit u. Wohnungsmangel. – Starkes Bevölkerungswachstum u. Land-Stadt-Wanderung lassen gegenwärtig insbes. in Entwicklungs- u. Schwellenländern A.en wachsen, die infolge von Massenarmut großenteils aus →Slums bestehen.

J. Beutel, Konzentrations- u. Verstädterungstendenzen in der BR Dtl., 1976; F. Vester, Ballungsgebiete in der Krise, 1983; G. Schmid (Hg.), Städte u. A.en, 1985; G. Schweizer, Zeitbombe Stadt, 1987.

Aggregat, soziales (lat.), »angehäuft«. Bezeichnung f. relativ strukturlose Anhäufungen, Mengen, Massen oder Gesamtheiten v. Individuen, zw. denen trotz (vorübergehender) räumlicher Nähe keine oder nur in beschränktem Maße soziale Kontakte bestehen, z. B. Besucher öffentl. Großveranstaltungen. Wenn sich durch schwerwiegende Ereignisse, gemeinsame Betroffenheit u. gleiche Interessenorientierung verstärkt Interaktionen u. Organisierungsbestrebungen ergeben, dann können sich soz. A.e in dauerhafte soz. Gebilde verwandeln (→Gruppe, →Organisation).

Aggregation, wiss. Verfahren, bei dem Einheiten, die ein oder mehrere Merkmale gemeinsam haben, zusammengefaßt betrachtet werden.

M. T. Hannan, A. and Disa. in Sociology, Farnborough 1972.

Aggression (lat.), Aggressivität, »Angriff«, »Angriffslust« allg. jede Form feindseligen Verhaltens oder feindseliger, angriffsbereiter Einstellung. Verschiedene psycholog. u. soziol. Theorien bemühen sich um die Aufklärung des Verhältnisses von genet. verankerter u. sozial verursachter A. In der Tierverhaltensforschung gilt A. als unabdingbarer Teil der Selbstbehauptungs- u. Durchsetzungskräfte des Lebens. Die psychoanalyt. Trieblehre betrachtet die A. als einen auf spontaner Erregungsproduktion autonomer physiolog. Aktivierungszentren beruhenden spezif. psych. Erregungs- u. Spannungszustand. Als ein vitales Grundvermögen, als natürl. Triebausstattung des Menschen, erfährt die A. in der sozialen Realität zahlreiche Umwandlungs- u. Handlungsformen. Die These vom ursprüngl.,autonomen A.trieb des Menschen ist gleichzeitig ein Verweis auf die virtuelle Kulturfeindlichkeit des Menschen u. damit auf die Notwendigkeit, durch institutionellen Zwang die ges. Lebensformen gegen die feindseligen, zerstörerisch wirkenden Regungen der Menschen abzuschirmen bzw. einen für Ges. u. Individuum optimalen Kompromiß zwischen A.senergie u. kultureller Normierung zu finden.Das Problem der A.ist für die Soziol. darum in erster Linie eines der A.bewältigung. Es werden Erziehungsprozesse u. soziale Strukturen (Familie, Betrieb) daraufhin untersucht, inwieweit hier durch (vermeidbare) Frustrationen die inneren,organ.-triebhaft verursachten A.sstimulierungen noch durch soziale Einflüsse verstärkt werden. Gesteigerte Tendenzen zum Materialismus u.Egoismus,die Abschwächung gemeinschaftl.-soz. Kontrollen, erhöhte horizontale Mobilität, Verstädterung, ethnische Konflikte u. wahrscheinl. auch die zur Alltäglichkeit gewordene Gewaltdarstellung im Fernsehen tragen gegenwärtig zur Ausbreitung von Aggressivität im ges. Zus.leben bei. Die rüstungstechn. Überwin-

dung zw. staatl. A.en bzw. Kriege verstärkt vermutlich binnenges. Aggressivität.

S. Freud, Abriß der Psychoanalyse, 1953 (1938); K. Lorenz, Das sog. Böse. Zur Naturgeschichte der A., [12]1985 (1963); A. Plack, Die Ges. u. das Böse, 1967; A. Mitscherlich, Die Idee des Friedens u. die menschl. A., 1970; J. Rattner, A. u. menschl. Natur, 1970; F. Hacker, A., Die Brutalisierung der modernen Welt, 1985 (1971); D. Senghaas, Aggressivität u. kollekt. Gewalt, 1971; F. Neidhardt (Hg.), Aggressivität u. Gewalt in unserer Ges., 1973; E. Fromm, Anatomie der menschl. Destruktivität, 1974; A. Bandura, A., 1979; R. Verrez u. I. Sobez, Ärger, Aggression u. soz. Kompetenz, 1980; R. Hilke u. W. Kempf (Hg.), A., 1982.

AGIL-Schema, Abkürzung für das v. T. Parsons entworfene Vier-Funktionen-Schema (Vierfeldertafel) für die analytisch-differenzierte Darstellung grundlegender Funktionen,die in jeder Ges. erfüllt werden müssen: (A) Adaption (Anpassung an die Systemumwelt, Bereitstellung v. Ressourcen, Aufgabenbereich der Wirtschaft), (G) Goal-Attainment bzw. Goal-Selection (Festlegung der Ziele für die Ressourcenverwendung, Aufgabenbereich der Politik), (I) Integration (Verknüpfung der verschiedenen Elemente eines Systems u.Kontrolle des Zus.halts, Aufgabenbereich der sozialen Kontrolle u. des Rechtssystems), (L) Latent pattern maintenance (Aufrechterhaltung einer Grundstruktur verinnerlichter kultureller Elemente). Zw. diesen verschiedenen Funktionsbereichen bestehen wiederum Verbindungen, z. B. die Legitimation (Rechtfertigung) v. G durch L.

T. Parsons, R. F. Bales u. E. Shils, Working Papers in the Theory of Action, New York 1953; T. Parsons, Politics and Social Structure, New York 1969; W. Loh, AGIL-Dimensionen im Spätwerk v. T. Parsons u. Kombinatorik, in KZfSS 32,1980; N.Luhmann, Warum AGIL?, in: KZfSS 40, 1988.

Agitation, publizist. Technik, weitgehend identisch mit dem Be-

Agrarbewegung

griff Propaganda, meint die mündl. oder schriftl. Tätigkeit polit. Führungsgruppen bzw. der von ihnen beherrschten →Massenkommunikationsmittel mit dem Ziel, unter den breiten Volksmassen bestimmte Ideen, Losungen, polit. Anschauungen zu verbreiten, um durch Überzeugung u. polit. (Um-)Erziehung Kräfte für die Lösung wichtiger sozialer u. polit. Aufgaben oder für die Niederwerfung polit. Gegner heranzubilden. A. bezieht sich in der Regel auf aktuelle, den sozialen Interessen der »angesprochenen« Massen konkret entsprechende Situationen, bedient sich einer leicht verständl., zumeist den wirkl. Sachverhalt verkürzt u. nur unvollständig wiedergebenden Argumentation u. zielt auf die Erzeugung von Empörung u. Emotionen, die in spontane Reaktionen der Massen überführt werden sollen. Propaganda dagegen bezweckt eine langfristig wirksame Überzeugung u. polit. Bewußtseinsbildung durch inhaltl. u. formal gründl. vorbereitete Schulung u. Einführung in das ideolog. System der herrschenden Weltanschauung, Ges.interpretation u. polit. Handlungsgrundsätze. A. u. Propaganda sind Instrumente sowohl zur Stabilisierung als auch zur Unterminierung u. Zerstörung polit. Herrschaftssysteme.

W. J. Lenin, A. u. Propaganda, 1929; E. Lökkenhoff, W. D. Belach, Zur Bestimmung der Begriffe A. u. Propaganda, (in: P. Ch. Ludz, Hg., Soziol. der DDR, Sonderheft 8 der KZfSS, 1964); L. Löwenthal, A. u. Ohnmacht, 1966; H. Arendt, Wahrheit u. Lüge in der Politik, 1972

Agrarbewegung →Agrarsozialismus

Agrarkapitalismus, in Abgrenzung zum Feudalismus eine agrarische Produktionsverfassung, in der das Eigentum an landwirtschaftl. nutzbarem Boden nach Verwertungsprinzipien des Kapitalismus genutzt wird, d. h. zur Gewinnmaximierung u. unter Verwendung freier Arbeitskräfte u. rentabilitätsorientiertem Kapitaleinsatz. A. ist kennzeichnend für die Verhältnisse der meisten südamerik. Entwicklungsländer.

Agrarsozialismus, sozialtheoret. u. sozialpolit. Bewegung insbes. zum Ende des 19. Jh., die – entgegen dem Marxismus – die Ursache für die Fehlentwicklungen u. sozialen Unzuträglichkeiten der kapitalist.-industriellen Ges.ordnung in der agrarischen Eigentumsordnung erkannten. Die Soziale Frage wurde als Bodenfrage betrachtet. Nach diesen Lehren (Henry George, Franz Oppenheimer, Adolf Damaschke) nimmt der Boden als ein im Prinzip unvermehrbarer Produktionsfaktor eine Sonderstellung im ökonom. Verteilungsprozeß ein. Solange der Boden in Privatbesitz sei, erhöhe jede Steigerung der industriellen Produktivkraft der Arbeit zunächst einmal die Grundrente zuungunsten der Lohnentwicklung. Würden die Unterklassen nicht durch den Großgrundbesitz vom Boden »abgesperrt« werden, so könnte es die für den Kapitalprofit notwendigen freien Arbeiter in der Stadt nicht geben, denn kein Arbeiter wäre gezwungen, seine Arbeit zu einem Minderwert an den Kapitalisten zu verkaufen. Der soziale Druck, vom Bodenbesitz ausgehend, treibe zur Landflucht u. ins städt. Industrieproletariat. Durch Abschaffung des Großgrundbesitzes u. Schaffung von Freiland würde die kapitalist. Ausbeutung unmöglich werden. Auch für den städt. Bodenbesitz gelten diese Zusammenhänge. Hier kommen die Ergebnisse des industriellen Fortschritts vor allem den Bodeneigentümern in Form von Bodenwertzuwächsen zugute. Darum wird eine Reform der Besitzverhältnisse oder zumindest eine rigorose Besteuerung der Bodenwertsteigerungen gefordert.

H. George, Fortschritt u. Armut, 1881; F. Oppenheimer, Großgrundeigentum u. soz. Frage, 1898; ders., Die soz. Frage u. der Sozialismus, 1912; A. Damaschke, Die Bodenreform, 1923; H. G. Lehmann, die Agrarfrage in der Theorie u. Praxis der dt. u. international. Sozialdemokratie, 1970; F. Schreiber (Hg.), Bodenordnung?, 1969; U. Planck u. J. Ziche, Land- u. Agrarsoziol., 1979.

Agrarsoziologie →Bauer, →Dorf, →Landsoziologie

Agreement (engl.), »Übereinstimmung«, »Einklang«, zumeist kompromißhafte Übereinkunft über strittige Probleme zwischen Staaten, Politikern oder sonstigen individuellen bzw. organisierten Verhandlungspartnern auf der Grundlage gegenseitiger Loyalität u. Vertrauens in die Bereitwilligkeit des Partners zur längerfristigen Respektierung der getroffenen Abmachungen. Auch »gentlemen a«.

Agrostadt, in den Theorien über die Entwicklung von Kommunismus und Sozialismus weiträumiges Siedlungsgebilde, in dem durch die von einem Stadtkern ausgehende Urbanisierung die kult., ökonom. u. soz. Differenzierungen ausgeglichen werden. Dieser Abbau der Niveau-Unterschiede zwischen Land u. Stadt durch die A. soll erfolgen durch Mechanisierung u. Automatisierung der Landwirtschaft, durch Angliederung von industriellen Zulieferer- u. Verarbeitungsbetrieben an agrarische Wirtschaftseinheiten u. durch die Angleichung des Schul- u. Bildungsniveaus über den systemat.

Aufbau von entsprechenden Kultureinrichtungen auch auf dem Lande.

Akademiker (griech., lat.), Hochschullehrer, Hochschüler, akademisch Gebildeter.

M. Bülow (Hg.), A.tätigkeit im Wandel, 1983

Akkomodation →Anpassung

Akkulturation (lat., engl. acculturation), »Kulturübernahme«, »Kulturanpassung«, bezeichnet als Grundbegriff der Kultur- bzw. Sozialanthropologie (Ethnologie, Völkerkunde) u. Soziol. die für den soz. Wandel wichtige Übernahme von Elementen einer fremden Kultur durch Einzelpersonen, Gruppen u. Schichten (häufig Oberschichten u. Eliten) der übernehmenden Kultur: Ideen, Wörter, Wertvorstellungen, Normen, Verhaltensweisen, Herrschaftsverhältnisse, Institutionen, Techniken, Produkte. Die partielle oder totale Angleichung ergibt sich durch Kontakte u. Interaktionen zw. verschiedenen Kulturen (Kulturkontakte), Wanderungsbewegungen (Flüchtlinge, Einwanderer), Handelsbeziehungen u. Eroberungen. Gesch. bedeutsame A.sprozesse waren der griech. Kultureinfluß in Rom, die Hellenisierung des Orients, die Wechselwirkung von Abendland u. Islam, die von England ausgegangene »Industrielle Revolution«, der Kolonialismus, die Amerikanisierung der »westlichen« Industrieges.en. Gegenwärtig werden weltweite A.sprozesse auch durch Tourismus, Gastarbeiterwanderungen, kult.-wiss. Austauschprozesse u. internat. Verflechtungen beschleunigt. Durch A. wird die zuvor als »natürlich« u. »selbstverständlich« erlebte eigene Kultur relativiert u. verunsichert. Der A.

Akkumulation

wirkt die Rückbesinnung auf die gesch.-kulturelle Identität der eigenen Ges. entgegen.

M. J. Herskovits (Hg.), Acculturation, New York 1938; W. E. Mühlmann, Rassen, Ethnien, Kulturen, 1964; U. Bitterli, Alte Welt – neue Welt, 1986.

Akkumulation (lat.), »Anhäufung«, vom Marxismus zur theoret. Auseinandersetzung um die volkswirtschaftl. Prozesse der Reichtums- u. Kapitalbildung eingeführter Begriff. Die A. der einzelnen Kapitalien ist die Grundlage des volkswirtschaftl. Wachstums. Die Entwicklung des ökonom. Gesamtprozesses wird entscheidend bestimmt durch den Grad der gesamten Kapital-A. Nach marxist. Lehre bewirkt der im Zuge techn. Entwicklung der Produktivkräfte vorausschreitende Prozeß der A. des Kapitals eine Konzentration bereits gebildeter Kapitale, Aufhebung individueller Selbständigkeit, ökonom. Machtzusammenballung bei großen Monopolbetrieben, Expropriation von kleineren durch größere Kapitalisten, rationellere Nutzung u. Erschließung materieller Produktivkräfte auf Kosten des Marktwertes der menschl. Arbeitskraft. Dadurch ergeben sich ein relatives Zurückbleiben der Nachfrage nach Arbeitskräften u. ein Anwachsen der »industriellen Reservearmee« beschäftigungsloser Arbeiterbevölkerung, letztlich Verelendung der Arbeiterklasse u. Zusammenbruch des kapitalist. Marktwirtschaftssystems.

F. Janossy, Wie die A.slawine ins Rollen kam, 1979.

Akteur, Aktor →actor

Aktionismus (lat.), Begriff für polit. oder soziale Bewegungen, die ohne detailliertes Wissen u. theoret. Bewußtsein von den Bewegungsgesetzen u. von den Ursachen u. Entwicklungsgesetzen ges. Widersprüche u. Konfliktlagen, d. h. ohne ausgereifte ideolog. Position u. Selbstverständnis, mittels bloßer Aktion oder unorganisierter u. ungeplanter Rebellion eine tiefgreifende Veränderung bestehender ges. Ordnungsverhältnisse erreichen wollen, oft unreflektierte Handlungsweise polit. Protestbewegungen.

Aktionsforschung, Forschungsvorhaben, die im Zusammenhang mit Programmen zur Veränderung sozialer Verhältnisse durchgeführt werden. Die Forscher sind gleichzeitig aktive Teilnehmer an den analysierten Prozessen (z. B. Slumsanierung, Gastarbeiterintegration) →Action Research.

H. Moser, Methoden der A., 1977; K. Horn (Hg.), A. – Balanceakt ohne Netz?, 1979; D. Garbe (Hg.), Bürgerbeteiligung, 1982.

Aktionsparameter, diejenigen Größen eines kausalen Handlungszusammenhangs, die vom Handelnden (Aktor) beeinflußt bzw. frei bestimmt werden können.

Aktivbürger, in der polit. Soziologie Bezeichnung für die Mitglieder eines Gemeinwesens, die sich an der polit. Meinungs- u. Willensbildung, d. h. insbes. am polit. Leben der Parteien u. Verbände, regelmäßig u. engagiert beteiligen, damit auch gegenüber den verfassungsmäßigen Institutionen von legislativer u. exekutiver Gewalt Kontrollfunktionen wahrnehmen u. sich u. U. selbst für öffentl. Aufgaben u. Ämter zur Verfügung stellen.

Aktive Gesellschaft, nach A. Etzioni eine Ges., in der mit dem Verfall des Glaubens an eine natürl. soz.

Ordnung immer mehr Menschen den Zustand bloßer Passivität verlassen u. der Einsicht folgen, daß die Ges. strukturell veränderbar u. aktiv gestaltbar ist. Die Angehörigen einer a.n G. sind nicht mehr bereit, eine Vernachlässigung ihrer Bedürfnisse u. eine unzureichende Verwirklichung ihrer Idealwerte passiv hinzunehmen. Die bedürfnisorientierten, a.n G.en erlauben ihren Angehörigen, ihre Werte auszudrücken u. höhere Wertrealisierung anzustreben. Mit der Ges., die sie verändern, transformieren sich zugleich auch die Ges.angehörigen.

A. Etzioni, The Active Society, 1968, dt.: Die aktive Ges., 1975.

Akzeleration (lat.), »Beschleunigung«, die seit längerer Zeit schon beobachtete Zunahme der somatischen u. seelischen Entwicklungsgeschwindigkeit bei Kindern unter best. kulturellen u. zivilisator. Lebensbedingungen. Die A. wird im Zusammenhang mit zunehmender Verstädterung, Verkehrs- u. Kommunikationsentwicklung, d. h. mit sozialstrukturell verursachter Reizüberflutung erkannt. Für die Jugendsoziol. sind die A. u. die mit ihr verbundenen Formen der Fehlanpassung, der individuellen u. sozialen Konflikte, zu einem bes. Problem geworden, seitdem gleichzeitig eine Tendenz zur Verzögerung der sozialen Reife, d. h. der Übernahme u. Übertragung voll verantwortlicher Erwachsenen-Rollen durch Jugendliche, festgestellt wird. A. einerseits u. spätere soziale Reife andererseits zwingen zu einer sozialen Neuorientierung über die Normen-, Rollen- u. Verhaltensvorstellungen von Kindern u. Jugendlichen.

R. Strickmann, Untersuch. zur Frage der Beziehung von somatischer u. psych. Entwick-

lung, 1957; U. Undeutsch, Das Verhältnis von körperl. u. seel. Entwicklung (in: L. v. Friedeburg, Hg., Jugend in der modernen Ges., ⁶1969).

Akzelerator (lat.), »Beschleuniger«, Verhältniszahl, die sich aus den Werten einer bewußt ausgelösten Veränderung einer Variablen u. einer dadurch indirekt bewirkten Veränderung einer anderen Variablen ergibt. Wird z. B. durch neue Kaufkraft (Einkommenssteigerungen) oder durch sozial verursachte Veränderung der Spar- u. Konsumquoten des Einkommens auf dem Verbrauchsgütermarkt mehr nachgefragt, dann sind (in einem vom A. bezeichneten Verhältnis) Auswirkungen auf die Investitionen u. zukünftigen Produktionsangebote einschlägiger, den betr. Verbrauchsgütern vorgelagerter Wirtschaftsbereiche zu erwarten.

Akzeptanzkrise (lat. accipere, »billigen, gutheißen«), Zustimmungskrise; Bezeichnung f. die Erscheinung, daß zunehmend mehr Angehörige der mod. Industriestaaten. aufgrund gesteigerter Sensibilität gegenüber möglichen negativen Auswirkungen der weiteren techn.-wirtschaftl. Entwicklg. die Verwirklichung großtechnolog. Projekte, z. B. Atomkraftwerke, chem. Großbetriebe und Verkehrsanlagen, engagiert, z. T. militant ablehnen. Im Zus.hang mit den hieraus resultierenden Auswirkungen auf die wirtschaftl. Entwicklg., Energieversorgung u. auf den Massenwohlstand verstärkt sich die Gefahr der Ausweitung der A. zu einer Krise des gesamtges.-polit. Systems. Die Zustimmungsbereitschaft kann durch bürgernahe Pol., Kompromisse, Aufklärung u. breite Konsensbildung erhöht werden.

D. Rucht, Von Wyhl nach Gorleben, 1980.

Albert

Albert, Hans, *8. 2. 1921 Köln, 1952 Dr. rer. pol. Univ. Köln, 1957 Priv.doz. u. 1963 apl. Prof. ebd., 1963–1989 Prof. f. Soziol. u. Wiss.lehre in Mannheim. Bekannt geworden durch seine Arbeiten zur Erkenntnistheorie, Ideologiekritik u. Methodologie der Sozialwiss. Vertreter des sog. »krit. Rationalismus«, der einen krit. Realismus mit einem konsequenten Fallibilismus verbindet u. für die Soz.wiss. das von M. Weber geforderte Wertfreiheitsprinzip, den methodolog. Individualismus u. das Programm der verstehenden Erklärung vertritt – unter Kritik positivist., hermeneut. u. dialekt. Ansätze. In soz.philos. Hinsicht vertritt er die Idee der »offenen Ges.« u. die der komparativen Analyse alternativer Formen der soz. Ordnung.

Schr.: Ökonom. Ideologie u. polit. Theorie, ²1972 (1954); (Hg. u. Mitautor) Soz.wiss. u. Ges.gestaltung, 1963; (Hg. u. Mitautor) Theorie u. Realität, ²1972 (1964); Marktsoziol. u. Entscheidungslogik, 1967; Traktat über krit. Vernunft, ⁵1991 (1968); Der Positivismusstreit in der dt. Soziol. (mit Adorno, Habermas, Dahrendorf, Pilot, Popper), ⁸1980 (1969); Plädoyer für krit. Rationalismus, ⁴1975 (1971); Soz.theorie u. soz. Praxis, 1971; (Hg.) Werturteilsstreit (mit E. Topitsch), ³1990 (1971); Konstruktion u. Kritik, ²1975 (1972); Kritik der krit. Psychol. (mit H. Keuth), 1973; Theolog. Holzwege, 1973; Transzendentale Träumereien, 1975; Aufklärung u. Steuerung, 1976; Krit. Vernunft u. menschl. Praxis, ²1984 (1978); Traktat über rationale Praxis, 1978; Das Elend der Theologie, 1979; Die Wiss. u. die Fehlbarkeit der Vernunft, 1982; Ökonom. Denken u. soz. Ordnung, 1984; Freiheit u. Ordnung, 1986; Kritik der reinen Erkenntnislehre, 1987. A. Bohnen u. A. Musgrave (Hg.), Wege der Vernunft. Festschr. zum 70. Geb. v. H. A., 1991.

Aleatorisch (lat. alea = Würfel), vom Zufall abhängig.

Alexander, Jeffrey C., *30. 5. 1947 Milwaukee, Wisconsin, 1969 B. A. Harvard College, 1976 Assistant Prof. Univ. of California, Los Angeles, 1978 Ph. D. Berkeley, seit 1981 Prof. Los Angeles. – A. zählt zu den Hauptvertretern der gegenwärtigen soziol. Theoriearbeit. Nach der Auseinandersetzung mit dem Marxismus u. der Neuen Linken u. unter dem Einfluß von N. Smelser u. insbes. des »Meisterwerks« von T. Parsons, »The Structure of Social Action«, wurde A. zum Verfechter einer neuen theoret. Bewegung in der Soziol.: Unter besonderer Berücksichtigung der Theorien überragender Klassiker der Soziol. (K. Marx, M. Weber, E. Durkheim, T. Parsons) u. später auch der phänomenolog.-soziol. Ansätze strebt A. eine theoret. Synthese an. Verschiedene Aspekte u. Dimensionen der Ges., die bisher in Ordnungs- u. Konflikttheorien, Mikro- u. Makro-Orientierungen, kulturellen, strukturellen u. akteurtheoret. Ansätzen schulenartig aufgespalten waren, in Wirklichkeit aber miteinander verflochten sind, sollen zu einer multidimensionalen Theorie zus.gefaßt werden. Überdies sind die methodolog., ideolog., modellog. u. metaphysischen Voraussetzungen zu reflektieren. In Überwindung eines eingeengten Kulturverständnisses sollten die Semiotik, Hermeneutik u. der Poststrukturalismus verstärkt berücksichtigt werden. Unter dem Begriff der »bürgerl. Ges.« betont A. insbes. die kommunale Dimension der Demokratie.

Schr.: Theoretical Logic in Sociology, 4 Bde. London 1982–83; (Hg.) Neofunctionalism, 1985; (Hg.) The Micro-Macro Link (mit B. Giesen, R. Münch u. N. Smelser), 1987; Twenty Lectures: Sociological Theory Since World War Two, 1987; Action and Its Environments: Toward a New Synthesis, 1988; (Hg.) Durkheimian Sociology: Cultural Studies, 1988; Structure and Meaning: Relinking Classical Sociology, 1989; (Hg.) Differentiation Theory and Social Change: Historical and Comparative Perspective (mit Colomy), 1990; (Hg.) Rethinking Progress (mit P. Sztompka), 1990; (Hg.) Culture and Society: Contemporary Debates (mit Seidman), 1990; Soz. Differenzierung u. kult. Wandel, 1993.
M. Schmid, Positivismus oder Postpositivismus?, in: KZfSS 41, 1989.

Algorithmus (lat. »Rechenverfahren«), Begriff der Kybernetik, ein eindeutig bestimmtes Verfahren zur schemat. Lösung einer speziellen, immer wieder auftretenden Klasse von Aufgaben, das eine bestimmte Folge von Grundoperationen festlegt.

Alienation, engl. Bezeichnung für →Entfremdung

ALLBUS, Abk. f. Allg. Bevölkerungsumfrage der Soz.wiss.en, eine repräsentative, seit 1980 alle zwei Jahre durchgeführte Befragung von ca. 3000 Bürgern der BR Dtl. zu verschiedenen soz.wiss. relevanten Themenbereichen: Einstellungen zu polit. Fragen, zur Verwaltung, zu Gastarbeitern, zum abweichenden Verhalten, Wichtigkeit von Lebensbereichen, Freundschaftsbeziehungen, Bewertung der wirtschaftl. Lage u. Entwicklung u.a.m. Zur Erleichterung einer zuverlässigen Analyse des soz. Wandels werden bei den periodischen Umfragen großenteils die gleichen Fragen gestellt. A. ist ein gemeinsames Vorhaben von →ZUMA (Konzeption u. Durchführung der Umfrage) u. des Zentralarchivs für empir. Soz.forschung (Archivierung u. Weitergabe der Daten). Der Befragungsteil über Staat u. Regierung steht in Verbindung mit dem →ISSP.

Allgemeine Soziologie, Bezeichnung für die Gesamtheit der soziol. Begriffe, Hypothesen u. Theorien, mit denen grundlegende Erscheinungen des sozialen Handelns (z. B. Wechselwirkung, Interaktion, Rollenhaftigkeit, Rolle) u. allg. verbreitete gesamtges. Strukturen u. Prozesse (z. B. Hierarchie, Statusstruktur, Status, Mobilität, soz. Wandel) analysiert u. er-

klärt werden. Durch unterschiedl. wissenschaftstheoret. Begründungsversuche u. weltanschauliche Orientierungen beinhaltet die A. S. entsprechend unterschiedl. theoret. Richtungen u. »Schulen«, die ihr einen pluralist. Charakter verleihen. Die Anwendung jeweils geeigneter Elemente der A. S. auf einzelne soziokult. Lebensbereiche hat spezielle Soziol.n hervorgebracht. →Spezielle Soziol., →Soziol.

A. Burghardt, Einf. in die A. S., ³1979 (1972); D. Grieswelle, A. S., 1973; W. Siebel, Einf. in die systemat. Soziol., 1974; H. Reimann u. a., Basale Soziol., 2 Bde., ⁴1991 (1977); G. Mikl-Horke, Soziol., 1988.

Allgemeinwohl →Gemeinwohl

Allmende (althochdt.), Teil der zur Gemeinde gehörenden Flur, die sich im Gemeineigentum der Dorfbewohner befindet (z. B. Wald, Weide, Wasserläufe) u. von ihnen gemeinsam oder abwechselnd genutzt wird.

Allokation (lat.), »Zustellung«, »Zuordnung«, Begriff der Arbeitssoziologie, Prozesse der nach Funktionsnotwendigkeiten vorgenommenen oder stimulierten Verteilung von Arbeitskräften bestimmter Fertigkeiten, Fähigkeiten bzw. ausbildungs- oder berufsmäßiger Spezialisierung auf dem Arbeitsmarkt, d. h. auf die in einer arbeitsteiligen Sozialstruktur vorhandenen Positionen. In Regionen u. Zeiten schnellen technolog. u. sozialen Wandels macht das A.problem weitgesteckte, über mehrere Generationen orientierte Planung notwendig, insb. in der Bildungsplanung.

Alltagsbewußtsein →Alltagswissen

Alltagsethik, religionssoziol. Begriff zur Analyse der Beziehungen zw. den Grundideen der großen Weltreligionen, dem Grad der persönl. Verinnerlichung dieser Ideen zu ethisch-moral. Standards u. den daraus abgeleiteten Orientierungen der Menschen einer Ges. gegenüber den materiellen u. sozialen Lebensverhältnissen des Alltags.

Alltagssoziologie, Soziol. der alltägl. Lebenswelt, der Alltagswelt (engl. world of everyday life), umschließt die Gesamtheit der soziol. Forschungsansätze, die sich unter dem besonderen Einfluß der →Phänomenolog. Soziol. u. des →Symbolischen Interaktionismus verstärkt der alltägl. ges. Wirklichkeit zuwenden, so wie sie den in ihr lebenden u. interagierenden Menschen vertraut u. selbstverständl. ist (→Lebenswelt). Das Forschungsinteresse der A. ist damit nicht vorzugsweise auf die Analyse oder Konstruktion von ges. Makrostrukturen u. soz. Systemen ausgerichtet, sondern schwerpunktartig auf eine möglichst unvoreingenommene Untersuchung der ges. Alltagswelt, die der wache u. normale Erwachsene in der Einstellung des gesunden Menschenverstandes als gegeben vorfindet. In der Regel empfindet er diesen Handlungsraum als unproblematisch. Gestützt durch vertraute →Selbstverständlichkeiten, eingelebtes →Alltagswissen u. routinisiertes Alltagshandeln ist er von dem Motiv entlastet, die mannigfaltigen Dinge, Erscheinungen u. Vorgänge des Alltagslebens in ihrem vorgefundenen Gegebensein anzuzweifeln. Aus diesem Realitätsbewußtsein heraus ist der einzelne davon überzeugt, daß alle vernünftigen u. normalen Menschen, mit denen er ges. zus.lebt, die gleiche

Auffassung von der gemeinsamen Alltagswelt haben wie er selbst. Ein solches Alltagsbewußtsein der Angehörigen einer Ges. bildet eine wesentliche Voraussetzung für gegenseitige Erwartungssicherheit u. für berechenbare, stabile Interaktionen.
Die A. öffnet sich den »nächsten Dingen« der sog. »kleinen Leute«, selbst den banal anmutenden Erscheinungen des alltägl. Zus.lebens u. der Alltagskultur: Traditionen, Sitten u. Bräuche, Begrüßungs- u. Umgangsformen, alltägl. »Rollenspiele« u. Rituale, Gewohnheiten u. Routine, Arbeit, Konsum (z. B. Eß- u. Trinkgewohnheiten), Freizeit u. Familienleben, kult. Selbstverständlichkeiten, Alltagswissen u. -bewußtsein u. a. m.

A. Gurwitsch, Die mitmenschl. Begegnungen in der Milieuwelt, hg. von A. Metraux, 1977; K. Hammerich u. M. Klein (Hg.), Materialien zur Soziol. des Alltags, Sonderheft 20 KZfSS, 1978; H. P. Thurn, Der Mensch im Alltag, 1980; B. Dechmann u. C. Ryffel, Soziol. im Alltag, 1981; P. Alheit, Alltagsleben, 1983.

Alltagswelt, alltägliche Lebenswelt →Lebenswelt

Alltagswissen, von A. →Schütz stammender Begriff der Phänomenolog. Soziol. u. phänomenolog. beeinflußter Richtungen der neueren Soziol. (→Ethnomethodologie). Er bezeichnet das tagtägl. »Jedermanns-Wissen«, auf dessen Grundlage die ges. Wirklichkeit u. Lebenspraxis vom einzelnen erfahren u. bewältigt wird. A. ist dem entsprechend das eingewöhnte, weitgehend als selbstverständl. u. fraglos empfundene Denken u. Wissen von prakt., soz. handelnden Menschen im Verflechtungszus.hang der alltägl. Lebenswelt. Dieses Routinewissen ist keineswegs systematisch, logisch strukturiert u. widerspruchsfrei. Wesentlich ist die mit Bewertungen verbundene Typisierung des Wissensvorrates, wodurch in pragmatischer Weise Entscheidungen vereinfacht u. Handlungen erleichtert werden. A. ist das Ergebnis der Sedimentierung von Erfahrungen, d. h. der mit Hilfe einer Sprache erfolgten Ablagerung von Erfahrungen in einem kollektiven Wissensbestand, u. zwar über Generationen hinweg. Als Ausdruck eines solchen Erfahrungsschatzes ist der Gehalt an »gesundem Menschenverstand« relativ hoch. Neue Erfahrungen werden in den Zus.hang des schon Bekannten u. Gewußten eingeordnet. A. ist insbes. das, was sich die Angehörigen einer Ges. gegenseitig als selbstverständl. u. sicheres Wissen unterstellen müssen, um überhaupt wechselseitig aufeinander abgestimmt handeln zu können. Trotz einer solchen als gemeinsam unterstellten Verständigungsbasis für die wechselseitige Orientierung u. Erwartungssicherheit muß das A. keineswegs bei allen Ges.angehörigen gleich ausgeprägt sein. Gerade in der mod. pluralist. Ges. machen sich infolge soz.struktureller, gruppenspezifischer u. biograph. Einflüsse individuelle Differenzierungen des A.s bemerkbar. So stehen dann konkurrierende alltagsweltl. Deutungsprogramme zur Bewältigung der Lebenspraxis zur Verfügung. Vor allem in Krisensituationen, in denen überkommene Handlungsmuster versagen, werden entsprechende Teile des A.s in Zweifel gezogen, einer bewußten Reflexion unterworfen u. ggf. neu ausgelegt. Im Rahmen des soz. Wandels wird A. immer wieder angereichert u. verändert. In Zeiten der Beruhigung dagegen erfolgt eine Stabilisierung des A.s u. der Routine.

Mit dem A. hängt eng das Alltagsbewußtsein zus., das gleichfalls in die alltägl. Lebensverhältnisse eingebunden ist. Es kommt insbes. in den Gedanken u. sprachl. Äußerungen der sog. »kleinen Leute« zum Ausdruck, aber auch in Darbietungen von Massenmedien. In Verbindung mit niedrigen Bildungsniveaus u. geringer Reflexionsfähigkeit tendiert das überkommene Alltagsbewußtsein in konfliktscheuer Weise zu einem harmonischen Welt- u. Ges.bild, zur Anerkennung des Status quo als einen »natürl.«, »selbstverständl.« Zustand, zur Kritikunfähigkeit u. zur Anfälligkeit gegenüber Vorurteilen u. Ideologien.

Das A. unterscheidet sich von dem Spezial- bzw. Sonderwissen, z. B. Berufswissen u. wiss. Wissen. Im gegenwärtig beschleunigten soz. Wandel unterliegen das A. u. Alltagsbewußtsein verstärkten Einflüssen der →Akkulturation, der ges. Pluralisierung, steigender Bildungsniveaus, der Ausbreitung soz.wiss. Wissens sowie einer größeren Reflexionsmöglichkeit. Die Zunahme des krit. Potentials im A. führt nicht nur zu Verunsicherung, sondern auch zu gesteigerter Anreicherung.

P. Berger u. T. Luckmann, Die ges. Konstruktion der Wirklichkeit, 1977 (1969, engl. 1966); Arbeitsgruppe Bielefelder Soziologen (Hg.). A., Interaktion u. ges. Wirklichkeit, 2 Bde., 1973; A. Schütz u. T. Luckmann, Strukturen der Lebenswelt, 2 Bde., 1979 u. 1984; T. Leithäuser u. a., Entwurf zu einer Empirie des Alltagsbewußtseins, 1977.

Altenherrschaft →Senioritätsprinzip, →Gerontokratie

Alter, Lebensabschnitt, dem nach sozialen Wertvorstellungen u. sozialen Organisationsstrukturen einer Gesellschaft bestimmte Rollen u. Verhaltensweisen zugeordnet werden, oder dem nach spezif.

Alter – Ego

Einstellungen, Orientierungen u. nach Reifen u. Informationsstand bestimmte soziale Positionen erstrebt werden. Dem biolog. A. steht die soziale Bestimmung u. Einschätzung des A. gegenüber. Technolog.-wirtschaftl. Gegebenheiten in den Produktions- u. Konsumtionsverhältnissen einer Gesellschaft bestimmen die mit dem A. verbundenen Veränderungen der Lebensumstände (z. B. Berufswahl, Eheschließung, Pensionierung). Histor. geformte Wertvorstellungen über das Zusammenleben u. über die Einflußverhältnisse zw. den Generationen bestimmen die Erwartungen, die Personen einer A.stufe gegenüber Angehörigen ihrer eigenen sowie der anderen A.gruppen hegen. Von solcher Eigen- u. Fremdbeurteilung hängt es ab, ob eine Person sich »jünger«, »gleichaltrig« oder »älter« fühlt, wie sie von anderen gesehen wird u. wie sie dementsprechend ihre sozialen Beziehungen ausrichtet. Wertungen des A. u. damit u. U. Vorurteile über die objektiven Möglichkeiten des A. sind entscheidend vorgeprägt durch ökonom. Urteile über sog. »produktive« Lebensphasen in der industriellen Arbeit der bürgerl. Leistungsges. Im engeren Sinne ist A. die Lebensphase, die sich an das Ausscheiden aus dem Berufs- u. Erwerbsleben anschließt.

R. M. Emge, Zum Soz.prestige der Lebensalter, 1978; L. Rosenmayr (Hg.), Die menschl. Lebensalter, 1978; W. Thoring, Das Verhältnis v. Erwachsenheit u. Kindheit im soziokult. u. psychosoz. Wandel, 1986; A. Amann, Die vielen Gesichter des A.s, 1989; G. Naegele u. H. P. Tews (Hg.), Lebenslagen im Strukturwandel des A.s, 1993.

Alter – Ego →Ego – Alter

Alternativbewegung, schlagwortartige Bezeichnung für eine neue, mannigfaltig ausgeprägte soziale Bewegung, die in Reaktion auf Umweltprobleme, soziale Krisen u. verfestigte Herrschaftsstrukturen der industr. Wachstumsges. einen neuartigen, alternativen Lebensstil anstrebt. Dieser soll nicht mehr vorrangig auf quantitatives Wirtschaftswachstum, Konkurrenz, berufl. Leistung u. egoist. Konsumerfolg ausgerichtet sein, sondern auf Umweltschutz, Solidarität, Mitmenschlichkeit, Selbstbestimmung u. individuelle Persönlichkeitsentfaltung. Träger der A. sind insb. ges.kritisch eingestellte Intellektuelle u. Angehörige der jungen Generation mit gehobenen Bildungsniveaus u. gesteigertem Problembewußtsein. Die A. bildet eine starke Antriebskraft des soz. Wandels.

H.-E. Bahr u. R. Gronemeyer (Hg.), Anders leben – überleben, 1978; H. v. Gizycki u. H. Habicht (Hg.), Oasen der Freiheit, 1978; W. Kraushaar (Hg.), Autonomie oder Getto? Kontroversen über die A., 1978; K. E. Wenke u. H. Zilleßen (Hg.), Neuer Lebensstil – verzichten oder verändern?, 1978; H. Hoefnagels, Die neue Solidarität, 1979; W. Hollstein, Die Gegenges., ³1980; C. Mast, Aufbruch ins Paradies? Die A. u. ihre Fragen an die Ges., 1980; K. H. Hillmann, Umweltkrise u. Wertwandel, 1981; H. Effinger, Individualisierung u. neue Formen der Kooperation, 1990.

Alternativer Lebensstil →Lebensstil

Alterssoziologie beschäftigt sich mit den ges. Definitionen von Alter u. den älteren Menschen zugedachten soz. Rollen, ihren Lebenslagen u. besonderen Problemen, ihrem Verhältnis zu anderen Generationen, ihrer Stellung im Verwandtschaftssystem u. weiteren Institutionen, ihrer demograph. Relevanz u. ges. Bedeutung. Histor. sowie kulturvergl. Studien haben die außerordentl. ges. Variabilität von Alterseinteilungen u. dem mit Alter verbundenen Status aufgezeigt. Die soz. Stellung älterer wie alter Menschen hängt im allg. davon ab, über wieviele ges. wichtige Ressourcen sie jeweils verfügen, wozu je nach Ges. Einkommen u. Vermögen, polit. Einfluß u. berufl. Position, Wissen, besondere Fähigkeiten u. Fertigkeiten, auch im soz. und rel. Bereich, sowie ihr Verhältnis zu Ahnen u. Göttern gehören (»Ressourcentheorie«). Die einseitige Bewertung alternder Menschen nach ihrer berufl. Leistung, die sich mit der Industrialisierung durchgesetzt hat, bringt älteren Arbeitnehmern in den letzten Berufsjahren erhebliche Schwierigkeiten und bei Berufsaustritt einen fühlbaren Statusverlust. Diese Begleiterscheinungen eines noch in den sechziger Jahren von Gerontosoziologen als natürlich angesehenen Herauslösens alter Menschen (»Disengagement-Theorie« von Cumming u. Henry) werden heute als kollektives Schicksal problematisiert, da sie weder die individuell sehr unterschiedl. Leistungsfähigkeit u. -motivation berücksichtigen noch die durchaus wichtigen »soz. Leistungen« älterer Menschen.

Die Familienbeziehungen alter Menschen werden aufgrund soz.-hist. u. kulturvergl. Studien realistischer u. damit differenzierter gesehen, sie werden vor allem in ihrer zeitlich bedingten Veränderlichkeit studiert. In Industrieges.en folgen dem Auszug des Nachwuchses aus dem elterlichen Haushalt die von beiden Generationen begrüßte »Intimität auf Abstand« (L. Rosenmayr), die getrennte, aber nicht allzu weit entfernte Haushalte bei gleichzeitig hoher Interaktionsfrequenz u. Solidarität meint, u. im höherem Alter, besonders nach Verwitwung eines Elternteils, das erneute Zus.ziehen – nach dem Muster der »Trennung auf Widerruf«

(L. Rosenmayr). Angesichts der stark erhöhten Lebenserwartung wird in der neueren A. wie der interdisziplinären Gerontologie zw. den Generationen der Älteren u. der Alten bzw. Hochbetagten, wenn auch nicht mit eindeutiger Grenzziehung, unterschieden. Die mit höherem Alter gemeinhin assoziierten Probleme wie Einsamkeit u. Hilfsbedürftigkeit u. die Unterbringung in Altentagesstätten oder – ständig – in Alten- oder Pflegeheimen betreffen am ehesten die Hochbetagten, aber auch da nur eine Minderheit. Entsprechend verlagert sich das Interesse der A. auf die neuere Generation älterer Menschen, die sog. »Neuen Alten«, die aufgrund besserer Gesundheit, günstigerer wirtschaftl. Lage u. erhöhten Bildungsstandes in der Lage u. willens sind, an verschiedenen ges. Einrichtungen wie polit. Parteien u. Bildungsinstitutionen, Entwicklungshilfe u. Freizeitveranstaltungen teilzunehmen.

E. Cumming, W. E. Henry, Growing Old, The Process of Disengagement, 1961; R. Tartler, Das Alter in der mod. Ges., 1961; R. König u. L. Rosenmayr, Familie – Alter, in: R. König (Hg.), Hdb. der empir. Sozialforschung, Bd. 7, 1976; M. Kohli (Hg.), Soziol. des Lebenslaufs, 1978; L. u. H. Rosenmayr, Der alte Mensch in der Ges., 1978; H. P. Tews, Soziol. des Alterns, ³1979 (1971); H. Schulz, Soz. Beziehungen im Alter, 1979; P. T. Amoss, S. Harrell, Other Ways of Growing Old, 1981; H. Konrad (Hg.), Der alte Mensch in der Gesch., 1982; H. u. H. Reimann (Hg.), Das Alter, ³1983 (1974); A. Foner, Aging and Old Age: New Perspectives, 1986; G. L. Maddox (Hg.), The Encyclopedia of Aging, 1987; R. Stadié, Altsein zw. Integration und Isolation, 1987; Dt. Zentrum f. Altersfragen (Hg.), Die ergraute Ges., 1987.

Altruismus (lat.), eine dem Egoismus entgegengesetzte, (nach außen) durch weitestgehende Fremdzentriertheit, Nächstenliebe u. Selbstlosigkeit gekennzeichnete Form des Denkens, Fühlens u. Handelns. Für den aufrichtigen A. ist die Grundeinstellung wesentl.,

Amalgamation

»für andere zu leben«. Dementsprechend werden eigene Bedürfnisse, Wünsche u. Interessen zugunsten der Ziele, Anliegen, des Wohls u. Glücks von Mitmenschen zurückgestellt. A. bildet somit eine Höchstform des →prosoz. Verhaltens. Die Entfaltungschancen für A. hängen von der Eigenart der jeweiligen Kultur u. Ges. ab, insbes. von weltanschaul., religiösen u. ethisch-moral. Orientierungen, vom Wertsystem, von der Regelung der Eigentumsverhältnisse, vom Ausmaß des Wettbewerbs u. der Rivalität, von der Bewältigung von Knappheits- u. Verteilungsproblemen. Zunehmender →Sozialdarwinismus u. Wettbewerb führen zur Ausbeutung altruist. handelnder Personen. Eine abgeschwächte Form des A. ist das Wohlwollen, das insbes. das mitmenschl. Verhalten im soz. Nahbereich (Familie, Freunde) stark beeinflussen kann. Der Begriff A. wurde von A. →Comte eingeführt u. auf die Maxime »Vivre pour autrui« (»Für den anderen leben«) zugespitzt. Der A. sollte in Überwindung des Egoismus die ges. prägende Moral im künftigen positiven Stadium der Menschheitsentwicklung bilden. In der engl. Moralphilosophie des →Utilitarismus wurde nachzuweisen versucht, daß die Förderung des Wohls anderer den Eigennutz steigern könne. H. Spencer gelangte zu dem ausgleichenden »rationalen Gebot: Lebe für dich selbst und für andere!« F. Nietzsche faßte den A. als eine verdeckte, nivellierend wirkende Form des Egoismus schwacher Menschen auf (→Sklavenmoral). E. Durkheim bezeichnete mit A. einen ges. Zustand, in dem die Ges. angehörigen vollständig in soz. Gruppen aufgehen u. sich ohne eigene Interessen normgerecht verhalten. Die Bewälti-

gung der gegenwärtigen Existenzprobleme (Bevölkerungswachstum, Umweltkrise, Verteilungskonflikte, Wanderungsdruck u. Gewaltzunahme) erfordert gegenüber der Ausbreitung einer egoist. Interessenorientierung die Stärkung der altruist. Komponente im Handeln.

T. Nagel, The Possibility of Altruism, Oxford 1970; H. E. Richter, Lernziel Solidarität, 1974; M. Hunt, Das Rätsel der Nächstenliebe, 1992.

Amalgamation, Vereinigung verschiedenartiger (sozialer) Teile zu einem neuen (sozialen) Ganzen. Gegenteil von (sozialer) →Differenzierung.

Ambiguität (lat.), Doppelsinnigkeit, Mehrdeutigkeit, angesichts der komplexen, vielfältig verschachtelten u. nach verschiedenen Wertvorstellungen u. Zielsetzungen organisierten Sozialstruktur hochindustrialisierter Ges.n eine aktuelle Eigenart sozialer Normensysteme, die Situationen, Verhaltenserwartungen u. damit soziale Problemlagen definieren. Für die Sozialisation des Menschen in derartigen Sozialstrukturen wird darum ein hoher Grad an A. toleranz gefordert, die ihn befähigt, normative Mehrdeutigkeiten u. damit soziale Unsicherheit u. soziales Handlungsrisiko ertragen u. ohne aggressive Ableitung auf andere soziale Verhaltenspartner bewältigen zu können.

N. Fries, A. u. Vagheit, 1980.

Ambivalenz (lat.), Doppelwertigkeit, Doppeldeutigkeit, seit S. Freud in der Psychologie gebräuchl. für eine widersprüchl.-wechselvolle Erlebnis- oder Gefühlsbeziehung, die durch simultane oder kurz aufeinanderfolgende konträre Wertungen ein gebrochenes u. damit psych. u. sozial belastendes Verhältnis zur Umwelt erzeugt. Die Soziol. versucht, spezif. Konstellationen von sozialen Beziehungen aufzuzeigen, die psych. A. hervorrufen oder zumindest verstärken.

Amnestie (griech.-lat.), »Vergessen«, Vergebung, allg. Begnadigung für bestimmte Kategorien von Straffälligen. A. führt zum Erlassen oder Verkürzen bereits angetretener Strafverbüßungen oder zur Straffreistellung von bereits begangenen Delikten. A.n werden zumeist aus polit. Gründen (z. B. Regierungswechsel, oder Revolution) oder dann ausgesprochen, wenn nach einschneidenden Prozessen sozialen Wandels allg. Zweifel an der Legitimität bestimmter Strafrechtsnormen entstehen u. eine Reform des Strafrechts noch aussteht.
F. A. Hammel, Innerstaatl. A.n, 1993.

Amtsautorität, Autorität, die mit den Anordnungsbefugnissen legitimiert wird, welche mit einem übertragenen Amt verbunden sind; auch Positionsautorität.

Analyse (griech.), »Zerlegung«, »Zergliederung«, Verfahren zur Untersuchung u. Erkenntnis der Zusammenhänge u. Kausalverhältnisse der Realität, bei dem ein beobachtbares u. problematisiertes Ganzes je nach dem spez. Erkenntnisinteresse prakt. oder gedankl. in seine Elemente zerlegt wird. Die logische A. befaßt sich mit dem Aufbau, dem Gebrauch u. dem Zusammenhang der Begriffe u. Sätze einer Theorie, die über eine bestimmte Realität oder über spez. Aspekte eines realen Phänomens Aussagen macht. In den Sozialwiss. ist entsprechend den verschiedenen Theorien, die mit ihren Begriffsapparaturen aus den sozialen Phänomenen (wie soziales Handeln, Werte, Normen, mündl. u. geschriebene Mitteilungen) die jeweils interessierenden Elemente herausgreifen, eine Reihe von A.-Verfahren entwickelt worden. Z. B. Faktoren-A., Inhalts-A., Kontext-A., Varianz-A.

Anarchie (griech.). der Zustand des totalen Chaos, der Unordnung und der Plan- u. Systemlosigkeit, verursacht durch Herrschafts- bzw. Gesetz- und Normenlosigkeit.

Anarchismus (griech.), Lehre von der Verneinung der Staatsgewalt u. -ordnung oder sogar die Forderung nach allg. Herrschaftslosigkeit als Inbegriff freiheitl. Ges.ordnung. Der A. hat sich als sozialrevolutionäre Bewegung im 19. Jh. entwickelt. Seine Hauptvertreter waren Godwin, Stirner, Proudhon, Bakunin. Bekämpft wurden alle polit. u. rechtl. Zwangs- u. Ordnungsmittel, vor allem der Staat, die Kirche, das Recht u. (z. T.) das Eigentum. Ziel war die Aufrichtung einer freiheitl. Ges.-ordnung mit sich selbstverwaltenden Genossenschaften gleichberechtigter, unabhängiger Individuen u. Gruppen, d. h. eine ges. Organisation, in der in extrem individualist. Weise letztlich nur die Willenshandlungen von Einzelpersönlichkeiten u. die persönl. Entfaltungsrechte anerkannt werden.
In Konkurrenz zu den theoret. bewußten u. prakt. organisierten sozialist.-marxist. Befreiungsbewegungen hat der A., ungeformt u. unorganisiert, den spontanen persönl. Einsatz u. den sporadischen, von »untergründigen« Zirkeln betriebenen Terror bevorzugt. Es ist darum kein Zufall, daß der A. bes.

Anarchosyndikalismus

in nichtindustrialisierten Ländern wie Südamerika u. dem vorbolschewist. Rußland seinen polit. Nährboden fand.

P. Kropotkin, Der A., 1923; P. Heintz, Die Autoritätsproblematik bei Proudhon, 1956; O. Rammstedt, A., Grundtexte zur Theorie u. Praxis der Gewalt, 1969; E. Oberländer (Hg.), Der A., 1972; M. Bakunin, Staatlichkeit u. Anarchie, 1972; M. Rock, A. u. Terror, 1977; J. Cattepoel, Der A., 1979; R. Cantzen, Weniger Staat – mehr Ges., 1987; P. Lösche, A., ²1987.

Anarchosyndikalismus, revolutionäre Lehre (verbreitet insbes. in romanischen Ländern) von der Möglichkeit des Aufbaues einer klassen- u. staatenlosen menschl. Ges. auf der Grundlage der Arbeiterselbstverwaltung in den einzelnen Produktionsorganisationen u. einer lockeren föderativen (planenden) Verbindung dieser Organisationen zu ges. Produktionsverbänden →Anarchismus, →Syndikalismus.

Anciennitätsprinzip, häufig angewandte Grundregel für die Verteilung von Aufstiegschancen u. von Herrschaftspositionen in Organisationen (Betrieben, Behörden, Parteien) nach dem Kriterium der Zugehörigkeitsdauer der in Frage kommenden Bewerber. Dabei wird unterstellt, daß längere Zugehörigkeitsdauer gleichbedeutend ist mit mehr Erfahrung u. daß sie darum zu höherer Leistung führt. Das A. als Auswahl- u. Beförderungsgrundsatz widerspricht jedoch dem Leistungsprinzip, wenn kein eindeutiger Zusammenhang besteht zwischen der Länge der Zugehörigkeitsdauer u. der Leistungsqualität bzw. -quantität.

Andere, von G. H. →Mead für die Analyse der Sozialisation u. Identitätsentstehung eingeführter Begriff mit unterschiedl. Bedeutungs-

schwerpunkten: Zunächst ist für das Hineinwachsen des Kindes (Sozialisand) in ges. Sinn- und Bedeutungs- sowie Handlungszus.hänge die Orientierung an konkreten Interaktionspartnern unerläßlich, die somit als »signifikante A.« (engl. significant other) erscheinen u. in der Regel mit den jeweiligen Sozialisatoren identisch sind. Schon im Spiel lernt das Kind bestimmte Rollen von Interaktionspartnern zu übernehmen u. sich in diese hineinzuversetzen. Erst durch seine Identifikation mit signifikanten A.n wird das Kind fähig, sich mit sich selbst zu identifizieren u. eine eigene Identität zu gewinnen.

Im Verlauf der weitergehenden Sozialisation lernt der einzelne, seine Vorstellungen hinsichtlich der ihm gegenüber bestehenden Erwartungen und Haltungen der Interaktionspartner zu verallgemeinern. Aus diesem Integrationsprozeß ergibt sich damit ein Vorstellungsbild vom »verallgemeinerten« bzw. »generalisierten A.n« (engl. generalized other), das die jeweilige ges. Umwelt u. die für den einzelnen bedeutsamen soz. Gruppen repräsentiert. In der Form des »generalisierten A.n« gibt die ges. Umwelt dem einzelnen eine einheitliche Identität u. beeinflußt in kontrollierender Weise das Verhalten.

G. H. Mead, Mind, Self and Society, Chicago 1934, dt.: Geist, Identität u. Ges., ⁷1988 (1968).

Androgynie (griech. gyne Frau), in Anlehnung an die schon in der griech. Sage auftretende Vorstellung von einem mann-weibl. Zwitterwesen (Hermaphrodit) bezeichnet A. in neuerer Zeit die harmonist. Idee von einer Integration der gesch.-soziokult. unterschiedl. ausgeprägten Geschlechtsrollen.

Damit wird in Fortsetzung einer alten Utopie eine Geschlechtsrollenorientierung propagiert, die sowohl maskuline wie auch feminine Merkmale u. Verhaltensmöglichkeiten in sich vereint. Die Überwindung einengender tradierter Geschlechtsrollennormen soll dem einzelnen einen größeren Verhaltensspielraum u. mehr Entfaltungschancen eröffnen. In der mod. westl. Ges. ist infolge der Menschenrechtsbewegung, des Strebens nach Chancengleichheit, der Frauenemanzipation, zunehmender Erwerbstätigkeit von Frauen sowie des Abbaus von Patriarchalismus u. Militarismus ein Prozeß der tendenziellen Angleichung der Geschlechtsrollen zustande gekommen.

D. Bierhoff-Alfermann, A., 1989; U. Bock, A. u. Feminismus, 1989; E. Badinter, Ich bin Du – Die neue Beziehung zw. Mann u. Frau oder die androgyne Revolution, 1991.

Anerkennung, soziale (engl. recognition), Bezeichnung f. die positive, das Selbstwertgefühl steigernde Bewertung eines Individuums durch seine soziale Umwelt. Da das kulturspezifisch beeinflußte Streben nach sozialer A. zu den wichtigsten Motivationen des Menschen zählt (→Thomas, W. I.), begünstigt die wechselseitige A. der Handlungspartner die Stabilität sozialer Beziehungen. Die Zuweisung v. A. ist zugleich als positive Sanktion ein wesentl. Verstärker (→Verstärkung) des normgerechten Verhaltens. Die Verweigerung v. A. wirkt hingegen als negative Sanktion bzw. als Strafe Tendenzen des abweichenden Verhaltens entgegen. In einer pluralist. Ges. ist für das durch A. gesteuerte Verhalten des einzelnen mitentscheidend, in welchen Subkulturen u. Gruppen er A. anstrebt.

W. J. Thomas, Person u. Soz.verhalten, 1965 (New York 1951); A. H. Maslow, Motivation and Personality, New York 1954.

Anforderungsprofil, Gesamtheit der Anforderungen, denen der Inhaber bzw. die Inhaberin einer betriebl. Position gerecht werden soll. Allg. wichtige Anforderungen sind: Ausbildung u. Fachkenntnisse, soz. Kompetenz, Geschicklichkeit, Leistungsfähigkeit, körperl. u. geistige Beanspruchung, Verantwortung u. Umgebungseinflüsse. Je nach Branche, Unternehmung, Betrieb, Arbeitsbereich u. hierarchischer Ebene werden solche allg. Anforderungen unterschiedl. aufgegliedert u. gewichtet, so daß sich hinsichtl. einer bestimmten Position ein spezifisches A. ergibt. Im betriebl. →Personalwesen bildet das A. ein maßgebl. Instrument für die Auswahl der jeweils geeignetsten Bewerber sowie für die Arbeitsbewertung.

L. Rosner, Voraussetzungen, Eigenschaften u. Fähigkeiten der Führungspersönlichkeit, 1983.

Angestellte, Arbeitnehmer, a) die in ihrer Berufstätigkeit eine sog. »höhere« oder »leitende« Stellung einnehmen, oder b) die, unabhängig von Qualifikationen, Rang u. Ausbildungsanforderung, im Bereich der sog. »konstruktiven«, »merkantilen« (kaufmänn.) u. »verwaltenden« Funktionen arbeiten. In Abgrenzung zum »alten« →Mittelstand werden die A. (u. auch die Beamten) zum »neuen Mittelstand« (»neue Mittelschichten«, »neue Mittelklassen«) gerechnet, d. h., es wird ihnen nach Funktionsrang im Arbeitswelt u. nach ihren (sich daraus ergebenden) sozialen Orientierungen, Attitüden, Habitus usw. eine gegenüber den Arbeitern »höhere«, zumindest jedoch »andere« soziale Stellung zu-

Angestellte

erkannt. Die mit den technolog. Umbrüchen u. Neuerungen einhergehenden Veränderungen der Arbeitsteilung, Arbeitsorganisation u. Arbeitsbewertung in der industriellen Ges. haben in den letzten 90 Jahren die Zahl der A. u. ihren Anteil an der Gesamtzahl der Erwerbspersonen schnell ansteigen lassen. Diese Tatsache, die sich insbes. aus dem schnellen Anwachsen des sog. →»tertiären Sektors« der Wirtschaftsges. (Handels-, Dienst-, Verkehrs- u. Verwaltungsleistungen) erklärt, wird u. a. auch als Beweis für die Entwicklung zur »nivellierten Mittelstandsges.« herangezogen. Die bes. Arbeitssituation u. das soziale Bewußtsein der A. werden z. T. sozialhistor. u. z. T. aus ihrer derzeitigen sozialen Lage erklärt. Zum einen wird auf die Abspaltung ihrer Funktionen von einer früher umfassenderen Unternehmer-Funktion (→Delegationstheorie) u. zum anderen auf ihre gegenüber den Arbeiter-Tätigkeiten bes. Karrierechancen hingewiesen. Obgleich erkannt wurde, daß die A. irgendwie zwischen den Klassen der Unternehmer u. der Arbeiter stehen, daß sie, wenn auch ebenfalls vom Produktionsmittelbesitz ausgeschlossen, sich vom Arbeiter aber durch andere Herkunft, höheres Bildungsniveau u. in der Regel höher bewertetes Berufswissen sowie durch sichereres u. auch meist höheres Arbeitseinkommen unterscheiden, blieb die soziol. Standortbestimmung lange ein offenes Problem. Bis Ende der 70er Jahre konnten folgende soziol. Grundpositionen unterschieden werden: a) die marxistische, die von den Produktionsverhältnissen in der kapitalist. Wirtschaftsordnung ausging u. die A. als eine bes. Gruppe von ökonom. abhängigen Lohnarbeitern ansah, die sich von den Arbeitern nur nach dem persönl. Habitus unterscheiden (»Stehkragenproletarier«; amerikanisch: white-collar-worker, Weißer-Kragen-Arbeiter; englisch: black-coated-worker, Schwarzer-Anzug-Arbeiter); b) die konservativ-liberale, die in den A. den wesentl. Bestandteil eines »neuen Mittelstandes« sah, der als Nachfolger des durch den Kapitalismus geschwächten »gewerblichen (alten) Mittelstandes« nunmehr die Aufgabe hat, als Stabilisator die divergierenden sozialen Kräfte in der Ges. zusammenzuhalten; c) die funktionalistische, die – ohne ges.polit. Ambitionen – lediglich fragte, welchen spezif. Beitrag die A. für das Funktionieren der arbeitsteiligen Struktur einer modernen Ges. leisten u. welche sozialen u. polit. Eigentümlichkeiten wie Karrierechancen, Mentalitäten, Sozialprestige, polit. Wahlverhalten, Bildungsambitionen, Freizeitverhalten u. a. sich aus Berufstätigkeit u. sozial-ökon. Status ergeben.

Ab den 80er Jahren wurden die qualifizierteren Teile der Arbeiterschaft in vielen wichtigen Aspekten den A.n gleichgestellt, andererseits wenig qualifizierte A. Dequalifizierungsprozessen unterworfen. Damit traten neue soz. Differenzierungen in den Vordergrund: so die unterschiedl. Lage auf den betriebsinternen u. -externen Arbeitsmärkten (z. B. Zugehörigkeit zu Stamm- oder Randbelegschaften) oder die Diskriminierungen zw. den männl. u. weibl. Beschäftigten, die durch das vermehrte Eintreten der Frauen in die Arbeitsmärkte u. das Erstarken der Frauenbewegung ihre besondere Brisanz erhielten. Verstärkt durch die neue Qualität der betriebl. Technisierung (durch neue Organisationstechniken »systemische« Vernetzung der Arbeitsabläufe mit neuen Kontroll- u. Abhängigkeits-, aber auch Gestaltungsmöglichkeiten) kam es zu neuen Demarkierungen, die weiterhin die Arbeiter-A.ndifferenz verblassen u. stattdessen eine »Mittelschichtenges.« aufscheinen lassen, die Unqualifizierte im weiteren Sinne ausgrenzt.

D. Lockwood, The Blackcoated worker, 1958; H. P. Bahrdt, Industriebürokratie, 1958; D. Claessens, G. Hartfiel u. a., A. u. Arbeiter in der Betriebspyramide, 1959; G. Hartfiel, A. u. A.gewerkschaften in Dtl., 1961; F. Croner, Soziol. der A., 1962; S. Braun, Zur Soziol. der A., 1964; U. Jaeggi, H. Wiedemann, Der A. in d. Industrieges., 1966; S. Braun, J. Fuhrmann, A.mentalität, 1970; N. Kadritzke, A. – Die geduldigen Arbeiter, 1975; J. Kocka, Die A.n in der dt. Gesch. 1850–1980, 1981; K. H. Hörning u. a., Die A.n im Großbetrieb, 1982; M. Baethge u. H. Oberbeck, Zukunft der A.n, 1986; K. Gottschall, Frauenarbeit u. Bürorationalisierung, 1990; W. Littek u. a. (Hg.), Organisation von Dienstleistungsarbeit, 1991.

Angst, psycholog. Bezeichnung für spezif. ausgelösten oder chron. Affektzustand, der mit Furcht- u. Schreckgefühlen verbunden ist. A. kann sowohl als bestimmte, auf angebbare Personen, Situationen oder Objekte bezogene, wie unbestimmte, vage auftreten. Sie kann in bes. Einzelsituationen u. bei gelegentl. psych. »Verletzungen« zeitl. begrenzt, aber auch – entwicklungspsychol. bedingt – als krankhafter Dauerzustand auftreten. Der ges. Fortschritt hat mit seiner naturwiss. Rationalität die in früheren Epochen der Menschheitsgeschichte herrschenden Realängste vor drohenden Gefahren der äußeren Natur weitgehend beseitigt, dafür aber neue, sozial bestimmte Daseinsängste geschaffen: Atomkriegsgefahr, Umweltkrise u. Zerstörung der natürl. Lebensgrundlagen. Insbes. Angehörige der Friedens- u. Umweltschutzbewegung bekennen sich öffentl. zu ihrer A. vor den Überlebensgefahren.

A. ist damit zu einer der starken Antriebskräfte für Friedens- u. Umweltschutzpol., für soz. Wandel geworden. – Theorien über Prozesse der Sozialisation u. der Bildung der Persönlichkeit heben bes. den Zusammenhang zwischen fehlender Ich-Identität und A. hervor.

D. Claessens, A., Furcht u. ges. Druck, 1966; H. Wiesbrock (Hg.), Die polit. u. ges. Rolle der A., 1967; H. Marcuse, Der eindimensionale Mensch, 1967; A. Mitscherlich u. a., Aggression u. Anpassung in der Industrieges. 1969; K. D. Hartmann (Hg.), Vorurteile, Ängste, Aggressionen, 1975; G. Deimling, A. u. Einsamkeit, 1980; W. D. Fröhlich, A., 1982; P. Götze (Hg.), Leitsymptom A., 1984; H.-E. Richter, Umgang mit der A., 1992.

Animalismus (lat. animal = Tier). Bez. f. sozialwiss. Theorien, die die Formen menschl. Handelns u. sozialer Strukturen auf die enge Verbindung des Menschen zum Tierreich zurückführen.

Animismus (lat. anima = Seele), seit Tylor (Primitive Culture, 1871) Begriff zur Bezeichnung bestimmter Geister- u. Seelenvorstellungen von Völkern früher ges. Entwicklungsstufen. Der A. ist die Personifizierung, »Beseelung« u. damit die Annahme immaterieller Wesenheiten in Erscheinungsformen der Natur und der Ges., die für die betreffenden Menschen von lebenswichtiger Bedeutung sind, aber in ihren Wirkungszusammenhängen nicht begriffen und verstanden werden. Die Ausstattung von Natur- u. Kulturphänomenen mit »persönl.« Charaktereigenschaften oder mit den Ergebnissen phantast. Gedankenschöpfungen u. Traumerlebnissen bewirkt einen Geister- u. Seelenglauben gegenüber der realen Umwelt, der u. a. die Funktion hat, Unerklärbares durch Personifizierung u. »Vermenschlichung« begreifl. zu machen. Dabei führen häufig menschl. Unzuläng-

Anlage

lichkeits- u. Ohnmachtsgefühle zur »Erfindung« fremder, überird., aber über materielle Erscheinungen mit den Menschen Beziehungen aufnehmender Mächte.

R. Hernegger, Der Mensch auf der Suche nach Identität, 1978; G. Dux, Die Logik der Weltbilder, 1982.

Anlage, päd. Bezeichnung für die Gesamtheit der in Prozessen des Reifens u. in Manifestationen der Begabung erkennbaren individuellen Prägungen durch Vererbung bzw. genet. »Übermittlung«. Neben bestimmten anatom., hormonalen u. nervösen Merkmalen offenbart die A. auch eine bestimmte allg. psychomotor. Aktivität, spez. psychophys. Reaktionspotentiale, individuelle Spannungs- u. Entspannungsfähigkeiten sowie Empfindlichkeiten gegenüber »äußeren« Reizen. Eines der Hauptprobleme der Pädagog. Soziol. ist die Frage, inwieweit menschl.-soziale Entwicklg. als bloße Entfaltung vererbter Potentialitäten, d. h. als automatisches Ablaufen angeborener Wachstums- u. Gestaltungsprozesse betrachtet werden kann (pädagog. »Pessimismus«), oder inwieweit die menschl. Persönlichkeit als Ergebnis der Prägungen durch Umwelt u. soziale Erfahrungen erscheint (pädagog. »Soziologismus«).

H. Roth (Hg.), Begabung u. Lernen, ⁵1970; ders., Päd. Anthropologie, Bd. I, ²1968; C. Niemitz (Hg.), Erbe u. Umwelt, 1987.

Anomie (griech.-lat.), Zustand mangelnder sozialer Ordnung, in der theolog. Sprache des ausgehenden Mittelalters (im späten 16. u. im 17. Jh. insbes. in England, anomy) Ausdruck für das Brechen religiöser Gesetze.

Für J. M. Guyau (1854–1888) ist die moral. A. als Abwesenheit apodiktischer, verfestigter u. universel-

ler Regeln charakteristisch für die Ethik des mod. Zeitalters. Sie ist eine Form der Moralität, die mit dem Wachsen des Wissens u. der Rationalität des Menschen geschaffen worden ist. A. wird von Guyau im Zus.hang mit einer dynam., sich wandelnden Ges. gesehen, in der das Individuum als aktiver Gestalter dieses Wandels wirkt.

Von Emile →Durkheim 1893 in seiner Untersuchung über die Arbeitsteilung benutzt, um die sozialpatholog. Auswirkungen der im Frühindustrialismus sich schnell entwickelnden menschl. u. sozialen Arbeitsteilung zu erklären. Durkheim bezeichnete als A. den sozialen Zustand, in dem mehr u. mehr Spezialisierung u. Besonderung der menschl. Arbeitsverrichtungen das System der für alle gemeinsamen Regeln u. Übereinkünfte zusammenbrechen läßt. Die Theorie der A. sollte nach Durkheim auch die steigenden Selbstmordraten in Zeiten einer durch Arbeitsteilung ermöglichten ökonom. Prosperität erklären. Da die allg. verbindl. Regeln auch definieren, was jeder Klasse von Menschen aus dem kooperativ erwirtschafteten Arbeitsprodukt zusteht, durch Arbeitsteilung aber zugleich Reichtumsvermehrung u. Zerfall dieser Verteilungsregeln einsetzt, beginnt im sozialen Zustand der A. eine gnadenlose Jagd um die Prosperitätsgewinne, ein Zustand, der den Wunsch zu leben, schwächt.

R. K. Merton (1938) hat die Theorie der A. verfeinert, indem er den Begriff der Regel differenzierte, u. unterschied a) kulturelle Ziele als Wünsche u. Erwartungen der Menschen einer Ges., b) Normen, die die Mittel vorschreiben, welche die Menschen zur Realisierung ihrer Ziele anwenden dürfen, u. c) die Verteilung dieser Mittel bzw.

den normierten Zugang zu diesen Mitteln. Als sozialen Zustand der A. wird nunmehr eine »Dissoziation« (Unstimmigkeit, Ungleichheit) von Zielen u. Mitteln u. insbes. zw. den aus kulturellen Zielen sich ableitenden sozialen Ansprüchen u. dem beschränkten Zugang unterer sozialer Schichten zu den zugelassenen Mitteln bezeichnet, weil ein solcher sozialer Strukturzustand die Bindung u. Orientierung der Menschen an die kulturell vorgeschriebenen Ziele oder an die zugelassenen Mittel schwächt. Die Folge ist Orientierungslosigkeit, Ungewißheit über die Substanz u. die Legitimität von Normen in Situationen sozialer Interaktion. Das führt wiederum zu Frustrationen, Fehlanpassungen, sozialen Distanzierungen, psych. Verhaltensstörungen, mithin zu weiterer sozialer Desintegration.

Gegenwärtig führt die Ausbreitung der mod. Ges. mit ihrem Kulturrelativismus u. ihrem Pluralismus der Weltanschauungen u. Wertorientierungen zur Verdrängung überkommener Kulturen mit traditional stabilisierten Wert- u. Normensystemen. Durch diesen säkularen Prozeß wird A. zu einem weltweiten Problem der Orientierungs- u. Verhaltensunsicherheit, der Individualisierung u. ges. Desintegration. Gegentendenzen sind die fortschreitende Verrechtlichung des soz. Zus.lebens, die Rückbesinnung auf die gesch.-kult. Identität der eigenen Ges. u. der expansive Fundamentalismus im islamischen Kulturkreis.

E. Durkheim, De la division du travail, Paris 1893, dt.: Über die Teilung der soz. Arbeit, [2]1988; ders. Le Suicide, Paris 1897, dt.: Der Selbstmord, 1973; R. K. Merton, Social Structure and A., in: ders., Social Theory and Social Structure, New York 1968 (1949); A. K. Cohen, Abweichung u. Kontrolle, 1968; H. Klages, Die unruhige Ges., 1975; H.-D. Basler, Untersuchungen zur Validität der Anomia-Skala v. Srole, in: KZfSS 29, 1977; S. Lamnek, Kriminalitätstheorien – kritisch, 1977; Marco Orru, The Ethics of A.: Jean Marie Guyau and Émile Durkheim, in: The British Journal of Sociol. 34, 1983.

Anonymität (griech.), »Namenlosigkeit«, insbes. von der Stadtsoziologie problematisierter Zustand sozialer Beziehungen, der als Folge von Agglomeration in großem Umfange auftritt. A. meint entweder sozialen Verkehr u. soziale Begegnung von Menschen lediglich in ihrer Eigenschaft als Rollenträger, Funktionäre, Organisationsmitglieder, oder unstrukturiertes Zusammenstoßen und Zusammenhandeln in der →Masse.

Anpassung, soziale (engl. adjustment), Prozesse der Veränderung von Eigenschaften, Gewohnheiten, Orientierungen u. Verhaltensformen zum Zwecke der sozialen Integration eines Individuums in eine Gruppe oder Organisation, oder einer Gruppe bzw. einer Organistion in übergeordnete soziale Gebilde, oder ganzer Teilbereiche einer Ges. an allgemein gültige u. verbindl. soziale Normen. A. ist, solange Ges. eine pluralist. Vielfalt von Normengefügen darstellt, immer auch mit Desintegration oder abweichendem Verhalten gegenüber jeweils anderen sozialen Teilbereichen verbunden. A. ist bis zu einem gewissen Grade die Voraussetzung für die Teilhabe an wechselseitigen sozialen Beziehungen u. für die Mitwirkung u. Funktionenübernahme in arbeitsteiligen sozialen Systemen, d. h. für die Bewältigung sozialer Kooperations- u. Umwelterfordernisse und damit für das prinzipielle Weiterbestehen menschl. Ges. überhaupt. Ein zu hoher Grad von A. wird jedoch sozialkritisch als Gefahr für ein aktiv-schöpfer. Sozialverhalten

Anreiz 30

gewertet, insbes. dann, wenn sich Individuen kritiklos u. ohne Widerstand zu leisten der Normativität des sozial Faktischen, d. h. den bestehenden Institutionen einer Ges.struktur einfügen lassen. Im Zusammenwirken mit der →Psychoanalyse u. →Lerntheorie problematisiert die Soziol. darum auch die psych. Prozesse u. die Mechanismen der Persönlichkeitsbildung, die unter bestimmten Bedingungen u. Formen der Sozialisation des Menschen dessen soziale Orientierung zw. A. u. Widerstand bestimmen. Von bes. Bedeutung sind hierbei die Sanktionen, d. h. die Mechanismen von Bestrafung u. Belohnung. Theorien, die das Verhältnis von Ges. u. Natur oder von Ges.struktur u. Entwicklungsstand der Technik behandeln, benutzen den Begriff A., um die Entwicklung u. Aktivierung neuer Werthaltungen, Normen, Gruppen- u. Organisationskräfte als Antwort auf die Herausforderung veränderter Umweltbedingungen, überholter Rechts- u. Herrschaftsverhältnisse sowie neuer techn. Möglichkeiten darzustellen.

C. W. Mills, Kritik der soziol. Denkweise, 1963; P. R. Skawran, Psychologie der A.prozesse, 1965; R. Presthus, Individuum u. Organisation, Typologie der A., 1966; H. P. Dreitzel, Die ges. Leiden u. das Leiden an der Ges., 1968; A. Zijderveld, Die abstrakte Ges., Zur Soziol. von A. u. Protest, 1972.

Anreiz, engl. incentive, Grundbegriff behaviorist. orientierter Lerntheorien; Aspekt der Umwelt des Menschen oder des Tieres, der ein Handeln auslöst (Reaktion). A.e sind insbes. bei der Motivierung von Lernverhalten u. verschiedener Formen des wirtschaftl. Handelns (Erhöhung der Leistungsbereitschaft u. der Erfolgsorientierung) von großer Bedeutung.

H.-W. Dörfler, Grundlagen der prakt. Gestaltung von A.systemen zur Unternehmensführung, 1993.

Ansehen, soziales, →Prestige.

Anspruchsniveau, Aspirationsniveau (engl. level of aspiration), ein von K. Lewin eingeführter Begriff zur Bezeichnung des Schwierigkeitsgrades von Leistungen, die ein Individuum zu erfüllen versucht. Als soziol. relevanter Begriff wird er auf mannigfaltige Zielsetzungen von Individuen, Gruppen, Organisationen u. Bevölkerungsteilen bezogen: Lebensstandard, Konsumniveau, soz. Sicherung, polit. Partizipation, Selbstverwirklichung u. a. m. Die Dynamik der A.s unterliegt dem individuellen Charakter, soziokult. Einflüssen (Kulturkontakte, wirtschaftl. Entwicklung, Werbung, neue Ideen, Werte- u. Normenwandel, Einflüsse von Bezugsgruppen u. Subkulturen). Wiederholte Erfolge steigern, Mißerfolge senken das A. Dauerhafte Frustration als »selbstverständlich« empfundener A.s großer Bevölkerungsteile (Deprivation) beeinträchtigt die Stabilität polit.-ges. Systeme (Legitimationskrise).

K. Lewin, T. Dembo, L. Festinger u. P. S. Sears, Level of Aspiration, in: Personality and the Behavior Disorders, hg. v. J. Mc V. Hunt, Bd. 1, New York 1944; H. Klages, Die unruhige Gesellschaft, 1975.

Anstalt, nach M. Weber ein »Verband«, dessen rational planvoll gesatzte Ordnung innerhalb eines angebbaren Wirkungsbereichs für das Handeln eines jeden Geltung besitzt, auf den bestimmte Merkmale zutreffen: Gebürtigkeit, Aufenthalt, Inanspruchnahme bestimmter Einrichtungen. Neben dieser oktroyierend bzw. zwingend wirkenden Ordnung verfügt die A. als Verband über einen »Leiter« u. einen

»Verwaltungsstab« (Zwangsapparat), deren Handeln auf die Einhaltung der gesatzten Ordnung ausgerichtet ist. A.shandeln ist ein entsprechend reguliertes u. organisiertes zielgerichtet-planvolles Handeln von A.en. Eine A. ist insbes. der Staat mit seinen untergeordneten, fremdgeleiteten »Verbänden«, ferner die Kirche. Die A. tritt insbes. als »Gebietsverband« auf.

Die A. des öffentl. Rechts ist eine durch Gesetz oder aufgrund eines Gesetzes geschaffene Einrichtung mit bürokratischem Organisationscharakter, die auf Dauer einem bestimmten öffentl. Zweck dienen soll. Infolge ihrer rechtl. Selbständigkeit verfügt die A. des öffentl. Rechts über eine gesetzl. abgeleitete A.sgewalt, mit der sie durch A.sordnungen (Satzungen) die Organisation sowie das Verhältnis zw. A. u. Benutzern festlegen kann. A.en des öffentl. Rechts sind z. B. die Bundesanstalt für Arbeit u. die öffentl.-rechtl. Rundfunk- u. Fernsehanstalten. Neben diesen rechtsfähigen A.en des öffentl. Rechts gibt es die nichtrechtsfähigen, aber technisch-organisatorisch verselbständigten A.en der öffentl. Verwaltung, die im Dienst übergeordneter A.sträger (Staat, Gemeinde) bestimmte Aufgaben zu erfüllen haben: z. B. Krankena.en, Justizvollzugsa.en, Versorgungs- u. Verkehrsbetriebe).

In der Alltagssprache bezeichnet A. bürokratisierte Organisationsgebilde mit bestimmten, rechtl. festgelegten Aufgaben insbes. pädagogischer, therapeutischer oder rehabilitiver Art, z. B. Schulen, Krankenhäuser u. Justizvollzugsa.en. Das Wort A. bezieht sich sowohl auf die Gebäude, in denen solche übertragenen Aufgaben erfüllt werden, wie auch auf den graduell unterschiedl. ausgeprägten Zwangscha-

rakter, dem die Insassen der jeweiligen A.en ausgeliefert sind.

M. Weber, Wirtschaft u. Ges., ⁵1980 (1921).

Anstand, der in einer Ges. oder in einzelnen Ges.schichten bestehende, von ethisch-moral. Anspruchs- u. Erwartungshaltungen gestützte, allg. als »selbstverständl.« empfundene Maßstab für »gutes« bzw. »richtiges« Verhalten (»Benehmen«) des Ges.angehörigen gegenüber seinen Mitmenschen. »Anstandsregeln« (→Etikette), die als soz. Normen von der überwiegenden Mehrheit der Ges.angehörigen akzeptiert werden, bestimmen weitgehend die →»Umgangsformen« u. beeinflussen die Lebensart. In neuerer Zeit hat der soz. Wandel eine beschleunigte Veränderung der A.sregeln bewirkt, insbes. eine Auflockerung u. Abschwächung ihrer rituellen Strenge.

B. Zaehle, Knigges Umgang mit Menschen u. seine Vorläufer, 1933; H.-V. Krumrey, Entwicklungsstrukturen von Verhaltensstandarden, 1984; K. Mitralexi, Über den Umgang mit Knigge, 1984.

Antagonismus (griech., lat.), »Gegensatz«, »Widerstreit«, Zustand des gesetzmäßig tendenziellen oder bewußt feindseligen Gegeneinanderwirkens sozialer Kräfte (Organisationen, Klassen, Subkulturen u. a.) einer Ges. bzw. mehrerer Ges.en oder Ges.ordnungen untereinander. Es muß unterschieden werden zwischen Situationen des A., in denen (a) die gegensätzl. Kräfte voneinander abhängen, sich gegenseitig bedingen u. durchdringen, so daß eine nicht ohne die andere bestehen kann, (b) der Kampf der Gegensätze schließlich zur Eliminierung der unterlegenen Seite führt, und (c) als Ergebnis des Widerstreites die beteiligten Kräfte zugunsten einer neuen Einheit un-

Anthropogenese 32

ter- bzw. in diese neue Einheit eingehen (Dialektik). Im Marxismus u. in liberal orientierten Theorien des sozialen Wandels u. sozialen Konflikts kommt der vorwärtstreibenden Kraft antagonist. Strukturverhältnisse der Ges. eine große Bedeutung zu.

Anthropogenese, Prozeß der Herausbildung der menschl. Gattung aus dem Tierreich bzw. die Veränderung der biolog. Ausstattung des Menschen durch die sich im histor.-kultur. Entwicklgs.prozeß herausbildenden Formen der ges. Reproduktion (durch Arbeit, Werkzeuge, Technik).

Anthropologie, (griech.), Wiss. vom Menschen; biolog. A. untersucht als Teil der Zoologie den Menschen morpholog., physiolog. u. genet. im Vergleich mit anderen Tiergattungen, um Zusammenhänge zwischen allg. biolog. Entwicklungen u. spez. Naturanlagen des Menschen aufzuzeigen; ethnolog. A. vergleicht versch. Kulturen, um die für menschl. Zusammenleben entweder universell oder unter bestimmten (geograph., klimat., histor.) Bedingungen gültigen Lebensformen zu ermitteln; philos. A. versucht, unter Heranziehung der Forschungsergebnisse spez. Natur- u. Sozialwiss.en das »Wesen« des Menschen als bes. Gattung von Lebewesen zu bestimmen; pädagog. A. hat die Probleme der Bildungsbedürftigkeit u. Bildungsfähigkeit des Menschen zum Gegenstand. Soziol. A. bemüht sich um die Klärung der den soziol. Einzeltheorien zugrundeliegenden anthropolog. Prämissen. Dabei wird bes. Wert darauf gelegt, überpointiert einseitige Ansätze einander gegenüberzustellen u. zu relativieren. Z. B. weist soziol. A. auf die Fruchtbarkeit von For-

schungsansätzen hin, die zu vermitteln versuchen zwischen den Annahmen, daß (a) die Bestimmung ges. Phänomene durch die Natur des Menschen erfolge, d. h. einzig u. allein Instinkt-Bestimmungen Kultur u. Ges.formen u. Anlage-Faktoren das menschl. Lebensschicksal festlegen, oder (b) daß Kultur u. Ges. jeweils eine freie Schöpfung »weltoffener« Menschen seien, deren Rahmen u. Struktur ledigl. durch die materiellen Lebensbedingungen beeinflußt werden. Von bes. Bedeutung ist soziol. A. für Theorien der Sozialisation u. des sozialen Wandels, wobei vor allem Probleme der Faktoren für Entfaltung u. Behinderung menschl. Potenzen eine Rolle spielen. Grundannahmen soziol. A. bestimmen sowohl den gesch.-philos. »Hintergrund« als auch den ges.polit. Stellenwert soziol. Theorien.

H. Plessner, Die Stufen des Organ. u. der Mensch, [2]1965 (1928); A. Portmann, Zoologie u. das neue Bild vom Menschen, 1959; A. Gehlen, Anthropolog. Forschg., 1961; ders., Der Mensch, [8]1966; W. E. Mühlmann, E. W. Müller, Kultura., 1966; N. Elias, Über den Prozeß der Zivilisation, 2 Bde., 1969; D. Claessens, Instinkt, Psyche, Geltung, [2]1970; ders., Nova Natura, Anthropolog. Grundlagen mod. Denkens, 1970; W. Lepenies, Soziol. A., Materialien, 1971; ders. u. H. Nolte, Kritik der A., 1971; H. G. Gadamer, P. Vogler (Hg.), Soziala., 1972; M. Godelier, Ökon. A., 1974; R. König, A. Schmalfuß (Hg.), Kulturanthropologie, 1974; M. Mauss, Soziol. u. A., 2 Bde., 1974/75; D. Claessens, Das Konkrete u. das Abstrakte, 1980; A. Honneth u. H. Joas, Soz. Handeln u. menschl. Natur, 1980; H. Süssmuth (Hg.), Histor. A., 1984; G. Böhme, A. in pragmatischer Hinsicht, 1985; A. Blok, Anthropologische Perspektiven, 1985.

Antiautoritäre Bewegung
→Protestbewegungen

Antinomie (griech.), »Widerstreit von Setzungen«, im logischen Sinne ein Widerspruch zwischen zwei oder mehreren Sätzen, die jeder für sich aus irgendwelchen Gründen für wahr angesehen werden.

Antirevisionismus, marxist. Interpretation des Verhältnisses von Staat und Wirtschaft in kapitalistischen Ländern, die – im Gegensatz zur Theorie des staatsmonopolistischen Kapitalismus – weiterhin die These vertritt, daß alle jurist. u. polit. Verhältnisse »notwendig« ökonomisch determiniert sind, der Staat demnach einzig u. allein »Agent« der kapitalist. Verwertungsgesetze ist, seine Aktionen nur Objektivationen der »Gesetze« der Akkumulation u. Zirkulation des Kapitals sind.

W. Müller, Ch. Neusüß, Die Sozialstaatsillusion u. der Widerspruch von Lohnarbeit u. Kapital, in: Sozialist. Politik, 6–7, 1970.

Antisemitismus, (lat.) »Judenfeindschaft«. Der Ende des 19. Jhs. aufgekommene Begriff bezeichnet eine feindselige bis haßerfüllte, auf Isolierung (Ghetto), Vertreibung oder Vernichtung (Shoah) gerichtete Haltung gegenüber dem →Judentum. Der A. hat meist mehrere, häufig miteinander verbundene histor., rel. u. psychol. Ursachen, um Juden als »Sündenbock« oder »Verschwörer« zu diffamieren.

In der Spätantike u. dem Frühmittelalter war der als »christliche Judenfeindschaft« zu kennzeichnende A. überwiegend rel. motiviert (Schuld am Tode Christi) u. äußerte sich neben verbalen Haßtiraden (z. B. Martin Luther) auch in staatl. sanktionierten Judenverfolgungen u. -morden. Ges. Diskriminierungen wie Ausschluß aus Zünften u. Gilden, separate Wohngebiete (Judenviertel) oder Beschränkungen des Aufenthaltsrechts weisen auf den im Mittelalter zusätzlich aufkommenden ökonom. Neid (Erfolg im Handels- u. Bankgeschäft) hin. Am Ende des 19. Jhs. entstand der von der Rassentheorie beeinflußte polit. A., der weite Kreise der Bevölkerung massiv beeinflußte – auch wenn es nicht, wie in Rußland, zu Pogromen kam. Durch den A. der NS-Ideologie kam es im Dritten Reich (1933–45) zum planmäßigen Ausschluß (Nürnberger Gesetze) von Juden aus der Ges., der in der Shoah, der systemat. Vernichtung des europäischen Judentums mündete.

Der latente Rechtsradikalismus in Teilen der Bevölkerung u. die chronischen antisemitischen Vorfälle u. Schändungen zeigen, daß ein »A. ohne Juden« (Silbermann) noch immer existent ist.

Der erweckte Haß gegen die fremde Minderheit soll die Einigkeit der eigenen Gruppe stärken. Sozialpsychol. Untersuchungen haben gezeigt, daß insbes. die autoritäre Persönlichkeit für A. anfällig ist u. daß darum dem A. mit Methoden u. Inhalten der Sozialisation begegnet werden kann, die Ich-Identität, Autonomie u. psychische Tiefenaufklärung fördern u. damit die individuelle wie massenweise Auslieferung an ein Denken in Vorurteilen u. Stereotypen verhindern.

R. Rürup, Emanzipation u. A., 1975; S. Landmann, Die Juden als Rasse, 1981; A. Silbermann, Sind wir Antisemiten? 1982; H. Greive, Gesch. des mod. A. in Dtl., 1983; H. A. Strauss u. N. Kampe (Hg.), A., 1985; A. Silbermann u. J. H. Schoeps (Hg.), A. nach dem Holocaust, 1986; D. Bering, Der Name als Stigma, 1987; D. Claussen, Grenzen der Aufklärung, 1987; R. Erb u. M. Schmidt (Hg.), A. u. Jüdische Gesch., 1987; B. Lewis, »Treibt sie ins Meer!«, 1987; G. Brakelmann u. M. Rosowski (Hg.), A., 1989; W. Bergmann u. R. Erb (Hg.), A. in der polit. Kultur seit 1945, 1990; H. A. Strauss u. a. (Hg.), Der A. der Gegenwart, 1990; W. Bergmann u. R. Erb, A. in der BR Dtl., 1991; G. B. Ginzel (Hg.), A., 1991.

Antithese →Dialektik

Antizipation (lat.), »Vorwegnahme«, Bildung eines philosoph. Begriffs oder einer Vorstellung vor der

Antrieb

Erfahrung; aufgrund bereits gemachter Erfahrungen, erkannter Gesetzmäßigkeiten oder Kausalverhältnisse die gedankl. (theoret.) Vorwegnahme zukünftigen (realen) Geschehens. Auch Vorhersage. – A. ist gegenwärtig zu einem entscheidend wichtigen Element einer erfolgreichen, auf Vorbeugung beruhenden Bewältigung der Umweltkrise bzw. der Gefährdung der natürl. Lebensgrundlagen (Überlebenskrise) geworden.

Antrieb →Motivation

Apartheid (afrikaans), Prinzip der völligen sozialen Trennung zwischen Weißen und Schwarzen in der Republik Südafrika. Seit 1948 vertretene Politik, die zu einer perfektionierten Gesetzgebung geführt hat, nach der praktisch die räumliche Trennung, die ausbildungsmäßige, vermögensrechtl. u. damit wirtschaftl. Unterprivilegierung, über sexuelle Beziehungsverbote u. allg. Kontaktbeschränkungen die soziale Rassenschranke u. letztlich auch die durch partiellen Ausschluß von Wahlrechten u. Selbstverwaltungsfunktionen erzielte polit. Differenzierung zu ungunsten der Schwarzen realisiert worden ist. Zunehmende weltweite Proteste u. Sanktionen sowie der Kampf der Schwarzen gegen die Diskriminierung u. Unterdrückung durch die konservativen Weißen bewirkt gegenwärtig eine schrittweise Überwindung der A. Ende 1993 hat das Parlament der Republik Südafrika eine Verfassung gebilligt, die der schwarzen Bevölkerungsmehrheit die polit. Gleichberechtigung zusichert.

F. Duve (Hg.), Die Polit. der A., 1965; H. Adam, Südafrika, Soziol. einer Rassenges., 1969; J. F. Noller, Theorie u. Praxis der A., 1977; H. Orbon, Die Lage der Schwarzen in Südafrika, 1980; T. Kruchem (Hg.), Brücken über die A., 1986; C. Sodemann, Die Gesetze der A., 1986.

Apathie (griech.-lat.), »Schmerzlosigkeit«, »Unempfindlichkeit«, psycholog. ein Zustand der Indifferenz, der völligen Abwesenheit von Gefühlen oder Emotionen. Verursacht durch unüberwindbar erscheinende ges. Deklassierung u./oder polit. Unterdrückung (Repression), phys. Erschöpfung, depressiv stimmende Erlebnisse oder durch krankhafte Störungen der Psyche. In der Soziol. neuerdings Bezeichnung für die Teilnahmslosigkeit oder für mangelndes Interesse u. Engagement der Mitglieder von Organisationen gegenüber deren Zielsetzungen oder Aktionen. Darüber hinaus Zustand der polit. Indifferenz zu öfftl. Angelegenheiten überhaupt. Die polit. A. breiter Bevölkerungskreise gilt für das Funktionieren von Demokratie ebenso abträglich wie ein starker Radikalismus.

R. Klockhaus, Ein Beitrag zur Analyse polit. A. (KZfSS, 22. Jg., 1970); H. Marcuse u. a., Aggression u. Anpassung in der Industrieges., 1968; M. v. Freyhold, Autoritarismus u. polit. A., 1971; B. Hochstein, Die Ideologie des Überlebens, 1984.

Apologie, Apologetik (griech.), »Rechtfertigung«, »Verteidigung«, theolog. die Lehrdisziplin mit der Aufgabe, die Wahrheit der christl. Verkündigung gegenüber ihren Gegnern zu vertreten. In der Soziol. die Feststellung bzw. der Vorwurf, daß ein theoret. System seinen Prämissen u. Begriffen nach so angelegt sei, daß Probleme der sozialen Struktur nur im Hinblick auf das Gleichgewicht u. das Funktionieren ihrer Elemente beschrieben u. erklärt werden können u. daß darum Fragen des sozialen Wandels, des Konflikts, der Herrschaft, der sozialen Klassen ausgeklammert bleiben müßten. Derartige soziol. Theorie würde – bewußt oder unbewußt – als A. der bestehenden soz. Strukturverhältnisse wirken u. damit einseitig polit. konservativ Stellung beziehen.

Aporie (griech.), »Weglosigkeit«, theoret. Ausweglosigkeit, die Unmöglichkeit, zur Lösung eines Problems zu gelangen, weil in der zu erklärenden Sache selbst oder in den dazu verwendeten Begriffen Widersprüche enthalten sind oder weil Gründe sowohl für wie gegen eine bestimmte Auffassung über einen Gegenstand oder zu einer Problemlösung sprechen.

A posteriori (lat.), »vom Späteren her«, aus der Wahrnehmung, aus der Erfahrung genommene Erkenntnis, von den Wirkungen auf »dahinter« liegende (verborgene) Ursachen schließend.

Appetenz (lat.), Verlangen, Streben nach etwas.

Approach (engl.), spezif. Forschungsansatz zur Lösung eines Problems, der die Artikulation des Problems selbst u. auch die zu dessen Lösung eingesetzten Methoden, Begriffssysteme u. empir. Analyse-Ansätze weitgehend bestimmt.

Approximation (lat.), »Annäherung«, methodolog. Bezeichnung für das (bes. in den Soz.wiss.en übl.) Bemühen, einen in der Realität sehr komplizierten u. von sehr vielen (method. nicht alle »beherrschten«) Faktoren beeinflußten Zusammenhang theoret. wenigstens soweit in wiss. Aussagen »abzubilden«, daß solche Aussagen annäherungsweise Erklärungen u. Voraussagen zu solchen Zusam-

menhängen mögl. machen. »Approximative« Aussagen, die nicht genau »wahr« sind, können dennoch den problematisierten Tatbestand für viele forschungsprakt. Zwecke hinreichend wiedergeben.

A priori (lat.), »vom Früheren her«, von der Erfahrung oder Wahrnehmung unabhängig, rein begrifflich, aus Vernunftsgründen erschlossene Erkenntnis.

Arbeit, zielbewußte u. brauchvermittelte Tätigkeit des Menschen zur Lösung oder Linderung seiner Überlebensprobleme; in ihren konkreteren u. ursprüngl. Formen (zufolge ihrer Sinnausstattung durch A.slieder u. -feste) nicht leicht vom »Kunst« oder (durch ihre spöttischen oder nachahmerischen Züge) vom »Spiel« abgrenzbar. Prozesse der A. sind immer auch soz. Prozesse; sie gestaltet die ges. Beziehungen der Menschen unter- u. widereinander, verwandelt die ›natürl.‹ Umwelt in eine je u. je kult. u. prägt in ihren widersprüchl. Zügen (Produktivität/Destruktivität, Eigen-/Gemeinnutz) auch ihre (friedl./kriegerischen) Techniken. Ges.en werden in ihren Abhängigkeits- u. Machtverhältnissen wie auch in ihren Wertformen entscheidend durch die gesch.en Anteile ihrer A.sformen charakterisiert (A.s-vereinigung, -gemeinschaft, -teilung). Ziele u. Bräuche der A. können also nicht außer Zus.hang mit der A.sethik soz. Gruppen, Stände, Klassen, Institutionen usw. auf Normen(kompromisse) hin untersucht werden; ob diese z. B. den A.sakten selbst, ob den Kooperationsformen, ob kurzfristigen (leichter meßbaren) Resultaten oder langfristigen Effekten (etwa auf Betriebsstrukturen) Wert beimessen. Erarbeitete Teilhabe an

Arbeiter 36

solcherart bewerteten Einzelheiten beeinflußt (obwohl nicht immer direkt) den soz. Status der Menschen tief.

K. Bücher, A. u. Rhythmus, 1904; Th. Caplow, Soziol. der A., 1958; H. Marcuse, Kultur u. Ges., Bd. II, 1965; K. Thomas, Analyse der A., 1969; H. P. Bahrdt u. a., Zw. Drehbank u. Computer, 1970; F. van der Ven, Sozialgesch. der A., 1971; U. Schumm-Garling, Herrschaft in der industriell. A.swelt, 1972; A. Honneth u. U. Jaeggi (Hg.), A., Handlung, Normativität, 1980; J. Matthes (Hg.), Krise der A.sges.? 1983; O. Negt, Lebendige A., enteignete Zeit, 1984; M. v. Klipstein u. B. Strümpel, Der Überdruß am Überfluß, 1984; G. Ropohl (Hg.), A. im Wandel, 1985; K. Tenfelde (Hg.), A. u. A.serfahrung in der Gesch., 1986; W. Jäger u. D. Riemer, Aufwertung der A.? 1987; L. Clausen, Produktive A., destruktive A., 1988; R. G. Heinze u. C. Offe (Hg.), Formen der Eigenarbeit, 1990; C. Offe u. R. G. Heinze, Organisierte Eigenarbeit, 1990; E. Pankoke, Die A.sfrage, 1990; S. Rosner, Ges. im Übergang?, 1990.

Arbeiter, neben dem Beamten u. Angestellten jeder Berufstätige, der seine Arbeitskraft, sein Können, seine Fähigkeiten u. Fertigkeiten in abhängiger sozialer Stellung (Arbeitnehmer) gegen Entgelt (Lohn) zur Verfügung stellt. Die Grundlage für die soziale Existenz des A. bildet eine ges. Produktionsform, die auf Arbeitsteilung u. betriebl. Konzentration der Produktionsmittel beruht. Die arbeits- u. sozialrechtl. sowie die dahinterstehende ges.polit. Unterscheidung von Beamten u. Angestellten einerseits u. A.n andererseits orientiert sich an Merkmalen wie geistige oder körperl. Arbeit oder an der räuml. Trennung der Arbeitsprozesse nach Büro u. Werkstatt. Die industrieges. Entwicklung u. die damit verbundenen technolog. u. arbeitsorganisator. Wandlungsprozesse lassen den Anteil der A. an der Gesamtzahl der Erwerbspersonen abnehmen. Im Hinblick auf die soziale Lage u. das bes. soziale u. polit. Bewußtsein hat sich die Arbeiterschaft mit den Industrialisierungsprozessen des ka-

pitalist. Wirtschafts- u. Gesellschaftssystems entwickelt. Die mit der industriellen Produktionsweise verbundenen Techniken u. Lebensformen sowie das dazugehörige bürgerl. Rechtssystem lösten bis auf das Lohnarbeitsverhältnis alle sonstigen wesentl. sozialen Bindungen der handarbeitenden Ges.gruppen auf. Der Arbeitslohn des A. richtete sich prinzipiell nach den ökonom. Interessen der Produktionsprozeß leitenden Unternehmer. Die elementaren Existenzbedürfnisse des A., sein u. seiner Familie Unterhalt, seine individuelle Arbeitsfähigkeit als Existenzgrundlage auf Dauer, sein Arbeitsplatz, waren nicht garantiert. Zunehmende Verelendung (Proletariat) führte zu den vom Marxismus u. Sozialismus getragenen Emanzipationskämpfen der Arbeiterbewegung. Demgegenüber haben die Gewerkschaften, die Aktivitäten staatl., konfessionell oder karitativ organisierter Sozialpolitik ebenso wie der steigende Lebensstandard durch industrielle Massenproduktion u. der Wandel der Arbeitsbedingungen eine »Entproletarisierung« bzw. eine »Verbürgerlichung« der A. gefördert, insbes. der Facharbeiter. Die Fortschritte in der Demokratisierung der Industrieges. (Arbeits- und Sozialrecht, demokrat. Verfassungen, Betriebsverfassungsrecht, Koalitionsrecht) haben die rechtl., polit. u. wirtschaftl. Situation der A. im mod. Soz.staat entscheidend verbessert.

H. Popitz u. a., Das Ges.bild des A., ²1961 (1957); R. Blauner, Alienation and Freedom. Chicago 1964; J. Goldthorpe, D. Lockwood, The Affluent Worker, London 1968, dt.: Der »wohlhabende« Arbeiter in England, 1970; H. Kern, M. Schumann, Industriearbeit u. A.bewußtsein, 2 Bde., 1985 (1970); K. M. Bolte u. a., Arbeitnehmer in der Industrieges., 1974; W. Kudera u. a., Ges.liches u. polit. Bewußtsein v. A.n, 1979; M. Schlösser, Freizeit u. Familienleben v. Industriearbeitern, 1981; H.-G. Brose,

Die Erfahrung der Arbeit, 1983; W. Sauer (Hg.), Der dressierte A., 1983; J. Mooser, A. leben in Dtl. 1900–1970, 1984; P. Alheit u. B. Dausien, Arbeitsleben, 1985; W. Ruppert (Hg.), Die A., 1986; K. Tenfelde (Hg.), A. u. A. bewegung im Vergleich, 1986; H. Heine u. R. Mautz, Industriearbeiter contra Umweltschutz?, 1989; K. Tenfelde (Hg.), A. im 20. Jh., 1991; D. Brock, Der schwierige Weg in die Moderne, 1991.

Arbeiterbewegung ist wie jede soziale Bewegung zunächst daran interessiert, die bestehenden ges. Verhältnisse, die das soziale u. polit. Schicksal der von ihr vertretenen sozialen Schichten prägen, nicht nur partiell zu reformieren, sondern von Grund auf zu verändern. Die A. entstand unter den Bedingungen des Frühindustrialismus. Sie war nach Ideologie u. polit. Aktion eine Antwort auf die Fehlentwicklungen des Kapitalismus. Durch das nach sozialen Klassen differenzierende Wahlrecht von polit. Einfluß auf die ges. Ordnung weitgehend ausgeschlossen, begannen die Arbeiter in der ersten Hälfte des 19. Jh., Organisationen zur sozialen Selbsthilfe gegen die menschenunwürdigen Arbeits- u. Lebensbedingungen aufzubauen. Die A. entwickelte sich nach drei Zielrichtungen: a) durch die Bildung polit. Parteien sollte der Arbeitern polit. Macht erkämpft werden, b) daneben sollten Gewerkschaften kurzfristiger wirksame Erfolge im Hinblick auf die sozialökonom. Situation im Wirtschafts- u. Arbeitsprozeß bringen, u. c) sollten Genossenschaften auf die materielle Besserstellung der Arbeiter durch Einrichtung von gemeinsamen Ein- u. Verkaufsorganisationen hinarbeiten. Die der A. zugrunde liegenden sozialen Ideen u. Ordnungsvorstellungen wurden aus dem Sozialismus, aus den sozialen Emanzipationsparolen des Bürgertums (Gleichheit,

Freiheit, Brüderlichkeit) u. aus ges.polit.-karitativen Vorstellungen der christl. Soziallehren abgeleitet. Entsprechend dieser ideolog. Vielfalt entwickelten sich verschiedene Strategien. Neben das Kampfziel des Umsturzes der bestehenden bürgerl.-kapitalist. Ges.ordnung u. der Herrschaftsübernahme durch das Proletariat traten Vorstellungen von sozialer Emanzipation durch Wahlrechtsreformen, ökonom. Demokratisierung durch betriebliche Mitbestimmung, Arbeiterbildung (Arbeiterbildungsverein), sowie durch erzieher. Realisierung christl. inspirierter Partnerschaft von Arbeit und Kapital. Die staatl. Sozialpolitik hat seit dem letzten Drittel des 19. Jh. durch gesetzgeberische Eingriffe ebenso wie die »Verbürgerlichung« der Arbeiter durch Einkommenssteigerung u. höhere Konsumchancen manifeste soziale Konflikte u. damit die polit. Brisanz der A. zu entschärfen vermocht.

H. Herkner, Die Arbeiterfrage, 2. Bd., ⁶1921; W. Abendroth, Sozialgeschichte der europ. A., ⁷1970 (1965); H. Grebing, Geschichte der dt. A., 1966; D. Guerin, Die amerikan. A., 1970; F. Deppe, Verschwörung, Aufstand u. Revolution, 1970; H. Wachenheim, Die dt. A., ²1971; A. Klönne, Die dt. A., 1989 (1980); K. Klotzbach, Bibliographie zur Gesch. der dt. A. 1914–1945, 1981; G. Botz u. J. Weidenholzer (Hg.), Mündliche Gesch. u. A., 1984; W. Abendroth, Die Aktualität der A., 1985; K. Tenfelde (Hg.), Arbeiter u. A. im Vergleich, 1986; H.-A. Wulf, »Maschinenstürmer sind wir keine«, 1987; A. Schaff, Perspektiven des modernen Sozialismus, 1988.

Arbeiterfrage →soziale Frage

Arbeiterklasse, zur Charakterisierung der sozialen Strukturverhältnisse u. Entwicklungstendenzen der kapitalistisch-bürgerl. Wirtschafts- u. Gesellschaftsordnung ein zentraler Begriff des →Marxismus, nach dessen Lehre

Arbeitgeber

geschichtsnotwendig u. durch soziale Reformen nicht vermeidbar es im Kapitalismus zu einer dichotom. Ges.spaltung in Bourgeoisie u. A. kommen muß.
Die tatsächliche ges. Entwicklung ist aber in den vergangenen Jahrzehnten anders verlaufen: In den westl. Wohlstandsges.en hat sich die Lebenssituation der Arbeiter, insbes. der Facharbeiter, ständig verbessert. Mit fortschreitender ges. Integration u. »Verbürgerlichung« verlor hier die A. weitgehend ihren Klassencharakter. In den staatssozialist.-totalitär beherrschten Ges.en (»real existierender Sozialismus«) wurde zwar die A. ideolog.-propagandistisch herausgestellt, polit. aber unterdrückt u. infolge der Mängel der Zentralverwaltungswirtschaft einem relativ niedrigen, stagnierenden Lebensstandard ausgeliefert. Hier ergab sich eine dichotom. Ges.spaltung in eine herrschende, privilegierte Elite und eine unterdrückte Bevölkerungsmehrheit, einschließl. der A. Im Gegensatz zu marxist. Prognosen kam es in staatssozialist. u. nicht in kapitalist. Ges.en zu revolutionären Umbrüchen.

Arbeitgeber, z. T. umstrittene, weithin alltäglich gewordene Bezeichnung f. jene schwer abgrenzbare Kategorie v. Personen, die als →Unternehmer, leitende Angestellte oder Beamte auf der Grundlage eines geregelten Arbeits- bzw. Dienstverhältnisses Arbeitnehmer bzw. wirtschaftlich abhängig Beschäftigte (Arbeiter, Angestellte, Beamte) gegen Entgelt (Lohn, Gehalt) beschäftigen.

Arbeitgeberverbände, Zusammenschlüsse von einzelnen Arbeitgebern oder Unternehmern bestimmter Wirtschaftszweige oder -regionen mit der Absicht, gegenüber den Gewerkschaften u. a. an der Gestaltung der sozialen Stellung der Arbeitnehmer, den Verhältnissen auf dem Arbeitsmarkt u. des Arbeits-, Sozial- u. Tarifrechts interessierten Gruppen u. Institutionen bis hin zum Staat eine solidar. Interessenvertretung zu ermöglichen. A. gibt es in allen nichtsozialist. u. nicht ledigl. feudalist. strukturierten Ges.en. Formal u. institutionell von jenen getrennt, sind die A. in der Verbandswirklichkeit schwer von den Unternehmensverbänden abzugrenzen. Ursprünglich von der Mitte des 19. Jh. an als Gegenkräfte zu den Koalitionsbildungen der Arbeiter u. Angestellten entstanden, hat sich der Aufgabenkreis der A. im Zuge der Verflechtung der Arbeitsmarktprobleme mit der allg. Wirtschafts- u. Sozialpolitik weit aufgefächert. Es geht nicht mehr nur um gegenseitige Absprachen zur Einschränkung des Wettbewerbs bei der Nachfrage nach Arbeitskraft oder um geschlossene Positionen bei Tarifverhandlungen mit den Gewerkschaften. Über ihre Dachverbände (z. B. Bundesvereinigung der Deutschen A.) u. deren Organisationen, mit der Arbeit ihrer Sozialausschüsse u. wiss. arbeitenden Zentralinstitute sowie insbes. mit einer weit gestreuten Presse verfügen die A. über schlagkräftige Instrumente der Interessenpolitik u. schalten sie sich in nahezu alle Fragen der aktuellen Politik ein.

H. Lechtape, Die dt. A., 1926; J. Winschuh, A u. soz. Betriebsgesetzung, 1952; H. Schlick, Von den Zünften zu den Verbänden der Arbeitgeber u. Arbeitnehmer der Gegenwart. 1962; G. Schmölders, Das Selbstbild der Verbände, 1965; G. Erdmann, Die dt. A. im soz.geschichtl. Wandel der Zeit, 1966; H. Kaeble, Industrielle Interessenpolitik in der Wilhelmin. Ges., 1967; E.-P. Müller, Die Soz.partner, 1980.

Arbeitnehmer, z. T. umstrittene, weithin alltäglich gewordene Bezeichnung für jene vielschichtige Kategorie wirtschaftl. abhängiger Personen (Arbeiter, Angestellte, Beamte), die ihren Lebensunterhalt dadurch erwerben, daß sie sich v. einem Arbeitgeber auf der Grundlage eines geregelten Arbeits- bzw. Dienstverhältnisses u. gegen Entgelt (Lohn, Gehalt) f. eine weisungsgebundene Berufstätigkeit einsetzen lassen.

Arbeitsbedingungen, die Gesamtheit der Faktoren, die (a) die konkrete Arbeitssituation des Menschen bestimmen (z. B. Arbeitsplatzgestaltung, Beziehungen zu anderen (mit)arbeitenden Menschen u. zum System maschineller Aggregate, Arbeitszeit), (b) die als Entgelt, Arbeitsvertragsverhältnis u. Anstellungsbedingungen die sozioökon. u. allg. soziale Lage des arbeitenden Menschen prägen, u. die (c) die Erlebnisformen, Gesundheit, d. h. das phys. u. psych. Befinden bestimmen. Bemühungen um die Verbesserung der A. laufen in der Gegenwart unter der programmatischen Formel: →»Humanisierung der Arbeit«.

E. Dähne u. K. Priester, A. u. gewerkschaftl. Kampf, 1978; H. Kern, Kampf um A., 1979; H.-H. Noll, Beschäftigungschancen u. A., 1982; G. Arminger u. J. Nemella, A. u. Gesundheitszustand, 1983; W. Sauer (Hg.), Der dressierte Arbeiter, 1984; R. Löffler u. W. Sofsky, Macht, Arbeit u. Humanität, 1986.

Arbeitsbeziehungen →Labour Relations

Arbeitsethik, die Summe der myth., allg. religiös, konfessionell oder kulturphilosoph.-weltanschaul. abgeleiteten Interpretationen von Sinn, Zweck u. Wert der Arbeit für die ird. u. ggf. nachird. Existenz des Menschen. Die A. bestimmt weitgehend die Arbeitsmotivationen, die Inhalte der Arbeitserziehung, die moral. Grundleitsätze von Arbeitsverhalten u. Arbeitsorganisation, damit die soziale Struktur der Arbeitsprozesse schlechthin u. deren Verhältnis zu anderen Tätigkeitsbereichen der Ges. A. u. allg. moral. Grundsätze der Kultur einer Ges. stehen darum im engen Wechselverhältnis. Die A. einer Ges. geht insbes. in die Vorstellungen u. Werthaltungen zum Beruf ein. In der Entwicklung zur A. der industriellen Ges. lassen sich mehrere Perioden unterscheiden: a) die mittelalterl.-scholast. Auffassung vom »ora et labora« (bete und arbeite!) mit der prinzipiellen Unterbewertung u. Bedeutungslosigkeit ird.-materieller Arbeit für das nachird. Seelenheil; b) der frühe neuzeitl. Begriff der »vocatio« (Beruf als »Berufung«) als ein Hineingerufensein in eine bestimmte Tätigkeit durch Gott u. der ird.-gesellschaftsordnende Charakter der unter berufsständ. Bedingungen stehenden Tätigkeit (Arbeitsordnung = Gottesordnung = Gesellschaftsordnung); c) die protestant.-luther. Lehre von der gehorsamen Erfüllung der Arbeitspflicht u. dem pflichtgemäßen Verharren in dem von Gott zugewiesenen Beruf u. Stand, die den berufsständ.-spezif. Arbeitsakt u. nicht so sehr den Inhalt u. den Erfolg der Arbeit zur Grundlage von Gottes Segen u. Gnade erklärte u. die – polit.-soziol. beurteilt – mit der Bereitschaft der Untertanen zu Arbeitsamkeit, Pflichterfüllung u. Fleiß in zugeordneter Stellung eine wesentl. Voraussetzung für staatsabsolutist.-fürstl.-feudale Autonomie dt. Prägung darstellte; d) die puritanische Lehre von der Prädestination (»Gnadenwahl«), die dem Menschen über den Erfolg u. das Er-

Arbeitsfreude 40

gebnis seiner Arbeit berechenbar u. einsichtig gemacht werden würde, eine Vorstellung, die sehr stark zur Entwicklung des »kapitalist. Geistes« beigetragen habe (M. Weber); e) die neuhumanist., bildungsbürgerl. Moral des frühen 19. Jh. (W. v. Humboldt), die die geistig-intellektuelle Beschäftigung eines gegenüber den Daseinsnöten des ird. Lebens weitgehend entlasteten »höheren Menschentums« mit den »klass.« Menschheitsproblemen strikt abhob von »sachlicher«, an Produktion, wirtschaftl. Erfolg u. Technik orientierter Arbeit; f) die pragmatist.-utilitarist. A. angelsächs. Prägung, die – orientiert am Erfolg, am Nutzen der Arbeit, am Kosten-Leistungs-Vergleich des arbeitenden Menschen – Arbeit nunmehr völlig losgelöst von ges.-polit. u. histor. Bedingungen, als bloße Beziehung zwischen Mensch u. Arbeitsmittel, als autonomen Vollzug zur materiellen u. – damit verbundenen – sozialen Daseinsverbesserung des Individuums interpretierte u. schließl. g) im Zus.hang mit dem gegenwärtigen Wertwandel die zunehmende Tendenz zu einer individualist.-ökolog. ausgerichteten A., die den Anspruch auf individuelle Persönlichkeitsentfaltung auch im Arbeitsbereich sowie die weitestgehende Umweltverträglichkeit von Arbeitsprozessen u. -produkten besonders hoch bewertet. Hinsichtl. dieses Orientierungsrahmens unterliegt Arbeit in ihrer Sinnhaftigkeit nunmehr einer gesteigerten eth. Reflexion u. Anspruchshaltung.

M. Weber, Die protestant. Ethik u. der Geist des Kapitalismus (Ges. Aufsätze zur Religionssoziol. Bd. 1, ⁹1988 (1922); K. Mannheim, Über das Wesen u. die Bedeutung des wirtschaftl. Erfolgsstrebens (Arch. f. Soz.wiss. u. Soz.politik 63, 1930; abg. in ders., Wissenssoziol., 1964); C. Vontobel, Das Arbeitsethos des dt. Protestantismus, 1948; H. Popitz u. a., Technik u. Industriearbeit, 1957; Ch. v. Ferber, Arbeitsethos u. industrielle Ges. (Studium Generale, 14. Jg., 1961); H. Bahrdt, Die Entmythologisierung der Arbeit (Zs. f. Evangel. Ethik, 9. Jg., 1965); M. v. Klöckner u. a. (Hg.), Arbeit, 1985; I. Ueberschär (Hg.), Die Erde bewahren, 1985.

Arbeitsfreude, nach Auflösung zünftler. u. berufsständ. Bindungen u. Beschränkungen, die das Arbeitserleben nahezu schicksalhaft verfestigten, sowie unter dem Eindruck sozialist. Kritik an frühkapitalist. Arbeitsverhältnissen entwikkelter Begriff zur Analyse der Bedeutung von Arbeit für den arbeitenden Menschen. A. oder Arbeitszufriedenheit wird entscheidend geprägt von den kulturell geformten Vorstellungen über den individuellen u. sozialen Sinnbezug der Arbeit; d. h. z. B., ob Arbeit u. Beruf als bloße Tätigkeit zur materiellen Existenzsicherung oder darüber hinaus auch als Medium zur Persönlichkeitsentfaltung, zur Verbesserung des sozialen Status über individuell vorgezeigte Arbeitsleistung oder sogar zur Realisierung von höher entwickelten Formen menschl. Sozialverhaltens betrachtet wird. Da sich das soziale Schicksal in der industriellen Ges. weitgehend als Arbeits- u. Berufsschicksal manifestiert, werden Normen- und Organisationsverhältnisse der Arbeitswelt auch im Hinblick auf Interpretation, Förderung und Behinderung von A. analysiert. Bezogen auf allg. Vorstellungen vom »menschenwürdigen« oder für bestimmte soziale Schichten u. Gruppen nach ihren Leitbildern gültigen u. angeblich zu beanspruchenden Lebens- u. Arbeitsbedingungen wird andererseits auch noch vorhandenes »Arbeitsleid« festgestellt, etwa die Monotonie der Fließbandarbeit, die Überbelastung leitender Berufsstellungen u. die Doppelbelastung der Frau in Beruf

u. Familie. Im Zus.hang mit steigender Qualifizierung der Erwerbstätigen hängt die A. der Erwerbstätigen zunehmend von vergrößerten individuellen Gestaltungsspielräumen u. Mitbestimmungsmöglichkeiten im Arbeitsbereich ab.

H. de Man, Der Kampf um die A., 1927; Ch. v. Ferber, A., Wirklichkeit u. Ideologie, 1959; H.-J. Albers, Zufriedenheit in Arbeit u. Ausbildung, 1977; E. Walter-Busch, Arbeitszufriedenheit in der Wohlstandsges., 1977; M. Messing, Arbeitszufriedenheit im Systemvergleich, 1978; G. Wiswede, Motivation u. Arbeitsverhalten, 1980; A. Büssing, Arbeitssituation u. Arbeitszufriedenheit, in: KZfSS 35, 1983; G. Schmidtchen, Neue Technik, Neue Arbeitsmoral, 1984; W. Teckenberg, Arbeitszufriedenheit u. Positionsstruktur, in: KZfSS 38, 1986; U. Gawellek, Erkenntnisstand, Probleme u. prakt. Nutzen der Arbeitszufriedenheitsforschg., 1987.

Arbeitsgruppe, Bezeichnung der Betriebs- u. Industriesoziol. für eine soziale Gruppe, die durch die formale Organisation des Arbeitsprozesses in Betrieben, Werkstätten, Büros usw. bestimmt wird u. deren Mitglieder, arbeitsteilig, in einem mehr oder weniger engen Verhältnis der Arbeitsleistung zueinander stehen. Die A. kann, im Gegensatz zur Berufsgruppe, Angehörige unterschiedl. Ausbildungsqualifikation u. Berufszugehörigkeit umfassen.

M. Vollmer, A.n in Industriebetrieben, 1986.

Arbeitshypothese, Annahme über den Zusammenhang von Kausalfaktoren eines analysierten Phänomens, die noch nicht geprüft u. ggf. bestätigt wurde.

Arbeitskampf, sozialer Konflikt zwischen →Arbeitgebern u. →Arbeitnehmern, der mittels kollektiver Aktionsformen ausgetragen wird. Neben Streik u. Aussperrung werden hierzu Agitations- u. Druckmittel (Betriebszeitungen,

Unterschriftensammlungen, Demonstrationszüge, Betriebsversammlungen, Flugblätter, Parolen, Unruheandrohungen, Information der Öffentlichkeit usw.), Leistungszurückhaltung (»Bremsen«), Arbeit nach Vorschrift (»Bummelstreik«) oder partielle Boykotts eingesetzt. Ein A. spitzt sich zu, wenn auf gewerkschaftl. organisierte »Schwerpunktstreiks« die Arbeitgeberseite mit einer branchenweiten »Aussperrung« reagiert.

H. H. Wohlgemuth, Staatseingriff u. A., 1977; H. Weigand u. H. H. Wohlgemuth, A., 1980; R.-W. Hoffmann, A. im Arbeitsalltag, 1981; W. Hindrichs u. a., Neue Technologien u. A., 1990; M. Wesch, Neue A.mittel, 1993.

Arbeitsleid →Arbeitsfreude

Arbeitsleistung, Ergebnis einer nach eingesetzten Faktormengen u. Zeiteinheiten abgegrenzten Summe von Arbeit. An der Erforschung der Bestimmungsfaktoren von A. sind u. a. beteiligt a) die Arbeitsphysiologie u. -psychologie, die zunächst den arbeitenden Menschen als isolierten einzelnen betrachten u. die Abhängigkeit der Leistung z. B. von Bewegungsabläufen, Ermüdungs- u. Regenerationsphasen, Temperatur, Beleuchtung, Luftfeuchtigkeitsgraden, techn. Umgebung u. Einwirkung sowie von Eignung, Begabung u. Intelligenz zu bestimmen versuchen. Untersuchungen über Leistungsmotivation u. Arbeitsfreude verbinden diese Forschungen b) mit Problemstellungen der Sozialpsychologie u. Soziol., die davon ausgehen, daß der arbeitende Mensch immer auch von sozialen u. kulturellen Umgebungseinflüssen geprägt wird, seine A. darum von seinen Gruppenzugehörigkeiten, von seiner ihm sozial vermittelten Arbeitsethik, von der ihn in der Arbeit u. in anderen Le-

Arbeitslosigkeit

bensbereichen berührenden sozialen Kontrolle, von der Art der techn. u. sozialen Arbeitsorganisation (Arbeitsteilung, Autorität), von den ökonom. Bedingungen (Lohn) der Arbeit, von der Betriebsverfassung u. schließlich auch von seinen allg. Lebenserwartungen, Lebensplänen, Einstellungen, Gesellschaftsbild u. sozialer Selbstinterpretation abhängt.

J. A. C. Brown, Psychol. der industriellen Leistung, 1956; P. Atteslander, Konflikt u. Kooperation im Industriebetrieb, 1958; W. F. White u. a., Lohn u. Leistung, 1958; Ch. v. Ferber, Die soz. Kontrolle der A. (Soz. Welt, 13. Jg., 1962); L. v. Friedeburg, Soziol. d. Betriebsklimas, 1963; C. Offe, Leistungsprinzip u. industrielle Arbeit, 1970; K. O. Hondrich, Demokratisierung u. Leistungsges., 1972; B. Lutz, Krise des Lohnanreizes, 1975; G. Lück, Die betriebl. Arbeitsmotivation in der BR Dtl. u. in der DDR, 1990.

Arbeitslosigkeit, bezeichnet im Gegensatz zur Vollbeschäftigung den Zustand, in dem Arbeitsfähige und -willige keine angemessen entlohnten und zumutbaren Arbeitplätze finden. Die auftretenden Formen der A. lassen sich einteilen in friktionale, strukturelle, konjunkturelle, saisonale u. regionale A. Friktionale oder vorübergehende A. hat ihre Ursachen in persönlichen oder betrieblichen Gründen. Sie entsteht durch fortwährende Fluktuation auf dem Arbeitsmarkt. Neue Technologien können z. B. Veränderungen der Beschäftigungszahlen und damit eine strukturelle A. bewirken. Die konjunkturelle A. wird bestimmt durch Konjunkturabschwünge. Die saisonale A. ist typisch für einzelne Wirtschaftsbereiche, die jahreszeitl. bedingten Schwankungen unterliegen, z. B. Baugewerbe und Landwirtschaft. Regionale A. resultiert aus der unterschiedl. wirtschaftl. Entwicklg. einzelner Regionen einer Volkswirtschaft (prosperieren-

de u. strukturschwache Regionen). Daneben ist noch die verdeckte A. zu nennen, die nicht in den amtlichen Statistiken erscheint. Besonders betroffen von Arbeitslosigkeit sind verheiratete Frauen, Jugendliche, Ältere (Senioritätsa.), Behinderte, Resozialisanden und unzureichend ausgebildete Arbeitskräfte. Die psychisch belastende Dauer-A. wirkt als Massenphänomen gesellschaftlich entstabilisierend. Aktivitätsabbau u. Veränderungen der Familienstruktur können Sekundärfolgen sein. Massenweise längerfristige A. kann zur Bildung radikaler Gruppen u. Teilgesellschaften führen. Jugendkriminalität z. B. hat hier nicht selten ihren Ursprung. Besonders schwierig ist die Klärung der Frage, inwieweit A. »selbstverschuldet« ist (durch verringerte Arbeitsmoral, überhöhte Einkommensforderungen u. Ansprüche an die Qualität der Arbeit).

M. Jahoda, P. Lazarsfeld u. H. Zeisel, Die Arbeitslosen v. Marienthal, 1964 (1934); A. Wacker, A., 1976; K. Heinemann, Arbeitslose Jugendliche, 1978; T. Kutsch u. G. Wiswede (Hg.), A. I u. II, 2 Bde., 1978; W. Bonß u. R. G. Heinze (Hg.), A. in der Arbeitsges., 1984; A. Hendrichs, Soz. Wirkungen der A., 1984; E. Kirchler, A. u. Alltagsbefinden, 1984; G. Willke u. a., A., 1984; T. Kieselbach u. A. Wacker (Hg.), Individuelle u. ges. Kosten der Massena., 1985; P. Alheit u. C. Glass, Beschädigtes Leben, 1986; M. Prisching, Arbeitslosenprotest u. Resignation in der Wirtschaftskrise, 1988; S. Walper, Familiäre Konsequenzen ökonom. Deprivation, 1988; M. Jahoda, Arbeitslose bei der Arbeit, 1989; H. Friedrich, A., [2]1990; ders. u. M. Wiedemeyer, A. in Dtl., 1992; M. Kronauer u. a., Im Schatten der Arbeitsges., 1993; R. Winter-Ebmer, Persistenz von A., 1993.

Arbeitsmarkt, Teilbereich des Marktgeschehens, in dem sich das Angebot an Arbeitsleistungen unselbständiger Erwerbspersonen (Arbeitnehmer) u. die Arbeitsnachfrage von Unternehmungen, staatlichen Institutionen u. privaten Haushalten (Arbeitgeber) begeg-

nen. Das Arbeitsangebot hängt insbes. von der Bevölkerungsentwicklung, von Konsumansprüchen, Verdienstmöglichkeiten u. von Wertprioritäten (Wandel der Präferenzen für Arbeit u. Freizeit) ab. Die Arbeitsnachfrage wird bestimmt durch (gewinnträchtige) Beschäftigungsmöglichkeiten infolge der Nachfrage nach Gütern u. Dienstleistungen, durch die Einkommensentwicklung, Produktionsbedingungen (Einflüsse der betrieblich-techn. Rationalisierung, Produktivitätsentwicklung), Veränderungen des internat. Wettbewerbs, Zukunftserwartungen der Unternehmer u. durch regulierende Rahmenbedingungen (Arbeitsu. Soz.recht, Tarifbestimmungen, Lohnnebenkosten, Mitbestimmung). Unter dem Einfluß der Arbeiterbewegung, Gewerkschaften u. arbeitnehmerorientierten Parteien ist im mod. Wohlfahrts- u. Soz.staat der A. weitgehend reguliert worden, zugunsten gerechter Lebensverhältnisse u. des soz. Friedens. Der dadurch eingeschränkte Marktmechanismus beeinträchtigt allerdings die Dynamik u. Flexibilität des Wirtschaftslebens, ggf. die internat. Wettbewerbsfähigkeit einer Volkswirtschaft.
Individualist. orientierte Ansätze der A.theorie (Status-Attainment-Modell, Human-Capital-Ansatz) gehen davon aus, daß die Berufschancen, Karriere- und Verdienstmöglichkeiten vor allem von individuellen Faktoren abhängen: Erziehung, Bildungsniveau, Leistungsmotivation, Aufstiegsstreben, Berufserfahrungen. Strukturalist. Ansätze berücksichtigen demgegenüber verstärkt das strukturell ausgeprägte Angebot an Arbeitsplätzen, wobei sich Theorien der →A.segmentation herauskristallisiert haben.

Wirtschaftswachstum, Wohlstandssteigerung, Demokratisierung und Anspruchsdynamik haben zu einer Bildungsexpansion geführt, die für den A. in mehrfacher Hinsicht folgenreich ist: Ausweitung des hochqualifizierten Arbeitskräfteangebots zugunsten der Entwicklungsu. Wettbewerbschancen der Wirtschaftsges.; zunehmender Verteilungskampf um attraktive Berufspositionen (wobei nicht nur Qualifikation u. Leistungsfähigkeit entscheidend sind, sondern auch »Beziehungen«, Protektion u. ä. m.); starke Zunahme von Hochschulabsolventen, die auf dem A. nur unzureichend nachgefragt werden (Problem der bedarfswidrigen Überqualifizierung, Gefahren der Deprivation, Frustration u. der Verstärkung soz. Spannungen); hinsichtlich der verschiedenen Stufen der Bildungsabschlüsse zunehmender Verdrängungswettbewerb von oben nach unten.
Die im internat. Vergleich mit relativ hohen Verdienstmöglichkeiten verbundenen A.e der hochindustrialisierten Wohlstandsges.en üben auf die unter Bevölkerungsdruck stehenden armen Länder eine gesteigerte Sogwirkung aus (→Arbeitsmigration).

F. W. Scharpf u. M. Brockmann (Hg.), Institutionelle Bedingungen der A.- u. Beschäftigungspol., 1983; A. Schmid, Beschäftigung u. A., 1984; M. Dierkes u. B. Strümpel (Hg.), Wenig Arbeit, aber viel zu tun, 1985; B. Keller, Zur Soziol. von A.en, in: KZfSS 37, 1985; H. Knepel u. R. Hujer (Hg.), Mobilitätsprozesse auf dem A., 1985; H. Abromeit u. B. Blanke (Hg.), A., Arbeitsbeziehungen u. Politik in den achtziger Jahren, 1987; F. Buttler u. a. (Hg.), A. u. Beschäftigung, 1987; W. Sengenberger, Struktur u. Funktionsweise von Arbeitsmärkten, 1987; W. Klauder, Ohne Fleiß kein Preis – Die Arbeitswelt der Zukunft, 1990.

Arbeitsmarktsegmentation,

Aufspaltung des Gesamtarbeitsmarktes in mehrere relativ abgeschottete Teilarbeitsmärkte, die in

Arbeitsmigration

der Regel nur für jeweils bestimmte Arbeitskräfte zugänglich sind. Es bestehen Teilarbeitsmärkte für bestimmte Berufe oder Berufsgruppen, für Arbeiter und Angestellte, für Voll- und Teilzeitarbeitskräfte. Nach dem Konzept des internen Arbeitsmarktes werden Arbeitskräfte hauptsächlich im Betrieb rekrutiert (Zus.hang mit betriebsspezifischen Ausbildungsverfahren, Beförderungschancen als Motivations- und Kontrollinstrument, Senioritätsprinzip, langfristige Bindung der Arbeitskräfte an den Betrieb, Verminderung der Personalfluktuations- u. Einarbeitungskosten). Dagegen dient der unstrukturierte externe Arbeitsmarkt unter dem Gesetz von Angebot u. Nachfrage hinsichtlich der Zu- u. Abgänge aus den internen Arbeitsmärkten als Rekrutierungsreservoir u. Auffangbecken.

In der Theorie des dualen Arbeitsmarktes wird zw. einem primären u. sekundären Arbeitsmarktsegment unterschieden. Das erstere bietet relativ hoch bezahlte, dauerhafte Beschäftigungsmöglichkeiten mit guten Arbeitsbedingungen und Aufstiegschancen an. Die Angehörigen dieses Bereichs bilden in den Betrieben jeweils die Stammbelegschaft. Das sekundäre Arbeitsmarktsegment beinhaltet hingegen Arbeitsplätze mit niedrigen Anforderungen u. Lohnniveaus sowie mit geringen oder fehlenden Aufstiegschancen. Die Inhaber dieser weniger gesicherten Arbeitsplätze bilden weitgehend die Randbelegschaft von Betrieben. Neben dem Arbeitsmarkt der offiziellen Wirtschaft ist jener der →informellen Wirtschaft für das Funktionieren der Ges. von erheblicher Bedeutung.

W. Sengenberger (Hg.), Der gespaltene Arbeitsmarkt, 1978; H. Wenger, Segmentation am Arbeitsmarkt u. Arbeitslosigkeit, 1984; H.-P. Blossfeld u. K. U. Mayer, A. in der BR Dtl., in: KZfSS 40, 1988; M. Szydlik, Die Segmentierung des Arbeitsmarktes in der BR Dtl., 1990.

Arbeitsmigration, →Wanderung von Individuen oder Bevölkerungsteilen (Arbeitsmigranten) mit dem Ziel, bessere Verdienstmöglichkeiten in Anspruch nehmen zu können. Begünstigt durch westlich, marktwirtschaftl. geprägte Internationalisierungstendenzen u. durch leistungsfähige Transportkapazitäten hat insbes. die A. von ärmeren, wirtschaftl. weniger entwickelten Ges.en zu den hochindustrialisierten Wohlstandsges.en immer mehr zugenommen. →Gastarbeiter sind in Verbindung mit dem Nachzug von Familienangehörigen zu Einwanderern geworden, für die je nach der kult. Differenz zw. dem Herkunfts- u. Einwanderungsland unterschiedl. Integrationschancen bestehen. A. wird verstärkt durch Geburtenrückgang, Aufstiegsstreben u. durch Nachwuchsprobleme für weniger attraktive Berufe in Wohlstandsges.en, durch Bevölkerungswachstum in Mangelges.en. A. trägt zunehmend zur Entstehung von →multikult. Ges.en bei.

P. B. Hill, Determinanten der Eingliederung von Arbeitsmigranten, 1984; C. Koch-Arzberger, Die schwierige Integration, 1985; H. Merkens u. F. Schmidt (Hg.), Integrationsprobleme von Arbeitsmigranten u. ihren Familien, 1987; L. Raphael (Hg.), A. u. ges. Entwicklung, 1988; H. Körner, Internat. Mobilität der Arbeit, 1990.

Arbeitsphysiologie →Arbeitswissenschaften

Arbeitspsychologie →Arbeitswissenschaften

Arbeitssoziologie behandelt als Spezialisierung der Soziol. die soz. Dimension des Arbeitens u. der Arbeitssituationen (neben u. a. der Industrie-, Betriebs-, Agrar-, Berufs-, sogar der Erziehungs-, Sport- u. Militärsoziol.). Die A. untersucht die Formen der Arbeitsvereinigung, -gemeinschaft u. -teilung, damit auch Riten, Organisationen u. Techniken der Arbeit, u. d. h. auch ihre soziostrukturellen u. Machtbezüge. Sie bemüht sich, einem gesch.-ges. entleerten Arbeitsbegriff (bei der Arbeitswissenschaft, der Volkswirtschaftslehre) entgegenzuwirken, der sich nur z. B. eng am Arbeitsakt orientiert oder, psycho-/physiotechn. eingeschränkt, Arbeitende als Arbeitsmittel mit anderen Arbeitsmitteln, -geräten, -stoffen kombiniert oder Arbeit den Faktoren Boden u. Kapital gleichsetzt. Die A. umfaßt auch Arbeitsfreude u. -leid (somit auch die Arbeitsfeste u. die Humanisierung der Arbeitswelt), die Arbeitsmobilität (vertikal/horizontal), Arbeitslosigkeit, Arbeitsbe- u. -abwertung, den Arbeitsstatus (z. B. von Arbeitern/Angestellten) u. die Arbeitskonflikte.

Chr. v. Ferber, Arbeitsfreude, 1959; H. Popitz u. a., Technik u. Industriearbeit, 1964; H. Kern u. M. Schumann, Industriearbeit u. Arbeiterbewußtsein, 1970; O. Neuloh, Arbeits- u. Berufssoziol., 1973; O. Neuberger, Theorien der Arbeitszufriedenheit, 1974; F. Fürstenberg, Einf. in die A., 1977; A. Burghardt, Betriebsu. A., 1978; U. Beck u. a., Soziol. der Arbeit u. der Berufe, 1980; V. v. Borries, Technik als Sozialbeziehung, 1980; I. Ostner u. B. Pieper (Hg.), Arbeitsbereich Familie, 1980; F. Vilmar u. L. Kissler, Arbeitswelt, 1982; W. Littek u. a., Einf. in die Arbeits- u. Industriesoziol. 1983; J. Matthes (Hg.), Krise der Arbeitsges.? 1983; W. Jäger u. D. Riemer, Aufwertung der Arbeit? 1987; L. Clausen, Produktive Arbeit, destruktive Arbeit, 1988; K. M. Bolte (Hg.), Mensch, Arbeit u. Betrieb, 1988; G. Mikl-Horke, Organisierte Arbeit, ^{3}1989 (1984); H. Kern u. M. Schumann, Das Ende der Arbeitsteilung?, ^{4}1991 (1984).

Arbeitsteilung, die Zerlegung u. Aufgliederung von Arbeits- u. Produktionsprozessen (techn. A.) u. ihre längerfristige Verteilung oder Zuordnung auf einzelne oder Gruppen von Menschen, auf Organisationen oder Betriebe (soziale A.), auf Gebiete oder Territorien (ökolog. A.) oder auf Ges.n u. Staaten (internationale A.). Art, Intensität u. Umfang der A. bestimmen sich nach dem Stande der natur- u. sozialwiss. Erkenntnisse, d. h. nach den Möglichkeiten der techn. u. sozialen Rationalisierung der Arbeits- u. Produktionsprozesse, nach geograph., geolog., klimat. Lebensbedingungen der Mitglieder einer Ges. sowie ihren kulturell-histor. gewachsenen Zielvorstellungen, Interessen, Fertigkeiten, Talenten u. Eignungen. Zunehmende A. ist die entscheidende Voraussetzung für die Steigerung der Produktivität der Arbeit, aber unter bestimmten sozialen Strukturverhältnissen auch die Ursache für Prozesse u. Faktoren der Entfremdung. A. fördert neben ihren produktionsökonom. Ergebnisse die soziale Rollendifferenzierung u. damit die funktionale Abhängigkeit der Mitglieder einer Ges. voneinander. In soziol. Theorien über die A. wird hervorgehoben, daß der A. einerseits die Funktion zukomme, die soziale Einheit, Solidarität u. das menschl. Gruppenleben zu stärken (Ferguson, Bücher, Durkheim), andererseits aus A. aber auch soziale Konflikte erwachsen u. die Herrschafts-, Hierarchie-, Klassen- u. Ständebildung (Schmoller, Marx) gefördert werde. →Job.

A. Ferguson, Abhandlungen über die Geschichte der bürgerl. Ges., ^{2}1923 (London 1767); G. Schmoller, Das Wesen der A. u. die soz. Klassenbildung (Schmollers Jb., 14. Jg., 1890); G. Simmel, Über soz. Differenzierung, 1890; K. Bücher, Die Entstehung der Volkswirtschaft, ^{5}1906 (1893); E. Durkheim, De la division du travail, Paris 1893, dt.: Über die Teilung der Arbeit, 1977; G. Friedmann, Grenzen der A., 1959; U. Beck u. M. Brater, Berufl. u. soz. Ungleichheit, 1978; U. Jürgens u. a., Moderne Zeiten in der Automobilfabrik, 1989; M. Schmid, A. u. Solidarität, in: KZfSS

41, 1989; H. Kern u. M. Schumann, Das Ende der A.? [4]1991 (1984).

Arbeitswert, Arbeitswerttheorie,
(objektivist.) ökonom. Wertlehre, nach der allein die auf die Herstellung eines Gutes verwandte menschl. Arbeit den Wert des Gutes, damit seine Tauschrelation zu anderen Gütern u. auch den Entlohnungsmaßstab für den Produzenten bestimme. Aus der A. wurde von sozialreformerischer (Owen) u. sozialist. Seite (Lassalle) das Recht auf den ungekürzten Arbeitsertrag abgeleitet.

J. Schneider, Der Beitrag der Arbeitswertlehre zur Theorie der kapitalist. Warenproduktion, 1980.

Arbeitswissenschaften, die Gesamtheit der natur- u. sozialwiss. Forschungsansätze, die sich mit den Voraussetzungen, Bedingungen, Begleiterscheinungen, Inhalten u. Entwicklungsprozessen menschl. Arbeit befassen. A. arbeiten theoret., wenn sie streng erfahrungswiss. ledigl. an der Gewinnung von Kausalerkenntnissen über die mit der Arbeit verbundenen Faktoren phys., psych., histor. oder sozialer Prozesse interessiert sind. Angewandte A. versuchen, solche Erkenntnisse in den Dienst einer wirtschafts- u. ges.polit. bedeutsamen Vermittlung zwischen den (zielkonfliktträchtigen) Bemühungen um Steigerung der Arbeitsproduktivität einerseits u. Sicherung von humanen, dem technolog. Entwicklungsstand wie den körperl. u. seel. Eigenschaften des Menschen angepaßten Arbeitsbedingungen andererseits zu stellen. Arbeitsphysiologie, Arbeitsmedizin u. Arbeitspsychol. analysieren die phys. u. psych. Prozesse beim Arbeitsverhalten unter versch. zeitl., klimat., organisator. oder sonstigen Umwelt-Bedingungen für Men-

schen versch. Geschlechts, Alters, Ausbildung, Erziehung usw. Kultur.- u. sozialwiss. Disziplinen erforschen die Entwicklung der menschl. Arbeit, die Prozesse der Arbeitsteilung, der Herausbildung u. fortwährenden Veränderung der Berufe sowie die Zusammenhänge zwischen ges. Organisationsformen, sozialen Bedürfnisstrukturen, Erlebnisformen einerseits u. individuellen oder gruppenmäßigem Arbeitsverhalten andererseits.

F. Fürstenberg, Konzeption einer interdisziplinär organisierten A., 1975; P. Groskurth (Hg.), Arbeit u. Persönlichkeit, 1979; H. Stirn, Einf. in die Arbeitswiss., 1980; W. Georg, L. Kissler u. U. Sattler (Hg.), Arbeit u. Wiss.: Arbeitswiss.? 1985; R. W. Hoffmann, Wiss. u. Arbeitskraft, 1985; G. Schrick, Lehre von der Arbeit, 1987; I. Raehlmann, Interdisziplinäre Arbeitswiss. in der Weimarer Republik, 1988; R. Bokranz u. K. Landau, Einf. in die Arbeitswiss., 1991

Arbeitszeit, die der Leistungserstellung im Arbeits- und Berufsleben vorbehaltene – entweder selbst bestimmte oder durch organisator. Regeln u. Verpflichtungen vorgegebene – Zeit. Soziolog. interessieren (a) die kulturellen Maßstäbe über Umfang u. Nutzung der A.; (b) die Zusammenhänge von A. u. Freizeit; (c) die sozialen Strukturwandlungen infolge unterschiedl. Nutzung der A. u. A.verkürzung; (d) die nach bestimmten Produktivitätsvorstellungen u. Leistungsmotivationen als »optimal« geltende A.; die Möglichkeiten für betriebl. Demokratisierung u. Mitbestimmung durch selbst- oder gruppenbestimmte Festlegung u. Terminierung der A. Der Wunsch von Arbeitnehmern nach Zeitsouveränität u. Arbeitszeitverkürzung sowie das Streben von Unternehmern nach größtmögl. Auslastung des Produktionsapparates führen zur verstärkten »A.-Flexibilisierung«. Durch A.verkürzung wird

eine gerechtere Verteilung der Erwerbsarbeit u. ein Abbau von Arbeitslosigkeit angestrebt.

W. F. Whyte, Lohn u. Leistung, 1958; Th. Kutsch u. F. Vilmar (Hg.), A.sverkürzung – Ein Weg zur Vollbeschäftigung, 1983; P. A. Görres, Die Umverteilung der Arbeit, 1984; O. Negt, Lebendige Arbeit, enteignete Zeit, 1984; K. May u. E. Mohr, Probleme der Realisierungschancen individueller A.modelle, 1985; H.-T. Beyer, Betriebl. A.flexibilisierung zw. Utopie u. Realität, 1986; M. Langkau-Herrmann u. U. Scholten, Strategien zur Flexibilisierung der A. u. zur A.verkürzung, 1986; F. Gehrmann u. T. A. Becker (Hg.), A.-Flexibilisierung, 1987; F. Hegner u. M. Landenberger, A., Arbeitsmarkt u. soz. Sicherung, 1988; K. Hinrichs, Motive u. Interessen im A.konflikt, 1988; G. Brosius u. A. Oppolzer (Hg.), Auswirkungen der A.verkürzung, 1989; T. Kick, Individ. Lebensarbeitsmanagement, 1992; H. Seifert (Hg.), Jenseits der Normalarbeitszeit, 1993.

Archetypus (griech. »Urbild«), nach C. G. Jung ein jenseits des persönl. Unbewußten liegender, philogenetisch bzw. stammesgesch. vorgegebener Inhalt des →kollektiven Unbewußten. Archetypen ergeben sich aus kumulierten Erfahrungen vorangegangener Generationen u. bilden für das Individuum eine psychische Grundlage überpersönl. Art. Sie verdichten sich zu bildhaften Vorstellungskomplexen, z. B. die Mutter, der alte Weise, die Hexe. Sie befinden sich in einem Zustand potentieller Bereitschaft u. äußern sich in bestimmten Situationen, Zuständen u. Wissensformen: Traum, Phantasie, Vision, aber auch in Märchen, Mythen u. Religionen.

H. H. Balmer, Die Archetypentheorie von C. G. Jung, 1972; R. Langner, Komplex u. A. in soz.psychol. Sicht, 1983.

Aristokratie (griech.), »Herrschaft der Besten«, klass. Staatsform oder allgemeiner eine soziale Gruppe, die aufgrund bes. Auszeichnung u. Leistung zur polit. Herrschaft berufen u. darüber hinaus vorbildgebender Kulturträger ist. Entsprechend dem Wandel der natürl.-techn. u. sozialen Lebensbedingungen haben sich auch die legitimierenden Eigenschaften für die Zugehörigkeit zur A. verändert. Religiös legitimierte standesgemäße Geburt u. Abstammung von fürstl. Familien sowie hohes Alter als Garantie für Lebenserfahrung u. Weisheit sind mit fortschreitendem Rationalisierungsprozeß der Ges.en u. veränderter polit. Herrschaftsformen von anderen Kriterien wie Besitz u. Vermögen (Leistungsa., Plutokratie), oder Bildung u. Wissen (Geistesa.), abgelöst worden.

H. G. Reif, Soz.gesch. des dt. Adels, 1986

Armut, ein vieldeutiger u. darum nur schwer der sozialwiss. Operationalisierung zu unterwerfender Begriff. Gemeinhin wird zumindest unterschieden zwischen subjektiver (individuell empfundener) u. objektiver (sozial oder sogar rechtl. definierter) A. Mit der Entwicklung zur sog. »Wohlstandsgesellschaft« wird A. nur noch als soziale Situation von ges. Randgruppen in materieller u. damit existentieller Not erkannt. Umstritten u. von ideolog. Positionen bestimmt sind die Antworten auf die Fragen, ob der Wohlstand von Teilen der Weltbevölkerung oder von großen Schichten einzelner Ges.en mit der A. anderer Völker bzw. Bevölkerungsgruppen, u. zwar aufgrund von bestimmten Ordnungsmechanismen, erkauft wird, oder ob A. im Rahmen allg. materiellen Fortschritts eine eher persönl. verschuldete Lage sei. Unabhängig von diesen Fragen wird die Entwicklung von A. als persönl. Schicksal (Krankheit, Invalidität, Alter oder sonstige Hilfsbedürftigkeit) oder als Folge allg. Zeitereignisse (Wirtschaftskrisen, Naturkatastrophen, Kriege) anerkannt u. ihr mit ges. Hilfsmaßnahmen (Sicherung des

Armutstheorie

Existenzminimums, Einkommens-umverteilung, karitative Aktionen) begegnet. Entsprechend den sozialen Anschauungen der Gegenwart über Selbstverantwortung, persönl. Autonomie usw. erfolgt Hilfe gegen A. auch indirekt, z. B. als Ausbildungs-, Investitions-, Wiedereingliederungshilfe.

Soziol. Theorien des sozialen Wandels versuchen, die Beziehungen zwischen A. u. mangelhafter Arbeitsteilung, geringer Produktivität, kuturellen Traditionen u. fehlenden polit. bzw. sozialen Verwaltungsinstitutionen herauszuarbeiten.

M. Jahoda, P. Lazarsfeld, H. Zeisel, Die Arbeitslosen von Marienthal, 1960 (1933); St. Münke u. a., Die A. in der heutigen Ges., 1956; G. Myrdal, Polit. Manifest über die A. in d. Welt, 1972; H. A. Henkel, Das wohlfahrtsstaatl. Paradoxon, 1981; W. Fischer, A. in der Geschichte, 1982; W. Balsen, u. a., Die neue A., 1984; G. Schäuble, Theorien, Definitionen u. Beurteilung der A., 1984; S. Leibfried u. F. Tennstedt (Hg.), Pol. der A. u. die Spaltung des Soz.staats, 1985; S. Altmeyer-Baumann, »Alte A.« – »Neue A.«, 1987; A. Rauscher (Hg.), A. im Wohlfahrtsstaat, 1987; G. Büschges u. I. Wintergerst-Gaasch, Priv. Haushalt u. »Neue A.«, 1988; G. J. Room u. B. Henningsen, Neue A. in der Europ. Gemeinschaft, 1990; G. Gillen u. M. Möller, Anschluß verpaßt, 1992; S. Leibfried u. W. Voges (Hg.), A. im mod. Wohlfahrtsstaat, 1992.

Armutstheorie, auf sozialist. Theoretiker (Marx, Lassalle, Bernstein) zurückgehende These über den Zusammenhang von Bevölkerungsmenge u. wirtschaftl. Lebensbedingungen, nach der die durch den Kapitalismus bewirkte Armut in der Arbeiterklasse zu einer Einschränkung der Fruchtbarkeit führe (→Wohlstandstheorie, →Gesinnungstheorie).

G. Mackenroth, Bevölkerungslehre, 1952.

Aron, Raymond, 14. 3. 1905 Paris – 17. 10. 1983 ebd., Phil.studium, stark von Husserl u. M. Weber beeinflußt, Studienaufenthalt in Deutschland, 1935 Prof. Ecole Normale d'Enseignement supérieure primaire, 1939 Doz. Univ. Toulouse, 1940 Chefredakteur der Zs. »La France Libre«, später Mitarbeiter des »Combat« u. des »Figaro«, heute »Express«, 1955 Prof. für Soziol. an der Sorbonne, 1970 Collège de France. – A. zählt zu den bedeutendsten franz. Soziologen der Gegenwart. Aus liberaler Sicht bearbeitete A. insbes. Probleme soz. u. pol. Konflikte in u. zwischen Industriegesen; soziol. u. geschichtsphilosoph. orientierte Analyse der mod. Industrieges., ihrer versch.polit. Systeme u. der zw.staatl. Beziehungen, ferner Marxismuskritik.

Schr.: Über Dtl. u. den Nationalsozialismus. Frühe polit. Schriften 1930–1939, hg. v. J. Stark, 1993; La Sociologie Allemande Contemporaine, [2]1950 (1935) (dt.: Die dt. Soziol. der Gegenwart, [3]1969); Introduction à la Philosophie de l'Histoire, 1938; Les Guerres en Chaine, 1951 (dt.: Der permanente Krieg, 1953); L'Opium des Intellectuels, 1955 (dt.: Opium für Intellektuelle, 1957); Paix et Guerre entre les Nations, 1962 (dt.: Frieden und Krieg, 1963); Dixhuit Leçons sur la Société Industrielle, 1962 (dt.: Die industr. Ges., 1964); Le Grand Débat, 1963 (dt.: Einf. in die Atomstrategie, 1964); La Lutte des Classes, 1964; Main Currents in Sociological Thought, New York 1965 (dt.: Hauptströmungen des soziol. Denkens, 1971); Fortschritt ohne Ende, dt. 1970; Essai sur les libertés, Paris 1965 (dt.: Über die Freiheiten, 1968); Démocratie et Totalitarisme, 1965 (dt.: Demokratie u. Totalitarismus, 1970); Marxismes Imaginaires, Paris 1970 (dt.: Die heiligen Familien des Marximus, 1970); République Impériale, 1973; Histoire et Dialectique de la violence, 1973; Penser la Guerre. Clausewitz, 1976 (dt.: Den Krieg denken. Clausewitz); Mémoires, 1983 (dt.: Erkenntnis und Verantwortung, 1985); Power, Modernity and Sociology, hg. v. D. Schnapper, Aldershot 1988.

J. Stark, Das unvollendete Abenteuer, 1986.

Ascribed status (engl.) →zugeschriebene Position

Askese (griech. askesis »Übung«), ursprüngl. die Zucht, das Training u. die Enthaltsamkeit der Athleten; später allg. die rel.-ethisch begründete Enthaltsamkeit von lustbezogenen Verhaltensweisen und Konsummöglichkeiten, bis hin zur völligen Abkehr von weltl. Freuden auch auf der psychisch-kognitiven Ebene. Gemäß rel. soziol. Untersuchungen M. Webers hat die luxusu. genußfeindl. Forderung »innerweltl. A.« der protestantischen, insbesondere der calvinistisch-puritanischen Ethik mit der Rechtfertigung von rastloser Berufsarbeit, ökonomisch rationaler Lebensführung, Sparsamkeit u. Kapitalbildung (zum »Ruhme Gottes«) entscheidend zur Herausbildung der kapitalist. Industrieges. beigetragen. Mit der Entfaltung der Wohlstandsges., der Ausbreitung von Konsumhedonismus u. Freizeitorientierung hat sich dieser asketische Lebensstil abgeschwächt, mit der Folge einer Krise der ethischmotivationalen Voraussetzungen der modernen Leistungsges.

M. Weber, Gesammelte Aufsätze zur Rel.soziol., Bd. I, [9]1988 (1920); D. Bell, Die Zukunft der westl. Welt, [2]1979 (1976).

Asozial (lat.), »ungesellschaftl.«, »ges.fern«, (z. T. abwertende) Bezeichnung für Personen oder ges. »Randgruppen«, die sich den allg. anerkannten Verhaltensmustern u. Lebensformen einer Ges. nicht anpassen (können oder wollen). Theorien über Anomie, über abweichendes Verhalten u. die Kriminalsoziologie versuchen, die Ursachen u. die bes. Erscheinungsformen von Asozialität zu erklären.

Aspirationsniveau →Anspruchsniveau

Assimilation (lat.), »Angleichung«, »Ähnlichmachung«, in der ethnolog. u. polit.-soziol. Literatur häufig benutzte Bezeichnung für Prozesse der Angleichung einer ethn. oder sozialen Gruppe an eine

andere. A. bedeutet Übernahme der soziokult. Werte, Orientierungs- u. Verhaltensmuster bis hin zu den prinzipiellen Lebensinteressen u. dem Wandel des Bewußtseins der Gruppenzugehörigkeit. A. ist demzufolge umfassender wirksam als bloße Akkulturation. Da Prozesse der A. allmählich erfolgen, sind Generationskonflikte innerhalb der sich assimilierenden Gruppe häufig. Innerhalb einer Ges. werden A.prozesse zwischen Angehörigen versch. Schichten u. Klassen beobachtet, die zu Veränderungen in der Zusammensetzung u. der polit. Interessen der (herrschenden) Oberklassen u. der (beherrschten) Unterklassen führen (vgl. V. Paretos u. G. Moscas Theorien über die Zirkulation bzw. A. der Eliten). →Integration.

H. Esser, Aspekte der Wanderungssoziol., 1980; P. B. Hill, Determinanten der Eingliederung von Arbeitsmigranten, 1984; M. Blume u. D. Kantowsky (Hg.), A., Integration, Isolation, 2 Bde., 1988.

Assoziation (lat.), Verknüpfung, Verbindung, Vergesellschaftung, Zusammenschluß, im psycholog. Sinne die durch äußere Einflüsse hervorgerufenen u. nicht zweckgerichteten Ideen-, Vorstellungs- u. Gedankenverbindungen oder die Tendenz, frühere Erinnerungen, Erfahrungen u. Erlebnisse im Zusammenhang mit neu auftretenden wieder ins Bewußtsein zu heben. Von der Psychoanalyse u. Psychotherapie wird dieses Phänomen für diagnost. Zwecke ausgewertet, indem mit der Methode der sog. »freien A.« versucht wird, die psych. Struktur des Patienten über die von ihm auf bestimmte Reize hin mitgeteilten u. völlig frei zugeordneten A.n zu deuten.

In der Sozialpsychologie u. Soziol. ist im Zusammenhang mit der Skalierungstechnik des Polaritätspro-

Assoziations-Index

fils eine Methode der kontrollierten A. entwickelt worden. Um den Eindruck zu messen, den Umweltobjekte oder bestimmte sprachl. Bezeichnungen für diese Objekte auf Personen machen, werden Befragte um Mitteilung ihrer Einstellungen oder Empfindungen zu vorher festgelegten Gegensatzpaaren anderer sprachl. Ausdrücke (Polaritäten) gebeten, die als Eindrucks-»Dimensionen« für das zu analysierende Ausgangsobjekt assoziiert werden sollen.

In der Organisationssoziol. bezeichnet A. die freiwillige Verbindung von Personen, Gruppen oder Organisationen zu Zweckverbänden, in denen die sich zusammenschließenden Einheiten als Mitglieder ihren Beitrag zur Realisierung des gemeinsamen Handlungszieles leisten. A.n sind danach z. B. Genossenschaften, Gewerkschaften, Interessenverbände (Produktiv-A.).

Die sogen. →»formale« Soziologie (L. v. Wiese) verwendet den Begriff A. als Sammelbezeichnung für soziale Prozesse des »Zueinanders«, der Annäherung, →Anpassung, Angleichung u. Vereinigung, denen als Dissoziation bezeichnete Prozesse des »Auseinanders«, der Gegnerschaft, Opposition, des Konfliktes gegenübergestellt werden.

L. v. Wiese, System der Allg. Soziol., ²1933; R. M. MacIver, C. H. Page, Society, London 1955.

Assoziations-Index, bei Analysen der sozialen Mobilität Maßzahl für das Verhältnis von tatsächl. Abstrom- oder Herkunftsquote (die z. B. das zahlenmäßige Verhältnis zwischen der Berufszugehörigkeit von Vätern u. Söhnen ausdrückt) zu dem bei rein zufälliger Verteilung zu erwartenden v.-H.-Sätzen. Wenn z. B. 60 von Hundert aller von Vätern der Berufsgruppe A abstammenden Söhne nunmehr der Berufsgruppe B angehören, in der Sohngeneration aber nur 30 v. H. aller Erwerbspersonen der Berufsgruppe B repräsentieren, dann beträgt der A. 2. Bei rein zufälliger Verteilung wäre zu erwarten gewesen, daß nur 30 v. H. der aus Berufsgruppe A abstammenden Söhne in Gruppe B zu finden sind. Der A. 2 läßt erkennen, daß doppelt so viel Söhne aus der Herkunftsgruppe A nach B übergewechselt sind, wie zu erwarten war. Mit dem A. können Einschränkungen des sozialen Mobilität u. damit schichtenspezif. Selbstrekrutierungsprozesse bzw. soziale Barrieren für den sozialen Aufstieg u. Abstieg gemessen werden.

K. M. Bolte, Soz. Aufstieg u. Abstieg, 1959.

Asyl (von griech. »unverletzlich«), Stätten, Institutionen oder Vorschriften, die Schutz gegen Verfolgung oder stärkere Kampfgegner aufgrund von bes. persönl., räuml. oder zeitl. Bedingungen garantieren. Der Sinn des A. ist entweder eine Schutzfunktion auf Zeit, bis Rache- oder Aggressionsgelüste zugunsten einer rationalen, gerechten Beurteilung abgeklungen sind, oder das prinzipielle Eintreten für Verfolgte aufgrund kultureller Wertvorstellungen des A.gewährenden. Gegenwärtig hat die Zahl der A.anten durch repressive Herrschaftssysteme, Menschenrechtsverletzungen, Kriege u. Bürgerkriege stark zugenommen. Polit., rel. u. ethn. Verfolgte versuchen zunehmend – begünstigt durch verbesserte weltweite Transportsysteme – in Wohlstandsges.en A. zu erlangen. Im Zus.hang mit verstärkten internat. Wanderungen ist aufgrund unterschiedl. Wertorientierungen das konfliktgeladene Problem entstanden, inwieweit zw. tatsächl. Verfolgten (A.berechtigte) einerseits u. Arbeitsmigranten, sog. »Wirtschaftsflüchtlingen« bzw. Armutswanderern – die sich (unberechtigt) als A.anten ausgeben – andererseits differenziert werden kann. Die Zuwanderung von A.anten ist in den Wohlstandsges.en zu einem soz. u. polit. Problem geworden: während engagierte Verfechter humaner Idealwerte die Aufnahme von A.anten bejahen, bringen andere Angehörige der autochthonen (alteingesessenen) Bevölkerung Zurückhaltung, Bedenken oder Ablehnung zum Ausdruck, bis hin zu offen gezeigter Ausländerfeindlichkeit u. gewalttätigem Fremdenhaß. Mit dieser sich zuspitzenden Problementwicklung haben die Wörter A. u. A.lant allg. einen negativen Akzent bekommen.

W. Mühlmann, Colluvies Gentium (Studium Generale III/10, 1950); ders., Homo Creator, 1962; O. Kimminich, Grundprobleme des A.rechts, 1983; H. Quaritsch, Recht auf A., 1985. U. Münch, A.politik in der Bundesrep., 1992.

Asymmetrie →Symmetrie

Atavismus, Bez. für das Wiederauftauchen von Eigenschaften oder Verhaltensweisen früherer Generationen einer Ges. Rückfall in frühmenschl. Verhaltensweisen u. Vorstellungen.

Atomismus, theoret. Grundvorstellung in den Verhaltenswissenschaften, die die eigentl. Antriebskräfte für individuelles u. soziales Handeln der Menschen letztlich in den einzelnen Individuen sucht u. insofern eine antisoziol. Orientierung aufweist. Nach Ansicht des A. entscheidet u. handelt jede Person für sich selbst, gibt es prinzipiell keine überindividuelle u. damit die Individuen verbindende Orientie-

rungsinstanz, von der gemeinsame oder sinnvoll aufeinander bezogene Ziele, Erwartungen, Motive usw. abgeleitet werden. Die sozialen Beziehungen als das Aufeinanderprallen von individuellen Zielsetzungen u. Handlungsketten regelt der Zufall.

Atteslander, Peter, *17. 3. 1926 Ennenda/Schweiz, 1952 Dr. phil. Zürich, 1952–54 Fellow of the Commonwealth Fund, New York, Visiting Fellow der New York State School of Industrial and Labor Relations, Cornell Univ., Ithaca/N.Y., 1954–55 Forschgs.lt. am Soziol. Forschgs.inst. Univ. Köln, 1960 Habil. Bern, 1963 Prof. Univ. Genf, 1964 Univ. Bern, seit 1972 o. Prof. f. Soziol. Univ. Augsburg u. Dir. des Inst. f. Sozioökonomie ebd., 1986–88 Präs. des wiss. Kuratoriums der Dt. Akad. der Forschg. u. Planung im ländl. Raum, 1991 Präs. des wiss. Kuratoriums der Schweiz. Akad. f. Entwicklung, Mitgl. intern. wiss. Organisationen. – Hauptarbeitsgebiete: Planungs- u. Siedlungssoziol., Methoden der empir. Sozialforschg.

Schr.: Probleme der sozialen Anpassung, 1956; Konflikt u. Kooperation im Industriebetrieb, 1959; Einf. in die Methoden der empir. Sozialforschg., ⁴1975 (1969); Die letzten Tage der Gegenwart, 1971; (Hg.) Materialien zur Siedlungssoziol. (mit B. Hamm), 1974; Dichte u. Mischung der Bevölkerung, 1975; Verzerrungen im Interview (mit H. U. Kneubühler), 1975; (Hg.) Soziol. u. Raumplanung, 1976; (Hg.) Soz.wiss. Beiträge zur Methodologie – Raumforschg. – Gesundheitsforschg., 1978 ff.; (Hg.) Gemeinde-Entwicklungs.planung (mit W. Zingg), 1980; Die Grenzen des Wohlstandes, 1981; Distorsioni Nell' Intervista (mit H. U. Kneubühler), Rom 1983; Methoden der empir. Soz.forschg., ⁷1993 (1969); (Hg.) Kulturelle Eigenentwicklung – Perspektiven einer neuen Entwicklungspolitik, 1993.

Attitüde →Einstellung

Attribution (lat.), Zuschreibung →Attributionsforschg.

Attributionsforschung

Attributionsforschung, →kognitiv ausgerichteter Forschgs.ansatz der Sozialpsychol., der sich empir.-theoret. mit den Vorgängen u. Auswirkungen jener Ursache-Wirkungs-Analysen befaßt, die v. den Menschen im Lebensalltag selbst durchgeführt werden. Ausgangspunkt ist die Auffassung, daß der Mensch als ein konstruktivkreativ denkendes Individuum aufgrund seines starken Bedürfnisses nach kausaler Erklärung dazu neigt, wahrgenommenen Ereignissen, Verhaltensweisen (auch den eigenen) u. Empfindungen bestimmte Ursachen, z. B. Motive, krankhafte Störungen, zuzuschreiben (bzw. zu attribuieren). Die das Verhalten weitgehend bestimmenden Ursachenzuschreibungen hängen v. kulturspezifischen Einflüssen der sozialen Umwelt, individuellen Menschenbildern u. lebensgesch. Erfahrungen ab. Die Erforschg. kognitiver Interpretations- u. Attribuierungsvorgänge hat für die Erklärung des sozialen Verhaltens, der Leistungsmotivation, ferner für die Klinische Psychol. Bedeutung gewonnen.

H. H. Kelley, Causal Schemata and the Attribution Process, Morristown, New Jersey 1972; B. Weiner, Theorien der Motivation, 1976 (engl. 1972); H. London u. R. E. Nisbett, Thought and Feeling, Chicago 1974; K. G. Shaver, An Introduction to Attribution Process, Cambridge 1975; F. Heider, Psychol. der interpersonalen Beziehungen, 1977; W. F. Debler, A., 1984.

Aufbereitung →Auswertung

Aufforderungscharakter, sozialpsychol. Bezeichnung (K. Lewin) für die Eigenschaft best. Gegenstände, Situationen, Symbole u. a., beim betroffenen Subjekt eine best. Bedürfnisdisposition auszulösen u. es zu einem best. Handeln bzw. Reagieren zu veranlassen.

Aufgeschobene Befriedigung →deffered gratification pattern

Aufklärung, im wesentl. vom Bürgertum getragene geistige u. ges.polit. wirksame Bewegung vom Ende des 17. bis zum 19. Jh. »A. ist der Ausgang des Menschen aus seiner selbstverschuldeten Unmündigkeit. Unmündigkeit ist das Unvermögen, sich seines Verstandes ohne Leitung eines anderen zu bedienen. Selbstverschuldet ist diese Unmündigkeit, wenn die Ursache derselben nicht am Mangel des Verstandes, sondern der Entschließung und des Mutes liegt, sich seiner ohne Leitung eines anderen zu bedienen« (I. Kant).
A. setzt ein mit der Krise des absolutist.-feudalen Staates u. mit dem Autoritätsverlust der konfessionell gespaltenen Kirchen. Sie fragt nach der Legitimität von geistiger u. polit. Herrschaft, wobei jedoch über hist. konkrete Institutionen u. Traditionen hinaus auch nach Abhängigkeiten, Ordnungen u. Beschränkungen der Freiheit geforscht wird, denen Menschen sich aufgrund ihres ges. Zusammenlebens aussetzen bzw. unterwerfen müssen. A. geht aus von der idealist. Überzeugung, daß »von Natur aus« alle Menschen gleich u. vernünftig seien u. daß es darum – für Reform, Fortschritt u. Besserung der ges. Verhältnisse – vor allem durch Belehrung darauf ankomme, menschl. Denken, Einsicht u. Handeln von »äußeren«, verordneten Gesetzlichkeiten zu befreien u. zur Autonomie zu führen. A. zielt so auf Emanzipation, auf die Durchsetzung des menschl. Naturrechts (Grundrechte) durch die alleinige Herrschaft vernünftiger Anschauungen u. durch deren ges.prakt. Umsetzung in menschlichere Lebensverhältnisse. Die polit. Lehren

der A. betonen die Unterscheidung von Staat u. Ges. u. fordern, daß der Staat nach Maßgabe der für die menschl. Ges. bestimmenden Elemente der menschl. Natur aufgebaut wird (Gesellschaftsvertrag, Gewaltenteilung). Erkenntnistheoret. u. wiss.method. hat die A., durch ihre Ablehnung spekulativer Metaphysik u. durch fundamentale Kritik herrschender traditionaler Ideen, die Entwicklung des Positivismus gefördert. Theoretiker einer »Dialektik der A.« (Adorno, Horkheimer) verweisen auf das Mißverhältnis von zunehmender A. durch »positive« Wiss. u. gleichzeitig zunehmender Entfremdung des Menschen durch wiss. organisierte ges. Praxis. Hinsichtlich des Alltagslebens wird gegenwärtig in freiheitl. Ges.en insbes. von liberaler Seite aus versucht, zur Bewältigung drängender soz. u. ökolog. Probleme den einzelnen durch A. zu einem krit., umweltbewußten, u. autonomen Verbraucher u. polit. engagierten Bürger zu machen.

I. Kant, Was ist A.?, 1967; E. Cassirer, Die Phil. der A., 1932; M. Horkheimer, Th. W. Adorno, Dialektik der A., 1971 (1944); F. Jonas, Gesch. der Soziol., I. Bd., A., Liberalismus, Idealismus, 1968; R. Dahrendorf, Die angewandte A., 1969; H. Holzer, Gescheiterte A., 1971; R. van Dülmen, Die Ges. der Aufklärer, 1986; J. Kopper, Einf. in die Phil. der A., ²1990; U. Im Hof, Das Europa der A., 1993.

Aufstieg, sozialer Wechsel des sozialen Status in der vertikalen Struktur der Positionen, Klassen oder Schichten einer Ges. Es wird unterschieden zwischen individuellem (von einer Person erreichtem) u. kollektivem (durch Veränderung der ges. Strukturverhältnisse von den Angehörigen einer best. Positionengruppe gemeinsam erreichtem) A. sowie zwischen intragenerativem (im Laufe eines Lebens erreichtem) und intergenera-

tivem (durch Statusverbesserung der Kinder-Generation erreichtem) A. A.prozesse werden über Lebenslauf-, Organisations- u. soziale Herkunftsanalysen festgestellt u. gemessen. A. kann eine objektiv feststellbare oder eine lediglich (von den Betroffenen oder von anderen) subjektiv empfundene Statusverbesserung sein. Da A. in der an liberalen Leitbildern, d. h. an »Eigeninitiative« u. »Chancengleichheit« orientierten industriell-bürgerl. Ges. sehr stark mit »Leistung« gekoppelt wird, gilt sozialer A. als bürgerl. Lebenserfolg schlechthin. In soziol. Untersuchungen zum A.problem werden darum bes. die immer noch bestehenden Diskrepanzen zwischen den proklamierten Idealen zum sozialen A. einerseits u. den tatsächl. Bedingungen der Statuserringung u. -zuweisung andererseits erörtert. Es werden analysiert die Entstehung des A.strebens u. seine Bedeutung für Leistungsmotivationen, das Verhältnis von A.wünschen und Realisierungsmöglichkeiten, spezielle Konstellationen psych. u. ges. Faktoren, aus denen A. resultiert, bestimmte A.kanäle u. schließl. das Verhältnis von A.ideologie u. A.wirklichkeit. In betriebs- u. berufssoziol. Studien interessiert die Frage, inwieweit A. oder »Karriere« nicht nur als Wechsel »realer« Qualifikations-, Leistungs- u. Autoritätsstufen definiert wird, sondern auch »fiktiv« über Gehaltsverbesserungen nach dem Anciennitätsprinzip oder Senioritätsprinzip u. über Veränderungen innerbetriebl. Statusverhältnisse durch Ernennungen, Ehrungen, Auszeichnungen erfolgt.

K. M. Bolte, Soz. A. u. Abstieg, 1959; F. Fürstenberg, Das A.-Problem in der mod. Ges., ²1969; M. Haller, Klassenstrukturen u. Mobilität in fortgeschrittenen Ges.en, 1989.

Aufstiegsideologie, soziales Bewußtsein, ges. Grundstreben u. damit verbundenes Gesellschaftsbild best. Ges.schichten (z. B. Angestellte, Beamte), das sich vor allem an Chancen des sozialen Aufstiegs orientiert u. demgemäß rational die Lebens-(Berufs-, Bildungs-) planung ausrichtet. →Leistungsgesellschaft.

Ausbeutung, nach der Lehre des Marxismus ein soziales Verhältnis, in dem die Ausbeuter, d. h. die Eigentümer der Produktionsmittel, in Ausnutzung ihrer Herrschaftsposition sich unentgeltl. das Produkt fremder (Lohn-)Arbeit aneignen. A. als ein Verhältnis von sozialen Klassen hat es hiernach in allen histor. Epochen gegeben, und zwar nach Maßgabe des Eigentums u. der damit verbundenen Verfügungsrechte über die jeweils wichtigsten Produktionsmittel: so z. B. in der Sklavenhalterges. auf der Grundlage des Eigentums an den unmittelbar produzierenden Menschen, in der Feudalges. wegen der Bodenbesitzverhältnisse, u. in der bürgerl.-kapitalist. Ges., der histor. letzten Form der A., aufgrund des Eigentums an techn. Produktionsmitteln des Fabriksystems. Die Abschaffung des Privateigentums an Produktionsmitteln durch Verstaatlichung hat in den sozialist. Ges.en keineswegs zu einer Überwindung der A. geführt.
Im Zus.hang mit den jeweiligen Macht- und Herrschaftsverhältnissen kann es in verschiedenen Lebensbereichen zu ausgeprägten, rücksichtslosen Formen der A. kommen: A. von Frauen durch Männer, Mietern durch Vermieter, kleineren Unternehmungen durch größere, Kolonien durch Kolonialmächte u. a. m. Menschenrechtsbewegung, Emanzipationsbestrebun-

gen, der Aufbau eines Rechts- u. Soz.staats sowie einer internat. Rechtsordnung wirken der A. entgegen.
Die zur Gefährdung der Überlebensmöglichkeiten hinführende, bisher expandierende Umweltkrise ist mit einer wirtschaftl. bedingten A. der natürl. Ressourcen u. Entsorgungskapazitäten verbunden. Die Überwindung dieser ökolog. untragbar gewordenen A. setzt die Durchsetzung einer umweltschonenden Wirtschaftsweise u. Konsumkultur voraus.

R. Gerster, A. – Agonie eines wirtschaftl. Begriffs, 1973; K. Löw, A. des Menschen durch den Menschen, [2]1977.

Ausdifferenzierung, bezeichnet in der funktional-strukturellen Theorie v. N. Luhmann die Ausgrenzung eines Systems oder bestimmter Systemelemente, z. B. Rollen u. Symbole, aus der jeweiligen Umwelt. Auf der Ebene sozialer Rollen kann so z. B. eine Zuordnung aller einschlägigen Rollen zum polit. System erfolgen. Durch diese relative Verselbständigung ist das Ausdifferenzierte nur noch v. bestimmten Vorgängen seiner Umwelt abhängig.

N. Luhmann, Soziolog. Aufklärung, Bd. 1, [3]1972.

Ausfallquote, Anteil derjenigen Elemente (z. B. Personen, Haushalte, Organisationen) einer ausgewählten Teilmenge bzw. Stichprobe, die entgegen der Forschungsabsicht aus verschiedenartigen Gründen (Tod, Wegzug, Abwesenheit, Verweigerung) nicht befragt, beobachtet oder untersucht werden konnten. Die Ausfallquoten sind b. den versch. empir. Forschungstechniken unterschiedlich stark ausgeprägt. Bes. b. der postalischen Befragung entspricht einer relativ geringen Rücksendequote eine hohe A. Die Höhe der A., die auch v. jeweiligen Anreizen u. Sanktionsmöglichkeiten abhängt, wirkt sich auf die Repräsentativität einer Untersuchung entsprechend nachteilig aus, zumal gerade die Verweigerer häufig durch bes. soziale u. persönl. Merkmale gekennzeichnet sind.

D. Hermann u. F. Streng, Das Dunkelfeld der Befragung, in: KZfSS 38, 1986; G. Frasch, Der Rücklaufprozeß bei schriftl. Befragungen, 1987.

Ausgleich der Profitraten, These des Marxismus, wonach es als Folge des Strebens aller Kapitalisten (Produktionsmitteleigentümer) nach maximalem Profit zu einem ständigen »Wandern« von Kapitalien aus einem Produktionsbereich mit niedrigerer Profitrate in andere mit höherer Profitrate komme, so daß dieses gleichgeartete Streben aller Kapitalisten in der Tendenz zum A. d. P. auf mittlerem Niveau führen müsse.

Ausländer →Fremdenfeindlichkeit

Auslese, zunächst Begriff der Sozialanthropologie, bedeutet formal das absolut oder relativ schnellere Anwachsen u. Sichvermehren einer Bevölkerungsgruppe oder einer ganzen Ges. gegenüber einer zurückbleibenden bzw. aussterbenden (»ausgemerzten«) Vergleichsgruppe (-ges.). Die Forschung interessiert sich für die Faktoren, die die A. positiv u. negativ bestimmen. Ursprünglich wurde von der Annahme ausgegangen (→Sozialdarwinismus), daß die A. als Ergebnis des »Kampfes ums Dasein« von durchsetzungsfähigen bzw. »minderwertigen« biolog. Eigenschaften beteiligter Gruppen, Völker oder

Ges.en abhänge. Die Sozial- u. Kulturanthropologie bevorzugte später einen Ansatz, der A.ergebnisse nach Kriterien der Funktionalität u. Effizienz von kulturellen u. sozialen Institutionen festzustellen strebte. In der Soziol. werden Institutionen (Familie, Schule, Betrieb) daraufhin untersucht, inwieweit in ihren Strukturen Mechanismen wirksam werden, die die optimale individuelle Förderung u. Entfaltung jedes einzelnen Mitgliedes sowie die Zuordnung von Positionen u. geeigneten Positionsinhabern garantieren. Soweit Organisationen (Betriebe, Verbände, Parteien) in ihrer Eigenschaft als Herrschaftssysteme eine vertikale Gliederung nach abgestufter Führungs- u. Ausführungskompetenz aufweisen, stehen sie vor dem Problem der Führungs-A.

In totalitären, geschlossenen Ges.en mit einer monopolartig herrschenden polit. Partei ist für die A. einseitig der Grad der polit.-ideolog. Anpassung des einzelnen maßgebend. Der soz. strukturell verfestigte Zwang zum Opportunismus u. Konformismus behindert das Leistungsprinzip, den soz. Wandel u. die wirtschaftl. Entwicklung.

K. V. Müller, Begabung u. soz. Schichtung in der hochindustrialisierten Ges., 1956; J. H. Knoll, Führungsauslese in Liberalismus u. Demokratie, 1957; W. E. Mühlmann, Homo Creator, 1962; H. G. Rolff, Sozialisation u. Auslese durch die Schule, 1967; O. Herz, Versagen heißt Versagen, 1985.

Auslöser, Eigenschaften oder Verhaltensweisen bei Menschen oder (bes.) Tieren, die als »Erkennungssignale« beim Artgenossen eine spezif., instinktbestimmte Reaktion auslösen. →Kindchenschema, →Demutsgebärde.

Aussageanalyse →Inhaltsanalyse

Außengruppe →Fremdgruppe

Außenlenkung (engl. »other-directedness«), auf den amerikan. Soziologen D. Riesman zurückgehender idealtypischer Begriff zur Kennzeichnung der spezifischen Verhaltenskonformität oder des vorherrschenden Sozialcharakters in den westl. Industrieges.en. Der außen-gelenkte bzw. -geleitete Mensch orientiert sich in seinem starken Streben nach Sozialprestige in übergepaßter, konformistischer Weise an den Erwartungen und Handlungen von Mitmenschen, zu Lasten überkommener Traditionen, innerer Wertprinzipien und persönlicher Autonomie.

D. Riesman, Die einsame Masse, 1958.

Außenseiter, Personen, die sich in einer Gruppe oder Organisation relativ regelmäßig durch abweichendes Verhalten auszeichnen u. bewußt oder unbewußt aufgrund eigener Entscheidung, fremder Einwirkung oder objektiver Zwänge die als normal u. allg. verbindl. geltenden Normen verletzen bzw. die Verhaltenserwartungen der anderen enttäuschen. Zahlreiche Studien über das abweichende Verhalten ließen erkennen, daß A. nicht nur sozial destruktiv, sondern auch konsolidierend wirken, indem auf die in die Rolle des A. gedrängten Personen viele gruppen- oder organisationsinterne Spannungen, Konfliktlagen u. a. »abgefahren« werden können u. das soziale »Klima« durch diese »Blitzableiter«-Funktion der A. wesentl. bereinigt wird. In diesem Sinne kann die A.-Rolle als eine in fast allen sozialen Strukturen herausgebildete Normal-Rolle betrachtet werden, die oft schon dann geschaffen wird, wenn die Regeln für

normengerechtes u. abweichendes Verhalten unter Bedingungen definiert werden, die für bestimmte Personen einfach Abweichung konstituieren. Das bedeutet, daß das A.-Sein nicht nur eine Qualität der Einstellung u. des Verhaltens einer Person zu den geltenden Normen ist, sondern daß A. derjenige ist, der aufgrund körperl. Eigenschaften oder sozialer Lage sich abweichend verhalten muß u. gegen den die Definition der Norm erfolgreich durchgesetzt werden kann. Als »soziometrische A.« werden Personen bezeichnet, die nach den Ergebnissen von Gruppenanalysen durch die Soziometrie von den übrigen Gruppenangehörigen keine Sympathien empfangen u. darum mehr als andere abgelehnt werden.

H. S. Becker, Outsiders, New York 1963, dt. 1973; H. Mayer, A., 1975; H. J. Schulz, Der A. in der Volksschule, 1976; H. Buchkremer, Verständnis f. A., 1977; W. Helsper u. a., Jugendl. A., 1991.

Außerparlamentarische Opposition (APO), um 1970 herum aufgetretene nonkonformist. Bewegung, die in ihrer Kritik an der ges. u. polit. Entwicklung in der BR Dtl. keine Chance mehr sah, über die polit. Parteien u. über die Verfassungsorgane fundamentale Umorientierungen in polit. Theorie u. Praxis zu erreichen. Die APO setzte sich, relativ locker organisiert, je nach den aktuellen umstrittenen innen- oder außenpolit. Zielvorstellungen u. Anlässen zusammen aus Teilen des Sozialist. Dt. Studentenbundes, Studentenvereinigungen gewerkschaftl., evangel. u. sozialdemokrat. Herkunft, polit. Clubs (»Club Voltaire«, »Republikan. Club«), »linken« Jugendorganisationen u. offiziellen Studentenvertretern versch. Hochschulen. Angeprangert wur-

den von der APO: hierarch. bestimmte u. »irrationale«, weil sich einer sinnvollen Legitimierung entziehende Autoritätsverhältnisse in Hochschulen, Schulen, Wirtschaft u. Kultur; die Erfolg- u. Tatenlosigkeit von Reformdiskussionen über bestehende Ordnungsverhältnisse; der von den kritischen Sozialwiss.en entdeckte Formierungs- u. Manipulationsprozeß in sog. »etablierten« Systemen der Ges. u. der Politik; die Kompromittierung der »freien Welt« in sog. Kriegen zur Sicherung der Freiheit (Vietnam); die angebl. Entdemokratisierung u. Unterwerfung der Ges. durch die forcierte Notstandsgesetzgebung u. a.
Die (langfristig betrachtet) relative Erfolglosigkeit ihrer kaum geplanten u. organisierten u. darum meist nur aus spontanen Motivationen gespeisten Aktionen hat – bei gleichzeitigem Erstarken konservativer Gegentendenzen (u. a. »Radikalenerlaß«) zu einem raschen Zerfall der Bewegung geführt.

R. Seeliger, Die a. O., 1968; Bergmann, Dutschke, Lefèvre, Rabehl, Rebellion der Studenten, 1968; J. Habermas, Protestbewegung u. Hochschulreform, 1969; O. Negt, Universität u. Arbeiterbewegung, Zur soz.revol. Theorie der O. im Spätkapitalismus, 1969; H. K. Rupp, A. O. in der Ära Adenauer, 1970.

Aussteiger, Bezeichnung für Personen, insb. junge Menschen u. Intellektuelle, die aus Enttäuschung über die strukturell verfestigte, einseitig materialistisch orientierte, als gefühlskalt u. sinnlos empfundene Leistungs- u. Konsumges. resigniert die Mehrheitskultur verlassen. In Sub- oder Gegenkulturen u. verschiedenartigen Formen des abweichenden Verhaltens streben sie alternative Werte u. Lebensstile an (→Alternativbewegung). Die den sozialen Wandel anregenden A.

können durch kurzfristig-massenhafte Vermehrung den Funktionszus.hang der komplexen Industrieges. gefährden.

C. Schäfers (Hg.), Notausgänge, 1980.

Ausstrahlungseffekt (engl. halo effect), auch Hofeffekt, beim Interview das Problem, daß sich bestimmte, insbes. heikle, kontrovers diskutierte, emotional stark aufgeladene Fragen verzerrend auf das Antwortverhalten hinsichtl. nachfolgender Fragen auswirken können. Antworten hängen dann – unter Einschränkung der Gültigkeit erhobener Daten – stark von der Wirkung bzw. Ausstrahlung vorausgegangener Fragen ab. Um diesen Effekt zu mildern, werden bei der Konstruktion eines Fragebogens zw. Themenbereiche sog. »Pufferfragen« eingeschoben.

Austauschtheorie (engl. exchange theory), Bezeichnung für einen grundlegenden sozialwiss. Theorieansatz, der v. →Homans u. P. M. Blau zur Erklärung des elementaren Sozialverhaltens u. sozialer Strukturen in die Soziol. eingeführt worden ist. In Anlehnung an die klassische Wirtschaftstheorie interpretiert Homans die Interaktionen zw. Personen als wechselseitigen Austausch v. Gratifikationen bzw. Belohnungen. Zu diesen zählen materielle Güter ebenso wie Leistungen nichtmaterieller Art u. Gefühlsäußerungen (Sympathie, Wertschätzung, Prestige). Wer viel von anderen erwartet u. erhält (Belohnung), muß selber viel hergeben (Kosten). Je mehr die Belohnungen die Kosten übersteigen u. der Gewinn einem Maximum zustrebt, um so weniger wird der Teilnehmer an sozialen Austauschvorgängen sein Verhalten ändern. Andererseits erwartet jeder zugleich, daß sich die Interaktionspartner angemessen revanchieren u. daß die Tauschbeziehungen nicht durch Ungerechtigkeit verzerrt werden. Die Austauschsituation begründet eine gegenseitige Verstärkung des Verhaltens der Interaktionspartner, bis sich ein Gleichgewicht von Tauschgütern eingependelt hat. Zwischen der Interaktionshäufigkeit, dem Austausch v. Gefühlsäußerungen u. der inneren Festigkeit einer Gruppe (Kohäsion) besteht ein Zus.hang. Nonkonformisten, die v. den eingespielten Normen der Austauschvorgänge abweichen, werden durch den Entzug v. Belohnungen zur Anpassung veranlaßt oder in die Isolation abgedrängt. Aus dauerhaft gewordenen Austauschbeziehungen ergeben sich verfestigte soziale Strukturen. Die zw.menschl. Austauschvorgänge werden als elementarer Unterbau hist.-kulturell unterschiedl. ausgeformter sozialer Rollen u. Institutionen eingestuft. Im Gegensatz zum Marktcharakter dieser ökonom. geprägten soziol. A. wird von kulturanthropolog. Seite die aktive Gegenseitigkeit als fundamentaler Stabilisierungsfaktor des sozialen Zus.lebens betont, der dem Tausch im ökonom. Sinne vorausgeht. In der insb. auf mikrosoziol. Forschg. ausgerichteten A. bleiben soziale Phänomene wie Macht, Herrschaft u. Ausbeutung, die wechselseitige Austauschbeziehungen zugunsten v. Einzelpersonen oder Minderheiten verzerren u. einschränken, häufig unterbelichtet.

G. Simmel, Soziol., [5]1968; A. Gehlen, Die Soz.strukturen primitiver Ges.en, in: Soziol., hg. v. A. Gehlen u. H. Schelsky, [3]1955; ders. Urmensch u. Spätkultur, [2]1964; J. W. Thibaut u. H. H. Kelley, The Social Psychology of Groups, New York [2]1986 (1959); P. M. Blau, The Dynamics of Bureaucracy, Chicago 1955; ders., Exchange and Power in Social Life, New York, London, Sidney 1964; G. C. Homans, Social Behavior as Exchange, in: American Journal of Sociology, LXIII, 1958; ders., Theorie der soz. Gruppe, [5]1968; ders., Elementarformen soz. Verhaltens, 1968; L. Clausen, Tausch, 1978; H. W. Boger, Der empir. Gehalt der A. v. G. C. Homans, 1986; T. Voss, Rationale Akteure u. soz. Institutionen, 1985; D. Willer u. Bo Anderson (Hg.), Networks, Exchange, and Coercion: The Elementary Theory and Its Applications, New York 1981; P. Spread, Blau's exchange theory, support and the macrostructure, in: The British Journal of Sociology 35, 1984; P. Kappelhoff, Soz. Tauschsysteme, 1993.

Austromarxismus, zu Beginn des 20. Jh. publizierende Gruppe von Theoretikern u. Führern der österr. Sozialdemokratie (Karl Renner, Otto Bauer, Max Adler, Rudolf Hilferding). In Auseinandersetzung über die Wege u. polit. Möglichkeiten zur Lösung des in der österr.-ungar. Monarchie bestehenden u. mit der Entwicklung des industriellen Kapitalismus bes. akut gewordenen Nationalitätenproblems entwickelte der A. eine Variante des Revisionismus. Entgegen den orthodoxen marxist. Lehren verzichtete der A. auf das polit. Kampfmittel der sozialist.-proletar. Revolution, weil er die Ansicht vertrat, daß die Umgestaltung des Kapitalismus in eine »Gesellschaftsordnung des Gemeinwohls« mit Naturnotwendigkeit erfolgen würde u. darum alle polit. Aktivität der unteren Klassen auf soziale Reformen mit legalen, parlamentar. Mitteln zu konzentrieren sei, d. h. auf ein Erobern des Staatsapparats u. ein »schrittweises Hineinwachsen in den Sozialismus«.

N. Leser, Der A. als Theorie u. Praxis (KZfSS, 20. Jg., 1968); ders. Zwischen Reformismus u. Bolschewismus, 1968; H. J. Sandkühler (Hg.), A., Texte von O. Bauer, M. Adler, K. Renner u. a., 1970; G. Mozetič, Die Ges.theorie des A., 1988.

Auswahlverfahren, Stichprobenverfahren (engl. »sampling«), in der Statistik u. Empir. Sozialforschung

Auswahlverfahren

Methoden der Auswahl von Elementen (n) aus der Gesamtheit aller Elemente (N), die aufgrund ein oder mehrerer gemeinsamer Merkmale dem Objekt- bzw. Problembereich einer bestimmten Fragestellung angehören. Statt Gesamtmenge wird auch von Grundgesamtheit, Population oder Universum gesprochen, z. B. alle erwachsenen Einwohner eines Landes, alle Studenten einer Hochschule, alle Ärzte einer Stadt. Der Einsatz von A. ist erforderlich, wenn infolge zu großer Grundsamtheiten Vollerhebungen (Totalerhebungen) aus methodischen, finanziellen, zeitl., räuml. oder jurist. Gründen nicht realisierbar sind (Ausnahme: staatlich durchgeführte Bevölkerungszählung). Auch bei relativ großem Stichprobenumfang ermöglichen unsystematische, aufs Geratewohl vorgenommene Auswahlen nur ungenaue Rückschlüsse auf die jeweilige Grundgesamtheit. Um den Grad der Repräsentativität einer Auswahl u. die Zuverlässigkeit (Präzision) der Forschungsergebnisse zu erhöhen, wird mit systemat. A. die Ziehung von Stichproben angestrebt, die die Heterogenität der Elemente u. die Struktur der jeweiligen Grundgesamtheit weitestgehend widerspiegeln. Bei der methodisch umstrittenen bewußten oder gezielten Auswahl (purposive sample) werden typische, besonders charakteristisch erscheinende Elemente mit bestimmten Merkmalsausprägungen nach freiem Ermessen zur Untersuchung bestimmt. Bei der kontrollierten Wahrscheinlichkeitsauswahl (Zufallsstichprobe, random sample) wird jedem Element einer definierten Grundgesamtheit die gleiche Wahrscheinlichkeit gesichert, in die Teilerhebung aufgenommen zu werden. Grundsätzlich läßt sich der Vertrauensbereich (Konfidenzintervall) berechnen, in dem mit einem bestimmten Sicherheitsgrad (Irrtumswahrscheinlichkeit) der wahre Wert der Grundgesamtheit vermutet werden kann. Bei der geschichteten Wahrscheinlichkeitsauswahl werden aus einzelnen Teilgesamtheiten einer Grundgesamtheit je nach den Anforderungen einer Forschungsaufgabe proportional oder disproportional Stichproben gezogen. Bei der Klumpenauswahl (Klumpenverfahren, cluster sample) werden, mitunter auf verschiedenen Stufen (Bundesländer, Regierungsbezirke, Orte, Wohnhäuser), zu Klumpen aggregierte Elemente nach dem Zufallsprinzip ausgewählt. Das für die Wahrscheinlichkeitsauswahl große Problem der Ausfälle (»Nichterreichbare«, »Verweigerer«) kann mit dem in der Markt- u. Meinungsforschung weit verbreiteten Quotenauswahlverfahren (Quotaverfahren, Quotastichprobe) leichter bewältigt werden. Hierbei wird dem Interviewer mittels eines Quotenplanes, der jeweils relevante Merkmalsverteilungen u. Strukturverhältnisse der Grundgesamtheit zum Ausdruck bringt, vorgeschrieben, wieviele Personen mit bestimmten Merkmalen oder Merkmalskombinationen (Geschlecht, Alter, Bildungsgrad) er auswählen u. interviewen soll. Dieses flexible u. relativ kostengünstige Verfahren ermöglicht nicht die Anwendung der Wahrscheinlichkeitsrechnung.

H. Kellerer, Theorie und Technik des Stichprobenverfahrens, [2]1953; F. Böltken, A., 1976; H. Stenger (Hg.), Prakt. Anwendungen von Stichprobenverfahren, 1980; R. Neubäumer, Die Eigenschaften verschiedener Stichprobenverfahren bei wirtschafts- u. soz.wiss.en Untersuchungen, 1982; B. Leiner, Stichprobentheorie, 1985; L. Kreienbrock, Einf. in die Stichprobenverfahren, 1989; K. Holm (Hg.), Die Befragung 1, [4]1991.

Auswanderung

Auswanderung (Emigration), Bevölkerungsbewegung, Verlegen des ständigen Wohnsitzes in ein anderes Staatsgebiet. Nach den großen Wanderungsbewegungen des 12.–15. Jh. in die osteurop. Räume hat die Entdeckung u. Erschließung des amerikan. Kontinents eine nach Westen orientierte A. bewirkt (Neuenglische Kolonien). Die Revolutionsjahre des 18. Jh. u. die sich anschließende europ. Restaurationszeit fügten den wirtschaftl. Motiven zur A. polit. hinzu. Im 20. Jh. haben Kriege, Bürgerkriege, wirtschaftl. Notlagen, ethnische Konflikte, die Herausbildung totalitärer Herrschaftssysteme, Verfolgung u. Vertreibung aus polit., rass. u. rel. Gründen zu umfangreichen Auswanderungsbewegungen geführt (großenteils also Zwangsmigration bzw. -wanderungen). Die Anziehungskraft der westl. Wohlstandsges.en bewirkt gegenwärtig eine stark angewachsene A. aus wirtschaftl. stagnierenden u. großenteils polit. unterdrückten Entwicklungges.en, in denen sich durch »Bevölkerungsexplosion«, Mißwirtschaft, Massenarbeitslosigkeit u. -armut, soz. Entwurzelung u. Erschütterung der überkommenen Kultur die allg. Lebenssituation eher verschlechtert. Insbes. zur Abwehr ethnischer Spannungen u. soz. Probleme wird in den Wohlstandsges.en versucht, durch eine strikte Asylpolitik, rigide Einwanderungsbestimmungen u. Quotenregelungen Einwanderung in engeren Grenzen zu kanalisieren.

H. G. Ungefug, Das Auswanderer-Hdb., 1982; J. Schöps (Hg.), Auswandern. Ein dt. Traum, 1983; A. Heilbut, Kultur ohne Heimat, 1987.

Auswertung, letzte Phase einer mit Methoden der Empir. Sozialforschung durchgeführten Unter-

suchung, in der (nach der Erhebung) die für die Lösung eines Forschungsproblems gesammelten Daten aufbereitet u. analysiert werden. Die method. Analyse u. die einzelnen Arbeitsschritte der A. werden in der Regel bereits bei der theoret. Analyse u. Planung einer Untersuchung festgelegt. Einer Primär-A. liegen die vom betreffenden Forschungsvorhaben selbst gesammelten Daten zugrunde. Bei einer Sekundär-A. werden bereits vorhandene Datenbestände erneut ausgeschöpft. Größere Datenmengen oder vielfältige Merkmalsverbindungen aus dem Datenmaterial werden mit Hilfe des Computers quantitativ ausgewertet.
In der sich anschließenden Analyse wird (in Orientierung an den die gesamte Untersuchung leitenden Hypothesen oder Theorien) z. B. versucht, zwischen den Merkmalsvariablen des aufbereiteten Datenmaterials monokausale oder multikausale Beziehungen zu erkennen. Hierzu dienen neben der zentralen Tabellenanalyse insbes. die Kontextanalyse, Varianzanalyse u. Faktorenanalyse.
Abschließend erfolgen eine für den Auftraggeber oder für die Öffentlichkeit verständl. Interpretation der aufbereiteten Forschungsergebnisse u. die Erstellung eines Forschungsberichts.

L. Sachs, Statist. A.smethoden, 1968; K. Heller u. B. Rosemann, Planung u. A. empir. Untersuchungen, 1974; R. Porst, Praxis der Umfrageforschung, 1985; G. Rudinger u. a., Qualitative Daten, 1985.

Autarkie (griech.), »Selbstgenügsamkeit«, im volkswirtschaftl. Sinne das Streben nach Unabhängigkeit von auswärtigen Einfuhren bzw. nach Selbstversorgung u. wirtschaftl. Selbständigkeit. Im polit. u. soziol. Sinne dementsprechend die Unabhängigkeit u. Absonderung gegenüber fremden sozialen u. kulturellen Einflüssen bei geschlossenen Gemeinwesen, Regionen, Ländern u. Staaten. A. beinhaltet die Gefahr sozialer Isolierung u. (u. U.) des Ausschlusses vom techn. u. kulturellen Fortschritt, verzögert Prozesse der Akkulturation u. Assimilation.

Autismus (griech.) »Selbstbezogenheit«, Bezeichnung für die radikalste Form der Kontaktverweigerung, die meist bis zum 4. Lebensjahr auftritt. Die betreffenden Kinder lehnen Bezüge zur Umwelt nahezu gänzlich ab, zeigen kaum Ansprechbarkeit, bringen bizarre stereotype Bewegungen zum Ausdruck, sprechen Gehörtes zwanghaft sinnentleert nach, reagieren übersteigert auf jede Veränderung, z. T. mit heftigen Gefühlsausbrüchen. In ihrer überstarken Bezogenheit auf sich selbst kapseln sie sich nahezu völlig ab (B. Bettelheim: »The empty fortress« – die leere Festung). Wissenschaftl. ist noch nicht hinreichend geklärt, ob erbl. Faktoren, Gehirnschädigungen oder traumatische Erlebnisse die entscheidenden Ursachen bilden. Therapeutisch sind eine geduldige, kontinuierliche, intensive Zuwendung u. das lebensprakt. Training in einer Gruppe unentbehrlich.

B. Bettelheim, The Empty Fortress, 1967 (dt.: Die Geburt des Selbst, 1977); M. Sievers, Frühkindl. A., 1983; J. Wendeler, Autist. Jugendliche u. Erwachsene, 1984; F.-W. Wilker, A., 1989.

Autoaggressive Gesellschaft, »Ellenbogengesellschaft«, ist durch eine stark überhöhte Ausprägung binnenges. Antagonismen, Rivalität u. Aggressivität gekennzeichnet: zw. ges. Teilbereichen (z. B. scharfer Gegensatz zw. Intellektuellen u. Politikern), zw. Organisationen (z. B. Interessenkampf zw. Gewerk-schaften u. Arbeitgeberverbänden), zw. Gruppen u. zw. Individuen. Von grundlegender Bedeutung sind jeweils dominierende, verhaltensbestimmende Weltanschauungen u. Wertsysteme. Je mehr harmonisch-friedliche Lebensauffassungen durch soz.darwinistisch-rivalitätsbetonte verdrängt werden, um so mehr erscheinen aggressive Formen des Zus.lebens als »natürlich« u. »selbstverständlich«. Von struktureller Bedeutung ist das jeweilige Wirtschaftssystem der Ges., wobei insbes. eine freie, kapitalist. Marktwirtschaft ohne soz. Ausgleichsmechanismen eine a. G. begünstigt. Bei zunehmenden Ansprüchen u. Verknappungserscheinungen wirken sich verschärfende Verteilungskämpfe allg. aggressionsfördernd aus. Steigende Bildungsniveaus u. Karriereansprüche können die Aggressivität des Wettkampfes um attraktive Berufspositionen erhöhen. Fortschreitende Sensibilisierung gegenüber soz. Ungleichheit kann zu aggressiver Unzufriedenheit der Deklassierten u. zu kämpferischem Nivellierungsverlangen führen. Zu den möglichen verstärkenden Faktoren zählt auch eine zunehmende Bevölkerungsdichte, die insbes. in ausufernden Ballungsgebieten gesteigerte Aggressivität begünstigen kann. In Wohlstandsges.en führt verstärkte Einwanderung nicht nur zu höherer Bevölkerungsdichte, sondern ggf. auch zu Fremdenfeindlichkeit, Ausländerhaß u. aggressivem Verhalten gegenüber Angehörigen ethnischer Minderheiten. Die waffentechn. erzwungene Überwindung des Krieges zw. Ges.en schränkt die Möglichkeiten der Ableitung aggressiver Potentiale »nach außen« ein. Im Zus.hang mit dem jeweiligen Herrschaftssystem kann eine Übersteigerung des

Interessenpluralismus u. des Individualismus bzw. Egoismus bei gleichzeitiger Auflösung gemeinschaftl.-kollektiver Orientierung u. Identität binnenges. Aggressivität erhöhen. In dieser Richtung kann auch eine überzogen einseitige Dauerkritik der eigenen Ges. durch Intellektuelle u. Massenmedien folgenreich sein. Im Zuge einer überschießenden Umkehr ethnozentrist. Orientierungen können sich Tendenzen des ethnisch-kollektiven →Selbsthasses herausbilden.

Zu den Ausdrucksformen einer a. G. zählen rücksichtslose Verteilungskämpfe, ethisch-moral. entbundenes Wettbewerbs- u. Rivalitätsverhalten, kriminelles u. gewalttätiges Verhalten (bis hin zur Mißhandlung von Frauen u. Kindern), Anwendung von Foltermethoden, Terrorismus, im Extremfall Bürgerkrieg. Mit zunehmender Aggressivität verschlechtert sich die Lebensqualität, erhöhen sich die Reibungsverluste innerhalb der Ges. u. die Kosten der inneren Sicherheit.

Autobiographie (griech.), literar. Darstellung des eigenen Lebens, Erhebungsinstrument der Empir. Sozialforschung. Bei der Methode der A. geht es darum, eine zahlenmäßig möglichst große Menge von Autobiographien von sozial relativ einheitl. Gruppen zu erhalten, die eine gewisse kulturelle Schicht repräsentieren u. über ihre Mitteilungen Einblicke in ihre sozialen Antriebe u. die sich daraus entwickelnden Verhaltens-»Kanäle« zulassen.

J. Szczepanski, Die biographische Methode (Hdb. der Empir. Sozialforschung I, 1967); R. Schenda (Hg.), Lebzeiten, 1982; K. Bergmann, Lebensgesch. als Appell, 1991.

Autochthon (griech. »aus dem Lande selbst«, »eingeboren«), hin-sichtlich der menschl. Ges. die alteingesessene, bodenständige (Teil-) Bevölkerung.

Autokephalie (griech.) »eigenes Oberhaupt«, b. M. Weber Begriff zur Kennzeichnung eines Verbandes, b. dem der Leiter u. der Verbands- bzw. Verwaltungsstab aufgrund eigener Ordnungen des Verbandes u. nicht durch Außenstehende bestellt werden. Heterokephalie bezeichnet dagegen fremdgeleitete Verbände.

M. Weber, Wirtschaft u. Ges., [5]1980.

Automation, Automatisierung (griech., lat.), »sich selbst bewegendes« Produktionssystem bzw. die Tendenz zur Herausbildung eines solchen Systems; höchster Mechanisierungsgrad bei der Produktion u. Bearbeitung von Gütern, Dienstleistungen oder Informationen. Begriff für Produktionsprozesse, die nach vorgeplanten u. in mechan. oder elektron. »Anweisungen« übersetzten Entscheidungen selbsttätig (ohne menschl. Bedienung) ablaufen, sich selbst kontrollieren, auf Störungen regulierend reagieren u. sich selbst systemstabilisierend erhalten. Die Entwicklung läuft zu einem computergestützten flexiblen Planungs- u. Fertigungssystem mit einer datentechn. Vernetzung der verschiedenen betriebl. Funktionsbereiche: Konstruktion, Materialbeschaffung, Arbeitsvorbereitung, Fertigung (zunehmender Robotereinsatz), betriebl. Transportsysteme, Qualitätskontrolle, Rechnungswesen u. Marketing. Die soziale Konsequenz der A. ist die Ausschaltung menschl. Führung u. Arbeitsleistung vom eigentl. Produktionsverlauf u. ihre Reduzierung auf Leistungen der Vorprogrammierung, Wartung u. Außenkontrolle.

Zunächst entwickelt worden für maschinelle Prozesse in der Fabrik, hat die A. auch systemat. Anwendung u. Vervollkommnung im Büro- u. Verwaltungsbereich erfahren. Ohne wachsenden Computereinsatz wäre die informator. u. koordinierende Bewältigung der kumulativ anwachsenden »Ereignismassen« in Industrieges.en unmöglich geworden.

Die A. hat große arbeitstechn. Umwälzungen u. damit zahlreiche Anpassungs- u. Neuorientierungsprobleme für die Ausbildungs- u. Berufsstruktur der Ges. gebracht (betriebl. Rationalisierung durch A., Arbeitslosigkeit, wirtschaftl. u. ges. Strukturwandel). Die neuen technolog. Verfahrens- u. Regelungsprinzipien wirken überdies auf die sozialen Normen u. Rollenstrukturen (z. B. Arbeitsdisziplin, Leistungsbewertungen, Autoritätsverhältnisse) der betriebl. Arbeitsprozesse ein. Insbes. von gewerkschaftl. Seite wird unter Einbeziehung der betriebl. Mitbestimmung eine »soz. verträgliche« Gestaltung u. entsprechend gebändigte Weiterführung der Automatisierung gefordert.

H. Schelsky, Die soz. Folgen der A., 1957; F. Pollock, A. 1964; J. Biethahn u. E. Staudt (Hg.), A. in Industrie u. Verwaltung, 1981; Projektgruppe A. u. Qualifikation, Zerreißproben, 1983; H. Kohl u. B. Schütt (Hg.), Neue Technologien u. Arbeitswelt, 1984; H. H. Ehm, A., Arbeitssituation, Arbeitsmotivation, 1985; K. Henning u. a. (Hg.), Mensch u. Automatisierung, 1990.

Autonomie (griechisch), »Eigengesetzlichkeit«, »Selbstgesetzgebung«. (a) Im Staatsrecht das Recht von Vereinigungen u. Institutionen innerhalb des Staates, bestimmte öffentl. Angelegenheiten durch eigene Rechtsnormen bzw. Satzungen selbständig zu regeln. (b) In der Ethik (seit I. Kant) die Bestimmung des Willens u. der Maßstäbe des Handelns allein durch die individuelle Vernunft. (c) In der Soziol. u. Anthropologie wird A. als Gegenbegriff zu Anpassung verstanden u. umschreibt den sozialstrukturellen Tatbestand, daß soziale Rollen dem Individuum neben klaren Verhaltensanweisungen immer auch mehr oder weniger starke Eigenleistungen, Selbstentscheidungen abverlangen. Die freiheitl., offene Ges. setzt die weitgehende A. möglichst vieler Individuen mit hoher ges. Verantwortung voraus. Wesentlich ist die Fähigkeit zur krit.-rationalen Auseinandersetzung mit den Ursachen u. Folgen des eigenen Handelns sowie zur Abwehr freiheitsbedrohender Manipulations-, Herrschafts- u. Ausbeutungsbestrebungen.

F. Ronneberger u. a. (Hg.), Autonomes Handeln als personale u. ges. Aufgabe, 1981; H. H. Sallinger, Persönlichkeit u. Freiheit, 1983.

Autopoiesis (griech. Selbsttun), Selbstreproduktion, Selbstreferenz, ursprüngl. ein Begriff der kybernet. beeinflußten Biologie, den N. Luhmann von H. R. Maturana für seine neuere Systemtheorie übernommen hat. Über Selbstorganisation hinaus bezeichnet A. die Eigenart solcher Systeme, die die Elemente, aus denen sie bestehen, selbst produzieren u. fortlaufend reproduzieren. Dementsprechend heißt A. für derartige Systeme: ständiges, tendenziell unbeendbares Weiterlaufen der Produktion von Elementen des Systems durch Elemente des betreffenden Systems. So können Handlungssysteme nur aufrechterhalten bleiben, wenn in ihnen immer wieder Handlungen reproduziert werden, u. zwar verbunden mit gewissen Variationsschranken. Für eine Theorie autopoietischer Systeme ist daher die Frage vorrangig, wie es überhaupt von einem

Autopoietisches System 64

Elementarereignis zum nächsten kommt (Grundproblem der Anschlußfähigkeit). Für die Bewältigung dieses Problems ist die Ausdifferenzierung eines selbstreferentiell-geschlossenen Reproduktionszus.hangs unerläßlich. Dieser beinhaltet unter Einschränkung des Bereichs möglicher Änderungen Strukturen, die die Anschlußfähigkeit der autopoietischen Reproduktion ermöglichen. Die Eigenbeiträge des Systems zu seiner Reproduktion sind dadurch zirkulär organisiert.

Autopoietische Systeme sind geschlossene u. immer zugleich auch offene Systeme. Sie sind selbstreferentiell geschlossen durch rekursive Zirkularität, d. h. durch die strukturell gewährleistete Fähigkeit der Elemente des jeweiligen Systems zur Selbstreproduktion. Die Elemente des Systems werden also nicht aus der Umwelt bezogen. Durch diese Form der Geschlossenheit können sich autopoietische Systeme in stärkerem Maße der Beeinflussung durch ihre komplexe Umwelt entziehen. Sie sind zugleich umweltoffene Systeme, da sie ihre ständige Selbstreproduktion nur in einer Umwelt, nur in Differenz zu einer Umwelt vollziehen können.

Nach Luhmann ist z. B. die Wirtschaft als ausdifferenziertes Subsystem der modernen Ges. ein autopoietisches System, weil sie aufgrund ihrer elementaren u. zugleich exklusiven Operationen rekursive, selbstreferentielle Geschlossenheit erreicht hat. Die entscheidende Voraussetzung für diese Ausdifferenzierung ist die Entstehung von Geld als geeignetes Kommunikations- u. Interaktionsmedium, das wiederum Zahlungen als spezifische Elemente u. Grundoperationen des autopoietischen Systems Wirtschaft ermöglicht. Es ist allerdings fragwürdig, inwieweit durch eine solche systemtheoret. Perspektive die Geschlossenheit soz. Systeme u. insbes. ges. Subsysteme zu Lasten ihrer soziokult. Einbettung überbewertet wird.

M. Zeleny (Hg.), A.: A Theory of Living Organization, New York 1981; H. R. Maturana, Erkennen: Die Organisation u. Verkörperung von Wirklichkeit, 1982; N. Luhmann, Die Wirtschaft der Ges. als autopoietisches System, in: ZfS 13, 1984; ders., Soz. Systeme, ²1985 (1984); W. L. Bühl, Grenzen der A., in: KZfSS 39, 1987; W. Lipp, A. biolog., A. soziol., in: KZfSS 39, 1987.

Autopoietisches System →Autopoiesis

Autorität, im Unterschied zu »autoritativ« (auf Autorität begründet) ein Verhalten oder ein soziales (Über- u. Unterordnungs-) Verhältnis, das (a) entweder auf einer widerspruchslosen, bedingungslosen Unterwerfung unter einen kritiklos anerkannten Autoritätsanspruch beruht, oder (b) als unkontrollierte, ungehemmte Durchsetzung eines nicht begründeten u. anerkannten, also nicht legitimierten Autoritätsanspruchs erscheint.

Autoritäre Persönlichkeit, ein Mensch mit Charakterzügen, die eine irrationale, Realitäten stereotypisierende, durch Vorurteile geprägte Einstellung zu Ges. u. Politik begünstigen. Die a. P. hat einen »sado-masochistischen« Charakter (Fromm). Sie bewundert die Autorität, neigt dazu, sich ihr unterzuordnen, möchte aber zugleich selbst Autorität sein. Eine unbewußte Ich-Schwäche läßt sie jedes andere Ich im sozialen Kontext als Bedrohung empfinden. Die soziale Orientierung ist darum nicht durch freie, vertrauensvolle Kooperation, sondern durch infantile Ängste bestimmt. Das behindert eine offene, elast., unvoreingenommene, krit.-abwartende Wahrnehmung der sozialen Realität. Typisch ist eine Neigung zur »Schwarz-Weiß-Malerei«, zu mitunter brutalem Einteilen der sozialen Umwelt in Freunde und Feinde, eine Starre und Unbelehrbarkeit der Einstellungen, ein Festhalten an festen Werten (Konventionalismus) und Intoleranz gegenüber Mehrdeutigkeiten und komplizierten Problemlösungsversuchen. In sozialen oder individuellen Krisensituationen geht diese Rigidität des Denkens und Verhaltens einher mit Versuchen, eigene Schuld bei anderen zu suchen und zu bekämpfen (Projektion).

Als polit.-psycholog. Typus gehört die a. P. zum antidemokrat., dogmat. und faschist. Potential einer Ges. In der Empir. Sozialforschung wird mit der sog. F-Skala (»Faschistisches Potential«) ihr antidemokrat. Symptom-Komplex (Syndrom) gemessen (Adorno u. a.). Die Skala berücksichtigt neun Variable: »Konventionalismus« (starres Gebundensein an die konventionellen Wertvorstellungen des Mittelstandes); »autoritäre Untertänigkeit« (untertänige, unkrit. Haltung gegenüber idealisierten Autoritäten der Eigengruppe); »aggressive Autoritätssucht« (Tendenz, überall Leute aufzustöbern, die konventionelle Werte verletzen, sich über sie aufzuregen, sie zu verurteilen und zu bestrafen); »Abwehr der Intrazeption« (d. h. aller Innerlichkeit, besonders der Selbstkritik, der Phantasie und des subtil Geistigen); »Aberglaube u. Stereotypie« (Vorstellung, daß geheimnisvolle Mächte das Einzelschicksal bestimmen, und Disponiertheit zum Denken in starren Kategorien); »Macht und Robustheit« (starres Denken in den Bezugsdimensio-

nen Herrschaft-Untertänigkeit, stark-schwach, Führer-Gefolgschaft; Identifikation mit mächtigen Führern; überspitzte Zurschaustellung von Härte und Robustheit); »Destruktivität« (prinzipiell feindselige und verächtliche Einstellung allem Menschlichen gegenüber); »Projektion« (Übertragung unbewußter Triebimpulse auf die Außenwelt); »Sexualität« (übertriebene Beschäftigung mit sexuellen Vorgängen). Die krit. Weiterführung dieses Forschungsansatzes untersucht den Einfluß sozialer Klassen, Schichten u. Milieus auf die Herausbildung einer a. P. (Christie u. Jahoda, Eysenck, Lipset) sowie die Zusammenhänge zw. Erziehungsmechanismen, Persönlichkeitsbildung und intolerantem, dogmat. a. Verhalten (Erikson, Hochheimer).

Th. W. Adorno u. a., The Authoritarian Personality (mit anderen), [2]1965 (1950); R. Christie u. M. Jahoda, Studies in the Scope and Method of the Authoritarian Personality, 1954; E. Fromm, Die Furcht vor der Freiheit, [6]1973; S. M. Lipset, Prejudice and Society, 1959; E. H. Erikson, Kindheit und Gesellschaft, [2]1965; W. Hochheimer, Die permanente Reproduktion der a. P. (Die autoritäre Gesellschaft, hg. G. Hartfiel, [3]1972); G. Lederer, Jugend u. Autorität, 1983; D. Hoffmeister u. O. Sill, Zw. Aufstieg u. Ausstieg, 1991.

Autoritärer Charakter →Autoritäre Persönlichkeit

Autoritäres Syndrom →Autoritäre Persönlichkeit →Syndrom

Autorität (lat. Ansehen, Einfluß, Geltung, Würde, Vorbild, Herrschaft), ein Verhältnis der Über- und Unterordnung zwischen Menschen und Menschengruppen sowie zwischen Menschen und Institutionen; eine soziale Position mit anerkannten Entscheidungs- und Anweisungsbefugnissen; ein Mensch von bewunderter sittlichmoral. Größe oder bes. geachtetem Leistungsvermögen; eine Einrichtung oder ein Symbol als Träger von anerkannten Werten.

Seit dem röm. Recht Unterscheidung von potestas (Herrschaft aufgrund von Zwangsgewalt) und auctoritas (Herrschaft aufgrund von Einsicht und Vertrauen der Beherrschten in die Rechts- und Sachdienlichkeit der Herrschaftsverhältnisse).

A. wirkt als soziale Kontrolle über die Interaktionen von Gruppenmitgliedern oder über die sozialen Beziehungen in Organisationen. Sie tritt als Gesamt-A. oder nur für abgegrenzte, näher bezeichnete Lebens- bzw. Funktionsbereiche auf. Die Entstehungsursachen von A. sind soziokulturell bestimmt und darum vielfältig. Man unterscheidet »persönliche« oder »primäre«, d. h. in kleinen Gruppen erworbene, von »abstrakter«, »formaler«, »sekundärer«, in zweckrationalen Organisationen zugeteilter A. (institutionelle, positionsgebundene A.) Sozialpsycholog. Untersuchungen von Gruppen ergaben, daß A. von Personen erlangt wird, die sich bes. streng nach gemeinsamen Gruppennormen verhalten (Hofstätter, Gouldner, Homans). A. muß auf diese Weise immer erst durch Anerkennung erworben werden, um dem Träger von A. später einen normativ neugestaltenden Einfluß zu verschaffen. Mit dem sozialen Wandel verändern sich die Grundlagen der A. Diese Veränderungen werden oft irrtüml. als A.auflösung interpretiert, wie auch Aufklärung allg. u. a. als Entwertung der A.grundlagen gilt. Die auf Tradition, Glaubensvorstellungen, angebl. magischen Kräften (Charisma), Vorrechten der Geburt oder des Besitzes beruhenden Formen der »Herrschafts-A.« sind mit der Entwicklung zur mod. Industrieges. zunehmend durch die »Auftrags-A.« abgelöst worden, die sich auf den ausdrückl. erteilten, sachl. definierten und widerrufbaren Auftrag der Beherrschten gründet und sich durch Leistung fortwährend neu zu bewähren hat. Für die Gegenwart mod. Ges.en wird eine Bevorzugung der »funktionalen A.« erkannt, bei der die A. als Einfluß auf das Verhalten anderer von kontrollierbarer, der Kritik unterworfener Sachverständigkeit abhängt (Hartmann).

M. Horkheimer, E. Fromm, H. Marcuse u. a., Studien über A. u. Familie, [2]1987 (Paris 1936); A. W. Gouldner, Studies in Leadership, 1950; P. R. Hofstätter, Gruppendynamik, 1957; H. Hartmann, Funktionale A., 1964; N. Luhmann, Funktionen und Folgen formaler Organisation, 1964; G. C. Homans, Theorie der soz. Gruppe, [3]1968; ders., Elementarformen soz. Verhaltens, 1968; R. Mayntz (Hg.), Bürokrat. Organisation, 1968; G. Hartfiel (Hg.), Die autoritäre Ges. [3]1972; R. Sennett, A., 1985; H. Popitz, Phänomene der Macht, 1986.

Autoritarismus, Vorherrschaft von sozialstrukturellen Verhältnissen, in denen die Heranbildung und der polit. und soziale Einfluß von autoritären Persönlichkeiten begünstigt werden. Als Begriff der Polit. Soziol. und Verfassungslehre oft fälschl. mit Totalitarismus gleichgesetzt. A. meint eine Verteilung der polit. Herrschaft, bei der alle wesentlichen Entscheidungen von einer Person bzw. von kleinen herrschenden Gruppen getroffen werden können, weil entweder eine eindeutige Begrenzung der legislativen oder exekutiven Staatsgewalt durch liberale und demokrat. Institutionen der Mitbestimmung und Kontrolle fehlt, oder weil trotz vorhandener demokrat. Verfassungsnormen Lethargie, polit. Desinteresse oder mangelnde Informiertheit breiter Bevölkerungsschichten faktisch zu einer

Monopolisierung des polit., gesellschaftsgestaltenden Einflusses geführt haben. A. tritt auf in Gesellschaften, in denen entweder eine fest etablierte Zentralinstanz der staatl. Willensbildung oder autoritär-exklusive Führungseliten einer polit. unmündigen Mehrheit gegenüberstehen. Vom Totalitarismus unterscheidet den A., daß nicht versucht wird, ein die Ges. generell bestimmendes Weltanschauungs- u. Wertsystem etwa mit Terror oder Zwang durch ein neues zu ersetzen. Der A. fördert damit die soziale Stagnation, er hat gegenüber dem revolutionären Totalitarismus einen konservativen Grundzug. Wo demokrat. Verfassungsbestimmungen vorhanden sind, dienen sie einem vorhandenen A. als Rechtfertigungsideologie autoritärer Herrschaftspraktiken. Die demokrat. Beteiligung der Bürger bleibt ritualistisch, ist ein bloßes Befolgen von äußeren Ansprüchen, wird zur »staatsbürgerl. Pflicht« ohne die Chance für den einzelnen, durch seine Teilnahme am polit. Prozeß dessen Richtung zu beeinflussen.

F. Neumann, The Democratic and the Authoritarian State, 1957; S. M. Lipset, Soziologie der Demokratie, 1962; C. J. Friedrich, Z. K. Brzezinski, Totalitarian Dictatorship and Autocracy, ²1965; R. Dahrendorf, Gesellschaft und Demokratie in Dtl., 1965; W. Abendroth, Antagonist. Ges. und polit. Demokratie, 1967; M. v. Freyhold, A. u. polit. Apathie, 1971; L. Löwenthal, Schriften Bd. 3: Zur polit. Psychol. des A., 1982; G. Lederer, Jugend u. Autorität, 1983.

Autostereotyp, Selbstbild; die relativ starre Vorstellung, die eine Person (zumeist positiv) über sich hat.

Axiologie, (gr.) »Wertlehre«, jener Zweig der philosoph. Ethik, der auch als philosoph. Wertlehre bezeichnet wird u. in dem es um eine Theorie der (richtigen) Wertung sowie der Rangordnung u. des logischen Zusammenhangs der Werte geht; Werte können dabei als Güter oder aber als Maßstäbe (zur Beurteilung v. Gütern) aufgefaßt werden. Man unterscheidet einerseits ethische und ästhetische, andererseits normative und – etwa begriffslogisch orientierte – metanormative A.en.

W. K. Frankena, Value and Valuation, in: The Encyclopedia of Philosophy, Bd. 8. hg. v. P. Edwards, New York/London 1967; R. Lautmann, Wert u. Norm, 1969; Value Theory in Philosophy and Social Science, hg. v. E. Laszlo u. B. Wilbur, New York–London–Paris 1973.

Axiom (gr.), Grundsatz, Grundaussage, hat als erkenntnistheoret. Begriff mehrere Bedeutungen: Aussage, a) deren Wahrheit durch die Erfahrung (Experiment oder Praxis) so oft bestätigt wurde, die so »evident« ist, daß keine Zweifel mehr bestehen; b) die (weil keine noch weiterreichenden grundlegenden Sätze zu ihrer Ableitung bekannt sind) nicht oder (aus method. Mängeln) noch nicht bewiesen werden kann; c) deren Wahrheit oder Falschheit in der Realität zunächst nicht interessiert, weil nur im gedankl. Modell die aus ihr ergebenden Schlußfolgerungen überlegt werden sollen; d) die, unabhängig vom Wahrheitskriterium u. von der Aussagesubstanz, ledigl. nach ihrem Standort in einer Theorie beurteilt wird. In diesem Sinne ist ein A. ein Satz, der im Rahmen eines theoret. Aussagesystems am »Anfang« steht, d. h. selbst nicht aus anderen Sätzen abgeleitet wird, aber zusammen mit anderen Sätzen (A.) zur Ableitung eines Theorems dient.

Infolge des hohen Grades der Wandelbarkeit der kult. so mannigfaltig ausgeprägten u. oftmals von zahlreichen Antagonismen durchzogenen ges. Lebensbereiche ist es in der Soziol. besonders schwierig, allg. akzeptable A.e aufstellen zu können. Axiomatische Aussagen können allenfalls hinsichtlich grundlegender, unerläßlicher Notwendigkeiten des soz. Zus.lebens von Menschen angestrebt werden, z. B. »Menschen können nur überleben u. darüber hinaus die Lebensqualität verbessern, wenn sie kooperativ gemeinsam ihr Leben bewältigen«.

Baader, Franz Xaver von, 27. 3. 1765 München – 23.5. 1841 München, studierte Medizin, Naturwiss. u. Technik, lernte in England u. Schottland den Bergbau in mehrjähriger Praxis kennen. Prof. für spekulative Dogmatik in München.
B. hat sich als romant. kath. Sozialphilosoph mit der Lage des Proletariats (diesen Begriff hat er in die dt. Sprache eingeführt) u. mit der sozialen Frage beschäftigt. Er hat Marx und Lassalle manche ihrer Gedankengänge vorweggenommen. Sein Rezept lautete: Soziale Reform. Die neoromant. Schule (O. Spann) ist von ihm beeinflußt worden.
Schr.: Sämtliche Werke, hg. von Fr. Hoffmann, 16 Bde. 1851–60; Grundzüge der Sozietätsphilosophie, 1917; Schriften zur Gesellschaftsphilosophie, hg. von Sauter (in: Die Herdflamme, Bd. 14, 1925).
W. Andreae, B. (Hdwb. der Soz.wissenschaften, 1956).

Babeuf, François Noël, 23. 11. 1760 St. Quentin – 28. 5. 1797 Paris, zunächst als Landvermesser u. Grundbuchkommissar, dann unter dem Namen Gajus Gracchus als Journalist tätig. Im Zus.hang mit der franz. Revolution vertrat er ra-

dikale sozialrevolutionäre Ideen, die er durch Aktivierung einer Massenbewegung zu verwirklichen versuchte: Interpretation des Gegensatzes zw. Privilegierten u. Nichtprivilegierten als Klassenantagonismus, Abschaffung des Privateigentums, Schaffung einer »Republik der Gleichen«, Diktatur des Proletariats, Kommunismus als Endziel. März 1796 gründete er den Geheimbund »Verschwörung der Gleichen«, der durch Staatsstreich die großbürgerl. Direktorialregierung stürzen u. eine proletar. Diktatur errichten sollte. Der geplante Volksaufstand scheiterte Mai 1796 durch Verrat. B. wurde guillotiniert. Er hat spätere sozialist. Revolutionsbewegungen u. den Marxismus stark beeinflußt. Angesichts der heutigen Wachstumskrise aktualisiert W. Harich den v. B. angestrebten asketisch-kommunist. Verteilungsstaat, in dem radikale Gleichheit herrschen soll.
V. M. Dalin, B.-Studien, 1961; C. Mazauric, B. et la conspiration pour l'égalité, Paris 1962; K. H. Bergmann, B. Gleichheit u. Ungleichheit, 1965; W. Harich, Kommunismus ohne Wachstum? B. u. der »Club of Rome«, 1975.

Bacon, Francis, 22. 1. 1561 London – 9. 4. 1626 Highgate b. London, 1579 Anwalt, 1584 Sitz im Unterhaus, 1617 Großsiegelbewahrer, 1618 Lordkanzler, 1619 als Baron Verulam u. 1620 als Viscount Saint Albans geadelt, 1621 wegen passiver Bestechung v. Parlament aus allen öffentl. Ämtern entlassen. Als erster Systematiker des Empirismus strebte B. eine Erneuerung der Wiss.en an. Ausgangspunkt für die kausale, Ursachen aufdeckende Erkenntnis soll nicht mehr die Spekulation, sondern die induktive Erfahrung sein. Diese empir.-induktive Erkenntnisausweitung setzt voraus, daß sich der Mensch v. Idolen (»idola«) bzw. Trugbildern u.

Vorurteilen frei macht. B. unterschied zw. idola theatri (überlieferte Meinungen), idola fori (leere Sprachhülsen des tägl. Marktes u. Verkehrs), idola specus (der Höhle des einzelnen Individuums entstammende Meinungen) u. idola tribus (aus der allg. Menschennatur resultierende Vorstellungsbilder). Das durch rational geplante, unverfälschte Empirie u. durch Experimente zu entfaltende Wissen soll nicht Selbstzweck sein, sondern als Mittel fortschreitender Naturbeherrschung dienen (»Wissen ist Macht«). Die Ausweitung v. Wissen u. Können soll eine Befriedigung menschl. Bedürfnisse eröffnen, die zugleich ein friedl. Zus.leben ermöglicht. In seinem unvollendeten Utopieentwurf Nova Atlantis offenbarte er seine Vorstellung v. einem Idealstaat. B. hat für die Grundlegung der mod. Erfahrungswiss. u. f. die Ideologiekritik (Ideologie, Wissenssoziol.) große Bedeutung gewonnen.

Schr.: De dignitate et augmentis scientiarum, 1623; Novum Organum, 1620, dt.: Neues Organ der Wiss.en, 1990 (1830); Historia naturalis et experimentalis ad condendam philosophiam (1622/23); The essays or counsels, civil and moral, 1597 (dt. 1940); De sapientia veterum, 1609; Nova Atlantis, 1627; Maxims of the law, 1630; Gesamtausgabe: F. B. The works, hg. v. J. Spedding, R. L. Ellis u. D. D. Heath, 14 Bde., 1857–74, Nachdruck Stuttgart 1962–63.
W. Schneiders, Einige Bemerkungen zum gegenw. Stand der B.-Forschg., in: Zs. f. Philos. Forschg. 16, 1962; W. Krohn, F. B., 1987.

Bahrdt, Hans Paul, 3. 12. 1918 Dresden – 16. 6. 1994 Göttingen, 1952 Prom. Göttingen, 1955 Soz.forschungsstelle Münster, 1958 soz.wiss. Mitarbeiter BASF, 1958 Priv.doz. Mainz, 1959 a. o. Prof. für Soziol. TH Hannover, 1962 o. Prof. Göttingen. – Bedeutender Vertreter der Industrie- u. Betriebssoziol. in der dt. Nachkriegssoziol. Regte mit seinen ersten wiss. Veröffentlichun-

gen die Diskussion um den neuen sozialen Standort u. das Selbstverständnis der Angestellten an; bemühte sich um eine Typologie moderner Kooperationsformen in der Industriearbeit u. in der wiss. Forschung, insbes. unter dem Aspekt neuer Organisations- u. Autoritätsverhältnisse. Daneben als Verfasser krit. Schriften zur Stadtsoziol. u. Stadtplanung bekannt geworden.

Schr.: Industriebürokratie, 1958; Technik u. Industriearbeit (mit Popitz, Jüres, Kesting), [2]1964; Das Ges.bild des Arbeiters (mit Popitz, Jüres, Kesting), [3]1967; Die moderne Großstadt, [2]1969 (1961); Humaner Städtebau, 1968; Wege zur Soziol., [4]1966; Zwischen Drehbank und Computer (mit Kern u. a.), 1970; Wiss. soziol. – ad hoc, 1971; Umwelterfahrung, 1974; Schlüsselbegriffe der Soziol., 1984; Die Ges. u. ihre Soldaten, 1987.
M. Baethge u. W. Essbach (Hg.), Soziol.: Entdeckungen im Alltägl. H. P. B. zu seinem 65. Geb., 1983.

Bakunin, Michail Alexandrowitsch, 18. 5. 1814 Prjamuchino (Gebiet Kalinin) – 1. 7. 1876 Bern, Philosophiestudium, lebte in versch. westeurop. Ländern, als Agitator an Aufständen beteiligt, 1861 Flucht aus der Verbannung in Sibirien, Mitbegründer der 1. Internationale, die ihn 1872 ausschloß.
B. wirkte vor allem als prakt. Revolutionär und Agitator. Er propagierte die Abschaffung von Staat, Religion u. Ehe; gilt als Begründer des mod. russ. Anarchismus.

Schr.: Gesammelte Werke, 3 Bde., 1921–24; B.-Archiv, Hg. A. Lehning u. a., 3 Bde., Leiden 1961–65; Gott u. der Staat u. andere Schriften, hg. v. S. Hillmann 1969; Staatlichkeit u. Anarchie (hg. von H. Stuke), 1972. E. H. Carr, M. B., London 1937.

Bales, Robert Fred, *9. 3. 1916 Ellington/USA, 1947–51 Ass. Prof. für Soziol. an der Harvard Univ., 1951–55 lecturer, 1955–57 assoc. Prof., seit 1957 Prof. für Social Relations, 1960–67 Direktor des Inst. für Social Relations, Harvard Univ.

Ballung 70

B.' Hauptinteresse gilt der Kleingruppenforschung. Die von ihm entwickelte Methode der Interaktionsanalyse geht aus von einer Aufgliederung des sich in Kleingruppen vollziehenden mitmenschl. Handlungsprozesses. Das hieraus resultierende Klassifikationsschema ermöglicht eine differenzierte Beobachtung. Die Auswertung des Beobachtungsmaterials ergibt Profile, Sequenzen u. Phasen der Interaktionsprozesse, welche die Messung von Regelmäßigkeiten der Beziehungen gestatten. Der Laboratoriumscharakter dieser Methode hat den Nachteil, daß ges.-kulturelle Einflüsse zu stark vernachlässigt werden. – Seine SYMLOG-Methode (Abk. für systematic multiple level observations of groups) ist eine Weiterentwicklung der Interaktionsanalyse, die eine beschreibende Beobachtung des Verhaltens von Gruppenangehörigen auf mehreren Ebenen ermöglichen soll.

Schr.: Interaction Process Analysis, Cambridge, Mass. 1950; zus. mit Parsons u. Shils: Working Papers in the Theory of Action, 1953; zus. mit Parsons: Family, Socialization and Interaction Process, Glencoe 1955; zus. mit Hare u. Borgatta (Hg.): Small Groups, 1955; Personality and Interpersonal Behavior, New York 1970; SYMLOG (mit S. P. Cohen), New York 1979, dt.: SYMLOG, 1982.

Ballung →Agglomeration

Bande →Gang

Bandwagon-effect (engl.) →Mitläufer-Effekt

Basic Personality Structure (engl.), Grund-, Basispersönlichkeit, von Kardiner u. Linton geprägter Begriff für die Grundstrukturierung der Persönlichkeit, die unter dem Einfluß bestimmter primärer Erziehungseinflüsse u. -praktiken erfolgt. Die Herausbildung der b. p. meint insbes. die emotionale Ausrichtung des jungen Menschen auf bestimmte materielle u. soziale Objekte, seine Gefühlsgeladenheit mit bestimmten wertenden Akzenten, die die weitere (spätere) Wahrnehmung, Einstellung u. Wertung der Lebensumwelt prägen u. begrenzen. Bes. Bedeutung für die b. p. haben die Verhaltensweisen u. Erziehungspraktiken der Eltern in den ersten Lebensjahren des Kindes.

A. Kardiner, The Psychological Frontiers of Society, New York 1945; R. Linton, The Cultural Background of Personality, London ³1954 (1945), dt.: Ges., Kultur u. Individuum, 1974; W. Schöne, Über die Psychoanalyse in der Ethnologie, 1966; D. Claessens, Familie u. Wertsystem, ⁴1979 (1962).

Basis und Überbau, vom histor.-dialekt. Materialismus des Marxismus entwickelte Kategorien zur Erklärung der Bewegungs- u. Entwicklungsgesetze der Ges. Hiernach gründet sich das ges. Bewußtsein der Menschen einer Ges. auf dem ges. Sein der gerade gegenwärtigen, erlebten u. von ihnen erfahrenen Ges. Diese bildet die B., deren maßgebliche Strukturmerkmale wiederum in ihrer ökonomischen Struktur zu suchen seien. Das ges. Bewußtsein umfaßt als Überbau die Gesamtheit der Wert-, Rechts- u. Normenvorstellungen, Ideen u. Anschauungen sowie der daraus sich ergebenden rechtl., polit., kult. Institutionen u. Lebensverhältnisse in der jeweiligen Ges. Da die B. den Überbau bestimme, sei dieser darum als Produkt, als Reflex der wirkl. »objektiven« materiellen ökonom. Produktions- u. Reproduktionsverhältnisse zu betrachten. Die B. bestimme letztl. die ges. Entwicklung, die versch. Gesellschaftsformationen, indem (zunächst von der B. aus) Widersprüche zwischen B. u. Überbau zur Auflösung drängen. In der marxismusinternen Diskussion ist umstritten, inwieweit der durch eine bestimmte B. geformte Überbau, einmal entstanden u. konsolidiert, nunmehr seinerseits aktiv auf die B. (ihre Entwicklung hemmend oder fördernd) zurückwirkt.

F. Tomberg, B. u. Ü., 1969; A. Hahn, B. u. Ü. u. das Problem der begrenzten Eigenständigkeit v. Ideen, in: KZfSS 31, 1979; J. Winckelmann, Die doppelseitige, gegenläufige Betrachtungsweise b. empir.-vergleichenden soziol. Kulturanalysen, in: KZfSS 34, 1982.

Basisgruppe, in strateg. Konzeptionen der Protestbewegungen um 1970 sowie der damaligen →Außerparlamentarischen Opposition Gruppen zur polit. Agitation, Überzeugungs- u. Bildungsarbeit an versch. konfliktreichen Stellen der ges. Basis, z. B. in Industriebetrieben, Schulen, Krankenhäusern. B.n sollen für die dort jeweils beteiligten Personengruppen die Hintergründe u. entscheidenden Verursachungsfaktoren für Phänomene ges. Unterprivilegierung, Ausbeutung, Manipulation usw. kenntlich u. erklärbar machen u. polit.-prakt. Möglichkeiten u. Aktionsbereitschaften zu ihrer Überwindung entwickeln.

Basissatz, Elementarsatz, Protokollsatz, Bezeichnung der erfahrungswiss. Erkenntnistheorie für die der wiss. Analyse bestimmten Problems an den Anfang gestellten Sätze über die beobachtete Realität. In der wiss.-theoret. Diskussion um das sog. »Basisproblem« ist umstritten, ob überhaupt, inwieweit u. unter welchen Bedingungen B.e als »sichere«, »absolute« Ausgangsbasis wiss. Arbeit betrachtet werden können, oder ob sie ledigl. als Ausdruck bestimmter Konventionen unter den beteiligten Wissenschaftlern zu interpretieren sind.

K. R. Popper, Logik der Forschg., ⁹1989 (1935).

Bauer, Berufsbezeichnung für den Eigentümer oder Pächter eines landwirtschaftlichen Betriebes. Die industr. Revolution und der techn. Fortschritt haben die wirtschaftl. Stellung des B.n strukturell verändert. Im Zuge der Schwerpunktverlagerung v. primären zum sekundären Sektor hat in den Industrieges.en die Zahl der B.n stark abgenommen (Fourastié). Die B.n, deren Beruf weitgehend technisiert worden ist, bilden einen großen Teil des »alten« Mittelstandes. Konservative Parteien haben durch wachsende Subventionen versucht, den bäuerl. Familienbetrieb u. damit eine große Zahl von B.n als eigene Stammwähler aufrechtzuerhalten. Insbes. hohe staatl. Garantiepreise für Landwirtschaftsprodukte haben zu einer umweltbelastenden Intensivwirtschaft u. Überschußproduktion geführt, die wiederum hohe Lagerhaltungskosten u. Exportsubventionen nach sich ziehen. Trotz dieser marktwirtschaftswidrigen Preisstützungs- und Subventionspol. hat sich die Kluft zw. dem Durchschnittseinkommen der B.n u. der allg. Einkommensentwicklung weiter vergrößert. Außerdem erzwingen die Entlastung staatl. Haushalte u. die Verwirklichung eines freien Welthandels den Abbau von Subventionen. Insbes. B.n mit kleineren Betrieben werden zu einer ges. Randschicht mit sich verschlechternden Lebenschancen deklassiert. Im Gegensatz zu der früheren, traditionell hohen Selbstrekrutierung in der Landwirtschaft weichen die Nachkommen der sich benachteiligt fühlenden B.n verstärkt auf andere Berufe aus. Die Zahl der B.n u. B.nhöfe nimmt so-

Beamte 72

mit weiterhin stark ab, wodurch zugleich stadtferne Dorfgemeinschaften zunehmend überaltern u. schrumpfen. Im Zs.hang mit der Umweltschutzbewegung verstärkt sich der öffentl. Druck zugunsten einer Umstellung der Landwirtschaft auf eine umweltschonende Extensivwirtschaft. Damit gewinnt der bäuerl. Familienbetrieb neue Überlebenschancen, der für eine umweltschonende Pflege der Kulturlandschaft direkte staatl. Unterstützung erhalten soll. Die übrigbleibenden B.n müssen immer mehr als mod., betriebswirtschaftl. u. ökolog. geschulte Unternehmer wirtschaften.

J. Fourastié, Die große Hoffnung des 20. Jahrhunderts, 1954; P. V. Blanckenburg, Einf. in die Agrarsoziol. 1962; R. Hettlage (Hg.), Die post-traditionale Welt der B.n, 1982; W. Hirdt (Hg.), Der B. im Wandel der Zeit, 1986; H. Pongratz, B.n – am Rande der Ges.?, in: Soz. Welt 38, 1987; C. Giordano u. R. Hettlage (Hg.), B.nges.en in Industriezeitalter, 1989; B. Hildenbrand u. a., B.nfamilien im Modernisierungsprozeß, 1992.

Beamte, nach Maßgabe des Art. 33 IV GG Angehörige des öffentl. Dienstes, denen die Ausübung hoheitsrechtl. Befugnisse als ständige Aufgabe übertragen ist (Amt), u. die in einem öffentl.-rechtl. Dienst- u. Treueverhältnis stehen. Damit ist verfassungsrechtl. nach Maßgabe der sog. »hergebrachten Grundsätze des Berufsbeamtentums« einerseits die B.schaft vor jedem Versuch ihrer Abschaffung gesichert, andererseits der prinzipiele Ausschluß anderer Gruppen des öffentl. Dienstes (Angestellte, Arbeiter) von der Erfüllung hoheitl. u. damit zentraler Aufgaben des Staates festgelegt. Dennoch hat sich im Zuge der ständig anwachsenden Angestelltenschaft eine gewisse Rechtsangleichung zw. B.- u. Angestelltenstatus ergeben. Angleichungstendenzen zwischen

öffentl. u. Privat-Recht haben eine klare Bestimmung der »hoheitsrechtl. Befugnisse« schwierig werden lassen. Darüber hinaus ist eine quantitative u. qualitative Bedeutungsverlagerung von der hoheitl.-rechtsanwendenden zur Leistungs-, Daseinsvorsorge- u. planenden Verwaltung erfolgt, die das Verhältnis von verwaltungsspezif. u. allg. Berufsausbildung u. -eignung in den versch. Gruppen der B.schaft problemat. werden ließ.

Es wird diskutiert, wie durch neue Auslese, Ausbildung u. strukturelle Verwaltungsreform der leistungsorientierte, technisch aufgeschlossene u. moderne sowie polit. reflektierende u. damit die sozialen u. polit. Zus.hänge seiner Tätigkeit begreifende B. entwickelt werden kann. Diese Bemühungen werden auch im Zusammenhang mit polit. u. histor. Erfahrungen der obrigkeitsstaatl. Vergangenheit gesehen, die gezeigt haben, daß die früher immer wieder hervorgehobene Unparteilichkeit, Sachlichkeit u. formale Rechtlichkeit der dt. B.n nicht nur positive Konsequenzen hatten. Das Problem des Streikrechts im öffentl. Dienst u. die gewerkschaftspolit. Forderung einer Vereinheitlichung des öffentl. Dienstrechts lassen die Diskussion um die Stellung des B. in Staat u. Ges. anhalten.

P. Hofstätter u. a., Das Bild des B. in der Öffentlichkeit, 1962; G. Hartfiel, L. Sedatis, D. Claessens, B. u. Angestellte in der Verwaltungspyramide, 1964; F. Ronneberger, B. im ges. Wandlungsprozeß, 1972; Th. Ellwein, R. Zoll, Berufsbeamtentum, 1974; K. Sontheimer, W. Bleek, Abschied vom Berufsbeamtentum? 1975; D. Kugele, Der polit. B. 1978; H. Hattenhauer, Gesch. des B.ntums, 1980; R. M. Halmen, Staatstreue u. Interessenvertretung, 1988; J. Grotkopp, B.ntum u. Staatsformwechsel, 1992.

Beat-Generation, ab ca. 1954 eine der ersten jugendl. Protestbewegungen gegen die Verharschungs-erscheinungen u. Fehlentwicklungen der Industrieges. Ansatzpunkte der Kritik sind die sozialen Normen des Eigentums u. Konsums der kommerzialisierten bürgerl. Gesellschaft sowie die persönl. Lebensgestaltung nach Status, Titel, Hierarchie, Verpflichtungen, Regeln, Routine u. Tradition. Die Bewegung predigt den Auszug aus dieser Ges., strebt nach einem Leben ohne verpflichtende Fixpunkte. Ein moral. Rigorismus bes. gegenüber der unterdrückenden Technik, dem korrumpierenden Reichtum u. der Aufstiegsideologie der bürgerl. Ges. führt die B. zur Idealisierung von Liebe, Hingabe, Ehrfurcht vor dem Leben u. dem Individuum, zu Pazifismus u. Anarchismus.

L. Lipton, Die heiligen Barbaren, 1960; K. O. Paetel, Beat – Eine Anthologie, 1962; J. Kerouac, Unterwegs, 1968; W. Hollstein, Der Untergrund, 1969; D. Baacke, Beat – die sprachlose Opposition, ²1970.

Beck, Ulrich, 15. 5. 1944 Stolp/Pommern, 1972 Dr. phil. München, 1979 Priv.doz. f. Soziol. ebd., Prof. Univ. Münster, 1981 o. Prof. Univ. Bamberg, seit 1982 verantwortl. Hg. der Zs. »Soz. Welt«, seit 1992 Univ. München. – Hauptarbeitsgebiete: Berufs-, Arbeits- u. Bildungssoziol., soz. Ungleichheit, Analyse der Gegenwartsges., die als →Risikoges. problematisiert wird. Mit Individualisierung der mod. Ges. meint er die Herauslösung des Menschen aus traditionalen Lebensformen u. die Zunahme der prinzipiell entscheidungsoffenen, individuell gestaltbaren Lebensmöglichkeiten des einzelnen.

Schr.: Objektivität u. Normativität, 1974; (Hg.) Die soz. Konstitution der Berufe, 2 Bde. (mit M. Brater), 1977; Berufl. Arbeitsteilung u. soz. Ungleichheit (mit M. Brater), 1978; Berufswahl u. Berufszuweisung (mit M. Brater u.

B. Wegener), 1979; Soziol. der Arbeit u. Berufe (mit M. Brater u. H. Daheim), 1980; (Hg.) Bildungsexpansion u. betriebl. Beschäftigungspol. (mit K. Hörning u. W. Thomssen), 1980; (Hg.) Soziol. u. Praxis, Sonderbd. 1 Soz. Welt, 1982; Risikoges., ⁸1991 (1986, japan. 1988); Individualisierung soz. Ungleichheit, 1987; Gegengifte – Die organisierte Unverantwortlichkeit, 1988 (finnisch 1990); Definitionsmacht u. Grenzen angewandter Soz.wiss (mit C. Lau), 1989; (Hg.) Weder Soz.technologie noch Aufklärung? Analysen zur Verwendung soz.wiss. Wissens (mit W. Bonß), 1989; Das ganz normale Chaos der Liebe (mit E. Beck-Gernsheim), 1990 (engl. 1994); Pol. in der Risikoges., 1991 (engl. 1994); Die Erfindung des Polit. – Zu einer Methode reflexiver Modernisierung, 1993; (Hg.) Riskante Freiheiten – Ges. Individualisierungsprozesse in der Moderne (mit E. Beck-Gernsheim); Reflexive Modernization – Politics, Tradition and Aesthetics in the Modern Social Order (mit A. Giddens u. S. Lash), Cambridge 1994 (dt. 1994).

Becker, Howard, 9. 12. 1899 New York – 8. 6. 1960 Madison, Wisc., Tätigkeit in der Industrie, studierte u. a. 1926–27 in Köln (Beginn der Zusammenarbeit mit L. v. Wiese u. M. Scheler), seit 1937 Prof. für Soziol. an der Univ. Wisconsin, 1947–48 als amerik. Univ.-Offizier in Hessen, benutzte diese Zeit zu soziol. Erhebungen in dt. Dörfern.

B., von M. Weber stark beeinflußt, ist einer der wenigen philosoph.-erkenntniskrit. geschulten amerikan. Soziol. Er hat sich vor allem mit der Theorie des sozialen Handelns, mit dem Problem des sozialen Wandels, mit der Gesch. des soziol. Denkens, mit Methodologie u. mit Wissenssoziol. beschäftigt. Soziales Handeln ist wertbestimmtes Handeln; die Bedürfnisse wie die Ziele des sozialen Handelns sind auf Werte bezogen. Er unterschied zwischen sakralen u. säkularen Ges.en (sacred and secular societies). Im Gegensatz zu den sakralen G. sind säkularisierte G. gegenüber dem Neuen »offen«.

Schr.: Systematic Sociology on the Basis of the Beziehungs- u. Gebildelehre of L. v. Wiese,

New York [2]1950 (1932); mit H. E. Barnes: Social Thought from Lore to Science, 2 Bde., Boston [2]1952 (1938); Hg. (mit H. E. Barnes): Contemporary Social Theory, New York 1940; German Youth: Bond or Free, London 1946 (dt.: Vom Barette schwankt die Feder); Hg. (mit Reuben Hill): Family, Marriage and Parenthood, Boston 1948; Through Values to Social Interpretation, Durham 1950; Soziologie als Wissenschaft vom soz. Handeln, hg. v. B. Holzner, o. J.

Bedarf, Art u. Menge der Güter u. Dienstleistungen, die zur Befriedigung von Bedürfnissen oder für das erfolgreiche Funktionieren von privaten u. öffentl. Betrieben erforderl. sind. Im Hinblick auf Haushalte u. Verbraucher läßt sich B. als Objektivierung von Bedürfnissen auffassen. Die Struktur u. eventuelle Dynamik des B.s werden durch individuelle Eigenheiten u. jeweils spezifische soziokult. Einflüsse bestimmt. Inwieweit vorhandener B. im Sinne potentieller Nachfrage als kaufkräftige bzw. effektive Nachfrage auf dem Markt in Erscheinung tritt, hängt von der Kaufkraft (resultiert aus dem verfügbaren Einkommen u. den Preisen), von dem Ausmaß der B.sdeckung durch Eigenproduktion u. von dem Entschluß zur Kaufhandlung ab.

Die B.sdeckung ist der ursprüngl. u. primäre Sinn des Wirtschaftens. Nach M. Weber ist in der B.sdeckungswirtschaft das Wirtschaften auf die Deckung eines gegebenen eigenen B.s ausgerichtet. Diese Wirtschaftsweise ist insbes. in vormodernen Ges.en verbreitet. Im Mittelpunkt steht die Deckung der Alltagsbedürfnisse bzw. der sog. materielle B. Mit der Industrialisierung u. der Herausbildung der Marktwirtschaft hat sich in der mod. Ges. immer mehr die Erwerbswirtschaft als zweite Art des Wirtschaftens durchgesetzt. In dieser wird die Verfügung über knappe begehrte Güter zur Erzielung eigenen Gewinns ausgenutzt. Während wirtschaftende Gemeinschaften zumindest auf die notwendige B.sdeckung Rücksicht nehmen müssen, sind Erwerbswirtschaftsgemeinschaften durch das Streben nach Ausnutzung von Gewinnchancen bestimmt.

Zugunsten einer hinreichenden Infrastruktur u. des Gemeinwohls hat für öffentl. Unternehmungen das B.sdeckungsprinzip besondere Bedeutung. Dementsprechend werden Güter u. Dienstleistungen annähernd b.sgerecht zu Preisen angeboten, die kostendeckend sind oder einen angemessenen Gewinn ermöglichen.

In der staatl. Sozialhilfe führt das B.sdeckungsprinzip dazu, daß Hilfsbedürftige, die den zur Führung eines menschenwürdigen Lebens notwendigen B. (kult. Existenzminimum) nicht aus eigenen Mitteln bestreiten können, Anspruch auf ausreichende öffentl. Unterstützung haben.

M. Weber, Wirtschaft u. Ges., [5]1980.

Bedeutung, dasjenige, was ein Wort oder ein anderes Zeichen (Gebärde, Bewegung) zum Ausdruck bringt, der »Sinn« eines Zeichens. Die B. variiert je nachdem, ob die semantische Beziehung zwischen einem sprachlichen Zeichen u. dem Bezeichneten oder die pragmatische Beziehung zw. dem Zeichenbenützer u. dessen natürl. u. sozialer Umwelt in Betracht gezogen wird (Semiotik). – Einer Information im wörtl. Sinne (sprachl. oder nichtsprachl.) kann aber auch eine andere Art von B. zugeschrieben werden: einmal im Sinne der subjektiven Relevanz des Mitteilungsinhalts für die emotive oder volitive Einstellung des Forschungssubjekts (Wertbeziehung, prakt. B.); sodann im Sinne der objektiven Relevanz, also im Sinne des unterschiedlichen Gewichts, das dem Mitteilungsinhalt im Wirkungszusammenhang mit anderen Forschungsobjekten zukommt. Der nicht allein im linguistischen Sinne verstandene Begriff der B., der sich auch auf nicht-verbale Handlungen bezieht, spielt v. a. in den versch. der verstehenden Methode verpflichteten Richtungen der sozialen Theorie (→Verstehen) eine wichtige Rolle (Handlungstheorie, symbolischer Interaktionismus, Phänomenolog. Soz., Ethnomethodologie).

M. Weber, Soziol. Grundbegriffe, 1921; C. K. Ogden u. I. A. Richards, The Meaning of Meaning, New York 1938, dt.: Die B. der B., 1974; M. Brodbeck, Meaning and Action, in: Philosophy of Science 30 (1963); A. Schütz, Das Problem der Relevanz, 1971; G. Meggle, Kommunikation u. B., 1979.

Bedeutungsanalyse →Inhaltsanalyse

Bedürfnis, elementares Mangelerlebnis, Empfinden eines Spannungszustandes, das ein Streben (Verhalten) nach Auflösung u. Überwindung dieses Zustandes hervorruft (phys.-psych. Gleichgewicht). Es werden primäre (Instinkte, Triebe, angeborene Vitalb.se) von sekundären (umweltvermittelten, gelernten) B.sen unterschieden. Je nach der Dringlichkeit des B. für die Selbsterhaltung des Organismus differenziert man Existenz-B. von Kultur-B. u. Luxus-B. Eine andere Gliederung unterscheidet (auf sachl. Existenzmittel bezogene) materielle von (auf andere Personen bezogenen) sozialen B.sen. Je nach der Anzahl der B.träger wird eine Einteilung nach Individual-, Gruppen- oder Kollektiv-B.sen vorgenommen. In den Wirtschaftswiss. werden die Beziehungen zwischen dem subjektiv gefühlten B. u. dem am Markt als Bedarf (Nachfrage) erscheinenden »objektiven« B. problematisiert. Nach dem Grundprinzip der relativen Knappheit der Befriedigungsmittel für die jeweils vorhandenen B.se u. in Anwendung des ökonom. Rationalprinzips wird theoret. davon ausgegangen, daß der Mensch danach strebt, mit den ihm verfügbaren Mitteln ein Maximum an Befriedigung seiner B.se zu erreichen. Ges. Fortschritt wird gelegentl. als B.-Sublimierung (Verfeinerung) u. B.-Differenzierung erkannt. In elementaren soziol. Handlungstheorien wird soziales Handeln als eine Verhaltensänderung definiert, die anderen Personen Belohnungen oder Bestrafungen einbringt, wobei als Belohnung dasjenige wirke, was irgendein B. (nach Gütern, Anerkennung u. a.) befriedigt.
Charakteristisch für jede ges. Verfassung ist das Spannungsverhältnis zwischen den subjektiven B.sen u. dem, was eine Ges. an B.befriedigungsmöglichkeiten bereitstellt. Weil die menschlichen B.se bisher stets die Möglichkeit der Befriedigung überstiegen, kennt jede Ges. soziale Normen, die die Mittel u. Wege der B.befriedigung regulieren. Die Vermittlung dieser Normen ist eine wesentl. Aufgabe der Prozesse der Sozialisation u. des Aufbaus der soziokultur. Persönlichkeit des Menschen.
In der mod. Wirtschaftsges. ist unter dem besonderen Einfluß der auf Konsumausweitung ausgerichteten Werbung eine Anspruchsdynamik zustandegekommen, die die überkommenen normativen Schranken der B.se aufgesprengt hat. Hier liegt nach E. Durkheim eine der wesentl. Ursachen für →Anomie. Die Bewältigung der

Bedürfnishierarchie 76

Umweltkrise erfordert eine ökolog. Umorientierung der B.befriedigung.

G. C. Homans, Social Behavior. Its Elementary Forms, New York 1961, dt.: Elementarformen soz. Verhaltens, 1968; J. B. Müller, B. u. Ges., 1971; B. Badura, B.struktur u. polit. System, 1973; K. O. Hondrich, Menschl. B.se u. soz. Steuerung, 1975; K. M. Meyer-Abich u. D. Birnbacher (Hg.), Was braucht der Mensch, um glücklich zu sein, 1979; S. Gasiet, Menschl. Bedürfnisse, 1981; P. Springborg, The Problem of Human Needs and the Critique of Civilization, Winchester, Mass. 1981; K. O. Hondrich u. R. Vollmer (Hg.), B.se – Stabilität u. Wandel, 1983; R. Rudolf, B. u. Bedürftigkeit, 1983.

Bedürfnishierarchie, ein von dem amerik. Psychologen A. H. Maslow entwickeltes, erfahrungswiss. umstrittenes Ordnungsschema für die Unterscheidung der Bedürfnisarten des Menschen, das starke Verbreitung gefunden hat. Er geht von der folgenden pyramidenartigen Stufung aus: 1) physiolog. bedeutsame Bedürfnisse (bilden die Basis), 2) Sicherheitsbedürfnisse, 3) Bedürfnisse nach soz. Zugehörigkeit u. Anschluß, 4) Bedürfnis nach Wertschätzung durch andere (Soz.prestige), 5) Bedürfnis nach Selbstwert, 6) an oberster Stelle das Bedürfnis nach Selbstverwirklichung. Sind die Bedürfnisse der untersten bzw. der unteren Stufen befriedigt, dann gewinnt die nächsthöhere Bedürfnisstufe Vorrang. Der Grad der Befriedigung einzelner Bedürfnisse ist in verschiedenen Kulturen unterschiedl. Ansonsten soll das Modell der B., das unter Vernachlässigung gesch.-ges. Aspekte u. individueller Unterschiede in unsoziol. Weise ein verfestigtes naturalist. Wertsystem zum Ausdruck bringt, universell verbreitet sein.
Später hat R. Inglehart das Modell der B. in die theoret. Grundlegung seiner Wertwandelforschg. einbezogen: Die Befriedigung der auf unteren Stufen liegenden Bedürfnisse in einer Wohlstandsges. ist im Zus.hang mit der Abfolge von Generationen eine entscheidende Voraussetzung für einen ges. Wertwandel von materialist. zu postmaterialist. Wertprioritäten.

A. H. Maslow, Motivation and Personality, New York 1954; R. Inglehart, The Silent Revolution, Princeton (New Jersey) 1977; ders., Wertwandel in den westl. Ges.en, in: H. Klages u. P. Kmieciak (Hg.), Wertwandel u. ges. Wandel, 1979; K. Möller, Soz.wiss. Implikationen des humanistisch-psycholog. Bedürfnisbegriffs bei A. Maslow, in: KZfSS 35, 1983.

Beeinflussung, Ergebnis wechselseitiger Kommunikation u. Information, bei der von einem Kommunikator auf einen Kommunikanten mit orientierungs- und verhaltensändernder Wirkung Meinungen, Verhaltensweisen, Einstellungen u. a. übertragen werden. Prozesse der B. finden zwischen Individuen, Gruppen u. Organisationen statt. Sie werden für die sozialen Beziehungen immer bedeutsamer, je mehr die Mitglieder einer Ges. bei ihrer Lebensführung u. -orientierung auf Informationen angewiesen sind, die sie sich nur indirekt, aus »zweiter Hand«, beschaffen können. B. setzt ein Informiertheitsgefälle zwischen den kontaktierenden Personen oder Institutionen voraus. In der Regel ist B. (auf seiten des Kommunikators) mit der gezielten Absicht des Hervorrufens erwünschter Reaktionen u. (auf seiten des Kommunikanten) mit relativ unreflektierter, vertrauensseliger Rezeption der übertragenen Inhalte verbunden. Mit steigendem Bildungsniveau, mit der Ausbreitung kritisch-rationaler Denkfähigkeit u. mit wachsenden Autonomieansprüchen der Individuen nehmen die Erfolgschancen manipulativ-suggestiver B.sversuche ab.

P. Watzlawick u. a., Menschl. Kommunikation, 1969; E. Dichter, Überzeugen – nicht verführen, ²1985.

Befragter, auskunfts- bzw. antwortgebende Person bei der Anwendung von Techniken der Befragung. Bei der Formulierung von Fragen für Fragebogen u. Interviewer, bei der Entwicklung von Befragungsstrategien u. von Verhaltensformen im Interview werden ein bestimmtes Persönlichkeitsbild u. erwartete Reaktionen beim B. im voraus berücksichtigt.

Die vorgelegten oder gestellten Fragen müssen in ihrem vom Forscher gemeinten Sinn allen B. verständlich sein, darum muß bei einer Vielzahl von B. darauf geachtet werden, daß die Bedeutungsäquivalenz der benutzten Begriffe u. Worte gesichert ist, d. h. u. U. muß ein Frageinhalt versch. B.gruppen in versch. Frageformulierungen angeboten werden. Ferner ist zu prüfen, welche Frageformulierungen auf den B. suggestiv (d. h. in bestimmter Richtung Antwort beeinflussend) oder stereotyp (durch positive oder negative Wertbesetzung der benutzten Worte Reize hervorrufend) wirken.

Für den B. ist die Befragung eine soziale Situation, die er nach seinen sozialen Erfahrungen u. sozialem Milieu deutet. Der Forscher muß darum die mögl. Interpretationen z. B. einer Interviewsituation durch die versch. B. im voraus antizipieren. Untersuchungen über die Rolle des B. im Interview haben den B. als Fehlerquelle erkannt u. zeigen: daß der B. bestimmte Erwartungen hinsichtl. der Einstellungen u. Verhaltensweisen des Interviewers entwickelt; daß wahrnehmbare soziale Merkmale des Interviewers die Antworten des B. beeinflussen, weil der B. ihn als Mitglied einer best. sozialen Kategorie einschätzt und sich darum bei seinen Antworten die Normen u. Verhaltensstandards dieser soz. Kategorie zu vergegenwärtigen sucht; daß insbes. die soziale Schichtzugehörigkeit des Interviewers in Kombination mit der sozialen Schicht des B. Auswirkungen hat; daß der B. in der Interviewersituation normative Vorstellungen aus ihm vertrauten sozialen Rollen überträgt; daß der B. im Interviewer zugleich eine Mittelsperson erkennt, die seine Antworten für einen weiteren Personenkreis relevant macht, u. darum der B. bei seinen Antworten die sozialen Konsequenzen der Befragung immer schon einkalkuliert. – Ein großes method. Problem ergibt sich aus der Unsicherheit, inwieweit der B. aufrichtig antwortet.

H. Esser, Können Befragte lügen? In: KZfSS 38, 1986; J. Reinecke, Interviewer- u. Befragtenverh., 1991.

Befragung, Umfrage, in der Empir. Soz.forschung, insbes. in der Markt- und Meinungsforschung am häufigsten angewandte, variantenreiche Methode der Datenerhebung. Die regelmäßige Verwendung der wiss. B. setzte etwa mit dem Beginn des 20. Jh.s ein. Ausgangspunkt einer B. ist ein Forschungsproblem bzw. ein Komplex von Forschungsfragen, die – gegebenenfalls mit Hilfe von Voruntersuchungen und Probebefragungen – hinsichtlich ihrer relevanten Dimensionen zu klären sind und dann in die für den jeweiligen Befragtenkreis verständliche Sprache übersetzt werden müssen (Operationalisierung). Hauptformen der B. sind die mündl. B. mittels des Einsatzes von Interviewern, die meistens an einen Leitfaden oder Fragebogen gebunden sind, ferner

Befriedigung, aufgeschobene

die schriftl. B. über Fragebögen, die insbes. im Falle postal. B. möglichst verständlich ausgearbeitet sein müssen. Es werden sowohl objektive wie auch subjektive Daten ermittelt. Faktfragen beziehen sich auf Wissen, Erlebnisse u. Erfahrungen, Meinungsfragen auf Werthaltungen, Einstellungen, Vorurteile, Gefühle, Motive, Wünsche, Interessen, Ansprüche u. Zukunftserwartungen. Problematisch sind Interviewereinflüsse, der Grad der Aufrichtigkeit des Befragten (Tendenz zu vermeintlich rationalen, soz. erwünschten Antworten), Ausfälle durch Verweigerung oder durch Nichtrücksendung von Fragebögen (Problem der Rücklaufquote). Durch Standardisierung der B. mittels Fragebogen u. Interviewerschulung wird ein hohes Maß an Kontrolle der künstl. B.ssituation, bessere Vergleichbarkeit u. eine rationelle Auswertung der erhobenen Daten angestrebt. B.sergebnisse dienen der erfahrungswiss. Problemanalyse, der Erstellung von Prognosen u. der Absicherung rationaler Planungs- u. Entscheidungsprozesse.

K. Holm (Hg.): Die B., 6 Bde., (1975–79).

Befriedigung, aufgeschobene
→deferred gratification pattern

Begabtenauslese, planmäßig betriebene, nach Forschungsergebnissen der Sozialisations-Theorie, der Begabungs-Forschung, der Schulpädagogik u. Didaktik vorgehende Bemühungen zur frühzeitigen Erkennung u. Förderung von allg. u. bes. Begabung. B. verfolgt den ges.prakt. Zweck, der Wirtschaft, den versch. Bereichen der Kultur oder anderen wichtigen Funktionsbereichen der Ges. quantitativ u. qualitativ rechtzeitig u. möglichst in ausreichendem Maße den benötigten Nachwuchs zur Verfügung zu stellen.

G. Nunner-Winkler, Chancengleichheit u. indiv. Förderung, 1971; B. Feyer, Hochbegabung, 1985.

Begabung, Fähigkeit (Disposition) zu einer – im Vergleich zu anderen Menschen – bes. Leistung in jegl. Zusammenhang (Allgemein-B.) oder auf einem speziellen Betätigungsgebiet (Sonder-B.). Umstritten ist, ob B. die an der Leistung ablesbare Fähigkeit selbst oder eine Anlage zur Entwicklung einer solchen Fähigkeit meint. Die neuere Forschung bevorzugt den sog.»dynamischen« B.-Begriff, der B. als Resultat von →Anlage u. Umwelt begreift. Damit sind die extremen Standpunkte überwunden, die einerseits Leistungsdisposition u. -potenz als Entwicklungsergebnis des automat. Ablaufes angeborener Wachstums- u. Entfaltungsprozesse, u. andererseits den neugeborenen Menschen als tabula rasa, vollständig prägbar durch Umwelt- u. Erfahrungseinflüsse, interpretieren. Wie groß jedoch der Anteil der Anlage, des Ererbten, gegenüber den Umweltprägungen, dem Erlernten u. Erfahrenen, ist, kann nicht bestimmt werden. Als soziale Einflüsse auf den Prozeß der B.entfaltung bzw. den Lernprozeß werden untersucht: (a) der sozio-ökonom. Status der Eltern u. der sozialen Umgebung; (b) das Aspirationsniveau (Leistungs- u. Erfolgsnormen) der Erziehungspersonen; (c) die Erziehungsinstitutionen danach, ob sie individuelle Förderung u. soziale Chancengleichheit oder Konsolidierung sozialer Vorprägungen bewirken; (d) das Erziehungs- bzw. Autoritätsverhalten der Eltern u. Lehrer im Hinblick auf die Entfaltung von selbstbewußten, ich-identitätsstarken Persönlichkeiten; (e) die familiären u. schul. Lehrmethoden als Vorbereitung und Förderung von Problemlösungsverhalten, Kreativität u. intellektueller Emanzipation; (f) das (schichtenspezif.) Sprachverhalten (Volumen, Komplexität u. Bedeutungsvariabilität der Sprache) als Medium für die Vermittlung u. Entfaltung von Informationen, Fähigkeiten, Fertigkeiten, damit als Einflußfaktor für kognitive Prozesse.

Ein bes. soziol. u. pädagog. Problem erwächst aus dem Umstand, daß das, was als bes. Leistung gilt oder soziale Bedeutung hat u. damit zur Grundlage der Beurteilung von B. wird, durch die jeweilige Sozialstruktur oder ges. Subkultur definiert wird. B. ist darum inhaltl. immer relativ u. zeitbezogen.

H. Roth (Hg.), B. u. Lernen, [12]1980; P. Heintz (Hg.), Soziol. der Schule, Sonderheft 4 der KZfSS, [8]1970; M. Oevermann, Sprache u. soz. Herkunft, 1970; H. Schiefele u. A. Krapp, Grundzüge einer empir.-päd. B.slehre, [2]1975; H. Skowronek (Hg.), Umwelt u. Begabung, [2]1976; E. Roth u. a., Intelligenz, [4]1980.

Begabungsreserve, Leistungspotenzen im einzelnen Menschen oder in der gesamten Ges., die durch unzweckmäßige Erziehung u. durch allg. hemmende Einflüsse der sozialen Umwelt latent oder unterentwickelt geblieben sind. Die Bildungsplanung versucht, insbes. durch den Abbau von Bildungsbarrieren im Erziehungssystem, B.n »freizulegen«.

H. W. Jürgen, Unters.en über B.n, in: Soz. Welt, 17. Jg., 1966.

Begattungsordnung →Hackordnung

Begriff, Grundelement des menschlichen Denkens, Orientierens, Urteilens; gedankl. Instrument zur Wiedergabe u. Abgrenzung von Phänomenen der Realität oder von Aspekten, Eigenschaften, Teilen solcher Phänomene. Der B. hat seine materielle Gestalt im Wort, Ausdruck, Zeichen, Symbol, denen jeweils eine bestimmte Bedeutung (B.inhalt u. B.umfang) zugeteilt wird. Das Problem der wiss. B.e besteht in der Spezifizierung u. Präzisierung der Bedeutung von Ausdrücken, d. h. in der Methode, Relationen zwischen bestimmten Zeichen u. Substanzen oder Mengen von Bezeichnetem (Designata) festzulegen (→Semiotik).

A. Ros, Begründung u. B., 3 Bde., 1989/90.

Begriffsbildung, Methoden zur Zuordnung von Zeichen u. Bedeutungsinhalt bzw. -umfang der durch die Zeichen abgebildeten, gemeinten oder beschriebenen Realität; die Definition von Begriffen. Man unterscheidet: (a) Die Nominaldefinition eines Begriffs, wobei festgelegt wird, daß ein bestimmter Ausdruck gleichbedeutend mit einem bereits bekannten anderen Ausdruck oder einer Kombination anderer Ausdrücke sein soll. (b) Die analytische Definition, die nicht mehr nur eine bloße Konvention über die Bedeutungsgleichheit von Ausdrücken anstrebt, sondern die für bestimmte, aus der Alltagssprache herangezogene Ausdrücke eine präzise Bedeutung durch Festlegung bestimmter Eigenschaften oder Merkmale vorschreibt u. deren wiss. Relevanz vom tatsächl. Vorhandensein dieser Eigenschaften in der vom Ausdruck definierten Realität abhängt. (c) Die operationale Definition, die den Bedeutungsgehalt von Begriffen durch Festlegung der bei Forschungsoperationen zu beobachtenden Ereignisse oder zu berücksichtigenden Merkmale der Realität bestimmt.

Behaviorismus 80

Ob eine B. sinnvoll u. fruchtbar ist, kann nicht an den Begriffen selbst, sondern nur dann beurteilt werden, wenn Versuche gemacht werden, mit Begriffen wiss. Typen, Aussagen, Modelle od. Theorien zu bilden sowie Hypothesen u. Theorien zu überprüfen. Notwendige, aber nicht hinreichende Voraussetzungen für die theoret. Fruchtbarkeit von Begriffen ist ihre für alle an der betr. wiss. Fachsprache Beteiligten nachkontrollierbare Präzision u. die allg. Konsistenz ihrer Anwendungsregeln.

H. M. Kepplinger, Probleme der B.bildung in den Soz.wiss.en, in: KZfSS 29, 1977; A. Balong, Rekonstruktion von Handlungen, 1989.

Behaviorismus (engl. behavior = Verhalten), in den ersten Jahrzehnten des 20. Jh. in den USA entwickelte Forschungsrichtung der Psychol., die vornehml. das Verhalten (die Reaktionen) von Lebewesen auf Einflüsse (Reize) der Umwelt untersucht. Der B. beschränkt sich auf die Analyse äußerer, beobachtbarer (u. meßbarer) Verhaltensweisen u. lehnt die Methoden des Verstehens fremden Seelenlebens oder fremder Motivationen aufgrund von Selbstbeobachtung u. Introspektion ab. Verhaltensvorgänge oder -veränderungen werden als Funktionen der im Augenblick wirkenden wie der in der (Erfahrungs-) Vorgeschichte der Lebewesen wirksam gewesenen Reize (Lernen) gedeutet. Zur Erklärung von Verhalten dient das Reiz-Reaktions-Schema (engl. stimulus-response). Der wiss. Aussagewert von Begriffen wie Bewußtsein, Denken, Empfinden, Fühlen usw. wird in Zweifel gezogen. Seel. u. geistige Kräfte, Erlebnisse, Ideen u. Intentionen werden als in Reiz-Reaktions-Zusammenhänge auflösbar vorgestellt. Der programmat. Verzicht auf die Analyse erlebbarer u. verstehbarer Zusammenhänge wurde die Voraussetzung für die method. Konzentration auf Tierexperimente, bei denen man im Versuch-Irrtum-Verfahren (englisch trial-and-error) erfolglose und erfolgreiche Reaktionen auf Umweltprobleme u. den Lernprozeß bis zur richtigen Reaktion (Anpassung) beobachtete u. interpretierte.

Die Entwicklung des B. über seinen Begründer J. B. Watson (1878–1950) hinaus ist insbesondere durch die Erkenntnis charakterisiert, daß man sich nicht auf beobachtbare Reiz (unabhängige Variable)- u. Reaktions (abhängige Variable)-Verbindungen beschränken kann, sondern daß zur Erklärung u. Prognose des Verhaltens von Lebewesen in bestimmten Situationen noch zusätzl., den jeweiligen Lebewesen eigentüml. »intervenierende Variable« beachtet werden müßten (C.L. Hull, E.C.Tolman), die bei gleichen Reizen in objektiv gleichen Situationen bei versch. Organismen unterschiedl. Verstärkungs-Wirkungen hervorrufen (L. Thorndike, B.F. Skinner).

Die behavioristisch orientierten Lerntheorien, die die Verhaltensprägungen u. -veränderungen als durch Umwelteinflüsse u. -erfahrungen bewirkte Reaktionen des Organismus interpretieren, haben in neuerer Zeit auch Eingang in Theorien über soziale Beziehungen gefunden (→Verhaltenstheoret. Soziol.).

J. B. Watson, Behaviorism from the Standpoint of a Behaviorist, Philadelphia 1919; E. L. Thorndike, The Fundamentals of Learning, New York 1932; E. C. Tolman, Purposive Behavior in Animals and Men, New York 1932; C. L. Hull, A Behavior System, New Haven 1952; B. F. Skinner, Science and Human Behavior, Glencoe 1953; W. Wurm, Abschaffung der Soziol.? B. als Ideologie, 1974; F. B. Skinner, About Behaviorism, New York 1974, dt.:

Was ist B.?, 1978; J. B. Watson, B., ³1984; H. Zeiler (Hg.), Lernen u. Verhalten, 2 Bde., 1984.

Beißordnung →Hackordnung

Bejahung, von F. Tönnies (1855–1936) geprägter Begriff zur Wesensbestimmung des Sozialen als Forschungsgegenstand der Soziol. Nach ihm besteht das Soziale »nur aus dem gemeinsamen Wollen, also aus der gegenseitigen B.«. Konfliktsituationen u. -prozesse gehören danach nicht zum Problembereich der Soziol.

F. Tönnies, Einf. in die Soziol., 1981 (1931).

Bell, Daniel, *10. 5. 1919 New York, leitende publizist. Hg.tätigkeit, 1948–58 Redakteur des Fortune Magazine, 1959 Assoc. Prof. f. Soziol. Columbia Univ., 1960 Ph. D. u. 1962 Prof. ebd., 1969–89 Harvard Univ., Gastprofessuren u. a. Chicago u. London, zahlr. Ehrungen u. Mitgl.schaften in wiss. Institutionen. – In stark beachteten u. diskutierten Werken hat sich B. mit der gegenwärtigen Entwicklung der mod. Industriges. auseinandergesetzt, die von einer →Nachindustr. Ges. abgelöst wird. Diese ist durch beschleunigten wiss. Fortschritt, durch neue Technologien, Bildungsexpansion u. Dienstleistungen geprägt. Die zugleich wachsenden globalen Probleme (Überbevölkerung, Umweltkrise, Rohstoffverknappung u. a. m.), die mit den bisherigen, ideolog. ausgerichteten Lösungsansätzen nicht mehr bewältigt werden können, zeigen »das Ende der Ideologie« an. Jenseits überkommener Klassen- u. Schichtungsstrukturen öffnet sich in der mod. kapitalist. Ges. immer mehr ein kult. Gegensatz zw. der von der protest. Ethik angetriebenen Ar-

beits- u. Produktionssphäre einerseits u. einem durch wachsenden Wohlstand ermöglichten hedonist. Individualismus andererseits, der die arbeitsethischen Grundlagen der mod. Ges. zunehmend gefährdet.

Schr.: Marxian Socialism in the United States, 1967 (1952); (Hg.) The New American Right, 1955; Work and Its Discontents, 1956; (Hg.) The Radical Right, 1959; The End of Ideology, 1988 (1960); The Reforming of General Education, 1967 (1965); (Hg.) Towards the Year 2000, 1967; (Hg.) Confrontation: The Universities (mit I. Kristol), 1969; (Hg.) Capitalism Today (mit I. Kristol), 1971, dt.: Kapitalismus heute, 1974; The Coming of Post-Industrial Society, 1977 (1973), dt.: Die nachindustr. Ges., 1989 (1975); The Cultural Contradictions of Capitalism, 1978 (1976), dt.: Die Zukunft der westl. Welt, 1979 (1976); The Winding Passage: Essays and Sociological Journeys, 1981 (1980); (Hg.) The Crisis in Economic Theory (mit I. Kristol), 1981, dt.: Die Krise in der Wirtschaftstheorie, 1984; The Social Sciences Since World War II, 1981, dt.: Die Soz.wiss.en seit 1945, 1986; The Deficits: How Big? How Long? How Dangerous? (mit L. Thurow), 1985.

Belohnung →Gratifikation

Bendix, Reinhard, 25. 2. 1916 Berlin – 28. 2. 1991 Berkeley (Calif.), 1946–47 Ass. Prof. f. Soziol. Univ. Colorado, 1947–51 Univ. Berkeley, 1949 Ass. Prof. Columbia Univ., 1951–56 Assoc. Prof. Univ. Berkeley, seit 1956 dort Prof. f. Soziol., zahlr. Gastprofessuren in Europa. – B.s industrie- u. herrschaftssoziol. Arbeiten, beeinflußt von den Schriften Max Webers, umfassen sowohl empir. Unters.en der Autoritätsbeziehungen in Betrieben als auch strukturvergleichende Gesamtanalysen der Ges.en Nordamerikas, Westeuropas u. Rußlands bzw. der Sowjetunion. Bevorzugtes Thema sind die Klassenbeziehungen u. die Interpretationen der industriellen Arbeits- und Autoritätsbeziehungen aus der Sicht verschiedener ges. Statusgruppen u. Ideologien. In späteren entwicklungssoziol. Beiträgen beschäftigte B. insb. das Problem, ob der aus den hist. Prozessen u. Strukturverhältnissen westeuropäischer Industriges.en genommene theoret.-soziol. Bezugs- u. Begriffsrahmen auch für die Analyse der ges. Wandlungs- u. Entwicklungsprozesse sog. Entwicklungsländer brauchbar ist. B. erkannte einen engen Zusammenhang zwischen der Entwicklung zu Nationalstaaten u. der Transformation der betroffenen Ges.strukturen von traditionalen zu industriell-rationalen Verhältnissen.

Schr.: Higher Civil Servants in American Society, Boulder, Col. 1949; Social Science and the Distrust of Reason, Berkeley 1951; Hg. mit S. M. Lipset, Class, Status and Power, London ²1967 (1953); Work and Authority in Industry, New York ²1974 (1956), dt.: Herrschaft u. Industriearbeit, 1960; mit S. M. Lipset, Social Mobility in Industrial Society, 1959; Max Weber, An Intellectual Portrait, Garden City 1960, dt.: Max Weber, Das Werk, 1964; Nation-Building and Citizenship, Berkeley 1977 (New York 1964); Embattled Reason, New York 1970; Scholarship and Partisanship, Essays on Max Weber (mit G. Roth), Berkeley 1971; State and Society (Hg.), 1968; Kings or People, Berkeley 1978, dt.: Könige oder Volk, 2 Bde., 1980; Von Berlin nach Berkeley, 1985.

Benedict, Ruth, 5. 6. 1887 New York – 17. 9. 1948 New York, 1923 Ph.D., Schülerin von Franz Boas, 1923–48 zunächst als Lektorin, dann als Asst. Prof. u. Assoc. Prof. für Anthropol. an der Columbia Univ. tätig, ausgedehnte Forschungsreisen, lebte längere Zeit unter den Pueblo-Indianern in New Mexico, Präsidentin der American Ethnological Society (1927–29), der American-Anthropological Association (1947), Vizepräsidentin der American Psychopathological Association (1946).
B. gehört zu den bedeutendsten amerikan. Kulturanthropologen; betonte den engen Zusammenhang der kulturanthropolog.-ethnolog. Forschung mit den anderen Wiss. vom Menschen. Sie wies auf

die Verflechtung von Mensch und je spezif. Kultur hin: Die Persönlichkeit ist von der Kultur geprägt u. spiegelt sie wider. B. trat für Toleranz gegenüber der Vielfalt kultureller Erscheinungsformen ein.

Schr.: Patterns of Culture, 1934 (dt.: Urformen der Kultur, 1955); Zuni Mythology, 1935; Race, Science and Politics, 1940 (dt.: Die Rassenfrage in Wissenschaft u. Politik, 1947); The Chrysanthemum and the Sword, 1946.

Beobachtung, zielgerichtete, aufmerksame Wahrnehmung von Objekten oder Vorgängen, ggf. unter Verwendung techn. Hilfsmittel. Im Unterschied zur alltägl. bzw. »naiven« B. unterliegt die wiss. B. als grundlegende Methode der Erfahrungswiss.en erhöhten Anforderungen der Kontrolle u. Systematisierung. Dadurch sollen der subjektiven Einflüsse des Beobachters eingeschränkt u. die Wiederholbarkeit bestimmter B.en gewährleistet werden. Im Gegensatz zum Experiment u. Interview nimmt der Beobachter bei den meisten B.sverfahren gegenüber dem Untersuchungsobjekt eine passiv-rezeptive, auf Verbal- oder Verhaltensreize zur Hervorrufung von Reaktionen verzichtende Haltung ein. Nach R. Carnap gründen sich auf B. die Protokollsätze, aus denen durch Reduktion (Induktion) Hypothesen, Regeln, Gesetze abgeleitet werden können. Nach neuerer wiss.theoret. Auffassung bilden bereits vorgegebene Hypothesen und theoret. Ansätze den notwendigen Ausgangspunkt für wiss.-systematische B.en (Deduktion). Unter Ausdifferenzierung spezieller Techniken zählt die B. zu den wichtigsten Methoden der Empir. Sozialforschung. In Abhängigkeit vom Forschungsziel, Untersuchungsobjekt und von der jeweils spezifischen B.ssituation können unstrukturierte, weniger oder stark strukturierte B.en durchgeführt werden, in natürlich-vertrauten oder »künstlichen« Situationen (Labor, Vorteil des Einsatzes techn. Hilfsmittel), teilnehmend (der Beobachter übernimmt im B.sfeld eine soz. Rolle) oder nicht-teilnehmend, offen (der Beobachter ist den Untersuchungspersonen als solcher bekannt) oder verdeckt (hierbei ergibt sich das Problem des Überschreitens eth. Forschungsgrenzen). In der geisteswiss. orientierten Psychologie tritt neben die Methode der Fremdbeobachtung diejenige der Selbstbeobachtung. Statistik verwendet Einzel-B.en als empirische Grundlage (→Daten).

Gefahren für die Objektivität von B.sergebnissen erwachsen aus der method. sehr schwer kontrollierbaren u. eliminierbaren Einengung bzw. Ausrichtung der Wahrnehmung des Beobachters durch seine Einstellungen oder vorwiss. Vorstellungen u. Erwartungen vom untersuchten Gegenstand. Besonders bei der teilnehmenden B. muß auf die Möglichkeit der Identifizierung des Beobachters mit dem Untersuchungsgegenstand geachtet werden, die zu verfälschend wirkenden gegenseitigen feedback-Beeinflussungen zwischen Beobachter u. den anderen Rollenträgern führen kann.

R. König (Hg.), B. u. Experiment in der Sozialforschung, ²1962; J. Friedrichs, H. Lüdtke, Teilnehmende B., 1971; K. W. Grümer, B., 1974; M. D. Dechmann, Teilnahme u. B. als soziol. Basisverhalten, 1978; G. Faßnacht, Systemat. Verhaltensbeobachtung, 1979; R. Aster u. a. (Hg.), Teilnehmende B., 1989.

Berelson, Bernard R., 1912 Spokane (Wash.) – 25. 9. 1979 North Tarrytown, N. Y., Lehrtätigkeit an der Univ. Chicago, Dir. des Columbia Bureau of Applied Social Research, später Leiter des Beha-

vioral Sciences Department der Ford-Stiftung.

Hauptarbeitsgebiete: Empirische Sozialforschung, insbes. Inhaltsanalyse (content analysis), Bibliothekswiss.

Schr.: zus. mit P. Lazarsfeld, The Analysis of Communication Content, 1948; Education for Librarianship, 1949; Content Analysis, 1952; zus. mit M. Janowitz, Reader in Communication and Public Opinion, Glencoe 1953; Voting. A Study of Opinion Formation, 1954; zus. mit G. A. Steiner, Human Behavior, 1964, dt.: Menschl. Verhalten, 2 Bde., 1969/72; (Hg.) The Behavioral Sciences Today, 1963; Wahlen u. Wähler (mit P. F. Lazarsfeld), 1969.

Berger, Peter Ludwig, *17. 3. 1929 Wien, 1950 M. A. f. Soziol. u. 1954 Ph. D. New School for Social Research, 1956 Ass. Prof. Univ. of North Carolina, 1958 Assoc. Prof. Hartford Theological Seminary, 1963 New School for Social Research, 1970 Prof. Rutgers Univ., 1979 Boston College, 1981 Boston Univ., 1985 Dir. des Inst. for the Study of Economic Culture, Boston Univ., Ehren-Dr. Loyola Univ., Wagner College, Univ. of Notre Dame. – B. hat sich unter besonderer Berücksichtigung der von A. Schütz begründeten Phänomenolog. Soziol. um die Entfaltung einer wirklichkeitsnahen Soziol. verdient gemacht, in der die gesch.-ges. entstandene, von vielen Generationen hervorgebrachte bzw. »konstruierte« u. weiterhin gestaltete Wirklichkeit als alltägl. Erlebniswelt der soz. miteinander verbundenen Menschen im Mittelpunkt steht. Zus. mit T. Luckmann hat er die Wissenssoziol. über die großen Weltanschauungen u. Ideologien hinaus durch Einbeziehung des Alltags- bzw. Jedermannswissens erweitert. Hinsichtl. der Entwicklung u. des Funktionierens der Ges. werden insbes. Prozesse der Institutionalisierung u. der So-

Bernstein

zialisation gewürdigt. Darüber hinaus ist sein zentrales Arbeitsgebiet die Rel. soziol.

Schr.: Invitation to Sociology: A Humanistic Perspective, 1963, dt.: Einladung zur Soziol., ³1982 (1969); The Social Construction of Reality (mit T. Luckmann), 1966, dt.: Die ges. Konstruktion der Wirklichkeit, ⁸1991 (1969); The Sacred Canopy, 1967, dt.: Zur Dialektik von Rel. u. Ges., 1988 (1973); A Rumor of Angels, 1969, dt.: Auf den Spuren der Engel, ²1992, (1970); Sociology – A Biographical Approach (mit B. Berger), 1972, dt.: Individuum & Co., 1974, Wir u. die Ges., 1991 (1976); The Homeless Mind (mit B. Berger u. H. Kellner), 1973, dt.: Das Unbehagen in der Modernität, 1987 (1975); Pyramids of Sacrifice: Political Ethics and Social Change, 1975, dt.: Welt der Reichen, Welt der Armen, 1976; The Heretical Imperative, 1979, dt.: Der Zwang zur Häresie, 1980; Sociology Reinterpreted (mit H. Kellner), 1981, dt.: Für eine neue Soziol., 1983; The War Over the Family (mit B. Berger), 1983, dt.: In Verteidigung der bürgerl. Familie, 1984; The Capitalist Revolution, 1986, dt.: Die kapitalist. Revolution, 1992.

Bernstein, Eduard, 6. 1. 1850 Berlin – 18. 12. 1932 Berlin, 1866–70 Lehrling u. 1870–78 Angestellter in einer Berliner Bank, wiss. Selbststudium, 1872 Eintritt in die Sozialdemokr. Arbeiterpartei, 1881–90 Redakteur des Parteiorgans »Der Sozialdemokrat«, 1888–1901 als freier Schriftsteller u. Korrespondent in London tätig, 1901 Rückkehr nach Berlin, 1902 Mitglied des Reichstags, 1916 Übertritt zu den »Unabhängigen«, 1919 Wiedereintritt in die SPD.
B. gilt als Hauptvertreter des sog. »Revisionismus« der sozialist. Bewegung u. hat auf die Theorie der dt. Sozialdemokraten großen Einfluß ausgeübt. Er vertrat die Auffassung, daß die Marx'schen Lehren in vielen Punkten einer Abänderung u. Anpassung an gewandelte Verhältnisse bedürfen. Der Sozialismus kann nicht auf revolutionärem Wege, sondern nur durch Reformen eingeführt werden. Dies erfordert positive Mitarbeit im Staate. B.s polit. Bedeutung liegt darin, daß er im Kampf mit dem orthodoxen Marxismus den Revisionismus in der SPD durchgesetzt hat.

Schr.: Die Voraussetzungen des Sozialismus u. die Aufgaben der Sozialdemokratie, 1969 (1899); Zur Gesch. u. Theorie des Sozialismus, 3 Bd. ⁴1904 (1900). Ferdinand Lassalle u. seine Bedeutung für die Arbeiterklasse, ²1919 (1904); Die heutige Sozialdemokratie in Theorie u. Praxis, ⁷1914 (1906); Der Streik. Sein Wesen u. sein Wirken, 1906; Die Arbeiterbewegung, 1910; Die Internationale der Arbeiterklasse u. der europ. Krieg, 1915; Sozialdemokratische Völkerpolitik, 1917; Erinnerungen eines Sozialisten, 1918; Die dt. Revolution, 1. Bd., 1921; Der Sozialismus einst u. jetzt, ²1923 (1922).
T. Meyer, B.s konstruktiver Sozialismus, 1977; F. L. Carsten, E. B. 1850–1932, 1993.

Beruf, in der Soziol. je nach weltanschaul., sozialhistor. oder ideengeschichtl. Grundorientierung unterschiedl. definierter Begriff. Er meint eine Kombination spezif. Leistungen bzw. die Fähigkeiten u. Fertigkeiten zur Erstellung dieser Leistungen ebenso wie die »Grundlage für eine kontinuierliche Versorgungs- u. Erwerbschance« (Max Weber), oder die auf Neigung u. Begabung sowie fachl. Ausbildung beruhende Eignung des einzelnen Menschen in Wirtschaft u. Ges., oder einen von der Ges. als soziale Position abgegrenzten Tätigkeitsbereich mit spezif. Orientierungen, Wertungen u. Zielvorstellungen. Der Begriff u. Gedanke des B. hat sich in der christl. Frühzeit u. im Mittelalter aus religiös-konfessionell gebundenen allg. sozialen Ordnungsvorstellungen entwickelt u. meinte zunächst Tätigkeitsbereich u. sozialen Status als Grundlage christl. Lebensführung u. ethischen Lebenssinnes. Die ständ. Ges.gliederung war in erster Linie eine Berufsgliederung. Diese vokativ orientierte Begriffsbestimmung (B. als »Berufung«) wurde mit dem Heraufkommen von bür-

gerl. Individualismus, ökonom. Rationalität u. industrieller »Revolution« zugunsten einer säkularisierten, auf techn. Inhalts- u. ökonom. Leistungskriterien bezogenen Betrachtungsweise aufgegeben. Die Entstehung, Abgrenzung, Differenzierung u. weitere Entwicklung der B.e hängt eng mit der Geschichte der Arbeitsteilung zusammen.
In der mod. Leistungsges. ist die B.sposition des einzelnen zum zentralen Bestimmungsgrund seiner soz. Schichtzugehörigkeit u. seiner Lebenschancen geworden. Die beschleunigte wirtschaftl. Entwicklung zwingt immer mehr Individuen dazu, im Verlauf ihrer Erwerbstätigkeit den B. zu wechseln.

R. Nave-Herz, B. – Freizeit – Weiterbildung, 1976; G. Hobbensiefken, B.sforschung, 1980; M. L. Kohn, Persönlichkeit, B. u. soz. Schichtung, 1981; K. M. Bolte (Hg.), Mensch, Arbeit u. Betrieb, 1988; B. Wegener, Kritik des Prestiges, 1988.

Berufsmobilität, charakterist. Struktureigenschaft der Arbeitswelt hochentwickelter Industrieges.en. B. kann bedeuten (a) die horizontale u./oder vertikale Fluktuation der Individuen zwischen versch. Arbeitsplätzen, oder (b) die Veränderung der Arbeitsplatzstrukturen durch den Wandel der Inhalte u. der Beziehungen der Berufsfunktionen. Beide Formen der B. bedingen sich gegenseitig. Massenhafter Wechsel der ausgeübten Berufe, meist aufgrund veränderter Wertvorstellungen über den Inhalt u. über die sozialen Chancen der Berufe, zwingt zu techn. Innovationen u. Umstrukturierungen in der Arbeitswelt. Technolog. bedingter Strukturwandel der Berufe erfordert Anpassungshandlungen (Ausbildung, Berufswahl, Berufswechsel) der betroffenen Berufsangehörigen. B. wird durch techn.-

ökonom. Rationalisierung gefördert, aber durch lokale oder soziale Bindungen der außerberufl. Lebensbereiche behindert.

B. Scheuringer, Die B. v. Frauen, 1972; D. W. Busch, Berufl. Wertorientierung u. berufl. Mobilität, 1973; D. Mertens u. M. Kaiser (Hg.), Berufl. Flexibilitätsforschg. in der Diskussion, 4 Bde., 1978; T. A. Herz u. Maria Wieken-Mayser, Berufl. Mobilität in der Bundesrepublik, 1979; H. J. Koll, Mobilität u. Beruf, 1981; ders., Ambivalenz berufl. Mobilität, 1986; H. P. Blossfeld, Kohortendifferenzierung u. Karriereprozeß, 1989.

Berufspolitiker, in parlamentar. Regierungssystemen Mitglieder der Regierung, des Parlaments oder der Parteiführung, die ihre polit. Arbeit nicht nur als zeitl. befristetes Mandat, sondern als Lebensberuf auffassen u. dementsprechend ihren Lebensplan u. ihre sozialen Karriereerwartungen anlegen. Mit dem in der Elite-Studien wiederholt festgestellten Trend zum B. nimmt die Fluktuation in den polit. Führungsgremien ab.
Die liberale Honoratioren-Demokratie betrachtete polit. Ämter im Prinzip als Ehrenämter u. rekrutierte ihre Politiker aus den ökonom. unabhängigen Oberschichten. Die Tendenz zum B., eingeleitet durch die polit. Erfolge der Arbeiterbewegung u. der wachsenden Beteiligung ihrer Repräsentanten in den polit. Gremien, hat die berufsstrukturell einseitige Zusammensetzung dieser Gremien – verglichen mit der allg. ges. Struktur – nicht überwinden können. Nach wie vor sind Berufe mit ökonom. Unabhängigkeit u. spezifische Bildungsvoraussetzungen (Beamte, Lehrer, Gewerkschaftsfunktionäre, Rechtsanwälte, Journalisten) überrepräsentiert. Für den B. schälen sich mehr u. mehr typ. Karrieremuster u. -wege über die versch. Institutionen des öffentl. u. polit. Lebens heraus.

Berufssoziologie

Th. Eschenburg, Der Sold des Politikers, 1959; W. Zapf, Beiträge zur Analyse der dt. Oberschicht, [2]1965; M. Weber, Politik als Beruf (in: Gesammelte polit. Schriften, [5]1988).

Berufssoziologie, eine aus sozialpolit., wirtschaftshist., sozialstatist. u. arbeitstechn. Problemstellungen hervorgegangene spezielle Soziol., die von dem Faktum industrieller Ges.en ausgeht, daß gegenüber vergangenen Epochen mit starken Familien-, Geburts-, Verwandtschafts- und herrschaftsständ. Bindungen nunmehr der Beruf entscheidend die soziale Lage der Menschen u. ihre gegenseitigen sozialen Abhängigkeitsverhältnisse bestimmt.

Die Komplexität der sich aus Berufspositionen ergebenden sozial. Probleme wächst mit der Komplizierung u. Differenzierung der sozialen Produktionsstrukturen, die ihrerseits ein Ergebnis des techn. Fortschritts u. entsprechend technisierter Arbeitsprozesse sind. Jede grundlegende berufssoziol. Analyse geht aus von der Ablösung der familialen u. kleingruppen-orientierten durch die berufl. Organisation der ges. Arbeitsteilung u. befaßt sich darum zunächst mit den Konsequenzen der Verselbständigung u. kulturellen Profilierung von Berufspositionen (Professionalisierung). Es wird gefragt, (a) wie stark die bereits vorhandenen, neu entstehenden u. vom sozialen Wandel bedrohten Berufe innerhalb der ges. Arbeitsstruktur u. im subjektiven sozialen Bewußtsein u. Gesellschaftsbild der Betreffenden selbst als Ordnungs- u. Einflußfaktor in Betracht kommen; (b) welche kulturellen Wertmuster, sozialen Zielvorstellungen u. Status-Lagen mit der Ausübung bestimmter Berufe sich entwickeln bzw. verknüpft werden; (c) welche Belohnungen (Entgelt, Prestige, Auf-

stiegschancen, Ehre) für berufl. Leistungen als Äquivalent gelten; (d) welche Erwartungen, Ansprüche u. Werthaltungen aus den kooperativen u. organisator. Strukturen sich ergeben, innerhalb derer Berufe ausgeübt werden; (e) welche ges. Faktoren Berufswahl, Berufsauffassung, berufl. Entwicklung, Veränderung u. Karrieremuster bestimmen; (f) wie stark die berufl. Anforderungen u. Erlebnisinhalte die Persönlichkeit formen u. damit auch auf Berufszufriedenheit oder -enttäuschungen einwirken, u. schließlich, (g) welche Tendenzen zu Entfremdung u. »Systemzwang«, oder Selbstbestimmung u. Emanzipation, aus dem organisator. Zusammenhang von versch. Berufspositionen abgeleitet werden können.

Bei einer Klassifizierung der Berufe wird nach einzelnen, für den jeweiligen Analysebezug relevanten Variablen, wie Tätigkeitsfeld, Einkommen, Bildungsvoraussetzungen, berufl. Autorität, berufl. Selbst- u. Fremdeinschätzung gruppiert. Gruppierungen nach der sozialrechtl. (Angestellte, Beamte) oder nach der arbeitstrukturellen Position (abhängige Erwerbstätige, Freie Berufe, Manager) bilden nur grobe Einteilungen.

Ein Schwerpunkt der laufenden anwendungsorientierten Arbeitsmarkt- u. Berufsforschung liegt in der Analyse des überwiegend technolog. induzierten strukturellen Wandels der erwerbswirtschaftl. Berufstätigkeiten, ihrer Zus.fassung zu anerkannten Berufen u. dem damit verbundenen Wandel der Berufs- u. Wirtschaftsstruktur sowie ihrer Folgen sowohl für die Arbeitsmarkt- u. Beschäftigungs- als auch für die Bildungs- u. Berufsbildungspolitik. Untersuchungen über das Freizeitverhalten haben deutlich gemacht, daß außerberufl. Lebensbereiche entscheidend durch Berufsnormen, -erlebnisse, -strukturen u. -zielvorstellungen vorgeprägt werden.

H. J. Daheim, Der Beruf in der mod. Ges., [2]1970; K. M. Bolte u. a., B. u. Ges. in Dtschld., 1970; Th. Scharmann, Schule u. Beruf als Sozialisationsfaktoren, 1974; O. Neuloh, Arbeits- u. Berufssoziol., 1973; T. Luckmann u. W. M. Sprondel (Hg.), B., 1972; U. Beck u. M. Brater (Hg.), Die soz. Konstitution der Berufe, 1977; H. Daheim, B., in: Hdb. der empir. Soz.forschg., Bd. 8, 1977; U. Beck u. M. Brater, Berufl. Arbeitsteilung u. soz. Ungleichheit, 1978; U. Beck, M. Brater u. H. Daheim, Soziol. der Arbeit u. der Berufe, 1980; K. H. Hörning u. a., Soziol. des Berufs, 1981; K. M. Bolte u. E. Treutner (Hg.), Subjektorientierte Arbeits-ü. B., 1983; K. M. Bolte (Hg.), Mensch, Arbeit u. Betrieb, 1988.

Berufsverband Deutscher Soziologen e. V. (BDS), eine berufspolit. Vereinigung der Soziologinnen u. Soziologen sowie eng benachbarter Soz.wiss.ler in Dtl., die vorrangig deren Berufsinteressen u. berufsprakt. Belange vertritt. Darüber hinaus fördert er den berufsbezogenen Erfahrungsaustausch u. die Fortbildung von Soz.wiss.lern, unterstützt die Anwendung der Soziol. u. leistet Öffentlichkeitsarbeit für eine soz.wiss. Fundierung einschlägiger Berufspraxis sowie der Politik. Geschäftsstelle: 33602 Bielefeld, Feilenstr. 2.

Berufsverbandsprinzip, Prinzip der gewerkschaftl. Organisierung von Arbeitnehmern, wonach einer Gewerkschaft nur Angehörige einer bestimmten Berufsgruppe (z. B. Bauarbeiter oder Textilarbeiter) bzw. einer bestimmten sozialen oder sozialrechtl. Stellung im Beruf (z. B. Arbeiter oder Angestellte oder Beamte) angehören sollen.

Berufswahl, die Freiheit der B. ist heute in allen industrieges. Kultur-

staaten verfassungsrechtl. garantiert. Die hohe Komplexität der Arbeits- u. Berufsstrukturen einerseits u. der relativ enge Erfahrungs- u. Informationshorizont der jungen Menschen andererseits machen die B. zur Ursache zahlreicher sozialer Risiken. Darüber hinaus sind die selektiv vorprägenden Einflüsse durch die soziale Herkunft u. Schichtzugehörigkeit, durch die Erziehungsinhalte und -techniken der Eltern u. der Schule der Grund dafür, daß in der Regel eine effektive B. überhaupt nicht erfolgen kann. Die übl. Vorstellung, daß für die B. in erster Linie Eignung, Neigung u. persönl. Präferenzen die entscheidende Rolle spielen, wird durch mannigfaltige ökonom. u. soziale Einschränkungen widerlegt. Eine bes. Schwierigkeit erwächst aus der Tatsache, daß durch Prozesse der Akzeleration u. des Wert- u. Normenwandels zum Phänomen Jugend die B. in eine Phase (15.–20. Lebensjahr) fällt, in der der jugendl. »Wähler« vielen Rollenkonflikten u. Rollendiffusionen ausgesetzt u. damit psych. u. sozial bes. belastet wird. Im einzelnen wirken auf die B. ein bzw. legen diese ohne individuelle Eigenentscheidung fest: Wohn-, Milieu-, Familienverhältnisse; Einflüsse der Schule, der Altersgruppen, der Massenkommunikationsmittel u. der öffentl. Meinung; lokale ökonom. Strukturverhältnisse u. Daten des »Arbeitsmarktes«. Hauptprobleme sind die Koordinierung individueller Berufswünsche u. die Anforderungen des Beschäftigungssystems, ferner die Unsicherheit von Voraussagen über die künftige Entwicklung von Berufen u. Berufschancen.

H. Klages, B. u. Berufsschicksal, 1959; E. Lange, G. Büschges, Aspekte der B. in der mod. Ges., 1975; E. Lange, B., 1978; U. Beck u. a.,

B. u. Berufszuweisung, 1979; A. Bolder, Zur Prognose v. Bildungs- u. B.entscheidungen im Chancenzuweisungsprozeß, in: KZfSS 32, 1980; F. Braun u. E. Hartmann, Jugendliche in der B., 1984; G. Paul, Entscheidungshilfen im Studien- u. B.prozeß, 1984; M. Selk, Geschlecht u. B., 1984; W. H. Allehoff, B.u. berufl. Interessen, 1985; H. D. Müller, B.freiheit u. Kultur, 1986; T. A. Pollmann, Beruf oder Berufung?, 1993.

Beschäftigungskrise, zunehmende Verknappung des Arbeitsplatzangebotes bei gleichbleibender oder steigender Arbeitsplatznachfrage. Neben Kriegsgefahren, der Umweltkrise u. dem Bevölkerungswachstum bildet die B. ein globales Hauptproblem der Gegenwart, das die Stabilität des polit. Ordnungssystems u. die Integration der Ges. gefährdet. Die Ursachen liegen in einem komplexen Bündel v. Einflußfaktoren u. Veränderungen, die großenteils soziol. bedeutsam sind: ökolog. Grenzen des Wirtschaftswachstums, Verteuerung v. Rohstoffen u. Energie, Wohlstandstransfer zu Ländern mit hoher Erdölförderung, sinkende Realeinkommen, Abwertung des Verschwendungskonsums u. Aufwertung der Sparsamkeit, Konsumsättigungserscheinungen, Verlagerung v. Produktionsbereichen u. Branchen zu industr. Schwellenländern mit niedrigem Lohnkostenniveau (Strukturkrise), Mangel an Innovationen, sinkende Absatzmöglichkeiten u. Gewinnerwartungen, Rückgang der Erweiterungsinvestitionen, gewerkschaftl. Einkommens- u. Umverteilungspolitik, Lohnkostensteigerung, Inflation, hohes Zinsniveau, Wettbewerbsverschärfung, Rationalisierungsinvestitionen, Produktivitätssteigerung, Freisetzung v. Arbeitskräften (technol. Arbeitslosigkeit), Ausweitung der (inoffiziellen) »Schattenwirtschaft« bzw. »Schwarzarbeit«, öffentl. Finanzkri-

se, auf den Arbeitsmarkt drängende geburtenstarke Jahrgänge, unzureichende Abstimmung v. Ausbildungs- u. Beschäftigungssystem, starker Drang zu attraktiven Arbeitsplätzen mit hohem Sozialprestige, fehlende Bemühungen zur Verbesserung bisher unterbewerteter Arbeitsplätze, unzureichende Mobilität u. Flexibilität der Arbeitskräfte, Zuwanderung v. Ausländern, unzureichende Flexibilität der Gewerkschaften u. Arbeitgeber gegenüber Veränderungen v. Arbeitszeiten, Unterschätzung v. Voraussagen u. verspätete oder fehlerhafte polit.-staatl. Gegensteuerung. Eine erfolgreiche Bewältigung der B. setzt die weitestgehende Berücksichtigung der Ursachen voraus. Infolge der Grenzen des quantitativen Wirtschaftswachstums verbleibt hauptsächlich die Schaffung v. Arbeitsplätzen durch qualitatives Wachstum, insbes. mittels einer Politik der Lebensqualitätssteigerung zugunsten des Umweltschutzes, Rohstoff- u. Energieeinsparung, Ausbau humaner Dienstleistungen, Stadtsanierung u. Entwicklungshilfe. Unentbehrlich sind ferner eine solidarisch-volkswirtschaftsgerechte Einkommens- u. Kapitalbeteiligungspolitik, Förderung v. Forschung, Entwicklung, Innovationen u. unternehmer. Initiative, Attraktivitätssteigerung u. Humanisierung bisher unterbewerteter Arbeitsplätze, Steigerung der Flexibilität der Arbeitskräfte durch Weiterbildung u. Umschulung, gerechtere Verteilung der Arbeitsplätze, mehr Teilzeitarbeit u. Job-sharing, Verkürzung der Arbeitszeit, unbezahlter Langzeiturlaub, z. B. Sabbatical bzw. Sabbatjahr, gleitender Ruhestand statt abruptem Ruhestandsbeginn. →Arbeitslosigkeit, →Wachstumstheorie.

R.-G. Heinze u. a. (Hg.), B. u. Neuverteilung der Arbeit, 1984; H.-J. Krupp, B. Rohwer u. K. Rothschild (Hg.), Wege zur Vollbeschäftigung, 1986; H. Franke, Arbeit für alle, 1987.

Besitz, im soziol. Sinne Verfügungsgewalt über Sachen, Rechte oder das Verhalten von Personen bzw. der Ausschluß der Verfügungsgewalt anderer. B. bezeichnet substantiell sowohl das B.objekt als auch die Beziehungen zwischen Besitzern u. Nichtbesitzern. Verfügungsgewalt bedeutet die Möglichkeit sozialer Kontrolle anderer. Da aber Umfang u. Inhalt des B.objektes jeweils sozialen Wertungen unterliegen, die auch auf die Beziehungen zwischen Besitzern u. Nichtbesitzern sowie zwischen versch. Besitzern einwirken, unterliegt der B. selbst der sozialen Kontrolle durch andere. B. ist zunächst Voraussetzung zur Befriedigung individueller oder ges. Bedürfnisse, d. h. Mittel für bestimmte Zwecke. Daneben hat B. immer auch Symbolcharakter, ist er Selbstzweck hinsichtl. der Bewertung, die er ges. erfährt.
Nach B.arten u. -quantitäten erfolgt sowohl eine funktionale (z. B. Arbeitsteilung) als auch vertikale (Klassen, Schichten) Differenzierung der Ges. B. ermöglicht soziale Zugangs- oder Beschaffungsprivilegien, steuert die Entstehung u. Ausformung von Organisationen u. Gemeinschaften (Familie, Betrieb, Siedlungsformen), ist wesentl. Grundlage des sozialen Status.

M. P. Hedinger, System des Besitzrechts, 1985.

Bestrafung →Sanktion

Betriebsdemokratie, Begriff der ges.polit. Diskussion um betriebl. Mitbestimmung u. Betriebsverfassung. Unter Bezugnahme auf allg. Vorstellungen von Demokratie gelten als Strukturelemente der B.: ein relativ geringes Gefälle der Information, Verfügungsrechte u. Gratifikationen; freier Zugang für alle geeigneten Personen zu allen Positionen der vertikalen Positionsstruktur des Betriebes; anstelle der traditionellen hierarch. Kompetenzenverteilung u. Autoritätsstruktur eine kooperative, auf Sach- und Leistungsautorität abgestellte Struktur, in der die Inhaber der (produktions- und organisationstechn. noch notwendigen) unteren Ränge die Entscheidungen u. Aktionen der höheren Positionen initiativ u. kontrollierend beeinflussen; Delegation der Verantwortung möglichst weitgehend auf informierte, zu selbständigem Handeln ausgebildete Positioneninhaber nach unten, bei gleichzeitiger Delegation der Verantwortlichen durch die unteren Ränge nach oben. Ziel der B. ist eine Arbeitsordnung, in der Fremdbestimmung durch möglichst verantwortungsbewußte Selbstinitiative abgelöst, irrationale, d. h. funktional entbehrl. Autoritätsverhältnisse abgebaut, subjektive Interessen mit den persönl. Leistungen u. Aktivitäten in ein proportionales Verhältnis gebracht u. damit das Arbeitsleid auf ein Minimum reduziert wird. Grenzen der Demokratisierung des Betriebes sind die Eigentumsrechte der Kapitaleigner u. die marktwirtschaftl.-wettbewerbsbedingte Notwendigkeit schneller, flexibler Entscheidungsfähigkeit. Demnach setzt die Weiterentwicklung der B. insbes. den Ausbau der Kapitalbeteiligung von Mitarbeitern, eine größere Verteilung von Verantwortung u. Risiko sowie eine anspruchsvolle Qualifizierung u. Weiterbildung der Betriebsmitglieder voraus.

Betriebsführung, wissenschaftliche (engl. scientific management), von F. W. Taylor (1856–1915) geprägter Begriff für einen materialist. ausgerichteten Forschungsansatz als Grundlage einer möglichst effizienten Gestaltung betriebl. Produktionsprozesse. Durch äußerste Rationalisierung der Arbeitsprozesse u. der einzelnen menschl. Arbeitsvollzüge kann die Produktivität weitestgehend gesteigert werden. Dadurch können nicht nur hohe Gewinne erzielt, sondern (bei Akkordentlohnung) auch hohe Löhne gezahlt werden, zugunsten einer gewissen Interessenidentität von Unternehmern u. Arbeitern. Nur durch möglichst hohe Löhne können die Zufriedenheit u. Leistungsbereitschaft der Arbeiter als Voraussetzungen betriebl. Leistungserfolge gesteigert werden. Die spätere kritische Auseinandersetzung mit diesem einseitigen Konzept einer wiss. B. hat wesentlich zur Herausbildung der Betriebssoziol. beigetragen, die wiederum durch Erforschung ges.-mitmenschl. Aspekte der Arbeitszufriedenheit den Wandel betriebl. Führungsstile beeinflussen konnte (Tendenz vom patriarchal.-autoritären zum kooperativ-partizipativen Führungsstil).

F. W. Taylor: Scientific Management (New York, London 1947; 1911); J. Häusler: Grundfragen der B., 1966; H. Spitzley: Wissenschaftliche B., REFA-Methodenlehre und Neuorientierung der Arbeitswissenschaft, 1979; M. Tatur, Taylorismus in der Sowjetunion, 1983; F. Manske, Ende oder Wandel des Taylorismus?, in: Soz. Welt 38, 1987.

Betriebsklima, unscharfer Begriff der Betriebssoziol. zur Charakterisierung des Verhältnisses der Mitglieder bzw. einzelner Mitgliedergruppen eines Betriebes zu ihren Arbeitsplätzen, zur betriebl. Arbeitsordnung u. zur Autoritätsstruktur des Betriebes. Aus der meteorolog. Sprache entlehnt, meint dieser Begriff die »atmosphär.« Auswirkungen von Stimmungen, vagen Einstellungen, Sympathien u. Antipathien bis hin zu den subjektiv interpretierten Interessenlagen, die ihrerseits von objektiven Faktoren wie Höhe u. Art der Entlohnung, Art u. Ausmaß der betriebl. Sozialleistungen, Führungsverhalten der Vorgesetzten, Sicherheit des Arbeitsplatzes u. a. abhängen. Wesentl. ist auch der Einfluß der Unternehmenskultur.

Das B. als Summe der emotionalen Stellungnahmen aller Mitglieder eines Betriebes zu den realen Betriebsbedingungen wird auch durch die Erwartungen, Interessen, Lebensprobleme u. Lebenssituationen beeinflußt, die das soziale Dasein der Betriebsmitglieder außerhalb des Betriebes prägen u. nach deren Maßgabe die realen Betriebsbedingungen vergleichend beurteilt u. eingeschätzt werden. Ein »schlechtes« B. dämpft die Leistungsbereitschaft, verstärkt die Tendenz zum Rückzug u. zur »inneren Kündigung«, erhöht den Absentismus u. die Fluktuation, begünstigt im Extremfall Sabotage u. (wilde) Streiks – zuungunsten der Konkurrenzfähigkeit des Betriebes.

Betriebspolit. Maßnahmen zur »sozialen Rationalisierung«, d. h. mit dem Ziel der Beseitigung konfliktträchtiger u. den »sozialen Frieden« störender Faktoren (→Human Relations), bemühen sich um ein »gutes« B. In Anbetracht der sozialstrukturell engen Verzahnung von arbeitgebenden Betrieben u. anderen Lebensbereichen der betriebl. Umwelt sind in Zeiten schnellen u. kumulativen sozialen Wandels solchen betriebsinternen Bemühungen enge Grenzen gesetzt.

F. J. Roethlisberger, Management and Moral, 1946 (dt.: Betriebsführung und Arbeitsmoral,

1954); T. N. Whitehead, Führung in d. freien Ges., 1955; N. Götte, B., 1962; L. v. Friedeburg, Soziol. d. B., 1963; V. Scheitlin, B. u. moderne Führungspraxis, 1971; R. Müller, B. u. Betriebserfolg, 1972; P. Conrad u. J. Sydow, Organisationsklima, 1984.

Betriebssoziologie, Gegenstand der B. sind soziale Strukturen u. Prozesse in Leistungsorganisationen mit wirtschaftl. Zwecksetzung. Die Entstehung der B. im dt. Sprachbereich reflektiert eine spezifische sozial-kult. Prägung. Während in den roman. Ländern Auswirkungen der industr. Arbeitsteilung u. in den angelsächs. Ländern Austauschbeziehungen zw. Interessengruppen am Arbeitsmarkt im Vordergrund standen, war die dt. Sozialforschung von der Problematik einer Sozialordnung der Arbeitsverhältnisse geprägt. Aus sozialorganisatorischer, aber auch sozialreformerischer Sicht erschien der Betrieb zugleich als Leistungsorganisation u. als spezifisches soziales Gebilde. Seine Sozialstruktur wurde zum wesentl. Indikator ges. Konflikt- oder Kooperationspotentiale. Die B. im engeren Sinne entstand in der Auseinandersetzung mit der von Effizienz- und Wirtschaftlichkeitsgesichtspunkten dominierten »wissenschaftlichen →Betriebsführung« (Taylorismus). Gefördert wurde sie durch die zunehmende sozial- u. arbeitsrechtl. Verankerung einer Betriebsverfassung, insbes. durch Einf. von Betriebsräten.

Gegenwärtig lassen sich vier Forschungsrichtungen unterscheiden:
1. Das Human-Relations-Modell. Im Mittelpunkt steht die Auseinandersetzung mit mechanist. Konzeptionen, die von der techn.-wirtschaftl. Leistungsfähigkeit des Betriebs ausgehen. Schwerpunkte sind das Verhalten des Individuums bzw. der Kleingruppe. Es herrscht also die mikrosoziol. Perspektive in enger Anlehnung an sozialpsycholog. Fragestellungen vor.
2. Die formale Organisations-(System-)Theorie. Hierbei wird die Betriebsorganisation als Zweck-Mittel-System betrachtet. Besonderes Gewicht wird auf die Struktur von Entscheidungsprozessen gelegt.
3. Die Personality- and Organization-Theory als Integrationsversuch. Im Vordergrund steht die Beachtung des Interaktions-zus.hangs zw. Betriebsziel u. -struktur einerseits u. den Persönlichkeitsbedürfnissen andererseits. Ein Grundproblem ist die Fragwürdigkeit individ. Bedürfnisbefriedigung bei zunehmender Formalisierung des Betriebs.
4. Das Industrial-Relations-Modell. Der Betrieb wird als polit. System konkurrierender Interessen verstanden, in dem die Macht- u. Partizipationsproblematik bzw. die sich daraus ergebenden Legitimationszwänge eine zentrale Stellung einnehmen. In diesen Bereich fallen auch die zahlreichen Studien zur Mitbestimmung.

Allen Ansätzen sind folgende Forschungsaspekte gemeinsam: Autoritäts-, Kommunikations- u. Informationsstrukturen, formale u. informale Normen, Regelungssysteme, Beziehungen u. Gruppen, betriebsspezifische Konflikte, Führungsprobleme, Rollen u. Interessen von Beschäftigten u. Arbeitnehmergruppen, sowie die mannigfaltigen Beziehungen zw. Betrieb u. der Lebenswelt der arbeitenden Menschen. Enge Beziehungen bestehen zw. B. u. benachbarten Disziplinen, die sich mit Phänomenen wie Arbeit u. Technik, den überbetriebl. Arbeitsbeziehungen, aber auch den Lebenslagen bestimmter Arbeitnehmergruppen beschäftigen. Die B. als spezielle Organisationssoziol. ist nicht auf den Industriebereich beschränkt. Betriebsstrukturen sind in der gesamten Arbeitswelt nachweisbar, u. sie zeigen gegenwärtig im Dienstleistungsbereich eine besondere Dynamik. Im Zuge wirtschaftl. Integration kommt es zu Kulturkontakten, die zu vergleichenden Studien anregen. Da die B. in besonderem Maße im Spannungsfeld zw. Unternehmer- u. Arbeitnehmerinteressen steht, sind Forschungs-, Vermittlungs- u. Anwendungsinteressen immer wieder kritisch zu überprüfen, auch im Sinne eines Beitrags der B. zur humanen Gestaltung der Arbeitswelt.

F. Fürstenberg, Empir. Sozialforschung im Industriebetrieb, in: KZfSS 6, 1953/54; Th. Pirker u. a., Arbeiter, Management, Mitbestimmung, 1955; H. Popitz u. a., Technik u. Industriearbeit, 1957; R. Mayntz, Die soz. Organisation des Industriebetriebes, 1958; G. Briefs, B., in: Hdwb. d. Sozial., hg. v. A. Vierkandt, [2]1959 (1932); P. Atteslander u. a., Konflikt u. Kooperation im Industriebetrieb, 1959; R. Dahrendorf, Sozialstruktur des Betriebes, 1959; R. M. Lepsius, Strukturen u. Wandlungen im Industriebetrieb, 1960; L. v. Friedeburg, Soziol. des Betriebsklimas, 1963; O. Neuloh, Der neue Betriebsstil, 1960; F. Fürstenberg, Grundfragen der B., 1964; H. Kluth, Soziol. d. Großbetriebe, 1968; H. Bosetzky, Grundzüge einer Soziol. der Industrieverwaltung, 1970; F. Landwehrmann, Industrielle Führung unter fortschreitender Automatisierung, 1970; H. Ziegler, Strukturen u. Prozesse der Autorität in der Unternehmung, 1970; N. Altmann, G. Bechtle, Betriebl. Herrschaftsstruktur u. industr. Ges., 1971; J. Ötterli, B. u. Ges.bild, 1971; W. Burisch, Industrie- u. B., [7]1973; F. Fürstenberg (Hg.), Industriesoziol., 3 Bde., 1966–75; A. A. Oppolzer, Hauptprobleme der Industrie- u. B., 1976; B. Wilpert, Führung in dt. Unternehmen, 1977; A. Burghardt, Betriebs- u. Arbeitssoziol., [3]1978; L. Zündorf u. M. Grunt, Hierarchie in Wirtschaftsunternehmen, 1980; G. Bechtle, Betrieb als Strategie, 1980; P. G. v. Beckerath u. a. (Hg.), Hdwb. der Betriebspsychologie u. B., 1981; H. Hartmann, B., in: Hdwb. der Wirtschaftswiss.en Bd. 9, hg. v. W. Albers u. a., 1981; H. Kotthoff, Betriebsräte u. betriebl. Herrschaft, 1981; H.-M. Rummler, Die Entstehungsgesch. der B. in Dtl., 1984; H. Minssen, Die Rationalität v. Rationalisierung, 1992.

Betriebsstil, Begriff der Betriebssoziol. zur Erfassung u. Analyse der Wechselverhältnisse von Betriebsklima u. innerbetriebl. Herrschaftsstruktur einerseits u. gesamtges. Rechts- u. Wirtschaftsordnung, Kultur- u. Bildungswesen andererseits. Sozialintegrativ orientierte Betriebssoziol. versteht unter B. »eine nach einem Ordnungsprinzip gestaltete u. von gleichgerichteten Außen- u. Innenfaktoren beeinflußte Ausdruckseinheit sozialen Denkens u. Handelns in der Betriebsverfassung. Bereiche der Außenfaktoren sind: gesamtges. Sozialgefüge, allg. Machtstruktur u. soziale Dynamik. Bereiche der Innenfaktoren sind: betriebl. Willensbildung, Betriebsordnung u. Betriebsklima« (Neuloh).

O. Neuloh, Der neue B., 1960.

Betriebsverfassung, die Gesamtheit der horizontalen (funktionalen) u. vertikalen Ordnungsregeln u. -zustände aller materialen (sachl.) u. personalen Gegebenheiten innerhalb eines Betriebes u. in seinen Beziehungen zur sozialen Umwelt. Innerhalb dieser Gesamtheit werden unterschieden (Geck): (a) die Sachverfassung als Einheit der räuml. Ordnung der sachl. Arbeitsmittel, (b) die Personalverfassung als soziale Ordnung der Beziehungen zwischen den mit Positionen betrauten Menschen, u. (c) die Arbeitsverfassung als Einheit der Zuordnungsverhältnisse von Sachen u. Personen, wie sie sich aus der Ordnung der funktionell geteilten menschl. Arbeit an u. mit den sachl. Arbeitsmitteln ergibt. Die Soziol. untersucht die versch. inner- wie außerbetriebl. Faktoren, die die B. bestimmen, sowie die »informellen« Beziehungen u. die sozialen Konflikte, die von einer bestimmten B. ausgehen oder erst hergestellt bzw. gelöst werden sollen.

Das zentrale Problem jeder B. ist die Organisation u. die Einflußverteilung bei der betriebl. Willensbildung u. entspr. Entscheidungsprozessen. Typisierend werden (Neuloh) die versch. Formen der B. nach der Beteiligung an oder dem Ausschluß von Herrschaft der betriebl. Interessengruppen (Unternehmer, Arbeitnehmer) unterschieden. Nach der Beteiligung von nur einer oder beider »Parteien« des innerbetriebl. Interessengegensatzes von Kapital u. Arbeit wird von »einseitiger« oder »zweiseitiger« B. gesprochen. Die »einseitige« B. kann »monotype« B. (= reine Kapitalherrschaft) oder »soziotype« B. (= echte Genossenschaft, Kollektiv) sein. Alle Typen können darüber hinaus nach dem Merkmal »freiwilliger« (d. h. aus dem sozialen Interessenkonflikt durch Kampf u. Kompromiß hervorgehend) oder »gesetzlicher« (durch staatl.-kodifizierenden Eingriff hergestellter) Zweiseitigkeit unterschieden werden (Mitbestimmung). Als Ergebnis der sozialen Emanzipationskämpfe der Arbeitnehmer ist eine Tendenz von »absoluten« zu »konstitutionellen« Formen der B. durchgesetzt worden. Dadurch sind jedoch die zugrundeliegenden Interessenkonflikte weder gelöst noch prinzipiell ausgeglichen, sondern lediglich »institutionalisiert«, nach festen Regeln für die Prozesse der Interessenkämpfe »versachlicht« worden.

G. Briefs, Zwischen Kapitalismus u. Syndikalismus, 1952; A. Geck, Soz. Betriebsführung, 1953; O. Neuloh, Die dt. B. u. ihre Soz.formen bis zur Mitbestimmung, 1955; O. Blume, Normen u. Wirklichkeit einer B., 1964; A. Anker-Ording, Betriebsdemokratie, [4]1969; H.-A. Graf v. Schwerin, »Humanisierung der Arbeit« u. B., in: KZfSS 36, 1984; E. Hildebrandt (Hg.), Betriebl. Soz.verfassung unter Veränderungsdruck, 1991; S. Braun, W. Eberwein u. J. Tholen, Belegschaften u. Unternehmer, 1992.

Betroffenheit, im sozialwiss. Bereich die Bezeichnung für die Tatsache, daß bestimmte Ereignisse (z. B. Umweltkatastrophen), Vorgänge (z. B. soziale Konflikte), Neuerungen (z. B. neue Waffensysteme), Projekte (z. B. Atomkraftwerke) u. Wandlungen (z. B. Wiederkehr des Mangels) für die Lebensmöglichkeiten v. Menschen nicht folgenlos bleiben. Da sich diese nicht immer der tatsächlichen Auswirkungen auf die eigene Existenz bewußt sind u. entsprechend reagieren bzw. gegensteuern, muß zw. objektiver B. u. subjektivem B.gefühl unterschieden werden. Mit steigender Bildung, Aufklärung, Sensibilität u. Einsicht in Handlungs- u. Veränderungsmöglichkeiten nähert sich das B.bewußtsein der objektiven B. an u. aktiviert zugleich Handlungen der Betroffenen, die den Gefahren entgegenwirken. Infolge heutiger Krisenballung wird B. zu einer entscheidenden Antriebskraft des polit. Handelns u. des sozialen Wandels.

Bevölkerung, die Gesamtheit der innerhalb einer sozial oder polit. abgrenzbaren Region ansässigen Personen. Soziolog. interessiert die B.menge, die B.dichte (Anzahl im Verhältnis zur Fläche), die B.bewegung (Veränderungen der Menge im Zeitablauf durch Wanderungen oder Änderung der Sterbe-Geburten-Raten), der B.druck (Menge bezogen auf die ökonom. u. sozialen Lebensverhältnisse), die B.weise u. die B.struktur (Verteilung der B. nach biolog. u. sozialen Merkmalen).

K. M. Bolte u. a., B., [4]1980; Statist. Bundesamt (Hg.), B. gestern, heute u. morgen, 1985.

Bevölkerungsgleichgewicht, ausgewogenes, die Bevölkerungszahl einer Region oder einer polit.

Einheit konstant haltendes Verhältnis von Geburten u. Todesfällen. Das B. ist abhängig von den Schwankungen der Fruchtbarkeit u. den diese bestimmenden Faktoren. In Gebieten, die eine abnehmende Bevölkerung aufweisen, wird versucht, das B. durch ökonom. Anreize zur Heirat u. Familiengründung sowie durch Verbesserungen medizin. u. wohlfahrtspflegerischer Einrichtungen (Senkung der Sterberaten) wieder zu erreichen. In Gebieten mit stark zunehmender Bevölkerung, deren Anwachsen u. U. sogar das gleichzeitige ökonom. Wachstum übertreffen, wird das B. erreicht durch rationale Geburtenbeschränkung u. Geburtenkontrolle in Ehe u. Familie. In traditional, streng religiös oder myth. orientierten Gesellschaften (Entwicklungsländer) treffen solche bevölk.polit. Maßnahmen jedoch auf kulturelle u. erzieher. Schwierigkeiten.

Bevölkerungsoptimum, zumeist das bevölkerungspolit. Ziel eines Bevölkerungsgleichgewichts. Aus macht- u. expansionspolit. Zielen entsteht oft auch der Wunsch nach einer stark zunehmenden Bevölkerung. B. ist dann eine Bevölkerungsstruktur, die nach der Zusammensetzung der Geschlechter (Fruchtbarkeit), der Altersklassen u. nach den geltenden Normen für das generative Verhalten eine hohe Geburtenrate garantiert. Aufgrund der Umweltkrise u. begrenzten Rohstoffquellen ist eine stagnierende Bevölkerung optimal geworden.

H. Adebahr, Die Lehre v. der optimalen Bevölkerungszahl, 1965.

Bevölkerungspolitik, Summe aller polit. Maßnahmen mit dem Ziel, die Größe (quantitative B.) oder Zusammensetzung (qualitative B.) einer Bevölkerung zu beeinflussen. B. setzt Kenntnisse der Bevölkerungstheorie u. Bevölkerungsstatistik voraus; sie bedient sich jeweils ihren Zielen entspr. eines großen Instrumentariums wirtschafts-, sozial-, steuer-, familien- u. kulturpolit. Mittel. Diese reichen von finanziellen Beihilfen u. Prämien bis zu entspr. Propaganda mit Auszeichnungen u. Ehrungen. Systemat. B. begann in Europa in der Zeit des Merkantilismus (Frankreich, 17. Jh.) u. der königl. Machtpolitik (Preußen, 18. Jh.), in der absolutist. Machthaber über eine Förderung von Gewerbe u. Handel (Einwanderung) ihre außenpolit. u. militär. Stellung festigen wollten. Seit Ende des I. Weltkriegs unterschied sich die B. der einzelnen Nationalstaaten nach der unterschiedl. Interpretation des Bevölkerungsoptimums. Frankreich versuchte durch die Behinderung der Informationen u. des Vertriebs empfängnisverhütender Mittel den Bevölkerungsrückgang zu stoppen. Schweden war an einer Stabilisierung (Bevölkerungsgleichgewicht) seiner Bevölkerungsstruktur interessiert u. wurde seitdem führend in der Erziehung zu rational geplanter, freiwilliger Elternschaft durch pädagog. Auswertung der Informationen über Empfängnisverhütung. In Dtl. setzte nach 1933 bis zum Ende des II. Weltkriegs aus rassenpolit. (Antisemitismus, eugen. Gesetzgebung), militär. u. machtpolit. Gründen sowohl eine qualitative als auch quantitative B. ein. Seit dem II. Weltkrieg versuchen alle europ. Länder, durch B. als Sozial-, Gesundheits- u. Familienpolitik die Relationen zwischen den noch nicht erwerbstätigen (Jugend), erwerbstätigen (Erwachsene) u. nicht mehr erwerbstätigen (Alter) Generationen zu optimieren. Von Wanderungsbewegungen bevorzugte Länder (USA, Kanada, Australien) steuern die Zusammensetzung ihrer Bevölkerung im Rahmen der Einwanderungsgesetzgebung. Die B. der Entwicklungsländer steht vor dem Problem, den durch Industrialisierung einsetzenden ökonom. Fortschritt nicht durch noch höhere Zuwachsraten der Bevölkerung überholen zu lassen. In vielen Ländern werden darum neben einer propagandist. Förderung empfängnisverhütender Methoden auch Sterilisation u. Schwangerschaftsunterbrechung zugelassen.

K. M. Bolte u. D. Kappe, Struktur u. Entwicklung d. Bevölkerung, ³1967 (1964); L. Franke u. H. W. Jürgens (Hg.), Keine Kinder – keine Zukunft?, 1978; H. Birg (Hg.), Demograph. Entwicklung u. ges. Planung, 1983; P. Marschalck, Bevölkerungsgesch. Dtl.s im 19. u. 20. Jh., 1984.

Bevölkerungssoziologie, eine spezielle Soziol. u. zugleich ein Teilgebiet der Bevölkerungswiss. (→Demographie), ausgerichtet auf die Erforschung der Gliederung, Zus.setzung (Bevölkerungsstruktur) u. Veränderung der Bevölkerung (Bevölkerungsprozeß) bestimmter Ges.en, Länder u. Regionen, u. zwar unter besonderer Berücksichtigung soziokult. Faktoren u. Wandlungen. Angesichts gegenwärtiger Globalisierungstendenzen (fortschreitende internat. Kommunikation, Interdependenzen u. Migration) wird im Rahmen des Forschungsobjekts der B. die Weltbevölkerung insgesamt zunehmend wichtiger. Neben der Bezugnahme auf geeignete theoret. Ansätze der Soziol. werden insbes. Methoden der Empir. Soz.forschg. u. statist. Verfahren eingesetzt.

Die B. wird durch folgende Probleme herausgefordert: Entwicklung der Bevölkerung in vergangenen Epochen im Zus.hang mit dem soz. Wandel; Veränderung der Lebenserwartung in Verbindung mit kult. Entwicklung; Veränderung des generativen Verhaltens, der Geburtenhäufigkeit sowie des Altersaufbaus einer Ges. im Zus.hang mit dem (beschleunigten) Wandel von Weltanschauungen, Religionen, Wertsystemen, soz. Normen (Moral), wirtschaftl. Lebensverhältnissen (Lebensstandard, Konsumniveau), Siedlungsstruktur (Urbanisierungsgrad), Wohnverhältnissen, Gemeinschaftsformen (Verkleinerung von Familien u. Verwandtschaftssystemen, Abnahme direkter soz. Kontrolle), soz. Mobilität, Bildungsniveaus u. Informationsverhalten. Weitere starke Einflüsse ergeben sich in neuerer Zeit aus dem Wandel der Altersversorgung, aus wirksamen Möglichkeiten der Empfängnisverhütung, aus zunehmender Individualisierung u. aus staatl. Bevölkerungspolitik.

Gegenwärtig ergibt sich für die B. ein Hauptproblem aus dem starken Geburtenrückgang in mod. Ges.en, der dazu geführt hat, daß sich die angestammte Bevölkerung etlicher Länder nicht mehr ausreichend reproduziert (Absinken des Geburtenniveaus unter den notwendigen Generationenersatz, Geburtenbzw. Geborenendefizit). Aufgaben der Forschung sind Aufdeckung der soziokult. Ursachen, Analyse mögl. Gegenmaßnahmen sowie die Abschätzung wahrscheinlicher Folgen, insbes. der soz. u. wirtschaftl. Auswirkungen einer eventuellen Überalterung der Ges. (Verwandlung der ursprüngl. »Bevölkerungspyramide« in eine Glocken-, Urnen- oder sogar Pilzform). Ein zusätzliches Hauptproblem resultiert aus dem weiterhin

Bevölkerungsstatistik

starken Bevölkerungswachstum in armen Ländern, das mitunter die wirtschaftl. Wachstumsrate übersteigt u. die Armut vergrößert. Zu den Folgen zählt ein erhöhter Wanderungsdruck in Richtung auf die Wohlstandsges.en, in denen sich durch Geburtendefizit, Arbeitskräfteverknappung u. Einwanderung die Bevölkerungsstruktur verändert, mit einer Tendenz zur multi-ethnischen Ges. Auch dieser mit zahlreichen soziokult. Faktoren verbundene Problemkomplex fordert die B. heraus.

J. Schmid, Einf. in die B., 1976; K. M. Bolte u. a., Bevölkerung, 1980; J. Schmid, Bevölkerung u. soz. Entwicklung, 1984.

Bevölkerungsstatistik, zahlenmäßige Erfassung u. Darstellung einer Bevölkerung nach Bestands- u. Bewegungsdaten. Es wird die (zumeist amtl.) Statistik des Bevölkerungsstandes von der für die Bevölkerungstheorie wichtigeren Statistik der Bevölkerungsbewegung unterschieden. Die erstere zählt u. gliedert zu bestimmten Zeitpunkten die Bevölkerung nach Merkmalen wie Alter, Geschlecht, Beruf, Konfession, Haushaltszugehörigkeit. Die statist. Erfassung der Bevölkerungsbewegung erfolgt nach Ereignismassen wie Geburten, Sterbefällen, Heiraten, Ehescheidungen, Wanderungen. Diese Daten werden durch Vergleiche u. Kombination mit anderen Personenangaben weiter aufgeschlüsselt u. für detailliertere Aussagen aufbereitet, so daß Zahlen z. B. für alters- u. geschlechtsspezif. Sterbeziffern, für ehel. u. unehel. Fruchtbarkeitsziffern u. altersspezif. Verheiratungsziffern angegeben werden können.

Statist. Jb. f. d. BRD; U. Mueller, B. u. Bevölkerungsdynamik, 1993.

Bevölkerungstheorie, sucht Gesetzmäßigkeiten über die Zusammenhänge von phys., psych., biolog. u. sozialen Faktoren aufzuzeigen, die die Menge u. die qualitative Struktur (Geschlechter, Altersgruppen) sowie die Bewegungen (Vermehrung, Rückgang) einer Bevölkerung bestimmen. Bevölkerungsbewegungen haben weitreichende Wirkungen auf die soziale Ordnung u. auf das wirtschaftl. u. polit. System einer Gesellschaft, in der sie sich abspielen.

Die Anfänge einer B. reichen zurück ins 17. u. 18. Jh., als es der »Politischen Arithmetik« (in England J. Graunt u. W. Petty; in Dtl. J. P. Süßmilch u. K. Neumann) anhand von statist. Auszählungen der Todesfälle u. Geburten gelang, Regelmäßigkeiten in den Bevölkerungsvorgängen nachzuweisen. Sollten diese Erkenntnisse noch »die göttl. Ordnung in den Veränderungen des menschl. Geschlechts aus der Geburt, dem Tode u. der Fortpflanzung desselben erweisen« (Süßmilch), also christl.-metaphys. Erklärungen demograph. Erscheinungen möglich machen, so wurden mit der Übertragung des naturwiss. Gesetzesbegriffs auf die Sozialwiss. (Ende 18. Jh.) auch die Bevölkerungsprozesse naturgesetzl. interpretiert. R. Malthus stellte 1798 das seitdem berühmteste u. theoret. einflußreichste Bevölkerungsgesetz auf: Aus einer Kombination der von ihm behaupteten biologischen These vom unbeschränkten Fortpflanzungstrieb des Menschen u. des von der engl. klass. Nationalökonomie gelehrten Ertragsgesetzes folgerte M., daß die Menschen ihre materiellen Unterhaltsmittel nur in arithmet. Progression steigern könnten, andererseits aber die Bevölkerung dazu neige, in einem geometr. Verhältnis

Bewährung

zu wachsen. Durch diesen Mechanismus biolog. Faktoren stoße die Bevölkerung ständig an ihre Unterhaltsgrenze, u. nur durch repressive (Hungersnot, Krankheit, Krieg) oder präventive (Heiratsaufschub, Enthaltsamkeit) Hemmnisse könnte das Gleichgewicht zwischen den Wachstumsreihen der Nahrungsmittel u. der Bevölkerungszahl hergestellt werden. Im 19. Jh. wurde dieser biolog. Ansatz insbes. von sozialist. Seite scharf kritisiert u. behauptet (K. Marx, F. Lassalle, →Ehernes Lohngesetz), daß das von Malthus dargelegte Spannungsverhältnis kein naturgegebenes, sondern ein sozial bestimmtes, d. h. durch den Kapitalismus u. seine Gesellschaftsordnung erzeugtes u. darum durchaus überwindbares wäre. Mit der Abschwächung des Bevölkerungswachstums setzte eine theoret. Umorientierung ein: Nunmehr wurden Erklärungen für die abnehmende Familiengröße u. Fruchtbarkeit in den Städten versucht. Seitdem werden die »städt. Mentalität«, die entsprechenden rationalist. Verhaltensmuster bei der Fortpflanzung, zunehmende Demokratisierung des polit. Lebens, der wachsende Wohlstand, die veränderte Stellung der Frau, die Einf. staatl. Alterssicherung u. a. als Einflußgrößen betont.
Moderne B. geht dementsprechend davon aus, daß das generative Verhalten der Menschen (neben seinen biolog. Ursachen) durch sozial überformte, gruppen- u. schichtenspezif., gesch. sich verändernde Verhaltensweisen bestimmt wird. B. erforscht die Bevölkerungsweise einer Bevölkerung, indem über die Messung von Geburten- u. Sterberaten, Fruchtbarkeit, Heiratsalter u. a. hinaus (Bevölkerungsstatistik) soziol. Erklärungen

zu den Ursachen versucht werden, die das Zustandekommen solcher Daten bewirken. Die verbreitetste These hierzu ist die Theorie vom »demograph. Übergang«, die das Ansteigen, »Explodieren«, Kulminieren, Abschwächen u. Einpendeln einer Bevölkerungsmenge mit den Stadien des Industrialisierungsprozesses gekoppelt erklärt.

G. Mackenroth, Bevölkerungslehre, 1953; P. Ehrlich, Die Bevölkerungsbombe, 1971; F. X. Kaufmann, Bevölkerungsbewegung zw. Quantität u. Qualität, 1975; D. Kappe, Bevölkerungsdefizit u. Wohlstandsges., 1973; R. Mackensen (Hg.), Dynamik der Bevölkerungsentwicklg., 1973; T. R. Malthus, Das Bevölkerungsgesetz, 1977 (1798); J. Schmid, Einf. in die Bevölkerungssoziol., 1976; A. E. Imhof, Einf. in die Hist. Demographie, 1977; H. Birg (Hg.), Ursprünge der Demographie in Dtl., 1986; R. Mackensen u. a. (Hg.), Bevölkerungsentwicklung u. B. in Gesch. u. Gegenwart, 1989.

Bevölkerungsweise, Ausdruck der Bevölkerungstheorie für die These, daß die für die quantitativen Bewegungen der Bevölkerung bedeutsamen Vorgänge der Heiraten, Geburten, Sterblichkeit u. a. immer auch sozial überformte Vorgänge seien u. damit nicht nur organ. u. individual-phcholog. Determinanten hätten. Moderne Bevölkerungstheorie analysiert darum das Zusammenspiel versch. gesch., ideolog. u. sozialschichtenspezif. bestimmter generativer Verhaltensweisen, um Aussagen über die »generative Struktur« einer Bevölkerung machen zu können.

G. Mackenroth, Bevölkerungslehre, 1952; K. M. Bolte, D. Kappe, Struktur u. Entwicklung der Bevölkerung, 1966.

Bewährung, eine Theorie wird im Sinne des deduktiven Falsifikationismus »bewährt« genannt, wenn ihr die anerkannten Basissätze nicht widersprechen. Eine Theorie kann sich um so besser bewähren, je besser sie nachprüfbar

Bewegung 98

ist; über den Grad der Bewährung entscheidet die Strenge der Prüfungen (nicht die bloße Anzahl der bewährenden Fälle).

K.R.Popper, Logik der Forschg., ⁹1989 (1935).

Bewegung, in der Soziol. unscharfer u. mehrdeutig benutzter theoret. Begriff entweder als Bezeichnung (a) für bloße regionale Standort- oder soziale Positionsbzw. Statusveränderung (Mobilität) oder (b) als »soziale B.«. In der zweiten Bedeutung muß B. wiederum unterschieden werden (1) als längerfristig andauernder sozialer Prozeß, in dessen Verlauf die Anhänger einer ges.polit.-weltanschaul. Idee immer wieder bestrebt sind, die sie umgebende ges. Realität im Sinne ihrer Idee zu beeinflussen oder sogar zu verändern; (2) als bes. soziale Gruppe von Personen, die zum Zwecke der Einflußnahme auf die Grundlagen der ges. Ordnung oder Wertorientierungen kontinuierlich u. im Bewußtsein der Zusammengehörigkeit polit. tätig sind, oder (3) als Institution im Sinne einer formal organisierten Einheit von Personen (Partei, Gewerkschaft u. a.) zum Zwecke der Umwandlung bzw. bedeutsamen Strukturveränderung der Ges. (insbes. ihrer Herrschaftsverhältnisse). Als B.en werden sowohl epochale Weltanschauungen u. die mit ihnen verbundenen sozialen u. polit. Aktivitäten wie z. B. die Arbeiterbewegung oder der Liberalismus, Sozialismus, Konservatismus, Faschismus als auch (insbes. in »primitiven« Ges.en, Entwicklungsländer) prophet., messian., nativist., eschatolog. Bestrebungen oder Ges.- und Gesch.interpretationen verstanden. B.en haben nicht immer umfassende ges. Zielsetzungen zum Gegenstand, sondern beschränken sich oft auf Personen-

kreise mit bestimmten sozial relevanten Merkmalen (Jugend-, Frauen-, Mieter-B.) oder auf die bloße Durchsetzung partieller Forderungen (Wahlrechts-, Schutzzoll-, Antiatomwaffen-B.).

R. Heberle, Social Movements, 1951; W. E. Mühlmann, Chiliasmus u. Nativismus, 1964; O. Rammstedt, Sekte u. soz. Bewegung, 1966; N. J. Smelser, Theorie des kollektiven Verhaltens, 1972; O. Rammstedt, Soz. B., 1978; K. J. Rivinius (Hg.), Die soz. Bewegung im Dtl. des neunzehnten Jh.s, 1978; M. Beckmann, Theorie der soz. B., 1979; K.-W. Brand (Hg.), Neue soz. B.en in Westeuropa u. den USA, 1985; H.-G. Haupt u. a. (Hg.), Soz. B.en, 1985; J. Raschke, Soz. B.en, 1985; N. F. Schneider, Ewig ist nur die Veränderung, 1987.

Bewußtsein, (a) psycholog. die Gesamtheit der Zustände u. Vorgänge des menschl. »Erlebens« der äußeren Umwelt u. des Selbst.
(b) Soziol. geht davon aus, daß die Akte, Formen u. Inhalte des B. im wesentl. ges. bestimmt werden. Es wird das individuelle vom ges. B. unterschieden. Das letztere wird als die Gesamtheit der ideellen u. realen Gemeinsamkeiten menschl. Orientierung u. daraus abgeleiteter Handlungen u. Handlungsergebnisse (sowohl in integrativen wie konfligierenden Zusammenhängen) verstanden, die überhaupt erst Ges. möglich macht. Es gilt als das Produkt der gesamten gesch. Entwicklung der Ges. Das ges. B. hat jedoch nur eine relative Selbständigkeit, denn es existiert nicht unabhängig von der Summe der individuellen B.e.
In der soziol. Theorienbildung ist umstritten, inwieweit Ges. nur als bloße Summe einzelner menschl. Sinngebungen u. entspr. Handlungsbeiträge oder vielmehr als eine Realität zu interpretieren ist, die von den einzelnen menschl. Sinngebungen u. B.inhalten als determinierende hinzunehmen ist. Bei der soziol. Analyse der Beziehun-

gen zwischen B. u. Ges. ist der Begriff des »falschen« B.s von zentraler Bedeutung. Ausgehend von dem berühmten Diktum von K. Marx: »Es ist nicht das B. der Menschen, das ihr Sein, sondern umgekehrt ihr ges. Sein, das ihr B. bestimmt«, – greift er die Probleme der »Seinsgebundenheit« des menschl. Denkens auf. Hiernach bestimmen die spezif. »Lebenslagen« der Menschen innerhalb der als antagonist. begriffenen Ges.struktur das Denken u. Handeln.

Nach Maßgabe des demokrat. Ideals einer Ges. mündiger, sozial gleichberechtigter, krit. Bürger bemüht sich die Soziol. (in Zusammenarbeit mit Pädagogik u. Psychologie) um Aufdeckung der Bedingungen u. Faktoren, die (a) dazu führen, daß falsches B. die objektiven Bedürfnislagen der Menschen verschleiert, so daß man sich in unterprivilegierten Lagen einrichtet, sich mit ihnen abfindet u. sie mitunter sogar noch rechtfertigt, u. die (b) das Individuum befähigen, ein »kritisches« B. als Voraussetzung selbständiger Verhaltensorientierung zu entwickeln u. in den dafür eingerichteten Institutionen der Ges. zur Geltung zu bringen.

K. Marx, Die Frühschriften, hg. v. S. Landshut, 1953; K. Mannheim, Ideologie u. Utopie, [4]1965; W. Strzelewicz u. a., Bildung u. ges. Bewußtsein, 1966; G. Lukács, Geschichte u. Klassenb., 1968 (1923); H. Marcuse, Der eindimensionale Mensch, [7]1969; E. Durkheim, Regeln der soziol. Methode, hg. v. R. König, [3]1970; K. Lenk, Ideologie, [4]1970; U. Jaeggi u. M. Faßler, Kopf u. Hand, 1982; Soz. Welt 36, Heft 4, Schwerpunkt: B. u. Identität, 1985; C. Brehmer, Die Evolution des B., 1992.

Beziehung, soziale, von E. Dupréel, L. v. Wiese u. A. Vierkandt eingeführter elementarer Grundbegriff der Soziol. zur Bezeichnung der wechselseitigen Einwirkungen u. Verhaltensformen (einschl. der dahinter stehenden Motivationen, Sinngebungen, Zwecksetzungen) zwischen Personen, Organisationen, Institutionen in einer Ges. oder zwischen Ges.en.

Die Entwicklung der soziol. Theorie ist wesentl. von Ansätzen beeinflußt worden, die mit dem Begriff B. eine Typisierung u. Kategorisierung der zwischenmenschl. Wechselwirkungen vorzunehmen versuchten. Die Beziehungslehre in der Soziol. wollte zunächst Formen der Vergesellschaftung als abstrakt allg. Verhältnisse aufzeigen, die unverändert in jedem gesch. Prozeß, d. h. unabhängig von gesch. Inhalten, existieren (Simmel, v. Wiese).

Dabei wurden zwischenmenschl. Geschehen als Geflecht von B.en der Trennung (Entgegensetzung) und der Vereinigung von Individuen verstanden. M. Weber entwickelte vom Begriff der sozialen B. her seine »soziol. Grundbegriffe«, indem er die soziale B. definierte als »ein seinem Sinngehalt nach aufeinander gegenseitig eingestelltes u. dadurch orientiertes Sichverhalten mehrerer ... Die soziale B. besteht also durchaus u. ganz ausschließlich: in der Chance, daß in einer (sinnhaft) angebbaren Art sozial gehandelt wird«. Dieser Ansatz löste den bis dahin rein individualist. interpretierten B.sbegriff zugunsten einer soziol. Problemstellung ab, die nach dem Zustandekommen u. der Wirkungsweise von sozial verursachten »Orientierungen«, »Erwartungen«, »Normierungen«, u. damit von Regeloder Gleichmäßigkeiten sozialen Handelns fragt. E. Durkheim hatte mit seinem Begriff des Kollektivbewußtseins dieser neuen soziol. Problemsicht entscheidend vorgearbeitet.

In der mikrosoziol. Kleingruppenforschung wird die soziale B. bei unterschiedl. nuancierter Begriffsänderung als Interaktion analysiert. Insbes. hinsichtl. von Organisationen u. sonstigen größeren soz. Gebilden ist die Unterscheidung zw. →formellen (formalen) u. →informellen (informalen) B.en analytisch fruchtbar. Im Alltagsleben hängen die Erlangung von Vorteilen, einer knappen attraktiven Position u. die Durchsetzung eigener Interessen oftmals sogar erheblich von informell-»persönl. B.en« ab.

L. v. Wiese, System der Allg. Soziol., [4]1966 (1924–28); M. Weber, Wirtschaft u. Ges., [5]1980 (1921); K. Ottomeyer, Ökonom. Zwänge u. menschl. B.en, 1977; R. Brain, Freunde u. Liebende, 1978; J. Bowlby, Das Glück u. die Trauer, 1982; B. Wegener, Vom Nutzen entfernter Bekannter, in: KZfSS 39, 1987; M. Diewald, Soz. B.en: Verlust oder Liberalisierung?, 1991.

Beziehungslehre, um 1900 vor allem in Dtl. u. Frankreich entwickelte Richtung soziol. Theorie, die zur Analyse von Ges. von den einzelnen Beziehungen zwischen Personen u. Personengruppen ausgeht. Die B. betrachtet Gruppen, Organisationen u. a. als »Netzwerk von Wechselbeziehungen« (L. v. Wiese). Das Soziale ist für sie nicht mehr als die Summe der Äußerungen u. Bekundungen zwischenmenschl. Beziehungen. Den »Bau«, d. h. die Struktur der Zustände u. Prozesse sozialer Beziehungen, untersucht sie nach »Abständen«, Bindungs- u. Lösungsakten, Näherungen u. Entfernungen. Soziale »Gebilde« werden ledigl. nach dem strukturellen Bild solcher Zustände u. Prozesse typisiert. Als individualist.-atomist., abstrakt-formalist. soziol. Theorie verzichtet die B. auf jegliche Erklärung der sozialen Phänomene aus gesch.-kulturellen Entwicklungslinien oder aus dem Verbundensein mit bestimmten sozio-ökonom. Basisstrukturen.

L. v. Wiese, System d. Allg. Soziol., [4]1966; ders., B. (Hdwb. d. Soziol., hg. v. A. Vierkandt, 1959).

Bezugsgruppe (engl. reference group), bezeichnet über den engeren soziol. Begriff der Gruppe hinausgehend verschiedenartige soziale Phänomene wie Gruppen, soziale Kategorien (z. B. Stände u. Schichten), Subkulturen u. einzelne Personen (Bezugsperson), auf die sich eine Sozialpersönlichkeit bezieht. B. kann eine Mitgliedschafts- (Eigen-) oder Nichtmitgliedschaftsgruppe (Fremdgruppe) sein (fremde B.). Komparative B.n sind solche, mit denen der einzelne zu seiner Befriedigung oder Enttäuschung (relative Deprivation) seine eigene Situation (Status, Konsumniveau, Erfolge, Ansprüche) vergleicht. Normative B.n sind jene, mit deren Werten u. Normen sich der einzelne zunehmend identifiziert. Das Lernen dieser Standards (Internalisierung) kann den gewünschten Aufstieg in eine höhere B. erleichtern (antizipatorische Sozialisation). Neben diesen positiven gibt es auch negative B.n, die vom einzelnen abgelehnt werden. B.n üben gerade in der offenen Ges. auf das soziale Handeln (erfolgsorientiertes Arbeits- u. Konsumverhalten, Wahlentscheidungen) großen Einfluß aus. – In seiner Analyse der soz. Rolle verwendet R. Dahrendorf den Begriff B. in einem anderen theoret. Zus.hang: B.n sind Aggregate oder Gruppen von Rollenpartnern, die hinsichtlich des Inhabers einer Rolle bestimmte Erwartungen haben. Für die Rolle »Lehrer« sind z. B. die Schulverwaltung, die Klasse, die Eltern ebenso B.n wie umgekehrt für die »Schüler«-Rolle oder für die »Eltern«-Rolle die »Lehrer«-Rolle eine B. ist. Soziale Rollen definieren sich also

Bildung

komplementär aus ihren jeweiligen B.n. In der Sozialpsychol. dient die B. zur Analyse tatsächlichen, in der Rollentheorie zur Erklärung ledigl. des gegenseitig erwarteten Verhaltens.

F. L. u. R. E. Hartley, Die Grundlagen der Sozialpsychol., 1955; R. K. Merton, Social Theory and Social Structure, New York 1968 (1949); M. Emge, Fremde Gruppen als B.n, in: KZfSS 19, 1967; R. Dahrendorf, Homo sociologicus, [7]1968; H. H. Hyman u. E. Singer (Hg.), Readings in Reference Group Theory and Research, New York u. London 1968.

Bezugsperson, Person, mit der sich andere Personen identifizieren in dem Sinne, daß sie deren Urteile, Meinungen, Verhaltensweisen als Maßstab für die eigenen betrachten.

Bezugsrahmen, Begriffsschema (engl. frame of reference), im wissenschaftstheoret. Sinne der Rahmen bzw. das aus aufeinander bezogenen Begriffen oder Kategorien entstehende Gefüge von Beschreibungs- oder Analyse-Elementen, innerhalb dessen eine problem-, methoden- u. sachverhaltsbegrenzte wiss. Untersuchung überhaupt erst »sinnvoll« wird. Der begriffl. bzw. kategor. B. ermöglicht, daß aus der unendl. Zahl der Beobachtungstatsachen, die sich über eine konkrete Erscheinung ausmachen lassen, eine solche Auswahl getroffen werden kann, die die beschriebenen u. registrierten Feststellungen zu einem kohärenten Ganzen zusammenfügt. Der B. der strukturell-funktionalen Theorie, die an der Strukturanalyse »sozialer Systeme« interessiert ist, ist z. B. an dem zentralen Begriff des »sozialen Handelns« ausgerichtet, aus dem weitere Begriffe wie »Situation des Handelnden«, »Erwartungen«, »Rolle«, »Norm«, »Sanktionen« usw. entfaltet werden.

Bezugssystem, (1) wissenschaftstheoret. gleichbedeutend mit Bezugsrahmen. (2) Sozialpsycholog. das durch bes. Lernerlebnisse, Erfahrung, soziale Umwelt geprägte System von Werthaltungen, Normen u. Beurteilungskriterien, das eine Person in allen Bereichen individueller Lebensgestaltung u. sozialer Kontaktaufnahme zu bestimmten u. bes. Eigenheiten des Wahrnehmens, Erkennens, Erlebens u. Verhaltens führt.

Bias →Interviewer

Bilateral (lat.) »zweiseitig«.

Bildung, im päd. Sinne Formung des Menschen durch die Vermittlung von inneren Anlagen u. äußeren Einflüssen. B. meint sowohl die Prozesse der Mitteilung u. Entwicklung von Kenntnissen, Fähigkeiten, Fertigkeiten, Werthaltungen, Gefühlen, Einstellungen usw. als auch deren Ergebnis. B. setzt anthropolog. die Bildsamkeit des Menschen, d. h. seine B.fähigkeit u. B.bedürftigkeit voraus. Durch B. wird der Mensch erst zur Person oder »Persönlichkeit«, indem er in Auseinandersetzungen mit den (gesch. gewachsenen u. veränderl.) materiellen, geistigen u. kulturellen Angeboten seiner Umwelt zu einer bestimmten strukturell-existentiellen Verfassung seines Wertens, Wollens, Wissens u. Fühlens gelangt. Da diese personale Verfassung des einzelnen Menschen in erster Linie ein Ergebnis der sozialstrukturellen Verfassung seiner »bildenden« Umwelt ist, sind Prozesse, Ergebnisse u. Substanzen von B. auch bevorzugter Gegenstand der Soziol., die gegenüber Vorstellungen von einer überzeitl. gültigen, allg., »wahren« Menschenb., d. h. gegen eine Übersteigerung des B.begriffs im

Bildungsbarriere

Sinne einer Entgegensetzung von »Geist« u. »Welt«, den Zusammenhang von B. u. ges. Lebensbedingungen betont.

H. Schelsky, Einsamkeit u. Freiheit, 1963; H. Roth, Päd. Anthropologie, Bd. 1, Bildsamkeit u. Bestimmung, 1966; W. Strzelewicz, H.-D. Raapke, W. Schulenberg, B. u. ges. Bewußtsein, 1966; G. Hartfiel, K. Holm (Hg.), B. u. Erziehung in der Industrieges., 1973; P. Kellermann, B. u. ges. Entwicklung, 1976; ders. u. a. (Hg.), Arbeit u. B., 1978; H. v. Recum, B. zw. Expansion u. Rezession, 1984; H.-E. Tenorth (Hg.), Allg. B., 1986; A. Weymann (Hg.), B. u. Beschäftigung, Sonderbd. 5 Soz. Welt, 1987; L. v. Friedeburg, B.sreform in Dtl., 1989; H. Henz, B.stheorie, 1991.

Bildungsbarriere, sozialer Faktor, der die optimale Entfaltung der Begabung u. des intellektuellen Leistungsvermögens von Angehörigen eines bestimmten soziokult. Milieus bzw. einer sozialen Schicht behindert u. dadurch die Realisierung des bildungspolit. Postulats der sozialen Chancengleichheit durch gleiche Ausbildungsmöglichkeiten erschwert. Als B. wirken sich aus z. B. die Disziplinierungstechniken und der Sprachgebrauch der Unterschichten im Prozeß der Sozialisation, geschlechtsspezif. Erziehungspraktiken zuungunsten der Mädchen, ökonom. Belastungen in einkommensschwachen Bevölkerungsteilen, allg. Bildungsfeindlichkeit bzw. -desinteresse infolge stupider Lebenssituationen im Arbeits- und Freizeitraum bestimmter Berufsgruppen, Organisationen (Schulstufeneinteilung), Inhalte schul. Erziehungsprozesse in Anlehnung an kulturelle u. soziale Bedürfnisse der Mittelschichten, unzureichend entwickeltes Schulwesen in ländl. Wohngebieten sowie weltanschaul.-ideolog. begrenzte Vorstellungen von Bildung, die eine umfassende Reflexion der Zusammenhänge von Ges., Politik, Kultur u. individuellem Lebensschicksal verhindern.

W. Strzelewicz (Hg.), Das Vorurteil als B., 1965; H.-G. Rolff, Sozialisation u. Auslese durch die Schule, 1967; G. Nunner-Winkler, Chancengleichheit u. individuelle Förderung, 1971; H. Abels, Sozialisation u. Chancengleichheit, 1972; O. Preuß (Hg.), Soz. Herkunft u. die Ungleichheit der Bildungschancen, 1972; H. W. Jürgens u. W. Lengsfeld, Der Einfluß des Elternhauses auf den Bildungsweg der Kinder, 1977; D. Fröhlich, Arbeitserfahrung u. Bildungsverhalten, 1978; M. Schwonke, Sozialisation u. Soz.struktur, 1981.

Bildungsbürgertum, Teile des dt. Bürgertums in der ersten Hälfte des 19. Jh., die im Zeichen des Zerfalls feudalaristokrat.-polit. Herrschaft u. zunehmenden Einflusses bürgerl.-ökonom. Machtpositionen in der sich herausbildenden Industrieges. nach Selbstbestätigung u. Emanzipation dadurch strebten, daß sie soziales Prestige auf eine polit. u. sozial unverbindl., idealist. Werten u. am klass. Altertum orientierte Bildung bezogen. Durch die Kräfte der Restauration daran gehindert, eine ihrer ökonom. (Produzenten, Kaufleute) u. sozialen (Beamte, Intellektuelle, Wissenschaftler) Bedeutung entspr. polit. Stellung im Staate einnehmen zu können, entwickelte das B. mit seinem Bildungsideal von der harmonischen, autonomen, »innerlichen« Selbstentfaltung der Persönlichkeit durch die Beschäftigung mit einer (gegenüber polit. u. sozialen Aktualitäten abgeblendeten) traditionsreichen Philosophie u. Kultur einen für die polit. Herrschaftsgruppen ungefährl. Ausgleich. Die damals getroffene Unterscheidung zwischen »wahrer Menschenbildung« u. »allgem. Volksbildung« ging ein in die Institutionen (Schulstufen) u. in die Inhalte (Lehrpläne u. Lehrziele) des öffentl. Bildungswesens.

H. Schelsky, Einsamkeit u. Freiheit, 1963; H. Weil, Die Entstehung des dt. Bildungsprinzips, [2]1967; U. Engelhardt, »B.«, 1986.

Bindung

Bildungsökonomie, Teilgebiet der Analysen zur Bildungsplanung, das die wirtschaftl. Grundlagen der Entwicklung des Bildungswesens untersucht, so z. B. die Zusammenhänge zw. Bildungsaufwand u. volkswirtschaftl. Wachstum, die Wirtschaftlichkeit bestimmter Strukturen des Bildungswesens, die Konsequenzen antizipierter technologisch-organisator. Entwicklungstrends für Inhalte, Formen u. Anteile der Ausbildungseinrichtungen u. der von ihnen bereitzustellenden Arbeitskräfte.

F. Edding, Ökonomie des Bildungswesens, 1963; H. P. Widmaier u. a., Bildung u. Wirtschaftswachstum, 1966; H. Riese u. a., Die Entwicklung des Bedarfs an Hochschulabsolventen in der BRD, 1967; H. v. Recum, B. im Wandel, 1978; G. Killy, Bildungsfinanzierung u. Wirtschaftswachstum, 1981.

Bildungsplanung, Teilbereich ges. Planung in der mod. Ges. B. erwächst aus einer krit. Beurteilung der bestehenden Inhalte, Formen u. Ergebnisse der Bildungsprozesse, die weder die Bedürfnisse der Ges. u. insbes. der Wirtschaft, noch diejenigen der Individuen befriedigen. Zu den für B. Orientierung abgebenden Zielsetzungen gehören in der demokrat. Ges. nicht nur die »Deckung des sozialökonom. Bedarfs« an differenziert und funktionsadäquat ausgebildeten Menschen u. ein dafür effizienter Einsatz der zur Verfügung stehenden materiellen u. personellen Einrichtungen des Bildungswesens, sondern auch »die freie Entfaltung der Persönlichkeit«, die »Gleichheit der Bildungschancen« u. die »optimale Förderung jedes einzelnen«. B. ist demnach nicht nur quantitative Fortschreibung des ges. status quo, sondern verlangt auf der Grundlage einer allg. Analyse der ges. Situation u. der sich hieraus ergebenden Bildungsprobleme in-

haltl. u. raumzeitl. bestimmte Zielentscheidungen über die zukünftig gewünschte Entwicklung der Sozialstruktur. Da jedoch kein B.programm alle konkreten Realisierungschancen für die angestrebten Ziele u. alle Erfolgschancen der dazu vorgesehenen Mittel im voraus berechnen kann, überdies in einer pluralist.-demokrat. Ges. die polit. Einflußverhältnisse der beteiligten weltanschaul. Gruppierungen sich laufend verändern, muß die ständige Revidierbarkeit der B. u. der durch sie eingeleiteten Basis- u. Experimentalprogramme gesichert sein.

R. Dahrendorf, Bildung ist Bürgerrecht, 1965; H. P. Widmaier u. a., Bildung u. Wirtschaftswachstum. Modellstudie zur B., 1966; C. Oehler, Literaturhinweise zur B., 1967; H. v. Recum, UNESCO-Perspektiven der B., 1969; H.-G. Rolff, B. als rollende Reform, 1970; W. Armbruster, Arbeitskräftebedarfsprognosen als Grundlage der B., 1971; M. Bormann, B. in der Bundesrepublik Dtl., 1978; L. v. Friedeburg, Bildungsreform in Dtl., 1989.

Bildungssoziologie →Pädagogische Soziologie

Bindestrich-Soziologie, populäre Bezeichnung für →Spezielle Soziologie.

Bindung, im Sinne eines festen Zus.halts eine in der Regel auf Dauer angelegte, relativ stabile u. oft stark emotional besetzte Beziehung einer Person zu einer anderen (z. B. Ehe, Freundschaft), zu bestimmten soz. Gebilden (z. B. Familie, Verein, mitunter auch Betrieb, Verband, Partei) oder Kollektiven (z. B. Religionsgemeinschaft, soz. Bewegung, Ethnie, Volk, Nation). Darüber hinaus gibt es auch B.en zu Tieren (z.B. Haustier) oder zu Sachen (z. B. Stadt, Eigenheim, Auto), die für einzelne Personen sehr bedeutungsvoll sein können. Die Bereitschaft u. Fähigkeit von

Bindung

Individuen, B.en einzugehen u. aufrechtzuerhalten, bilden wichtige (u. ggf. notwendige) Voraussetzungen für das Entstehen u. für die Funktionstüchtigkeit von soz. Gebilden, größeren soz. Systemen bis hin zu Ges.en. Mitunter wird B.sfähigkeit als ein wesentl. Merkmal der entwickelten u. lebenstüchtigen Soz.persönlichkeit eingestuft. Entscheidende Voraussetzungen für die Entfaltung einer solchen Fähigkeit werden in früher Kindheit durch eine positive B. zw. dem Kind u. der betreuenden Bezugsperson geschaffen (→Soziabilisierung, Aufbau von →Urvertrauen). Vor allem in traditionalen, vormod. Ges.en werden kulturspezifisch ausgeprägte Formen der B. durch überkommene, eingelebte u. als »natürl.«, »selbstverständl.« empfundene Weltanschauungen, Werte, Moralvorstellungen, Normen u. Verhaltensmuster abgestützt. B.sformen zählen dann ihrerseits zu den »kult. Selbstverständlichkeiten« u. werden als solche auch internalisiert (verinnerlicht). Zusätzl. Stabilisierungen erfolgten durch existentiell-materielle (wechselseitige) Abhängigkeiten innerhalb kleinerer Lebensgemeinschaften, durch die soz. Kontrolle sowie durch Sanktionen. Allg. sind die Integration u. Stabilität einer Ges. um so größer, je mehr das soz. Zus.leben durch B.en kanalisiert u. gefestigt wird. Im Rahmen von schwer veränderbaren tradierten B.en können sich allerdings im Zus.hang mit Machtunterschieden u. Strukturen soz. Ungleichheit Egoismus, Unterdrückung u. Ausbeutung breitmachen u. festsetzen. In der mod. dynam., pluralist. Ges. sind mit den überkommenen Weltanschauungen, Werten, Moralvorstellungen, Normen u. Verhaltensmustern auch tradierte B.sformen

immer mehr krit. reflektiert, in Frage gestellt u. vom beschleunigten soz. Wandel erfaßt worden. Dementsprechend verlieren sie den Anschein der »Natürlichkeit«, ihren »Selbstverständlichkeitscharakter«, werden relativiert u. als kontingent (→Kontingenz) angesehen. Mit dem Wandel oder Verfall überkommener Werte u. Moralvorstellungen verlieren tradierte B.sformen zunehmend ihren Verbindlichkeitscharakter. In Anpassung des Rechts werden mitunter entsprechende Rechtsnormen u. Sanktionen abgeschwächt oder abgeschafft. Fortschreitende Individualisierung u. steigende individ. Ansprüche hinsichtl. persönl. Freiheit, Entfaltungschancen u. Glücksmöglichkeiten (Aufwertung der Selbstentfaltung zu einem der höchsten Werte der mod. Ges.) beeinträchtigen die B.sfähigkeit u. -bereitschaft. Die innere Verbundenheit mit größeren gemeinschaftl. u. kollektiven Gebilden u. Aggregaten, z. B. Kirche, polit. Partei, Nation, nimmt bei vielen Individuen ab oder wird sogar abgelehnt. Viele beanspruchen hinsichtl. der Wahl von mitmenschl., gemeinschaftl. u. korporativen Beziehungen ein möglichst hohes Maß an Unabhängigkeit u. Entscheidungsfreiheit. Viele ziehen sich vorrangig auf die eigene persönl. Existenz zurück (»Liebe dich selbst!«, →Narzißmus).

Vor allem hinsichtl. der tradierten B.sformen Ehe u. Familie machen sich Tendenzen einer B.sscheu u. -unfähigkeit breit – begünstigt durch zunehmende Tolerierung u. Aufwertung eheähnl. Partnerschaften. Durch Ablehnung einer eherechtl. Legitimierung der Partnerbeziehung wird eine größere Option dafür aufrechterhalten, sich vom Partner bzw. von der Partnerin leichter, schneller u. folgenloser trennen zu können. Der Partner, die Partnerin werden somit – zumindest potentiell – zum Lebensabschnittspartner, zur Lebensabschnittspartnerin. Tradierte, haltgebende u. grundsätzl. Verläßlichkeit gewährende B.sformen werden somit großenteils durch neue, eher lockere u. jederzeit auflösbare Beziehungen verdrängt, wodurch zugleich neue Lebensformen u. Soz.gebilde entstanden sind oder sich ausgebreitet haben: eheähnl. Partnerschaften (auch von Homosexuellen), Wohngemeinschaften verschiedendster Art, Ein-Elternteil-Familie, Konglomeratfamilien (durch Heirat Geschiedener), →Single als Lebensform.

Soz.strukturell wird die Abschwächung tradierter B.sformen durch zahlreiche Prozesse begünstigt: Urbanisierung (Verstädterung), Schrumpfung u. Einflußverluste überkommener Lebensgemeinschaften (insbes. der Verwandtschaft) u. soz. Kontrollen, vergrößerte materielle Unabhängigkeit des Individuums durch soz.staatl. Sicherungssysteme, gesteigerte soz. Mobilität.

Insbes. die zugenommene Verweigerung ehel.-familiärer B.en bildet eine wesentl. Ursache für den starken Rückgang der Geburtenrate in hochentwickelten Ges.en: mit den Folgen unzureichender Reproduktion u. fortschreitender Überalterung der Ges. Es bedarf gründl. Untersuchung, inwieweit die abnehmende B.sbereitschaft womöglich Egoismus, ges. »Atomisierung« (u. a. Einsamkeit u. Depressionen als soz. Probleme) u. Auflösungserscheinungen (u. a. schwindendes Kollektivbewußtsein) verstärkt. Tendenzen der Entinstitutionalisierung u. Entstabilisierung bestimmter Arten soz. Beziehungen vergrößern den persönl. Aufwand (an gegenseitiger Rücksichtnahme, Empathie bzw. Einfühlung, Kompromißbereitschaft, Verhandlungsgeschick u. Konfliktbewältigung), wenn Beziehungen B.en bleiben sollen. Im Gegensatz zu traditionellen Formen lebenslanger B.en bietet die in der mod. Gegenwartsges. ausgeweitete Entscheidungsfreiheit des Individuums den für persönl. Zufriedenheit wichtigen Vorteil, daß eine soz. Beziehung leichter oder überhaupt beendet werden kann, wenn ein vernünftiges u. hinreichend aggressionsfreies Zus.leben nicht mehr möglich ist.

Binnenwanderung, Bevölkerungsbewegung innerhalb eines wirtschaftl., polit. oder sozial abgrenzbaren Gebietes. Im Zuge der Verstädterung u. Agglomeration kommt es immer wieder zu Land-Stadt-Wanderungen. Der techn. Fortschritt u. die mit ihm einhergehende Veränderung der Produktions- u. Arbeitsstruktur zwingt große Bevölkerungsteile zu einer hohen Berufs- u. Betriebs-Mobilität, die mit bedeutsamen Stadt-Stadt-Wanderungen verbunden ist.

Statist. Jb. f. d. BRD.

Biographie (griech.), »Lebensbeschreibung«, Darstellung der Lebensgesch. eines Menschen unter Berücksichtigung der ges. u. kult. Umstände (Lebensverhältnisse, Ereignisse, Wandlungen). Die B.-forschg., die auf die Untersuchung u. Beschreibung der Lebensläufe einzelner Menschen ausgerichtet ist, wird von zahlreichen theoret. u. method. Ansätzen getragen u. ist stark interdisziplinär ausgeprägt. Sie dient der Soziol. ebenso wie der Psychol., Medizin, Gerontologie, Pädagogik, Gesch.swiss. (Oral

Biographie

history, »gesprochene Gesch.«), Literaturwiss., Ethnologie. In der Soziol. wurde die B.forschg. insbes. durch den umfangreichen Einsatz der »biograph. Methode« bei W. I. →Thomas u. F. →Znaniecki angetrieben. Durch Inhaltsanalyse von Korrespondenzen, Chroniken, Autobiographien (als Selbstverteidigungen, Bekenntnisse, Selbstanalysen usw.) u. sonstiger persönl. Dokumente sollen Einblicke in die psych. Prozesse der Herausbildung, Kontinuität u. ggf. der Veränderung von persönl. Auffassungen, Werthaltungen, Einstellungen, Meinungen, Motiven u. Verhaltensweisen gewonnen werden. Dabei ist die Berücksichtigung der jeweiligen soziokult. Lebensverhältnisse wesentlich. Weitere wichtige Quellen der soziol. B.forschg. sind die Phänomenolog. Soziol., der Symbol. Interaktionismus u. die qualitative Soz.forschg.

Die B.forschg. bildet ein fruchtbares Gegengewicht gegenüber einseitig makrosoziol.-objektivist., struktur- u. systemtheoret. u. quantitativ-statist. Forschungsansätzen, die den Aspekt des individuellen Lebenslaufes im Alltagsleben vernachlässigen oder ignorieren. Dagegen würdigt die B.forschg. den individuellen Lebenslauf in seiner Ganzheitlichkeit u. Einmaligkeit als eine Schlüsseldimension des ges. Zus.lebens. Wichtige Methoden der B.forschg. sind qualitative Interviewtechniken, insbes. das →narrative Interview, ferner die Inhaltsanalyse von persönl. Dokumenten, insgesamt mit einer Tendenz der Annäherung von quantitativer u. qualitativer Soz.forschg. Während die »biograph. Methode« wegen stark eingeschränkter Repräsentativität in method. Hinsicht zunächst gering bewertet u. ihr nur die Gewinnung erster Einsichten

für die Formulierung von Hypothesen zugestanden wurde, kann die weiterentwickelte B.forschg. unter besonderer Berücksichtigung der individuell-subjektiven u. lebenszeitl. Dimension eher zur Vertiefung soziol. Erkenntnisse über die ges. Wirklichkeit beitragen.

Die B.forschg. untersucht a) die Ausprägung individueller Lebensläufe in verschiedenen soz. Milieus, Klassen, Schichten, Regionen, Minoritäten u. ä. m.; b) die Persönlichkeits- u. insbes. Identitätsentwicklung des einzelnen; c) Lebensschicksale von Angehörigen bestimmter Generationen, Jahrgänge, soz. Kategorien, z. B. ältere Generation, Kriegsteilnehmer, Frauen, Industriearbeiter; d) Auswirkungen schwerwiegender Ereignisse u. krisenhafter Entwicklungen im soziokult. Nah- u. Fernbereich auf individuelle Lebensläufe: Krankheiten, Todesfälle in der Familie, Ehescheidung, Berufsprobleme, Arbeitslosigkeit, Suchtverhalten, Wandel der Arbeits- u. Berufswelt, wirtschaftl., polit. u. kult. Erschütterungen, Krisen u. Umbrüche, beschleunigter Wertwandel u. Sinnkrise; e) in Abhängigkeit vom gegebenen ges. Entwicklungsniveau u. von polit. Herrschaftsverhältnissen Möglichkeiten, Grenzen u. Risiken einer selbstreflexiven, eigenverantwortl. individuellen Lebensplanung u. -führung.

W. I. Thomas u. F. Znaniecki, The Polish Peasant in Europe and America, 5 Bde., Chicago 1918–20; J. Szczepanski, Die biograph. Methode, in: R. König (Hg.), Hdb. der empir. Soz.forschg., Bd. I, 1967; M. Kohli (Hg.), Soziol. des Lebenslaufs, 1978; V. Weber, Das Verstehen von Lebensläufen, in: Schweizer. Zs. f. Soziol. 9, 1983; M. Buchmann u. R. Gurny, Wenn Subjektivität zu Subjektivismus wird …, in: KZfSS 36, 1984; W. Fuchs, Biograph. Forschg., 1984; M. Kohli u. G. Robert (Hg.), B. u. soz. Wirklichkeit, 1984; W. Voges (Hg.), Methoden der B.- u. Lebenslaufforschg., 1987; J. Straub, Histor.-psychol. B.forschg.,

Biologismus (lat.), einseitige u. ausschließl. Anwendung biolog. Gesichtspunkte u. Erklärungsprinzipien auf die ges. u. staatl. Phänomene menschl. Lebens. Auf H. Spencer (1820–1903) zurückgehender Ansatz soziol. Theorie, der die Thesen vertritt, (a) die Ges. als Ganzes lasse die gleichen Prinzipien des Wachstums, des Tätigseins, der Bildung u. des Fortschritts erkennen wie ein individueller Organismus, u. (b) darum sei das Studium der Bewegungs- u. Lebensgesetze der Individuen der entscheidende Ausgangspunkt auch zur Analyse der sozialen Aggregate, die von diesen Individuen gebildet werden.

Biosoziologie, ältere Sammelbezeichnung für eine Reihe von soziol.-interdisziplinären, z. T. wiss. umstrittenen Erklärungsversuchen u. Forschungsansätzen, die sich im Überschneidungsbereich von Soziol., Biologie, Genetik, Ethologie (vergleichende Verhaltensforschung), Ökologie, Anthropologie, Demographie u. Gerontologie mit den biologisch relevanten Grundlagen (genetische Faktoren, Einflüsse der natürlichen Umwelt) der Lebens- u. Verhaltensformen beschäftigen. Zu den biosoziol. Konzepten zählen a) spekulative, polit. folgenreiche Rassenideologien, b) biologistisch-organizist. Analogien als Mittel zur Erklärung soz. Gebilde, ges. Strukturen (z. B. Rechtfertigung eines Ständesystems) u. soziokult. Wandlungsprozesse (Werden u. Vergehen von Kulturen), c) Erklärung menschl. Handelns u. Zus.lebens unter Rückgriff auf pflanzl. u. insbes. tierische Lebens-

formen u. Verhaltensmechanismen. In der neueren Forschungsentwicklung prägt sich die B. unter Ablösung der Tier- und insbes. der Pflanzensoziol. (Biocönologie, Phytocönologie) zur wiss.-method. anspruchsvolleren →Soziobiologie aus.

A. Schäffle, Bau und Leben des soz. Körpers, [2]1896; A. Portmann, Biologie u. Geist, 1956; K. Lorenz, Über tier. u. menschl. Verhalten, 1965; D. Claessens, Instinkt, Psyche, Geltung, 1967; P. Meyer, Soziobiologie u. Soziol., 1982; P. Koslowski, Evolution u. Ges., 1984.

Birnbaum, Norman, *21. 7. 1926 New York, Ph. D. Harvard 1958; 1953–59 Dozent London School of Economics, 1959–66 Dozent Oxford Univ., 1964–66 Gastprof. Univ. Straßburg, 1966–68 Prof. für Soziol. New School for Social Research, New York; seit 1968 Amherst College, Mass., USA. Verfasser stark beachteter Beiträge zur Wissens- u. Religionssoziol. sowie Ideologienlehre.

Schr.: The Sociological Analysis of Ideology, 1940–60 (Current Sociology 9, 1960); Ideologiebegriff u. Religionssoziol. (in: Sonderheft 6 KZfSS, [2]1966); Sociology and Religion (mit G. Lenzer), Englewood Cliffs 1968; The Crisis of Industrial Society, New York 1969 (dt.: Die Krise der industr. Ges., 1972); Toward a Critical Sociology, New York 1971; Students, Professors and Philosopher Kings, in: C. Kaysen (Hg.), Content and Context, New York 1973; Beyond Marx in the Sociology of Religion, in: C. Glock, P. Hammond (Hg.), Beyond the Classics in the Scientific Study of Religion, New York 1973; Critical Theory and Psychohistory, in: R. Lifton, E. Olson (Hg.), Explorations in Psychohistory, New York 1975; The Radical Renewal: The Politics of Ideas in Modern America, New York 1988.

Black-Box-Methode (engl.), »Schwarzer Kasten«-Methode, Experimentierverfahren, bei dem ein noch nicht analysiertes, unbekanntes System von Variablen, von dem nur das Gesamtverhalten bzw. die Gesamtwirkung bekannt ist, zunächst als »sch. K.« behandelt wird. Durch bestimmte experimentelle

Einwirkungen auf das System werden Änderungen (Reaktionen) des Gesamtverhaltens erreicht. Aus der Beobachtung regelmäßiger (gesetzmäßiger) Beziehungen zwischen den Einwirkungen u. den Reaktionen sollen Aufschlüsse über die innere Struktur u. über die Wirkungszusammenhänge der Teile des Systems gewonnen u. dadurch der »sch. K.« wiss. »abgebaut« werden.

Black-coated-Worker (engl.), »schwarz gekleideter Arbeiter« →Angestellter.

Black Panther →Bürgerrechtsbewegung

Black Power →Bürgerrechtsbewegung

Blau, Peter Michael, ★7. 2. 1918 Wien, 1952 Ph. D. Columbia Univ., ab 1953 überwiegend an der Univ. Chicago, seit 1963 als o. Prof., seit 1970 an der Columbia Univ. Er versteht Organisationen als soziale Systeme. Untersucht werden die Auswirkungen sozialer Beziehungen auf die formale Organisation. Thematisiert werden hier die Dimensionen der Arbeitsteilung und der Autoritätshierarchie. Er bemüht sich um die systemat. Analyse der bürokrat. Strukturen, sucht konsistente Wechselbeziehungen zwischen Organisationsmerkmalen zu finden. B. strebt eine Theorie des organisator. Wandels an.

Schr.: The Dynamics of Bureaucracy, Chicago 1972 (1955); Bureaucracy in Modern Society, New York ¹1987 (1956); mit W. R. Scott: Formal Organization, San Francisco 1962; Exchange and Power in Social Life, New York 1964; mit D. Duncan: The American Occupational Structure, 1967; mit R. A. Schoenherr: The Structure of Organizations, New York 1971; The Organization of Academic Work, New York 1973; On the Nature of Organization, New York 1974; Inequality and Hetero-

genety, New York 1977; (Hg.) Theorien soz. Strukturen, 1978; Crosscutting Sociol Circles, Orlando 1984.

Blumer, Herbert, ★7. 3. 1900 St. Louis, USA, 1927 Ph. D. Univ. Chicago, 1936 Prof. für Soziol. Univ. of Michigan, 1939 Univ. of Hawaii, 1947 Chicago, 1952 Univ. of California, Berkeley, Hg. soziol. Fachzs.en.
B. zählt zu den Hauptvertretern des →Symbol. Interaktionismus. Ges. interpretiert er als Zus.hang v. Personen, zw. denen sich aufgrund gemeinsam geteilter Symbolsysteme u. der Berücksichtigung wechselseitig bezogener Handlungsabsichten soziale Interaktionen vollziehen. Er beschäftigt sich ferner mit kollektivem Verhalten, sozialen Bewegungen, rassist. Vorurteilen (als Ausdruck sozialer Positionen u. nicht des indiv. Fühlens) u. mit dem Prozeß der Industrialisierung. Er geht v. unterschiedl. Konzepten der Sozial- u. Naturwiss.en aus.

Schr.: Critiques of Research in the Social Sciences, New Brunswick, N. J. 1979 (1939); Society as Symbolic Interaction, in: Human Behaviour and Social Process, hg. v. A. M. Rose, London 1962; Sociological Implications of the Thought of G. H. Mead, in: American Journal of Sociol., 1966; Symbolic Interactionism. Perspective and Method, Englewood Cliffs, N. J. 1969; Der methodolog. Standort des Symbol. Interaktionismus, in: Alltagswissen, Interaktion u. ges. Wirklichkeit, hg. v. Arbeitsgruppe Bielefelder Soziologen, 1973. Human Nature and Collective Behavior. Papers in Honor of H. B., hg. v. T. Shibutani, Englewood Cliffs, N. J. 1970.

Blutrache (ital. Vendetta), in bestimmten, vorrangig aus Sippenverbänden bestehenden Ges.en eine stark traditionsgeleitete, direkte Form der Bestrafung von Unrecht, das ein Sippenverband durch einen anderen erlitten hat. Hierbei kann es über Generationen hinweg zu verfestigten Feindschaften u. einer Abfolge wechselseitiger Racheakte kommen. Grundlegend ist der alt-

Boden

hergebrachte Ehrenkodex, nach dem die Schande eines erlittenen Unrechts (Tötung eines Angehörigen, Ehrverletzungen, Eigentumsstreitigkeiten) nur durch das Blut der Gegenseite bereinigt werden kann. Familien- oder Sippenangehörige sind dazu verpflichtet, durch Selbsthilfe (Selbstjustiz) das Unrecht am Schuldigen oder an einem seiner Verwandten zu sühnen bzw. zu vergelten. Mitunter konnte die B. nach einer Sühneleistung (Vieh, Waffen) durch Schwur der Urfehde (»Ende der Fehde«, feierl. Friedensversprechen bei einem außergerichtl. Sühnevertrag; Eid eines Angeklagten, gegenüber dem Richter u. Ankläger, Rachehandlungen zu unterlassen) beendet werden. Auch wurde versucht, durch Kompensation (»Wergeld«, Blut- bzw. Sühnegeld) die B. abzulösen. B. wurde bei Naturvölkern u. in vielen alten Völkern Europas ausgeübt. Die Durchsetzung der staatl.-öffentl. organisierten Strafrechtspflege hat die B. weitgehend zurückgedrängt. In einigen europ. Randgebieten (südosteurop. Regionen, Korsika, Kaukasus) u. bei den Roma hielt sich die z. T. öffentl. totgeschwiegene B. bis in das 20. Jh.

Boas, Franz, 9. 7. 1858 Minden (Westf.) – 21. 12. 1942 New York, studierte Naturwiss., 1885/86 Assistent am Ethnolog. Museum u. Dozent der Geographie an der Univ. Berlin, 1892–95 Dozent der Anthropologie an der Clark Univ., 1896–99 Dozent der phys. Anthropologie, 1899–1937 Prof. der Anthropologie an der Columbia Univ.; zahlreiche Expeditionen, 1907/08 Präsident der American Anthropological Society, 1910 der New York Academy of Sciences u. der American Academy for the Advancement of Science.

B. hat große Bedeutung für die Entwicklung der amerikan. Kulturanthropologie. Er war schnellen Generalisierungen gegenüber skept. eingestellt u. stark empir. ausgerichtet. Er strebte nach einer möglichst erschöpfenden Genauigkeit der aufzunehmenden Daten u. bediente sich hierbei exakter Methoden. B. interessierte das Problem der Herausbildung mannigfaltiger kultureller Erscheinungsformen und die Frage der wechselseitigen Beeinflussung zwischen dem Menschen u. seiner kulturellen Umwelt. Sein Interesse galt auch der Linguistik u. der phys. Anthropologie.

Schr.: Growth of Children, 1904 (1896); Changes in Form of Body of Descendants of Immigrants, 1911; The Mind of Primitive Man, New York 1938 (1911); Primitive Art, 1927; Anthropology of Modern Life, 1928–38; Race, Language and Culture, 1941.

Boden, im Feudalismus ges. u. polit. Herrschaft begründendes u. legitimierendes Vermögensgut. In ökonom. Betrachtungsweise – neben Arbeit u. Kapital – einer der zentralen Produktionsfaktoren; damit ist das Eigentum an Grund u. B. Quelle von persönl. Einkommen u. Vermögenszuwachs.

In dichtbesiedelten Gebieten haben Bevölkerungszunahme, steigende Wohnansprüche u. B.spekulation (B.erwerb als Vermögensanlage in der spekulativen Annahme künftiger Preissteigerungen) zu einer B.- bzw. Baulandverknappung geführt. Das dadurch verschärfte soz. Problem der Wohnungsknappheit u. übermäßiger Mietsteigerungen belastet insbes. untere Schichten (Familien mit mehreren Kindern) u. einkommensschwache Bevölkerungsteile. (Mögliche) Gegenmaßnahmen sind in Abhängigkeit von der polit. Durchsetzbarkeit die zunehmend ökolog. umstritte-

Bodenreformbewegung

ne Bereitstellung von neuem Bauland, Baugebote u. Instrumente der Besteuerung (Erhöhung der Grundsteuer, Bodenwertzuwachssteuer).

Die Bewältigung der Umweltkrise erfordert eine wirkungsvolle B.schutzpol.: Eindämmung der Schadstoffbelastung des B.s insbes. infolge intensiver landwirtschaftl. Nutzung (Umstellung auf biolog. Landbau), Einschränkung der weiteren Überbauung (»Zersiedelung«) u. der Landschaftszerschneidung durch Straßenbau.

Bodenreformbewegung
→Agrarsozialismus

Bodenrente →Grundrente

Bodensperre, von F. Oppenheimer (1864–1943) geprägte Bezeichnung für die Hauptursache der »sozialen Frage« im Kapitalismus. Danach ist die Ausbeutung der Industriearbeiterschaft im Kapitalismus nur dadurch möglich, daß ihnen der Boden als Voraussetzung für Selbsthilfe u. Eigenproduktion durch die ländl.-feudalen Besitzverhältnisse »abgesperrt« ist. Würde in der industriellen Produktion abhängigen Arbeitern die Rückkehr zu ländl. Eigenwirtschaft offenstehen, ihnen eine breit angelegte »innere Kolonisation mit Staatshilfe« ermöglicht werden, dann könnte (durch Brechung der B.) auch der »Monopollohn« in der Industrie (d. h. der »volle Arbeitsertrag des Arbeiters vermindert um den Monopolgewinn des Kapitalisten aus Produktionsmittelbesitz«) zugunsten von mehr Lohngerechtigkeit durchbrochen werden.

F. Oppenheimer, System der Soziol., 4. Bd. 1964 (1922–35).

Bogardus, Emory S., 1882 Belvidere, Illinois – 1973, studierte Math., Philos., Psychol. u. Soziol., o. Prof. an der Univ. of Southern California, 1931 Präs. der Amer. Sociological Society, Hg. der Zs. ›Sociology and Social Research‹. Zu den Arbeitsgebieten von B. zählten neben der allg. Soziol. das Problem der Führung, die Minoritätenproblematik, Sozialpsychol., Empir. Sozialforschung u. das Genossenschaftswesen. Er befaßte sich insbes. mit dem Problem der »sozialen Distanz«, d. h. mit der Entfernung zwischen Individuen oder Gruppen (Majoritäts- u. Minoritätsgruppen, Innen- u. Außengruppen), bezogen auf die Intensität der zwischenmenschl. Beziehungen. Seine zur Messung unterschiedl. sozialer Distanzen entwickelte Social Distance Scale umfaßt die Spannweite zwischen der Situation mit einem sehr geringen Maß an Intimität (z. B.: »Möchten Sie in derselben Stadt mit einem Neger wohnen?«) bis zur solchen mit der stärksten Intimität (z. B.: »Würden Sie einen Neger heiraten?«).

Schr.: Introduction to the Social Sciences, 1922 (1913); Introduction to Sociology, 1949 (1913); Essentials of Social Psychol., 1923 (1917); The New Social Research, 1927 (1923); Contemporary Sociology, 1931; Introduction to Social Research, 1936; The Development of Social Thought, 1955 (1940); The Making of Public Opinion, 1951; Social Distance, 1959; The Explorer, 1962; Toward a World Community, 1964; Thrice-Seven Wonders of the World, 1965; The Observer, 1966.

Boheme (franz.), seit dem 15. Jh. Bezeichnung für »Zigeuner«, als soziol. Kategorie eine Subkultur von Intellektuellen u. Pseudointellektuellen (seit dem 19. Jh.) mit vorwiegend schriftstellerischer, bildkünstlerischer oder musikalischer Aktivität (oder ledigl. Ambition) u. betont un- oder antibürgerl. Einstellungen u. Verhaltensweisen.

H. Kreuzer, Die B., 1971.

Bolschewismus (russ.), System polit. Leitsätze u. Strategien eines Flügels der russ. Sozialdemokratie, der sich auf deren Parteitag 1903 in Brüssel–London als Bolschewiki (»Mehrheitler«) formierte u. bei der Durchführung der russ. Revolution seine Prinzipien realisierte. Entgegen den polit. Zielen der Menschewiki (»Minderheitler«), die als gemäßigte Gruppe die Partei zu einer sozialdemokrat. Massenorganisation entwickeln wollten, gelang es auf diesem Parteitag Lenin (1870–1924) durch einen Zufall der Abstimmungsverhältnisse, seine Konzeption der Partei als konspirativer, avantgardist. Kaderorganisation u. damit das revolutionäre Führungsprinzip des »demokrat. Zentralismus« durchzusetzen. Obwohl innerhalb der russ. Sozialdemokratie bis 1917 immer in der Minderheit, gelang es den Bolschewiki, die polit. Initiative an sich zu reißen, die bürgerl. (Kerensky-)Revolution in eine bolschewist. zu verwandeln u. nach den von Lenin ausgearbeiteten strateg. Prinzipien den Aufbau des B. in Angriff zu nehmen.

Der B. kann als eine Weiterentwicklung bzw. spez. Ausprägung des Marxismus für die revolutionäre Situation des damaligen Rußland betrachtet werden. Ursprüngl. als Basis für die revolutionäre Strategie einer radikalen sozialist. Partei unter den vorrevolutionären Bedingungen polizeistaatl. Verfolgung im Zarenreich entworfen, wurden die Leninschen Prinzipien des B. auch maßgebend für die erfolgreiche Revolution sowie für die ideolog.-theoret. Legitimationen sich anschließender Machtausübung u. Staatskonsolidierung.

In Umkehrung der Marxschen Analyse sollte im »kolonialen« Rußland durch eine proletar.-elitäre konspirative Kaderpartei, die die Staatsmacht erobert hat, erst die proletar. Massenbasis geschaffen werden. Dazu bedurfte es – taktisch – der Bündnisse mit nichtproletar. Bevölkerungsteilen (Bauern, Kleinbürger, Intelligenz), um im Prozeß der Befestigung der errungenen Staatsmacht einerseits keine konterrevolutionären Risiken einzugehen u. andererseits längerfristige Programme der systemat. Umwandlung der Ges. u. der Verbreitung entsprechenden sozialist. Bewußtseins anlaufen zu lassen. Die zentral gelenkten Institutionen der Bildung u. Erziehung (Agitation u. Propaganda) erhielten die Aufgabe der Analyse u. Verbreitung der »objektiven« Interessen u. damit die Verantwortung für das »richtige« sozialist. Bewußtsein der am Aufbau des Kommunismus beteiligten Bevölkerungsgruppen. In der These vom »Sozialismus in einem Lande« kam die ökonom. u. polit. schwierige Lage des B. zum Ausdruck, der gezwungen war, gegen innere u. äußere Gegner zunächst der Sicherung der errungenen Herrschaft mit allen institutionellen u. ideolog. Machtmitteln den Vorrang vor allen ideolog. Überlegungen des internationalen Klassenkampfes einzuräumen.

Mit dem Zus.bruch u. Auseinanderfallen der zunächst zur Weltmacht aufgestiegenen Sowjetunion ist der B. insbes. wirtschaftl. u. polit. gescheitert. Wesentl. war hierbei die mit den Entwicklungschancen einer mod. Ges. unvereinbare übermäßige Unterdrückung der Freiheit, Kreativität u. Leistungsfähigkeit der Individuen durch ein ideologisch erstarrtes, kult. innovationsfeindl., zentral gesteuertes,

Bolte 112

militär. abgestütztes diktator.-totalitäres Herrschaftssystem.

L. Trotzki, Gesch. der russ. Revolution, 1960; ders., Die permanente Revolution, 1969; H. J. Lieber, Die Phil. d. B. in den Grundzügen ihrer Entwicklung, 1961; L. Schapiro, Die Gesch. der kommunist. Partei der Sowjetunion, 1962; H.-J. Lieber, K.-H. Ruffmann (Hg.), Der Sowjetkommunismus, 1963; O. K. Flechtheim, B. 1917–1967, 1967; W. Hofmann, Stalinismus u. Antikommunismus, 1967; B. Rabehl u. a., Lenin, Revolution u. Politik, 1970; N. Bucharin, Ökonomik der Transformationsperiode, 1970; H. Wagner, Stadienlehre kommunist. Systeme, 1985.

Bolte, Karl Martin, ⋆29. 11. 1925 Wernigerode (Harz), 1950 Dipl.-Vw. Kiel, 1952 Dr. rer. pol., 1957 Priv.doz. ebd., Forschgs.stipendium in USA, 1961 Prof. f. Soziol. Hochschule f. Wirtschaft u. Pol. Hamburg, 1962 Hon.prof. Univ. Hamburg, 1964–92 o. Prof. f. Soziol. Univ. München, 1974–75 Vors. der DGS, 1991 Dr. phil. h. c. Kath. Univ. Eichstätt; mehrfach Vorsitz in wiss. Kommissionen zur Pol.beratung. – B. ist mit methodol. u. empir. Untersuchungen zur soz. Schichtung, Mobilität, Bevölkerungsentwicklg. Berufssoziol. u. allg. Sozialstruktur hervorgetreten. Er zeigt bes. Interesse f. die Umsetzung soziol. Forschgs.ergebnisse in soz.kundl. Informationen f. Schulunterricht u. Erwachsenenbildung. Er gilt als Befürworter v. Theorie- u. Methodenpluralität u. betont die Bedeutung empir. fundierter Soz.strukturanalyse als wesentl. Aufgabe der Soziol.

Schr.: Soz. Aufstieg u. Abstieg, 1959; Dt. Ges. im Wandel (mit anderen), Bd. 1, 1966, Bd. 2, 1970; Beruf u. Ges. in Dtl. (mit anderen), 1970; Der achte Sinn – Ges.probleme der Gegenwart, 1971; Bundesrep. wohin?, 1974; Wirtschaftl. u. soz. Wandel in der BR Dtl. (mit anderen), 1977; Leistung u. Leistungsprinzip, 1979; Bevölkerung (mit Kappe u. Schmid), [4]1980; Typen generativer Entscheidung, in: Zs. f. Bevölkerungswiss. 1, 1980; Subjektorientierte Arbeits- u. Berufssoziol. (mit anderen), 1983; Anerk. zum Stand der soz.wiss. Wertewandeldiskussion, Festgabe f. E. K. Francis zum 80. Geb., 1987; Mensch, Arbeit u. Betrieb

(mit anderen), Abschlußbd. des SFB 101, 1988; Soz. Ungleichheit (mit S. Hradil), [6]1988; Veränderungen im Verhältnis v. Arbeit u. Leben (mit Voß), in: Beitr. zur Arbeitsmarkt- u. Berufsforschg. 111, 1988; Führung u. Zus.arbeit im Betrieb (mit Rink u. Timmermann), [2]1990; Strukturtypen soz. Ungleichheit, in: Sonderbd. 7 Soz. Welt, 1990; Soziol. u. ges. Entwicklung in der BR Dtl., in: Verhandlungen des 25. Dt. Soziol.tages in Frankfurt a. M. 1990, 1991; Wertewandel, Lebensführung, Arbeitswelt, 1993.

S. Hradil (Hg.), Soz.struktur im Umbruch, K. M. B. zum 60. Geb., 1985.

Bonald, Louis G. A., Vicomte de, 2. 10. 1754 Le Mouna (Guyenne) – 23. 11. 1840 Paris, 1791–97 emigriert, unter den Bourbonen Abgeordneter u. Pair von Frankreich. Franz. Staatstheoretiker u. Philosoph, verteidigte als Traditionalist u. klerikaler Legitimist Monarchie u. Kirche gegen die Franz. Revolution. Er betrachtete die Ges. als ein den Individuen Vorgegebenes. Wichtig für die Aufrechterhaltung der Ges. ist ihre Einheit u. Stabilität, die durch Gedankenfreiheit u. polit. Freiheit bedroht werden. Die »individualist.« Leidenschaften müssen durch die Religion geregelt werden. B. hat über Comte die entstehende Soziol. beeinflußt.

Schr.: Œuvres complètes, 12 Bde., 1817–30, nhg. von P. Migne, 3 Bde., 1859.

Bottomore, Thomas Burton, 8. 4. 1920 Nottingham – 9. 12. 1992, seit 1952 in versch. Funktionen an der London School of Economics, ab 1965 als Prof. Univ. Vancouver, seit 1968 Prof. Univ. Sussex, 1969–71 Präs. der British Sociological Association, 1974–78 Präs. der International Sociological Association. – Hauptarbeitsgebiete: Soziale Theorie, soziale Schichtung, sozialer Wandel.

Schr.: mit M. Rubel, Karl Marx, Selected Writings in Sociology and Social Philosophy, [3]1963 (1956); Karl Marx, Early Writings, 1963; Elites Society, London [4]1970 (1964), dt.: Elite u. Ges., [2]1969 (1966); Classes in Modern Society, London [4]1969 (1965), dt.: Die soz. Klassen in der mod. Ges., 1967; Critics of Society, [2]1969 (1967), dt.: Radikales Denken, 1969; Sociology, London [3]1987 (1962); Sociology as Social Criticism. London 1975; (Hg.) Crisis and Contention in Sociology, 1975; (Hg.) A History of Sociological Analysis (mit R. Nisbet), London 1978; Political Sociology, London 1979, dt.: Polit. Soziol. 1981; Sociology and Socialism, Brighton, Sussex 1984; The Frankfurt School, Chichester 1984; Theories of Modern Capitalism, London 1985.

Boudon, Raymond, ★27. 1. 1934 Paris, Studium an der Ecole Normale Supérieure (Paris), in Freiburg/Brsg., an der Columbia Univ. (New York) u. Sorbonne (Paris), 1967 Doctorat d'Etat, 1963 Assoc. Prof. f. Soziol. Univ. Bordeaux, 1967 Sorbonne, 1971 Univ. René Descartes (Paris) u. seit 1978 Univ. Paris-Sorbonne, Mitgl. zahlr. wiss. Institutionen, Gastprof. in Sao Paulo, Québec, Stanford, Harvard Univ., Genf, Stockholm, Florenz, New York, Chicago. Hg. der Zs. L'Année sociologique (Paris), Mithg. weiterer soziol. Zs.en, Hg. der Reihe »Sociologies« (Paris).
B. hat mit seinem empir.-quantitativ ausgerichteten, themat. vielseitigen u. anwendungsorientierten Forschg.sarbeiten die jüngere Entwicklung der franz. Soziol. stark beeinflußt. Er förderte die Verwertbarkeit der Soziol. für staatl. Planung u. die Professionalisierung des Faches. Seine Trennung zw. Soz.phil. u. soz.wiss. Forschg. im Sinne des Krit. Rationalismus führte zum franz. Positivismusstreit. Die in hochentwickelten Ges.en ziemlich gleichbleibende soz. Mobilität untersucht er insbes. im Zus.hang mit dem Erziehungs- u. Bildungsbereich (unterschiedl. Bildungsmöglichkeiten, Angleichungsbemühungen). Unter besonderer Berücksichtigung systemat. Theorieansätze der Klassiker u. bedeutender Gegenwartssoziologen wirkt B. als Vertreter des →Metho-

dolog. Individualismus an der Entwicklung einer Theorie des rationalen Handelns mit, wobei er die Unzulänglichkeiten des Utilitarismus u. der »irrationalen Verhaltensmodelle« mod. Soz.wiss.en vermeiden will. Einen Schwerpunkt bildet die Analyse der nicht-intendierten Folgen des soz. Handelns. In der Soziol. der Glaubensvorstellungen u. Ideologie untersucht B. das Problem, warum sich Akteure aus »guten Gründen« falschen u. zweifelhaften Ideen u. Überzeugungen verpflichtet fühlen. Die Entwicklung einer soliden, »rationalen« bzw. »kalten« Theorie der Glaubensvorstellungen ist von strategischer Bedeutung für die mod. Handlungstheorie u. allg. für die Soz.wiss.en.

Schr.: A quoi sert la notion de structure?, Paris 1968, dt.: Strukturalismus, Methode u. Kritik, 1973; La crise de la sociologie, Paris 1971; L'inégalité des chances, Paris 1973; Effets pervers et ordre social, [3]1989 (Paris 1977), dt.: Widersprüche soz. Handelns, 1979; La logique du social, [2]1983 (Paris 1979), dt.: Die Logik des ges. Handelns, 1980; Dictionnaire critique de la sociologie (mit F. Bourricaud), [3]1990 (Paris 1982), dt.: Soziol. Stichwörter, 1991; La place du désordre, [2]1985 (Paris 1984), engl.: Theories of Social Change, London 1986; L'idéologie, ou l'origine des idées reçues, Paris 1986, dt.: Ideologie, 1988; L'art de se persuader, Paris 1990.

Bourdieu, Pierre, ★1. 8. 1930 Denguin (Pyrénées Atlantiques), Studium an der Faculté des Lettres u. École Normale Supérieure (Paris), 1954 Agrégation in Phil., 1958 Ass.prof. in Algiers u. Paris, 1964 Prof. École Pratique des Hautes Études (Paris), 1981 Prof. f. Soziol. Collège de France, 1985 Dir. des Centre de Sociologie Européenne du Collège de France u. der École des Hautes Études en Science Sociales, Hg. der Zs. Actes de la recherche en sciences sociales, seit 1989 Präs. des Hg.komitees der europ. Zs. Liber.

Bourgeoisie 114

B. zählt zu den vielseitigsten u. anregendsten Vertretern der gegenwärtigen Soziol. in Frankreich. Seine Forschg.sarbeit erstreckt sich über Kultur-, Kunst-, Religions- u. Erziehungssoziol., Analyse der vertikalen Soz.struktur u. soziol. Theorie. Wichtige Quellen sind für ihn die Kulturanthropologie (insbes. seine ethnolog. Beschäftigung mit der Kultur u. Ges. in Algerien), der Strukturalismus u. E. Cassirers »Phil. der symbol. Formen«. Unter Ablehnung einseitig individualist.-subjektorientierter Ansätze in der Soziol. widmet sich B. der strukturalen Analyse der objektiv gegebenen kult. u. ges. Lebensverhältnisse, insbes. der Erfassung allg. verbreiteter Merkmale soz. Gruppen. Unter dem Einfluß äußerer, objektiver Strukturen bildet sich im Individuum ein System von Dispositionen, unbewußten Denk-, Wahrnehmungs- u. Handlungsmustern heraus, das B. als »Habitus« bezeichnet. Soz. Klassen, Schichten u. Gruppen unterscheiden sich nicht nur durch ihre wirtschaftl. Lage, sondern auch symbolisch durch die von den Klassenangehörigen mit bemerkenswerten Unterscheidungsmerkmalen, »feinen Unterschieden«, »Distinktionszeichen« u. distanzierenden Handlungen (z. B. Titel, Kleidung, Sprache, »Manieren«, »Geschmack«, »Bildung«, »ostentative« bzw. augenfällige Konsumverhaltensweisen) zum Ausdruck gebrachten Habitusformen. Diese prägen weitgehend das Handeln der Individuen, die sich als Angehörige soz. Klassen u. Gruppen voneinander abzugrenzen versuchen.

Schr.: Sociologie de l'Algérie, 1958; Les Héritiers (mit J.-C. Passeron), 1964, dt.: Die Illusion der Chancengleichheit, 1971; Un art moyen (mit R. Castel), 1964, dt.: Eine illegitime Kunst, 1981; L'amour de l'art (mit A. Darbel), 1966; Le métier de sociologue (mit J. C.

Chamboredon u. J.-C. Passeron), 1968; La réproduction, 1970, dt.: Zur Soziol. der symbol. Formen, 1984 (1970); Esquisse d'une théorie de la pratique précédé de trois études d'ethnologie kabyle, 1972, dt.: Entwurf einer Theorie der Praxis auf der ethnolog. Grundlage der kabyl. Ges., 1979 (1976); La distinction, 1979, dt.: Die feinen Unterschiede, [4]1991 (1982); Le sens pratique, 1980, dt.: Soz. Sinn, 1987; Questions de sociologie, 1980; Ce que parler veut dire, 1982, dt.: Was heißt sprechen?, 1990; Homo academicus, 1984, dt.: Homo academicus 1991 (1988); Espace social et genèse de »classe«, 1984, dt.: Soz. Raum u. »Klassen«, [2]1991 (1985); Choses dites, 1987; L'ontologie politique de Martin Heidegger, 1988; La noblesse d'Etat, 1989, dt.: Die Intellektuellen u. die Macht, 1991; Soziol. als Beruf, 1991; Réponses, 1992.
J. Mörth u. G. Fröhlich (Hg.), Das symbol. Kapital der Lebensstile, 1993.

Bourgeoisie (franz.), »wohlhabendes Bürgertum«, Grundbegriff der Klassentheorie des Marxismus. Die B. ist neben dem Proletariat die eine der beiden Hauptklassen in der bürgerl.-kapitalist. Ges.ordnung. Als progressive Klasse hat sie in der bürgerl. Revolution (1789) die Überwindung der Herrschaftsordnung des Feudalismus bewirkt; die Ergebnisse ihrer eigenen Emanzipation gegenüber den vorbürgerl. herrschenden Klassen haben gleichzeitig zur Entstehung einer neuen, von ihr beherrschten Klasse, der Arbeiterklasse, geführt. Als neue herrschende u. gegen die Emanzipationsbestrebungen der Arbeiterklasse gerichtete gilt die B. im entwickelten Kapitalismus nunmehr als reaktionäre Klasse. →Bürgertum.

R. Nitsche u. W. Kröber, Grundbuch zur bürgerl. Ges., [6]1983.

Boykott (nach dem irischen Gutsverwalter Ch. C. Boykott, der wegen seiner sozialen Härte u. Grausamkeit 1880 von der Irish Land Leigne, dem Schutzbund der irischen Landpächter, solange ges. u. wirtschaftl. isoliert wurde, bis er das Land verließ), alle Maßnahmen einer Person oder Personengruppe zur sozialen Isolierung oder Ausschaltung einer anderen Person oder soz. Einheit. B. wird als Sanktion bei abweichendem Verhalten, maßlosen Preiserhöhungen, stark umstrittenen Produktangeboten, zur Absicherung sozialer Privilegien oder Herrschaftspositionen oder als Druckmittel mit dem Ziele der Nötigung bzw. der (Wieder-) Herstellung günstigerer gleichgewichtiger oder gar Vorteil bringender sozialer Beziehungen für den B. treibenden angewandt. Mittel des B. sind Abbruch der sozialen Beziehungen (im wirtschaftl. u. staats-polit. Bereich insbes. der Handelsbeziehungen) u. soz. Diskriminierung. Im Frühindustrialismus (bis zum Ende des 19. Jh.) bes. als Kampfmittel zur Ausschaltung oder Beschränkung unliebsamer Konkurrenz auf den Handelsmärkten u. als Aussperrung oder Vorenthalten von Arbeitskraft auf dem Arbeitsmarkt bekannt u. verbreitet, ist der B. in der Gegenwart in erster Linie als ein Instrument zur Durchsetzung polit. Ziele mit wirtschaftl. Mitteln zwischen selbständigen Staaten bzw. zwischen weltanschaul. divergierenden Staatengruppen erhalten geblieben.

R. Maschke, Sperre u. Aussperrung, 1911; A. Retzbach, Der B., 1916; P. Oertmann, Der pol. B., 1925; R. Egetmeyer, Der B. als intern. Waffe, 1929; V. Hornung, Wirtschaftl. B. als gewaltfreies Mittel in Bürgerrechtsbewegungen, 1979.

Brain-Trust (engl.), »Gehirn-Trust«, ursprüngl. die Gruppe der polit. u. wirtschaftl. Berater des amerikan. Präs. F. D. Roosevelt bei der Durchführung des sog. »New Deal«, heute allg. Beraterstab aus Experten für entscheidungsmächtige Politiker.

Brauch, überlieferte, d. h. nicht mehr mit bes. Informations- u. Entscheidungshandlungen verbundene ges. Verhaltensformen im Bereich ständig bzw. regelmäßig oder bei bes. Anlässen wiederkehrender Lebenssituationen (Arbeit, Beruf, Familie, lebensablaufs- u. jahreszeitbedingte Feste). Zum B.tum gehören z. B. zeremonielle u. ritualisierte Formen der zwischenmenschl. Kontaktaufnahme (wie Begrüßungsformen), Verhaltensweisen als Ausdruck bestimmter kulturell geformter Gefühle (Tänze) oder traditionell bestimmter Moden (der Heimat, des Standes).

M. Scharfe (Hg.), B.forschg., 1991.

Briefs, Goetz, 1. 1. 1889 Eschweiler/Rhld. – 16. 5. 1974 Rom, Wirtschaftswissenschaftler u. Soziologe, Promotion 1911 in Freiburg, dort 1913 Habil. und ab 1919 ao. Prof., 1921/22 zwischenzeitl. in Würzburg, 1934 Emigration nach den USA, 1937 Prof. Georgetown Univ. Washington, 1938–48 Columbia-Univ. New York.
Als Schüler Brentanos interessierten ihn die weltanschaul. Voraussetzungen liberaler Ökonomie und deren soziol. Folgen. Durchgängig thematisierte er »Fremdheit«, »Fremdbestimmung«, »Verfremdung« des Arbeiters im Industriebetrieb. Starke Beachtung fand das Macht- bzw. Autoritätsproblem, das durch die soziale Abhängigkeit des unselbständig Arbeitenden begründet ist. Eine histor. Analyse der hierarch. Betriebsstruktur führte zu einer histor.-soziol. Typologie industrieller Führungsformen und ihrer Entwicklungstendenzen. Die »Führungshaltungen« bedeuten je versch. Handhabungen betriebl. Autorität. B. unterschied »patriar-

chal.«, »wirtschaftsindividualist.« u. »quasi-militär.« Autorität. Er sah die Zusammenarbeit der Menschen im Betrieb zunehmend von der Technik geformt. Dies zeigt sich in der Entpersönlichung und zugleich Verbeamtung der Hierarchie wie auch im Wandel der Leitung. B. setzte sich für eine vom Betrieb ausgehende Lehrmethode ein: die Betriebssoziol. Mit auf sein Betreiben erfolgte 1928 die Gründung des »Instituts für Betriebssoziol. u. sozialer Betriebslehre« an der TH Berlin.

Für B. war die staatl. Sozialpolitik zur Lösung sozialer Probleme nicht ausreichend, weil sie die Bindung des Arbeiters an den Industriebetrieb als den Mittelpunkt seines sozialen Schicksals nicht genügend berücksichtigt. Kapitalismus u. Gewerkschaften waren für ihn ges.stabilisierende Gegenspieler. Dies zeigt sich auch in der Unterscheidung zwischen klass. u. »befestigten« Gewerkschaften.

Schr.: Die Problemstellung der sozialen Betriebspolitik (in: Probleme der sozialen Betriebspolitik, 1930); ders. (Hg.): Probleme der sozialen Werkspolitik. Schriften des Vereins für Socialpolitik, 181, 1930–35; Betriebssoziologie (in: A. Vierkandt, Hg.: Hdwb. der Soziol. ²1959); Betriebsführung u. Betriebsleben in der Industrie, 1934; Zwischen Kapitalismus und Syndikalismus, 1952; Das Gewerkschaftsproblem gestern u. heute, 1955. Ausgewählte Schriften, 2 Bde., hg. v. H. B. Streithofen u. R. v. Voss, 1980.
A. Amstadt, Das Werk von G. B. als Beitrag zu Soz.wiss. u. Ges.kritik aus der Sicht christl. Soz.phil., 1985.

Brinkmann, Carl, 19. 3. 1885 Tilsit – 20. 5. 1954 Oberstdorf. Volkswirt u. Soziologe. Nach Professuren in Heidelberg, Berlin, Erlangen, ab 1947 in Tübingen.
B. war Schüler Schmollers. Er bemühte sich, die Einheit von Wirtschafts- u. Ges.wiss. zu verwirklichen; dies sowohl nach den Problemen wie den Methoden. Ihm galt

die Soziol. als allgemeineres Gebiet, in dem die Wirtschaftswiss. ein Teilgebiet darstellt. Bedeutsam ist sein Hinweis auf den Zusammenhang von Soziol. u. Psychol.

Schr.: Versuch einer Ges.wiss., 1919; Weltpolitik u. Weltwirtschaft der neuesten Zeit, 1936; Wirtschaftsformen u. Lebensformen, ²1950 (1944); Soziol. Theorie der Revolution, 1948; Wirtschaftstheorie ²1953 (1948); (Hg.) Soziol. u. Leben, 1952.

Bruttoinlandsprodukt (BIP), die Gesamtheit statistisch erfaßter Leistungen einer Volkswirtschaft, die während eines Jahres innerhalb der Landesgrenzen durch In- u. Ausländer erbracht werden. Das B. hat sich als volkswirtschaftl. Leistungsmaß internat. weitgehend durchgesetzt. Das Statist. Bundesamt (Wiesbaden) hat 1992 seine Berichterstattung vom Bruttosoz.produkt (BSP) auf das B. umgestellt.

Bruttoreproduktionsziffer, Maßzahl der Bevölkerungsstatistik für die weibl. Fruchtbarkeit. Die allg. Fruchtbarkeit der Frauen im gebärfähigen Alter wird nach Altersklassen bzw. Lebensjahren differenziert ermittelt. Diese altersspezifischen Fruchtbarkeitsziffern ergeben, addiert für die Jahre der weibl. Fruchtbarkeitsperiode, die B., welche angibt, wieviel Geburten bei den jeweils (nach Erfahrungsdaten) geltenden altersspezif. Fruchtbarkeiten von einer Frau im Durchgang durch die ca. 30 Jahre der weibl. Fruchtbarkeitsperiode zu erwarten sind.

Bruttosozialprodukt, Gesamtergebnis des Wirtschaftsprozesses eines Landes in einer best. Periode. Das B. ist eine Geldgröße. Es setzt sich zus. aus der Summe der Investitionen, des gesamten Konsums u. des Außenbeitrages (Exporte minus Importe). Rechnet man vom B. die »Abschreibungen« für die in die Produktion eingegangenen Werte u. Güter ab, erhält man das Nettosozialprodukt. – Seit langem wird beanstandet, daß bei der Soz.produktberechnung das umfangreiche Volumen der Hausfrauenarbeit nicht berücksichtigt wird. Die Ursache hierfür ist die bisher fehlende angemessene finanzielle Belohnung dieser Arbeit, die das B. um mindestens 30% anwachsen ließe. Im Zus.hang mit der Umweltkrise u. Ressourcenverschwendung ist die insb. v. Politikern u. Wirtschaftlern vertretene Auffassung, mit wachsendem B. steige die allg. Wohlfahrt u. das indiv. Wohlergehen, zunehmend fragwürdiger geworden. Die undifferenzierte Gesamtgröße des B. wird nämlich neben den Produktionsvoraussetzungskosten mit ausufernder Umweltkrise immer mehr durch soziale Kosten ausgeweitet, die insb. der Staat zur Behebung oder Einschränkung v. Umwelt- u. Gesundheitsschäden aufwenden muß. So kann trotz wachsendem B. das Wohlbefinden der Menschen sinken. Demgemäß haben sich Bestrebungen verstärkt, neue Maßstäbe u. zusätzl. qualitative Zielgrößen zu entwickeln, z. B. Lebensqualität u. Umweltkonformität, soziale Indikatoren.

C. Leipert, Unzulänglichkeiten des Soz.produkts in seiner Eigenschaft als Wohlstandsmaß, 1975; H. C. Binswanger u. a. (Hg.), Wege aus der Wohlstandsfalle, 1979; A. Steiger, Soz.produkt oder Wohlfahrt?, 1979; C. Leipert, Die heiml. Kosten des Fortschritts, 1989.

Bücher, Karl, 16. 2. 1847 Kirberg/Limburg – 12. 11. 1930 Leipzig. Volkswirt u. Soziologe. Nach Gymnasialdienst Wirtschaftsredakteur der Frankfurter Zeitung, habilitierte sich 1881 in München, seit 1882 an versch. Orten Prof., ab 1892 in Leipzig; dort ab 1917 für Zeitungswiss. 1903–23 Hg. der Zs. für die gesamte Staatswiss. Als Vertreter der histor. Schule der Nationalökonomie analysierte er die Wirtschaftsstufen der Haus-, Stadt- u. Volkswirtschaft. Bekannt ist seine Darstellung der gewerbl. Betriebssysteme u. sein ›Gesetz der Massenproduktion‹. Hauptproblem der Abhandlungen ist die Beziehung zwischen Arbeitsteilung, Arbeitsvereinigung u. Arbeitsgemeinschaft. Hierin kommt die soziol. Dimension seines Werkes zum Ausdruck. Polit. bedeutsam ist seine Kritik am bürgerl. Eigentumsbegriff, die er aus der Diskussion des Arbeitsproduktes gewann. B. zählt zu den Begründern der Arbeitswiss., betonte die Notwendigkeit rhythm. Gestaltung der Arbeit.

Schr.: Die gewerbl. Betriebsformen, 1892; Die Entstehung der Volkswirtschaft, 1893; Arbeit und Rhythmus, 1896; Beiträge zur Wirtschaftsgesch., 1922; Gesammelte Aufsätze zur Zeitungskunde, 1925.

Bürgerinitiative, lockerer, zumeist relativ schwach organisierter u. strukturierter Zusammenschluß von Bürgern, die – eingegrenzt auf ein spezif. polit., ökolog. oder soziales Interesse von gewisser Aktualität – versuchen, mit außerverbandl. u. außerparteil. Aktionen (Demonstrationen, Postwurfsendungen, Sitzstreiks u. a.) die Öffentlichkeit bzw. Öffentliche Meinung in ihrem Sinne zu interessieren u. damit auf polit. Entscheidungsgremien Einfluß zu nehmen. B.n bilden sich entweder um ein Anliegen, das die Beteiligten selbst berührt, oder zur Durchsetzung von Entscheidungsalternativen, für die sich in der Regel u. zur gegebenen Zeit keine polit. Einflußkraft einsetzt. B.n wollen damit soziale Probleme zu polit. machen. Sie setzen sich überwiegend zus. aus Angehörigen der so-

Bürgerliche Gesellschaft

zialen Mittelschichten mit entspr. Bildungsniveau.

Die wachsende Zahl der B.n ist als neue soziale Bewegung zugleich eine Reaktion auf die Krise der etablierten repräsentativen Demokratie.

P. C. Mayer-Tasch, Die Bürgerinitiativbewegung, 1976; B. Guggenberger u. U. Kempf (Hg.), B. u. repräsentatives System, ²1984 (1978); B. Guggenberger, B.n in der Parteiendemokratie, 1980; O. Rammstedt (Hg.), B.n in der Ges., 1980; V. Hauff (Hg.), B.n in der Ges., 1980; M. Schenk, B.en: Interpersonelle Kommunikation u. polit. Einfluß, in: KZfSS 33, 1981; D. Rucht, Planung u. Partizipation, 1982; H. Kriesi, Bewegung in der Schweizer Pol., 1985.

Bürgerliche Gesellschaft, eine vom →Bürgertum geprägte Ges.sform, die in den sich industrialisierenden west- u. mitteleurop. Ges.en des 19. u. 20. Jh.s zum Ausdruck kam. Mit b. G. wird somit auch die Entwicklungsphase zw. der relativ stat., traditionsgeleiteten Feudalges. u. der mod., hochentwickelten Industrieges. bezeichnet. Im Marxismus wird die b. G. mit der kapitalist. gleichgesetzt, die durch einen sich verschärfenden Klassengegensatz zw. Bourgeoisie u. Proletariat gekennzeichnet ist u. zwangsläufig nach einer proletar. Revolution u. einer sozialist. Zw.phase durch eine kommunist. Ges. (Assoziation freier Individuen) abgelöst werden wird.

Die Herausbildung der b.n Ges. ist mit zahlreichen umwälzenden soziokult. Prozessen verbunden: Expansion der Wiss.en, Rationalismus, Aufklärung, Ausbreitung des Liberalismus u. Individualismus, Zerfall überkommener feudaler Soz.-strukturen, industr. Revolution, verstärkte wirtschaftl. Entwicklung, Ausbreitung des Handels, beschleunigte Urbanisierung u. a. m. Das säkulare Wertsystem der b.n G. betont insbes. Wertorientierungen

wie Freiheit, Individualität, Chancengleichheit, Rationalität, Leistung, Wettbewerb u. Fortschritt. Das Leitbild ihrer polit. Ordnung ist auf den freiheitl.-liberalen Rechtsstaat u. die parlamentar. Demokratie bzw. zumindest auf die konstitutionelle Monarchie ausgerichtet. In vertikal-soz.-struktureller Hinsicht setzt sich die b. G. aus folgenden Bevölkerungskategorien zus.: heterogene Oberschicht, alter Mittelstand (selbständige Handwerker u. Kleinunternehmer mit überwiegend ständ.-konservativer Mentalität), die neuen Mittelschichten (»neuer Mittelstand«, zunehmende Zahl der Angestellten u. Beamten), Arbeiterklasse, die durch den Aufstieg insbes. von Facharbeitern in untere Mittelschichten geschwächt wird. Im Gegensatz zu der liberalen Harmonievorstellung, daß sich durch Wettbewerb individueller Leistungen Wohlfahrt für alle quasi automatisch herausbilden werde, führte die b. G. aufgrund unzureichender substantieller Gleichheit u. eines gewissen Soz.darwinismus zu scharfen sozioökonom. Gegensätzen u. Konflikten. Die b. G. wurde dadurch vorübergehend teilweise zu einer Klassenges.

Nach dem II. Weltkrieg haben zahlreiche Prozesse des beschleunigten soz. Wandels zu einer Abschwächung der b.n G. geführt: techn. Fortschritt, wirtschaftl. Wachstum, verstärkter Staatsinterventionismus, Ausbau des Wohlfahrtsstaates, steigender Lebensstandard u. die Verbesserung der allg. Bildungsmöglichkeiten haben ges. Spannungen u. Konflikte entschärft, den Abbau der Klassenstruktur, die Nivellierung der sozioökonom. Statusunterschiede u. eine weitgehende Angleichung der soz. Schichten begünstigt. Die b.

Arbeits- u. Leistungsmentalität wird im Zuge eines beschleunigten Wertwandels durch eine individualist.-hedonist. Konsum- u. Freizeitorientierung u. zunehmend durch eine ökolog. ausgerichtete Lebensstilbewegung relativiert u. z. T. zurückgedrängt. In den wirtschaftl. hochentwickelten Regionen tritt an die Stelle der b.n Ges. u. der aus ihr herausgewachsenen Industrieges. immer mehr eine nachindustr. Ges., deren Pluralismus u. Vielgestaltigkeit in unterschiedlichsten Ges.sbezeichnungen zum Ausdruck kommen:Dienstleistungs-, Informations-, Risiko-, Freizeitges., multikult. Ges. u. a. m.

U. Haltern, B. G., 1985; L. Niethammer, B. G. in Dtl., 1990.

Bürgerrechtsbewegung, seit Beginn des 20. Jh. in den USA organisierte aktive Bestrebungen zur Emanzipation der farbigen Bevölkerung gegenüber der Diskriminierung durch die Weißen. Zunächst ledigl. als Bewegung zur uneingeschränkten Realisierung der in der Verfassung der USA verankerten Grund- u. Menschenrechte für alle Bürger ins Leben gerufen u. vom farbigen Mittelstand getragen, hat die B. seit den fünfziger Jahren Organisationen u. Formen des aktiven u. passiven Widerstandes entwickelt. Unter dem Eindruck der Erfolge antikolonialer Befreiungsbewegungen hat die B. in den USA zunächst eine ideolog. Schwenkung zu einer inneramerikan. Anti-Kultur, d. h. zu einem farbigen Kulturnationalismus (»black is beautiful«) erfahren. Eine weitere Radikalisierung der B. hat die Problematik der Emanzipation der Farbigen mit der Frage des Kampfes um eine Veränderung der amerikan. Ges.ordnung verbunden (Black Power, Black Panther-Party).

J. Baldwin, Hundert Jahre Freiheit ohne Gleichberechtigung, [2]1968; M. Luther King, Wohin führt unser Weg, 1968; G. Amendt (Hg.), Black Power, 1970; B. Seale, Wir fordern Freiheit, Der Kampf der Black Panther, 1971; G. Amendt, Black Power, 1970; E. U. Essien-Udom, Black Nationalism, Chicago 1972; R. Dworkin, Bürgerrechte ernstgenommen, 1984.

Bürgertum, Sammelbezeichnung für alle (der ökonom. u. sozialen Lage nach) heterogenen sozialen Schichten, die seit der Entstehung u. Entwicklung der Industriegesellschaft, der Nationalstaaten und der Ablösung klerikal-feudal-aristokrat. Herrschaftssysteme durch demokrat. u. rechtsstaatl. Ordnungen bzw. zumindest durch konstitutionelle Monarchien fortan die allg. Moral, die Wert- u. Verhaltensorientierungen sowie die Aufbau- u. Ablaufprinzipien sog. »bürgerl. Ges.« bestimmen. Ursprüngl. war B. eine Bezeichnung für die mit der Entwicklung rationaler Produktions-, Wirtschafts- u. Herrschaftsformen zu sozialem Einfluß, Ansehen u. Vermögen gekommenen Kaufleute, Fabrikeigentümer, Bankiers, höheren Beamten u. Wissenschaftler. Mit der zunehmenden Differenzierung der Besitz-, Einkommens- u. Bildungsverhältnisse u. der Entstehung neuer, großer Berufskategorien (Angestellte, Mittelklasse, Mittelstand) wird der Begriff B. zahlreichen Uminterpretationen u. Inhaltswandlungen unterworfen.

Im 18. Jh. war das B., voran in den wirtschaftl. jeweils am weitesten entwickelten Ländern, Träger der Ideen des Rationalismus, Liberalismus, der Aufklärung, des Individualismus, d. h. von geistigen Strömungen, die sich gegenüber den beharrenden Elementen der feudal-klerikalen Tradition als Kräfte des Fortschritts, der Bewegung, der Neuerung verstanden. Wie die Bezeichnung bereits zum Ausdruck bringt, war das B. ein Produkt der Stadt, Motor für den Abbau traditional-ländl. wie herrschaftspolit. Schranken. Leitbilder des B. waren (a) die persönl., von keinerlei autoritativen Gewalten oder normativen Traditionen eingeengte Freiheit der Entfaltung, (b) ein »tüchtiges«, arbeitseth. ausgerichtetes u. diszipliniertes Leben, (c) wirtschaftl. u. sozialer Leistungswettbewerb u. Risikobereitschaft nach strengen Regeln des »fair play« u. der »Ehrbarkeit«, (d) rationale, zweckmittel-orientierte, neuen Erkenntnissen u. Möglichkeiten aufgeschlossene Handlungsweise, u. (e) Anteilhabe an Bildung u. geistigem Fortschritt. Das B. bekämpfte die absolute Monarchie, weil sie dem wirtschaftl. Expansions- u. Erfolgsstreben im Wege stand. Es erkämpfte in den »bürgerlichen« Revolutionen den Rechtsstaat u. das »bürgerl.« Recht, um die nötigen Sicherheitsregeln für Arbeits-, Austausch- u. Wertbeziehungen zu erlangen.

Unter den spezif. polit. Bedingungen der dt. Länder des 19. Jh. (Ausschluß von der polit. Herrschaft im Zeichen der Restaurationsepoche) entwickelte das B. auch konservative Züge. Im Bildungsbürgertum u. Kleinbürgertum setzten sich ständ.-hierarch. Denken, eine auf Sicherheit u. Risikoausschaltung bedachte Eigentumsideologie, ein an weltferner Mußekultur orientierter Begriff von Bildung u. Tendenzen zum Nationalismus durch. In der weiteren ges. Entwicklung hat sich neben einem relativ kleinen, aber einflußreichen Großb. (mit der Schicht der Manager) eine spätbürgerl. Breitenschicht herausgebildet, die in ihrer abhängigen Erwerbstätigkeit (Beamte, Angestellte) das neue bürgerl. Lebens-

»Glück« in hohem Lebensstandard u. -komfort, in Status- u. Prestigebefriedigung sucht.

W. H. Riehl, Die bürgerl. Ges., 1858; W. Sombart, Der Bourgeois, 1923; W. Ziegenfuss, Die bürgerl. Welt, 1949; A. v. Martin, Die Krise des bürgerl. Menschen (KZfSS, 14. Jg., 1962); L. Kofler, Zur Geschichte der bürgerl. Ges., ⁴1971; R. Dahrendorf, Ges. u. Demokratie in Dtld., 1968; W. Lepenies, Melancholie u. Ges., 1969; R. Kühnl, Formen bürgerl. Ges., 1971; B. Groethuysen, Die Entstehung der bürgerl. Welt- u. Lebensanschauung in Frankreich, 2 Bde., 1978 (1927/30); E. Nolte, Was ist bürgerlich? 1979; R. van Dülmen, Die Ges. der Aufklärer, 1986; J. Kocka (Hg.), Bürger u. Bürgerlichkeit im 19. Jh., 1987; ders. (Hg.), Das B. im 19. Jh., 3 Bde., 1988.

Bürokratie, Personengruppe (→Beamte) in einem hierarchischen System polit. u. soz. Über- u. Unterordnung, bzw. die von dieser Gruppe oder Schicht ausgeübte Herrschaft, bzw. die solcher Herrschaft zugrunde liegenden Herrschaftsmittel (Verwaltung) u. Legitimitäts-Vorstellungen. Als Merkmale der B. werden seit M. Weber hervorgehoben u. in ihrer Relevanz für das Funktionieren u. für die Effizienz von Organisationen (Organisationssoziologie) analysiert: ein geordnetes System der Über- u. Unterordnung (Hierarchie) von Behörden, Ämtern, Instanzen; die genaue Abgrenzung u. Zuordnung von Tätigkeiten, Funktionen, Befehlsgewalten, Verantwortlichkeiten u. Kompetenzen; Auslese der Funktioneninhaber nach fachl. Qualifikation; hauptberufl. Tätigkeit u. Aufstieg in geregelten Laufbahnen; feste, im Prinzip nicht unmittelbar an Leistung gekoppelte Besoldung; Schriftlichkeit aller Vorgänge durch permanente Aktenführung u. Datenfortschreibung.

Bis vor wenigen Jahren wurden die techn. Überlegenheit u. die Unentbehrlichkeit der B. für die Organisation u. Verwaltung von staatl.-öffentl., industr. u. sonst. Handlungsgefügen hervorgehoben, indem man auf die Präzision, Objektivität u. Berechenbarkeit, Stetigkeit, Disziplin, Verläßlichkeit u. Vorhersehbarkeit der von ihnen erbrachten Leistungen hinweis. Unter dem Eindruck der Forschungsergebnisse über den Zus.hang u. die gegenseitige Beeinflussung von formalen u. informalen soz. Beziehungen in der Organisation sowie in Anbetracht der in einer dynam. Industrieges. erforderl. Außenanpassungsleistungen der Organisationen wird die Effizienz einer bürokrat. Binnenstabilität im o. a. Sinne skeptischer beurteilt.

In der Polit. Soziol. werden Probleme der B. unter dem Eindruck eines sich mehr u. mehr ausweitenden staatl. Handlungsbereiches, vermehrter Staatsaufgaben u. eines entsprechend wachsenden Verwaltungsapparates sowie im Zusammenhang mit soz. Strukturanalysen von Verbänden, Parteien, Gewerkschaften u. sonstigen polit. Organisationen erörtert. Dabei werden sowohl die Konsequenzen eines zunehmenden Einflusses bürokrat. strukturierter u. orientierter Exekutivorgane auf den polit. Willensbildungs- u. Entscheidungsprozeß als auch – unter dem Postulat der demokrat. Kontrolle von organisator. Führungs- u. Funktionsgruppen – die Ursachen u. Ergebnisse von bürokrat. Verharschungserscheinungen in polit. wirkenden Organisationen analysiert. Neue Aspekte der B. sind im Zus.hang mit der Technokratie-Diskussion und der Einrichtung von Entbürokratisierungskommissionen in der öffentl. Verwaltung entfaltet worden.

R. Michels, Zur Soziol. d. Parteiwesens in d. mod. Demokratie, ⁴1989 (1925); P. Blau, Bureaucracy in Modern Society, 1956; F. Mor-

stein-Marx, Einf. in die B., 1959; R. Mayntz, Bürokrat. Organisation, ²1971; W. Schluchter, Aspekte bürokrat. Herrschaft, 1972; M. Albrow, B., 1972; H. Geissler (Hg.), Verwaltete Bürger – Ges. in Fesseln, 1978; M. Weber, Wirtschaft u. Ges., ⁵1980; ders., Gesammelte polit. Schriften, ⁵1988; R. Wittkämper, Bürokratisierung u. Entbürokratisierung, 1982; H. Jacoby, Bürokratisierung der Welt, ²1984; B. Wunder, Gesch. der B. in Dtl., 1988; T. Ellwein, Verwaltung und Verwaltungsvorschriften, 1989.

Bürokratismus, perfektionierte, übersteigerte Form der →Bürokratie; schematisierte, ritualisierte, ohne Sinn-, Kosten- u. Leistungsüberlegungen durchgeführte Arbeit in Verwaltungsorganisationen; spezif. Bewußtsein u. Amtsauffassung von Beamtengruppen, die ihre Befugnisse, Anweisungsrechte u. Einflußmöglichkeiten nicht in erster Linie zur krit. Reflexion der sozialen Fakten u. Zusammenhänge ihrer Arbeit, sondern zur eigenen Statusverbesserung anwenden. B. kann sowohl durch Organisationsfehler als auch infolge einseitiger, zumeist autoritätsfixierter Sozialisation, Persönlichkeitsbildung u. berufl. Erfahrung der mit Verwaltungsaufgaben betrauten Menschen entstehen.

R. Presthus, Individuum u. Organisation, 1962; J. Fijalkowski, Demokraten als Bürokraten (in: G. Hartfiel, Hg. Die autoritäre Ges., ³1972); F. Lauxmann, Die kranke Hierarchie, 1971; I. Illich, Entmündigung durch Experten, 1983.

Bumerang-Effekt (austral., »gekrümmtes Wurfholz«), Begriff der Soziol. der Massenkommunikation: tritt auf, wenn die Inhaber monopolisierter Kommunikationsmittel (Presse, Rundfunk, Fernsehen) durch konzentrierte u. einseitige Propaganda versuchen, bestimmte Einstellungen bei den Rezipienten zu erzwingen oder zu beeinflussen, aber ein falsches Publikumsbild bzw. unrichtige Vorstellungen über soziale Interessen,

Bund

kommunikative Erreichbarkeit u. »Ansprechbarkeit« ihrer Leser, Hörer oder Zuschauer haben. In diesen Fällen kann der Versuch der Manipulation Abwehrmechanismen, Apathie oder sogar Aggressionen gegen die »Sender« hervorrufen.

R. K. Merton, Patterns of Influence (Communication Research, hg. v. P. F. Lazarsfeld, F. N. Stanton, New York 1949).

Bund, in der Alltagssprache Bezeichnung für Vereinigung, Organisation oder für Zusammenschlüsse von Organisationen u. Verbänden (z. B. Gewerkschaftsbund). Als soziol. Grundbegriff neben den Kategorien von »Gemeinschaft« u. »Gesellschaft« (F. Tönnies) von H. Schmalenbach mit spez. Bedeutungsinhalt eingeführt. Hiernach ist der B. eine soziale Gruppe, deren Mitglieder in kollektiver, rauschhafter Begeisterung u. Spontaneität sowie in hingebungsvoller Unterordnung unter einen Führer (Gefolgschaft) außergewöhnl., von Erneuerungsbestrebungen geformte Ziele anstreben. Als reale histor. Beispiele werden weltanschaul. motivierte Jugend- u. Männergemeinschaften, german. Gefolgschaften, die Ritterorden der Kreuzzugszeit, der Wandervogel u. die frühe Hitlerjugend oder religiös-fanat. Sekten genannt. Die Mitgl.schaft kann öffentl. oder geheim sein (→Geheimbünde).

R. Crosius u. a., Jugendverbände ohne Jugend?, 1981.

Burgess, Ernest Watson, 16. 5. 1886 Tilbury (Ontario, Kanada) – 27. 12. 1966 Chicago, Studium und Promotion Univ. Chicago 1913, seit 1916 lehrte er dort, ab 1927 als o. Prof. für Soziol. 1934 Präs. der American Sociological Society,

1936–40 Hg. des American Journal of Sociology.
Als Mitbegründer der ökolog. Schule versuchte er, Ökologie, Demographie u. Statistik auf alle Aspekte des Ges.lebens anzuwenden u. diese in quantitative Einheiten umzuwandeln. B. betrachtete die Vergesellschaftung der Menschen analog zu pflanzl. Gemeinschaften, betonte Prozesse der Abhängigkeit, Konkurrenz, Fortpflanzung, der Invasion oder Sukzession. Er beschäftigte sich mit der räuml. Verteilung der Bevölkerung u. ihrer Institutionen, teilte Städte in Sektoren ein, in denen versch. Phänomene wie Verbrechen, Ehescheidungen u. Wahnsinn als miteinander verbunden erscheinen. Ihm gelang so eine empir. begründete Theoriebildung. Neben Studien zur Gemeindesoziol. legt B. Arbeiten zur Familiensoziol. vor.

Schr.: mit R. E. Park: Introduction to the Science of Sociology, 1921; mit R. E. Park: The City, 1925; mit L. A. Cottrel: Predicting Success or Failure in Marriage, 1939; mit H. Locke: The Family, ²1950 (1945); Aging in Western Societies, 1960; Personality and the Social Group, 1969; On Community, Family, and Delinquency, 1973.

Burnham, James, 22. 11. 1905 b. Chicago – 28. 7. 1987, amerik. Soziologe u. Publizist, Studium in Princeton u. Oxford, 1929 Prof. in New York.
Bekanntgeworden ist er in Dtl. mit der These, daß die Bildung von Aktienges.en zur Trennung von Eigentum u. Kontrolle geführt habe, der ›Kapitalist‹ in der entwickelten Industrieges. durch die ›Manager‹ ersetzt werde. Diese agieren in Betrieben ohne Großaktionäre fast ohne Außenkontrolle, können darum eigene Interessen ausbilden und durchsetzen, unterliegen dabei straffer, ständiger Eigenkontrolle.

Schr.: What Europe Thinks of America, 1933; The Managerial Revolution, New York 1941, dt.: Das Regime der Manager, 1958; The Macchiavellians, New York 1943, dt.: Die Machiavellisten, 1949; The Web of Subversion, Boston 1965 (1954); Congress and the American Tradition, 1959; Suicide of the West, 1964.

Caplow, Theodore, ★1. 5. 1920 New York, 1940–60 an der Univ. Minnesota tätig, 1946 Ph. D. ebd., 1961–70 Prof. für Soziol. an der Columbia Univ., 1970 Commonwealth Prof. Univ. of Virginia, Gastprof. u. a. in Frankr. u. Holland.
Die Hauptarbeitsgebiete von C. sind die Arbeits-, Berufs- u. Organisationssoziol.
Schr.: Sociology of Work, Minneapolis 1954 (dt.: Soziol. der Arbeit, 1958); The Academic Marketplace, 1957; Principles of Organization, New York u. Chicago 1964; Two Against One, Englewood Cliffs, N. J. 1968. Elementary Sociology, Englewood Cliffs, N. J. 1971; Toward Social Hope, New York 1975.

Cargo-Kult (engl.), am Ende des 19. Jh.s in Melanesien entstandene Bewegung mit rituell-mag. Praktiken, die nach der Zersetzung der traditionalen Kultur u. Ges. durch die westl. Zivilisation auf die Erwartung einer neurelig. Heilsperiode ausgerichtet sind. Mit den kultischen Handlungen wird der Gewinn von Gütern europ. Ursprungs angestrebt, die zunächst als Schiffsladung (»cargo«) bekanntgeworden sind. Nach den Vorstellungen der Kultanhänger werden diese Güter von den Ahnen gesandt, aber von den Weißen unrechtmäßig zurückgehalten. Der C.-K. ist charakteristisch für nativist. Bewegungen, die als Reaktion erschütterter traditionaler Ges.en auf die unerklärliche Macht u. materielle Überlegenheit der Weißen gedeutet werden.

F. Steinbauer, Melanes. C.-K.e, 1971.

Case Study →Einzelfallstudie

Case-work (engl.), Einzelfallhilfe bzw. -arbeit, eine Methode der Sozialpädagogik u. Sozialarbeit, mit der im Rahmen der freien oder öffentl. Fürsorge die Hilfeleistung f. eine Person oder Familie angestrebt wird. Demgegenüber sind die Methoden der Gruppenarbeit (group-work) u. Gemeinwesenarbeit (community work) auf größere soz. Einheiten ausgerichtet.

Ceteris paribus (lat.), »unter sonst gleichbleibenden Umständen«, Klausel zur Abgrenzung u. theoret. Absicherung von Aussagensystemen (über kausale oder funktionale Beziehungen zwischen einem Satz definierter u. abgegrenzter Variablen), die zum Ausdruck bringt, daß die betr. Aussagen nur gelten sollen bei ansonsten gleichbleibenden Verhältnissen in der vom Aussagensystem nicht erfaßten »Residualwirklichkeit«. Die c. p.-Klausel wirkt dann als Alibi-Formel, als erfahrungswiss. Immunisierung eines Aussagensystems gegenüber den Tatsachen, wenn die als konstant bleibend betrachteten Faktoren unbestimmt bleiben.

H. Albert, Modell-Platonismus, (in: Karrenberg u. Albert, Hg., Festschrift f. G. Weisser, 1963); abgedr. in: ders., Marktsoziol. u. Entscheidungslogik, 1967).

Chancengleichheit, mit dem Grundwert der Gerechtigkeit verbundene Wertvorstellung u. polit. Forderung, allen Menschen die gleichen Möglichkeiten f. die Entfaltung der eigenen Fähigkeiten zu gewähren. Grundlegend ist die Angleichung der Sozialisationsbedingungen. Entscheidend ist die Öffnung der Bildungs- u. Ausbildungseinrichtungen sowie der Zugänge zu ges., insb. berufl. Positionen für alle. Das die Auslese f. knappe Positionen steuernde Leistungsprinzip kann nur durch die weitgehende Verwirklichung der C. als gerecht gelten. C. wendet sich sowohl gegen überkommene, rational nicht gerechtfertigte Strukturen sozialer Ungleichheit wie auch gegen ideolog. Tendenzen zu totaler Gleichheit (der Ergebnisse), die weder mit den individuellen Unterschieden der Menschen noch mit dem komplizierten arbeitsteiligen Funktionieren der modernen Ges. zu vereinbaren wäre.

J. L. Peschar, C., 1979; H. Bertram, Soz.struktur u. Sozialisation, 1981; H. Kaeble, Soz. Mobilität u. C. im 19. u. 20. Jh.: Dtl. im internat. Vergleich, 1983.

Chaostheorie, Chaosforschung

(griech. cháos = der unendl. leere Raum, die gestaltlose Urmasse), eine in der Math., Physik u. Meteorologie entstandene, das bisherige naturwiss. geprägte, streng determinist. Weltbild (alles Geschehen folgt bestimmten Gesetzmäßigkeiten) revolutionierende Forschungsrichtung, die von Zufällen erzeugte oder zumindest beeinflußte, »unordentl.« u. chaot. erscheinende, bisher schwer oder überhaupt nicht berechen- u. voraussagbare Prozesse in dynam. Systemen untersucht u. theoret. darstellt. Das Wort Chaos ist in diesem Zus.hang insofern mißverständlich, weil es allg. die Auflösung aller Ordnung, ein völliges Durcheinander bezeichnet. Im Vergleich zu dieser zugespitzten Wortbedeutung versucht die Chaosforschung herauszufinden, inwieweit im Rahmen geordneter Strukturen chaot. erscheinende Prozesse auftreten können u. inwieweit diese wiederum gewisse Gesetzmäßigkeiten (»determinist. Chaos«, »Ordnung im Chaos«) erkennen lassen. Eine Grunderkenntnis der C. besagt, daß kleine Veränderungen innerhalb bestimmter Systeme durch unvorhersehbare Zufälle, durch Verkettungen mit anderen Systemen, durch kumulative, selbstverstärkende Prozesse u. durch Rückkopplungseffekte große, mitunter katastrophale Auswirkungen verursachen können. Während z. B. viele Ereignisse, Nachrichten u. Gerüchte (weitgehend) wirkungslos bleiben, können manche hingegen unvorhergesehen ganze Ges.en erfassen u. aufwühlen, rasche Erwartungs- u. Verhaltensänderungen auslösen u. im Zuge kumulativer Prozesse je nach den Umständen eine beschleunigte Inflation, einen konjunkturellen Abschwung, ausgedehnte Streiks, bürgerkriegsähnl. Unruhen oder sogar eine Revolution hervorrufen. Indem sich die C. mit Hilfe der Computersimulation der Erforschung solcher möglichen Prozesse im soziokult. Lebensbereich zuwendet, kann sie bei entsprechendem Erkenntnisfortschritt die Vorhersehbarkeit künftiger Vorgänge verbessern. Überdies kann durch die C. die Einsicht in komplex-dynamische Wirkungszus.-hänge der soziokult. Lebenswelt wachsen. C. bildet somit auch für soziol. Forschg. u. Theoriearbeit eine fruchtbare Ergänzung.

F. Cramer, Chaos u. Ordnung, 1988; P. Davies, Prinzip Chaos, 1988; J. Gleick, Chaos, 1988; J. Briggs u. F. D. Peat, Die Entdeckung des Chaos, 1990; W. Mittelstaedt, Zukunftsgestaltung u. C., 1993.

Charaktermaske,

im Sinne der Vorwegnahme des Begriffs der soz. Rolle eine marxist. Metapher für das Klassenindividuum, für den entfremdeten Menschen der »menschl. Vorgeschichte«, d. h. aller klassenges. Zustände vor der Verwirklichung kommunist. Ges. Die Ch. ist das Individuum, betrachtet als Personifikation ökonom. Verhältnisse. In der kapitalist.-bürgerl. Ges. handeln z. B. sowohl die Kapitalisten als auch die Proletarier als Ch.en, d. h. in ihrer durch die histor. spezif. Klassenverhältnisse vom »wahren« Menschsein entfremdeten Existenz.

J. Matzner, Der Begriff der Ch. bei K. Marx, in: Soz. Welt 15, 1964.

Charisma (griech. »Gnadengabe«), aus dem rel. Bereich stammender u. von M. Weber in die Soziol. eingeführter Begriff der Kulturanthropologie, Polit. Soziol. u. Pol.wiss.; bezeichnet die als übernatürl. oder außeralltägl. empfundenen Qualitäten u. Leistungen (z. B. mag. Fähigkeiten, Offenbarungen, Heldentum, Macht des Geistes u. der Rede), die einen Menschen in seiner soz. Umwelt als gottgesandt oder von einer höheren Macht begnadet erscheinen lassen (Propheten, Kriegshelden, Demagogen). In der weitgehend säkularisierten Moderne wird C. zunehmend mit der außergewöhnl. individuellen Ausstrahlungskraft erfolgreicher Führungspersönlichkeiten insbes. in Politik u. Wirtschaft gleichgesetzt. Weitere hervorstechende Kennzeichen sind starkes Durchsetzungsvermögen, klare Zielvorstellungen u. Wertmaßstäbe. Häufig ist das Handeln dieser c.tischen Persönlichkeiten durch Visionen u. Inspiration bestimmt. In Ausrichtung auf bestimmte (höhere) Ziele können sie ggf. die Angehörigen von Organisationen oder größerer Kollektive außergewöhnl. stark motivieren u. ungeahnte Höchstleistungen freisetzen. M. Weber grenzte den Idealtypus bzw. gedankl. reinen Typus der c.tisch legitimierten gegenüber jenen der traditional u. rational bzw. legal legitimierten Herrschaft ab. C.tische Herrschaft, die sich bevorzugt in ges.-polit. Umbruchsituationen herausbildet, beruht auf persönl.-affektueller Hingabe der Gefolgschaft (»Jünger«, Anhänger) an die außeralltägl. Führungspersönlichkeit, deren C. sich durch Erfolge bewähren muß. Problemat. sind das Nachfolgeproblem u. die Tendenz des c.tischen Herrschaftsverhältnisses, sich zu »veralltäglichen«. Durch Verwendung von Ideologie, Manipulationstechniken u. Massenmedien sowie durch Unterdrückung rationaler Aufklärung können auf der Grundlage straff organisierter Herrschaftsapparate Führergestalten mit dem Anschein eines C.tikers propagandistisch »aufgebaut« werden. Andererseits tragen die allg. Aufklärung, polit. Bildung sowie die Aufrechterhaltung einer rechtsstaatl. Ordnung dazu bei, Gefahren eines polit. Mißbrauchs des C.s abzuwehren.

M. Weber, Wirtschaft u. Ges., [5]1980; F. Taeger, Ch., 1957/59; D. Goetze, Castro, Nkrumah, Sukarno, 1977; W. Lipp, Stigma u. C., 1985; B. M. Bass, C. – entwickeln u. zielführend einsetzen, 1986; S. Breuer, Magisches u. rel. C.: Entwicklungsgesch. Perspektiven, in: KZfSS 41, 1989; W. Gebhardt u. a. (Hg.), C., 1993.

Chartismus (griech., lat.), von Charta = Urkunde, verbrieftes Verfassungsrecht, die seit 1820 in England erstmals organisiert auftretende u. polit. Forderungen stellende Arbeiterbewegung. Unterstützt von einem Teil des liberalen Bürgertums, forderte 1838 die Londoner Working Men's Association sowohl das allg. Wahlrecht als auch »gute Wohnung, gutes Essen u. Trinken, gutes Auskommen u. kurze Arbeitszeit«. Bereits 1824 wurde unter maßgebl. Beteiligung des Ch. die Aufhebung des Koalitionsverbotes erstritten. 1847 wurde der Arbeitstag durch Gesetz auf 10

Chauvinismus 126

Stunden begrenzt, nachdem schon vorher die Frauen- u. Kinderarbeit eingeschränkt worden war.

D. Thompson, The Chartists, New York 1984.

Chauvinismus (franz.), übersteigerte Vaterlandsliebe bzw. -begeisterung, die zur Diskriminierung anderer Nationen, Staaten oder Völker sowie u. U. zur Kriegshetze führen kann.

Checks (engl.), »Hindernisse«, »Hemmnisse«, Bezeichnung der Bevölkerungstheorie (seit R. Malthus) für Faktoren, die gegen das ungehemmte Bevölkerungswachstum wirken. Die ch. wirken entweder »repressiv«, wenn durch Hungersnöte, Seuchen, Kriege u. a. bereits geborenes Leben wieder vernichtet wird, oder »präventiv«, wenn durch soziale Normen bzw. Tabus (Spätehen oder inner-, außer- u. vorehel. Zeugungseinschränkungen) die Zeugung zu vieler Nachkommen unterbleibt.

Chicago-Schule, durch empir. Forschungen, theoret. Arbeit u. Ausbildung vieler Studenten einflußreichste Schule der amerik. Soziol. zw. den beiden Weltkriegen, die aus dem Department für Soziol. an der Univ. v. Chicago hervorging. Forschgs.schwerpunkte waren im Zus.hang mit der Herausbildung des →Symbolischen Interaktionismus die interdisziplinär angelegte Erforschg. der soziokult. Persönlichkeit, der Persönlichkeitsstörungen (→Mead, G. H., →Thomas, W. I.), ferner die Stadtsoziol. (→Park, R. E.) u. der soziale Wandel (→Ogburn, W. F.). Die C.-S. hat entscheidend zur Ausreifung v. Methoden der Empir. Soz.forschg. u. zur Entfaltung der Soziol. zu einer exakten u. praxisrelevanten Sozialwiss. beigetragen.

M. Bulmer, The Chicago School of Sociology, Chicago u. London 1984; R. Lindner, Die Entdeckung der Stadtkultur, 1990.

Chiliasmus (griech.), von Chiliade = Reihe, Zahl von Tausend, auch Millinarismus genannt, kollektive Einstellung in größeren Gruppen einer Ges., die als soziale Bewegung die Vorstellung eines glückl. Endzustandes der Menschheit, ein »Tausendjähriges Reich« (»Millenium«), propagiert u. zur Realisierung ihrer Zukunftsvision entspr. enthusiast.-emotionale, militante oder auf »Bekehrung« gerichtete gewaltlose Aktionen einleitet. Nach kulturanthropolog. Theorien machen Bewegungen des Ch. bestimmte Stadien zunächst ansteigender Erregung u. Begeisterung, später (nach einem Höhepunkt) einsetzende Ernüchterung u. allmähl. sich verfestigende Institutionalisierung u. Organisierung (Sekte) durch.

W. E. Mühlmann u. a., Ch. u. Nativismus, [2]1964; F. L. Talmon, Political Messianism, 1960.

Christliche Soziallehren, (a) Kathol. Soziallehre; die Gesamtheit aller Lehraussagen der kathol. Kirche über sämtl. Bereiche u. Probleme des menschl. Sozialleben (Wirtschaft, Politik, Pädagogik, Kultur usw.). Von den versch. Sozialwiss.en unterscheidet sich kathol. S. durch ihre Betrachtungsweise: sie analysiert u. beurteilt das menschl. Sozialleben u. seine gesch. spez. Erscheinungsformen im Lichte der christl. Offenbarung, d. h. danach, wie sie zum Heil des Menschen beitragen. Kathol. S. bringt zum Ausdruck, daß es eine klare Trennung zwischen dem Heilsauftrag der Kirche u. der Gestaltung der ird. Ordnung nicht geben kann, vielmehr die Kirche die Menschen auf ihre sozialen Pflich-

ten hinzuweisen habe, weil deren Mißachtung das ewige Heil der Menschen gefährde. Zunächst bestimmt sich kathol. S. in den dogmat. Selbstdarstellungen der Kirche als christl. Gemeinschaft. Diese Darstellungen ihres eigenen Soziallebens machen Aussagen der Kirche über die Gestaltung der weltl. Sozialverhältnisse nötig, innerhalb derer christl. Geist u. christl. Glaube sich verwirklichen sollen. Darüber hinaus äußert sie sich in pastoralen Anweisungen an Seelsorger u. Missionare über die Qualität vorhandener oder erst zu schaffender ges. Verhältnisse dahingehend, inwieweit sie für die Glaubensannahme u. -verwirklichung durch möglichst viele Menschen günstig sind. Kathol. S. stützt sich auf eine aus dem Naturrecht abgeleitete Sozialethik sowie auf Äußerungen u. autoritative Lehrmeinungen der höchsten kirchlichen Lehrautorität u. des höchsten Hirtenamtes (päpstl. Sozialenzykliken).
(b) Evangel. Soz.ethik. wurzelt ebenfalls in der (evangel.) christl. Glaubenslehre, deren Relation zu den jeweiligen gesch. Realitäten der Ges. daraufhin analysiert wird, welche sittl. Weisungen abzuleiten sind aufgrund der Erkenntnis der Bindungen u. Maßstäbe zur Erhaltung der menschl. Ges. überhaupt wie der christl. Gemeinde im bes. Evangel. S. kennt keine allseits verpflichtende kirchl.-dogmat. Autorität u. äußert sich darum in versch. Richtungen.

O. v. Nell-Breuning, Einführung in die Lit. der kathol. S. (Hamb. Jb. f. Wirtschafts- u. Ges.politik 1, 1956); F. Karrenberg, Einführung in die Lit. der evangel. S. (Hamb. Jb. f. Wirtschafts- u. Ges.politik 2, 1957); G. Corman, F. Rudolph, Menschenwürdige Ges., Kath. S., Evangel. Soz.ethik, 1968; H.-D. Wendland, Grundzüge der evangel. Soz.ethik, 1968; ders., Einführung in die Soz.ethik, 1971; M. Honecker, Soz.ethik zw. Tradition u. Ver-

nunft, 1977; A. Klose, Die kath. Soz.lehre, 1979; W. Weigand, Solidarität durch Konflikt, 1979; S. H. Pfürtner u. W. Heierle, Einf. in die kath. Soz.lehre, 1980; R. Weiler, Einf. in die kath. Soz.lehre, 1991.

Cicourel, Aaron Victor, ★29. 8. 1928, 1951 B. A. (Psychologie), 1955 M. A., 1957 Ph. D. Cornell University, 1966 Prof. f. Soziol. Univ. of California, Santa Barbara, 1970 Univ. of California, San Diego, seit 1989 Prof. f. Cognitive Science, Pediatrics u. Soziol. ebd. (School of Medicine), zahlr. Gastprofessuren, u. a. Buenos Aires, Mexiko, Konstanz, Madrid, Bielefeld, Bahia (Brasilien), Paris, Barcelona, Mitgliedschaften in wiss. Institutionen, Mithg. wiss. Zs.en.

C. zählt zu den Hauptvertretern der phänomenologisch beeinflußten Soziol. in den USA. Als Schüler von A. Schütz steht er den stark beachteten Analysen des alltägl. Zus.lebens durch E. Goffman u. H. Garfinkel sehr nahe u. hat bedeutenden Anteil an der Entwicklung der →Ethnomethodologie. Die traditionelle Mikro-Soziol. verknüpft er mit mod. Ansätzen der Psychologie u. Anthropologie. Kultur u. Sprache faßt er nicht als etwas Gegebenes, sondern als erklärungsbedürftig auf. Sein Forsch.sinteresse gilt vorrangig dem alltägl. Denken, Sprechen u. soz. Handeln (Interaktionen), insbes. den verborgenen, allg. nicht bewußten Aspekten dieser Prozesse. Mit Hilfe gemeinsamer Interpretationsregeln schreiben interagierende Menschen den Gesprächen u. Handlungen bestimmte Bedeutungen zu. Diese haben sich durch Interaktionen des alltägl. Zus.lebens herausgebildet. Methodolog. fordert C., daß die jeweils ausgewählten Methoden vorrangig dem Forschg.sobjekt gerecht werden sollten.

Circulus vitiosus 128

Schr.: The Educational Decision-Makers (mit J. I. Kitsuze), New York 1963; Method and Measurement in Sociology, New York 1964, dt.: Methode u. Messung in der Soziol., 1975 (1970); The Social Organization of Juvenile Justice, 1976 (New York 1968); Cognitive Sociology: Language and Meaning in Social Interaction, London 1973, dt.: Sprache in der soz. Interaktion, 1975; Theory and Method in a Study of Argentine Fertility, New York 1974; Language Use and Classroom Performance (mit anderen), New York u. San Francisco 1974; Advances in Social Theory. Toward an Integration of Micro- and Macro-Sociologies (mit K. Knorr-Cetina), Boston 1981.

Circulus vitiosus (lat.), Trugschluß, Zirkelschluß in der Beweisführung zur kausalen Analyse eines wiss. Problems, bei dem vorausgesetzt wird, was zu beweisen ist.

Citoyen (franz.), Bürger, →Bürgertum.

City (engl.), nach der Londoner City allg. derjenige Bezirk einer größeren Stadt, in dem sich die Spitzeninstitutionen der für eine städt. Region wichtigen, d. h. lenkenden, koordinierenden und leitenden Funktionen von Politik, Kultur u. Wirtschaft massiert angesiedelt haben. Die C. ist nicht immer die Mitte einer Stadt. Flächenstädte besitzen oft mehrere C.s. Charakteristisch für die C. ist die geringe Bevölkerungszahl im Vergleich zu der Anzahl der Arbeitsplätze. Die C. entsteht durch die konzentrierte Ansiedlung von öffentl. Verwaltungseinrichtungen, Banken, Versicherungen, Industrieverwaltungen, Hotels, Warenhäusern, spezialisierten Fach- u. Luxusgeschäften, Praxen u. Kanzleien von Freiberuflern. Infolge stark steigender Bodenpreise u. Mieten wird die ursprüngl. (altstädt.) Wohnbevölkerung in andere Teile oder in die Randgebiete der Stadt abgedrängt; betroffen

sind auch zahlr. Inhaber kleinerer Geschäfte. Die Konzentration von Dienstleistungsbetrieben hat im Zus.hang mit der Pkw-Zunahme zu Verkehrsproblemen geführt (Stauungen insbes. durch den Berufsverkehr, Parkplatzverknappung), die einen Ausbau des öffentl. Nahverkehrs u. Veränderungen der Stadtplanung (ggf. Ausbau einer weiteren C.) erzwingen. Die Gefahr einer soz. Verödung u. des kult. »Aussterbens« der C. nach Dienst- u. Geschäftsschluß ist durch die Schaffung von Fußgängerzonen mit gastronom. Betrieben, Kinos, Kunstgalerien, Kleintheater u. weiteren publikumsattraktiven Einrichtungen verringert worden. Die C. hat durch diese Veränderung im Gegensatz zu befürchteten Provinzialisierungstendenzen wieder an lebendiger Urbanität gewonnen.

R. E. Park, E. W. Burgess, The C., 1967 (1925); R. Mackensen u. a., Daseinsformen der Großstadt, 1959; E. W. Burgess, D. J. Bogue, Contributions to Urban Sociology, Chicago und London 1964; B. Rhode, Die Verdrängung der Wohnbevölkerung durch den tertiären Sektor, 1977; E. Lichtenberger, Stadtgeographie Bd. 1, 1986; O. Behn u. a., Die C. von Wolfsburg, 1989.

Claessens, Dieter, *2. 8. 1921 Berlin, 1960 Priv.doz. FU Berlin, 1962 o. Prof. für Soziol. Univ. Münster u. Dir. der Soz.forschungsstelle Dortmund, 1966–83 o. Prof. FU Berlin, 1974–78 auch Rektor der Staatl. FH für Soz.arbeit u. Soz.päd. Berlin. – Hauptarbeitsgebiete: Kulturanthropologie, Theorie der Sozialisation, Familien- u. Organisationssoziol., Zus.hang zw. Kapitalismus u. Demokratie. C. bemüht sich unter Einbeziehung biolog., kulturphil., psychoanalyt. u. a. Forschungsergebnisse um die Entwicklung einer soziol. Anthropologie; seit 1980 Arbeiten zu einer neuen Elitentheorie.

Schr.: Jugend in Gemeinschaftsdiensten (mit D. Dankwortt), 1957; Angestellte u. Arbeiter in der Betriebspyramide (mit J. Fuhrmann, G. Hartfiel, H. Zirwas), 1959; Familie u. Wertsystem, [4]1979 (1962); Beamte u. Angestellte in der Verwaltungspyramide (mit G. Hartfiel, L. Sedatis), 1964; Soz.kunde der BRD (mit A. Klönne, A. Tschoepe, M. Höbich), [14]1989 (1965); Status als entwicklungspsychol. Begriff, 1965; Angst, Furcht u. ges. Druck (u. andere Aufsätze), 1966; Rollentheorie als bildungsbürgerl. Verschleierungsideologie (in: Th. W. Adorno, Hg., Spätkapitalismus oder Industrieges., 1969); Instinkt, Psyche, Geltung, [2]1970; Rolle u. Macht, [3]1974; Nova Natura, 1970; Kapitalismus als Kultur (mit K. Claessens), 1973; Jugendlexikon »Gesellschaft« (mit K. Claessens u. B. Schaller), 1980 (1976); Gruppe u. Gruppenverbände, 1977; Das Konkrete u. das Abstrakte. Soziol. Skizzen zur Anthropologie, 1994 (1980); Lexikon der Grundbegriffe: Ges. (mit K. Claessens), 1992; Kapitalismus u. demokrat. Kultur, 1992; Freude an soziol. Denken (Aufsätze 1957–87), 1993; Sozialgesch. für soziol. Interessierte, 1994/95.

Clan →Klan

Clique (franz.), »Klüngel«, »Bande«, in der Soziol. mehrdeutig u. z. T. deutlich abwertend benutzte Bezeichnung für eine informelle Gruppe weniger Personen, die im allseits direkten Kontakt miteinander innerhalb einer formalen Gruppe oder Organisation andere Werte, Ziele, Normen vertreten als die ihnen von ihrer sozialen Umgebung vorgegebenen u. die sich folglich gegen die für sie verbindl. Formen u. Strukturen von Autorität auflehnen bzw. sich mit dem Ziel des »Gegenhaltens« solidarisieren. Die C. wird hier als für bestehende Strukturen gefährl., weil Ordnung auflösendes bzw. neue Ordnungsvorstellungen auslösendes soziales Gebilde eingeschätzt. Als C.n werden auch informelle Gruppen bezeichnet, die sich nicht gegen die formale Ordnung selbst richten, sondern durch Rivalitätskämpfe gegen andere Gruppen lediglich die Ordnung stören. Die Soziometrie bemüht sich um Aussagen über die Entwicklung, den Zusammenhalt, die (Außen-)Abgrenzung u. die innere Dynamik des C.lebens. Sozial gleichsam resignierend wird (insbes. in der Betriebssoziol.) oft auf die Unabdingbarkeit der C.n für normativ u. verhaltensstrukturell streng organisierte Ordnungs- und Herrschaftssysteme hingewiesen, um durch sie auch hier die Bedürfnisse des Menschen nach Spontaneität u. sozialer Geborgenheit (im Rahmen des formal möglichen) befriedigen zu können.

Clochard (franz.), über Frankreich hinaus bekannt gewordene Bezeichnung für sog. »Stadtstreicher«, die als Nichtseßhafte (→Obdachlose) insbes. in Großstädten weitestgehend im Freien leben, z. B. unter Brücken.

Closed shop (engl. »geschlossener Laden«), Absperr- bzw. Organisationsklausel, die gemäß einer tarifvertragl. Vereinbarung den Arbeitgeber verpflichtet, nur gewerkschaftl. organisierte Arbeitnehmer zu beschäftigen. Diese Zwangsmitgliedschaft soll verhindern, daß Nichtmitglieder (als →Trittbrettfahrer) in den Genuß ausgehandelter Tarifverbesserungen kommen. Mit C.s. wollen Gewerkschaften zu Lasten der Freiheit der Arbeitnehmer u. -geber ihre Macht stärken. In Dtl. sind solche Klauseln nach der Rechtsprechung nichtig. In den USA ist C. s. durch den Taft-Hartley-Act verboten.

Cluster (engl.), »Haufen«, »Klumpen«, →Auswahlverfahren.

Clusteranalyse (engl. cluster analysis), von R. C. Tryon entwickeltes Verfahren, das untereinander stärker korrelierende Variablen

Code 130

zu Komplexen zusammenfaßt (→Korrelation).

Hdb. der empir. Soz.forschg., hg. von R. König, Bd. 2, ³1973.

Code →Kodierung

Cohen, Albert K., *1918 Boston/USA, 1951 Ph. D. Harvard Univ., 1965 o. Prof. f. Soziol. Univ. of Connecticut, 1972–73 Gastprof. am Inst. f. Kriminologie an der Univ. Cambridge.
Forschgs.schwerpunkte von C. sind das abweichende Verhalten, Kriminalität u. soz. Kontrolle, insbes. kriminelle Subkulturen, Jugendkriminalität u. das organisierte Verbrecherwesen. Bei der Erklärung abweichenden, kriminellen Verhaltens werden besonders Konflikte mit der jeweils dominanten Kultur u. mit Gruppenzugehörigkeiten berücksichtigt.

Schr.: Delinquent Boys, Glencoe 1955 (dt.: Kriminelle Jugend, 1961); Deviance and Control, Englewood Cliffs (dt.: Abweichung u. Kontrolle, ²1970); (Hg.) Prison Violence (mit anderen), Lexington, Mass. 1976.

Coleman, James Samuel, *12. 5. 1926 Bedford, Indiana, 1955 Ph. D. für Soziol. Columbia Univ., 1956 Assistant Prof. Univ. Chicago, 1959 Assoc. Prof. Johns Hopkins Univ., seit 1973 Prof. für Soziol. u. Erziehungswiss. Univ. Chicago, zahlr. Ehren-Dr. (u. a. New York, Jerusalem, Brüssel, Erlangen–Nürnberg) u. Mitgl.schaften in wiss. Institutionen, insbes. Akademien. – C. zählt gegenwärtig zu den führenden, produktivsten u. polit. einflußreichsten Soziologen in den USA. Seit langem bildet die empir. fundierte Erziehungssoziol. eines seiner Hauptarbeitsgebiete. Zentrales Thema ist hierbei die Frage, wie in einer restriktiv wirkenden soz. Umwelt das Individuum zur persönl. Autonomie u. Selbstbestim-

mung sozialisiert werden kann. Aus wirtschaftl. u. soziokult. Gründen benachteiligte Schüler können am besten dadurch gefördert werden, daß sie in Schulklassen nicht-benachteiligter Schüler integriert werden. Dieses Forschg.sergebnis beeinflußte die amerik. Bildungs- u. Schulpolitik. Ein weiteres Hauptarbeitsgebiet liegt im Bereich der Theorie u. Methoden, wobei er math. Modelle auf soz. Prozesse anwendet u. eine Soz.theorie des rationalen Handelns entwickelt. Seine gegenwärtigen Forschg.sinteressen sind auf eine Soz.theorie der Normbildung u. auf das Funktionieren der Schulen ausgerichtet.

Schr.: Union Democracy (mit S. M. Lipset), New York 1956; Community Conflict, New York 1957; The Adolescent Society, New York 1961; Introduction to Mathematical Sociology, New York 1964; Models of Change and Response Uncertainty, Englewood Cliffs, N. J. 1964; Equality of Educational Opportunity (mit anderen), Washington 1966; Medical Innovation (mit E. Katz u. a.), 1966; Resources for Social Change, New York 1971; The Mathematics of Collective Action, London 1973; Youth: Transition to Adulthood, Chicago 1974 (Washington 1973); Power and the Structure of Society, New York 1974; dt.: Macht u. Ges.struktur, 1979; The Asymmetric Society, Syracuse, NY 1982; dt.: Die asymmetr. Ges., 1986; Individual Interests and Collective Action, Cambridge (Engl.) 1986; Public and Private High Schools (mit T. Hoffer), 1987; Foundations of Social Theory, Cambridge, Mass. 1990, dt.: Grundlagen der Soz.theorie, 3 Bde., 1991–92; Equality and Achievement in Education, Boulder 1990; (Hg.) Social Theory for a Changing Society (mit P. Bourdieu), New York 1991.

Collective-bargaining (engl.), »Kollektivverhandlungen«, Bez. f. die Gesamtheit der Theorien u. polit.-prakt. Strategien für bzw. über die Verhandlungen zw. Arbeitgebern u. ihren Verbänden einerseits u. Arbeitnehmern u. ihren Gewerkschaften andererseits. Verhandlungsinhalte sind Löhne bzw. Gehälter u. andere kollektive, für die Gesamtheit der jeweils Betroffenen gültige Anstellungs- u. Arbeitsbedingungen.

Comic-strips (engl.), »lustige Bilderreihen (-serien)«, Massenkommunikationsmittel, das selbständig oder als Teil der übrigen Presse in Bild u. Text Geschichten, Abenteuer und Handlungsabläufe von oder zwischen charakterl. zumeist einseitig stilisierten (komisch, sadist., aggressiv, bes. pfiffig u. a.) »Personen« erzählt. Leser- u. Inhaltsanalysen über c. haben ermittelt, daß dieses Medium eine prägende Kraft für die (insbes. Massen- und Populär-) Kultur darstellt und gleichzeitig die Kultur widerspiegelt, in der es entsteht. Die menschl. u. sozialen Probleme u. Reaktionsweisen der »Personen« der c. (Menschen, Tiere, Phantasiegestalten) lassen die Handlungsmuster psych. Konflikte, Denkformen, Ges.bilder, Bewußtseinshaltungen, Persönlichkeitsbildungen oder gültigen Handlungsstrategien erkennen, wie sie sich aus der ges. Struktur der Schöpfer u. Konsumenten von c. ergeben. Neben den Ges. reproduzierenden u. kommunikativ affirmierend wirkenden c. haben sich auch Bilderserien entwickelt, die in vereinfachter, aber einleuchtender Form die ges. Widersprüche u. Antinomien sowie die polit. Möglichkeiten ihrer Lösung oder Nichtlösung vermitteln, so daß die c. immer mehr als Medium sowohl der Verstärkung von sozialen Normen der Ober- u. Mittelschichten als auch der Vermittlung sozial-kritischen Bewußtseins interessant werden.

A. C. Baumgärtner, Die Welt der C., 1965; O. Hesse-Quack, Der c. als soz. u. soziol. Phänomen (KZfSS 21, 1969); W. Kempkes, Bibliographie der intern. Lit. über »Comics«, 1970; R. C. Reitberger, W. J. Fuchs, Comics, Anatomie eines Massenmediums, 1971; A. C. Knig-

ge, C. Lexikon, 1988; M. Prado, Der tägl. Wahn, 1989.

Commitment (engl.), Bindung, Verpflichtung, soziol. die für den ges. Zus.halt u. insbes. für gemeinschaftl. Lebensformen wichtige innere Bindung der handelnden Person an die jeweils vorgegebenen soziokult. Werte u. soz. Normen, die als Selbstverpflichtung Loyalitäts- u. Motivationskrisen sowie im Rahmen jener Werte u. Normen abweichendem Verhalten entgegenwirkt.

Common Sense (engl.), »allg. Sinn«, soviel wie »gesunder Menschenverstand«; Auffassung, Verstehen und Interpretation eines sozialen Problems durch die Erfahrungswelt u. Erlebnisweise breiter, die öffentl. Meinung quantitativ bestimmender Schichten einer Ges.

H. Albersmeyer-Bingen, C. S., 1986.

Community Development (engl.), Gemeindeentwicklung im Sinne eines planvoll beabsichtigten Fortschritts der techn., ökon. u. sozialen Lebensbedingungen in einer Gemeinde (Stadtteil). Im engeren Sinne auch die durch (insbes.) sozialpädag. Arbeit bewirkte Befähigung der Bürger zur projektorientierten Selbsthilfe.

F. Böltken u. a., Lebensqualität in neuen Städten, 1978.

Community Organization →Gemeinwesenarbeit

Community Studies →Gemeindestudie

Computer →Datenverarbeitung

Computersimulation →Simulationsmodell

Comte, Auguste, 19. 1. 1798 Montpellier – 5. 9. 1857 Paris, Studium an der Ecole Polytechnique in Paris, 1817–24 Mitarbeiter u. Freund Saint-Simons, 1832 Repetitor für Analytik u. Mechanik an der Ecole Polytechnique, 1836 daselbst Examinator für Aufnahmeprüfungen, 1844 verlor er seine Stellung als Examinator, wurde von engl. u. franz. Anhängern materiell unterstützt, 1848 Gründung der Positivist. Ges., 1851 Verlust der Stellung als Repetitor.

Der Philosoph C. gilt als einer der Begründer der Soziol. Gegenüber dem älteren Begriff »soziale Physik« (physique sociale) führte er die Bezeichnung »Soziol.« ein. Im Mittelpunkt seiner Geschichtsphilosophie, die auf die Entfaltung der frühen Soziol. eingewirkt hat, steht das Dreistadiengesetz der geistigen Entwicklung der Menschheit. Nach diesem unterschied er zwischen dem theolog., metaphys. u. dem positiven bzw. wiss. Zeitalter. Das erste Stadium, in dem Priester u. Krieger vorherrschen, gliederte er in die Epochen Fetischismus, Polytheismus u. Monotheismus. Im zweiten Stadium liegt das Übergewicht bei den Philosophen u. Rechtsgelehrten u. im dritten bei den Wirtschaftsführern u. Wissenschaftlern. In seiner Wissenschaftslehre ordnete er die Wiss.en, die insgesamt die wiss. Philosophie bilden, nach dem Grade ihrer Allgemeinheit. Der Grad der Exaktheit nimmt von der allgemeinsten zur speziellsten ab, zugleich wächst die Komplexität ihrer Objekte. So ergibt sich folgende Kette: Mathematik, Astronomie, Physik, Chemie, Biologie u. Soziol. Demgemäß besteht vor allem zwischen der Biologie u. Soziol. eine enge Verbindung. Der Biologie entnahm er den Organismus-Begriff u. faßte Ges. als einen Kollektiv-Organismus auf. Der einzelne Mensch ist dagegen nur eine Abstraktion. Am komplexesten ist der Gegenstand der Soziol.: die ges. Gegebenheiten sind auf eine außerordentl. vielschichtige Weise miteinander verflochten. Die sozialen Tatbestände sind nicht nur mit einer Fülle von »gleichzeitigen Erscheinungen« verknüpft, sondern müssen auch aus ihrer »Verkettung mit dem vorhergehenden u. nachfolgenden Entwicklungszustande der Menschheit« heraus begriffen werden. Aufgrund dieser hochgradigen Komplexität des Objekts der Soziol. können in dieser Disziplin die von C. geschätzten Methoden der exakten Naturwiss. nur begrenzt eingesetzt werden. Die Soziol. unterteilte er in soziale Statik u. Dynamik. Die erstere befaßt sich mit den konstanten Voraussetzungen jeder ges. Ordnung u. die letztere gesch.-vergleichend mit den Gesetzen des Fortschritts. Für die Aufrechterhaltung von Ges. sind Disziplinierungsmechanismen notwendig, die von drei Institutionen getragen werden: Familie, öffentl. Gewalt u. Kirche.

Als positive Wiss. soll Soziol. nicht allein dem bloßen Erkenntnisstreben, sondern auch dem rationalen Planen u. Handeln dienen (»voir pour savoir, savoir pour prévoir, prévoir pour prévenir«). Der Fortschritt im Rahmen der Ges. hängt davon ab, inwieweit sich die Individuen moral. wandeln u. der Egoismus vom Altruismus verdrängt wird. Indem die Soziol. die Prinzipien der Ordnung u. des Fortschrittes miteinander versöhnt, wird sie zu einer positiven Moral. Da die Sozialordnung nicht allein von intellektueller Einsicht getragen werden kann, sondern zugleich von der Institutionalisierung des Gefühlslebens abhängt, setzte sich C. für eine wiss. »Religion der Menschheit« ein, für die die Soziologen als »Priester« fungieren sollen.

Schr.: Cours de philosophie positive, 6 Bde. 1830–42 (dt. Ausgabe v. V. Dorn, Bd. 4–6 u. d. T. Soziologie, [2]1923 (1907 ff.), Auswahl u. d. T. Die Soziologie, 1933); Discours sur l'esprit positif, 1844 (dt.: Rede über den Geist des Positivismus, 1956); Discours sur l'ensemble du positivisme, 1848; Système de politique positive ou Traité de sociologie, 4 Bde. 1851–54; Catéchisme positiviste, 1852; Appel aux conservateurs, 1855; Synthèse subjective, 1856; Testament d'A. C., 1896; Lettres à divers, 3 Bde. 1902–05; Correspondence inédite, 4 Bde. 1903/04; Die Soziologie – Positive Phil., 1974.

O. Negt, Strukturbeziehungen zw. den Gesellschaftslehren Comtes u. Hegels, 1964; R. Aron, Main Currents in Sociol. Thought, 1965 (dt.: Hauptströmungen des soziol. Denkens, 1. Bd., 1971); M. Steinhauer, Die polit. Soziologie A. C.s, 1966; O. Massing, Fortschritt u. Gegenrevolution, 1966; P. Kellermann, Kritik einer Soziol. der Ordnung, 1967; O. Massing, A. C., in: D. Käsler (Hg.), Klassiker des soziol. Denkens, Bd. 1, 1976.

Condorcet, Marie Jean Antoine, 17. 9. 1743 Ribemont b. St. Quentin – 28. 3. 1794 Clamart b. Bourg-La-Reine, franz. Philosoph u. Mathematiker, einer der Enzyklopädisten, schloß sich der Franz. Revolution an, 1791 Abgeordneter der Gesetzgebenden Versammlung, 1792 des Konvents, Präs. der Nationalversammlung, 1793 Mitglied des Komitees für Öffentl. Unterricht sowie des Verfassungskomitees, Hg. des »Journal d'Instruction sociale«, 1794 verhaftet.
C. war einer der einflußreichsten Vertreter des sozialen Fortschritts, der moral., wiss. u. techn. Fortschritt einschläge u. zur Vervollkommnung der Individuen u. Völker führt, in denen es schließlich auch keine Klassen mehr geben soll. Als Beauftragter der Nationalversammlung forderte er ein von Staat u. Kirche unabhängiges Volksbildungswesen, das die Gleichheit aller im Bildungswesen sowie Erwachsenenbildung vorsieht. Als Anhänger der Republik entwickelte er das Ideal des demokrat. Einheitsstaates. C. hat über A. Comte die frühe Soziol. des 19. Jhs. beeinflußt.

Schr.: Œuvres, hg. v. A. A. Barbier, J.-C. Cabanis u. D. J. Garat, 1804; Œuvres, hg. v. A. Condorcet, O'Connor u. F. Arago, 1847–49; Esquisse d'un tableau historique du progrès de l'esprit humain, 1794 (dt.: Entwurf einer histor. Darstellung der Fortschritte des menschl. Geistes, 1963).

R. Reichardt, Reform u. Revolution b. C., 1973.

Consensus (lat.), »Übereinstimmung«, gleiche oder nur unbedeutend voneinander abweichende Ansichten, Werteinschätzungen u. Beurteilungen einer sozial relevanten Anzahl von Personen, Institutionen oder Organisationen einer Ges. zu gemeinsam berührenden Problemen u. Angelegenheiten. Ein für das Funktionieren von Ges. wichtiger C. muß bestehen z. B. über die Regeln, nach denen Konflikte ausgetragen werden sollen; über die gerechte Verteilung von sozialen Rollen, Belohnungen u. Bestrafungen (Sanktionen), Autoritätsansprüchen; u. über die Geltung von Symbolen für bestimmte soziale Beziehungs- u. Wertungszusammenhänge. Die Wirksamkeit eines C. hängt nicht davon ab, daß alle ihn teilen, d. h. daß er vollständig und fortlaufend gilt. Die soziol. immer wieder geführte Diskussion um Reichweite u. Stabilität eines sog. »Minimal-C.« schließt das Vorhandensein von Opposition u. abweichendem Verhalten sowie die Notwendigkeit fortwährender Legitimierung eines bestehenden, tradierten C. mit ein.

J. Sigrist, Das C.-Modell, 1970.

Conspicuous Consumption
(engl.), »auffallender Verbrauch«,
→Geltungskonsum.

Constrained-choice-Ansatz
(engl.), ein modelltheoret. Konzept, demzufolge Handeln als das Ergebnis von zwei Filterprozessen aufgefaßt wird: Ein erster Filter besteht aus Restriktionen bzw. Handlungsbedingungen (soz. Normen, institutionelle u. strukturelle Gegebenheiten, soz. Zwänge), die hinsichtl. bestimmter Situationen aus der Vielzahl aller Verhaltensmöglichkeiten nur eine begrenzte Anzahl von ausführbaren Alternativen zulassen. Der zweite Filter besteht im Sinne der →Wert-Erwartungs-Theorie aus Wahlhandlungen, mit denen eine optimale Kombination von Nutzenmaximierung u. möglichst hoher Erwartungswahrscheinlichkeit angestrebt wird.

J. Elster (Hg.), Rational Choice, Oxford 1986; P. Franz, Der »C.c.«-A. als gemeinsamer Nenner individualist. Ansätze in der Soziol., in: KZfSS 38, 1986.

Consumer Economics (engl.), »Konsumenten-Wirtschaftslehre«, Forschungsbereich zw. Konsumsoziol. u. wirtschaftl. Entscheidungstheorie, der für bestimmte Kategorien von Haushalten (z. B. nach Berufs-, Schicht-, Wohn-Zugehörigkeit) untersucht, welche Informationen über seine Bedarfsziele, über Finanzierungs- u. Einkommensverwendungsmöglichkeiten, über die allg. soziale Lage u. den eigenen Status der einzelne Haushalt sich verschaffen muß, um optimale Kaufentscheidungen treffen zu können.

Content Analysis (engl.) →Inhaltsanalyse

Contrat social (franz.) →Gesellschaftsvertrag, →Rousseau

Con-Urbation (engl., lat.), Prozeß des Zusammenwachsens von Städten.

Cooley, Charles Horton, 17. 8. 1864 Ann Arbor, Mich. – 8. 5. 1929 ebd., studierte Nationalökonomie u. Soziol., 1899–1904 Ass. Prof. für Nationalökonomie an der Univ. of Michigan, ab 1904 dort o. Prof. für Soziol., 1918 Präs. der American Sociol. Society. C. ertrug eine Reihe körperl. Gebrechen u. lebte nur in seiner Heimatstadt.
C. betrachtete die Ges. als »ein organ. Ganzes, das aus kooperierenden Einzelwesen besteht«. Der einzelne u. die Ges. sind untrennbar miteinander verflochten; sie sind »Zwillinge« u. »wie die zwei Seiten einer Medaille«. Die menschl. Persönlichkeit ist das Ergebnis von Veranlagung u. Erziehung. Von großer Bedeutung für die Entwicklung der menschl. Persönlichkeit sind die Primärgruppen (face-to-face groups, primary groups), die C. den Sekundärgruppen (secundary groups) gegenüberstellte. Mit der Unterscheidung in Primär- u. Sekundärgruppen hat C. einen bedeutenden Beitrag zur allg. Soziol. u. Gruppentypologie geleistet. Während der ersten Lebensjahre in der Primärgruppe entwickelt der heranwachsende Mensch eine Vorstellung von seinem Selbst, das C. »Spiegel-Selbst« (»looking-glass self«) nannte. Dieses Selbst ist da, sobald das Kind eine Vorstellung davon gebildet hat, wie es auf Mitmenschen wirkt, und sobald es auf diese Bewertung durch andere zu reagieren vermag. C. hat die sozialpsychol. orientierte Soziol. stark befruchtet.

Schr.: Human Nature and the Social Order, New York 1922 (1902); Social Organization, New York 1909; The Social Process, New York 1918; Sociological Theory and Social Research, 1930.
E. C. Jandy, C. H. C., New York 1942.

Corporate Identity (engl.) »kollektive« Identität, bezeichnet die Gesamtheit der Ausdrucksformen und Verhaltensweisen, die das leistungsbeeinflussende u. öffentlichkeitswirksame Erscheinungsbild einer Organisation, insb. Unternehmungen, bestimmen.

Coser, Lewis Alfred, *27. 11. 1913 Berlin, Soziologe. Studium an der Sorbonne, 1944 Promotion an der Columbia Univ., 1951–68 Prof. an der Brandeis Univ., seither State Univ. of New York; 1974–75 Präsident der American Sociological Association.
C. wendet sich gegen Harmonie- u. Gleichgewichts-Modelle, die er für unangemessen hält, u. sucht mit seinem Konzept heutige polit. u. soziale Probleme zu erfassen. Sein theoret. Ansatz der Konflikt-Forschung ist auch im Hinblick auf seine Eignung für empir. Analysen konstruiert. Er betont den Nutzen von Konflikten für die Ges.ordnung u. für viele soziale Situationen. Soziale Konflikte sind ihm Bedingung für den sozialen Wandel.

Schr.: The Functions of Social Conflict, 1956 (dt.: Theorie soz. Konflikte, 1965); Sociological Theory, (mit B. Rosenberg), ²1964; Men of Ideas, 1965; Political Sociology, 1967; Continuities in the Study of Social Conflict, 1967; Masters of Sociological Thought, 1970; Greedy Institutions, New York 1974; (Hg.) The Idea of Social Structure. Papers in Order of Robert K. Merton, New York 1975; (Hg.) The Uses of Controversy in Sociology, 1976; Refugee Scholars in America, New Haven 1984. Conflict and Consensus: A Festschr. of L. A. C., hg. v. W. W. Powell u. R. Robbins, New York 1984.

Countervailing power (engl.), Bezeichnung f. einen Zustand des

ges. Machtgleichgewichts durch ein System wechselseitig bezogener Gegenmacht (→Galbraith, J. K.).

Croner, Fritz, 27. 2. 1896 Berlin – 7. 6. 1979 Stockholm, 1921 Dr. phil. Heidelberg, 1921–33 wiss.-lt. Tätigkeit in der dt. Gewerkschaftsbewegung, 1924–33 Doz. Dt. Hochschule für Politik, Mitgliedschaften in Verwaltgs.räten v. Reichsvers.anstalten, 1936 erster Lt. eines Inst. für Soziol. Univ. Lund, 1939 Prof. für Soziol. Univ. Stockholm, 1944–64 lt. Funktionen in wiss. Instituten schwed. Angestellten- u. Beamtenverbände.
C. ist hervorgetreten auf den Gebieten der Betriebs- u. Industriesoziol. sowie der Diskussion um Klassen- u. Schichtentheorien. C. interessierte die soziale Struktur der Industrieges., die ihre Wandlungsimpulse aus techn.-organisator. Neuerungen bezieht. Insbes. analysierte C. die Angestelltenschaft. In histor. Sicht erklärte er Angestelltentätigkeiten und -positionen als von Unternehmertätigkeiten abgeleitet (→Delegationstheorie). Angestellte sind gekennzeichnet durch ihre auf vier Bereiche eingegrenzten Funktionen: arbeitsleitende, analysierend-konstruktive, merkantile u. administrative (Funktionstheorie). Die Arbeit in diesen Feldern trennt Angestellte von Arbeitern. Hinzu kommt eine für alle männl. Angestellten behauptete Karrierechance, die für ein von der Arbeiterschaft unterschiedenes Bewußtsein u. Verhalten kennzeichnend ist. Soziale Schichten definiert er durch Ähnlichkeit der ökonom. Verhältnisse, des sozialen Status u. der sozialen Wertung.
Die Vorstellung einer vertikal

strukturierten Ges. lehnte er als überholt ab. Er faßte Ges. auf als ein System kooperierender Funktionsgebiete.

Schr.: Tjänstemannakaren i det moderna samhället, Stockholm 1951 (dt.: Die Angestellten in der modernen Ges., 1954); Der Werkmeister gestern – heute – u. morgen, 1956; Soziol. u. Statistik der Berufe an schwed. Beispielen (Statist. Vierteljahresschrift, 1957); Soziol. u. Statistik (KZfSS, 1959); Soziol. der Angestellten, 1962; Tatsachen, Theorien, Wertungen (KZfSS, 1961); Soz. Politik in soz. Demokratie, 1966; Ein Leben in unserer Zeit (Autobiographie), 1968; Soziol. der mod. Demokratie (Festschr. f. R. König), 1973; Die dt. Tradition, 1975.

Cross-Cultural-Survey

Cross-Cultural-Survey (engl.), »Überblick über versch. Kulturen«, systematisiert nach bestimmten geograph. u. sozialen Daten u. Zusammenhängen. Entwickelt wurde dieses Verfahren vom Institute of Human Relations an der Yale Univ., USA: zur interkulturellen Vergleichsanalyse zahlr. Ges.en im Hinblick auf bestimmte sozial-wiss. interessierende Bestandteile der diesen Ges.en zugrunde liegenden Kulturen u. Verhaltensmuster. Die bekannteste der auf dem Material des C.-C.-S. basierenden Arbeiten ist die Studie von G. P. Murdock, die anhand von Daten aus 250 Ges.en umfassende Darstellungen zum Verhältnis von Familie, Verwandtschaft, Heirat u. Geschlechterbeziehungen gibt.

G. P. Murdock, Social Structure, New York 1949.

Cross-Polity-Survey (engl.), vergleichender Überblick über versch. Verfassungs- u. Regierungssysteme, systematisiert nach best. politikwiss. relevanten Daten u. Zusammenhängen. Dieses Verfahren wurde an der Yale Univ. zur zwischenstaatl. Vergleichsanalyse entwickelt, z. B. im Hinblick auf Ungleichheiten in der Einkom-

mens- u. Herrschaftsverteilung, des Boden- u. Produktionsmittelbesitzes, der Einwohner- u. Kommunikationsdichte. Der C.-P.-S. läßt anhand von Materialien aus den selbständigen Staaten Interkorrelationsanalysen zwischen zahlreichen Merkmalen zu.

A. Banks, R. B. Textor, A. C.-P.-S., Cambridge, Mass. 1964.

Crozier, Michel, *6. 11. 1922 Sainte-Menehould (Marne), Studium der Rechts- u. Literaturwiss. in Paris, Dr. beider Disziplinen, 1964 Forschungslt. des Centre national de la recherche scientifique (CNRS). 1959–60 Stanford Univ., 1966–67 u. 68–70 Prof. in Harvard, 1967–68 in Paris-Nanterre, 1970 Präs. der Franz. Ges. für Soziol., 1975 Prof. am Inst. d'Etudes Politiques, Präs. der Vereinigung zur Förderung der · angewandt. Soz.-wiss.en.

Neben betriebssoziol. Studien ist C. durch empir. Bürokratieforschung bekannt. Das bürokrat. System sieht er durch vier Elemente gekennzeichnet: unpersönl. Regeln, die Zentralisation von Entscheidungen, die Isolierung der hierarch. Ebenen u. parallele Machtbeziehungen in den Bereichen mit ›Unsicherheit‹. Die bürokrat. Organisation hat ein hohes Maß an Rigidität, was Stabilität verleiht, zugleich aber die Anpassung an Wandlungen der Umgebung erschwert. Dieses System ist also brauchbar für Routineperioden u. unbeholfen in Strukturkrisen. Aus den Veränderungen in der Entwicklung der industr. Ges. schließt C., daß die in Max Webers Sinne rationalste Verwaltung nicht gleichermaßen als zweckmäßigste anzusehen ist.

Schr.: Usines et Syndicats d'Amérique, 1952; Petits Fonctionaires au Travail, 1957; Le Phénomène bureaucratique, Paris 1963; Le Monde des employés de bureau, 1965; La Société bloquée, 1970; The Crisis of Democracy (mit anderen), New York 1975; Organizations as Means and Constraints of Collective Action (mit E. Friedberg), 1976; L'Acteur et le Système (mit E. Friedberg), Paris 1977, dt.: Macht u. Organisation, 1979; On ne Change pas la Société par Décret, Paris 1979.

Cultural lag (engl., »kulturelles Zurückbleiben«), von dem amerikan. Soziol. W. F. Ogburn geprägte Bezeichnung für das von ihm erkannte Phänomen weitreichender kultureller Fehlanpassungen u. Anpassungsrückstände im Gefolge des schnellen techn. Fortschritts in modernen Industrieges.en. Danach folgen die einzelnen Bereiche oder Systeme der Gesamtkultur nicht mit derselben Wandlungsgeschwindigkeit. Der eine Teil, die »materielle« Kultur, d. h. die Summe der naturwiss.-techn. Entdeckungen, Kenntnisse u. Methoden, unterliegt in der mod. Ges. einem wesentl. schnelleren Wandel u. Fortschritt als die »immaterielle« Kultur (die Summe der ges. Institutionen, Werte, Normen, Organisationen und Wertanschauungen). Fehlanpassungen, eben c.l.-Tendenzen, treten auf, wenn einige Bereiche der »immateriellen« Kultur in zeitl. unterschiedl. Ausmaß gegenüber der schrittmachenden »materiellen« Kultur in eine Ungleichgewichtssituation geraten. Das Problem des c. l. spitzt sich im Atomzeitalter in lebensgefährlicher Weise zu. Als ein früher Pionier der Technikfolgenabschätzung u. der Forderung nach einem soz. verträgl. techn. Fortschritt sah Ogburn eine große Aufgabe der Soziol. darin, soz. Auswirkungen der techn. Entwicklung zu erforschen u. bei der wiss. Fundierung einer planmäßig-interventionist. Politik zugunsten eines Abbaus des c. l. mitzuhelfen.

W. F. Ogburn, C. l. as Theory (Sociology and Social Research XLI, 1957); ders., Kultur u. soz. Wandel, 1969; D. Volkmann, Technik u. Ges. bei W. F. Ogburn, Diss. Berlin 1964.

Curriculum (lat.), »Lebenslauf«, Begriff der pädagogischen Soziologie zur Bezeichnung der Gesamtheit der Ziele u. Inhalte des schul. Sozialisationsprozesses.

Dahrendorf, Ralf, *1. 5. 1929 Hamburg, 1952 Dr. phil. ebd., 1956 Ph. D. London, 1957 Priv.doz. Saarbrücken, 1958 o. Prof. f. Soziol. Akad. f. Gemeinwirtschaft Hamburg, 1960 Tübingen, 1966 Konstanz, langjähr. Vorstandsmitglied u. 1968–69 Vorsitzender der DGS, 1968–70 MdL Baden-Württemberg, 1969–70 MdB u. Parlamentar. Staatssekretär b. Bundesminister des Auswärtigen, 1970–74 EWG-Kommissar, 1974–84 Dir. der London School of Economics, seit 1987 Warden des St. Antony's College in Oxford.

Von der Phil. kommend, suchte D. Elemente der angelsächsischen Soziol. mit der krit. Rezeption v. Marx zu einer mod. Konflikttheorie zu verbinden. Diese wurde untermauert durch methodol. Arbeiten (im Anschluß an Popper) u. begriffl. Ansätze zu einer Theorie v. Ges. (Rollentheorie). Anwendungen auf gesamtes. Analyse galten zunächst der dt. Ges., in jüngerer Zeit den OECD-Ges.en allg. sowie der postkommunist. Welt. In diesen Anwendungen verbindet D. soziol. Analyse mit der polit. Theorie eines neuen Liberalismus. Neben dieser für ihn zentralen Thematik veröffentl. D. Lehrbücher sowie empir. Studien zur Industriesoziol., Schichtgs.- u. Bildgs.forschg.

Darwinismus

Schr.: Marx in Perspektive, 1953 (nhg. u. d. Titel: Die Idee des Gerechten im Denken von Karl Marx, 1971); Industrie- u. Betriebssoziol. (nhg. v. W. Burisch), [6]1971; Soz. Klassen u. Klassenkonflikt in d. industriellen Ges., 1957 (engl. 1959); Homo sociologicus, [9]1970 (1959); Soz.struktur des Betriebes, 1959; Ges. u. Freiheit, [4]1965 (1961); Das Mitbestimmungsproblem i. d. dt. Soz.forschg., 1963; Die angewandte Aufklärung, [2]1968 (1963); Bildung ist Bürgerrecht, [5]1968 (1965); Ges. u. Demokratie in Dtl., [2]1968 (1965); Essays in the Theory of Society, 1967; Pfade aus Utopia, 1967; Der vorzeitige Abgang vom Gymnasium (mit Peisert), 1967; Plädoyer f. die Europ. Union, 1973; Die neue Freiheit, 1975; Lebenschancen, 1979; Reisen nach innen u. außen, 1984; Law and Order, 1985; The Modern Social Conflict, 1988 (dt. 1992); Betrachtungen über die Revolution in Europa, [2]1991 (1990); Der mod. soz. Konflikt, 1992; Wohin steuert Europa? Ein Streitgespräch (mit F. Furet u. B. Geremek), 1993; Liberale und andere, 1994.

Darwinismus →Evolutionismus, →Sozialdarwinismus

Daten, Datenaufbereitung, (a) Gesamtheit von (statist., quantifizierten) Informationen als Ergebnis von Messungen natürlicher Phänomene oder von Erhebungen über menschl. Verhalten, wie sie in D.sammlungen (z. B. statist. Handbüchern) niedergelegt oder zunehmend in D.banken zum Zwecke computerisierter Verarbeitung gespeichert werden. (b) Im Gegensatz zu kurzfristig beeinflußbaren Variablen jene Größen, die im Rahmen polit., ökonom. oder soziol. Untersuchungen oder Maßnahmen als Gegebenheiten jeweils unterstellt oder hingenommen werden müssen, wie z. B. Bevölkerung, Stand der Technologie, Wirtschafts- und Sozialordnung. (c) Die umfassendste Verwendung des D.begriffs findet sich in der Erkenntnistheorie oder -psychologie im Sinne von Sinneserfahrungen oder -empfindungen (»Sinnesd.«). Unter D.erhebung ist sowohl die Sammlung bestehender D. als auch die Gewinnung neuer D. (durch

Befragungen, Beobachtungen, Experimente usw.) zu verstehen, unter D.aufbereitung ihre Bearbeitung für den jeweiligen Forschungs- und Darstellungszweck.

R. König (Hg.), Hdb. der empir. Soz.forschg., Bd. I, Suttgart [3]1973; T. Harder, D. u. Theorie, 1975; J. v. Koolwijk u. M. Wieken-Mayser (Hg.), Techniken der empir. Soz.forschg., 7. Bd.: D.analyse, München 1977; M. Kaase u. a. (Hg.), D.zugang u. D.schutz: Konsequenzen f. die Forschg., 1980; P. Flora u. a. , State, Economy and Society in Western Europe, 1815–1975, 2 Bde., 1983–87; H. Küffner u. R. Wittenberg, D.analysesysteme für statist. Auswertungen, 1985; G. P. Müller, Comparative World Data, 1988; H. Benninghaus, Einf. in die soz.wiss. D.analyse, 1990; Zentralarchiv für empir. Soz.forschung (Hg.), Daten der empir. Soz.forschung, 1991.

Datenbank, zentral verwalteter (Informationen-)Speicher, in dem alle wichtigen Daten eines best. Arbeits- oder Interessengebietes gesammelt sind u. mit Techniken der Datenverarbeitung abgerufen werden können. Es gibt D.en für Veröfflg.en (Dokumentationen), Verwaltungsunterlagen u. a. Beim Ausbau u. bei der Nutzung von D.en muß zunehmend das verstärkte allg. Verlangen nach Datenschutz berücksichtigt werden.

M. Bastian, D.-Systeme, [2]1986.

Datenkranz, Begriff des modelltheoret. Denkens in der Wiss.methodologie für die Gesamtheit der als »gegeben« angenommenen u. darum in einem Modell oder einer Theorie nicht als beeinflussende Variable berücksichtigten sonstigen (bekannten oder noch vermuteten) Umweltverhältnisse. →Ceteris-paribus-Klausel

Datenverarbeitung, das systemat., unter Verwendung von elektron. Geräten (Computer) maschinell vorgenommene Ordnen u. Auswerten großer Mengen von Daten (Informationen über Eigenschaften u. über Zusammenhänge von Eigenschaften). Ohne D. sind in hochkomplexen Sozialsystemen moderner Industrieges.en Entscheidungs- und Planungsprozesse nicht mehr möglich. Die Einf. der technolog. sich immer weiter entwickelnden D. hat in der Verwaltung großer Organisationen (Wirtschaftsbetriebe, öffentl. Verwaltungen, Ministerien) zu schwerwiegenden Veränderungen in der Arbeits- und Berufsstruktur sowie zu völlig neuen Informations- u. Kommunikationssystemen geführt. Sozialwiss. Analysen zu den sozialen Folgen der Einführung u. Weiterentwicklung von D. konzentrieren sich auf folgende Problembereiche: (1) Die Einsparung u. die arbeitstechn. Umsetzung von Beschäftigten, (2) die Veränderung der Inhalte menschl. Arbeit, (3) die Veränderungen der sozialen Strukturverhältnisse (Über- u. Unterordnung, Kooperationsweisen, Statusverlagerungen) im Arbeitsbereich, (4) Auswirkungen auf die gesamtges. u. polit. Einfluß- und Größenordnungsverhältnisse (Betriebsgrößen, Herrschaft durch Informationsmonopole, zentrale Positionen im Prozeß des Informationenaustausches usw.), (5) die ges. Ausbreitung der D. stößt auf enger werdende Grenzen des Datenschutzes. Gefahren des Mißbrauchs personenbezogener Daten (Einzelangaben über bestimmte bzw. bestimmbare Personen) haben in großen Teilen der Ges. zu einer Sensibilisierung geführt, die sich zunehmend in Widerständen (Auskunftsverweigerung, Ablehnung von Interviews u. Volkszählung) u. im Verlangen nach einem Ausbau des Datenschutzes (gesetzliche Datenschutzbestimmungen, informationelle Selbstbestimmung des einzelnen, Datenschutzbeauftragter) äußert.

T. Pirker, Büro u. Maschine, 1962; K. R. Allerbeck, D. in der empir. Soz.forschg., 1972; J. Kriz, D. f. Soz.wiss.ler, 1975; J. Weizenbaum, Die Macht der Computer u. die Ohnmacht der Vernunft, 1978; S. Nora u. A. Minc, Die Informatisierung der Ges., 1979; T. Barthel (Hg.), Gefährdet die Informationstechnologie unsere Freiheit?, 1980; U. Briefs, Informationstechnologien u. Zukunft der Arbeit, 1984; C. Krebsbach-Gnath (Hg.), Die ges. Herausforderung der Informationstechnik, 1986; J. Pflüger u. R. Schurz, Der maschinelle Charakter, 1987; C. Schumacher-Wolf, Informationstechnik, Innovation u. Verwaltung, 1988; W. Rammert (Hg.), Computerwelten – Alltagswelten, 1990; B. Heintz, Die Herrschaft der Regel, 1993.

Davis, Kingsley, *20. 8. 1908 b. Tuxedo, Texas, nach Studien in Texas u. Harvard 1936 Ph.D., 1937–42 Assoc. Prof. Pennsylvania State Univ., 1942–44 Ass. Prof. Princeton, 1944–48 Assoc. Prof. ebd., 1948–55 Prof. f. Soziol. Columbia Univ., 1955 Prof. in Berkeley, 1959 Präs. der American Sociological Association. Hg. der ›Current Sociology‹ (1953–63), der ›Population Review‹ seit 1957 u. des ›Internat. Journal of Comparative Sociology‹ ab 1960. Als Schüler T. Parsons ist er um die Konkretisierung des strukturell-funktionalen Ansatzes bemüht. Er liefert einen Beitrag zur Schichtentheorie. In jeder Ges. gibt es Positionen unterschiedl. Qualität; die angemessene Besetzung dieser Positionen erzielt die Ges. durch ein entsprechend differenziertes Anreizsystem, das in die Positionen eingebaut ist. Ungleichheit der Positionen ist für ihn ›Schichtung‹. D. untersucht die ges. Institutionen im Hinblick auf soziale Interaktionen u. die Formung sozialer Individuen. Im interkulturellen Vergleich will er die Spanne der Variationen der Hauptelemente der Ges. feststellen, um so Einsichten für eine Theorie des Wandels sozialer Systeme zu gewinnen. Zudem ist D. hervorgetreten durch Bevölkerungs- u. Stadtforschungen.

Deduktion

Schr.: Human Society, New York [7]1964 (1949); The Population of India and Pakistan, New York 1968 (1951); mit anderen: Worlds Metropolitan Areas 1959; Modern American Society (mit anderen), New York [2]1950 (1949); World Urbanization 1950–1970, 2 Bde., Berkeley 1969 u. 1972.

Deduktion (lat.), deduktive Methode, »Herleitung des Besonderen aus dem Allgemeinen«, Begriff der Wissenschaftstheorie für die Methode, mittels logischer Schlußregeln aus vorausgesetzten, elementaren (für wahr gehaltenen) Sätzen kompliziertere oder für bes. Fälle gültige Sätze abzuleiten. Jede D. beginnt mit ihrerseits nicht wieder aus anderen Sätzen ableitbaren Ausgangssätzen (→ Axiom).

Deferred gratification pattern (engl.), »Verhaltensmuster aufgeschobener Befriedigung«, bezeichnet in der Soziol. u. Bildungsforschg. seit L. Schneider u. S. Lysgaard (1953) die Tendenz von Personen u. Bevölkerungsteilen, unter dem Einfluß bestimmter Wertsysteme auf kurzfristige Vorteile u. Bedürfnisbefriedigungen zugunsten späterer, als höherwertig eingestufter Belohnungen, Vorteile u. Befriedigungen zu verzichten. Dieses Verhaltensmuster beinhaltet eine starke Zukunftsorientierung u. individuelle Disziplinierung. Es bildet eine wesentl. Voraussetzung für die Nutzung von Bildungs- u. Aufstiegschancen, für das Gelingen komplexer Leistungen u. für die Verwirklichung eines langfristigen Lebensplanes.

H. E. Utz, Untersuchungen zum Belohnungsaufschub, 1979; A. Bolder u. K. Roder (Hg.), Das Prinzip der aufge(sc)hobenen Belohnung, 1987.

Definition (lat.), »Abgrenzung«, »Bestimmung« →Begriffsbildung.

Definitionsansatz →Labeling approach

Deformation professionelle (franz.), Bez. für typische Persönlichkeits- bzw. Charakter- u. Verhaltensmerkmale einer Person, die sich durch eine von ihr längerfristig ausgeübte Berufstätigkeit herausgebildet haben.

Deinstitutionalisierung (lat.), Prozeß des Abbaus, der Auflösung einer Institution, insbes. in Zeiten des stark beschleunigten soz. Wandels u. des (revolut.) gesell. Umbruchs, z. B. nach dem 1. Weltkrieg das Verschwinden der Erbmonarchie in mehreren europ. Ländern oder der Bedeutungsverlust der Verwandtschaft in der mod. Ges.

Dekadenz (franz. Décadence, lat.), Niedergang, Abstieg, Verfall von Kulturen, Ges.en, Eliten u. bestimmten Ges.sschichten. Im 17. u. 18. Jh. wurde die D. von Kulturen von G. B. Vico u. C. Montesquieu insbes. hinsichtl. der Ursachen als philos. Problem untersucht. In Dtl. hat F. Nietzsche als erster den Begriff D. gebraucht, u. zwar zur Bezeichnung der Erschöpfungserscheinungen damaliger europ. Kulturen, in denen aufgrund einer dominant gewordenen lebensfeindl. Moral des christl. Abendlandes der Nihilismus heraufzieht. Im theoret. Modell der »Zirkulation der Eliten« von V. →Pareto verweist der Abstieg herrschender Eliten gleichfalls auf das Phänomen der D., insbes. dann, wenn eine Elite vor der Anwendung von Gewalt zur Aufrechterhaltung der eigenen Herrschaftsposition zurückschreckt. In neueren gesch.philos. Ansätzen haben O. Spengler u. A. J. Toynbee die Auffassung von einem gesetzmäßig

Delinquenz

eintretenden Kulturverfall ausgebreitet. Wiederholt ist gefragt worden, inwieweit hochentwickelte Leistungsges.en der Gegenwart insbes. durch die Ausbreitung eines individualist. Hedonismus einer vergrößerten Gefahr der D. unterliegen.

C. Montesquieu, Considérations sur les causes de la grandeur des Romains et de leur décadence, 1734, dt.: Betrachtungen über die Größe Roms u. die Gründe seines Niederganges, 1930; F. Nietzsche, Sämtl. Werke. Krit. Studienausgabe in 15 Bd.en, hg. v. G. Colli u. M. Montinari, 1980; O. Spengler, Der Untergang des Abendlandes, 2 Bde., 1918–22; A. J. Toynbee, A Study of History, 10 Bde., 1934–61, dt. gekürzt: Gang der Weltgesch., [4]1954; H. J. Lieber, Kulturkritik u. Lebensphil., 1974; H. E. Lampl, Flair du livre. Friedrich Nietzsche u. Théodule Ribot, 1988.

Dekomposition (lat.), »Auflösung«, »Zergliederung«, Zerlegung eines Systems (Struktur, Modell, Vorstellung, Vorgang) in Einzelelemente, mit dem analyt.-theoret. Ziel, diese Elemente für sich u. in ihrer spez. Bedeutung für das gesamte System zu prüfen u. zu bewerten.

Dekulturation (lat.), »Kulturabbau«, bezeichnet den Umstand, daß Menschen einzeln oder gemeinsam sowohl mit ihrer eigenen als auch mit fremder Kultur nicht nur konstruktiv bzw. produktiv umgehen, sondern kult. Wirklichkeiten auch ablehnend bis hin zur Zerstörung gegenübertreten, um sie aus inneren u./oder äußeren Veranlassungen heraus mehr oder weniger rigide zu beeinträchtigen (vgl. auch →Desozialisation). Derartige Haltungen u. Vorgänge begleiten jeden soziokult. Wandel. Ihre Vollzugsformen sind ähnlich vielfältig wie diejenigen des schöpferischen bzw. bewahrenden Umgangs mit Kultur, indem sie vom alltägl. Vermeiden u. Verlernen über professionell u. institutionell betriebene Einschrän-

kungen bis hin zur unwiederbringlichen Vernichtung ganzer Kulturwelten reichen können (→Kulturverlust, Kulturpessimismus).

H. P. Thurn, Kulturbegründer u. Weltzerstörer. Der Mensch im Zwiespalt seiner Möglichkeiten, 1990.

Delegationstheorie (lat.), »Übertragungstheorie«, von dem schwed. Soziol. Croner zur Abgrenzung der funktionalen Sonderstellung aller Angestellten-Tätigkeiten von anderen (Arbeiter-)Berufskategorien entwickelt. Die D. erkennt in den vier nach ihr das Gesamtgebiet der Angestelltenarbeit umfassenden Funktionsbereichen (arbeitsleitende, konstruktive bzw. analysierende, verwaltende u. merkantile Funktionen) Teile einer ehemals umfassenden Unternehmer-Funktion. Die Angestellten-Funktionen seien, sozialhistor. betrachtet, durch Delegation von Unternehmer-Funktionen auf unselbständig beschäftigte Mitarbeiter der Unternehmer entstanden.

F. Croner, Soziol. der Angestellten, 1962.

Delinquenz (lat.), »Übeltäterei«, kriminelles u. verbrecher. Verhalten bzw. die individuelle Disposition dazu. Der Begriff D. wurde 1899 vom amerikan. Jugendstrafrecht zur kriminalsoziol. bedeutsamen Unterscheidung von verbrecher. Erwachsenen u. delinquenten Kindern u. Jugendlichen eingeführt. Im Vergleich zum verbrecher. Verhalten, das durch die gesamte Ges. verurteilt wird, ist delinquentes Verhalten wohl im kriminalist.-strafrechtl. Sinne, aber nicht nach den Normen u. moral. Maßstäben der sozialen Herkunfts- oder Umgangsgruppen der Täter immer etwas Verwerfliches oder Anrüchiges. D.-Untersuchungen befassen sich demzufolge bes. intensiv mit den sozialen Strukturverhältnissen, in denen oder aus denen heraus D. entsteht.

R. R. Kornhauser, Social Sources of Delinquency, Chicago 1978; W. Goudsmit, D. u. Ges., 1986; L. Pongratz u. P. Jürgensen, Kinderd. u. kriminelle Karrieren, 1990.

Delinquenzprophylaxe (lat./ griech.), Bezeichnung f. die Gesamtheit der sozialwiss. fundierten Maßnahmen zur Verhütung v. Delinquenz. Der Erfolg der D. hängt davon ab, inwieweit die Delinquenz verursachenden ges. Strukturverhältnisse, Ungerechtigkeiten u. Interaktionsmuster verändert werden können (primäre Prophylaxe).

G. Deimling (Hg.), Vorbeugungsstrategien, 1977; ders., Soz. Bestimmungsgründe delinquenten Verhaltens v. Kindern u. Jugendl., 1979.

Delphi-Methode (griech.), als qualitatives Prognoseverfahren eine spezielle Form des Experten-Interviews, bei der getrennt voneinander Experten über ihre Auffassungen, Einschätzungen u. Voraussagen hinsichtlich bestimmter Probleme (z. B.: »Wie groß wird in zehn Jahren die Zahl der Studierenden sein?«) befragt werden. Die anonym behandelten u. zus.fassend ausgewerteten Befragungsergebnisse werden mit dem Ziel, einen Konsens zu erreichen, den ausgewählten Experten (eventuell sogar wiederholt) für eine erneute Stellungnahme zugeleitet. Die Befragungsergebnisse sollen zur wiss. Fundierung folgenreicher Prognosen, Planungen u. Entscheidungen insbes. in Politik u. Wirtschaft beitragen.

D. Becker, Analyse der D.-M. u. Ansätze zu ihrer optimalen Gestaltung, 1974; K. Brockhoff, D.-Prognosen im Computer-Dialog, 1979.

De Man, Hendrik, 17. 11. 1885 Antwerpen – 20. 6. 1953 Murten (Schweiz), 1918 Dozent an der Akad. der Arbeit in Frankfurt/M., 1929–33 Lehrauftrag für Sozialpsychol. an der Univ. Frankf., 1933–41 u. 1945–46 Prof. für Sozialpsychol. an der Univ. Brüssel, 1935 belg. Arbeits-, 1936–40 Finanzminister, 1939 Präs. der Belg. Sozialist. Partei, 1946 wegen Kollaboration mit der dt. Besatzung in Abwesenheit verurteilt.

Nach De M.s Auffassung resultiert der Sozialismus nicht aus dem Bewußtsein von Klassengegensätzen, sondern aus dem »Konflikt zwischen histor. gewordenen Wertmaßstäben u. sozialen Umweltverhältnissen«. Entscheidend für den Charakter der sozialist. Bewegung sind die in der Gegenwart angewandten Mittel, nicht die künftigen Endziele. De M. widersprach somit der Ansicht, der revolutionäre Zweck heilige die Mittel. Er versuchte ferner, eine allg. ges. Phasenlehre zu entwickeln, nach der schöpferische Phasen u. solche des Verfalls einander ablösen. Die Epoche, in der er lebte, wurde von ihm als Verfallsphase eingestuft. Symptome hierfür sind: Vermassung, Kulturverfall, Eigengesetzlichkeit der »Apparate«, Bürokratisierung u. Entpersönlichung. De M.s Lehre wird von Sozialisten weithin abgelehnt.

Schr.: Zur Psychol. des Sozialismus, 1976 ([2]1927, 1925); Die Intellektuellen und der Sozialismus, 1926; Der Kampf um die Arbeitsfreude, 1927; Die Sozialistische Idee, 1933; Le plan du travail, 1934; Réfléxions sur la Paix, Brüssel 1942; Au delà du Nationalisme, Genf 1946; Vermassung u. Kulturverfall, [2]1952 (1951); Gegen den Strom (Memoiren), 1953.

Demographie (griech.), »Bevölkerungsbeschreibung«, von A. Guillard 1855 eingeführter Begriff für die Beschreibung der Zus.setzung u. Veränderung bzw. Entwicklung der Bevölkerung. Insbes.

Demokratie

durch verstärkten Einsatz statist. Methoden (→Bevölkerungsstatistik) hat sich die D. zur Bevölkerungswiss. (interdisziplinär angelegte, quantitative u. angewandte Bevölkerungsforschg.) weiterentwickelt, zu der auch die →Bevölkerungssoziol. gehört. Hauptprobleme sind Ursachen, eventuelle »Gesetzmäßigkeiten« u. Auswirkungen der Bevölkerungsentwicklung sowie die Untersuchung bevölkerungspolit. Gestaltungsmöglichkeiten. Angesichts heutiger Bevölkerungsprobleme (Geburtenrückgang in hochentwickelten Ges.en, verstärkte internat. Wanderungen, Bevölkerungswachstum in armen Ländern) ist die D. bzw. Bevölkerungswiss. zu einer unentbehrlichen Grundlage für bevölkerungspolit. bedeutsame Planungen u. Entscheidungen geworden. →Bevölkerungstheorie.

R. H. Dinkel, D., Bd. 1, 1989, Bd. 2, 1994; A. Diekmann u. a. (Hg.), Hdb. der Bevölkerungswiss., 1994.

Demokratie (griech.), »Volksherrschaft«, ein in der Polit. Soziol. mehrdeutig u. theoret. umstrittener, weil sowohl normativ als auch empir.-deskriptiv oder histor.-typolog. benutzter Begriff für die Gesamtheit bestimmter Strukturelemente eines Systems polit. (u. z. T. auch ges.) Herrschaftsausübung. Gegenüber Autokratie (Herrschaft eines einzelnen), Aristokratie bzw. Oligarchie (Herrschaft einer privilegierten kleinen Gruppe über die gesamte übrige Bevölkerung) meinte D. – nach dem griech. Vorbild dieser Begriffe, das mit ihnen bestimmte Staatsformen nach der Anzahl der Personen umschrieb, die die Staatsgewalt innehatten – ursprüngl. ledigl. Herrschaft des gesamten Volkes über sich selbst. Die Angelegenheiten der relativ kleinen, übersichtl. griech. »polis« (Stadtstaat) ließen sich noch in gemeinsamen, öffentl. Zusammenkünften aller freien Bürger, d. h. in direkter D., regeln, indem alle über die Gesetze mitberieten, abstimmten u. polit. relevante Entscheidungen trafen. In den mod. westl. Massenges.en hat sich hingegen die indirekt funktionierende, repräsentative D. herausgebildet, mit dem Parlament als zentralem Repräsentativorgan u. mit abwählbaren polit. Eliten. Mitunter sind Volksentscheide als plebiszitäre Elemente bzw. als direkte polit. Willensbildung zugelassen.

Der Begriff D. ist beinahe zu einer Leerformel geworden, seitdem in den Jahrzehnten nach dem II. Weltkrieg sich sogar staatssozialist.-totalitäre Herrschaftssysteme zum Anschein eigener Legitimität als »Volksd.« bezeichneten.

Konstitutive Merkmale der mod. westl. D. sind folgende: (a) Das Prinzip der Volkssouveränität, wonach eine polit.-staatl. Herrschaftsinstanz nur dann den Anspruch auf allg. Anerkennung erheben kann, wenn sie vom Volk legitimiert, d. h. letztlich durch die Entscheidung des Volkes zustandegekommen u. damit dem Willen des Volkes verpflichtet ist. (b) Das personale Gleichheitsprinzip in bezug auf die allseitige Teilnahme(möglichkeit) aller Bürger am polit. Willensbildungsprozeß. (c) Das personale Freiheitsprinzip, realisiert durch den Schutz der Freiheitsrechte (Grundrechte), das jegl. staatl. Herrschaftsausübung inhaltl. prinzipiell einschränkt, indem es dem einzelnen Bürger die für seine Beteiligung an der polit. Willensbildung vorauszusetzende freie Entfaltung seiner Persönlichkeit, Sicherheit vor Willkür, Terror u. Rechtsbeugung u. Freiheit der Wil-

Demokratie

lensäußerung garantiert. (d) Das soziale Gleichheitsprinzip, das dem Bürger durch staatl. Einwirkungen einen Schutz vor ges. Machtgruppen, d. h. vor anderen Bürgern, insoweit gewährt, wie er durch deren Aktivität an der Entfaltung u. Artikulierung seiner Interessen u. Lebenschancen gehindert werden könnte, was wiederum gleichbedeutend wäre mit seinem Ausschluß von d.-staatl. Willensbildung u. ihrer Monopolisierung durch solche ges. Machtgruppen. (e) Das Prinzip institutionalisierter Herrschaftskontrolle, realisiert durch Organisationen u. Einrichtungen, in denen u. über die der Bürger seinen Anteil am polit. Willensbildungsprozeß einlösen u. die Ergebnisse staatl.-polit. Handelns kontrollieren kann.

Die Umsetzung dieser Prinzipien in reale demokrat. Herrschaftsordnung ist nicht nur ein Problem normativer Regelungen, sondern hängt von den ges. u. individuellmenschl. Voraussetzungen einer histor.-spezif. Staatsordnung ab. Die konstitutiven Elemente der D.begriffs (s. o.) ließen bereits das Spannungsfeld zwischen liberalen (auf den Bürger als autonomen Willensträger ausgerichteten) u. egalitären (im Namen von Gerechtigkeitspostulaten die Entwicklungschancen einzelner wiederum eingrenzenden) Postulaten erkennen. Die Massen-D. wird zur Verbände- u. Parteien-D., in der die versch. organisierten Interessen in einem Parallelogramm der gegenseitigen Gruppeneinflüsse das Gemeinwohl als Ergebnis von »pluralist.« Kompromißprozessen u. nicht mehr als rationale Erkenntnisleistung u. absolut einlösbare Zielvorstellung direkt kommunizierender »mündiger« Bürger erstreben.

Für die D. des Sozialstaates, der mit einer Fülle von eingreifenden u. umverteilenden Maßnahmen, mit einem dichten Netz sozialer Sicherungen u. materieller Wohlstandsmehrung, Klassengegensätze u. Gruppenkonkurrenzen abschwächt, überdeckt u. bewußtseinsmäßig verdrängt, wird überdies die Artikulation von polit. Alternativen zum Problem. Polit. Apathie, polit. Konkurrenz ledigl. zwischen organisator. Führungsgruppen, unzureichende polit. Öffentlichkeit, psycholog. Manipulationen bei Wahlen u. Herrschaftsbestellungen, Verlagerung der polit. Entscheidungen in abgeschlossene Zirkel einflußreicher Gruppen lassen dann den mit bisher gängigen Vorstellungen über D. bes. verbundenen Parlamentarismus fragwürdig werden. Wahlen als Ausdruck indirekter D. werden entwertet, weil Expertokratien u. kleine Machtgruppen über die materiellen u. psycholog. Mechanismen zur Beeinflussung u. Ablösung von Politik durch (angeblich rationaleren) Sachverstand als den Ausdruck ihrer Interessen verfügen. Die formal-demokrat. bestellten u. dem Wähler öffentl. zur Rechenschaft verpflichteten Parlamente u. Regierungen werden ebenfalls entwertet, weil die wesentl. Entscheidungen außerhalb der über Wahlprozesse bestellten Gremien gefällt werden. Die Erkenntnis, daß D. als polit. Herrschaftsordnung zur Sicherung u. Entfaltung individueller u. sozialer Freiheit nicht funktioniert, wenn ges. Herrschaftsverhältnisse sie unterlaufen, hat wieder die Diskussion darüber angeregt, wie demokrat. Prinzipien stärker durchgesetzt werden können.

J. A. Schumpeter, Kapitalismus, Sozialismus u. D., 1950; G. Leibholz, Strukturprobleme der mod. D., [5]1967; J. L. Talmon, Die Ursprünge der totalitären D., 1961; S. M. Lipset, Soziol. d. D. 1963; O. Stammer, Polit. Soziol. u.

D.forschg. 1965; A. Downs, Ökonom. Theorie der D., 1968; Ch. Meier, Entstehung des Begriffes »D.«, 1970; W. Adrian, D. als Partizipation, 1977; P. C. Dienel, Die Planungszelle, 1978; E. Jesse, Literaturführer: Parlamentarische D., 1981; A. Waschkuhn, Partizipation u. Vertrauen, 1984; R. Wassermann, Die Zuschauerd., 1986; P. Graf Kielmansegg, Das Experiment der Freiheit, 1988, U. Rödel u. a., Die demokrat. Frage, 1989; U. Sarcinelli (Hg.), Demokrat. Streitkultur, 1990; U. Bermbach, D.theorie u. polit. Institutionen, 1991; W. Besson u. G. Jasper, Das Leitbild der modernen D., 1991; H.-G. Jaschke, Streitbare D. u. Innere Sicherheit, 1991; G. Sartori, D.theorie, 1992; H. Zilleßen u. a. (Hg.), Die Modernisierung der D., 1993.

Demokratisierung, Abbau u. Verringerung von Herrschaft in allen ges. Bereichen (neben Politik insbes. Bildung, Wirtschaft, Kirche). Von ihren ideolog. Verfechtern wird D. z. T. als ein gleichsam automatisch, mit zunehmende Industrialisierung u. Rationalisierung sich entwickelnder Prozeß gesehen, dem ein Wandel von (traditionalen u. irrationalen) Amtsautoritäten zu (rational legitimierten) Sach- u. Leistungsautoritäten zugrunde liege. In diesem Sinne wird D. nicht als Prozeß des Abbaus von Herrschaft schlechthin (mit dem Ziel völlig herrschaftsloser, anarch. oder sich von selbst in Ordnung u. Gleichgewicht haltender sozialer Beziehungen der Menschen) verstanden, sondern meint ledigl. die alleinige »sachl.« Legitimation u. entspr. Sozialstruktur.

W. Strzelewicz, Industrialisierung u. D. in d. mod. Ges., ²1964 (1958); W. Hennis, D., Zur Problematik eines Begriffs, 1970; K. O. Hondrich, D. u. Leistungsges., 1972; H. Schelsky, Systemüberwindung, D. u. Gewaltenteilung, 1973; F. Vilmar, D., 2 Bde., 1973; M. Greiffenhagen (Hg.), D. in Staat u. Ges., 1973; U. v. Alemann (Hg.), Partizipation – D. – Mitbestimmung, ²1978; P. Sylos Labini, Die neuen Klassenverhältnisse, 1988.

Demonstrationseffekt oder Duesenberry-Effekt, Bezeichnungen für die Hypothese, daß sich Angehörige einer Einkommens-schicht in ihrem Konsumverhalten an dem wahrnehmbaren Konsumstil der nächst höheren Schicht orientieren. Der D. trägt zur Erklärung der Konsumdynamik bei.

Demonstrativer **Konsum** →Geltungskonsum

Demoskopie (griech.), »Abschrift«, Nachzeichnung einer »Volksgemeinde«, auf den amerik. Soziologen Stuart C. Dodd zurückgehende Bezeichnung für →Meinungs- u. Umfrageforschg., ein zentraler Teilbereich der →Empir. Soz.forschg. In Dtl. ist der Begriff D. durch den Namen des von E. Noelle-Neumann u. E. P. Neumann 1947 gegründeten »Instituts für D. Allensbach« bekannt geworden.

E. Noelle, Umfragen in der Massenges., ⁷1976 (1963).

Demutsgebärde, Bez. der Ethologie für die Haltung eines Tieres, das im Kampf mit anderen die »Unterwerfung« zum Ausdruck bringt.

Denken, Bez. f. eine psych. Tätigkeit des Menschen, bei der Sachverhalte verglichen, zusammengefaßt, unterschieden, verstanden werden, bei der es zur Verarbeitung von Sinneserfahrungen kommt, bei der Gegenstände oder Probleme durch die Bildung von Begriffen, durch Urteilen u. Schließen erfaßt oder verarbeitet werden. Das D. ist unmittelbar Gegenstand mehrerer Wiss.en, wie etwa der Phil., der Psychologie, der Biologie usw.; mit der Beziehung zw. dem D.u. seinen Strukturen einerseits u. den Einflüssen der sozialen Verhältnisse andererseits befaßt sich insbesondere die Wissenssoziol.

C. F. Graumann (Hg.), D., 1965; U. Mueller, Die Entwicklg. des D.s, 1982; C. J. Lumsden u.

Denkmodell 146

E. O. Wilson, Das Feuer des Prometheus, 1983; C. R. Hallpike, Die Grundlagen primitiven D.s, 1984; H. Gardner, Dem D. auf der Spur, 1989.

Denkmodell →Modell

Denomination (lat.), »Benennung«, amerikan. Bezeichnung für christl. Religionsgemeinschaften (Kirche, Sekte), die staatsfrei, vereinsmäßig organisiert sind.

Dependencia-Theorien (lat.), Abhängigkeit, Theorien der Unterentwicklg., die v. einer Hierarchie der intern. Abhängigkeiten ausgehen u. die Rückständigkeiten der Entwicklungsländer als Folge des sich in den Metropolen entfaltenden Kapitalismus ansehen. Der Entwicklg.sprozeß der ›Peripherien‹ ist v. ihrer ökon., technolog., polit.-militärischen und kult. Abhängigkeit von den Metropolen u. deren Interessen gekennzeichnet. Symmetriemodelle intern. Beziehungen erweisen sich nach Ansicht der Vertreter dieses Ansatzes als genauso ungeeignet zur Erklärung ungleicher Entwicklg. wie Hoffnungen als obsolet erscheinen, durch die Integration der unterentwickelten Länder in die Weltwirtschaft ihren Aufschwung herbeizuführen. →Entwicklg.sländer, →Entwicklg.spolitik, →Entwicklg.ssoziologie.

M. Bohnet (Hg.), Das Nord-Süd-Problem, 1971; D. Senghaas (Hg.), Imperialismus u. strukturelle Gewalt, 1972; W. Godzik u.a., Zur Kritik der Dependenztheorie, in: KZfSS 28, 1976; E. Weede, Dependenztheorien u. Wirtschaftswachstum, in: KZfSS 33, 1981.

Deprivation (lat.), »Beraubung«, psychol. Bezeichnung für einen psych. Zustand der Entbehrung dadurch, daß das Individuum seine ursprüngl. (triebgesteuerten) oder erlernten (»erfahrenen«) Bedürfnisse nicht oder unzureichend befriedigen kann. Nach allg. Thesen der Verhaltenspsychol. besteht eine positive Korrelation zwischen dem Grad der D. u. dem Aktivitätsniveau zur Beseitigung der D., wobei in Aussicht gestellte Güter zur Beseitigung der D. noch eine verstärkende Wirkung ausüben.

Die Sozialpsychol. umschreibt mit dem Begriff »relative soziale D.« das Phänomen, daß sich Menschen im ges. Statuswettbewerb gegenüber anderen benachteiligt, geschädigt fühlen. Der Maßstab für solche D.gefühle wird von →Bezugsgruppen abgeleitet.

W. G. Runciman, Relative D. and Social Justice, London 1968; H. J. Hummell, Psychol. Ansätze zu einer Theorie soz. Verhaltens, in: Hdb. d. empir. Soz.forschg. II, 1969.

Deregulierung →Marktwirtschaft

Derivation (lat.), »Ableitung«, von V. Pareto (1848–1923) eingeführte Bezeichnung für die (scheinbar) rationalen Begründungen, die Menschen ihrem realen Handeln zugrunde legen und mit denen sie ihre Entscheidungen (theoret.) rechtfertigen.

Pareto unterschied die sog. »logischen« von den »nicht-logischen« Handlungen der Menschen. Bei ersteren geht die Vorstellung des Handelnden über das Resultat der Handlung dieser voraus u. stimmt auch mit dem tatsächl. Handlungsergebnis überein. Bei der zweiten Kategorie ist das »objektive«, vom wiss. u. »gefühlsmäßig« unbeeinflußten Beobachter feststellbare Handlungsresultat versch. gegenüber der »Theorie« oder Begründung, die der Handelnde selbst über sein Tun entwickelt hat.

In Orientierung an den nicht-log. Handlungen, die für die sozialen Beziehungen vorrangige Bedeu-

tung hätten, untersuchte Pareto die Auswirkungen des »psych. Urgrundes« auf die von Menschen über ihr Handeln entwickelten »Theorien« u. Begründungen. Er nahm an, daß diese Theorien aus zwei Bestandteilen sich zusammenfügen: (a) aus einem »substantiellen« bzw. »konstanten« u. (b) aus einem variablen Element. »Der Teil (a) ... ist der Ausdruck gewisser Gefühle. Der Teil (b) ist die Manifestation des log. Bedürfnisses, das der Mensch besitzt ... Der Teil (a) ist das Prinzip, das im Geiste der Menschen existiert, der Teil (b) sind die Erklärungen, die Deduktionen aus diesem Prinzip.« Der aus den »Gefühlen« sich ergebende konstante Faktor (a) bildete für Pareto die letzten »Rückstände«, die Residuen, u. schien ihm ident. zu sein mit den fundamentalen, längerfristig bis histor. nicht mehr spezifizierbaren sozialen Wirkkräften. Von diesen Residuen als den Manifestationen des »psych. Untergrundes« der Menschen in ihren Theorien hob er die variablen, aus dem Bedürfnis nach Rechtfertigung u. Sinngebung nur gefühlsmäßig bedingten Handelns resultierenden D.en ab.
Für die Analyse sozialer Phänomene (= Handlungen mit begleitenden »Theorien« darüber) kam es Pareto darauf an, die dauerhafte »Substanz« der Gefühle, manifestiert in den Residuen, abzuheben von den »Formen« (D.en), in denen sich diese Gefühle – im Zeitablauf äußerst variabel – ausdrücken. Die Residuen sind demnach der irrationale Kern jeder sozialen Handlung. Die D.en sind die scheinlog. Begründungen der durch Residuen ausgelösten Handlungen (Rationalisierung). Sie können bei entspr. sozialer Verbreitung u. Verfestigung zu Ideologien werden.

G. Eisermann, V. Paretos System der allg. Soziol., 1962; ders., Pareto als Wissenssoziologie (Kyklos, 15, 1962); ders., V. Pareto als Nationalökonom u. Soziologe, 1961; A. Gehlen, V. Pareto u. seine »neue Wiss.« (in: ders., Studien zur Anthropologie u. Soziol., 1963).

Desertion (lat.), »Fahnenflucht«, Bezeichnung der Familiensoziologie für das endgültige oder sporad. Verlassen der familiären Gemeinschaft durch (in der Regel) den Ehemann (Vater), bes. häufig bei Familien der unteren sozialen Schichten oder der sozial unterprivilegierten Minderheiten. Die D.quote (gemessen an der Zahl getrennt lebender Verheirateter) ist in den meisten Industriestaaten (insbes. in den USA) wesentl. höher als die Quote der Geschiedenen. D. ist eine Folge sozialen Drucks u. hoffnungsloser Zukunftsperspektiven vor allem in Zeiten wirtschaftl. oder berufl. Krisen, denen charakterlabile u. neurot. Persönlichkeiten nicht gewachsen sind. Hauptprobleme sind wirtschaftl. Versorgungskrisen, die Sozialisation der Kinder in der dann einseitig mutterzentrierten, »vaterlosen« Familie, psychisch belastende Wartesituationen, soz. Unsicherheit.

E. R. Mowrer, Family Disorganization, Chicago 1939 (1927); L. Stampfli, Die unvollständige Familie, 1951; Th. P. Monahan, Family Fugitives (in: Marriage and Family Living 19, 1957).

Desintegration (lat.), »Auflösung«, »Auseinanderfallen«, in der Soziol. mehrdeutig benutzte Bezeichnung, (a) für die Auffächerung entwickelter Industrieges.en in zahlreiche, voneinander relativ unabhängige Subsysteme (→Pluralismus, →Subkultur) u. entspr. sektoralisiertem, sozialen Bewußtsein der Mitglieder solcher Ges.en; (b) für die Prozesse der Auflösung einzelner Institutionen oder Organisationen im Zuge sozialen Wandels; (c) für die Konsequenzen beträchtl. Anteile abweichenden Verhaltens in sozialen Beziehungsgeflechten; (d) für Prozesse der Herauslösung einzelner ges. Institutionen aus der gesamtges. Struktur durch Funktionenverlust (z. B. Familie). In der Psychopathologie umschreibt D. den Status u. Grad geistiger Erkrankung als Verfallsform der Persönlichkeit.

Deskriptives Schema, Beschreibungsschema, Auswahl, Reihenfolge u. Anordnung von wiss. Begriffen, mit denen die versch. wiss. relevanten Eigenschaften oder Merkmale (Variablen) eines Gegenstandes (bei Anwendung versch. Forschungsmethoden) beobachtet, überprüft, kontrolliert u. protokolliert werden. Bei empir.-soziol. Erhebungen (Beobachtung, Experiment, Interview) werden z. B. Merkmale der erfaßten Personen wie Geschlecht, Alter, Beruf, Konfession, Bildungsstand festgestellt. Gruppensoziol. Untersuchungen überprüfen interne u. externe Gruppenbeziehungen nach festgelegten Merkmalslisten. Die soziol. Rollenanalyse hat das d. Sch. für die Darstellung von sozialen Rollen entwickelt. Mitunter geht die Entwicklung eines d. Sch. der eigentl. Hypothesen- u. Theorienbildung voraus. In der Regel wird es jedoch aus theoret. Sätzen über einen Gegenstand abgeleitet, um im Verlauf der empir. Analyse u. Überprüfung keine theoret. wesentl. Aspekte des Gegenstandes auszulassen. Ein d. Sch. darf nicht als objektives Abbild eines »natürl.« Systems der Eigenschaften eines erfaßten Gegenstandes angesehen werden. Entspr. der Problemstellung einer wiss. Untersuchung können für ein und denselben Gegenstand versch. d. Sch. eingesetzt werden.

Deskriptive Untersuchung, Beschreibung, theorieloses Registrieren von Eigenschaften oder Beziehungen zwischen Eigenschaften eines wiss. relevanten Gegenstands, die gewöhnlich darum wiss. interessant werden, weil sie mit regelmäßigen, wiederkehrenden Invarianzen, Kombinationen oder in einem auffälligen räuml. bzw. zeitl. Zusammenhang auftreten. Eine d. U. definiert zunächst die in Frage kommenden Eigenschaften u. gibt Verfahrensregeln an (→Operationalisierung), wie diese Eigenschaften unter welchen Bedingungen registriert werden sollen. Forscher, die sich in ihren Analysen auf d. U. beschränken, sind dem Vorwurf des wiss. Empirismus ausgesetzt.

Desorganisation (lat.), Mangel bzw. Verlust an Organisation, vgl. auch →Desintegration, Schwächung oder Zusammenbruch der gesamten Ges. oder bestimmter Institutionen in ihr, soweit sie als Systeme normierter Verhaltensmuster mit dahinter stehender sozialer Kontrolle betrachtet werden.

Desozialisation (lat., engl. desocialization), Abbau bzw. Verlust von »Ges.keit«, Bezeichnung für Prozesse des »Verlernens« von Wertorientierungen, soz. Normen u. Verhaltensmustern infolge freiwilliger Reduktion oder erzwungener Unterbrechung soz. Bindungen, Aktivitäten u. Interaktionen. So können der die Abkehr von einer Gruppe, Auswanderung aus einer Kultur, längere Haftstrafen u. Gefangenschaft, das Ausscheiden aus dem Berufsleben (Problem insbes. für ältere Menschen), überhaupt länger anhaltende Situationen soz. Isolation zu Erscheinungen einer D. führen. Im Falle einer Rückkehr in die frühere soz. Umwelt können

konfliktgeladene Rückanpassungs-
krisen auftreten.

Despotie (griech.), schranken- u.
grenzenlose Gewaltherrschaft,
→Totalitarismus.

Determinante (lat.), »abgrenzen-
der«, »bestimmender« Faktor in einer theoret. Aussage, Gegenteil von
Resultante. Die D. ist in einer Aussage über den Kausalzusammenhang von wiss. konzipierten Größen die unabhängige Variable, die
Resultante die abhängige.

Determinismus (lat.), Lehre von
der allg. (Vor-)»Bestimmtheit«
durch allseitigen kausalen Zusammenhang u. wechselseitige Bedingtheit aller Erscheinungen.

**Deutsche Gesellschaft für So-
ziologie,** Abk.: DGS, gegr. 1909
von M. Weber, W. Sombart, F. Tönnies u. a., um gegenüber dem von
staatssozialist., sozialreformeri-
schen und polit. Meinungsausein-
andersetzungen beherrschten
»Verein für Socialpolitik« eine dem
Prinzip der Werturteilsfreiheit verpflichtete wiss. Vereinigung aufzubauen. In Abgrenzung von
gesch.philos.-polit. (Marxismus) u.
moral.-eth. (Kathedersozialismus)
ausgerichteten Erörterungen der
sozialen Fragen des 19. u. 20. Jh.
sollte mit der DGS (a) das Interesse
u. die Plattform für eine erfahrungswiss. orientierte u. disziplinär
selbständige Soziol. entwickelt
werden, (b) eine Gelehrten-Ges.
für gegenseitige Anregungen u.
wiss. Kooperation entstehen, (c) eine Akademisierung der Soziol. vorangetrieben u. der dazu notwendige qualifizierte Nachwuchs gefördert werden.
Bis 1995 hat die DGS 27 Soziologentage (ab 1995 Kongreß) durchgeführt, die bis 1950 (1934–46 arbeitete die Ges. nicht) fast ausschließl. aktuellen ges. Problemen
u. anthropolog.-soziolog. Grund-
themen vorbehalten waren, danach
jedoch sich den Fragen des Verhältnisses von Soziol. u. Ges. bzw. von
soziol. Theorie u. ges. Praxis sowie
den erkenntnistheoret. u. methodolog. Schwierigkeiten gesamtges.
Analysen u. Gegenwartsinterpreta-
tionen zuwandten. In jüngerer Zeit
brachten die Soziologentage –
trotz eines jeweiligen Generalthe-
mas – unter dem Einfluß einer
weitergehenden Spezialisierung u.
verstärkten empir. Orientierung
(zu Lasten des Bemühens um eine
allg. theoret. Synthese) ein auf
mannigfaltige ges. Probleme u.
Teilbereiche fixiertes Auseinanderfließen der Soziol. zum Ausdruck.
Die Organe der DGS sind die Mitgliedschaft, das Konzil (besteht aus
30 gewählten ordentl. Mitgliedern)
u. der Vorstand. Der Vorsitzende
wird für 2 Jahre gewählt u. vertritt
die DGS nach außen. – Die wiss.
Arbeit der DGS wird insbes. durch
die Tätigkeit ihrer Sektionen für
bestimmte soziol. Forschungsbereiche geprägt. Satzungsänderun-
gen von 1957 und 1970 haben den
ursprüngl. »Honoratioren«-Cha-
rakter der Ges. beseitigt u. sie einem breiteren wiss. Mitgliederkreis
geöffnet. Heute versucht die DGS,
die Förderung u. theoret. Diskussion von Forschungsvorhaben ihrer (z. Zt. über 1100) Mitglieder
mit Aufgaben berufsprakt. u.
wiss.polit. Interessenvertretung zu
verbinden. Diesem Zweck dient
vornehmlich die seit 1973 hg.
Ztschr. »Soziologie – Mit-
teilgs.blatt der DGS«.

Devianz, Deviation (lat.), Abweichung, →abweichendes Verhalten,
→Kriminalsoziol.

Dezentralisierung (lat.), Prozeß der »Auseinanderlegung«; Verteilung von (ursprünglich zentralisierten) Funktionen, Autoritäten, Einflüssen, Wohnverhältnissen usw. auf mehrere Zentren. – D. soll in Großunternehmungen eine flexiblere Marktanpassung, mehr Kundennähe, verbesserte Mitwirk. für die Beschäftigten u. eine Effizienzsteigerung ermöglichen. Im polit. Bereich soll D. Möglichkeiten der demokrat. Partizipation auf unteren Ebenen u. in regionalen sowie kommunalen Bereichen erhöhen.

Dezil (lat.), »Zehnteiler«, statist. Streuungsmaß für Häufigkeitsverteilungen; bezeichnet die Werte, die sich ergeben, wenn die Gesamtheit aller ermittelten Werte einer Verteilung in zehn gleich große Teile geteilt werden.

Dezisionismus (lat.), philos. Lehre vom absoluten Eigenwert u. von der Notwendigkeit individueller »Entscheidung«. In der sozialwiss. Erkenntnistheorie eine Auffassung von Theorie, die eine (positivist. orientierte) prinzipielle Trennung von Wiss. u. ges. Praxis, d. h. einen Ausschluß der Sinn- u. Wertfragen aus der Wiss. u. damit eine praxisunverbindl. Forschg. postuliert. Damit werden die Probleme der Entstehung von wiss. Problemen ledigl. dem Fragenbereich einer Forschungspsychol. zugeordnet u. die Probleme der Verwendung u. Nutzung wiss. Erkenntnisse als dem außerhalb der Verantwortung der Wiss. liegenden Bereich der polit. (persönl.-subjektiv.) Entscheidungen zugehörig erklärt.

Chr. Graf v. Krockow, Die Entscheidung, 1958; J. Habermas, Theorie u. Praxis, ³1969.

Dezisionistisches Modell, →Technokratisches Modell

Dialektik (griech. »dialegein = sich unterreden«), Kunst der Unterredung; bes. wiss. Methode des Inbeziehungsetzens von (gegensätzl., widersprüchl.) Aussagen zur Gewinnung von Einsichten über die Entwicklungsgesetze der den Aussagen zugrunde liegenden Phänomene. D. geht davon aus: (1) daß die Entwicklung von Aussagen über materiale oder soziale Phänomene (durch das existentielle Eingebundensein der Aussagenden in diese Phänomene) von der Entwicklung der Phänomene selbst beeinflußt wird; (2) daß die »Totalität« der Phänomene, über die Aussagen gemacht werden, einen universellen Zusammenhang bildet, in dem alle Dinge u. Erscheinungen miteinander verbunden sind u. sich gegenseitig bedingen; (3) daß die Triebkraft jeder Bewegung u. Entwicklung die den Phänomenen innewohnenden Widersprüche sind, so daß es in der Wiss. insbes. auf das Herausarbeiten von Komplexitäten, Spannungen u. Verschlingungen in den Kausalbeziehungen ankommt; (4) daß es im Verlauf der Entwicklung der Beziehungen zwischen den Elementen u. Teilbereichen der »Totalität« zu qualitativen (sprungartigen) Veränderungen kommt, so daß aus kontinuierl. Weiterentwicklung Diskontinuität, aus Evolution Revolution, aus aufeinander einwirkender Quantität neue Qualität entspringt; (5) daß Entwicklung u. neue Qualitäten nicht aus einer bloßen Überwindung des jeweils Vergangenen hervorgehen, sondern als Überführung u. Vermittlung der positiven, entwicklungsfähigen Bestandteile des Alten zu neuen, höherentwickelten Seinsqualitäten zu betrachten sind (»Gesetz der Negation der Negation«).

Die D. als Forschungsmethode u. als erkenntnistheoret. Grundvorstellung über den Aufbau u. die Entwicklungsgesetze der Welt hat in ihrer 2500jährigen Entfaltung von der griech. Philosophie bis Hegel u. Marx eine jeweils unterschiedl., autorenbezogene Interpretation erfahren.

G. Gurvitch, D. u. Soziol., 1965; K. R. Popper, Was ist D.? (in: E. Topitsch, Hg., Logik der Soz.wiss.en, 1970); J. Habermas, Zur Logik der Soz.wiss.en, 1970; Th. W. Adorno, Aufsätze zur Ges.theorie u. Methodol., 1970; H. Seiffert, Einführung in die Wiss.theorie, Bd. 2, 1970; R. Simon-Schaefer, D. – Kritik eines Wortgebrauchs, 1973; W. Janke, Hist. D., 1977; H. Rust, D. als Gestaltungsprinzip ges.wiss. Argumentationen, in: KZfSS 29, 1977; J. Nacher, Einf. in Hegels D., 1980; G. Stiehler, D. u. Ges.wiss.en, 1987.

Dialektischer Materialismus
→Materialismus

Diastase, (griech.), in zwei einander gegenüberstehende Positionen aufgelöste Beziehung. Das Auseinandertreten zweier ehemals verbundener Größen oder Mengen; Polarisierung.

Dichotomie, (griech. »Zweiteilung«), Aufteilung einer sozialen Gesamtheit in zwei Aggregate, die sich mit unterschiedl., gegenläufigen u. unvereinbaren Interessen gegenüberstehen u. um sozialen Einfluß ringen. In der Theorie der sozialen Schichtung ein sozialer Strukturzustand, in dem sich eine ehemals vielgeschichtete Ges. zu einer (im Sinne etwa des Marxismus) Klassenges. mit zwei einander feindl. gegenüberstehenden u. um die Gestaltung der ges. Zukunft kämpfenden Klassen (z. B. der herrschenden Bourgeoisie u. des beherrschten Proletariats) entwickelt hat.

D. Fröhlich, Ursachen eines dichotom. Ges.bildes bei Arbeitern, in: KZfSS 33, 1981.

Dichte (einer Ges.), seit E. Durkheim Ausdruck für die Intensität der sozialen Kontakte in einem ges. System, verstanden als Verhältnis von Bevölkerungsvolumen u. Anzahl der sozialen Kontakte. Die D. steigt an mit der Differenzierung (Arbeitsteilung) der sozialen Beziehungen. Sie kommt zum Ausdruck in Urbanisierung, Ballungsräumen, Entwicklung von Verkehr, ges. Kommunikation, Herrschafts- u. ges. Klassenverhältnissen.

E. Durkheim, De la division du travail social, Paris ⁶1926 (1893), dt.: Über soz. Arbeitsteilung, ²1988.

Dienstklasse, die ges. Kategorie der Angestellten, die die Funktionen der an Kapitalverwertung u. Kapitalrendite orientierten Unternehmer in der bürgerlich organisierten Industrieges. wahrnehmen, die aber selbst weder Eigentümer des Kapitals sind noch (nach marxistischer Werttheorie) wertbildende Arbeit leisten. →Manager, →Delegationstheorie.

R. Dahrendorf, Konflikt u. Freiheit. Auf dem Wege zur D.nges., 1972.

Dienstleistungen, im Gegensatz zur Produktion von Gütern i. e. S. jene Tätigkeiten, die in persönl. Diensten v. Personen bzw. Institutionen bestehen. Zum D.sektor, der als →tertiärer Sektor gegenüber Landwirtschaft u. Industrie abgegrenzt wird, werden z. B. Handel, Verkehr, Banken, Versicherungen, freie Berufe, öffentlicher Dienst u. Fremdenverkehr gezählt. Ausgeweitet haben sich insbes. die verstärkt personbezogenen, wenig rationalisierbaren D. (Humandienstleistungsbereiche), z. B. Berufe im Bildungs- u. Ausbildungswesen, Pflege-, Betreuungs- u. Beratungsbereich. Mit der fortschreitenden Vergrößerung des tertiären Sektors

Dienstleistungsgesellschaft 152

zum dominierenden Tätigkeitsbereich entwickelt sich die mod. Industrieges. weiter zur →Dienstleistungsges.

J. Gershuny, Die Ökonomie der nachindustr. Ges., 1981; U. Berger, Wachstum u. Rationalisierung der industr. Dienstleistungsarbeit, 1984; H. Albach, D. in der mod. Industrieges., 1989; R. Rock u. a., Dienstleistungsrationalisierung im Umbruch, 1990; W. Littek u. a. (Hg.), Dienstleistungsarbeit, 1991; ders. u. a. (Hg.), Organisation von Dienstleistungsarbeit, 1992.

Dienstleistungsgesellschaft, eine der Bezeichnungen für die mod. hochentwickelte Ges. westl. Prägung, in der der tertiäre Sektor (→Fourastié) bzw. der Dienstleistungssektor in quantitativer u. ges. prägender Hinsicht zum dominierenden Bereich der Ges. geworden ist. In der D. ist mit weiterhin steigender Tendenz mehr als die Hälfte der Erwerbstätigen im Dienstleistungssektor beschäftigt. Demgegenüber hat die Zahl der Erwerbstätigen im primären Sektor (Landwirtschaft) u. im sekundären (Industrie, produzierendes Handwerk) immer mehr abgenommen. Infolge des techn. Fortschritts u. des Wandels der Arbeitsplätze sind in der hochentwickelten Industrie etwa zwei Drittel der Beschäftigten nicht mehr in der direkten Produktion tätig (keine »Produzenten« mehr), sondern tragen mit ihren Dienstleistungen (Forschung, Produktentwicklung, Arbeitsvorbereitung, Logistik, Personalwesen, Organisationstätigkeit, Rationalisierungsanstrengungen, Marktforschung, Werbung, Verkauf, Kundenbetreuung u. a. m.) dazu bei, daß marktfähige Produkte möglichst kostengünstig hergestellt u. erfolgreich abgesetzt werden. Unter Berücksichtigung dieser »versteckten Dienstleistungen« des sekundären Sektors sind in Dtl. etwa 80 % der Erwerbstätigen Dienstlei-

stende. Deren Anteil an der Gesamtzahl der »Tätigen« wäre noch größer, wenn die Hausfrauen ökonom. angemessen berücksichtigt werden würden. Nachdem die Agrarges. durch die Industrieges. verdrängt wurde, hat sich nun mit der D. eine »post- bzw. nachindustr. Ges.« herausgebildet, die zunehmend auch als Informations- u. Kommunikationsges. charakterisiert wird.

Das Wachstum des Dienstleistungsbereichs ist großenteils durch die Ausweitung von Staatstätigkeiten bedingt, die insbes. auf Menschenbetreuung ausgerichtete Dienstleistungen umfassen (staatl. Bildungsbereich, Gesundheits- u. Rechtswesen, Verwaltung). Dieses Wachstum wurde durch das Fehlen eines wirtschaftl. Rationalisierungszwanges erleichtert, von einer fortschreitenden Bürokratisierung begleitet u. schließlich durch eine öffentl. Finanzkrise begrenzt. In Dienstleistungsbereichen, die dem Wirtschaftlichkeitsprinzip unterworfen sind (Banken, Versicherungen, Handelsunternehmungen), wurde unter dem Druck gewerkschaftl. Einkommenspolitik u. unter Anwendung mod. Informations- u. Kommunikationstechniken beschleunigt rationalisiert. Dadurch wurde die ursprüngl. Annahme, der Dienstleistungssektor sei für die in anderen Sektoren freigesetzten Arbeitskräfte beliebig aufnahmefähig, widerlegt.

Die zunehmende Verteuerung von Dienstleistungen durch Steigerung der Personalkosten hat paradoxerweise dazu geführt, daß in der D. wichtige Lebensbereiche dienstleistungsärmer geworden sind: Privathaushalte können sich kaum noch eine Hausgehilfin leisten, Postdienste sind reduziert worden, in mod. Handelsgeschäften wird weniger bedient, Verkehrsbetriebe wurden weitgehend rationalisiert u. automatisiert bzw. »entmenschlicht«, zu teuer gewordene Handwerkerleistungen haben wesentl. zur Entstehung einer großen Heimwerker- u. Do-it-yourself-Bewegung, zur Ausweitung der informellen Wirtschaft (Schattenwirtschaft) beigetragen.

Die wirtschaftl. unumgehbare Voraussetzung für die Herausbildung einer D. ist die stark vorangetriebene Produktivitätssteigerung im Bereich der Güterproduktion. Nur dadurch konnten zahlreiche Arbeitskräfte für den mannigfaltig strukturierten Dienstleistungsbereich freigestellt werden u. in diesem auch finanzierbare Arbeitsplätze finden. Die Aufrechterhaltung u. Weiterentwicklung einer prosperierenden D. setzt somit als Grundlage eine innovationsorientierte, leistungs- u. wettbewerbsfähige Industrie voraus.

Soziol. ist besonders bedeutsam, daß mit der D. die Zahl der Ges.sangehörigen mit höheren Bildungsniveaus u. größerer Bereitschaft zum Engagement stark zugenommen hat. Diese sind vorrangig die Träger eines beschleunigten Wertwandels u. neuer soz. Bewegungen, insbes. der Umweltschutzbewegung.

D. Bell, Die nachindustr. Ges., 1975; P. Gross, Die Verheißungen der D., 1983; H. Schedl u. K. Vogler-Ludwig, Strukturverlagerungen zw. sekundärem u. tertiärem Sektor, 1987.

Differenzierung, soziale (lat. differentia = Unterschied), Prozeß der Trennung, Besonderung u. (horizontal wie vertikal) wirksamen Abgrenzung von zunächst homogenen sozialen Gebilden. Horizontale soziale D. führt zu komplexen Strukturen von sozialen Positionen, Rollen u. Verhaltensmustern.

Vertikale D. ist gleichbedeutend mit der Entstehung von Herrschaftsverhältnissen oder führt bei bereits bestehenden »groben« Über- u. Unterordnungsverhältnissen (→Klasse) zu »feineren«, mehrgliedrigen Abstufungen. Regionale D. trennt z. B. Stadt- von Landkultur. D. im mikrosoziol. Sinne läßt komplexere Gruppenstrukturen entstehen. D. im makrosoziol. Sinne hat die Entwicklung von partiell voneinander unabhängigen Teilkulturen bzw. Subsystemen u. von ges. Pluralismus zur Folge.

N. Luhmann (Hg.), Soz. D., 1985; R. Mayntz u. a., D. u. Verselbständigung, 1988.

Diffusion (lat.), »Auseinanderfließen«, Verbreitung, Ausbreitung; soziol. Bezeichnung für den Prozeß des Annehmens von neuen Ideen, soziokult. Werten, Informationen, Anregungen, Erfindungen, Entdeckungen (→Innovation) innerhalb einer durch gemeinsame Kultur u. Kommunikationswege verbundenen Gesamtheit von Individuen. D.prozesse sind Anzeichen sowohl für sozialen Wandel wie für ges. Ungleichgewicht; ihre Intensität wird entscheidend durch die Entwicklung der Massenkommunikationsmittel bestimmt, →Akkulturation, →Assimilation.

K. Kiefer, Die D. v. Neuerungen, 1967; P. Schmidt (Hg.), Innovation, 1976.

Diktatur (lat.), unumschränkte u. unbefristete Gewaltherrschaft über ein Staatswesen durch eine einzelne Person oder eine (aus der jeweiligen sozialen u. polit. Struktur sich ergebende) Machtgruppe. Die »einfache« D. entbehrt jegl. Legitimität oder gar rechtsstaatl. Legalität u. stützt sich (insbes. in wenig entwickelten Agrarstaaten u. Entwicklungsländern) auf die staatl. Zwangsorgane, die sich unter dem

Diktatur des Proletariats

Befehl eines Despoten oder einer Militärjunta befinden. Die »cäsaristische« D. legitimiert sich durch die plebiszitäre Akklamation eines Volkes, das durch Manipulation u. Agitation zu unwissender u. undifferenzierter, meist emotionalisierter »Zustimmung« verführt wurde. Die mitunter auch in D.en weiterhin bestehenden sonstigen staatl.-polit. Organe u. Einrichtungen (Parlament, Parteien, Regierungsapparate, Hohe Gerichte usw.) haben keinen bestimmenden oder kontrollierenden Einfluß auf die polit. Entscheidungsprozesse u. dienen ledigl. einer nach »außen« oder »innen« notwendigen Manifestation von verfassungsmäßiger (Schein-)Legalität.

C. Schmitt, Die D., 1978 (²1928); B. Sutor (Hg.), Totalitäre D., 1985.

Diktatur des Proletariats, Begriff des →Marxismus für eine Übergangsphase von der bürgerl.-kapitalist. Ges.ordnung zur kommunist. Ges. Auf die proletar. Machtergreifung (→Arbeiterklasse) folgt danach notwendigerweise zunächst die D. d. P. als Herrschaft einer bisher unterdrückten u. ausgebeuteten Mehrheit über die bürgerl. Minderheit bzw. der arbeitenden über die bisher aneignende Klasse. Die D. d. P. besteht nur in der Aufbauphase des Sozialismus, in der durch Umstrukturierung der →Produktionsverhältnisse die Klassen abgeschafft werden u. mit ihnen letztl. der Staat (als Instrument einer herrschenden Klasse). Die D. d. P. sei notwendig, weil nach der Eroberung der Macht die Arbeiterklasse zunächst nur polit. über die bürgerl. Kräfte gesiegt habe. Die früheren herrschenden Klassen existierten jedoch noch weiter, weil die ökonom. Bedingungen für ihre Existenz u. ihre Interessen zunächst erhalten blieben. Daher bestände unter demokrat.-polit. Verhältnissen ständig die Gefahr der Restauration der alten kapitalist. Ordnung. Im übrigen sei die D. d. P., weil sie alle Werktätigen zur Verwaltung des Staates heranziehe u. die Bedingungen für die Entwicklung der wirtschaftl. u. polit. Aktivität der Massen im Interesse des Aufbaus des Sozialismus u. Kommunismus schaffe, zugleich Diktatur gegenüber der einen (Bourgeois-)Klasse u. Demokratie für die andere (Arbeiter-)Klasse.

In den sich auf K. Marx u. F. Engels berufenden staatssozialist. Ländern des ehemal. Ostblocks ist im Verlaufe von Jahrzehnten keineswegs eine D. d. P. zugunsten der Arbeiterklasse, eines vorausgesagten »Absterbens« des Staates u. der Schaffung einer kommunist. Ges. im Sinne von Marx zustandegekommen. Vielmehr hatte sich ein diktator.-totalitäres, menschenrechtsverletzendes Herrschaftssystem etabliert, das von der Führungsspitze der monopolartigen sozialist. bzw. kommunist. Partei eigenmächtig gesteuert wurde. Stützen dieser Diktatur der Parteielite waren Repressionsorgane (Polizei, Geheimdienst), das Militär, der Propagandaapparat u. die rigide Kanalisierung der Lebenschancen aller Beherrschten in Abhängigkeit von regimekonformem Verhalten. Die propagandist. Herausstellung der Arbeiterklasse stand in totalem Gegensatz zur faktischen Unterdrückung u. Ausbeutung dieser Bevölkerungsmehrheit. Mit dem wirtschaftl. u. polit. Zus.bruch der staatssozialistisch-totalitären Herrschaftssysteme ist bisher auch das »Experiment« einer D. d. P. gescheitert.

F. Benseler, Die D. d. P., 1958.

Dimension (lat.), »Ausdehnung«, »Bereich«; nach Maßgabe einer wiss. Begriffssystematik oder Problemstellung festgelegter u. abgegrenzter Verursachungsaspekt oder qualitativer Bereich eines sozialen Phänomens. Bei makrosoziol. Analysen wird z. B. die polit., ökonom., kulturelle oder pädagog. D. unterschieden. Allg. soziol. Theorie (T. Parsons) analysiert die »funktionale« gegenüber der »strukturellen« D. eines »sozialen Systems«. Methoden der Empir. Sozialforschung (→Skalierungsverfahren) ermitteln die versch. D.en von Reaktionen, Meinungen, Attitüden, indem sie verschied. Verursachungsfaktoren analysieren (z. B. Informiertheit, Bewertung, emotionales Engagement).

Direktorialprinzip, Organisationsprinzip für Führungsgremien, wonach alle Führungsentscheidungen letztl. einer vorgesetzten Person allein zustehen bzw. von anderen getroffene Entscheidungen durch den Einspruch dieser Person (Direktor) wieder aufgehoben werden können.

Dirigismus, staatl. Tätigkeit oder legislative Einwirkung, die die Funktionsbedingungen freier Marktwirtschaft einschränkt bzw. weitgehend außer Kraft setzt. D. kann sich zeigen an staatl. Wirtschaftslenkung, Handels- oder Produktionsverboten, scharfer Zolloder Subventionspolitik u. a.

Disfunktion →Dysfunktion

Diskriminanzanalyse, Verfahren der Empir. Sozialforschg. aus dem Bereich der multivariaten Analysen, durch das auf der Grundlage v. Meßwerten versch. Personenkategorien voneinander unterschieden

bzw. Individuen unterschiedl. soz. Kategorien zugewiesen werden können.

F. N. Kerlinger, Grundlagen der Sozialwissenschaften, Bd. 2, 1979.

Diskriminierung (lat.), Ungleichbehandlung, im soziol. Sinne ungleiche, herabsetzende Behandlung anderer Menschen nach Maßgabe bestimmter Wertvorstellungen oder aufgrund unreflektierter, z. T. auch unbewußter Einstellungen, Vorurteile u. Gefühlslagen. Der Begriff D. erhält seine soziale Relevanz erst unter Bezug auf die in einer Ges. postulierten spezifischen Gleichheits- bzw. Gleichbehandlungsgrundsätze.
Es muß demnach immer unterschieden werden zwischen sozial legitimer Ungleichbehandlung und sozial illegitimer, normativ unzulässiger D. Im interkult. Vergleich, aber auch im Vergleich der Wertauffassungen versch. Gruppen, Schichten, Bevölkerungsteile innerhalb einer Ges. ist der Tatbestand legitimer Ungleichbehandlung oder der D. im engeren Sinne versch. zu beurteilen. Entscheidend ist jedenfalls immer die Differenz zwischen sozialen Normvorstellungen u. Leitbildern über die Beziehungen zwischen Menschen mit versch. sozial relevanten Merkmalen u. Eigenschaften einerseits u. der sozialen Wirklichkeit gegenseitiger Einstellungen u. Verhaltensweisen andererseits.
Als bewußt vorgenommene u. rational kontrollierte ist die D. ein Mittel im Kampf um Erringung u. Konsolidierung von Herrschaftspositionen bzw. zur Ausschließung anderer von sozialen Chancen u. Einflußmöglichkeiten. Als unbewußte oder auf Vorurteilen beruhende erfüllt sie daneben oft die psych. Funktion der Projektion ei-

Diskurs 156

gener Schuldgefühle auf andere (Sündenbocktheorie). Diskriminiert werden in der Regel soziale Minderheiten, aber auch größere Bevölkerungsteile innerhalb einer Ges. bzw. ganze Ges.en, denen gegenüber die Urheber der D. sich in einer Machtposition befinden. Die sozial u. polit. folgenschwersten D.en sind die rassistisch u. religiös »begründeten«.

M. Markefka, Vorurteile –Minderheiten – D., 5 1984.

Diskurs (lat.), nach J. Habermas im Rahmen einer Theorie der Wahrheit die Struktur vernünftiger Rede, die die Möglichkeit der Konfliktregelung beinhaltet. D. kann unter bestimmten Bedingungen ges. Realität werden (herrschaftsfreier D.).

J. Habermas, Legitimationsprobleme im Spätkapitalismus, 1973; ders., Erkenntnis und Interesse, 5 1979; J.-H. Yoo, D.ive Praxis diesseits von Letztbegründung u. Positivität, 1993.

Disparität der gesellschaftlichen Lebensbereiche, Hauptthese zur Konfliktsituation der Ges. im Spätkapitalismus, wonach der im klassischen Kapitalismus als Disparität der Lebenslagen von Klassen manifest gewordene Konflikt in der kapitalist. Gegenwart nunmehr durch die D. d. g. L. überlagert werde. Die großen Interessengegensätze in der Ges. könnten nicht mehr nur aus den Eigentumsverhältnissen (an Produktionsmitteln) erklärt werden. Der Staat unterliege diversen Machtgruppen mit unterschiedl. Interessen, die um Staatseinfluß konkurrieren. Je nach der mehr oder weniger erfolgreichen Einflußnahme komme es – als Folge widersprüchlicher Konsequenzen der Staatseingriffe u. –umverteilungsprozesse – zu Spannungen zw. den verschied. Lebensbereichen (zu stark

gefördertes Verkehrswesen diskriminiere das Gesundheitswesen o. ä.). Letztlich werden dadurch die Lebenschancen der verschiedenen Bevölkerungsteile nicht allein durch ihre Klassenlage oder Schichtzugehörigkeit bestimmt, sondern auch durch ihre unterschiedl. starke Einflußkraft auf polit.-staatl. Entscheidungsprozesse. Neue →soz. Frage.

C. Offe, Polit. Herrschaft u. Klassenstrukturen, in: Kress/Senghaas (Hg.), Politikwiss., 1969; ders., Strukturprobleme des kapitalist. Staates, 1972; H.-J. Hoffmann-Nowotny, Messung soz. D.en, 1978.

Dissonanz, kognitive →Kognitive Dissonanz

Dissozialität (lat.), »Entgesellschaftetsein«, selten gewordene Sammelbezeichnung für alle Formen sozialen Fehlverhaltens bzw. abweichenden Verhaltens.

Dissoziation →Assoziation

Distanz, soziale (lat.), »Abstand«, »Entfernung«, Grundbegriff der formalen Soziologie (L. v. Wiese), bedeutet den Grad der sozialen Nähe oder Ferne von Personen oder Kollektiva im sozialen Raume. Es ist demnach zwischen phys. u. sozialer D. zu unterscheiden. Da soziale D. nur meint »den Zustand einer durch Vorstellungen oder äußere Situationen des Gegeneinander gehemmten Annäherung«, kann räuml. oder körperl. Nähe durchaus mit großer sozialer D. (bzw. umgekehrt) zusammentreffen. Formale Soziol. ist sowohl an der stat. Analyse von sozialen D.en als auch an der dynam. Analyse von Prozessen der Veränderung sozialer D.en (Gegeneinander, Zueinander) interessiert. Sie beobachtet D. in horizontalen Verhältnissen (zwischen Personen in Gruppen oder

Gruppen zueinander) ebenso wie in vertikalen (Entstehung u. Auflösung von Schichten, Klassen, Herrschaftsverhältnissen). Da D. letztlich immer durch die den sozialen Entscheidungen u. Verhaltensformen zugrunde liegenden Wertvorstellungen, Einstellungen, Vorurteilen, Sympathie- u. Antipathiegefühlen bestimmt wird, bemüht sich z. B. die Soziometrie um die Messung der Unterschiede von D.empfindungen (Wahlen nach gegenseitigen Beliebtheiten oder Antipathien) zwischen Gruppenmitgliedern oder gegenüber außenstehenden Personen bzw. Kollektiva. Für die Ermittlung soz. D.en zw. Angehörigen verschiedener Bevölkerungsteile (insbes. ethnische Minderheiten) u. Nationen hat E. S. →Bogardus eine →Soz. D.-Skala entwickelt. Insbes. für aristokratisch aufgebaute Ges.en ist das »Pathos der D.« (F. Nietzsche) charakterist., das durch den Gegensatz der »Vornehmen, Mächtigen, Höhergestellten u. Hochgesinnten … zu allem Niedrigen, Niedrig-Gesinnten, Gemeinen u. Pöbelhaften« bestimmt ist. »Das Pathos der Vornehmheit u.D.« ist demnach »das dauernde u.dominierende Gesamt- u. Grundgefühl einer höheren herrschenden Art im Verhältnis zu … einem ›Unten‹«. Im »Pathos der D.« liege zugleich der Ursprung des Gegensatzes »gut« u. »schlecht«. Zunehmende ges. Egalisierungstendenzen führen zu einem Verfall des »Pathos der D.« Hinsichtlich des Verhältnisses Individuum − Ges. bzw. soz. Umwelt kommt D. in den stark subjektorientierten Phänomen der →Rollendistanz zum Ausdruck.

F. Nietzsche, Zur Genealogie der Moral, in: ders., Sämtliche Werke, Bd. 5, hg. v. G. Colli u. M. Montinari, 1980; L. v. Wiese, System der Allg. Soziol., 1933; E. L. u. R. E. Hartley, Grundlagen der Sozialpsychol., 1955; J. L.

Moreno (Hg.), The Sociometry Reader, New York 1960; H. O. Luthe, D., 1985.

Distanzierung, soziale, entweder die ablehnende Haltung (in Einstellung u. Verhalten) gegenüber anderen sozialen Beziehungspersonen (Distanz), oder die Ablehnung bzw. krit.-reservierte Haltung gegenüber der eigenen Rolle. Im zweiten Fall erfolgt D. z. B. durch Ausweichen in andere Rollen, durch offen angekündigte Verweigerung der Identifizierung mit dem Rollenverhalten oder durch Überbetonung der Rollenhaftigkeit des Verhaltens.

H. P. Dreitzel, Die ges. Leiden u. das Leiden an der Ges., [3]1980 (1968).

Distributionsverhältnisse (lat.), Verteilungsverhältnisse. Verteilung der Produktionsmittel u. der Verfügungsrechte hierüber in der Ges. Diese Verteilung bestimmt wiederum diejenige der Produktionsergebnisse. Nach den ökon. Theorien des Marxismus sind die D. ein Aspekt der Produktionsverhältnisse, die die ges. Klassen konstituieren.

Disziplinierungstechnik, Bezeichnung der Pädagog. Soziol. für den Teil der elterlichen (u. später z. T. noch schul.) Erziehungspraktiken, die als physisch und/oder psychisch wirkende Sanktionen heranwachsende Kinder nach u. nach zum Verzicht auf direkte Befriedigung angeborener oder bestimmter erlernter Bedürfnisse nötigen u. sie im Sinne der Wert-, Motivations- u. Verhaltensorientierungen sowie der tatsächl. Verhaltensmuster der Erzieher »sozialisieren«. Wie die am Erziehungsverhalten verschiedener Ges.en u. Sozialschichten interessierte Theorie der Sozialisation aufzeigen konnte, be-

Dogmatismus

stehen Zusammenhänge zwischen spezif. D.en u. der Herausbildung bestimmter Sozialcharaktere. Mit fortschreitender Entdifferenzierung der überkommenen vertikalen Soz.struktur verwischen sich die einst ausgeprägten Unterschiede der D.en in den verschiedenen soz. Klassen u. Schichten. Während körperl. Strafen zunehmend verboten werden, breitet sich der in mittleren u. höheren Soz.schichten übliche, auf Einsicht, Selbstkontrolle u. Selbständigkeit abzielende Erziehungsstil gesamtges. aus.

H. G. Rolff, Sozialisation u. Auslese durch die Schule, ³1970; H. Fend, Konformität u. Selbstbestimmung, 1971.

Dogmatismus (griech., lat.), »übertriebene Betonung u. Fixierung einer bestimmten Lehre« (Dogma = Glaubenssatz), auch: unselbständiges, von vorgesetzten Glaubenslehren abhängiges Denken.
(a) In der Polit. Soziol. das unkrit., zur histor. u. sachangemessenen Anwendung u. Weiterentwicklung theoret.-ideolog. Lehren unfähige oder (aus prinzipiellen Gründen) nicht bereite Denken. Der D. birgt die Gefahr der Entfernung von den spezif. Problemen der sich wandelnden Praxis, damit der ideolog. Entfremdung u. polit. Isolierung. Er begünstigt polit. Sektierertum u. unreflektierte, überstürzte Aktionen (Anarchismus). Andererseits kann er auch, wenn die aus der Ideologie abgeleiteten Organisationen u. Institutionen »fetischisiert«, d. h. ihre Leistungsfähigkeit u. moral. Kraft angesichts veränderter Umwelt- u. Wertverhältnisse nicht mehr hinterfragt werden, zu polit. Bürokratismus u. institutionellem Opportunismus führen.
(b) Im sozial psychol. Sinne eine prinzipielle, in allen sozialen Kontakten u. Verhaltensweisen sich niederschlagende Einstellung mit folgenden Indikatoren: Abneigung gegen das Hinterfragen von Normen u. Autoritäten, d. h. Fixierung an bestehende Verhältnisse; extrem erfahrungs- u. vernunftfeindl. Urteilsbildung, d. h. Prädisponiertheit für Vorurteile, Stereotype, einfache Denk- und Erklärungsschemata; Traditionalismus im Sinne der Wahrheitsgläubigkeit gegenüber schon lange Zeit gehegten u. weit verbreiteten Vorstellungen; Auslieferung des Denkens u. Handelns an außerindividuelle (metaphys. oder polit. starke innerweltl.) Wahrheitsinstanzen; Identifizierung mit solchen Instanzen bei entspr. Elite-Denken u. Intoleranz gegenüber Zweiflern u. Andersgläubigen; Unfähigkeit zu ambivalenten, abwägenden Urteilsbildungen; Tendenz zur Personalisierung u. ahistor. bzw. punktuellen Interpretation komplexer sozialer Phänomene, Ereignisse u. Zusammenhänge; autoritäre »Sucht« nach ges. Über- u. Unterordnungsverhältnissen.
Die Entstehung von D. wird z. T. mit psych. ungünstigen sozialen Einflüssen im Verlaufe der Sozialisation der Person (Erziehungserlebnisse, Kontaktmängel) oder als Folge sozio-ökonom. bedingter Lebenserfahrungen insbes. in der Arbeits- u. Berufssphäre (Entfremdung, Verdinglichung) erklärt.

M. Rokeach, The Open and the Closed Mind, New York 1960; ders., The Nature and Meaning of Dogmatism (Psychol. Review 61, 1954); K. Roghmann, D. u. Autoritarismus, 1966; J. Staeuble, Faschistoide u. krit.-autonome Haltung (KZfSS 20, 1968); Ch. Rittelmeyer, D., Intoleranz u. die Beurteilung mod. Kunstwerke (KZfSS 21, 1969); W. Dreßen (Hg.), Gegen den D. in der Arbeiterbewegung, 1970; K.-F. Daiber u. M. Josuttis (Hg.), D., 1985.

Dokumentenanalyse, synonyme Bezeichnung für →Inhaltsanalyse

Dollard, John R., 29. 8. 1900 Mensaha (Wisconsin) – 8. 10. 1981 New Haven (Conn.), Psychologiestudium, zunächst am Inst. für Human Relations in Chicago tätig, 1952 Prof. für Psychol. an der Yale Univ. – D., ein behaviorist., psychoanalyt. u. soziol. orientierter Psychologe, befaßte sich mit der sozialpsychol. Analyse autobiograph. Materials u. mit der Untersuchung von Klassen- u. Kastenbeziehungen zwischen Weißen u. Schwarzen im Süden der USA. Zusammen mit Mowrer, Doob, Sears u. Miller entwickelte er die sog. Frustrations-Aggressions-Hypothese. Diese besagt, daß die Hemmung einer zielstrebigen, bedürfnisgetriebenen Reaktion eines Organismus Frustrationsgefühle hervorruft, die in aggressives Verhalten umschlagen. D. beschäftigte sich ferner mit Lerntheorie u. Psychotherapie.

Schr.: Criteria for the Life History, 1935; Caste and Class in a Southern Town, 1937; Frustration and Aggression (mit Miller u. a.), New Haven [14]1967 (1939) (dt.: Frustration und Aggression, 1970); Children of Bondage (mit Davis), 1940; Social Learning and Imitation (mit Miller), 1941; Personality and Psychotherapy (mit Miller), 1950; Steps in Psychotherapy (mit anderen), New York 1953; Scoring Human Motives (mit F. Auld), New Haven 1959.

Dominanz (lat.), »Vorherrschaft«, »Überdeckung«, Eigenschaft von sozialen Einheiten oder von Individuen, sich gegenüber schwächeren durchzusetzen. In der kulturanthropolog. Forschung wird allg. auf eine universale Tendenz zum D.streben hingewiesen, d. h. auf das durch die Zugehörigkeit zu menschl. Gruppen verursachte Bedürfnis, sozial relevante bes. Statusmerkmale der Person (Größe, Stärke, Schönheit, Schnelligkeit u. a.) u. erworbene soziokult. Fertigkeiten zu zeigen u. zur Geltung bringen zu wollen. Das D.streben ergibt sich demnach aus dem engen Zusammenhang von Selbstwertgefühl u. Fremdeinschätzung. Jeder Mensch erstrebe soziale Anerkennung u. Einfluß, weil er durch sie sein Selbstwertgefühl anheben u. stabilisieren könne.

D. Claessens, Instinkt, Psyche, Geltung, 1968.

Doppelmoral, aus der theolog. Ethik entlehnte Bezeichnung für divergierende Mehrfachorientierungen des Menschen als Träger mehrerer sozialer Rollen in der pluralist. Ges. Um nach Maßgabe der Verhaltenserwartungen versch. Bezugsgruppen abweichendes Verhalten zu vermeiden, muß der Mensch seine moral. Orientierung »parzellieren«, d. h. er muß z. B. trennen persönl. von Amtsmoral, künstler. von allg. staatsbürgerl. Moral, merkantile von privater Moral. Solche Sektoralisierung der sittl. Grundsätze bringt schwerwiegende Probleme für die Entwicklung u. die Orientierung der Persönlichkeit in der Ges.
In der mod. westl. (okzidentalen) Ges. hat sich infolge einer weitgehenden →Interpenetration der verschiedenen ges. Subsysteme ein durchgängiges Wert- u. Normensystem herausgebildet, das der Parzellierung moralischer Orientierung entgegenwirkt u. die D. in Schranken hält.

Dorf, überkommene Siedlungsform ländl.-agrar. Bevölkerung, deren soziale strukturelle Eigenart in der Regel noch sehr stark von gesch. gewachsenen traditionalen Lebensformen bestimmt ist, so daß Spannungen zwischen D. u. industrieller Umwelt unvermeidbar sind.
Charakterist. für das stadtferne D. ist die relative Statik in der sozialen

Dorf 160

Struktur. Idealtypisch betrachtet, besteht das Dorf aus einer Anzahl von wirtschaftl. selbständigen (Bauern-, Viehzüchter- u. Handwerker-)Familien, die als festgefügte Erwerbs- u. Sicherungsverbände für die Familienmitglieder dafür Sorge tragen, daß die Entwicklung der individuellen Lebenschancen u. -ansprüche auf die zur Verfügung stehenden Existenzmittel (Hof, Landbesitz, Werkstatt) abgestimmt wird. Dementsprechend leiten sich die dörfl. Erziehungs- u. sozialen Umgangsregeln aus traditionellen, für alle verbindl. u. aufeinander bezogenen Normensystemen (in der Regel religiöser Herkunft) ab. Die dörfl. Lebensgemeinschaft bietet dem einzelnen in relativ hohem Maße Überschaubarkeit, Identität u. Verhaltenssicherheit, begrenzt aber eng die individ. Entfaltungsmöglichkeiten u. ist mit starker interner soz. Kontrolle verbunden. Im Gegensatz zu romantisierenden Harmonievorstellungen ist das D. keineswegs frei von Konflikten, die hier infolge begrenzter Perspektiven u. soz. Toleranz, räuml. Nähe u. starker gegenseitiger Abhängigkeit sogar besonders hart hervortreten können. Überdies hat es im D. zwischen den Bewohnern von jeher Unterschiede z. B. in der ökonom. begründeten Rechtsstellung (Bauern, Gesinde) oder im Prestige (Einheimische, Zugewanderte) gegeben.

Die Ausbreitung der Industrialisierung, insbes. ihrer wirtschaftl. Konsequenzen, hat einerseits zu einer Abschwächung der kulturellen Gegensätze zwischen D. u. Stadt, andererseits zu neuen Anpassungskrisen geführt. Wie in urbanen Lebensformen reduziert sich die dörfl. Familie auf die Kleinfamilie. Die neue landwirtschaftl. Technik löst die innerdörfl. Nachbarschaft als gegenseitige Hilfsgemeinschaft in Not- u. Belastungszeiten ab. Neue Schulen, Massenmedien, verbesserte Verkehrsmöglichkeiten (Pkw) u. Pendler bringen neue soziale Leitbilder in das Dorf. Auf der anderen Seite erfährt die traditionelle, naturorientierte Dorfwirtschaft die Härte des wirtschaftl. Wettbewerbes mit industriellen Produktionszweigen. Durch die Krise der gegenwärtigen Landwirtschaft (→Bauer), insbes. durch die eingeschränkten Wachstumsmöglichkeiten des traditionellen bäuerl. Familienbetriebes verstärkt sich das Einkommens- u. Lebenshaltungsgefälle von der Stadt zum D. Nachkommen der Bauern wandern in andere Berufe u. in Städte ab. Landwirtschaftsbetriebe werden aufgegeben. Stadtferne Dörfer unterliegen einer Tendenz der Überalterung u. Schrumpfung. Allenfalls in reizvollen Landschaften erlangen Dörfer durch Fremdenverkehr, »Urlaub auf dem Bauernhof«, durch »Land-« u. »Altersruhesitze« von Städtern neue Entwicklungschancen. Stadtnahe Dörfer werden zunehmend in Agglomerationsprozesse einbezogen, profitieren durch die Verlagerung von Betrieben ins Umland u. entwickeln sich zu wachsenden Vororten mit hoher Wohnqualität (Eigenheime im Grünen). Somit verliert gegenwärtig – trotz eines belebten Interesses an Brauchtumspflege – das D. immer mehr seinen überkommenen dörfl. Charakter.

L. v. Wiese, Das D. als soz. Gebilde, 1928; R. König, Grundformen der Ges.: Die Gemeinde, 1958; G. Wurzbacher, Das D. im Spannungsfeld industrieller Entwicklung, [2]1961; A. Ilien u. U. Jaeggle, Leben auf dem D., 1978; M. Kloidt-Benteler, Das bedrohte D.– die bedrohte Kommunikationsgemeinschaft, 1984; I. Meyer-Palmedo, Das dörfl. Verwandtschaftssystem, 1985; B. Brüggemann u. R. Riehle, Das D., 1986; H. Wunder, Die bäuerl. Gemeinde in Dtl., 1986; W. Schiffauer, Die Bauern von Subay, 1987.

Dreistadiengesetz, in der Soziol. das von A. →Comte unter dem Einfluß von M. J. A. Condorcet u. C. H. de Saint-Simon aufgestellte Gesetz, wonach die geistig-ges. Entwicklung der Menschheit im Verlaufe der Gesch. unumkehrbar drei Stadien durchläuft: 1) Das »theologische« (magisch-fetischistisch-rel.) Stadium, in dem Krieger u. Priester vorherrschen, unterteilt Comte in die Epochen Fetischismus, Polytheismus u. Monotheismus. 2) Im »metaphysischen« (oder »kritisch-revolutionären«) Stadium liegt das Übergewicht bei den Philosophen u. Rechtsgelehrten. 3) Im »positiven« (oder wiss.) Stadium, in dem aufgrund fortschreitender Erkenntnis der Gesetzmäßigkeiten die Realität rational gestaltet wird, stehen dann die Wiss. u. Wirtschaftsführer im Mittelpunkt.

Dritte Welt, umstrittene, schlagwortartige Sammelbezeichnung für die Gesamtheit kulturell unterschiedl. Ges.en, die sich im Vergleich mit der mod. Industrieges. auf einem techn., wirtschaftl., infrastrukturell u. administrativ noch niedrigen Entwicklgs.niveau befinden, aber eine rasche Modernisierung anstreben (→Entwicklgs.länder). Gegenüber der sog. 1. Welt (westl.-demokrat.Industrieges.en) u. 2. Welt (östl.-sozialist. Industrieges.en) versuchen die Ges.en der 3. Welt weitgehend bündnis- u. blockfrei zu bleiben. Probleme der D. W. sind: zu schnelles Bevölkerungswachstum, entwicklgs.hemmende traditionelle Kulturmuster, Mangel an Kapital u. Arbeitsplätzen, Hunger u. Massenarmut, unzureichende Infrastruktur, Bildungschancen u. Gesundheitsversorgung, starke soziale Ungleichheit, Krise der kulturellen Identität, polit. Instabilität. Durch fortgeschrittene Industrialisierung haben die sog.»Schwellenländer« z. T. das Entwicklgs.niveau der mod. Industrieges. erreicht. Die ganz armen Entwicklgs.länder ohne nennenswerte Rohstoff- u. Energiequellen werden als 4. Welt bezeichnet. Aufgrund der geographischen Verteilung der reichen u. armen Ges.en wird von einem Nord-Süd-(Wohlstands-)Gefälle bzw. -Konflikt gesprochen. Diese internationale soziale Frage des 20. Jhs. soll durch eine verstärkte, soziokulturelle Aspekte berücksichtigende Entwicklgs.hilfe u. durch eine neue, gerechte Weltwirtschaftsordnung entschärft werden. Nachdem nun die sog. 2. Welt wirtschaftl. u. polit. zusammengebrochen ist u. eine beschleunigte Modernisierung nach dem Leitbild der 1. Welt anstrebt, ist die Bezeichnung D. W. noch fragwürdiger geworden.

J. Tinbergen (Hg.), Der Dialog Nord-Süd, 1977; W. Brandt (Hg.), Das Überleben sichern – Gemeinsame Interessen der Industrie- u. Entwicklgs.länder. Bericht der Nord-Süd-Kommission, 1980; D. Nohlen (Hg.), Lexikon D. W., 1984; W. Geiger u. H. C. F. Mansilla, Unterentwicklung, 1983; P. J. Opitz (Hg.), Die D. W. in der Krise, 1984; F. Nuscheler (Hg.), D. W.-Forschung., 1985; D. Nohlen u. P. Waldmann (Hg.), D. W., 1987; H.-D. Evers u. T. Schiel, Strategische Gruppen: Vergleichende Studien zu Staat, Bürokratie u. Klassenbildung in der D.n Welt, 1988; G. Braun u. K. Hildebrand, D. W., 1991.

Dritter Weg, Bezeichnung für eine v. dem Wirtschafts- u. Sozialwiss.ler O. Šik entworfene Alternative gegenüber den zunehmend krisengefährdeten Systemen der sozialist. Zentralverwaltungswirtschaft u. dem marktwirtschaftl. Kapitalismus: Durch tiefgreifende Demokratisierung u. Humanisierung kann ein effektives Wirtschaftssystem entstehen, in dem eine Verbindung v. Marktmechanismus u. demokrat. hervorgebrachter

Drop-out 162

Rahmenpläne, Marktwettbewerb u. Beschränkung monopolist. Bestrebungen sowie die Überwindung des Gegensatzes zw. Lohn- u. Gewinninteressen (Bildung v. Mitarbeiterges.en, Kapital- u. Gewinnbeteiligung, Mitbestimmung u. -entscheidung) erreicht worden sind. Dadurch können Entfremdung, Desinteresse u. Leistungszurückhaltung zugunsten v. Arbeitszufriedenheit, Verantwortung, Aktivität, Selbstverwirklichung u. Lebensqualität überwunden werden.

O. Šik, Der D. W., 1972; ders., Argumente f. den D. W., 1973; ders., Humane Wirtschaftsdemokratie, 1979; R. Höltschi u. C. Rockstroh, Bausteine f. Alternativen, 1986.

Drop-out (engl.), »Herausgeworfener«, Bezeichnung der Pädag. Soziol. für Schüler weiterführender Schulen (Realschulen, Gymnasien, Fachschulen) u. für Studenten, die ohne Abschluß (Prüfung, Zeugnis) vorzeitig ihren zielbestimmten Bildungsgang abbrechen. Päd. Soziol. sucht nach den Ursachen solchen »Versagens«. Dabei werden Probleme der sozialen Herkunft u. der sozial bestimmten Bildungsbarrieren analysiert.

C. M. Allen, Combating the D.-o. Problem, Chicago 1956; S. O. Lichter, E. B. Rapien u. a., The D.s, New York 1962; H. Gerstein, Studierende Mädchen. Zum Problem des vorzeitigen Abgangs von der Univ., 1965.

Druck, sozialer (engl. pressure), im ges. Alltagsleben die Gesamtheit der Aktionen zur Beeinflussung oder Steuerung des Verhaltens von Individuen oder bestimmter Personenkategorien. Die Ausdrucksformen des soz. D. erstrecken sich von unauffälligen Beeinflussungsversuchen bis hin zu soz. Zwang u. zur physischen Gewaltanwendung. Innerhalb der Sozialisation ist soz. D. mittels positiver u. negativer Sanktionen (Belohnungen u. Bestrafun-

gen) darauf ausgerichtet, die Entwicklung des Individuums zu einer soziokult. angepaßten Persönlichkeit zu gewährleisten. Im Rahmen soz. Kontrolle wird D. zur Einschränkung abweichenden Verhaltens ausgeübt. – Vor allem im wirtschaftl. u. polit. Bereich umfaßt D. alle Aktionen zur einseitigen Beeinflussung oder Einschränkung der Entscheidungsfreiheit von Personen, Gruppen, Organisationen oder Bevölkerungsteilen, die für die Interessendurchsetzung des D. ausübenden wichtig sind. D. bedient sich legaler (Eigentumsverhältnisse, Amtsautorität, Monopol) u. illegaler Mittel (Bestechung, Erpressung, Nötigung). Die Durchsetzung demokrat. Prinzipien des Gleichgewichts der Einflußchancen und der möglichst umfassenden personalen Selbstbestimmung trägt dazu bei, daß legale Formen der D.ausübung reduziert und illegale Methoden durchsichtig gemacht werden.

Drucker, Peter Ferdinand, *19.11. 1909 Wien, 1929–32 Auslandskorrespondent, 1933–36 Tätigkeit in einer Londoner Bank, seit 1937 in den USA, 1942–49 Prof. für Politik am Bennington College, 1950 Prof. für Management an der Univ. New York; Berater amerikan. Großunternehmen.
Die Schwerpunkte des Schaffens von D. sind die Beschäftigung mit Entwicklungstendenzen der Industrieges. u. die praxisorientierte Analyse von Großbetrieben, verbunden mit Empfehlungen für ein erfolgreiches, das ges.-polit. Umfeld berücksichtigendes Management. Die zahlreichen Bücher von D. sind realitätsnah u. populär abgefaßt.

Schr.: Concept of the Corporation, New York 1946 (dt.: Das Großunternehmen, 1966); The New Society, London 1951 (dt.: Ges. am

Fließband, 1952); Practice of Management 1954 (dt.: Die Praxis des Management, 1964); America's Next Twenty Years, 1957 (dt.: Die nächsten zwanzig Jahre, 1958); Managing for Results, 1962 (dt.: Sinnvoll wirtschaften, 1964); The Effective Executive, 1967 (dt.: die ideale Führungskraft, 1967); The Age of Discontinuity, 1969 (dt.: Die Zukunft bewältigen, 1970); The Future of Industrial Man, New York 1965, (dt.: Die Zukunft der Industrieges., 1967); Technology, Management, and Society, London 1970; Men, Ideas, and Politics, New York 1971; Management: Tasks, Responsibilities, Practices, New York 1974 (dt.: Neue Management-Praxis, 2 Bde., 1974); The Unseen Revolution, London 1976 (dt.: Die unsichtbare Revolution, 1977); Management Cases, New York 1977; People and Performance, London 1977; Management in turbulenter Zeit, 1980; Toward the Next Economics, and other Essays, New York 1981; Weltwirtschaftswende, 1984; Innovation and Entrepreneurship, London 1985; The Frontiers of Management, London 1987; Management, London 1988; Neue Realitäten, 1989 (amerik.: New Realities).

Drucksystem →pressure group

Dualwirtschaft (lat.) bezeichnet den Tatbestand, daß das Wirtschaftsleben je nach Eigenart einer Ges. mit unterschiedl. Ausprägung aus einem formellen u. informellen Sektor besteht. Der formelle Sektor umfaßt die weitgehend staatlich regulierten u. kontrollierten, öffentl. Abgabeordnungen unterworfenen Bereiche der Wirtschaft, der informelle Sektor die informellen, alternativen Bereiche der Wirtschaft, zu denen die Schatten- u. Untergrundwirtschaft zählen. Insbes. in Entwicklungsges.en u. Krisenzeiten fungiert der informelle Sektor als unerläßliche Ergänzungswirtschaft, die zur Milderung von Unzulänglichkeiten, Mängeln u. Problemen des formellen Wirtschaftssektors beiträgt.

Duesenberry-Effekt →Demonstrationseffekt

Dunkelziffer, Begriff der Kriminologie u. der Soziol. des abweichenden Verhaltens: (geschätzte) Anzahl von Handlungen, die gegen Strafrechtsnormen oder gegen allg. soziale Verhaltensnormen verstoßen, die aber unerkannt bleiben. Das Verhältnis von bekannt gewordenen u. unerkannt gebliebenen Normenverletzungen läßt Rückschlüsse zu auf die Einschätzung u. Anerkennung der verbietenden Normen durch die Ges. (z. B. Schwangerschaftsabbruch). Allgem. gilt eine hohe Dunkelziffer als Beweis für Zweifel an der Legitimität der verursachenden Normen bzw. der mit diesen Normen verbundenen strafenden Sanktionen. Ursachen für eine hohe D. sind z. T. auch weitverbreitete Gleichgültigkeit, Ignoranz u. die Scheu, sich in die persönl. Angelegenheiten primärgruppenhafter Lebensgemeinschaften einzumischen (z. B. Kindesmißhandlung, sexueller Mißbrauch von Kindern).

H. v. Hentig, Die unbekannte Straftat, 1964; H. Popitz, Über die Präventivwirkung des Nichtwissens. D., Norm u. Strafe, 1968; K. D. Opp, Das Problem der D. bei der Prüfung von Theorien abweichenden Verhaltens (KZfSS 21, 1969).

Durchgangsposition, Durchgangsschicht, Bez. für eine berufl. Position oder für die soziale Schichtzugehörigkeit, die nur als »Durchgang« zu einer höheren gilt, die die Person nur vorübergehend innehat.

Durkheim, Emile, 15. 4. 1858 Epinal (Lothringen) – 15. 11. 1917 Paris, nach dem philos. Staatsexamen Prof. am Lycée in Sens, Saint-Quentin u. Troyes, 1885–86 Studienaufenthalt in Dtl., 1892 Habil. Univ. Bordeaux, erhält 1896 den eigens eingerichteten Lehrstuhl für Pädagogik u. Soz.wiss. ebd., 1902 Sorbonne (Univ. Paris), 1906

Durkheim 164

o. Prof. für Pädagogik u. Soziol. ebd.
In Anlehnung an H. Spencer sah er den geschichtl. Wandel ges. Arbeitsteilung in Verbindung mit der wachsenden Bevölkerungsverdichtung. Die histor. Ablaufanalyse führt zu zwei gegensätzl. Ges.typen: Ältere, weniger gegliederte Ges.en kennzeichnete er durch ›mechan. Solidarität‹, die neueren, reich gegliederten, durch ›organ. Solidarität‹. Zunehmende Dichte u. Zahl der Ges.mitglieder erzwingen den Übergang von der mechan. zur organ. Solidarität. Sich verstärkende Dichte bedeutet steigenden Wettbewerb um Lebenschancen u. damit Bedrohung der ges. Solidarität. Um die Solidarität zu erhalten, wird die Konkurrenz beschränkt, u. dies geschieht durch Arbeitsteilung. Während mechan. Solidarität bedeutet, daß die ges. Integration durch gemeinsame Anschauungen u. Gefühle u. durch repressive Mechanismen der Abwehr gegen die Verletzung dieser Gemeinsamkeiten vermittelt ist, treten bei organ. Solidarität kontraktuelle, vertragsmäßige Elemente in den Vordergrund; doch bleibt auch diese Ges. angewiesen auf einen Bestand gemeinsamer Anschauungen u. Gefühle. Soziale Solidarität entsteht in der Erkenntnis, daß jeder auf jeden angewiesen ist u. deshalb verpflichtet ist, seine besonderen Fähigkeiten zur Förderung des Ganzen zu verwenden.
D. trennte die kollektiven Phänomene von den individuellen Erscheinungen, da es sein Ziel war, eine allg. Theorie des Sozialen zu erarbeiten. »Ein soziol. Tatbestand ist jede mehr oder minder festgelegte Art des Handelns, die die Fähigkeit besitzt, auf den einzelnen äußeren Zwang auszuüben.« Es genügt, zu beobachten, wie Kinder

erzogen werden, um den äußeren Zwangscharakter der soziol. Tatbestände zu erfassen. Für die Integration einer Ges. ist ein moral. verpflichtend wirkendes »Kollektivbewußtsein« maßgebl., das sich weder auf ökonom. noch auf psycholog. Kategorien zurückführen läßt. Nur so begriff D. ›Ges.‹ als eigenständige Kategorie. Soziale Tatsachen bildeten für ihn eine Wirklichkeit eigener Art, nur verständl. aus der ›kollektiven Vorstellung‹ der Gruppe. Die Kategorie des Kollektivbewußtseins wird zur entscheidenden soziol. Kategorie. Es ist das Gewissen des Kollektivs, das sich in den Individuen niederschlägt u. sich in Moral, Sitte, Religion ausdrückt u. durch Erziehung weitergegeben wird. Die Unterordnung des einzelnen gegenüber dem »fait social« u. seine Abhängigkeit von diesem beruhen auf der Voraussetzung, daß das »fait social« dem einzelnen überlegen ist.
Die Frage nach der Intaktheit oder Gestörtheit des ›Kollektivbewußtseins‹ lieferte D. eine Grundlage für die Bestimmung des ges. ›Normalen‹ bzw. ›Pathologischen‹. Ist die Gruppenmoral u. damit zugleich die Gruppenordnung erschüttert, so sprach D. von ›Anomie‹. Dies meint einen Zustand der Gesetz- oder Regellosigkeit, in dem die conscience collective nicht mehr fähig ist, ges. Integration zu sichern. Die soziale Tatsache (fait social) ist als objektive Gegebenheit u. zugleich moral. Verpflichtung auch im abweichenden Verhalten erkennbar. Abweichendes Verhalten, das sich gegen den sozialen Zwang empört, ist immer noch Ausdruck eben dieses Zwanges.
D. entwickelte eine Methode, mit der ges. Phänomene nicht mehr auf individualpsycholog. Vorgänge reduziert werden können. Beispiel

hierfür ist seine Studie über den Selbstmord, die zugleich zeigt, wie Empir. Sozialforschung theoret. gesteuert u. method. reflektiert angewandt werden kann. Empir. Daten werden nicht zur Illustration einer Theorie verwandt, vielmehr soll mit ihrer Hilfe eine Theorie ›bewiesen‹ werden. Der Soziologe hat mit dem empir. Material ähnlich dem Naturwissenschaftler zu experimentieren. Die Aufzeichnungen über empir. Phänomene werden so lange variiert, bis die zutreffenden Hypothesen, die dieses Material beherrschen, herausgefunden sind. Die Untersuchung der im Material wirksamen Faktoren soll zur Aufdeckung der Ursache führen. Für D. ist das Soziale keine bloße Hypothese, sondern eine Realität, die in ihrer Wirksamkeit von der Empir. Sozialforschung aufgewiesen werden muß. Aufgabe empir. Forschung ist es, Verhalten aus sozialen Faktoren abzuleiten.
D. hat großen Anteil an der Konstituierung der Soziol. zu einer eigenständigen Fachwiss. u. war für die franz. Soziol. schulbildend. Zentrum war die von D. begründete Zs. ›L'Année Sociologique‹, ihre bedeutendsten Vertreter Marcel Mauss u. Maurice Halbwachs. In Dtl. wurde sein Werk überwiegend erst nach dem II. Weltkrieg bekannt. D. hat anregend auf viele Fragestellungen u. Soziologen gewirkt (z. B. T. Parsons, R. König, R. Merton). D. zählt zu den ganz großen Klassikern der Soziol.

Schr.: Eléments de sociologique, 1889; De la division du travail social, Paris [7]1960 (1893), dt.: Über soz. Arbeitsteilung,[2]1988 (1977), Les règles de la méthode sociologique, Paris [13]1956 (1895), dt.: Die Regeln der soziol. Methode [2]1965 (1908); Le suicide, Paris [3]1960 (1897), dt.: Der Selbstmord, 1973; Les formes élémentaires de la vie religieuse [4]1960 (1912), dt.: Die elementaren Formen des rel. Lebens, 1980; Education et sociologie, Paris [2]1966

(1922); Sociologie et philosophie, Paris [3]1963 (1924); L'education morale, Paris [2]1963 (1925); Le socialisme, Paris 1928; Erziehung, Moral u. Ges., 1973; Schriften zur Soziol. der Erkenntnis, 1987; Physik der Sitten u. des Rechts, 1991.
I. Hoffmann, bügerl. Denken, Zur Soziol. E. D.s, 1973; G. Dombrowski, Soz. wiss. u. Ges. b. D. u. Radcliffe-Brown, 1976; R. König, Neues über E. D., in: KZfSS 28, 1976; ders. E. D. zur Diskussion, 1978; H.-P. Müller, Wertkrise u. Ges.reform, 1983; K. Meier, E. D.s Konzeption der Berufsgruppen, 1987; W. Gephart, Strafe u. Verbrechen – die Lehre v. E. Durkheim, 1990.

Dyade (griechisch), »Zweiheit«. →Paar

Dynamik, soziale (griech.), von Kräften erzeugte Bewegung, bezeichnet nach A. →Comte im Gegensatz zum Begriff der sozialen Statik jenen Teil der Soziol., der Gesetze des ges. Fortschritts zu untersuchen hat. Die z. T. unspezifischen, wertgeladenen Begriffe D., →Entwicklg. u. Fortschritt sind später durch den v. W. F. →Ogburn eingeführten Begriff sozialer Wandel (social change) verdrängt worden.

Dysfunktion (griech., lat.) für die Stabilität des Ganzen (System, Organismus) funktionsabträglicher, störender Beitrag eines Elements (Organ, Institution). Alles, was dem Überleben bzw. Weiterexistieren einer Ges. in einem bestimmten Strukturzusand nicht förderl., sondern schädl. ist, gilt nach dem theoret. Ansatz des soziol. Funktionalismus als D. Hinter dieser Definition steht die Vorstellung eines integrierten Gleichgewichts-, Harmoniezustandes der Verhältnisse u. Beziehungen sämtl. Elemente des Systems zueinander bzw. die einer tendenziellen Entwicklung auf einen solchen Zustand hin. Nur wenn dieser Zielzustand entschieden u. beschrieben ist, läßt sich

Effektivität 166

über den einzelnen Elementenbeitrag (= Funktion) als d. oder funktional befinden.
Da ein starr (statisch) gehaltenes Gleichgewichtsideal nicht die Probleme sozialen Wandels erfassen u. ausdrücken kann, ist die Entscheidung über D. oder funktional aus der ges. Dynamik heraus sehr schwer zu treffen. Die Ges. entwickelt sich fortwährend u. partiell von einem Zustand zum anderen, niemals als Zusammenbruch eines integrierten Systems u. Ersetzung durch ein neues, ebenfalls bereits integriertes. Angesichts dieser Situation kann objektiv, d. h. ohne polit. Entscheidung für einen definitorisch bevorzugten Gleichgewichtszustand als Maßstab, z. B. nicht entschieden werden, ob ein abweichendes Verhalten oder eine Institution dysfunktional ist oder nicht. Da bestimmte soziale Phänomene überdies zumeist gleichzeitig mehrere Funktionen erfüllen u. andererseits auch mehrere soziale Phänomene die gleiche Funktion erfüllen, verkompliziert sich eine solche Entscheidung noch mehr. In der Organisationssoziol. hat sich die Ansicht durchgesetzt, daß abweichendes Verhalten ebenso organisations-, d. h. systemfördernd sein kann, wie u. U. normenangepaßtes Verhalten dysfunktional wirkt.

H. Brotz, Functionalism and Dynamic Analysis (Europ. Arch. f. Soziol. 2. Jg., 1961).

Effektivität, Effizienz (lat.), »Erfolgswirksamkeit«, soziol. die Erfolgs- bzw. Leistungsabhängigkeit von den sozialen Strukturverhältnissen eines arbeitsteilig organisierten Funktionensystems. In der Betriebs- u. in der Sportsoziol. werden Arbeitsgruppen bzw. Sportmannschaften nach dem Zusammenhang von organisator. Aufbau u. personaler Zusammensetzung einerseits u. Leistungsstärke andererseits untersucht (→Human relations, →Organisation).

Egalität (lat.) →Gleichheit, egalitär: auf polit., bürgerl. oder soziale Gleichheit gerichtet.

Egalitarismus (lat.), polit. u. soziale Theorien von der (möglichst) vollkommenen Gleichheit in der menschl. Ges., zu verwirklichen durch totale Demokratisierung als Identität von Regierenden u. Regierten, durch Emanzipation aller Beherrschten gegenüber ihren Unterdrückern, durch Garantie individueller Freiheitsrechte u. Abbau von Privilegien.

P. Sylos Labini, Die neuen Klassenverhältnisse, 1988.

Ego–Alter (lat.), »Ich« u. »der Andere«, in Theorien des soz. Handelns allg. Bezeichnungen für den Handelnden (Akteur, →actor) u. für die Handlungspartner, auf die seine Handlungen mit bestimmten Absichten ausgerichtet sind.

Egoismus (lat.) »Ich-Liebe«, Orientierung u./oder Verhalten, das in erster Linie oder überwiegend auf die Befriedigung der eigenen Wünsche u. Bedürfnisse ausgerichtet ist.
A. →Smith sah in dem E. die entscheidende Antriebskraft für das wirtschaftl. Handeln u. für die wirtschaftl. Entwicklung.
Hinreichend geordnetes u. stabiles ges. Zus.leben setzt voraus, daß der E. durch allg. befolgte Werte u. Normen zugunsten erfolgreicher Kooperation u. gemeinsamer Lebensbewältigung kanalisiert wird.

Ehe

Die niedrige oder sogar negative Bewertung des E. führt dazu, daß egoist. Handlungsmotivationen in soz. angepaßter Weise maskiert werden u. dann rational gerechtfertigt erscheinen. In der mod., stark individualist. orientierten Ges. wird für die Einschränkung des Egoismus die rationale Einsicht in die Vorteile der Kooperation u. des prosoz. Handelns sowie eine weitergehende Verrechtlichung aller Lebensbereiche zunehmend wichtiger.

R. Schüßler, Kooperation unter Egoisten: vier Dilemmata, 1990.

Egozentrik (lat.), Bez. für eine Auffassung u. Interpretation der Realität, die alles vom Standpunkt des eigenen (Ich-)Erlebens aus beurteilt u. – z. T. darüber hinaus – alles nach der Bedeutung für die eigene Person bewertet.

Ehe, im jurist. Sinne ein Rechtsverhältnis, durch das ein Mann u. eine Frau entsprechend ihrem geschlechtl. Wesen zu gemeinsamer Lebensführung verbunden sind, wobei in der mod. Ges. nur die Monogamie erlaubt ist. Über das Rechtsinstitut der E. unterliegen auch die Entstehung, die soziale Einbettung u. die sozialen Funktionen der Familie einer rechtl. Regelung. Mit der Entwicklung zur Industrieges. hat sich das Verhältnis von Familie u. E. verschoben. Stand im Zeichen früheren Familismus die Ehe unter den bestimmenden sozialen Kräften der Familie, so ist heute die E. weitgehend zur sachl. Voraussetzung von Familie geworden. Die Sach-Ehe ist durch die Personen-Ehe abgelöst worden. Über die Ehegesetzgebung (E.schließung, E.standsdarlehen) betreibt der Staat Bevölkerungs- u. Familienpolitik. Unterhalb der ge-

setzl. Vorschriften haben soziale Prozesse der (insb. sexuellen) Enttabuisierung die privaten, individuellen Ausgestaltungsmöglichkeiten der E. begünstigt. Tendenzen zur Entkirchlichung haben auch die klerikalen Ansprüche an die Ausformung des E.lebens eingeschränkt.

Die prinzipielle Ablösung ständ.-familienorientierter Partnerwahl- u. E.schließungsgesichtspunkte durch solche eines persönl. bestimmten Liebesideals hat in der Soziol. die Probleme des Verhältnisses von E. (als nach wie vor zentralem Bestandteil von Familie) und umgebender Ges., von E. und Familie, sowie zwischen den E.partnern noch kompliziert. In Anbetracht der nur locker definierten u. von vielerlei sozialen Einflußgruppen mitgeformten Rollen der E.partner erfordert die gemeinsame Lebensbewältigung einen hohen persönl. Einsatz der Beteiligten, noch dazu, wenn in der E. divergierende soziale Vorerfahrungen u. Prägungen, verursacht durch soziale Herkunftsunterschiede u. Geschlechterrollendifferenzen, aufeinander stoßen. Die Art u. Weise, in der die umgebende Ges. die Stabilisierung oder die Gefährdung der Ehe durch Toleranz oder durch moral. belastende Forderungen u. stringente soziale Kontrolle beeinflußt, hängt von kulturellen (Sakralisierung oder Säkularisierung der E.vorstellungen) u. von soz.ökolog. (Stadt-Land) Besonderheiten ab. Ges.en, die der Familie eine zentrale Funktion für ihre bevölkerungsmäßige, wirtschaftl. u. polit. Reproduktion zumessen, kennen in der Regel familiensichernde E.schließungs-, E.erhaltungs- u. E.auflösungsnormen. Dementsprechend wird z. B. die Ehescheidung in einzelnen Ges.en entweder unmögl.

gemacht oder zumindest sehr erschwert. In der Vermehrung der E.scheidungen wird eine Gefährdung der E., der Familien u. damit der ges. Grundlagen überhaupt erkannt. Dagegen wird von soziol. Seite darauf hingewiesen, daß unter entwickelten industrieges. Lebensbedingungen (hohe soziale Mobilität, Emanzipation der Frau, öffentl. Schulwesen u. a.) gerade die Erschwerung der Ehescheidung u. des Eingehens neuer gewünschter ehel. Bindungen als ein gewichtiger Desorganisationsfaktor in der Entwicklung von Familie u. E. wirkt. Von den sozialen u. wirtschaftl. Lebensbedingungen einer Ges. bzw. ihrer einzelnen sozialen Schichten werden insbes. auch die Normen über das übl. Heiratsalter u. die für eine E. zu erfüllenden Voraussetzungen bestimmt. Hiervon abweichendes Verhalten führt zum Problem der Frühehe. Zum Verhältnis von E. u. Sexualverhalten sind die in vollem Umfange nie realisierten Forderungen der christl. Kirchen (Verbot vor- u. außerehel. Geschlechtsverkehrs) u. des staatl. Eherechts zugunsten liberalisierter Vorstellungen über persönl. Übereinkünfte der beteiligten Partner aufgelöst bzw. unterlaufen worden.

In der mod. Ges. der Gegenwart hat sich die →nichtehel. Lebensgemeinschaft bzw. Partnerschaft erheblich ausgebreitet. Mit zunehmenden internationalen Kontakten nimmt auch die Zahl der interethnischen E.n zu, die sich im Spannungsfeld unterschiedl. kult. Wertorientierungen, Auffassungen (insbes. hinsichtlich Ehe, Familie u. Kindererziehung) u. soz. Verhaltensmuster befinden.

T. Held, Soziol. der ehel. Machtverhältnisse, 1978; D. Prodöhl, Gelingen u. Scheitern ehel. Partnerschaft, 1979; W. Schulz u. a., E.- u. Familienleben heute, 1980; W. Habermehl u. W. Schulz, E. u. Familie in Österreich u. der BR Dtl., in: KZfSS 34, 1982; I. Hardach-Pinke, Interkult. Lebenswelten, 1988; R. Nave-Herz, Kinderlose E.n, 1988; V. Thiessen u. H. Rohlinger, Die Verteilung v. Aufgaben u. Pflichten im e.lichen Haushalt, in: KZfSS 40, 1988; P. Hartmann, Warum dauern E.n nicht ewig?, 1989; F. Höpflinger u. D. Erni-Schneuwly (Hg.), Weichenstellungen, 1989; G. Czarnowski, Das kontrollierte Paar, 1991; T. Klein, Verhaltensstandards in der E.: Kontinuität u. Wandel, 1993.

Ehernes Gesetz der Oligarchie
→Gesetz der Oligarchie

Ehernes Lohngesetz, nach F. Lassalle (1825–64) ein im bürgerl.-kapitalist. Wirtschaftssystem, in dem der Arbeitslohn sich nach Angebot u. Nachfrage bestimme, immer gültiges Gesetz. Es besagt, daß der »durchschnittl. Arbeitslohn auf den notwendigen Lebensunterhalt reduziert bleibt, der in einem Volke gewohnheitsmäßig zur Fristung der Existenz u. zur Fortpflanzung erforderl. ist.« Das E.G. bewirke, daß die lohnabhängigen Arbeiter prinzipiell vom Fortschritt der Zivilisation, von steigender Produktivität u. steigenden Erträgen ihrer Arbeit ausgeschlossen sind. Zur polit. Durchbrechung des E.G. forderte der Sozialist Lassalle für die Arbeiter »Produktivassoziationen«, in denen sie ihre eigenen Unternehmer sind, so daß die Scheidung zwischen Arbeitslohn u. Unternehmereinkommen wegfalle u. an Stelle dessen als Entgelt für Arbeit der »volle Arbeitsertrag« trete. Entsprechend ihren theoret. Vorstellungen über die Einkommensverteilung versuchten die Lassalleaner (allerdings vergebens), in das Gothaer Programm der »Sozialist. Arbeiterpartei Dtl.« (1875) das »Recht auf den vollen Arbeitsertrag« einzubringen.

W. Hofmann, Einkommenstheorie. Vom Merkantilismus bis zur Gegenwart, 1965.

Ehre, die im soz. Zus.leben durch Worte u. Handlungen zum Ausdruck gebrachte Anerkennung u. Wertschätzung einer Person. In der Regel strebt der einzelne nach E., um sein Selbstwerterleben oder das Ansehen des für seine Identität besonders wichtigen soz. Kollektivs (Familie, Klan, Berufsstand, Stamm, Nation u. a. m.) zu steigern. Übermäßiges Streben nach E. begünstigt Ehrgeiz, Eitelkeit, Geltungssucht u. eventuell Fanatismus, Aggressivität u. Rachsucht. E. im Sinne gegenseitiger, möglichst ausgewogener Wertschätzung von Angehörigen soz. Gebilde trägt zur Stabilisierung des Zus.lebens bei. Welche Gegebenheiten E. begründen (z. B. Geburt u. Herkunft, Zugehörigkeit zu bestimmten soz. Kategorien oder Gruppen, Lebensalter, besondere Merkmale oder Leistungen, Besitz u. Macht), hängt von der Eigenart der Kultur u. insbes. von dem Wertsystem einer Ges. ab. E. u. einzelne Aspekte derselben werden in verschiedenen Ges.en unterschiedl. hoch bewertet. Insbes. kollektiv orientierte E. wird in traditionalen Ges.en allg. höher bewertet u. geschützt als in der mod. Ges. In Abhängigkeit von jeweils hochbewerteten soz. u. ges. Umweltbereichen gibt es neben der persönl. E. z. B. Familiene., Berufe., Amtse., Standese., Stammese., nationale E. Die Verletzung der E. führt zu negativen Sanktionen, die insbes. in vormod. Ges.en schwerwiegend sein konnten, bis hin zur Verstoßung oder Blutrache. Angehörige einer soz. Einheit mit anspruchsvollem E.nkodex, die einen solchen erhebl. verletzt haben, werden ggf. unehrenhaft entlassen. In der mod. Ges. kann die Verletzung der E. einer Person durch unwahre, negative, prestigeschädigende Behauptungen (Verleumdung)

gerichtl. verhängte Strafen nachsichziehen.

<small>W. Schiffauer, Die Gewalt der E., 1983; A. Zingerle, E. u. Demokratie, in: E. Pankoke, Institution u. techn. Zivilisation, 1990.</small>

Ehrlich, Eugen, 14. 9. 1862 Czernowitz – 2. 5. 1922 Wien. Rechtssoziologe. Habilitierte sich in Wien, ab 1897 Prof. für röm. Recht in Czernowitz.
Schwerpunkte seiner Arbeit waren die vergleichende Rechtswiss. und die Rechtssoziol. Im Gegensatz zur formaljurist. Betrachtung bemühte sich E. um eine soziol. Fundierung der Rechtswiss. Er untersuchte das »im Volk lebende Recht« (Sitte, Konvention), das soziale Verhalten, das nicht staatl. Zwangsnormen entspringt.
Zwar ist der Hauptteil des Rechts ›lebendes Recht‹, doch erfaßt die Gesetzgebung zunehmend alle Lebensbereiche. Die Rechtssoziol. hat von der Erforschung des konkreten, lebenden Rechts auszugehen. Als Vertreter der Freirechtsschule plädierte er dafür, in den Rechtsklauseln die ges. Grundlagen zu berücksichtigen.

<small>*Schr.:* Die Aufgabe der Soz.politik im österr. Osten, 1908; Grundlegung der Soziol. des Rechts, ³1967 (1913); Die jurist. Logik, 1925; Recht u. Leben, hg. v. M. Rehbinder, 1967. M. Rehbinder, Die Begründung der Rechtssoziol. durch E. E., ²1986 (1967).</small>

Eigengruppe, engl. in-group, Mitgliedschaftsgruppe, manchmal auch Wir-Gruppe, aus der Sicht einzelner Individuen solche soz. Gruppen im weitesten Sinne, denen sie tatsächlich angehören u. durch die sie in ihren Wertorientierungen, Anspruchshaltungen, Einstellungen u. Verhaltensweisen beeinflußt oder sogar geprägt werden. Mit wachsendem Gefühl der Zus.gehörigkeit (Wir-Bewußtsein, Wir-Gefühl) grenzen sich Ange-

Eigeninteresse 170

hörige einer E. oftmals um so stärker von außenstehenden Personen u. fremden Gruppen (→Fremdgruppe) ab. Jene Angehörigen einer E. können sich aber auch an Fremdgruppen orientieren, die sich dann als positive →Bezugsgruppen verhaltensbeeinflussend auswirken.

Eigeninteresse →Eigennutz

Eigennutz, in der Wirtschaftswiss., und zwar aufgrund klass. theoret. Vorbilder (A. Smith, D. Ricardo, J. B. Say u. a.), eine verbreitete Vorstellung über die Grundantriebskräfte für das wirtschaftl. Handeln des Menschen. Dieser wird als bloßer ›homo oeconomicus‹ nur auf die Befriedigung seiner persönl., sich aus seiner individuellen »Natur« ergebenden Bedürfnisse ausgerichtetes Wesen betrachtet. Nachdem bereits im 19. Jh. die dt. Histor. Schule der Nationalökonomie u. der amerikan. Institutionalismus auf die altruist. u. gemeinnützigen Motive für wirtschaftl. Handeln u. der Sozialismus auf die gesch. Grenzen dieser als wirtschaftstheoret. Ideologie des Bürgertums bezeichneten Vorstellungen aufmerksam gemacht hatten, bemühen sich wirtschafts- und organisationssoziol. Analysen um den Nachweis der sozialen Determinierung wirtschaftl. Verhaltens. Hierbei wird darauf verwiesen, daß die mitunter als E. ausgegebenen Antriebe sich aus der sozialen Organisation u. aus der Statuslage ergeben, in der sich der handelnde Mensch befindet bzw. durch die er in seinen bisherigen Erfahrungen geprägt worden ist.

H. Albert, Marktsoziol. u. Entscheidungslogik, 1967; G. Hartfiel, Wirtschaftl. u. soz. Rationalität, 1968.

Eigenschaft, wiss. gesehen ein jeweils bestimmtes Merkmal oder eine besondere Qualität, die ein »Forschungsobjekt« (in der Soziol. Personen, soz. Gebilde oder sonstige soziokult. Gegebenheiten) kennzeichnet bzw. diesem zugeschrieben wird (→Kategorie, soz.). Hinsichtl. bestimmter E.en kann auch nach den entsprechenden soz. Tatsachen gesucht u. geforscht werden.

Eigenschaftsmatrix, Eigenschafts-»Raum«, Bez. für diejenige Menge von Eigenschaften, die im Forschungsprozeß zur Kennzeichnung eines Forschungsobjekts system. überprüft u. zur Beurteilung seines Vorhandenseins herangezogen werden. Häufig dient die E. zur Aufteilung des Beobachtungsmaterials in Typen.

Eigentum, nach versch. sozialphilos. Lehren ein überpositives, d. h. jegl. menschl. Rechtsetzung vor- u. übergeordnetes Recht des Menschen. Rechtl. die Verfügungsgewalt über Sachen bzw. Güter der Umwelt des Menschen. Soziol. interessieren die Wirkungen des E.s auf das ges. Beziehungsgefüge. (1) Da in einer ges. Wirtschaft E. an Sachen, die für die Erstellung der Existenz- u. Reproduktionsmittel einer Ges. benötigt werden (Produktionsmittel), immer auch Herrschaft über andere Menschen bedeuten kann, werden in erster Linie die Zusammenhänge von Arbeit, E.entstehung u. -verwendung sowie die daraus erwachsenden Herrschafts- u. Interessenkonflikte problematisiert. Die Anerkennung des E.s als ein für alle Menschen gültiges Recht (seit der bürgerl. Französ. Revolution) hat bisher nicht zu den damit erwarteten sozialen Integrationszuständen geführt, sondern (im Gegenteil) die Zuspitzung der Diskrepanz zwischen rechtl. u. sozialer bzw. polit. Gleichheit der Menschen bewirkt, zu deren Überwindung ges.polit. Theorien u. Programme wie etwa der Sozialismus u. der Marxismus (Abschaffung des privaten E.s an Produktionsmitteln) u. der Liberalismus (breite Streuung des E.s) unterschiedl. . Konfliktlösungsvorschläge entwickelt haben. (2) Anthropolog. u. funktionalist. orientierte soziol. Ansätze erforschen die Beziehungen zwischen E. als Arbeitserzeugnis u. arbeitender Persönlichkeit (z. B. Begräbniskulte in vormod. Ges.en, Phänomene der Entfremdung); die Dispositions- u. Unabhängigkeitsfunktion des E.s (insbes. unter den Lebens- u. Kooperationsbedingungen einer Sozialstruktur mit hochgradiger funktionaler Abhängigkeit der Menschen voneinander); die Sicherheitsfunktion des E.s (angesichts schnellen kumulativen techn. u. sozialen Wandels u. entspr. Bewertungs- u. Bedeutungsverschiebungen in der materiellen Güterwelt); die Status- u. Demonstrationsfunktion des E.s zur Manifestation u. Symbolisierung sozialer Positionen u. Beziehungsverhältnisse. (3) Wirtschaftssoziol. Unters.en analysieren die Prozesse der Trennung von E.srechten u. fakt. Kontrolle (Manager) sowie die Auswirkungen der Konzentration von privatem u. produktivem E. für Verteilung von sozialer Kontrolle (Mitbestimmung, Miteigentum), sozialen Lebenschancen und zukünftiger Entwicklung der ges. Herrschaftsstruktur. (4) In Anbetracht ständig wachsender Anteile staatl. Tätigkeit am ges. Produktions-, Verteilungs- u. Konsumtionsprozeß ergeben sich Betrachtungen über das Verhältnis von pri-

vatem E. u. Gemeineigentum. (5) Allg. theoret. Erörterungen verbinden das E. mit den Problemen von Herrschaft u. sozialer Ungleichheit u. prüfen, ob das E. Ursache oder Folge sozialer Schichtung, Klassen-Bildung u. Spannungen ist.

T. Tönnies, Das E., 1926; R. Dahrendorf, Soz. Klassen u. Klassenkonflikt, 1958; R. Bendix, Herrschaft u. Industriearbeit, 1960; A. Schrader, Die soz. Bedeutung des Besitzes in der mod. Konsumges., 1966; P. Römer, Eigenhung, Rechtsform u. Funktion des kapitalist. Priv.eigentums, 1978; A. Burghardt, E.ssoziol., 1980; A. Künzli, Mein u. Dein, 1986; H.-H. Hoppe, E., Anarchie u. Staat, 1987; M. Brokker, Arbeit u. E., 1992.

Eigentumsideologie, Begründungs- (Legitimierungs-)System für die Notwendigkeit von Eigentum für das Funktionieren von Ges. Mitunter aus »Erklärungen«, nach Maßgabe vorherrschender Weltanschauungen u. Wertorientierungen (insbes. Gerechtigkeitsvorstellungen), für das Entstehen von Eigentum u. für seinen allg. Nutzen.

Eignung, (a) Gesamtheit der Kenntnisse, Fähigkeiten u. Fertigkeiten eines Menschen, die ihn für die Übernahme einer bestimmten Position mit definierbarem, abgrenzbarem Leistungs- u. Funktionsbereich prädestinieren (→Anforderungsprofil), (b) Die zweckentsprechende Anordnung bzw. Strukturierung (Organisation) eines bestimmten Mittelbestandes zur effektiven Zielerreichung.

Einfaktortheorie, Theorie, die eine Wirkung bzw. das Entstehen eines Zustandes/Phänomens auf einen verursachenden Faktor zurückführt; auch monist. Theorie.

Einfluß, sozialer, jedes Handeln einer Person, Gruppe, Organisation, das in direkter oder indirekter

Einfühlung

Weise, beabsichtigt oder unbeabsichtigt, das zukünftige Verhalten oder die zukünftige Einstellung anderer beeinflußt.

Einfühlung →Empathie

Eingriffsverwaltung →Öffentliche Verwaltung

Einhegungen (engl. = enclosures), im Zuge der Industrialisierung (in England, bes. 18./19. Jh.) einsetzender Prozeß der Umgestaltung der Landwirtschaft, der eine rationellere Urbarmachung oder intensivere Nutzung von Acker- u. Weideland garantieren sollte. Mit Hilfe großer Kapitalien wurde der Grundbesitz des für den Markt (Versorgung der zunehmenden industriestädt. Bevölkerung) produzierenden Landadels (gentry) auf Kosten des kleineren bäuerl. und des gemeindl. (Allmende) Landes erweitert. Sozial bedeutete diese Entwicklung eine ökonom. Verunselbständigung der einstigen Bauern, die entweder als ungelerntes Industrieproletariat in die Städte abwanderten oder als abhängige Arbeiter den frühkapitalist. Ausbeutungsprozeß auf ihrem ehemals eigenen Lande erfuhren.

Einheitsgewerkschaft, gewerkschaftl. Organisation der Arbeitnehmer, die ihre Mitglieder (möglichst alle Arbeitnehmer eines Betriebes oder Industriezweiges — Industrieverbandsprinzip) und deren Arbeitnehmerinteressen über spez. ideolog., konfessionelle, weltanschaul. Orientierungen hinaus »einheitl.« vertreten will.

R. G. Heinze u. a., Einheitsprobleme der E., in: Soz. Welt 32, 1981.

Einkommen, die Gesamtheit aller wirtschaftl. Werte (Güter, Dien-

ste, Rechtsansprüche), die einem Wirtschaftssubjekt (Einzelmensch, Gruppe, Organisation) oder einem Teil der Mitglieder einer Ges. (Schicht, Klasse, Berufsgruppe) in einem bestimmten Zeitabschnitt zufließen. Nach den Quellen des E. unterscheidet man Arbeits- u. Besitz-E. In der Soziol. wird das E. als wesentl. Status begründendes Merkmal der sozialen Lage sowohl einzelner Angehöriger als auch größerer Bevölkerungsteile einer Ges. betrachtet. Dabei interessieren in erster Linie: (a) die Verteilung des ges. Gesamteinkommens auf die versch. ges. Teilbereiche, Schichten oder Klassen, die an den aller Einkommensverteilung zugrunde liegenden Wertschöpfungsprozessen beteiligt waren; (b) die Beziehungen zwischen bestimmten berufl. Tätigkeiten (als Arbeitsbeiträge u. Leistungsanteile) u. den dafür zugeteilten Entgelten nach Vorstellungen sozialer E.gerechtigkeit; (c) das E. als Voraussetzung zur Deckung der Lebensunterhaltskosten, d. h. die Beziehungen zwischen E. u. Konsum; (d) die Beziehungen zwischen E.-chancen u. gemeindl.-berufl. Strukturverhältnissen; (e) das E. als Grundlage der Vermögensbildung u. damit von wirtschaftl. Macht; (f) die Entwicklung des E. u. die damit verbundenen Lebenschancen im Verlaufe des Lebenszyklus von Ausbildung, Erwerbstätigkeit, berufl. Aufstieg u. altersbedingtem Ausscheiden aus dem Erwerbsprozeß; (g) das E. als Existenzgrundlage sozialer Gruppen (z. B. Familie), in denen sog. Haupt- oder Nebenverdiener bzw. e.lose Mitglieder zusammenleben; (h) die Zusammenhänge zwischen E. u. E.zufriedenheit aufgrund sozial normierter Erwartungsmuster.

W. Hofmann, E.theorie, 1965; J. S. Duesenberry, Income, Saving, and the Theory of

Consumer Behavior, New York 1967; D. Fricke, E. u. Anspruchsniveau, 1972; J. Tinbergen, E.sverteilung, 1978; D. Göbel, Lebense. u. Erwerbsbiographie, 1983; R. Hauser u. B. Engel (Hg.), Soz. Sicherung u. E.sverteilung, 1984; G. Norden, E.sgerechtigkeit, 1985; D. Krause u. G. Schäuble, E.squellen u. Lebenschancen, 1986; U. Rendtel u. G. Wagner (Hg.), Lebenslagen im Wandel: Zur E.sdynamik in Dtl. seit 1984, 1991; J. Fischer, Staatl. E.ssicherung u. Niedrige.shaushalte, 1992.

Einparteienstaat, Einparteiensystem, Staats- u. Regierungsform, in der eine polit. Partei das weltanschaul. u. machtpolit. Monopol besitzt, d. h. als »staatstragende« Partei die legislativen, exekutiven u. richterl. Grundsätze u. Entscheidungsprozesse maßgebend beeinflußt (z. B. »Kommunistische Partei der Sowjetunion«, »Nationalsozialistische Deutsche Arbeiterpartei«), →Totalitarismus.

Einrichtung →Institution

Einsamkeit, im soziol. Sinne die soziale Situation eines Menschen, welche durch eine (im Vergleich zu den allg. sozialen Lebensformen u. Vorstellungen über Sozialität u. Kontaktdichte) permanente, zeitl. befristete oder aus bestimmten sozialen Lagen sich ergebende Reduktion der Aktivitäten u. der sozialen Interaktionen gekennzeichnet ist. E. kann vom Individuum selbst gewählt (abweichendes Verhalten) oder die Folge sozialer Ausgliederungsprozesse sein (z. B. im Alter). Ob E. leidend als Vereinsamung oder als Chance für Individualisierung u. für Unabhängigkeit von sozial genormten Lebensformen empfunden wird, hängt ab von spezif. Prägungen der Persönlichkeit aufgrund früherer sozialer Erfahrungen, die die sozialen Lebens- u. Daseinserwartungen bestimmen. Bestimmte Entwicklungstrends der Industrieges.

(Trennung von Wohn- u. Arbeitsort, Kleinfamilie u. Trennung der Generationen, hohe soziale Mobilität u. a.) haben ebenso zu neuen Verlustsituationen in der gegenständl. u. menschl. Umwelt geführt, wie sie bestimmte E.quellen (z. B. alte Siedlungsformen) vorindustriell-ländl. Ges. aufgelöst haben. Sozialpsychol. Untersuchungen zeigen, daß innere Absonderung, Isolierung u. damit erlittene E. auch bei »äußerl.« beibehaltener hoher sozialer Integration festgestellt werden kann. Gemäß des neuhumanist.-bürgerl. Bildungsideals (W. v. Humboldt) wurde E. als Voraussetzung für erfolgreiche »Menschenbildung« betrachtet. Für den auf intensive soziale Beziehungen geprägten Bürger der USA ist dagegen E. gleichbedeutend mit sozialer Erfolglosigkeit u. Lebensangst.

P. R. Hofstätter, Die amerikan. u. die dt. E. (in: Verhdlgen. des 13. Dt. Soziologentages, 1957); D. Oberndörfer, Von der F. des Menschen in der mod. Ges., ²1962; H. Schelsky, E. u. Freiheit, 1963; H. P. Dreitzel, E. als soziol. Problem (Wiss. u. Praxis in Kirche u. Ges. 59, 1970); C. M. Parker, Vereinsamung, 1974; G. Deimling, Angst u. E., 1980; A. Heigl, Selbstaufmerksamkeit u. E., 1987; W. Puls, Soz. Isolation u. E., 1989; A. Eder, Risikofaktor E., 1990.

Einstellung, Haltung, engl. »set«, engl.-franz. »attitude«, Richtung bzw. selektive Ausrichtung des Denkens, Erkennens, Wahrnehmens, Urteilens, Wertens u. Verhaltens. E. ist ein psych. Reaktions- oder sogar Aktionsbereitschaftszustand, der durch die Internalisierung sozialkult. Werte sowie durch spezielle Lern- u. Erfahrungseindrücke entstanden ist u. einen prägenden, bestimmenden Einfluß auf das Verhalten des Individuums hinsichtl. bestimmter Gegebenheiten seiner Umwelt (Personen, soz. Gebilde, Situationen, Objekte) ausübt. Die E. bewirkt das Bewußtwerden

Einstellungsforschung

nur »ausgewählter« u. »gefilterter« Erlebnisinhalte aus der objektiv gegebenen Erfahrungswirklichkeit. Sie führt in der Regel zu verfestigten Strukturen von Anschauungen, Meinungen u. Überzeugungen zu bestimmten Bereichen oder Problemen der sozialen Umwelt.

W. Meinefeld, E. u. soz. Handeln, 1977; S. E. Hormuth (Hg.), Soz.psychologie der Einstellungsänderung, 1979; H.-D. Mummendey (Hg.), Einstellung u. Verhalten, 1979; M. Markard, E., 1984; B. Six u. B. Schäfer, E.sänderung, 1985; W. Müller u. a. (Hg.), Blickpunkt Ges., 1990.

Einstellungsforschung, bes. Problemgebiet der Psychol., Publizistik, Soziol. u. Politologie. E. widmet sich der Analyse der Entstehungsbedingungen u. Wirkungen von Vorurteilen, Stereotypen, Gesellschaftsbildern, Einstellungen. Im Gegensatz zu den anfängl. vorherrschenden psychol. Theorien, die die Erklärung dieser Phänomene aus der Persönlichkeits- u. Charakterstruktur des einzelnen Menschen abzuleiten versuchten, bemühen sich soziol. Ansätze um den Nachweis prägender Faktoren aus dem Bereich kultureller Wert- u. Normensysteme, objektiver sozialer Interessenlagen u. -gegensätze.

F. Petermann (Hg.), Einstellungsmessung – Einstellungsforschg., 1980.

Einwohnergemeinde, Begriff der Gemeindesoziol. für eine kommunalpolit. oder regional relativ klar abgrenzbare Gemeinde, deren soziale Prozesse fast ausschließl. von den Einwohnern der Gemeinde selbst bestritten werden. Demgemäß bestehen nur geringfügige tägl., kurzfristig wiederholte oder regelmäßige Beziehungen zur »Außenwelt«.

Einzelfallstudie, Fallstudie (engl. case study), mitunter auch Mono-

graphie oder biograph. Methode, sich deckende oder stark überschneidende Bezeichnungen für eine vielschichtige methodische Vorgehensweise (approach) in der Empir. Sozialforschg., die bei Anhängern exakter Methoden umstritten ist: mit Hilfe spezieller Erhebungsmethoden (z. B. Beobachtung, Befragung, Inhaltsanalyse) werden einzelne Untersuchungseinheiten (z. B. Personen, Familien oder Betriebe), die hinsichtl. einer gleich oder ähnl. strukturierten größeren Menge v. Phänomenen als typ. »Fälle« oder als bes. prägnante u. aussagekräftige Beispiele gelten, detailliert untersucht u. beschrieben. Unter besonderer Berücksichtigung der Ganzheit u. Individualität des einzelnen Falles werden jeweils die Anzahl u. das Zus.wirken verursachender Faktoren analysiert. Im Gegensatz zu anderen Auswahlverfahren muß bei der E. die Repräsentativität der Untersuchungsergebnisse wegen der bes. Individualität des Falles u. der eingeschränkten Vergleichsmöglichkeiten mit großer Vorsicht beurteilt werden. Die E. eignet sich im Rahmen der Vorbereitung umfassender Studien u. Forschungsprogramme f. Voruntersuchungen, in denen überhaupt erst Hypothesen durch erste empir. Einblicke (Exploration) in das interessierende Problemgebiet gewonnen werden sollen. Innerhalb mehrstufiger Untersuchungen kann die E. in späteren Forschgs.phasen zur vertieften Erforschg. einzelner Fälle (insb. indiv. Schicksale, z. B. »Karriere« v. Drogensüchtigen) fruchtbar eingesetzt werden. Im Zus.hang mit der sozialen Frage wurde die E. insb. in der frühen Soz.forschg. oft verwendet. Im Zuge der Aufwertung qualitativer Methoden u. verstärkter Forschg. über soziale Probleme

Elastizität

gewinnt die E. zunehmende Bedeutung, insb. in der Sozialarbeit u. -pädagogik.

W. J. Goode u. P. K. Hatt, Die E., in: Beobachtung u. Experiment in der Soz.forschg., hg. v. R. König, 1956; J. Szczepanski, Die biograph. Methode, in: Hdb. der empir. Soz.-forschg., Bd. 4, hg. v. R. König, ⁵1974; H. v. Alemann u. P. Ortlieb, Die E., in: J. van Koolwijk u. M. Wieken-Mayser (Hg.), Techniken der empir. Soz.forschg., Bd. 2, 1975; H. Reinecker, Einzelfallanalyse, in: E. Roth u. K. Heidenreich (Hg.), Soz.wiss. Methoden, 1984.

Eisenstadt, Shmuel Noah, ⋆10. 9. 1923 Warschau, israel. Soziologe, 1947 Ph. D. Hebräische Univ. Jerusalem, 1949 Doz., 1957 Assoc. Prof. u. 1959 Prof. f. Soziol. ebd., zahlr. Gastprofessuren in Europa u. USA. Zunächst befaßt mit der Frage der kulturellen Assimilierung von Einwanderern, wendet er sich dem Problem der Generationen zu. In vergleichender Untersuchung versch. Ges.en sucht er deren soziale Struktur zu analysieren. Ausgehend von Altersunterschieden erörtert er die Bedingungen, unter denen Altersgruppen entstehen. In vormod. Ges.en bilden diese die Grundeinheiten sozialer Arbeitsteilung. Bei mod. Ges.en analysiert er die Funktionen der Familienerziehung, der Schule, der Jugendorganisationen u. jugendl. →peergroups sowie ihr Verhältnis zueinander. Aus seiner Theorie leitet er versch. Typen ges. Konformität oder Abweichung der Altersgruppen ab. Im Bereich der Polit. Soziol. untersucht er die Chancen der Entbürokratisierung. Weitere Arbeiten sind der Theorie der Modernisierung gewidmet.

Schr.: Absorption of Immigrants, 1955; From Generation to Generation, Glencoe 1956 (dt.: Von Generation zu Generation, 1966); The Political Systems of Empires, 1963; Essays on Comparative Institutions, New York 1965; Modernization: Protest and Change, Englewood Cliffs, N. J. 1966; Israeli Society, London 1967 (dt.: Die israelische Ges., 1973); Social Differentiation & Stratification, Glenview,

Ill. 1971; Die protestantische Ethik u. der Geist des Kapitalismus, 1971; Tradition, Change and Modernity, New York 1973 (dt.: Tradition, Wandel u. Modernität, 1979); Organization and Stratification, Berlin 1975; The Form of Sociology, Paradigms and Crises (mit M. Curelaru), New York 1976; (Hg.) Sozialismus u. Tradition, 1977; Revolution and the Transformation of Societies, New York 1978; (Hg.), Kulturen der Achsenzeit, 2 Bde., 1987; Die Transformation der israel. Ges., 1987.

Eklektizismus (griech.), »auswählende« Methode wiss. Arbeitens, die von anderen bereits vorgelegte Problemstellungen u. -lösungsversuche unsystemat. aneinandergereiht vorstellt, ohne selbst Stellung zu beziehen oder sich einem der dargestellten Aussagensysteme anzuschließen. Mitunter auch zur Kennzeichnung von als originell oder schöpferisch ausgegebenen theoret. Arbeiten, die entgegen ihrem Anspruch ledigl. geschickte Zusammenstellungen von Teilen anderer Aussagensysteme darstellen.

Elaborierter Kode →Soziolinguistik

Elastizität (griech.), »Beweglichkeit«, »Formbarkeit«, in den Sozialwiss. (insbes. Wirtschaftstheorie) Begriff zur Kennzeichnung des Grades der wechselseitigen Bedingtheit von Größen (Variablen), d. h. des Grades der relativen Veränderung einer Größe aufgrund der relativen Veränderung einer anderen Größe. In der Soziol. (insbes. in der Rollentheorie) wird unter E. des Verhaltens die Toleranzbreite verstanden, die dem Individuum zur individuellen Ausgestaltung an sich vorgegebener Rollenerwartungen, damit zur eigenen Definition der Situation überlassen bleibt, in der und aus der heraus es handelt. Die produktive Ausnutzung von E. in diesem Sinne setzt eine

Elementarsatz

gewisse Distanz der Person zu den betreffenden Rollen, d. h. eine begrenzte Rollenidentität, voraus (Ich-Leistungen der Person im Rollenhandeln).

Elementarsatz →Basissatz

Elias, Norbert, 22. 6. 1897 Breslau – 1. 8. 1990 Amsterdam, studierte bei H. Rickert, E. Husserl, K. Jaspers, M. Heidegger, A. Weber u. a., 1924 Dr. phil. Breslau, 1930 Assistent von K. Mannheim in Frankfurt/M., 1933 Habil. f. Soziol. u. Doz. ebd., Emigration, tätig an der Ecole Normale Supérieure Paris, Univ. of London, 1954–62 Univ. of Leicester, 1962–64 Prof. f. Soziol. Univ. of Ghana, 1964 Emeritus, Gastprofessuren Münster, Warwick, Amsterdam, Nimwegen, Konstanz, Bochum, Bielefeld, 1977 T. W. Adorno-Preis, 1980 Dr. rer. soc. h. c. Univ. Bielefeld.

Sein erst 1939 in Basel publiziertes Hauptwerk »Über den Prozeß der Zivilisation« konnte infolge des II. Weltkrieges u. der Nachkriegszeit nicht die angemessene Beachtung finden u. erreichte erst nach der Neuausgabe 1969 u. der Übersetzung in mehrere Sprachen einen wachsenden Einfluß auf die Soziol. u. andere Soz.wiss.en, z. B. Soz.psychologie u. Pädagogik. – Im Gegensatz zu theoret. Ansätzen einer einseitig gegenwartsbezogenen »Zustandssoziol.« des 20. Jh.s war das Hauptinteresse von E. auf eine soz.wiss.-interdisziplinäre Analyse langfristiger gesch.-ges. Prozesse ausgerichtet, wobei er insbes. Soziol., Psychologie u. Gesch.wiss. miteinander verknüpfte. Diese fundamentale Umorientierung der Soz.wiss.en beinhaltet darüber hinaus die Überwindung des theoret. zugespitzten Gegensatzes von Individuum u. Ges. durch eine Auffassung des Soz., die von Verflechtungszus.hängen bzw. »Figurationen interdependenter Menschen« ausgeht (→Figuration). Diese Interdependenzgeflechte verändern sich im Verlaufe der Gesch. u. können somit nur im Rahmen langfristiger Prozesse angemessen erklärt werden. Im Zuge dieser Prozesse bedingen sich die Soziogenese (Transformationen der Ges.strukturen) u. die Psychogenese (Transformationen der Persönlichkeitsstrukturen) gegenseitig. Mit diesem weitgesteckten Ansatz einer →Figurations- u. Prozeßtheorie untersuchte E. den »Prozeß der Zivilisation« im Abendland, unter besonderer Berücksichtigung der Wandlungen des Verhaltens in den weltl. Oberschichten. Wesentl. Aspekte des europ. Zivilisationsprozesses sind die Staatenbildung, zunehmende Funktionsteilung, wechselseitige Abhängigkeit u. ges. Integrierung, Wandlungen der Affekt- u. Kontrollstrukturen (Zurückdrängen spontan ausgelebter Affekte u. der Fremdzwänge, Vorrücken der Scham- u. Peinlichkeitsschwelle, der individ. Selbstkontrolle). Hinsichtlich der Gegenwart vertrat E. die Ansicht, daß noch nicht der Gipfel der Zivilisation erreicht worden ist. Es kann auch Entzivilisationsschübe geben. Die Jugend sollte zu einem weiten Welthorizont erzogen werden. Durch Analyse der Verflechtungszus.hänge hat Soziol. zur Bewältigung der ungewollten →Folgen techn. Innovationen u. soz. Prozesse beizutragen.

Schr.: Idee u. Individuum, Diss. 1924; Über den Prozeß der Zivilisation, 2 Bde., [15]1990 ([2]1969, 1939); The Established and the Outsiders (mit J. L. Scotson), London 1965, dt.: Etablierte u. Außenseiter, 1990; Zur Dynamik v. Sportgruppen, in: KZfSS, Sonderheft 10, 1966; Psychiatry in a Changing Society, London 1971; Die höfische Ges., 1969; Was ist Soziol.? [5]1986 (1972); Soziol. u. Psychiatrie,

in: Soziol. u. Psychoanalyse, hg. v. H.-U. Wehler, 1972; Zur Grundlegung einer Theorie soz. Prozesse, in: Zs. f. Soziol. 6, 1977; »Adorno-Rede«. Respekt u. Kritik, in: N. E. u. W. Lepenies, Zwei Reden anläßlich der Verleihung des T. W. Adorno-Preises, 1977; Über die Einsamkeit der Sterbenden in unseren Tagen, 1982; Engagement u. Distanzierung, 1983; Notizen zum Lebenslauf, in: P. Gleichmann u. a. (Hg.), Macht u. Zivilisation, 1984; Sport im Zivilisationsprozeß (mit E. Dunning), 1984; Über die Zeit, [2]1988 (1984); Humana conditio, 1985; Die Ges. der Individuen, [3]1988 (1987); Los der Menschen (Gedichte), 1987; Studien über die Deutschen, 1989; Über sich selbst, 1990; Mozart. Zur Soziol. eines Genies, hg. v. M. Schröter, 1991.
P. Gleichmann u. a. (Hg.), Human Figuration, Amsterdam 1977; ders. u. a. (Hg.), Materialien zu N. E.' Zivilisationstheorie, 1977; ders. u. a. (Hg.), Macht u. Zivilisation, 1984; H. Korte, Über N. E., 1988; R. Blomert, Psyche u. Zivilisation, 1989; H. Korte (Hg.), Ges. Prozesse u. individuelle Praxis, 1990; R. Baumgart u. V. Eichener, N. E., 1991.

Elite (franz.), »Auswahl«, »Auslese«, Inhaber höchster Führungspositionen einer Ges., die insgesamt eine soziokult., polit. u. wirtschaftl. gestaltend tätige Minderheit bilden. Die E. deckt sich weitgehend mit der herrschenden Klasse bzw. Oberschicht. In mod. differenzierten Ges.en bildet die E. ein E.system, das sich aus verschiedenen, funktional spezialisierten Teil-E.n (polit., wirtschaftl. militär., wiss.-intellektuelle, kirchl.-rel., freizeit-kult. E.) zusammensetzt. Zw. diesen Teil-E.n, die unterschiedl. »Basisgruppen«, Wertorientierungen u. Interessen repräsentieren, bestehen personelle Verflechtungen, Kooperation, Konkurrenz u. Konflikte. E. gibt es sowohl auf gesamtges. wie auch auf kommunal-lokaler Ebene (lokale E.n).
Die Auslesekriterien und -verfahren für E.-Positionen variieren mit der Ges.sordnung u. unterliegen dem gesch.-soz. Wandel. War in vormod. Ges.en mehr die Familienherkunft entscheidend (Geburts- bzw. Herkunftsprinzip), so sind es in den mod. Leistungsges.en akademisierte Bildungs- u. Ausbildungsvorleistungen sowie erfolgreiche Bewährung (Leistungsprinzip). Allgemein sind informelle Beziehungen u. Protektion mitentscheidend.
Hauptformen sind die Geburts-E. (aufgrund familienbestimmter Herkunft), die Wert-E. (Personen mit soz. anerkannten Merkmalen, Qualitäten und allg. wertbestimmenden Vorbildwirkungen), die Macht-E. (Inhaber polit., wirtschaftl. u. militär. Herrschaftspositionen), die Geschmacks- u. Konsum-E. (Personen mit großem Einfluß auf Geschmacksvorstellungen, Moden, Verbraucherverhalten u. Lebensstile), ferner Funktions- u. Leistungs-E. (Inhaber höchster Führungspositionen aufgrund berufl.-fachl. Fähigkeiten u. erfolgreicher Leistungen).
In Verbindung mit der Entfaltung der Polit. Soziol. haben sich zahlr. Ansätze einer soziol. E.theorie herausgebildet. Zu den Pionieren zählen insbes. C. H. de Saint-Simon, G. Sorel, G. Mosca, V. Pareto, K. Mannheim, C. W. Mills, O. Stammer, R. Dahrendorf u. W. Zapf. Besonders bekannt wurde das von Mosca u. Pareto in Anlehnung an Machiavelli entwickelte theoret. Modell der »Zirkulation der E.n«: die Gesch. von Ges.en wird als ständiger Machtkampf zw. E.n und Gegen-E.n aufgefaßt.
In der mod. pluralist. Ges. haben Bestrebungen zur Gleichheit, Demokratisierung u. Enthierarchisierung den E.begriff der Kritik u. Abwertung unterworfen. E. wurde als »Establishment« diffamiert. Die »Herrschaft« der Manager, Experten u. Funktionäre geriet in eine Legitimationskrise. Infolge ihrer Komplexität u. Dynamik erfordern aber gerade das Funktionieren u. die internat. Wettbewerbsfähigkeit

mod. Ges.en möglichst hochqualifizierte u. verantwortungsbewußte Funktions- u. Leistungs-E.n. Im Rahmen einer demokrat. Ges.ordnung müssen diese E.n offen, kontrollierbar, rechenschaftspflichtig u. abwählbar bzw. auswechselbar sein.

V. Pareto, Allg. Soziol., 1955; G. Mosca, Die herrschende Klasse, 1953; J. Burnham, Das Regime der Manager, 1948; C. W. Mills, Die amerikan. E., 1962; U. Jaeggi, Die ges. E., 1960; H. P. Dreitzel, E.begriff u. Sozialstruktur, 1962; W. Schluchter, Der E.begriff als soziol. Kategorie (KZfSS 15, 1963); R. Dahrendorf, Ges. u. Demokratie in Dtl., 1965; O. Stammer, Das E.problem in der mod. Demokratie (in: Polit. Soziol. u. Demokratieforschung, 1965); W. Zapf, Wandlungen der dt. E., 1965; ders. (Hg.), Beiträge zur Analyse der dt. Oberschicht, 1965; P. Hübner, Herrschende Klasse u. E., 1967; G. Zauels, Paretos Theorie der soz. Heterogenität u. Zirkulation der E.n, 1968; T. B. Bottomore, E. u. Ges., ²1969; D. Herzog, Polit. Führungsprozeß, 1982; G. L. Field u. J. Higley, E.n u. Liberalismus, 1983; G. Endruweit, E. u. Entwicklung, 1986; W. Felber, E.forschung in der BR Dtl., 1986; D. Voigt, E. in Wiss. u. Pol., 1987; P. Trappe, Die elitären Machtgruppen in der Ges., 1988; H.-D. Klingemann u. a. (Hg.), Polit. Klasse u. polit. Institutionen, 1991; W. Röhrich, E.n u. das Ethos der Demokratie, 1991.

Ellenbogengesellschaft →Autoaggressive Gesellschaft

Emanation (lat.), »Ausfluß«, in geschichtsphil. Theorien die Lehre vom Hervorgehen aller weltl., »niederen« Realitäten u. Strukturen aus einem »höheren«, vollkommeneren Zustand, d. h. gegenüber der Vorstellung vom determinierten humanitären Fortschritt in der Weltgeschichte alle gleichsam umgekehrten Entwicklungstheorien.

Emanzipation (lat.), »aus der Hand herauswachsen«, Freilassung, Verselbständigung, Befreiung aus einem Zustand der Abhängigkeit, zentraler Begriff einer an polit.-prakt. Umsetzung sozialwiss. Erkenntnisse, d. h. am Theorie-Praxis-Problem orientierten kritischen Theorie in den versch. so-zialwiss. Disziplinen. Ausgehend von dem berühmten, von I. Kant geprägten Begriff von Aufklärung als »Ausgang des Menschen aus seiner selbstverschuld. Unmündigkeit« (»Unmündigkeit ist das Unvermögen, sich seines Verstandes ohne Leitung eines anderen zu bedienen«), meint E. die Befreiung des Menschen von den sozialen Strukturverhältnissen, die, weil vom Menschen noch unbegriffen, Unmündigkeit erhalten. Wiss. mit emanzipator. Erkenntnisinteresse ist auf die Durchführung von Analysen gerichtet, »die das Bewußtsein aus der Abhängigkeit von hypostasierten Gewalten lösen« (Habermas), die also Kenntnisse über gegebene ges. Systeme u. Funktionszusammenhänge u. gesch. Alternativen verfügbar machen. Voraussetzung für das Zustandekommen solchen Wissens ist eine herrschaftsfreie, damit unverzerrte Kommunikation unter am E. bemühten Menschen. Voraussetzung für die Umsetzung von emanzipator. Wissen u. entspr. Praxis ist die Brechung von Herrschaft, die emanzipator. Wissen aus Gründen der eigenen Interessenkonsolidierung unterdrückt. E. schließt neben der Befreiung von phys. wirkender Herrschaft auch die von psych. unbewußt wirkender Manipulation ein. Probleme der E. sind immer auch Probleme der Autorität in einer Ges.

E. spielt sich in versch. Bereichen u. Größenordnungen sozialer Strukturen ab. Sie meint z. B. die Abschaffung von Autoritätsverhältnissen in Schulen, Familien, Betrieben, die die Vernunft im Dienste spezif. Interessenlagen beschränken u. unterdrücken, ebenso wie den Kampf um soziale Gleichberechtigung der Frau in Ehe u. Ges., um gleichen Lohn für gleiche Arbeit,

Empirische Sozialforschung

um Mitbestimmung der Arbeitnehmer am Arbeitsplatz oder um Befreiung der ehemaligen Kolonial- bzw. Entwicklungsländer vom Einfluß ökonom. u. polit. vorherrschender Industrienationen. E. ist eine konstitutive Voraussetzung für reale u. nicht nur formale Demokratie.

J. Habermas, Theorie u. Praxis, [4]1971 (1963); ders., Technik u. Wiss. als »Ideologie«, 1968; M. Horkheimer, Zur Kritik der instrumentellen Vernunft, 1967; H. Marcuse, Der eindimensionale Mensch, 1968; E. Fromm, Die Furcht vor der Freiheit, [3]1970; Th. W. Adorno, Erziehung zur Mündigkeit, 1970; M. Greiffenhagen (Hg.), E., 1973; G. Hartfiel (Hg.), E., 1975; R. van Dülmen, Die Ges. der Aufklärer, 1986.

Emergenz, engl. emergence = »unerwartete Erscheinung«, Bez. für das Phänomen, daß beim Übergang von einfachen zu komplexeren sozialen Systemen neue Eigenschaften des Systems (oder bei den Elementen des Systems) auftreten, die nicht auf Eigenschaften der Elemente des Systems auf niederer Entwicklgs.stufe zurückgeführt werden können.

Emigration →Auswanderung

Emotion →Gefühl

Emotional (lat.) →affektuell

Empathie (griech.), »starke«, engagierte Teilnahme; die Eigenschaft eines Individuums, bruchlos u. aufgeschlossen neue soziale Rollen übernehmen u. internalisieren zu können, persönl. mit fremden Wertvorstellungen kompromißhaft zu integrieren. E. wird in der mod. Ges. verstärkt gefordert, in der zeitweilig oder dauernd wechselnde Interaktionsbeziehungen zw. einer Vielzahl von Personen aus unterschiedl. Lebensbereichen die Regel sind. E. setzt charakterl. Dynamik, psych. Mobilität, Einfühlungsver-

mögen, Sich-Hineinversetzenkönnen in die Situation anderer voraus.

G. M. Teutsch, Lernziel E., in: Mitleid, Vertrauen, Verantwortung, hg. v. H. E. Lück, 1977; K. Bullmer, E., 1978.

Empfängnisverhütung →Geburtenregelung

Empirie (griech.), »Erfahrung«, im Gegensatz zu →Theorie.

Empiriokritizismus, von Lenin kritisierte erkenntnistheoret. Richtung (R. Avenarius, E. Mach), die unter Bezugnahme auf Thesen von D. Hume (1711–1776) u. G. Berkeley (1684–1753) den Begriff der Erfahrung (= Empirie) so rein als mögl. herausarbeiten u. ihn von aller Metaphysik abtrennen wollte. Insbes. ist für den E. die Tatsache der Existenz einer vom menschl. Bewußtsein unabhängigen, objektiven Realität nur eine metaphys. Behauptung. Darum kommt der E. zu der radikalen subjektiv-idealist. Schlußfolgerung, daß die Realität nur insoweit bestimmbar u. damit wiss. »greifbar« sei, wie sie uns durch »Empfindungen« (Töne, Gerüche, Farben usw.) gegeben sei. Die Aufgabe der Wiss. sei die Beschreibung der Empfindungselemente u. der Elementenkomplexe untereinander.

R. Avenarius, Kritik der reinen Erfahrung, 2 Bde., 1888–90 (Ann Arbor, Mich. 1980); E. Mach, Die Analyse der Empfindungen, [9]1922 (1906); W. I. Lenin, Materialismus u. E., 1980 (1909).

Empirische Sozialforschung, die systemat., methodenorientierte Erhebung u. Interpretation von Daten über Gegebenheiten u. Vorgänge im soziokult. Bereich. Die Forschungsergebnisse dienen der Überprüfung von Hypothesen u. Theorien, der Gewinnung von

Empirische Sozialforschung 180

neuen Erkenntnissen u. Hypothesen, der möglichst frühzeitigen Aufdeckung neuer Problementwicklungen, der Fundierung von rationalen Planungs- u. Entscheidungsprozessen sowie der Bewältigung von prakt. Problemen. Erforschte Tatbestände sind 1) objektive Gegebenheiten (Einkommensverteilung, Herrschaftsbefugnisse, Familiengröße u. a.), 2) subjektive Faktoren (Wertvorstellungen, Meinungen, Motive u. a.), 3) reale Verhaltensweisen. Der E. S. liegt die mod. Wiss.stheorie zugrunde, insbes. der Krit. Rationalismus von K. Popper u. H. Albert. Die Forschung soll prinzipiell unabhängig von der Subjektivität des Forschers ablaufen (Prinzip der Intersubjektivität). Die jeweils eingesetzten Methoden bzw. Verfahren, Instrumente oder Forschungstechniken der E. S. (Befragung, Beobachtung, Experiment, Gruppendiskussion, Soziometrie, Inhaltsanalyse, Skalierungsverfahren) sollten an einer Theorie bzw. an Forschungshypothesen orientiert sein. Sie sollten ebenso wie die verwendeten Begriffe klar und präzis umschrieben sein, um zu Überprüfungs- u. Kontrollzwecken gleichartige Wiederholungen zu garantieren.

Die E. S. ist neben der Allg. u. der Speziellen Soziol. der dritte große Bereich der Soziol. Darüber hinaus werden Methoden der E. S. in zunehmendem Maße in anderen Soz.wiss.en (Ethnologie, Psychologie, Wirtschaftswiss.en, Politologie) u. insbes. in der kommerziellen Markt- u. Meinungsforschung eingesetzt. Auftraggeber sind wiss. Einrichtungen, Behörden, Unternehmungen, Verbände, Parteien, Kirchen u. a.

Die E. S. entwickelte sich aus der Bevölkerungs- u. Sozialstatistik (→»Polit. Arithmetik«) des 17. u.

18. Jh. (Vorgesch. der E. S.), im Zus.hang mit der »Sozialen Frage« aus den Soz.enqueten des 19. Jh., aus empir. Forschungsansätzen der Ethnologie, Kulturanthropologie u. Sozialpsychologie, aus den Anfängen der Markt- u. Meinungsforschung (Frühgesch. der E. S.). Die mod., methodolog. fundierte u. wiss.-systemat. betriebene E. S. erfuhr zw. dem Ende des 19. Jh. u. des I. Weltkrieges ihren Durchbruch insbes. durch M. Weber, E. Durkheim, W. I. Thomas u. F. Znaniecki. Nach dem I. Weltkrieg wurden die Methoden vor allem in den USA im Zus.hang mit der Wahl-, Propaganda-, Medien-, Minoritäten- u. Vorurteilsforschung, mit stadt-, gemeinde-, industrie- u. militärsoziol. Untersuchungen weiterentwickelt. Quantitativ-statist. Methoden ermöglichen die Bearbeitung des immer umfangreicheren Datenmaterials mit Hilfe des Computers. Übertriebener Mathematisierung wirken qualitative, dem Individuellen gerecht werdende Methoden entgegen (Intensivinterview, Einzelfallstudie, qualitative Inhaltsanalyse). Die qualitative S. hat durch das Anwachsen (neuer) soz. Probleme einen Aufschwung erfahren. Fortschreitende ges. Globalisierungstendenzen bewirken die Durchführung internat. vergleichender empir. Untersuchungen. Im Zus.hang mit dem Datenschutz u. der prakt. Verwertung von Forschungsergebnissen gewinnen eth. u. rechtl. Aspekte der E. S. zunehmend an Bedeutung.

R. König (Hg.), Hdb. der e. S., Bd. 1–4, [3]1973–74 (1967, 1969); P. Atteslander, Methoden der e. S., [7]1993 (1969); R. Mayntz, K. Holm u. P. Hübner, Einf. in die Methoden der e. Soziol., [5]1978 (1969); H. Hartmann, E. S.: Probleme u. Entwicklungen, [2]1972 (1970); J. Friedrichs, Methoden der e. S., [14]1990 (1973); J. van Koolwijk u. M. Wieken-Mayser, Techniken der e. S., 8 Bde., 1975 ff.; H. v. Alemann, Der Forschungsprozeß, [3]1992 (1977); H. Kromrey,

E. S., [4]1990 (1980); H. Kern, E. S., 1982; M. Kaase, W. Ott u. E. K. Scheuch (Hg.), E. S. in der mod. Ges., 1983; J. Bortz, Lehrbuch der e.n Forschg., 1984; E. Roth u. K. Heidenreich, Soz.wiss.liche Methoden, 1984; P. Wellhöfer, Grundstudium Soz.wiss.liche Methoden u. Arbeitsweisen, 1984; J. Bogumil u. S. Immerfall, Wahrnehmungsweisen empir. Soz.forschung, 1985; F. Tiemann, Analyse u. Intention, 1987; R. Schnell, P. B. Hill u. E. Esser, Methoden der e.n S., 1988; H. Denz, Einf. in die e. S., 1989; M. Hunt, Die Praxis der S., 1991; W. Laatz, E. Methoden, 1993.

Empirische Soziologie →Soziologie

Empirismus (griech.), wiss. theoret. Lehre, die als Erkenntnisquellen die Sinneserfahrungen (Empirie = Erfahrung), d. h. die Methoden der Beobachtung u. des Experiments, betont. In der Soziol. ist mitunter eine Forschungspraxis zu beobachten, die als theorieloser E. bezeichnet wird. Hier wird von der Überzeugung ausgegangen, daß die erfahrenen Tatsachen die Wahrheit im Sinne einer Abbildung der objektiven Realität vermitteln. Demgemäß werden einfach, gleichsam »stoffhuberisch«, als plausibel u. wichtig erscheinende Fakten gesammelt u. ausgezählt, ohne daß eine präzise u. eingegrenzte Fragestellung bzw. ein theoret.-hypothet. Konzept vorliegen, die mit den Tatsachen konfrontiert werden könnten.

P. K. Feyerabend, Ausgewählte Schriften, Bd. 2: Probleme des E., 1981; B. Tuschling u. M. Rischmüller, Kritik des Logischen E., 1983.

Encounter-Gruppe (engl. encounter, Zusammentreffen), Begegnungsgruppe, die mit Hilfe der Gruppendynamik (→Gruppentherapie) über themenbezogene Interaktion (A. →Goffman) Persönlichkeitsstrukturveränderungen bei den Gruppenmitgliedern bewirken will.

H. M. Ruetenbeek, Die neuen Gruppentherapien, 1974.

Endogamie (griech.), Heiratsordnung, die die Grenzen der sozialen Umgebung festlegt, innerhalb derer eine Partnerwahl u. Eheschließung erlaubt ist. Diese Grenzen können regional oder sozial (d. h. schichten-, standes- oder kastenmäßig) bestimmt sein.

Endogen (griech., »durch innere Umstände bewirkt«): in sozialwiss. Theorien u. Modellen unterscheidet man e. u. exogene (»durch äußere Umstände bewirkte«) Faktoren bzw. Variable eines Wirkungszusammenhanges. Entscheidend ist, ob die jeweiligen Faktoren vom Aussagebereich (Hypothesenbereich) der betr. Theorie (oder des Modells), der sich auf diesen Wirkungszusammenhang bezieht, noch erfaßt werden oder nicht. Mitunter wird die Unterscheidung zwischen e. u. exogen nach den institutionellen Grenzen bestimmter sozialer Systeme festgelegt.

Engels, Friedrich, 28. 11. 1820 Barmen – 5. 8. 1895 London. Sohn eines Fabrikanten. Kaufmann in Manchester, seit 1870 in London, seit 1845 Verbindung mit K. Marx in wiss., publizist., organisator. Zusammenarbeit u. finanzielle Unterstützung für K. Marx. Nach dessen Tod Führer der Internationalen Sozialist. Arbeiterbewegung in London; Herausgeber des 2. (1885) u. 3. Bandes (1894) des »Kapital« von K. Marx.
In Berlin beschäftigte er sich mit Hegels Dialektik u. Geschichtsphilos. Beeinflußt von L. Feuerbach's Materialismus, wurde er Anhänger der radikalen Junghegelianer. In Manchester (1842–44) kam er in Berührung mit der Chartisten-Bewegung sowie dem »Bund der Gerechten«. Als Mitglied des »Bundes der Kommunisten« gab er 1848

Enkulturation 182

mit K. Marx das »Kommunistische Manifest« heraus.
Für E. war die polit. Ökonomie die theoret. Analyse der modernen bürgerl. Ges. Polit. gilt es, die Ges. durch einen revolutionären »Sprung« aus dem »Reich der Notwendigkeit« in das »Reich der Freiheit« zu überführen. Die künftige kommunist. Ges. gruppiert sich in »Wirtschaftskommunen«, die Föderationen bilden (→Fourier). – Monogamie gilt nach E. als »Ausbeutungssystem« der Frau durch den Mann. Die bürgerl. Ehe ist danach nicht viel mehr als ein Kaufvertrag.
Einfluß auf die Sozialdemokratie gewann E. bes. durch den »Anti-Dühring«, der zum Lehrbuch des Dialekt. Materialismus (Diamat) wurde. In späteren Jahren übte er Selbstkritik im Hinblick auf die ursprüngl. These einer engen Bindung des geistig-kulturellen Überbaus an den ökonom. Unterbau. E. hat bes. die philos.-wiss. Grundlagen des marxist. Gedankengebäudes herausgearbeitet. Er ist erfolgreich hervorgetreten als Popularisator von Marx' Ideen. Durch die enge Zus.arbeit läßt sich der Beitrag von E. zu dem Werk von Marx schwer abschätzen (→Marxismus).

Schr.: Die Lage der arbeitenden Klassen in England, 1845; Herrn Eugen Dührings Umwälzung der Wiss., 1878; Der Ursprung der Familie, des Privateigentums u. Staates, 1884; Ludwig Feuerbach u. der Ausgang der klass. dt. Philosophie, 1888; K. Marx u. F. E., Der Briefwechsel 1844–1883, 4 Bde., 1983.
H. P. Bleuel, F. E., 1984; S.-E. Liedmann, Das Spiel der Gegensätze, 1986.

Enkulturation (lat.), ein Grundbegriff der Soziol. u. Kulturanthropologie, der im weiteren Sinne die Gesamtheit bewußter u. unbewußter Lern- u. Anpassungsprozesse bezeichnet, durch die das menschl. Individuum im Zuge des Hineinwachsens in eine Ges. die wesentl. Elemente der zugehörigen Kultur übernimmt u. folglich zu einer soziokult. Persönlichkeit heranreift. Durch Internalisierung (Verinnerlichung) werden die gelernten kult. Elemente (Sprache, weltanschaul. Orientierungen, Wert- u. Normensysteme, Verhaltensmuster u. Fertigkeiten) zu Selbstverständlichkeiten des individ. Empfindens u. des alltägl. Verhaltens. E. beinhaltet die Chance der Entwicklung zu einer autonomen Persönlichkeit (Personalisation), die gestaltend auf die Kultur u. Ges. zurückwirkt. Im Zus.hang mit diesem weitgefaßten Verständnis der E. bezeichnet der Begriff der Sozialisation den Aspekt des Lernens soz. Normen u. Rollen (Sozialisation als ein Aspekt der E.).
Im engeren Sinne bezeichnet E. nach D. Claessens jene Phase der frühkindl., primären Sozialisation, in der das Individuum nach erfolgreicher →Soziabilisierung insbes. im Rahmen seiner Kernfamilie in die kult. Rolle eingeführt wird. Der Prozeß der E. ist dann mit der weitgehenden kulturspez. Festlegung der Grundpersönlichkeit des Individuums abgeschlossen (E. als eine frühe Phase der Sozialisation).

E. H. Erikson, Kindheit u. Gesellschaft, ³1968 (1961); D. Claessens, Familie u. Wertsystem, ⁴1979 (1962).

Enquete (franz.), »Erhebung«, »Untersuchung«, relativ umfassendes, d. h. zahlreiche zu einem sozialen Problem relevante Daten, Merkmale, Eigenschaften u. Ereignismassen sammelndes Verfahren sozialwiss. →Erhebungstechnik (z. B. Soz.-E., Bauern-E., Armen-E.). Im Vergleich zu anderen Erhebungstechniken der Empir. Sozialforschg. geht die E. nicht von spez. Hypothesen aus, sondern versucht zunächst, deskriptive Aufklärung über Zustandsverhältnisse zu geben.

J. Frhr. v. Gayl, Das Parlamentar. Institut der E.-Kommission am Beispiel der E.-Kommission »AIDS« des Dt. Bundestages, 1993.

Entäußerung →Entfremdung

Entfremdung (auch Entäußerung, Entwirklichung, engl. alienation), zentraler Begriff mit jeweils unterschiedl. Deutung bei zahlreichen, weltanschaul. höchst versch. orientierten soziol. u. sozialphilos. Theoretikern der bürgerl. Ges. u. ihrer Arbeitswelt. Bereits in der Philosophie Hegels (›Grundlinien einer Philosophie des Rechts‹, ›Phänomenologie des Geistes‹) spielt das Konzept der E. bei der Analyse der Prozesse zunehmender Arbeitsteilung eine Rolle. Nach Hegel erscheint Arbeit als Dialektik des individuellen Selbstseins u. des objektiven Andersseins, indem sie gleichzeitig als Selbsterzeugung des Menschen in u. an der Welt seiner Arbeitsobjekte, aber auch als Objektivation, als Entäußerung des menschl. Bewußtseins an der Welt der erarbeiteten Gegenstände gedeutet wird. L. Feuerbach sprach von der Religion als einer Form der E. des Menschen, der seine höchsten Ideale als sein eigenes Wesen in ein transzendentales religiöses Objekt, in seinen Gott projiziert. Karl Marx wandte gegen Feuerbach ein, daß die religiöse E. nur im menschl. Bewußtsein vor sich gehe, aber die »E. des wirklichen Lebens« sich als ökonom. E. in den Arbeitsvollzügen u. Produktionsverhältnissen des kapitalist. Wirtschaftsprozesses offenbare. Auch Hegel hätte das Problem der E. nicht lösen können, weil er von bestimmten, gesch.-techn. bedingten Arbeits- u. Wirtschaftsweisen absah. Darum kam es Marx darauf

an, die E. als Auswirkung kapitalist. Ges.ordnung zu belegen. Neben der allgemeinen E. der am kapitalist. Produktions- u. Verwertungsprozeß Beteiligten als Warenbesitzer (Warenfetischismus, →Charaktermaske) erkannte Marx die besondere E. des Arbeiters im betriebl. Produktionsprozeß. Unter den Bedingungen der Arbeitsteilung u. des Privateigentums an Produktionsmitteln verliert die Arbeit ihren Charakter, ein Ausdruck der menschl. Kräfte zu sein, weil die Organisation u. die Produkte der Arbeit ein vom menschl. Wollen u. Planen unabhängiges Dasein annehmen. In dieser Situation entstehen folgende Zustände der E. (psychische Konsequenzen): 1) Der Arbeiter wird hinsichtl. des Arbeitsprozesses seiner eigenen Tätigkeit entfremdet. Diese wird als ein Zwang empfunden, der die eigenen Fähigkeiten u. Bedürfnisse unterdrückt. 2) Der Arbeiter wird hinsichtl. des Arbeitsergebnisses, des Resultats seiner Tätigkeit entfremdet, das ihm als fremde, unabhängige Macht feindl. gegenübersteht. 3) Der Arbeiter wird der ges. Welt, der menschl. Gattung entfremdet. Diese E. führt zum existentiellen Egoismus. Damit verliert das Individuum seine eigene Menschlichkeit. Die Abschaffung der ges.strukturellen Bedingungen, die E. hervorrufen, soll nach Marx die positive Aufhebung aller E. mit sich bringen.

Als analyt. u. als Rebellionsbegriff sozialwiss. Beiträge gegen Enthumanisierungstendenzen bzw. -gefahren der industriellen Ges. ist E. auch nach Marx eine wichtige anthropolog. Kategorie geblieben. Die Gegenüberstellung von →»Gemeinschaft« u. »Ges.« bei Tönnies, die Kategorie des »Kollektivbewußtseins« bei Durkheim.

Entideologisierung

die Konsequenzen »sozialer Differenzierung« bei Simmel, die Tendenzen zur »Bürokratisierung« nach Max Weber, das Problem der Außenlenkung bei D. Riesman, die Rollentheorie R. Dahrendorfs, »das Unbehagen in der Kultur« bei Freud sowie die ges.krit. Analysen von E. Fromm u. H. Marcuse enthalten Reflexionen über die negative Einwirkung sozialer Strukturbedingungen auf die Individualität und Identität des Menschen. In Abwandlung seiner ursprüngl. philos.-anthropolog. zu einer mehr empir.-erfahrungswiss. Bedeutung wird der Begriff E. insbes. von der amerikan. Soziol. zur Messung von »Dimensionen« der industriellen Arbeitssituation benutzt. Er bezeichnet hier (1) die mangelhaften Verfügungsmöglichkeiten des Arbeiters über seinen Arbeitsprozeß (powerlessness), (2) fehlende Sinnbezüge im Arbeitsgeschehen (meaninglessness), (3) unzureichende soziale Identifikation während der Arbeit (isolation), (4) mangelhafte Selbstverwirklichungschancen im eigenen Tun (self-estrangement) u. (5) den situationell provozierten Zwang zum abweichenden Verhalten (normlessness).

H. Popitz, Der entfremdete Mensch, 1953; D. Riesman, Die einsame Masse, 1956; E. Fromm, Die Furcht vor der Freiheit, 1945; ders., Das Menschenbild bei Marx, 1963; ders., Der moderne Mensch und seine Zukunft, 1970; R. Blauner, Alienation and Freedom, [2]1966 (1964); H. Marcuse, Der eindimensionale Mensch, 1967; A. Fischer, Die E. des Menschen in einer heilen Ges., 1970; F. Müller, E., 1970; A. Schaff, Marxismus u. das menschl. Individuum, 1970; J. Israel, Der Begriff E., 1971; H. Friedel-Howe, E. in der Industriearbeit, 1981; H. Meyer, Alienation, E. u. Selbstverwirklichung, 1984; H. May, Arbeitsteilung als E.ssituation in der Industrieges. von E. Durkheim bis heute, 1985; M. A. Fay, Der Einfluß v. A. Smith auf Karl Marx' Theorie der E., 1986; U. Leuschner, E., Neurose, Ideologie, 1990.

Entideologisierung, Tendenz zum Abbau u. Zerfall radikaler, re-

volutionärer, auf letzte Zielvorstellungen u. ges. Utopien angelegter Ideologien. E. wird verursacht durch technolog. u. kulturelle Verkomplizierung u. »Verdichtung« der Lebensverhältnisse hochentwickelter Industrieges.en. Theoretiker der E. vertreten den Standpunkt, daß Utopien u. Ideologien, indem sie ges. Gegenwart von einem antizipierten Ende her sehen u. agitator. eine Veränderung in ihrem Sinne herbeiführen wollen, sich die Möglichkeit verbauen, objektive Erkenntnisse über Sacherfordernisse der konkreten ges. Situation zu gewinnen. Überdies könne es auch keine histor. verbindl. Kriterien sozialen Fortschritts geben, weil über die Formen u. Strukturen zukünftiger ges. Entwicklung keine wiss. objektive Entscheidung zulässig sei.

H. Schelsky, Der Mensch in der wiss. Zivilisation, 1961; W. Burisch, Ideologie u. Sachzwang, [2]1968; J. Habermas, Technik u. Wiss. als »Ideologie«, 1968.

Entkirchlichung, infolge der Prozesse und Tendenzen zur Säkularisierung einsetzende Privatisierung der Religion u. des Glaubens. E. meint Abnahme der Bedeutung organisierter Religion als eines Mittels sozialer Kontrolle. Individuen der pluralist. Industrieges.en sind in ihren rechtl., berufl., ökonom. u. sozialen Interessen nicht mehr auf die Organisation Kirche angewiesen u. weitgehend von ihrem erzieherischen und informellen Einflußbereich befreit.

F. H. Tenbruck, Die Kirchengemeinde in der entkirchl. Ges. (in: D. Goldschmidt u. a., Hg., Soziol. d. Kirchengemeinde, 1960); D. Goldschmidt, J. Matthes (Hg.), Probleme der Religionssoziol. (Sonderheft 6 KZfSS, [2]1966).

Entpersönlichung, Prozeß des Abbaus persönlich-individueller Beziehungen zw. Menschen zugunsten der Regelung der sozialen Beziehungen nach unpersönlichen, abstrakt-generellen, bürokrat. Normen u. Rollen.

Entropie (griech.), »Umwandelbarkeit«, thermodynam. Begriff zur Bezeichnung einer physikal. Zustandsgröße, die den Grad der Nichtumkehrbarkeit von physikal. Prozessen, insbes. von Energieumwandlungen, angibt. So gilt nach dem 2. Hauptsatz der Thermodynamik, daß Wärme immer nur von wärmeren auf kältere Körper übergehen kann, aber nicht umgekehrt, d. h. daß Temperaturdifferenzen stets in nichtumkehrbarer Richtung dem Ausgleich, dem Gleichgewichtszustand zustreben. In der Gruppensoziol. bezeichnet die E. einen Grad der sozialen Ordnung in dem Sinne, daß in einer Gruppe der Grad der Gleichmäßigkeit der Verteilung von Informationen oder von gegenseitigen Sympathie- oder Antipathiebeziehungen (→Soziometrie) festgestellt wird. Höherer E.grad ist gleichbedeutend mit einer Gruppenstruktur, die kaum »Führer«, »Stars«, »Isolierte« oder »Sündenböcke« kennt. In Untersuchungen zur Gruppen-E. gilt die Hypothese: Die Tendenz zur Gleichverteilung der gegenseitigen Sympathie- u. Antipathiebeziehungen bzw. »Wahlen« steigt mit der Anzahl der »Wahl«-Motive. Die Anzahl der »Wahl«-Motive hängt mit dem Bildungsstand zusammen, so daß z. B. in soziometr. Untersuchungen von Schulklassen-Gruppenstrukturen für Klassen bestimmter Bildungshöhe jeweils unterschiedl. »normale« E.verhältnisse erwartet werden können.

F. v. Cube, R. Gunzenhäuser, Über die E. von Gruppen, ²1967; J. Rifkin, E., 1982.

Entscheidung, Prozeß der Wahl einer Handlung aus einer Reihe von Handlungsalternativen im Hinblick auf einen bestimmten Zielwert.

A. Müller (Hg.), Ges. E.svorgänge, 1977.

Entscheidungstheorie, bes. Forschungsansatz für eine Theorie des Handelns, die von einer bestimmten Ziel- oder Nutzenvorstellung des Handelnden (Subjekt, Gruppe, Organisation) ausgeht u. die Bedingungen der Rationalität des Handelns, d. h. der effizienten Zielverwirklichung, untersucht. Dabei wird unterstellt, daß dem Entscheidungssubjekt (Aktor) eine Menge von Handlungsmöglichkeiten offen stehen, die in Abhängigkeit von bestimmten Umweltbedingungen u. sozialen Verhaltensregeln bestimmte Ergebnisse hervorbringen. Der Aktor bewertet diese (mögl.) Ergebnisse u. wählt aus. E. untersucht die Entscheidungsprozesse unter versch. Informationsbedingungen (Gewißheit-Ungewißheit), die Beziehungen zwischen den versch. (u. U. widersprüchl.) Zielen u. den versch. zur Verfügung stehenden Mitteln des Aktors u. schließlich – im sozialen Kontext – die Konsequenzen versch. aufeinander einwirkender Entscheidungen, bei denen die Entscheidungssubjekte füreinander »Umwelt« darstellen.

G. Gäfgen, Theorie der wirtschaftl. Entscheidung, ²1968; H. Raiffa, Einf. in die E., 1973; M. Irle (Hg.), Attraktivität v. Entscheidungsalternativen u. Urteilssicherheit, 1978; H. Behrens, Polit. Entscheidungsprozesse, 1980; A. Wender, Entscheidungsspiele in Politik, Verwaltung u. Wirtschaft, 1983.

Entschichtung, Prozeß zunehmenden Abbaus u. Verwischung der Grenzen in der Struktur der sozialen →Schichtung.

Entsublimierung, Bez. für den tendenziellen Übergang von ges. u. indiv. Verhaltensformen mit kulturell hohem Anspruchsniveau zu kulturell weniger geschätztem Verhalten. Psychoanalyt. Bez. für die Rückkehr von bereits auf kulturell als wertvoll anerkannte Objekte gelenkte Triebenergie auf ursprüngl. sexuell interessierende.

Entwicklung, in der Soziol. Prozesse u. Formen der Bewegung u. Veränderung von sozialen Strukturen entweder zu anderen oder (von »niederen«) zu »höheren«, relativ stabilen Zustandsverhältnissen. Man unterscheidet stetig verlaufende oder sprunghafte, evolutionäre oder revolutionäre, quantitative oder qualitative E. Ursachen der E. können struktur- bzw. systemendogene oder -exogene sein. E. des menschl. Individuums bezeichnet in der mod. Ges. die Entfaltung u. Reifung des einzelnen Ges.angehörigen zu einer soz. kompetent, auf möglichst hohem moral. Niveau verantwortungsbewußt handelnden Persönlichkeit.

H. D. Seibel, Struktur u. E. der Ges., 1980; A. Bogner, Zivilisation u. Rationalisierung, 1989; D. Garz, Soz.psychol. E.stheorien, 1989.

Entwicklungsländer sind gemessen an den Normen der Industrieländer arme, wirtschaftl. unterentwickelte Länder. Als konkrete Erscheinungsformen mangelnder Entwicklung werden genannt: Geringes pro-Kopf-Einkommen, Kapitalmangel, wenig ausgebildete Geld- u. Kreditwirtschaft, geringe Arbeitsproduktivität, überwiegend Agrar- u. Naturalwirtschaft, hohe Abhängigkeit von der weltwirtschaftl. Entwicklung, des weiteren niedrige Alphabetisierungsquote, geringe Lebenserwartung, die aus einer Vielzahl sozioökonom. Ein-

flußfaktoren resultiert (Ernährung, Wohnen u. Hygiene, gesundheitl. Versorgung, Unfallrisiko, Arbeitsbelastung), häufig höchst ungleichmäßige Verteilung der Einkommen u. soz. Chancen; wenig gefestigter, mitunter korrupter Verwaltungs- u. Staatsapparat.

In den Modernisierungstheorien gilt diese Situation als ein Stadium innerhalb eines Prozesses, wobei im wesentlichen interne Faktoren auch soziokult. u. polit. Art für die weitere Entwicklung des Landes ausschlaggebend sind. Die Abhängigkeitstheorien (Dependencia) führen die Lage der E. auf die Struktur der Einbindung in die Staatenwelt zurück u. betonen damit die Wirkung externer Faktoren. In neueren Theorien wird versucht, interne u. externe Faktoren der Unterentwicklung gleichermaßen zu berücksichtigen.

Die Bezeichnung E. ist nicht unproblematisch. Sie impliziert, daß Entwicklung stattfindet, obwohl dies nur für wenige Länder zutrifft. Die weitere Entwicklung der Industrieländer bleibt hingegen unberücksichtigt. Zudem liegt ein westl. Entwicklungsbegriff zugrunde, der die hochentwickelten kult. Systeme in den Entwicklungsländern u. deren eigene Entwicklungsdynamik unterschlägt. Die Begriffe »Dritte Welt« und der »Süden« verweisen auf den Zus.schluß aufgrund ähnlicher gesch. Erfahrungen zur Durchsetzung wirtschaftl. u. polit. Ziele gegenüber den Industrieländern des Nordens. Aber alle diese Globalbegriffe ignorieren die ökonom., polit., soz. u. kult. Differenzierung der E.

In ökonom. Hinsicht unterscheidet man: Die Schwellenländer (Newly Industrialized Countries = NIC), die sich in ihrer Wirtschaftsstruktur

u. Wirtschaftskraft, jedoch nicht unbedingt in ihrer Sozialstruktur, den Industrieländern angenähert haben. Die Länder mit besonders schlechter wirtschaftl. Situation (Least Developed Countries). In diesen liegt das Bruttoinlandsprodukt (BIP) pro Kopf unter 250 $ jährl. Der Anteil der industr. Produktion am BIP liegt unter 10%. Die Alphabetisierungsquote liegt unter 20%.

Die Regionen der E.er liegen vorwiegend auf den Gebieten der südl. Hälfte der Landmasse der Erde, vor allem in der subtrop. u. trop. Zone. Die Beziehungen u. Konflikte zwischen Industrie- u. E.ern werden insbes. dadurch bestimmt, daß die ersteren etwa 80% der Weltproduktion erzeugen u. auch verbrauchen. Das Spannungsverhältnis zw. den hochentwickelten Industrieges.en u. den E.n ist zur neuen »Soz. Frage« im ausgehenden 20. Jh. geworden.

W. Geiger u. H. C. F. Mansilla, Unterentwicklung, 1983; E. Weede, E. in der Weltges., 1985; H. Wilkens u. a., Wirtschaftl., soz. u. polit. Bedingungen der Entwicklung, 1985; U. E. Simonis (Hg.), Entwicklungstheorie − Entwicklungspraxis, 1986; B. R. Hornung, Grundlagen einer problemfunktionalist. Systemtheorie ges. Entwicklung, 1988; P. J. Opitz (Hg.), Grundprobleme der E., 1991; Weltbank (Hg.), Weltentwicklungsbericht, erscheint jährl.

Entwicklungspolitik, über den Rahmen ohnehin bestehender techn., wirtschaftl. u. kult. Beziehungen zw. Industrieges.en u. Entwicklungsländern hinausgehende, bewußte u. systemat. Maßnahmen zur Verbesserung der wirtschaftl. u. soz. Verhältnisse in den Entwicklungsländern. E. zielt auf wirtschaftl. Wachstum durch Veränderung der Produktions-, Organisations- u. Austauschmethoden, durch Investitionshilfe u. Kapitalbildung sowie durch die Verbesse-

rung der internat. Handelsbedingungen, auf die Schaffung einer dazu erforderl. Infrastruktur u. auf die Förderung von kult., soz. u. polit.-institutionellem Wandel. Träger der E. sind die Bevölkerung und die Regierungen der Entwicklungsländer (interne E.), einzelne Industrieländer (bilaterale-externe E.), supranationale Organisationen, z. B. UN, Weltbank (multilateral-externe E.). Die externe E. ist von wirtschaftl., ideolog. u. strateg. Interessen der Industrieländer beeinflußt. Bilaterale u. multilaterale Entwicklungshilfe bzw. Entwicklungszusammenarbeit umfaßt als Teilbereich der E. die Maßnahmen, die im Vergleich zu kommerziellen Aktivitäten ein Element der Vergünstigung enthalten.

In der Anfangsphase der 50er u. 60er Jahre wurde Entwicklung mit wirtschaftl. Wachstum gleichgesetzt u. E. zielte auf den Aufbau von industr. Zentren in den Entwicklungsländern. Sozialpol. Maßnahmen waren nur von geringer Bedeutung u. dienten zur Mobilisierung der menschl. Ressourcen (z. B. durch Bildung) u. der Überwindung vermeintlicher traditionell begründeter Entwicklungshemmnisse.

Die weitgehende Erfolgsosigkeit dieser Strategie beantworteten die Vertreter der Abhängigkeitstheorien (Dependencia) mit der Forderung nach einer Abkopplung vom Weltmarkt, verbunden mit dem Rückgriff auf eigene Ressourcen (Self-Reliance). Ebenfalls gegen internat. Abhängigkeiten gezielt war die von den Entwicklungsländern seit den 70er Jahren vorgebrachte Forderung nach einer neuen Weltwirtschaftsordnung. Die Weltbank propagierte zur gleichen Zeit die Grundbedürfnisstrategie: E. soll zuerst die Befriedigung der

Grundbedürfnisse (Ernährung, Kleidung, Wohnung, Gesundheit u. Bildung) bewirken. Damit verbunden ist die erhöhte Aufmerksamkeit für die Entwicklung der Landwirtschaft u. des Kleingewerbes. Obwohl diese Strategie entgegen ihrer Zielsetzung die Ärmsten in den Entwicklungsländern kaum erreicht hat, ist sie auch heute noch von Bedeutung.

Gegenwärtig dominiert die Krisenbewältigung (Verschuldung) über die Diskussion um geeignete Strategien. Auffällig ist lediglich eine Tendenz zur Entstaatlichung der E. (Liberalisierung des Welthandels, Verlagerung von Aktivitäten auf private Unternehmen u. freie Träger) u. die verstärkte Forderung nach einer Stärkung von Basisinitiativen in den Entwicklungsländern.

Trotz aller Neuansätze ist E. in erster Linie eine am Modell der Industrieländer orientierte Wirtschaftspolitik. Die Fähigkeiten von Ges.en, ihre Entwicklung selbst zu steuern u. eigene Entwicklungsziele u. -wege zu verfolgen, wird auf diese Weise immer mehr eingeschränkt. – Die Soziol. wird insbes. durch die Frage herausgefordert, wie sich Entwicklung (im Sinne westl. geprägter Modernisierungsleitbilder) mit dem verstärkten Streben in Entwicklungsländern nach Erhaltung der eigenen gesch.-kult. Identität vereinbaren läßt.

D. Goetze, E. 1: Soziokult. Grundfragen, 1983; R. Anhut, Der Wachstumshunger, 1984; R. Wendorff, Dritte Welt u. westl. Zivilisation, 1984; U. Kollatz, Entwicklungshilfe, E., 1985; F. Nuscheler, Lern- u. Arbeitsbuch E., 1985; R. Kappel, Wege aus der Entwicklungskrise, 1990; P. Atteslander (Hg.), Kulturelle Eigenentwicklg., 1993; T. Bierschenk u. G. Elwert (Hg.), Entwicklungshilfe u. ihre Folgen, 1993.

Entwicklungssoziologie oder Soziol. der Entwicklungsländer

entstand nach dem II. Weltkrieg, als die sich bisher vorwiegend mit den Industrieländern beschäftigende Soziol. mit den Problemen der sich entkolonialisierenden Länder konfrontiert wurde.

Zunächst konzentrierte sich E. auf den Prozeß der »Modernisierung«, wobei Vergleiche mit dem Übergang von vorindustr. Strukturen zur Industrialisierung in Europa gezogen wurden. In den 60er Jahren wurde von den Vertretern der in Lateinamerika entstandenen »Abhängigkeits-Theorie« dieser Ansatz kritisiert, weil er die exogenen Faktoren, die von einem Weltmarkt ausgehen – der ganz anders geartet ist, als er zur Zeit der Industrialisierung Europas bestand – vernachlässigte. In Verbindung mit der marxist. Imperialismustheorie wurde der geringe Spielraum betont, der den Entwicklungsländern innerhalb eines von den Industrieländern dominierten Weltsystems für eine eigenständige Entwicklung zur Verfügung steht. Die unzureichenden Ergebnisse der sich auf wirtschaftl. Entwicklung konzentrierenden Fragestellungen u. Maßnahmen (Entwicklungspolitik) haben die Überlegung von der Notwendigkeit eines multidimensionalen Ansatzes in der E. wachsen lassen.

Die einzelnen Unterdisziplinen der Soziol. untersuchen die Probleme der Entwicklungsländer ähnlich wie sie bisher die Probleme der Industrieländer analysiert haben: Die Bevölkerungssoziol. wendet sich den drängenden Fragen des überproportionalen Bevölkerungswachstums vieler Entwicklungsländer zu. Die Stadtsoziol. untersucht die Probleme der schnell wachsenden Metropolen der 3. Welt. Polit. Soziol. u. Verwaltungssoziol. befassen sich mit dem Phänomen der neuen Eliten (Staatsklasse), die den Prozeß der abhängigen Entwicklung dominieren. Die Agrarsoziol. geht den Problemen nach, die durch die Konzentrierung des Landbesitzes, fehlende Agrarreformen u. den Gegensatz zw. Subsistenz- u. Exportwirtschaft entstanden sind. Die Religionssoziol. versucht, die Rolle der Weltreligionen im Entwicklungsprozeß zu beschreiben u. die Veränderungen der daneben bestehenden traditionalen Religionen oft sehr regionalen Charakters zu erfassen. Gemeinsam mit der Ethnologie (Ethnosoziologie) hat die E. die Aufgabe, die Auswirkungen der Entwicklungspolitik der Industrieländer auf die soziokult. Strukturen der Entwicklungsländer zu untersuchen u. zu kritisieren.

Das gewachsene ökolog. Bewußtsein hat die Suche nach alternativen Modellen veranlaßt, die nicht mehr ökonom. Wachstum nach dem Vorbild westl. Industrieländer als alleiniges Ziel gelten lassen. Studien, die die unterschiedl. Verflechtungen auf mikro-ökonom. Ebene untersuchen (Bielefelder Ansatz), zeigen, daß die makroökonom. Betrachtungsweise der Entwicklungstheorie dringend der Korrektur durch die E. bedarf. E. befindet sich trotz umfangreicher Fragenkataloge noch im Anfangsstadium. Die Beschäftigung mit den Problemen der Entwicklungsländer wird mehr u. mehr ergänzt durch die soziol. Problematisierung der dynam. Strukturwandlungen u. Disparitäten in den Industrieländern, seitdem ges. Planung u. Ges.sprognose mit der Soziol. kooperieren.

R. F. Behrendt, Soziol. Strategie für Entwicklungsländer, ^{2}1968 (1965); R. König (Hg.), Aspekte der E., in: Sonderheft 13 KZfSS, 1969; G. Myrdal, Polit. Manifest über die Armut in der Welt, 1971; D. Senghaas, Imperialismus u. strukturelle Gewalt, 1972; G. Grohs

u. B. Tibi (Hg.), Zur Soziol. der Dekolonisation in Afrika, 1973; D. Goetze, E., 1976; H. Elsenhans, Abhängiger Kapitalismus oder bürokrat. Entwicklungsges., 1981; D. Nohlen u. F. Nuscheler (Hg.), Hdb. der 3. Welt, Bd. 1, 1982; H. Elsenhans, Nord-Süd-Beziehungen, 1984; J. Hauser, Bevölkerungsprobleme in der Dritten Welt, 1984; P. Trappe, E., 1984; H. C. F. Mansilla, Die Trugbilder der Entwicklung, 1986; Unsere Gemeinsame Zukunft. Der Brundtland-Bericht der Weltkommission für Umwelt u. Entwicklung, 1987; M. Wöhlcke, Umweltzerstörung in der Dritten Welt, 1987; L. Klemp, Entwicklungshilfekritik, 1988.

Entwurzelung, im Zusammenhang mit Prozessen der regionalen u. sozialen Mobilität auftretende Phänomene der kulturellen u. sozialen Loslösung von Halt u. Sicherheit gebenden sozialen Strukturen. Ursprüngl. als zivilisationskrit. Begriff zur Umschreibung der Konsequenzen des Verlustes von Heimat, Bodenständigkeit, Familiensicherheit u. Primärgruppenzugehörigkeit eingeführt, bringt E. heute die Anpassungsschwierigkeiten, die Orientierungslosigkeit u. die Assimilations-Probleme sowohl des Land-Stadt-Wanderers als auch des Immigranten zum Ausdruck. Auch Kriminalität u. soziale Kommunikationsstörungen infolge polit. erzwungener oder wirtschaftl. motivierter Mobilität werden als E.erscheinungen gedeutet.

Entzauberung der Welt, nach M. Weber die unentrinnbare Begleiterscheinung des okzidentalen bzw. abendländ. Rationalisierungsprozesses (Ausbreitung des rational-empir. Erkennens, zunehmende intellektualist. Rationalisierung durch Wiss. u. wiss. orientierte Technik), die insbes. durch den Zerfall des Glaubens an geheimnisvolle, unberechenbare, allenfalls durch den Einsatz magischer Mittel »beeinflußbare« Mächte gekennzeichnet ist. Der durch Jahrtausende fortgesetzte E.sprozeß

Environmentalismus 190

führt schließlich zur Ablehnung des Glaubens an einen gottgeordneten, eth. sinnvoll orientierten Kosmos. Religion wird ins Irrationale abgedrängt. Der Glaube an einen »Sinn« des innerweltl. Geschehens u. die Bindung an ein allg. Wertsystem werden durch einen Wertrelativismus ersetzt, der durch die Wiss. nicht bewältigt werden kann (→Werturteilsfreiheit). Die okzidentale Rationalisierung u. E. d. W. haben einen unvollendbaren Fortschrittsprozeß hervorgebracht, der die Lebensspanne des Individuums übersteigt u. damit auch den Tod sinnlos macht.

M. Weber, Wiss. als Beruf, in: ders.: Gesammelte Aufsätze zur Wiss.slehre, ⁷1988.

Environmentalismus, sozialwiss. Lehrmeinung, die von der zentralen These ausgeht, daß menschl. Verhalten, individuell wie sozial, sinnvoll nur zus. mit dem Raum untersucht werden kann, in dem u. mit dem der Mensch zu leben hat. →Ökologie.

Epidemiologie (griech.), »Seuchenlehre«, Forschungsrichtung in der Medizinsoziol., die mit Hilfe statist. Methoden nach sozioökonom. verursachten Risikofaktoren (z. B. Wohnverhältnisse, Arbeitsbedingungen, berufl. Belastungen, Konsumverhalten) für das Entstehen u. Sichausbreiten von Krankheiten in verschiedenen Regionen u. Bevölkerungsteilen sucht.

M. Pflanz, Allg. E., 1973.

Epiphänomen (griech.), unwesentl., für den theoret. Aussagenzusammenhang über den problematisierten Gegenstand einer wiss. Analyse nur am Rande bedeutsame »Begleiterscheinung«.

Epistemologie (griech.), »Wissenschaftslehre«, Erkenntnistheorie.

Erbe, soziales, in der Abfolge der Generationen einer Ges. die Weitergabe von zentralen, langfristig gleichbleibenden Eigenschaften des Systems u. der spezif. Qualität sozialer Beziehungen, wie z. B. Grundwerte, soz. Rollen, Verhaltensmuster.

Erfahrungswelt, Umwelt des einzelnen Menschen oder von Gruppen, die sich für diese in direkter Erfahrung als eine Gesamtheit ineinander verwobener Handlungen u. Erlebnisse darstellt. Aus der Vergangenheit konzipierte E. ist gleichzeitig ein wichtiger Bestimmungsfaktor für zukünftige soziale Verhaltensdispositionen.

Erfahrungswissenschaft, empir. Wissenschaft, jede Wiss., die ihre Erkenntnisse nicht allein durch Ableitung aus Theorien u. allg. Hypothesen gewinnt (Deduktion), sondern stets auch auf Erfahrung, insbes. auf Beobachtung des jeweiligen wiss. Objektbereichs, gründet. Im ursprüngl. Behaviorismus wurde im Gegensatz zu geisteswiss. Methoden des Verstehens Erfahrung sogar nur im Sinne der Beobachtung des äußerl. wahrnehmbaren Verhaltens von Organismen anerkannt. Nach M. Weber hängt die Objektivität bzw. der e.liche Charakter der Soz.wiss. davon ab, daß das Prinzip der →Werturteilsfreiheit eingehalten wird. Aus der Sicht des Krit. Rationalismus bilden Erfahrung u. hiermit zus.hängende empir. Überprüfungen die Falsifizierungs- bzw. Widerlegungsinstanz für e.liche, problemorientiert entstandene Aussagen, die nur dann weiterhin vorläufig akzeptiert werden können, wenn sie nicht falsifiziert bzw. widerlegt worden sind.

Erfordernis, funktionales, strukturelles, in der Strukturell-funktionalen Theorie ein Element oder eine strukturelle Qualität eines sozialen Systems, das das Überleben oder die Funktionsfähigkeit des bestehenden Systems garantiert.

Erhebung, im weiteren Sinne die Bezeichnung für eine empir. Untersuchung; im engeren Sinne Bezeichnung für die Phase innerhalb einer empir. Untersuchung, in der die Daten mit Hilfe angemessener E.techniken (z. B. Beobachtung, Befragung) gewonnen werden. Bei einer Voll- bzw. Totalerhebung werden alle Angehörigen der für den Forschgs.zweck relevanten Zielgruppe durch die Datenerhebung berücksichtigt (z. B. Gesamtbevölkerung oder alle Ärzte eines Landes). Bei einer Teilerhebung wird nur eine Auswahl von Personen aus der Grundgesamtheit der Zielgruppe in die E. einbezogen. Insb. b. großen Grundgesamtheiten ist die Teilerhebung mittels einer repräsentativen Auswahl kostengünstiger, zuverlässiger u. schneller durchführbar.

Erhebungstechnik, Verfahren der Empirischen Sozialforschung zur Feststellung u. Sammlung soziol. (oder anderer sozialwiss. interessierender) Daten. Es werden Primärerhebungen, in denen der Forscher entspr. seiner Fragestellung u. seinen forschungstechn. Möglichkeiten eigene empir. Untersuchungen vornimmt, von Sekundärerhebungen unterschieden, die sich auf bereits vorliegendes Untersuchungsmaterial anderer Forschungen oder auf ohnehin vorhandenes (z. B. amtl. statist.) Material stützen. Die wichtigsten E.en sind die Befragung u. die Beobachtung. Die systemat. Sammlung von bedeutsamen Fakten oder Zusammenhängen aus schriftl. Material wird mit der Inhaltsanalyse vorgenommen.

Erikson, Erik Homburger, 15. 6. 1902 b. Frankfurt/M. – 12. 5. 1994 Harwich/Mass., emigrierte 1933 nach seiner Ausbildung zum Psychoanalytiker in die USA, 1939–51 Prof. für Psychol. an der Univ. von California, 1951–60 Univ. Pittsburgh, 1960–70 Harvard Univ., Mitglied zahlr. wiss. Ges.en. E. zählt zu den bedeutendsten amerikan. Psychoanalytikern u. ist umfassend sozialwiss. ausgerichtet. Er befaßt sich mit dem Werden der individuellen Persönlichkeit u. zeigt, in welch starkem Maße dieser Entfaltungsprozeß von den kulturspezif. Gegebenheiten der jeweiligen sozialen Umwelt abhängt, speziell von Praktiken der Kindererziehung. Von zentraler Bedeutung für die Persönlichkeitsentwickl. ist nach ihm die Herausbildung von Ich-Identität. Am Ende des Jugendalters ist die Ich-Identität des einzelnen in der Regel derartig gefestigt, daß er selbstbewußt u. verantwortungsvoll sein Leben zu steuern vermag. Störungen im Aufbau von Ich-Identität (Identitätskrise) resultieren aus Kindheitskonflikten u. Jugendkrisen, die wiederum mit dem Eingebettetsein des sich entfaltenden Individuums in den soziokulturellen Kontext zusammenhängen. E. konkretisiert seine Erkenntnisse, indem er den Entwicklungsprozeß u. das Lebensschicksal bedeutender Persönlichkeiten analysiert (z. B. M. Luther), um die Zusammenhänge zw. indiv. Lebenslage u. Ges. zu erforschen.

Schr.: Childhood and Society, New York

Erkenntnisinteresse

[2]1963 (1950), dt.: Kindheit u. Ges., [3]1968; Young Man Luther, New York 1958, dt.: Der junge Mann Luther, 1970; Insight and Responsibility, 1964, dt.: Einsicht u. Verantwortung, 1966; Identität u. Lebenszyklus (Aufsätze), 1966; Identity. Youth and Crisis, New York 1968, dt.: Jugend u. Krise, 1970; Ghandi's Truth, 1969, dt.: Gandhis Wahrheit, 1971; Dimensions of a new Identity, New York 1974, dt.: Dimensionen einer neuen Identität, 1975; Life History and the Historical Moment, New York 1975, dt.: Lebensgesch. u. hist. Augenblick, 1977; Toys and Reasons, London 1978, dt.: Kinderspiel u. polit. Phantasie, 1978; The Life Cycle Completed, New York 1982, dt.: Der vollständige Lebenszyklus, 1988; A Way of Looking at Things, New York 1987.

Erkenntnisinteresse ist nach M. Weber eine Voraussetzung für kultur- u. soz.wiss. Forschg.: ohne leitende Wertideen, die den Gegenstand wiss. Untersuchung bestimmen, würde sich der Forscher im Chaos eines unendl. Stromes des Weltgeschehens verlieren.
Aus der Sicht von J. Habermas bezeichnet E. das aus dem ges. Eingebundensein von Wiss. hervorgehende Interesse, das die Theoriebildung, die Problemstellungen u. die Methoden wiss. Arbeit je spezif. lenkt u. eingrenzt. Es wird unterschieden: (a) das empir.-analyt. E., das auf die techn. Nutzung u. Verwertbarkeit wiss. Forschgs.ergebnisse gerichtet sei; (b) das historisch-hermeneut. E., dessen Ziel handlungsprakt. Orientierung sei, u. (c) krit. E., das sich auf die ideologiekrit. u. ges.prakt. nutzbare Aufklärung der Menschen über bestehende Herrschaftsverhältnisse u. damit auf Emanzipation durch Wiss. konzentriere.

J. Habermas, Erkenntnis u. Interesse, [2]1973; ders., Technik u. Wiss. als Ideologie, [6]1973; M. Weber, Die »Objektivität« soz.wiss. u. soz.pol. Erkenntnis, in: ders., Gesammelte Aufsätze zur Wiss.lehre, [7]1988.

Erklären, Erklärung, allg. die Erläuterung eines Sachverhalts oder Problemzus.hangs durch Einordnen in ein geeignetes Aussagen-

bzw. Wissenssystem. Hierbei sollen insbes. Fragen nach dem Warum, nach den Ursachen bestimmter Sachverhalte, Ereignisse, Vorgänge, Problemzus.hänge beantwortet werden. Bei der deduktiv-nomolog. Erklärung wird ein zu klärender Sachverhalt (→Explanandum) durch log. Ableitung aus allg. theoret. Aussagen u. »Gesetzen« sowie aus Randbedingungen (bilden insgesamt das Explanans) erläutert. Dieses Konzept stammt von C. G. Hempel u. P. Oppenheim (Hempel-Oppenheim-Modell bzw. »H-O-Schema der Erklärung«) u. ist in der Soziol. besonders problematisch, weil deren Gegenstandsbereich – der soziokult. Lebenszus.hang u. das soz. Handeln – infolge der Gesch.lichkeit, des soz. Wandels u. der Veränderbarkeit menschl. Verhaltens die Aufstellung allg. »Gesetze« stark erschwert bzw. verhindert. Damit ist auch die Ableitung von Prognosen aus deduktiv-nomolog. erklärten Sachverhalten entsprechend eingeschränkt. Bei der empir. Erklärung wird der jeweilige Sachverhalt durch Bezugnahme auf eine empir. möglichst oft bestätigte Regelmäßigkeit erläutert.

G. Schurz (Hg.), E. u. Verstehen in der Wiss., 1988.

Erkundungsstudie →Leitstudie

Ernährungssoziologie, eine erst ansatzweise entfaltete spezielle Soziol., die sich in besonderer Nähe zur Konsumsoziol. u. der Soziol. des Haushalts der Erforschung soziokult. Aspekte der Ernährung, des Ernährungsverhaltens widmet: a) Wandel von Ernährungsgewohnheiten u. -verhaltensweisen, insbes. im »Prozeß der Zivilisation« (N. Elias) u. im Übergang zu einer

Wohlstands- u. Massenkonsumges., die kult. Überformung u. Differenzierung der Befriedigung des Nahrungsbedürfnisses sowie die zunehmende Bedeutung von kulturgeprägtem Appetit; b) kulturspezif. u. epochale Ausprägungen des Ernährungsverhaltens, die Verbreitung von Nahrungstabus; c) Ernährungsgewohnheiten verschiedener Regionen, Ges.sbereiche, soz. Klassen, Schichten, Minderheiten, Subkulturen u. Lebensstilbewegungen (z. B. Vegetarier), Zus.hänge mit unterschiedl. Krankheitshäufigkeiten u. Lebenserwartungen; d) Auswirkungen des Wandels der Arbeits- u. Berufswelt, der geschrumpften Haushaltsgröße u. der verstärkten außerhäusl. Berufstätigkeit von Frauen auf das Ernährungsverhalten, zunehmende Tendenz zum Essen außerhalb des Privathaushalts; e) gemeinsames Speisen u. Trinken als soz. integrierend wirkendes Handeln, Prestigeaspekte des kultiviert anspruchsvollen u. aufwendigen Speisens u. Trinkens; f) Auswirkungen des Wertwandels auf das Ernährungsverhalten, z. B. Aufwertung gesunder, schlankmachender Ernährung; g) infolge stark zugenommener →Akkulturation Tendenzen einer fortschreitenden Internationalisierung des Ernährungsverhaltens; h) Zus.hänge zw. dem luxuriösen u. verschwender. Ernährungsverhalten in den Wohlstandsges.en u. der Unterversorgung nicht-privilegierter Bevölkerungsteile bzw. -mehrheiten in armen Ges.en.

N. Elias, Über den Prozeß der Zivilisation, 1. Bd., ¹⁵1990 (1939); O. Neuloh u. H.-J. Teuteberg, Ernährungsfehlverhalten im Wohlstand, 1979; C. v. Ferber, Ernährungsgewohnheiten: Zur Soziol. der Ernährung, in: Zs. f. Soziol. 9, 1980; W. Kappus u. a. (Hg.), Möglichkeiten u. Grenzen der Veränderung des Ernährungsverhaltens, 1981; T. Kutsch, Zur Programmatik der E., in: Hauswirtschaft u. Wiss. 33, 1985; H.-J. Teuteberg u. G. Wiegelmann, Unsere tägl. Kost, 1986; E. Barlösius, Riechen u. Schmecken – Riechendes u. Schmeckendes, in: KZfSS 39, 1987; T. Kleinspehn, Warum sind wir so unersättlich?, 1987; S. W. Mintz, Die süße Macht, 1987; E. Barlösius u. W. Manz, Der Wandel der Kochkunst als genußorientierte Speisengestaltung, in: KZfSS 40, 1988; M. Harris, Wohlgeschmack u. Widerwillen, 1988; T. Kutsch (Hg.), Ernährungsforschg. – interdisziplinär –, 1993; A. Wierlacher u. a. (Hg.), Kulturthema Essen, 1993.

Ersatzbefriedigung, Ersatzhandlung, bei Frustration oder Verdrängung an Stelle der primär gewünschten bzw. intendierten Befriedigungshandlung stattfindende Handlung. Bei der E. verschieben sich sowohl die Objekte wie die Ziele der primären Vorstellungen.

Ersatzobjekt, Ersatzziel bei einer Ersatzbefriedigung, die u. U. vorgenommen werden muß, weil das primäre Streben sozial tabuiert ist oder, bei fühlbarer Strafandrohung, als illegitim gilt.

Ertragsgesetz, Gesetz vom abnehmenden Ertragszuwachs, zunächst für die landwirtschaftl., später auch für die industrielle wie überhaupt für jede wirtschaftl. Knappheitssituationen ausgesetzte Produktion als gültig betrachtet. Es besagt, daß bei einer linearen Steigerung des Einsatzes eines Produktionsfaktors (z. B. Bodenfläche, menschliche Arbeitskraft) u. einer Konstanz aller anderen Faktoren der damit erzielte Ertragszuwachs zunächst überproportional (verglichen mit dem Aufwand) ansteigt, um dann, bei weiterer Erhöhung der Mengen des mehr eingesetzten Faktors, wieder abzunehmen. Es kann sogar ein Punkt erreicht werden, von dem aus der Grenzertragszuwachs gleich 0 wird u. der Gesamtertrag nicht mehr steigt bzw. bei weiterer Vermehrung des Faktors evtl. sogar abnimmt.

Erwachsenenbildung

Erwachsenenbildung (Andragogik), E. ist im tertiären und quartären Bereich des Bildungswesens angesiedelt, d. h. sowohl Hochschulstudium als auch jede Form der Weiterbildung, Fortbildung, Umschulung etc. zählen dazu. E. meint lebenslanges Lernen auf der Grundlage einer vom Erwachsenen selbst angestrebten u. verantworteten Bildung in eigens dafür errichteten Institutionen.

F. Pöggeler, Hdb. der E., 6 Bde., 1974; A. Weymann (Hg.), Hdb. zur Soziol. der Weiterbildung, 1980; R. Arnold u. J. Kaltschmid (Hg.), Erwachsenensozialisation u. E., 1986; K. Harney u. a. (Hg.), Professionalisierung der E., 1987; H. Tietgens (Hg.), Wiss. u. Berufserfahrung, 1987; G. Strunk, Bildung zw. Qualifizierung u. Aufklärung, 1988; J. Weinberg, Einf. in das Studium der E., 1989; H. Tietgens, Einleitung in die E., ²1991; K.-P. Hufer, Polit. E., 1992; A. K. Petersheim, Bildung u. Kommunikation, 1993.

Erwachsenenkultur, Bezeichnung für die Gesamtheit der Werthaltungen, Verhaltensmuster u. Normensysteme der »erwachsenen«, d. h. sozial voll verantwortl. Angehörigen einer Ges. Der Begriff E. ist von der Jugendsoziol. geprägt worden. Sein Pendant ist die Jugendkultur. Mit ihm wird insbes. das Problem des Generationenkonflikts als Phänomen des Zusammenprallens versch., an das Lebensalter gebundener Subkulturen in einer Ges. analysiert.

Erwartung, Grundbegriff der soziol. Rollentheorie, bezeichnet den jeder sozialen Beziehung zugrunde liegenden Tatbestand, daß aus den sozialen Rollen der betr. Handelnden bzw. aus den mit der Rollenübernahme verbundenen Ansprüchen oder Einstellungen bestimmte Aktions- bzw. Reaktionsformen der Beteiligten untereinander abgeleitet werden können. Daß dem sozialen Handeln E.en der Interaktionspartner zugrunde liegen, umschrieb mit anderen Worten bereits M. Weber, der soziales Handeln als »ein seinem Sinngehalt nach aufeinander eingestelltes u. dadurch orientiertes Sichverhalten mehrerer« definierte. Wenn sich E.en von individuellen Sozialbeziehungen, d. h. von bestimmten Verhaltenspartnern lösen u. (»gebündelt«) sich zu sozialen Rollen »verfestigen«, spricht die Soziol. von Prozessen der Institutionalisierung. Durch die Orientierung des soz. Verhaltens an gemeinsamen soziokult. Werten u. sanktionsgestützten Normen u. durch die Einhaltung der normativen Erwartungen, die die soz. Rollen bestimmen, ergibt sich die notwendige E.sicherheit für ein geordnetes, berechenbares ges. Zus.leben. Die Theorie abweichenden Verhaltens analysiert die Beziehungen zwischen normativ gegenseitig erwartetem u. tatsächl. Verhalten.

In zeitl. Hinsicht bezeichnet E. die Vorstellung, Annahme über das (mögl. bzw. wahrscheinl.) Eintreffen künftiger Ereignisse, Vorgänge u. Entwicklungen. Solche E.en können wiederum das Verhalten beeinflussen, u. zwar zugunsten oder zuungunsten des Eintretens der erwarteten Ereignisse (→Self-Fulfilling- u. Self-Destroying-Prophecy).

Erwartungswert, prognost. Aussage über das mögl. Eintreffen eines Ereignisses bzw. Zustandes nach Maßgabe entweder (a) eines statist. berechneten Wahrscheinlichkeitswertes oder (b) eines subjektiven Gefühls der Sicherheit oder Unsicherheit (Hoffnungswert).

Erwerbsperson, Bezeichnung der Wirtschafts- u. Sozialstatistik für alle Angehörigen einer Ges., die an einem bestimmten Stichtag (Erhebungstag) erwerbstätig u. Bezieher von Einkünften sind. Entspr. der sozialen (arbeits-, dienst- u. sozialrechtl.) Stellung in der Erwerbstätigkeit werden unterschieden »Selbständige«, »Beamte«, »Angestellte« u. »Arbeiter«.

Erwerbsstreben, Erwerbstrieb, von der »klass.« Wirtschaftstheorie des 18. u. 19. Jh. (A. Smith, D. Ricardo u. a.) als zentrale Antriebskraft menschl. Handelns betrachtet, die sich zwangsläufig aus dem richtigen Gebrauch der Vernunft ergebe. In den sich anschließenden wiss. theoret., psychol. u. soziol. Auseinandersetzungen um diese wirtschaftswiss. Grundannahme (Prämisse) wird auf ihren ledigl. heurist., d. h. modelltheoret. nützl. Wert u. auf ihre histor.-spezif. Bedeutung u. Begrenzung für den Kapitalismus hingewiesen (→homo oeconomicus). Zunächst inhaltlich im rein wirtschaftlich-materiellen Sinne als Prinzip der individuellen Einkommens- und Reichtumsvermehrung verstanden, wird das E. später zu einem allg. (formalen) Rationalprinzip umgeformt. Wirtschaftssoziol. Forschung verweist darauf, daß das, was als »rationales« Handeln gelte, im wesentl. von den ges. Institutionen u. Gruppenbildungen bestimmt werde u. daher dem sozialen Wandel unterliege u. wie alle Verhaltensmaßstäbe. Das E. ließe sich demnach auch als Prinzip der Status-, Prestige- bzw. Ansehensmaximierung durch eigenes (etwa bes. angepaßtes) Verhalten gegenüber anderen zeigen (→homo sociologicus), was z. B. durch das Verschenken von Gütern realisiert werden könnte.

Erworbene Position (engl. achieved status), im Vergleich mit dem wörtl. übersetzten Begriff erworbener Status die umfassendere Bezeichnung einer nicht durch Geburt oder Herkunft →zugeschriebenen Position, sondern in Wettbewerbsverhältnissen nur durch persönl. Leistungen des Individuums erreichte soziale →Position. Im Gegensatz zu früheren statischen Ges.en haben die e. P.en in den relativ mobilen Industrieges.en für das soziale Zus.leben u. für den Lebenslauf des einzelnen große Bedeutung gewonnen.

R. Linton, The Study of Man, New York 1936, dt.: Mensch, Kultur u. Ges., 1979.

Erworbener Status →erworbene Position

Erzählungsforschung, Teilgebiet der Volkskunde; untersucht Märchen, Sagen, Legenden u. a. im Hinblick auf ihre Verbundenheit mit bestimmten sozialen Ursprungs- oder Aktivierungsstrukturen, um hierdurch Aufschluß über Funktion u. sozialen Sinn dieser Kulturgüter zu gewinnen. Im einzelnen werden analysiert z. B. das soziale Klima, das Milieu, die Anlässe u. Gelegenheiten des Erzählens; die Reaktion der Adressaten bzw. des Publikums; Phänomene der Angleichung, Variation, Tradierung u. Übernahme von Geschichten insbes. im Zusammenhang mit regionalen u. sozialen Mobilitätsprozessen; die Einwirkung techn. Medien auf Bedeutung, Inhalt u. Wertung des Erzählten; Wirkungsveränderungen bei Veränderungen der Geselligkeits- u. Unterhaltungsformen.

G. Heilfurth, Volkskunde, in: R. König (Hg.), Hdb. d. empir. Soz.forschg. I, 1967; J. Matthes, Zur transkult. Relativität erzählanalyt. Verfahren in der empir. Soz.forschg., in: KZfSS 37. 1985.

Erziehung, als ein Unterbegriff von →Sozialisation bezeichnet E.

die gezielte Beeinflussung der Person zum Zweck der Vermittlung bzw. Ergänzung von Kenntnissen, Wertorientierungen, Verhaltensweisen und Fertigkeiten. E.smaßnahmen werden insb. eingesetzt, wenn Zweifel an der Effektivität und Richtung der normalen Sozialisation bestehen. Minderheiten, Außenseiter oder Einwanderer können durch geplante E.smaßnahmen in die Gesamtges. integriert werden. Kompensatorische E. kann helfen, soziale Ungleichheiten durch schichtenspezifisch greifende E.smaßnahmen aufzufangen. In der mod. Ges. ist der Bedarf an E. groß geworden, u. somit ein System professionell betriebener E. entstanden. Diese Pädagogisierung der Ges. weist den E.sinstitutionen einen zentralen Stellenwert mit spezif. Organisations- und Machtzus.hängen zu. E. erstreckt sich mittlerweile nicht nur auf das Kindes- oder Jugendalter, sondern gestaltet sich zunehmend als ein lebenslanges Lernen. →Pädagogische Soziol.

E. Durkheim, E., Moral u. Ges., 1973 (1902); G. Wurzbacher (Hg.), Der Mensch als soz. u. personales Wesen, 1963; G. Hartfiel u. K. Holm (Hg.), Bildung u. E. in der Industrieges., 1973; J. Kob, Soziol. Theorie der E., 1976; L. Kerstiens, E.ziele neu befragt, 1978; G. M. Teutsch, Aspekte einer eth. orientierten E., 1978; H.-E. Tenorth, Gesch. der E., 1988; K. Kürzdörfer (Hg.), E. u. Verantwortung, 1993.

Erziehungssoziologie →Pädagogische Soziologie

Es, psychoanalyt. Bezeichnung für die triebhaft angelegten Energien u. Kräfte der Persönlichkeit eines Menschen, die sich einer »bewußten« Kontrolle u. Beherrschung entziehen. →Ich-Identität, →Über-Ich.

G. Groddeck, Das Buch vom E., ⁴1978 (1923).

Eschatologie (griech.), Lehre von den »Letzten Dingen«, vom Endschicksal des Menschen u. seiner Welt; ursprüngl. die christl. Vorstellung vom glückl. Endzustand der Welt (nach dem Jüngsten Gericht); heute allg. Bezeichnung für jede polit. Lehre, die alles menschl. u. soziale Dasein in Vergangenheit, Gegenwart u. Zukunft auf einen erwarteten, mehr oder weniger genau definierten Endzustand allen Geschehens u. Werdens bezieht u. z. T. aus solcher utop. Vision ihre gegenwartsbezogene Sozialkritik, entspr. polit. Forderungen u. polit. Strategien ableitet.

M. Kehl, E., 1986.

Eskalation (lat., engl.), »Heraufsteigen« (lat. scala = Leiter), ein während des Vietnamkrieges in Gebrauch gekommener, aus dem Amerikan. übernommener Begriff, der die auf seiten beider Gegner kalkulierte u. geplante stufenweise Ausweitung der Kampfhandlungen in regionaler wie in waffentechn. u. truppenanzahlmäßiger Hinsicht umschreibt. Inzwischen in allen Konfliktbereichen ges. u. polit. Lebens übl. Begriff. Der Strategie der E. bzw. der Deeskalation liegt der Gedanke des kalkulierten Risikos u. der (vom jeweiligen Gegner oder Konfliktpartner mitbestimmten) stufenweisen, gleichgewichtigen Begrenzung der zur Austragung des Konfliktes eingesetzten Kampf- oder Druckmittel zugrunde.

H. Kahn, E., 1970.

Eskapismus (engl.), Flucht- bzw. Ausbruchhaltung, psycholog. das Bedürfnis, den realen Forderungen des Lebens auszuweichen, soziol. die bewußte Verwerfung u. Ablehnung der ges. Zielsetzungen u. der zu ihrer Erreichung ges. angebotenen bzw. zugelassenen Wege u. Handlungsweisen. E. ist der vollständige Rückzug aus der Ges., mit der die betr. Person nichts mehr zu tun haben will. In Abgrenzung zur aktivist. Rebellion bedeutet E. kein prinzipiell feindseliges, sondern eher neutral-resignierendes, Abstand haltendes Verhalten gegenüber der Ges. (→abweichendes Verhalten).

W. Lepenies, Melancholie u. Ges., 1969.

Essentialismus (lat.), »Wesenheitslehre«, eine erkenntnistheoret. Orientierung, die anstelle einer Erklärung oder Prognose des tatsächl. Verhaltens von Dingen oder Menschen eine Erkenntnis des »Sinnes« oder »Wesens« von phys. oder sozialen Phänomenen erstrebt. Dem E. werden werthaft-normative Gehalte, letztl. eine unkrit. Haltung, vorgeworfen, weil er das Wesen einer Sache mit den von ihm (in geistiger Anschauung) selbst komponierten Begriffen erfassen zu können glaubt. Die Identifizierung des Wesens einer Sache mit dem wiss. Gebrauch der Sprache, d. h. der Wesensbestimmungen mit Begriffsdefinitionen hat für den E. auch zur Bezeichnung »Begriffsrealismus« geführt.

H. Albert (Hg.), Theorie u. Realität, 1964.

Esser, Hartmut, *21. 12. 1943 Elend/Harz, 1971 Dipl.-Vw. Köln, 1974 Dr. rer. pol. ebd., 1978 Wiss. Rat u. Prof. Duisburg, 1981 Habil. Bochum, 1982 o. Prof. f. Empir. Soz.forschg. Univ. Essen, 1985–87 Geschäftsführender Dir. des ZUMA Mannheim, 1987 o. Prof. f. Soziol. Köln, seit 1991 o. Prof. f. Soziol. u. Wiss.slehre Mannheim, zahlr. Mitgl.schaften in wiss. Institutionen, umfangreiche Gutachtertätigkeit, seit 1987 Mithg. der KZfSS. – Hauptarbeitsgebiete: Em-

pir. Soz.forschg., Wiss.stheorie u. Methodologie, soziol. Theorieansätze, Migrationsforschg.

Schr.: Studien zum Interview (mit anderen), 1973; Soz. Regelmäßigkeiten des Befragtenverhaltens, 1975; Wiss.stheorie 1 u. 2, 2 Bde. (mit anderen), 1977; (Hg.) Arbeitsmigration u. Integration, 1979; Aspekte der Wanderungssoziol., 1980; (Hg.) Die fremden Mitbürger, 1983; Fehler bei der Datenerhebung, Studienbrief der Fernuniv. Hagen, 1984; Mikrozensus im Wandel (mit anderen), 1989; (Hg.) Generation u. Identität (mit J. Friedrichs), 1990; (Hg.) Modellierung soz. Prozesse (mit K. Troitzsch), 1991; Alltagshandeln u. Verstehen, 1991; Soziol. Allg. Grundlagen, 1993.

Establishment (engl.), ges.krit. Bezeichnung für die ges. u. polit. fest »eingerichteten« Gruppen der herrschenden Kreise. Im weiteren Sinne die Gesamtheit derjenigen Angehörigen einer Ges., die nach sozialem Aufstieg bzw. Karriere oder ledigl. durch Zugehörigkeit zu den privilegierten Schichten einen festen, relativ risikolosen Status innehaben u. aus einem daraus resultierenden Ordnungs- u. Sicherheitsgefühl die bestehenden ges. Strukturverhältnisse, Grundwerte u. Verhaltensnormen unkrit. übernommen haben (u. gegenüber abweichendem Verhalten u. Nonkonformismus verteidigen).

Etatismus, Tendenz oder polit. Prinzip der Erfassung privater u./oder an die Initiative von Organisationen u. staatl.-kommunalen Untereinheiten (Gemeinden, Städte) gebundener Funktionsbereiche durch einen zentralistisch orientierten u. bürokratisch verwalteten Staat.

Ethik (griech.), ein klass. Hauptgebiet der Philosophie, das sich mit dem sittl. Wollen u. Handeln beschäftigt u. Verbindungen mit anderen Disziplinen eingegangen ist, z. B. Theologie. Die philos. E. ist entweder als eine normative oder

Ethik-Kodex 198

als eine metanormative Disziplin (Meta-E.) klassifizierbar: als Lehre von den formalen Prinzipien der Sittlichkeit und den materialen sittl. Werten oder aber als Logik der moral. Begriffe u. als deontologische Analyse von Normen. Deontologisch (griech.) sind jene Richtungen der E., die die Normativität sittl. Handelns unabhängig von den äußeren Zwecken u. Handlungsfolgen aus Pflichten herleiten. Die Grenze zwischen E. und Meta-E. ist in der konkreten philos. Analyse nicht immer scharf.

Von bes. Wichtigkeit für die Soziologie erscheint eine kritische Analyse des Soziologismus der Moral, wie er etwa bei J. J. Rousseau und E. Durkheim anzutreffen ist. Demnach gleichen sich die individuellen Meinungsdifferenzen und Einzelmeinungen («volonté de tous») auch in moral. Belangen zu einem als Gemeinwillen («volonté générale») oder Kollektivbewußtsein bezeichneten Mittelwert aus und führen daher zu einer richtigen Entscheidung; in diesem Sinne sei die Identifikation von statistischen Normen (Normalverteilung) und Sollens-Normen zulässig.

Soziol. besonders bedeutsam ist die Unterscheidung zw. der formalen E. von I. →Kant u. der materialen Werte. von M. →Scheler, ferner der von M. Weber herausgestellte Unterschied zw. →Gesinnungse. u. Verantwortungse. Die Bewältigung der Überlebensprobleme in Gegenwart u. naher Zukunft setzt voraus, daß sich eine auf Menschenwürde u. Überlebenssicherung ausgerichtete Verantwortungse. weltweit durchsetzt u. handlungsbestimmend wird. Zur Überwindung einer schrankenlosen Ausbeutungsmentalität des Menschen gegenüber der Natur wird zunehmend die Ablösung der

herkömml. anthropozentr. E. durch eine kosm. E. gefordert. In der mod., aufgeklärten u. freiheitl. Ges. läßt sich eine bestimmte E. nicht mehr von oben her elitär oder autoritär dekretieren u. allg. durchsetzen. Aussichtsreich ist nunmehr, daß eine neue E. aus einem herrschaftsfreien, möglichst breiten Diskurs u. Konsens hervorgeht. →Protestant. E.

E. Durkheim, Sociologie et Philosophie, Paris 1924, dt.: Soziol. u. Philosophie, 1976; M. Scheler, Der Formalismus in der E. u. die materiale Wertethik, 1913; M. Weber, Gesammelte Polit. Schriften, ⁵1988 (1958); W. K. Frankena, Ethics, Englewood Cliffs/N. J. 1963, dt.: Analytische E., 1972; O. Höffe (Hg.), Lexikon der E., ³1986 (1977); H. Jonas, Das Prinzip Verantwortung, 1979; O. Schwemmer, Eth. Untersuchungen, 1986; A. Wellmer, E. u. Dialog, 1986; H.-H. Schrey, Einf. in die E., ³1988; A. MacIntyre, Gesch. der E. im Überblick, 1991.

Ethik-Kodex u. -Kommission
→Wissenschaftsethik

Ethnie
(griech.), von W. E. →Mühlmann eingeführter Begriff für Menschenkollektive, die kult., sprachl., soz., gesch. u. mitunter auch genet. eine Einheit bilden. Diese werden je nach Größe u. ges.-staatl. Gegebenheiten als Völker, Stämme oder ethn. Minderheiten bezeichnet. Nach Mühlmann ist die E. »die größte feststellbare souveräne Einheit, die von den betreffenden Menschen selbst gewußt zu. gewollt wird«. Oft bildet eine E. eine Lebensgemeinschaft mit ausgeprägtem Wir-Bewußtsein, starkem solidar. Zus.halt u. trennscharfer Abgrenzung gegenüber anderen E.n. Eine übermäßige Aufwertung der eigenen E. ist häufig mit der konfliktträchtigen Abwertung anderer, insbes. angrenzender E.n verbunden (→Ethnozentrismus). In neuerer Zeit haben sich einzelne, insbes. größere E.n zu Nationen oder so-

gar zu unabhängig-souveränen Nationalstaaten ausgeprägt. Eine staatl. organisierte u. nach außen abgegrenzte Ges. kann mit einer E. identisch sein (ethn. homogene Ges.); sie kann aber auch aus mehreren größeren E.n oder aus einer mehrheitsbildenden E. u. einer bzw. mehreren ethn. Minderheiten bestehen (multi-ethn. Ges.). Die Expansionspolitik einzelner Staaten hat in Verletzung ethn. Siedlungsgrenzen das Problem ethn. Minderheiten vergrößert. Mit Ideologien, Vorurteilen u. wirtschaftl. Verteilungskonflikten zus.hängende Diskriminierungen u. Benachteiligungen einzelner E.n oder ethn. Minderheiten führen zu ethn. Konflikten, die zu den Hauptursachen von Kriegen u. Bürgerkriegen zählen. Bemühungen, eine multi-ethn. Ges. unter dem Leitbild einer »Schmelztiegelges.« (melting-pot) weitestgehend zu integrieren u. zu durchmischen, sind wiederholt gescheitert. Stattdessen haben sich einzelne E.n im Bestreben nach Erhaltung der eigenen ethn. Identität in »ethn. Enklaven« zurückgezogen. Selbst gewaltpolit. Assimilierungsversuche konnten nicht verhindern, daß sich unterdrückte, vom →Ethnozid bedrohte E.n latent, im informell-gemeinschaftl. Lebensbereich aufrechterhalten haben. Die Überlebensfähigkeit bedrohter E.n zeigte sich wiederholt bei der Abschwächung oder beim Verfall einer gewaltsamen Assimilierungspolitik. Andererseits läßt die gegenwärtige Ausweitung des Individualismus u. einer global-internat. Orientierung die Zahl jener Menschen wachsen, die sich nicht mehr engagiert mit ihrer Herkunfts-E. verbunden fühlen, sondern insbes. ethnozentrist. Tendenzen ablehnen. Verstärkte interethn. Kommunika-

tion u. Wanderungen beschleunigen Prozesse der →Akkulturation u. Entkonturierung überkommener E.n.

W. E. Mühlmann, Rassen, E.n, Kulturen, 1964; R. Breton, Lob der Verschiedenheit, 1983; D. L. Horowitz, Ethnic Groups in Conflict, Berkeley, Los Angeles u. London 1985; G. Braun u. J. Rösel, Ethn. Konflikte im internat. System, 1988; P. Waldmann, Ethn. Radikalismus, 1989; F. Heckmann, Ethn. Minderheiten, Volk u. Nation, 1992.

Ethnizität (griech., engl. ethnicity) bezeichnet das oft emotional stark aufgeladene Bewußtsein von Menschen, einer bestimmten →Ethnie anzugehören. E. beinhaltet in der Regel einen Glauben an gemeinsame Herkunft, ein übergreifendes Verwandtschaftsgefühl u. Wir-Bewußtsein, gemeinsame Sprache, kult. Ausdrucksformen u. Interessen. Aufgrund solcher Gemeinsamkeiten bildet E. eine höchst wirksame soz. Tatsache – mit einem entsprechend großen kollektiven Leistungsvermögen u. destruktiven Potential. Gesteigerte E. (Ethnizismus) kann zu Ethnozentrismus, Nationalismus u. ethn. Konflikten führen. Menschenrechtsorientierung, Aufklärung, Rationalität u. Individualismus wirken solchen Übersteigerungen der E. entgegen.

G. Elwert, Nationalismus u. E., in: KZfSS 41, 1989; P. Waldmann u. G. Elwert (Hg.), E. im Wandel, 1989; E. J. Dittrich u. F.-O. Radtke (Hg.), E., 1990.

Ethnographie (griech.), »Völkerbeschreibung«, beschreibende Völkerkunde, die systemat. Erfassung der Regelmäßigkeiten im individuellen u. sozialen Verhalten, d. h. der Sitten, Konventionen, Institutionen u. Prozesse im Sozialleben fremder, insbes. sog. Naturvölker. Die Entwicklung der E. ist eng verbunden mit der Horizonterweiterung europ. Sozialwiss. infolge im-

Ethnologie 200

mer neuer geograph. Entdeckungen u. Erkundungen durch kapitalist.-koloniale Expansion u. christl. Mission. (→Ethnologie)

C. Geertz, Die künstl. Wilden, 1990.

Ethnologie (griech.), »Völkerkunde«, hat sich aus der →Ethnographie (»Völkerbeschreibung«) entwickelt, die ihrerseits aus Sammlungen und Beschreibungen der Bestandteile fremder Kulturen (Sitten, Bräuche usw.) durch europ. Reisende resultierte, welche mit ihren zunächst theoret. unsystemat. Forschungen den Horizont ihrer eigenen Kultur durchstoßen wollten. E. als systemat. Wiss. entstand mit der Überzeugung, daß mehr oder weniger willkürlich u. nach den persönl. Interessen einzelner Forscher gesammeltes Material, d. h. regional begrenzte Ethnographie, einer theoret. Integrierung bedürfe. Methodisch war für die Entwicklung der E. der Übergang vom »reisenden« Kennenlernen fremder Kulturen zur »stationären Feldmethode« (längerer fester Aufenthalt im Lande, präzise Problemstellungen) der entscheidende Fortschritt.

In Zusammenarbeit mit der Soziol. bzw. unter Anwendung soziol. Theorien versucht die E., Typen u. Regeln des Verhaltens im interkulturellen Vergleich zu erforschen. Dabei werden insbes. die Entstehung u. das Wirken von Institutionen in den Kulturen, d. h. ihre Funktionen, Aufgaben u. Leistungen für Erhalt u. Entwicklung der Gesamtkultur wie für die Kontaktaufnahme u. Verbindung zu anderen Kulturen analysiert (→Akkulturation, →Assimilation). Mit psychoanalyt. Methoden versucht E., die Zusammenhänge zwischen Kultur u. Persönlichkeitsbildung anhand interkultureller Vergleiche von Prozessen der Sozialisation zu erforschen. Im dt. Sprachbereich als E. ausgewiesene Forschung wird in Großbritannien als Sozialanthropologie (social anthropology) u. in den USA als Kulturanthropologie (cultural anthropology) bezeichnet.

R. Thurnwald, Die menschl. Ges. in ihren ethnosoziol. Grundlagen, 5 Bde., 1931–35; A. R. Radcliffe-Brown, Methods in Social Anthropology, Chicago 1958; E. Francis, Ethnos u. Demos, 1965; A. Kardiner, The Individual and His Society, New York ⁸1965; W. E. Mühlmann, E. W. Müller (Hg.), Kulturanthropologie, 1966; W. Rudolph, Der Kulturelle Relativismus, 1968; W. Schmied-Kowarzik u. J. Stagl (Hg.), Grundfragen der E., 1981; H. Fischer (Hg.), E., 1983; E.-W. Müller u. a. (Hg.), E. als Soz.wiss., Sonderheft 26 KZfSS, 1984; T. Bargatzky, Einf. in die E., 1985; A. Blok, Anthropolog. Perspektiven, 1985; M. Krischke-Ramaswamy, E. für Anfänger, 1985; H. Reimann (Hg.), Soziol. u. E., 1986; K.-H. Kohl, E. – die Wiss. vom kulturell Fremden, 1993.

Ethnomethodologie (griech.), Bezeichnung f. den v. →H. Garfinkel unter dem Einfluß v. →A. Schütz begründeten Forschungsansatz für die Analyse der »Methoden« alltägl. Handlungen, z. B. Reden, Fragen, Argumentieren, Abschiednehmen. Die E. grenzt sich als eine neue grundlagentheoret. Richtung gegenüber der insb. vom Behaviorismus u. von der Strukturell-funktionalen Theorie beeinflußten »traditionellen« amerik. Soziol. ab.

So wie die Ethnologie möglichst vorurteilsfrei-indifferent die Strukturen u. das Wissen »primitiver« Kulturen erforscht, versucht die E. ohne Unterscheidung zw. vermeintlich außergewöhnlichen u. trivialen Gegebenheiten, die als selbstverständlich empfundenen Methoden aufzudecken, mit denen die kompetent handelnden Angehörigen der eigenen Kultur in geordneter, rational aufeinander abgestimmter Weise ihre Alltagshandlungen durchführen. Unter Ver-

Ethnomethodologie

nachlässigung der Frage nach den Ursachen u. Entstehungsbedingungen bestimmter Handlungsweisen wird v. der E. vorrangig untersucht, inwieweit die Ges.angehörigen über das Alltagswissen ihrer Ges. verfügen u. dieses methodisch einzusetzen vermögen, um sich als Interaktionspartner gegenseitig den Sinn bzw. die »Vernünftigkeit« ihrer prakt.-alltäglichen Handlungen aufzuzeigen.

Werden die für eine erfolgreiche Interaktion unerläßlichen sinnhaft-rational erlebten Alltagsannahmen u. gemeinsam geteilten Selbstverständlichkeiten in Frage gestellt, verletzt oder ignoriert, dann entstehen Konflikte, psych. Probleme, soziale Desintegration u. das Bestreben, die gestörte Situation rational zu reorganisieren. Unter dem Einfluß der Linguistik wird v. der E. Sprache im weitesten Sinne, zu der z. B. auch Gesten u. Mimik zählen, als ein grundlegendes Medium gewürdigt, durch das die Ges.angehörigen ihre Alltagshandlungen beschreibbar machen. Mit dem Begriff der Reflexivität wird der Prozeß bezeichnet, durch den der systematisch-geordnete Charakter des interaktiven Alltagshandelns dargestellt wird. Diese Darstellungen besitzen einen »uninteressanten« reflexiven Charakter, wenn die als vernünftig u. vertraut erkennbar gemachten eigenen Handlungen v. den Interaktionspartnern nicht hinterfragt werden. Ebenso wie die Sprache setzt das geordnete, interaktionsfähige soziale Alltagshandeln eine Grammatik, eine grundlegende Struktur von Mustern voraus. Mit der »Methode der dokumentarischen Interpretation« versucht die E. die den Erscheinungen zugrundeliegenden Strukturmuster aufzudek-

ken. Bereits die alltäglich Handelnden interpretieren wechselseitig ihre Handlungen als Ausdruck bzw. als »Dokument« solcher Muster. Die wechselseitige Beziehung zw. diesen interpretierten Handlungen und den Mustern, die ihrerseits nur durch Interpretation v. Handlungen konstruiert werden können, wird als Indexikalität bezeichnet. Im Gegensatz zu den objektiven Begriffen, mit denen z. B. die »traditionelle« Soziol. allg. Eigenschaften der Phänomene zu bezeichnen versucht, beziehen sich indexikalische Ausdrücke auf einzelne konkrete Erscheinungen (Personen, Objekte, Ereignisse usw.).

Es gilt als bes. schwierig, die E. mit theoret.-programmatischen Ausführungen knapp zu charakterisieren. Ihre methodische Eigenart kommt am besten in ihrer mannigfaltigen konkreten Forschgs.praxis zum Ausdruck. Mit ihrem Bemühen, die Strukturen u. Methoden des Alltagshandelns möglichst lebensnah zu analysieren, hat die E. die Fragwürdigkeit jener soziol. Theorieansätze aufgeworfen, die von oben herab mit deterministischen Modellen u. reifizierenden Konstrukten den handelnden Menschen als einen relativ passiv auf äußere Reize oder Verhaltenserwartungen reagierenden Organismus bzw. Rollenträger interpretieren.

H. Garfinkel, Studies in Ethnomethodology, Englewood Cliffs, N. J. 1967; A. V. Cicourel, Methode u. Messung in der Soziol., 1970; Arbeitsgruppe Bielefelder Soziologen (Hg.), Alltagswissen, Interaktion u. ges. Wirklichkeit, Bd. 1, 1973; P. Filmer, Zur E. Harold Garfinkels, in: ders. u. a., Neue Richtungen in der soziol. Theorie, 1975; E. Weingarten, F. Sack u. J. Schenkein (Hg.), E., 1976; R. Eickelpasch, Das ethnomethodolog. Programm einer »radikalen« Soziol., in: Zs. f. Soziol. 11, 1982; ders. u. B. Lehmann, Soziol. ohne Ges.?, 1983; E. List, Alltagsrationalität u. soziol. Diskurs, 1983; W. J. Patzelt, Grundlagen der E., 1987.

Ethnos (griech.), nach E. K. Francis Bezeichnung für ein Kollektiv von Menschen, deren soz. Handeln von dem Glauben an eine gemeinsame Herkunft beeinflußt wird.

Ethnosoziologie, eine interdisziplinäre, Soziol., Ethnologie, Kultur- bzw. Sozialanthropologie verbindende soz.wiss. Teildisziplin. Mit soziol. Forschungsansätzen u. -methoden werden unter bes. Berücksichtigung der Naturvölker werturteilsfrei-vergleichend die soziokult. Lebensverhältnisse der verschiedenen Ges.en untersucht.

R. Thurnwald, Die menschl. Ges. in ihren ethno-soziolog. Grundlagen, 5 Bde., 1931–35; D. Goetze u. C. Mühlfeld, E., 1984.

Ethnozentrismus (griech.), Einstellung, Auffassung oder Lehre, die das eigene soz. Kollektiv (Gruppe, Schicht, Volk, Nation, Rasse u. a.) in den Mittelpunkt stellt u. gegenüber anderen, fremden Kollektiven als höherwertig, überlegen interpretiert. E. führt zur Diskriminierung Außenstehender, trägt maßgebl. zur Entstehung u. Verschärfung soz. Konflikte bei, bis hin zu Kriegen. Erziehung zur Toleranz u. soz.wiss. fundierte Aufklärung können dem E. entgegenwirken.

H. D. Forbes, Nationalism, Ethnocentrism, and Personality, Chicago u. London 1985.

Ethnozid, Zerstörung der kult. Identität einer →Ethnie durch eine bewußt vorangetriebene oder sogar gewaltpolit. erzwungene Assimilierung an die jeweils vorherrschende Ethnie.

Ethologie (griech., Ethos = Sitte), »Lehre von der Moral«, ursprüngl. Bezeichnung für die Wiss. von der Entwicklung moral. Wertsysteme (Ethik) u. für die Lehre vom Zu-sammenhang zw. Lebensablauf (Lebensphasen), Charaktereigenheiten u. Eingliederung in die Strukturen menschl. Zusammenlebens. Im mod. Sinne Bezeichnung für die von K. Lorenz begründete vergleichende (Tier-)Verhaltensforschung im Bereich der Zoologie, der es letztl. auch um Erkenntnisse zu den Grundantriebskräften menschl. Soziallebens geht. Im Spannungsverhältnis zur Soziol. geht es der E. darum, festzustellen, inwieweit soziokult. bedingte, geprägte oder zumindest mitbeeinflußte Motivationen bestimmter Verhaltensweisen auf angeborene, stammesgesch. entstandene Dispositionen zurückgeführt werden können, die von Generation zu Generation weitervererbt werden. Von soziol. Gegnern der E. wird darum befürchtet, daß von dieser die Probleme menschl. Kultur u. Ges. »verbiologisiert« werden könnten.

K. Lorenz, Über tierisches u. menschl. Verhalten, 2 Bde., 1965; D. Claessens, Instinkt – Psyche – Geltung, 1968; I. Eibl-Eibesfeldt, Grundriß der vergleichenden Verhaltensforschung, ²1969; O. Koenig, Kultur u. Verhaltensforschung, 1970; W. Wickler, Antworten der Verhaltensforschung, 1970; I. Eibl-Eibesfeldt, Der vorprogrammierte Mensch, 1973; K. Lorenz, Grundlagen der E., 1982 (1978); I. Eibl-Eibesfeldt, Die Biologie des menschl. Verhaltens, 1984.

Etikette (franz.), ursprüngl. Zettel mit Hinweisen auf das Hofzeremoniell, später allg. Bezeichnung für die Gesamtheit der Regeln guter ges. →Umgangsformen, insbes. in den gehobenen u. höheren soz. Ständen u. Schichten (→Anstand).

Etikettierung (franz.), ein Ansatz in der Soziol. (→Labeling-approach oder Etikettierungstheorie), der abweichendes Verhalten aus dem ges. Zuschreibungsprozeß erklärt. Der Täter wird als Abweichler etikettiert. Devianz ist demzufolge keine dem Täter innewohnende Qualität, sondern erfolgt durch die Anwendung von ges. Normen auf den Delinquenten, der so etikettiert (gelabelt) wird. Nach H. →Becker werden mittels der E. Mechanismen einer Selffullfilling-prophecy wirksam: der als abweichend Etikettierte wird sich abweichend verhalten. Die E. des Abweichlers erfolgt unter Zugrundelegung von Machtaspekten und sozialen Ungleichheiten gruppen-, personen- und situationsspezifisch.

H. S. Becker, Außenseiter, 1973; K. Lüderssen, F. Sack (Hg.), Seminar: Abweichendes Verhalten I, 1975; F. W. Stallberg, Abweichung u. Kriminalität, 1975; A. Trojan, Psychisch krank durch E.?, 1978; S. Lamnek, Theorien abweichenden Verhaltens, 1979.

Etzioni, Amitai W., *4. 1. 1929 b. Köln. 1958 Promotion in Berkeley, seitdem an der Columbia Univ., ab 1967 als Prof.
E. entwickelt eine Organisationsanalyse, welche die Gegentypen von »formaler« u. »informaler« Organisation aufzunehmen sucht in eine Typologie, die sich an den Kontrollmechanismen u. sozialen Erwartungen ihrer Mitglieder orientiert. Vordringl. wird abgestellt auf das Verhältnis von Wissen, Motivation u. Autorität. Für die internat. Friedensforschung macht E. seinen organisationssoziol. Ansatz in der Weise nutzbar, daß er Strategien u. institutionelle Regelungen für bilaterale u. multilaterale Abrüstung, Waffenkontrolle sowie für den Abbau von Konfliktsituationen entwickelt.

Schr.: A Comparative Analysis of Complex Organizations, New York 1975 (1961); Modern Organizations, 1964, dt.: Soziol. der Organisationen, 1967; Political Unification: A Comparative Study of Leaders and Forces, 1965; Der harte Weg zum Frieden, 1965; Siegen ohne Krieg, 1965; Studies in Social Change, 1966; The Active Society, 1968, dt.: Die aktive Ges., 1975; A Sociological Reader on Complex Organizations, New York ²1969; Demonstration Democracy, New York 1970; Genetic fix, New York 1973, dt.: Die zweite Erschaffung des Menschen, 1977; Technological Shortcuts to Social Change (mit R. Remp), New York 1973; Social Problems, Englewood Cliffs, N. J. 1976; An Immodest Agenda, New York 1983; Capital Corruption, San Diego 1984; The Moral Dimension, New York 1988.

Eudämonismus (griech.), Lehre von der »Glückseligkeit«, eine Ethik, die als letztes Ziel u. sittl. Kriterium des menschl. Handelns die Glückseligkeit vorschreibt. Nach den versch. Realisierungsmöglichkeiten von Glückseligkeit sind zu unterscheiden: egoist. (auf die eigene, individuelle Glückseligkeit gerichteter) u. altruist., sozialer (auf die Verwirklichung fremder Glückseligkeit gerichteter) E. →Hedonismus.

Euthanasie (griech.), »schöner Tod«, Bezeichnung für versch. Sachverhalte: In der Antike insbes. die von Epikur vertretene individuell-subjektive »Kunst«, den Tod ruhig erwarten zu können. Daneben als ärztl. Verpflichtung (später: Möglichkeit), die Sterbenden in der Agonie durch schmerzlindernde Mittel oder geringfügige Lebens- d. h. Leidensverkürzung zu helfen. Im 20. Jh. ges.polit. bedeutsam geworden als Gesamtheit aller Maßnahmen, die bei Geisteskranken, Schwachsinnigen oder Mißgebildeten den Tod vorzeitig herbeiführen. Diese Erweiterung des ursprüngl. E.begriffes hat ihre Wurzel in einer Lebensauffassung, derzufolge die Unterscheidung eines größeren oder geringeren Wertes menschl. Lebens aufgekommen war. Die wiss. Diskussion um die Frage, ob u. ggf. in welchen Grenzen im öffentl. Recht eine Vernichtung sog. »lebensunwerten Lebens«

durch den Staat gestattet werden sollte, ist bereits kurz nach dem I. Weltkrieg sehr heftig (aber überwiegend ablehnend) geführt worden. Während des »Dritten Reiches« wurde aufgrund eines 1939 ergangenen Geheimbefehls Hitlers ein E.-programm durchgeführt, dem etwa 70 000 Personen zum Opfer fielen. Im Rahmen des allg. »Kampfes« gegen gesunde u. kranke »Volksschädlinge« wurde das E.programm auch für zahlreiche willkürl. polit. Morde benutzt. Nach den geltenden Moralauffassungen u. Gesetzen ist E. nicht erlaubt.

Im Zus.hang mit der Verlängerung der Leidensphase todkranker Menschen durch die moderne Apparatemedizin wird gegenwärtig unter dem Einfluß unterschiedl. weltanschaulicher Orientierungen der Fragenkomplex einer indirekten Sterbehilfe (durch kreislaufbelastende u. die Atemtätigkeit herabsetzende schmerzstillende Mittel), passiven (Unterlassung medizin. Hilfe, Abschalten von Apparaten) oder gar aktiven Sterbehilfe auf Verlangen (humanes Sterben) kontrovers diskutiert.

K. Binding, H. Hoche, Die Freigabe der Vernichtung lebensunwerten Lebens, ²1922; D. Bonhoeffer, Ethik, 1956; A. Mitscherlich, F. Mielke, Medizin ohne Menschlichkeit, 1961; H. Ch. v. Hase (Hg.), Evangel. Dokumente zur Ermordung der »unheilbar Kranken« unter der nationalsozialist. Herrschaft, 1964; H. Ehrhardt, E. u. Vernichtung »lebensunwerten« Lebens, 1965; A. Eser (Hg.), Suizid u. E. als human- u. soz.wiss. Problem, 1976; H. W. Schmuhl, Rassenhygiene, Nationalsozialismus, E., 1987; R. Hegselmann u. R. Merkel (Hg.), Zur Debatte über E., 1991; J. S. Hohmann, Der »E.«-Prozeß Dresden 1947, 1993.

Evaluation (engl.), Bewertung, Evaluierung, Bezeichnungen für die Bewertung v. Planungen, Programmen, Projekten u. Ausführungsergebnissen aufgrund bestimmter Wertmaßstäbe u. Krite-

rien. Der Begriff E. überschneidet sich z. T. mit dem Begriff Assessment (→Technikfolgenabschätzung), der oft in ähnl. Sinne benutzt wird. Mittels jeweils angemessener E.techniken, z. B. die Beurteilung v. Schulversuchen oder Lehrleistungen v. Hochschullehrern, sollen die rationale Entscheidungsfindung, Kontrollfunktion u. Effizienzsteigerung begünstigt werden. Durch E. der E. (»secundary evaluation«) werden die Bewertungstechniken ihrerseits bewertet u. eventuell verändert. Hierbei sind neben ethischen Fragen sowie Kosten jeweiliger E.verfahren insb. prakt. Folgen einzelner Bewertungsergebnisse zu berücksichtigen. Die E.forschung entstammt mehreren Sozialwiss.en.

In der Strukturell-funktionalen Theorie bezieht sich der Begriff der E. auf die Auswahl v. Handlungsorientierungen.

G.-M. Hellstern u. H. Wollmann, Hdb. zur E.sforschung, Bd. 1, 1981; E. Lange, Zur Entwicklung u. Methodik der E.sforschung in der Bundesrep. Dtl., in: Zs. f. Soziol. 12, 1983; W. W. Wittmann, E.sforschung, 1985.

Evidenz (lat.), »Herausscheinen«, überzeugende Klarheit u. Deutlichkeit, Gewißheit.

Evolution (lat.), »Entfaltung«, »Auswicklung«, langsam u. gleichmäßig, in Stufenreihen bzw. in Entwicklungsketten verlaufende Veränderung. →Revolution

V. Storch u. U. Welsch, E., 1989.

Evolutionismus (lat.), »Entwicklungslehre«, naturphilos. Lehre (insbes. im 18. u. 19. Jh.), wonach Entwicklung als quantitative u. qualitative Veränderung der materiellen Daseinsformen bzw. der Größe, Zusammensetzung u. Inhalte ihrer versch. Eigenschaften, als ein Prozeß des kontinuierl.

Hervorgehens komplizierterer aus einfacheren Formen, als zeitl. geordnete Genese von im Keime von Anfang an vorhandenen Erscheinungen gedeutet wurde. Damit ist die Entwicklung als präformiert u. zwangsläufig ablaufender Prozeß gesehen. In Anwendung auf sozialwiss. Probleme wurde bes. in der zweiten Hälfte des 19. Jh. auch das gesamte Menschheits- u. Ges.geschehen, und zwar verbunden mit und abhängig von naturhaften Zwängen, als »Evolution« gedeutet. Die allg. Sozialgesch. wurde den Erklärungsversuchen zur Gesch. der organ. Lebewesen eingegliedert, das gesamte Geschehen als kontinuierl. Kette, als Stufenreihe von Entwicklungsformen betrachtet. Weder durch den Einfluß des »freien Willens« noch durch das von ges. Widersprüchen vorangetriebene Umschlagen quantitativer Veränderungen in qualitative (das vom dialekt. Materialismus bevorzugte Erklärungsmodell!) kann Entwicklung erfolgen.

Eng verbunden mit den Vorstellungen die E. ist die Erklärung sozialer Prozesse u. Strukturen nach der Organismustheorie. Der Allzusammenhang der sozialen Phänomene, die Gliedhaftigkeit u. die damit verbundene funktionale Vorbestimmung u. integrative Einreihung aller Individuen, ges. Institutionen u. Organisationen sind durch die ursprüngl., sich ledigl. im Wachstum »aufschließende« Präformation aller Dinge gewahrt.

C. Darwin, On the Origin of Species by Means of Natural Selection, 1859, dt.: Über die Entstehung der Arten . . ., 1992; V. G. Childe, Social Evolution, London 1951 (dt. 1968); A. Alland, jr., Evolution u. menschl. Verhalten, 1970; E. R. Service, Die Ursprünge des Staates u. der Zivilisation, 1977; H. Holzer, Evolution oder Gesch.?, 1978; A. Leroi-Gourban, Hand u. Wort, 1980.

Evolutionstheorie, Bezeichnung für die Gesamtheit theoret. Ansätze zur Erklärung (vermeintlich) zielgerichteter Entfaltungsprozesse menschl. Ges.en. Die klass. soziol. E. (→Comte, →Spencer) geht von einem gleichsam geradlinigen ges.gesch. Entwicklungsprozeß aus. Zur Begründung werden z. T. Analogien zur Biologie u. zum Denken Darwins (→Sozialdarwinismus) gezogen. Darüber hinaus haben ethnolog. (insb. L. H. →Morgans Annahme einer Urges.) u. auch anthropolog. Überlegungen die E. stark beeinflußt. Nach Comte z. B. wird der geistige u. ges. Fortschritt der Menschheit bis zu einem »positiven Stadium« (»Dreistadiengesetz«) hinführen. Für Spencer u. die organizist. Soziol. (→Organismustheorie, A. Schäffle) liegt die Evolution in einem kosmischen Differenzierungsprozeß begründet. Nach Auffassung v. K. R. Popper werden in solchen Ansätzen (Historizismus) bloße Trends als Gesetze ausgegeben. E. Durkheim u. M. Weber ersetzten diese Theorieentwürfe angeblich zielgerichteter Entwicklungsprozesse durch kausale Erklärungen endogener Wandlungskräfte u. exogener Störungen (sozialer Wandel). Der v. diesen Erklärungsversuchen beeinflußte →Neo-Evolutionismus der Strukturell-funktionalen Theorie v. Parsons, Smelser, Eisenstadt u. z. T. auch v. W. E. Moore, der mit Einschränkungen auch in der Systemtheorie v. N. Luhmann zum Ausdruck kommt, geht im Gegensatz zur klass. soziol. E. v. einem breiter angelegten Verständnis der Entwicklung menschl. Ges.en aus. Gemeinsam ist aber diesen E.n die Annahme eines Wandels, der letztlich gerichtet ist: im klass. Evolutionismus auf letzte Stadien, im Neo-Evolutionismus auf ein diffe-

Exaktheit 206

renziertes, integriertes u. anpassungsfähiges System.

A. Comte, Die Soziol., hg. von F. Blaschke, 1933; W. Zapf (Hg.), Theorien des soz. Wandels, 1969; R. Goll, Der Evolutionismus, 1972; T. Parsons, Das System mod. Ges.en, 1972; ders., Ges.en, 1975; G. Kiss, Steckbrief der Soziol., 1976; N. Luhmann, Zur systemtheoret. Konstruktion von Evolution, in: R. M. Lepsius (Hg.), Zwischenbilanz der Soziol., 1976; G. Wiswede u. Th. Kutsch, Soz. Wandel, 1978; B. Giesen, Makrosoziologie – eine evolutionstheoret. Einf., 1980; R. Spaemann u. a. (Hg.), E. u. menschl. Selbstverständnis, 1984; F. M. Wuketits, Grundriß der E., ²1989; U. Mueller (Hg.), Evolution u. Spieltheorie, 1990; G. W. Oesterdiekhoff, Traditionelles Denken u. Modernisierung, 1991.

Exaktheit (lat.), »Genauigkeit«, Bez. für bestimmte Charakteristika auf formalwiss. (E. logischer Schlußfolgerungen) und empir. Ebene (E. v. Beschreibungen). E. bezieht sich auf Begriffe, Sätze, Prognosen, Berechnungen, Messungen, Planrealisierungen usw. →Gültigkeit, →Zuverlässigkeit

Trapp, Exaktheit in der Phil., in: Zs. f. allg. Wiss.theor. 9, 1978.

Exekutive (lat.), »ausführende« Gewalt, abgegrenzt von legislativer u. richterl. Gewalt, die Gesamtheit der Institutionen von Regierung u. Öffentlicher Verwaltung.

Existenzminimum, die Gesamtheit der Güter u. Dienstleistungen, die ein einzelner Mensch (oder eine Gruppe) in einem bestimmten Zeitraum benötigt, um gerade noch die Existenz zu sichern. Es wird das phys. vom sozialen E. unterschieden. Während das phys. E. nach biolog. Minimalerfordernissen definiert wird, bestimmt sich das soziale oder kultur. E. nach sozial normierten Vorstellungen über einen minimalen Lebensstandard. Mitunter werden sogar mehrere E. für versch. soziale Schichtenzugehörigkeit definiert.

In der marxist. Lohntheorie gilt die These, daß der Lohn auf die Dauer nicht über das E. ansteigen könne. Dabei wird das E. definiert als die Summe der Kosten, die dem Arbeiter erwachsen, um seine phys. Existenz zu erhalten u. um die Aufzucht seiner Kinder als zukünftigen Arbeiter-Nachwuchs sicherzustellen. Hier wird also das E. letztl. nach Maßgabe der sich aus den Kapitalverwertungsinteressen ergebenden Nachfrage nach Arbeitskraft (variabel) bestimmt.

Zur Wahrnehmung seiner ihm garantierten Freiheitsrechte u. zur Sicherung seiner »menschl. Würde« bedarf der einzelne Mensch (ebenso wie ges. Gruppen u. Organisationen) in einer demokrat. Ges. einer bestimmten Quantität u. Qualität von Gütern u. Rechten, die – sofern er sie schon besitzt – nicht angetastet werden dürfen, bzw. die ihm der Sozialstaat der Ges. zu sichern hat.

Exogamie (griech.), »Außenheirat«, bezeichnet die in vormod. Ges.en u. bei Naturvölkern mitunter geltende Norm, den Ehepartner außerhalb der eigenen Gruppe oder Lebensgemeinschaft (Verwandtschaft, Klan, Totemgruppe, Religionsgemeinschaft, Stand, Kaste, Stamm) zu suchen.

Exogen →endogen

Expansion, soz. (griech.), »Ausdehnung«, »Ausbreitung«, Begriff der Soziometrie, bezeichnet die Anzahl u. die Intensität der Präferenzen (Sympathie- bzw. soziale Kontakt-Wahlen), die ein Individuum in einer sozialen Umgebung bzw. Gruppe vornimmt. Das Verhältnis der E.en zueinander bestimmt den soziometr. Status der beteiligten (untersuchten) Personen.

Experiment (lat.), allg. ein Wagnis oder ein wiss. Versuch. In den Erfahrungswiss.en bildet das E. die Methode der planmäßigen, unter kontrollierten u. bewußt variierten Bedingungen ablaufenden Überprüfung von Hypothesen, die entweder bestätigt oder widerlegt werden. Damit zeichnet sich das E. im Gegensatz zur Methode der Beobachtung grundsätzl. durch das aktive Moment bewußter Eingriffe in die planmäßig gestaltete Untersuchungssituation aus. In der Empir. Soz.forschung gilt das E. als die sicherste Methode zur Feststellung u. Überprüfung von Kausalbeziehungen im soziokult. Bereich. Um eine Kausalbeziehung experimentell feststellen oder überprüfen zu können, müssen im Idealfall folgende Bedingungen erfüllt sein: 1) Die für ein Forschungsproblem wichtigen Faktoren oder Variablen müssen identifiziert sein, damit Hypothesen über die vermuteten Zus.hänge zw. unabhängigen (verursachenden) u. abhängigen (bewirkten) Variablen formuliert werden können. 2) Zum Zweck der Kontrolle müssen die betrachteten Variablen von anderen isoliert werden können. 3) Die unabhängige Variable muß beeinflußbar, variierbar sein. 4) Das E. muß wiederholbar sein.
Gemäß der klass. Versuchsanordnung werden zwei möglichst gleichartige Situationen konfrontiert: während die Vergleichssituation Kontrollzwecken dient, wird nur in die Experimentalsituation die vermutete Ursache als einwirkender Faktor eingeführt. Beim direkten oder projektierten E. werden solche Situationen bewußt arrangiert. Dies ist ein insbes. in der soz.psycholog. u. soziol. Kleingruppenforschung häufig angewandtes Verfahren: es werden eine Experi-

mental- u. eine Vergleichs- bzw. Kontrollgruppe gebildet, die möglichst gleichartig zus.gesetzt sein sollen. Weil im soziokult. Bereich direkte E.e schwer durchzuführen sind, werden beim Ex-post-facto- oder retrospektiven E. bereits vergangene Prozesse als geeignete Experimental- u. Vergleichssituation ausgewählt u. interpretiert. Das Feld-E. findet unter normalen, alltägl. u. vertrauten Lebensverhältnissen in »natürl.« Situationen statt. Das Labor- bzw. Laboratoriums-E. erleichtert zwar die Herstellung kontrollierter Bedingungen, ist aber nur begrenzt anwendbar und mit dem Nachteil der »Künstlichkeit« behaftet. Durch ihren starken Eingriffscharakter stößt die Methode des E.s besonders schnell auf eth. u. rechtl. Schranken.

R. König (Hg.), Beobachtung u. E. in der Soz.forschg., ²1962 (1956); W. Siebel, Die Logik des E.s in den Soz.wiss.en, 1965; W. Schulz, Kausalität u. E. in den Soz.wiss.en, 1970; E. Zimmermann, Das E. in den Soz.wiss.en, 1972; R. H. Bay, Zur Psychologie der Versuchsperson, 1981; G. Kleining, Das qualitative E., in: KZfSS 38, 1986.

Experimentalgruppe, bei Experimenten mit Gruppen diejenige Gruppe, bei der zur Bestimmung der Wirkung (bzw. der quantitativ wie qualitativ verursachenden »Kraft«) eines abgegrenzten Faktors (Variable) dieser Faktor isoliert, d. h. unter sonst gleichbleibenden sozialen Bedingungen, eingeführt wird. Der E. steht der Kontrollgruppe gegenüber, in der dieser Faktor nicht zur Wirkung kommen darf, um einen Vergleich zwischen E. u. Kontrollgruppe zu gewährleisten.

Experte (lat.), »Sachverständiger«, »Kenner«, im Zeichen zunehmender Wissensspezialisierung u. Arbeitsteilung, bei gleichzeitigem

Ansteigen von Funktionserfordernissen der Koordinierung u. Organisierung komplexer Arbeits- u. Berufsstrukturen, diejenigen Angehörigen qualifizierter Berufsausbildung u. -erfahrung, bei denen sich theoret. Wissen u. prakt. Erfahrung über einen speziellen fachl. oder organisator. Teilbereich einer ges. Kultur – mehr oder weniger unersetzbar – abgerundet verbinden. E.n können in leitenden wie in beratenden (»Stäbe«) oder begutachtenden Positionen auftreten.

H. u. M. Hartmann, Vom Elend der E.n: Zw. Akademisierung u. Deprofessionalisierung, in: KZfSS 34, 1982; I. Schubert u. C. Krebsbach-Gnath, Chancen u. Risiken des Einsatzes v. E.nsystemen, 1987; R. Löw u. a. (Hg.), E.nwissen u. Politik, 1989.

Experteninterview, Experten-(Sachverständigen-) Befragung, zumeist im Planungsstadium eines empir. Forschgs.projekts, um zunächst die für ein Unters.feld relevanten Aspekte, Faktoren u. Zusammenhänge zu erkunden. – E.s können in der vertiefenden Erforschg. spezieller, besonders anspruchsvoller Themen nützlich oder sogar notwendig sein.

Expertokratie (griech.), »Herrschaft der Sachverständigen«; eine ges. Ordnung, (a) in der die für bestimmte Bereiche menschl. Wissens u. Könnens durch Ausbildung u. Leistung ausgewiesenen Spezialisten auch die Entscheidungsbefugnis über die Zielrichtung u. die Methoden des Einsatzes vorhandener (sachl. wie personeller) Mittel besitzen; oder (b) in der angesichts hochkomplizierter techn. u. sozialer Strukturen die für zentrale Entscheidungen zuständigen Instanzen (z. B. Politiker, Beamte) sich dem »Rat« der Spezialisten unterwerfen müssen.

Explanandum, Explanans (lat.), ein zu erklärendes empir. Phänomen bzw. seine Beschreibung wird Explanandum genannt; es gilt als erklärt, wenn es logisch aus dem Explanans abgeleitet werden kann, welches sich aus gewissen Gesetzmäßigkeiten und singulären Anfangs- bzw. Antecedensbedingungen zusammensetzt. Dabei müssen folgende Adäquatheitsbedingungen erfüllt sein: Das Explanandum muß aus dem Explanans logisch folgen; das Explanans muß mindestens ein allg. Gesetz enthalten; das Explanans muß empir. Gehalt besitzen; die das Explanans bildenden Sätze müssen wahr sein. – Diese Form der Erklärung wird deduktiv-nomologisch genannt; üblich ist auch die Bezeichnung »H-O-Schema der Erklärung« (nach Hempel u. Oppenheim). →Erklären.

C. G. Hempel, Aspekte wiss. Erklärung, 1977; W. Stegmüller, Probleme u. Resultat der Wiss.theor. u. Analytischen Philosophie, Bd. I: Wiss. Erklärung u. Begründung, 1974.

Explicit (lat.), »es ist vollzogen«, auseinandergefaltet, ausführlich dargestellt, offen entwickelt. →implicit.

Explikation (lat.), Darlegung, jenes Verfahren, das zur Ersetzung eines nicht hinreichend klaren Begriffs, des Explicandum, durch ein Explicans (Explikat) führt, das dank seiner Exaktheit zur Verwendung in wiss. oder metawiss. Erörterungen geeignet erscheint; mitunter versteht man unter E. auch nur das Resultat dieses Verfahrens, also das Explikat.

W. v. O. Quine, Word and Object, Cambridge/Mass. 1960, dt.: Wort und Gegenstand, 1980.

Exploitation →Ausbeutung

Explorationsstudie (lat.) →Leitstudie

Ex-Post-Facto-Erklärung (lat.), »nach Abschluß der Dinge«, in der Soziol. (a) ein Erklärungsversuch zu einem »Ereignis«, das als »abgeschlossener«, »gegebener« Ausgangspunkt der (retrospektiv orientierten) Analyse zugrunde gelegt wird, wobei schrittweise, durch hypothet. Rekonstruktion mögl. Ursachen, sein Zustandekommen u. sein Zusammenhang mit anderen »Ereignissen« sowie die dabei beteiligten Faktoren aufgedeckt werden sollen; (b) der Versuch der theoret. Interpretation bereits vorliegender (bei anderen Forschungsvorhaben gesammelter oder überhaupt ohne jede spez. Fragestellung mehr oder weniger wahllos bzw. nach amtl.-statist. Vorschriften zusammengetragener) »Daten«.
R. K. Merton, The Bearing of Sociological Theory on Empirical Research, in: ders., Social Theory and Social Structure, Glencoe 1957; W. Siebel, Die Logik des Experiments in den Soz.wiss.en, 1965.

Expropriation, Enteignung, vom Marxismus geprägte Bez. für die – im Zuge der Akkumulation – fortschreitende E. der indiv. Produzenten von ihren Produktions- u. Subsistenzmitteln.

Externe Effekte (lat.), die →Folgen des Handelns einzelner oder einer (gebildeartig strukturierten) Mehrzahl von Personen, die sich auf andere bzw. außenstehende Personen, Kollektive oder auch auf natürl. Systeme auswirken. Gegenwärtig bilden die Auswirkungen des Handelns von Produzenten u. Verbrauchern auf natürl. Systeme e. E., die zu den Hauptursachen der →Umweltkrise zählen. Durch Aufklärung u. Umweltschutzpoli-

tik wird versucht, solche negativen e.n E. einzuschränken oder sogar zu beseitigen. Marktwirtschaftl. ist hierbei die Einbeziehung e.r E. in die Preisbildung geboten, damit durch Preissteigerungen die Nachfrage nach umweltbelastenden Gütern zurückgeht.

Extinktion (lat.), »Löschung«, im Behaviorismus u. in den Lerntheorien Bezeichnung für die Löschung einer gelernten Verhaltensweise bzw. Reaktion durch wiederholte Bestrafung oder durch das Ausbleiben bereits gewohnter Belohnungen.

Extrapolation (lat.), »Bestimmung von außerhalb liegenden Werten«; in der Soziol. hypothet. Erweiterung von Theorien oder Gesetzesaussagen über einen operational erfaßbaren Erfahrungsbereich hinaus auf empir. (experimentell beobachtungsmäßig) noch unzugängl. oder prinzipiell unzugängl. Gebiete. Die E. kann als legitimes wiss. Verfahren ebenso dem wiss. Fortschritt (durch neue, erweiterte Hypothesenbildung) dienen, wie sie im Falle der vorschnellen Übertragung von Hypothesen auf Gebiete mit unterstellter Strukturgleichheit (Isomorphie) zum rein spekulativen Werkzeug werden kann, das mit soziol. Scheinwahrheiten die ges. Praxis u. das gesamtges. Selbstverständnis in die Irre führt. Als Beispiel hierfür kann auf die Konsequenzen der E. biolog. Theorien auf die Probleme der menschl. Ges. hingewiesen werden.

Extremismus (lat.), Bewegung zum »Äußersten«; polit. Bewegungen, die – im Vergleich zu bestehenden sozialen u. polit. Strukturverhältnissen u. deren immanenten

Konflikten u. Integrationsproblemen – die Veränderung der Verhältnisse nach Maßgabe radikaler, purist. Lösungen enthaltender Ideologien anstreben u. im polit. Kampf entspr. Strategien entwickeln. Gemeinsam mit der polit. Psychol. versucht die Soziol., Aufklärung sowohl über die sozialen u. wirtschaftl. Strukturverhältnisse einer Ges. wie über die versch. psych. Prägungen bestimmter Personenkategorien in der Ges. zu gewinnen, durch die E. sich entwickelt u. gefördert wird. E. findet dort günstige Bedingungen, wo verharschte u. moral.-weltanschaul. Legitimierung entzogene Herrschaftsverhältnisse mit dem Stand der allg. ges. Entwicklung nicht mehr übereinstimmen. Die dadurch verursachten Konflikte u. Fehlentwicklungen können größere Gruppen von sozial Verunsicherten, materiell u. intellektuell völlig Abhängigen, ges. Isolierten, persönl. Erfolglosen u. Enttäuschten, aber auch von Menschen erzeugen, die angesichts solcher Situationen Theorien u. Strategien suchen, nach denen sich ges. Verhältnisse in demokratischere, humanere überführt werden können.

E. Noelle-Neumann u. E. Ring, Das E.-Potential unter jungen Leuten in der BR Dtl. 1984, 1984; U. Backes u. E. Jesse, Totalitarismus, E., Terrorismus, [2]1985 (1984); W. Michalka (Hg.), E. u. streitbare Demokratie, 1987; U. Backes, Polit. E. in demokrat. Verfassungsstaaten, 1989; U. Backes u. E. Jesse, Polit. E. in der BR Dtl., 3 Bde., 1989.

Extrinsisch – intrinsisch (lat.), »von außen her, bzw. von innen her«; Als i. Werte bezeichnet die Moralphilosophie jene, die um ihrer selbst willen (ohne Berücksichtigung der Nebenfolgen) befolgt oder angestrebt werden (vielfach auch oberste oder →Grundwerte genannt).
In der Lernpsychologie heißt eine Motivation i., wenn die durch sie veranlaßte Handlung um ihrer selbst willen ausgeführt wird (z. B. Lernen aus Interesse), und e., wenn die Handlung als bloßes Mittel eingesetzt wird, um einen Zweck oder ein Ziel zu erreichen (z. B. Lernen zur Vermeidung v. Strafe u. Mißbilligung oder zur Erlangung v. materiellen oder immateriellen Gratifikationen). →Intrinsisch, →Lerntheorien, →Verhaltenstheoret. Soziol.

Exzentrizität (griech.), »Abstand vom Mittelpunkt«, exzentrische Positionalität, Bezeichnung der philos. Anthropologie (H. Plessner) für einen Grundzug menschl. Existenz. Danach lebt der Mensch in einem Bruch mit sich selbst, mit der Fähigkeit u. der ges. unabdingbaren Notwendigkeit, sich selbst »gegenübertreten« zu können. Das Leben in der Ges. erzwingt eine Reziprozität der Perspektiven zw. dem Selbst des Menschen u. der ihn prägenden Außenwelt. Das Individuum ist von vornherein vergesellschaftet. Es ist als soziales Wesen nur mögl. in der Verkörperung bestimmter Aspekte (Rollen) seiner Umwelt, d. h. es gewinnt Identität für sich selbst nur durch die Erschließung seiner Außenwelt, zu der Stellung beziehend es seinen eigenen Beitrag produktiv oder ledigl. rezeptiv hinzufügt. Die E. des Menschen ermöglicht den Rollencharakter seines ges. Verhaltens ebenso, wie sie die Grundlage für die Gewinnung von Ich-Identität bietet.

H. Plessner, Conditio Humana, 1964; ders. Diesseits der Utopie, 1966.

Faktizität

Fabianismus, nach dem strateg. Vorbild des röm. Diktators Q. Fabius Maximus (280–203 v. Chr.), der durch hinhaltende u. »zögernde« (»Cunctator«) Taktik das Heer Hannibals zermürbte, so benannte sozialreformer. Bewegung in England seit 1884. Die »Fabian Society«, ein Intellektuellenzirkel, wollte in streng idealist. Grundorientierung, fern jegl. marxist. Materialismus, durch fortgesetzte Aufklärung aller Kreise der Ges. die Realisierung der sozialen Vernunft u. Gerechtigkeit fördern. Es ging ihr vor allem um die polit. Überzeugung der herrschenden Gruppen in der Ges. mit dem Ziel, allg. wohlfahrtshemmende ökonom. Mißverhältnisse über die öffentl. Einsicht u. damit letztl. über die Gesetzgebung abzubauen.

A. M. McBriar, Fabian Socialism and English Politics 1884–1918, London 1962; M. Cole, Fabian Socialism, London 1963; P. Wittig, Der engl. Weg zum Sozialismus, 1982.

Fabrik (lat. fabricae), Produktionseinrichtung in Industrieges.en, in denen eine größere Anzahl von Arbeitern versch. Ausbildungskategorien oder Berufe an einer techn. aufeinander bezogenen Anzahl von Maschinen arbeitet. Gegenüber der Manufaktur, in der (sofern überhaupt schon eine maschinentechn. Ausrüstung vorhanden) jede Maschine einen nach dem Produktionsziel fertigen Gegenstand herstellt, führen in der F. die versch. Maschinen jeweils nur einzelne oder mehrere Arbeitsgänge an den Werkstücken durch. Die F. ist gegenüber älteren, insbes. handwerkl. u. agrar. Produktionssystemen insofern die sozial folgenreichste Produktionsordnung, als sie (a) die völlige u. prinzipielle Trennung von Wohnstätte u. Arbeitsraum erzwungen hat, (b) innerhalb ihres Arbeitsraumes die Menschen dem reinen Arbeitszweck unterworfen hat, (c) damit durch die techn.-verfahrensmäßige Bestimmung der Art u. des Ablaufes der Arbeit neue u. für das gesamte ges. Dasein prägende Veränderungen der Arbeitshaltung, -einstellung, der betriebl. Zu- u. Einordnung der Menschen verursacht hat.

Die infolge wachsender F.größen u. zunehmender Arbeitsteilung eingetretene allg. organisator. wie insbes. informations- u. kommunikationstechn. Komplizierung der materiellen u. sozialen Beziehungen (Verwaltung) hat den Begriff F. zugunsten der Bezeichnungen »Werk« oder »Betrieb« an Bedeutung verlieren lassen.

Im Zuge fortschreitender betriebl. Rationalisierung (zur Bewältigung von Kostensteigerungen u. zur Aufrechterhaltung oder Verbesserung der Wettbewerbsfähigkeit) – mit der Tendenz zu weitestgehender Computerisierung u. Automatisierung der Produktion – nimmt bei steigenden Anforderungen an die Qualifikation, Weiterbildungsbereitschaft u. Verantwortung die Zahl der Beschäftigten in den F.en der mod. Ges. immer mehr ab.

P. Brödner, F. 2000, 1985; G. Spur u. K. Mertins, Die Neue F., 1991; J. Hilbert u. H. J. Sperling, Die kleine F., ²1993.

Face-to-face group (engl.), »Von-Gesicht-zu-Gesicht«-Gruppe, deren Mitglieder direkten Kontakt zueinander haben.

P. Winkler (Hg.), Methoden der Analyse von Face-to-Face-Situationen, 1981.

Fait social (franz.), →Tatsache, soziale

Faktizität (lat.), Tatsächlichkeit, Gegebenheit, feststellbare Wirklichkeit.

Faktor (lat.) »Macher«, allg. u. abstrakte Bez. für eine Bedingung oder Ursache, die zus. mit anderen derartigen Größen ein Ereignis oder einen Zustand herbeiführt oder einen Prozeß bestimmt. →Variable.

Faktorenanalyse, Verfahren der Datenanalyse (Auswertung), mit dem ermittelt werden soll, auf welche (kausaltheoret. betrachtet) unabhängigen Dimensionen (Faktoren) sich eine größere Anzahl von gemessenen (beobachteten, gezählten) Variablen bzw. Merkmalen, die korrelativ miteinander zusammenhängen, reduzieren, d. h. zurückführen läßt. Dazu sind zunächst alle Korrelationen zwischen den erfaßten u. gezählten Daten zu errechnen. Bei der Interpretation dieser statist. erkennbaren Korrelationen stellt sich die Frage, ob die errechneten Korrelationen zw. jeweils zwei gemessenen Variablen als monokausale Zus.hänge interpretierbar sind, oder ob sie vielmehr auf die Wirkung eines in der Untersuchung selbst nicht erfaßten Faktors (bzw. mehrerer Faktoren) zurückzuführen sind. Diese Frage versucht die F. mit Hilfe komplizierter statist.-mathemat. Berechnungen zu beantworten.

J. Ritsert, E. Stracke, Grundzüge der Varianz- u. Faktorenanalyse, 1975; J. van Koolwijk u. M. Wieken-Mayser (Hg.), Techniken der empir. Soz.forschg., Bd. 5, 1976; G. Arminger, Statistik f. Soziologen 3: F., 1979; A. Marradi, Die F. u. ihre Rolle in der Entwicklg. u. Verfeinerung empir. nützl. Konzepte, in: KZfSS 30, 1978; J. Bacher, F. u. Modelle des Antwortverhaltens, 1986.

Fallibilismus (lat.) »Fehlbarkeit«, Bezeichnung für die Auffassung (insb. im Krit. Rationalismus), daß keine Instanz unfehlbar ist, daß es keine allg. verbindl. Erkenntnis u. absolute Wahrheit gibt. F. wendet sich gegen dogmat. Tendenzen, die

mit empir.-rationaler Wiss. in einer offenen Ges. unvereinbar sind (K. R. →Popper, H. →Albert).

H. Albert, Traktat über rationale Praxis, 1978.

Fallstudie →Einzelfallstudie

Falsifizierbarkeit, Falsifikation (lat. »Verfälschungsmöglichkeit«, Falschheitsbeweis), Begriff der Wiss.theorie, Eigenschaft einer Theorie oder Hypothese. In den Erfahrungswiss.en wird gefordert, daß eine wiss. Aussage so formuliert u. auf einen von ihr »dargestellten« Gegenstand beziehbar sein muß, daß sie an der Wirklichkeit überprüft u. gegebenenfalls als »falsch« erwiesen (falsifiziert) werden kann. Die Falsifikation ist demnach ein bes. Verfahren zur Feststellung der Falschheit einer Aussage. In der mod. Wiss.theorie wird der Fortschritt der Wiss. gelegentlich als die Eliminierung von an den Tatsachen gescheiterten Hypothesen interpretiert (Popper).

K. R. Popper, Logik der Forschung, ⁹1989 (1935); H. Albert (Hg.), Theorie u. Realität, 1964; E. Topitsch, Logik d. Sozialwiss., 1965; G. Radnitzky u. G. Andersson, Fortschritt u. Rationalität der Wiss., 1980; G. Andersson. Kritik u. Wiss.sgesch., 1988.

Familie, bedeutsamste u. verbreitetste Form der soz. Gruppe; das Zus.leben von mindestens 2 Generationen in einer (Primär-)Gruppe charakterisiert F. als eine soz. Lebenswelt besonderer Art. F. strukturiert grundlegend Lebenslauf u. Biographie des Menschen; ein Teil seiner Statusbiographie. Struktur, Größe, Zus.setzung u. Funktionen der F. werden durch ihre Stellung in der ges. Gesamtstruktur bestimmt, andererseits wirken die spezif. familialen Lebensformen auf die soz. Umwelten u. damit insbes. auf die ges. Entwicklung (soziokult. Wandel) ein. Unabhängig von den verschiedenen Formen, die die F. im gesch.-ges. Wandel aufwies u. die sie heute noch in den verschiedenen Ges.en u. polit. Ordnungssystemen besitzt, laufen in ihr überall bestimmte soz. Grundprozesse ab, die die Reproduktion u. damit das Überleben der Ges. sichern. F. erfüllt in unterschiedl. Bedeutung die Funktionen der Fortpflanzung, der arbeitsteiligen Produktion u. Versorgung, der Statuszuweisung bzw. der soz. Placierung sowie der Sozialisation u. soz. Kontrolle. Heiratsregeln, Verwandtschaftssysteme sowie rechtl., ökonom., rel., kult. u. soz. Regulierungen bestimmen das Partnerwahlverhalten u. strukturieren dadurch soz. gebilligte F.nformen. Grundlage der F. ist die Ehe, die sich soziol. charakterisieren läßt durch die Legalisierung u. Institutionalisierung der Produktion u. Reproduktion soz. Lebens, des Fortpflanzungsverhaltens sowie durch bestimmte Formen der wirtschaftl. Zus.arbeit. Nach der Größe der F. unterscheidet man die Kern- oder Kleinf. (engl. nuclear family), die sich auf die Ehepartner u. ihre unmündigen Kinder beschränkt, von der Großf., die sich in generationale Großf. mit patriarchal. Struktur, Großf. als ungeteilter Erbengemeinschaft u. Mehr-Generationen-Haushalt bei Aufrechterhaltung der jeweiligen Kernf.n als soz. Einheiten aufteilen läßt. In Agrarges.en war die mehrgenerationale Großf. oder erweiterte F. (einschl. Gesinde) mit der Jurisdiktion des pater familias häufig verbreitet; sie kommt der »Theorie des ganzen Hauses« (O. Brunner) am nächsten. In Ländern mit »european marriage patterns« (Laslett) bildet die Kernf. jedoch den durchgängigen F.ntypus. Tod, Scheidung, Trennung oder nichtehel. Mutterschaft führen zu Ein-Eltern-F.n

(unvollständige F.n), die insbes. durch zunehmende Scheidungsziffern in den industrialisierten Ländern als eigenständige familiale Lebensform nicht nur rein quantitativ an Bedeutung gewinnt. Neben der Einehe (Monogamie) sind in zahlreichen Ges.en polygame F.nformen bekannt (Polygynie, Polyandrie). Die Autoritätsbeziehungen in der F.nstruktur können in Abhängigkeit von Bewertungen u. Formen der soz. Arbeitsteilung patriarchal. (Vaterdominanz), matriarchal. (Mutterdominanz) oder partnerschaftl. organisiert sein. Normen über familiale Abstammung u. Weitergabe von Herrschaftsansprüchen, soz. Sicherungssysteme u. Erbfolge können patrilineare, matrilineare oder bilaterale Regelungen vorsehen. Fragen der Wohnlokalität u. F.nresidenz werden unterschiedl. matrilokal, patrilokal oder neolokal (Verlassen der Abstammungs- oder Herkunftsf. u. Gründung einer neuen Fortpflanzungsf.) entschieden. Die ethnolog. These der Universalität der F. beruht auf den biolog. begründeten u. kult. bewerteten, ausdifferenzierten Elementen der Basisrollen in der Kernf., d. h. der mindestens zwei Generationen umfassenden Alters- u. Geschlechtsmatrix. Das partnerbezogene Zus.leben heterosexueller Erwachsener, weibl. Gebärfähigkeit u. extreme Hilflosigkeit der Kinder bei der Geburt u. in den ersten Lebensjahren werden oft als biolog. Grundlegung der F. bewertet u. als Ausdruck ihrer »Natürlichkeit« u. Universalität interpretiert. Dennoch kann nicht von einer biolog. Determinierung des F.nlebens gesprochen werden, da die ehel., elterl. u. familialen Verhaltensregulierungen eine abhängige Größe des Binnenselbstverständnisses sind u. vom Grad der Mo-

Familiensoziologie

dernisierung der Ges., den Individualisierungsprozessen, kult. Wertmustern u. soz. Verhaltensstandardisierungen u. moral. Urteilen bestimmt werden. Die Universalität der F. ist nicht an eine konkrete Lebensform gebunden, sondern schließt die Pluralität von Lebenswelten bewußt ein; dies gilt sowohl im Hinblick auf ihre soz. Struktur als auch für ihr Binnenselbstverständnis.

F.-X. Kaufmann (Hg.), Staatl. Soz.pol. u. F., 1982; H. Reif (Hg.), Die F. in der Gesch., 1982; H. Rosenbaum, Formen der F., 1982; W. H. Hubbard, F.ngesch., 1983; B. Berger u. P. L. Berger, In Verteidigung der bürgerl. F., 1984; F. Höpflinger, Wandel der F.nbildung in Westeuropa, 1987; H.-J. Schulze u. T. Mayer (Hg.), F.: Zerfall oder neues Selbstverständnis? 1987; P. Laslett, Verlorene Lebenswelten, 1988; K. Lüscher u. a. (Hg.), Die »postmoderne« F., 1988; R. Nave-Herz (Hg.), Wandel u. Kontinuität der F. in der BR Dtl., 1988; M. S. Rerrich, Balanceakt F., 1988; J. Goody, Die Entwicklung von Ehe u. F. in Europa, 1989; A. Herlth u. K. P. Strohmeier (Hg.), Lebenslauf u. F.nentwicklung, 1989; F.-X. Kaufmann, Zukunft der F., 1990; M. Segalen, Die F., 1990 (franz. 1987); H. Bertram (Hg.), Die F. in Westdtl., 1991; M. Mitterauer u. R. Sieder, Vom Patriarchat zur Partnerschaft, ⁴1991; R. Peuckert, F.nformen im soz. Wandel, 1991.

Familiensoziologie, die Universalität der Familie u. ihre Bedeutung für den Lebenslauf fast aller Menschen hat sie zum Themenbereich vieler soziol. Theorien (Jugend, Alter, Sozialisation usw.) auf der Mikro- u. Makroebene werden lassen. Familie als Bestandteil ges. Soz.strukturen (der Vergangenheit u. Gegenwart) war Ausgangspunkt der ersten systemat., jedoch überwiegend hist. u. völkervergleichenden (ethnograph.) Forschungen des 18. u. 19. Jh.s, insbes. als die krisenhaften Folgen der Industrialisierung u. die Kontakte mit Ges.en anderer Kulturen zum einen die Abhängigkeit familialer Lebenswelten von der umgebenden Ges. u. zum anderen die Realität der in Europa bekannten Familienformen erkennen ließen.

In einer seither immer weiter ausgearbeiteten hist. Typenlehre wird der soz. Wandel anhand des Funktionen- u. Strukturwandels der Familie dargestellt. Dabei wurden die patriarchal. organisierte Familie der vorindustr. Ges., die bürgerl. Familie des liberalen Früh- u. Hochkapitalismus u. diejenige der mod. hochindustrialisierten Ges. der Gegenwart verglichen. E. Durkheim identifizierte Industrialisierung u. Verstädterung als Verursacher der Kontraktion der Familie aus ursprüngl. umfassenderen Formen (Großfamilie) zur heutigen Kernfamilie mit der Dominanz des Gattenpaares (Kontraktionsgesetz). Desintegration u. Desorganisation bildeten die beiden Grundpfeiler für die These vom »Funktionsverlust« (Goode) der Kernfamilie. Desintegration meint dabei die Ausgliederung der Familie aus gesamtges. Zusammenhängen bei gleichzeitiger Intimisierung des familialen Binnenbereichs, während Desorganisation die internen Ausfallerscheinungen in der Familie sowie die Auswirkungen der ges. Organisationsleistungen u. Anforderungen an die Familie umschreibt, wobei Desintegration als der umfassendere Prozeß verstanden wird. Diese Thematik hat die familiensoziol. Forschung bis in die 60er Jahre des 20. Jh.s bestimmt. Die polarisierende Betrachtungsweise (Großfamilie vs. Kernfamilie) wurde durch die Erkenntnisse vor allem der familienhist. Forschung u. deren Rezeption in der F. aufgelöst u. in empir. Studien zum Funktionswandel der Familie fortgeführt. Die Falsifikation des Kontraktionsgesetzes u. der von ihr abgeleiteten Thesen bildeten den Ausgangspunkt für neue Forschungsschwerpunkte in der F., wobei die durch die Industrialisierung ausgelösten Modernisierungsprozesse in ihrer Verarbeitung durch die Familie u. deren Reaktionsformen in den Vordergrund rückten. Die Funktionsverlagerungen finden ihren Niederschlag in empir. Untersuchungen zu Sozialisationsleistungen der Familie, veränderten Familienzyklen, zur Neuphasierung des weibl. Lebenszus.hanges, Formen des Wohnens u. Freizeitverhaltens. Die innerfamilialen Wandlungsprozesse kennzeichnen die Bewältigungsmuster der Familie auf Verhaltensanforderungen der soz. Umwelten (berufl. Qualifikation, Fortpflanzung, Partnerbeziehung usw.) u. stehen für eine Sichtweise der Familie im ökolog. Kontext. Die Thematik von schicht- u. geschlechtsspezif. Ungleichheit findet ihren Niederschlag in den Inhalten u. Ergebnissen familialer Sozialisationsleistungen wie der Sozialregulierungen der ehel. u. innerfamilialen Beziehungen, die insgesamt für den Wandel der soz. Subjektivität (Individualisierungsthese) stehen. Familiensoziol. konzentriert sich das Interesse auf das veränderte Partnerfindungs- u. -bindungsverhalten, neue Formen des Zus.lebens (nichtehel. Lebensgemeinschaft) u. die Auswirkungen u. Verarbeitungsformen von Scheidung/Trennung auf der Individualebene sowie in Ein-Eltern-Familien. Mit steigenden Scheidungsraten, Zunahme nichtehel. Lebensgemeinschaften u. sinkender Wiederverheiratungsquote Geschiedener sind Auswirkungen auf fast allen ges. Ebenen verbunden, die ihren Niederschlag in den Systemen der soz. Sicherung ebenso finden wie in der soz. u. moral. Bewertung von Ehe u. Familie. Die Wandlungen in der Struktur der Erwerbstätigkeit u. deren Einfluß auf das Familienleben bestimmen das Binnenselbstverständnis, die Partnerbeziehungen, Kinderwunsch u. dessen Realisierung, die weit über die Vereinbarkeit von Familie u. Beruf (insbes. bei der Frau) hinausgehen: Ehe u. Familie sind konkurrierende Identitätsoptionen im Kontext individ., berufl. u. soz. Selbstverwirklichung. Die Intimisierung der Beziehungen läßt auf der ehel. Systemebene das Interaktionsmedium »Liebe« zur höchstpersönlichen Kommunikation werden u. erfordert für die Eltern-Kind-Beziehungen die Zubilligung einer eigenständigen Persönlichkeit für das Kind (Entwicklung der soziokult. Persönlichkeit). Ehe u. Familie werden von den Individuen primär als Vergemeinschaftung der Selbstfindung erfahren u. bewertet, was eine zunehmende Selbstthematisierung der Lebensform begünstigt bzw. erfordert. Die Individualisierungsthese darf nicht auf eine Deinstitutionalisierung von Ehe u. Familie verkürzt werden, da ehel./familiale Lebensformen (auch nichtehel. Lebensgemeinschaften) u. die mit ihnen verbundenen Identitätserfahrungen einen hohen Stellenwert für die individ. Statusbiographie besitzen u. Ausdruck für Wandel u. Kontinuität der Institution einschl. ihrer soz. Anerkennung sind.

Strukturfunktionale Fragestellungen zielen auf Systemeigenschaften der Familie; sie sind ausgerichtet an den ges.orientierten Grundfunktionen von Ehe und Familie (Reproduktion, Statuszuweisung, Sozialisation u. soz. Kontrolle, biolog. Erhaltung des Individuums, emotionale und wirtschaftl. Sicherstellungsleistungen). Die Individualisierungsthese ist an den Sinnstif-

Familienzyklus 216

tungen der familialen Lebenswelt interessiert u. rückt die Identitätserfahrung in das Zentrum ihrer Reflexionen. Die jeweilige methodolog. Strukturierung des Erkenntnisgegenstandes »Familie« führt zu einer Überbetonung der spezifischen Ordnungsprinzipien u. übersieht die gegen- u. wechselseitigen Verflechtungen von Individualisierung u. ges. Erfordernissen. Die Pluralisierung der soz. Formen des Zus.lebens, ihre Entwicklungsverläufe u. Leistungen für Individuen u. Ges., ihre Einbindung in soz. Umwelten kennzeichnen die Entwicklungskapazität der Familie als Stetigkeit im Wandel.

W. H. Riehl, Die Familie, 1855; E. Durkheim, La famille conjugale, 1921; M. Horkheimer (Hg.), Autorität u. Familie, Paris 1936; R. König, Materialien zur Soziol. der Familie, ²1974 (1946); T. Parsons u. R. F. Bales, Family, Socialization, and Interaction Process, London 1956; D. Claessens, Familie u. Wertsystem, ⁴1979 (1962); F. Neidhardt, Die Familie in Dtl., ³1975 (1966); W. J. Goode, Soziol. der Familie, 1967; G. Schwägler, Die Soziol. der Familie, 1970; D. Claessens u. P. Milhoffer (Hg.), F., ⁵1980 (1973); R. König, Die Familie der Gegenwart, ³1978 (1974); C. Mühlfeld, Ehe u. Familie, 1982; L. A. Vaskovics (Hg.), Umweltbedingungen familialer Sozialisation, 1982; R. Eckert, Die ersten Jahre junger Ehen (mit anderen), 1989; P. H. Hartmann, Warum dauern Ehen nicht ewig? 1989; R. Nave-Herz u. M. Markefka (Hg.), Hdb. der Familien- u. Jugendforschg., Bd. 1, 1989; J. A. Schülein, Die Geburt der Eltern, 1989.

Familienzyklus, Lebenszyklus (engl. life cycle), sich weitgehend überschneidende Bezeichnungen für die Abfolge verschiedener Phasen bzw. Stufen, die mit der Entstehung, Veränderung u. Auflösung einer Familie gegeben sind: 1) Junggesellenphase (junge Alleinstehende, »singles«), 2) jung verheiratete Ehepaare, 3) Familien mit Kindern im Haushalt (»volles Nest«), 4) ältere Ehepaare mit Kindern, die nicht mehr im Haushalt leben (»leeres Nest«), 5) nach dem Tod eines Ehepartners ältere Alleinstehende. Der

F. wirkt sich z. T. als unabhängige Variable auf innerfamiliäre Rollenveränderungen, Interaktionen, Freizeit- u. Konsumgewohnheiten aus, zumal die einzelnen Phasen mit unterschiedl. Einkommenshöhen u. Verbrauchsstrukturen verbunden sind.

L. H. Clark (Hg.), Consumer Behavior II, New York 1955; R. König, Soziol. der Familie, in: Hdb. der empir. Soz.forschg. II, 1969; W. D. Wells u. G. Gubar, Marketing u. das Konzept des Lebenszyklus, in: K. G. Specht u. G. Wiswede (Hg.), Marketing-Soziol., 1976; A. Diekmann u. S. Weick (Hg.), Der F. als soz. Prozeß, 1993.

Familismus, Herrschaft der Familie, soziol. Bezeichnung für eine Sozialstruktur, in der – insbes. in vormod. Ges.en – die Familie die für die soz. Existenz des einzelnen Menschen wie für den ges. Zusammenhalt zentrale soz. Instanz darstellt. F. bedeutet, daß sich prinzipiell keine sozialen Konflikte zw. Familienstruktur u. umgebenden bzw. umfassenderen soz. Einheiten entwickeln können, weil solche Einheiten entweder gar nicht vorhanden bzw. soz. noch irrelevant sind, oder die familialen Werte u. Verhaltensmuster maßgebl. die übrigen soz. Orientierungen bestimmen.

Fanatismus (lat. fanum = das Heilige), das polit., sozial oder religiös begründete aggressive, intolerante, besserwisserische Verfolgen gesetzter oder geglaubter Ziele, die als absolute, gegen alle sonstigen mögl. Erfahrungen abgeschirmte Normen gelten. Der F., ohne Selbstkritik u. Bezug zur differenzierten Wirklichkeit, tendiert zur Vereinfachung von Problemen u. entwickelt gegenüber Andersgläubigen oder Ungläubigen inquisitor. Züge. Das Studium der Entstehung u. Wirkung von F. ist ein zentraler

Bestandteil der Soziol. der Massen, die die Zusammenhänge von sozialer Unzufriedenheit u. Leichtgläubigkeit, von Enttäuschung u. Nachahmungsbereitschaft u. von Selbstentsagung (als Folge sozialen Resignierens) u. Selbstaufopferung (Aufgehen in kollektive Massenexistenz) untersucht. Einen weiteren Beitrag zum F.-Problem leistet die Theorie der →autoritären Persönlichkeit u. des →Vorurteils.

E. Hoffer, Der Fanatiker, 1965.

Faschismus (ital., von lat. faszes = Rutenbündel mit herausragendem Beil, Abzeichen der altröm. Liktoren als Symbol der Strafgewalt der höchsten Staatsbeamten), polit. Bewegung, Ideologie oder Herrschaftssystem. Es ist heute weitgehend anerkannt, daß der F. eine polit. Reaktion auf allg. Krisensituationen ist, die sich seit der epochalen Entfaltung liberal-kapitalist. Wirtschafts- u. Ges.ordnung aus Wandlungsprozessen zu u. innerhalb industries. Strukturen ergeben.
Der F. ist gekennzeichnet (a) durch ein Herrschaftssystem, das die Vorrechte bestimmter, als elitär bewerteter Gruppen schützt, Opposition als »zersetzend« u. »gemeinschaftsgefährl.« unterdrückt u. in allen ges. Bereichen das Führer-Prinzip durchsetzt; (b) durch polit. Herrschafts- u. Kampfmethoden, die mit Terror, Propaganda u. Demagogie die Volksmassen zum Gehorsam u. zum unbedingten Glauben gegenüber den Führern bringen wollen; (c) durch eine allg. als verbindlich erklärte Ideologie, die die »natürl.« Primärbeziehungen zwischen den Menschen, d. h. bäuerl. u. kleingewerbl. Lebensweisen, durch Bekämpfung u. Zurückdrängung »künstl.«, kapitalist.-industrieller Werte u. Sozialorganisationen wiederherstellen wollen; die

parlamentar.-demokrat., sozialist. u. liberale Ges.ordnungen bekämpfen; die den Haß u. die Aggressionen manipulierter »Volksgemeinschaften« auf krit.-rationale oder ethn. u. polit. Minderheiten (Intellektuelle, Farbige, Juden, Kommunisten) lenken.
Der F. findet Unterstützung insbes. in sozialen Schichten, die infolge krisenhafter Entwicklungsfolgen der liberal-kapitalist. Industriess. um ihren sozialen Status fürchten müssen bzw. aus höheren sozialen Schichten »abgestiegen« sind (Mittelstand). Insofern ist der F. auch eine Folge der allmähl. Ausschaltung des Marktes als Instrument der Regulierung von Angebot u. Nachfrage zugunsten industriell monopolisierter u. kapitalkonzentrierter Planung u. Entscheidungsmacht. Kapitalist. u. großfeudale Interessen haben wiederholt den F. unterstützt, um damit eine polit. Massenbasis gegen Gewerkschaften u. demokrat. Parteien aufzubauen.
Sozialpsychol. wird hervorgehoben, daß die irrationalen Ideologien des F. sich immer an die diffuse Angst breiter Bevölkerungsschichten vor Unordnung, Macht- und Einflußverschiebung, Statuswechsel u. Neuorientierung wenden. Ohne daß der F. objektive u. rational begründete Analysen über die solcher Angst zugrunde liegenden sozialen Prozesse vermittelt, baut er – zum Zweck eigener Herrschaftskonsolidierung – fiktive Feinde, Schuldige, Sündenböcke, Verschwörer, auf, an denen die durch soziale u. wirtschaftl. Krisen frustrierten Schichten ihre Aggressionen abreagieren können (→autoritäre Persönlichkeit, →Nationalismus, →Rechtsradikalismus, →Totalitarismus).

W. Reich, Massenpsychol. des F., 1971 (1933); C. J. Friedrich, Totalitäre Diktatur, 1957; E.

Fromm, Die Furcht vor der Freiheit, 1966; E. Nolte (Hg.), Theorien über den F., 1967; ders., Die Krise des liberalen Systems u. die faschist. Bewegungen, 1968; W. Abendroth (Hg.), F. u. Kapitalismus, 1967; A. Schuon-Wiehl, F. u. Ges.struktur, 1970; W. Abendroth (Hg.), Theorien über die soz. Ursprünge u. die Funktion des F., 1974; A. Kuhn, Das f. Herrschaftssystem u. die mod. Ges., 1974; M. Clemenz, Ges. Ursprünge des F.,²1976; W. Schieder (Hg.), F. als soz. Bewegung, 1976; Inst. f. Zeitgesch. (Hg.), Totalitarismus u. F., 1980; S. Marks, Die Grenze der Schuld, 1987; W. Wippermann, F.theorien, ⁵1989; F. Hacker, Das F.-Syndrom, 1992.

Feedback (engl.,»Rückwirkung«), Begriff der Systemtheorie, der ein Regelkreissystem bezeichnet, bei dem die Änderung einer der Regelkreis-Ausgangsgrößen selbsttätig auf die Eingangsgrößen, und zwar zum Zwecke der Korrektur, rückwirkt. Man unterscheidet kompensierende, d. h. systemstabilisierende, u. kumulative, d. h. systemverändernde Rückwirkungen.

Fehlanpassung, Bezeichnung für die Unfähigkeit oder für mißglückte Versuche von Individuen oder Gruppen, best. Normen, Standards, Rollenerwartungen zu entsprechen; ferner die Unfähigkeit, selbstgesetzte Ziele u. entspr. Verhalten mit der Umwelt vereinbaren zu können.

Fehlschluß, Fehlschlüsse im eigentl. Sinne oder Paralogismen können beim logischen Schließen unterlaufen (z. B. quaternio terminorum in der Syllogistik); v. bes. Relevanz für die Sozialwiss.en sind (a) Fehlschlüsse, die unterschiedliche Ebenen der Betrachtungsweise vermischen (z. B. naturalistischer F., wenn aus einem Sein auf ein Soll geschlossen wird; genetischer F., wenn aus der Genese einer Auffassung oder Theorie auf deren Geltung geschlossen wird; effektorischer F., wenn v. werthaft mißbil-

ligten Verwendungsweisen einer Theorie auf deren Geltung geschlossen wird), und (b) Fehlschlüsse, die sich bei der Interpretation v. Daten einstellen können (z. B. Fehler 1. u. 2. Art in der statistischen Testtheorie; ökologischer oder Gruppenf., wenn aus Aggregatdaten auf Individualdaten geschlossen wird; atomistischer F. als Umkehrung des ökologischen F.es).

Fehlzeit, auch als Absentismus bezeichnet, individuelle Abwesenheit während der »vorgeschriebenen«, geregelten Arbeitszeit, offiziell zumeist »entschuldigt« mit ärztl. attestierter Arbeitsunfähigkeit. Die Analyse soziol. Dimensionen der F. hat erwiesen, daß neben objektiven diagnost. Befunden über Krankheit u. Arbeitsunfähigkeit mindestens von gleich bedeutender Relevanz das subjektive Befinden des Arbeitnehmers, seine Verhaltensdispositionen gegenüber den betriebl. Normen u. zwischenmenschl. Betriebserfahrungen sowie die einwirkenden »Umweltzwänge« sind. – Motivationsbedingte F.en gehen auf viele soz. u. psych. Einflüsse zurück: Unzufriedenheit mit Arbeitsbedingungen u. mit dem Vorgesetztenverhalten, familiäre Ursachen, Mentalitätsunterschiede, soz. Sicherungssystem. Ursachen können durch ein Rückkehrgespräch aufgespürt werden.

E. Ulich, Über F.en im Betrieb, 1965; W. Zimmermann, F.en u. industrieller Konflikt, 1970; D. Krause, Arbeitszeiten u. F.en, 1992.

Feier →Fest

Feindbild, vorurteilsgeladene, negativ u. abwertend ausgeprägte Vorstellung von bestimmten Individuen u. soz. Kollektiven (Gruppen, Organisationen, Weltanschauungs- u. Religionsgemeinschaften, ethn. Minderheiten, Völker, Nationen, Bündnissysteme). Oft werden F.er durch vermeintl. oder tatsächl. gerechtfertigte Bedrohungsvorstellungen (Wettrüsten, Zunahme von Kriminalität) verstärkt. Die Friedens- u. Konfliktforschg. hat durch interdisziplinäre Analyse von F.ern u. durch Aufklärung zur Verringerung von Kriegsgefahren u. zur Entschärfung des. Konflikte beigetragen. Wichtig hierbei sind: mehr Offenheit, Kontaktmöglichkeiten, →Empathie, Gesprächs-, Verhandlungs- u. ggf. auch Kooperationsbereitschaft.

D. Frei, F.er u. Abrüstung, 1985; A.-A. Guha u. S. Papcke, Den Feind, den wir brauchen oder: Muß Krieg sein, 1985.

Feldexperiment →Experiment

Feldforschung, (engl. field work, field research), bezeichnet in der Ethnologie u. Empir. Soz.forschung alle Bemühungen, soziokult. Lebensverhältnisse, soz. Strukturen, Prozesse u. Probleme (Naturvölker, Familienleben, Gemeinden, Betriebe, kriminelle Gruppen etc.) im Rahmen ihrer alltägl., vertrauten Umwelt zu erkunden u. zu analysieren. Im Gegensatz zur Laboratoriumsforschung, bei der die Untersuchungen unter kontrollierten Bedingungen zu »künstlichen« Situationen führen, zeichnet sich die F. durch Offenheit gegenüber unerwarteten Sachverhalten, durch Realitätsnähe u. hohe äußere Gültigkeit (externe Validität) ihrer Ergebnisse aus. Die Feldstudie (engl. field study) bzw. -untersuchung ist auf ein bestimmtes Forschungsziel ausgerichtet. Der Begriff Feldphase bezeichnet allgemein die Datenerhebung in der soz. Wirklichkeit für eine empir. Untersuchung.

K. Gerdes (Hg.), Explorative Soz.forschung, 1979; H. Fischer (Hg.), F.en, 1985; R. Dammann, Die dialog. Praxis der F., 1991.

Feldtheorien, method. Ansätze versch. Sozialwiss., die – in Analogie zum naturwiss. Begriff des Energie- oder Kraftfeldes – den Aufbau u. Ablauf von sozialen Beziehungen durch Kräfte verursacht interpretieren, welche sich auf bestimmte abgrenzbare Wirkungssysteme, Induktionsfelder, dynam. »Ganzheiten« zurückführen lassen würden. Individuelles Verhalten wird nicht (wie z. B. in der Beziehungslehre) als das Zusammentreffen von Einzelinteressen u. persönl. Distanzverhältnissen betrachtet, sondern soll aus einer (als »Feld« abzugrenzenden) Gesamtheit zugleich gegebener u. allseits aufeinander einwirkender Tatsachen erklärt werden. Je nach dem Aspekt, unter dem ein solcher durch gegenseitige Induktionen der Elemente zustande kommender Tatsachenzusammenhang betrachtet wird, unterscheidet man z. B. Rollen-, Konflikt-, Kommunikations-, Interessen-, Erziehungs- u. Wahl-Felder.

K. Lewin, F. in der Sozialwiss., 1963; H. Mey, Studien zur Anwendung des Feldbegriffs in den Sozialwiss., 1965; J. Wössner, Das soz. F., in: KZfSS 21, 1969.

Feminismus (lat.), Bezeichnung für eine weltanschaul.-theoret. fundierte →Frauenbewegung, die eine Überwindung der Frauenunterdrückung u. eine entsprechende Veränderung der ges., bisher stark männl.-hierarch. geprägten Struktur- u. Lebensverhältnisse erkämpfen will (→Frauenemanzipation). Der Begriff F. wurde im frühen 19. Jh. durch Schriften von C. Fourier verbreitet. Für ihn war der Grad der Befreiung der Frau Maßstab für die allg. ges. Emanzipation. F. be-

Ferguson

zeichnet insbes. die »Neue Frauenbewegung«, die im Zus.hang mit der amerikan.-westeurop. Protestu. Studentenbewegung der 1960er Jahre entstand u. eine wesentl. Strömung der »Neuen soz. Bewegungen« bildet. Der F. kämpft zur Selbstbefreiung der Frau gegen »geschlechtsspezif.« Auffassungen, Rollen u. Arbeitsteilung, die in vorangegangenen Epochen der Ges.sgesch. unter der Vorherrschaft des Mannes den vermeintl. Charakter der »Natürlichkeit« u. »Selbstverständlichkeit« angenommen hatten. Der F. ist sowohl ein entlarvend-psychol. Befreiungskampf wie auch eine starke Antriebskraft des gegenwärtigen soz. Wandels.

L. Pusch (Hg.), F., 1983; U. Beer (Hg.), Klasse Geschlecht, 1987; H. Schenk, Die feminist. Herausforderung, ⁵1990; G. Lerner, Die Entstehung des feminist. Bewußtseins, 1993.

Ferguson, Adam, 20. 6. 1723 Logierait b. Perth/Schottl. – 22. 2. 1816 St. Andrews, schott. Historiker, Moral- u. Sozialphilosoph, studierte Sprachen, Mathematik u. Philosophie, 1757 Nachfolger D. Humes als Bibliothekar an der Univ. Edinburgh, seit 1759 dort Prof. für Naturphilosophie, 1764 Prof. für Naturrecht u. Moralphilosophie, 1778 nach Nordamerika geschickt, um zwischen England u. den Kolonien zu vermitteln, 1785 emeritiert.

F. gilt als bedeutender Vorläufer der Soziol. Er sieht als erster das Phänomen der bürgerl. Ges. Seine Soziol. steht im Zeichen des Gegensatzes von Ges. u. Staat. Als Oppositionswiss. hat sie der Rechtfertigung der bürgerl. Ges. zu dienen. Ges. wird nicht von Naturgesetzen bestimmt, sondern bildet eine lebendige Einheit, die sich aus den Handlungen der einzelnen zusammensetzt. Klassenunterschiede leitet F. von den Eigentumsverhältnissen ab. Aus der Mannigfaltigkeit menschl. Existenzformen schließt er auf die Plastizität des Menschen. Das Bewußtsein der Menschen ist durch den Zustand der Ges. bestimmt. F. weist bereits auf die materielle Bedingtheit ges. Verhältnisse hin. Ges. Fortschritt vollzieht sich über Konflikte. Er tritt bereits für eine empir., vergleichende Wiss. vom Menschen ein. F., von D. Hume u. Montesquieu beeinflußt, hat auf A. Smith, J. Herder, A. Comte, K. Marx u. H. Spencer eingewirkt.

Schr.: An Essay on the History of Civil Society, 1767, dt.: Versuch über die Gesch. der bürgerl. Ges., 1986 (1772); Institutes of Moral Philosophy, 1769; Principles of Moral and Political Science, 1792.
H. Jogland, Ursprünge u. Grundlagen der Soziol. b. A. F., 1959.

Ferne →Distanz

Fernsehen, Massenkommunikationsmittel, das durch Fernübermittlung von akust.-optisch bewegl. Bildern große Möglichkeiten der sozialen, polit. u. moralisch-ästhet. Beeinflussung beinhaltet. In empir.-soziol. Studien konnten Ergebnisse über die Wirkung des F. auf Menschen versch. Altersklassen, sozialer Schichten u. Wohnlage (Stadt/Land) vorgelegt werden. So hat sich bestätigt, daß mit höherer Schichtzugehörigkeit die krit. Einstellung bzw. Ablehnung dem F. gegenüber zunimmt. Die große Bedeutung des F. als Bildungsinstrument zeigt sich in der empir. F.forschung an dem nahezu ausschließl. Interesse an den »Empfänger«-Gruppen Kinder u. Jugendliche, für die der durch F. bedingte Wandel von Wertvorstellungen, der Einfluß auf Wissen u. Schulleistung, auf Freizeitorientierung, auf Familienstruktur u. a. untersucht wurde.

Obgleich das F. neben der Schule als größte Quelle gemeinsamen Erlebens der Kinder u. damit als entscheidender Sozialisationsfaktor erkannt wurde, konnte nachgewiesen werden, daß es eher die Wissensstrukturen als die Wertvorstellungen der Kinder u. Jugendlichen beeinflußt. Empir. Untersuchungen der Fernsehwirkungsforschg. haben wiederholt bestätigt, daß die umfangreiche Darstellung von Gewalt im F. die Bereitschaft zu aggressivem Verhalten insbes. bei jungen Menschen erhöht: Im Sinne eines Gewöhnungseffekts erscheint Gewalt als normale Verhaltensweise; Abnahme des moral. Urteilsvermögens, Senkung der Hemmschwelle, Zunahme von Kriminalität u. Gewaltverbrechen; Gleichgültigkeit u. nachlassende Hilfsbereitschaft von Augenzeugen.

Durch die augenfällig-eindrucksvolle Darstellung von Katastrophen, Umweltzerstörungen, menschl. Leid u. von Skandalen hat sich das F. als ein besonders wirksames Medium zur Stimulierung von Umweltbewußtsein, polit. Engagement u. prosoz. Verhalten erwiesen, bis hin zur Verstärkung gesamtges. Prozesse des Wertwandels, der Mentalitäts- u. Verhaltensänderung.

In den armen Ges.en trägt die Darstellung luxuriöser Lebensverhältnisse der Wohlstands- u. »Überflußges.en« im F. maßgeblich zur verstärkten internation. Migration bei (Armutsflüchtlinge bzw. -wanderer).

A. Silbermann, Bildschirm u. Wirklichkeit, 1966; C. Burrichter, F. u. Demokratie, 1970; G. Eisermann, Telescuola, 1973; H. Holzer, Kinder u. F., 1974; Aggression u. F., 1974; Ders., Theorie des F., 1975; M. Stein-Hilbers, Kriminalität im F., 1977; M. Kunczik, Brutalität aus zweiter Hand, 1978; U. Saxer, F. unter Anklage, 1979; K. Lüscher, Wie wirkt das Fernsehen?, 1980; H. Schatz u. a., F. in der Demokratie, 1981; C. Eurich u. G. Würzberg, 30 Jahre Fernsehalltag, 1983; M. Buss u. a., F. u. Alltag, 1984; N. Postman, Wir amüsieren uns zu Tode, 1985; C. Doelker, Kulturtechnik F., 1989; K. Hickethier (Hg.), F., 1992; P. Vorderer, F. als Handlung, 1992.

Ferrarotti, Franco, *7. 4. 1926 Palazzolo Vercellese (Piedmont), Studium in Turin u. Chicago, 1960 Prof. f. Soziol. Univ. Rom, (erster Soziol.-Lehrstuhl an einer ital. Univ.), Mitarbeiter des Center for Advanced Study in the Behavioral Sciences in Stanford, Studiendir. am Maison des Sciences de l'Homme in Paris, Gastprof. in USA u. Lateinamerika, 1958–63 unabhängiges Mitgl. des ital. Parlaments, Dir. der Zs. La critica sociologica. – Unabhängig von theoret. Einseitigkeiten u. über K. Marx u. M. Weber hinausgehend hat F. einen eigenen soziol. Ansatz entfaltet, der insbes. auf industriesoziol. Probleme u. auf die Analyse der Industrieges. ausgerichtet ist. In krit. Auseinandersetzung mit W. I. Thomas u. F. Znaniecki würdigt er die Bedeutung der biograph. Methode. Zu seinen Forschgs.themen zählen auch die Mafia in Sizilien u. das Phänomen des Familismo (die insbes. in Krisenzeiten wichtige Kraft des Familienzus.hanges).

Schr.: Sindacalismo autonoma, Turin 1950; Il dilemma dei sindacati americani, Mailand 1954; La protesta operaia, Mailand 1955; La sociologia come partecipazione, Turin 1961; Social Research and Industry in Europe, Parigi 1960; Max Weber e il destino della ragione, Bari 1964; Roma da capitale a periferia, Bari 1970; Vite di baraccati, Neapel 1973; An Alternative Sociology, New York 1979; Toward the Social Production of the Sacred, San Diego 1979; L'ipnosi della violenza, Mailand 1980; Histoire et histoires de vie, Paris 1983; Una teologia per atei, Bari 1983.

Fest (lat.), soz. Veranstaltungen, die sich mit der Tendenz zum Exzessiven, Schrankenlosen, Ausgelassenen u. Rauschhaften von der alltägl. Lebenswelt abheben, aber zugleich Bestandteil der Alltags- u. Volks-

Festinger 222

kultur sind. Mittels F.en wird das durch Routine, Arbeit, Zwänge, Nöte, Sorgen u. ä. m. gekennzeichnete Alltagsleben dionysisch-(rauschhaft, lebensbejahend)-rituell überhöht (→Ventilsitten).
Feiern sind dagegen in idealtypischer Hinsicht soz. Veranstaltungen, die bedeutsame Ereignisse im Leben bzw. Existieren von Individuen, Gruppen, Organisationen u. größeren Kollektiven (Religionsgemeinschaft, Volk, Staat, Nation) überhöhen, z. B. Geburtstag, Hochzeit, Bestattung, Betriebsjubiläum, jährl. Wiederkehr von Gedenktagen an rel., staatl., nationale Ereignisse. Abhängig vom Anlaß u. insbes. auf organisator.-staatl. Ebene durchgeführte Feiern sind eher durch Würde, rituelle Ablaufschemata, Ernst, Getragenheit u. mitunter durch Pathos charakterisiert. Zw. F. u. Feier bestehen Übergänge u. Verknüpfungen. Beide Veranstaltungsarten dienen der Pflege symbolisch-ästhetischer Identität von Gruppen, Organisationen u. größeren Kollektiven, der sinngeladenen, oftmals periodischen Strukturierung des Zeitablaufs, der Festigung von gemeinschaftl. u. ges. Lebenszus.hängen.
Im Verlauf der Säkularisierung büßten F.e ihren sakralen Charakter großenteils ein. Sie wurden z. T. zu Ausdrucks- u. Kristallisationsformen soz. u. auch polit. Bewegungen. F.e wurden auch zu Instrumenten der Machtdemonstration u. Herrschaftssicherung gemacht. In der mod. Konsum- u. Freizeitges. hat die Zahl der variantenreich durchgeführten, vielfach vom Marketing überformten, durch Essen, Trinken, ungezwungene Unterhaltung, Gelächter, z. T. auch durch Musik, Tanz u. Vergnügen gekennzeichneten F.e stark zugenommen: Volks-, Vereins-, Stadt-

teil-, Straßen-, Nachbarschafts-, Gartenf.e, Festival, Show, Spektakel.
I. Weber-Kellermann, Volks-F. in Dtl., 1981; D. R. Moser, Fastnacht – Fasching – Karneval, 1986; W. Gebhardt, F., Feier u. Alltag, 1987; P. Hugger (Hg.), Stadt u. F., 1987; U. Schultz (Hg.), Das F., 1988; W. Haug u. R. Warning (Hg.), Das F., 1989; R. Braun u. D. Gugerli, Macht des Tanzes – Tanz der Mächtigen, 1993.

Festinger, Leon, 8. 5. 1919 b. New York – 11. 2. 1989, Psychologe, Promotion 1942, 1941–45 Assistent Univ. Rochester, 1945–48 Assoc. Prof. am MIT, 1948–51 o. Prof. Univ. Mich., 1951–55 Univ. Minn., 1955–68 in Stanford, 1968 New School for Social Research.
In kontrollierten Experimenten mit Gruppen stellte er fest, daß zw. Individuen soziale Vergleichsprozesse entstehen, wenn die Bewertung von Meinungen durch direkten Realitätstest des einzelnen nicht mögl. ist. Diese Vergleiche wirken in Richtung auf Konformität. Sein Ansatz über soziale Vergleichsprozesse ist Basis einer Theorie über →kognitive Dissonanzen.
Schr.: Social Pressures in Informal Groups (mit anderen), Stanford 1950; When Prophecy Fails (mit anderen), New York 1964 (1956); A Theory of Cognitive Dissonance, Evanston 1957, dt.: Theorie der kognitiven Dissonanz, 1978; Conflict, Decision, and Dissonance, Stanford 1964; Archäologie des Fortschritts, 1985.

Fetisch (lat. factitius = künstl. gemacht; franz. fétiche = Zaubermittel), magischer Gegenstand, Abbild göttl. oder Geister-Verehrung, dem Kräfte zugeschrieben werden, die die Menschen in Gefahr bringen können, wenn man ihn nicht durch Gaben oder beschwörende Handlungen sich dienstbar zu machen weiß. Im übertragenen Sinne auch leblose Gegenstände oder sogar Wörter u. Zeichen, die verehrt u. bewundert werden (Fetischismus).

W.-D. Bukow, Ritual u. F. in fortgeschrittenen Industrieges.en, 1984.

Feudalismus (von lat. foedum, feudum = Lehen, Lehnsgut, das ein Lehnsmann, ein Vasall, von einem Lehnsherrn erhält, dem er dafür Treue u. best. Dienstleistungen schuldet), (a) das mittelalterl.-fränk. Lehnswesen, (b) universalgesch. ein Ges.system, in dem die polit., richterl., militär. u. allg. sozialen Herrschaftsfunktionen einer ritterl.-aristokrat., kulturtragenden u. z. T. grundherrschaftl. Oberschichthierarchie vorbehalten waren. Solche Herrschaftsbefugnisse – nicht überall, aber z. B. in den mittelalterl. dt. Formen des F. mit Herrschaftsrechten an Grund und Boden verbunden – wurden für Leistungen im Kriegsdienst verliehen. Sie schufen wechselseitige persönl. Abhängigkeiten zwischen dem Schutz gewährenden Herrn u. dem Gefolgschaft u. Hilfe leistenden Untertanen. Übertragene Lehensrechte konnten weiter übertragen werden, so daß sich das feudale Herrschaftssystem über mehrere Ebenen (z. B. vom König bis zum niederen Adel) staffelte. Feudale Lehensverhältnisse waren als persönl. zunächst Verhältnisse auf Zeit u. endeten letztl. mit dem Tode eines der Partner, später wurden sie erbl. u. ließen ständisch abgeschlossene aristokrat. Gruppen territorialer Herren entstehen, die ihrerseits von den Abgaben ihrer leibeigenen oder hörigen Hintersassen lebten. Die Produktions-, Eigentums- u. Herrschaftsverhältnisse des F. entsprechen einem niedrigen Entwicklungsstand ges. Produktion u. Zivilisation u. sind überall mit der Naturalwirtschaft u. mit persönl., d. h. kaum institutionalisierten Über- und Unterordnungsverhältnissen verbunden. Der F. hat dort seine bes. Chance, wo eine Herrscherpersönlichkeit oder -sippe unter schlechten Verkehrs- u. Kommunikationsverhältnissen ihre Herrschaft über ein größeres Territorium durch Zwischenträger organisieren u. (nach innen u. außen) absichern muß. Übertragene Lehen sichern den Feudalherren soviel arbeitsloses Einkommen, daß sie für militär. Aufgaben gegen äußere Feinde jederzeit zur Verfügung stehen können, u. begründen gegenüber den Untertanen einen Anspruch auf herrschaftl. Selbständigkeit innerhalb des durch das Lehen abgesteckten Rechtsbereichs.
Der F. als Herrschaftsordnung löst sich auf durch die Entwicklung einer starken (nationalen, monarch. oder von den unteren Bevölkerungsschichten revolutionär erkämpften) Zentralgewalt mit stehendem Heer u. Verwaltungsapparat, was wiederum einhergeht mit einer Ablösung agrar-naturalwirtschaftl. durch städt.-marktwirtschaftl. Produktionsordnung.
In der Alltagssprache meint die Bezeichnung »feudal« entweder soviel wie »mittelalterlich« oder – mit sozialkrit. Akzent – einen »großspurigen«, herausragenden Lebensstil materiell privilegierter Ges.gruppen.

M. Weber, Wirtschaft u. Ges., 1921; H. Mittels, Lehnrecht u. Staatsgewalt, ²1958 (1933); O. Hintze, Wesen u. Verbreitung des F., in: ders., Gesam. Abhdlgen 1., 1941; ders., F.-Kapitalismus, 1970; O. Brunner, F. – Ein Beitrag zur Begriffsgesch., 1958; P. Sweezy u. a., Der Übergang v. F. zum Kapitalismus, 1978; I. Wallerstein, Das mod. Weltsystem, 1986.

Feuerbach, Ludwig, 28. 7. 1804 Landshut – 13. 9. 1872 Rechenberg b. Nürnberg, studierte bei Hegel, 1828 Privatdozent in Erlangen, lebte seit 1836 in Bruckberg b. Nürnberg u. seit 1860 auf dem Rechenberg. F. gelangte im Laufe seiner Entwickl. zu einer antimeta-phys.-sensualist. Philosophie. In seinem religionskrit. Hauptwerk »Das Wesen des Christentums« (1841) begreift er Gott als ein vom Menschen »geschaffenes« Wesen, auf das der Mensch zum Zwecke der eigenen Glückseligkeit u. Lebensbewältigung seine menschl. Ideale u. Wünsche projiziert. Gott, in Wirklichkeit nur eine Fiktion, faßte er somit als ein entfremdetes Produkt des menschl. Selbstverständnisses auf. Der Zwiespalt zwischen Diesseits u. Jenseits muß aufgehoben werden, damit sich der Mensch auf die Bewältigung seines Lebens u. auf die Gegenwart konzentrieren kann. Die Gottesliebe hat der Menschenliebe zu weichen. F. hat die »linken« Schüler Hegels u. insbes. das Entfremdungskonzept von K. Marx beeinflußt.

Schr.: Sämtl. Werke, 10 Bde., hg. v. W. Bolin u. F. Jodl ²1959 (1903–11); Kleine Schriften, hg. v. K. Löwith 1966; Anthropol. Materialismus. 2 Bde., hg. v. A. Schmidt 1967.
W. Jaeschke (Hg.), Sinnlichkeit u. Rationalität. 1992.

Feyerabend, Paul Karl, 13. 1. 1924 Wien – 11. 2. 1994 Genf, Studium an den Musik-Akademien in Wien u. Weimar, Physikstudium in Wien, 1951 Prom., Doz. in Wien u. Univ. Bristol, lt. Mitarbeit beim Europ. Forum Alpbach, 1959–90 Prof. f. Phil. Univ. of California, Berkeley, daneben Lehrtätigkeit 1966–67 in Yale, 1965–68 London, 1967–69 FU Berlin u. 1980–90 Prof. f. Phil. der Wiss. ETH Zürich, Dr. h. c. Chicago. – Als Kritiker des Rationalismus, der Wiss.stheorie u. Methodologie hat sich F. zum Verfechter eines Relativismus u. »erkenntnistheoret. Anarchismus« gemacht. Die Ideengesch. zeigt, daß die Praxis der Erkenntnisgewinnung u. -veränderung oft in »irrationaler« u. »anarchischer« Weise wiss.stheo-

ret. Grundsätze verletzt hat u. gerade deshalb erfolgreich war. Intuition u. Kreativität als Voraussetzungen des Erkenntnisfortschritts sollten nicht durch eine bestimmte Rationalität u. wiss.stheoret.-methodolog. Regelung, die ihrerseits im Erkenntnisprozeß dem Wandel unterliegen, nutzlos u. irreführend eingeschränkt werden. F. forderte eine scharfe Trennung zw. Staat u. Wiss. u. wandte sich gegen den Überlegenheits- u. Herrschaftsanspruch von Wiss.lern u. Experten. Zugunsten einer freien Ges. sollen Propheten, Politiker, Künstler u. Bürger direkt u. ohne Umwege über abstrakte Theorien am Erkenntnisprozeß mitwirken. Eine »objektive«, von der Lebens- u. Erkenntnispraxis in einer freien Ges. abgetrennte u. bislang herrschende Rationalität (Logik, Wiss.theorie, bestimmte Soz.theorien) soll durch Bürgerinitiativen ersetzt werden.

Schr.: Problems of Empiricism, 1965; Against Method, ²1987 (London 1975), dt.: Wider den Methodenzwang, 1976; Science in a Free Society, London 1978, dt.: Erkenntnis für freie Menschen, 1979; Ausgewählte Schriften, 2 Bde., 1978–81; Philosophical Papers, 2 Bde., Cambridge 1981; Wiss. als Kunst, 1984; Irrwege der Vernunft, 1989; Über Erkenntnis, 1992.
H. P. Duerr (Hg.), Versuchungen. Aufsätze zur Philos. P. F.s, 2 Bde., 1980–81.

Figuration (lat.), bezeichnet bei N. Elias die Verflechtung der Handlungen interdependenter Individuen; der Begriff F. soll bei der Gegenstandsbestimmung der Soziol. helfen, sowohl atomistische Vorstellungen hinsichtlich des Verhaltens u. Handelns v. Individuen als auch die holistische Gefahr der Verdinglichung des Begriffs »Ges.« zu vermeiden.

N. Elias, Was ist Soziol.?, 1970.

Figurations- und Prozeßtheorie, mitunter auch Figurations- u.

Prozeßsoziol., ein im Gegensatz zur »Zustandssoziol.« des 20. Jh.s von N. →Elias entwickelter allg. soz.wiss. Theorieansatz, der die Überwindung des Spannungsverhältnisses zw. individualist. u. kollektivist., mikro- u. makrosoziol. Theorieansätzen ermöglichen soll. Ausgangspunkt ist die Grundannahme, daß handelnde Menschen in Verflechtungszus.hänge eingebunden sind, die durch Interdependenzen gekennzeichnet sind u. somit Interdependenzgeflechte bzw. →Figurationen ergeben. Diese verändern sich im Zuge langfristiger gesch. Prozesse, zu denen insbes. der Prozeß der fortschreitenden Zivilisierung des Menschen gehört. Dabei bedingen sich die langfristigen Transformationen der Persönlichkeitsstrukturen (Psychogenese) u. der Ges.sstrukturen (Soziogenese) gegenseitig. Dementsprechend können soz. Phänomene u. Probleme nur angemessen erklärt werden, wenn sie im Rahmen langfristiger Prozesse analysiert werden. Eine Hauptaufgabe der Soziol. besteht darin, durch Erforschung von Verflechtungszus.hängen zur Bewältigung des Problems der ungewollten →Folgen der bisher weitgehend unkontrollierten ges. Prozesse beizutragen.

N. Elias, Über den Prozeß der Zivilisation, 2 Bde., ⁵¹990 (1939); ders., Was ist Soziol.?, ⁵1986 (1970); ders., Engagement u. Distanzierung, 1983; H. Esser, Figurationssoziol. u. Methodolog. Individualismus, in: KZfSS 36, 1984.

Fiktion (lat.), »Annahme«, »Unterstellung«, bei der Bildung sozialwiss. Modelle zugrunde gelegte, einem Wirklichkeitsbeweis nicht unbedingt verpflichtete Annahme z. B. über Grundmotive menschl. Handelns (→homo oeconomicus, →homo sociologicus) oder über die Kausalbeziehungen zwischen

wiss.»präparierten« Variablen. Eine F. dient in erster Linie wiss. Heuristik.

U. Schimank, Ges. Teilsysteme als Akteurf.en, in: KZfSS 40, 1988.

Film, Medium zur beliebig reproduzierbaren Wiedergabe von Bild- u. Tonfolgen. Seit den 1920er Jahren mit der Erfindung des Tonfilms Forschungsgegenstand der Soziol. der Massenkommunikationsmittel, die den F. seither als Ausdrucks- u. Kristallisationsform einer bestimmten ges. Gesamtkultur oder ihrer (zumeist schichtenspezif.) Teilbereiche untersucht. Zahlreiche Studien zur Wirkungsforschung, die die sozialen Typisierungen, »Figuren« u. bevorzugten Handlungsschemata der F.inhalte (etwa nach der Charakterisierung der Geschlechter, der Alterskategorien u. Generationen, der Gruppenzugehörigkeiten u. Persönlichkeitsstrukturen der beteiligten »Personen«) mit dem Konsumentenverhalten der F.besucher vergleichen, versuchen zu unterscheiden zwischen der bloßen kulturellen Widerspiegelungs- u. der sozialen Kontrollfunktion des F. Andere, mehr medienkrit. orientierte Arbeiten weisen anhand der vom F. jeweils zeitnah u. den sozialen Wunschvorstellungen entsprechend produzierten Mythen, Träume, Idole, »Glücks«-Interpretationen und (meist personalisierten) sozialen Konfliktlösungen auf seine gefährl. Tendenzen zur Unterstützung von Eskapismus hin. Auch zum F. wird festgestellt, daß er zumeist nur bereits existierende Einstellungen bestätigt oder verstärkt.

S. Kracauer, Theorie des F., 1964; D. Prokop, Soziol. des F., 1970; ders.; Untersuchungen zur Theorie des F., 1971; B. M. Osterland, Ges.bilder in F.en, 1970; J. C. Jarvie, F. u. Ges., 1973; W. v. Bredow, R. Zurek, F. u. Ges. in Dtl., 1974; E. Berg u. B. Frank, F. u. Fernsehen,

Filterfrage

1979; S. Henseler, Soziol. des Kinopublikums, 1987; L. Engell, Sinn u. Industrie, 1992; R. Winter, F.soziol., 1992.

Filterfrage, spezielle Frage im Interview u. Fragebogen, mit der aus den zu Befragenden jene herauszufinden sind, für die eine oder mehrere Anschlußfragen vorgesehen sind. Durch eine solche Filterung kann die Interviewzeit verkürzt werden.

Finanzkapital, von R. Hilferding, einem Theoretiker des →Austromarxismus, geprägte Bezeichnung für ein Entwicklungsstadium des Kapitalismus, (a) in dem an die Stelle persönl. aktiver u. haftender Unternehmer die große, anonyme Kapitalges. getreten ist, (b) die Eigentümer von Kapitalanteilen (Aktien) nicht mehr ident. sind mit denjenigen, die tatsächl. die Verfügungsgewalt in den Unternehmen ausüben, (c) in Konsequenz daraus der größte Teil der Kapitalgewinne nicht mehr an die Kapitaleigner ausgezahlt, sondern im Unternehmen angehäuft wird, (d) über Aktiendepotverwaltung u. Leihkapital die Finanzunternehmen (Banken) einen großen Einfluß auf industrieunternehmerische Entscheidungen haben, der soweit geht, daß (e) das dadurch vorherrschende F. (nach eigenen Interessen) auf seine zunächst noch untereinander rivalisierenden Industriekunden querverbindend u. monopolist. Absprachen u. Zusammenschlüsse fördernd einwirken kann, (f) so daß schließlich, durch Monopolgewinne stimuliert, eine allg. Kartellierung wirtschaftl. Kräfte einsetzt, bis als Resultat dieses Prozesses ein »Generalkartell« sich ergibt, das das Ausmaß der Produktion in allen Bereichen bestimmt. Hilferding erwartete entspr. dieser Hypothe-

senkette über das F. ein automat. Umschlagen kapitalist. Wirtschaftsordnung zu zentralist. gesteuerter sozialist. Wirtschaftsführung.

R. Hilferding, Das F., Eine Studie über die jüngste Entwicklung des Kapitalismus, 1968 (1910).

Finanzsoziologie (engl. fiscal sociology), fragt als Teilgebiet der Wirtschaftssoziol. u. als soziol. Ergänzung der Finanzwiss. nach dem Einfluß v. finanzpolit. Eingriffen auf das ges. Leben. So hat z. B. schon M. Weber auf das Wechselverhältnis v. Herrschafts- u. Abgabensystemen hingewiesen. Die F. beschäftigt sich in erster Linie mit Fragen der Besteuerung, die neben der fiskalischen zunehmend eine soziale Funktion erhält. Über die Besteuerung können bestimmte Verhaltensweisen beeinflußt werden (Bevölkerungspolitik). Auch kann die Wirtschaftsmacht v. Gruppen u. Organisationen mit Hilfe von Besteuerungsmaßnahmen reguliert werden. Die Wirtschaftsordnung u. ihre Auswirkungen auf die Ges.struktur stellen zudem einen zentralen Stellenwert innerhalb der F. dar. So ist z. B. zu beachten, daß die Verfügungsgewalt über öffentliche Mittel einen Eckstein polit. Macht bedeutet. Gerade das System der öffentl. Einnahmen dient der Erhaltung der sozialen Struktur. Die F. beschäftigt sich weiterhin mit Fragen nach Möglichkeiten zur Herbeiführung einer demokrat. finanzpolit. Willensbildung im Hinblick auf den Staatshaushalt, unter Einbezug v. Minderheiten.

R. Goldscheid, Staatssozialismus oder Staatskapitalismus, 1917; M. Weber, Wirtschaft und Gesellschaft, ⁵1980 (1921); G. Schmölders, Steuermoral u. Steuerbelastung, 1932; F. K. Mann, Finanztheorie u. F., 1959; G. Schmölders, Einf. in die Geld- u. Finanzpsychologie, 1975; A. Burghardt, F., 1979; T. Pirker (Hg.), Autonomie u. Kontrolle, 1989.

Firth, Raymond William, *25. 3. 1901 Neuseeland, Studium in Auckland u. an der London School of Economics, ab 1928 Lehrtätigkeit für Anthropologie an der Sidney Univ. u. ab 1932 an der London School of Economics, hier 1944–68 Prof. für Ethnosoziol., seit 1970 Honorary Fellow ebd., zahlr. Gastprofessuren in den USA sowie Ehrungen, 1973 Sir, seit 1975 Präs. auf Lebenszeit der Association of Social Anthropologists.
F. gilt als führender brit. Ethnosoziologe. Er ist bekannt geworden durch Feldforschungen auf den Salomon-Inseln u. in Neuseeland. Seine Ethnosoziol. sucht soziales Verhalten über drei Dimensionen aufzuschlüsseln, die durch die Begriffe Ges., Kultur u. Gemeinschaft gekennzeichnet u. denen inhaltl. die Begriffe Struktur, Funktion u. Organisation zugeordnet sind. Er untersucht die kognitive Orientierung primitiver Ges.en unter dem Einfluß neuer Informationen. Seine theoret. Versuche bauen auf den Ansätzen Malinowskis u. Radcliffe-Browns auf.

Schr.: Primitive Economics of the New Zealand Maori, 1929; Art and Life in New Guinea, 1936; We, the Tikopia, Boston ³1966 (1936); Primitive Polynesian Economy, 1939; The Work of the Gods in Tikopia, 1940; Elements of Social Organization, 1950; Two Studies of Kinship in London, London 1956; Social Change in Tikopia, London 1959; Essays on Social Organization and Values, London 1964; Symbols, Public and Private, London 1973; Families and their Relatives (mit anderen), London 1970; Rank and Religion in Tikopia, London 1970.

Flächenstadt, entsteht durch Ausdehnung u. Agglomeration mehrerer, relativ nahe nebeneinander liegender Städte. Die Entstehung einer F. bedeutet weitgehende Verwischung u. Überlagerung der Grenzen zwischen Wohn-, Produktions-, Verwaltungs- u. Distributionszonen beteiligter Städte u. stellt die städt. Regionalplanung insbes. im Hinblick auf das Verkehrswesen vor große Probleme.

Flächenstichprobe oder Gebietsstichprobe (area sample), ein mehrstufig durchgeführtes Verfahren der Wahrscheinlichkeitsauswahl, bei dem auf jeder Stufe (z. B. Regierungsbezirke, Orte, Straßen, Häuser) jeweils eine Zufallsauswahl vorgenommen wird. Durch die Einschränkung der räumlichen Streuung der letztlich zu befragenden Personen ist die F. entsprechend zeit- u. kostensparend. Die F. ist außerdem günstig, wenn aufgrund des Fehlens einer zuverlässigen Adressenkartei über die jeweilige Grundgesamtheit die Ziehung einer normalen Zufallsstichprobe erschwert ist.

Flexibilität (lat.), »Biegsamkeit«, in der soziol. Persönlichkeitstheorie die aufgrund spezif. Sozialisationseinflüsse gewonnene Eigenschaft einer Person, mit ihren soz. Rollen in einer dynam., an wechselnde soz. Umgebungsverhältnisse sich anpassenden, dabei aber soz. produktiven (u. nicht nur rezeptiven) Art u. Weise umgehen zu können.
In der mod. dynam., vom Wettbewerb geprägten Wirtschaftsges. ist F. zu einer der wichtigsten Anforderungen im Berufsleben geworden.

Floating Vote (engl.), Wechselwähler, jene Wähler bei polit. Wahlen, die nicht durch Familientradition, weltanschaul. Fixierung, engagierte Klassen- oder Schichtzugehörigkeit, Parteimitgliedschaft auf eine bestimmte polit. Partei festgelegt sind. Beschleunigter soz. Wandel, Auflockerung der vertikalen Soz.struktur, steigende Bildungsniveaus, Individualisierung u.

Fluktuation 228

erhöhte Mobilität vergrößern die Zahl der Wechselwähler.

Fluktuation (lat.), »Schwanken«, »Wechsel«, soziol. Begriff (a) bei →Panel-Befragungen für die Anteile (an der untersuchten Gesamtheit) derjenigen, die ihr Verhalten, ihre Einstellung oder Meinung im Hinblick auf ein gegebenes Kriterium von Befragung zu Befragung ändern; (b) für die Gesamtheit der individuellen (sozial u. regional erfolgenden) Bewegungen zwischen den Positionen einer Ges. (→Mobilität); (c) im engeren Sinne für die Gesamtheit der durch Strukturveränderungen der ges. Arbeitsteilung oder durch spezif. individuelle oder einzelbetriebl. Gründe bewirkten Arbeitsplatzwechsel.

B. Lutz, F. Weltz, Der zwischenbetriebl. Arbeitsplatzwechsel, 1966; K. Braunreuther u. a. (Hg.), Soziol. Aspekte der Arbeitskräftebewegung, 1967; K. Krahn, Mobilitätsorientierung u. Esbereitschaft, 1971; W. Rippe, Die F. v. Führungskräften der Wirtschaft, 1974; W. L. Bühl, Die dunkle Seite der Soziol., in: Soz. Welt 39. 1988.

Föderalismus (lat. foedus = Bund), Bezeichnung für alle Formen der polit. u. organisator. Zusammenfassung von mehr oder weniger selbständigen Einheiten (Staaten, Ländern, Gemeinden, Regionen). Für die versch. Erscheinungsformen u. Qualitäten des F. ist von zentraler Bedeutung, wie die Kompetenzen zwischen der übergeordneten Vereinigung u. den einzelnen Gliedern verteilt worden sind. Der »Bundesstaat« ist z. B. eine föderative Form mit starker Zentralgewalt (die über die Verteilung der Kompetenzen entscheidet) u. nicht souveränen Gliedstaaten (vgl. Art. 79, Abs. 3 GG). Hierbei handelt es sich um einen innerstaatl. F. Ein »Staatenbund« ist demgegenüber eine Gemeinschaft völ-

kerrechtl. souverän bleibender Gliedstaaten, die sich aus bestimmten Interessen heraus zu einer vertragl. spezifizierten Zusammenarbeit verbunden haben, aber die Gemeinschaft jederzeit verlassen können.
Soz.wiss. ist besonders bedeutsam, daß der F. die Aufrechterhaltung von Regionalkulturen begünstigt u. polit.-staatl. Zentralisierungstendenzen entgegenwirkt.

W. Weber, Spannungen u. Kräfte im westdt. Verfassungssystem, 1951; E. Thöni, Politökonom. Theorie des F., 1986; M. Dreyer, F. als ordnungspolit. u. normatives Prinzip, 1987; K. Reuter, F., [4]1991 (1983); J. Huhn u. P.-C. Witt (Hg.), F. in Dtl., 1992; J.-D. Gauger u. K. Weigelt (Hg.), F. in Dtl. u. Europa, 1993.

Folge, Bezeichnung für die Wirkungen, Auswirkungen, Effekte von Planungen, Entscheidungen, Handlungen, Lebensstilen, Gesetzen, Reformen, Gruppen- u. Organisationsbildungen u. sonstigen soz. Prozessen. F.n bestimmter Handlungen können bewußt intendiert bzw. beabsichtigt u. gewollt sein, aber auch nicht-intendiert. Intendierte F.n sind durch Wert- u. Sinnorientierungen, Zwecke u. Ziele der handelnden Individuen u. Kollektive erwünscht u. beabsichtigt. Nicht-intendierte bzw. unbeabsichtigte F.n können als »Nebenwirkungen« (M. Weber) des intentionalen Handelns erfahrungsgemäß mit Sicherheit von vornherein ausgeschlossen werden. Solche F.n treten vor allem in neuartigen Handlungssituationen auf u. bei unzureichenden Bemühungen um eine Antizipation möglicher ungewollter Effekte (Folgenabschätzung). Nicht-intendierte, nicht-intentionale F.n müssen keineswegs mit unerwünschten Auswirkungen deckungsgleich sein. Es können überraschend nicht-beabsichtigte F.n eintreten, die sich für die jeweiligen Akteure z. T. als nützlich erweisen. Das Handeln von Individuen, die durch einen möglichst hohen Grad des zweckrationalen Handelns für sich persönl. das Eintreten unerwünschter Nebeneffekte minimieren wollen, kann unbeabsichtigt erhebl. oder sogar schwerwiegend negative Effekte im außerpersönl., kollektiven Bereich nach sich ziehen (Problem der soz., kollektiven F.n individ. Handlungen). Intendierte Wirkungen des Handelns decken sich mit manifesten Funktionen, nicht-intendierte Effekte, die auch nicht als F.n bestimmter Handlungen erkannt werden, sind mit latenten Funktionen identisch (→Merton, R. K.).

Infolge stark gewachsener techn. Möglichkeiten u. ges., internat. Verflechtungen sind die F.n von Handlungen zunehmend schwerwiegender geworden, bis hin zu existenzgefährdenden Problem- u. Krisenballungen im soziokult. u. natürl. Umweltbereich: Verschärfung soz. Probleme, Rüstung, Kriege, Umweltkatastrophen u. -zerstörungen. Die Beherrschung der F.n menschl. Handelns im Zus.hang mit Technik, Wirtschaft u. Politik verlangt zunehmend eine langfristig ausgerichtete, von umfangreicher Informationsverarbeitung getragene Antizipation mögl. nichtintendierter F.n, ferner rationale Planung u. ein verantwortungseth. bzw. folgenorientiertes Handeln. Demgemäß wird die Aufdeckung u. Erklärung unerwünschter F.n u. die wiss. Analyse von Bewältigungsmöglichkeiten zu einer der Hauptaufgaben der Soziol.

M. Weber, Wirtschaft u. Ges., ⁵1980; R. K. Merton, The Unanticipated Consequences of Purposive Social Action, in: American Sociological Review 1, 1936, dt.: Die unvorhergesehenen F.n zielgerichteter soz. Handlungen, in: H. P. Dreitzel (Hg.), Soz. Wandel, ²1972

(1967); ders., Social Theory and Social Structure, New York 1968 (1949); R. Boudon, Effets pervers et ordre social, Paris 1977, dt.: Widersprüche soz. Handelns, 1979; R. Wippler, Nicht-intendierte soz. F.n individueller Handlungen, in: Soz. Welt 29, 1978; R. Jokisch, Die nichtintentionalen Effekte menschl. Handlungen, in: KZfSS 33, 1981; B. Halfar, Nicht-intendierte Handlungsfolgen, 1987.

Folklore (engl.), »Volksüberlieferung«, (1) Sammelbegriff für die der Gesellschaft, Unterhaltung und künstlerisch-spielerischen Erbauung dienenden Lebensformen u. -äußerungen der Grundschichten einer sich um eine relativ einheitl. u. von anderen abgrenzbare Kultur organisierenden Ges. Zur F. gehören Lieder, Märchen, Sagen, Trachten, Tänze, Embleme u. sonstige Gebilde der Volkskunst, deren Produktion u. Darstellung in überlieferten, auf ihren Sinnbezug hin relativ unreflektierten Formen vorgenommen wird, (2) Bezeichnung für die mit dem beginnenden 19. Jh. an der systemat. Erkundung u. Analyse volkskult. Brauchtums interessierte Volkskunde.

Folklorismus, im Zusammenhang mit der Rationalisierung, Technisierung u. damit einhergehenden Nivellierung traditionellvolkskult. Brauchtums in mod. Industrieges.en auftretende Gegenbewegung, die sich zum Ziel gesetzt hat, das öffentl. Interesse am »Volkstümlichen« wieder zu stärken. Der F. kultiviert u. regeneriert noch vorhandene Traditionsformen einschlägiger Art u. versucht, echtes u. gefälschtes Brauchtum zu sondieren, um die Bedeutung des überlieferten Volkstums für die Entwicklung u. die Güte der ges. Kultur herauszustellen.

Folkways (engl.), von dem amerikan. Soziol. W. G. →Sumner mit seinem gleichnamigen Buch ein-

Fordismus

geführte Bezeichnung für diejenigen Sitten, Bräuche u. Verhaltensweisen eines Volkes, die ohne Reflexion, normative Regelungen u. spezif. Sinnbezug, ledigl. von Generation zu Generation durch Erziehung u. Nachahmung überliefert, gelebt werden.

W. G. Sumner, F., 1907.

Fordismus bezeichnet die Gesamtheit der techn., wirtschaftl. u. soz.polit. Grundsätze des amerikan. Automobilfabrikanten Henry Ford (1863–1947), die in ihren Auswirkungen maßgeblich zur Herausbildung der Massenkonsumges. in den USA u. danach in anderen westl. Ges.en (Westeuropa, Japan) beigetragen haben. Auf der Grundlage des Taylorismus (→Taylor, F. W., →Betriebsführung, wiss.) wurde im Rahmen großbetriebl. organisierter Produktion durch gesteigerte Arbeitsteilung, Rationalisierung (Fließarbeit) u. Losgrößen (Los = Menge einer Produktsorte oder -serie) eine Produktivitätssteigerung erreicht, die wiederum eine kostengünstige Herstellung standardisierter Massengüter ermöglichte. Dadurch konnten breite Bevölkerungsschichten mit möglichst guten Produkten zu möglichst niedrigen Preisen versorgt werden. So hat z. B. die Ford Motor Co. 1908–27 von dem PKW-Modell T (»Tin Lizzi«) mehr als 15 Mio. Wagen verkauft. Die Folge war eine weitgehende Egalisierung des Konsums, die für die mod. Wohlstands- u. Massenkonsumges. charakteristisch wurde. Die soz.pol. Grundsätze waren unter Ablehnung der Gewerkschaften auf kurze Arbeitszeiten u. hohe Löhne ausgerichtet.

Gegenwärtig erfolgt in den hochentwickelten Wohlstandsges.en im Zus.hang mit dem Wertwandel zugunsten fortschreitender Individualisierung ein Übergang zum sog. »Post-F.« (Hirsch u. Roth). Das verstärkte Streben von Verbrauchern, die eigene Individualität öffentlich darzustellen, läßt die Nachfrage nach Standardgütern sinken. Die Individualisierung der Nachfrage treibt die Einrichtung computergestützter, kleinere Losgrößen kostengünstig ermöglichende Produktionsverfahren an u. bietet flexibel produzierenden Klein- u. Mittelbetrieben neue Absatzchancen.

J. Hirsch u. R. Roth, Das neue Gesicht des Kapitalismus, 1986; J. Bischoff u. R. Detje, Massenges. u. Individualität, 1991; C. Scherrer, Im Bann des Fordismus, 1992.

Form und Inhalt →Formale Soziologie

Formal – informal bzw. formell – informell →Informelle Beziehungen, →Organisation

Formale Gruppe →Gruppe

Formale Organisation →Organisation

Formale Soziologie, im Anschluß an die philos. Unterscheidung von Form u. Inhalt (insbes. nach I. Kant) von F. Tönnies, G. Simmel u. L. v. Wiese entwickelte theoret. Richtung der allg. Soziol., die abstrakt unhistor. vorgestellte Formen sozialer Verhältnisse, Beziehungen u. Gebilde den spezif. zeitbezogenen u. dem Wandel unterworfenen Inhalten gegenüberstellt. Nach Simmel ist Inhalt sozialer Verhältnisse bzw. »Materie der Vergesellschaftung« alles, was in den Individuen als Trieb, Interesse, Zweck, Neigung usw. derart vorhanden ist, daß daran oder daraus die Wirkung auf andere u. das

Empfangen ihrer Wirkungen entsteht. Formen als bestimmte, überdauernde Gestaltungen sozialer Wechselwirkungen (z. B. Konkurrenz, Streit, Freundschaft) beruhen dagegen auf dem nicht spezif. objektbezogenen, sondern apriori vorhandenen Gesellschaftsbewußtsein der Individuen als dem »Realgrund von Gesellschaftsein«. Nur mit diesen »soziol. Apriritäten« hat es f. S. prinzipiell zu tun. Tönnies erklärte »Gemeinschaft« u. »Gesellschaft« zu apriorischen Kategorien der f. S. L. v. Wiese erkannte im »Sozialen« einen ontisch eigenständigen Seinsbereich, den er nach einem komplizierten Kategorienschema zum Gegenstand seiner formalen Beziehungs- u. Gebildelehre machte.

F. Tönnies, Gemeinschaft u. Ges., Grundbegriffe d. Soziol., 1887; G. Simmel, Soziol., Unters. über die Formen der Verges.ung, ⁶1983 (1908); A. Vierkandt, Ges.lehre, 1923; M. Steinhoff, Die Form als soziol. Grundkategorie bei G. Simmel (Kölner Vierteljahreshefte f. Soziol., 1924/25); L. v. Wiese, System d. Allg. Soziol., 1924–28; K. Gassen, M. Landmann (Hg.), Georg Simmel, Buch des Dankes, 1958; F. Tenbruck, Georg Simmel, in: KZfSS 10, 1958; R. König, Die Begriffe Gemeinschaft u. Ges. bei F. Tönnies, in: KZfSS 7, 1955; ders., L. v. Wieses »F. S.« u. das Lehren d. Soziol., in: KZfSS 18, 1966; A. M. Bevers, Dynamik der Formen bei G. Simmel, 1985.

Formalisierung, (strenge) »Formgebung«, Methode der wissensch. Heuristik insbes. zum Aufbau von Modellen, bei der durch (gedankl. oder materiell-experimentelle) Isolierung bzw. Präzisierung, Akzentuierung u. Abgrenzung eines wiss. problematisierten Gegenstandes oder einer gegenstandsbestimmenden Anzahl von Variablen aus der Mannigfaltigkeit umgebender Realität die Hypothesen- u. Theoriebildung erleichtert werden soll. In einem umfassenderen Sinne gelegentlich auch gleichbedeutend mit Generalisierung

(Verallgemeinerung) einer wiss. Aussage dadurch, daß räuml. oder zeitl. Gültigkeitsgrenzen zugunsten universeller Aussageansprüche fallengelassen werden.
Neben dem methodolog. Aspekt bezeichnet F. als soziol. Begriff Tendenzen einer stärkeren normativen, organisator. u. eventuell bürokrat. Regulierung bestimmter Handlungsbereiche, Interaktionen u. Tätigkeiten.

Formelle Beziehungen (franz.-lat.), mitunter auch formale →Beziehungen, gegenseitig aufeinander eingestelltes Verhalten mehrer Personen (M. Weber), das in stärkerem Maße durch festgelegte, verbindl. Regeln bestimmt u. stabilisiert wird (Formalisierung). F. B. werden durch zweckorientiertes Handeln u. Organisieren (Aufbau einer Organisation) gezielt-planmäßig geschaffen. Sie sind damit in ihrer äußeren Form bzw. Erscheinungsweise organisator. oder gar bürokrat. festgelegt. Durch Bürokratisierung wird der Grad der Formalisierung von Beziehungen erhöht. F. B. werden in direkter Weise durch Gesetze, Verträge, Vorschriften, Anordnungsbefugnisse, Gehorsamspflichten, förml. Verhaltensanforderungen (Anstandsregeln, Umgangsformen) sowie durch festgelegte Sanktionen restriktiv reguliert. Sie unterliegen hinsichtl. der Regelbefolgung (Normkonformität) einer Überwachung u. äußerer Kontrolle. Durch die formelle Ordnung von Beziehungen wird die wechselseitige Erwartungssicherheit u. die Berechenbarkeit des Handelns von organisator. miteinander verbundenen Positions- bzw. Rollenträgern gesteigert. F. B. sind um so rigider ausgeprägt, je mehr eine Organisation Zwangscharakter

Formierte Gesellschaft 232

aufweist, insbes. im Zus.hang mit diktator. beherrschten Ges.en. Sie sind durch einen (relativ) hohen Öffentlichkeitsgrad gekennzeichnet u. in der Regel weitgehend entemotionalisiert u. entsubjektiviert. Diese Eigenart f. B. erleichtert Beteiligten eine innere Distanzierung bei gleichzeitiger äußerer Anpassung. In der dynam. Leistungs- u. Konkurrenzges. hängen die Akzeptanz u. Effizienz f. B. zunehmend davon ab, inwieweit die psych. u. soz. Bedürfnisse der Beteiligten berücksichtigt werden u. →inf. B. Entfaltungsspielraum erlangen.

Formierte Gesellschaft, vom ehem. Bundeskanzler Ludwig Erhard 1965 in die ges.polit. Diskussion eingeführte Bezeichnung für ein Ges.ordnungskonzept, nach dem (a) die Ges. nicht mehr aus Klassen oder Interessenverbänden besteht, die einander ausschließende Ziele durchsetzen wollen, sondern auf dem Zusammenwirken aller Bevölkerungsteile u. Interessen beruht, (b) in dieser Ges. die staatl. Autorität so weit gestärkt wird, daß notwendige Reformen u. die Festsetzung von Prioritäten bei der Lösung von Gemeinschaftsaufgaben Anerkennung finden u. dadurch polit. möglich werden, (c) die Lebensordnung in einer Weise stabilisiert wird, die dem einzelnen in der Gemeinschaft ein Gefühl der Geborgenheit gibt, u. (d) ein gesamtges. Bewußtsein aller die verpflichtende Hingabe des einzelnen an das Staatsganze bewirkt.

Forschungsethik →Wissenschaftsethik

Forschungssoziologie →Wissenschaftssoziologie

Fortpflanzungsverhalten →Bevölkerungstheorie

Fortschritt, sozialer, mehrdeutige Bezeichnung in soziol. Theorien des sozialen Wandels, die sich dem Studium u. der Analyse dynam. Ges.prozesse widmen. Seit der (in der Aufklärungsepoche erreichten) Ablösung menschl. Denkens u. Handelns von Dogmen, Traditionen, myst. Heilslehren usw. ist die Idee des ges. F.s mit dem Glauben an die Durchsetzung menschl. Vernunft verbunden, ist F. zu einem Problem menschl. Selbstverantwortung geworden. Als Voraussetzung ges. F. gilt wiss. F., d. h. die Entfaltung von Naturbeherrschung, industrielle Technik, maximale Versorgung u. Kenntnis der sozialen, kulturellen u. polit. »Gesetzmäßigkeiten« menschl. Handelns (→Positivismus). Daneben versteht ein emanzipatorischer F.begriff der dialekt.-krit. Theorie F. als Befreiung der Ges. von Herrschaft, Konflikt, sozialer Ungleichheit u. Repression. Je nach idealist. oder materialist. Grundorientierung werden die Bewegungsprinzipien des F. aus der Entfaltung des menschl. Geistes oder aus den natur- (z. B. Sozialdarwinismus) bzw. sozial bestimmten (z. B. Marxismus) Ungleichheiten in den Lebens- und Kooperationsverhältnissen menschl. Ges. hergeleitet. Von bes. Interesse sind im Zeichen schneller industrieller Entwicklung die Auswirkungen des techn. F. auf die Sozialstruktur einer Ges. sowie die Rückwirkungen sozialwiss. Erkenntnisse auf prakt.-polit. Handeln. – Zunehmende Umweltbelastungen u. -zerstörungen sowie militär. Vernichtungspotentiale infolge des stark beschleunigten techn. F.s haben zu einer Krise der F.sidee geführt. Die Überlebenssicherung u. Verbesserung der Lebensqualität verlangen immer mehr eine ökolog. angepaßte, auf Friedenserhaltung u. soz. Ausgleich ausgerichtete Steuerung des techn. F.s u. der wirtschaftl. sowie ges. Entwicklung.

→Wandel u. B. Schäfers, F. der Ges. u. F. der Soziol., in: ders., Hg., Thesen u. Kritik der Soziol., 1969; R. Aron, Fortschritt ohne Ende?, 1970; L. Sklair, Soziol. des F., 1973; P. L. Berger u. a., Das Unbehagen in der Modernität, 1975; R. Nisbet, History of the Idea of Progress, New York 1980; H. Lübbe, Zeit-Verhältnisse, 1983; R. P. Sieferle, Fs.feinde?, 1984; M. Mathiopoulos, Amerika: Das Experiment des F.s, 1987; L. Kißler u. T. Kreuder (Hg.), Der halbierte F., 1989; H. Münkler u. R. Saage (Hg.), Kultur u. Politik, 1989.

Fourastié, Jean, ★15. 4. 1907 St. Bénin-d'Azy (Nièvre), 1940 Prof. am Conservatoire National des Arts et Métiers in Paris, 1945 Prof. am Institut d'Etudes Politiques in Paris, 1949 Direktor an der Ecole Pratique des Hautes Etudes an der Sorbonne, leitende Tätigkeit in zahlreichen Kommissionen.
F. beschäftigt sich als Nationalökonom, Soziologe u. Futurologe mit wirtschaftl. Entwicklungsprozessen der Industrieges. Der Ausgangspunkt seiner statist. belegten Diagnosen u. Prognosen ist der wiss.-techn. Fortschritt, der sich auf die Wirtschaftsges. sektoral unterschiedl. auswirkt. F. unterscheidet zwischen drei Sektoren: im primären Sektor (vor allem Landwirtschaft) führt der techn. Fortschritt zu einer mittelmäßigen Produktivitätssteigerung, im sekundären (mechanisierte Produktion, insbes. Industrie) zu einer starken u. im tertiären (Dienstleistungen) zu einem relativ geringen Produktivitätsanstieg. Die Ausweitung der Produktion in den versch. Sektoren hängt nicht nur von der Produktivitätssteigerung ab, sondern auch vom Verbraucherverhalten. Wäh-

rend der Verbrauch von Produkten des primären S. zuerst Sättigungserscheinungen zeigt, wächst die Nachfrage nach Dienstleistungen weiterhin. Infolge der unterschiedl. wachsenden Arbeitsproduktivitäten und Konsumbedürfnisse kommt es zu Verschiebungen der Beschäftigten zwischen den Wirtschaftssektoren (Abnahme der Beschäftigten im primären Sektor, Zunahme in den anderen beiden Sektoren, insbes. im tertiären). F. hat sich auch mit dem Zukunftsproblem der wachsenden Freizeit befaßt.

Schr.: La Civilisation de 1975, [7]1964 (1947); Le Grand Espoir du XXe siècle, [4]1958 (1949), dt.: Die gr. Hoffnung des 20. Jh., 1954; Machinisme et Bien-Être, 1951; Histoire du Demain, 1956; La Grande Métamorphose du XXe siècle, 1961, dt.: Die gr. Metamorphose des 20. Jh., 1964; Les 40 000 Heures, 1965, dt.: Die 40 000 Stunden, 1966; Les Conditions de l'esprit scientifique, 1966, dt.: Gesetze der Wirtschaft von morgen, 1967; Idées majeures, 1967; Lettre ouverte à quatre milliards d'hommes, 1970; Essais de morale prospective, Paris 1967; La planification économique en France (mit J.-P. Courthéoux) Paris [2]1968; Des Loisirs: pour quoi faire?, Paris 1970; Economie et société, Paris 1972; Essai sur la mesure des quantités économiques, Paris 1972; Faillite de l'université?, Paris 1972; La réalité économique vers la révision des idées dominantes en France, 1978; Warum die Preise sinken (mit J. Schneider), 1989.

Fourier, Charles, 7. 4. 1772 Besançon – 10. 10. 1837 Paris, franz. Soz.philosoph u. utop. Sozialist. Das Studium des Elends der Lyoner Textilarbeiter führte F. zur Kritik der ›industriellen Anarchie‹, die er in der Zersplitterung industrieller u. landwirtschaftl. Produktion sowie in den Verdienstspannen des Handels sah. Überwindung dieses Systems erhoffte er sich durch die Wiedervereinigung von Erzeugung u. Verbrauch in den Produktivassoziationen (mit gewerbl. wie landwirtschaftl. Tätigkeit), wodurch die Vermittlung des nutznießenden Handels entfällt. Unter

Frage 234

Ausschluß privaten Handels soll eine wirtschaftl.-polit. Organisation für den Austausch zwischen den Assoziationen sorgen. Marx bezeichnete sein System als ›utopischen Sozialismus‹; dennoch hat seine Lehre, die er in der 1836–40 erschienenen Zs. ›Phalange‹ propagierte, großen Einfluß auf die Entwicklung der Genossenschaftsbewegung ausgeübt.

Schr.: Théorie des quatre mouvements et des destinées générales, 1808 (dt.: Theorie der vier Bewegungen u. der allg. Bestimmungen, 1966); Le nouveau monde industriel et sociétaire, 1829; La fausse industrie, 1835/36; Œuvres complètes, 12 Bde., Paris 1967 ff.
W. Wessels: Ch. F. als Vorkämpfer der mod. Genossenschaftsbewegung, 1929; G. Del Bo, Il socialismo utopistico Ch. F., Mailand 1957; E. Lehouck, F. aujourd'hui, Paris 1966.

Frage, →Operationalisierung eines bestimmten Forschungsproblems innerhalb eines Interviews bzw. eines Fragebogens. Bei der Formulierung von F.n sind bestimmte method. Grundsätze zu beachten. Einem heterogenen u. z. T. anonymen Kreis von Befragten soll ein F.inhalt vermittelt werden, der möglichst einheitl. u. im Sinne des vom Forscher bearbeiteten Problems verstanden wird. F.n sollen darum möglichst einfach (kurz, ohne grammatikal. schwierige Konstruktionen, in der Alltagssprache des Befragten), eindeutig (ohne mehrdeutige Termini, Unterstellungen u. überhöhte Wissens- u. Unterscheidungsansprüche gegenüber dem Befragten) u. neutral (nicht suggestiv u. wertend) formuliert werden.
Nach der Form der F. unterscheidet man die geschlossene F. (die Antwortmöglichkeiten sind dem Befragten vorgegeben) u. die offene F. (der Befragte soll seine Antwort selbst formulieren). Die einfachste geschloss. F. ist die mit einer Antwortalternative (ja – nein; dafür

– dagegen). Die Listen-F. oder »Kartenspiel«-F. konfrontiert den Befragten mit einem Katalog von vorgegebenen Antwortmöglichkeiten, zu dem er sich alternativ oder ordnend u. Bedeutungen zuteilend entscheiden soll. Mitunter sind auch Mehrfachantworten zugelassen. Die geschlossene F. wird bevorzugt gegenüber Befragtenkreisen, bei denen man infolge geringer Schulbildung oder wenig Sachkunde Verbalisierungsschwierigkeiten erwartet. Sie ist auch einfacher für den Interviewer u. für die Auswertung einer Befragung. Die offene F. vermeidet vorgeprägte Verzerrungen u. Bedeutungsverschiebungen durch vorgefaßte Meinungen des Forschers, vermittelt differenziertere Einsichten z. B. bei Meinungs- u. Wissens-F. u. ein vollständigeres Bild vom Befragten. Diese Vorteile werden mit Schwierigkeiten bei der Auswertung erkauft. Nach dem befragungstechn. Stellenwert unterscheidet man z. B. Eröffnungs-, Einleitungs-, Entschärfungs-, Verharmlosungs-, Erholungs-, Übergangs-, Puffer-, Filter-, Trick- u. Kontrollfragen. Eine andere Art der Unterscheidung ist die zwischen direkten und indirekten F.n. Eine indirekte F. versucht, Indizien für Sachverhalte zu erkunden, ohne den Sachverhalt selbst zum Inhalt der F. zu machen. Als nach wie vor »schwierig« gelten F.n nach dem Einkommen, dem Sexualverhalten u. nach polit. Einstellungen. Hierzu sind die Antwortverweigerungsquoten besonders hoch.

Fragebogen, in der Empir. Soz.forschung ein unentbehrl. Instrument zur Durchführung standardisierter Interviews. Der F. besteht aus einer schriftl. festgelegten Abfolge von Erhebungs- bzw. Testfragen, die unter Berücksichtigung der Sprachgewohnheiten der zu Befragenden (Probanden) aus Forschungs- bzw. Programmfragen hervorgegangen sind (Operationalisierung).

Für den erfolgreichen Einsatz eines F. ist neben der Formulierung auch die Stellung der Fragen in einer Fragenabfolge entscheidend. Gegenüber einer logisch richtigen Fragenabfolge wird bei der Festlegung des F. meist die psycholog. angemessene Folge bevorzugt, weil der Erfolg einer Befragung von einer weitgehenden Berücksichtigung der sprachl.-kognitiven Fähigkeiten u. mögl. emotionalen Reaktionen der Befragten abhängt. Die »Mikroplanung« bezieht sich auf die Reihenfolge unmittelbar benachbarter Fragen. Hierbei muß der sogenannte »Ausstrahlungseffekt« (Halo-Effekt, Hofeffekt, engl. halo effect) beachtet werden, wonach jede Frage einen inhaltl. u. emotionalen Bezugsrahmen für die nächsten Fragen setzt. Antworten auf Fragen hängen deswegen stark von der Wirkung vorausgegangener Fragen ab. Um diesen Effekt zu mildern, werden zwischen Themenbereiche eines F.s sogenannte »Pufferfragen« eingeschoben. Die »Makroplanung« hat die psycholog. günstige Zus.fügung einzelner Fragegruppen zu leisten. Bei der Technik des »Trichterns« werden speziellen Fragen allg. vorangestellt, die oftmals als Eröffnungsfragen dem Abbau von psych. Sperren dienen sollen. Die Technik des »umgekehrten Trichterns« versucht, durch vorangestellte Beispielfragen die allgemeineren Fragen des F. für den Befragten verständl. zu machen. Durch Filterfragen werden jene Befragten herausgefiltert, für die eine oder mehrere Anschlußfragen vorgesehen sind.

Die optimale Länge eines F. wird nicht nach der Anzahl der Fragen, sondern nach der voraussichtl. Dauer des Interviews bzw. der Ausfüllarbeit des Befragten entschieden. Wichtig ist die Vorprüfung des F.s (engl. pretest) an einigen Personen der zu befragenden Zielgruppe. Die postal. Befragung (Versenden des F.s) ist zwar kostengünstiger als der mit Interviewern durchgeführte Einsatz des F.s, aber oft mit dem Problem einer relativ niedrigen Rücklaufquote verbunden.

Der »Omnibus-F.« – aus kommerziellen Erwägungen von der Marktforschung bevorzugt – verbindet in einem F. mehrere, zu versch. Forschungsproblemen gehörende Fragenbereiche, die v. verschiedenen Auftraggebern stammen (→Omnibus-Umfrage).

R. König (Hg.), Das Interview. Prakt. Soz.forschg. I, ²1957; E. K. Scheuch, Das Interview in der Soz.forschg., in: R. König (Hg.), Hdb. der empir. Soz.forschg., Bd. 2, 1973; R. Porst, Praxis der Umfrageforschg., 1985; K. Holm (Hg.), Die Befragung 1, ⁴1991.

Frame of Reference (engl.)
→Bezugsrahmen

Frankfurter Schule, von M. Horkheimer u. Th. W. Adorno begründeter sozialphilosophischer u. soziol.-theoret. Ansatz, der die Phil. der →Aufklärung u. des dt. Idealismus (insb. Hegel), sozialökon. Theorien des Marxismus u. Erklärungsschemata der Psychoanalyse S. Freuds zu einer →»kritischen Theorie« des Kapitalismus u. der Lebensverhältnisse u. sozialen Strukturen moderner Industriges.en verbindet. Der F. Sch. geht es um die Analyse der Entstehungs- u. Funktionsbedingungen einer total verwalteten u. von lediglich instrumental-techn. Rationalität beherrschten Welt ebenso wie sie die

Frauenbewegung

Möglichkeiten u. Voraussetzungen einer Umgestaltung in Richtung auf eine freiheitl.-humane Ges. zu erforschen trachtet. Zentrum der F. S. ist das Inst. f. Soz.forschg. an der Univ. Frankfurt a. M., 1923 gegründet von F. Weil, 1924–30 geleitet von C. Grünberg, seit 1930 von Horkheimer, 1933/34 nach Genf u. New York verlegt, dort an der Columbia Univ. als International Institute of Social Research weitergeführt, 1950 von Adorno u. Horkheimer in Frankfurt a. M. wiedergegründet. 1932–41 wurde die »Zs. für Soz.forschg.« hg. Seit 1955 erscheinen die »Frankfurter Beiträge zur Soziol.«.

Als weitere einflußreiche Vertreter der F. S. gelten W. Benjamin, E. Fromm, L. Löwenthal, H. Marcuse, F. Pollock u. in zweiter Generation J. Habermas.

A. Wellmer, Krit. Ges.theorie u. Positivismus, 1969; G. Rohrmoser, Das Elend der krit. Theorie, [2]1970; Heiseler u. a. (Hg.), Die »F. Sch.« im Lichte des Marxismus, 1970; R. Simon Schaefer, W. Zimmerli, Theorie zw. Kritik u. Praxis, J. Habermas u. die F. Schl., 1974; M. Jay, Dialektische Phantasie, 1976 (amerik. 1973); U. Migdal, Die Frühgesch. des Frankfurter Inst. für Soz.forschg., 1981; J. Marcus u. Z. Tar (Hg.), Foundations of the Frankfurt School of Social Research, New Brunswick u. London 1984; W. Wiggershaus, Die F.S., 1986; M. Gangl, Polit. Ökonomie u. Krit. Theorie, 1987.

Frauenbewegung, eine um 1800 in Westeuropa u. in den USA entstandene, von Sozialisten, soz.krit. engagierten Persönlichkeiten, Frauenrechtlerinnen u. Vorkämpferinnen der →Frauenemanzipation vorangetriebene soz. Bewegung, die unter dem Einfluß der Leitwerte des europäischen Aufklärungszeitalters u. der bürgerl. Revolutionen (Freiheit u. Selbstbestimmung des Individuums, Gleichheit u. Gerechtigkeit) die rechtl., polit. u. soz. Gleichstellung

der Frau anstrebt. Es ergaben sich Zus.hänge mit bürgerl. u. sozialist. Befreiungsbewegungen. Seit Mitte des 19. Jh.s verstärkte sich die internat. Ausbreitung der F. Im Gefolge des amerikan. Feminismus entfaltete sich in den letzten Jahrzehnten eine »Neue F.«, die als Frauenbefreiungs- über die ältere Frauenrechtsbewegung hinausgeht u. einen tiefgreifenden Wandel geschlechtsbezogener Auffassungen, Rollenmuster, Verhaltensweisen, Arbeitsteilung u. Positionsbesetzung erreichen will. Hierbei sollen Frauen in autonomer Weise selbst um ihre Befreiung kämpfen.

F. Hervé (Hg.), Gesch. der dt. F., [2]1983; A. Schwarzer, So fing es an. Die neue F., 1983; A. Köbberling, Zw. Liquidation u. Wiedergeburt, 1993.

Frauenemanzipation, Befreiung der Frauen einer Ges. aus unterdrückter, unterprivilegierter, einflußloser Position. Strateg. Analysen u. ges.polit. Maßnahmen, die die ges. u. polit. Realität mit diesem Ziel vergleichen, richten ihr Interesse (a) auf die eingeschränkte Teilnahme der Frau an einflußreichen Aufgaben im Produktionsprozeß, (b) auf die »patriarchal.« Familienstruktur bürgerl. Ges., (c) auf die geschlechtsspezif. Sozialisation der Frau, (d) auf die ges. Leitbilder u. Vorurteile über die Möglichkeiten u. »normalen« Lebenswege der Frau u. (e) auf den weitgehenden Ausschluß der Frauen vom öffentl. u. polit. Leben.

Im Zuge fortschreitender F. erhöhen sich die Einflußchancen von Frauen im öffentl. u. polit. Leben. Mit Aufklärungs- u. Öffentlichkeitsarbeit, polit. Einflußnahme, Gesetzen u. Quotenregelungen wird Chancengleichheit bei der Besetzung attraktiver u. einflußreicher Positionen in Politik, Wirtschaft, Wiss. u. sonstigen berufsrelevanten Bereichen angestrebt. Weitere Bemühungen sind gerichtet auf gleiche Entlohnung gleicher Berufsarbeit, gerechte Aufteilung der Arbeit im Ehe- u. Familienhaushalt, Überwindung jeglicher Diskriminierung u. Benachteiligung der Frau. Zu den Auswirkungen fortschreitender F. zählen gestärktes Selbstbewußtsein, mehr Eigenständigkeit, Unabhängigkeit der Frau, stärkerer Drang zur Entfaltung der eigenen Persönlichkeit, größere Belastung durch das Streben nach Berufserfolg, Rückgang der Zahl eigener Kinder (Wunschkinder), geringere Bereitschaft, sich unterdrücken u. ausbeuten zu lassen, mehr Mut zur Ehescheidung, stärkere Unterdrückung von Emotionalität, Verschärfung der Konkurrenz um begehrte Positionen, Rückgang patriarchal.-männl. geprägter Führungsstile u. Interaktionsformen.

A. Bebel, Die Frau u. der Sozialismus, 1964 (1883); M. Horkheimer (Hg.), Studien über Autorität u. Familie, 1936; M. Mead, Mann u. Weib, 1955; A. Myrdal, V. Klein, Die Doppelrolle der Frau in Familie u. Beruf, ³1971; B. Friedan, Der Weiblichkeitswahn, 1966; R. Nave-Herz, Das Dilemma der Frau in der mod. Ges., 1972; Th. Held, R. Levy, Die Stellung der Frau in Familie u. Ges., 1974; H. Pross, Gleichberechtigung im Beruf?, 1973; A. Schwarzer (Hg.), Frauenarbeit – Frauenbefreiung, 1973; U. Erler, Zerstörung u. Selbstzerstörung der Frau, 1977; L. Doormann (Hg.), Keiner schiebt uns weg – Zw.bilanz der Frauenbewegung in der Bundesrepublik, 1979; H. Schenk, Die feminist. Herausforderung, 1980; U. Gerhard, Gleichheit ohne Angleichung, 1990; Hochschule für Wirtschaft u. Politik (Hg.), Frauen – Macht – Politik, 1990.

Frauenforschung, feminist.Wiss., eine in den USA unter der Bezeichnung Woman Studies entstandene interdisziplinäre Forschungsrichtung, die gezielt von den Sichtweisen u. Interessen der Frauen ausgeht. Schwerpunkte der F. sind die verstärkte Berücksichtigung von Frauenthemen im Wiss.s- u. Lehrbetrieb, die Aufarbeitung der wiss. u. kult. Leistungen von Frauen, die theoret. Fundierung der ges.polit. engagierten →Frauenbewegung, die Veränderung des männl.-hierarchisch geprägten Wiss.sbetriebes zugunsten gleicher Karrierechancen für Frauen u. der Verwirklichung von Kollegialität u. Solidarität.

In den USA ist die F. seit 1969 ein selbständiger Studiengang mit akadem. Abschluß. In Dtl. kommt die F. institutionell zunehmend in Professuren, Forschungsgruppen u. -einrichtungen zum Ausdruck.

A. Myrdal, Women's Two Roles (mit V. Klein), 1956; J. Beyer u. a. (Hg.), Frauenhandlexikon, 1983; G. Schmidtchen, Die Situation der Frau, 1984; I. Ostner (Hg.), Frauen, Sonderheft 2 Soziol. Revue, 1987; Statist. Bundesamt (Hg.), Frauen in Familie, Beruf u. Ges., 1987; H. Rapin, F. u. Hausarbeit, 1988; U. A. Becher u. J. Rüsen, Weiblichkeit in geschichtl. Perspektive, 1989; S. Metz-Göckel u. E. Nyssen, Frauen leben Widersprüche, 1990; B. Hauser-Schäublin (Hg.), Ethnolog. F., 1991; G. Helwig u. H. M. Nickel (Hg.), Frauen in Dtl. 1945–1992, 1993.

Freie Berufe (engl. professions), je nach sozialethischer u. ges.polit. Grundposition ein soziol. schillernder Begriff, der im Gegensatz zu landwirtschaftl., industriellen u. Handelsberufen sowie Berufen der theoret. Wiss. u. Kunst spezif. Berufsgruppen mit akadem. Vorbildung u. bes. Berufsethos umschreibt (Arzt, Rechtsanwalt, Architekt, Wirtschaftsprüfer, Steuerberater u. a.). Die bes. soziale u. ökonom. Stellung der f. B. ergibt sich daraus, daß ihre Tätigkeit der Entwicklung, Wahrung u. Förderung zentraler Kulturwerte der Industrieges.en wie Gerechtigkeit, Religion, Erziehung, Gesundheit, Ästhetik u. der Erfüllung von individuellen u. sozialen Grundbedürfnissen dient u. ihr Expertenwissen u. ihre fachl. Spezialisierung nur

Freifahrer

schwer der sozialen Kontrolle unterworfen werden können. Dementsprechend ist ihr Sozialprestige u. ihr sozialer Einfluß relativ hoch u. für das soziale Verhältnis zu den Leistungsabnehmern u. Klienten erforderl. Umstritten ist, inwieweit die f. B. tatsächlich eine Gemeinwohlorientierung u. außergewöhnl. Schöpfertum, Erfindergeist, Gewissenhaftigkeit u. Initiative erkennen lassen: Eigenschaften, die sie u. a. in ihrem Berufsethos in Anspruch nehmen u. in Aktionen zur weiteren Professionalisierung ihres Berufsstandes propagieren. Bürokratisierungs- u. Konzentrationstendenzen in Wirtschaft, Kultur u. Verwaltung wirken der sozialen Bedeutung der f. B. entgegen.

S. Feuchtwanger, Die f. B., 1922; ders., Der Staat u. die f. B., 1929; H. Stieglitz, Der soz. Auftrag der f. B., 1960; H. A. Hesse, Berufe im Wandel. Ein Beitrag zum Problem der Professionalisierung, 1968; H. Kairat, »Professions« oder »F. B.«, 1969; W. E. Moore, The professions: roles and rules, New York 1970; B. Wiebel, Das Berufsgeheimnis in den f. B., ²1974; H. Sahner u. a., Zur Lage der F.n B. 1989, Teil I u. II 1989, Teil III 1990.

Freifahrer →Trittbrettfahrer

Freihandel →Liberalismus

Freiheit, in der Soziol., je nach Erkenntnisinteressen u. weltanschaul. Grund-Prämissen, unterschiedl. interpretierter Begriff. Er meint a) die Willens-F., d. h. die prinzipielle Möglichkeit des Menschen, aufgrund eigenen Entschlusses zu handeln u. sein Leben in eigener Verantwortung u. in eigener Gestaltung, ohne Motivationsdeterminismus u. psych. Kausalgesetzlichkeiten, zu führen; b) die institutionelle F., d. h. die Unabhängigkeit u. Lösung des Menschen aus »äußeren« Bindungen, Bevormundungen u. Prägungen; c) die F. des vernünftigen Handelns, d. h. die

Befreiung des Menschen von sinnlich-unbewußten, von ihm nicht beherrschten »Steuerungen«; d) die rechtl. F. als Ergebnis von Verhaltensverboten, die die F. des einzelnen als Schutz vor Willkür u. totaler F. der anderen garantieren; e) die demokrat.-polit. F. als die Teilhabe aller Individuen an der Bestimmung der Regeln der Ges., die die indiv. F.en möglichst ungehinderter Betätigung zu Gunsten einer Gemeinwohl-Vorstellung einschränken; f) die soziale als reale (gegenüber lediglich formaler) F., die eine ges. Struktur voraussetzt, in der alle Bürger aufgrund ihrer sozioökon. Position die Möglichkeit besitzen, ihre rechtl. u. demokratisch-polit. F.en auch zu nutzen.

Der Liberalismus betont den engen Zusammenhang von möglichst weitgehender F. u. Entwicklungschance des einzelnen, nur von seinen persönl. Interessen geleiteten Individuums mit ges. Fortschritt u. sozialem Gleichgewicht durch Konkurrenz. Unter Hinweis auf die Ergebnisse des freien Spiels der Kräfte im Kapitalismus, d. h. auf die durch bloße rechtl. F. bewirkten sozialen Ungleichheiten, Konflikte u. Klassen-Verhältnisse, interpretiert der Sozialismus u. Marxismus F. erst als Ergebnis einer sozialen u. polit. Entwicklung zur klassen- u. herrschaftslosen Ges.

Die Realisierung von F. ist eng mit der Entwicklung der materiellen u. institutionellen Grundlagen einer Sozialstruktur verknüpft. Die mod. westl. Industrieges. hat (mit ihren materiellen Versorgungsmöglichkeiten ebenso wie mit ihren geistigen Aufklärungsprozessen) mehr Freiräume für eine normativ ungebundene bzw. vielseitige Ausgestaltung der indiv. wie sozialen Lebensverhältnisse geschaffen. Der

Freizeit

Fortschritt der Sozialwiss.en u. die dabei entwickelten sozialtechnol. Möglichkeiten der gezielten Manipulation haben zu einem starken theoret. Interesse an der Unterscheidung von subjektiver (lediglich indiv.»gefühlter«) u. objektiver (tatsächl.) F. geführt u. damit auch zu der Frage, wie die ges. Prägungsbedingungen u. die wesentl. Eigenschaften des Sozialcharakters der einzelnen Persönlichkeit beschaffen sein müssen, damit sich überhaupt ein Bedürfnis nach F. u. Selbstbestimmung entfalten kann.

J. St. Mill, Die F., 1945 (1859); O. Veit, Soziol. der F., 1957; H. Freyer u. a., Das Problem der F. im europäischen Denken, 1958; R. Aron, Über die F.en, 1965; E. Fromm, Die Furcht vor der F., ³1970; F. A. v. Hayek, Die Verfassung der F., 1971 (1960); H. G. Adler, Die F. des Menschen, 1976; C. Graf v. Krockow, Herrschaft u. F., 1977; J. W. N. Watkins, F. u. Entscheidung, 1978; J. M. Buchanan, Die Grenzen der F., 1984; H. Albert, F. u. Ordnung, 1986; J. Morel, Ordnung u. F., 1986; A. Baruzzi, Die Zukunft der F., 1993.

Freiwillige Vereinigung, Sammelbezeichnung für eine Vielzahl mannigfaltig ausgeprägter Organisationen, in denen sich Mitglieder freiwillig zus.geschlossen haben, um wirkungsvoller gemeinsame Interessen verfolgen zu können. F. V.en sind Interessenverbände, Gewerkschaften, polit. Parteien, Genossenschaften, Vereine, Bürgerinitiativen u. Selbsthilfegruppen. Kennzeichnend sind im Rahmen freiheitl. Ges.en relativ demokrat. Entscheidungsstrukturen u. -prozesse. Insbes. bei kleineren u. wenig bürokratisierten f.n V.en werden die Leitung u. Verwaltung weitestgehend ehrenamtl. ausgeführt. Als Organisationstyp unterscheiden sich f. V.en besonders deutlich von jenem des erwerbswirtschaftl. Betriebes (Unternehmungen). Soziol. bedeutsam ist die Tendenz zur Oligarchisierung (R. →Michels,

→Oligarchie), die mit dem Wachstum u. Alter einer f.n V. zus.hängt, ferner mit Bürokratisierungs- u. Professionalisierungstendenzen, ggf. mit zunehmender Passivität der Mitglieder u. mit dem wachsenden Interesse der Führungspersonen an der Aufrechterhaltung ihrer Positionen u. Herrschaftsmöglichkeiten.

H.-D. Horch, Strukturbesonderheiten f.r V.en, 1983; ders., Personalisierung u. Ambivalenz, in: KZfSS 37, 1985; R. Richter, Soziokult. Dimensionen f.r V.en, 1985; H.-D. Horch, Ressourcenzus.setzung u. Oligarchisierung f.r V.en, in: KZfSS 40, 1988; K. Heinemann u. H.-D. Horch, Elemente einer Finanzsoziol. f.r V.en, 1991; H.-D. Horch, Geld, Macht u. Engagement in f.n V.en, 1992.

Freizeit, in hochentw. Industrieges. mit hoher Mobilitätsrate, hohem Wohlstandsniveau u. entspr. Verlagerung der soz. Lebensprobleme aus dem Bereich der Produktion in die Verteilungs- u. Konsumsphäre zentraler Gegenstand soziol. Forschung. Die Vielschichtigkeit soziol. Fragestellungen wird bereits an den versch. Definitionen von F. deutlich: bloße Nicht-Arbeitszeit; Zeit zur Wiederherstellung der Arbeitsbereitschaft (regenerative Funktion der F.); Raum für menschl. Selbstverwirklichung (kompensator. Funktion); Bereich für Formen der Entspannung u. des Vergnügens, die notwendige Voraussetzungen für schöpfer. Fähigkeiten u./oder krit. Reflexion u. Rezeptivität schaffen (suspendierende Funktion); Verhaltensbereich, der nicht »sachl.« Zwecken dient; zur Verfügung stehende Zeit für Tätigkeiten, die sich nicht notwendig aus zentralen funktionalen soz. Rollen des Menschen ergeben. Bereits diese Definitionsbeispiele lassen sowohl kulturkrit. Prämissen als auch Bemühungen um sog. »objektive« wiss. Beurteilung erkennen u. führen zu dem Ergebnis, daß ein soziol. Ansatz die F. anders abgrenzen muß denn als Zeitraum, der weder für die auf Verdienst u. materielle Lebenshaltung gerichtete Tätigkeit noch für physiolog. Notwendigkeiten in Anspruch genommen wird. Dabei läßt sich F. vom Standpunkt des Akteurs am ehesten noch als Klasse von Handlungssituationen abgrenzen, die gekennzeichnet sind durch die Möglichkeit zu persönl. Ausdruck (Expressivität), diffuse Handlungsziele u. Erfahrungen, relative Wahlfreiheit u. Flexibilität des Zeitaufwands für einzelne Aktivitäten u. Vorrang informeller Interaktionen. F. überschneidet sich daher mit Arbeit in Maße, wie bestimmte Berufe u. Individuen ihre Arbeitstätigkeit entsprechend flexibel regeln können. Mit zunehmender Zeitsouveränität der Individuen zerfließen die Grenzen zw. F., »Halbfreizeit«, freiwilligen Obligationen, Haushaltsproduktion, Konsum- u. Informationsarbeit etc.

Auf der Makroebene ist F. als ein zu nicht eindeutiger Ausdifferenzierung tendierender Strukturbereich weitgehend deckungsgleich mit dem Sektor des gehobenen Konsums, der Aktivitäten der privaten Haushalte u. der Populärkultur. Paradoxerweise wird dieser Sektor, dessen allg. Legitimationsgrundlage das Ideal der freien Entfaltung der Persönlichkeit in kreativer Aktivität u. kult. Entwicklung ist, immer wieder von externen bürokrat. u. Leistungs-Normen überlagert, was mit einer Auflösung der Polarität von Arbeit und F. einhergeht. Die bisher vorliegenden Untersuchungen über F. kommen zu unterschiedl. Ergebnissen: In der F. wird sowohl die Möglichkeit zur Harmonisierung aller menschl. Strebungen u. Lebensbedingungen (soweit sie in der Arbeit zu kurz

kommen) als auch die Übernahme u. Komplettierung repressiv wirkender Arbeitsnormen erkannt. F. gilt ebenso als Bedingung für kritiklosen Massenkonsum an Gütern u. Informationen (→Massenkommunikationsmittel) wie als Realisierungschance für Individualisierungswünsche. Die Vermehrung der F. wird in ihrer Wirkung als Faktor der soz. Klassen- u. Schichtenauflösung ebenso beschrieben wie als Voraussetzung für die totale soz. u. polit. Manipulation durch die herrschenden Gruppen einer Ges. Expandierende F. u. F.-Erfahrungen werden zunehmend auch als Quelle gesteigerter Ansprüche u. Erwartungen der Individuen an die Lebensqualität sowie von Spannungen in Primärgruppen erkannt, wodurch die früher behauptete »Integrationsfunktion« der F. relativiert wird. Damit verbunden ist auch das Paradox wachsender »Zeitnot« als Folge überproportionalen Anstiegs von individuellen Zeitbedarfen im Verhältnis zur Verkürzung der Arbeitszeit u. der Zunahme techn. Zeiteinsparungen. Deskriptive Studien ermitteln die ökonom. u. techn. Entstehungsursachen vermehrter F., die Verteilung u. Verwendungsarten der F. in versch., nach Herkunft, Geschlecht, Alter u. Beruf differenzierten Ges.sgruppen, ferner die kult. Bewertung der F. sowie daraus hervorgehende neue Sozialformen u. Konsumgewohnheiten im F.verhalten (Tourismus, Hobby-Bewegung, Do-it-your-self). Politolog. u. pädagog.-didakt. Studien prüfen die Zus.hänge von F., polit. aktiver Öffentlichkeit u. den Regressionstendenzen infolge kleinfamiliarprivatem Gruppenegoismus bzw. rezeptiver Daseinsaneignung, denen mit rationalen Methoden zur Stärkung von personaler Autonomie, Ich-Identität u. Verhaltenssicherheit begegnet werden soll. Zwangsläufig verstärkt sich die Tendenz, die F.forschung in den Kontext übergreifender theoret. Probleme der Soziol. zu stellen: Theorie der soz. Zeit, Lebensstile, Zeitbewußtsein, Sinnproduktion u. Tätigkeit als Systemprobleme etc.

V. Graf Blücher, F. in der industriellen Ges., 1956; J. Huizinga, Homo ludens, [2]1969 (1938); L. Rosenmayr, Die F. in der mod. Ges., 1955; H. Schelsky, Auf der Suche nach Wirklichkeit, 1965 (mehrere Beiträge); E. A. Andreae, Ökonomik der F., 1970; H. Lüdtke, F. in der Industrieges., 1972; E. K. Scheuch, R. Meyersohn (Hg.), Soziol. der F., 1972; F. Lenz-Romeiß, F. u. Alltag, 1974; R. Schmidt-Scherzer (Hg.), F., 1973; R. Nave-Herz, Beruf–F.–Weiterbildung, 1976; E. K. Scheuch u. G. Scherhorn, F.-Konsum, in: Hdb. der empir. Soz.forschg., Bd. 11, 1977; G. Huck (Hg.), Soz.gesch. der F., 1980; H. Giegler, Dimensionen u. Determinanten der F., 1981; B. Nauck, Konkurrierende F.definitionen u. ihre Auswirkungen auf die Forschungspraxis der Fsoziol., in: KZfSS 35, 1983; C. Müller-Wichmann, Zeitnot, 1984; W. Tokarski u. R. Schmitz-Scherzer, F., 1985; Th. M. Bardmann, Die mißverstandene Freizeit, 1986; E. H. Hoff, Arbeit, F. u. Persönlichkeit, 1986; H. Lüdtke u. a. (Hg.), Methoden der F.forschg., 1986; H. W. Opaschowski, Psychol. u. Soziol. der F., 1988; H.-G. Vester, Zeitalter der F., 1988; R. Zoll (Hg.), Zerstörung u. Wiederaneignung von Zeit, 1988; H. W. Opaschowski, F.ökonomie, 1992.

Fremdbestimmung →Autorität, →Emanzipation, →Entfremdung

Fremdeinschätzung, Beurteilung u. Bewertung eines individuellen Status (Teil- oder Gesamtstatus) durch Personen der direkten ges. Umgebung (Bezugspersonen) oder durch Teile oder die Gesamtheit der nicht unmittelbar betroffenen Ges. Da man sich selbst sozial wirkungsvoll keinen Status »verleihen« kann, der Status aber eine wesentl. Komponente sozialer Interaktions- u. Aufstiegsmöglichkeiten ist, spielt die F. (bzw. die Chance der Einwirkung auf die F.) eine sozial schicksalhafte Rolle.

Fremdenfeindlichkeit, Xenophobie (griech.), aggressiv-ablehnende Einstellungen u. Verhaltensweisen von Angehörigen eines Kollektivs gegenüber Menschen aus anderen Gemeinden, Regionen, Völkern u. Kulturkreisen. F. ist allg. Ausdruck des →Ethnozentrismus, im besonderen des »Lokalpatriotismus«, Regionalismus, Nationalismus, des Glaubens an die Überlegenheit der eigenen Lebensweise, Weltanschauung, Rel. u. Rasse (Rassismus). Da die Geschichte der Menschheit eng mit dem Leben kollektiv verbundener Menschen in abgegrenzten u. oftmals kriegerisch erweiterten oder verteidigten Territorien verbunden ist, bildet F. ein sehr altes Phänomen. F. behindert oder blockiert interkult. Austauschprozesse (Akkulturation) u. damit auch externe Impulse des soz. Wandels, verstärkt soz. Vorurteile, führt zu Haßgefühlen u. zählt zu den Kriegsursachen. In multiethn. oder -nationalen Ges.en kann F. die Diskriminierung, Benachteiligung oder sogar Bekämpfung von Minderheiten verstärken. F. hängt z. T. von der Anzahl der Fremden in einer Ges. u. von der Länge ihres Aufenthaltes ab. Während relativ wenige Touristen ggf. freundl. aufgenommen werden, wächst mit steigender Zahl von Einwanderern, die dauerhaft bleiben wollen, oftmals – je nach Mentalität im Einwanderungsland – die F. Die verstärkte Einwanderung von ausländ. Arbeitskräften (Arbeitsmigranten), Armutsflüchtlingen u. Asylanten in die hochentwickelten Wohlstandsges.en hat Tendenzen der Ausländer- u. F. anwachsen lassen. Während Teile der alteingesessenen Bevölkerung Toleranz, Aufnahme- u. Hilfsbereitschaft sowie verstärkte Bemühungen um Integration for-

Fremder 242

dern, befürchten andere eine Zunahme der Konkurrenz um knappe Arbeitsplätze u. Wohnungen, der soz. Probleme, insbes. der Kriminalität u. eine Bedrohung der eigenen Ethnie u. kult. Identität. Begriffe wie F. u. Ausländerhaß sind alltagssprachlich zu polit. Schlagwörtern geworden, die im Zus.hang mit der Ausländerfrage undifferenziert, pauschalierend zur moral. Verurteilung der Gegner einer verstärkten Einwanderung eingesetzt werden.

H. Esser (Hg.), Die fremden Mitbürger, 1983; G. Tsiakalos, Ausländerfeindlichkeit, 1983; L. Hoffmann u. H. Even, Soziol. der Ausländerfeindlichkeit, 1984; A. Gliedner-Simon, Ausländer – zw. Integration u. Remigration, 1987; Inst. f. Soz.forschg. (Hg.), Aspekte der F., 1992; H. Willems, Fremdenfeindl. Gewalt, 1993.

Fremder, (a) ein in einer Gruppe, Organisation oder gesamten Ges. bisher unbekannter Mensch, über dessen soziale u. individuelle Existenz man nicht genug weiß (gleichzeitig beim F. selbst die gleiche Unkenntnis über das betr. soziale Einzugsgebilde unterstellend), um mit ihm normale soziale Kontakte aufzunehmen, ihm Rollen zuzuweisen u. Status anzuerkennen; oder (b) ein schon mehr oder weniger lange Zeit bereits bekannter Mensch, der jedoch Träger von individuellen oder sozialen Merkmalen ist, die nach den kulturellen Mustern u. grundlegenden Wertideen der betr. Ges. seine völlige Integration oder Gleichbehandlung »unmöglich« machen.
Je »geschlossener«, d. h. je traditioneller u. kulturell statischer eine Ges. ist, um so stärker sind die sozial desintegrativen Wirkungen für das F.sein, aber auch die sozialen Störungen, die vom Erscheinen u. von der Tätigkeit des F. auf die betr. Ges. ausgehen. Mitunter erfüllt jedoch gerade der F., der wegen einer extensiven sozialen Zugehörigkeit

nur geringeren sozialen Kontrollen u. Sanktionen unterliegt, Funktionen, die für die »einheim.« Mitglieder der Ges. tabuiert oder kulturell untersagt sind, die sich aber im Ablauf der sozialen Systembeziehungen dennoch als nützl. erweisen. →Gastarbeiter

G. Simmel, Soziol., 1908; K. Ohle, Das Ich u. das Andere. Grundzüge einer Soziol. des Fremden, 1978; H. Spaich, Fremde in Dtl., 1981; G. Elwert, Probleme der Ausländerintegration, in: KZfSS 34, 1982; A. Loycke (Hg.), Der Gast, der bleibt, 1992.

Fremdgruppe, Außengruppe, engl. out-group, Begriff der Gruppen-, Einstellungs-, Vorurteils- u. Konflikt-Forschung. Die Gruppe, deren Wertmaßstäbe u. Verhaltensnormen für einen Angehörigen einer anderen Gruppe oder für die andere Gruppe insgesamt verhaltensorientierend sind, und zwar entweder als negatives u. darum zu bekämpfendes Beispiel, oder als Vorbild u. damit den Wunsch erweckend, in die F. integriert zu werden. Dementsprechend entwickeln sich die sozialen Distanzen u. Konfliktlagen oder die Integrationsprozesse zwischen F.- u. Eigengruppe. Die Soziol. der Gruppe konnte einen Zusammenhang zwischen der inneren Stabilität der Eigengruppe u. der Rivalität gegenüber F.n zwischen Sympathie- u. Solidaritätsgefühlen der Gruppenmitglieder untereinander u. Haßgefühlen gegenüber F.-Mitgliedern feststellen. Diese Polarisierungstendenz führt zu Vorurteilen u. Diskriminierung gegen Außenstehende, insbes. dann, wenn zur Stabilisierung u. Konsolidierung der Eigengruppe innere Konflikte dadurch »gelöst« werden, daß man sie auf dem Wege der »Sündenbock«-Suche bewußt auf F.n projiziert. Die Eigengruppe wird mit ihren Wertmaßstäben mitunter derart verabsolutiert, daß andere Menschen ledigl. wegen ihrer bloßen Zugehörigkeit zu F.n abgewertet werden.

→Gruppe u. K. H. Mandel, Wechselbeziehungen zwischen dem Konsum best. Fernsehsendungen u. Vorurteilen dt. Jugendlicher über soz. F.n, in: KZfSS 18, 1966; H. E. Wolf, Stellungnahmen dt. zu westl. u. a. Gruppen, in: KZfSS 18, 1966; M. Emge, Fremde Gruppen als Bezugsgruppen, in: KZfSS 19, 1967.

Freud, Sigmund, 6. 5. 1856 Freiberg (Mähren) – 23. 9. 1939 London, Medizinstudium, psychotherapeut. Tätigkeit in Wien, 1885 Dozent für Neuropathologie, 1902 Titular-Prof. in Wien, wurde nie auf einen Lehrstuhl berufen. 1938 emigrierte er nach London.
F. ist der Begründer der Psychoanalyse. Er hat zur Entwicklung u. Dynamisierung der Psychol. entscheidend beigetragen u. auch die Soziol. u. Kulturanthropologie befruchtet. Sein Ausgangspunkt war das Studium u. die Behandlung funktioneller psych. Störungen (Hysterie, Neurosen) durch Suggestion u. Hypnose. Seit 1893 entwickelte er, zunächst zus. mit J. Breuer, die kathartische Methode zur Abreaktion verdrängter traumat. Erfahrungen, die psych. Störungen zugrundeliegen. Zugleich bildete sich die analyt. Methode heraus, die zu neuen Einsichten in die vielschichtige Triebstruktur, unbewußten Antriebskräfte u. in die Mechanismen (Verdrängung, Sublimierung, Rationalisierung, Projektion u. a.) der menschl. Psyche führen.
Von großer Bedeutung für das Leben des Einzelmenschen sind nach F. die frühkindl. Entwicklungsstadien (orale, anale, phallische u. genitale Phase) u. die Rolle des Ödipuskomplexes. Neben dem »Es« (unbewußte Antriebskräfte: Libido u. Todes- oder Destruktionstrieb)

bilden sich im Verlauf der psych. Entwicklung des einzelnen das »Ich« u. das »Über-Ich« heraus. Das »Über-Ich« ist jene psych. Instanz, die durch Introjektion bzw. Hereinnahme normativer Forderungen der Gesellschaft entsteht, und als innere Kontrolle, als unbewußtes Gewissen fungiert. Diese Konzeption einer psych. Vermittlungsinstanz zwischen Motivationen der Einzelpersönlichkeit u. sozialen Verhaltensnormen ist von der Soziol. übernommen worden u. hat ebenso wie die von F. aufgedeckten Phasen der Entwicklung des Kindes die Sozialisationstheorie beeinflußt (A. Kardiner, T. Parsons u. a.). F. hat nicht nur auf die Strukturellfunktionale, sondern auch auf die Krit. Theorie (Frankf. Schule) eingewirkt, vor allem auf M. Horkheimer (Autorität u. Familie), T. W. Adorno (autoritäre Persönlichkeit), H. Marcuse u. E. Fromm. In Anlehnung an Freud kritisieren sie besonders die übermäßige Einengung der spontanen Aktivität des Einzelmenschen in der Industrieges. Durch wachsendes Bewußtwerden unbewußter Antriebe u. ges. Unterdrückungsmechanismen soll die Humanisierung der Ges. begünstigt werden.

Schr.: Studien über Hysterie, 1895; Die Traumdeutung, 1899; Psychopathologie des Alltagslebens, 1904; Der Witz u. seine Beziehung zum Unbewußten, 1905; Drei Abhandlungen zur Sexualtheorie, 1905; Totem u. Tabu, 1913; Vorlesungen zur Einf. in die Psychoanalyse, 1917; Jenseits des Lustprinzips, 1921; Massenpsychol. u. Ich-Analyse, 1921; Das Ich u. das Es, 1923; Hemmung, Symptom u. Angst, 1926; Die Zukunft einer Illusion, 1927; Kurzer Abriß der Psychoanalyse, 1928; Das Unbehagen in der Kultur, 1930; Ges. Werke, 18 Bde. 3/4 1961–67 (1942–48); Studienausgabe, 10 Bde. 1969 ff.; Briefe, ²1968 (1960).
H. Marcuse, Eros and Civilization, 1955, dt.: Eros u. Kultur, 1957, nhg. u. d. T. Triebstruktur u. Ges., 1965; L. Binswanger, Erinnerungen an S. F., 1956; E. Fromm, S. F's Mission, 1959, dt.: S. F's Sendung, 1961; E. Jones, Das Leben u. Werk von S. F., 3 Bde. 1960–62; G. Bally, Einführ. in die Psychoanalyse F.s, 1961; H. Nol-

te, Psychoanalyse u. Soziol., 1970; W. Lepenies u. H. Nolte, Kritik der Anthropol., 1971; A. Lorenzer u. a. Psychoanalyse als Sozialwiss., 1971; R. Wollheim, S. F., 1972; R. W. Clark, S. F., 1981; A. Schöpf, S. F., 1982; S. Bernfeld u. S. Cassirer-Bernfeld, Bausteine der F.-Biographie, 1987; H.-M. Lohmann, F., ³1991.

Freundschaft, anspruchsvolle Bezeichnung der Alltagssprache für eine bes. persönl. »gefärbte« Form direkter sozialer Beziehungen, die – ohne spezif. Rollen-Verpflichtung – freiwillig u. auf längere, nicht fixierte Dauer eingegangen wird. Der F. fehlt eine klare Zielbezogenheit gemeinsamen Handelns. Sie hat die Tendenz, sich auf alle Angelegenheiten der Partner auszudehnen. Die aufeinander einwirkenden Sinnbeziehungen (u. die daraus fließenden Verhaltensformen) der F.partner werden nicht aus ihren sonstigen sozialen Rollen abgeleitet; vielmehr stehen sich Freunde als Persönlichkeiten, als »ganze Menschen« gegenüber. Die prinzipielle normative Ungebundenheit der F.beziehungen räumt Chancen ein für kreatives, persönlichkeitsbestimmtes Sozialverhalten. Die F. erfüllt in Zeiten sich auflösender Ges.strukturen, in der für das einzelne Ges.mitglied die permanente Gefahr falscher Situationseinschätzungen u. unberechenbarer sozialer Sanktionen besteht, gerade wegen der Offenheit u. Risikolosigkeit der sozialen Aktions- u. Reaktionsmöglichkeiten eine ges.stabilisierende u. die beteiligten Personen vor psych. Konflikten u. Belastungen bewahrende Funktion.

G. Simmel, Soziol., ⁶1983 (1908); D. Oberndörfer, Von der Einsamkeit des Menschen in der mod. amerikan. Ges., 1961; F. H. Tenbruck, F., in: KZfSS 16, 1964; G. Mikula u. W. Stroebe (Hg.), Sympathie, F. u. Ehe, 1977; R. Brain, Freunde u. Liebende, 1978.

Freyer, Hans, 31. 7. 1887 Leipzig – 18. 1. 1969 Ebersteinburg. 1920 Habil. Leipzig, 1922 o. Prof. Kiel, 1925 o. Prof. f. Soziol. Leipzig, 1938–44 Gastprof. Univ. Budapest, bis 1947 in Leipzig, nach Verlagsarbeit 1954–55 Gastprof. Univ. Ankara, ab 1955 o. Prof. f. Soziol. Münster.

Nach einer Periode hist. Studien widmete sich F. seit Ende der zwanziger Jahre phil. Grundlagenproblemen der Soziol. In seiner »Soziol. als Wirklichkeitswiss.« wird die Entstehung der Soziol. als selbständiger Disziplin mit der Entwicklung des bürgerl. Zeitalters verknüpft, d. h. Soziol. wird als das »wiss. Selbstbewußtsein einer ges. Wirklichkeit« interpretiert, die sich in der Krise, im Umbruch befindet. Soziol. Grundkategorien werden als »hist. gesättigte« u. einer spezif. sozialen »Wirklichkeit auf den Leib geschrieben« betrachtet. In ihnen spiegeln sich die Probleme best. »Zeitalter«; mit dem Wandel dieser Probleme müssen sich die soziol. Theorien wandeln. In späteren Arbeiten, die eine phil.-anthropol. u. kulturkrit. Würdigung des industriellen Zeitalters versuchen, kommt der Konservatismus F.s zum Ausdruck. Die »sekundären Strukturen« rational organisierter, technisierter Ges. wurden teils in ihrer gesch. notwendigen Entwicklung, teils in ihren pessimist. stimmenden Konsequenzen für ein humanes Dasein analysiert. Sie galten F. nicht mehr als »Ordnungen, die dem menschl. Dasein eine innere Führung geben«, sie wurden als Ges. der »Ethoslosigkeit«, der »techn. Ferne«, der »Selbstläufigkeit« charakterisiert. F. plädierte für eine »Revolution von Rechts«, für einen Aufstand des »Volkes« gegen Klassenzustände u. materialist. Interessen, für eine Wiederherstellung organisch-gemeinschaftl. Sozialbindungen. Der durch industriekult. Entwicklung bewirkten Degenerierung des Menschen zum bloßen Leistungsfunktionär soll durch relativierende soziol. Reflexionen über die »Gesch. des theoret. Selbstbewußtseins des industriellen Systems« begegnet werden.

Schr.: Theorie des objektiven Geistes, [4]1966 (1923); Der Staat, 1925; Soziol. als Wirklichkeitswiss., [2]1964 (1930); Die Romantiker, in: F. K. Mann (Hg.), Gründer der Soziol., 1932; Die Bewertung der Wirtschaft im phil. Denken des 19. Jh., [2]1939; Weltgesch. Europas, [3]1969 (1948); Theorie des gegenwärtigen Zeitalters, [6]1967 (1955); Gedanken zur Industrieges., 1970; Machiavelli, 1986; Preußentum u. Aufklärung, hg. v. E. Üner, 1986; Herrschaft, Planung u. Technik, 1987; E. Üner, Soziol. als »geistige Bewegung«, 1992.

Friedensforschung, die Gesamtheit der interdisziplinär betriebenen Untersuchungen über die Ursachen u. Bedingungen von offener Gewaltanwendung u. die Möglichkeiten u. Grenzen friedfertigen sozialen, polit. u. internationalen Konfliktverhaltens. Zur F. sind zu zählen Studien über Aggression, individuelle Gewaltanwendung u. militante Ideologien ebenso wie strateg.-takt. Studien über Probleme der Konfliktkontrolle u. des Konfliktmanagements.

F. entwickelte sich unter dem Eindruck (a) der modernen Waffentechnik u. des Risikos der globalen Selbstzerstörung im Falle eines Krieges, (b) der Ausweglosigkeit u. der ständig steigenden sozialen Kosten der wechselseitigen Abschreckungspolitik im Ost-West-Konflikt, (c) der sich verschärfenden Konfrontation zwischen den Industrieges.en u. den Entwicklungsländern u. (d) der Eskalation sozialer u. polit.ideolog. Auseinandersetzungen in den Industrienationen selbst.

F. ist mit der Überwindung der »klass.« Militär- u. Kriegswiss., die den Krieg als die Fortsetzung der Politik mit anderen Mitteln betrachtete (Clausewitz, 1780–1831), in erster Linie sozialwiss. Konfliktforschung geworden. Sie setzt ihre Analysen darum weit unterhalb der Ebene der internat. Macht- u. Interessenkonstellation an u. untersucht zunächst die psych. u. sozialen Mechanismen, die Konflikt u. Integration in sozialen u. polit. Organisationen u. Gruppen (Familie, Beruf, Schule, Partei) bestimmen. Weiterhin geht sie davon aus, daß innerges. Ordnungsverhältnisse u. Disparitäten nach außen wirksame Kräfte wie Rüstungswettbewerb, Imperialismus u. Militarismus mit hervorrufen. Eindeutig bekennt sich gegenwärtige F. zu einem spezif. Wiss.interesse: Sie analysiert die Bedingungen u. Ursachen von Aggressionspotentialen, Rüstungsdynamik, organisierter Friedlosigkeit u. offener Gewalt, um systemat. Praxeologien für internationale Friedenssicherung u. Konfliktbereinigung zu entwickeln u. um mit Hilfe von Ideologiekritik, Kritik der polit. Ökonomie, der Herrschaftsverhältnisse u. der Sozialisationsbedingungen ges.polit., sozialpsychol. u. pädagog. Möglichkeiten prakt. Überwindung von Gewaltpotentialen zu erschließen.

Die Ausbreitung v. Ergebnissen der F. hat im Zus.hang mit steigenden Gefahren des internat. Wettrüstens das Entstehen einer Friedensbewegung begünstigt, die den Abbau irrationaler Bedrohungsvorstellungen u. militär. Vernichtungspotentiale anstrebt, zugunsten allg. Vertrauensbildung, Verständigung u. alternativer (sozialer) Verteidigung.

K. v. Clausewitz, Vom Kriege, [19]1980; W. Sombart, Krieg u. Kapitalismus, 1912; S. R. Steinmetz, Soziol. d. Krieges, 1929; A. Etzioni, Der harte Weg zum Frieden, 1965; A. Mitscherlich, Die Idee des Friedens u. die menschl. Aggressivität, 1969; Th. Ebert, Ziviler Widerstand,

Friedmann 246

Fallstudien aus der innenpolit. Friedens- u. Konfliktforschg., 1970; K. W. Deutsch, Die Analyse internat. Beziehungen. Konzeption u. Probleme der F., 1968; ders. u. a., Bedrohungsvorstellungen als Faktor der internat. Politik, 1971; V. Zsifkovits, Der Friede als Wert, 1973; E. Weede, Weltpol. u. Kriegsursachen im 20. Jh., 1975; D. Senghaas, Krit. F., ²1978 (1971); ders., Abschreckung u. Frieden, ³1980 (1969); C. F. v. Weizsäcker, Der bedrohte Friede, 1981; J. Galtung, Es gibt Alternativen!, 1984; D. S. Lutz (Hg.), Lexikon Rüstung, Frieden, Sicherheit, 1987; K. Horn, Gewalt – Aggression – Krieg, 1988; E. Lippert u. G. Wachtler (Hg.), Frieden, 1988; W. R. Vogt (Hg.), Angst vorm Frieden, 1989; ders. (Hg.), Mut zum Frieden, 1990; A. Rapoport, Ursprünge der Gewalt, 1990; U. C. Wasmuht (Hg.), F., 1991; G. Bächler (Hg.), Perspektiven, 1992; M. Jopp (Hg.), Dimensionen des Friedens, 1992; U. C. Wasmuht (Hg.), Ist Wissen Macht?, 1992.

Friedmann, Georges, 13. 5. 1902 Paris – 16. 11. 1977, Dr. der Literaturwiss., 1935–39 Prof. der Ecole Boulle, 1945 im Staatsdienst für das Berufsschulwesen (als Generalinspekteur), 1948 Studiendir. an der Ecole Pratique des Hautes Études an der Sorbonne, 1949–60 Prof. für Politik an der Univ. Paris, 1956–59 Präs. der intern. Ges. für Soziol., 1958–64 Prof. in Santiago (Chile). Beginnend mit ideengesch. Analysen der Fortschrittsvorstellungen, beschäftigte sich F. mit den Auswirkungen mod. Technik auf die Psyche der Arbeiter. F. gilt als bedeutender Industriesoziologe. Er zeigte auf, daß die menschl. Probleme industr. Arbeit nicht nur von der Betriebsorganisation her gesehen werden dürfen, sondern im Zus.hang mit der Ges.sstruktur.

In den 60er Jahren wandte sich sein Interesse den im Umbruch stehenden Ges.en Lateinamerikas zu.

Schr.: La Crise du Progrès, 1936; Problèmes humains du machinisme industriel, ²1955 (1947) (dt.: Der Mensch in der mechanisierten Produktion, 1952); Où va le travail humain?, ²1954 (1951) (dt.: Zukunft der Arbeit, 1953); Le Travail en miettes, 1956 (dt.: Grenzen der Arbeitsteilung, 1959); Problèmes d'Amérique latine, 2 Bde. 1959–61; Traité de sociologie du travail, 2 Bde. 1961 f.; Sept études sur l'homme et la technique, 1966; Le pouvoir et la sagesse, 1970.

Fromm, Erich, 23. 3. 1900 Frankfurt/M. – 18. 3. 1980 Muralto (Schweiz), Studium an der Univ. in Frankfurt/M., Heidelberg u. München, am Psychoanalyt. Inst. in Berlin tätig, 1934 Emigration in die USA, Lehre u. a. an der Yale u. Columbia Univ., 1952 Prof. an der Univ. Mexiko, 1962 Honorarprof. für Psychol. an der Univ. New York. – F. gehört zu den Neo-Psychoanalytikern u. stand der →Krit. Theorie nahe. Er wies auf das Eingebettetsein des Menschen in eine je spezif. Kultur hin. Somit werden die Bedürfnisse und Persönlichkeitsstruktur des einzelnen von soziokulturellen Einflüssen geprägt. F. war zugleich ein sozialwiss. u. philosophisch umfassend orientierter Sozialpsychologe und Kritiker der industr. Verschwendungsges. In Anlehnung an K. Marx kritisierte er Entfremdungserscheinungen u. den Konformismus in der heutigen Zeit. Er forderte die Humanisierung der Industrie- u. Konsumges., d. h. die Veränderung der wirtschaftl., polit. u. kulturellen Bedingungen zugunsten der Selbstverwirklichung des menschl. Individuums. Wichtig ist, daß der einzelne seinen Freiheitsspielraum durch spontane Aktivität ausschöpft u. sich entgegen allen konformist. Tendenzen in seiner einzigartigen individuellen Existenz selbst verwirklicht. Das eth.-humanist. ausgerichtete Werk von F. hat die Neue Linke u. Alternativbewegung stark beeinflußt.

Schr.: Das jüd. Gesetz, 1989 (1922); Arbeiter u. Angestellte am Vorabend des Dritten Reiches, 1983 (1929); Escape from Freedom, New York 1947, dt.: Die Flucht vor der Freiheit, nhg. 1966; Man for Himself, 1947, dt.: Psychoanalyse u. Ethik, 1954; The Forgotten Language, 1951; Sigmund Freud's Mission, 1951, dt.: Sigmund Freuds Sendung, 1961; The Sane Society, 1955, dt.: Der moderne

Mensch u. seine Zukunft, [4]1970; The Art of Loving, New York 1956, dt.: Die Kunst des Liebens, 1973 (1959); Marx's Concept of Man, 1961, dt.: Das Menschenbild bei Marx, [3]1969 (1963); May Man Prevail, 1961; Beyond the Chains of Illusion, 1962; The Heart of Man, London 1965, dt.: Die Seele des Menschen, 1979; You Shall be as Gods, 1966; The Revolution of Hope, New York 1968, dt.: Revolution der Hoffnung, 1971; The Social Character of a Mexican Village, 1970; Analytische Soz.psychol. u. Ges.theorie, [2]1971 (1970); Anatomie der menschl. Destruktivität, 1974; To have or to be?, New York 1976, dt.: Haben oder Sein, 1976; Sigmund Freuds Psychoanalyse, 1979; Es geht um den Menschen, 1981; Ihr werdet sein wie Gott, 1985 (1982); Schriften über Sigmund Freud, 1989; Gesamtausgabe, 1988 ff.
A. Reif (Hg.), E. F. – Materialien zu seinem Werk, 1980; J. Classen (Hg.), E. F. u. die Pädagogik, 1987; H. Wehr, F., 1990; B. Bierhoff, E. F., 1991.

Fruchtbarkeit, Fortpflanzungsintensität einer Bevölkerung. Sie hängt u. a. ab vom Altersaufbau, von der unehel. u. ehel. F., von der Verheiratetenquote in einer Bevölkerung und vom Generationenabstand. Diese Faktoren werden wiederum bestimmt durch die Ehedauer, das Heiratsalter, die Geschlechterproportionen, die Ehescheidungs- u. Wiederverheiratungsverhältnisse, durch die biolog. Möglichkeiten zur Fortpflanzung u. die Ernährungslage. Weitere Einflußfaktoren sind: (Wandel von) Weltanschauungen u. Wertvorstellungen, ges. Regelung des Familienlastenausgleichs u. der Altersversorgung, Emanzipation u. berufl. Erfolgsstreben der Frau, Verhütungsmethoden, Abtreibungsquote, Einfluß der Herkunftsfamilie u. Verwandtschaft, Versorgung mit Kinderkrippen u. -gärten sowie mit Ganztagsschulen, ges. Ansehen der Hausfrau u. Mutter.

Fruchtbarkeitsziffer, Maßzahl, gibt die Zahl der Geborenen auf 1000 Frauen im gebärfähigen Alter (15–45 Jahre) an. Die spezifizierte F. gibt die altersspezif. Fruchtbarkeit an, indem die Zahl der Geborenen von Müttern eines bestimmten Alters auf 1000 Frauen des gleichen Alters bezogen wird.

Frühsozialismus →Sozialismus

Frustration (lat.) »Vereitelung«, »Entsagung«, psycholog. Bezeichnung für die Behinderung eines Individuums, ein bestimmtes Ziel, eine Wunschvorstellung oder ein existentielles Bedürfnis zu erreichen bzw. sich zu erfüllen, sowie für das hieraus entstehende Gefühl der Enttäuschung oder Versagung. In soziol. Theorien wird die F. bes. als Ergebnis der Diskrepanzen zwischen individuellen Bedürfnisdispositionen u. Anspruchsniveaus (die sozial geformt werden) sowie den institutionellen Möglichkeiten der Bedürfnisbefriedigung analysiert, d. h. es werden die Bedürfnisversagungen betrachtet, die als Enttäuschung der an den (oder die) Verhaltenspartner gestellten u. normativ bestimmten (Rollen-)Verhaltenserwartungen erlebt werden. Solche Versagungen können entweder durch situationsinadäquate Erwartungen an das Rollenverhalten anderer, durch tatsächliches abweichendes Verhalten der anderen, oder durch Herrschaftsverhältnisse entstehen, in denen die inhaltl. u. zeitl. wirksame Anordnungsgewalt anderer die frustrierte Person daran hindert, in ihrem Verhalten den persönl. Strebungen zu folgen. Sozialstrukturelle Analysen zur F. befassen sich mit den sozial bestimmten Spannungsursachen u. vor allem mit dem Verhältnis von individuellen u. sozial institutionalisierten Formen der Spannungsbewältigung. Nach Dollard u. a. führt die Existenz von F. immer zu irgendeiner Form von Aggression.

F-Skala 248

J. Dollard, L. W. Doob, O. H. Mowrer, R. R. Sears, F. u. Aggression, 1970 (engl. Frustration and Aggression, New Haven 1939); H.-J. Kornadt (Hg.), Aggression u. F. als psychol. Problem, 1981.

F-Skala →autoritäre Persönlichkeit

Führerprinzip, Prinzip unbedingter u. für alle Lebensbereiche geforderter Unterwerfung der Bürger eines Staates unter ihre Regierung bzw. der Mitglieder einer Gruppe oder einer Organisation unter deren »Führer«. Herrschaftsprinzip des Nationalsozialismus.

G. Hirschfeld u. L. Kettenacker (Hg.), Der »Führerstaat«: Mythos u. Realität, 1981.

Führung, soziales Verhältnis der Über- u. Unterordnung; struktursoziol. die planende, koordinierende u. kontrollierende Tätigkeit von übergeordneten Mitgliedern in einer Gruppe oder einer Organisation gegenüber untergeordneten Mitgliedern. Sozialpsychol. die Fähigkeit, im Umgang mit Menschen deren individuelle Bedürfnisse mit den Zielen der Organisation oder Gruppe soweit in Einklang zu bringen, daß durch Kooperation eine möglichst effiziente Zielrealisierung möglich wird. Experimentell konnte nachgewiesen werden, daß es überall wirksame individuelle F.eigenschaften bzw. F.begabung nicht gibt. Ob eine Person die Qualität einer »Führerpersönlichkeit« erreicht bzw. in einem sozialen Gebilde überdurchschnittl. Einfluß auf andere ausübt, hängt ab von den spezif. Zielen, Aufgaben sowie von der Struktur u. der sozialen Umwelt der Gruppe. Allgemein gilt, daß diejenigen Personen in der Konkurrenz um F. dominieren, denen es am ehesten gelingt, den Zielen u. Normen der betr. Gruppe zu entsprechen bzw. den Zusammenhalt u. damit die soziale Erfolgswirksamkeit der Gruppe zu stärken. Die größten Chancen dazu haben Gruppen- u. Organisationsmitglieder in Positionen, an denen sich bes. viele soziale Beziehungen zwischen u. mit anderen Mitgliedern ergeben u. die dadurch Kreuzungs- u. Sammelpunkte von bes. zahlreichen Informationen sind.

In der mod. Ges. sind die Anforderungen an die F.skräfte stark gestiegen: Im Zus.hang mit dem techn. Fortschritt erwarten Mitarbeiter infolge höherer Bildungs- u. Qualifikationsniveaus von den F.skräften die Berücksichtigung des Wertwandels u. neuer F.sstile, soz. Kompetenz, Empathie bzw. Einfühlungsvermögen, Vertrauenswürdigkeit, die Delegation von Kompetenzen u. hinsichtl. der höchsten F.sebenen ggf. auch Charisma bzw. persönl. Ausstrahlungskraft. Zunehmende Internationalisierung fordert von F.skräften Toleranz, Verständnis für andere Kulturen, vermehrte Fremdsprachenkenntnisse u. einfühlsame Kontaktfähigkeiten zu Menschen aus unterschiedl. Kulturen. Verstärktes Streben nach Chancengleichheit u. Gerechtigkeit verlangt die Steigerung des Anteils von Frauen in F.spositionen.

A. Töpfer u. E. Zander (Hg.), F.sgrundsätze u. F.sinstrumente, 1982; L. Rosner, Voraussetzungen, Eigenschaften u. Fähigkeiten der F.s-Persönlichkeit, 1983; G. Wiendieck u. G. Wiswede (Hg.), F. im Wandel, 1990; W. Kirsch, Kommunikatives Handeln, Autopoiese, Rationalität, 1992; B. Lichtenberger, Interkult. Mitarbeiterführung, 1992; S. R. Covey, Die effektive Führungspersönlichkeit, 1993.

Führungsstil, Art und Weise des Verhaltens u. des Umganges von Vorgesetzten gegenüber unterstellten Mitarbeitern u. Mitarbeitergruppen. Der F. wird bestimmt durch (a) die umgebende Organisation, in der Führungsaufgaben zu leisten sind; (b) den Inhalt der Aufgabe, zu deren Realisierung Führung erforderlich ist; (c) die Struktur u. die beteiligten Personen der Gruppe, die geführt wird; (d) die Persönlichkeit des mit Führungsaufgaben Betrauten; (e) die soziokulturelle Gesamtsituation, in deren Rahmen soziale Beziehungen des Über- u. Untereinander ablaufen. Autoritärer F. fordert widerspruchslose, bedingungslose Unterwerfung unter einen kritiklos anerkannten Autoritätsanspruch. Eine Sonderform ist der überkommene militärische F., der durch Hierarchie u. ein strenges Befehl-Gehorsam-Prinzip bestimmt ist. Autokratischer F. betont die bes. Autorität der führenden Person, auf deren Anweisungen, Kontrollmaßnahmen, Lob u. Kritik sich das Interesse u. die Aufmerksamkeit der Untergebenen konzentriert. Patriarchalisch-paternalistischer F. ergibt sich aus der wenig beschränkten Herrschaft insbes. älterer Männer, verbunden mit dem Anspruch väterl. Autorität u. Fürsorge. Kooperativer F. ist auf die einfühlsame Motivierung u. engagierte Mitwirkung qualifizierter, demokrat. sensibilisierter u. anspruchsvoller Mitarbeiter ausgerichtet. Organisatorische Voraussetzungen sind Abbau von Hierarchie u. Dezentralisierung zugunsten direkter Kommunikation zw. Positionsinhabern verschiedener Ebenen u. Bereiche (dialogorientierter F.). Zur Förderung von Selbstverantwortung, Eigeninitiative, Kreativität, Engagement u. Identifikation (mit der Organisation) erhalten die großenteils zunehmend kompetenter u. selbstbewußter werdenden Mitarbeiter größere Handlungsspielräume u. Mitwirkungsmöglichkeiten (parti-

zipativer F.). Das Führungsverhalten ist verstärkt auf die Pflege einer teamartigen Zus.arbeit von Kollegen ausgerichtet, die relativ eigenständige Arbeitsgruppen bilden (teamorientierter F.). Demokratischer F. zeichnet sich durch (ledigl.) steuernde Vorschläge u. Anregungen aus, die der geführten Gruppe zu eigener Entscheidungsfindung u. zu Selbstkontrolle verhelfen soll. Partnerschaftlicher F. ist weitestgehend durch vertrauensvolle Zus.arbeit gleichberechtigter Partner gekennzeichnet, die ohne offiziellen Vorgesetzten unter gegenseitiger Kompromißbereitschaft gemeinsam vereinbarte Ziele anstreben. Laissez-faire-F. beschränkt sich auf Information u. Reaktivität u. überläßt der Gruppe selbst das Entscheiden oder Nicht-Entscheiden, wobei die Leistungsfähigkeit eine hohe Selbstverantwortung u. -disziplin der Gruppenangehörigen voraussetzt. Situativer F. beinhaltet kein starr festgelegtes, konstant bleibendes Führungsverhalten. Vielmehr werden je nach Situation u. unter Berücksichtigung der Berufsqualifikation, des Wissens, der Einstellungen u. Erwartungen der jeweiligen Mitarbeiter unterschiedl. Führungstechniken eingesetzt, mit denen sich eine optimale Motivierung erreichen läßt.

H. Siegwart u. G. P. B. Probst (Hg.), Mitarbeiterführung u. ges. Wandel, 1983; W. Schmidt, Führungsethik als Grundlage betriebl. Managements, 1986; E. Seidel u. a., F. u. Führungsorganisation, 2 Bde., 1988; O. Neuberger, Führen u. geführt werden, 1989; M. de Pree, Die Kunst des Führens, 1990; W. Matiaske, Wertorientierungen u. F., 1992.

Fürstenberg, Friedrich, ✶22. 4. 1930 Berlin, 1951 Dipl.-Vw. Tübingen, 1953 Dr. rer. pol. ebd., 1962 Priv.doz. in Erlangen, 1963 o. Prof. f. Soziol. Bergakademie Clausthal, 1966 Univ. Linz, 1981

Fundamentaldemokratisierung

Univ. Bochum, seit 1986 Univ. Bonn, zus. mit H. Maus Begründer der Schriftenreihe »Soziol. Texte«, 1983–86 Präs. der Intern. Industrial Relations Association.
F. versteht Ges. als Wirkungszus.hang multipler Handlungsfelder, die durch eher kooperative oder konfliktorientierte, zunehmend rationalisierte Austauschprozesse konstituiert werden u. entsprechend dem Ausmaß der Normbindung unterschiedl. Verfestigungsgrade aufweisen. Bes. wichtig erscheint ihm die Analyse des Kontexts v. sozio-kulturellen Prägungen, Interessenlagen u. Handlungsstrategien als »treibende Kräfte« bei der Veränderung der Handlungsfelder. Dieser theoret. Bezugsrahmen wurde insb. in wirtschafts- u. stadtsoziolog. Untersuchungen konkretisiert.

Schr.: Probleme der Lohnstruktur, 1958; Das Aufstiegsproblem in der mod. Ges., [2]1969 (1962); Grundfragen der Betriebssoziol., 1964; (Hg.) Rel.soziol., [2]1972; Die Soz.lage der Chemiearbeiter, 1969; Wirtschaftssoziol., [2]1970; Soziol., [3]1978; Erfolgskonzepte der japan. Unternehmensführung, [2]1981 (1972); Industr. Arbeitsbeziehungen, 1975; (Hg.) Industriesoziol., I, [2]1966; II, 1974; III, 1975; Konzeption einer interdisziplinär organisierten Arbeitswiss., 1975; Soz. Unternehmenspol., 1976; Einf. in die Arbeitssoziol., 1977; Die Soz.struktur der BRD, [6]1978; Structure and Strategy in Industrial Relations, 1991. B. Scheuringer (Hg.), Wertorientierung u. Zweckrationalität (Festschr.), 1990.

Fundamentaldemokratisierung, von K. Mannheim geprägte Bezeichnung für den Prozeß der zunehmenden polit. u. ges. Aktivierung der breiten Massen im Zuge der Entwicklung u. des weiteren Ausbaus der Industriegesellschaft. F. beruht auf dem Abbau intellektueller »Disproportionalitäten« zw. versch. Ges.schichten u. -bereichen durch wachsende techn. u. soziale »Verklammerung« der einzelnen Handlungsgefüge. Der F. wirken allerdings entgegen die Prozesse der »Monopolisierung des Wissens« bei technokrat. Eliten u. Bürokratien sowie die Konzentration militär. u. sonstiger Gewaltmittel in den Händen ges. Führungsminoritäten.

K. Mannheim, Mensch u. Ges. im Zeitalter des Umbaus, 1967 (1935).

Fundamentalismus (lat.), allg. das kompromißlose, dogmat. Festhalten an bestimmten, insbes. relig. u. polit. Überzeugungen, Glaubensvorstellungen u. Grundsätzen, die mitunter fanat. u. kämpfer. vertreten werden. Fundamentalist. Strömungen gibt es in Religionen, soz. Bewegungen u. polit. Parteien. Ende des 19. Jh.s entstand im US-amerik. Protestantismus ein F. (Millenarismus-Bewegung →Chiliasmus), der die Prozesse der Verwissenschaftlichung, Liberalisierung u. Modernisierung durch das Vertreten eines orthodoxen Christentums aufzuhalten versuchte. Die Bibel wurde als Wort Gottes u. deshalb als irrtums- u. widerspruchsfrei aufgefaßt. Dieser F. übte in den USA in den 1920er Jahren eine einflußreiche ges. u. polit. Macht aus, bis hin zu dem gesetzl. Verbot, an öffentl. Schulen die Abstammungstheorie Darwins zu lehren. Fundamentalist. Strömungen traten wiederholt auch in der Kath. Kirche auf.
Gegenwärtig breitet sich im islamischen Kulturkreis ein F. aus, deren Verfechter die ursprüngl. u. reine islam. Rel. (wörtl. Befolgung der Vorschriften des Koran) u. einen islam. geprägten Staat fordern, in dem die Scharia bzw. islam. Pflichtenlehre mit rigorosen körperl. Strafen gilt. Während zugunsten der Verbesserung materieller Lebensverhältnisse naturwiss.-techn.-wirtschaftl. Errungenschaften der europ.-westl. Zivilisation über-

nommen werden, weist der islam. F. im Sinne einer »Gegen-Akkulturation« die auf Rationalität, Aufklärung u. Individualismus bezogenen kult. Dimensionen der westl. Moderne zurück. Durch diese z. T. aggressive Abwehrhaltung sollen zersetzende Einflüsse auf die islam.-kollektive Lebensform (»entwestlichte Welt« als Alternative) zurückgedrängt werden.

In sozialist. Parteien halten Fundamentalisten an den Lehren von Marx, Engels u. ggf. von Lenin, Stalin, Mao u. a. fest. In Umweltschutzparteien stehen mitunter die eine kompromißlose Opposition betreibenden Fundamentalisten den realpolit. orientierten Mitgliedern gegenüber, die zu Kompromissen u. Koalitionen mit anderen Parteien bereit sind.

T. Meyer, F., 1989; M. Riesebrodt, F. als patriarchalische Protestbewegung, 1990; S. Pfürtner, F., 1991; B. Tibi, Die Krise des mod. Islam, 1991; A. Hottinger, Islamischer F., 1993.

Funktion (lat.), »Tätigkeit«, »Verrichtung«, in der Mathematik veränderl. Größe, deren Wert von dem jeweiligen Wert der anderen abhängig ist. In der Soziol. (seit Durkheim) die Leistung, der Beitrag oder die erkennbare Konsequenz eines sozialen Elements für den Aufbau, die Erreichung, Erhaltung oder Veränderung eines bestimmten Zustandes des ges. Systems (Struktur), zu dem das Element gehört. Durkheim bestimmte die F. eines sozialen Elements oder Phänomens als dessen Beitrag zur Erhaltung des normalen (gesunden) Zustands einer Ges., wobei über das Kriterium der Normalität nach Maßgabe der jeweiligen Entwicklungsstufe der der Ges. vorgegebenen Bedingungen (Volumen u. Dichte der Bevölkerung) geurteilt wurde.

In der Kulturanthropologie wird der Begriff der F. entweder definiert als die Leistung einer sozialen Institution oder eines Handlungsbeitrages für die Befriedigung menschl. Bedürfnisse (Malinowski), oder er dient zur Beurteilung der die ges. Struktur erhaltenden u. konsolidierenden Wirkung einer kulturellen Einrichtung (Radcliffe-Brown).

Ähnlich bezieht Parsons die F. als Leistung eines sozialen Elements auf den Stabilitätszustand eines ges. Systems. Als Vertreter einer bes. Richtung dieser Strukturell-funktionalen Theorie wählt Merton als theoret. Ansatzpunkt nicht die Definition eines bestimmten Systemzustandes des sozialen Ganzen, um dann die für diesen Zustand relevanten Beiträge der Elemente des Systems zu ermitteln, sondern er geht von einem bestimmten Element aus, um die von diesem bewirkten Folgen für versch. andere betroffene Einheiten des Systems zu untersuchen. Auf diese Weise nach versch. sozialen Zusammenhängen untersucht, kann dasselbe Element zugleich als funktional, dysfunktional oder nicht-funktional (unerheblich) beurteilt werden. Verglichen mit den Handlungs- u. Wirkungsabsichten des Elements selbst kann es als latent- oder manifest-funktional beurteilt werden. Die weitere soziol. Forschung hat diese Instrumentalisierung u. Verobjektivierung des F.s-Begriffs weiter vorangetrieben, indem die Entscheidung über die Wahl des funktionellen Bezugspunktes (Stabilität, Veränderung oder Zerstörung eines ges. Systems) nunmehr als beliebig dem jeweiligen Erkenntnisinteresse des Forschers überlassen bleibt (Mayntz). Seitdem die Diskussion der Probleme des Verhältnisses von soziol. Theo-

Funktionär 252

rie und prakt. Ges.politik an Bedeutung u. Intensität zugenommen hat, werden unter Zugrundelegung bestimmter Zwecke oder Gestaltungsziele versch. soziale Elemente oder Institutionen daraufhin untersucht, welche von ihnen u. inwieweit sie als Alternative zur Zielerreichung, als funktionale Äquivalente, in Betracht kommen.

N. Luhmann, F. u. Kausalität, in: KZfSS 14, 1962; H.-G. Schütte, Der empir. Gehalt des Funktionalismus, 1971; W. L. Bühl (Hg.), F. u. Struktur, 1975.

Funktionär (lat.), »Beauftragter«, Funktions-, Amts- oder Mandatsträger (ausgestattet mit Entscheidungs- u. Repräsentationsrechten) einer Partei, eines Interessenverbandes oder einer Organisation. Soziologische Untersuchungen über Autorität, Bürokratie, Demokratie, Herrschaft u. Oligarchie analysieren u. a. die ges. u. polit. Probleme der Ämterhäufung, des Informationsmonopols, der Selbstrekrutierung u. Kooptation, damit der Abkapselung u. Entscheidungsübergewichte bei F.sgruppen.

H. Schelsky, F.e, 1982.

Funktionale Autorität →Autorität

Funktionale Differenzierung, Spezialisierung u. Aufgabenverteilung unter den Angehörigen einer Ges. (Arbeitsteilung). Nach einer Grundthese der Theorien zur sozialen Schichtung besteht ein Zusammenhang zwischen dem Grad der (horizontalen) f. D. u. der (vertikalen) sozialen Schichtung. Wenig differenzierte Ges.n wie z. B. alle sozial »primitiven« Ges.n weisen gegenüber hochentwickelten Industriegesellschaften auch eine einfachere vertikale Soz.struktur auf.

Funktionales   Äquivalent →Funktion

Funktionalismus, ein älterer, von B. →Malinowski u. A. →Radcliffe-Brown begründeter soz.anthropolog.-soziol. Theorieansatz, der die Ges. als einen Funktions- u. Strukturzus.hang darstellt, in dem die einzelnen Elemente u. Prozesse bestimmte Funktionen zugunsten der Aufrechterhaltung des ges. Ganzen leisten. Einzelne Elemente einer Ges. können somit nicht aus sich allein existieren, sondern nur im ges. Funktions- u. Strukturzus.hang. Bei Malinowski sind die Institutionen einer Ges. funktional auf Bedürfnisse bezogen. Funktion bedeutet daher für ihn Befriedigung eines Bedürfnisses. Für Radcliffe-Brown, der die enge Orientierung der funktionalist. Betrachtungsweise an den Bedürfnissen nicht übernahm, stellt der Begriff der Funktion die Beziehung zw. soz. Strukturen u. Prozessen her. Prozeß, Funktion u. Struktur bilden damit aus der Sicht des weiterentwickelten F. die zentralen Begriffe einer Theorie des Soz.verhaltens in ges. Systemen des Menschen.

Anregungen zur Entwicklung einer funktionalist. Theorie des ges. Lebenszus.hanges gingen von dem biolog. Organismusmodell, von H. Spencers Analogie von Organismus u. Ges., von E. Durkheims Konzeptionen der mechan. u. organischen Solidarität sowie von V. Paretos Systembegriff aus. Der F. hat die weitere theoret. Arbeit in der Soziol. u. Soz.- bzw. Kulturanthropologie stark befruchtet, insbes. grundlegend zur Entfaltung der →Strukturell-funktionalen Theorie beigetragen.

Funktionselite →Elite

Funnel (engl.), Trichter →Fragebogen

Futurologie (lat.), Zukunftsforschung, interdisziplinärer, Natur- u. Sozialwiss.en zusammenführender Forschungsansatz, der über die Vorhersagbarkeit einzelner punktueller Ereignisse oder Entwicklungen hinaus zu Aussagen über die Gesamtstruktur u. über die menschl.-sozialen Lebensbedingungen in einer nicht allzu fernen Zukunft vordringen will. F. will mit Analogieschlüssen, Projektionen von Gegenwartstendenzen u. mit der Kombination von diversen Einzelforschungsergebnissen mögl. Alternativen industrieller, technolog., ökonom., sozialer u. weltpolit. Entwicklungen aufdecken, um sowohl den polit. Verantwortlichen als auch einer breiteren Öffentlichkeit Zukunftsorientierung und -entscheidungsgrundlagen zu vermitteln. F. will nicht bestimmte Prognosen über die zukünftige Entwicklung geben, sondern klären, was unter bestimmten, von den beteiligten Einzelwiss.en erforschten Bedingungen u. Voraussetzungen sich entwickeln würde. Die F. richtet ihr Interesse auf die zukünftige technolog.-wiss. Entwicklung, auf wirtschaftl., ökolog., bevölkerungsmäßige, weltpolit. (Friedensforschung), kulturelle u. ideolog. Perspektiven, die sie insbes. auf ihre mögl. Konfliktträchtigkeit u. polit.-prakt. Gestaltungsfähigkeit untersucht.

F. birgt einerseits die Gefahr, daß ihre Erkenntnisse zur zentralen Regulierung u. damit Konsolidierung bestimmter ges. Strukturverhältnisse (mit entspr. Herrschaftsverhältnissen) benutzt werden können, u. bietet andererseits die Chance, die in einer Ges. sonst unerkannt bleibenden Widersprüche zum Zwecke rechtzeitiger Beeinflussung offenzulegen.

O. K. Flechtheim, History and Futurology, 1965; ders., F., Der Kampf um die Zukunft, 1980 (1970); C. F. v. Weizsäcker, Gedanken über unsere Zukunft, 1967; A. Toffler, Der Zukunftsschock, 1970; R. Waterkamp, F. u. Zukunftsplanung, 1970; O. K. Flechtheim, F. als »Dritte Kraft«, 1973; A. Toffler, Die Zukunftschance, 1980; H. A. Müller (Hg.), Die Gegenwart der Zukunft, 1991.

Galbraith, John Kenneth, amerikan. Wirtschaftswissenschaftler, *15. 10. 1908 Iona Station/Ont. (Kanada), lehrte 1939–42 an der Princeton-Univ., in u. nach dem 2. Weltkrieg hatte er Regierungsämter inne, seit 1949 Prof. an der Harvard-Univ., 1961–63 Botschafter in Indien.

G. zählt als Wirtschaftswissenschaftler u. als Vertreter eines progressiven Liberalismus zu den bedeutendsten Kritikern der mod. Industriegesellschaft. Diese charakterisiert er im Gegensatz zu Mangelges.en als eine Ges. im Überfluß (affluent society), in der aufgrund einer Diskrepanz zwischen privatem Reichtum (Verschwendungskonsum) u. öffentl. Armut (unzureichende Infrastruktur, vernachlässigte staatl. Dienstleistungen) ein mit sozialen Mißständen verbundenes Ungleichgewicht besteht. Wirtschaftssoziol. bes. wichtig ist sein Hinweis auf den Abhängigkeitseffekt zwischen industrieller Produktion u. den wandelbaren menschl. Bedürfnissen: Um die wachsenden Konsumgütermengen absetzen zu können, müssen die einseitig vom Wachstumsdenken beherrschten Industrieunternehmen zugleich Bedürfnisse schaffen. Somit füllt die Produktion »nur eine Lücke aus, die sie selbst erst geschaffen hat«. Da die Interessen der hochtechnisierten u. bürokratisierten Industrieunternehmen (Technostruktur) dem Glück des Einzelmenschen u. dem Gemeinwohl immer mehr zuwiderlaufen (Umweltproblematik), fordert G. als Reformer gesetzl. Schranken für die industriell-wirtschaftl. Expansion. G. ist ferner bekannt durch seine Theorie der gegengewichtigen Marktmacht (Theory of Countervailing power), nach der sich Industrie u. Gewerkschaften gegenseitig in ihrer Macht begrenzen.

Schr.: American Capitalism, London ²1957 (1952) (dt.: Der amerikan. Kapitalismus, 1952); The Great Crash 1929, London 1955 (dt.: Der große Krach 1929, 1963); The Affluent Society, Cambridge, Mass. 1960 (dt.: Ges. im Überfluß, 1959); The Liberal Hour, Cambridge, Mass. 1960 (dt.: Tabus in Wirtschaft u. Politik der USA, 1964); Economic Development, Cambridge, Mass. ²1964 (1962) (dt.: Wirtschaftl. Wachstum, 1967); The New Industrial State, Boston 1967 (dt.: Die mod. Industrieges., 1968); How to Control the Military, New York 1969 (dt.: Wie man Generäle bändigt, 1970); Economics, peace and laughter, 1971, dt.: Wirtschaft, Friede u. Gelächter, 1972; Economics and the Public Purpose, Boston 1973 (dt.: Wirtschaft f. Staat u. Ges., 1973); Money, Boston 1975 (dt.: Geld, 1976); The Age of Uncertainty, Boston 1977, dt.: Mächte, Märkte u. Moneten, 1980; The Nature of Mass Poverty, Cambridge, Mass. 1979; A Life in our times: memoirs, Boston 1981, dt.: Leben in entscheidender Zeit – Memoiren 1982; The Voice of the poor: essays in economic and political persuasion, Cambridge, Mass. 1983; The Anatomy of power, London 1984, dt.: Anatomie der Macht, 1987; Die Entmythologisierung der Wirtschaft, 1987; A History of economics, London 1987; Capitalism, communism and coexistence (mit S. Menshikov), Boston 1988, dt.: Kapitalismus u. Kommunismus, 1989.

B. Meier, J. K. G. u. seine Wegbereiter, 1989.

Gallup, George Horace, amerikan. Meinungsforscher, 18. 11. 1901 Jefferson, Iowa – 27. 7. 1984 Thun (Schweiz), 1931–32 Prof. für Zeitungswesen u. Werbung an der Northwestern Univ., 1932–47 Dir. der Marktforschg.sabteilung der Young & Rubicam – Werbeagentur (N. Y.), 1935–37 Prof. an der Pulitzer School of Journalism der Columbia Univ., seit 1935 Dir. des von ihm im gleichen Jahr gegründeten American Inst. of Public Opinion (AIPO), gründete 1936 das British Inst. of Public Opinion, 1937–47 Vize-Präs. von Young & Rubicam. – G. zählt zu den Pionieren der modernen Meinungs- u. Medienforschung (Erforschung der öffentl. Meinung, der Wählerentscheidungen, der Wirkung von Massenmedien), die sich der Statistik u. verfeinerter Befragungsmethoden bedient (Interview). Er gab 1936 den Anstoß zur Entwicklung dieser Forschungsrichtung, als er im Zusammenhang mit der amerikan. Präsidentenwahl die Überlegenheit relativ kleiner, aber repräsentativer Stichproben über die früher hauptsächl. von Zeitschriften durchgeführten Massenbefragungen nachwies.

Schr.: Public Opinion in a Democracy, 1939; (zus. mit S. F. Rae), The Pulse of Democracy, 1940; A Guide to Public Opinion Polls, ²1948 (1944); The Miracle Ahead, New York 1964 (dt.: Die Mobilisierung der Intelligenz, 1965). The G. Poll, Public Opinion 1935–1971, 3 Bde., New York 1972.

Gammler, dt. Ausdruck für Jugendliche, die nach ihren Lebensformen, nach Haltung u. Kleidung eine protestierende Einstellung gegen die industrielle Leistungsgesellschaft erkennen lassen. In den Jahren 1962–65 wurden die G. zu einem Massenphänomen. Das Wort G. entstammt dem Mittelhochdt. »gämeln« mit der Bedeutung »sich schlaff bewegen«. Obwohl die G. z. B. durch ihr ungepflegtes Äußeres die bürgerl. Sauberkeitsempfinden und mit ihren langen Haaren das Image vom ordentl. männl. Mann mit Familie, Haus, Besitz u. Erfolg attackieren wollen sowie mit betontem Müßiggang u. lässiger Haltung gegen die Welt der Arbeit u. der Disziplin sich stellen, bilden sie keine solidarisierte Bewegung mit kohärenten Gruppen. Ihre Rebellion gegen die Gesellschaft ist passiv, individuell. Sie wollen die Gesellschaft nicht von ihrer Lebensauffassung überzeugen, sondern sich nur von deren Einfluß befreien. Jede innere u. äußere Uniformierung wird abgelehnt. Die Rekrutierung erfolgt aus allen sozialen Schichten.

M. Kosel, Gammler, Beatniks, Provos, 1967; W. Hollstein, Gammler und Provos, (Frankfurter Hefte 6, 1967); H.-G. Jaedicke, Die Gammler, (Neue Sammlung 8, 1968); W. Hollstein, Der Untergrund, 1968; D. Kerbs (Hg.), Die hedonist. Linke, 1970.

Gang (engl.) »Bande«, »Rotte«, alltägl. sowie jugend- u. kriminalsoziol. Ausdruck für eine Gruppe von Personen, die sich als Subkultur zum Zwecke abweichenden Verhaltens oder zur Vorbereitung u. Durchführung von Straftaten zusammenschließen. Die G. entwikkelt für die sozialen Beziehungen der Mitglieder untereinander bes. Normen u. Institutionen, die insbes. Autoritäts- u. Konfliktsituationen regeln. Sowohl die nach außen wirksamen Zielsetzungen als auch die innere Struktur der G. müssen als Antwort auf die ges. Ordnungsverhältnisse der Umwelt interpretiert werden. Die G. ist in diesem Sinne Gegenkultur. In der Jugendsoziol. gilt allg. die Überzeugung, daß die individuelle Zugehörigkeit zur G. tendenziell in jenen unteren sozialen Schichten bes. häufig vorkommt, in denen die einzelnen Jugendlichen auch bei gutem Willen zu große soziale Schwierigkeiten haben, sich den geltenden Verhaltensmustern u. Wertvorstellungen kleinbürgerl. Umwelt (die die sozialen Idealnormen vorgibt) anzupassen u. entsprechend zu handeln. Die G. verschafft in vielen Fällen Ersatz-Sicherheit für Angehörige sozial unvollkommener bzw. unvollständiger Familien.

F. Trasher, The Gang, Chicago 1927; W. F. Whyte, Street Corner Society, Chicago 1961; K. Cohen, Kriminelle Jugend. Zur Soziol. d. Bandenwesens, 1961; H. Zulliger, Horde, Bande, Gemeinschaft, 1961; L. Yablonsky, The Violent G., Baltimore 1970; C. Küther, Räuber u. Gauner in Dtl., 1976; K. Farin u. E. Seidel-Pielen, Krieg in den Städten, 1991.

Ganzheit, Vollständigkeit, organ. Einheit, Eigengesetzlichkeit eines Phänomens in dem Sinne, daß sich seine Eigenschaften nicht nur (und in erster Linie) aus den Eigenschaften seiner Teile zusammensetzen u. daß darum die Feststellung der Teile, deren Eigenschaften u. Wirkungszusammenhänge noch nicht den Gesamtbestand u. die Gesamtwirkung eines Phänomens erklären kann. Die G. oder das Ganze sei, wie bereits Aristoteles lehrte, früher u. mehr als die Summe seiner Teile. Von O. Spann (1878–1950) ist die G. zum tragenden Begriff einer »universalist. Soziol.« gemacht worden, die Gruppen, Gebilde, Gemeinschaften als die originären Einheiten betrachtet, in denen nur u. durch die das Individuum seine Existenz erfährt. Darum müssen Untersuchungen von »Gliedhaftigkeit« der Teile an die Stelle von Kausalanalysen treten.

H. Driesch, Das Ganze u. die Summe, 1921; O. Spann, Ges.lehre, ³1930; O. Koehler, Das G.problem in der Biologie, 1933; M. Schlick, Über den Begriff der G., u. E. Nagel, Über die Aussage: »Das Ganze ist mehr als die Summe seiner Teile«, (in: E. Topitsch, Hg., Logik d. Soz.Wiss., 1965); A. Richter, Vom Positivismus zum Universalismus, 1971.

Garfinkel, Harold, ★1917, 1952 Ph. D. b. T. →Parsons an der Harvard Univ. (Mass.), Prof. für Soziol. an der Univ. of California, Los Angeles.
G. gilt als Begründer der Ethnomethodologie, in der er z. T. das me-

Gastarbeiter

thod. Programm v. A. Schütz empir. angewandt hat. Aus dieser »analyt. Mentalität« heraus beschäftigt ihn insb. der Fragenkomplex, wie Menschen im Rahmen sozialer Strukturen der Alltagswelt wechselseitig orientiert handeln. Dadurch werden v. ihm elementare Fragen nach dem selbstverständl. erscheinenden Alltagswissen u. -handeln (wie es zu machen ist, wie es gemacht wird) aufgewertet.

Schr.: Studies in Ethnomethodology, Englewood Cliffs, N. J. 1967; Das Alltagswissen über soz. u. innerhalb soz. Strukturen, in: Alltagswissen, Interaktion u. ges. Wirklichkeit, hg. v. Arbeitsgruppe Bielefelder Soziologen, 1973; Studien über Routinegrundlagen v. Alltagshandeln, in: Symbolische Interaktion, hg. v. H. Steinert, 1973; Über formale Strukturen prakt. Handlungen (mit H. Sacks), in: Ethnomethodologie, hg. v. E. Weingarten u. a., 1976; (Hg.) Ethnomethodological studies of work, London 1986.

Gastarbeiter, ausländ. Arbeitnehmer aus in der Regel industriell unterentwickelten, nur über unzureichende Beschäftigungsmöglichkeiten u. Arbeitsbedingungen verfügenden Ges.en, die sich für absehbare Zeiträume in Industrieländern aufhalten, in denen ein Überangebot an zumeist niedrig bewerteten u. geringe Aus- u. Vorbildung erfordernden freien Arbeitsplätzen besteht. Je leichter G. für weniger attraktive Arbeitsplätze gewonnen werden können, um so geringer ist der Druck zur Modernisierung der Arbeitswelt. Entsprechend dem Hauptmotiv für ihren Aufenthalt im fremden Land, bessere Einkommens- u. Versorgungschancen wahrzunehmen, konzentriert sich die soziale Aufmerksamkeit u. soziale Anpassung der G. im Gastgebiet zumeist auf den Arbeitsplatz u. den Betrieb, von denen aus sie die Einrichtungen, Verhaltensmuster u. Wertungen des Gastlandes erfahren, an denen sie

ihre Erwartungen einer Realitätsprüfung unterziehen u. die sie umgekehrt an ihren eigenen, mitgebrachten Normen kontrollieren. Infolge unzureichender Akkulturation u. Assimilation, die mitunter wegen Diskriminierung bewußt vermieden werden, ergeben sich Spannungen u. Konflikte sowohl zur Bevölkerung des Gastlandes als auch unter den sozial isolierten G. selbst. Die G.politik des Gastlandes schwankt aufgrund unterschiedl. Wertorientierungen und Interessen zw. dem Rotations- u. Integrationsprinzip. Die starke Zunahme dauerhaft bleibender G., das Nachholen v. Familienangehörigen, nachwachsende G.generationen, Ghettobildung, Überfremdungsängste des Gastvolkes, dauerhafte Massenarbeitslosigkeit u. gegenseitige Vorurteile haben ein großes soziales Problem entstehen lassen. Viele G. erweisen sich mit ihren Familien als Einwanderer (Arbeitsmigranten), die auf Dauer im Gastland bleiben wollen, wobei ihre hier sozialisierten Nachkommen leichter assimiliert werden können u. dem Herkunftsland zunehmend entfremdet sind.

H. u. H. Reimann (Hg.), G., ²1987 (1976); H. Esser u. a., Arbeitsmigration u. Integration, 1979; V. McRae, Die G., 1980; K.-H. Meier-Braun, »G.« oder Einwanderer, 1980; H.-J. Hoffmann-Nowotny u. K.-O. Hondrich (Hg.), Ausländer in der Bundesrepublik Dtl. u. in der Schweiz, 1981; H. Leitner, G. in der städt. Ges., 1983; S. M. Papaionnou, Arbeitsorientierung u. Ges.bewußtsein von G.n in der BR Dtl., 1983; U. Herbert, Gesch. der Ausländerbeschäftigung in Dtl. 1880 bis 1980, 1986; U. Schöneberg, Gestern G., morgen Minderheit, 1993.

Gastvolk, ethnolog. Bezeichnung für ethn. oder nationale Minoritäten bzw. relativ isoliert lebende Volksgruppen oder Rassen, die auf einem von mächtigeren Völkern oder Stämmen beherrschten Gebiet nach ihrer bes. Kultur leben.

Gattenfamilie, moderner Typ der Familie, der sich auf das Gattenpaar u. die unverheirateten minderjährigen Kinder beschränkt. Die G. entsteht mit der Eheschließung, erweitert sich danach mit der Geburt der Kinder, um sich dann je nach Kinderzahl in einer gewissen Zeitspanne nach Berufsausbildung bzw. Volljährigkeit der das Elternhaus verlassenden Kinder wieder auf das Gattenpaar zu beschränken.

Gattungswesen, marxist. Bezeichng. für das konkret-utopische Gegenbild zu dem Menschen, der in allen bisherigen Ges.strukturen der Gesch. (als »menschlicher Vorgesch.«) unter sozialen Verhältnissen der Entfremdung lebte u. – bis zur Realisierung des Kommunismus – noch leben wird. Zum G. wird der Mensch erst unter Bedingungen klassenloser, kollektiver Produktion, in der durch Arbeit die Natur als sein Werk u. seine Wirklichkeit erscheinen kann u. er sich in einer von ihm geschaffenen Welt nicht nur intellektuell-geistig, sondern »werktätig, wirklich verdoppelt« (K. Marx, Frühschriften).

Gebäralter, Begriff der Bevölkerungsstatistik u. -theorie, der das durchschnittl. Lebensalter gebärender Frauen u. damit indirekt den durchschnittl. zeitl. Generationenabstand bezeichnet.

Gebilde, soziales, allg. Ausdruck für soz. Einheiten, die von mehreren Personen gebildet werden. Wesentl. sind gemeinsame Werte u. Normen sowie ein System soz. Rollen, die insgesamt dauerhaft.stabile soz. Beziehungen zw. den Personen ermöglichen. G. sind Organisation, Betrieb, Familie, Gruppe, Gemeinde usw. Mit fortschreitender ges. Entwicklung nimmt die Bedeutung größerer G. für das Individuum u. für die Ges. zu, treten formal geregelte Beziehungen zwischen den Individuen als Mitglieder an die Stelle personenbestimmter Kontakte u. wird die Anzahl der G., denen ein Individuum angehört u. die seine soziale Lage unmittelbar berühren, immer größer.

Gebildelehre, von L. v. →Wiese entwickelter Ansatz soziol. Betrachtungsweise, der zusammen mit der →Beziehungslehre Soziol. als Grundlagenwiss. des Sozialen konzipiert. G. soll die Kategorie des Bloß-Sozialen aufweisen u. das Allein-Zwischenmenschliche aus den Zusammenhängen mit den sachl. u. gesch. spez. (z. B. wirtschaftl., polit., rechtl.) Lebensbereichen lösen u. bes. betrachten. Gebilde werden entspr. einer vorausgegangenen Einteilung der Beziehungen u. der diesen zugrundeliegenden Prozesse des »Zueinander« u. »Auseinander« nach dem Grad ihrer Konsistenz geordnet: 1. Massen, 2. Gruppen, 3. Körperschaften.

Gebrauchswert, die Eigenschaft eines Gutes, für die Befriedigung eines Bedürfnisses einer Person unmittelbar oder mittelbar von Nutzen, dienlich zu sein. Von der Grenznutzenschule u. der sog. subjektivist. Wertlehre der Nationalökonomie zentral benutzter Begriff zur Erklärung der Preisbildungsprozesse auf dem Markte.

W. Hofmann, Wert- u. Preislehre, Sozialökonom. Studientexte, Bd. I, 1964.

Geburt, soziokulturelle, des Menschen, Kurzformel für den Prozeß der primären →Sozialisation, durch die der zunächst »nur« physisch geborene Mensch seine durch Instinktreduktion bedingte Verhal-

Geburtenbeschränkung 258

tensunsicherheit u. -diffusität überwindet u. zum ges. handlungsfähigen Wesen wird.

D. Claessens, Familie u. Wertsystem, [4]1979 (1962).

Geburtenbeschränkung →Geburtenregelung

Geburtenfolge, zeitl. Abstand zwischen den Geburten einer Frau. Die Feststellung der durchschnittl. G. ist zusammen mit Angaben über das durchschnittl. Heiratsalter, die Heiratshäufigkeit u. die weibl. Fruchtbarkeit eine wichtige Variable für die Berechnung der zukünftigen Bevölkerungsgröße.

Geburtenhäufigkeit →Geburtenziffer

Geburtenregelung, die Folge einer Bevölkerungsweise, die im Zuge der Säkularisierung zu einer Rationalisierung des Fortpflanzungsverhaltens (generatives Verhalten) geführt hat, entweder entspr. dem »Prinzip der bewußten Elternschaft« der Geschlechtspartner oder als bewußt manipulative Beeinflussung der Bevölkerung durch verhaltenssteuernde (abschwächende oder stimulierende) Maßnahmen wirtschafts-, kultur- oder gesellschaftspolit. Art (→Bevölkerungspolitik).
In der Regel wird – einseitig u. mißverständl. – unter G. ledigl. die Einflußnahme auf die Empfängnisfähigkeit zum Zwecke der Schwangerschaftsverhütung verstanden. Diese Definition schließt bereits die Methoden der Schwangerschaftsunterbrechung (-beseitigung) aus. Die mit der G. verbundenen Probleme beschäftigen insbes. die an einem zeitgemäßen Strafrecht interessierten Rechtswissenschaftler u. -praktiker sowie die

um Klärung der tangierten familien- u. ehemoralischen Aspekte bemühten Kirchen.

J. Fischer, Die Problematik der G. in der Diskussion der Kirchen, 1965; R. Blobel u. a. (Hg.), Familie u. G., 1969.

Geburtenrückgang, Schrumpfung der →Geburtenziffer bzw. Verkleinerung der durchschnittl. Zahl von Geburten je Frau der Bevölkerung eines Landes (Staatsgebietes). In Frankreich setzte der G. in der 1. Hälfte des 19. Jh.s. ein, in vielen Ländern N.- u. W.-Europas gegen Ende des 19. Jh.s. Hinsichtl. der Bevölkerungszahl ergab sich infolge des medizin. Fortschritts, der Verbesserung der Hygiene u. Lebensbedingungen eine gewisse Kompensation durch Verlängerung der mittleren Lebenserwartung. Mitte der 1960er Jahre setzte in hochentwickelten Wohlstandsges.en ein erneuter G. ein, der durch das Unterschreiten des Bestandserhaltungsniveaus (etwa 2,1 Geburten je Frau) zunehmend die Reproduktion der autochthonen bzw. angestammten Bevölkerung gefährdet u. diese schließlich schrumpfen läßt.
Die Ursachen des G.s sind gesch. variabel, mannigfaltig u. großenteils miteinander verbunden: Kinder sind keine billigen Arbeitskräfte mehr, stattdessen lange Ausbildungszeiten; starker Rückgang der Kindersterblichkeit, Verringerung der Kinderzahl pro Familie (»Zwei-Kinder-Norm«, »Ein-Kind-Familie«, gewollte Kinderlosigkeit), aufwendiger Konsumhedonismus der (potentiellen) Eltern, Mangel bezahlbarer Wohnungen für kinderreiche Familien, unzureichender staatl.-ges. Familienlastenausgleich, soz.staatl. Altersversorgung, fortschreitende Emanzipation u. (karriereorientierte) Er-

Geburtsprinzip

werbstätigkeit der Frau bei gleichzeitiger Diskriminierung der Mutterrolle u. Hausfrauentätigkeit, verbesserte Verhütungsmethoden, hohe Abtreibungsquote; Verstädterung, gesteigerte Mobilität, verringerter Druck der Herkunftsfamilie u. Verwandtschaft auf den einzelnen, eigenen Nachwuchs hervorzubringen; Säkularisierung und Entkirchlichung, Abnahme kollektiver Orientierungen; Zunahme der Ehescheidungen u. der außerehel. Partnerschaften, unzureichende Möglichkeiten außerfamiliärer Kinderbetreuung (Kinderkrippen u. -gärten, Ganztagsschulen).

Folgen des G.s in den Wohlstandsges.en: Bei dauerhafter Unterschreitung des Bestandserhaltungsniveaus Schrumpfung der autochthonen Bevölkerung u. des einheimischen Arbeitskräftepotentials zu Lasten der volkswirtschaftl. Entwicklung; zunehmende Einwanderung von Menschen aus anderen Kulturkreisen, Veränderung der ethn. Bevölkerungsstruktur (multikult., -ethn. oder sogar -nationale Ges.), Gefahr ethn. Konflikte, verstärkter soziokult. Wandel; zunehmende Überalterung der Ges., Verlängerung der Lebensarbeitszeit, wachsender Aufwand für die Versorgung u. Pflege alter Menschen, Gefahr zunehmender Spannungen u. Konflikte zw. der erwerbstätigen u. alten Generation, verstärkte Tendenzen zum Konservatismus, zur Innovations- u. Wandlungsresistenz, Belastung des allg. Aktivitätsniveaus, Lebensgefühls u. der Zukunftsorientierung.

Wirkungsvolle Maßnahmen zugunsten der Erreichung u. Stabilisierung einer ausreichenden Reproduktion (Bestandserhaltung) der Bevölkerung von Wohlstandsges.en müssen allg. die angemessen einzuschätzenden Ursachen des G.s berücksichtigen. Die Werte der mod. Ges. u. die Beachtung soz. Akzeptanz erfordern eine selektive Ausschöpfung jener Ursachen für eine erfolgreiche Gegensteuerung. Dagegen erfordert die Überwindung des zu Massenelend führenden Bevölkerungswachstums in den Entwicklungsges.en Maßnahmen zugunsten eines starken G.s: Verbesserung der allg. Bildung u. Aufklärung, Förderung der Emanzipation der Frau u. Hebung ihres Status, umfassende u. wirkungsvolle Maßnahmen der Familienplanung, Einführung einer soz.staatl. Altersversorgung.

E. Beck-Gernsheim, Vom G. zur Neuen Mütterlichkeit? 1984; H. Linde, Theorie der säkularen Nachwuchsbeschränkung 1800–2000, 1984; G. Oppitz, Kind oder Konsum?, 1984; E. Beck-Gernsheim, Die Kinderfrage, 1988; T. Klein, Bildungsexpansion u. G., in: KZfSS 41, 1989; H. C. Recktenwald (Hg.), Der Rückgang der Geburten – Folgen auf längere Sicht, 1989.

Geburtenüberschuß, Geburtendefizit, Differenz zwischen den Geborenen- u. Gestorbenenzahlen in einer Bevölkerung.

Geburtenziffer, Maßzahl, gibt die Zahl der Geburten auf 1000 Einwohner (gemessen in der Mitte des Jahres) pro Jahr an. Da am Fortpflanzungsprozeß nicht alle Bevölkerungsteile beteiligt sind, ist die G. kein bes. aussagekräftiges Maß für die Fruchtbarkeit einer Bevölkerung (→Fruchtbarkeitsziffer).

Geburtsprinzip, Bezeichnung der grundlegenden, traditionell überkommenen Regelung, die Zugehörigkeit einer Person zu einer unterschiedl. bewerteten sozialen Kategorie (z. B. Kaste, Stand) u. die Übernahme eines bestimmten sozialen Status v. dem Hineingeborenwerden in einen jeweils entsprechenden ges. Bereich abhängig zu machen. Die Entfaltung der modernen Demokratie u. der dynam. Wirtschaftsges. hat das G. bzw. Herkunftsprinzip z. T. durch das Leistungsprinzip zurückgedrängt.

Geck, Ludwig Heinrich Adolph, *9. 4. 1898 Elberfeld, Dr. phil., Dr. jur., Dr. Ing. habil., 1928–37 Geschäftsführer Inst. für Betriebssoziol. u. soziale Betriebslehre TH Berlin, 1937 Habil. ebd. Verweigerung der Dozentur aus polit. Gründen, kath. Priester, 1948–62 Lehrauftrag für Soziol. u. Sozialpolitik Univ. Bonn. – Ausgerichtet auf ein System der Soz.wiss., beschäftigte sich G. mit Sozialpsychol., -politik, -pädagogik, -gesch. u. theol., insbes. mit Betriebs- u. Freizeitfragen. Er zählt zu den Pionieren der Betriebssoziol.

Schr.: Soz.psychol. im Auslande, 1928; Soz.psychol. in Dtl., 1929; Die soz. Arbeitsverhältnisse im Wandel der Zeit, 1977 (1931); Soz. Betriebsführung ²1953 (1938, franz. 1955); (Hg.) Studien zur Soziol. Festgabe f. L. v. Wiese, 1946; Soz.polit. Aufgaben, 1950; Zur Soz.reform des Rechts, 1957; Über das Eindringen des Wortes »sozial« in die dt. Sprache, 1963; Zur Theologie des Industriebetriebes, 1967; Die Freizeitprobleme in der wiss. Christl. Ges.lehre, 1972.

Gedächtnis, kollektives, auf M. →Halbwachs zurückgehende Bez. für die Summe der symbol. u. verbalen Konventionen unter den Menschen einer Ges., die überhaupt erst das Fundament zw.menschlicher Beziehungen herstellen u. damit als G.elemente Interessen- u. Denkgemeinschaften möglich machen. Das k. G. ist der verbindende Rahmen aller indiv. G.se.

Gedankenexperiment, Begriff der sozialwiss. Methodologie, der den heurist. u. instrumentalen Wert der Konstruktion eines Modells zum Ausdruck bringen soll. In Anlehnung an die Arbeitsprinzipien des naturwiss. Experiments kann in einem Modell als G. die gedankl. Isolierung, Anordnung u. Variierung von Variablen u. Variablenbeziehungen vorgenommen werden, ohne daß auf erfahrungswiss. geforderte Gehalte der Wirklichkeit bzw. auf Inhalte einer erfahrungswiss. gesicherten Theorie über die Wirklichkeit bezug genommen werden muß.

Das G. ist ein reines Sprachspiel, mit dessen Hilfe man logische Beziehungen klären, die formale Richtigkeit eines Aussagensystems überprüfen u. seinen empir. Gehalt explizieren kann. Erst das Realexperiment ermöglicht die Feststellung eines Wahrheitsgehaltes bzw. die Bestätigung einer behaupteten Aussage.

W. Buschlinger, Denk-Kapriolen?, 1993.

Gefährtenfamilie, Gattenfamilie, ein Familientyp auf dem Entwicklungsweg von der patriarchal. Familie zur mod. Partnerschaftsfamilie, in dem unter Abschwächung männl. Autoritätsansprüche Entscheidungen u. Aufgaben mehr gemeinsam erledigt werden u. eine höhere Aussprachefähigkeit erreicht wird.

Gefängnissoziologie, Zweig der Organisationssoziol. u. der Sozialisationsforschg., der sich um die Analyse der Ziele, der daraus abzuleitenden Organisationsstrukturen sowie der formalen u. informalen Gruppenbildungen u. -prozesse im Strafvollzug bemüht. Im einzelnen werden u. a. behandelt: die Möglichkeiten des Gefängnisses zur sozialen Wiedereingliederung straffällig gewordener Personen; die Zusammenhänge zwischen Gefängnisaufenthalt u. krimineller

Rückfälligkeit; Probleme der Resozialisierung unter dem Gesichtspunkt versch. Behandlungsstrategien u. Ausbildungsvoraussetzungen des Gefängnispersonals; die Wirkungen der sozialen Isolierung der Gefangenen auf die Herausbildung von gefängnisinternen Subkulturen; die sozialen Kontrollen innerhalb solcher Subkulturen.

P. Waldmann, Zielkonflikte in einer Strafanstalt, 1968; St. Harbordt, Die Subkultur des Gefängnisses, 1967; E. Naegeli, Die Ges. u. die Kriminellen, 1972; R. Hauser, Mitsprache u. Mitverantwortung der Insassen im Strafvollzug, 1975; M. Foucault, Überwachen u. Strafen, 1977; H. Ortner, Gefängnis, 1988.

Gefangenendilemma, Häftlingsdilemmaspiel (engl. prisoner's dilemma), in der →Spieltheorie u. Mathemat. Soziol. ein Zwei-Personen-Nicht-→Nullsummenspiel, bei dem sich die Beteiligten in der Zwangslage befinden, ob sie sich zu ihrem eigenen Nutzen für eine individuelle oder kollektive Rationalität (egoistische oder kooperative Strategie) entscheiden sollen. – Gemäß der modelltheoret. einfachsten Situation werden zwei Delinquenten getrennt voneinander verhört, wobei für sie Ungewißheit darüber besteht, wie sich der jeweils andere ihm gegenüber verhalten wird (egoistisch oder kooperativ?). Das Dilemma besteht nun darin, daß in dieser unsicheren Situation eine von zwei Verhaltensalternativen gewählt werden muß, die in Abhängigkeit vom Verhalten des Komplizen unterschiedl. hohe Strafen, ggf. sogar Straferlaß nachsichziehen: Wenn beide ihre gemeinsam begangene Straftat gestehen, können sie eine mittlere Strafe erwarten. Wenn beide die Straftat leugnen, können sie nur milde bestraft werden. Gesteht nur einer, wird dieser freigelassen, während der andere mit einer hohen Strafe

zu rechnen hat. – Mit dem G.-Modell wird spieltheoret. das Kooperations-, Konflikt- u. Lernverhalten in kleineren Interaktionszus.hängen untersucht, u. zwar unter besonderer Berücksichtigung des Einflusses unterschiedl. Kommunikationsmöglichkeiten auf das Verhalten der Beteiligten.

Soziol. geht es beim G. um die Frage des nutzenmaximierenden Verhaltens eines Individuums im Rahmen der notwendigen Normenbzw. Regelgebundenheit des soz. Zus.lebens. Ein einzelner kann nämlich trotz der Einsicht, daß bei allg. Normenbefolgung der für alle beste Zustand erreicht wird, in egoist. Weise versuchen, durch normwidriges Verhalten einen größeren Nutzen als andere zu erlangen. Er unterscheidet sich damit von jenen Akteuren, die prinzipienfest moralisch handeln (moral. Heroismus) oder sich zumindest solange an die allg. Werte u. Normen halten, wie es ihrer Einschätzung nach auch alle anderen tun. Das Dilemma des normwidrig handelnden Nutzenmaximierers besteht nun in der Ungewißheit darüber, ob nicht auch die anderen mit Normenverletzungen reagieren werden u. sich dann die Lebenssituation für alle verschlechtern wird. Durch direkte Kommunikation u. gegenseitige Kontrolle ist dieses Problem in kleineren, überschaubaren Gruppen weniger bedeutsam. In der durch größere Anonymität gekennzeichneten modernen Massen- u. Verkehrsges. wächst dagegen die Gefahr, daß immer mehr Individuen den moral. Zustand u. den allg. Wohlstand für sich persönl. ausnutzen, ohne angemessene Eigenbeiträge zu leisten (»Schwarzfahrer-Problem«, →Trittbrettfahrer). Die normative Ordnung u. der Leistungszus.hang

Gefolgschaft 262

der Ges. werden zusätzlich bedroht, wenn die noch moral. angepaßt handelnden Individuen sich übervorteilt fühlen u. sich nicht länger von den Freifahrern ausbeuten lassen wollen. Will sich dann jeder als Freifahrer verhalten, tritt eine für alle extrem schlechte Lebenssituation ein. Zur Abwehr eines Niederganges der individ. Leistungsbereitschaft u. der allg. Wohlfahrt ist es erforderlich, daß die Situation des G.s durch Wiederbelebung verpflichtender Ethik u. Moral, ggf. durch härtere Normen, Kontrollen u. Sanktionen in eine solche der Regelbefolgung u. des gegenseitigen Vertrauens transformiert wird.

A. Rapoport u. A. M. Chammah, Prisoner's Dilemma, Ann Arbor 1965.

Gefolgschaft, alltagssprachl. Bezeichnung für die Gesamtheit der Mitglieder einer Gruppe, die zu einem »Führer« in einem bes. Verhältnis der freiwilligen, anerkennenden u. vom →Charisma des Führers mitbestimmten Unterordnung stehen. Wesentl. Merkmal der Führer-G.-Verbindung ist eine ritualisierte, durch Eidesformeln oder Symbole unterstrichene gegenseitige Treuebekundung, die – da sie nicht auf bestimmte Situationen hin spezifiziert wird – von den Gefolgsleuten unbedingten Gehorsam u. vom Führer unbegrenzten Schutz verlangt.

Gefühl (engl. sentiment), Elementarkategorie einer psycholog. orientierten allg. Theorie sozialen Verhaltens, die alle psych. Zustände bzw. affektiven u. emotionellen Handlungsimpulse umschreibt wie Anti- u. Sympathie, Anteilnahme, Respekt, Spannung, Stolz, Verachtung u. a. Das G. führt zu Interaktionen u. drückt sich in diesen aus. Es ist andererseits sozialen Einflüssen ausgesetzt. Es wirkt als Zuoder Abwendung gegenüber der erlebten Außenwelt u. ist selbst konstituierender Faktor für das eigene Erleben (Beurteilen, Einschätzen, Werten) der Außenwelt. Das Gelingen der Sozialisation insbes. des Kleinkindes hängt von der Zuwendung positiver G.e seitens seiner Bezugspersonen ab.

Die Entfaltungschancen für G.e im ges. Zus.leben werden durch die kulturspezif. Eigenart u. durch das Entwicklungsniveau einer Ges. sowie durch epochale Einflüsse bestimmt. In vormod. Ges.en mit relativ niedrigem Zivilisationsgrad werden G.e eher spontan u. ungehemmt geäußert. Die Durchsetzung von Moral, Sittlichkeit, Anstandsregeln, Höflichkeitsformen u. ä. m. hat die Möglichkeiten für Gefühlsäußerungen zunehmend institutionell-normativ reguliert. In der mod. Ges. werden durch Rationalisierung, Technisierung, Urbanisierung, Bürokratisierung u. Zunahme der formellen Beziehungen G.e erhebl. unterdrückt. Teilweise werden G.e bewußt kommerzialisiert, berufl. erwartet (z. B. Freundlichkeit) u. wirtschaftl., insbes. werbl. ausgeschöpft. Im Zus.hang mit dem Niedergang des Puritanismus u. leibfeindl. Moralvorstellungen sowie durch zunehmenden Individualismus verstärkt sich die Hinwendung zu G.en.

G. C. Homans, Theorie d. soz. Gruppe, [4]1969; ders., Elementarformen soz. Verhaltens, 1968; C. E. Izard, Die Emotionen des Menschen, 1981; A. R. Hochschild, The Managed Heart, Berkeley 1983, dt.: Das gekaufte Herz, 1990; N. K. Denzin, On Understanding Emotion, San Francisco 1984; L. H. Eckensberger u. E.-D. Lantermann (Hg.), Emotion u. Reflexivität, 1985; D. Krebs u. K. F. Schuessler, Soz. Empfindungen, 1987; J. Gerhards, Soziol. der Emotionen, 1988; J. Voigt, Das Rätsel der G.e, 1989; H. G. Vester, Emotion, Ges. u. Kultur, 1991; K. Tritt, Emotionen u. ihre soz. Konstruktion, 1992.

Gegenkultur, Kontrakultur (lat., engl. counterculture, contra-culture), Bezeichnungen für übersteigerte Ausprägungen der Subkultur, deren Werte u. Normen großenteils im Widerspruch zu jenen der umgebenden Ges. stehen. Eine G. entsteht, wenn abweichendes Verhalten in größerem Umfang, d. h. in größeren Teilen einer Ges., zur Rebellion führt. Durch Entgegensetzung neuer Wert- u. Normensysteme sowie eigener Rollengefüge u. sozialer Kontrollen werden zentrale Elemente des »normalen«, allg. anerkannten Wert- u. Normensystems der vorherrschenden Mehrheitskultur in negierender, aggressiv-militanter Weise abgelehnt.

J. M. Yinger, Contraculture and Subculture, in: American Sociological Review 25, 1960; Th. Roszak, G., 1971; W. Hollstein, Die Gegenges., ³1980; J. M. Yinger, Countercultures, New York 1982.

Gegenrevolution, Konterrevolution, polit. Bewegung, die während eines ablaufenden revolutionären Prozesses oder nach seinem erfolgreichen Abschluß versucht, die vorrevolutionären Zustände wiederherzustellen.

Gegenwartsorientierung, nach einer auf Unterschiede in der sozialen Schichtung konzentrierten Theorie der Sozialisation eine bes. hervorstehende Eigenschaft des Sozialcharakters der Unterschichten. G. meint – im Gegensatz zu Zukunftsorientierung mit langfristiger (Lebens-) Planungsperspektive bei Mittelschichtangehörigen – eine an kurzfristige, augenblicksbezogene Problemlösungen ausgerichtete Perspektive.

Geheimbünde, Geheimgesellschaften (engl. secret societies), Bezeichnungen für Vereinigungen, in der Regel Männerbünde, die sich mit ihren Zielen, ausgeprägten hierarch. Strukturen, Initiationsriten, Ritualen u. Tätigkeiten zur sozialen Außenwelt hin relativ stark abschotten. G. sind in verschiedenen Ges.en, histor. Epochen u. insb. auch bei vielen Naturvölkern aufgetreten. Trotz ihrer allg. Strukturähnlichkeit sind G. auf unterschiedl. Ziele u. Interessen ausgerichtet: kultisch-magische Zwecke, religiöse, humanitäre, polit. u. revolutionäre Ziele, nationale Unabhängigkeitsbestrebungen, gegenseitige Hilfe, soziales Engagement, aber auch kriminelle u. rassist. Tendenzen. Zu den G.n zählen u. a. Mysterienbünde der Antike (z. B. Dionysuskult), Männerbünde vieler Naturvölker, Freimaurer, Lions- u. Rotaryclubs, Opus Dei, Rosenkreuzer, Nihilisten im zarist. Rußland, Boxer im alten China, Mafia u. Ku-Klux-Klan.

E. Lennhoff, Pol. Geheimbünde, 1966; H. Hess, Mafia, 1970; P. C. Ludz (Hg.), Geheime Ges.en, 1979; W. J. Bütow, In guter Ges., 1981; M. W. Fischer, Die Aufklärung u. ihr Gegenteil, 1982; P. Naudon, Gesch. der Freimaurerei, 1982; M. Agethen, Geheimbund u. Utopie, 1984; D. A. Binder, Die diskrete Ges., 1988; G. Völger u. K. v. Welck (Hg.), Männerbande – Männerbünde, 1990.

Gehlen, Arnold, 29. 1. 1904 Leipzig – 30. 1. 1976 Hamburg, 1930 Habil. für Philosophie Leipzig, 1933 wiss. Assistent Soziol. Inst. Univ. Leipzig (H. Freyer), 1934 o. Prof. für Philosophie Leipzig, 1938 Königsberg, 1940 Wien, 1947 o. Prof. für Soziol. Hochschule für Verwaltungswiss. Speyer, 1962 TH Aachen, 1969 em.
Die Frage nach der Sonderstellung des Menschen in der Welt der Lebewesen beherrscht die philos., soziol. u. sozialpsycholog. Arbeiten G.s. Seine anthropolog. Grundthese, wonach der Mensch – gegenüber der Tierwelt – als »instinktreduziertes«, »unspeziali-

siertes«, »nicht festgelegtes«, »weltoffenes«, damit aber auch als ein auf
Handlung, auf Schaffung u. Sicherung von geordneter Umwelt angewiesenes Wesen begriffen wird,
führt zu seiner soziol. Theorie der
Institutionen. Institutionen als manifeste Elemente der Kultur verschaffen dem Menschen die für
sein Leben in komplexen ges.
Strukturen notwendige Entlastung
von Entscheidungs- u. Orientie-
rungsdruck; aber von ihren ursprüngl. Entscheidungsideen losgelöst, treten sie ihm auch als Leitlinien u. prägende Mächte für sein
Denken u. seine Weltorientierung
gegenüber. Angesichts der für In-
dustrieges.en typ. Komplexität der
Institutionengefüge wurde von G.
jeder Versuch des einzelnen Menschen als »ideolog.« bezeichnet, die
Gesamtheit der sozialen u. kulturellen Kausalketten u. Vorgänge begreifen u. moral. »verarbeiten« zu
wollen. Die Abhängigkeit allen Bewußtseins von den objektiven »Superstrukturen« erzwinge auch die
ideologiefreie u. wahrhaft aufkläre-
rische sozialwiss. Anerkennung
dieser Abhängigkeiten, zumindest
jedoch die eines »ethischen Pluralismus«, der sich der Unmöglichkeit »reiner« Lösungen für die
Probleme mensch.-sozialer Existenz bewußt sei.

Schr.: Wirkl. u. unwirkl. Geist, 1931; Theorie
der Willensfreiheit, 1933; Der Mensch, [13]1986
(1940); Soziol. – Ein Lehr- u. Hdb. (Hg. u.
Mitautor, mit H. Schelsky), [7]1968 (1955); Urmensch u. Spätkultur, [2]1964 (1956); Die Seele
im techn. Zeitalter, 1969 (1957); Über kultur.
Kristallisation, 1961; Anthropolog. Forschg.,
1970 (1961); Studien zur Anthropol. u. Soziol., 1963; Zeitbilder, Zur Soziol. u. Ästhetik
der mod. Malerei, [2]1965; Moral u. Hypermoral, [2]1970; Einblicke (Aufsätze), hg. v. K.-S.
Rehberg, 1978.
F. Jonas, Die Institutionenlehre A. G.s, 1966; J.
Weiß, Weltverlust u. Subjektivität, 1971; W.
Glaser, Soz. u. instrumentales Handeln, Probleme der Technologie bei A. G. u. J. Habermas, 1972; C. Hagemann-White, Legitimation als Anthropologie. Eine Kriik der Philos.

A. G.s., 1973; P. Fonk, Transformation der
Dialektik, 1983.

Geiger, Theodor, 9. 11. 1891
München – 16. 6. 1952, 1918 Dr.
jur. Würzburg, 1922–29 Leiter der
Berliner Volkshochschule, 1928–
1933 a. o. Prof. der Soziol. TH
Braunschweig, 1938 o. Prof. Univ.
Århus, 1943 Prof. Univ. Uppsala,
nach Kriegsende wieder Århus.
In Untersuchungen zur vertikalen
Gliederung der Ges. hob G. die
Theorien der sozialen Klassen von
denjenigen der sozialen Schichtung
ab u. entwickelte wichtige Hypothesen über die Zusammenhänge
von sozialer Lage, Lebenschancen,
Privilegien u. polit.-ges. Bewußtsein, Ideologien u. Mentalitäten.
Gegenüber dem Kulturpessimismus erklärte er die Massenges. als
die der Industrieges. adäquate soziale Organisationsform. In polit.-
soziol. Analysen untersuchte G. insbes. die ges. Stellung u. Funktion der
Intelligenz, die als konservative u.
progressive Leistungselite erkannt
wird u. deren Wirksamkeit von der
Erfüllung ihrer Aufgabe als Kritiker
der Macht u. Förderer des oppositionellen Machtbegehrens abhängt.
Sein Entwurf einer Rechtssoziol.
erklärt die metaphys. u. ideolog.
Elemente versch. Rechtslehren u.
zeigt auf, unter welchen sozialen
Umständen welchen sozialen
Handlungsmustern als Rechte-
Pflichten-Strukturen mittels Sanktionen rechtl. Verbindlichkeit verliehen werden kann. Seine
wiss.theoret. u. ideologiekrit. Arbeiten versuchen, mit einem erfahrungswiss.-positivist. Ansatz Möglichkeiten zur klaren Trennung von
wiss. Erkenntnis u. ideolog. (lo-
gisch-erfahrungswiss. nicht nach-
prüfbarem) Denken aufzuzeigen.

Schr.: Die Masse u. ihre Aktion, 1987 (1926);
Die Gestalten der Gesellung, 1928; Führen u.
Folgen, 1928; Die soz. Schichtung des dt. Vol-

kes, 1987 (1932); Ges. u. Vererbung, 1935 (dän.); Kritik der Reklame, hg. v. R. Geißler u. H. Pöttker, 1986 (dän. Orig. 1943); Aufgaben u. Stellung der Intelligenz in der Ges., 1987 (1949, schwed. Orig. 1944); Vorstudien zu einer Soziol. des Rechts, [2]1970 (dän. Orig.1948); Die Klassenges. im Schmelztiegel, 1949; Ideologie u. Wahrheit, [2]1968 (1953); Demokratie ohne Dogma, [4]1991 (dän. Orig. 1960); Arbeiten zur Soziol., hg. v. P. Trappe 1962; Über Moral u. Recht, 1979; Soziol. der Erziehung, hg. v. K. Rodax, 1991.

R. König, Th. G. (Acta Sociologica 1956); P. Trappe, Die Rechtssoziol. Th. G.s, 1959; R. Geißler, Die Schichtungssoziol. v. T. G., in: KZfSS 37,1985; ders., T. G. Kritik der Reklame (zus. mit H. Pöttker), in: Soz. Welt 38, 1987.

Geistesaristokratie →Bildungsbürgertum

Geld, in entwickelten Wirtschaftsges.en das allg. Tausch- u. Zahlungsmittel, das den marktbehindernden Tauschhandel der Naturalwirtschaft überflüssig macht. G. bildet das spezif. Interaktions- bzw. Tauschmedium des wirtschaftl. Subsystems der Ges. Die Ausdifferenzierung dieses Subsystems ist besonders eng mit der Entstehung u. Ausbreitung des G.es verbunden. Vor allem in Ges.en mit einer höher entwickelten Produktionsstruktur u. Arbeitsteilung, in denen direkte, unmittelbare Austauschprozesse Produkt gegen Produkt bzw. gegen Leistung immer weniger praktikabel sind, ist für die Abwicklung wirtschaftl. Tauschvorgänge G. als neutraler, stark differenzierter Bewertungs- u. Vergleichsmaßstab sowie als allg., weitgehend universelles Tausch- u. Zahlungsmittel unerläßlich. G. fungiert somit als Medium, als Mittler zum Erwerb u. Absatz von Gütern u. Leistungen. Diese müssen in G.eswerten ausgedrückt u. können in der Regel nur mit G. erworben werden. Preise sind die aus marktwirtschaftl. Wechselspielen von Angebot u. Nachfrage resultierenden oder die aufgrund von Machtverhältnissen festgelegten Bewertungen von Gütern u. Leistungen in G.einheiten. G. fungiert somit in der entwickelten Wirtschaftsges. als »Sondersprache«, als spezifische »Steuerungssprache«, als »symbol. Tauschmedium«.

Die Verwendbarkeit von Geld beruht auf der allg. verbreiteten, die Tauschpartner verpflichtenden Erwartungshaltung, daß ein geregelter Anspruch auf den Tausch von Waren u. Dienstleistungen gegen G. besteht. Die Stabilität dieser gegenseitigen Erwartungen u. Verpflichtungen kann durch Störungen des G.mechanismus, insbes. durch eine beschleunigte Inflation bzw. G.entwertung untergraben werden.

Nach T. Parsons »befreit« G. als evolutionäre Universalie von askriptiven bzw. zugeschriebenen Bindungen (Verwandtschaftsbeziehungen, polit. Gruppierungen etc.). G. neutralisiert ges.-soz. Beziehungen. Tauschbeziehungen werden durch G. rationalisiert, standardisiert u. vereinfacht. Nach G. Simmel wirkt sich die Entfaltung der G.wirtschaft mannigfaltig auf die soziokult. Lebensverhältnisse u. auf das Individuum aus: u. a. Ausweitung der Arbeitsteilung, Vordringen der rationalist. Einstellung, der Kalkulation, der Zweck-Mittel-Rationalität, Veränderung des Lebensstils u. -gefühls.

G. Simmel, Philos. des G.es, 1989 (1900); K. Heinemann, Grundzüge einer Soziol. des Geldes, 1969; T. Parsons, Evolutionäre Universalien der Ges., in: W. Zapf, Theorien des sozialen Wandels, 1969, A. Burghardt, Soziol. des G.es u. der Inflation 1977; F. Wagner, G. oder Gott?, 1985; N. Luhmann, Die Wirtschaft der Ges., 1987; K. Heinemann, G. u. Vertrauen, in: Jb. f. Soz.wiss. 41, 1990; R. Sedillot, Muscheln, Münzen u. Papier, 1992 (aus dem Franz.).

Geltung, (a) die mehr oder weniger ausgeprägte u. umfassende allg.

Geltungskonsum

Anerkennung u. Billigung einer Norm, eines Wertes oder eines Verhaltensmusters, durch die solche sozialen »Tatsachen« für die von ihnen erfaßten Personenkreise eine gewisse Verpflichtungskraft erhalten; (b) in der Methodenlehre der empir. Sozialforschung andere Bezeichnung für Gültigkeit.

Geltungskonsum, ostentativer bzw. augenfälliger Konsum (engl. conspicuous consumption), insbes. auf T. Veblen zurückgehender kultur- u. soz.krit. Begriff für das Verhalten von Individuen, durch das öffentlichkeitswirksame Herausstellen aufwendiger Konsumgüter (Luxusgüter mit hohem Geltungsnutzen) u. Dienstleistungen (z. B. Reisen) die bestehende oder angestrebte Zugehörigkeit zu einer höheren Einkommensgruppe, Statuslage, Sozialschicht usw. zu demonstrieren.

→Konsumsoziologie u. T. Veblen, The Theory of the Leisure Class, New York 1899 (dt.: Theorie der feinen Leute, 1971, 1958); H. Kreikebaum u. G. Rinsche, Das Prestigemotiv in Konsum u. Investition, 1961; W. Adlwarth, Formen u. Bestimmungsgründe prestigegeleiteten Konsumverhaltens, 1983.

Geltungsstreben, das individuelle, mitunter für bestimmte soziale Gruppen bzw. für die Wertvorstellungen bestimmter sozialer Schichten charakterist. Streben, im Verhalten u. Habitus den bes. Wert oder Status der eigenen Person bzw. der eigenen sozialen Position gegenüber der sozialen Umgebung herauszustellen. G. ist bes. ausgeprägt in Ges.en, in denen der soziale Aufstieg als bürgerl. Lebenserfolg schlechthin gilt u. es demnach darauf ankommt, der Öffentlichkeit oder den direkten sozialen Beziehungspersonen den bereits erreichten sozialen Status »vorzuzeigen«, um über ein allseitiges Be-

wundert- u. Anerkanntwerden weitere Statusverbesserungen »vorzubereiten«. Von einem »krankhaften« G. wird gesprochen, wenn Personen infolge fortwährender Sorge um ihre Statusdemonstration die eigenen Positionen nur noch als Plattform für positive Fremdeinschätzung betrachten u. dadurch die eigentl. Pflichten u. Funktionsinhalte ihrer Positionen außer acht lassen.

Gemeinde, soziol. eine lokale Einheit mit abgrenzbaren sozialen Interaktionsgefügen u. gemeinsamen kulturellen, wirtschaftl. u. sozialen Bindungen der betr. Bewohner. Die G. ist von anderen G.en abgrenzbar nach Maßgabe bes. Kommunikationssysteme unter den Bewohnern, bes. Formen u. Wirkungen der sozialen Kontrollen, Macht- u. Unterordnungsverhältnisse, sozialer Schichtung sowie örtl. spezif. kultureller Traditionen. Im Hinblick auf die Sozialisation u. die soziale Herkunft eines Menschen wird die G. als wichtiges prägendes intermediäres Sozialgebilde zwischen Familie u. ges. Großgebilden betrachtet. Als extreme Gegensatztypen gelten in der Gemeindesoziol. das Dorf u. die Stadt.

Gemeindesoziologie, mit den sozialen Strukturwandlungen in entwickelten Industriees.en entstandene spezielle Soziol., die – immer in enger Verbindung mit Soziographie u. empirischer Sozialforschung – theoret. Probleme der Entwicklung sozialer Konflikte, der sozialen Schichtung sowie der Prozesse von sozialer Integration u. Desintegration auf einer empir. kontrollierbaren u. überschaubaren Ebene, innerhalb der Grenzen einer Gemeinde anzugehen versucht. Dementsprechend gelten ihre Untersuchungsergebnisse immer auch als Paradigmen für größere soziale Gebilde.

Im Mittelpunkt der ersten G.-Forschungen standen sozialpolitische Fragen, die sich aus sozialen Umbruchssituationen u. regionalen Wanderungsprozessen ergaben (Landflucht, Armut, soziale Desorganisation u. ges.-strukturell negative Phänomene in Stadt u. Dorf). In den 1920er und 30er Jahren unternahmen amerikan. Forscher (R. S. u. H. M. Lynd) erstmals systemat. Versuche zur deskriptiven Erfassung sozialstruktureller Wandlungsprozesse anhand von Untersuchungen zur G. Kurze Zeit danach wurden die Ergebnisse ähnl. Untersuchungen zum Ausgangspunkt für Theorien über allg. soziale Schichtung (W. L. Warner) u. über Gruppenprozesse (W. F. Whyte) herangezogen. Nach dem II. Weltkrieg führte die Rezeption dieser Analysen auch zu dt. Studien, in denen die sozialstrukturellen Folgen der durch Krieg u. Zusammenbruch verursachten Mobilitäts-, Fluktuations-, Neuaufbau- u. kulturellen Umwertungsprozesse aufgezeigt werden sollten (»Darmstadt-Studie«, G. Wurzbacher, R. Mayntz, K. Utermann).

In der Folgezeit wird G. als Basis für die empir. Prüfung von Theorien über polit. Partizipation u. polit. Machtstrukturen, über abweichendes Verhalten, Subkulturen u. Akkulturation (insbes. in Entwicklungsländern) sowie über die sozialregionalen Determinanten von Bildung u. individuellen Entwicklungschancen herangezogen. Untersuchungen über Nachbarschaft sollen die neuen sozialen Verhaltensmuster u. Beziehungsintensitäten auf dem Hintergrund wachsender Gemeinden, zunehmender Rollendifferenzierung u. sozialer

Anonymität aufzeigen. Studien über Wohnverhalten u. Bebauungstendenzen ermitteln die regionalen u. sozialen Mobilitäten, die als Folge ökonom. Fortschritts z. T. völlig veränderte Zusammenhänge zw. gemeindl. Wohn- u. Schichtungsstrukturen geschaffen haben. Polit.-ökonom. Ansätze heben die Abhängigkeit gemeindl. Sozialstrukturen u. kommunalpolit. Entscheidungen von staatl. u. großbetriebl. Interessen hervor.

R. S. Lynd, H. M. Lynd, Middletown, New York 1929; dies. Middletown in Transition, New York 1937; W. L. Warner, Yankee City Series, New Haven 1941–47; W. F. Whyte, Street Corner Society, 1943; R. Mayntz, Soz. Schichtung u. soz. Wandel in einer Industriegemeinde, 1958; R. König, Grundformen der Ges., Die Gemeinde, 1958; ders., Soziol. d. Gemeinde, (Sonderheft KZfSS, ³1966); M. Schwonke, Wolfsburg, Soziol. Analyse einer jungen Industriestadt, 1967; P. Atteslander, B. Hamm, Siedlungssoziol., 1974; D. Kappe u. a. Grundformen der Gemeinde: Stadt u. Dorf, 1975; H. Hilterscheid, Industrie u. Gemeinde, ²1977 (1970); V. v. Borries u. a., Siedlungssoziol., 1978; A. Hahn, H.-A. Schubert u. H.-J. Siewert, G., 1979; H.-J. Siewert, Lokale Elitesysteme, 1979; T. Ellwein u. R. Zoll, Wertheim, 1982; K.-L. Schibel, Das alte Recht auf die neue Ges., 1985.

Gemeindestudie, von der empir. Sozialforschung in den USA entwickelter Forschungsansatz zunächst zur systemat.-wiss. Analyse von Ursachen u. Faktorenzusammenhängen sozialer u. polit. Probleme. Als regional auf Gemeinden begrenzte »Übersichtsstudien« (social survey) sollten G.n in einer Art vielschichtiger Bestandsaufnahmen soziale Fakten des Gesundheits-, Wohn- u. Erziehungswesens, der Arbeitsverhältnisse, Freizeit u. Erholung, Kriminalität sammeln, um daraus Schlußfolgerungen und ges.polit. Handlungsanweisungen für örtl. Entscheidungsträger abzuleiten. Später, als erkannt wurde, daß die Gemeinde neben der Familie, (a) bedeutsamer »Raum« der

Gemeineigentum 268

sozialen Prägung des Menschen, (b) ein nach »außen« abgrenzbares, relativ geschlossenes soziales System u. (c) als Teil eines größeren sozialen Ganzen Ausdruck u. »Repräsentant« umgebender Kulturkreise ist, wurde sie in Anbetracht ihrer relativen Übersichtlichkeit zu einem bes. günstigen Forschungsgegenstand. An diesem wurden soziol. Theorien u. Hypothesen mit umfassender »Reichweite« erprobt. →Gemeindesoziologie.

H.-A. Haasis, Kommunalpol. u. Machtstruktur. Eine Sekundäranalyse dt. empir. G.n., 1978.

Gemeineigentum, den Angehörigen einer Gemeinschaft oder Ges. zur gemeinsamen Nutzung zustehendes Eigentum (→Allmende). Im mod. Sprachgebrauch das Eigentum von Staat, Gemeinden oder Genossenschaften. Nach Art. 15 GG können Grund u. Boden, Naturschätze u. sonstige im privaten Eigentum befindl. Produktionsmittel in G. überführt werden. In solchen Fällen – die Gesetze voraussetzen, welche Art u. Ausmaß der Entschädigung der privaten Eigentümer regeln – sog. »Nationalisierung« (Übertragung auf den Staat) oder »Kommunalisierung« wird mit der Übertragung des Eigentums auf kollektive Eigentumsträger eine demokrat.-öffentl. Kontrolle und gemeinwohlorientierte (→Gemeinwirtschaft) Nutzung der wirtschaftl. Vermögenswerte angestrebt. →Kollektivierung.

Gemeinschaft, in früheren Perioden der dogmenhistor. Entwicklung soziol. Theorie häufig benutzter Begriff zur Charakterisierung der dem Menschen angebl. wesensverbundenen Gesellungsformen in Abgrenzung zu »Gesellschaft«. G. war danach ein sozialer Zustand der gefühlsmäßigen, teilweise sogar ethn. u. blutsmäßig bedingten Zusammengehörigkeit, eine Lebensform, in der der Mensch sich ungesondert eins weiß mit anderen, beruhend auf Neigung, Vertrauen, Liebe, intimer Bande, »innerer«, seel. Verbundenheit.

Auf romant. philos.-ethische Vorstellungen (Fichte, Schleichermacher) zurückgreifend, reduzierte F. Tönnies (1887) die Vielfalt der sozialen Gebilde u. Beziehungsmöglichkeiten auf die beiden soziol. Grundbegriffe G. u. Ges. Der Begriff G. geht aus von der vollkommenen Einheit menschl. Willen als einem ursprüngl. oder natürl. Zustand des Menschen. Wurzel solcher Verhältnisse ist der Zusammenhang des vegetativen Lebens, letztl. der Geburt, so daß als Grundverhältnisse der G. Mutter-Kind-, Mann-Frau- u. Geschwisterbeziehungen gelten. G. des Blutes entwickelt sich zu der G. des Ortes (Nachbarschaft) und des Geistes (Freundschaft). Herrschaftsverhältnisse in der G. werden interpretiert als Gebrauch der Herrschaft zum Nutzen der Beherrschten, z. B. Erziehung als Vollendung der Zeugung (des vorerst unfähigen Kindes). Größere G.formen sind Volks-, Glaubens- (u. in Zeiten äußerer Bedrohung) Gefahren- u. Not-G. Demgegenüber handelt der einzelne in der Ges. nicht mehr für das gemeinsame Verhältnis, sondern nur für seine egoist. Ziele, bejaht die anderen Ges.angehörigen nur um der arbeitsteiligen Förderung des gemeinsamen Lebensschicksals. G. herrscht im Dorf, Stamm, Geschlecht, in der Familie, zwischen Grundherren u. Leibeigenen. Ges. ist Stadt, Betrieb, Organisation, Staat.

G. u. Ges. sind jedoch nicht nur

klassifizierend-formale Struktur-
begriffe, sondern – u. das läßt sie für
eine allg. soziol. Theorie unbrauchbar werden – auch histor. Or-
dungsbegriffe u. sozialethische Kategorien. Tönnies erkannte einen
sozialen Wandel von G.- zu
Ges.verhältnissen u. bedauerte den
seiner Ansicht nach nicht mehr
umkehrbaren Fortgang von der
»Kultur des Volkstums« zur »Zivilisation des Staatstums«, von der »organ.« G. zur »mechan.« Ges. Die
spätere polit. Entwicklung in
Deutschland hat mit dem Ideal
»Volksgemeinschaft« den gesch.
Prozeß umzukehren versucht. Sie
wurde begünstigt durch die mit
dem Begriff G. verbundenen kul-
turpessimist. Ideen u. sozialromant.
Bewegungen.
Kleinere soz. Gebilde mit gemeinschaftl. Charakter decken sich
weitgehend mit →Primärgruppen.

F. Tönnies, G. u. Ges., 1991 (⁸1935, 1887); Th.
Litt, Individuum u. G., ³1926; H. Plessner,
Grenzen der G., 1924; Th. Geiger, G. (Hdwb.
d. Soziol., hg. v. A. Vierkandt, 1931, ²1956); R.
König, Die Begriffe G. u. Ges. bei F. Tönnies
(KZfSS 7, 1955); G. Wurzbacher, Betracht.
zum Anwendungsbereich der Tönniesschen
Kategorien G. u. Ges. (KZfSS 7, 1955); F. H.
Tenbruck, Freundschaft (KZfSS 16, 1964); R.
Dahrendorf, Ges. u. Demokratie in Dtl., 1965;
C. Schlüter u. L. Clausen (Hg.), Renaissance
der Gemeinschaft, 1990; J. Spurk, G. u. Mo-
dernisierung, 1990; L. Clausen u. C. Schlüter
(Hg.), Hundert Jahre »G. u. Ges.«, 1991.

Gemeinsinn, in starker Überschneidung mit dem →Common
sense das Zus.gehörigkeitsgefühl
der Angehörigen eines soz. Gebildes oder größeren Kollektivs (Familie, Gemeinde, Volk), das der
Handlungsbereitschaft zugunsten
des →Gemeinwohls zugrunde
liegt. G. ist in der mod. Ges. eine
wichtige Voraussetzung für das
Funktionieren einer freiheitl.-de-
mokrat. Lebensform, für die friedl.
Bewältigung von Problemen u. für
die allg. Wohlstandssteigerung.

Schwindender G. trägt zur Verschärfung von Interessengegensätzen, Verteilungskonflikten u. Des-
integrationsprozessen bei u. gefährdet die Demokratie.

Gemeinwesenarbeit   (engl.
»Community Organization«), in
den dreißiger Jahren dieses Jh. insbes. von der amerikan. (öffentl. u.
privaten) Sozialarbeit entwickelte
Methode, um der Bevölkerung
von bestimmten geograph. Bezir-
ken oder sozialen Aufgaben- u.
Funktionsfeldern zu helfen, wirksame Wege des Handelns in Zusammenarbeit mit anderen zu finden u. um Verbesserungen von sozialen Einrichtungen u. Vorkeh-
rungen im Bereich der sozialen
Wohlfahrt (engl. »social welfare«)
zu erreichen. Die G. bezeichnet einen systemat. angeregten u. in seiner Entwicklung fortwährend beobachteten u. beeinflußten Prozeß,
in dessen Verlauf die Mitglieder eines Gemeinwesens ihre Bedürfnisse u. Ziele feststellen, artikulieren,
in eine Rangordnung bringen, den
Willen entwickeln, dafür etwas zu
tun, indem persönl., soziale u. materielle Quellen zur gemeinsamen
Zielerreichung bzw. Bedürfnisbefriedigung erschlossen werden. Der
Inhalt der G. kann als eine Kombination von sozialem Planen, Aktion
u. Integration umschrieben werden. Die Elemente der individuellen Selbstbetätigung u. Kooperation mit anderen fördern einen demokratisierenden Einfluß, weil sie
dem Bürger Verantwortlichkeit
auferlegen u. seine Aktivität für die
Bedürfnisse u. Nöte seiner sozialen
Umgebung aufrufen. Daneben hat
G. eine sozial dynamisierende
Funktion, indem sie Bewegung in
die Ges. hineinträgt u. eine bewußte Einstellung auf Veränderungen
fördert.

Gemeinwirtschaft

M. G. Ross, G., Theorie, Prinzipien, Praxis, 1968; J. Boer, K. Utermann, G., Einführung in Theorie u. Praxis, 1970; G. Buck, G. u. kommunale Soz.planung, 1982; F. Peters (Hg.), G. im Kontext lokaler Soz.pol., 1983; D. Oelschlägel (Hg.), G., 1984; W. Hillenbrand u. a. (Hg.), Stadt- u. Regionalplanung, 1986.

Gemeinwirtschaft, eine sozial spezif. Organisation u. ideelle Fundierung der Wirtschaft, die durch bes. Merkmale gekennzeichnet ist: (a) ein geschlossener Personenkreis gemeinsamer Träger der Gesamtheit wirtschaftl. Vorgänge, (b) eine Wirtschaftsgesinnung, die – in Abgrenzung von privatwirtschaftl.-spekulativen, gewinnorientierten Motiven – auf »Gemeinwohl« u. »Gemeinsinn« ausgerichtet ist, (c) eine »gerechte« Verteilung des gemeinsam erwirtschafteten Ertrages, u. (d) bes. gegenseitig wirksame Bindungen u. Formen des individuellen wie gemeinschaftl. Eigentums, (e) eine am Bedarfsdeckungsprinzip (gegenüber privatwirtschaftl. Erwerbsprinzip) orientierte Zielsetzung.

Th. Thiemeyer, G.lichkeit als Ordnungsprinzip, 1970; A. v. Loesch, Die g.liche Unternehmung, 1977; L. v. Mises, Die G., 1981; K. Novy u. M. Prinz, Illustrierte Gesch. der G., 1985.

Gemeinwohl, ein auf das steigende Wohlergehen der Ges. ausgerichteter Wert; die funktionsfähige Organisation einer Ges. in der Weise, daß ihre Mitglieder u. sozialen Gebilde in Richtung gemeinsamer Ziele bei gleichzeitiger optimaler individueller Zielrealisierung erfolgreich zusammenwirken; Kategorie zur Charakterisierung der Herrschafts- u. Kooperationsbeziehungen zwischen Staat, Ges. u. den einzelnen Bürgern, wonach der Staat seinen Zweck nicht in sich selbst, seiner Machtentfaltung oder myth. Erhöhung, sondern in einer für alle (am Bestehen eines solchen Staates interessierten u. tätigen) Bürger optimalen Ordnung findet.

H. H. v. Arnim, G. u. Gruppeninteressen, 1977; A. O. Hirschmann, Engagement u. Enttäuschung, 1984.

Genauigkeit →Gültigkeit, →Zuverlässigkeit

Generalisierung ist entweder der Vorgang des Schließens v. speziellen Fällen auf den diese Fälle umschließenden Allsatz oder dieser Allsatz selbst als das Resultat des Schlusses; der Allsatz ist entweder ein empir. Gesetz (induktive G.) oder er erweist sich als ein aus einer umfassenderen Theorie ableitbarer Spezialfall (theoretische G.).

W. K. Essler, Induktive Logik, 1970.

Generalstreik, »allg.« Streik (zumindest) der großen Masse der abhängig Erwerbstätigen in einer Ges. Mit dem G. sollen mehr als nur wirtschaftl. u. soziale Verbesserungen der Lage der Arbeitnehmer erkämpft werden. Der G. ist von vornherein als ein »polit.« konzipiert, d. h. er dient als Kampfmittel für fundamentale ges.polit. Reform oder Revolution, die die polit. u. sozialen Rechte der Arbeitnehmer grundlegend verbessern bzw. diese Rechte gegen reaktionäre polit. Strömungen verteidigen soll.

Generation, bevölkerungsstatist. der durchschnittl. Abstand zw. den Geburtsjahren der Eltern u. ihrer Kinder. Bei einem durchschnittl. Heirats- u. Zeugungsalter von 25 Jahren gehen z. B. in 100 Jahren aus der Geburtenfolge 4 G.en hervor. Da das Heirats- u. Zeugungsalter wesentl. von den Lebensverhältnissen, Werten u. Normen einer Ges. bestimmt wird, ist die G.folge soziokult. determiniert. Soziol. ist die G. die Gesamtheit aller ungefähr

Genese

gleichaltrigen Personen, die ähnl. kulturelle u. soziale Orientierungen, Einstellungen u. Verhaltensformen aufweisen. In Stände- oder in erster Linie Primärgruppen-orientierten Ges.en leben mehrere G.en in engem, institutionell geregeltem u. darum relativ konfliktlosem Kontakt. Die überwiegend statische Kultur dieser Ges.en läßt die G.en in der Sozialisation insbes. im Familienverband voneinander abhängig sein. In mod., dynam., komplexeren Ges.en mit überwiegend Sekundärgruppen-orientierten Strukturen müssen heranwachsende G.en frühzeitig aus ihren primären Herkunftsgruppen heraustreten, um sich auf neue, spezialisierte, oft bisher unbekannte Leistungen vorzubereiten. Öffentl. Lebenseinrichtungen u. familienübergreifende soziale Beziehungen schaffen die Voraussetzungen für altersorientierte selbständige Gruppenbildung.

Das Verhältnis der G.en ist immer auch ein Herrschafts-Verhältnis (→Autorität), das u. a. an die Verteilung der sozialen Rollen nach Lehren u. Lernen, nach Besitz- u. Verfügungsrechten an Produktions- u. Konsumtionsmitteln sowie nach Möglichkeiten der Selbst- u. Fremdbestimmung des sozialen Verhaltens geknüpft ist.

K. Mannheim, Das Problem d. G. (Kölner Vjh. f. Soziol. 1928); S. N. Eisenstadt, Von G. zu G., Altersgruppen u. Sozialstruktur, 1966; M. Mead, Der Konflikt der G.en, 1971; H. Fogt, Polit. G.en, 1982; A. Fischer u. a., Jugendliche u. Erwachsene 1985, 5 Bde., 1985; H. Bertram u. a. (Hg.), Blickpunkt Jugend u. Familie, 1989.

Generationenkonflikt, Konflikt zw. Jugend u. Erwachsenen (→Erwachsenenkultur) oder zw. der mittleren u. älteren G., der sich aus differierenden Einstellungen der beteiligten Generationen zur Verteilung von Einfluß u. Entschei-

dungsrechten unter den Altersgruppen einer Ges. oder aus altersspezif. soziokult. Prägungen u. entspr. unterschiedl. Lebens- u. Verhaltensstilen ergibt. Seitdem in der mod. Ges. mit der Ablösung erfahrungsbezogen-traditionaler durch theoret.-wiss. Technik der Erziehung u. Lebensweise die soziale Bedeutung des Lebensalters für Lehr- u. Lernprozesse u. für die Übernahme sozialer Positionen zurückgegangen ist, werden die überlieferten Verteilungskriterien einer an das Lebensalter gekoppelten Autorität u. Reife in Frage gestellt.

D. Dowe (Hg.), Jugendprotest u. G. in Europa im 20. Jh., 1986.

Generationenwechsel, in Organisationen, Institutionen oder ganzen Ges.strukturen die Übergabe von Herrschafts- bzw. Entscheidungspositionen oder ein massenweise sich abzeichnender Wechsel der Mitgliedschaft zugunsten einer neuen, nachfolgenden Generation. Mitunter gehen solchen Veränderungen Generationenkonflikte voraus. Es zeigt sich in der Regel, daß dem G. soz. Strukturwandlungen folgen, die sich aus den neuen soz. Orientierungen u. Verhaltensweisen ergeben. – In dynam. Ges.en folgen dem G. soz., z. T. strukturverändernde Wandlungsprozesse, die sich aus veränderten Auffassungen, Wertorientierungen u. neuen Verhaltensweisen ergeben.

Generatives Verhalten (lat. Fortpflanzungsverhalten) →Bevölkerungstheorie

Genese (lat.), der Prozeß oder der Ursache-Wirkungs-Zusammenhang, durch den ein Ereignis aus anderen hervorgeht bzw. ein Zustand sich aus einem anderen er-

Genossenschaft

gibt. In den Sozialwiss.en wird die G. als histor. Abfolge- oder als kausales Abhängigkeitsproblem betrachtet.

Genossenschaft, prinzipiell zahlenmäßig nicht begrenzter Zusammenschluß von Mitgliedern (Genossen) zur Förderung gemeinsamer wirtschaftl. bzw. die gesamte Lebensführung betr. Interessen. G.en, die mittels gemeinsam betriebener Geschäfte die Wettbewerbs- u. Erwerbssituation ihrer vielen »kleinen« Genossen gegenüber »großen« Marktteilnehmern verbessern wollen (Produktions-, Bezugs-, Absatz-, Kreditg.en) sind abzugrenzen gegenüber anderen, die sich als Träger sozialer bzw. polit. Bewegungen betrachten u. mit dieser Organisationsform neue Formen u. Inhalte wirtschaftl., sozialen u. kulturellen Zus.lebens finden wollen (→Kibbuz).
Der G.gedanke u. die ersten entspr. Organisationen haben sich unter dem Eindruck wirtschaftl. u. sozialer Ungleichgewichtslagen u. Machtverhältnisse im 19. Jh. entwickelt. Das Grundprinzip der Bildung von G.en ist seither der Zusammenschluß, die Solidarität zahlreicher kleiner, in ihrer Individualität wirtschaftl. oder sozial »ohnmächtiger« Interessenträger gegenüber beherrschenden Großkräften. Die Organisationsform der G. sichert den Mitgliedern weiterhin ihre Selbständigkeit. Die ersten G.en in der Mitte des 19. Jh. standen eindeutig im Zeichen des – gegen kapitalist.-profitorientierte Ausbeutung gerichteten – Bedarfsdeckungsprinzips. Mittlerweile sind g.liche Zusammenschlüsse in vielen Fällen selbst zu unternehmerisch-erwerbsorientierten Großkräften geworden, die im Zeichen wirtschaftl. Konzentration den großbe-

triebl. Machtstellungen mit Gegenmacht begegnen. →F. Lassalle.

W. Ziegenfuß, Die G.en, 1948; H. Faust, Gesch. d. G.-Bewegung, 1965; R. Hettlage, G.stheorie u. Partizipationsdiskussion, ²1987 (1979); D. v. Brentano, Grundsätzliche Aspekte der Entstehung v. G.en, 1980; R. Hettlage, G.ssoziol., in: Zs. f. das ges. Genossenschaftswesen 31, 1981; K. Novy u. a. (Hg.), Anders leben, 1985; W. W. Engelhardt u. T. Thiemeyer (Hg.); G. – quo vadis? 1989; A. Häcker, G.l. Zukunftsperspektiven in marktwirtschaftl. geprägten Industrieges.en, 1990.

Genotyp (griech.), »Gattungs-Typ«, die Gesamtheit der Erbfaktoren eines Lebewesens, die das Fortbestehen seiner Gattung garantieren; im Vergleich zu den versch. Phänotypen als den individuellen Repräsentanten der Gattung.

Genozid (griech. u. lat), Völkermord, Vernichtung oder Verminderung eines Volkes, von Angehörigen einer bestimmten Rasse, Religion, Ethnie oder Nation bzw. Minderheiten durch Tötung bzw. Ermordung, körperl. u. seelische Schädigung, Verhütung der Reproduktion, Verschlechterung der Lebensbedingungen oder Kinderverschleppung. In neuerer Zeit hat der G. Formen einer planmäßig organisierten, systemat. betriebenen Vernichtung oder Teilausrottung angenommen Insbes. im Zus.hang mit diktator.-totalitären Herrschaftssystemen wurde G. wiederholt staatl. legitimiert. Soziol. relevante Ursachen des G.s sind Menschenverachtung, Mißachtung humanitärer Werte, kollektive Vorurteile, Ethnozentrismus, relig., rassist. u. nationalist. Fanatismus, Steigerung von Affekten wie Haß u. Feindseligkeit, Verteilungskämpfe um Lebenschancen u. Siedlungsgebiete. Im Abkommen der Vereinten Nationen v. 9. 12. 1948 wurde der G. geächtet, konnte jedoch durch das Fehlen wirksamer internat.

Sanktionen nicht verhindert werden. In demokrat.-rechtsstaatl. funktionierenden Ges.en werden Tendenzen zum G. z. T. strafrechtlich geahndet.

A. Grosser, Ermordung der Menschheit, 1990; W. Benz (Hg.), Dimension des Völkermords, 1991.

Gentry (engl.), bezeichnet (1) den niederen engl. Adel (Baronets u. Knights), (2) die aus dem kleinen Landadel u. Großbürgertum hervorgegangene engl. Oberschicht, (3) die konfuzianisch gebildete Elite im alten China bis 1904. Letztere bestand aus Grundbesitzern, die im Gegensatz zu den Mandarinen ohne Prüfungen öffentl. Aufgaben übernahmen.

Geometrie des Sozialen, krit. Bezeichnung für eine formalist. Auffassung von Soziol., die soziale Gebilde u. Strukturen ledigl. als unterschiedl. »Figuren« von sozialen Beziehungsgeflechten betrachtet, bei deren Analyse sie die einzelnen zwischenmenschl. Prozesse u. Verhaltensmuster soweit in den Vordergrund rückt, daß soziale Strukturen nur noch als Summationen solcher Prozesse erscheinen. Die »G. d. S.« bildet gleichsam das andere Extrem gegenüber einer substantialisierenden Organismus-Analogie, die soziale Gebilde als eigenständige soziale »Lebensformen« u. Wesenheiten interpretiert.

Geopolitik, Grenzwiss. zw. Staatstheorie, Polit. Wiss., Gesch. u. Geographie, die von der zentralen These ausgeht, daß die Politik der Staaten von geograph.-raumbezogenen Auffassungen u. Forderungen bestimmt werde. Im Nationalsozialismus wurden geopolit. Thesen benutzt, um die rassenideolog.-darwinist. Lehren vom dt. »Volk

ohne Raum« bzw. vom notwendigen u. zu erkämpfenden »Lebensraum« wiss. zu legitimieren.

R. Kjellén, Der Staat als Lebensform, 1924; D. Maull, Das Wesen der G., 1941; A. Haushofer, Allg. polit. Geographie u. G., 1951; U. Ante, Polit. Geographie, 1981.

Gerechtigkeit, Bezeichnung für einen humanitär-soz. ausgerichteten, eth. hochrangigen Idealwert, der oft zu den »höchsten Werten« zählt u. insbes. in der mod. Ges. als einer der →Grundwerte maßgebl. Anteil an der Prägung u. Veränderung (für ungerecht gehaltener) ges. Lebensverhältnisse hat. Die Grundidee ist eine möglichst ausgewogene Verteilung von Lebens- u. Entfaltungschancen, von Anstrengungen, Belastungen, Kosten, Belohnungen u. Glücksmöglichkeiten auf die Angehörigen einer Ges. u. soz. Gebilde. Erleichtert durch den hohen Allg.grad des Wertes G., einen großen Interpretationsspielraum offenhält, sind die Auffassungen hinsichtl. dessen, was gerecht ist oder sein soll, in Abhängigkeit von unterschiedl. weltanschaul. Orientierungen, soz. Standortgebundenheiten u. persönl. Interessen sehr mannigfaltig u. z. T. antagonist. Angehörige unterer Soz.schichten, benachteiligter Bevölkerungsteile u. deren Fürsprecher fassen G. mehr im Sinne von Gleichheit auf. Für sie ist die ges. Verwirklichung von G. nur durch weitestgehende Enthierarchisierung, Nivellierung u. Umverteilung akzeptabel. Angehörige höherer Soz.schichten, privilegierter Bevölkerungskreise u. Verfechter der Leistungsges. interpretieren G. im Zus.hang mit naturgegebenen Unterschieden zw. den Menschen, mit Chancengleichheit, der Notwendigkeit von Hierarchie u. mit dem Leistungsprinzip. Nivellie-

Gerontokratie

rung wird somit als ungerecht u. leistungsfeindl. abgelehnt. Ein hinreichender Ausgleich unterschiedl. G.auffassungen u. eine dem sozioökonom. Entwicklungsniveau angemessene Erfüllung von G.forderungen bilden wichtige Voraussetzungen für die Stabilität von Ges. u. soz. Gebilde. In der mod. Ges. haben infolge der Säkularisierung, Aufklärung u. gestiegener Bildung die Sensibilität u. Ansprüche hinsichtlich der G. allg. zugenommen.

A. Kaufmann, Theorie der G., 1984; O. Höffe, Polit. G., 1987; R. W. Trapp, Nicht-klassischer Utilitarismus, 1988; M. Walzer, Sphären der G., 1992 (amerik. 1983); R. Kramer, Soz. G. – Inhalt u. Grenzen, 1992; S. Rothlin, G. in Freiheit, 1992; T. Bausch, Ungleichheit u. G., 1993.

Gerontokratie (griech.), »Herrschaft der Alten«, in der Ethnologie u. Soziol. Bezeichnung für eine ges. oder polit.-staatl. Herrschaftsform, bei der die zentralen Entscheidungsbefugnisse entweder völlig oder zumindest (über ein bes. institutionalisiertes Gremium) z. T. den älteren Personen vorbehalten sind. Im alten Sparta war die gerusia, der Rat der gerontes, eine der drei Herrschaftsgewalten. Eine ähnliche Position nahm der röm. senatus ein. G. ist zumeist mit traditionalist. u. konservativen Ges.ideologien verbunden, die den allg. sozialen Nutzen u. damit die Herrschaftslegitimation des »erfahrenen«, »weisen«, allen Lebensproblemen gegenüber abgeklärten Alters betonen. Aber auch in mod. Leistungsgesellschaften hat die G. immer wieder Chancen, weil die Erringung von Führungspositionen hier ebenfalls (in der Regel) von vorausgegangenen längerfristigen Karrierewegen abhängt, in denen Kenntnisse gesammelt, soziale Beziehungsgeflechte »durchschaut«, Einflußsphären geschaffen u. »Verbindungen« aufgebaut werden müssen. →Ancienntitätsprinzip, →Senioritätsprinzip.

R. Thurnwald, Die menschl. Ges. in ihren ethnosoziol. Grundlagen, Bd. 2, 1932.

Gerontologie (griech.), Lehre von den Vorgängen u. Begleiterscheinungen des Alterns, ursprüngl. ein der Biologie u. Medizin vorbehaltener Forschungszweig. Mit der Erkenntnis, daß das Alter ein weitgehend sozial definiertes Phänomen ist, hat sich eine neue, fruchtbare Zusammenarbeit der G. mit der Soziol. zur Analyse der spezif. Probleme alter bzw. nach sozialen oder sogar rechtl. Normen als »alt« definierter Menschen entwickelt.

M. Dieck u. T. Schreiber (Hg.), G. u. Ges.-pol., 1979; C. Conrad u. H.-J. v. Kondratowitz, G. u. Soz.gesch., 1983; H. Döhner u. H. Freese (Hg.), Alternsforschg., 1985, 1986; M. Dieck u. R. Steinack, Ges.liche Integration, soz. Interaktion, materielle u. immaterielle Ressourcen, 1987.

Gerücht, nach dem Vorbild der Alltagssprache insbes. in der Soziol. der Massenkommunikation, Bezeichnung für eine Information, die – ohne Bemühungen um Nachweis des Wahrheitsgehaltes – weitergegeben u. im Verlaufe der zahlreichen Übermittlungs- u. Ausbreitungsprozesse absichtl. oder unabsichtl. (bedingt durch die Interessen u. Einstellungen der Beteiligten) verzerrt wird. Unvollkommene oder nur angedeutete Informationen werden häufig mißverstanden oder durch eigene, persönl. »Zutaten« ergänzt u. bekommen dadurch einen affektiven Gehalt. Das G. verbreitet sich um so schneller, je größer der Personenkreis ist, der von diesem affektiven Gehalt angesprochen wird. Das G. spielt in Ges.en immer dann eine große Rolle, wenn die Öffentlichkeit infolge bestimmter polit. Herrschaftsverhältnisse von wichtigen Informationsquellen ausgeschlossen ist, ges. Krisen oder Existenzrisiken aber eine erhöhte Informiertheit als Entscheidungs- u. Orientierungshilfe erzwingen. Die Theorie der Massenkommunikationsmittel bemüht sich um die Analyse der Techniken (Form, Stil, Gestaltung), mit denen Nachrichten für bestimmte Empfängerkreise »zubereitet« werden, um erwartete bzw. gewünschte Wirkungen zu erzielen.

G. W. Allport, L. Postmann, The Psychology of Rumor, New York 1965 (1947); T. Shibutani, Improvised News. A. Sociological Study of Rumor, Indianapolis 1966.

Gesamtstatus →Status

Geschichte der Soziologie, als Objekt wiss. Untersuchung u. systemat. Darstellung eines der Hauptgebiete der Allg. Soziol. Hierbei geht es um die Ursprünge u. Entfaltung des Faches in Zus.hang mit dem soz. Wandel, um die Herausbildung soziol. Problemstellungen, Grundbegriffe, method. u. theoret. Ansätze (Richtungen u. »Schulen«) sowie um die Leistungen u. Nachwirkungen großer Gelehrter, insbes. der Klassiker, ferner um die Entwicklung u. institutionelle Ausprägung des Faches in einzelnen Ländern u. um das Problem mögl. Unterscheidungen bestimmter Entwicklungsphasen.

Wurzeln des soziol. Denkens gibt es seit langem in der Phil., insbes. in der Gesch.-, Soz.- u. Moralphil. sowie der Ethik., später in der beginnenden Bevölkerungsstatistik bzw. »Polit. Arithmetik« (17. u. 18. Jh.) u. in den Staatswiss.en, insbes. der Nationalökonomie.

Lange schon hat sich – bis auf die griech. u. röm. Staatstheorie u. auf mittelalterl.-theolog. Ges.interpre-

tationen zurückverfolgbar – das Interesse an einer system. Erörterung ges. Probleme an Krisensituationen sozialer Ordnungszustände, am Unbehagen über die Brüchigkeit u. die Radikalität neuer Ordnungsideen oder am menschl. Leiden unter bestehenden ges. Verhältnissen entzündet. Soziol. Denken diente mithin der geistigen Erklärung u. prakt. Bewältigung von Möglichkeiten entweder einer ges. Stabilisierung u. Konservierung bestehender (Herrschafts-, Interessen-, Ordnungs-) Verhältnisse oder ihrer oppositionellen Veränderung. Solange jedoch die menschl. Ges. als Bereich des Natürl., Selbstverständl., des Willkürl., Zufälligen oder des von rel.-myst. interpretierten Mächten Gemachten u. Vorbestimmten (»göttl. Ordnung«) verstanden wurde u. ges. »Gesetze« als Manifestationen von »sittl.« verpflichtenden Ordnungsprinzipien galten, mußten die Interessen an der Entdeckung von prakt. verwertbaren u. Orientierung schaffenden wiss. Kausalaussagen über Struktur u. Entwicklung der Ges. begrenzt u. unsystem. bleiben.

Die Entstehung der Soziol. hängt eng mit dem erwachenden Bewußtsein zus., daß die Herausbildung u. Zuspitzung soz. Probleme, ges. Entwicklungsschübe, Umbrüche u. Krisen nicht mehr als »gottgewollt« oder natürl. fatalist. hingenommen werden müssen, sondern von Menschen rational beherrscht u. gestaltet werden können. Die Gesch. der Soziol. als Wiss. ist demzufolge als Widerspiegelung der Gesch. bewußt gewordener soz. Probleme zu betrachten.

Erst mit der Phil. der Aufklärung u. der entlarvenden Ideologiekritik im 17. u. 18. Jh. entfaltete sich im Zuge der Formierung des Bürgertums die Idee, daß es eine von

Geschichte der Soziologie

theol. sanktionierten Leitbildern u. traditional-feudalen Staatsvorstellungen u. Herrschaftsverhältnissen unabhängige ges. Eigendynamik zu entdecken u. zu begründen galt. Es setzte sich die Auffassung durch, daß die ges. Erscheinungen wohl durch die Menschen als handelnde Wesen zustande kommen, daß sie aber – wie die anderen ird. Phänomene auch – bestimmten »natürl.« Gesetzen sowohl im Aufbau wie insbes. in der Entwicklung unterworfen sind. Diese Gesetze zu ergründen, um in »vernünftiger« Erkenntnis ihrer (säkularisiert verstandenen) »naturrechtl.« Wirkungen u. Konsequenzen danach Ges. zu organisieren, war die Aufgabe der »sozialen Physik«. Diese neue Wiss. von der menschl. Ges. u. Kultur entsprang dem Kreis französ. Enzyklopädisten u. wurde insbes. von Saint-Simon gefordert, entworfen u. propagiert. Hinsichtl. der soz. Probleme der hervorbrechenden »industr. Ges.« erhoffte er sich von der »soz. Physik« entscheidende polit. u. ges. verändernde Wirkungen. Sein Schüler A. Comte, der den Namen Soziol. einführte u. ein erstes großes System schuf, faßte die Soziol. als eine dem Fortschritt dienende, positive Wiss. auf, die im beginnenden positiven Zeitalter die Stellung der Phil. u. Theologie einnehmen würde. Er hat einen bes. starken Einfluß auf die in Frankreich, Engl., USA u. Dtl. heranreifende Soziol. ausgeübt.

Die Soziol. ist aus der Frage nach einer Deutung u. Überwindung der Krise der abendländ. Ges. zur Zeit der Französ. Revolution u. des beginnenden Industrialismus entstanden. Unter dem Einfluß der Aufklärung u. des Liberalismus trat sie mit dem Anspruch einer problemlösenden Krisenwiss. auf, aber

auch als »Oppositionswiss.« (Brinkmann) des aufstrebenden Bürgertums, das gegenüber der feudalist.-absolutist. Herrschaftsordnung der zerfallenden Ständeges. zur polit. Emanzipation drängte. »Ges.« als Forschungsgegenstand wurde gleichgesetzt mit »bürgerl. Ges.«, d. h. mit den sozialen Beziehungen lediglich in einem Teil der Ges. Soziol. sollte die ges. Krise, die polit., moral. u. geistige Anarchie überwinden helfen, welche die Franz. Revolution weniger gelöst als ausgelöst hatte. Die Ergebnisse dieses soziol. Denkens, die auf das Postulat einer Trennung von Staat u. Ges., d. h. auf die Ablösung einer Sphäre des Warenverkehrs u. der ges. Arbeit von den traditionellen polit. Ordnungen, u. auf die Gleichsetzung von bürgerl. Freiheit u. Gleichheit mit menschl. Freiheit u. Gleichheit schlechthin hinausliefen, waren gleichzeitig die Grundlagen einer Soziol. des Marxismus u. des Konservatismus. Ab ca. 1850 bildeten sich in Dtl., Frankreich, Engl. u. USA national beeinflußte Soziol.n heraus. Im Zus.hang mit der bürgerl.-revolutionären Bewegung von 1848 entfaltete sich die Soziol. in Dtl. in mehreren Richtungen: In krit. Auseinandersetzung mit der idealist. Phil. Hegels sowie entgegen liberalen Gleichgewichts- u. Harmonievorstellungen entfaltete K. Marx vom Standpunkt des histor.-dialekt. Materialismus eine Analyse der nur revolutionär überwindbaren bürgerl.-kapitalist. Klassenges. Er erkannte den großen Einfluß der Arbeit u. Wirtschaft, Eigentums- u. Herrschaftsverhältnisse sowie des gesch. unterschiedl. ausgeprägten Klassenkonflikts auf die ges. Entwicklung u. das soz. Zus.leben (Problem der Entfremdung). Marx gilt als erster großer Klassiker

Geschichte der Soziologie

der Soziol. Auf der Grundlage der Phil. Hegels u. im Vertrauen auf erfolgreiche Reformen schuf L. v. Stein eine Lehre von den Struktur- u. Bewegungsgesetzen der bürgerl. Ges. Aus konservativer Sicht war die damals beginnende Industrieges. durch widersprüchl. materiellegoist. Zwecksetzungen bestimmt, ohne sittl. verpflichtende u. integrierende Leitidee. Ges. Ordnung wurde insbes. durch die Wiederbelebung einer (romantisch verklärten) Ständeges. erhofft.

Ab ca. 1870 geriet das soziol. Denken großenteils unter starken Einfluß biolog. Erkenntnisse u. Kategorien: Übernahme des Entwicklungsgedankens u. der Evolutionstheorie, Gleichsetzung der Ges. mit dem Organismus (Organismustheorie, A. Schäffle, O. Spann), später das Denken in Funktionen u. das Gleichgewichtsmodell. H. Spencer wurde zum Hauptvertreter einer interdisziplinär fundierten soziol. Evolutionstheorie u. zum Vorläufer einer biolog. beeinflußten Systemtheorie der Ges.

Angetrieben durch die schöpfer. Forschungsarbeit überragender Gelehrter, die inzw. als Klassiker des Faches gelten, erfolgte um 1900 in mehreren Ländern die Konstituierung der Soziol. zu einer eigenständigen Disziplin. Nach E. Durkheim sollten »soz. Tatsachen« wie reale Dinge behandelt werden. Von zentraler Bedeutung für das ges. Zus.leben ist das von Menschen gesch. hervorgebrachte »Kollektivbewußtsein«, das mittels Normen u. Sanktionen einen überindividuellen soz. Zwang auf die Ges.sangehörigen ausübt. Durkheim erkannte die Durchdringung von Ges. u. Individuum (Interpenetration), die Bedeutung der Arbeitsteilung für die ges. Entwicklung u. das Problem der Anomie in der mod.

Wirtschaftsges. In Abgrenzung gegenüber bereits vorhandenen Soz.wiss.en bemühte sich G. Simmel um die Begründung einer »Formalen Soziol.«, die sich auf die Erforschung der allg.-überzeitl. »Formen« des ges. Zus.lebens konzentrieren sollte – zumal die gesch.-spezif. »Inhalte« bereits Objekte anderer Disziplinen sind. Ges. erklärte er als ein System kontinuierl. Wechselwirkungen zw. Individuen sowie als eine Summe sich hieraus ergebender soz. Gruppierungen. M. Weber faßte die Soziol. als eine Wiss. auf, »welche soz. Handeln deutend verstehen u. dadurch in seinem Ablauf u. seinen Wirkungen ursächlich erklären will«. Damit fundierte er den handlungstheoret. Ansatz in der Soziol. Aus einer individualisierenden, mikrosoziol. Sichtweise führte er Ges. letztlich auf ein System »subjektiv sinnhaft aufeinander bezogenen« soz. Handelns von Individuen zurück. Soziol. sollte demgemäß nicht nur eine werturteilsfrei betriebene Erfahrungswiss. sein (Postulat der Werturteilsfreiheit), sondern sich zugleich als »Verstehende Soziol.« weiterentwickeln. Im Zuge des Werturteils- bzw. Methodenstreits gründeten M. Weber, W. Sombart, F. Tönnies u. a. 1909 gegenüber dem soz.reformer. »Verein für Socialpol.« die »Dt. Ges. für Soziol.« V. Pareto hat eine tiefgreifende Analyse der Motivationen des soz. Handelns durchgeführt u. Vorarbeiten für die soziol. Systemtheorie geleistet.

Nach dem I. Weltkrieg lag der Schwerpunkt der weiteren Entwicklung der Soziol. in den USA. Die amerikan. Soziol. war von Anfang an auf die Bewältigung konkreter soz. Probleme ausgerichtet u. stand unter großem Einfluß der Werke von Comte u. Spencer. Er-

Geschichte der Soziologie

ste große Pioniere waren C. H. Cooley, E. A. Ross, A. Small u. F. H. Giddings. Die soziol. Forschg. wurde durch interdisziplinäre Kooperation befruchtet. Es erfolgte eine Ausweitung u. methodische Verfeinerung der Empir. Soz.forschg. Als führender Vertreter des Neopositivismus strebte insbes. G. Lundberg eine naturwiss. Ausrichtung der Soziol. an. Es bildeten sich spezielle Soziol.n heraus, z. B. die Stadt- u. Gemeindesoziol. (R. u. H. Lynd, R. E. Park), Industrie- u. Betriebssoziol. (E. Mayo). Die Soziol. wurde beschleunigt institutionalisiert. Die Univ. Chicago wurde zu einer Hochburg der Soziol. im Kontext soz.wiss. Zus.arbeit (Chicago-Schule). Einen bes. Forschg.sschwerpunkt bildete der Verflechtungszus.hang von Kultur, Ges. u. Persönlichkeit. Soz. Interaktionen wurden als Voraussetzung der Persönlichkeitsbildung erkannt (W. I. Thomas). Aus seiner soz.philos., -psychol. u. mikrosoziol. Orientierung heraus wurde G. H. Mead zum Begründer des Symbol. Interaktionismus. Als Gesch.s.- u. Kultursoziol. entfaltete P. A. Sorokin eine Zyklentheorie der soziokult. Dynamik. Nachdem die Fortschrittsidee durch den I. Weltkrieg in eine Krise geraten war, trat W. F. Ogburn mit dem neutralen Begriff des »soz. Wandels« hervor, wobei er insbes. das Problem des »Cultural Lag« erkannte u. untersuchte.
In Dtl. traten verstärkt gesch.sphilos. u. kulturkrit. Betrachtungen in den Vordergrund. Bevor sich K. Mannheim der gesamtges. Analyse u. Polit. Soziol. zuwandte, wurde er neben M. Scheler zum Begründer der Wissenssoziol. Auch T. Geiger trug zur weiteren Erhellung des Ideologieproblems bei. Darüber hinaus trieb er die empir. Erforschg. der vertikalen Soz.struktur

voran u. leistete Beiträge zur Rechtssoziol. u. Polit. Soziol. In Österr. wurde P. F. Lazarsfeld zu einem Pionier der Empir. Soz.forschg., bevor er dann in den USA maßgeblich die Weiterentwicklung empir. Methoden unterstützte. Infolge der NS-Herrschaft sind viele bedeutende, insbes. jüd. Soziologen u. Soz.wiss.ler emigriert: u. a. T. W. Adorno, N. Elias, T. Geiger, M. Horkheimer, K. Mannheim, F. Oppenheimer.
Nach dem II. Weltkrieg war in einer Zeit des Wirtschaftswachstums u. der Wohlstandszunahme die von T. Parsons erarbeitete Strukturellfunktionale Theorie, in der er handlungs- u. systemtheoret. Ansätze zus.führte, auf dem besten Wege, zur dominierenden soziol. Theorie zu werden. Zu den Quellen seines stark kategorial ausgeprägten theoret. Systems zählten der Funktionalismus, die Psychoanalyse, die soz.wiss. Persönlichkeitsforschg. u. naturwiss. Modellvorstellungen, insbes. das Gleichgewichtsmodell. Sein mehr empir. orientierter Schüler, R. K. Merton, trat für den Aufbau von »Theorien mittlerer Reichweite« ein, da die Soziol. noch nicht den Entwicklungsstand für die Errichtung einer allg. akzeptablen Totaltheorie erreicht habe.
Im Zuge der Entkolonialisierung wurden hinsichtl. der Entwicklungsländer Modernisierungskonzepte erarbeitet, mit denen unter dem Leitbild der mod. westl. Industrieges. das Fortschrittsdenken wieder erwachte.
In Abgrenzung zu Tendenzen des Soziologismus u. zur makrosoziol.-strukturtheoret. Orientierung nahm G. C. Homans stärker Bezug auf das Individuum u. entwickelte mit Hilfe der psychol. Lernforschg. u. elementarer Kategorien der

Ökonomie eine Verhaltenstheoret. Soziologie, die zugleich Elemente einer Austauschtheorie beinhaltet. Unter Berücksichtigung des handlungstheoret. Ansatzes von M. Weber begründete A. Schütz die Phänomenolog. Soziol., die gleichfalls zur Abschwächung des Einflusses der struktur- u. systemtheoret. Orientierung führte u. in Verbindung mit dem Symbol. Interaktionismus teilweise einen Paradigmenwechsel in der Soziol. bewirkte: stärkere Hinwendung zur alltägl. Lebenswelt, zum Alltagsbewußtsein, -wissen u. -handeln (P. L. Berger, T. Luckmann, E. Goffman). Aus dieser alltagssoziol. Orientierung ging als bes. Forschg.richtung die Ethnomethodologie hervor (A. Cicourel, H. Garfinkel).

1949 wurde die International Sociological Association (ISA) gegründet. In immer mehr westl. orientierten Ländern wurde die stark amerik. geprägte Soziol. institutionalisiert. In staatssozialist. Ländern blockierte die Dominanz des Marxismus die Entfaltung der Soziol. als werturteilsfreie Erfahrungswiss. Zumindest im Verborgenen wurde Empir. Soz.forschg. betrieben, z. T. in Verbindung mit Arbeits-, Industrie- u. Betriebssoziol.

In Dtl. wurde nach dem II. Weltkrieg zunächst die amerik. Soziol. rezipiert, wurden die Soziol. u. Empir. Soz.forschg. institutionalisiert u. zunehmend ausgebaut – erstere im Hochschulbereich, letztere großenteils in kommerziellen Markt- u. Meinungsforschgs.instituten. Im Zus.hang mit der Einrichtung von Soziol.-Hauptfachstudiengängen entstanden verschiedene »Schulen«: »Frankfurter Schule« (Krit. Theorie von Horkheimer, Adorno u. Habermas, Wiedererrichtung des Inst. für Soz.forschg.), »Kölner Schule«

(R. König, Soziol. als empir. Einzelwiss., Köln als Zentrum Empir. Soz.forschg.), »Berliner Schule« (O. Stammer, empir.-histor. Orientierung, Polit. Soziol. als Schwerpunkt), die Soz.forschgs.stelle Dortmund u. der Schülerkreis um H. Schelsky; an der neugegründeten Univ. Bielefeld entstand eine Fakultät für Soziol. (N. Luhmann), in Mannheim ein weiteres Zentrum der Empir. Soz.forschg. R. Dahrendorf trat in innovativer Weise mit einer Konflikttheorie hervor, die die einseitig auf Integration, Gleichgewicht u. Stabilität ausgerichtete Strukturell-funktionale Theorie realitätgerecht ergänzen sollte.

1961 begann der sog. »Positivismusstreit« in der dt. Soziol. zw. Vertretern der Krit. Theorie (Adorno, Habermas) u. des Krit. Rationalismus (K. R. Popper, H. Albert). Unter dem Einfluß der Krit. Theorie, des ges.krit. Werks von H. Marcuse, des Emanzipationsgedankens, der Neuen Linken u. antiautoritären (Studenten-)Bewegung sowie sensibilisiert wahrgenommener u. interpretierter soz. u. polit. Probleme breiteten sich in den 60er Jahren innerhalb der Soz.wiss.en neomarxist.-antikapitalist. Tendenzen aus, die die Soziol. zunehmend als politisierte Revolutions- u. Emanzipationswiss. erscheinen ließen. In den 70er Jahren bewirkten konservative Gegentendenzen u. das weitgehende Scheitern der Neuen Linken zur Rückbildung der neomarxist. Orientierung. Dagegen erfuhr die Empir. Soz.forschg. einen Aufschwung, zunehmend auch der Einsatz qualitativer Methoden. Die Auffächerung soziol. Forschg. setzte sich in Verbindung mit der Fixierung auf einzelne theoret. Richtungen u. mit der Spezialisierung auf bestimmte spezielle So-

Geschichtsauffassung

ziol.n u. (auftragsbezogene bzw. praxisrelevante) Projekte fort. Die Prozesse der Differenzierung u. Segmentierung des Faches werden durch keine hinreichenden Anstrengungen zur Synthese kompensiert. Überragende theoret. Leistungen stammen von Habermas (Theorie des kommunikativen Handelns), Luhmann (Weiterentwicklung der Systemtheorie) u. R. Münch (Theorie der Interpenetration u. der Moderne).

In Frankreich wurde C. Lévi-Strauss in Anknüpfung an Durkheim, an den Funktionalismus, an ethnolog. Forschg.smaterial u. an die strukturale Sprachwiss. zum Begründer der »Strukturalen Anthropologie« bzw. des Strukturalismus. Obgleich in den USA das Menschenbild seit langem durch die milieutheoret. Sichtweise u. später auch durch den Behaviorismus geprägt wurde, entstand dort die Forschgs.srichtung der Soziobiologie. Diese hebt hinsichtl. der alten Streitfrage »Anlage oder Umwelt?« ebenso wie die Ethologie bzw. Vergleichende Verhaltensforschg. die biolog. relevanten Grundlagen des Soz.verhaltens (stammesgesch. angepaßte u. angeborene Verhaltensprogrammierungen) bes. hervor. Bei weitgehend eingeschränkter Würdigung der mannigfaltigen soziokult. Bestimmungsgründe des Verhaltens machten sich in der amerik. u. auch europ. Soziol. auf der Grundlage des methodolog. Individualismus zunehmend ökonom.-rationale, nutzen- u. spieltheoret. Modelle der Verhaltenserklärung breit (Tendenzen einer Ökonomisierung der Soziol.). In Engl. bemüht sich A. Giddens um die Überwindung der abstrakten Entgegensetzung von subjektivist. orientierten Handlungs- u. objektivist. ausgerichteten

Struktur- bzw. Systemtheorien. – Der Zus.bruch der staatssozialist. Ges.ordnungen in Osteuropa ermöglicht eine schubartige Ausweitung der westl. Soziol.

R. Aron, Dt. Soziol. der Gegenwart, 1969 (1950); R. C. u. G. J. Hinkle, Die Entwicklg. der amerik. Soziol., 1960, R. Dahrendorf, Die angewandte Aufklärung, 1963; F. Jonas, G. d. S., 2 Bde., ^{2}1981 (1968); H. Klages, Soziol. zw. Wirklichkeit u. Möglichkeit, 1968; ders. G. d. S., 1969; A. Gouldner, Die westl. Soziol. in der Krise, 2 Bde., 1974 (engl. 1970); H. Schoeck, G. d. S., 1975; G. Eisermann, Die Krise der Soziol., 1976; D. Käsler (Hg.), Klassiker des soziol. Denkens, 2 Bde., 1976/78; G. Lüschen (Hg.), Dt. Soziol. seit 1945, KZfSS Sonderheft 21, 1979; W. Bernsdorf u. H. Knospe (Hg.), Internat. Soziologenlexikon, 2 Bde., 1980 u. 1984; W. Lepenies, G. d. S., 4 Bde., 1981; M. R. Lepsius (Hg.), Soziol. in Dtl. u. Österreich 1918–1945, 1981; H. Schelsky, Rückblicke eines Antisoziologen, 1981; F. Heckmann u. F. Kröll, Einf. in die G. d. S., 1984; D. Käsler, Die frühe dt. Soziol. (1909 bis 1934) u. ihre Entstehungsmilieus, 1984; S. Papcke (Hg.), Ordnung u. Theorie, 1986; O. Rammstedt, Dt. Soziol. 1933–1945, 1986; R. König, Soziol. in Dtl., 1987; J. Langer (Hg.), G. d. österr. S., 1988; F. Thieme, Soziol. im Wandel, 1990; H. Korte, Einf. in die G. d. S., 1992.

Geschichtsauffassung, u. a. auch in soziol. Theorien eingehende Grundüberzeugungen von den zentralen Triebkräften u. Ursachen der ges. Gestaltung u. Entwicklung. Subjektivist.-idealist. G. führt ges. Prozesse auf die produktiv-schöpferische Tätigkeit einzelner oder weniger (elitärer) Persönlichkeiten zurück, die sich über die Masse erheben. Objektivist.-idealist. G. betont die Abhängigkeit ges. Entwicklung u. Sinngebung von »absoluten Ideen«, überindividuellen Wesenheiten. Materialist. G. untersucht in erster Linie die Gesetzmäßigkeiten, nach denen sich das Verhältnis des individuellen, klassenmäßigen oder gesamtges. Bewußtseins zur bestimmenden objektiven u. gesch. spezif. Realität erklären läßt.

F. Gilbert, Gesch.: Politik oder Kultur?, 1992.

Geschichtsbild, (a) die einer soziol. Theorie zugrunde liegende prinzipielle Einschätzung der gesch. Situation, aus der heraus sie ihren Problemansatz empfangen hat bzw. die sie prognostisch – bestimmte Kausalverhältnisse akzentuierend – für den weiteren Entwicklungsprozeß der Ges. als zentral betrachtet (z. B. Max Webers histor. Problem des abendländ. Rationalisierungsprozesses); (b) im Rahmen eines soziol. orientierten Bildungsbegriffes die einer Person eigene Kenntnis u. das Verständnis der Geschichte als Voraussetzung für Einsichten in die gesch. Entwicklung der Ges. u. damit für sozial vernünftiges Urteilen u. engagiertes Handeln in der Gegenwart. Soziol. Aufklärung bemüht sich um einen Abbau von G.ern, die sich gesch. Ereignisse u. ges. Verhältnisse ledigl. als Ergebnis des Strebens u. Handelns übermächtiger Subjekte (z. B. Bismarck, Hitler) oder personalisierter Kollektiva (die Russen, die Amerikaner) erklären oder nach stereotypen sozialen oder polit. Ordnungsschemata (Demokratie, Diktatur) »sortieren«.

L. v. Friedeburg, P Hübner, Das G. der Jugend, [2]1970 (1964); G. Abramowski, Das G. Max Webers, 1966.

Geschichtsphilosophie, wiss.-weltanschal. u. spekulative Betrachtungen über das Wesen, die Triebkräfte, Entwicklungsgesetze der Gesch. u. der durch sie erreichten gegenwärtigen Zustände in Kultur u. Ges. Daneben auch die Gesamtheit der Aussagen über die erkenntnistheoret. Grundlagen u. Möglichkeiten zur systemat. Betrachtung u. Deutung der Gesch. nach Maßgabe weltanschal. Systeme. Die G. entstand mit der Loslösung der Wiss. von feudal-klerikaler Bevormundung u. spielte eine

wichtige emanzipator. Rolle im Kampf des Bürgertums gegen die herrschenden Kräfte der vorindustriellen Ges. Mit der These von den objektiven Gesetzmäßigkeiten der ges. Entwicklung, die sich mit dem Ablauf der Gesch. offenbaren würden, wurde es möglich, je nach dem vorgefaßten Denkschema u. nach den Interessen bestimmter Soziallagen die Entwicklung des sozialen Lebens aus bestimmten Endzielen zu erklären. In diesem Sinne wurde Gesch. gedeutet als Prozeß der zunehmenden Entfaltung von Humanität (Herder), der Durchsetzung der Vernunft bzw. des Fortschritts im Bewußtsein der Freiheit (Hegel), als Prozeß »menschl. Vorgesch.« (klassenges. u. klassenkämpfer. Strukturen) hin zu den »eigentlich« menschl. Lebens- u. Sozialverhältnissen (Marx), als Prozeß wiss. »Entzauberung« u. »Rationalisierung« des menschl. Daseins (M. Weber) oder als Prozeß einer fortschreitenden Evolution (Spencer), wobei der Neo-Evolutionismus unter Abwendung von darwinist. Auffassungen insbes. funktionale Differenzierung betont (Parsons, Luhmann).
Nach Ansicht erfahrungswiss.-positivist. orientierter Soziologen (R. König, E. Topitsch) ist Soziol. durch ihre engen Bindungen an die G. immer daran gehindert worden, das Soziale in seiner Existenz eigener Art, gleichsam in seiner Naturwirklichkeit, empir. zu erfassen u. kausalwiss. aufzuklären. Monotheoret. u. wertend-selektive Ansätze geschichtsphilos. orientierter Soziol. hätten eine unvoreingenommene Analyse der vielfältigen Zusammenhänge sozialer Fakten u. Entwicklungstrends unmöglich gemacht. Demgegenüber wird von der Kritischen Theorie (Th. W. Adorno, J. Habermas) hervorgeho-

Geschichtssoziologie

ben, daß geschichtsphilos. »Entscheidung« u. Weltsicht immer schon in zeitbezogenen Denkkategorien, begriffl. u. theoret. Apparaturen auch derjenigen Soziologen mit eingeht, die glauben, »objektiv« über eine Ges. zu forschen, der sie als »Subjekte« selbst angehören.

G. Simmel, Hauptprobleme der G., [7]1950 (1892); E. Rothacker, G., 1934; E. Topitsch, Vom Ursprung u. Ende der Metaphysik, 1958; ders., Soz.phil. zwischen Ideologie u. Wiss., 1961; R. König (Hg.), Fischer-Lexikon »Soziol.«, 1967 (1958); ders. Studien zur Soziol. 1971; J. Habermas, Theorie u. Praxis, [3]1969; Th. W. Adorno, Aufsätze zur Ges.theorie u. Methodologie, 1970; A. Schmidt, Gesch. u. Struktur, 1973; K. Acham, Analyt. G., 1974; R. Schaeffler, Einf. in die G., [3]1990.

Geschichtssoziologie, Richtung soziol. Theorienbildung u. Methode, die eine vermittelnde Position zw. der Gesch.wiss. u. einer Soziol. vertritt, die als empir. Gegenwartsanalyse ledigl. die gerade bestehenden u. unmittelbar zu betrachtenden Regelmäßigkeiten u. Strukturen sozialer Handlungsabläufe analysiert. In enger Verbindung mit der Kultursoziol. bemüht sich die G. um eine zus.fassende Betrachtung aller materiellen u. immateriellen Faktoren, die Einfluß auf eine bestimmte Ges.formation haben. Sie untersucht dabei die Wechselwirkungen zwischen den einzelnen Kulturbereichen einer Ges. (z. B. Politik, Wirtschaft, Religion, Kunst), indem sie gleichzeitig vergleichende Studien über die versch. kulturellen Institutionen betreibt, um Einsichten über das Entstehen, Werden u. Vergehen ges. Gesamtstrukturen zu gewinnen. Von der übrigen, ledigl. an der Analyse ges. Gegenwartsstrukturen u. an der Ermittlung allg.-gültiger, raumzeitl. unabhängiger sozialer Gesetzesaussagen interessierter (Struktur-)Soziol. unterscheidet sich G. damit durch ihr Bemühen,

ges. Prozesse u. Systeme immer auch aus ihrer Vorgesch. heraus zu erklären. Von der Gesch.wiss. hebt sie sich dadurch ab, daß sie (anstelle einer Interpretation von gesch. Einzelereignissen oder Epochen) nach histor. übergreifenden bzw. histor. Details sinnhaft zusammenfügenden u. verallg. Typen mensch.-kulturellen Geschehens sucht. Mit derartigen Generalisierungen sollen sowohl ges. »Gleichzeitigkeiten« in versch. Regionen als auch »grundlegende« Veränderungen in den kultur. Konstellationen menschl. Zusammenlebens offengelegt werden. Soweit die Abfolgen solcher Veränderungen in der universalhistor. Dynamik als determinierte, zwangsläufige Prozesse interpretiert werden (z. B. kulturgesch. Auf- u. Abstiege, Verfall oder menschl.-ges. »Verwirklichung«), nähert sich G. der Gesch.philosophie.

P. Barth, Die Philos. d. Gesch. als Soziol., [4]1922 (1897); M. Weber, Gesam. Aufsätze zur Wiss.lehre, [2]1951; H. Freyer, Soziol. als Wirklichkeitswiss., 1930; A. v. Martin, Geist u. Ges., 1948; W. E. Mühlmann, G. u. Kultursoziol. (Hdwb. d. Soz.wiss.en 4, 1965); G. Eisermann, Soziol. u. Gesch. (Hdb. d. empir. Soz.forschg. I, 1967), R. Rürup (Hg.), Hist. Soz.wiss., 1977; F. H. Tenbruck, Soziol. u. Gesch., 1986.

Geschlecht, (a) Sammelbezeichnung für verwandtschaftl. miteinander verbundene Angehörige einer Ges., die aus dieser Verbindung z. T. einen bes. Status herleiten bzw. zugesprochen erhalten (z. B. Herrscher-G.); (b) das Kriterium der Einteilung der menschl. Bevölkerung in männl. u. weibl. Individuen. Neben dem Alter ist das G. in allen bekannten Ges.en ein mit der Geburt festliegender Bezugspunkt für die Zuweisung von sozialem Status. Schon durch ihre biolog. relevanten Funktionen bedingt, nehmen die G.er in der Arbeitsteilung jeder Ges. versch. Positionen ein.

Die Verteilung von Rechten u. Pflichten u. insbes. von Herrschaft u. Einfluß ist in den versch. Ges.en unterschiedl. »geregelt« (→Matriarchat, →Patriarchat). In einer biolog. orientierten Sozialforschung der Vergangenheit sind vorschnell die sozialen Unterschiede (sowohl im Hinblick auf Funktionen als auch auf Status) zw. Mann u. Frau mit angebl. natürl. Unterschieden erklärt worden. Die Theorie der Sozialisation hat demgegenüber erwiesen, daß die soziale Prägung der geschlechts-spezif. Persönlichkeiten weitgehend ein Ergebnis der Erziehungs- u. Milieueinflüsse in Kindheit u. Jugend ist, in denen immer schon kulturell normierte Vorstellungen u. Ideale über die Verschiedenartigkeit der G.er eine Rolle spielen. Solche Vorstellungen erzeugen demnach erst das, woran sie selbst glauben. In entwickelten Industrieges.en ist jedoch deutl. die Tendenz zu erkennen, daß mit zunehmender Beherrschung der Naturkräfte durch den Menschen, d. h. mit einer Bedeutungsverschiebung von phys. zu psych. u. intellektueller Leistungskraft, die soziale Relevanz des G. als statusbestimmender Faktor abnimmt.

M. Mead, Mann u. Weib, Das Verhältnis der G.er in einer sich wandelnden Zeit, 1958; dies., G. u. Temperament in primitiven Ges.en, 1959; T. Kürthy, G.sspezifische Sozialisation, 2 Bde., 1978; R. Eckert (Hg.), G.srollen u. Arbeitsteilung, 1979; N. Bischof u. H. Preuschoft (Hg.), G.sunterschiede, 1980; K. E. Müller, Die bessere u. die schlechtere Hälfte, 1984; G. Simmel, Schriften zur Phil. u. Soziol. der G.er, 1985; Wandel von G.srollenbeziehungen, besorgt von M. Schöps-Potthoff u. H. Tyrell, Schwerpunktheft KZfSS 38, 1986; U. Beer, G., Struktur, Gesch., 1990; B. Aulenbacher u. M. Goldmann (Hg.), Transformationen im G.erverhältnis, 1993.

Geschlechterstaat, Legitimierung einer staatl.-polit. Herrschaft dadurch, daß die Bekleidung von Ämtern, Priesterschaften oder sonstigen führenden Funktionen an die Bedingung der Zugehörigkeit zu einem privilegierten Blutsverband (Geschlecht) geknüpft ist.

Geschlechterverhältnis →Sexualproportion

Geschlechtsidentität (lat.) »Geschlechtsübereinstimmung«, in der Theorie der Sozialisation verstanden als individuelles Selbstverständnis einer Person als »Mann« oder »Frau«. G. bildet sich nach psychoanalyt. Theorien bereits in der Kindheit durch Identifikation mit dem gleichgeschl. Elternteil heraus, wobei geschlechtsspezif. Verhaltenserwartungen u. -muster internalisiert werden. Nach tiefenpsycholog. Auffassung (S. Freud, C. G. Jung) entsteht aus der libidinösen (sexuellen) Bindung an den andersgeschlechtl. Elternteil der Ödipus- bzw. Elektra-Komplex. Die damit verbundene Einsicht des Kindes, daß es mit dem gleichgeschlechtl. Elternteil in sexueller Hinsicht nicht konkurrieren kann, wird als Frustration erlebt, welche durch die Identifikation mit dem gleichgeschl. Elternteil in der Phantasie z. T. wieder kompensiert werden kann. Das Ergebnis solcher Identifikation ist u. a. die Entwicklung einer eigenen G. als eines wesentl. Teiles der Ich-Identität, der sich auf das psych. Verhältnis zum eigenen Geschlecht u. dessen jeweilige soziokulturelle Prägung u. Überformung bezieht. Letztl. wird die G. inhaltl. von den häusl.-familiären Erlebensformen bestimmt, in die schichten- u. berufsabhängige Prägungen der Elternteile mit eingehen.

T. Parsons, R. F. Bales, Family, Socialization and Interaction Process, Glencoe 1954; E. H. Erikson, Kindheit u. Ges., ²1965; H. Pross, Die Männer – eine repräsentative Untersuchung über die Selbstbilder v. Männern u. ihre Bilder v. der Frau, 1978.

Geschlechtsreife →Pubertät

Geschlossene Gesellschaft, nach K. R. →Popper der Typ einer magischen, stammesgebundenen oder kollektivist. Ges., in der das Individuum weitestgehend untergeordnet bleibt: der Stamm ist alles u. das Individuum nichts. Die Ges.angehörigen werden durch Verwandtschaft, Zus.leben, durch die Teilnahme an gemeinsamen Anstrengungen, Gefahren, Freuden u. Schicksalsschlägen zus.gehalten. Sie sind durch konkrete phys. Beziehungen (Berührung, Geruch, Sicht) miteinander verbunden. Die Institutionen gelten als sakrosankt (heilig) u. tabu. Die soz. Ungleichheit u. Herrschaftsverhältnisse (Sklaverei, Kastenwesen, Klassenherrschaft) werden als »natürlich« empfunden u. deshalb auch nicht in Frage gestellt. Die g. G., die mit einem Organismus vergleichbar ist, gibt dem Ges.angehörigen Gewißheit u. das Gefühl der Sicherheit. Die größte Gefahr für diese Ges. ist die Berührung mit fremden Kulturen, insbes. durch Seeverbindungen u. Überseehandel. Der Übergang zur →offenen Ges. zählt zu den größten Revolutionen in der Gesch. der Menschheit.

K. R. Popper, Die offene Ges. u. ihre Feinde, Bd. 1, ⁷1992 (1957/58, engl. 1945).

Geselligkeit, aus der Alltagssprache in die Soziol. übernommener Begriff für flüchtige, unverbindl., ohne genauere Erwartungs- u. Rollenstrukturen ablaufende soziale Beziehungen zwischen (quantitativ u. personell) wechselnden Personengruppen. Die situationellen Gelegenheiten u. Inhalte von G. wechseln mit kult. Moden u. kommunikationstechn. Wandel. G. ist Ausdruck kollektiven, angepaßten Zivilisationskonsums ebenso

wie Moment krit. u. aktiven Informationsaustausches im »zwanglosen« Gespräch zw. Individuen, die ansonsten versch. ges. Subsystemen bzw. Handlungsbereichen angehören. G. kann ein Instrument der massenhaften Anpassung an moderne Verhaltensmuster oder Medium für die Ergänzung u. Vergrößerung des individ. Wissens über fremde Erfahrungsbereiche sein. Dadurch, daß G. Positionsinhaber unterschiedl. sozialer Handlungssysteme zusammentreffen läßt, besteht eine große Chance für eine soziale Kommunikation, deren Inhalte über fachbezogene oder persönl. Probleme hinausgreifen u. die darum die Realisierung polit. Öffentlichkeit begünstigt.

G. Simmel, Soziol., ⁶1983 (1908); ders.: Grundfragen der Soziol., ⁴1984 (1917); K. Mollenhauer, Zur päd. Theorie der G., (in: ders., Erziehung u. Emanzipation, 1968); A. Gehring, Die G. (KZfSS 21, 1969).

Gesellschaft, ein in der Alltags- u. Wiss.ssprache vieldeutig benutzter Begriff: 1) Allg. bezeichnet er das zeitl. andauernde Zus.leben von Lebewesen einer je bestimmten Art (Menschen, Tiere, Pflanzen) in einem räuml. abgrenzbaren Bereich. Mit diesen im biolog. Sinne verschiedenartigen G.en befassen sich die Soziol., Tier- u. Pflanzensoziol. 2) Zunehmend durchgesetzt hat sich dagegen ein eingeengter G.begriff, der sich auf das Zus.leben der Menschen innerhalb eines räuml. Bereichs bezieht, das wiederum den Objektbereich der Soz.wiss.en, insbes. der Soziol. bildet. 3) Weiter eingeschränkt ist der G.sbegriff, der in neuerer Zeit führende, tonangebende oder privilegierte Personenkreise bezeichnet, z. B. die Adels-G., »gute G.« oder high society. 4) Ein spezieller G.sbegriff tritt bei der Bezeichnung rechtsförmig ausgestalteter

Gesellschaft

Organisationen mit wirtschaftl., wiss., polit., humanitären oder kult. Zwecksetzungen hervor, z. B. Aktien-G., G. für Bildungsforschung, G. für Menschenrechte. F. Tönnies grenzte die aus Interessen und Zwecksetzungen resultierenden, durch lockere Soz.beziehungen gekennzeichneten Gebilde u. Lebensformen als »G.« gegenüber jenen als »Gemeinschaft« bezeichneten Formen des Zus.lebens ab, die durch gefühlsmäßige, persönl., innige soz. Beziehungen mit hohem Eigenwert charakterisiert sind. 5) Im Hinblick auf gemeinsame Aktivitäten werden auch bestimmte Gruppierungen von Menschen mitunter als eine spezifische G. bezeichnet, z. B. Reise-G., Tisch-G. 6) G. heißt ferner der Verkehrskreis des einzelnen, innerhalb dessen er »Geselligkeit« pflegt (»eine G. geben«, jemandem »G. leisten«, »schlechte G.«).

Das Wort G. ist insbes. zu einem zentralen, sehr komplexen u. zunehmend umstrittenen Grundbegriff der Soziol. geworden. Aus deren Sicht bezeichnet G. die umfassende Ganzheit eines dauerhaft geordneten, strukturierten Zus.lebens von Menschen innerhalb eines bestimmten räuml. Bereichs. Gemäß biolog.-anthropolog. Erkenntnisse ist es für die menschl. G. grundlegend, daß die Überlebenschancen der Menschen von stabiler soz. Kooperation abhängen. Die G. ist damit ein existentiell notwendiges Gefüge des dauerhaften, strukturierten oder gar bewußt organisierten Zus.wirkens von Menschen zur Erreichung bestimmter Ziele oder Zwecke, insbes. zur Erarbeitung von Mitteln für die Befriedigung individ. u. gemeinsamer Bedürfnisse. Als Ganzheit bildet die G. jenes umfassende soz. System, das im Verhältnis zu seiner jeweiligen

Umwelt (natürl. Umwelt u. andere G.en) ein Höchstmaß an Selbstgenügsamkeit, relativer Autarkie u. Selbstbestimmung erlangt hat. Allein schon infolge der Vitalbedürfnisse des Menschen ist aber jede G. auf stabilisierte Austauschbeziehungen mit ihrer natürl. Umwelt angewiesen. Das Überdauern u. der Zus.halt einer G. hängen von der Herausbildung u. Leistungskraft von Institutionen ab, die die Erfüllung aller g.lichen Grundfunktionen gewährleisten können: neben der kooperativen Erarbeitung der Mittel für die Bedürfnisbefriedigung die g.liche Reproduktion (Zeugung u. Sozialisation von Nachkommen) sowie die Aufrechterhaltung innerer u. äußerer Sicherheit. Insgesamt besteht somit seit jeher ein existentielles Verhältnis wechselseitiger Abhängigkeit zw. menschl. Individuum u. G. Aufgrund der weitgehenden »Instinktreduktion« des Menschen (A. Gehlen) ist sein g.liches Zus.leben keineswegs von Natur aus festgelegt u. stabilisiert. G.lich reguliertes Zus.wirken von Menschen kommt erst dadurch zustande, daß sich diese in ihrem Verhalten an gemeinsamen Werten u. Normen orientieren. Werte sind in religiöse, weltanschaul. u. eth. Überzeugungen eingelagert u. legitimieren wiederum in sinnhafter Weise soz. Normen, die in Verbindung mit Sanktionen das Verhalten von Menschen in den verschiedenartigen alltägl. Situationen regulieren u. somit erwartbar, »berechenbar« und voraussagbar machen. Diese Erwartbarkeit des Verhaltens zw. Menschen (Wechselwirkungen, Interaktionen) bildet eine unerläßl. Voraussetzung für das g.liche Zus.leben. Durch ihre grundlegende u. allg. Orientierungsfunktion stellen Werte aus soziol. Sicht den Kern einer Kultur

Gesellschaft

dar, die im Verlaufe der Gesch. in Verbindung mit dem g.lichen Zus.leben von Menschen hervorgebracht wurde u. weiterentwickelt wird. Für das Funktionieren u. Überdauern einer G. ist es entscheidend, inwieweit die Werte u. Normen von den nachwachsenden Individuen im Zuge ihrer Sozialisation gelernt, möglichst verinnerlicht (→Internalisierung) u. im alltägl. Verhalten auch befolgt werden. Erst durch diesen Vermittlungsprozeß reifen menschl. Individuen zu g.lich-soz. handlungsfähigen Persönlichkeiten heran. Ohne Lernangebote einer G. könnte der Mensch seine Fähigkeiten nicht entfalten u. verbliebe in einer Situation verringerter Überlebenswahrscheinlichkeit bzw. extremer Hilfsbedürftigkeit. Der Verfall von Werten u. Normen (→Anomie) beeinträchtigt in entsprechendem Maße die Orientierungssicherheit des sozialisierten Individuums (sozialkulturelle Persönlichkeit) sowie die Stabilität von Kultur u. G. Infolge gegenseitiger Durchdringung (→Interpenetration) bilden die Persönlichkeit, Kultur u. G. einen interdependenten Verflechtungszus.hang, der nur abstrakt-analytisch aufspaltbar ist.

Über lange Zeiträume der Gesch. hinweg lebten die Menschen in relativ kleinen, stat. u. räuml. abgegrenzten G.en, in denen die Sippe u. der Stamm (Stammes-G.) von großer Bedeutung waren. Diese traditionsgeleiteten, wandlungsresistenten G.en übten auf das Individuum einen hohen Konformitätsdruck aus. In Verbindung mit kult. Höherentwicklung bildeten sich größere, komplexere G.en heraus, mit höheren Graden der Arbeitsteilung, neuartigen Strukturen des vertikalen G.aufbaus u. der Herrschaftsordnung (Sklavenhalter-G.,

Kasteng., Feudal- u. Ständeg.). Im Zus.hang mit dem Erstarken des städt. Bürgertums, mit der Aufklärung u. dem Liberalismus, mit der Entstehung der Marktwirtschaft u. der Ausweitung des Handels wurde in Europa die Ständeg. durch eine →bürgerl. G. verdrängt. Mit dieser kam zugleich der Begriff der G. auf. Die bürgerl. G. entwickelte sich unter dem Einfluß der Industrialisierung, des Bevölkerungswachstums u. der Verstädterung (Urbanisierung) tendenziell zu einer Klasseng. hin. Im Gegensatz zu den Prognosen von K. Marx entstand aber bis heute keine reine Klasseng. Auch hat die Abschaffung des Privateigentums an Produktionsmitteln sowie die Durchsetzung einer sozialist.-kommunist. G.sordnung bisher keine klassenlose G. hervorgebracht. Vielmehr sind die mit einer totalitären Herrschaftsordnung verbundenen staatssozialist. G.en durch eine Klassenstruktur (Klasse der Herrschenden u. jene der Beherrschten) gekennzeichnet u. großenteils insbes. wirtschaftl. u. polit. gescheitert.

In den liberal-demokrat. verfaßten, marktwirtschaftl. funktionierenden G.en hat sich der »alte Mittelstand« (selbständige Landwirte, Handwerker u. Kaufleute) großenteils am Leben erhalten. Gegenüber der sich differenzierenden u. z. T. soz. aufsteigenden Arbeiterschaft (ungelernte u. angelernte Arbeiter sowie Facharbeiter) vergrößerten sich neue Mittelschichten (Beamte, Angehörige freier Berufe u. insbes. Angestellte). In Verbindung mit dem beschleunigten techn. Fortschritt, dem Wirtschaftswachstum, der Wohlstandszunahme u. Veränderungen im Bereich der Berufe (Verschiebungen zugunsten neuer Berufe, Steigerung der Qualifikationsniveaus) entstand eine weitge-

Gesellschaft

hend auf dem Leistungsprinzip beruhende, dynam. mannigfaltig geschichtete, relativ mobile (verstärkte vertikale Mobilität bzw. Aufstiegs- u. Abstiegsprozesse) Leistungs- u. Wohlstandsg. In den vergangenen Jahrzehnten wurde diese G. vor allem als mod. Industrieg. bezeichnet. Die polit. Parteien u. Interessenverbände, die Bürokratisierung u. der Sozialstaat gaben dieser G. das Gepräge einer organisierten Masseng.

Die globale Ausbreitung der mod. G. führt gegenwärtig dazu, daß die Naturvölker ihre überkommene G.sordnung u. Kultur verlieren. In den G.en der Entwicklungs- u. »Schwellenländer« ist ein Konflikt zw. Modernisierung einerseits u. Bewahrung traditioneller Kulturelemente andererseits entstanden. System- u. evolutionstheoret. wird die mod. G. insbes. als das Ergebnis der Ausdifferenzierung funktional spezialisierter, leistungsfähigerer u. relativ autonomer Subsysteme bzw. Teilbereiche (Wirtschaft, Politik, Kirche, Wiss., Erziehungsbereich, Gesundheitswesen u.a.m.) aufgefaßt. Darüber hinaus ist der beschleunigte Wandel der mod. G. wiederum durch gegenseitige Durchdringung (Interpenetration) verschiedener Subsysteme gekennzeichnet. Die fortschreitende Differenzierung der mod. G. u. der beschleunigte soz. Wandel haben im Rahmen liberal–demokrat. Herrschaftsverhältnisse eine pluralist., z. T. permissive G. entstehen lassen, in der die überkommene Mehrheitskultur (dominante Kultur) immer mehr durch Sub- u. Kontrakulturen, durch Rand- u. Problemgruppen sowie durch neue soz. Bewegungen u. Lebensstilorientierungen eingeengt wird. Soz. Strukturen u. Gemeinschaftsbindungen werden

durch einen verstärkten Drang zur Individualisierung aufgelockert. Mit der Ausweitung rationalen, soz.-wiss. beeinflußten Wissens wird G. immer weniger als »natürl.«, »göttl.«, unveränderbare Ordnung empfunden, sondern vielmehr als etwas von Menschen Hervorgebrachtes, etwas Wandelbares u. bewußt Gestaltbares. Dieser grundlegende Einstellungswandel erleichtert G.skritik u. -reformen oder sogar revolutionäre Umwälzungen.

Die Ausbreitung der Wiss.en, die Produktivitätssteigerung durch betriebl. Rationalisierung, der beschleunigte Fortschritt der Informations- u. Kommunikationstechniken, die Ausweitung des Dienstleistungssektors u. die Zunahme der Freizeit lassen an die Stelle der Industrieg. eine post- bzw. nachindustr. G. treten, in der sich zugleich postmod. Tendenzen bemerkbar machen.

Infolge zunehmender internat. Austauschprozesse, Verflechtungen u. Interdependenzen (Welthandel, verstärkte akkulturative Prozesse, Wanderungsbewegungen, Bündnissysteme, internat. Krisenbekämpfung u. a. m.) wird es gegenwärtig schwieriger, Grenzen einer einzelnen G. zu markieren. Die überkommen nationalstaatl. abgegrenzten G.en verlieren dementsprechend die Eigenart eines relativ autarken, selbständigen soz. Systems. Mit der Abschwächung des bisher vorherrschenden G.sverständnisses, das unter Ausrichtung auf eine anzustrebende Identität von Volk, Kultur, Nation, Volkswirtschaft u. Staat dem Zeitalter der National- u. Territorialstaaten entstammt, wird der G.sbegriff komplexer, diffuser u. speziell in der Soziol. schwerer anwendbar. So ist die gegenwärtige g.liche

Gesellschaftliche Berichterstattung

Entwicklung zunehmend dadurch gekennzeichnet, daß sich einerseits Bestrebungen zu einer Weltg. bzw. Menschheitsg. ausbreiten, während sich andererseits zugleich Tendenzen zur Wiederbelebung u. Erhaltung regional- u. nationalkult. Identität verstärken.

F. Tönnies, Gemeinschaft u. G., 1988 (1887); G. Simmel, Soziol., 61983 (1908); E. Durkheim, Die Regeln der soziol. Methode (a. d. Französ.), 1961; M. Weber, Wirtschaft u. G., 51980 (1921); R. Linton, Mensch, Kultur, G. (a. d. Amerikan.), 1979; T. Geiger, G., in: Hdwb. der Soziol., hg. von A. Vierkandt, 1959; T. Parsons, The Social System, New York 1951; ders., Das System mod. G.en (a. d. Amerikan.), 1972; A. Gehlen, Urmensch u. Spätkultur, 21964 (1956); J. K. Galbraith, Die mod. Industrieg. (a. d. Amerikan.), 1968; P. L. Berger u. T. Luckmann, Die g.liche Konstruktion der Wirklichkeit (a. d. Amerikan.), 1969; J. Habermas u. N. Luhmann, Theorie der G. oder Sozialtechnologie, 1971; A. Etzioni, Die aktive G. (a. d. Amerikan.), 1975; D. Bell, Die nachindustr. G. (a. d. Amerikan.), 1989 (1975); A. Bellebaum, Soziol. der mod. G., 1977; F. H. Tenbruck, E. Durkheim oder die Geburt der G. aus dem Geist der Soziol., in: Zs. für Soziol. 10, 1981; P. A. Berger, Entstrukturierte Klasseng., 1986;: U. Beck, Risikog., 81991 (1986); N. Elias, Die G. der Individuen, hg. von M. Schröter, 1987; K. O. Hondrich, J. Schumacher u. a., Krise der Leistungsg., 1987; J. Ritsert, G., 1988; B. Schäfers, G.licher Wandel in Dtl., 51990.

Gesellschaftliche Berichterstattung →Sozialberichterstattung

Gesellschaftsbezogenes Rechnungswesen (engl. corporate social accounting), Begriff für eine ausgeweitete unternehmerische Rechnungslegung, die im Sinne einer ges. Verantwortung der Unternehmer (humaner Kapitalismus) auch die ökologisch-ges. Auswirkungen (soz. Kosten) des Wirtschaftens berücksichtigt (→Sozialbilanz).

M. Dierkes, Die Soz.bilanz, 1974.

Gesellschaftsbild, Komplex von Vorstellungen bei Angehörigen

bestimmter sozialer Schichten oder Berufsgruppen über Ordnung, Struktur, Aufbau, Funktionieren u. Entwicklungstendenzen der Ges. Das G. wird entscheidend geformt durch die schichtenspezif. Sozialisation in Familie u. Schule sowie durch die sozialen Strukturen u. den eigenen Status in der Berufs- u. Arbeitswelt. Es wirkt wiederum, da es den Bezugsrahmen des Denkens u. des sozialen u. polit. Handelns prägt, über den Handlungsbeitrag des einzelnen auf die Gestaltung der objektiven sozialen Verhältnisse ein, d. h. auf die Tendenzen zu ihrer Konsolidierung oder Veränderung.

H. Popitz u. a., Das G. des Arbeiters, 31967 (1957); H. Moore, G. Kleining, Das Bild der soz. Wirklichkeit, in: KZfSS 11, 1959; dies., Das soz. Selbstbild der Ges.schichten in Dtl., in: KZfSS 12, 1960; R. Lepsius, Zum Wandel der G. in der Gegenwart, in: KZfSS 14, 1962; D. Fröhlich, Ursachen eines dichotomen G.es bei Arbeitern, in: KZfSS 33, 1981; R. Streit, Das individuelle Bild v. außernationalen Bereich, in: KZfSS 34, 1982.

Gesellschaftsformationen, zentraler Grundbegriff der vom Marxismus vertretenen Ges.theorie des histor. Materialismus. Er bezeichnet die Gesamtheit der materiellen u. ideolog. Verhältnisse der Menschen einer gesch. spezif. Entwicklungsstufe der Ges., wie sie durch die Produktionsweise (Produktivkräfte, Produktionsverhältnisse) bestimmt werden. Der histor. Materialismus ist nicht an Erkenntnissen u. Gesetzen über das ges. Zusammenleben der Menschen schlechthin (raum-zeit-unabhängig), sondern an den real existierenden gesch. spezif. G.en interessiert u. insbes. an den Kräften, die zur Ablösung einer G. durch eine neue führen.

E. Engelberg u. W. Küttler (Hg.), Formationstheorie u. Gesch., 1978.

Gesellschaftsgeschichte, eine aus verstärkter Zus.arbeit von Gesch.swiss. u. Soziol. resultierende Forschungsrichtung, die über die herkömml. Soz.gesch. hinaus unter besonderer Berücksichtigung ges. Strukturen u. Prozesse (soz. Wandel, ges. Entwicklung, evolutionäre Prozesse, Modernisierung) sowie durch Verwendung soz.wiss. Methoden eine histor. Entwicklungsanalyse von Gesamtges.en anstrebt. G. umfaßt alle relevanten Dimensionen, endogenen u. exogenen Faktoren der Entwicklung einer Ges.

H.-U. Wehler, Gesch. als Histor. Soz.wiss., 1973; F. H. Tenbruck, Gesch. u. Ges., 1986; ders., G. oder Weltgesch.?, in: KZfSS 41, 1989; H.-U. Wehler, Dt. G., 4 Bde., ²1989 ff., M. Hettling u. a. (Hg.), Was ist G.?, 1991.

Gesellschaftskritik, Sozialkritik, von subjektiven oder aus der Ges. selbst entnommenen ideellen Maßstäben ausgehende krit. Reflexionen über einzelne Mängel oder fundamentale Unzuträglichkeiten in den ges. Strukturverhältnissen bzw. Ordnungszuständen. G. bezieht ihren Antrieb aus einer Orientierung an Vorstellungen über mögl. bzw. erwünschten Ges.aufbau u. ges. Entwicklung, wobei auf umfassende Ideen u. Idealwerte wie Gerechtigkeit, Freiheit, Emanzipation, Gleichheit, Humanität, Aufklärung usw. zurückgegriffen wird. G. entwirft entweder utop. Gegenbilder u. Modelle, die sie den kritisierten Gegenwartszuständen als Zukunftsziele gegenüberstellt, oder sie versucht mit wiss. Methoden, die in den ges. Strukturverhältnissen angelegten Widersprüche u. Konflikte aufzudecken, durch die es tendenziell zu sozial destruktiven Entwicklungen kommen muß (wenn nicht ges.polit. Gegenmaßnahmen ergriffen werden).

M. Walzer, Zweifel u. Einmischung, 1991.

Gesellschaftsordnung, das sich (nach »materialist.« orientierten Theorien) aus dem gesch. Entwicklungsstand der Produktions- und Lebensbedingungen oder (nach »idealist.« Auffassung) aus dem Ordnungswillen u. -gestalten der betr. Ges.mitglieder ergebende System der Herrschaftsverhältnisse u. sozialen Beziehungen. G.en unterscheiden sich voneinander nach dem Verhältnis von Ges. u. Staat, nach den Prinzipien der Verteilung u. Zuteilung von Rechten u. Pflichten auf die versch. Gruppen, Klassen oder Schichten der Ges.; nach den grundlegenden Verteilungs- u. Austauschprinzipien, die die Anteile der Ges.mitglieder am arbeitsteilig erzeugten Ges.-produkt bestimmen. Die G. ist somit besonders eng mit der jeweiligen Herrschafts- u. Wirtschaftsordnung verflochten.

Gesellschaftsprognostik →Futurologie

Gesellschaftstheorie, Sammelbezeichnung für soz.wiss. Theorieansätze, die vorrangig auf die Darstellung, Interpretation u. Erklärung des gesamtges. Lebenszus.hanges ausgerichtet sind, wobei in Abhängigkeit von weltanschaul. Grundorientierungen, methodolog. Auffassungen u. fachwiss. Spezialisierungen »Gesellschaft« angemessen differenziert oder einseitig vereinfachend interpretiert wird, bestimmte Aspekte unterschiedl. stark berücksichtigt oder vernachlässigt werden. In makrosoziol. Weise stehen ges. Systeme u. Strukturen (Herrschaftssystem, Eigentumsverhältnisse, vertikale Soz.-struktur bzw. soz. Ungleichheit, Wirtschaftsordnung u. ä. m.) u. Prozesse (Funktionsweise der Ges., Funktionszus.hänge, Entwick-

Gesellschaftsvertrag

lungsprozesse, soz. Wandel) im Vordergrund der Theoriebildung. G. beinhaltet somit in Abhebung von akteurtheoret. Ansätzen (Methodolog. Individualismus, Handlungstheorie, Theorien des rationalen Handelns, Nutzentheorie, Verhaltenstheoret. Soziol.) system- u. strukturtheoret. Konzepte (Organismustheorie, Strukturell-funktionale Theorie, Systemtheorie). Insbes. marxist. geprägte oder beeinflußte Ges.analysen sind auf die Entfaltung einer kritischen G. ausgerichtet, die ges.verändernd wirken soll. Dementsprechend wird oft die →Kritische Theorie mit G. gleichgesetzt.

Gesellschaftsvertrag, zentraler Begriff theoret. Ansätze, die die Entstehung des Staates u. der Ges. (als System von Ordnung schaffenden Rechten u. Pflichten sowie damit verbundener Über- u. Unterordnungsverhältnisse) auf eine freie vertragl. Vereinbarung der Menschen untereinander zurückführen. Der G. ist ein Ergebnis der Vernunft der Menschen, die mit ihm den vorvertraglichen Naturzustand überwinden, in dem es keine Ordnung, keine Herrschaft, darum aber auch keine Sicherheit u. wirkl. Freiheit gibt. Im G. treten die Individuen, die vorher entweder in einem »Krieg aller gegen alle« (Th. Hobbes) oder in einem friedl. Paradies völliger individueller Freiheit (J. J. Rousseau) lebten, ihre »natürl. Rechte« auf Freiheit u. ungezügelte Entfaltung an eine Herrschaftsinstanz (Souverän, Regierung) ab. Indem sie sich als ursprüngl. Gleiche u. Freie, aber ordnungs- u. hemmungslos isoliert nebeneinander lebende Subjekte im G. zur Anerkennung einer Ordnung u. Allgemeinwohl stiftenden Herrschaft u. zur Einhaltung der

von dieser Herrschaft artikulierten Grundregeln des Gemeinschaftslebens verpflichten, werden die Menschen erst ges. Wesen.

L. Strauss, Naturrecht u. Geschichte, 1956; W. P. Wolgin, Die Ges.theorien der französ. Aufklärung, 1965; A. Voigt (Hg.), Der Herrschaftsvertrag, 1966; W. Röhrich, Soz.vertrag u. bürgerl. Emanzipation von Hobbes bis Hegel, 1972; M. Fritsch, Ökonom. Ansätze zur Legitimation kollektiven Handelns, 1983; J. M. Buchanan, Die Grenzen der Freiheit, 1984; D. Bund, Die ökonom. Theorie der Verfassung, 1984; L. Kern u. H.-P. Müller (Hg.), Gerechtigkeit, Diskurs oder Markt? 1986.

Gesellschaftswissenschaften,
Bezeichnung für die Wiss.en, die grundlegend u. allg. auf die Erforschg. der Strukturen u. Prozesse des ges. Zus.lebens v. Menschen ausgerichtet sind, insb. die Soziol. Im weiteren Sinne werden die G. auch mit den →Soz.wiss.en gleichgesetzt. Unter dem bes. Einfluß der amerik. Wiss.entwicklg. umfassen diese Sozialwiss.en empir. Fachdisziplinen, die sich auf der Grundlage mod. Wiss.theorie v. der Phil. abgelöst haben.

Gesetz, als Begriff der Wissenschaftstheorie in der Regel gleichbedeutend mit Hypothese, soweit diese als allg. Satz (G.shypothese oder nomolog. Hypothese) u. nicht als Aussage über individuelle (Einzel-)Sachverhalte formuliert ist. Das G. beinhaltet eine Aussage über bestimmte, unter angegebenen Bedingungen wirksame Beziehungen zw. bestimmten Elementen oder Variablen eines Sachverhaltes, d. h. es behauptet Gleichförmigkeiten, Regelmäßigkeiten oder Entwicklungen. Angesichts weitreichender Interdependenzen zw. sozialen Tatsachen u. Prozessen bereitet die für die Aufstellung u. Überprüfung sozialwiss. G.e notwendige Abstraktion u. Reduktion der problematisierten Variablen oder Elemente große Schwierigkeiten (→Experiment). Hinsichtl. eines (vermeintl.) Gegensatzes von naturwiss. u. sozial- bzw. kulturwiss. Forschung werden die nur in den Naturwiss. möglichen »exakten« G.e einerseits den im Bereich der Wiss. vom Menschen u. seiner Geschichte (und zwar aufgrund der Beziehungen von Determiniertheit u. Freiheit des Handelns) nur mögl. »histor.«, veränderl. oder ledigl. im Rahmen statist. angebbarer Möglichkeitsfelder erkennbaren »Gesetzmäßigkeiten« andererseits gegenübergestellt. (Neopositivist.) Vertreter einer einheitl. Wiss.-theorie lehnen diese Unterscheidung ab u. fordern auch für den Bereich der Sozialwiss. im Prinzip die Erarbeitung histor., bzw. raumzeitl. unbeschränkt gültiger G.e. Die Feststellung von Gleichförmigkeiten nur für eine bestimmte histor. Epoche, einen Kulturkreis, ein ges. Teilsystem oder eine begrenzte Personengesamtheit, wird gleichsam im Sinne eines Zw.ergebnisses als »Quasi-G.« bezeichnet. In der Soziol. wird an G.en über die Beziehungen in bestimmten ges. Teilbereichen (z. B. Familie, Wirtschaft, Politik) oder in sozialen Gebilden bestimmter Größenordnung (z. B. Gruppe, Organisation) ebenso gearbeitet wie an Aussagensystemen, die die Beziehungen zwischen diesen Teilbereichen oder die für alle Teilbereiche u. sozialen Größenordnungen, histor. begrenzten bzw. veränderl. oder raum-zeitl. unbegrenzten Grundbestimmungsfaktoren betreffen. Die Hauptanwendungsgebiete von wiss. G.en sind die Erklärung u. Voraussage bzw. Prognose. Da die Voraussetzungen bzw. Prämissen oder Grundannahmen als Fundament für die Formulierung von G.en oft von der Realität erhebl.

abweichen, ist die Erklärungs- u. Prognosekraft der betreffenden G.e entsprechend eingeschränkt u. unsicher. In den Erfahrungswiss.en müssen G.e induktiv bestätigungsfähig u. prinzipiell falsifizierbar bzw. widerlegbar sein.

Im Recht ist ein G. eine von der jeweiligen gesetzgebenden Instanz, z. B. Parlament, für einen bestimmten Geltungsbereich festgelegte, kodifizierte Norm, die rechtsverbindl. u. zukunftsgerichtet der Regelung mögl. strittiger Lebenssituationen dienen soll. Die Verletzung von G.esnormen durch abweichendes Verhalten wird mit gleichfalls hoheitl. festgelegten negativen Sanktionen (gerichtl. verhängte Strafen, Bußgelder) geahndet. G.esnormen sind damit Muß-Normen. Im Zus.hang mit dem okzidentalen bzw. abendländ. Rationalisierungsprozeß werden in der mod. Ges. die soz. Lebens- u. Interessenverhältnisse immer mehr durch G.esnormen geordnet, reguliert u. abgestützt. Dadurch wurde die für eine hochentwickelte Wirtschaftsges. notwendige allseitige Vorhersehbarkeit u. Berechenbarkeit von mögl. Handlungen u. Reaktionen im soz. Zus.leben erreicht.

K. R. Popper, Logik der Forschg., ⁹1989 (1935); H. Albert, Probleme der Wiss.slehre in der Soz.forschg., u. G. Eisermann, Soziol. u. Gesch., in: R. König (Hg.), Hdb. der empir. Soz.forschg. I, ²1967; K. D. Opp, Methodologie der Soz.wiss., 1970; E. Ströker, Einf. in die Wiss.stheorie, ³1987 (1973); H. Sachsse, Kausalität, Gesetzlichkeit, Wahrscheinlichkeit, 1979; W. Stegmüller, Probleme u. Resultate der Wiss.theorie u. analyt. Philos., Bd. 1, ²1982; W. Hugger, G., ihre Vorbereitung, Abfassung u. Prüfung, 1983; E. Handschuh, G.gebung, ⁴1991.

Gesetz der großen Zahl, (Bernoullisches Theorem, nach Jakob Bernoulli), Satz der Wahrscheinlichkeitsrechnung, nach dem mit wachsendem Stichprobenumfang

Gesetz der Oligarchie 292

die Wahrscheinlichkeit, daß das arithmetische Mittel (Mittelwert) der Werte der in die Stichprobe einbezogenen Einheiten mit dem Erwartungswert der Verteilung der Grundgesamtheit übereinstimmt, gegen Eins strebt.

Gesetz der Oligarchie, auf R. →Michels zurückgehende Hypothese, daß in polit. Parteien u. sonst. Organisationen die Tendenz zur Oligarchisierung, d. h. der Konzentration der Entscheidungsgewalt auf führende Minderheiten, wirksam ist.

Gesetzgebung →Legislative

Gesetz vom abnehmenden Ertragszuwachs →Ertragsgesetz

Gesinnungsethik, von Max Weber geprägter Begriff der polit. Soziol. für die Analyse rationalen (Mittel-Zweck-)Handelns u. rationaler Entscheidungen in der Politik. Weber stellte die Idealtypen des »gesinnungsethischen« u. des »verantwortungsethischen« Handelns gegenüber, um die menschl. Entscheidungsprobleme zu entfalten, die dadurch auftreten, daß bei der Realisierung von Zielentscheidungen durch Anwendung der vom Entscheidenden beherrschten Mittel u. U. Nebenwirkungen auftreten, die seinen ursprüngl. Handlungsabsichten widersprechen. Der »gesinnungsethisch« Handelnde setzt die Inhalte seiner ursprüngl. Grundentscheidungen kompromißlos in die Tat um, ohne auf die Nebenfolgen u. nicht vorausbedachten Wirkungen aus den eingesetzten Mitteln zu achten. Der »verantwortungsethisch« Handelnde beobachtet u. berücksichtigt im Prozeß der Zielerreichung die auftretenden Nebenfolgen seines

Handelns u. versucht, durch ständiges Wählen des geringeren »Übels« seine urspr. Ziele unter Beachtung auch der entspr. moral. Qualität u. prakt. Auswirkungen seiner Mittel u. Wege kompromißhaft zu realisieren. Für den »Gesinnungsethiker« besteht die Gefahr, daß sich die unbeachteten (Neben)Folgen seines Mitteleinsatzes gegen die Realisierung seiner klar u. beständig festgehaltenen Grundsätze durchsetzen bzw. daß diese Grundsätze dadurch korrumpiert werden. Der »Verantwortungsethiker« handelt unter dem ständigen Risiko, daß das fortwährende Abwägen u. Berücksichtigen der Neben- u. Zwischenergebnisse seines Handelns seine ursprüngl. Grundsatz- bzw. Hauptzielentscheidung überprüfungs- u. notfalls sogar überwindungsbedürftig machen.

M. Weber, Gesam. Polit. Schriften, ⁵1988.

Gesinnungsterror, von polit.-staatl. oder zentralen ges. Herrschaftsinstanzen oder Gruppen ausgehender sozialer Druck, der mit allen verfügbaren phys. u. psych. Mitteln die Durchsetzung u. Konsolidierung einer bestimmten Ideologie oder Doktrin anstrebt.

Gesinnungstheorie, eine bevölkerungstheoret. Aussage, die den Widerspruch zwischen Armutstheorie u. Wohlstandstheorie dadurch zu überwinden versucht, daß behauptet wird, die Menschen würden ihr Fortpflanzungsverhalten weder vom Wohlstand noch von der Armut abhängig machen, sondern von der »Gesinnung«, d. h. der Einstellung zur Kinderzeugung u. Familie.

G. Mackenroth, Bevölkerungslehre, 1952.

GESIS, Abk. für Gesellschaft Sozialwissenschaftlicher Infrastruktureinrichtungen e. V., eine 1986 in Mannheim gegründete u. seit 1987 von Bund u. Ländern gemeinsam getragene Einrichtung zur Unterstützung der Soz.forschg., die einen Verbund selbständiger Institute bildet: Informationszentrum Soz.wiss.en (IZ) in Bonn, Zentralarchiv für Empir. Soz.forschg. (ZA) in Köln u. Zentrum für Umfragen, Methoden u. Analysen (ZUMA) in Mannheim. Angegliedert wurden: →ALLBUS, Zentrum für Soz.indikatorenforschg. u. Zentrum für Mikrodaten in Mannheim, Zentrum für Histor. Soz.forschg. in Köln. Aufgaben u. Leistungen der G. sind Sammlung, Auswertung, Archivierung, Dokumentation u. Bereitstellung von Umfragedaten aus der Soz.forschg., Erstellung von Datenbanken mit Nachweisen soz.wiss. Literatur u. von Forschg.projekten, Erforschg. u. Entwicklung von Methoden der Empir. Soz.forschg., Beratung in Methodenfragen u. Unterstützung von Forschg.sprojekten, Abwicklung bundesweit durchgeführter Umfragen für die Dauerbeobachtung ges. Entwicklungen.

Geste (lat. gestus »Gebärdenspiel«), zielgerichtete Ausdrucksbewegung des Körpers, in Abgrenzung zu jener des Gesichts (Mimik) insbes. der Hände u. des Kopfes. G.n begleiten oft (zur Unterstreichung u. Verstärkung) die sprachl. Kommunikation u. ersetzen diese in besonderen Fällen (Gebärdensprache). G.n dienen als Ausdrucksfeld von Emotionen, Einstellungen u. Engagement. Gestik bezeichnet die Gesamtheit der G.n.

G. H. Mead, Geist, Identität u. Ges., 1968 (Chicago 1934).

Gesundheit, allg. Zustand körperl. u. psych. (»normalen«) Wohlbefin-

dens, jedoch nicht bestimmbar allein nach naturwiss.-medizin. Maßstäben. G. u. Krankheit können letztl. nur in Abhängigkeit von soziokulturellen Werten u. Institutionen definiert werden, die von Ges. zu Ges. (wie die Ethnologie erwiesen hat) stark differieren. Bestimmte Symptome werden von manchen Ges.en als »normal« (gesund), von anderen als »unnormal« (krank) betrachtet, je nach den sozialen Zusammenhängen u. Sinngebungen, mit denen sie auftreten oder von Bedeutung werden. Dementsprechend sind auch die Vorstellungen über G. u. Krankheit dem sozialen Wandel unterworfen. Soziol. relevant, weil für die Bestimmung u. Entwicklung von Motiven u. Zielen sozialen Verhaltens oft entscheidend, sind die individuelle Selbsteinschätzung und die Fremdvorstellungen über Zustände von G. u. Krankheit. Mit zunehmenden medizin. Kenntnissen über neurot. u. psychosomat. Krankheiten wird immer deutlicher, daß G.- u. Krankheitszustände stark von der Art u. Weise der sozialen Einbettung u. sozialen Partizipation der Individuen in u. an den für sie ges. bedeutsamen Organisationen u. Institutionen bestimmt werden.

Ch. v. Ferber, G. u. Ges., 1971; W. Schönbäck (Hg.), G. im ges.lichen Konflikt, 1980; M. Haller, G.sstörungen als persönl. u. soz. Erfahrung, 1981; L. Klaes, Soz. Benachteiligung u. G.sverhalten, 1985; K. Hurrelmann, Sozialisation u. G., 1988; G. Lüschen u. a. (Hg.), Health and Illness in America and Germany, 1989; H. Hildebrandt, G.sbewegungen in den USA, 1991.

Gewalt, (von ahd. waltan »herrschen«), die Anwendung von phys. u. psych. Zwang a) als Ausdruck von Aggressivität, b) als legitimes oder als unrechtmäßiges Mittel zur Begründung, Aufrechterhaltung oder zur Überwindung bestimm-

Gewalt 294

ter Macht- u. Herrschaftsverhältnisse. Zur Bewahrung solcher Verhältnisse benötigen die Inhaber von Macht- u. Herrschaftspositionen personale u. sachl. G.mittel, um im Fall der Gehorsamsverweigerung eine dem jeweiligen Herrschaftssystem entsprechende G.anwendung durchführen zu können. G. tritt in mannigfaltigen Erscheinungsformen auf: als elterl., Amts-, Staats-G., als richterl., kirchl., militär. u. kriminelle G., einschließlich Brutalität u. Zerstörungswut. Allg. ist zw. direkter u. indirekter, individueller bzw. personaler u. struktureller G. zu unterscheiden. Unter struktureller G. werden die von ungerechten sozioökonom. u. polit. Verhältnissen ausgehenden Zwänge verstanden. Ferner wird zw. retardierender Ordnungs-G. zum Schutz des Überkommenen u. progressiver Änderungs-G. zur Erneuerung bzw. Verbesserung ges. Lebensverhältnisse unterschieden. In der auf H. Marcuse zurückgehenden Kultur- u. Soz.kritik bezeichnet repressive G. die Unterdrückung des individ. Trieblebens (Triebverzicht) u. der persönl. Entfaltungschancen durch verinnerlichte soz. Normen, Zwänge u. Kontrollen zugunsten etablierter ges. Herrschaftsverhältnisse. Das Phänomen der G. u. das Bestreben, sie einzugrenzen, durchziehen die Gesch. der Völker u. Staaten. Um die G. zw. den Angehörigen einer Ges. einzuschränken, wurde sie als legitimes Mittel der Herrschaftsausübung zum staatl. »Monopol physischer G.samkeit« (M. Weber). Mit dem Versuch, das Recht des Stärkeren abzubauen, ging in einem fortschreitenden Prozeß das Bestreben einher, durch Stammes- u. Staatsordnungen, durch G.enteilung u. verfassungsrechtl. Grundordnung, durch

Rechts- u. Gerichtswesen die G. zu kanalisieren. Der zerstörenden G.tätigkeit (lat. violentia) trat die ordnende Amtsgewalt (lat. potestas) entgegen. Im Rechtsstaat unterliegt demgemäß die staatl. G. rechtl. Bindungen. Die Anwendung von G. wurde u. wird allerdings dann gerechtfertigt, wenn sie zur Abwehr illegitimer G. nötig ist: als Notwehr, als Gegeng. gegenüber einer Staats- oder Amtsführung, die ihre Legitimation verloren hat, als Widerstandsrecht bis hin zum Tyrannenmord. Im nation. Bereich wird auf dieser Grundlage die Revolution, im internat. Zus.hang der »gerechte Krieg« vertreten. In der Revolutionstheorie des Marxismus u. Leninismus wird die G. als gesch. notwendiges Mittel zur Überwindung ges. Herrschafts- u. Ausbeutungsverhältnisse anerkannt. Unter dem zunehmenden Einfluß human-soz. Idealwerte, des Pazifismus, der Friedensbewegung u. der Friedens- u. Konfliktforschg. wird durch Aufklärung, vernünftigen Dialog u. institutionelle Regelungen (z. B. Haager Landkriegsordnung, internat. Organisationen wie der Ständige Schiedshof im Haag u. die UNO, Abkommen zur Rüstungsbegrenzung, Tarifvertragsordnung, Schaffung von Partizipationsmöglichkeiten u. Mitbestimmungsgremien) immer mehr versucht, Konflikte u. Machtkämpfe auf den verschiedenen Ebenen des menschl. Zus.lebens (internat. Beziehungen, innerstaatl. Auseinandersetzungen, zw.menschl. Konflikte) möglichst g.frei zu bewältigen. Hierbei ist zugleich die Überwindung von Not, Ungerechtigkeit, Unterdrückung, Unwissenheit u. von Vorurteilen wichtig. Die durch heutige techn. Massenvernichtungskapazitäten besonders gefährl. gewordene milit.-krieger. G. soll durch den Abbau der Angriffsfähigkeit u. von Feindbildern, durch erfolgreiche Möglichkeiten eines gewaltlosen Widerstandes u. durch eine umfassende Friedensordnung überwunden werden. Gegenwärtig bildet die Zunahme der G.-Kriminalität ein wachsendes soz. Problem. Zu den soziol. bedeutsamen Ursachen zählen insbes. die Relativierung u. Erschütterung überkommener Wert- u. Normensysteme, die Abnahme traditioneller gemeinschaftl. Bindungen u. soz. Kontrolle, soz. Entwurzelung, erhöhte horizontale Mobilität, Herausbildung krimineller Gruppen, Banden u. Organisationen (z. T. mit internat. Ausbreitungstendenzen), G.darstellungen im Film u. Fernsehen. Gegenmaßnahmen können sein: verstärkte Wert- u. Moralerziehung, Einübung von prosoz. Einstellungen u. Verhaltensweisen, Einschränkung von G.darstellungen in Medien, Abbau soz. Ungleichheit bis auf ein für die Leistungsges. notwendiges Maß, Verschärfung negativer Sanktionen, internat. Kooperation in der Bekämpfung der G.-Kriminalität.

Th. Ebert, G.freier Aufstand, 1970; Ch. v. Ferber, Die G. in der Politik, 1970; F. Neidhardt, Aggressivität u. G. in unserer Ges., 1973; E. Zimmermann, Soziol. der polit. G., 1977; U. Widmaier, Polit. G.anwendung als Problem der Organisation von Interessen, 1978; T. Schabert, G. u. Humanität, 1978; U. Matz u. G. Schmidtchen, Gewalt u. Legitimität, 1983; R. Steinweg (Red.), Faszination der G., 1983; H. Baier, Vom bewaffneten zum ewigen Frieden? 1985; H. Popitz, Phänomene der Macht, 1986; T. v. Trotha, Distanz u. Nähe, 1987; H. Hess u. a., Angriff auf das Herz des Staates, 2 Bde., 1988; A. Habermehl, G. in der Familie, 1989; P. Waldmann, Ethnische Radikalismus, 1989; P.-A. Albrecht u. O. Backes (Hg.), Verdeckte G., 1990; A. Rapoport, Ursprünge der G., 1990; K. Rolinski u. I. Eibl-Eibesfeldt (Hg.), G. in unserer Ges., 1990; H.-D. Schwind u. a. (Hg.), Ursachen, Prävention u. Kontrolle v. G., 4 Bde., 1990; U. Rauchfleisch, Allgegenwart v. G., 1992.

Gewaltenteilung, von Montesquieu (1689–1755) in seinem Werk »De l'esprit des lois« (1748) entwickelter u. für den kontinentaleurop. u. nordamerikan. Parlamentarismus beherrschender Grundsatz zur Realisierung der frühbürgerl. Freiheitsideen. G. wird danach aus einem Mißtrauen gegenüber zentralisierter polit. Macht gefordert. Durch institutionell abgesicherte Trennung von Gesetzgebung, Verwaltung (Regierung) u. Rechtsprechung soll das Prinzip der G. die innerstaatl. Machtverhältnisse ausbalancieren. Hinter diesem Gedanken stand bei Montesquieu nicht nur die Absicht rein funktionaler Aufgliederung der Staatsgewalt, sondern auch ein Interesse an der Verteilung der Macht auf die ges. Interessengruppierungen wie König, Adel u. Bürgertum. Aus dem Prinzip der G. hat sich für pluralist. Verfassungssysteme (insbes. in den USA) die Theorie vom System der »checks and balances«, d. h. des funktionellen, systemerhaltenden, aber binnenstrukturell Dynamik garantierenden Zusammenwirkens organisator. voneinander unabhängiger Organe, entwickelt. Auch der Föderalismus wird als System vertikaler G. interpretiert, das durch Dezentralisierung der Macht u. Aufteilung auf mehrere Kompetenzebenen mehr Chancen für individuelle, gruppenmäßige oder kommunalregionale Freiheitssicherung bringen soll.
In der Verfassungswirklichkeit parlamentar. Regierungssysteme ist die verfassungstheoret. gebotene G. erhebl. eingeschränkt: durch Ämterhäufungen, personelle Verflechtungen, starke Einflüsse polit. Parteien, durch den großen Anteil der Ministerialbürokratie bei der Erarbeitung von Gesetzen, durch Rechtsverordnungen u. Verwaltungsvor-

gewerblicher Mittelstand

schriften der Exekutive. Eine wirksame Kontrolle u. Balance der miteinander verflochtenen polit.-staatl. Herrschaftsbereiche hängen maßgeblich von der Teilnahme einer krit. Öffentlichkeit am polit. Willensbildungsprozeß, von wachsamen Massenmedien u. von einflußstarken Interessenverbänden u. soz. Bewegungen ab.

C. de Montesquieu, De l'esprit des lois, 1748; dt.: Vom Geist der Gesetze, 1984 (1961); H. Peters, Die G. in mod. Sicht, 1954; M. Imboden, Montesquieu u. die Lehre der G., 1959; H. Rausch, E. Schmitt (Hg.), Zur heutigen Problematik der G., 1969; H. Girardi, Abschied von Montesquieu, 1982; W. Beller, Personelle Gewaltentrennung u. Unvereinbarkeit in Bund u. Kantonen, Zürich 1983.

gewerblicher Mittelstand
→Mittelstand

Gewerkschaften, im Zeitalter des Kapitalismus aus versch. ges.polit. Ideenrichtungen der Arbeiterbewegung hervorgegangene u. durch freien u. solidar. Zusammenschluß (Koalition) der Mitglieder entstandene Arbeitnehmerverbände, die sich um die Sicherung u. Verbesserung der sozialen u. insbes. wirtschaftl. Stellung aller abhängig erwerbstätigen Ges.schichten bemühen. Um diesem nach dem jeweiligen Stand ges. Entwicklung u. sozialer Interessenkonstellation unterschiedl. artikulierten Ziel näherzukommen, erstrecken die G. als ein maßgebl. Ordnungsfaktor moderner Ges.en ihre Aktivitäten und Programme sowohl auf die Beeinflussung der Arbeitgeber-Arbeitnehmer-Beziehungen (Lohn- u. Gehaltsbedingungen, Arbeitszeit, Urlaub u. a.) als auch auf die Repräsentation der Arbeitnehmerinteressen gegenüber der allg. polit. Öffentlichkeit, der Gesetzgebung u. der staatl. Verwaltung. Neben ihrer Hauptaufgabe, eine den Interessen der unselbständigen Er-

werbstätigen adäquate Ordnung, Rechtssicherheit u. Humanisierung der Arbeitsbedingungen durchzusetzen u. im soz. u. techn. Wandel zu erhalten, widmen sich die G. auch der allg. u. insbes. mitgliedschaftsinternen sozialen, polit. u. kulturellen Aufklärung u. Bildungsarbeit.

Die G. sind unter den Bedingungen liberal-kapitalist. Wirtschafts- u. Ges.ordnung entstanden. Auf der Grundlage des Liberalismus entwickelten sich bes. in England u. den USA seit der Mitte des 19. Jh. liberale G. (Trade Unions), die sich als reformist. Korrektivorgane innerhalb der arbeitsmarktwirtschaftl. Ordnung verstanden. Sie wollten »Fehlentwicklungen« in der Verteilungssphäre der Industrieges. durch ökonom. Gegenmacht ausschalten. Demgegenüber sahen die sich bes. in Dtl. entwickelnden sozialrevolutionären G. im Kapitalismus einen systemimmanenten, unversöhnl. Klassengegensatz angelegt. Im Prinzip – neben reformist. Lohnpolitik u. Selbsthilfe – wurde eine Lösung der »Arbeiterfrage« erst jenseits des Kapitalismus für mögl. gehalten, die G. als Klassenkampforgan betrachtet. Begünstigt durch päpstl. Sozialenzykliken u. Wohlfahrtsvorstellungen der Kirchen gewannen auch die aus evangel. u. kathol. Gesellen- u. Arbeitervereinen hervorgehenden christl. G. zunehmend an Bedeutung.

Kennzeichnend für die reale Entwicklung seit dem Ende des Ersten Weltkrieges u. bes. für die jüngste Vergangenheit ist einmal eine zunehmende Politisierung (im Sinne umfassenderer ges.polit. Orientierungen) der liberalen u. christl. G. u. zum anderen eine fast vollständige Preisgabe der sozialrevolutionären Konzeptionen bei den sog. »Freien« G. Die »klass.«, auf partielle Arbeitsmärkte beschränkten G. sind den »befestigten« Massen-G. (Briefs) gewichen. In Dtl. sind an die Stelle der früheren polit. Richtungsg. weitgehend berufsübergreifende Großg. gerückt, die sich gemäß des Industrieverbandsprinzips jeweils auf größere Industrie- u. Wirtschaftsbereiche beziehen. Mit der Entfaltung der dynam. Wohlstandsges., dem Ausbau des Soz.staates (unter dem Druck der Arbeiterbewegung, G. u. arbeitnehmerorientierter Parteien), dem Wandel der Beschäftigtenstruktur (im Zus.hang mit steigender Qualifizierung Schwerpunktverlagerung von Arbeitern zu Angestellten u. Beamten) u. der Verbürgerlichung insbes. der Facharbeiter sind die G. in eine Rechtfertigungs- u. Existenzkrise hineingeraten. Unter Vernachlässigung volkswirtschaftl. Verantwortung werden regelmäßige Erfolge insbes. durch die Erkämpfung möglichst hoher Lohnsteigerungen angestrebt. Dadurch bedingte Kostensteigerungen verstärken betriebl. Rationalisierung (zugleich vorteilhaft für die Modernisierung der Wirtschaft), Arbeitsplatzabbau, ggf. Arbeitslosigkeit, Inflation, zu Lasten der (internat.) Wettbewerbsfähigkeit u. des allg. Wohlstandes. Dem bisherigen Machtzuwachs der zu bürokratisierten Massenverbänden gewordenen, managementmäßig geführten G. steht ein abnehmendes Bewußtsein kollektiver Schicksalsverbundenheit kritischer gewordener, weithin privatisierender Arbeitnehmer gegenüber. Die Zukunft der G. hängt davon ab, inwieweit sie eine gerechte Verteilungspolitik mit volkswirtschaftl. Verantwortung vereinbaren können, statt der (indirekten) Forcierung des quantitativen Wirtschaftswachstums bei der Bewältigung soz. Probleme u. der Umweltkrise mitwirken, sich verstärkt um einzelne Arbeitnehmer kümmern u. in Reaktion auf weltwirtschaftl. Verflechtungen weitestgehend internat. kooperieren.

G. Briefs, Das G.problem gestern u. heute, 1955; G. Horke, Soziol. der G., 1977; J. Bergmann (Hg.), Beiträge zur Soziol. der G., 1979; K. Tenfelde u. a., Gesch. der dt. G. von den Anfängen bis 1945, 1987; K. Armingeon, Die Entwicklung der westdt. G. 1950–1985, 1988; W. Müller-Jentsch (Hg.), Zukunft der G., 1988; O. Negt, Die Herausforderung der G., 1989; M. Schneider, Kleine Gesch. der G., 1989; H.-O. Hemmer u. K. T. Schmitz (Hg.), Gesch. der G. in der BR Dtl., 1990; J. Hoffmann u. a. (Hg.), Jenseits der Beschlußlage, 1990; G. Hurrle u. H. Schütte, Neue Techniken – Veraltete G.?, 1990.

Gewinnstreben, in der Wirtschaftstheorie zentrale Annahme über die Grundantriebskraft für ökonom. Verhalten, nach der jedes Individuum seine Produktions- u. Tauschentscheidungen nach dem Grundsatz der materiellen (geldwerten) Gewinnmaximierung bzw. -optimierung ausrichtet. In der →Verhaltenstheoret. Soziol. ist dieser Ansatz für den Problembereich des sozialen Handelns schlechthin übernommen worden. Als Prinzip des elementaren Sozialverhaltens gilt danach, daß die Individuen – unter jeweils spezif. kulturellen Bedingungen, die festlegen, was »Wert«, »Belohnung«, »Nutzen«, »Kosten« usw. ist – ihre Verhaltensweisen so einrichten, daß der dadurch erzielte »Gewinn« maximiert wird. Ein Gewinn ergibt sich, wenn die Gesamtheit der durch bestimmte Verhaltensweisen erzielten »Belohnungen« (Geld, soz. Anerkennung, Sympathie) die jeweil. »Kosten« übersteigen. Diese decken sich wiederum mit jenen Belohnungen, die infolge alternativer, nicht ausgeführter bzw. unter-

Gewissen 298

lassener Verhaltensweisen hätten erzielt werden können. Je geringer der Gewinn ist, um so eher werden Menschen ihr Verhalten ändern u. nach Verhaltensweisen suchen, mit denen sie ihren Gewinn vermehren können. Eine soziol. bedeutsame Grenze des individ. G.s ist die für stabile Soz.beziehungen u. -strukturen wichtige »ausgleichende Gerechtigkeit«, nach Homans die Gerechtigkeit beim Ausgleich von Belohnungen u. Kosten zw. Personen.

Wirtschaftssoziol. gesehen stimulieren ökonom. Gewinnchancen besonders stark innovatives u. erfolgsorientiertes Handeln. Je weniger ein eth. gebändigtes, mit ges.-ökolog. Verantwortung verbundenes G. durch Neid, Umverteilung, Gewinnversteuerung, Diskriminierung oder Verbot eingeschränkt wird, um so mehr kann es als Antriebskraft für die wirtschaftl. Entwicklung und allg. Wohlstandssteigerung wirken.

G. C. Homans, Social Behavior. Its Elementary Forms, London 1961, dt.: Elementarformen soz. Verhaltens, [2]1972 (1968); M. L. Weitzman, Das Beteiligungsmodell, 1987; H. Reich, Eigennutz u. Kapitalismus, 1991.

Gewissen, in soziol. Interpretation die Gesamtheit der durch Prozesse der Internalisierung zum Bestandteil der Persönlichkeit gewordenen soziokult. (moral.) Werte u. soz. Normen, die vom Individuum als für seine Orientierung u. sein Handeln verbindl. angesehen werden. Das G., das sich weitgehend mit der psych. Instanz des »Über-Ich« im Sinne der Psychoanalyse von S. Freud deckt, bildet eine innere soz. Kontrolle. Verletzungen von Werten u. Normen können psych. stark belastende Empfindungen wie »schlechtes G.«, Schuldgefühle, »G.sbisse« hervorrufen.

Gewohnheit, eine durch Nachahmung, Wiederholung oder äußeren Druck (Sozialisation, Erziehung) gelernte u. weitgehend verfestigte Verhaltensweise, die in bestimmten wiederkehrenden Situationen routinemäßig, gleichsam automatisch-reflexartig u. nahezu instinktiv praktiziert wird. G.en kommen insbes. in relativ unverbindlichen, kaum sanktionierten Regelmäßigkeiten, Konventionen, Bräuchen u. sozialen Kann-Normen sowie in rein persönl. Angewohnheiten zum Ausdruck. Sie überschneiden sich mit Fertigkeiten u. Kulturtechniken wie Lesen, Schreiben, Autofahren, Computerbedienung. G.en entlasten das Individuum von übermäßigem Entscheidungsdruck u. tragen zur Stabilisierung soz. Beziehungen u. Strukturen bei, begünstigen aber die Unterwerfung unter verbesserungsbedürftige Herrschaftsverhältnisse u. hemmen den soz. Wandel.

Gewohnheitsrecht, Gesamtheit der Rechtsnormen, die nicht durch den einmaligen Akt eines rechtsetzenden Organs entstanden sind, sondern die sich durch Gewohnheiten im sozialen Handeln der Mitglieder von bestimmten Gruppen oder Ges.en, d. h. durch beständige u. gleichmäßige Entscheidungen u. Übungen, in einer Rechtsgemeinschaft herausgebildet haben. Im Vergleich zum Gesetz, das als feste u. statuierte Norm einer langfristigen, in die Zukunft projizierten Regelung mögl. strittiger Lebenssituationen zu dienen hat, ist das G. an der Vergangenheit orientiert u. in Anbetracht seiner engen Verknüpfung mit den ges. Normvorstellungen allen wechselnden Sozialverhältnissen gegenüber flexibel u. anpassungsfähig. Im

Zuge der Rationalisierung u. Differenzierung der sozialen Lebens- u. Interessenverhältnisse, die eine allseitige Vorhersehbarkeit u. Berechenbarkeit von mögl. Handlungen u. Reaktionen innerhalb einer Rechtsgemeinschaft erforderl. werden ließen, ist das G. zugunsten detaillierter Kodifikation in allen Ges.bereichen zurückgedrängt worden.

Ghetto (ital.), »Gießerei«, abgegrenzter Stadtteil, in dem die Angehörigen einer bestimmten Volksgruppe (in zahlreichen histor. Beispielen wie dem des Jahres 1516 im Stadtteil Venedigs, von dem die Bezeichnung G. herrührt, die Juden), entweder freiwillig oder von der übrigen Ges. gezwungen, sozial abgeschlossen, ohne Akkulturation, Assimilation u. Konnubium zur übrigen Bevölkerung, zusammenlebten. In der neueren Soziol. Bezeichnung für räuml. u. sozial abgekapselte städt. Bevölkerungsteile, die als Minderheit einer Diskriminierung ausgesetzt sind (z. B. Farbige u. Gastarbeiter in zahlreichen Industriestädten).

Giddens, Anthony, engl. Soziologe, *18. 1. 1938 Edmonton, London, 1956–59 Studium der Soziol. u. Psychol. in Hull (BA), 1959–61 London School of Economics (MA), 1961 Appointed Lecturer f. Soziol. Univ. Leicester, 1970 Lecturer f. Soziol. Univ. Cambridge, seit 1985 Appointed Prof. ebd. u. Fellow des dortigen King's College. G. zählt zu den bedeutendsten u. produktivsten Soz.theoretikern der Gegenwart. Mit seiner »Theorie der Strukturierung« hat er seit Mitte der 70er Jahre ein innovatives soziol. Theorieparadigma entwickelt, das sich um die Überwindung der heute noch in den Soz.wiss.en dominierenden abstrakten Entgegensetzung von (subjektivist. orientierten) Handlungs- u. (objektivist. ausgerichteten) Struktur- bzw. Systemtheorien bemüht. Dabei geht es G. darum, die soz. Wirklichkeit weder als bloß subjektiven u. kontingenten Interaktionszus.hang individ. Akteure noch ausschließl. als quasi »dinghafte« Strukturobjektivität zu fassen, sondern als dynam. Prozeß kontinuierl. »Strukturierung« (»structuration«). In diesem Prozeß greifen »Struktur« u. »Handeln« integral ineinander: In der Produktion u. Reproduktion ihres soz. Lebens beziehen sich die Individuen auf ihnen vorgelagerte objektive Strukturen. Diese selbst werden im Handlungsvollzug der Individuen reproduziert u. damit die Ges. insgesamt als ein relativ geordnetes System soz. Interaktionszus.hänge. Der herkömml. »Dualismus« von Handeln u. Struktur wird so reformuliert als »duality of structure and action«. G. hat die wiss. Diskussion nicht nur auf der Ebene abstrakter Theoriebildung inspiriert. Er hat sich auch mit den gesch. Eigentümlichkeiten der mod. Ges. beschäftigt. Hierbei orientiert er sich krit. an der Marxschen Tradition u. verweist insbes. auf die Rolle des Staates u. zw.staatl. Gewalt für die Konstitution des mod. Weltsystems der nationalstaatl. verfaßten Ges.en.

Schr.: The Class Structure of the Advanced Societies, London 1973, dt.: Die Klassenstruktur fortgeschrittener Ges.en, 1979; New Rules of Sociological Method, London 1976, dt.: Interpretative Soziol., 1984; Central Problems in Social Theory, London 1979; A. Contemporary Critique of Historical Materialism, London 1981; The Constitution of Society, Cambridge 1984, dt.: Die Konstitution der Ges., 1992 (1988); The Nation-State and Violence, London 1985; Sociology, Cambridge 1989; The Consequences of Modernity, Cambridge 1990.
B. Kießling, Kritik der G.schen Soz.theorie, 1987.

Giddings, Franklin Henry, amerikan. Soziologe, 23. 3. 1855 Sherman, Conn. – 11. 6. 1931 Scarsdale, N. Y., seit 1894 o. Prof. der Soziol. an der Columbia Univ. (das erste Ordinariat für Soziol. an einer amerikan. Univ.), leitendes Mitglied zahlreicher wiss. Vereinigungen.

G. zählt neben Ward u. Sumner zu den Begründern der amerikan. Soziol. In Anlehnung an Spencer vertrat er eine psycholog. Theorie der ges. Entwicklung. Im Verlaufe des sozialen Entwicklungsprozesses sublimiert sich das ges. Zus.leben der Menschen: Der Herdentrieb u. der Existenzkampf der primitiven Menschen werden in organisiertes u. ges.-bezogenes Verhalten umgeformt, u. das bewußte Streben nach Entwicklung der menschl. Persönlichkeit wird zunehmend begünstigt. Die Ges., die vom Art- bzw. Gruppenbewußtsein getragen wird, dient dem Überleben u. der Verbesserung des Menschen durch Auswahl der Tüchtigsten. Später wandte sich G. verstärkt der Methodologie u. dem Behaviorismus zu. Durch Anwendung statist.-quantitativer Methoden sollen Voraussagen gewonnen werden. Die Soziol. soll als Psychol. der Ges. »pluralist. Verhalten« von Gruppen aus den »Stimulussituationen« heraus erklären. G. ist somit ein Vorläufer der neopositivist. ausgerichteten amerikan. Sozialwiss.en.

Schr.: Principles of Sociology, 1896 (dt.: Prinzipien der Soziol., 1911); Elements of Sociology, 1898; Inductive Sociology, 1901; Studies in the Theory of Human Society, 1922; The Scientific Study of Human Society, 1924; Civilization and Society, 1932.

Gilde (altnord. gildi »Bezahlung«, »Schmaus«, altfries. jelde »Trinkgelage«, »Bruderschaft«) bedeutet ursprüngl. etwa »Opfergelage«, wo-

mit zugleich die kult.-relig. wie die gesellige Seite dieses genossenschaftl. Gebildes zum Ausdruck gebracht wurde. G. bezeichnet vor allem die freie Vereinigung von Berufsgenossen zur Förderung gemeinsamer Interessen, Pflege der Geselligkeit u. zur gegenseitigen Hilfeleistung. In manchen Gegenden Dtl.s wurden auch Innungen u. Zünfte als G.n bezeichnet. Anfänge reichen in Frankreich ins 8., in Engl. ins 10., in Skandinavien ins 11. Jh. zurück. Im Mittelalter gab es hauptsächlich Schutzgilden (große Bedeutung des Rechtsschutzes), Gewerbegilden (Handwerks-, Kaufmannsgilden mit gemeinsamen wirtschaftl. Interessen; die Hanse als überragendes Beispiel), relig.-kult. bestimmte G.n (relig. Bruderschaften), bes. in Norddtl. Bauerngilden. Mit der Herausbildung der mod., liberal verfaßten u. marktwirtschaftl. funktionierenden Industrieges. gingen die G.n unter. An ihre Stelle traten z. T. Handwerksinnungen, Berufs- u. Interessenverbände.

F. Lütge, Dt. Soz.- u. Wirtschaftsgesch., 1979 (³1966).

Gildensozialismus, soziale Bewegung zu Beginn des 20. Jh in England, die in sozial romant. Orientierung die negativen Folgen der Industrialisierung u. des Fabriksystems bekämpfen wollte, indem sie eine Rückwendung der techn. Entwicklung zu hand- u. kunstgewerbl. Formen propagierte u. für die Herrschafts-, Eigentums- u. Verteilungsprobleme der Industrie gruppensozialist. Forderungen anmeldete. 1915 erhielt der G. durch die Gründung der »National Guilds League« eine organisator. festere Gestalt. Es wurde die Abschaffung der Lohnarbeit zugunsten eines demokrat. Systems nationaler Gilden von spezif. Berufs- u. Betriebszweigen gefordert.

Th. Plaut, Wesen u. Bedeutung d. G., 1922.

Ginsberg, Morris, 14. 5. 1889 Kelmė (Litauen) – 31. 8. 1970 London. Studium an der Univ. London, dort ab 1914 Lecturer, Schüler von L. T. Hobhouse, 1929–54 Prof. für Soziol. London School of Economics.
Orientiert an der Evolutionstheorie von Hobhouse u. der Instinkttheorie von McDougall, entwikkelte er einen individualpsycholog. Ansatz. In sozialpsycholog. Fragestellung wird der Begriff der Attitüde wichtig. Die Problembereiche der Soziol. unterteilte er in soziale Morphologie (Bevölkerung u. Sozialstruktur), soziale Kontrolle (Sitte, Recht, Religion), soziale Prozesse (Konflikt u. Entwicklung) u. soziale Pathologie (Fehlanpassungen u. ihre Abhilfe). G. erstellte eine Klassifikation der Institutionen u. Gruppen, formte den Begriff der Quasi-Gruppen. Aus vergleichenden Studien von Sitte u. Religion in versch. Kulturen gewann er die Auffassung, daß allg. gültige soziol. Gesetze über die Entwicklung sozialer Institutionen u. Konventionen formuliert werden können.

Schr.: The Material Culture and Social Institutions of the Simpler Peoples (mit L. T. Hobhouse u. G. C. Wheeler), 1915; The Psychology of Society, 1921; L. T. Hobhouse (mit J. A. Hobson), 1931; Studies in Sociology, 1932; Sociology, 1934; Moral Progress, 1944; Reason and Unreason in Society, 1947; The Idea of Progress, 1953; Essays in Sociology and Social Philosophy, 1956; Nationalism, 1961.

Glasnost (russ. »Öffentlichkeit«), im Rahmen der von M. Gorbatschow in der ehemal. UdSSR durchgesetzten Reformpolitik schlagwortartige Bezeichnung für die Bestrebungen, mit Hilfe der zuvor staatl.-totalitär gelenkten Medien Strukturen, Vorgänge u. Probleme in Politik, Staat, Wirtschaft u. Ges. (z. B. Bürokratismus, Korruption, Versorgungsmängel, Nationalitätenfragen) für die Bevölkerung schonungslos durchsichtig zu machen u. deren Bereitschaft zur Mitwirkung bei der Problembewältigung zu stimulieren.

J. Afanasjew (Hg.), Es gibt keine Alternative zu Perestroika: G., Demokratie, Sozialismus, 1988.

Glass, David Victor, 2.1.1911 – 23. 9. 1978, Studium an der London School of Economics, dort seit 1948 Prof. für Soziol.
G. befaßte sich mit Bevölkerungsgesch. u. untersuchte Bevölkerungsbewegungen. Er führte umfangreiche empir. Forschungen zur sozialen Mobilität, insbes. in Großbritannien durch u. lieferte Beiträge über soziale Auf- u. Abstiegsprozesse in der industr. Ges.

Schr.: The Town in a Changing World, 1935; The Struggle for Population, 1936; Population Policies and Movements in Europe, 1940; The Trend and Pattern of Fertility in Great Britain (mit E. Grebenik), 1954; (Hg.), Social Mobility in Britain, 1954; (Mithg.), Soz. Schichtg. u. soz. Mobilität, [4]1970 (1961); Population in History (Mitautor), London 1965; Population. Policies and Movements in Europe, London 1967; Population and Social Change, London 1972; Numbering the People, London 1973; Population and Emigration (mit P. A. M. Taylor), Dublin 1976.

Gleichaltrigengruppe →Peer Group

Gleichberechtigung, Grundsatz der sozialen Gleichstellung u. Gleichbehandlung von Angehörigen einer sozialen Gruppe oder einer Ges. Dieses Prinzip wurde vom Bürgertum im Kampf gegen Feudalismus u. Absolutismus hervorgebracht, wonach alle Bürger, unabhängig von ihrer Rasse, ihrem Glauben, ihrem Geschlecht u. ihrer sozialen Herkunft gleiche Rechte u. Pflichten in der Ges. zu bean-

Gleichgewicht

spruchen hätten. Die Durchsetzung der G. entspricht dem Abbau von Privilegien u. hierarch. fixierten ständ. Strukturen; sie ist jedoch nicht allein schon durch institutionelle Reformen u. Sicherungen zu erreichen. Die Realisierung des Grundsatzes der formalen Gleichheit vor dem Gesetz sowie der materiellen Sicherungen durch die Beachtung sozialer Grundrechte führt dann nicht zur G. aller Bevölkerungsteile einer Ges., wenn bestimmte Eigenschaften bzw. die Träger solcher Eigenschaften durch Vorurteile oder Stereotype diskriminiert werden. Soziale u. polit. Kämpfe um G. (oder um Emanzipation) werden heute z. B. von den Frauen (gegenüber den Männern), von der Jugend (gegenüber den älteren Erwachsenengenerationen), von den wirtschaftl. abhängigen Arbeitnehmern (gegenüber den Arbeitgebern), von den Entwicklungsländern (gegenüber den Industriege.en) geführt.

Gleichgewicht (engl. equilibrium), aus der Physik in die Sozialwiss. übernommene, heurist. Zwecken dienende Vorstellung über das Zus.wirken sozialer Kräfte bzw. Verursachungsfaktoren. G. wird entweder als Zustand der Ruhe, der durch den Ausgleich zweier oder mehrerer einander entgegenwirkender Kräfte zustandekommt, oder als Tendenz in einem System von Variablen interpretiert, wonach jede Veränderung einer Variablen (künstl. manipuliert oder von systemfremden Kräften bewirkt) Reaktionen anderer Systemvariablen hervorruft, die den Ausgangszustand wiederherstellen. Der G.gedanke ist insbes. von V. Pareto (1848–1923) in die soziol. Theorie eingeführt worden u. hat als leitendes Prinzip beim Entwurf soziol.

Grundbegriffe u. eines theoret. Bezugsrahmens in der Strukturellfunktionalen Theorie (T. Parsons u. a.) neue wiss.theoret. u. wiss.polit. Aktualität erhalten. Am G.prinzip orientierter Soziol. wird der Vorwurf gemacht, daß ihre ursprüngl. nur heurist. begründete kategoriale »Einseitigkeit« letztl. die Forschung an der Erfassung u. Bearbeitung ges. Konflikt- u. Machtprobleme hindere.

G. Eisermann, V. Paretos System der allg. Soziol., 1962; ders. V. Paretos wiss. Methode u. erkenntnistheoret. Haltung, (in: Festschrift für E. v. Beckerath, 1964); J. E. Bergmann, Die Theorie des soz. Systems von T. Parsons, 1967; P. Kellermann, Kritik einer Soziol. der Ordnung, 1967; F. Reheis, Konkurrenz u. G. als Fundamente v. Ges., 1986.

Gleichgewichtsmodell, Harmoniemodell, Integrationsmodell, Bezeichnungen für die in der Strukturell-funktionalen Theorie (T. Parsons) vorherrschende Modellvorstellung, die Ges. als ein System auffaßt, das sich aufgrund eines allg. Wertkonsens in einem stabilen Gleichgewichtszustand befindet. Das G. vernachlässigt die sozialen Tatsachen Macht, Herrschaft, Zwang, Konflikt u. Wandel. Die realist. Interpretation der Ges. erfordert als Ergänzung das →Konfliktmodell, →Integrationstheorie.

R. Dahrendorf, Ges. u. Freiheit, 1961.

Gleichheit, ein humanitär-soz. ausgerichteter, ethisch hochrangiger u. ges.polit. stark umstrittener Ideal- bzw. Grundwert, dessen ges. Verwirklichung (in Abhängigkeit von unterschiedl. Wert- u. Interessengebundenheiten) radikal (gleiche Lebensbedingungen für alle, G. der Ergebnisse) oder gemäßigt gefordert (gleiche Chancen für alle, Chancen-G.) oder abgelehnt wird (»leistungsfeindl. Gleichmacherei«). Die Aspekte, auf die sich G.vorstellungen beziehen, sind dem gesch. u. sozialstrukturellen Wandel unterworfen. Die utop. Forderung nach G. im Sinne von Konsumgleichheit (Verbraucherkommunismus) spielte bereits im Kampf der Sklaven u. Plebejer *gegen die ausbeuter. Sklavenhalter* eine Rolle. Der von der Französ. Revolution akzentuierte G.gedanke betraf vor allem den Kampf gegen den Feudalismus, d. h. die Abschaffung aller feudalen Privilegien u. die G. bestimmter formaler, jurist. u. polit. Freiheiten für alle Bürger. In den bürgerl.-liberalen Demokratien tendiert heute die G.vorstellung zu einer staatl. Garantie subjektiver Rechte, der G. der sozialen Chancen und der Startbedingungen im Ausbildungs- u. Berechtigungswesen der Ges. Sozial optimist. Autoren erwarten nach dem epochalen Vorbild der Schriften A. de Tocquevilles (1805–1859) eine stufenweise Entwicklung der G. sozialer Lebensbedingungen mit der Entwicklung des demokrat. Staates u. seines ges. Einflusses (Sozialstaat). Religiös orientierte Theoretiker konzentrieren sich auf die Vorstellung der G. aller Menschen vor Gott. Der →Marxismus erwartet eine allg. G. aller Menschen erst mit dem Aufbau einer »klassenlosen Ges.«.

Das Funktionieren der mod. Ges. hängt von einer Balance zw. unterschiedl. Auffassungen hinsichtl. einer Verwirklichung des Wertes G. ab: Ein Mangel an G. würde infolge gestiegener Sensibilität bezüglich ungleicher Lebenschancen den inneren Frieden u. die Stabilität der Ges. gefährden. Eine radikale Verwirklichung von Gleichheit würde den komplizierten Leistungszus.hang u. erreichten Wohlstand bedrohen, schließlich auch die ges. Integration.

G. Leibholz, G. vor dem Gesetz, 1959; J. Sundbom, Über das G.prinzip als polit. u. ökonom. Problem, 1962; A. de Tocqueville, Das Zeitalter der G., hg. v. S. Landshut 1967; J. Feldhoff, Die Politik der egalitären Ges., 1968; J. Rees, Soz. G., 1974; G. Kehrer (Hg.), Vor Gott sind alle gleich, 1983.

Goffman, Erving, 11. 7. 1922 Manville, Alberta (Kanada) − 20. 11. 1982 Philadelphia, 1953 Ph. D. f. Soziol. Univ. Chicago, 1958–68 Prof. in Berkeley, Kalifornien, 1968 Prof. f. Anthropologie u. Soziol. Univ v. Pennsylvania, Philadelphia, 1981 Präs. der Amerikan. Ges. für Soziol.

Arbeiten über anthropolog., sozialpsychol. u. psychiatr. Probleme der Grundmechanismen sozialen, insb. abweichenden Verhaltens. Seine Untersuchungen über Verhaltensmuster, Interaktionsrituale, Rollendistanz u. persönl. Selbstdarstellung in alltägl. Lebenssituationen haben neue soziol. Forschgs.ansätze über Persönlichkeit, Sozialisation u. soz. Rolle erheblich beeinflußt.

Schr.: The Presentation of Self in Everyday Life, Garden City, N. Y. 1959, dt.: Wir alle spielen Theater, 1969; Asylums, Chicago 1961, dt.: Asyle, 1972; Encounters. Indianapolis 1961, dt.: Interaktion, 1973; Interaction Ritual, Garden City, N. Y. 1967, dt.: Interaktionsrituale, 1971; Stigma, 1967; Where the Action is, London 1969; Behavior in Public Places, New York [4]1969, dt.: Verhalten in soz. Situationen, 1971; Relations in Public, London 1971, dt.: Das Individuum im öffentl. Austausch, 1974; Strategic Interaction, Philadelphia 1971, dt.: Strateg. Interaktion, 1981; Frame Analysis, Cambridge, Mass. 1974, dt.: Rahmen-Analyse, 1977; Gender Advertisements, London 1979, dt.: Geschlecht u. Werbung, 1981; Forms of Talk, Philadelphia, 1981.
Jason Ditton (Hg.), The View from Goffman, New York 1980; A. Schäfer, Identität u. sekundäre Anpassung, in: KZfSS 35, 1983; R. Hettlage u. K. Lenz (Hg.), E. G. − Ein soziol. Klassiker der zweiten Generation, 1991.

Go-in →sit-in

Goode, William Josiah, *30. 8. 1917 Houston, Texas, 1946–50 Assist. Prof. an der Wayne Univ., 1950–52 Forschung an der Co-

Gouldner

lumbia Univ., 1952–56 daselbst Assoc. Prof. für Soziol., 1954 Gastprof. an der FU Berlin, seit 1956 Prof. an der Columbia Univ.

G. befaßt sich vorrangig mit Methoden u. Techniken der Empir. Sozialforschg. u. mit Familiensoziol. Seine in erster Linie »strukturell-funktionalist.« Analysen der sozialen Institution Familie berücksichtigen die vielschichtigen Beziehungen zw. den Familiensystemen u. der jeweils umfassenden Sozialstruktur u. somit Daten aus versch. gegenwärtigen u. vergangenen Ges.en.

Schr.: Religion Among the Primitives, 1946; Methods in Social Research (mit P. K. Hatt), 1952; After Divorce, 1955; (Mithg.) Marriage and Family Living, 1956; World Revolution and Family Patterns, 1963; The Family, Englewood Cliffs, N. J. ²1982 (1964), dt.: Soziol. der Familie, ³1970 (1967); Family and Society, 1965; Dynamics of Modern Society, 1966; Women in Divorce, New York 1965; Social Systems and Family Patterns, Indianapolis 1971; Principles of Sociology, New York 1977; The Celebration of Heroes. Prestige as a Social Control System, Berkeley 1978.

Gouldner, Alvin Ward, 29. 7. 1920 New York City – 15. 12. 1980, Soziol.studium an der Columbia Univ., 1952 Ph.D. ebd., 1954 Assoc. Prof. am Department für Soziol. Univ. Illinois, 1959 Prof. am Department für Soziol. der Washington Univ. St. Louis, 1967 Max Weber Forschgs. Prof. für Soziale Theorie ebd., 1972 o. Prof. für Soziol. Univ. Amsterdam, Gründer der Zs.en »Trans-Action Magazine« u. »Theory and Society«, Gastprof. an mehreren europ. Univ.en, u. a. Berlin, Stockholm u. Warschau.

Neben sozialpsychol. Problemen hat sich G. zunächst schwerpunktartig mit industriesoziol. Fragen beschäftigt, insb. mit Industriebürokratie, Organisationsfragen, Gewerkschaftsführung u. Streik. Über die Ausweitung seines Forschgs.in-

teresses auf allg. Probleme der Organisation, Bürokratie u. sozialen Rolle gelangte er zur soziol. Theorie, unter bes. Berücksichtigung ihrer Bezüge zur Wirklichkeit u. ihrer prakt. Anwendung. Seine geschichtsbewußte u. realitätsbezogene soziol. Analyse der Hauptströmungen der »westl.« Soziol., in deren Krise jene der Gegenwartsges. zum Ausdruck kommt, hat ihn zu dem Versuch geführt, eine →Reflexive Soziol. zu begründen.

Schr.: (Hg.), Studies in Leadership: Leadership and Democratic Action, 1950; Patterns of Industrial Bureaucracy, New York 1954; Wildcat Strike, New York 1965 (1954); (Hg.) Emile Durkheims Socialism and Saint-Simon, 1958; Notes on Technology and the Moral Order (mit R. A. Peterson), 1963; Modern Sociology (mit H. P. Gouldner), New York 1963; Enter Plato. Classical Greece and the Origins of Social Theory, New York 1965; Applied Sociology (mit S. M. Miller), New York u. London 1965; The Coming Crisis of Western Sociology, New York u. London 1970 (dt.: Die westl. Soziol. in der Krise, 2 Bde., 1974); For Sociology: Renewal and Critique in Sociology Today, 1973; For Sociology, London 1973; The Dialectic of Ideology and Technology, London 1976; The Future of Intellectuals and the Rise of the New Class, London 1979 (dt.: Die Intelligenz als neue Klasse, 1980); The two Marxisms, London 1980; Against Fragmentation, hg. von J. Gouldner u. C. Disco, New York 1984.

Graph (griech.), »Zeichen«, graph. Darstellung einer bestimmten Menge von Punkten, die entweder alle oder nur teilweise oder überhaupt nicht durch Linien verbunden sind. Die Punkte stellen Elemente dar, die Verbindungslinien bringen Funktionen oder Beziehungen zw. den Elementen zum Ausdruck. Die mathemat. Theorie der Graphen befaßt sich mit endl. Mengen von Punkten (Elementen) u. Verbindungslinien (Beziehungen) zw. jeweils zwei von diesen Punkten. In der Sozialwiss. ermöglichen graphentheoret. Methoden übersichtl. deskriptive Darstellungen von komplexen Struktur-Verhältnissen u. erleichtern dadurch hierauf bezogene theoret. Hypothesenkonstruktionen. Wichtige Anwendungsgebiete sind die Untersuchungen von Kommunikationssystemen bzw. -netzen der Organisationssoziol. u. von Sympathie-, Antipathie- u. Wahlstrukturen in der Soziometrie.

F. Harary, Graph Theory and Group Structure (in: R. D. Luce, R. R. Bush, E. Galanter, Readings in Mathematical Psychology, New York–London II 1965); R. Mayntz (Hg.), Formalisierte Modelle in der Soziol., 1967; H. Lenk, G.n u. Gruppen (Soz. Welt 20, 1969); J. Perle, G.entheorie, 1981.

Gratifikation (lat.), »Gefälligkeit«, Entschädigung, Belohnung (engl. gratification), Grundbegriff einer allg. Theorie soz. Handelns für die Befriedigung, die ein Handelnder aufgrund seiner Bedürfnisdisposition durch sein Verhalten erreicht.

Grenzen des Systems markieren die Differenz, den Unterschied eines Systems gegenüber der jeweiligen Umwelt. Differenz ist eine Voraussetzung für das Funktionieren höherentwickelter Systeme, die durch →Selbstreferenz gekennzeichnet sind. Systeme konstituieren u. erhalten sich durch Erzeugung u. Aufrechterhaltung einer Differenz zur Umwelt. Sie benutzen ihre Grenze zur Regulierung dieser Differenz. Dementsprechend erfordert Systemerhaltung Grenzerhaltung. Diese Notwendigkeit unterscheidet Systeme von bloßen Strukturen. Ein soz. System besitzt G. gegenüber der Natur, Kultur, Persönlichkeit u. gegenüber anderen soz. Systemen, die insgesamt die jeweilige Umwelt bilden. Die Differenz von soz. System u. Umwelt wird durch Sinngrenzen vermittelt. Diese ermöglichen die Unterscheidung zw. systemeigenen Elementen u. solchen, die der Um-

welt des betreffenden Systems zugehören. Systeme könnten ohne Umwelt nicht bestehen. Hinsichtl. notwend. grenzüberschreitender Prozesse (z. B. Energie- u. Informationsaustausch) markieren G. keine Unterbrechung von Zus.hängen zw. System u. Umwelt. Mit Hilfe von G. für die Unterscheidung zw. systeminternen Interdependenzen u. System-Umwelt-Interdependenzen können sich Systeme zugleich schließen u. öffnen. G. bilden damit eine wichtige evolutionäre Errungenschaft höherer Systementwicklung.

N. Luhmann, Soz. Systeme, ²1985 (1984).

Grenzmoral, von G. Briefs geprägter Begriff zur Kennzeichnung der Gefahren für die industriebetriebl. Arbeitsgemeinschaft, die aus der liberalen, vom Konkurrenzkampf geprägten Wirtschaftsgesinnung des Unternehmers u. der »gemeinschaftsfeindl.« Politik der Gewerkschaften erwachsen würden. Die G. liegt einem sozialen Verhalten zugrunde, das sich an der untersten, gerade noch Minimalforderungen abdeckenden Grenze der Gemeinschaftsmoral orientiert u. sich wegen seiner relativen Skrupellosigkeit gegenüber anderen Beziehungspersonen, die noch stärker an die Gemeinschaftsmoral gebunden sind, im materiellen Wettbewerb Vorteile verschafft.

Grenznutzen, in der Wirtschaftswiss. u. in einer psycholog-ökonom. orientierten Theorie sozialen Handelns der Nutzen der »letzten« jeweils neu hinzukommenden Guts- oder Handlungseinheit für den Wirtschafter oder Handelnden. Der G. soll den Wert bzw. die Bedeutung eines Gutes oder einer Handlung für das Wirtschaftssubjekt bzw. den Aktor u. letztlich die

Grenznutzenschule

ökonom. oder sozialen (Handlungs-)Austauschverhältnisse erklären. Wenn man sich das Handeln in sozialen Beziehungen als »Aushandeln« von Handlungseinheiten u. Handlungseinheiten als ausgetauschte »Güter« vorstellt, dann gilt nach dem wirtschaftstheoret. Vorbild der Grenznutzenschule für eine allg. Theorie sozialen Handelns: Ein Gut (gleichgültig, ob materielles Gut oder Handlungseinheit) ist seinem Erwerber um so wichtiger, je nützlicher oder notwendiger es für seine Bedürfnislage u. je knapper es für ihn verfügbar ist. Für den Gesamtnutzen einer bestimmten Gutsmenge gilt, daß er zwar mit wachsender Verfügbarkeit zunimmt, aber daß der Zuwachs an Nutzen jeder neu hinzukommenden Teilmenge gleichzeitig abnimmt. Da die im Tausch als Gegenleistung hingegebenen Güter bzw. eigenen Handlungseinheiten ebenfalls einen Nutzenwert repräsentieren, lassen sich in diesem theoret. Modell Austauschverhältnisse bzw. soziale Beziehungen als G.bilanzierungen darstellen.

G. C. Homans, Social Behavior as Exchange (Am. Journal of Sociology 63, 1958); ders., Elementarformen soz. Verhaltens, ²1972 (1968); P. M. Blau, A. Theory of Social Intergration (Am. Journal of Sociology 65, 1960); F. J. Stendenbach, Zur Theorie soz. Handelns, (KZfSS 16, 1964).

Grenznutzenschule, ökonom. Lehrsystem zur Erklärung des wirtschaftl. Verhaltens der Wirtschaftssubjekte, der Gesetze der Preisbildung u. damit der Austauschverhältnisse auf dem Markt. Etwa zu gleicher Zeit wurde unabhängig voneinander in England (Jevons, 1871), Österreich (Menger, 1871), Deutschland (Gossen, 1854) u. Frankreich (Walras, 1870) eine Lehre entwickelt, in der der bis dahin vorherrschende Grund-gedanke, daß die Arbeit die Ursache des (Tausch-)Wertes der Güter u. damit grundlegend für die »Gesetze« des Tauschverkehrs sei, verworfen. An Stelle dessen wurde der Gedanke propagiert, daß der Wert eines Gutes gänzlich von seinem Nutzen u. von seiner relativen Seltenheit bestimmt werde. Die Quantität des Nutzens bestimme sich nach dem Gesetz des sinkenden Grenznutzens, u. das Auswählen unter versch. nützl. Gütern bestimme sich nach dem Gesetz des Grenznutzenausgleichs. Demnach beschaffe sich ein Wirtschaftssubjekt von allen ihm Nutzen verschaffenden Gütern jeweils soviel Güterteilmengen, daß der Grenznutzen der letzten Zuwachsmengen überall derselbe ist.

W. Hofmann, Wert- u. Preislehre, 1964.

Grenzproduktivität, derjenige Produktivitätszuwachs bei der Produktion eines wirtschaftl. Gutes, der bei der Erhöhung eines der (kombiniert) eingesetzten Produktionsfaktoren um eine best. Einheit eintritt.

Grilling-Process (engl. to grill = weichmachen, garkochen), Frage- u. Antwortspiel zw. alteingesessenen u. neuankommenden Bewohnern einer Gemeinde, das dem Bekanntwerden u. der sozialen Eingliederung der »Neuen« vorausgeht. Die eingesessenen Bewohner fragen, z. T. offen, z. T. versteckt, die sozialen Merkmale der »Neuen« ab, um sich ein »Bild« von ihnen machen zu können.

Großfamilie, aus der Sicht der Soziol., Kulturanthropol. u. Soz.gesch. die in Hausgemeinschaft lebende u. oft patriarchal. ausgerichtete Mehrgenerationen- oder Verwandtschaftsfamilie oder Mehrfamiliengemeinschaft. Die G. ist in der vorindustr. Agrarges. weit verbreitet u. mit landwirtschaftl.-handwerkl. Betrieben bzw. Tätigkeiten verbunden. Ihre Stabilität u. Unentbehrlichkeit beruht auf der subsistenzwirtschaftl. Notwendigkeit der Zus.arbeit, der gegenseitigen Fürsorge u. allseitigen Abhängigkeit der Familienmitglieder.

I. Weber-Kellermann, Die dt. Familie – Versuch einer Sozialgesch., 1977.

Großgrundbesitz, im Feudalismus mit spez. Privilegien, aber auch Pflichten (insbes. gegenüber der fürstl.-königl. Gewalt) ausgestattete Ges.sschicht, deren bes. soziale u. polit. Position durch den Besitz bzw. durch die Verfügungsgewalt über riesige Ländereien sowie über die Arbeit u. die Lebensweise der Bewohner dieser Gebiete bestimmt wurde (→Adel, →Grundherrschaft). In der Industriegesellschaft diejenigen Eigentümer, die aus der wirtschaftl. Nutzung (Verpachtung) ihnen gehörender Ländereien ein arbeitsloses (Renten-)Einkommen beziehen. Als Anbieter bzw. Verkäufer von Boden können sie infolge ihrer bes. marktbeherrschenden Situation die Preise für denjenigen Produktionsfaktor maßgebl. bestimmen, der die naturnotwendige Grundlage der Nahrungsmittel- u. Wohnbedarfsdeckung, der Standortbedingungen für Industrie- u. Stadtentwicklung sowie der Rohstoff- u. Energiegewinnung darstellt.

Großgruppe, Sekundärgruppe, mitunter Bezeichnungen für größere soziale Gebilde, z. B. Betriebe, Gewerkschaften, Kirchen, Parteien u. Vereine, die aufgrund ihrer Eigenart (stark ziel- u. zweckorientiert, weitgehend formalisierte u. unpersönl. Beziehungen, z. T. bürokratisiert, abgeschwächtes Wir-Bewußtsein) eher als Organisationen eingestuft werden. Überdies sind die mit dem engeren soziol. Gruppenbegriff verbundenen Kriterien (→Gruppe) hauptsächlich auf Klein- u. Primärgruppen ausgerichtet, so daß der Begriff der G. als mißverständlich u. umstritten gilt.

Großstadt →Stadt →Stadtsoziologie

Group dynamics (engl.) →Gruppendynamik

Grundbegriffe der Soziologie, Grundkategorien, Schlüsselbegriffe, in der erfahrungswiss. ausgerichteten Soziol. Begriffe, die zentrale, umfangreiche, komplexe Dimensionen, Bereiche, Gegebenheiten u. Prozesse des soziokult. Lebenszus.hanges bezeichnen. G. bilden untentbehrliche Elemente bzw. »Bausteine« für die Formulierung von Hypothesen u. für die Konstruktion von Theorien. Sie sind z. T. der Alltagssprache oder anderen Wiss.en entnommen worden oder im Zuge einer sich internat. entfaltenden Fachsprache der Soziol. entstanden, wobei sich einzelne Soz.wiss.ler als Begriffsschöpfer hervorgetan haben. Im Verlaufe der Gesch. der Soziol. sind wiederholt ältere G. durch neue Bezeichnungen verdrängt worden, z. B. Wechselwirkung durch Interaktion.

G. d. S. sind folgende: System, Struktur, Funktion, Integration, Interpenetration; Ges., Soz.struktur, soz. Differenzierung, soz. Prozeß; Kultur, Symbol, Persönlichkeit, Identität; Sozialisation, Enkulturation, Internalisierung; Wert, Sinn, Tradition, Norm, Konformität, Devianz bzw. abweichendes Verhalten, Anomie, soz. Kontrolle.

Grundgesamtheit

Sanktion; Soz. Position, Rolle, Erwartung; Kommunikation, Verhalten, Handeln, Situation, Akteur (Aktor, Handelnder), Interaktion, Reziprozität, Tausch, Kooperation, Distanz; Institution, soz. Gebilde, soz. Gruppe, Organisation, Bürokratie; vertikale Soz.struktur, soz. Ungleichheit, soz. Status, Soz.prestige, Kaste, Stand, Klasse, Schicht, Segregation; Autorität, Macht, Herrschaft, Legitimität, Elite, Ideologie, Vorurteil, Interesse, Konflikt; soz. Wandel, Akkulturation, Diffusion, Modernisierung, Migration, Assimilation.

Im Zus.hang mit verschiedenen soziol. »Schulen« werden in Abhängigkeit von der theoret. Orientierung jeweils bestimmte Begriffe als grundlegend hervorgehoben, in spezifischer Weise aufgefaßt, definiert u. gewichtet. Viele Begriffe sind stark von einer Theorie geprägt worden, z. B. Struktur, Funktion, Komplexität von der Systemtheorie.

Aus G.n resultieren Unterbegriffe bzw. spezielle Begriffe der Fachsprache, die sich zum Vorteil einer differenzierten Analyse u. Darstellung auf bestimmte Aspekte, Teilgebiete oder Prozesse des jeweiligen Gegenstandsbereiches bzw. Bedeutungsfeldes eines Grundbegriffs beziehen, z. B. Rollensektor, -erwartung, -konflikt.

M. Weber, Soziol. G.,[6]1984; T. Kutsch u. E. K. Scheuch, G. d. S., Bd. 1, [2]1975; H. P. Bahrdt, Schlüsselbegriffe der Soziol., 1984; H. P. Henecka, Grundkurs Soziol., 1985; B. Schäfers (Hg.), G. d. S.,[3]1992 (1986); G. Kiss, Evolution soziol. G., 1989; AG Soziol., Denkweisen in. G. d. S.[10]1992; D. u. K. Claessens, Ges. Lexikon der G., 1992 (1976); H. Korte u. B. Schäfers (Hg.), Einf. in Hauptbegriffe der Soziol., 1992.

Grundgesamtheit, Bezeichnung für die Gesamtheit der von einer wiss. Analyse oder von einem empir. Forschgs.projekt angezielten Einheiten, aus der eine Stichprobe oder eine andere Teilmenge gezogen wird (→Auswahlverfahren).

Grundherrschaft, soziale Institution des Feudalismus, die auf dem Herreneigentum an Grund u. Boden u. über Höfe u. Hütten beruhte. Der Grundherr bewirtschaftete die große Masse seines Besitzes nicht selbst, sondern vergab die Nutzung – gegen Bar- oder Naturalabgaben, Arbeits- u. sonstige Leistungen – an andere Personen, die sich dadurch gleichzeitig seiner Gerichts- u. Gefolgsherrschaft unterwarfen.

R. Krzymowsky, Gesch. d. dt. Landwirtschaft, 1951; F. Lütge, Dt. Soz- u. Wirtschaftsgesch., [2]1960; H. Patze (Hg.), Die G. im späten Mittelalter, 2 Bde., 1983.

Grundlagenforschung, auf neue Erkenntnis ausgerichtete Forschg., die nicht primär auf bestimmte Ziele (der Anwendung) hin orientiert ist.

Grundpersönlichkeit →Basic Personality Structure

Grundrechte, von humanitär-soz. Auffassungen u. Grundwerten getragene Menschenrechte, Bürgerrechte, seit den Deklarationen der franz. u. amerikan. Revolution (Ende des 18. Jh.) in die Verfassungen (Grundgesetze) demokrat. Rechtsstaaten aufgenommene subjektive Rechte des Individuums mit Konsequenzen für die objektive staatl. Rechtsordnung. Grundlegend ist die wertgeladene Auffassung, daß alle Menschen von Natur aus frei und gleich seien u. daß ihnen von Geburts wegen unveräußerl. Rechte zustehen. Die G. sollen dem Individuum einerseits jene Freiheitssphäre garantieren, die notwendig ist, um in freier Entfaltung seiner

Persönlichkeit seine Selbstbestimmung zu verwirklichen, u. andererseits jene Beteiligungsrechte sichern, die es zu einem gleichberechtigten u. mitentscheidenden Bürger im ges. u. polit. Willensbildungs- u. Gestaltungsprozeß machen. G. bilden somit Konkretionen allg. Grundwerte.

Es sind zu unterscheiden: Menschenrechte, die jedem Menschen zustehen, der der staatl. Gewalt eines Rechtsordnungsgebietes unterworfen ist, u. Bürgerrechte, die nur den Angehörigen des betr. Gebietes zustehen. Liberale (»klass.«, vom frühen Bürgertum in Auseinandersetzung mit dem feudalaristokrat. Absolutismus erkämpfte) G. sichern als Abwehrrechte gegenüber dem Staat eine staatsfreie ges. Sphäre auf der Basis der formalen rechtl. Gleichstellung aller Bürger. Soziale G. (im Zuge der Entwicklung der Arbeiterklasse notwendig geworden, deren Lage u. Interessen mit den liberalen G.n nicht befriedigt werden konnten) versuchen, die formale Freiheit u. Gleichheit mit materialem Inhalt zu füllen, damit alle Mitglieder der Ges. auch realiter in die Lage versetzt werden, von ihren Freiheitsrechten Gebrauch zu machen (→Sozialstaat). Die Diskussion um eine zeitgemäße Ausfüllung, Interpretation u. Ergänzung der G. geht von der Einsicht aus, daß die Bedrohung der Würde, Entfaltungsmöglichkeit u. Freiheit des Menschen nicht nur von einer Übermacht staatl.-öffentl. Gewalten, sondern in mindestens dem gleichen Maße auch von der Übermacht bzw. der Machtungleichheit ges. Institutionen u. Gruppen ausgeht, die sich der öffentl.-demokrat. Kontrolle entziehen.

W. Heidelmeyer (Hg.), Die Menschenrechte, ²1977 (1972); N. Luhmann, G. als Institution, ²1974; K. Löw, Die G., 1977; J. Schwartländer (Hg.), Menschenrechte, 1978; W. F. Heinz, Menschenrechte in der Dritten Welt, 1986; E.-W. Böckenförde u. R. Spaemann (Hg.), Menschenrechte u. Menschenwürde, 1987; E.-J. Lampe (Hg.), Persönlichkeit, Familie, Eigentum, 1987; M. Gauchet, Die Erklärung der Menschenrechte, 1991; C. Tomuschat (Hg.), Menschenrechte, 1992.

Grundrente, dasjenige Einkommen, das sich als Besitzeinkommen ledigl. aus der Verfügung über Grund u. Boden ergibt. In der Volkswirtschaftstheorie wird die G. als arbeitsloses Einkommen, als sog. »absolute« Rente betrachtet, die als eine Art Monopolgewinn aufgrund ständiger Übernachfrage nach (a) agrar. Rohstoffen u. Nahrungsmitteln oder (b) nach dem nicht beliebig vermehrbaren bzw. verbesserungsfähigen Boden für den Aufbau von Industrieprodukten oder Wohnsiedlungen erzielt werde u. die überdies steigende Tendenz habe. Die Beseitigung der G. durch Änderung des Bodeneigentumsrechts oder durch finanzpolit. Maßnahmen (Bodenwertzuwachssteuer) war immer wieder die polit. Forderung arbeitseth. orientierter sozialist. u. liberaler Theoretiker.

Grundwerte, Bezeichnung für grundlegende, höchste, letzte soziokulturelle Werte, die als zentrale Zielvorstellungen u. Orientierungsstandards das ges. Zus.leben v. Menschen fundamental koordinieren, sinnhaft rechtfertigen u. stabilisieren. Sie sind mit den Terminalwerten (terminal values) im Sinne von M. Rokeach identisch, die auf letzte Ziele u. angestrebte Endzustände der Existenz ausgerichtet sind, z. B. ein angenehmes Leben, eine friedl. Welt, Gleichheit, innere Harmonie, Selbstachtung, wahre Freundschaft. G. hängen mit dominierenden Ideen, Glaubensvorstel-

Gruppe

lungen, Weltanschauungen sowie mit Herrschaftsverhältnissen einer Ges. eng zus. Sie bilden den Rechtfertigungsgrund für abgeleitete, weniger hoch bewertete, instrumentelle Werte (instrumental values), für Grundrechte u. situationsbezogene Normen. Neuere G.-diskussionen haben unter dem Einfluß verschiedener weltanschaul. Orientierungen (Christentum, Liberalismus, demokrat. Sozialismus) insbes. zur Deklaration der Werte Freiheit, Gerechtigkeit u. Solidarität geführt. Diese bringen in größtenteils abgeschwächter Form die Werte-Trias der Franz. Revolution (1789) zum Ausdruck: Freiheit, Gleichheit, Brüderlichkeit. Gegenüber den konkreter ausgeprägten Grundrechten bieten G. den Vertretern unterschiedl. Auffassungen u. Interessen einen mit Mißbrauchsgefahren verbundenen großen Interpretationsspielraum. Problemat. ist die Kluft zw. proklamierten idealist. G.n u. jenen, die das Verhalten großer Bevölkerungsteile tatsächlich steuern. Die mit dem Wertrelativismus u. -pluralismus sowie mit dem beschleunigten Wertwandel zus.hängenden Probleme u. Krisen der mod. Ges. verstärken Tendenzen, zur Herstellung eines stabilisierenden Konsens bestimmte Wertvorstellungen als allg. verbindl. G. ges. durchzusetzen. Folgenreich können dann die Steigerung v. Anspruchsniveaus u. die Frustration über unzureichende Verwirklichung v. G.n sein. – Die gegenwärtig zur Überlebensfrage der Menschheit gewordene Umweltkrise führt dazu, daß sich die Überlebens- u. Zukunftssicherung, Umwelt- u. Naturschutz, Gesundheit u. Lebensqualität als neuer fundamentaler G.komplex herauskristallisiert. Entscheidend ist letztlich die Verwirklichung (existenziell notwendiger) G. im alltägl. Handeln.

M. Rokeach, The Nature of Human Values, New York 1973; G. Gorschenek (Hg.), G. in Staat u. Ges., 1977; A. Schwan, G. der Demokratie, 1978; H. B. Streithofen, Macht u. Moral. Die G. in der Pol., 1979; K. H. Hillmann, Umweltkrise u. Wertwandel, ²1986 (1981); ders., Wertwandel, ²1989 (1986).

Gruppe, in der Alltagssprache ein unscharfer Begriff, der allg. eine Mehrzahl von Menschen, Tieren, Pflanzen oder Dingen mit gemeinsamen Merkmalen bezeichnet. Oftmals wird eine Menge, Masse, soz. Schicht oder Klasse, ein Interessenverband oder Bevölkerungsteil mit einer G. gleichgesetzt. Als soziol. Grundbegriff bezeichnet G. die verbreitetste Form soz. Gebilde, die folgende Merkmale aufweist: 1) eine Mehrzahl von Personen, die eine für die G.nmitglieder u. für Außenstehende überschaubare, von anderen soz. Gebilden abhebbare soz. Einheit ergeben; 2) gemeinsame Sprache, die g.nspezifische Züge annehmen kann (G.nsprache oder sogar -jargon); 3) gemeinsame Wertorientierungen, Ziele, Interessen u. Auffassungen; 4) gemeinsame, g.nspezifisch ausgeprägte soz. Normen, die mit soz. →Kontrolle und mit →Sanktionen verbunden sind; 5) ein System wechselseitig aufeinander bezogener, z. T. unterschiedl. bewerteter u. status- bzw. rangmäßig eingestufter soz. Positionen u. Rollen (Rang- u. Statusordnung, Positions- u. Rollenstruktur), die mit G.nmitgliedern besetzt werden müssen; 6) dauerhafte soz. Beziehungen u. Interaktionen zw. den G.nmitgliedern sowie ein räuml., zeitl. u. kooperativ gemeinsames Handeln zur Erreichung der G.nziele u. zur Bewältigung von Aufgaben u. Problemen; 7) hinsichtl. der gegenseitigen Orientierung, psych.-geistigen

Verbundenheit u. g.nbezogenen Verantwortungsbereitschaft das Vorhandensein eines Wir-Bewußtseins bzw.-Gefühls (G.nsolidarität); 8) ein hinreichender Grad der g.ninternen Festigkeit (Kohäsion, G.nintegration) infolge des Zus.halts der G.nmitglieder u. dadurch erreichte Widerstandskraft gegenüber desintegrativ wirkenden Binnenstörungen (Führungsprobleme, Konflikte) u. Fremdeinflüssen.

Der soziol. G.nbegriff deckt sich vorrangig mit der Kleing., die bis zu ca. 25 Mitglieder umfaßt. Der dauerhafte Zus.halt u. das zielorientierte Funktionieren von Großg.n setzen erfahrungsgemäß organisatorische Maßnahmen voraus (planmäßiger Aufbau, formale Regulierungen, Bürokratisierung), so daß sich Organisationen u. zweckrational ausgerichtete Sekundärsysteme ergeben. Im Rahmen der formalen Struktur dieser Großg.n bilden sich die von dem amerikan. Industriesoziologen Elton Mayo entdeckten informalen G.n heraus, die aus persönl. Interaktionen hervorgehen und für die Zufriedenheit sowie Leistungsbereitschaft des einzelnen wichtig sind. Kleing.n u. informale G.n sind oft mit Primärg.n identisch, die nach C. H. Cooley im Unterschied zu den Sekundärsystemen durch enge persönl., gefühlsmäßige Beziehungen gekennzeichnet sind, insbes. die Familie, Freundschafts- u. Spielg. In Anlehnung an W. G. Sumner wird aus der Sicht des einzelnen zw. der Eigeng. (in-group, Mitgliedschaftsg.) u. Fremdg. (outgroup, Nichtmitgliedschaftsg.) unterschieden. Fremdg.n, denen ein einzelner nicht angehört, können als Bezugsg.n (engl. reference group) ebenso wie Gleichaltrigeng.n (engl. peer group) auf dessen Verhaltensorientierung großen Einfluß ausüben.

Die Entfaltungs- u. Überlebenschancen des Menschen hängen von der Zugehörigkeit zu soz. G.n ab. Insbes. in der mod. differenzierten Ges. gehört der einzelne mehreren G.n an. Die G.nforschung (→Gruppendynamik) hat verschiedene Leistungsvorteile der G. gegenüber dem Individuum aufgewiesen. Die g.ninterne Beziehungsstruktur wird mit Hilfe der Soziometrie analysiert und dargestellt. Ergebnisse der G.nforschung werden insbes. im pädagog. und therapeut. Bereich (z. B. G.ntherapie), in der Industrie (human relations), beim Militär u. im Sport- u. Freizeitbereich verwendet.

G. C. Homans, The Human Group, New York 1950, dt.: Theorie der soz. G., ⁴1969 (1960); M. u. C. W. Sherif, Groups in Harmony and Tension, 1953; J. W. Thibaut, H. H. Kelley, The Social Psychology of Groups, New York 1959; K. Lewin, Feldtheorie in den Sozialwiss., 1963; T. M. Mills, Soziol. der G., 1969; R. Battegay, Der Mensch in der G., ³1970; K. Setzen, Die G. als soz. Grundgebilde, 1971; D. Claessens, G. u. G.nverbände, 1977; R. Zoll u. E. Lippert, Die soz. G., 1979; B. Schäfers (Hg.), Einf. in die G.soziol., 1980; F. J. Floren, Soz. G. u. Individuum 1, 1983; F. Neidhardt (Hg.), G.nsoziol., Sonderheft 25 KZfSS, 1983.

Gruppenakkord, eine bes. Form der Leistungsentlohnung (spez. im Arbeiterbereich), bei der die gemeinsam erbrachte Leistung mehrerer, ohne daß der Anteil eines jeden einzelnen festgestellt wird, die Lohnbemessung bestimmt. Welche Leistung bzw. Mehrleistung tatsächl. erbracht wird, hängt weitgehend von der sozialen Struktur u. von den Normen der Gruppe ab, deren Mitglieder sich gegenseitig kontrollieren u. ggf. stimulieren.

W. F. Whyte, Lohn u. Leistung, 1958; F. Fürstenberg, Probleme der Lohnstruktur, 1958; E. Kosiol, Leistungsgerechte Entlohnung, 1962; C. Offe, Leistungsprinzip u. industrielle Arbeit, 1970.

Gruppenarbeit

Gruppenarbeit →Teamwork

Gruppendiskussion, eine Methode der Empir. Soz.forschg zur Ermittlung von Meinungen, Einstellungen, Werthaltungen u. Bewußtseinsinhalten, die unter Einwirkung dynam. Gruppenprozesse geäußert werden. Die G. hat als explorative Methode meist den Charakter einer Voruntersuchung, die Aufschlüsse über verschiedene Aspekte, Teilprobleme u. Zus.hänge eines bestimmten Forschungsthemas erbringen soll. Sie dient insbes. der Erkundung der Variationsbreite, Struktur u. Überzeugungsstärke von problemgeladenen, umstrittenen oder gar tabuierten Meinungen u. Einstellungen, die in einer gruppendynam. Situation der Wechselwirkung miteinander kommunizierender Personen eher geäußert werden als bei einer Einzelbefragung. Außerdem lassen sich Einsichten in die Prozesse der Meinungsbildung im Rahmen soz. Gruppen gewinnen. Zugleich begrenzen aber die gegenseitigen Beeinflussungen u. der normative Druck der Gruppe die Möglichkeit, anhand der gewonnenen Ergebnisse zuverlässig auf individ. Meinungen u. Einstellungen des einzelnen Diskussionsteilnehmers schließen zu können. Den »Grundreiz« bildet meistens ein bestimmtes, zuvor festgelegtes Thema. Der Diskussionsleiter nimmt hinsichtl. des Diskussionsinhalts eine zurückhaltende Rolle ein. Durch kleine, möglichst homogen zusammengesetzte Gruppen kann das Problem der »Schweiger« verringert werden. Die G. wird auch im pädagog., massenkommunikativen u. polit. Bereich (z. B. Podiumsdiskussion), in der Soz.arbeit u. Psychotherapie praktisch eingesetzt.

F. Pollok, Gruppenexperiment, 1955; W. Mangold, Gegenstand u. Methode des G.sverfahrens, 1960; ders.: G.en, in: R. König (Hg.), Hdb. der empir. Soz.forschg., Bd. I, ²1967; H. Krüger, G., in: Soz. Welt 34, 1983.

Gruppendynamik, soziol., psychol. u. sozialpädagog. benutzter Begriff für (a) einen gruppensoziol. Forschungsbereich, der sich der Analyse der Entstehungs-, Entwicklungs- u. Strukturbedingungen von gruppeninternen u. intergruppenmäßigen Prozessen widmet; (b) für eine ges.polit. Ideologie mit einem Programm über die Organisation u. Behandlung von Gruppen, die die Wichtigkeit demokrat. Führung, die Mitwirkung der Gruppenmitglieder an Entscheidungen u. die Vorteile betont, die sich für die polit. Ordnung der Ges. u. für den einzelnen durch Kooperation in Gruppen ergeben; (c) für eine Reihe von Techniken, die in Trainingsprogrammen u. Teamwork-Versuchen zur Verbesserung der Fertigkeiten im Bereich der mitmenschl. Beziehungen, konkreter z. B. bei der Durchführung von Konferenzen, Diskussionen oder Ausschußverhandlungen, angewandt wurden.

Gruppenprozesse werden von der G. dahingehend untersucht, ob sie dem einzelnen bei der Suche nach seiner personalen Identität helfen, ihn zu stärkerer sozialer Integrität, zu einem besseren Verständnis seiner sozialen Situation, der ihn umgebenden u. von ihm erlebten Konflikte sowie zu einer größeren Verhaltenswirksamkeit beim Planen u. Realisieren von Veränderungen bei sich selbst u. innerhalb seiner sozialen Umwelt anregen. Dahinter steht die Überzeugung, daß Einsichten u. Erfahrungen in Gruppenprozessen über die Veränderung von Gruppenstrukturen auch zu gesamtges. Strukturveränderungen führen.

P. R. Hofstätter, G., 1986 (1957); P. E. Slater, Mikrokosmos: Eine Studie über G., 1970; J. Luft, Einführung in die G., [4]1975; A. M. Däumling u. a., Angewandte G., 1975; W. Krege, Begriffe der G., 1977; P. R. Wellhöfer, G. u. soz. Lernen, 1992.

Gruppenexperiment, Bezeichnung für die empir. Erforschg. v. Gruppenprozessen unter den Kontrollbedingungen eines Experiments. Anwendungsbereiche sind insbes. die Gruppendynamik, Kleingruppenforschg., Betriebs- u. Industriesoziol.

Gruppeninterview, in der Empir. Soz.forschg. eine spezielle Form der Methode des Interviews, bei der in kostengünstiger Weise mehrere an einem Ort anwesende Personen gleichzeitig befragt werden. Das G. eignet sich unter Einsatz von Fragebögen insbes. für die Befragung bereits existierender Gruppen oder soz. Aggregate, z. B. Schulklassen, Sportmannschaften, Veranstaltungsteilnehmer.

Gruppenkohäsion →Kohäsion

Gruppentherapie, eine psychotherapeut. Behandlungsmethode auf der Grundlage gruppentheoret. Erkenntnisse (→Kleingruppenforschg.). Sie kann über das Gruppenerlebnis zur grundlegenden Änderung der Persönlichkeit beitragen. Auf zwanglosen G.treffen von drei und mehr Personen werden unter Ltg. eines Therapeuten gemeinsame Konflikte und Probleme besprochen (homogene Gruppe). Die Form der G. kann patientenspezifisch festgelegt werden (Spiel-, Mütter-, Beschäftigungs-, Interview-Gruppe). – Sonderformen der G. sind das →Psychodrama u. →Soziodrama.

J. L. Moreno, Die Grundlagen der Soziometrie, [3]1974 (1967, engl. 1934); ders., Gruppenpsychotherapie u. Psychodrama, [2]1973; S. R. Slavson, Einf. in die G. von Kindern und Jugendlichen, [2]1972; ders., Analyt. G., 1977; M. Schneider-Düker, Gruppenpsychotherapie, 1981; C. R. Rogers, Encounter-Gruppen (a. d. Amerikan.), [6]1984; D. Sandner, Gruppenanalyse, 1986; F. Buer (Hg.), Morenos therapeut. Phil., 1989.

Gültigkeit (Validität), ein Kriterium der Empir. Soz.forschg. für die wiss. Brauchbarkeit von Forschungsmethoden oder spez. -verfahren, die danach beurteilt werden, ob sie auch tatsächl. das erheben oder messen, was mit ihnen festgestellt oder gemessen werden soll. Mit G. wird somit der materiale bzw. inhaltl. Aspekt der Genauigkeit eines empir. Forschungsprozesses bezeichnet.

R. Mayntz u. a., Einf. in d. Method. d. Empir. Soziol., [2]1971.

Guerilla (span.), bezeichnet als Verkleinerungsform des span. Wortes Guerra (= Krieg) den »kleinen Krieg«. Das Wort G. setzte sich seit den span. Befreiungskämpfen (1808–14) gegen die franz. Besetzung unter Napoleon I. als Bezeichnung für bewaffnete Erhebungen gegen Fremd- oder Gewaltherrschaft durch. Die Zielsetzungen der G.-Kämpfer (»Guerilleros«, »Guerillas«) können nat., nat.revolutionär, soz.revolutionär oder sozialist. ausgerichtet sein. Kennzeichnend sind kurze, von kleinen bewaffneten Gruppen ausgeführte, eine feste Front vermeidende Überraschungsangriffe, Sabotageakte u. ä. organisierte Gewalthandlungen gegen Einrichtungen u. Streitkräfte des eigenen Staates, einer Besatzungs- oder Kolonialmacht. Dadurch soll der zahlenmäßig u. techn. überlegene Gegner psych. zermürbt werden. Für den Erfolg ist oft eine starke

Gütergemeinschaft 314

Anlehnungsmacht entscheidend. Mao Tse-Tung u. Che Guevara haben den G.-Krieg als wirksames Mittel des Befreiungskampfes der Landbevölkerung in Entwicklungsländern propagiert. Die Stadt-G. trat zuerst in Uruguay (»Tupamaros«) auf u. nutzte die Verletzlichkeit der hochentwickelten Großstädte aus.

W. Hahlweg (Hg.), Lehrmeister des kleinen Krieges, 1968; F. R. Allemann, Macht u. Ohnmacht der G., 1974; G. Schulz (Hg.), Partisanen u. Volkskrieg, 1985; H. Münkler (Hg.), Der Partisan, 1990.

Gütergemeinschaft, Sammelbezeichnung für Gemeinschaftsformen, in denen aufgrund bestimmter weltanschaul. Orientierungen (z. B. christl. u. kommunist. Lehren) u. Idealwerte (z. B. Gleichheit, Brüderlichkeit, Nächstenliebe) durch Institutionalisierung des gemeinsamen, kollektiven Eigentums an Stelle des persönl.-individ. Eigentums eine Überwindung von Egoismus, soz. Ungleichheit, Privilegien u. Ausbeutung angestrebt wird. Lohnarbeit ist verboten. Wichtige Aufgaben der Lebensbewältigung (Arbeit, Kindererziehung, Versorgung) werden gemeinschaftl. ausgeführt. G.en bilden eine Alternative zur Feudalordnung u. zum heraufziehenden Industriekapitalismus. Oft wurden sie (obrigkeitl.) verfolgt. Sie entstehen insbes. in Zeiten stark beschleunigter Prozesse des soz. Wandels, des Verfalls von Werten u. der wirtschaftl. Entwicklung. Abgesehen von vormod. ethn. Kulturen hat es mannigfaltige Ausprägungen der G. gegeben, z. B. Bruderhöfe des Täufertums im Bauernkrieg, →Kibbuz, von Cabet, Fourier u. Owen in Nordamerika gegründete kommunist. Mustersiedlungen, Siedlungsgemeinschaften der Jugendbewegung. Als »Experimente«

einer idealen, möglichst altruist. Ges.sform mit neuer Arbeits- u. Lebensgestaltung sind G.en wiederholt an der Wirklichkeit gescheitert. – In der mod. Ges. bilden Ehegatten – soweit nicht ausdrückl. Gütertrennung vereinbart worden ist – in rechtsverbindl. Weise eine G.

H.-J. Goetz (Hg.), Alles gehört allen, 1984.

Gumplowicz, Ludwig, 9. 3. 1838 Krakau – 19. 8. 1909 Graz, studierte Jura, wurde Advokat, in Polen als Demokrat polit. aktiv, nahm 1863 am poln. Aufstand teil, gab von 1869–74 die Zs. »Kraj« (Das Land) heraus, 1875 wandte er sich enttäuscht von der Politik u. dem Journalismus ab u. wurde Privatdozent in Graz, 1882 ao. Prof., 1893 o. Prof. für Verwaltungslehre u. Staatsrecht.

G. zählt zu den Pionieren der Soziol. Teilweise der Geschichtsphilos. des 19. Jh. verhaftet, entwickelte er eine Konflikttheorie, die zugleich eine Theorie der Herrschaft u. des sozialen Wandels einschließt. Als treibende Kraft der Geschichte hob er zunächst den Kampf der Rassen hervor, später, nach der soziol. Wendung seiner Lehre, den Kampf der sozialen Gruppen. Die »wahren Elemente sozialer Vorgänge« waren für ihn nicht die Individuen, sondern die sozialen Gruppen. Im Verlaufe der Geschichte schließen sich die Gruppen zu immer größeren u. komplexeren Einheiten zusammen. Von einer bestimmten Entwicklungsstufe an geht in diesem Kampf der Gruppen der Staat als Herrschaftsorganisation einer siegenden Minorität über eine Majorität hervor. Mit dem Staat sind zugleich Unfreiheit u. Ungleichheit verbunden. Der Kulturfortschritt wird von Eliten getragen. Von G.

stammt das erste Buch im dt. Sprachraum, das den Begriff Soziol. im Titel enthält. Seine Werke sind von dt. Soziologen weniger beachtet worden als von ausländischen.

Schr.: Rasse u. Staat, 1875, später unter dem Titel, Der Rassenkampf, [2]1909 (1883); Grundriß der Soziol., [2]1905 (1885); Die soziol. Staatsidee, [2]1902 (1892); Sozialphilos. im Umriß, 1910.

J. Hohmeier, Zur Soziol. L. G. (KZfSS 22, 1970); G. Mozetič, Ein unzeitgemäßer Soziologe: L. G., in: KZfSS 37, 1985; E. Brix (Hg.), L. G. oder die Ges. als Natur, 1986.

Gurvitch, Georges, 2. 11. 1894 Noworossijsk (Rußland) – 12. 12. 1965 Paris. Studium in St. Petersburg, Heidelberg u. Paris, 1918 Examen in Petersburg, 1919 Dozent Tomsk, 1921–24 Univ. Prag, 1932 Habil. Paris, 1934–35 a. o. Prof. Univ. Bordeaux, 1935–40 o. Prof. in Straßburg, 1940–45 in den USA, 1948 Univ. Paris, Studiendir. der Ecole Pratique des Hautes Etudes. – Vertreter einer dialekt. soziol. Theorie, die von der Grundhypothese ausgeht, daß – entgegen positivist.-empirist. oder formal-soziol. Ansätzen – die konstruierte wiss. Erfahrung genauso wie die alltägl. Erfahrung eine sozial vermittelte sei. G.s »Hyperempirismus« betont, daß soziol. Theorie wohl von der Erfahrung ausgehen müsse. Sie habe sich aber der Tatsache bewußt zu sein, daß durch die mit ihr erreichte Aufklärung über das ges. Sein immer erneut die sozialen Bezugsgrundlagen zerstört (bzw. verändert) werden, von denen Theorie empir. ausgeht. Dialekt. Soziol. hätte darum nicht etwa die Entfaltungsgesetze eines monolith. Systems zu entdecken, sondern ihre Bestimmung bestehe daraus, jeden Dogmatismus unmöglich zu machen.

Schr.: Morale théorique et Science des moeurs, [2]1948 (1937) (dt.: Grundzüge der Soziol. des Rechts, 1960); Sociology of Law, New York 1942; mit W. E. Moore: Twentieth Century Sociology, New York 1946; La Vocation actuelle de la Sociologie, [2]1957 (1950); Soziol. des Wissens, (in: G. Eisermann, Hg., Die Lehre von der Ges., [2]1969, 1958); Dialectique et sociologie, 1962 (dt.: Dialektik u. Soziologie, 1965).

M. Henze, G. u. die soz. Realität, 1976.

Guttman, Louis *10. 2. 1916 Brooklyn/New York, 1942 Ph. D. Univ. of Minnesota, Minneapolis, seit 1955 Prof. Univ. Jerusalem. Hauptarbeitsgebiete: Psychometrie, Soziometrie, Skalierungsverfahren. Aus vielseitiger Erfahrung mit empir. Studien gelangt er zu einer Kritik der Konstruktion der F-Skala (→Autoritäre Persönlichkeit). Er bemüht sich um die Erforschung der psychol., method. u. theoret. Implikationen bei der Skalenbildung u. erstellt hierzu ein Prüfmodell.

Schr.: A Study of Psychoneurotics in the Army, 1944; A new Approach to the Analysis of the Structure of Abilities, 1953 (hebr.); Mathematical Thinking in the Social Sciences, 1954; What ist not what in Statistics, Berlin 1976; What ist not what in Theory Construction, Berlin 1977; Factor Analysis is but is not Image Analysis, Berlin 1977; The Green-Mc Donald Proof of the Nonexistence of Factor Analysis, Berlin 1977.

Guttman-Methode, von L. →Guttman entwickeltes Skalierungsverfahren zur Erforschung von Einstellungen zu bestimmten Ereignissen, sozialen Gebilden oder Handlungsabläufen. Die G.-M. strebt die Erarbeitung einer Einstellungs-Meßskala an, die sich nur aus sog. »monotonen« Fragen zusammensetzt, welche die Eigenschaft haben, die Gesamtheit der Befragten möglichst »eindimensional« d. h. nach einem Faktor (z. B. Alter, Körpergröße, Berufsposition, Geschlecht), in zustimmende u. ablehnende Antwortgeber aufzuteilen. Die G.-M. wird auch als Skalogramm-Analyse bezeichnet.

Guyau, Jean Marie, 28. 10. 1854
Laval – 31. 3. 1888 Mentone, promovierte mit 17 Jahren, lehrte am
Lycée Condorcet in Paris Philos. –
Als Vertreter des philos. Evolutionismus u. des ekstat. Vitalismus interpretierte G. alle, auch die ges. Erscheinungen (einschließl. Ethik,
Rel. u. Ästhetik) als Ausdruck eines
universellen Lebensdranges. Moralität ist das Leben selbst u. dessen
größtmögl. Entfaltung als Ziel der
Natur zugleich Moralgesetz. Die
Individuen sind durch Sympathie-
gefühle miteinander verbunden u.
entfalten sich nur durch das Leben
in der Gemeinschaft. Isolierung u.
Egoismus sind dagegen unsittlich.
Rel. ist das Gefühl der Gemeinschaft des Menschen mit der lebendigen Welt. Die Solidarität mit allen
Lebewesen wird auch in Zukunft
das Ideal der Menschheit bleiben.
Soziolog. ist bes. bedeutsam, daß
sich G. bereits vor Durkheim (eher
positiv) mit dem Problem der
→Anomie auseinandergesetzt hat.

Schr.: La Morale d'Epicure, 1878; La Morale
anglaise contemporaine, 1879; Les Problèmes
de l'esthétique contemporaine, 1884; Esquisse
d'une morale sans obligation ni sanction,
1885, dt. 1909; L'irreligion de l'avenir, 1887,
dt. 1910; Education et hérédité, 1889, dt. 1913;
L'art en point de vue sociologique, 1889, dt.
1911; La genèse de l'idee de temps, ³1923;
Philos. Werke in Ausw., dt. v. E. Bergmann, 6
Bde., 1912–14.
J. M. Zitron, G.s Moral- u. Rel.sphilos: 1908;
E. Bergmann, Die Philos. G.s, 1912; H. Pfeil, J.
M. G. u. die Philos. des Lebens, 1928; I. Wal-
ther-Pulk, Materialien zu Philos. u. Ästhetik J.
M. G.s, 1965; M. Orru, The ethics of anomie,
in: The British Journal of Sociology 34, 1983.

Habermas, Jürgen, *18. 6. 1929
Düsseldorf, 1954 Prom. Bonn, 1961
Habil. Marburg, 1961 a. o. Prof. f.
Phil. Univ. Heidelberg, 1964 o. Prof.
f. Phil. u. Soziol. Univ. Frankfurt/M.,

seit 1967 mehrere Gastprofessuren
in USA u. am Collège de France
(Paris), 1971–80 Dir. Max-Planck-
Inst. zur Erforschg. der Lebensbedingungen der wiss.-techn. Welt,
Starnberg, 1980–81 Dir. Max-
Planck-Inst. f. Soz.wiss.en, Starn-
berg, seit 1983 Prof. f. Phil. Univ.
Frankfurt/M., zahlr. Preise (u. a. He-
gel-Preis der Stadt Stuttgart, Ador-
no-Preis der Stadt Frankfurt, Ge-
schwister-Scholl-Preis der Stadt
München) u. Ehrungen, Dr. h. c. der
New School for Social Research
New York, der Univ. en Jerusalem,
Buenos Aires, Hamburg, Utrecht u.
der North-Western-Univ., Evan-
ston/Ill., Mitgl. wiss. Institutionen
im In- u. Ausland.
H. gilt als führender Vertreter der
zweiten Generation der Krit.
Theorie bzw. Frankfurter Schule.
In Beiträgen zur Logik der
Soz.wiss.en setzt er sich mit empirist. u. systemfunktionalist. Ansätzen auseinander u. betont die hermeneut. Dimension der
Forschg.spraxis. In seiner »Theorie
des kommunikativen Handelns«
entwickelt H. eine zeitdiagnost.
empfindl. Ges.theorie, die den
ambivalenten Charakter der ges.
Modernisierung herausarbeitet.
Philos. ist. H. mit Arbeiten zur
Sprachtheorie u. zu einer sprach-
theoret. Erneuerung der Kanti-
schen Ethik hervorgetreten. Dieser
diskurseth. Ansatz wird in Untersuchungen zur Demokratie- u.
Rechtstheorie weiterentwickelt.

Schr.: Student u. Pol. (mit L. v. Friedeburg u.
a.), 1961; Strukturwandel der Öffentlichkeit,
⁶1974 (1962); Theorie u. Praxis, ⁴1971 (1963);
Technik u. Wiss. als Ideologie, ⁶1973 (1968);
Erkenntnis u. Interesse, ²1973 (1968); Protestbewegung u. Hochschulreform, ³1971 (1969);
Zur Logik der Soz.wiss.en, ⁵1982 (1970);
Phil.-polit. Profile, ³1981 (1971); Theorie der
Ges. oder Soz.technologie (mit N. Luhmann),
⁴1974 (1971); Kultur u. Kritik, 1973; Legitimationsprobleme im Spätkapitalismus, 1973;
Zur Rekonstruktion des Hist. Materialismus,
1976; Pol., Kunst, Rel., 1978; (Hg.) Stichworte

zur »Geistigen Situation der Zeit«, 2 Bde., 1979; Kleine Polit. Schriften, 1981; Theorie des kommunikativen Handelns, 2 Bde., 1981; Moralbewußtsein u. kommunikatives Handeln, 1983; (Hg.) Adorno-Konferenz 1983 (mit L. v. Friedeburg), 1983; Vorstudien u. Ergänzungen zur Theorie des kommunikativen Handelns, 1984; (Hg.) Soz. Interaktion u. soz. Verstehen (mit W. Edelstein), 1984; Der philos. Diskurs der Moderne, 1985; Die Neue Unübersichtlichkeit, 1985; Eine Art Schadensabwicklung, 1987; Nachmetaphysisches Denken, 1988; Die nachholende Revolution, 1989; Die Moderne – ein unvollendetes Projekt, 1990. – Zahlr. Übersetzungen ins Engl.
T. A. McCarthy, The Critical Theory of. J.H., Cambridge/Mass. u. London 1978, dt.: Kritik der Verständigungsverhältnisse, 1989 (1980); H. Gripp, J. H., 1984; R. J. Bernstein (Hg.), H. and Modernity, Cambridge u. Oxford 1985; A. Honneth u. H. Joas (Hg.), Kommunikatives Handeln, 1986; K. Bauer, Der Denkweg von J. H. zur Theorie des kommunikativen Handelns, 1987; G. Kiss, Paradigmawechsel in der Krit. Theorie: J. H.' intersubjektiver Ansatz, 1987; D. Horster, H. zur Einf., 1988 (1980); A. Honneth u. a. (Hg.), Z.w.betrachtungen. J. H. zum 60. Geb., 1989; W. Reese-Schäfer, J. H., ²1994 (1991); N. Balkenhol, »Kommunikative Rationalität« u. polit. Institutionen in der krit. Ges.slehre v. J. H., 1991; S. Dietz, Lebenswelt u. System, 1993.

Habitualisierung, Bez. für den Prozeß, durch den best. Handlungs- u. Verhaltensweisen zur Gewohnheit werden.

Habitus (lat.), »Aussehen«, »Haltung«, im soziol. Sinne (entspr. der Alltagssprache) Bezeichnung für die Gesamtheit im Aussehen, Kleidung, Gestik, Mimik, Sprache usw. zum Ausdruck kommenden Besonderheiten des persönl. Verhaltensstils, von denen auf Einstellungen, soziale Prägungen u. Bereitschaften, d. h. auf die Persönlichkeit eines Menschen geschlossen werden kann.

P. Bourdieu, Le sens pratique, Paris 1980, dt.: Soz. Sinn, 1987; C. Bohn, H. u. Kontext, 1990.

Hackordnung, auch Beißordnung, Begattungsordnung, von Tierverhaltensforschern auf dem Hühnerhof beobachtete »Rangordnung« unter Hühnern, nach der

entschieden wird, welche Henne welche anderen Hennen hacken kann u. von welchen anderen Hennen sie sich hacken lassen muß. Die H. läßt eine gewisse Hierarchie der Hackverhältnisse unter den Hennen erkennen. Ähnliche Erscheinungen konnten bei anderen Tierarten als »Beißordnung«, »Platzrangordnung« oder »Begattungsordnung« festgestellt werden.

G. Tembrock, Verhaltensforschg. Eine Einführung in die Tier-Ethologie, 1961.

Häufigkeitsverteilung, statist. Bezeichnung für die (mathemat. u. graph.) Darstellung größerer Zahlenmassen nach der Häufigkeit bestimmter Merkmale, nach denen sich das gezählte Material differenzieren läßt. In den Sozialwiss.en interessiert die H. als Ausweis der Gruppierung gezählter Merkmale um häufiger oder seltener besetzte Werte. Mit versch. statist. Meßzahlen (Durchschnitt oder arithmet. Mittel, Modus oder häufigster Wert, Median oder Mittelwert, Streuung) können die spezif. Eigenschaften einer H. angegeben werden.

Halbierungsverfahren →split-half-Verfahren

Halbwachs, Maurice, 11. 3. 1877 Reims – 16. 3. 1945 KZ Buchenwald, Philosophiestudium, Schüler von H. Bergson, Lehrer am Lycée in Reims u. Tours, studierte dann Ökonomie, Recht u. Mathematik, wandte sich der Soziol. zu, von E. Durkheim u. F. Simiand beeinflußt, 1909 Habil., 1919 Lehrstuhl in Caen, 1919–35 Lehre in Straßburg u. an der Sorbonne, 1930 Gastprof. in Chicago, 1938 Präs. der Acad. des Sciences morales et politiques, 1944 Prof. für Sozialpsychol. am

Halo effect

Collège de France, kurz darauf verhaftet.
H. zählt zu den bedeutendsten franz. Soziologen u. war statist., philos. u. psychol. orientiert. Die Bedürfnisse u. das Bewußtsein bildeten Hauptprobleme seiner Forschung. Gestützt auf Statistiken, untersuchte er die Hierarchie der Bedürfnisse u. Ausgaben in Arbeiterhaushalten. Er stellte fest, daß Konsumausgaben von sozialen Gegebenheiten abhängen; z. B. gaben Arbeiter im Durchschnitt weniger für die Wohnung aus als Angestellte mit gleichem Einkommen. Er wies auf die verhaltensprägende Kraft der sozialen Klassen hin. Das Bewußtsein des einzelnen ist nach H. im Sozialen verankert u. somit sozial organisiert. Das Gedächtnis des Menschen ist von ges. Bezügen abhängig. Der einzelne wäre ohne diese sozialen Stützen nur ein »Chaos«.

Schr.: La Classe ouvrière et les niveaux de vie, 1913; Les origines du sentiment religieux d'après Durkheim, 1924; Les cadres sociaux de la mémoire, 1925 (dt.: Das Gedächtnis u. seine soz. Bedingungen, 1966); Les causes du suicide, 1930; L'évolution des besoins dans les classes ouvrières, 1933; L'espèce humaine. Le point de vue du nombre, 1936; Morphologie sociale, [2]1946 (1938); La Mémoire collective, 1950.
G. Friedmann, M. H. 1877–1977, in: KZfSS 30, 1978.

Halo effect (engl.), Hofeffekt, →Ausstrahlungseffekt

Handel, im wirtschaftstheoret.

Sinne die auf die Vermittlung zwischen Produktion u. Konsumtion von materiellen Gütern oder persönl. Dienstleistungen gerichtete Tätigkeit. Voraussetzung für den H. ist die Arbeitsteilung. Als »tertäre« Wirtschaftsstufe, bes. herausgebildet in entwickelten Industriegesellschaften, wird der H., zusammen mit den wirtschaftl. Trans-

port- u. Dienstleistungen, von der »primären« Urproduktion u. Landwirtschaft u. der »sekundären« verarbeitenden Industrie abgehoben.

Handeln, in der Soziol. seit M.

→Weber vorrangig jene Formen des menschl. Verhaltens, die als äußeres oder innerl. Tun, Unterlassen oder Dulden mit einem subjektiven Sinn des H.den (Aktor) verbunden sind. Soz. H. ist sinnhaft auf das Verhalten anderer Personen bezogen. Die Grenze zw. dem durch soziokult. Werte, soz. Normen u. Rollen kanalisierten, subjektiv sinn-, zweck- u. zielorientierten H. einerseits u. dem bloß reaktiven Verhalten ist fließend. Nach M. Weber kann idealtyp. zw. dem zweckrational, wertrational, affektuell u. traditional bestimmten (soz.) H. unterschieden werden. Das gegenseitig sinnhaft aufeinander bezogene H. von Personen oder Gruppen u. Organisationen (Handlungsaggregate) kann als soz. Beziehung oder soz. Struktur analysiert werden. Zur theoret. Analyse der soziokult. Orientierungen des H.s hat T. →Parsons das Typisierungsschema der →Pattern variables entwickelt. →Handlungstheorie.

M. Weber, Wirtschaft u. Ges., [5]1980 (1921); A. Schütz, Der sinnhafte Aufbau der soz. Welt, [2]1960 (1932); E. Konau, Raum u. soz. Handeln, 1977; M. v. Cranach u. a., Zielgerichtetes H., 1980; U. Gaier, System des H.s, 1986; H. Haferkamp, Soz. H., 1991; H. Joas, Die Kreativität des H.s, 1992.

Handlungsforschung →Action Research, →Aktionsforschung

Handlungskompetenz (lat.), Fähigkeit des sozialisierten Individuums, in verschiedenen Situationen mit erfolgreicher kognitiver Realitätserfahrung soz.-normativ angemessen handeln zu können.

Im →Symbolischen Interaktionismus bezieht sich H. auf einen Erklärungsansatz für Handlungsstrategien und Legitimierungen von Handlungssituationen. Das Konzept der H. unterscheidet in Basisregeln – gemeinsames Interpretationsschema, das auf dem sozial gespeicherten Wissen der Handelnden beruht – und allgemeinen normativen Regeln.

H. ist ein vorrangig gewordenes Ziel der Sozialisation in der mod. Ges., die dem Individuum ein hohes Maß an Selbstregulierungsfähigkeit u. aktiver Lebensbewältigung abverlangt.

Arbeitsgruppe Bielefelder Soziologen (Hg.), Alltagswissen, Interaktion und gesellschaftliche Wirklichkeit, 1, 1973; S. Müller u. a. (Hg.), H. in der Soz.arbeit/Soz.pädagogik, 2 Bde., 1982–84.

Handlungssystem (engl. system of action), in der Strukturell-funktionalen Theorie v. T. →Parsons Bezeichnung für eine vielschichtig strukturierte Gesamtheit v. Handlungsorientierungen einer Mehrzahl v. Personen, die wechselseitig aufeinander einwirken. Das H. ermöglicht zur Entlastung der einzelnen Handelnden (Aktor, engl. actor) u. zur Stabilisierung des ges. Zus.lebens ein geregeltes, koordiniertes Handeln. Rein theoret.-analyt. setzt sich das H. aus drei Subsystemen zus.: Persönlichkeitssystem (indiv. Motivationen), kulturelles (Symbole u. Werte) u. soziales System (soz. Rollen). Mitunter wurde der Organismus als viertes Subsystem berücksichtigt. Durch die Prozesse der Internalisierung, Sozialisation u. Institutionalisierung sind diese Subsysteme zum H. integriert bzw. verflochten, das insgesamt das Handeln des Aktors steuert.

H. Wenzel, Die Ordnung des Handelns, 1991.

Handlungstheorie, zus.fassende Bezeichnung für eine Mehrzahl sozialwiss. Theorieansätze (Ethnomethodologie, Phänomenolog., Soziol., Symbol. Interaktionismus, Verstehende Soziol., z. T. Strukturell-funktionale Theorie), die von sinnorientierten, zielgerichtet-aktiven Handeln des sozialisierten Menschen ausgehen. Dieser wird primär nicht als Systemelement oder als ein sich reflexartig-gesetzmäßig verhaltender Organismus gesehen, sondern als eine Persönlichkeit, die mittels gemeinsamer symbol. Orientierungssysteme mit anderen interagiert. Da naturwiss., objektivierende Forschungstechniken der Eigenart des Handelns nicht gerecht werden, sind angemessene Methoden des Verstehens u. der Interpretation erforderlich. Jede sozial. Theorie sozialen H.s geht davon aus, daß Handeln nicht zufällig erfolgt u. nicht allein als das Ergebnis der in der psychosomat. Einheit des Menschen liegenden Kräfte gedeutet werden kann. Das Handeln wird vielmehr in erster Linie als Äußerung, Objektivation vergesellschafteter Menschen betrachtet, d. h. determiniert durch die sozialen Verhältnisse, durch die Elemente der sozialen Ordnung (wie Institutionen, Traditionen, Organisationen), mit denen u. in denen der Mensch zu leben hat u. durch die der Mensch überhaupt zum Menschen (im Sinne eines sozialen Wesens) geworden ist (→Sozialisation). Soziol. Theorie des sozialen H.s muß berücksichtigen, daß selbst die von den ges. determinierten Menschen vorgefundene Struktur der materiellen Umwelt immer auch eine schon ges. präformierte ist, d. h. eine bearbeitete, nach Ziel- u. Wertvorstellungen vergangener Generationen vorgeformte u. durch Handeln da-

Handlungstheorie

mit nur in bestimmter Weise veränder- u. entwickelbare.

Die Entwicklung der soziol. H. ist auf versch. Wegen erfolgt. Eine objektivist.-materialist. (marxist.) Richtung bemühte sich um den Aufweis der Determiniertung sozialen Handelns durch die Stellung der Menschen im ges. Produktionsprozeß u. seinen gesch. spezif. Entwicklungsstufen. Idealist. orientierten Theoretikern (z. B. E. Durkheim) ging es vor allem um eine deutl. Abgrenzung soziol. von psycholog. H. Mit dem Begriff des Kollektivbewußtseins wurde eine immaterielle »soziol. Tatsache« als ein für individuelles menschl. Handeln »äußerlich« bestimmender, zwingender Verursachungsfaktor postuliert. Eine noch stark individualist.-idealist. Version (Max Weber) versuchte, die »Regelmäßigkeit« des Handelns zw. »subjektiv sinnhaft« handelnden Personen als »regelmäßiges« Ergebnis der kulturellen Vorgaben (Brauch, Sitte, Konvention, Recht usw.) u. Erwartungsmuster zu deuten. Die Strukturell-funktionale Theorie (T. Parsons) schließlich analysierte die Ges. als »soziale Struktur« von Handlungen, die als eine Reihe von verhältnismäßig stabilen Beziehungsmustern zwischen »Handlungseinheiten« betrachtet wurden. Hierbei interessierten als theoret. »Einheit« solcher Strukturen von sozialen Handlungssystemen nicht handelnde Menschen als individuelle Ganzheiten, sondern ledigl. Handelnde in ihrer Eigenschaft als Träger von sozialen Rollen. Im Zuge dieser theoret. Trennung u. Gegenüberstellung von Ges. als Gebilde sui generis u. der Gesamtheit sozial handelnder Menschen verlagerte sich der Schwerpunkt soziol. Problemstellungen: Nicht mehr nach den verursachenden Faktoren

(subjektiven Sinngebungen oder materiell-phys. Determinierungen) des sozialen Handelns, sondern in erster Linie nach den Prozessen wird gefragt, durch die bestehende soz. Normen- u. Rollenstrukturen den zum spezif. Handeln verpflichteten Menschen verinnerlicht werden, damit individuelle Motivation u. ges. Erwartungen u. Muster integrativ übereinstimmen.

Zunehmende Beachtung haben die auf A. Schütz zurückgehenden, phänomenol. beeinflußten handlungstheoret. Ansätze (Phänomenol. Soziol., Ethnomethodologie) gefunden, die Handeln als sinnhafte, bewußt-planmäßige u. intersubjektive (Mitmenschen einbeziehende) Aktivität im Rahmen alltägl. Lebenswelt interpretieren.

In Überschneidung mit dem Verhaltensbegriff wird in der →Verhaltenstheoret. Soziol. Handeln in reduktionist. Weise lerntheoret. u. mit ökonom. Kategorien erklärt. Unter Einschränkung oder sogar Ausblendung mannigfaltiger, dem gesch. Wandel unterworfener soziokult. Bestimmungsgründe des Handelns gehen neuere, dem →methodolog. Individualismus verpflichtete Theorieansätze verstärkt von dem Versuch aus, mit Hilfe ökonom. u. spieltheoret. Annahmen u. Modelle Handeln als individualist.-rationalen, nutzenorientierten Entscheidungsprozeß zu erklären. Solche ökonom., rationalen u. nutzentheoret. Ansätze rechtfertigen in normierender Weise die fortschreitende Tendenz zum Individualismus u. zum egozentrierten Handeln in der mod. Ges.

M. Weber, Wirtschaft u. Ges., [5]1980 (1921); A. Schütz, Der sinnhafte Aufbau der soz. Welt, [2]1960 (1932); T. Parsons, The Structure of Social Action, Glencoe [2]1961 (1937); ders., The Social System, Glencoe 1951; G. C. Homans,

Elementarformen soz. Verhaltens,[2]1972 (1968, amerik. 1961); E. Durkheim, Regeln der soziol. Methode, hg. v. R. König, [3]1970; E. Schwanenberg, Soz. H. – Die Theorie u. ihr Problem, 1970; H. Haferkamp, Soziol. als Handlungstheorie, [3]1976 (1972); H. Lenk (Hg.), Handlungstheorien – interdisziplinär, 4 Bde. u. 2 Halbbde., 1977 ff.; W. Schluchter (Hg.), Verhalten, H. u. System, 1979; F. Ronneberger u. a. (Hg.), Autonomes H., 1980; W. M. Sprondel u. C. Seyfarth (Hg.), M. Weber u. die Rationalisierung soz. H.s, 1980; R. Münch, Theorie des Handelns, 1982; A. Giddens, Interpretative Soziol., 1984; T. Parsons, Aktor, Situation u. normative Muster, 1986; F. H. Tenbruck, Gesch. u. Ges., 1986; F. Heuberger, Problemlösendes Handeln, 1991; B. Miebach, Soziol. H., 1991; T. Luckmann, Theorie des soz. Handelns, 1992.

Handwerk, eine in der Regel kleinbetriebl. organisierte Produktionsweise, bei der trotz mehr oder weniger ausgeprägter Verwendung von Maschinen u. Werkzeugen die Qualität der menschl. Arbeitsleistung den Vorrang hat. Im H. überwiegt u. bestimmt (trotz Arbeitsteilung) der organ.-ganzheitl. Werkcharakter der Arbeit Leistung u. Qualitäten. Die soziale Organisation der H.betriebe ist nach wie vor entscheidend geprägt durch die berufsständ. normierte Ausbildungsfolge Lehrling (Auszubildender)-Geselle-Meister, die gleichzeitig das Positionsgefüge der berufl. Autoritätsstruktur darstellt. Über den Meister gilt, daß er den gesamten Leistungsvorgang seines H.s beherrscht u. im Rahmen aller Stadien des Arbeitsvollzuges seine Kenntnisse u. Fertigkeiten weitervermittelt. Die Entwicklung der letzten Jahrzehnte zeigt, daß neue Technologien dem H. neue Grenzbereiche der industriellen Produktion erschlossen haben. Im Zeitalter der Massenfertigung sind dem H. wichtige Aufgaben kleinbetriebl.-individueller Spezialfertigung sowie Funktionen der Reparatur, Instandhaltung u. Pflege zugewach-

sen, die den Verlust vieler traditioneller H.funktionen mehr als ausgeglichen haben.

Kurzgef. Gesch. des H. in Dtl., [4]1963; F. Sack, Integration u. Anpassung in der industriell. Ges., 1966: W. Abel u. a., Das H. in der mod. Wirtschaft u. Ges., 1966; G. Stütz (Hg.), Das H. als Leitbild in d. dt. Berufserziehung, 1969; U. Engelhardt (Hg.), H.er in der Industrialisierung, 1984; P. Schnitker (Hg.), Der goldene Boden, [2]1987; F. Lenger, Soz.gesch. der dt. H.er seit 1800, 1988; D. Georges, 1810/11 – 1993: H. u. Interessenpolitik, 1993.

Happening (engl.), »Schauspiel«, »Ereignis«, der Versuch polit. Protestbewegungen, dann, wenn polit. Argumente u. Diskussion wirkungslos bleiben, mit ungewöhnl., originellen Mitteln u. aufreizenden Methoden eine Bewußtseinsänderung der Bürger zu erreichen. Als Schocktherapie gegenüber einer von Autoritäten manipulierten und darum ihrer eigenen Lage nicht mehr bewußten Bevölkerung soll das H. auf bestimmte Mißstände, gefährl. Entwicklungstendenzen u. konstruktive Alternativen aufmerksam machen.

W. Hollstein, Der Untergrund, 1969; W. Nöth, Strukturen des H., 1972.

Harmonie (griech., lat.), »Fügung«, Übereinstimmung, Eintracht, im allg. Sinne eine Strukturform, die einen inneren Zusammenhang, ein notwendiges Zueinandergehören des Verschiedenen, Widersprüchlichen u. nur scheinbar Gegensätzlichen erkennen läßt. Als sozialer Zustand das Gegenteil von Konflikt, gleichbedeutend mit Integration (→Gleichgewichtsmodell). Nach grundlegenden sozioökonom. Annahmen ist H. dann gegeben, wenn durch individuelle Entscheidung u. Verhalten eines Menschen gleichzeitig sich die Situation anderer verbessert, ohne daß Dritte Schaden oder Einbußen an sozialen Chancen u. Besitzstand erleiden. Auf diese Weise kann individuelles, selbstinteresse-orientiertes Handeln zu einem harmon.sozialen Optimum, d. h. zu einem Übereinstimmen von persönl. u. ges. Interessen führen.

J. Pen, Harmony and Conflict in Modern Society, London 1966.

Hartfiel, Günter, 4. 8. 1931 Berlin – 10. 1. 1977 Albshausen b. Marburg, 1960 Dr. rer. pol. u. 1968 Habil. FU Berlin, 1961–70 Doz. an Sozial-, Wirtschafts- u. Verwaltgs.akademien, 1966–70 Prof. für Soziol. PH Berlin, 1970–73 o. Prof. für Soziol. Univ. Würzburg, ab 1973 Mitgl. des Vorstands u. Hg. des Mitteilungsblatts der DGS, 1973–76 GH Kassel, 1976 Fernuniv. Hagen.

Ausgehend v. der Sozialökonomie u. empir. Forschg. hat sich H. im Gegensatz zu Tendenzen der »Entmenschlichung« in den modernen sozialwiss.en Theorien unter Berücksichtigung verschiedener theoret. Ansätze in interdisziplinärer, krit.-engagierter Weise insb. mit wirtschafts-, berufs- u. bildungssoziol. Problemen auseinandergesetzt.

Schr.: Angestellte u. Arbeiter in der Betriebspyramide (mit anderen), 1959; Angestellte u. Angestelltengewerkschaft in Dtl., 1961; Beamte u. Angestellte in der Verwaltungspyramide, 1964; Wirtschaftl. u. soz. Rationalität, 1968; (Hg.) Die autoritäre Ges., ³1972; Wb. der Soziol., ²1976 (1972); (Hg.) Bildung u. Erziehung in der Industrieges. (mit K. Holm), 1973; (Hg.) Emanzipation, 1975; (Hg.), Das Leistungsprinzip, 1977; (Hg.), Soziol. der Erziehung (mit L. Kißler), 1977; Soz. Schichtung, hg. v. U. Schwartz, ²1981 (1978).

Hartmann, Heinz, *12. 2. 1930 Köln, 1953 M. A. Chicago, 1957 Ph. D., Lecturer u. dann Ass. Prof. Univ. Princeton, 1962 Priv.doz. Univ. Münster, seit 1964 o. Prof. f. Soziol. ebd., 1964–69 wiss. Dir. der Soz.forschgs.stelle Dortmund, 1962–87 Hg. der Zs. »Soz. Welt«, 1977 Gründer u. bis 1989 Mit-Hg. der Zs. »Soziol. Revue«, seit 1992 Mithg. der Zs. management-revue, Gastprof. in Hamburg, Berlin, Breslau/Wroclaw, Wien, London, New York, St. Louis. – Arbeiten über betriebssoziol. Probleme, insb. des Unternehmertums u. der lt. Angestellten sowie über Fragen der betriebl. Sozialisation (Weiterbildung, Wirkungsforschg.), ferner zur mod. soziol. Theorie u. empir. Sozialforschg. sowie zu Problemen der Wiss.systems u. der Verwendung sozialwiss. Ergebnisse.

Schr.: Education for Business Leadership, 1955 (franz. 1955, dt.: Unternehmer-Ausbildung, 1958); Authority and Organization in German Management, Princeton ²1970 (1959), dt.: Der dt. Unternehmer: Autorität u. Organisation, 1968; Amerik. Firmen in Dtl., 1963; Funktionale Autorität, 1964; Univ. u. Unternehmer (mit H. Wienold), 1967; Die Unternehmerin: Selbstverständnis u. soz. Rolle (mit G. Eberlein u. S. Unterfichter), 1968; Empir. Soz.forschg., ²1972 (1970, niederl. 1973); Organisation der Soz.forschg., 1971; (Hg.) Mod. amerik. Soziol., ²1973 (1967); Leitende Angestellte: Selbstverständnis u. kollektive Forderungen (mit E. Bock-Rosenthal u. E. Helmer), 1973; Herausforderungen an das dt. Management, 1974; Soziol. der Personalarbeit (mit P. Meyer), 1980; Trade Unions, National Politics, and Economie Management: A Comparative Study of the TUC and the DGB (mit anderen), London 1980; Betriebssoziol., in: Hdwb. der Wirtschaftswiss.en, Bd. 9, hg. v. W. Albers u. a., 1981; Kritik in der Wiss.spraxis (mit E. Dübbers), 1984; (Hg.) Entzauberte Wiss.: Zur Relativität u. Geltung soziol. Forschg. (mit W. Bonss), 1985; Soz.reportagen u. Ges.bild, in: H.-G. Soeffner (Hg.), Kultur u. Alltag, 1988; Mängel im soziol. Lehrangebot, in: I. N. Sommerkorn (Hg.), Lehren u. Lernen in der Soziol. heute, 1990; Für alles gerüstet? Die dt. Vereinigung als Herausforderung für die Soziol., in: B. Giesen u. C. Leggewie (Hg.), Experiment Vereinigung, 1991.

Haushalt, die »häusl.«, d. h. »innere« Wirtschaftsgemeinschaft einer Familie, eines Familienverbandes, einer sonstigen Lebensgemeinschaft oder das wirtschaftl. System der Einnahmen u. Ausgaben bzw. der betr. wirtschaftl. Entscheidungen einer verbandl., kommunalen, staatl. Einheit. Die Kategorie H. bedeutet in jedem Falle, daß wirtschaftl. Entscheidungen über die Beschaffung (Einkommen) u. Verwendung (Konsum) von Mitteln nicht individuell, sondern im Zus.hang mit u. in teilweiser oder völliger Abhängigkeit von der Bedarfslage u. den gemeinsamen Vorstellungen u. Zielen der Mitglieder des betr. sozialen Gebildes erfolgen. Im Zuge der Entwicklung zur mod. Industriestaa. u. zu marktwirtschaftl. Strukturverhältnissen haben die autonomen, marktunabhängigen, agrar. fundierten H.e der in einer sozialen Einheit sowohl produzierenden als auch konsumierenden Familien an Bedeutung verloren. Die H.abhängigkeit des privaten Wirtschaftsmenschen reduzierte sich auf gemeinsame Probleme des Wohnens, des längerfristigen u. (z. T.) des alltägl. Konsums. Die h.mäßige gemeinsame Bewirtschaftung der aus individuellen Einkommen zusammenfließenden Mittel ist eng verbunden mit der innerfamiliären Rollenverteilung (Arbeit u. Beruf, Hauswirtschaft, Ausbildung) auf die Geschlechter u. Generationen. H.entscheidungen sind ihrerseits wiederum abhängig vom kulturellen u. soz. Milieu (→Schichtung), das dem H. die Normen u. Verhaltensmuster für die Lebenshaltung seiner Mitglieder wie für den gemeinsamen Lebenszusammenhang vermittelt. Durch Geburtenrückgang, urbane Lebensformen, Individualisierung u. häufigere Ehescheidungen ist die durchschnittl. Personenzahl der H.e stark zurückgegangen.

Die immer größer gewordene Abhängigkeit des einzelnen Menschen u. seiner privaten Sozialgebilde von gesamtges. Struktur- u. Entwicklungsbedingungen hat mit dem Sozialstaat den Staatsh. u. die ihn betr. Entscheidungen zum fundamentalen polit. Ansatzpunkt für die zukünftige Erhaltung u. Erweiterung der individuellen u. sozialen Lebensverhältnisse werden lassen. Die Organisation der Mitentscheidung u. Kontrolle über die H.e der versch. Betriebe, Verbände, Anstalten, Institutionen, denen der einzelne Bürger in mod. Ges. en angehört bzw. angehören muß, hat sich als zentrales Problem jeder Demokratisierung erwiesen.

E. Egner, Der H., Eine Darstellung seiner volkswirtschaftl. Gestalt, 1952; ders., Studien über H. u. Verbrauch, 1963; H. Pross u. v. Schweitzer, Die Familienh.e im wirtschaftl. u. soz. Wandel, 1976; B. Tschammer-Osten, H.swiss., 1979; R. M. Emge, Soziol. des Familienh., ²1981 (1973); H. Rapin (Hg.), Der priv. H., 1990; W. Glatzer u. a., H.stechnisierung u. ges. Arbeitsteilung, 1991; G. Lorenz, Lebensverhältnisse priv. H.e in europ. Ländern, 1991; S. Bödeker, H.sführung in einem soz. Brennpunkt, 1992; S. Gräbe (Hg.), Der priv. H. im wiss. Diskurs, 1992; H. P. Galler u. N. Ott (Hg.), Empir. H.sforschg., 1993.

Hawthorne-Effekt, Bez. für die in der experimentellen oder empir.-analyt. Forschg. auftretende Erscheinung, daß Versuchspersonen, die um diese ihre Rolle wissen, anders handeln oder reagieren als in »normalen« sozialen Verhältnissen. Erstmals system. in den →Hawthorne-Experimenten untersucht.

Hawthorne-Experimente, Bezeichnung für eine »klass.« Studie der Betriebssoziol., die von E. →Mayo Ende der 20er Jahre in den amerikan. Hawthorne-Werken (Elektroindustrie) durchgeführt wurde. Mit dieser wurde erstmals nachgewiesen, daß die Arbeitsleistung u. Arbeitszufriedenheit der Beschäftigten nicht nur durch indiv. Lohnzufriedenheit (F. W. →Taylor) u. physiolog. bedeutsame Arbeitsbedingungen, sondern auch durch die Struktur der sozialen (formalen u. informalen) Organisation des Betriebes bestimmt wird.

E. Walter-Busch, Das Auge der Firma, 1989.

Hayek, Friedrich August von, Wirtschaftswissenschaftl. u. Soz.-philosoph, 8. 5. 1899 Wien – 23. 3. 1992 Freiburg/Brsg., 1923 Dr. rer. pol. Univ. Wien, 1927–31 Dir. des von ihm gegründeten Österr. Inst. für Konjunkturforschg., 1929 Habil. Wien, 1931 Prof. für Polit. Ökonomie an der London School of Economics, 1938 brit. Staatsbürgerschaft, 1947 Mitbegründer der Mont Pèlerin Society (Vereinigung führender liberaler Persönlichkeiten), 1950 Prof. für Moral and Social Thought Univ. Chicago, 1962 Univ. Freiburg/Brsg., 1968 em., danach zahlr. Gastprofessuren, u. a. 1969–77 Salzburg, 1974 Nobelpreis für Wirtschaftswiss.en (zus. mit G. Myrdal), 1977 dt. Orden »Pour le Mérite«, mehrfach Ehren-Dr., Ehrenmitgl. der Österr. Akademie der Wiss.en.

Als Vertreter des Neoliberalismus trat H. für eine weitestgehend liberale, freiheitl. Wirtschafts-, Ges.- u. Staatsordnung ein. Der Staat soll sich auf die Gewährleistung äußerer u. innerer Sicherheit, auf den Schutz des Privateigentums u. auf die Grundsicherung der Erwerbsunfähigen beschränken. Gerechtigkeit soll es nur als Gleichheit vor dem Gesetz geben. Das Streben nach Verwirklichung der polit. mißbrauchten Idee der »soz. Gerechtigkeit« führt zu einer zentral gelenkten Ges., zur Zerstörung der Freiheit u. Verschlechterung der Lebensverhältnisse. Freiheit u. Sozialismus sind unvereinbar. Dagegen ist eine »Verfassung der Freiheit« untrennbar mit einer marktwirtschaftl. Ordnung verbunden. Ungleichheit, insbes. marktbezogene Lohnunterschiede sind notwendig. Die undurchdringl. Komplexität der Welt u. die Grenzen der Verarbeitungsfähigkeit von Information durch die Menschen verhindern eine planmäßige Gestaltung soz. Institutionen u. ges. Prozesse. Freiheit u. Wettbewerb sind die unverzichtbaren Voraussetzungen für eine kult. Evolution, in der sich jene Neuerungen, Zufälligkeiten, Praktiken, Verhaltensregeln u. Lösungsmöglichkeiten durchsetzen, die sich als erfolgreich erwiesen haben (der Markt als »Entdeckungsverfahren«). Eine mit Effizienz- u. Wohlstandssteigerung verbundene ges. Entwicklung resultiert somit aus ungeplanten, nicht-intendierten Ergebnissen einer freiheitl.-marktwirtschaftl. fundierten kult. Evolution.

Schr.: Geldtheorie u. Konjunkturtheorie, 1929; Prices and Production, 1931; The pure Theory of Capital, 1941; The Road of Serfdom, 1944, dt.: Der Weg zur Knechtschaft, 1971; Individualism and economic Order, 1948, dt.: Individualismus u. wirtschaftl. Ordnung, 1976; Mißbrauch u. Verfall der Vernunft, 1959/1979; The Constitution of Liberty, 1960, dt.: Die Verfassung der Freiheit, 1971; Wirtschaft, Wiss. u. Politik, 1963; Freiburger Studien, 1969; Law, Legislation and Liberty, 3 Bde., 1973–79, dt.: Recht, Gesetzgebung u. Freiheit; Denationalization of Money, 1976; dt.: Die Entnationalisierung des Geldes, 1977; Knowledge, Evolution and Society, 1983.
S. Rothlin, Gerechtigkeit in Freiheit, 1992.

Heberle, Rudolf, 1896 Lübeck – 20. 4. 1991 Baton Rouge, Louisiana, Schüler u. Schwiegersohn v. F. →Tönnies, 1923 Dr. sc. pol., 1930 Priv.doz. Kiel, 1938 Emigration in die USA, Prof. für Soziol. Louisiana State Univ. in Baton Rouge.

Neben Arbeiten über Bevölkerungslehre u. Wanderungen wurde H. zum Mitbegründer einer empir. orientierten Polit. Soziol.

Schr.: Zur Ideengesch. der Arbeiterbewegung in Schweden, 1925; Die Deutschen in Litauen, 1927; Über die Mobilität der Bevölkerung in den Vereinigten Staaten, 1929; Die Großstädte im Strome der Binnenwanderung (mit F. Meyer), 1937; From Democracy to Nazism, New York 1970 (1945); The Labor Force in Louisiana, Baton Rouge 1948; Displaced Persons in Louisiana and Mississippi, 1951; Social Movements, 1951; Landbevölkerung u. Nationalsozialismus, 1963; Hauptprobleme der polit. Soziol., 1967.

Hedonismus (griech.), »Lustlehre«, bereits in der griech. Philos. begründete ethische Lehre, nach der der individuelle Genuß das höchste sittl. Prinzip, der individuelle Glückszustand die Tugend darstellt. Der wahrhaft glückl. Mensch ist darum derjenige, der seine Genußfähigkeit zu intensivieren weiß. Am H. orientierte Verhaltenstheorien (etwa J. Bentham, 1748–1832; H. H. Gossen, 1810–1858) interpretierten den Menschen als ein von Lust- u. Unlustgefühlen dirigiertes Wesen, das – als »rationale« Orientierungs- u. Entscheidungsbasis – Lust u. Unlust nach versch. Dimensionen (Intensität, Dauer, Gewißheit, Nähe oder Ferne) zu bestimmen u. zu messen versucht. Ideologiekrit. kann der sozialwiss. H. als Gegenbewegung gegen das von der Feudalges. gestützte religiöse Weltbild u. die asket. Moralnormen der frühbürgerl. Ges. verstanden werden.
Die Entwicklg. zur Überflußges. hat zu Lasten der berufl. Leistungsmotivation (instrumentelle Arbeitsorientierung) einen werbl. verstärkten Konsum-H. als zentrale Wertvorstellung hervorgebracht. Unter dem Eindruck der Wachstums- u. Umweltkrise der materiell ausgerichteten Wohlstandsges. u. der Armut in der Dritten Welt treten Tendenzen einer Uminterpretation des H. zugunsten eines alternativen Lebensstils auf, in dem Glück durch mehr Solidarität u. kreative Persönlichkeitsentfaltung angestrebt wird (Alternativbewegung).
D. Bell, Die Zukunft der westl. Welt, 1976.

Hegel, Georg Wilhelm Friedrich, 27. 8. 1770 Stuttgart – 14. 11. 1831 Berlin, studierte in Tübingen Theologie u. Philos., Hauslehrer in Bern u. Frankfurt/M., 1801 Privatdozent in Jena, 1807 Redakteur in Bamberg, 1808 Gymnasialrektor in Nürnberg, 1816 Prof. in Heidelberg, 1818 Prof. in Berlin.
H. suchte Gesch. aus ihrem Gesamtzus.hang zu begreifen, u. zwar als Fortschrittsbewegung. Im dialekt. Prozeß (→Dialektik) durchdringen widersprüchl. Altes (These) u. Neues (Antithese) einander, werden aufgehoben in einer wiederum spannungsgeladenen Synthese. In der »Phänomenologie des Geistes« gibt er eine von der Stufe des Einzelbewußtseins über die Gemeinschaftsformen bis zur Stufe des absoluten Wissens dialekt. aufsteigende Systematik der Bewußtseinsphänomene u. zugleich eine Reihung der in der Gesch. verwirklichten Gestalten des Geistes. In der konkreten Sittlichkeit von Familie, Ges. u. Staat ist die Einheit von rechtl. Verhalten u. moral. Gesinnung das Entscheidende. Diese Einheit erreicht im Staat ihre höchste, weil allgemeinste Form. Über den Staaten steht der »Weltgeist«, der sich durch den dialekt. Kampf der »Volksgeister« entwikkelt. Die Weltgesch. wird als Prozeß der Selbstbewußtwerdung des »Weltgeistes« aufgefaßt u. damit zugleich als Fortschritt im Bewußtsein der Freiheit. In seiner Rechtsphilos. geht es darum, die »bürgerl. Ges.« mit der »Familie« u. dem »Staat« vermittelt zu sehen. Die zunehmende Arbeitsteilung führt zu einer Abstraktion der Bedürfnisse wie der Arbeit, so daß schließl. Arbeit das soziale Band bildet, das die bürgerl. Ges. zusammenhält. Aus der Arbeitsteilung ergibt sich notwendig die Zus.fas-

Hegemonie 326

sung einzelner Funktionsbereiche in »Stände«. Die bürgerl. Ges. bedarf, um funktionsfähig zu sein, eines koordinierenden Überbaus. In diesem sind die traditionalen Herrschaftsinstitutionen angesiedelt. Der einzelne muß im Prinzip das Staates die absolute Grenze des »Prinzips des einzelnen Willens« erkennen u. sich einer höheren, nicht mehr voll auf seine eigenen Bedürfnisse reduzierbaren Notwendigkeit u. Sinnhaftigkeit beugen u. eingliedern. Die bürgerl. Ges. reißt das Individuum aus seinen familiären Banden, entfremdet dessen Glieder einander u. anerkennt sie als selbständige Personen. Sie ist deshalb nicht die Institution, an die die Integration anknüpfen kann. Entfremdung wird verstanden als Abkehr von ursprüngl. Einheit. H.s Werk beeinflußte die konservative Staats- u. Ges.theorie ebenso wie den Marxismus.

Schr.: Phänomenologie des Geistes, 1807; Wiss. der Logik, 1816; Grundlinien der Philos. des Rechts, 1821; Sämtl. Werke, 19 Bde., 1832–40. J. Ritsert, Das Bellen des toten Hundes, 1988; H. Althaus, H. u. Die heroischen Jahre der Philos., 1992.

Hegemonie (griech.), »Oberbefehl«, bestimmtes polit. oder soziales Verhältnis der Über- u. Unterordnung, bei dem unter Beibehaltung formaler Gleichheit der Beteiligten einer von ihnen tatsächl. oder rechtl. eine höhere Stellung einnimmt. Von anderen Verhältnissen wie der Macht, der institutionalisierten Herrschaft u. ä. unterscheidet sich die H. durch ihre lockere, unspezifizierte u. situationell an veränderte Lagen sich anpassende Form. Die H. kann allein auf fakt. Vormachtstellung beruhen, ohne daß ihr institutioneller oder rechtl. Regelungen entsprechen. Mitunter ist sie nur Ausdruck eines ideolog. Anspruchs, an dem sich

gegenwärtige u. zukünftige Kämpfe u. Konkurrenzen um Einflußgewinnung orientieren. H. ausübende Staaten oder ges. Gruppen verzichten in der Regel auf die völlige Unterwerfung der schwächeren Partner. Es gehört zum Begriffsinhalt von H., daß die fakt. Überlegenheit einer polit. oder sozialen Kraft gegenüber anderen nach außen hin verschleiert, abgeschwächt, verkleidet dargestellt wird, indem in (angeblich gleichberechtigten) Bündnisabsprachen gemeinsame Interessen u. Probleme der Beziehungen gegenüber Außenstehenden herausgestrichen werden.

H. Triepel, Die H., 1974 (1938); G. Schwarzenberger, Power Politics, 1964 (1941); L. Dehio, Gleichgewicht oder H., ³1974 (1948); K. D. Bracher, E. Fraenkel (Hg.), Intern. Beziehungen, Fischer-Lexikon, 1969.

Heimarbeit, Arbeit, insbes. Erwerbstätigkeit, die im Wohnbereich eines Arbeitnehmers u. nicht im Betrieb eines Arbeitgebers durchgeführt wird. Ebenso wie gegenwärtig noch in den Entwicklg.sges.en war die H. in der vorindustr. Ges. als landwirtschaftl. oder handwerkl. geprägte Arbeit weit verbreitet. Mit der Herausbildung der Industriestaaten vollzog sich eine zunehmende räuml. Trennung von priv. Wohnbereich u. betriebl. Arbeitsstätten. Gegenwärtig ermöglichen Computer u. Telekommunikation techn. u. organisator. die Ausweitung von H. (Telearbeit, elektron. Fernarbeit), die insbes. für Journalisten, Schreibkräfte, Konstrukteure, Manager, Verkäufer, Unternehmensberater u. Computersoftware-Experten geeignet ist. Psychol. ist eine hinreichende Selbstdisziplin erforderlich. Vorteile der H. können sein: flexible Arbeitszeitgestaltung u. persönl. Zeitsouveränität, Steigerung der Motivation u. Produktivität, Einsparung von Büroraum, Verringerung des umwelt- u. gesundheitsbelastenden Berufsverkehrs, bessere Vereinbarkeit von Berufsarbeit u. Familienleben. Als problemat. gelten Gefahren einer soz. Vereinsamung, einer Einschränkung des Teamgeistes u. einer Schwächung der Arbeitnehmersolidarität u. Gewerkschaften.

S. Schwohnke u. H.-G. Wicke, Teleh. als neue Rationalisierungsstrategie, 1986; J. Huber, Telearbeit, 1987; F. Hegner u. a., Dezentrale Arbeitsplätze, 1989; U. Lakemann, Familienhaushalt u. Büroheimarbeit, 1992.

Heimat, territoriale Einheit eines subjektiv erlebten Raumbereiches, mit dem der Mensch eine bes. Verbundenheit empfindet. In der Regel die Gesamtheit der durch Tradition u. spezif. Lebensbedingungen geprägten Erfahrungen der Kindheit u. Jugend. Im engeren Sinne die Landschaft u. Siedlungsform, in der der Mensch zur Persönlichkeit heranwächst u. seine ersten entscheidenden sozialen Beziehungen u. Bindungen anknüpft. Die (zumeist) positive Verklärung der Erinnerungen an die Erlebnisinhalte der H. gibt einen wirksamen Orientierungs- u. Wertmaßstab für alle späteren sozialen Erfahrungsräume u. Zugehörigkeiten ab. In Zeiten persönl. oder sozial miterlebter Krisen u. Umbruchssituationen vermittelt die emotionale heimatl. Verbundenheit u. die Möglichkeit des sozialen »Rückzuges« auf die H. ein Gefühl sozialer Stabilisierung u. Konsolidierung. Die Vorstellung u. das Erlebnis von H. ist nicht an Regionen bes. Struktur gebunden. Als H. kann – in der industrialisierten Ges.en – sowohl eine ländl. Erfahrungswelt als auch eine städt.-industrielle Herkunft empfunden werden. Protestbewegungen, die den Begriff H. für eine kulturkrit. Abwertung industrie-

ges. Zivilisation benutzen, haben darum ein spez., romant. verklärtes, sozial-konservatives H.verständnis. Mitunter besteht die Gefahr, daß das integrativ u. harmonisch angelegte H.bild zu sozialen Schwarz-Weiß-Deutungen führt, in denen real vorhandene Konfliktsituationen u. soziale Antinomien entweder überhaupt nicht mehr oder falsch akzentuiert wahrgenommen werden.

K. Stavenhagen, H. als Grundlage menschl. Existenz, [2]1948 (1930); ders., H. als Lebenssinn, [2]1948; R. König, Grundformen der Ges.: Die Gemeinde, 1958; I.-M. Greverus, Der territoriale Mensch, 1972; W. v. Bredow u. H.-F. Foltin, Zwiespältige Zufluchten. Zur Renaissance des H.gefühls, 1981; F.-D. Freiling (Hg.), H. – Begriffsempfindungen heute, 1981; W. Lipp, H.bewegung, Regionalismus, in: F. Neidhardt u. a. (Hg.), Kultur u. Ges., 1986.

Heirat, sozialer Akt, durch den entweder formlos (z. B. in vielen »primitiven« Ges.en) oder mit dem Ergebnis einschneidender rechtl. Konsequenzen eine Ehe geschlossen wird. Der H. geht entweder die freie Partnerwahl durch die Betreffenden selbst (nach Maßgabe eines kulturell gültigen u. verbindl. Liebesideals) oder ein H.vertrag als Akt geschäftl. Berechnungen der rechtl. u. materiellen H.folgen zw. den Familien oder Sippen der H.partner voraus. Entspr. der Vorherrschaft von Matriarchat oder Patriarchat in einer Kultur bestimmen sich Einfluß u. aktive Mitwirkung der Geschlechter (Kaufh. bis Partnerh.).
Da die H. in der Regel mit der Gründung einer Familie einhergeht, können Untersuchungen über ges.spezif. H.motive, H.gewohnheiten, H.alter, H.häufigkeiten wichtige Aufschlüsse vermitteln sowohl über die zukünftige quantitative Entwicklung einer Ges. (→Bevölkerungstheorie) als

auch über Beziehungen zw. Familie u. übriger Ges.struktur. Alle Ges.en kennen »H.ordnungen« (mit mehr oder weniger Verbindlichkeit), die die H. zw. bestimmten Ges.sangehörigen verbieten (Inzesttabu), zw. Angehörigen versch. Ges.sgruppen oder -schichten negativ sanktionieren oder als soziale Veränderungs- bzw. Aufstiegsmöglichkeit ausdrücklich zulassen. Je ausgeprägter u. intensiver die H.bräuche u. H.zeremonien kulturell normiert sind, um so folgenschwerer sind in der Regel die Positions- u. Statusveränderungen, die die Partner durch ihre H. im ges. Strukturzus.hang erfahren. →Endogamie, →Heterogamie, →Homogamie

C. Lévi-Strauss, Die elementaren Strukturen der Verwandtschaft, 1981; M. Oppitz, Onkels Tochter, keine sonst, 1991; J. C. Witte, Labor Force Integration and Marital Choice in the United States and Germany, 1992.

Heller, Hermann, 17. 7. 1891 Teschen – 5. 11. 1933 Madrid. Staatsrechtler u. Soziologe, a. o. Prof. für Öffentl. Recht Berlin 1928, o. Prof. Frankfurt/M. 1932–33. Emigration nach Spanien.
H. hat eine ›funktionelle‹ Staatssoziol. entworfen, die den Staat aus dem ges. Gesamtzus.hang erklärt. Er wandte sich gegen die positivist. u. individualist. Ges.- u. Staatstheorie. Wesentl. Begriffsmerkmal des Staates ist seine ges. Funktion, d. h. die Sicherung des Zus.lebens u. Zus.wirkens von Menschen in einer Gebietseinheit. Legitimiert ist er jedoch nur, soweit er eine gerechte Ordnung anstrebt.

Schr.: Hegel u. der nationale Machtstaatsgedanke, 1921; Freie Volksbildungsarbeit, 1924; Sozialismus u. Nation, 1925; Die polit. Ideenkreise der Gegenwart, 1926; Europa u. der Faschismus, [12]1931 (1929); Rechtsstaat oder Diktatur?, 1930; Staatslehre, 1934; Gesammelte Schriften, hg. v. M. Drath, O. Stammer, G. Niemeyer, F. Borinski, Leiden 1971.
W. Schluchter, Entscheidung für den soz.

Rechtsstaat, 1968; S. Albrecht, H. H.s Staats- u. Demokratieauffassung, 1983; C. Müller u. I. Staff (Hg.), Der soz. Rechtsstaat, 1984.

Helvétius, Claude Adrien, 26. 1. 1715 Paris – 26. 12. 1771 ebd., franz. Philosoph u. Vertreter der →Aufklärung, bis 1750 maître d'hôtel der Königin. – Sein durch Locke angeregtes Hauptwerk »De l'esprit« wurde als staats- u. religionsgefährlich öffentl. verbrannt. Aufgrund eines radikalen Sensualismus u. Hedonismus entfaltete H. eine prakt. Philosophie, in deren Mittelpunkt die Auffassung steht, daß der Mensch vorrangig nach Glückseligkeit, sinnlicher Lust u. Eigennutz strebe. Mit seinem Satz, daß »die Vorurteile der Großen die Gesetze der Kleinen« seien, begründete er zus. mit Holbach die sozial- u. herrschaftskrit. Funktionsanalyse der Ideologie als falsches Bewußtsein. Ideologie wird v. den Mächtigen zur Rechtfertigung u. Absicherung ihrer rational nicht legitimierten Herrschaft erzeugt, unterstützt durch die Rel. als vernunftwidriger Vorurteilszus.hang (Lehre v. gezielten Priestertrug). Durch Ideologiekritik, Aufklärung, Erziehung u. Gesetzgebung ist eine vernunftgemäße Ges. anzustreben, in der die Entfaltung des individuellen Eigennutzes sowohl dem Wohl des Einzelnen wie auch des Ganzen dient.

Schr.: De l'esprit, 1758 (dt. 1760); Le bonheur, 1772; De l'homme et de ses facultés intellectuelles et de son éducation, 2 Bde., 1773 (dt.: Vom Menschen, seinen geistigen Fähigkeiten u. seiner Erziehung, hg. v. G. Mensching, 1972, erstmals dt. 1774); Les progrès de la raison dans la recherche du vrai, 1779.
C. N. Momdžjan, H. Ein streitbarer Atheist des 18. Jh.s, dt. 1959.

Herdentrieb, Bez. (a) für ein Tierverhalten, in größeren »Verbänden« (Herden, Rudeln u. a.; z. T. »arbeitsteilig« oder hierarchisch gegliedert) zus.zuleben; (b) kulturkrit. für menschl. Verhalten, das ein sich unterwerfendes, anpassendes Eingliedern in größere soziale Gruppen bevorzugt u. deren »Vorgaben« nachahmt.

Herkunft, zentraler Begriff soziol. Untersuchungen zum Problem der Mobilität. Es wird unterschieden (a) regionale H. nach vorausgegangenen Ein-, Aus-, Binnen- oder Pendelwanderungen von (b) sozialer H., als Angabe über die ursprüngl., familien- oder schichtungsbestimmte soziale Zugehörigkeit. Die Ergebnisse von H.studien sollen Aufschluß geben über Prozesse u. Eigenarten individueller oder gruppenspezif. sozialer Prägung (→Gesellschaftsbild, → Sozialcharakter), über die Möglichkeiten u. das Ausmaß von sozialen Positionsveränderungen (→ Aufstieg) im intergenerativen Vergleich sowie über erzwungene Positionsveränderungen als Folge ges.struktureller Wandlungsprozesse.

Herkunftsprinzip, auch Geburtsprinzip, Bezeichnungen für die Verteilungsregel in vormod., eher traditional-stat. Ges.en, nach der die individuelle Zuteilung (begehrter) soz. Positionen, von Rechten u. Pflichten, Macht, Einfluß u. Lebenschancen grundsätzlich davon abhängt, in welche vertikale Statuskategorie bzw. soz. Lage (Kaste, Stand, Klasse oder Schicht) der einzelne hineingeboren wurde. Darüber hinaus können auch die Region, Religionszugehörigkeit, ethn. Herkunft u. das Milieu entscheidend sein. Das H. kann zwar dem Individuum in Ges.en mit gefestigten Gemeinschaftsformen ein erhebliches Maß an Statussicherheit u. soz. Geborgenheit gewäh-

ren, behindert aber soz. Mobilität u. schwächt individuelles Aufstiegs- u. Leistungsstreben.

Hermeneutik (griech.), »Kunst der Auslegung«, Erklärungskunst (nach Hermes als dem Vermittler zwischen Göttern u. Menschen), Methode der sinngemäßen Auslegung u. Deutung von Schriftstükken oder anderer Manifestationen menschl. Geistes entspr. den Intentionen ihrer jeweiligen Produzenten. Seit Schleiermacher (1768–1834) u. Dilthey (1833–1911) ist H. die grundlegende Methode des geisteswiss. Verstehens von wiss. Gegenständen u. Problemen, die keine objektiv-naturhaften (positiven) Gegebenheiten darstellen (wie die Gegenstände der Naturwiss.). Diese Gegenstände erfordern darum ein wiss. Verfahren der existentiellen Besinnung des Forschers in einer für ihn u. für seinen Forschungsgegenstand histor.-spezif. (oder einmalig bes.) Struktur. In der methodolog. Diskussion der Soziol. grenzt H. den »kritisch-dialekt.« gegenüber dem »positivist.« Standpunkt ab. Der letztere versteht sich als streng erfahrungswiss., d. h. seinen Objektbereich als positiv bestimmt u. analyt. objektiv erfahrbar. Der erstere reflektiert darüber hinaus noch bes. über die dezisionist. wiss. Selbstbegrenzung u. versucht, die Verbundenheit von Forschungsobjekt u. Forschungssubjekt erkenntnistheoret. einzuholen. Dementsprechend soll sich der Forscher Klarheit verschaffen über die eigene gesch.-spezif. Lebenssituation, aus der heraus er Soziol. betreibt, seine soziol. Fragestellungen entwickelt u. soziol. Gegenstände »komponiert«. Zentrale These ist dabei, daß – da erst durch den wiss. Apparat die wiss. Gegenstände erschlossen werden – jeder

Herrenmoral

Forscher über sich, seinen Gegenstand u. über sein Verhältnis zu ihm vorgängig schon etwas »verstanden« haben muß, wenn die gewählten wiss. Kategorien zu seiner Darstellung dem Gegenstand nicht bloß »äußerlich« bleiben sollen.

H. G. Gadamer, Wahrheit u. Methode, Grundzüge einer philos. H., 1960; E. Betti, Die H. als allg. Methodik der Geisteswiss., 1962; J. Habermas, Zur Logik der Soz.wiss., 1967; H. Hülsmann, H. u. Ges. (Soz. Welt 18, 1967); K. O. Apel u. a., H. u. Ideologiekritik, 1971; H.-J. Wagner, Wiss. u. Lebenspraxis, 1984; J. Klein, Beyond Hermeneutics, 1985; J. Reichertz, Verstehende Soziol. ohne Subjekt? in: KZfSS 40, 1988.

Herrenmoral, von F. Nietzsche geprägter Begriff zur Bezeichnung der Werte bzw. Wertschätzungen der »Vornehmen«, »Hochgesinnten«, »Höhergestellten«, Mächtigen, Herrschenden u. Aristokraten. Diese vornehmen u. herrschenden Menschen sind aus sich heraus wertschaffend u. -bestimmend. Die lebenssteigernd wirkenden Werte der H. sind Ausdruck der Selbstverherrlichung sowie des »Pathos der Distanz« gegenüber den Schwachen, »Niedriggesinnten«, Leidenden u. Beherrschten. Das Pathos der Vornehmheit u. Distanz als Grundgefühl einer höheren herrschenden Schicht im Gegensatz zu einem »Unten« bildet den Ursprung des Gegensatzes »gut« u. »schlecht«, der für die H. spezifisch ist. »Gut« ist das Vornehme, der vornehme Mensch. In Verachtung der Ängstlichen, Kleinlichen, Mißtrauischen, Lügner, »Sich-Erniedrigenden« u. der an enge Nützlichkeit Denkenden bedeutet schlecht soviel wie verächtlich (Moral der Rangordnung). Der vornehme Mensch hilft dem Unglücklichen nicht aus Mitleid, sondern aus einem Überfluß von Macht. →Sklavenmoral.

F. Nietzsche, Sämtl. Werke. Kritische Studienausgabe, hg. v. G. Colli u. M. Montinari, Bd. 5

(Jenseits von Gut u. Böse; Zur Genealogie der Moral, 1980.

Herrschaft, Bezeichnung für eine universell verbreitete, institutionalisierte Form der Macht, der sozialen Über- oder Unterordnung. »H. soll heißen die Chance, für einen Befehl bestimmten Inhalts bei angebbaren Personen Gehorsam zu finden« (M. Weber). Entscheidend ist, daß der Anspruch der Herrschenden u. deren H.sausübung auf der Grundlage einer gemeinsam geteilten Wert-, Norm- u. Rechtsordnung v. den Beherrschten als sachdienlich u. rechtmäßig (→Legitimität) anerkannt wird. Die relativ festen normativen Erwartungen zw. Herrschenden u. Beherrschten bedingen im Gegensatz zu →Gewalt u. Willkür eine entsprechende Eingrenzung u. Berechenbarkeit der H.sausübung.

Eine Typologie der H. (M. Weber) unterscheidet: 1. rationale H., bei der die Legitimität von legalen, gesatzten Ordnungen abgeleitet wird und an bestimmte Personen oder Institutionen das Recht übertragen wird, diese Ordnungen durchzusetzen (→Bürokratie, Verwaltung); 2. traditionale H., die auf dem Glauben an den Selbstwert und die Heiligkeit überlieferter Sozialformen und der traditional zur H. berufenen Personen beruht (→Gerontokratie, Patriarchat, Ständestaat, Patrimonialstaat); 3. charismat. H., wenn sie aus dem Glauben an die außeralltägl. Heiligkeit einer Person oder an die Verbindlichkeit des durch Charisma-Träger Offenbarten erwächst (→Feudalismus, Faschismus). Andere Typisierungen von H. werden vorgenommen, indem nach den Interessen, Zielsetzungen der H. und nach den zur Zielverwirklichung eingesetzten Techniken und Mitteln der H.sausübung unterschieden wird (→Plutokratie, Meritokratie, Expertokratie, Hierokratie, Militokratie, Bürokratie), oder indem die polit. Konsequenzen aus dem quantitativen Verhältnis von Herrschenden und Beherrschten problematisiert werden (→Monokratie, Aristokratie, Oligarchie, Demokratie). Soz. Wandel kann zu veränderten Legitimitätsgrundlagen von H. führen. Daraus resultiert der soziale Konflikt um die Erringung und Absicherung von H.positionen. Von einer »Herrschaftstheorie der Sozialstruktur« (Dahrendorf) wird darum die ges. Grundsituation als konfliktgeladenes Verhältnis z. B. der ökonom. Klassen, der Kapitalisten und Proletarier (Marx), oder des H.kartells von big politics, big business und big government (Mills) gegen die Arbeitnehmerklasse, oder der mächtigen H.systeme untereinander (Galbraith) interpretiert. Dementsprechend wird die Dynamik der ges. Entwicklung im wesentl. auf die Veränderung der H.verhältnisse zurückgeführt. H. existiert nicht nur im polit. Bereich, sondern in aufeinander bezogenen Formen auch in der Schule, in der Familie, im Wirtschaftsbetrieb, in der Kirche u. a. (MacIver). Unter dem Einfluß der vorrangig an sozialen Integrationsproblemen orientierten amerikan. Strukturell-funktionalen Theorie werden H.positionen nach ihrem Beitrag zum Funktionieren und zur Leistungskraft von sozialen Systemen und ihrer verschiedenen sozialen Subsysteme untereinander analysiert (Parsons). Weiterhin wird insbes. von der Polit. Soziologie gefragt, unter welchen sozialhistor. Umständen eine bestimmte soziale Klasse zur polit. herrschenden Klasse wird (Lukács), aufgrund welcher ideolog. Neuorientierun-

gen und sozialtechn. Notwendigkeiten es zum H.wechsel, d. h. zur Zirkulation, zum Auf- und Abstieg der Führungseliten kommt (Pareto, Mosca).

K. Marx, Das Kapital, 1867; M. Weber, Wirtschaft u. Ges., ⁵1980 (1921); G. Lukács, Gesch. u. Klassenbewußtsein, 1923; T. Parsons, The Social System, 1951; MacIver, Macht u. Autorität, 1953; C. W. Mills, Die amerikan. Elite, 1962 (engl. 1956); R. Dahrendorf, Soz. Klassen u. Klassenkonflikt, 1957; R. Bendix, H. u. Industriearbeit, 1960; G. Mosca, Die herrschende Klasse, 1960; V. Pareto, System der allg. Soziol., 1962; J. K. Galbraith, Die mod. Industrieges., 1968; H. Marcuse, Der eindimensionale Mensch, ³1968; W. Schluchter, Aspekte bürokrat. H., 1972; K. O. Hondrich, Theorie der H., 1973; N. Müller, Empir. H.stheorie, 1979; R. Bendix, Könige oder Volk, 2 Bde., 1980; M. Kopp u. H.-P. Müller, H. u. Legitimität in mod. Industrieges.en, 1980; H. Haferkamp, Soziol. der H., 1983; W. W. Ernst, Legitimationswandel u. Revolution, 1986; J. B. Müller, H.sintensität u. polit. Ordnung, 1986; J. Langer, Grenzen der H., 1988; S. Breuer, M. Webers H.ssoziol., 1991.

Herrschaftswissen, M. →Scheler unterscheidet zw. auf die Person konzentriertem »Bildungswissen«, auf die Sinnfrage Antwort gebendem »Erlösungswissen« u. dem (wissenschaftl.) »Herrschafts- oder Leistungswissen«, welches der prakt. Beherrschung u. Umgestaltung der Welt für menschliche Ziele u. Zwecke dient.

M. Scheler, Erkenntnis u. Arbeit, in: ders., Gesam. Werke, Bd. 8, 1960.

Heterogamie (griech.), »Fremdheirat«, Heiratsordnungen u. -gewohnheiten, die eine Gattenwahl nur zw. Personen vorsehen, welche nach unterschiedl. soz. u. kult. Prägung oder nach versch. regionaler Herkunft in der Ehe eine »fruchtbare« u. »produktiv-schöpfer.« Ergänzung ihrer »Gegensätzlichkeiten« erwarten lassen.

Heterogenität, soziale (griech.), »Verschiedenartigkeit«, Bezeichnung für die soziale Komplexität,

Heterokephalie

Vielgestaltigkeit u. Differenzierung der sozialen Strukturen hochentwickelter Industrieges.en bzw. insbes. der städt. Regionen innerhalb dieser Ges.en. Demgegenüber ist soziale Homogenität (= Gleichgestaltigkeit) ein Strukturmerkmal von vormod. Ges.en u. Entwicklungsländern.

Heterokephalie (griech.) →Autokephalie

Heteronomie (griech.), »Fremdgesetzlichkeit«, die Abhängigkeit der für ein soz. Gebilde (Gruppe, Organisation, Staat) fundamentalen Wert- u. Normenstrukturen (insbes. Gesetze u. Rechtssysteme) vom Willen u. Einfluß äußerer Kräfte.

Heterostereotyp (griech.), Fremdstereotyp, Fremdbild, Bezeichnungen für verfestigte, oft vorurteilsgeladene Vorstellungsbilder eines Individuums oder einer Personengesamtheit über andere Personen, Gruppen, größere soziale Gebilde u. fremde Ges.en., denen bestimmte Eigenschaftsprofile unterstellt werden (→Stereotyp, →Polaritätsprofil).

Heuristik (griech.), »Erfindungskunst«, die Lehre von der Entwicklung, Aufstellung u. Systematisierung von Regeln bzw. Handlungsanweisungen, um zu neuen bzw. besseren wiss. Erkenntnissen zu kommen.

Hierarchie (griech.), »heiliger Ursprung«, »heilige Herrschaft«; in der kathol., orthodoxen u. anglikan. Kirche Bezeichnung für die der Kirche von ihrem Stifter Jesus Christus gegebene Ordnung, die Gesamtheit der nach Rängen gegliederten Träger von Kirchengewalt. In der Soziol. bezeichnet H.

eine bestimmte Struktur der horizontalen u. vertikalen Gliederung der Positionen bzw. Funktionenträger in einer Organisation. Die H. ist idealtyp. ein festes, präzises System der Über- u. Unterordnungen, in dem alle Entscheidungsbefugnisse, Kommunikationswege u. Zuständigkeiten pyramidenhaft von einer obersten Spitze bis hinunter zu einem sich stufen- u. rangweise immer weiter verzweigenden Unterbau institutionalisiert sind. Außer der obersten Leitung (die nur »dispositiv« wirksam ist) u. den untersten Ranginhabern (die nur auf »höhere« Anordnung hin rein »exekutiv« tätig sind) sind alle anderen Positionen gleichzeitig sowohl Vorgesetzte als auch Untergebene. Horizontale gegenseitige Abhängigkeiten oder soz. Aktivitäten gelten in der H., soweit sie nicht von vertikal übergeordneter Stelle ausdrücklich vorgesehen u. kontrolliert werden, als regelwidrig.

Die H. ist mit ihren klaren, eindeutigen Kompetenzen, Befehlswegen u. vertikalen Zuordnungen die ideale Organisationsstruktur zur Durchsetzung eines einheitl. obersten Willens innerhalb einer Organisation u. im Verhältnis der Organisation (insbes. als Herrschaftsinstrument) gegenüber der ges. Umwelt. Sie bewährte sich bei der Lösung fester, längerfristig gleichbleibender Aufgaben. Mit der Dynamik mod. ges. Entwicklung, die überall von außen induzierte Anpassungsleistungen verlangt, hat sie ihre Wirksamkeit weitgehend verloren. Überdies widerspricht sie den Forderungen nach Demokratisierung.

Im Rahmen zunehmender internat. u. weltwirtschaftl. Konkurrenz u. im Zus.hang mit dem techn. Fortschritt erfordert die Motivierung qualifizierter, demokrat. anspruchsvoll gewordener Mitarbeiter einen Abbau der H., zumindest eine Abflachung der Herrschaftspyramide sowie einen Ausbau der horizontalen Kommunikation.

R. Mayntz (Hg.), Bürokrat. Organisation, 1968; C. Lauterburg, Vor dem Ende der H., 1978; L. Zündorf u. M. Grunt, H. in Wirtschaftsunternehmen, 1980; D. Flechsenberger, H. in Industriebetrieben, 1985; G. Schwarz, Die »Heilige Ordnung« der Männer, [2]1987.

Hierokratie (griech.), »Priesterherrschaft«, polit. bzw. staatl. Herrschaftsordnung, in der der »geistl.« Stand auch die Entscheidungsgewalt über »weltl.« Angelegenheiten monopolisiert.

High Society (engl.), die »oberen Ges.gruppen«, die (nach Maßgabe ihrer Vermögens- u. Einkommenssituation oder ihrer kulturellen oder polit. Spitzenpositionen) einerseits eine gegenüber den breiteren Schichten der Ges. relativ abgekapselte soz. (Kontakt-, Beziehungs-)Gemeinschaft bilden u. andererseits für die Masse der Bevölkerung im Hinblick auf Verhaltensmuster, Konsumgewohnheiten u. Lebenszielbestimmung Vorbild u. Maßstab darstellen.

Hintergrunderfüllung, nach A. Gehlen die Befriedigung von Bedürfnissen, die zur Selbstverständlichkeit geworden ist, weil die für sie richtunggebenden Bedürfnisse nicht mehr Bestandteil der aktuellen, affektiv verlangenden Bedürfnisstruktur sind.

A. Gehlen, Urmensch u. Spätkultur, 1956.

Hintergrundsregion (engl. »backstage«), Aufenthalts- od. Wohnbereich eines Menschen, in dem dieser sich für ein bestimmtes Rollenspiel bzw. für soziale Kontakte mit anderen Bezugspersonen

vorbereiten, sich von solchem Rollenspiel erholen oder hier – unkontrolliert u. unbeobachtet – mit anderen Personen über eine Strategie gegenüber Dritten Verabredungen treffen kann. Das Gegenteil von Frontregion (engl. »frontstage«), in der die eigentl. Rollenbeziehungen ablaufen.

Hintergrundwissen, Bezeichnung der sozialwiss. Forschungslehre für die Gesamtheit der persönl. Erfahrungen u. der bereits erarbeiteten Erkenntnisse eines Wissenschaftlers, die zu einem neuen, abgegrenzten Forschungsgegenstand (unbewußt bzw. unbeabsichtigt) die Begriffs-, Hypothesen- u. Theoriebildung ebenso wie die angewandten Methoden empir. Erhebungs- u. Prüfungsverfahren selektiv beeinflussen.

Hippie, Anhänger einer Protestbewegung (seit 1966) Jugendlicher gegen soziale Zustände der amerikan. Ges. Der Begriff H. entstammt der Sprache amerikan. Jazzmusiker der dreißiger Jahre, bei denen »hip« soviel wie »erfahren« oder »weise« bedeutete. Die H.-Bewegung ist die Rebellion von Teilen der amerikan. Mittel- u. Oberschichtenjugend gegen eine Ges., in der ihrer Ansicht nach materieller Komfort mit Glück, Karriere mit sozialem Fortschritt, Wohlstand mit Humanismus verwechselt werde. Im Vergleich zu anderen jugendl. Protestgruppen besitzen die H.s keine differenzierte Weltanschauung. Egalitär und libertär wollen sie zusammenleben. Aus organisierter Entfremdung streben sie in die freie, natürl. Gemeinschaft. Farben, Tanz, Tiere, Musik, Freude, Liebe (love-generation) und bes. Blumen (»Blumenkinder«) gelten ihnen als Symbole des friedvollen, natürl.

Hirtenkultur

Lebens gegen die behauptete Monotonie u. Sterilität des »American way of life«.

W. Hollstein, H. im Wandel (Frankfurter Hefte 9, 1968); ders., Der Untergrund, 1969; G. Bonn, Unter H.s, 1968; o. V., Les H.s, Paris 1968.

Hirtenkultur, Ges. mit einfacher Sozialstruktur, deren »Produktion« u. Existenzmittelbeschaffung sich auf eine extensive Nutzung der Kenntnisse über das Wild in der Steppe oder im Walde beschränkt. Sie hat Weidetiere entwickelt u. sich mit Techniken des Großtier-, Fisch- oder Robbenfangs vertraut gemacht. In der Gegenwart z. B. die Eskimos der nordamerikan. Arktis, die sibir. Polarvölker, die Beduinen Arabiens u. afrikan. Bantustämme.

Historischer Materialismus →Materialismus

Historische Schule, zum Ende des 19. Jh. eine Richtung insbes. der dt. Volkswirtschaftslehre, die sich in methodolog. Kritik an der abstrakt-theoret. Betrachtungsweise der »klass.« Nationalökonomie (etwa eines A. Smith, D. Ricardo) u. der Grenznutzenschule (C. Menger) vorrangig dem Problem des Verhältnisses von Wirtschaftstheorie u. soz.ökonom. Wirklichkeit widmet. An der bisherigen Wirtschaftstheorie wird kritisiert, daß sie mit ihren am naturwiss. Gesetzesbegriff orientierten »Konstruktionen« u. »Modellen« ledigl. den (log. stimmigen) Mechanismus einer abstrakten u. »künstl.« Verkehrswirtschaft entworfen und fälschlicherweise nach überall (raum- zeitlich- unabhängig) geltenden »Gesetzen« gesucht habe. Dagegen müsse es Aufgabe der Nationalökonomie sein, im Wechsel der nationalökonom. Erfahrungen den Fortschritt, im wirtschaftl. Leben der Menschheit die Vervollkommnung der menschl. Gattung nachzuweisen, d. h. über die Abfolge von histor. bestimmbaren Wirtschaftsstufen letztl. Manifestationen menschl. Kulturstufen aufzuzeigen. Wahrhaft wirklichkeitsbezogene Theorie muß nach Ansicht der H. Sch. von der empir.-histor. Erkenntnis ausgehen, daß das wirtsch. Handeln zu allen Zeiten u. darüber hinaus zu gleicher Zeit in versch. Regionen unterschiedl. u. durch »absolute«, »unbedingte« Gesetze nicht abbildbare Formen aufwies.

Ähnlich den soziol. Organismustheorien erkennt die H. Sch. im Volk den Ausdruck einer bes. sozialen Kraft, die als differenzierende u. gleichzeitig Gemeinschaft bildende Potenz u. Ganzheit die Antriebskräfte der Individuen entscheidend prägt. Dementsprechend wird neben dem »Eigennutz« der klass. Nationalökonomie ganz bes. der »Gemeinsinn« als wirtschafts- u. kulturbestimmtes Handlungsmotiv betont. Das Interesse an den gesch. u. ethn. bestimmten kulturellen Besonderheiten des Wirtschaftslebens u. seiner Verflechtungen mit anderen ges. Handlungsbereichen ließ für die H. Sch. das Studium der ges. Institutionen, der »Kristallisationen sittl. Lebens« (Schmoller), zur erstrangigen Forschungsaufgabe werden.

W. Roscher, Grundriß zu den Vorlesungen über die Staatswirtschaft. Nach gesch. Methode, 1843; K. Knies, Die polit. Ökonomie vom gesch. Standpunkt, 1883; G. Schmoller, Grundriß der allg. Volkswirtschaftslehre, 1902; M. Weber, Roscher u. Knies u. die log. Probleme der histor. Nationalökonomie, in ders., Gesam. Aufsätze zur Wiss.lehre, ⁷1988; G. Eisermann, Die Grundlagen des Historismus in der dt. Nationalökonomie, 1956; G. Hartfiel, Wirtschaftl. u. soz. Rationalität, 1968.

Historismus, in der Soziol. allg. Bezeichnung für philos. Lehren, die die Geschichtlichkeit der ges. Erscheinungen betonen. Im engeren Sinne eine wiss.theoret. Richtung in der (insbes. dt.) Geistesgeschichte (seit der Mitte des 19. Jh.), die die ges.histor. Phänomene in ihrer individuellen Besonderheit u. spezif. Zeitbezogenheit begreifen u. verstehen will. Erkenntnisobjekte sind nicht mehr die seit der Aufklärung bevorzugten Fragen nach der überzeitl. u. gleichen Natur des Menschen, der sein Handeln bestimmenden Kräfte u. der zeitlosen Gesetze, die den Gesch.ablauf erklären. Der H. versucht vielmehr, in individualisierender Methode das Wesen der »angehäuften« gesch. Fakten, Ereignisse, Persönlichkeiten aus ihrem einmaligen Zustandekommen innerhalb spezif. raumzeitl. Zusammenhänge zu deuten. Diese geisteswiss. (gegen naturwiss. Methoden gerichtete) Betrachtungsweise der mittels Intuition, Verstehen, Kontemplation oder Hermeneutik erschlossenen »Eigenwerte« gesch. Individuen u. Fakten setzte den H. dem Vorwurf des eth. Relativismus u. Subjektivismus aus. Die mod., erfahrungswiss. orientierte Wiss.-lehre der Sozialwiss. kritisiert am H. den Anspruch auf eine eigene, histor. Gegenständen angebl. adäquate Methodologie. Die Kritik richtet sich auch gegen einen materialen gesch.philos. (insbes. marxist.) H., der die Gesch. als Fortschreiten vom Niederen zum Höheren, als vorhersagbare Offenbarung immanenter ges. Entwicklungsprinzipien zu einem humanitären, vernünftigen Endzustand oder zu einem kult. Verfall interpretiert.

M. Weber, Gesam. Aufsätze zur Wiss.lehre, [7]1988; K. Mannheim, H. (Arch. f. Soz.wiss. u. Soz.pol., 1924); E. Troeltsch, Der H. u. seine Überwindung, 1924; K. Heussi, Die Krisis d. H., 1932; F. Meinecke, Die Entstehung des H., [4]1965 (1936); E. Topitsch, Soz.phil. zwischen Ideologie u. Wiss., [2]1966; K. R. Popper, Das Elend des Historizismus, [3]1979 (1965); J. Habermas, Theorie u. Praxis, [3]1969; G. Eisermann, Soziol. u. Gesch. (Hdb. d. empir. Soz.forschg. I, 1967); W. J. Mommsen, Die Gesch.wiss. jenseits des H., 1971; H. Schnädelbach, Gesch.sphil. nach Hegel, 1974; A. Wittkau, H., 1992.

Historizismus nennt →Popper jene Denkweise, die das Ziel der Sozialwiss.en in der Entdeckung von Gesch.sgesetzen zum Zwecke histor. Voraussagen erblickt. Popper kritisiert sowohl »pronaturalistische« als auch »antinaturalistische« Doktrinen des H., d. h. einerseits die Übertragung naturwiss. Kategorien in die Sozialwiss.en, andererseits die Postulierung eines Sonderstatus der Sozialwiss.en, der sich in Methoden des intuitiven Verstehens, des Essentialismus u. Holismus ausdrücke. Der H. stellt ein Konstrukt Poppers dar, in dem wesentl. Annahmen v. Hegel, Marx, Comte, Mill, Spengler, Toynbee erfaßt werden sollen. Allerdings ist (a) Poppers Kritik an etlichen der genannten Autoren sehr lückenhaft belegt. Auch bleibt (b) das Zus.fließen v. pro- u. antinaturalist. Doktrinen zu einem H. weitgehend ungeklärt (z. B. kann man eine Kritik an der Methode des intuitiven Verstehens sicher nicht gegen Marx u. die meisten anderen als Historizisten apostrophierten Denker wenden). Indem Popper dem H. insb. eine Trennung zw. theoret. u. histor. Wiss.en u. die Stückwerk-Technik entgegengesetzt, wird klar, daß seine Hauptkritikpunkte sich gegen jede Form v. Gesch.sprophetie (auf der Grundlage vermeintlicher Gesch.sgesetze) u. gegen holistisch-utopistischen Ges.sradikalismus richten.

Hobbes

Poppers Begriffsexplikation ähnelt der v. B. Croce, welcher teleologische, mit hist. Notwendigkeiten argumentierende Gesch.philosophien unter H. rubrizierte u. kritisierte.

B. Croce, Die Gesch. als Gedanke u. als Tat, 1944; K. R. Popper, Die offene Ges. u. ihre Feinde, 2 Bde., ⁶1980; ders., Das Elend des H., ⁵1979 (1965); M. Cornforth, Marxistische Wiss. u. antimarxistisches Dogma, 1970; W. Habermehl, H. u. krit. Rationalismus, 1980.

Hobbes, Thomas, 5. 6. 1588 Malmesbury – 4. 12. 1679 Hardwick, engl. Philosoph, Studium in Oxford, Reisen nach Frankr. u. Italien bringen ihn in Kontakt mit Galilei u. Descartes. Zeitweilig Mathematiklehrer Karls II. von England u. Erzieher des späteren Earl of Devonshire. 1640–51 in Paris im Exil. H. gilt als einer der ersten Theoretiker, die den Übergang von der philos.-spekulativen u. normativen Staatslehre zu einer erfahrungswiss. Ges.- u. Staatstheorie vollzogen. Entgegen der bisherigen Suche nach den Aufbauprinzipien einer gerechten Ges.ordnung stellte H. die Frage nach der Möglichkeit sozialer Ordnung überhaupt. Ges. u. Staat werden nicht mehr als Niederschlag menschl. Trieb- oder Vernunftlebens interpretiert, sondern als Institutionen zur Beherrschung u. Regulierung der im »Naturzustand« zerstörerisch wirkenden menschl. Antriebskräfte. Damit es bei der Durchsetzung des jedem Menschen zustehenden »Naturrechts«, sich seinem individuellen Luststreben gemäß egoist. auszubreiten, nicht zu einem »Kampf aller gegen alle«, d. h. zur Nutzung des Menschen durch seinesgleichen als Lustobjekt kommt, treten die Menschen ihre naturrechtl. verbürgten Individualrechte partiell an einen Herrscher, an eine Ordnungsinstanz ab. Diese entwik-

kelt eine Rechtsordnung u. eine Herrschaftsstruktur, die im sozialen Konkurrenzkampf der individuellen Freiheitsrechte allen die grundlegenden Lebensrechte garantiert. Ges. erscheint demnach als »notwendiges Übel« zur Sicherung des durch die menschl. Vernunft angeregten Überlebensbedürfnisses.

Schr.: Leviathan oder von Materie, Form u. Gewalt des kirchl. u. bürgerl. Staates, dt. hg. J. P. Mayer, 1936 (1651); Elements of Law Natural and Political, 1939 (1640).
H. Schelsky, Th. H. – Eine polit. Lehre, 1981 (1940); P. C. Mayer-Tasch, Th. H. u. das Widerstandsrecht, 1965; K. M. Kodalle, Th. H. – Logik der Herrschaft u. Vernunft des Friedens, 1971; U. Bermbach u. K.-M. Kodalle (Hg.), Furcht u. Freiheit, 1981; R. Heger, Die Pol. des T. H., 1981; B. Willms, T. H., 1987; ders. (Hg.), Dialog zw. einem Philosophen u. einem Juristen über das engl. Recht, 1992; W. Kersting, T. H., 1992; H. Münkler, T. H., 1993.

Hobby (engl.), »Steckenpferd«, Lieblingsbeschäftigung, Bezeichnung für eine in der Freizeit systemat. u. vorzugsweise ausgeübte Tätigkeit; soviel wie spielerische Arbeit.

Hobhouse, Leonard Trelawney, 8. 9. 1864 St. Ive (Cornwall) – 21. 6. 1929 Alençon (Normandie). Engl. Philosoph u. Soziologe, 1897 Redakteur des »Manchester Guardian«, 1907 als erster Prof. für Soziol. der London School of Economics. In Anlehnung an Spencer verstand er Soziol. als Teil einer allg. Evolutionstheorie. Die soziale Gesamtentwicklung zeigt sich in institutionellen Formen u. religiösen wie ethischen Normen. H. betonte die häufig fehlende Übereinstimmung religiöser, moral., technolog. u. institutioneller Tendenzen auf bestimmten Kulturstufen. Er beurteilte die sozialen Prozesse entsprechend ihrer Förderung oder Hemmung des »rationalen Guten«; Kriterium ist die Entwicklung organ. Harmonie durch Ausdehnung der intellektuellen Kontrolle. In Einzelanalysen der Eigentumsverhältnisse, Klassenspannungen u. institutionalisierten Werte erweist er sich als Vertreter eines polit. Liberalismus, der den Ideen des →Fabianismus nahesteht. Seine Arbeiten wurden vor allem von M. Ginsberg fortgesetzt.

Schr.: The labour movement, [2]1898 (1893); Mind in evolution, [3]1926 (1901); Morals in evolution, 2 Bde. [7]1951 (1906); Social evolution and political theory, 1911; Principles of Sociology, 1918; The rational good, 1921; Elements of social justice, 1922; Social development, 1924; The Making of Man, New York 1931.
M. Ginsberg u. J. A. Hobson, L. T. H., London 1931; H. S. Carter, The social theories of H., Chapel Hill 1927; A. Nicholson, The philosophy of H., Urbana 1928.

Hochkultur, im Gegensatz zu »primitiver«, »niederer«, bloßer »Volks-«Kultur Ges.en mit komplexer Sozialstruktur, die insbes. über Medien u. Institutionen theoret.-wiss. Reflexion, über ausgebildete Mechanismen der Herrschaft u. vertikalen Ordnung (im Vergleich zu genossenschaftlich-homogener Gliederung der »Natur«-Völker), über entwickelte Technologien der Produktion u. Existenzsicherung sowie über urbane (gegenüber bloß ländl.-dörfl.) Lebensformen verfügen. In vielen Ges.en sind die Merkmale der H. ledigl. auf bestimmte Zentren oder soziale Schichten beschränkt, so daß hier Untersuchungen über das Kulturgefälle u. (im sozialen Entwicklungsprozeß) über die Kulturdiffusion interessant werden. H. ist ursprüngl. eine aus ethnozentrist. u. wertender Einstellung europ. u. amerikan. Soz.wissenschaftler entwickelte Bezeichnung, die mit dem Fortschritt der interkult. Forschung u. dem Versuch, fremde Kulturen aus ihren objektiven u. spezif. Bedingungen heraus zu analysieren u. zu verstehen, an Bedeutung verloren hat.

Hochrechnung, die Schätzung von Eigenschaftsverteilungen unter den Elementen einer Grundgesamtheit, von der nur die Eigenschaftsverteilungen unter den Elementen einer Stichprobe daraus (→Auswahlverfahren) bekannt sind.

Hörerforschung, Teilgebiet der Publizistik u. Kommunikationswiss., das sich mit den Wirkungen von Hörfunk u. Fernsehen auf das Publikum befaßt. Es werden die psych. u. sozialen Determinanten untersucht, die die Teilnahme, die Auswahl am Programm u. damit die Richtung u. die Intensität der Beeinflussung bestimmen. Kommerziell arbeitende Massenkommunikationsmittel, die sehr stark auf die Finanzierung durch Werbung angewiesen sind, betreiben regelmäßig H. unter repräsentativen Bevölkerungsquerschnitten (→Auswahlverfahren), um Anhaltspunkte über Motivationen, Interessen, Programmgestaltungswünsche u. Reaktionen ihrer Hörerkreise zu erhalten. Wiss. H. analysiert die institutionellen u. sozialpsycholog. Konstellationen, unter denen durch Radio u. Fernsehen bereits existierende Meinungen u. Einstellungen verstärkt oder verändert bzw. neue Meinungen gebildet werden können.

R. K. Merton, Mass Persuasion, New York u. London 1946; F. Eberhard, Der Rundfunkhörer u. sein Programm, 1962; R. Heinemann, Der Hörer zwischen Musikwiss., Soziol. u. Kulturkritik (KZfSS 21, 1969).

Hörigkeit, soziales Abhängigkeitsverhältnis in der Institution der Grundherrschaft im Feudalismus. Wer vom Grundherrn Land zur Bewirtschaftung übernahm,

Holbach

wurde verpflichtet, dieses nicht zu verlassen. H. bedeutete demnach dingliche Unfreiheit, Schollenpflichtigkeit. Diese Gebundenheit wurde z. T. an die Nachkommen vererbt u. konnte mit dem Land, auf das sie sich bezog, vom Grundherrn weiterveräußert werden. Der Hörige hatte bestimmte Aufgaben zu leisten (Fron- u. persönl. Dienste gegenüber dem Grundherrn u. seiner Familie).

Holbach, Paul Heinrich Dietrich Baron v., franz. Paul Henri Thiry d', 8. 12. 1723 Edesheim (Rheinpfalz) – 21. 1. 1789 Paris, Philosoph u. Vertreter der Aufklärung, lebte seit 1735 in Paris.

Im Kreise der »Enzyklopädisten« vollzog er u. unter Ablehnung der Religion u. des Glaubens an das Übersinnliche eine radikale Wendung zum Sensualismus, Materialismus u. Utilitarismus. Als einer der Begründer der Ideologiekritik kritisierte er zus. mit C. A. Helvétius die Religion als einen ideolog., vernunftwidrigen Vorurteilszus.hang. Dieser diene aufgrund der institutionellen Verflechtung v. Kirche u. Staat der Rechtfertigung u. Absicherung rational nicht legitimierter Herrschaftsverhältnisse. Die durch Ideologiekritik, Aufklärung u. empir. Wissen v. Angst u. Aberglauben befreiten Menschen können eine vernünftige, gerechte u. glückl. Ges. aufbauen.

Schr.: Système de la nature ou des lois du monde physique et du monde moral, Amsterdam 1770 (Verf. Mirabeau u. Druckort London fingiert, dt.: System der Natur, 1783, 1841 u. 1960); Politique naturelle, 1773; Système social, 1773; La morale universelle, 3 Bde., 1776; Éthocratie, 1776; Ausgew. Texte, hg. v. M. Naumann, 1959.
W. H. Wickwar, Baron d'H., London 1935.

Holismus (griech.), »Ganzheitslehre«, Anspruch versch. sozialwiss. Theorien, mit ihren Aussagensyste-

men die Totalität bzw. die Ganzheit eines problematisierten Realitätsbereiches erfassen u. erklären zu können. Sie vertreten die Auffassung, daß die Soziol. wie andere Wiss., die es mit dem »Lebendigen« zu tun haben, nicht atomist., sondern holist. vorgehen sollte. Soziale Gebilde, Gruppen usw. seien mehr als die Summe ihrer Teile (der Mitglieder, Einzelbeziehungen). Das Ganze würde wohl entscheidend durch die individuelle Natur der einzelnen Teile bestimmt, aber die spezif., z. B. gesch. oder regionale Individualität der Konfiguration der Teile zueinander wirke selbständig auf den Zusammenhang der Teile u. damit auf die einzelnen Teile als bes. Qualität zurück. Der H. bevorzugt Begriffe wie Nationalcharakter, Gruppengeist, Klassenbewußtsein. Der Vorwurf des H. wird vom Krit. Rationalismus sowohl gegenüber einer histor. Soziologie u. dem Marxismus als auch gegen sozialwiss. Theorien angemeldet, die biolog. oder Organismus-Analogien bevorzugen. Die auf die Bewältigung komplexer Gegenwartsprobleme (insbes. Umweltkrise) ausgerichtete Reintegration von Natur-, Geistes- u. Soz.wiss.en kommt dem H. wieder entgegen.

A. Meyer-Abich, Ideen u. Ideale der biolog. Erkenntnis, 1933; J. C. Smuts, H. u. Evolution, 1938; K. R. Popper, Das Elend des Historizismus, [5]1979 (1965); K. M. Meyer-Abich, Wiss. für die Zukunft, 1988.

Homans, George Caspar, amerikan. Soziologe, 11. 8. 1910 Boston, Mass. – 29. 5. 1989 Cambridge, Mass., studierte an der Harvard Univ., seit 1939 dort Lehrer, 1946 Assoc. Prof. für Soziol., 1953 o. Prof., 1955–56 Gastprof. für Social Theory Univ. Cambridge, 1963–64 Präs. der American Sociol. Association, Gastprofessuren auch in Manchester u. Kent (Engl.).

H. zählt zu den bedeutenden Theoretikern der neueren Soziol. Im Gegensatz zum Soziologismus der strukturell-funktionalen Theorie entwickelte H. in Anlehnung an Lerntheorien u. Wirtschaftstheorie eine →Verhaltenstheoret. Soziol. u. →Austauschtheorie.

Soziale Phänomene führte er in starkem Maße auf psych. Gegebenheiten zurück; seine Verhaltenstheorie ist insofern psycholog. fundiert (→Reduktion). Orientiert am ökonom. Tauschmodell, interpretiert er Interaktionen als soziale Austauschprozesse, in denen wechselseitige Belohnungen einen Verstärkungseffekt auf bestimmte Verhaltensweisen der jeweiligen Interaktionspartner ausüben. H. hob die enge gegenseitige Beeinflussung von Aktivitäten u. gefühlsmäßigen Einstellungen hervor. In seiner Theorie der Kleingruppe gilt das unmittelbare Zus.wirken von Menschen als das entscheidende Kriterium für eine Gruppe im soziol. Sinne. Für den Gruppenzus.halt gilt, daß sich Interaktionshäufigkeit u. die positiven gefühlsmäßigen Einstellungen der Gruppenmitglieder untereinander wechselseitig verstärken. Im Zuge der Interaktionsprozesse bilden sich gemeinsame Verhaltensnormen u. Wertvorstellungen heraus, die ihrerseits den Gruppenzusammenhang verfestigen. Die Stellung des einzelnen in der Rangstruktur seiner Gruppe hängt davon ab, inwieweit sein Verhalten mit den Gruppennormen übereinstimmt. Die Theorie von H. zählt zu den wenigen Versuchen, fundiert auf empir. Untersuchungen, bestimmte soz. Prozesse u. Zus.hänge als Gesetzmäßigkeiten zu formulieren. Ihm wird vorgeworfen, seine Theorie sei zu allg., mechanist., ahistor. u. reduktionistisch.

Schr.: The Human Group, New York 1950, dt.: Theorie der soz. Gruppe, [4]1969, 1960; Bringing Men back in, in: American Sociological Review 29, 1964; Social Behavior, New York [2]1974, dt.: Elementarformen soz. Verhaltens, [2]1972, 1968; Sentiments and Activities, London 1962; The Nature of Social Science, New York 1967, dt.: Was ist Soz.wiss.?, 1969; Grundfragen soziol. Theorie. Aufsätze, 1972; Coming to my senses, New Brunswick, [2]1985.
Behavioral Theory in Sociology. Essays in Honor of G. C. H., hg. v. R. L. Hamblin u. J. H. Kunkel, New York, 1977; H. W. Boger, Der empir. Gehalt der Austauschtheorie v. G. C. H., 1986.

Homöostase (griech.), »Gleichgewichtsfähigkeit«, bezeichnet die Eigenschaft, bestimmte verursachende Größen u. damit Wirkungen in zulässigen Grenzen oder sogar stabil zu halten, d. h. von außen kommende Störfaktoren durch Gegensteuerung aufzufangen u. auszugleichen. In der Organisationssoziol. unterscheidet man zwei Arten organisator. Handlungsmodelle: (1) Das homöostatische Modell, nach dem eine Organisation daraufhin strukturiert ist, eine hohe Binnenstabilität trotz unterschiedl., sich wandelnder Einwirkungen der Umwelt aufrechtzuerhalten (z. B. preuß.-bürokrat. Verwaltung); (2) das kybernetische Modell, das im Interesse konstanter Wirksamkeit nach außen, und zwar bei sich wandelnden Umweltverhältnissen, das innere Organisationssystem u. die dieses System verlassenden Entscheidungen u. Aktionen entsprechend ändert.

Homogamie (griech.), Heiratsordnung bzw. -gewohnheiten, die eine relativ weitgehende Gleichheit der Charakter- und Wertausrichtung der Ehepartner anstreben. Mitunter wird angenommen, daß

Homogenität

H. wesentlich dazu beiträgt, stabile Familien u. Eheverhältnisse (als Voraussetzung stabiler Ges.) zu schaffen. →Endogamie, →Heterogamie

Homogenität (lat.), Gleichartigkeit, Geschlossenheit, in der Soziol. Strukturmerkmal von Ges.en mit gering entwickelter Arbeitsteilung, einfachen sozialen Beziehungsgefügen, unbedeutenden Interessengegensätzen u. -konflikten. − In ethnischer Hinsicht bezeichnet H. die Übereinstimmung einer Ges. mit einer →Ethnie.

Homo Oeconomicus (lat.), »Wirtschaftsmensch«, wiss. Konstruktion der Wirtschaftstheorie zur präzisen, auf einen bestimmten Problembereich begrenzten Darstellung des menschl. Entscheidungshandelns beim Wirtschaften. H. Oe. ist der idealisierte »Mensch«, der − bei gegebener Präferenzordnung, bei vollkommener Informiertheit u. vollkommener Voraussicht − mit dem Ziel individueller Nutzenmaximierung seine Kauf- u. Verkaufs-, Produktions- u. Konsumtionsentscheidungen rational trifft. In der wirtschaftswiss. Dogmengesch. ist bis in die Gegenwart nicht völlig klargestellt worden, inwieweit h. oe. für den einzelnen Wissenschaftler nur ein Modell, d. h. letztlich nur ein Problem der Heuristik darstellt, oder ob mit dieser Konstruktion eine mehr oder weniger der (generellen oder territorial-histor.spezif.) wirtschaftl. Realität verpflichtete anthropolog. Grundaussage gemacht wird. Mit der Ausbreitung ökonom.-rationaler Erklärungsansätze in den Soz.wiss.en hat die Modellkonstruktion des H. Oe. eine gewisse, die Indidvidualisierung der mod.

Ges. vorantreibende normative Leitbildfunktion gewonnen.

H. Wolff, Der h. oe.: eine nationalökonom. Fiktion, 1926; G. Hartfiel, Wirtschaftl. u. soz. Rationalität, Unters. zum Menschenbild in Ökonomie u. Soziol., 1968; R. B. McKenzie u. G. Tullock, H. Oe., 1984; R. Schüßler, Der h. oe. als skept. Fiktion, in: KZfSS 40, 1988; B. Biervert u. M. Held (Hg.), Das Menschenbild der ökonom. Theorie, 1991.

Homo sociologicus (lat. »soziolog. Mensch«), eine strukturtheoret. Modellkonstruktion innerhalb der Soziol., die insbes. unter dem Einfluß der →Strukturell-funktionalen Theorie u. rollentheoret. Ansätze den sozialisierten bzw. verges.eten Menschen als Inhaber vorgegebener soz. Positionen u. als fremdgesteuerten »Spieler« positionsgebundener Rollen auffaßt. Die soziokult. Persönlichkeit erscheint damit als eine jeweils bestimmte Kombination soz. Rollen, unter weitgehendem Verlust eigener Individualität, Freiheit u. Autonomie. Das soz. Verhalten wird demgemäß durch Rollenerwartungen bestimmt, die den Charakter äußerer Zumutungen u. ges. Zwänge haben. Rollenwidriges bzw. abweichendes Verhalten wird insbes. durch negative Sanktionen (Strafen) eingeschränkt. In diesem reduktionist.-mechanist. Menschenbild werden Einflüsse der gemeinsamen Kultur, der soziokult. Werte, der inneren Kontrollen des Individuums sowie die oftmals gefühlsgeladene Identifikation mit soz. Rollen, die wiederum individuelle Gestaltungsmöglichkeiten offenlassen, vernachlässigt.

R. Dahrendorf: H. S., [15]1977 (1958); F. H. Tenbruck, Zur dt. Rezeption der Rollentheorie, in: KZfSS 13, 1961.

Honoratioren (lat.), »Geehrte«, angesehene Bürger, im polit. u. sozialen Herrschaftssystem eines Gemeinwesens (Gemeinde, Stadt,

Staat) oder einer Organisation (Partei, Verband) bes. privilegierte Personengruppe. Nach welchen sozialen oder individuellen Eigenschaften H. definiert u. legitimiert werden, hängt von den Wertprioritäten der betr. Kultur ab. Das Vorhandensein u. der ges. Einfluß von H. setzt eine hierarch. gegliederte Ges. voraus, in der eine Elite, auf hohes Prestige gestützt, das Monopol polit. u. sozial relevanter Willens- u. Entscheidungsbildung erfolgreich behaupten kann. H. entstammen in der Regel den Besitz- u. Bildungsschichten einer Ges. Wirtschaftl. Unabhängigkeit u. intellektuelle Schulung ermöglichen ihnen eine polit. Aktivität ohne Rücksicht auf ihren sozio-ökonom. Status. Für H. ist typ., daß sie ihre führende u. entscheidende polit. oder ges. Tätigkeit nicht nach Maßgabe von festen Aufträgen u. unter Kontrolle, sondern gemäß einem mehr oder weniger bestimmten u. begrenzten Vertrauen ihrer Mitbürger oder Organisationsmitglieder ausüben. Nach solchen Herrschaftsgrundlagen lassen sich H.-Parteien, H.-Parlamente u. ä. feststellen.

Horde (tatar.-türk., ordu = Heerlager), umherstreifende krieger. Völkerschaft; soziol. Bezeichnung für Sozialgebilde, die nur über gering entwickelte Strukturen in ihren soz. Binnen- u. Außenbeziehungen verfügen, in denen darum kaum Regeln u. Normen zur längerfristig wirksamen (funktionalen wie herrschaftl.) Gliederung u. zum Verhalten gegenüber der sozialen Umwelt gelten. In versch. Theorien über die Entwicklung von menschl. Kultur u. Gesellschaft (z. B. bei S. Freud) spielt die Kategorie der »Ur-H.«, der ersten primitiven u. labilen Form menschl.

Zusammenlebens, eine zentrale Rolle.

H. Zulliger, H., Bande, Gemeinschaft, 1963.

Horizontale Mobilität (griech./ lat.), ein spezieller Aspekt der →Mobilität, der sich auf den Positions- oder Ortswechsel von Individuen, Gruppen u. Kollektiven innerhalb einer Ges. oder im Zus.hang mit internat. Migration (Wanderung) zw. verschiedenen Ges.en bezieht, ohne wesentl. Veränderungen der Statuslage. H. M. deckt sich großenteils mit regionaler M. Oft ist der Wunsch nach soz. Aufstieg das entscheidende Motiv für die Bereitschaft zur h. M.

Horkheimer, Max, 14. 2. 1895 Stuttgart – 7. 7. 1973 Nürnberg. 1922 Dr. phil., 1925 Habil. in Frankfurt/M., 1930 o. Prof. für Soz.philos. u. Dir. Inst. für.forschung Frankfurt, 1934–45 Dir. Inst. for Social Research, Columbia Univ., New York, 1943 American Jewish Council, New York, 1950– 63 o. Prof. für Philos. u. Soziol. Frankfurt; gleichzeitig Prof. für Soziol. (1950–54) Univ. of Chicago, 1963 em., Hg. der »Zs. f. Sozialforschung« (1932–41).

H. war zus. mit Th. W. Adorno Begründer der »Frankfurter Schule« dialekt.-krit. soziol. Theorie (→Krit. Theorie). Er wandte sich gegen die Reduktion von Sozialwiss. auf bloße einzelwiss. organisierte Forschung zum Zwecke der instrumentell-prakt. Lösung aktueller Reproduktionsprobleme der Gegenwartsges., ferner gegen sozialphilos. Spekulationen, die sich nach Maßgabe normativer Wunschvorstellungen für eine »gute« Ges. in Ges.kritik u. prakt. Handlungsanweisungen üben. Grundintention seiner »krit. Theorie« ist die Aufklärung der Men-

Hoselitz

schen darüber, wie sie als Produzenten ihrer Lebensformen soziale Verhältnisse schaffen, unter denen sie leiden u. die darum der Veränderung bedürfen. Soziol. soll, ohne selbst in das Spekulative, d. h. in die Darstellung absolut »guter« Ges. zu verfallen, als Ideologiekritik den Verblendungszustand durchstoßen helfen, der die Menschen an der Wahrnehmung u. am Verstehen ihrer eigenen Existenzbedingungen hindert. Die Empir. Sozialforschung soll die Daten liefern, von denen aus Anspruch u. eingelöste Realität einer Ges. krit. verglichen werden können. Bes. Aufmerksamkeit schenkte H. den Problemen des Verhältnisses von Wiss. u. Ges., d. h. der gesch. Dynamik von sozialer Anschauung u. wiss. Begriff, von theoret. Konstrukten u. empir. festgestellten »Tatsachen«. Seine wiss. Arbeit verstand er immer als »Gegengewicht« gegen Zeitströmungen: kam es ihm in den 30er Jahren darauf an, gegenüber bloßen sozialphilos. Spekulationen das Korrektiv der Tatsachenforschung einzusetzen (Gründung des Frankfurter Instituts für Sozialforschung), so schien es ihm in den 50er u. 60er Jahren erforderlich, gegen einen soziol. Empirismus u. Positivismus die Rolle ideologiekrit.-begriffl. Denkens wieder hervorzuheben. Die Entwicklung zu einer vernünftig-humanen Ges. sah H. insb. durch Tendenzen zum Totalitarismus u. durch bürokrat. Herrschaft gefährdet.

Schr.: Kritik der teleol. Urteilskraft als Bindeglied zw. theoret. u. prakt. Philos., 1925; Anfänge der bürgerl. Gesch.philos., 1930; Studien über Autorität u. Familie (Hg. u. Mitautor), [2]1987 (Paris 1936); Dialektik der Aufklärung (m. Th. W. Adorno), 1969 (1947); (Hg.), The Authoritarian Personality, 1949; Zum Begriff der Vernunft, 1951; Zur Kritik der instrumentellen Vernunft, 1967; Krit. Theorie, 2 Bde., 1968; Traditionelle u. krit. Theorie, 1970; Verwaltete Welt. Gespräch zw. M. H. u. O.

Hersche, 1970; Vernunft u. Selbsterhaltung, 1970; Die Sehnsucht nach dem ganz Anderen. Ein Interview mit Komm. v. H. Gumnior, 1970; Ges. im Übergang (hg. von W. Brede), 1972; Soz.phil. Studien, 1972; Notizen 1950 bis 1969 u. Dämmerung, hg. v. W. Brede, 1974; Die ges. Funktion der Phil., 1974.
W. Post, Krit. Theorie u. metaphys. Pessimismus. Zum Spätwerk von M. H., 1971; A. Skuhra. M. H. – Eine Einführg. in sein Denken, 1974; A. Schmidt u. N. Altwicker (Hg.), M. H. heute: Werk u. Wirkung, 1986; W. van Reijen, H., [3]1992; A. Schmidt, Materialismus zw. Metaphysik u. Positivismus, 1993.

Hoselitz, Berthold Frank, *27. 5. 1913 Wien, emigrierte 1938 nach den USA, 1945–47 Ass. Prof. Univ. Chicago, 1947–48 Assoc. Prof. Carnegie Inst. of Technol. Pittsburgh, 1948–53 Assoc. Prof. Univ. Chicago, 1953 daselbst o. Prof. der Soz.wiss., seit 1952 Dir. des Research Center in Economic Development and Cultural Change; zahlr. Gastprofessuren.
H. zählt zu den bedeutendsten amerikan. Wirtschaftssoziologen u. ist interdisziplinär ausgerichtet. Er beschäftigt sich vorrangig mit dem Modernisierungsprozeß im Hinblick auf die Herausbildung der Industrieges.en u. der Entwicklungsländerproblematik. Die Erforschung des komplexen Phänomens der wirtschaftl. Entwicklung setzt die Überwindung einer Theorie voraus, die nur in rein ökonom. Termini abgefaßt ist. Vielmehr müssen die soziokult. u. polit. Wandlungsprozesse (z. B. Veränderung der Sozialstruktur, des Wertsystems u. der Verhaltensnormen), die mit dem wirtschaftl. Wachstum verknüpft sind, angemessen berücksichtigt werden.

Schr.: als Hg., The Progress of Underdeveloped Areas, Chicago 1952; Sociological Aspects of Economic Growth, Glencoe [2]1962 (1960); zus. mit W. E. Moore (Hg.), Industrialization and Society, Paris 1963; Wirtschaftl. Wachstum u. soz. Wandel, 1969.
Essays on Economic Development and Cultural Change. In Honor of B. F. H., hg. v. M. Nash, Chicago 1977.

Hospitalismus, Bez. für Sozialisationsschäden, die bei Säuglingen u. Kleinkindern infolge längerer Krankenhaus- u. Heimaufenthalte entstehen können. H. meint körperl. u. seelische Entwicklungsstörungen wie phys. Spätentwicklung, geistig-emotionales Zurückbleiben, mangelhaft ausgebildete Kontaktfähigkeit, Antriebsschwäche. Ursachen des H. sind Mangel oder Unregelmäßigkeit an persönl. Zuwendung durch Dauerpflegepersonen sowie unzureichende Anregungen durch die soziale Umwelt.

R. A. Spitz, Hospitalism, in: The Psychoanalytic Study of the Child, 2 Bde., New York 1945–46; ders., Die Entstehung der ersten Objektbeziehungen, ²1959; C. Ernst u. N. v. Luckner, Stellt die Frühkindheit die Weichen?, 1985.

Human Capital (engl.), »menschliches Kapital«, volkswirtschaftl. Bezeichnung für die Betrachtung der Menschen einer Ges. als Träger von (ökon. nutzbarer) Bildung, Ausbildung u. Leistungsmotivation sowie als potentiell bildungsfähigen Faktor.

H. v. Laer, Industrialisierung u. Qualität der Arbeit, 1977; G. Weisshuhn, Sozioökonom. Analyse v. Bildungs- u. Ausbildungsaktivitäten, 1977; T. W. Schultz, In Menschen investieren, 1986.

Humanisierung der Arbeit, Bezeichnung für die Gesamtheit der Bemühungen v. Wiss., Politik, Gewerkschaften u. Unternehmungen, auf der Grundlage interdisziplinärer Arbeitswiss. menschengerechte →Arbeitsbedingungen zu schaffen u. dadurch einen zentralen Aspekt der Lebensqualität zu verbessern: weitestgehende Anpassung v. Maschinen, Geräten u. Produktionsverfahren an den Menschen, Verbesserung der Unfallverhütung, Abbau v. gesundheitl. Belastungen (insb. Schutz vor Berufskrankheiten), Abbau der Schichtarbeit, Ab-

bau übermäßiger Arbeitsteilung u. v. Monotonie, Erweiterung der Arbeitsinhalte u. Qualifikationsmöglichkeiten (→Job), Ausbau der persönl. Entfaltungschancen am Arbeitsplatz, Ausbau der Mitbestimmungs- u. Mitentscheidungsrechte für Arbeitnehmer in Betrieben u. Verwaltungen, flexiblere Regelung der Arbeitszeit, Abbau v. Konflikten im Betrieb, Verbesserung der menschl.-sozialen Beziehungen im Arbeitsleben, Sicherung der Arbeitsplätze. Durch H. d. A. sollen insb. die Frühinvalidität bekämpft u. die Arbeitszufriedenheit bzw. Arbeitsfreude u. damit auch das Lebensglück gesteigert werden. Zu den Auswirkungen zählen weniger Fluktuation, Absentismus bzw. Fernbleiben v. der Arbeit (insb. durch Krankheit), Desinteresse, Leistungszurückhaltung u. resignative Einstellungen, umgekehrt mehr Leistungsbereitschaft, Engagement, Entfaltung v. Kreativität u. ges. Integration. Hinzu kommen ferner positive Auswirkungen auf die gesamte Persönlichkeit des Arbeitnehmers u. sein außerbetriebl. Verhalten, insb. seines Erzieherverhaltens – zugunsten der Verbesserung v. Sozialisationsbedingungen u. damit ges. Chancengleichheit. Wirtschaftl. Zwänge zur Rationalisierung u. zur Verbesserung der unternehmerischen Wettbewerbsfähigkeit können die H. d. A. behindern. Andererseits wird die H. d. A. infolge steigender Bildungs- u. Ausbildungsniveaus u. durch wachsende Ansprüche der arbeitenden Menschen hinsichtl. Partizipation u. Sinnerfüllung auch im Bereich der Arbeit immer mehr zu einer zentralen ges.pol. Aufgabe.

F. Vilmar u. K.-O. Sattler, Wirtschaftsdemokratie u. H. d. A., 1978; H. Kern, Kampf um Arbeitsbedingungen, 1979; G. Wachtler, H. d. A. u. Industriesoziol., 1979; W. Didicher, Die umstrittene H. d. A., 1981; G. Peter u. B.

Zwingmann (Hg.), H. d. A., 1982; W. Pöhler u. G. Peter, Erfahrungen mit dem Humanisierungsprogramm, 1982; F. Vilmar u. L. Kißler, Arbeitswelt: Grundriß einer krit. Soziol. der Arbeit, 1982; Bundesanstalt für Arbeitsschutz (Hg.), Wb. zur H. d. A., 1983; Bundesminister f. Forschg. u. Technologie (Hg.), Ein Programm u. seine Wirkungen, 1983; W. Maier, Kriterien humaner Arbeit, 1983; S. Quintanilla u. B. Wilpert, Besprechungsessay. 20 Bde. »H. des Arbeitslebens«, in: KZfSS 35, 1983; R. Bispinck u. a., H. d. A. u. ihre Zielsetzung, 1986; W. Duell u. F. Frei (Hg.), Arbeit gestalten – Mitarbeiter beteiligen, 1986; N. Altmann u. a., Zukunftsaufgaben der H. des A.slebens, 1987.

Humanökologie (lat./griech.), ein disziplinenübergreifendes Teilgebiet der →Ökologie, das auf die Erforschg. der Beziehungen zw. dem Menschen u. seiner natürl. sowie soziokult. Umwelt ausgerichtet ist. Infolge der weit fortgeschrittenen Umgestaltung u. Ausbeutung der Natur durch den Menschen, ist die natürl. Umwelt zunehmend soziokult. verändert worden. Ein zentrales Problem der H. ist die Erforschg. der soziokult. Ursachen der →Umweltkrise sowie die Analyse der Möglichkeiten einer erfolgreichen Krisenbewältigung. Methodolog. erfordert die H. einen integrativen Ansatz u. ganzheitl. Denken.

B. Glaeser (Hg.), H., 1989; ders. u. P. Teherani-Krönner (Hg.), H. u. Kulturökologie, 1992.

Human relations (engl.) »menschl. Beziehungen«, eine Lehre bzw. Bewegung, die unter prakt. Verwertung betriebspsycholog. u. -soziol. Forschungsergebnisse die Pflege u. Förderung zw. menschl. Beziehungen in Betrieben, Organisationen u. öffentl. Einrichtungen beabsichtigt. Die grundlegenden empir. Untersuchungen begannen 1927 durch E. →Mayo, F. J. Roethlisberger u. W. J. Dickson in den Hawthorne-Werken der Western Electric Company in Chicago. Im Gegensatz zur vorangegangenen Überbetonung materialist. Bestimmungsgründe (Lohnhöhe, physiolog. bedeutsame Arbeitsbedingungen) der individ. Arbeitsleistung (F. W. →Taylor, →Betriebsführung, wiss.) wurde erkannt, daß in enger Verbindung mit den informellen Gruppen die Befriedigung von Bedürfnissen der Betriebsangehörigen nach soz. Geborgenheit u. Anerkennung mitentscheidend ist. Die bewußt-planmäßige Beeinflussung dieser informell-mitmenschl. Aspekte des Betriebslebens zugunsten der Steigerung der Arbeitsleistung hat dazu geführt, daß der H.r.-Bewegung ein Sozialingenieurstum vorgeworfen wurde, bei dem die Veränderung grundlegender betriebl. u. gesell. Strukturverhältnisse vernachlässigt wird.

F. J. Roethlisberger u. W. J. Dickson, Management and the Worker, Cambridge, Mass. 1956 (1939); E. Mayo, The Human Problems of an Industrial Civilization, Boston [2]1956; ders., Probleme industr. Arbeitsbedingungen, (a. d. Amerikan.) 1950; F. J. Roethlisberger, Betriebsführung u. Arbeitsmoral, (a. d. Amerikan.) 1954; B. B. Gardner u. D. C. Moore, Prakt. Menschenführung im Betrieb, (a. d. Amerikan.) 1957; J. Oetterli, H. R., in: E. Gaugler (Hg.), Hdwb. des Personalwesens, 1975.

Hyman, Herbert Hiram, 3. 3. 1918 b. New York – 18. 12. 1985, 1942–45 in der psycholog. Kriegsführung u. für Feldstudien bei der Luftwaffe eingesetzt, 1945–47 Assist. Prof. Brooklyn College, 1957 Prof. Columbia Univ., 1968 Prof. Wesleyan Univ., Progamm-Dir. des UN-Forschungs-Inst. für soziale Entwicklung.

Für die Interview-, Interviewfehler- u. Einstellungsforschung entwickelte er Methoden zur Erfassung des Einflusses der Erhebungssituation auf die gesammelten Forschungsdaten. Nach ihm müssen solche Daten auch interpretiert werden in bezug auf Einstellung, soziale Rollenprägungen u. Bezugsgruppen sowohl der Interviewten als auch der Interviewer. H. entwickelte statist. Maße, diskutierte die Fragen der Zuverlässigkeit u. Gültigkeit, gab Anweisungen zur Analyse empir. Daten, insbes. für das Aufdecken von Interpretationsfehlern bei Korrelationen. Er verwies auf die Problematik, stereotypes Denken mittels standardisierter Fragebogen aufzudecken. H. kritisierte die Verifikation des Typs »Autoritäre Persönlichkeit«. Außerdem stellte er Untersuchungen über Sozialisation an.

Schr.: The Psychology of Status, New York 1980 (1942); Interviewing in Social Research, [2]1965; Survey Design and Analysis, 1955; Political Socialization, New York 1969 (1959); Applications of Methods of Evaluation, 1962; (Hg.) Readings in Reference Group Theory and Research (mit E. Singer), New York 1968; Secondary Analysis of Sample Surveys, New York 1972; The enduring Effects of Education, Chicago 1975; Education's Lasting Influence of Values, Chicago 1979.

Hypergamie (griech.), Heiratsordnung, die es dem einen Geschlecht (meist den Frauen) verbietet, einen Partner mit geringerem soz. Status zu wählen. Partner aus einem höheren Stand, einer höheren Kaste oder Schicht sind dagegen erlaubt. Im Gegensatz dazu bezeichnet Hypogamie das Gebot, einen Partner mit niedrigerem soz. Status auszuwählen.

Hypostasierung, Bezeichnung für die »Verdinglichung« von Begriffen, d. h. für die Vorstellung, daß wiss.-analyt., abstrakte Begriffe identisch sind mit realen Phänomenen oder mit best. Eigenschaften derselben.

Hypothese (griech.), »Vermutung«, »Unterstellung«, Begriff der Wissenschaftstheorie: Aussage oder Satz, mit dem versucht wird, in der materiellen oder soziokult. Realität etwas Beobachtetes im Hinblick auf seine Entstehung, seine Ursache oder Wirkung oder seinen Zusammenhang mit anderen Phänomenen zu erklären. Die H. ist keine sichere Erklärung, sondern bringt nur eine vorläufige Vermutung (bis zu einer evtl. Widerlegung) zum Ausdruck. Es wird gefordert, daß eine H. (a) Realitätsbezug hat, d. h. eine empir. gehaltvolle Aussage über eine angebbare Realität beinhaltet, die anhand beobachtbarer u. kontrollierbarer Tatsachen auch nachgeprüft werden kann, u. daß sie (b) Informationsgehalt aufweist, d. h. die in ihr enthaltenen Informationen müssen logisch mögl. Fälle ausschließen. Je mehr mögl. Fälle in der Realität durch den Inhalt einer H. ausgeschlossen werden, um so größer ist ihr Informationsgehalt. Der Satz »Wenn der Hahn kräht auf dem Mist, dann ändert sich das Wetter, oder es bleibt, wie es ist«, hat z. B. Realitätsbezug, aber keinen Informationsgehalt. In Bezug auf den Umfang der Realität, über die eine H. erklärende Aussagen macht, wird zwischen nomolog., allg. oder Gesetzes-H. u. individueller, singulärer oder partikularer H. unterschieden. Die Gesetzes-H. enthält Aussagen von einer Allgemeinheit, die eine inhalt. Einschränkung auf ein bestimmtes Raum-Zeit-Gebiet ausschließt. Die andere Kategorie von H.n bezieht sich auf einmalige Tatsachen oder auf raum-zeitl. festgelegte (begrenzte) Bereiche der Realität. Allg. H.n können oft nur indirekt durch Überprüfung abgeleiteter partikularer Prüf- bzw. Testh.n empir. Bewährung ausgesetzt werden.

Hysterese 346

Hysterese (griech.),»Das Zurück-bleiben«, bezeichnet den oft beob-achtbaren Tatbestand, daß sich be-stimmte (problematische oder kri-senhafte) Vorgänge u. Entwicklun-gen zu Lasten ihrer Bewältigung oder Überwindung selbst verstär-ken u. verfestigen, wenn sie ein er-hebl. Ausmaß erreicht haben. Die Wirkung kann dann noch anhal-ten, obwohl die Ursache schon weitgehend verschwunden ist. So nährt sich z. B. Arbeitslosigkeit selbst, wenn sie in größerem Um-fang Langzeitarbeitslose um-schließt. Trotz womögl. verbesser-ter Wirtschaftslage sind diese schwer in den Arbeitsprozeß rein-tegrierbar, weil sie hinsichtl. ihrer Fähigkeiten u. Motivation Einbu-ßen erlitten haben.

Ibn Chaldun, Abd ar-Rahman ibn Mohammed, arab. Historiker mit soz.-phil. Orientierung, 27. 5. 1332 Tunis – 17. 3. 1406 Kairo, ent-stammte einer vornehmen, reichen span.-arab. Familie, Ausbildung in mehreren Wiss.en, u. a. Philologie, Philos. u. islam. Recht, Ausübung hoher Ämter (polit. Ämter, diplo-mat. Aufgaben, Prof. an der Azhar-Moschee in Kairo, Oberqadi bzw. oberster Richter ebd.), wiederholt völliger Rückzug zugunsten wiss. Arbeit.
I. C. behauptete, eine neue Wiss. gegründet zu haben:»Wiss. von der Gesch. als die Wiss. von der menschl. Gesellung«. Nach ihm ist der Mensch »dafür geschaffen, im Zus.schluß« mit anderen »zu le-ben«. Nur so u. mit Hilfe der Ar-beitsteilung kann der Mensch seine Grundbedürfnisse (Ernährung, Be-dürfnis nach Schutz, Verteidigung)

befriedigen u. das Überleben er-möglichen. Sein zentraler Begriff Asabiyya bezeichnet das Gemein-schaftsbewußtsein bzw. Stammes-zugehörigkeitsgefühl, das der ver-wandtschaftl. Bindung entspringt u. mit steigendem Verwandtschafts-grad fester ist. Das für die Überle-genheit im Kampf erforderl. Ge-meinschaftsbewußtsein ist im Ge-gensatz zu dem städt.-zivilisierten Leben, mit dem sich die →Deka-denz ausbreitet, am stärksten bei nomadisierenden Stämmen, insbes. bei den Beduinenstämmen ausge-prägt. Hinsichtl. der zur menschl. Natur gehörenden Aggressivität u. Ungerechtigkeit kann in der städt. Zivilisation Ordnung nur mit Mit-teln der Gewalt u. Repression (»künstl.« Gesetze, Androhung von Strafen, aktive Unterdrückung) an-gestrebt werden. Im Gegensatz da-zu wird bei den Beduinenstämmen die innere Ordnung von alten Tra-ditionen, »gewachsenen« Normen, von dem großen Respekt u. der Ehrfurcht gegenüber den Scheichs u. Ältesten, von der freiwilligen Unterwerfung unter die natürl. Autorität der Anführer der eigenen Gruppe getragen. Infolge der Un-terwerfung von Stämmen mit schwächerem Gemeinschaftsge-fühl können Dynastien entstehen. Durch die menschl. Neigung, sich nach erfolgreicher Eroberung dem Luxus u. bequemen Leben hinzu-geben, besteht für die herrschende Gruppe die Gefahr des Scheiterns. Erniedrigung, Gehorsam u. Resi-gnation schwächen den Gemein-schaftsgeist, die Kraft u. die Fähig-keit zum Machterwerb. Insgesamt hat I. C. eine umfassende histor. So-ziol. der islam. Welt entfaltet, die seit der Mitte des 19. Jh.s auch im Abendland große Beachtung ge-funden hat, insbes. seine berühmte Einleitung (»Muqaddima«).

Schr.: Muqaddimat, hg. v. M. E. Quatremère, 3 Bde., 1858; Kital el-ibar (Buch der Beispiele), 7 Bde., Kairo 1867; I. C., Ausgew. Abschnitte aus der muqaddima, übers. aus dem Arab. v. A. Schimmel, 1951; Akdamot le-mada' nahistoryah. The Muqaddimah, prolegomena to history, übers. v. I. Koplewitz, 1966.
N. Schmidt, I. C. Historian, Sociologist and Philosopher, New York 1930.

Ich (lat. ego), Bezeichnung der Theorie der Persönlichkeit für die Gesamtheit der einem Individuum an u. von sich »bewußten« Ordnungs- u. Bezugspunkte, die seine Orientierung u. damit sein Handeln in bezug auf bestimmte materielle u. soziale Gegebenheiten seiner Umwelt mitbestimmen, damit aber auch seine Möglichkeiten zur Aufnahme u. Auswertung von Erfahrungen aus Aktivitäten der Umwelt steuern u. begrenzen. Nach Ansicht der Psychoanalyse entwickelt es sich als Produkt der Auseinandersetzungen zw. den beiden anderen tiefenpsycholog. unterschiedenen Persönlichkeitsschichten: dem →Es u. dem →Über-Ich als den »Instanzen« des Unbewußten, Triebhaften u. des (von der ges. Umgebung bestimmten) moral. Gewissens. Die Aufgabe des I. ist es, die Befriedigung instinktiver, triebhafter Bedürfnisse zu verhindern bzw. nach Maßgabe normativer Maßstäbe zu beschränken oder zu sublimieren. →Ich-Identität. Gemäß der amerik. Soziol. (C. →Cooley), insb. des Symbol. Interaktionismus (G. H. →Mead), entsteht das I. der Persönlichkeit durch Lernen u. Sozialisation im Rahmen wechselseitiger mitmenschl. Beziehungen.

R. Döbert, J. Habermas u. G. Nunner-Winkler (Hg.), Entwicklung des I.s, 1977; I. S. Kon, Die Entdeckung des I.s, 1983.

Ich-Identität (lat.), »Ich-Übereinstimmung«, Begriff der psychoanalyt. orientierten Theorie der Persönlichkeit u. der Persönlichkeitsbildung durch Sozialisation. Er umschreibt ein spezif. Resultat der Vermittlung von Individuum u. Ges., d. h. der gegenläufigen Prozesse ges. Identifizierung des Individuums mit seinen Rollen einerseits u. der persönlichkeitsbestimmten Verortung in u. Stellungnahme zur sozialen Umwelt andererseits. I.-I. bewirkt, daß das Individuum zw. seiner persönl. Identität (d. h. der Struktur seiner individuell gemachten Erfahrungen u. vollzogenen Prägungen) u. seiner sozialen Identität (d. h. den ihm durch Rollenerwartungen abverlangten Verhaltensstrukturen) ein Balance-Verhältnis herstellen kann. Dadurch ergibt sich die Möglichkeit, daß das Individuum trotz seiner Einzigartigkeit sich nicht durch Isolierung aus der Kommunikation u. Interaktion mit anderen ausschließen läßt u. andererseits sich nicht unter die für es bereitgehaltenen sozialen Erwartungen total subsumieren bzw. an diese anpassen läßt. I.-I. ist ebenso auf die verhaltensstabilisierende Wirkung der sozialen Rollen angewiesen wie umgekehrt I.-I. mit in das persönlichkeitsbestimmte Rollenverhalten eingeht als die je versch. Weise, in der die Individuen sich gegenüber den gleichen Erwartungen von »außen« verhalten. I.-I. ermöglicht es dem Individuum, sich mit seinen sozialen Rollen zu identifizieren, sich an ihnen zu engagieren, aber auch krit. Autonomie ihnen gegenüber zu entfalten (Ich-Leistungen) oder unter ihnen zu leiden. →Identität.

G. H. Mead, Geist, Identität u. Ges., 1968 (engl. 1934); E. H. Erikson, Identität u. Lebenszyklus, 1966; E. Goffman, Stigma. Über die Techniken der Bewältigung beschädigter Identität, 1967; A. L. Strauss, Spiegel u. Masken. Die Suche nach der Identität, 1968; L. Krappmann, Soziol. Dimensionen der Identi-

Ideal 348

tät, [5]1978 (1971); D. J. de Levita, Der Begriff der Identität, 1971; E. H. Erikson, Einsicht u. Verantwortung, 1971; E. H. Erikson, Dimensionen einer neuen Identität, 1975; U. Haeberlin u. E. Niklaus, Identitätskrisen, 1978; B. Brüggemann, Die Utopie der besseren Verständigung, 1980; H. Orth-Peine, Identitätsbildung im soz.gesch. Wandel, 1990.

Ideal (griech.), »Musterbild«, sittl. Vorbild, Inbegriff der Vollkommenheit; in der Soziol. gelegentl. Bezeichnung für eine Leitidee des individuellen, gruppenmäßigen oder gesamtes Verhaltens. Untersuchungen zur I.bildung analysieren insbes. für den Prozeß der Sozialisation die Bezugsgruppen oder die sozialen Kontaktpersonen, deren Werthaltungen u. Verhaltensmuster dem Individuum bewußt oder unbewußt zu I.en werden.

Idealfaktoren →Scheler, Max

Idealismus, Bezeichnung für versch. Konzeptionen in der Philosophie u. in der sozialwiss. Methodologie. Der metaphysische oder ontologische I. sieht »Ideen« – im Unterschied zum »Materiellen« (→Materialismus) – als das wahrhaft Seiende oder auch als den Grund des Seins an. Der erkenntnistheoretische I. betont den Anteil des Bewußtseins an der Konstitution der Außenwelt-Erkenntnis. Als Extremform lehrt der subjektive I., daß die Dinge nur als Vorstellungen einzelner Subjekte existieren. Der ethische I. behauptet die Realisierbarkeit moral. Ideale durch die Menschen, deren Tun sich nicht als Funktion einer transzendenten oder einer historizistischen Zwangsläufigkeit (→Historizismus) verstehen lasse. In der sozialwiss. Grundlagendiskussion wird – unter methodologischem Gesichtspunkt – als I. häufig eine Konzeption verstanden, welcher zufolge Ideen, Absichten, Motive

als unabhängige Variablen in der Erklärung sozialer Zustände u. Ereignisse anzusehen sind.

F. Jodl, Kritik d. I., 1920; mehrere Art. z. »I.«, in: Historisches Wörterbuch der Philosophie, Bd. 4, hg. v. J. Ritter u. K. Gründer, 1976; D. Henrich, Konstellationen, 1991.

Idealtyp (griech.), in der Methodologie u. verstehenden Soziol. M. Webers eine gedankl. Konstruktion, die im Hinblick auf einen bestimmten Ausschnitt der gesch.-soziokult. Wirklichkeit durch einseitige Steigerung eines oder einiger Gesichtspunkte u. durch gedankl. Zus.schluß einer Fülle von zugehörigen Einzelerscheinungen gebildet wird. In seiner begriffl. Reinheit ist dieses Gedanken- bzw. Idealbild kein empir. gegebener Realtyp, in der Wirklichkeit nicht vorfindbar u. insofern eine Utopie. Je schärfer u. eindeutiger ein I. konstruiert ist, je »weltfremder« er ist, um so besser leistet er seinen Dienst. Der I. ist von dem Gedanken des Seinsollenden, des Vorbildl. fernzuhalten. Er soll der begriffl.-gedankl. Ordnung der soziokult. Wirklichkeit dienen, in der die Erscheinungen nicht naturwiss. bedeutsamen Gesetzen folgen, sondern im Strom der Gesch. stets individuell-einmalig ausgeprägt sind. Durch die Ermittlung des Maßes der Annäherung einer gesch.-soziokult. Erscheinung bzw. eines konkreten Falles an einem oder mehrere solcher Idealtypen (z. B. jene der legitimen →Herrschaft) können die mannigfaltigen Phänomene eingeordnet u. verstanden werden. →Typ.

M. Weber, Gesam. Aufsätze zur Wiss.lehre, [7]1988; J. Janoska-Bendl, Methodolog. Aspekte des I., 1965.

Ideation, Prozeß der Entstehung einer Idee, eines Problems. Phil. mitunter auch in der Bedeutung, daß eine Besonderheit einer konkreten Erscheinung zu einer abstrakten, davon losgelösten u. verallgemeinert gültigen Idee erhoben wird.

Idee (griech.), ursprüngl. »Erscheinung«, »Gestalt«, »Form«, bei Platon »Urbild«, gegenwärtig allg. Bezeichnung für Gedanken, insbes. für solche, die nicht unmittelbar der Wahrnehmung entstammen: plötzliche Einfälle, schöpfer. Gedanken, Vorstellungen hinsichtl. bestimmter Problemlösungen, Verbesserungen, Handlungsziele u. -möglichkeiten.
Für das dauerhafte ges. Zus.leben sind insbes. solche I.n bedeutsam, die sich in der Auseinandersetzung mit Grundfragen der menschl. Existenz u. Daseinsinterpretation zu Religionen u. Weltanschauungen mit allg., überpersönl. Geltung verdichtet haben. Solche von Religionsstiftern, Propheten, Philosophen u. Intellektuellen hervorgebrachten I.n bilden in enger Verknüpfung mit Wert- u. Sinnvorstellungen grundlegende Bahnen für das Handeln der Angehörigen einer Ges. Die von ihnen gemeinsam geteilten u. vertretenen I.n (»kollektive I.n«) sind wesentl. Elemente des »Kollektivbewußtseins« (E. Durkheim).
In evolutionärer Hinsicht werden der soz. Wandel u. der kult. Fortschritt ges.-endogen meist von neuen I.n (im weitesten Sinne) vorangetrieben, die oft in unvorhersehbarer Weise auftreten. Neue I.n unterliegen hinsichtl. ges. Akzeptanz u. Bewährung einem Ausleseprozeß. Sie können durch Kombination mit anderen I.n in kumulativer Weise die Hervorbringung wiederum neuer I.n erleichtern. Die Dynamik u. Entwicklungschancen einer Ges. u. soz. Gebilde

(insbes. von Unternehmungen u. Organisationen) hängen somit maßgebl. davon ab, inwieweit sich der potentielle I.nreichtum möglichst vieler Angehöriger frei entfalten kann. In der mod. offenen Ges. haben insbes. die Expansion des Bildungs- u. Wiss.bereichs sowie wirtschaftl. Konkurrenz zu einer stark beschleunigten »Produktion« von I.n beigetragen.

M. Weber, Die »Objektivität« soz.wiss. Erkenntnis, in: ders., Gesammelte Aufsätze zur Wiss.lehre, [7]1988; M. R. Lepsius, Interessen, I.n, Institutionen, 1990.

Identifikation (lat.), »Gleichsetzung«, »Wiedererkennen«, (a) psychoanalyt. Bezeichnung für den Prozeß des »Sichhineinversetzens« (bewußt-absichtsvoll oder unbewußt-emotional beteiligt) in die »Lage« eines anderen Menschen, um dessen Verhalten u. Beweggründe verstehen, nachempfinden zu können. (b) In der Theorie der Sozialisation bezeichnet I.Prozesse, in deren Verlauf das Individuum →Ich-Identität gewinnt, Persönlichkeit wird, »zu sich selbst findet«. Das Kleinkind lernt mit der von der Umwelt eingeleiteten Versagung seiner Triebbedürfnisse prinzipiell sich selbst von anderen zu unterscheiden. Dieses Unterscheidungsvermögen wird um so differenzierter, je mehr das heranwachsende Kind in manchen Situationen Befriedigung, in anderen Frustration durch die soziale Umwelt erfährt. Sein Triebleben wird im Hinblick auf die Befriedigungschancen durch Verhaltenspartner nach u. nach strukturiert u. kanalisiert (Sublimierung). Zunächst ledigl. an Lust- u. Unlustgefühlen orientiert, verinnerlicht das Kind normativ geregelte Außenwelt (Internalisierung, Introjektion) u. veräußerlicht es Aspekte seiner Innenwelt durch Projektion. Es setzt sich mit sich selbst »auseinander« durch Auseinandersetzung mit der Umwelt. Markante Stufen der I. sind die Entwicklung der Geschlechtsidentität, die Internalisierung allg. kultureller Normen u. Werte sowie der Rollen der näheren sozialen Umgebung.

Identität (lat. idem »derselbe«), allg. die Übereinstimmung einer Person, eines soz. Gebildes, einer kult. Objektivation oder einer bestimmten Naturgegebenheit mit dem, was sie bzw. es tatsächlich ist, also mit sich selbst (»Selbigkeit«). Im Rahmen der menschl. Lebenswelt ist darüber hinaus für die I. wesentlich, daß in einem Sprachraum eine bestimmte Gegebenheit mit einer verbalen Bezeichnung verknüpft ist u. mit einer solchen weitgehend gleichgesetzt wird. I. bedeutet in Verbindung mit jeweils spezifischen (gleichbleibenden) Merkmalen u. Merkmalskombinationen sowie mit Unterscheidungskriterien Unverwechselbarkeit u. Wiedererkennbarkeit.
In den Soz.wiss.en wurde das Problem der I. insbes. von G. H. → Mead, E. H. →Erikson u. E. →Goffman analysiert. Soziol. bezeichnet I. das mit unterschiedl. Graden der Bewußtheit u. Gefühlsgeladenheit verbundene Selbstverständnis (Selbstgewißheit) von Personen im Hinblick auf die eigene Individualität, Lebenssituation u. soz. Zugehörigkeit (→Kollektive I.). I. ist beim einzelnen nicht von vornherein (a priori) gegeben, sondern bildet sich erst im Verlaufe der Sozialisation durch Interaktionen mit anderen u. durch das Lernen von soz. Rollen heraus, wobei die Phasen der Pubertät u. Adoleszenz besonders wichtig sind.
Durch das Hineinwachsen in eine soziokult. Umwelt weist die I. der sich entfaltenden Persönlichkeit eine soz. Komponente auf, die in traditionalen, relativ stat. Ges.en besonders stark ausgeprägt u. verhaltensbeeinflussend ist. In einer solchen Ges. resultiert die I. des einzelnen vor allem aus der (unreflektierten) Identifikation mit einem soz. Kollektiv (z. B. Familie, Verwandtschaft, Stamm, Zunft oder Stand), als dessen Glied man sich versteht. Dieser Teil des →Selbst, das mit der I. eng verwoben ist, bildet das soz. Selbst bzw. die soz. I.: ein im soziokult. Lebenszus.hang herausgebildetes Mich bzw. Mir (»me«), das gemäß G. H. Mead die gelernten soz. Rollen, die Erwartungen, Reaktionen u. ggf. die für das Selbstwertgefühl wichtige Anerkennung der Handlungspartner zum Ausdruck bringt.
Die zweite Komponente der I. des einzelnen ist die personale bzw. persönl.-individuelle I. (Subjekt-I., Selbst-I., →Ich-I.), die sich mit der Sozialisation entfaltet u. das spontane, aktive Selbst im Sinne von G. H. Mead (»I«) beinhaltet. Persönl. I. bezieht sich auf die Einmaligkeit des einzelnen Individuums im Zus.hang mit seiner unverwechselbaren Lebensgeschichte.
Das »I.sgefühl« des einzelnen vermittelt die Fähigkeit, »sein Selbst als etwas zu erleben, das Kontinuität besitzt, das ›das Gleiche‹ bleibt u. dementsprechend handeln zu können« (E. H. Erikson). Die Verschränkung von persönl. u. soz. I. kommt in der Zuversicht des Individuums zum Ausdruck, daß sich auch die Handlungspartner an der Gleichheit u. Kontinuität seines Wesens, seiner Persönlichkeit orientieren. Das innere Sich-Selbst-Gleichsein, die Kontinuität des Selbsterlebens des Individuums unterliegen dem Einfluß von Er-

fahrungen, lebensgeschichtl., z. T. ges. ausgeprägten Veränderungen (z. B. Übergang von der Jugendzeit zum frühen Erwachsenenalter) u. ggf. biograph. Diskontinuitäten (z. B. Arbeitslosigkeit, Wohnortwechsel, Verlust des Ehepartners), die zu I.skrisen führen können. Das Bewußtsein oder zumindest das Empfinden von Kontinuität und eines Gleichbleibens ist somit in relativierender Weise einer (verändernden) Prozeßhaftigkeit unterworfen (I.sentwicklung).
In der mod. Ges. hat sich infolge beschleunigter Wandlungsprozesse, gesteigerter Differenzierung, Bindungsfreiheit, Mobilität u. Individualisierung ein großer Bedeutungszuwachs der personalen I. ergeben. Bei hoher Bewertung von Freiheit u. Menschenwürde ist die I. des einzelnen nicht mehr so rigide wie in der traditionalen Ges. durch das ges. Verlangen nach bedingungsloser kollektiver Einordnung bestimmt, sondern durch das freigesetzte individuelle Streben nach Entfaltung der eigenen, als einmalig u. unverwechselbar aufgefaßten Persönlichkeit (Individuum-sein als soziokult. Erwartung u. als persönl. Anspruch). Damit hat sich eine Aufwertung der Frage nach der eigenen I., nach dem »Wer bin ich?«, der Selbstreferenz (Ausrichtung auf die eigene Person) u. der Selbstbeschreibung ergeben. Die Ausprägung personaler I. bedarf nun einer verstärkten Auseinandersetzung mit dem soziokult. eingebetteten Selbstverständnis. Bei hoher individueller Anspruchshaltung beinhaltet personale I. eine fortwährende Arbeit des einzelnen an dem Bild von der eigenen Person. Die Wertsteigerung der personalen I. verstärkt die kritische Reflexion, die Veränderung u. ggf. Ablehnung überkommener

soz. Rollen (z. B. Rolle der Frau), Moralvorstellungen, ges. Zumutungen u. bestimmter Verhaltensmuster. Durch krit. Reflexion u. innere Distanz, durch häufigeren Wechsel von Rollen u. Mitgliedschaften ist die soz. I. für den einzelnen labiler, lockerer, individuell disponibler u. gestaltbarer geworden. Die dadurch bedingte Ausweitung persönl. Autonomie ist mit erhöhter I.sunsicherheit verbunden, die je nach Reflexionsvermögen u. psych. Belastbarkeit des einzelnen individuell unterschiedl. bewältigt wird: etwa durch Steigerung der Ich-I., Identifizierung mit einem Vorbild, verstärkte Hinwendung zu einer bestimmten Rolle, Gruppe oder größeren Soz.einheit, z. B. Religionsgemeinschaft (Wiederaufwertung kollektiver I.sabsicherung).

G. H. Mead, Mind, Self and Society, Chicago 1934, dt.: Geist, I. u. Ges., ⁷1988 (1968); E. H. Erikson, Childhood and Society, New York ²1963 (1950), dt.: Kindheit u. Ges., ³1968 (1961); E. Goffman, The Presentation of Self in Everyday Life, Garden City, N. Y. 1959, dt.: Wir alle spielen Theater, 1969; ders., Stigma, Englewood Cliffs 1963, dt.: Stigma. Über die Techniken der Bewältigung beschädigter I., 1974 (1967); D. J. De Levita, Der Begriff der I., 1971 (Paris 1965); A. L. Strauss, Spiegel u. Masken. Die Suche nach der I., 1968 (Chicago 1965); L. Krappmann, Soziol. Dimensionen der I., ⁵1978 (1971); S. H. Filipp, Selbstkonzept-Forschung, 1979; T. Böhm, Verinnerlichung des Anderen, 1983; Soz. Welt 36, Heft 4, Schwerpunkt: Bewußtsein u. I., 1985; H.-P. Frey u. K. Haußer (Hg.), I., 1987; H. Orth-Peine, I.sbildung im soz. gesch. Wandel, 1990; H. Fend, I.sentwicklung in der Adoleszenz, 1991; R. Drewes, I.: Der Versuch einer integrativen Neufassung eines psycholog. Konstruktes, 1993.

Identitätsdiffusion, angesichts einer komplexen u. Anpassung nach vielen Aspekten hin verlangenden sozialen Umwelt die (aus Überforderung resultierende) Auflösung bzw. »Zersplitterung« der Identität. I. wird verursacht durch widersprüchl. Werte, Lebensziele u.

Identitätsverlust 352

Rollenerwartungen, die das Individuum konfligierend bedrängen u. es vor schwer lösbare Entscheidungsprobleme stellen.

Identitätsverlust, Verlust des Selbstbildes, der »geordneten« Vorstellungen über sich selbst u. über die Einordnung in eine (ebenfalls geordnet-strukturierte) soziale Umwelt. I. ist oft die Folge schwerwiegender sozialer Positionenwechsel oder der Ablehnung durch eine dem Individuum bedeutsame Bezugsgruppe.

Ideologie (griech.), »Lehre von den Ideen«, im soziol. Sinne ein unterschiedl. interpretierter Begriff zur Charakterisierung der Zus.-hänge von menschl. Geist u. Ges., Bewußtsein u. polit.-sozialer Macht, Wissen u. Interessen.
In Orientierung an der Alltagssprache trägt der Begriff I. gemeinhin einen abwertenden Akzent, weil er als Kontrast zu »Realität«, »Objektivität« u. »Wahrheit« dient. Danach ist I. Abweichung von sozialwiss. Objektivität u. somit Irrtum. Jeder Versuch, mit dem I.begriff eine soziol. begründete Analyse der Bedeutung u. der dialekt. Beziehung von Wahrheit oder Falschheit des Denkens im gesch. Entfaltungsprozeß zu geben, muß sich an der Gesch. des Begriffs I. selbst orientieren. Der heute mit dem I.-Begriff gemeinte Sachverhalt eines durch ges. Faktoren determinierten bzw. verursachten falschen Bewußtseins ist von der philos. Erkenntniskritik seit dem 16. Jh. aufgenommen worden. F. Bacon (1561–1626) erkannte in seiner Idolen-Lehre die Einschränkungen, Störungen, Trübungen oder Verfälschungen, denen das Denken durch die selektiven sprachl. Formen u. die überlieferten Vorstel-

lungen u. Meinungen im ges. Verkehr unterworfen wäre. Ziel der Analyse ist die Aufdeckung der das Denken hemmenden Faktoren u. die allg. Befreiung des Geistes zu seiner reinen, ungetrübten Kraft im Vollzug einer die sozialen Mechanismen der Fehl- u. Vorurteilsbildung enthüllenden Aufklärung.
Gegenüber dieser unhistor., auf jegliche sozialen Verhältnisse und auf die psych. Vorgänge im Individuum bezogenen sowie an die prinzipielle Macht der Vernunft glaubenden Vorstellung ist für die spätere Aufklärungphilosophie des 17. u. 18. Jh. charakteristisch, daß nunmehr die hinter den Verfälschungsmechanismen stehenden sozialen Funktionen krit. analysiert werden. Bei Hobbes, Spinoza, Holbach, Helvetius ist I. dasjenige in der Ges. vorherrschende soziale Selbstverständnis, das, von den Mächtigen erzeugt, zur Machtsicherung u. -konsolidierung dient. Insbes. werden die religiösen Vorstellungen als Quelle vernunftwidriger Urteile erkannt (Lehre vom Priestertrug). Die Religion diene der Rechtfertigung überkommener Machtverhältnisse, indem die feudal-aristokrat. Monarchie in enger Verbindung mit dem Klerus bewußt das Volk in geistiger Unmündigkeit halte. Später richtet sich das Interesse der I.analyse auch auf die Wirkungen, die die polit. u. staatl. Institutionen auf das Denken u. Verhalten der Bürger ausüben. Es soll durch krit. Analyse des Zus.hanges von polit. Macht u. I. sowohl der Schein u. der Geltungsanspruch u. -umfang des Ideolog. zerstört werden, als letztl. auch die Macht, die in der Verbreitung solchen Scheins sich gründet u. daraus ihre Legitimation bezieht. Dazu bedarf es von vornherein einer utop. Idee von den vernünftigen

Ideologie

Menschen in einer vernünftig strukturierten Ges. Diese soll als entgegengestelltes Zukunftsbild nach Maßgabe der von der Wiss. entdeckten u. durch Aufklärung vermittelten Strukturgesetzlichkeiten des vernünftigen Denkens u. Handelns funktionieren (Positivismus). Wiss. soll allg. verbindl. Regeln für Erziehung u. Gesetzgebung, für staatl. Handeln u. ökonom. Kooperation bereitstellen. Unter Napoleon I. wird solche wiss.-aufklärerische Utopie, die den Verfall des Geistes in herrschaftsdienl. I. bloßlegen u. gemäß den Prinzipien der Vernunft die Ges. befreien wollte, nunmehr »gegenaufklärerisch« selbst dem I.verdacht unterworfen. Seitdem hat der I.begriff, neben der radikalaufklärerischen eine zweite, eine konservative Funktion: indem er dazu dient, rational begründete, auf Ges.- u. Herrschaftsveränderung abzielende Sozialkritik als »wirklichkeitsfern«, »weltfremd« oder »idealist.« zu denunzieren, dient er zur Stützung u. Legitimierung bestehender ges. Strukturverhältnisse gegenüber »ideolog.« Kritikern, Reformern oder revolutionären Denkern. Gegenüber dem optimist. Menschen- u. Zukunftsbild der Aufklärung wird von konservativer Seite fortan, u. zwar unter Berufung auf die angebl. natürl. destruktiven Energien des Menschen, die unumstößl. I.haftigkeit seines Denkens, die mit der »Vernunft« begründete Bemäntelung seiner vitalen, egoist. Interessen hervorgehoben. Es wird geschlußfolgert, daß für die Masse Mythen u. Lebenslügen unentbehrl. seien, weil diese Ordnung u. gegenseitige Sicherheit garantieren. Jeder größere Versuch, durch polit. oder soziale Reformen die Lebensbedingungen der Menschen entscheidend zu

verändern, erscheint nach dieser Konzeption gefährl., weil mit der Veränderung des Herrschaftsapparates die notdürftig unterdrückten aggressiven u. destruktiven Energien freigesetzt würden.
K. Marx propagierte gegenüber der idealist. orientierten Aufklärung seine Erkenntnis, daß eine Überwindung der verfälschten u. verstellten Formen des menschl. Denkens nicht allein durch geistig-rationale Anstrengung geleistet werden könne. Zum Beweis dieser These verwies er gerade auf die Selbsteinschätzung der bürgerl. Ges. des industriellen Kapitalismus, die ihre Legitimation aus der Überzeugung ableitete, die aufklärerisch-philos. Impulse bereits in eine vernünftige, Freiheit u. Gleichheit garantierende reale Ges. überführt zu haben. I. ist nach ihm das Zurückfallen der bürgerl. Ges. in ihrer Realität hinter ihren eigenen Anspruch u. die Selbsttäuschung über diese Diskrepanz im Bewußtsein. Aber diese Selbsttäuschung ist nicht das Ergebnis irgendwelcher Manipulationen von Mächtigen, sondern sie leitet sich aus den Strukturprinzipien der Ges. her. I.haftigkeit des Denkens ist weder unabänderl. noch manipuliertes Merkmal des menschl. Denkens, sondern allein das Ergebnis der aus einer antagonist. Klassenstruktur sich ergebenden u. fortwährend reproduzierenden Widersprüche.
In späteren Beiträgen zum I.problem (Mannheim, Geiger) wird eine Repsychologisierung bzw. Entsoziologisierungstendenz erkennbar, weil Verzerrungen des Denkens, durch soziale Gebundenheit bewirkt, wieder zum allg. Problem, auf alle sozialen Schichten zutreffend, erhoben wurden (»totaler I.verdacht«). Auflösung der I.n wird von einem Denken »auf der

Ideologiekritik

Höhe seiner Zeit«, im Rahmen einer sozial »freischwebenden Intelligenz« erwartet.
I.n lassen sich nach neuerem soziol. Verständnis dadurch definieren, daß sie einen gegebenen ges. Zustand einerseits durch interne Legitimierungen konsolidieren, ihn andererseits nach »außen« oder gegen interne Kritiker gegen seine histor. Alternativen abschirmen oder sogar die histor. Begrenztheit bzw. Selektivität eines bestehenden Zustandes gänzlich leugnen.

M. Horkheimer, Th. W. Adorno, Die Dialektik der Aufklärung, Amsterdam 1947; K. Mannheim, I. u. Utopie, ⁶1978 (1929); Th. Geiger, I. u. Wahrheit, ²1968 (1953); D. Bell, The End of Ideology, 1988 (1960); H. Barth, Wahrheit u. I., 1961; E. Topitsch, Sozialphilos. zwischen I. u. Wiss., 1961; J. Habermas, Theorie u. Praxis, 1963; ders., Erkenntnis u. Interesse, 1968; H.-J. Lieber, Wissen u. Ges., 1953; ders., Phil. – Soziol. – Ges., 1965; N. Harris, Die I.n in der Ges., 1970; K. Lenk, I., ⁸1978 (Bibliographie); E. Lemberg, I. u. Ges., 1971; P. Ch. Ludz, I. begriff u. marxist. Theorie, ²1977 (1976); H. J. Lieber (Hg.), Die Diskussion um das I. problem in den 20er Jahren, 1974; R. Münch, Ges.theorie u. I.kritik, 1975; G. W. Remmling, Der Weg in den Zweifel, 1975; E. Lemberg, Anthropol. der ideolog. Systeme, 1977; H.-J. Lieber, I., 1985; J. Kurucz, I., Betrug u. naturwiss. Erkenntnis, 1986; L. Kudera, Das Modell der I., 1987; E. Strassner, I. – Sprache – Politik, 1987; P. V. Zima, I. u. Theorie, 1989.

Ideologiekritik, wendet sich gegen Ideologien, d. h. gegen Argumentationsweisen, welche Strategien der Verdunklung, Verklärung oder Immunisierung anwenden, indem sie sich dogmatisch gegen mögliche Widersprüche in ihren Aussagesystemen oder gegen Zweifel an ihren Grundannahmen bzw. Paradigmen abschirmen. Neben der Kontrollfunktion für die wiss. Arbeit selbst stehen die Leistungen der I. für die Ges.: I. macht das krit. Denken fruchtbar für die polit. Willensbildung u. die Stärkung sozialer Handlungskompetenz; sie unterstützt die Erziehung zu rationalem Problemlösungsverhalten.

K. Salamun (Hg.), Ideologien u. I., 1992.

Ideologieverdacht →Ideologie

Idiographisch/nomothetisch (griech.), »das Einmalige beschreibend/gesetzgebend«. W. Windelband unterschied zur Klassifikation der empir.en Wiss.en zw. idiographischen Ereigniswiss.en, die das Einzelne und Konkrete in gesch. bestimmter Gestalt untersuchen, u. nomothetischen Gesetzeswiss.en, die das Allgemeine, Gesetzmäßige des Geschehens erforschen; Windelband betonte jedoch, daß eine hist. Kausalerklärung nur durch das Zus.spiel beider Betrachtungsweisen gelingen könne.

W. Windelband, Gesch. u. Naturwiss., in: ders., Präludien, 2. Bd., 1911.

Idol (griech.), Darstellung eines verehrten Wesens, Götzenbild; im allg. Sinne Bezeichnung (a) für ein unzureichend u. leichtfertig, nicht nach seinen versch. Konsequenzen u. seinen effektiven Realisierungschancen durchdachtes (u. darum von anderer Seite u. U. für »falsch« gehaltenes) Ideal, oder (b) für eine bedenkenlos u. träumerisch-illusionär idealisierte Person. →Bacon, F., →Ideologie.

Idolenlehre, eine ideologiekrit. Pionierleistung von F. Bacon, die sich auf die erkenntnistrübenden Idole (»idola«) bzw. Trugbilder u. Vorurteile von Menschen bezieht: idola theatri (überlieferte Meinungen), idola fori (leere Sprachhülsen des tägl. Marktes u. Verkehrs), idola specus (der Höhle des einzelnen Individuums entstammende Meinungen) u. idola tribus (aus der allg. Menschennatur resultierende Vorstellungsbilder).

F. Bacon, Novum organum scientiarum, 1620.

Illegalität (lat.) Zustand oder Verhalten, in dem bzw. durch das die bestehenden gesetzten Regeln u. Vorschriften (Gesetze) einer Ges. verletzt werden.

Illegitimität (lat.), Zustand oder Verhalten, der bzw. das nicht in Übereinstimmung mit dem Wert- u. Normensystem einer Ges. oder einer ihrer sozialen Gebilde (Gruppen, Organisationen, Institutionen) steht.

Image (engl.; von lat. »imago«), gefühlsgeladenes Vorstellungsbild; die Gesamtheit der Vorstellungs- u. Bewertungsinhalte, der Ideen u. Gefühle, die eine Person oder eine Mehrzahl von Personen von sich selbst, von anderen Menschen, von Gruppen, Organisationen, Schichten oder von bestimmten Gegenständen oder materiellen u. sozialen Gegebenheiten hat. Es wird unterschieden (a) das allg. I., das unabhängig vom Stellungsnehmenden, überpersönl., gleichsam allen vorgegeben u. damit allg. existent ist; (b) das Selbst- oder Eigen-I., das sich die Betreffenden über sich selbst, ihren sozialen Standort u. ihre Beziehungen zu anderen entwickelt haben, u. (c) das Fremd-I., das als Summe der strukturierten, entscheidungs- u. verhaltensbestimmenden Vorstellungen u. Beurteilungen anderer besteht. Das I. über eine Person, ein Objekt, eine Tätigkeit, eine Wirkung oder über größere bis globale Zus.hänge ist prinzipiell unabhängig von der objektiven Kenntnis der betr. empir. Sachstruktur. Es ist vielmehr das subjektiv gewertete, jedoch von sozialen u. kult. Leitbildern u. von selektiven sozialen Wahrnehmungen bestimmte u. verarbeitete Bild von der Wirklichkeit. Die Bedeutung des I.s für das soziale Handeln besteht (a) in ihrer Orientierungsfunktion zur Einordnung von komplexen, informativ nicht umfassend zugängl. Sachverhalten in ein bereits vorhandenes, durch soziale Erfahrungen geprägtes System von Wahrnehmungsgehalten u. Bezugsgruppen; (b) in ihrer Entlastungsfunktion durch die ihnen innewohnende pauschalierende, stereotypisierende Ideologisierungstendenz, u. (c) in ihrer Zuordnungsfunktion als ein Maßstab für alternative Konformitäts- oder Abweichungsentscheidungen nach dem Eigengruppe-Fremdgruppe-Verhaltensmodus.
Bes. Beachtung hat die I.-Forschung bisher in der Konsumsoziol. u. in der Polit. Soziol. erfahren, d. h. dort, wo es um die Aufklärung von Vorstellungs- u. Beurteilungskriterien geht, durch die Kauf- u. Wahlentscheidungen bestimmt werden. Die ökonom. Absatz- u. Verbrauchsforschung hat festgestellt, daß Konsumgüter nicht nur wegen bestimmter Produkteigenschaften (Gebrauchswert u. -qualität) gekauft werden, sondern auch wegen spezif. Vorstellungen über das soziale Ansehen der produzierenden Firmen, der vermuteten Käuferschichten u. des Produktes selbst. Die Wahlsoziol. analysiert das Phänomen, daß polit. Kandidaten von großen Wählergruppen nicht wegen der von ihnen vertretenen Programme u. Politik, sondern wegen ihres persönl. I. als Gesamtbild ihrer (vermuteten oder bewußt herausgestellten) persönl. Eigenschaften u. Taten bevorzugt werden. Die Ergebnisse solcher I.-Forschungen (die z. T. unveröffentl. bleiben) werden benutzt, um manipulative Aktionen zur Herstellung, Pflege u. Stärkung von I.s über Waren u. Personen »rational« anzusetzen.

K. Boulding, The I., Ann Arbor 1956; H. Moore, G. Kleining, Das Bild der soz. Wirklichkeit, Analyse der Struktur u. d. Bedeutung eines I., in: KZfSS 11, 1959; dies., Das soz. Selbstbild der Ges.schichten in Dtl., in: KZfSS 12, 1960; B. Spiegel, Die Struktur der Meinungsverteilung im soz. Feld, 1960; G. Kleining, Über soz. I.s, in: KZfSS, Sonderheft 5, 1961; D. J. Boorstin, The I., New York 1964; H. M. Kepplinger u. a., Medientenor u. Bevölkerungsmeinung, in: KZfSS 38, 1986.

Imagination (lat.), Phantasie, Vorstellungskraft

Imitation (lat.) →Nachahmung

Immanent (lat.), »darin bleibend«, in der wiss. Diskussion oder im Aussageanspruch oder Geltungsbereich einer Theorie eine bestimmte Grenze nicht überschreitend. So beschränkt sich z. B. eine i.wiss. Kritik auf die Überprüfung ledigl. der von einem theoret. Aussagensystem selbst festgelegten Voraussetzungen, der daraus abgeleiteten Schlüsse u. des zur Beweisführung herangezogenen wiss. Untersuchungsmaterials – ohne dabei den eigenen (anderen) Standpunkt vergleichend hervorzuheben oder als Beurteilungsmaßstab zu benutzen.

Immunisierung (lat.), Ausstattung mit der Eigenschaft der »Unempfindlichkeit«, »Unempfänglichkeit« (im medizin. Sinne: gegen Krankheit, Ansteckung); wiss.theoret. Bezeichnung für die Anlage u. Formulierung einer Theorie, die eine empir. Überprüfung der in ihr enthaltenen Aussagen über bestimmte Kausalbeziehungen nicht mehr möglich macht. →ceteris paribus

H. Albert, Marktsoziol. u. Entscheidungslogik, 1967.

Imperativ (lat.), Erfordernis, Notwendigkeit.

Imperialismus (lat., von »imperium« = Oberbefehl, Kaiserreich, Weltreich), Bestreben einer ges. Ordnung bzw. einer diese repräsentierenden Herrschaft, ihren wirtschaftl., kulturellen, militär. u. polit. Macht- u. Einflußbereich ständig zu erweitern. Im engeren Sinne nach dem Marxismus das höchste u. letzte Entwicklungsstadium des Kapitalismus seit der Wende vom 19. zum 20. Jh. (Lenin).

Die Bezeichnung I. wurde erstmals im Zus.hang mit den kontinentaleurop. Hegemonialbestrebungen Napoleons I. geprägt u. erfuhr ihre große Verbreitung mit der kolonialen Expansionspolitik der europ. Staaten (teils ausgehend von den Ergebnissen mittelalterl. u. frühneuzeitl. Landbesitzregelungen) seit der Mitte des 19. Jh.s. Seit dieser Zeit wird mit dem I. die Vorstellung aggressiver, mit militär. Machtmitteln verbundener und durchgesetzter Ausbreitungspolitik verbunden.

Polit.-ökonom. Theorien zur Entstehung u. Ausbreitung des I. nehmen Bezug auf die bes. Entwicklungsprozesse u. Strukturverhältnisse hochkapitalist. Industrienationen. Die durch techn. Fortschritt u. Rationalisierung ermöglichte Steigerung der Produktivität u. des Güterangebots würde zur Vermeidung von Krisen eine Expansion des Wirtschaftssystems u. Absatzgebietes unvermeidl. machen. Zugleich würden die ehemaligen Kolonien als billige u. profitträchtige Rohstoffquellen ausgenutzt werden. An die Stelle polit. u. militär. Abhängigkeit dieser formal selbständigen Staaten von den Industrieregesen sei weitgehend eine wirtschaftl. getreten, wobei die imperialist. Beherrschung indirekt mittels einer einheim. Oberschicht

korrumpierter Feudalherren, Militärs u. Regierungsbürokraten abgestützt werde.
Mit den wirtschaftl.-polit. Expansionsbestrebungen verbanden sich im I. oft humanitäre, religiöse u. missionar. Sendungsvorstellungen, die der Diskriminierung anderer Völker Vorschub leisteten, indem sie von der anthropolog.-philos. Seite her imperialist. Politik noch legitimierten.

F. Sternberg, Der I., 1926; G. W. F. Hallgarten, I. vor 1914, 2 Bde. 1951; ders., Das Schicksal des I. im 20. Jh., 1969; W. I. Lenin, Der I. als höchste Stufe des Kapitalismus, Werke Bd. 22, ⁸1966; P. A. Baran, Polit. Ökonomie des wirtschaftl. Wachstums, 1966; E. Varga, Die Krise des Kapitalismus u. ihre polit. Folgen, 1969; H. U. Wehler (Hg.), I., 1970; D. Horowitz, I. u. Revolution, 1970; W. Mommsen, I., 1977; D. Senghaas, I. u. strukturelle Gewalt, ⁵1980; G. Schöllgen, Das Zeitalter des I., ²1991 (1986).

Implementation (lat.), Bezeichnung für die Anwendung u. Durchführung v. polit. Programmen u. staatl. Gesetzen. Die Verwirklichung programmatischer Zielsetzungen (z. B. Umweltschutz) wird durch Gesetze (z. B. Umweltrecht) nicht erreicht, wenn unzureichende Sanktionsmöglichkeiten u. Vollzugstätigkeiten der Behörden sowie starke Widerstände der Normadressaten ein Vollzugsdefizit entstehen lassen. Die I.forschg. befaßt sich mit den Ursachen der Kluft zw. Programm u. Gesetz einerseits u. der Realität u. Wirkung andererseits.

J. L. Pressman u. A. B. Wildavsky, I., Berkeley, 1973; R. Mayntz (Hg.) I. polit. Programme, 1980; H. Wollmann (Hg.), Pol. im Dickicht der Bürokratie. Beiträge zur I.forschg., 1980; R. Mayntz (Hg.), I. polit. Programme II, 1983.

Implicit (lat.), »es ist eingeschlossen«; als Anlage wohl mit vorhanden, aber nicht offen entfaltet; in der Aussage mit eingeschlossen, eigentl. mitgemeint. →explicit

Implikation (lat.), »Verflechtung«, »Einschließung«, die log. Beziehung zwischen Aussagen in dem Sinne, daß eine Verknüpfung bzw. Abhängigkeit der Wahrheitswerte der Aussagen besteht.

Imponderabilien (lat.), »Unwägbarkeiten«, unfaßbare, unbestimmbare Einflüsse, Einwirkungen.

Imponierhaltung, Imponiergehabe (lat.), Verhalten, das »Eindruck machen«, Bewunderung oder Achtung hervorrufen soll; Bezeichnung der Ethologie für alle Gestik u. Mimik sowie für opt. oder akust. auffällige Veränderungen körperl. Merkmale und Bewegungen, die beim Verhaltenspartner drohend, kampferöffnend, werbend oder entmutigend wirken (sollen). Im sozialen Verkehr unter Menschen äußert sich I. im Vorzeigen von »ehrwürdigen« u. begehrten Abzeichen u. Symbolen, im Andeuten von phys. Kraft u. Überlegenheit oder (in konsumorientierten Ges.en) im Geltungskonsum.

Incentives (engl.), »Anreize«, »Antriebe«, Aktionen oder Reaktionen auslösende Stimuli. Im engeren Sinne betriebl. Arbeitsanreizsysteme, die auf der Grundlage der psycholog. Prämissen der Wiss. →Betriebsführung (F. W. Taylor) die Arbeitswilligkeit u. damit die Arbeitsproduktivität durch Rationalisierungsmaßnahmen u. strenge Leistungsabhängigkeit der Entlohnung zu steigern versuchen.

Indeterminismus (lat.), Lehre von der »Nichtabgrenzbarkeit«, »Nichtbestimmbarkeit«, in der Soziol. eine subjektivist.-individualist. orientierte Betrachtungsweise der Entstehung, Entwicklung u. Wirkungen sozialer Phänomene, die letztl. zufällig u. willkürl. entstandene ideelle Motive einzelner Menschen als die für die Gesch. u. für die sozialen Strukturen bestimmende Faktoren ansieht. Im engeren Sinne Bezeichnung für eine sozialwiss. Theorie, die von der Willensfreiheit des Menschen, d. h. von seiner prinzipiellen (Entscheidungs-)Unabhängigkeit von vorhandenen sozialen Situationen bzw. Reiz- u. Motivationslagen ausgeht. →Determinismus.

K. R. Popper u. J. C. Eccles, Das Ich u. sein Gehirn, 1982.

Index (lat.), »Anzeiger«, »Verzeichnis«; (a) in der Sozialstatistik ist der I. eine Meßzahl, die das relative Verhältnis mehrerer Zahlen zueinander angibt. In der Regel werden mit dem I. Angaben gemacht über die Veränderung der Größenwerte eines sozialen oder ökonom. Merkmals im Zeitablauf oder über die relative Veränderung versch. Merkmale zueinander. Die I.methode wird benutzt, um z. B. Veränderungen im Preisniveau einer Wirtschaft absolut oder relativ, d. h. in bezug auf die Veränderungen im Lohnniveau oder Produktivitätsniveau festzustellen.
(b) In der Empir. Soz.forschg. ist der I. eine neue (umfassende) Dimension, die sich aus der Zus.fassung von zwei oder mehreren Indikatoren ergibt. Diese sind wiederum auf verschiedene Variablen ausgerichtet, denen spezielle, enger gefaßte Dimensionen (Teildimensionen) zugrunde liegen. Voraussetzung für die I.bildung bzw. -konstruktion ist eine positive →Korrelation zw. den Teildimensionen. Indikatoren z. B. für den I. Wohnzufriedenheit können bei einer Befragung folgende sein: Lage der Wohnung, Größe der Wohnung (Wohnfläche), Zahl der Zimmer, Ausstattung, Schallisolation, Miethöhe.
c) In der kath. Kirche bildet der I. librorum prohibitorum (kurz: I.) das amtl. Verzeichnis derjenigen Bücher, die gegen ein kathol. Dogma oder eine Moralvorschrift verstießen u. darum für die Mitglieder der Kirche verboten wurden (zuerst 1559; letzte Aufl. 1948; seit 1966 nicht mehr kirchl. Gesetzeskraft, aber weiterhin moral.-normative Bedeutung).

Indexikalität →Ethnomethodologie

Indifferenz (lat.), »Unentschiedenheit«, »Gleichgültigkeit«, Engagementlosigkeit; nach Meinung versch. soziol. Theoretiker soziales Mentalitätsmerkmal der Menschen in hochentwickelten (durch vielseitig verästelte u. von pluralist. Interessen bestimmter Rollensysteme gekennzeichneten) Industriegesellschaften.

Indikator (lat.), »Anzeiger«, beobachtetes Phänomen, empir. ermitteltes Meßergebnis oder Meßzahl (als Verhältnis der Größen versch. gemessener Merkmale), soweit sie als Beweis für das Vorhandensein von theoret. behaupteten Kausalverhältnissen gelten.
→Soz. I.en für die Messung der →Lebensqualität in einer Ges. sind z. B. Wohnraumfläche pro Einwohner, Schüler pro Lehrer, Einwohner pro Arzt, Ausgaben für Kindergartenplätze.

Indikatoren-Analyse →Soziale Indikatoren

Individualismus, in versch. Wiss. grundlegende Lehre bzw. Auffassung, die das Individuum in den Mittelpunkt stellt bzw. die Vorran-

Individuation

gigkeit seiner Interessen, Bedürfnisse, Rechte, Entwicklung usw. gegenüber der sozialen Umgebung hervorhebt. Der polit.-anthropolog. I. interpretiert das Individuum als vor-ges. Einzelwesen, als Träger vorstaatl. u. vor-ges. Rechte (Grundrechte), betrachtet es als Selbstzweck u. erkennt in seiner allseitigen (nur durch die Lebensrechte anderer Individuen begrenzten) Entfaltung das höchste ird. Lebensziel. Staat u. Ges. gelten hier ledigl. als Plattform u. Hilfsmittel zum Erreichen dieses Ziels. Die sozial-philos. Konsequenz dieser Auffassung ist der Entwurf u. das Eintreten für eine ges. Ordnung, in der als Orientierungsmaßstab für »gerechte« Verhältnisse die Beachtung u. Einlösung aller individuellen »natürl.« Antriebe, Bedürfnisse u. Rechte gilt, durch deren Zusammentreffen u. Zusammenspiel gleichzeitig ein optimaler sozialer Zustand erreicht werden könne (Liberalismus). Wirtschaftstheoret. führt die Vorstellung zu der Überzeugung, daß der ges. wirtschaftl. Prozeß vom individuellen Egoismus als gesch. unabhängiger u. naturgegebener Wirklichkeit bestimmt wird, u. daß eine Ges. autonom planender u. frei konkurrierender Individuen gleichzeitig die optimale soziale Ordnung schafft (→homo oeconomicus). Der soziol. I. (Atomismus) analysiert soziale Vorgänge oder Gebilde als bloße Wechselwirkungen aufeinander einwirkender Individuen u. leugnet die Existenz sozialer »Tatsachen«.

Der I. entwickelte sich als Weltanschauung des frühen Bürgertums. Er war ursprüngl. eine aus der Aufklärungsphilosophie hervorgegangene, an Humanitäts- u. Autonomievorstellungen orientierte emanzipator. Kraft, die der geistigen u. polit. Befreiung des Indivi-

duums aus den absolutist.-feudalklerikalen Bindungen u. Beschränkungen diente. Mit der fortschreitenden Entwicklung demokrat. strukturierter bzw. Demokratie anstrebender Industrieges.en wurde der I. insoweit zu einer reaktionären Kraft, als mit ihm soziale, ökonom. u. polit. Ungleichheits- u. Herrschaftsverhältnisse als »natürl.« u. damit »notwendige« Ergebnisse des Rechtes auf freie Entfaltung der Persönlichkeit legitimiert wurden (Sozialdarwinismus).

In der mod. Ges. ist ein sich zunehmend verstärkender I. – stimuliert durch steigende Bildungsniveaus u. individuelle Autonomieansprüche sowie in Wechselwirkung mit der Abschwächung überkommener soz. Lebensformen u. Strukturen, mit der Pluralisierung von Weltanschauungen u. Wertorientierungen u. mit erhöhter Mobilität – zu einer ges. prägenden Kraft ersten Ranges geworden. Allerdings besteht in hochentwickelten Wohlstandsges.en die Gefahr, daß der bürokrat. Sozialstaat mit seinen Nivellierungs-Tendenzen den I. als Antriebskraft für Leistung, Innovation u. ges. Entwicklung übermäßig einengt.

V. Vanberg, Die zwei Soziol.n, 1975; L. Dumont, I., 1991.

Individualität →Individuum

Individuation (lat.), »Vereinzelung«, die betont eigenverantwortl., kreative u. selbstproduktive Stellung des Individuums gegenüber den ges. Gruppen u. deren Werten u. Normen. I. meint nicht (wie mitunter irrtüml. interpretiert) verstärkte Isolierung u. Absonderung von der sozialen Umwelt.

R. Reichwein, Sozialisation u. I. in der Theorie T. Parsons (Soz. Welt 21/22, 1970/71).

Individuum (lat.) das »Unteilbare«, das Einzelwesen; das in raumzeitl. u. qualitativer Besonderung einmalige Wesen, das nicht mehr geteilt bzw. unterteilt werden kann, ohne seine bes. Existenz, die in seiner geschlossenen Ganzheit liegt, zu verlieren. Als menschl. I. ein selbständiges, vernunfts- u. willenfähiges Wesen, das sich durch eine spezif. Gesamtheit strukturierter u. gegenüber anderen I. abgrenzbarer Merkmale der Denk- u. Verhaltensweise sowie der körperl., geistigen, kulturellen u. sittl. Eigenschaften auszeichnet.

In der soziol. (u. sozialphilos.) Dogmengesch. ist das I. wiederholt als eine begriffl. Entgegensetzung zu Gemeinschaft u. Gesellschaft verstanden worden, indem es – prinzipiell unabhängig von den Faktoren seiner ges. Umwelt – ledigl. als eine »geistige«, über freien Willen verfügende u. sich selbst Maßstäbe setzende (oder nur einer metaphys. Macht verantwortl.) Einheit interpretiert wurde. Alle Richtungen der Gegenwartssoziol. gehen jedoch von der anthropolog. Prämisse aus, daß das I. im soz. Sinne erst durch die Ges. zu dem werden kann, was es in der spez. Ausprägung seines (bisher nur unzureichend erforschten) genet. Potentials als soz. Wesen, als Persönlichkeit darstellt. Dementsprechend verweist die Soziol. auf die →Interpenetration (gegenseitige Durchdringung) von I., Kultur u. Ges. Die Entfaltungschancen des I.s u. Möglichkeiten der Bewußtwerdung eigener Individualität hängen von dem Entwicklungsniveau u. von der jeweiligen Eigenart einer Kultur u. Ges. ab. Die mod. Ges. westl. Prägung ist mit einer dynam. wirkenden Aufwertung des I.s u. der Individualität verbunden.

R. Linton, Ges., Kultur u. I., 1974 (engl. 1945); C. Daniel, Theorien der Subjektivität, 1981; M. Frank, Die Unhintergehbarkeit von Individualität, 1986; O. Massing, Verflixte Verhältnisse, 1987; R. Hitzler, Sinnwelten, 1988; H.-G. Brose u. B. Hildenbrand (Hg.), Vom Ende des I.s zur Individualität ohne Ende, 1988; U. D. Fabio, Offener Diskurs u. geschlossene Systeme, 1991.

Induktion, induktive Methode (lat.), »Überleitung«, Begriff der Wissenschaftstheorie für ein bestimmtes method. Verhältnis von Theoriebildung u. Beobachtungsdaten. Allg. das Herleiten von Regeln (Gesetz, Hypothese) aus erfahrbaren Einzelfällen der Realität. Die neuere Diskussion um das »Induktionsproblem« hat ergeben, daß es logisch nicht mögl. ist, allein aus Beobachtungsergebnissen Theorien zu gewinnen, da jede Theorie, weil sie aus generalisierenden Hypothesen besteht, immer über den Gehalt der einzelnen Beobachtungsaussagen hinausgeht. Seitdem wird ein reiner »Induktivismus« abgelehnt, der glaubt, Theorien mit mehr oder weniger einfachen Schlußverfahren aus der Erfahrung ableiten zu können. Verfahren der I. werden nicht mehr in erster Linie im Zus.hang mit der Entdeckung, sondern vor allem mit der Begründung u. Bewährung theoret. Aussagen erforscht, d. h. die I. gilt nur noch als eine in den Erfahrungswiss. unentbehrl. Methode, die Richtigkeit eines Satzes durch Überprüfen von betr. Einzelfällen in der Wirklichkeit immer wieder zu bestätigen (→Falsifizierbarkeit, →Verifikation).

K. R. Popper, Logik der Forschung, [8]1984 (1934); H. Albert, Probleme der Wissenschaftslehre in der Sozialforschung (Hdwb. d. Empir. Sozialforschung I, [2]1967).

Industrialisierung, im ökonom. Sinne Prozesse der techn.-wirtschaftl. Veränderung von agrar. zu industriellen Produktions- u. Dis-

Industrialisierung

tributionsweisen mit dem Ergebnis ständigen gesamtwirtschaftl. Wachstums (reale Steigerung des Sozialprodukts pro Kopf der Bevölkerung). Seit dem frühen 18. Jh. vollzog sich I. von England aus als Ablösung der traditionalen, wirtschaftl. selbstgenügsamen ständ. (»statischen«) Ges. vorindustrieller Zeit durch eine am Prinzip der Rationalität u. Konkurrenz orientierte Leistungsgesellschaft. In der Soziol. wird die I. im Hinblick auf die kulturellen, polit., sozialen u. weltanschaul.-religiösen Faktoren analysiert, die als Voraussetzungen u. Folgen mit solchen Strukturwandlungen verbunden sind. Dazu zählen u. a. die Entfaltung mod. Erfahrungswiss. u. des techn. Fortschritts; Prozesse der Klassenbildung sowie der sozialen Umschichtung u. Mobilität horizontaler (Landflucht, Verstädterung) u. vertikaler Art (Abstieg selbständiger Handwerker, Aufstieg der Unternehmer u. großer Angestellten-Berufsgruppen); Veränderung des ges. Wert- u. Normensystems (individ. Leistungsethik, privatrechtl. Vertragsfreiheit, Gewerbefreiheit, Rentabilitäts- u. Rendite-Interessen, Kapitalorientierung); das Verhältnis von techn.-betriebsorganisator. Verbesserungen zu neuen Herrschafts- u. Führungsstrukturen (I. u. Bürokratisierung); der gegenseitige Einfluß von Wirtschaftswachstum, sozialem Wandel u. Bevölkerungsweise einer Ges.

Jeder Entwicklungs- bzw. Wachstumsphase der I. entspricht eine bestimmte soziale Infrastruktur, d. h. die Strukturen der Unternehmen u. Haushalte, die Formen des Gütertausches u. des Geld- u. Kreditsystems werden entscheidend mitgeformt durch das Bildungssystem u. -niveau einer Bevölkerung, durch spezif. Ausprägungen der Berufsstruktur, der staatl. Bürokratie, der Rechtsordnung, des Informations- u. Transportwesens, der Leistungsansprüche u. -motivationen der ges. Schichten.

Im Zus.hang mit weltweiter Wirtschaftskonkurrenz, unterschiedl. Rahmenbedingungen (Lohnniveau, Steuerbelastung, Gewerkschaftspol., Gesetze), erleichterter Verlagerungsmöglichkeiten von Produktionsstätten, mit techn. Fortschritt u. Strukturwandel kommt es in einzelnen Ländern u. Regionen − insbes. in solchen mit einer Konzentration von Altindustrien − zu Prozessen der De- bzw. Ent-I. Zur Bewältigung des Strukturwandels wird durch Verbesserung der Rahmenbedingungen u. durch Förderung neuer Technologien (Mikroelektronik, Telekommunikation, Gentechnik, Solartechnik, neue Werkstoffe) eine Re-I. angestrebt.

Die Überwindung der globalen Umwelt- u. Überlebenskrise erfordert eine strikte ökolog. Ausrichtung der weiteren I. in den hochentwickelten Ges.en sowie der begonnenen I. in den Entwicklungsges.en: durch internat. abgestimmte umweltpolit. Maßnahmen beschleunigte Durchsetzung möglichst umweltschonender Produktionsverfahren u. Produkte; vorbeugender Umweltschutz u. Umweltverträglichkeit, Rohstoff- u. Energieeinsparung, Recycling, Umstellung auf regenerierbare Rohstoffe u. Energieträger als notwendige Bewährungskriterien künftiger I.; weitestgehende Unterstützung einer ökolog. ausgerichteten I. der Entwicklungsges.en durch verzichtbereite hochindustrialisierte Wohlstandsges.en.

M. Weber, Die protestant. Ethik u. der »Geist« des Kapitalismus (Gesammelte Aufsätze zur Religionssoziol. I, ⁹1988 (1905); W. Sombart,

Industrial Relations

Der mod. Kapitalismus, 3 Bde., 1987 (1902, 3. Bd. 1927); R. H. Tawney, Religion and the Rise of Capitalism, London 1926 (dt.: Religion u. Frühkapitalismus, 1946); J. Schumpeter, Theorie der wirtschaftl. Entwicklung, ⁵1952; W. W. Rostow, The Stage of Economic Growth, Cambridge 1960 (dt.: Stadien wirtschaftl. Wachstums, 1961); D. McClelland, The Achieving Society, New York 1961 (dt.: Die Leistungsges., 1966); B. F. Hoselitz, W. E. Moore (Hg.), Industrialization and Society, UNESCO, Paris 1970; W. Fischer, Wirtschaft u. Ges. im Zeitalter der I., 1972; K. Polanyi, The Great Transformation, 1977 (1943); R. Hamann, Revolution u. Evolution, 1981; J. Huber, Die verlorene Unschuld der Ökol., 1982; H. Kaelble, I. u. soz. Ungleichheit: Europa im 19. Jh., 1983; D. Otten, Die Welt der Industrie, 2 Bde., 1986; F.-W. Henning, Die I. in Dtl. 1800–1914, ⁸1993.

Industrial Relations (engl.) »industrielle Beziehungen«, die Gesamtheit der Arbeitgeber-Arbeitnehmerbeziehungen, d. h. das System von Regeln, nach denen die Arbeitgeber- u. Arbeitnehmerseite ihre bes. Interessen artikulieren, konfrontieren, aushandeln u. institutionalisieren. Hierzu gehören: Gewerkschaftl. Satzungen u. Handlungsvorschriften, Tarif- u. sonstige Kollektivverträge, managerielle Entscheidungen, Verhandlungsbräuche, Absprachen, Vermittlungsregeln, Betriebsverfassungsnormen u. ä., aber auch Methoden des Arbeitskampfes (Streiks, Aussperrungen). Verfahrensregeln behandeln z. B. die Methoden u. Instanzenwege für die Schlichtung von Konflikten oder die Befugnisse u. Positionen, die den Vertretern der beiden Interessenseiten eingeräumt werden. Die inhaltlichen Bestimmungen beziehen sich z. B. auf Lohntarife, Arbeitszeiten u. sonstige Arbeitsbedingungen. Die I. R., die – in hist. Perspektive betrachtet – sich zunächst als Kompromisse u. als Institutionen der berechenbaren Konfliktlösung allein zw. den Arbeitsmarktparteien einer liberal-kapitalist. Wirtschaftsges. entwickelt ha-

ben, unterliegen im gegenwärtigen Sozialstaat der zunehmenden Einflußnahme durch die Regierung. Entspr. der unterschiedl. Entwicklung des Arbeits- u. Sozialrechts im angelsächs. u. im dt. Ges.bereich waren die I. R. in der Vergangenheit eine Domäne der von staatl. Rechtsvorschriften weitgehend freien engl. u. amerikan. Arbeitgeber u. Gewerkschaften.

A. Flanders, I. R., London 1965, dt.: Konflikt u. Kooperation, 1968; G. Schienstock, Industr. Arbeitsbeziehungen, 1982; W. Müller-Jentsch, Soziol. der industriellen Beziehungen, 1986; J. Bergmann u. S. Tokunaga (Hg.), Economic and Social Aspects of I. R., 1987; W.-U. Prigge, Metallindustrielle Arbeitgeberverbände in Großbritannien u. der BR Dtl., 1987; M. Rothman u. a. (Hg.), I. R. Around the World, 1993.

Industriearbeiter →Arbeiter

Industriegesellschaft, industrielle Ges., eine techn.-wirtschaftl. hochentwickelte Ges., die in ihrer Struktur u. Dynamik weitgehend durch die Industrialisierung geprägt ist. Am Beginn dieser Entwicklung hat als erster C. H. de →Saint-Simon die mod. Ges. als I. gesehen u. charakterisiert. Im Mittelpunkt der I. steht die mit dem Fabriksystem verbundene betriebl.-industr. Produktionsweise, die nicht nur die Herstellung wachsender Gütermengen ermöglicht (Massenproduktion), sondern zugleich in starkem Maße das ges. Zus.leben der Menschen bestimmt.

Die I. hat die relativ stat., traditionsgeleitete u. hauptsächl. agrar.-handwerkl. ausgerichtete Ges. (vorindustr. Ges.) abgelöst. Wesentl. ist die Entfaltung techn.-wirtschaftl. verwertbarer Erfahrungswiss.en u. im Zus.hang mit fortschreitender Säkularisierung die Ausbreitung eines säkularen Wertsystems, das Fortschritt u. Innova-

Industrielle Reservearmee

tion hoch bewertet. Techn. Fortschritt, Leistungs- u. Erfolgsstreben, die Steigerung der Produktivität (durch Arbeitsteilung u. betriebl. Rationalisierung) u. Wirtschaftswachstum bilden entscheidende Voraussetzungen für die Steigerung des Lebensstandards, für Massenwohlstand u. Konsumdynamik (Leistungs- u. Konsumges.). Charakterist. sind der beschleunigte soz. Wandel, die Ausdifferenzierung funktionsspezif. ges. Subsysteme bzw. Teilbereiche (Wirtschaft, Politik, Bildungsbereich, Gesundheitswesen u. a. m.), die weitgehende räuml. Trennung von Familie u. Wohnen einerseits, Erwerbsarbeit u. betriebl. Arbeitsstätten andererseits, Funktionsverluste der Familie u. Verwandtschaft, die Herausbildung neuer Berufe u. steigender Leistungsanforderungen, erhöhte vertikale u. horizontale Mobilität (Aufstiegs- u. Abstiegsprozesse, regionale Wanderungsbewegungen), die Entstehung großstädt. Ballungsgebiete (Urbanisierung), der Ausbau der soz.- bzw. wohlfahrtsstaatl. Sicherung, eine verstärkte Tendenz zum individualist.-hedonist. Lebensstil.

Die Ausprägung u. Dynamik einer I. hängen entscheidend davon ab, mit welchem Wirtschafts- u. Herrschaftssystem sie verbunden ist. Durch die wirtschaftl. bedingten Umweltbelastungen (Umweltkrise) ist die auf Mengenwachstum, Naturbeherrschung u. -ausbeutung angelegte I. in eine Krise hineingeraten (Risikoges.). Der durch Produktivitätssteigerung ermöglichte Beschäftigungsrückgang in der Landwirtschaft u. Industrie (primärer u. sekundärer Sektor), die Dynamik der Informationstechnik, die Ausweitung der Kommunikation u. des Dienstleistungsbereichs (tertiärer Sektor), zuneh-

mende Freizeitorientierung u. die Pluralisierung der Lebensstile verstärken Tendenzen zu einer postbzw. nachindustr. Ges.

→Industrialisierung u. R. Aron, Dix-huit leçons sur la société, 1962 (dt.: Die industrielle Ges., 1964); G. Friedmann, Industrial Society, Glencoe 1964; J. K. Galbraith, The New Industrial State, 1967 (dt.: Die moderne I., 1968); N. Birnbaum, Die Krise der I., 1970; H. Freyer, Gedanken zur I., 1970; W. Michalski (Hg.), I. im Wandel, 1977; J. Hartmann, Polit. Profile der westeurop. I., 1984; U. Beck, Risikoges., ⁸1991 (1986); R. Erd u. a. (Hg.), Strukturwandel in der I., 1986; V. Bornschier, Westl. Ges. im Wandel, 1988.

Industrielle Beziehungen →Industrial Relations

Industrielle Reservearmee, Begriff des Marxismus für diejenigen Teile der Arbeiterschaft im Kapitalismus, die infolge der Prozesse der Ausbeutung, der Akkumulation des Kapitals, dadurch möglich gewordener Verbesserung der Technologien u. Einsparung bzw. Freisetzung menschl. Arbeitskraft arbeitslos geworden sind. Da sie auf Beschäftigung angewiesen sind, drücken sie durch ihre Nachfrage nach Arbeit auf dem Arbeitsmarkt die Arbeits- u. Lohnbedingungen auch der beschäftigten Arbeiter soweit nach unten, daß der Lohn sich immer wieder um das Existenzminimum bewegt.

Die i. R. tritt nicht immer offen als Massenarbeitslosigkeit in Erscheinung. Es gibt daneben zahlreiche Formen sog. »versteckter« R. durch: (a) relative Überbeschäftigung z. B. in der Landwirtschaft, im Kleinhandel u. im Handwerk; in diesen Bereichen sind mehr Menschen beschäftigt als nach dem Stand der Produktivkräfte nötig wäre, so daß dauernd die Gefahr der Freisetzung besteht; (b) die arbeitsfähigen u. kurzfristig arbeitswilligen Frauen u. älteren Menschen in einer

Industrielle Revolution

Ges.; (c) die potentielle i. R. der Saisonarbeitslosigkeit; (d) die konjunkturelle Arbeitslosigkeit in Krisenzeiten; (e) die Beschäftigungsmöglichkeiten ausländ. Arbeiter, die bei offenem internationalen Arbeitsmarkt jederzeit ins Land geholt werden können; (f) die Arbeitskräfte in Entwicklungsgebieten, auf die das Kapital ausweichen kann; (g) die von Rationalisierungsmaßnahmen u. struktureller Arbeitslosigkeit bedrohten Beschäftigtengruppen.

Industrielle Revolution, sozialwiss. (von A. Toynbee 1928 verbreitete) Bezeichnung für die Gesamtheit der epochalen Veränderungen u. Umwälzungen, die etwa 1750–1850 in Europa zur Ablösung der feudalagrar.-handwerkl. Wirtschafts- u. Sozialordnung durch die Industrieges. geführt haben. Die I. R. entstand als techn. Revolution mit der prakt. Auswertung naturwiss. Erkenntnisse u. ihrer Anwendung beim Aufbau neuer Produktionsmethoden (1765 Erfindung der Dampfmaschine, 1738–85 mechan. Spinn- u. Webstühle). Im Übergang von der Manufaktur zur industriell organisierten Fabrik führte eine dadurch bewirkte sozialökonom. Revolution zur Vorherrschaft neuer soziokult. Werte u. sozialer Herrschaftsformen. Hauptträger u. vornehml. Nutznießer dieser Prozesse war das freiwirtschaftl.-kapitalist. u. demokrat. orientierte Bürgertum. Unter seiner ökonom. Macht u. ideolog. Führungsrolle wurden im Zuge der schnellen Industrialisierung die mit den alten Produktionsformen verbundenen sozialen Gebilde u. Verhaltensweisen in Familie, Geselligkeit, Politik u. Kultur entscheidend verändert. Eng verbunden mit der I. R. war die Entste-

hung der →»sozialen Frage«. Die nach dem II. Weltkrieg mit der Entwicklung der Automation eingetretenen technolog., arbeits- u. berufsstrukturellen sowie sozialen Status-Umwandlungen werden mitunter als »zweite I. R.« bezeichnet. Eine »dritte I. R.« wird mit der Entfaltung neuer Schlüsseltechnologien der Gegenwart in Verbindung gebracht: Informations- u. Kommunikationstechnik, Biotechnik, neue Werkstoffe, neue Energietechnik, Raumfahrttechnik.

A. Toynbee, Lectures on the Industrial Revolution of the 18th Century in Engld., 1928; H. Schelsky, Die soz. Folgen der Automatisierung, 1957; W. Treue, Wirtschaftsgesch. der Neuzeit. Das Zeitalter der techn.-industriellen R., ²1966; C. Hill, Von der Reformation zur i. R.: Soz.- u. Wirtschaftsgesch. Englands 1530–1780, 1977 (engl. 1967); A. E. Musson (Hg.), Wiss., Technik u. Wirtschaftswachstum im 18. Jh., 1977; E. Nolte, Marxismus u. i. R., 1983; T. Pirker u. a. (Hg.), Technik u. i. R., 1987.

Industriesoziologie, ein Teilgebiet der Speziellen Soziol., das auf die Erforschung der soz. Struktur u. Dynamik von Industriebetrieben, der Entstehung u. Auswirkung der Industrialisierung, der Wechselwirkungen zw. Industrie(-betrieben) u. Ges. u. der industr. Beziehungen (→Industrial relations) ausgerichtet ist. In systemat. Hinsicht ist die I. ein Teilgebiet der Speziellen Wirtschaftssoziol., hat sich aber in enger Verbindung mit der Betriebssoziol. relativ frühzeitig zu einer eigenständigen speziellen Soziologie herausgebildet.
Die I. entstand um 1900 im Rahmen soz.philos., kulturkrit. u. wirtschaftstheoret. Betrachtungen. Danach wurde ihre Entwicklung zunächst sehr stark durch die ges.polit. Diskussion um die neue industrielle Produktionsordnung u. die mit ihr verbundenen Veränderungen u. Erschütterungen in den

sozialen Gebilden, menschl. Orientierungen u. Verhaltensweisen befruchtet. Der Übergang von einer sozialpolit. Wirkungsabsicht der ersten industriesoziol. Untersuchungen zu reiner Tatsachenanalyse (zum Zwecke der Begründung konkreter ges.polit. oder betriebl. Maßnahmen oder aus erfahrungswiss. Interesse) vollzog sich mit der Abgrenzung der Allg. Soziol. von Gesch.- u. Sozialphilos. u. insbes. mit ihrer Hinwendung zur Empir. Sozialforschung. Der enge Zusammenhang zwischen den Problemen der gesamtges. Strukturveränderungen zur Industriegesellschaft u. der neuen organisator. u. sozialen Einordnung der Menschen in den rationalisierten Industriebetrieb machte von vornherein eine klare wiss. Grenzziehung zwischen I. u. Betriebssoziologie unmöglich.

Die Forschungsprogramme der I. gruppieren sich – bei zeitbezogen wechselnder Akzentuierung der Schwerpunkte – um folgende Sach- u. Problemkomplexe: (a) Die formale Organisation u. informale Beziehungs- u. Gruppenstruktur (→informelle Gruppe) des Industriebetriebes, Wege u. Probleme der Kommunikation. (b) Die Macht- u. Autoritätsverhältnisse, Herrschaftsstruktur u. Statushierarchie des Industriebetriebes; Manager u. Führungsstile; Betriebsverfassung, Mitbestimmung, Gewerkschaften, Industrial relations, Konflikte u. deren Bewältigungsmöglichkeiten; Zus.hänge mit der Herrschaftsordnung u. vertikalen Soz.struktur der Ges. (c) Folgen des techn. Fortschritts, neue Technologien, fortschreitende Automation, Auswirkungen auf die Arbeitsteilung u. Organisation, auf den Wandel der Berufe u. der Status-Verhältnisse. (d) Auswirkungen der industriebetriebl. Strukturen u. Le-

bensverhältnisse auf den arbeitenden Menschen, Beeinflussung oder sogar Prägung von weltanschaulichen Orientierungen, Ges.sbildern, Wertvorstellungen, Leistungsbereitschaft, Arbeitszufriedenheit, Verhaltensweisen; Folgen für das außerbetriebl. Dasein. (e) Die Stellung großbetriebl., verbandsmäßig organisierter Industrie im ges. Kräftefeld u. polit. Willensbildungsprozeß; das Verhältnis Industriebetrieb u. Gemeinde bzw. Region; industriewirtschaftl. Dynamik u. soz. Wandel. (f) Soziokulturelle Voraussetzungen u. Folgen einer möglichst ökolog. angepaßten u. soz. verträgl. Industrialisierung in den Entwicklungsges.en.

W. E. Moore, Industrial Relations and the Social Order, New York 1946; W. F. Whyte, Industry and Society, New York–London 1946; H. Schelsky, Industrie- u. Betriebssoziol. (in: A. Gehlen, H. Schelsky, Hg., Soziol. [7]1968, 1955); R. Bendix, Work and Authority in Industry, New York 1956 (dt.: Herrschaft u. Industriearbeit, 1960); D. C. Miller, W. H. Form, Industrial Sociology, New York [3]1979 (1951) (dt.: Unternehmen, Betrieb u. Umwelt, 1957); G. Friedmann, Grenzen der Arbeitsteilung, 1959; F. Fürstenberg (Hg.), I. – Vorläufer und Frühzeit, [2]1966; A. Touraine, I. (Hdb. d. empir. Soz.forschg. II, 1969); W. Burisch, Industrie- u. Betriebssoziol. [7]1973; F. Fürstenberg, I., II., 1974; ders. I., III., 1975; W. Littek, Industriearbeit u. Ges.struktur, [2]1975 (1973); A. A. Oppolzer, Hauptprobleme der Industrie- u. Betriebssoziol., 1976; S. Herkommer u. H. Bierbaum, I., 1979; L. Zündorf (Hg.), Industrie- u. Betriebssoziologie, 1979; M. Schumann u. a., Rationalisierung, Krise, Arbeiter, 1982; U. Schumm-Garling, Soziol. des Industriebetriebes, 1983; H. Kern u. M. Schumann, Das Ende der Arbeitsteilung, [4]1991 (1984); B. Lutz, Der kurze Traum immerwährender Prosperität, 1984; T. Malsch u. R. Seltz (Hg.), Die neuen Produktionskonzepte auf dem Prüfstand, 1987; H. Schuster, Industrie u. Soz.wiss.en, 1987; W. Jäger, Industrielle Arbeit im Umbruch, 1989; U. Jürgens u. a., Moderne Zeiten in der Automobilfabrik, 1989; N. Beckenbach, I., 1991.

Industrieverbandsprinzip,

Prinzip der gewerkschaftl. Organisierung von Arbeitnehmern, wonach alle in einem (Groß-)Betrieb arbeitenden Berufsgruppen oder

Information

sozialrechtl. unterschiedenen Beschäftigtengruppen (Angestellte, Arbeiter, Beamte) nur einer Gewerkschaft angehören sollen.

Information (lat.), Unterrichtung, Anweisung, Belehrung; in der Umgangssprache eine übermittelte Nachricht, die eine mehr oder weniger eindeutige sachhaltige Bedeutung sowohl für den »Sender« wie den »Empfänger« hat. I. bedeutet allg. Zufuhr an Wissen, beseitigt Unkenntnis. Der Austausch u. die Verbreitung von I.en sind – unabhängig vom Wahrheitsgehalt – von der Vollständigkeit oder von der sachadäquaten Formulierung – die Voraussetzung für gegenseitig aufeinander bezogenes soziales Handeln. Durch I.en werden soziale Systeme miteinander verbunden. Prozesse der Übertragung, Umwandlung, Speicherung u. Auswertung von I.en regulieren das Verhalten (Agieren u. Reagieren) von sozialen Systemen u. Systemeinheiten untereinander.
Das zieladäquate Funktionieren von Organisationen wird entscheidend vom Aufbau der »I.skanäle« bestimmt. Informiertheit ist die Voraussetzung für Mitbestimmung u. Demokratisierung u. beeinflußt den sozialen Status. Soziale Erwartungen, Normen u. Regeln sind nicht nur Inhalt von I.en, sondern sie legen auch fest (mitunter gegen die Erfordernisse rationaler Organisation der I.skanäle), an welche Mitglieder welche I.en weitergeben werden dürfen (→informelle Gruppe). Dementsprechend ist es ein Hauptproblem jeder Organisation, bei der Strukturierung ihres Systems der Kommunikation die I.swege so zu gestalten, daß einerseits – horizontal u. vertikal – Fluß u. Verteilung der I.en über alle Positionen funktionsoptimal ge-

währleistet ist, andererseits aber die damit verbundenen organisator. Regelungen nicht im Widerspruch zu den individuellen u. sozialen Interessen derjenigen stehen, die I.en u. I.swege als Medien persönl. oder gruppenbestimmter Statusaktionen benutzen können.

C. Cherry, On Human Communication. New York 1957; K. Steinbuch, Die informierte Ges., 1966; H. Seiffert, I. über die I., 1968; W. Pöhler, I. u. Verwaltung, 1969; G. Wersig, I.soziol., 1974; H. u. H. Reimann (Hg.), I., 1977.

Informationsgehalt →Hypothese

Informationsgesellschaft, (schlagwortartige) Bezeichnung für hochentwickelte Ges.en der Gegenwart, in denen mit Hilfe mod. Informations- u. Kommunikationstechniken (Abk. IuK) eine gewaltige Zunahme der Informationsproduktion, -verteilung u. -vernetzung in wachsendem Maße das Leben des Individuums, die soz. Beziehungen, die Ausprägung von Kultur u. Ges. sowie (stark beschleunigend) den soz. Wandel beeinflußt.
Die zu riesigen Informationsmengen führende Informationsexplosion u. -revolution ist eng mit dem exponentiellen Wachstum der Wiss. u. Technologie verknüpft, die zur wichtigsten Produktivkraft mod. Ges. geworden sind. Eine wachsende Zahl der Erwerbstätigen arbeitet in »Informationsberufen« u. ist mit der Produktion, Sammlung, Verarbeitung u. Verteilung von Informationen jeder Art beschäftigt. Dementsprechend wird dieser expansive Informationsbereich als 4. Sektor den drei klass., von →Fourastié herausgearbeiteten Sektoren der mod. Wirtschaftsges. hinzugefügt.
Die I. begünstigt eine weiterge-

Informelle Beziehungen

hende Verwiss.lichung aller Lebensbereiche, die weitere Entfaltung einer offenen Ges., eine rationale Gestaltung des Zus.lebens u. des soz. Wandels. Sie vergrößert die Bildungs-, Entfaltungs- u. Lebenschancen des Individuums. Durch selbstverständl. gewordene rasche Informationen über weltweite Vorgänge sowie durch stark beschleunigte globale Kommunikationsmöglichkeiten werden Tendenzen zu einer Weltges. forciert.

Zugleich wachsen Gefahren der Freiheitseinschränkung, Manipulation u. Fremdsteuerung des Individuums, insbes. durch nationale u. internationale Vernetzung von Kommunikationstechniken u. personenbezogenen Informationsbeständen (Datenverbund), so daß Behörden, Organisationen, Unternehmungen u. auch einzelne Personen über wichtige, z. T. persönl.-private Bereiche u. Angelegenheiten des individ. Lebens weitgehend informiert sind (»gläserner« Mensch, Arbeitnehmer, Bürger, Verbraucher). Durch den Ausbau des »Rechts auf informationelle Selbstbestimmung« wird versucht, solchen Gefahren für die freiheitl.-demokrat. Lebensform entgegenzuwirken. Weitere Probleme der I. sind: Beschleunigte Rationalisierung mittels der IuK-Techniken u. eine entsprechende Produktivitätssteigerung (zunehmend auch im Dienstleistungssektor) verstärken die Freisetzung von Arbeitskräften u. das Arbeitslosigkeitsproblem. Das Wachstum der unüberschaubar gewordenen, z. T. widersprüchlichen u. einem raschen Veralterungsprozeß unterworfenen Informationsmengen führen bei einzelnen Informationsempfängern (Rezipienten) zu Desorientierung, Irritationen, Unsicherheit u. mitunter zum Verlangen nach einfachen Antworten, Erklärungsmodellen, Vorurteilen, Programmen u. Lösungsvorschlägen (Gefahren ideolog. u. polit. Radikalisierung). Die starke Abhängigkeit einzelner Massenmedien von wirtschaftl. Interessen führt zu einem vermehrten Angebot trivialer Unterhaltung u. verhaltensbeeinflussender Gewaltdarstellung − zu Lasten anspruchsvollerer kult. u. polit. Bildung, die für eine humane u. freiheitl. Gestaltung der I. unerläßl. ist.

P. Sonntag (Hg.), Die Zukunft der I., 1983; G. Wersig (Hg.), Informatisierung u. Ges., 1983; Hessendienst der Staatskanzlei (Hg.), I. oder Überwachungsstaat, 1984; H. Kubicek u. A. Rolf, Mikropolis, 1985; P. Otto u. P. Sonntag, Wege in die I., 1985; A. v. Schoeler (Hg.), I. oder Überwachungsstaat?, 1986; A. Schaff, Wohin führt der Weg?, 1987; B. Zimmermann u. D. A. Zimmermann, Bildschirmwelt, 1988; A. Roßnagel u. a. (Hg.), Die Verletzlichkeit der »I.«, ²1990.

Informationszentrum Sozialwissenschaften (IZ), 1969 von der Arbeitsgemeinschaft Soz.wiss. Institute gegründet, soll in Zus.arbeit mit anderen wiss. Einrichtungen den Stand der Forschg. u. die Literatur dokumentieren u. Fachinformation anbieten, die Kommunikation im Wiss.bereich fördern, mit Hilfe von Datenbanken den Transfer soz.wiss. Ergebnisse in die Öffentlichkeit (polit., ges. u. berufl. Praxis) leisten u. verbessern, die Entwicklung soz.wiss. Forschg. unterstützen. Anschrift: Lennéstr. 30, 53113 Bonn.

Informelle Beziehungen, im Unterschied zu →formellen Beziehungen jene situativ mannigfaltigen u. emotional stärker beeinflußten Ausprägungen des gegenseitig aufeinander eingestellten Verhaltens von Menschen, die aufgrund von Verwandtschaften, Freundschaften, Bekanntschaften u. bestimmten Lebensgemein-

Informelle Beziehungen

schaften gegeben sind oder im Zus.hang mit formal aufgebauten Organisationen eher ungeplant u. spontan entstehen. Im Rahmen von Organisationen führen psych. u. soz. Bedürfnisse, bestimmte persönl. Gemeinsamkeiten u. Interessen, Sympathie u. gegenseitige Unterstützung zur Herausbildung u. Stabilisierung i. B. Diese sind in allen Bereichen u. auf allen Ebenen des ges. Zus.lebens wirksam, nicht nur in großen Industriebetrieben (bisheriger Schwerpunkt der soziol. Erforschung i. B.), sondern auch in allen anderen Betrieben, im polit. Subsystem, Erziehungssektor, Hochschul- u. Wiss.bereich, Vereinswesen, Sport- u. Freizeitbereich, auf höchsten Führungs- wie u. Leitungsebenen ebenso wie auf mittleren u. unteren Niveaus hierarch. aufgebauter Soz.systeme. Der geringe Öffentlichkeitsgrad, der eher privat-persönl. oder gar exklusive Charakter u. die stärkere Gefühlsbestimmtheit i. B. sowie deren Wirken im Verborgenen, hinter den Kulissen der offiziellen Ges., haben dazu beigetragen, daß diese für das Funktionieren des ges. Zus.lebens wichtige Kategorie soz. Beziehungen bisher von der rational geprägten Wiss. vernachlässigt wurde.

I. B. verfestigen sich oft zu →i. Gruppen, Netzwerken u. Strukturen, die formelle bzw. formale Strukturen durchziehen u. überformen. Demzufolge besteht die fakt. Kommunikationsstruktur einer Organisation sowohl aus formal festgelegten wie auch aus informell entstandenen Informationskanälen. Aus i. B. kann neben den formalen Machtrollen informelle Macht bzw. Gegenmacht entstehen, die dann die tatsächl. Macht- u. Entscheidungsstruktur erheblich mitbestimmt. Dadurch können Organisationsangehörige ohne formale Machtbefugnisse oder sogar außenstehende Personen im Verborgenen großen Einfluß gewinnen, z. B. die Chefsekretärin oder Präsidentengattin. I. B. ermöglichen Repräsentanten bestimmter Wertauffassungen, Interessen u. Ziele erheblichen Einfluß auf polit. Parteien, Ministerien u. Parlamente bzw. auf einzelne Angehörige u. Gruppen dieser Institutionen. Dabei sind nicht nur Sachwissen u. Überzeugungsarbeit wirksam, sondern je nach den Umständen (Polit. Kultur, rechtl. Einschränkung, öffentl. Kontrolle) auch Gefälligkeiten, Bestechung u. Korruption. Wichtige, folgenreiche Absprachen u. Entscheidungen in u. vor allem zw. Organisationen werden oft im Rahmen abgeschotteter, insofern schwer kontrollierbarer i. B. angebahnt oder sogar schon endgültig getroffen. Je nach dem menschl. »Klima« in einer Organisation oder in einem Geflecht von Organisationen können i. B. die Kommunikation, das Funktionieren, die Anpassungs- u. Leistungsfähigkeit erleichtern u. verbessern oder erschweren u. stören. Unterstützend tätige i. B. wirken der Gefahr einer Schwerfälligkeit großer Organisationen entgegen, erhöhen die Fähigkeit zur Improvisation u. steigern die Flexibilität hinsichtlich beschleunigt oder überraschend veränderter Anforderungen seitens der Umwelt.

Auch in der mod. Leistungsges. werden Lebenschancen, die Erlangung von begehrten Vorteilen u. vor allem erfolgreiche Berufskarrieren nicht allein durch das Leistungsprinzip bestimmt, sondern sind großenteils von i. B. abhängig, wobei in der Alltagssprache gerade diese untergründig wirkende Tatsache mit dem Wort »Beziehungen« markiert ist. Vor allem in wirtschaftl. unterentwickelten Mangelges.en bilden i. B. in Verbindung mit ständiger Improvisation sowie mit alltägl. Bestechung u. Korruption wesentl. Elemente des hinreichenden Funktionierens des ges. Zus.lebens. In diktatorisch-totalitären Ges.en wirken i. B. als ein für das Wohlbefinden des einzelnen wichtiges Rückzugsreservat, das zugleich die Entstehung von Keimzellen des Widerstandes erleichtert. Gerade unter solchen einengenden wirtschaftl. u. polit. Lebensverhältnissen bilden dann i. B. unterhalb der offiziellen Ges. insgesamt eine zweite, informelle Ges.

Informelle Gruppe, informale Gruppe, soz. Gruppe, die im Gegensatz zur formellen bzw. formalen nicht durch zielorientiert-planmäßige Organisation zus.gestellt worden ist, sondern sich innerhalb organisator. aufgebauter Soz.gebilde (Betriebe, Organisationen, Behörden) ungeplant, eher spontan herausbildet. I. G.n bilden wichtige »Kanäle« der Kommunikation u. Informationsausbreitung. Die Bedeutung der i. G. für die soz. Existenz des Menschen in der organisierten Arbeits- u. Berufswelt u. für die individuelle Arbeitszufriedenheit u. Leistungsbereitschaft wurde von →E. Mayo u. a. in den Hawthorne-Untersuchungen entdeckt. I. G.n entstehen durch mitmenschl. Kontakte am Arbeitsplatz, gemeinsame Auffassungen, Interessen u. Erfahrungen, Nachbarschaft, ähnliche Herkunft u. in Reaktion auf Gegebenheiten u. Veränderungen der formalen Organisation, z. B. Führungsstil, Erhöhung der Leistungsanforderungen. Sie können sich zu leistungsmindernden Cliquen mit negativen Einstellungen

zum umgebenden Soz.gebilde ausformen. Bei positiver Einstellung u. Identifikation erhöhen sich hingegen die Improvisationsfähigkeit, Flexibilität u. Leistungskraft des jeweiligen Sozialgebildes.

Informelle Wirtschaft, sog. »Schattenwirtschaft«, Inbegriff aller wirtschaftl. Tätigkeiten, die außerhalb offizieller Märkte betrieben werden u. somit der statist. Erfassung (Volkswirtschaftl. Gesamtrechnung, Bruttosoz.produkt) sowie der staatl. Abgabenverpflichtung entgegen. Die i. W. besteht aus zwei, nicht scharf u. eindeutig voneinander abgrenzbaren Hauptbereichen: Selbstversorgungswirtschaft (Tätigkeiten der Hausfrau u. Mutter, Arbeit im eigenen Haushalt u. Garten, Überlagerung von Freizeitaktivitäten u. Hobbys), Untergrundwirtschaft (»Schwarzarbeit«, Herstellung u. Umsatz von Waren u. Dienstleistungen, illegale Beschäftigung ausländ. Arbeitskräfte). Im Übergangsbereich liegen Hilfeleistungen u. wechselseitige Gefälligkeiten zw. Verwandten, Freunden, näheren u. entfernteren Nachbarn, Arbeitskollegen u. Bekannten (sog. »Nachbarschaftshilfe« im weiteren Sinne). Ursachen der Ausweitung der i. W. sind: hohe staatl. Abgabenbelastungen u. offizielle Löhne, Gehälter u. Preise, staatl. Bürokratie u. Vorschriften, zunehmende Freizeit u. Arbeitslosigkeit. Der wachsende Ausfall von Steuer- u. Soz.versicherungseinnahmen verschärft die Finanzkrise des Soz.- u. Wohlfahrtsstaates. Die i. W. blüht (in Verbindung mit Korruption) insbes. in Mangelges.en mit einer unterentwickelten, unzureichend funktionierenden offiziellen Wirtschaft (Entwicklungsländer, staatssozialist. Ges.en).

K. Gretschmann, Wirtschaft im Schatten von Markt u. Staat, 1983; ders. u. a. (Hg.), Schattenwirtschaft, 1984; W. Schäfer (Hg.), Schattenökonomie, 1984; H. Weck, W. W. Pommerehne u. B. S. Frey, Schattenwirtschaft, 1984; H.-J. Niessen u. R. Ollmann, Schattenwirtschaft in der Bundesrepublik, 1987; P. Gross u. P. Friedrich, Positive Wirkungen der Schattenwirtschaft?, 1988; J. Jessen u. a., Arbeit nach der Arbeit, 1988; K. Wolff, Schwarzarbeit in der BR Dtl., 1991.

Infrastruktur (lat.), »Unterhalb«-Struktur, Bezeichnung der Theorie des sozialen Wandels u. der Entwicklungssoziologie für die Gesamtheit der »unterhalb« bzw. vor einer neuen Stufe ges. Entwicklung erforderl. materialen, soziokult. u. polit. Strukturbedingungen. Um z. B. die Industrialisierung eines Entwicklungslandes zu forcieren, ist u. a. ein Minimum an verkehrstechn. Verbindungen zu anderen Ges.en u. im Inneren des Landes, an polit.-staatl. Stabilität u. an Bildungsinhalten für den Umgang, die Wartung u. Pflege von maschinellen Einrichtungen erforderl. Die industrielle Erschließung von agrarisch-kleingewerbl. Regionen erfordert vorausgehende Investitionen für den Aufbau einer I., die die notwendigen Einrichtungen der Berufsausbildung, der Verkehrs- u. Nachrichtentechnik, des Gesundheits- u. Wohnungswesens bereitstellt.

R. Jochimsen, Theorie der I., 1966; U. E. Simonis (Hg.), I., Theorie u. Pol., 1977; A. Göschel, Allokationsstrukturen öffentl. Einrichtungen, 1983; T. Schulze, I. als polit. Aufgabe, 1993.

Inglehart, Ronald Franklin, *5. 9. 1934 Milwaukee/Wisconsin, 1967 Ph. D. Univ. Chicago, Ass. Prof. f. Polit. Wiss. Univ. von Michigan, 1972 Assoc. Prof. u. seit 1978 Prof. ebd., Mitarbeit bei mehreren langfristig angelegten internat. empir. Untersuchungen, insbes. über Wertwandel (u. a. Euro-Barometer,

World Values surveys), seit 1985 Programmdir. beim Inst. f. Soz.forschg. der Univ. von Michigan, Gastprof. in Genf, Mannheim, FU Berlin, Doshisha Univ. u. Kyoto.

I. hat eine Theorie des intergenerativen Wertwandels entwickelt, die bereits in mehr als 40 Ländern empir. getestet worden ist. Unter Bezugnahme auf das theoret. Modell der →Bedürfnishierarchie von A. Maslow vertritt I. die Hypothese, daß in einer Mangelges. sozialisierte Individuen mehr zu materialist. Wertprioritäten neigen, während die in einer Wohlstandges. sozialisierten Individuen eher postmaterialist. Wertprioritäten vertreten. Mit der Entfaltung der Wohlstandsges. in westl. Ländern hat sich im Zuge der Generationenfolge im Sinne einer »stillen Revolution« ein Wertwandel zugunsten der postmaterialist. Werte ergeben.

Schr.: Les Suisses et la Politique (mit D. Sidjanski u. a.), Bern 1975; The Silent Revolution, Princeton 1977; Political Action: Mass Participation in Five Western Democracies (mit S. H. Barnes, M. Kaase u. a.), London 1989 (Beverly Hills 1979); Wertwandel in den westl. Ges.en, in: H. Klages u. P. Kmieciak (Hg.), Wertwandel u. ges. Wandel, 1979; Bureaucrats and Politicians in Western Democracies (mit J. Aberbach u. a.), Cambridge, MA, 1981; Kult. Umbruch, 1989; (Hg.) Euro-Barometer: The Dynamics of European Opinion (mit K. Reif), London 1991.

O. W. Gabriel, Polit. Kultur, Postmaterialismus u. Materialismus in der BR Dtl., 1986.

In-Group (engl.) →Eigengruppe

Inhaltsanalyse (engl. content analysis), auch als Aussagen-, Bedeutungs- u. Dokumentenanalyse bezeichnet, eine insbes. durch H. D. Lasswell u. B. R. Berelson begründete Methode der →Empir. Soz.forschung zur systemat. qualitativen oder quantitativen Untersuchung des Inhalts u. der Wirkungen von Mitteilungen aller Art (histor. Dokumente, Zeitungen, Werbeanzeigen, Filme, Schulbücher, Autobiographien, Reden, Briefe, Tagebücher u. a. m.). Geleitet durch Forschungsziele u. Hypothesen werden bestimmte, ggf. repräsentativ ausgewählte Mitteilungen nach der Häufigkeit des Vorkommens u. der Bedeutung (Placierung u. Darstellungsart) bestimmter Themen, Ideen, Symbole, Begriffe, Ausdrücke (manifester, offenbarer Inhalt) untersucht, um Aufschlüsse über die Wertorientierungen, Interessen, Einstellungen u. Wirkungsabsichten der Verfasser zu gewinnen (latenter, verborgener Inhalt). Im Gegensatz zu klass., hermeneut. u. qualitativen Verfahren bilden bei der quantitativen I. die Abgrenzung einzelner Elemente bzw. Untersuchungseinheiten (Sätze, Symbole, Schlüsselwörter) eines Textes, die Erstellung eines Kategorienschemas und die statist. Auswertung unerläßliche Arbeitsschritte.

B. R. Berelson, Content Analysis in Communication Research, Glencoe, Ill. 1952; H. D. Lasswell u. N. Leites (Hg.), Language of Politics, Cambridge, Mass. 1965; R. Lisch u. J. Kriz, Grundlagen u. Modell der I., 1978, P. Mayring, Qualitative I., 1983; K. Merten, I., ²1991 (1983); B. Lederer u. M. Hudec, Computergestützte I., 1992.

Initiation (lat.), »Einführung«, ethnolog. u. soziol. Bezeichnung (a) für die mit bes. Bräuchen u. Riten verbundene Aufnahme eines Neulings in eine soziale Gemeinschaft (Berufsstand, Geheimbund) oder (b) für den ebenfalls rituell ausgeprägten Prozeß des Überganges eines jugendl. Mitgliedes einer Ges. in die Gemeinschaft der »vollwertigen« Erwachsenen. Dieser Übergang fällt – nach phys. Erlangung u. sozialer Anerkennung der sexuellen Reife – in der Regel mit dem Verlassen der Elternfamilie u. der Möglichkeit eigener Familiengründung (Partnerwahl, Heirat) zusammen. Der Vorgang der I. soll insbes. die soziale Transformation des Betreffenden von der Position des Empfängers (Zögling) zum Vermittler (Eltern, Lehrer) der sozialen u. kulturellen Tradition symbolisieren.
Die Symbole u. Riten der I. verdeutlichen u. akzentuieren die Altersabgrenzung zwischen Jugendlichkeit u. Erwachsenensein: durch Beschneidung, körperl. Verstümmelung, Annahme eines neuen Namens oder symbol. Neugeburt werden Kennzeichen der Jugend abgelegt u. durch diejenigen der Erwachsenen ersetzt; symbol. Trennung von der Lebenswelt der Jugend (insbes. von der Mutter) betont die neue Unabhängigkeit; in Kämpfen u. Wettbewerben mit Älteren muß vollendetes Wissen, Geschicklichkeit u. Autorität unter Beweis gestellt werden; unter festlich-rituellen Zeremonien werden überliefertes Stammes- oder Ges.wissen, Einstellungsweisen, Lehren u. Normensysteme mitgeteilt u. neue Rollen übertragen.

A. van Gennep, Rites de passage, Paris 1904; B. Bettelheim, Symbolic wounds, Glencoe 1954; S. N. Eisenstadt, Von Generation zu Generation, 1966; V. Popp (Hg.), I., 1969.

Inkeless, Alex, *4. 3. 1920 Brooklyn, N. Y., 1946 M. A. (Soziol. u. Anthropol.) Cornell Univ., 1949 Ph. D. (Soziol.) Columbia Univ., 1957 Prof. f. Soziol. Harvard Univ., 1971–78 Prof. f. Soziol. u. Erziehungswiss. Standford Univ., Mitgl. u. lt. Tätigkeit in. zahlr. wiss. Einrichtungen, u. a. Russian Research Center u. Center for Internat. Affairs.
Im Rahmen seiner institutionell vielseitig eingebundenen soz.wiss. Forschg.sarbeit hat sich I. insbes.

Inkommensurabel

mit der ehemalig. Sowjetunion beschäftigt u. sich mit Lehrbüchern der Soziol. verdient gemacht. Forschungsschwerpunkte sind Probleme der Entwicklung unterschiedl. Ges.en (Entwicklungsländer u. hochentwickelte Ges.), Wandel von Soz.strukturen u. der Familie, Wechselbeziehungen zw. Persönlichkeit, Nationalcharakter u. Soz.struktur, Persönlichkeitsentwicklung unter dem Einfluß des techn. Fortschritts u. soz. Wandels, die sich anbahnende Soz.struktur der neuen »Weltges.«, soz. Faktoren demokrat. Herrschaftssysteme.

Schr.: Public Opinion in Soviet Russia, Cambridge, Mass., 1958 (1950); How the Soviet System Works (mit R. A. Bauer u. C. Kluckhohn), Cambridge, Mass., 1956; The Soviet Citizen (mit R. A. Bauer), Cambridge, Mass., 1959; What ist Sociology?, Englewood Cliffs, N. J., 1964; Social Change in Soviet Russia, Cambridge, Mass., 1968; Becoming Modern: Individual Change in Six Developing Countries (mit D. H. Smith), Cambridge, Mass., 1974; Exploring Individual Modernity (mit anderen), New York 1983.

Inkommensurabel (lat.), ungleichbar, Bez. für Zustände, die nicht durch eine gemeinsame Klassifikation, Typisierung oder ein gleiches Meßverfahren erfaßt werden können.

Inkompatibilität (lat.), Unvereinbarkeit, Bezeichnung für das in polit. Systemen mit Gewaltenteilung herrschende Grundprinzip, daß eine Person nicht gleichzeitig Funktionen verschiedener staatl. Gewalten (richterl., ausführende, gesetzgeberische) ausüben soll.

Inmate–Culture (engl.), »Insassen-Kultur«, Bezeichnung z. B. der Gefängnis- u. Krankenhaussoziol. für die anstaltsbestimmten Verhaltensmuster u. -regeln, die sich unter relativ isoliert u. abgeschlossen lebenden Menschen entwickeln u.

die z. T. im normativen Gegensatz zur gewöhnl. soz. Umgebung u. Lebensweise der Insassen stehen.

Innengruppe →Eigengruppe

Innenlenkung, Innenleitung (engl. inner-directedness), von D. Riesman eingeführter idealtyp. Begriff zur Kennzeichnung des vorherrschenden Typus der Verhaltenssteuerung, Konformitätssicherung u. des Sozialcharakters in der abendländ. Ges. zw. dem vorangegangenen Zeitalter der →Traditionslenkung u. der gegenwärtigen Epoche der →Außenlenkung. Der innengeleitete Mensch wird besonders stark durch internalisierte (verinnerlichte) Werthaltungen, eth.-moral. Prinzipien u. persönl. Lebensziele gesteuert, die ihm frühzeitig durch die Eltern vermittelt worden sind u. die dann zugunsten eigener Ich-Stärke u. charakterl. Eigenständigkeit gegenüber konformist. Anpassungstendenzen eingehalten werden. Der innengelenkte Mensch beachtet normative Begrenzungen (Gesetze, Regeln, Verbote) nicht wegen dahinterstehender negativer Sanktionen (Bestrafungen) u. sozialer Kontrollen, sondern weil sie seinen Vorstellungen von Gerechtigkeit, Billigkeit u. Notwendigkeit entsprechen. In der Theorie der Sozialisation finden diejenigen Faktoren u. Mechanismen bes. Beachtung, die bewirken, daß ursprüngl. »äußere«, umweltbestimmte soziale Kontrollen u. Normen über eine Internalisierung zu »inneren« werden.

D. Riesman u. a., The Lonely Crowd, 1950, dt.: Die einsame Masse, [16]1977 (1958).

Innere Kündigung, Auflösung der Identifikation von Erwerbstätigen mit ihrem Betrieb u. ggf. sogar

Entstehung einer negativen Einstellung, bei gleichzeitigem Rückzug auf die Erfüllung gerade noch ausreichender Arbeits- u. Dienstpflichten sowie verstärkte Hinwendung zum Privatleben u. Freizeitbereich. Ursachen sind: Enttäuschungen u. Verärgerungen durch ungerechte Behandlung, unzureichende Aufstiegschancen, unzeitgemäßer Führungsstil, fehlende Partizipationsmöglichkeiten, schlechtes Betriebsklima. Mit zunehmender Ausbreitung der i.n K. wird die Zukunft einer Unternehmung gefährdet, weil die Wettbewerbschancen immer mehr von leistungsorientierten, engagierten, kreativen u. innovativen Mitarbeitern abhängen. Die Bewältigung des Problems der i.n K. erfordert eine mitarbeiterorientierte Personalpol. u. -führung, die den Ursachen vorbeugend entgegenwirkt. M. Hilb (Hg.), I. K., 1992.

Innerweltliche Askese →Askese

Innovation (lat.), »Neuerung«, Bezeichnung für eine wiss.-techn., wirtschaftl., institutionelle oder allg. soziokult. Neuerung. In Abhängigkeit vom Grad des Neuen kann zw. Basis-, Verbesserungs- u. Pseudoinnovationen unterschieden werden. Untersuchungen über die Entdeckung, Entwicklung u. Verbreitung (Diffusion) von I.en prüfen u. a., (a) unter welchen sozialen Bedingungen Anreize zu I.en bestehen, (b) welche bildungs- (intellektuell) u. techn.-kooperationsmäßigen Voraussetzungen I.en begünstigen (Kreativität), (c) welche sozialen Konflikte u. Ungleichgewichte durch das Zus.prallen von partiell wirksamen I.en u. ges. Tradition entstehen, (d) über welche Systeme der Kommunikation I.en sozialen Wandel bewirken

bzw. selektiv (z. B. aus herrschaftspolit. Interessen) zurückgehalten werden. In der Theorie abweichenden Verhaltens bezeichnet I. ein Verhalten, das in der Zielsetzung mit den allg. anerkannten kulturellen Standards übereinstimmt, sich aber illegitimer Mittel bedient; z. B. das kriminelle Verhalten unterprivilegierter Ges.gruppen, die in Ermangelung entspr. Anfangschancen im Konkurrenzkampf um Aufstieg u. Statusverbesserung in der Leistungsges. Bereicherungsdelikte begehen.

H. G. Barnett, The Basis of Cultural Change, New York 1953; R. K. Merton, Social Theory and Social Structure, New York [2]1957; E. M. Rogers, Diffusion of I., New York–London 1962; K. Kiefer, Die Diffusion von Neuerungen, 1967; D. Gabor, I.s. New York 1971; P. Schmidt (Hg.), I., 1976; O. Neuloh (Hg.), Soz. I. u. soz. Konflikt, 1977; W. Böhnisch, Personale Widerstände bei der Durchsetzung v. I.en, 1979; L. Zündorf u. M. Grunt, I. in der Industrie, 1982; W. Rammert, Das I.sdilemma, 1988; Landeszentrale f. polit. Bildung Baden-Württ. (Hg.), I.en, 1989; W. Zapf, Über soz. I.en, in: Soz. Welt 40, 1989; A. Schulze u. A. Kahlow, I.en in der Forschg. aus soz.psycholog. Sicht, 1993.

Innovator (lat.), Neuerer, Bezeichnung für Personen, die maßgeblich zur Entstehung u. ges. Ausbreitung v. Innovationen (neue Ideen, Werte, Normen, Verhaltensmöglichkeiten, Organisationsformen, Produkte u. Produktionsverfahren) beitragen u. somit den sozialen Wandel vorantreiben.

Input-Output-Analyse, theoret. Ansatz für die Unters. von Systemen, der die Systemleistungen und -wirkungen als abhängige Variable der aus der »Umwelt« des Systems zufließenden Ressourcen analysiert. Mit der I. lassen sich Verflechtungsunters.en für komplexere Systeme durchführen, z. B. in der Wirtschaft die wechselseitigen Ab-

Instinkt

374

hängigkeiten in den Investitions-, Energie-, Grundstoff- u. Gebrauchsgüterindustrien. Die I. ist von dem Nationalökonomen W. Leontief begründet worden.

Instinkt (lat.), »Anreiz«, allg. Bezeichnung für festgelegte (angeborene) Verhaltensfiguren (Agieren u. Reagieren), die bei Tieren u. abgeschwächt auch beim Menschen artspezif. sind u. – ohne daß sie erlernt, erprobt oder »erfahren« werden – den Organismus nach einem biolog. Zweckmäßigkeitsprinzip an äußere Lebensbedingungen anpassen. Nur bestimmte Umgebungsverhältnisse lösen bestimmte I.handlungen aus. Der I. erscheint als ein »hierarch. organisierter nervöser Organismus, der auf bestimmte vorwarnende, auslösende u. richtende Impulse, sowohl innere wie äußere, anspricht u. sie mit wohlkoordinierten lebens- u. arterhaltenden Bewegungen beantwortet« (Tinbergen).
In der soziol. orientierten Anthropologie ist es umstritten, inwieweit auch das menschl. Individual- u. Sozialverhalten durch I.e gesteuert wird. Erkenntnisse der Kulturanthropologie u. der soz.psychol.-interaktionist. Persönlichkeitsforschg. haben die wiss. Bedeutung der im 19. Jh. entwickelten enumerativen bzw. aufzählenden I.lehren schwinden lassen. Mit diesen wurde versucht, die Entstehung u. fortwährende ges. Reproduktion bestimmter Verhaltensweisen u. Soz.formen des Menschen auf allg. menschl., von gesch.-kulturspezif. Lebensbedingungen unabhängige I.e, die zunehmend längere I.listen bzw. -kataloge ergaben, zurückzuführen. Bei der Durchsicht von 2000 einschlägigen Schriften, die von 1700 Autoren stammten, hat L. L. Ber-

nard 15 789 verschiedene I.e gezählt, die in 6131 übergeordnete Kategorien fallen. Er schlug daraufhin vor, die erlernten Verhaltensweisen als Gewohnheiten u. die nichterlernten als Reflexe zu bezeichnen.
Obwohl in einigen partiellen Bereichen menschl. Lebens (z. B. Säuglingsverhalten) leitende I.e in der Form angeborener Reflexe festgestellt werden, basiert das soziol.-antropolog. Konzept vom Menschen prinzipiell auf der Annahme der Plastizität, Offenheit, Unbestimmtheit menschl. Verhaltens. Kultur erscheint als Orientierungsersatz, aber auch als Handlungs- u. Entscheidungsproblem für den »i.-reduzierten« Menschen. I.e sind hier – weil von Kultur, Erziehung u. sozialen Kontrollen überlagert bzw. »sublimiert« – schwer zu isolieren u. zu bestimmen. Gemeinsam mit der Psychoanalyse erforscht Soziol. die Wirkungen spez. Kulturangebote u. -zwänge auf die ursprüngl. I.- u. Triebstruktur des Menschen. Psych. u. sozialen Konflikten, die durch Repression u. aufgestaute I.ansprüche entstehen, wird hierbei bes. Aufmerksamkeit geschenkt. Die Ethologie versucht dagegen, bestimmte universal auftretende, in versch. Ges.en z. T. unterschiedl. normierte u. kulturell legitimierte Verhaltensweisen auf stammesgesch. Anpassungen u. angebl. angeborene Dispositionen zurückzuführen.

L. L. Bernard, Instincts: A Study in Social Psychology, 1924; H. Plessner, Die Stufen des Organischen u. der Mensch, [2]1965 (1928); A. Gehlen, Der Mensch, [6]1958; ders., Anthropolog. Forschg., 1961; E. v. Holst, Mod. I.forschg., 1961; N. Tinbergen, I.lehre, [6]1979; A. Portmann, Zoologie u. das neue Bild vom Menschen, 1959; D. Claessens, I., Psyche, Geltung, Bestimmungsfaktoren menschl. Verhaltens, 1968; K. Lorenz, Über tier. u. menschl. Verhalten, Bd. 1, 1987 (1965).

Institution

Institut für Sozialforschung
→Frankfurter Schule

Institution (lat.), »Einrichtung«,
soziol. uneinheitl. definierter Begriff mit versch. theoret. Stellenwert. In Anlehnung an den allg.
Sprachgebrauch bezeichnet I. eine
Einrichtung (Organisation, Behörde, Betrieb) schlechthin, die nach
bestimmten Regeln des Arbeitsab-
laufes u. der Verteilung von Funktionen auf kooperierende Mitarbeiter (im Rahmen eines größeren
Organisationssystems) eine bestimmte Aufgabe erfüllt.
In einem grundlegenderen Sinne
bezeichnet I. als soziol. Begriff jegl.
Form bewußt gestalteter oder ungeplant entstandener stabiler, dauerhafter Muster menschl. Beziehungen, die in einer Ges. erzwungen oder durch die allseits als legitim geltenden Ordnungsvorstellungen getragen u. tatsächl. »gelebt«
werden. Der Begriff I. bringt insbes. zum Ausdruck, daß wiederkehrende Regelmäßigkeiten u. abgrenzbare Gleichförmigkeiten gegenseitigen Sichverhaltens von
Menschen, Gruppen, Organisationen nicht nur zufällig oder biolog.
determiniert ablaufen, sondern
auch u. in erster Linie Produkte
menschl. Kultur u. Sinngebung
sind. Damit erwächst für jede soziol. Analyse der I.en die Frage
nach den Funktionen der einzelnen I.en für die Ges. u. nach dem
Einfluß der I.en auf das soziale wie
individuelle Leben des einzelnen
Menschen in seiner spezif. »institutionalisierten« Ges.
Mit dem ab 1877 von Herbert
Spencer entwickelten soziol. Ansatz, der die Ges. als ein »natürl.
kooperatives System (»Organismus«) von I.en (als »Organen«) betrachtete, hat dieser Begriff seine
Bedeutung immer dann erwiesen,
wenn das Problem zu klären war,
wie eine Ges. durch das Zusammenspiel (→Integration) ihrer I.en
als Ganzes u. darin die einzelnen
I.en sich selbst erhalten u. – ohne
systemsprengenden Zusammenbruch – verändern u. entwickeln
können. Es wurde analysiert, welche allg. menschl. (biolog. unabdingbaren) Grundbedürfnisse nur
durch gruppenhaftes bzw. sozial
organisiertes Handeln befriedigt
werden können u. wie sich über
bereits vorhandene I.en neue Bedürfnisse entwickeln (B. Malinowski). Eine soziol. orientierte
Anthropologie (A. Gehlen, H.
Plessner) verwies im Zus.hang mit
der Klärung der Beziehungen zwischen Kultur u. Ges. auf die Unentbehrlichkeit der I.en für menschl.
Leben überhaupt u. arbeitete die
Bedeutung der I.en sowohl als Instrumente der Entlastung des
Menschen von Entscheidungsdruck wie als Quelle der Unterdrückung u. Fremdbestimmung
heraus (S. Freud, K. Marx). Die
Strukturell-funktionale Theorie (T.
Parsons u. a.) bemühte sich um den
Aufweis der Ges. als Komplex von
Normen-, Rollen- u. Status-Bezie-
hungen, welcher durch allg. Ord-
nungs-, Herrschafts- u. Sanktionsmechanismen zusammengehalten
wird u. für Funktionieren u. Zusammenhalt des gesamten ges. Systems von »strateg. struktureller«
Bedeutung ist. Die allg., d. h. öffentl. anerkannte u. garantierte »Institutionalisierung« von Ordnung
macht hiernach erst eine wechselseitige Abstimmung des Verhaltens
möglich, eröffnet Chancen für
Konsens, stiftet Leitlinien für
Verständigung, Systematisierung u.
Differenzierung (N. Luhmann). An
sozialer u. individueller Emanzipation orientierte Theoretiker (H.
Marcuse, Th. W. Adorno, J. Haber-

Institutionalisierung

mas) weisen demgegenüber auf die reflexionshemmenden, manipulativen u. Entfremdung begünstigenden Tendenzen derjenigen I.en hin, deren normative u. erzieher. Kräfte sich als irrationale Autoritäten auch in einer modernen Ges. mit intendierter Aufklärung erhalten haben. Gegenwärtig verstärkt sich das Problem, daß vermehrte interkult. Beziehungen, beschleunigter soz. Wandel, zunehmender Individualismus, steigende Reflexion, das Infragestellen kult. Selbstverständlichkeiten, antiautoritäre Tendenzen u. wachsende Ansprüche die das menschl., zur »Ausartungsbereitschaft« (A. Gehlen) neigende Antriebsleben kanalisierenden I.en schwächen (→Deinstitutionalisierung). Dadurch vergrößert sich die Freiheit des Individuums, aber auch die Gefahr einer Entstabilisierung des ges. Zus.lebens.

S. Freud, Das Unbehagen in der Kultur, 1970; T. Parsons, The Social System, Glencoe 1951; R. Schnur, Die Theorie der I., 1963; A. Gehlen, Urmensch u. Spätkultur, ²1964; ders., Moral u. Hypermoral, ²1970; F. Jonas, Die Institutionenlehre A. Gehlens, 1966; W. Lipp, I. u. Veranstaltung, 1968; H. Schelsky (Hg.), Zur Theorie der I., 1970; H. Kliemt, Moralische I.en, 1985; J. A. Schülein, Theorie der I., 1986; G. Göhler (Hg.), Grundfragen der Theorie polit. I.en, 1987; M. R. Lepsius, Interessen, Ideen, I.en, 1990; D. C. North, I.en, institutioneller Wandel u. Wirtschaftsleistung, 1992.

Institutionalisierung, Prozeß der »Verfestigung« von bestimmten Mustern regelmäßig wiederkehrenden Verhaltens (in bestimmten Situationen) zu Institutionen. Für die Strukturell-funktionale Theorie (insbes. T. Parsons) entsteht auf dem Wege der I. überhaupt erst ges. Ordnung, indem amorphe Werte (wie z. B. Freiheit, Sauberkeit, Schönheit) konkret als Handlungsziele definiert u. die Methoden, Mittel, Verhaltensweisen u. Kooperationsmuster zu ihrer Realisierung bestimmt werden. Durch I. werden

kulturelle Wertmuster zu Rollen, Status usw. In der Polit. Soziol. wird I. mitunter als Bezeichnung für die Prozesse der Konsolidierung polit. Herrschaft durch Bürokratisierung u. den Aufbau umfassender Organisationssysteme benutzt.

E. Schrader, Handlung u. Wertsystem, Zum Begriff der I. in T. Parsons' soziol. System (Soz. Welt 17, 1966); E. E. Lan, Interaktion u. Institution, 1978.

Institutionalismus, seit der Wende vom 19. zum 20. Jh. in der amerikan. Wirtschaftswiss. u. Soziol. entwickelte Lehre, nach der neben der psych. Veranlagung (Triebausstattung) des Menschen insbes. die ihn umgebenden, gesch. wandelbaren Institutionen seine Denkgewohnheiten, Einstellungen, Verhaltensstile bestimmen. Der I., dessen Ansatz von der dt. Historischen Schule, von den philos. Evolutions- u. Anpassungskonzeptionen des Darwinismus u. vom Marxismus mitgeformt wurde, richtete sich in erster Linie gegen die Rationalitäts-Prämissen der klass. Wirtschaftstheorie sowie der Soziallehren des Liberalismus u. hob demgegenüber die traditionelle, an gesch. gewachsenen Normen- u. Verhaltensmustern ausgerichtete Lebensorientierung des Menschen hervor. Soziale Institutionen werden nicht mehr als ethisch-moral. Problem, sondern sie werden in sozialdarwinist.-pragmat. Sicht unter dem Gesichtspunkt ihrer dem jeweiligen Stand gesch. Kulturentwicklung entsprechenden Zweckmäßigkeit für die Lösung menschl. Daseinsprobleme interpretiert. Anpassung (adjustment) wird der zentrale Grundbegriff u. das Forschungsproblem des I.

Seit 1960 bildete sich in den USA eine Institutionsökonomik heraus (R. Coase, J. M. Buchanan), die insbes. die Bedeutung der Eigentums- u. Verfügungsrechte für das Funktionieren eines freiheitl. Wirtschafts- u. Ges.slebens betont.

Th. B. Veblen, The Place of Science in Modern Civilization, New York 1961 (1919); E. Flügge, I. in der Nationalökonomie der Vereinigten Staaten (Jb. f. Nationalökonom. u. Stat. 126, 1927); F. K. Mann, Wirtschaftstheorie u. I. in den Vereinigten Staaten (Die Einheit der Sozialwiss., hg. v. W. Bernsdorf u. G. Eisermann 1955); A. Montaner, I., (Hdwb. der Sozialwiss., 1956); M. Stadler, I. heute, 1983.

Instrumentalismus (lat.) wiss.-philos. Richtung, die das Denken, Problemlösen u. damit auch wiss. Erkenntnis ledigl. als Mittel, Werkzeug bzw. Instrument zur besseren Beherrschung von Natur u. ges. Lebensverhältnissen, d. h. zur erfolgreichen Anpassung des Menschen an vorgefundene u. sich u. U. verändernde Umweltbedingungen betrachtet. In der mod. Industrieges. besteht die Tendenz, die Wiss. zur wichtigsten Produktivkraft einer techn.-wiss. Zivilisation zu machen. Auch die Sozialwiss. en unterliegen somit dem Bewährungsdruck, Techniken für die Steuerung sozialen Handelns in der gleichen Weise hervorzubringen wie die Naturwiss. Techniken der Naturbeherrschung.

H. Albert (Hg.), Theorie u. Realität, 1964; E. Topitsch (Hg.), Logik der Sozialwiss., 1965; H. Marcuse, Der eindimensionale Mensch, 1967; M. Horkheimer, Zur Kritik der instrumentellen Vernunft, 1970.

Instrumentelle Arbeitsorientierung, Bezeichnung für die verhaltenswirksame Auffassung, daß die arbeitsteilig organisierte u. fremdbestimmte Berufsarbeit nicht genug persönliche Befriedigungsmöglichkeiten gewährt u. insofern nicht mehr Selbstzweck, sondern nur noch Mittel bzw. Instrument zur Erlangung eines möglichst hohen Geldeinkommens ist. Die Ausbreitung der i. A. hängt mit Wandlungen der Arbeit, mit der Herausbildung der mod. Freizeit- u. Konsumges., mit steigenden Bildungs- u. Anspruchsniveaus u. mit einem Wertwandel zugunsten der Aufwertung hedonist. Werte (Lebensgenuß, Persönlichkeitsentfaltung) zus.

K. H. Hörning (Hg.), Der »neue« Arbeiter, 1971; G.-A. Knapp, Industriearbeit u. Instrumentalismus, 1981.

Integration (lat.), »Wiederherstellung eines Ganzen«, soziol. Bezeichnung für Prozesse der verhaltens- u. bewußtseinsmäßigen Eingliederung in bzw. Angleichung an Wertstrukturen u. Verhaltensmuster (a) durch einzelne Personen an bestimmte Gruppen oder Organisationen oder in die für sie relevanten Bereiche einer Ges.; (b) zwischen versch. Gruppen, Schichten, Klassen, Rassen einer Ges.; (c) zwischen versch. Ges.en zugunsten der Herausbildung neuer, »höherer« gemeinsamer kultureller Strukturen u. sozialer Ordnungen.

Der Grad der I. innerhalb eines sozialen Gebildes bzw. zwischen versch. Gebilden bestimmt das Ausmaß des Konsensus, d. h. der Stabilität der allg. u. gegenseitig anerkannten Orientierungs- u. Verhaltensmuster, definiert aber gleichzeitig auch abweichendes Verhalten u. seine soziale Beantwortung durch Sanktionen. Zentraler Bestandteil aller Prozesse sozialer I. sind die Mechanismen sozialer Kontrolle, die mit Religionen, Ideologien, Weltanschauungen, Philosophien u. daraus abgeleiteten Medien (Erziehungsinstitutionen, polit. u. kulturellen Herrschaftsinstrumenten) Ziele u. Methoden integrativer Prozesse bestimmen. Da soziale Kontrolle aber immer mit Herrschaft als soziale Vertikalität verbunden ist, er-

Integrationstheorie

zeugt sie immer auch desintegrativ wirkende Gegenkräfte, denen es um eine Änderung der bestehenden sozialen Strukturverhältnisse zugunsten neuer Interessenrealisierungen geht.

Im Zus.hang mit den gegenwärtig verstärkten internat. Wanderungsbewegungen gewinnt das Problem der I. bzw. Eingliederung von Arbeitsmigranten, Armutswanderern, Vertriebenen u. Flüchtlingen in den Aufnahmeges.en zunehmende Bedeutung. Problematisch u. z. T. konfliktträchtig ist der Grad der Bereitschaft von Migranten, sich soziokult. integrieren zu lassen, ferner die unterschiedl. ausgeprägten Einstellungen (von Toleranz bis Rassismus) der autochthonen bzw. angestammten Bevölkerung in den Aufnahmeges.en gegenüber den Einwanderern. Allg. ist die I. um so schwieriger, je größer die Unterschiede zw. den Kulturen der Herkunfts- u. Aufnahmeges.en sind. Die weitestgehende Form der I. ist die erzwungene oder freiwillige, sich oft über mehrere Generationen erstreckende →Assimilation von Einwanderern. Mit zunehmender Herausbildung einer multi-kult. u. -ethn. Ges. wird eine abgeschwächte Form der I. von Einwanderern ermöglicht, die bei hinreichender Toleranz der angestammten Bevölkerung eher die kult. Identität ihrer Herkunftsges. aufrechterhalten können.

F. Holfort, Benachteiligung ohne Ende? 1982; P. Lüttinger, I. der Vertriebenen, 1989; H. Esser u. J. Friedrichs (Hg.), Generation u. Identität, 1990; W. Benz (Hg.), I. ist machbar, 1993.

Integrationstheorie, in der Soziol. insbes. von der Strukturell-funktionalen Theorie bevorzugter Problemansatz, der zu begriffl. Schemata, Hypothesensystemen u. wiss. Erklärungsversuchen führt,

die sich einseitig nur bzw. überwiegend mit sozialen Prozessen der Integration befassen. Der I. stehen die Vertreter einer Konflikt-Theorie gegenüber. →Gleichgewichtsmodell.

Intellektualisierung, Prozeß der zunehmenden verstandesmäßigen Erfassung, der analyt. Durchdringung und des rationalen Verstehens sozialer Aufbau- u. Ablaufstrukturen durch die Mehrheit der Mitglieder einer Ges. Mit dem sozialen Wandel zur komplexen, durch vielfältig verschachtelte und funktional aufeinander bezogene soziale Bereiche gekennzeichneten Industrieges. hat sich eine Diskrepanz zw. den Werten der dominanten Kultur u. einer Vielzahl von Subkulturen entwickelt. Der Mensch ist Mitglied und Rollenträger zahlreicher sozialer Gebilde (Gruppen und Organisationen) geworden. Die soziale Dynamik zwingt ihn fortwährend zu neuer Anpassung, Mobilität und Nutzung seiner Freiheitschancen, verlangt im Zuge der Ausdehnung der Bewußtseins- u. Verantwortungsbereiche die Erweiterung des Wissens- u. Informationshorizontes. Das, was Ges. ist und was den eigenen Status und denjenigen anderer Individuen in dieser Ges. bestimmt, ist kaum mehr durch konkrete, an Tradition und Erfahrungserlebnisse gekoppelte Anschauung, sondern nur noch durch abstrakte Denk- und Orientierungsweisen erfaßbar.

M. Weber bezieht I. auf die mit einer »Entzauberung der Welt« verbundene Entfaltung mod. Wiss. u. wiss.sorientierter Technik im Zuge des gesch. einmaligen okzidentalen bzw. abendländ. Rationalisierungsprozesses.

M. Weber, Gesammelte Aufsätze zur Wiss.lehre, [7]1988 (insbes. Wiss. als Beruf); H. Freyer,

Intelligenz

Theorie des gegenwärtigen Zeitalters, 1955; A. Gehlen, Die Seele im techn. Zeitalter, 1957; H. Schelsky, Der Mensch in der wiss. Zivilisation, 1961; H. Marcuse, Der eindimensionale Mensch, [3]1968.

Intellektualismus, erkenntnistheoret. Anschauung, die im Unterschied zum Voluntarismus und Emotionalismus vornehml. die rationale (→Rationalismus) Stufe des Erkenntnisprozesses als Ursprung der Erkenntnis ansieht.
Im abwertenden Sinne ist I. ein kritisierender Begriff gegenüber wiss. Anschauungen insbes. zu Vorgängen im menschl. Organismus und in der Ges., die alles Handeln, alle gesch. Abläufe und geistigen Leistungen als Ergebnisse verstandesmäßiger Erwägungen betrachten und damit die Einwirkungen des Unbewußten und der Gefühls- u. Willenskräfte vernachlässigen.

Intellektuelle (lat.), Personen, die in zweckfreier Geistestätigkeit oder in Verbindung mit einer berufl. Verpflichtung, jenseits sozialer Eigeninteressen im Dienste humanitärer oder ästhet. Ideale, in symbol. Form (des Wortes, der Farbe, der Gestalt oder des Tones) die Probleme der Vergangenheit, Gegenwart und Zukunft menschl. Individual- u. Soziallebens zum Ausdruck bringen, das Bestehende und Erreichte krit. beurteilen und nach neuen, dem Stande der sozialen und kulturellen Entwicklung adäquaten Werten und Antworten suchen. Zu den I. zählen u. a. Künstler, Dichter, Schriftsteller, Komponisten, Erfinder, Gelehrte, Publizisten. Als geistig produktiv-schöpfer. Kräfte der Ges. müssen die I. von den kulturell reproduzierenden oder nur konsumierenden »Gebildeten« unterschieden werden (z. B. Lehrer, Ärzte, höhere Beamte, Techniker). Infolge der mit der Industrialisierung und Bürokratisierung einhergehenden Vermehrung akadem. und sonstiger »gehobener« Stellungen in Ges., Verwaltung und Kultur ist die Eingrenzung der I. nach Berufen schwierig geworden. Unabhängig von den Unterschieden der sozial-ökonom. Stellung (freie Berufstätigkeit, Selbständigkeit, Abhängigkeit, proletaroide Existenz) gehört zum I. das Anliegen, Aufklärung und Soz.kritik pflegen zu wollen. Da I. sich mit Problemen befassen, die über ihren eigenen sozialen Erfahrungs- und Verantwortungshorizont hinausgehen, fehlt ihnen meist die direkte Verantwortlichkeit für die konkrete Entscheidung und Aktion zu dem von ihnen angesprochenen Sachbereich und verfügen sie nur sehr begrenzt über Information aus erster Hand. Ihre soziale Funktion liegt darum – im Gegensatz zu den Gebildeten und den Fachexperten – nicht in erster Linie in der Umsetzung ihres Wissensanspruchs in prakt. Herrschaft, sondern in ihrer Bedeutung als Kultur- und Gesellschaftskritiker.

E. R. Wiehn, I. in Pol. u. Ges., 1971; M. Greiffenhagen, Propheten, Rebellen u. Minister, 1986; H. Brunkhorst, Der I. im Land der Mandarine, 1987; P. Bourdieu, Die I.n u. die Macht, 1991; P. Noack, Dtl., deine I.n, 1991; W. Prigge (Hg.), Städt. I., 1991; W. Lepenies, Aufstieg u. Fall der I.n in Europa, 1992.

Intelligenz (lat.), als soziol. Begriff Konglomerat der versch. sozialen Gruppierungen, die sich aus den Intellektuellen zus.setzen. Ebenso unscharf wie der Begriff des Intellektuellen wird die Abgrenzung der I. in der mod. Ges., in der durch berufl. Spezialisierung, Professionalisierung u. Bürokratisierung die soziale »wiss. I.« sich genauso schnell vermehrt wie andererseits infolge der wachsenden Verbreitung der Massenkommunikations-

Intensivinterview

mittel u. der Tendenzen zum Konformismus u. zur geistigen Manipulation die sozialkrit. I. immer neue soziale Aktionsräume erhält. Die soziale Existenz und Stellung der I. hängt von dem Ausmaß ab, in dem die Ges. die »geistige Konkurrenz« (Mannheim) um die Entwicklung des wiss. Fortschritts u. der allg. Ideen der Wahrheit u. Gerechtigkeit benötigt u. zuläßt. Als Trägerin des Prinzips der Rationalität u. der Prozesse, in denen sich das ges. Selbstverständnis fortwährend neu herausbildet, stellt die I. die jeweils gegebenen techn., wirtschaftl., sozialen u. polit. Strukturen infrage. Erfüllt von Fortschrittsglauben, ist die I. das geistig-dynam. Element in der Ges., reißt sie Tabus ein, kritisiert sie Konventionen u. Tradition. I. hat sich im soz. gesch. Prozeß erst dort entwickeln können, wo überlieferte Sitten, geistige Zentralautoritäten, festgefügte Wahrheits- u. Bildungsideale u. transzendental verankerte Wertgebungen ihre Vorherrschaft verloren (→Aufklärung). Die unterschiedl. sozialökonom. Situation, soziale Herkunft, geistige Orientierung u. Ausbildung der I. sowie ihre grundsätzl. kritische Haltung gegenüber den sozialen Strukturen ihrer Ges. läßt es nicht zu, sie zu einer bestimmten sozialen Klasse oder Schicht zu rechnen oder als eigenständige Schicht zu betrachten. Als »sozial freischwebende«, geistig u. sozial »heimatlose« Personenkategorie besteht ihre negative Gemeinsamkeit in der Abhebung von allen anderen Schichten, die mitunter zu elitär geistiger Einsamkeit u. zu relativ kurzlebig wirkenden, sich sozial abschließenden Zirkeln führt. Ihre kritisch-skept. Grundhaltung gegen soziale Normierung u. Reglementierung gestaltet ihr Verhältnis zur sozialen u. polit. Praxis ambivalent. Entstanden mit den Institutionen der bürgerl. Ges., steht die I. in Spannung u. Opposition zu diesen Institutionen, bricht in ihr immer wieder der Gedanke durch, daß selbst der krit. Geist u. damit der soziale Fortschritt um ihrer Dynamik willen nicht institutionalisiert werden dürfen. Das behindert die Realisierung der Ergebnisse ihrer geistigen Arbeit, denn die I. hat sozialen Einfluß nur dann, wenn sie mit ihren Ideen entwederauf schon vorhandene Tendenzen u. Strömungen stößt u. ihr damit reale soziale u. polit. Macht entgegenkommt, oder dann strateg. u. organisator. Geschick es ihr gelingt, sich in den Besitz von Herrschaftspositionen zu setzen.

K. Mannheim, Mensch u. Ges. im Zeitalter des Umbaus, 1935; Th. Geiger, Aufgaben u. Stellung der I. in der Gesellschaft, 1949; K. Mannheim, Ideologie u. Utopie, [3]1952; R. Aron, Opium für Intellektuelle, 1957; N. Chomsky, Die Verantwortlichkeit d. Intellektuellen, 1971; H. Schelsky, Die Arbeit tun die anderen, 1975; H. Lenk u. G. Ropohl, Techn. I. im systemtechnolog. Zeitalter, 1976; G. Konrád u. I. Szelényi, Die I. auf dem Weg zur Klassenmacht, 1978; A. W. Gouldner, The Future of Intellectuals and the Rise of the New Class, New York 1979, dt.: Die Intelligenz als neue Klasse, 1980; F. K. Ringer, Die Gelehrten, 1987 (1983); J. Kuczynski, Die I., 1987; D. Beyrau, I. u. Dissenz, 1993.

Intensivinterview, eine weitgehend unstrukturierte, gesprächsartige u. dementsprechend durch den Interviewer flexibel gestaltbare Form der Befragung, bei der zur Erkundung aller das Erhebungsziel berührenden Aspekte eine besonders enge Beziehung zur interviewten Person hergestellt werden muß. Wichtig ist eine für den Befragten angenehme u. vertraute Umgebung. Die aus dem Forschungsziel resultierenden Erhebungsgesichtspunkte werden dem Interviewer mit einem sog. Leitfaden (grob strukturiertes Schema von Fragen) vorgegeben, das ihm aber einen erhebl. Spielraum für die eigene Gestaltung des Interviews (Frageformulierung, Zusatzfragen) gewährt. Durch diese Offenheit können vom Befragten umfangreichere u. tiefergehende Informationen erlangt werden, unter Berücksichtigung seiner Perspektive, Sprache u. Anliegen. Ferner können im Interview auftauchende Aspekte berücksichtigt werden, die im Leitfaden noch nicht enthalten sind. Bei Einverständnis des Befragten kann das I. mit einem Tonbandgerät »festgehalten« werden. Die spätere Transkription (schriftl. Übertragung) ergibt dann ein vollständiges Protokoll.

Intention, Intentionalität (lat.), »Absicht, Vorhaben«, bei F. Brentano u. in der Phänomenologie E. Husserls drückt Intentionalität die Objektbezogenheit des Bewußtseins aus (Bewußtsein v. etwas). In der neueren Literatur, insb. in der Handlungstheor., bezeichnet Intention allg. den Absichtscharakter oder die volitive Zielgerichtetheit v. Handlungsmotivationen.

A. Marras (Hg.), Intentionality, Mind, and Language, Urbana (u. a.), 1971; J. W. Meiland, The Nature of Intention, London 1970.

Interaktiogramm, v. →Atteslander entwickelter Ansatz für eine standardisierte u. quantifizierende Beobachtung v. Handlungen u. Interaktionen insb. in betriebl. Arbeitsgruppen. Um die einzelnen Aktivitäten v. Gruppenangehörigen auf einem Beobachtungsbogen registrieren zu können, werden Symbole bzw. eine »Kurzschrift« erfunden. Diese wird im Gegensatz zur Interaktionsanalyse v. R. F. Bales nicht für alle verschiedenartigen Beobachtungsfelder festgelegt, sondern je nach theoret. Fragestellung der zu untersuchenden sozialen Situation angepaßt. Mit dem I. kann festgestellt werden, wer mit wem wann u. wo interagiert hat, ferner Reihenfolge, Häufigkeit, Inhalt u. Länge v. Interaktionen u. Handlungen.

P. Atteslander, Methoden der empir. Soz.forschg., ⁵1985.

Interaktion (lat.), »Wechselbeziehung zwischen Handlungen«, Handlungsaustausch, zentraler soziol. Grundbegriff für die Analyse von gegenseitig aufeinander bezogenen Handlungen. Eine I. liegt vor, wenn ein Handelnder (Individuum, Gruppe, Organisation) sich nicht nur am zufälligen oder gerade erkennbaren Verhalten eines anderen Handlungspartners, sondern auch u. in erster Linie an dessen Erwartungen, positiven u. negativen Einstellungen sowie Einschätzung u. Bewertung der gemeinsamen Situation orientiert. Eine solche gegen- bzw. wechselseitige Orientierung der Handlungspartner ist nur im Rahmen einer vorgegebenen sozialen Struktur von gemeinsamen Werten, normativen Mustern, Symbolen u. Kommunikationstechniken möglich.

Die Entwicklung des I.-Begriffs ist eng verbunden mit Versuchen individualist. orientierter soziol. Theorie, über Elementarbegriffe zur Skizzierung u. Typisierung von einzelnen sozialen Beziehungen eine systemat. Wiss. von der Ges. aufzubauen. Die formale Soziologie (G. Simmel, L. v. Wiese) bemühte sich um die Erklärung komplexer sozialer Gebilde aus sozialen (von gesch.-kulturspezif. Lagen unabhängigen) Grundrelationen zw. Individuen. Max Webers »verstehende« Soziol. ging in ihren

Interaktionismus

»Grundbegriffen« von der sozialen Beziehung als einem »subjektiv sinnhaft aufeinander bezogenen Verhalten« mehrerer Individuen aus. Das »soziale System« der Strukturell-funktionalen Theorie (T. Parsons u. a.) ist in seiner elementaren Form die normativ strukturierte Beziehung der wechselseitigen integrierten Orientierung von motivationell und rollenmäßig »eingestimmten« Verhaltenspartnern. Unter Einbeziehung von Theoremen der Lernforschg. u. der Wirtschaftstheorie wird soziales Handeln in der →Verhaltenstheoret. Soziol. nach den Prinzipien der Reziprozität u. Äquivalenz (wechselseitiger Austausch gleichgroßer Leistungen) erklärt. →Austauschtheorie.

T. Parsons, R. F. Bales, Family, Socialization and Interaction Process, Glencoe 1955; G. C. Homans, Elementarformen soz. Verhaltens, 1968; A. Malewski, Verhalten u. I., 1967; J. Siegrist, Das Consensus-Modell, 1970; M. Argyle, Soz. I., 1972; E. D. Lantermann, I.en, Situation u. Handlung, 1980; G. Mikula (Hg.), Gerechtigkeit u. soz. I., 1980; H.-G. Soeffner (Hg.), Beiträge zu einer Soziol. der I., 1984; H. Geser, Die kommunikative Mehrebenenstruktur elementarer I., in: KZfSS 42, 1990.

Interaktionismus →Symbolischer Interaktionismus

Interaktionsanalyse, (engl. interaction process analysis), Methode zur Untersuchung spez. Verursachungsfaktoren u. Erscheinungsformen von Interaktionen zw. einzelnen Individuen in Gruppen. Hierbei wird versucht, soziale Tatsachen u. Vorgänge zu verstehen, indem elementare soziale Beziehungen, d.h. die Wechselbeziehungen zw. wenigen, überschaubaren u. in direkter Interaktion (→face-to-face) untereinander stehenden Individuen in ihrer Abhängigkeit von einer sozialen Struktur, nämlich von der Gruppe, beobachtet

werden. Bei den von Robert F. Bales durchgeführten I.n wurde mittels eines standardisierten Klassifikationsschemas versucht, in Gruppen, die mit bestimmten Aufgaben betraut waren, die Herausbildung von neuen sozialen Strukturen exakt festzuhalten. So wird z. B. auf die »informale« Verteilung von Verantwortung u. Entscheidungsbefugnissen für die gemeinsame Aufgabe, auf die Kooperationsbereitschaften u. Rivalitäten, auf Über- u. Unterordnungsverhältnisse usw. geachtet.

R. F. Bales, Interaction Process Analysis, Cambridge, Mass. 1950; H. Merkens u. H. Seiler, I., 1978; R. F. Bales u. S. P. Cohen, Symlog, 1982.

Interaktionsmedien, soziale, im Spätwerk v. T. Parsons Bezeichnung für ges. bedeutsame Mittel wie Geld, Macht, Einfluß u. Wertbindung bzw. moral. Verpflichtung, die einen großen Teil der wechselseitig bezogenen Handlungen (→Interaktion) v. Menschen steuern u. absichern. I. bilden in vielen Bereichen u. Situationen alltägl. Austauschprozesse »Sondersprachen« für die Mitteilung eigener Absichten u. für die Motivierung gewünschter Handlungen anderer. Über den Einsatz nur verbaler Sprache u. mündl. Versprechungen hinaus, bieten I. durch ihre Einbettung in umfassende Strukturen (Rechtssystem, Herrschaftsordnung, Wirtschaft, Religion) den Vorteil einer stärkeren Absicherung v. Leistung u. Gegenleistung gegenüber Täuschungsmöglichkeiten.

T. Parsons, Zur Theorie der soz. I., hg. v. S. Jensen, 1980; J. Künzler, Medien u. Ges., 1989.

Interdependenz (lat.), gegenseitige Abhängigkeit. Funktionale I. bezieht sich auf gegenseitige Abhängigkeitsbeziehungen von Elementen oder Teilbereichen eines arbeitsteilig strukturierten soz. Systems, die füreinander bestimmte Funktionen (Aufgaben, Leistungen) erfüllen. Soz. I. bezeichnet den Grundtatbestand, daß Menschen in ihrem soz. Zus.leben aufeinander angewiesen sind u. darauf in ihrem Handeln eingestellt sein müssen.

Interdependenzrelation (lat.), bestimmte Beziehung zwischen gegenseitig voneinander abhängigen oder wechselwirksam einander beeinflussenden Größen.

Interesse (lat.), »Dabeisein«, »Teilnehmen«, soziol.-soz.psychol. eine zielorientierte, längerfristig-zukunftsbezogene, in stärkerem Maße kognitiv ausgeformte u. durch Eigenverantwortung gekennzeichnete motivationale Fixierung von Individuen u. Angehörigen soz. Gruppen, Organisationen, Schichten, Klassen u. Ges.en. Solche dem Idealtypus des zweckrationalen Handelns nahestehenden motivationalen Fixierungen, die in nutzen- u. vorteilsorientierten Einstellungen, Erwartungen, Ansprüchen u. Strebungen zum Ausdruck kommen, sind auf je bestimmte Objekte, Güter, Sachverhalte, Ziele, Zustände, Handlungsmöglichkeiten, Rechte, Statuspositionen u. a. m. bezogen, denen in intentionaler Weise Wertschätzung entgegengebracht wird. I.n liegen internalisierte soziokult. Werte zugrunde. Außerdem werden I.n maßgeblich durch die soz. Lage, den soz. Standort des I.nträgers mitbestimmt (Standes-, Klassen-, Berufs-I.n). Es sind oftmals Interessen, die unmittelbar u. direkt das Handeln von Menschen, von Angehörigen soz. Gebilde u. Kollektive steuern. »Objektiv« betrachtet kann das »subjektive« I. »falsch« sein, (a)

wenn die Betreffenden nicht über ausreichende Informationen u. damit Interpretationsmöglichkeiten verfügen, oder (b) bewußt u. manipulativ von anderen an der »richtigen« Artikulation ihrer I.n gehindert werden, oder (c) die Bedingungen der eigenen »objektiven« sozialen Situation im ges. Prozeß die Abbildung der I.n im Bewußtsein der Betroffenen unmöglich machen.

Die dem Liberalismus verpflichteten Theoretiker betonen immer wieder die Unabdingbarkeit individuellen I.handelns für eine »ausgewogene«, z. T. sogar »harmonische«, jedenfalls optimale Struktur ges. Prozesse. I.gegensätze u. der Wettbewerb um die Durchsetzung der eigenen I.n garantieren soziale Dynamik u. sozialen Wandel, machen Kräfte frei, deren Handlungsergebnis optimale soziale Fortschritte garantiere u. allen Mitgliedern einer Ges. »freier« Bürger zugute komme. Dort, wo die Gefahr bestehe, daß ges. stärkere gegenüber schwächeren I.lagen ges. Ungleichgewichte verursachen, hätte der Sozialstaat ledigl. korrigierend in den ges. Prozeß einzugreifen. Demgegenüber heben Theoretiker des Sozialismus hervor, daß in allen vorsozialist. Ges.formen, die sich als Klassenges. darstellen ließen, infolge der Produktionsverhältnisse (Eigentums- u. Herrschaftsverhältnisse) ein fundamentaler I.ngegensatz besteht: Während die herrschende Klasse der Produktionsmitteleigentümer ihr I. an der Aufrechterhaltung des status quo durch ihre materielle Macht u. durch den Staat polit. zum allg. I. erhebt, ist in der unterdrückten, wirtschaftl. ausgebeuteten Klasse das I. angelegt, die für sie nachteiligen u. ungerechten Herrschaftsverhältnisse zu überwinden.

Interessenverband 384

Trotz der Abschaffung des priv. Produktionsmitteleigentums verfestigte sich auch in sog. »realen Sozialismus« totalitärer Ausprägung ein I.ngegensatz: zw. der Klasse der diktator. Herrschenden (Parteifunktionäre, Geheimdienst, Militär) u. der polit. fremdbestimmten, wirtschaftl. ausgebeuteten Klasse der Beherrschten (breite Bevölkerungsmehrheit). Dieser I.ngegensatz trug maßgeblich zu wirtschaftl. Rückständigkeiten u. Problemen bei, die den totalitären Staatssozialismus scheitern ließen.
In der mod. Ges. ist das i.norientierte Handeln verstärkt in den Vordergrund gerückt. Die größer gewordene Einflußkraft der I.norientierung im Rahmen der Bestimmungsgründe des Handelns korrespondiert mit der Entfaltung einer dynam., relativ offenen, durch Individualismus u. Wettbewerbsverhältnisse geprägten Wirtschaftsges.

M. Weber, Wirtschaft u. Ges., ⁵1980 (1921); R. Dahrendorf, Soz. Klassen u. Klassenkonflikt in der industriellen Ges., 1957; B. Huber, Der Begriff der I.n in den Soz.wiss.en, 1958; K. Heinemann, Zur Soziol. des I.s, in: Sociologia Internationals 8, 1970; H. Neuendorff, Der Begriff des I.s, 1973; P. Massing u. P. Reichel (Hg.), I. u. Ges., 1977; K. Meier, I., Macht u. Einfluß, 1978; U. v. Alemann u. E. Forndran (Hg.), I.nvermittlung u. Politik, 1983; M. R. Lepsius, I.n, Ideen, Institutionen, 1990; J. Hochgerner u. S. Katsikidis (Hg.), Die Formierung v. I.n, 1992.

Interessenverband, freiwilliger, formal organisierter Zus.schluß von Personen, die aufgrund ihrer soz. Lage u. gemeinsamen Betroffenheit einer bestimmten »ges. Muttergruppe« (O. Stammer) mit partikularen wirtschaftl., berufl., kult. oder konfessionellen Interessen angehören. Der I. versucht mit Öffentlichkeitsarbeit u. ggf. auch durch Druckausübung (Wählerstimmen) die eigenen Interessen gegenüber der Regierung, dem Parlament, den polit. Parteien, der staatl. Bürokratie oder der öffentl. Meinung zu vertreten u. weitestgehend durchzusetzen. Er hat ein Ziel, Programm u. eine Satzung, einen Mitgliederbestand, eine spezif. Struktur (Führung, Funktionäre, aktive u. passive Mitgliedschaft).
Im Gegensatz zu polit. Parteien, die den Anspruch auf Erlangung gesamtges. Verantwortung erheben, versucht der I., nur die Interessen der eigenen Mitgliedschaft u. ggf. »Muttergruppe« durchzusetzen – oft auf Kosten der Belange anderer Bevölkerungsteile u. der Ges. insgesamt. I.e u. ihre »Muttergruppen« bilden wichtige Rekrutierungsfelder für polit. Parteien, wodurch sich personelle Verflechtungen ergeben. Einflußstarke I.e (insbes. Gewerkschaften, Arbeitgeber- u. Berufsverbände) bilden ein wichtiges Element der Machtbalance in der freiheitl.-pluralist. Ges. Sie ermöglichen eine effektive Berücksichtigung von Interessen einzelner Bevölkerungsteile in der polit. Willensbildung u. in der Gesetzgebung. Sie können aber auch ggf. kleinen, demokrat. nicht legitimierten Minderheiten einen privilegierten Zugang zur Macht verschaffen. Die freiheitl.-demokrat. Lebensform erfordert im Gegensatz zu Oligarchisierungstendenzen (→Oligarchie) eine weitgehende Demokratisierung innerverbandl. Entscheidungsprozesse, ferner eine demokratiegerechte Regelung u. Transparenz der Einflußnahme von I.en insbes. auf Parlament u. Regierung (→Lobby, →Pressure Group). Übermäßiges Wachstum der Macht von I.en u. insbes. die rücksichtslose Durchsetzung partikularer Interessen gefährden die ges. Integration u. können zu ungewollten negativen Folgen führen (z. B. Inflation, Ver-

schärfung von Verteilungskonflikten, Abnahme von Solidarität, Zunahme von Aggressivität), die sich auf die Lebensqualität u. das Wohlergehen aller Ges.angehörigen nachteilig auswirken.

R. Breitling, Die Verbände in der BRD, 1955; T. Eschenburg, Herrschaft der Verbände?, 1955; J. Kaiser, Die Repräsentation organisierter Interessen, 1958; H. Schneider, Die I.e, 1965; O. Stammer u. a., Verbände u. Gesetzgebung, 1965; W. Hirsch-Weber, Politik als Interessenkonflikt, 1969; K. v. Beyme, Interessengruppen in der Demokratie, [5]1980 (1969); G. Teubner, Organisationsdemokratie u. Verbandsverfassung, 1978; U. v. Alemann u. R. G. Heinze (Hg.), Verbände u. Staat, [2]1981 (1979); J. Weber, Die Interessengruppen im polit. System der BR Dtl., [2]1981; M. Olson, The Rise and Decline of Nations, New Haven u. London 1982; J. Hartmann, Verbände in der westl. Industrieges., 1985; H. de Rudder u. H. Sahner (Hg.), Herrschaft der Verbände?, 1988; U. v. Alemann, Organisierte Interessen in der BR Dtl., [2]1989; B. Benzner, Ministerialbürokratie u. Interessengruppen, 1989; R. Mayntz (Hg.), Verbände zw. Mitgliederinteressen u. Gemeinwohl, 1992.

Interethnische Beziehungen, Beziehungen zw. verschiedenen →Ethnien, die nach W. E. →Mühlmann nicht als »geschlossene Systeme« aufgefaßt werden sollten, sondern (insbes. in der Moderne) als »offene«, miteinander in Wechselwirkung stehende Systeme (interethn. Systeme). In Fällen der Identität einzelner Ethnien mit Nationalstaaten bilden die i.n B. zugleich internat. Beziehungen. I. B. gibt es darüber hinaus in Staaten, deren Bevölkerung aus mehreren Ethnien besteht (Multiethn. Ges.), wobei oft neben einer Mehrheits-Ethnie ethn. Minderheiten existieren. I. B. wachsen mit der weltweiten Kommunikation, mit dem Welthandel u. Tourismus, mit internation. Wanderungen u. polit. Beziehungen. Binnenges.en gewinnen i. B. durch eingewanderte Gastarbeiter, Arbeitsmigranten u. Armutsflüchtlinge an Bedeutung. I. B. können Prozesse der →Akkul-

turation (Kulturaustausch), der Integration u. Assimilation sowie der Herausbildung einer »Weltges.« begünstigen. I. B. werden oft durch Vorurteile, Diskriminierung, Ungleichheit, Konkurrenz, Konflikte u. soz. Probleme belastet u. beeinträchtigt: Diskriminierung einzelner Rassen, Religionen u. Ethnien, gesch. überkommene Konflikte zw. Ethnien, Rel.sgemeinschaften u. Nationen, Unterdrückung von ethn. Minderheiten, Ablehnung u. Benachteiligung eingewanderter Ausländer (verschärft durch Arbeitsplatz- u. Wohnungsknappheit), Bürgerkriege u. kriegsähnl. Konflikte in multiethn. u. -nationalen Ges.en. Die Verbesserung u. Förderung i.r B. hängen ab von Aufklärung, Erziehung zur Toleranz u. kosmopolit. Gesinnung, von der Überwindung rass., nationaler u. rel. Vorurteile sowie des Ethnozentrismus u. ungerechter Soz.strukturen, Verwirklichung des Selbstbestimmungsrechts der Völker, Institutionalisierung u. sanktionengestützter Absicherung friedl. Beziehungen.

W. E. Mühlmann, Rassen, Ethnien, Kulturen, 1964; M. Banton, Racial and Ethnic Competition, Cambridge, London, New York u. a. 1983; F. Heckmann, Ethn. Minderheiten, Volk u. Nation, 1992.

Interferenz, sprachliche, die Überlappung unterschiedl. Sprachsysteme sowohl innerhalb einer Ges. zw. »Sprachgruppen« wie zw. versch. Ges.en. Durch länger anhaltende sprachl. I. entstehen neue Sprachsysteme.

Inter-Generationen-Mobilität, soz. Positionsveränderungen (Aufstieg, Abstieg, horizontale →Mobilität) in der Generationenfolge, also über zwei oder mehr Generationen, z. B. der Großvater war Landarbeiter, der Vater selbständiger

Interkultureller Vergleich

Handwerker, die Tochter wurde Ärztin.

Interkultureller Vergleich, eine besonders in der →Ethnologie praktizierte Vorgehensweise, um hinsichtl. bestimmter Dimensionen des soziokult. Zus.lebens von Menschen (z. B. Sozialisationsbedingungen, Weltanschauungen, Wertorientierungen, Machtverhältnisse, soz. Ungleichheit, Verhaltensmuster, Verwandtschaftssysteme, soz. Lebensgefühl) Gemeinsamkeiten, Ähnlichkeiten u. Unterschiede zw. verschiedenen Kulturen (u. Ges.en) zu erkunden, darzustellen u. eventuell zu erklären. Hierbei werden spezielle Methoden eingesetzt, z. B. Beobachtung, Skalen, Inhaltsanalyse.

D. Krebs u. K. F. Schuessler, Soz. Empfindungen, 1987.

Intermediäre Gruppe, »dazwischen«, »in der Mitte liegende« Gruppe; soziol. Bezeichnung für Gruppen im weiteren Sinne, somit auch für Organisationen, Institutionen, über die als Zw.instanzen das Individuum in komplexen, für den einzelnen nicht allseits direkt zugängl. Ges.en mit dem soz. Ganzen verbunden wird. – Nach E. Durkheim sollen die mod. Ges. Berufsorganisationen als i. Instanzen der Wertkrise (moral. Krise) u. den verstärkten Gefahren der →Anomie entgegenwirken.

H.-P. Müller, Wertkrise u. Ges.sreform, 1983; K. Meier, E. Durkheims Konzeption der Berufsgruppen, 1987; W. Streeck, Vielfalt u. Interdependenz, in: KZfSS 39, 1987; K. Tiepelmann u. G. van der Beek (Hg.), Theorie der Parafiski, 1993.

Internalisierung (lat.), Verinnerlichung soziokult. Elemente (Werte, Normen, Rollenerwartungen, Verhaltensmuster, Sanktionen) der jeweiligen Umwelt durch den Sozia-

lisanden. I. bildet somit eine wesentl. Dimension der Sozialisation u. Enkulturation, insbes. in den ersten, frühkindl. Phasen. Im Zuge der I. werden äußere soziokult. Elemente vom Individuum so tiefgreifend gelernt, daß sie in die sich entfaltende Persönlichkeitsstruktur, insbes. in die Motivationsstruktur u. emotionalen Kapazitäten integriert werden. Jene Elemente werden dann nicht mehr als äußere, fremde Forderungen, Zumutungen u. Zwänge erlebt, sondern als Bestandteile der eigenen Persönlichkeit, die unter Berücksichtigung der jeweiligen soz. Situation automat., quasi-instinktiv befolgt werden. Die I. hängt im Einzelfall von der Eigenart der Kultur u. des soz. Milieus sowie von den Bezugspersonen ab, mit denen sich der Sozialisand identifiziert. Mit der I. erfolgt der Aufbau einer inneren soz. Kontrolle (Gewissen, Über-Ich im Sinne S. Freuds, Selbstsanktionierung). Mit dem Ausmaß der I. eines möglichst widerspruchsfreien Wert- u. Normensystems vermindert sich zugunsten ges. Stabilisierung die Notwendigkeit äußerer soz. Kontrollen mit negativen Sanktionen. Weitestgehende I. soziokult. Elemente ist kennzeichnend für traditionale, stat., wandlungsresistente Ges.en. In der mod. Ges. führen unter dem Eindruck widersprüchl. Werte u. Normen soz.wiss. Aufklärung u. krit. Reflexion zum Bewußtwerden der I. Von aufgeklärten, nach Autonomie strebenden Individuen werden dann internalisierte soziokult. Elemente als äußere, ggf. entfremdende Zumutungen entlarvt, relativiert, zur Disposition gestellt u. bei passenden Umständen variiert oder sogar ignoriert. Eine solche bewußtseinsmäßige Aufhebung der I. vergrößert die Freiheit u. Autonomie des Individuums, entstabilisiert aber das ges. Zus.leben u. erfordert mehr äußere Kontrollen. In der Umweltökonomie bezeichnet I. die Einbeziehung →externer Effekte in die betriebl. Kostenrechnung u. somit in die Preisbildung. Dadurch soll der Grad der Umweltbelastung infolge des Wirtschaftens u. Konsums verringert werden.

T. Parsons u. R. F. Bales, Family, Sozialization and Interaction Process, New York 1955; A. Bandura, Social Lerning Theory, Englewood Cliffs, N. J. 1977; W. Herzog, Antezedentien der Rollen., in: KZfSS 32, 1980.

Interpenetration (lat.), in der Strukturell-funktionalen Theorie v. T. Parsons Begriff zur Bezeichnung v. Prozessen der gegenseitigen Durchdringung verschiedener Sphären, Bereiche oder Subsysteme. Das für eine stabile Koordinierung sozialen Handelns unerläßl. Handlungssystem ergibt sich aus der I. der drei analytisch differenzierbaren Subsysteme des Persönlichkeits-, Kultur- u. Sozialsystems. Dieser umfassende Prozeß der I. beinhaltet somit die Institutionalisierung kult. Elemente (Werte) im Sozialsystem u. die Internalisierung derselben im Persönlichkeitssystem. Im Rahmen sozialen Wandels kann die I. verschiedener, z. T. gegensätzl. soziokult. Subsysteme, z. B. des ökonom., polit. u. kult., sowohl die Entfaltung der jeweiligen Subsysteme wie auch eine evolutionäre Höherentwicklg. des soziokult. Gesamtsystems ermöglichen (→Evolutionstheorie). In diesem Sinne vertritt R. Münch in Anlehnung insb. an M. Weber u. T. Parsons die Auffassung, daß eine Theorie der I. die angemessene theoret. Perspektive für die Erklärung der modernen okzidentalen (abendländischen) Entwicklung sei.

R. Münch, T. Parsons u. die Theorie des Han-

delns I u. II, in: Soz. Welt 30 u. 31, 1979/80; ders., Über Parsons zu Weber: V. der Theorie der Rationalisierung zur Theorie der I., in: Zs. f. Soziol. 9, 1980; ders., Die Struktur der Moderne, 1984.

Interpolation (lat.), das Feststellen von Zahlenwerten, die zw. bereits bekannten liegen, wobei über den Zus.hang der bereits bekannten Zahlenwerte bestimmte Hypothesen zugrunde gelegt werden. →Extrapolation.

Interpretation (lat.),»Auslegung«, »Deutung«, in der Empir. Sozialforschung die Beurteilung von wiss. Ergebnissen dadurch, daß die Beziehungen zw. dem aufbereiteten u. ausgewerteten Forschungsmaterial u. den Ausgangshypothesen u. geeigneten theoret. Ansätzen geprüft werden. Bei Entscheidungen darüber, ob bestimmte Ergebnisse eine Hypothese bestätigen oder ob Hypothesen durch die empir. Überprüfung falsifiziert wurden, stößt man immer wieder auf das Problem, daß empir. gewonnene Daten (z. B. Meßwerte) sehr stark von Entscheidungen über gewählte Methoden u. über Wertumfänge bzw. -abgrenzungen (z. B. Meßskalen) abhängen.

Interpretatives Paradigma, bezeichnet im Zus. mit Phänomenolog. Soziol., Ethnomethodologie u. Symbol. Interaktionismus einen neuen grundlegenden theoret. Ansatz. Dieser versteht die sozialen Beziehungen (→Interaktion) als interpretative Prozesse, in denen sich die Handelnden durch Sinndeutungen der Erwartungen oder mögl. Verhaltensweisen der jeweiligen Handlungspartner aufeinander beziehen. Im Gegensatz zu struktursoziol. Theorien (→Funktionalismus, →Strukturell-funktionale Theorie, →Systemtheorie), die v.

der Annahme einer objektiv gegebenen ges. Struktur ausgehen, erfordert das I. P. vorrangig die interpretative Rekonstruktion der in
den untersuchten sozialen Beziehungen sich vollziehenden Interpretationen. →Paradigma.

Arbeitsgruppe Bielefelder Soziologen (Hg.),
Alltagswissen, Interaktion u. ges. Wirklichkeit,
1973; E. Goffman, Rahmen-Analyse, 1977; W.
Bonß, Die Einübung des Tatsachenblicks,
1982; R. Bohnsack, Alltagsinterpretation u. soziol. Rekonstruktion, 1983; A. Giddens, Interpretative Soziol., 1984; B. Lehmann, Rationalität im Alltag?, 1988.

Inter-Rollen-Konflikt →Rol-
lenkonflikt

Intersubjektivität (lat.), allg. die
weitgehende, durch gemeinsame
Ideen, Werte u. Normen fundierte
Übereinstimmung von Auffassungen, Einstellungen, Wahrnehmungen u. Verhaltensweisen bei einer
Mehrzahl von Individuen innerhalb einer bestimmten soziokult.
Umwelt.
a) In Ansätzen der Phänomenolog.
Soziol. u. im Symbol. Interaktionismus wird der Begriff der I. auf die
für die Alltagswelt u. für das Erleben u. Handeln des einzelnen (Ich)
grundlegende Strukturgegeben-
heit des mitmenschl. Verflechtungs-
zus.hanges bezogen. Die Wirklichkeit der Alltagswelt stellt sich für
den einzelnen somit als eine intersubjektive Welt dar, die er mit anderen Individuen teilt. Er kann in
der Alltagswelt nicht existieren, ohne unaufhörlich mit anderen zu
kommunizieren, zu verhandeln,
sich mit ihnen zu verständigen. Er
weiß, daß seine natürl. Einstellung
zu dieser Welt jener der anderen
Mitmenschen entspricht (Einstellung des normalen Jedermannsbe-
wußtseins), daß er mit ihnen in einer gemeinsamen Welt lebt. Er
weiß auch, daß die anderen Sub-

jekte diese gemeinsame Welt aus
Perspektiven betrachten, die nicht
mit der seinigen ident. sind. Aufgrund einer ständigen wechselseitigen Identifikation kann der einzelne am Sein des anderen teilhaben.
b) In der vom →Krit. Rationalismus methodolog. beeinflußten Erfahrungswiss. bezeichnet I. zur Ermöglichung objektiver Erkenntnis
den Grundsatz, wonach alle wiss.
Behauptungen, Feststellungen usw.
so zu »begründen« sind, daß sie von
jedermann eingesehen, nachgeprüft u. kritisiert werden können.
Die erfahrungswiss. Objektivität
der wiss. Aussagen liegt somit darin,
daß sie »intersubjektiv« nachprüfbar sein müssen. Die Einhaltung
dieses Prinzips soll die Unabhängigkeit erfahrungswiss. Forschg.
von der Willkür oder Einseitigkeit
subjektiver Überzeugungserlebnis-
se, Werturteile u. ideol. Fixierungen
des einzelnen Wiss.lers ermöglichen. Verschiedene Forscher müßten demnach hinsichtl. des gleichen Forschgs.objekts bei Anwendung gleicher Methoden zu weitestgehend ident. Ergebnissen gelangen.

a) A. Schütz, Der sinnhafte Aufbau der soz.
Welt, ²1981 (1932); H. Joas, Prakt. I., 1980; R.
Grathoff u. B. Waldenfels (Hg.), Sozialität u. I.,
1983; b) K. R. Popper, Logik der Forschg.,
⁹1989 (1935).

Intervallskala →Skala

Intervenierende Variable →Va-
riable

Interventionismus (lat. interve-
niere = dazwischentreten), (a) Bezeichnung für ein mehr oder weniger umfangreiches System wirt-
schafts- u. ges.polit. Maßnahmen
des Staates zur Herbeiführung oder
Absicherung von wirtschaftl. u. sozialen Ordnungszuständen, die sich

bei völliger Freiheit ges. Prozesse von staatl. Eingriffen nicht von selbst entwickeln bzw. nicht erhalten würden (→Liberalismus). Von zunächst punktuellen Eingriffen im 19. Jh. hat sich der I. im Zuge der wachsenden Beteiligung des Staates am ges. Aufgabengefüge u. am ökonom. Verteilungsprozeß (→Sozialstaat) auch der liberalmarktwirtschaftl. orientierten Demokratien zu einem festen Gefüge system-, ordnung- u. kreislaufsichernder Lenkungs- u. Regulierungsmaßnahmen entwickelt. (b) Im polit. u. völkerrechtl. Sinne das Eingreifen eines oder mehrerer Staaten in die inneren Angelegenheiten anderer Staaten. (c) Im Rahmen psychosoz. Arbeit das bewußte, professionelle »Sich-Einmischen« in die Lebensverhältnisse bestimmter ges. »Risiko- u. Problemgruppen« mit therapeut. Absichten.

a) J. B. Donges u. K. W. Schatz, Staatl. Interventionen in der BR Dtl., 1986; c) G. Hörmann u. F. Nestmann (Hg.), Hdb. der psychosoz. Intervention, 1988.

Interview (engl.), im Rahmen der →Befragung eine mannigfaltig ausgeprägte Methode zur Erhebung von Daten durch direkten Kontakt zw. einem Interviewer u. dem zu Interviewenden (Befragter, Versuchsperson, Proband). Das I. dient medienpublizist. (Befragung insbes. von bekannten Persönlichkeiten des öffentl. Lebens), polit. (Wähler), wirtschaftl. (Verbraucher, Unternehmer), medizin.-psychotherapeut. (Patienten) u. wiss. (möglichst repräsentativ ausgewählte Personen, →Auswahlverfahren) Zielsetzungen. Das I. bildet eine zentrale, besonders oft eingesetzte Methode in der empir. Soz.-, Markt- u. Meinungsforschung.

Während standardisierte, an einen differenziert ausgearbeiteten →Fragebogen gebundene Befragungen auch ohne Interviewereinsatz durchgeführt werden können (postalische Befragung), sind wenig oder überhaupt nicht standardisierte I.s nur mit Hilfe von Interviewern durchführbar. Beim nichtstandardisierten, qualitativen I. ist lediglich ein themat. Rahmen vorgegeben. Die Gesprächsführung bleibt dem in der Regel besonders geschulten Interviewer überlassen (offenes I.). Varianten sind das explorative, ungelenkte I. (dient der Erschließung eines Problemfeldes), das fokussierte, zentrierte I. (ein bestimmtes Untersuchungsobjekt steht im Mittelpunkt), das narrative I. (der Befragte wird zum Erzählen persönl. Erfahrungen oder sogar seiner Lebensgeschichte motiviert), das Intensivinterview u. in Überschneidung mit dem klin. I. das Tiefen-I. (in der klin. Psychologie u. in der Motivforschung werden mit Hilfe der Tiefenpsychologie unterbewußte Komplexe u. Motivationen aufgespürt). Beim halb- oder teilstandardisierten I. ist der Interviewer an einen vorgegebenen Fragenkatalog, I.- bzw. Interviewerleitfaden gebunden, der sich aus Schlüssel- u. Eventualfragen zus.setzt. Das I. wird meistens als Einzel-I. (einer jeweils einzelnen Person) u. seltener als →Gruppen-I. durchgeführt. Während das weiche I. durch eine besonders entgegenkommende, verständnisvolle u. einfühlsame Gesprächsführung gekennzeichnet ist, nimmt bei dem harten I. der Interviewer bewußt eine autoritär-aggressive Haltung ein (Verhörtechnik zur Einschränkung eines ausweichenden oder unaufrichtigen Antwortverhaltens). Zw. diesen beiden extremen I.arten liegt das

Interviewer 390

neutrale I. als rein sachl. eingesetzte Erhebungstechnik.

Die Person u. das Verhalten des Interviewers (soziale Herkunft, Geschlecht, Alter, Dialekt, Sprechweise, zum Ausdruck gebrachte Auffassungen, Einstellungen u. Erwartungen) können den Befragten erhebl. beeinflussen u. die Antworten verzerren. Diesem →Interviewereffekt (Interviewerfehler) wird durch gezielte Auslese, Schulung u. Kontrolle der Interviewer entgegengewirkt. Mit der allg. Verbreitung des Telefons wird zunehmend das telefon. I. (Telefon-I.) als kostengünstige, schnell durchführbare, aber umstrittene I.methode eingesetzt.

Das I. kann als einmalige Befragung zur Ermittlung von zeitl. Querschnittserkenntnissen über einen Tatbestand oder als Panel-Befragung zur Untersuchung von Veränderungen im zeitl. Längsschnitt dienen. Hauptprobleme der methodolog. I.-Analyse sind: die soziale Situation des Interviews für Interviewer u. Befragten u. Modelle für richtiges Interviewerverhalten, die Eigenschaften u. Wirkungen versch. Fragen, die Möglichkeiten der Anordnung u. Reihenfolge von Fragen (Fragebogen), die Genauigkeit des I. als Ermittlung der Gültigkeit u. Zuverlässigkeit seiner Ergebnisse u. die Einsatzmöglichkeiten des I. als Instrument der Empir. Soz.forschg.

R. König (Hg.), Das I., ²1972; E. Noelle, Umfragen in der Massengesellschaft, 1963; E. K. Scheuch, Das I. in der Sozialforschung (Hdb. d. empir. Sozialforschung I, 1967); H. Hartmann, Empir. Sozialforschung, 1970; E. Erbslöh, Techniken der Datensammlung, I., Das I., 1972; J. v. Koolwijk u. a., Die Befragung, 1974; P. Atteslander u. H.-U. Kneubühler, Verzerrungen im I., 1975; F. u. H. Karmasin, Einf. in Methoden u. Probleme der Umfrageforschg., 1977; K. Holm (Hg.), Die Befragung, 6 Bde., 1975–79; B. Buchhofer, Projekt u. I., 1979; H. Meulemann u. K.-H. Reuband (Hg.), Soz. Realität im I., 1984; J. A. Frey, G. Kunz u. G.

Lüschen, Telefonumfragen in der Soz.forschung, 1990.

Interviewer, Person, die haupt- oder nebenberufl., gelegentl. oder im Rahmen von Studien zur Empir. Sozialforschung Interviews durchführt. In der Regel wird der I. als ein neutrales »Forschungsinstrument« betrachtet, das ledigl. die Aufgabe hat, Fragen an den Befragten zu übermitteln u. die Antworten zu registrieren. Bei der Anlage u. Vorbereitung von Befragungen wird darum nach Möglichkeit versucht, das I.verhalten zu standardisieren. Die Prägung der Interviewsituation durch die jeweils unterschiedl. persönl. u. sozio-kulturellen Eigenschaften von I. u. Befragten läßt jedoch die Standardisierung kaum zu. In methodolog. Untersuchungen zur I.-Technik wird darum erforscht, welchen Einfluß die I. auf die Antwortreaktionen der Befragten ausübt.

Bei geübten I.n wurde festgestellt, daß sie bei ihren Befragten je nach sozialer Stellung oder Herkunft bestimmte Antwortreaktionen erwarten u. dementsprechend dazu neigen, die wirkl. Antworten umzuinterpretieren. Außerdem haben die eigenen Einstellungen, Meinungen u. Vorurteile des I.s bei bestimmten Fragen einen Einfluß auf die Registrierung der Antworten. Durch stimulierende Zeichen der Zustimmung oder der Kritik veranlaßt der I. überdies seine Auskunftsperson zu übereinstimmenden Reaktionen. Eine weitere Verzerrung der ermittelten Antworten erfolgt oft durch eine »Einstellungsstrukturerwartung« des I.s gegenüber dem Befragten, dem er eine konsistente Einstellung unterstellt u. mit dieser Erwartung die tatsächl. Konsistenz der gegebenen Antworten überinterpretiert. Systemat., immer in die gleiche Richtung gehende I.-Fehler werden als »I.-Bias« bezeichnet. Der Grad der Beeinflussung des Befragten durch den I. u. damit die Fehlerhaftigkeit der Faktenermittlung fällt mit zunehmender Strukturierung u. Normierung der Interviewsituation (strukturiertes Interview). Um I.-Fehler möglichst auszuschalten, erfolgt vor jeder Befragung eine I.schulung, in der den I.n die method. Probleme u. der Zus.hang zw. den method. u. inhaltl. Problemen der Untersuchung erklärt werden. Eine während u. nach der Untersuchung die Arbeiten begleitende I.-Kontrolle soll unbewußte Fehler u. bewußte Unkorrektheiten der I. offenlegen u. ausschalten. Je nach Inhalt u. Befragungsstrategie einer Untersuchung wird den I.n eine »harte« (Verhörtechnik), »neutrale« (Selbstdarstellung des I.s als bloßes Ermittlungsinstrument) oder »weiche« (Vertrauensverhältnis zwischen I. u. Befragten) I.-Technik nahegelegt.

K.-H. Reuband, Interviews, die keine sind, in: KZfSS 42, 1990; J. Reinecke, I.- u. Befragtenverhalten, 1991.

Interviewereffekt, Bezeichnung für die Verzerrung v. Umfrageergebnissen durch fehlerhaftes, forschgs.techn. unerwünschtes Verhalten v. Interviewern. Mit wachsendem I. weichen die Umfragedaten zu Lasten ihrer Verallgemeinerungsfähigkeit zunehmend v. den tatsächlichen Gegebenheiten in der Grundgesamtheit ab. Gegenmaßnahmen sind eine möglichst weitgehende Standardisierung des Interviews, ferner Schulung u. Kontrolle der Interviewer.

H. Meulemann u. K.-H. Reuband (Hg.), Soz. Realität im Interview, 1984.

Intimgruppe, bes. innige Form der sozialen Beziehungen zw. einer kleineren Anzahl von Menschen, die freiwillig (Freundschaft, Liebespartner) oder zwangsläufig (Familie) eingegangen werden. Die I. u. die individuellen Zugehörigkeiten zu ihr bestehen in der Regel um ihrer selbst willen; die sich aus ihr ergebenden sozialen Beziehungsstrukturen sind nicht auf irgendwelche außerhalb der I. liegende Zwecke bezogen, darum werden sie entscheidend durch die Persönlichkeiten der Mitglieder geprägt, die ihr angehören u. regelmäßig am I.leben teilnehmen.

N. Luhmann, Liebe als Passion, 1982; J. Gerhards, Intimitätsmuster, risikoarmes Sexualverhalten u. die Chancen aufklärender Steuerung, in: KZfSS 41, 1989.

Intra-Generations-Mobilität, soz. Positionsveränderungen (Aufstieg, Abstieg, horizontale →Mobilität) während des Lebensverlaufes eines Individuums oder zahlreicher Personen, also im Rahmen einer Generation, z. B. ein Facharbeiter wird Ingenieur, Abteilungslt., Werksdirektor.

Intra-Rollen-Konflikt →Rollenkonflikt

Intrige (lat.), als eine Form des Kampfes die hinterhältige Machenschaft einer Person, um einer anderen, insbes. einem Rivalen, Schaden zuzufügen. I.n gedeihen besonders in konkurrenzgeprägten Ges.en mit verstärkt hervortretenden unaufrichtigen soz. Beziehungen. Sie untergraben Vertrauen, »vergiften« das soz. Zus.leben u. beeinträchtigen Kooperation.

G. A. Pourroy, Das Prinzip I., Zürich [2]1988 (1986).

Intrinsisch (engl. intrinsic, »inner«, »innerl.«, »eigen«), bezeichnet

Introjektion 392

in der Psychol., Pädagogik u. in der Pädagog. Soziol. eine Motivation, die von innen heraus durch ein starkes persönl. Interesse an Erkenntnisgewinn, Wissenserweiterung, an bestimmten Lehrstoffen, Lernvorgängen, Aufgabenbewältigungen u. Problemlösungen (»i.e Belohnungen«) zu Lernerfolgen führt. Extrins. ist dagegen eine Motivation, die erst durch äußere, nicht »in der Sache« liegende Anreize und Bedingungen wie Belohnungen, Strafen, Zwänge, Identifikation mit einem Vorbild (»extrins. Belohnungen«) hervorgebracht u. angetrieben wird.

Introjektion (lat.), »Einwerfen«, von S. Ferenczi in die Psychoanalyse eingeführter Begriff, der die Einbeziehung emotional besetzter Bilder von Gegebenheiten der Außenwelt (z. B. bestimmte Personen) in die individuelle Persönlichkeit bezeichnet. →Identifikation, →Internalisierung, →Projektion.

Introspektion (lat.), »Nachinnensehen«, »Selbstbeobachtung«, eine Methode der Erkenntnisgewinnung durch Analyse der eigenen Anschauung oder der eigenen Erlebnisse zu einem wiss. problematisierten Gegenstand. Die I. ist nach mod. erfahrungswiss. Prinzipien dem Vorwurf der Subjektivität u. damit der Unverbindlichkeit ihrer Aussagen ausgesetzt.

Intuition (lat.), »ahnendes Erfassen«, »Eingebung«, Methode der Erkenntnisgewinnung, die der unmittelbaren Wesensschau, d. h. der unmittelbar ganzheitl. Sinneswahrnehmung u. intellektuell-emotionalen Erfassung eines wiss. Gegenstandes den Vorrang einräumt vor dem systemat. Beobachten u. Analysieren.

Invisible hand (engl.), »unsichtbare Hand«, vom liberalen »klass.« Nationalökonom Adam →Smith geprägte bildhafte Bezeichnung für das grundlegende Funktionsprinzip bzw. Steuerungsschema einer freien, marktwirtschaftl. organisierten Ges., wonach das egoistische Streben aller Ges.mitglieder nach ihrem persönl. Vorteil (Gewinn) automatisch sozial gleichgewichtige, harmonische Strukturbedingungen u. allg. Wohlstandsverbesserungen schaffe.

Inzesttabu (Inzuchttabu), nach den Ergebnissen vergleichender ethnolog. u. kulturanthropol. Untersuchung nahezu universal, d. h. in fast allen bekannten Ges.en vorkommende Normen für die Beschränkung der Heirats- u. Zeugungsmöglichkeiten zw. Personen versch. Geschlechts in einer bestimmten sozialen Gruppe. Ausgenommen sind in einigen gegenwärtigen u. vergangenen Ges.en ledigl. die Familien an der Spitze der ges. Herrschaftspyramide (Ägypter, Inkas). In der Regel verbietet das I. Geschlechtsbeziehungen u. Heirat zw. Mutter u. Sohn, Vater u. Tochter, Bruder u. Schwester, aber sehr häufig erstreckt es sich auch auf sekundäre Verwandtschaftsverhältnisse u. ganze Siedlungsgemeinschaften. Das I. ist um so umfassender, je enger die Mitglieder einer Ges. zus.leben u. je komplexer u. verschachtelter ihre wirtschaftl. u. sozialen Beziehungen sind. Durch das I. werden die sozialen Basis-Rollen des Vater-, Mutter-, Sohn-, Tochter-, Bruder-, Schwester-Seins klar abgegrenzt, dadurch Statusunsicherheiten vermieden u. sowohl die innere Familienstruktur als auch die sozialen Außenkontakte der Familie geordnet. Das I. zwingt die heiratsfähigen

Mitglieder der Familie, ihre Herkunftsfamilie bzw. ihre Siedlungsgemeinschaft zu verlassen, um mit Partnern aus anderen sozialen Gruppen neue »Zeugungsfamilien« zu gründen. Dadurch bewirkt das I. indirekt eine Verkoppelung der sozialen Beziehungen zw. größeren ges. Teilgruppen u. eine Verbreitung des sozialen Lebensraumes u. des Erfahrungshorizontes der Mitglieder der Ges.

In der mod. Ges. ist trotz des I.s der sexuelle Mißbrauch von Kindern durch nahe Verwandte zu einem soz. Problem geworden (schwere psych. u. psychosomat. Folgen, hohe Dunkelziffer).

<small>H. Schelsky, Soziol. der Sexualität, 1955; T. Parsons, Das I. in seiner Beziehung zur Sozialstruktur u. zur Sozialisierung des Kindes (Beiträge zur soziol. Theorie, 1964); N. Sidler, Zur Universalität des I., 1971; K. Messelken, I. u. Heiratschancen, 1974; J. Shepher, Incest: A Biosocial View, New York 1983; M. Hirsch, Realer Inzest, 1987; J. Klein, Inzest: Kult. Verbot u. natürl. Scheu, 1991.</small>

Irrtumswahrscheinlichkeit, Bezeichnung für jenen Grad der Wahrscheinlichkeit, mit dem der unbekannte Mittelwert einer Grundgesamtheit außerhalb des →Konfidenzintervalls liegt. Dieses wiederum liegt um den mit einer Zufallsstichprobe (random sample →Auswahlverfahren) errechneten Mittelwert. Bei gleichem Stichprobenumfang wird infolge einer abnehmenden I. u. einer entsprechenden Vergrößerung des Konfidenzintervalls die Aussage über den vermuteten Mittelwert der Grundgesamtheit zwar sicherer, aber unschärfer.

ISA, Abk. f. International Sociological Associaton

Isolationsparadox besagt, daß im Zustand der Isolation – mit entsprechender Unsicherheit über das Verhalten anderer – ein Individuum trotz seiner prinzipiellen Bereitschaft zur Normeneinhaltung verstärkt zum normwidrigen Verhalten neigt, weil es befürchtet, übervorteilt u. ausgebeutet zu werden (→Gefangenendilemma).

Isomorphie (griech.), »Gleichförmigkeit«, »Gleichgestaltigkeit«, insbes. von Theorien oder Modellen, die über die Beziehungen von Eigenschaften, Variablen eines mit wiss. Begriffen komponierten Gegenstandes bestimmte Gesetzesaussagen machen. I. zweier Theorien liegt vor, wenn zw. den Elementen der beiden Gegenstände, über die jeweils von einer der Theorien Aussagen gemacht werden, Beziehungen gleicher Struktur behauptet (bzw. im Falle des Modells: definiert) werden. Der I.-Begriff besitzt große Bedeutung für eine interdisziplinäre Zus.arbeit der Sozialwiss. Sind z. B. die Beziehungen, Gesetzmäßigkeiten bekannt, die zw. den Variablen eines wiss. Gegenstandes bestehen, u. gelingt es nachzuweisen, daß die Variablen eines anderen Gegenstandes den gleichen strukturellen Beziehungen unterliegen, dann lassen sich die für den ersten Gegenstand erkannten Gesetzesaussagen formal auf die Aussagen über den zweiten übertragen.

ISSP, Abk. für International Social Survey Programme, langfristig angelegtes Vorhaben der period. Erhebung soz.wiss.lich relevanter Daten in Australien, Dtl., Großbritannien, Irland, Israel, Italien, Niederlande, Norwegen, Österreich, Philippinen, Ungarn u. USA.

Item (engl.), Element eines Fragebogens oder einer Skala, als eine Frage oder als ein Urteil formulierte Aussage, zu der sich die Befragten zustimmend oder ablehnend oder Kenntnisse dokumentierend äußern sollen.

Jahoda, Marie, *26. 1. 1907 Wien, 1932 Prom. Univ. Wien, dort Leiterin der wirtschafts-psycholog. Forschungsstelle, 1937–45 Univ. Cambridge, 1945–48 Mitarbeiterin des American Jewish Committee, 1949 Prof. für Soz.psychol. Univ. New York, 1958–65 Brüssel Univ., 1965–73 Sussex Univ., mehrere Ehrendoktorwürden.
J. leitete die wichtige Studie über die Lage der Arbeitslosen in Marienthal, führte sozialpsycholog. Untersuchungen in Wales durch u. erkundete im Krieg die moral. Haltung der brit. Zivilbevölkerung. In ihren Forschungen verbindet sie statist. Erhebungen mit der Unters. persönl. Faktoren u. Haltungen. In Amerika beschäftigte sie sich mit Fragen rassischer Vorurteile, der »mental health« u. mit Problemen des polit. Konformismus.

Schr.: mit H. Zeisel u. P. Lazarsfeld, Die Arbeitslosen in Marienthal, 1960 (1933); mit N. W. Ackermann, Antisemitism and Emotional Disorder, 1950; Toward a Social Psychology of Mental Health, 1950; mit M. Deutsch u. S. W. Cook, Research Methods in Social Relations, ²1960 (1950), dt.: Untersuchungsmethoden der Soz.forschg., 1972; mit R. M. Christie, The Authoritarian Personality, 1954; Current Concepts of Mental Health, 1958; Race Relations and Mental Health, 1962; (Hg.) Attitudes. Selected Readings (mit N. Warren), Harmondsworth 1966; Freud and the Dilemmas of Psychology, London 1977, dt.: Freud u. das Dilemma der Psychologie, 1985; (Hg.) World Futures (mit C. Freeman), London 1978; Arbeitslose bei der Arbeit, 1989.

Janowitz, Morris, 22. 10. 1919 Paterson, N. J. – 24. 11. 1988, 1941–43 Propagandaanalytiker im U. S. Justizministerium, 1943–45 Chefanalytiker der Kampfinoral der Wehrmacht in der Abteilung für psycholog. Kriegsführung SHAEF (U. S. Army), 1948 Ph. D. u. Assist. Prof. Univ. Chicago, 1951 Univ. Michigan in Ann Arbor, 1953 Prof. Univ. Chicago.
J. war empir. orientiert u. erarbeitete Thesen, die für die Entwicklg. der Militärsoziol. von großer Bedeutung sind. Zuerst war er beschäftigt mit Untersuchungen zur psycholog. Kriegsführung. Sein Hauptthema wurde die Analyse des Einflusses des techn. Wandels auf die organisator. Struktur des Militärs. Die Technisierung bringt eine Zunahme des Anteils zivilähnl. Tätigkeiten, steigert die Zahl der Stabsstellen, fördert die Professionalisierung, ändert die Autoritätsgrundlage wie die Kooperationsbeziehungen u. führt im Wandel der Statuszuweisung zur »Inflation« der mittleren Ränge. Gleichlaufend mit diesen Arbeiten beschäftigte er sich mit Meinungs- u. Kommunikationsforschung, ferner mit empir. Untersuchungen über soziale Schichtung.

Schr.: Dynamics of Prejudice, 1950; mit B. Berelson: Reader in Public Opinion and Communication, 1950; The Community Press in an Urban Setting, 1952; Military Elites and the Study of War, 1957; Soz. Schichtung u. Mobilität in Westdl., in: KZfSS 1958; The Professional Soldier, 1960; Social Chance and Prejudice, 1964; (Hg.), The New Military, 1964; The Military in the Political Development of New Nations, 1964; mit R. Little, Sociology and the Military Establishment, 1965 (dt.: Militär u. Ges., 1965); Political Conflict, Chicago 1970; Military Conflict, Beverly Hills 1975; Social Control of the Welfare State, Chicago 1976; Military Institutions and Coercion in the Developing Nations, Chicago 1977; The Last Half-Century. Societal Change and Politics in America, Chicago 1978.

Job (engl.), populärer Ausdruck für Arbeitsplatz, der im Gegensatz zur traditionellen Berufsauffassung (Beruf als Lebensaufgabe) ohne tiefgreifende Identifikation u. vorrangig zum Zwecke des Gelderwerbs (instrumentelle Arbeitsorientierung) eingenommen u. relativ häufig gewechselt wird. Das Vordringen des J.begriffs gegenüber dem Berufsbegriff signalisiert die Abschwächung der Berufsorientierung in der modernen Konsum- u. Freizeitges. Im Rahmen der Humanisierung der Arbeit wird versucht, durch verschiedene Maßnahmen die Arbeitszufriedenheit (job satisfaction) zu steigern: Durch J.enlargement bzw. Arbeitsplatzausweitung wird die Anzahl der unterschiedlichen Arbeitsaufgaben, die der Arbeitsplatzinhaber auszuführen hat, erhöht. Durch J.enrichment bzw. Arbeitsplatzbereicherung wird der einzelne Arbeitsplatz auf mehrere Phasen des betriebl. Arbeitsablaufs ausgerichtet, z. B. durch Einbeziehung v. Planungs- u. Kontrollarbeiten. Durch J.rotation bzw. betriebsorganisatorisch veranlaßten periodischen Stellenwechsel kann der Betriebsangehörige im Verlaufe der Zeit verschiedenartige Arbeitsplätze durchlaufen. Der übermäßigen Arbeitsteilung, Monotonie, Entfremdung u. Vernachlässigung sozialer Bedürfnisse wird schließlich durch die Bildung (teil-)autonomer Arbeitsgruppen entgegengewirkt, die relativ selbständig für einen größeren, mannigfaltigen Aufgabenbereich zuständig sind.

E. Ulich, P. Groskurth u. A. Bruggemann, Neue Formen der Arbeitsgestaltung, 1973.

Job-Sharing (engl.), Bezeichnung für eine Möglichkeit der flexiblen Arbeitszeitgestaltung, bei der sich zwei oder mehr Personen in eigenverantwortl.-kooperativer Weise die Arbeitszeit, Aufgaben, Rechte u. Pflichten, die mit einem Vollarbeitsplatz verbunden sind, unter-

einander aufteilen. Mögliche Vorteile: höhere Flexibilität des Personaleinsatzes, garantierte Stellvertretung, mehr Zeitsouveränität für den Arbeitnehmer, Steigerung der Arbeitszufriedenheit (Arbeitsfreude), Kooperationsfähigkeit u. Leistungsmotivation, Abbau v. Fehlzeiten, Ausweitung des Angebots v. Teilzeitarbeit zugunsten des Abbaus v. Arbeitslosigkeit. Die Praktizierung ist hauptsächl. auf ausführende Tätigkeiten beschränkt. Die durch Wohlstandszunahme u. Wandel v. Werten verstärkte Nachfrage nach Teilzeitarbeit erhöht die Bedeutung des J.-S.

H. Heymann u. L. Seiwert (Hg.), J. S., 1982; P. Schüren, J.-s., 1983; H. T. Danne, Das J., 1986.

Judenfeindschaft →Antisemitismus

Judentum, als eine der großen Weltreligionen, ist geprägt durch die bibl. Tradition u. eine fast 2000jährige Emigrationszeit. Nachdem das antike J. als theokrat. Staat im Altertum untergegangen war, prägte in den folgenden nachchristl. Jh.en die Zerstreuung über alle Kontinente die Gesch. der Juden. Anthropol. wird heute zw. zwei Hauptgruppen unterschieden: den oriental. (Sephardim) u. den (ost-)europ. (Aschkenasim) Juden. Seit den Judenverfolgungen des frühen Mittelalters, die nur z. T. religiös motiviert waren (Schuld am Tode Christi), wurden Juden als »Sündenböcke« u. Schuldige für Katastrophen (Pest) u. Probleme aller Art stigmatisiert (→Antisemitismus). Ihren fatalen Höhepunkt fand diese Entwicklung in der Shoah während der NS-Zeit, dem systemat. Völkermord an mehreren Millionen europ. Juden. Durch die Gründung des Staates Israel im Jahre 1948 besitzt das J. wieder ein po-

Jünglingsweihe 396

lit. Gemeinwesen, das allen Juden in der Diaspora eine Heimstatt bieten soll; allerdings lebt weniger als ein Drittel aller Juden der Erde dort. Das J. stellt in der Geschichte aufgrund der hohen Integrationsbereitschaft u. der Aufstiegsorientiertheit seiner Angehörigen seit jeher einen hervorragenden Anteil von Wiss.lern, Künstlern u. Geschäftsleuten, so daß Juden überproportional in den höheren Berufs- u. Ges.sschichten fast aller Staaten vertreten sind u. für ihre jeweiligen Nationen Bedeutendes geleistet haben.

H. H. Ben-Sasson, Gesch. des jüd. Volkes, 3 Bde., 1978–80; H. Greive, Die Juden, 1982; F. Thieberger, Jüd. Fest – Jüd. Brauch, ³1985; N. T. Gidal, Die Juden in Dtl., 1988.

Jünglingsweihe →Initiation

Jugend, als relativ eigenständige Lebensphase mit zugestandenen Spielräumen des Handelns im Abendland seit der Antike bekannt, wenn auch bis Beginn des 20. Jh.s nur für Jungen privilegierter städt. Schichten (Hornstein). Seither gibt es nicht nur eine zunehmend schichtunabhängige Verbreitung des Phänomens J., sondern auch die Ausdehnung der Spezifika dieser Lebensphase auf Mädchen u. junge Frauen. Im Kulturvergleich zeigen sich hier bis heute erhebl. Unterschiede (z. B. in den vom Islam geprägten Ges.en), die von spezif., sich z. T. über Jahre erstreckenden Initiationsriten bis zu abrupten Übergängen von Kindheit u. Erwachsensein reichen. Die Lebensphase J. beginnt mit dem Einsetzen der Pubertät, weil durch die Veränderungen des Leibes, plötzliche Wachstumsschübe usw. Infragestellungen bisheriger kindl. Vertrautheiten u. eine »Neu-

organisation« des Ich, der soz. Beziehungen, der Werte u. Interessen verbunden sind (Erikson). Zu einem soz.- u. kult.wiss. Begriff von J. gehören weiterhin der Tatbestand eines Zus.gehörigkeitsgefühls der J. als Altersgruppe, mit bestimmten Verhaltensweisen u. Einstellungen, u. die soz. u. kult. wirksame Idealisierung der J. als Wertbegriff (J.lichkeit als hoch geschätztes Kulturgut). Das Ende der J. ist immer schwerer zu definieren. Konnte die frühe J.soziol. noch davon ausgehen, daß mit dem Erwerb aller Teilreifen (Neidhardt) die Einnahme einer Erwachsenenposition u. damit verbunden die ökonom. u. rechtl., die soz. u. kult. Autonomie verknüpft ist, so hat sich seit Ende der 60er Jahre dieses Verhaltensmuster der Übernahme berufl., familialer u. sonstiger Rollen verändert. Zumal durch die Langfristigkeit der Bildungs- u. Ausbildungswege u. die »gestreckte Pubertät« (Bernfeld) entwickelte sich eine Lebensphase der Quasi-Verselbständigung, von Gillis u. a. Postadoleszenz genannt. Sie umfaßt vor allem das dritte Lebensjahrzehnt, so daß die Unterteilung der J.phase in J. i. e. S. (Baacke) u. eine postadoleszente Phase des Heranwachsenden u. jungen Erwachsenen sinnvoll erscheint. Die seit Jahrzehnten beobachtbare Vorverlegung der Geschlechtsreife (Akzeleration) u. das Hinausschieben der Sozialreife verstärkten nicht nur Trends zur Ausbildung einer eigenständigen J.phase, sondern führten auch zu Problemen der Integration J.licher in den ges. Basisinstitutionen. So scheint die im Vergleich zu früheren Epochen relativ lange Verweildauer J.licher im Elternhaus nur möglich durch eine Verselbständigung in den Herkunftsfamilien: durch eigenes Zimmer u. eigene Medien, die eigenen Verkehrskreise usw.

Seit dem letzten Drittel des 19. Jh.s wurde J. zum Angelpunkt einer grundlegenden kult. u. ges. Erneuerung (Nietzsche, Langbehn), entwickelten sich J.stil u. J.bewegung. Die bereits mit Rousseau einsetzende Pädagogisierung der J. u. schließl. ihre Verwiss.lichung in Psychologie u. Soziol., in Rechts- u. Kulturwiss.en führten zu immer komplexeren j.spezifischen Institutionen: J.schutz u. J.recht incl. J.strafrecht; J.organisationen der verschiedenen soz. Bewegungen, der Kirchen u. Parteien, der Gewerkschaften u. sonstigen ges. Gruppierungen.

Verstärkend auf die Herausbildung einer eigenständigen J.phase wirkten weiterhin ihre Politisierung seit den 20er Jahren (Klönne), allg. Trends der Separierung der Altersgruppen (in Jahrgangsklassen usw.), die Entwicklung der Gleichaltrigengruppen (Eisenstadt) u. die Beschleunigung des soz. und kult. Wandels. Hier liegen auch Gründe für die Ausbildung einer immer differenzierteren J.kultur (Coleman, Tenbruck, Zinnecker). Damit entstanden zugleich z. T. sehr umwegige Mechanismen der Integration J.licher in die mod. Leistungs- u. Konsumges. (Clarke).

→Jugendsoziologie u. St. Hall, Adolescence. Its Psychology and its Relations to Physiology, Sociology, Sex, Crime, and Education, 2 Bde., 1904; S. Bernfeld, Über den Begriff der J., Diss. Wien 1914/15; E. Spranger, Psychol. des J.alters, [20]1979 (1924); E. H. Erikson, Kindheit u. Ges., [3]1968, 1961 (amerik. 1950); S. N. Eisenstadt, Von Generation zu Generation, 1966 (amerik. 1956); E. H. Erikson, Identität u. Lebenszyklus, [4]1977, 1966 (amerik. 1959); F. H. Tenbruck, J. u. Ges., 1962; J. S. Coleman u. a., The Adolescent Society, [2]1961; W. Hornstein, J. in ihrer Zeit, 1966; F. Neidhardt, Die junge Generation, [4]1974 (1967); E. H. Erikson, J. u. Krise, 1970 (amerik. 1968); L. v. Friedeburg (Hg.), J. in der mod. Ges., [8]1976 (1969); F. Neidhardt u. a. , J im Spektrum der Wiss.en, 1970; D. Baacke, J. u. Subkultur, 1972; V. G.

Blücher, J. in Europa, 1977; D. Baacke, Die 13–18jährigen, [2]1979; J. Clarke u. a., J.kultur als Widerstand, 1979; J. R. Gillis, Gesch. der J., 1980; W. Hornstein u. a., Situationen u. Perspektiven der J., 1982; K. Allerbeck u. W. J. Hoag, J. ohne Zukunft?, 1985; A. Klönne, J. im Dritten Reich, 1986; M. Remschmidt (Hg.), J. u. Ges., 1986; D. Baacke, J. u. J.kulturen, 1987; H. Bertram, J. heute, 1987; H. Reimann u. H. Reimann (Hg.), Die J., [2]1987; J. Zinnecker, J.kultur 1940–85, 1987; W. Ferchhoff u. T. Olk (Hg.), J. im internat. Vergleich, 1988; W. Jaide, Generationen eines Jhs.s, 1988; ders. u. H.-J. Veen, Bilanz der J.forschg., 1989; Inst. f. Empir. Psychologie (Hg.), Die selbstbewußte J., 1992; H. Abels, J. vor der Moderne, 1993.

Jugendbewegung, allg. die Bezeichnung für programmat. Zusammenschlüsse, Organisationen u. gemeinsame Aktionen jugendlicher Gruppen in der Ges. zum Zwecke der Abgrenzung, Stilisierung u. Klärung von Gegensätzen u. Konflikten zur »Welt« der Erwachsenen. Z. T. versuchen J.en, als polit. u. soziale Kräfte in die Ges. der Erwachsenen einzudringen, um die hier übl., wegen ihrer unreflektierten Traditionsgebundenheit u. mangelnden Zeitgemäßheit kritisierten Werte, Normen, Verhaltensmuster u. Institutionen zu verändern; andererseits führen sie zu einem organisierten Rück- oder Auszug der Jugend aus der von ihr inkriminierten tägl. Ges., indem jugendl. Gegen- oder Subkulturen aufgebaut werden.

Im spezif. sozialgesch. Sinne bezeichnet J. die soz. u. polit. Emanzipationsbestrebungen der dt. Jugend als Folge der nationalliberalen Ideologien der dt. Befreiungskriege u. der bürgerl. Erhebungen des Jahres 1848. Um die letzte Jh.wende entwickelte sich als bürgerl.-jugendl. Reaktion auf die materialist.-fortschrittl. bürgerl. Lebensformen der sich rasant ausbreitenden Industriezeit eine Bewegung, die sich von der Bevormundung durch Eltern, Schule, Kirche u. Staat freimachen u. sich eine eigene

Jugenddelinquenz 398

Jugendkultur aufbauen wollte. Es wurde ein Bewußtsein vom Eigenwert der Jugendzeit u. vom Eigenrecht des Jugendstandes propagiert. Man wollte das Jugendleben nach eigenen Werten u. Normen gestalten u. forderte eine Rückwendung »kranker« Zivilisiertheit zu »gesunder« Natur u. natürl. Lebensführung. Jugend wollte nicht mehr Nachfolger u. Fortsetzer der Erwachsenengeneration sein, wählte sich ihre eigenen jugendl. Führer u. baute sich in Gruppen u. Bünden eine Art Schutzraum. →Beat-Generation, →Gammler, →Hippie, →Provo, →Protestbewegungen.

H. Blüher, Wandervogel. Gesch. einer J., ⁴1919; Ch. Lütkens, Die dt. J., 1925; K. Seidelmann, Bund u. Gruppe als Lebensform dt. Jugend, 1955; H. Pross, Jugend, Eros, Politik, Die Gesch. d. dt. Jugendverbände, 1964; D. Kerbs (Hg.), Die hedonist. Linke, 1970; S. Bias-Engels, Zw. Wandervogel u. Wiss., 1988; J. H. Knoll, J., 1988; J. H. Knoll u. J. H. Schoeps (Hg.), Typisch dt.: Die J., 1988; K.-J. Scherer, Jugend u. soz. Bewegung, 1988.

Jugenddelinquenz →Jugendkriminalität

Jugendkriminalität, Das Verhalten (Tun oder Unterlassen) Jugendlicher (d. h. der 14–17jährigen), das gegen ein Strafgesetz der Ges. verstößt. Da der Begriff Kriminalität allg. verbunden wird mit krimineller Absicht u. kriminellem Bewußtsein, ergeben sich – nach dem Ergebnis zahlreicher jugendsoziol. Analysen – Bedenken, ihn auf die Straftaten Jugendlicher zu übertragen. Die Bezeichnung J. wird darum mehr u. mehr durch »Jugenddelinquenz« (lat. »Übeltäterei«) ersetzt. Mit dieser Unterscheidung wird zum Ausdruck gebracht, daß ein erhebl. Maß abweichenden Verhaltens Jugendlicher von den soz. Verhaltensnormen u. Gesetzen der Erwachsenen durch die soz. Konstellation der Jugend in der mod. Ges. begünstigt wird: die Sozialisations- u. soz. Placierungsschwierigkeiten, die Statusunsicherheiten, Normenkonflikte im Rahmen der Emanzipation von Familie u. Schule u. beim Übergang zum Beruf u. zum öffentl. Leben, die Diskriminierungen zwischen den Generationen, das Entstehen jugendl. Subkulturen u. a. J. nimmt einen immer größeren Anteil an der Gesamtkriminalität ein u. hat sich überdies auf schwerere Delikte verlagert.

Zur Erklärung der J. konkurrieren bzw. ergänzen sich mehrere Theorieansätze: (a) die sozio-ökonom. Theorie der J. sucht die Ursache delinquenten Verhaltens in der soz. Umwelt, d. h. insbes. in der soz. Schichten- bzw. Klassenzugehörigkeit der Jugendlichen. J. erscheint hier zunächst als Folge des Wohnens u. der Sozialisation in Elendsquartieren der Unterschichten. Im Zeichen allg. materieller Wohlstandsentwicklung kann aber J. nicht mehr allein als Folge von Armut u. damit verbundener bzw. begünstigter Asozialität erklärt werden. Darum wird für die an Mittelschichtennormen orientierten Konsumges.en auf die unterschichtenspezif. Situation relativer materieller Diskriminierung hingewiesen. J. erscheint damit als ein Verhalten, das den als »normal« suggerierten u. manipulierten Statusleitbildern (als soz. Lebenszielen u. -wünschen) mit illegalen Mitteln entsprechen will; (b) nach der psychoanalyt. orientierten Theorie der J. haben Kriminalität, Verhaltens- u. soz. Orientierungsstörungen im Jugendalter ihre Wurzeln in mangelhaft verarbeiteten Triebkonflikten der frühen Kindheit. J. wird auf Störungen im Prozeß der Identifikation, der Ich-Identitäts-Bildung zurückgeführt; (c) sozialwiss. integrative Theorien versuchen, psycholog. u. soziol. Aspekte der J. zu verbinden. Hierbei werden Forschungsergebnisse über die psycho-soziale Entwicklung in der Familie, deren sozio-ökonom. Situation in der Arbeits- u. Berufswelt u. entspr. Rückwirkungen auf die innerfamiliäre Sozialisation (Erziehungstechniken, -normen, Autoritätsverhalten, Entstehung von Frustration, Aggression) berücksichtigt. Ferner werden die Beziehungen zw. wirtschaftl.-materieller Entwicklung u. kultureller (herrschaftsstruktureller) Normierung von Einstellungs- u. Erwartungsstrukturen einerseits u. realen Lebenschancen andererseits bedacht. Verstärkend wirken überdies brutale Gewaltdarstellungen in Medien u. zunehmende soz. Entwurzelung durch Auflösung von Lebensgemeinschaften u. verstärkte Migration. →Anomie, →Jugendsoziologie, →Kriminalsoziologie, →Verwahrlosung.

A. K. Cohen, Kriminelle Jugend, 1961; T. Moser, J. u. Ges.sstruktur, 1987 (1971); P.-A. Albrecht u. S. Lamnek, J. im Zerrbild der Statistik, 1979; G. Deimling, Soz. Bestimmungsgründe delinquenten Verhaltens v. Kindern u. Jugendlichen, 1979; P. Kaul, K. A. Flach u. a., J. – eine Folge fehlender Berufsausbildung?, 1979; W. Burisch, Planziel Zerstörung – Zur Therapie delinquenter Jugendl., 1981; U. Bielefeld u. a., Junge Ausländer im Konflikt, 1982; G. Kaiser, J., ³1982; A. Flade, J. in Neubausiedlungen, 1984; B. Herzog-Bastian u. a., Straftaten Jugendlicher, 1988.

Jugendsekte, im Rahmen neuer religiöser Bewegungen Gruppierungen, teilweise intern. organisiert u. mit häufig starker ökonom. Orientierung der Führungsspitze (»Religionsfirmen«). Die den oftmals jugendl., ich-schwachen Anhängern abverlangte totale Unterwerfung unter Führung, Rituale u. Organisation wird als Befreiung von eigener Verantwortung u. vom Zwang aktiver Lebensbewältigung empfunden. Diese Flucht aus der pluralist.-konfliktreichen Leistungsges. führt zu einem weitgehenden Verlust der Ich-Identität u. zu hochgradiger Manipulierbarkeit u. Fremdsteuerung. Den Nährboden für J.n bilden der Zerfall tradierter Wertsysteme u. Lebensformen, die gegenwärtige Kultur- u. Sinnkrise, konkurrenzgeprägte u. aggressive Soz.beziehungen, Vereinsamung des Individuums, Sehnsucht nach gemeinschaftl. Geborgenheit u. charismat. Autorität. Teilweise überschneiden sich J.n mit sogenannten Psychosekten, die durch wiss. fragwürdige Meditations- u. Therapieangebote gleichfalls umstritten sind. →Sekte

M. Müller-Küppers u. a. (Hg.), Neue Jugendrel.en, ²1979; H. Nannen (Hg.), Die himmlischen Verführer, 1980; F. Usarski, Die Stigmatisierung Neuer Spiritueller Bewegungen in der BR Dtl., 1988.

Jugendsoziologie, eine spezielle Soziol., in der Struktur u. Verlauf der Altersphase u. Altersgruppe Jugend unter soz.- u. kult.wiss. Aspekten thematisiert werden. Die immer wieder aufgeworfene Frage nach der Eigenständigkeit des Phänomens Jugend u. damit der Berechtigung der J. kann damit beantwortet werden, daß Jugend seit der Jahrhundertwende eine soz. Tatsache (Durkheim) ist, d. h. eine gewisse soz., rechtl. u. kult. Eigenständigkeit nicht bestritten werden kann. Die Psychologisierung der Jugendphase (Hall, Bernfeld, Spranger) war der Soziologisierung vorangegangen (zu diesen Entwicklungsphasen Rosenmayr, 1976).

In Dtl. kommt es erst nach dem Zweiten Weltkrieg zur Etablierung der J. als eigenständiger Teildisziplin. Standen zunächst Fragen im Vordergrund, wie Jugend nach ihrer polit. Vereinnahmung durch

Kader 400

den Nationalsozialismus sich verhält (Schelsky), so wurde durch die Halbstarkenkrawalle Ende der 50er Jahre die Entwicklung nicht-organisierter, eigenständiger Jugendgruppen (peergroups; Eisenstadt) u. schließl. der sich immer stärker differenzierenden Jugendkultur (Coleman, Tenbruck, Zinnecker) das Spektrum jugendspezifischer Fragestellungen erheblich erweitert. Die nun etablierte J. (einen ersten Überblick gab v. Friedeburg) hat nicht nur teil an der Differenzierung der soz. Theoriebildung (Griese), sondern auch der Anwendung u. Innovation soz.wiss. Methoden.

Die großen Erhebungen des Jugendwerks der Dt. Shell (insbes. 1981 u. 1985) u. der Sechste Jugendbericht der Bundesregierung, der auf der Basis von 16 Monographien (1985–88) der Verbesserung der Chancengleichheit von Mädchen gewidmet war, verändern zus. mit der Frauenforschung die bisher stark jungenzentrierte Forschung u. das Bild der Jugend.

Weitere Grundfragen der J. beziehen sich auf das Verhältnis der Generationen u. der Geschlechter; auf die Bedeutung des Alters u. der Altersgruppen für die Sozialstruktur; auf Spezifika der Sozialisation im Jugendalter (incl. der polit. u. berufl. Sozialisation); auf die Bedeutung der Jugend für soz. u. kult. Innovationen, für soz. Bewegungen u. den Wertwandel; auf die Herausbildung neuer Kommunikationsformen u. die Entwicklung von Stilen u. weiteren jugendkult. Verhaltensmustern.

Ein Problem der Soziol. wird in der J. besonders deutlich: wie kann vermieden werden, daß Analysen der J. nicht zur Reifizierung des Objekts und zur Verbreitung von Klischees – wie dem Mythos Jugend

(Koebner) – einen unfreiwilligen Beitrag leisten.

H. Schelsky, Die skept. Generation, ⁴1963 (1957); H. Kreutz, J., ²1976 (1974); K. R. Allerbeck u. L. Rosenmayr, Einf. in die J., 1976; L. Rosenmayr, Jugend, in: R. König (Hg.), Hdb. der empir. Soz.forschg., Bd. 6, 1976; H. M. Griese, Soz.wiss.Jugendtheorien, ²1982(1977); Jugendwerk der Dt. Shell, Jugend '81, 2 Bde., 1982; Alltag u. Biographie von Mädchen. Expertisen zum Sechsten Jugendbericht, 16 Bde., 1984–85; B. Schäfers, Soziol. des Jugendalters, ⁴1989 (1984); K. Hurrelmann u. a., Lebensphase Jugend, ²1989 (1985); Jugendwerk der Dt. Shell, Jugendliche + Erwachsene '85, 5 Bde., 1985; Th. Koebner u. a. (Hg.), »Mit uns zieht die neue Zeit«. Der Mythos Jugend, 1985; R. Nave-Herz u. M. Markefka (Hg.), Hdb. der Familien- u. Jugendforschung, Bd. 2, 1989.

Kader (franz.), ursprüngl. der Stammbestand der nationalen Streitkräfte; im engeren Sinne Gesamtheit der mit leitenden u. anführenden Funktionen betrauten Mitglieder einer Organisation, eines Verbandes oder einer polit. Bewegung; in der Terminologie des Bolschewismus bezieht sich K. auf alle Funktionäre des polit. Systems, soweit sie dem ges. weit verzweigten Führungs- u. Lenkungsapparat angehören. Die bürokratisierte K.hierarchie u. eine entspr. K.politik gelten als unentbehrl. Instrumente zur Konsolidierung der polit. Herrschaft der Arbeiterklasse u. zur Durchführung der sozialist. Ges.planung.

B. Balla, K.verwaltung, 1972; G.-J. Glaeßner, Herrschaft durch K., 1977; ders. u. I. Rudolph, Macht durch Wissen, 1978.

Kaderpartei, eine sozialist. oder kommunist. Partei, die in entscheidender Weise durch →Kader bestimmt wird.

Kalkül (franz.), »Berechnung«, in den Sozialwiss.en allg. System von

Regeln zur schemat. Konstruktion von Modellen für angenommene (unterstellte) Aufbau- oder Ablaufstrukturen sozialer Gebilde oder Zusammenhänge. Verhaltenswiss. Bezeichnung für das »rechnerische«, »bilanzierende« Abwägen von möglichen Verhaltensalternativen unter dem Gesichtspunkt des größtmöglichen »Erfolges«.

Kameralismus (lat., camera = Schatzkammer, cameralius = Kämmerer), Kameralwiss., eine alle Bereiche der öffentl. Verwaltung umfassende prakt. Lehre der Staatswirtschaft im Zeitalter des Absolutismus (17. u. 18. Jh.) unter besonderer Berücksichtigung der Staatsfinanzen u. des landesfürstl. Vermögens. Der K. wurde von Beratern an Fürstenhöfen entwickelt u. gilt als dt. Richtung des →Merkantilismus. Vorrangige Ziele waren hohe Staatseinkünfte u. Autarkie. Dementsprechend wurde die Wirtschaft insbes. durch Einrichtung landwirtschaftl. Musterbetriebe u. Gründung staatl. Manufakturen gefördert. 1727 wurden in Halle/Saale u. Frankfurt/Oder die ersten Lehrstühle für Kameralwiss.en errichtet. Einer der bedeutendsten Kameralisten war J. H. G. v. Justi (1717–71). Der K. bildet eine Grundlage der Finanzwiss. u. wurde als ökonom. Lehrmeinung von der →Physiokratie u. klass. Nationalökonomie abgelöst. A. Smith kritisierte, daß der K. den ges. Reichtum mit jenem an Geld u. Edelmetallen verwechselte.

E. Dittrich, Die dt. u. österr. Kameralisten, 1974; J. Brückner, Staatswiss., K. u. Naturrecht, 1977.

Kampf ums Dasein →Sozialdarwinismus

Kanalisierung, Prozeß der Ausrichtung bzw. Fixierung von Einstellungen, Erwartungen u. Verhaltensweisen auf spezif. Objekte oder Arten der Bedürfnisbefriedigung. K. wird im Falle »äußerer« Einflußnahme durch »ausrichtende« Sanktionen erzielt.

Kann-Erwartung →Rolle

Kant, Immanuel, 22. 4. 1724 Königsberg – 12. 2. 1804 ebd., Philosoph, Studium der Mathematik, Naturwiss., Philosophie in Königsberg. Dort 1756 Privatdozent, 1770–97 o. Prof. K. ist Begründer des Kritizismus.
Für die Wiss.theorie ist die These K.s von fundamentaler Bedeutung geworden, daß zu den apriorischen Grundlagen menschl. Erkennens auch die Einsicht in die Grenzen des Erkennens gehört. Ebenso ist Einsicht in die Freiheit menschl. Handlungen zugleich Einsicht in die Grenzen dieser Freiheit. K. knüpfte Erkennen an die Möglichkeit der Erfahrung u. das Handeln an allg., formale Grundsätze. Erkennen u. Handeln haben sich in einer Welt zu bewähren, die Bedingungen stellt, als Naturtatsachen bzw. als ges. Tatsachen. K. ging aus vom ursprüngl. freien Menschen. Dieser erfährt Freiheit zunächst als »wilde Freiheit« in dem Bösen u. der Not, die er sich wechselseitig zufügt. Verges.ung soll nicht allein inneren Frieden sichern u. äußere Feinde abwehren, sondern hat dem Charakter menschl. Existenz, freies Dasein zu sein, Rechnung zu tragen. Gegenüber einem Menschen, der im freien Dasein dazu neigt, seine Freiheit zu mißbrauchen, hat der Staat den Bestand dieser Freiheit, die Einhaltung der Verträge u. die Sicherheit der Person zu garantieren. Recht u. Gesetz sichern

Kapital

nicht nur das äußere, materielle Dasein, in ihnen wird die Existenz, freies Dasein zu sein, garantiert. Für K. bestand das Problem der emanzipierten Ges. in der Aufklärung als »Ausgang des Menschen aus seiner selbstverschuldeten Unmündigkeit«. Als Unmündigkeit galt K. das Unvermögen, sich seines Verstandes ohne Leitung eines anderen zu bedienen. Als Persönlichkeit ist der Mensch frei, richtet sich nach dem Sittengesetz des kategorischen Imperativs: d. h. der Befolgung der Pflicht. Diese Ethik ist getragen von der Überzeugung der Freiheit sittl. Tuns. Wenngleich K. das Prinzip der Sittlichkeit hervorhob, so gab er jedoch keine konkrete Ethik an (formale Ethik). Der kategorische Imperativ verlangt, so zu leben, daß die Maxime der Handlungen allg. Gesetz sein könnte. Integration meint weder moral. Verbrüderung noch kollektive Wohlfahrt, sondern die Vereinigung von Menschen unter Rechtsgesetzen. Als rechtl. Attribute des Staatsbürgers gelten: die gesetzl. Freiheit, die bürgerl. Gleichheit u. die bürgerl. »Selbständigkeit, seine Existenz u. Erhaltung nicht der Willkür eines anderen im Volk, sondern seinen eigenen Rechten u. Kräften als Glied des gemeinsamen Wesens verdanken zu können«.

In kritischer Haltung gegenüber Hobbes u. Rousseau entfaltete K. seinen individualist. Ansatz. Seine Persönlichkeits- u. Ges.auffassung wie auch seine Erkenntnistheorie haben über Max Weber starken Einfluß auf die Soziol. ausgeübt.

Schr.: Kritik der reinen Vernunft, 1781; Ideen zu einer allg. Gesch. in weltbürgerl. Absicht, 1784; Kritik der prakt. Vernunft, 1788; Kritik der Urteilskraft, 1790; Zum ewigen Frieden, 1795; Studienausgabe, 6 Bde., hg. v. W. Weischedel, 1983.

W. Dörpinghaus, Der Begriff der Ges. bei K., o. J.; R. Stemberger, I. K. als Philosoph u. Soziologe, 1953; F. Delekat, I. K., 1963; J. Ritsert,

Handlungstheorie u. Freiheitsantinomie, 1966; O. Höffe, I. K., ²1988.

Kapital, in den Wirtschafts- u. Sozialwiss.en je nach wiss. Problemstellung Bezeichnung mit unterschiedl. Begriffsinhalt. Allg. das der Gütererzeugung u. dem Güterumlauf dienende Geld. Betriebswirtschaftl. die Summe der einer Unternehmung zur Verfügung gestellten u. (geldwertmäßig) bewerteten u. auf der Passivseite der Bilanz ausgewiesenen Mittel. In der volkswirtschaftl. Theorie – neben Arbeit u. Grund u. Boden – die Gesamtheit der »produzierten Produktionsmittel«, oder der »Zwischenprodukte« zw. Beginn u. konsumreifem Abschluß einer Produktion, oder der Objekte bzw. »Subsistenzmittelfonds« zur konsumtiven Überbrückung der Spanne zw. Beginn der Produktion u. dem Vorliegen der Enderzeugnisse. Diese wirtschaftl. K.begriffe sind nicht an bestimmte Substanzen gebunden. K. kann als Anlagek., langfristig gebunden, in Form von Gebäuden, Maschinen u. ä., oder als Betriebsbzw. Umlaufk., häufiger seine Substanz wechselnd, oder als Bar- bzw. Geldk. in Erscheinung treten.

In der Soziol. interessiert das K. als Eigentum an Produktionsmitteln u. damit als Grundlage für sozial legitimierte Verfügungsgewalt über Sachen u. Personen, die unter bestimmten ges. Bedingungen zu ihrer Existenzsicherung auf die Nutzung der Produktionsmittel angewiesen sind. Hier erscheint K. als ein »ges. Verhältnis« (K. Marx) zw. Personen, die (a) auf der einen Seite das in ihrem Eigentum (oder ihrem Besitz) befindl. Vermögen in den volkswirtschaftl. Gesamtprozeß der Gütererzeugung u. -verteilung mit der Absicht der Gewinnerzielung einsetzen, u. die (b) auf

Kapitalismus

der anderen Seite als Vermögenslose gegen Lohn oder Gehalt ihre Arbeitskraft zur Nutzung dieser Vermögen verkaufen müssen.

Kapitalakkumulation →Marxismus/Marxistische Soziologie

Kapitalismus, Wirtschafts- u. Ges.ordnung, in der die Organisation der wesentl. wirtschaftl. Prozesse u. ges. Beziehungen auf die Anwendung u. Verwertung von Kapital mit dem Ziel fortwährender Kapitalvermehrung ausgerichtet ist. Strukturmerkmale des K. sind: Das private Eigentum an Produktionsmitteln, die ges. genutzt werden; der ges. Einsatz der Produktionsmittel mit dem Ziel privater Gewinnerzielung; der Austausch u. die ökonom. Verwertung der produzierten Waren auf dem Markt; infolge der unterschiedl. soz. Stellungen zum Eigentum an Produktionsmitteln u. der rechtl. Garantie des Privateigentums der Gegensatz von Arbeit (Arbeitnehmer, unselbständig Beschäftigte) u. Kapital (Kapitalbesitzer, Unternehmer, Manager).
Der K. ist ein histor. Begriff zur Charakterisierung einer bestimmten Form der Industrieges. Zu den Voraussetzungen seiner gesch. Entwicklung gehören ideelle u. materielle Faktoren, die ihn von anderen, zeitl. vorgelagerten ges. Ordnungsformen (Sklavenhalterges., Feudalismus) abgrenzen: eine am egoist. Erwerbsprinzip orientierte u. vom Individualismus u. Rationalismus erfüllte Wirtschafts- u. Sozialgesinnung, eine wiss.-dynam. u. maschinelle Technik, Arbeitsteilung u. großbetriebl. Produktionsweise sowie die Verfügung über freie Arbeit, d. h. über Personen, die wirtschaftl. genötigt, aber vor allem rechtl. u. kulturell in der Lage sind,
ihre Arbeitskraft frei auf dem Markte zu verkaufen.
Der mod. industrieges. K. (in Angrenzung von Formen des Früh- oder Handelsk. im 15. Jh. als Folge der globalen Entdeckungen, Goldfunde u. Manufakturproduktion entstanden) entwickelte sich mit der Auflösung des feudal-aristokrat. Ständestaates, mit der industr. Revolution u. der raschen Bevölkerungsvermehrung seit dem 18. Jh. Im Gegensatz zur vorhergehenden Periode des Merkantilismus, in der der absolutist. Staat die Wirtschaft nach seinen polit. Zielen dirigierte, konnte seit dieser Zeit der sog. »Hochk.« (W. Sombart), in ideolog. Orientierung am freiwirtschaftl. Wettbewerb, seine ökonom. Kapitalverwertungsinteressen voll entfalten. Die Zentralfigur der wirtschaftl. Entwicklung u. des techn. Fortschritts wird der Unternehmerkapitalist. In der Konkurrenz um die Gewinnraten sind die einzelnen Kapitalisten zu immer höheren Investitionen gezwungen, die den Prozeß der Technisierung u. Industrialisierung, aber auch den der Ausbeutung der freien Arbeiter u. der Akkumulation von Mehrwert vorantreiben. Die Intensivierung der Produktion einerseits u. die niedrigen Arbeitslöhne u. die damit geringe Nachfrage nach Konsumgütern andererseits bewirken ökonom. Strukturkrisen (Konjunkturschwankungen), in deren Verlauf der freie Wettbewerb die Überlegenheit der Großunternehmen offenbart u. eine Zentralisation u. Konzentration von Kapital erzwingt. Das durch ungleichmäßige Einkommensverteilung (zw. Kapital u. Arbeit) ermöglichte wirtschaftl. Wachstum führt zur Einschränkung des marktwirtschaftl. Konkurrenzmechanismus u. zu immer schärferen soz. Gegen-

Kapitalismus

sätzen (soziale Frage). Das aus der liberalist. Ideologie abgeleitete Postulat der individuellen Freiheit, verstanden als gleiche Entfaltungsmöglichkeit für jeden einzelnen, brachte nicht das erwartete integrative soz. Gleichgewicht, sondern unerträgl. u. systemgefährdende soz. Ungleichheiten u. Mißstände.

Mit der Wende vom 19. zum 20. Jh. tritt der K. in eine neue Phase ein. Aus dem Konkurrenzk. wird der Monopolk., u. der Staat beginnt, stabilisierend u. ausgleichend in die bis dahin sich selbst überlassene wirtschaftl. u. ges. Entwicklung einzugreifen. Marktbeherrschende Monopole setzen mit ihrer Geschäftspolitik gegenüber kleineren Konkurrenten u. Konsumenten die systemstabilisierenden u. Gleichgewicht bewirkenden »Gesetze« von Angebot u. Nachfrage außer Kraft. Sie machen über Kapitalverflechtungen u. Handelskonditionen weite Bereiche der Wirtschaft von ihren Entscheidungen abhängig, bestimmen damit die sozialökonom. Lage größerer Bevölkerungsteile. So gerät der Staat der pluralist. Demokratie in die Gefahr, seine Ziele u. Entscheidungen nicht mehr unabhängig von den Interessen des Groß- u. Finanzkapitals verwirklichen zu können. Andererseits ist die staatl. Sozialpolitik gezwungen, die durch freie kapitalist. Wirtschaftsdynamik geschaffenen soz. Ungleichheiten auszugleichen u. für die vernachlässigten Gemeinschaftsbedürfnisse (Gesundheits-, Bau-, Verkehrs-, Schulwesen) zu sorgen. Den konzentrierten Wirtschaftsmächten (einschl. der Gewerkschaften), die infolge der langfristigen Festlegung des Kapitals u. der Bürokratie ihrer Organisationsstrukturen zunehmend unbeweglicher geworden sind, steht der Sozialstaat als Wächter der ges. Stabilität u. als Verantwortlicher für den soz. Ausgleich gegenüber.

Im gegenwärtigen K. hochentwickelter Industrieges.en übernimmt der Staat neben seinen öffentl. Funktionen der Daseinsvorsorge u. der ges.polit. bestimmten Umverteilung der Einkommen Aufgaben einer organisierten Krisenbekämpfung bzw. Konjunkturstabilisierung. Diese Entwicklungsstufe des K. wird mit der Bezeichnung »Spätk.« kommentiert. Im Gegensatz zu zahlreichen Voraussagen eines Scheiterns oder Unterganges des K. hat sich dieser als wandlungs-, leistungs- u. überlebensfähig erwiesen. Die weitere Entwicklung deutet auf einen humanen K. hin, in dem das wirtschaftl. Erfolgsstreben durch stärkere Berücksichtigung des Umwelt- u. Verbraucherschutzes, der Humanisierung der Arbeit u. des Verlangens nach Partizipation kanalisiert wird. →Spätkapitalismus.

K. Marx, Das Kapital, 1867–94; W. Sombart, Der mod. K., 3 Bde., 1955 (1902–27); M. Weber, Die protestant. Ethik u. der Geist des K., in: Gesam. Aufsätze zur Religionssoziol. I, [8]1988 (1920); E. Heimann, Soz. Theorie des K., 1980 (1929); J. Schumpeter, Theorie der wirtschaftl. Entwicklung, [3]1952; ders., K., Sozialismus u. Demokratie, [2]1950; M. Dobb, Organisierter K., 1966; ders., Entwicklung des K., 1970; P. A. Baran, P. M. Sweezy, Monopolk., 1967; J. K. Galbraith, Die mod. Industrieg., 1968; A. Shonfield, Geplanter K., 1968; Th. W. Adorno (Hg.), Spätk. oder Industrieges.?, 1969; P. M. Sweezy, Theorie des kapit. Entwicklung, 1970; ders., Die Zukunft des K., 1970; D. Bell, J. Kristol, Capitalism Today, New York 1970; H. Pross, K. u. Demokratie, 1973; H. A. Winkler, Organisierter K., 1974; D. Senghaas, Peripherer K., [2]1977; D. u. K. Claessens, K. u. Kultur, 1979; D. Senghaas, Kapitalist. Weltökonomie, 1979; A. O. Hirschman, Leidenschaften u. Interessen – polit. Begründungen des K. vor seinem Sieg, 1980; J. Kromphardt, Konzeptionen u. Analysen des K. – von seiner Entstehung bis zur Gegenwart, [2]1987 (1980); G. Roth, Geist des K. u. kapitalist. Weltwirtschaft, in: KZfSS 33, 1981; E.

Waibl, Ökonomie u. Ethik, 1984; F. Braudel, Die Dynamik des K., 1986; E. Weede, Wirtschaft, Staat u. Ges., 1990; D. Bell, Die kult. Widersprüche des K., 1991; M. Albert, K. contra K., 1992; H.-J. Helmer, Die Genese des K., 1993.

Kardiner, Abram, 17. 8. 1891 New York – 20. 7. 1981 Easton, Conn., Psychoanalytiker u. Psychiater, arbeitete mit R. Linton zusammen, seit 1955 Leiter der psychoanalyt. Klinik der Emory-Univ. K. hat den Versuch unternommen, Psychoanalyse u. Kulturanthropologie miteinander zu verknüpfen. Er beschäftigte sich vor allem mit dem Problem der Wechselbeziehungen zw. Kultur u. Persönlichkeit. Der heranwachsende Mensch wird insbes. in seinem Kleinkindalter soziokulturell geprägt. In diesem Lebensabschnitt bildet sich unter dem Einfluß bestimmter primärer Erziehungspraktiken (Primärinstitutionen) die Grundpersönlichkeit (»basic personality«) heraus. Da die Primärinstitutionen u. somit die früheren Erfahrungen des Individuums innerhalb einer best. Kultur einander ähnlich, aber von Kultur zu Kultur verschieden sind, gibt es kulturspezif. Grundpersönlichkeitstypen. Die wichtigste Wurzel des Grundpersönlichkeitstyps einer Kultur liegt in dem Kind-Eltern-Verhältnis. Die Grundpersönlichkeit trägt wiederum die Sekundärinstitutionen, Bereiche, die nicht direkt mit dem Kind-Eltern-Verhältnis verknüpft sind. In stabilen Ges.en besteht die Tendenz, daß der Grundpersönlichkeitstyp u. die Kultur als Ganzes sich gegenseitig stützen.

Schr.: The Individual and his Society, New York 1939; The Psychological Frontiers of Society, New York 1945; Sex and Morality, 1954; The Studied Man, 1961; Meine Analyse bei Freud, 1979.
W. Schoene, Über die Psychoanalyse in der Ethnologie, 1966.

Karriere (franz.), »Rennbahn«, »Laufbahn«, die Gesamtheit der Stationen des soz. Aufstiegs einer Person im gesamtges. Rahmen oder innerhalb einzelner ges. Teilbereiche oder Organisationen. Es wird unterschieden zw. effektiver K. u. den (als Beurteilungs- u. Bewertungsmaßstab für den Aufstiegserfolg herangezogenen) K.-mustern. Individuelle, gruppen- oder sozialschichtenspezif. K.erwartungen beziehen sich entweder auf den eigenen »Lebensweg« (intragenerativ) oder sind längerfristig am soz. Aufstieg der Kindergeneration orientiert (intergenerativ). K.muster sind ein wesentl., Arbeits- u. Leistungsmotivation ebenso wie soz. Kontakte u. Bildungsstreben bestimmender Bestandteil (insbes.) beruflicher Leitbilder. Da eine K. weitgehend innerhalb einer Organisation realisiert wird bzw. die beteiligten Organisationen durch Bewährungschancen u. Empfehlungen den weiteren K.weg bestimmen, sind stabile u. berechenbare K.muster in einer aufstiegsorientierten Ges. ein geeignetes Mittel, um die Loyalität von Organisationsmitgliedern zu garantieren bzw. um abweichendes Verhalten zugunsten von Anpassung einzuschränken.
Auch in der mod. Leistungsges. werden individ. K.chancen nicht allein durch das Leistungsprinzip bestimmt, sondern hängen oft maßgebl. von persönl. Beziehungen, polit. u. organisator. Bindungen ab. K.chancen auf mittleren u. insbes. höheren Ebenen der Hierarchie von Unternehmungen, Organisationen u. staatl. Einrichtungen setzen oft Mobilitätsbereitschaft voraus, die wiederum häufig durch familiäre, soz. u. regionale Bindungen eingeschränkt wird. Das Streben nach Gleichberechti-

Kartell 406

gung der Frau in der mod. Ges. erfordert eine gerechte Aufteilung der K.chancen zw. Frauen u. Männern. Die Bewältigung der Umweltkrise u. soz. Probleme setzt die Verknüpfung von K.chancen mit eth. Anforderungen (ökolog.-ges. Verantwortung als Handlungsorientierung) voraus.

D. Herzog, Polit. K.n, 1975; E. Bock-Rosenthal u. a., Wenn Frauen Karriere machen, 1978; M. Bochow u. H. Joas, Wiss. u. K., 1987; H. P. Blossfeld, Kohortendifferenzierung u. K.prozeß, 1989; B. Wegener, Soz. Beziehungen im K.prozeß, in: KZfSS 41, 1989.

Kartell, ökonom. Bezeichnung für die vertragl. Absprache mehrerer selbständiger Unternehmer zur Herabsetzung der Konkurrenz auf best. Märkten. Im weiteren Sinne sozialwiss. Bezeichnung für den mehr oder weniger festen Zusammenschluß polit. oder ökon. Herrschaftsgruppen zur Wahrnehmung (zumindest partieller) gemeinsamer Interessen.

Kaste (lat., portug.), streng abgeschlossene Ges.schicht (insbes. im hinduist. Indien). Die Abschließung der K. erfolgt durch Endogamie innerhalb einer größeren Gruppe von Familien oder durch soz. Diskriminierung Außenstehender. Die einzelne K. erhält ihre kult. u. soz. Bedeutung durch ihre Stellung in einem hierarch.-rangmäßig gegliederten K.nsystem. Jede K. hat ihre spez. ges. Funktionen, mit denen bes. interne Verhaltensmuster u. Werteinstellungen (Ritual, Ideologie) verbunden sind. In der Regel sind Lebensstil u. äußere Grenzen der K.n durch myth.-religiöse Legitimationen festgelegt. Ursprüngl. wurde die Bezeichnung K. ledigl. ethnolog. u. religionssoziol., d. h. zur Beschreibung entspr. Ges.systeme von Naturvölkern u. vormod. Ges.en herangezogen.

Mit der Herausbildung von schwer überwindbaren Soz.lagen u. Klassenzugehörigkeiten in Industrieges.en ist sie auch zur Skizzierung der Statusverhältnisse von unterprivilegierten Bevölkerungsteilen in mod. Ges.strukturen bekannt geworden (z. B. Farbige in den USA u. Südafrika). Soz.kritisch wird der K.nbegriff zur Charakterisierung von Verhaltensweisen u. Einstellungen höhergestellter soz. Gruppen (Offiziere, Akademiker) eingesetzt, die sich in soz. Selbstinterpretation, Ehrenkodex oder Berufsmoral von der übrigen Ges. abschließen (»K.geist«).

O. C. Cox, Caste, Class and Race, New York 1948; J. Dollard, Caste and Class in a Southern Town, New York 1949; A. C. Mayer, Caste and Kinship in Central India, Berkeley 1960; T. Zinkin, Caste Today, New York 1962; W. E. Mühlmann, Rassen, Ethnien, Kulturen, 1964; G. Devos, H. Wagatsuma, Japan's Invisible Race; Caste in Culture and Personality, Berkeley 1966; A. de Reuck, J. Knight, Caste and Race, Boston 1967; C. Bougle, Essais sur le régime des castes, Paris 1969.

Kastengesellschaft, Bezeichnung für die insb. im früheren Indien vorherrschende Sozialstruktur, die in ihrem vertikalen Aufbau durch eine religiös gerechtfertigte, selbstverständl. erscheinende Über- u. Unterordnung verschiedener →Kasten gekennzeichnet ist. Durch die nahezu undurchlässigen Grenzen zw. den Kasten bildet die K. den extremsten Gegensatz zu einer offenen, mobilen Ges. Gemäß des dominierenden →Geburtsprinzips hängt das Lebensschicksal des Individuums davon ab, in welche Kaste es hineingeboren wurde. Der dem Hinduismus entstammende Glaube, durch gute Taten im Zuge der Seelenwanderung in einer höheren Kaste wiedergeboren zu werden, erleichtert die fatalist. Hinnahme einer unterprivilegierten Lebenssituation. Das indische Kastensystem unterscheidet vier Hauptkasten: Brahmanen (Priester), Kschatrija (Adel u. Krieger), Waischja (Bauern) u. Schudra (Diener). Die kastenlosen Paria (Unberührbare) gelten als unreine Ausgestoßene. Die Entstehung der K. hängt wahrscheinlich mit der Überlagerung u. Herrschaftsausübung durch krieger. Fremdvölker zus. Die Kastenunterschiede wurden in Indien durch die Verfassung v. 1950 formal aufgehoben. Die faktische Beseitigung gelingt nur allmählich durch Modernisierung der Ges.

K. Mäding, Südindische Bauern: Orientierungschancen im Klassen- u. Kastensystem, 1980; L. Dumont, Homo Hierarchicus, London 1981; J. Rösel, Die Hinduismusthese M. Webers, 1982; J. Pfaff-Czarnecka, Macht u. rituelle Reinheit, 1989.

Kasuistik (lat.), »Lehre von den Fällen«, (a) in der Moralwiss. die Sittenlehre, die für alle prakt. Situationen des Lebens mittels Interpretation der ethisch-moral. Gebote das richtige Verhalten ermittelt; (b) in der Rechtswiss. die Art u. Weise der Gesetzeskonstruktion u. Rechtsfindung, die den einzelnen Fall nach seiner Besonderheit behandeln u. damit allg., umfassende Regelungen vermeiden will; (c) in den Sozialwiss. Bezeichnung für ein method. Vorgehen, das aus der unsystemat., zufälligen Sammlung einzelner Fälle (Verhaltensabläufe, Ereignisketten) allgemeingültige Erkenntnisse abzuleiten versucht.

Katastrophe (lat.-griech. »Umkehr«, »Wende«), allg. ein plötzl. eintretendes Ereignis mit entsetzl., verheerenden Folgen, wie insbes. Zerstörungen mit zahlreichen Todesopfern u. Verletzten.
Vor der Herausbildung der mod. Industrieges. traten überwiegend Naturk.n auf: Erdbeben, Vulkan-

ausbrüche, Wirbelstürme, Überflutungen, Dürre, Pestepidemien. Infolge geringen rationalen Wissens waren solche K.en kaum oder gar nicht voraussagbar. Menschen waren schutzlos ausgeliefert u. reagierten z. T. mit Abwanderung. Im soziokult. Bereich haben sich seit jeher manifest gewordene Konflikte u. insbes. Kriege als verlustreiche K.n erwiesen.
Im gegenwärtigen Industriezeitalter sind aufgrund stark gestiegener techn. Möglichkeiten sowie des Bevölkerungs- u. Wirtschaftswachstums bei gleichzeitiger Vernachlässigung der Auswirkungen (externe Effekte) auf die natürl. Umwelt Naturk.en zunehmend durch Menschen verursacht, z. B. großflächige Waldrodungen als tieferliegende Ursache für häufigere Überschwemmungen. Infolge unzureichender Infrastruktur ist der Leidensdruck betroffener Menschen in armen Ges.en besonders groß. Bei zunehmender Bevölkerungsdichte tragen K.n zum Anschwellen von Wanderungsbewegungen bei (»Umweltflüchtlinge«), die wiederum in Einwanderungsländern zu Konflikten führen (können). Die industrieges. neuartigen K.n resultieren keineswegs nur aus menschl. Versagen, sondern eher aus zunehmender Komplexität techn. Systeme. Die Auswirkungen können räuml. relativ eng begrenzt (K.n z. B. im Zus.hang mit Schiffahrt, Flugverkehr oder Bergwerken), regional (z. B. Chemie-K.n wie in Bhopal u. Seveso, Öltanker-Unglücke) oder internat. ausgeweitet sein (z. B. erhöhte Strahlenbelastung durch Atomk.n wie in Tschernobyl). K.n bilden Bewährungsproben für mitmenschl. Solidarität, prosoz. Verhalten u. internat. Hilfsbereitschaft (»Fernstenliebe«), wobei die Be-

Kategorie

richterstattung in Massenmedien stimulierend wirkt.
Eine wachsende Herausforderung in der gegenwärtigen →»Risikoges.« (U. Beck) bilden die zahlreichen »schleichenden K.en«: zunehmende Umweltbelastungen u. -zerstörungen, die verspätet in das öffentl. Bewußtsein eintreten u. unzureichend bekämpft werden: fortschreitende Belastung von Luft, Wasser u. Boden, Waldsterben, Reduzierung der trop. Regenwälder, Dioxinvergiftung, Bedrohung der Meere, Abnahme der Artenvielfalt, Abbau der Ozonschicht, »Treibhauseffekt«, beschleunigte Veränderung des globalen Klimas. Bei weiterhin unzureichender Bewältigung dieser katastrophalen Entwicklung durch ökolog. Umorientierung des Wirtschaftslebens, Verhaltensänderungen, vorbeugenden Umweltschutz u. Einschränkung des Bevölkerungswachstums steigt die Gefahr des gehäuften Hervorbrechens von Umweltk.en, die mit irreparablen Schäden verbunden sind.
K.n sind zum Objekt einer multidisziplinären K.nforschg. geworden, die zu systemat. Analysen u. z. T. zu stark formalisierten bzw. mathematisierten Theoriekonstruktionen geführt hat. Die K.ntheorie im weiteren Sinne überschneidet sich mit der →Chaostheorie.

L. Clausen u. W. R. Dombrowsky, Einf. in die Soziol. der K.n, 1983; W. L. Bühl, Die Dynamik soz. Konflikte in katastrophentheoret. Darstellung, in: KZfSS 36, 1984; I. Ekeland, Das Vorhersehbare u. das Unvorhersehbare, 1985 (a. d. Franz.); C. Perrow, Normale K.n, 1987; W. R. Dombrowsky, K. u. K.nschutz, 1989; H. P. Dreitzel u. H. Stenger (Hg.), Ungewollte Selbstzerstörung, 1990; C. Böhret, Folgen, 1990; ders., Nachweltschutz, 1991; R. Geipel, Naturrisiken, 1992.

Kategorie, soziale, Sozialkategorie, Bezeichnung für eine Vielheit v. Personen, die durch ein oder mehrere gemeinsame, zugleich ges. bedeutsame Merkmale (z. B. Geschlecht, Lebensalter, Bildungsgrad, Beschäftigungsart) gekennzeichnet sind. Im Gegensatz zur Gruppe u. zum Aggregat sind keine sozialen Beziehungen, Struktur u. räuml. Nähe erforderlich. Soziale K.n sind z. B. alle männl. Studenten oder alle Hausfrauen eines Landes.

Kathedersozialismus, von dem Liberalen H. B. Oppenheim 1871 geprägte spött. Bezeichnung für eine sozialreformerisch orientierte Gruppe von nationalökonom. Gelehrten in der zweiten Hälfte des 19. Jh., die – von sozialethischen Gerechtigkeitsvorstellungen u. von Zweifeln gegenüber dem ges. Harmonieglauben des Liberalismus ausgehend – sich über eine wertfreie wiss. Darstellung der ges. Wirklichkeit hinaus um die Lösung der sozialen Frage bemühten. Sie forderten interventionist. Maßnahmen des Staates zur Milderung der Klassengegensätze, zur Förderung des sozialen (u. damit nationalen) Friedens u. der sozialen Besserstellung der Arbeiterschaft ohne grundsätzl. Eingriffe in den Funtionsregeln der bürgerl.-kapitalist. Ges.ordnung. Zur organisator. Stützung u. Propagierung ihrer Vorschläge u. ihrer Appelle an die soziale Verantwortung des Staates gründeten sie 1872 den »Verein für Socialpolitik«. Zu den namhaften Vertretern des K. gehören G. Schmoller (1838–1917), A. Wagner (1835–1917), L. Brentano (1844–1917) u. H. Herkner (1863–1932).

H. B. Oppenheim, Der K., 1873; G. Wittrock, Die Kathedersozialisten, 1939; I. Gorges, Soz.forschg. in Dtl. 1872–1914, 1980; U. Ratz, Soz.reform u. Arbeiterschaft, 1980.

Kathexis (griech.), »Wertbesetzung«. In der Strukturell-funktionalen Theorie wird von der kognitiven (erkenntnissuchenden) u. evaluativen (auswählenden) die kathektische Motivorientierung des Handelnden unterschieden. Diese ergibt sich, wenn u. weil der Handelnde die Objekte seiner Handlungssituation auch nach ihrer Möglichkeit betrachtet, ihm wertvoll zu sein, d. h. ihm Befriedigung bzw. Vermeidung von Nichtbefriedigung zu verschaffen.

Katona, George, amerikan. Psychol. u. Wirtschaftswiss.ler, 6. 11. 1901 Budapest – 15. 6. 1981 Berlin, Psychologiestudium in Göttingen, 1926–33 Redakteur des »Dt. Volkswirts« in Berlin, seit 1933 in den USA, 1938–45 Lehre u. Forschung an der New School for Social Research in New York City u. an der Univ. Chicago, seit 1946 Prof. für Wirtschaftswiss. u. Psychol. an der Univ. Michigan in Ann Arbor, Direktor des dortigen Economic Behavior Program des von ihm mitbegründeten Survey Research Center.
Durch Kombination von Wirtschaftstheorie, Psychol., Sozialpsychol. u. Empir. Sozialforschung entfaltete K. eine wirklichkeitsnahe ökonom. Verhaltensforschung. Im Rahmen dieses Forschungsprogramms arbeitete er vor allem die psych. u. sozialen Determinanten (komplexe Motive, Einstellungen, Meinungen, Zukunftserwartungen, Anspruchsniveaus, Stimmungen wie Optimismus u. Pessimismus, Gruppeneinflüsse) des Verbraucher- u. Unternehmerverhaltens in der heutigen Massenkonsumges. heraus. Er untersuchte ferner den Zus.hang zw. diesen Einflußkräften u. den gesamtwirtschaftl. Schwankungen. Damit trug K. entscheidend zur Überwindung der realitätsfernen individualist.-

utilitarist. Theorie des ökonom. Verhaltens u. zur Entwicklung der Wirtschafts- u. Konsumsoziol. bei.

Schr.: Psychol. Analysis of Economic Behavior, New York ²1963 (1951) (dt.: Das Verhalten der Verbraucher u. Unternehmer, 1960); The Powerful Consumer, New York 1960 (dt.: Die Macht des Verbrauchers, 1962); The Mass Consumption Society, New York 1964 (dt.: Der Massenkonsum, 1965); zus. mit E. Mueller, Consumer Response to Income Increases, Washington 1968; zus. mit B. Strümpel u. E. Zahn, Aspirations and Affluence, New York 1971 (dt.: Zwei Wege zur Prosperität, 1971); Psychological Economics, New York 1975.

Kausaladäquanz →Sinnadäquanz

Kausalität (lat.), »Zusammenhang von Ursache und Wirkung«. Bezeichnung für einen empir. nicht umkehrbaren, asymmetrischen Ursache-Wirkungs-Zus.hang zw. zwei oder mehr Variablen. K. kann empir. über die Manipulation der unabhängigen Variablen bei gleichzeitiger Wirkungskontrolle festgestellt werden (→Experiment). Hypothesen über kausale Zus.hänge ermöglichen nur eine begrenzte Analyse u. Erklärung der komplexen Lebenswelt, die sich als ein vernetztes System darstellt.

R. Mayntz, K. Holm, P. Hübner, Einf. in die Methoden der empir. Soziol., ³1972; Hdb. der empir. Soz.forschg., hg. v. R. König, ³1973/74; H. J. Hummell u. R. Ziegler (Hg.), Korrelation u. K., 3 Bde., 1976; H. Sachsse, K. – Gesetzlichkeit – Wahrscheinlichkeit, 1979; H.-H. Hoppe, Kritik der kausalwiss. Sozialforschung, 1983; J. van Koolwijk u. M. Wieken-Mayser (Hg.), Kausalanalyse, 1986.

Kernfamilie →Familie, →Familiensoziologie, →Kleinfamilie

Kerngemeinde, Bez. der Kirchensoziol. für diejenigen Mitglieder einer kirchl. bedeutsamen Ortsgemeinde, die einen bes. engen Kontakt zum kirchl. organisierten Gemeindeleben haben u. damit das Erscheinungsbild des

Kibbuz 410

kirchl. Lebens sowohl gegenüber der Gesamtgemeinde wie gegenüber der gemeindl. Öffentlichkeit prägen.

Kibbuz (hebr.), jüd. dörfl. Gemeinschaftssiedlung (mitunter angeschlossen industrietechn. Produktionsstätten), freiwilliges Kollektiv, in dem bestimmte, aus alttestamentl. u. polit.-kommunist. Lehren abgeleitete Lebensformen praktiziert werden: Kein persönl. Eigentum an Produktionsmitteln; gemeinschaftl. Planung u. Versorgung; gemeinsame Kindererziehung u. Sorge für Ausbildung u. Beruf; (soweit wie realisierbar) Funktionenrotation unter den Mitgliedern. Der K. erstrebt die Aufhebung von Privilegien, die gewöhnl. an Funktionen u. Arbeitsqualitäten gekoppelt werden; er soll soziale Gleichheit verwirklichen u. einen von egoist. Interessen freien Menschen erziehen.
In einer Zeit polit. u. kriegerischer Bedrängnis der Juden in Palästina (1910–1948) zu einer sozialen Bewegung angewachsen, haben die K. im Prozeß der Konsolidierung des Staates Israel wieder an Bedeutung verloren u. sind schließl. in eine Krise geraten.

M. E. Spiro, K.-Venture in Utopia, New York ³1963; ders., Children of the K., Cambridge, Mass. 1958; E. Lau, Die Produktivgenossenschaften in Israel, 1960; J. Baratz, Siedler am Jordan. Die Gesch. vom ersten K., 1963; M. Pallmann, Der K., 1966; H. Darin-Drabkin, Der K., 1967; S. Tamir, Das Leben im K., 1969; L. Liegle (Hg.), Kollektiverziehung im K., 1971; M. Kerem, Der K. heute, Tel Aviv 1981; C. Busch-Lüty, Der israelische K. heute, in: aus politik u. zeitgesch., B 46–47/1984; W. Fölling u. a. (Hg.), K.-Leitfaden, 1987.

Kindchenschema, von der Ethologie (K. Lorenz) entdeckter Auslösemechanismus u. Schlüsselreiz beim Menschen, der auf best. Merkmale von Lebewesen (Klein-

kinder, junge Tiere) oder Objekte (z. B. Teddybär) mit emotionaler Zuwendung, Liebkosungen u. Pflegeverhalten reagiert. Solche Subjekte oder Objekte müssen folgende Merkmale aufweisen: im Verhältnis zur Körpergröße großer Kopf (Baby!); rundl. Körperform; kurze, dicke Extremitäten; weiche, elast. Oberfläche; tiefliegende große Augen; runde, vorspringende »Pausbacken«.

Kindheit, erster Abschnitt der soz. Entwicklung des Menschen, traditionell zw. Geburt u. etwa 7. Lebensjahr. Seit der Mitte des 18. Jh.s erfolgte eine soziokult. bestimmte Verlängerung der K., die heute rechtl. bis zum Ende des 14. Lebensjahres dauert (Beginn der Strafmündigkeit). Das anschließende Jugendalter ist mit erweiterten Rechten u. Pflichten verbunden.
K. gilt in allen Kulturen u. Epochen als Zeit der häusl. Erziehung. In dieser Phase der Sozialisation (primäre Sozialisation) werden dem Kind bei gleichzeitiger Kanalisierung des Antriebs- u. Gefühlslebens Sprache, Auffassungen, Werte, Normen, Verhaltensmuster u. Fertigkeiten der jeweils umgebenden Ges. vermittelt (Aufbau der →Basic Personality Structure). Einfluß stark sind: schichtenspezif. Sozialisationsbedingungen, kultur- u. soziallagenbestimmte Erfahrungen u. »Eindrücke«; unterschiedl., soz. folgenreiche Methoden der geschlechtsspezif. Sozialisationsbedingungen; Rückwirkungen des sozio-ökonom. Status der Familie u. sonstiger Bezugsgruppen auf die intellektuellen u. emotionalen Entwicklungsmöglichkeiten.
Biolog. ist die K. mit der Pubertät (Jugendalter) abgeschlossen, soz. mit der Mündigkeit u. der Möglichkeit eines eigenverantwortl. Le-

411   **Kirche**

bens. Kindern werden ges. Schonräume gewährt, deren Sinn heute bisweilen bezweifelt wird (Kinderarbeitsverbot, Straf- u. Rechtsunmündigkeit, Schulpflicht). Sie sind aber notwendig, um allen Kindern die gleichen Entfaltungsmöglichkeiten zu bieten. Jüngeren Kindern wurden immer schon eigene Lebenswelten zugebilligt: spezielle Nahrungsangebote, Spielzeug, besondere Möbel wie Wiegen, Gehschulen, Kinderstühle, dem Alter angepaßte Kleidung.

In neuester Zeit hat sich das Stadium der K. wieder verkürzt, insbes. dadurch, daß Kinder eher als Personen mit eigenen Ansprüchen respektiert werden, daß sie unter dem Einfluß von Massenmedien frühzeitiger Einblicke in alle ges. Bereiche erhalten.

E. H. Erikson, K. u. Ges., [2]1965; D. Claessens, Familie u. Wertsystem, Eine Studie zur »zweiten, sozio-kultur. Geburt des Menschen«, [4]1979; R. Spitz, Vom Säugling zum Kleinkind, 1967; P. Fürstenau, Soziol. der K., 1967; E. M. Wallner u. M. Pohler-Funke (Hg.), Soziol. der K., 1978; P. Ariès, Gesch. der K., 1979; I. Weber-Kellermann, Die K., 1979; W. Damon, Die soz. Welt des Kindes, 1984; M. Winn, Kinder ohne K., 1984; C. Ernst u. N. v. Luckner, Stellt die Frühkindheit die Weichen?, 1985; H. Hengst (Hg.), K. in Europa, 1985; S. Lang, Lebensbedingungen u. Lebensqualität von Kindern, 1985; J. Martin u. A. Nitschke (Hg.), Zur Soz.gesch. der K., 1986; H. Bertram, Immer weniger Kinder, immer mehr Erziehung?, 1988; D. Geulen (Hg.), K., 1989; P. Büchner u. a. (Hg.), K. u. Jugend im interkult. Vergleich, 1990; H. G. Rolff u. P. Zimmermann, K. im Wandel, 1990 (1985).

Kino →Film

Kinsey-Report, vom Inst. für Soz.forschg. der Indiana University (USA) unter Ltg. des Zoologen u. Sexualforschers Alfred Charles Kinsey (1894–1956) durch Befragung von ca. 20 000 Amerikanern erhobene u. ausgewertete Datensammlung über Praktiken des Sexualverhaltens von verheirateten u. unverheirateten Personen in verschiedenen soz. Schichten. Um das Problem der von K. geheimgehaltenen hohen Verweigerungsrate bewältigen zu können, versuchte er geschlossene Gruppen (z. B. Klubs, Gewerkschaftseinheiten, Gefängnisse) zu erreichen, in denen sich möglichst jeder Angehörige interviewen ließ. Die damals überraschenden Forschgs.ergebnisse wichen erheblich vom Vorstellungsbild einer puritan.-bürgerl. Ges. ab. K.s naturwiss.-quantitativer Forschgs.ansatz, die Vernachlässigung kult. Faktoren u. seine Methodik wurden von soz.wiss. Seite kritisiert. Dennoch haben seine umfangreichen empir. Untersuchungen weitere Forschungen befruchtet.

A. C. Kinsey, Das sexuelle Verhalten des Mannes, 1955 (amerik. 1948); ders., Das sexuelle Verhalten der Frau, 1954 (amerik. 1953); H. Lutz, Das Menschenbild der K.-R.e, 1957.

Kirche, im soziol. Sinne christl. (röm.-kath., griech.-kathol., luther., reformierte) Religionsgemeinschaft in Form eines institutionalisierten, zielgerichteten sozialen Systems, das seine Mitglieder aus allen Schichten der Ges. rekrutiert u. über eine feste Kernorganisation mit Rollendifferenzierung u. Funktionenteilung verfügt. Die Masse der (Laien-)Mitglieder stellt nur einen formalen Mitgliederbestand dar, der von Fall zu Fall (Gottesdienst, Erteilung der Sakramente, K.tage) aktualisiert wird. Im Gegensatz zu den Sekten ist die K. in der Regel weitgehend in die übrige Ges. integriert. Ihre Weltanschauung, Theologie u. Eschatologie ist ein maßgebl. Bestandteil kulturellnormativer ges. Gesamtorientierung. Ebenso wie K. auf ihre soziale Umgebung formgebend Einfluß zu nehmen versucht, wird ihre eigene Entwicklung durch die Ergebnisse des ges. Wandels bestimmt.

Im Zuge der Säkularisierung hat die K. ihre in der Vergangenheit zentrale Position bei der Artikulation u. Verbreitung von Weltinterpretationen, Glaubensvorstellungen, Sinnbezügen, Wertsystemen u. Lebensorientierungen weitgehend eingebüßt. Unter dem Eindruck dieser neuen Lage u. der Notwendigkeit einer neuen Selbstinterpretation u. Anpassung der K. an die veränderten Einflußstrukturen der »pluralist.« Ges. untersucht die Soziol. der K. u. a.: (a) die soziale Schichtung der K.gemeinden; (b) das Engagement bzw. die Distanz versch. Bevölkerungsteile zur K., in Verbindung mit den dafür maßgebenden sozialen Erfahrungen u. Interessen; (c) die Autoritätsstruktur u. die Kommunikationssysteme innerhalb der K.; (d) das Verhältnis von Priestern u. kirchl. Funktionären zu den übrigen (Laien-)Mitgliedern; (e) die sozialen u. polit. Beziehungen der K. zu den übrigen Organisationen der Ges.; (f) die ideolog. Fixierungen u. die soziale Rekrutierung aktiver u. hauptamtl. K.mitglieder; (g) – in Zusammenarbeit mit der polit. Wiss. – das Verhältnis von K. u. Staat.

G. Wurzbacher u. a., Der Pfarrer in der mod. Ges., 1960; D. Goldschmidt u. a., Soziol. der K.gemeinde, 1960; D. Goldschmidt, J. Matthes (Hg.), Probleme der Religionssoziol., 1962; F. Fürstenberg, K.form u. Ges.struktur (in: ders., Hg., Religionssoziol., ²1970, 1964); W. Siebel, Freiheit u. Herrschaft in der K., 1971; G. Schmidtchen, Protestanten u. Katholiken, 1973; H. Hild (Hg.), Wie stabil ist die Kirche?, 1974; A. Feige, Erfahrungen mit K., 1982; H.-J. Höhn, K. u. kommunikatives Handeln, 1985; F.-X. Kaufmann u. B. Schäfers (Hg.), Religion, K. u. Ges. in Dtl., 1988.

Kirchlichkeit, Bezeichnung für eine gewisse Konformität von Kirchenmitgliedern mit den kirchlich institutionalisierten Erwartungen u. Verhaltensformen.

Klan (kelt., engl.), bes. in der Ethnologie gebräuchl. Bezeichnung für die Gruppe in einem Stamm, die sich von gleichen Vorfahren herleitet u. gleichzeitig für sich daraus Herrschaftsansprüche ableitet. Von der Alltagssprache u. von der Polit. Soziol. für Familien oder für verwandtschaftl., wirtschaftl. bzw. besitz- u. machtmäßig verbundene Familiengruppen benutzt, die in größeren Ges.en aus ihrem Kreis immer wieder neue Kandidaten für polit. Spitzenpositionen stellen u. gemeinsam ihren sozialen u. polit. Einfluß zur Konsolidierung innegehabter oder zur Erringung angestrebter Positionen einsetzen.

E. Schlesier, Die Grundlagen der K.-Bildung, 1956; C. A. Schmitz, Grundformen der Verwandtschaft, Basel 1964.

Klasse, soziale, insbes. vom →Marxismus herkommender Grundbegriff der Soziol. zur Charakterisierung der objektiven Lage u./oder der subjektiven Interessen bestimmter Bevölkerungsteile innerhalb der Sozialstruktur. Neben Kaste, Stand u. Schicht allg. Bezeichnung für ges. Positionenaggregate in der vertikalen Soz.struktur. Die theoret. Einteilung einer Ges. in K.n ermöglicht Aussagen über die Verteilung der Bevölkerung nach sozialstatist. oder sozialpsycholog. Merkmalen, über relative Gemeinsamkeiten, Grenzen u. Differenzen von sozio-ökonom. oder allg. kulturellen Lebenssituationen, über Zustände u. Prozesse sozialer Statusbindung oder Mobilität sowie über die ges. Kräfte u. Entwicklungstendenzen, die sich aus k.nbestimmter sozialer Ungleichheit ergeben.

Gegenüber einer in erster Linie

deskriptiven (u. mit dem begriffl. Instrumentarium der Theorie der sozialen Schichtung korrespondierenden) Verwendung der Bezeichnung K. wird vom Marxismus mit der Lehre von den K.n eine Methode zur Analyse epochaler ges. Wandlungsprozesse u. Entwicklungsgesetzlichkeiten versucht (→Marxismus). Zur Erklärung der Strukturverhältnisse der frühen kapitalist. industrieges. Entwicklungsphase (bis etwa 1900) hat die K.nanalyse des Marxismus nahezu allg. Anerkennung gefunden. Für die weitere u. zukünftige Entwicklung der kapitalist.-bürgerl. Ges. wird ihr prognost. Wert von nichtmarxist. Theoretikern bestritten. Nach M. Weber bilden in gleicher K.nlage befindliche Menschen eine K. Bei der Besitzklasse wird die K.nlage primär durch Besitzunterschiede bestimmt. Zw. den positiv u. negativ privilegierten Besitzklassen stehen die »Mittelstandsklassen«. Bei der Erwerbsklasse wird die K.nlage durch »die Chancen der Marktverwertung von Gütern oder Leistungen« bestimmt. Zw. einer positiv privilegierten Erwerbsklasse (Unternehmer, Freiberufler, »Arbeiter mit monopolist. Qualitäten«) u. negativ privilegierten (Arbeiter) stehen gleichfalls »Mittelklassen« (selbständige Bauern u. Handwerker, Beamte). Soz. K.n, zw. denen ein Wechsel »persönl.« oder »in der Generationenfolge« möglich ist, sind die Arbeiterschaft, das Kleinbürgertum, fachgeschulte Beamte u. Angestellte, ferner »die K.n der Besitzenden u. durch Bildung Privilegierten«. – Unter besonderer Berücksichtigung der polit. Dimension der ges. Zus.lebens unterschied G. →Mosca in seiner Elitentheorie zw. einer herrschenden u. beherrschten K. Unter Hinweis auf neue soziale

Mittelklassen u. einen weiterhin prosperierenden Mittelstand, auf Einkommensverbesserungen in der Arbeitnehmerschaft u. deren berufl. Umstrukturierung (Angestellte, Beamte), auf die großenteils vollzogene Herrschaftsablösung der Unternehmerkapitalisten durch Manager u. Experten sowie auf die mit Staatshilfe bewirkte Institutionalisierung der ehemals militant ausgetragenen K.ngegensätze werden dagegen Tendenzen zu einer »K.nges. im Schmelztiegel« (T. Geiger) u. zu einer »nivellierten Mittelstandsges.« (Schelsky) erkannt. Darüber hinaus wird auf die für das Funktionieren jeder Ges. unabdingbare soziale Ungleichheit u. K.ngliederung verwiesen (Parsons, Davis, Moore). An Problemen des sozialen Wandels orientierte Theoretiker betonen die Notwendigkeit von (institutionalisierten) Herrschafts- u. K.nkonflikten für den ges. Fortschritt (Lipset, Dahrendorf). Unter Einbeziehung der K.nverhältnisse in staatssozialist. Ges.en ist für Dahrendorf nicht das Privateigentum an Produktionsmitteln, sondern Herrschaft das entscheidende Kriterium für die Entstehung u. Aufrechterhaltung von K.n (K. der Herrschenden sowie der Beherrschten). Infolge verstärkter internat. Wanderungen haben sich in multikult. u. -ethn. Ges.en Tendenzen zu einer ethn. Ausprägung von K.n ergeben. Die Herausbildung einer ethn. geprägten K.nges. vereitelt das Streben nach Verwirklichung einer gerechten »Schmelztiegelges.« (melting pot). Beschleunigter soz. u. kult. Wandel, techn. Fortschritt u. wirtschaftl. Entwicklung (einschl. Strukturwandel), ges. Pluralisierung, zunehmende Individualisierung, erhöhte soz. Mobilität u. die Ausweitung

Klassenbewußtsein

von Privatvermögen haben die überkommene, wirtschaftl. geprägte K.nstruktur aufgelockert u. abgeschwächt. Dagegen haben zahlreiche soz. Schichten mit fließenden Übergängen, →Statusinkonsistenzen, Lebensstilgruppierungen, neue soz. Bewegungen, Subkulturen, kult. Enklaven von Migranten u. individ. Privatisierung zunehmend an Bedeutung gewonnen.

→Elite, →Schichtung u. F. Engels, Die Lage der arbeitenden K. in England, 1845; K. Marx, Das Kapital, 1867–94; K. Marx, F. Engels, Manifest der kommunist. Partei, 1848; K. Bücher, Arbeitsteilung u. soz. K.bildung, 1892; M. Weber, Wirtschaft u. Ges., ⁵1980 (1921); G. Lukács, Gesch. u. K.nbewußtsein, 1968 (1923); Th. Geiger, Die K.nges. im Schmelztiegel, 1949; M. Halbwachs, The Psychology of Social Class, London 1958; W. L. Warner, Social Class in America, New York 1960; St. Ossowski, Die K.nstruktur im soz. Bewußtsein, 1962; M. Djilas, Die neue K., 1964; ders., Die unvollkommene Ges., 1969; H. Schelsky, Auf der Suche nach Wirklichkeit, 1965; T. B. Bottomore, Die soz. K.n in der mod. Ges., 1967; A. Giddens, The Class Structure of Advanced Societies, London 1973, dt.: Die K.nstruktur fortgeschrittener Ges.en, 1979; H.-U. Wehler (Hg.), K.n in der europ. Soz.gesch., 1979; M. Haller, Theorie der K.nbildung u. soz. Schichtung, 1983; R. Paris, K.nbewußtsein u. Intersubjektivität, 1984; U. Becker, Kapitalist. Dynamik u. polit. Kräftespiel, 1986; P. A. Berger, Entstrukturierte K.nges.?, 1986; B. Erbslöh u. a., K.nstruktur u. K.nbewußtsein in der BR Dtl., in: KZfSS 40, 1988; T. Hagelstange, Die Entwicklung von K.nstrukturen in der EG u. in Nordamerika, 1988; K. Eder (Hg.), K.nlage, Lebensstil u. kult. Praxis, 1989; M. Haller, K.nstrukturen u. Mobilität in fortgeschrittenen Ges.en, 1989; H.-J. Krysmanski, Entwicklung u. Stand der klassentheoret. Diskussion, in: KZfSS 41, 1989; B. Erbslöh u. a., Ende der K.nges.?, 1990.

Klassenbewußtsein, nach Auffassung des →Marxismus Inbegriff des Bewußtseins von Menschen, im Rahmen einer weitgehend als Klassenges. ausgeprägten vertikalen Soz.struktur gemeinsam mit einer bestimmten sozio-ökonom. Lage verbunden zu sein. Die Erlangung von K. ist eine Voraussetzung für die Herausbildung von Interessen, die das eigene soz. Sein widerspie-

geln u. ggf. auf die Veränderung der bestehenden ges. Verhältnisse ausgerichtet sind (Klassenkampf). Erst durch K. wird die »Klasse an sich« zur »Klasse für sich«.

Klassengesellschaft →Marxismus/Marxistische Soziologie

Klassenjustiz, kritische Bezeichnung für die These, daß die Rechtsanwendung (Rechtsprechung) durch objektive ges. Interessen u. Prägungen, d. h. durch ein verzerrtes Vorverständnis, geleitet u. damit in ihrer Wirkung »ungleich« durchgeführt wird. Voraussetzung dieser These ist die Überzeugung, daß jurist. Urteile nicht aufgrund exakt berechenbarer Anwendung von Normen auf eindeutig definierbare Sachverhalte erfolgen (Subsumtion), sondern daß richterl. Handeln abhängig ist von einer persönl. u. letztlich soz. »gefärbten« Gesetzesinterpretation. Dementsprechend werden die Zusammenhänge von sozialer Herkunft, Interessenlage, Berufsethos u. polit. Selbstinterpretation des Richterstandes analysiert. Es wird versucht, die klassenspezif. Wertorientierungen in der Art u. Weise der Prozeßführung, der einseitigen Auffassung des Prozeßmaterials u. Würdigung der Sachverhalte, in der Auslegung der Gesetze u. bei der Festlegung unterschiedl. Strafmaße nachzuweisen.

K. Liebknecht, Gesam. Reden u. Schriften, Rechtsstaat u. K. II, 1958; E. Fraenkel, Zur Soziol. der K. u. Aufsätze zur Verfassungskrise 1931–32, 1968 (Neudruck); R. Lautmann, Soziol. vor den Toren der Jurisprudenz, 1971; Th. Rasehorn, Recht u. Klassen, 1974; R. Wassermann, Justiz im soz. Rechtsstaat, 1974; R. Geffken, K., 1972; M. Friedman u. M. Rehbinder (Hg.), Zur Soziol. des Gerichtsverfahrens, 1976; F. Streng, Strafzumessung u. relative Gerechtigkeit, 1984.

Klassenkampf →Marxismus/Marxistische Soziologie

Klassenlose Gesellschaft →Marxismus/Marxistische Soziologie

Klassifikation (lat.), Einteilung; nach bestimmten Kriterien vorgenommene ein- oder mehrstufige Zuordnung der Elemente einer Gesamtheit zu Einteilungsklassen. Der Begriff K. wird auch häufig verwendet, um K.systeme, K.methoden und Anwendungen solcher Methoden zu bezeichnen.

International Classification. Journal on Theory and Practice of Universal and Special Classification Systems and Thesauri, 1974 ff.; G. J. W. Dorn, Art. ›Klassifikation‹, in: J. Speck (Hg.), Hdb. wiss.theoret. Begriffe, 1980.

Klatsch, eine Gattung alltägl. Kommunikation zw. zwei oder mehr Personen, bei der über bestimmte Ereignisse oder andere Personen geredet wird, u. zwar unter dem Einfluß menschl.-allzumenschl. Gefühle, Einstellungen u. Motive, z. B. Schadenfreude, Mißgunst, Neid, Gehässigkeit, Neugierde.

J. R. Bergmann, K., 1987; N. Elias u. J. L. Scotson, Etablierte u. Außenseiter, 1990.

Kleiderordnung, im Mittelalter u. bis in die Neuzeit übl. öffentl. (kommunale, fürstl., bischöfl.) Verordnungen über die für bestimmte Stände u. darüber hinaus für bes. Gelegenheiten (Feiern, Festtage usw.) zugelassenen bzw. vorgeschriebenen Bekleidungen. Die K.n sollten die ges. Rangordnung auch im Äußerlichen demonstrieren.

V. J. Willy, Kulturgesch. d. Mode (in: R. König, P. W. Schuppiser (Hg.), Die Mode in der menschl. Ges., 1958).

Kleinbürger, sozialhist. Bezeichnung für die Angehörigen des vor- u. frühindustriellen städt. Bürgertums, die nur über relativ geringen u. ihnen keine ges.polit. Einfluß-möglichkeiten verschaffenden Grund- u. Kapitalbesitz verfügten u. die infolge unzureichender Bildung weder für höhere ges. Positionen noch für ges.kritische polit. Aktionen u. Bewegungen in Frage kamen. In der Gegenwart wird die Bezeichnung »K.« (abwertend) auf Leute bezogen, die in konformist.-privatist. polit. Bewußtsein bei »mittelständ.« Vermögens- u. Einkommenssituationen ihre persönl. sichere soz. Lage mit einer geordneten gesamtges. Situation identifizieren. Infolge ges. u. polit. Halbbildung neigen sie zu einer von soz. Vorurteilen u. Stereotypen geprägten Lebensorientierung.

A. Leppert-Fögen, Die deklassierte Klasse, 1974; H.-G. Haupt (Hg.), Die radikale Mitte, 1985; B. Franke, Die K., 1988.

Kleinfamilie, die im Zus.hang mit der Industrialisierung u. Verstädterung der mod. Ges. dominant gewordene Familienform, die als legalisierte u. staatl. geschützte Lebensgemeinschaft in der Regel ein Ehepaar mit wenigen noch unselbständigen Kindern umfaßt (Zwei-Generationen-Familie). Die K. deckt sich mit der Kernfamilie (engl. nuclear family). →Familie, →Familiensoziol.

Kleingruppenforschung, seit den 40er Jahren des 20. Jh.s bes. in den USA entwickelter Zweig der Mikrosoziol. u. Sozialpsychol., der mit den Methoden der Beobachtung u. des Experiments versucht, die sozialen Beziehungen u. Interaktionen zwischen Mitgliedern von Kleingruppen (bis etwa 20 Personen) zu analysieren. Es wird u. a. untersucht: die Gruppe aus der Perspektive des Individuums in größeren sozialen Zusammenhängen; die Gruppe als Netz bzw. System von regelmäßigen Kommu-

Klerikalismus 416

nikationsvorgängen; die Zusammensetzung der Gruppe nach sozialen Rollen; Führung, Anpassung, Solidarität, Integration, Konflikt u. Innovationsbereitschaft in der Gruppe. Die K. betrachtet ihrem Ansatz gemäß die Gruppe zunächst als isoliertes soziales Gebilde, um die Kräfte u. Mechanismen zu erfassen, die aus der Gruppe selbst hervorgehen. Hiermit ist die Gefahr verbunden, daß vorschnell generalisierend von den Beziehungsstrukturen der Kleingruppen auf soziale Gesetzmäßigkeiten in größeren (insbes. organisierten) sozialen Gebilden geschlossen wird.

M. u. C. W. Sherif, Groups in Harmony and Tension, New York 1953; P. A. Hare, E. F. Borgatta, R. F. Bales (Hg.), Small Groups. Studies in Social Interaction, New York ²1965; G. Lüschen (Hg.), K. u. Gruppe im Sport, 1966; M. S. Olmstedt, Die Kleingruppe, 1971; W. Sodeur, Wirkungen des Führungsverhaltens in kleinen Gruppen, 1972; H.-D. Schneider, K., 1975; C. S. Palazzolo, Small Groups: An Introduction, New York 1980.

Klerikalismus (griech., lat.), von Klerus = kirchl.-priesterl. Stand, die direkte oder indirekte, tatsächl. oder angestrebte Einflußnahme einer Priesterschaft (über ihre jeweiligen religiösen Funktionen u. deren weltl. Möglichkeiten hinaus) auf Bereiche des kulturellen, ges. u. polit. Lebens. In pluralist. orientierten Ges.en ist K. mit einem negativen u. krit. Akzent verbunden, weil er für die Kirche eine privilegierte Position fordert, die Verkirchlichung bestehender weltl. Institutionen anstrebt u. damit indirekt Prozesse der Säkularisierung als moral. Abfall interpretiert, konfessionell begrenztes Christentum als verpflichtende u. anderes Ideengut überlagernde Weltanschauung propagiert. In der Gegenwart tritt der K. insbes. mit einseitigen kirchl. Aufrufen (Hirtenbriefen) zu polit. Wahlen u. mit der Verabsolutie-

rung kulturpolit. Ziele (Familie, Schulwesen) auf.

Th. Ellwein, K. in der dt. Politik, 1955; E. Müller, B. Hanssler, Klerikalisierung des öffentl. Lebens?, 1963; H. Maier, Soziol. der Päpste, 1965; B. v. Onna, M. Stankowski, Krit. Katholizismus, Argumente gegen die Kirchen-Ges., 1969.

Klischee (franz.), »Abklatsch«, Nachahmung, drucktechn. Bezeichnung für Druckstock; in der Sozialpsychol. das selektive, »verkürzte«, fest geprägte Denk- oder Vorstellungsmuster von einem Gegenstand oder einem sozialen Phänomen. Das K. dient als Orientierungs- u. Entscheidungshilfe.

Klub (engl.), soziale Gemeinschaft einer auf Exklusivität u. relativer sozialer Isolierung (insbes. nach »unten«) bedachten Gruppe von Personen. Die Mitglieder eines K.s entstammen prinzipiell derselben sozialen Schicht. Der K. dient der Förderung spez. gemeinsamer Interessen oder der Gestaltung allg. Freizeitbeziehungen. Das K.leben unterliegt in der Regel bestimmten verbindl. Ordnungen, die eine minimale Organisation erforderl. machen. Mitunter regelt ein (geschriebener oder ungeschriebener) Ehrenkodex die Beziehungen zwischen dem allg. sozialen Verhalten der K.mitglieder u. der Möglichkeit bzw. den Grenzen ihrer Mitgliedschaft. Da sich aus dem engen sozialen Kontakt der K.mitglieder sehr viele gegenseitige Aufstiegs- u. Stützungshilfen ergeben, verfügt der K. über Möglichkeiten empfindl. sozialer Kontrolle. Als schwer zugängl. u. gegenüber der Öffentlichkeit abgeschirmte Vereinigungen spielen K.s für die Gruppen der polit. oder kulturellen Elite eine große Rolle bei vertraul., informellen Meinungs- u. Willensbildungsprozessen.

Kluckhohn, Clyde, amerikan. Kulturanthropologe u. Ethnopsychologe, 11. 1. 1905 Le Mars, Iowa – 28. 7. 1960 Santa Fe (New Mex.), seit 1946 o. Prof. der Anthropol. u. Dir. des Russian Research Center an der Harvard Univ.

Von der Psychoanalyse beeinflußt, widmete sich K. der Erforschung weltweit verbreiteter Erlebnis- u. Verhaltensweisen, die in allen Kulturen vorkommen. So gibt es kaum Menschen, die z. B. nicht die Ängste früher Kindheit erlebt haben. K. beschäftigte sich weiterhin mit den psych. Auswirkungen sozialer Kontrollen u. mit dem Wertproblem. Ges. Zusammenleben u. individuelle Verhaltensorientierung sind ohne Werte nicht möglich, die als das je kulturspezif. »Wünschenswerte« in den kollektiven u. individuellen Zielen zum Ausdruck kommen. Im Zuge der Internalisierung werden Werte zu Bestandteilen der individuellen Persönlichkeitsstruktur u. steuern somit als affektiv-kognitiv verankerte Orientierungen des einzelnen weitgehend sein Erleben, Denken u. Verhalten. K. gilt als Pionier der Ethnopsychiatrie u. als führender Kenner der Navajokultur (nordamerikan. Indianerstamm).

Schr.: Mithg. von: Personality in Nature, Society, and Culture, [2]1953 (1948); Mirror for Man, 1949, dt.: Spiegel der Menschheit, 1951; Values and Value-Orientations in the Theory of Action, in: T. Parsons u. a., Toward a General Theory of Action, 1951; Universal Categories of Culture, in: Anthropology Today, hg. v. A. L. Kroeber, 1953; Culture and Behavior, in: Handbook of Social Psychol., hg. v. G. Lindzey, 1954; Biological and Cultural Evolution (Journal of Behavioral Science, 1956).

Klumpenauswahl (engl. cluster sampling) →Auswahlverfahren

Knappheit, Mißverhältnis zw. nicht-festgelegten, dynamisierbaren Bedürfnissen, Wünschen u. Ansprüchen von Menschen u. Kollektiven einerseits u. den für die Befriedigung geeigneten, aber nur begrenzt vorhandenen Gütern, Vorräten u. Verfügbarkeiten andererseits. K. ist ein über den wirtschaftl. Lebensbereich hinausreichender, auch soziol. bedeutsamer Grundtatbestand der menschl. Existenz, mit starkem Einfluß auf das Handeln u. ges. Zus.leben. So gibt es nicht nur Güterk., sondern auch Zeitk., K. an individuellen Lebenschancen, begehrten Positionen, soz. Bindungen. Soz. Handeln beinhaltet großenteils K.sbewältigung: durch kooperative Leistung, Tauschhandlungen, soz.verträgl. Kanalisierung von Ansprüchen, Wünschen u. Interessen. Die Stabilität u. Qualität des ges. Zus.lebens hängen maßgebl. von der Bewältigung k.sbedingter Verteilungskonflikte ab. Eine Hauptfunktion der Kultur besteht darin, mittels stabiler Wertorientierungen u. Institutionen einen dauerhaften Ausgleich zw. Bedürfnissen u. knappen Befriedigungsmöglichkeiten herzustellen u. zu gewährleisten.

Die traditionelle Ges. ist (abgesehen von ggf. verschwenderischen Eliten) durch stat., langfristig unabänderl. u. fatalist. hingenommene K.s- u. Mangelverhältnisse gekennzeichnet (Mangelges.). Die mit einer entfesselten Anspruchsdynamik verbundene expansive K. in der mod. Industrieges. trug zu einem Wirtschaftswachstum bei, das gegenwärtig zunehmend auf ökolog. bedeutsame Grenzen stößt. Infolge der wachstumsökonom. bedingten Umweltkrise sind einst vermeintl. »freie«, ubiquitäre bzw. nicht-knappe Ressourcen (sauberes Wasser, reine Luft) zu knappen Umweltgütern geworden. Die Pflege u. gerecht verteilte Nutzung knapp gewordener Umweltgüter

Koalition 418

(wozu auch Boden u. Landschaft zählen) erfordert eine ökolog. verantwortungsbewußte Umgestaltung des Wirtschaftslebens, Konsum- u. Freizeitverhaltens.

B. Balla, Soziol. der K., 1978; F. Hirsch, Die soz. Grenzen des Wachstums, 1980; W. L. Bühl, Ökologische K., 1981; B. Balla, Kultur als Daseinssphäre von K.sbewältigung, in: W. Lipp (Hg.), Kulturtypen, Kulturcharaktere, 1987.

Koalition (lat.), »Vereinigung«, »Bündnis«; Bezeichnung der Polit. Soziol. für einen befristeten Zus.schluß oder eine spezif. Abrede über koordiniertes Handeln zw. Personen, Organisationen, Verbänden, Parteien, Staaten, um bestimmte Ziele verwirklichen zu können. In demokrat. Staaten ist mit der Koalitionsfreiheit verfassungsmäßig garantiert, daß die Bürger Parteien bilden u. sich zur Wahrung ihrer Interessen in Organisationen (Arbeitgeberverbände, Gewerkschaften) zus.schließen können.

Im engeren Sinne bezeichnet K. den Zus.schluß bzw. das Bündnis von polit. Parteien zum Zweck der Bildung und Unterstützung einer (K.s-)Regierung.

Koalitionsfreiheit, »Vereinigungs«-Freiheit; das Recht, sich zur Wahrung oder Verbesserung der Arbeits- u. Wirtschaftsbedingungen zu Vereinigungen zus.zuschließen. Die K. ist ein Sonderfall des allg. Grundrechts der Vereinigungsfreiheit (Art. 9 GG). Die positive K. gibt den Angehörigen aller Berufe u. Dienstarten ebenso wie den Arbeitgebern aller Wirtschaftszweige das Recht, ungehindert mit anderen Gleichinteressierten zum Zwecke der Interessenwahrnehmung eine Koalition zu gründen, einer bereits bestehenden Koalition beizutreten u. die Mitgliedschaft in einer Koalition aufrecht-

zuerhalten. Die negative K. bringt das Recht zum Ausdruck, keiner Koalition angehören zu müssen bzw. aus ihr ausscheiden zu können, d. h. den Schutz des einzelnen vor allen Maßnahmen, die darauf abzielen, ihn wegen seiner Nichtzugehörigkeit zu einer Koalition zu benachteiligen oder ihn zum Beitritt zu zwingen.

Kode →Kodierung

Kodierung (engl. code = System von verabredeten Zeichen), Bezeichnung der Empir. Sozialforschung für den Prozeß der Übertragung (Übersetzung) empir. ermittelter Daten in ein vorher festgelegtes u. systematisiertes Ziffernschema zum Zwecke der computerisierten Auszählung. →Verschlüsseln

König, René, 5. 7. 1906 Magdeburg – 21. 3. 1992 Köln, 1930 Dr. phil. Berlin, 1937 Emigration in die Schweiz, 1938 Priv.doz. u. 1947 Titularprof. Zürich, 1949–74 o. Prof. für Soziol. Köln, Gastprof. an verschied. Univ. in USA, Europa, Nordafrika, Afghanistan; Präs. u. Mitglied von Führungsgremien dt. und internat. sozialwiss. Ges. u. Verbände; 1980 Ehren-Dr. Univ. of Illinois, 1981 Univ. Augsburg, 1982 Univ. Wien. – R. K. versuchte durch Aufarbeitung u. krit. Analyse der Werke soziol. Klassiker u. durch Rezeption amerikan., engl. u. französ. Gegenwartssoziol. die erkenntnistheoret. wie methodol. Präzisierung der soziol. Forschungsmittel u.-methoden zu fördern. Seine bes. Aufmerksamkeit galt der Entwicklung Empir. Sozialforschung. In enger Verbindung von theoret. Reflexion u. angewandter Empirie sind von ihm zahlreiche Forschungsergebnisse aus den Bereichen der Familien-, Stadt-, Industrie-, Entwicklungssoziol. vorgelegt bzw. in systemat. Zusammenfassung editiert worden.

Schr.: Vom Wesen der dt. Univ., 1970 (1935); N. Macchiavelli, 1979 (1941); Sizilien, [3]1957 (1943); Materialien zur Soziol. der Familie, erweiterte Neuaufl., 1974 (1946); Soziol. heute, 1949; (Hg.) Prakt. Soz.forschg. I, [7]1972 (1952); (Hg.) Prakt. Soz.forschg. II, [8]1972 (1956); (Hg.) Soziol. der Gemeinde, Sonderheft 1 KZfSS, [3]1966 (1956); (Hg. mit P. Heintz) Soziol. der Jugendkriminalität, Sonderheft 2 KZfSS, [4]1968 (1957); Grundformen der Ges.: Die Gemeinde, 1958; (Hg. mit M. Tönnesmann) Probleme der Medizin-Soziol., Sonderheft 3 KZfSS, [4]1970 (1958); (Hg. mit D. V. Glass) Soz. Schichtung u. Mobilität, Sonderheft 5 KZfSS, [3]1968 (1961); (Hg.) Soziol., Fischer-Lexikon, [19]1980 (neubearb. Auflage 1967); Vorwort, Übersetz. u. Hg. v. E. Durkheim, Die Regeln der soziol. Methode, [6]1980 (1961); (Hg. mit J. Winckelmann) Max Weber zum Gedächtnis, Sonderheft 7 KZfSS, 1963; Jugend in der Familie (mit G. Lüschen), 1965; Soziol. Orientierungen. Gesam. Aufsätze, [2]1974 (1965); Kleider machen Leute, 1967; (Hg. u. Mitautor) Hdb. der empir. Soz.forschg., 2 Bde., 1967/69; (Hg. mit F. Sack) Kriminalsoziol., 1968; (Hg. mit Reuben Hill) Families in East and West, Den Haag 1970; Studien zur Soziol., 1971; Indianer wohin?, 1973; Die Familie der Gegenwart, 1974; (Hg.) Kulturanthropologie, 1974; Kritik der hist.-existentialist. Soziol., 1975; Durkheim zur Diskussion, 1978; Leben im Widerspruch, 1980; Navajo Report 1970–1980, 1980; Menschheit auf dem Laufsteg, 1985; Soziol. in Dtl., 1987.
G. Albrecht u. a. (Hg.), Soziol.-Sprache, Festschrift f. R. K., 1973; H. v. Alemann u. H. P. Thurn (Hg.), Soziol. in weltbürgerl. Absicht, Festschr. f. R. K., 1981; F. Neidhardt u. a. (Hg.), Kultur u. Ges., Sonderheft 27 KZfSS, R. K. zum 80. Geb., 1986.

Kognitiv (lat.), »erkennend«, das Erkennen, Wahrnehmen, Wissen betreffend.

Kognitive Dissonanz (lat.), »erkenntnismäßiger Mißklang«, »Unstimmigkeit«, nach →Festinger die Unvereinbarkeit von mehreren Überzeugungen, Einstellungen, Haltungen gegenüber Umweltsituationen, anderen Menschen u. deren Anschauungen, den eigenen Verhaltensnormen oder Wertmaßstäben u. a. Nach der »Theorie der

k. D.« wirkt die k. D. für die Person, deren Überzeugungen oder »Kenntnisse« über einen Gegenstand sich im dissonanten, d. h. gegenseitig negierenden Verhältnis befinden, als eine psych. »Bestrafung«. Deshalb bemüht sich die Person, die solche k. D. empfindet, a) sie zu beseitigen oder zu vermindern u. eine Konsonanz der Überzeugungen zu erreichen, b) Situationen u. Informationen zu vermeiden, die das Entstehen oder die Verstärkung einer k. D. bewirken könnten. Je stärker die durch eine k. D. bewirkte »Bestrafung« ist, um so stärker sind die Bemühungen um Reduzierung der k. D. Die infolge einer k. D. bewirkte »Bestrafung« ist ihrerseits um so höher, je bedeutsamer die betreffenden dissonanten Überzeugungen für die soziale Lage der Person sind.
Die »Theorie der k. D.« ist zu einem bedeutenden Ansatz für die Erklärung des Wandels soziokult. Werte u. Normen in der pluralist. Ges. geworden.

L. Festinger, A. Theory of Cognitive Dissonance, Evanston 1957, dt.: Theorie der k. D., 1978; P. Kmieciak, Auf dem Wege zu einer generellen Theorie soz. Verhaltens, 1974; D. Frey (Hg.), Kognitive Theorien der Soz.psychologie, 1978; J. Beckmann, K. D., 1984.

Kognitive Motivorientierung (griech.) »erkenntnissuchende« M., Begriff der →Strukturell-funktionalen Theorie. Das handelnde Individuum muß, bevor es bewertet, auswählt u. sich entscheidet, zunächst eine Situation elementar »definieren«. Es nimmt wahr, unterscheidet u. »registriert« die bedeutsamen Objekte seiner Ausgangslage mittels der k. M.

Kohärenz (lat.), Zusammenhang.

Kohäsion (lat.), der innere Zusammenhalt der Teile eines Gan-

Kohn 420

zen; soziol. Bezeichnung für die bes. psych. oder freiwillige soziale Bindung der Mitglieder an ihr soziales Gebilde sowie für die dadurch erreichte Festigkeit u. Widerstandsfähigkeit des Gebildes gegenüber destruktiven Fremdeinflüssen u. Binnenstörungen (insbes. Familienkohäsion).

Kohn, Melvin L., *19. 10. 1928 New York, 1948 B. A. Cornell Univ., 1952 Ph. D. (Soziol.) ebd. u. Beginn der Forschg.tätigkeit im Laboratory of Socio-environmental Studies (1960–85 Lt.), National Inst. of Mental Health, 1985 Prof. f. Soziol. Johns Hopkins Univ. in Baltimore, Mitgl. u. z. T. lt. Tätigkeit in zahlreichen wiss. Einrichtungen, Mithg. soz.wiss. Zs.en (u. a. American Sociological Review, American Journal of Sociology, Current Sociology, Intern. Sociology), Forschg. in Ost-Europa.
Unter besonderer Berücksichtigung der Soz.psychologie untersucht K. die Einflüsse der Soz.struktur auf die Persönlichkeit u. das Verhalten. Von entscheidender Bedeutung sind in diesem Zus.hang die Werte bzw. Wertvorstellungen der Eltern, die wiederum maßgebl. von klassenspezif. Lebensbedingungen abhängen. Hierbei unterscheidet K. insbes. zw. der »Mittelklasse« (Mittelschichten) u. der »Arbeiterklasse«. In seiner »Cross-national research« bzw. vergleichenden Ges.analyse erforscht K. verschiedene nationale Ges.en im Hinblick auf Ähnlichkeiten u. Unterschiede, wobei er sich z. B. auf die Kultur u. Soz.struktur, auf das Herrschafts- u. Wirtschaftssystem bezieht. Angesichts der Umwälzungen in Ost-Europa gilt sein Forschg.sinteresse der Soz.struktur u. Persönlichkeit unter Bedingungen eines stark beschleunigten soz. Wandels.

Schr.: Analysis of Situational Patterning in Intergroup Relations, New York 1980 (1952); Class and Conformity: A. Study in Values, Homewood, Ill., 1969, dt. z. T. in: G. Hartfiel u. K. Holm (Hg.), Bildung u. Erziehung in der Industrieges., 1973; Persönlichkeit, Beruf u. soz. Schichtung, 1981; Work and Personality (mit anderen), Norwood, N. J., 1983; Crossnational Research in Sociology, Newbury Park 1989; Social Structure and Self-Direction (mit K. M. Slomczynski), Oxford 1990.

Kohorte (lat.), ursprüngl. eine röm. Truppeneinheit (der 10. Teil einer Legion); im demograph.-soziol. Sinne bezeichnet K. ein Aggregat von Individuen, die innerhalb eines bestimmten Zeitintervalls (z. B. ein Jahr oder Jahrzehnt) das gleiche Ereignis erlebt haben. Meistens wird die Geburt als das entscheidende Lebensereignis für die Abgrenzung einer K. gewählt. Demgemäß umfaßt eine Geburtsk. die in einem bestimmten Zeitintervall geborenen Individuen, die innerhalb gleicher Altersintervalle gleiche ges. Ereignisse erlebt haben u. somit über ähnliche verhaltensbeeinflussende Erfahrungen verfügen. Die einem größeren Zeitintervall (mehr als ein Jahr) entsprechende Geburtsk. deckt sich als »soz. K.« weitgehend mit einer →Generation, z. B. »Kriegsgeneration«. Im Gegensatz zur empir. Einheit der Generation können K.en als konzeptuelle Einheiten zeitl. beliebig abgegrenzt werden. Weitere Abgrenzungskriterien für die Bildung von K.n sind Übergangsereignisse, die für die Ges.angehörigen üblicherweise zu ähnlichen Zeitpunkten im Lebenszyklus stattfinden, z. B. Schulbeginn, Berufseintritt, Eheschließung.

Kohortenanalyse (Kohorte lat.-röm. Truppeneinheit), v. P. U. Welpton entwickeltes Verfahren zur Untersuchung einer Kategorie von Personen mit zeitlichen Merk-

Kollektivbewußtsein

malsausprägungen (z. B. Altersgruppe, Schulklasse), die über mehrere Zeitphasen auf Veränderungen hin untersucht wird. Die K. ist ein Instrument zur Messung von Veränderungen persönl. Wertvorstellungen u. Einstellungen in der Generationenabfolge.

Th. Herz, Der Wandel von Wertvorstellungen in westl. Industrieges., in: KZfSS 31, 1979; W. Plum, K. v. Umfragedaten, in: KZfSS 34, 1982; H. P. Blossfeld, Kohortendifferenzierung u. Karriereprozeß, 1989.

Kollegialprinzip, Organisationsprinzip für Führungsgremien, wonach alle Entscheidungen von den Mitgliedern des Gremiums gemeinsam gefaßt werden, u. im Falle von Meinungsverschiedenheiten (nach Abstimmung) Mehrheitsentscheidungen gelten.

Kollektiv (lat.), Gemeinschaft, Gruppe; in der kommunist. Ges.slehre eine gemeinsam arbeitende u. handelnde, von gemeinsamen Überzeugungen u. Zielvorstellungen getragene Gruppe, in der alle frei sind von egoist.-individualist. Antrieben u. Zwecksetzungen u. sich in gegenseitiger Hilfe um die für alle besten materiellen u. ideellen menschl. Entwicklungsbedingungen bemühen. Das K. entsteht nicht durch Appelle an den guten Willen der Beteiligten, sondern setzt eine ihm adäquate soziale Umgebung, d. h. sozialist. Produktionsverhältnisse voraus. Das Hauptproblem einer Ges., in der das K. zur herrschenden Form menschl. Zusammenlebens werden soll, ist die Erziehung u. Heranbildung eines im Vergleich zu allen histor. bisher bekannten Grundtypen (sozio-kult. Persönlichkeiten) »neuen Menschen«. Alle Mitglieder eines K. sollen – entsprechend dem Fortschritt in der Entwicklung der Produktivkräfte u. der Verbesse-

rung der materiellen Lebensbedingungen – zu allseits entwickelten Persönlichkeiten gebildet werden. Im K. haben alle Mitglieder im Prinzip gleiche Rechte u. Pflichten. Unterschiedlichkeiten sind ledigl. bedingt durch die versch. Funktionen im System der ges. Arbeit.

Kollektivbedürfnisse, von Gruppen, Schichten, Organisationen u. anderen sozialen Aggregaten entwickelte Bedürfnisse. K. erwachsen aus der spezif. Situation solcher Kollektiveinheiten, die die einzelnen Personen – über ihre Individualbedürfnisse hinaus – in bes. Weise prägen. K., mitunter auch »Gemeinschaftsbedürfnisse«, sind z. B. Bedürfnisse nach Raumordnung, Infrastruktur, Gesundheitsfürsorge, Lebensstandard.

Kollektivbewußtsein (franz. = conscience collective ou commune), von E. Durkheim (1858–1917) geprägte Bezeichnung für den zentralen Gegenstand einer Soziol., die mit dem Aufweis »soziol. Tatbeständen, d. h. von Erscheinungen, die sich deutlich von all denen unterscheiden, welche die übrigen Naturwiss. erforschen«, ihre Selbständigkeit insbes. gegenüber der Psychol. hervorheben will. Das K. bringt die »Objektivität des sozialen Geschehens« gegenüber den individuellen Motivationen der Menschen zum Ausdruck. Als spez.-soziale Realität vom individuellen Bewußtsein seinem Ursprung nach deutlich unterscheidbar, bedarf es jedoch zu seiner Objektivierung der Fundierung in den individuellen Psychen der Individuen. Es ist die »Gesamtheit der Glaubensvorstellungen u. Gefühle, die allen Mitgliedern derselben Ges. gemeinsam sind«. Das K. »ordnet« im Prozeß der Sozialisation des

Kollektive Güter 422

Menschen dessen chaot., willkürl., triebhaft unbestimmte Bedürfnisse, macht ihn erst zu einem »sozialen Wesen«. Es tritt dem einzelnen Menschen mit einer normativen, zwingenden Kraft gegenüber, drängt sich ihm im Prozeß der Entwicklung seiner sozio-kulturellen Persönlichkeit auf u. macht ihn zum Angehörigen seiner Ges.

E. Durkheim, De la division du travail social, Paris [7]1960 (1893), dt.: Über soz. Arbeitsteilung, [2]1988; ders., Die Regeln der soziol. Methode, hg. v. R. König, 1961.

Kollektive Güter →Öffentliche Güter

Kollektive Identität (lat.), soz., kult. Identität, Wir-Identität, gefühlsgeladenes Empfinden oder Bewußtsein von Individuen, gemeinsam einer bestimmten kollektiven Einheit oder soz. Lebensgemeinschaft (soz. Gebilde, Kategorien u. Bezugssysteme unterschiedl. Art u. Größe) anzugehören, die in unverwechselbarer Weise durch bestimmte Merkmale (spezif. Kultur, Sprache, Geschichte, ggf. auch Religion u. Rasse) gekennzeichnet ist u. sich dadurch von anderen Kollektiven unterscheidet. Soz. I. bzw. Wir-I. bezieht sich auf die Eigenart der soz. Normen u. Verhaltensweisen, auf die Zus.gehörigkeitsgefühle, das Wir-Bewußtsein u. gemeinsame Selbstverständnis der kollektiv verbundenen Individuen. Kult. I. bezieht sich auf die jeweils spezif. Kulturelemente, insbes. Sprache, weltanschaul. Orientierungen, Werte, Symbole, Lebensstile u. kult. Objektivationen. Eine besondere, in der neueren Gesch. einflußstarke k. I. bildet die nationale I., in der sich die Verbundenheit von Individuen mit ihrer Nation oder nationalen Minderheit verdichtet.

Die k. I. des Individuums bildet sich durch Sozialisation u. Enkulturation heraus. Infolge dieser Lernprozesse wird der einzelne in eine bereits bestehende, ggf. mannigfaltig (-pluralistisch) ausgeprägte k. I. eingebunden. Insbes. in traditionalen Ges.en ist die k. I. des Individuums durch eine als selbstverständl. empfundene Identifizierung mit dem jeweiligen Kollektiv bestimmt. In einem solchen Lebenszus.hang bildet die k. I. eine beherrschende Dimension der personalen I. des einzelnen, der sich mehr als Teil eines Kollektivs u. weniger als Individuum erlebt. Innerhalb eines Kollektivs grenzt k. I. den einzelnen nicht gegen andere ab, sondern verbindet ihn mit diesen u. trägt damit wesentl. für die Aufrechterhaltung von Zus.gehörigkeit, Gemeinsamkeit, Vertrautheit u. Heimat bei. K. I. ist eine starke Stütze für die Selbstbehauptung eines Kollektivs. Das Überleben eines solchen hängt davon ab, inwieweit die k. I. im Sinne einer »kult. Vererbung« an die nachfolgenden Generationen weitergegeben wird. In der Gegenwart ist infolge ges. Differenzierung u. internationaler Verflechtung die k. I. des einzelnen immer mehr zu einer multiplen I. geworden: bedingt durch die Identifizierung mit Primärgruppen (Familie, Freundschaften), mit bestimmten Vereinen u. Organisationen (z. B. Parteimitgliedschaft), mit einer soz. Schicht oder Klasse, mit einer Stadt bzw. Gemeinde, Region, mit einem Volk u. einer Nation bzw. nationalen oder ethn. Minderheit, mit einer Religionsgemeinschaft, eventuell sogar mit einem übernationalen Kulturkreis oder mit der ganzen Menschheit – wobei große individuelle Unterschiede der emotionalen Bindung bestehen.

Kollektives Unbewußtes

Mit dem Entstehen von National-staaten verstärkte sich im Rahmen der k. I. eine nationale I. Diese beinhaltet nicht nur ein k. Selbstbild, sondern oft auch Vorstellungsbilder u. Vorurteile im Hinblick auf andere Völker, Nationen u. Staaten oder fremde Minderheiten im eigenen Land. Die Übersteigerung nationaler I. trägt zum Nationalismus bei, der sich in →Ethnozentrismus, Feindbildern, Konflikten u. Eroberungskriegen äußert. Problem- u. konfliktgeladen ist die nationale I. in Vielvölkerstaaten, in denen ein Volk vorherrscht u. ggf. auf Assimilation drängt. Bei Auflockerung der Unterdrückung kommt es erfahrungsgemäß zur Manifestation des bisherigen Strebens nach Aufrechterhaltung der eigenen I. ethn. u. nationaler Minderheiten, verbunden mit dem Drang nach Selbstbestimmung u. Autonomie. In ehemaligen Kolonien u. Ländern der Dritten Welt verstärken sich gegenüber westl. Modernisierungsbestrebungen Gegentendenzen, die auf eine Wiederbelebung der eigenen kult. I. ausgerichtet sind, wobei es zu Verschmelzungsprozessen kommen kann.

Durch Ausweitung des Bezugsrahmens (von der engen räuml. Lebenswelt zur globalen Orientierung), internationale Verflechtung, beschleunigten soz. Wandel, Pluralisierung der Ges. u. durch verstärkte Mobilität u. interkult. Migration (Wanderungsbewegungen) ist k. I. zunehmend konturlos, kompliziert u. konfliktträchtig geworden. Insbes. wohlhabende Industrieges.en sind zu Einwanderungsländern geworden, in denen Teile der angestammten Bevölkerung eine wachsende Gefährdung der eigenen kult.-nationalen I. befürchten. Eingewanderte Minderheiten lehnen eine (rasche) Assimilierung ab u.

wollen in kult. Enklaven (Problem der Ghettobildung) ihre eigene k. I. bewahren.

Infolge zunehmender Verwissenschaftlichung, Intellektualisierung u. Individualisierung der mod. Ges. wird k., insbes. nationale I. kritisch reflektiert u. in Frage gestellt. Im I.serleben des einzelnen verstärkt sich gegenüber der k. I. die Ich-I. Das Selbstverständnis des einzelnen bezieht sich mehr auf die eigene Person u. auf das eigene Leben (Streben nach Autonomie u. individueller Persönlichkeitsentfaltung). K. I., Zus.gehörigkeitsgefühle u. Wir-Bewußtsein schwächen sich ab. Es vergrößert sich wieder das Spannungsverhältnis zw. Individuum u. Ges., insbes. Staat, Bürokratie, Konformitätsforderungen u. Zwänge. Die Individualisierung der I.sausprägung führt in Verbindung mit gesteigerter krit. Reflexivität zur Distanz oder sogar Ablehnung bestimmter Bereiche der k. I., insbes. der nationalen I., bis hin zu Tendenzen eines k. Selbsthasses. Krit. Distanz gegenüber nationaler I. wird angetrieben durch Verarbeitung negativer Ereignisse der jüngeren Geschichte des eigenen Landes, durch kosmopolit. Orientierung u. Toleranz gegenüber anderen Kulturen u. ethn. Minderheiten. Eine durch Reflexivität flexible k. I. wirkt ideolog. Dogmatismus, polit. Radikalisierung u. aggressiver Konfliktaustragung entgegen. Wenn heutige Ges.en nicht erstarren u. ihre Problemlösungskraft verlieren sollen, dann muß auch k. I. wandlungs- u. innovationsfähig sein.

G. Grohs u. a. (Hg.), Kult. I. im Wandel, 1980; P. Bolz, Ethn. I. u. kult. Widerstand, 1986; N. Elias, Die Ges. der Individuen, 1987; T. Meyer, Fundamentalismus, 1989; B. Giesen (Hg.), Nationale u. kult. I., 1991.

Kollektives Unbewußtes, von C. G. Jung (1875–1961) in die psy-

Kollektives Verhalten 424

choanalyt. Psychol. eingeführte u. in der Anthropologie, Ethnologie u. Religionssoziol. ausgewertete Bezeichnung für die Gesamtheit der unbewußten Verhaltensantriebe u. psych. Determinanten, die als allg., kulturunabhängige Grundlage überpersönl. Natur in allen Völkern u. Ges.en wirksam werden. Das k. U. wird anhand interkultureller Vergleiche von Mythen, Zauberglauben u. Märchen studiert. →Archetypus

C. G. Jung, Das Unbewußte im normalen u. kranken Seelenleben, Zürich ³1926.

Kollektives Verhalten, aus gemeinsamen weltanschaul. Orientierungen, Werten, Normen oder Interessen hervorgehendes Zus.-handeln einer größeren Zahl von Personen, ohne daß dabei immer auch direkte u. geregelte Interaktionen zw. den Beteiligten entstehen. K. V. kann ein gleiches Verhalten aller oder ein funktional spezialisiertes Handeln sein. Das Bewußtsein von einer gemeinsamen (überpersönl.) Orientierung grenzt k. V. von bloßen Massenvorgängen ab. Das in der Regel nur geringfügig rational vorgeplante u. intern strukturierte k. V. unterscheidet es von dem dauerhaft geordneten Zus.handeln in Organisationen.

N. J. Smelser, Theory of Collective Behavior, London 1962, dt.: Theorie des k. V.s, 1972; W. R. Heinz u. P. Schöber (Hg.), Theorien k. V.s, 2 Bde., 1973; M. Crozier u. E. Friedberg, Macht u. Organisation, Die Zwänge k. Handelns, 1979; V. Vanberg, Markt u. Organisation, 1982; M. Fritsch, Ökonom. Ansätze zur Legitimation k.n Handelns, 1983; V.-M. Bader, K. Handeln, 1991.

Kollektivierung, (lat.) »Vergemeinschaftung«; in sozialist. u. kommunist. Ges.en die Überführung von Privateigentum an Produktionsmitteln in ges. (kollektives) Eigentum, fakt. oft in Staatseigentum. In der Landwirtschaft führte die K. zur Ablösung selbständiger Einzelbauern- u. Gutswirtschaften durch sozialist. Produktionsgenossenschaften. Die K. vollzog sich oft nicht auf dem Wege freiwilliger Vereinigungen zu kollektiven Wirtschaftsformen, sondern durch Zwang (Zwangs-K.). Endziel sollte die allmähl. Annäherung u. das spätere Verschmelzen des kollekt.-wirtschaftl. Eigentums mit dem Volkseigentum zum einheitl. kommunist. Eigentum sein. K. im Sinne von Verstaatlichung im Rahmen totalitärer Herrschaft trug aber zum Niedergang der Wirtschaft u. zum Scheitern des ideolog.-polit. Systems staatssozialist. Ges.en bei.

S. Merl, Die Anfänge der K. in der Sowjetunion, 1985.

Kollektivismus, Sammelbezeichnung für alle Auffassungen u. Lehren (Faschismus, Nationalsozialismus, Sozialismus, Kommunismus), die im Gegensatz zum Individualismus den Vorrang des Kollektivs, des ges. Ganzen (z. B. »Volksgemeinschaft«) vor den Interessen u. Ansprüchen des einzelnen Bürgers betonen. Dabei wird mitunter die Ansicht vertreten, daß durch ges. Veränderungen der Widerspruch zw. individuellen u. gesamtges. Interessen aufgelöst werden könnte. Das Kollektiv kann durch biologist. (Volk, Rasse) oder soziokult. Kriterien (Ethnie, Religion, Nation, Ges., Klasse) bestimmt sein. Der Vorrang des Kollektivs wird ideolog.-eth. begründet. Die Wertorientierungen u. Normen, die das Handeln des einzelnen leiten sollen, werden aus den Interessen des Kollektivs abgeleitet. In der mod., durch Rationalität, Aufklärung, Liberalismus, Säkularisierung u. Hedonismus geprägten Ges. wirkt der sich ausbreitende Individualismus dem K. entgegen.

V. Vanberg, Die zwei Soziol.n, 1975.

Kollektivschuld, die Behauptung, daß alle Angehörigen eines Volkes, Staates oder einer Ges. für die Taten ihrer Führer oder Regierungen mitverantwortl. sind bzw. gerechterweise die polit. oder sozialen Sanktionen u. Diskriminierungen durch betroffene Außenstehende (ehem. Kriegsgegner, polit. Verfolgte) mitzutragen haben. Die K. wird mitunter sogar auf Generationen einer Ges. ausgedehnt, die z. Zt. der inkriminierten Taten noch Kinder oder überhaupt noch nicht geboren waren.

Kollektivvertrag, zw. Gewerkschaften u. Arbeitgeberverbänden bzw. einzelnen Arbeitgebern abgeschlossene Verträge über die Regelung der Arbeitsbedingungen (Arbeitslohn u. -zeit, Urlaub usw.) u. sonstiger Rechtsbeziehungen des Arbeitslebens (Betriebsordnung). Das Arbeitsrecht in Dtl. unterscheidet den Tarifvertrag (an dem als Kollektiv auf der Arbeitnehmerseite die Gewerkschaft beteiligt ist) u. die Betriebsvereinbarung (bei der als Kollektiv die Belegschaft durch den Betriebsrat beteiligt ist). Die K.e regeln nicht nur wie sonstige schuldrechtl. Verträge die gegenseitigen Rechte u. Pflichten der direkten Vertragspartner, sondern sie setzen autonomes Recht, weil sie Rechtsnormen aufstellen, die für alle Mitglieder der Vertragsparteien bindend, unabdingbar sind.

Kolonialismus (lat.), auf Erwerb u. Ausbau von (außerhalb des Mutterlandes liegenden) Besitzungen (Kolonien) ausgerichtete Politik eines Staates bzw. der durch diesen repräsentierten führenden Kultur-

u. Wirtschaftsmächte. Kolonien sind vom »Mutterland« polit., wirtschaftl. u. kulturell abhängig. Als Ursachen für den K. werden genannt: christl. Missionsaufträge für »barbar.«, »heidn.« Völker; aus Ethnozentrismus resultierendes kulturelles Überlegenheitsgefühl mit der Absicht der Modernisierung »primitiver« Völker; nationalstaatl. Machtwille u. Großmachtpolitik; koloniale Expansion als Ersatz für Machtverluste in Kriegsniederlagen; Sicherung von (billigen) Rohstoffquellen u. (günstigen) Absatzmärkten für die heim. Wirtschaft; ökonom. Zwänge für ein kapitalist. organisiertes Wirtschaftssystem zur Sicherung einer profitablen Kapitalverwertung (Investition) u. eines hohen Lebensstandards für die inländ. Bevölkerung (als Voraussetzung für die Befriedung u. Lösung systemgefährdender sozio-ökonom. Konflikte).

Nach dem Zweiten Weltkrieg setzte ein globaler Entkolonialisierungsprozeß ein. Die in der Kolonialzeit vernachlässigte bzw. bewußt unterlassene wirtschaftl. u. bildungspolit. Entwicklung hat den Aufbau realer kultureller u. polit. Unabhängigkeit der ehem. Kolonien stark behindert. Die Abhängigkeit einer auf Monokulturen festgelegten Wirtschaft vom Handel mit den ehem. Kolonialmächten u. die neue polit. Herrschaft einer von diesen ausgebildeten u. begünstigten einheim. Oberschicht hat Unterdrückung u. Fremdeinfluß weiterhin gefestigt. →Neokolonialismus.

F. Ansprenger, Auflösung der Kolonialreiche, 1966; L. Helbig, Das Ende des K., 1966; G. v. Paczensky, Die Weißen kommen. Die wahre Gesch. des K., 1971; Grevemeyer (Hg.), Traditionale Ges.en u. europ. K., 1980; E. Schmitt (Hg.), Dokumente zur Gesch. der europ. Expansion, 7 Bde., 1986 ff.; D. K. Fieldhouse, Die Kolonialreiche seit dem 18. Jh., 1987.

Kolonisation

Kolonisation, Besiedlung u. Erschließung bisher unbewohnter oder rückständiger Gebiete des eigenen Landes (innere K.) bzw. auswärtiger Gebiete durch Inbesitznahme oder Eroberung (äußere K.).

Kombinatorik, Teilgebiet der Mathematik, das sich mit Fragen nach der Anzahl der Möglichkeiten befaßt, eine best. Menge von Elementen anzuordnen oder zusammenzustellen. Grundbegriffe der K. sind: a) die Permutation (mögliche Reihenfolgen bei der Anordnung der gegebenen Elemente) u. b) die Kombination (mögliche Auswahlen aus der Summe der gegebenen Elemente).

Kommune, (lat. communis = gemeinsam, communitas = Gemeinde), (a) Öffentl.-rechtl. die Gemeinde (→Gemeindesoziologie) als selbständiger Verwaltungsbezirk. (b) Histor. der Revolutionsausschuß für Paris in den Jahren 1789–94 oder die revolutionär-sozialist. Bewegung u. Regierung im Pariser Aufstand von März bis Mai 1871. (c) Lebens- u. Soz.form von Angehörigen jugendl. Protestbewegungen in westl. Industrieges.en seit dem Ende der 1960er Jahre. Unter Ablehnung von Wert- u. Moralvorstellungen, Autoritäten, Eigentumsverhältnissen, Leistungs- u. Konsumrivalität sowie bürokrat.-hierarch. Strukturen der etablierten bürgerl. Ges. wurden in experimentell-variabler Weise Wohn- u. Lebensgemeinschaften praktiziert, in denen als »human« erkannte Werte, Bedürfnisse u. Beziehungsformen einer alternativen Ges. entwickelt u. gelebt werden sollten. Bei geringem Grad normativer Institutionalisierung des Gemeinschaftslebens wurde eine weitge-

hende Entfaltung von Gefühlsbedürfnissen u. persönl.-direkten Interaktionsmöglichkeiten angestrebt. (d) K. bezeichnet ferner vom Anarchismus propagierte Lebens-, Wohn- u. Produktionsgemeinschaften.

R.-U. Kaiser, Fabrikbewohner, Protokoll einer K., 1970; Schlaudt-Fassbinder, K.haus u. Wohnk., 1971; D. Kerbs (Hg.), Die hedonist. Linke, 1970; J. Feil, Wohngruppe, K., Großfamilie, 1972; J. Duss-v. Werdt, K., Großfamilie, 1972; G. Cyprian, Sozialisation in Wohngemeinschaften, 1978; J. A. Schülein (Hg.), K.n u. Wohngemeinschaften, 1978; H.-G. Haupt u. K. Hausen, Die Pariser K., 1979; E. Haider, Wohngemeinschaften in Österreich, 1984; H. Kronast-Wimmer, Wohngemeinschaft: Stigma oder Chance, 1987.

Kommunikant (lat.) →Adressat

Kommunikation (lat. communicatio = Verbindung, Mitteilung), in Soziol., Psychol., Informationstheorie u. K.swiss. vielfältig benutzter Begriff. Meint entweder a) die »Fähigkeit des Individuums, seine Gefühle u. Ideen einem anderen mitzuteilen, sowie die Fähigkeit von Gruppen, enge u. vertraul. Verbindungen miteinander zu haben« (Chase), oder b) »jede erkennbare, bewußte oder unbewußte, gerichtete oder nicht-gerichtete Verhaltensänderung ..., mittels derer ein Mensch (oder mehrere Menschen) die Wahrnehmung, Gefühle, Affekte, Gedanken oder Handlungen anderer absichtlich beeinflußt«, oder c) einfach die nachrichtl. Übertragung bzw. Signalisierung von sozial signifikanten Bezugsinhalten (oder Symbolen), wobei das Transmissionsgut nicht Materie oder Energie ist, sondern die Qualität von Zeichen aufweist (K.W.Deutsch). Nach diesen Definitionen ist K. entweder menschl. Fähigkeit bzw. menschliches Grundbedürfnis; oder Grundelement jeder sozialen Beziehung zw. Menschen, bei der gegenseitig orientiertes Verhalten (durch Gestik, Mimik, Sprache u. a.) immer auch den Sinn der Informationsübermittlung hat; oder das Ergebnis eines Informationsflusses, wobei Information als Zeichen betrachtet wird, das von einem Kommunikator (Informationsquelle) zur Realisierung seiner Aussageabsicht erzeugt u. dabei auf die soziale Rolle bzw. Verstehensmöglichkeit des Rezipienten (Informationsempfänger) bezogen wird.

Von soziol. Bedeutung ist in erster Linie der bilaterale, d. h. der gegenseitig aufeinander bezogene K.-prozeß. Voraussetzung für K. sind die für die K.partner gemeinsamen Bedeutungsregeln für Zeichen u. Symbole. Es wird unterschieden zwischen a) intrapersonaler K., bei der die kommunikativen Prozesse innerhalb eines Individuums, vorgestellt als Träger versch. sozialer Rollen, ablaufen, b) interpersonaler K., bei der die soz. Rollen des Kommunikators u. des Rezipienten (alternierend) jeweils von versch. Individuen getragen werden, c) Gruppenk., bei der die K.n in einem komplexen, vielfach nach versch. Richtungen hin verflochtenen Netz von sozialen Beziehungen zwischen direkt Kontakt haltenden Personen ablaufen, u. d) kategorialer K., bei der eine Mehrzahl von Personen aufgrund gemeinsamer sozial relevanter Merkmale (z. B. soziale Schicht) für den Austausch spezif. Informationen als prädisponiert zu betrachten ist. Je größer die Anzahl der beteiligten Personen ist, um so mehr verlieren die K.inhalte ihren privaten, vertraul., auf spez. Situationen bezogenen Charakter u. um so bedeutsamer werden die Spezifika der indirekten, über techn. Medien ver-

mittelte u. prinzipiell öffentl. Massenk. (auch: Sekundärk. gegenüber der Primärk. in face-to-face-Beziehungen).

K. ist eine unabdingbare Voraussetzung für die Sozialisation u. Persönlichkeitsbildung genauso wie für die Entstehung u. den Ablauf von soz. Geschehen. Basisregeln jeder K. sind Reziprozität, Indexikalität (Kontextbezug) u. Etikettierungen bzw. Stereotype (Voreinstellungen). Die Überbrückung unterschiedl. K.sniveau erfolgt durch gestaffelte K. (über Vermittler bzw. Übersetzer). Durch Fixierung u. Normierung der Formen u. Regeln des Austauschs sowie durch K. über K. (Metak.) entstehen systemspezif. K.sstrukturen u. -muster, werden soz. Systeme begründet u. stabilisiert.

Ausmaß und Wirkung der K. zw. Individuen, Gruppen u. Organisationen werden von der Einschätzung des gegenseitig zuerkannten sozialen Status bestimmt. Kommunikative Netzwerke bilden mit Informationsknotenpunkten, K.s-Privilegien usw. bestehende intra- u. intersystem. Herrschaftsverhältnisse ab. Der Neutralisierung von K.s-Barrieren (Tabus, Zensur, Exklusivität, Mobilitätsbeschränkungen etc.) dienen institutionell abgesicherte K.snormen wie ungehinderter horizontaler u. vertikaler Informationsfluß, Partizipation, Pluralismus, freie Diskurse. Aufgrund vielfältiger Speicherungsmöglichkeiten ist die Überbrückung zeitl. u. über Medien räuml. Distanzen bei K.sprozessen gegeben; eine zeitl. bzw. räuml. Präsenz der am K.sprozeß Beteiligten ist nicht notwendig, allerdings nehmen die Interpretationsprobleme mit wachsender zeitl., räuml. sowie sozialkult. Distanz zu. K.sstörungen entstehen auch durch medienspe-

Kommunikative Kompetenz

zif. Verzerrungen (Rauschen) sowie infolge verbaler, paraverbaler u. nonverbaler Mißverständnisse.

St. Chase, Die Wiss. vom Menschen, 1951; D. K. Berlo, The Process of Communication, 1960; E. Katz, P. F. Lazarsfeld, Personal Influence, 1964 (1955), dt.: Persönl. Einfluß u. Meinungsbildung, 1962; H. D. Duncan, Communication and Social Order, New York 1968 (1962); C. Cherry, K.forschung – eine neue Wiss., 1963; K. W. Deutsch, The Nerves of Government, New York, 1963; W. Schramm (Hg.), Grundfragen d. K.forschung, 1970 (1964); J. Bergmann, W. Zapf, K. im Industriebetrieb, 1965; H. Reimann, K.-Systeme, [2]1974 (1968); H. O. Luthe, Interpersonale K. u. Beeinflussung, 1968; S. Moser, Information u. K., 1968; O. W. Haseloff, K., [2]1971; B. Badura u. K. Gloy, Soziol. der K., 1972; H. Holzer, K.ssoziol., 1973; K. Merten, K., 1977; G. Maletzke, K.sforschg. als empir. Soz.wiss., 1980; E. Schreiber, Repetitorium K.swiss., 1980; J. Habermas, Theorie des kommunikativen Handelns, 2 Bde., 1981; R. Burkhart, K.swiss., 1983; M. Kunczik, K. u. Ges., 1984; G. Maletzke, Bausteine zur K.swiss. 1943–1984, 1984; N. Luhmann, Soz. Systeme, 1984; ders., Ökolog. K., 1986; W. R. Langenbucher (Hg.), Polit. K., 1986; C. R. Berger u. S. H. Chaffee (Hg.), Handbook of Communication Science, 1987; R. Weingarten u. R. Viehler (Hg.), Technisierte K., 1988; N. Luhmann u. P. Fuchs, Reden u. Schweigen, 1989; A. Bellebaum, Schweigen u. Verschweigen, 1992.

Kommunikative Kompetenz
→Kompetenz, kommunikative

Kommunikator (lat.) →Adressant

Kommunismus,
Bezeichnung (a) für Entwürfe zu einer Ges.ordnung, die durch herrschaftslose u. sozialegalitäre Lebensverhältnisse gekennzeichnet ist, (b) für einen Teil der polit. Bewegungen, die vom →Marxismus ausgehen, (c) für die ges. Endzustandsvorstellung der kommunist. Ideologie.
Bereits im 16. u. 17. Jh. wurden die ersten utop. Schilderungen eines idealen Ges.zustandes verfaßt, in dem es keine Armut, keinen Luxus, kein Privateigentum u. keine Behinderungen bei der Befriedigung geistiger u. materieller Lebensbe-

dürfnisse mehr geben sollte (Th. Morus, 1516; T. Campanella, 1623). Diese Schriften waren von Ideen Platons u. des Urchristentums beeinflußt. Aus der Kritik der sozialen Widersprüche u. Ungleichheiten frühbürgerl.-kapitalist. Entwicklung wurden vom Frühsozialismus Programme entworfen (Fourier, Saint-Simon, Proudhon), wie auf friedl. oder staatsadministrativem Wege, durch moral. »gutes Beispiel«, u. soziale Selbstorganisation Lebensbedingungen ohne Ausbeutung, Konkurrenz, egoist. Streben u. gegenseitiges Beherrschenwollen gefördert werden könnten. Aber selbst noch die im 18. u. frühen 19. Jh. z. B. von Babeuf (1760–1797) u. W. Weitling (1808–1871) propagierten polit. Bewegungen u. Aktionen zur revolutionären Erzwingung solcher idealen Ges. unterscheiden sich prinzipiell vom marxist. inspirierten K. Sie waren alle »utopisch« u. für den modernen K. irrational u. »unwiss.« darum, weil sie ihre Zukunftvisionen u. polit.-sozialen Pläne ohne Rücksicht auf die objektiven Einlösungsmöglichkeiten der jeweiligen Gegenwart entfalteten.

Seit Marx u. Engels wird der K. verstanden sowohl als wiss.-weltanschaul. Aussagensystem über die Gesetzmäßigkeiten, die die soziale u. polit. Gegenwart des Kapitalismus in den erwarteten kommunist. Endzustand überführen wie als Lehre über die notwendigen polit. Aktionen, die solche Überführung noch vorantreiben helfen. Danach ist K. nicht mehr ein etwa durch polit. Beschluß einführbarer Ges.zustand, sondern eine Ges.form, die sich im Schoße der durch ihre eigenen Funktionsbedingungen sich zerstörenden kapitalist. Klassenges. entwickelt. Durch die prakt.-polit. Tätigkeit des unter

Kommunismus

der Kapitalherrschaft leidenden Proletariats würde sich zwangsläufig zunächst als Vorstufe der Sozialismus u. aus diesem als »höchste Entwicklungsstufe der menschl. Ges.« überhaupt der K. entfalten. Da es der »wiss.« kommunist. Lehre in erster Linie um den Nachweis der ökonom. Gesetzmäßigkeiten geht, die den ges. Wandel hin zum kommunist. Endzustand bewirken, hat sie der Darstellung der Strukturen dieses Endzustandes wenig Aufmerksamkeit geschenkt. Im Prinzip wird der K. mit folgenden Merkmalen skizziert: Völlige Überwindung klassenantagonist. Ordnungsverhältnisse; Aufhebung der Waren-Geld-Beziehungen als Grundlagen der Ausbeutung u. privaten Kapitalakkumulation; Einebnung der sozialen Unterschiede zw. Stadt u. Land sowie zw. »geistiger« u. »körperl.« Arbeit; Überflußges., in der freie, uneingeschränkte Bedürfnisbefriedigung mögl. ist; reale Gleichberechtigung der Geschlechter, Rassen u. Nationen; soziale Gemeinschaft allseitig entwickelter u. von Entfremdung befreiter Individuen; Ablösung staatl. Rechtsordnung durch Selbstverwaltung u. Selbsterziehung der Ges.mitglieder; möglichst weitgehende Ausdehnung der Freizeit u. der selbstbestimmten freien u. schöpferischen Arbeit als Grundlagen menschl. Freiheit; Abschaffung der Herrschaft von Menschen über Menschen durch gemeinsame Verwaltung der »Sachen« (Produktionsmittel).
Im Zuge des Strebens nach Verwirklichung kommunist. Ideen sowie ihrer polit.-prakt. Organisation u. Aktivitäten haben sich in Verbindung mit kult. unterschiedl. Ges.en u. in Auseinandersetzung mit der antikommunist. Politik westl. Industrieges.en mehrere Formen u.

Strategien kommunist. Bewegungen herausgebildet: (1) Die mit der ehemaligen Sowjetunion entstandene bürokrat.-zentralist.-diktator. Variante war insbes. durch die erzwungene Verstaatlichung der Produktionsmittel, durch eine Zentralverwaltungswirtschaft, totalitäre Herrschaftsordnung u. durch Herrschaftsansprüche gegenüber anderen sozialist. Ländern gekennzeichnet. Das als »Diktatur des Proletariats« verschleierte Stadium eines rigiden Staatssozialismus wurde nicht zugunsten einer kommunist. Ges. im Sinne von Marx überwunden. Vielmehr scheiterte dieses erstarrte Herrschaftssystem an seiner rigorosen Selbstisolierung, an der Unterdrückung des Individuums, der wirtschaftl. Innovationen, Dynamik u. Wettbewerbsfähigkeit (→Bolschewismus). (2) Der revolutionäre K. in der VR China, in Kuba u. von Befreiungsbewegungen in Entwicklungsländern vertritt vorrangig das Prinzip der ständigen revolutionären Beeinflussung des Bewußtseins der Volksangehörigen. In der VR China wird zugunsten einer Modernisierung u. Effizienzsteigerung des Wirtschaftslebens eine sozialist. Marktwirtschaft angestrebt. (3) Der Reformk. (z. B. Jugoslawien) strebt vom Anspruch her, unter Berücksichtigung der kult. u. nationalen Besonderheiten der einzelnen kommunist. Bewegungen, eine sozialist. Demokratisierung u. Humanisierung auf dem Wege weitestgehender Selbstverwaltung der einzelnen polit., wirtschaftl. u. ges. Einheiten an (Jugoslawisches Modell, Arbeiterselbstverwaltung). Im ehemaligen Vielvölkerstaat Jugoslawien ist diese Variante des K. durch unzureichendes Funktionieren der Selbstverwaltung, wirtschaftl. Krisen u. durch krieger.

Kompatibilität

Konflikte zw. den Ethnien gescheitert.

M. Bochenski (Hg.), Hdb. des Welt-K., 1958; E. Nohara, Der K., Dokumente, 1958; A. Künzli, Das entfremdete Paradies, 1963; J. Stammhammer, Bibl. des Sozialismus u. K., 3 Bde., ²1963–64; H. Marcuse, Die Ges.lehre des sowjet. Marxismus, 1964; K.-H. Ruffmann (Hg.), K. in Gesch. u. Gegenwart, 1964; H. Weber, Konflikte im Welt-K., 1964; ders., Demokrat K., 1969; I. Fetscher, G. Dill (Hg.), Der K., 1969; H. G. Conert, Der K. in der Sowjetunion, 1971; O. K. Flechtheim, Weltk. im Wandel, 1977 (1965); V. Gransow, Konzeptionelle Wandlungen der K.forschung, 1980; K. Priester, Hat der Euro-K. eine Zukunft?, 1982; H. Weber u. D. Staritz (Hg.), Jb. f. histor. K.forschg., 1993.

Kompatibilität (lat.), »Vereinbarkeit«, »Zusammenpassen«.

Kompensatorische Erziehung, (lat.) soz. ausgleichend wirkende Erziehungsbemühungen innerhalb u. außerhalb der Ausbildungsinstitutionen. Durch diese soll Unterschichtkindern, die aufgrund familiärer Erziehung u. klassenspezif. Lebenslage in Sprachverhalten u. Lernmotivation weniger als andere Kinder entwickelt sind, ausgleichende Lernmöglichkeiten geboten werden. Kritisiert wird an diesem Konzept, daß es die Ursachen für seine Notwendigkeit, d. h. die ges. Ungleichheit der Bildungschancen, nicht beseitigen helfe, sondern nur anpassungsfähige Unterschichtkinder »anhebe«.

M. du Bois-Reymond, Strategien K. E., 1971; U. Bronfenbrenner, Wie wirksam ist k. E.?, 1974.

Kompetenz (lat.), »Zuständigkeit«, »Befugnis«, die klar umrissene Übertragung bestimmter Aufgaben mit den zur Aufgabenerfüllung notwendigen Handlungs-, Verhaltens- u. Entscheidungsvollmachten an eine bestimmte Instanz oder Position in einer Organisation.

Kompetenz, kommunikative, (lat.), Fähigkeit, Erweiterung der Modelle individueller Sprachkompetenz v. B. Bernstein u. N. Chomsky, die von J. Habermas insbes. im Lichte der Sprechakttheorie durch den Aspekt des Erwerbs der Kompetenz zur intersubjektiven Verständigung ergänzt werden. Diese k. K., die zur »grammatischen Kompetenz« hinzutritt, ist im Sinn eines universalpragmatischen Grundbegriffs für die Beherrschung dialogkonstituierender Universalien zu verstehen. →Soziolinguistik.

J. Habermas u. N. Luhmann: Theor. der Ges. oder Soz.technologie, 1971.

Kompetenz – Performanz, Begriffspaar der Theorie des Sprachverhaltens. K. = die Summe der Sprachkenntnisse einer Person in einem Sprachbereich. P. = der aktuelle Gebrauch, den eine Person in konkreten Situationen von seiner Sprachk. macht.

Komplementarität (lat.), voneinander abhängige, untrennbare Beziehung; soziol. die Bezeichnung für eine Rollenbeziehung zw. zwei (oder mehreren) Positionsinhabern, bei der die Rechte des einen die Pflichten des anderen sind (u. umgekehrt). →Reziprozität.

Komplexität, funktionale bzw. sozialstrukturelle; Bez. für den Strukturreichtum eines sozialen Systems, d. h. für die Quantität u. Qualität der Relationen zw. den Elementen des Systems. In der Regel wird am K.grad der Entwicklungsstand einer Ges. gemessen. Mit wachsender K. erhöht sich die Chance für soziale Konflikte, aber auch die »Lernfähigkeit« des Systems in dem Sinne, daß es sich leichter wandeln u. »äußeren« wie

»inneren« Notwendigkeiten gemäß anpassen kann.

N. Luhmann, Soz. Systeme, 1984; H. Willke, Systemtheorie, ³1991 (1982); K. Henning u. B. Harendt (Hg.), Methode u. Praxis der K.sbewältigung, 1992.

Kompromiß, (lat. compromittere = miteinander absprechen), Übereinkunft, Ausgleich; in der Politik die Bezeichnung für frei oder aufgrund von Einsicht in die interdependenten Machtverhältnisse zustande gekomme Vereinbarung über die Regelung bisher strittiger Fragen. Der K. vermeidet machtpolit. »Diktate« u. ein Handeln aus eth. Rigorismus. Die Demokratie beruht weitgehend auf dem Willen zum ausgleichenden K. zw. beteiligten Interessen zugunsten gemeinsamer Erfolge.

In der Theorie sozialen Handelns wird berücksichtigt, daß reales Verhalten in der Regel einen K. zwischen Konformität u. abweichendem Verhalten suchen muß. In allen (nicht total integrierten) Ges.en stehen die Menschen fortwährend vor dem Entscheidungsproblem, einen K. zu finden zw. traditionellen Rollenvorschriften, intentionalem Sinn dieser Rollen u. den bes. Erfordernissen der sich im Wandel befindl. sozialen Handlungszusammenhänge.

Konativ (lat. conatus, Anstrengung), bezeichnet neben dem kognitiven u. dem emotional-affektiven den Willens- u. Handlungsaspekt einer Einstellung des Menschen.

Konditionierung (lat. conditio = Bedingung), eine psycholog. Experimentiertechnik, bei der einem Organismus (Versuchstier) in zeitl. Nähe mit einem Reiz (I) (Stimulus), auf den der Organismus mit einem bestimmten Reflex (Reaktion) antwortet, ein weiterer Reiz (II) nahegebracht wird. Dieser zunächst noch neutrale Reiz wird als konditioneller bezeichnet. Nach wiederholter Durchführung des Experiments reagiert der Organismus bereits auf den ursprüngl. neutralen Reiz. Es kommt zu einer Reizsubstitution für den gleichgebliebenen, nunmehr »konditionierten« Reflex. Klass. Beispiel für K. sind die Untersuchungen von I. Pawlow (1927) über »bedingte Reflexe«. Hierbei wurden Hunde konditioniert, auf einen Glockenton hin (Reiz II) Speichel (Reflex) abzusondern, indem ihnen beim Futtergeben (Reiz I) wiederholt der Glockenton vermittelt wurde. Von dieser »klass.« K. wird die »instrumentelle« bzw. »operante« K. unterschieden, die einen Lernprozeß (»selektives Lernen«) bezeichnet, bei dem die Konsequenzen (Erfolge oder Mißerfolge) eines bestimmten Verhaltens die Wahrscheinlichkeit seines zukünftigen Wieder- bzw. Nicht-mehr-Auftretens beeinflussen. B. F. Skinner (1938) konnte mit Versuchstieren nachweisen, daß diejenigen Verhaltensweisen, die dem tier. Organismus bei zunächst zufälligen »wahllosen« Versuchen Erfolg (Futter) einbrachten, mit größerer Wahrscheinlichkeit wiederholt, d. h. gelernt werden. Die Erfolge wirken hier als Verstärkung eines bestimmten Verhaltens. →Verhaltenstheoret. Soziol.

H. J. Hummell, Psychol. Ansätze zu einer Theorie soz. Verhaltens, in: R. König (Hg.), Hdb. d. empir. Soz.forschg. II, 1969.

Konfidenzintervall (lat.), Vertrauens- oder Sicherheitsbereich, Bezeichnungen für einen Bereich, der um den mit einer Zufallsstichprobe (random sample →Auswahl-

Konfiguration

verfahren) gefundenen Mittelwert liegt u. in dem mit einem bestimmten Sicherheitsgrad der wahre Mittelwert der Grundgesamtheit vermutet werden kann. Je höher der gewählte Sicherheitsgrad liegt, um so kleiner ist umgekehrt die Irrtumswahrscheinlichkeit. Mit höherem Sicherheitsgrad vergrößert sich bei gleichem Stichprobenumfang entsprechend das K. Die Aussage über den vermuteten Mittelwert der Grundgesamtheit ist dann zwar sicherer, aber unschärfer.

Konfiguration (lat.), »Gestaltung«, u. a. in der →Soziometrie u. Gruppensoziol. gebräuchl. Bezeichnung für die Gesamtheit der relativ stabilen Sympathie- u. Antipathiebeziehungen (mit entspr. sozialen Beziehungshäufigkeiten) zw. den einzelnen Mitgliedern einer Gruppe. Von bestimmten personalen Merkmalen der einzelnen Gruppenmitglieder (z. B. Bildungsgrad, Rasse, Sprache, Schichtzugehörigkeit) kann im voraus auf bestimmte Gruppen-K.en geschlossen werden. Bei der graph. Darstellung soziometrisch ermittelter Beziehungen in Soziogrammen ergeben sich typische K.en wie »Paar«, »Kette«, »Dreieck«, »Stern«.

J. L. Moreno, Die Grundlagen der Soziometrie, [2]1967.

Konflikt (lat.), »Zusammenstoß«, im soz.wiss. Sinne allg. Bezeichnung für Gegensätzlichkeiten, Spannungen, Gegnerschaften, Auseinandersetzungen, Streitereien u. Kämpfe unterschiedl. Intensität zw. verschiedenen soz. Einheiten: innerhalb u. zw. soz. Rollen (→Rollenkonflikt), soz. Gruppen, Organisationen, Ges.sbereichen, Ges.en, Staaten u. überstaatl. Verbindungen (z. B. Bündnissysteme, Wirtschaftsblöcke). Im Rahmen dieser überin-

dividuellen soz. K.e, die sich aus dem soziokult. Lebenszus.hang ergeben, bestehen zugleich soz.psycholog. bedeutsame K.e zw. einzelnen Personen. »Gegenstände« von K.en sind: unterschiedl. Weltanschauungen, Ideologien, Religionen, Werte, Lebensziele, Interessen, Statuslagen, Machtpositionen, Einkommens- u. Besitzverhältnisse sowie knappe Güter.

In der theoret. Analyse der Entstehung u. des Ablaufes von K.n gehen die beteiligten Soz.wiss.en unterschiedl. Wege, die darüber hinaus noch durch ideolog. Gesichtsu. Ansatzpunkte unterschiedl. nuanciert werden: a) Die Ethologie geht von der Annahme nicht variabler biolog. Grundtriebe beim Menschen u. bei anderen Lebewesen aus, postuliert ein allg. Potential an Aggression u. erhebt den K. somit zu einem ubiquitären, für alle Ges.en bestimmenden soz. Tatbestand. Zu dessen wiss. Aufklärung geht es in erster Linie um die eindeutige Zuordnung von physiol. fundierten Triebimpulsen u. spezif. (sublimierten) Ausdrucksformen im Verhalten. b) Die Sozialpsychologie u. die Kleingruppenforschung erforschen die Dynamik der Motive, Interessen u. emotionalen Zustände, die in Massen oder Gruppen zu (latent) oder (manifest) soz. Gegensätzlichkeiten führen. Hierbei werden bereits die soz. Strukturen u. Normensysteme berücksichtigt, welche diese psych. Antriebskräfte determinieren bzw. mitformen. c) Eine spezif. psychoanalyt. orientierte Theorie der Persönlichkeit u. der Sozialisation untersucht die K.e, die für den einzelnen Menschen aus dem Zus.treffen von biolog.-entwicklungspsycholog. bestimmter Triebstruktur und kulturell bestimmten Verhaltenszwängen u. -ansprüchen erwachsen, um daraus Aufschlüsse über soz. verursachte Charakterbildungen u. Verhaltenseigenarten zu gewinnen. d) Die theoret. Analyse des abweichenden Verhaltens untersucht K.e, die durch Diskrepanzen zw. personalen Motivationen u. soziokult. Werten u. Normen bewirkt werden. e) Die Strukturellfunktionale Theorie versucht, die institutionell-organisator. verstandenen Ursachen für K.e anhand von normativen Widersprüchen im Gefüge der für die beteiligten Angehörigen einer Ges. verbindl. gegenseitigen Erwartungs- u. Verhaltensmuster zu erklären. f) In der Theorie der soz. Schichtung werden die Dynamik des ges. Wandels u. die Ungleichheiten u. Disparitäten sozialer Einflusses anhand von Interessen- u. Statusk.en zw. über- u. untereinander stehenden Schichten erörtert. Dieser Ansatz ist durch eine enge theoret. Verklammerung von K. u. Herrschaft charakterisiert u. führt zu Erörterungen über Eliten, Revolutionen u. spezif. industrielle (polit.-ökonom.) K.e g) Vom Marxismus werden K.e auf Eigentumsverhältnisse zurückgeführt. h) Strategietheoret. Untersuchungen erforschen die Kommunikationsprozesse in K.-Kooperations-Konstellationen, indem sie die instrumentale Rationalität oder Irrationalität von Drohungen, Versprechungen, Übereinkommen u. Kompromissen u. a. als Ergebnisse interdependenter Entscheidungen analysieren. – Unter dem Eindruck mod. Waffentechnik u. weltanschaul. Blockbildungen, revolutionärer Vorgänge in den Entwicklungsländern sowie radikaler u. aggressiver Bewegungen (Fundamentalismus, Nationalismus, Ethnozentrismus) hat sich eine umfangreiche weltpolit. u. militärstrateg. K.forschg. entwickelt.

Hierzu gehören Theorien über zw.-staatl. Eskalation oder De-Eskalation von K.en ebenso wie Untersuchungen über die Zus.hänge zw. binnenstaatl. Integration u. außenpolit. K.verhalten, wirtschaftl. Krisen u. polit. Aggressivität, wirtschaftl. Prosperität u. militär. Rüstung.
Entsprechend den unterschiedl. weltanschaul. Prämissen der K.forschung ist es nach wie vor umstritten, ob u. inwieweit K.e als soz. »dysfunktional«, d. h. als fortschrittshemmende Störungen u. für individuelles u. ges. Leben abträgl. Antagonismus zu betrachten sind, oder ob sie unabdingbarer Motor des soz. Wandels u. ges. Fortschrittes sind. Einigkeit besteht darüber, daß im Interesse minimaler Ordnung (als Voraussetzung ges. Lebens überhaupt) K.e begrenzt sein, d. h. im Rahmen von Regeln ablaufen müssen (→Konflikttheorie).

G. Simmel, Soziol., ^{6}1983 (1908); A.Rapoport, Fights, Games and Debates, Ann Arbor 1960, dt.: Kämpfe, Spiele u. Debatten, 1976; Th. Schelling, The Strategy of Conflict, Cambridge, Mass. 1960; R. Dahrendorf, Soz. Klassen u. Klassenk., 1957; ders., Ges. u. Freiheit, 1961; K. Boulding, Conflict and Defense, New York 1962; K. Lorenz, Das sog. Böse, 1963; L. Festinger u. a., Conflict, Decision, and Dissonance, Stanford 1964; W. Kellner, Der mod. soz. K., ^{2}1968; E. W. Buchholz, Ideologie u. latenter soz. K., 1968; D. Senghaas, K. u. K.forschg., in: KZfSS 21, 1969; K. O. Hondrich, Wirtschaftl. Entwicklung, soz. K. u. u. polit. Freiheiten, 1970; J. Krysmanski, Soziol. des K.s, 1971; W. L. Bühl (Hg.), K. u. K.strategie, 1972; A. Rapoport, K. in der v. Menschen gemachten Umwelt, o. J. (engl. 1974); M. Deutsch, K.regelung, 1976; M. J. Seifert, Soz. K., 1978; B. Wagner, K.e zw. soz. Systemen, 1978; E. Weede, K.forschung, 1986; A. Rapoport, Ursprünge der Gewalt, 1990; R. Dahrendorf, Der mod. soz. Konflikt, 1992.

Konfliktforschung →Friedensforschung, →Konflikt

Konfliktmodell, Bezeichnung für eine modellhafte Sichtweise der

Konflikttheorie

Ges., die zugunsten einer realist. Interpretation des sozialen Zus.lebens das Gleichgewichtsmodell der Strukturell-funktionalen Theorie (→Parsons, T.) ergänzen soll. Gemäß des K.s gibt es in der Ges. aufgrund v. Ungewißheit, unterschiedl. Anschauungen u. v. Pluralismus neben ges. stabilisierendem Zwang mannigfaltige Konflikte, die den sozialen Wandel vorantreiben.

R. Dahrendorf, Ges. u. Freiheit, 1961.

Konflikttheorie, ein von L. Coser mitbegründeter u. von R. Dahrendorf zugespitzter theoret. Ansatz der Soziol., der schwerpunktartig auf die Analyse u. Erklärung des Konfliktcharakters des ges. Zus.lebens von Menschen ausgerichtet ist. Vorläufer der konflikttheoret. Perspektive waren insbes. Heraklit, Macciavelli, Hobbes, Hegel, Marx, Darwin, Nietzsche, Durkheim, Pareto, Gumplowicz u. Simmel. Ausgangspunkt der K. ist die Auffassung, daß die Ges. nicht nur durch →Consensus bzw. Übereinstimmung (→Gleichgewichtsmodell) zus.gehalten wird, sondern auch durch Zwang (→Konfliktmodell). Dieser bedingt in enger Verbindung mit der ungleichen Verteilung von Herrschaft, daß in allen Ges.en Konflikte allgegenwärtig sind. Dieser allgemeinsten Ungleichheit entspringen ungleiche Verteilungen von Prestige, Einkommen, Eigentum, Bildung usw., die ihrerseits Gegenstand von Konflikten sind. Weil es kein absolut sicheres Wissen gibt, kommen noch Konflikte über Weltanschauungen, Werte u. polit. Ideen hinzu. Konflikte sind keine einseitig destruktiven Abweichungen von einem stabilen Gleichgewicht oder einem vermeintl. harmon. Normalzustand, sondern bilden insgesamt die große schöpfer. Kraft, die den soz. Wandel vorantreibt u. Freiheitschancen offenhält. Konflikte lassen sich nicht dauerhaft unterdrücken. Mit zunehmender Unterdrückung nimmt die potentielle Virulenz soz. Konflikte zu, bis sie gewaltsam hervorbrechen, z. B. als Revolution. Das entscheidende u. wirksame Mittel für die Verminderung der Gewaltsamkeit fast aller Konfliktarten ist die erfolgreiche Regelung soz. Konflikte. Hierfür sind jeweils angemessene »Spielregeln« notwendig (z. B. Staatsverfassung, Vereinsstatut, Rahmenvereinbarung für Tarifverhandlungen, internat. Abmachung), auf die sich die Konfliktbeteiligten geeinigt haben. Durch Regelung werden Konflikte nicht beseitigt. Sie werden aber kontrollierbar u. ihre schöpfer. Kraft kann sich zugunsten einer allmähl. Entwicklung soz. Strukturen entfalten. Die K. kann sich dementsprechend als Instrument einer rationalen Kontrolle der ges. Wirklichkeit bewähren. Die K. soll die auf dem Consensus- bzw. Gleichgewichtsmodell beruhende Theorie der ges. Integration nicht verdrängen, sondern ergänzen, damit die soziol. Theorie insgesamt auch den Zwangs- u. Konfliktcharakter des ges. Zus.lebens hinreichend berücksichtigt.

G. Simmel, Soziol., [6]1983 (1908); R. Dahrendorf, Soz. Klassen u. Klassenkonflikt in der industr. Ges., 1957; ders., Ges. u. Freiheit, 1961; L. A. Coser, Theorie soz. Konflikte, 1965; ders., Continuities in the Study of Social Conflict, New York 1967; W. L. Bühl, Theorien des soz. Konflikts, 1976; S. M. Lipset, Consensus and Conflict, New Brunswick, 1985.

Konform (lat.), bezeichnet allg. Erscheinungen der Übereinstimmung u. Gleichförmigkeit. Soziol. ist damit die Übereinstimmung des indiv. Verhaltens mit Werten u. Normen der sozialen Umwelt gemeint. In einer pluralist. Ges. mit widersprüchlichen Werten u. Normen kann die Konformität des Individuums bezüglich einer Gruppe abweichendes bzw. nicht-k.es Verhalten gegenüber einer anderen Gruppe hervorbringen.

G. Wiswede, Soziol. k.en Verhaltens, 1976.

Konformismus (lat.), durch soziokulturelle Ideale vermittelte u. damit allg. die sozialen Beziehungen in einer Ges. prägende Einstellung, die stets u. überall um Anpassung u. integrative Eingliederung bemüht ist. →Konformität →Außenlenkung

D. Riesman u. a., Die einsame Masse, 1958; W. Lipp (Hg.), K. – Nonkonformismus, 1975.

Konformität (lat.), »Übereinstimmung«, »Anpassung«: (a) Ein durch gleichartige Aktions- u. Reaktionsweisen gekennzeichnetes Verhalten von Angehörigen eines soz. Gebildes, Kollektivs oder einer Ges. in bestimmten soz. Situationen, von dem auch auf gleiche Ansichten, Wertorientierungen u. Einstellungen geschlossen werden kann. (b) K. ist ferner ein in sozialpsycholog. Experimenten nachgewiesenes allg., von kulturspezif. Bedingungen unabhängiges Phänomen sozialer Beziehungen. Demzufolge neigen Menschen dazu, (1) in ihrem Verhalten, ihren Gewohnheiten u. Ansichten sich nach überwiegenden Formen ihrer soz. Umgebung auszurichten, oder (2) in neuartigen, normativ noch nicht geregelten Situationen sich gegenseitig anzupassen.
Der K. liegen internalisierte Werte, Normen u. Rollenerwartungen (→Internalisierung) sowie ein Bedürfnis nach Sicherheit u. nach Bestätigung, Billigung u. Anerkennung durch die Interaktionspartner zugrunde. Bei weitgehender Inter-

nalisierung soziokult. Elemente verhält sich der einzelne von innen heraus, freiwillig, gleichsam automat. u. »instinktiv« konform. Er ist dann mit dem Gefühl der Selbstverständlichkeit von der Sinnhaftigkeit u. Nützlichkeit eines konformen Verhaltens überzeugt. Aufgezwungene, persönl. nicht akzeptierte K. führt zu äußerl. angepaßtem Verhalten (vorgetäuschte K.), wobei Tendenzen zum abweichenden Verhalten durch die Androhung negativer Sanktionen eingeschränkt werden. In der organisierten, pluralist. Massenges., in der Individuen verstärkt nach persönl. Entfaltung u. Nutzenmaximierung streben, wird K. durch Verrechtlichung aller Ges.bereiche abgestützt. In diktator.-totalitären Ges.en mit hohem ideolog.-normativem Druck beruht K. auf (fanat.) Zustimmung u. Gefolgschaft, opportunist. Anpassung oder auf Angst vor negativen Sanktionen.
Die Kleingruppenforschung stellte eine hohe positive Korrelation zw. K. des individuellen Verhaltens mit den Gruppennormen u. zugeteiltem Status fest. Die K. ist um so größer, je stärker die Kohäsion in einer Gruppe ist.

H. Fend, K. u. Selbstbestimmung, 1971; H. Peuckert, K., 1975; G. Wiswede, Soziol. konformen Verhaltens, 1976; J.-J. Koch (Hg.), Soz. Einfluß u. K., 1977; K. Wilkening, K. unter Gruppendruck, 1978.

Konglomeratfamilie (lat.; engl. patchwork-family), ein zunehmend verbreiteter Familientyp, der dadurch entsteht, daß eine Partnerin u. ein Partner, die jeweils geschieden sind u. Kinder mitbringen, heiraten u. eventuell noch ein oder mehrere gemeinsame Kinder hervorbringen.

Kongruenz (lat.), »Übereinstimmung«, (in der Geometrie) »Dek-

Konkretismus 436

kungsgleichheit«; in der Soziol. übl. Bezeichnung für soziale Beziehungen, bei denen Übereinstimmung in der Bewertung u. Bedeutung von sozial relevanten Variablen besteht. In der Theorie der sozialen Schichtung wird z. B. geprüft, inwieweit die den Status einer Person bestimmenden Faktoren K. oder Inkongruenz aufweisen. K. der Statusfaktoren liegt vor, wenn die von einer Person repräsentierte Konstellation oder Kombination der persönl. u. sozialen Merkmale den Erwartungen der sozialen Umgebung entspricht. Inkongruenz besteht, wenn ein oder mehrere Merkmale von den Erwartungen abweichen (z. B. der 20jährige Generaldirektor, der ungebildete Professor, der arme Abgeordnete). →Status, →Statusinkonsistenz

Konkretismus (lat.), »Anschaulichkeit«, »Gegenständlichkeit«; Bezeichnung der Ethnologie u. Soziolinguistik für die Eigenart von Kulturen u. Sprachen »primitiver« Ges.en oder ges. Unterschichten, sich auf »konkrete«, sinnl. wahrnehmbare Gegenstände u. Zusammenhänge zu beschränken. K. bewirkt die Unfähigkeit, »abstrakten« Sinnzusammenhängen Bedeutung beizumessen oder sprachl. Ausdruck zu verleihen.

Konkurrenz (lat.), »Zusammenlauf«, Wettbewerb, soziales Ordnungsprinzip für die Verteilung u. Zuordnung von Leistungen u. Positionen überall dort, wo Menschen nach bestimmten formalen »Spiel«-Regeln bei inhaltl. freier Entscheidung das gleiche Ziel verfolgen. Nach Ansicht des Liberalismus ist K. der Ausdruck einer natürl. Sozialordnung, in der es durch das gegenseitig beeinflussende Handeln u. Streben der um Lei-

stungs-K. bemühten Individuen gleichzeitig zu einem ausgewogenen, im Gleichgewicht befindl. u. darum optimalen Zusammen-»Spiel« aller Ges.mitglieder kommt.

Nach den »klass.« Lehren der Wirtschaftstheorie sichert die K. – unter der Garantie von Freihandel, Freizügigkeit u. Gewerbefreiheit – das Funktionieren der Marktgesetze (Einsatz der Produktionsfaktoren u. Preisbildung nach Angebot-Nachfrage-Relationen) u. damit die wirtschaftlichste Verwendung der einer Ges. zur Verfügung stehenden Produktivkräfte. Entgegen den »altliberalen« Erwartungen, die eine automat. sich immer wieder neu u. vollkommener entwickelnde K.situation postulieren, hat die wirtschaftl. Realität des 19. u. 20. Jh.s Monopole, wirtschaftl. Machtstellungen, Konzentration, d. h. Ungleichgewichtslagen gebracht. Der Neoliberalismus versucht darum, die K. durch staatl. Sicherung oder Wiederherstellung der »Wettbewerbsordnung« neu zu beleben. In der Polit. Soziol. wird Demokratie u. a. auch als Herrschaftsform beschrieben, in der einzelne oder polit. Gruppen die Entscheidungsbefugnisse mittels einer K. um die Stimmen der Wähler erwerben. Nach der sozialen u. polit. Ordnungsvorstellung vom Pluralismus stellt sich die Ges. als ein K.-System von um Durchsetzung ihrer Interessen bemühten sozialen Gruppen bzw. Organisationen dar, in dem der Staat die Aufgabe eines Koordinators hat, der sich um notwendige Kompromisse bemüht. In soziol. Theorien mit umfassendem Geltungsanspruch wird das K.-Modell als Erklärungsprinzip für jedes soziale Handeln herangezogen u. der Austausch von Handlungen zwischen Personen im Prinzip

demjenigen von wirtschaftl. Gütern theoret. gleichgesetzt.
Angesichts von sozialen u. wirtschaftl. Macht- u. Abhängigkeitslagen erfüllt das K.-Modell mitunter für diejenigen eine ideolog. verschleiernde Funktion, die sich aufgrund günstigerer Ausgangs- u. »Start«-Situationen leichter durchsetzen konnten (→Sozialdarwinismus). Entgegen der liberalen Tradition wird immer mehr herausgestellt, daß K. auch Anomie, abweichendes Verhalten u. damit ges. Desintegration fördern kann. Da aber übertriebene sozialstaatl. Nivellierungs- u. Sicherungstendenzen (»Gleichmacherei«) in Verbindung mit Bürokratisierung die indiv. Leistungsbereitschaft u. ges. Wohlstandsproduktion schwächen, wird die ges. polit. Aufgabe drängender, ein Gleichgewicht zw. atomarer K. u. sozialer Gerechtigkeit herzustellen.

J. Schumpeter, Kapitalismus, Sozialismus u. Demokratie, 1950; A. Downs, Ökonom. Theorie der Demokratie, 1958; P. M. Blau, Exchange and Power in Social Life, New York 1964; G. C. Homans, Elementarformen soz. Verhaltens, 1968; P. Herder-Dornreich u. M. Groser, Ökonom. Theorie des polit. Wettbewerbs, 1977; W. Grunwald u. H.-G. Lilge (Hg.), Kooperation u. K. in Organisationen, 1981; F. Reheis, K. u. Gleichgewicht als Fundamente von Ges., 1986; K. Thomas, Rivalität, 1990.

Konnex (lat.), »Zusammenhang«, »Verbindung« zw. Prozessen, Größenentwicklungen, wiss. Variablen. →Korrelation.

Konnubium (lat.), »Ehegemeinschaft«, die Möglichkeit der Gattenwahl zw. Eroberern u. Eroberten, Herrschern u. Beherrschten oder zw. Einheimischen u. Fremden in einer Ges. Das K. bedeutet auf längere Sicht Zusammenwachsen u. Assimilation von ehemals antagonist. Bevölkerungsteilen u.

damit die allmähl. Herausbildung einer neuen integrierten Sozialordnung.

Konsens (lat.), »Übereinstimmung«, a) Die Vermutung, daß für das Bestehen von Ges.en ein gewisses Mindestmaß an Übereinstimmung ihrer Angehörigen über fundamentale Fragen (weltanschaul. Orientierung, Wertvorstellungen, Normen u. Rechtssystem; Regeln, nach denen Konflikte ausgetragen werden; gerechte Verteilung v. Ressourcen usw.) unerläßlich ist, taucht schon lange vor der Entwicklung der Soziol. als Wiss. auf (z. B. in der Idee des Ges.svertrages v. Bodin bis Rousseau). Auch bei soziol. Klassikern wie Comte u. Durkheim spielt K. eine zentrale Rolle. Unter den neueren soziol. Theorien verwendet insbes. die →Strukturell-funktionale Theorie den Begriff K., wobei der Wertk. im kulturellen Subsystem als eine Grundbedingung für das Funktionieren u. die Stabilität von Ges.en gilt. Kritisch wurde gegen diese Konzeption v. Vertretern einer konfliktorientierten Soziol. eingewandt, sie zeichne ein zu harmonisches u. konservatives Bild der Ges. u. erschwere das Verständnis v. Konflikten u. sozialem Wandel. b) In der Polit. Soziol. wird der Stellenwert des K. gegenwärtig v. a. in der Diskussion um polit. Kultur, »demokrat. K.« u. Voraussetzungen u. Grenzen des Pluralismus erörtert. c) Die K.theor. der Wahrheit beruht auf der Annahme, daß sich die Wahrheitsfrage nur durch herrschaftsfreien Dialog u. durch rationale Argumentation klären läßt. Demnach ist das Wahrheitskriterium für Aussagen nicht eine Korrespondenz mit der Wirklichkeit oder die Kohärenz (Zus.hang) v. Aussagen untereinan-

Konsensus 438

der, sondern die diskursiv erzielba-
re potentielle Übereinstimmung
aller Menschen. Auch das Problem
der Normenbegründung läßt sich
in der mod., freiheitl. Ges. nur
durch umfassende K.bildung bewältigen.

T. Parsons, The Social System, New York
1951; R. Dahrendorf, Ges. u. Freiheit, 1961; H.
Eckstein, Divison and Cohesion in Democracy, Princeton UP 1966; J. Habermas, Wahr-
heitstheorien, in: H. Fahrenbach (Hg.), Wirklichkeit u. Reflexion, 1973; R. Münch, Legitimität u. polit. Macht, 1976; D. Herzog u. B.
Weßels (Hg.), Konfliktpotentiale u. K.strate-
gien, 1989.

Konsensus →Consensus

Konservatismus, Konservativismus (lat.), eine Weltanschauung u.
polit. Bewegung, die »am Hergebrachten festhält«, die »bewahren«
will, die sich an Traditionen orientiert; ursprüngl. entstanden als
ideolog. Gegenbewegung gegen
die liberal-demokrat., republikan.
Ideen u. Institutionen der Franz.
Revolution. Getragen wurde der K.
zunächst vom Klerus u. von Vertretern großfeudaler Gruppen; später
(im 19. Jh.) rekrutierte er sich aus
sehr heterogenen Schichten wie
dem ostelbischen Grundadel u.
dem Offizierskorps, der orthodoxen protestant. Geistlichkeit, dem
Bauerntum u. großen Teilen der
Beamtenschaft.
Was weltanschaulich-inhaltl. jeweils als K. zu bezeichnen ist, bestimmt sich verschieden je nach
der spezif. gesch. Lage. Es gibt – im
Vergleich zu anderen polit. Grundpositionen – keinen zeitlos-uni-
versalen K. mit feststehenden »Positionen« u. Lehrinhalten. Der jeweilige K. reagiert auf die jeweilige
kritisch-revolutionäre Herausforderung neuer Ideen u. ges. Zielvorstellungen, die bestehende Auffassungen, Werte, Institutionen,
Autoritäten, soziale Systeme fun-

damental bzw. radikal in Frage stellen.
Der K. betont das gesch. Gewach-
sensein als soziale Notwendigkeit
für die Gegenwart u. bevorzugt bestehende Institutionen gegenüber
ideolog. konstruierten, aus Fort-
schrittsidealen abgeleiteten Neuerungen. Bestehende Autoritäten
werden als Schutz gegen Anarchie
u. damit als Voraussetzung für wirkl.
menschl. Freiheit interpretiert.
Während »Strukturkonservative«
weitestgehend überkommene soziokult. Lebensverhältnisse bewahren wollen, sind »Wertkonservati-
ve« im Zus.hang mit bestimmten
Wertorientierungen (z. B. Umwelt-
welt- u. Naturschutz) für notwendige Veränderungen aufgeschlossen. Unter dem Einfluß von Aufklärung, Rationalität u. Modernität
sind in neuerer Zeit starke konservative Kräfte z. T. in Verbindung mit
wirtschaftl. Interessen zu Verfechtern des techn. Fortschritts, des
wirtschaftl. Wachstums u. der Einschränkung staatl. Aktivitäten geworden (Neok.).
Einem soziol. K. werden insbes.
Vertreter der Strukturell-funktionalen Theorie zugerechnet, weil
ihre wiss. Arbeit der ges. u. polit.
Stabilisierung der gegenwärtigen
Leistungsges. dient. Ihnen wird
vorgeworfen, daß sie sich gegenüber den möglichen ges. u. polit.
Folgen ihrer in die Praxis umge-
setzten Forschungsergebnisse neutral verhalten u. mit ihrem Be-
griffsinstrumentarium u. theoret.
System keine prinzipielle Herr-
schafts- u. Ideologiekritik erlauben.

K. Mannheim, Das konservative Denken
(Arch. f. Soz.wiss. u. Soz.polit. 57, 1926); H.
Barth, Der konservative Gedanke, 1958; J. Ha-
bermas, Von den krit. u. konservativen Aufga-
ben der Soziol. (in: Theorie u. Praxis, ³1969);
H. Gerstenberger, Der revolutionäre K., 1969;
G. K. Kaltenbrunner (Hg.), Rekonstruktion

des K., 1972; H. Grebing, M. Greiffenhagen, Chr. v. Krockow, J. B. Müller, K., 1971; J. H. Schoeps u. a., Konservativismus, Liberalismus, Sozialismus, 1981; K. Mannheim, Konservativismus, hg. v. D. Kettler u. a., 1984; D. Stegmann u. a. (Hg.), Dt. K. im 19. u. 20. Jh., 1984; W. Rau, Konservativer Widerstand u. soz. Bewegung, 1985; M. Greiffenhagen, Das Dilemma des K. in Dtl., 1986; P. Kondylis, Konservativismus, 1986; T. Kreuder u. H. Loewy (Hg.), K. in der Strukturkrise, 1987; A. Gauland, Was ist Konservativismus?, 1991; S. Breuer, Anatomie der Konservativen Revolution, 1993.

Konsistenz (lat.), logische innere »Widerspruchslosigkeit« von Aussagensystemen (Theorien), bei denen aus vorläufig unbegründeten Antizipationen u. Hypothesen auf log.-deduktivem Wege Folgerungen abgeleitet wurden.

Konspirationstheorie   →Verschwörertheorie

Konstante, wiss. Größe, die bei einem Experiment oder bei der Konstruktion eines Modells unverändert gehalten wird, während andere Größen (Variable) verändert werden. So wird z. B. bei Untersuchungen von sozialen Systemen die Summe der Umwelt-Einflußfaktoren als K.n angenommen, um die Zusammenhänge der systeminternen Veränderungen frei von Außeneinflüssen analysieren zu können.

Konstrukt, theoretisches, Begriff in der wiss. Analyse resp. Theorie, der nicht direkt beobachtbare Phänomene oder Sachverhalte »abbildet«, sondern lediglich dazu dient, verschiedene Beobachtungen u. Erkenntnisse sinnvoll aufeinander zu beziehen.

Konstruktivismus, (lat.), philos. Richtung, die das Problem der Konstitution v. Gegenständen der Erkenntnis für erkennende Sub-

jekte in ähnlicher Weise wie Pragmatisten (W. James, Ch. S. Peirce, J. Dewey) und Entwicklungspsychologen (L. Kohlberg, J. Piaget) so versteht, daß dabei den Tätigkeiten der Menschen eine wesentliche konstruktive Bedeutung zukommt. Im Zuge der Erkenntnisaktivitäten erwirbt das Subjekt komplexere Erkenntnisfähigkeiten; konstruktive Tätigkeiten werden dabei sowohl auf die Objekte wie auf die Sprache bezogen.
Im Rahmen der Wiss.stheorie bildet der von H. Dingler vorbereitete u. von P. Lorenzen entwickelte K. eine auf dem konsensustheoret. Wahrheitsbegriff beruhende Theorie der Begründung. Auf Axiome wird verzichtet. In der Wiss. sollen Methoden, Begriffe, Sätze u. Theorien im Hinblick auf bestimmte Anwendungsgebiete schrittweise (»konstruktiv«) entwickelt werden. Grundlegend für den Aufbau schrittweise begründeter Theorien sind Sätze, denen in einem unvoreingenommenen (undogmatischen, zwanglosen) u. vernünftigen Diskurs jeder Sachkundige zustimmen kann.
W. Kamlah u. P. Lorenzen, Logische Propädeutik, 1967; P. Lorenzen u. O. Schwemmer, Konstruktive Logik, Ethik u. Wiss.theor., 1973; F. Kambartel u. J. Mittelstraß (Hg.), Zum normativen Fundament der Wiss., 1973; J. Mittelstraß, Die Möglichkeit v. Wiss., 1974; B. Abel, Grundlagen der Erklärung menschl. Handelns, 1983; E. v. Glasersfeld u. a., Einf. in den K., 1985; H. Gumin u. A. Mohler (Hg.), Einf. in den K., 1985; G. Rusch, Erkenntnis, Wiss., Gesch., 1987; S. J. Schmidt (Hg.), Der Diskurs des radikalen K., 1987; K. Knorr-Cetina, Spielarten des K., in: Soz. Welt 40, 1989; R. Nüse u. a., Über die Erfindung/en des Radikalen K., 1991; H. Geißlinger, Die Imagination der Wirklichkeit, 1992; S. J. Schmidt (Hg.), Kognition u. Ges., 1992.

Konsumdynamik, Bezeichnung für gesamtges. Wandlungen des Konsums, insb. Steigerung konsumtiver Anspruchshaltungen sowie die Diffusion (Ausbreitung) v.

Konsumgesellschaft

Konsuminnovationen u. neuer Moden in der vertikal aufgebauten Ges. Die K. wird begünstigt durch die relativ aufgelockerte Statusstruktur der modernen Ges., durch das Streben nach Prestige (→Demonstrationseffekt) u. ständig verstärkt durch ein auf Absatzausweitung ausgerichtetes unternehmerisches Marketing (→Marktforschg., →Werbung).

G. Schmitt-Rink, Konsum-Dynamik, 1967; R. Eisendle u. E. Miklautz (Hg.), Produktkulturen, 1992.

Konsumgesellschaft, Konsumkultur, soz.- u. kulturkrit. akzentuierte Begriffe zur Charakterisierung der mod., industriell hochentwickelten Wohlstandsgesellschaft, in der sich zentrale verhaltensbestimmende Wertorientierungen, Anspruchshaltungen u. Strebungen in erster Linie auf den Erwerb, Ge- u. Verbrauch von Gütern u. Dienstleistungen richten. Stark gestiegene Produktivität u. ausgeweitete Massenproduktion ermöglichen zwar einen graduell nivellierten, aber immer noch vertikal differenzierten Massenkonsum. Die weitgehende Abhängigkeit des Soz.prestiges vom Konsumniveau verstärkt den Hang zum demonstrativen, ostentativen, augenfälligen u. geltungsbetonten (Verschwendungs-)Konsum. Konsumrivalität ist zugleich eine Antriebskraft für berufl. Konkurrenz um Aufstiegs- u. Einkommenschancen. Zur Ausweitung von betriebl. Absatzmöglichkeiten u. zur Verschiebung von Sättigungsgrenzen werden Konsumbedürfnisse durch Marketing »produziert« (Galbraith), differenziert u. dynamisiert. Der »Sinn des Lebens« ist weitgehend mit der Teilhabe an einem expansiven Konsumhedonismus (Lebensgenuß durch Konsum) verbunden. Die Ausstrahlungs- u. Anziehungskraft der K. trägt maßgeblich zur expandierenden internat. Migration u. zum beschleunigten soziokult. Wandel der bisher nichtwestl. Ges.en bei. Die existentiell notwendige Bewältigung der durch Wirtschaftswachstum u. Verschwendungskonsum verursachten Umwelt- u. Überlebenskrise erzwingt eine ökolog. orientierte Einschränkung u. Veränderung des Konsums.

J. K. Galbraith, Ges. im Überfluß, 1959 (amerik. 1958); G. Katona, Die Macht des Verbrauchers, 1962 (amerik. 1960); V. Packard, Die große Verschwendung, 1964 (amerik. 1960); E. Zahn, Soziol. der Prosperität, 1960; K.-H. Hillmann, Soz.Bestimmungsgründe des Konsumentenverhaltens, 1971; T. Kutsch u. G. Wiswede, Wirtschaftssoziol., 1986; J. Baudrillard, Das System der Dinge, 1991.

Konsumsoziologie, befaßt sich als Teilgebiet der Wirtschaftssoziol. mit der Abhängigkeit des Konsumenten- bzw. Verbraucherverhaltens (einzelner Personen) oder des Konsumverhaltens bestimmter Gruppen u. sozialer Schichten v. der gesch. wandelbaren soziokult. Umwelt. In Ergänzung u. Korrektur wirtschaftstheoret., individualist.-utilitarist. Modelle des Konsumverhaltens, die v. festgelegten Bedürfnis- u. Präferenzstrukturen sowie v. ges. unabhängigen Formen rationalen Handelns in bezug auf Güterangebote u. Preise ausgehen, erforscht die K. die soziokult. Determinanten (Bestimmungsgründe) des tatsächl. Konsumentenverhaltens. Dabei werden das Entstehen, Wirken u. die Veränderung v. Konsumstandards u. -präferenzen als Ausdruck soziokult. Werte, ges. Status- u. Prestigestrukturen, klassen- oder schichtenspezif. sowie subkult. Lebensstile u. des kommunikativen Handelns innerhalb v. Gruppen untersucht. Insb. im Zus.hang mit dem Problem der

Diffusion (Ausbreitung) v. Konsuminnovationen (Neuerungen) werden Einflüsse der Mode, Werbung, Massenkommunikationsmittel, Bezugsgruppen, Meinungsführer (Konsumpioniere, Innovatoren) u. des Wandels sozialer Rollen auf das veränderbare Konsumentenverhalten analysiert. Kultur- u. sozialkritisch orientierte K. untersucht Fragen der Manipulation u. Fremdbestimmung (Entfremdung) des Verbrauchers durch ökonom. bedingte »Konsumzwänge« in der Überflußges. Die Verstärkung der Umweltkrise durch status- u. prestigeorientierten Verschwendungskonsum fordert die K. dazu heraus, Realisierungsmöglichkeiten für einen rohstoffsparenden, umweltgerechten u. sozial verantwortungsbewußten Konsumstil zu erforschen.

P. Meyer-Dohm, Sozialökonom. Aspekte der Konsumfreiheit, 1965; E. Zahn, Soziol. der Prosperität, 1964; G. Katona, Die Macht des Verbrauchers, 1962; ders., Der Massenkonsum, 1965; K. H. Hörning, Ansätze zu einer K., 1970; K. -H. Hillmann, Soz. Bestimmungsgründe des Konsumentenverhaltens, 1971; G. Wiswede, Soziol. des Verbraucherverhaltens, 1972; ders., Motivation u. Verbraucherverhalten, [2]1973; F. G. Hoepfner, Verbraucherverhalten, 1976; M. Bruhn, Das soz. Bewußtsein von Konsumenten, 1978; H. G. Nutzinger (Hg.), Konsum u. Produktion, 1983; R. Roth, Die Sozialisation des Konsumenten, 1983; W. Kroeber-Riel, Konsumentenverhalten, [4]1990; A. Kuß, Käuferverhalten, 1991.

Konsumstandard (lat.), »Verbrauchs-Durchschnittsmuster«, leitbildhafte Vorstellung (in Abgrenzung vom tatsächl. Handeln) für das Konsumverhalten. Die Konsumsoziol. versucht, aus dem K. das voraussichtl. Konsumentenverhalten abzuleiten. Für das Zustandekommen u. soziale Einwirken des K. auf den tatsächl. Verbrauch werden einige Axiome diskutiert: 1. das Präferenz-Axiom, das beim Konsumenten relativ klare,

konsistente u. vollständige Bewußtseinsinhalte über seine Konsumvorstellungen insoweit postuliert, daß hieraus Präferenzordnungen (-skalen) ableitbar sind; 2. das Verbindlichkeits-Axiom, das für das aktuelle Konsumverhalten eine gewisse Verbindlichkeit des K. unterstellt; 3. das Integrations-Axiom, das im K. das Ergebnis der Interaktionen u. Beeinflussungen mehrerer, ihr Konsumverhalten koordinierender Personen (z. B. Haushalt) erkennt; 4. das Anspruchsniveau-Axiom, das die prinzipielle Dynamik des K. im Sinne des sich Ausrichtens an neue gesamtges. Daten u. Informationen postuliert; 5. das Plastizitäts-Axiom, das die Abhängigkeit konkreter K.s von sich wandelnden Bedürfnis-Erfüllungsmöglichkeiten veränderter Produkt- u. Lebenswelt behauptet; u. 6. das Normiertheits-Axiom, demzufolge die K. von Gruppennormen bestimmt sei u. seinerseits wiederum gruppen- u. normenbildend wirke.

Kontakt, sozialer (lat.), »Berührung«, soziale Beziehung zw. Personen, Gruppen oder Organisationen. Nach der Anzahl der K.e innerhalb einer bestimmten Menge von Personen oder sozialen Gebilden wird die Dichte eines sozialen Beziehungsfeldes gemessen. Die soziale Dichte einer Ges. kann (als Kennzeichen z. B. fortschreitender industrieges. Entwicklung) wachsen, ohne daß das Volumen einer Ges. (Zahl der Einwohner pro Quadratkilometer) zunimmt.

Kontaktfrage, Bezeichnung für Fragen, die am Beginn eines Interviews dazu beitragen sollen, daß eine hinreichend aufgelockerte Atmosphäre zw. dem Interviewer u. dem Befragten zustandekommt u.

Kontaktstörung

sich dieser mit Interesse an der Befragung beteiligt.

Kontaktstörung, Schwierigkeiten oder eingeschränkte Möglichkeiten einer Person, mit sozialen Beziehungspersonen oder mit rollenmäßig zunächst nicht definierbaren Menschen soziale Kontakte aufzunehmen u./oder dauerhaft u. intensiv zu strukturieren. Ursachen von K. können in der eigenen Psyche oder in Einflüssen der sozialen Umwelt liegen: z. B. Ich-Schwäche, Isolierung von der Eigen- oder Außengruppe durch Unterprivilegierung, Diskriminierung, Milieuverlust. K.en äußern sich als Kommunikationsunfähigkeit, engagementlose Distanzierung, Konventionalisierung des Verhaltens, Apathie. Ausweich- u. Kompensationsmöglichkeiten sind Konformismus, Ritualismus, Kriminalität, Weltflucht, Originalitätszwang (spleen) u. a.

H. P. Dreitzel, Die ges. Leiden u. das Leiden an der Ges., 1968.

Kontemplation, kontemplativ (lat.), »Beschaulichkeit«, religionswiss. die schauende (u. religiösen Gotteskontakt suchende) Versunkenheit in das vermeintl. Werk u. Wort Gottes.

Konterrevolution (lat.), »Gegenrevolution«, Kampf der von siegreichen revolutionären Bewegungen aus den ges. Herrschaftspositionen verdrängten Gruppen oder sozialen Klassen um eine Restauration der vorrevolutionären Lage.

Kontextanalyse (lat. Kontext = umgebender Zusammenhang), Verfahren der Datenanalyse in der Empir. Sozialforschung, bei dem die Auswirkung bestimmter Umwelt-, Situations- oder Milieu-merkmale auf persönl. Attribute wie Wertorientierungen, Einstellungen, Verhalten, Leistung erfragt wird. Die K. betrachtet die in einer Erhebung ermittelten persönl. Attribute der Personen als abhängige Variable u. sucht nach den unabhängigen, aus dem soz. Kontext der Personen ableitbaren verursachenden Variablen.

Eine Weiterentwicklung der K. ist die Mehrebenenanalyse, die versucht, die beobachteten Variablenzusammenhänge auf der Ebene der Person mit den Zus.hängen der gleichen Variablen auf der Ebene umgebender sozialer Aggregate in Beziehung zu setzen u. gegenseitige Beeinflussungs- (Kausal-)Prozesse zu erforschen. Die Mehrebenenanalyse bietet sich damit als Möglichkeit an, soziol. Mikrotheorien (über die Persönlichkeit oder Gruppe) mit makrotheoret. Ansätzen (über die Organisation oder Ges.) zu verbinden.

H. J. Hummell, Probleme der Mehrebenenanalyse, 1972; O. Nigsch, Theoret. u. prakt. Bedeutung der Mehrebenenanalyse, in: KZfSS 29, 1977; W. H. Eirmter, Zur Theorie u. Methodik v. Mehrebenenanalysen, in: KZfSS 31, 1979; H. Alpheis, K., 1988; J. Huinink, Mehrebenensystem-Modelle in den Soz.wiss.en, 1989.

Kontingenz (spätlat. Möglichkeit), ein in seinem Bedeutungsinhalt auf Aristoteles u. die scholast. Phil. zurückgehender Begriff, den T. Parsons u. N. Luhmann in die Systemtheorie übernommen haben. Philos.-allg. bezeichnet K. das Nicht-Notwendige u. Nicht-Unmögliche bzw. das Zufällige u. Mögliche, das eintreten kann, aber nicht muß. Somit sind Gegebenheiten, Erscheinungen u. Vorgänge – insbes. menschl. Denken u. Verhalten – kontingent, weil sie immer auch anders möglich sind. Infolge dieses mögl. Andersseins des Gegebenen ist die Lebenswelt des Menschen von Grund auf durch Instabilität, Beliebigkeit u. Unsicherheit gekennzeichnet.

Beim Tier sind durch die Instinktgebundenheit die Reaktionsmöglichkeiten hinsichtlich bestimmter Schlüsselreize in starkem Maße jeweils artspezif. festgelegt, insofern nicht oder nur geringfügig offen, variabel u. kontingent. Menschen hingegen verfügen aufgrund ihrer weitgehenden Instinktreduktion, Weltoffenheit, Plastizität usw. über die Möglichkeit, offen, variabel, überraschend, unberechenbar, innovativ, also kontingent zu handeln u. zu reagieren. Infolge dieser konstitutionellen Verhaltensunsicherheit zw. Menschen, zw. Ego u. Alter, besteht für Parsons ein Problem der »doppelten K.«. Die Lösung dieses Problems sieht er darin, daß sich die Handlungspartner aufgrund eines Wertkonsens an gemeinsamen Handlungsnormen orientieren. Dadurch ergibt sich in der Regel eine hinreichende wechselseitige Erwartungssicherheit.

K.spielräume gibt es nicht nur im Bereich direkter Interaktionen, sondern auch in soz. Systemen u. größeren ges.lichen Zus.hängen. Im Verlauf einer bisher mehr naturwüchsigen Entwicklung der Ges. haben sich verschiedenart. soziokult. Elemente herausgebildet, die die K. einschränken: weltanschaul. Interpretationen, religiöse Deutungssysteme, Werte, Institutionen, Normen, Rollen u. informelle Beziehungen. In traditionalen Ges.en mit rigiden u. detaillierten Verhaltensregulierungen ist K. weitaus mehr eingeschränkt als in mod. Ges.en. Der Aufstieg der Erfahrungswiss., Aufklärung, Rationalisierung, Säkularisierung, die »Entzauberung der Welt« (M. Weber) haben die traditionellen K.ein-

schränkungen immer mehr aufgebrochen. Diese werden zunehmend weniger als gottgegeben, natürl. oder selbstverständl. empfunden u. akzeptiert. Mit verstärkter →Akkulturation, Pluralisierung u. Individualisierung nimmt die K. in mod. Ges.en weiter zu. Dadurch wachsen Unsicherheit, Desorientierung, Konfliktpotential u. Gefahren der ges. Desintegration, aber auch Chancen der indiv. Freiheit, Autonomie u. Persönlichkeitsentfaltung sowie eines rational planmäßig gesteuerten soz. Wandels. In diesem gegenwärtig beschleunigten evolutionären Prozeß der K.bewältigung steigen zugleich die Ansprüche an die rational u. ges. akzeptable Begründung von Entscheidungen, Planungen, Normsetzungen u. Problemlösungen.

T. Parsons u. E. Shils (Hg.), Toward a General Theory of Action, Cambridge, Mass. 1951; N. Luhmann, Soz. Systeme, ⁴1985 (1984); H. Willke, Systemtheorie, ³1991 (1982).

Kontingenz-Analyse

Kontingenz-Analyse (lat.), »Berührungs«-, »Verbindungs«-Analyse, Methode der Empir. Sozialforschung zum Nachweis bestimmter Verbindungen zw. Begriffen, Redewendungen, Textelementen, die von Personen oder Institutionen beim Interpretieren, Argumentieren verwendet werden. Die K. ermöglicht eine relativ präzise Beschreibung von Assoziations-Strukturen bei geschriebenen oder gesprochenen Texten. Da bestimmte Wörter in untersuchten Texten mit gewisser Häufigkeit rein zufällig zus. auftreten können, kommt es bei der K. darauf an, die mit einer über der Zufallswahrscheinlichkeit liegenden Häufigkeit zus. auftretenden sprachl. Zeichen zu ermitteln.

I. de Sola Pool, Trends in Content Analysis, Urbana 1959; G. Maletzke, Psychol. d. Massenkommunikation, 1963; R. Mayntz u. a.,

Einführung in die Methoden der empir. Soziol., ²1971.

Kontinuität (lat.), »lückenloser Zusammenhang«, »Stetigkeit«, relativ langfristiges Gleichbleiben eines soz. Strukturzustandes ohne punktuelle, abrupte qualitative Veränderungen des Rollen- u. Normengefüges.

Kontinuum (lat.), »lückenlos Zusammenhängendes«, »Stetiges«, »Ununterbrochenes«, in der Empir. Sozialforschung sehr oft zw. zwei Extremwerten (oder -eigenschaften) das Aneinanderreihen quantitativ nicht fixierbarer Daten oder Eigenschaften, die ineinander übergehen. Auch im histor. Sinne die Entwicklungskette nicht oder nur »künstl.«-willkürlich abgrenzbarer Phänomene.

Kontradiktion (lat.), Begriff der Logik zur Prüfung der internen Beschaffenheit einer Theorie im Hinblick auf das Aufdecken von Widersprüchen innerhalb des Aussagensystems. Dazu ist die Analyse der log. Beziehungen zw. den Aussagen erforderlich. Eine K. liegt vor, wenn innerhalb des Aussagensystems mindestens zwei miteinander logisch inkompatible Aussagen nachgewiesen werden. Die Folge einer K. ist, daß sich innerhalb der Theorie beliebige Aussagen ableiten lassen.

Kontraktion (lat.), »Zusammenziehung«, »Schrumpfung«, Vorgänge der Verkümmerung, der Verkleinerung u. evtl. des Absterbens soz. Gebilde u. Institutionen im soz. Wandel oder der Abnahme der Dichte u. Intensität gegenseitiger soz. Beziehungen innerhalb solcher Gebilde u. Institutionen. Seit E. Durkheim wird in der Familiensoziol. vom »K.-Gesetz« gesprochen, wonach die Familie in unumkehrbarer gesch. Entwicklung in allen Ges.en einem Prozeß der Einengung u. des Funktionenverlustes unterworfen sei.

Kontrakultur →Gegenkultur

Kontrolle, soziale, ein von E. A. →Ross eingeführter soziol. Grundbegriff, der die Gesamtheit aller soz. Strukturen u. Prozesse bezeichnet, die abweichendes Verhalten der Angehörigen einer Ges. oder einer ihrer Teilbereiche verhindern oder einschränken sollen. Die soziale K. setzt definitionsgemäß Individuen voraus, die aufgrund ihrer Sozialisation u. Lebensumstände nicht in hinreichendem Maße die soziokult. Werte u. Normen verinnerlicht (→Internalisierung) haben u. auch nicht aus Einsicht in die Notwendigkeit der Einhaltung soz. Regeln normgerecht handeln (→Konformität). Die soz. K. dient letztlich der soz. Integration, d. h. der Lösung bzw. Unterdrückung von soz. Konflikten u. Verhaltensgegensätzlichkeiten, sie schafft aber gleichzeitig immer wieder neue Konflikte, weil mit ihr das Problem der Autorität u. Fremdbestimmung aufgeworfen wird.

Soz. Übereinkünfte der die Strukturen einer Ges. bestimmenden Kräfte legen nicht nur fest, was als normgerecht, angemessen, richtig, u. was als abweichendes Verhalten zu gelten hat, sondern definieren auch die angemessenen Reaktionen der gesamten Ges. oder ihrer betroffenen Teilbereiche auf abweichendes Verhalten. Als Träger oder Medien der soz. Kontrolle kommen neben den dazu bes. institutionalisierten Apparaten (Polizei, Gerichte u. a.) alle Gruppen u. Organisationen in Betracht, denen eine Person durch ihre soz. Rollen angehört oder die einen normierenden u. Orientierung bietenden Einfluß auf sie ausüben. Für die moderne Sozialisationsforschung sind von bes. Interesse die Prozesse der Internalisierung »äußerer« Kontrollen zu »inneren« Kontrollinstanzen (z. B. Gewissensbildung). Entsprechend dem jeweils unterschiedl. Grad der Verbindlichkeit von soz. Normen (Muß-, Soll-, Kann-Normen) schwankt auch die Strenge der Sanktionen, die neben anderen Maßnahmen wie Reform, Entschädigung, Wiedergutmachung, Vorbeugung, kollektive Idealisierung, Wertsymbolisierung u. a. den wirkungsvollsten Mechanismus sozialer K. darstellen.

E. A. Ross, Social Control, 1901; J. S. Roucek (Hg.), Social Control, New York [2]1956 (1947); A. K. Cohen, Abweichung u. K., 1968; T. Parsons, Recht u. soz. K. (in: E. E. Hirsch, M. Rehbinder, Studien u. Materialien zur Rechtssoziol., KZfSS, Sonderheft 11, 1967); E. M. Schur, Abweichendes Verhalten u. soz. K., 1974; P. Malinowski, U. Münch, Soz. K., 1975; G. Albrecht u. M. Brusten (Hg.), Soz. Probleme u. soz. K., 1982; T. v. Trotha, Recht u. Kriminalität, 1982; D. Black, Toward a General Theory of Social Control, 2 Bde., Orlando (Florida) 1984; H. Peters, Devianz u. soz. K., 1989; D. Frehsee u. a., Strafrecht, soz. K., soz. Disziplinierung, 1993.

Kontrollfrage, spezielle Frage im Interview u. Fragebogen, mit der überprüft werden soll, inwieweit der Befragte eine zuvor gestellte Frage aufrichtig beantwortet hat. Die K. erfragt deshalb das jeweilige Thema mit einer anderen Formulierung, wobei dem Befragten der Zus.hang zw. beiden Fragen möglichst verborgen bleiben soll. K.n dienen zugleich zur Überprüfung der Festigkeit u. Widerspruchsfreiheit (consistency →Konsistenz) v. Einstellungen, Meinungen u. Verhaltensweisen.

Kontrollgruppe, Begriff der Empir. Sozialforschung. Bei der Überprüfung von Kausalhypothesen insbes. im Bereich der gruppensoziol. Forschung durch die Methode des Experiments werden in kontrastierenden, künstl. Situationen eine Experimentalgruppe u. eine K. daraufhin beobachtet, ob ein nur in der Experimentalgruppe feststellbarer oder bewußt eingeführter Kausalfaktor (unabhängige Variable) tatsächl. die ihm hypothet. zugeschriebene Wirkung (abhängige Variable) hat. Durch →Matching oder →Randomisierung wird versucht, die Experimentalu. K. so zus.zusetzen, daß sie hinsichtl. bedeutsamer Merkmalsausprägungen (Geschlecht, Alter, Bildungsgrad u. a.) strukturell möglichst ähnl. sind.

Konvention, eine Norm für soz. Handeln, bei deren Nichteinhaltung der Betreffende auf eine für ihn prakt. fühlbare Mißbilligung (schwache Sanktion) zumindest der Mehrheit der Angehörigen der Gruppe oder des sozialen Systems stößt. K.en decken sich weitgehend mit Kann-Normen.

M. Weber, Wirtschaft u. Ges., [5]1980 (1921); B. Brülisauer, Moral u. K., 1988.

Konventionalisierung (lat.), Tendenz zu einem Sichausliefern an ges. Konventionen (»Vereinbarungen«). Ein Ergebnis von Gewöhnung, Abstumpfung, fehlender Rollendistanz gegenüber dauerhaften soz. Beziehungsformen.

Konventionalismus (lat.), »Herrschaft der Vereinbarung«, wissenschaftstheoret. Richtung, die den auf bloß zweckmäßiger Vereinbarung (unter Wissenschaftlern) beruhenden Charakter von wiss. Axiomen, Begriffen, naturgesetzl.

Konvergenz   446

Grundannahmen usw. betont. Die Struktur wiss. Theorien ist für den K. kein Bild der Strukturen betr. Natur, sondern eine rein begriffl. Konstruktion. Nicht die Eigenschaften der Welt bestimmen die wiss. Konstruktionen, sondern die letzteren bestimmen die Eigenschaften einer künstl., von der Wiss. geschaffenen Begriffswelt, definiert durch die von der Wiss. festgesetzten Natur- u. Sozialgesetze. Diese Auffassungen haben Konsequenzen für das Verhältnis von Theorie u. Experiment. Die vom K. definierten Naturgesetze sind durch keine experimentelle Überprüfung falsifizierbar, denn erst sie bestimmen ja, was z. B. eine Beobachtung, eine wiss. Messung ist.

H. Dingler, Der Zus.bruch der Wiss. u. der Primat der Philosophie, ²1931; K. R. Popper, Logik der Forschg., ⁹1989 (1935).

Konvergenz, K.theorie (lat.), »Annäherung«, »Zusammenstreben«, ein zum ersten Mal von P. A. →Sorokin verwandter Begriff, der sich auf vermeintl. Ähnlichkeiten der Ges.systeme der USA u. ehemal. UdSSR beziehen sollte. K.theorie ist ein sozialwiss. Denkansatz, der als Prognose für das zukünftige Verhältnis von Kapitalismus u. Sozialismus eine wechselseitige Annäherung der beiden Ges.ordnungen auf der Basis der einheitl. modernen Industriegesellschaft erwartet. Danach findet in allen fortgeschrittenen kapitalist. u. sozialist. Industrieländern infolge der analogen techn. u. produktionsorganisator. Entwicklung auch eine Annäherung der z. Z. noch antagonist. Wirtschaftsordnungen, sozialen Strukturen, polit. Systeme u. Ideologien statt. – Durch das wirtschaftl. u. polit. Scheitern der staatssozialist. Herrschaftssysteme in Osteuropa sind die k.theoret. Ansätze weitgehend hinfällig geworden.

P. A. Sorokin, Russia and the United States, New York 1944; ders., The Basic Trends of our Times, New Haven, Conn., 1964; J. K. Galbraith, Die mod. Industrieges., 1968; E. Kininger, Koexistenz − Proexistenz, 1968; P. Ch. Ludz, K. u. K.theorie (in: Sowjetsystem u. demokrat. Ges., Eine vergleichende Enzyklopädie, 1969); K. Dopfer, Die Ost-West-K., 1970; G. Rose, Industrieges. u. K.theorie, 1971; ders., K. der Systeme, 1974; G. Zelletin, Intersystemare Beziehungen in Europa, 1970; K. v. Beyme, Sozialismus oder Wohlfahrtsstaat?, 1977; R. Krauss, Intersystemare Kooperation u. Anpassungsprozesse zw. westl. u. östl. Wirtschaftssystemen, 1980.

Konzentration (lat.), »Zusammenballung«, soziol. für unterschiedl. Phänomene übl. Begriff. Allg. das Anwachsen sozialer Beziehungen zw. Individuen, Gruppen, Organisationen in bezug auf Volumen u. Dichte. In räuml. Betrachtungsweise das »Zusammenziehen« größerer Bevölkerungsgruppen an bestimmten Orten oder in bestimmten Regionen mit allen sich daraus ergebenden soz.strukturellen Konsequenzen (Verstädterung, Agglomeration, Verkehr, Arbeitsstätten) der Differenzierung u. Komplizierung der Ges.

In der Arbeitssoziol. wird K. als notwendiges Ergebnis von Rationalisierungs- u. Spezialisierungsprozessen fortgeschrittener Industrieges. erkannt (→Arbeitsteilung).

In der wirtschaftssoziol. Analyse interessiert K. als Betriebs-, Kapital-, Eigentums-, Einkommens- u. Macht-K., weil von K.-Prozessen fundamentale Einflüsse auf die Ordnungsstrukturen u. Konfliktverhältnisse sowohl zw. Ges.en als auch insbes. zw. versch. Bevölkerungsteilen einer Ges. ausgehen. Die K. der Betriebe als räuml. oder wirtschaftl. Zus.fassung techn. gleicher u. ähnl. (horizontale K.) bzw. techn. vor- u. nachgelagerter Produktionsaufgaben (vertikale K.), zeigt sich im wachsenden Anteil der unselbständigen Beschäftigten an der Gesamtzahl der Erwerbstätigen. Die Folgen techn. u. wirtschaftl. K. lassen sich an wachsenden Marktanteilen (Umsatz-Anteilen) der großen Unternehmen (Tendenz zur Monopolisierung u. Kartellierung), an statist. Daten über Kapital- u. Eigentums-K. sowie an der aus solchen Tendenzen sich ergebenden Einkommens-K. ablesen.

Die sich aus wirtschaftl. K. ergebende Ballung wirtschaftl. Marktmacht gefährdet zu Lasten der Verbraucher den Leistungswettbewerb u. das System der Marktwirtschaft. Diese K. bedroht aber auch die polit. Ordnungen der parlamentar. Demokratien, denn unter den Kräften, die die polit.-staatl. Entscheidungen beeinflussen, kommt der konzentrierten ökonom. Verfügungsgewalt ein bes. Gewicht zu.

Th. Caplow, Soziol. d. Arbeit, 1958; R. Gunzert, Was ist K.?, 1960; ders., K., Markt u. Marktbeherrschung, 1961; H. Arndt (Hg.), Die K. in der Wirtschaft, 1960; H. O. Lenel, Ursachen der K., 1968; U. Jaeggi, Macht u. Herrschaft in der BRD, 1969; D. Grosser (Hg.), K. ohne Kontrolle, [2]1970; H. Arndt, Kapitalismus, Sozialismus, K. u. Konkurrenz, 1976; Monopolkommission, Hauptgutachten 1976/77, Fortschreitende Konzentration b. Großunternehmen, 1978.

Kooperation (lat.), das geordnete, möglichst produktive u. erfolgreiche Zus.wirken von Individuen sowie von soz. Gebilden als ein existentiell notwendiges Grundverhältnis der ges. praktizierten Lebensbewältigung. Wesentl. Voraussetzungen für K. sind gemeinsame Kommunikationssysteme, Ziele, soz. Normen, Institutionen u. eine wechselseitige Erwartungssicherheit. K.sfördernd wirken gemeinsame Auffassungen, Werte u. das Verhaltensprinzip der →Reziprozi-

tät (Gegenseitigkeit). K. wird gefährdet durch das Streben einzelner Akteure, zugunsten eigener Vorteilsmaximierung Kooperationspartner zu täuschen, zu betrügen, auszunutzen u. auszubeuten. Diese k.sgefährdenden Tendenzen müssen durch internalisierte Werte u. Moralprinzipien, durch sanktionengestützte Normen u. stabile (staatl.) Institutionen in möglichst engen Grenzen gehalten werden. K. kommt in unterschiedl. Entwicklungsniveaus der Arbeitsteilung u. der funktionalen Institutionalisierung von soz. Positionen u. Rollen zum Ausdruck. K. bedingt Organisation, d. h. zielbewußte, planmäßige u. funktionenstrukturierte Zus.arbeit. K. schließt Konflikt u. Antagonismen nicht aus u. ist somit auch nicht gleichbedeutend mit soz. Integration. Insbes. in der mod. Ges. tritt infolge verstärkter Tendenzen zum Werte- u. Interessenpluralismus sowie zur Individualisierung »antagonist. K.« (W. G. Sumner) hervor: Trotz Gegnerschaft aufgrund unterschiedl. Auffassungen, Wertorientierungen u. Interessen kooperieren Akteure (z. B. Gewerkschaften u. Arbeitgeberverbände), weil sie wichtige Ziele (z. B. Verbesserung der internat. Wettbewerbsfähigkeit u. Sicherung von Arbeitsplätzen) nur gemeinsam (besser) verwirklichen können. Der Rückgang der Traditionsbestimmtheit von K. u. das Vordringen von egoist. Nutzenmaximierung müssen durch eine erhöhte Einsicht in die Vorteile aufrichtiger u. gerechter Zus.arbeit sowie durch eine rechtsstaatl. Absicherung kompensiert werden.

Bei der gefügeartigen K. wird die funktionenspezifische Zus.arbeit von Arbeitern in großen Industriebetrieben durch die Anordnung von Maschinen u. entsprechende

Kooptation

Arbeitsabläufe bestimmt. Teamartige K. ist dadurch gekennzeichnet, daß Gruppen von Mitarbeitern unter gegenseitiger Abstimmung u. Unterstützung an bestimmten (umfangreicheren) Aufgaben arbeiten (z. B. Entwicklungsprojekte, Automontage, Werbekampagne).

E. Boettcher (Hg.), Theorie u. Praxis der K., 1972; H. E. Lück u. U. Wilke-Birkenhauer, Untersuchungen zu kooperativen u. prosoz. Verh., 1981; W. Grunwald u. H.-G. Lilge (Hg.), K. u. Konkurrenz in Organisationen, 1982; H. Kliemt, Antagonist. K., 1986; R. Axelrod, Die Evolution der K., ²1991 (1987).

Kooptation (lat.), »Zuwahl«, Auswahl der zukünftigen Mitglieder einer Gruppe oder Organisation (bes. ihrer Führungsschichten) durch die Gruppen- oder Organisationsmitglieder selbst. K. führt tendenziell zur Ausschaltung äußerer, d. h. neuer u. kritischer Einflüsse.

K. Löwenstein, K. u. Zufall, 1973.

Koordination (lat.), »Zusammen-Ordnung«, »Abstimmung«, im Bereich soz. Beziehungen alle Versuche, nebeneinander herlaufende u. voneinander unabhängig sich entwickelnde od. wirkende, aber auf gleiche oder ähnl. Ziele hin angelegte Aktivitäten durch Aufstellung von Kooperations-Regeln, gegenseitige Kommunikation aufeinander abzustimmen.

Korporation (engl.-franz. zu lat. corporare = zum Körper machen), Körperschaft im Sinne großer soz. Gebilde mit bestimmten Zielen u. Interessen sowie einer formalen (bürokrat.) Organisationsstruktur, z. B. Staat, Unternehmungen, Gewerkschaften, Vereine. Die Herausbildung u. Ausbreitung von K.en bzw. von großen »korporativen Akteuren« ist eine wesentl. Dimension der mod. Ges. K.n sind in der Regel langlebiger, verfügen über mehr Ressourcen, Informationen u. Macht als die sie tragenden Personen. Verantwortlichkeit für korporative Aktivitäten u. insbes. für (rechtl.) umstrittene Folgen sind individuell oft schwer oder gar nicht zurechenbar. Angehörige einer K. arbeiten als austauschbare Rollenträger für Ziele u. Zwecke, die mehr oder weniger von ihren persönl. Auffassungen, Werten, Zielen u. Motiven abweichen. Die Ausbreitung von K.en hat maßgeblich zur weitgehenden Ent-Personalisierung der mod. Ges. beigetragen.

J. S. Coleman, The Asymmetric Society, Syracuse 1982, dt.: Die asymmetrische Ges., 1986; V. Vanberg, Markt u. Organisation, 1982.

Korporatismus (lat.), soz.wiss. Konzept zur Darstellung des Zus.wirkens von →Korporationen zugunsten einer effektiven, problemlösenden u. krisenvermeidenden Steuerung von Wirtschaft u. Ges. Zentrale Akteure dieser Kooperation sind insbes. der Staat u. wirtschaftl. Interessenverbände. Ausgangspunkt für das korporatist. Modell ist die grundlegende Funktion des Staates, ges. u. wirtschaftl. Ordnung aufrechtzuerhalten, die durch freie Marktkräfte nicht gewährleistet werden kann, sondern eher gefährdet wird. Zur Erfüllung seiner Ordnungs- u. Steuerungsfunktion bedient sich der Staat bürokrat. organisierter Interessenverbände, die sich somit als Mittlerorganisationen, Vermittlungsinstanzen bzw. intermediäre Organisationen zw. Staat u. Ges. bzw. den ges. »Muttergruppen« (O. Stammer) der Verbände zu bewähren haben. Dementsprechend werden diese Verbände staatl. besonders gefördert. Korporatist. Wirkungszus.hänge sind in einzelnen Ländern qualitativ u. graduell unterschiedl. ausgeprägt: monopolartige Vertretung von Interessen durch bestimmte Mittlerorganisationen, Zwangsmitgliedschaften, privilegierte Zugangsrechte zu staatl. Behörden, enges Verhältnis zw. Mittlerorganisationen u. staatl. Institutionen, formelle u. informelle Verhandlungen über polit. u. wirtschaftl. Probleme, Übertragung bestimmter staatl. Aufgaben an Verbände. Staatl. Institutionen können dadurch das spezialisierte Wissen (Sachverstand, hohes Informationsniveau) hochrangiger Repräsentanten von Verbänden ausschöpfen, Interessengegensätze u. Konflikte entschärfen, breitere Unterstützung für (unpopuläre) Maßnahmen gewinnen.

Im italien. Faschismus wurde im Zuge des angestrebten Aufbaus einer berufsständ.-korporativen Staats- u. Wirtschaftsordnung von oben her versucht, den Gegensatz von Kapital u. Arbeit durch Vereinigung der Arbeitgeber- u. Arbeitnehmerverbände zu parität. organisierten (Branchen-)Korporationen zu überwinden.

W. Lecher, K. u. Gewerkschaftspolitik im europ. Vergleich, in: WSI-Mitteilungen 34, 1981; M. Glagow (Hg.), Ges.ssteuerung zw. K. u. Subsidiarität, 1984; P. J. Williamson, Varieties of Corporatism, New York 1985; K. Meier, Emile Durkheims Konzeption der Berufsgruppen, 1987; R. Kleinfeld, Mesok., Fernuniv. Hagen, 1989.

Korrelation (lat.), »Wechselbeziehung«, Zus.hang zw. den in Zahlen ausgedrückten Werteverteilungen von zwei oder mehr Variablen. Die K. ist eine mathemat. Darstellung der allgemeinsten Form des Zus.hangs, die jedoch keine Aussagen über die funktionale oder kausale Abhängigkeit der Variablen voneinander zuläßt. Maximale oder vollkommen positive K. liegt vor, wenn jedem Wert in der Werteverteilung der einen Variablen nur ein ganz bestimmter Wert der anderen entspricht, u. zwar in der Weise, daß die Werte der einen Variablen sich genau im gleichen Verhältnis wie die anderen ändern. Maximale u. vollkommen negative K. besteht, wenn die Werte der einen Verteilung sich genau im umgekehrten Verhältnis wie die anderen ändern. Den jeweiligen Grad der K. zw. diesen extremen Grenzfällen gibt eine statist. Meßzahl, der K.koeffizient, an, der zw. den beiden Werten + 1 u. − 1 schwanken kann.

H. J. Hummell u. R. Ziegler (Hg.), K. u. Kausalität, 3 Bde., 1976; E. Förster u. B. Rönz, Methoden der K.s- u. Regressionsanalyse, 1979.

Korruption (lat. corrumpere = verderben, bestechen, vernichten), Bezeichnung für Handlungsweisen, die unter Verletzung von allg. anerkannten Wertvorstellungen, moral. Grundsätzen, soz. Normen, Gesetzen u. Amtspflichten auf die Erlangung persönl. Vorteile zu Lasten des Gemeinwohls ausgerichtet sind. Demnach besteht bei der K. eine Kluft zw. einer persönl.-privaten Gewinnorientierung (individuell-rationales Gewinn-Kalkül) u. öffentl. Gemeinwohlorientierung. K. ist ein für die Beteiligten vorteilhafter Austausch von Leistungen, der unter Abweichung von offiziellen Normen freiwillig u. heimlich vollzogen wird, wobei mindestens einer der Tauschpartner eine Macht- oder Vertrauensposition mißbraucht. Bestechlichkeit (passive Bestechung) eines Positionsinhabers ist gegeben, wenn er für eine Pflichtverletzung einen Vorteil fordert, sich versprechen läßt oder annimmt. Der Gebende macht sich der aktiven Bestechung schuldig.

Kovarianzanalyse 450

Der Preis für eine korrupte Handlung hängt auch von dem damit verbundenen Risiko ab, z. B. negative Sanktionen bei Entdeckung, Erpreßbarkeit.
K. hat es in verschiedenen gesch. Epochen u. bis in die Gegenwart hinein in unterschiedlichsten Ges.stypen gegeben: in vorindustr. Ges.en, Entwicklungsländern, totalitären Diktaturen, staatssozialist. Planwirtschaften u. westl. Demokratien. K. gefährdet den durch Gerechtigkeit u. Chancengleichheit fundierten sowie durch (gesetzl.-)normative Ordnung regulierten Leistungszus.hang der Ges. Insbes. wirtschaftl. unzureichend funktionierende Mangelges.en bilden einen Nährboden für K. Für die Eindämmung von K. ist die Internalisierung von gemeinwohlorientierten Werten u. moral. Prinzipien grundlegend. Darüber hinaus sind Pressefreiheit (entlarvender Journalismus) u. konsequenter Vollzug negativer Sanktionen wirksam. Unter dem Eindruck des preußisch-dt. Beamtentums war für M. Weber der unbestechl., streng formalistisch nach rationalen Regeln u. nach sachl. Zweckmäßigkeit,»ohne Ansehen der Person« handelnde Amtsinhaber ein wesentl. Element des Idealtyps der legalen Herrschaft mit bürokrat. Verwaltungsstab.

M. Weber, Wirtschaft u. Ges.,⁵1980 (1921); C. Fleck u. H. Kuzmics (Hg.), K., 1985; H.-E. Richter, Die hohe Kunst der K., 1989; U. v. Alemann u. R. Kleinfeld, Begriff u. Bedeutung der polit. K. in der Politikwiss., Fernuniv. Hagen, 1990; T. Heberer, K. in China, 1991; P. Kleiner, Bestechung, 1992; H. Venske, G. Handlögten, Klüngel, Filz & K., 1993.

Kovarianzanalyse (lat.), »Miteinflußfaktor«-Analyse, ein Verfahren der statist. Analyse von nach wiss.-theoret. Merkmalen gruppierten Daten (Fällen) zur Überprüfung von Hypothesen. Es wird geprüft, in welchem Ausmaß sich mehrere Datengruppen voneinander unterscheiden, wobei vorher der Einfluß eines gemeinsamen dritten Faktors analysiert u. ausgeschaltet wird.

Kracauer, Siegfried, 8. 2. 1889 Frankfurt/M. – 26. 11. 1966 New York. Studium der Architektur, Philos., Soziol., 1911 Dipl.-Ing. München, 1915 Dr.-Ing. Berlin, 1922–23 Kulturkorrespondent der ›Frankfurter Zeitung‹ in Berlin, 1933–41 in Frankreich, dann in New York, 1941–43 wiss. Mitarbeiter des Museum of Modern Art Film Library, seit 1952 am Bureau of Applied Social Research der Columbia Univ.
Bedeutsam ist seine kritische Darstellung der »Angestellten-Kultur«. Neben literar. Arbeiten beschäftigte er sich mit Problemen der Massenmedien unter Berücksichtigung psycholog., sozialer u. polit. Faktoren. Er gilt als Pionier einer Soziol. des →Films.

Schr.: Soziol. als Wiss., 1971 (1922); Die Angestellten, ⁵1971 (1930); J. Offenbach, ³1964 (1937); Propaganda and the Nazi War Film, 1942; From Calgari to Hitler, 1947 (dt.: Von C. bis Hitler, 1958); Theory of Film, 1960 (dt.: Theorie des Films, 1964); Das Ornament der Masse, 1963; Straßen in Berlin u. anderswo, 1964; The last things before the last, 1969.
I. Mülder, S. K. – Grenzgänger zw. Theorie u. Literatur, 1985.

Krankenhaussoziologie, Teilgebiet der Medizinsoziologie, das sich mit den organisations- u. berufssoziol. Problemen des Gesundheitswesens als Summe der geschlossenen Einrichtungen zur Diagnose, Therapie u. Isolation von Krankheit befaßt. Im einzelnen werden erforscht (a) die Beziehungen u. sozialen Konflikte zw. medizin., pflegerischem u. Verwaltungs-Personal, (b) die Wertvorstellungen u. Statusverhältnisse spezif. Berufe

(Arzt, Krankenschwester u. a.), (c) die Rolle u. die soz. u. psych. Probleme der Patienten, (d) das Krankenhaus als System formaler u. informaler Organisationsbeziehungen.

E. Barnes, Menschl. Konflikte im Krankenhaus, [3]1967; J. Rohde, Soziol. des Krankenhauses, 1974; H. Begemann (Hg.), Patient u. Krankenhaus, 1976; J. Siegrist, Arbeit u. Interaktion im Krankenhaus, 1978; J. R. Höflich, Kommunikation im Krankenhaus, 1984; J. Düllings, Systemtheoret. u. empir. Analyse der Krankenhausinanspruchnahme, 1991.

Krankheit, im med. Sinne Vorliegen von Symptomen u./oder Befunden im Organismus bzw. Verhalten einer Person, welche als Abweichung von physiolog. oder verhaltensbezogenen Normen interpretiert u. in der Regel mit ursächl. oder auslösenden Bedingungen in Beziehung gebracht werden können. Objektivierbare Befunde korrelieren nur bedingt mit Befinden, das die Betroffenen mit »kranksein« verbinden (subjektive K.sdefinition). Soziol. ist K. unter zwei Aspekten von zentraler Bedeutung: 1.) unter dem Aspekt ges. Normalität u. Abweichung; 2.) unter dem Aspekt krankmachender (pathogener) ges. Bedingungen (Soziogenese von K.). Zu 1.) K. ist häufig mit Leistungsminderung u. der Notwendigkeit, Hilfe zu erhalten, verbunden. Damit weicht der Kranke von Leistungsnormen des Alltagslebens ab. Die soz. Kontrolle dieser Abweichung erfolgt durch ärztl. Handeln (»Krankschreibung«). Arzt- u. Krankenrolle sind komplementär: der Verpflichtung des Kranken, Hilfe zu suchen, entspricht das ärztl. Gebot, Hilfe zu leisten, der Erwartung an den Patienten, alles zur Wiederherstellung der Gesundheit zu tun, die an den Arzt gerichtete Therapienorm. Empir. Untersuchungen zu soz.

Definitionsprozessen von K. durch Laien u. Professionelle stellen ein Kernthema der →Medizinsoziol. dar. Wenig Bestätigung hat bisher die sog. Etikettierungstheorie der K. gefunden, wonach bestimmte Reaktionen aus dem ges. Umfeld der zukünftig Kranken ausgelöst werden. Andererseits hat insbes. die Psychiatrie ihr Definitionsmonopol gelegentl. mißbraucht, indem z. B. polit. Abweichende zu »psych. Kranken« deklariert wurden. Mit der weltweiten Verbreitung der westl. Medizin wird die soziokult. Variabilität von K.s-Auffassungen eingeschränkt. Zugleich führt die Dominanz wiss. K.s-Konzepte zum Geltungsverlust moral. Bewertungen von Gesundheit u. K. Zu 2.) K. ist nicht nur Ergebnis genet. Defekte, sondern häufig auch Folge einer schädl., soziokult. vermittelten Lebensführung oder ges. erzeugter emotionaler Spannungen (→Psychosomatik). Insofern bilden auch die Entstehungsbedingungen von K., insbes. bei den in mod. Ges.en vorherrschenden chron.-degenerativen Erkrankungen, ein legitimes Erkenntnisinteresse der →Medizinsoziologie. Zu den wesentl. soziogenet. Einflußfaktoren zählen Bedingungen der Überforderung, der Benachteiligung u. des soz. Ausschlusses in wesentl. Bereichen ges. Beziehungen wie Arbeit, Erwerbstätigkeit u. soz. Statussicherung, Ehe, Familie u. soziale Netzwerke.

M. Mosse u. G. Tugendreich (Hg.), K. u. soz. Lage, 1977 (1913); M. Focault, Die Geburt der Klinik, 1973; A. Trojan, Psych. krank durch Etikettierung?, 1978; E. Freidson, Der Ärztestand, 1979; K. Horn u. a., K., Konflikt u. soz. Kontrolle, 1983; B. C. Münnich, Subjekt, Körper u. Ges., 1987; J. Siegrist, Medizin. Soziol., 1988.

Kreativität (lat.), »Schöpferkraft«, Fähigkeit zu originärer, schöpfer.

Kreis 452

Analyse u. Gestaltung der materiellen u. soz. Umwelt. K. umschließt wiss. Entdeckungen, techn. Erfindungen, wirtschaftl. Neuerungen, künstler. Produktionen sowie neuartige Ideen für die Lösung zw.menschl. u. ges. Probleme (soz. K.). Kreative Ideen, Leistungen oder Produkte gewinnen lebensprakt. Bedeutung erst dann, wenn sie innerhalb jeweils relevanter soz. Systeme (Ges., Organisation, Gruppe) akzeptiert werden.

Die Entfaltungschancen für kreative Potenzen von Individuen hängen von der Eigenart der soziokult. Umwelt ab: sie steigen mit der Entwicklung von einer sakral-geschlossenen zu einer säkular-offenen Ges., von einer autokrat.(-totalitären) zu einer freiheitl. Herrschaftsordnung, mit der Liberalisierung von Sozialisationsbedingungen u. Erziehungsstilen (Erziehung zur selbstverantwortl. Persönlichkeit), mit dem Ausbau eines demokrat. Bildungssystems (gleiche Bildungschancen für alle) u. mit der Ausweitung individ. Freiräume. Wichtig sind insbes. ein hohes Maß an frühkindl. Geborgenheit u. sich anschließende Großzügigkeit im Hinblick auf eigenwillige u. außerfamiliäre Orientierungen heranwachsender Kinder, ferner die Förderung der Persönlichkeitsentwicklung (durch einen Mentor).

Individ. Voraussetzungen für gesteigerte K. sind: großes Aktivitätspotential (Vitalität, Initiative, Ausdauer), hohe Konflikt- u. Frustrationstoleranz, Unabhängigkeit u. Nonkonformismus, Neugier, Wissensdrang, Problemsensitivität (Fähigkeit zum Erkennen von Problemen), ideenreiches, flexibles u. divergentes Denken (Fähigkeit zur Problemanalyse aus verschiedenen, auch gegensätzlichen Perspektiven), ausdauerndes Lernen u. Erwerb eines umfangreichen Wissens.

Die Entwicklungs- u. Zukunftschancen einer Ges. u. soz. Gebilde, z. B. von Unternehmungen, hängen maßgebl. von den Entfaltungsmöglichkeiten kreativer Potentiale der jeweiligen Angehörigen ab. K. bildet somit eine besonders starke endogene Antriebskraft des soz. Wandels. Im Zus.hang mit gestiegenen Bildungsniveaus u. ausgeweiteter Freizeit in der mod. Ges. wachsen die individ. Ansprüche hinsichtl. kreativer Aktionsmöglichkeiten.

P. Dreitzel u. J. Wilhelm, Das Problem der K. in der Wiss., in: KZfSS 18, 1966; G. Ulmann, K., [2]1970 (1968); ders. (Hg.), K.s-Forschg., 1973; P. Matussek, K. als Chance, [3]1979; H. Stockhammer, Sozialisation u. K., 1983; C. Facaoaru, K. in Wiss. u. Technik, 1985; S. Preiser, K.s-Forschg., [2]1986; D. W. Winnicott, Vom Spiel zur K., [4]1987 (aus dem Engl.).

Kreis →Simmel, Georg

Kreislauf der Eliten →Elite

Krieg, Auseinandersetzung zw. zwei oder mehr Kollektiven (Bevölkerungsteile, Länder, Staaten, Bündnissysteme) unter Einsatz von Waffen u. phys. Gewalt. Soziol. ist K. eine gewaltsame Konfliktaustragung auf der Ebene größerer soz. Aggregate, wobei sich Angehörige derselben bis hin zur gegenseitigen Tötung bekämpfen (müssen), obwohl sie sich in der Regel persönl. nicht kennen. Die Motivation zum Kämpfen wird je nach den Umständen stimuliert durch die Abwehr eines Aggressors, durch (manipulativ erzeugte) Bedrohungsvorstellungen u. Feindbilder, ideolog. Rechtfertigungsversuche, Eroberungsstreben, Zwang u. a. m. Durch das Ausbleiben oder Scheitern von Kompromißbereitschaft, Friedensbemühungen u. Waffen-

Krieg

stillstand verschärft sich K. im Verlaufe einer →Eskalation zu einem verlustreichen Entscheidungskampf, wobei schließlich der Sieg der einen Seite die Niederlage des Gegners erfordert. K. ermöglicht die kollektive (ggf. legitimierte u. offiziell stimulierte) Freisetzung der Ausartungsbereitschaft feindselig-aggressiver u. destruktiver Antriebskräfte des Menschen, mitunter bis zu Extremen wie Zerstörungswut, Grausamkeit, Sadismus u. Bestialität. Die K.sführung wird in der Regel durch Werte u. Traditionen, in neuerer Zeit auch durch K.s- u. Völkerrecht sowie durch die öffentl. (Welt-)Meinung eingeschränkt. Der Wandel krieger. Konflikte in der Gegenwart erschwert die begriffl. Abgrenzung gegenüber k.s- u. bürgerk.sähnl. Zuständen (z.B. Unruhen, Terror u. Guerillaaktionen, Militärputsche, Grenzschießereien). Oft werden K.e auch nicht mehr mit einer offiziellen K.serklärung begonnen. Die Wirksamkeit der weitgehend mit K.s-Zielen verbundenen K.sursachen hängt von epochalen u. situationsspezif. Umständen ab: Territoriale Streitigkeiten, Eroberungsziele, Abwehr eines Aggressors, Intensivierung von Feindbildern, ideolog. Gründe, Ethnozentrismus, Sendungsbewußtsein, Kreuzfahrergeist, Nationalismus, wirtschaftl. Gründe, Ablenkung innenpolit. Spannungen nach außen, Störungen der Machtverteilung im internat. Kräftefeld, unzureichende Möglichkeiten der friedl. Konfliktbewältigung.
Je nach Ursachen u. Zielen kann zw. Eroberungs-, Angriffs-, Präventiv-, Vernichtungs-, Revanche-, Verteidigungs-, Befreiungs-, Kolonial-, Weltanschauungs- u. Religionsk. (»heiliger K.«) unterschieden werden, ferner je nach K.sführung zw. Bewegungs-, Stellungs-, Partisanen- u. Guerilla-K., je nach der territorialen Ausweitung zw. lokalem, regionalem u. globalem K. (Weltk.). Angriffsk.e wurden ideolog. wiederholt als Präventivk. gerechtfertigt. Seit der Franz. Revolution (1789) gibt es im Zus.hang mit dem Heraufkommen der Nationalstaaten u. der allg. Wehrpflicht den Volksk., der insbes. durch die Mobilisierung von Millionenheeren gekennzeichnet ist. Im 20. Jh. kam es durch weitestgehende Ausschöpfung techn., industr., wirtschaftl. u. ges. Ressourcen ansatzweise zum sog. »totalen K.«.
Die seit langem bestehende eth.-moral. Auseinandersetzung mit dem K. hängt maßgeblich von der geistesgesch. Situation, von weltanschaul. Orientierungen u. unterschiedl. Wertstandpunkten ab. Gemeinhin gelten Angriffsk.e grundsätzl. als verwerfl. Gemäß der Lehre vom gerechten K. (Augustinus, Thomas v. Aquino, H. Grotius) soll die K.sführung mit Hilfe angemessener Mittel u. unter Vermeidung einer Vernichtung des Gegners auf die Wiederherstellung des Friedens ausgerichtet sein. Schließl. hat sich die Auffassung von einer möglicherweise berechtigten Verteidigung weithin durchgesetzt.
Im gegenwärtigen Atomzeitalter sind infolge der gegenseitigen gesicherten Zerstörungsfähigkeit mit Hilfe strateg. Kernwaffen (»atomares Patt«, gegenseitige Abschreckung, Gleichgewicht des Schreckens) K.e zw. industriell hochentwickelten Staaten u. Bündnissystemen nicht mehr führ- u. gewinnbar. Stattdessen kam es zw. dem II. Weltkr. u. der Auflösung der Sowjetunion zum »kalten K.« (B. M. Baruch): eine bedrohl. Konfrontation unterhalb direkter militär. Ge-

Kriminalität 454

waltanwendung zw. den beiden Militärblöcken, die von der Sowjetunion einerseits u. von den USA andererseits geführt wurden (Ost-West-Gegensatz). Durch Militärbündnisse, Wettrüsten, Agententätigkeit, Propaganda, ideolog. Unterwanderung, psychol. K.sführung, K.sdrohungen, diplomat.-polit. Druck, wirtschaftl. Kampfmaßnahmen (z. B. Embargo), polit. gesteuerte Entwicklungshilfe, Förderung von Putschen u. Staatsstreichen im gegner. Lager sowie durch Stellvertreterk.e in militär. weniger brisanten Regionen wurde versucht, zum Nachteil der Gegenseite die eigene (internat.) Position zum Nachteil der Gegenseite zu verbessern. Die volkswirtschaftl. negativen Folgen des Wettrüstens, die Ausbreitung von Ergebnissen der →Friedensforschg. sowie die Friedensbewegung haben maßgebl. zur Verringerung von K.sgefahren zw. industriell hochentwikkelten Staaten beigetragen. Hinsichtl. dieser Staaten hat sich K. in Veränderung seiner Qualität mehr auf die wirtschaftl. Ebene verlagert: Handelsk. zw. Volkswirtschaften bzw. Wirtschaftsblöcken, K. um Märkte, verschärfte Konkurrenz zw. Unternehmungen, feindselige Auseinandersetzungen zw. Gewerkschaften u. Arbeitgeberseite. K.erische Kräfte kommen ferner verstärkt binnenges. zum Ausdruck (→autoaggressive Ges.). Die Zuspitzung rel., ethn. u. nationaler Gegensätze führt insbes. in weniger entwickelten Regionen zu langwierigen, internat. schwer überwindbaren (Bürger-)K.en. Die Überwindung des K.es erfordert zahlreiche wirksame Maßnahmen u. dauerhafte Anstrengungen: insbes. die persönlichkeitsprägende Vermittlung von Grundwerten (»Ehrfurcht vor dem Leben«, Menschenwürde, Toleranz), Friedenser-

ziehung, Abbau von Ethnozentrismus, Vorurteilen u. Feindbildern, Minderung ges. u. globaler Ungleichheit, Ausbau u. Stärkung internat. Institutionen (Ausstattung mit Sanktionsmöglichkeiten) für die Friedenssicherung (friedl. Bewältigung potentiell k.sauslösender Konflikte).
Im übertragenen Sinn wird das Wort K. auch im Zus.hang mit großen Kampagnen zur Bekämpfung drängender Probleme benutzt: K. gegen den Drogenhandel, das organisierte Verbrechen, die Armut.

C. v. Clausewitz, Vom K.e, [19]1980; S. R. Steinmetz, Soziol. des K.es, 1929; R. Aron, Frieden u. K., 1986 (1963, franz. 1962); C. F. v. Weizsäcker (Hg.), K.s-Folgen u. K.s-Verhütung, 1971; E. Weede, Weltpolitik u. K.sursachen im 20. Jh., 1975; R. Steinweg (Hg.), Der gerechte K., 1980; M. Howard, Der K. in der europ. Gesch., 1981; J. Lider, Der K., 1983; F. Böckle u. a. (Hg.), Politik u. Ethik der Abschreckung, 1984; R. Steinweg (Red.), K.sursachen, 1987; P. M. Kennedy, Aufstieg u. Fall der großen Mächte, 1989; M. van der Linden u. G. Mergner, K.sbegeisterung u. mentale K.svorbereitung, 1991; D. Kaiser, K.e in Europa, 1992; G. Vowinckel (Hg.), Clausewitz-Kolloquium. Theorie des K.es als Soz.wiss., 1993.

Kriminalität →Kriminalsoziologie

Kriminalsoziologie, Soziol. des Verbrechens u. der →Delinquenz, gegenüber der Kriminologie ein wiss. Ansatz zur Erklärung der Kriminalität als bes. Form abweichenden Verhaltens, bei dem als Untersuchungseinheit nicht die Person des Täters oder die Art der Tat u. ihre soz. Begleitumstände im Vordergrund stehen, sondern die soz. Strukturverhältnisse, die Kriminalität als solche definieren u. aus sich heraus Verbrechen u. Delinquenz quantitativ u. qualitativ erzeugen. Für die K. ist Kriminalität zunächst nur der Verstoß gegen eine ges. gesetzte Norm, die mit einer bes.

Sanktion geahndet wird, d. h. strafrechtl. Bestimmungen werden als ein Normensystem unter anderen u. im Zus.hang mit anderen Systemen soz. Kontrolle betrachtet. Kriminalität gilt damit als eine Funktion dessen, was die entsprechenden Strafgesetze als kriminelles Verhalten indizieren. K. analysiert die kult., soz. u. polit. Akte der Zus.wirkung u. Austragung von Konflikten zw. unterschiedl. Gruppen u. Wertvorstellungen, aus denen Gesetze entstehen, u. stellt fest, welchen Gruppen es in einer Ges. gelingt, ihre eigenen Maßstäbe mit der Verbindlichkeit strafrechtl. Sanktionierung durchzusetzen. Diese Probleme berühren sich mit Studien über Subkulturen, die als bedeutsame Voraussetzung für die Entstehung u. spezif. Erscheinungsformen des als kriminell geltenden Verhaltens angesehen werden. Da jede Norm oder strafrechtl. Regelung zu ihrer soz. Wirksamkeit eines bestimmten Grades der Legitimation u. allg. Billigung, d. h. des soz. Interesses an ihrer Durchsetzung bedarf, werden sowohl die (durch soz. Herkunft, Auslese, Bildungsgrad u. a. geprägten) Verhaltensweisen der (solche Normen anwendenden) Rechtsstäbe als auch der (solche Normen beurteilenden, einkalkulierenden u. moral. einschätzenden) Öffentlichkeit beachtet. Ferner interessieren (nach dem Vorbild der soziol. Theorie E. Durkheims) die stabilisierende Wirkung der Kriminalität u. des abweichenden Verhaltens (mit entsprechender Sanktionierung) für die soz. Integration ebenso wie die an bestimmten Graden der Kriminalität erkennbaren Integrationsmängel, Wandlungstendenzen u. Kulturbrüche in einer Ges. (→cultural lag). In organisations-soziol. Analysen werden die soz. Einwirkungen u. Prägungen untersucht, die vom Gefängnis oder anderen Einrichtungen der Isolierung für Lebensweg u. »Karriere« des Rechts ausgehen.

P. Heintz, R. König (Hg.), Soziol. d. Jugendkriminalität (Sonderheft 2 der KZfSS, ⁵1966, 1957); R. König, F. Sack, K., 1967; A. K. Cohen, Abweichung u. Kontrolle, 1968; K. D. Opp, Kriminalität u. Ges.struktur, 1968; F. Sack, Probleme der K., in: R. König (Hg.), Hdb. d. empir. Sozialforschung II, 1969; A. Mechler, Studien zur Gesch. der K., 1971; H. Haferkamp, Kriminalität ist normal, 1972; K. D. Opp, Abweichendes Verhalten u. Ges.struktur, 1974; ders., Soziol. der Wirtschaftskriminalität, 1974; H. Haferkamp, Kriminelle Karrieren, 1975; S. Lamnek, Kriminalitätstheorien – kritisch, 1977; D. K. Pfeiffer u. S. Scheerer, K., 1979; T. v. Trotha, Recht u. Kriminalität, 1982; R. Girtler, Der Adler u. die drei Punkte, 1983; M. B. Keske, Die Kriminalität der »Kriminellen«, 1983; G. Smaus, Das Strafrecht u. die Kriminalität in der Alltagssprache der dt. Bevölkerung, 1985; S. Lamnek, Theorien abweichenden Verhaltens, ³1988.

Krise (lat.-franz. von griech. krisis = »Entscheidung«, »entscheidende Wendung«), allg. eine schwierige, gefährl., bedrohl. Lage bzw. Phase, das (plötzl.) Auftreten u. die Zuspitzung einer Problemsituation. Oftmals ist die K. Ausdruck eines Wendepunktes bisheriger (Entwicklungs-)Prozesse, die zum Schlechteren oder Besseren weiterlaufen können. K.nhafte Situationen drängen zu Entscheidungen, effektivem Handeln u. ggf. zum Einsatz neuartiger Problemlösungstechniken.

K. tauchte als soziol. bedeutsamer Begriff im Zeitalter der Aufklärung u. der beginnenden Moderne (17. u. 18. Jh.) auf. Er diente zur weitreichenden Bezeichnung tiefgreifender kult. u. ges. Erschütterungen u. Umwälzungen, stark beschleunigter Wandlungsprozesse, die mit Gefahren der Auflösung von Moral u. Ordnung, aber auch mit Chancen einer rationalen Gestaltung ges. Lebensverhältnisse verbunden waren. Insbes. A. →Comte erkann-

Kriterium 456

te die Notwendigkeit der Soziol. als K.nwiss., die zur Überwindung der ges. K.n mit Hilfe von Prognosen u. Planung das notwendige Wissen über die Gesetze des ges. Zus.lebens gewinnen soll.

In den Wirtschaftswiss.en bezeichnet der von der Medizin übernommene u. enger gefaßte K.nbegriff die Phase des Umschwunges einer Hochkonjunktur in einen stark beschleunigten konjunkturellen Abschwung, in dem sich Absatzschwierigkeiten, Preisverfall, Firmenzus.brüche, steigende Arbeitslosigkeit, Pessimismus u. negative Erwartungen in kumulativer Weise wechselseitig verstärken.

In der Theorie der Wiss.gesch. von Thomas S. Kuhn (★1922) bezeichnet K. Phasen »wiss. Revolutionen«, in denen sich bisherige →Paradigmen als unzureichend erweisen u. durch neue ersetzt werden, die verbesserte Erkenntnis u. Erklärungsmöglichkeiten eröffnen.

Die gegenwärtige Lage der Menschheit ist insbes. durch eine globale, die Überlebensbedingungen gefährdende Umweltk. beeinträchtigt, die durch Verknüpfung mit anderen k.nhaften Prozessen (Wachstum der Weltbevölkerung, steigender Rohstoff- u. Energieverbrauch, Dynamik der Anspruchsniveaus) verstärkt wird u. zunehmend schwieriger bewältigt werden kann.

T. S. Kuhn, The Structure of Scientific Revolutions, Chicago 1962, dt.: Die Struktur wiss. Revolutionen, 1967; K.-D. Opp, Theorie soz. K.n, 1978; K.-H. Hillmann, Umweltk. u. Wertwandel, ²1986 (1981); R. N. Lebow, Between Peace and War, Baltimore u. London 1981; E. Zimmermann, K.n, Staatsstreiche u. Revolutionen, 1981; W. L. Bühl, K.ntheorien, ²1988 (1984); S. Amin u. a., Dynamik der globalen Krise, 1986; M. Prisching, K.n, 1986.

Kriterium (griech.), »Prüfstein«, kennzeichnendes Merkmal, in der Empir. Sozialforschung gleichbe-

deutend benutzt mit Indikator; es gibt an, unter welchen beobachtbaren Bedingungen bzw. an welchen Eigenschaften oder Relationen beobachtbarer Phänomene ein theoret. behaupteter oder erwarteter Zustand als tatsächl. vorhanden oder als nicht existent festgestellt werden kann (→Operationalisierung).

Kritik →Gesellschaftskritik

Kritischer Rationalismus, auch logischer Empirismus, Bezeichnung von K. R. →Popper für den von ihm begründeten u. ausgebauten, in Dtl. insbes. durch H. →Albert vertretenen wiss.stheoret. Ansatz. Dieser bestreitet zum Unterschied zum klass. Rationalismus die Möglichkeit, sicheres Wissen erreichen zu können. Jede Erkenntnis, die zur Begründung vermeintl. sicheren Wissens eingesetzt wird, muß selbst wiederum in Frage gestellt werden. Der Mensch ist bei der Lösung seiner Probleme stets fehlbar, kann sich also immer irren, so daß keine Erkenntnis jemals absolut sicher ist. Demgemäß gibt es keine allg. verbindl. Erkenntnis u. absolute Wahrheit, auch keine unfehlbare Instanz (→Fallibilismus). Infolge der prinzipiellen Widerlegbarkeit des empir. Wissens muß sich das Erkenntnisstreben mit Hypothesen begnügen, deren Wahrheit nie sicher ist (Vermutungswissen), die nicht endgültig verifiziert, sondern immer nur vorläufig bestätigt werden können. Gemäß des k. R. sind nur solche Hypothesen erfahrungswiss. brauchbar, die unter dem bewußt akzeptierten Risiko einer Widerlegung (Falsifikation) an Beobachtungen u. Tatsachen geprüft werden können. Eine Hypothese hat sich um so mehr bewährt, je öfter sie möglichst harten empir. Überprüfungen (riskante Tests) standgehalten hat, wobei dennoch ein künftiges Scheitern nicht ausgeschlossen werden darf. Im Gegensatz zum Induktivismus (→Induktion), →Positivismus u. klass. Empirismus betont der k. R. die Notwendigkeit vorausgehender theoret. Orientierungen, um überhaupt wiss.-systematisch forschen zu können. Zur Abwehr dogmat. Tendenzen u. von Bestrebungen zu einer normativen Wiss. fordert der k. R. die strikte Einhaltung des Prinzips der →Werturteilsfreiheit sowie eine weitestgehende Entfaltung von Kritik innerhalb der wiss. Öffentlichkeit. Im Zuge der Auswechselung falsifizierter Hypothesen durch neue, besser geeignete vollzieht sich der wiss. Fortschritt zugleich als ein Prozeß des Auf- u. Weiterbaus von Theorien, mit deren Hilfe immer mehr Phänomene erklärt werden können. Auch erklärungskräftige, erfolgreiche Theorien dürfen nicht für sakrosankt u. endgültig gesichert erklärt werden. Wiss. Fortschritt ermöglicht eine Annäherung an die Wahrheit, die aber stets unerreichbar bleibt.

Im Hinblick auf Ethik u. Ges. u. unter Ablehnung totalitärer Gefahren bestreitet der k. R. die Möglichkeit einer wiss.-rationalen Begründung von Werten, Normen, Wahrheitsansprüchen, Dogmen u. Utopien (z. B. des Marxismus). Stattdessen plädiert er in liberaler Weise für eine →offene Ges., in der bei freier Entfaltung des Individuums u. krit. Diskussion mit Hilfe erfahrungswiss. fundierter Planung eine Politik kleiner Schritte u. rationaler Reformen eine kontinuierl. Verbesserung des ges. Lebensverhältnisse ermöglichen kann.

Die soziol. bedeutsame Kontroverse zw. dem k. R. u. der →Kritischen Theorie vollzog sich im →Positivismusstreit.

K. R. Popper, Logik der Forschg., ⁹1989 (1935); ders., Die offene Ges. u. ihre Feinde, ⁶1980 (engl. 1945); H. Albert, Traktat über krit. Vernunft, ⁵1991 (1968); ders., Plädoyer für K. R., 1971; ders., Theolog. Holzwege, 1973; G. Ebeling, K. R.?, 1973; K. R. Popper, Objektive Erkenntnis, 1973; E. Ströker, Einf. in die Wiss.theorie, ³1987 (1973); P. Feyerabend, Wider den Methodenzwang, 1976; H. Albert, Traktat über rationale Praxis, 1978; H. Keuth, Realität u. Wahrheit, 1978; H. F. Spinner, Popper u. die Pol., 1978; G. Andersson, Kritik u. Wiss.sgesch., 1988; U. O. Sievering (Hg.), K. R. heute, 1988.

Kritische Theorie, mitunter auch krit.-dialekt. Theorie, die heterogene Strömung der auf Ges.veränderung durch Aufklärung ausgerichteten philos.-soz.wiss. Forschgs.arbeit der →Frankfurter Schule. Die Bezeichnung K. T. trat erst 1937 mit dem Aufsatz »Traditionelle u. kritische Theorie« von M. →Horkheimer hervor. Traditionelle Theorie meint die in der Neuzeit vorherrschend gewordene Form einer reinen Wiss., die sich unter dem Einfluß naturwiss. Methodik von philos. Reflexion u. prakt. Interessen abgelöst hat. Demgegenüber bezeichnet K. T. im Hinblick auf die ges. Krisensituation eine neuorientierte, mit Phil. verbundene Wiss., die sich des eigenen soz. Entstehungszus.hanges bewußt ist u. eine krit. Instanz der Selbsterkenntnis bildet.

Grundlegend war das Bestreben, durch Verknüpfung des Marxismus mit den Soz.wiss.en eine materialist. Ges.theorie zu entfalten, die unter Verwendung einer positivismuskrit. empir. Soz.forschg. eine tiefgreifende u. umfassende Analyse der bestehenden ökonom.-ges. Lebensverhältnisse ermöglicht. Wesentl. Merkmale u. Ziele der K. T. sind: Kritik des Positivismus, Verbindung von Theorie u. Praxis, Be-

Kritizismus

rücksichtigung der ges. Totalität u. insbes. der grundlegenden wirtschaftl.Strukturen (Klassenstruktur, Herrschaftsverhältnisse, Tauschcharakter soz. Beziehungen); krit. Analyse des krisenhaften Spätkapitalismus, der sich zu einem »Staatskapitalismus« (planwirtschaftl. Organisationsform des Kapitalismus) ausprägt, ferner der »Massenkultur« u. der »total verwalteten Welt«, der Integration des Individuums u. der Arbeiterklasse in das kapitalist. Herrschaftssystem, der Vorurteilsbildung u. des »falschen Bewußtseins«, der »instrumentellen Vernunft« (technokrat. Rationalität), die sich als eth.-moral. verkürztes, auf den Mitteleinsatz konzentriertes Denken in Herrschaft über Menschen u. Natur manifestiert; schließl. die Emanzipation des Menschen in Verbindung mit der Verwirklichung einer freiheitl.-humanen Ges. Insbes. unter dem Eindruck des Faschismus wurde das destruktive Potential der menschl. Vernunft u. Arbeit erkannt u. eine fortschrittsskept. Vernunftkritik eingeleitet. Der Zivilisationsprozeß wurde als fortschreitende Verdinglichung aufgefaßt, die mit den ersten Akten der Naturbeherrschung begonnen u. im Faschismus ihre konsequente Vollendung erreichte. Die Emanzipation setzt die Aufhebung der Selbstbeschränkung der Vernunft, die Versöhnung des Menschen mit der Natur u. die Überwindung des Vorrangs der Ökonomie voraus.

Im →Positivismusstreit vollzog sich eine tief in die dt. Soziol. hineinwirkende Auseinandersetzung zw. Vertretern der K. T. u. des Krit. Rationalismus.

Die K. T. hatte maßgeblichen Anteil an der Entstehung der →Neuen Linken u. der ges.skrit.-revolutionären Studentenbewegung der 60er Jahre, die wiederum den »Wertwandelschub« (H. Klages) um 1970 u. die Herausbildung neuer soz. Bewegungen mitbedingten.

Als führender Vertreter der zweiten Generation der K. T. hat J. →Habermas aufgrund der Beschäftigung mit der philos. Anthropologie, Hermeneutik, Phänomenolog. Soziol. u. der Sprachanalyse eine kommunikationstheoret. Wende vollzogen. Mod. Ges.en sind durch die Entkoppelung von zwei Bezugswelten gekennzeichnet: »System« (bestimmt durch instrumentelle Rationalität, zweckrationales Handeln bzw. »Arbeit« u. Organisationen) u. »Lebenswelt« (geprägt durch kommunikative Rationalität, auf zw.menschl. Verständigung gerichtetes kommunikatives Handeln, »Interaktion« u. Alltagspraxis). Mit zunehmendem Eindringen des »Systems« in lebenswelt. Bereiche (»Kolonialisierung der Lebenswelt«) verstärkt sich die krisenhafte Entwicklung der mod. Ges.: Verfall von Traditionen, Kultur- u. Legitimationskrise, individuelle Krisen, Protest u. neue soz. Bewegungen.

M. Horkheimer, Traditionelle u. k. T., 1970 (1937); T. W. Adorno u. M. Horkheimer, Dialektik der Aufklärung, [2]1969 (Raubdruck Amsterdam 1947); H. Marcuse, Der eindimensionale Mensch, [22]1988 (1967, Boston 1964); M. Horkheimer, Zur Kritik der instrumentellen Vernunft, 1985 (1967); M. Horkheimer, K. T., 2 Bde., 1968; T. W. Adorno u. a., Der Positivismusstreit in der dt. Soziol., 1969; A. Künzli, Die K. T., 1972; A. Schmidt, Zur Idee der k. T., 1979; J. Habermas, Theorie des kommunikativen Handelns, 2 Bde., 1981; H. Maus, Die Traumhölle des Justemilieu, 1981; R. Geuss, Die Idee einer k.n T., 1983; H. Hesse, Vernunft u. Selbstbehauptung, 1984; W. van Reijen, Phil. als Kritik, 1984; U. Gmünder, K. T., 1985; A. Honneth, Kritik der Macht, 1985; A. Wellmer, Zur Dialektik von Moderne u. Postmoderne, 1985; H. Dubiel, K. T. der Ges., 1988; K. Sahmel, Die K. T., 1988; A. Honneth, K. T., in: KZfSS 41, 1989.

Kritizismus, auf I. →Kant zurückgehende Richtung der Erkenntnistheorie, die die Abhängigkeit der Erkenntnis von der Erfahrung hervorhebt, die Grundlagen der Erfahrung aber auf a priori-Gesetzlichkeiten der »reinen Vernunft« zurückführt.

Kroeber, Alfred Louis, 11. 6. 1876 Hoboken, New Jersey – 5. 10. 1961 Paris, Studium unter F. Boas an der Columbia Univ., 1911–46 Prof. der Anthropologie Univ. of California in Berkeley u. Dir. des zugehörigen ethnolog. Museums, Mitglied zahlreicher wiss. Ges.en.
K. zählt zu den bedeutendsten amerikan. Kulturanthropologen u. war empir. u. histor. orientiert. Er unterschied vier Ebenen der wiss. Objekte: anorgan., organ., psych., soziokult. K. war skept. gegenüber dem Reduktionismus in dem Sinne, daß man versucht, Phänomene einer höheren Ebene mit Hilfe von Vorgängen einer unteren zu analysieren. So könne man Vorgänge auf der soziokult. Ebene nicht hinreichend erforschen, wenn man nur die psychomotor. Handlungen einzelner Menschen berücksichtigt. Wichtig ist die Analyse der indirekten Zus.hänge zwischen soziokult. Gegebenheiten, die durch menschl. Organismen vermittelt werden. Eine bestimmte Anzahl von Individuen bildet noch keine Ges., mitentscheidend ist der kult. Gesamtzus.hang. Die gesch. gewachsenen kult. Gegebenheiten haben nach K.s Auffassung überpersönl. Charakter; sie werden weniger von einzelnen Individuen geschaffen, sondern wirken mehr auf diese ein.

Schr.: Anthropology, New York ²1948 (1923); Handbook of the Indians of California, 1925; Cultural and Natural Areas of Native North America, 1939; Peruvian Archeology in 1942, 1944; Configurations of Cultural Growth, 1944; The Nature of Culture, Chicago 1952; Anthropology Today, 1953; Style and Civilizations, 1957.

Kropotkin, Pjotr Aleksejewitsch, Fürst, 9. 12. 1842 Moskau – 8. 2. 1921 Dmitrow b. Moskau. Offizier, Naturwissenschaftler u. Revolutionär. 1872 wurde er in der Schweiz Anarchist, als Agitator 1874 in Rußland verhaftet, flüchtete 1876 nach London, seit 1877 in Genf, ab 1917 wieder in Rußland. Er lehnte die Machtergreifung der Bolschewiki ab.
K. war der bedeutendste Vertreter des kommunist. Anarchismus. Gegen die Notwendigkeit des Staates u. den Kampf ums Dasein setzte er das Prinzip gegenseitiger Hilfe (Mutualismus). Als Vertreter des föderalist. Anarchismus erstrebte er einen Bund von Genossenschaften, der auf dem Gemeineigentum an den Produktions- u. Konsumtionsmitteln beruht.

Paroles d'un révolté, 1885, dt.: Philosophie der Erziehung, 1922; La conquête du pain, 1892, dt.: Wohlstand für alle; L'anarchie, 1896; Memories of a Revolutionist, 2 Bde., London 1899, dt.: Memoiren eines Revolutionärs, 1969 (¹³1922); Mutual Aid, 1902, dt.: Gegenseitige Hilfe in der Entwicklung, 1904; Mod. Wiss. u. Anarchismus, 1904; L'Etat, son rôle historique, 1906, dt.: Die histor. Rolle des Staates, 1920; La grande révolution 1789–1793, 1909, dt.: Die Franz. Revolution 1789–1793; Ethik, 1922, dt. 1923.
M. Nettlau, Der Anarchismus von Proudhon zu K., 1984 (1927); M. Buber, Der utop. Sozialismus, 1966; V. A. Markin, P. A. K., Moskau 1985; H. Hug, K., 1989.

Kürwille →Tönnies, Ferdinand

Kult (lat.), »Verehrung«, die bewußtseinsmäßige Hingabe u./oder die verhaltens- u. daseinszentrale Pflege bestimmter Formen u. Abläufe myth., religiösen oder sonstigen sakralen Handelns. Allg. auch Bezeichnung für eine unkritische Auslieferung des Menschen an Modernismen des Verhaltens, der Kleidung oder kulturell gerade »gängiger« Interessen, um durch Anpassung Status zu gewinnen, um

»in« zu sein. Der K. fördert eine sektiererische Gemeinschaftsbildung u. charismat.-irrationale Führungsverhältnisse.

H. Behnken (Hg.), K. u. Erfahrung, 1985.

Kultur (lat.), ursprüngl. »Ackerbau«, später allg. »Veredelung«, »Pflege«, »Vervollkommnung«; die Gesamtheit der Lebensformen, Wertvorstellungen u. der durch menschl. Aktivitäten geformten Lebensbedingungen einer Bevölkerung in einem histor. u. regional abgrenzbaren (Zeit-)Raum. Zur K. gehören: alle (von vorausgegangenen Generationen) übernommenen u. im Prozeß der Weiterentwicklung u. Veränderung befindl. materiellen Gestaltungsformen der Umwelt (Bauten, Werkzeuge, Geräte); das Wissen u. die Nutzung von gesetzmäßig ablaufenden Naturprozessen einschl. des menschl. Lebens (Wiss. u. Technik); alle Ideen, Werte, Ideale, Sinngebungen u. Symbole; die Methoden u. Institutionen des ges. Zus.lebens. Die Grenze einer K. zu (vorausgegangenen oder gleichzeitigen) anderen K.en ist nicht eindeutig bestimmbar. Sie wird von der betr. Bevölkerung selbst anders gesehen als von k.fremden oder k.wiss. »objektiven« Betrachtern. Wesentl. Ansatzpunkte zur Abgrenzung sind die Einheit der Sprache, der moral. Anschauungen, der Lebensgewohnheiten u. sozialen Gebildeformen. Mit der Entwicklung von »Hochk.en« u. ihren komplexen, in zahlreiche gesonderte Teilbereiche gegliederten Großges.en ist die Bestimmung kultureller Grenzen u. Binnensysteme noch schwieriger geworden. Die Entstehung u. institutionelle Differenzierung von K.bereichen bzw. von funktionsspezif. ges. Subsystemen wie Wirtschaft, Recht, Politik, Kunst, Reli-

gion, Erziehung u. a. hat eine allg. K.soziologie zugunsten entspr. Spezial-Soziologien an wiss. Bedeutung abnehmen lassen. In Begriffen wie Arbeiterk., Armutsk., Männerk., Jugendk. u. ä. kommt der kulturelle Pluralismus, aber auch der kulturelle Konflikt innerhalb größerer K.räume zum Ausdruck. Infolge der z. T. antagonist. Auffächerung der weltanschaul. Orientierungen, Wertvorstellungen u. Interessen in der mod. pluralist. Ges. haben sich neben der durch Subsysteme differenzierten dominanten K. (Mehrheitsk.) zahlreiche Sub- u. mitunter sogar Kontrak.en herausgebildet. Staaten mit Bevölkerungsteilen unterschiedl. ethn.-kult. Herkunft, Prägung u. Orientierung decken sich jeweils mit einer multikult. Ges. Dieser Ges.styp breitet sich mit wachsender internat. Migration (Wanderung) aus.

Die umstrittene Unterscheidung von sog. »materieller« u. »immaterieller« (»geistiger«) K. spielt eine große Rolle für Theorien über K.wandel u. K.fortschritt (→Cultural Lag). Dementsprechend werden in wertender Weise die Angehörigen der »geistigen« K. (Kunst, Literatur, Politik, Recht, staatl. u. wirtschaftl. Ordnungsgestalten), als »k.tragende« u. »k.schöpfer.« Minderheiten betrachtet, von deren persönl. Ideen u. Offenbarungen die kult. Weiterentwicklung geformt werde. Dieser idealist. Interpretation steht die materialist.-marxist. gegenüber, nach der die K. u. ihre sozialen Inhalte (Produktionsverhältnisse) durch den jeweiligen hist. Entwicklungsstand der ges. Produktivkräfte bestimmt werden. Darüber hinaus thematisieren moderne multifaktorielle Theorieansätze für die Erklärung des soziokulturellen Wandels insb. die man-

nigfaltigen Wechselwirkungen zw. »materiellen« u. »immateriellen« K.bereichen u. die hierbei entstehenden »Wahlverwandtschaften« (M.Weber).
In der Soziol. gelten allg. kollektive Vorstellungen wie insbes. weltanschaul. Orientierungen u. Werte als Kern einer K. Dieser bildet die sinngebende u. legitimierende Grundlage für soz. Normen, Rollen, Traditionen u. Verhaltensmuster, die im Zuge der Sozialisation u. Enkulturation von den nachwachsenden Individuen gelernt werden. Nur durch diese Tradierung bzw. Weitervermittlung der soziokult. Elemente kann sich eine Ges. fortwährend reproduzieren, bleibt die zugehörige K.»lebendig«. Durch Interpenetration (gegenseitige Durchdringung) u. Interdependenzen (wechselseitige Abhängigkeiten) bilden K., Ges. u. Persönlichkeit (sozialisiertes u. enkulturiertes Individuum) in der Realität einen (nur abstrakt-analyt. differenzierbaren) soziokult. Lebenszus.hang.

C. Wissler, Man and Culture, New York 1923; R. Linton, The Study of Man, New York 1936, dt.: Mensch, K., Ges., 1979; ders., The Cultural Background of Personality, London ³1952 (1947), dt.: Ges., K. u. Individuum, 1974; P. A. Sorokin, Society, Culture and Personality, New York 1947; B. Malinowski, Eine wiss. Theorie der K., 1949; R. Benedict, Urformen der K., 1955; C. Kluckhohn, Culture and Behavior, New York 1963; A. L. Kroeber, C. Kluckhohn, Culture, New York 1963; W. F. Ogburn, On Culture and Social Change, Chicago 1964, dt.: K. u. soz. Wandel, 1969; H. P. Thurn, Soziol. der K., 1976; N. Elias, Über den Prozeß der Zivilisation, 2 Bde., 1977 (1936); H. Brackert u. F. Wefelmeyer (Hg.), Naturplan u. Verfallskritik, 1984; Y. Maikuma, Der Begriff der K. bei Warburg, Nietzsche u. Burckhardt, 1985; W. L. Bühl, K.wandel, 1987; W. Lipp (Hg.), K.typen, K.charaktere, 1987; R. Hitzler, Sinnwelten, 1988; Informationszentrum Soz.wiss.en (Hg.), K. u. Ges. (Literaturdokumentation 1979–87), 1988; H. G. Soeffner (Hg.), K. u. Alltag, Sonderbd. 6 Soz. Welt, 1988; K. Fohrbeck u. A. Wiesand, Von der Industrieges. zur K.ges., 1989; H. Haferkamp (Hg.), Soz.struktur u. K., 1990; F. H. Tenbruck,

Die kult. Grundlagen der Ges., ²1990 (1989); H. Brackert u. F. Wefelmeyer (Hg.), K. – Bestimmungen im 20. Jh., 1990.

Kulturanthropologie (lat./ griech. Wiss. vom Menschen), cultural anthropology, Sozialanthropologie, social anthropology, Bezeichnungen für eine grundlegende Sozialwiss., die sich als soziol., psycholog. u. z. T. psychoanalytisch beeinflußte Anthropologie u. Ethnologie insb. in den USA u. in England entfaltet hat. Erkenntnisziel ist die empir., systemat. u. vergleichende Erforschg. der verschiedenartigen Kulturen als Ausdruck gesch. gewachsener unterschiedl. Lebensmöglichkeiten des hochgradig anpassungsfähigen Menschen. Die einzigartige Plastizität u. Formbarkeit der psych. Kapazitäten des Menschen u. seine außergewöhnlichen Lernfähigkeiten ermöglichen eine weitgehende kulturspezifische Prägung durch die Institutionen, Werte u. sonstigen Elemente seiner jeweiligen Kultur. Die K. hat die soziol. Kultur-Persönlichkeits- u. Sozialisationsforschg. stark bereichert. Der Verzicht auf unterschiedl. Bewertungen einzelner Kulturen ist grundlegend dafür, daß die K. zur Einsicht in den kult. Relativismus, zur Toleranz beitragen u. dem Ethnozentrismus entgegenwirken konnte.

R. Benedict, Patterns of Culture, New York ²1949 (1934), dt.: Urformen der Kultur, 1955; M. Mead, Male and Female, New York 1949, dt.: Mann u. Weib, 1955; W. Rudolph, Die amerik. »Cultural Anthropology« u. das Wertproblem, 1959; R. König (Hg.), K., 1974; F. R. Vivelo, Cultural Anthropology Handbook, 1978, dt.: Hdb. der K., 1981; R. Girtler, K., 1979; E. H. Spicer, The Yaquis. A Cultural History, Tucson, Arizona 1980; J. Stagl, K. u. Ges., 1982; W. v. der Ohe (Hg.), K., 1987; M. Harris, K., 1989; W. Marschall (Hg.), Klassiker der K., 1990.

Kulturdiffusion (lat.), »Auseinanderfließen« von Kultur, d. h. die

Kulturelle Identität   462

Verbreiterung von Kulturelementen zw. Angehörigen versch. Kulturen durch Übernahme oder Wanderungen.

Kulturelle Identität →Kollektive Identität

Kulturelle Relativität (lat.), »Bedingtheit«, bezeichnet im Gegensatz zum →Ethnozentrismus die Auffassung, daß die kulturellen Elemente der eigenen Ges., insb. Werte u. Normen, ebensowenig »natürlich« u. absolut sind wie jene v. anderen Ges.en. Die wachsende Einsicht in die Gesch.lichkeit, R. u. Wandelbarkeit der verschiedenen Kulturen verringert den Grad der Selbstverständlichkeit, Verbindlichkeit u. Stabilität der eigenen Kultur, begünstigt aber Toleranz, Akkulturation u. friedl. Zus.leben.

R. Benedict, Urformen der Kultur, 1955; W. Rudolph, Der Kulturelle Relativismus, 1968; H.-J. Hildebrandt, Krit. Bemerkungen zum Kulturrelativismus u. seiner Rezeption in der dt. Ethnologie, in: KZfSS 30, 1978.

Kulturelles Existenzminimum, in Abgrenzung zur (absoluten) materiellen, phys. Existenz die Gesamtheit der von den gesch. veränderl. Werten u. Anschauungen bestimmten minimalen Versorgungsmittel, über die ein Mensch verfügen muß, um die für seinen Minimalstatus unabdingbaren sozialen Beziehungen u. Lebensformen aufrechterhalten zu können: z. B. ein Minimum an Ernährungs-, Wohn- u. Kleidungsmöglichkeiten, um über seinen individuellen Bedarf hinaus wenigstens den sozialen Erfordernissen seiner Rollen entsprechen zu können.

Kulturkreis, umfaßt eine Mehrzahl von Kulturen u. Ges.en, die hinsichtl. bedeutender soziokult. Dimensionen u. Elemente (z. B. Sprache, Religion, Wirtschaftsweise, Soz.ordnung) weitgehende Gemeinsamkeiten aufweisen. Die Herausbildung von K.en wird insbes. durch Prozesse der →Akkulturation u. →Diffusion bestimmt. K.e sind nicht immer mit einem räuml. geschlossenen Gebiet ident. Mitunter bestehen größere Distanzen zw. den Teilgebieten eines K.es, z. B. jener der okzidental geprägten mod. Ges.en.

R. Thurnwald, Die menschl. Ges. in ihren ethnosoziol. Grundlagen, 1931–35; W. E. Mühlmann, Gesch. der Anthropologie, ³1984 (1948).

Kulturkrise, eine besonders schwierige u. folgenreiche Situation oder Phase einer Kultur oder eines Kulturkreises, die Gefahren des Kulturverfalls oder gar -verlusts beinhaltet. Kennzeichnend ist eine die ges. Stabilität bedrohende Erschütterung der überkommenen Kultur. K. ist eng mit beschleunigtem soz. Wandel u. mit ges. Umbrüchen, ggf. mit wirtschaftl. Entwicklungssprüngen u. polit. Großereignissen (Revolution, Bürgerkrieg, Krieg, Fremdherrschaft durch Eroberer) verbunden. Eine K. kann binnenges.-endogen oder hinsichtl. ihrer Ursprünge exogen verursacht sein. Inwieweit sich eine Ges. tatsächl. in einer K. befindet, wird in Abhängigkeit vom individuellen u. soz. beeinflußten Wahrnehmungsvermögen u. Problembewußtsein unterschiedl. beurteilt. Der gegenwärtig weltweit stark beschleunigte soz. Wandel ist mit zahlreichen Anzeichen einer K. verknüpft, die nicht nur als Kulturverfall, sondern auch als Übergangsschwierigkeiten auf den Entwicklungspfaden zu neuen (mögl.) soziokult. Lebensformen aufgefaßt werden: Geltungsverluste überkommener Glaubensvorstellungen

u. Weltanschauungen, Auflösung kult. »Selbstverständlichkeiten«; Relativierung bisheriger »absoluter«, »gottgewollter« oder »natürl.« Werte; Enttraditionalisierung, In-Frage-Stellung u. Mißachtung tradierter Institutionen u. Gemeinschaftsformen, zunehmende Ökonomisierung der Ges. u. wachsende Vorherrschaft individualist.-ökonom. Rationalität in allen ges. Lebensbereichen, zugleich Abschwächung der für die mod. Leistungsges. notwendigen berufl. Leistungsethik durch Ausbreitung eines werbl. verstärkten Konsumhedonismus (Motivationskrise) u. durch Aufwertung von Freizeitorientierung u. individ. Persönlichkeitsentfaltung. Diese vielschichtige K. der fortgeschrittenen Moderne gefährdet den anfälligen Leistungszus.hang der Wohlstandsges. u. die Stabilität der soz. Gebilde, eröffnet aber zugleich große Möglichkeiten einer aktiven Gestaltung der künftigen kult. Entwicklung.

J. Habermas, Legitimationsprobleme im Spätkapitalismus, 1973; D. Bell, Die Zukunft der westl. Welt, 1979 (engl. 1976); R. Löwenthal, Ges.swandel u. K., 1979; H. Brackert u. F. Wefelmeyer (Hg.), Naturplan u. Verfallskritik, 1984.

Kulturkritik, gesch.- u. sozialphilos. orientierte Analysen, die die Menschen einer Ges. auf die Diskrepanzen zw. den (kult. geformten u. bestimmten) Motiven ihres Handelns u. den Wirkungen aufmerksam machen wollen, die aus ihrem Handeln prakt. resultieren. Dabei geht es neben der Schärfung des Bewußtseins der sozial Handelnden für die von ihnen nicht intendierten Folgen u. Nebenwirkungen ihres Tuns insbes. um das Erkennbarmachen der Fernwirkungen u. Bedeutungsqualitäten des partiellen Handelns auf dem Niveau kultureller u. ges. Totalität.

Dadurch soll die Beschränktheit unmittelbarer individueller, organisator. oder gruppenbegrenzter Ziel-, Wert- u. Interessenbereiche überschritten werden. Überdies will K. die Widersprüche zw. den techn. Möglichkeiten einer Ges. zu mehr Humanisierung einerseits u. den – an kulturellen Humanitätsidealen gemessenen – Wirkungen des realen Einsatzes dieser Möglichkeiten offenlegen.

Th. W. Adorno, Prismen. K. u. Ges., 1969; H. J. Lieber, K. u. Lebensphilos., 1974; J. Habermas, Der philos. Diskurs der Moderne, 1988.

Kulturmorphologie, von dem Völkerkundler u. Kulturphilosophen Leo Frobenius (1873–1938) entwickelte Lehre von der inneren Struktur u. den Lebensformen der Kulturen, die als Organismen aufgefaßt werden.

Kulturniveau, (a) im interkulturellen Vergleich der Entwicklungsgrad einer bestimmten Kultur, oder (b) innerhalb einer Ges. der Stand der Lebensmilieu- u. Bewußtseinsgestaltung bestimmter sozialer Gruppen oder Schichten, wie er etwa in ihrer Bedürfnisstruktur, ihrem ästhet. Verhältnis zur materiellen u. sozialen Wirklichkeit u. in ihrem Bildungs- u. Leistungsstreben zum Ausdruck kommt.

Kulturpessimismus, kulturphil. Theorien, in denen von wertenden Idealvorstellungen aus der kulturelle Wandel als Zerfalls- oder Zerstörungsprozeß interpretiert wird. Dabei werden gesetzmäßige Enthumanisierungstendenzen in Richtung auf eine Massengesellschaft, auf den Ersatz »wahrer« Kultur durch »künstl.« Zivilisation, auf eine Freiheit u. Persönlichkeit bedrohende Welt der Technokratie u. Manipulation festgestellt.

Kulturrevolution

Kulturrevolution, in den Theorien des Marxismus u. Leninismus bereits angelegte, jedoch polit.-prakt. erst von der chinesischen Volksrepublik seit der Mitte der sechziger Jahre des 20. Jh.s propagierte u. forcierte Bewegung zur Konsolidierung sozialist.-kommunist. Ges.ordnung. Die K. erstrebt in »permanenter Revolution« (nach der polit. Machtergreifung u. wirtschaftl. Umgestaltung der »Basis«, d. h. nach der Kollektivierung des Bodens u. der Sozialisierung der Betriebe) eine Auflösung der Überreste des Kapitalismus im Bewußtsein der Menschen, insb. der Überreste der bürgerl. Moral, der religiösen Vorstellungen u. Gefühle. Die K. richtet sich gegen neu etablierte Funktionärs- u. Intelligenzgruppen sowie entspr. Privilegiensysteme; gegen Analphabetismus und große Bildungsunterschiede; gegen reaktionäre Ansichten u. Verhaltensweisen in Ökonomie, Philos., Wiss., Kunst u. Erziehung. Ihre Ziele sind: die permanente Mobilisierung u. Selbsterziehung der Massen; die Einbeziehung ges. Praxis in die Ausbildung u. wiss. Theorie; die Verwaltung der zentralen ges. u. polit. Herrschaftsapparate durch die revolutionäre Dreierverbindung von Parteikadern, Delegierten der Massenorganisationen u. Vertretern der Volksbefreiungsarmee, deren Funktion aus der Tradition der Kampfzeit bestimmt wird. Nachdem die K. in der VR China ges. Ordnung u. wirtschaftl. Entwicklung stark beeinträchtigt hatte, wurde diese dem Gleichheitsprinzip verpflichtete Massenbewegung durch eine technokratisch geprägte Modernisierungspolitik abgelöst.

J. Domes, Politik u. Herrschaft in Rotchina, 1965; G. Blumer, Die chines. K., 1965/66, 1968; O. Weggel, Die chines. Revolutionskomitees, 1969; Mao Tsetung, Über die Revolution, 1971; A. Hsia, Die Chines. K., 1971; Ch. Bettelheim, Cultural Revolution and Industrial Organization in China, London 1974.

Kultursoziologie, eine spezielle Soziol., die auf die Erforschung der kult. Aspekte des ges. Zus.lebens u. des soz. Wandels ausgerichtet ist. Da das Wort Kultur zugleich einen umfassenden Grundbegriff der Soziol. bildet, überschneidet sich die K. besonders stark mit der Allg. Soziol. Enge Verbindungen bestehen ferner zur Kulturanthropologie u. z. T. auch zur Gesch.sphilosophie. In Überwindung von Einseitigkeiten älterer Ansätze einer K. (eingeengter Kulturbegriff, Abgrenzung einer geistig-idealist. akzentuierten, »höheren« Kultur gegenüber der sog. Zivilisation, hohe Bewertung kulturschöpfer. Leistungen von Eliten) werden nunmehr unter Einsatz empir. Methoden Alltags- u. Regionalkulturen berücksichtigt.

Forschgs.objekt der K. sind insbes. weltanschaul. Orientierungen, Ideen, Wert- u. Symbolsysteme, Sinnstrukturen (kult.-treuhänder. Subsystem gemäß des →AGIL-Schemas), Geisteshaltungen, Mentalitäten, Lebensstile, geistig-schöpfer. Leistungen u. kult. Innovationen u. deren Zus.hänge mit ges. Strukturen, Lebensverhältnissen u. Prozessen. Verstärktes Interesse gilt den kult. Grundlagen u. Ausprägungen bestimmter Ges.stypen sowie den geistig-kult. Antriebskräften u. Erscheinungsformen des soz. Wandels, der aus dem »Wechselspiel« von Real- u. Idealfaktoren resultiert. Aus der Sicht der älteren K. weist jede empir. nachweisbare Kulturentwicklung einer gesch. u. räuml. abgrenzbaren Ges. Aufstiegs-, Vollendungs- u. Abstiegsphasen auf (A. Weber).

Aktuelle Probleme sind beschleunigte Prozesse der →Akkulturation, des Wertwandels, der kult. Pluralisierung sowie Tendenzen einer tiefgreifenden Kulturkrise. Die durch verstärkte internat. Migration bzw. Wanderung entstehenden multikult., -ethn. u. -nationalen Ges.en bilden mit ihren Integrationsproblemen, Konfliktpotentialen u. Entwicklungschancen ein zunehmend wichtiger werdendes Forschgs.feld für die K. In Überschneidung mit der Entwicklungsu. z. T. auch mit der Wirtschafts- u. Religionssoziol. wird die K. durch Fragen des (notwendigen) kult. Wandels in Entwicklungsländern herausgefordert (Problem der Modernisierung, der Kulturkrise oder sogar des Kulturverlusts, Wiederbelebung kult. Identität). Eine weitere Herausforderung bilden die geistig-kult. Transformationsprobleme bei der Ablösung gescheiterter staatssozialist.-planwirtschaftl. Ges.systeme durch freiheitl.-marktwirtschaftl. Für die Erforschung der kult. Aspekte sozioökonom. Entwicklung besitzt die Untersuchung M. Webers über den Zus.hang zw. »Protestant. Ethik u. dem Geist des Kapitalismus« grundlegende Bedeutung. Schließlich ist es kultursoziol. relevant, daß die Überwindung der gegenwärtigen Umwelt- u. Überlebenskrise einen tiefgreifenden, schnellen u. verhaltenswirksamen Wandel soziokult. Elemente voraussetzt, insbes. von Weltanschauungen, Werten, Mentalitäten u. Lebensstilen.

A. Weber, K. (Hdwb. d. Soziol., hg. v. A. Vierkandt, 1931); ders., Kulturgesch. als K., [2]1950 (1935); P. A. Sorokin, Social and Cultural Dynamics, 4 Bde., 1937–41; A. v. Martin, Geist u. Ges., 1949; ders., Mensch u. Ges. heute, 1965; A. Rüstow, Ortsbestimmung der Gegenwart, 3 Bde. 1950–57; H. Freyer, Theorie des gegenwärtigen Zeitalters, 1955; R. Eckert, Kultur, Zivilisation, Ges., 1970; Schwerpunktheft K. der KZfSS 31, 1979, besorgt v. W. Lipp u. F. H. Tenbruck; K.-H. Hillmann, Wertwandel, [2]1989 (1986); R. Münch, Kultur der Moderne, 2 Bde., 1986; P. Bourdieu, Die feinen Unter-

schiede, 1987; W. L. Bühl, Kulturwandel, 1987; H. Berking u. Faber (Hg.), K. – Symptom des Zeitgeistes?, 1989; G. Schulze, Die Erlebnisges., 1992.

Kulturverfall →Kulturpessimismus

Kulturvergleich, insbes. von der Ethnologie betriebene Forschungen zur Ermittlung sog. kult. »Universalien«, d. h. von kult. Gemeinsamkeiten, die in allen Ges.en oder in abgrenzbaren Kulturkreisen, die mehrere Ges.en umfassen, vorkommen. In erster Linie widmet sich die K. den Familien- u. Verwandtschaftsstrukturen, um auch sog. »primitive« bzw. vormod. mit industriell hochentwickelten Ges.en vergleichen zu können.

G. Trommsdorff, Möglichkeiten u. Probleme des K.s am Beispiel einer Aggressionsstudie, in: KZfSS 30, 1978; K. Fohrbeck u. A. J. Wiesand, Wir Eingeborenen, 1981.

Kulturverlust, krisenhafte Entwicklgs.phase v. Ges.en der Dritten Welt (Entwicklungsländer), deren traditionelle Kultur auf dem Wege einer beschleunigt angestrebten Modernisierung zus.bricht. Der rasche Zerfall überkommener Glaubens-, Wert- u. Normensysteme sowie institutioneller Strukturen ruft einen Zustand der allg. Desorientierung, Entstabilisierung, der Konflikte u. ges. Desintegration hervor. Demgegenüber behindern einseitige Herrschaftsinteressen, unzureichende Bildung, fehlende Infrastruktur u. Widerstände traditioneller Kulturelemente die beschleunigte Übernahme der Kulturmuster einer mod. Ges. Mitunter streben konservative oder sogar fundamentalist. Kräfte (neben einer beschränkten techn.-wirtschaftl. u. infrastrukturellen Modernisierung) die weitestgehende Wiederbelebung der traditionellen Kultur an.

Kulturwertidee

Kulturwertidee, eine der jeweil. Kultur entstammende Wertvorstellung oder -orientierung, die dem Soz.wiss.ler anzeigt, welcher Teil der Wirklichkeit für ihn als Forschungsgebiet interessant u. bedeutungsvoll ist. Angesichts der großen Kluft zw. der »unendlichen Mannigfaltigkeit der Wirklichkeit« u. dem »endl. Menschengeist« ist der Soz.wiss.ler nach M. Weber darauf angewiesen, daß einzelne K.n sein Erkenntnis- u. Forschungsinteresse auf bestimmte Teile oder Aspekte der Realität hinlenken, denen Kulturbedeutung beigemessen werden kann u. die »daher wissenswert« sind. Ohne eine solche Ordnung durch erkenntnisleitende K.n verlöre sich ein (nach »voraussetzungslosem« Erkennen strebender) Forscher in einem »Chaos von ›Existenzialurteilen‹ über unzählige einzelne Wahrnehmungen« (M. Weber).

M. Weber, Gesamm. Aufsätze zur Wiss.slehre, ⁷1988 (1922); G. Oakes, Weber and Rickert, Cambridge 1988.

Kulturzyklus (griech.), »Kultur-Kreislauf«, in gesch.sphil. u. z. T. auch in kultursoziol. Untersuchungen oft mit Wertungen, Prognosen, Pessimismus oder Optimismus verbundene theoret. Entwürfe, nach denen sich kult. Entwicklung bzw. kult. Wandel (Dynamik) gemäß biol. Vorbilder in »Geburts-«, »Blüte-« u. »Untergangsphasen« vollziehe oder aber eine wiederkehrende Abfolge unterschiedl. soziokult. »Grundsysteme« zum Ausdruck bringe (→Sorokin). Kulturzykl. Interpretationen der Gesch. lassen sich bis in das Altertum zurückverfolgen. In der Neuzeit schuf u. a. G. Vico eine »Kreislauftheorie« über den Aufstieg u. Niedergang der Völker u. der Menschheit. In kulturkrit. Betrachtungen des 19. u.

20. Jh.s wurde die neuzeitl.-abendländ. Kultur wiederholt als Spätphase im Kulturverlauf bewertet. Demgegenüber werden nach A. J. Toynbee (1889–1975) durch Auswirkungen von Freiheit u. Verantwortung Prognosen erschwert. – Die offene u. aktive Ges. der Gegenwart ist unvereinbar mit einer fatalist. hingenommenen kreislauftheoret. Interpretation des soziokult. Wandels, zumal dieser bewußt steuerbar geworden ist.

O. Spengler, Der Untergang des Abendlandes, 2 Bde., 1918–22; A. J. Toynbee, A Study of History, 10 Bde., 1934–54, dt. gekürzt: Gang der Weltgesch., ⁴1954; P. A. Sorokin, Social and Cultural Dynamics, 4 Bde., 1937–41; H. Graeve, Ges. u. Kreativität, 1977; F. Borkenau, Ende u. Anfang, 1984.

Kunstsoziologie setzt sich in empir. Analysen sowie in theoret. Verstehensbemühungen mit der Gesamtheit der Wechselbeziehungen zw. Kunst u. Ges. in Vergangenheit u. Gegenwart auseinander. Sie wendet ihr Augenmerk vorrangig auf die epochenspezif. soz. Realitäten u. kult. Modalitäten, aus denen heraus künstler. Ausdrucksformen u. a. entstehen u. in denen sie wirksam werden. Der Ausdifferenzierung sowohl der soz. Wirklichkeit als auch der kult. Semantik entsprechend, wird dabei nach den konkreten Veranlassungen, Äußerungsweisen, Aneignungs- u. Verweigerungsformen sowie nach den Geltungsansprüchen u. -vollzügen bildner. Mitteilungen geforscht. Die Untersuchung gattungsspezif. Einzelphänomene (Grafik, Malerei, Bildhauerei), aber auch neuerer Mischformen (Happening, Performance, Video), von ästhet. Konstellationen u. Konflikten im Hinblick auf relevante soz. Kontexte zielt auf die Klärung der Frage, welchen Anteil die bildenden Künste noch bzw. wieder an der sich audio-visuell mehr u. mehr multi-medial verfassenden Kultur der Gegenwartsges. haben (können).

In diesem Bemühen wissen sich die verschiedenen Forschungsansätze, die sich im Verlauf der vergangenen hundert Jahre herausgebildet haben, trotz mancher Unterschiede im einzelnen einig. Die Erkenntnisentwürfe der K. reichen inzw. von kulturanthropolog. Erörterungen (z. B. bei A. Gehlen) über den marxist. Kritizismus (W. Benjamin, Th. W. Adorno, H. Marcuse u. a.) u. einen strengen Empirismus (A. Silbermann) bis hin zu symbol- u. handlungstheoret. Analysen (P. Bourdieu, H. P. Thurn) sowie systemorientierten Darstellungen (Moissej Kagan, N. Luhmann). All diese Paradigmen müssen sich sowohl gegenüber der Kunst als auch gegenüber der soz. Welt kompetent zeigen; ihre Beweiskraft rührt aus ihrer Fähigkeit, kunstwiss. Überlegungen mit soziol. u. psychol. Perspektiven zu verbinden (vgl. E. H. Gombrich).

Bei dem Versuch, Eigenart u. Wirkung künstler. Mitteilungen aus den sie prägenden soziokult. Realitäten heraus zu verstehen, sind inhaltl. u. method. drei hauptsächl. Untersuchungsbereiche zu unterscheiden: Hinsichtl. der Kunstproduktion stellt sich die Frage nach Herkommen, Standort u. Zielebene von Künstlerinnen u. Künstlern im ges. Gefüge, nach ihren materiellen sowie ideellen Lebens- u. Arbeitsbedingungen, schließlich nach ihren besonderen Gesellungsformen (Künstlervereinigungen, Männerbünde, Frauengruppen etc.). Bezüglich der Verfahren u. Wege, durch die Kunst an die Ges. oder ihre Teilbereiche vermittelt wird, in denen mithin die symbol. u. gegenständl. Kunstdistribution erfolgt, bedarf vor allem die um sich greifende Institutionalisierung dieser Prozesse (in Museen, Kunsthandel, Kunstzeitschriften etc.) noch genauerer Erforschung. Wie unter diesen Bedingungen einzelne u. Gruppen Kunstwerke auswählen u. sich materiell sowie ideell aneignen, wie sie gemäß ihrem Bildungsniveau, ihrem Berufsprofil, ihrem Freizeitinteresse mit dem semant. Gehalt von Kunstwerken in ihrer je eigenen Lebens- u. Alltagswelt deutend umgehen: dies ist im Verbund mit anrainenden Fragen vorrangiges Thema der kunstsoziol. Rezeptionsforschung.

P.-J. Proudhon, Von den Grundlagen u. der soz. Bestimmung der Kunst, 1988; J.-M. Guyau, Die Kunst als soziol. Phänomen, 1987 (1911); M. Rassem, Ges. u. bildende Kunst, 1960; A. Gehlen, Zeit-Bilder, [2]1965; P. Hirschfeld, Mäzene, 1968; A. Silbermann, Empir. K., 1973; H. P. Thurn, Soziol. der Kunst, 1973; A. Hauser, Soziol. der Kunst, [3]1988 (1974); F. D. Klingender, Kunst u. industr. Revolution, 1974; A. Silbermann u. R. König (Hg.), Künstler u. Ges., KZfSS Sonderheft 17, 1974; H. P. Thurn, Kritik der marxist. Kunsttheorie, 1976; I. Burgbacher-Krupka, Strukturen zeitgenössischer Kunst, 1979; A. Silbermann, Klassiker der K., 1979; R. Wick u. A. Wick-Kmoch, K., 1979; E. Wind, Kunst u. Anarchie, 1979; H. S. Becker, Art Worlds, Berkeley, Los Angeles, London 1982; P. Bourdieu, Die feinen Unterschiede, 1982; E. H. Gombrich, Die Krise der Kulturgesch., 1983; H. P. Thurn, Künstler in der Ges., 1985; M. Warnke, Hofkünstler, 1985.

Kybernetik (griech. kybernetes = Steuermann), von Norbert Wiener 1947 geprägte Bezeichnung für die Gesamtheit der wiss. Untersuchungen, die sich (im engeren Sinne) mit der Technik von informationenverarbeitenden Maschinen oder (im umfassenden Sinne) mit Theorien über die Funktionsmöglichkeiten von Informationssystemen (unter Abstraktion von spez. physikal., physiol., psychol. oder sozialen Besonderheiten) befassen. Da es sich dabei insbes. um Probleme der Rückkoppelung u. des Regelkreises handelt, wird K. mitun-

Labeling approach 468

ter auch als Wiss. von den sich selbst regelnden, d. h. ihre eigenen Wirkungen für weitere Aktivitäten auswertenden Systemen bezeichnet. Zur K. gehören ebenso Probleme der Informationstheorie u. der Regelungstechnik. Als formale Wiss. steht sie zw. den Grenzen traditionaler Wiss.en, für die sie mittels der mathemat. u. konstruktiven Behandlung allg. struktureller Beziehungen, Funktionen u. Systeme (die versch. Wirklichkeitsbereichen gemeinsam sind) eine wertvolle fachübergreifende Hilfswiss. darstellt. Im soz.wiss. Bereich tragen kybernet. Erkenntnisse über die Funktionsbedingungen soz., pädagog. oder polit. Systeme zu effektiveren Möglichkeiten der Organisation u. Planung bei.

N. Wiener, Cybernetics, 1948 (dt.: K., 1963); G. Klaus, K. u. Ges., 1964; ders., Wörterbuch der K., 1967; P. Herder-Dornreich, Soz. K., 1965; H. Frank, K., ⁶1966; F. v. Cube, Was ist K.?, 1967; G. Gerhardt, K. bei der Organisation ges. Systeme, 1968; K. W. Deutsch, Polit. K., 1969; K. Steinbuch, Automation u. Mensch, 1965; ders., Falsch programmiert, ⁵1970; K. Steinbuch, S. Moser, Philos. u. K., 1970; K. D. Opp, K. u. Soziol., 1970; J. Friedrich u. E. Sens, Systemtheorie u. Theorie der Ges. Zur gegenwärtigen K.-Rezeption in den Soz.wiss.en, in: KZfSS 28, 1976; M. Maring, Märkte u. Handlungssysteme, 1985.

Labeling approach (engl.; label = Etikett), theoret. Ansatz der Kriminalsoziol., der abweichendes Verhalten u. Kriminalität nicht nur vom »Täter« u. der »Tat« aus sieht, sondern ges. Ursachen stärker miteinbezieht. Kriminalität werde bereits durch ges. Normen- u. Rechtssetzung, auf die hin die Ges.angehörigen unterschiedlich reagieren, definiert u. darüber hinaus noch durch spezif. Reagieren der ges. Verfolgungs- u. Sanktions-

instanzen beeinflußt (→Gefängnissoziologie). Das Etikett »kriminell«, von der Umwelt auf die Betroffenen bezogen u. von diesen in ihr Selbstbild aufgenommen, induziere neue Kriminalität. Der l. a. wendet sich mit dieser Sichtweise gegen Kriminalitätstheorien, die die Ursachen in erster Linie im Verhalten, in genet. u. psych. Faktoren der »Täter« suchen.

W. Rüther, Abweichendes Verhalten u. l. a., 1975; S. Lamnek, Kriminalitätstheorien – kritisch, 1977; A. Trojan, Psychisch krank durch Etikettierung?, 1978.

Laboratoriumsbeobachtung, Bezeichnung. f. Beobachtungsverfahren, die im Unterschied zur Feldbeobachtung nicht in den natürlich-vertrauten Lebenssituationen der zu Beobachtenden durchgeführt werden, sondern in einem Laboratorium. Vorteile liegen in der besseren Kontrolle v. Umwelteinflüssen u. in einem verstärkten Einsatz techn. Hilfsmittel (Fernsehkameras, Tonaufnahmegeräte, Ein-Weg-Spiegel). Nachteilig ist die außeralltägl. Künstlichkeit der L., die sich durch ihren Einfluß auf das Erleben u. Verhalten der zu Beobachtenden verzerrend auf die Beobachtungsergebnisse auswirkt u. somit deren Verallgemeinerungsfähigkeit einschränkt.

Laboratoriumsexperiment
→Experiment

Labour Relations (engl.), »Arbeitsbeziehungen«, amerik. Bezeichnung f. jenen Teil der Industrial Relations, der die überbetriebl. Beziehungen zw. den Arbeitgeberverbänden u. den Gewerkschaften umfaßt.

G. Endruweit u. a. (Hg.), Hdb. der Arbeitsbeziehungen, 1985; H. Abromeit u. B. Blanke (Hg.), Arbeitsmarkt, Arbeitsbeziehungen u. Politik in den achtziger Jahren, 1987; G. Aichholzer u. G. Schienstock (Hg.), Arbeitsbeziehungen im techn. Wandel, 1989; L. Kißler (Hg.), Modernisierung der Arbeitsbeziehungen, 1989; W. Müller-Jentsch (Hg.), Konfliktpartnerschaft, ²1993.

Längsschnittuntersuchung, Longitudinalstudie (lat.), diachrone Analyse, eine langfristig angelegte, in der Regel methoden-pluralist. durchgeführte Forschg.sarbeit, bei der ein bestimmtes Problem mit möglichst gleichbleibenden Erhebungs- u. Meßverfahren wiederholt untersucht wird. Die L. – die →Panel- u. →Trend-Studien einschließt – dient der Erforschung soziokult. Wandlungsprozesse: Wandel soz. Strukturen, weltanschaul. Orientierungen, von Wertvorstellungen, Einstellungen, Meinungen, Interaktionsformen u. a. m. Der Einsatz gleichbleibender Erhebungs- u. Meßverfahren ist angesichts fortschreitender Verbesserung der Methodologie u. Forschungsmethoden problemat. Hinzu kommt der gegenwärtig beschleunigte Wandel von Sprachen u. insbes. von Wortbedeutungen. Die wiederholte Untersuchung bestimmter Altersgruppen über mehrere Zeitphasen des Lebenszyklus hinweg (Kohortenanalyse) wird durch den →Panel-Effekt u. durch das Problem der Ausfälle (Ausfall von Untersuchungsteilnehmern im Verlaufe der Zeit) beeinträchtigt.
U. Engel u. J. Reinecke, Panelanalyse, 1994.

Laissez-faire (franz. »laßt (sie) machen«), Gewährung, Duldung; Bezeichnung für den wirtschafts- u. ges.polit. Grundsatz des ursprüngl. Liberalismus, von Staats wegen nicht in die sich selbst regelnden ökonom. u. soz. Beziehungen der Bürger einzugreifen.
L.-f., laissez-aller, von den Physiokraten (→Physiokratie) übernom-

mener Leitspruch des Wirtschaftsliberalismus, demzufolge die Wirtschaft am besten gedeihe, wenn sich der Staat nicht in sie einmische.
In neuerer Zeit kommt das L.-f.-Prinzip auch in einem weitestgehend zurückhaltenden Erziehungs- u. Führungsstil zum Ausdruck, der allerdings bei den zu Erziehenden bzw. den »Geführten« ein hohes Maß an Einsichtsfähigkeit, Selbstverantwortung u. Eigeninitiative voraussetzt.

Laizismus (franz.), Bez. für eine liberal-bürgerl. Bewegung im frühen 19. Jh., die die Trennung von Kirche u. Staat anstrebte. Damit wurde insbes. die Zurückdrängung von Religion u. Kirche aus den öfftl. Normen u. Institutionen der Politik, Wirtschaft, des Rechts u. des Bildungsbereichs gefordert.

Landflucht, die aus Bevölkerungswachstum resultierende u. mit Urbanisierung sowie Industrialisierung verbundene massenhafte Abwanderung der Landbevölkerung in die größeren Gemeinden u. Städte. Die Änderung der Bevölkerungsweise bei weiterhin starr u. »geschlossen« bleibenden Produktions- u. Lebensbedingungen auf dem Lande erzwang eine regionale Mobilität hin zu industriellen Zonen. Der kulturelle Gegensatz zw. (ständ. u. traditional orientiertem) Landleben u. (dynam., liberal u. rational bestimmten) Lebensbedingungen in der Stadt schlug sich in zahlreichen kulturkrit. u. sozialanthropolog. Untersuchungen zu Problemen der Entwurzelung u. soz. Siebung durch L. nieder.
In Entwicklungsländern führt die L. zu ausufernden Riesenstädten mit ausgedehnten →Slums.

Landsoziologie (engl. Rural Sociology) befaßt sich mit der Analyse der sozialen Strukturen von kleineren Gemeinden mit geringer Bevölkerungsdichte u. überwiegend direkt-persönl. Sozialbeziehungen. Da infolge wirtschaftl. u. industriell-urbaner Entwicklung solche ländl.-gemeindl. Einheiten mehr u. mehr aus ihrer Isolierung herausgelöst worden sind, ist L. immer stärker auf eine Zusammenarbeit mit Stadt- u. Gemeindesoziol. angewiesen. Zunächst litten die Agrarsoziol. u. später dann L. unter der kulturphilos. verklärenden, idealisierenden u. romantisierenden Vorstellung vom Menschlich-Positiven des Landlebens gegenüber negativer urbaner Gesellschaftlichkeit. L. bekam dadurch einen stark konservativen Einschlag. Erst die durch starke Migration, neue Verkehrstechniken, Massenmedien, Konsumbedingungen u. Angleichung der Werthaltungen u. Lebensweisen bewirkten sozialen Integrationsvorgänge zw. Stadt u. Land ermöglichten unvoreingenommene Analysen in der L. Die Industrialisierung großer ländl. Gebiete, die öffentl. regionale Entwicklungs-, Flurbereinigungs- u. Siedlungsstrukturpolitik (Regionalplanung) sowie die Übernahme der industriellen Organisations-, Wirtschafts- u. Arbeitsverfassungsformen auch für den Landbau ließen Probleme der Diffusion, Innovation u. Akkulturation für ländl. Bevölkerungsgruppen zu Hauptthemen der L. werden. Der weitergehende Abbau von Arbeitsplätzen in der Landwirtschaft infolge von Produktivitätssteigerung, Überschußproduktion u. Preissenkungen trägt insbes. in strukturschwachen u. abgelegenen Gebieten zu einer Abwanderung vor allem jüngerer Menschen, zur Überalterung u. tendenziellen Verödung vieler ländl. Gemeinden bei. Neue Impulse ergeben sich hingegen durch den Tourismus (Urlaub auf dem Bauernhof), durch Ferienwohnungen, Altersruhe- u. Landsitze, im Zus.hang mit der Umweltkrise durch die Ausweitung des ökolog. Landbaus u. durch die Aufwertung einfacher, gemeinschaftl. u. gesunder Lebensformen. In Entwicklungsländern bilden die durch große Ungleichheit geprägten Soz.strukturen auf dem Land u. die Landflucht Hauptprobleme der L.

W. H. Riehl, Naturgesch. des dt. Volkes als Grundlage einer dt. Social-Politik, 1851–55; P. A. Sorokin, C. C. Zimmermann, Principles of Rural-Urban Sociology, New York 1929; G. Wurzbacher (Hg.), Das Dorf im Spannungsfeld industrieller Entwicklung, 1954; H. Kötter, Landbevölkerung im soz. Wandel, 1958; P. v. Blanckenburg, Einführung in die Agrarsoziol., 1962; E. W. Buchholz, Ländl. Bevölkerung an der Schwelle des Industriezeitalters, 1966; U. Planck u. J. Ziche, Land- u. Agrarsoziol. 1979; K. M. Schmals u. R. Voigt (Hg.), Krise ländl. Lebenswelten, 1986; K. Wagner, Leben auf dem Lande im Wandel der Industrialisierung, 1986; I. Weber-Kellermann, Landleben im 19. Jh., 1987; C. Giordano u. R. Hettlage (Hg.), Bauernges.en im Industriezeitalter, 1989; O. Kölsch, Die Lebensform Landwirtschaft in der Modernisierung, 1990; G. Vonderach (Hg.), Soz.forschung u. ländl. Lebensweisen, 1990.

Lassalle, Ferdinand, 11. 4. 1825 Breslau – 31. 8. 1864 Genf, studierte in Breslau u. Berlin Philosophie, Gesch. u. Jura, lernte 1845 in Paris die Lehre L. Blancs kennen, ab 1848 polit. Agitator u. Rechtsanwalt, 1863 Mitbegründer des »Allg. Dt. Arbeitervereins«.
Als Sozialist schlug L. zur Überwindung der sozialen Spannungen u. Ungleichheiten im Kapitalismus neue Kooperations- u. Verteilungsformen vor. Sein Ziel war die Brechung des →ehernen Lohngesetzes durch den Aufbau von »Produktivassoziationen« (→Produktivgenossenschaft). Um dafür vom Staat die erforderl. Finanzierung zu

erhalten, propagierte er den Kampf um die Erringung des allg. Wahlrechts u. damit gleichzeitig – entspr. den polit. Verhältnissen seiner Zeit – um ein soziales u. demokrat. Königtum. Diese Auffassungen brachten ihn in scharfen Gegensatz zum revolutionären Sozialismus von K. Marx, F. Engels u. A. Bebel.

Schr.: Ges. Reden u. Schriften, hg, E. Bernstein 1919/20; Auswahl von K. Renner, 1923. R. Michels, Große Männer, 1927; T. Ramm, F. L. als Rechts- u. Staatsphilosoph, 1953; H. Oncken, L., Zwischen Marx u. Bismarck, ⁵1974; H. P. Bleuel, F. L. oder Der Kampf wider die verdammte Bedürfnislosigkeit – Eine Biographie, 1979.

Lasswell, Harold Dwight, 13. 2. 1902 b. Donellson, Ill. – 18. 12. 1978 New York, 1926 Ph. D. Univ. Chicago, 1924–27 Assist. Prof. ebd., 1927–32 Assoc. Prof., 1932–38 Washington School of Psychiatry, Wash. D. C., 1939–46 New School of Social Research, N. Y., 1946 Prof. für Polit. Wiss. Yale Univ.
Aus Untersuchungen feindl. Propaganda entwickelten L. u. a. die →Inhaltsanalyse. L. suchte die Bedeutung der Massenkommunikation mittels empir. Studien aufzuzeigen. Bekannt wurde seine Formel: »Wer sagt was zu wem u. mit welcher Wirkung?«. L. befaßte sich auch mit empir. Elite-Forschg. Den polit. Prozeß erklärte er als Projektion privater Motive auf die öffentl. Politik.

Schr.: Propaganda Technique in the World War, 1927; Psychopathology and Politics, New York ⁴1968 (1930); World Politics and Personal Insecurity, 1935; Democracy Through Public Opinion, 1941; The Analysis of Political Behavior, 1948 (dt.: Polit. u. Moral, 1957); Power and Personality, 1948; Language of Politics, 1949; Power and Society (mit A. Kaplan), New Haven 1961 (1950); National Security and Individual Freedom, 1950; The Policy Sciences (mit D. Lerner), 1951; Politics: Who Gets What, When, How, New York 1971 (1958); In Defense of Public Order (mit R. Arens), 1961; The Future of Political Science, 1963; Power, Corruption and Rectitude (mit A. Rogow), 1963; The Sharing of Power in a

Psychiatric Hospital (mit R. Rubenstein), 1966; A Pre-View of Policy Sciences, New York 1971; Policy – Sciences and Population, 1975; The Signature of Power (mit M. B. Fox), New Brunswick 1979; (Hg.) Propaganda and Communication in World History, 1979–80.

Latent (lat.), versteckt, verborgen; in der Soziol. Bezeichnung für sozial (wirksame) Faktoren, Funktionen u. Strukturen, die sich dem Selbstverständnis, der Einschätzung u. Berücksichtigung durch die betreffenden sozialen Gebilde oder Personen entziehen bzw. von diesen nicht beabsichtigt u. normativ nicht vorgesehen waren. So können z. B. L.-Funktionen irgendeiner sozialen Institution durch eine umfassende, alle Strukturzusammenhänge dieser Institution berücksichtigende soziol. Analyse festgestellt werden.

Latente Funktion →Manifeste Funktion, →Merton, Robert King

Lazarsfeld, Paul Felix, 13. 2. 1901 b. Wien – 31. 8. 1976 New York, 1925 Dr. phil., nach Emigration in die USA (1933) Lt. des Rundfunk-Forschg.sprogramms in Princeton, 1940–67 Prof. f. Soziol. Columbia Univ. New York, danach Lehrauftrag an der Sorbonne in Paris, war Präs. der American Sociological Association.
In der empir. Meinungsforschg. stellte L. die Bedeutung des Meinungsführers für die Übertragung von Informationen u. für Einstellungsänderungen heraus (→Zweistufenhypothese der Kommunikation). Zur Erforschung des Wandels von Einstellungen u. Meinungen entwickelte er das →Panel-Verfahren. Ausgehend vom soz. Mikro-Bereich wandte er sich den Problemen der Massenkommunikation zu. In Wahluntersuchungen zeigte er die soz. Determinierung

Lebensabschnittspartner

von Wahlentscheidungen. Zur quantitativen Analyse polit. Verhaltens entwickelte L. mehrdimensionale Meßinstrumente.

Schr.: Jugend u. Beruf, 1931; Die Arbeitslosen v. Marienthal (mit M. Jahoda u. H. Zeisel), 1975 (1934); Radio Research (mit F. Stanton), 1941; The People's Choice (mit H. Field), 1944 (dt.: Wahlen u. Wähler, 1969); The People look at Radio, 1946; Continuities in Social Research (mit R. K. Merton), 1950; Voting (mit B. Berelson, W. M. McPhee), 1954; The Language of Social Research (mit M. Rosenberg), 1955; Personal Influence (mit E. Katz), 1955 (dt.: Persönl. Einfluß und Meinungsbildung, 1962); Latent Structure Analysis (mit N. Henry), 1967; (Hg.), The Uses of Sociology (mit H. Sewell u. H. L. Wilensky), New York 1967; Am Puls der Ges., 1968; Qualitative Analysis, Boston 1972; An Introduction to Applied Sociology (mit J. G. Reitz), New York 1975.
Ein Gespräch mit P. F. L., in: KZfSS 28, 1976.

Lebensabschnittspartner, Lebensabschnittspartnerin →Bindung

Lebensalter bezeichnet allg. die Lebensphase bzw. Altersstufe, in der sich ein Individuum befindet, bemessen nach Lebensjahren (kalendar. Alter) oder aufgrund der Entwicklung u. Veränderung seiner Organe, körperl. Funktionen u. psych. Fähigkeiten (biolog. Alter). Aus individ. Unterschieden des Alterungstempos ergeben sich Divergenzen zw. dem kalendar. u. biolog. Alter.
Soziol. bezeichnet der Begriff L. die aus biolog. Faktoren u. aus ges.-kulturspezif. Einflüssen resultierende Abfolge von unterschiedl. ausgeprägten Lebensphasen (Altersstufen) eines Individuums, denen gemäß des kalendar. Alters die jeweiligen Bevölkerungsteile der betreffenden Ges. zugerechnet werden. Diese verschiedenen Phasen umfassen mehrere Jahre oder nach der Jugendzeit sogar Jahrzehnte. Die soziokult. Eigenart einer Ges. bestimmt weitgehend, wie die verschiedenen L. eingeteilt u. aufgefaßt werden (Differenzierung u. Interpretation), wie sie kult., soz. u. normativ ausgeprägt sind (Typologisierung), wie sich die Angehörigen der einzelnen L.kategorien verhalten können u. dürfen (altersstufenspezif. Verhalten). In der mod. Ges. wird unterschieden: Kindheit (besondere Berücksichtigung der frühen Kindheit), Jugend (unterteilt in Jugendl., Heranwachsende u. mitunter auch junge Erwachsene), mittleres Erwachsenenalter, Alter (»junge Alte«, alte Menschen, Senioren, Greise). Mit einzelnen Altersstufen sind graduell unterschiedl. Teil- bzw. Subkulturen verbunden (jugendl. Subkultur, Erwachsenenkultur, Tendenzen zu Subkulturen alter Menschen). Dementsprechend hängen Anschauungen, Wertvorstellungen, Einstellungen u. Verhaltensweisen des einzelnen auch von der Zugehörigkeit zu einer bestimmten Altersstufe ab. Hieraus können sich Generationsunterschiede u. ggf. -konflikte ergeben. Bedeutsam ist der Zus.hang zw. →Familienzyklus u. L. Beschleunigter soz. Wandel in der mod. Ges. u. soziokult. Unterschiede der verschiedenen Altersstufen erfordern eine alle L. durchziehende Sozialisation, die sich theoret. in Phasenmodellen einer lebenslangen Sozialisation niederschlägt. Eine umfassende Soziol. der L. erfordert die Verknüpfung der speziellen Soziologien einzelner Altersstufen mit der Biographie- u. Lebenslaufforschg.

W. Voges (Hg.), Soziol. der L., 1983; ders. (Hg.), Methoden der Biographie- u. Lebenslaufforschg., 1987.

Lebenschance, insbes. in der Sozialstrukturanalyse Bezeichnung für die Möglichkeit des Individuums, an bestimmten Lebensbedingungen teilhaben zu können. Allg. werden die Teilhabe an möglichst vorteilhaften Lebensbedingungen u. somit soz. Aufstieg angestrebt. Dagegen wird versucht, nachteiligen Lebensbedingungen, insbes. Armut auszuweichen u. soz. Abstieg zu vermeiden.

In der traditionalen Ges. werden die L.n des einzelnen weitestgehend durch das Geburts- bzw. Herkunftsprinzip bestimmt. Dementsprechend ist es entscheidend, in welche Kaste, in welchen Stand oder Klan der einzelne hineingeboren wird. Hinzu kommen soziokult. unterschiedl. ausgeprägte, oft mit erhebl. Ungleichheit verbundene Geschlechtsrollen. In der mod. Ges. hat für die Zuteilung von L.n das Leistungsprinzip zunehmende Bedeutung gewonnen. Die Leistungsmöglichkeiten u. Aufstiegschancen des einzelnen hängen aber davon ab, in welcher soz. Schicht., in welchem soz. Milieu er sozialisiert wurde (Sozialisationsbedingungen), welche weltanschaul. Orientierungen u. Werte ihm vermittelt wurden, inwieweit Leistungsmotivation, Erfolgs- u. Aufstiegsstreben stimuliert wurden, welche Bildungs-, Aus- u. Weiterbildungsmöglichkeiten ihm geboten wurden, inwieweit er (von einem Mentor) gefördert wurde. In totalitären Ges.en hängen die L.en der Individuen weitgehend von dem Grad der Anpassung an die bestehenden ideol.-polit. Herrschaftsverhältnisse ab (Karriere als Belohnung für systemkonformes Engagement u. »Mitläufertum«). Allg. verbessern sich die L.en mit steigendem Entwicklungsniveau der Wirtschaft, mit der Durchsetzung von Freiheit, Gerechtigkeit u. Chancengleichheit, mit zunehmender Auflockerung der Vertikalstruktur der Ges. u. mit einer kult.

angemessenen Unterstützung der unverschuldet Bedürftigen. Die Ausbreitung des Strebens nach möglichst großen Lebenschancen – statt Resignation, Fatalismus u. Passivität – bildet eine starke Antriebskraft für die sozioökonom. Entwicklg.

R. Geißler (Hg.), Soz. Schichtung u. L. in der BR Dtl., 1987; D. Krause u. G. Schäuble, Jenseits von Klasse u. Schicht, 1988.

Lebensereignisforschung, spezielle Forschgs.-richtung der Medizinsoziol., in der mit empir.-statist. Methoden das Problem untersucht wird, inwieweit psych. belastende Ereignisse u. biograph. Veränderungen (z. B. Krankheit, Unfall, Tod im engsten mitmenschl. Bereich, Wechsel des Arbeitsplatzes, Umzug, familiäre Konflikte) im Zus.hang mit chronischen Belastungen (z. B. im Arbeitsbereich) das Auftreten psychosomatischer Störungen bedingen u. die Eintrittswahrscheinlichkeit akuter körperl. Krankheiten erhöhen.

J. Siegrist u. K. Dittmann, Lebensveränderungen u. Krankheitsausbruch, in: KZfSS 33, 1981; J. J. Bojanovsky, Psych. Probleme bei Geschiedenen, 1983.

Lebenserwartung, eine Meßzahl der Bevölkerungsstatistik, mit der die durchschnittl. Lebensdauer angegeben wird, die Individuen einer Population, Angehörige einer Ges. bzw. Bewohner eines Landes zu erwarten haben. Als mittlere L. eines Neugeborenen wird die wahrscheinl. Zahl der Jahre bezeichnet, die es aufgrund der bestehenden Sterbeverhältnisse leben wird. Mit Hilfe von →Sterbetafeln wird die L. für Frauen und Männer getrennt u. auch für jedes Lebensalter berechnet. Die altersspezif. mittlere L. gibt an, wie viele Jahre ein Mensch mit einem bestimmten Lebensalter

Lebensform

474

wahrscheinlich noch leben wird. Infolge medizin. Fortschritte, verbesserter Hygiene u. Ernährungsmöglichkeiten, gesünderer Lebensweise u. Eindämmung verlustreicher Kriege ist die L. in den mod. Industrieges.en stark gestiegen. Mit der Modernisierung hat diese Veränderung auch in Entwicklungsges.en eingesetzt. Die Ausweitung der individ. Lebensspanne verändert die Einstellung zum Leben, Sterben u. Religiösen, erhöht die Lebensmöglichkeiten des einzelnen u. steigert die Sinnhaftigkeit einer Planung u. Gestaltung des eigenen Lebens. Folgen sind ferner die Erhöhung des Durchschnittsalters der Gesamtheit aller Angehörigen einer Ges., Tendenzen fortschreitender Überalterung, die stärkere Belastung der Erwerbstätigen durch eine wachsende Zahl alter Menschen, die Notwendigkeit einer Heraufsetzung der Altersgrenze für die Berufstätigkeit. Die weitere Entwicklung der L. hängt insbes. von der Bewältigung der Umweltkrise ab, die große Gesundheitsgefahren beinhaltet.

A. E. Imhof, Die gewonnenen Jahre, 1981; ders., Von der unsicheren zur sicheren Lebenszeit, 1988; ders., Die Lebenszeit, 1988.

Lebensform, allg. Bezeichnung für eine einzelne Art von Lebewesen (Pflanzen- oder Tierart), die in bezug auf artspezif. bedeutsame Umweltbedingungen bestimmte Anpassungserscheinungen zum Ausdruck bringt. Bei Tieren zeigen sich unterschiedl. L.en u. a. in den jeweils eigentüml. Aufenthaltsorten, Ernährungs- u. Bewegungsweisen einzelner Arten. Infolge seiner weitgehenden »Instinktreduktion«, »Weltoffenheit«, seiner überragenden psych. Fähigkeiten u. der großen, gesch. wandelbaren Mannigfaltigkeit seiner soziokult. ge-

prägten Umwelt ist der Mensch im Gegensatz zu einzelnen Tierarten nicht auf eine bestimmte, relativ eng umgrenzte Lebensform festgelegt. Mit den verschiedenen Kulturen u. Ges.en sind zugleich unterschiedl. L.en entstanden. Soziol. kann L. aufgefaßt werden als eine komplexe Weise der Lebensbewältigung, die von bestimmten Vorstellungen, Ideen u. Werten getragen wird, die durch spezif. Normen, Sanktionsmechanismen u. Strukturverhältnisse das Zus.leben reguliert u. im alltägl. Handeln von Menschen zum Ausdruck kommt. Hierbei werden zur Erreichung soziokult. geformter Ziele u. Zwecksetzungen natürl. Ressourcen u. kult. geschaffene Mittel eingesetzt. L.en des Menschen sind somit konkrete, sinnhaft-ganzheitl. angelegte Ausprägungen des integrativen Verflechtungszus.hanges von Kultur, Ges. u. menschl. Persönlichkeit. Eine L. kann nicht nur einem Individuum eigentüml. sein, sondern betrifft gewöhnl. Personen, die in verschiedenartigen soz. Gebilden u. Kollektiven zus.leben. Nach E. Spranger (1882–1963) sind L.en idealtyp. (→Idealtyp) entworfene Grundtypen des menschl. Charakters bzw. der individuellen Persönlichkeit, die sich aus der jeweils vorherrschenden Wertrichtung innerhalb der Persönlichkeitsstruktur ergeben: der theoret., ökonom., ästhet., soz. u. religiöse Mensch sowie der Machtmensch. Je nach dem Vorherrschen einzelner Wertrichtungen ist das Individuum mit entsprechenden Bereichen der soziokult. Umwelt besonders verbunden.
L. deckt sich weitgehend mit dem Begriff des Kulturmusters (engl. pattern of culture), wobei R. →Benedict unter Rückgriff auf F. Nietzsche grundlegend zw. apollin. u.

Lebensgemeinschaft

dionys. Kultur unterscheidet. Während in der apollin. Kultur Maßhalten, der goldene Mittelweg, Ordnung, Tradition, Harmonie u. seel. Gleichgewicht entscheidend sind, ist die dionys. Kultur durch »Lebensbejahung«, Dynamik, Machtstreben, Leidenschaftlichkeit, Tendenzen zur Aufhebung herkömml. Begrenzungen gekennzeichnet.

Unter dem Einfluß verstärkter →Akkulturation, wirtschaftl. Entwicklung, des beschleunigten Wandels von Weltanschauungen, Werten u. Moralvorstellungen sowie fortgeschrittener Individualisierung hat sich in der mod. Ges. eine große Mannigfaltigkeit verschiedener, z. T. alternativer, konkurrierender u. antagonist. L.en herausgebildet. Dieser Pluralismus beinhaltet ein großes Spektrum subkulturell, gruppenspezif. u. individualist. ausgeprägter →Lebensstile, die in der offenen Ges. großen Entfaltungsspielraum erlangt haben. Unter Einschränkung der bürgerl. Familie hat sich soz.strukturell eine Vielzahl von Bindungskonstellationen u. Optionen priv. Lebensgestaltung ergeben: z. B. bewußt kinderlose Ehe, nichtehel. Lebensgemeinschaft, Ein-Elternteil-Familie, Wohngemeinschaften verschiedenster Art, »Single« als L. Mit der globalen Ausbreitung der mod. Ges. werden die kulturspezif.-traditionalen L.en vormod. Ges.en verdrängt. Die gegenwärtige Umwelt- u. Überlebenskrise kann nur bewältigt werden, wenn sich ökolog. angepaßte, möglichst umweltverträgl. L.en allg. durchsetzen.

F. Nietzsche, Die Geburt der Tragödie, in: ders., Sämtl. Werke, Bd. 1, hg. von G. Colli u. M. Montinari, 1980; E. Spranger, L.en, ⁹1966 (1914); R. Benedict, Patterns of Culture, 1934; dt.: Urformen der Kultur, 1955; A. Baruzzi, Alternative L.?, 1985; K.-H. Hillmann, Wertwandel, ²1989 (1986); F. Höpflinger u. D. Er-

ni-Schneuwly (Hg.), Weichenstellungen, 1989; D. Krüger, Alleinleben in einer paarorientierten Ges., 1990.

Lebensführung, die dem Menschen – im Gegensatz zu instinktgesteuerten Tieren – mögl. bewußte, sinnorientierte u. planende Gestaltung seines prakt. Verhaltens u. Lebensablaufs. Die L. hängt in ihrer Ausprägung grundlegend von der Orientierung der Akteure an bestimmten weltanschaul.-religiösen Vorstellungen, kulturspezif. Werten u. soz. Normen ab. Somit kann die in einer Ges. vorherrschende L. mehr weltabgewandt, kontemplativ, asket. u. passiv oder mehr weltzugewandt, aktiv u. hedonist. ausgeformt sein. Mit dem zur mod. Ges. hinführenden Rationalisierungsprozeß nahm die L. unter Abschwächung traditionaler Bestimmungsgründe zunehmend method.-rationale u. individualist. Züge an, ausgerichtet auf berufl. Erfolg u. persönl. Sinnerfüllung.

M. Weber, Gesammelte Aufsätze zur Religionssoziol. 1, ⁹1988 (1920); ders., Wirtschaft u. Ges., ⁵1980 (1921); H.-R. Vetter (Hg.), Muster mod. L., 1991; G.-G. Voss, L. als Arbeit, 1991.

Lebensgemeinschaft, auf Dauer angelegtes, in der Regel durch enge persönl. Beziehungen u. prosoz. Verhalten bestimmtes Zus.leben von zwei oder mehr Menschen, insbes. als Ehe u. Familie, neuerdings auch verstärkt als eheähnl. L. bzw. Partnerschaft (→Primärgruppe). Die L. schließt Konflikte, Aggressivität u. Auflösung nicht aus. Durch kulturellen Relativismus, Rationalismus u. Individualismus werden überkommene kulturspezif. Formen der L. erschüttert, zugunsten einer größeren u. variablen Mannigfaltigkeit des soz. Zus.lebens mit erweiterter individ. Selbstbestimmung.

Lebenshaltung

Lebenshaltung, im Unterschied zum Lebensstandard die von Einkommen u. Vermögen abhängige tatsächl. quantitative u. qualitative Struktur der Daseinsgestaltung, d. h. die individuelle oder gruppenbestimmte (Familie, Haushalt) Anwendung u. Verwendung der wirtschaftl.-sozialen Kräfte u. Mittel. Die L. wird von den gesamtwirtschaftl. Entwicklungen u. der individuellen sozialen Mobilität bestimmt. Mit statist. L.indices wird regelmäßig errechnet, welche L. bei bestimmtem Preisniveau u. individuellem Einkommen möglich ist.

Lebensqualität, Qualität des Lebens (engl. quality of life), in den USA aus der komplexen Krise der mod. Industrieges. heraus entstandener Begriff zur umfassenden Bezeichnung der gesamten Lebensbedingungen in einer Ges. Der Entwicklung des L.konzepts liegen Einsichten in die begrenzten u. z. T. fragwürdigen Aussagemöglichkeiten älterer, einseitig ökonom.-materialist. gefaßter Maßstäbe zugrunde, z. B. Bruttosoz.produkt u. →Lebensstandard. Das Konzept der L. umfaßt z. B. Bereiche wie Gesundheitsversorgung, Bildung u. Erziehung, Arbeitswelt (→Humanisierung der Arbeit), Freizeitmöglichkeiten u. -bedingungen, natürl. Umwelt, soz. Umwelt u. Beziehungen, persönl. Sicherheit u. Recht, polit. Bereich. Gemäß dieser mannigfaltigen Ausrichtung wird die L. mit einem differenzierten System soz. Indikatoren gemessen. Zu Lasten seiner wiss. u. überparteil. Verwendbarkeit ist der Begriff der L. zunehmend in Verbindung mit Teilinteressen v. Parteien, Verbänden, Unternehmungen als zeitgemäß anmutendes Schlagwort f. eine vermeintl. eigene Gemein-

wohlorientierung werbl.-propagandistisch eingesetzt worden.

W. Zapf, Zur Messung der L., in: Zs. f. Soziol. 1, 1972; M. Dierkes u. R. A. Bauer (Hg.), Corporate Social Accounting, New York 1973; W. Glatzer u. W. Zapf (Hg.), L. in der Bundesrepublik, 1984; H. Majer (Hg.), Qualitatives Wachstum, 1984; W. Zapf u. a., Individualisierung u. Sicherheit, 1987.

Lebensraum, aus der Geopolitik in die Soziol. übernommene Bezeichnung für die Gesamtheit der geograph.-wirtschaftl. Gegebenheiten u. Kräfte, die (minimal) notwendig sind, um einem Volk ausreichend Existenz- u. Entwicklungsvoraussetzungen zu schaffen. In seinem Werk »Der L.« (1901) faßte F. Ratzel die Gesch. der Menschheit als ständigen Kampf um L. auf. Chauvinismus u. Nationalismus haben in der Außenpolitik die These vom unzureichenden L. des eigenen Volkes zur Legitimierung expansionist. Interessen benutzt. Im Nationalsozialismus wurde der Titel des Romans von H. Grimm »Volk ohne Raum« (1926) zum Schlagwort einer L.-Propaganda, die der ideolog. Vorbereitung des Eroberungskrieges gegen die ehemal. Sowjetunion diente. In der Psychologie K. →Lewins bezeichnet L. den Bereich, der für das Verhalten des Individuums mit seinen gegenwärtig gegebenen Bedürfnissen, Wünschen u. Antrieben bedeutsam ist.

G. Jentsch, Der L., 1940; A. Grabowsky, Raum, Staat u. Gesch., 1960.

Lebensstandard, subjektiv u. durch soziale Normen u. Traditionen bestimmte Gesamtheit der hinsichtl. des soz. Status für notwendig u. angemessen betrachteten u. darum angestrebten materiellen u. immateriellen Versorgungsgüter. Zum L. gehören bestimmte Güterarten u. -qualitäten ebenso wie bestimmte Dienstleistungen, soziale Beziehungen u. Aktivitäten. Der L. ist eine dynam., mit den Veränderungen der gesamtges. Lebens- u. Kulturbedingungen dem sozialen Wandel unterworfene Größe. Er bestimmt die Leistungsmotivation, Bedürfnisstruktur u. die individuelle u. gruppeninterne Planung u. Verteilung der Versorgungsmittel, damit die quantitative u. qualitative Struktur materieller u. soz. Daseinsgestaltung.

Lebensstil bezeichnet in ganzheitl.-umfassender Weise die jeweiligen Ausdrucksformen der alltägl. Daseinsgestaltung bestimmter Personen, soz. Einheiten, Bevölkerungsteile u. ggf. ganzer Ges.en. Die Ausprägung eines L.s hängt insbes. von der kult. Eigenart einer Ges., von dem soz. Standort der beteiligten Individuen u. von deren Lebensauffassungen u. Wertvorstellungen ab. L. bildet einen bedeutsamen Aspekt der →Lebensform. Der Ausdruck L. wurde zuerst von G. →Simmel verwendet. Im Zuge der sinkenden Bedeutung der Klassifikation der Bevölkerung nach soz. Schichten, d. h. einer geringeren Erklärung der Varianz des Verhaltens von Individuen durch deren Schichtzugehörigkeit (gemessen über Einkommen u. Bildungsstand), wurde dieses Konzept wieder aufgegriffen. Die soz. Differenzierung soll hiermit besser erfaßt werden. Dies geschah zu Anfang der 80er Jahre zuerst in der Marktforschung, dann in der akad. Forschung. Einen besonderen Einfluß hatte das Werk von →Bourdieu, der durch die drei Dimensionen: »ökonom. Kapital« (u. a. Einkommen, Vermögen), »kult. Kapital« (u. a. Schulbildung, Kunstgeschmack) und »soz. Kapital« (u. a.

soz. Netzwerke) die L.e zu klassifizieren sucht. In der BR Dtl. ist dieses Konzept in die neueren Analysen der soz. Ungleichheit eingegangen (u. a. Hradil, Lüdtke), ohne jedoch bislang zu einer theoret. angemessenen Fundierung u. empir. standardisierten Klassifikation von Personen zu L.-Gruppen geführt zu haben.

P. Bourdieu, Die feinen Unterschiede, 1982; S. Hradil, Soz.strukturanalyse in einer fortgeschrittenen Ges., 1987; H. Lüdtke, Expressive Ungleichheit, 1989; H. P. Müller, L.e, in: KZfSS 41, 1989.

Lebenswelt, zentraler Begriff der Phänomenolog. Soziol., der auch in phänomenolog. beeinflußten Richtungen der Soziol. (Ethnomethodologie, Symbol. Interaktionismus, Verstehende Soziol.) zunehmende Bedeutung gewonnen hat. Wiss.lich besteht noch Uneinigkeit darüber, inwieweit sich L. mit verwandten Begriffen wie Alltagswelt, alltägl. Lebenswelt, Welt der natürl. Einstellung, selbstverständl. hingenommene Weltordnung, alltägl. Gewohnheitshandeln, soziokult. Umwelt deckt. Der L.begriff wurde in bewußter Abgrenzung gegenüber dem einseitig objektivierenden, rational-quantifizierenden Weltbild der Naturwiss.en v. E. Husserl geprägt. Er bezeichnete mit L. den Boden u. Letzthorizont aller höherstufigen Sonderwelten (Spiel, Traum, wiss. Einstellung, religiöse Ekstase, ästhet. Erfahrung). Diesem grundlegenden, umfassenden Bereich der L., auf den das Bewußtsein ausgerichtet ist, gehören alle Menschen in vorwiss.licher, »natürl. Einstellung« an. L. erhält ihren Sinn – nicht ihre Existenz – v. den sinnstiftenden, konstitutiven Leistungen des Menschen. Der einzelne teilt mit allen Menschen die unveränderl. Grundstrukturen der L. Diese sind universal gegeben.

Lebenszyklus 478

Aufgrund intersubjektiver Verbundenheit (→Intersubjektivität) teilt das erkennende Subjekt seine L. bis zu einem gewissen Grade mit anderen Subjekten. Die individ. Verschiedenheit von L.en ergibt sich wesentl. durch die Teilhabe an unterschiedl. soz. Wissensvorräten. Als das selbstverständl. Vorausgesetzte bildet L. nicht nur die vorwiss.liche Basis, sondern auch die Sinn-Grundlage f. alle Wiss.en.
Der b. Husserl nicht eindeutig u. klar bestimmte L.begriff ist im Zuge der Übernahme durch die Soziol. in seinem Bedeutungsinhalt noch vielfältiger u. uneinheitl. geworden, insb. durch Verknüpfung mit dem Alltagsbegriff. So bezieht sich der Begriff der alltägl. Lebenswelt vor allem auf den jenseits abstrakter wiss.licher Theorien liegenden, subjektiv u. gruppenspezifisch ausgeprägten Bereich des alltägl., weitgehend selbstverständl., traditionalen Wissens (Alltagswissen), Handelns u. Erlebens konstruktiv-aktiver Menschen. Zu dieser gesch.-soziokult. mannigfaltig ausgeformten Erfahrungswelt der »kleinen Leute« bzw. »einfachen Menschen« zählen u. a. Wertvorstellungen, Normen, Gewohnheiten, Routine, Interaktionsmuster, Arbeit, Machtunterschiede, Konsum, Freizeit, Familienleben. Alltägl. L. ist somit jener Bereich, in dem der einzelne Mensch relativ fraglos mit anderen zus.lebt. Im Gegensatz zur strukturtheoret. Soziol. (Funktionalismus, Strukturell-funktionale Theorie, Systemtheorie, Marxismus), die unter Vernachlässigung des prakt. Handelns konkreter Individuen vorrangig auf die Analyse sozialer Organisationen, Systeme u. Makrostrukturen ausgerichtet ist, kommt in der L.-Soziol. ein verstärktes Streben nach Lebensnähe u. Konkretheit zum

Ausdruck. Dieser Perspektivenwechsel, der die Methode des Verstehens u. qualitative Methoden der empir. Soz.-forschg. aufwertet, wird durch die fortgeschrittene Professionalisierung u. Reifung der Soziol. begünstigt u. ist zugleich Reaktion auf Tendenzen eines Wiss.skeptizismus u. einer Ablehnung v. Soz.-technologie.

Arbeitsgruppe Bielefelder Soziologen (Hg.), Alltagswissen, Interaktion u. ges. Wirklichkeit, 2 Bde., 1973; K. Hammerich u. M. Klein (Hg.), Materialien zur Soziol. des Alltags, KZfSS Sonderheft 20, 1978; W. M. Sprondel u. R. Grathoff (Hg.), A. Schütz u. die Idee des Alltags in den Soz.wiss.en, 1979; E. Ströker (Hg.), L. u. Wiss. in der Phil. E. Husserls, 1979; T. Luckmann, L. u. Ges., 1980; W. Bergmann, L., L. des Alltags oder Alltagswelt?, in: KZfSS 33, 1981; A. Schütz u. T. Luckmann, Strukturen der L., 2 Bde., 1979 u. 1984, engl. The Structures of Life-World, 1973 u 1989; R. Hitzler u. A. Honer, L. – Milieu – Situation, in: KZfSS 36, 1984; B. Waldenfels, In den Netzen der L., 1985; P. Kiwitz, L. u. Lebenskunst, 1986; R. Welter, Der Begriff der L., 1986; R. Grathoff, Milieu u. L., 1989.

Lebenszyklus →Familienzyklus

Le Bon, Gustave, 7. 5. 1841 Nogent-le-Rotrou – 15. 12. 1931 Paris, ursprüngl. Arzt, hat sich außer mit Hygiene u. Physiologie mit Archäologie u. Völkerkunde, Politik, Psychologie u. Soziol. befaßt. 1884 wurde er von der franz. Regierung beauftragt, in Indien die Architektonik buddhist. Bauten zu studieren. Später gab er die »Bibliothèque de philosophie scientifique« heraus. Er publizierte ungewöhnlich viel.
Le B. wurde mit seinem Buch »Psychologie der Massen« zum Begründer der Massenpsychol. u. für die Soziol. bedeutsam. Er vertrat die Auffassung, daß der einzelne, auch der Angehörige einer Hochkultur, in der »Masse« seine Kritikfähigkeit verliert u. sich affektiv, z. T. primitiv-barbarisch, verhält. In der Massensituation ist der einzel-

ne leichtgläubiger u. unterliegt der psych. Ansteckung. Somit ist die Masse von Führern leicht zu lenken. Le B. glaubte, daß seine Ansichten von den Massenbewegungen u. -organisationen seiner Zeit bestätigt werden.

Schr.: Psychologie des foules, Paris 1895 (dt.: Psychologie der Massen, [15]1982 (1908). P. R. Hofstätter, Gruppendynamik, 1957.

Lederer, Emil, 22. 7. 1882 Pilsen – 29. 5. 1939 New York, Volkswirt, Studium u. Promotion an der Univ. Wien, Priv.doz. an der Univ. Heidelberg, dort 1920 a. o., 1922 o. Prof., 1923–25 Gastprof. in Japan, danach wieder Univ. Heidelberg, 1931 an der Univ. Berlin bis 1933; über Paris u. London emigrierte er nach New York, wo er seine Lehrtätigkeit fortsetzte.

Arbeiten zur Soziol. der Revolution, in denen insbes. die Funktionen der Intellektuellen als Träger revolutionärer Ideen u. als »Produzenten« von Ideologien für die Massen thematisiert wird. In Analysen über die soziale Schichtung wird die Umstrukturierung des Proletariats u. des gewerbl. Mittelstandes zum »neuen Mittelstand« (Angestellte) behandelt.

Schr.: Die wirtschaftl. Organisation u. die Reichstagswahlen, 1912; Die Priv.angestellten in der mod. Wirtschaftsentwicklg., 1912; Die soz. Organisationen, 1913; Einige Gedanken zur Soziol. der Revolutionen, 1918; Der neue Mittelstand (mit J. Marschak), 1926; Kapitalismus, Klassenstruktur u. Probleme der Demokratie in Dtl. 1910–1940, hg. v. J. Kocka, 1979.

Leerformel, Bezeichnung der Vertreter eines erkenntnistheoret.-positivist. Wiss.begriffs für alle sprachl. Formeln (Wörter oder Sätze), deren Inhalt u. Sinn sich einer erfahrungswiss. Überprüfung oder klaren Interpretation entzieht, die aber dennoch (bei Sachaussagen) zur wiss. u. (bei Normaussagen) zur polit. Orientierung u.

Entscheidung eingesetzt werden. Sog. »pseudoempir.« L.n entstehen bei Strategien der →Immunisierung von theoret. Aussagen (→ceteris paribus). »Pseudonormative« L.n sind mit Soziallehren verbunden, welche den Anschein erwekken oder mit dem Anspruch auftreten, inhaltl. bestimmte Anweisungen für soziales Verhalten darzustellen, aber so formuliert sind, daß sie mit versch. (oder allen) konkreten Verhaltensregeln vereinbar sind. »Essentialist.« L.n treten im Zus.hang mit Wesensaussagen auf (das Wesen der »Wirtschaft«, des »Staates« usw.), denen − erkenntnislogisch betrachtet − ledigl. Kombinationen von definitor. Setzungen u. vorausgesetzten Wertungen zugrunde liegen.

E. Topitsch, Über L.n (in: Festschrift f. V. Kraft, 1960); M. Schmid, L.n u. Ideologiekritik, 1972.

Legalismus, Bez. für die Grundsatzentscheidung von Ges.reformern u. am soz. Wandel orientierten Politikern, ihre Ziele ausschließlich im Rahmen u. mit Mitteln der vorhandenen Rechtsordnung zu verfolgen.

Legalität (lat.), »Gesetzmäßigkeit«, (in Abgrenzung zu Legitimität) die Übereinstimmung des sozialen u. polit. Verhaltens der Bürger u. der öffentl. Herrschaftsträger eines Staates mit den für sie gültigen Gesetzen.

Legislative (lat.), »Gesetzgebung«, gesetzgebende Gewalt, gesetzgebendes Staatsorgan; in den nach dem Prinzip der Gewaltenteilung aufgebauten Staatsverfassungen formal von der sog. »ausführenden« (Exekutive) u. »rechtsprechenden« Gewalt getrennt u. bes. Verfassungsorganen übertragen. In demokrat.

Legitimationskrise

Staaten soll die L. vom Volke unmittelbar oder mittelbar (Repräsentation) ausgehen. Soweit mehrere l. Organe verfassungsgemäß eingerichtet sind (in Dtl. z. B. Bundes- u. Länderparlamente), unterscheidet man »ausschließl.« u. »konkurrierende« Gesetzgebungsbefugnisse.

In polit.-soziol. Analysen der Verfassungsrealität wird u. a. geprüft, inwieweit die Exekutive (Regierung, Ministerialbürokratie) die Gesetzgebungsinitiative an sich gezogen hat u. welchen Einfluß Interessenverbände im Prozeß der Entstehung von Gesetzen auf die L. direkt u. auf die gesetzesinitiativen Regierungen u. Ministerien ausüben.

C. Lüdemann, Gesetzgebung als Entscheidungsprozeß, 1986.

Legitimationskrise, Bezeichnung f. einen Zustand, in dem die Rechtmäßigkeit der Herrschaftsausübung durch bestimmte Eliten infolge des Ausbleibens gewohnter oder erwarteter Erfolge zunehmend weniger v. den Beherrschten anerkannt wird. In der Industrie- u. Wohlstandsges. sind Anzeichen einer L. aufgetreten, nachdem die vorherrschende, durch Werbung u. polit. Versprechungen verstärkte Wertschätzung eines ständig steigenden materiellen Wohlstandskonsums infolge der Wachstums- u. Umweltkrise sowie einer Krise des Sozial- u. Wohlfahrtsstaates zunehmend frustriert wird. Das dadurch bedingte Frustrations- u. Protestpotential kann zu einer In-Frage-Stellung der Herrschaftsordnung u. zu einer allg. Systemkrise hinführen. →Regierbarkeit.

J. Habermas, Legitimationsprobleme im Spätkapitalismus, ³1974 (1973); J. Heidorn, Legitimität u. Regierbarkeit, 1982.

Legitimität (lat.), »Rechtmäßigkeit«; Rechtfertigung, Anerkennung einer Herrschaft im Hinblick auf Herkunft, Bestellung, Ablösung, Inhalt u. Aufgabe durch die Beherrschten. Die Gesamtheit der Autoritäts- u. Rechtsvorstellungen, die es einer Herrschaft ermöglicht, sich ohne phys. oder psych. Zwang zu etablieren u. bei freiwilliger Billigung bzw. Zustimmung der Beherrschten durchzusetzen.

M. Weber unterschied drei Idealtypen legitimer Herrschaft: (a) die rationale bzw. legale, die auf dem kulturell bestimmten Glauben einer Ges. an unpersönl., gesatzte Ordnungen u. an das Anweisungsrecht der durch diese Ordnung zur Herrschaft Berufenen beruht; (b) die traditionale, die sich auf den »Alltagsglauben« an die »Heiligkeit« von jeher geltender Traditionen u. die Vorrechte der durch sie zur Autorität Berufenen gründet; (c) die charismat., die abhängig ist von der »außeralltägl.« Hingabe der Beherrschten an die Heiligkeit, Heldenkraft oder Vorbildlichkeit einer Person u. an die durch sie offenbarten oder geschaffenen Ordnungen.

Alle Gewalt- u. Machtverhältnisse tendieren dahin, zu Herrschaft zu werden, d. h. durch L. eine Institutionalisierung zu erreichen. Nach M. Weber besteht außerdem eine kulturgesch. Tendenz, wonach charismat. u. traditionale Herrschaft sich allmählich zu rational legitimierter entwickelt. Die Grundlagen der L. sind jeweils von den allg. gültigen Anschauungen, Werten u. Normen der Kultur einer Ges. abhängig, die zu erfüllen oder anzustreben jede Herrschaft zumindest vorgeben muß. Demokrat. L., die sich auf die allg. Anerkennung ihrer Entstehungsregeln (Wahlen) u. inneren Struktur (Gewaltenteilung) beschränkt, gilt in der Regel als ledigl.»formale«, »verfahrensmäßige«. Erst die Anerkennung spezif. Inhalte, Grenzen u. Aufgaben der Herrschaft macht sie zu einer »konkreten«.

M. Weber, Wirtschaft u. Ges., ⁵1980 (1921); J. Winckelmann, L. u. Legalität in M. Webers Herrschaftssoziol., 1952; N. Luhmann, Legitimation durch Verfahren, 1970; G. Dux, Strukturwandel der Legitimation, 1976; R. Münch, L. u. polit. Macht, 1976; M. Kopp u. H.-P. Müller, Herrschaft u. L. in mod. Industrieges.en, 1980; H. Thome, L.theorien u. die Dynamik kollektiver Einstellungen, 1981; J. Heidorn, L. u. Regierbarkeit, 1982; C. Gusy, L. im demokrat. Pluralismus, 1987; B. Westle, Polit. L., 1989; T. Mirbach, Überholte L.?, 1990; W. Lübbe, L. kraft Legalität, 1991.

Lehrer, mit der Pädagogisierung der Ges. der Inhaber bzw. die Inhaberin der zentral gewordenen soz. Position u. Rolle in der schulischen Sozialisation. L. vermitteln ihren Schülern nicht nur kognitive Fähigkeiten, intellektuelles Wissen u. handwerkl.-künstl.-techn. Fertigkeiten, sondern auch die Werte, Normen, Denk- u. Verhaltensmuster ihrer Ges. Darum analysiert Pädagog. Soziol. die soz. Prägungen, die L. selbst als Angehörige ihrer Ges. erfahren haben. Dabei interessieren: Die soz. Herkunft u. die schichtenspezif. Wertvorstellungen u. Ges.bilder der L.; die soz. u. berufl. Erwartungen, die mit dem Berufswunsch, L. zu werden, verbunden werden; die unbewußten Triebspannungen u. -konflikte, denen L. in ihrer eigenen Persönlichkeitsentwicklung ausgesetzt waren u. die im Verhältnis zu Schülern reaktiviert werden; die Erziehungs- u. Disziplinierungstechniken sowie die Beurteilungsmaßstäbe der L.; das Verhältnis zw. päd. Selbstdefinition u. ges. Fremderwartungen gegenüber ihrer Berufsrolle; die vom L. auszutragenden Konflikte zw. demokrat. Erziehungsidealen u. materialen, rechtl. und ausbil-

dungsbedingten Unzulänglichkeiten der schulischen Institutionen; die L.-Rolle u. das tatsächl. L.-Verhalten im Interaktionen-Schema versch. Schulklassen.

J. P. Kob, Die Rollenproblematik des L.berufs (Sonderheft 4 KZfSS, ⁸1970); A. Schuller (Hg.), L.rolle im Wandel, 1972; H. Tschamler, Die Rolle des L.s in der Ges., 1972; R. Nave-Herz, Die Rolle des L.s, 1977; K. Ulich, L.beruf u. Schulsystem, 1978; R. Hinsch, Einstellungswandel u. Praxisschock b. jungen Lehrern, 1979; R. Bölling, Soz.gesch. der dt. L., 1983; B. Schach, Professionalisierung u. Berufsethos, 1987; U. Schwänke, Der Beruf des L.s, 1988; G. Hirsch, Biographie u. Identität des L.s, 1990.

Leistungsgesellschaft, in Industrieges.en verbreitete Vorstellung von einer die ges. Strukturverhältnisse bestimmenden Leistungsordnung, in der die Rechte u. Privilegien jeder ges. Gruppe u. jedes Individuums im Prinzip an dem bemessen sind, was als ihr Beitrag zum ges. Gesamtprodukt gilt. Das Leistungsprinzip u. der Leistungswille gelten als Voraussetzung für ges. Produktivität u. ges. Fortschritt. Wirtschaftssoziol. u. psycholog. Untersuchungen über die L. bemühen sich um die Isolierung bestimmter psycholog. Faktoren u. um quantitative Methoden zum Nachweis, welche u. wie starke Bedeutung solche Faktoren im Prozeß sozialer u. wirtschaftl. Entwicklung spielen (McClelland). Kritische Studien stellen den postulierten Funktionszusammenhang von Leistungsinitiative, Leistungsnorm, gesamtges. Produktivität u. legitimierten Privilegien bei klar abgrenzbaren sozialen Gruppen infrage. Sie verweisen darauf, daß in hochentwickelten, kompliziert organisierten Industrieges.en die Zuteilung gruppenspezif. Entschädigungen kaum mehr als Prämiierung von oder Anreiz zu Leistungen erfolgt, weil

Anpassungsprobleme binnen- und außenstruktureller Art administrative Regulierungen u. Verteilungen erfordern. Nicht das Leistungsprinzip reguliere die Sozialstruktur, sondern im Gegenteil werde die postulierte Äquivalenz von Leistung u. Entschädigung gerade aus Motiven zunehmend verletzt, die sich auf die Absicherung der bestehenden Sozialstruktur richten. Dementsprechend werden oft gerade attraktive Positionen nicht allein aufgrund des Leistungsprinzips erlangt, sondern zu Lasten des Funktionierens u. der Entwicklungsfähigkeit der L. eher durch »Beziehungen«, Konformismus, Opportunismus, ideolog. u. polit. Anpassung, z. B. Konfessions- u. Parteizugehörigkeit.

Überdies ist das Leistungsprinzip zu Lasten der Wirtschaftskraft zunehmend durch sozialstaatl. Bürokratisierung (Sozialstaat) eingeengt worden. Die Zukunft der L. hängt davon ab, daß sich ein Gleichgewicht zw. tatsächl. Chancengleichheit, Leistungsprinzip, Partizipationsmöglichkeiten u. solidarischer Mitmenschlichkeit ergibt.

D. McClelland, Die L., 1966; F. Fürstenberg, Das Aufstiegsproblem in der mod. Ges., ²1969; C. Offe, Leistungsprinzip u. industrielle Arbeit, 1970; G. Gäfgen (Hg.), L. u. Mitmenschlichkeit, 1972; B. de Jouvenel, Jenseits der L., 1970; H. Schoeck, Ist Leistung unanständig?, 1988 (1971); D. Seibel, Ges. im Leistungskonflikt, 1973; K. O. Hondrich, Demokratisierung u. L., 1972; H. Lenk, Soz.phil. des Leistungshandelns, 1976; H. Braun, Leistung u. Leistungsprinzip in der Industrieges., 1977; G. Hartfiel (Hg.), Das Leistungsprinzip, 1977; K. M. Bolte, Leistung u. Leistungsprinzip, 1979; A. Wohlfahrth, Leistung u. Ethos, 1984; K. O. Hondrich u. a., Krise der L.?, 1988.

Leistungsmotivation, »das Bestreben, die persönl. Tüchtigkeit in allen jenen Tätigkeiten zu steigern oder möglichst hochzuhalten, in denen man einen Gütemaßstab für verbindl. hält u. deren Ausführung deshalb gelingen oder mißlingen kann« (Heckhausen). Soziol. interessieren an der L. insbes. ihre soziokult. Entstehung u. Bestimmung, ihre persönlichkeitsbildende Vermittlung im Sozialisationsprozeß sowie die Beziehungen zw. L. u. sozialem Anspruchsniveau. Die L. wird als fundamentale psych. Voraussetzung für die gesamte., insbes. wirtschaftl. Entwicklung sowie für die individuelle Statuserringung u. -verbesserung in der Leistungsges. betrachtet. Dabei wird davon ausgegangen, daß eine für die Angehörigen rational organisierter dynam. Ges. charakterist. Verbindung zw. hoher L. u. besserer Durchführung ihrer selbstbezweckten oder auferlegten Handlungen besteht. L. beeinflußt neben phys., psych. u. intellektueller Leistungsfähigkeit die Höhe u. Qualität tatsächl. erbrachter Leistung sowie die Effizienz der Bemühungen zur Aneignung u. Entwicklung von Fähigkeiten, Fertigkeiten, Kenntnissen, die zu tatsächl. Leistung notwendig sind. L. orientiert sich an sozial vermittelten Leistungsstandards u. stellt die Person immer wieder vor Konflikte zw. sozial bestimmten Erfolgswünschen bzw. Mißerfolgsmeidungen einerseits u. realem Leistungshandeln andererseits, aus denen Angst, Frustration u. Agression folgen können. Da Leistung Status u. sozialen Aufstieg verschafft, Leistung jedoch inhaltl. von ges. Normen definiert wird, hängt die Entwicklung hoher L. ab vom bereits in der Kindheit abgeforderten Leistungstraining.

J. W. Atkinson, Motives in Fantasy, Action and Society, Princeton 1958; D. C. McClelland, The Achieving Society, Princeton 1961, dt.: Die Leistungsges., 1966; H. Heckhausen, Hoffnung u. Furcht in der L., 1963; D. C. McClelland, Motivation u. Kultur, 1967; S. W. Gellerman, Motivation u. Leistung, 1972; B. Lutz, Krise des Lohnanreizes, 1975; M. Miessler, L. u. Zeitperspektive, 1976; E. Harten-Flitner, L. u. soz. Verhalten, 1978; W. Kunze, L. u. Entwicklg., 1983; R. W. Stroebe, Motivation, 1991.

Leistungsprinzip, eine wertgeladene, kontrovers diskutierte Verteilungsnorm, nach der die Erlangung begehrter Positionen, Einkommen, Güter, Vorteile, Belohnungen u. von Soz.prestige durch einzelne Individuen von deren ges. bedeutsamen u. nachgefragten Leistungen abhängig sein soll. Dabei sind sowohl der Umfang wie auch die Qualität der individ. Leistung maßgebend. Insbes. aus liberaler Sicht sollen durch die weitestgehende Institutionalisierung u. lebensprakt. Durchsetzung des L.s Gerechtigkeit im Sinne von Chancengleichheit sowie Fortschritt u. Wohlstand mittels optimaler Ausschöpfung des ges. Leistungspotentials erreicht werden. Mit der Herausbildung der mod., marktwirtschaftl. funktionierenden Industrieges. hat das L. gegenüber dem Geburts- u. Herkunftsprinzip an Bedeutung gewonnen. Funktional ungerechtfertigte, leistungshemmende Standesgrenzen, Statusvorteile, Privilegien u. Ausbeutungsverhältnisse konnten dadurch abgebaut oder zumindest verringert werden. Zunehmender Konkurrenzdruck u. notwendige Effizienzsteigerung erfordern die Einschränkung des Ancinnitäts- bzw. (Dienst-)Altersprinzip (Entlohnung nach Dauer der Betriebszugehörigkeit). Problemat. sind naturgegebene u. soziokult. verstärkte individ. Unterschiede der Leistungsfähigkeit u. -bereitschaft. Hieraus resultiert die den ges. Frieden gefährdende soz.darwinist. Tendenz, daß die leistungsschwachen durch leistungsstarke Individuen verdrängt werden u. schließl. beherrschende, ausbeuterische u. fortschrittshem-

mende Machtballungen, Monopole entstehen. Zur Vermeidung solcher Gefahren muß der Staat durch eine Ordnungs- u. Soz.politik dauerhaft dafür sorgen, daß der Leistungswettbewerb aufrechterhalten bleibt u. durch das Soz.prinzip ergänzt wird. Die Durchsetzung des Soz.prinzips als nicht-leistungsbezogene (Grund-)Versorgung der unverschuldet Bedürftigen schränkt zwar das L. ein, trägt aber zur Stabilisierung u. Akzeptanz der Leistungsges. bei.

Leisure class (engl.) →Mußeklasse

Leitbild, für einzelne Personen, Gruppen, Schichten oder ganze Ges.en als erstrebenswert geltende u. im Handeln u. bei Entscheidungen tatsächl. Orientierung u. Absichten leitende Vorstellung. L.er haben – im Vergleich zu Utopien u. Idealen – einen konkreten u. prakt. zumindest partiell erreichbaren Gegenwartsbezug. Sie gründen sich auf Erziehungs- u. Erfahrungsinhalte u. werden damit immer von aktuellen soziokult. Werten u. Zielsetzungen abgeleitet. Zu L.ern können Ideen, Habitus, Lebensstil u. -niveau bestimmter idealisierter Personen u. Gruppen oder allg. ges. Prinzipien wie Sicherheit, Prestige, Aufstieg, Reichtum usw. werden. L.er bedeuten für die betreffenden Personen Entlastung von Entscheidungsdruck u. eindeutige Lebensperspektive, engen jedoch die soziale Optik ein u. verführen zu ges. Ignoranz, Intoleranz u. soz. Vorurteil.

G. Wurzbacher, L.er gegenwärtigen dt. Familienlebens, ⁴1969 (1952); G. Picht, Unterwegs zu neuen L.ern, 1957; K. Boulding, Die neuen L.er, 1958; H. Schelsky, Das Bild der Jugend und des Jugendgemäßen in unserer Ges. (in: L. v. Friedeburg, Jugend in unserer Ges., 1965); G. Wuthe, Harmonie u. Konflikt. Zur Struktur

Leitstudie 484

u. Funktion soz. Leitbilder, 1972; R. Meimberg, Zum rationalen Gehalt ges. L.er u. Zielvorstellungen, 1979; F. Halisch, Vorbildeinfluß u. Motivationsprozesse, 1984; K. P. Müller-Thurau, Dt. Idole, 1987.

Leitstudie (engl. pilot. study), Vorstudie, Explorationsstudie, Voruntersuchung, Bezeichnungen der Empir. Soz.forschg. für eine Untersuchung, die mitunter für die Vorbereitung einer größeren standardisierten Untersuchung notwendig ist. Insb. bei bisher unzureichend erforschten Problemfeldern kann im Rahmen einer L. mit Hilfe nicht-standardisierter Forschgs.-techniken (z. B. Intensivinterview, Gruppendiskussion u. teilnehmende Beobachtung) ein Überblick über die mit einer Forschgs.frage verbundenen Aspekte, Datenverbindungen u. Merkmale gewonnen werden. Aufgrund einer L. ergeben sich oft zusätzliche Hypothesen, die für das Forschgs.ziel bedeutsam sind. →Pretest.

Leninismus, von Wladimir Iljitsch Lenin (1870–1924) entwickelte Lehre zur wiss.-theoret. wie polit.-prakt. Anwendung des Marxismus auf die soz. u. polit. Verhältnisse im vor- u. nachrevolutionären Rußland der ersten Jahrzehnte dieses Jh.; im wesentl. die Theorie u. Taktik der proletar. Revolution u. der ersten Aufbauphasen des Sozialismus u. Kommunismus.
Hauptproblem des L. war die Frage, wie eine proletar.-revolutionäre Bewegung in einem Lande möglich ist, in dem die dafür vom Marxismus als notwendig erkannten soz. u. wirtschaftl. »Unterbau«-Bedingungen unzureichend entwickelt sind. Die vom L. hierzu entworfenen Lehren wurden später richtungsweisend für kommunist. Bewegungen in Entwicklungsländern.

Im Zentrum des L. steht die These vom revolutionären Primat der Partei der Arbeiterklasse als Elite-u. Avantgarde-Organisation von konspirativen Berufsrevolutionären, die alle (nicht nur die im engeren Sinne »proletar.«!) unterprivilegierten ges. Kräfte zu mobilisieren habe. Aufgabe der polit. Kader sei es (je nach dem Entwicklungsstand zum Endziel klassenloser Ges.), über wechselnde Bündnisse des Proletariats z. B. mit Intellektuellen, Bauern, u. Mittelständlern revolutionäre Strategie fortwährend neu zu überdenken, agitatorisch ins Bewußtsein der betr. Ges.klassen zu bringen, den revolutionären Kampf prakt. anzuführen u. bereits Erreichtes militant gegen konterrevolutionäre Rückschläge abzusichern. In Weiterentwicklung der marxist. Lehre von der →Diktatur des Proletariats wurde vom L. eine Staatstheorie entworfen, nach der – unter den nachrevolutionären Herrschaftsbedingungen – der neue »Staat der Sowjets, der Arbeiter- u. Soldatendeputierten«, ohne Bürokratie u. volksfremden Beamtenapparat u. in direkter Verbindung zu den Massen, als »wahrhaft« demokrat. Machtinstrument allein nur die Interessen der fortschrittl. Klassen repräsentiert. Die ökonom. Lehren des L. kulminieren im »Gesetz von der ungleichen Entwicklung« des Kapitalismus in den einzelnen Teilen der bürgerl. Weltwirtschaft, das wiederum zu den (in der Imperialismustheorie des L. weiter ausgebauten) Thesen von der »Verschärfung der Widersprüche« in der kapitalist. Welt u. von der Möglichkeit sozialist. Umwälzung u. Aufbauarbeit in einem Land führte. Mit der Ausgestaltung des dialekt. u. histor. Materialismus behauptet der L. allg. gültige Entwicklungsgesetze der

Natur, der Ges. u. des menschl. (individuellen wie kollektiven) Denkens.

Der L. führte ab 1917 (staatsstreichartige »Oktoberrevolution« in Rußland) im Zus.hang mit dem Aufbau der ehemalig. Sowjetunion zur Errichtung des ersten totalen Staates im 20. Jh., der sich unter Einsatz gewaltsamer Mittel, brutaler Härte u. von grausamem Massenterror durchsetzte. Die Konsolidierung dieser diktator.-totalitären Staats- u. Ges.sordnung unter Jossif Wissarionowitsch Stalin (1879–1953) verhinderte die Zukunftsvorstellungen von K. Marx u. Lenin bezügl. eines »Absterbens des Staates« u. der Herausbildung einer »klassenlosen Ges.« Die Unterdrückung von Freiheit, Menschenrechten, des Individuums, Leistungswettbewerbs u. soz. Wandels trugen im Zus.hang mit dem kostspieligen Rüstungswettlauf u. den ungelösten Nationalitätenkonflikten Ende der 1980er Jahre zum Zus.bruch der Sowjetunion u. damit großenteils zum Scheitern des L., →Bolschewismus u. →Kommunismus bei.

W. I. Lenin, Ausgewählte Werke, Bd. 1–12, 1939; G. A. Wetter, Sowjetideologie heute, 1962; W. I. Lenin, Ausgewählte Schriften, 1963; ders., Über Volksbildung, Artikel u. Reden, 1970; ders., Für u. wider die Bürokratie, Schriften u. Briefe 1917–1923, hg. v. G. Hillmann, 1970; Lenin, hg. v. L. Schapiro 1969; K.-G. Riegel, Konversionsprozesse im Marxismus-L., in: KZfSS 34, 1982; P. Scheibert, Lenin an der Macht, 1984; K.-G. Riegel, Konfessionsrituale im Marxismus-L., 1985.

Le Play, Frédéric, franz. Sozialreformer, 11. 4. 1806 La Rivière b. Honfleur – 5. 13. 4. 1882 Paris, Bergbauing., Prof. an der École des mines u. in der franz. Bergwerksverwaltung tätig, unter Napoleon III. Berichterstatter beim Staatsrat für öffentl. Arbeiten, Landwirtschaft, Handel u. Finanzen, organisierte die Weltausstellungen von 1855, 1862 u. 1867. L. gehört zu den bedeutendsten kathol.-konservat. Sozialreformern in Frankreich. Sein Hauptinteresse galt den durch Frühindustrialisierung gefährdeten sozialen Kleinstrukturen, insbes. der Familie. Der aufrechtzuerhaltende Patriarchalismus in Familie u. Betrieb wirkt sich ges. stabilisierend aus. Die Autorität des Familienvaters ist die entscheidende Kraft hinsichtl. des Hineinwachsens des einzelnen in die ges. Wertordnung. Unter Anwendung statist.-induktiver Methoden stellte er die Lebensverhältnisse einzelner Arbeiterfamilien (Monographien) in zahlreichen europ. Ländern dar. L. gilt daher als einer der Pioniere der Empir. Soz.-forschg.

Schr.: Les ouvriers européens, [2]1877/79 (1855); Instruction sur la méthode d'observation dite des monographies de famille, 1862; La réforme sociale en France, 2 Bde. [8]1901 (1864); L'organisation du travail, [2]1906 (1870); L'organisation de la famille , [5]1907 (1871); La méthode sociale, [2]1901 (1879); La continuation essentielle de l'humanité, [2]1893 (1881); Hg., Les ouvriers des deux mondes (1857–85); (Hg.) La réforme sociale, 10 Bde. 1881–85.

Lepsius, Mario Rainer, *8. 5. 1928 Rio de Janeiro, 1950 Dipl.-Vw., 1955 Dr. oec. publ. München, 1963 Priv.doz. ebd. u. o. Prof. f. Soziol. Mannheim, 1966 Gastprof. Philadelphia u. 1968 Pittsburgh, 1971–74 Vors. der DGS, 1973 Mitgl. des Institute for Advanced Study/Princeton, seit 1975 Mithg. der MWG, 1977 Mitgl. der Heidelberger Akad. der Wiss.en, 1981–93 o.Prof. f. Soziol. Heidelberg u. Mithg. der KZfSS, 1988 Th. Heuss-Prof. New School for Social Research/New York, 1988/89 Europ. Hochschulinst. Florenz. – Hauptarbeitsgebiete: soziol. Theorie, Polit. Soziol., Industriesoziol., soziale Schichtung, hist. u. komparative Strukturanalyse.

Schr.: Strukturen u. Wandlungen im Industriebetrieb, 1960; Denkschrift zur Lage der Soziol. u. Polit. Wiss., 1961; Extremer Nationalismus, 1966; (Hg.) Zw.bilanz der Soziol.,
Vhdlg. des 17. Dt. Soziologentages, 1976; Die
Entwicklg. der Soziol. nach dem II. Weltkrieg
1945–67, in: Dt. Soziol. seit 1945, hg. v. G.
Lüschen, 1979; (Hg.) Soziol. in Dtl. u. Österr.
1918–1945, Sonderheft 23 KZfSS, 1981;
(Mithg.) M. Weber Briefe 1906–1908, 1990;
Interessen, Ideen u. Institutionen, 1990; Demokratie in Dtl., 1993.

Lernen, umfassende psychol. u.
alltagssprachl. Bezeichnung für alle
Prozesse der geistigen Entfaltung,
des Erwerbs, der Erweiterung u.
ggf. der Veränderung von Kenntnissen, Einsicht, emotionalen Ausdrucksformen, Wertvorstellungen,
Einstellungen, Verhaltensweisen,
Fertigkeiten u. Problemlösungsfä-
higkeiten. Als »weltoffenes«, nicht
in eine enge »Merk- u. Wirkwelt«
eingebundenes Wesen verfügt der
Mensch mit seinen großen kognitiven Fähigkeiten über eine außergewöhnl. umfangreiche Lernkapazität mit entsprechend großen
Möglichkeiten der Veränderung
von Denken, Wissen u. Verhalten.
Von der behaviorist. Verhaltenswiss.
wird L. als die Gesamtheit der Prozesse im menschl. Individuum u.
auch im tier. Organismus definiert,
durch die Reaktionsformen bzw.
Verhaltensweisen neu erworben
bzw. verändert werden, u. zwar ohne Veränderung von angeborenen
Verhaltensdispositionen (Instinkten, Trieben) u. unabhängig von
biolog. Reifungsprozessen oder
zw.zeitl. anormalen psych.-phys.
Verfassungen (Müdigkeit, Drogen
usw.).
In der Soziol. werden Lernprozesse
insbes. berücksichtigt bei Untersuchungen über (a) den Aufbau u. die
Entwicklung der soziokult. Persönlichkeit; (b) die Integration von
Personen in Gruppen, Organisationen u. Institutionen; (c) die Entwicklung von Wertorientierungen,

Einstellungen, Meinungen, Interessen u. Verhaltensweisen als Ergebnis von soz. Informations- u.
Kommunikationsbeziehungen u.
von Prozessen der reflektierenden
Umsetzung objektiver soz. Lagen
in subjektive Bewußtseinsinhalte.
Soziol. sind insbes. gesch., kult.,
soz.strukturelle, interpersonelle u.
materielle Bedingungen für das L.
bedeutsam. Lernprozesse im weiteren Sinne vollziehen sich über das
Individuum hinaus auch in soz.
Gebilden u. Ges.en u. stellen somit
allg. eine zentrale Dimension des
soz. Wandels u. besonders der soziokult. Evolution dar. In der mod.,
sich beschleunigt wandelnden Ges.
hängen die erfolgreiche Lebensbewältigung des Individuums u. die
Zukunftschancen soz. Systeme
entscheidend von der Bereitschaft
u. Fähigkeit zum ständigen L. ab.

H. Friebel, Lernkapazität des Individuums –
Lernmilieu der Ges., 1977; W. Lippitz u. a.
(Hg.), L. u. seine Horizonte, 1982; K. Eder,
Gesch. als Lernprozeß?, 1985; G. Steiner, L.,
1988; K. Holzkamp, L., 1993.

Lerntheorien, die Gesamtheit der
seit dem Ende des 19. Jh. entwik-
kelten u. unterschiedl. fundierten
psycholog. u. soziol. Erklärungsversuche über die Prozesse des Lernens.
Im Laufe der Zeit haben sich zwei
prinzipielle theoret. Interpreta-
tionsrichtungen herausgebildet: die
»behavioristisch« u. die »kognitiv«
orientierten Theoretiker. Die ersteren gehen aus von beobachtbaren Reizen (Stimuli) u. Reaktionen
(darum auch S-R-Theoretiker genannt) u. interpretieren Lernen als
meßbare Veränderung in den S-R-
Relationen. Die letzteren bevorzugen einen gestaltpsycholog. bzw.
feldtheoret. orientierten Begriff
des Lernens, der Verhalten nicht als
Reaktion auf singuläre Reize auffaßt, sondern davon ausgeht, daß

Lerntheorien

nur an Konfigurationen mehrerer Signale u. entspr. »erfahrenen« Signalsystemen, d. h. über Einsicht, Orientierung u. Verhalten gelernt wird.

Ebbinghaus (1850–1909) u. andere dt. Gedächtnisforscher haben in Anknüpfung an die engl. Assoziationspsychologie über Experimente am Lernen völlig informationslosen Gedächtnismaterials nachzuweisen versucht, welche große Bedeutung individuelle psych. Orientierung u. Ausrichtung für den Lernerfolg haben. Demgegenüber gingen die ersten Behavioristen (Watson, 1878–1958) vom menschl. Verhalten als einem zunächst rein zufälligen aus, das durch Lernen erst »geformt« würde. Die Gestaltpsychologie (Wertheimer, 1880–1943, u. Köhler, 1887–1967) erklärte – über die Ebbinghaus-These von der Bahnung u. umständebedingten Kombination elementarer Assoziationen hinaus – Lernen als spontane Bildung mehr oder weniger stabiler Gedächtnisgestalten. Die Psychoanalyse (Freud, 1856–1939) steuerte die Erkenntnis bei, daß Vergessen u. Lernen im engsten Wirkungszusammenhang mit der Dynamik von triebmitbestimmten Bedürfnissen u. Motiven steht u. daß langfristige Fehlanpassungen wegen frühkindl. erlernter Angst- u. Schuldgefühle sich später auch als Lernbarrieren bzw. habitualisierte, schwer abbaubare Gefühlserwartungen äußern. Eine physiolog. konzipierte Theorie (Pawlow, 1849–1936) interpretierte Lernen als die Überformung bzw. den Austausch von angeborenen Reiz-Reaktions-Reflexen durch Koppelung von sekundären Reizen mit angeborenen Reaktionen (→Konditionierung). Thorndike (1874–1949) wies mit seiner Theorie vom

»Lernen am Erfolg« nach, daß der Lernerfolg (wachsende Häufigkeit passender u. Seltenerwerden unpassender Reaktionen auf äußere Reize) entscheidend abhängt von den Rückwirkungen der aus einem Verhalten sich ergebenden Erfolge (Belohnungen) u. Mißerfolge (Bestrafungen). In seinem »Law of Reinforcement« baute Hull (1884–1952) diese Erfolgstheorie des Lernens weiter aus, indem er Lernen als die Verstärkung einer Verhaltenstendenz in Abhängigkeit von Häufigkeit u. Regelmäßigkeit der damit erzielten Erfolge interpretierte. Tolmans (1886–1959) Erwartungstheorie des Lernens versuchte auf feld- u. gestaltpsycholog. Wege nachzuweisen, daß nicht durch einzelne Handlungen u. ihre Ergebnisse gelernt, sondern beim Verhalten mittels »erfahrener« u. »angesammelter« Orientierungssteme die Resultate dieser Handlungen antizipiert werden.

Ihre für soziolog. Analysen bedeutsamste Entwicklung erfuhren die L. bei der Analyse der Prozesse der Sozialisation, der sozialen Kontrolle, der Internalisierung von Werten, der Nachahmung u. Identifikation. Menschl. Lernen vollzieht sich stets in einer soziokult. Umwelt u. wird von dieser mitbestimmt. K. Lewin führte den Nachweis, daß der individuelle Lernerfolg vom erlebten Gruppenklima u. von soz. dominierenden Mentalitäten abhängt. Experimente der Gruppendynamik machten klar, daß Rangordnungen, soziale Rivalitäten und jeweiliger Status in der Gruppe Lernprozesse beeinflussen. Durkheim, G. H. Mead u. später Parsons untersuchten das Lernen als Prozeß der Internalisierung von Werten u. Normen einer Ges. bzw. als Prozeß des Aufbaus der soziokult. Persönlichkeit des Menschen.

Im Anschluß an interkulturelle Vergleichsstudien Kardiners, der in seiner Theorie der basic personality structure auf den determinierenden Einfluß frühkindl. Soz.erfahrungen u. -prägungen hinweis, ist die Wirkung der versch. Techniken der Sozialisation auf die sich entfaltende Motivationsstruktur des Kindes untersucht worden. McClelland hat die Abhängigkeit des Lernens von soz. bestimmten Leistungsnormen u. -motivationen analysiert. Dollard u. Miller haben in Auswertung psychoanalyt. Erkenntnisse die für soz. Verhalten wichtige Lernprozesse emotionaler Reaktionen erforscht u. auf die Bedeutung der durch neurot. Störungen u. Fehlentwicklungen bedingten Triebspannungen für das Lernen verwiesen. Dabei wurde in Studien über Frustration u. Aggression festgestellt, daß soz. normiertes Verhalten nur soweit gelernt werden kann, wie dem Individuum sprachl. Möglichkeiten der Erfassung u. »Verarbeitung« von emotionalen Konflikten zw. Triebansprüchen u. soz. Verhaltensansprüchen bereitstehen. Festinger zeigte mit der Theorie der kognitiven Dissonanz, daß Lernprozesse von dissonanten Informationen, Kenntnissen u. Meinungen über die soz. Umwelt beeinflußt werden, indem beim betr. Individuum die Tendenz besteht, durch Neu- oder Umorientierung dissonante Beziehungen zw. kognitiven Elementen zu überwinden. Lerntheoret. Erkenntnisse bilden eine wesentl. Grundlage der →Verhaltenstheoret. Soziol.

B. F. Skinner, The Behavior of Organisms, New York 1938; ders., Science and Human Behavior, New York 1953; J. Dollard, N. E. Miller u. a., Frustration and Aggression, New Haven 1939; A. Kardiner, The Individual and his Society, New York 1939; T. Parsons, E. A. Shils (Hg.), Toward a General Theory of Action, Cambridge, Mass., 1951; L. Festinger, A Theory of Cognitive Dissonance, Evanston 1957, dt.: Theorie der kognitiven Dissonanz, 1978; F. J. Stendenbach, Soz. Interaktion u. Lernprozesse, 1963; H. J. Hummell, Psycholog. Ansätze zu einer Theorie soz. Verhaltens (Hdb. d. empir. Soz.forschg. II, 1969); E. R. Hilgard, G. H. Bower, Theorien des Lernens, 1970; O. W. Haseloff, E. Jorswieck, Psychol. des Lernens, ²1971; R. Bergius, Psychol. des Lernens, 1971; A. Bandura, Social Learning Theory, Englewood Cliffs 1977, dt.: Soz.kognitive L., 1979; M. Miller, Kollektive Lernprozesse, 1986.

Leseranalyse, Teilgebiet der soziol. u. publizistikwiss. Theorie der Massenkommunikationsmittel, befaßt sich mit der Ermittlung der Lesewirkungen von Zeitungen, Zeitschriften, Büchern oder sonstigen Druckerzeugnissen. Kommerziell arbeitende u./oder auf die Vermittlung bestimmter Meinungen u. Einstellungen bedachte Massenkommunikationsmittel betreiben regelmäßig L. unter repräsentativen Bevölkerungsquerschnitten, um Anhaltspunkte über Motivationen, Urteilsbildung, Interessen u. Reaktionen ihrer oder anders orientierter Leser zu erhalten. Wiss. L. analysiert die institutionellen und sozialpsychol. Konstellationen, unter denen durch Druckerzeugnisse bei bestimmten Ges.gruppen bereits existierende Meinungen u. Einstellungen verstärkt oder verändert bzw. neue Meinungen gebildet werden.

Leviathan, im Alten Testament von Jahwe (Name des Gottes Israels) besiegtes Seeungeheuer in Drachengestalt mit mehreren Köpfen; Ausdrucksform der gottfeindl. Mächte. Bei T. →Hobbes bezeichnet L. den Staat, der als machtvolle Überperson bzw. als »sterbl. Gott« die durch ihren Selbsterhaltungstrieb u. durch ihr unersättl. Machtstreben zum Krieg aller gegen alle neigenden Menschen (»homo homini lupus«, »Der Mensch ist dem Menschen ein Wolf«) zum normativ geordneten Zus.leben zwingt u. somit erst Ges. ermöglicht.

Lévi-Bruhl, Lucien, französ. Philosoph u. Ethnologe, 10. 4. 1857 Paris – 13. 3. 1939 ebd., 1889 Prof. für Gesch. u. Philosophie an der Sorbonne, seit 1916 Hg. der »Revue Philosophique«, seit 1917 Mitglied des Inst. de France, begründete zus. mit M. Mauss u. P. Rivet das Inst. für Ethnologie an der Sorbonne.

Im Gegensatz zum Menschenbild der älteren Moralphilosophie gibt es nach L. keine universelle u. konstante menschl. Natur. Vielmehr existiert ein Unterschied zwischen der »primitiven« u. »zivilisierten« Mentalität u. Denkstruktur. Der »Primitive« ist ohne Selbstbewußtsein unmittelbar in die Welt eingebunden. Sein Verhalten wird von einem »prälogischen Denken« gesteuert, das nicht rationaler Logik folgt, sondern im Rahmen eines Kollektivs emotionalaffektiv geprägt ist (»myst. Partizipation«). Dagegen wird das Denken u. Verhalten des Menschen in neuzeitl. Industrieges.en vom mod. Rationalismus u. Individualismus beeinflußt. Dieser grundlegende Unterschied ist qualitativ u. nicht nur gradueller Art. Soziol. kann daher keine überhistor. Wiss. sein, sondern muß sich der Erforschg. bestimmter Ges.en widmen. L. hat entscheidend zur Entwicklung der Ethnosoziol. beigetragen.

Schr.: La morale et la science des mœurs, 1903; Les fonctions mentales dans les sociétés inférieures, 1910 (dt.: Das Denken der Naturvölker, [2]1926); La mentalité primitive, 1922 (dt.: Die geistige Welt der Primitiven, [2]1959, 1927); L'âme primitive, 1927 (dt.: Die Seele der Primitiven, [2]1956, 1930); Le surnaturel et la natur

dans la mentalité primitive, 1931; La mythologie primitive, 1935; L'expérience mystique et les symboles chez les primitifs, 1938. Les carnets de L.-B., hg. v. M. Leenhardt 1949; J. Cazeneuve, L. L.-B., Paris 1963.

Lévi-Strauss, Claude, französ. Ethnologe, ⋆28. 11. 1908 Brüssel, Philosophie- u. Rechtsstudium, 1934–37 Prof. für Soziol. Univ. São Paulo, 1941–45 Gastprof. an der New School for Social Research, 1946–47 Berater für kulturelle Fragen bei der Franz. Botschaft in den USA, 1948 Studiendir. der École Pratique des Hautes Études an der Sorbonne, 1959 Prof. für Soz.anthropol. am Collège de France, führte zahlr. Expeditionen durch.

L. gilt als Begründer der »Strukturalen Anthropologie«. Seine Ausgangspunkte sind der Funktionalismus von Radcliffe-Brown u. B. Malinowski, die Durkheim-Schule u. die strukturale Sprachwiss. Wie die Erscheinungen der Natur können auch Phänomene des menschl. Lebens, der Kultur u. Ges. auf unterschiedl. Ebenen erforscht werden. Mit seiner strukturellen Methode versucht L. – mikroskopartig – hinter den unterschiedl. soziokulturellen Phänomenen des menschl. Lebens allg. u. unveränderl. Grundstrukturen aufzudecken. Dem Erforschen solcher Grundmuster dient die Analyse von Verwandtschaftssystemen, Mythen u. Ritualen zahlreicher ethnischer Ges.ordnungen. Trotz der universell verbreiteten Grundstrukturen kann jede Kultur nur aus ihrem Eigendasein begriffen werden. L. hat die Herausbildung des franz. Strukturalismus stark beeinflußt.

Schr.: Les structures élémentaires de la parenté, Paris [2]1967 (1949); Tristes tropiques, Paris 1955 (dt.: Traurige Tropen, 1978, 1960); Anthropologie structurale, Paris 1958 (dt.: Strukturale Anthropol., 1967); Le totémisme aujourd'hui, Paris 1962 (dt.: Das Ende des Totemismus, 1965); La pensée sauvage, Paris 1962 (dt.: Das wilde Denken, 1968); Mythologi-

Lewin 490

ques, 4 Bde. Paris 1964–71 (dt. 1 Bd.: Mythologica, 1970); Le Cru et le cuit, Paris 1964 (dt.: Das Rohe u. das Gekochte, 1971); Du miel aux cendres, Paris 1966 (dt.: Vom Honig zur Asche, 1972); L'origine des manières de table, Paris 1968 (dt.: Der Ursprung der Tischsitten, 1973); L'homme nu, Paris 1971 (Der nackte Mensch, 1975); La voie des masques, Genève 1975; Race et histoire, Paris 1976; La potière jalouse, 1985, dt.: Die eifersüchtige Töpferin, 1987.

W. Lepenies, Der franz. Strukturalismus (in: Soz. Welt 19, 1968); U. Jaeggi, Ordnung u. Chaos, 1968; E. Leach, C. L.-S., London 1970 (dt.: C. L.-S., 1971); W. Lepenies, H. H. Ritter (Hg.), Orte des wilden Denkens. Zur Anthropol. C. L.-S., 1970; E. Leach, L.-S., 1991; A. de Ruijter, C. L.-S., 1991.

Lewin, Kurt, Psychologe, 9. 9. 1890 Mogilno (Posen) – 12. 2. 1947 Newtonville, Mass., lehrte 1921–32 an der Univ. u. am Psychol. Inst. Berlin, 1933 Emigration in die USA, 1935 Prof. für Kinderpsychol. Univ. of Iowa, 1945 Prof. der Psychol. u. Dir. des Research Center for Group Dynamics am Massachusetts Inst. of Technol. in New Haven.

Als Vertreter der Berliner Schule der Gestaltpsychol. u. beeinflußt vom mathemat.-naturwiss. Denken hat L. entscheidend zur Entwicklung der Psychol. u. insbes. der Sozialpsychol. beigetragen. Zahlr. Begriffe seiner dynam. Psychol. sind in die sozialwiss. Terminologie eingegangen: Feld, Gruppendynamik und Gruppenatmosphäre, Aufforderungscharakter, Quasibedürfnisse, Anspruchsniveau u. a. m. Das Verhalten des Individuums muß aus seinem »Lebensraum« heraus verstanden werden, einem je bestimmten Feld verschiedenartiger Kräfte (Feldtheorie). Die Wahrnehmungen, Gefühle u. Verhaltensweisen des einzelnen werden vor allem von sozialen Gruppen, denen er angehört, beeinflußt. Zu den Schwerpunkten von L. zählte die experimentelle Kleingruppenforschg. In experimentellen Grup-

pensituationen variierte er planmäßig den Führungsstil: autoritär, demokrat., laissez faire. Die demokrat. geführte Gruppe ist auffällig spannungsloser, zeigt weniger Aggressivität u. größeren Arbeitserfolg als die autoritär geführte Gruppe. Die Lösung sozialer Konflikte in der Demokratie erfordert die Ausbildung demokrat. orientierter Gruppenführer. Soziol. bedeutsam ist sein Hinweis auf den »Selbsthaß« von Minoritäten (z. B. Juden, Neger), der häufig durch Übernahme negativer Vorurteile von Majoritäten entsteht.

Schr.: Vorsatz, Wille u. Bedürfnis, 1926; A Dynamic Theory of Personality, New York 1935; Principles of Topological Psychol., 1936 (dt.: Grundzüge der topolog. Psychol., 1969); Resolving Social Conflicts, New York 1948 (dt.: Die Lösung soz. Konflikte, ³1968, 1953); Field Theory in Social Science, New York 1951 (dt.: Feldtheorie in den Soz.wiss.en, 1963); K. L. – Werkausgabe, hg. v. C.-F. Graumann, 7 Bde., 1981 ff.

A. J. Marrow, K. L. – Leben u. Werk, 1977.

Liberalismus (lat. liber = frei), unter den polit. u. ges. Bedingungen von Absolutismus u. Feudalismus u. den Wertvorstellungen der Aufklärung u. des Naturrechts im 17. u. 18 Jh. entwickeltes System von Anschauungen über eine menschenwürdige Ges.ordnung. Der L. lieferte dem Bürgertum das weltanschaul. Rüstzeug im Kampf gegen Feudalaristokratie, absolutes Königtum u. doktrinäre Kirche. Die Grundforderungen des ursprüngl. L. waren (a) die Freiheit der Person von geistigem, polit. u. sozialem Zwang; (b) die Zuteilung der sozialen Chancen nach den Prinzipien der Gleichheit u. des freien Leistungswettbewerbes anstelle ständischer Ordnung; (c) Demokratie anstelle von Alleinherrschaft oder oligarch. Gruppenmacht; (d) Schutz des Privateigentums.

Liberalismus

Es wurde ausgegangen von der Überzeugung, daß die freie Entfaltungsmöglichkeit der Individuen nach Maßgabe ihrer persönl. Interessen gleichzeitig die Verwirklichung anderer, überpersönl. Werte, damit einen optimalen ges. Harmoniezustand u. größtmögl. ges. Fortschritt bewirke. Aus dem natürl. Freiheitsrecht des Menschen wurden das Recht auf (Rechts-)Sicherheit u. der Schutz vor Willkür, das Recht auf Leben u. Eigentum abgeleitet. Die liberale Ges. freier Menschen wurde als eine im labilen Gleichgewicht befindl., gegenüber mögl. Zukunftsperspektiven ebenso wie für das individuelle soziale Erfolgsstreben ihrer Mitglieder »offene« Ges. interpretiert. Die Wirtschaftslehren des L. erkannten in dem auf persönl. Wohlstand ausgerichteten Eigeninteresse die stärkste Antriebskraft für die Teilnahme am sozialen, wirtschaftl. u. berufl. Leistungswettbewerb. Von diesem erwarteten sie – entspr. dem optimist. Harmonieglauben – nach Maßgabe der ausgleichenden Gesetze von Angebot u. Nachfrage einen sich selbst regelnden Prozeß ges. Fortschritts-, Wohlstands- u. »Glücks«-Entwicklung. Auf polit. Gebiet wurde die größtmögl. Freiheit der Bürger gegenüber bevormundenden u. dirigist. Kontrollen u. Eingriffen des Staates gefordert. Der Vollzug ethischer Normen u. sozialer Orientierung wurde als persönl. Entscheidung verlangt, frei von staatl. oder gruppenprivilegierter Fremdbestimmung. Aufgabe des Staates sollte es ledigl. sein, den Raum u. die Chancen für diese persönl. Entscheidungen »frei« zu halten, indem er die rechtl. Gleichheit u. die Menschen- u. Grundrechte für alle Bürger der Ges. sowie eine schiedsrichterl. Überwachung aller frei u. selbständig zwi-

schen den Bürgern eingegangenen gegenseitigen Verpflichtungen garantierte.
Die polit. Realisierung dieser Grundsätze erwies insbes. im 19. Jh., daß die sozialen Auswirkungen von liberal verstandener Freiheit u. Gleichheit feudale u. ständ. Unfreiheiten u. Ungleichheiten durch neue Strukturen ungerechter Lebenschancen ersetzten. Es wurde offenkundig, daß der ursprüngliche L. diejenigen Teile der Ges. begünstigte, die aufgrund ihrer sozialökonom. Lage die ledigl. formal praktizierten Freiheitsrechte realiter überhaupt nur nutzen konnten. Die wirtschaftl. Freiheit wurde die Freiheit der mit größerem Eigentum versehenen Bevölkerungsgruppen der Kaufleute u. gewerbl. Produzenten u. führte zur Klassenbildung (Bourgeoisie u. Proletariat). Die polit. Freiheit u. die Gleichheit vor dem Gesetz bedeuteten prakt. Absicherung der freien Verfügungsgewalt über die Produktionsmittel durch eine ges. u. polit. herrschende Klasse, die wiederholt den Staat u. seine Machtmittel benutzte, um die liberalen Freiheiten als bürgerl. Privilegien gegen die Arbeiterbewegung zu verteidigen bzw. zu konsolidieren. Der L., selbst gegen Vorrechte entwickelt, sicherte die Vorrechte des Bürgertums u. begünstigte darüber hinaus – bei prinzipieller Vertragsfreiheit, aber ungleichen sozialen Chancen u. Einflußverhältnissen der bürgerl. Vertragspartner – sogar noch die Position der ökonom. Stärkeren gegenüber den Schwächeren (Manchestertum). Der vom L. propagierte demokrat. Parlamentarismus, der über das vom ganzen Volk gewählte fundamentale Entscheidungsorgan einen Ausgleich der Interessen im Sinne einer höheren Vernunft (Gemeinwohl) erreichen

Libido

sollte, erwies sich als ein polit. System, das vor dem Erstarken der Arbeiterparteien die Interessen des Bürgertums bevorzugte.

Eine Revision der Ideen des alten L. zum Neoliberalismus (nach dem II. Weltkrieg) hat versucht, den inzwischen eingetretenen soziostrukturellen Wandlungen mit neuen (von anderen weltanschaul. Orientierungen unterstützten) programmat. Leitlinien, wie z. B. sozialer Rechtsstaat, »soziale Marktwirtschaft« u. Sozialstaat ideolog. u. realpolit. zu begegnen.

Der moderne soziale L. geht verstärkt von der Einsicht aus, daß die Entfaltungsmöglichkeiten aller Individuen in einer freiheitl. Ges. von der Gewährleistung u. institutionellen Sicherung nicht nur einer formalen, sondern tatsächlichen Chancengleichheit abhängig sind. Durch die Rechtfertigung des Leistungswettbewerbs hat sich die vom L. geprägte mod. Ges. insbes. gegenüber den großenteils gescheiterten staatssozialist.-kommunist. Herrschaftssystemen als die erfolgreichste Ges. der Gesch. erwiesen. Gegenwartsaufgaben des L. sind die Mitwirkung an der Herausbildung einer ökosoz. Marktwirtschaft, die Aufrechterhaltung des soz. abgefederten Leistungsprinzips u. -wettbewerbs gegenüber leistungsfeindl. Bestrebungen u. Strukturansätzen, die Stärkung der gemeinwohlorientierten Selbstverantwortung des Individuums, die Abwehr von freiheitsgefährdenden Bürokratisierungstendenzen und Manipulationsmöglichkeiten in der Informationsges.

L. T. Hobhouse, Liberalism, New York 1911; L. v. Wiese, Der L. in Vergangenheit u. Zukunft, 1917; L. v. Mises, Der L., 1927; W. Röpke, Das Kulturideal des L., 1947; ders., L., 1950; F. A. v. Hayek, Individualismus u. wirtschaftl. Ordnung, 1952; F.-Naumann-Stiftung, Gesch. des dt. L., 1969; K. H. Flach, Die Zukunft der Freiheit, 1971; F. A. v. Hayek, L., 1979; J. C. Heß u. a., Bibliographie zum dt. L., 1981; J. H. Schoeps u. a., Konservativismus, Sozialismus, 1981; L. Gall u. R. Koch (Hg.), Der europ. L. im 19. Jh., 4 Bde., 1981; J. J. Sheehan, Der dt. L., 1983; F. Frischenschlager u. E. Reiter, L. in Europa, 1984; R. Dahrendorf, Fragmente eines neuen L., 1987; H. Vorländer (Hg.), Verfall oder Renaissance des L.? 1987; D. Langewiesche, L. in Dtl., 1988.

Libido, psychoanalyt. Bez. für »psych. Triebkraft überhaupt« (C. G. Jung) oder für die verursachende Kraft der Vorgänge u. Umsetzungen auf dem Gebiet der Sexualerregung (S. Freud). Für die Theorie der Sozialisation hat sich die psychoanalyt. Lehre von den Phasen bzw. Stufen der L.entwicklg. als fruchtbar erwiesen.

Libidophasen, Stufen der psychosexuellen Entwicklung des Kindes. Die L. werden nach der jeweiligen Dominanz einer erogenen Zone in der strukturellen Organisation der L. bestimmt. Die orale Phase des ersten Lebensjahres wird nach der Mundregion als erster erogener Zone definiert. Das zweite bis vierte Lebensjahr ist als anale Phase durch die erogene Zone des Anus (Afters) beherrscht. Erst die phallische Phase ist durch die Dominanz der Genitalorgane als erogene Zonen bestimmt. Nach einer vom sechsten Lebensjahr bis zur Pubertät reichenden Latenzphase, in der sexuelle Ansprüche in sachl. Ansprüche u. in Identifikationen mit Eltern u. Vorbildern kanalisiert werden, setzt die genitale Phase der reifen Objektliebe (Genitalerotik) ein.

Liebe, ein emotional besonders stark geladenes Wort mit sehr komplexem Bedeutungsinhalt, das allg. die Fähigkeit des Menschen bezeichnet, in Verbindung mit Sympathie u. Zuneigung intensive ge-

Liebe

fühlsmäßige, persönl., positiv empfundene Beziehungen zu (einem) anderen Menschen, im weiteren Sinne auch zu anderen Lebewesen (Tiere u. Pflanzen) u. zu bestimmten soziokult. Gegebenheiten (z. B. »Freiheit«, »Heimat«, »Vaterland«, Bücher, Auto, Geld, Beruf) entwickeln zu können. In verschiedenen Epochen u. Kulturen wurde bzw. wird L. in mannigfaltiger Weise aufgefaßt, soziokult. reguliert u. alltagsprakt. gelebt (kulturspezif. unterschiedl. Ausdrucksformen der L.). Das durch L. bestimmte Verhalten des einzelnen hängt nicht nur von aktuellen Situationen u. Umständen ab, sondern auch von der soz. Umwelt, in der er unter bestimmten Bedingungen sozialisiert wurde.

Nach etholog. Auffassung (Eibl-Eibesfeldt) ist L. evolutionär nicht primär aus Sexualität hervorgegangen, sondern aus der Notwendigkeit von Brutpflege, die dauerhafte Partnerbeziehungen bedingt. Sexualität habe aber zur sekundären Stärkung von Partnerbindungen beigetragen. L. zu anderen bildet die große Gegenkraft zur Eindämmung von Aggression, Haß, Feindseligkeit, Egoismus u. Narzißmus (übermäßige Selbstliebe) u. ist eine wesentl. Voraussetzung für die Herausbildung u. Aufrechterhaltung gefühlsmäßiger, positiver Beziehungen, elementarer Institutionen (Ehe, Familie, Partnerschaft, Freundschaft) u. des prosoz. Verhaltens. L. trägt wesentl. dazu bei, daß der einzelne über sich selbst hinaus gefühlsbestimmt in überindividuell-mitmenschl. Zus.hängen u. Wir-Verhältnissen lebt, denen oft Eigenwert beigemessen wird. In der mod. Ges. fungiert L. als Gegengewicht zur Zweckrationalität u. zu formalisierten, affektiv neutralen Beziehungen.

Besonders intensiv wird die mit Sexualität verbundene L. erlebt, die Formen der romant., hedonist., leidenschaftl. L. annehmen kann. Hierbei ist mitentscheidend, inwieweit die Partnerwahl individuell vollzogen werden kann oder aber familiär-kollektiv arrangiert wird. Mit der Ablösung der tradionalen durch die mod. Ges. ist das romant. L.sideal dominant geworden. Gemeinhin werden die für die Reproduktion der Ges. belangvollen L.sbeziehungen zw. Mann u. Frau soziokult. dahingehend abgestützt, daß sie lebenslang andauern (Gebot der Treue u. lebenslangen Bindung). In der mod. Ges. haben der Verfall von »Selbstverständlichkeiten« u. Traditionen, Wertwandel, Individualisierung, gesteigerter Erlebnishunger, die Abschwächung von Gemeinschaftsbindungen u. die häufige Erfahrung des Schwindens von L. im Laufe des Zus.lebens das Gebot der lebenslangen L.spartnerschaft erschüttert u. zu einer Aufwertung hedonist. orientierter L.smöglichkeiten geführt. Weiterhin großenteils stabile Familienbeziehungen u. eingeschränkte wirtschaftl.-finanzielle Mittel wirken der individ. Teilhabe an diesem von Massenmedien herausgestellten hedonist. L.ideal entgegen.

Emotional weniger intensiv ist die sog. platon. L., die nach allg. Auffassung unabhängig von der Sexualität durch psych.-geistige Kommunikation u. »Verwandtschaft« begründet ist. Die emotional-engagierte, gleichsam liebevolle Beziehung von Menschen zu bestimmten soziokult. Gegebenheiten (Ideen, Ideologien, Religionen, Kollektiven) kann starke ges. Kräfte mobilisieren, die nicht nur entwicklungsfördernd wirken, sondern ggf. auch zu zerstöreri-

Lieber 494

schen Konflikten u. (Bürger-)Kriegen führen. Eth. besonders anspruchsvoll u. lebensprakt. schwer realisierbar ist das christl. Gebot der Nächstenliebe, die sich auch auf die Feinde erstrecken soll. Je mehr eine Ges. durch Wettbewerb, Rivalität u. Kampf geprägt ist, um so mehr werden jene Individuen ausgebeutet u. unterdrückt, die gemäß des Gebots der Nächstenliebe leben wollen. Dieses Gebot deckt sich weitgehend mit dem Idealwert der »Brüderlichkeit« u. kommt abgeschwächt in dem für die soz. Demokratie wichtigen Grundwert der Solidarität zum Ausdruck. Die Qualität soz. Beziehungen u. das Wohlergehen des einzelnen hängen von dem Ausmaß gelebter Nächstenliebe in einer Ges. ab. In Gegenwart u. Zukunft wird infolge zunehmender globaler, internat. Verflechtung u. Abhängigkeit sowie hinsichtl. der Notwendigkeit der Bewältigung der Umwelt- u. Überlebenskrise die andere Völker u. spätere Generationen einbeziehende »Fernstenliebe« (Nietzsche, Scheler) existentiell u. lebensprakt. zunehmend wichtiger.

M. Scheler, Wesen u. Formen der Sympathie, 1974 (1913); I. Eibl-Eibesfeldt, L. u. Haß, 1970; A. u. W. Leibbrand, Formen des Eros. Kultur- u. Geistesgesch. der L., 2 Bde., 1972; E. Fromm, Die Kunst des L.ns, 1988 (1975); H. Kuhn, L. Gesch. eines Begriffs, 1975; N. Luhmann, L. als Passion, 1982; P. Gay, Die zarte Leidenschaft, 1987; E. Pampuch u. M. Zihlmann (Hg.), Gesammelte L., 1988; J. Gerhards, Intimitätsmuster, risikoarmes Sexualverhalten u. die Chancen aufklärender Steuerung, in: KZfSS 41, 1989; U. Beck u. E. Beck-Gernsheim, Das ganz normale Chaos der L., 1990; J. Onken, Geliehenes Glück, 1991.

Lieber, Hans-Joachim, *27. 3. 1923 Trachenberg/Schles., 1945 Dr. phil. Berlin, 1948 Mitgründer der FU Berlin, 1950 Priv.doz., 1955 a. o. Prof., 1957 o. Prof. für Philosophie u. Soziol. FU Berlin, seit 1972 Dt. Sporthochschule

Köln. – Hauptarbeitsgebiete: Gesch.- u. Sozialphilosophie, Wissens- u. Kultursoziol., Ideologienlehre u. Marxismus. Hg. der Werke, Briefe, Schriften von K. Marx (8 Bde., 1960 ff.).

Schr.: Wissen u. Ges., Die Probleme der Wissenssoziol., 1952; Die Philos. des Bolschewismus in den Grundzügen ihrer Entwicklung, 1957; Individuum u. Kollektiv in der Sowjetideologie, 1964; Philos., Soziol., Ges., Gesam. Studien zum Ideologieproblem, 1965; Der Sowjetkommunismus. Dokumente, 2 Bde. (mit Ruffmann), 1963/64; Bilanz der Ära Chruschtschow (mit E. Boettcher), 1966; Kulturkritik u. Lebensphil., 1974; Ideologienlehre u. Wissenssoziol., 1974; Ideologie – Wiss. – Ges., 1975; Ideologie. Eine hist.-systemat. Einf., 1985; Polit. Theorien von der Antike bis zur Gegenwart, 1991.

Likert, Rensis, 5. 8. 1903 b. Cheyenne, Wyo. – 2. 9. 1981, 1926 B. A. Univ. Michigan, 1932 Ph. D. Univ. Columbia, tätig an versch. Hochschulen u. Verwaltungen, bei der US-Luftwaffe, 1946–49 Dir. des Soz.Forschg.-Zentrums Univ. Michigan, 1949 Prof. Univ. Michigan. Angeregt durch empir. Studien zur Einstellungs- u. Meinungsforschg. entwickelte L. bei der Anwendung von Skalierungsverfahren aus der Thurstone-Methode die →Likert-Methode. Ausgehend von der Militärsoziol. wandte er sich der Untersuchung von Führungsprozessen in Wirtschaft u. Verwaltung zu. Bedeutsam ist hier die Analyse der Reaktionen informeller Arbeitsgruppen. Die Wirksamkeit von Führungsstilen erkannte er als abhängig von der Aufgabe, der Einstellung der Untergebenen u. vom Verhalten der Vorgesetzten. Mit diesem Befund kritisierte er die Annahme der Human-Relations-Schule, daß die Verbesserung der Gruppenmoral allein schon zu höheren Leistungen führt.

Schr.: Public Opinion and the Individual (mit G. Murphy), 1938; Morale and Agency Management, 1940; New Patterns of Management, New York 1961 (dt.: Neue Ansätze der Un-

Linksradikalismus

ternehmungsführung, 1972); The Human Organization, New York 1967 (dt.: Die integrierte Führungs- u. Organisationsstruktur, 1975); New Ways of Managing Conflict (mit J. G. Likert), New York 1976.

Likert-Methode, von →Likert entwickeltes Skalierungsverfahren zur Erforschung von Einstellungen zu bestimmten Ereignissen, sozialen Gebilden oder Handlungsabläufen. Sie überprüft die Tauglichkeit bestimmter »statements« (Behauptungen) über einen Gegenstand dahingehend, ob sie – wie der Forscher hypothet. annimmt – tatsächl. einen Bezug zu der infrage gestellten Einstellungsdimension (z. B. patriarchal. Familienauffassung) haben. In einer Voruntersuchung zur Erarbeitung der Meßskala werden die »statements« einer kleineren Befragtengruppe vorgelegt u. deren Beurteilungen auf einer (Zustimmungen u. Ablehnungen ziffernmäßig abbildenden) Intervall-Skala festgehalten. Die so erzielten Meßwerte werden mittels statist. Signifikanztests danach überprüft, ob die einzelnen »statements« bei den Befragten die problematisierte Einstellungsdimension »erfaßt« haben.

limitationale Faktoren (lat.), Bez. für (»begrenzende«) F., für die in einem System aufeinander bezogener Einflußfaktoren kein Ersatz durch andere möglich ist.

Linguistik →Soziolinguistik

Linksradikalismus (lat.), »bis auf die Wurzel gehende«, von anarchist., marxist., sozialist. u. kommunist. Ideen geprägte, mannigfaltig ausgeformte weltanschaul.-polit. Strömung, die auf eine weitgehende, ggf. revolutionäre Umgestaltung der bestehenden Ges.s-, Wirtschafts- u. Herrschaftsordnung aus-

gerichtet ist u. dabei insbes. durch Gleichheit, Kollektivismus u. Internationalität bestimmte Lebensformen anstrebt. Mit zunehmender Rigorosität der angestrebten Ziele u. der eingesetzten Mittel (Kompromißlosigkeit, Mißachtung bestehender Werte, Normen u. Institutionen, Gewaltanwendung, revolutionäre Aktivitäten) steigert sich L. zum Linksextremismus. In Orientierung an unterschiedl. akzentuierten ideolog. Richtungen u. unter dem Einfluß zeitgesch. Umstände hat sich der L. zu einer Vielzahl von z. T. auseinanderdriftenden soz. Bewegungen, Organisationen, Parteien u. Gruppierungen aufgefächert.

Der durch den Marxismus inspirierte, auf die Arbeiterklasse ausgerichtete u. stark leninist. (→Leninismus) ausgeprägte orthodoxe L., der in einem totalitären Staatssozialismus erstarrte, ist mit dem Zus.bruch der Sowjetunion u. mit der marktwirtschaftl. Modernisierung in der VR China gescheitert. In den 1960er Jahren trat im Zus.hang mit der Neuen Linken u. mit der student. Protestbewegung (Demonstrationen, Happenings, Hausbesetzungen) ein nicht-orthodoxer, von Anfang an ideolog. u. organisator. zersplitterter L. hervor. In Verbindung mit philos. Aufklärung, krit. Soz.wiss. u. linksliberalem Intellektualismus wurde die Überwindung des Kapitalismus, der Marktwirtschaft, Leistungs- u. Verschwendungsges., repressiver Herrschaftsordnung u. der Ausbeutung von Entwicklungsländern gefordert. Durch radikale Veränderung des bestehenden Ges.ssystems sollten sich möglichst herrschaftsfreie Formen des soz. Zus.lebens u. die individ. Persönlichkeit eines jeden weitestgehend entfalten können. Diese linksradikale Bewegung

Linton 496

hat wesentl. zum »Wertwandlungsschub« (H. Klages) um 1970 beigetragen, stieß aber auf wachsenden Widerstand wirtschaftl. Interessen u. konservativer Kräfte (»Radikalenerlaß«). Kleinere Teile dieser Bewegung formierten sich zu linksextremist.-kontrakult., z. T. terrorist. Gruppierungen (Autonome Gruppen, Revolutionäre Zellen, RAF bzw. Rote Armee Fraktion). Ansonsten hat der von der Neuen Linken herkommende L. maßgeblich zur Herausbildung ges.spol. einflußreicher Neuer soz. Bewegungen beigetragen: Alternativ-, Anti-Atom-, Friedens-, Frauen- u. Umweltschutz- bzw. Ökologiebewegung.

N. J. Ryschowski, Die linke Linke, 1968; E. Richert, Die radikale Linke, 1969; H. Grebing, L. gleich Rechtsradikalismus. Eine falsche Gleichung, 1971; H. M. Bock, Gesch. des »linken Radikalismus« in Dtl., 1976; G. Woelke, Wie radikal sind Radikale?, 1978.

Linton, Ralph, 1893 Philadelphia – 1953 New Haven, Conn., lernte F. Boas kennen, zahlreiche Expeditionen, mehrjährige Tätigkeit als Museumsanthropologe. 1928–37 Prof. Univ. of Wisconsin, 1937–46 Columbia Univ. 1939–44 Hg. der Fachzs. ›American Anthropologist‹, seit 1946 Prof. an der Yale Univ.
L. zählt zu den bedeutendsten amerikan. Kulturanthropologen. Er faßte die versch. Richtungen der amerikan. Anthropol. zus. u. orientierte sich an Psychol., Pychoanalyse u. Soziol. L. befaßte sich mit dem Zus.hang von Kultur u. menschl. Natur. Die Bedürfnisse bilden nach seiner Auffassung den Rohstoff für kulturelle Einwirkung. Er unterschied drei Arten von Bedürfnissen: biolog., psych. u. soziale. Diese werden kulturell geformt. Die sozialen Bedürfnisse sind durch das menschl. Zus.leben bedingt. Die Kultur dient dazu, die

Bedürfnisse zu befriedigen. Durch die Formbarkeit der menschl. Natur u. durch die kulturellen Prägungsvorgänge bilden sich innerhalb einer Ges. einheitl. Bedürfnisbefriedigungskombinationen u. Werthaltungssysteme (»value-attitude-systems«) heraus. Im Gegensatz zu Kardiner betonte L. auch jene persönlichkeitsprägenden Umwelteinflüsse, die nach dem Aufbau der Basic personality auf den einzelnen einwirken. Durch die Verknüpfung des Menschen mit bestimmten Gruppen der Ges. entsteht die »Statuspersönlichkeit«, die den Grundpersönlichkeitstyp überformt. L. hatte großen Anteil an der Entwicklung der Begriffe Status u. Rolle. Er unterschied zw. dem zugeschriebenen u. erworbenen Status.

Schr.: The Study of Man, New York 1936, dt.: Mensch, Kultur, Ges., 1979; The Cultural Background of Personality, London ³1952 (1945), dt.: Ges., Kultur u. Individuum, 1974; The Tree of Culture, 1955.

Lipset, Seymour Martin, *18. 3. 1922 b. New York, 1949 Ph. D. Columbia Univ., 1948–50 Assist. Prof. Berkeley, 1950–56 Assoc. Prof. Columbia, 1956–66 Prof. in Berkeley u. Gastprof. in Harvard, seit 1966 Prof. in Harvard.
L. bemüht sich um eine enge Verbindung von soziol. Theorienbildung u. empir. Forschg., insbes. zu Problemen der Polit. Soziol. u. der soz. Schichtung. Gegenüber einem unfruchtbaren Empirismus betont er die Abhängigkeit der Erhebungstechnik u. Datenaufbereitung von vorausgehender theoret. Analyse. Ähnl. den »Theorien mittlerer Reichweite« R. K. Mertons ist sein Ziel die Entwicklung einer Methodologie zur theoret. Integration vergleichbarer empir. Studien. Als liberal orientierter Theoretiker erforscht L. die ges.

Bedingungen einer stabilen Demokratie: (a) die Institutionalisierung eines egalitären Wertsystems, das allen Bürgern die vollen Staatsbürgerrechte gewährt; (b) ein offenes Klassensystem, das soz. Mobilität zuläßt u. die Etablierung einer herrschenden Klasse verhindert; (c) ökonom. Prosperität u. materiellen Wohlstand für die große Mehrheit der Bevölkerung, um polit. Radikalisierung großer Sozialgruppen vorzubeugen; (d) einen ökonom. u. polit. Prozeß, in dem Interessenkonflikte u. -kompromisse als Selbstverständlichkeiten gelten; (e) ein relativ hohes Bildungsniveau der Bevölkerung, fortgeschrittene Urbanisierung sowie weite Verbreitung von Massenmedien, die die Partizipation des einzelnen am polit. Geschehen sowie Aufklärung ermöglichen. Entsprechend diesem Katalog untersucht er im einzelnen: autoritäre, demokratiegefährdende Einstellungen bei bestimmten ges. Gruppen (Arbeiter, Studenten); Oligarchie-Tendenzen in Organisationen (insbes. Gewerkschaften, Parteien); Mobilitätsprozesse in der Arbeits- u. Berufswelt; die Zus.hänge zw. wirtschaftl. Entwicklg. u. polit. Systemveränderungen.

Schr.: Agrarian Socialism, 1950; Class, Status and Power (mit R. Bendix, Hg.), New York ²1966 (1953); Union Democracy (mit M. Trow, J. S. Coleman), Glencoe 1956; Prejudice and Society, New York 1959; Social Mobility in Industrial Society (mit R. Bendix), London 1959; Social Change in the Industrial Revolution (mit N. J. Smelser, Hg.), Chicago 1959; Political Man, New York 1960 (dt.: Soziol. der Demokratie, 1963); Labor and Trade Unionism (Mithg.), 1960; Sociology, 1961; The Value Pattern of Democracy (Amer. Soc. Rev., 1963); The First New Nation, New York 1963; The Berkeley Student Revolt, 1965; Class, Status and Power in Comparative Perspective, 1966; Social Structure and Economic Development (Hg.), 1966; Students and Politics, 1967; Elites in Latin America (mit A. Solari, Hg.), New York 1967; Party System and Voter Alignments (mit S. Rokkan, Hg.), New York, London 1967; Revolution and Coun-terrevolution, New York 1968; Politics and Social Science, 1969; The Politics of Unreason (mit E. Raab), Chicago ²1978 (1970); Passion and Politics: Students Activism in America, Boston 1971; Rebellion in the University, London 1972; Education and Politics at Harvard (mit D. Riesman), New York 1975; Consense and Conflict, 1985; The Confidence Gap (mit W. Schneider), Baltimore 1987; (Hg.) American Pluralism and the Jewish Community, New Brunswick 1990; Continental Devide: the Values and the Institutions of the United States and Canada, New York 1990.

Literatursoziologie befaßt sich als spezielle Soziol. mit den ges. Entstehungsbedingungen u. Wirkungen von Literatur sowie mit den spezif. soz. Verhaltens- u. Gebildeformen, die im Zus.hang mit der Herstellung, Tradition, Diffusion u. Rezeption literar. Objekte u. Inhalte auftreten. Entspr. den engen Beziehungen der L. zu philos., ästhet. sowie kommunikations- u. informationstheoret. orientierter allg. Literaturwiss. gibt es verschiedene Richtungen der L.

Eine positivist.-funktionalist. Betrachtungsweise verzichtet (unter Berufung auf das Prinzip der Werturteilsfreiheit u. bei deutlicher Distanzierung von Ges.kritik u. Sozialphilos.) auf die Analyse der ges. Determinierung ästhet. Gehalte von Literatur u. stellt die Probleme des zw.menschl. Handelns der an Literatur Beteiligten in den Vordergrund (N. Fügen). Da nach diesem Ansatz Verhalten in erster Linie von Werten u. Normen bestimmt wird, wird vorrangig gefragt: (a) welche Werte von Schriftstellern angeboten werden u. welche dem literar. »Produzenten« selbst als Identifikationsbasis dienen; (b) an welche Werthaltungen u. damit an welche Bezugsgruppen literar. Werke appellieren; (c) welche bereits vorhandenen Werte durch Literatur gestützt oder abgebaut u. welche neuen Werte gefördert

Lobby 498

werden; (d) welche »Verdichtungen« von Rollengefügen u. institutionalisierten Verhaltensmustern in der »Produktion« u. im Umgang (Verbreitung, Konsumtion) von u. mit Literatur ein spezif. »literar. Verhalten« erkennen lassen, u. (e) wie solches Verhalten strukturiert ist u. welchen Wandlungen u. Einflüssen es im Zus.hang mit umgebenden Sozialbereichen unterliegt. Eine materialist.-marxist. Richtung der L. (G. Lukács, L. Goldmann u. a.) bevorzugt Analysen über die gesch.-sozialökonom. Bedingtheit ästhet.-literar. »Stoffe«, »Gehalte« u. »Formen«, d. h. sie prüft (a) die Zus.hänge von soziostrukturellem Wandel u. den Veränderungen literar. Technik, Stile u. Aussageformen; (b) die Abhängigkeit literar. Produktion von klassenspezif. Faktoren, (c) die Gesetzmäßigkeiten ökonom. u. polit. Determination und herrschaftsmanipulativer Anwendung von Literatur sowie insbes. (d) den Niederschlag ges. Ideologien u. Strebungen in literarischen Erzeugnissen.

Im einzelnen liegen literatursoziol. Untersuchungen vor u. a. zu Problemen (1) des Verhältnisses von Literatur u. Literaturkritik, (2) der Ges.bilder u. ideolog. Befangenheiten literar. Richtungen, (3) der geschmacksbildenden Wirkung bestimmter literar. Produzentengruppen mit bes. sozialen Status, (4) des Verhältnisses von ges. Massenkultur u. literar. Elite, (5) der konsumtiven Konsequenzen (billiger) mechan.-techn. Reproduzierbarkeit von Literatur, (6) der Lesegewohnheiten u. -vorlieben von soz. Gruppen u. Schichten, (7) der Zus.hänge von Sprache u. Rezeptionsmöglichkeiten. →Kunstsoziologie.

Th. W. Adorno, Noten zur Literatur I–IV, 1958–74; L. L. Schücking, Soziol. der literar.

Geschmacksbildung, ³1961; G. Lukács, Schriften zur L., hg. v. P. Ch. Ludz, 1985 (1961); L. Kofler, Zur Theorie der mod. Literatur, 1974 (1962); H.-J. Krysmanski, Die utop. Methode, 1963; L. Löwenthal, Literatur u. Ges., 1964; ders., Das Bild des Menschen in der Literatur, 1966; ders., Erzählkunst u. Ges., 1971; A. Silbermann, Literaturphilos., soziol. Literaturästhetik oder L. (KZfSS 18, 1966); N. Fügen, Die Hauptrichtungen der L., ⁶1974 (1964); ders. (Hg.), Wege der L., ²1970 (1968); ders., Dichtung in der bürgerl. Ges., 1972; L. Goldmann, Soziol. des Romans, 1984 (1970); H.-D. Göbel, L., 1972; J. Bark (Hg.), L. II, 1974; L. Löwenthal, Notizen zur L., 1975; R. Escarpit (Hg.), Elemente einer L., 1977; J. Scharfschwerdt, Grundprobleme der L., 1977; H. Schwenger, Literaturproduktion, 1979; J. Link u. U. Link-Heer, Literatursoziologisches Propädeutikum, 1980; A. Silbermann, Einf. in die L., 1981; D. Sommer u. a. (Hg.), Leseerfahrung, 1983; R. v. Heydebrand u. a. (Hg.), Zur theoret. Grundlegung einer Soz.gesch. der Literatur, 1988; N. Fügen, Ges. u. Literatur, 1993.

Lobby (engl.), »Vorhalle«, Wandelgang in einem Parlamentsgebäude; im übertragenen Sinne die außerparlamentar. Vertreter von Interessenverbänden oder -gruppen, die am Regierungs- u. Parlamentssitz ihren ständigen Aufenthalt haben, um Abgeordnete, Regierungsmitglieder u. -beamte zugunsten partikularer Interessen zu beeinflussen. →pressure group.

Locke, John, 29. 8. 1632 Wrington/Bristol − 28. 10. 1704 Oates (Essex), Studium in Oxford, Arzt u. Erzieher im Hause des Grafen v. Shaftesbury, zeitweise in Staatsämtern, 1675–79 in Frankreich, nach Rückkehr polit. bedingte Flucht in die Niederlande, mit Wilhelm v. Oranien zurückgekehrt.

L. übernahm die Vorstellung vom Ges.vertrag, um die soz. Strukturen u. die Institutionen der bürgerl. Ges. zu kennzeichnen. Empirist. wird die ges. Integration aus den Bedürfnissen der einzelnen, nicht aus allg. Werten u. Institutionen erklärt. Jeder Mensch, der rational über sich verfügen kann, ist Eigentümer seiner selbst u. hat Anspruch auf private u. auf öffentl. Freiheit. Das Eigentum, das jeder an seiner Person u. an den Ergebnissen seiner Arbeit hat, lenkt die Handlungen auf produktive Ziele, gibt der Freiheit einen Sinn. Zunächst ist das Eigentum von den Bedürfnissen der Menschen begrenzt. Die Einf. des Geldes überwindet diese Grenze, so daß der Tüchtige fast unbeschränkt Eigentum ansammeln kann. Die Ges., deren Integration über die Institution des Eigentums erreicht wird, zerfällt in zwei Klassen: in die, deren Mitglieder für ihren Lebensunterhalt allein auf ihre Arbeitskraft angewiesen sind, die dadurch von der Beschäftigung durch andere abhängig sind, u. in die Klasse der Kapitalisten. Nur letztere können aufgrund ihres Einkommens die Freiheiten der bürgerl. Ges. zu ihrem Vorteil nutzen u. über die polit. Fragen des Landes entscheiden. Staatsrechtl. vertrat L. die Lehre von der Gewaltenteilung. Diese gilt als Instrument zur Sicherung der Prinzipien der bürgerl. Ges.

Schr.: Epistola de tolerantia, 1689 (dt.: Ein Brief über Toleranz, 1957); An Essay Concerning Human Understanding, 1690 (dt.: Versuch über den menschl. Verstand, 1962); Two Treatises on Government, 1690 (dt.: Die Kunst wohl zu regieren, 1906); Letters Concerning Toleration, 1690–92; Some Thoughts Concerning Education, 1693 (dt.: Gedanken über Erziehung, 1967); The Reasonableness of Christianity, 1695 (dt.: Die Vernünftigkeit des Christentums, 1914); Several Papers Relating to Money, Interest and Trade, 1696.
G. A. Rauche, Die prakt. Aspekte von L.s Philos., Pretoria 1958; W. Euchner, Naturrecht u. Politik bei J. L., 1969; C. B. Mcpherson, Die polit. Theorien des Besitzindividualismus von Hobbes bis L., 1967; R. Specht, J. L., 1989.

Löwenthal, Leo, dt.-amerikan. Soziol. u. Philosoph, 3. 11. 1900 Frankf./M. – 21. 1. 1993 Berkeley, 1926 wiss. Mitarbeiter des Inst. für Soz.forschg. (Frankfurt u. New York), 1941 Lektor für Soziol. an der Columbia Univ., 1949 Dir. der Forschungsabt. der »Stimme Amerikas«, 1955/56 Mitarbeiter des Center for Advanced Study in the Behavioral Sciences in Stanford (Calif.), seit 1956 Prof. für Soziol. Univ. of Calif. in Berkeley, 1980 Ehrung mit Goethe-Plakette u. 1989 mit Adorno-Preis der Stadt Frankf./M.
L. beschäftigte sich mit Kommunikations- und Propagandaforschung (sozial-wiss. Analyse nationaler u. internat. polit. Propaganda) u. insbes. mit Literatursoziol. Literatur spiegelt histor. unterschiedl. ausgeprägte Werte, ges. Strukturen u. Menschentypen wider. Insofern sind literar. Werke bedeutsam für das Verständnis histor. Ges.en.

Schr.: zus. mit N. Gutermann, Prophets of Deceit, 1949 (dt.: Agitation u. Ohnmacht, 1966); Literature and the Image of Man, Boston 1957 (dt.: Das Bild des Menschen in der Literatur, 1966); Literature, Popular Culture and Society, 1961 (dt.: Literatur u. Ges., 1964); Erzählkunst u. Ges., 1971; Notizen zur Literatursoziol., 1975; Literatur u. Massenkultur, 1980; Das bürgerl. Bewußtsein in der Literatur, 1981; Falsche Propheten 1982; Judaica, 1984; Gesammelte Schriften, hg. v. H. Dubiel, 1980–87.
H. Dubiel (Hg.), L. L.: Mitmachen wollte ich nie, 1980; M. Kausch, Erziehung u. Unterhaltung, 1985.

Lohn, das (in der Regel) in einer Geldsumme ausgedrückte Entgelt für eine zeitl. oder quantitativ bestimmte, unselbständig verrichtete Arbeit. Dem L. liegt das soz. Verhältnis der Lohnarbeit zugrunde. Die soz. Probleme des L.s ergeben sich daraus, daß für L.zahler (Arbeitgeber) u. L.empfänger (Arbeitnehmer) der L. unterschiedl. Bedeutung hat. Für den einen ist er Aufwands- bzw. Kostengröße u. soll darum möglichst niedrig gehalten bzw. möglichst eng an die zurechenbare Leistung des Arbeit-

Lohnarbeit

nehmers angepaßt werden. Für den anderen ist er Mittel u. Voraussetzung persönl. Daseinsgestaltung. Im ges. Konflikt um die L.bestimmung kommt dementsprechend der Interessengegensatz von Leistungsprinzip und Bedarfsprinzip zum Ausdruck.

In der mod. pluralist. Ges. ist die Höhe des L.s für einzelne Berufszweige, -gruppen u. Wirtschaftsbetriebe das Ergebnis der relativen Macht- u. Einflußbeziehungen der am L.arbeitsverhältnis beteiligten Personenaggregate u. ihrer Interessenverbände. Der L. kommt demnach als eine »Kampf«-Größe zustande. Zugleich wird versucht, »objektive« oder »gerechte« Kriterien für die L.bemessung zu finden. Das gilt sowohl für den Anteil der gesamten L.summe am Gesamteinkommen einer Wirtschaftsges. (L.quote) wie für das Verhältnis der einzelnen L.höhen (für bestimmte Arbeiten) zueinander. Mit der analyt. Arbeitsplatzbewertung werden Richtlinien für eine »richtige« Zuordnung von Tätigkeitsmerkmalen einer Arbeitsaufgabe zu bestimmten Arbeitsentgelten entwickelt. Verfahren zur Messung der versch. Arbeitsproduktivitäten u. ihrer Entwicklung im techn.-industriellen Wandel sollen Maßstäbe für »vertretbare« L.veränderungen (L.erhöhungen) bereitstellen. Sozialstatist. Analysen des allg. Preisniveaus u. der Kaufkraft des Geldes bezwecken u. a. eine fortwährende Überprüfung des L.wertes für Konsumausgaben.

Seine Nachfrage u. damit Produktion von wirtschaftl. Gütern stimulierender Effekt macht den L. außerdem zu einer konjunktur- und beschäftigungswirksamen Größe. Im Zeichen hochspezialisierter Arbeitsteilung und unzureichender gegenseitiger Informiertheit über funktionale Bedeutung, Qualität u. kulturellen Wert versch. Arbeiten ist der individuelle L. mehr u. mehr zum zentralen Statusmerkmal geworden.

W. Baldamus, Der gerechte L., 1960; M. Dobb, Der L., 1970; B. Keller, Theorien der Kollektivverhandlungen, 1974; C. Deutschmann u. R. Schmiede, L.entwicklung in der Bundesrepublik 1968–78, 1983; W. Maier, Arbeitsanalyse u. L.gestaltung, 1983; M. L. Weitzman, Das Beteiligungsmodell, 1987.

Lohnarbeit, allg. die nach bestimmten, vertragl. zw. Arbeitnehmer u. Arbeitgeber vereinbarten Bedingungen gegen Lohn geleistete Arbeit. Im Marxismus Bezeichnung für das fundamentale Produktionsverhältnis im Kapitalismus, durch das die Arbeit für den Arbeiter nicht mehr Selbstverwirklichung, Lebensform u. -sinn sei, sondern ledigl. als Tauschobjekt fungiere. Durch L. werde das soz. Verhältnis zw. Arbeitgeber u. Arbeitnehmer auf den Austausch von techn. u. ökonom. fremdbestimmter Arbeitsleistung des Arbeiters gegen Entlohnung (zur bloßen Existenzerhaltung) reduziert.

Lohnquote, Begriff der Einkommenstheorie, Anteil der Gesamtsumme aller Bruttoeinkommen der unselbständig Beschäftigten (Beamte, Angestellte, Arbeiter) am Volkseinkommen.

Lohnstruktur, die Form u. das Ausmaß der Differenzierung von persönl. Löhnen u. Gehältern in der Gesamtheit der abhängig Erwerbstätigen einer Wirtschaftsges. Analysiert nach den Berufsstellungen, Arbeitsleistungen u. Ausbildungsqualifikationen der betr. Einkommensbezieher, vermittelt die L. einen Einblick in die Arbeitsmarktpositionen, die gegenwärtigen u. zukünftigen Berufschancen sowie in die allg. Lage u. den sozialen Status der einzelnen Berufsgruppen in den versch. Wirtschaftszweigen. Wirtschaftssoziol. Untersuchungen widmen sich den vielfältigen sozialen Faktoren (z. B. Eigentum, soziale Mobilität, Ausbildung, Versorgungsstand, Familien- u. Wohnsituation), die den Umfang u. die Elastizität des Angebots u. der Nachfrage von personalen Arbeitsleistungen u. damit die L. bestimmen.

F. Fürstenberg, Probleme der L., 1958; W. Mieth, Theorie der L., 1967; A. Brock u. a., Der Konflikt um Lohn u. Leistung, 1969; A. Burghardt, Soz. Determinanten der berufl. L. (KZfSS 22, 1970).

Longitudinalstudie →Längsschnittuntersuchung

Looking-glass self (engl.), Spiegel-Selbst →Cooley, Charles Horton.

Luckmann, Thomas, *14. 10. 1927 Jesenice/Slowenien, 1955 M. A. Phil., 1956 Ph. D. Soziol., 1960–62 Assist. Prof. u. 1962–65 Assoc. Prof. New School for Social Research New York, 1965 o. Prof. f. Soziol. Frankfurt a. M., 1970–1994 Univ. Konstanz, 1986 Dr. h. c. Linköping/Schweden, seit 1990 zugleich Prof. f. Soziol. (Tit.) Univ. Ljubljana, Hg. u. wiss. Berater von Schriftenreihen. – Insbes. das frühe religionssoziol. (»Invisible Religion«), aber auch das wissenssoziol. Werk (mit P. Berger, Die ges. Konstruktion der Wirklichkeit) haben eine breite Rezeption erfahren. Nach intensiver Beschäftigung mit der Religion hat sich L. Fragen der Sprachsoziol. zugewandt. Von einer empir. Erforschg. der Face-to-Face-Kommunikation u. der Formen soz. Kommunikation erhoffte er sich eine Klärung der Objektivierungsvorgänge, aus denen die Deutungsmuster u. »Weltansichten« entstehen, die auch den Kern des Religiösen ausmachen.

Schr.: The Social Construction of Reality (mit P. Berger), 1966, dt.: Die ges. Konstruktion der Wirklichkeit, ⁹1992 (1969); The Invisible Religion, 1967, dt.: Die unsichtbare Religion, 1991; Soziol. der Sprache, in: R. König (Hg.), Hdb. der empir. Soz.forschg., 1969 (1979 überarbeitet); Berufssoziol. (mit W. Sprondel), 1972; Strukturen der Lebenswelt (mit A. Schütz), 2 Bde., 1979 u. 1984, engl. The Structures of the Life-World, 1973 u. 1989; (Hg.) Phenomenology and Sociology, 1978; Lebenswelt u. Ges., 1980; (Hg.) The Changing Face of Religion (mit J. A. Beckford), 1989; Theorie des soz. Handelns, 1992.

Luhmann, Niklas, *8. 12. 1927 Lüneburg, Studium der Rechtswiss. Univ. Freiburg/Brsg., Tätigkeit in öffentl. Verwaltg., 1960/61 Studium der Verwaltg.swiss. u. Soziol. Harvard Univ., 1962 OReg.R. Forschg.sinst. der Hochschule für Verwaltg.swiss. Speyer, 1965 Abtlgs.lt. an der Soz.forschg.sstelle Dortmund, 1966 Priv.doz. Münster, 1968 o. Prof. für Soziol. Univ. Bielefeld, 1977–80 Mithg. der »Zs. f. Soziol.«

N. L.s wiss. Interesse gilt im Schwerpunkt einer Theorie der mod. Ges. Die soziol. Klassik u. die vorliegenden Resultate empir. Forschg. bieten ihm hierfür zwar Anregungen, aber kein ausreichendes theoret. Gerüst. Dieses sucht er aus neueren Entwicklungen der allg. Systemtheorie zu gewinnen, die im Übergang zu einer Theorie selbstreferentieller Systeme mit ihrer eigenen Tradition gebrochen hat. In Anwendung auf soziol. Forschg. heißt dies, daß soz. Systeme als selbstreferentielle, operativ geschlossene Systeme aufzufassen sind, die ihre eigene Beschreibung enthalten. Die basale, diese Systeme autopoiet. reproduzierende Operation ist Kommunikation (nicht: Handlung) u. Ges. folglich das umfassende System aller Kommunikationen. Die spezif. Modernität der heutigen Ges. wird in der Form ihrer Differenzierung gesehen, die sich an spezif. Funktionen orientiert. Das schließt an soziol. Tradition an, benutzt aber in der Ausarbeitung auch auf dieser Ebene die Begriffsmittel der Theorie selbstreferentieller Systeme.

Schr.: Funktionen u. Folgen formaler Organisation, [3]1976 (1964); Grundrechte als Institution, [3]1986 (1965); Recht u. Automation in der öffentl. Verwaltg., 1966; Vertrauen. Ein Mechanismus der Reduktion soz. Komplexität, [2]1973 (1968); Zweckbegriff u. Systemrationalität, 1973 (1968); Legitimation durch Verfahren, 1983 ([2]1975, 1969); Soziol. Aufklärung, Bd. 1, [6]1991 (1970); Theorie der Ges. oder Soz.technologie (mit J. Habermas), 1971; Polit. Planung, [2]1975 (1971); Rechtssoziol., 2 Bde., [3]1987 (1972); Personal im öffentl. Dienst (mit R. Mayntz), 1973; Rechtssystem u. Rechtsdogmatik, 1974; Macht, [2]1988 (1975); Soziol. Aufklärung, Bd. 2, [4]1991 (1975); Funktion der Religion, 1977; Reflexionsprobleme im Erziehungssystem (mit K. E. Schorr), 1988 (1979); Ges.sstruktur u. Semantik, Bd. 1, 1980, Bd. 2, 1981, Bd. 3, 1989; Polit. Theorie im Wohlfahrtsstaat, 1981; Ausdifferenzierung des Rechts, 1981; Soziol. Aufklärung, Bd. 3, [2]1991 (1981); Liebe als Passion, 1982; Soz. Systeme. Grundriß einer allg. Theorie, 1984; Ökolog. Kommunikation, 1986; Soziol. Aufklärung, Bd. 4, 1987; Archimedes u. wir. Interviews, hg. von D. Baecker u. G. Stanitzek, 1987; Die Wirtschaft der Ges., 1988; Erkenntnis als Konstruktion, 1988; Reden u. Schweigen (mit P. Fuchs), 1989; Paradigm lost. Über die erh. Reflexion der Moral, 1990; Soziol. Aufklärung, Bd. 5, 1990; Die Wiss. der Ges., 1990; Soziol. des Risikos, 1991; Teoria della società (mit R. De Giorgi), Mailand 1992; Beobachtungen der Moderne, 1992. Zahlr. Übersetzungen (engl., ital., japan., span., portug. u. a. m.).

G. Kiss, Grundzüge u. Entwicklung der L.schen Systemtheorie, [2]1990 (1986); D. Baecker u. a. (Hg.), Theorie als Passion (N. L. zum 60. Geb.), 1987; H. Haferkamp u. M. Schmid (Hg.), Sinn, Kommunikation u. soz. Differenzierung, 1987; P. Fuchs, N. L. beobachtet, 1992; W. Krawietz u. M. Welker (Hg.), Kritik der Theorie soz. Systeme, 1992; K. Dammann u. a. (Hg.), Die Verwaltung des Polit. Systems (zum 65. Geb. v. N. L.), 1993.

Lukács, Georg, marxist. Philosoph u. Literaturtheoretiker, 13. 4. 1885 Budapest – 4. 6. 1971 ebd., studierte in Heidelberg, Paris u. Berlin Philosophie, seit 1918 Mitgl. der ungar. KP, organisierte 1919 als stellvertretender Volkskommissar der ungar. Räterepublik unter Béla Kun die revolutionäre Volksbildung u. war zugleich polit. Kommissar der Armee, lebte nach dem Sturz dieser Regierung in Wien u. Berlin, wo er die Publizistik der KPD leitete, 1929–45 war er in Moskau, 1945 o. Prof. für Ästhetik u. Kulturphilosophie an der Univ. Budapest, Mitgl. der Akad. der Wiss. u. des Parlaments, schied 1951 wegen Kritik aus der Politik aus, während des ungar. Aufstandes 1956 Mitgl. des Zentralkomitees u. Minister für Volksbildung der Reg. Imre Nagy, nach kurzem Aufenthalt in Rumänien Rückkehr nach Budapest, 1958 emer., 1967 wieder Mitgl. der KP.

Zunächst von Dilthey, Simmel u. M. Weber, dann von Hegel, Marx u. Lenin beeinflußt, widmete sich L. der marxist. Philosophie, Lit.-theorie, Ästhetik, der Philosophiegesch. u. den großen Krisen des 19. u. 20. Jh. In seinem Buch »Gesch. u. Klassenbewußtsein« (1923), in dem er an den in Hegels u. Marx' Dialektik zentralen Begriff der Totalität anknüpfte, wandte er sich noch gegen Lenin, weil dieser den Gesch.prozeß mehr »instrumental« verwendet. Für L. bestand das Wesen der dialekt. Methode darin, gegenüber den isolierten Tatsachen die konkrete Totalität, das Ganze der gesch. Wirklichkeit zur Geltung zu bringen. Die Entfremdung behandelte er als Zentralfrage der revolutionären Kritik am Kapitalismus. 1924 gelangte L. zu einer leninist. Interpretation des Marxismus. Er unterschied zw. wahrem u. falschem Bewußtsein des Proletariats u. begriff die KP als Ausdruck allein wahrer proletar. Bewußtheit. Später verknüpfte L. den Marxismus mit der Aufklärung. Als einer der Begründer der Literatursoziol. beschäftigte sich L. unter Berücksichtigung der Marxschen These von der ges. Bedingtheit des Bewußtseins mit dem Zus.hang von Lit. u. Ges., von Stil u. Ideologie, Künstler u. Politik. Er forderte, die Betrachtung vom Künstler wegzulenken u. das Werk aus dem gesch.-ges. Kontext heraus zu verstehen. Ideengesch. vertrat L. die Auffassung, daß von der spekulativen dt. Phil. über Sozialdarwinismus u. Rassentheorie ein gerader Weg zur nationalsozialist.-faschist. Ideologie u. zum imperialist. Totalitarismus geführt hat.

Schr.: Theorie des Romans, 1965 (1920); Gesch. u. Klassenbewußtsein, 1968 (1923); Lenin, 1967 (1924); Dt. Lit. im Zeitalter des Imperialismus, 1945; Fortschritt u. Reaktion in der dt. Lit., 1947; Essays über Realismus, 1971 (1948); Der junge Hegel, ³1967 (1948); Der russ. Realismus in der Weltlit., 1964 (1949); Existenzialismus u. Marxismus, 1951; Dt. Realisten des 19. Jh., 1952; Die Zerstörung der Vernunft, 1962 (1954); Beiträge zur Gesch. der Ästhetik, 1954; Probleme des Realismus, 3 Bde., 1964–65 (1955); Der histor. Roman, 1965 (1955); Wider den mißverstandenen Realismus, 1958; Schriften zur Lit.soziol., eingeleitet v. P. Ludz, ⁴1970 (1961); Die Eigenart des Ästhetischen, 2 Bde., 1963; Dt. Lit. in zwei Jh., 1964; Über die Besonderheit als Kategorie der Ästhetik, 1967; Schriften zur Ideologie u. Politik, eingeleitet v. P. Ludz, 1967; Revolutionäres Denken, hg. v. F. Benseler, 1984; Werke, 15 Bde., 1962 ff.

F. Benseler, Hg., Festschrift zum 80. Geburtstag von G. L., 1965; T. Pinkus (Hg.), Gespräche mit G. L., 1967; G. Lichtheim, G. L., London 1970 (dt. 1971); J. Kammler, Polit. Theorie von G. L., 1974; T. Hanak, L. war anders, 1975; M. Grauer, Die entzauberte Welt, 1985; R. Dannemann (Hg.), G. L.: Jenseits der Polemiken, 1986; I. Hermann, G. L.: Sein Leben u. Wirken, 1986; U. Bermbach u. G. Trautmann (Hg.), G. L., 1987.

Lumpenproletariat, von K. Marx geprägte Bezeichnung für die unterste Schicht der im Kapitalismus ausgebeuteten, verelendeten Arbeiterklasse: die Masse demoralisierter, arbeitsunwilliger Personen wie Vagabunden, Verbrecher, Prostituierte, herumstreunende Gelegenheitsarbeiter. Diese Schicht wird – da sie keinen objektiven u. bewußtseinsmäßigen Anteil am kapitalist. Produktionsprozeß nimmt – als polit. gestaltungsunfähig bzw. die bestehenden Verhältnisse noch konsolidierend eingeschätzt.

Lundberg, George Andrew, 3. 10. 1895 Fairdale, N. D. (USA) – 14. 4. 1966 Seattle, 1930–31 Dir. des Inst. für Sozialforschg. in Pittsburgh, 1930–45 Prof. für Soziol. u. Statistik am Bennington College (Vermont), 1941–47 Hg. der Zs. Sociometry, seit 1945 Prof. in Seattle, Präs. der American Sociol. Society. Als führender Vertreter des →Neopositivismus in der modernen amerik. Soziol. strebte L. unter besonderer Berücksichtigung der Physik u. math.-quantitativer Methoden eine naturwiss. Ausrichtung der Soziol. als Wiss. v. den zw.menschl. Handlungen an. Er forderte eine strikte Trennung zw. der Rolle des Wiss.lers u. der des Staatsbürgers. So sci der Soziologe als Wiss.ler nicht berechtigt, ethische Werte u. Ziele zu setzen u. außerwiss. Entscheidungen zu treffen. Dieser könne aber als Berater der Entscheidungsträger die Mittel, Kosten, Folgen sowie Grade der Annehmbarkeit verschiedener Handlungsmöglichkeiten aufdekken. Ohne Einschränkung auf bestimmte Kulturen soll die Soziol. allg., math. ausgedrückte u. empir. überprüfbare Aussagen über Gesetze des ges. Zus.lebens formulieren u. Voraussagen ermöglichen. Grundlegend ist ein System zus.hängender Begriffe. Diese sollen als operationale Definitionen (→Operationalisierung) durch die Angabe jener Verfahren (standardisierte Meßinstrumente, z. B. Skalen) formuliert werden, mit denen

Luxus 504

sich verläßliche Daten über den jeweiligen Realitätsbereich gewinnen lassen. L. hat entscheidend dazu beigetragen, daß die Soziol. durch verstärkte Anwendung statist. Verfahren teilweise zu einer exakten Erfahrungswiss. geworden ist.

Schr.: Trends in American Sociology (mit R. Bain u. N. Anderson), New York 1929; Social Research, ³1949 (1929); Leisure: A Suburban Study (mit M. Komarovsky u. M. A. McInery), New York 1934; Foundations of Sociology, ²1964 (New York 1939); Can Science Save Us?, ²1961 (New York 1947); (Hg.) Sociology (mit C. C. Schrag u. O. N. Larsen), ³1963 (New York 1954).

Luxus, Bezeichnung für einen Konsum oder Aufwand, der – nach kulturell wandelbaren u. histor. wie regional spezif. Normvorstellungen – das sozial Notwendige u. Übliche übersteigt. Je nach der Höhe des materiellen Versorgungsstandes einer Ges. im ganzen wie nach der Verteilung u. Verbreitung der Konsummittel u. -chancen auf die versch. Bevölkerungsteile können L.güter zu selbstverständl. Gebrauchs- u. Verbrauchsgütern oder – in Zeiten materieller Beschränkung – ehemals normale konsumtive Lebensgewohnheiten zu außergewöhnl. L. werden.

In der Wirtschaftstheorie wurde schon frühzeitig (zu Beginn des 18. Jh.) auf die produktions- u. kreislaufstimulierende Kraft des L. verwiesen (Mandeville). W. Sombart hat – in Ergänzung zu den von M. Weber entwickelten Thesen über die wirtschaftl. Wirkungen der Askese – die Interdependenz von L. u. Entfaltung des Kapitalismus hervorgehoben. Die Konsumsoziol. prüft die sozialen Distanzierungs- u. Integrierungsprozesse, die vom L. ausgehen. Einerseits wird der L. (Geltungskonsum) als Medium soz. Abkapselung von den »breiten Massen« erkannt; andererseits wird

für entwickelte Industrieges.en mit hohem Versorgungsstand seine die allg. Verbrauchsideale prägende und damit (über die Mode) sozialschichtensprengende Bedeutung hervorgehoben. Sozialist. Vorstellungen über Gleichheit führen zu einer sozialethischen Diskreditierung des L.

B. Mandeville, Die Bienenfabel oder Private Laster, öffentl. Vorteile, 1968 (1714); T. Veblen, Theorie der feinen Leute, 1986 (1958, amerik. 1899); W. Sombart, Liebe, L. u. Kapitalismus, 1967 (1912); A. Koch, Wesen und Wertungen des L., 1914; K. G. Specht, R. (Hdb. d. Soz.wiss.en 7, 1961); P. Bourdieu, Die feinen Unterschiede, 1982 (franz. 1979).

Lynd, Robert Staughton, amerikan. Soziologe, 26. 9. 1892 New Albany (Ind.) – 1. 11. 1970 Warren (Conn.), Theologiestudium, führte zus. mit seiner Frau Helen L. Kleinstadtstudien durch, 1931–60 Prof. für Soziol. Columbia Univ.

L. gilt als Pionier der Gemeindesoziol. Zus. mit seiner Frau untersuchte er die Sozialstruktur u. das Wertsystem einer typ. amerikan. Kleinstadt (Muncie, Indiana). L. ging von einem sozialanthropolog. Ansatz aus u. benutzte insbes. die Methode der Beobachtung. Das Gemeinwesen zeigte sich aufgespalten in eine Arbeiter- u. in eine Unternehmerklasse. Es zeigte sich ferner, daß das Zus.leben in der untersuchten Kleinstadt von Ideologien, kulturellen u. techn.-ökonom. Gegebenheiten bestimmt wird, die, bedingt durch unterschiedl. Wandlungsgeschwindigkeiten, z. T. einander widersprechen. Die Wirtschaftskrise um 1930 hat die hierarch. Sozialstruktur u. das konservative Wertsystem des Gemeinwesens noch verstärkt. L. lehnte die aus der Orientierung am Neopositivismus resultierende Tendenz der Wertfreiheit in den Sozialwiss.en ab, weil dadurch unkrit. die Werte der bestehenden Ges. akzeptiert werden. Vielmehr ist es Aufgabe der Soziol., krit. u. prakt. an der Bewältigung von Problemen der ges. Entwicklung mitzuarbeiten.

Schr.: zus. mit Helen L., Middletown, 1929; The People as Consumers, 1933; zus. mit H. L., Middletown in Transition, 1937; Knowledge for What?, 1938.

Machbarkeit, von H. Freyer geprägte u. weit verbreitete Bez. für eine sich aus dem hoch entwickelten techn. Wissen u. Denken ergebende Qualität aller Phänomene u. Verhältnisse in der Industriegesellschaft. M. meint die Verfügbarkeit aller Dinge für vielfältige Zwecke u. Ziele, die sie »ethoslos« werden lassen. M. ist eine techn. u. soziale Seinsqualität, die die Technokratie u. den Menschen als bloßen Leistungs-»Funktionär« begünstigt.

Machiavellismus, eine auf den italien. Staatsphilosophen Niccolo Machiavelli (1469–1527) zurückgehende Lehre, nach der die Erhaltung des Staates auch eine von Ethik bzw. eth. Normen losgelöste Machtpolitik rechtfertigt. Allg. u. vergröbernd bezeichnet M. polit. Skrupellosigkeit.

N. Machiavelli, Il Principe, 1513/1532, dt.: Der Fürst, [6]1978; ders., Discorsi, 1531, dt.: [2]1977.
Friedrich der Große, Anti-Machiavelli, franz. 1740, dt.: (anonym) 1741; H. Freyer, Machiavelli, [2]1986 (1938); J. Burnham, The Macchiavellians, 1943, dt.: Die Machiavellisten, 1979; H. Fink, Machiavelli, 1988; W. Kersting, N. Machiavelli, 1988; Q. Skinner, Machiavelli, [2]1990.

Macht, nach Max Webers bekannter formaler Definition »die Chance, innerhalb einer soz. Beziehung den eigenen Willen auch gegen Widerstreben durchzusetzen, gleichviel worauf diese Chance beruht«. M. verhältnisse können sowohl zw. Individuen u. Gruppen wie zw. Organisationen, Ges.en u. Staaten auftreten. Die Gründe für das Auftreten von M. sind vielfältig u. müssen nach der jeweils spezif. gesch. oder soz. Situation sondiert werden. Die Ethologie versucht aus Tierexperimenten nachzuweisen, daß die Erringung von M. als Bedürfnis nach Selbsterhöhung u. Selbstbehauptung ein allg. Antrieb für soz. Beziehungen ist. M. kann beruhen auf persönl., phys. oder psych. Überlegenheit, auf Charisma, Wissen, höherer Informiertheit, Prestige; exklusiver (andere ausschließender) Verfügungsgewalt über knappe, begehrte Güter (Eigentum, Besitz); auf überlegener Organisationsfähigkeit. M. hat die Tendenz, sich zu Herrschaft zu institutionalisieren, sofern nicht Gegenkräfte mobilisiert werden, die M. durch Gegen-M. neutralisieren. M. bildet nach T. Parsons das spezif. Interaktionsmedium des polit. Subsystems der Ges. Sie ist für die Aufrechterhaltung ges. Ordnung u. des Leistungszus.hanges erforderlich.
In allen auf persönl. Freiheit, Demokratie, gegenseitige soz. Kontrolle ausgerichteten Ges.ordnungen entsteht das Problem, wie die M. durch Recht, Gesetz u. Verfassung, durch geteilte u. ausgewogene Herrschaft u. öffentl. Kontrolle sowie durch bessere allg. Informiertheit u. polit. Bildung begrenzt u. berechenbar gemacht werden kann. Soziol. Untersuchungen von Gruppen, realen Organisationsstrukturen u. Verfassungssystemen versuchen, die Diskrepanzen zw. institutionalisierten Autoritäts- u. Herrschaftsverhältnissen einerseits u. faktischen Einfluß- u. M. verhältnissen andererseits festzustellen u.

Machtelite 506

analysieren die Dynamik u. die Strategien von Machtgewinnung, M.übertragung, M.erhaltung (Leistung, Überzeugung, Bewußtseinsmanipulation, soz. Druck, Terror), M.konzentration u. M.bekämpfung.

M. Weber, Wirtschaft u. Ges., ⁵1980 (1921); F. v. Wieser, Das Gesetz der M., 1926; B. Russell, M., 1948; H. D. Lasswell, A. Kaplan, Power and Society, London 1952; P. M. Blau, Exchange and Power in Social Life, New York 1964; A. Bergstraesser, Die M. als Mythos u. als Wirklichkeit, 1965; G. Lenski, Power and Privilege, New York 1966 (dt.: Macht u. Privileg, 1973); H. Popitz, Prozesse der M.bildung, ²1969; J. Luhmann, M., 1974; A. A. Berle, M., 1973; N. Poulantzas, Polit. Macht u. ges. Klassen, ²1975; R. Münch, Legitimität u. polit. M., 1976; D. C. McClelland, M. als Motiv, 1978; J. S. Coleman, M. u. Ges.struktur, 1979; A. Honneth, Kritik der M., 1985; H. Popitz, Phänomene der Macht, 1986; D. Sternberger, Grund u. Abgrund der M., 1986; J. K. Galbraith, Anatomie der M., 1987; M. Mann, Gesch. der M., 2 Bde., 1990/91; K. Röttgers, Spuren der M., 1990; W. Sofsky u. R. Paris, Figurationen soz. M., 1991.

Machtelite (engl. power elite) →Elite, →Mills, Charles Wright

MacIver, Robert Morrison, 17. 4. 1882 Stornoway, Schottland – 15. 6. 1970, 1903 M. A. Univ. Edinburgh, 1907 B. A. Univ. Oxford, 1915 Ph. D., 1915–27 Prof. für Polit. Wiss. Univ. Toronto, 1927–50 Univ. Columbia, 1956–61 im Dienst der Stadt New York, 1963–65 Präs. der New School for Social Research. Führender Vertreter der amerikan. polit. Soziol. Er befaßte sich insbes. mit der Analyse der soz. u. wirtschaftl. Voraussetzungen demokrat. Regierungsformen u. Herrschaftsverhältnisse. Er interpretierte soz. Wandel als Ergebnis veränderter Macht-Bedingungen u. -Strukturen. Arbeiten über Subkulturen u. abweichendes Verhaltens.

Schr.: Community, London 1917; Labor in the Changing World, 1919; Elements of Social Science, London 1921; The Modern State, Oxford 1926; Relations of Sociology to Social Work, 1931; Society – Its Structure and Changes, 1931; Economic Reconstruction, 1934; Society, New York 1937; Leviathan and the People, 1939; Social Causation, Boston/New York 1942; Toward an Abiding Peace, New York 1943; Civilization and Groups Relationships, New York ²1945 (dt.: Zivilisation u. Gruppenbeziehungen, ²1951, 1945); The Web of Government, New York 1947 (dt.: Regierung im Kräftefeld der Ges., ²1952, 1947); The More Perfect Union, New York 1948; The Ramparts We Guard, 1950; Democracy and the Economic Challenge, 1952; Academic Freedom in Our Time, 1955; The Pursuit of Happiness, 1955; The Nations and the United Nations, New York 1959; Life: Its Dimensions and Its Bounds, 1960; Dilemmas of Youth in America Today (Hg.), New York 1961; The Challenge of the Passing Years, 1962; Power Transforms, 1964; The Prevention and Control of Delinquency, 1966.

Männerbünde →Geheimbünde

Mafia (ital. Überheblichkeit, Anmaßung), eine in Sizilien entstandene, aus familienähnl. strukturierten Gruppen bestehende Verbrecherorganisation mit subkult. Zügen u. internat. Ausbreitungstendenzen, die sich selbst als »Ehrenwerte Ges.« bezeichnet.
Am Anfang des 19. Jh.s organisierten sizilian. Grundbesitzer bewaffnete Gefolgschaften zur Verteidigung ihrer formell aufgehobenen feudalen Vorrechte. In der Folgezeit übten diese Gruppierungen in Verbindung mit Korruption u. Erpressung immer mehr kriminelle Gewalt aus. In Kalabrien entstand als Gegenmacht zum Staat die »n'dranghita« u. in Neapel die »Camorra«. Mit verstärkter ital. Einwanderung bildete die M. in den USA Organisationskerne (»Cosa Nostra«, »The Syndicate«) der kriminellen Subkultur. Angehörige der M. hießen Mafiosi. Für das Soz.verhalten sind »Schweigen« u. »Blutrache« besonders kennzeichnend. Blutige Auseinandersetzungen gab u. gibt es auch innerhalb der M. Verbindungen existieren zu lokalen Politikern, Abgeordneten

u. in den Staatsapparat hinein. Die kriminellen Tätigkeiten wurden auf immer mehr Aktionsfelder ausgeweitet: Schutzgelderpressungen, Prostitution, Wett- u. Glücksspiele, zunehmend internat. Alkohol-, Zigaretten-, Waffen- u. Drogenschmuggel, organisierter Autodiebstahl, Subventionsbetrug, Baugewerbe, Tourismus, Börsenspekulationen. Der Ausbau des freien Waren-, Geld- u. Grenzverkehrs erleichtert die M.-Geschäfte, die zugunsten eigener Konkurrenzvorteile ohne Steuerzahlungen u. Soz.abgaben durchgeführt werden. Mit z. T. komplizierten Transaktionen werden »reingewaschene« Gewinne (»Geldwäsche«) in Immobiliengeschäften u. gewerbl. Unternehmungen angelegt. Die mod. M. ist ein kommerziell-kriminelles Organisationsmodell geworden, das in vielen Ländern kopiert wird u. zum Ausbau mafioser Strukturen führt. Die rechtsstaatl. Bekämpfung der M. steht im Wettlauf mit deren Internationalisierung u. »Professionalisierung«, die mit dem Ausbau finanzieller u. unternehmer. Kapazitäten u. militär. Logistik sowie mit der Nutzung modernster techn. Mittel verbunden ist.

W. Raith, Die ehrenwerte Firma, 1983; H. Hess, M., ³1988; P. Arlacchi, Mafiose Ethik u. der Geist des Kapitalismus, 1989; P. Müller, Die M. in der Pol., 1990.

Magie, individuelle oder soz. Praktiken, die den menschl. Willen leitend in den Ablauf von Naturvorgängen (z. B. Klima) u. in das Zustandekommen oder Verhindern von Ereignissen (z. B. Fruchtbarkeit oder Tod) übertragen wollen, und zwar dann, wenn eine rationale, naturwiss. fundierte Eingriffsmöglichkeit nicht besteht. Von religiöser Praxis läßt sich M. dadurch unterscheiden, daß erstere darauf abzielt, den Menschen einer schicksalsbestimmenden göttl. Macht zu unterwerfen, letztere jedoch darauf aus ist, die Natur u. ihre Kräfte aus eigener (menschl.) Kraft zu beeinflussen (zu lenken). In der Regel kennen alle Ges.en eine (graduell unterschiedl.) Vermischung von M. u. Religion. Von der M. gilt bei den Anwendenden (Magier), daß die mit ihrer Hilfe beabsichtigte Wirkung vermeintl. dadurch zustande kommt, daß zw. dem Subjekt der magischen Handlung u. ihrem Bezugsobjekt ein außerrationaler Kausalitätszus.hang hergestellt wird. In Reaktion auf die fortgeschrittene Rationalität u. Komplexität der mod. Ges. verstärken sich wieder Tendenzen zum Magischen.

K. Seligmann, Das Weltreich der M., 1958; A. E. Jensen, Die getötete Gottheit, 1966; B. Malinowski, M., Wissenschaft u. Religion, 1973; E. E. Evans-Pritchard, Hexerei, Orakel u. M. b. den Zande, 1978; K. E. Müller, Das mag. Universum der Identität, 1987; A. Zingerle u. C. Mongardini (Hg.), M. u. Moderne, 1987.

Majorität (lat.) Mehrheit →Minderheiten

Makrosoziologie (griech.), »Groß«-Soziologie, Teilbereich soziol. Forschg., der sich mit den Strukturen oder Gesetzmäßigkeiten des Aufbaus, der Entwicklung, Veränderung u. gegenseitigen Einflußnahme von größeren soz. Gebilden, ges. Zus.hängen u. kollektiven Prozessen befaßt. Die M. untersucht z. B. Verbände, Organisationen, Parteien, Betriebe, Kirchen, aber auch ges. Klassen, Schichten oder Minderheiten als relativ stabile u. institutionalisierte soz. Systeme. Im interkult. Vergleich erforscht sie Gegensätze u. Gemeinsamkeiten in den horizontalen u. vertikalen soz. Beziehungsgeflechten ganzer Ges.en. Histor. orientiert analysiert sie die Beziehungen u. Voraussetzungen umfassender Tendenzen u. Arten soz. Wandels bzw. der Ablösung oder des Übergangs von ges. Strukturzuständen. M. hat es immer mit Kollektiven, Aggregaten zu tun. Nicht das aufeinander bezogene Handeln u. die individ. ausgerichteten Motivationen einzelner Menschen, sondern die für soz. Beziehungen allg. verbindl. kult. Werte, Normen, Sanktionen sind ihr Problembereich. Dementsprechend wird weitgehend auf psycholog. Erklärungsweisen u. Terminologien verzichtet zugunsten von Ansätzen, die die soz. Gebilde (unabhängig von bestimmten Mitgliedern u. Menschen) nach der regelmäßigen Anordnung, funktionalen Interdependenz oder konfligierenden Verhältnissen ihrer Teilbereiche u. Strukturelemente untersuchen.

E. Shils, Center and Periphery. Essays in Macrosociology, Chicago u. London 1975; B. Giesen, M. – eine Evolutionstheoret. Einf., 1980; S. N. Eisenstadt u. H. J. Helle (Hg.), Macro-Sociological Theory, London 1985.

Malinowski, Bronislaw, 7. 4. 1884 Krakau – 16. 5. 1942 New Haven, Conn., studierte zunächst in Krakau Mathematik u. Naturwiss.en, Fortsetzung seiner Studien in Leipzig u. London, wandte sich unter dem Einfluß von W. Wundt u. J. Frazer der Ethnologie zu; zahlreiche Expeditionen, 1924 Lehrauftrag für Sozialanthropol. Univ. London, 1927 Prof. ebd., 1939 Gastprof. Yale-Univ., verbrachte seine letzten Lebensjahre in den USA.
M., ein bedeutender Kulturanthropologe, trat für die Vereinigung der versch. Einzelwiss.en vom Menschen zu einer umfassenden Anthropologie ein. Diese soll sich vor allem mit der Kultur als Funktionszus.hang befassen. Somit stellte er dem evolutionist. Ansatz eine Funktionstheorie gegenüber. Von dieser Theorie u. von zahlreichen empir. Forschungen ausgehend, betrachtete M. Kultur als einen »instrumentellen Apparat«, durch den der Mensch Probleme lösen u. seine Bedürfnisse befriedigen kann. In seiner Theorie der Bedürfnisse unterschied er zw. Grundbedürfnissen (»basic needs«) u. abgeleiteten Bedürfnissen (»derived needs«). Die Institutionen einer Kultur sind mit den Bedürfnissen funktional verbunden, viele nur mit den abgeleiteten. Kultur ist damit ein mit der Bedürfnisbefriedigung verflochtenes System von Gegenständen, Tätigkeiten u. Haltungen (attitudes), in dem jedes Teil als Mittel zu einem Zweck fungiert. Die Kultur bildet zugleich eine Ganzheit, in der die einzelnen Elemente in einem interdependenten Zusammenhang stehen. Der funktionalist. Ansatz von M. hat gr. Einfluß auf die soziol. u. ethnolog. Theorie ausgeübt. →Strukturell-funktionale Theorie.

Schr.: Argonauts of the Western Pacific, London 1922; Sex and Repression in Savage Society, London 1927 (dt.: Geschlechtstrieb u. Verdrängung in primitiven Ges.en, 1962); A Scientific Theory of Culture, Chapel Hill 1944 (dt.: Eine wiss. Theorie der Kultur, 1949); Freedom and Civilization, New York 1944 (dt.: Kultur u. Freiheit, 1951); The Dynamics of Culture Change, New Haven 1945 (dt.: Dynamik des Kulturwandels, 1951); Magie, Wiss. u. Religion, 1973; A Diary in the Strict Sense of the Term, London 1967.

Malthus, Thomas Robert, 17. 2. 1766 Rookery (Surrey) – 29. 12. 1834 Bath, zunächst Pfarrer, Prof. für Gesch. u. polit. Ökonomie am Kollegium der Ostind. Kompanie zu Haileybury, 1798–1803 Studienreisen durch fast ganz Europa. »Klass.« Vertreter der →Bevölkerungstheorie.

Schr.: An Essay on the Principle of Population, 1803 (1798) (dt.: Das Bevölkerungsgesetz,

Management

1977); Observations on the Effects of the Corn Laws, 1814; An Inquiry into the Nature and Progress of Rent, 1815; Principles of Political Economy, 1820 (dt.: Grundsätze der polit. Ökonomie, 1910).
E. Wagemann, Menschenzahl u. Völkerschicksal, 1948; Kenneth-Smith, The Malthusian Controversy, London 1951; H. Buba, Man denkt an T. R. M., 1988.

Malthusianismus, auf T. R. Malthus zurückgehender Ansatz in der Bevölkerungstheorie, nach dem das Wachstum der Bevölkerung naturgesetzl., und zwar infolge des unbegrenzten Fortpflanzungstriebes der Menschen, immer schneller vor sich gehe (geometr. Progression) als die Vergrößerung der Produktion von Arbeits- u. Existenzmitteln (arithmetr. Progression). Der M. leugnet bzw. übersieht die soziale Beeinflussung des Fortpflanzungsverhaltens.

Management (engl.), »Leitung«, »Geschäftsführung«, in größeren Organisationen derjenige Positionen-Bereich bzw. der Kreis der mit diesen Positionen betrauten Mitglieder, der die richtungsweisenden Entscheidungen zur Systemerhaltung im ganzen u. zur Lösung von schwierigen u. krit. Problemen im einzelnen zu treffen hat. Je nach dem Grad der Entscheidungsbefugnis wird oberes (upper), mittleres (middle) u. unteres (junior) M. unterschieden. Die M.spitze wird auch als Top-M. bezeichnet.
Die zentrale Frage der soz.wiss. M.forschg. ist: wie kann angesichts hoher Anforderungen an die innere wie äußere Anpassungsdynamik sowohl im Verhältnis zur Umwelt der Organisation wie im innerorganisator. Kommunikations- u. Leistungsgefüge gesichert werden, daß künftige externe u. interne Probleme früher erkannt sowie besser u. schneller gelöst werden können. Zur Realisierung entspr.

Leistungsfähigkeit einer Organisation sind neben erfolgreich handelnden →Managern folgende strukturelle u. personale Bedingungen erforderlich: (a) aufgabengerechte Qualifikation des Personals, (b) klare u. möglichst operationale Zielvorstellungen auf allen Führungsebenen bei möglichst hoher Zielidentifikation bei den Mitarbeitern, (c) Problembewußtsein bei allen Mitarbeitern, (d) problemlösungsgerechte Kommunikation zw. den Mitarbeitern, (e) Leistungsmotivation bei allen Beteiligten, (f) Eigeninitiative, Lernbereitschaft u. Innovationsfähigkeit, (g) hohe Regelungs- u. Planungsbereitschaft, (h) hoher Zufriedenheitsgrad der Mitarbeiter, (i) objektive Möglichkeiten für Erfolgserlebnisse.
Während strateg. M. auf die Schaffung u. Erhaltung langfristiger Erfolgsmöglichkeiten ausgerichtet ist, bezieht sich das operative M. auf die laufende Geschäftsführung u. unmittelbare Erfolgserzielung.
Zu den mod. M.systemen zählen M. by Delegation (Mitarbeiter erhalten größere Verantwortungsbereiche, »Harzburger Modell«), M. by Exception (Vorgesetzte greifen nur in gewissen Ausnahmesituationen ein), M. by Objectives (aus den Oberzielen werden f. die Mitarbeiter Einzelziele und Zielbilder abgeleitet), M. by Communication (Einsatz ausgebauter Kommunikationsmöglichkeiten f. personenbezogene Führung), M. by Motivation (Motivierung des Leistungsverhaltens der Mitarbeiter gemäß verhaltenswiss. Erkenntnisse). →Drucker, P. F., →Führung, →Führungsstil.
R. F. Neuschel, M. by System, New York [2]1960; R. Likert, The Human Organization: Its M. and Value, New York 1967 (dt.: Die integrierte Führungs- u. Organisationsstruktur, 1975); E. Dale, M. – Theorie u. Praxis mod.

Manager

Unternehmensführung, 1973; G. S. Odiorne, M. by Objectives, 1980; G. Wiswede, Motivation u. Arbeitsverhalten, 1980; R. Wunderer u. W. Grunwald, Führungslehre, 2 Bde., 1980; M. Hirzel, M.effizienz: M.instrumentarien kennen, können u. anwenden, 1984; W. Fricke u. H. Wiedenhofer, Beteiligung im Industriebetrieb, 1985; A. Gälweiler, Strateg. Unternehmensführung, 1987; W. H. Staehle, Funktionen des M.s, [2]1989; ders., M., [5]1990; P. Ulrich u. E. Fluri, M., [6]1991; W. Eberwein u. a. (Hg.), Kommentierte Bibliografie zur Arbeits- u. Berufssituation industr. Unternehmensleiter, 1992; M. Perlitz, Internat. M., 1993.

Manager (engl.), »Leiter«, »Vorsteher«, »Verwalter«, seit dem Ende des Zweiten Weltkrieges auch im dt. Sprachraum Bezeichnung für leitende Angestellte, die – in der Regel selbst ohne Kapitalbesitz u. in einem Arbeitsvertragsverhältnis – die effektive Kontrolle u. Entscheidungsgewalt über den Einsatz u. die Verwendungsweise von Produktionsmitteln u. Geldkapitalien besitzen. Daneben bezeichnet M. auch hohe Partei- u. Verbandsfunktionäre oder sogar alle Personen, die in Organisationen jegl. Art einflußreiche, d. h. koordinierende, leitende, anordnende Funktionen ausüben.

Die zunehmende Bedeutung der M. ist ein Ergebnis der polit. u. wirtschaftl. Strukturwandlungen zur Ges. der Großorganisationen u. Großbetriebe. In den Wirtschaftsunternehmungen ist der Eigentümerkapitalist durch den kapitallosen Organisator u. leitenden Experten abgelöst worden. Formal hat sich eine Trennung von Eigentum u. Verfügungsgewalt ergeben. In den Parteien u. Verbänden haben neben den charismat.-ideolog. Führern auch die sachverständigen Funktionäre für innere Organisation u. für erfolgreiche Verbandsarbeit in der Öffentlichkeit an Einfluß gewonnen.

Insbes. für M. in Wirtschaftsunternehmungen haben sich unter den Bedingungen der hochentwickelten demokrat. Leistungs- u. Wettbewerbsges. folgende Anforderungen ergeben: soz. Kompetenz, Kommunikationsfähigkeit, Dialogbereitschaft, situationsgerechtes u. motivierend wirkendes Führungsverhalten, Überzeugungskraft, Förderung von Mitarbeitern, Kundenorientierung, Durchsetzungsvermögen, Lernbereitschaft, Innovationsfähigkeit, ganzheitl.-integratives u. strateg. Denken, gesteigerte Sensibilität gegenüber dem soz. Wandel, ges. u. polit. Kräften, Strömungen u. Problemen, Berücksichtigung des Wertwandels. Mitunter werden insbes. von Top-M.n Charisma, Ausstrahlung, Visionen, Inspiration u. die Fähigkeit zur Vermittlung von Sinn u. Werten sowie zur Weckung von Begeisterung erwartet. Zunehmend wichtiger wird die Forderung nach ges.-ökolog. Verantwortung (Arbeitsplatzsicherung, Umweltschutz). Mit zunehmender Globalisierung der Märkte u. des Wettbewerbs wird von M.n immer mehr »internat. Profil« erwartet: Fremdsprachenkenntnisse, internat. Berufserfahrung, Verständnis für unterschiedl. Kulturkreise (M. als »internat. Persönlichkeiten«).

Soziol. werden die soz. Herkunft, Ausbildungsinhalte, Berufskarrieren, Wertvorstellungen, Mentalität, soz. Selbsteinschätzung u. Führungsstile der M. untersucht.

J. Burnham, Das Regime der M., 1948 (amerik. 1941); K. W. Boetticher, Unternehmer oder M., 1963; P. F. Drucker, Praxis des Managements, [4]1964; J. K. Galbraith, Die mod. Industrieges., 1968; H. Pross, M. u. Aktionäre in Dtl., 1965; dies. u. K. W. Boetticher, M. des Kapitalismus, 1971; G. Kirsch, M. – Herrscher ohne Auftrag?, 1969; H. Hartmann, Leitende Angestellte, 1973; F. X. Kaufmann u. a.: Ethos u. Religion bei Führungskräften, 1986; H. Hollenstein, Spitzenm. in der Schweiz, 1987; W. Eberwein u. J. Tholen, M.mentalität, 1990.

Mandat, Form der Verantwortlichkeit von Delegierten oder Repräsentanten in legislativen oder manageriellen Führungsgremien. Beim gebundenen oder imperativen (lat. = »befohlenen«) M. ist der M.träger an Beschlüsse u. Aufträge seiner Wählerbasis gebunden u. kann jederzeit abberufen werden. Beim repräsentativen M. ist der Delegierte oder Abgeordnete nur seinem eigenen Wollen u. Gewissen verpflichtet u. während der Wahlperiode nicht abrufbar.

Mandeville, Bernard de, Arzt u. Sozialphilosoph, 1670 Dordrecht (Niederlande) – 21. 1. 1733 Hackney (Engl.), seit 1696 in London. Im Gegensatz zur moralisierenden Heuchelei seiner Zeit betrachtete M. den Selbsterhaltungstrieb u. Egoismus als grundlegende Triebfedern menschl. Verhaltens. Als Vorläufer der Ideologiekritik sah er hinter öffentl. Tugenden private Laster. Schon vor A. Smith wies er darauf hin, daß das Zusammenspiel der egoist. Einzelinteressen den ges. Gesamtnutzen erhöht. Im Gegensatz zur allg. praktizierten Genügsamkeit fördert das Streben nach Luxus u. Reichtum das Gedeihen der Wirtschaftsges. M. steht am Anfang des engl. Utilitarismus u. des heraufkommenden Kapitalismus.

Schr.: The Fable of the Bees, ²1723 (1714) (dt.: Die Bienenfabel, 1914, nhg. 1957 u. 1968). R. Stammler, M.s Bienenfabel, 1918; W. H. Schrader, Ethik u. Anthropol. in der engl. Aufklärung, 1984.

Mangelgesellschaft, ein relativer Begriff, der im Unterschied zur entgegengesetzten Wohlstandsbzw. →Überflußges. eine Ges. bezeichnet, in der die überwiegende Mehrzahl der Ges.sangehörigen am Rande des kult. oder sogar phys. Existenzminimums lebt. Das Leben in dieser Ges. ist bestimmt durch Massenarmut oder sogar -elend, wirtschaftl. Unsicherheit, Furcht vor Hunger u. ständiges Bemühen um minimale Befriedigung vitaler Bedürfnisse (Primär- bzw. Grundbedürfnisse). Die wirtschaftl. Ursache liegt in dem niedrigen Produktivitätsniveau der Landwirtschaft u. des Handwerks. Diese Bereiche absorbieren weitgehend das Arbeitskräftepotential. In Verbindung mit einer hierarch. ausgeprägten Herrschaftsstruktur führt soz. Ungleichheit dazu, daß wirtschaftl. Überschüsse oft durch einen relativ luxuriösen u. mitunter verschwender. Lebensstil einer kleinen Oberschicht oder Elite aufgezehrt werden. Je nach sozioökonom. Entwicklung einer Ges. kann es ggf. Großbauern, selbständigen Handwerkern u. Händlern gelingen, aus der Situation der Armut u. mangelhaften Bedürfnisbefriedigung herauszukommen. Dem Typ der M. sind vormod., traditional bestimmte Ges.en u. insbes. jene der Entwicklungsländer stark angenähert. Je mehr das Wachstum der Bevölkerung jenes der Wirtschaft übersteigt, um so mehr verschlimmert sich die allg. Mangelsituation. Durch wirtschaftl. Niedergang, Krieg, Bürgerkrieg u. ausbeuter. Fremdherrschaft können Wohlstandsges.en (vorübergehend) auf das Niveau einer M. zurückfallen. Nach R. →Inglehart führt die Sozialisation in einer M. zur Dominanz materialist. Wertorientierungen. In Wohlstandsges.en bedingen der Rückgang des Wirtschaftswachstums (ökolog. bedeutsame Wachstumsgrenzen, Strukturkrisen, Verschlechterung internat. Konkurrenzfähigkeit) u. Finanzierungsengpässe des Soz.staats eine Vergrößerung von Mangelproblemen (Mangel an Arbeitsplätzen, berufl. Aufstiegschan-

Manifeste Funktion   512

cen, bezahlbarem Wohnraum, Zunahme der Armut).

Manifeste Funktion, nach R. K. →Merton jene objektive Wirkung (Konsequenz) einer bestimmten Aktionseinheit (Person, Gruppe, soz. oder kult. System) im Hinblick auf ihre Anpassung, die als solche beabsichtigt ist. Eine latente F. ist dagegen eine Wirkung dieser Art, die von den Akteuren weder beabsichtigt ist noch wahrgenommen wird. Die m. F. der freiwilligen Feuerwehr einer Kommune ist z. B. auf die Brandbekämpfung u. Hilfeleistung in sonstigen Katastrophenfällen ausgerichtet, die latente F. bezieht sich hingegen auf die nicht bewußt beabsichtigte Stärkung der kommunal-gemeinschaftl. Integration.

R. K. Merton, Social Theory and Social Structure, New York 1968 (1949).

Man-in-the-Middle (engl.), »der Mann in der Mitte«, Bezeichnung für Arbeitnehmer in unteren Führungspositionen, (z. B. Werkmeister, Substitute) die – zw. der Leitungshierarchie u. den bloß ausführend tätigen Mitarbeitern stehend – bes. soz. Loyalitäts- u. Orientierungskonflikte durchzustehen haben. Selbst aus den unteren Arbeitnehmergruppen hervorgegangen u. durch deren soziale Interessen geprägt, müssen die »Männer der Mitte« in ihren Aufstiegspositionen die Interessen ihrer Vorgesetzten nach »unten« hin durchsetzen, indem sie für die klare Weitergabe u. die präzise Befolgung der von »oben« kommenden Befehle, Anweisungen u. Arbeitsnormen sorgen. Dieser Loyalitätskonflikt aus der Orientierung gegenüber divergierenden Bezugsgruppen wird um so schärfer, je mehr sich der handwerkl.-meisterl. Aufgabenin-

halt solcher Zwischen-Positionen, bedingt durch technolog. Wandel, zugunsten von Menschenführungs- u. Koordinationsfunktionen verändert.

B. B. Gardner, The m., Positions and Problems (Applied Anthropology 4, 1943); D. E. Wray, Marginal Men in Industry: the Foreman (Am. Journal of Sociology 54, 1949); R. Lepsius, Die soz. Stellung des Meisters im Industriebetrieb, 1954; K. Holm, Der Intra-Rollenkonflikt des Werkmeisters (in: D. Claessens, Rolle u. Macht, 1968); F. Landwehrmann, Industrielle Führung unter fortschreitender Automatisierung, 1970; J. Fischer, Der Meister, 1993.

Manipulation (lat.), »Hand-, Kunstgriff«, »Handhabung«, ursprüngl. (Ende 18. Jh.) die Beeinflussung des in Trance versetzten Mediums bzw. ein magnet. Heilverfahren. Gegenwärtig bezeichnet M. die mit psycholog. Methoden arbeitende Herrschaftstechnik im Sinne einer systemat., zielgerichteten Lenkung u. Prägung des Bewußtseins, der Denkgewohnheiten, der Gefühlsregungen, der soz., polit. u. ästhet. Interessen größerer Bevölkerungsteile. M. führt zur geistigen Bevormundung, Uniformierung, Irreführung, u. U. zur systemat. Zerstörung der Persönlichkeit bzw. der personalen u. soz. Autonomie der Betroffenen. Inhalt der M. sind vorgeformte Denkmodelle, Anschauungen, Weltbilder, Interpretationen von soz. u. polit. Zus.hängen oder Konfliktlagen, die – wenn sie größeren Bevölkerungsteilen orientierungs- u. verhaltenssteuernd übermittelt werden können – den Interessen der Manipulatoren dienen.

A. Gehlen, Die Seele im techn. Zeitalter, 1957; H. W. Franke, Der manipulierte Mensch. Grundlagen der Werbung u. Meinungsbildung, 1964; H. Marcuse, Der eindimensionale Mensch, 1968; A. Portmann, M. des Menschen als Schicksal u. Bedrohung, 1969; G. Schmidtchen, M., Freiheit negativ, 1970; K. Arens, M., 1971; R. Zoll (Hg.), M. der Meinungsbildung, 1971; V. Packard, Die große Versuchung – Der Eingriff in Leib und Seele,

1978; ders., Die geheimen Verführer, 1988 (1958, amerik. 1957); U. Beck, Gegengifte, ³1990; E. Heller, Wie Werbung wirkt, 1990; R. Lay, M. durch die Sprache, ⁵1990.

Mann, Fritz Karl, 10. 12. 1883 Berlin – 14. 9. 1979 Washington (D. C.), studierte Nationalökonomie, Staats- u. Rechtswiss. en, Dr. jur., Dr. phil., Dr. rer. pol., 1914 Priv.doz., 1920 a. o. Prof. Univ. Kiel, 1922 o. Prof. Univ. Königsberg, 1926 Univ. Köln, 1935 Zwangsemeritierung, 1936–54 Prof. u. Lt. der wirtschaftswiss. Abtlg. der American Univ. in Washington.

M. war als soz.ökonom. orientierter Finanzwiss. Begründer der Finanz- u. Steuersoziol. Er untersuchte Wechselwirkungen zw. Besteuerung u. Ges.sordnung, insbes. die Fragen: Wie läßt sich die jeweilige Besteuerung aus dem Ges.s- u. Wirtschaftssystem erklären? Welchen Einfluß übt die Besteuerung auf das ges. Zus.leben aus? Steuerpol. u. -reform waren jeher ein »Kampfplatz« für die Austragung machtpolit. Gegensätze.

Schr.: Marschall Vauban u. die Vwl. des Absolutismus, 1914; Ostd. Wirtschaftsforschg., 1926; Dt. Finanzwiss., 1929; Dt. Staatswiss. in unserer Zeit, 1930; (Hg.) Gründer der Finanzwiss., 1932; Beiträge zur Steuersoziol., in: Finanzarchiv II, 1934; Steuerpolit. Ideale, 1937; Finanztheorie u. Finanzsoziol., 1959; Der Sinn der Finanzwirtschaft, 1978.

Mannheim, Karl, 27. 3. 1893 Budapest – 9. 1. 1947 London, studierte Philosophie u. Soziol. in Budapest, Freiburg, Berlin, Paris u. Heidelberg, Schüler M. Webers, 1926 Priv.doz. in Heidelberg, 1930 o. Prof. für Soziol. Univ. Frankfurt/M., 1933 Emigration nach England, dort Dozent an der London School of Economics and Political Science, 1942 Prof. am Inst. of Education der Univ. London. Beeinflußt insbes. von Marx, Dilthey, Scheler u. M. Weber, gelangte M. von einer philos. Analyse der Erkenntnistheorie zur Entwicklung der Wissenssoziol. In Anlehnung an Marx hob M. hervor, daß sich menschl. Denken u. Erkennen nicht im Rahmen eines rein theoret. Bewußtseins vollziehen, sondern von Einflußkräften des gesch.-ges. Lebenszus.hangs geformt werden. Diese generelle soz. »Seinsverbundenheit des Denkens« beeinflußt selbst die »Kategorialstruktur« des Bewußtseins u. die Kriterien richtiger Erkenntnis. Die Abhängigkeit des Bewußtseins u. Denkens der Menschen von ihrem jeweiligen soz. Standort ist nicht aufhebbar. Mit dieser Konzeption des »totalen Ideologiebegriffs« nahm M. eine »radikale« wissenssoziol. Position ein, die Relativismus u. Nihilismus begünstigt. Ein Denken, das seine »Seinsverbundenheit« bzw. Abhängigkeit von soz. Einflüssen nicht berücksichtigt, ist falsches Bewußtsein. Es ist die Aufgabe der »soz. freischwebenden Intelligenz« (A. Weber) – einer relativ klassenlosen Schicht« mit minimaler Abhängigkeit von bestimmten Interessen – die mannigfaltige soz. Bedingtheit des Denkens zu durchleuchten u. somit Träger der Kultursynthese zu sein. M. befaßte sich ferner mit polit. Krisenerscheinungen in der Massendemokratie. Im Gegensatz zur einseitig zentral geleiteten Ges. u. zur »laissez-faire-liberalist.« Demokratie, die die Gefahr des Umschlagens in eine totalitäre Diktatur einschließt, empfahl M. als »dritten Weg« die »geplante Demokratie« (»Planung für Freiheit«). Planung vollzieht sich »als rationale Beherrschung der irrationalen Kräfte«. Die Ges. der »geplanten Freiheit«, die gegenüber dem Totalitarismus widerstandsfähig ist, setzt die Umformung des Menschen voraus, insbes.

Manpower approach 514

durch Erziehung, Ausbreitung eines substantiell-rationalen Denkstils u. durch das Wirken soz. verantwortungsbewußter Eliten, die demokrat. Verhaltensnormen u. -weisen durchsetzen. Für die Herausbildung einer demokrat. geplanten Ges. ist die Zus.arbeit von Soziologen u. Theologen, die eine pragmat. Planungswiss. bzw. ein reformiertes Christentum repräsentieren, von großer Bedeutung.

Schr.: Beiträge zur Theorie der Weltanschauungsinterpretation, 1923; Das konservative Denken (in: Arch. für Soz.wiss. u. Soz.politik 57, 1927); Ideologie u. Utopie, ⁶1978 (1929); Über das Wesen u. die Bedeutung des wirtschaftl. Erfolgsstrebens (in: Arch. für Soz.wiss. u. Soz.politik 63, 1930); Die Gegenwartsaufgaben der Soziol., 1932; Mensch u. Ges. im Zeitalter des Umbaus, ²1967 (1935); Diagnosis of Our Time, London ⁴1947 (1943) (dt.: Diagnose unserer Zeit, 1952); Freedom, Power, and Democratic Planning, London ²1965 (1951), dt.: Freiheit u. demokrat. Planung, 1960, nhg. u. d. Titel: Freiheit u. geplante Demokratie, 1970; Essays on the Sociology of Knowledge, London 1952; Essays on Sociology and Social Psychology, London u. New York 1953; Essays on the Sociology of Culture, London u. New York 1956; Systematic Sociology, London 1958; An Introduction to the Sociology of Education, 1962; Wissenssoziol., ²1970 (1964); Konservativismus, hg. v. D. Kettler, V. Meja u. N. Stehr, 1984; Strukturen des Denkens, hg. v. D. Kettler, V. Meja u. N. Stehr, 1980.
K. Lenk, Der Ideologiebegriff u. die Marxkonzeption in der dt. Wissenssoziol., 1961; A. Neusüss, Utop. Bewußtsein u. freischwebende Intelligenz, 1968; G. W. Remmling, Wissenssoziol. u. Ges.planung, 1968; D. Boris, Krise u. Planung. Die polit. Soziol. im Spätwerk K. M.s, 1971; E. Huke-Didier, Die Wissenssoziol. K. M.s in der Interpretation durch die Krit. Theorie, 1985; D. Kettler, V. Meja u. N. Stehr, Politisches Wissen, 1989.

Manpower approach (engl.) »Arbeitskräftebedarfsansatz« in der Bildungsökonomie. Der m. a. setzt Planziele für den Ausbau des Bildungssystems nach Maßgabe technol. u. ökon. Wachstumsprognosen, die in ihrer Auswirkung auf die Struktur der Berufe u. Arbeitsplätze ausgewertet werden.

Manufaktur (lat.), gewerbl. Großbetrieb mit spezialisierter arbeitsgeteilter »Handarbeit«. Dieser hatte seine Blütezeit im Merkantilismus, als der erstmalig auftretende Massenbedarf der fürstl.-feudalen Herrscher (vor allem an Bekleidung u. Bewaffnung der stehenden Heere) nicht mehr mit kleinhandwerkl. Produktionsformen gedeckt werden konnte, andererseits aber die techn. Voraussetzungen für die Produktion in Fabriken noch nicht vorhanden waren. Die M., in der unter Aufsicht u. auf Rechnung u. Risiko eines sog. »Verlegers« handwerkl. ausgebildete u. angelernte Arbeiter in gegliederter Produktion gemeinsam bei der Herstellung bestimmter normierter Produkte beschäftigt wurden, brachte erstmals die für Industrieges.en typ. Trennung von Arbeits- u. Lebensraum. Im Hinblick auf die mit der M. einsetzenden soz. Beziehungen, sozioökonom. Bindungen u. Abhängigkeitsverhältnisse in der Arbeit können die Belegschaften der M.en soz.gesch. als direkte Vorläufer der Industriearbeiterschaft betrachtet werden.

O. Reuter, Die M: im Fränk. Raum, 1961.

Marcuse, Herbert, amerikan. Philosoph, 19. 7. 1898 Berlin – 29. 7. 1979 Starnberg, studierte an den Univ.en Berlin u. Freiburg/Br. bei E. Husserl u. M. Heidegger Philosophie, emigrierte 1933 nach Genf u. 1934 nach New York, hier bis 1940 Mitarbeit an dem von M. Horkheimer geleiteten Inst. for Social Research (Columbia Univ.), 1942–50 Sektionschef im Office of Strategic Services u. Department of State in Washington, 1951–52 wiss. Mitarbeiter u. Dozent am Russian Inst. der Columbia Univ., 1953–54 gleiche Funktionen am Russian Research Center der Harvard Univ., 1954 o. Prof. für Politikwiss. Brandeis Univ., zeitweise Studienleiter an der École Pratique des Hautes Études in Paris, 1964 Prof. Univ. of California, San Diego, 1965 Hon. Prof. FU Berlin. Von Hegel, Marx u. Freud beeinflußt, zählt M. zu den Vertretern der Krit. Theorie der Ges. In seiner Soz.philosophie konzentrierte er sich auf die Analyse der Situation des Menschen in der techn. hochentwickelten »spätkapitalist. Ges.«. Diese ist als Verschwendungsges. gekennzeichnet durch den Widerspruch zw. wiss.-techn. bedingtem ges. Reichtum, der ein Leben ohne Armut u. entfremdete Arbeit ermöglichen könnte, u. der repressiven u. destruktiven Weise der Verwendung dieses ges. Reichtums. Der irrationale Einsatz der Ressourcen in diesem System ist mit der Manipulation der menschl. Bedürfnisse verknüpft. Es werden ständig neue Konsumbedürfnisse geschaffen, die als »falsche Bedürfnisse« auf Kosten der individuellen Freiheit befriedigt werden. Der Mensch wird somit dem Fetischismus der Warenwelt ausgeliefert u. als vermeintl. »glückl.« Konsument derartig in das System integriert u. gleichgeschaltet, daß er keinen Anlaß zur Kritik u. Opposition sieht u. sich vielmehr mit dem herrschenden System identifiziert. Angesichts dieser Assimilation der Mehrheit der Bevölkerung ist die Toleranz der industriell fortgeschrittenen Demokratien eine Täuschung (»repressive Toleranz«). Da durch die Integration der Arbeiterklasse in die Überflußges. die klass. marxist. Auffassung vom Klassenkampf für die mod. Ges. unbrauchbar geworden ist, würdigte M. die linke Studentenbewegung als Katalysator für die Revolutionierung der Arbeiterklasse u. für die Befreiung der passiven Mehrheit (Überwindung des herrschenden Systems der Kontrolle, Manipulation, Repression u. Verschwendung). Zu den systemverändernden Kräften zählte M. ferner diskriminierte Minderheiten u. Befreiungsbewegungen in der »Dritten Welt«, später auch Bürgerinitiativen, Frauen- u. Ökologiegruppen. Im Gegensatz zu anderen Vertretern der sog. »Frankfurter Schule« betonte M. die Notwendigkeit konkreter, systemüberwindender polit. Aktion, aber abgegrenzt v. Terrorismus. M. hat die »Neue Linke«, Protest- u. Alternativbewegung entscheidend stimuliert.

Schr.: Hegels Ontologie, ²1968 (1932); Reason and Revolution, New York ²1954 (1941) (dt.: Vernunft u. Revol., ⁵1979, 1962); Eros and Civilization, Boston ²1966 (1955) (dt.: Eros u. Kultur, 1957, nhg. unter dem Titel: Triebstruktur u. Ges., 1965); Sovjet Marxism, New York 1958 (dt.: Die Ges.lehre der sowjet. Marxismus, 1964); The One-Dimensional Man, Boston 1964 (dt.: Der eindimensionale Mensch, ¹⁴1980, 1967); Repressive Toleranz (in: R. P. Wolff u. a., A Critique of Pure Tolerance, Boston 1965 (dt.: Kritik der reinen Toleranz, ⁷1970, 1966); Kultur u. Ges. I. u. II., 1965; Psychoanalyse u. Politik, 1968; Aggressivität in der gegenwärtigen Industrieges. (in: H. M. u. a., Aggression u. Anpassung in der Industrieges., 1968); Ideen zu einer krit. Theorie der Ges., 1969; An Essay on Liberation, 1969 (dt.: Versuch über die Befreiung, 1969); Schriften III, Aufsätze aus der Zs. f. Soz.forschg., 1979.
J. Habermas (Hg.), Antworten auf H. M., ⁴1969 (1968); P. Mattick, Kritik an H. M., 1969; R. Steigerwald, H. M.s dritter Weg, 1969; A. MacIntyre, H. M., London 1970 (dt.: H. M., 1971); F. Stark (Hg.), Revolution oder Reform, 1971; H. Jansohn, H. M., 1971; R. Roth, Rebell. Subjektivität, 1985; H. Brunkhorst u. G. Koch, M., ²1990.

Marginalexistenz →Randpersönlichkeit

Marginal Man (engl.), »Mann an der Grenze«, →Randpersönlichkeit.

Marketing (engl.), allg. die erfolgsorientierte Ausrichtung der

Marketingsoziologie 516

Aktivitäten von Unternehmungen, Organisationen u. ähnl. Institutionen, die Güter u. Dienstleistungen anbieten, auf Kunden, Käufer, Abnehmer, Verbraucher, Klienten, Mitglieder, Interessenten u. a. m. Im Gegensatz zur älteren, funktional eingeengten betriebswirtschaftl. Absatz- u. Vertriebslehre bezeichnet der nach dem I. Weltkrieg in den USA entstandene M.begriff insbes. eine in der Organisation u. im Handeln von Unternehmungen zum Ausdruck kommende Auffassung (Konzeption, »Philosophie«), nach der sich zugunsten möglichst erfolgreicher Verwirklichung der Unternehmensziele (Gewinnerzielung, Ausweitung von Marktanteilen, Zukunftssicherung der Unternehmung) alle Aktivitäten am Markt u. Kunden zu orientieren haben (markt- u. kundenorientierte Unternehmensführung u. -politik). M. beinhaltet Markt- u. Motivforschg., marktgerechte Produktentwicklung, Werbung, Verkaufsförderung, Imagepflege u. Kundenbetreuung, zunehmend auch Beschwerdenmanagement u. Verbraucherbeiräte.

J. Bidlingmaier, M., 2 Bde., 1978; E. Wangen, Polit-Marketing, 1983; H.-G. Geisbüsch u. a. (Hg.), M., 1987; W. J. Koschnick, Standard-Lexikon für M., Marktkommunikation, Markt- u. Mediaforschg., 1987; W. Hill, Marketing, 2 Bde., [6]1988; P. Kotler, M.-Management, 1989; H. Meffert, M., 1989; F. Böcker, M., [3]1990; W. Hill u. I. Rieser, M. Management, 1990; H.-G. Lettau, Ganzheitl. M., 1990; L. Müller-Hagedorn, Einf. in das M., 1990; A. Ries u. J. Trout, M. fängt beim Kunden an, 1990; A. Bänsch, Einf. in die M.-Lehre, [3]1991; H. Diller (Hg.), Vahlens Großes M.lexikon, 1992; K. C. Clancy u. R. S. Shulman, Die M.-Revolution, 1993; F. Scheuch, M., [4]1993.

Marketingsoziologie, eine sich stark mit der Unternehmer-, Markt- u. Konsumsoziol. überschneidende spezielle Wirtschaftssoziol., die auf die Erforschg. soziol. bedeutsamer Aspekte des Marke-

ting ausgerichtet ist. Unter besonderer Berücksichtigung des Konsumgüter- u. Dienstleistungsmarketing untersucht die M. die für Absatz- u. Verkaufserfolge wichtigen Einflüsse der jeweiligen soziokult. Umwelt auf die Bedürfnisse, Wünsche, Erwartungen u. Verhaltensweisen der (potentiellen) Kunden, Käufer u. Verbraucher: a) prägende Einflüsse unterschiedl. Kulturen, Subkulturen, Wertsysteme u. Lebensformen; b) Auswirkungen der Sozialisation u. der übernommenen bzw. übertragenen soz. Rollen; c) Einflüsse der Schicht- u. Gruppenzugehörigkeit, der Orientierung an Bezugsgruppen, der Meinungsführer u. Konsumpioniere, der interpersonellen Kommunikation u. Vergleichsprozesse; d) Auswirkungen des Familien- u. Lebenszyklus; e) Einflüsse der Massenmedien, Werbung u. des Informationsverhaltens; f) Wirkung der Mode, Entstehung u. Gestaltbarkeit von Modeströmungen u. -zyklen; g) Auswirkungen von Innovationen bzw. Neuerungen (neue Produkte, Produktqualitäten, Dienstleistungen, Konsum- u. Erlebnismöglichkeiten), Problem der Diffusion (Ausbreitung) u. Durchsetzbarkeit von Innovationen; h) Auswirkungen mannigfaltiger u. z. T. gegenläufiger Prozesse des soz. u. kult. Wandels u. insbes. des Wertwandels (Prozesse der Egalisierung, Individualisierung, Differenzierung u. Heterogenisierung des Verbraucherverhaltens, verstärkte Freizeit- u. Erlebnisorientierung, wachsendes Gesundheits- u. Umweltbewußtsein, unter dem Einfluß gesteigerter Akkulturation bzw. kult. Austauschprozesse zunehmende Globalisierungstendenz des Konsums). Für die zuverlässige Untersuchung dieser soziokult. Determinanten (Bestimmungsgründe) u. Rahmenbedingungen des Kunden- u. Verbraucherverhaltens ist die Empir. Soz.forschg. unerläßlich geworden.

Erfolgreiches Marketing hängt von einer zielgruppengerechten Angebotsgestaltung u. Kommunikation ab, wobei im Konsumgüter- u. Dienstleistungsmarketing unterschiedl. Konsumententypen u. Lebensstilgruppen zu berücksichtigen sind. Aus wiss.-eth. Verantwortung darf sich M. nicht einseitig als Instrument einer ggf. manipulativ arbeitenden Marketingpraxis mißbrauchen lassen, sondern hat in Auseinandersetzung mit Marketingkritik zugleich der Stärkung der Autonomie des Verbrauchers zu dienen.

K. G. Specht u. G. Wiswede (Hg.), Marketing-Soziol., 1976; F. A. Rode, Soziol. u. Werbung, 1984.

Markt (lat. mercatus »Handel«, »M.«), die im Zus.hang mit gesch., kult. u. polit. unterschiedl. entwickelten Ges.en mannigfaltig ausgeprägte Institution (relativ) unpersönl.-sachl. Tauschbeziehungen zw. Individuen bzw. Personenkategorien (Produzenten, Händler, Anbieter, Nachfrager, Käufer, Kunden als M.teilnehmer) mit verschiedenartigen Interessen u. Handlungsabsichten (Verkaufs-, Erwerbs- u. Kaufinteresse). Der M. ergibt sich aus dem Zus.treffen von Angebot u. Nachfrage. Das Funktionieren des M.es kommt in dem Ausgleich von Angebot u. Nachfrage zugunsten der Erfüllung von Interessen u. Befriedigung von Bedürfnissen zum Ausdruck. Nach M. Weber kann von einem M. gesprochen werden, sobald sich auf einer Seite eine Mehrzahl von Personen im Konkurrenzverhältnis um Tauschchancen befindet.

Dem M. als Ausdruck rationalen Ges.shandelns u. sachl.-spezif. Tauschbeziehungen stehen engere persönl.-mitmenschl. Beziehungen u. Verpflichtungen hemmend entgegen. Nach M. Weber findet der freie Tausch »zunächst nur nach außerhalb der Nachbargemeinschaft u. aller persönl. Verbände (Blutsverwandtschaft, Verbrüderung) statt«. Der M. ist demnach »ursprünglich die einzige formell friedl. Beziehung« zw. »Orts-, Bluts- u. Stammgrenzen«, »eine Verges.ung mit Ungenossen, also Feinden«. Der Erwerb von Gütern durch freien, rein ökonom. rationalen Tausch bildet den Gegenpol zur Aneignung von Gütern durch (phys.) Zwang. Mit der evolutionären Entwicklung von kleinräumig orientierten, gemeinschaftl. Subsistenzwirtschaften zu arbeitsteilig differenzierten, wirtschaftl. leistungsfähigeren Großges.en wuchs die lebensprakt. Bedeutung des M.es für die Koordinierung von Angebots- u. Nachfrageprozessen, die zunehmend mannigfaltiger wurden. Mit dem Zurückweichen bzw. Zerfall sakraler Tabuierungen, ständ. Absatzmonopole u. traditioneller Gebundenheiten kam es zur Freisetzung einer rationalen M.preisbildung. Im Zus.hang mit dem Wettbewerbscharakter der sich entfaltenden kapitalist. Erwerbswirtschaft konnten sich nun Preise herausbilden, die tendenziell die Knappheit verschiedener Güter u. Dienstleistungen widerspiegeln. Mit der ges. Durchsetzung des M.es breiteten sich relativ friedl., aber unpersönl.-sachl., affektiv neutrale u. ökonom. spezif. Tauschbeziehungen aus. Der einzelne M.teilnehmer kann dementsprechend seine Tauschpartner auswählen u. ggf. zurückweisen, ohne schwerwiegende negative Sanktionen befürchten zu müssen. Nach

Marktform 518

M. Weber bildet aber »formale Unverbrüchlichkeit des einmal Versprochenen … den Inhalt der Markttethik«. Das Interesse an der Fortsetzung von Tauschbeziehungen trägt maßgebl. zur Einhaltung gegebener Zusagen sowie von Treu und Glauben bei. Die Ausschöpfung von M.chancen u. Bemühungen um dauerhafte Tauschbeziehungen können dazu führen, daß bewußt persönl. Beziehungen zu Tauschpartnern gepflegt u. auch Gefühle kommerziell eingesetzt werden.

M. Weber, Wirtschaft u. Ges., ⁵1980 (1921); R. Dahrendorf, M. u. Plan, 1966; E. Altvater, Die Zukunft des M.es, 1991.

Marktform, ökonom. Bezeichnung für die versch. mögl. Einfluß- u. Machtstrukturen unter den an einem bestimmten Marktgeschehen beteiligten Wirtschaftssubjekten (Produzenten, Händler, Arbeitnehmer, Verbraucher) als Anbieter u. Nachfrager. Im »vollkommenen Wettbewerb« (atomist. Konkurrenz) kann unter einer Vielzahl von Anbietern u. Nachfragern keiner von sich aus, für die anderen unbeeinflußbar, die Preise für ein qualitativ spezif. Produkt bestimmen. Alle müssen den durch das Gesamtangebot u. die Gesamtnachfrage gebildeten Marktpreis als »gegeben« akzeptieren u. daran ihre wirtschaftl. Entscheidungen ausrichten. In der Wirklichkeit ist jedoch diese von der klass. Nationalökonomie als Idealfall angenommene Situation selten gegeben. Oft sind Märkte unvollkommen mit entsprechender Einschränkung des Wettbewerbs: geschlossene, organisierte, regulierte Märkte (z. B. durch Einschränkung der Niederlassungsfreiheit, durch staatl. Regeln u. Interventionen, privatwirtschaftl. Preisabsprachen). Durch

Konzentration wirtschaftl. Macht im Bereich des Handels wird Wettbewerb nicht nur von produzierenden Anbietern eingeschränkt, sondern auch von Nachfragern. In quantitativer Hinsicht ergeben sich folgende M.en: Auf der Angebotsseite des Marktes bietet im »Polypol« (griech., »viele« Anbieter) eine große Anzahl von Produzenten unterschiedl. u. nur in gewissen Grenzen austauschbare Erzeugnisse an, für die ein gewisser Spielraum eigener Preisfestsetzung mögl. ist, ohne – und zwar wegen des eigenen, relativ geringfügigen Marktanteils – sofortige Reaktionen der Konkurrenten einkalkulieren zu müssen. Mit abnehmender Zahl der Produzenten wird aus dem Polypol das »Oligopol« (griech. »einige« Anbieter), in dem der Marktanteil jedes Produzenten so groß ist, daß seine Konkurrenten reagieren müssen, wenn er seine Preise ändert. Senkt ein Oligopolist die Preise, so werden seine Konkurrenten ihre Preise ebenfalls senken müssen, wenn sie nicht Kunden u. damit ihre Kostensituation beeinflussende Marktanteile verlieren wollen. Erhöht ein anderer Oligopolist seine Preise, dann besteht die Chance für eigene Preiserhöhungen. Im Oligopol gibt es darum kaum noch Preiswettbewerb, vielmehr zeigt sich der Wettbewerb in der Produkt- u. Qualitätsdifferenzierung, die sich stimulierend auf den techn. Fortschritt auswirkt. Eine wirkungsvolle Steuerung der Produktion durch die Nachfrage bzw. die Verbraucher liegt im Oligopol nicht mehr vor. Durch Werbung und Manipulation der Bedürfnisse können Verbraucherwünsche in hohem Maße nach den ökonom. Interessen der Produzenten geformt werden. Die Wahlmöglichkeit des Verbrauchers zw. mehreren Produkten ist eingeschränkt, weil einige wenige Hersteller ein begrenztes Sortiment anbieten, dessen Zus.setzung sie primär im eigenen Interesse abstimmen. Der Marktzugang neuer Konkurrenten ist durch die hohen Anlagekosten neuer Produktionsstätten ebenfalls beschränkt. Aus der Oligopolsituation entwickelt sich im Zuge der Konzentration die marktbeherrschende Stellung eines einzelnen Unternehmers, das »Monopol« (griech., »Allein«-Anbieter), in dem der Wettbewerb restlos beseitigt ist und der Nachfrager in der Preisgestaltung u. Produktqualität sich auswirkende Marktmacht des alleinigen Produzenten nur durch Kaufverzicht umgehen u. (zus. mit anderen potentiellen Käufern) mitunter aufbrechen kann.

Begegnen sich auf einem Markt viele Anbieter u. Nachfrager, dann besteht ein bilaterales bzw. zweiseitiges Polypol. Wenige Nachfrager bilden ein Nachfrageoligopol (Oligopson). Nur ein Nachfrager auf einem Markt gegenüber vielen Anbietern nimmt als Nachfragemonopol (Monopson) eine marktbeherrschende Position ein.

Zu Lasten der Leistungswettbewerbs u. eines Nachfragepolypols führen Absprachen zw. Unternehmungen zu einem →Kartell, darüber hinaus Verflechtungen, Käufe u. Zus.schlüsse von Unternehmungen zu einem Konzern, der von einer einheitl. Unternehmensführung zus.gehalten wird.

In marktwirtschaftl.-kapitalist. Wirtschaftsordnungen versucht die staatliche Wirtschaftspolitik mit gesetzl. Schutzbestimmungen zur Sicherung des Wettbewerbs (Wettbewerbsrecht) u. mit steuer- u. ausgabenpolit. Maßnahmen die für wirtschaftl. Wachstum, soziale Sicherheit, Vollbeschäftigung u. Preisstabilität wichtigen Steuerungsfunktionen der M.en abzusichern u. einer öffentl. Aufsicht zu unterwerfen.

Marktforschung, die systemat., sozialwissenschaftl. fundierte Erkundung u. Beobachtung von Zuständen u. Vorgängen auf einem Markt. Untersucht werden Absatz-, Beschaffungs- u. Finanzierungsmöglichkeiten von Unternehmungen u. Wirtschaftszweigen. Da der Industrialisierungsprozeß u. der sich ausdehnende →Massenkonsum von einer fortschreitenden Differenzierung der Märkte, von einer Beschleunigung des Tempos, mit dem neue Produkte, Produktqualitäten u. Moden auftreten, u. von einer größer werdenden Labilität des Konsumentenverhaltens begleitet werden, bilden die Absatzmärkte das Hauptobjekt der M. Diese dient dem Abbau von Absatzrisiken durch Gewinnung u. Auswertung von Informationen über Marktgegebenheiten u. Absatzchancen. Insbes. soll M. – wichtig auch hinsichtl. hoher Anlageinvestitionen – Prognosen liefern, die eine Antizipation künftiger Marktentwicklung u. Verbrauchswandlung ermöglichen. Als Methoden werden solche der Statistik, der →Empir. Soz.forschg. (→Meinungsforschg.) u. der Psychol. eingesetzt, vor allem die →Befragung. Im Gegensatz zur qualitativen Markt- bzw. →Motivforschg. werden in der quantitativ-statist. M. sog. objektive Sachverhalte (z. B. demograph. oder soziograph. Merkmale von Bedarfsträgern) untersucht. Primäre M. führt selbst Untersuchungen durch (Befragungen, Beobachtungen, Tests, Experimente); sekundäre M. wertet bereits vorhandene

Marktsoziologie 520

Quellen aus. Die Marktanalyse dient der Erforschg. der zu einem bestimmten Zeitpunkt bestehenden Marktverhältnisse (Bedarfs- u. Konkurrenzverhältnisse, Absatzwege). Mit der Marktbeobachtung sollen Veränderungen von Marktverhältnissen (z. B. Wandel von Konsumbedürfnissen) im Zeitablauf untersucht werden. Die M. registriert nicht nur Informationen über – werbl. vorgeprägte – Bedarfsstrukturen zum Zwecke einer besseren Anpassung der Produktion an den Bedarf, sondern bereichert zugleich das Wissen darüber, wie man weiterhin die Bedürfnisse u. Wünsche der Verbraucher durch psycholog. verfeinerte Werbung – den Wachstumszielen der Unternehmungen gemäß – beeinflussen kann.

D. M. Hobart, Praxis der M., 1952; P. W. Meyer, M., 1957; M. Hüttner, Grundzüge der M., [4]1989 (1965); E. Schäfer u. H. Knoblich, Grundlage der M., [5]1978; K. C. Behrens, Demoskop.-M., [2]1966; K. Schreiber, M., 1966; M. Rembeck u. G. P. Eichholz (Hg.), Der Markt als Erkenntnisobjekt der empir. Wirtschafts- u. Soz.forschg., 1968; K. C. Behrens (Hg.), Hdb. der M., 2 Bde., 1974–77; P. Hammann u. B. Erichson, M., [2]1987 (1978); L. Berekoven, M. (mit anderen), [4]1989; D. Franke u. J. Scharioth (Hg.), 40 Jahre Markt- u. Soz.forschung in der BR Dtl., 1990.

Marktsoziologie, in Überschneidung mit der →Konsum- u. →Unternehmersoziol. eine spezielle Soziol. innerhalb der Wirtschaftssoziol., die sich mit soziokult. Aspekten der Institution des Marktes beschäftigt: Der Markt als universelle Ausgleichsinstitution für Angebot u. Nachfrage, Analyse unrealist. Modellvoraussetzungen der wirtschaftswiss. Markttheorie, empir. Erforschg. des soziokult. bestimmten Handelns der Marktteilnehmer, soziokult. Bedingungen der Entstehung moderner Marktstrukturen, Ursachen u. Auswirkungen der Marktmacht, ges. Fol-

gen der staatl. Einschränkung des Marktes, Problem der »Grauen« u. »Schwarzen Märkte«, Markt u. Ges.system.

R. Dahrendorf, Markt u. Plan, 1966; H. Albert, M. u. Entscheidungslogik, 1967; K. Heinemann, Elemente einer Soziol. des Marktes, in: KZfSS 28, 1976.

Marktwirtschaft, allg. ein idealtyp. Modell der Wirtschaftsordnung, in der die Produktion u. das Angebot von sowie die Nachfrage nach Gütern u. Dienstleistungen den individuell-autonomen Handlungen der Wirtschaftssubjekte (Unternehmer, Arbeitnehmer, Verbraucher), die auf Märkten zus.kommen, überlassen bleiben. In Verflechtung mit gesch.-soziokult. unterschiedl. Lebenszus.hängen zeigt sich die reale M. in mannigfaltigen Ausprägungen.

In der freien M. (früher auch als freie Verkehrswirtschaft bezeichnet) werden unabhängig vom Staat u. im Rahmen eines unbeschränkten Wettbewerbs auf einzelnen Märkten Angebot u. Nachfrage durch einen frei spielenden Preismechanismus (freie Preisbildung) aufeinander abgestimmt. Die unüberschaubar zahlreichen individuellen Wirtschaftspläne u. Entscheidungen werden somit durch variable Marktpreise koordiniert. Voraussetzungen für das Funktionieren einer freien M. sind insbes.: Rationalismus u. Individualismus, autonom u. rational handelnde Wirtschaftssubjekte, staatl. Absicherung des Privateigentums, der Vertrags-, Gewerbe- u. Konsumfreiheit sowie der freien Wahl des Berufes, Aufrechterhaltung des unbeschränkten Wettbewerbs. Die freie M. kann hohe wirtschaftl. Effizienz u. einen großen individuellen Freiheitsspielraum ermöglichen. Ohne wettbewerbssichernde

Marktwirtschaft

Ordnungspolitik u. ausgleichende Soz.politik des Staates tendiert die freie M. zur Ausbreitung einer soz.darwinist. geprägten Konkurrenzges., zur Aufhebung des unbeschränkten Wettbewerbs u. zur Konzentration wirtschaftl. Macht zuungunsten der schwächeren Wirtschaftssubjekte u. Ges.angehörigen (Verschärfung soz. Ungleichheit u. ges. Konflikte). In der Realität konnte das Modell der freien M. in reiner Form noch nicht dauerhaft verwirklicht werden.

In der →soz. M. soll der Staat für eine Steigerung des allg. Wohlstandes den Leistungswettbewerb aufrechterhalten u. einen soz. Ausgleich zw. den wirtschaftl. stärkeren u. schwächeren Ges.angehörigen gewährleisten.

In der gelenkten M. versucht der Staat mit gezielten Eingriffen (Interventionen) in das Wirtschaftsleben die konjunkturelle Entwicklung zu stabilisieren, gleichgewichtiges Wachstum zu ermöglichen u. Krisen zu vermeiden.

In der staatl. regulierten M. werden der Marktmechanismus u. der Leistungswettbewerb zum Vorteil einzelner Wirtschaftsbranchen, etablierter Unternehmungen, von Arbeitnehmern, Verbrauchern (Verbraucherschutz) sowie des Umweltschutzes durch Gesetze, Verordnungen u. Durchführungsbestimmungen erhebl. eingeschränkt. Mit fortschreitender Regulierung (Preisfestlegungen, Tarifbindungen, Gebührenordnungen, Marktzugangsschranken, Mengenbeschränkungen, Auflagen, Produktnormen, Angebotsbedingungen, Subventionen, Handwerksregeln u. ä. m.) erhöht sich die Gefahr einer Erstarrung des Wirtschaftslebens zu Lasten der volkswirtschaftl. Leistungskraft, internationalen Konkurrenzfähigkeit u. der ges.polit. wichtigen Wohlstandsentwicklung. Durch Maßnahmen der Deregulierung (Abbau staatl. Regulierungen) sollen der Leistungswettbewerb, die Marktkräfte, die wirtschaftl. Innovationsfähigkeit, Flexibilität u. Dynamik wieder größere Entfaltungschancen erhalten. Ges. u. soz.-polit. Errungenschaften, die Bewahrung des soz. Friedens, partikulare Interessendurchsetzungen, Arbeits-, Verbraucher- u. Umweltschutz setzen der Deregulierung (enge) Grenzen.

Mit der Verwirklichung eines Konzepts der sozialist. M. wurde wiederholt versucht, sozialist. Eigentumsverhältnisse mit Elementen einer M. zu kombinieren. Mit wachsendem Übergewicht der sozialist. Komponente scheiterten diese wirtschafts- u. ges.spolit. Experimente.

Die Verschärfung der gegenwärtigen globalen →Umweltkrise verstärkt Tendenzen zu einer ökolog. angepaßten bzw. öko-soz. M., in der der wirtschaftl. Leistungswettbewerb in einen überlebenssichernden Rahmen notwendiger Umweltschutzpol. eingebunden wird. Wesentlich ist ein ökolog. verantwortungsbewußtes Handeln der Wirtschaftssubjekte, das durch ökolog. orientierte Rahmenbedingungen, Anreize u. Preisentwicklungen verstärkt wird (Einbeziehung umweltrelevanter Effekte des Wirtschaftens in die Preisbildung).

F. A. v. Hayek, Der Wettbewerb als Entdeckungsverfahren, 1968; W. Röpke, Jenseits von Angebot u. Nachfrage [5]1979 (1958); W. Gumpel, Sozialist. Wirtschaftssysteme, 1983; H. Leipold, Wirtschafts- u. Ges.systeme im Vergleich, [4]1985; R. Vaubel u. H. D. Barbier (Hg.), Hdb. M., 1986; E. Lange, M., 1987; D. Baecker, Information u. Risiko in der M., 1988; E. Weede, Wirtschaft, Staat u. Ges., 1990; L. Wicke u. a., Öko-soz. M. für Ost u. West, 1990.

Martin

Martin, Alfred v., 24. 7. 1882 Berlin – 11. 6. 1979 München, 1906 Dr. jur., 1912 Dr. phil., 1915 Habil. für mittlere u. neuere Gesch. Frankfurt/M., 1924 a. o. Prof. Univ. München, 1931 Hon.prof. für Soziol. u. Dir. des Soziol. Seminars Univ. Göttingen, 1933 Rücktritt aus polit. Gründen, bis 1945 Priv.gelehrter, 1946 apl. Prof. für Soziol. Univ. München, 1955–58 kommiss. o. Prof. ebd.
In seinen typisierenden geschichts- u. kultursoziol. Arbeiten hat v. M. gesellschaftl. Aspekte der Entstehung u. Wirkungen des Bürgertums, Individualismus u. Humanismus untersucht. Als aktuelles Problem hat er die Gefährdung der humanist. Kultur u. des freien, bürgerl., ethisch orientierten Individuums durch Tendenzen der fortschreitenden Rationalisierung, Machtausweitung u. totalen Staatlichkeit thematisiert.

Schr.: Soziol. der Renaissance, ³1974 (1932, zahlr. Übersetzungen); Nietzsche u. Burckhardt, ⁴1974 (1940); Die Rel. Jacob Burckhardts, ²1947 (1943); Der heroische Nihilismus u. seine Überwindung, 1948; Ges. u. Geist, 1948; Ordnung u. Freiheit, 1956; Soziol. Die Hauptgebiete im Überblick, 1956; Humanität als Problem der Gegenwart, 1961; Mensch u. Ges. heute, 1965; Im Zeichen der Humanität, 1974; Macht als Problem. Hegel u. seine polit. Wirkung, 1976.

Marx, Karl, mit F. Engels Begründer des →Marxismus, 5. 5. 1818 Trier – 14. 3. 1883 London, 1835–41 studierte M. in Bonn u. Berlin zunächst Rechtswiss. u. dann insbes. Philosophie u. Gesch. Er wurde von Hegels Philosophie u. den sog. Junghegelianern beeinflußt. 1841 Dr. phil. (Diss. über das Thema »Die Differenz der demokrit. u. epikureischen Naturphilosophie«). M. sah keine Chance, in Dtl. einen Lehrstuhl zu erhalten. 1842–43 war er bis zu deren Verbot Redakteur der liberalen u. oppositionellen »Rhein.Zt.«. 1843 ging M. nach Paris u. gab hier zus. mit A. Ruge die »Dt.-Französ. Jb.er« heraus. Unter dem Einfluß der materialist. Philosophie von Feuerbach kehrte er sich von Hegel u. der idealist. Philosophie ab, lernte die sozialist. Arbeiterbewegung kennen u. vollzog den Schritt zum revolutionären Sozialismus. In dieser Zeit entstanden seine ökonom.-philos. Manuskripte. 1845 begann seine Freundschaft u. Zus.arbeit mit Engels. Im gleichen Jahr wurde er aus Paris ausgewiesen u. siedelte nach Brüssel über. Hier schrieb er zus. mit Engels die beiden Streitschriften »Die heilige Familie« (eine Auseinandersetzung mit den Linkshegelianern) u. »Die dt. Ideologie« (gegen Feuerbach, Stirner u. B. Bauer). In seinen philos.-anthropolog. »Frühschriften« konzipierte M. im Gegensatz zur idealist. u. naturalist. Philosophie ein Menschenbild, das den Menschen als ein in Gesch. u. Ges. eingebundenes konkretes, leibl., sinnl. u. tätiges Wesen auffaßt. Die Entfaltung des menschl. Individuums wird durch ges. bedingte →Entfremdung beeinträchtigt. 1847 trat M. in den Londoner »Bund der Kommunisten« (zuvor »Bund der Gerechten«) u. damit in den polit. Kampf der Arbeiterbewegung ein. Im gleichen Jahr schrieb er zus. mit Engels das »Manifest der Kommunist. Partei«, das 1848 erschien. Diese Programmschrift enthält eine radikale Kritik der bürgerl. Ges.- u. Wirtschaftsordnung u. einen Aufruf zum Klassenkampf an das internat. Proletariat. 1848 wurde M. aus Brüssel ausgewiesen u. kam über Paris nach Köln, wo er für kurze Zeit die radikaldemokrat. »Neue Rhein-Zt.« herausgab. 1849 wurde er nach dem Scheitern der Revolution in Preußen auch dort ausgewiesen u. lebte dann bis zu seinem Tode in London. M. gab die »Neue Rhein. Zt. Polit.-ökonom. Revue« (»Klassenkämpfe in Frankreich«) heraus, schrieb Zt.artikel für engl., österr., dt. u. amerikan. Zt.en, z. B. für die »New York Tribune«, u. wurde von Engels finanziell unterstützt. Als Ergebnis seiner Studien der soz. u. wirtschaftl. Verhältnisse in den sich entfaltenden Industriages.en u. der darüber von liberalen Nationalökonomen vorgelegten Theorien entstanden seine Hauptwerke: »Zur Kritik der polit. Ökonomie« (1859) u. »Das Kapital« (der 1. Bd. erschien 1867, der 2. u. 3. Bd. wurde 1885 u. 1894 von Engels, der sog. 4. Bd., »Theorien über den Mehrwert«, 1905–10 v. K. Kautsky hg.). In diesem Spätwerk, das den wiss. Sozialismus begründete, dominieren nicht mehr philos.-anthropolog. Gedankengänge, sondern die Analyse ökonom. Gesetzmäßigkeiten, die Mehrwerttheorie, Krisenlehre u. die Voraussage des notwendigen Zus.bruchs des Kapitalismus, dessen Überwindung die Aufhebung der Entfremdung ermöglichen soll. 1864 wirkte M. an der Gründung der Internationalen Arbeiterassoziation mit. Nach deren Zus.bruch (1872 letzter Kongreß, Ausschluß Bakunins) wandte sich M. von der organisierten Agitation ab. 1875 kritisierte er das Gothaer Einigungsprogramm der dt. Sozialdemokratie, das Ideen Lassalles enthielt.

Die überragende Bedeutung von M. für die Soziol. liegt darin, daß er in hist. umfassender Weise ges.-wirtschaftl. Strukturen u. Prozesse herausgearbeitet u. maßgebl. die Entfaltung strukturtheoret. Ansätze, der Konflikttheorie u. der theoret. Analyse des soz. Wandels angeregt hat. Mit seiner Ideologiekritik zählt er zu den Vorläufern der Wis-

senssoziol. Bedeutende Soziologen in der Konstituierungsphase des Faches haben sich mit dem Werk von M. auseinandergesetzt. Auf M. geht die in der →Krit. Theorie kulminierende krit.-emanzipator. Dimension soziol. Denkens zurück. Er zählt zu den großen Klassikern der Soziol.

Schr.: s. o., ferner: Kritik der Hegelschen Staatsphilos., 1841–42; Kritik der Hegelschen Rechtsphilos., 1844; Nationalökonomie u. Philos., 1844; Das Elend der Philos., 1847; Der 18. Brumaire des Louis Bonaparte, 1852; – K. M., F. Engels, Werke, hg. Inst. f. Marxismus-Leninismus beim ZK der SED, 39 Bde. u. 1 Ergänzungsbd., 1957–68; K. M. Werke – Schriften – Briefe, hg. H.-J. Lieber u. a., 8 Bde., 1960 ff.; K. M. Die Frühschriften, hg. S. Landshut, 1968; K. M. Ökonom. Schriften, hg. K. Kühne, 1970; K. M. in seinen Briefen, ausgewählt v. S. K. Padover, 1981; K. M. u. F. Engels, Der Briefwechsel 1844–1883, 4 Bde., 1983.

→Marxismus, ferner: W. Liebknecht, K. M. zum Gedächtnis, 1896; M. Adler, M. als Denker, [3]1925 (1908); F. Mehring, K. M., 1964 (1918); K. M. als Denker, Mensch u. Revolutionär (Erinnerungen v. Eleanor M., P. Lafargue, F. Lessner), 1928; K. Vorländer, K. M., 1929; K. Popper, The Open Society and Its Enemies, II., London 1950 (1945) (dt.: Die offene Ges. u. ihre Feinde, 2. Bd., [2]1970,1958); R. Dahrendorf, M. in Perspektive, 1952, nhg. unter dem Titel: Die Idee des Gerechten im Denken von K. M., 1971; H. Popitz, Der entfremdete Mensch, 1967 (1953); R. Garaudy, K. M., Paris 1964 (dt.: Die Aktualität des M.schen Denkens, 1969); G. Lukács, Der junge M., 1965; D. McLellan, K. M., Leben u. Werk, 1974; R. Friedenthal, K. M., 1981; W. Euchner, K. M., 1983; O. K. Flechtheim (Hg.), M. heute, 1983; M. Rubel, M.-Chronik, [4]1983; E. Mandel, K. M., 1984; W. Schmitz, Was hat K. M. wirklich gesagt?, 1984; H.-J. Lieber u. G. Helmer, M.-Lexikon, 1988; O. K. Flechtheim u. H.-M. Lohmann, M., [2]1991; G. Lohmann, Indifferenz u. Ges., 1991; H.-P. Müller, K. M. über Maschinerie, Kapital u. industr. Revolution, 1992.

Marxismus, marxistische Soziologie, allg. Bezeichnungen f. die Ges.lehren von Karl →Marx, Friedrich →Engels, ihren Schülern u. Interpreten.

Im Gegensatz zur idealist. Phil. wird der Mensch nicht primär als Geisteswesen, sondern als menschl. Naturwesen aufgefaßt, das in Ko-

Marxismus, marxistische Soziologie

operation mit anderen Menschen durch tätige Umgestaltung der Natur (ges. Arbeit) die zum Leben notwendigen Güter produzieren muß. Im Rahmen dieser materiellen Lebensverhältnisse wirken die →Produktivkräfte (menschl. Arbeitskraft, Fertigkeiten, Arbeitsmittel u. -gegenstände) als entscheidende Antriebskräfte der gesch.-ges. Entwicklg. Die Produktivkräfte bilden zus. mit den →Produktionsverhältnissen (Eigentums- u. Herrschaftsverhältnisse bezüglich der Produktionsmittel) den Unterbau bzw. die →Basis der ges. Existenz des Menschen. Diese materiell-ges. Grundlage (Sein) bestimmt weitgehend den ideologischen Überbau (Bewußtsein), →Materialismus. Der Ideen, Vorstellungen, Wissen, Ideologien, Recht, Religion u. Institutionen umfassende Überbau kann bis zu einem gewissen Grade auf die Basis zurückwirken. Dieses Modell der materiell-ges. Bedingtheit des Bewußtseins hat die Ideologiekritik u. Wissenssoziol. stark beeinflußt.

Der M. sieht die Ges. weniger als statische Struktur, sondern mehr als gesch. Prozeß, vorangetrieben durch Widersprüche u. Konflikte (→Dialektik). Die bisherige Gesch. der Ges. wird als Abfolge v. Klassenkämpfen interpretiert, wobei die Unterdrücker die Aufrechterhaltung der jeweils bestehenden ges. Verhältnisse anstrebten, die Unterdrückten hingegen die Veränderung derselben. Zur Absicherung der bestehenden Ausbeutungsstruktur bedient sich die herrschende Klasse nicht nur der Staatsgewalt (Verfassung, Gesetze, Verwaltung, Polizei, Militär), sondern übt auch beherrschenden Einfluß auf den Überbau aus, insb. auf die allg. Erziehung u. Bewußtseinsbildung (Manipulation). Mit dem propagierten Anspruch, das Allgemeininteresse zu vertreten, wird verschleiert, daß tatsächlich die Sonderinteressen der herrschenden Klasse durchgesetzt werden. Der sich zunehmend verschärfende Widerspruch zw. den sich entfaltenden Produktivkräften u. den verfestigten Produktionsverhältnissen führt schließlich zu einer neuen Ges.formation u. fungiert somit als Motor des sozialen Wandels. In der bisherigen gesch.-ges. Entwicklung haben die folgenden Ges.formationen einander abgelöst: Urgemeinschaft (ohne Ausbeutungsverhältnisse), Sklavenhalterges. (Hauptgegensatz zw. Freien u. Sklaven), Feudalges. (Hauptgegensatz zw. Feudalherren u. Leibeigenen) u. bürgerl.-kapitalist. Ges. Das gesamtges. ausgerichtete u. hist.-empir. fundierte theoret. System des M. bzw. des »wiss. Sozialismus« beinhaltet vorrangig eine umfassende Analyse der Entstehungs- u. Entwicklgs.bedingungen sowie eine radikale Kritik der bürgerl.-kapitalist. Ges. Im Zeitalter des Kapitalismus vollzieht sich eine Vereinfachung u. Zuspitzung der Klassengegensätze. Die Ges. spaltet sich zunehmend in zwei sich feindlich gegenüber stehende Klassen auf: die Eigentümer der Produktionsmittel als herrschende Bourgeoisie u. die Nichteigentümer als beherrschtes Proletariat. Die Proletarier müssen als Lohnarbeiter zum Zwecke ihres Überlebens ihre Arbeitskraft als Ware dem Kapitalisten anbieten. Die bisherigen Mittelstände (kleine Industrielle, Kaufleute u. Rentiers, Handwerker u. Bauern) sinken in das Proletariat ab. Infolge der zunehmenden Konkurrenz unter den Lohnarbeitern (→Reservearmee, industrielle) kann der Kapitalist bei sinkenden Löhnen u. steigender Produktion einen wachsenden Mehrwert erzielen u. für die Ausweitung seines Kapitaleigentums verwerten (Kapitalakkumulation). Neben diesem Grundwiderspruch zw. ges. Produktion u. priv. Aneignung erreicht die Entfremdung des Menschen ihren Gipfelpunkt. In der kapitalist. Konkurrenzges. können sich die Menschen nicht durch schöpferische Tätigkeit im mitmenschlich-solidarischen Rahmen selbstverwirklichen, sondern verkümmern vielmehr zu arbeitsteilig eingesetzten, fremdbestimmten u. ausgebeuteten Instrumenten der v. Tauschwert u. Kapitalwachstum geprägten Wirtschaftsdynamik. Die Freisetzung v. Lohnarbeitern durch neue arbeitssparende Produktionstechniken u. die zunehmende Ausbeutung durch Mehrwertentzug verstärken die Verelendung (Pauperisierung) u. damit zugleich den Klassenantagonismus. Infolge geringer Konsumtionskraft, steigender Produktivität u. dadurch bedingter Wirtschaftskrisen verschärft sich die Konkurrenz zw. den Kapitalisten zugunsten einer fortschreitenden Konzentration des Kapitals, das schließlich nur noch v. relativ wenigen Großkapitalisten beherrscht wird.

Im Sinne einer Einheit v. Theorie u. Praxis beschränkt sich der M. nicht nur auf die krit.-aufklärerische Analyse der gesamtges. Entwicklungsgesetze, sondern macht sich im Zuge einer dogmatisch-utopischen Wendung zur polit. Antriebskraft der unterdrückten Arbeiterklasse, deren hist. Aufgabe in der revolutionären Überwindung der Klassenges. gesehen wird. Mit zunehmendem Bewußtsein der eigenen Klassenlage (Klassenbewußtsein), der eigenen objektiven Interessen u. der Veränderbarkeit ges. Verhältnisse verbleibt das Proletariat nicht mehr im Zustand einer resignierenden »Klasse an sich«. Vielmehr entwickelt es sich zu einer polit. handlungsfähigen »Klasse für sich«, die dann entsprechend hist.-objektiver Gesetzmäßigkeit die revolutionäre Umgestaltung der Ges. zu leisten vermag. Nach der Enteignung der Kapitalisten (»Expropriation der Expropriateure«) u. der Überführung der Produktionsmittel in ges. Eigentum ist in einer sozialist. Zw.phase zur Beseitigung der Überreste der bürgerl. Ges. eine mit Staatsgewalt vorgehende »Diktatur des Proletariats« notwendig. Sind die Klassenunterschiede verschwunden u. wird die gesamte Produktion v. »assoziierten Individuen« verwaltet, dann kann der Staat absterben u. das Endziel der Gesch. ist erreicht: eine klassenlose Ges. des →Kommunismus, in der die Herrschaft v. Menschen über Menschen sowie die Entfremdung überwunden sind u. »die freie Entwicklung eines jeden die Bedingung f. die freie Entwicklung aller ist« (Manifest der kommunist. Partei).

Die dogmatisch-utopischen Aussagen u. Prognosen der ursprüngl. M. sind durch die ges. Entwicklung seit dem letzten Drittel des 19. Jh. nicht hinreichend bestätigt worden. Das Überleben des »alten« u. die Entstehung eines »neuen« Mittelstandes, neue Eigentumsformen wie die Aktienges., die Erfolge v. Arbeiterparteien u. Gewerkschaften, die Steigerung des Massenwohlstandes, die Entwicklung zum Wohlfahrts- u. Sozialstaat haben in den bürgerl.-kapitalist. Ges.en der vorausgesagten Polarisierung des Klassenantagonismus entgegengewirkt. In den sozialist. Ges.en hat die Enteignung des Privateigentums an Produktionsmitteln bisher keineswegs zur Überwindung v.

Marxismus, marxistische Soziologie

Klassen, Herrschaft u. Entfremdung geführt. Vielmehr sind in diesen staatssozialist.-bürokratisch beherrschten Ges.en neue Klassen-, Ausbeutungs- u. Unterdrückungsstrukturen entstanden, die schließl. zum Scheitern solcher Ges.en geführt haben.

Die Kluft zw. der ursprüngl. marxist. Theorie u. der späteren ges. Entwicklung führte zu einer Auffächerung des M.: Der Revisionismus (E. Bernstein) erwartete einen friedl. Übergang zum Sozialismus über den Weg der Erkämpfung des allg. Wahlrechts u. der Aktionen der Gewerkschaften zur Verbesserung der Lage der Lohnabhängigen. Theoretiker des Imperialismus (R. Luxemburg) versuchten die Verzögerung des erwarteten wirtschaftl. Zus.bruchs des Kapitalismus zu erklären. Ferner mußten die neuen Wirtschafts-, Finanzierungs- u. Kreditformen eines industriell entwickelten Kapitalismus sowie die daraus hervorgegangenen neuen Selbsthilfe- u. Organisationsformen in die marxist. Theorie eingearbeitet werden (R. Hilferding). Später wurden die Chancen marxist. Theorie in einer Ges. des »organisierten«, v. wirtschaftl. Konzentration u. v. Staatseingriffen gekennzeichneten Kapitalismus untersucht. Vom Neomarxismus wird das Überdauern des Kapitalismus mit der neoimperialist. Ausbeutung der Entwicklungsländer u. mit der bewußtseinsmanipulativen »Befriedung« der Arbeiterklasse durch Zuteilung materieller Konsumchancen u. systemat. Entpolitisierung erklärt. Demgemäß werden die ausgebeuteten Bevölkerungsklassen der Entwicklungsländer, krit. aufgeklärten Eliten (Intellektuelle u. Studenten) u. benachteiligte Randgruppen als neues revolutionäres Potential an-

gesehen. Darüber hinaus sollen die abhängig Beschäftigten über ihre »objektive« Lage aufgeklärt u. polit. mobilisiert werden. Hinsichtlich der verfestigten Herrschaftsstrukturen u. Entfremdungserscheinungen in den westl. u. östl. Industrieges.en wurden die verbliebenen Chancen menschl. Emanzipation u. eines freiheitl.-humanen Zus.lebens neu durchdacht (L. Kolakowski, A. Schaff, H. Marcuse, E. Fromm). Unter Berücksichtigung der Psychoanalyse u. der Sozialisationsforschg. ist die Analyse der Zus.hänge zw. objektiver sozialer Lage u. polit. Bewußtsein zu einem zentralen Thema geworden. Unter dem Eindruck wachsender Umweltprobleme, Wirtschaftskrisen, ges. Konflikte u. zunehmender Empfindlichkeit gegenüber sozialer Ungleichheit hat die freiheitl.-humane Richtung des M. theoret. u. ges.-polit. an Bedeutung gewonnen (Neue Linke, Protestbewegungen, Alternativbewegung).

Nach dem Zus.bruch staatssozialist.-totalitärer Herrschaftssysteme hängen die Zukunftschancen des M. davon ab, inwieweit er in einer undogmatisch-krit. Ausprägung im Rahmen einer freiheitl.-demokrat. Ges. zur Herstellung u. Aufrechterhaltung gerechter u. solidarischer Lebensverhältnisse beitragen kann.

→Marx, Karl, ferner: H. Cunow, Die Marxsche Geschichts-, Ges.- u. Staatstheorie, 2 Bde., 1920–21; K. Korsch, M. u. Philos., 1966 (1923); G. Lukács, Gesch. u. Klassenbewußtsein, 1968 (1923); I. Fetscher (Hg.), M.studien, 6 Bde., 1954–69; L. Kolakowski, Der Mensch ohne Alternative, 1960; H. Marcuse, Vernunft u. Revolution, 1962; ders., Kultur u. Ges., Bd. 1–2, 1965; ders., Der eindimensionale Mensch, 1967; I. Fetscher, Der M., Seine Gesch. in Dokumenten, 3 Bde., 1962 ff.; ders., K. Marx u. der M., 1967; E. Fromm, Das Menschenbild bei Marx, 1963; J.-Y. Calvez, K. Marx – Darstellung u. Kritik seines Denkens, 1964; A. Schaff, M. u. das menschl. Individuum, 1965; J. Habermas, Theorie u. Praxis, [2]1967; G. Kiss, Gibt es eine »marxist.« Soziologie?, 1967; E. Fischer, Was Marx wirklich sagte, [2]1968; R. Aron, Die Heiligen Familien des M., 1970; E. Mandel, Entstehung u. Entwicklung der ökonom. Lehre von K. Marx, 1968; ders., Marxist. Wirtschaftstheorie, 1970; K. Lenk, Marx in der Wissenssoziol., 1972; H. Lefebvre, Soziol. nach Marx, 1972; L. Althusser, M. u. Ideologie, 1973; O. K. Flechtheim, Marxist. Praxis, 1974; G. Rohrmoser, M. u. Menschlichkeit, 1974; G. Schwan, Die Ges.kritik von K. Marx, 1975; P. Vranicki, Gesch. d. M., 2 Bde., 1974; M. Prucha, R. Thomas, Marx u. die Folgen, 1974; J. Habermas, Zur Rekonstruktion des hist. Materialismus, 1976; W. Oelmüller (Hg.), Weiterentwicklungen des M., 1977; L. Kolakowski, Die Hauptströmungen des M., 3 Bde., 1977–79 (aus dem Poln.); A. Neusüss, M., 1981; K. Lotter u. a. (Hg.), Marx-Engels-Begriffslexikon, 1984; E. Angehrn u. G. Lohmann (Hg.), Ethik u. Marx, 1986; J. Kuczynski, Bemühungen um die Soziol., 1986.

Masse, in der Soziol. nur mit Vorbehalten benutzter Begriff, da er allzu wertbesetzt u. mehrdeutig ist: a) eine konkrete, begrenzte u. überschaubare Menge (Ansammlung) von Menschen in gemeinsamer Aktion, b) eine latente, aber aufgrund gemeinsamer Werthaltungen oder soz. Orientierung unter bestimmten Umständen jederzeit aktivierbare Menge von Menschen, c) einen großen Anteil an der Bevölkerung einer Ges., der sich – ohne daß die dazurechnenden Individuen in ihrem Denken u. Entscheiden subjektiv sinnhaft aufeinander bezogen sind – gleichförmig oder traditionell, d. h. ohne bewußte u. überlegte Orientierung verhält, d) die große Mehrheit einer Ges., die sich in ihrem Verhalten am Willen einer führenden Elite oder eines einzelnen Führers ausrichtet, e) die große Mehrheit einer Ges., die sich einer das Verhalten nivellierenden Sozialstruktur anzupassen hat (Massengesellschaft), f) die in soz. Ballungssituationen auf Probleme, Krisen u. Bedrohungen spontan, emotional, verängstigt oder aggressiv reagierende Menge.

Seit seiner Einf. in die kulturphilos., psychol. u. soziol. Literatur (Le Bon, Ortega y Gasset, Tarde) leidet der Begriff M. unter der mit ihm vorgenommenen Dämonisierung bestimmter soz. Phänomene gegenüber einer Idealisierung des Verhaltens von Individuen oder kleinen Gruppen. Die revolutionären M.naktionen der Franzöz. Revolutionen von 1789 u. 1871 u. eine gegen die industrielles. Entwicklung gerichtete Zivilisations- u. Kulturkritik haben konservative Theoretiker immer wieder die Gefahren der M. für Ges. u. Staat beschwören lassen. Andererseits hat der Marxismus gerade in den Aktionen der M.n die einzige Möglichkeit zur Überführung seiner ges. Theorie u. Philosophie in die prakt.-polit. Tat erblickt, jedoch deutl. Unterschiede zw. der polit. M.nbewegung der Arbeiterklasse u. dem soz.revolutionär unbrauchbaren Lumpenproletariat gesehen. Obgleich die Sozialpsychol. des kollektiven Verhaltens nachgewiesen hat (Hofstätter, Heberle, Kornhauser, Smelser), daß der Mensch in soz. Verbänden größerer Ordnung auf äußere Reize, Appelle u. Einflüsse emotionaler reagiert, behindert ein im obigen Sinne angelegter kulturkrit. Begriff der M. die soziol. Arbeit. Die bloße analyt. Orientierung an äußeren Erscheinungsformen des M.verhaltens versperrt den Blick für die soz. Strukturen bzw. für die krit. Phasen u. Entwicklungstrends der soz. Dynamik, die als eigentl. Ursachen für unkrit. Nachahmung, Ansteckung, Konformität, Suggestibilität, »Verführung«, Unterwerfung, stereotype Entscheidung, Vorurteilsbildung, Manipulierbarkeit u. a. aufzudecken sind. M. als kollektiv orientierte u. darum individuell-rationale Prozesse der Situationsdeutung u. interpersonale Diskus-

Massendemokratie 528

sion ausschaltende Strömungen des Denkens, Entscheidens u. Handelns entstehen in soz. Umbruchsu. Krisenzeiten: wenn unvorhergesehene oder von anderen bislang verschwiegene, den eigenen Erfahrungsbereich übersteigende Ereignisse eintreten; wenn angesichts allg. Ratlosigkeit soz. u. polit. Labilität u. Unentschlossenheit vorherrschen; wenn traditionelle Werte, Normen u. Leitbilder zur Bewältigung neuer Probleme ungeeignet werden; wenn bisherige soz. Kontrollen sich als wirkungslos erweisen, weil die Legitimität traditioneller Normen sich ohnehin nicht mehr im durchschnittl. Verhaltensmodus der Mitglieder eines soz. Systems erkennen läßt.

G. Le Bon, Psychologie der M.n, [15]1982 (1895); S. Freud, M.npsychologie u. Ich-Analyse, 1967 (1921); Th. Geiger, Die M. u. ihre Aktion, 1926; Ortega y Gasset, Der Aufstand der M.n, 1956 (1930); K. Baschwitz, Der M.nwahn, [3]1932; E. Fromm, Die Furcht vor der Freiheit, 1987 (1945); P. Reiwald, Vom Geist der M.n, 1946; R. Heberle, Social Movements, New York 1951; P. R. Hofstätter, Gruppendynamik. Kritik d. M.npsychologie, 1957; H. Marcuse, Eros u. Kultur, 1957; ders., Der eindimensionale Mensch, 1967; A. Kornhauser, The Politics of Mass Society, Glencoe 1959; N. J. Smelser, Theory of Collective Behavior, London 1962 (dt.: Theorie des kollektiven Verhaltens, 1972); W. R. Heinz, P. Schöber (Hg.), Theorien kollektiven Verhaltens, 2 Bde., 1972; N. Möding, Die Angst des Bürgers vor der M., 1984; S. Moscovici, Das Zeitalter der M., 1984; H. Pross u. E. Buß (Hg.), Soziol. der M., 1984; G. L. Mosse, Die Nationalisierung der M.n, 1993; A. Schade, Vorstudien f. eine neue Soziol. der M., 1993.

Massendemokratie, polit. Herrschaftsmodell der Demokratie, in der (nicht nur formal, sondern tendenziell auch real) im polit. Entscheidungsprozeß die Stimme eines jeden Bürgers gleiches Gewicht u. gleichen Einfluß hat. Voraussetzung der M. ist jedoch nicht nur allg. u. gleiches Wahlrecht, sondern der Abbau soz. Privilegien u. ökonom. Herrschaftsverhältnisse ebenso wie die Auflösung ständeges. Strukturen u. unüberwindbarer Klassengrenzen.

Der Begriff M. meint die Ablösung der polit. Herrschaft elitärer Honoratioren durch die polit. Beteiligung aller Schichten u. Gruppen des Volkes. Das soziol. Strukturproblem der M. erwächst jedoch aus der Diskrepanz zw. den Wirkungen bürokratisierter Großorganisationen, Wirtschaftszentren u. manipulativ wirkender Massenmedien als polit. Willensbildungs- u. Entscheidungszentren einerseits u. den eigentl. polit. Zielsetzungen demokrat. Herrschaftsorganisation andererseits, nämlich der Stärkung von individueller Freiheit.

Massengesellschaft, zumeist soz.-krit., aber mehrdeutig verwendeter Begriff zur Beschreibung von Struktureigenschaften u. Entwicklungstendenzen der Industrieges. Einerseits meint M. eine strukturlose Masse unverbundener, nivellierter einzelner, die entindividualisierenden Einflüssen der soz. Bedingungen mod. Produktionsu. Arbeitstechnik sowie der polit. u. kult. Autoritäten ausgesetzt sind. Andererseits hebt der Begriff M. die kult. Einflußkraft der breiten Bevölkerungsmassen gegenüber soz. Elite- oder bisherigen Kulturträgergruppen hervor. Als »Vermassung« wird die Sogwirkung einer bereits bestehenden u. soz. Leitbilder abgebenden Masse auf weitere ges. Gruppen bezeichnet. In der M. hat die Masse der Bevölkerung entweder einen starken Einfluß auf den Inhalt ges.gestaltender u. Verhaltensmaßstäbe setzender polit. Entscheidungen, oder sie selbst wird durch die polit. Entscheidungen von Eliten geformt. Wegen dieser gegensätzlichen Begriffsorientierung ist es möglich, daß Theorien über die sog. M. benutzt werden sowohl zur Unterstützung der Forderung nach einer neuen Eliten-, Standes- oder Klassenordnung als auch zum Beweis für die Notwendigkeit von Maßnahmen gegen weitere »Entmenschlichung« breiter Bevölkerungsschichten im Sinne von Kulturverfall, Entfremdung, soz. Nivellierung, Entpersönlichung der soz. Beziehungen u. a.

→Masse u. H. de Man, Vermassung u. Kulturverfall, [2]1952; D. Riesman u. a., The Lonely Crowd, New Haven 1950 (dt.: Die einsame Masse, 1956); Th. Geiger, Die Legende von d. M. (Archiv f. Rechts- u. Soz.phil. 39, 1950/51); R. König, Masse u. Vermassung (Gewerkschaftl. Monatshefte 7, 1956); S. Giner, Mass Society, London 1975; H. Holzer, Soziol. der Massenkultur, 1975; N. Krenzlin (Hg.), Zw. Angstmetapher u. Terminus, 1992.

Massenkommunikation (engl. mass communication), im Vergleich zum direkten, interpersonalen oder gruppenmäßigen Austausch von Nachrichten die öffentl. Verbreitung von Signalen u. Symbolen vermittels bes. techn. Veranstaltungen sowie ihr Empfang durch ein breit verteiltes, nicht eindeutig bestimmbares Publikum.
An einer interdisziplinären Theorie der M. arbeiten Soziol., Sozialpsychol. (des kollektiven Verhaltens), Publizistik u. Politologie. Nach der berühmten Formel von Lasswell (1948) wird untersucht: Wer sagt was auf welchem Wege zu wem mit welcher Wirkung? Dementsprechend sondiert das kommunikationswiss. Begriffsarsenal die Probleme der M. nach den Untersuchungsfeldern »Kommunikator«, »Inhalt«, »Empfänger«, »Medien«, Formen des »Kommunikationsprozesses« und nach den »Wirkungen«. Das »Wirkungs«-Problem gilt als das zentrale Problem der Soziol. der M. Nach den Ergebnissen der kognitiven Motivations- u. Einstel-

lungsforschung im Bereich der Sozialpsychol. des kollektiven Verhaltens konnte festgestellt werden, daß die Medien der M. den Menschen in der Regel als Einzelwesen oder in seiner subkult. Prägung durch spez. Schicht- bzw. Gruppenzugehörigkeit erreichen u. beeinflussen. Durch das aktuelle themat. Angebot u. dessen Strukturierung (Agenda-Setting) wirken die Medien auch auf das allg. Problembewußtsein u. die Prioritätensetzung ein. Der Gratifikationsansatz betont dagegen die selektive Qualität des »aktiven« Rezipienten. Eine differenzierte Theorie der M. muß darum den Kommunikationsprozeß zw. den Produzenten der Medien u. den Empfängern als gegenseitigen (indirekten) Interaktionsprozeß betrachten u. dabei die soz., kult. u. psych. Charakteristika u. Determinanten sowohl der Kommunikatoren als auch der Empfänger analysieren. Darüber hinaus ist auch den Informationsfluß u. Beeinflussungsgrad der Nachrichten vom ersten bis zum letzten Empfänger zu verfolgen (→Meinungsführer). Der spezif. soziol. Beitrag zu einer Theorie der M. richtet sich auf die Erforschung der Zus.hänge zw. einer bestimmten Gesellschaftsstruktur (Dichte, Komplexität, Mobilität, Anonymität u. Mehrdimensionalität der sozialen Beziehungen) u. der M. als Voraussetzung für die Prozesse der Nachrichten-, Wert- u. Kulturvermittlung sowie der damit verbundenen Persönlichkeitsbildung. Allg. gilt, daß M. unter dem Druck soz. Strukturverhältnisse industr. Ges.n immer bedeutsamer wird, weil das Bedürfnis nach Informationen u. Informiertheit auch über die nicht direkt zum Erfahrungsbereich gehörenden Ereignisse u. Entwicklungen in dem Maße sich ausweitet, wie die Komplexität u. Interdependenz der soz. Beziehungen in einer Ges. zunimmt. Probleme der →Institutionalisierung von M. spielen eine große Rolle in der →Entwicklungssoziol., die angesichts schnellen soz. Wandels u. versch. Diskrepanzen zw. technolog. Fortschritt u. beharrender Kultur in Entwicklungsgebieten die Möglichkeiten der M. für Erziehungs- u. Umerziehungsprozesse untersucht. M. gilt hier als sozialtechn. Grundlage für Sozialisationsprozesse, die sich u. a. die schnelle u. wirksame Vermittlung u. Internalisierung von fortschrittsgünstigen Werten u. Einstellungen zum Ziel gesetzt haben. Nach wie vor werden von polit.-soziol. Seite die Möglichkeiten der M. für ideolog. Manipulation wie für demokrat.-polit. Bewußtseinsbildung erörtert.

H. D. Lasswell, The Structure and Function of Communication in Society (in: L. Bryson, The Communication of Ideas, New York 1948); C. I. Hovland u. a., Experiments on Mass Communications, Princeton 1949; W. Schramm (Hg.), Grundfragen der Kommunikationsforschg., 1964; F. Ronneberger (Hg.), Sozialisation durch M., 1971; A. Silbermann, Soziol. der M., 1973; M. Schatz-Bergfeld, M., 1974; G. Maletzke, Ziele u. Wirkungen der M., 1976; M. Kunczik, M., 1977; K. Koszyk u. W. H. Pruys (Hg.), Hdb. der M., 1981; A. Silbermann, Hdwb. der M. u. Medienforschg., 2 Bde., 1982; M. Kunczik, Kommunikation u. Ges., 1984; ders., Massenmedien u. Entwicklungsländer, 1985; Dt. Forschungsgemeinschaft (Hg.), Medienwirkungsforschung in der BR Dtl., 2 Teile, 1986; M. Gottschlich (Hg.), M.sforschg., 1987; P. Hunziker, Medien, Kommunikation u. Ges., 1988; M. Kaase u. W. Schulz (Hg.), M., Sonderheft 30 KZfSS, 1989.

Massenkommunikationsmittel, Massenmedien,
Techniken der Verbreitung u. Vervielfältigung von schriftl., bildl. (opt.) oder verbalen, musikal. (akust.) Aussagen (Informationen, Signalen, Symbolen u. a.) für einen großen heterogenen, nicht genau bestimmbaren Adressatenkreis. Die den M. gewidmete Forschung untersucht a) die soz., ökonom. u. kulturelle Struktur der Organisationen u. die Motivationen der Personen, die diese Techniken beherrschen u. damit über den Inhalt u. die Form der mit diesen Medien hergestellten »Kommunikationen« zum Publikum bestimmen, b) ebenso die soz. Struktur der Hörer-, Zuschauer- oder Leserkreise, d. h. deren Motivation, Wahrnehmung, Auswahlprinzipien, Aufmerksamkeit u. die daraus sich ergebenden Verhaltens- u. Einstellungsmuster im Umgang mit M., u. c) die Wirkungen, die Form u. Inhalt der durch M. hergestellten Kommunikationen bei den Adressaten hervorrufen, u. die Rückwirkungen auf den Kreis der Produzenten von M. Angesichts der zunehmenden Bedeutung der M. für soz. u. polit. Beeinflussungsprozesse im öffentl. Leben (insbes. durch Film, Fernsehen, Presse) interessiert vor allem der positive u. negative Beitrag der M. für die Herstellung einer im funktionierenden demokrat. Staatswesen unentbehrl. informierten, krit. →Öffentlichkeit. Als Lieferanten von Informationen, prakt. Lebenshilfe, Unterhaltung, Erholung u. Zerstreuung (insbes. als Freizeitkonsum) richten sich die Inhalte der M. an die individ. Probleme, Bedürfnisse u. Wünsche spezif. Zielgruppen. Als kritisierende, kontrollierende u. zum Selbstverständnis der Ges. beitragende Instanzen diskutieren sie Probleme, Ereignisse u. Zustände, die die Ges. als Ganzes betreffen. In krit. Beiträgen zur Arbeit u. Wirksamkeit der M. wird beklagt, daß die M. ihre öffentl. Funktion sehr oft in fragwürdiger Weise wahrnehmen. Es wird kritisiert, daß sie aus ökonom. u. mitunter auch polit. Motiven eine Personalisierung ges. Tatbestände, eine Intimisierung öf-

fentl. Angelegenheiten, eine Verwandlung ges. polit. Themen in individ. Lebensproblematik, den Aufbau von »heilen« Scheinwelten oder die Propagierung von Schicksalideologien u. Vaterfiguren betreiben. Solche Tendenzen begünstigen die öffentl.polit. Wirksamkeit von bestehenden Irrationalitäten, Sentimentalitäten, Vorurteilen, Stereotypen, Ängsten u. vergrößern die Gefahr, daß die M. zu bloßen Medien der Absättigung von Amüsement-, Zerstreuungs- und Selbstbestätigungsbedürfnissen des einzelnen degenerieren. Die Kapital- u. Eigentumskonzentration im Produktionsbereich der M. u. deren zunehmende Abhängigkeit vom Werbemarkt haben zu einer ausgedehnten Diskussion über das Verhältnis u. den Umschlag von ökonom. zu polit.-öffentl. Macht durch M. geführt.

H. K. Platte, Soziol. der M., 1965; R. Wildenmann, W. Kaltefleiter, Funktion der Massenmedien, 1965; J. Aufermann, H. Bohrmann, M., 1968; E. Scheuch, Massenmedien, Wirklichkeit u. Manipulation, 1970; R. Zoll (Hg.), Manipulation der Meinungsbildung, 1970; ders., Massenmedien u. Meinungsbildung, 1970; A. Silbermann, E. Zahn, Die Konzentration der Massenmedien u. ihre Wirkungen, 1970; A. Hermanns, Sozialisation durch Werbung, 1974; C.-P. Gerber, M. Stosberg, Die Massenmedien u. die Organisation polit. Interessen, 1974; H. Holzer, Theorie des Fernsehens, 1975; W. Schulz, Die Konstruktion v. Realität in den Nachrichtenmedien, 1976; H. M. Kepplinger, Die aktuelle Berichterstattung des Hörfunks, 1985; D. Prokop (Hg.), Medienforschung, 3 Bde., 1985–86; M. Kunczik, Gewalt u. Medien, 1987; M. Schenk, Medienwirkungsforschg., 1987; M. Haller u. H. Holzhey (Hg.), Medien-Ethik, 1991.

Massenkonsum, Phänomen hochentwickelter Industriegesellschaften (»Wohlstandsges.«), in denen tendenziell die ökonom. u. soz. Probleme der Produktion durch diejenigen des Konsums überlagert werden. Voraussetzung ist die Massenproduktion. Als Begriff der Konsumsoziol. beinhaltet M. ein

reichhaltiges, für breite Bevölkerungsgruppen einkommens- u. preismäßig erschwingl. Angebot präformierter, standardisierter, konfektionierter, sich modisch wandelnder Güter. Dieses Angebot trifft auf Konsumenten, deren Wertvorstellungen, Anspruchshaltungen, Konsumnormen u. -einstellungen schnelle u. möglichst umfassende Beschaffung u. Nutzung dieser Güter vorschreiben. M. ist zugleich Ausdrucksfeld für Konsumrivalität u. Statuswettbewerb. Die Verbraucher konsumieren »in Massen« u. »als Massen«. Das ökonom. Risiko hoher Kapitalinvestitionen für die Produktion von Massengütern veranlaßt die Produzenten, mittels Marktforschung, Werbepsychologie u. Bedürfnismanipulation immer für einen ausreichenden, den Absatz garantierenden M. zu sorgen. Daraus erwachsen Gefahren für die individuelle Konsumfreiheit, die Überforderung des einzelnen durch Status- u. Konsumwettbewerb, Tendenzen einer Atomisierung der Sozialbeziehungen durch rivalisierenden, Neid erregenden Konsum, ferner die Ausweitung der Rohstoffverschwendung u. der Umweltkrise. Je nach polit. Standort wird zur Überwindung bzw. Einschränkung der ges. u. ökolog. Gefahren des M.s entwedereine Änderung der Wirtschaftsordnung, d. h. die Abschaffung des »Verschwendungskapitalismus«, oder eine Konsumerziehung gefordert, die das Individuum mit ausgeprägter Ich-Identität u. personaler Autonomie gegen die »geheimen Verführer« immunisiert u. alternative Konsumstile anbietet.

G. Katona, The Mass Consumption Society, New York 1964 (dt.: Der Massenkonsum, 1965); W. Schmidbauer, Homo consumens, 1972; G. Scherhorn, Gesucht: der mündige Verbraucher, 1973; K. H. Hillmann, Umweltkrise u. Wertwandel, 1981.

Massenmedien

Massenmedien →Massenkommunikationsmittel

Massenproduktion, die Herstellung von relativ wenigen gleichartigen Erzeugnissen über längere Zeiträume. Wirtschaftl. Kostenvorteile durch Rationalisierung, hochgradige Arbeitszerlegung u. reibungslos ablaufenden Produktionsprozeß werden erkauft mit weitgehender Trennung kreativ-schöpferischer (konstruktiv-vorbereitender) Arbeit für wenige von repetitiv-unqualifizierter Tätigkeit für viele. Dem Vorzug einer relativ günstigen Versorgung breiter Ges.schichten mit Gütern u. Dienstleistungen stehen die konsumkult. Tendenzen zur Nivellierung der mit dem Güterverbrauch verbundenen u. durch ihn entscheidend geprägten soz. Beziehungsformen gegenüber.

Massenstreik, vom Marxismus u. von den Gewerkschaften erörtertes, aber von versch. ideolog. Lagern unterschiedl. bewertetes polit. Kampfmittel. Mit polit. M. wird versucht, zur Durchsetzung bestimmter Ziele entscheidend auf Regierung u. Parlament einzuwirken.

E. Bernstein, Der polit. M. u. d. polit. Lage der Sozialdemokratie, 1905; E. Georgi, Theorie u. Praxis des Generalstreiks, 1908; K. Kautsky, Der polit. M., 1914; W. Hirsch-Weber, Gewerkschaften in der Politik, 1959; H. Wachenheim, Die dt. Arbeiterbewegung, 1967.

Matching (engl.) oder Parallelisierung, Bezeichnung f. insb. b. der Durchführung v. Experimenten angewandte Verfahren zur Bildung v. Gruppen (Experimental- u. Kontrollgruppe), die hinsichtlich jeweils bedeutsamer Merkmalsausprägungen (Geschlecht, Alter, Bildungsgrad u. a.) möglichst gleich strukturiert sind. Pair m. (paarwei-

ses Gleichsetzen) bezeichnet das spezielle Verfahren, durch das die Gruppen so zus.gesetzt werden, daß jedem Mitglied der einen Gruppe ein Mitglied mit möglichst gleicher Merkmalskombination (gleichsam ein »Zwilling«) in der anderen Gruppe entspricht.

Materialismus (lat.), Inbegriff philos. Grundrichtungen, die in der »Materie« (gegenüber dem Bewußtsein, den Ideen) die in letzter Instanz bestimmende Substanz der Wirklichkeit erkennen. Die wiss.gesch. Entwicklung des M. ist seit der griech. Philosophie eng mit der wiss. Naturerkenntnis u. mit der Verherrlichung der menschl. Vernunft (als objektives, unvoreingenommenes Medium zu solcher Erkenntnis) verbunden. Der antike M. versuchte, die Mannigfaltigkeit der realen Erscheinungen auf einen letzten, alle Strukturen u. Veränderungen bestimmenden Urstoff (Thales, Anaximander, Anaximenes, Heraklit) bzw. auf unterschiedl. Vermengungen u. Anordnungen kleinster homogener Teilchen (Atome) zurückzuführen (Demokrit). Der mechan. M. des 16.–18. Jh. wendet sich, orientiert an den epochalen Leistungen der Naturwiss.en, gegen religiöse u. polit. Mystifizierungen u. Beschränkungen der menschl. Denkens. Er fordert gegenüber mytholog.-spekulativen Legitimierungen bestimmter Verhältnisse (Absolutismus, Feudalismus) die Erkenntnis der »objektiven«, wirkl. Gesetzmäßigkeiten u. Determinierungen aller Natur- u. Sozialvorgänge durch Erfahrung, Experiment u. systemat. Beobachtung. Die Bewußtseinsvorgänge selbst werden als von der phys. Organisation des Menschen abhängig erklärt. In Übertragung der Gesetze der klass. Mechanik auf die Bewegungs-Probleme des einzel- u. zw.menschl. Lebens werden Physik u. Moral unter einheitl. »Sätzen« erklärt. Was in der Natur die elementaren Kräfte »Anziehung« u. »Abstoßung« bewirken, erscheint als menschl. Gefühl der »Liebe« u. des »Hasses«, bewirkt »Freundschaft« oder »Feindschaft«. Natürl. »Trägheit« ist identisch mit menschl. »Selbstliebe« (Lamettrie, Holbach, Helvétius). Der anthropolog. M. (Feuerbach) hebt das Denken, den Geist, als eine Qualität des Menschen neben anderen Naturqualitäten hervor u. fordert – da alles Bewußtsein das Bewußtsein leibhaftiger Menschen sei – eine Philosophie als Wiss. vom Menschen als eines sinnl., physiolog. Wesens. Der dialekt. u. histor. M. des 19. Jh. (Marx, Engels) nimmt den Ansatz einer einheitl. philos. Interpretation von Natur- u. Geistprozessen auf. Er kritisiert jedoch an den bisherigen materialist. Auffassungen die Vorstellung von einem allg., absoluten, natürl., unveränderl. Sein. Er entwickelt eine Philosophie, die das Bewußtsein nicht nur als Bestandteil bzw. passiven Reflex des materiellen Seins, sondern auch als eine wohl vom Sein bestimmte, aber auf dieses wiederum schöpferisch u. qualitativ verändernd zurückwirkende Kraft interpretiert (→Basis u. Überbau, →Dialektik).

F. A. Lange, Gesch. des M., ¹⁰1921; G. A. Wetter, Der dialekt. M., ⁴1958; P. Th. d'Holbach, System der Natur oder von den Gesetzen der phys. u. der moral. Welt, dt. 1960; L. Feuerbach, Anthropol. M., 2 Bde., 1967; A. Schmidt, Der Begriff der Natur in der Lehre von Marx, ²1967; J. Habermas, Zur Rekonstruktion des Hist. M., 1976; A. Honneth u. U. Jaeggi (Hg.), Theorien des Hist. M., 2 Bde., 1977 u. 1980; M. Haupt, Von Holbach zu Marx, 1987.

Mathematische Soziologie, eine mannigfaltig ausgeprägte Strömung wiss. Arbeitens, die sich hin-

sichtl. zahlreicher Gebiete des Objektbereichs der Soziol. u. angrenzender Problemfelder verwandter Soz.wiss.en (Wirtschaftswiss.en, Demographie, Soz.psychol.) um die weitestgehende Anwendung math. Methoden bemüht (→Mathematisierung). Bedeutende Pioniere waren insbes. der zum »Wiener Kreis« zählende Neopositivist Otto →Neurath u. G. A. →Lundberg, die beide für den sog. »Physikalismus« in den Soz.wiss.en eintraten. Im Gegensatz zur Mehrdeutigkeit u. Unschärfe der Alltags- u. verbalen Fachsprache geht es in der M. S. um eine exakte, Rechenoperationen ermöglichende Darstellung von soz. Zus.hängen u. Regelmäßigkeiten. Soziol. Hypothesen u. Theorien werden dementsprechend math. ausgedrückt, formalisiert u. präzisiert. Die sich somit ergebenden math. Modelle sollen möglichst einfach, realitätsnah u. für empir. Überprüfungen zugänglich sein sowie den Sicherheitsgrad für Prognosen erhöhen. Großenteils in Verbindung mit der Statistik u. EDV hat sich die M. S. in der Empir. Soz.forschg. entfaltet u. darüber hinaus zur Entwicklung von Computersimulationen u. »Weltmodellen« (Auswirkungen des Bevölkerungs- u. Wirtschaftswachstums, der Umweltkrise auf globale Ökosysteme) beigetragen. Für die Erforschg. des soz. Wandels sind Diffusionsmodelle hilfreich, mit denen die Ausbreitung von Informationen u. Innovationen (veränderte Wertorientierungen, Einstellungen u. Meinungen, neue Produkte u. Verhaltensweisen) math. dargestellt wird. Weit entwickelte Zweige der M. S. sind die Graphentheorie (→Graph) u. Netzwerkanalyse (→Netzwerk). Fruchtbare Verbindungen bestehen zur Spieltheorie u. zunehmend zur

Mathematisierung

Chaostheorie u. math. Katastrophenforschg.

J. Coleman, Introduction to Mathematical Sociology, New York 1964; R. Ziegler, Theorie u. Modell, 1972; R. Boudon, Math. Modelle u. Methoden, 1973; M. Olinick, An Introduction to Mathematical Models in the Social and Life Sciences, Reading/Mass. 1978; A. Rapoport, Math. Methoden in den Soz.wiss.en, 1980.

Mathematisierung, Anwendung math. Methoden u. Operationen – nicht nur deskriptiver (statist.), sondern auch modellierender Art – in versch. Wissenschaften. Durch M. sollen im Sinne einer nomothetischen Wiss. (→Idiographisch/nomothetisch) Regel- oder sogar Gesetzmäßigkeiten formalisiert u. möglichst exakt dargestellt werden. Die math. Modellierung von Sachverhalten ist in der Wirtschaftswiss. weit fortgeschritten, findet aber auch zunehmende Verwendung in Soziol., Psychol., Biologie usw. Sie ermöglicht es, betrachtete Phänomene präziser, übersichtlicher u. kürzer darzustellen, Inkonsistenzen u. Ungenauigkeiten aufzudecken u. aus der Darstellung Schlußfolgerungen abzuleiten. Wenn auch die Erfolge einer M. mancher wiss. Disziplinen beachtlich sind, so ist sie doch auch mit Gefahren verbunden: die Einschränkung des Problemfeldes auf math. formulierbare Sachverhalte, die Aufrechterhaltung inadäquater Modelle durch deren flexible Verbesserungen oder die Vortäuschung einer nicht einlösbaren Präzision (Scheinexaktheit). Infolge der Gesch.lichkeit u. individ. Einmaligkeit soz. Phänomene u. Prozesse stößt die M. der Soz.wiss.en auf entsprechend enge Grenzen.

G. Frey, Die M. unserer Welt, 1969; L. Collins (Hg.), The Use of Models in the Social Sciences, London 1971; P. Abell, Math. Sociology and Sociol. Theory, in: Approaches to Sociology, hg. v. J. Rex, London u. Boston 1974; W. J. Baumol, Ökonom. Modelle u. die Mathematik, in: Theorie u. Realität, hg. v. H. Albert, [2]1972; M. E. A. Schmutzer (Hg.), Math. Methoden in der Politikwiss., 1977; A. Rapoport, Math. Methoden in den Soz.wiss.en, 1980.

Matriarchat (griech., lat.), »Mutterherrschaft«, »Mutterrecht«; die Herrschafts- u. Einflußordnung einer Ges., in der die für die Organisation u. den Ablauf der wichtigen soz. Beziehungen gültigen u. maßgebenden Werte, Normen u. Verhaltensmuster von den jeweils älteren Frauen, den Müttern, bestimmt, geprägt, kontrolliert u. repräsentiert werden. Das M. wird in zahlreichen vormod. Ges.en bzw. bei Naturvölkern festgestellt. Unter Hinweis auf die durch die Trennung von Berufs- u. sonstigem soz. Lebensraum (Familie, Ehe) u. durch die Feminisierung einflußreicher Berufe bewirkte relative »Entmachtung« der Männer zugunsten zunehmender Entscheidungsmöglichkeiten der Frauen wird neuerdings auch in mod. Ges.en die Entwicklung eines neuen großstädt. (insbes. in den ges. Mittelschichten wirksamen) M. diskutiert.

U. Wesel, Der Mythos v. M., [5]1988 (1980); K. E. Müller, Die bessere u. die schlechtere Hälfte, 1989.

Matrilineal, matrilateral, bezeichnet hinsichtl. der Regelung des generationenübergreifenden Familienlebens die (vorrangig) mutterbestimmte Abfolge von Gruppenzugehörigkeit, Namen u. Status sowie Gestaltung des Erbrechts.

Matrix (lat.), »Mutterboden«, Ursache, Quelle; Bezeichnung der statist. Methodenlehre u. der Empir. Sozialforschg. für ein rechteckiges oder quadrat. Zahlen- oder Hypothesenschema, das die zw. den versch. Werten, Begriffen oder Aussagen in der horizontalen u.

vertikalen Anordnung mögl. Kombinationen verdeutlicht. In der Soziometrie kann mit Hilfe einer M., die die möglichen soz. Beziehungen zw. einer Anzahl von Personen bzw. Gruppenmitgliedern anschaul. macht, z. B. verdeutlicht werden, wer mit wem direkt oder indirekt über welche Zw.glieder in Verbindung steht u. Einfluß ausübt.

Mauss, Marcel, 10. 5. 1872 Epinal – 10. 2. 1950 Paris, 1903 Prof. für Religionsgesch. nichtchristl. Völker École pratique des Hautes Études in Paris, 1926 Mitbegründer des Inst. d'Ethnologie in Paris, 1931 Prof. für Soziol. am Collège de France in Paris. – Als Neffe u. Schüler v. E. Durkheim führte M. unter verstärkter Berücksichtigung der Anthropol., Ethnologie u. Psychologie die Durkheim-Schule in der franz. Soziol. weiter. Tausch als zentrale Dimension des soz. Zus.lebens beruht auf dem Prinzip der Gegenseitigkeit. Soz. Tatsachen faßte er mit ihren religiösen, moral., rechtl., wirtschaftl. u. anderen Aspekten als soz. Totalphänomene auf. M. zählt zu den Wegbereitern des Strukturalismus von C. Lévi-Strauss.

Schr.: Sociologie et anthropologie, 1950, dt.: Soziol. u. Anthropol., 2 Bde., 1988 (1974/75); Œuvres, hg. v. V. Karady, 3 Bde., Paris 1968/69; Die Gabe, 1990.
R. König, M. M. 1872–1972, in: KZfSS 24, 1972; W. Lepenies u. H. Ritter (Hg.), M. M. Soziologe u. Anthropologe, 2 Bde., 1975; P. Chiozzi, M. M.: Eine anthropol. Interpretation des Sozialismus, in: KZfSS 35, 1983.

Maxime (lat.), Lebensregel, Leitsatz, Hauptgrundsatz; in den Sozialwiss. Annahme über prinzipielle oder gesch.-regional begrenzt gültige Grundorientierung des menschl. Individual- oder Soz.verhaltens. In der Wirtschaftstheorie z. B. die M. der Lust-, Nutzen- oder Gewinnmaximierung; in der soziol.

Theorie der soz. Rolle die M. der Minimierung negativer u. der Maximierung positiver Sanktionen.

Mayntz, Renate, *28. 4. 1929 Berlin, 1953 Dr. phil. Berlin, 1953–57 UNESCO-Inst. für Sozialwiss. Köln, 1957/58 Forschungsauftrag, 1957 Priv.doz. Berlin, 1958/59 Fellowship Rockefeller Foundation, 1959/60 Gastprof. Columbia Univ., 1965 o. Prof. für Soziol. FU Berlin, Gastprof. Edinburgh (1964), Santiago (1965), New School for Social Research, New York (1968); 1971 Verwaltungsakademie Speyer, 1973 Univ. Köln, seit 1985 Dir. Max-Planck-Inst. f. Ges.forschg. Köln. – Hauptarbeitsgebiete: Soziol. der soz. Schichtung, Organisation, Verwaltung; rezeptive u. krit. Analysen zur →Strukturell-funktionalen Theorie u. zum polit.-administrativen System; theoret. u. empir. Arbeiten zu Fragen der Pol.entwicklg. u. Implementation polit. Programme.

Schr.: Das Dorf im Spannungsfeld industrieller Entwicklung (mit Wurzbacher), 1954; Die mod. Familie, 1955; Die soz. Organisation des Industriebetriebes, 1958; Soz. Schichtung u. soz. Wandel in einer Industriegemeinde, 1958; Parteigruppen in der Großstadt, 1959; Soziol. der Organisation, [4]1969 (1963); (Hg. u. Mitautor) Formalisierte Modelle in der Soziol., 1967; (Hg. u. Mitautor) Bürokrat. Organisation, 1968; (Hg.) Theodor Geiger. On Social Order and Mass Society, 1969; Einf. in die Methoden der empir. Soziol. (mit Holm, Hübner), [5]1978; Soziologen im Studium (mit Nunner-Winkler u. a.), 1971; Planungsorganisation (mit Scharpf), 1973; Personal im öfftl. Dienst (mit Luhmann), 1973; Policy-Making in the Federal Bureaucracy (mit Scharpf), 1974; Il governo locale in Europa (mit Sharpe), 1977; Soziol. der öffentl. Verwaltg., 1978; Vollzugsprobleme der Umweltpol. (mit Derlien u. a.), 1978; Die Organisation der gesetzl. Krankenvers. (mit Derlien), 1979; (Hg.) Implementation polit. Programme, 2 Bde., 1980 u. 1983; Forschg.smanagement, 1985; Differenzierung u. Verselbständigung (mit anderen), 1988; The Development of Large Technical Systems (mit T. P. Hughes), 1988; (Hg.) Policy Networks: Empirical Evidence and Theoretical Considerations (mit B. Masin), 1991; (Hg.) Verbände zw. Mitgliedern u. Gemeinwohl, 1993.

Mayo

Mayo, Elton, 26. 12. 1880 Adelaide (Australien) – 7. 9. 1949 Polesden Lacey/Engl. Psychologe u. Nationalökonom, Prof. für Industrieforschung Harvard Univ.
M. gehört zu den Begründern der amerikan. Industrie- u. Betriebssoziol. Zus. mit F. Roethlisberger u. W. Dickson führte er 1927–32 in den Hawthorne-Werken der General Electric Company in Chicago empir. Untersuchungen durch, vor allem mit kleinen Arbeitsgruppen (Testgruppe u. Kontrollgruppe). Die Ergebnisse zeigten, daß die Arbeitsleistung nicht allein von phys. Arbeitsbedingungen (Licht, Temperatur, Feuchtigkeit) u. äußerl. Regelungen (Lohn, Arbeitszeit) abhängt. Vielmehr werden die individuelle Arbeitsleistung u. Betriebsverbundenheit in starkem Maße von betriebsinternen Kleingruppen u. Statusfragen beeinflußt. Die Arbeitsgruppe normiert u. kontrolliert weitgehend die Leistung des einzelnen. M. ist somit Entdecker der informalen Gruppenstruktur des Industriebetriebs. Mit dem Nachweis der gruppenbestimmten Arbeitsleistung des einzelnen widerlegte er die »Hordenhypothese« (»rabble hypothesis«), nach der der Arbeiter ein bloß materiell egoist. motiviertes Individuum ist. M. befaßte sich auch mit Problemen der abnehmenden Solidarität u. der Kooperation in der industr. Ges. M. hat, wie Kritiker an ihm hervorheben, soz. Konflikte, Interessengegensätze u. das gesamtges. Eingebettetsein des Betriebes vernachlässigt.

Schr.: The Human Problems of an Industrial Civilization, Boston [2]1946 (1933); The Social Problems of an Industrial Civilization, 1945; The Political Problems of Industrial Civilization, 1947.
A. Landsberger, Hawthorne Revisited, New York 1958.

McClelland, David Clarence, *20. 5. 1917 Mt. Vernon/N. Y., 1956 Prof. für Psychol. Harvard Univ.
M. befaßt sich als behaviorist. orientierter Psychologe in Anlehnung an den von M. Weber aufgewiesenen Zus.hang zw. protestant. Ethik u. kapitalist. Wirtschaftsgesinnung mit der Hypothese, daß hohe Leistungsmotivation (»Bedürfnis nach Leistung«, abgekürzt: »b Leistung«) eine entscheidende Ursache des wirtschaftl. Wachstums ist. Um seine Hauptthese zu bestätigen, hat er in zahlreichen Ländern eine Fülle von Daten gesammelt u. zahlreiche Experimente durchgeführt. Vor allem weist er darauf hin, daß die Herausbildung individueller Leistungsmotivation in starkem Maße von Kindererziehungspraktiken abhängt. Bes. ausgeprägt ist die Leistungsmotivation bei Söhnen protestant. Eltern, da diese auf die Anerziehung von Selbständigkeit, Selbstkontrolle u. Leistungsorientierung großen Wert legen. M.s Feststellung, daß ein hohes durchschnittl. Niveau an b Leistung in einer Ges. die wirtschaftl. Entwicklung vorantreibt, ist hinsichtl. der soz. Probleme der Entwicklungsländer zunehmend bedeutsam.

Schr.: zus. mit J. Atkinson u. a., Personality, 1951; The Achieving Society, Princeton 1961 (dt.: Die Leistungsgesellschaft, 1966); The Roots of Consciousness, Princeton, N. Y. 1964 (dt.: Motivation u. Kultur, 1967); zus. mit D. Winter, Motivating Economic Achievement, New York [2]1971 (1969); Power. The Inner Experience, New York 1975 (dt.: Macht als Motiv, 1978); Human Motivation, Glenview, Ill. 1985.

McDougall, William, engl.-amerikan. Psychologe, 22. 6. 1871 Lancashire – 28. 11. 1938 Durham (North Carolina), lehrte seit 1902 Psychol. am Univ. College in London, später an der Univ. Oxford, seit 1920 Prof. für Psychol. Harvard

Univ. u. seit 1929 Duke Univ. (N. C.).

M. versuchte als konsequenter Reduktionist – im Gegensatz zum Behaviorismus – Psychol. u. Sozialpsychol. von Instinkten her zu entfalten. Diese betrachtete er als die primären Antriebskräfte des menschl. Verhaltens, auch des soz. Verhaltens. Er klassifizierte in einer Liste die Instinkte u. die ihnen zugeordneten primären Emotionen. Seine Instinktlehre hat lange die Sozialpsychol. u. Soziol. beschäftigt. Kritiker weisen darauf hin, daß Instinkte bloße Annahmen sind, nicht aber beobachtbare Erscheinungen. Ferner wird betont, daß M. die Variabilität u. soziokult. Ausformung des menschl. u. insbes. des soz. Verhaltens übersehen hat.

Schr.: An Introduction to Social Psychol., 1967 (1908) (dt.: Einf. in die Soz.-Psychol., 1928); The Group Mind, 1920; Outline of Psychol., 1923; Character and the Conduct of Life, 1927 (dt.: Charakter u. Lebensführung, 1951); The Energies of Men, 1932 (dt.: Aufbaukräfte der Seele, ²1947, 1937); Psycho-Analysis and Social Psychol., 1936 (dt.: Psychoanalyse u. Soz.-Psychol., 1947).
E. Faris, Are Instincts Data or Hypotheses? (in: Americ. Journ. of Sociol. 27, 1921); L. Bernard, Instincts, 1924.

Me (engl.), Mir bzw. Mich → Mead, George Herbert

Mead, George Herbert, 27. 2. 1863 South Hadley, Mass. – 26. 4. 1931 Chicago, Studium am Oberlin College u. Harvard Univ., in Leipzig u. Berlin, von 1894 bis zu seinem Tode Prof. für Philosophie u. Soz.psychol. Univ. Chicago.
M. zählt zu den amerikan. Pragmatisten u. Vertretern der sozialpsychol. Schule von Chicago. Er hat großen Anteil an der Entwicklung des →Symbolischen Interaktionismus. Individuelles Verhalten u. menschl. Bewußtsein können nur in Verbindung mit soz. Prozessen hinreichend erfaßt werden. Für den Interaktionsprozeß zw. Individuum u. soz. Umwelt sind Symbole von großer Bedeutung, vor allem die Sprache. Durch Internalisierung von Symbolen gewinnt der einzelne die Fähigkeit der Abstraktion u. des zukunftsorientierten Handelns. Für die Entfaltung des Menschen zur Soz.persönlichkeit ist das Lernen von Rollen wichtig. Schon das Kind lernt im Spiel, Rollen anderer Menschen zu übernehmen u. sich in diese hineinzuversetzen. Im Verlaufe der Sozialisation lernt der einzelne, im Mitmenschen nicht nur den konkreten anderen Menschen, sondern den Menschen überhaupt, den »generalisierten Anderen« zu sehen. Erst wenn der Einzelmensch sich an diesem »generalisierten Anderen«, in dem sich zugleich die allg. Werte u. Normen der Ges. verdichten, zu orientieren vermag, ist er »sozialisiert« u. verfügt über ein Gewissen. Im Zuge der Sozialisation u. des Rollenlernens bildet sich das »Selbst« des einzelnen heraus. Indem der Mensch Rollen anderer einnimmt, kann er sich von diesen aus gedankl. selbst betrachten. Das »Selbst« teilt sich in ein »Ich« u. ein »Mir« bzw. »Mich«. Das »Mich« stellt die mit ges. Normen verknüpfte kontrollierende Instanz der Persönlichkeit dar, das »Ich« hingegen die spontane, impulsive Komponente. Das »Selbst« ist also nicht bloßer Ausdruck der Ges., sondern enthält einen Rest an Spontaneität, der soz. Wandel begünstigt. Bemerkenswert ist, daß M. wenig publiziert hat u. erst Schüler u. Kollegen Bücher von ihm postum herausgaben.

Schr.: The Philosophy of the Present, 1932; Mind, Self, and Society, Chicago 1934, dt.: Geist, Identität u. Ges., 1973 (1968); Movements of Thought in the 19th Century, 1936; The Philosophy of the Act, 1938; The Social

Mead

Psychology of G. H. M., Chicago 1956, dt.: Sozialpsychol., 1969; Philosophie der Sozialität, 1969; Gesammelte Aufsätze, 2 Bde., hg. v. H. Joas, 1980–83; The Individual and the Social Self: Unpublished Work of G. H. M., hg. von D. L. Miller, Chicago 1982.
K. Raiser, Identität u. Sozialität. G. M.s Theorie der Interaktion, 1971; H. Joas, Prakt. Intersubjektivität, 1980; ders. (Hg.), Das Problem der Intersubjektivität, 1985; H. Wenzel, G. H. M., 1990.

Mead, Margaret, 16. 12. 1901 Philadelphia – 15. 11. 1978 New York, Studium der Anthropologie, Ethnologie u. Psychol. Columbia Univ., 1925 Beginn ihrer Feldforschg.en bei Südseevölkern, 1926 Mitarbeiterin des American Museum of Natural History, Prof. für Anthropologie Columbia Univ., Gastprof. am Department of Psychiatry am Medical College der Univ. of Cincinnati, Gastvorlesungen in England u. Frankreich, publizist. Tätigkeit, leitende Funktionen in zahlreichen wiss. Vereinigungen.
M. zählt zu den bedeutendsten amerikan. Kulturanthropologen. Sie ist bekannt geworden durch empir. Untersuchungen von Lebensgewohnheiten versch. Südseevölker. Sie wollte den Nachweis erbringen, daß die Menschennatur außerordentl. anpassungsfähig ist, daß die Entwicklung der menschl. Persönlichkeit in starkem Maße von der Eigenart der jeweiligen Kultur abhängt, »daß die biolog. Grundlage des menschl. Charakters sich unter versch. ges. Bedingungen verändern kann«. M. wollte vor allem zeigen, daß es keine natürl. Verbindung zw. Geschlecht u. Temperament gibt. Das Verhalten von Mann u. Frau hängt entscheidend von soziokulturell unterschiedl. geprägten Rollenmustern ab. Zus. mit G. Gorer hat sie die sog. swaddling-Hypothese entwickelt, nach der die Unterwürfigkeit des russ. Volkes eine Folge

bewegungseinschränkender Wikkelmethoden bei Kleinkindern sei. M. bezog auch die komplexen Großges.en in ihre Forschg.sarbeit ein. Ihre Lehre war dem kulturellen Relativismus verpflichtet. Durch Aufklärung wollte sie Verständnis für fremde Kulturen und Völker wecken.

Schr.: Coming of Age in Samoa, New York 1928 (dt.: Jugend u. Sexualität in primitiven Ges.en, Bd. 1: Kindheit u. Jugend in Samoa, 1970); Growing up in New Guinea, New York 1930 (dt.: Jugend u. Sexualität in primitiven Ges.en, Bd. 2: Kindheit u. Jugend in Neuguinea, 1970); Sex and Temperament in Three Primitive Societies, New York 1935 (dt.: Jugend u. Sexualität in primitiven Ges.en, Bd. 3: Geschlecht u. Temperament in drei primitiven Ges.en, 1970); And Keep Your Powder Dry, 1942; Male and Female, 1949 (dt.: Mann und Weib, 1958); Soviet Attitudes toward Authority, 1951; Culture and Commitment, New York 1970 (dt.: Der Konflikt der Generationen, 1971); A Way of Seeing (mit R. Metraux), New York 1970; Twentieth Century Faith (dt.: Hoffnung u. Überleben der Menschheit, 1972); Blackberry Winter. My Earlier Years, London 1973; Ruth Benedict, New York 1974; New Lives for Old, New York 1975; World Enough, Boston 1975; Letters from the Field, 1925–1975, New York 1977.
D. Freeman, Liebe ohne Aggression, 1983.

Mechanische Solidarität →Solidarität

Median (lat.), »Halbierer«, auch Zentralwert, der Wert, der sich ergibt, wenn die Gesamtheit aller ermittelten Zahlenwerte einer Häufigkeitsverteilung in zwei gleich große Hälften geteilt wird.

Medizinsoziologie befaßt sich mit ges. bzw. verges. Verhalten u. Handeln, mit Entstehungsbedingungen (»Soziogenese«), Struktur, Funktion u. Wandel entsprechender Institutionen, Rollen u. Organisationen, sowie mit kultur-, schicht- u. gruppenspezif. Überzeugungen, Wissenssystemen u. Interessen, die explizit oder implizit, manifest oder latent auf die

Medizinsoziologie

universell notwendige Auseinandersetzung mit Problemen von Krankheit u. Gesundheit gerichtet sind. Sie wird daher auch als »Soziol. der Medizin u. des Gesundheitswesens« bezeichnet, ohne sich deshalb auf eine durch die mod. Medizin dominierte Konstitution von Gesundheitssystemen beschränken zu müssen. Krankheits- u. gesundheitsbezogene »Außenseiterpraktiken«, Laientheorien u. Coping-Strategien (zur Krankheitsbewältigung), Laien(selbst)hilfesysteme werden in die medizinsoziol. Konzeption ebenso eingeschlossen wie sozialhistor. Analysen u. interkult. Vergleiche. In diesem weit gefaßten Sinne begreift M. Medizin als Subsystem des ges. Gesamtsystems, dessen Wechselbeziehungen zur »Gesellschaft« u. zu ihren anderen Subsystemen (wie Recht, Politik, Wirtschaft, Kultur) von theoret., analyt. u. empir. Interesse für die Allg. Soziol. sind, zumal Medizin als soz. System, als struktureller u. strukturbeeinflussender Bestandteil von Ges. über lange Zeit hinweg unberücksichtigt geblieben ist. Mithin können auch alle wichtigen soziol. Theorien, Theoreme u. Paradigma in medizinsoziol. Arbeiten gefunden werden bzw. zur Anwendung kommen. Hier sind vor allem strukturell-funktionale, symbolisch-interaktionale, konflikttheoret. u. ethnomethodolog. Analysen zu nennen, aber auch sozialpsychol., linguist. u. histor. Ansätze. In der M. ist der Begriff von Krankheit (u. von Gesundheit) ein soz. Konstrukt u. dies auch in seiner naturwiss.-physiolog. Ausprägung. Krankheit u. Gesundheit liegen im Spannungsfeld zw. Devianz u. Konformität u. unterliegen als Kranksein bzw. Gesundsein soziokult. variablen Prozessen der Definition, Zuschreibung u. Erlebnisformierung.

Ausgehend von der Analyse des Arzt-Patient-Verhältnisses als Kern des Gesundheitssystems, von der Rolle des Arztes (u. anderer »Heiler«), des Kranken u. des Patienten haben sich die folgenden Hauptinteressenbereiche herausgebildet: (1) Professionalisierung der Ärzteschaft u. anderer Heilerufe (einschließl. der berufl. Sozialisation), Hintergründe u. Folgen der Berufsrollenspezialisierung, Erwerb u. Durchsetzung von Definitionsmacht u. Dominanz, interprofessionelle Kooperations- u. Konfliktverhältnisse; (2) Krankheitsverhalten im Sinne des Hilfesuchens u. Sich-helfen-Lassens, des Prozesses der Übernahme oder Ablehnung der Kranken- bzw. Patientenrolle, der Befolgung oder Nichtbefolgung professioneller Anweisungen u. Empfehlungen (Compliance); (3) Krankheitsbewältigung (Coping) u. Patientenkarriere als zeitl.-interaktioneller Prozeß im Netzwerk soz. Unterstützungen u. Hemmnisse, insbes. bei chron. Krankheit u. bei physischer u. psych. Behinderung unter Einschluß der mitbetroffenen primären Bezugspartner (Familie); (4) Organisation des medizin. Versorgungssystems, seiner Teilbereiche (Krankenhaus, freie Praxis, Poliklinik etc.) u. seiner ökonom. u. sozialpolit. Ressourcenvermittler (Gesundheitsverwaltung, Krankenversicherung, freie Wohlfahrtsverbände); (5) Auswirkungen diagnost. u. therapeut. Technologien auf Einstellungen, Handlungsweisen u. Interaktionen innerhalb u. außerhalb des Gesundheitssystems, wobei neben der »Apparate-Medizin« neuerdings auch pharmakolog. u. psychotherapeut. Techniken berück-

Megalopolis 540

sichtigt werden; (6) phys. u. psych. Erkrankungsrisiken durch sozialstrukturell, soziobiograph. u. interaktionell bedingte Belastungen. Vor allem in dem zuletzt genannten Arbeitsbereich ist M. an der Verfolgung von Interessen der Medizin. Psychologie, der Psychosomat. Medizin (→Psychosomatik), der →Soz.psychiatrie (Psychiatr. Soziol.), der Soz.medizin, der Soz.epidemiologie (→Epidemiologie) u. damit auch an der Schaffung von Grundlagen für Gesundheitsförderung u. Gesundheitspolitik beteiligt. M. ist in der BR Dtl. seit Mitte der 70er Jahre unter der Bezeichnung Medizin. Soziol. als Pflichtfach in das Medizinstudium eingeführt worden.

R. König u. M. Tönnesmann (Hg.), Probleme der M., Sonderheft 3 KZfSS, 1970; C. v. Ferber, Gesundheit u. Ges., 1971; ders., Soziol. für Mediziner, 1975; E. Goffman, Asyle, 1972; ders., Stigma, 1975; O. Döhner (Hg.), Arzt u. Patient in der Industrieges., 1973; J. J. Rohde, Soziol. des Krankenhauses, 1974; V. Volkholz u. a., Analyse des Gesundheitssystems, 1974; E. Freidson, Dominanz der Experten, 1975; ders., Der Ärztestand, 1979; D. Ritter-Röhr (Hg.), Der Arzt, sein Patient u. die Ges., 1975; H.-U. Deppe, Medizin. Soziol., 1978; J. Siegrist, Arbeit u. Interaktion im Krankenhaus, 1978; ders., Wege zum Arzt (mit K. Hendel-Kramer), 1979; ders., Soz. Belastung u. Herzinfarkt, 1980; ders., Lehrbuch der Medizin. Soziol., 1988; M. Pflanz, M., in: R. König (Hg.), Hdb. der empir. Soz.forschg., Bd. 14, 1979; H.-U. Deppe u. a. (Hg.), Medizin. Soziol., Jb. 1 u. 2, 1981/82; Medizin. Soziol., Jb. 1–4, 1981 ff.; U. Gerhardt, Patientenkarrieren, 1986; B. Badura u. a., Leben mit dem Herzinfarkt, 1987; P. Ridder, Einf. in die Medizin. Soziol., 1988; A. Labisch u. R. Spree (Hg.), Medizin. Deutungsmacht im soz. Wandel, 1989; U. Gerhardt, Ges. u. Gesundheit, 1991.

Megalopolis (griech.), »mächtige Stadt«, stadtsoziol. Bezeichnung für die Zus.ballung von Städten u. Großstädten. Allg. auch für Großstadt-Landschaft. →Agglomeration.

Mehrdeutigkeit →Ambiguität

Mehrebenenanalyse →Kontextanalyse

Mehrheitsprinzip, Grundsatz der Legitimität u. Legalität von polit. Entscheidungen in der Demokratie, wonach die Mehrheit des Volkes, der Volksvertreter (Parlamentarier) oder – in demokrat. Organisationen u. Verbänden – der Mitglieder mit ihrer Entscheidung auch die nichtzustimmenden Minderheiten bindet. Bei Wahlen oder Abstimmungen wird unterschieden: (a) die relative Mehrheit, bei der diejenige Entscheidungsmöglichkeit als angenommen gilt, die von allen zur Wahl stehenden Möglichkeiten die meisten Stimmen auf sich vereinigt; (b) die absolute Mehrheit, bei der zur Annahme mindestens die Hälfte aller abgegebenen Stimmen erforderl. ist. Als qualifizierte Mehrheit gilt in der Regel die Zustimmung von mindestens $2/3$ aller abgegebenen Stimmen.

B. Guggenberger u. C. Offe (Hg.), An den Grenzen der Mehrheitsdemokratie, 1984; H. Oberreuter (Hg.), Wahrheit statt Mehrheit?, 1986.

Mehrstufenauswahl →Flächenstichprobe

Mehrvariablen-Analyse →Multivariate Analyse

Mehrwert, Bezeichnung des Marxismus für die Gesamtheit der von Arbeitern geschaffenen Werte, die aufgrund der Eigentumsverhältnisse im Kapitalismus von den Kapitalisten (Unternehmern) angeeignet werden können. Voraussetzung des M. ist das »Mehrprodukt«, der produzierte Überschuß über den Existenzbedarf der Arbeiter. M. entsteht, wenn dieses Mehrprodukt aufgrund der ökonom. Herrschafts- u. Rechtsverhältnisse durch Nicht-Produzenten angeeignet wird. In diesem Sinne bestimmte K. Marx den M. als die Differenz zwischen dem Wert der Arbeit (= Wert der Arbeitsprodukte) u. dem Wert der Arbeitskraft (= Wert der von den Arbeitern selbst zur Lebenshaltung benötigten Waren). Der M. als das den Arbeitern vorenthaltene Mehrprodukt wird vom aneignenden Unternehmer als Profit u. Kapital akkumuliert.

K. Marx, Das Kapital, 4 Bde., 1867–1910; G. Himmelmann, Arbeitswert, M. u. Verteilung, 1974; H. Nahr, M. heute, 1977.

Meinungsforschung, auch →Demoskopie oder Umfrageforschung, auf statist., psychol. u. empir.-soziol. Methoden basierende Vorgehensweise zur Analyse u. Beobachtung von ges. Massenerscheinungen. M. ermittelt Meinungen als Antworten auf gezielte Fragen, um damit Aufklärung über Wertorientierungen, Einstellungen u. voraussichtl. Verhalten geben zu können. Damit wird allg. oder bei bestimmten Personenkategorien übl. Verhalten diagnostiziert, um Aussagen über Regelmäßigkeiten soz. Handelns u. Reagierens oder über die Wirkungen von soz. Einflußfaktoren oder Medien zu ermöglichen. In diesem Zus.hang ist M. sowohl als empir.-induktives Vorstadium für die Entwicklung von soziol. Hypothesen wie als Überprüfungs-Instrument soziol. Theorien zu betrachten.

Die M. bedient sich der Methoden Empir. Soz.forschg., insbes. der Befragung u. der Beobachtung. Hauptprobleme der M. sind die möglichst objektive (von subjektiven Verzerrungen der Erhebungspersonen freie) Sammlung von Daten, die Übersetzung von Problemstellungen in zahlenmäßig greifbare Merkmale u. Eigenschaften, d. h. die Übersetzung von Begriffen, Vorstellungen, Einstellungen, Ideen in »Dimensionen« oder »Indikatoren«, sowie die analyt. Verarbeitung u. Interpretation der ermittelten u. quantifizierten Daten. Unter Anwendung systemat. →Auswahlverfahren umgeht die M. aufwendige u. kostspielige Totalerhebungen. Sofern es gilt, die Trends bestimmter Variablen zu beobachten, bedient sich die M. der sog. Panel-Befragung.

Die wichtigsten Anwendungsgebiete der M. sind (neben ihrer sozialwiss. Nutzung, s. o.): die Marktforschung, die Medienwirkungsforschg. u. Werbung (Leser-, Hörer-, Zuschauerforschung), die Einstellungs- u. Meinungsforschung im polit. Bereich (Image-Forschung, Wahlprognosen) u. innerorganisator. Umfragetests zu spez. Problemen betriebl. Funktionszus.hänge.

Die Frage, inwieweit die M. insbes. im Bereich der Politik in erster Linie der Aufklärung u. besseren Information oder aber eher der Manipulation dient, ist umstritten. Einerseits wird befürchtet, daß die Feststellung u. Veröffentlichung soz. Fakten durch Ergebnisse der M. einen normativ stabilisierenden Effekt (»Mitläufereffekt«) ausübe u. polit. Verantwortungsbewußtsein u. alternativ orientierte Entscheidungsfreudigkeit destruktiv beeinflusse (»Massendemokratie«). Andererseits wird hervorgehoben, daß die Kenntnis der allg. Lage u. Tendenz soz. Fakten sowohl beim breiten Publikum als auch bei verantwortl. Entscheidungsträgern die Wahl- u. Willensbildungsprozesse aus privat u. persönl. »gestimmten« Denkansätzen heraushebe u. damit in komplexen Großges. eine wichtige Voraussetzung für das Funktionieren von realer Demokratie darstelle. Wiederholt vermutete u. bewiesene Manipulation der Öffentlichkeit durch zeitl. u. inhaltl. gezielte Veröffentlichung u. interessengesteuerte Auswertung u. Darstellung von Umfrageergebnissen (insbes. durch privat-wirtschaftl. arbeitende M.-Unternehmen) läßt immer wieder die Frage nach dem polit.-soz. Ethos u. den soz. Abhängigkeiten der Meinungsforscher laut werden.

W. Hennis, M. u. repräsentative Demokratie, 1957; G. Schmidtchen, Die befragte Nation. Über den Einfluß der M. auf die Politik, [2]1961; L. v. Friedeburg, Zum polit. Potential der Umfrageforschung (KZfSS 13, 1961); E. Noelle, Umfragen in der Massenges., 1963; dies., Öffentl. Meinung u. soz. Kontrolle, 1966; K.-H. Diekershoff, G. Kliemt, Ideolog. Funktionen demoskop. Erhebungen (KZfSS 20, 1968); R. Zoll (Hg.), Manipulation der Meinungsbildung, 1970; E. K. Scheuch, Meint das Volk, was es meint?, 1971; F. u. H. Karmasin, Einf. in Methoden u. Probleme der Umfrageforschg., 1977; P. W. Meyer, Markt- u. M., 1986; E. Noelle-Neumann, Öffentl. Meinung. Die Entdeckung der Schweigespirale, 1989.

Meinungsfreiheit, liberales u. demokrat. Ges.prinzip, das als Grundrecht der Menschen in die Verfassung aller rechtsstaatl. Demokratien aufgenommen worden ist. Art. 5 des GG bestimmt: Jeder hat das Recht, seine Meinung in Wort, Schrift u. Bild frei zu äußern u. zu verbreiten u. sich aus allg. zugängl. Quellen ungehindert zu unterrichten. Die Pressefreiheit und die Freiheit der Berichterstattung durch Rundfunk u. Film werden gewährleistet. Eine Zensur findet nicht statt.

Das Prinzip der M. verhindert eine durch staatl. oder ges. Autoritäten mögl. Monopolisierung des Wahrheitsanspruchs u. entspr. Manipulationen u. Reglementierungen der Meinungsäußerung und Informationssysteme. Sie sichert die polit. Öffentlichkeit u. gibt insbes. soz.

Minderheiten u. einer von polit. Herrschaftsinstanzen ausgeschlossenen Opposition das Recht, jederzeit ihre Alternative u. ihre Kritik zu artikulieren u. zu verbreiten. Dadurch soll im freien Wettbewerb der Überzeugungen, Interpretationen u. Wertungen jedem Bürger die persönl. Verantwortung u. Mitentscheidung am Prozeß demokrat. Willensbildung ermöglicht werden.

Gemäß des GGes findet die M. ihre Schranken in allg. Gesetzen, in Jugendschutzbestimmungen u. in dem Recht der persönl. Ehre. Abgewehrt werden insbes. öffentl. Meinungsäußerungen, die Antisemitismus, Rassenhaß u. Volksverhetzung beinhalten.

Meinungsführer (engl. opinion leader), Begriff der psycholog. u. publizist. Kommunikationsforschung, 1940 erstmals theoret. entwickelt von P. F. Lazarsfeld u. a. anläßlich der empir.-politolog. Felduntersuchungen im amerikan. Präsidentschaftswahlkampf. Als M. gilt eine Person, die im Vergleich zu anderen intensiver u. häufiger die Möglichkeit der Information durch Massenmedien nutzt, infolge ihres besseren Informationsstandes häufig um Meinung u. Rat gefragt wird u. somit große Beeinflussungschancen gegenüber anderen hat. Am Typus des M. kann die massenkommunikationssoziol. Bedeutung interpersonaler Kontakte für die Weitergabe u. Wirkung von Nachrichten studiert werden. →Zweistufenhypothese der Kommunikation.

P. F. Lazarsfeld, B. Berelson, H. Gaudet, The People's Choice, New York, [2]1948 (dt.: Wahlen u. Wähler, 1969); G. Maletzke, Grundbegriffe der Massenkommunikation, 1964; M. Janowitz, The Community Press, London–Chicago [2]1967.

Meisterkrise →Man-in-the-Middle

Meliorismus (engl. meliorism, Verbesserung), Bezeichnung f. eine besondere Form des Fortschrittsglaubens innerhalb der frühen amerik. Soziol., wonach eine Überwindung soz. Probleme u. eine Verbesserung der soz. Lebensverhältnisse durch gezielte Reformen u. Eingriffe (Interventionen) möglich seien.

Melting pot (engl.), Schmelztiegel, Bezeichnung für das insbes. in dem »klass.« Einwanderungsland USA herausgebildete ges.polit. Leitbild, demzufolge größere soziokult. Unterschiede zw. verschiedenen Bevölkerungsteilen durch Assimilation von Minderheiten an die Mehrheitskultur bzw. an eine herrschende Minorität relativ rasch verschwinden (sollen). Der Einschmelzungsprozeß würde begünstigt werden durch einen bewußt gepflegten Staatspatriotismus, durch Bemühungen um eine lebensprakt. Verwirklichung von Grundwerten (Menschenwürde, Freiheit, Gerechtigkeit, Chancengleichheit, Anspruch auf Glück u. a. m.) u. allg. Menschenrechten, durch ein egalitäres Erziehungs- u. Ausbildungssystem, durch leistungsgerechte Aufstiegschancen im Berufsleben für alle u. durch Massenmedien (Fernsehen, »Unterhaltungsindustrie«) u. -konsum. Mittlerweile wird die Assimilation von ethn.-kult. u. rass. Minderheiten abgelehnt, die vielmehr ihre überkommene kult. Identität bewahren wollen u. ggf. sogar »kult. Enklaven« bilden. Solche Bestrebungen haben (bei gleichzeitigen verstärkten Wanderungen) im Gegensatz zur Idee des M. p. maßgeblich zur Aufrechterhaltung oder Entstehung multikult. Ges.en beigetragen.

Menge, auch Grundgesamtheit, Begriff der Wissenschaftstheorie: die Gesamtheit aller Gegenstände, Personen, Verhältnisse oder Beziehungen, denen eine oder mehrere bestimmte Eigenschaften (Prädikate) zuerkannt werden. Durch die Eigenschaften »Student sein« u. »Arbeiterkind sein« wird z. B. die M. »Studenten mit Arbeiterherkunft«, aber auch die M. »Arbeiterkinder, die studieren« bestimmt. Quantitativ betrachtet, unterscheiden sich im Beispiel die definierten M.n nicht. Über das wiss. Interesse an der einen oder an der anderen M. entscheidet die einer wiss. Analyse zugrunde liegende Fragestellung.

Menschenführung, die Gesamtheit der in Organisationen systemat. betriebenen Maßnahmen zur Integration u. Versöhnung der Mitglieder (Funktionsträger, Beschäftigte, Mitarbeiter) u. ihrer persönl. Lebensinteressen mit dem Organisationsziel u. den daraus abgeleiteten Strukturen, Normen u. Verhaltensanweisungen für eine effiziente Zielrealisierung. M. umfaßt sowohl die Prozesse der Auswahl, des Einsatzes, der Information u. internen Ausbildung der Organisationsmitglieder als auch die Entscheidungen über die funktionale u. vertikale Organisation der Arbeitsbeziehungen, über die Belohnungs- u. Sanktionssysteme, über Führungsstile u. Mitbestimmung, über Statussysteme u. Karrierewege. Voraussetzung jeder M. sind Kenntnisse über sozialpsycholog., individualpsycholog., gruppensoziol. u. gesamtges.-kulturelle Gesetzmäßigkeiten, die in konkreten Situationen auf die spezif. Bewußtseins-

Menschenrechte

zuständge, soz. Strukturverhältnisse, Qualifikations- u. Motivationslagen der zu »führenden« Menschen bezogen werden müssen. M. kann mit emanzipator. Absichten der Demokratisierung u. individuellen Selbstverwirklichung ebenso dienen, wie sie unter manipulativen Absichten Menschen der subjektiv unkontrollierbaren Fremdbestimmung u. phys.-psych. Ausbeutung u. Vergewaltigung aussetzt.

J. Häusler, Grundfragen der Betriebsführung, 1966; R. Wunderer u. W. Grunwald, Führungslehre, 2 Bde., 1980; H. Siegwart u. G. P. B. Probst (Hg.), Mitarbeiterführung u. ges. Wandel, 1983; O. Neuberger, Führen u. geführt werden, 1989; M. de Pree, Die Kunst des Führens, 1990; G. Wiendieck u. G. Wiswede (Hg.), Führung im Wandel, 1990.

Menschenrechte →Grundrechte

Menschlich, ein im alltägl. soz. Zus.leben oft benutztes Wort mit mannigfaltigem u. widersprüchl. Bedeutungsinhalt, der die biolog. einzigartig große Spannweite der Verhaltensmöglichkeiten des Menschen zum Ausdruck bringt. Anthropol. besteht das Besondere des m.en Verhaltens darin, daß es nicht in artspezif. Weise instinktgebunden oder sonstigen starren, unveränderl. Verursachungsmechanismen unterworfen ist, sondern sich durch einen hohen Grad der Plastizität, der soziokult. Formbarkeit u. mögl. individuell-rationalen Selbststeuerung auszeichnet. Voraussetzungen für diese Besonderheit des m.en Verhaltens sind neben der »Instinktreduktion« (A. Gehlen) die »Weltoffenheit« (M. Scheler) des Menschen, seine großen kognitiven Fähigkeiten (gesteigerte Lernfähigkeit, Aufbau von Sprachen, Fähigkeit zum abstrakt-log. Denken, kulturschaffende Leistungen), die Fähigkeit zum normativ geregelten ges. Zus.leben, das Sich-

selbst-Bewußtsein des Individuums. Eine wesentl. Voraussetzung für die individuell-rationale Selbststeuerung ist die Möglichkeit des Menschen, antizipator. (zukunftsbezogen-vorausschauend), wert-, sinn- u. zielorientiert, planvoll, einsichtig, verantwortungsbewußt u. unabhängig von Affekten, aggressiven Impulsen, materiell-egoist. Bestrebungen u. von Verlockungen zu soz. mißbilligten Aktivitäten handeln zu können. Philos. wird seit langem darüber gestritten, inwieweit der Mensch über Autonomie u. »Willensfreiheit« verfügt, ob er Vernunftwesen ist oder Spielball irrationaler Antriebskräfte u. äußerer Zwänge.

Aus soziol. Sicht ist es für die soz.verträgl. Entfaltung m.er Verhaltensmöglichkeiten entscheidend, inwieweit das Individuum durch Sozialisation zu einer soz. handlungsfähigen Persönlichkeit heranreifen kann. Hierbei sind die soziokult. Überformung u. Differenzierung von Bedürfnissen u. die Vermittlung von Werten u. Normen unerläßlich. Insbes. in traditionalen Ges.en gewährleistet die Internalisierung (Verinnerlichung) von Werten u. Normen weitgehend ein gleichsam automat., quasi-instinktiv funktionierendes Soz.verhalten. In mod., pluralist. Ges.en mit vergrößerten Chancen der Reflexion über die Verursachung m.en Verhaltens wachsen dagegen die »Spielräume« für individuell-autonomes, wert- u. normreflexives, innerl. distanziertes, innovatives u. auch abweichendes Handeln.

Im alltägl. soz. Zus.leben gilt als m. in erster Linie ein eth.-moral. orientiertes, den jeweils geltenden Werten u. Normen gerecht werdendes, insofern sittl. gutes, insbes. prosoz. Handeln (Mitmenschlichkeit, Kameradschaftlichkeit, Treue, Anteilnahme, Hilfsbereitschaft, Solidarität, Nächsten- u. »Fernstenliebe«, Altruismus). Diese Einschätzung wird von der Einsicht getragen, daß der Mensch seine Affekte, Aggressivität, Spontaneität u. seinen Egoismus beherrschen u. einschränken kann. Dagegen wird in der mod., auf humane Idealwerte ausgerichteten Ges. ein Handeln um so mehr als unm. abgewertet u. sanktioniert, je mehr es unter Mißachtung von Werten u. Normen in aggressiver, brutaler oder sogar sadist. Weise Mitmenschen schädigt u. verletzt. M. im weiteren Sinne ist aber ein solches Handeln insofern, weil der Mensch sogar in starkem Maße die Fähigkeit zur Grausamkeit, Brutalität, Destruktion, Bestialität u. zum Sadismus besitzt, insbes. im Zus.hang mit institutionellen Veränderungen. Im Krieg wird sogar hinsichtl. des Feindes ein zerstörer. Handeln u. Töten gerechtfertigt u. normativ gefordert. Die Zuspitzung von Kriegen u. der Zerfall von Institutionen in Bürgerkriegen kann zur Freisetzung der »Ausartungsbereitschaft« des Menschen u. zum unm.en Verhalten führen. Die Kriterien für m. gutes oder schlechtes Verhalten hängen von den jeweiligen Werten u. Normen, ges. Umständen u. vorherrschenden Institutionen ab.

Alltagspsychol. gilt auch als m., daß der Mensch nicht generell eth.-moral. anspruchsvoll handelt, sondern oft von eher gering bewerteten oder offiziell abgelehnten Persönlichkeitsmerkmalen, Einstellungen u. Affekten (mit)gesteuert wird: Menschenverachtung, Haß, Feindseligkeit, Neid, Mißgunst, Eifersucht, Heimtücke, Intrigantentum, Gemeinheit, Rücksichtslosigkeit, Rachsucht, Primitivität, Geiz, Genußsucht, Unersättlichkeit, Be-

quemlichkeit, Ignoranz u. a. m. Mitunter werden die aus solchen Quellen (mit)verursachten Verhaltensäußerungen (z. T.) als m.-allzum. interpretiert u. ggf. sogar entschuldigt. Die Ausprägung u. Intensität solcher – individ. unterschiedl. veranlagten – m.-allzum.en Bestimmungsgründe des Verhaltens hängen erhebl. von der jeweiligen Eigenart einer Kultur u. Ges. ab, die sich verstärkend, dämpfend oder unterdrückend auswirkt. M.-allzum. ist auch die von F. Nietzsche erkannte u. von S. Freud als Abwehrmechanismus eingestufte Fähigkeit des Menschen zur bewußten oder meist unterbewußten Rationalisierung, Verkleidung u. Maskierung von irrationalen Antriebskräften u. egoist. Motiven (z. B. Macht- u. Geltungsstreben, Gewinnsucht), so daß nach außen eine vernünftig anmutende, soz. akzeptable Handlungsbegründung erscheint (→Pareto). Scheinheiliges u. unaufrichtiges Verhalten ist oft mit dem Mißbrauch von Idealen verbunden.

Die Popularisierung soz.wiss. Erkenntnisse über Eigenarten u. Mechanismen m.en Verhaltens kann ebenso eine Verbesserung desselben (mehr Aufrichtigkeit u. prosoz. Handeln) wie auch eine Steigerung egoist. Raffinesse (Täuschung u. Ausbeutung anderer Personen) begünstigen. Die Bewältigung der gegenwärtigen Menschheitsprobleme (»Bevölkerungsexplosion«, Umweltkrise, Friedenssicherung) setzt die weitestgehende Ausschöpfung m.er Fähigkeiten zum eth.-moral. orientierten, verantwortungsbewußten u. prosoz. Handeln voraus.

F. Nietzsche, Sämtliche Werke, hg. von G. Colli u. M. Montinari, Bd. 2, M.es, Allzum.es, 1980; M. Scheler, Die Stellung des Menschen im Kosmos, ^{6}1962 (1928); R. Benedict, Urformen der Kultur, 1955 (amerik. 1934); A. Geh-

Mental 546

len, Der Mensch, [13]1986 (1940); ders., Anthropolog. Forsch., 1970 (1961); H. Schoeck, Nietzsches Phil. des M.-Allzum.en, 1948; H. Plessner, Die Frage nach der Conditio humana, 1976; M. Landmann, Philosoph. Anthropologie, [5]1982; I. Eibl-Eibesfeldt, Die Biologie des mensch. Verhaltens, [2]1986; S. Roth, Die Kriminalität der Braven, 1991.

Mental (lat. geistig), Bezeichnung für die Umschreibung v. psychisch-kognitiven bzw. seelisch-geistigen Strukturen u. Vorgängen, die »innerhalb« der Persönlichkeit wirksam sind u. im Gegensatz zum ursprünglichen Behaviorismus v. mod. Verhaltenstheorien (→Verhaltenstheoret. Soziol.) bei der Erklärung v. Verhalten berücksichtigt werden.

Mentalität (lat.), Denk-, Anschauungs-, Auffassungsart; die spezif. umwelt- u. erfahrungsbedingte Prägung der psych. Disposition eines Individuums, die bewirkt, daß kognitive Wahrnehmungen u. Vorstellungen über die Wirklichkeit unmittelbar mit Wertungen, emotionalen oder affektuellen Steuerungen u. vorweggefaßten Meinungen u. Leitbildern verbunden werden. Soweit solche Dispositionen etwa gleichartig innerhalb bestimmter Gruppen, ges. Schichten, Klassen oder Bevölkerungsteile auftreten, können »soziale M.en« festgestellt werden (→Sozialcharakter, →Ges.bild). Andererseits werden in der »subjektivist.« orientierten Theorie der soz. Schichtung spezif. M.en als Abgrenzungskriterium für Schichtgrenzen herangezogen. Die Soziol. untersucht die Zus.hänge zw. objektiven Lebensverhältnissen (Arbeits- u. Berufssituation, Wohnlage, ökonom. Lebensbedingungen) u. M.sbildung. Soz. M.en wirken ebenso gruppen- oder schichtintegrierend, wie sie als Barrieren zw. Menschen unterschiedl. soz. Lage fungieren.

T. Geiger, Die soz. Schichtung des dt. Volkes, 1932; R. Münch, Mentales System u. Verhalten, 1972; U. Raulff (Hg.), M.en-Gesch., 1987; P. Dinzelbacher (Hg.), Europ. M.sgesch., 1993.

Mentor, Bezeichnung für einen Lehrer, Vorgesetzten, Verwandten oder Bekannten, der als Ratgeber u. väterl. Freund eine jüngere Person hinsichtl. der geistigen, künstler. oder berufl. Entwicklung fördert. Die Karriere- u. Aufstiegschancen einer Nachwuchskraft können sich durch einen M. erhebl. oder sogar entscheidend vergrößern.

G. Arhen, M.ing im Unternehmen, 1992.

Meritokratie (lat., griech.), »Herrschaft der Verdienten«, ges. Herrschaftsordnung, Statushierarchie oder Berechtigungssystem der Aufstiegschancen nach Maßgabe der Begabung, Intelligenz u. Leistungsfähigkeit der Individuen. Aus soz.krit. Sicht gilt M. gegenüber einer Ges.ordnung des Besitzes oder der Herkunft bzw. Abstammung als die rationale Form moderner soz. Demokratie. Das ges.polit. Modell der M. läßt jedoch die Frage offen, wer in der Ges. definiert, was als Begabung, Leistung u. a. anerkannt sein soll. Es besteht die Gefahr, daß in der M. die »Verdienten« aufgrund ihrer privilegierten Positionen selbst festlegen, was als »Verdienst« zu werten ist.

M. Young, Es lebe die Ungleichheit. Auf dem Wege zur M., 1961.

Meritorische Güter, engl. merit goods, Güter u. Dienstleistungen im weiteren Sinne, auf die sich ganz gezielt staatl. Eingriffe u. Regulierungen beziehen, um den jeweiligen Konsum zu verringern (»Demeritorisierung«), z. B. Alkohol- u. Tabakprodukte, oder zu erhöhen (»Meritorisierung«), z. B. gesetzl. Schulpflicht, Impfzwang,

Soz.versicherungspflicht. →Öffentl. Güter.

E. Heckscher, Der. M., 1932; F. Blaich, Die Epoche des M., 1973; V. Press (Hg.), Städtewesen u. M. in Mitteleuropa, 1983.

Merkantilismus (franz. mercantile = kaufmännisch),»Handelssystem«, System wirtschaftspolit. Maßnahmen im Zeitalter des Absolutismus zur Vergrößerung des nationalen (fürstl.) Reichtums u. der Macht des (monokrat., monarch., aristokrat. repräsentierten) Staates. Die Bezeichnung M. wurde von A. Smith (1723–90) als Gegensatz insbes. zu dem von ihm theoret. interpretierten liberalen Industrie- u. Marktwirtschaftssystem geprägt. In Frankreich nach einem bedeutenden Minister dieser Zeit (J. B. Colbert, 1619–83) auch Colbertinismus; in Dtl., zum Nutzen der Fürstenkammer betrieben, Kameralismus genannt. Wirtschaftl. bedeutete der M. die Förderung der industr. Produktion gegenüber Landwirtschaft u. Kleinhandwerk, Maßnahmen (z. B. Einwanderungsanreize) zur Bevölkerungsvermehrung, Ausbau der zw.städt. Verkehrswege, Zoll- u. Kolonialpolitik mit dem Ziel einer aktiven Zahlungsbilanz. Staatspolit. begünstigte der M. die Bildung u. Konsolidierung von Nationalstaaten. Soziol. betrachtet mußte sich die Gleichsetzung von nationalen mit fürstl. Interessen, d. h. die Gleichsetzung von Staat u. Ges., im Zeichen der Erstarkung bürgerl. Ges.strukturen als prinzipieller Konfliktherd erweisen. Mit der Leugnung bzw. obrigkeitl. Unterdrückung aller Unterschiede zw. National- u. Privatinteressen, d. h. zw. gesamtwirtschaftl. (fürstl.) u. individuellen Wertvorstellungen, gab der M. eine entscheidende Anregung für die Konzipierung der klass.nationalökonom. Theorie, der wirtschaftspolit. Ideologie des neuen Bürgertums.

Merkmal oder Eigenschaft, substantieller Begriff in der Empir. Sozialforschg. Beobachtungsgegenstände werden durch bestimmte M.e bzw. Eigenschaften näher umschrieben und klassifiziert (Individual-M., Gruppen-M., M.dimension, relationales M.).

Merton, Robert King, *5. 7. 1910 Philadelphia, Penn., 1931 B. A. ebd., 1932 M. A. Harvard, 1936 Ph. D., 1936–39 Assoc. Prof. Tulane Univ., 1940–41 Assist. Prof. Columbia Univ., dort 1941–44 Assoc. Prof., 1947–63 Prof., 1963–74 Prof. in Giddings, dort Mitdirektor der Behörde für angewandte Soz.forschg.
M. ist als Schüler T. Parsons um die Weiterentwicklung u. prakt. Anwendung der →Strukturell-funktionalen Theorie bemüht, deren in erster Linie auf die Analyse soz. Statik ausgerichteten Kategorienapparat er für die Behandlung ges. Dynamik nutzbar machen will.
Nach seiner Auffassung ist aufgrund des derzeitigen theoret. u. empir. Entwicklungsstandes soziol. Forschg. noch keine geschlossene ges.»Totaltheorie« mögl. Darum versucht er, insbes. empir. überprüfte Hypothesen über ges. Einzelvorgänge zu »Theorien mittlerer Reichweite« zu vereinigen. Gegenüber einseitigem →Empirismus oder empirieloser Theorienkonstruktion betont er die Notwendigkeit ständiger gegenseitiger Beeinflussung von Faktenanalyse u. soziol. Kategorienbildung. In einer differenzierenden Betrachtung des soziol. Funktionsbegriffs unterscheidet er zw. »manifesten« u. »latenten«, zw. beabsichtigten u. unge-

Messianismus 548

planten Funktionen soz. Strukturelemente. Sein Begriff der »Dysfunktion« zeigt sein Interesse an
Problemen soz. Wandels, soz. Anomie u. →abweichenden Verhaltens
(Innovation, Ritualismus, Rückzug,
Rebellion). Bekannt wurde auch
sein Begriffspaar →Self-Destroy-
ing- u. Self-Fulfilling-Prophecy.
Handlungstheoret. ist seine Analyse
der nicht-intendierten bzw. unbe-
absichtigten Folgen intentionalen
Handelns fruchtbar.
Seine konkreten soziol. Untersuchungen sind der Erforschung bürokrat. Strukturen, der ges. Auswirkungen von Massenkommunika-
tionsmitteln u. dem Verhältnis von
wiss. Fortschritt u. ges. Entwicklung gewidmet. Sozialpsychol. bedeutsam ist sein Beitrag zum Be-
zugsgruppenkonzept und zum
Problem der Beziehungen zw. Er-
kenntnis- u. Ges.strukturen.

Schr.: Mass Persuasion, New York, London
1946; Social Theory and Social Structure,
New York 1968 (1949), dt.: Soz. Theorie u.
soz. Struktur, 1994; On the Shoulders of Gi-
ants, New York 1965, dt.: Auf den Schultern
von Riesen, 1980; Reader in Bureaucracy,
Glencoe 1965 (1952); On Theoretical Sociology, 1967; »Funktionale Analyse« u. Der Rollen-Set: Probleme der soziol. Theorie (in: H.
Hartmann, Hg., Mod. amerikan. Soziol.,
1967); Bürokrat. Struktur u. Persönlichkeit
(in: R. Mayntz, Hg., Bürokrat. Organisation,
1968); Science, Technology & Society in Se-
venteenth Century England, New York 1970;
The Sociology of Science, Chicago 1973, dt.:
Entwicklung u. Wandel von Forschungsinteressen, 1985; Sociological Ambivalence and
other Essays, New York 1976; (Hg.), Continuities in Structural Inquiry (mit P. Blau),
1981; Social Research and the Practicing Profession, Cambridge, Mass. 1982.
M. Kopp u. M. Schmid, Individ. Handeln u.
strukturelle Selektion, in: KZfSS 33, 1981; C.
Crothers, R. K. M., London 1987.

Messianismus (hebräisch,
griech.), von ›Messias‹, dem im Alten Testament verheißenen Heils-
könig; myth., religiöse u. weltanschaul.-polit. Lehren, die unter der
Führung eines großen Mannes, ei-

ner soz. Klasse oder Elite den kollektiven Aufbruch zur Erlangung
oder Verwirklichung eines ersehn-
ten, Erfüllung, Freiheit u. wahres
Menschentum bringenden ird.-
ges. Endzustandes propagieren. M.
ist eine sowohl in ehemaligen Ko-
lonialgebieten als auch in europ.
Industrieges.en auftretende Erscheinung. Er wird in der Regel
von unzufriedenen, unterdrückten
u. diskriminierten Bevölkerungsteilen getragen, die aus ihrem radikalen Widerspruch zu den bestehenden ges. Zuständen ihre eschatolog. Zukunftshoffnung ableiten.
Hierbei wird eine völlige Umkehrung oder Abschaffung der gegenwärtigen Macht- u. Besitzverhältnisse, eine allseitige Verbrüderung
bislang konfligierender Interessengegensätze oder eine durch nationale, ethn. oder rass. Einheit herbeigeführte friedfertige Gemeinschaft versprochen.

V. Lanternari, Religiöse Freiheits- u. Heilsbe-
wegungen unterdrückter Völker, 1967; W.
Mühlmann u. a., Chiliasmus u. Nativismus,
1961; J. L. Talmon, Polit. M., 1963.

Meßverfahren, in der Empir. Sozialforschg. Methoden zur quantitativen Erfassung u. numer. Bestimmung von wiss. relevanten Variablen u. Indikatoren soz. »Gegenstände« bzw. Zus.hänge. Da M. sich
immer nur auf bestimmte Eigenschaften oder Aspekte von wiss. bedeutsamen Objekten beziehen,
Messen also immer eine Abstraktion von der realen Konkretheit
der betr. Objekte voraussetzt, besteht meist ein wiss. Zielkonflikt.
Dieser besteht zw. dem angestrebten (hohen) Grad an Genauigkeit
der (partiellen) Meßergebnisse u.
dem Bemühen, mit den Meßergebnissen den multiplen Variablen-
zusammenhang aufzuklären, d. h.
wirklich die Problembedeutung

des wiss. Themas oder Untersuchungsgegenstandes zu erfassen.
Im einzelnen werden (insbes. in der Soziol.) M. benutzt: 1) zur Messung der Genauigkeit, Gültigkeit, Repräsentativität (Repräsentanz) u. Zuverlässigkeit von Untersuchungsergebnissen, 2) der Intensität u. graduellen Verschiedenheit von Meinungen, Einstellungen u. Werthaltungen mit Hilfe von Skalen u. 3) der tatsächl. (u. nicht nur, anhand von Korrelationen beurteilt, vermeintlichen) Kausalzus.hänge zw. ausgewählten Variablen.

K. Kreppner, Zur Problematik des Messens in den Soz.wiss.en, 1975; J. van Koolwijk u. M. Wieken-Mayser (Hg.), Techniken der empir. Soz.forschg., Bd. 5, 1976.

Metaphysik (griech.), »hinter dem Physischen«; Lehre vom Übersinnlichen; als spekulative Lehre versucht M., das gesamte reale Sein des materiellen u. geistigen Welt von obersten, jenseits des Erfahrbaren liegenden Ordnungsprinzipien oder Grundsätzen her zu verstehen; als induktive bemüht sich M. um eine Gesamtinterpretation der durch einzelwiss. Erkenntnisse gewonnenen Detailaufklärungen zu einem einheitl. Weltbild. M. fragt damit immer nach dem »Wesen« bzw. dem »Sinn« von Dingen u. Zus.hängen. Die erkenntnistheoret. Diskussion um die Möglichkeit u. das wiss. Ziel erfahrungsunabhängigen, spekulativen oder Erfahrung überschreitenden, konstruktiven Denkens u. Philosophierens ist mit dem Positivismusstreit auch für den Forschgs.bereich der Soziol. relevant geworden.

E. Topitsch, Vom Ursprung u. Ende der M., 1958; ders., Erkenntnis u. Illusion, ²1988 (1979); F. Ricken (Hg.), Lexikon der Erkenntnistheorie u. M., 1984; F. Kaulbach, Einf. in die M., ⁴1989.

Metasprache, Sprache der Wiss., die nicht die Gegenstände bzw. die aus der betreffenden Realität entnommenen Probleme »abbildet«, sondern in der die Begriffe, Lehrsätze, Prämissen dieser Wiss. selbst Objekt der Analyse sind. So wird z. B. die Diskussion um das Werturteil in der Wiss. in einer M. geführt, wogegen die konkreten Werturteile in einer Wiss. in der Objektsprache der Wiss. ausgedrückt werden.

Metatheorie, die auf wiss.stheoret. bzw. -methodolog. Niveau liegende Theorie über eine oder mehrere Theorien, die wiederum in fachwiss. Weise auf bestimmte Objektbereiche ausgerichtet sind. M. beinhaltet Aussagen über Grundlagen, Prinzipien u. Formen der Theoriebildung. Mitunter bezeichnet M. auch übergreifende, allgemeinste, Einzeltheorien zu einem größeren Aussagensystem zus.fügende Theorien über die Welt oder die Ges.

Metawissenschaft, aus der Sicht der an spezif. Gegenstands- oder realen Problemzus.hängen interessierten Einzelwiss.en die sog. Wiss.lehre, die die Wiss.en selbst zum Gegenstand ihrer Untersuchungen macht, indem sie deren Probleme, Methoden, Aussagen, Theorien analysiert u. krit. überprüft. Die Wiss.en werden von der M. als log. Strukturen untersucht, indem über Sinn u. Gehalt ihrer Aussagen, über die Brauchbarkeit ihrer Methoden u. Ansätze, über die log. Konsequenzen ihrer Theorien u. über den Bestätigungsgrad ihrer hypothet. Behauptungen Urteile gefällt werden.
Mitunter gilt als M. auch die Wissenssoziol., die die Einzelwiss.en als soz. Fakten behandelt u. die Ursachen u. den soz. Kontext ihrer Ent-

Methode 550

stehung, Verbreitung u. spezif. Ausformung sowie ihre Wirkungen auf ges. Strukturen u. Prozesse untersucht.

Methode, system. Vorgehen bzw. Verfahren bei der Entwicklung wiss. Probleme, Fragen, Aussagen (→Hypothese) sowie deren empir. Überprüfung durch Realitätsanalyse.

Methodenstreit, in der Soziol. insbes. Auseinandersetzungen über die Zulässigkeit von Werturteilen (→Werturteilsfreiheit) oder über die Notwendigkeit soz.krit. u. eth.-moral. Engagements (ges. Verantwortung des Wiss.), ferner über die Angemessenheit quantitativer u. qualitativer Methoden, über Möglichkeiten der Gewinnung u. Zulässigkeit allg. theoret. Aussagen u. »Gesetze« (trotz der Gesch.lichkeit u. kult. Mannigfaltigkeit des von Individuen getragenen ges. Lebenszus.hanges), über das Vorziehen der erklärenden oder verstehenden Methode, über das Verhältnis zw. dem mikrosoziol.-handlungstheoret. u. dem makrosoziol.-strukturtheoret. Ansatz, über Probleme des Reduktionismus (insbes. psychol. u. ökonom.-rationale Ansätze der soziol. Analyse, Erklärung u. Theoriebildung). →Positivismusstreit.

Methodologie, die Lehre von den Prinzipien, allg. Regeln u. Methoden des wiss. Arbeitens bzw. Forschens. Als →Metatheorie (Theorie über eine oder mehrere Theorien) u. als Logik der Forschg. deckt sich die M. weitgehend mit der Wiss.stheorie. Als Wiss.stheorie im engeren Sinne dient die M. der grundlegenden Untersuchung wiss. Methoden. M. steckt den Rahmen für Möglichkeiten u.

Grenzen des wiss. Arbeitens ab. Die Ausprägung der M. in verschiedenen Epochen, Ges.en, Herrschaftssystemen u. Wiss.sbereichen variiert mit unterschiedl. philosoph., weltanschaul., wiss.stheoret. u. auch polit. Orientierungen. In der mod., offenen Ges. ist M. auf Erkenntnisfortschritt angelegt. Sie soll wiss. Arbeit so kanalisieren, daß allg. akzeptable Theorien mit möglichst großer Erklärungskraft zustandekommen. Das von M. Weber erhobene Postulat der →Werturteilsfreiheit erfahrungswiss. Forschg. kollidiert mit der zunehmend stärker werdenden Forderung nach eth. Verantwortung des Wiss.lers. Für den Krit. Rationalismus ist das Prinzip der empir. Überprüfbarkeit erfahrungswiss. Aussagen (→Falsifizierbarkeit) maßgebend. Neben der allg. M. sind fachspezifische M.n erforderlich.

M. Weber, Gesammelte Aufsätze zur Wiss.slehre, [7]1988; K. R. Popper, Logik der Forschung, [9]1989 (1935); E. Topitsch (Hg.), Logik der Soz.wiss.en, [11]1981 (1965); T. W. Adorno u. a., Der Positivismusstreit in der dt. Soziol., 1969; R. Hoenigswald, Die Grundl. der allg. Methodenlehre, 2 Bde., 1969–70; K.-D. Opp, M. der Soz.wiss.en, 1976; K. Acham (Hg.), Methodolog. Probleme der Soz.wiss.en, 1978; F. Kromka, Soz.wiss.liche M., 1984; L. Danneberg, M.n., 1989; A. Menne, Einf. in die M., [3]1992.

Methodologischer Individualismus (engl. methodological individualism), zus.fassende Bezeichnung für eine grundlegende Richtung soz.wiss. Forschungs- u. Theorieansätze, die nicht von überindividuell-kollektiven, soziokult. Strukturen, Systemen u. Ganzheiten ausgehen, sondern vom menschl. Individuum u. dessen Verhalten. Quellen dieser Richtung sind: die Modellvorstellung vom vermeintl. zweckrational handelnden Wirtschaftssubjekt (→homo oeconomicus) in der klass.-

neoklass. Wirtschaftstheorie; die behaviorist. Psychologie u. Lernforschg.; das bei M. Weber als zentrales Objekt der Soziol. hervorgehobene soz. Handeln. In der Soziol. deckt sich der M. I. weitgehend mit der Mikrosoziol., wobei das individ. Verhalten u. die Interaktionen bzw. wechselseitig orientierten Handlungen von individ. Akteuren im Mittelpunkt stehen.

Wesentl. Anteil an der Entfaltung des M. I. hatte G. C. Homans mit dem Aufau seiner Verhaltenstheoret. Soziol. u. Austauschtheorie. Er wollte im Gegensatz zu der stark systembezogenen Strukturellfunktionalen Theorie von T. Parsons den Menschen wieder in die Soziol. zurückbringen. Durch verstärkte Berücksichtigung der behaviorist. Lernforschg. u. ökonom. Modelle der Verhaltenserklärung ergab sich bei Homans eine psychol.-ökonom. verkürzte Soziol. mit einem entsprechenden Menschenbild. Dadurch wurde es ihm u. überhaupt dem M. I. erleichtert, nomolog. Hypothesen (über Gesetzmäßigkeiten) aufzustellen, die wiederum der Erklärung von Verhaltensweisen dienen sollen. Im Gegensatz zu dieser reduktionist. Vorgehensweise berücksichtigen soziol.-handlungstheoret. Ansätze verstärkt soziokult. Bedingungen des individ. Handelns – wobei diese Ansätze z. T. in die Phänomenolog. Soziol. hineinragen. Unter dem Einfluß der Neuen polit. Ökonomie, der Spieltheorie u. neuerer Entwicklungen der Wirtschaftstheorie haben sich im Rahmen des M. I. Erklärungskonzepte ausgebreitet, die vom ökonom.-rationalen Handeln nutzen- und zielorientierter Individuen ausgehen. Die realitätsgerechte Berücksichtigung des soziokult. Lebenszus.hanges, in das individ. Handeln

mit seinen Auswirkungen stets eingebettet ist, kann dazu beitragen, daß der M. I. nicht in folgenreicher Weise zuungunsten der mitmenschl. Solidarität einen übersteigerten Individualismus u. Egoismus in der mod. Ges. rechtfertigt. Mit der Einbeziehung kollektiver Folgen des individ. Handelns in den Forschgs.prozeß ist der M. I. auf dem Wege zu einer Verbindung von Mikro- u. Makrosoziol.

V. Vanberg, Die zwei Soziologien, 1975; R. Boudon, Die Logik des ges. Handelns, 1980 (franz. 1979); W. Raub u. T. Voss, Individuelles Handeln u. ges. Folgen, 1981; V. Vanberg, Markt u. Organisation, 1982; W. Heine, M. I., 1983; B. Keller, Individualist. Soz.wiss., in: KZfSS 35, 1983; W. Raub, Rationale Akteure, institutionelle Regelungen u. Interdependenzen, 1984; G. Büschges u. W. Raub (Hg.), Soz. Bedingungen – Individ. Handeln – soz. Konsequenzen, 1985; T. Voss, Rationale Akteure u. soz. Institutionen, 1985.

Metropole (griech.), »Mutterstadt«; Bezeichnung für bes. große Haupt- u. Weltstädte, die als Zentren der Einflußstrukturen weiträumiger Regionen sowie der nationalen u. internationalen Verkehrsbeziehungen u. Kontakte fungieren. Die M.n weisen in der Regel eine kulturell spezif. Urbanität auf, von der für das umgebende Land ebenso wie für nahe u. ferner liegende Städte maßgebende Anregungen u. Prägungen der kult. Orientierungen, Wertvorstellungen, Zielsetzungen, Ansprüche u. Verhaltensmuster ausgehen.

Michels, Robert, 9. 1. 1876 Köln – 3. 5. 1936 Rom, polit. Soziologe, 1900 Prom., seit 1903 Prof. an versch. Univ.en in Belgien, Frankreich, den USA, der Schweiz u. Italien, zunächst sozialist.-syndikalist., später am italien. Faschismus orientiert.

Sein Grundthema war der Widerspruch zw. der demokrat. Wertord-

Midlife-crisis

nung u. der Realität der polit. Parteien. Die Verwirklichung der polit. Demokratie verlangt nicht allein nach demokrat. Regierungsweise, sondern ebenso nach ges. Dynamik, nach vertikaler Mobilität. Er untersuchte die Verharschungserscheinungen polit. Gruppen zu Oligarchien. Aus radikaldemokrat. Vorstellung kritisierte er die Repräsentativverfassung. Der Prozeß der Oligarchisierung beginnt mit der Differenzierung der Aufgaben in Parteien u. anderen Organisationen. Er wird ergänzt durch die Schaffung eines berufsmäßigen Führertums. So problematisierte M. das Ausleseprinzip der Führerschicht, die Fragen der Machtdelegierung, des Machtge- u. Machtmißbrauchs, der Führungskontrolle durch die repräsentierten Gruppen, des Führungswechsels. Nach M. gilt: »Wer Organisation sagt, sagt Tendenz zur Oligarchie.« Die Organisation ist dabei die »Mutter der Herrschaft der Gewählten über die Wähler, der Delegierten über die Delegierenden«. Da eine Organisation, um wirksam zu sein, auf eine »aktive Minderheit« angewiesen ist, der man sich anvertrauen muß wegen der »mechan. u. techn. Unmöglichkeiten der direkten Herrschaft der Massen«, ist das Demokratie-Ideal weder für eine Massenpartei noch für einen Staat erreichbar. Die Existenz von Organisationen bewirkt, daß die Ges. sich weiterhin in Klassen der Herrschenden u. Beherrschten gliedern wird, so daß der Sozialismus Utopie bleibt (Ehernes Gesetz der Oligarchie).

Schr.: La sociologica del partito politico nella democrazia moderna, 1911 (dt.: Zur Soziol. des Parteiwesens in der mod. Demokratie, ⁴1989, 1925); Saggi economico-statistici sulle classi popolari, 1914; Probleme der Soz.-philos., 1914; Corso di sociologica politica, 1927; Der Patriotismus, 1933; Il boicottaggio, 1934;

Nuovi studi sulla classe politica, 1938; Masse, Führer, Intellektuelle. Polit.-soziol. Aufsätze 1906–1933, 1987.
W. Röhrich, R. M., 1972; Università degli studi di Trento (Hg.), Annali di Sociologia – Soziolog. Jg. 2, 1986.

Midlife-crisis (engl.), eine krisenhafte, mit verstärkten Identitätsproblemen verbundene Phase in der Lebensmitte eines Individuums (etwa 35–50jährige), in der der bisherige Lebensablauf krit. überdacht, bilanziert u. gefühlsmäßig in Frage gestellt wird. Die M.-c. kann um so belastender sein, je weniger – auch im interpersonalen Vergleich – persönl. Ziele, Wünsche, Ansprüche u. Erwartungen erreicht u. verwirklicht worden sind u. auch nicht mehr als realisierbar erscheinen. Im Gegensatz zu traditionalen Ges.en mit stärker vorgebahnten u. verfestigten Lebenswegen ist die M.-c. insbes. ein Problem in der mod. Ges. mit ausgeprägtem Individualismus, Erfolgsstreben u. Hedonismus. Betroffene leiden unter Unzufriedenheit u. sind anfälliger für gestörte Soz.beziehungen, Versagen im Beruf, Suchtverhalten, Depressionen u. a. m. Es kann zu einer völligen Veränderung der Gestaltung des weiteren Lebensweges kommen: Ausbruch aus der Familie, Ehescheidung, Singledasein, eheähnl. Partnerschaft oder neue Eheschließung, Berufswechsel, weltanschaul.-polit. Umorientierung, neue Hobbys u. Mitgl.-schaften, berufl. Neuanfang von Hausfrauen mit inzw. erwachsenen Kindern.

H. Schreiber, M. C. Die Krise in der Mitte des Lebens, 1977.

Migration →Wanderungen

Mikro-Makro-Analyse ist die gleichzeitige Erforschung von (in der Soziol. sonst zumeist getrennten) Aussagen auf einer Aggregat-(Makro-)Ebene, der Individualebene u. der Beziehungen zw. beiden. Grafisch kann die Mikro-Makro-Analyse folgendermaßen dargestellt werden:

Bei der Aggregatebene ($M_i \to M_j$) handelt es sich um Hypothesen über das Verhalten eines Kollektivs, z. B. Gruppe, Betriebsabteilung, Wohnviertel, bei der Individualebene ($I_i \to I_j$) um Hypothesen über das Verhalten von Individuen. Die Beziehung von Aggregat- u. Individualebene ($M_i \to M_j$) wird als Kontexteffekt oder Kontexthypothese bezeichnet; es sind dies die Handlungsbeschränkungen u. -möglichkeiten (Restriktionen u. Opportunitäten) des Kontextes für individ. Handeln. Die umgekehrte Beziehung ($I_j \to M_j$) wird als Individualeffekt oder Individualhypothese bezeichnet; es sind z. B. die ungeplanten Folgen individ. Handelns im Aggregat. Beide Effekte werden auch als »Brückenhypothesen« bezeichnet. Ein typ. Beispiel ist die Frage, welchen (Kontext-)Effekt der Anteil der Angehörigen einer ethn. Minorität in einem Wohnviertel auf das Ausmaß der Assimilation eines Angehörigen dieser Minorität in dem Wohnviertel hat.

H. J. Hummell, Probleme der Mehrebenenanalyse, 1972; K. Knorr-Cetina u. A. V. Cicourel (Hg.), Advances in Social Theory and Methodology: Toward an Integration of Micro- and Macro-Sociologies, Boston, London u. Henley, 1981; W. Raub u. T. Voss, Individ. Verhalten u. ges. Folgen, 1981; J. C. Alexander, B. Münch u. N. Smelser (Hg.), The Micro-Macro Link, 1987; H. Alpheis, Kontextanalyse, 1988; H. Esser, Sozialökolog. Stadtforschg. u. Mehr-Ebenen-Analyse, in: J. Friedrichs (Hg.), Soziol. Stadtforschg., 1988.

Mikrosoziologie, von G. Gurvitch u. J. L. Moreno eingeführte Bezeichnung für einen Teilbereich der soziol. Theorie, der soz. Tatbestände und Vorgänge zu erklären versucht, indem er die kleinsten Einheiten, die Wechselbeziehungen zw. einigen wenigen in direkter Interaktion miteinander stehenden Individuen, in ihrer Abhängigkeit von umgebenden soz. Strukturen analysiert. Die für die M. interessanten Elemente dieser Wechselbeziehungen sind die Wertorientierungen, Einstellungen, Gefühle, Interessen, Motivationen u. Verhaltensweisen der beteiligten Individuen, soweit sie sich aus spezif. Gruppenstrukturen ergeben bzw. zur Herausbildung solcher Strukturen des Handelns führen. Je nach der Intensität der Zus.arbeit mit Sozialpsychol. u. allg. Verhaltensforschg. werden die Beziehungsformen zw. u. innerhalb bestimmter soz. Gruppen entweder als bes. Ausprägungen spezif. Gemeinsamkeitserlebnisse oder als Ausdruck allg. gültiger Verhaltensgesetzmäßigkeiten interpretiert. Zum Bereich der M. zählen die Beziehungslehre (L. v. →Wiese), Handlungstheorie, Verstehende Soziol., Verhaltenstheoret. Soziol., Kleingruppenforschg. u. Rollentheorie, der Symbol. Interaktionismus u. der Methodolog. Individualismus.

G. Simmel, Soziol., ⁶1983 (1908); M. Weber, Wirtschaft u. Ges., ⁵1980 (1921); J. L. Moreno, Grundlagen der Soziometrie, ³1974 (amerik. 1934); G. Gurvitch, Traité de sociologie, Paris 1958; H. Haferkamp, Mikrosoziol. Analyse, in: KZfSS 27, 1975; H. J. Helle, Verstehende Soziol. u. Theorie der symbol. Interaktion, 1977; K.-D. Opp, Individualist. Soz.wiss., 1979; J. A. Schülein, M., 1983; G. Büschges u. W. Raub (Hg.), Soz. Bedingungen – individ. Handeln – soz. Konsequenzen, 1985; H. J. Helle u. S. N. Eisenstadt (Hg.), Micro-Sociological Theory, London 1985.

Mikrozensus (lat.), »Kleinstzählung«; seit 1957 von der amtl. Sta-

Milieu 554

tistik der BR Dtl. viermal jährlich durchgeführte Stichprobenerhebungen (dreimal 0,1% u. einmal 1% der Bevölkerung) zur laufenden Ermittlung von Bevölkerungs-, Wirtschafts- u. Sozialdaten.

H. Esser u. a., M. im Wandel, 1989.

Milieu (franz.),»Lebensumstände«, »Umwelt«; die für einen Menschen, eine Klasse, Schicht oder Bevölkerungsgruppe spezif. Gesamtheit der äußeren, natürl., geograph. u. der soziokult., wirtschaftl. Lebensverhältnisse, die die jeweilige Sozialisation, die prakt. Erfahrungen u. Eindrücke u. damit die Art u. Weise des Denkens, Wertens, Entscheidens u. Verhaltens selektiv beeinflussen. Das M. privilegiert bzw. diskriminiert in bezug auf die für soz. Aufstieg u. für Leistungsverhalten notwendigerweise zu erbringenden personellen Fähigkeiten u. Voraussetzungen. Die Abhängigkeit des Menschen u. seines soz. Verhaltens von den Gruppen u. Strukturen seines M.s zeigt sich an den Verhaltensunsicherheiten, am abweichenden Verhalten u. an psych. Störungen im Falle des M.verlustes (z. B. bei Emigration, Heirat).

R. Hitzler u. A. Honer, Lebenswelt – M. – Situation, in: KZfSS 36, 1984; S. Hradil, Soz.strukturanalyse in einer fortgeschrittenen Ges.,²1989 (1987); R. Grathoff, M. u. Lebenswelt, 1989; I. Faltin, Norm – M. – Polit. Kultur, 1990, M. Vester u. a., Soz. M.s im ges. Strukturwandel, 1993.

Militärisch-industrieller Komplex (MIK), von C. W. Mills stammender (1956) u. durch die Abschiedsrede des amerik. Präs. D. D. Eisenhower vom 17. 1. 1961 bekannt gewordene Bezeichnung für den personellen u. interessenbezogenen Verflechtungszus. hang zw. Führungsgruppen der Militärbürokratie u. der Rüstungsindustrie.

Die beteiligten Führungskräfte versuchen, unter Umgehung demokrat. Willensbildungsprozesse mit dem Anspruch überlegener Sachkompetenz u. durch übersteigerte Darstellung von Feindbildern u. Bedrohungssituationen einen technolog. u. finanziell zunehmend aufwendigeren Rüstungswettlauf aufrechtzuerhalten, der zugleich persönl.-berufl. Vorteile ermöglicht. In den östl. Industrieges.en, insb. in der ehemal. UdSSR, war der MIK durch das weitgehende Fehlen einer tatsächl. demokrat. Herrschaftsordnung unter dem zusätzl. Einschluß von Spitzenfunktionären des monopolartigen Einparteiensystems noch einflußstärker als in den pluralist. Industrieges.en des Westens. Die Vermeidung katastrophaler Kriege hängt immer mehr davon ab, daß der MIK durch Ausweitung demokrat. Partizipation überwunden wird.

C. W. Mills, The Power Elite, New York 1956, dt.: die amerik. Elite, 1962; R. J. Barnet, Der amerik. Rüstungswahn oder Ökonomie des Todes, 1971; K. Engelhart u. K.-H. Heise, Der M.-i.-K. im heutigen Imperialismus, 1974; D. S. Lutz (Hg.), Die Rüstung der Sowjetunion, 1980.

Militärsoziologie, eine spezielle Soziol., die während des Zweiten Weltkrieges von amerikan. Forschern anhand zahlreicher Einzelstudien über militär. Eignung, Kampfverhalten, soz. Integrationsprozesse in Truppeneinheiten u. Vorgesetzten-Untergebenen-Verhältnisse entwickelt wurde. Die von Stouffer u. a. in den vier Bänden des »American Soldier« vorgelegten Untersuchungsergebnisse gaben den Anstoß zur Entwicklung u. Überprüfung zahlreicher theoret. Konzepte der Sozialpsychol. u. Organisationssoziol. für die Erklärung des soz. Verhaltens unter den

Bedingungen militär. Strukturen. Nach dem Zweiten Weltkrieg erfolgte eine Ausweitung der Problemstellung auf die Beziehungen von Militär u. Ges. generell.

Eine abermalige Erweiterung erfuhr das Forschungsfeld, als mit der nuklearen Bedrohung Krieg als Mittel der Politik grundsätzl. in Frage gestellt wurde. Neben den Untersuchungen über Militär als Organisation (1) u. das zivil-militär. Verhältnis (2) bilden jetzt Probleme der Konfliktentstehung u. -bearbeitung einen dritten bedeutsamen Betrachtungsgegenstand. Entsprechend breit angelegt sind die theoret. Ansätze, Analyse-Modelle oder Forschungsparadigmen (z. B. Imperialismus, Militarismus, Militär.-industr. Komplex, totale Institution, Inkompatibilität versus Integration, »Professional Soldier«, »Institution versus Occupation«, »strukturelle Gewalt«). Trotz der stark eingeschränkten Behandlung in den Univ.en liegen Forschungsergebnisse zu einem differenzierten Spektrum an Problemen vor, z. B.: Rekrutierung, Ausbildung, Motivation, Selbstverständnis, soz. Integration von Soldaten; Militär. Bürokratie; Einflüsse des Militärs auf polit. Entscheidungen; Beziehungen zw. Rüstungswirtschaft u. Militär; ges. Legitimation von Militär; Feindbilder; Rolle des Militärs in Entwicklungsländern.

S. A. Stouffer u. a., The American Soldier, Princeton 1949–50; M. Janowitz, Sociology and the Military Establishment (mit R. Little), New York 1959, dt.: Militär u. Ges., 1965; ders., The Professional Soldier, 1960; R. König (Hg.), Beiträge zur M., Sonderheft 12 KZfSS, 1968; Armed Forces and Society, Quaterly (ab 1974); Berichte des Soz.wiss. Instituts der Bundeswehr (SOWI), ab 1975; K. Roghmann u. R. Ziegler, M., in: R. König (Hg.), Hdb. der empir. Soz.forschung, Bd. 9, 1977; R. Zoll u. a. (Hg.), Bundeswehr u. Ges. Ein Wb., 1977; ders. (Hg.), Wie integriert ist die Bundeswehr?, 1979; D. Schössler, M., 1980; K. Schulz (Hg.), Streitkräfte im ges. Wandel, 1980; G. Harries-Jenkins (Hg.), Armed Forces and the Welfare Societies, 1982; R. Zoll (Hg.), Sicherheit u. Militär, 1982; K. Hegner u. a., Selektion oder Sozialisation?, 1983; M. Jopp, Militär u. Ges. in der BR Dtl., 1983; G. Wachtler (Hg.), Militär, Krieg, Ges., 1983; W. R. Vogt (Hg.), Militär als Gegenkultur?, 1986; H. P. Bahrdt, Die Ges. u. ihre Soldaten, 1987; C. Moskos u. a. (Hg.), The Military – More Than a Job?, 1988; W. R. Vogt (Hg.), Militär als Lebenswelt, 1988; J. Kuhlmann (Hg.), Military Related Social Research, 1989; B. Boene, La Specificité Militaire, 1990.

Militarismus, um 1860 in Kritik an Napoleon III. entstandenes Schlagwort. Es bezeichnet das Übertragen militär. Wertvorstellungen u. Verhaltensformen auf andere, zivile Bereiche der Ges., das Vorherrschen militär.-krieger. Prinzipien im Selbstverständnis u. im Aufbau soz. u. polit. Institutionen sowie eine sich über die gesamte Ges. erstreckende, von den Erziehungseinrichtungen geförderte Orientierung an militär. Leit- u. Vorbildern.

Als Entstehungsursachen werden gesamtges.-wirtschaftl. Mangel- u. Krisenlagen (unzureichende Ausstattung mit Existenzmitteln, Landnot), polit. Erschütterungen infolge weitreichender soz. Strukturwandlungen zugunsten elitär-charismat. Führergestalten u. -gruppen, expansionist.-hegemoniale Bestrebungen polit. herrschender Klassen u. für spezif. weltpolit. oder regionalpolit. Situationen länger anhaltender äußerer Druck genannt. M. führt zu emotional-aggressiver Begeisterung für krieger. Lösungen polit. Konflikte, zu einem vorherrschenden militär. Führungsstil (Befehl u. Gehorsam), begünstigt ein Ausrichten der wesentl. volkswirtschaftl. Produktivkräfte auf wehrwirtschaftl. Erfordernisse, bedeutet Verherrlichung einer militär. Elite u. Überformung der soz. Beziehungen u. Attribute

Militokratie 556

durch die aus dem militär. Bereich entlehnten Symbole, Rangabzeichen, Zeremonien u. Rituale. Das Militär gilt gleichsam als »Schule der Nation«.

→Militärsoziologie; A. Vagts, A History of Militarism, Civil and Military, ²1959; O. Büsch, Militärsystem u. Soz.leben im alten Preußen, 1962; I. L. Horowitz, The War Game. Studies of the New Civilian Militarists, New York 1963; W. Sauer (Hg.), M., 1971; D. Senghaas, Rüstung u. M., 1972; R. Hamann, Armee im Abseits, 1973; E. Willems, der preuß.-dt. M., 1984; V. R. Berghahn, M., 1987.

Militokratie, polit. u. staatl. Herrschaft militär. Führungsgruppen zumeist nach vorausgegangenen u. von militär. Einheiten geführten Staatsstreichen u. in der Regel in polit. Koalition mit feudalaristokrat. Eliten. Gegenwärtig ist die M. sehr oft dann das Ergebnis polit. Umbruchprozesse in labilen Soz.-strukturen, wenn zivile demokrat. Regierungen bei ihren Maßnahmen zur Überwindung schwerwiegender innerer soz. Gegensätze scheiterten, bes. in Entwicklungsländern.

J. Sotelo u. a., Die bewaffneten Technokraten. Militär u. Politik in Südamerika, 1975.

Mill, John Stuart, 20. 5. 1806 London – 8. 5. 1873 Avignon, Angestellter u. Leiter (1856–58) der East-Indian-Co., 1865–68 liberales Mitglied des Unterhauses, Wiss.theoretiker, Nationalökonom u. Soziol., Begründer u. einflußreichster Vertreter des engl. Positivismus.
M. forderte eine einheitl. Forschs.logik für alle (Natur- u. Geistes-) Wiss.en. Innerhalb der Soz.wiss.en erklärte er disziplinäre Grenzen als Ergebnis methodolog. bestimmter Abstraktionsregeln, nach denen bes. Klassen von soz. Phänomenen »künstl.« abgegrenzt u. zu Problembereichen einzelner Wiss.en gemacht werden. So be-

trachte »Polit. Ökonomie« lediglich die aus dem Wunsch nach Gewinnerzielung folgenden Gesetzmäßigkeiten individuellen u. soz. Handelns, ohne den Anspruch zu erheben, damit die Gesetze des ges. Lebens schlechthin erfaßt zu haben. Als krit. Interpret der Lehren der »klass.« Wirtschaftstheorie (A. Smith, D. Ricardo) u. als progressiv-liberaler Politiker wies M. auf die Widersprüche zw. liberaler Harmonie- u. Gleichgewichtslehren einerseits u. ges. Realität andererseits hin. In Vorwegnahme von Ordnungsvorstellungen liberaler Sozialstaats-Ideen diskutierte M. die polit. Probleme des Interessen- u. Machtausgleichs zw. den einzelnen Individuen, ges. Gruppen u. staatl. Herrschaftsinstitutionen. Freiheit u. Gerechtigkeit gründen sich nach ihm auf die freie Entfaltung der »natürl.« Gesetze der Produktion ebenso wie auf staatl. Eingriffe in die Einkommens- u. Vermögensverteilung u. auf die Garantie der allg. polit. Teilnahmerechte an den Entscheidungsprozessen im Staate.

Schr.: System of Logic, Ratiocinative and Inductive, 2 Bde., Nachdr. 1961, ⁹1875 (1843) (dt.: System der deduktiven und induktiven Logik,1849); Principles of Political Economy, Nachdr. 1965 (1848) (dt.: Grundzüge der polit. Ökon., 1913); On Liberty, Neuausg. 1909 (1859) (dt.: Die Freiheit, 1948); Dissertation and Discussion, 4 Bde., ²1875 (1859) (dt.: Vermischte Schriften, 2 Bde., 1874); Consideration on Representative Government, Nachdr. 1962 (1861); Auguste Comte and Positivism, Nachdr. 1961 (1865) (dt.: Auguste Comte u. der Positivismus, 1874); The Subjection of Women, neu 1911 (1869) (dt.: Die Hörigkeit der Frau, ³1891); Gesam. Werke, hg. Th. Gomperz, 12 Bde., Neudruck 1968 (1869–80).
R. P. Anschütz, The Philosophy of J. St. M., Oxford 1953; H. Jacobs, Rechtsphilos. u. polit. Philos. bei J. St. M., 1965; V. Bartsch, Liberalismus u. arbeitende Klassen, 1982.

Millar, John, schott. Rechtshistoriker u. Moralphilosoph, 22. 6. 1735 Kirk of Shotts (Schottld.) – 30. 5.

1801 Milheugh b. Glasgow, studierte bei A. Smith, befreundet mit D. Hume, seit 1761 Prof. für Röm. Recht Univ. Glasgow. – M. untersuchte die Zus.hänge von Machtverhältnissen, Rechtsordnung, Sitten, Wohlstand u. soz. Strukturen. Die soz. Rangordnung führte er auf die »zufälligen Unterschiede des Reichtums der Individuen zurück«. In seinem entwickl.gesch. Werk betonte er den Wandel von Gesetzen, Sitten u. Institutionen u. hob bes. die technisch-wirtschaftl. Einflußkräfte hervor.

Schr.: The Origin of the Distinction of Ranks, [4]1806 (1771) (dt.: Vom Ursprung der Unterschiede in den Rangordnungen u. Ständen der Ges., 1967, 1798); An Historical View of the Engl. Government ..., [4]1818 (1787) (dt.: Histor. Entwicklung der engl. Staatsverfassung, 1819–21).
W. C. Lehmann, J. M. of Glasgow, London 1960.

Mills, Charles Wright, 28. 8. 1916 Waco, Texas – 20. 3. 1962 New York, Prom. 1941, Lehramt Univ. Maryland, 1945 Assist. Prof. Columbia Univ., dort 1950 Assoc. Prof. u. 1956 o. Prof., 1956/57 Europaaufenthalt, bis zu seinem Tode Prof. Columbia Univ.
M. gilt als führender Vertreter einer »krit.« Soziol. in Amerika. Sein theoret.-method. Standort liegt zw. K. Marx u. M. Weber. In seinen herrschaftssoziol. Arbeiten konfrontierte er die amerikan. Ideologie einer offenen Gesellschaft mit den Grundlagen, inneren Strukturen u. Rekrutierungsverhältnissen der polit. Führungsgruppen. Er stellte zwar eine hohe Mobilität zwischen den Führungsgruppen der ges. Teilbereiche (Wirtschaft, Militär, Politik, Wiss.) fest, aber eine relativ starke Abgeschlossenheit dieser »Power Elite« gegenüber den Breitenschichten der Ges. Als marxist. orientierter Klassentheoretiker widmete sich M. insbes. dem Pro-

blem der ges. u. polit. immer stärker werdenden neuen Mittelschichten, den Angestellten, bei denen er eine Diskrepanz zw. objektiven Abhängigkeitsverhältnissen u. subjektiven soz. Aufstiegserwartungen erkannte. Als Wissenssoziol. behandelte er in krit. Betrachtung des Postulats der Werturteilsfreiheit die Probleme der Beeinflussung soziol. Kategorien u. Theorien durch ges. Verhältnisse u. polit. Kräfte.

Schr.: New Men of Power, New York 1948; The Puerto Rican Journey, New York 1950; White Collar, New York 1951 (dt.: Menschen im Büro, 1955); Character and Social Structure (mit H. Gerth), New York 1953 (dt.: Person u. Ges., 1970); The Power Elite, New York 1956 (dt.: Die amerikan. Elite, 1962); The Causes of World War Three, 1958 (dt.: Die Konsequenz. Politik ohne Verantwortung, 1959); The Sociological Imagination, New York 1959 (dt.: Kritik der soziol. Denkweise, 1963); Images of Man, New York 1960; Listen Yankee, New York 1960.
W. Domhoff, H. Ballard, C. W. M. and the Power Elite, Boston 1968; I. L. Horowitz, C. W. M.: An American Utopian, New York 1983; R. Tilman, C. W. M.: A Native Radical and His American Intellectual Roots, Pennsylvania State Univ. Press 1984.

Mimik (lat./griech.), Mienen- bzw. Gebärdenspiel, das die Bewegungen im Gesicht als Ausdruck psych. Vorgänge (Empfindungen, Gefühle, Affekte, Bewertungen, Wünsche u. a. m.) umfaßt. Oft in Verbindung mit Gestik bildet M. ein die verbale Kommunikation flankierendes oder sogar verstärkendes Medium für das direkte soz. Handeln. Mit M. kann eine Person in gesteigerter Form zum Ausdruck bringen, ob sie sich über Interaktionspartner freut oder ärgert, ob sie deren Handeln positiv bewertet (Belohnung) oder mißbilligt (Strafe). M. ist damit zugleich ein Ausdrucksfeld für alltägl. Sanktionsmechanismen. Für die Einschätzung der Aufrichtigkeit eines Interaktionspartners ist es aufschlußreich, inwieweit dessen M.

mit gleichzeitig verbal geäußerten Bekundungen übereinstimmt. Die Entfaltungsmöglichkeiten für M. hängen davon ab, inwieweit in einer Ges., in bestimmten Institutionen u. Situationen Gefühlsäußerungen zugelassen oder unterdrückt werden.

H. G. Wallbott, M. im Kontext, 1990.

Minderheit, Minorität, Bezeichnungen für Bevölkerungsgruppierungen oder -teile innerhalb einer Ges. oder eines Staatsverbandes, die sich durch bestimmte soz., kult., sprachl., religiös-konfessionelle oder ethn.-rass. Merkmale von der jeweiligen Mehrheit bzw. Majorität unterscheiden. Die Auswahl u. Bewertung solcher Merkmale hängen von den Auffassungen, Werten, Normen, Interessen u. Lebensweisen der herrschenden Majorität ab, die häufig ihre eigene Kultur für »selbstverständl.«, »natürl.«, überlegen u. allg. verbindlich hält. Generell wächst das Minoritätenproblem mit den Unterschieden zw. Mehrheit u. M.en hinsichtl. hoch bewerteter Bevölkerungsmerkmale. Zur Messung der soz. Abstände dient u. a. die von →Bogardus entwickelte →Soz. Distanz-Skala.
M.en unterliegen oft der soz. Diskriminierung wirtschaftl.-berufl. Benachteiligung, kult. u. polit. Unterdrückung. Sie sind dann zumindest partiell von der Teilhabe u. Mitwirkung an der Mehrheitskultur (dominante Kultur) ausgeschlossen. In Verteidigung dieser Kultur sowie von Privilegien u. begehrten Positionen werden den ges. Integrationsbemühungen der M.en u. deren Emanzipationskämpfen um Gleichbehandlung enge Grenzen gesetzt. Mitunter werden von der Mehrheit zum Zwecke der Verlagerung interner Konflikte nach »außen« bzw. zur Konsolidierung »innerer« Solidarität M.en erfunden, indem sozial negativ wirkende Stereotype u. Vorurteile über bestimmte Bevölkerungsteile geprägt u. verbreitet werden. Infolge extremist. u. aggressiver Zuspitzung werden M.en verfolgt, vertrieben oder sogar durch systemat. phys. Ausrottung bedroht.

M.en entstehen durch Kriege, Eroberungen, Überlagerung, Grenzziehungen, Umsiedlungen, Wanderungen bzw. Migration, kult.-religiöse Spaltungsprozesse. Sie entstehen insbes. durch Einbeziehung von Bevölkerungsteilen, Stämmen, Religionsgemeinschaften u. sonstigen Kollektiven mit bestimmter ethn., kult., sprachl., nationaler, religiöser Ausprägung bzw. Orientierung in ein größeres Staatswesen. Durch Eroberung u. krieger. Überlagerung haben in der Gesch. wiederholt militante sowie kult., herrschaftsorganisator. u. waffentechn. überlegene M.en die Herrschaft über eine angestammte Mehrheit gewonnen. In den elitentheoret. Ansätzen von Mosca u. Pareto wird generell die Herrschaft einer M. über die jeweilige Mehrheit hervorgehoben. Wiederholt sind M.en durch neue Religionen, religiöse Sezessionen, Reformation, Konfessions- u. Sektenbildung entstanden. Eine häufige Ursache bilden auch Wanderungen, gegenwärtig insbes. von armen Ges.en (mit Menschenrechtsverletzungen) zu Wohlstandsges.en. Insgesamt ist für die Dauerhaftigkeit von M.en entscheidend, inwieweit diese (im »Wechselspiel« mit der sich ggf. abgrenzenden Mehrheit) bestrebt sind, die eigene kult., nationale u. sprachl. Identität zu behalten u. zu pflegen.
Seit der Reformation sind (bis in die Gegenwart) polit. u. soz. Unter-

drückung andersdenkender konfessioneller M.en Ursache schwerer polit. u. soz. Konflikte. Mit dem Wachsen der Nationalstaaten u. den Diskrepanzen zw. Landes- u. Nationalitätengrenzen sind polit. u. soz. Spannungen im Zus.hang mit ethn.-kult., nationalen u. sprachl. M.en entstanden. Der weltweite Antisemitismus u. die Benachteiligung von Farbigen (z. B. in Nordamerika) sind Beispiele für die Diskriminierung rass. M.en durch wertgeladene u. umstrittene Deutungen phys., biolog. relevanter Merkmale. Obwohl in demokrat. Ges.en die M.en durch die in den meisten Verfassungen verankerten Menschenrechte formal geschützt werden, sind mitunter sogar ledigl. polit. M.en aufgrund abweichender, radikaler oder extremist. weltanschaul. Orientierungen u. ges.spolit. Zielsetzungen negativer Stigmatisierung, soz. Diffamierung, Isolierung u. Unterdrückung ausgesetzt (z. B. polit. Studentengruppen, Angehörige u. Anhänger kleinerer Parteien). In Extremfällen dient die Abwehr solcher M.en der Verteidigung einer freiheitl. Ges.sordnung u. Lebensform (wehrhafte Demokratie).
Prozesse der Akkulturation u. soz. Wandel sind oft v. M.en vorangetrieben worden. Das internat. Völkerrecht bemüht sich um die Entwicklung zw.- u. suprastaatl. Maximen u. Verträge zum M.enschutz. Die Bewältigung des M.enproblems hängt entscheidend ab von der Ausbreitung u. lebensprakt. Umsetzung humaner Grundwerte (Menschenwürde, Toleranz, Gerechtigkeit, Freiheit) u. der Menschenrechte im Zus.hang mit der mögl. Entwicklung zu einer auf Verständigung u. Kooperation beruhenden Welt- bzw. Menschheitsges.

J. Robinson, Das Minoritätenproblem u. seine Literatur, 1928; E. K. Francis, M.enforschg. in Amerika (KZfSS 9, 1957); G. E. Simpson, J. M. Yinger, Racial and Cultural Minorities, New York 1958; S. Moscovici, Soz. Wandel durch Minoritäten, 1979; C. R. Forster (Hg.), Nations without a State, New York 1980; Arbeitsgemeinschaft Volksgruppenfrage (Hg.), Zw. Selbstfindung u. Identitätsverlust: Ethn. M.en in Europa, 1984; K. Ludwig, Bedrohte Völker, ²1990 (1985); E. I. Tselikas, M.en u. soz. Identität, 1986; W.-D. Bukow u. R. Llaryora, Mitbürger aus der Fremde, 1988; F. Kraas-Schneider, Bevölkerungsgruppen u. Minoritäten, 1989; P. Waldmann, Ethn. Radikalismus, 1989; W. Gessenharter u. H. Fröchling (Hg.), M.en – Störpotential oder Chance für eine friedl. Ges., 1991; F. Heckmann, Ethn. M.en, Volk u. Nation, 1992.

Minimalkonsens (lat.), Grundkonsens, die kleinstmögl. Gemeinsamkeit von weltanschaul. Orientierungen, Grundüberzeugungen, Werten u. Normen, die für die soz. Ordnung, Integration, Funktionstüchtigkeit, Leistungs- u. Überlebensfähigkeit einer Ges. unerläßl. ist. In der mod. pluralist. Ges. westl. Prägung bilden die dem Christentum, der Naturrechtslehre u. Aufklärungsphilos. entstammenden humanen Grundwerte u. -rechte den zentralen Inhalt des M. Die Aufrechterhaltung desselben in der freiheitl. Ges. erfordert eine überzeugende Werterziehung, die Vermittlung von Einsicht in die Nützlichkeit eines M. für alle Ges.sangehörigen u. zur Abwehr extremist.-destruktiver Kräfte eine vom M. legitimierte »wehrhafte Demokratie«.

Minorität →Minderheit

MIT (Massachusetts Institute of Technology), privat. Forschungsinstitut für Technologie u. Ges.-wiss.en u. College in Cambridge, Mass., USA.

Mitbestimmung, als ges.polit. Forderung u. als Realität die Betei-

Mitbestimmung

ligung von bisher davon ausgeschlossenen Personenaggregaten an Entscheidungsprozessen u. -gremien, d. h. an der Herrschaft in zentralen Bereichen soz., wirtschaftl. u. polit. Lebens. M. fordern die Schüler in der Schule, die Studierenden an der Univ., die Mieter gegenüber ihren Häuserverwaltungen. Am bedeutsamsten sind die Probleme der M. der Arbeitnehmer u. ihrer Gewerkschaften in den Betrieben der gewerbl. Wirtschaft u. des öffentl. Dienstes.

M. gilt als Möglichkeit zur Demokratisierung. Sie beseitigt bzw. schränkt die Beherrschung der Mitglieder bestimmter soz. Systeme oder Organisationen durch andere Mitglieder ein u. sichert damit die reale Durchsetzung der in der M. vertretenen Interessen. Die Veränderung v. Herrschaftsverhältnissen durch M. dient daneben als Voraussetzung u. Mittel zur besseren Entfaltung der Persönlichkeit mitbestimmender Menschen. Diese werden veranlaßt, im kommunikativen Prozeß gemeinsamer Willensbildung u. Entscheidung ihre Kenntnisse u. Fähigkeiten anzuwenden u. zu vervollkommnen. Daraus ergibt sich die soz.pädagog. These, daß das Interesse u. die intellektuellen Möglichkeiten für M. in den soz. Strukturen des Erwachsenendaseins bereits durch Erziehungsinstitutionen u. -personen entfaltet werden müssen, die selbst nach dem Prinzip der M. aller Beteiligten organisiert sind. In pragmat. Orientierung wird überdies für M. mit dem Argument plädiert, daß die hierdurch mögl. Mobilisierung des Mitdenkens, der Eigeninitiative u. der gegenseitigen Stimulierung u. U. große Produktivitätsreserven zu erschließen vermag.

Da M. neben der Schutz-, Verteidigungs- u. Kontrollmöglichkeit für die ehemals Beherrschten immer auch Mitverantwortung u. Identifikationsnotwendigkeit bedeutet, sind die Urteile über M. selbst aus dem Lager der jeweils Beherrschten ambivalent. M. wird oft als Mittel der normativ geregelten u. im Prinzip friedvollen Austragung, aber nicht als Schritt auf dem Weg zur strukturellen Überwindung von Interessen-(Klassen-)Gegensätzen zw. den weiterhin Vorherrschenden u. den nur an der Herrschaft Beteiligten betrachtet. Um die durch betriebl. M. zu befürchtende Gefahr einer aus materiellen Motiven erwachsenden Solidarisierung mit dem Betriebsziel u. der Betriebspolitik zu vermeiden, fordern die dt. Gewerkschaften z. T. eine überbetriebl. M. Andererseits wird auch erkannt, daß eine wirtschaftl. M. der Arbeitnehmer lediglich auf der Managementebene (Aufsichtsrat, Vorstand der AG) sich an den realen Interessen der repräsentierten Betriebsbelegschaften vorbeientwickeln u. Entfremdungstendenzen zw. Funktionären u. Arbeitnehmern begünstigen könnte. Dem soll durch »M. am Arbeitsplatz«, d. h. durch alltägl. Basis-M. begegnet werden.

H. J. Teuteberg, Geschichte der industriellen M in Dtl., 1961; O. Neuloh, Die dt. Betriebsverfassung u. ihre Soz.formen bis zur M., 1965; R. Dahrendorf, Das M.problem in der dt. Soz.forschg., ²1965; O. v. Nell-Breuning, M., ⁴1969; Th. Raiser, Marktwirtschaft u. parität. M., 1973; F. Vilmar, M. u. Selbstbestimmung am Arbeitsplatz, 1974; ders., Pol. u. M., 1977; W. Soergel, Arbeiterselbstverwaltung oder Managersozialismus?, 1979; H. Diefenbacher u. H. G. Nutzinger (Hg.), M. Probleme u. Perspektiven der empir. Forschung, 1981; L. Kissler, Partizipation als Lernprozeß, 1980; H. Pohl (Hg.), M. – Ursprünge u. Entwicklung, 1981; H.-H. Heymann u. a., M.smanagement, 1983; H. Wächter, M., 1983; H. Diefenbacher u. a., M.: Norm u. Wirklichkeit, 1984; E. Fricke u. a., Arbeitnehmerbeteiligung in Westeuropa, 1986; F. Fitzroy u. K. Kraft (Hg.), Mitarbeiterbeteiligung u. Mitbestimmung im Unternehmen, 1987; H. G. Nutzinger u. a., M. in der Krise, 1987; H. Martens u. G. Peter

(Hg.), M. u. Demokratisierung, 1989; K. Bartölke u. a., Neue Technologien u. betriebl. M., 1991; S. Braun, W. Eberwein u. J. Tholen, Belegschaften u. Unternehmer, 1992.

Miteigentum, Bezeichnung für die Gesamtheit aller ges.polit. Programme u. Forderungen, die eine Lösung der Probleme des Eigentums in der mod. Ges. über eine stärkere Beteiligung der Arbeitnehmer am Produktivvermögen u. Wachstum des volkswirtschaftl. Gesamtvermögens anstreben. Die Verfechter der These vom M. bekennen sich zur soz. Marktwirtschaft u. zum Leistungsprinzip als soz. Steuerungsprinzip. Sie wollen die private Verfügungsmacht über Produktionsmittel soweit beschränken, daß sie nicht mehr zur Verfügungsmacht über Menschen führen kann. Neben Mitbestimmung der Arbeitnehmer über techn. Einsatz u. wirtschaftl. Verwendung der Produktionsmittel u. neben staatl. Einflußnahme auf Erstehungs- u. Verteilungsbedingungen des Sozialprodukts soll insbes. durch M. die bürgerl. Eigentumsordnung auf eine breite ges. Basis gestellt werden. Vermögensbildungspläne u. vermögenspolit. Maßnahmen sowohl der privaten u. staatl. Unternehmen selbst (Investivlöhne, Ertragsbeteiligungen betriebl. u. überbetriebl. Art, vermögenswirksame Leistungen) als auch der staatl. Sparförderung u. Steuerpolitik sollen zu einer breiten Streuung des ges. Produktivvermögens führen.

O. v. Nell-Breuning, Eigentumsbildung in Arbeitnehmerhand, 1955; W. Heintzeler, Volkskapitalismus, 1968; G. Apel, R. Issen, M., Probleme u. Lösungen, 1970; M. Jungblut, Nicht vom Lohn allein, 1973; R. Hornung-Draus, Mitarbeiterbeteiligungen, 1988.

Mitgliedschaftsgruppe (engl. membership group), aus der Sicht eines Individuums eine solche Gruppe, der es als Mitglied tatsächlich angehört (→Eigengruppe). Andere Gruppen, denen dieses Individuum nicht angehört oder nicht angehören darf, sind dagegen Nichtmitgliedschaftsgruppen (engl. nonmembership group, Fremdgruppen), die aber als fremde Bezugsgruppen seine Orientierung u. sein Verhalten beeinflussen können.

Mitläufer-Effekt (engl. bandwagon-effect), bezeichnet die Erscheinung, daß sich eine Person unter Vernachlässigung bisher eigener Auffassungen den Meinungen, Wertvorstellungen u. Verhaltensweisen anderer Personen u. Gruppen anpaßt, denen sie zugehören möchte. Grundlegend ist der Wunsch, nicht außerhalb vorherrschender Tendenzen, erfolgreicher Perspektiven u. allg. Moden zu stehen. Demgemäß steigt die Nachfrage nach einem Konsumgut, wenn auch andere Personen das gleiche Produkt konsumieren. Die Veröffentlichung v. Meinungsumfrageergebnissen bewirkt oft, daß sich Meinungsminderheiten der Meinungsmehrheit anschließen u. das eigene polit. Wahlverhalten (→Wahlsoziol.) entsprechend umorientieren.

H. Leibenstein, Mitläufer-, Snob- u. Veblen-Effekte in der Theorie der Konsumentennachfrage, in: Konsum u. Nachfrage, hg. v. E. u. M. Streissler, 1966; N. Hauer, Die Mitläufer oder Die Unfähigkeit zu fragen, 1993.

Mittelklasse →Mittelschicht

Mittelschicht, Teil einer Bevölkerung, dem nach seinem soz. Status, d. h. nach soz.statist. Daten, nach Selbst- u. Fremdeinschätzung ein mittlerer Bereich in der vertikalen Struktur einer Ges. zuerkannt wird. Sofern einer soziol. Klassen- oder Schichtungstheorie

Mittelstand 562

oder den sozialen Strukturvorstellungen der Bevölkerung selbst nicht von vornherein das Modell einer bloß dreigeteilten Ges. (oben, Mitte, unten) zugrundeliegt, werden mehrere gestaffelte M.n unterschieden, zumeist die obere, die mittlere u. die untere M. Zur oberen M. zählen sich bzw. werden gerechnet die Inhaber von Spitzenpositionen in der unselbständigen Berufshierarchie wie z. B. Professoren, Richter, Fachärzte, Direktoren sowie ein Teil der freien Berufe. Die mittlere M. umfaßt die gehobenen Beamten u. Angestellten mit dispositiver Funktionen, Ingenieure, Lehrer, freiberufl. Tätige, Inhaber mittelgroßer Geschäfte u. Handwerksbetriebe u. Großbauern. Die untere M. wird gewöhnl. noch weiter unterschieden in einen nicht-industr. (ausführende Handels- u. Dienstleistungsangestellte, Handwerksmeister, einfache Beamte, Einzelhändler) u. einen industr. Teil (Werkmeister, Techniker, Facharbeiter). Bereits diese Unterteilungen lassen erkennen, daß mehrere Zuordnungskriterien für die M. miteinander konkurrieren. Die angegebenen Berufsbeispiele verdeutlichen, daß Kriterien wie mittleres Einkommen, mittleres Vermögen oder Eigentum, berufl. Selbständigkeit oder betriebl. Entscheidungsbefugnisse, soz. Herkunft, Mittelstands-orientierte Lebens- u. Konsumgewohnheiten sowie entsprechendes soz. Zus.gehörigkeitsgefühl bzw. Distanzierungsbemühen nicht miteinander korrelieren.

Von bes. soziol. Interesse sind der Sozialcharakter u. das Gesellschaftsbild der M.n sowie ihr polit. Einfluß. Ihr hoher Bevölkerungsanteil verleiht den M.n u. ihren soz. u. polit. Orientierungen einen so starken prägenden Einfluß, daß zur Skizzierung der gegenwärtigen Ges. bereits die Bezeichnung →»nivellierte Mittelstandsgesellschaft« (H. Schelsky) verbreitete Anwendung findet. Alle demokrat. Parteien, die die Regierungsgewalt behalten wollen bzw. anstreben, müssen in ihren Programmen u. polit. Leitsätzen auf die versch., z. T. divergierenden M.n-Interessen Rücksicht nehmen (Volksparteien). Die soz. Ideale der M.n sind Aufstieg u. Sicherheit. Ihr Ges.bild ist die Hierarchie, der lange Weg für den Aufstieg als bürgerl. Lebenserfolg schlechthin. Geduld u. langfristig orientierte Lebensplanung verbindet sich mit hervorstechenden Zügen ihres Sozialcharakters wie Gewissenhaftigkeit, Treue, Ordnung, Zuverlässigkeit u. Disziplin, die sie über einen entspr. Erziehungsstil zum Zwecke der frühzeitigen Vorbereitung der Lebenschancen ihrer Kinder auch der jeweils nächsten Generation vermitteln.

R. Bendix, S. M. Lipset (Hg.), Class, Status and Power: A Reader in Social Stratification, 1953; R. Mayntz, Soz. Schichtung u. soz. Wandel in einer Industriegemeinde, 1958; H. Moore, G. Kleining, Das soz. Selbstbild der Ges.schichten in Deutschland (KZfSS 12, 1960); H. J. Daheim, Stabilität u. Mobilität der Mittelschichten, 1961; D. V. Glass, R. König (Hg.), Soz. Schichtung u. soz. Mobilität (KZfSS, Sonderheft 5, 1961); F. Fürstenberg, Das Aufstiegsproblem in der mod. Ges., 1962; W. Nellessen, K. Nold, Möglichkeiten zur Ausgestaltung d. dt. amtl. Statistik unter d. Aspekt einer quantitativen Abgrenzg d. Mittelschichten, 1966; R. Parker, Der Mythos der Mittelschicht, 1973; R. Engelsing, Zur Soz.gesch. dt. Mittel- u. Unterschichten, ²1978; T. v. Winter, Polit. Orientierungen u. Soz.struktur, 1987. →Schichtung.

Mittelstand, diejenigen Bevölkerungsteile einer Ges., die nach Maßgabe objektiver Soz.daten (Einkommen, Vermögen, Herrschaftsbefugnisse) oder/u. subjektiver Schichtungsfaktoren (Wertorientierungen, Einstellungen,

Soz.prestige) zw. den oberen u. unteren soz. Schichten bzw. Klassen stehen.

Der Begriff, die Zuordnungskriterien u. die soziol. Aussagen zum M. werden entscheidend bestimmt von der soziol. Theorie, die zugrundegelegt wird. Seit der griech. Staatsphilosophie (bes. Aristoteles) ist der M. immer wieder als harmonisierender, staatstragender Ges.sfaktor betrachtet worden (Schmoller), den es durch eine bes. Ges.politik zu fördern galt. Der Marxismus lehrte demgegenüber, daß der M. infolge der zunehmenden soz. Polarisierung in der kapitalist. Wirtschaftsges., d. h. durch den Klassenkampf zw. Bourgeoisie u. Proletariat, zerrieben werden würde. Seit der großen Zunahme u. schnellen Entwicklung der Beamten- u. Angestelltenschaft von der letzten Jahrhundertwende ab wird zw. »altem«, selbständigem M. (Handwerker, Bauern, Kaufleute, Rentiers, freie Berufe) u. »neuem«, unselbständigem M. (Beamte, Angestellte) unterschieden. Nicht mehr allein mittleres Einkommen, Vermögen u. berufl. Selbständigkeit mit entspr. Lebenshaltung entscheiden seither über die (theoret.) Zuordnung zum M., sondern auch sog. »subjektive« oder soz.psycholog. Kategorien wie M.sgesinnung, soz. Zugehörigkeitsgefühl zum M. mit entsprechendem Gesellschaftsbild u. polit. Bewußtsein, Aufstiegsorientierung, soz. Prestigebedürfnis. Damit wurde der Begriff M. auch zu einer polit. Kategorie. Im Vergleich zum Begriff der mittleren soz. Schichten ist für die Angehörigen des M. nicht allein nur ihre mittlere Lage auf der Skala für bestimmte soz.statist. Merkmale theoret. relevant. Es wird darüber hinaus nach dem soz., polit. u. ökonom. Interesse gefragt, das aus solcher soz. Lage resultiert u. zu bestimmten ges.polit. Konsequenzen führt (Geiger).

Einen »falschen« M. bilden jene Personenkreise, die aufgrund ihrer Berufspositionen (Verkäufer, Kellner, Chauffeure, Friseure), ihres Einkommens u. Soz.prestiges eher der oberen Unterschicht angehören, sich jedoch selbst dem M. zugehörig fühlen u. ein entsprechendes Verhalten zeigen.

G. Schmoller, Was verstehen wir unter dem M.?, 1867; E. Lederer, Die Privatangestellten in der mod. Wirtschaftsentwicklung, 1912; Th. Geiger, Die soz. Schichtung der dt. Volkes, 1932; ders., Die Klassenges. im Schmelztiegel, 1949; F. Marbach, Theorie der M., 1942; C. W. Mills, Menschen im Büro, 1955; R. Dahrendorf, Soz. Klassen u. Klassenkonflikt, 1957; S. M. Lipset, Soziol. der Demokratie, 1962; H.-J. Daheim, Die Vorstellungen vom M. (KZfSS 12, 1960); R. Krisam, Der »M.« im hochindustrialisierten Wirtschaftsraum, 1965; G. Hartfiel, Gibt es noch einen M.? (Gegenwartskunde 2, 1969); H. A. Winkler, M., Demokratie u. Nationalsozialismus, 1972; E. K. Scheuch, Die Selbständigen im Mittelstand, 1978; D. Jung, Vom Kleinbürgertum zur dt. Mittelschicht, 1982; G. Keyser, M. u. M.spolitik im europ. Binnenmarkt, 1990.

Mittelstandsgesellschaft →Nivellierte M.

Mittelstandspolitik, Inbegriff staatl. Maßnahmen zur Sicherung u. Förderung der wirtschaftl. u. soz. Situation von Angehörigen des »alten« u. »neuen« Mittelstandes, dem von den Anhängern u. Verfechtern der M. eine bes. staatstragende u. ges.sstabilisierende Funktion zuerkannt wird.

Mittelwert, arithmet., der Durchschnitt (z. B. Durchschnittslohn), die Summe aller registrierbaren Zahlenwerte eines quantifizierbaren Merkmals (z. B. Summe aller festgestellten Wochenlöhne in einer Fabrik), dividiert durch ihre Anzahl (z. B. Zahl der Lohnempfänger).

Mittel-Zweck-Rationalität
→Rationalität

Mittlere, angepaßte Technik bzw. **Technologie** (engl. intermediate technology), Bezeichnung f. ein techn. u. auch organisator. Entwicklgs.niveau, das den natürl. Umweltbedingungen, menschl. Bedürfnissen u. Fähigkeiten u. insb. hinsichtl. der Entwicklgs.länder dem jeweiligen ges. Entwicklgs.zustand angepaßt wird. Da die mod. Technik mit ihren Organisationsformen Tendenzen zu unmenschl. Größe u. Komplexität sowie zu steigender Zerstörungskraft (→Umweltkrise) beinhaltet, wird die Herausbildung einer »nachmod. Ges.« notwendig, die durch schöpferische Arbeit, vereinfachte u. vermenschlichte Technik, vereinfachte Lebensweise, Vorrang des Biologischen, dezentralisierte Wirtschaftsstruktur mit überwiegend kleinen Betrieben u. durch weitgehende Selbstversorgung kleiner Gruppen gekennzeichnet sein sollte.

E. F. Schumacher, Small is Beautiful, London 1973, dt.: Die Rückkehr zum menschl. Maß, 1977; ders., Es geht auch anders, 1974.

Mitwelt →Umwelt

Mob, gleichbedeutend mit Pöbel, eine zufällig oder aus bestimmten Motiven zus.gekommene größere Menge von Menschen, die in großer emotionaler Erregung oder ledigl. aus spontaner Lust am Krawall meist episodenhaft, d. h. ohne zeitl. u. räuml. klar abgesteckte Handlungsstrategie, soz. (als phys. oder psych.) Druck auf inkriminierte Objekte, Einzelpersonen oder Gruppen ausübt u. sehr häufig sogar deren Vernichtung anstrebt (Lynchjustiz, Pogrom). Herrschende Schichten einer Ges. bezeich-

nen oft in diffamierender Weise die Teilnehmer an polit. Massenprotestbewegungen als M. Der M. ist in der Aktion eine soz. völlig unstrukturierte u. darum sehr schwer zu führende oder in seinem Verhalten kaum zu berechnende Menschenmenge. Seine radikale Aktivität resultiert aus aufgestautem Haß oder Destruktionsbedürfnissen, die ihre Entladung bzw. Abfuhr suchen.

Auch Mafia-Organisationen u. ähnliche Gruppierungen (organisiertes Verbrechen) werden als M. bezeichnet.

D. Lindlau, Der M., 1989.

Mobbing, engl. »pöbeln«, Bezeichnung für Psychoterror, der in Betrieben von Vorgesetzten u./oder Mitarbeitern gegen einen unbequemen, abgelehnten Kollegen ausgeübt wird, um diesen systemat. zu zermürben, psych. fertigzumachen, zu verdrängen u. loszuwerden. Ausdrucksformen des M. sind: »Sticheleien«, Kritik belangloser Fehler, Schikanen, bewußt geschürte Konflikte, Belästigungen, Verbreitung von Gerüchten, Intrigen, Verleumdung, Beleidigung, Kritik am Privatleben, Anfeindungen, Anschreien, Ausgrenzung, Abmahnungen wegen angebl. nicht erfüllter Aufgaben, insgesamt ein tägl. Kleinkrieg am Arbeitsplatz. M. wird verstärkt durch steigende Arbeitsbelastung, Verschlechterung der Auftragslage, Arbeitsplatzabbau, wachsende Konkurrenz um Arbeitsplätze u. Aufstiegschancen. Folgen sind: Verschlechterung des Betriebsklimas u. der Arbeitsfreude, Leistungsabfall, vermehrte Fehlzeiten, psych. u. psychosomat. Erkrankungen, krankheitsbedingte Arbeits- u. Erwerbsunfähigkeit, höhere Fluktuation. Zu den Gegenmaßnahmen zählen insbes. gezielte, auf soz. Kompetenz ausgerichtete Schulungsmaßnahmen für Führungskräfte, ferner allg. verbindl. Regelungen für die Konfliktbewältigung, offene Aussprachen, psychol. Betreuung u. rechtl. Beratung der Opfer des M.

H. Walter, M.: Kleinkrieg am Arbeitsplatz, 1993; H. Leymann, M., ²1994 (1993).

Mobilität, soziale (lat.), Beweglichkeit, Bewegungsvorgänge von Einzelpersonen, Gruppen u. Kollektiven innerhalb einer Ges. in soz. u. regionaler Hinsicht. Als Bestimmungsgründe für M. kommen subjektive oder objektive Faktoren, d. h. individuelle Lebensschicksale, familien- oder schichtenspezif. Traditionen, epochale Zeitumstände, soz. Wandel, techn.-wirtschaftl. Innovationen, Veränderungen von Kultur u. das Wohlstandsgefälle zw. verschiedenen Regionen in Betracht. Dementsprechend wird unterschieden zw. individueller, partieller, kollektiver u. kultureller M. In bezug auf die Funktionen-, Autoritäts- u. Prestige-Verteilungen in einer Ges. unterscheidet man horizontale (Positionenwechsel auf etwa gleicher Ebene) u. vertikale M. (soziale Auf- u. Abstiegsprozesse). M.-Prozesse, die sich während des Lebensverlaufes eines Individuums ereignen, werden als Intra-Generations-M., soz. Positionsveränderungen in der Generationenfolge, etwa im Vergleich zw. Vater u. Sohn, werden als Inter-Generations-M. bezeichnet.

Soz. M. wird beobachtet u. statist. gemessen, um den Grad der Offenheit oder Geschlossenheit, d. h. der für die einzelnen bestehenden soz. Entwicklungschancen oder soz. Bindungen, in einer Ges. zu erforschen. Dabei interessieren der Wechsel des Arbeitsplatzes, des Betriebes, der berufl. Position mit entspr. Herrschafts- u. Einkommenschancen ebenso wie der Wechsel der Konfession, der polit. Partei oder sonstiger Mitgliedschaften, die insgesamt in sehr vielen Fällen mit regionalen M.-Prozessen verbunden sind. In der Industriesoziol., die sich auch mit Problemen der Leistungs- u. Aufstiegsmotivation befaßt, werden Fluktuation u. techn. verursachte (individuelle oder kollektive) M.-Prozesse untersucht. Die Polit. Soziol. befaßt sich mit Problemen der Führungsauslese u. Elitenbildung in polit. Organisationen u. staatl. Bürokratien, u. von seiten der päd. u. Familien-Soziol. werden die Zus.hänge zw. Erziehungseinfluß in Elternhaus u. Schule u. berufl. Positions- u. Aufstiegschancen untersucht. Angesichts der schwerwiegenden soz.strukturellen Folgen von techn. Innovationen oder weltanschaul.-ideolog. Neuorientierungen sind die voraussichtl. gesamtges. oder kollektiven Positions- u. Statuswandlungen ein ges.sprognostisches Problem.

In der Regel wird anhand relativ hoher oder geringer M.-Raten oder M.-Indices (→Assoziationsindex) entweder auf bereits realisierte Demokratisierung mit entsprechender soz. Chancengleichheit oder auf noch bestehende u. abzubauende soz. Barrieren hingewiesen. In der Tendenz wird jedoch eine zunehmend größer werdende Gesamt-M. in der mod. Ges. erkannt.

M., insbes. Aufstiegschancen u. die individ. Bereitschaft zur horizontalen M., bildet eine wichtige Voraussetzung für die Entfaltung des Leistungspotentials u. der wirtschaftl. Entwicklungskräfte einer Ges. Probleme verstärkter M. sind Einschränkung oder Auflösung soz.

Modalpersönlichkeit

Beziehungen, Störungen des Familienlebens, Gefühle der Entwurzelung u. Einsamkeit, Zunahme unpersönl. Beziehungen.

Mit M. wird auch das Wachstum des Verkehrs in der mod. Ges. bezeichnet, ermöglicht bzw. verstärkt durch neue u. leistungsfähigere Verkehrsmittel, veränderte Siedlungsweise (Pendelverkehr), wachsenden Güteraustausch über größere Entfernungen, zunehmende »Erlebnis-M.« (Tourismus, Ausflugsverkehr). Probleme sind die Umweltbelastung, Überfüllung von Verkehrswegen, Zeitverluste, Unfallrisiken.

Als kult. M. bezeichnet P. A. →Sorokin einen Aspekt des soz. Wandels: die Bewegung von Kulturelementen wie Ideen, Werten, Symbolen, Wörtern, Gegenständen.

R. Bendix, S. M. Lipset (Hg.), Class, Status and Power: A Reader in Social Stratification, Glencoe 1953; P. A. Sorokin, Social and Cultural Mobility, Glencoe 1959 (1972); K. M. Bolte, Soz. Aufstieg u. Abstieg, 1959; S. M. Lipset, R. Bendix, Social Mobility in Industrial Society, Berkeley [5]1967; M. M. Tumin, Schichtung u. M., 1968; F. Fürstenberg, Das Aufstiegsproblem i. d. mod. Ges., [2]1969; J. Davies, Soz. M. u. polit. Wandel, 1972; H. Recker, Soz. M., 1975; R. Ziegler (Hg.), Anwendung math. Verfahren zur Analyse soz. Ungleichheit u.soz.M., 1974; S. Kirchberger, Kritik der Schichtungs- u. M.sforschg., 1975; K. U. Mayer, Ungleichheit u. Mobilität, 1975; H. Kaelble (Hg.), Gesch. der soz. M. seit der industr. Revolution, 1978; E. M. Wallner u. M. Funke-Schmitt-Rink, Soz. Schichtung u. soz. M., 1980; P. Weber, Geograph. M.sforschung, 1982; H. Kaelble, Soz. M. u. Chancengleichheit im 19. u. 20. Jh.: Dtl. im internat. Vergleich, 1983; H.-J. Andreß, Deskription intragenerationeller M.sprozesse mit Verlaufsdaten, in: KZfSS 36, 1984; P. Franz, Soziol. der räuml. M., 1984; P. Kappelhoff u. W. Teckenberg, Intergenerationen- u. Karrierem. in der BR Dtl. u. in den Vereinigten Staaten, in: KZfSS 39, 1987; H. P. Blossfeld, Kohortendifferenzierung u. Karriereprozeß, 1989; M. Haller, Klassenstrukturen u. M. in fortgeschrittenen Ges.en, 1989; M. Wagner, Räuml. M. im Lebenslauf, 1989; W. König, Berufl. M. in Dtl. u. Frankreich, 1990; H. Körner, Internat. M. der Arbeit, 1990.

Modalpersönlichkeit (lat.), Bezeichnung für einen hypothetisch entworfenen Persönlichkeitstyp, der mit einer bestimmten Kombination v. Persönlichkeitseigenschaften innerhalb einer Ges. vorherrscht. Die M. resultiert aus prägenden Einflüssen der Kultur, die mit der jeweiligen Ges. verbunden ist. →Basic Personality Structure, →Persönlichkeit.

Mode (franz. von lat. modus »Art u. Weise«), Zeitgeschmack, insbes. der von soziokult. Verhältnissen u. Wandlungen, ästhet. u. moral. Wertorientierungen beeinflußte Komplex von Geschmacksvorstellungen u.-normen hinsichtlich des individ. u. soz. Verhaltens, der Wohnweise, Konsum- u. Freizeitgestaltung, vor allem des Sichkleidens, auch des polit. Urteilens. Im 17. Jh. wurde der Begriff M. aus dem Franz. zunächst mit der Bedeutung von Art u. Weise, Sitte, Brauch u. Konvention entlehnt, dann aber für neue, franz. beeinflußte Kleiderarten mit der Bezeichnung à la mode verwendet. M. ist der Ausdruck u. Mittel der Entfaltung kreativ-innovativer Potentiale, der soz. Anpassung u. Normierung ebenso wie der individ. Selbstdarstellung, Abhebung u. Exklusivität. M. beinhaltet sowohl Normkonformität wie auch -abweichung u. ist eng mit soz. u. kult. Wandel verbunden. Die Entfaltungs- u. Ausbreitungschancen von M.innovationen hängen entscheidend davon ab, inwieweit eine Ges. traditional-stat. oder säkular-dynam. bestimmt ist. Die universelle Verbreitung des Phänomens M. veranlaßt immer wieder, über die der M. evtl. zugrundeliegenden menschl. Grundantriebskräfte zu forschen (Neugierde, erot. Werbung, Nachahmungs-, Unterscheidungs-, Abhebungsbedürfnisse, Wunsch nach Abwechslung u. Individualisierung).

Von bes. soziol. Interesse ist die M. als Einfluß-, Führungs- u. Herrschaftsmittel u. als Ausdruck des Verhältnisses der soz. Schichten zueinander. Ihre große Bedeutung hat die M. erst mit der durch soz. Mobilität, Anonymität u. Massenwohlstand gekennzeichneten westl. Industrieges. erhalten. War z. B. in vergangenen traditionalen Ges. en das Exterieur (Kleidung, Benehmen) ein Ausweis für die Standeszugehörigkeit, so kann nunmehr – in gewissen Grenzen – Klassen- u. Schichtenzugehörigkeit durch Anpassung des Exterieurs an die Normen der betr. M. erreicht werden. M. ist damit Medium des soz. Wettbewerbs u. des Aufstiegs- u. Auszeichnungsstrebens geworden. Unterhalb der soz. Oberschichten, die nach wie vor – entsprechend den ständ. Traditionen – auf langfristig gültige Konventionen u. auf Schutz ihrer Exklusivität vor Nachahmung achten, sind die Angehörigen der oberen Mittelschichten zu M. führern geworden. In dem Maße, wie eine Breitenwirkung gelingt, wird die Besonderheit u. Abhebungsqualität der zuvor exklusiven M. verschlissen, u. es beginnt eine neue M. welle. Die wellenförmige Ausbreitung der M. »nach unten« wird mittels schichtenspezif. Modernitätsindices, d. h. über Maßzahlen für den Grad »moderner«, »gegenwartsnaher« Grundeinstellungen versch. Bevölkerungsgruppen verfolgt. Sowohl das Nachahmungs-(Konformitäts-) als auch das Differenzierungs- (Individualisierungs-) Streben in der M. werden Triebkraft der Massenproduktion von Gebrauchs- u. Verbrauchsgütern, die auch wegen des soz. Prestiges gekauft u. demonstrativ augenfällig konsumiert werden. Zur Ausweitung von Absatzchancen sind Produzenten u. Anbieter bestrebt,

M.zyklen (»alles kommt wieder«) zu beschleunigen u. Produkte schneller modisch veralten zu lassen (→Obsoleszenz). Das Kaufverhalten der Kunden entscheidet darüber, inwieweit neue M.n erfolgreich sind. M.kritik, individ. Streben nach persönl. Autonomie u. Konsumentensouveränität, Tendenzen zu einem aufgeklärt-rationalen Verbraucherverhalten u. ökolog. Bewußtsein schränken die Möglichkeiten einer verschwender. u. umweltbelastenden Konsumausweitung mittels eines planmäßig beschleunigten M.wechsels zunehmend ein. Protest u. Ablehnung kommen in einer Anti-M. zum Ausdruck (z. B. Jeans-M.), die wiederum kommerziell ausgeschöpft wird.

T. Veblen, Theorie der feinen Leute, 1971 (1958, amerik. 1899); G. Simmel, Philosophie der M., 1905; P. Nystrom, Economics of Fashion, New York 1928; R. König u. B. W. Schuppisser, Die M. in der menschl. Ges., 1958; R. König, Kleider u. Leute, 1967; P. Heintz, Die M. als ges. Phänomen (in: ders., Einführung in die soziol. Theorie, ²1968); R. König, Macht u. Reiz der M., 1971; M. Curtius, W. D. Hund, M. u. Ges., 1971; P. Bourdieu, Die feinen Unterschiede, 1982; R. Barthes, Die Sprache der M., 1985; R. König, Menschheit auf dem Laufsteg, 1985; S. Bovenschen (Hg.), Die Listen der M., 1986; U. Roderer, M. als Symbol, 1986; D. Baacke u. a., Jugend u. Mode, 1988; I. Loschek, Die M. im 20. Jh., ³1988; M. v. Boehn, Die M., 2 Bde., ⁴1989.

Modell (lat)., »Muster«, »Entwurf«, »Nachbildung«, in der sozialwiss. Methodologie unterschiedl. interpretierter Begriff zur Bezeichnung von Verfahren u. Ergebnissen der Formalisierung u. Mathematisierung wiss. Probleme u. Theorien. Von einem M. wird mitunter schon dann gesprochen, wenn eine empir., auf bestimmte Gegenstandsbereiche der soz. Wirklichkeit bezogene Theorie ihrer Struktur nach als Vorbild für eine andere Theorie benutzt werden kann, d. h. wenn eine Isomorphie von Theo-

Modellplatonismus 568

rien vorliegt. Oft wird überhaupt nicht prinzipiell zw. M. u. Theorie unterschieden, sondern als M. eine Theorie bezeichnet, die sich durch einen höheren Grad an Formalisierung u. Präzisierung, d. h. durch Überführung ihrer Ausagenverknüpfungen in ein System von logisch (mathemat.) aufeinander bezogenen Gleichungen auszeichnet. Andere Theoretiker differenzieren zw. M. u. Theorie nach der beabsichtigten Erkenntnisleistung. Demnach ist eine Theorie das auf hypothet. Wirklichkeitsaussage u. anschließende empir. Überprüfung angelegte Aussagensystem, wogegen das M. ledigl. als Hilfsmittel zur Theorienbildung betrachtet wird. Hierbei soll das M. als rational-konzeptuelles Schema, als Gedankenexperiment, instrumentelle Hilfe bei der alternativen Ausgestaltung versch. relevanter Variablen, ihrer mögl. Beziehungen untereinander leisten. Es soll damit die Implikationen möglicher Denkansätze zur theoret. Erklärung der problematisierten Wirklichkeit erschließen.

Das M. vereinfacht die infrage stehende Wirklichkeit zu gedachten, konstruierten, als relevant angesehenen Ausgangssätzen. Deren Komponenten weichen entweder graduell (durch Verabsolutierung von Gegebenheiten, die man in der Wirklichkeit u. a. vorzufinden glaubt) oder prinzipiell (durch Einführen von Bedingungen, die es in der Wirklichkeit überhaupt nicht bzw. ledigl. als idealisierten Grenzfall gibt) von der Realität ab. Das M. deduziert die sich aus der Verbindung solcher Grundannahmen ergebenden (log.) Konsequenzen. Auf diese Weise werden z. B. M.e der Interaktion, Kommunikation, des Lernens u. des rationalen Verhaltens konstruiert. Im Simula-

tions-M. werden theoret. vorgestellte Vorgänge, Aufbau- u. Ablaufprozesse in soz. Systemen durch Übersetzung in eine Maschinensprache (Code, Zeichensystem) u. mit Hilfe eines Computers nachgebildet.

M.e sind geschlossene logische Systeme u. erzwingen darum bei ihrer Konstruktion einen hohen Grad von Wirklichkeitsferne, weil auch für diejenigen Zus.hangsbereiche eines Gegenstandes präzise Annahmen formuliert werden müssen, über die noch nichts bekannt ist oder über die mangels methodolog. Entwicklung noch keine empir. brauchbaren (operationablen) Aussagen gemacht werden können. Von den Kritikern der M.konstruktionen wird immer wieder hervorgehoben, daß das M. nur dem Kriterium logischer Richtigkeit, aber nicht der theoret. Forderung nach empir. Geltung zu genügen braucht. Die Reduktion der M.e auf Aussagen über abstrahierte, isolierte Variablen der Wirklichkeit u. ihrer Interdependenzen birgt immer dann, wenn keine Aussagen über das Verhältnis der im M. abgebildeten Wirklichkeit zur übrigen Realität gemacht werden, die Gefahr der Immunisierung des M.s gegen die Erfahrung.

H. Klages, Möglichkeiten u. Grenzen des M.denkens in der soziol. Theorie (Soz. Welt 14, 1963); H. Albert, M.-Platonismus (in: E. Topitsch, Hg., Logik der Sozialwiss., 1965); W. Siebel, Die Logik des Experiments in den Sozialwiss., 1965; R. Mayntz (Hg.), Formalisierte M.e in der Soziol., 1967; G. Hartfiel, Wirtschaftl. u. soz. Rationalität, 1968; R. Ziegler, Theorie u. M., 1972; H. Blalock, Kausale M.e zur Theoriebildung, 1974; H. Stachowiak (Hg.), M.e − Konstruktion der Wirklichkeit, 1983; K. G. Troitzsch, M.bildung u. Simulation in den Soz.wiss.en, 1990.

Modellplatonismus, von H. →Albert eingeführter Begriff zur krit. Einschätzung des realitätsfernen, übermäßig nach Exaktheit strebenden Denkstils von Vertretern der neoklass. Wirtschaftstheorie. Im Hinblick auf Vorgänge in einer aus dem soziokult. Lebenszus.hang gedankl. herausgelösten Wirtschaft werden abstrakte Modelle konstruiert, die mit Hilfe der →Ceteris-paribus-Klausel gegen den Einfluß außer-ökonom., insbes. soziol. u. psycholog. bedeutsamer Einflußkräfte u. damit gegen die Erfahrung immunisiert werden. Modellplatonist. Theorie kann zwar nicht an den Tatsachen scheitern, »trägt aber auch nichts zu ihrer Erklärung bei«. Zur Abwehr von Tendenzen zum M. in den Soz.wiss.en ist gemäß des Krit. Rationalismus eine empir. Überprüfbarkeit bzw. →Falsifizierbarkeit wiss. Aussagen unerläßlich.

H. Albert, M., in: E. Topitsch (Hg.), Logik der Soz.wiss.en, [11]1981 (1965).

Moderne (lat.), ein in mehreren Disziplinen verbreiteter Begriff, der als soziol. Kategorie die weltgesch. einmalige Eigenart des neuzeitl. okzidentalen bzw. abendländ. Kulturkreises bezeichnet, die im Kern durch eine Entfesselung u. kumulative Entfaltung der Fähigkeit des Menschen zum rationalen Denken u. Handeln bestimmt ist. Der 1886 von E. Wolff eingeführte Begriff der M. setzte sich um 1900 in der Kunst- u. Literaturwiss. als Bezeichnung für damalige, insbes. avantgardist. künstler. Strömungen durch. Später wurde er von der Philos. u. schließl. auch von Soz.wiss.en übernommen, wobei er inhaltl. ausgedehnt u. weitgehend mit dem Begriff der Neuzeit gleichgesetzt wurde. Ursprünge dieser Makroperiode gehen zurück auf das Zeitalter der Renaissance, der großen Entdeckungen u. der Reformation (→Protestant. Ethik). Der entscheidende Durchbruch der M. erfolgte mit der Philos. der Aufklärung im 17. u. 18. Jh. (Religions- u. Ideologiekritik, Aufwertung individ. Freiheit u. Vernunft), der Industr. Revolution, der Franz. Revolution von 1789 u. der fortschreitenden Demokratisierung, mit dem Aufschwung rationaler Wiss. u. der Herausbildung der bürgerl. Ges. Im 19. Jh. wurde die Ausbreitung der M. durch den beschleunigten (natur-)wiss.-techn. Fortschritt, Industrialisierung, Kapitalismus, säkulare Weltanschauungsbewegungen (Liberalismus, Sozialismus, Arbeiter- u. Gewerkschaftsbewegung) u. allg. Fortschrittsoptimismus angetrieben. Wirtschaftl. Entwicklg., die Heraufkunft des Rechts- u. Soz.staates u. gesteigerte soz. Mobilität verstärkten Tendenzen zur Auflösung sakraler, kollektivist.-gemeinschaftl. Bindungen des Individuums zugunsten persönl. Unabhängigkeit, Autonomie u. Verantwortung (zunehmende Individualisierung).

Nach R. Münch kristallisierte sich infolge der für die okzidentale Entwicklg. charakterist. Interpenetration (gegenseitige Durchdringung) der verschiedenen soziokult. Lebensbereiche ein ges. durchgängiges Wertsystem heraus, das für die M. konstitutiv wurde: Solidarität, individ. Freiheit, Rationalität, aktive Weltgestaltung u. Universalismus. Mit dem method.-rationalen Aktivismus setzte sich der Glaube an die menschl. Allmächtigkeit, an die Erforschbarkeit u. Machbarkeit aller Dinge u. an eine systemat. Weltbeherrschung durch, einschließl. einer bewußten Gestaltung der soziokult. Lebensverhältnisse.

Im 20. Jh. wurde die weitere Entfaltung der M. durch folgenreiche Rückschläge abgebremst: oppositionelle Strömungen gegen den

Rationalisierungsprozeß, religiöser Fanatismus, irrationalist. Heilslehren, totalitäre Ideologien u. Herrschaftssysteme (diktator. Staatssozialismus u. -kommunismus, Faschismus, Nationalsozialismus), machtpolit. Mißbrauch von Wiss., Technik u. Bürokratie, menschenverächtl. (Bürger-)Kriege, durch Wirtschafts- u. Wohlstandswachstum bedingte Umweltschäden u. -zerstörungen, zunehmende Gefährdung der natürl. Überlebensbedingungen, Erschütterung des Fortschrittsglaubens u. Zukunftsoptimismus, weitverbreitete Unzufriedenheit. Mitunter werden ein vermeintl. Ende des »Projekts der M.« (J. Habermas) u. der Anbruch einer neuen Periode, der sogen. Postmoderne verkündet. Stützen der M. sind hingegen die krit.-intellektuelle Reflexion, der weitergehende wiss.-techn. Fortschritt, auf Verwirklichung von Grundwerten u. Menschenrechten ausgerichtete soz. Bewegungen u. das individ. Streben nach Selbstbestimmung. Die Zukunftschancen der M. hängen entscheidend von einer soz.- u. umweltverträgl. Steuerung der wiss., techn. u. wirtschaftl. Entwicklg. ab, insbes. auch zugunsten einer allg. Durchsetzung freiheitl.-humaner Lebensformen u. einer entsprechenden Steuerung der Ges. u . des soz. Wandels.

R. Münch, Die Struktur der M., 1984; J. Habermas, Der philos. Diskurs der M., 1985; J. Berger (Hg.), Die M., Sonderbd. 4, Soz. Welt, 1986; R. Münch, Die Kultur der M., 2 Bde., 1986; L. Gall, Europa auf dem Weg in die M. 1850–1890, 1989; H. Kuzmics, Der Preis der Zivilisation, 1989; D. J. K. Peukert, Max Webers Diagnose der M., 1989; F. H. Tenbruck, Die kult. Grundlagen der Ges., 1989; B. Loewenstein, Der Entwurf der M., ²1990; ders., Problemfelder der M., 1990; T. Schabert, Modernität u. Gesch., 1990; S. Toulmin, Kosmopolis, 1991.

Moderne Gesellschaft, Bezeichnung für einen umfassenden, sich gegenwärtig global ausbreitenden Typ von Ges., der in vorherrschender Weise durch die neuzeitl.-okzidentale (abendländ.) Kulturströmung der →Moderne geprägt ist. Die m. G. bildet in ihrer gesch. einmaligen Dynamik u. (Selbst-)Gestaltungskraft den Gegentyp zu der vorm.n, sakral bestimmten, relativ stat. u. traditional funktionierenden Ges., die heute z. T. noch in ländl.-peripheren Regionen von Entwicklungsländern zum Ausdruck kommt. Der zunächst allg. verbreitete Begriff der m.n Industrieges. wird in seiner einseitigen Typisierung nicht mehr der hochgradigen Mannigfaltigkeit u. Wandlungsfähigkeit der m.n G. gerecht, die je nach Perspektive z. B. auch als Konsum-, Wohlstands- u. Freizeitges., Informations- u. Dienstleistungs- oder als Risikoges. charakterisiert wird.

Entscheidende Ursachen u. Antriebskräfte der m.n G. decken sich mit jenen der →Moderne, insbes. die Entfaltung von Rationalität, erfahrungswiss.-techn. Fortschritt, kapitalist.-marktwirtschaftl. Dynamik, aktiver Weltgestaltung, Liberalismus u. Individualismus bei gleichzeitiger Säkularisierung u. Zurückdrängung von Magie, Fatalismus u. Traditionslenkung. In soz.struktureller Hinsicht ist die Herausbildung der m.n G. einerseits durch die Ausdifferenzierung funktionsspezif. ges. Subsysteme mit gesteigerter Leistungsfähigkeit gekennzeichnet: wirtschaftl., polit., gemeinschaftl. u. kult.-ideelles Subsystem. Andererseits vollzog sich nach R. Münch zugleich eine für die m. G. einmalig charakterist. Interpenetration (gegenseitige Durchdringung) dieser Subsysteme zugunsten der Entstehung eines ges. umfassenden Kerns leitender Ideen u. Werte (→Moderne).

Durch Demokratisierung u. weitergehende Differenzierung der Ges., durch die Entstehung u. Ausbreitung großer korporativer Akteure (Staat, polit. Parteien, Unternehmungen, Gewerkschaften, Vereine) u. durch interkult. Austauschprozesse (→Akkulturation) wurde für die freiheitl. m. G. trotz eines eth. Minimalkonsens ein zunehmender Pluralismus der Weltanschauungen, Werte u. Interessen kennzeichnend.

In totalitären Herrschaftssystemen wurde u. wird versucht, die Entwicklungstendenzen zu freiheitl. Lebensformen, zum Individualismus u. Pluralismus durch gewaltsame ideolog. Gleichschaltung zu unterdrücken. Dadurch wurde nicht nur die Modernität der betreffenden Ges.en stark eingeschränkt, sondern auch deren Leistungs-, Innovations- u. Wettbewerbsfähigkeit. Der wachsende Modernisierungsrückstand gegenüber der freiheitl. m.n G. trug maßgeblich zum Scheitern einzelner totalitär beherrschter Ges.en bei.

Für die freiheitl. m. G. ist ein zunehmender Individualismus eigentüml.: immer mehr Personen streben nach Unabhängigkeit gegenüber Kollektiven, Gemeinschaften u. Gruppen, nach Selbstbestimmung der eigenen soz. Beziehungen u. Lebensgestaltung, nach Hedonismus (Lebensgenuß) statt eines nicht sicher zu erwartenden »ewigen Lebens« nach dem Tode. Dadurch verschwindet zugleich der einst verhaltenswirksame Glaube an außerirdische Sanktionen. – Die m. G. ist eine aktive Ges., in der sich insbes. Einsichten in weitreichende Möglichkeiten zur bewußt-planvollen Gestaltung des ges. Zus.lebens u. des soz. Wandels ausgebreitet haben.

→Moderne; H. Willke, Systemtheorie entwickelter Ges.en, 1989; R. Eickelpasch (Hg.), Unübersichtl. Moderne?, 1991.

Modernisierung (franz.), durch Verknüpfung mit dem Fortschrittsbegriff umstrittene Bezeichnung für einen bestimmten Typ des soz. Wandels, der die z. T. planmäßig beschleunigte Entwicklung v. der traditionalen Agrarges. zur hochentwickelten, demokrat.-pluralist. Industrieges. umfaßt. Je nach weltanschaulich-theoret. Orientierung u. wiss. Arbeitsschwerpunkt werden einzelne Aspekte des M.prozesses unterschiedl. stark hervorgehoben: Rationalisierung, Säkularisierung, ein sich selbst tragendes wirtschaftl. Wachstum, Urbanisierung bzw. Verstädterung, Infrastruktur, Steigerung der soz. Mobilität, Massenwohlstand, Demokratisierung, pluralist. System der Parteien u. Interessenverbände, Bürokratisierung, Ausweitung der Dienstleistungen (tertiärer Sektor), Steigerung der gesamtges. Anpassungs- u. Steuerungsfähigkeit, der indiv. Leistungs- u. Kooperationsfähigkeit, neue Sozialformen, größere Vielfalt der Lebensstile. Mit verschiedenen Indikatoren (z. B. Bruttosozialprodukt) werden Veränderungen einzelner Aspekte des M.prozesses (z. B. wirtschaftl. Wachstum) gemessen. Auch wenn sich die M. auf alle ges. Lebensbereiche auswirkt, so können sich einige schneller modernisieren als andere, insbes. infolge verfestigter Eigentums- u. Herrschaftsverhältnisse, z. B. Parallelität v. hohem Industrialisierungsgrad u. autoritärem Herrschaftssystem. Bei der Analyse des vielschichtigen M.prozesses sind die individuelle, rollenanalyt., institutionelle u. gesamtges. Ebene zu berücksichtigen. Bei hohen An-

Modifikation 572

sprüchen an eine Theorie kann bisher nur v. theoret. Ansätzen u. Modellen der M. gesprochen werden: dichotomische Modelle (Beschreibung der Ausgangssituation u. des Endzustandes), Trend- u. Stadienmodelle, typolog. Modelle. Hauptobjekte der bisherigen M.forschung sind Entwicklungsprozesse im wirtschaftl. u. polit. Subsystem der Ges., ferner die M. der Entwicklungsländer. Angesichts der ökolog. Grenzen des wirtschaftl. Wachstums u. der verstärkten Aufwertung kultureller Tradition u. Identität ist die moderne Industriegese. als Leitbild für die M. der Entwicklungsländer zunehmend fragwürdig geworden. Die Umweltkrise hat die Lebensqualität als neuen zentralen Indikator des soz. Wandels hervorgebracht.

P. Flora, M.forschung, 1974; A. Inkeles u. D. H. Smith, Becoming Modern, Cambridge (Mass.) u. London 1974; P. Flora, Indikatoren der M., 1975; W. Zapf (Hg.), Probleme der M.spol., 1977; H. Kaelble u. a., Probleme der M. in Dtl., ²1979 (1978); G. Wiswede u. T. Kutsch, Soz. Wandel, 1978; S. N. Eisenstadt, Tradition, Wandel u. Modernität, 1979; H. Resasade, Zur Kritik der M.stheorien, 1983; K. Eder, Gesch. als Lernprozeß?, 1985; W. Zapf (Hg.), Die M. mod. Ges.en, 1991; P. Wehling, Die Moderne als Soz.mythos, 1992.

Modifikation (lat.), »Abänderung«, Festlegung, Veränderung, nähere Bestimmung; z. B. bei der Ausarbeitung, Komplettierung oder Verbesserung eines theoret. Aussagensystems, wenn die Anwendungs- oder Gültigkeitsbedingungen des theoret. Systems präzisiert bzw. detaillierter angegeben werden.

Modus (lat.), »Maß«, »Art«, »Weise«; in der Statistik bezeichnet M. (auch modaler Wert oder mode) den häufigsten Wert, den Gipfel einer Häufigkeitsverteilung.

Monade (griech.), »Einheit«; in der Philosophie in sich geschlossene u. vollendete, letzte u. individuell beseelte Einheiten, die in ihrer Summe das geordnete System der Welt ausmachen. G. W. Leibniz (1646–1716) hat eine systemat. Lehre von den M.n konstruiert (»Monadologie«). In der Soziol. das Gegenbild zum Menschen als soz., milieubestimmtem Wesen.

Monarchie (griech.), »legitime Alleinherrschaft«; seit der griech. Staatsphilosophie eine Verfassungsform, bei der ein Monarch (Kaiser, König, Fürst) Träger der Staatsgewalt ist. Mit den im 17. u. 18. Jh. zur Geltung kommenden Prinzipien der Gewaltenteilung u. der Volkssouveränität steht die M. seit der Franz. Revolution von 1789 in einem Gegensatz zur Republik. Im Laufe der folgenden Jahrzehnte sind alle europ. M.n zu konstitutionellen M.n geworden, in denen die fürstl. Gewalt dem Verfassungsrecht nach noch über der Volksvertretung steht, jedoch an eine »Konstitution« gebunden ist u. im wesentl. nur noch die repräsentativen Aufgaben eines Staatsoberhauptes wahrnimmt.

Monismus (griech.), »Einheitslehre«, philos. Lehre von der Einheitlichkeit der Welt im Sinne der Möglichkeit, alle Phänomene u. Wirkkräfte irdischen Lebens u. Daseins auf eine einzige Grundsubstanz oder Grundkraft zurückführen zu können. In der Gesch.sphilos. bezeichnet M. die Vorstellung von einer unilinearen Entwicklung der menschl. Ges. auf einen voraussehbaren u. determinierten Endzustand hin. In soziol. Theorieansätzen bezieht sich M. auf die Tendenz, die Herausbildung soz. Erscheinungen oder die Entwicklung soz. Prozesse trotz einer Vielfalt zu berücksichtigender Faktoren als von einem Faktor wesentl. verursacht zu interpretieren (z. B. Produktionsverhältnisse, Libido, Kampf ums Dasein).

E. Haeckel, Die Welträtsel, [11]1984 (1899).

Monogamie (griech., lat.), »Einehe« im Gegensatz zu →Polygamie.

Monographische Methode (griech.), auch monograph. Detailanalyse, Bezeichnungen für eine durch die Familien-Monographien von F. →Le Play bekannt gewordene Vorgehensweise bei der empir. Erforschung soz. Gegebenheiten, die sich mit der →Einzelfallstudie deckt. Als lebensnahe, die Individualität, Komplexität u. Ganzheitlichkeit ausgewählter ges. typischer Fälle berücksichtigende Vorgehensweise (»Empirie der kleinen Zahl«) bildet die m. M. den Gegensatz zu statist. Globalanalysen, die unter Einebnung individ. Unterschiede auf die Gewinnung soz. Gesetzmäßigkeiten ausgerichtet sind (→Moralstatistik).

Monokausal (lat.), sich nur auf eine Grundlage stützend; kennzeichnet Hypothesen u. Theorien, die im Gegensatz zu den vielschichtig vernetzten Systemzus.hängen der natürl. u. soziokult. Umwelt des Menschen Ereignisse u. sogar komplexe Vorgänge auf eine einzige Ursache zurückzuführen versuchen. Die einseitigen Weltanschauungen u. Ideologien entspringenden m.en Erklärungsversuche sind f. mod., praxisbezogene Erfahrungswiss.en höchstens als Ausgangsprobleme verwertbar (→Kausalität).

Monokratie (griech.), legitime oder illegitime »Einherrschaft«. Die Herrschaft eines einzelnen

Menschen innerhalb einer soz. oder polit. Einheit (Gruppe, Organisation, Staat) in der Form der Monarchie, Tyrannis oder Diktatur.

Monokultur, einseitige, sich im wesentl. auf die Produktion eines Gutes bzw. auf den Anbau u. die Nutzung einer Kulturpflanze beschränkende Wirtschaft einer Ges. Ökonom. resultiert aus M. eine risikovolle Abhängigkeit von naturbedingten Ernteerfolgen oder von den Austausch- u. Marktbedingungen des umgebenden Weltmarktes (sofern im Austausch gegen das monokulturell erzeugte Gut andere dringend benötigte Waren beschafft werden müssen). Ökonom. u. produktionstechn. M. ist mit relativ einfachen, nur wenig differenzierten soz. Rollensystemen verbunden, begünstigt die Tradition u. schränkt Kreativität u. soz. Wandel ein.

Monopol (griech.), Vorrecht, alleiniger Anspruch, beherrschende Stellung; in der Wirtschaft diejenige Marktform, bei der entweder die gesamte Nachfrage oder das gesamte Angebot in einer Hand liegt, so daß die Bedingungen für die Abnahme oder den Bezug von Waren oder Dienstleistungen – im Vergleich zur Situation der Konkurrenz – einheitl. festgelegt werden können. Diese Festlegung erfolgt unter Berücksichtigung der Angebots- oder Nachfrageelastizitäten der Marktkontrahenten entweder mit dem Ziel der Gewinnmaximierung bzw. Ausgabenminimierung oder der Absicherung u. Festigung der M.stellung. Dadurch, daß M.e wirtschaftl. schwächere Kontrahenten ausschalten bzw. nach ihren Zielen beeinflussen können, wirkt sich ihre wirtschaftl. Macht auch auf die Gestaltung der

Monopolkapitalismus

Ges.struktur u. letztl. auf polit. Strukturen u. Entscheidungsprozesse aus. Dort, wo wirtschaftl. Macht sich in polit. Macht umsetzt, muß der Staat mit polit.-demokrat. Ordnung die wirtschaftl. Konzentration u. die M.e kontrollieren. →Marktform.
Im Falle der Staatsm.e sichert sich der Staat durch Gesetze die alleinigen Herstellungs- oder Vertriebsrechte für bestimmte Güter u. Dienstleistungen (z. B. Tabak-, Branntwein-, Zündholz-, Verkehrs-, Post-M.).

Monopolkapitalismus, Bezeichnung der marxist. orientierten Wirtschaftswiss. für die bes. Struktur- u. Funktionseigenschaften der (mit dem Ende des I. Weltkrieges eingeleiteten) Phase des sog. »Spätkapitalismus«. Der M. ist eine Folge der aus dem Wettbewerbskapitalismus hervorgegangenen Konzentration der Produktionskapitalien in der Hand relativ weniger Monopole, die in den einzelnen Wirtschaftsbereichen jeweils marktbeherrschende Positionen einnehmen u. die marktwirtschaftl. Regulative (Freiheit u. Selbständigkeit der Unternehmerinitiativen, Ausgleichstendenzen der Angebots-Nachfrage-Preisbildung) außer kraft setzen. Somit ist eine wirtschaftl. optimale Gesamtversorgung, die die Bedürfnisse der Angehörigen einer Ges. im Rahmen der objektiven Möglichkeiten tatsächl. befriedigt u. sich den Änderungen der Bedürfnisstruktur schnell anpaßt, nicht mehr mögl. Überdies erfordern die hohen Investitionskosten moderner techn. Neuerungen finanzielle Mittel, die selbst die großen Konzerne, Trusts u. Monopole in die Entscheidungsgewalt der Großbanken (Finanzkapital) bringen.

Da in hochindustrialisierten Ges.en der größte Abnehmer u. Auftraggeber der Staat geworden ist (Sozialstaat), andererseits marktimmanente Wirtschaftsregulative wegen des ausgeschalteten Wettbewerbs fehlen, erhält die Zus.arbeit zw. Staat u. Monopolen, damit die Verzahnung von wirtschaftl. u. polit. Interessen, strukturbedingende Bedeutung.

R. Hilferding, Das Finanzkapital, 1968 (1927); M. Dobb, Organisierter Kapitalismus, 1966; A. Shonfield, Geplanter Kapitalismus, 1968; E. Varga, Die Krise des Kapitalismus u. ihre polit. Folgen, 1969; F. Vilmar, Rüstung u. Abrüstung im Spätkapitalismus, ⁵1970; J. Huffschmid, Die Politik des Kapitals, ⁵1970; P. A. Baran, P. M. Sweezy, Monopolkapital, 1970.

Monotonie (griech.), »Eintönigkeit«, Gleichförmigkeit; als Gefühlsqualität eine herabgesetzte psych. Aktivität, verringerte opt. u. akust. Eindrücke, geringe Aufmerksamkeit u. Ansprechbarkeit, Abgestumpftheit, Leistungsschwäche u. Ermüdungszustand. Als soziol. Begriff dient M. zur Charakterisierung industrieller Arbeitsvollzüge, die dem einzelnen Menschen bei hochgradiger Arbeitsteilung u. -zerlegung ledigl. längerwährende Verrichtung eintöniger Arbeit abverlangen. Die Beziehungen des arbeitenden Menschen zu seiner Arbeit, zum Arbeitsprodukt u. zu Arbeitskollegen werden durch M. reduziert, werden »äußerl.« in dem Sinne, daß die Arbeit dem arbeitenden Menschen nichts mehr bedeutet, keinen Sinn vermittelt (→Entfremdung). In arbeitssoziol. u. arbeitspsycholog. Studien wird mitunter M.gefühl von M.situation unterscheiden, um festzustellen, ob M. immer mit unangenehmen Gefühlen verbunden ist oder ob nicht gerade monotone Arbeit mit automat. ablaufendem Arbeitsverhalten die

Möglichkeit der gedankl. Beschäftigung mit angenehmen oder für die betr. Person soz. wichtigeren Problemen des Lebens einräumt.

H. Popitz, H. P. Bahrdt, E. A. Jüres, H. Kesting, Technik u. Industriearbeit, ²1964; K. Thomas, Analyse der Arbeit, 1969.

Montesquieu, Charles de Secondat, Baron de la Brède et de M., 18. 1. 1689 Brède b. Bordeaux – 10. 2. 1755 Paris, Staatsphilosoph u. Politiker, nach humanist. u. jurist. Studien 1714 Parlamentsrat, 1716–26 Senatspräs. in Bordeaux, 1726–29 Reisen in versch. europ. Ländern, Mitgl. der Académie Francaise, 1729–31 England-Aufenthalt.
M. untersuchte in einem großangelegten histor. Vergleich polit. u. staatl. Institutionen. Er wollte zeigen, von welchen soz. Gegebenheiten die »Gesetze« u. Verfassungsverhältnisse der Staaten bestimmt werden. Er postulierte, daß zu bestimmten Ges.en bestimmte polit. Ordnungen gehören. Wiss. Einsicht besteht darin, die Verschiedenartigkeit der ges. Ordnungsmöglichkeiten zu begreifen. Die Mannigfaltigkeit der soz. u. polit. Erscheinungen wurde von ihm zu überzeitl. Typen verdichtet. Damit nahm M. die theoret. Konstruktion des histor. gewonnenen Idealtypus vorweg. Er untersuchte die soz. Bedingungen für die drei Staatsformen Demokratie, Monarchie u. Despotie.
Sein polit. Ziel war die Beseitigung des Absolutismus zugunsten der konstitutionellen Monarchie nach engl. Muster. Die im Anschluß an →Locke entwickelte Lehre von der Gewaltenteilung hat großen Einfluß auf die Franz. Revolution, auf die amerikan. Unabhängigkeitsbewegung u. die Verfassung der Vereinigten Staaten ausgeübt.

Schr.: Lettres persanes, 1721 (dt.: Persianische Briefe, 1920); Considérations sur les causes de la grandeur des Romains et de leur décadence, 1734 (dt.: Betrachtungen über die Größe Roms u. die Gründe seines Niederganges, 1930); L'esprit des lois, 1748 (dt.: Vom Geist der Gesetze, 1961).

Moore, Wilbert Ellis, 26. 10. 1914 b. Elma, Wash. – 29. 12. 1987 Littleton, Col., 1941–43 Assist. Prof. Harvard Univ., 1943–51 Forschgs.assistent Büro für Bevölkerungsfragen, Princeton, 1945–48 Assist. Prof. Princeton, dort 1948–51 Assoc. Prof., 1951–64 Prof., 1964 Russel Sage Found, New York, 1970 Prof. of Sociol. and Law, Univ. of Denver.
Ähnlich wie K. Davis u. T. Parsons versuchte M. die Universalität menschl. Ungleichheit aus ges. Notwendigkeit zu erklären. Soz. Schichtung wird als »funktional« unentbehrl. betrachtet, weil die Besetzung aller Positionen einer Ges. nur dann garantiert ist, wenn entspr. den Positionsanforderungen u. Marktlagen der Positionen unterschiedl. Entschädigungen (rewards) gewährt werden. Die Motive für die Übernahme von Positionen erwachsen nach dieser Theorie erst aus der Tatsache ungleicher Verteilung von Einkommen, Vermögen, Herrschaft, Prestige, Status. Als Industriesoziol. wies M. vor allem auf den engen Zus.hang zw. betriebl., industriellen u. ges. Umgebungs-Strukturen hin. Ferner erstellte M. eine Klassifikation von Typen soz. Wandels.

Schr.: Twentieth Century Sociology (Mithg.), 1945; Industrial Relations and the Social Order, New York 1951; Industrialization and Labor, Ithaca 1951; Man, Time and Society, New York 1963; Social Change, Englewood Cliffs, N. J. 1963 (dt.: Strukturwandel der Ges., 1967); The Impact of Industry, Englewood Cliffs 1965; Readings on Social Change (Hg.), Englewood Cliffs ⁴1973; Order and Change: Essays in Comparative Sociology, New York 1967; Strukturwandel der Ges., ²1968; The Conduct of the Corporation, New York 1962;

Moral

The Professions (mit G. W. Rosenblum), New York 1970; American Negro Slavery and Abolition, New York 1971; (Hg.), Labour-Commitment and Social Change in Developing Areas, 1982.

Moral (lat.), »Sitte, Sittenlehre«, bezeichnet in der Soziol. ein mehr oder weniger umfassendes, integriertes u. komplexes System von Normen zur Beurteilung von individ. oder soz. Verhalten als »richtig« oder »falsch«, »gut« oder »böse«, u. zwar aufgrund spezif. religiös-weltanschaul. Orientierungen u. soziokult. Werte.
In seiner Schrift »Zur Genealogie der M.« (1887) hat F. Nietzsche (1844–1900) im Rückblick auf die abendländ. Gesch. die Entstehung unterschiedl. M.systeme (→Herren- u. Sklavenm.) aus Umwälzungen ges. Macht- u. Herrschaftsverhältnisse abgeleitet. Die zunehmende Einsicht in den lebensfeindl. Charakter der mit der idealist. Philosophie u. mit dem Christentum vorherrschend gewordenen Sklavenm., die den schwächeren Ges. angehörigen Sinn, Rechtfertigung, Halt u. Macht verliehen hat, führt zum Zerfall dieser M., zur »Entwertung der bisher höchsten Werte«, zur »Heraufkunft des europ. Nihilismus«. Dieses krisenhafte Zeitalter eröffnet zugleich die Chance für bewußte Wertsetzungen.
Nach E. Durkheim ist infolge der Umbrüche beim Übergang von der tradition. zur mod. Ges. im Zus.hang mit der Industrialisierung, Herausbildung des Kapitalismus, Entfesselung u. Wachstumsdynamik der Wirtschaft, mit polit. Revolutionen, mit der Ausbreitung der Demokratie u. des Individualismus eine tiefgreifende moral. Krise (Wertkrise, moral. →Anomie) entstanden. Notwendige institutionelle Reformen zur moral. Festigung

der soz. Ordnung erfordern vorrangig den Aufbau von »Berufsgruppen« (Berufsorganisation), die als →intermediäre Gruppen mit ihrer moral. Kraft den individ. Egoismus zügeln können.
Gegenwärtig wird M. zunehmend uneinheitlicher u. komplexer, je pluralistischer die soziokult. Wertsysteme u. je eigenständiger die einzelnen ges. Subsysteme (Teilbereiche) der mod. Ges. werden. Die Heterogenisierung der M. wächst mit verstärkten Prozessen der globalen Akkulturation (Kulturaustausch) u. mit Tendenzen zur multikult. Ges. Subkulturen bilden ihre eigene Sonder-M. heraus u. rechtfertigen z. T. →abweichendes Verhalten. Die Einigung auf einen notwendigen moral. →Minimalkonsens wird dementsprechend drängender u. schwieriger.
Die Kluft zw. idealist. M.ansprüchen u. dem tatsächl. Handeln wirtschaftl. u. polit. Eliten hat in Verbindung mit aufgedeckten Korruptionsskandalen u. lebensbedrohl. Entwicklungen (Umweltzerstörung, Wettrüsten, Verelendung in Entwicklungsländern) zu einer Aufwertung moral. Orientierung insbes. bei Angehörigen neuer soz. Bewegungen geführt.
In Anknüpfung an J. Piaget hat L. Kohlberg ein mehrstufiges Konzept der indiv. M.entwicklg. erarbeitet: 1) Orientierung an Bestrafung u. Gehorsam, 2) an einem naiven Egoismus, 3) an Erlangung v. Beifall u. Anerkennung, 4) an Aufrechterhaltung v. Autorität u. Ordnung, 5) vertragl. Normen, 6) Gewissen u. universal erscheinenden Prinzipien. Schwierig ist die Zuordnung v. Altersangaben; überdies erreichen große Bevölkerungsteile nicht die Stufen 5 u. 6.
Soziol. bezieht sich der M.begriff ferner auf den Grad der Bindung u.

Teilnahme einzelner Mitglieder an Zielverwirklichung, Einrichtungen u. Tätigkeiten ihrer Gruppe oder Organisation. M. kommt dann insb. im Vertrauen, in der Mitarbeitsbereitschaft, in der Anerkennung u. Zufriedenheit zum Ausdruck. M. in diesem Sinne gilt als hoch, wenn Übereinstimmung zw. den Zielen u. Idealen der jeweiligen Institution u. den Handlungszielen der einzelnen Angehörigen besteht (Arbeitsm., Betriebsm., Kampfm.).

F. Nietzsche, Sämtl. Werke. Krit. Studienausgabe in 15 Bd.en, hg. v. G. Colli u. M. Montinari, 1980 (insb. Bd. 5, 12 u. 13); J. Piaget, Das m.ische Urteil beim Kinde, 1973 (1932); L. Kohlberg, Zur kognitiven Entwicklg. des Kindes, 1974; R. Döbert, J. Habermas u. G. Nunner-Winkler (Hg.), Entwicklg. des Ichs, 1977; H. Bertram, Ges., Familie u. moralisches Urteil, 1978; G. Portele (Hg.), Sozialisation u. M., 1978; L. Kohlberg, Essays on Moral Development, 2 Bde., San Francisco 1981 u. 84; M. Berghaus, M., Erziehung, gerechte Ges., in: KZfSS 35, 1983; H.-P. Müller, Wertkrise u. Ges.reform. E. Durkheims Schriften zur Politik, 1983; R. Naroll, The Moral Order, Beverly Hills, Calif. 1983; H. Bertram (Hg.), Ges.licher Zwang u. m.ische Autonomie, 1986; W. Edelstein u. G. Nunner-Winkler (Hg.), Zur Bestimmung der M., 1986; F. Oser, R. Fatkel u. O. Höffe, Transformation u. Entwicklung, 1986; U. Peltzer, Lawrence Kohlbergs Theorie des m.ischen Urteilens, 1986; H. Lübbe, Polit. M.ismus, 1987; A. Mac Intyre, Der Verlust der Tugend, 1987; B. Brülisauer, M. u. Konvention, 1988; D. Garz, Theorie der M. u. gerechte Praxis, 1989; E. Durkheim, Physik der Sitten u. des Rechts, 1991; R. Spaemann, M.ische Grundbegriffe, ⁴1992; W. Lütterfelds (Hg.), Evolutionäre Ethik zw. Naturalismus u. Idealismus, 1993; R. Stäblein (Hg.), M., 1993.

Moralphilosophie, eine insbes. im 18. Jh. verbreitete Bezeichnung für jenes Teilgebiet der Philosophie, das sich mit dem sittl.-normativ geordneten Zus.leben der Menschen beschäftigt. Bedeutende Vertreter waren A. →Smith, A. →Ferguson u. I. Kant. Die M. zählt zu den wichtigsten Quellen der Soziol. In der Philos. setzten sich später die Bezeichnungen Ethik, prakt. Philos. u. z. T. auch Soz.philos. durch.

Moralstatistik, franz. statistique morale, Bezeichnung für eine empir. Forschungsrichtung im 19. Jh., die sich unter besonderer Berücksichtigung bevölkerungs- u. kriminalstatist. Daten (z. B. Eheschließungen, unehel. Geburten, Selbstmorde, Morde) um die Erfassung soz. Gegebenheiten u. Vorgänge mittels math.-quantitativer Methoden bemühte. Mit dem Begriff Moral war das Phänomen des Soz. gemeint. Der Ursprung der M. liegt in dem 1835 erschienenen Buch »Physique soziale« von A. →Quételet, der durch die ges. Umwälzungen seiner Zeit angeregt wurde. Unter Einhaltung von Prinzipien der exakten Wiss., speziell des →Gesetzes der großen Zahl, sollten soz. Regelmäßigkeiten aufgedeckt werden, die hinter den mannigfaltigen individ. Erscheinungen liegen. Das so gewonnene Wissen sollte es dem Staat erleichtern, unerwünschten soz. Zuständen vorbeugend entgegenwirken zu können. Kritiker der M. beanstandeten das rein statist. Gesetzesverständnis. Die M. bildet eine Quelle der quantifizierenden Strömung innerhalb der Empir. Soz.forschg.

Moreno, Jacob Levy, 20. 5. 1892 Bukarest – 14. 5. 1974 New York, Arzt u. Psychiater, nach Studium Arzt in Wien, dort ab 1918 im Flüchtlingswesen eingesetzt. 1925 wanderte er nach den USA aus, seit 1952 Prof. an der Univ. New York. Unter dem Eindruck der Weltkriegskatastrophe suchte er ein Instrument, mit dem die Beziehungen der Menschen zueinander festgestellt u. harmon. gestaltet werden können. Dazu entwickelte er die Methode der Soziometrie, einer von der formalen Soziologie beeinflußten Methode spezieller Be-

Mores 578

obachtung u. Befragung. Mit ihr sollen die allen Gruppenhandlungen zugrunde liegenden Gefühle aufgedeckt u. dargestellt werden. Ist die soziometr. Gestalt einer Gemeinschaft erkannt, so können viele soz. Spannungen durch soz. Umgruppierungen gelöst werden. Mittels Rollenspiel u. Soziodrama werden den Beteiligten ihre Probleme bewußt gemacht. Im Spiel sollen sie zur Lösung ihrer Gemeinschafts-Probleme kommen. M.s Konzeption des →Psychodramas ließ ihn zum Begründer der Gruppenpsychotherapie werden. Soz. Probleme sollen nicht von Gesetzgebern u. der Obrigkeit, sondern von den betroffenen Menschen selbst gelöst werden.

Schr.: Group Method and Group Psychotherapy, 1932; Who shall Survive?, Washington 1934 (dt.: Grundlagen der Soziometrie, ³1974); Sociometry Reader, Glencoe 1960; Psychodrama I–III, 1946–69.
G. Leuz, Das klass. Psychodrama nach J. L. M., 1974 (m. Bibliographie); F. Buer (Hg.), M.s therapeut. Philosophie, 1989.

Mores (engl.), nach W. G. →Sumner Bezeichnung für Sitten, die als konventionelle Verhaltensmuster dadurch gefestigt sind, daß deren Nichtbeachtung oder Verletzung mit negativen Sanktionen (Strafen) belegt wird.

Morgan, Lewis H., amerikan. Ethnologe u. Kulturanthropologe, 21. 11. 1818 Aurora, N. Y. – 17. 12. 1881 Rochester, N. Y., zunächst Rechtsanwalt u. Politiker, widmete sich später seinen wiss. Arbeiten, Forschgs.reisen zu nordamerikan. Indianerstämmen; er hatte keine akad. Position inne.
M. zählt zu den Begründern der vergleich. Ethnologie u. der Theorie der Kulturevolution. Er unterschied zw. der primitiven Ges. (societas), in der Gemeineigentum,

Freiheit u. Gleichheit das Zus.leben prägen, u. der mod. Ges. (civitas), in der das Privateigentum soz. Ungleichheit u. Fremdherrschaft bedingt. Die technolog. Faktoren (Neuerungen) haben bes. Bedeutung für die Entfaltung der menschl. Ges. Die Familie hat sich aus einem ursprüngl. Zustand völliger Promiskuität heraus zur mod. Ehe entwickelt. M. hat die Kulturanthropologie u. den hist. Materialismus beeinflußt, insbes. F. Engels.

Schr.: The League of the Ho-dé-no-sau-nee or Iroquois, 1962 (1851); The American Beaver and his Works, 1868; Systems of Consanguinity and Affinity of the Human Family, 1871; Ancient Society, 1964 (1877) (dt.: Die Urges., ⁴1921, 1891); Houses and House-Life of the Americ. Aborigines, 1881.

Morphologie (griech.), »Gestalt«, »Formenlehre«, als soz. M. seit den Arbeiten von E. →Durkheim eine Hilfsdisziplin der Soziol., die sich mit dem »materiellen Substrat« der Ges. befaßt, d. h. mit den Mengenverhältnissen der Individuen (z. B. Bevölkerungsdichte) in bestimmten Regionen oder Siedlungsgebieten bzw. mit der Verteilung u. Veränderung bestimmter Eigenschaften u. Lebensäußerungen dieser Individuen (z. B. Geschlecht, Alter, Geburten, Wanderungen, Heirat). Wenn soz. M. nicht bei bloßer Beschreibung von Fakten stehenbleiben, sondern die soz. Verursachungen u. weiteren Wirkungen solcher Mengenverhältnisse analysieren will, muß neben Soziographie, Bevölkerungsstatistik, Soziogeographie u. Ethnographie auf andere Forschungsmethoden soziol. Theorie u. Empirie zurückgegriffen werden.

Mortifikation (lat. mors, Tod), Prozeß der Anpassung eines Individuums an neue soz. Rollen oder Positionen, bei dem es durch

Druck oder drast. rituale Handlungen gezwungen wird, sein altes, von bisherigen soz. Erziehungs- u. Lebensinhalten geformtes Selbst »abzutöten« u. eine neue Identität zu gewinnen.

E. Goffman, Asylums, Garden City 1961.

Mosca, Gaetano, 1. 4. 1858 Palermo – 8. 11. 1941 Rom, Politiker u. polit. Soziologe, ursprüngl. Jurist, 1898 o. Prof. in Turin, Abgeordneter, 1914–16 Unterstaatssekretär im Kolonialministerium, Publizist, ab 1919 Senator, 1923–33 Prof. in Rom.
Mit seiner Theorie der »polit. Klasse« versuchte M. die Zus.hänge zw. Herrschaftsstruktur, Stabilität u. Entwicklung einer Ges. aufzuzeigen. Jedes stabile Ges.system wird bestimmt durch die Herrschaft einer organisierten, privilegierten u. leistungsfähigen Minderheit über eine zur Selbstregierung unfähige Mehrheit. Damit soll gegenüber den demokrat. Idealen der Gleichheit u. Emanzipation die Notwendigkeit von Herrschaft u. Eliten wiss. bewiesen werden. M. hat die Elitentheorie von V. →Pareto beeinflußt.

Schr.: Elementi di scienza politica, 1895, dt.: Die herrschende Klasse, 1950.
P. Hübner, Herrschende Klasse u. Elite, 1967.

Motivation (lat.), das »Bewegende«, allg. Bezeichnung für die Summe der das individuelle u. soz. Handeln von Personen subjektiv veranlassenden u. nach Richtung, Inhalt u. Intensität beeinflussenden, bewußten u. unbewußten Antriebe u. Strebungen. M. ist ein theoret. Begriff bzw. ein hypothet. Konstrukt, nicht direkt beobachtbar, sondern nur mittelbar dadurch zu erfassen, daß die Bedingungen, von denen die M. qualitativ u. quantitativ abhängt, u. die Verhaltensreaktionen, in denen sich die M. manifestiert, beschrieben werden.
Um die Erklärung der Entstehung von M. konkurrieren versch. Theorien: ältere biolog. Trieb- u. Instinktlehren stehen neben »verstehenden« Theorien u. den positivist.-behaviorist. Erklärungsversuchen. Letztere interpretieren M. als Antriebskraft zur Herabsetzung (Reduktion) von psych. Spannungszuständen bzw. zur Erreichung eines psych. Gleichgewichts. Handeln wird gelernt u. ausgeübt aufgrund von M. Ohne M., d. h. ohne die Entbehrung bestimmter Stimuli, deren Abwesenheit das Verhalten »energisiert« u. deren potentielle Erreichbarkeit verstärkend wirkt, wird weder gehandelt noch Handeln gelernt. Da die Zahl der biolog. determinierten Antriebe (Hunger, Durst, Sexualität) begrenzt ist, ist das Hauptproblem der M.stheorie die Erklärung der Entstehung u. Wirkung erlernter, sog. »sekundärer« Motive.
Prozesse der Sozialisation können als Auf- u. fortwährender sublimierender Umbau des personalen M.systems, d. h. als Übernahme u. individuelle »Verarbeitung« ges. institutionalisierter »sekundärer« M.strukturen begriffen werden. Wesentl. für die soziokult. Formierung u. Differenzierung der M. ist das Lernen u. Internalisieren (Verinnerlichen) der Werte der jeweiligen Ges. u. soz. Umwelt. Internalisierte soziokult. Werte kommen in individuellen Wertorientierungen u. -vorstellungen zum Ausdruck, die wiederum integrale u. zentrale Elemente der M. der Persönlichkeit bilden. Werte »entscheiden« letztlich auch darüber, welche Gegebenheiten für das Individuum als Stimuli (Sanktion, Gratifikation, Belohnung, Entschädigung usw.) bedeutsam sind.

Motivforschung

In der »verstehenden« Soziol. (Max Weber) wird zw. (a) affektiven, spontanen, emotional-unüberlegten, (b) traditionalen, gewohnheitsmäßig automat., u. (c) rational überlegten »Beweg-«gründen unterschieden. Psychoanalyt. M.theorien behaupten die Existenz von Motiven, die gemeinhin unbewußt sind u. nur durch bestimmte Reflexionsprozesse der Selbsterkenntnis zugängl. gemacht werden können. In seiner Theorie der M. stufte V. →Pareto die nach außen oft rational verhüllten irrationalen Antriebskräfte (Residuen) als Kern der Bestimmungsgründe des Verhaltens ein. Auf bestimmte Kulturbereiche der Ges. bezogene M.forschung versucht, die Determinanten z. B. von Arbeits-, Leistungs-, Bildungs-M. zu klären, um die Funktion solcher Grundmotive (oder ihres Fehlens) für Erhalt u. Wandel ges. Strukturverhältnisse aufzuzeigen. Eine allg. Theorie soz. Handelns (T. Parsons), die die analyt. Beiträge der versch. Sozialwiss. (Soziol., Psychol., Kulturanthropol.) zur Erklärung der motivationellen Bestimmungsgründe des soz. Handelns integrativ vereinigen will, geht von der »Situation« des »Handelnden« u. den sie formenden phys.-psych., kulturellen u. soz. »Objekten« aus. Hierbei wird unterschieden: (a) die kognitive (erkenntnissuchende) Motivorientierung, mit der der Handelnde seine Situation wahrnehmend, unterscheidend u. die für ihn bedeutsamen Objekte registrierend definiert, (b) die kathektische (Befriedigung suchende) Motivorientierung, bei der der Handelnde die Situation nach ihrer Möglichkeit sondiert, ihm Befriedigung bzw. Vermeidung von Nichtbefriedigung zu verschaffen, (c) die evaluative (auswählende) Motivorientierung, die die Probleme der simultanen M. nach versch. Seiten hin gemäß einer bewertenden Prioritätenordnung lösen muß, u. (d) die ges. bestimmte Wertorientierung, die die Orientierungen zu (a), (b) u. (c) durch Rücksichtnahme auf die kulturellen Traditionen, auf soziale Normen, Symbole, Standards u. a. überlagert.

M. Weber, Soziol. Grundbegriffe, ²1966; T. Parsons, E. A. Shils (Hg.), Toward a General Theory of Action, New York 1962 (1951); H. Thomae (Hg.), Die M. menschl. Handelns, 1965; A. Malewski, Verhalten u. Interaktion, 1967; W. Toman, M., Persönlichkeit, Umwelt, 1968; J. W. Atkinson, Motives in Fantasy, Action, and Society, Toronto 1968; H. J. Hummell, Psychol. Ansätze zu einer Theorie soz. Verhaltens, in: R. König (Hg.), Hdb. d. empir. Soz.forschg. II, 1969; E. Todt u. a. (Hg.), M., 1977; M. Hennen, Soz. M. u. paradoxe Handlungsfolgen, 1990.

Motivforschung, Zweig der Markt- u. Meinungsforschg., der die emotional-motivationalen Komponenten des Verbraucher- u. polit. Verhaltens untersucht. Die eingesetzten Methoden entstammen der Tiefenpsychol., insbes. der Psychoanalyse, der Psychodiagnostik (projektive Tests) u. der Soziol. Die M. versucht, das Bündel von bewußten u. unbewußten Motiven aufzudecken, das einer Kaufhandlung oder einer Wahlentscheidung zugunsten einer polit. Partei zugrundeliegt. Im Gegensatz zur quantitativ-statist. Marktforschg. bemüht sich die M. um die Analyse »tiefer« liegender Motive, die dem einzelnen häufig durch die Wirksamkeit psych. Abwehrmechanismen nicht einsichtig sind (Rationalisierung). Die M. begnügt sich also nicht mit den von Befragten geäußerten Meinungen, da diese oft infolge unbewußter Abwehr die tatsächl. wirkenden Motive verdecken. Mit Hilfe der M. wird untersucht, aus welchen Emotionen u. Motiven das Image eines Komsumgutes, Politikers oder einer polit. Partei, ferner Markenbewußtsein u. -treue resultieren. Die Ergebnisse der M. schlagen sich nieder in der Produktdifferenzierung, industriellen Form- u. Verpackungsgestaltung (Design), Werbung, Propaganda u. in Wahlkampfstrategien. Die M. dient nicht allein der Anpassung der Produktion oder polit. Maßnahmen an die Wünsche des Konsumenten bzw. Bürgers. Vielmehr bildet sie zugleich die Basis für die Anpassung des einzelnen an unternehmerische u. polit. Zielsetzungen, vor allem durch eine psycholog. u. tiefenpsycholog. verfeinerte Werbung, Propaganda u. Öffentlichkeitsarbeit.

V. Packard, The Hidden Persuaders, 1957 (dt.: Die geheimen Verführer, [2]1970); H. F J. Kropff, M., 1960; J. W. Newman, M. u. Absatzlenkung, 1960; E. Dichter, The Strategy of Desire, 1961 (dt.: Strategie im Reich der Wünsche, 1961); E. Stephan, Methoden der M., 1961; E. Dichter, Handbuch der Kaufmotive, 1964; R. Bergler (Hg.), Psycholog. Marktanalyse, 1965; G. Wiswede, Motivation u. Verbraucherverhalten, [2]1973 (1965); R. J. Markin, The Psychol. of Consumer Behavior, Englewood Cliffs 1969; E. Dichter, Das große Buch der Kaufmotive, 1983.

Muckrakers (engl.), »Schmutzwühler«, »Korruptionsschnüffler«, »Skandalmacher«, eine vom amerikan. Präs. T. Roosevelt zu Beginn des 20. Jh.s geprägte Bezeichnung für Journalisten u. Intellektuelle, die in enthüllender Weise soz., wirtschaftl. u. polit. Mißstände u. die skrupellose Ausnutzung der freien Marktwirtschaft kritisierten u. Reformen forderten. Sie verschafften damit zugleich der um »objektive« Abbildung der soz. Wirklichkeit bemühten Empir. Soz.forschg. großen Auftrieb.

K. W. Vowe, Ges. Funktionen fiktiver u. faktograph. Prosa. Roman u. Reportage im amerikan. Muckraking movement, 1978.

Mühlmann, Wilhelm Emil, 1. 10. 1904 Düsseldorf – 11. 5. 1988 Wiesbaden, 1932 Dr. phil. Berlin, 1934–37 ethnograph. Museumsdienst in Berlin-Dahlem, Hamburg u. Breslau, 1938 Habil. für Ethnologie Berlin, 1939 Doz. für Völkerpsychol. u. Ethnologie ebd., 1948 Generalsekretär der »Dt. Ges. für Anthropologie, Ethnologie u. Urgesch.«, 1950 apl. Prof. für Soziol. u. Völkerpsychol. Mainz, 1957 o. Prof. für Ethnologie u. Soziol. ebd., 1960–70 o. Prof. für Soziol. u. Ethnologie Heidelberg, ethnolog.-soziol. Feldstudien im Mittelmeerraum (insbes. Sizilien), in Indien u. Südostasien, Mithg. der »Heidelberger Sociologica« u. der »Studia Ethnologica«.

Beeinflußt von A. Vierkandt, E. Husserl, R. Thurnwald, M. u. A. Weber sowie A. Schütz hat M. ein ethnograph.-empir. fundiertes, histor. orientiertes u. theoret. gehaltvolles soziol.-ethnolog. Forschungsprogramm über zahlr. Problemgebiete entfaltet, wobei er neben naturwiss. Zweigen der Anthropologie insbes. die Kulturanthropologie, Kultur-, Religions- u. Literatursoziol., Soz.psychol. u. Polit. Soziol. berücksichtigte. Anthropologie hat er als Fachgrenzen überwindende, multidisziplinäre Wiss. betrieben. Mod. Ethnol., die er als »differentielle u. vergleichende Soziol. der ethn. Gebilde« auffaßte, führte er mit der Soziol. zu einer Ethnosoziol. zus. Er beschäftigte sich besonders intensiv mit Problemen der Macht, Herrschaft, Staatsbildung, Elite, des soziokult. Wandels, Nationalismus u. mit soz. Bewegungen des →Chiliasmus, →Messianismus u. →Nativismus.

Schr.: Rassen- u. Völkerkunde, 1936; Methodik der Völkerkunde, 1938; Krieg u. Frieden, 1940; Der heutige Bestand der Naturvölker, 1944; Gesch. der Anthropologie, [3]1984 (1948); Mahatma Gandhi, 1950; Arioi u. Ma-

maia, 1955; Ethnologie als soziol. Theorie der interethn. Systeme (KZfSS 8, 1956); Chiliasmus u. Nativismus, [2]1964 (1961); Homo Creator, 1962; Kulturanthropologie (Hg. mit E. W. Müller), 1966; Rassen, Ethnien, Kulturen, 1964; Bestand u. Revolution in der Literatur, 1973; Die Metamorphose der Frau. Weibl. Schamanismus u. Dichtung, 1981; Pfade in die Weltliteratur, 1984.

H. Reimann u. K. Kiefer, Bibliographie W. E. M. 1928–1964, 1964; H. Reimann u. E. W. Müller (Hg.), Entwicklg. u. Fortschritt. W. E. M. zum 65. Geb., 1969.

Müller, Adam Heinrich, 30. 6. 1779 Berlin – 17. 1. 1829 Wien, zunächst als Hauslehrer tätig, konvertierte 1805 zum Katholizismus, gab 1808 zus. mit H. v. Kleist die Kunst- u. Literaturzs. »Phöbus« heraus, seit 1811 in Wien, trat 1813 in den österr. Staatsdienst, stand Metternich nahe.

M. vertrat als einer der bedeutendsten Repräsentanten der romant. Staats- u. Ges.lehre eine organ., kathol.-universalist. Richtung u. zählt zu den Vorläufern der Soziol. Seine gemeinschaftsorientierte Auffassung von Ges. u. Staat steht im Gegensatz zur naturrechtl. Vertragslehre. Ges. begriff er als eine »unendl. Mischung« zahlloser Elemente. Ges., Staat u. Wirtschaft faßte er als Einheit auf. Der Staat ist die »Totalität des gesamten Lebens« u. sollte sich hierarch. nach Ständen u. Berufsgruppen gliedern (kooperativer Ständestaat). Die Wirtschaft soll den anderen Bereichen der Ges. dienen. In seiner ganzheitl. Geldtheorie betonte M., daß das Geld die Bindung zw. den Ges.sangehörigen unterstützt u. sich das Geldvolumen an den Bedürfnissen der Ges. orientieren soll. Er sah als einer der ersten die Gefahren der Industrialisierung u. die heraufziehende Spannung zw. Arbeit u. Kapital. M. war ein Gegner des Liberalismus, Individualismus u. des demokrat. Gleichheitsprinzips. Wirtschaftspolit. bevorzugte er den Protektionismus. M. hat vor allem O. Spann beeinflußt.

Schr.: Die Lehre von Gegensätzen, [2]1817 (1804); Elemente der Staatskunst, 2 Bde., 1922 (1809); Versuch einer neuen Theorie des Geldes, 1922 (1816); Vermischte Schr. über Staat, Kunst u. Philosophie, 2 Bde., 1812; Von der Notwendigkeit einer theolog. Grundl. der gesamten Staatswiss. u. der Staatswirtschaft insbes., 1820.

F. Bülow, A. M. Vom Geiste der Gemeinschaft, 1931.

Münch, Richard, *13. 5. 1945 Niefern b. Pforzheim, 1971 Dr. phil. in Soziol. Univ. Heidelberg, 1972 Habil. Univ. Augsburg, 1974 Wiss. Rat u. Prof. Univ. Köln, seit 1977 o. Prof. für Sozial.-wiss. Univ. Düsseldorf, zahlr. Lehrstuhlvertretungen, Gastprofessuren in den USA. – Hauptarbeitsgebiete: Soziol. Theorie, Interpretation der Klassiker der Soziol., hist.-vergleichende Soziol. M. vertritt in Anlehnung an M. Weber u. T. Parsons die These, daß die angemessene theoret. Perspektive zur Erklärung der mod. okzidentalen Entwicklg. eine Theorie des Interpenetrationsprozesses sein muß. In seinem Buch »Theorie des Handelns« legt er im Anschluß an M. Weber, E. Durkheim u. T. Parsons die Grundlagen einer Theorie der Moderne, die in den Werken »Die Struktur der Moderne«, »Die Kultur der Moderne« u. »Dialektik der Kommunikationsges.« im Hinblick auf die Strukturen mod. Ges.en, die Entwicklung der mod. Kultur in Engl., USA, Frankreich u. Dtl. u. die gegenwärtigen Entwicklungen konkretisiert wird. Sein Werk »Sociological Theory I–III« bietet eine systemat. Rekonstruktion der soziol. Theoriegesch. von den klass. Anfängen bis zu den aktuellen Debatten.

Schr.: Mentales System u. Verhalten, 1972; Ges.theorie u. Ideologiekritik, 1973; Theorie soz. Systeme, 1976; Legitimität u. polit. Macht, 1976; Basale Soziol.: Soziol. der Pol., 1982;

Theorie des Handelns, 1982; Die Struktur der Moderne, 1984; Die Kultur der Moderne, 2 Bde., 1986; (Hg.) The Micro-Macro Link (mit J. C. Alexander, B. Giesen u. N. J. Smelser), Berkeley u. Los Angeles 1987; Dialektik der Kommunikationsges., ²1992 (1991); (Hg.) Theory of Culture (mit N. J. Smelser), Berkeley, Los Angeles u. Oxford 1992; Das Projekt Europa, 1993; Sociological Theory I–III, Chicago 1994.

Multidimensionalität (lat.) »Vielschichtigkeit«, in der Soziol. Bezeichnung für die theoret. Annahme, daß sich die Mannigfaltigkeit des soz. Geschehens gleichzeitig in versch. Daseins-»Schichten« mit jeweils unterschiedl. u. darum Konfliktsituationen erzeugenden Gesetzmäßigkeiten entfalte. Das Konzept der M. richtet sich gegen monolith. oder Einfaktor-Theorien, die alle Aufbau- u. Ablaufstrukturen einer Ges. auf einen Kausalfaktor zurückzuführen versuchen.

Multikulturelle Gesellschaft (lat.), soz.wiss. u. tagespolit. Begriff zur Bezeichnung einer Ges., die im Zus.hang mit verschiedenen Bevölkerungsteilen durch mehrere unterschiedl. Kulturen gekennzeichnet ist. In der M. G. leben daher Menschen mit deutlich verschiedenartigen, z. T. gegensätzl. kult. Prägungen, Orientierungen u. Lebensformen. Die kult. Vielfalt besteht hinsichtl. kult.-ethn. Abstammung u. Herkunft, Sprache, Religion, Nation, Staatsangehörigkeit, Weltanschauung, Wertsystem, Traditionen, Sitten, Bräuche, soz. Normen, Formen des soz. Zus.lebens, Wirtschaftsweise, Verhaltensmustern (einschließl. Arbeitsverhalten, Konsum u. Freizeitgestaltung). Je nach dem Vorherrschen einer dieser soziokult. bedeutsamen Gegebenheiten wird auch von Multiethn., -sprachl., -religiöser oder -nationaler Ges. gespro-

chen. Oft leben neben einer Mehrheitskultur sogar zahlreiche kult. Minderheiten.

Das Wort M. G. entstammt dem in Kanada unter dem Einfluß der Kulturanthropologie u. des Kulturrelativismus herausgebildeten Begriffs »multiculturalism«, der sich dann auch in anderen klass. Einwanderungsländern (USA, Australien) ausbreitete. Die Interpretationen des Begriffs M. G. umfassen einen analyt.-deskriptiven (beschreibenden) u. normativ-programmat. Aspekt. Normativ wird auf der Grundlage des Glaubens an die Gültigkeit allg. Menschenrechte mit der M. G. eine soziokult. pluralist. Ges. ohne Diskriminierung u. Assimilationsdruck angestrebt.

Die Entstehung M.r G.en hat sich mit ges. Differenzierung angebahnt, die in Verbindung mit der Herausbildung funktional spezialisierter Subsysteme (ges. Teilbereiche) u. einer vertikalen Soz.struktur (Kasten, Stände, Klassen oder Schichten) zu Sub- u. Teilkulturen sowie unterschiedl. Lebensformen innerhalb einer Ges. geführt hat. Durch das Entstehen von Großges.en sind regionalkult. Unterschiede hinzugekommen. M. G.en im ausgeprägten Sinne sind insbes. im Zus.hang mit Macht- u. Eroberungspolitik durch ethn.-kult. willkürl. Grenzziehungen u. Staatenbildungen entstanden (Vielvölkerstaaten). Eine weitere wesentliche Ursache bilden Wanderungen, die in neuerer Zeit stark zugenommen haben, insbes. durch die wachsende Kluft zw. Mangel- u. Wohlstandsges.en, durch globale Verbreitung von Informationen über letztere, durch den Ausbau großer Transportkapazitäten mit kurzen Reisezeiten.

Mitbedingt durch das verstärkte Streben nach Verwirklichung des

Multilateralismus 584

Selbstbestimmungsrechts der Völker sind mittlerweile Vielvölkerstaaten auseinandergebrochen (z. B. UdSSR, Jugoslawien, Tschechoslowakei). In Wohlstandsges.en ist die M. G. zu einem Hauptproblem kontroverser ges.spolit. Diskussion geworden. Befürworter erwarten eine soziokult. Bereicherung der eigenen Lebensmöglichkeiten, eine Verbesserung des Verständnisses für andere Kulturen u. Völker sowie des weltweiten friedl. Zus.lebens. Hinsichtl. der Überalterung der angestammten Bevölkerung u. künftig drohender Arbeitskräfteverknappung in Wohlstandsges.en wird eine entsprechend ausgleichend wirkende Einwanderung gefordert. Gegner der M.n G. befürchten eine zunehmende Überfremdung u. Beseitigung der eigenen Kultur, Ethnie u. kollektiven Identität, ferner Ghettobildung, Integrationsprobleme, Zunahme soz. Probleme u. Konflikte, Verschärfung von Wohnungsnot u. Arbeitsplatzrivalität, Arbeitslosigkeit, wachsende Kriminalität u. Drogensucht, durch Ausländerhaß gesteigerte polit. Radikalisierung, dadurch zugleich eine Gefährdung der freiheitl.-demokrat. Lebensform.

V. Nitzschke (Hg.), M. G. – multikult. Erziehung?, 1982; H. Esser (Hg.), Die fremden Mitbürger, 1983; Dt. UNESCO-Kommission Bonn (Hg.), Die Multikulturellen, 1985; J. Micksch, Kult. Vielfalt statt nationaler Einfalt, 1989; L. Hoffmann, Die unvollendete Republik. Einwanderungsland oder Nationalstaat, 1990; F. Heckmann, Ethn. Minderheiten, Volk u. Nation, 1992; C. Y. Robertson-Wensauer (Hg.), Multikulturalität – Interkulturalität?, 1993.

Multilateralismus, multilateral, (lat., System der »Vielseitigkeit«). In Verhandlungen oder Verträgen zw. Personen, Organisationen oder Staaten stehen sich zwei Partner entweder bilateral (»zweiseitig«)

gegenüber, oder es beteiligen sich drei oder mehr Partner an einem m. Absprachen- oder Vertragssystem, das alle Beteiligten gegenseitig bindet. Der M. spielt als Folge zunehmender wirtschaftl. u. polit. Abhängigkeit der Ges.en u. Staaten eine große Rolle in der internat. Wirtschafts-, Währungs-, Zoll- u. Bündnispolitik u. ist eine Voraussetzung erfolgreicher Friedenssicherungspolitik.

Multilinearität (lat.), »Mehrlinigkeit«, in der Soziol. die theoret. Annahme, daß die zukünftige Entwicklung einer ges. Struktur aufgrund der mannigfaltigen, der Wiss. nur sehr begrenzt bekannten u. darum nicht berechenbaren Einflüsse u. Wirkkräfte in dem Sinne als »offen« anzunehmen ist, daß keine sichere Prognose über einen längerfristig zu erwartenden neuen, weiterentwickelten oder End-Zustand mögl. erscheint. Vgl. zur Unilinearität Monismus.

Multinationale Konzerne, Großunternehmungen in einem durch weitgehende wirtschaftl. Konzentration geprägten, kapitalist. organisierten Wirtschaftssystem, die in mehreren (polit. souveränen) Ländern Niederlassungen oder Zweigbetriebe besitzen bzw. beherrschen u. deren internat. Gesamtstrategie von einer Zentrale aus gesteuert wird. Der wirtschafts- u. damit soz. gestaltende Einfluß der m. K., deren Strategie sich am Rentabilitäts- u. Kapitalverwertungsprinzip orientiert, steht angesichts ihrer internat. starken Position in einem Spannungsverhältnis zu nationaler Wirtschafts- u. Ges.politik. In marxist. Theorien über Monopolkapitalismus wird auf den staatsbeherrschenden Einfluß der m. K. hingewiesen.

F. W. Fröhlich, M. Unternehmen, 1974; D. Senghaas u. U. Menzel (Hg.), M. K, u. Dritte Welt, 1976; F. v. Krosigk, M. Unternehmen u. die Krise in Europa, 1978; H. Eichner u. L. Henning, Die soz. Aspekte der Tätigkeit der M.n Unternehmen, 1979; V. Bornschier, M. K., Wirtschaftspol. u. nationale Entwicklung im Weltsystem, 1980; V. Kasch u. a., Multis u. Menschenrechte, 1985.

Multiple choice test (engl.), »Auswahltest«, Bezeichnung eines Tests zur Überprüfung von Lernerfolgen, Kenntnissen u. Leistungen mit einem Fragebogen, in dem die Fragen mit verschiedenen vorgegebenen Antwortmöglichkeiten verbunden sind (geschlossene Fragen). Der Prüfling hat dann die jeweils richtige Antwortvorgabe zu kennzeichnen. Die weitgehende Standardisierung dieses Verfahrens ermöglicht einen entsprechend hohen Grad der Vergleichbarkeit individueller Leistungen. Problematisch ist hingegen die Einengung des Strebens nach Äußerung eines differenzierten Denkens.

Multiplikator (lat.), »Vervielfältiger«, Zahl, mit der eine vorgegebene Zahl multipliziert werden soll.
In der Wirtschaftstheorie die Zahl, mit der bei gleichbleibender Nettoinvestition der einmalige zusätzliche Investitionsbetrag multipliziert werden muß, um den aus diesem Anreiz hervorgehenden gesamten Einkommenszuwachs der folgenden Wirtschaftsperioden zu bestimmen.
In der Soziol. sind M.en solche Personen, die aufgrund ihrer Positionen (z. B. Populärwiss.ler, Intellektuelle, Journalisten, Lehrer, Pfarrer, Politiker) u. ihrer Fähigkeiten im Zuge berufl. Tätigkeit, Informationsübermittlung, soz. Beziehungen, von Gesprächen u. Beeinflussung zur Verbreitung (Multiplizierung) bestimmter Wertvorstellungen, Meinungen, Kenntnisse

u. Verhaltensmöglichkeiten beitragen. Der M. deckt sich z. T. mit dem →Meinungsführer. Als M.en können auch Massenmedien wirken.

Multivalenz (lat.), »Mehrwertigkeit«, die Fähigkeit einer Person, sich in einer ges. Umgebung, die durch eine Vielfalt mehr oder weniger kulturell u. normativ abgegrenzter Teilbereiche gekennzeichnet ist, in seinem Denken u. Verhalten an die jeweils geforderten normativen Muster anzupassen. M. wird dort bes. lebenswichtig, wo auf eine Person eine relativ große Zahl von soz. Rollen entfällt u. die den versch. Rollen zugrunde liegenden u. z. T. widersprüchl. Verhaltenserwartungen simultan beachtet werden müssen. Damit es für die Person nicht zu unauflösbarer Ambivalenz (»Doppelwertigkeit«, gleich starke u. paralysierende Orientierung nach widersprüchl. Seiten hin) kommt, setzt M. Rollendistanz u. einen hohen Grad an Ich-Identität voraus.

Multivariate Analyse, Mehrvariablen-Analyse, synonyme Bezeichnungen für statist. Verfahren in der Empir. Sozialforschg. zur Untersuchung der Korrelationen bzw. Zus.hänge zw. mehreren Variablen. So wird insbes. analysiert, inwieweit sich die ermittelte Korrelation zw. zwei Variablen (z. B. Einkommen u. Sparquote) unter rechnerischer Einbeziehung einer dritten, vierten oder größeren Anzahl v. weiteren Variablen (z. B. Bildungsgrad) verändert oder sogar auflöst (Scheinkorrelation). Mit der m. A. lassen sich auf der Grundlage empir. Daten kausale Beziehungen u. wechselseitige Abhängigkeiten oder Verstärkungen zw. zahlr. Variablen aufdecken u. insofern kom-

Musiksoziologie

plexe sozialwiss. Aussagen statist. überprüfen.

K.-D. Opp u. P. Schmidt, Einf. in die Mehrvariablenanalyse, 1976; G. Marinell, M. Verfahren, 1977; M. Küchler, M. A.verfahren, 1979; J. Hartung u. B. Elpelt, M. Statistik, 1984; J. Güssefeldt, Kausalmodelle in Geographie, Ökonomie u. Soziol., 1988.

Musiksoziologie, eine method. u. inhaltl. bes. vielgestaltige spezielle Soziol., die als Teil der Kultur- u. Kunstsoziol. mit starker soz.histor. Orientierung Musik als Medium u. Symbol religiös-mag., glorifizierender wie (etwa national, ethn. kulturgemeinschaftl.) soz.integrierender Sinngebungen analysiert. Soz.psycholog. orientiert, widmet sie sich den Zus.hängen von ges. Idealen u. ästhet. Wertbestimmungen einerseits u. den durch die Produktion u. Reproduktion bei Produzenten wie Konsumenten von Musik erreichten kognitiven, emotionalen u. affektuellen Prägungen andererseits (Honigsheim). In erster Linie mit Methoden empir. Sozialforschg. arbeitende M. versucht, die kulturellen u. soz. Determinanten des sog. »Musikerlebnisses« bei allen an musikal. Produktions- u. Rezeptionsvorgängen beteiligten Personenkreisen (Musiker, Konzertbesucher, Rundfunkhörer usw.) sowie andererseits die soz. Funktionen der Musik für andere ges. Prozesse u. Gruppenbildungen zu erforschen (Silbermann). Marxist. M. bevorzugt Untersuchungen über die ges. Produktionsverhältnisse, d. h. über die techn., wirtschaftl. u. ideolog. Bedingungen, die sowohl als innermusikal.-kompositor. wie mechan.-reproduktive Verfahrensweisen den Überbau-Charakter der Musik bestimmen. Mit diesem Ansatz eng verbunden, bemüht sich eine sozialkrit. M. um die Analyse der Musik als Medium der »Bewußtseins- u. Unterbe-

wußtseinsindustrie«, indem sie die musikal. Formen ebenso wie die musikal. Aktions- u. Reaktionsformen in der Ges. auf ihren ideolog. verschleiernden u. manipulativ »falsches Bewußtsein« erzeugenden u. konsolidierenden Charakter hin untersucht (Adorno).

M. Weber, Die rationalen u. soziol. Grundlagen der Musik, 1921; K. Blaukopf, M., 1950; P. Honigsheim, Musikformen u. G.formen (in: Festschr. f. Eulenburg, hg. W. Bernsdorf, G. Eisermann, 1955); A. Silbermann, Wovon lebt die Musik? Die Prinzipien der M., 1957; ders., Die Ziele der M. (KZfSS, 1962); Th. W. Adorno, Dissonanzen, Musik in der verwalteten Welt, ³1963; T. Kneif, M., 1971; Th. W. Adorno, Einleitung in die M., 1973; P. R. Farnsworth, Sozialpsychol. der Musik, 1975; V. Karbusicky, Empir. M., 1975; E. Haselauer, Hdb. der M., 1980; C. Kaden, M., 1985; F. Rotter, Musik als Kommunikationsmedium, 1985; G. Engel, Zur Logik der M., 1990; T. Müller, Die M. Theodor W. Adornos, 1990; I. Bontinck (Hg.), Kulturpolitik, Kunst, Musik, 1992.

Muß-Erwartung →Rolle

Muße →Freizeit

Mußeklasse, von Th. →Veblen eingeführte Bez. für diejenigen Ges.gruppen, die ihren Reichtum u. ihre ges. u. polit. Macht durch aufwendigen, luxuriösen Konsum zur Schau stellen u. sich dadurch von denen abzuheben versuchen, die ihren Lebensunterhalt durch Arbeit u. Leistung verdienen müssen →Geltungsstreben.

Mutterrecht, Begriff der Ethnologie für eine ges. Rechtsordnung, in der sich soziale Abstammung, Statuszuweisung, Gruppenzugehörigkeit, Wohnsitz, Sachenerbrecht u. Herrschaftsnachfolge nach der Mutter richten. →Matriarchat

J. J. Bachofen, Das M., 1861; ders., Das M. u. Urreligion, ⁶1984; H.-J. Heinrichs, Das M. von J. J. Bachofen in der Diskussion, 1987.

Myrdal, Gunnar Karl, 6. 12. 1898 Gustafs, Schweden − 17. 5. 1987

Stockholm, Wirtschafts- u. Soz.wiss. sowie Politiker, verh. mit der Soz.wiss. u. Reformpolitikerin Alva M. (1902–1986, 1982 Friedensnobelpreis), 1927 Dr. jur. Univ. Stockholm, Doz. für Polit. Ökonomie, Studienaufenthalte in Dtl., Engl., Frankr. u. USA, 1930–31 Assoc. Prof. Inst. für Internat. Studien Genf, 1933–50 Prof. Handelshochschule Stockholm, 1934–38 im schwed. Senat, 1938 im Auftrag der Carnegie-Stiftung Lt. einer Untersuchung über das amerik. »Negerproblem«, 1945–47 Handelsminister, 1947–57 Generalsekretär UN-Kommission für wirtschaftl. Zus.arbeit Europas, 1960–67 Prof. Univ. Stockholm, Vors. u. Mitbegründer des Friedensforschg.sinst. SIPRI, 1970 zus. mit seiner Frau Friedenspreis des Börsenvereins des Dt. Buchhandels, 1974 zus. mit F. A. v. Hayek Nobelpreis für Wirtschaftswiss.

M. hat sich mit den Beziehungen zw. Werten, Politik u. Wiss. auseinandergesetzt. Eine Trennung zw. Wiss. u. Politik ist notwendige Voraussetzung für die Freiheit der Wiss. Objektivität in der Wiss. erfordert die Offenlegung der Werte. Er wandte sich gegen den moral. Nihilismus einer vorgebl. wertfreien Empir. Soz.forschg. M. wollte menschl. Wertungen bewußt in die theoret. wie empir. Forschg. eingehen lassen. Sein Anliegen war die log., polit., moral. Grundlagen soz. Denkens u. Handelns zu erforschen. Ferner widmete er sich dem ideolog. Hintergrund nationalökonom. Doktrinbildung. Polit. durchdrungen vom Gleichheitsgrundsatz, untersuchte er nationale u. internat. Widerstände zur Entwicklung u. Durchsetzung einer Wohlfahrtsökonomie. Insbes. analysierte er die jeweils gegebenen Startbedingungen u. die Bedeutung von Handel u. Kapitalbewegungen für soz. Wandel. Weitere Schwerpunkte seiner Arbeit waren die Situation der Schwarzen in den USA u. die Armut in der Welt.

Schr.: Population, A Problem for Democracy, 1940; An American Dilemma, The Negro Problem and Modern Democracy, 2 Bde., New York, 1944; The Political Element in the Development of Economic Theory, London 1953, dt.: Das polit. Element in der nationalökonom. Doktrinbildung, 1963; Development and Underdevelopment, 1956; Economic Theory and Underdeveloped Regions, London 1957, dt.: Ökonom. Theorie u. unterentwickelte Regionen, 1959; Value in Social Theory, New York 1958, dt.: Das Wertproblem in der Soz.wiss., 1965; Beyond the Welfare State, 1960, dt.: Jenseits des Wohlfahrtsstaates, 1961; Challenge to Affluence, New York 1963; Asian Drama, 3 Bde., New York 1968, dt.: Asiat. Drama, 1973; Objectivity in Social Research, New York 1969, dt.: Objektivität in der Soz.forschg., 1971; The Challenge of World Poverty, New York 1970, dt.: Polit. Manifest über die Armut in der Welt, 1970; Aufsätze u. Reden, 1971; Against the Stream, New York 1973, dt.: Anstelle von Memoiren: Krit. Studien zur Ökonomie, 1974; Hur styrs landet?, 1982.

Mythos (griech.), »Rede«, »Erzählung«; Legende bzw. Glaubenshaltung zu Problemen des Ursprungs oder der zentralen Wirkkräfte individuellen wie ges. Lebens. M. ist ein zentraler Bestandteil aller (insbes. vormod.) Kulturen als nicht beweisbare, aber für die Lebensorientierung u. Sinninterpretation mit Wahrheitsanspruch versehene Aussage. Soziol. bedeutsam ist, daß Mythen − oft bei bewußter Mißachtung von Kenntnissen über die wirkl. Zus.hänge u. Fakten − bei Individuen u. Kollektiven Meinungen u. Attitüden hervorrufen, die zu bestimmten Verhaltensmustern führen. Der M. kann infolge seiner gefühlsmäßig-unreflektierten Verankerung in stärkerem Maße als eine intellektuelle Erkenntnis das Verhalten einer größeren Zahl von Menschen in ähnl. soz. Situation koordinieren u. festigen. Die Polit. Soziol. untersucht die

Nachahmung 588

Funktion des M. als Vision u. bildhafte Missionsbestimmung für die Auslösung u. Kanalisierung des polit. Handelns von soz. Bewegungen. Von der Ideologie unterscheidet sich der M. durch seine geringe oder z. T. völlig unzureichende bzw. willkürl. vornehmbare »rationale« Interpretierbarkeit.

H. Barth, Masse u. M., 1959; R. Eickelpasch, M. u. Soz.struktur, 1973; C. Lévi-Strauss u. a., M. ohne Illusion, 1984; K. Hübner, Die Wahrheit des M., 1985; G. v. Graevenitz, M.: Zur Gesch. einer Denkgewohnheit, 1987; G. J. Bellinger, Knaurs Lexikon der Mythologie, 1989.

Nachahmung, von G. →Tarde, als grundlegendes Verhaltensprinzip zur Erklärung soz. Phänomene in die soziol. Theorie eingeführter Begriff. Hiernach unterliegen sowohl das einzelne Individuum als auch die Ges. dem »Weltgesetz der Wiederholung«. Der einzelne wiederholt ständig seine Erfahrungen, sein Gedächtnis, seine Sprache, damit sich selbst. Die Menschen imitieren einander aufgrund eines »intermentalen« Prozesses. Daß es dennoch »Transformation« u. Fortschritt in der Ges. geben kann, ist ledigl. ein Ergebnis der »Augenblicke« einzelner Erfindungen, einzelner neuer Ideen, die wiederum N. finden.
Unter Berücksichtigung der zentralen Thesen E. Durkheims, wonach soz. (d. h. stabiles u. beständig regelmäßiges) Verhalten als durch verinnerlichte soz. Normen geregeltes Verhalten gedeutet wird, ist von der modernen Soziol. u. Psychol. der Begriff N. rollen- u. lerntheoret. entfaltet worden. Es werden die Orientierung u. Verhaltensmuster vermittelnden Bezugs-

gruppen für Individuen u. für soz. Rollen, die Prozesse der (insbes. kindl.) Identifikation mit Erziehungs- u. Verhaltenspartnern u. die Grundlagen des »imitierenden« u. »kopierenden« Lernens durch Belohnung u. Verstärkung analysiert.

G. Tarde, Les lois de l'imitation, Paris 1890; R. K. Merton, Social Theory and Social Structure, New York 1968 (1949); A. Bandura, Social Learning through Imitation (in: M. R. Jones, Hg., Nebraska Symposium on Motivation, Lincoln 1962); R. Dahrendorf, Homo sociologicus, [15]1977 (1959).

Nachbarschaft, Bezeichnung für räuml. Wohn- u. Siedlungsnähe sowie aus dieser ökolog. Vorgegebenheit resultierende soz. Beziehungen eigener Art. Als soz. Subsystem oder als mehr oder weniger ausgeprägt institutionalisiertes Gefüge soz. Beziehungen steht N. zw. Familie u. Gemeinde. Ursprüngl. in dörfl.-ländl. Kleinsiedlungsgebieten als existenzsichernde gegenseitige Not- u. Hilfsgemeinschaft von fundamentaler Bedeutung, ist N. mit der Entwicklung urbaner Lebensformen immer unverbindlicher geworden. Lebensnotwendige gegenseitige Unterstützung, die überdies mit regelmäßiger gemeinsamer Teilnahme an Feiern u. großen Ereignissen kompensiert wurde, ist mit dem grundlegenden Wandel von dörfl. zu städt. Lebensformen auf informelle Beziehungen zw. Gruppen von Kindern, Ehefrauen oder gleichinteressierten Männern nahe beieinander wohnender Familien reduziert worden. Dementsprechend wurde die ehedem sentimentale Verklärung des Begriffs N. in der neueren Soziol. durch eine nüchterne Analyse der sich aus Wohn- u. Siedlungsnähe ergebenden soz. Integrations- u. Konfliktprozesse ersetzt. Von bes. Bedeutung sind Analysen der Beziehungen zw.

Schichtzugehörigkeit u. N.intensität (die bisher eine negative Korrelation zw. beiden Merkmalen erkennen ließen) sowie der Einflüsse von N.strukturen auf Intensität u. Inhalte der Beteiligung an gemeindl. Selbstverwaltung u. kommunalpolit. Leben. Prakt. Stadtsanierungsaktionen zeigen immer wieder, daß auch in scheinbar anonymen, unübersichtl. Wohn-Großeinheiten N.strukturen bestehen, die für die Bewohner von großer soz. Bedeutung sind.

H. Klages, Der N.gedanke u. die nachbarschaftl. Wirklichkeit, 1958; P Atteslander, Der Begriff der N. in der neueren Gemeindesoziol. (Schweiz. Zs. f. Volksw. u. Statistik 96, 1960); H. P. Bahrdt, N. oder Urbanität (in: Städtebau als Ausdruck der Ges., Bauwelt-Sonderdruck aus Heft 51–52, 1960); J. Ruland, N. u. Gemeinschaft in Dorf u. Stadt, 1963; K. D. Vierecke, N., 1972; B. Hamm, Betrifft: N., 1973; R. Gronemeyer u. H.-E. Bahr (Hg.), N. im Neubaublock, 1977; H. A. Schubert, N., Entfremdung u. Protest, 1977; H. Braun, Hilfeleistungen in Familie u. N. als Ansatzpunkte kommunaler Soz.politik, 1983; L. Bertels, Neue N.en, 1987; J. Bösch, N.shilfe für Gesunde u. Kranke, 1991.

Nachindustrielle Gesellschaft,

auch postindustrielle Ges., Bezeichnungen für einen Typ hochentwickelter dynam. Ges., der sich gegenwärtig insbes. als Dienstleistungs- u. Informationsges. entfaltet u. sich zunehmend von der sogen. mod. Industrieges. abhebt.

Auch in der n.n G. bildet eine relativ umfangreiche (innovationsorientierte) Industrieproduktion eine notwendige Voraussetzung für die Wohlstandssicherung auf hohem Anspruchsniveau u. für weitere ges. Entwicklungsmöglichkeiten. Wiss.-techn. Fortschritt, betriebl. Rationalisierung u. ständige Produktivitätssteigerung ermöglichen eine wachsende Güterproduktion bei gleichzeitig anhaltender Verlagerung von Arbeitskräften aus dem Produktions- zum Dienstleistungsbereich. In der n.n G. ist nicht nur die überwiegende Mehrzahl der Arbeitskräfte im expandierenden u. zunehmend ges.sprägenden Dienstleistungsbereich tätig, sondern auch im industr. Sektor vollzieht sich eine Schwerpunktverlagerung von den unmittelbar produzierenden Arbeitern zu den dienstleistenden Angestellten. Dieser Transformation liegen die Tendenz zur kostenreduzierenden Automatisierung der Produktion u. der Ausbau berufl. anspruchsvoller Tätigkeitsbereiche zugrunde: Forschg., Entwicklg., Planung, Arbeitsvorbereitung, Qualitätskontrolle, Organisations- u. Kommunikationstätigkeit, Personalwesen, Marketing, Öffentlichkeitsarbeit. Die steigende Leistungskraft im Bereich der Güterproduktion ermöglicht insbes. das Wachstum der Beschäftigtenzahlen im Wiss.ssystem u. in dem auf die Betreuung u. Ausbildung von Menschen ausgerichteten Dienstleistungssektor (Humandienstleistungsbereich).

Steigende Bildungs- u. Ausbildungsniveaus, Veränderungen der Berufs- u. Qualifikationsstruktur sowie der Wandel von Wertorientierungen (Wertwandel), Einstellungen u. Verhaltensweisen lockern die überkommene vertikale Soz.struktur auf (Schwerpunktverlagerung von Klassenresten u. soz. Schichten zu Lebensstilgruppierungen u. individ. Lebensformen) u. verstärken das Potential für ges. Engagement u. polit. Partizipation. Wachsende neue soz. Bewegungen u. unabhängig-krit. Massenmedien wirken technokrat. orientierten Leistungs- u. Machteliten sowie korporativen Strukturen entgegen. Im Gegensatz zu pessimist. Befürchtungen u. Prognosen (zunehmende Massenmanipulation, Ent-

Nachricht 590

fremdungstendenzen, Undurchschaubarkeit verfestigter Herrschaftsbeziehungen sowie Umweltzerstörungen) beinhaltet die n. G. gesteigerte Möglichkeiten dafür, daß unter aktiver Mitwirkung großer Bevölkerungskreise in verantwortungseth. Weise Probleme u. Krisen bewältigt, ges. Lebensverhältnisse gestaltet u. soz. Wandel gesteuert werden. Im Spannungsverhältnis zu Bestrebungen nach Bewahrung nationaler u. regionalkult. Identität ist die Ausbreitung der n.n G. mit zunehmenden internat. Verflechtungen, Abhängigkeiten u. interkult. Austauschprozessen verbunden.

H. Kahn u. A. J. Wiener, Ihr werdet es erleben, 1971; A. Touraine, Die postindustr. Ges., 1972; D. Bell, Die n. G., 1985 (1975); L. Kern (Hg.), Probleme der postindustr. Ges., 1976; R. Breitenstein, Die große Hoffnung, 1980; A. Toffler, Die dritte Welle – Zukunftschance, 1983 (1980); W. L. Bühl, Die »postindustrielle Ges.«: eine verfrühte Utopie?, in: KZfSS 35, 1983; R. Inglehart, Kult. Umbruch, 1989.

Nachricht →Information

Nähe →Distanz

Nahrungsspielraum, Bezeichnung der Bevölkerungstheorie für ein bestimmtes (ausreichendes) Verhältnis zw. der Gesamtheit der für die Ernährung einer Bevölkerung zur Verfügung stehenden Existenzmittel u. der Größe der Bevölkerung.

Narratives Interview, (lat.) »erzählend«, eine von F. Schütze eingeführte qualitative Methode, die insbes. die Fähigkeit des Erzählens zu nutzen sucht. Im Gegensatz zu der vorwiegend mit standardisierten Befragungstechniken arbeitenden Meinungsforsch. kommt es beim n.n I. nicht darauf an, mit bestimmten Stimuli (Reize, gezielte Fragen) spezifische Reaktionen zu erkunden. Vielmehr will oder soll der Forscher in einer möglichst gelockerten Gesprächsatmosphäre den Probanden dazu motivieren, ausführlich über die eigene Lebensgesch. u. persönl. Erfahrungen zu erzählen. Zur Aufrechterhaltung des Erzählflusses hält sich der Forscher zurück u. gewährt dem Probanden einen großen Spielraum, insbes. hinsichtl. der Frage des Sicheinlassens auf heikle, unangenehme Themen (nondirektive Gesprächsführung, weiches Interview).

F. Schütze, Die Technik des n.n I.s, 1977; C. Mühlfeld u. a., Auswertungsprobleme offener Interviews, in: Soz. Welt 32, 1981; H. Bude, Der Soz.forscher als Narrationsanimateur, in: KZfSS 37, 1985; G. Schneider, Hermeneutische Strukturanalyse von qualitativen I.s, in: KZfSS 40, 1988.

Narzißmus (griech.), Selbstliebe. Nach der griech. Mythologie war Narkissos ein schöner Jüngling, der sich verzehrend in sein auf einer Wasseroberfläche erscheinendes Spiegelbild verliebte u. schließl. in eine Narzisse verwandelt wurde. In der späteren Literatur wurde Narziß zum Symbol hoffnungsloser Liebe u. zum Sinnbild liebeskalter Selbstbezogenheit. Die Psychoanalyse faßt N. als Ausdruck von Persönlichkeitsstörungen (»narzißt. Neurosen«) auf, die sich aus der Verlagerung der Libido von äußeren »Objekten« zur eigenen Person u. zur Lustgewinnung am eigenen Körper ergibt. Ursächlich für diese Regression seien unzureichend bewältigte frühkindl.-traumat. Abhängigkeits- u. Ohnmachtsgefühle.

Im Zus.hang mit der fortschreitenden Individualisierung in der mod. Ges. werden unterhalb patholog. Auswüchse gewisse Tendenzen zum N. für den einzelnen lebensprakt. wichtig, da die Bewältigung persönl. bedeutsamer Aufgaben, Probleme u. Krisen mehr denn je Selbstvertrauen, Ich-Stärke u. Eigenständigkeit verlangt.

F. Stimmer, N., 1987; H.-J. Roth, N., 1990.

Nation (lat.), »in einem Land geborenes Volk«, Gemeinschaft von Menschen mit dem Bewußtsein gleicher polit.-kultureller Vergangenheit u. dem Willen zum gemeinsamen Staatswesen. Ein →Volk wird demzufolge dadurch zur N., daß es sich seines gesch. u. kulturellen (abgrenzbaren) Eigenwertes bewußt wird u. sich als Träger u. Subjekt gemeinsamer Wert- u. Zielvorstellungen interpretiert. Je mehr eine N. (bzw. deren Angehörige) durch gemeinsame Existenznöte oder äußere Gefahren (Feinde) bedroht wird, um so mehr wird sie zur Schicksalsgemeinschaft. Konkrete polit. Bedeutung erhielt der Begriff im 15. Jh. mit der Bezeichnung »Heiliges römisches Reich dt. N.«, obgleich zu jener Zeit nicht einmal unter den Fürsten die geistige Einheit bestand, die der Begriff N. beinhaltet. Im Zeitalter der Nationalstaaten tendierten Volk, N., Staat u. Volkswirtschaft zueinander, sich wechselseitig zu durchdringen u. nach außen hin abzugrenzen. In diesem Zushang wurde die N. insbes. von höheren soz. Schichten als eine menschl. Lebensgemeinschaft aufgefaßt, die aufgrund von Sprache, Schrift, Religion, Kunst, Lebensart u. sonstiger kult. Gemeinsamkeiten eine ges. Einheit bildet. Zugleich verstärkte sich die »Vorstellung der Abstammungsgemeinschaft u. einer Wesensähnlichkeit« (M.Weber). Im Sinne der Kulturnation wurde die gemeinsame Kultur als konstituierendes u. entscheidendes Element der N. interpretiert u. oft auf ethn.-kult. abweichende Minderheiten ein starker Assimilationsdruck ausgeübt. Nach M. Weber hängt die Idee der N. bei ihren Trägern auch mit »Prestige«-Interessen zus.

In der polit. Wirklichkeit decken sich N.en weder mit ethn. Volksnoch mit kult. Ges.- oder mit Staatsgrenzen. Menschen, die sich aufgrund eines spezif. Solidaritätsempfindens einer N. zurechnen, leben oft in verschiedenen Staaten. Ein einzelner Staat bzw. ein Staatsvolk umschließt dagegen häufig Angehörige verschiedener Nationen. Der Separatismus nationaler Minderheiten ist meist das Ergebnis verweigerter Autonomie. Angehörige einer Staatsnation (N. im polit. Sinne) fühlen sich in erster Linie durch die gemeinsame Gesch., Werteordnung (Grundwerte), Verfassung (»Verfassungspatriotismus«) u. den Willen zur staatl. Einheit verbunden (N. als polit. Willensgemeinschaft).

Der stark wert- u. gefühlsgeladene Begriff der N. wurde wiederholt von herrschenden Schichten u. Eliten dazu eingesetzt, bestimmte Bevölkerungen ideolog. zus.zuhalten u. zu mobilisieren, Expansions- u. Eroberungspolitik zu rechtfertigen u. innenpolit. Konfliktverhältnisse zu verdecken. Entgegen intellektueller Kritik an der vermeintl. überlebten Idee der N. u. trotz verstärkter Tendenzen zur Globalisierung u. internat. Kooperation ist die N. weiterhin für viele Menschen von großer Bedeutung für die eigene kollektive Identität u. damit eine einflußstarke ges. Tatsache.

F. Meinecke, Weltbürgertum u. Nationalstaat, [8]1962 (1907); M. Weber, Wirtschaft u. Ges., [5]1980 (1921); G. Leibholz, Volk, N. u. Staat im 20. Jh., 1961; C. R. Forster (Hg.), Nations Without a State, New York 1980; T. Mayer, Prinzip N., [2]1987 (1986); A. Reiterer (Hg.), N.

u. N.albewußtsein in Österreich, 1988; E. J. Hobsbawm, N.en u. Nationalismus, 1991.

Nationalbewußtsein, das Bewußtsein eines einzelnen, einer Personenmenge oder einer Bevölkerung, einer bestimmten Nation anzugehören. Grundlegend sind objektive Gegebenheiten wie gemeinsame Abstammung, Sprache, Religion, Gesch., Kultur u. Lebensart sowie kognitive bzw. gedankl. Orientierungen, z. B. übereinstimmende Weltanschauungen, Wertvorstellungen, Ges.sbilder, Rechtsu. Staatsauffassungen. Diese Faktoren sind in konkreten Fällen unterschiedl. ausgeprägt u. einflußstark. In Verbindung mit »Prestige«-Interessen (M. Weber) wird die eigene Nation oft als etwas Einmaliges u. Besonderes hoch bewertet. In diesem Sinne steigert die Identifikation mit einer N. das Selbstbewußtsein u. -wertgefühl des einzelnen. Das N. äußert sich je nach den Umständen in einer gedankl. Verbundenheit mit der eigenen Nation u. ggf. mit dem eigenen Nationalstaat, in dem polit. Streben nach Schaffung eines solchen Staates, in Verbindung mit Emotionalität in einem Nationalgefühl (Patriotismus, Vaterlandsliebe als nationales Gemeinsamkeits- u. Wir-Gefühl) u. in der bewußten oder emotionalen Unterscheidung von anderen Nationen. N. ist oft ein bedeutsamer Teil der Identität, insbes. bei bedrängten, unterdrückten, bedrohten Völkern u. nationalen Minderheiten. Es kann als Zus.gehörigkeitsgefühl innerhalb einer Nation soz. Kooperation, prosoz. Verhalten u. Gemeinschaftshandeln begünstigen. N. beinhaltet auch ein aggressiv-destruktives Potential. Wiederholt ist N. von Herrschenden zur Ausnutzung individ. Bereitschaft zum Engagement u. zu

persönl. Opfern mißbraucht worden. Die Übersteigerung des N.s führt in Verbindung mit ethnozentrist. Einstellungen (Überbewertung der eigenen Nation bei gleichzeitiger Abwertung anderer Nationen) zum →Nationalismus, der wiederum Feindseligkeit u. Aggressivität gegenüber anderen Nationen u. Völkern (mit)bedingt. In mod., aufgeklärten Ges.en hat die intellektuell-reflexive Auseinandersetzung mit Nationalismus, Kriegen u. Fremdenfeindlichkeit (gegenüber Angehörigen anderer Nationen) Tendenzen zu einem negativ ausgeprägten »N.« hervorgebracht u. verstärkt, bis hin zu Erscheinungen einer Abwertung oder Leugnung der eigenen Nation, eines aggressiven Antinationalismus u. nationalen Selbsthasses. Teilweise hat sich eine Entpolitisierung des N.s ergeben, bei gleichzeitiger Ausrichtung des Nationalstolzes auf bestimmte soziokult. Bereiche, z. B. volkswirtschaftl. Leistungskraft, Stärke der eigenen Währung, sportl. Erfolge. Die Bewältigung der gegenwärtigen Weltprobleme (Umweltkrise, Bevölkerungswachstum, Massenarmut, Kriegsgefahren, organisierte Kriminalität) erfordert in einschränkender Weise neben dem regionalen u. nationalen ein verstärktes globales Bewußtsein (Weltges., globales Solidaritätsbewußtsein).

T. Heuss, Die dt. Nationalidee im Wandel der Gesch., ²1948; M. Hättich, N. u. Staatsbewußtsein in der pluralist. Ges., 1966; A. Felling, J. Peters u. O. Schreuder, Nationale Identität: Die fünf Niederlande, in: KZfSS, 1984; W. Weidenfeld (Hg.), Polit. Kultur u. dt. Frage, 1989; W. J. Mommsen, Nation u. Gesch., 1990.

Nationalcharakter, Begriff insbes. der amerikan. Kulturanthropologie zur Erforschung fremder Nationalkulturen u. derjenigen kulturellen Bestandteile einer Ges., die im Laufe der Sozialisation allgemeinverbindl. u. typ. auf das heranwachsende Kind einwirken u. seine kulturelle Rolle ausmachen. Die Vergleiche von N.en ermöglichten eine gewisse Relativierung der eigenen (amerikan.) Wertauffassungen. Bekannte Arbeiten sind die N.studien von Riesman u. Gorer. Später ist die N.forschung einer method. u. theoret. Kritik unterzogen (Inkeles, Levinson) u. zugunsten einer Theorie der Persönlichkeit prakt. aufgegeben worden.

G. Gorer, Die Amerikaner. Eine völkerpsycholog. Studie, 1956 (1947); D. Riesman u. a., Die einsame Masse. Eine Untersuchung der Wandlungen des amerikan. Charakters, 1958 (1950); M. Mead, National character (in: A. L. Kroeber, Hg., Anthropology today, Chicago 1953); A. Inkeles, D. J. Levinson, National character, The study of modal personality and socio-cultural systems (in: G. Lindzey, Hg., Handbook of social psychology, Reading, Mass. 1954); H.-D. Werner, Klassenstruktur u. N., 1968; H. Pross, Was ist heute deutsch?, 1982; E. Noelle-Neumann u. R. Köcher, Die verletzte Nation, 1987.

Nationale Identität →Kollektive Identität

Nationalismus, polit. Bewegung oder Einstellung, die zentral auf die Nation als die bewegende, polit. Kraft u. Orientierung bietende soz. Gemeinschaft ausgerichtet ist. Der N. überschätzt den Wert der eigenen Nation im Vergleich zu anderen, fordert für sie eine Vorrangstellung u. macht ggf. ihren internat. Führungsanspruch geltend. Im Innern u. damit zur Stärkung der polit. Kraft nach außen wird die Nation als primäre Gemeinsamkeit herausgestellt. Rationale staatl. Organisationen u. soz. Gliederungen innerhalb der Ges. bleiben gegenüber der nationalist. Vorstellung von einem nach innen einheitl. normierten u. nach außen gesicherten Territorium untergeord-

net. Die Identität von Staat u. Volk (als der ethn. Grundlage der Nation) ist hauptsächl. polit. Kampfziel.

N. ist zunächst der ideolog. Ausdruck einer Epoche (18.–19. Jh.), in der die religiösen u. feudalen Ordnungskategorien durch einheitsstaatl. Leitbilder abgelöst wurden. Er fand Unterstützung durch zentrale Prinzipien der bürgerl. Revolutionen, die die Forderung nach persönl. Freiheit mit der Befreiung des gesamten Staatsvolks von innerer Bevormundung u. fremder Herrschaft verbanden.

Im Mittelpunkt der N.forschung stehen die sozialpsycholog. u. polit. Ursachen wie Konsequenzen »ethnozentristischen« Denkens. Die Beobachtung, daß vom N. insbes. unter soz. Risiken oder unter ges. Wandlungsprozessen bzw. Statuswechsel leidende Bevölkerungsteile erfaßt werden, hat zu der Annahme geführt, daß N. (u. a. sozialpatholog. Phänomenen) eine Reaktion auf soz. Situationen der Entfremdung, Einflußlosigkeit, Unsicherheit u. Anonymität ist. Das einzelne Individuum reagiert darauf mit Gruppen- oder Ideologie-Identifikationen, die ihm neue Gefühle der (Gemeinschafts-)Geborgenheit u. kollektiven Macht vermitteln.

Mit der weitgehenden Überwindung des Kolonialismus u. dem gleichzeitigen Entstehen souveräner Staaten in Afrika u. Asien ist der N. zu einer ges.bildenden Kraft überall dort geworden, wo komplizierte divergierende Stammesstrukturen die Bildung größerer Wirtschafts- u. Staatsräume verhindern. →Chauvinismus.

M. Weber, Der Nationalstaat u. d. Volkswirtschaftspolitik, in: Gesam. polit. Schriften, ⁵1988; H. Plessner, Die verspätete Nation, 1959; E. Lemberg, N., 2 Bde., 1964; M. R. Lepsius, Extremer N., 1966; R. Richert, Die nationale Welle, 1966; H. Vogt, N. gestern u. heute, 1967; L. L. Snyder, The New Nationalism, New York 1968; Ch. Graf v. Krockow, N. als dt. Problem, 1970; K. Lenk, »Volk u. Staat«, Strukturwandel polit. Ideologien im 19. u. 20. Jh., 1971; K. W. Deutsch, Der N. u. seine Alternativen, 1972; ders., Nationenbildung – Nationalstaat – Integration, 1975; H. Grebing, Aktuelle Theorien über Konservatismus u. N.,1974; H. A. Winkler (Hg.), N., 1978; ders. u. T. Schnabel, Bibliographie zum N., 1979; R. Stöss, V. N. zum Umweltschutz, 1980; H. A. Winkler (Hg.), N. in der Welt von heute, 1982; G. L. Mosse, N. u. Sexualität, 1985; G. Elwert, N. u. Ethnizität, in: KZfSS 41, 1989; T. Schieder, N. u. Nationalstaat, 1991; A. Minc, Die Wiedergeburt des N. in Europa, 1992; C. J. Jäggi, N. u. ethn. Minderheiten, 1993; M. Jeismann u. H. Ritter, Grenzfälle, 1993.

Nationalliberalismus, der rechte Flügel der Bewegung des polit. Liberalismus im 19. Jh., der als Anhänger einer sog. »kleindt.« Lösung der »dt. Frage« (nationalstaatl. Einigung) die Politik Bismarcks (gegenüber den »Österreichisch-Großdt.en«) unterstützte. Die 1867 gegründete »Nationalliberale Partei« rekrutierte ihre Stammwähler insbes. aus dem Großbürgertum, dem städt. Mittelstand u. der Bauernschaft. Polit. Ziel des N. war die Konzeption eines »reindt.« Bundesstaates mit einem Erbkaiser an der Spitze, der Dtl. mit einer offensiven Wirtschafts- u. Kolonialpolitik Weltgeltung u. damit den wirtschaftl. Großrauminteressen des Bürgertums Realisierungschancen verschaffen sollte.

Der Spannungszustand im Liberalismus durch Gegensätze zw. dem zum Konservativismus u. alten Mittelstand neigenden N. einerseits u. dem verstärkt auf Menschenrechte u. internationale Orientierung ausgerichteten Links- u. Soz.liberalismus andererseits hat auch im 20. Jh. angehalten u. wiederholt zu Spaltungen u. Schwächungen liberaler Parteien geführt.

Th. Eschenburg, Das Kaiserreich am Scheideweg, 1929; H. Thieme, Nationaler Liberalismus in der Krise, 1963.

Nationalsozialismus, Ideologie u. Herrschaftssystem der »Nationalsozialistischen Deutschen Arbeiterpartei« (NSDAP), 1919–1933 »Weltanschauung« einer nationalen u. sozialen »Bewegung«, sodann nach der »Machtergreifung« bis zum »Zusammenbruch« von 1945 offizielle Staatsideologie u. Grundlage für ein innenpolit. Regime sowie für eine expansionist. Lebensraumpolitik zur langfristigen Zukunftssicherung des rassenideolog. hochbewerteten dt. Volkes.

Der N. verstand sich seit seiner Entstehung nie als Partei unter Parteien in einem parlamentar.-demokrat. Staatswesen. Sein geistiger u. polit.-militanter Kampf richtete sich von vornherein gegen das »System« der Weimarer Republik u. auf die »Wiedererweckung« des »Deutschen Reiches«. Sowohl gegen die grundlegenden Ideen des westl. Liberalismus u. Individualismus als auch des marxist. Sozialismus gerichtet, enthielt das polit. Programm des N. zugleich nationalist. u. sozialist., rassist., antiparlamentar., militarist., mittelständ. u. antikapitalist. Forderungen. Deren jeweilige Auslegung u. polit. Anwendung war dem absoluten Herrschaftsanspruch eines Führer-Gefolgschafts-Prinzips unterworfen (der »Führer« A. Hitler), das die Legitimation für parteigebundene, zentrale u. elitär interpretierte »Kampf«-Verbände u. deren innere Befehlsstrukturen abgab.

Als bes. Form des Faschismus hatte der N. in Dtl. nach dem I. Weltkrieg günstige Entwicklungsbedingungen. Die militär. Niederlage von 1918 hatte zunächst die polit. Ziele des Deutschen Reiches (Ausdehnung nach Osten, Kolonien, wirtschaftl. Einfluß auf angrenzende Staaten), aber nicht die Träger u.

Quellen dieser Politik (Großkapital, Großgrundbesitz, Adel, hohe Beamte) ausgeschaltet. Die Weimarer Republik verwirklichte das demokrat. Prinzip lediglich im staatspolit. Bereich, ohne die soz. Machtstellungen der alten Oberschichten u. ihrer »Diener« anzutasten. Die hieraus sich ergebende polit. Schwäche machte es der Republik unmöglich, die Probleme des verlorenen Krieges u. seiner wirtschaftl. u. polit. Konsequenzen erfolgreich zu bewältigen. Es gelang infolge der kapitalist.-marktwirtschaftlichen Struktur nicht, die aus den weiterhin anhaltenden (u. vom Kriege noch stimulierten) Industrialisierungsprozessen sich ergebenden Verteilungsprozesse in der Wirtschaft so zu gestalten, daß die Diskrepanz zw. neuer Reichtumsentwicklung u. -konzentration einerseits u. Massenarbeitslosigkeit andererseits bei überaus schnellem wirtschaftl. Verfall breiter mittelständ. Schichten hätte verhindert werden können. Der neuen demokrat. Ordnung wurde die Schuld für ökonom. Krisen u. persönl. soz. Schicksale zugesprochen. Gleichzeitig wirkte sich die polit. Orientierungslosigkeit der im Kaiserreich nach autoritären, militarist. u. nationalen Prinzipien erzogenen Bevölkerung aus, die durch die militär. Niederlage u. die sich anschließende »Demütigung« (Versailler Vertrag) des »Reiches« ihr Identifikationsobjekt verloren hatte. Appelle an die dt. »Tugenden« (Gehorsam, Disziplin, Ordnung) für neue nationale Stärke; Verketzerung des Individualismus u. Liberalismus genauso wie des Kommunismus als volksgemeinschaftsfeindl. Lehren; sozialromant. u. Rettung versprechende Mythologisierung german. Vergangenheit; die Ausnutzung des manifesten u. la-

tenten dt. Antisemitismus zum Aufbau von »Sündenböcken«, sowie die Erweckung nationalist. Neid- u. Revanchegefühle gegen die ausländ. »Plutokraten« waren angesichts der sich aus ökonom. u. polit. Bedingungen ergebenden sozialpsycholog. Situation die propagandist. Stationen zum Aufbau einer nationalsozialist. Massenbewegung u. zur »Machtergreifung«. Da sich in der hochindustrialisierten »westl. Welt« weitgehend humane u. liberale Auffassungen u. Grundwerte sowie eine demokrat. Lebensform durchgesetzt hatten, mußte der N. mit seinem menschenverächtl. Eroberungskrieg, der brutalen Unterdrückung osteurop. Völker u. mit dem Holocaust (insbes. massenhafte Vernichtung großer Teile des jüd. Volkes) im Zuge des II. Weltkrieges zwangsläufig scheitern. Angesichts dieser soz. darwinist.-inhumanen Dimension des N. wird die Diskussion darüber erschwert, inwieweit er in Dtl. eine partielle, durch totalitäre Herrschaft eingeschränkte Modernisierung bewirkt hat, z. T. begünstigt durch Kriegsanstrengungen. Verwiesen wird darauf, daß unter dem antiindividualist. Leitbild der »Volksgemeinschaft« eine z. T. mod., fortschrittl. Ges.s- u. Soz.politik betrieben worden sei: Abbau traditioneller Formen soz. Ungleichheit, Schwächung des Adels, gewisse Nivellierung von Standesunterschieden, Verminderung der Unterschiede zw. Arbeitern u. Angestellten, Förderung des soz. Aufstiegs der Arbeiterschaft. Hinzu kam (im besonderen Zus.hang mit der Aufrüstung u. Kriegswirtschaft) die Forcierung des techn. Fortschritts, der Rationalisierung, Massenproduktion u. des Wirtschaftswachstums. Insgesamt eine kollektivistisch-techno-

Nationalstaat 596

krat. ausgerichtete »Modernisierungsdiktatur«, wobei wesentl. Entwicklungsstränge der Modernisierung vom nationalsozialist. Herrschaftssystem bekämpft wurden, insbes. die Entfaltung einer freiheitl.-demokrat. Lebensform.

K. D. Bracher, Die Auflösung der Weimarer Republik, [2]1958; ders., Die dt. Diktatur. Entstehung, Struktur, Folgen des N., 1969; K. D. Bracher, W. Sauer, G. Schulz, Die nationalsozialist. Machtergreifung, 1960; M. Broszat, Der N., 1960; H.-J. Gamm, Der braune Kult, 1962; F. Glum, Der N., Werden u. Vergehen, 1962; H. Grebing, Der N., Ursprung u. Wesen, [15]1964; P. Hüttenberger, Bibliographie zum N., 1980; E. Hennig, Die polit. Soziol. faschist. Bewegungen u. die hermeneutische Analyse nationalsozialist. Selbstdarstellungen, in: KZfSS 34, 1982; A. Hillgruber, Endlich genug über N. u. Zweiten Weltkrieg?, 1982; D. Peukert, Volksgenossen u. Gemeinschaftsfremde, 1982; J. W. Falter u. a., Arbeitslosigkeit u. N., in: KZfSS 35, 1983; W. Michalka (Hg.), Das Dritte Reich, 2 Bde., 1985; N. Frei, Der Führerstaat, 1987; J. Hermand, Der alte Traum vom neuen Reich, 1988; H. Mommsen (Hg.), Herrschaftsalltag im Dritten Reich, 1988; J. Alber, N. u. Modernisierung, in: KZfSS 41, 1989; U. Backes, E. Jesse u. R. Zitelmann (Hg.), Die Schatten der Vergangenheit, 1990; W. Benz, Herrschaft u. Ges. im nationalsozialist. Staat, 1990; H.-U. Otto u. H. Sünker (Hg.), Polit. Formierung u. soz. Erziehung im N., 1991; M. Prinz u. R. Zitelmann (Hg.), N. u. Modernisierung, 1991; U. Gerhardt (Hg.), Talcott Parsons on National Socialism, 1993.

Nationalstaat, polit. souveräner Staat, dessen Bevölkerung eine ethnisch-kult. relativ einheitl. Nation bildet (weitgehende Identität von Staatsvolk u. Nation). Die N.en entstanden als Folge der polit. Umwälzungen in der Franz. Revolution (Ablösung des feudal-aristokrat.-absolutist. Staates durch die sich selbst als souverän betrachtende Nation) vor allem im 18. u. 19. Jh. Motor dieser Entwicklung, die mit der Auflösung der Vielvölkerstaaten u. mit der polit. Entmachtung der die Nationen zerteilenden Fürstentümer einherging, waren die wirtschaftl. Großrauminteressen des Bürgertums. Die weltpolit.-imperialist. Konkurrenz der

N.en hat in vielen Fällen zur Pervertierung des Gedankens der nationalen Einheit zu Nationalismus u. Chauvinismus geführt. Aus kulturell-nationalen Integrationsideologien wurden – propagandist. u. manipulativ gefördert – Überbewertungsideologien der eigenen Nation u. Diffamierungskampagnen gegen andere Völker u. Rassen. Grenzverschiebungen als Resultate kriegerischer Auseinandersetzungen ließen innerhalb der N.en das Problem nationaler oder rass. Minderheiten entstehen.

In den souverän gewordenen, ursprüngl. kulturell willkürl. zus.gefügten ehem. Kolonien u. sog. Entwicklungsländern wird die Idee des N. zur Überwindung von kult. Stammesgrenzen im Innern u. zur Schaffung staatl. Selbstbewußtseins u. entspr. Unabhängigkeitsstrebens nach außen benutzt. Verstärkte internat. Kooperation u. Integration haben maßgeblich zur Infragestellung des N.es beigetragen u. führen tendenziell zum Abbau nationalstaatl. Souveränität.

M. R. Lepsius, »Ethnos« u. »Demos«, in: KZfSS 38, 1986; T. Schieder, Nationalismus u. N., 1991; B. Wehner, N., Solidarstaat, Effizienzstaat, 1992; A. Singer, N. u. Souveränität, 1993.

Nativismus (lat.), die Lehre oder Vorstellung vom »Natürlichen«, »Angeborenen«, in der Ethnologie Bezeichnung für kollektive Bewegungen unter kolonial von anderen überlagerten Völkern, Stämmen oder Gruppen, die die »eigenen« Werte demonstrativ betonen sowie gegenüber der fremden, beherrschenden Kultur Selbstbestimmung erstreben. N. ist damit als reaktive Bewegung deklariert. Er setzt Unterdrückung, Benachteiligung, Frustration u. Fremdeinfluß voraus, die durch (oft überkompensierende, übersteigerte) Ge-

genideologien, kulturelle u. soz. Erweckungskampagnen bekämpft werden, oft mit dem Ziel der Herrschaftsumkehrung. Die als »eigene« ausgegebenen u. zur Genese eines neuen Wir-Gefühls propagierten Werte werden dem ursprüngl. eigenen Kulturgut oder dem Wertsystem der Beherrscher entnommen. N. zielt z. B. in den vom Kolonialismus befreiten afrikan. u. asiat. Staaten entspr. den myth. Denkkategorien der dortigen Völker u. Stämme auf die Wiederherstellung alter, durch die Missions- u. Kolonialbehörden unterdrückter Sitten u. Bräuche. N. erscheint oft als Vorbote oder Vorläufer des Nationalismus (→Ethnozentrismus).

W. E. Mühlmann u. a., Chiliasmus u. N., ²1964; ders., Rassen, Ethnien, Kulturen, 1964; F. Kandil, N. in der Dritten Welt, 1983.

Naturalismus, Bez. f. versch. Konzeptionen in der Philosophie u. der sozialwiss. Methodologie (→Wiss.theorie der Soz.wiss.en). Der metaphysische oder ontologische N. betrachtet die Natur – als Inbegriff raum-zeitlicher, gesetzmäßig zus.hängender Vorgänge – als die einzige oder grundlegende Realität (→Materialismus); der methodologische N. (naturwiss. Denkstil) betrachtet alle Zustände und Vorgänge – auch individuelle und ges. Handlungen – im streng wiss. Sinn allein durch Formulierungen in der Raum-Zeit-Sprache erklärbar, d. h. unter Ausschluß von Motiven, Absichten u. a. mentalen Faktoren (Behaviorismus, Physikalismus); der ethische N. leitet das Sittliche aus natürl. Bedingungen und Dispositionen ab und bewertet das »naturgemäße« Leben oder das »Ausleben« natürl. Anlagen – allerdings oft unter der Voraussetzung einer Respektierung der symme-

trisch gearteten Bedürfnisse der Mitmenschen – positiv.

Naturalism and the Human Spirit, hg. v. Y. Krikorian, New York 1944; A. C. Danto, Naturalism, in: The Encyclopedia of Philosophy, Bd. 5, hg. v. P. Edwards, New York–London 1967; R. Riedl, Die Strategie der Genesis, ⁶1986; K. Lorenz, Das Wirkungsgefüge der Natur u. das Schicksal des Menschen, ⁵1987.

Naturalwirtschaft, Stufe wirtschaftl. Entwicklung, in der die Güter unter den Wirtschaftssubjekten noch direkt getauscht werden, in der Regel von Produzenten zu Produzenten zum Zwecke des Verbrauchs. N. kennt noch keine Formen u. Prozesse der Verkehrswirtschaft, in der die Güter als »Waren« auf den Markt kommen u. mit Hilfe des Geldes (als Tausch- u. Wertvergleichsmittel) gehandelt werden.

Naturrecht, ein Recht oder ein System von Rechtssätzen, das – im Gegensatz zum »positiven«, von Menschen gesetzten u. gesch. wandelbaren Recht – (angeblich) von Natur aus vorgegeben u. damit für alle Zeiten u. alle Völker verbindl. ist. Das N. ergibt sich aus der Natur der Sache, auf die es sich bezieht. Die Natur der Sache ist die Natur der Wirklichkeit bzw. des Menschen, d. h. die dem Menschen innewohnenden Triebe oder das, was den Menschen vom Tier unterscheidet, seine Vernunft (N. als Vernunftrecht). Die angeborene Natur schreibt dem Menschen ein bestimmtes Sichverhalten vor u. definiert seinen Platz in der irdischen Welt. Da einer Natur, der Normen immanent sind, auch ein Wille immanent sein muß, verbindet sich die Frage nach der Entstehung des N.s mit der Frage nach dem Willen des Schöpfers der Natur.
Das N. als eine vom positiven Recht unabhängige, gleichsam

»höhere« Rechtsqualität dient seit der griech. N.sphilosophie bis in die Gegenwart als Maßstab zur Legitimierung oder Verwerfung von »gesatzten« Rechtsnormen u. daraus sich ableitenden Ges.ordnungen. Es wird herangezogen, um sowohl die jedem einzelnen Menschen unabhängig von der Ges.ordnung angeborenen u. damit »zustehenden« Rechte (Menschenrechte, Grundrechte) zu bestimmen u. um die Verhältnisse der Menschen zueinander nach »natürl.« Prinzipien zu regeln (Ges.vertrag).

Die Vieldeutigkeit der Begriffe »Natur«, »Vernunft« u. »Recht« hat im Laufe der Jh.e dazu geführt, daß das N. in jeder histor. Epoche von allen, die sich darauf beriefen, zur Legitimierung bestehender Herrschaftsverhältnisse benutzt wurde. Sklaverei, das Recht des Stärkeren, Herr-Knecht-Verhältnisse, Leibeigenschaft, koloniale Zwangsarbeit, Menschenhandel u. Feudalsystem wurden als »natürl. Ordnung« ausgegeben. Soziale u. polit. Interessen wurden in die »Natur« hineininterpretiert u. als N. wieder aus ihr deduziert. Die Suche nach einer objektiven, verbindl., höheren Rechtsinstanz kann mit den polit. Gefahren eines unkontrollierbaren →Rechtspositivismus erklärt werden, der Recht mit der Macht, Recht zu setzen oder zu interpretieren, gleichzusetzen vermag. Nach moderner rechtssoziol. Auffassung kann der Legitimationsmaßstab des N. nur über die moral. Verbindlichkeit einer positiven Rechtsnorm oder einer vorerst ledigl. gehegten Rechtsvorstellung für den einzelnen, nicht aber über ihre allg. Verbindlichkeit entscheiden. Diese Interpretation geht davon aus, daß die Legitimierung des positiven Rechts ein Problem der soz. Anerkennung des Rechts durch die Angehörigen des betroffenen ges. Bereiches ist. N.vorstellungen haben damit keine bes. Dignität, sondern sind (theolog., polit., ökonom. usw. zustande gekommene) ideolog. Postulate, die um ihre Anerkennung u. Durchsetzung demokrat. ringen müssen.

L. Strauss, N. u. Geschichte, 1956; E. Wolf, Das Problem der N.lehre, ²1959; W. Maihofer (Hg.), N. oder Rechtspositivismus?, ³1981 (1962); H. Kelsen, Aufsätze zur Ideologiekritik, 1964; H. Coing, N. als wiss. Problem, 1965; E. Topitsch, Soz.phil. zwischen Ideologie u. Wiss., ²1966; W. Kaupen, N. u. Rechtspositivismus (KZfSS 18, 1966); F. Böckle (Hg.), Das N. im Disput, 1966; W. Rosenbaum, N. u. positives Recht, 1972; E. Bloch, N. u. menschl. Würde, 1972; F. Böckle, E. W. Böckenförde (Hg.), N. in der Kritik, 1973; S. Breuer, Sozialgesch. des N.s, 1983; K.-O. Apel, Diskurs u. Verantwortung, 1988; J. Rawls, Eine Theorie der Gerechtigkeit, ⁴1988; H. Kelsen, Staat u. N., ²1989; K. Graf Ballestrem (Hg.), N. u. Politik, 1993.

Naturwissenschaftlicher Denkstil →Behaviorismus, →Materialismus, →Naturalismus

Naturzustand, zentraler Begriff der Ges.- und Staatsphilosophie Th. →Hobbes' (1588–1679). Im N. sei der Mensch kein soz. Wesen. Geleitet von seinen eigenen Bedürfnissen, erfahre er die Bedürfnisse der anderen als die Bedrohung seiner Existenz. Die Menschen kämen nicht deshalb zus., weil sie soz. Neigungen hätten, sondern sie prallen aufeinander wie Atome der Materie, die sich in einem begrenzten Raume bewegen, den sie sich gegenseitig streitig machen. Der Selbsterhaltungstrieb des einen Menschen ist der Schrecken des anderen. Dementspr. ergibt der N. keine soz. Ordnung, kein existentiell risikofreies Zus.leben.

Um Ges. zu ermöglichen, bedarf es der Überwindung des N. durch den Ges.svertrag, in dem die Bürger aus Vernunftgründen freiwillig auf einen Teil ihrer natürl. Freiheitsrechte zugunsten einer ordnenden Gewalt (Staat) verzichten, um Sicherheit zu gewinnen.

Negation (lat.), »Verneinung«, Aufhebung, »Verwerfung« (einer Aussage); in der Soziol. wird der Begriff N. im Sinne von Ablehnung, Anti-Haltung, auch Verweigerung benutzt. In der Philosophie Hegels ist die N. einer bestimmten Position bzw. objektiv existierenden Qualität die Entstehung einer neuen Qualität, die nicht Zerstörung, Aufhebung oder prinzipielle Veränderung der alten ist, sondern als Moment der Entwicklung zugleich das Positive der alten Qualität aufbewahrt. Die N. resultiert hiernach aus der Existenz der in der alten Position bzw. Qualität wirkenden Widersprüche. Ges. Fortschritt ist nur als ständige N. bestehender Verhältnisse möglich, d. h. er geht in der Weise vor sich, daß eine negierte Qualität immer wieder eine erneute N. erfährt, folglich eine ständige N. der N. stattfindet. →Dialektik.

Negative Identität, Identifikation eines Individuums mit soz. Rollen, Verhaltensmustern, Gebilden oder mit bestimmten Persönlichkeiten seiner Umwelt, die von ihm selbst wie auch von der Umwelt negativ bewertet werden. N.I. entsteht als Folge von Frustrationen bei Versuchen positiver Identitätsgewinnung. Sie dient – psychol. betrachtet – als eine dem Individuum verbliebene Möglichkeit der Vermeidung von Identitätsdiffusion u. Identitätsverlust.

Neger →Rassenfrage

Neid, ein soz.psychol. u. soziol. sehr bedeutsamer, bisher aber wiss.

unzureichend gewürdigter Einflußfaktor im ges. Zus.leben. N. bildet eine eher verborgene, stark emotional-aggressiv besetzte Haltung von Menschen gegenüber soz. nahen Mitmenschen oder bestimmten Kollektiven, die über begehrte Positionen, Privilegien, Rechte, Vorteile, Vermögenswerte, Güter, Einfluß- u. Genußmöglichkeiten verfügen. N., Mißgunst u. →Ressentiment überlagern sich in starkem Maße u. sind dementsprechend begriffsdefinitor. schwer voneinander abgrenzbar. N. resultiert aus interpersonellen oder kollektiven Vergleichsprozessen u. trägt wiederum zur Herausbildung von Feindseligkeit, Konflikten u. Aggressionen bei.

Die Neigung zum N. ist individuell unterschiedl. stark ausgeprägt u. unterliegt dämpfenden oder stimulierenden Einflüssen der jeweiligen soziokult. Umwelt. Wenn soz. Ungleichheit allg. als »gottgewollte Ordnung«, als »natürl. Zustand« oder als Ausdruck gerechter Belohnungen unterschiedl. Leistungen akzeptiert wird, dann bleiben N.gefühle in engeren Grenzen. N. wird entfesselt, wenn sich Einsicht in die Geschichtlichkeit u. Veränderbarkeit soz. Ungleichheit ausbreitet, Gleichheit aufgewertet wird u. eine als ungerecht aufgefaßte Lebenssituation der Bessergestellten mit ges. nützlicher Leistung konfrontiert wird. Mit dem N. wachsen ges. Spannungen; mitmenschl. Beziehungen werden dann beeinträchtigt. Bessergestellte können versuchen, durch öffentl. gezeigte Bescheidenheit u. »demonstrativen Unterkonsum« dem N. entgegenzuwirken. Benachteiligte Ges.sangehörige versuchen bei hinreichender Einsicht u. Mobilisierung, soz. Strukturen u. Verteilungsmechanismen zugunsten ihrer Lebenschancen zu verändern. Die zunehmende Verwirklichung soz. Gleichheit durch den Verfall überkommener Standesgrenzen, den Soz.staat, die Massenproduktion u. Egalisierung der Konsumchancen wirkt dem N. entgegen. Bei weit fortgeschrittener Nivellierung kann auf seiten der Bessergestellten infolge einer relativen Verminderung des eigenen Soz.prestiges ein Status- u. Abstandsn. nach unten eintreten, der wiederum in der Leistungsges. die berufl. Leistungsbereitschaft belastet.

H. Schoeck, Der N., 1980 (1966).

Nell-Breuning, Oswald von, 8. 3. 1890 Trier – 21. 8. 1991 Frankfurt/M., kath. Theologe, Wirtschafts- u. Soz.wiss., ein Hauptvertreter der kath. Soz.lehre, Dr. theol., Dr. jur. h. c., 1921 Priesterweihe, 1928 o. Prof. für Ethik u. Christl. Soz.lehre St. Georgen Frankfurt/M., unter Pius XI. Mitwirkung an der Soz.enzyklika »Quadragesimo anno« von 1931 (u. a. Forderung einer Soz.bindung des Eigentums), in der NS-Zeit Schreib- u. Publikationsverbot, 1944 Verurteilung zu 3 Jahren Zuchthaus, 1948–65 Mitgl. des Wiss. Beirates beim Bundesmin. für Wirtschaft, 1949 Lehrauftrag für christl. Ges.slehre Akad. für Arbeit in Frankfurt/M., 1956 Hon.prof. für philos. Grundlagen der Wirtschaft Univ. Frankfurt/M., Berater beim DGB, Ehrenbürger von Frankfurt/M., 1972 Romano-Guardini-Preis, 1977 Goethe-Plakette der Stadt Frankfurt/M., 1980 Hans-Böckler-Preis, 1700 Publikationen.

N.-B. war maßgebl. an der Grundlegung u. Fortentwicklung der kath. Soz.lehre beteiligt. Als Wiss.ler u. Berater trat er für die zeitgemäße Gestaltung einer von christl. Ethik durchwirkten Soz.politik u. Ges.sordnung ein. In seinem Denken stand das Wohl des arbeitenden Menschen im Mittelpunkt. Zugunsten einer Aussöhnung sollten Arbeit u. Kapital gleichberechtigt an der Willensbildung in Unternehmungen teilhaben, die Arbeitnehmer ein entsprechendes Recht auf Mitbestimmung erhalten. N.-B. war ein Verfechter der Einheitsgewerkschaft, befaßte sich auch mit dem Boden- u. Wohnungsrecht u. kritisierte »ungerechtfertigte Privilegien« der Grundeigentümer. Er setzte sich mit dem Marxismus u. schließl. auch mit dem Problem der Arbeitszeitverkürzung auseinander. Seine wiss. Leistungen wirkten stark in den polit. Bereich hinein.

Schr.: Grundzüge der Börsenmoral, 1928; Aktienrecht u. Moral, 1930; Die soz. Enzyklika, ²1959 (1932); Wörterbuch der Politik, 1947–50; Einzelmensch u. Ges., ²1962 (1950); Wirtschaft u. Ges. heute, 3 Bde., 1956–60; Kapitalismus u. gerechter Lohn, 1960; Vom Geld u. vom Kapital, 1962; Staat u. Wirtschaft im 2. Vatikan. Konzil, 1967; Mitbestimmung, 1968; Streit um Mitbestimmung, 1968; Mitbestimmung – wer mit wem?, 1969; Auseinandersetzung mit Karl Marx, 1969; Aktuelle Fragen der Ges.politik, 1970; Der Mensch in der heutigen Wirtschaftsges., 1975; Kapitalismus – krit. betrachtet, 1974; Eigentum, Wirtschaftsordnung u. wirtschaftl. Mitbestimmung, 1975; Grundsätzliches zur Pol., 1975; Soz.lehre der Kirche, 1977; Soz. Sicherheit?, 1979; Gerechtigkeit u. Freiheit. Grundzüge kath. Soz.lehre, 1980; Arbeit vor Kapital, 1983; Arbeitet der Mensch zuviel?, 1985; Unsere Verantwortung. Für eine solidar. Ges., 1987; Unbequeme Grenzziehung. Streitschriften, 1990; Den Kapitalismus umbiegen. Schr. zu Kirche, Wirtschaft u. Ges., hg. v. F. Hengsbach, 1990.
W. Schwaderlapp, Eigentum u. Arbeit b. O. v. N.-B., 1980; H. Klein (Hg.), O. v. N.-B. – unbeugsam für den Menschen, 1989.

Neo-Evolutionismus, Bezeichnung f. einen funktionalistisch-systemtheoret. orientierten Ansatz zur Analyse des soz. Wandels, der im Gegensatz zum Evolutionismus bzw. zu den klassischen Evolutionstheorien aus einem breiter angelegten Wirklichkeitsverständnis heraus eine unilineare Entwicklung menschl. Ges. annimmt, die zu einem differenzierten, integrierten u. anpassungsfähigen System hinführt. →Evolutionstheorie

Neofaschismus, nach dem II. Weltkrieg wieder auftretende Ideologien u. polit. Bewegungen, die den Grundgedanken u. polit. Strategien des ital. →Faschismus u. des dt. →Nationalsozialismus offen oder innerhalb verfassungsmäßiger Schutzbestimmungen der Demokratien anhängen. Unzureichende Bildung u. Aufklärung, verstärkte Einwanderung u. Angst vor Überfremdung, wirtschaftl. Krisen, indiv. Frustrationen u. Orientierungsschwierigkeiten begünstigen Tendenzen des N. →Rechtsradikalismus.

G. Paul u. B. Schossig (Hg.), Jugend u. N., 1979; J. Peters u. a. (Hg.), N., 1979; U. Backes u. E. Jesse, Polit. Extremismus in der BR Dtl., 3 Bde., 1989.

Neofeudalismus, auch Industriefeudalismus; Bezeichnung für das System soz. u. polit. Machtposition einzelner oder konzernmäßig verflochtener Wirtschaftsunternehmen über größere Regionen. Der Begriff N. soll im Anschluß an jenen des Feudalismus zum Ausdruck bringen, daß die in solchen Unternehmen getroffenen wirtschaftl. Entscheidungen durch wenige verfügungsgewaltige Repräsentanten Auswirkungen haben, die sich auf das gesamte (u. nicht nur wirtschaftl.-berufl.) Lebensschicksal u. die soz. Lage von großen abhängigen Bevölkerungsteilen erstrecken. Mitunter kommt es auf nationaler Ebene zur Abhängigkeit staatspolit. Systeme von einzelnen Großkonzernen (Bananen- oder Öl-Republiken).

Neokolonialismus, von sozialist. Staaten u. marxist. Theoretikern geprägte Bezeichnung für eine Politik der westl.-kapitalist. Industrieländer, die darauf abzielt, die ges. Strukturen u. die polit. u. wirtschaftl. Abhängigkeitsverhältnisse der ehem. Kolonialgebiete auch nach ihrer polit.-staatl. Souveränität aufrechtzuerhalten. Der N. manifestiert sich in offenen oder (durch Söldneranwerbung) verdeckten militär. Interventionen zum Schutze traditioneller u. von den Industrieländern gestützter u. abhängiger einheimischer Herrschaftsgruppen ebenso wie in einer Entwicklungs- u. Kapitalhilfe, die nach Gesichtspunkten der Konsolidierung bestimmter Wirtschaftsstrukturen in den Entwicklungsländern u. damit der Aufrechterhaltung ökonom.-arbeitsteiliger Abhängigkeiten vergeben wird. Von marxist.-sozialist. Seite aus wurde übergangen, daß N. insbes. von der ehemaligen UdSSR betrieben wurde, u. zwar unter dem ideolog. Schleier angeblich »sozialist. Bruderländer«, die in Wirklichkeit das sowjet.-russ. Imperium nicht verlassen durften.

Zur Polit. Ökonomie des gegenwärtigen Imperialismus (Das Argument 51 u. 53, 1969); N. (Marxismus-Digest 2, 1970); P. M. Sweezy, Die Zukunft des Kapitalismus, 1970; J. Ziegler, Afrika: Die neue Kolonisation, 1980.

Neokonservatismus, Neokonservativismus, im weiteren Sinne die neubelebte u. wieder einflußreich gewordene weltanschaul.-ges.polit. Strömung des →Konservatismus, u. zwar in Reaktion auf die antiautoritäre Studentenbewegung der 1960er Jahre, linksliberale, soz.demokrat. u. sozialist. Reformpolitik, Abschwächung traditionell-bürgerl. Wertvorstellungen, Infragestellung von Autorität, Leistungsprinzip u. Marktwirtschaft,

Neokorporatismus

Erschütterung von Institutionen wie Familie, Schule, Universität, Militär, Kirche u. Wirtschaftsunternehmung, Ausbreitung eines hedonist. Individualismus, Krise des Wohlfahrtsstaates. Zur Überwindung anarchist. Tendenzen, ges. Erschütterungen u. kult. Identitätsprobleme fordern Vertreter des N. die Aufwertung u. Stabilisierung zentraler Werte u. Institutionen der bürgerl. Leistungsges., eine entsprechende Werterziehung u. eine »wehrhafte Demokratie« (z. B. »Radikalenerlaß« in der BR Dtl.). Erziehung soll wieder verstärkt bürgerl. Tugenden wie Ordnung, Arbeitsdisziplin, Sauberkeit, Anstand, Respekt u. Gemeinsinn vermitteln. Hinzu kommt eine Aufwertung von Nationalbewußtsein u. Patriotismus, eingeschränkt durch kontinentale u. internat. Orientierung (»westl. Wertegemeinschaft«).

Der aus den USA stammende N. im engeren Sinne ist durch die Einbeziehung liberaler Ideen u. mod. Auffassungen gekennzeichnet, so daß er sich in fortschrittl. Weise von älteren konservativen Anschauungen unterscheidet. Wesentl. sind: Aufwertung des selbstverantwortl., erfolgs- u. gemeinwohlorientierten Individuums (Armut u. Not gelten in der Regel als selbstverschuldet), des Leistungsprinzips u. von Leistungseliten, Ablehnung der »Gleichheitsideologie« u. Einschränkung des Wohlfahrtsstaates (insbes. der mißbräuchl. Inanspruchnahme), weitgehende Entstaatlichung, Deregulierung u. Privatisierung, Entfaltung des Wettbewerbs, verstärkte Förderung des naturwiss.-techn. Fortschritts u. der industriekapitalist. Entwicklung, Neigung zur Technokratie u. Wertschätzung einer angebotsorientierten Wirtschaftspolitik. Einzelne Vertreter des N. kritisieren Marktwirtschaft u. Kapitalismus hinsichtl. negativer Auswirkungen auf Wertvorstellungen, Moral u. Institutionen.

D. Bell, Die Zukunft der westl. Welt, 1979; J. Schissler (Hg.), N. in den USA, 1983; H. Fend, Die Pädagogik des N., 1984; H. Dubiel, Was ist N.?, 1986; H. Lübbe, Fortschritts-Reaktionen, 1987; W. H. Lorig, Neokonservatives Denken, 1988; F. Rieger, Der amerik. N., 1989.

Neokorporatismus, in mod., hochentwickelten Ges.en die formelle u. informelle Kooperation von Staat, Gewerkschaften u. Unternehmerverbänden zur Bewältigung insbes. von wirtschaftl., ges.s- u. soz.polit. Problemen. Diese Zus.arbeit wird einerseits durch unterschiedl. weltanschaul. Orientierungen u. Interessen jener kollektiven Akteure erschwert, andererseits durch Strebungen nach Bewahrung des ges. Friedens, nach Wirtschaftswachstum u. Wohlstandssteigerung motiviert oder sogar erzwungen. →Korporatismus

U. v. Alemann (Hg.), N., 1981; P. Gerlich u. a. (Hg.), Soz.partnerschaft in der Krise, 1985; E. Zimmermann, Neokorporative Politikformen in den Niederlanden, 1986.

Neoliberalismus, eine soz.philosoph. u. wirtschaftspolit. Strömung, die in krit. Analyse der Grundannahmen des klass. Liberalismus über die Gesetzmäßigkeiten der Marktwirtschaft u. unter Berücksichtigung mod. wirtschaftl. Strukturverhältnisse Konzepte für eine Wirtschaftsordnung hervorgebracht hat, die durch einen möglichst freien u. funktionsfähigen Wettbewerb gekennzeichnet ist.

Nach Ansicht des N. ist der freie Wettbewerb als Grundlage optimaler Wirtschaftsstruktur nicht mehr automat. ein Resultat marktwirtschaftl. Selbststeuerung. Vielmehr hat unter Ausnutzung des Laissez-faire-Liberalismus u. eines wirtschaftspolit. zurückhaltenden »Nachtwächterstaates« die Konzentration wirtschaftl. Macht zu leistungsfeindl. u. soz.schädlichen Wettbewerbsbeschränkungen geführt, deren Überwindung eine zeitgemäße Erneuerung des Liberalismus erfordert.

Nach dem in den 1930er Jahren entstandenen Ordoliberalismus der Freiburger Schule (W. Eucken) soll ein hinreichend starker Staat die Rahmenbedingungen für einen freien Leistungswettbewerb u. für eine stetige wirtschaftl. Entwicklung schaffen u. garantieren. W. Röpke, A. Rüstow u. A. Müller-Armack forderten die Berücksichtigung soz. Gerechtigkeit u. begründeten das Konzept der →soz. Marktwirtschaft. Unter dem Einfluß von F. A. v. Hayek sind US-amerikan. Vertreter des N. (M. Friedman) insbes. auf die Abwehr staatl. Machtkonzentration ausgerichtet (Entstaatlichung, Deregulierung, angebotsorientierte Wirtschaftspolitik).

Ordo, Jb. f. d. Ordnung von Wirtschaft u. Ges., 1948 ff.; W. Eucken, Grundsätze der Wirtschaftspolitik, ⁶1990 (1952); E. E. Nawroth, Die Soz.- u. Wirtschaftsphilos. des N., ²1962; H. P. Becker, Die soz. Frage im N., 1965; R. Blum, Soz. Marktwirtschaft. Wirtschaftspolitik zw. N. u. Ordoliberalismus, 1969; P. Eggers, Ges.s-polit. Konzeptionen der Gegenwart, 1969; A. Utz, Zw. N. u. Neomarxismus, 1974; M. Wulff, Die neoliberale Wirtschaftsordnung, 1976; F. A. v. Hayek, Drei Vorlesungen über Demokratie, 1977.

Neolokal, bezeichnet den frei gewählten Wohnort neuverheirateter Paare unabhängig von den Herkunftsfamilien. Unilokal bezeichnet das Wohnen entweder bei der Familie des Mannes oder bei jener der Frau, bilokal die Möglichkeit der Wahl zw. beiden Familien.

Neomalthusianismus, gegenwärtige pessimist. Prognosen über die Zunahme der Weltbevölkerung im Verhältnis zu den Möglichkeiten ausreichender Ernährung, Energieversorgung, materiell-soz. Daseinssicherung u. Belastbarkeit der natürl. Umwelt. Der N. will dieser Krise durch Geburtenregelung vorbeugen. →Malthusianismus.

P. R. u. A. H. Ehrlich, Bevölkerungswachstum u. Umweltkrise, 1972; D. Meadows u. a., Die Grenzen des Wachstums, 1972.

Neomarxismus, die Gesamtheit der philos. Systeme u. der polit.-prakt. Strategien, die seit dem Ende des II. Weltkriegs versuchen, die Lehren u. Theoreme des klass. Marxismus auf die ges. u. polit. Strukturen u. Probleme der Gegenwart zu beziehen. Da die Vertreter des N. nicht unter dem institutionalisierten Druck einer machtpolit. durchsetzbaren Parteidisziplin stehen, läßt ihre method. Grundhaltung eine »Radikalität« erkennen, die insbes. kontroverse interne Diskussionen um die fundamentalen Axiome marxist. Ges.interpretation u. darüber hinaus auch Kritik an den bereits realisierten Formen sozialist. Ges.organisation einschließt. Der N. prüft die Relevanz marxist.-gesch.philos. Thesen für die Verhältnisse des sog. »Spätkapitalismus« u. analysiert die Möglichkeiten revolutionärer Theorie u. Praxis inmitten hochindustrialisierter, systemintegrierter Ges.en.

Verglichen mit den Lehren des orthodoxen Marxismus u. seinen »geschlossenen« Nachfolge-Doktrinen (z. B. Leninismus, Bolschewismus) zeigt der N. bes. Interesse für (a) die Probleme des Verhältnisses von menschl. Freiheit u. Fremdbestimmung in einer Welt zunehmender Verbürokratisierung u. Herrschaftskonsolidierung; (b) die

Diskrepanz zw. dem »hohen« Ziel der sozialist. Revolution u. totalen Demokratisierung der Ges. einerseits u. den zur Realisierung dieses Ziels u. U. anzuwendenden undemokrat., diktator. Methoden; (c) die Frage nach dem »Agenten«, d. h. dem Träger bzw. dem Subjekt des revolutionären Gesch.prozesses unter veränderten Klassenverhältnissen; (d) die anthropolog., psychol. u. pädagog. Probleme der Etablierung eines »neuen Menschen«, d. h. der Überwindung des »verdinglichten« Daseins; (e) die Prozesse der Kapitalakkumulation u. relativen Verelendung in sogen. Wohlstandsges.en; (f) die Probleme der Organisation u. Taktik revolutionärer Gruppen inmitten einer durch technolog. Sachzwänge u. Bewußtseinsmanipulationen zus.-gehaltenen Ges.; (g) die Rolle des Staates als Korrektiv- u. damit Konsolidierungsinstrument in der kapitalist. Wirtschaftsges. ebenso wie als Herrschaftsinstitution im »etablierten« Sozialismus.

Ideen u. Elemente des N. wurden aufgenommen u. entwickelt von der »kritischen« soziol. Theorie (Adorno, Horkheimer, Habermas, C. W. Mills), von einer psychoanalyt. orientierten Richtung in der Gegenwartssoziol. (E. Fromm, H. Marcuse), vom philos. Existentialismus (Sartre) u. Strukturalismus (Lévy-Strauss), von der außerparlamentar. Opposition u. von mod. Protestbewegungen u. »linkem« Radikalismus sowie von Vertretern eines »humanist.« Marxismus (Bloch, Kolakowski, Schaff), z. T. auch von der Alternativbewegung.

H. Lefèbre, Probleme des Marxismus heute, ⁵1969 (1958); I. Fetscher, Karl Marx u. der Marxismus, 1967; L. Kofler, Perspektiven des revolutionären Humanismus, 1968; R. Degeorge, The New Marxism, New York 1968; R. Garaudy, Marxismus im 20. Jh., 1969; H. Schack, Marx, Mao, N., 1969; A. v. Weiss, N.,

1970; W. Fikentscher, Zur polit. Kritik an Marxismus u. N., 1971; B. Guggenberger, Kritik an der neomarxist. Staatstheorie, 1974; P. Vranicki, Gesch. des Marxismus, 2 Bde., 1983; B. Kuschey (Hg.), Linke Spuren, 1987.

Neopositivismus (lat.), log. Positivismus, log. Empirismus, Bezeichnungen für eine nach 1918 im »Wiener Kreis« (M. Schlick, R. Carnap, V. Kraft, O. Neurath u. a.) entstandene u. auch durch H. Reichenbach mitbegründete naturwiss. orientierte Erkenntnis- u. Wiss.stheorie. Diese betrachtet alle wiss. Fragestellungen u. Aussagen als »sinnlos« oder als »Scheinprobleme«, welche sich nicht auf sinnl. wahrnehmbare bzw. naturwiss. beobachtbare Erfahrungstatsachen beziehen. So werden insbes. Probleme der Metaphysik als »Scheinprobleme«, »sinnlos« u. »unwiss.« erklärt. Das Hauptproblem philos. Analyse besteht nach Ansicht des N. in der Klärung von Sprache u. von wiss. Sätzen, durch die »Tatsachen« ausgedrückt u. dargestellt werden. Alle Teile sinnvoller Sätze müssen in induktiver Weise (→Induktion) auf das in der Erfahrung unmittelbar Gegebene zurückgeführt werden können, das in sogen. Elementar- bzw. »Protokollsätzen« zum Ausdruck kommt. Philosophie ist demnach keine Wiss. mehr, die die Erkenntnisse der Einzelwiss.en nach allg. Deutungs- u. Integrationsprinzipien zus.faßt oder durch umfassende Spekulationen die Einzelwiss.en zu weiteren Problemdefinitionen anregt. Sie läßt sich vielmehr auf logische Untersuchungen von sprachl. Gebilden reduzieren. Die Einheit der Einzelwiss.en wird mit einer intersubjektiven, physikal. Sprache angestrebt (→Physikalismus). – Um die Anwendung der rationalist. Grundsätze des N. auf die Soz.- u. Geisteswiss.en hat sich O. →Neurath bemüht. – Mitunter wird der von K. R. →Popper begründete →Kritische Rationalismus von Gegnern ungerechtfertigterweise als N. eingestuft. Popper gehörte nicht dem »Wiener Kreis« an u. grenzte sich gegenüber dem »Induktivismus« ab.

M. Schlick, Allg. Erkenntnislehre, 1979 (1918); R. Carnap, Der log. Aufbau der Welt, ²1961 (1928); V. Kraft, Der Wiener Kreis, Der Ursprung des N., ²1968 (1950); H. Reichenbach, Der Aufstieg der wiss. Philosophie, 1953 (amerik. 1951); W. Stegmüller, Das Wahrheitsproblem u. die Idee der Semantik, 1957; F. Waismann, L. Wittgenstein u. der Wiener Kreis, 1967; E. Nemeth, Otto Neurath u. der Wiener Kreis, 1981; H.-J. Dahms (Hg.), Phil., Wiss., Aufklärung, 1985; D. Koppelberg, Die Aufhebung der analyt. Phil., 1987; R. Haller, N., 1993.

Nepotismus (lat.), Vettern- u. Günstlingswirtschaft, die das Leistungsprinzip u. Gerechtigkeit verletzende Bevorzugung eigener Verwandter (Nepoten) u. Freunde durch einflußreiche Personen b. der Vergabe von begehrten Positionen, Vorteilen u. Würden.

Nesthocker, im Gegensatz zu Nestflüchtern Jungtiere verschiedener Vogel- u. Säugetierarten, die in einem für die selbständige Lebensbewältigung noch unzureichend entwickelten Zustand geboren werden u. somit durch die Eltern besonders gepflegt u. geschützt werden müssen (Brutpflege). Nach A. Portmann (1897– 1982) nimmt der Mensch biolog. eine Sonderstellung ein, weil er infolge einer physiolog. Frühgeburt ein gleichsam zu früh geborener »Nestflüchter« ist. Zugunsten seiner »Weltoffenheit« (M. Scheler) verbringt er somit etwa die zweite Hälfte seiner eigentl. Embryonalzeit als »extrauterines Erstjahr« außerhalb des Mutterleibes. Im Unterschied zu den übrigen Primaten ist der Mensch auf eine entspre-

chend längere Pflege u. Warteperiode angewiesen u. daher ein »sekundärer N.«. Ein durch große Formbarkeit gekennzeichneter Teil seiner Entwicklung ist dadurch vorzeitig prägenden Einflüssen der soziokult. Umwelt ausgesetzt. Im übertragenen Sinne werden in hochentwickelten Ges.en mit verlängerten Ausbildungszeiten junge Erwachsene als »N.« bezeichnet, die übermäßig lange bei sich großzügig verhaltenden Eltern wohnen bleiben.

A. Portmann, Zoologie u. das neue Bild des Menschen, 1956 (1951); H. Schulze, N. Mensch, ²1993.

Netzwerk (engl. network), im Bereich der Soziol. u. Sozialanthropologie v. Barnes (1954) eingeführter Begriff zur Erklärung soz. Differenzierung v. zw.menschl. Beziehungen in einem System (z. B. Kleingruppen, Eliten, Unternehmungsverflechtungen). Erste Überlegungen gehen schon auf die formale Soziol. G. Simmels zurück (1908), die verstärkt auf Caplows »Verkehrskreise« (ambiences) eingewirkt haben. N.modelle beschreiben die Struktur v. einem oder mehreren N.en soz. Beziehungen in einem Handlungssystem. Sie können graph. dargestellt werden als zerstreute Punkte, die durch Linien zus.gehalten werden. Die Punkte sind Personen, die Linien ihre soz. Beziehungen. Es wird zw. N.en der ersten Zone (Freundschaft, Nachbarschaft etc.) bis hin zu Zonen n/ter Ordnung unterschieden. Die gesamte Ges. kann so in soz. N.e aufgeteilt betrachtet werden. Neben Nachbarschafts-, Verwandtschafts- u. Freundschaftsbeziehungen können auch Geschlechtsrollendifferenzierungen bei Ehepaaren, Status-Hierarchien, Strukturen lokaler

Macht, aber auch Erscheinungen der Migration u. die Möglichkeiten neuer Produktverbreitungen analysiert werden. Neben der Soziol. u. Soz.anthropologie untersucht die experimentelle Soz.psychologie Kommunikationsn.e bzw. die Einwirkung von Verhaltens- u. Persönlichkeitsvariablen auf N.e.

G. Simmel, Die Kreuzung soz. Kreise, in: G. Simmel, Soziologie, 1908; H. D. Kähler, Das Konzept der sozialen N.: Eine Einf. in die Literatur, Zs. f. Soziol. 4, 1975; R. Ziegler, Kausalanalyse soz. N.e, 1977; M. Schenk, Soz. N.e u. Kommunikation, 1984; R. Ziegler (Hg.), Analyse soz. N.e, Schwerpunktheft KZfSS 36, 1984; G. v. Collani, Zur Stabilität u. Veränderung in soz. N.en, 1987; H. Keupp u. B. Röhrle (Hg.), Soz. N.e, 1987; F. U. Pappi (Hg.), Methoden der N.analyse, 1987; T. Schweizer (Hg.), N.analyse, 1989.

Neue Linke, Sammelbezeichnung für alle theoret. u. polit.-prakt. Bewegungen, die in Anlehnung an ideolog. Grundorientierungen der »Alten Linken«, d.h. der traditionellen sozialist. u. kommunist. Arbeiterbewegung (Marxismus), Theorien, Strategien u. Aktionsformen zur Bekämpfung u. Beseitigung des Kapitalismus entwickeln, propagieren u. anwenden. Ansatzpunkt aller Überlegungen ist die These von der repressiv-manipulativen Kraft des hochentwickelten Spätkapitalismus, der es gelungen sei, die Arbeiterklasse als revolutionäres Subjekt auszuschalten u. sie bewußtseinsmäßig in das »System« zu integrieren. Ähnl. Unterdrückungs-, Entfremdungs- u. Manipulationsprozesse werden auch in den sozialist. Ländern erkannt u. kritisiert.
Die N. L. will u. a. in ges. Gesamtanalysen den »Warencharakter« u. die Tendenz zur Verdinglichung aller sozialen Beziehungsformen aufdecken; ferner die mit Kapitalverwertungsprozessen u. Herrschaftsinteressen verbundene »Produktion« von »falschem Bewußt-

sein« u. von manipulierten Bedürfnissen, die für die arbeitenden Massen das Gefühl scheinbarer Entscheidungsfreiheit u. den nicht mehr empfundenen Zwang zur fremdbestimmten Leistung u. zum Konsum erzeugen. Darüber hinaus soll die am Positivismus orientierte Wiss. u. das mit ihr verbundene ges. Bildungssystem als Herrschaftsinstrument einer polit. Klasse sowie der Staat als Erfüllungsgehilfe u. Medium spezif. bürgerl. Interessenpools oder bürokratisierter Machteliten entlarvt werden.
Abhilfe u. damit mehr Demokratisierung u. Emanzipation kann nach Ansicht der N. L. nur durch revolutionäre u. nonkonformist. Aktionen von aufgeklärten ges. Randgruppen (Intellektuelle, Studenten, Minoritäten) erhofft werden, durch die das »System« funktionsgestört, verunsichert u. herausgefordert werden soll. Die stark theoret.-intellektuell orientierte N. L. hat ihre ges.praktische Stoßkraft weitgehend eingebüßt u. ist z. T. von mehr praxisorientierten ges.krit. Tendenzen abgelöst worden (Alternativ- u. Ökologiebewegung, neuer Lebensstil, Aussteiger), die durch die N. L. mitbeeinflußt worden sind.

N. J. Ryschkowski, Die linke Linke, 1968; E. K. Scheuch (Hg.), Die Wiedertäufer der Wohlstandsges., 1968; E. Richert, Die radikale Linke, 1969; P. Jacobs, S. Landau, Die N. L. in den USA, 1969; L. Reinisch (Hg.), Permanente Revolution, Von Marx bis Marcuse, 1969; A. v. Weiss, Die N. L., 1969; F. Schoeller (Hg.), Die n. L. nach Adorno, 1969; G. G. Eckstein, USA: Die N. L. am Ende?, 1970; K. Sontheimer u. a., Der Überdruß an der Demokratie, 1970; L. T. Sargent, New Left Thought, Georgetown 1972; R. Pulte (Hg.), Die n. L., 1973; W. Brezinka, Erziehung u. Kulturrevolution, 1974; A. Lindbeck, Die polit. Ökonomie der N. L., 1973; G. Langguth, Protestbewegung, 1983; H. Bude u. M. Kohli (Hg.), Radikalisierte Aufklärung, 1989.

Neue Medien, abgekürzte Bezeichnung für neuartige elektron.

Informations- u. Kommunikationstechnologien wie Satelliten- u. Kabelfunk (Hörfunk u. Fernsehen), Videotext u. Bildschirmtextverfahren. Der Ausbau dieser Systeme, der gesamtges. neue, weitreichende Informationsmöglichkeiten eröffnet, ist zw. verschiedenen Interessengruppen medienpolit. stark umstritten: breiteres, differenzierteres Informationsangebot, neue Kontakt- u. Einkaufsmöglichkeiten, Einschränkung des energieaufwendigen Reiseverkehrs, Rückverlagerungsmöglichkeiten berufl. Tätigkeiten zu den Wohnstätten, wirtschaftl. Innovations- u. Wachstumsimpulse als Vorteile; andererseits Gefahren wie die Kommerzialisierung der Medien zugunsten monopolartiger Wirtschaftsinteressen, Reizüberflutung, Einschränkung der individ. Kreativität u. aktiver Freizeitgestaltung, mögl. restriktive Auswirkungen auf die Sozialisation der Kinder, auf das Familien- u. Vereinsleben, auf die ges.spolit. Aktivität, ges. Desintegration, Verringerung direkter soz. Beziehungen, weitere Vereinsamung, Verdrängen des Erlebens v. Wirklichkeit durch Medienkonsum, verstärkte Arbeitslosigkeit durch informationstechnol. ermöglichte Rationalisierung im Arbeitsbereich. →Massenkommunikationsmittel

A. Buchholz u. A. Kulpok, Revolution auf dem Bildschirm – Die n. M.: Videotext u. Bildschirmtext, 1979; C. Eurich, Das verkabelte Leben – Wem schaden und wem nützen die N. M., 1980; H. v. Hentig, Das allmähliche Verschwinden der Wirklichkeit, 1984; D. Prokop, Heimliche Machtergreifung, 1984; E. Behrendt, J. Kluger, A. Vohl, N. M. u. ihre soz. Folgen, 1985; P. Dumitriu, Die n.n M., 1985; W. B. Korte, N. M. u. Kommunikationsformen, 1985; J. Hörisch u. G. Raulet, Sozio-kult. Auswirkungen mod. Informations- u. Kommunikationstechnologien, 1992.

Neue Politische Ökonomie (NPÖ), Ökonom. Theorie der Pol.,

der Demokratie bzw. des polit. Wettbewerbs, synonyme bzw. sich überschneidende Bezeichnungen für einen ökonom. geprägten Forschg.ansatz. Die NPÖ versucht mit Hilfe v. Begriffen u. theoret. Modellen der traditionellen Wirtschaftswiss. (individualist. Ansatz, Rationalitätskalkül, Optimierungsverhalten) außerökonom. u. -marktl. Entscheidungsvorgänge (insb. in den Bereichen Parteiendemokratie, Bürokratie u. Verbandshandeln) zu analysieren. In Ausweitung des Objektbereichs versucht die NPÖ das soz. Verhalten in möglichst vielen Lebensbereichen ökonom. zu erklären.

P. Herder-Dornreich u. M. Groser, Ökonom. Theorie des polit. Wettbewerbs, 1977; W. Sodeur (Hg.), Ökonom. Erklärung soz. Verhaltens, 1983; R. B. McKenzie u. G. Tullock, Homo Oeconomicus, 1984; B. S. Frey, Ökonomie ist Soz.wiss., 1990.

Neuerung →Innovation

Neue soziale Bewegungen, eine sich in Dtl. seit Beginn der 1980er Jahre ausbreitende Bezeichnung für strukturell u. organisator. mannigfaltig u. z. T. neuartig ausgeformte Personenkreise mit massenhaftem Umfang, die sich im Konflikt mit verfestigten technokrat. Strukturen u. Herrschaftsverhältnissen ges.spolit. aktiv für die Bewältigung bestimmter, z. T. neuer u. existentiell drängender Probleme einsetzen.

Zu den Ursachen u. Bedingungen für die Herausbildung n.r s.r B. in westl.-mod. Ges.en zählen insbes. beschleunigte Modernisierungsprozesse, Wohlstandssteigerung, Bildungsexpansion, Ausbreitung ges.s- u. kulturkrit. Denkens (Neomarxismus, Krit. Theorie, Neue Linke), Wertwandel (Forderung nach Verwirklichung von Idealwerten), gesteigerte Sensibilität ge-

Neue soziale Frage

genüber Problemen, Gefahren, Ungerechtigkeit u. Benachteiligungen, verstärkter Drang nach Selbstbestimmung, Demokratisierung u. Veränderung ges. Strukturen.
Ein erster Durchbruch mit neuen Themen, Äußerungs- u. Aktionsformen gelang in den 1960er Jahren der student. Protestbewegung u. außerparlamentar. Opposition. Teilweise unter dem Druck konservativer Gegentendenzen schwächten sich die Ansätze einer Studenten- u. Jugendrevolte ab, wurden aber zu Antriebskräften neuer Bewegungsformationen, insbes. im Zus.hang mit dem Bewußtwerden der Umweltkrise, risikoreichen Atomtechnik, des Wettrüstens, der zunehmenden Kriegsgefahren u. Gefährdung des Überlebens (Überlebenskrise): Umweltschutz-, Ökologie- u. Alternativbewegung (Aufwertung alternativer, ökolog. angepaßter Lebensstile), Anti-Atom- u. Friedensbewegung. In lokalen u. regionalen Bereichen kamen Bürgerinitiativen u. Selbsthilfegruppen hinzu, die jeweils insgesamt die Bürgerinitiativ- u. Selbsthilfebewegung ergeben. Die Entfaltung des Emanzipationsstrebens von Frauen führte zur Ausbreitung der Frauenbewegung.
Prominente Wiss.ler, krit. Intellektuelle u. kämpfer.-engagierte Persönlichkeiten sind Leitfiguren u. »Vorhutgruppen« dieser Bewegungen, die zunehmend auch auf ehemalig. Ostblock- u. auf Entwicklungsländer ausstrahlen. Begünstigt durch Massenmedien u. durch Ausbreitung wiss. Wissens kristallisierten sich innerhalb n.r s.r B. sachverständige Gegeneliten heraus, die z. T. als neue Werteliten fungieren. Durch ihren Einsatz für neue Wertprioritäten bzw. -dominanzen (Naturerhaltung, Umwelt-

schutz, Überlebenssicherung, umweltgerechter Lebensstil, individ. Persönlichkeitsentfaltung, Partizipation, Solidarität, Gleichberechtigung für Frauen u. a. m.) sind n. s. B. zugleich Wertbewegungen.
Die n.n s.n Bewegungen werden überwiegend getragen von jüngeren, höher gebildeten Angehörigen der neuen Mittelschichten (Studierende, Akademiker), von Beschäftigten im Humandienstleistungsbereich, von Betroffenen, die sich gegen Umweltbelastungen, Gesundheitsgefahren u. naturschädigende, riskante Großprojekte (z. B. Atomkraftwerke, Chemiefabriken, neue Verkehrswege) auflehnen. Die organisator. Strukturen sind heterogen, locker, dezentral, flexibel, basisdemokrat. u. netzwerkartig. Die Aktionsformen sind z. T. innovativ u. unkonventionell. Hinzu kommen nationale u. kult. Unterschiede. Die n.n s.n B. haben wirkungsvollen ges. Einfluß entfaltet, insbes. über Massenmedien u. nahestehende polit. Parteien (»grüne«, alternative, linksliberale u. soz.demokrat. Parteien). Sie bilden starke Antriebskräfte des gegenwärtigen soz. Wandels. Ihre Einflußkraft steigt mit fortschreitender binnenges. u. internat. Verflechtung u. Kooperation.

K.-W. Brand, N. s. B., 1982; W. Beer, Frieden – Ökologie – Gerechtigkeit, 1983; W. Nelles u. W. Beywl, Selbstorganisation: Alternativen für Verbraucher, 1984; K.-W. Brand (Hg.), N. s. B. in Westeuropa u. den USA, 1985; J. Raschke, Soz. B., 1985; R. Roth u. D. Rucht (Hg.), N. s. B. in der BR Dtl., 1987; U. C. Wasmuht (Hg.), Alternativen zur alten Politik?, 1989; R. Schmitt, Die Friedensbewegung in der BR Dtd., 1990; M. M. Zwick, N. s. B. als polit. Subkultur, 1990.

Neue soziale Frage →soziale Frage

Neurath, Otto, 10. 12. 1882 Wien – 22. 12. 1945 Oxford, österr. Philosoph, Soziol. u. Bildungspolitiker, Dr. phil., Dir. des österr. Siedlungsmuseums, später des Ges.s- u. Wirtschaftsmuseums, ging 1934 nach Holland, Ltg. des Mundaneum-Inst. in Den Haag, 1941 Übersiedlung nach England, Prof. in Oxford.

N. war ein Hauptvertreter des →»Wiener Kreises« (→Neopositivismus). Er arbeitete die Idee von der Einheitswiss. aus. Demzufolge sind Natur u. Ges. prinzipiell mit den gleichen Methoden zu erforschen. In Verbindung von Grundsätzen des Neopositivismus u. des Behaviorismus bemühte er sich um die Anwendung des →Physikalismus auf die Soz.- u. Geisteswiss.en. Er wollte eine physikalist. Soziol. aufbauen, die Gesch. u. Nationalökonomie beinhaltet. Auf materialist. Grundlage soll Soziol. als »Soz.behaviorismus« mit möglichst math. formulierten Korrelationen Aussagen über das räuml.-zeitl. feststellbare Verhalten von Menschen hervorbringen, die sich in einem »Reizzus.hang« befinden. Die Frage nach Kausalverhältnissen (Ursache oder Wirkung, primär oder sekundär) ist für N. bereits »metaphysisch« u. damit unwiss. Das Ziel der Soziol. ist die Aufstellung von Gesetzen (Gesetz- bzw. Regelmäßigkeiten) u. die Formulierung von Voraussagen, die allerdings ihr Eintreffen oder Nicht-Eintreffen (→Self-Destroying-u. Self-Fulfilling-Prophecy) selbst beeinflussen können u. somit stets unsicher bleiben.

Schr.: Zur Theorie der Soz.wiss.en, in: Jb. f. Gesetzgebung, Verwaltung u. Volkswirtschaft im dt. Reich 34, 1910; Anti-Spengler, 1921; Lebensgestaltung u. Klassenkampf, 1928; Empir. Soziol. Der wiss. Gehalt der Gesch. u. Nationalökonomie, 1931; Soziol. im Physikalismus, in: Erkenntnis 2, 1931; Soz.behaviorismus, in: Sociologus 8, 1932; Soziol. Prognosen, in: Erkenntnis 6, 1936; Foundations of the Social Sciences, ²1947 (1944); Ges.-philos. u.

methodolog. Schriften, hg. v. R. Haller u. a., 2 Bde., 1981.
E. Nemeth, O. N. u. der Wiener Kreis, 1981.

Neurose (griech.), Sammelbezeichnung für eine Vielzahl von psych. Störungen (Angst, Zwangsvorstellungen u. -handlungen), psychosomat. Beschwerden sowie Einbußen der Leistungs-, Anpassungs- u. Kontaktfähigkeit, die nicht durch organ. Schädigungen, sondern durch ungünstige Einflüsse der soziokult. Umwelt verursacht worden sind: Schockerlebnisse, unzureichende soz. Geborgenheit, überstrenges Erzieherverhalten, leibfeindl. Moral, starke Unterdrückung vitaler Bedürfnisse u. der Herausbildung des Ichs. Bes. schwere N.n können in den ersten Lebensjahren v. Individuen entstehen, die gesteigert sensibel u. erregbar sind. Die durch eine rigide Kultur u. Sozialisation bedingte Steigerung des Über-Ichs u. Unterdrückung des Ichs u. der Bedürfnisbefriedigung führen zu unbewältigten inneren Konflikten u. neurot. Symptomen, die wiederum die individuellen Lebenschancen u. Glücksmöglichkeiten stark beeinträchtigen. Nach V. E. Frankl (*1905) entspringen in der Gegenwart neurot. Erkrankungen nicht mehr (vorrangig) einer sexuellen Frustration (zentral für die Psychoanalyse von S. Freud) oder persönl. Minderwertigkeitsgefühlen (Individualpsychologie von A. Adler), sondern einer existentiellen Frustration (existentielles Vakuum, Leiden an ein abgründiges Sinnlosigkeitsgefühl).
Die Heilungsbemühungen mittels Psychotherapie, Psychoanalyse u. Verhaltenstherapie (Lerntheorien) bleiben unzureichend, wenn soz. Wandel nicht zu einer menschl. besser angepaßten Kultur u. zu allg.

Sozialisationsbedingungen hinführt, die allen Individuen eine gesunde psych. Entwicklg. u. weitgehende Persönlichkeitsentfaltung ermöglichen.

A. Adler, Über den nervösen Charakter, ⁷1982 (1912); K. Horney, Der neurot. Mensch unserer Zeit, 1964 (1951); G. Bally, Einf. in die Psychoanalyse Sigmund Freuds, 1961 (1958); F. Beese, Der Neurotiker u. die Ges., 1974; S. O. Hoffmann u. G. Hochapfel, Einf. in die N.nlehre u. Psychosomat. Medizin, 1979; R. Battegay, Psychoanalyt. N.nlehre, 1986; V. E. Frankl, Theorie u. Therapie der N., ⁶1987 (1956); ders., Das Leiden am sinnlosen Leben, 1991 (1977).

New Age (engl.), neues Zeitalter, Bezeichnung für eine aus zahlreichen Quellen herrührende, sehr mannigfaltig ausgeprägte, mittlerweile soziokult. relativ einflußstark gewordene Strömung des Denkens, Glaubens u. Handelns, in deren Mitte die Überzeugung steht, daß gegenwärtig das von einer mechanist.-materialist. Weltanschauung beherrschte Zeitalter durch ein neues abgelöst wird, mit dem sich ein zum Geistig-Spirituellen ausgeweitetes, universalist.-ganzheitl. orientiertes Denken mit entsprechend neuen Lebensformen durchsetzen werde.
Die heterogene u. kaum organisierte N. A.-Bewegung ist in den USA entstanden. Wesentl. Ursprünge liegen in der von der Neuen Linken beeinflußten kaliforn. Gegenkultur der 1960er Jahre. Die Bewegung breitete sich später auf andere mod. Ges.en aus u. wurde zu einer schwer abgrenzbaren, offenen Subkultur mit erheblicher Ausstrahlungskraft insbes. in private, informelle Bereiche der jeweiligen Ges. Die N. A.-Bewegung bildet neben dem Fundamentalismus eine antimodernist. Strömung, die sich aus zahlreichen Gruppen, Gemeinschaften, Sekten u. Personenkreisen mit unterschiedl. Denk- u.

Glaubensrichtungen sowie mit z. T. diffusen religiösen, spirituellen u. mystischen Tendenzen zus.setzt.
Im Sinne eines Synkretismus (Verschmelzung) fließen in der N. A.-Bewegung infolge von Verknüpfungen zahlreiche wiss. Erkenntnisse, philos. Lehren, religiöse Ideen u. mag.-okkulte Praktiken zus.: mod. Wiss.en, östl. Weisheiten, Weltanschauungen, Religionen (Hinduismus, Buddhismus, Taoismus), Meditationsformen u. Kulte, indian. Weltanschauungen u. Naturreligionen, Schamaismus, die Tiefenpsychologie von C. G. Jung (1875–1961), Parapsychologie, Astrologie, Esoterik, Okkultismus, Magie, mod. Psychotechniken, Selbsterfahrungsbestrebungen, ferner die Ökologie- u. Alternativbewegung.
Grundlegend ist die Überzeugung, daß die mod., auf Wirtschaftswachstum, Gewinnorientierung, Verschwendungskonsum, Machtu. Geltungsstreben ausgerichtete Ges. nicht mehr zur Bewältigung selbstproduzierter oder mitverursachter Probleme imstande ist: Umweltzerstörung, Rüstungswettlauf, atomare Bedrohung, Hunger u. Elend in Entwicklungsländern, Entfremdung im Arbeitsleben, Auflösung überkommener Gemeinschaftsformen u. Entstabilisierung soz. Beziehungen, Wert- u. Sinnkrise (verbreitetes Gefühl abgrundtiefer Sinnlosigkeit), psych. Erkrankungen. Mit dieser Ballung von Problemen u. Krisen wächst das Unbehagen an der mod. Ges. u. Kultur u. damit auch als Antriebskraft der N. A.-Bewegung die Sehnsucht nach einem »neuen Zeitalter«.
In Anlehnung an kulturhist. Zyklentheorien (→Sorokin) fassen Vertreter der N. A.-Bewegung die Gegenwart als eine »Wendezeit« (F.

Capra) auf, als eine tiefgreifende u. folgenreich wirkende Umbruchsphase, die in ihrer weltgesch. Bedeutung mit der Ablösung des Mittelalters durch die Neuzeit zu vergleichen sei. In Verbindung von Anzeichen eines solchen Umbruchs mit prophetischen Erwartungen wird eine Überwindung des »alten« – materialist., mechanist. u. analytisch ausgerichteten – Denkens durch ein »neues« – ganzheitl.-synthet., auf universelle Zus.hänge bezogenes – Denken (→Monismus, →Holismus) geltend gemacht. Unter Berücksichtigung von Kybernetik u. Systemtheorie soll dieses epochal »neue« Denken dem dynam. Netzwerk der inneren Verbundenheit u. gegenseitigen Abhängigkeit aller Gegebenheiten des Kosmos bzw. Universums gerecht werden. In Überwindung der Kluft zw. Wissen u. Glauben soll das »neue« Denken zugleich gegenüber dem Emotionalen, Spirituellen, Myst., Mag. u. Übersinnl. geöffnet sein, Intuitionen, Visionen u. Utopien ermöglichen (nach M. Berman »Wiederverzauberung der Welt«). Durch dieses »neue« Denken sowie durch eine entsprechende »Bewußtseinsveränderung« u. »-erweiterung« können die Einheit von Geist u. Materie, von Körper, Seele u. Geist, von Mensch, Menschheit, Natur, Kosmos u. Gott wiedergewonnen werden (harmonische Vereinigung durch myst. Denken u. planetar. Bewußtsein). Mit dem »neuen« Denken u. Bewußtsein entstehe ein »neuer Mensch«, verändere sich die Wirklichkeit, setze sich das »neue« planetar. Zeitalter des Friedens u. der Harmonie mit dem Kosmos durch.

Das Widersprüchl. der N. A.-Bewegung äußert sich insbes. darin, daß einerseits die Autonomie u. Selbstentfaltung des Individuums propagiert werden, andererseits Menschen von spiritist.-okkulten Religionsgemeinschaften indoktriniert u. total abhängig gemacht werden. In der freiheitl., offenen Ges. stoßen die Tendenzen der N. A.-Bewegung zum Irrationalismus u. zur Mystik zwangsläufig auf den Widerstand krit. Rationalität.

M. Berman, Wiederverzauberung der Welt, [2]1984; P. L. Berger u. a., Das Unbehagen an der Modernität, 1987; W. Schmidt u. a., N. A., 1987; A. Giger (Hg.), Was bleibt vom N. A.?, 1988; H.-J. Ruppert, N. A., [6]1988; C. Schorsch, Die N. A.-Bewegung, [3]1989 (1988); H. Knoblauch, Das unsichtbare neue Zeitalter, in: KZfSS 41, 1989; M. Talbot, Mystik u. Neue Physik, 1989; F. Capra, Das Neue Denken, [2]1990; ders., Wendezeit, [17]1989.

Nichteheliche Lebensgemeinschaft, eheähnl. Partnerschaft, meist auf Dauer angelegtes, primärgruppenhaft-intimes Zus.leben von Mann u. Frau ohne formelle Eheschließung.

Während früher die n. L. als unmoral. galt u. als »wilde Ehe« ges. diskreditiert oder sogar negativ sanktioniert wurde, ist sie in jüngerer Zeit zu einer weithin tolerierten Form engen mitmenschl. Zus.lebens geworden, die sich zunehmend ausgebreitet hat. Die Ursachen für diesen institutionellen Wandel sind mannigfaltig: ältere u. im Ruhestand befindl. Lebenspartner wollen nicht durch eine Eheschließung Einbußen hinsichtl. ihrer Altersversorgungsansprüche erleiden, Enttäuschung über die traditionelle Ehe, abschreckende Erfahrungen mit Scheidungsfolgen, insbes. bei jüngeren Partnern Auswirkungen eines Einstellungswandels hinsichtl. Ehe u. Familie, prinzipielle oder zumindest vorübergehende Ablehnung institutionalisierter Ordnungsformen u. rechtl. Bindungen, Abneigung emanzipierter Frauen gegen die traditionelle Hausfrauen- u. Mutterrolle, verstärkter Drang nach persönl. Unabhängigkeit, eigenem Berufs- u. Karriereerfolg sowie nach individ. Selbstentfaltung. Bei jüngeren Partnern erweist sich die n. L. oft als eine »vorehel. Gemeinschaft«, die insbes. durch Geburt eigener Kinder schließl. in eine Ehe mündet. Als weitere Gemeinschaftsform kommt eheähnl. Zus.leben gleichgeschlechtl. Partner bzw. Partnerinnen hinzu, wobei die ges. Akzeptanz von der allg. Einstellung gegenüber Homosexualität abhängt.

Die gegenwärtige Ausbreitung der n.n L. wird durch zahlreiche, z. T. sich wechselseitig verstärkende soziokult. Wandlungsprozesse begünstigt: Wandel weltanschaul. Orientierungen, Säkularisierung, Wertwandel, Veränderung von Moralvorstellungen, Individualisierung, krit.-reflexive Einstellung gegenüber traditionellen Institutionen, Geburtenregelung, Verringerung der Abhängigkeit von der Herkunftsfamilie u. von dem kleiner gewordenen Verwandtschaftssystem, Abschwächung der von diesen Lebensgemeinschaften ausgeübten soz. Kontrolle, Tendenzen zu einer permissiven Ges., Urbanisierung u. erhöhte Mobilität. Die n. L. gewährt dem Individuum unter der Voraussetzung eines fortbestehenden Mangels an eheähnl.-rechtl. Absicherung ein hohes Maß an prinzipieller Unabhängigkeit (Möglichkeit eines erleichterten, in wirtschaftl.-finanzieller Hinsicht weniger folgenreichen Auseinandergehens) u. erweiterte persönl. Entfaltungschancen, wirkt sich aber bei weiterer Ausbreitung zunehmend restriktiv auf die Geburtenrate u. somit auf die Reproduktion der Ges. aus, die schließl. auf wachsende Einwanderung angewiesen ist.

E. M. v. Münch, Zus.leben ohne Trauschein, ²1983; S. de Witt u. J.-F. Huffmann, N. L., 1983; S. Meyer u. E. Schulze, N. L.en – Alternativen zur Ehe?, in: KZfSS 35, 1983; M. Wingen, N. L.en, 1984; N. L.en in der BR Dtl., hg. vom Bundesminister f. Jugend, Familie u. Gesundheit, 1985; S. Meyer u. E. Schulze, N. L.en, in: KZfSS 40, 1988.

Nicht-intendierte Handlungsfolgen →Folge

Nichtmitgliedschaftsgruppe
→Mitgliedschaftsgruppe

Nihilismus
(lat. nihil = nichts), Bezeichnung für ein kritisch-illusionsloses Denken, das insbes. alle überkommenen Wert- u. Sinnsysteme total in Frage stellt u. zu der für die Stabilität v. Ges. u. Persönlichkeit folgenreichen Auffassung hinführt, daß alles umsonst, sinn- u. zwecklos sei (F. Nietzsche: »Entwertung aller Werte«). Nach F. Nietzsche ist die Heraufkunft des europ. N. letzte Konsequenz einer Entlarvung der christl. Werte als einer lebensfeindl. u. -verneinenden Moral, durch die zugunsten der Steigerung des Lebens schwache Menschen Macht gewonnen haben. Verstärkte Tendenzen des N., die mit fortschreitender Säkularisierung u. Abwendung v. jenseitsorientierten Glaubensvorstellungen u. Sanktionsbefürchtungen zus.hängen, haben die Ausbreitung eines unmoral., menschenfeindl. Totalitarismus begünstigt. Gegenwärtig zeigt sich N. immer mehr in einer allg. Kultur-, Wert- u. Orientierungskrise, in zunehmenden Tendenzen der ges. Entstabilisierung, Anomie u. Anarchie. Die hist. Zw.phase des N. eröffnet zugleich Möglichkeiten neuer Wertsetzungen. →Wertforschung.

F. Nietzsche, Sämtl. Werke. Krit. Studienausgabe in 15 Bd.en, hg. v. G. Colli u. M. Montinari, 1980 (insbes. Bd. 12 u. 13); H. Rauschning, Die Revolution des N., 1938; A. v. Martin, Der heroische N. u. seine Überwindung, 1948; H.

Fries, N., die Gefahr unserer Zeit, 1949; H. Rauschning, Masken u. Metamorphosen des N., 1954; J. Goudsblom, Nihilism and Culture, Oxford 1979; W. Weier, N. Gesch., System, Kritik, 1980; K.-H. Hillmann, N., in: H. M. Baumgartner u. B. Irrgang (Hg.), Am Ende der Neuzeit?, 1985; E. Kuhn, Friedrich Nietzsches Philos. des europ. N., 1992.

Nisbet, Robert Alexander, *30. 9. 1913 Los Angeles, 1939 Ph. D., 1953 Prof. für Soziol. Univ. of California, Riverside, 1956–57 Gastprof. Univ. Bologna (Italien), 1972 Prof. für Soziol. u. Gesch. Univ. of Arizona.
Neben der Allg. Soziol. beschäftigt sich N. schwerpunktartig mit der Gemeindesoziol., insbes. hinsichtl. polit. Macht, mit dem Wandel von Autorität, ferner mit den Ursprüngen mod. soziol. Denkens in den Weltanschauungen u. Ideologien des 19. Jh.s.

Schr.: Community and Power, 1962; The Quest for Community, New York 1970 (1953); Human Relations and Administration, 1957; Contemporary Social Problems (mit R. K. Merton), 1966 (1961); The Sociology of Emile Durkheim, New York 1974 (1964); The Sociological Tradition, New York 1966; Tradition and Revolt, New York 1968; Social Change and History, New York 1969; The Social Bond. An Introduction to the Study of Society, New York 1970; The Degradation of the Academic Dogma. The University in America, 1945–70, London 1971; The Social Philosophers, London 1974; Sociology as an Art Form, New York 1976; Twilight of Authority, London 1976; (Hg.) A History of Sociological Analysis (mit T. Bottomore), London 1978; The Social Group in French Thought, New York 1980 (Diss. 1940); History of the Idea of Progress, London 1980; Prejudices, Cambridge, Mass. 1982; Roosevelt and Stalin, Washington D. C. 1988; The Present Age, New York 1988.

Nivellierte Mittelstandsgesellschaft, zur Skizzierung der vertikalen Struktur der Gegenwartsges. von H. Schelsky 1953 geprägter Begriff, der als Antithese zu den Ges.prognosen des Marxismus zu verstehen ist. Schelsky erkannte bei der Beobachtung der soz. Auf- u. Abstiegsprozesse (Mobilität) u. der soz. Verhaltensmuster in großen Teilen der Bevölkerung die »Herausbildung einer nivellierten kleinbürgerl.-mittelständ. Ges., die ebenso wenig proletar. wie bürgerl. ist, d. h. durch den Verlust der Klassenspaltung u. soz. Hierarchie gekennzeichnet wird«. N. M. meint nicht so sehr den Tatbestand einer entschichteten Ges. als vielmehr die allg. Chancengleichheit u. die Fülle realer soz. Auf- u. Abstiegsbewegungen, die sich auf die soz. Mentalität u. den Verhaltensstil großer Bevölkerungsteile ausgewirkt hätten. Das Dasein in der n. M. bewirke Standortlabilität u. Belanglosigkeit des soz. Status, Uniformierung des Lebensstils durch homogenen Massenkonsum u. Vereinheitlichung der Verhaltensmuster. Entgegen marxist. Ges.interpretationen erblickte Schelsky gerade in den klassenkämpferischen Parolen u. klassenbewußten Aktivitäten bestimmter polit. Großorganisationen ein gewisses Beharrungsvermögen in der soz. Bewußtseinssphäre, die mit der objektiven Entwicklung der vertikalen Soz.struktur zur n. M. nicht Schritt gehalten hätte.

H. Schelsky, Wandlungen d. dt. Familie i. d. Gegenwart, 1953; ders., Die Bedeutung des Klassenbegriffes für die Analyse unserer Ges., in: ders., Auf der Suche nach Wirklichkeit, 1965; H. J. Kersig, Die n. M., Diss. Köln 1961.

Nivellierung (franz.), »Einebnung«; Prozesse des Abbaus soz. relevanter Unterschiede u. Abstufungen in den vertikalen Strukturverhältnissen einer Ges., z. B. die im Verlauf ges. Entwicklung sich von selbst ergebende oder durch ges.polit. Maßnahmen bewußt herbeigeführte Einebnung unterschiedl. Einkommens-, Vermögens-, soz. Einfluß- oder Herrschaftspositionen. Aufgrund von Idealwerten wie »Gleichheit«, »Gerechtigkeit« u. »Demokratisierung« wird N. positiv beurteilt. Im Zus.hang mit Vorstellungen über kult. abträgliche Tendenzen wie »Vermassung«, »Primitivierung« u. »Proletarisierung« wird N. negativ eingeschätzt. Hinzu kommt die für Wirtschaft u. Wohlstand folgenreiche Gefahr einer Abschwächung der berufl. Leistungsmotivation.

Noelle-Neumann, Elisabeth, *19. 12. 1916 Berlin, 1940 Dr. phil. Berlin, 1947 zus. mit E. P. Neumann Gründung des Inst. für Demoskopie Allensbach, seither Ltg. des Inst., seit 1988 zus. mit R. Köcher, seit 1965 Prof. f. Publizistik Univ. Mainz, seit 1978 Gastprof. f. Polit. Wiss. Univ. of Chicago.
N.-N. hat entscheidend zur Etablierung u. Weiterentwicklg. der empir. Meinungs- u. Kommunikationsforschg. in Dtl. beigetragen.
Schr.: Meinungs- u. Massenforschg. in den USA, 1940; Antworten (mit E. P. Neumann), 1954; Umfrageforschg. in der Rechtspraxis (mit C. Schramm), 1961; Über den method. Fortschritt in der Umfrageforschg., 1962; Umfragen in der Massenges., [7]1976 (1963, Übers. in 5 Sprachen); Öffentl. Meinung u. soz. Kontrolle, 1966; (Hg.) Fischer Lexikon für Publizistik-Massenkommunikation (mit W. Schulz u. J. Wilke), [6]1993 (1971); Umfragen zur Inneren Pressefreiheit, 1977; Öffentlichkeit als Bedrohung, [2]1979 (1977); Werden wir alle Proletarier? Wertewandel in unserer Ges., [2]1979 (1978); Wahlentscheidung in der Fernsehdemokratie, 1980; Eine demoskop. Deutschstunde, 1983; (Hg.) Eine Generation später (mit E. Piel), 1983; Macht Arbeit krank? Macht Arbeit glückl. (mit B. Strümpel), 1984; Die Antwort der Zeitung auf das Fernsehen, 1986; Arbeitslos (mit P. Gillies), 1987; Die verletzte Nation (mit R. Köcher) 1987; Zweifel am Verstand (mit H. Maier-Leibnitz), 1987; Demoskop. Gesch.sstunde, 1991; Öffentl. Meinung. Die Entdeckung der Schweigespirale, 1991 (1980, engl. 1984, japan. 1988); Allensbacher Jahrbuch der Demoskopie 1984–1992, (m. R. Köcher) Bd. 9, 1993.

Nomenklatur, (lat.) Namenverzeichnis, russ. »Nomenklatura«, in der vom Marxismus-Leninismus geprägten Ges.sordnung der ehe-

malig. UdSSR Begriff für das Verzeichnis von Führungspositionen in Partei, Staat, Militär, Wirtschaft u. Kultur, deren Inhaber die diktator.-totalität herrschende u. im Gegensatz zur kollektivist. Gleichheitsideologie die privilegierte Klasse bildeten. Diese »neue Klasse« wurde von Marx u. Engels mit der Idee von der »Diktatur des Proletariats« vorgebahnt. Daran anschließend verwirklichte Lenin sein Konzept einer revolutionären Kaderpartei als Avantgarde des Proletariats, verbunden mit Ansätzen einer Terrorherrschaft, die von Stalin ausgebaut u. gefestigt wurde. In der Zeit nach Stalin verfiel die herrschende Klasse zunehmend einer bürokrat.-wandlungsfeindl. Erstarrung, die maßgeblich zum Untergang der UdSSR u. des Ostblocks beigetragen hat.

M. S. Voslensky, Nomenklatura, [3]1987 (1980); ders., Sterbl. Götter. Die Lehrmeister der Nomenklatura, 1989; B. Meissner, Sowjetges. am Scheideweg, 1985.

Nominaldefinition, in den Soz.wiss.en zu Beginn neuer Forschgs.projekte häufig gewählte Definition des problematisierten Gegenstandes. Die N. enthält zur Beschreibung u. Abgrenzung eines Gegenstandes oder Merkmals lediglich theoret. Begriffe (z. B. »Konformismus«, »Prestige«, »Herrschaft«). Um von N.en zu empir. überprüfbaren Hypothesen zu gelangen, muß erst eine Festlegung der mit den sprachl. Zeichen gemeinten realen Sachverhalte erfolgen. →Operationalisierung.

Nominalskala →Skala

Nomologisch (griech. nomos »Gesetzmäßigkeit«, logos »wiss. Untersuchung«), Begriff zur Kennzeichnung v. Hypothesen bzw.

Aussagen, die allg., raumzeitl. uneingeschränkt ablaufende Gesetze oder Gesetzmäßigkeiten des realen Geschehens zum Ausdruck bringen. N. Hypothesen beziehen sich demnach auf empir. erforschbare Ereigniszus.hänge, die sich unter bestimmten Bedingungen gesetzesartig vollziehen. Die zu Theorien verknüpften n.en Hypothesen sollen sich als zentrale Elemente einer deduktiven Erfahrungswiss. nicht nur in empir. Überprüfungen bewähren, sondern zuverlässige Prognosen über künftige Ereignisse ermöglichen.

Nomothetisch →idiographisch

Nonkonformismus, in abweichendem Verhalten u. in krit. Meinungskundgebungen zum Ausdruck kommende ablehnende bzw. negative Haltung u. Einstellung gegenüber soz. anerkannten u. verpflichtenden Werten, Normen u. Verhaltensmustern. N. kann auf einem grundsätzl. weltanschaul. Dissens, auf überzeugter u. durchdachter Ablehnung der für ges. Ziele allg. als legitim u. funktional eingeschätzten Mittel oder auf prinzipieller Gegnerschaft gegen die allg. anerkannten Mittel u. Ziele eines ges. Zweckverbandes oder einer Kultur beruhen. Ges.polit. gilt der N. als Bildungs- u. Erziehungsideal gegenüber den Gefahren übermäßiger Anpassung u. Internalisierung.

W. Lipp (Hg.), Konformismus – N., 1975.

Noo-Soziologie, in Anlehnung an »Noologie« (griech., Lehre vom Geistigen) eine von W. →Sombart geprägte Bez. für die sog. »geistwiss.« Richtung in der Soziol., die nach »inneren« Sinn-Gesetzmäßigkeiten der einzelnen Kultur- u. Geistbereiche einer Ges. sucht u.

damit materialist.-naturwiss. Ansätze empir. orientierter Forschg. ablehnt. →Verstehen.

Norm (lat.), »Richtschnur«, »Regel«; Bezeichnung (a) für den statist. Tatbestand des am häufigsten ermittelten Zahlenwertes eines bestimmten Merkmals; (b) für eine ethisch-moralische (ideale) Zielvorstellung als Richtschnur des Handelns; (c) in der Soziol. der Grundbegriff für allg. sozial gültige Regeln des Handelns. N.en sind Verhaltensforderungen der jeweiligen soz. Umwelt bzw. von Interaktionspartnern an die Inhaber soz. Positionen u. Rollen. Sie kommen damit in Rollenerwartungen zum Ausdruck. N.n regeln, auf welche Weise sich jedes Mitglied eines soz. Gebildes (Gruppe, Organisation, Ges.) in welcher Situation u. in welcher Weise gegenüber welchem anderen Mitglied verhalten soll. Insofern konstituieren N.en überhaupt erst die soz. Gebilde. N.en entsprechen jedoch nicht dem tatsächl. Verhalten der Beteiligten, sie wirken ledigl. als Bezugspunkte, auf die sich Handeln ausrichtet u. an denen es sich orientieren kann. Inwieweit es zu einer Übereinstimmung von normativ geregeltem u. tatsächl. Verhalten kommt, hängt u. a. ab (a) von der Internalisierung der N.en durch die Inhaber soz. Rollen, (b) vom Grad der Legitimität der N.en, (c) von der Härte u. Wirksamkeit der hinter den N.en (gegen abweichendes Verhalten) stehenden Sanktionen, (d) von der Funktionalität der N.en für die Verhaltensziele der Handelnden, (e) vom Ergebnis der (in der Regel nicht eindeutigen) N.en-Interpretation durch die Beteiligten u. (f) vom Grad der inneren Stimmigkeiten des N.ensystems als Voraussetzung für die Vermeidung von

Norm

N.enkonflikten (Rollenkonflikten).

Ihre kulturelle Funktion erfüllen N.en dadurch, daß sie dem Individuum eine Eingrenzung seiner Erlebnissphäre, eine Definition u. Differenzierung seiner Handlungssituationen u. eine konkrete, im Handeln umsetzbare Interpretation der moral. geltenden u. bindenden Werte seiner soz. Umwelt ermöglichen. N.en werden somit als situationsbezogene Spezifikationen der relativ wenigen allg. soziokult. Werte aufgefaßt, die den Legitimations- bzw. Rechtfertigungsfunktion ausüben. Eine einzelne konkrete Norm kann durch mehrere allg. Werte gerechtfertigt werden. In jeder soz. Handlungssituation sind die für den Akteur verbindl. N.en maßgebend für die Erwartungen der Interaktionspartner. N.en bewirken dadurch eine gewisse Regelmäßigkeit, Gleichförmigkeit u. Wiederholung der soz. Handlungsabläufe.

Je nach dem Grad der Fixierung sowie nach Art u. Schärfe der Sanktionen wird zw. Gesetzen (Muß-N.en), Sitten (Soll-N.en) u. Bräuchen bzw. Gewohnheiten (Kann-N.en) unterschieden. Die Entwicklung zur mod. Industriegesellschaft. beinhaltet ein Zurückweichen überkommener Sitten, Traditionen u. Bräuche zugunsten einer ausufernden Normierung des soz. Handelns durch Gesetze, die aus polit.-staatl. Willensbildungs- u. Entscheidungsprozessen hervorgehen. Der hohe Fixierungsgrad von Gesetzesn.en ermöglicht ein entsprechendes Maß der Berechenbarkeit der Interaktionen, das f. die Rationalisierung u. Modernisierung einer Ges. unentbehrlich ist. Zunehmende Skepsis gegenüber der mod. bürokratisch-rationalisierten Ges. u. die Rückbesinnung auf kult. Identität u. hist. Erbe führen zu einer Wiederbelebung alter Traditionen u. Bräuche.

Zur Entstehung von N.en konkurrieren versch. theoret. Grundauffassungen: Nach idealist. Auffassung leiten sie sich aus übergesch.-absoluten, ideellen Instanzen oder von einem umfassenden Vernunftprinzip ab. Individualist. Erklärungen werten sie als Ausdruck subjektiver oder kollektiver Emotionen u. Anlagen. Für den Marxismus ergeben sie sich aus dem gesch.-spezif. Entwicklungsstand der ges. Produktivkräfte, die ihrerseits die ges. Bedürfnisse u. Interessenlagen hervorbringen, aus denen wiederum N.en als »Überbau«-Manifestationen der ges. Klassen- u. Herrschaftsverhältnisse erwachsen. Aus kultursoziol. Sicht resultieren N.enänderungen aus dem Wandel von Weltanschauungen, Religionen, Ideologien, Werten, Moralvorstellungen u. Lebensauffassungen, die sich bezüglich der materiell-polit. Lebensbedingungen in einem Verhältnis wechselseitiger Beeinflussung befinden.

Nach der Verhaltenstheoret. Soziol. entstehen N.en dadurch, daß sich Angehörige soz. Gruppen auf bestimmte Verhaltensregelmäßigkeiten festlegen, die bei entsprechendem Verhalten Belohnungen (Nutzen) ermöglichen. Ähnlich erklären auch vertrags- u. konsenstheoret. Ansätze die Entstehung von N.en mit der Einigung von Ges.sangehörigen auf bestimmte Regeln, die zugunsten eines geordneten u. kooperativen Zus.lebens allg. vorteilhaft sind. Diese rationalist. Erklärungskonzepte unterschätzen, daß sich insbes. in traditionalen Ges.en N.en eher ungeplant-naturwüchsig herausbilden. Herrschaftssoziol. werden N.en auf N.setzungen der jeweils Herrschenden (Autokrat., Elite, herrschende Schicht oder Klasse) zurückgeführt, die dadurch den für sie vorteilhaften status quo stabilisieren wollen. Das in der Wirklichkeit komplexe Geschehen der N.entstehung kann nur multitheoret. hinreichend erklärt werden.

R. Rommetveit, Social Norms and Roles, Oslo/Minneapolis 1955; R. Dahrendorf, Homo sociologicus, 1958; G. C. Homans, Elementarformen menschl. Verhaltens, 1968; G. Spittler, N. u. Sanktion, 1968; N. Luhmann, N.en in soziol. Perspektive (Soz. Welt 20, 1969); R. Lautmann, Wert u. Norm, 1969; K. Schrape, Theorien normativer Strukturen u. ihres Wandels, 3 Bde., 1977–79; H. Keuth, Der N.begriff in der soz.wiss. Theoriebildung, in: KZfSS 30, 1978; H. Popitz, Die normative Konstruktion von Ges., 1980; K. Eichner, Die Entstehung soz. N.en, 1981; J. P. Gibbs, N.s, Deviance and Social Control, New York 1981; A. Bellebaum, Soz. Handeln u. soz. N.en, 1983; K.-D. Opp, Die Entstehung soz. N.en, 1983.

Normlosigkeit, bezeichnet den Zustand des Fehlens allg. anerkannter u. befolgter Normen, die das soz. Handeln in den verschiedenen Lebenssituationen koordinieren u. steuern (→Anomie). Tendenzen der N. infolge eines beschleunigten soz. Wandels, des Geltungsverlustes überkommener Werte u. Normen oder eines Kulturverlusts entstabilisieren das soz. Zus.leben u. die individuelle Persönlichkeit.

Notwendigkeit, wiss.theoret. Begriff für den eindeutigen Zus.hang zw. versch. Erscheinungen unter bestimmten Bedingungen. Nach Auffassung des dialekt. u. histor. Materialismus existiert unabhängig von theoret. Vorstellungen u. Abbildern im Bewußtsein der Menschen eine objektive N. in der Struktur u. in den Entwicklungsprozessen der materiellen Realität. Demgegenüber wird von subjektivist.-idealist. Auffassungen der Standpunkt vertreten, daß die N.

kein objektiv existierender Zus.hang zw. den Erscheinungen, sondern nur eine aus der menschl. Erfahrung u. Gewohnheit entspringende Vorstellung über die prinzipielle Verknüpfung zeitl. aufeinanderfolgend erlebter Sachverhalte sei. Die Überzeugung von der objektiven N. in der Realität interpretiert den »Zufall« entweder als eine rein subjektive Kategorie, die ledigl. eine noch nicht erkannte N. zum Ausdruck bringt, oder als eine dialekt. widersprüchl. Einheit mit der N., bei der N. u. »Zufall« gleich mögl. sein müssen u. die N. sich in einem Feld von Zufälligkeiten durchsetzt (Wahrscheinlichkeit). Menschl. Freiheit wird – in strenger Abgrenzung von sog. »Willensfreiheit« – als »Einsicht in die Notwendigkeit« interpretiert.

Nullhypothese, Bezeichnung der statist. Methodenlehre für die einer wiss. Hypothese entgegengesetzte Aussage, die mittels statist. Signifikanztests geprüft wird. Werden z. B. die hypothet. erwarteten Unterschiede zw. den Werten eines untersuchten Merkmals in einer Experimentalgruppe u. in einer Kontrollgruppe als gleich Null (oder soweit gegen Null tendierend, daß ledigl. Zufallsabweichungen festgestellt werden) erkannt, dann gilt die dem Experiment zugrunde liegende Hypothese als falsifiziert, weil die N. (es gibt keine Unterschiede!) bestätigt wurde. Andererseits entspricht der Widerlegung (Falsifikation) der N. eine Bestätigung der dem Experiment zugrunde liegenden Hypothese.

Nullsummenspiel (engl. zero sum game), gemäß der math. →Spieltheorie ein spezielles Spiel, bei dem durch eine konstante Einschränkung die Summe der Ge-

Nutzen

winne bzw. Auszahlungen an die einzelnen Spieler gleich Null ergibt. In dem einfachsten Fall eines Zwei-Personen-N.s ist demnach der Gewinn des einen Spielers gleich dem Verlust des anderen. Das Modell des N.s ist soziol. auf Konfliktsituationen anwendbar, in denen sich zwei oder mehrere Handelnde bzw. Handlungseinheiten antagonist. in einem Verteilungskampf befinden, z. B. die Auseinandersetzung zweier Erben um ein Haus oder (bei konstanter Wahlbeteiligung) der Kampf polit. Parteien um Wählerstimmen.

Bei Nicht-N.en unterliegt dagegen die Summe der Auszahlungen an die Spieler keiner konstanten Eingrenzung. So können bei einem Zwei-Personen-Nicht-N. beide Spieler gleichzeitig Gewinne oder Verluste erzielen bzw. erleiden. Zwei miteinander konkurrierende Unternehmungen können sich z. B. gegenseitig Marktanteile abjagen, zugleich aber durch erfolgreiche Werbung die Gesamtnachfrage nach ihren Angeboten ausweiten.

Nutzen, ein aus der Wirtschaftstheorie in die Soziol. übernommener Begriff, der allg. die Tauglichkeit bestimmter Güter, Dienstleistungen u. Verhaltensweisen für die Befriedigung von Bedürfnissen u. Erfüllung von Wünschen bezeichnet. Der N. von Gütern u. sonstigen Gegebenheiten für individ. u. kollektive Akteure hängt somit grundlegend von jeweiligen Wertvorstellungen, Bedürfnissen, Interessen u. Wünschen ab, die wiederum vom Wertsystem der soziokult. Umwelt u. von Interessenfixierungen des soz. Standortes stark beeinflußt werden u. dem soz. Wandel unterliegen. Ohne diese Bezugnahme auf soziokult. geprägte individ. Motivationen bleibt der N. begriff eine lebensfremde, unverbindl. Leerformel. Für den Grad des N.s eines Gutes oder Verhaltens ist nicht nur die Stärke der jeweiligen Motivationen entscheidend, sondern auch die Erreichbarkeit sowie die ggf. in Preisen oder Gegenleistungen zum Ausdruck kommende Knappheit der zur Wunscherfüllung geeigneten Güter u. Verhaltensweisen. Mit der Höhe des erwarteten oder erhofften N.s steigt auch die Bereitschaft zu einer angemessenen Gegenleistung: Vergabe eines eigenen Gutes, Bezahlen eines Preises, Darbietung eines von anderen gewünschten oder geforderten Verhaltens. Aufgrund von Knappheit (Güter-, Geld- u. Zeitknappheit) ist die Gegenleistung für die Erlangung eines bestimmten N.s mit dem Verzicht auf andere Möglichkeiten der N. gewinnung verbunden. Die Stabilität u. der lebensprakt. Erfolg soz. Beziehungen hängen maßgeblich davon ab, inwieweit das Verhalten der Interaktionspartner gemäß ausgleichender Gerechtigkeit wechselseitig N. stiftet.

Nach der subjektiven Wertlehre u. →Grenznutzenschule in der Wirtschaftstheorie (H. H. Gossen u. F. v. Wieser) nimmt der N. von Gütern einer bestimmten Art mit zunehmender Bedürfnisbefriedigung ab (Sättigungsgesetz, 1. Gossensches Gesetz); außerdem werden die Mittel für die Erlangung begehrter Güter so verteilt, daß ein möglichst hoher Gesamtnutzen erreicht wird (Grenznutzen- bzw. Genußausgleichsgesetz, 2. Gossensches Gesetz). Die Bezeichnung dieser Gesetze nach Gossen wurde von F. v. Wieser vorgeschlagen.

In der Konsumforschung wird in Anlehnung an W. Vershofen zw. dem rational orientierten Grund-, Zweck- oder Gebrauchsnutzen u.

dem Zusatznutzen, der sich wiederum in einen Geltungsnutzen (»geselliger Nutzen«) u. ästhet. Nutzen gliedert, unterschieden.

H. H. Gossen, Entwicklung der Gesetze des menschl. Verkehrs u. der daraus fließenden Regeln für menschl. Handeln, 1854; W. Vershofen, Die Marktentnahme als Kernstück der Wirtschaftsforschung, 1959.

Nutzentheorie, im Rahmen des methodolog. Individualismus ein ökonom. u. psycholog. beeinflußter, stark rationalist. u. mitunter mathem.-formalist. ausgeprägter theoret. Ansatz zur Erklärung individ. Handelns in verschiedenen Handlungssituationen. Es wird davon ausgegangen, daß der nach Nutzen, Belohnungen, benefits strebende Akteur (Handelnder) in einer bestimmten Handlungssituation die für ihn bedeutsamen, gewinnträchtigen Handlungsalternativen bzw. -möglichkeiten erkennt. Für seine Entscheidung bzw. Wahlhandlung sind dann maßgebl.: 1) die subjektive Einschätzung des persönl. Nutzens (Belohnungswert) der Konsequenzen einzelner Handlungsalternativen, 2) die subjektive Einschätzung der Wahrscheinlichkeit des Eintretens erwünschter Handlungsfolgen (Erwartungswahrscheinlichkeit). Im Sinne einer rationalen Entscheidung wird der Akteur jene Handlungsalternative vorziehen u. praktizieren, die ihm mit möglichst hoher Eintrittswahrscheinlichkeit einen hinsichtl. seiner Präferenzen bzw. Wertschätzungen möglichst hohen Nutzen gewähren wird. Dagegen wird er jene Handlungen unterlassen, deren Konsequenzen 1) für ihn nur geringen Nutzen ermöglichen würden oder sogar mit hohen Kosten verbunden wären, 2) aufgrund seiner subjektiven Erwartungen nur mit geringer Wahrscheinlichkeit eintreten werden u.

insofern mit einem hohen Grad der Unsicherheit verknüpft sind. Als Theorie rationaler Entscheidung wird die N. von ihren Anhängern in zahlreichen soz.wiss. Disziplinen u. Forschungsbereichen hoher Erklärungswert beigemessen: neben der Soziol. insbes. in der Wirtschaftstheorie, Betriebswirtschaftslehre, Logistik, Organisations- u. Planungstheorie.

V. Vanberg, Die zwei Soziologien, 1975; K.-D. Opp, Die Entstehung soz. Normen, 1983; H. Todt (Hg.), Normengeleitetes Verhalten in den Soz.wiss.en, 1984; T. Voss, Rationale Akteure u. soz. Institutionen, 1985.

Obdachlose, einzelne Menschen u. Familien ohne eine eigene Unterkunft bzw. Wohnung, die im Rahmen der jeweiligen Ges. als menschenwürdig gelten kann. O. sind aufgrund des Soz.hilferechts als Nutzungsberechtigte in kommunalen Unterkünften (Notunterkunft, O.nheim oder -siedlung) untergebracht. Gründe für Obdachlosigkeit sind allg. eine hohe Dauerarbeitslosigkeit, Mangel an preisgünstigen Wohnungen, Kürzung staatl. Soz.ausgaben sowie Prozesse der wirtschaftl. u. soz. Benachteiligung; ferner in spezieller Hinsicht Mietschulden, Konflikte mit Nachbarn u. Vermietern, rechtl. ausreichende Gründe für die Kündigung des Mietverhältnisses. Angesichts der komplexen Verursachung ist es schwierig, festzustellen, inwieweit Obdachlosigkeit selbstverschuldet wurde. Diese ist für die Betroffenen mit großen psych. Belastungen u. Einbußen an Lebensqualität verbunden. Insbes. deren Kinder sind von vornherein verschlechterten Sozialisationsbedingungen unterworfen, mit negati-

Oberschicht

ven Auswirkungen auf ihre späteren Lebenschancen. In Entwicklungs- u. Schwellenländern bilden die ausufernden Elendsviertel mit menschenunwürdigen Lebensverhältnissen ein wachsendes soz. Problem.

Eine besondere Kategorie der O.n bilden die Nichtseßhaften, die auf einen festen, allg. akzeptablen Wohnsitz verzichten (müssen). Sie ziehen entweder von Ort zu Ort (früher als »Landstreicher« bezeichnet) oder leben als sog. »Stadtstreicher« (»Penner«) in größeren Städten im Freien (Parks, unter Brücken) u. nutzen einfachste, improvisierte Übernachtungsmöglichkeiten (in U-Bahn-Stationen, Abbruchhäusern, Garagen, Belüftungsschächten) oder sie befinden sich in Heimen der Nichtseßhaftenhilfe bzw. in Einrichtungen zur soz. Wiedereingliederung. Einer solchen entziehen sich jene Nichtseßhaften, die sich keiner Heimordnung unterwerfen wollen u. dann »auf der Straße« leben. Nichtseßhafte entstammen allen Ges.sschichten, meistens aber soz. benachteiligten Milieus. Betroffen sind insbes. Personen mit fehlender oder geringer berufl. Qualifikation, aus zerrütteten Familienverhältnissen, Gelegenheits- u. Saisonarbeiter, Dauerarbeitslose, Behinderte, aus Klinik u. Haft in ungesicherte Lebensverhältnisse entlassene Menschen. Oft kommt erschwerend Alkoholismus hinzu. Häufig geben wirtschaftl. Ruin, Ehescheidung, der Tod naher Angehöriger, Verlust der Wohnung u. persönl. Isolierung den letzten Anstoß zum Bruch mit dem bisherigen Leben. Geld wird erbettelt, mitunter durch Gelegenheitsarbeiten verdient; Abfallkörbe werden nach Eßbarem durchsucht. Die Anteile der jungen Menschen u. von Frau-

en haben zugenommen. Die frühere Strafbarkeit der »Landstreicherei« ist durch Gesetz vom 2. 3. 1974 aufgehoben worden.

K. A. Chassé u. a. (Hg.), Wohnhaft, 1987; A. Giesbrecht, Wohnungslos – arbeitslos – mittellos, 1987; R. Keller u. a. (Hg.), Wohnen tut not, 1987; G. Angele, Obdachlosigkeit, 1989; R. Können, Wohnungsnot u. Obdachlosigkeit im Soz.staat, 1990; I. Welpe, Soz. Stress bei O.n, 1990.

Oberschicht, die Gesamtheit der Bevölkerungsteile, die alle oder einige der für soz. Einfluß u. Herrschaft relevanten Merkmale auf sich vereinigen u. darum als Führungskräfte u. Entscheidungsträger in den versch. Organisationen u. Institutionen die gesamtges. Prozesse, Struktur- u. Entwicklungsbedingungen maßgeblich u. nachhaltig prägen. Zur O. zählen die Wirtschaftsführer (Großeigentümer, Bankiers u. Spitzenmanager), die polit. Führungskräfte (Regierungsmitglieder, hohe polit. Beamte, Spitzenfunktionäre der Parteien u. Verbände, hochrangige Mitglieder der Legislative), hohe Kirchenbeamte, Prominente des Kultur- u. Geisteslebens, führende Militärs u. höhere Richter u. Staatsanwälte. Die O. umfaßt damit zugleich die verschiedenen Eliten der Ges.

W. Zapf, Wandlungen der dt. Elite, ²1966 (1965); ders. (Hg.), Beiträge zur Analyse der dt. Oberschicht, 1965; W. Felber, Eliteforschg. in der BR Dtl., 1986; U. Hoffmann-Lange u. a., Eliten in der BR Dtl., 1990; T. Leif u. a., Die polit. Klasse in Dtl., 1992.

Objekt (lat.), »das Entgegengeworfene«, der dem Subjekt gegenüberstehende, von ihm (in bestimmter Beziehung) unabhängige Inhalt oder »Gegenstand« der Vorstellung bzw. Erkenntnis. Die Auffassungen über den Begriff O. werden von prinzipiellen erkenntnistheoret. Grundentscheidungen bestimmt (Idealismus, Materialismus,

Positivismus, Abbildtheorie, Begriffsbildung). So steht z. B. der Auffassung, daß O.e unabhängig u. außerhalb vom menschl. Bewußtsein existieren, die Ansicht gegenüber, daß O.e nur Empfindungskomplexe, Konstrukte des menschl. Intellekts seien.
Die Bezeichnung objektiv meint: real, gegenständl., außerhalb des Bewußtseins, unabhängig vom Subjekt, (mitunter auch) allg. gültig. Als objektivistisch werden in den Soz.wiss.en Ansätze, Begriffe oder Denkmodelle bezeichnet, die sich auf die Analyse sog. »sachl.«, quantitativ (statist.) ermittelbarer Fakten beschränken. Man unterscheidet z. B. »objektivist.« von »subjektivist.« Theorien sozialer Schichtung. Die ersten analysieren die vertikale Ges.struktur nach »objektiven« Kriterien wie Einkommen, Vermögen, Bildungsstand; die letzteren bevorzugen »subjektive« (genauer: sozialpsychol.) Faktoren wie Prestige, Selbst- u. Fremdeinschätzung, →Gesellschaftsbild.

Objektbeziehung, psychoanalyt. Bezeichnung für das bewußte oder unbewußte Erfassen von »Gegenständen« der personalen oder materialen Umwelt durch ein Subjekt. Im Verlaufe der Entwicklungsstufen des Individuums (Libidophasen) ändern sich die Ziele der O.

Objektivation (lat.), das »Zum-Objekt-Werden«, »Zum-Objekt-Machen«, Vergegenständlichung, Verwirklichung, das Lösen u. Verselbständigen der sozialen Gebilde oder Beziehungselemente von ihren (subjektiven, d. h. meist psych. oder sinnhaften) Verursachungsfaktoren; z. B. der Bedarf als O. des Bedürfnisses, die Institution als O. des kulturellen Wertsystems, das soziale

Handeln als O. zw.menschl. Sinnzusammenhänge.

Objektivismus (lat.), wiss. Lehre von den »reinen«, unverfälscht wiedergegebenen »Gegenständen«. O. beinhaltet die Auffassung, daß eine Erkenntnis mögl. sei, die sowohl von subjektiven Faktoren der Forscher (individuelle Werthaltungen, Klassenstandpunkte oder ideolog. Prägungen) als auch von ges. Strömungen u. Zeitverhältnissen unbeeinflußt zu »objektiven« u. darum allein als »wahr« u. »richtig« zu bezeichnenden Ergebnissen kommen kann.

Objektivität (lat.), strenge Sachlichkeit; Ausschaltung der Subjektivität, d. h. der Gefühle, Wertvorstellungen, Interessen, Haltungen, Einstellungen, Vorurteile sowohl bei der Ermittlung von Tatsachen (Empirie) als auch bei der wiss. Berichterstattung (Begriffsbildung, Theorie) über bestehende oder für wahr erkannte Tatsachen. Die O. ist von vornherein zahlreichen einschränkenden Einflüssen ausgesetzt, die sowohl von den Bedingungen der Informationsquellen u. -gegenstände (wiss. Objekte) als auch von den Erwartungen der Informationsempfänger (Ges., Auftraggeber der Wiss.) u. von den method. Möglichkeiten präziser Datenerhebungen (wiss. Methoden) u. -übertragungen (Begriffe, Darstellung) bestimmt werden. O. wird gelegentlich mit Exaktheit in dem Sinne gleichgesetzt, daß die Benutzung quantitativer Methoden (Mathematik, Statistik) subjektiv verursachte Verzerrungen im Erkenntnis- u. Erkenntnisdarstellungsprozeß ausschlössen. Für die Soziol. ist jedoch zu bedenken, daß hierdurch mehr O. mit weniger Informationsgehalt u. weniger wirkl.

Problemlösung erkauft werden muß, weil sich der Forschungsprozeß auf die Analyse quantifizierbarer bzw. konventionalist.-definitor. (Operationalisierung) als quantifizierbar erklärter Phänomene beschränken müßte.

Das Hauptproblem sozialwiss. O. wird durch die Tatsache relevant, daß der Sozialwiss.ler als Forscher u. die Sozialwiss. als institutionalisiertes Handlungssystem eben der Ges. angehören bzw. von der Ges. geprägt werden, die Gegenstand ihrer Arbeit sind. Die O. sozialwiss. Erkenntnisse wird somit durch die theoret.-weltanschaul.-ideolog. Grundlagen der Forschung u. durch die persönl. Evidenz-Erlebnisse der Forscher beeinflußt. Angesichts dieser Schwierigkeiten wird immer wieder das Problem der Werturteilsfreiheit der Wiss. diskutiert.

→Werturteilsfreiheit u. U. Beck, O. u. Normativität, 1974; F. Cunningham, Objectivity in Social Science, Toronto 1974; G. Oakes, Weber u. Rickert, Cambridge 1988.

Objektsprache, wiss. Sprache, in der über die Objekte (Gegenstände, Zusammenhänge, Erscheinungen) gesprochen wird, die zum Gegenstands- oder Problembereich der betr. Wiss. gehören. →Metasprache.

Obsoleszenz (lat.), »Veralten«, sozialwiss. Begriff für die Bezeichnung des Funktions- u. Wertverlustes v. materiellen Gütern, insb. Gebrauchsgütern, infolge v. Abnutzung u. Veralterung. In der modernen Industrieges. (Überflußges.) wird v. einer unternehmerischen Strategie der geplanten O. (geplanter Verschleiß, planmäßige Veralterung) gesprochen, mit der manipulativ versucht werde, die Nutzungsdauer v. Gütern zu verkürzen, den Ersatz- bzw. Erneuerungsbedarf zu erhöhen u. zugunsten eigener wirtschaftl. Wachstumsinteressen den Absatz auszuweiten. V. Packard unterscheidet zw. funktioneller O. (Veralterung vorhandener Güter durch Einführung techn. neuer, besser funktionierender Produkte), qualitativer O. (Güter mit planmäßig verkürzter phys. Nutzungsdauer – »eingebauter Verschleiß«) u. psychischer O. (modische Veralterung funktionstüchtiger Güter durch planmäßige Beschleunigung der Modezyklen, der Veränderung v. Styling u. Design). Durch geplante O. werden insb. kaufkraftschwache untere soziale Schichten belastet, übermäßig Ressourcen u. Energie beansprucht, natürl. Umweltsysteme überlastet (Umweltkrise) u. damit das wirtschaftl. Wachstum (Wachstumstheorie) u. Bruttosozialprodukt in zunehmend problemat. Weise ausgeweitet. Die lebensqualitätsgerechte Bewältigung des O.- u. Verschwendungsproblems kann u. a. durch Verbraucheraufklärung, staatl. Gegenmaßnahmen u. praktizierte ges. Verantwortung der Unternehmer angestrebt werden.

V. Packard, The Waste Makers, 1960 (dt.: Die große Verschwendung, 1961); K.-H. Hillmann, Das O.problem in einer Zeit der Wachstums- u. Umweltkrise, in: Jb. der Absatz- u. Verbrauchsforschg. 21, 1975; B. Röper, Gibt es geplanten Verschleiß?, 1976; G. Bodenstein u. H. Leuer (Hg.), Geplanter Verschleiß in der Marktwirtschaft, 1977; H. Raffée u. K. P. Wiedmann, Die O.kontroverse – Versuch einer Klärung, in: Schmalenbachs Zs. f. betriebswirtschaftl. Forschg. 32, 1980.

Ödipus-Komplex, psychoanalyt. Bezeichnung S. Freuds für einen weitgehend unbewußten Komplex, der aus einer Verdrängung oder einer in anderer Weise unzureichenden Bewältigung der libidinösen Bindungen des Kindes an den andersgeschlechtl. Elternteil erwächst. Der Bezeichnung Ö.-K. liegt die griech. Sage zugrunde, daß der theban. König Ö. unwissentl. seinen Vater tötete u. seine Mutter heiratete.

Etwa im 4. Lebensjahr fühlt das Kind stärkere Empfindungen in seinen Geschlechtsorganen, die es auf die Eltern bezieht. Vom Inzesttabu gezwungen, müssen Eltern u. Kind sich mit der ödipalen Konstellation »auseinandersetzen«. Die Art u. Weise, wie in dieser Entwicklungsphase Eltern u. Kind sich gegenseitig, gleich- u. andersgeschlechtl., als Sexualobjekte erleben, ist entscheidend für die Identifikation des Kindes mit seiner Geschlechtsrolle. In der Theorie der Sozialisation werden die engen Beziehungen zw. den genital-sexuellen Wünschen des Kindes gegenüber seinen Eltern einerseits u. dem Erziehungsverhalten der Eltern andererseits problematisiert. Dabei geht es um das Verhältnis der sich aus sexuellen Kindesphantasien ergebenden Angst- u. Schuldgefühle insbes. zum einschränkend-disziplinierenden Verhalten der Eltern, durch das im Kinde die Verinnerlichung von Verhaltensforderungen, bewußten oder unbewußten Wünschen der Eltern erfolgt. Da das Kind durch Identifizierung mit den Wünschen u. Forderungen der Eltern den ödipalen Ängsten entgegenzuwirken u. dadurch die elterl. Liebe sich zu erhalten versucht, kann die fruchtbare Überwindung des Ö.-K. im Sinne der Entwicklung einer Ich-Identitätsstarken Persönlichkeit um so besser gelingen, je reicher die kognitive u. emotionale Orientierung des Kindes in seinem sozialen Milieu ist u. je intensiver seine Herausforderung u. Ermunterung zu differenzierten Ich-Leistungen erfolgt.

H.-E. Richter, Eltern, Kind u. Neurose, 1963; P. Fürstenau, Soziol. d. Kindheit, 1967.

Öffentliche Aufgaben →Öffentliche Verwaltung

Öffentliche Güter (engl. public goods), Kollektivgüter, von staatl. u. von bestimmten öffentl. tätigen Institutionen (z. B. Interessenverbände) angebotene Güter u. Dienstleistungen, die dem Prinzip der Nichtausschließbarkeit unterliegen. Demzufolge sind Bewohner eines Gebiets oder Angehörige einer soz. Kategorie in ungeteilter Weise Nutznießer ö.r G., z. B. der Gewährleistung äußerer u. innerer Sicherheit, des Angebots öffentl. Verkehrsmittel, der Erlangung von Einkommenssteigerungen, der Erkämpfung von Umweltschutzmaßnahmen. Dem Angebot ö.r G. liegt die weltanschaul.-polit. umstrittene Auffassung zugrunde, daß sie nur unzureichend oder überhaupt nicht durch den Markt zustandekommen können. Bei öffentl. Beschaffung von Gütern lockert sich oder verschwindet sogar der Zus.hang zw. Kostenbeitrag u. Nutzung. Aus dieser Entkoppelung ergeben sich gemäß der Theorie ö.r G. u. des kollektiven Handelns Anreize für →Trittbrettfahrer. Überdies kann sich dann das Angebot ö.r G. verschlechtern. Um die Ges. hinreichend mit ö.n G.n versorgen zu können, ist eine Ges.ordnung mit staatl. Gewaltmonopol erforderlich, das die Durchsetzung von Zwangsbeiträgen ermöglicht. Diese verstärken wiederum das Problem der Überbeanspruchung ö.r G. Die Ausweitung des Angebots von Kollektivgütern u. -diensten beinhaltet die Gefahr der zunehmenden Einschränkung autonomer Entscheidungen des Individuums u. effi-

Öffentliche Meinung 624

zienter freiheitl.-marktwirtschaftl. Bedarfsdeckung.

A. de Jasay, Social Contract, Free Ride: A Study of the Public Goods Problem, Oxford 1989; V. Arnold, Theorie der Kollektivgüter, 1991.

Öffentliche Meinung, je nach publizist., politolog., sozialpsycholog. oder soziol. Interesse ein anders definierter, in jedem Falle nur heurist. Begriff.

Die moderne Demokratie liberaler Prägung setzt das Vorhandensein einer ö. M. als Ursprung aller staatl. Autorität der für die polit. Gesamtheit verbindl. Entscheidungen voraus. Intakte ö. M. ist die anerkannte Basis der demokrat. Legitimation polit. Herrschaft. Inhalt u. Form der sozialen (Informations-, Kommunikations- u. Urteilsbildungs-)Prozesse, die als ö. M. anerkannt werden, variieren. Entspr. Stellungnahmen werden durch die institutionellen Vorstellungen über den Aufbau u. das Funktionieren von Demokratie u. über das Verhältnis ihrer Willensbildungsorgane (Parlament, Parteien, Verbände, Öffentlichkeit) zueinander vorgeprägt. Rein formal wird ö. M. mitunter als Ausdruck der Ansichten, Werturteile oder Willensneigungen des allg. oder eines spez. Publikums definiert. Hier ist das Attribut »öffentl.« allein schon dadurch abgedeckt, daß die »Meinung« als Ergebnis von Gruppenprozessen zustande kommt. Entsprechende sozialpsycholog. Analysen interessieren sich darum für die »horizontalen« Meinungsbildungs- bzw. Einfluß-Prozesse innerhalb der Gruppen (→Meinungsführer). Publizist. Untersuchungen erweitern die Fragestellungen über Probleme der Gruppendynamik hinaus auf die Institutionen der ö. M., nämlich auf das Verhältnis von Massenmedien u. Meinungsbildungsprozessen. Die Erkenntnis, daß Presse, Rundfunk u. Fernsehen ö. M. nicht nur abbilden, sondern auch bilden, führt zur (in der soziol. Theorie bevorzugten) Diskussion um ö. M. als »krit.« oder »rezeptive« Instanz, als Instrument der polit. Aufklärung oder Manipulation.

→Öffentlichkeit.

Öffentliche Sprache →Soziolinguistik

Öffentliche Verwaltung, die Gesamtheit der hierarchisch organisierten Behörden, denen eine (relativ) planmäßige, in ihren Zielen u. Zwecken durch die Rechtsordnung u. polit. Entscheidungen der Regierung bestimmte u. zugleich begrenzte Staatätigkeit zur Gestaltung u. Aufrechterhaltung der Sozialordnung übertragen ist. Im Wandel vom feudal-aristokrat.-monarch. Absolutismus über die konstitutionelle Monarchie zum liberalen Rechtsstaat u. modernen Sozialstaat hat die ö. V. einen weitgehenden Funktionswandel erfahren: Zur ursprüngl. Ordnungs- u. Eingriffsverwaltung, die die ö. V. in erster Linie als Herrschaftsinstrument erscheinen ließ, ist mit fortschreitender Industrialisierung u. Urbanisierung die »Leistungsverwaltung« der Daseinsvorsorge, schließl. (durch die Erfordernisse der Raumplanung) die planende u. damit immer »politischer« werdende ö. V. hinzugekommen. War die ö. V. zunächst reine Exekutive u. ledigl. durchführendes Organ einer entweder autokrat.-absolutist. oder demokrat. Legislative, so ist später eine zunehmende Verlagerung des Einflusses bei der Gesetzgebung vom Parlament zur ö. V. eingetreten. Organisationssoziol. Studien weisen auf die Diskrepanzen zwischen hierarch., traditionellen Verwaltungsfunktionen entspringender Arbeitsstruktur der ö. V. u. den Funktionserfordernissen einer modernen Verwaltung in einer Ges. kumulativen sozialen Wandels hin. Arbeits- u. berufssoziol. Untersuchungen prüfen die Auswirkungen moderner Informations- u. Entscheidungstechniken sowohl auf die Arbeitsplatzstrukturen u. innere Organisation der Behörden als auch auf die Berufsbilder, Berufsinhalte u. Ausbildungserfordernisse der ö. Beamten u. Angestellten. Reformen der ö.n V. sind auf »mehr Bürgernähe« u. Effizienzsteigerung ausgerichtet.

G. Hartfiel u. a., Beamte u. Angestellte in der Verwaltungspyramide, 1964; F. Morstein Marx u. a. (Hg.), Verwaltung, 1965; N. Luhmann, Theorie der Verwaltungswiss., 1966; ders., Polit. Planung. Aufsätze zur Soziol. von Politik u. Verwaltung, 1971; Th. Ellwein, A. Görlitz, Parlament u. Verwaltung, 1967; O. Hausleiter, Verwaltungssoziol., 1968; H. Friedrich, Staatl. Verwaltung u. Wiss., 1970; H. Häussermann, Die Pol. der Bürokratie, 1977; R. Mayntz, Soziol. der ö. V., [3]1985 (1978); G. Pippig, Die V. u. ihr Publikum, 1988; H. Bosetzky u. P. Heinrich, Mensch u. Organisation, [4]1989; K. Mattern, Anforderungen an die ö. V., 1991.

Öffentlichkeit, ges. Verhältnisse, die die Herausbildung einer öffentl. Meinung mit bestimmten Funktionen gegenüber den staatl. Organen u. im Prozeß der polit. Willensbildung überhaupt ermöglichen. Ö. als eigener, von der privaten wie staatl. Sphäre geschiedener Bereich läßt sich erst mit dem wirtschaftl. emanzipierten Bürgertum des 17. und 18. Jh.s nachweisen. Im Interesse am Staat u. an den Formen u. Inhalten polit. Herrschaft vereinigten sich die Bürger zum Publikum, das seine Aufgabe darin sah, gegenüber der staatl. organisierten Herrschaft nicht nur privat motivierte, sondern auch (nach öffentl. diskutierten Grundsätzen von Vernunft) ges. Kritik u. Kontrolle auszuüben.

In diesem Sinne ist Ö. als bürgerl. Ö. eng verbunden mit der Entwicklung der »öffentl. Gewalt« in den sich gleichzeitig formierenden National- u. Territorialstaaten. Medium der Ö. ist die öffentl. Diskussion, gleichviel ob in den Pariser Salons, den engl. u. österr. Kaffeehausges.en, den gelehrten dt. Tischges.en oder mittels der Tagesoder Zeitschriftenpresse, die dadurch einen Funktionswandel von der bloßen Nachrichtenvermittlung zum polit. Kampfmittel (der später sogar organisierten Ö.) erfährt. Die Grundrechtskataloge der liberalen Demokratien (Meinungs-, Presse-, Versammlungsfreiheit) sind ein Abbild des liberalen Modells der Ö. Sie sollen zw. einer Sphäre privater bürgerl. Autonomie u. limitierter »öffentl. Gewalt« die Instrumente sichern, mit denen die Bürger als Staatsbürger ihre Interessen gegenüber der staatl. Autorität anmelden u. sie in diese überführen können.

Die soz.staatl. Massendemokratien bieten wenig Chancen für die direkte Beteiligung am polit. Kritiku. Kontrollprozeß. Es dominieren Großorganisationen u. Funktionärsstäbe, die sich mit den staatl. Institutionen zugunsten der Erhaltung der Funktionsfähigkeit des »Systems« u. des Ausbalancierens der organisiert angemeldeten Interessen weitgehend unter Ausschluß der eigentl. Ö. kompromißhaft einigen.

Kritik der Verbandsmacht u. Staatsbürokratie, ferner Parteienverdrossenheit, Protestbewegungen, Bürgerinitiativen u. verstärkte Forderungen nach Partizipation sind Anzeichen dafür, daß sich große, problembewußt u. sensibler gewordene Bevölkerungsteile nicht mehr mit einer passiven Rolle abfinden.

Öffentlichkeitsarbeit

W. Lippmann, Public Opinion, New York 1949, dt.: Die öffentl. Meinung, 1990 (1964); P. R. Hofstätter, Die Psychol. der öffentl. Meinung, Wien 1949; W. Hennis, Meinungsforschung u. repräsentative Demokratie, 1957; G. Schmidtchen, Die befragte Nation, 1959; J. Habermas, Strukturwandel der Ö., 1987 (1962); B. Berelson, M. Janowitz, Public Opinion and Communication, New York ²1966; E. Noelle-Neumann, Öffentl. Meinung u. soz. Kontrolle, 1966; C. P. Gerber, M. Stosberg, Die Massenmedien u. die Organisation polit. Interessen, 1969; H. v. Hentig, Öffentl. Meinung, öffentl. Erregung, öffentl. Neugier, 1969; O. Negt, A. Kluge, Ö. u. Erfahrung, 1974; H. Pross, Polit. Symbolik – Theorie u. Praxis der öfftl. Meinung, 1974; L. Kissler, Die Ö.funktion d. Dt. Bundestages, 1976; E. Noelle-Neumann, Öffentl. Meinung: die Entdeckung der Schweigespirale, 1989 (1980); H. Baier u. a. (Hg.), Öffentl. Meinung u. soz. Wandel. Für E. Noelle-Neumann, 1981; U. Beck, Gegengifte, 1988.

Öffentlichkeitsarbeit, (engl. Public relations, Abk. PR) eine zuerst in den USA entwickelte Strategie öffentl. u. privater Organisationen zur systemat. Beeinflussung der Öffentlichkeit. Die Ö. widmet sich der Image-Pflege der betr. Organisationen. Sie soll das Verstehen, die Sympathie u. die moral. Unterstützung derjenigen gewinnen, mit denen die betr. Organisationen im Kontakt stehen bzw. mit denen Kontakte angestrebt werden. Letztl. geht es um Anpassung u. bewußtseinsmäßige »Einschmelzung« der »gemeinten« Interessen von betr. Organisation u. Öffentlichkeit mit dem Ziel, auf der Grundlage solcher subjektiven Interessenharmonie objektive Konfliktlagen u. Spannungsverhältnisse als Störfaktoren für angestrebte Kommunikation auszuschalten. Die Ö. bedient sich soz.wiss. Erkenntnisse über Meinungsbildung u. -beeinflussung. Ö. u. Werbung überlagern sich u. erfordern für ihren Erfolg aufeinander abgestimmte Aktivitäten.

G. Haedrich u. a. (Hg.), Ö., 1982; R. Fuchs u. H. Kleindiek, Ö. heute, 1984; G. Kalt (Hg.), Ö. u. Werbung, 1989; F. Ronneberger u. M. Rühl, Theorie der Public Relations, 1991; B. Schulz, Strateg. Planung von Public Relations, 1992; H.-D. Fischer u. U. G. Wahl, Public Relations/Ö., 1993.

Ökologie (griech. oikos = Haus), ein von E. Haeckel (1866) eingeführter Begriff für die Wiss. von den Mechanismen u. Reaktionsformen, mit denen sich Lebewesen an die Bedingungen ihrer Umwelt anpassen, mit ihren Möglichkeiten gegenüber den Anforderungen der natürl. Umwelt »haushalten«. Neben einer Tier- u. Pflanzen-Ö. untersucht die Human- oder Sozial-Ö. die raum-zeitl. spezif. Lebensverhältnisse als Bedingungen menschl. Zusammenlebens sowie die Rückwirkungen bereits vorhandener Sozialstrukturen auf die Entwicklung u. Umgestaltung der natürl. Umwelt. Die Ö. arbeitet eng zus. mit Bevölkerungstheorie, Ethnographie, Land-, Gemeinde- u. Stadtsoziol. Ihr bes. Forschungsinteresse richtet sich auf die Beziehungen zw. Bevölkerungsstruktur, klimat.-geograph. Umweltfaktoren, Technologien u. sozialen Strukturen einer Ges. Im einzelnen versucht sie Zus.hänge aufzudekken zw. (a) Bevölkerungsdichte u. sozialen Lebensformen, (b) landschaftl. bestimmten Lebensbedingungen u. techn. Wissensentwicklung, (c) natürl. Hilfs- u. Kraftquellen als Grenzen u. Stimulanten menschl. Produktionsformen u. -verhältnisse, sowie (d) zw. industriell-städt. bzw. ländl.-agrar. Lebensumständen u. kultureller Entwicklung.

Die interdisziplinär arbeitende Umweltforschung untersucht die Auswirkungen der Bevölkerungsvermehrung, des quantitativen Wirtschaftswachstums u. der Konsumsteigerung auf die natürl. Umwelt u. einzelne Ökosysteme. Sie entwirft ferner in prakt. Absicht

Strategien zum Umweltschutz. Die Erforschung der soziokult. Aspekte der Verursachung u. Bewältigung der Umweltkrise ist eine vorrangige Aufgabe der →Ökolog. Soziol.

A. F. Thienemann, Leben u. Umwelt, 1956; H. u. M. Sprout, Ö., Mensch – Umwelt, 1971; P. R. Ehrlich, Bevölkerungswachstum u. Umweltkrise, 1972; D. H. Meadows u. a., Die Grenzen des Wachstums, 1972; G. Küpper u. a., Umweltforschg. – die gesteuerte Wiss.?, 1978; B. Streit, Ö., 1980; W. L. Bühl, Ökologische Knappheit, 1981; G. Fellenberg, Ökolog. Probleme der Umweltbelastung, 1985; L. Trepl, Gesch. der Ö., 1987; H. Bick, Ö., 1989; R. K. Kinzelbach, Ö. – Naturschutz, Umweltschutz, 1989; H.-U. Nennen, Ö. im Diskurs, 1991; D. u. D. Meadows, Die neuen Grenzen des Wachstums, 1992.

Ökologiebewegung, Umweltschutzbewegung, vielschichtig zus.gesetzte soziale Bewegung, die in Reaktion auf negative Auswirkungen des quantitativen Wirtschaftswachstums insb. auf die natürlichen Umweltsysteme u. Lebensbedingungen zum Zwecke der Zukunftssicherung eine umweltgerechte, rohstoffschonende Wirtschaftsges. anstrebt. Rohstoff- u. Energienutzung, Produktion u. Konsum sollen sich der Wiederherstellung eines stabilen natürl. Gleichgewichtszustandes unterordnen. Demgemäß werden ein ökolog. Umbau der Wirtschaft u. ein umweltschonender Lebensstil gefordert. Die Ö. ist in weitgehender Überschneidung mit der →Alternativbewegung zur Grundlage ökolog. engagierter Formierungen u. Parteibildungen geworden: →Bürgerinitiativen, Umweltschutzparteien, z. B. in Dtl. die 1980 gegründete Partei »Die Grünen«.

B. Guggenberger, Bürgerinitiativen in der Parteiendemokratie. Von der Ö. zur Umweltpartei, 1980; K.-H. Hillmann, Umweltkrise u. Wertwandel, ²1986 (1981); H. G. Mittermüller, Ideologie u. Theorie der Ö., 1988.

Ökologische Soziologie, Ökosoziol., Umweltsoziol., Bezeichnungen für eine durch die gegenwärtige Umwelt- u. Überlebenskrise besonders wichtig gewordene spezielle Soziol., die auf die Erforschung der Wechselbeziehungen, Abhängigkeiten u. Austauschprozesse zw. dem soziokult. Lebenszus.hang, Ges.en, ges. Subsystemen, soz. Gebilden u. Akteuren einerseits u. der natürl. Umwelt, den Ökosystemen, bestimmten Lebensformen u. Arten andererseits ausgerichtet ist. Method. grundlegend u. erforderl. ist das Denken in übergreifenden, ganzheitl. u. vernetzten Systemzus.hängen, unter besonderer Berücksichtigung von regelkreisförmigen Prozessen (→Regelkreis). Ein zentrales u. drängendes Problemgebiet bildet die Erforschung der soziokult. Ursachen, Nebenfolgen u. Überwindungsmöglichkeiten der Umwelt- u. Überlebenskrise. Ö. S. umschließt auch die ältere →Soz.ökologie. In diesem Zus.hang kommen bereichsspezif. Forschungsfelder hinzu, z. B. die Stadtökologie – z. T. in Kooperation mit ökolog. ausgerichteten Teilgebieten anderer Fachwiss.en.

W. L. Bühl, Ökolog. Knappheit, 1981; K.-H. Hillmann, Umweltkrise u. Wertwandel, ²1986 (1981); H. Kessel u. W. Tischler, Umweltbewußtsein, 1984; U. Beck, Risikoges., ⁸1991 (1986); N. Luhmann, Ökolog. Kommunikation, 1986; Soziol. u. Ökologie, Heft 4 der Soz. Welt 37, 1986; U. Beck, Gegengifte, 1988; K. Eder, Die Verges.ung der Natur, 1988; F. Ruff, Ö. Krise u. Risikobewußtsein, 1990; Ökosoziol., Heft 2 der Österr. Zs. f. Soziol. 18, 1993; W. Joussen u. K. H. Hörning (Hg.), Umwelt u. Ges. Ein Hdb., 1994.

Ökonomie (griech. oikos = Haus), Wirtschaft, Wirtschaftlichkeit.

Ökonomik (griech.), Lehre von der Wirtschaft.

Ökonomische Verhaltenstheorie

Ökonomische Verhaltenstheorie, eine theoret. Richtung innerhalb des Methodolog. Individualismus, die sich um die Anwendung ökonom.-rationaler Erklärungsansätze (→Nutzentheorie, →Rational-Choice-Ansatz, →Wert-Erwartungstheorie) auf alles menschl. Verhalten bemüht (z. B. Wahl eines Partners, Entscheidung über die gewünschte Kinderzahl, soz. Interaktionen, Kriminalität, polit. Verhalten).

Ausgangspunkt ist eine sehr allg. u. weit gefaßte Definition von Ökonomie, die auf knappe Mittel u. konkurrierende Ziele abstellt. Von den individ. u. kollektiven Akteuren werden solche Ziele angestrebt, die bei möglichst geringem Mitteleinsatz (Kosten, Aufwand) mit großer Wahrscheinlichkeit einen möglichst hohen Nutzen erwarten lassen. Dementsprechend wird von der ö.n V. den Akteuren – zu denen neben Individuen auch kollektive Akteure wie Haushalte, Unternehmungen, Gewerkschaften u. Behörden zählen – nutzenmaximierendes Verhalten unterstellt. Die Nutzenvorstellungen sind wiederum Ausdruck tieferliegender Präferenzen bzw. Wertschätzungen, die als stabil vorausgesetzt werden. Diese beziehen sich auf grundlegende Aspekte des Lebens wie Gesundheit, Lebensfreude, Prestige, Sicherheit. Angesichts der mit Kosten u. Anstrengungen verbundenen Beschaffung u. Verarbeitung jeweils geeigneter Informationen ist nicht das Streben nach vollständiger, sondern nach optimaler Information rational. Die ö. V. wird nicht nur zur Erklärung bewußt-rationaler u. für wichtig gehaltener Entscheidungen u. Handlungen eingesetzt, sondern auch für unterbewußt zustandegekommene, unwichtige u. wiederkehrende Entscheidungen. Emotionale Ziele werden ebenso berücksichtigt wie sachl.-nüchterne. Ansatzweise geht die ö. V. bis auf A. Smith zurück u. durchzieht die Gesch. der Wirtschaftswiss. Sie trägt zur Erklärung des Verhaltens von individ. u. kollektiven Akteuren bei, bedarf aber der Ergänzung durch Erkenntnisse u. Erklärungsbeiträge anderer Soz.wiss.en. Inzwischen ist die ö. V. in Bereiche der soziol. Entscheidungs- u. Handlungsforschung eingedrungen. Die ö. V. überschneidet sich z. B. stark mit der Verhaltenstheoret. Soziol., die allerdings wesentlich durch Einbeziehung der psychol. Lernforschung mitgeprägt ist.

G. S. Becker, The Economic Approach to Human Behavior, Chicago 1976, dt.: Der ökonom. Ansatz zur Erklärung menschl. Verhaltens, 1982; H.-B. Schäfer u. K. Wehrt (Hg.), Die Ökonomisierung der Soz.wiss.en, 1989; B.-T. Ramb u. M. Tietzel (Hg.), Ö. V., 1993.

Ökonomismus, (1) soziol. Bezeichnung für Ges.theorien, die entweder (a) die Wirtschaft bzw. das wirtschaftl. Verhalten des Menschen als einen eigenständigen Bereich der Ges. bzw. des sozialen Verhaltens betrachten, oder (b) den Begriff der Ges. oder des sozialen Verhaltens sogar rein aus ökonom. Nutzenvorstellungen ableiten. (2) In der Theorie u. sozialen Bewegung des Marxismus Auffassungen, die bes. ausgeprägt u. einseitig die ges. Entwicklung vom Kapitalismus zum Sozialismus u. Kommunismus ledigl. als gesch. determinist. Resultat der ökonom. Prozesse u. Reifestadien interpretieren. Dementsprechend werden der polit. Agitation, der polit. Führungsrolle der Partei bei revolutionären Umbrüchen, der aktiven Rolle eines sozialist. Staates beim Aufbau des Sozialismus wie überhaupt dem subjektiv-ideolog.-polit. Faktor keine entscheidende Bedeutung beigemessen.

Offene Gesellschaft, ein von H. Bergson stammender Begriff, mit dem K. R. Popper einen Ges.typ bezeichnet, der sich vor allem durch einen großen Entfaltungsspielraum für die menschl. Vernunft, krit. Diskussion, für persönl. Entscheidungen u. für die schrittweise Beseitigung unerwünschter Zustände von dem entgegengesetzten Typ der →geschlossenen Ges. unterscheidet.

Für die o. G. ist der Glaube an den Menschen, an die Gleichheit vor dem Gesetz u. an die menschl. Vernunft wesentlich. Zum Gegenstand krit. Diskussion zählen insbes. Werte, ges. Ziele, soz. Normen u. Möglichkeiten der Überwindung von Mißständen. Da das Individuum nicht mehr durch unkrit. akzeptierte Tabus u. Traditionen eingeengt u. gesteuert wird, kann es durch persönl. Entscheidungen sein Leben weitgehend rational u. selbstverantwortl. gestalten. Zu den wichtigsten Kennzeichen der o.n G. zählt der Wettstreit ihrer Angehörigen um die Stellung, die sie in ihr einnehmen wollen. Umfassende ges. Veränderungen auf der Grundlage determinist. Gesch.sauffassungen (vermeintl. gesch. Gesetzmäßigkeiten) u. soz.utop. Entwürfe sind abzulehnen, weil die Folgen nicht voraussagbar sind, unbeabsichtigte Nebenfolgen eintreten können u. die radikalen Veränderungen womöglich zum Gegenteil des angestrebten Idealzustandes hinführen. Die einzige vernünftige Vorgehensweise bei der Verbesserung der ges. Lebensverhältnisse ist mit Hilfe erfahrungswiss. fundierter Planung, krit. Diskussion u. rationaler Reform die schrittweise Beseitigung ges. Mißstände, wobei

immer wieder aus Fehlern zu lernen ist.

H. Albert, Freiheit u. Ordnung, 1986; K. R. Popper, Die o. G. u. ihre Feinde, 2 Bde., ⁶1980 (1957, engl. 1945); A. F. Utz (Hg.), Die o. G. u. ihre Ideologien, 1986; J. Fest, Die schwierige Freiheit, 1993.

Ogburn, William Fielding, 29. 6. 1886 Butler, Georgia – 27. 4. 1959 Tallahassee, Florida, Studium Mercer Univ. u. Columbia Univ., Schüler von F. Giddings, lehrte zunächst am Reed College, 1914–27 Prof. Columbia Univ., ab 1927 Prof. für Soziol. Univ. of Chicago, 1929 Präs. der American Sociol. Society, Berater der US-Regierung.

O. war sozialwiss. vielseitig ausgerichtet, berücksichtigte die Anthropologie u. Psychoanalyse u. setzte sich für die Verwendung statist. Methoden in der Soziol. ein. Sein Hauptinteresse galt der Theorie des sozialen Wandels. Das Hauptproblem, das sich hier für O. stellte, kommt in seiner »cultural lag«-These zum Ausdruck: Die versch. Kulturbereiche der modernen Ges. verändern sich nicht mit gleicher Geschwindigkeit. Die Erfindungen u. die Technik (unabhängige Variable) fungieren als Schrittmacher des sozialen Wandels u. üben Druck zur Anpassung auf die nichtmaterielle Sphäre der Kultur aus, d. h. auf die Institutionen, Werte u. Ideen (abhängige Variable). Durch diese unterschiedl. Wandlungsgeschwindigkeiten kommt es zu einem Kulturgefälle (cultural lag) zw. dem materiellen Bereich (material culture) u. dem immateriellen (adaptive culture). Der letzte »hinkt hinter dem ersteren nach«. Die Anpassungsgeschwindigkeit der Sektoren der nichtmateriellen Kultur ist ungleichmäßig; die Wirtschaft paßt sich am leichtesten an, am schwersten die Kunst. Dem cultural lag

Okkultismus

kann durch Sozialinterventionismus begegnet werden. Die Soziol. soll sich deswegen zu einer Wiss. weiterentwickeln, die soziokulturelle Wandlungsprozesse voraussagen kann.

Schr.: Social Change, New York 1922; The Social Effects of Aviation, Boston 1946; zus. mit M. T. Nimkoff, Sociology, Boston [4]1964 (1940); Recent Social Trends, New York 1933; On Culture and Social Change, Chicago 1964, dt.: Kultur u. sozialer Wandel, 1969.

Okkultismus (lat. occultum »das Geheimnisvolle«, »Verborgene«), Sammelbezeichnung für weltanschaul. Orientierungen u. außeralltägl. Praktiken, die von dem Glauben getragen werden, durch Geheimwissen in unsichtbare, geheimnisvolle u. wiss. noch unerforschte Bereiche der Welt, Natur u. des menschl. Geistes eindringen u. auch beeinflussen zu können. Okkulte Praktiken sind z. B. Wahrsagen, Pendeln, Geister- u. Totenbefragung mittels wandernder Gläser oder klopfender Tische. O. zählt zu den Forschg.sobjekten der Parapsychologie. Im Unterschied zu Magie u. Astrologie ist O. eine Erscheinung der Neuzeit. Ursachen u. begünstigende Umstände für die Ausbreitung des O. in der mod. Ges. sind: gesteigertes »Unbehagen an der Moderne«, Unzufriedenheit mit dem vorherrschenden Rationalismus u. Materialismus, Erschütterung der Wiss.s-, Technik- u. Fortschrittsgläubigkeit, Auflösung überkommener religiöser Glaubens- u. Sinnsysteme, Ausbreitung des Nihilismus, Mangel an Befriedigung »metaphys. Bedürfnisse«. Der vom Monismus durchzogene, variantenreich erscheinende u. in zahlreichen Gruppierungen, Gemeinschaften u. Bewegungen zum Ausdruck kommende O. bildet insgesamt eine international weit verbreitete, mehr unterhalb der offiziellen Bereiche der mod. Leistungsges. wirksame Strömung, die zunehmend kommerziell ausgeschöpft wird. →New Age.

F. Moser, Das große Buch des O., 1974; H. Bender, Umgang mit dem Okkulten, 1984; R. Stark u. W. S. Bainbridge, The Future of Religion, Berkeley/Calif. 1985; O. Prokop u. W. Wimmer, Der mod. O., [2]1987; W. Janzen, O., 1988; H.-J. Ruppert, O., Geisterwelt oder neuer Weltgeist?, 1990.

Okzident (lat. Sonnenuntergang), das Abendland im Unterschied zum Orient bzw. Morgenland u. z. T. auch zu den östl. Ländern Europas. Geistesgeschichtl. bezeichnet der O. den im Mittelalter entstandenen west- u. mitteleuropäischen Kulturkreis. Nach M. Weber ist die Entwicklung der okzidentalen Kultur als ein weltgeschichtl. einmaliger Prozeß zunehmender u. durchgängiger →Rationalisierung aller Lebensbereiche aufzufassen. Quellen dieses Prozesses gehen auf das antike Judentum zurück. Im Zuge der Durchbrechung der Magie u. der »Entzauberung der Welt« bildete sich mit der protestant. Ethik, insbes. mit dem calvinist. Puritanismus ein spezif. gearteter Rationalismus (rationale Wirtschaftsethik, Lebensführung u. Technik) heraus, der wiederum den mod. Kapitalismus hervorbrachte. Bei gleichzeitig weitergehender Säkularisierung setzt sich die Rationalisierung im Prozeß der Modernisierung fort, wobei die okzidentale Kultur im Zus.hang mit der Ausbreitung der Industrieges. eine universale Ausstrahlungskraft zeigt wie bisher keine andere Hochkultur.

M. Weber, Gesammelte Aufsätze zur Religionssoziol., 3 Bde., 1988 (1920).

Okzidentale Kultur →Okzident

Oligarchie (griech.), »Herrschaft von Wenigen«, Herrschaft einer kleinen Gruppe in einem Staatsverband oder einer Organisation. In der Polit. Soziol. vorrangiges Forschgs.problem, seitdem in sozialen Systemen, die ideolog. dem Prinzip der Demokratie verpflichtet sind, Tendenzen zur Erstarrung der Willensbildung u. zur Abkapselung u. Vorherrschaft von Führungsgruppen festgestellt wurden. Das Problem der sog. »Oligarchisierung« von Großorganisationen wird im Zus.hang mit den funktionalen Konsequenzen systeminterner Rationalisierung und Bürokratisierung sowie mit der polit. Forderung nach Demokratisierung behandelt. →Parteiensoziol.

R. Michels, Zur Soziologie des Parteiwesens in der mod. Demokratie, ^{4}1989 (1925); S. M. Lipset, Union Democracy, New York 1962; U. Lohmar, Innerparteil. Demokratie, 1963; F. Naschold, Organisation u. Demokratie, 1969.

Oligopol →Marktformen

Olson, Mancur Lloyd, *22. 1. 1932 Grand Forks, N. Dakota, amerik. Wirtschafts- u. Soz.wiss., 1956 MA Oxford Univ., 1963 Ph. D. Harvard Univ. u. Assist. Prof. für Ökonomie Princeton Univ., 1967–69 Mitarbeit im Department of Health, Education and Welfare in Washington, DC, 1969 Assoc. Prof. für Ökonomie Univ. of Maryland, 1970 Prof., 1979 distinguished Prof., zahlr. Ehrungen u. lt. Ämter in wiss. Ges.en.
Auf der Grundlage des Methodolog. Individualismus u. der Theorie des ökonom.-rationalen Handelns von individ. u. kollektiven Akteuren hat O. maßgebl. zur Entfaltung der Neuen Polit. Ökonomie beigetragen. Von zentraler Bedeutung sind in diesem Zus.hang →öffentl. Güter (Kollektivgüter), die von allen Angehörigen einer Ges. oder bestimmter soz. Kategorien (z. B. Arbeiter eines Wirtschaftszweiges)

in Anspruch genommen werden können. Die Teilhabe der jeweiligen Individuen an den Erfolgen von Interessengruppen führt infolge des rationalen Strebens nach Einschränkung eigener Anstrengungen u. Kosten zum Problem der →Trittbrettfahrer (»O.-Dilemma«). Relativ kleine Personenkategorien können sich eher zu ges. einflußstarken Sonderinteressengruppen zus.schließen (z. B. Unternehmer einer Branche) als große Bevölkerungsanteile (z. B. Steuerzahler, Verbraucher, Arbeitslose u. Arme). Je mehr sich starke Sonderinteressengruppen u. Verteilungskoalitionen herausbilden, die jeweils für sich möglichst große Anteile am Sozialprodukt bzw. Volkseinkommen erringen wollen, um so mehr ergibt sich eine »institutionelle Sklerose« von Wirtschaft u. Ges., die dem soz. Wandel, der Einf. von Innovationen, der wirtschaft. Leistung, Effizienz u. Entwicklung entgegenwirkt. Im Vordergrund steht dann der Verteilungskampf u. nicht die Produktion. Im Rahmen einer breit angelegten u. histor. fundierten Erforschg. des Aufstieges u. Niederganges von Nationen hat O. neben den westl. Industries.en auch Entwicklungsländer u. frühere Hochkulturen dahingehend untersucht, inwieweit Sonderinteressengruppen u. Verteilungskoalitionen zu ges. Erstarrung u. wirtschaftl. Stagnation führen. Zugunsten der wirtschaftl. Entwicklung u. der Mehrung des Volkswohlstandes hält O. die Durchsetzung liberaler Ideen u. insbes. eines möglichst freien Marktes für erforderlich. Soz. Ungleichheit sollte durch staatl. Handeln nur soweit gemindert werden, daß es nicht zur Einschränkung von Leistungsmotivation kommt.
Schr.: The Economics of the Wartime Shorta-

ge, Durham, N. Carolina 1963; The Logic of Collective Action, Cambridge, Mass. 1965, dt.: Die Logik des kollektiven Handelns, [3]1992 (1968); Toward a Social Report (mit anderen), Washington 1969; (Hg.) The No Growth Society (mit H. Landsberg), New York 1974; (Hg.) A New Approach to the Economics of Health Care, Washington u. London 1981; The Rise and Decline of Nations, New Haven 1982, dt.: Aufstieg u. Niedergang von Nationen, 1985; How Bright are the Northern Lights?, Lund (Schweden) 1990.
K. Schubert (Hg.), Leistungen u. Grenzen polit.-ökonom. Theorie, 1992.

Omnibus-Umfrage, Mehr-Themen-Umfrage, in der kommerziellen Markt- u. Meinungsforschung eine häufig praktizierte Befragungsform, bei der infolge der kostengünstigen Bündelung mehrerer Befragungsaufträge ein Fragebogen mit entsprechend vielen Themenbereichen eingesetzt wird, z. B. kirchl.-religiöse Fragen, Kindererziehung, Konsumverhaltensweisen, Umweltschutz, Parteipräferenzen u. Wahlabsichten. Der Fragebogen sollte so konstruiert sein, daß er dem Befragten log. aufgebaut erscheint. Psycholog. ist es zweckmäßig, zw. einzelnen Fragenkomplexen Überleitungsfragen einzufügen. Fragebogen mit einer Themenmischung wirken der unbewußten Tendenz von Interviewern entgegen, bei monothemat. ausgerichteten Befragungen bevorzugt sachverständig erscheinende Personen auszuwählen.

Ontogenese, die durch biolog. bedeutsame Faktoren u. durch Umwelteinflüsse bewirkte Entwicklung eines Organismus im Verlaufe seiner Lebensgesch. (von der Geburt bis zum Tode).

Operationale Definition, im Sinne des →Operationalismus die Umschreibung, Präzisierung u. Standardisierung eines Begriffs durch Angabe der Operationen, die zur meßtechn. Erfassung des durch den Begriff bezeichneten Sachverhaltes notwendig sind. Beispiel: Der Begriff der vertikalen Soz.struktur bezeichnet das Gefüge unterschiedl. bewerteter, mit unterschiedl. Lebenschancen verbundenen Statuslagen einer Ges. Die unterschiedl. Bewertungen können mit Hilfe von Befragungsmethoden empir. ermittelt werden, u. zwar durch Methoden der Selbst- u. Fremdeinstufung. Die unterschiedl. Lebenschancen können insbes. durch statist. Erhebungen u. Analysen ermittelt werden.

Operationalisierung, Anwendbarmachen von theoret. Begriffen für die Empir. Sozialforschung dadurch, daß präzise Anweisungen für Ermittlungsverfahren u. Forschungsoperationen angegeben werden, mit denen entschieden werden kann, ob in der untersuchten Realität ein mit dem betr. Begriff bezeichneter Vorgang oder Tatbestand vorliegt oder nicht. Solche Entscheidungen über die den Begriff repräsentierenden Forschungsoperationen heißen »operationale Definitionen« des Begriffs. In der Soziologie haben sie eine große Bedeutung, weil der empir. Bezug der meisten soziol. Begriffe nur ein indirekter ist. »Einstellung«, »Wert«, »Herrschaft«, »Prestige«, »Zufriedenheit«, »Ideologie« sind z. T. theoretische Begriffe, die nicht unmittelbar wahrgenommen werden können. Darum bedarf es der Regel zum empir. Nachweis. Operationale Definitionen werden auch als »Indikatoren« für theoret. gemeinte, nicht unmittelbar wahrnehmbare Tatbestände bezeichnet. →Gültigkeit, →Operationalismus, →Lundberg, G. A.

H. Albert, Probleme der Wiss.lehre der Sozialforschg., in: R. König (Hg.), Hdb. d. empir.

Sozialforschg. I, 1967; E. Topitsch (Hg.), Logik d. Sozialwiss.en, 1965; R. Mayntz, K. Holm, P. Hübner, Einf. i. d. Methoden d. empir. Soziol., 1969; R. Nippert, Quantifizierung der soz. Realität, 1972.

Operationalismus, wiss.theoret. Auffassung, nach der ein wiss. Begriff nur insoweit für die wiss. Analyse zugelassen wird, wie Verfahrensregeln (Operationen) angegeben werden, die durchzuführen sind, um das Vorhandensein des vom Begriff gemeinten Phänomens festzustellen. Nach dem O. decken sich also Begriff u. operationale Definition (→Operationalisierung). Der auf den amerikan. Physiker P. W. Bridgman (1882–1961) zurückgehende O. wird in den Sozialwiss. bes. dann zu einer methodolog. leitenden Idee, wenn wiss. Begriffe sich auf nicht direkt wahrnehmbare, komplexe, abstrakte Sachverhalte beziehen. Es wird in solchen Fällen oft das als Phänomen erklärt, was nach Maßgabe konventioneller oder individuell willkürl. festgelegter Verfahrensregeln ledigl. als solches gemessen wurde.

P. W. Bridgman, The Present State of Operationalism, in: P. G. Frank (Hg.), The Validation of Scientific Theories, Boston 1956; G. Bergmann, Sinn u. Unsinn des O., in: E. Topitsch (Hg.), Logik der Soz.wiss.en, 1965; J. Klüver, O., 1975.

Operations Research (engl.), Abk. OR, Operationsforschg., Unternehmensforschg., eine interdisziplinär ausgerichtete Vorgehensweise zur Ermittlung u. Begründung optimaler Operationen bzw. Handlungen für alternative Ziele im Rahmen komplexer Systeme. Hierbei werden mathemat. Methoden u. Computer eingesetzt. OR dient in praxisorientierter Weise der Lösung von Problemen u. der Vorbereitung von Entscheidungen. OR ist im II. Weltkrieg in Großbritannien u. den USA im Zus.hang mit der Planung militär. Operationen aufgekommen. Im Zuge der Weiterentwicklung entstanden zahlreiche Modelle u. Verfahren, z. B. Netzplanmodelle, Simulation, Entscheidungsbaumverfahren, Modelle des Systems Dynamics, Spielmodelle. Zu Hauptanwendungsbereichen wurden die Wirtschaft, insbes. Großunternehmungen, öffentl. Verwaltung (z. B. Verkehrsplanung) u. polit. Planung. Enge Beziehungen bestehen zur Wirtschaftsinformatik. In westl. Industrieges.en gibt es wiss. Ges.en u. Fachzs.en für OR, z. B. die Dt. Ges. für O. R. (DGOR).

C. W. Churchman u. a., O. R., [5]1971; H. Müller-Merbach, O.-R. 1988 ([3]1973); M. Meyer, O. R. – Systemforschg., [3]1990.

Opinion Leader (engl.) →Meinungsführer

Opp, Karl-Dieter, *26. 5. 1937 Köln, 1963 Dipl.-Hdl., 1967 Dr. rer. pol., 1970 Habil. für Soziol. Nürnberg, 1971 o. Prof. f. Soziol. Univ. Hamburg, seit 1993 Univ. Leipzig. – Hauptarbeitsgebiete: Soziol. Theorie u. Methodologie; polit. Protest, Revolutionen u. polit. Gewalt; Abweichendes Verhalten. Das wiss. Arbeitsprogramm besteht darin, eine allg. Handlungstheorie, u. zwar ein weites Modell rationalen Handelns, weiterzuentwickeln, zur Erklärung spezif. soz. Sachverhalte anzuwenden, empir. zu prüfen u. dabei mit konkurrierenden Hypothesen zu vergleichen.

Schr.: Methodologie der Soz.wiss.en, 1976 (1970); Soz. Handeln, Rollen u. soz. Systeme, 1970; Verhaltenstheoret. Soziol., 1972; Soziol. im Recht, 1973; Abweichendes Verhalten u. Ges.sstruktur, 1974; Soziol. der Wirtschaftskriminalität, 1975; Individualist. Soz.wiss., 1979; Die Entstehung soz. Normen, 1983; The Rationality of Political Protest, 1989; Der Tschernobyl-Effekt (mit W. Roehl), 1990; (Hg.) Empir. Theorienvergleich (mit R. Wippler), 1990; (Hg.) Social Institutions (mit M. Hechter u. R. Wippler), New York 1990.

Oppenheimer, Franz, 30. 3. 1864 Berlin – 30. 9. 1943 Los Angeles, Medizinstudium in Freiburg/Br. u. Berlin, bis 1896 prakt. Arzt in Berlin, dann sozialwiss. Studium u. Tätigkeit als Redakteur u. freier Schriftsteller, 1909 Privatdozent für Wirtschaftswiss. Berlin, 1917 Prof., 1919 o. ö. Prof. für Soziol. u. Wirtschaftstheorie Frankfurt/M., 1929 em., danach Gastprof. in versch. Ländern.

O. knüpfte an A. Comte u. K. Marx an u. begriff Soziol. als eine geschichtsphilos. Universalwiss., die sich mit dem gesch.-ges. Gesamtzus.hang beschäftigen soll. Soziol. ist damit die Grundwiss. aller Sozialwiss.en. In Anlehnung an L. Gumplowicz faßte er Ges. als eine Gesamtheit von Gruppen auf, die miteinander um Macht kämpfen. Die Haupttriebkraft für die ges. Entwicklung sah O. in dem Streben der Gruppe, ihre Bedürfnisse durch Beherrschung u. Ausbeutung anderer Gruppen zu befriedigen. Dieses Konzept von der exogenen Entstehung der Herrschaft liegt seiner soziol. Staatstheorie zugrunde: Aus dem Sieg der einen Gruppe über die andere entsteht der Staat (Überschichtungstheorie, weiterentwickelt von A. Rüstow). Recht resultiert aus dem Kampf ges. Gruppen, die den Staat bilden. Der Gruppenkampf kommt auch in dem Klassenkampf der Gegenwart zum Ausdruck. Diesen führte O. auf die »Bodensperre« zurück, da das Bodenmonopol der Großgrundbesitzer die Landflucht besitzloser Massen u. die Entstehung der industriellen Reservearmee hervorruft. Als Anhänger eines »liberalen Sozialismus« forderte O. die »Aufhebung der Bodensperre«, d. h. Enteignung des Großgrundbesitzes und eine Bodenreform. Dadurch soll eine Rückwanderung auf das Land u. die Herstellung eines Gleichgewichts zw. Industrie u. Landwirtschaft ermöglicht werden. Das Ziel der ges. Entwicklung ist eine herrschaftslose Sozialordnung freier Eigentümer u. eine Weltges. ohne nationale Grenzen.

Schr.: Die Siedlungsgenossenschaft, [3]1922 (1896); Großgrundeigentum u. soz. Frage, [2]1921 (1898); Der Staat, [4]1950 (1908); System der Soziol., 4 Bde., 1922–29; Wege zur Gemeinschaft, 2 Bde., 1924–27.
D. Haselbach, F. O., 1985; V. Kruse, Soziol. u. Gegenwartskrise, 1990.

Opportunismus (lat.), Handeln nach Zweckmäßigkeit; Anpassung an die jeweilige Herrschafts- u. Einflußverhältnisse zugunsten persönl. Vorteile, insbes. der Aufstiegschancen. O. steht im Widerspruch zum aufrichtigen Handeln nach eigenen Überzeugungen, Wert- u. Zielvorstellungen.

Opposition (lat.), »Gegensatz«, »Widerspruch«; Bezeichnung für polit. oder soziale Kräfte u. Interessen in Organisationen, Parteien u. demokrat. verfaßten Staaten, welche die dort jeweils in den Herrschaftspositionen befindl. Kräfte mit dem Ziel bekämpfen, entweder selbst die Herrschaft zu übernehmen oder zumindest die etablierte Herrschaft nach Maßgabe eigener Vorstellungen zu beeinflussen. Die O. ist in parlamentar.-demokrat. Regierungssystemen eine wesentl. Voraussetzung für das Funktionieren von Demokratie. Nach der Theorie des Parlamentarismus hat die O. die Aufgabe, die Politik der Regierungspartei(en) einer ständigen Kritik zu unterziehen bzw. dieser u. damit auch der polit. Öffentlichkeit ein Alternativprogramm aufzuzeigen sowie die Regierung zu kontrollieren. Vertreter der These von der Notwendigkeit allg. Demokratisierung der Ges. betonen die Bedeutung der O. als bewegendes Element auch für die Strukturverhältnisse der außerstaatl. Lebens- u. Organisationsbereiche (Wirtschaft, Schule, Verbände).

In der polit. Theorie u. Soziol. werden, insbes. nach den versch. gesch. Entwicklungsverhältnissen von Staat u. Demokratie, (a) versch. Typen der O. u. (b) versch. Funktionen u. Arbeitsmöglichkeiten der O. aufgrund konkreter sozio-ökonom. Gegebenheiten analysiert. Zum einen wird geprüft, welche Aufgaben die O. in Zwei- oder Mehrparteiensystemen wahrnimmt u. in welchen Phasen polit. Herrschaftsbestimmung u. -ausübung (Wahlkampf, Parlamentsarbeit, Exekutive) die O. – die Regierungsarbeit bekämpfend oder selbst partiell an polit.-staatl. Herrschaft beteiligt – wirksam wird (Dahl). Andererseits werden die gesamtges. Basisstrukturen eines staatl. Regierungssystems daraufhin untersucht, welche Chancen eine O. zur Artikulation u. Durchsetzung ges.pol. Alternativen zum bestehenden »System« hat (Kirchheimer). Mit der Entwicklung zum Wohlfahrts- u. Sozialstaat u. der Verfestigung der soz. u. materiellen Strukturverhältnisse zu sog. Sachzwängen wird ein Rückgang der sozialen u. damit der polit. Polarisierungen erkannt. Damit werden grundsätzl. polit. Perspektivenprobleme zu polit.-verwaltungsmäßigen Zweckmäßigkeits- u. Methodenfragen aufgelöst u. die Erhaltung u. Konsolidierung der (insbes. ökonom.) Effizienz bestehender ges. Verhältnisse zur zentralen Gemeinwohl-Frage erhoben. Diese Entwicklung führt zu der Frage, welchen Spielraum die in hochentwickelten Industrieges.en äußerst

beschränkte Modifizierbarkeit des komplizierten Staats- u. Ges.mechanismus der Profilierung einer parlamentar. O. überhaupt noch läßt. Die Angleichung der polit. Programme der großen Parteien u. das herrschaftspolit. Aushandeln von polit. Kompromissen unter professionellen Politikern kleiner Partei- u. Verbandseliten, insbes. die Bildung »großer Koalitionen« begünstigen die Entstehung von Erscheinungen u. Gebilden einer außerparlamentar. O. Diese kämpft um die Lösung von Problemen, die in parlamentar. Herrschaftskartellen zw. Regierungsparteien u. O. keine Beachtung u. Klärung finden können.

J. Bode, Ursprung u. Begriff der parlamentar. O., 1962; O. Kirchheimer, Politik u. Verfassung, 1964; R. Dahl (Hg.), Political Opposition in Western Democracies, New Haven u. London 1966; J. Agnoli, P. Brückner, Transformation der Demokratie, Theorie der außerparlamentar. O., [4]1968; F. Hitzer, R. Opitz, Alternativen der O., 1969; W. Steffani (Hg.), Parlamentarismus ohne Transparenz, 1971; G. Ionesco, Die O., 1971; J. Raschke, Innerparteil. O., 1975; H. Oberreuter (Hg.), Parlamentar. O., 1975; N. Luhmann, Theorie der polit. O., in: Zs. f. Politik 36 (1989); P. Lösche (Hg.), Göttinger Soz.wiss. heute. Fragestellungen, Methoden, Inhalte, 1990; W. Euchner (Hg.), Polit. O. in Dtl. u. im internat. Vergleich, 1993.

Oppositionswissenschaft, eine durch C. →Brinkmann bekannt gewordene Bezeichnung für eine in verschiedenen Zeitabschnitten u. Ges.en unterschiedl. stark ausgeprägte Dimension der Soziol., die auf Opposition zu jeweils gegebenen soziokult. Verhältnissen ausgerichtet ist. Bei extremer Ausprägung läßt diese Dimension die Soziol. als Revolutionswiss. erscheinen. Quellen für die Soziol. als O. waren die Philosophie der Aufklärung, Ideologiekritik, der Liberalismus, die Entfaltung des Bürgertums, der Marxismus, Sozialismus u. krit. Intellektualismus. Je nach

Optimum 636

den Umständen wurden überkommene, rational nicht zu rechtfertigende Weltanschauungen, Wertsysteme, Institutionen, Herrschaftsverhältnisse u. Ges.sstrukturen ideologiekrit. entlarvt u. für überwindungsbedürftig erklärt. Vermeintlich »gottgewollte«, »natürl.« u. »selbstverständl.« soziokult. Gegebenheiten (zugunsten bestimmter Eliten u. Oberschichten) wurden in Frage gestellt u. relativiert. Gefordert wurden die Beseitigung soz. Mißstände, die Durchführung soz. Reformen u. eine demokrat.-rationale Steuerung des soz. Wandels. In den USA wurde die Entfaltung der Soziol. unter dem Einfluß des Pragmatismus großenteils durch das Streben nach Bewältigung soz. Probleme bestimmt. Zu den Leitwerten der Soziol. als O. zählen Menschenwürde, Freiheit, Gerechtigkeit, Verbesserung der allg. Lebensverhältnisse sowie Rationalität (Verwirklichung der Vernunft). Gegenkräfte bildeten Nutznießer kritisierter Ges.szustände u. Strömungen des Konservatismus, die der Soziol. die Funktion einer Ordnungswiss. beimessen. In wiss. Hinsicht ist die Vereinbarkeit der Soziol. als O. mit dem Postulat bzw. Gebot der Werturteilsfreiheit objektiver Wiss. problematisch. Die Entwicklg. der Soziol. zu einer nicht-normativen Erfahrungswiss. hat ihren ursprüngl. Oppositionscharakter weitgehend abgeschwächt.

Optimum (lat.), das Beste, das Wirksamste.

Optimumtheorie, bevölkerungstheoret. These in Anlehnung an das Ertragsgesetz, nach der von einem Unterbevölkerungsniveau aus ein Zuwachs der Bevölkerung überproportionale Zuwachsraten

an Volkseinkommen erbringt. Dagegen bedingt in Überbevölkerungssituationen eine Zunahme der Bevölkerung entweder ein Sinken des Pro-Kopf-Anteils am Volkseinkommen oder sogar des Volkseinkommens selbst. Für die O. ist von bes. theoret. Bedeutung der Kulminationspunkt, d. h. das Optimum, in dem die Unter- in eine Überbevölkerung übergeht oder umgekehrt.

L. Robbins, The Optimum Theory of Population, 1927; H. Adebahr, Die Lehre von der optimalen Bevölkerungszahl, 1965.

Option (lat.), »Auswahlmöglichkeit«, Bezeichnung für die Wahl- u. Handlungsmöglichkeiten einer Person oder eines sozialen Gebildes im Rahmen ges. Werte u. Normen, Notwendigkeiten und Widerstände. Die O.en vermehren sich mit wachsender Komplexität u. Pluralisierung der modernen Ges. Insb. die folgenreiche Bewältigung lebenswichtiger Probleme, z. B. Energieversorgung, erfordert das Offenhalten vieler O.en.

Oral (lat.), auf die Körperzone des »Mundes« bezogen. →Libidophasen

Oral history (engl.), »mündl.« oder »gesprochene Geschichte«, eine insbes. in der Soz.gesch. angewandte Vorgehensweise, bei der zur Ergänzung schriftl. Quellen Personen befragt werden, die jeweils interessierende vorangegangene Zeitabschnitte persönl. erlebt haben. Dadurch sollen vor allem die Kulturen u. das Alltagsleben der sog. »kleinen Leute«, der unteren Soz.schichten u. bestimmter Personenkategorien (z. B. Frauen, Arbeiter, Einwanderer) aus der eigenen Perspektive angemessen berücksichtigt werden.

H. C. Ehalt (Hg.), Gesch. von unten, 1984; L. Niethammer (Hg.), Lebenserfahrung u. kollektives Gedächtnis, 1985.

Ordinalskala →Skala

Ordnung, bezeichnet allg. einen stabilen, dauerhaften, ganzheitl. Zus.hang v. Teilen u. Elementen aufgrund bestimmter Gesetzmäßigkeiten oder Prinzipien. Als soziol. Grundbegriff bezieht sich O. auf die durch Weltanschauungen, Werte, Normen, Sanktionen u. Herrschaftsverhältnisse stabilisierten Struktur- u. Wirkungszus.hang der Gesamtges., ges. Teilbereiche u. sozialer Gebilde. Die Vieldimensionalität ges. O. kommt im Wert-, Normen-, Rechts- u. Herrschaftssystem, in der vertikalen Sozialstruktur (Klassen- u. Schichtungssystem) u. in dem Gefüge sozialer Positionen u. Rollen zum Ausdruck. Grundlegend für die Entstehung ges. O. sind das Verhaltensprinzip der Reziprozität bzw. Gegenseitigkeit, Austauschprozesse u. Kooperation sowie die Herausbildung stabiler Institutionen. Haben sich Kooperationsformen u. Institutionen in vormod. Ges. gleichsam »naturwüchsig« entfaltet, so werden sie in der mod. Ges. zunehmend bewußt gestaltet. Vertragstheoret. Ansätze (→Ges.svertrag) betonen den von Vernunft gesteuerten, freiwilligen Zus.schluß von Menschen auf der Grundlage eines Vertrages (Kontraktes). Vor dem Hintergrund fortschreitender Individualisierung u. unter dem Einfluß individualist. ausgerichteter Theorien des ökonom.-rationalen Handelns sowie der Spieltheorie wird die Entstehung u. Aufrechterhaltung von O. mit der Einsicht rationaler Akteure in die Vorteilhaftigkeit geordneter Kooperation für die eigenen Interessen erklärt.

Die Geltung einer O. resultiert aus dem Handeln v. Individuen, die sich »an der Vorstellung vom Bestehen einer legitimen O.« orientieren (M. Weber). Die Stabilität ges. O. hängt davon ab, inwieweit die bestehende O. v. den Ges.sangehörigen als »natürlich«, »gottgewollt« u. unwandelbar empfunden oder durch Reflexion u. Anspruchssteigerung als gesch. bedingt, willkürlich, veränderbar u. bewußt gestaltbar eingeschätzt wird. Die Gesch. der Soziol. ist mit der In-Frage-Stellung traditional eingelebter, rational nicht legitimierter O.sverhältnisse verbunden (Soziol. als Oppositions- bzw. Revolutionswiss.). Die mit dem Zerfall überkommener O. verbundenen Gefahren ges. Desintegration haben zugleich die Frage nach der Möglichkeit ges. O. zu einem zentralen Problem der Soziol. gemacht (Soziol. als O.s- u. Planungswiss.). Die Anerkennung u. das Befolgen v. O.sverhältnissen setzen in der mod. Ges. zunehmend voraus, daß sich die ges. O. unter Berücksichtigung mannigfaltiger Wertvorstellungen, Bedürfnisse u. Interessen demokratisch-rechtmäßig herausgebildet hat. Die Auflösung althergebrachter, selbstverständl. erscheinender O. gewährt dem Individuum mehr Freiheit, bedingt aber auch mehr Orientierungsschwierigkeiten, Verhaltensunsicherheit u. abweichendes Verhalten. Die diesen desintegrativen Tendenzen entgegenwirkende Verrechtlichung u. Bürokratisierung der ges. O. führt sowohl zu einer höheren Berechenbarkeit des sozialen Handelns als auch zu einer Einengung individ. Freiheit. →Gesellschaftsordnung, →Strukturell-funktionale Theorie.

M. Weber, Wirtschaft u. Ges., Bd. 1, [5]1976 (1921); A. v. Martin, O. u. Freiheit, 1956; T. Geiger, Arbeiten zur Soziol., hg. v. W. Trappe,

1962; P. Kellermann, Kritik einer Soziol. der O., 1967; J. Morel, Enthüllung der O., 1977; T. Voss, Rationale Akteure u. soz. Institutionen, 1985; R. Axelrod, Die Evolution der Kooperation, ²1991 (1987).

Ordoliberalismus →Neoliberalismus

Organisation (lat.), »Anlage«, »Aufbau«, »Gliederung«. Im Vergleich zu einem betriebswirtschaftl. normativ orientierten Ansatz, dem O. als Verfahrenstechnik im Sinne einer auf ein gesetztes Soll hin integrativen Strukturtechnik erscheint, bezeichnet der Begriff O. in der O.soziol. ein soz. System oder ein soz. Gebilde nicht nur im Hinblick auf dessen organisierten Aspekt, sondern als Gesamtheit aller geplanten, ungeplanten u. unvorhergesehenen soz. Prozesse, die darinnen oder in Beziehung zu anderen, umgebenden Systemen ablaufen. Der soziol. Begriff O. erfaßt folgende Eigenschaften des bezeichneten Gegenstandes: Bestimmbare Anzahl der Mitglieder; markierbare Grenze zw. binnen- u. außenorientierten einerseits u. »fremden« soz. Beziehungsstrukturen andererseits; interne arbeitsteilige Rollengliederung nach einer zielorientierten, rationalen Ordnung; prinzipielle (gedankliche) Abhebbarkeit u. Unabhängigkeit der soz. Verhaltensstrukturen von den konkreten Mitgliedern. Eine soz. O. ist demnach ein System bewußt geplanter u. koordinierter Handlungseinheiten, die auf Personen als Positionsinhaber zur Ausführung verteilt sind. Sowohl der betriebswirtschaftl. Begriff von O. als Instrument als auch der soziol. Begriff des Systems haben eine Begriffsfassung verschüttet, die O. als Assoziation begreift, d. h. als Zus.schluß von Menschen zur Erreichung gemeinsamer Ziele. Ein

solcher Begriff ist z. B. insbes. für die Arbeiterbewegung von Bedeutung gewesen.

Als gesch. entwickeltes soz. Gebilde manifestiert die O. immer auch ges. Ungleichheiten, Abhängigkeits- u. Unterordnungsverhältnisse. Im gesamtges. Zus.hang hat die O. neben ihrer soz.techn. Bedeutung als rationales Instrument für effiziente Zielrealisierung immer auch den Charakter eines Herrschaftsmittels. Da in der O. prinzipiell vorab, d. h. vor der Willensäußerung der einzelnen Positionsinhaber, insbes. der Untergeordneten, festgelegt ist, was jeder in welcher Situation wie zu tun hat, wer wem zu befehlen oder zu gehorchen hat, wer über was durch wen zu informieren ist bzw. Informationen entgegenzunehmen hat, wer in welcher Hinsicht wie zu behandeln ist, unterscheiden wir versch. Strukturaspekte der O.: z. B. die Autoritäts-, Rang-, Status-, Kommunikations- u. Informationsstruktur. Der Einfluß der O.mitglieder auf Gestaltung u. Ablauf des organisator. Geschehens läßt sich nur im theoret. Modell, nicht jedoch in der soz. Realität vollständig ausschalten. Aufgrund individueller oder aus anderen soz. O.en entwickelter Bedürfnisse, Interessen, Antriebe u. Fähigkeiten kommt es ständig zu Abweichungen vom Funktions- u. Koordinationsschema der Handlungseinheiten der O. Die soz. Wirklichkeit des O.sgeschehens ist eine Mischung von Geplantem u. Ungeplantem, die sich gegenseitig bedingen. Zu analyt. Zwecken unterscheidet die Soziol. der O. darum die »formale« u. die sog. »informale« O. Diese ist sachl. angemessen eher als informale Beziehungs- u. Gruppenstruktur zu bezeichnen, insbes. dann, wenn unter O. vorrangig der zielgerichtet-

Organisation

planmäßige Aufbau eines soz. Gebildes verstanden wird.

Für die Analyse der Autoritätsstruktur einer O. erweist sich die Unterscheidung von zugeteilter (»Amts«-)Autorität oder Kompetenz u. tatsächl. Autorität als fruchtbar. Die Ausprägung der letzteren ist in erster Linie ein Ergebnis sog. »persönl.«, d. h. an die Persönlichkeit des Positionsinhabers gekoppelter Autorität, u. der Bewertungen im Sinne von »höher« oder »tiefer«, die die versch. Positionen in der O. durch die O.smitglieder erfahren (Statusstruktur). Gegenüber den von der formalen O. festgelegten Arbeitsgruppen sind die informalen Gruppen wesentl. Strukturelement realen O.sgeschehens. Sie entstehen (a) durch die aus der formalen O. sich ergebenden soz. Kontakte, (b) über berufl. Soziierungen (aufgrund von entspr. Zusammengehörigkeitsgefühl, Werttraditionen, gemeinsamer Erfahrungen), (c) nach außerberufl.-privaten gemeinsamen Interessen (Sport, Hobby u. a.), (d) nach Besonderheiten der soz. Herkunft, (e) als Ergebnis generations- u. altersbestimmter Interessenlagen, (f) als Reaktion auf Normen, Autoritäten u. Verhaltenssteuerungen durch die formale O., welche den Interessen der O.-Mitglieder versch. Rang- u. Positionsgruppen entgegenstehen (→informelle Beziehungen).

Da keine formale O. alle soz. Beziehungen u. gegenseitigen Abhängigkeitsverhältnisse der Mitglieder vollständig im voraus festlegen kann, kommt dem Problem der Identifikation der Mitglieder mit dem Gesamtziel der O. u. den daraus abgeleiteten Aufgaben große Bedeutung zu. Dies gilt vor allem im Hinblick auf die Zus.hänge von Entscheidungs- u. Informationsstrukturen (sowohl nach »oben«

wie nach »unten«). Auf allen Stufen u. Rängen der O. werden Informationen nach Maßgabe persönl. Interessen gefiltert, selektiert, verzerrt, nuanciert. Verfügung über entscheidungswirksame Informationen, knappe, begehrte »Güter«, oder die Inhabe sog. »Schlüsselpositionen« können in einer Weise benutzt (»gehandelt«) werden, die die formalen Strukturverhältnisse verletzen u. langfristig u. U. die Entscheidungsverhältnisse verändern werden.

Da eine O. als soz. Gebilde ihre Existenz u. die Form ihrer inneren Struktur immer aus umgebenden soz. Systemen ableitet u. legitimiert u. ihre Mitglieder auch Mitglieder dieser Systeme sind, kommt dem Verhältnis von O. u. soz. Umwelt eine primäre Bedeutung zu. Jede O.sanalyse muß darum ihren Gegenstand in seinen Beziehungen zu anderen Gebilden betrachten u. in diesem Zus.hang auch Veränderungsprozessen besondere Aufmerksamkeit schenken.

Im Rahmen des gegenwärtigen soz. Wandels unterliegt die O. allg. folgenden Tendenzen: Abflachung der Hierarchie zugunsten vernetzter Strukturen u. horizontaler Kooperation, Förderung von Teamwork u. der Eigenverantwortung der Positionsinhaber, Effizienzsteigerung, mehr Kunden- bzw. Bürgernähe, Pflege der →O.skultur, bewußte O.sentwicklung.

A. W. Gouldner, Patterns of Industrial Bureaucracy, Glencoe 1954; W. H. Whyte, Jr., The Organization Man, New York 1956, dt.: Herr u. Opfer der Organisation, 1958; J. G. March, H. A. Simon, Organizations, New York 1958; R. K. Merton (Hg.), Reader in Bureaucracy, Glencoe 1960; H. Hartmann, Funktionale Autorität, 1964; G. Hartfiel u. a., Beamte u. Angestellte in der Verwaltungspyramide, 1964; N. Luhmann, Funktionen u. Folgen formaler O., ³1976 (1964); P. M. Blau u. R. W. Scott, Formal Organizations, London 1966; M. Irle, Macht u. Entscheidungen in O.en, 1971; H. Ziegler, Strukturen u. Prozesse der Autorität

Organisationsentwicklung

in der Unternehmung, 1970; G. Büschges (Hg.), O. u. Herrschaft, 1976; K. Türk, Grundlagen einer Pathologie der O., 1976; G. Büschges u. P. Lütke-Bornefeld, Prakt. O.sforschg., 1977; A. Kieser u. H. Kubicek, O.stheorien, 2 Bde., 1978; K. Wöhler (Hg.), O.sanalyse, 1978; J. S. Coleman, Macht u. Ges.sstruktur, 1979; H. Bosetzky u. P. Heinrich, Mensch u. O., 1980; H. Kubicek u. G. Welter, Messung der O.sstruktur, 1985; C. Steinle, O. u. Wandel, 1985; W. R. Scott, Grundlagen der O.stheorie, 1986; W. Girschner, Theorie soz. O.en, 1990; E. Frese, O.stheorie, ²1992; J. Schmidt, Die sanfte O.s-Revolution, 1993.

Organisationsentwicklung

(engl. organization development), Abk. OE, bezeichnet ein in den USA entstandenes Gesamtkonzept von Bemühungen, die unter Auswertung soz.wiss.licher Erkenntnisse, unter Berücksichtigung des beschleunigten soz. Wandels u. unter aktiver Beteiligung der Organisationsmitglieder auf eine langfristig-prozessuale Weiterentwicklung von Organisationen, insbes. von Unternehmungen u. Betrieben ausgerichtet sind. Hauptziele einer solchen umfassenden Strategie des geplanten Wandels sind: 1) Humanisierung der Arbeit, qualitative Verbesserung der Arbeitsbedingungen, Abbau von Fremdbestimmung, Ausbau der Mitbestimmung u. Partizipationsmöglichkeiten, Förderung der soz. Kompetenz u. Teamfähigkeit, Ausweitung des Spielraumes für Autonomie, Eigenverantwortung, Spontaneität, Kreativität u. individuelle Persönlichkeitsentfaltung. 2) Steigerung der Flexibilität, der Problemlösungs-, Leistungs- u. Erneuerungsfähigkeit einer Organisation. Erfolgreiche O. setzt voraus, daß nicht nur die Einstellungen u. Verhaltensweisen der Organisationsmitglieder bzw. -angehörigen berücksichtigt werden, sondern auch die sachorganisator., technolog. u. strukturellen Bedingungen einer Organisation. Wichtig ist eine auf Konsens u. effektive Kooperation ausgerichtete Pflege der Organisationskultur. Unter dem zunehmenden Druck beschleunigter Umweltveränderungen u. steigender individueller Ansprüche hängt die Zukunft von Organisationen entscheidend davon ab, inwieweit Organisationsangehörige als emanzipierte Mitarbeiter die permanente Weiterentwicklung ihrer Organisation aktiv-engagiert mitgestalten können u. auch wollen.

D. Gebert, O., 1974; J. Böhm, Einf. in die O., 1981; H. Becker u. I. Langosch, Produktivität u. Menschlichkeit, 1984.

Organisationsgrad,

Begriff mit uneinheitlichem Bedeutungsinhalt: (1) Bezeichnung für das Ausmaß der organisatorischen u. formalisierten Strukturierung eines soz. Gebildes; (2) Bezeichnung für die unterschiedl. große Anzahl v. Mitgliedschaften einer Person in verschiedenen Organisationen. Je höher der soz. Status einer Person, um so höher ist allg. auch ihr O., der beim alten Menschen oftmals wieder abnimmt.

Organisationskultur,

die Gesamtheit der Ziele, Grundüberzeugungen, Werte, Symbole, Normen, Verhaltensmuster und deren materielle Objektivationen, die einer Organisation ein bestimmtes Gepräge u. eine unverwechselbare Eigenart verleihen (→Corporate Identity). Die O. resultiert aus der Gesch. u. den Zielen sowie den zentralen, dominierenden Werten der jeweiligen Organisation (Unternehmung, Interessenverband, polit. Partei, Verein, Behörde, Anstalt u. a. m.). Hinzu kommen Einflüsse der soziokult. Umwelt u. der Organisationsangehörigen. Grundlegende u. dauerhafte Prägungen der O. gehen oft auf Organisations- u. Firmengründer zurück. Die zentrale Bedeutung der dominierenden Werte liegt darin, daß sie in rechtfertigender Weise vorgeben, welches Verhalten erwünscht oder unerwünscht ist. Die »Lebendigkeit« einer O. hängt entscheidend davon ab, inwieweit die Ziele und Werte in den Wertvorstellungen, Einstellungen u. Verhaltensweisen der Organisationsmitglieder zum Ausdruck kommen. Die Ziele u. Werte bestimmen weitgehend das Selbstverständnis der Organisation u. äußern sich oft komprimiert in einprägsamen Leitsprüchen, Slogans, Vorsätzen u. Geboten: exakte Ausführung von Aufgaben, Herstellung guter Produkte, »Das beste oder nichts«, Beachtung der Würde eines jeden Mitarbeiters, der Kunde steht im Mittelpunkt u. ä. m. Mitunter werden die Ziele u. Werte einer Organisation in Zielkatalogen, Leitlinien, Unternehmensgrundsätzen u. Führungsprinzipien explizit u. offiziell festgelegt. Die Glaubwürdigkeit solcher Bekundungen hängt davon ab, inwieweit die Führungskräfte entsprechend handeln. Die spezif. Werte einer Organisation äußern sich implizit in Anekdoten u. Riten (besonders erfolgreiche Kulturträger u. Wertvermittler), im speziellen Sprachgebrauch (Jargon), Umgangsstil u. -ton, in der Kleiderordnung, Büroeinrichtung, Architektur, Werbung, Öffentlichkeitsarbeit u. a. m.

O. beeinflußt die Emotionen u. Motivationen der Organisationsmitglieder. Sie kann Freude, Interesse für u. Stolz auf die Organisation, Zus.gehörigkeits- u. Wir-Gefühle hervorrufen u. verstärken. O. trägt somit maßgeblich zur Integration u. zum Zus.halt der Organisation bei. Von ihr hängt weitgehend die Leistungsbereitschaft des Organisationsangehörigen u. die allg. Leistungsfähigkeit der Organisation ab, ferner die Gewinnung qualifizierter u. leistungsstarker Nachwuchskräfte. O. ist damit ein entscheidender Wettbewerbs- u. Erfolgsfaktor sowie ein wirkungsvolles Führungsinstrument. Dementsprechend darf O. unter Berücksichtigung des beschleunigten soz. Wandels u. insbes. des Wertwandels nicht stat. aufgefaßt werden. Soll sie auf Dauer möglichst positiv wirken, dann muß sie weiterentwickelt u. gepflegt werden: durch Veränderung der Organisationsziele, Auffassungen, Werte, des Führungsstils, der Umgangsformen, Kleiderordnung u. der formalen Organisation (Hierarchie, Kommunikationssystem, Aufgabenverteilung, Leistungsbewertung, Arbeitszeitgestaltung). Innerhalb der O. können sich Subkulturen herausbilden, die sich in Verstärkung dominierender Werte der Organisation förderl. oder als Gegenkulturen dysfunktional auswirken (Entstehung destruktiver Konflikte, Leistungszurückhaltung, Sabotage). Durch Öffentlichkeitsarbeit wird ggf. versucht, das in bestimmten Teilbereichen der jeweiligen Umwelt bestehende Erscheinungsbild von der O. gezielt zu verbessern (Imagepflege).

E. Heinen (Hg.), Unternehmenskultur, 1987; W. Holleis, Unternehmenskultur u. mod. Psyche, 1987; H. Kasper, O. – Über den Stand der Forschg., 1987; O. Neuberger u. A. Kompa, Wir, die Firma, 1987; E. Dülfer (Hg.), O., 1988; R. Ganser, Integration der Mitarbeiter, 1988; S. Schuh, O., 1989; C. Lattmann (Hg.), Die Unternehmenskultur, 1990; M. Weßling, Unternehmensethik u. Unternehmenskultur, 1992; M. Dierkes, L. v. Rosenstiel u. U. Steger (Hg.), Unternehmenskultur in Theorie u. Praxis, 1993.

Organisationssoziologie, eine spezielle Soziol., die unter Anwen-

Organisationssoziologie

dung soziol. Problemstellungen, Theorien u. Methoden auf die empir.-theoret. Erforschung der →Organisation als soz. Gebilde u. auch als soz. Assoziation ausgerichtet ist. Die O. ist in ihrer Entstehung besonders eng mit der Industrie- u. Betriebssoziol. verbunden. Mit ihrer nicht-normativen Orientierung unterscheidet sie sich von der betriebswirtschaftl. Organisationslehre, der es als Aufbau- u. Verfahrenslehre um die Entwicklung von Regeln für das zweckmäßige u. effiziente Organisieren geht. Die O. widmet sich der Analyse der durch soz. Beziehungen zw. Menschen geprägten Struktur der Binnenverhältnisse u. Außenverbindungen organisator. Gebilde. Wichtigste Grundorientierung der O. ist die Erkenntnis, daß jede Organisation sich nicht in ihren planmäßigen, formalen Aspekten erschöpft, sondern daß in ihr immer zugleich ungeplante, unvorhergesehene Prozesse ablaufen u. sich informelle Beziehungen u. Gruppen herausbilden, die wiederum durch organisator. Planung u. Gestaltung mitverursacht werden. Nach K. Türk sind Organisationen soz. Konstrukte u. keine dinghaften Gebilde.

Die O. hat ihre Bedeutung erst mit der Verbreitung der die mod. Industrieges. prägenden Organisationen erhalten. Ihre Problemstellungen werden stark durch krit. Auseinandersetzungen mit den Strukturmerkmalen der Bürokratie bestimmt, die – hervorgehend aus der Gestaltung staatl. Herrschaftsapparate (öffentl. Verwaltung u. Militär) u. später von der Industrie u. anderen Betriebsarten übernommen – auch heute noch Orientierung u. Handlungsmuster organisator. u. organisierter Tätigkeit sind. Sowohl die zunehmende Bedeutung

demokrat. Ideale als auch die Veränderung der techn. u. ges. Herrschafts- u. Kooperationsbedingungen läßt O. danach fragen, inwieweit bestimmte Organisationsstrukturen noch zeitgemäß sind oder einer Modernisierung bedürfen. Wichtige Aspekte sind hierbei: die Effizienz der eigenen Zielverwirklichung, Beziehungen zur soz. Umwelt, das Verhältnis von Organisation u. Mitarbeitern bzw. -gliedern, Formen der Konfliktbewältigung.

Im einzelnen interessieren bes. der Zus.hang zw. den spezif. Zielen u. den inneren Strukturformen der Organisation u. ihrer polit. Konstitution im Rahmen impliziter bzw. expliziter Aushandlungsprozesse; die Abhängigkeit der Leistung von Flexibilität oder Starrheit der binnen- u. außenorganisator. Beziehungen; der hierbei immer bedeutsamer werdende Konflikt zw. sog. funktionaler (Sach-)Autorität u. Amtsautorität als binnenstrukturelle Herrschaftsbeziehungen oder zw. hierarch. u. kooperativ aufgebauten Arbeitsverhältnissen; die Beziehungen zw. geordneter Stabilität u. dynam.-anpassungsbereiter Flexibilität als Problem des Verhältnisses von Konservatismus u. Innovationsfähigkeit; der Prozeß der Zielverschiebung in Organisationen, durch den die Verfahrens- u. Verhaltensregeltreue der Mitglieder vom effizienten Mittel zum Selbstzweck u. damit u. U. zur Grundlage von organisator. Eigenmächtigkeit (z. B. staatl. Bürokratie) degenerieren kann; schließl. auch die Abhängigkeit der Organisationsnormen u. -strukturen von umgebenden u. sich im soz. Wandel verändernden gesamtges. Wertsystemen u. Handlungsnormen. Hierbei wird deren Einfluß auf spontane u. erzwungene Anpassungs- u. Reaktionsprozesse bei Mitgliedern unterschiedl. Persönlichkeitsstrukturen oder auf mögl. Diskrepanzen zw. individuellen u. organisator. fixierten Handlungszielen untersucht. Die Theorie hat sich dabei von zweckrationalist. Ansätzen (z. B. Bürokratietheorie) über Kontingenz- u. Systemmodelle, die die Organisation als eigenständig-verdinglichte Systeme begreifen, fortentwickelt zu Ansätzen, die die Funktion der Rationalitätssemantik selbstkrit. hinterfragen u. die polit.-kognitive Konstruiertheit von Organisationen in den Vordergrund stellen.

R. Mayntz, Soziol. der Organisation, 1963; A. Etzioni, Soziol. der Organisationen, 1967; R. Mayntz, Bürokrat. Organisation, 1968; H. Bosetzky, Grundzüge einer Soziol. der Industrieverwaltung, 1970; D. K. Pfeiffer, O., 1976; R. Mayntz, K. Roghmann u. R. Ziegler, Organisation – Militär, in: R. König (Hg.), Hdb. der empir. Soz.forschg., Bd. 9, 1977; K. Türk, Soziol. der Organisation, 1978; G. Büschges, Einf. in die O., 1980; G. Endruweit, O., 1981; R. Prätorius, Soziol. der polit. Organisationen, 1984; K. Türk, Neuere Entwicklungen in der Organisationsforschg., 1989; M. Heidenreich u. G. Schmidt (Hg.), Internat. vergleichende Organisationsforschg., 1991.

Organische Solidarität →Solidarität

Organisierter Kapitalismus, in Anlehnung an Analysen von R. Hilferding (1877–1941) Bezeichnung für jene Phase der Entwicklung des Kapitalismus, in der durch fortgeschrittene Konzentration wirtschaftl. Macht u. entsprechende übergreifende Organisationsformen (Kartelle, Konzerne, Trusts) der freie Wettbewerb zugunsten des beherrschend gewordenen »Finanzkapitals« verdrängt worden ist. Dadurch sei die Anarchie der Kapitalist. Produktion durch eine kapitalist. Planung überwunden, die zykl. Wirtschaftskrisen verhindern könne. Nach Hilferding müsse sich die Arbeiterklasse insbes. des »Finanzkapitals« bemächtigen, um den Kapitalismus überwinden zu können.

R. Hilferding, Das Finanzkapital, 1910; W. Gottschalch, Strukturveränderungen der Ges. u. polit. Handeln in der Lehre von R. Hilferding, 1962.

Organismustheorie, organ. Ges.auffassungen, theoret. Ansatz in der Geschichtsphilosophie u. Soziol., der von der Vorstellung der Ganzheit u. Einheit der Ges. (gegenüber ihrer individualist. Interpretation als bloße Summation oder Aggregation von handelnden Individuen) ausgeht. Die Hervorhebung der ges. Ganzheit ist verbunden mit der Betonung ihrer Gliedhaftigkeit, d. h. der Unselbständigkeit ihrer Teile u. der prinzipiellen Abhängigkeit aller Teile von einem umschließenden Gemeinsamen. Der Gedanke der Gliedhaftigkeit der Teile zum ges. Ganzen leitet über zum Gliederbau, d. h. zur harmon., proportionierten, ausgeglichenen u. im »gesunden« Zustand konfliktfreien Struktur, innerhalb derer jedes Teil seine Aufgabe, seinen Zweck zur Erhaltung u. Förderung des Ganzen erfüllt. Auf diese Weise wird die Ges. zum Organismus umgedeutet, in dem alles nach immanenten Gesetzen verläuft u. mechanist. Kausalität ebenso ausgeschlossen ist wie die subjektive Willkür irgendeines Teiles. Ges. Prozesse erhalten dadurch die Weihe des »Natürlichen«, Unabänderlichen.

In einer für die dt. Soziol. richtungweisenden Differenzierung trat die O. bei F. Tönnies' Unterscheidung von »Gemeinschaft« u. »Ges.« auf, zwei Grundbegriffen, die die prinzipielle Verschiedenheit von organ. u. mechan. Ges.auffassungen u. die histor. relevanten

Orgiasmus 644

Grundtypen soz. Daseins zum Ausdruck bringen sollten. Gegenüber der willkürl., künstlich aus den Interessen autonomer Individuen kontraktuell entstandenen Ges. ist die Gemeinschaft ein gewachsenes, »lebendiges«, in ihrem eigenen Zweck beschlossenes soz. Gebilde. Nach der »universalist.« Ges.lehre von O. Spann wurde Ges. nicht als die Summe oder das Produkt autonomer Individuen, sondern selbst als gliedhafte, funktional interdependente Ganzheit sui generis betrachtet. H. Spencer erkannte in der natürl. u. soz. Welt ein allg. Aufbau- u. Entwicklungsgesetz, wonach für organ. Lebewesen wie für soz. Gebilde nach den gleichen Prinzipien Wachsen, Werden u. Vergehen sowie die Prinzipien des inneren Aufbaus u. Funktionierens der Teile erklärt werden könnten (Biosoziologie). Auch nach den auf E. Durkheim, A. R. Radcliffe-Brown u. B. Malinowski zurückgehenden Grundlagen der Strukturell-funktionalen Theorie werden immer dann, wenn die Ges. ledigl. als relativ stabile Struktur betrachtet wird, Ansätze der O. fortgeführt. Den natürl. Organismen vergleichbar bilden hier die in einer gegenseitigen Verbundenheit u. Abhängigkeit aufgebauten Positionen u. ablaufenden Handlungen einen Zus.hang, der für die Existenz des Handlungssystem (= Ges.) notwendig ist u. der wiederum die Handlungseinheiten einer Tendenz zur Anpassung an die Systemnotwendigkeit unterwirft.

D. Ambros, Über Wesen u. Formen organ. Ges.sauffassung, in: Soz. Welt 14, 1963; J. Ritsert, Organismusanalogie u. polit. Ökonomie, in: Soz. Welt 17, 1966.

Orgiasmus (griech.), im weiteren Sinne Bezeichnung für Veranstaltungen u. Verhaltensweisen, die durch Ausgelassenheit, überschäumende Lebensfreude, Fröhlichkeit u. Leidenschaften gekennzeichnet sind, mit Tendenzen zur Ausschweifung, Zügellosigkeit, Maßlosigkeit, Verrücktheit, Ekstase, zum Sich-Hingeben. Die Grenze zur vorübergehenden Anomie bzw. Übertretung u. Erschütterung bestimmter soz. Normen ist fließend. Durch das Überschreiten der Alltagsmoral tritt diese wieder mehr in das Bewußtsein u. wird gestärkt. Ein soz. Zweck des O. liegt demzufolge in der Verfestigung der Alltagsmoral. Im Rahmen der jeweiligen soziokult. Umwelt können orgiast. Erscheinungen mit unterschiedl. Inhalten verbunden sein, insbes. mit Feiern, Festen, religiösen Kulten u. Orgien. Ursprüngl. bezeichnete O. kult. Feiern im antiken Griechenland, die in Raserei gipfelten. In der mod. Ges. bilden Erscheinungen des O. ein Gegengewicht zum Individualismus, Rationalismus u. Utilitarismus. Unter dem enthemmenden Einfluß des Alkoholgenusses werden vorübergehend soz. Distanzen u. Entfremdung verringert, ferner die durch Arbeit, Technik u. Bürokratie bestimmte Alltagswelt sowie soz. Probleme verdrängt.

M. Maffesoli, Der Schatten des Dionysos. Zu einer Soziol. des O., 1986 (franz. 1982).

Ossowski, Stanislaw, 22. 5. 1897 Lipno (Polen) – 7. 11. 1963 Warschau, Studium in Warschau u. Paris, 1945 Prof. Univ. Lodz, 1947 Prof. für Soziol. Univ. Warschau, nach 1956 Abt.leiter Poln. Akademie der Wiss.

O. versuchte, in philos. wie empir. begründeter Kritik an marxist. u. bürgerl. Theorien über Schichten u. Klassen zu einer Synthese zu kommen, die sowohl in histor. wie gegenwartsbezogener Analyse die volle Komplexität der vertikalen Strukturen von Ges.en u. die vielfältigen Relationen zw. den ges. Gruppierungen zum Ausdruck bringt. O. untersuchte, welche Formen das System zw.menschl. Beziehungen im soz. Bewußtsein der Menschen unter versch. objektiven Lebensbedingungen annimmt. Die aufgrund unterschiedl. Gruppen- u. Klassenzugehörigkeit ebenso unterschiedl. »Vorstellungsbilder« von derselben soz. Struktur werden in ihren Wirkungen auf Ideologien verfolgt.

Schr.: Zur Grundlage der Ästhetik, ²1949 (1933), poln.; »Hist.« Gesetze in der Soziol., 1935, poln.; Die Geisteswiss.en u. die soz. Ideologie, 1937, poln.; Soziol. Bindung u. Bluterbe, 1939, poln.; Soz. Analyse des Vaterlandsbegriffes, 1946, poln.; Neuen Formen des soz. Lebens entgegen, 1956, poln.; Marxismus u. schöpferische Wiss. in der sozialist. Ges., 1957, poln.; Die Klassenstruktur im soz. Bewußtsein, 1962.

Ostrakismus (griech.), Ostrazismus, Scherbengericht, eine von 487–416 v. Chr. in Athen angewandte Sanktionsmöglichkeit, durch die eine Volksversammlung einzelne Bürger auf zehn Jahre verbannen konnte. Die Teilnehmer konnten den Namen des zu Verbannenden auf Tonscherben (Ostraka) schreiben. Entscheidend war die Mehrheit. Der O. wurde auch im Machtkampf der Politiker gegeneinander eingesetzt. – Allg. u. umfassend bezeichnet O. von Konsensbildung getragene Erscheinungen des Boykotts, der Ächtung sowie des Ausschlusses von Gruppenmitgliedern u. Ges.sangehörigen.

R. Thomsen, The Origin of Ostracism, Kopenhagen 1972; M. Gruter u. M. Rehbinder (Hg.), Ablehnung – Meidung – Ausschluß, 1986.

Oszillation (lat.), das »Schaukeln«; soz.wiss. Bezeichnung für die im Zeitablauf feststellbaren Schwankungen der (quantitativ bestimm-

ten) Werte eines soz. Faktors (innerhalb begrenzter Spannweite bzw. Bandbreite) um einen »häufigsten«, »normalen« oder sog. »natürl.« Wert.

Outcast (engl.), Kastenloser, ein außer- bzw. unterhalb des Kastensystems stehender Inder; allg. ein Ausgestoßener, von der Ges. Verachteter.

Out Group (engl.), »Außen-Gruppe«, →Fremdgruppe.

Over-protection (engl.), Bezeichnung für übermäßiges »Behüten« des Kindes im Erziehungsprozeß, wobei die von den Erziehern (Eltern) fortwährend angebotenen Kontakte die eigenständigen Kontaktversuche des Kindes mit der Umwelt behindern.

Overkill (engl., over = darüber, to kill = töten), jener Teil des Bestandes an atomaren Waffen der Großmächte, der zur Vernichtung des Gegners gar nicht mehr gebraucht würde, weil der andere Teil des Bestandes bereits ausreichen würde. Die beiden waffentechn. Weltmächte USA u. Rußland haben beide eine mehrfache O.-Kapazität.

J. M. Svirezhev, Götterdämmerung. Folgen eines atomaren Konflikts, 1990.

Paar, von G. Tarde in seinem als »Interpsychologie« verstandenen soziol. Ansatz hervorgehobener elementarer Gegenstand der Soziol. Das P. bzw. die »Dyade« wird als einfachste soz. Beziehung zum theoret. Ausgangspunkt der Analyse aller soz. Gebilde höherer Ord-

Paarvergleich

nung. Dieser Ansatz ist in G. Simmels Lehre von den soz. Beziehungen als »Wechselwirkungen« zw. Individuen u. in L. v. Wieses Beziehungslehre weiterentwickelt worden.

Paarvergleich →Skalierungsverfahren

Packard, Vance Oakley, amerikan. Publizist u. Soz.kritiker, *23. 5. 1914 Granville Summit, Penns., Journalist bei versch. amerikan. Zt.en, vorübergehend Redakteur der Nachrichtenagentur »Assoc. Press«, lehrt an New Yorker Univ.en Publizistik.

Angeregt von den Sozialwiss., widmet sich P. in seinen populär geschriebenen Büchern Problemen u. Mißständen der nordamerikan. Industrieges. Er untersucht, in welchem Maße der Verbraucher durch sozialwiss. u. tiefenpsycholog. orientierte Werbung – »unterschwellig« – beeinflußt wird. Das wirtschaftl. Wachstum wird zunehmend von Verschwendungsphänomenen begleitet (Qualitätsverschlechterung von Produkten). P. beschäftigt sich u. a. ferner mit krit. Aspekten der sozialen Schichtung u. der Aufstiegsmentalität.

Schr.: The Hidden Persuaders, 1957 (dt.: Die geheimen Verführer, 1970, 1958); The Status Seekers, 1959 (dt.: Die unsichtbaren Schranken, 1959); The Waste Makers, 1960 (dt.: Die große Verschwendung, 1964, 1961); The Pyramid Climbers, 1962 (dt.: Die Pyramidenkletterer, 1966, 1963); The Naked Society, 1964 (dt.: Die wehrlose Ges., ⁵1965, 1964); The Sexual Wilderness, 1968 (dt.: Die sexuelle Verwirrung, 1969).

Pädagogische Soziologie untersucht die Wechselwirkung zw. erzieher. u. persönlichkeitsbildenden Prozessen u. Strukturen einerseits u. ökonom., kulturellen u. soz. (Ges.s-)Strukturen andererseits. Zentrale Arbeitsbegriffe sind Er-

ziehung u. Bildung. Erziehung wird verstanden als Abfolge von gezielten Eingriffen in die Persönlichkeitsentwicklung eines anderen Menschen. Bildung bezeichnet den durch Erziehung geförderten Prozeß der Selbstentfaltung u. Selbstbestimmung einer Person in Auseinandersetzung mit der ökonom. kulturellen u. soz. Lebenswelt.

P. S. hat sich erst zu einer bedeutsamen Teil-Soziol. entwickeln können, seitdem im Zuge der Industrialisierung die ehemals in zahlreichen Bereichen des soz. Alltagslebens mitvollzogenen Erziehungs- u. Bildungsaufgaben zu besonderen Funktionsbereichen zus.gefaßt u. institutionalisiert wurden (Pädagogisierung). Erst die Schaffung u. der weitere Ausbau eines öffentl. Bildungswesens haben die Probleme der gegenseitigen Beeinflussung von Erziehung u. Ges. aktuell werden lassen. Mit der Erkenntnis, daß institutionalisierte u. formalisierte Erziehungsprozesse sehr stark durch entsprechende Handlungsabläufe u. soz. Einwirkungen in Familie, Politik, Rechtswesen, Religion, Betrieb u. anderen Gruppen u. Organisationen u. Ges.sbereichen mitgeformt werden, sind die Grenzen zw. P. S. u. z. B. Familien-, Jugend-, Berufs- u. Gruppensoziol. ebenso wie zw. Pädagogik, (Entwicklungs-)Psychologie u. Theorie der Sozialisation flüssig geworden.

Zentrale Untersuchungsgegenstände der P. S. in der Zeit nach dem Zweiten Weltkrieg waren a) die Zus.hänge zw. Erziehungsnormen u. soz., ökonom. u. »ideolog.« Interessen, b) die Einflüsse von Erziehungsinhalten, -techniken u. -methoden auf die Entwicklung der menschl. Persönlichkeit, c) die Auswirkungen der Organisation des Bildungssystems (Mikrostruktur, Makrostruktur nach Schulformen und -stufen usw.) auf die Qualifikation des ges. Nachwuchses u. damit auch die Berufs- u. Soz.struktur u. ihre Veränderungen, d) die Folgen der Qualifikation durch Bildung auf individ. u. kollektiven Auf- u. Abstieg in der Soz.struktur, e) die Abhängigkeit der Begabungs- u. Intelligenzentwicklung sowie der Lernleistung u. -motivation von der soz. Stellung der Herkunftsfamilie (nach Schulbildung, Berufsprestige u. Einkommen der Eltern) u. von anderen soz. Verhaltens- u. Gruppeneinflüssen, f) die Steuerbarkeit von institutionalisierten Bildungsprozessen durch staatl. Maßnahmen der Bildungsplanung u. -reform, die die Leistungsfähigkeit des Bildungswesens an ökonom. und polit. Bedarfe anzupassen versuchen. Die theoret. Orientierungen der P. S. lassen sich unterscheiden nach a) Interaktions- u. Rollentheorien, die die Handlungszus.hänge zw. Lehrern, Schülern, Eltern, Vertretern von Schulbürokratie, Wirtschaft, Kirche, Verbänden usw. analysieren; b) Institutions- u. Organisationstheorien, die den strukturellen Aufbau von Bildungseinrichtungen (Kindergärten, Schulen, Hochschulen, Weiterbildungseinrichtungen usw.) u. ihren spezifischen Charakter als »persönlichkeitsverändernde Dienstleistungsorganisationen« untersuchen; c) soz.strukturelle Theorien, die die Zus.hänge (Interdependenzen) zw. dem Bildungswesen einerseits u. den übrigen ges. Teilsystemen der Wirtschaft, Politik, Verwaltung, soz. Kontrolle, Religion, Gesundheitspflege, Wohlfahrt, psychosoz. Versorgung, Wiss. u. Information thematisieren.

B. Bernstein u. a., Familienerziehung, Soz.schicht u. Schulerfolg, 1971; H. Röhrs

(Hg.), Der Aufgabenkreis der P. S., 1971; G. Hartfiel u. K. Holm (Hg.), Bildung u. Erziehung in der Industrieges., 1973; K. Hurrelmann, Erziehungssystem u. Ges., 1975; J. Kob, Soz.-Theorie der Erziehung, 1976; J. Gerstenmaier u. F. Hamburger, Erziehungssoziol., 1978; H. Fend, Theorie der Schule, 1980; G. Lenhardt, Schule u. bürokrat. Rationalität, 1984; P. Büchner, Einf. in die Soziol. der Erziehung u. des Bildungswesens, 1985; K. Hurrelmann, Einf. in die Sozialisationstheorie, 1986; S. Grimm, Soziol. der Bildung u. Erziehung, 1987; K. Plake (Hg.), Klassiker der Erziehungssoziol., 1987; H. G. Rolff u. a. (Hg.), Jb. der Schulentwicklung, 1989.

Pädagogisierung, Bezeichnung der Pädagogischen Soziol. für die Prozesse, die zus. mit der Entwicklung der Industrieges. zur institutionellen Verselbständigung der Erziehungshandlungen, -funktionen u. -einrichtungen geführt haben. »P. der Ges.« meint die Herausbildung u. funktionale Abgrenzung der Pädagogik u. der pädagog. Handlungskomplexe zu einem bes. ges. Subsystem.

Panel (engl.), »Fach«, »Fläche«, Begriff der Empir. Soz.forschg. für eine Erhebungsmethode, bei der eine in ihrer Zus.setzung gleichbleibende Anzahl von Personen, Gruppen, soz. Beziehungen, ökolog. Einheiten oder Sachen mit gleicher Methode zu versch. (meist regelmäßigen) Zeitabständen untersucht wird. Wesentl. ist beim P., daß stets die gleichen Variablen in der ausgewählten Untersuchungsgesamtheit analysiert werden. Das P. dient damit bes. der Feststellung von Einstellungs-, Entscheidungs- u. Verhaltensänderungen unter veränderten Umweltbedingungen oder neuen Außeneinflüssen u. eignet sich für die empir. Analyse soz. Wandels.

J. Nehnevajsa, Analyse von P.-Befragungen, in: R. König (Hg.), Hdb. d. empir. Soz.forschg. I, 1967; J. Hansen, Das P., 1982; U. Hanefeld, Das Sozio-Ökonom. P., 1987; G. Arminger u. F. Müller, Lineare Modelle zur Analyse von P.daten, 1990; U. Rendtel, Teilnahmebereitschaft in P.studien, in: KZfSS 42, 1990; U. Engel u. J. Reinecke, P.analyse, 1994.

Paneleffekt, Bezeichnung für die Auswirkungen einer Paneluntersuchung (→Panel) auf die Verallgemeinerungsfähigkeit der Untersuchungsergebnisse. Durch das wiederholte Untersuchen (z. B. Befragen) der gleichen Auswahl v. Personen können sich b. diesen das Interesse, der Informationsgrad u. die Einstellungen bezüglich der untersuchten Themen zunehmend verändern. Dementsprechend verringern sich in dieser Hinsicht die Repräsentativität der Personenauswahl u. die Verallgemeinerungsfähigkeit der Untersuchungsergebnisse. Zur Messung des P. kann nach wiederholter Untersuchung eine weitere, möglichst ähnlich strukturierte Personenauswahl als Kontrollgruppe untersucht werden.

Pantheismus (griech.), »All-Gott-Lehre«, eine philosoph. angereicherte, variantenreiche religiöse oder religionskrit. Weltanschauung, die das vom Christentum verbreitete Vorstellungsbild von Gott als überird. bzw. außerweltl. Instanz bestreitet. Gott wird mit dem All, mit der gesamten Natur identisch erklärt. Wird die alleinige Existenz der Welt behauptet, dann wird deren geistige u. materielle Einheit ledigl. »Gott« genannt. Tendenzen zum P. kommen in neueren, ganzheitl. u. mitunter auch ökolog. orientierten religiösen Gemeinschaften u. Bewegungen zum Ausdruck.

P. Paulsen, Der mod. P. u. die christl. Weltanschauung, 1906; Walter Schulz, Der Gott der neuzeitl. Metaphysik, ⁶1978.

Paradigma (lat.), »Beispiel«, die Struktur der Faktoren u. Vorstellungsaspekte, die das mehr oder weniger bewußte Vorverständnis ausmacht, das ein Wissenschaftler seinem Forschungsgegenstand entgegenbringt. P. ist das vortheoret. Modell, das (a) vom Stande der wiss. Theorie auch anderer Fachdisziplinen u. (b) vom erkenntnisleitenden Interesse des Wissenschaftlers geprägt ist. Wenn die Erkenntnisobjekte als durch wiss. geleitete Praxis veränderbar gelten, ist ein P. häufig ein Vorgriff auf eine nicht vorhandene, aber für die Zukunft gewünschte Realität. Die Bewährung eines P. wird darum sowohl am Fortschritt wiss. Erkenntnis wie an der Weiterentwicklung der polit.-soz. Verhältnisse beurteilt.

T. S. Kuhn, The Structure of Scientific Revolutions, Chicago 1962, dt.: Die Struktur wiss. Revolutionen, 1967; ders., Die Entstehung des Neuen, 1977; K. Bayertz, Wiss.theorie u. P.-Begriffe, 1981; G. Ritzer, Toward an Integrated Sociological Paradigm, Boston u. a. 1981.

Parameter (griech.), »charakterisierende Größe«; in den Sozialwiss.en (im Anschluß an den mathemat. Sprachgebrauch) eine konstante Größe in einer Funktionsgleichung mit zwei oder mehreren Variablen.

Pareto, Vilfredo, ital. Soziologe u. Nationalökonom, 15. 7. 1848 Paris – 19. 8. 1923 Céligny b. Genf, Studium am Polytechnikum in Turin, zunächst Ingenieur, 1894 als Nachfolger von L. Walras o. Prof. der Nationalökonomie Univ. Lausanne, 1907 von der Lehre entbunden. Geprägt vom mathemat.-naturwiss. Denken, betrieb P. Soziol. als empir.-exakte Wiss. Ebenso wie M. Weber vertrat er die werturteilsfreie Analyse ges.-gesch. Vorgänge. P. bemühte sich darum, die Gesamtges. als ein allg. mechan. Gleichgewichtssystem darzustellen, das von konstanten Naturtatsachen getragen wird u. von konkreten Individuen, Werten u. Institutionen unabhängig ist. Die Ges. ist kein eigenständiger, von der Natur abgelöster Bereich, sondern ein Aggregat von Individuen, die primär Naturwesen sind, deren Verhalten insbes. von natürl. Gegebenheiten gesteuert wird. P. unterschied zw. »logischen« (zweckrationalen) u. »nicht-logischen« (irrationalen) Handlungen. Da der Mensch vor allem von Gefühlen u. Glaubensvorstellungen bestimmt wird, überwiegen die »nicht-logischen« Handlungen. Um diese Dominanz der irrationalen Handlungen erklären zu können, unterschied er in seiner Theorie der Motivation zw. Residuen u. Derivationen. Die Residuen sind relativ stabile Antriebskräfte, die sich nur wenig bzw. langsam verändern u. den Kern der Bestimmungsgründe des Verhaltens bilden. Demgegenüber sind die Derivationen variable Erscheinungen, die als Meinungen, Rationalisierungen, Theorien u. Ideologien der Verkleidung u. Tarnung der den Residuen entspringenden »nicht-logischen« Handlungen dienen. Das Individuum ist sich dieser Verhüllungen meist nicht bewußt u. von der Wahrheit der überformenden Sinngebungen u. Begründungen überzeugt. Die überwiegend irrational gesteuerten Individuen werden von einer herrschenden Elite ges. zus.gehalten. In Anlehnung an Machiavelli entwickelte P. ebenso wie Mosca ein Modell der »Zirkulation der Eliten«: In den Ges.en ist die Anwendung von Gewalt unerläßlich. Häufig verzichtet eine Elite im Verlaufe ihrer Herrschaft immer mehr darauf, Gewalt anzuwenden. Schließlich kann eine bislang nur potentielle Elite die Macht erobern u. dann Gewalt ausüben. Mit seiner Elitentheorie ist

die Vorstellung verbunden, daß die Ges. als hierarch. Gebilde die Form einer Pyramide aufweist, wobei sich die Elite u. die Masse der Beherrschten einander fremd gegenüberstehen. Gegenüber P. wird geltend gemacht, daß er den Menschen zu wenig als soziokulturelle Persönlichkeit sieht u. sein Ges.sbild zu mechanist. ist.

Schr.: Cours d'économie politique, 2 Bde., Lausanne 1896/97; Les systèmes socialistes, 2 Bde., Paris ²1926 (1902); Manuale di economia politica, Mailand 1906; L'économie et la sociologie au point de vue scientifique, 1907; Trattato di Sociologia generale, 3 Bde., Florenz ²1923 (Mailand 1916) (dt. Auswahlausgaben: V. P. Allg. Soziol., hg. v. C. Brinkmann 1955; V. P.s System der allg. Soziol., hg. v. G. Eisermann 1962); Fatti e theorie, Florenz 1920; Compendio di sociologia generale, 1920; Trasformazione della democrazia, 1921. W. Hirsch, V. P., 1948; T. Parsons, The Structure of Social Action, Glencoe 1949; G. Eisermann, V. P. als Nationalökonom u. Soziologe, 1961; R. Aron, Main Currents in Sociological Thought, New York 1967, dt.: Hauptströmungen des soziol. Denkens, 1971; P. Hübner, Herrschende Klasse u. Elite, 1967; G. Eisermann, Bedeutende Soziologen, 1968; G. Zauels, P.s Theorie der sog. Heterogenität u. Zirkulation der Eliten, 1968; G. Eisermann, V. P., 1987; ders., M. Weber u. V. P., 1989.

Paria (von ind. Parayan = niedrige Kaste in Südindien), von M. Weber in die Soziol. eingeführte Bezeichnung für Angehörige unterprivilegierter, diskriminierter, verachteter u. von der Rechtsordnung (im Vergleich zu den »Normalbürgern«) nur unzureichend geschützter Bevölkerungsteile. Die P. leben in ausgeprägter soz. Distanz zur übrigen Bevölkerung. Sie üben kulturell verachtete Funktionen u. Berufe aus. Eingeschränkter, nur für gewisse unumgängl. Kommunikationen zugelassener Kontakt zur soz. Umwelt bewirkt unter den P. Endogamie u. die typ. Verhaltensformen von Randgruppen. →Kastenges.

Pariser Kommune, revolutionäre sozialist. Bewegung u. Regie-

Parität   650

rung in Paris von März bis Mai 1871, hervorgegangen aus einer kriegsbedingten (dt.-franz. Krieg 1870/71) vorübergehenden Schwächung des franz. bürgerl. Staatsapparates. Die P. K. gilt hinsichtl. des von ihr eingeschlagenen revolutionären Prozesses zur Übernahme der Staatsmacht u. ihrer organisatorisch-verfassungsmäßigen Versuche zur Dezentralisierung u. Demokratisierung des Staatsaufbaus als ein histor. Modell für die Chancen u. Möglichkeiten einer Rätedemokratie.

K. Marx, Der Bürgerkrieg in Frankreich (in: Marx, Engels, Werke, Bd. 17, 1962); K. Meschkat, Die P. K. von 1871 im Spiegel der sowjet. Gesch.sschreibung, 1965; J. Bruhat u. a., Die P. K. von 1871, 1971; P. Lissagaray, Gesch. der Commune von 1871, 1971.

Parität (lat.), »Gleichheit«, »Gleichstellung«; Grundsatz der Gleichbehandlung, der Gleichrangigkeit u. der gleichen Einflußmöglichkeiten von Personenkreisen mit unterschiedl. Interessen bei der Organisation von Entscheidungsprozessen.

Paritätische Mitbestimmung, Recht der Arbeitnehmer bzw. ihrer Vertreter, bei allen Willensbildungs- u. Entscheidungsprozessen in Unternehmungen u. anderen Organisationen gleichberechtigt, also in gleichem Umfang wie die Arbeitgeberseite mitbestimmen zu können. →Mitbestimmung.

Park, Robert Ezra, amerikan. Soziologe, 14. 2. 1864 Luzerne County, Penns. – 5. 2. 1944 Nashville, Tenn. P. studierte Philosophie, Psychol. u. Soziol. Univ. Michigan, Harvard, Berlin, Straßburg u. Heidelberg. Er war Zeitungsreporter, Mitarbeiter des Schwarzenführers B. T. Washington, 1914–33 Prof. Univ. Chicago, seit 1935 Gastprof.

Fisk Univ. in Nashville, Tennessee, einer der führenden amerik. Univ.en für Schwarze. P. wandte sich gegen die Überbetonung von theoret. Spekulationen u. Philosophie in der Soziol. Diese soll vielmehr als empir.-induktive Wiss. zu allg. Aussagen u. Gesetzen über die Menschen u. ihre Ges.en gelangen. Ausgehend von einem soz.ökonom. Ansatz u. mit Hilfe kulturanthropolog. Beobachtungsmethoden widmete er sich zus. mit E. W. Burgess u. W. J. Thomas einer soz.ökolog. orientierten Stadt- u. Regionalsoziol. (Chicago-Schule). So befaßte er sich mit Problemen städt. Wachstumsprozesse, Bevölkerungsbewegungen, Mobilitätsvorgängen, mit soz., kulturellen u. rassischen Beziehungen in den Städten, in denen Kräfte des soz. Wandels bes. wirksam sind. Für die Entwicklung einer Stadt ist das ökolog. Gleichgewicht zw. dem Kampf um Lebenschancen u. dem Streben nach gemeinschaftl. Handeln u. Konsensus bedeutsam. Von P. stammt der Begriff »marginal man«, der »Mensch am Rande« (→Randpersönlichkeit).

Schr.: Zus. mit W. E. Burgess, Introduction to the Science of Sociol., 1921; The Immigrant Press and its Control, 1922; mit W. E. Burgess, The City: Suggestions for the Study of Human Nature in the Urban Environment, 1925; Hg.: An Outline of the Principles of Sociol., 1939; The Collected Papers, 3 Bde., 1950–55; Human Communities, 1952.
R. Lindner, Die Entdeckung der Stadtkultur, 1990.

Parlamentarismus, polit. Herrschaftssystem, in dem ein Parlament als institutionalisierte Legislative eine der zentralen polit. Kräfte darstellt. Das Parlament (z. B. Abgeordnetenversammlung, Bundestag, Repräsentantenhaus) ist eine Versammlung von gewählten oder berufenen Vertretern bestimmter Interessengruppen oder der Bürger

Parlamentarismus

der betr. Ges. Die innere Struktur eines Parlaments, seine Stellung im polit. Kräftespiel u. damit seine Einflußmöglichkeiten auf die für die Entwicklung von Ges. u. Staat bedeutsamen polit. Entscheidungen bestimmen sich (a) nach den Normen der Verfassung (Grundgesetz), die die Bildung, Zus.setzung, Funktionen u. die Beziehungen des Parlaments zu den anderen polit. Kräften festlegen, u. (b) nach den tatsächl. Machtverhältnissen (Verfassungswirklichkeit).

Entscheidend für die Entwicklung des P. waren die Prinzipien der Repräsentation u. der Demokratie, wonach die im Parlament versammelten Repräsentanten des Volkes zu dessen Wohle u. nach dessen polit. Wollen sowohl die besten polit. Problemlösungen zu erarbeiten, der Öffentlichkeit zur Diskussion vorzulegen als auch gegenüber der Exekutive durchzusetzen hätten. Die geistesgesch. Grundlagen des P. wurden vom Rationalismus gelegt, aus dem der Glaube an die schöpferische u. gleichzeitig ausgleichende Kraft der Diskussion, der rationalen Argumente und der gegenseitigen, sich zu vernünftigen Kompromissen durchringenden Kritik unter den repräsentativen geistigen Parlamentseliten des Volkes abgeleitet wurde.

Im Verlaufe der Entwicklg. des P. wurden zunehmend die Rechte des regelmäßigen Zus.tritts der Parlamente, der Steuerbewilligung, der Mitentscheidung über die Verwendung der Steuern (Budgetrecht), die bürgerl. Freiheitsrechte (insbes. als Schutz vor staatl. Eingriffen in die ökonom. Marktbeziehungen u. als Eigentumsgarantie), das Recht auf Kontrolle der Regierung u. der Beteiligung an der Gesetzgebung durchgesetzt. Die Ablösung der konstitutionellen Monarchien durch die Republik sicherte den Parlamenten die nahezu vollen Gesetzgebungsrechte u. die Funktion der Regierungsbestellung.

Der demokrat. P. ist seither sowohl verfassungsrechtl. wie verfassungsreal zugunsten der Exekutive (Regierung), Ministerialbürokratie u. der polit. Oligarchien in den Parteien u. Interessenverbänden geschwächt worden, die unter Ausschluß öffentl. Auseinandersetzungen bereits kompromißhaft ausgehandelte Gesetzesentwürfe den Parlamenten zur Legalisierung vorlegen. Trotz der (in der Regel) verfassungsrechtl. gesicherten Unabhängigkeit des einzelnen Abgeordneten gehört der Fraktionszwang zur Praxis des modernen P. Polit.-ges. gestalterisches Problembewußtsein u. damit die Gesetzesinitiative geht infolge ihres Informationsmonopols mehr u. mehr auf die Regierung über.

Angesichts der allg. Schwäche u. Krise des P. analysieren polit.-soziol. Untersuchungen: (a) das Verhältnis von Parlament u. Bevölkerung, um Aufschlüsse zu gewinnen über die Intensität der Beziehungen zwischen einzelnen Abgeordneten u. Wählergruppen sowie über das Interesse der Wähler an der Parlamentsarbeit während der Legislaturperioden; (b) den Charakter u. die Struktur der Parlamente als ges. Repräsentationsorgane, indem Erhebungen über die soziale Herkunft, polit. Karriere u. ökonom. Verflechtung der Abgeordneten sowie über entspr. Abhängigkeit ganzer Fraktionen oder einzelner Fraktionengruppen durchgeführt werden; (c) die funktionalen u. organisator. Strukturen, unter denen Parlamente heute arbeiten, u. die Reformmöglichkeiten, die zu einer erneuten Stärkung ihres polit. Einflusses gegenüber

Parsons 652

Regierung, Verwaltung, Parteien u. Verbänden führen könnten; (d) die ges. Machtverhältnisse unter dem Gesichtspunkt, inwieweit der P. bei einer Beschränkung demokrat. Gestaltungsprinzipien auf den staatl.-polit. Bereich überhaupt zur Verwirklichung konkreter Demokratie beitragen kann.

W. Bagehot, The English Constitution, London 1963 (1867); H. Heller, Rechtsstaat oder Diktatur, 1930; E. Fraenkel, Dtl. u. die westl. Demokratien, 1964; K. Loewenstein, Verfassungslehre, [2]1969; G. Leibholz, Das Wesen der Repräsentation u. der Gestaltwandel der Demokratie im 20. Jh., [3]1966; ders., Strukturprobleme der mod. Demokratie, [3]1967; J. Habermas, Strukturwandel der Öffentlichkeit, [2]1965; W. Tormin, Gesch. des dt. P., 1966; Th. Ellwein, A. Görlitz, A. Schröder, Parlament u. Verwaltung, Gesetzgebung u. polit. Kontrolle, 1967; K. Kluxen (Hg.), P., [2]1969; H. Röhring, K. Sontheimer, Hdb. des P., 1970; K. Lenk, Wie demokratisch ist der P.?, [2]1974 (1972); L. Kißler, Die Öffentlichkeitsfunktion des Dt. Bundestages, 1976; E. Jesse, Literaturführer Parlamentarische Demokratie, 1981; K. Kluxen, Gesch. u. Problematik des P., 1983; B. Guggenberger u. a. (Hg.), An den Grenzen der Mehrheitsdemokratie, 1984; E. Schütt-Wetschky, Grundtypen parlamentar. Demokratie, 1984; W. Mössle, Regierungsfunktionen des Parlaments, 1986; S. S. Schüttemeyer, Bundestag u. Bürger im Spiegel der Demoskopie, 1986; W. Luthardt, u. a. (Hg.), Politik u. Repräsentation, 1988; W. Zeh, P., [5]1991.

Parsons, Talcott, *13. 12. 1902 b. Colorado Springs – 8. 5. 1979 München, 1924 B. A. Amherst College, 1924–25 Studium London School of Economics, 1927 Dr. phil. Heidelberg, 1927–36 Instructor Harvard, dort 1936–39 Assist. Prof., 1939–44 Assoc. Prof., 1944 Prof.

Beeinflußt vom Physiologen L. J. Henderson, vom Funktionalismus Malinowskis u. vom Werk des Ökonomen A. Marshall hat P. die →Strukturell-funktionale Theorie entworfen. In systemat. Unters. der Ansätze von E. Durkheim, M. Weber u. V. Pareto hat er gemeinsame Grundlagen individuellen u. soz. Handelns aufgewiesen, die er mit einem einheitl., systemat. Bezugsrahmen theoret. zusammenfügte. Aus der Konvergenz dieser Entwürfe hat er eine theoret. Ausgangsbasis für die allg. Soziol. als »Theorie sozialen Handelns« gewonnen. Er entfaltete das Modell eines »sozialen Systems«, in dem sich im Zustand des Gleichgewichts die Handelnden im Einklang mit ihren individuellen Bedürfnissen u. mit den Erwartungen ihrer Interaktionspartner verhalten. Diese Erwartungen u. Bedürfnisse werden durch Internalisierung gemeinsamer Wertmuster u. Verhaltensweisen gesteuert u. durch Institutionalisierung soz.-strukturell verfestigt. Neben dem stat. Aspekt des integrativen soziol. Ansatzes trat in dynam. Analyse der Rückbezug jedes Problems auf den Zustand des Gesamtsystems. Die einen Prozeß strukturierenden Bedingungen wurden dahingehend analysiert, ob sie zur Erhaltung des Systems beitragen (funktional) oder ob sie seine Wirksamkeit beeinträchtigen (dysfunktional).

P.s Handlungstheorie bereichert die soziol. Rollentheorie durch die Rezeption der Psychoanalyse (S. Freud), insbes. hinsichtl. der vermittelnden Mechanismen der Internalisierung u. Sozialisation. P. erstellte neben der Institutionentheorie eine analyt. Theorie soz. Schichtung. Damit wurde ihm möglich, Probleme der Soz.struktur aus der Handlungstheorie (wie auch umgekehrt) zu erklären. Thematisiert wurden u. a. die Persönlichkeit, das Verwandtschaftssystem, Schulsystem, Berufssystem, die Motivierung wirtschaftl. Handelns, Probleme der Aggressivität, der Medizinsoziol. u. der Demokratie. In späteren Arbeiten hat P. unter stärkerer Berücksichtigung hist. Analysen seine Systemtheorie mit neo-evolutionist. Aspekten verknüpft (→Evolutionstheorie). Die Entwicklg. v. Ges.en hat er nicht nur als Prozeß der Differenzierung analysiert, sondern zugleich auch als einen solchen der Interpenetration, d. h. der gegenseitigen Durchdringung verschiedener, z. T. gegensätzl. Subsysteme. Daneben hat er zu der Entfaltung einer Theorie der soz. →Interaktionsmedien beigetragen. P. zählt inzw. schon zu den großen Klassikern der Soziol. →AGIL-Schema, →Pattern Variables.

Schr.: The Structure of Social Action, Glencoe 1937; The Social System, London 1964 (1951); Toward a General Theory of Action (mit E. A. Shils, Hg.), New York/Evanston 1962 (1951); Working Papers in the Theory of Action (mit R. F. Bales, E. A. Shils), Glencoe 1953; Essays in Sociological Theory, rev. London 1964 (1954) (dt.: Beiträge zur soziol. Theorie, ²1968, 1964); Economy and Society (mit N. J. Smelser), Glencoe 1956; Family, Socialization and Interaction Process (mit R. F. Bales), 1956; Structure and Process in Modern Societies, Glencoe 1960; Social Structure and Personality, New York 1964 (dt.: Soz.struktur u. Persönlichkeit, 1968); Societies: Evolutionary and Comparative Perspectives, Englewood Cliffs 1966 (dt.: Ges.en, 1975); Sociological Theory and Modern Society, New York 1967; Politics and Social Structure, New York/London 1969; The System of Modern Societies, Englewood Cliffs, N. J. 1971 (dt.: Das System mod. Ges.en, 1972); The American University (mit G. M. Platt), Cambridge, Mass. 1973; Zur Theorie soz. Systeme, hg. v. S. Jensen, 1976; The Evolution of Societies, hg. v. J. Toby, Englewood Cliffs, N. J. 1977; Social Systems and the Evolution of Action Theory, New York 1977; Alfred Schütz, T. P., Zur Theorie soz. Handelns. Ein Briefwechsel, hg. v. W. M. Sprondel, 1977; Action Theory and the Human Condition, New York 1978; Zur Theorie der soz. Interaktionsmedien, hg. v. S. Jensen, 1980; Aktor, Situation u. normative Muster, hg. v. H. Wenzel, 1986.
P. Kellermann, Kritik einer Soziol. der Ordnung, 1967; H. Nolte, Psychoanalyse u. Soziol., 1970; E. Schwanenberg, Soz. Handeln – Die Theorie u. ihr Problem, 1970; A. G. Brandenburg, Systemzwang u. Autonomie, 1971; K. H. Tjaden, Soz. Systeme, 1971; Explorations in General Theory in Social Science. Essays in Honor of T. P., hg. v. J. J. Loubser u. a., 2 Bde., New York 1976; S. Jensen, T. P., 1980; W. Schluchter (Hg.), Verhalten, Handeln u. System, 1980; R. Münch, Theorie des Handelns, 1982; B. Miebach, Strukturalist. Handlungstheorie, 1984; K.-H. Saurwein, Ökonomie u. soziol. Theoriekonstruktion, 1988; H. Wenzel, Die Ordnung des Handelns, 1991.

Parteiensoziologie, ein Teilgebiet der Politischen Soziol., das sich mit den polit. Parteien befaßt, insbes. hinsichtl. der wechselseitigen Beziehungen zw. Parteien u. Ges.struktur sowie zw. parteipolit. Zielvorstellungen u. Organisationsprinzipien. Eine polit. Partei ist ein organisierter Zus.schluß von Bürgern mit gemeinsamen weltanschaul. Orientierungen, Wertvorstellungen, Zielen u. Interessen, die in Konkurrenz mit anderen Parteien (Mehrparteiensystem) versucht, durch allg. Wahlen, parlamentar. Aktivität u. Beeinflussung der öffentl. Meinung möglichst großen Einfluß auf die Politik, Gesetzgebung u. die Besetzung staatl. Stellen zu gewinnen. Der für die Demokratie notwendige Wettbewerb von zwei oder mehr Parteien um Wählerstimmen ist aufgehoben, wenn in einer totalitären Diktatur nur eine »Partei« monopolartig die Ges. beherrscht (Einparteiensystem). In enger Zus.arbeit mit politikwiss. Theorien über Funktionen u. Stellung der polit. Parteien im Parlamentarismus u. in der Demokratie werden u. a. folgende Themen u. Fragenkomplexe erörtert: (a) die auf Arbeiten von Max Weber u. Duverger zurückgehenden Versuche zu einer Parteientypologie, die (1) nach Organisationsstrukturen (Honoratioren-, Massen-, Kaderparteien), (2) nach Zielvorstellungen (Weltanschauungs-, Programm-, Interessen-, Plattformparteien) u. (3) nach der Struktur der Mitglieder-, Anhänger- u. Wählerschaft (Klassen-, Volks-, Standesparteien) die Stellung u. die Funktion der Parteien im polit.-staatl. Entscheidungs- u. Herrschaftsge-

Partizipation 654

füge (sowohl im histor. Wandel wie in der polit. Gegenwart) analysieren will; (b) demokratietheoret. Ansätze, in denen der These von der wechselseitigen Bedingtheit staatl. u. innerparteil. Demokratie nachgegangen wird; (c) organisationssoziol. Beiträge, die die Beziehungen zw. innerparteil. führender Bürokratie u. Oligarchie u. außerparteil.-polit. Schlagkraft u. Effizienz prüfen; (d) das Verhältnis zw. Parteimitgliedschaft u. Parteiführung im Hinblick auf typ. Muster u. Qualitäten der Rekrutierung u. Partizipation; (e) das Verhältnis zw. Parteiorganisation u. Parlamentsfraktion der Partei; (f) die Zus.hänge zw. (Zwei- oder Mehr-)Parteisystem u. der Stabilität der staatl. Regierungsgewalt; (g) die Beziehungen zw. Parteien u. Interessenverbänden; (h) die Tendenz zur Entideologisierung u. zu Volks- u. »Allerweltsparteien« (Kirchheimer); (i) das Mißverhältnis zw. dem demokrat. Bildungsauftrag der Parteien u. ihrer fortgesetzten Korrumpierung durch die demokrat. Notwendigkeit der Wählermaximierung in einer ges. Informationsstruktur, die von z. T. unkrit., die öffentl. Angelegenheiten vernachlässigenden Massenmedien beherrscht wird; (j) die Zus.hänge zw. Parteienfinanzierung u. polit., wirtschaftl. u. staatl. Abhängigkeit der Parteien; (k) die Auswirkungen von Wahlrechtsbestimmungen auf die Parteienstruktur.

R. Michels, Zur Soziol. des Parteiwesens in der mod. Demokratie, [4]1989 (1925, ital. 1911); O. H. v. d. Gablentz, Polit. Parteien als Ausdruck ges. Kräfte, 1952; R. Mayntz, Parteigruppen in der Großstadt, 1959; M. Duverger, Die polit. Parteien, 1959; O. K. Flechtheim (Hg.), Dokumente zur parteipolit. Entwicklg. in Dtl. seit 1945, 7 Bde., 1962 ff.; O. Stammer, Polit. Soziol. u. Demokratieforschg., 1965; O. Kirchheimer, Wandel des westeurop. Parteiensystems (Polit. Viertelj.schr. 6, 1965); S. M. Lipset, S. Rokkan (Hg.), Party Systems and Voter Alignments, New York 1967; K. Lenk, F.

Neumann, Theorie u. Soziol. der polit. Parteien, 2 Bde., 1974 (1968); R. Ebbighausen, Die Krise der Parteiendemokratie u. die Parteiensoziol., 1969; J. Dittberner, R. Ebbighausen, Parteiensystem in der Legitimationskrise, 1973; M. Th. Greven, Parteien u. polit. Herrschaft, 1977; A. Mintzel, Gesch. der CSU, 1977; H. Kaak u. R. Roth (Hg.), Hdb. des dt. Parteiensystems, 2 Bde., 1980; A. Mintzel, Die Volkspartei, 1983; R. Stöss (Hg.), Parteienhdb., 2 Bde., 1983–84; R. Steininger, Soziol. Theorie der polit. Parteien, 1984; M. T. Greven, Parteimitglieder, 1987; P. Haungs u. E. Jesse (Hg.), Parteien in der Krise?, 1987; H. Schmitt, Neue Politik in alten Parteien, 1987; G. Olzog u. H.-J. Liese, Die polit. Parteien in der BR Dtl., [16]1988; A. Mintzel u. H. Oberreuter (Hg.), Parteien in der BR Dtl., 1990.

Partizipation (lat.), »Teilnahme«, »Teilhabe«; soziol. Bezeichnung für (a) die Beteiligung an u. die Identifikation mit bestimmten Institutionen, Werten u. sozial relevanten Kräften einer Ges., oder für (b) engagiertes u. sich in prakt.-polit. Arbeit manifestierendes Beteiligen an demokrat. Strukturen u. Prozessen. P. setzt sowohl bestimmte Mechanismen u. Inhalte bei der Sozialisation der betr. Individuen als auch bestimmte institutionelle Muster der Information, Kommunikation u. Herrschaftsstruktur in den betr. Organisationen voraus. P. wird als zentrale Komponente der Entfaltung einer freiheitl.-demokrat. Ges. betrachtet.

U. v. Alemann (Hg.), P. – Demokratisierung – Mitbestimmung, 1975; W. Adrian, Demokratie als P., 1977; J. Backhaus, T. Eger u. H. G. Nutzinger (Hg.), P. in Betrieb u. Ges., 1978; S. H. Barnes, M. Kaase u. a., Political Action: Mass Participation in Five Western Democracies, Beverly Hills u. London 1979; L. Kissler, P. als Lernprozeß, 1980; E. Schultze-Scharnhorst, P.spotential am Arbeitsplatz, 1985; H.-M. Uehlinger, Polit. P. in der Bundesrep., 1988.

Partnerschaft, vertrauensvolles Zus.arbeiten zw. Personen oder soz. Gebilden mit unterschiedl. Zielen, die nur gemeinsam erreicht werden können. Dabei ist die Einigung auf bestimmte Spielregeln für die Beziehungen zueinander unerläßlich. Je mehr eine vom Konsens getragene P. zustandekommt, um so weniger sind Rangordnungen erforderl.

Das soz. Prinzip der P. wird zu einem Problem der Herrschaft u. des soz. Konflikts, wenn die Beteiligten nicht in einem ausgewogenen, etwa gleichgewichtigen Einflußverhältnis zueinander stehen oder die vereinbarten u. idealisierten Spielregeln einen der Partner begünstigen. In solchen Situationen soz. Ungleichheit wird der Begriff der P. häufig als manipulatives Medium zur ideolog. Verschleierung der tatsächl. Macht- u. Abhängigkeitsverhältnisse benutzt, um beim schwächeren Partner ein Wohlverhalten zu erreichen, das den Interessen des stärkeren dient.

Die unter den Strukturbedingungen kapitalist.-marktwirtschaftl. Ordnung notwendige ökonom. Kooperation von Unternehmern u. Gewerkschaften wird mit dem Begriff »Sozialpartnerschaft« umschrieben. Die Idee der »P. im Betrieb« wird als leitendes Prinzip für umfassende Systeme von sozialpolit. u. wirtschaftl. Maßnahmen zur Erhaltung u. Sicherung des »sozialen Friedens« im Betrieb u. in der Ges. der Klassenkampfideologie entgegengesetzt. Die allg. ges. u. insbes. die eherechtl. Emanzipation der Frau hat zur modernen P.sehe hingeführt.

G. Spindler, P. statt Klassenkampf, 1954; G. Fischer, P. im Betrieb, 1955; R. S. Hartmann, Die P. von Kapital u. Arbeit, 1958; E. Ballerstedt, Soziol. Aspekte der innerbetriebl. P., 1971; W. Mühlbradt, E. Lutz, Der Zwang zur Sozialp., 1969; N. G. Eisner, Neue Formen der P., 1972; R. Eisler, Von der Herrschaft zur P., 1989; J. Galtung u. a., Überleben durch P., 1990.

Partnerwahl, Bezeichnung für die zw.geschlechtl. soz. Wahl- u. Entscheidungshandlungen, die der Eheschließung u. der Familien-

gründung vorausgehen. Das Ausmaß von Freiheit oder Fremdbestimmung bei der P. ist allg. u. für die beiden Geschlechter bes. von den soz. Strukturen abhängig, die den soz. Standort u. die Bedeutung von Ehe u. Familie bestimmen. In der mittelalterl.-ständ. Ges., in der die Familie sowohl zentrale Produktions- als auch Versorgungsgemeinschaft war, war es im Prinzip die Aufgabe der jeweiligen Erwachsenengeneration, für die ins Heiratsalter kommenden jungen Menschen die Ehepartner (nach Gesichtspunkten der Vermögens- u. Einkommens- u. damit der Familiensicherung) zu bestimmen. Mit der mod. Industrieges. setzte sich als kultureller Standard für die P. das »romant. Liebesideal«, d. h. die Wahlfreiheit nach individuell-emotionalen Gesichtspunkten durch. Dieser Standard erfährt jedoch in der soz. Realität erhebliche Einschränkungen. Konfessionszugehörigkeit, ethnische, regionale oder soz. Herkunft, Schichtenzugehörigkeit u. berufl.-ökonom. Lage sind nach wie vor einflußreiche Selektions- u. Zuordnungskriterien.

U. Jäckel, P. u. Eheerfolg, 1980.

Parvenü (franz.), »Emporkömmling«, Neureicher; Bezeichnung der Alltagssprache für Personen, die mit legalen, aber nach jeweiligen soziokult. Standards »unanständigen« oder undurchschaubaren Mitteln u. Methoden zu Reichtum oder zu einem soz. Status gelangt sind, dem sie im Habitus, in den Verhaltensweisen u. in ihrer gesamten Persönlichkeit nicht entsprechen können.

Pastoralsoziologie, »seelsorgerische Soziol.«, von kirchl.-konfessional prakt. Problemen ausgehen-

Paternalismus 656

der Zweig der Religionssoziol. Dieser analysiert mit Methoden der deskriptiven Soziographie u. Empirischen Soz.forschung die charakterist. Soz.faktoren, die die Stellung der Kirche u. der Religion in der Ges. betreffen u. die für die Intensivierung, für die Wirksamkeit u. den Erfolg seelsorgerischer Arbeit von Bedeutung sind →Religionssoziologie.

G. Le Bras, Etudes de sociologie religieuse, 2 Bde., Paris 1955/56; F. Boulard, Wegweiser in die P., 1960; D. Goldschmidt, F. Greiner, H. Schelsky, Soziol. d. Kirchengemeinde, 1960; M. Greiffenhagen (Hg.), Das evangel. Pfarrhaus, 1984.

Paternalismus (lat. pater, »Vater«), Bezeichnung für eine Herrschafts- u. Führungsform, die mit dem Anspruch väterlicher Autorität gerechtfertigt u. in außerfamiliären Bereichen, z. B. in Unternehmungen, ausgeübt wird (→Patriarchat). P. behindert die Entfaltung eines demokrat.-kooperativen Führungsstils, beinhaltet aber oftmals ein hohes Maß der Fürsorge gegenüber den Beherrschten.

Pathos der Distanz →Distanz

Patriarchat (griech.), »Vaterherrschaft«, Vaterrecht; die Herrschafts- u. Einflußordnung einer Ges., in der die für die Organisation u. den Ablauf der wichtigen soz. Beziehungen gültigen u. maßgebenden Werte, Normen u. Verhaltensmuster von den jeweils älteren Männern, den Vätern bestimmt, geprägt, kontrolliert u. repräsentiert werden. Das P. ist in der Regel eng gekoppelt mit agrar.-ländl., traditionalen Lebens- u. Arbeitstechniken, deren Vermittlung u. Beherrschung nur über den Rat des weisen, erfahrenen Alters möglich ist. Instrumentell-techn. Rationalismus u. wiss. Zivilisation sowie der damit ver-

bundene Siegeszug des ges. Jugend-Ideals (als Symbol der mod. ges. Leistungskraft) haben die Legitimität patriarchal. Autoritätsformen u. Rechtsverhältnisse weitgehend abgebaut. In der Familiensoziol. wird ein Wandel von patriarchal. zu partnerschaftl. Soz.beziehungen sowohl zw. Mann u. Frau als auch (in der Erziehung) zw. Eltern u. Kindern festgestellt. Die Organisationssoziol. u. die Betriebssoziol. diskutieren (in Zus.arbeit mit der Soz.psychol.) die Auswirkungen patriarchal. Führungsstile u. Befehlshierarchien auf die industrielle u. gruppenspezifische Motivationslage ebenso wie auf die organisator. u. techn. Effizienz soz. Systeme.

E. Borneman, Das P., [8]1991 (1975); M. Mitterauer u. R. Sieder, Vom P. zur Partnerschaft, [4]1991 (1977); G. Lerner, Die Entstehung des P.s, 1991.

Patrilineal (lat.), Bezeichnung für eine Abstammungs- u. Verwandtschaftszurechnung nach dem Vater.

Patrilokal (lat.), bezeichnet eine Wohnfolgeordnung, nach der die Ehefrau mit der Heirat zum Wohnort ihres Mannes zieht.

Patrimonialstaat (lat. patrimonium = väterl. Erbgut), ein Staat, in dem der gesamte Grund u. Boden – unabhängig von sonstigen »untergeordneten« Besitz- u. Verfügungsverhältnissen – Eigentum des Herrschers ist, das er seinen Nachfolgern vererben kann. Wesentl. ist ferner, daß er aus diesem Eigentum die Legitimation für seine (insbes. richterl.) Gewalt über die auf dem betr. Gebiet lebenden Menschen u. für seine übergeordneten Verfügungsrechte über die auf diesem Gebiet erwirtschafteten Erträge ableitet.

M. Weber, Wirtschaft u. Ges., [5]1980 (1921).

Patriotismus (franz. aus griech.), »Vaterlandsliebe«, in Gesinnung, Einstellungen, polit. Zielvorstellungen u. Verhaltensweisen zum Ausdruck kommende Geisteshaltung umfassender Treue, Verehrung u. Bindung gegenüber der eigenen Nation u. dem eigenen Volk, mitunter auch gegenüber einem regional oder lokal begrenzten Bereich (»Lokalpatriotismus«). Emotionale Bindung bezieht sich insbes. auf Werte, Traditionen u. kult. Leistungen des jeweiligen Kollektivs, das als idealisierte Gemeinschaft empfunden wird. Mit zunehmendem P. wachsen die persönl. Hingabe, die Dienst- u. Opferbereitschaft zugunsten der hochgeschätzten Lebensgemeinschaft u. der zugehörigen polit.-staatl. Ordnung. P. kann dadurch erheblich zu großen kollektiven Leistungen u. wirtschaftl. Entwicklungsprozessen beitragen. Äußerl. zeigt sich P. in der Wertschätzung von Symbolen (Fahnen, Hymnen), gesch. bedeutsamen Ereignissen (Revolutionen, gewonnene Kriege, Staatsgründungen), Personen (Herrscher, überragende schöpferische Persönlichkeiten) u. Institutionen (Dynastien, Parlamente, Militär u. a. m.).
In übersteigerter Form kann P. zu nationaler Überheblichkeit, Ethnozentrismus, Nationalismus u. Chauvinismus hinführen u. das friedl. Zus.leben von Völkern, Staaten u. Nationen erhebl. beeinträchtigen. In nationalen Krisenzeiten oder zum Zwecke nationaler Integration u. polit. Konsolidierung wird P. von herrschenden polit. Kräften als geistiges »Bindemittel« benutzt, das die innere Integration fördern u. evtl. Konfliktlagen auf äußere »Feinde« projizieren soll. Krit. Intellektualismus, aufklärerisches Wissen, fortschreitende Individualisierung, zunehmende internat. Zus.arbeit u. verstärkte Prozesse der →Akkulturation wirken dem P. entgegen. Der Verfall von P. kann mit einer Verminderung ges. Solidarität u. Integration verbunden sein.

H. Gollwitzer, Weltbürgertum u. P. heute (in: Aus Politik u. Zeitgesch., Beilage zum »Parlament«, 12. 9. 1962); D. Kluxen-Pyta, Nation u. Ethos. Die Moral des P., 1991.

Patrizier (lat. patricii = die Nachkommen der röm. Sippenhäupter), die im Statusaufbau der autonomen mittelalterl. Stadt höchste soz. Schicht, die in ihrer polit. u. sozioökonom. Bedeutung zw. Adel u. Bürgertum stand. Aufgrund ihrer Abstammung oder wirtschaftl. Bedeutung bildeten die P. die ratsfähigen Geschlechter. Die durch bes. Standesbewußtsein u. Solidaritätsgefühl verbundenen P. setzten sich zusammen aus (a) »Ministerialen«, den von Feudalherren bei der Städtegründung u. -entwicklung eingesetzten Interessenverwaltern; (b) den Fernhandelskaufleuten, die durch ihre überlokale Erfahrung u. ihren materiellen Wohlstand zum polit. u. zum Geld-»Adel« der Städte wurden; u. (c) den freien Grundbesitzern, die einen Teil ihres Grundvermögens in städt. Haus- u. Gewerbebesitz transferiert hatten u. wegen ihrer ökonom. unabhängigen Position prädestiniert waren zur Übernahme städt. Ehrenämter.

Patronage (lat.), »Schutzherrschaft«, Günstlingswirtschaft u. Protektion bei soz. (insbes. berufl.) u. polit. Aufstiegsprozessen; eine das Leistungsprinzip verletzende Verteilung u. Zuordnung von soz. Chancen, z. B. →»Ämterpatronage«.

Pattern variables (engl.), »Mustervariablen«, von T. Parsons für seine Strukturell-funktionale Theorie geprägte Bezeichnung für fünf Begriffspaare, die hinsichtl. unterschiedl. Aspekte des Handelns jeweils polar entgegengesetzte Bewertungs- oder Orientierungsalternativen zum Ausdruck bringen. Diese ergeben sich in spezif. soz. Situationen aus vorgegebenen, aufeinander bezogenen soz. →Rollen u. entsprechenden Verhaltensmustern, die für das Individuum verbindl. sind. Die P. v. bilden ein theoret. Typisierungsschema, mit dem Interaktionssituationen u. soz. Handeln von Individuen analysiert werden können. In Abhängigkeit vom grundlegenden Wertsystem u. von bestimmten soz. Situationen kann bzw. muß das handelnde Individuum bewußt oder unterbewußt seine Handlungsmöglichkeiten u. Entscheidungen auf jeweils eine der folgenden Alternativen ausrichten: 1. Affektivität oder affektive Neutralität (z. B. personenbezogene oder organisationsbezogene soziale Rollen); 2. Kollektivorientierung oder Selbstorientierung (z. B. die Arzt- gegenüber der Händler-Rolle); 3. Partikularismus oder Universalismus (z. B. die Berufs- gegenüber der Mutterrolle); 4. Diffusität oder Spezifität (z. B. geselliges Beisammensein gegenüber einer Arbeitsbesprechung); 5. Anerkennung durch traditionelle Zuschreibung oder durch tatsächl. Leistungsverhalten (z. B. Priesterrolle gegenüber der Arbeiterrolle).

T. Parsons, The Social System, Glencoe 1951; ders., The P. V. Revisited, in: Am. Sociological Rev. 25, 1960; ders. u. E. A. Shils (Hg.), Toward a General Theory of Action, Cambridge, Mass. ⁵1962 (1951).

Pauperismus (lat.), »Armutsherrschaft«, Bezeichnung des Marxismus für die soz. Auswirkungen der ökonom. Ausbeutung im kapitalist. Produktionsprozeß. Die durch Akkumulation des Mehrwertes möglichen techn. Investitionen machen in wachsendem Umfange menschl. Arbeitskraft entbehrl. Es entsteht eine arbeitslose industrielle Reservearmee, deren immer allgemeiner werdende Verelendung zum P. in der Arbeiterklasse führe.

Der Massenarmut in der vorindustr. Ges. lag ebenso wie in heutigen Entwicklungsländern neben einer strukturell verfestigten soz. Ungleichheit ein Wachstum der Bevölkerung zugrunde, das erheblich stärker stieg als die Produktivität der Wirtschaft.

E. Jantke u. D. Hilger (Hg.), Die Eigentumslosen, 1965.

Pazifismus (lat.), »Friedensgesinnung«, aus ideolog. Grundanschauungen christl., humanist. u. idealist. Herkunft entwickelte geistige Bewegung, die radikal jegl. krieger. Gewaltanwendung verurteilt u. unbedingte Friedensbereitschaft fordert. Der P. ist insoweit eine unpolit. Haltung mit entspr. polit. Wirkungen, wie er nicht nach den Ursachen krieger. Auseinandersetzungen fragt u. pauschal alle militär. Aggressionen ebenso verurteilt wie Verteidigungsmaßnahmen u. nationale wie epochale Befreiungsbewegungen. Seinen Forderungen liegt – fast ausnahmslos ohne theoret. u. prakt.-polit. Erörterungen über die Möglichkeiten u. Chancen der Einlösung – ein utop. Menschenbild zugrunde, wenn der Sieg der menschl. Vernunft verkündet oder die Wirksamkeit von Appellen an den guten Willen erwartet wird. Sozialwiss. aus pazifist. Ethos entstandene Untersuchungen prüfen die pycholog., organisator. u. polit. Mechanismen, die einerseits kollektive Aggressivität,

Kriegsbereitschaft u. Gewaltverherrlichung bewirken u. die andererseits der polit. Strategie des passiven, gewaltlosen Widerstands Erfolgschancen bieten. →Friedensforschung.

A. H. Fried, Hdb. der Friedensbewegung, 1911–1913; K. v. Raumer, Ewiger Friede, 1953; B. Russell, Vernunft u. Atomkrieg, 1959; D. A. Martin, Pacifism. A Historical and Sociological Study, London, 1965; A. Mitscherlich, Die Idee des Friedens u. die menschl. Aggresivität, 1969; Th. Ebert, Gewaltfreier Aufstand, [2]1970; N. Bock, P. zw. Anpassung u. »freier Ordnung«, 1991; W. Wette, Militarismus u. P., 1991.

Peer group (engl.), Gruppe von »Gleichen«, Gleichaltrigengruppe, aus der amerikan. Jugendsoziol. stammende Bezeichnung für informelle Spiel- u. Freizeitgruppen von etwa gleichaltrigen Kindern u. Jugendlichen. Die P. g. bietet dem Individuum beim Übergang von der familienbezogenen u. -geprägten Kindheit zum vollen Erwachsensein eine bedeutungsvolle soz. Orientierung u. übt oft eine starke soz. Kontrolle aus. In der P. g. äußert sich in besonderer Weise jugendl. Subkultur, d. h. eine starke Neigung zu unbedingter Unabhängigkeit hinsichtl. bestimmter Wertvorstellungen u. Erwartungen der Erwachsenen (Eltern), Empfindlichkeit gegenüber soz. Kontrolle durch Erwachsene sowie eine vorherrschende Konformität u. Loyalität gegenüber den Verhaltensnormen der eigenen Gruppe. Als einflußreiche →Sozialisationsinstanz hilft die P. g. dem Jugendlichen, soz. Ablösungs- u. Neuorientierungsprozesse einzuleiten, emotionale (in der Kindheit »eingefahrene«) Barrieren zu übersteigen, Umbruchsphasen der Adoleszenz zu überwinden u. soz. Erfahrungen zu sammeln, die die Herausbildung von Ich-Identität begünstigen.

R. K. Merton, Social Theory and Social Structure, New York 1968 (1949); H. Kreutz, Soziol. der Jugend, 1974.

Pendler, Personen, die die Grenzen ihrer Wohngemeinde überschreiten, um an ihren Arbeitsplatz zu gelangen: überwiegend Bewohner von Dörfern u. Landgemeinden, die in einer nahegelegenen Stadt eine industriell-gewerbl. oder dienstleistungsbezogene Berufstätigkeit ausüben. Die P. verbinden z. T. ihre städt. orientierte Berufsausübung u. Lebenshaltung mit dörfl. orientierter Landnutzung u. Viehhaltung u. tragen damit in Gebieten ökonom. Strukturwandels zu einer Abschwächung der durch Prozesse der Akkulturation u. Assimilation bedingten sozialen Konflikte bei.

Die meisten P. kehren tägl. zu ihrem Wohnort zurück (Tages-P.). Zunehmend wird wöchentl. (Wochen-P.) oder sogar monatl. gependelt. Fern-P. legen größere Entfernungen zurück, z. T. über Landesgrenzen hinweg oder zu anderen Kontinenten. Die starke Zunahme der P. ist mit steigendem Zeit- u. Energieaufwand sowie mit wachsender Umweltbelastung verbunden.

G. Wurzbacher, Das Dorf im Spannungsfeld industrieller Entwicklung, [2]1961; G. Endruweit, Berufsp. als Problem der Raumordnungspolitik, Veröfftl. d. Akad. für Raumforschg. u. Landesplanung, 100. Bd., 1975; E. Ott (Hg.), Arbeitsbedingtes Pendeln, 1990; J. Wutschka (Hg.), Die Erreichbarkeit der Arbeitsplätze im morgendl. Berufspendlerverkehr, 1990.

Perestroika (russ. »Umbau«), eine insbes. von dem russ. Physiker, Bürgerrechtler u. Friedensnobelpreisträger (1975) Andrej Sacharow (1921–1989) geistig vorbereitete u. von M. S. Gorbatschow nach seinem Amtsantritt (1985) als Generalsekretär der ehemal. KPdSU

Peripherie

eingeleitete »Umgestaltung« des Ges.s- u. Wirtschaftssystems der inzw. aufgelösten UdSSR. P. ist eng verbunden mit →Glasnost (Zulassung krit. Diskussion in der Öffentlichkeit). Das Ziel war zunächst die Herausbildung einer mod., demokrat. u. wirtschaftl. leistungsfähigen Ges. auf dem »dritten Weg« zw. Staatssozialismus u. westl. Kapitalismus. Dementsprechend sollte sich überall ein »neues Denken« durchsetzen, sollten ges. Erstarrung, Modernisierungsrückstände, der Vorrang der Rüstungsindustrie, Mißwirtschaft, Korruption, Alkoholismus, Schlendrian, leistungsfeindl. Strukturen u. Innovationsschwäche überwunden werden. Es sollte eine »regulierte Marktwirtschaft« mit unterschiedl. Eigentumsformen aufgebaut werden, sollten sich Eigenverantwortung, Leistungsstreben u. Effizienzdenken durchsetzen. P. stieß auf die Barriere eingelebter, nur schwer veränderbarer Mentalitäten u. insbes. auf den Widerstand der Nutznießer u. Anhänger des gescheiterten totalitären staatssozialist. Herrschaftssystems (Parteifunktionäre, Bürokraten, orthodoxe Kommunisten, →Nomenklatura). Überkommene Wertvorstellungen wurden erschüttert, Prozesse ges. Desintegration verstärkt. P. als »begrenzter Umbau« im Rahmen der UdSSR konnte die wachsenden Wirtschafts- u. Ges.sprobleme (Versorgungskrisen, Ausbreitung von Kriminalität u. abweichendem Verhalten, ethn.-nationale Konflikte) nicht überwinden u. gab Radikalreformern (z. B. B. Jelzin) Auftrieb, die einen vollständigen Umbau der Ges. nach dem Vorbild westl. Demokratie u. Marktwirtschaft anstreben.

A. Sacharow, Gedanken über Fortschritt, die friedl. Koexistenz u. geistige Freiheit, 1968 im westl. Europa bekanntgewordene Denk-

schrift; M. Gorbatschow, P., 1987; J. Afanassjew (Hg.), Es gibt keine Alternative zu P., 1988; G. Bailey, Sacharow. Der Weg zur P., 1988; K. v. Beyme, Reformpolitik u. soz. Wandel in der Sowjetunion (1970–1988), 1988; L. Abalkin u. A. Blinow, P. von innen, 1990; W. Schwegler-Rohmeis u. K. Segbers (Hg.), P. konkret, 1991.

Peripherie →Zentrum

Permissiv (lat.), »gewährend, zulassend«, Begriff zur Kennzeichnung eines großzügigen Erzieher-, Führungs- u. Kontrollverhaltens, das im Sinne eines Gewährenlassens nicht auf eine strenge Normeneinhaltung durch abhängige, untergebene Personen ausgerichtet ist. Teilweise liegt dem p.en Verhaltensstil das →Laissez-faire-Prinzip zugrunde.

Permissive Gesellschaft, ein Typ von Ges. mit relativ schwacher u. großzügiger normativer Regulierung des soz. Verhaltens u. Zus.lebens. Tendenzen zu einer p.n G. haben sich in mod. Zeit (→Moderne) unter dem Einfluß der Aufklärungsphilosophie, des Rationalismus, Liberalismus u. Individualismus sowie einer entsprechenden Pädagogik u. Erziehungspraxis breitgemacht. Grundlegend ist das Streben nach Verwirklichung humaner Idealwerte wie Menschenwürde, Freiheit, Toleranz u. individuelle Autonomie. Verstärkend wirkt wachsender öffentl. Einfluß von liberal-progressiven Intellektuellen, Journalisten, »Meinungsmachern« u. Politikern. Das Funktionieren einer p.n G. setzt einen hohen Grad der Selbstverantwortung u. -disziplin sowie der Rücksichtnahme, Gemeinwohlorientierung u. des solidar. Handelns möglichst vieler Ges.sangehöriger voraus. Infolge naturgegebener individueller Unterschiede, unzureichender Sozialisationsbedingungen u. einer relativ schwachen soz. Kontrolle werden in der Realität großzügige Verhaltensspielräume von vielen Ges.sangehörigen zum Nachteil anderer ausgenutzt oder sogar Normen (bewußt) mißachtet. Verfassungsrechtl. verankerte Grundrechte wie Meinungs- u. Versammlungsfreiheit sowie das Demonstrationsrecht werden von polit. Radikalen mißbraucht, die die bestehende Ges. in Frage stellen u. verändern wollen. Gegenüber bestimmten Normverletzern u. Rechtsbrechern, z. B. gewalttätige Demonstranten u. Hausbesetzer, besteht weiterhin Verständnisbereitschaft oder sogar Sympathie. Polizei u. Strafverfolgungsbehörden zeigen Zurückhaltung oder werden durch Politik u. Öffentlichkeit dazu veranlaßt. Bestehendes Recht wird unzureichend durchgesetzt. Abweichendes Verhalten u. insbes. Kriminalität breiten sich aus. Autoritätsverhältnisse, Respekt, Ehrerbietung u. Höflichkeit verfallen. Soz. Beziehungen werden rauher u. aggressiver. Die Qualität des Zus.lebens u. die ges. Stabilität verschlechtern sich, auch zum Nachteil der aufgeklärten, liberalen u. toleranten Ges.sangehörigen u. Eliten, die aufgrund ihrer Wertorientierung eine angemessene normative Verhaltenssteuerung sowie eine effektive Sanktionierung bestimmter Formen des abweichenden Verhaltens, insbes. der Kriminalität verhindern. Mit zunehmender Ausbreitung negativer Folgen einer p.n G. bekommen konservative, reaktionäre u. radikale Kräfte Auftrieb.

Persistenz (lat.), »Fortbestehen, Überleben«; Begriff, der in der funktionalistischen Soziologie zur Kennzeichnung des Fortbestandes oder der Stabilität eines Gesellschafts- oder Herrschaftssystems verwendet wird.

Persönlichkeit, Person, Grundbegriff der allg. Soziol., Bezeichnung für das Ergebnis der durch Sozialisation bewirkten Vermittlung von psych. Kapazitäten des einzelnen Menschen mit den Werten, Normen, Rollenerwartungen u. Verhaltensregulierungen seiner soz. Umwelt. P. bezeichnet die Nahtstelle zw. Individuum, Ges. u. Kultur. P. entsteht, indem das naturhaft Vorgegebene am Individuum durch soz. Umgebungseinflüsse überformt u. zu einer neuen Qualität gebracht wird. Hierbei erfährt das zunächst nur phys. geborene Individuum eine »zweite Geburt« (R. König), es wird »soziokulturelle Person«. Soz. Beziehungspersonen vermitteln dem Kinde die in der Ges. geltenden Auffassungen, Werte, Normen u. Verhaltensmuster. Die naturhaften Triebenergien des Individuums werden durch die Internalisierung dieser soz. »Tatsachen« u. Vorgaben in einer ges. akzeptablen Form strukturiert. Prozesse der Sublimierung überführen Antriebsenergien in soz. zugelassene bzw. erträgl. Aktivitäten. Im Verlaufe der primären →Sozialisation ergibt sich der Aufbau der Grund- bzw. Basispersönlichkeit (→Basic personality structure).

Mit dem Hineinwachsen in eine Ges. gewinnt das Individuum Ich-Identität, erfährt es sich selbst an den Auseinandersetzungen mit der soz. Umwelt u. den daraus erwachsenden Beschränkungen seiner individuellen Bedürfnisse u. Wünsche. Gemäß der Psychoanalyse entsteht P. als Ergebnis eines »Kampfes« zw. dem »Es« (der ursprüngl. triebhaften Natur des Individuums) u. dem »Über-Ich« (der

Personalisation 662

ges.-moral. Gewissens- bzw. Normeninstanz). Hieraus resultiert entspr. den spezif. Bedingungen des jeweiligen individuellen Sozialisationsprozesses ein mehr oder weniger starkes u. autonomes »Ich«. Dieses kann selbstbewußt u. selbstentscheidend sowohl zu den Konflikten zw. soz. Normen u. seinen individuellen Wünschen als auch zu den Konflikten zw. den versch. Ansprüchen der ges. Bezugsgruppen Stellung nehmen.

Der soz. Teil der P. hat nicht nur eine repressive Funktion, indem er die naturhaft vorgegebenen Antriebsenergien des Individuums zügelt, um soz. Zus.leben zu ermöglichen. P. bedeutet nicht nur Anpassung des Individuums an die Ges. Zur soz. »Funktionstüchtigkeit« des Individuums gehört auch eine gewisse Autonomie u. Widerstandskraft gegenüber den von »außen« herangetragenen Normen der Ges. Die Chancen für die Entfaltung personaler Autonomie wachsen mit dem Grad der Modernität u. Freiheitlichkeit der jeweiligen Ges. Ohne die mit Verhaltenspartnern gemachten Erfahrungen kann sich das individuelle »Selbst« nicht entwickeln. Der Mensch wird erst P. dadurch, daß er einen Teil der ges. Substanz (Werte, Normen, Verhaltensregeln) in sich hineinnimmt u. an den Anforderungen der soz. Umgebung sich selbst erkennt.

Je nach Eigenart der vorherrschenden Weltanschauungen, Wertsysteme u. sog. Strukturverhältnisse entwickelt sich der Mensch zu einer individualist., ich-zentrierten P. (europ.-westl. Kulturkreis der Neuzeit) oder zu einem kollektiv orientierten Glied traditioneller Soz.gebilde (vorindustr. Ges.en, ältere asiat. Kulturkreise).

P. ist demnach (a) ein im Individuum organisiertes Wert- u. Handlungssystem. Dieses läßt sich (b) als ein »Spiegelbild« derjenigen Soz.strukturen, die ihm angeboten, »zugemutet« u. als normative »Ordnung« vorgegeben wurden, interpretieren. Schließl. ist P. (c) als Ergebnis der Wechselwirkung zw. individuellen Anlagen, entwicklungspsycholog. bedeutsamen Faktoren u. spezif. soz. Erlebnisinhalten des Individuums anzusehen.

E. H. Erikson, Kindheit u. Ges., 1968; G. H. Mead, Geist, Identität u. Ges., 1968; G. Wurzbacher (Hg.), Der Mensch als soz. u. personales Wesen, [3]1974; H. Gerth, C. W. Mills, Person u. Ges., 1970; T. Parsons, Sozialcharakter u. Persönlichkeit, 1970; G. W. Allport, Gestalt u. Wachstum in der P., 1970; H. Steinert, Die Strategien soz. Handelns, Zur Soziol. der P. u. der Sozialisation, 1972; P. Cattell, Die empir. Erforschg. der P., 1973; R. Linton, Ges., Kultur u. Individuum, 1974 (amerik. 1945); I. Dormagen-Kreutzenbeck, Soziol. der P., 1979; M. L. Kohn, P., Beruf u. soz. Schichtung, 1981; H. H. Sallinger, P. u. Freiheit, 1983; M. Schneider, Werte u. P., 1983; K. Hurrelmann, Einf. in die Sozialisationstheorie, 1986; J. Asendorpf, Keiner wie der andere, 1988.

Personalisation, Bezeichnung für die Entwicklung eines Menschen zu einer relativ autonomen →Persönlichkeit, die im Gegensatz zu älteren Konzepten der Sozialisation u. Enkulturation nicht einseitig an die Ges. u. Kultur angepaßt ist, sondern auf diese aktiv zurückwirkt u. übermäßigen Anpassungszwängen Widerstand entgegenzusetzen vermag. P.s-chancen hängen von der Eigenart, insbes. vom Herrschaftssystem einer Ges. ab u. sind in einer aufgeklärten, freiheitl.-demokrat. u. offenen Ges. bes. groß.

G. Wurzbacher, Der Mensch als soz. u. personales Wesen, [3]1974 (1963).

Personalwesen, Gesamtheit der Funktionsbereiche u. Maßnahmen in Unternehmungen u. Verwaltungen, die sich auf Personalplanung u. -statistik, Beschaffung, Einsatz, Verwaltung, Betreuung, Beurteilung,

Entlohnung u. Förderung (Personalentwicklung) von Mitarbeitern, arbeitsrechtl. Angelegenheiten u. betriebl. Sozialpolitik beziehen. Das P. ist Ausdruck der grundlegenden Personalpolitik u. in größeren Institutionen in der Personalabtlg. (Personalverwaltung) organisatorisch zus.gefaßt, geleitet von einem Personalleiter oder -direktor. Als eine zentrale Unternehmungsaufgabe soll das P. dazu beitragen, den Betrieb als techn.-wirtschaftl. u. soziales System zu integrieren u. einen Ausgleich zw. Unternehmungszielen u. Mitarbeitererwartungen herzustellen. Da die Zukunfts- u. ggf. Wettbewerbschancen einer Organisation oder Unternehmung besonders stark von der Qualifikation u. Einsatzbereitschaft der Mitarbeiter abhängen, ist das P. zu einem anspruchsvollen Human-Ressources-Management geworden, das wiss. geschulte Fachkräfte erfordert u. insbes. Soziologen Bewährungsmöglichkeiten bietet.
Infolge des Wandels von Wertvorstellungen, Ansprüchen u. Verhaltensweisen werden psychol.-soziol. bedeutsame Aufgaben des P. zunehmend wichtiger: a) Pflege der Organisationskultur u. des Betriebsklimas, Einschränkung unerwünschter Fluktuation u. Fehlzeiten, Vermeidung »innerer Kündigung«, gerechte Personalbeurteilung u. Entlohnungssysteme, Vermittlung u. Aufrechterhaltung eines kooperativ-kollegialen Führungsstils, Schulung von Führungskräften in zeitgemäßer Menschenführung, Förderung soz. Kompetenz u. der Teamfähigkeit; b) Organisationsentwicklung, Einschränkung der Hierarchie, Ausbau der Informations- u. Kommunikationsstruktur zugunsten horizontaler Kooperation, Vergrößerung der Mitwirkungs- u. Entfaltungschancen im Betrieb u. am Arbeitsplatz; c) Steigerung der Arbeitszufriedenheit, Leistungsbereitschaft u. des berufl. Engagements, Stärkung der Identifikation mit der Organisation bzw. Unternehmung, Stimulation von Kreativität u. Innovationsfreudigkeit; d) Personalentwicklung, Förderung der Mitarbeiter, Entdeckung von Führungskräftenachwuchs, individ. Karriereplanung, Trainingskonzepte u. Weiterbildungsprogramme, transparente u. leistungsgerechte innerbetriebl. Aufstiegschancen, Nachfolgeplanung; e) Zus.arbeit mit dem Betriebsrat u. mit Gewerkschaften.

D. Grunow, Personalbeurteilung, 1976; F. Fürstenberg, Soz. Unternehmenspol., 1977; H. Hartmann u. P. Meyer, Soziol. der Personalarbeit, 1980; K. Türk, Personalführung u. soz. Kontrolle, 1981; W. Conradi, Personalentwicklung, 1983; U. Spie (Hg.), P. als Managementaufgabe, 1983; M. Richter, Personalführung im Betrieb, 1985; H. Strutz (Hg.), Hdb. Personalmarketing, 1989; J. Hentze, Personalwirtschaftslehre 1 und 2, ^{5}1991; O. Neuberger, Personalentwicklung, ^{2}1991; C. Scholz, Personalmanagement, ^{3}1993 (1989); R. Wunderer u. T. Kuhn, Unternehmer. Personalmanagement, 1993.

Personenkult, kritiklose Verehrung u. Hervorhebung eines Menschen u. seiner Verdienste. P. wird ggf. durch Propaganda, Bildungs- u. Medienpolitik verstärkt u. dient der Absicherung von Machtpositionen, insbes. in diktator.-totalitären Herrschaftssystemen. Mit dem P. wird der Einfluß einzelner Individuen auf den Ablauf histor. bedeutsamer Prozesse hoch bewertet bzw. überschätzt.

R. Löhmann, Der Stalinmythos, 1990.

Perspektive (lat.), »Ausblick«, »Blickwinkel«; wiss.theoret. Bezeichnung für die Konsequenz der Tatsache, daß jede wiss. Betrachtung eines Erfahrungsobjekts in

Persuasion 664

der Realität selektiv ist, abstrahieren muß, d. h. nur bestimmte Aspekte der Wirklichkeit erfassen kann. Das durch Werturteile u. soz. Erfahrungen des Wissenschaftlers bestimmte wiss. Problem u. dessen theoret. Analyse unter Benutzung eines bestimmten Begriffsapparates beinhaltet immer eine bestimmte P. Im polit. Sinne bezeichnet P. eine bewußte, für die Interpretation u. Bewertung der Gegenwart u. für die daraus abzuleitenden Entscheidungs- u. Handlungsprobleme der Zukunft klare Zielvorstellung.

Persuasion (lat.), Überredung, Überzeugung, insbes. in der Kommunikationswiss. Bezeichnung für überredende oder überzeugende Formen der Beeinflussung, die bei bestimmten Adressaten (Bürger, Wähler, Kunden, Hörer, Fernsehzuschauer u. a. m.) auf Meinungen, Einstellungen, Motivationen u. Verhaltensweisen einwirken sollen, ggf. mit dem Ziel der Verhaltensänderung. P. ist als Überzeugungsprozeß durch rationale Argumentation u. Diskurs gekennzeichnet, als Überredungsprozeß eher durch Appelle an Wertvorstellungen, Anspruchshaltungen u. Emotionen. P. als moral. Beeinflussung bezieht sich auf die Ansprache von Wert- u. Moralvorstellungen sowie des sittl. Empfindens bestimmter Personen, z. B. der Appell an Verantwortungsbewußtsein oder prosoz. Tugenden (Anteilnahme, Mitleid, Hilfs- u. Spendenbereitschaft). P. ist von großer Bedeutung für die Massenkommunikation, Werbung, Propaganda, Öffentlichkeitsarbeit sowie für das Funktionieren der Massenges. u. für den beschleunigten soz. Wandel in der Moderne.

Perzentil (lat.), »Hundertteiler«, statist. Streuungsmaß für Häufig-

keitsverteilung; bezeichnet die Zahlenwerte, die sich ergeben, wenn die Gesamtheit aller ermittelten Zahlenwerte einer Verteilung in hundert gleich große Teile geteilt wird.

Perzeption (lat.) →Wahrnehmung (engl. perception).

Pfadanalyse, Methode zur Entdeckung von mehrstufigen kausalen Abhängigkeitsverhältnissen u. Einflußbeziehungen zw. einer Menge von Variablen.
D. Hermann, Ausgewählte Probleme bei der Anwendung der P., 1984.

Pfarrsoziologie →Pastoralsoziologie

Pflanzensoziologie, Teildisziplin der Biologie, die sich mit den Gesetzmäßigkeiten der »Beziehungen« u. »Konkurrenzen«, d. h. mit den Wachstumsverhältnissen zw. Pflanzen am gleichen Wuchsort befaßt. Obwohl die P. davon ausgeht, daß das Artengefüge des Pflanzenwuchses auf einem bestimmten Gebiet durch geograph., klimat. u. auch (von Menschen geformte) kulturelle »Umwelt«-Bedingungen beeinflußt wird, erkennt sie an, daß den Pflanzen-»Beziehungen« die für menschl. Beziehungen u. menschl. Gesellsch. unabdingbaren psych. Grundlagen fehlen. Deshalb ist die Bezeichnung »Biocönologie« (griech. koinos = gemeinsam) angemessener.
O. Wilmanns, Ökolog. P., ²1978.

Phänomenologie (griech.), v. E. Husserl (1859–1938) begründete phil. Richtung u. Methode der Erkenntnis, die sich als »Wesenswiss.« von den Erscheinungen (Phänomenen) begreift. Gegen den Psychologismus u. erkenntnistheoret.

Relativismus gewandt, will die Ph. durch intuitive Abstraktion (Wesensschau) das erfassen, was sich invariant u. in Absehung von den indiv. Eigenheiten der Dinge als Wesentliches zeigt.

E. Husserl, Ideen zu einer reinen P. u. p.schen Phil., Buch 1 u. 2, Den Haag 1952; ders., Die Krisis der europ. Wiss.en u. die transzendentale P., Den Haag [2]1976; E. Ströker u. P. Janssen, Phänomenolog. Philosophie, 1989.

Phänomenologische Soziol.

(griech. Phänomen, »das sich den Sinnen zeigende«), umstrittene Bezeichnung für mehrere Varianten einer theoret.-soziol. Analyse, die durch das methodol. Werk v. →A. Schütz begründet worden ist. Neben der Ethnomethodologie wird mitunter sogar der Symbolische Interaktionismus hinzugerechnet. Im Gegensatz zur transzendentalphil. Wendung der Phänomenologie b. E. Husserl u. auch zu naturwiss. Forschungsmodellen ist die P. S. darauf ausgerichtet, die vor jeglicher theoret. Reflexion v. sinnhaftkonstruktiv tätigen Menschen geschaffenen u. interpretierten Strukturen u. Typisierungen der alltäglichen Lebenswelt unvoreingenommen, aus der theoret. Einstellung des unbeteiligten Beobachters heraus empir. zu erfassen u. exakt zu beschreiben. Die Menschen werden nicht wie Naturdinge gesehen, sondern als sinnhaft handelnde u. mitmenschlich interagierende Subjekte, die zwar in eine immer schon vorstrukturierte Kultur- u. Sozialwelt hineingeboren werden, diese aber durch eigene Sinndeutungs- u. Sinnsetzungsvorgänge rekonstruieren u. weiter gestalten. Die sozialwiss. Analyse hat die Verbindungen zw. den objektiven Strukturen u. Sinnzus.hängen der gesch. Sozialwelt einerseits u. den subjektiven Orientierungen u. Sinnzus.hängen der im Alltag sozial Handelnden anderseits aufzudecken. Die Intersubjektivität, d.h. die wechselseitige Orientierung u. Verschränkung der Subjekte wird als eine Grundgegebenheit des menschl. Seins in der alltägl. Lebenswelt aufgefaßt. Diese Lebenswelt der sozialen Tatsachen ist somit als sinnhaft-soziale Konstruktion, als konstitutive Leistung der im alltägl. Leben intersubjektiv handelnden Menschen zu verstehen. Darüber hinaus ist stets zu berücksichtigen, wie die in der Alltagswelt handelnden Subjekte sich selbst u. ihre Alltäglichkeiten erfahren u. interpretieren. Die phänomenologisch begründete Soziol., die den Weg zu einer spezifisch menschl. Wiss. eröffnet, hat bedeutsame Anstöße zu einer Neuorientierung der soziol. Analyse u. Theorienbildung geliefert.

A. Schütz, Der sinnhafte Aufbau der soz. Welt, [3]1974 (1932); P. L. Berger u. T. Luckmann, Die ges. Konstruktion der Wirklichkeit, 1969; A. Schütz, Gesammelte Aufsätze, 3 Bde., 1971; A. Schütz u. T. Luckmann, Die Strukturen der Lebenswelt, 1975; W. M. Sprondel u. R. Grathoff (Hg.), A. Schütz u. die Idee des Alltags in den Soz.wiss.en, 1979; T. Luckmann, Lebenswelt u. Ges., 1980; R. Eickelpasch u. B. Lehmann, Soziol. ohne Ges.?, 1983; R. Grathoff u. B. Waldenfels (Hg.), Sozialität u. Intersubjektivität, 1983; T. S. Eberle, Sinnkonstitution in Alltag u. Wiss., 1984; R. Grathoff, Milieu u. Lebenswelt, 1989.

Phänotyp (griech.), »Erscheinungs-Typ«, z. B. ein bestimmter einzelner Mensch mit seinen bes. Eigenschaften, die im Vergleich oder im Gegensatz zum Genotyp des Menschen am einzelnen, gerade problematisierten »Objekt« beobachtet bzw. registriert werden können.

Phalange, Phalanx (griech.), »Schlachtreihe«, geschlossene Front; Bezeichnung des Frühsozialisten Ch. Fourier (1772–1837) für die von ihm vorgeschlagenen gewerbl. u. landwirtschaftl. Produktivassoziationen, mit denen seiner Meinung nach die Probleme der »industriellen Anarchie« frühbürgerl.-ges. Entwicklung gelöst werden sollten. Die Ph.n waren als Kollektivwirtschaften konzipiert, in denen – bei Sicherung des Existenzminimums für alle Mitglieder – der gemeinsame Arbeitsertrag nach den individuellen Leistungsbeiträgen u. Kapitalanteilen gerecht aufgeteilt werden sollte. Durch direkten Warenaustausch zw. den Ph.n sollte insbes. der »schmarotzende« Handel ausgeschaltet werden.

Phonem (griech.), »Laut«, kleinste lautl. Einheit, ein Begriff der Entwicklungspsychol. u. Soziolinguistik. In der sukzessiven P.bildung manifestiert sich die sprachl. Entwicklung des Kindes komplementär zur (ebenfalls sozial mitgeprägten) Entwicklung der Morpheme (griech. = kleinste bedeutungstragende Einheiten der Sprache).

Physikalismus (griech.), im Sinne eines konsequenten Empirismus die Idee der Einheitswiss. (Einheit v. Natur- u. Sozialwiss.en) auf naturwiss. Grundlage, unter bes. Berücksichtigung der Physik. Diesem Ansatz gemäß genüge allein die physikal. Sprache der Bedingung der Intersubjektivität, d. h. dem Prinzip der Unabhängigkeit wiss. Forschungsprozesse v. individuellsubjektiven Wertvorstellungen, Überzeugungen und Interessen. Daher müssen sich alle sinnvollen Sätze über Psychisches u. Soziales in Sätze über Physisches (raumzeitliche Zustände u. Prozesse) ohne Rest übersetzen lassen können. Als Vorläufer des P. ist der Behaviorismus zu nennen. Das Programm des P. wurde v. O. Neurath in die

Soziol. eingeführt. Schon früh haben Kritiker wie F. Kaufmann u. E. Cassirer dem P. entgegengehalten, er verfehle mit seiner phänomenalistischen Hypostasierung gerade das Spezifische des Gegenstandes der Geistes-, Kultur- oder Sozialwiss.en. →Lundberg, G.

R. Carnap, Die physikal. Sprache als Universalsprache der Wiss., in: Erkenntnis 2 (1932); O. Neurath, Empir. Soziol., 1931; F. Kaufmann, Methodenlehre der Sozialwiss.en, 1936; E. Cassirer, Zur Logik der Kulturwiss.en, [4]1980.

Physiokratie (griech.), »Natur-(Boden-)Herrschaft«, volkswirtschaftl. Theorie zur Erklärung der Produktions- u. Verteilungsprozesse in feudalaristokrat.-agrar. strukturierten Ges.en des 18. Jh.s, wonach der Boden u. die Landwirtschaft als die alleinigen Quellen allen Reichtums galten. Unter dem Eindruck des heraufkommenden industriellen Bürgertums u. dessen liberaler Ideen waren die Lehren der P. (Hauptvertreter F. Quesnay, 1694–1774) als ideolog. Opposition gegen den absolutist. Staat konzipiert worden. Sie stellten die Idee einer »natürl. Ordnung« (als der Grundlage für das Wirken u. Sichdurchsetzen ökonom. Gesetzmäßigkeiten) der Analyse der »positiven«, tatsächl. Ordnung der bestehenden sozialen u. polit. Herrschaftsverhältnisse gegenüber.

F. Blaich, P., in: W. Albers u. a. (Hg.), Hdwb. der Wirtschaftswiss., Bd. 6, 1981.

Piaget, Jean, schweizer. Psychologe, 9. 8. 1896 Neuenburg (Schweiz) – 16. 9. 1980 Genf, 1925 Prof. in Neuenburg, 1929–39 in Genf, 1929 Dir. des Bureau Internat. de l'Education, 1938–51 in Lausanne, 1940–52 o. Prof. für experimentelle Psychol. u. Soziol. Univ. Genf, 1952–63 an der Sorbonne (Paris), bis 1971 Genf.

P. beschäftigte sich im Rahmen breiter interdisziplinärer Entwicklung als Vertreter einer experimentellen Kinderpsychol. unter Berücksichtigung der Soziol. mit der Entwicklung des Kindes, vor allem mit der Entwicklung des kindl. Denkens (Sprachverstehen, Symboldenken, moral. Urteilsbildung). Er betonte den Zus.hang von Soziogenese u. Psychogenese, d. h. zw. dem Hineinwachsen des Individuums in die Ges. u. der Entfaltung des psych. Apparates. P. stellte das wiss. Denken auf eine höhere Ebene, da es nicht den Beschränkungen der Denk- u. Handlungsprozesse durch bestimmte Kollektive unterworfen ist u. den Sozio- u. Egozentrismus überwunden hat.

Schr.: Le jugement moral chez l'enfant, 1929, dt.: Das moral. Urteil beim Kinde, 1973; La formation du symbole chez l'enfant, 1945, dt.: Nachahmung, Spiel u. Traum, 1969; La représentation du monde chez l'enfant, 1947, dt.: Der Aufbau der Wirklichkeit beim Kinde, 1974; Introduction à l'epistémologie génétique, 3 Bde., 1950, dt.: Abriß der genetischen Epistemologie, 1974; zus. mit B. Inhelder, De la logique de l'enfant à la logique de l'adolescent, 1955, dt.: Von der Logik des Kindes zur Logik des Heranwachsenden, 1980; zus. mit B. I., La genèse des structures logiques élémentaires, 1959, dt.: Die Entwicklg. der elementaren logischen Strukturen, 1973; Les mécanismes perceptifs, 1961; zus. mit B. I., L'image mentale chez l'enfant, 1966, dt.: Die Entwicklung des inneren Bildes beim Kind, 1979; Biologie et connaissance, 1967, dt.: Biologie u. Erkenntnis, 1992 (1974); Psychologie et pédagogie, 1969, dt.: Theorien u. Methoden der mod. Erziehung, 1972; Ges. Werke, Studienausgabe, 10 Bde., hg. v. B. Inhelder u. A. Szeminska, 1975; Das Verhalten, 1980.

F. G. Wetzel, Kognitive Psychol., 1980; T. Schöfthaler u. D. Goldschmidt (Hg.), Soz. Struktur u. Vernunft, 1984; T. Kesselring, J. P., 1988; G. W. Oesterdiekhoff, Traditionales Denken u. Modernisierung, 1991.

Pietismus (pietas = Frömmigkeit), religiöse Bewegung innerhalb des Protestantismus im 17. u. 18. Jh.; »tiefere«, verinnerlichte Glaubenshaltung des einzelnen. Nach religionssoziol. Erkenntnissen hat die damit verbundene Askese u. eine gewisse Lösung der religiösen u. kirchl. Sitten von den feudal-ständ. Herrschaftsverhältnissen zur wiss. u. wirtschaftl. (kapitalist.) Entwicklung u. zur Entfaltung bürgerl. Mittelschichten beigetragen, insbes. in Nordamerika.

M. Schmidt, P., ³1983 (1972); E. Beyreuther, Gesch. des P., 1978.

Pilot study (engl.) →Leitstudie

Pioniergesellschaft (franz.), eine Ges., die sich im Rahmen soziokult. Evolution infolge endogen bedingter Prozesse des beschleunigten soz. Wandels schneller entwickelt als andere Ges.en, in der ggf. zuerst bestimmte Entwicklungen eintreten. Die P. prescht gleichsam voran u. kann je nach den vorherrschenden Aspekten des Wandels einen bestimmten Entwicklungsvorsprung erlangen. Durch die industr. Revolution im 18. Jh. wurde z. B. England zur P. hinsichtl. der Industrialisierung. Im 20. Jh. wurden die USA zur P. des weitgehend egalisierten Massenkonsums. Durch ges. Erstarrung, Ausbreitung des Hedonismus u. durch Dekadenz können P.en ihren Vorsprung einbüßen u. durch dynamische »Nachfolgeges.en« (Nachzügler) eingeholt oder sogar übertroffen werden. Die angemessene Einschätzung solcher Gefahren kann Aktivismus, Kreativität u. Innovationsbereitschaft stimulieren.

In histor. eingeschränkter Weise tritt eine spezielle Variante von P. hervor, die durch Ausdehnung in dünnbesiedelte u. wenig kultivierte Territorien gekennzeichnet ist, z. B. die USA im 19. Jh.

R. Hamann, Revolution u. Evolution, 1981.

Planung, Inbegriff gedankl., soz. u. organisator. Vorgänge, die in vorausschauender Weise darauf ausge-

Planung 668

richtet sind, durch Problemanalysen, Entwürfe, Abschätzungen u. (Vor-)Entscheidungen herauszufinden u. festzulegen, auf welchen Wegen, mit welchen Verfahren, Mitteln, Kosten, Nebenfolgen, unter welchen Rahmenbedingungen u. in welchen zeitl. Etappen ein bestimmtes Ziel erfolgreich erreicht werden kann bzw. soll.

P. beginnt (1) mit der Bestandsaufnahme, d. h. mit der Datenermittlung u. Klärung der Strukturen u. Faktoren des infrage stehenden Bezugssystems, (2) überprüft sodann – nach Maßgabe vorhandener wiss. Erkenntnisse u. Prognosemöglichkeiten – die wahrscheinl. Entwicklungstrends bestehender Verhältnisse, (3) ermittelt den Handlungs- (d. h. Planungs-)Spielraum, den die betr. Strukturen u. Verhältnisse überhaupt lassen u. analysiert (4) die alternativen Verwendungsmöglichkeiten der für einen aktiven, gestaltenden Eingriff bereitstehenden Mittel. Diesen Vorarbeiten zur Entscheidung über mögl. zukünftige Zustände folgt nach Planfestlegung die den Planvollzug begleitende P.revision, die ständig die gesammelten Erfahrungen auswertet u. notwendige Korrekturvorschläge vorlegt.

Folgende Prozesse u. Gegebenheiten haben P. zu einem unentbehrl. Instrument in der mod. Gesellschaft werden lassen: (1) die Verwissenschaftlichung des materiellen u. soz. Daseins, (2) die wachsenden Risiken, Gefahren u. Auswirkungen zunehmender wiss.-techn. Eingriffs- u. Gestaltungsmöglichkeiten des Menschen, (3) die Vermeidung oder weitestgehende Einschränkung unerwünschter Folgen von Entscheidungen u. Handlungen, (4) die Knappheit von Ressourcen bei weitergehendem Bevölkerungswachstum u.

steigenden Ansprüchen, (5) die vielfältigen Interdependenzen u. Abhängigkeiten in komplexen u. großorganisierten Soz.strukturen, (6) die angesichts von Massenzuständen u. Massenwirkungen offensichtl. Gefahren von Fehlentwicklungen u. Friktionsstörungen, (7) die Störanfälligkeit einer im ganzen wie in ihren verschiedenen Teilbereichen sich dynamisch u. kumulativ entwickelten Ges., (8) die für die polit. Stabilität folgenreiche Steigerung der Erwartung einer rationalen, soz. akzeptablen Problembewältigung u. Steuerung des soz. Wandels.

Wiss. u. Technik haben mit der Kybernetik, Informatik, den Informationstechniken (Computer, Datenverarbeitung) u. mit interdisziplinären Konzepten rationaler Planungs- u. Entscheidungsprozesse theoret. u. instrumentale Voraussetzungen für betriebl., kommunale u. staatl. P. geschaffen. P. wird durch Behörden (z. B. Statist. Ämter, Forschungsanstalten) u. Forschungsinstitute (z. B. Marktforschungsinstitute) gestützt u. vollzieht sich innerhalb größerer Organisationen oft in P.sabteilungen.

P. hat insbes. im staatl. Bereich zu einem Strukturwandel polit. Entscheidungsprozesse geführt: Intuitive, interessengebundene oder gesinnungseth. Politik wird zugunsten einer an Sachverstand u. Expertentum orientierten Führung eingeschränkt. »Geplante Demokratie« (K. Mannheim) soll sowohl vor einer Entwicklung zum ideolog. bornierten Totalitarismus als auch vor den ideolog. gewordenen Harmonievorstellungen des Laissez-faire-Liberalismus bewahren. In geplanten Wirtschafts- u. Soz.strukturen soll das effiziente Funktionieren des gesamten wirtschaftl. u. ges. Reproduktions- u.

Entwicklungsprozesses ebenso wie ein kontrolliertes Austragen sozialer u. polit. Konflikte garantiert werden. In der vom ges. Pluralismus gekennzeichneten Ges. übernimmt der planende u. gestaltende Staat Funktionen des Ausgleiches von Interessengegensätzen sowie der Daseinsvorsorge u. Leistungssicherung für den Bürger. Regional-, Stadt-, Landes-, Forschgs.-, Verkehrs- u. Finanzp. bestimmen mit der institutionellen Festlegung von Infrastrukturen, Entwicklungschancen u. Lebensverhältnissen weitgehend die »Welt von morgen«, schaffen eingrenzende Sachzwänge für spätere Entscheidungsprozesse u. bereiten damit gleichzeitig die Basis für zukünftige Innovations- u. Gestaltungsprobleme unter neuen Bedingungen. Sachverständige P. als legitimer Ausgangspunkt polit. Herrschaft bringt in der Demokratie neue Probleme sowohl für das Verhältnis von (informierter u. damit einflußreicher) Exekutive gegenüber der Legislativen als auch für die Beziehungen von planenden Herrschaftseliten u. breiter polit. Öffentlichkeit. →Futurologie.

Th. Ellwein, Politik u. P., 1968; B. Willms, P.ideologie u. revolutionäre Utopie, 1969; K. W. Deutsch, Polit. Kybernetik, 1969; K. Mannheim, Freiheit u. geplante Demokratie, 1970; B. Schäfers, P. u. Öffentlichkeit, 1970; O. W. Haseloff (Hg.), P. u. Entscheidung, 1970; N. Luhmann, Polit. P., 1971; H. Klages, P.politik, 1971; F. H. Tenbruck, Zur Kritik der planenden Vernunft, 1972; H. Lenk, Erklärung, Prognose, P., 1972; B. Schäfers (Hg.), Gesellschaftl. P., 1973; F. W. Scharpf, P. als polit. Prozeß, 1973; F. Naschold, W. Väth, Polit. P.systeme, 1974; P. Grottian, Strukturprobleme staatl. P., 1975; C. Böhret u. a. (Hg.), P. in öffentl. Hand, 1977; Inst. f. Wohnen u. Umwelt (Hg.), P.sbegriffe, ³1978; P. C. Dienel, Die P.szelle, 1978; S. Fitzsimmons, R. Wildenmann u. K. J. Arrow (Hg.), Zukunftsorientierte P. für die 80er Jahre, 1979; A. Bechmann, Grundlagen der P.stheorie u. P.smethodik, 1981; F. Ortmann, Bedürfnis u. P. in soz. Bereichen, 1983; R. Spiegelberg u. M. Lewkowicz (Hg.), Sozialp. in der Praxis, 1983; H. Freyer, Herrschaft, P. u. Technik, 1987; N.

Szyperski (Hg.), Hdwb. der P., 1989; U. Beck, Politik in der Risikoges., 1991.

Planungszelle, von P. C. Dienel eingeführter Begriff zur Charakterisierung von Bürgerbeteiligungsverfahren. Als Gegengewicht zur Expertokratie sollen Bürger in Bürgergutachten ihre kommunalpolit. Interessen und Sichtweisen darlegen. So können sie z. B. als bürgerschaftliche Berater für Städteplaner tätig werden.

P. C. Dienel, Die P., ²1991 (1978); Bongardt, P. C. Dienel u. Henning, Bürgergutachten, 1980; D. Garbe, Die P. u. ihre Umwelt, 1980; P. C. Dienel u. a., Bürger planen einen Freizeitpark, 1984.

Planwirtschaft, eine mit dem Begriff →Zentralverwaltungswirtschaft bedeutungsgleiche Bezeichnung. M. Weber stellte die P. idealtyp. der Verkehrswirtschaft (→Marktwirtschaft) gegenüber. »In der P. wird alles wirtschaftl. Handeln ... an gebietenden u. verbietenden Anordnungen, in Aussicht gestellten Belohnungen u. Strafen« eines »Verwaltungsstabes« orientiert (M. Weber). Der Begriff der P. ist im Vergleich zu jenem der Zentralverwaltungswirtschaft insofern unscharf, weil in jedem Wirtschaftssystem geplant wird (durch Wirtschaftssubjekte u. -einheiten, staatl. Behörden).

M. Weber, Wirtschaft u. Ges., ⁵1980 (1921).

Plastizität, eine schon von A. Ferguson betonte Eigenart des Menschen, die durch einen biolog. einmalig hohen Grad der Instinktreduktion, »Weltoffenheit« (M. Scheler), Verhaltensvariabilität, Lernfähigkeit u. der psych. Formbarkeit gekennzeichnet ist. Grundlegend ist die relativ geringe, in ihrem Ausmaß wiss. umstrittene genet. »Vorprogrammierung« des menschl. Verhaltens. Die weitge-

Plattformpartei 670

hende P. des Menschen ist eine wesentl. Voraussetzung dafür, daß sich im Verlaufe der Menschheitsgesch. unterschiedlichste Kulturen u. Ges.en, Lebensstile u. Verhaltensweisen herausbilden konnten. Die vorgegebene P. ermöglicht es, daß der einzelne Mensch durch seine soziokult. Umwelt zu einem lebenstüchtigen Angehörigen der Ges. geformt u. sozialisiert werden kann. Mit fortschreitender Sozialisation bzw. Festlegung auf kulturspezif. Auffassungen, Werte u. Verhaltensweisen verringert sich beim Individuum die P. Andererseits hängen in der mod. dynam. Ges. die Lebenschancen des einzelnen in verstärktem Maße von seiner Flexibilität im Denken u. Handeln ab.

Plattformpartei, polit. Partei, deren Mitglieder nicht einer relativ konsistenten polit. Ideologie oder einem homogenen Interesse anhängen, sondern die die Partei lediglich als gemeinsam nutzbare Einfluß- u. Organisationsplattform ansonsten höchst heterogener Einzelziele betrachten. →Parteiensoziologie.

Plebiszit (lat.), »Volksabstimmung«, »Volksentscheid«, Instrument der polit. Willensfeststellung u. -registrierung in der direkten Demokratie. Mit dem Personalp. entscheidet das Volk über die Führer u. Repräsentanten, von denen es regiert werden bzw. seine Gesetze gemacht haben will. Im Sachp. entscheidet es selbst über wichtige Fragen der Verfassung, polit. Ordnung u. Gesetzgebung. Damit P.e die an sie gestellten demokrat. Erwartungen erfüllen können (nämlich die unmittelbaren Entscheidungen eines souveränen Volkes zu manifestieren), bedarf es bestimm-

ter Voraussetzungen: es muß eine freie Willensbildung mögl. sein; freie Parteien u. eine institutionalisierte u. organisierte Opposition müssen Alternativen zum polit. Zielprogramm der jeweiligen Regierungsmacht vorstellen können; eine funktionierende polit. Öffentlichkeit krit. u. mündiger Bürger muß in der Lage sein, die institutionalisierten Möglichkeiten polit. Willensbildung zu nutzen.

In Diktaturen ebenso wie in (Schein-)Demokratien können P.e zu bloßen plebiszitären Akklamationen für polit. Führer oder Organe werden, wenn das formal zur Entscheidung aufgerufene Volk mittels Propaganda, Agitation, Demagogie u. Informationsentzug vorher polit.-inhaltl. »präpariert« wird.

K. Bugiel, Volkswille u. repräsentative Entscheidung, 1991.

Plebiszitäres (Regierungs-) Prinzip, Legitimationsprinzip für die Organisation polit. Herrschaftsformen, das (nach dem Vorbild der Schriften J. J. Rousseaus) die direkte Demokratie bzw. in repräsentativen Demokratien zumindest eine starke verfassungsrechtliche Berücksichtigung des Plebiszits fordert. Das p. P. geht von der Voraussetzung eines einheitl. Volkswillens aus, von dem angenommen wird, daß er mit dem Gesamtinteresse bzw. dem »Gemeinwohl« ident. sei. Minoritäts- u. Sonderinteressen gelten als Störfaktoren.

E. Fraenkel, Die repräsentative u. die p. Komponente im demokrat. Verfassungsstaat (in: Dtl. u. die westl. Demokratien, 1968).

Plenum (lat.), das »Gefüllte«, »Volle«; Vollversammlung eines Kollegiums, die Gesamtheit der Teilnehmer bestimmter Veranstaltungen, z.

Pluralismus

B. von Tagungen, im engeren Sinne die Gesamtheit der Mitglieder eines Entscheidungsgremiums, insbes. eines Parlaments, Parteitages, Gewerkschaftskongresses u. a. Mit stärker gewordenem Einfluß der jeweiligen Exekutivorgane (Regierung, Parteibürokratie, Vorstand, Funktionärsspitzen) u. infolge der Differenzierung u. institutionellen Besonderung des Sachverstandes (Bildung von Ausschüssen u. Kommissionen) hat das P. überall an Einfluß verloren. Entgegen den Grundprinzipien direkter Demokratie, allg. Partizipation u. polit. Öffentlichkeit bestehen überall Tendenzen, das P. zu einem formalen Legitimierungsinstrument von anderswo gefaßten Beschlüssen werden zu lassen.

Plessner, Helmut, 4. 9. 1892 Wiesbaden – 12. 6. 1985 Göttingen, Studium der Zoologie u. Philosophie, 1916 Dr. phil., 1920 Habil. für Philosophie Köln, 1926 dort a. o. Prof., 1933 entlassen, 1935 Univ. Groningen, 1939–1952 Prof. holländ. Staatsuniv., 1951–62 o. Prof. für Soziol. Univ. Göttingen, dort Gründer u. Dir. des Soziol. Seminars, 1962–63 Th.-Heuss-Prof. New School for Social Research New York, 1955–59 Vorsitzender der DGS.

Mit starker phänomenolog. u. soziol. Ausrichtung zählt P. neben M. Scheler zu den Begründern der neueren philosoph. Anthropologie. Er behandelte Probleme des Verhältnisses von Natur-»Ausstattung« u. kult. Überformung des Menschen aus interdisziplinärer Sicht (philosoph. Anthropologie, Zoologie, Kulturanthropologie, Soziol., Psychologie). Zentral ist seine These von der offenen, »exzentr. Positionalität« des Menschen (→Exzentrizität) im Unterschied zur Umweltgebundenheit u. geschlossenen, zentr. Positionalität des Tieres. Demzufolge kann u. muß der Mensch als »gebrochenes« Wesen zu sich selbst Position nehmen. Als Ausgleich für die fehlende Instinktlenkung wird Kultur gleichsam zum »natürl.« Bestandteil des Menschen als soz. Wesen. Diese These hat erhebl. zur Entwicklung u. krit. Ausformung soziol. Theorien über soz. Rolle, Sozialisation, Identitäts- u. Persönlichkeitsbildung beigetragen. Daneben zahlr. Veröffentlichungen zu kultursoziol. u. kulturkrit. Themen.

Schr.: Die Einheit der Sinne, ²1966 (1923); Grenzen der Gemeinschaft, 1972 (1924); Die Stufen des Organ. u. der Mensch, 1975 (1928); Macht u. menschl. Natur, 1953 (1931); Die verspätete Nation, ⁵1969 (1959, 1935 unter dem Titel: Das Schicksal dt. Geistes im Ausgang seiner bürgerl. Epoche); Lachen u. Weinen, 1941; Zw. Philos. u. Ges., 1953; (Hg.), Unters. über die gegenwärtige Lage der dt. Hochschullehrer, 3 Bde., 1957–58; Conditio humana, 1964; Diesseits der Utopie. Ausgewählte Beiträge zur Kultursoziol., 1974 (1966); Philosoph. Anthropologie, 1970; Mit anderen Augen, 1982; Gesammelte Schriften, 10 Bde., hg. v. G. Dux u. a., 1980–85.
K. Ziegler (Hg.), Wesen u. Wirklichkeit des Menschen, Festschr. f. H. P., 1957; F. Hammer, Die exzentr. Position des Menschen, 1967; G. Dux u. T. Luckmann (Hg.), Sachlichkeit, Festschr. f. H. P., 1974; K.-S. Rehberg, Das Werk H. P.s, in: KzfSS 36, 1984; B. Delfgaauw u. a. (Hg.), Philosoph. Rede vom Menschen, 1986; H. Redeker, H. P. oder Die verkörperte Philosophie, 1993.

Pluralismus (lat.), Herrschaft bzw. System der »Mehrzahl«; Bezeichnung für eine Ges.sstruktur, in der zahlreiche versch., mehr oder weniger voneinander unabhängige, nach unterschiedl. Weltanschauungen, Werten, Interessen u. Verhaltensnormen organisierte u. untereinander in Konkurrenz befindl. Gruppen, Organisationen u. ges. Teilbereiche um sozialen u. polit. Einfluß ringen. P. ist ein Ergebnis entfalteter sozialer Differenzie-

Pluralistische Gesellschaft

rung. Die durch P. erreichte Komplexität u. Vielgestaltigkeit der sozialen Lebensbereiche ist verbunden mit ausgeprägten Organisierungs- u. Bürokratisierungstendenzen innerhalb der einzelnen ges. Teilbereiche. P. bedeutet die Auflösung der in früheren Zeiten übl. monist. Herrschaftssysteme. Jeder ges. Teilbereich (z. B. Wirtschaft, Kunst, Erziehung, Sport, Medizin) wird von Gruppen beherrscht, die von den führenden Repräsentanten der anderen Bereiche insofern unabhängig sind, als wegen der alle wiederum integrativ verbindenden gegenseitigen funktionellen Abhängigkeit keine Gruppe einer anderen ihren Willen aufzuzwingen vermag. Jede Teilherrschaft unterliegt der Beschränkung durch andere Teilherrschaft, so daß eine gegenseitige Kontrolle u. eine Tendenz zum Kompromiß unter rivalisierenden Gruppen festzustellen ist.

Der P. hat mehr Freiheit für den einzelnen Menschen in dem Sinne gebracht, daß einseitige Willkür u. Abhängigkeit durch das System sich gegenseitig paralysierender Herrschafts- u. Einflußinteressen vieler eingeschränkt werden konnten. Aber gleichzeitig werden durch die Blockbildungen u. Oligarchisierungstendenzen innerhalb der Teilbereiche u. Organisationen die Freiheitschancen der einzelnen Ges.mitglieder erneut eingeschränkt.

G. Briefs (Hg.), Laissez-faire-P., 1966; F. Nuscheler u. W. Steffani (Hg.), P., Konzeptionen u. Kontroversen, 1972; H. H. v. Arnim, Gemeinwohl u. Gruppeninteressen, 1977; A. Gehring, Freiheit u. pluralist. Ges., 1977; H. Kremendahl, P.theorie in Dtl., 1977; A. Schwan, Grundwerte der Demokratie. Orientierungsversuche im P., 1978; H. Oberreuter, P., 1980; J. Detjen, Neop. u. Naturrecht, 1988; G. Brunner, Grundwerte als Fundamente der pluralist. Ges., 1989; J. Hartmann u. U. Thaysen (Hg.), P. u. Parlamentarismus in Theorie u. Praxis, 1992.

Pluralistische Gesellschaft, ein in der mod. westl. Ges. zum Ausdruck kommender Typ von Ges., der durch eine weitgehende Entfaltung des →Pluralismus geprägt ist, insbes. durch eine konfliktträchtige Vielfalt unterschiedl., z. T. gegensätzl. Weltanschauungen, Werte, Interessen, Lebensstile u. Verhaltensweisen sowie durch eine entsprechend stark differenzierte Soz.struktur u. Herrschaftsordnung. Im Gegensatz zu traditionalen, sakralen u. totalitären Ges.en bietet die p. G. dem Individuum relativ große Freiheits- u. Entfaltungsspielräume, allerdings verbunden mit vergrößerten Gefahren der Desorientierung u. Verhaltensunsicherheit. Problemat. sind ungleiche Organisationsgrade u. Einflußstärken verschiedener Bevölkerungsteile u. Personenkategorien.

Plutokratie (griech.), »Geldherrschaft«; polit. Herrschaftssystem, in dem der Besitz von Geld, d. h. genauer: von Kapital, die entscheidende Voraussetzung für die Teilhabe an polit. Macht ist.

Polarisation (lat.), Tendenz zur Trennung u. Gegensätzlichkeit von Erscheinungen, z. B. das Verhältnis von sozialen Klassen, von öffentl. u. privater Lebenssphäre.

Polaritätsprofil, semant. Differential, von C. E. Osgood entwickelte u. von P. R. Hofstätter in Dtl. eingeführte Methode der Empir. Soz.forschg. zur differenzierten Ermittlung u. Messung von Werthaltungen u. Einstellungen der jeweiligen Bevölkerung oder bestimmter Personenkategorien gegenüber ausgewählten »Untersuchungsobjekten«: Personen, z. B. Politiker; Organisationen, z. B. polit. Parteien, Unternehmungen; Kollektive,

z. B. Minderheiten, Völker u. a. m. Es wird ermittelt, welche gefühlsgeladene Eindrücke u. Vorstellungen befragte Personen von einem Untersuchungsobjekt haben. Den Probanden werden zu einem Objekt bzw. Wort oder Begriff (Stimulus) eine Reihe von Eigenschafts-Gegensatzpaaren (Polaritäten) vorgelegt, z. B. groß–klein, stark–schwach, modern–altmod., aktiv–passiv. Sie werden gebeten, ihre Assoziationen (Wahlen) zu diesen Eigenschaften nach Intensitätsgraden anzugeben. Diese Angaben werden auf sog. Polaritätsskalen (mit meist 7 Punkten: 3 2 1 0 1 2 3) eingetragen u. entweder graph. (durch Aufzeichnen der P.e) oder math.-statist. mittels einer Faktorenanalyse ausgewertet. Die Methode des P.s wird insbes. in der Soz.psychologie, Imageforschg. (→Image), Werbung u. Öffentlichkeitsarbeit eingesetzt.

C. E. Osgood, G. I. Suci, P. H. Tannenbaum, The Measurement of Meaning, Urbana 1957; P. R. Hofstätter, Gruppendynamik, 1957; ders., Einführung in die Soz.psychol., 1959; R. Mayntz, K. Holm, P. Hübner, Einführung in die Methoden der empir. Soziol., ²1971.

Politische Arithmetik, Bezeichnung für die ersten Ansätze einer Bevölkerungstheorie u. -statistik im 17. u. 18. Jh., als in Orientierung u. Anknüpfung an polit. Interessen des Merkantilismus empir. Daten über Geburten- u. Sterbehäufigkeiten gesammelt wurden. Kenntnisse über die »Gesetze« u. Regelmäßigkeiten des Geborenwerdens u. Sterbens der Bewohner eines Landes wurden für Herrschaftszwecke gewonnen. Als bedeutende Vertreter der P. A. gelten J. Graunt (1620–1674), W. Petty (1623–1687) u. J. P. Süßmilch (1707–1767).

W. Petty, Schriften zur polit. Ökonomie u. Statistik, hg. v. W. Görlach, 1986; J. P. Süßmilch, Die Göttl. Ordnung in den Veränderungen des menschl. Geschlechts, aus der Geburt, dem Tode u. der Fortpflanzung desselben erwiesen, 1741; M. Rassem u. J. Stagl (Hg.), Statistik u. Staatsbeschreibung in der Neuzeit, 1980; M. Rassem u. J. Stagl (Hg.), Gesch. d. Staatsbeschreibung, 1994.

Politische Klasse, in der Polit. Soziol. von G. →Mosca zentraler Begriff (ital. classe politica, classe dirigente) zur Bezeichnung der Personen u. Gruppierungen, die als Inhaber höchster polit. u. staatl. Positionen mit ihren Zielsetzungen u. Entscheidungen weitgehend das Gepräge u. die Entwicklung einer Ges. bestimmen. Die große Teile der Eliten umfassende p. K. monopolisiert die Macht u. genießt deren Vorteile. Sie kann eine (relativ) geschlossene Machtelite bilden, aber auch aus widerstreitenden Gruppierungen bestehen, insbes. in der pluralist. Ges. Die Funktionstüchtigkeit der p. K. zugunsten des Wohls der Ges. hängt davon ab, inwieweit sie sich durch Aufnahme neuer Kräfte ständig regeneriert.

G. Mosca, Elementi di scienza politica, ²1923 (1896), dt.: Die herrschende Klasse, 1950; D. Herzog, Brauchen wir eine P. K.?, in: Aus Politik u. Zeitgesch., B 50, 1991; T. Leif u. a. (Hg.), Die p. K. in Dtl., 1992.

Politische Kultur (engl. political culture), in Anlehnung an Almond u. Verba die Gesamtheit weltanschaul.-ideolog. Orientierungen, soziokult. Werte, Rechts- u. Moralauffassungen, Normen, Einstellungen u. Meinungen, die neben partikularen Interessen bestimmter Personenkategorien sowie individ. Zielen u. Wünschen in unterschiedl. starkem Maße das polit. Handeln der Angehörigen einer Ges., eines ges. Subsystems oder soz. Gebildes prägen u. leiten. Insbes. durch regionalkult. Besonderheiten kann eine nationale p. K. in konfliktträchtiger Weise aufgespalten sein, so daß ggf. die Unterschiede innerhalb einer Nation

Politische Ökonomie 674

größer sind als jene zw. Nationen. Die p. K. wird über die polit. Sozialisation vermittelt.

G. A. Almond u. S. Verba, The Civic Culture, Princeton 1963; L. W. Pye u. S. Verba (Hg.), Political Culture and Political Development, Princeton 1965; H. Brüggemann u. a., Über den Mangel an p. K. in Dtl., 1978; M. u. S. Greiffenhagen, Ein schwieriges Vaterland. Zur p. K. Dtl.s, 1979; H. Rausch, P. K. in der BR Dtl., 1980; M. Greiffenhagen u. a., Hdwb. zur P.n K. in der BR Dtl., 1981; P. Reichel, P. K. der Bundesrepublik, 1981; H. Klages u. W. Herbert, Wertorientierung u. Staatsbezug, 1983; P. Reichel (Hg.), P. K. in Westeuropa, 1984; W.-M. Iwand, Paradigma P. K., 1985; H.-G. Wehling u. a., Regionale p. K., 1985; K. Weigelt (Hg.), Werte, Leitbilder, Tugenden, 1985; O. W. Gabriel, P. K., Postmaterialismus u. Materialismus in der BR Dtl., 1986; D. Berg-Schlosser u. J. Schissler (Hg.), P. K. in Dtl., 1987; F. Plasser u. P. A. Ulram (Hg.), Staatsbürger oder Untertanen?, 1991; H. Bertram u. a. (Hg.), P. K. in Ost- u. Westdtl., Bd. 1, 1993.

Politische Ökonomie, im dogmengesch. weiteren Sinne Bezeichnung für Nationalökonomie bzw. Wirtschaftswiss., im engeren u. heute übl. Sinne für die auf dem Marxismus basierenden gesamtges. Analysen, die davon ausgehen, daß ökonom. u. polit. Phänomene theoret. als interdependent zu betrachten seien. Demzufolge seien die »Gesetzmäßigkeiten« wirtschaftl., allg. polit. u. staatl. Handelns aus einem einheitl. wiss. Erklärungszus.hang abzuleiten. Der Begriff P. Ö. ist im 17. Jh. für systemat. Abhandlungen über die von zentralen staatspolit. Zielsetzungen beherrschten fürstl. u. königl. Wirtschaftswiss.en geprägt worden, (→Merkantilismus). Man hat ihn auch in einer Epoche beibehalten, in der von der sog. »klass.« Wirtschaftstheorie die Gesetzmäßigkeiten einer vom Staat losgelösten »reinen« u. freien Marktwirtschaftsges. untersucht wurden (18. u. 19. Jh.). Auch die sozialpolit. Kritiker der engl. klass. Wirtschaftslehre, insbes. die dt. Nationalökonomie der histor. Schule

u. der Kathedersozialisten des 19. Jh.s, haben ihre Lehrbücher unter diesem wiss. Systembegriff publiziert. Unter besonderer Betonung (u. Überschätzung) des ges.sprägenden Einflusses der jeweiligen Produktions-, Eigentums- u. Herrschaftsverhältnisse hat dann der Marxismus den engen Verflechtungszus.hang von ökonom., polit., staatl. u. ges. Strukturen u. Entwicklungsprozessen systemat. untersucht. Die Geltung wirtschaftl. Gesetze hänge von diesem Kontext ab.
P. Ö. (im engeren Sinne) will (a) die Zus.hänge zw. polit. Ordnung, polit. Herrschaftsverhältnissen u. den gesch. bestimmten Organisationsformen der wirtschaftl. Produktivkräfte u. der ges. Arbeit aufzeigen, (b) untersucht die Beziehungen zw. den versch. wirtschaftl. Interessenlagen u. den staatl.-ordungspolit. Machtverhältnissen, (c) analysiert die Prozesse polit. Machtentfaltung u. -ausübung als Ergebnis ökonom. Machtpositionen. Darüber hinaus wird dem vorübergehenden Charakter bestimmter gesch. Produktionsweisen u. damit der gesch. Bedingtheit ökonom. Kategorien u. Gesetze bes. Aufmerksamkeit geschenkt. →Neue P. Ö., →Öffentl. Güter.

O. Lange, P. Ö., 2 Bde., 1963–68; P. A. Baran, P. M. Sweezy, Monopolkapital, 1967; J. Robinson, Die fatale P. Ö., 1968; M. Dobb, Ökonom. Wachstum u. Planung, 1968; A. Lowe, Polit. Ökonomik, 1968; G. v. Eynern, Grundriß der polit. Wirtschaftslehre, 1968; P. A. Baran, P. Ö. des wirtschaftl. Wachstums, 1966; ders., Zur P. Ö. der geplanten Wirtschaft, 1969; P. Bernholz, Grundlagen der »P. Ö.«, 3 Bde., 1972–79; K. Heinemann, P. Ö. – heute, 1974; W. D. Narr (Hg.), Politik u. Ökonomie, 1975; C. Böhret (Hg.), Pol. u. Wirtschaft, Festschr. f. G. v. Eynern, 1977; G. v. Eynern u. C. Böhret (Hg.), Wb. zur p. Ö., ²1977; B. S. Frey, Mod. Polit. Ökonomie, 1977; E. K. Hunt u. H. J. Sherman, Ökonomie aus traditioneller u. radikaler Sicht, 2 Bde., ²1977; L. Kramm, P. Ö., 1979; H.-R. Peters, P. Ö. des Marxismus – Anspruch u. Wirklichkeit, 1980; K. G. Zinn, P. Ö., 1987.

Politische Parteien →Parteiensoziologie

Politische Sozialisation, Bezeichnung für jenen Aspekt der →Sozialisation, der sich auf das »Hineinwachsen« der zu soz.kult. Persönlichkeiten heranreifenden Individuen in die →polit. Kultur ihrer Ges. u. soz. Umwelt bezieht. Wesentl. ist hierbei – unter dem Einfluß von Sozialisationsinstanzen (Familie, Massenmedien, Schule, Peer-groups u. a. m.) – das Lernen polit. bedeutsamer Weltanschauungen u. Ideologien, Werte u. Normen, Einstellungen u. Meinungen sowie Verhaltensweisen. Hinzu kommen Kenntnisse über die bestehenden polit. Institutionen, Strukturen u. Prozesse.
Grundlegend ist die jeweilige Herrschaftsordnung: In der mod. westl. Ges. wird mit idealem Anspruch der autonome, krit. u. engagiert partizipierende Bürger als Ziel erfolgreicher p.r S. herausgestellt. Im Alltagsleben werden aber großenteils eher die Anpassung an die jeweils dominierende polit. Hauptströmung u. ein zurückhaltendes Verhalten belohnt. In der diktator.-totalitären Ges. wird die p. S. von der herrschenden Elite zielstrebig u. rigide darauf ausgerichtet, daß überzeugte u. willfährige Anhänger des Regimes herangezogen werden. Darüber hinaus bezeichnet p. S. auch die Lernprozesse beim »Hineinwachsen« eines einzelnen in eine polit. Organisation.

G. C. Behrmann (Hg.), P. S. in entwickelten Industrieges.en, 1979; B. Claußen (Hg.), P. S. in Theorie u. Praxis, 1980; R. Geißler, Junge Deutsche u. Hitler, 1981; B. Claußen u. K. Wasmund (Hg.), Hdb. der p.n S., 1982; W. W. Weiß, Familienstruktur u. Selbständigkeitserziehung, 1982; R. Hamann, P. S., 1989.

Politische Soziologie, eine spezielle Soziol., die mit soziol. Fragestellungen, Erkenntnisabsichten, Begriffen u. Theorien sowie mit Methoden der Empir. Soz.forschg. polit. Phänomene untersucht. Sie bildet zugleich die Brücke zur Polit. Wiss. Grundlegend ist die Auffassung, daß Politik u. Staat keine abgehobenen Bereiche bilden, sondern auf vielfältige Weise in den soziokult. Lebenszus.hang eingebunden sind. Dementsprechend untersucht die P. S. die Beziehungen, Wechselwirkungen u. gegenseitigen Abhängigkeiten (Interdependenzen) zw. Weltanschauungen, Ideologien, Wertsystemen, Interessen, Wirtschaftssystemen, Soz.-strukturen, soz. Gebilden u. Verhaltensweisen einerseits u. polit.-staatl. Ordnungen, Herrschaftssystemen, Institutionen, Macht- u. Entscheidungsprozessen andererseits. Ein Kernproblem bilden die ges. Voraussetzungen u. Folgen des polit. u. staatl. Handelns.
P. S. erforscht im einzelnen a) polit. Macht, Herrschaftssysteme, die kult. u. soz. Legitimationsgrundlagen für polit. Herrschaft; b) die Entstehung u. Entwicklung polit. Ideologien, Mentalitäten, Einstellungen, Meinungen, Vorurteile u. Feindbilder im Zus.hang mit bestimmten ges. Verhältnissen, Interessen- u. Herrschaftskonstellationen; c) das Elitenproblem (Elitentheorien, verschiedene Arten der Eliten im soz. Wandel); d) Bürokratie u. Bürokratisierung; e) polit. Parteien (Parteiensoziol.); f) Beiträge von Interessenverbänden u. ges. Gruppierungen zur polit.-staatl. Willensbildung u. -durchsetzung (Verbändeforschg.); g) Wechselwirkungen zw. der Öffentlichkeit u. den Massenmedien einerseits u. polit. Einflußstrukturen u. Prozessen andererseits; h) der Zus.hang der polit. Kultur, Moral, Normen, Sozialisation u. Verhaltenspraxis mit

Politische Wissenschaft 676

dem allg. Gefüge der weltanschaul. Orientierungen, soziokult. Werte, soz. Gruppen, Organisationen, Institutionen u. Verhaltensmuster einer Ges.; i) Formen u. Intensitäten des polit. Verhaltens der Ges.sangehörigen zw. Engagement u. Apathie, Wählerverhalten, Anpassungsprozesse, Partizipationsmöglichkeiten; k) der polit. Einfluß (neuer) soz. Bewegungen; l) polit. Aspekte zunehmender interkult. Austauschprozesse u. weltges. Entwicklungstendenzen.

Probleme der P. S. werden auch im Rahmen der Wirtschaftssoziol., Familiensoziol., Pädagog. Soziol., Organisationssoziol., Ideologieforschg. u. Wissenssoziol. behandelt.

Zu den Vorläufern der P. S. zählen insbes. T. Hobbes, C. de Montesquieu, A. Ferguson, A. de Tocqueville u. K. Marx. Der Hauptbegründer war M. Weber. Besonders wichtige Beiträge leisteten sein Schüler K. Mannheim u. S. M. Lipset. Nach dem II. Weltkrieg wurde in Dtl. die P. S. durch O. Stammer neu belebt.

M. Weber, Gesammelte Polit. Schriften, ⁵1988 (1958); ders., Wirtschaft u. Ges., ⁵1980 (1921); K. Mannheim, Mensch u. Ges. im Zeitalter des Umbaus, ²1967 (1935); ders., Freiheit u. geplante Demokratie, 1970 (engl. 1951); O. Stammer, Ges. u. Politik, in: Hdb. d. Soziol., hg. v. W. Ziegenfuß, 1956; ders., P. S., in: A. Gehlen, H. Schelsky (Hg.), Soziol., ⁷1968; ders., P. S. u. Demokratieforschg., 1965; G. Salomon-Delatour, P. S., 1959; S. M. Lipset, Soziol. der Demokratie, 1963; J. Fijalkowski (Hg.), Politologie u. Soziol., Festschr. f. O. Stammer, 1965; L. A. Coser (Hg.), Political Sociology, New York 1966; R. Heberle, Hauptprobleme der p. S., 1967; G. Eisermann, Soziol. der Politik, in: ders. (Hg.), Die Lehre von der Ges., ²1969; M. G. Lange, P. S., Eine Einf., ⁴1970; S. N. Eisenstadt, Polit. Sociol., London 1971; O. Stammer, P. Weingart, P. S., 1972; O. Massing, P. S., 1974; R. Hamann, P. S. für den Soz.kunde-Unterricht, 1974; I. L. Horowitz, Foundations of Political Sociology, New York 1972, dt.: Grundlagen der p.n S., 5 Bde., 1975–76; E. M. Wallner u. a. (Hg.), P. S., 1980; R. Ebbighausen, P. S., 1981; K. Lenk, P. S., 1982; R. Münch, Basale Soziol., 1982; R. Prä-

torius, Soziol. der polit. Organisationen, 1984; D. Herzog u. B. Wessels (Hg.), Konfliktpotentiale u. Konsensstrategien, 1989.

Politische Wissenschaft, Politikwissenschaft, Wissenschaft von der Politik, wissenschaftliche Politik, Politologie, Bezeichnung für die Wiss. von den polit. Systemen, Strukturen, Institutionen, Entscheidungs-, Handlungs- u. Entwicklungsprozessen im Kontext gesch. Dynamik u. kult. Mannigfaltigkeit u. unter besonderer Berücksichtigung von Weltanschauungen, Ideologien, Wertsystemen, Normen, Macht u. Herrschaft. Die P. W. hat sich aus der älteren Staatswiss. heraus zu einer eigenständigen Soz.wiss. entwickelt, die durch Anwendung der Empir. Soz.forschg. u. im Bereich der Polit. Soziol. besonders eng mit der Soziol. verbunden ist. Anfänge u. Weiterentwicklungen der P.n W. haben unterschiedl. Ausrichtungen erfahren: Als Staatswiss. im 19. Jh. Hilfswiss. obrigkeitsstaatl. Regierung u. Bürokratie. In normativ orientierter Nachfolge der Moralphilosophie mit der Aufgabe betraut, die der Natur des Menschen entspr. Ordnung für polit. Gemeinwesen herauszufinden. Als positivist. Erfahrungswiss. vornehml. der Analyse polit. Formalstrukturen, Systeme, Prozesse u. Handlungsmechanismen zugewandt, um Erkenntnisse über polit. »Gesetzmäßigkeiten« für polit. Prognosen u. damit für polit.-prakt. Entscheidungen nutzbar zu machen. Histor. an der Entwicklung von Erklärungsschemata für polit. Phänomene über eine Analyse polit. Entstehungsgesch.en interessiert. Dialekt.-krit. P. W. bezieht die Ziele der Politik u. die ges. Grundverhältnisse u. Interessenlagen, aus denen diese sich entwickeln, in die Analyse mit ein.

Polizeisoziologie

Zentrales Problem der heute weitgehend empir. ausgerichteten P. W. ist die Erforschung des Politischen, des polit. Handelns u. der polit. Systeme. Hierzu zählen alle Formen u. Institutionen menschl. Beziehungen, die es mit Macht, Herrschaft u. Autorität zu tun haben, in denen es also Probleme der Freiheit u. Fremdbestimmung, der Ungleichheit der Einflußverteilung u. der (durch jeweils andere bewirkten) Begrenzung der realen Möglichkeiten gibt. Dementsprechend befaßt sich P. W. mit allen individuellen u. kollektiven Orientierungen u. Handlungsformen, die sich auf die Erhaltung oder Veränderung von herrschaftsbestimmten Entscheidungsbündelungen einerseits u. Entscheidungsbeteiligungen, -kontrollen u. -freiheiten andererseits richten. Im einzelnen gehören dazu Struktur-, System- u. Entwicklungsanalysen über polit. u. staatl. Institutionen wie Regierung, Verwaltung, Parlamente, Parteien, Interessenverbände, Wahlen, Massenbewegungen u. Eliten, Meinungsbildungsprozesse u. Öffentlichkeit u. a., über polit. Programme, Ideologien, Ideen, Werte u. Dogmen sowie über internat. Beziehungen u. Außenpolitik.

O. K. Flechtheim u. a., Grundlegung der p. W., 1958; W. Abendroth u. K. Lenk (Hg.), Einf. in die p. W., [6]1982 (1968); K. W. Deutsch, The Nerves of Government, New York [2]1966, dt.: Polit. Kybernetik, 1969; G. Kress, D. Senghaas (Hg.), Politikwiss., [3]1971; F. Naschold, P. W., 1970; A. Görlitz (Hg.), Handlexikon der Politikwiss., 1970; K. Lenk, P. W., 1975; H. Kastendiek, Die Entwicklg. der westdt. Pol.wiss., 1977; U. Bermbach (Hg.), P. W. u. p.Praxis, 1978; W. W. Mickel (Hg.), Handlexikon zur Politikwiss., 1983; I. Fetscher u. H. Münkler (Hg.), Politikwiss., 1985; D. Nohlen u. R.-O. Schultze (Hg.), Pipers Wb. zur Politik, Bd.l: Politikwiss., 1985; K. v. Beyme (Hg.), Politikwiss. in der BRDtl., 1986; W. Röhrich, Politik als Wiss., 1986; T. Ellwein, P. W., 1987; H.-H. Hartwich (Hg.), Politikwiss., 1987; R. Horn u. W. Neubauer, Fachinformation Politikwiss., 1987; J. Bellers u. R. Robert (Hg.), Politikwiss. I – Grundkurs, 1988; D. Berg-Schlosser u. F. Müller-Rommel (Hg.), Vergl. Pol.wiss., [2]1991; G. Göhler u. B. Zeuner (Hg.), Kontinuitäten u. Brüche in der dt. Politikwiss., 1991; H. Naßmacher, Vergl. Politikforschg., 1991.

Politisierung, von der Polit. Soziol. unterschiedl. benutzte Bezeichnung (a) für die insbes. in Diktaturen u. totalitären Herrschafts- u. Regierungssystemen zu beobachtenden Prozesse umfassender, zentral u. zwangsweise durchgeführter Einbeziehung u. Regulierung aller ges. Bereiche (z. B. auch Familie, Sport, Tourismus) in u. durch die polit. Ordnung; (b) für erzieher. u. institutionell-reformer. Maßnahmen in Demokratien, die die strukturelle Verzahnung von polit.-staatl. u. anderen ges. Bereichen (wie z. B. Hochschule, Schule, Wirtschaftsbetrieb) im Bewußtsein der Staatsbürger u. in den ges. Bedingungen zur Austragung von Konflikten verankern wollen.

P. Brückner, A. Krovoza, Was heißt P. der Wiss.?, 1972; H.-E. Bahr (Hg.), P. des Alltags, 1972.

Politologie (griech.), synonyme Bezeichnung für →Politische Wissenschaft.

Polizeisoziologie, je nach Schwerpunkt der Untersuchung spezielle Berufs-, Organisations-, Kriminal- oder Politiksoziol.; als solche in den USA etwa seit den 50er Jahren entstanden. In Dtl. erg ab sich seit Ende der 60er Jahre eine Tendenz zur selbständigen Spezialsoziol. mit Betrachtung des direkten Verhältnisses zw. Polizei u. Ges. Wegen ihrer überall gleichen Grundfunktion, aber deren verschiedener Ausübung u. verschiedener Nebenfunktionen eignet sich die Polizei als Indikator für staatl. Selbstverständnis, auch im intersozietären Vergleich der Be-

Pollock 678

ziehungen zw. Bürger u. Staat. Die Breite der polizeilichen Eigenideale zw. staatl. Gewalt(monopol)instrument u. sozialarbeiterähnlichem Dienstleistungsbetrieb, gar als Makler zw. Staat u. Ges., ist ein wichtiger Ansatz zur Rollenanalyse im soz. Wandel. Die P. ist damit ein fruchtbares Feld für Sozialstrukturuntersuchungen nach allen Theorien der Allg. Soziologie.

J. Feest u. R. Lautmann (Hg.), Die Polizei, 1971; G. Endruweit, Struktur u. Wandel der Polizei, 1979; R. Girtler, Polizei-Alltag, 1980; R. Gössner u. U. Herzog, Der Apparat, 1982; P.-A. Albrecht, Perspektiven u. Grenzen polizeil. Kriminalprävention, 1983; F. Werkentin, Die Restauration der dt. Polizei, 1984; H. Busch u. a., Die Polizei in der Bundesrepublik, ²1988 (1985); A. Lüdtke (Hg.), »Sicherheit« u. »Wohlfahrt«, 1992; J. Reichertz u. N. Schröer (Hg.), Polizei vor Ort, 1992. – Zs.: Policing and Society (Harwood Publishers, ISSN 1043-9463).

Pollock, Friedrich, 22. 5. 1894 Freiburg/Brsg. – 16. 12. 1970 Montagnola (Tessin), Wirtschaftswiss.ler u. Soziologie, seit 1923 Mitarbeiter, dann administrativer Lt. des Inst. für Soz.forschg. Frankfurt/M. (→Frankfurter Schule), 1927 Priv. Doz. ebd., 1930 Mitarbeiter Societé Internat. de Recherches Soc. an der Ecole Normale Supérieure Paris, 1934 Inst. of Soc. Research New York, Vorlesungen Columbia Univ., 1950 Rückkehr nach Frankfurt/M., Wiederaufbau u. Mitarbeiter Inst. für Soz.forschg., 1951 apl. Prof., 1958 o. Prof. für Volkswirtschaftslehre Frankfurt.
Neben der Weiterführung der Marxschen Polit. Ökonomie befaßte sich P. mit Problembereichen zw. Soziol. u. Wirtschaftswiss. (Planwirtschaft, ges. u. wirtschaftl. Strukturwandlungen u. Planung), mit der Automation u. mit Methoden der Empir. Soz.forschg.

Schr.: Sombarts »Widerlegung« des Marxismus, 1926; Die planwirtschaftl. Versuche in der Sowjetunion 1917–27, 1929; Sozialismus

u. Landwirtschaft, in: Festschrift f. C. Grünberg, 1932; Structural Changes in the American Economy, 1940; Gruppenexperiment, 1955; Automation, 1956 (Neubearb. 1964); (Hg.), Stadien des Kapitalismus, 1975.

Polyandrie →Polygamie

Polygamie (griech.), Vielehe, entweder ungeregelte, aber längerfristig andauernde u. kulturell zugelassene Sexualbeziehungen neben der Ehegemeinschaft, oder geregelte Ehepartnerbeziehungen zw. einer Frau u. mehreren Männern (Polyandrie, Vielmännerei) oder einem Mann und mehreren Frauen (Polygynie, »Vielweiberei«). Wie die Monogamie hat auch die P. nicht in erster Linie die kulturelle Bedeutung einer Regelung der geschlechtl. Beziehungen, sondern ihre versch. Formen müssen im Zus.hang mit biolog. (Männer-Frauen-Überschuß), ökonom.-techn. (Naturbeherrschung, Arbeitsteilung) u. sozialen Lebensbedingungen (Statuszuweisung, Herrschaftsbeziehung) einer Ges. beurteilt werden. Nach Vergleichsuntersuchungen der Ethnologie sind in ca. 80% aller bekannten Kulturen, zumeist technolog. wenig entwickelten, die Familien- u. Ehegemeinschaften polygam. organisiert. Polyandr. Verhältnisse sind sehr selten. In zahlreichen Ges.n ist die P. den Häuptlingen u. Stammesfürsten, in polyandr.-mutterrechtl. aufgebauten Kulturen einzelnen Frauen vorbehalten. In den meisten Staaten ist P. verboten u. strafbar. In der mod. Ges. gibt es aber Tendenzen zu einer sukzessiven P.: zwei oder mehr Ehe- bzw. Lebenspartner(innen) nacheinander.

G. P. Murdock, Social Structure, New York 1949; A. Gehlen, Die Sozialstrukturen primitiver Ges.n (Soziologie, hg. v. A. Gehlen, H. Schelsky, 1955); L. Mair, An Introduction to Social Antropology, Oxford 1965; C. Meillassoux, Die wilden Früchte der Frau, 1984.

Polygynie →Polygamie

Polyzentrismus (griech.), System von »mehreren Zentren«; von P. Togliatti (ital. Kommunist u. Politiker) geprägte Bezeichnung der Polit. Soziol. für das Ergebnis des Zerfalls von ursprüngl. einheitl. polit., ideolog. oder soz. Bewegungen oder Kräften in mehrere, um relative Unabhängigkeit u. Selbstbestimmung bemühte soz. Einheiten, z. B. Aufspaltung des zunächst von der einstigen UdSSR beherrschten Weltkommunismus.

G. Nollau, Zerfall des Weltkommunismus, 1963.

Popper, Sir Karl Raimund, *28. 7. 1902 Wien, Philosoph u. Wiss.theoretiker, ab 1922 Studium der Philos., Math. u. Physik in Wien, 1928 Dr. phil., Tischlerlehre, Tätigkeit als Lehrer, 1937–45 Lecturer Univ. Neuseeland, 1938 M. A., 1945–48 Reader Univ. London, 1949–69 o. Prof. für Logik u. wiss. Methoden London School of Economics, Gastprof. an vielen Univ.en. 1965 geadelt, 1983 Großes Verdienstkreuz der BR Dtl., 1993 Otto-Hahn-Friedens-Medaille, zahlr. Ehrendoktorate.

P., der nicht dem »Wiener Kreis« angehörte, ist der Begründer des →Krit. Rationalismus bzw. Log. Empirismus, der erkenntnistheoret. u. methodolog. nach Möglichkeiten sucht, um erfahrungswiss. haltbare Theorien von bloßen wiss. Spekulationen abzugrenzen. P. geht davon aus, daß Wiss. niemals »sicheres Wissen« sein könne, sondern nur ein »krit. Raten«, ein Netz von »Vermutungen« (conjectures) u. »Widerlegungen« (refutations). Naturwiss. Arbeitsverfahren sind auch für die Sozialwiss.en die exemplar. Methode der wiss. Kritik. Jede Hypothese, jede Theorie

muß an Beobachtungen u. Tatsachen geprüft werden können u. prinzipiell falsifizierbar bzw. widerlegbar sein (→Falsifizierbarkeit). P. ist nicht so sehr an der Genese von, sondern an der Arbeit mit Theorien interessiert.

Zw. seiner Wiss.theorie u. seiner ges.polit. Grundhaltung besteht ein Zus.hang: Hypothesen gelten immer nur vorläufig, können jederzeit durch bessere ersetzt werden. Sozialtheorie als Extrapolation der Wiss.theorie kennt dementsprechend auch keine absoluten Normen. Ges. ist immer provisor. u. revisionsbedürftig. P. kritisiert darum den Historismus u. die Organismustheorien in der Soziol., weist gesch.philos. Thesen über »notwendige« Gesch.verläufe u. angebl. »gesetzmäßige« Entwicklungen zu determiniert. menschl.-ges. Endzuständen zurück. Demgegenüber postuliert er die liberale These von der »offenen Ges.«, deren zukünftige Entwicklung ein vorweg nicht bestimmbares Ergebnis der immer wieder neu zu diskutierenden Ziele ges. Gruppen u. Kräfte ist. Um diese Offenheit zu garantieren, bedarf es der stets krit. Wiss. u. bestimmter »Spielregeln« und institutioneller Sicherungen durch die Demokratie.

Schr.: Logik der Forschg., ⁹1989 (1935); The Open Society and Its Enemies, London 1945, dt.: Die offene Ges. u. ihre Feinde, 2 Bde., ⁷1992 (1957/58); The Poverty of Historicism, London ⁸1974 (1957), dt.: Das Elend des Historizismus, ⁵1979 (1965); On the Sources of Knowledge and to Ignorance, 1961; Der Sinn der Gesch. (Mitautor), 1961; Philosophy for a Time of Crisis (Mitautor), Tokio 1962; Conjectures and Refutations, London ⁵1974 (1963); The Philosophy of R. Carnap (Mitautor), La Salle/London 1964; Of Clouds and Clocks, 1966; Soz. Wandel (Mitautor), 1967; Die Logik der Soz.wiss.en, in: Th. W. Adorno u. a. (Hg.), Der Positivismusstreit in der dt. Soziol., ²1970 (1969); Objektive Erkenntnis, ²1974; Unended Quest. An Intellectual Autobiography, Glasgow 1976, dt.: Ausgangspunkte. Meine intellektuelle Entwicklg., 1979; The

Populärkultur

Self and its Brain (mit J. C. Eccles), 1977, dt.: Das Ich u. sein Gehirn, 1982; Die beiden Grundprobleme der Erkenntnistheorie (Manuskripte v. 1930–33), 1979; Auf der Suche nach einer besseren Welt, [4]1990 (1984); Offene Ges. – Offenes Universum. Ein Gespräch über das Lebenswerk des Philosophen (mit F. Kreuzer), 1992.
The Critical Approach to Science and Philosophy. In Honor of K. R. P., hg. v. M. Bunge, Glencoe 1964; H. F. Spinner, P. u. die Pol., 1978; J. A. Alt, Vom Ende der Utopie in der Erkenntnistheorie, 1980; B. Messmer, Die Grundlagen v. P.s Soz.phil., 1981; M. C. M. de Carvalho, K. R. P.s Phil. der wiss. u. der vorwiss. Erfahrung, 1982; B. Magee, K. P., 1986; L. Schäfer, K. R. P., 1988; J. A. Alt, K. R. P., 1992.

Populärkultur, Alltagskultur, die Gesamtheit der in einer Ges. für die Mehrheit der Bevölkerung übl. »alltägl.« Verhaltensformen, Bedarfsstrukturen u. sozialen Gewohnheiten. Die P. wird gewöhnl. über Analysen der Massenmedien, der Kunst, Werbung, des Sports u. des Konsum- u. Freizeitverhaltens ermittelt.
W. Fluck, Populäre Kultur, 1979.

Population (lat.), »Bevölkerung«, →Bevölkerungstheorie

Populismus (lat. populus, »Volk«), gegen Ende des 19. Jh.s aufgekommene Bezeichnung für soz. u. polit. Bewegungen, deren Auftreten durch beschleunigten soz. Wandel ausgelöst oder begünstigt u. durch Wirtschaftskrisen verstärkt wird. Populist. Bewegungen werden oft durch charismat. Führungspersönlichkeiten angetrieben, die mit einem besonderen Gespür für die Probleme u. Wünsche der sog. »kleinen Leute« – über die verschiedenartigen Klassen u. Schichten hinweg – eine Massenmobilisierung zur Durchsetzung bestimmter Ziele anstreben. Agitator. werden häufig Probleme überzeichnet u. »einfache« Lösungen in Aussicht gestellt. Populäre Aktivitä-

ten u. das Versprechen größerer soz. Gerechtigkeit steigern die Beliebtheit. Werbewirksam sind Verweigerungsappelle, z. B. gegen hohe Steuern, Kernkraft u. Umweltverschmutzung. Populist. Bewegungen können rechts oder links, reaktionär oder progressiv, nationalist., antikapitalist. oder sozialist. ausgerichtet sein. Sie verkörpern ein Aufbegehren gegen Verkrustungen u. unzureichende Problemlösungskraft in Ges., Wirtschaft u. Politik. Erfolgreiche populist. Bewegungen gefährden die freiheitl.-pluralist. Ges.sordnung u. können zum Totalitarismus hinführen.
H. Dubiel (Hg.), P. u. Aufklärung, 1986.

Position, erworbene →erworbene Position

Position, soziale, ein soziol. Grundbegriff, der den Schnittpunkt versch. soz. Beziehungen, den Platz in einem Gefüge soz. Beziehungen bezeichnet. P. umfaßt die Gesamtheit der Verhaltenserwartungen (Rechte u. Pflichten gegenüber anderen P.en), die im Rahmen einer soz. Struktur für den Inhaber der P. als (mehr oder weniger streng) verbindl. gelten. Eine P. kann inhaltl. soziol. nur definiert werden durch Hinweise auf andere P.en, mit denen sie in einem bestimmten Verhältnis steht. P.en entstehen aus der ges. Differenzierung u. Funktionsteilung. Sie existieren in der Ges. prinzipiell unabhängig vom einzelnen Menschen, müssen aber mit geeigneten Personen besetzt werden, wenn die Ges. als System soz. P.en funktionieren u. überleben soll. Eine einzelne P. kann durch einen Inhaber ein individ. Gepräge bekommen. In Anlehnung an R. Linton bildet die soz. →Rolle den »dynam. Aspekt« der soz. P., der im Verhalten des Rolleninhabers gemäß den Erwartungen zum Ausdruck kommt. Soz. Status ist die mit einer bestimmten Bewertung (Soz.prestige) verbundene P.

Position, zugeschriebene →zugeschriebene Position

Positivismus (lat.), Lehre vom »Tatsächlichen«, »Gegebenen«, eine erkenntnistheoret. u. methodolog. Grundhaltung, die wiss. Arbeiten auf die Erfassung u. Erklärung beobachtbarer, erfahrbarer »Tatsachen« begrenzt wissen will. Dementsprechend werden jegl. Informationen, Überlegungen u. Spekulationen, die mit den jeweils zur Verfügung stehenden erfahrungswiss. Möglichkeiten nicht bestätigt oder zurückgewiesen werden können, als außerwiss. erklärt. In der soziol. Theorie wird der P. insbes. seit Comte (1798–1857) diskutiert, der entspr. den techn. u. wirtschaftl. Bedürfnissen des frühen liberalen Bürgertums u. der frühen Industrieges. Soziol. als positive Wiss. von philos. Metaphysik u. klerikal-myst. Geistestradition ablösen wollte. P. verzichtet seither auf umfassende Interpretation u. Deutungsversuche ges. Strukturen u. Entwicklungsprozesse. Er versucht, unter dem Prinzip der Werturteilsfreiheit u. in Orientierung an naturwiss. Methoden »objektiv« das ges. Sein in seinen versch. (theoret. sondierten) »Dimensionen« und »Variablen« zu erfassen, darüber Teiltheorien zu Ursache-Wirkungs- oder Funktionszusammenhängen u. konventionalist. Methoden (→Operationalisierung, Empir. Sozialforschung) zur Falsifikation oder Bestätigung von Hypothesen zu entwickeln. →Empiriokritizismus, →Neopositivismus.

A. Comte, Rede über den Geist des P., 1956 (franz. 1844); A. Wellmer, Krit. Ges.theorie u.

P., ²1969; Th. W. Adorno u. a., Der P.streit in der dt. Soziologie, ³1971; L. Kolakowski, Die Philosophie des P., 1971; P. v. Oertzen, Die soz. Funktion des staatsrechtl. P., 1973; N. J. Smelser, Die Beharrlichkeit des P. in der amerik. Soziol., in: KZfSS 38, 1986.

Positivismusstreit, nach der früheren Auseinandersetzung über die Wertfreiheit der zweite Methodenstreit innerhalb der dt. Soziol., der 1961 auf einer Tagung der DGS als eine Kontroverse zw. K. Popper u. Th. W. Adorno ausbrach. Er fand in der Auseinandersetzung zw. J. Habermas u. H. Albert seine Fortsetzung. Mit P. wird schlagwortartig eine innerwiss. Diskussion um den paradigmatischen Charakter der Soziol. charakterisiert. Unterschiede im Verständnis v. Theorie u. Gegenstand, Theorie u. Erfahrung, Theorie u. Gesch. sowie im Wiss.-Praxisverhältnis (→Werturteilsfreiheit) kennzeichnen die Kontroverse zw. Krit. Theorie (Frankfurter Schule) einerseits u. Krit. Rationalismus andererseits. Die Krit.-dialekt. Theorie ist auf ges. Veränderung hin angelegt. Sie geht v. einem Totalitätsbegriff aus, der Ges. als ein Ganzes auffaßt, das sich über seine Elemente dialektisch vermittelt. Nach Habermas darf Theorie sich nicht der Gegenstandsverfälschung aussetzen, sondern muß vielmehr den antagonist. Charakter der Ges. u. das Problem der Entfremdung berücksichtigen. Das Aufzeigen v. vorstellbaren Möglichkeiten des besseren Lebens durch Kritik am Bestehenden kennzeichnen die Praxisverpflichtung der Krit. Theorie. Hierin liegt auch die Kritik v. Habermas am Krit. Rationalismus begründet, der für ihn nur eine Spiegelung der objektiven Entfremdung darstellt. Der Praxisbezug des Krit. Rationalismus kann nur krit. Aufklärung und Beratung

Possibilismus 682

sein. Hypothesen können nach Popper nicht endgültig bestätigt, sondern nur falsifiziert werden, um damit einer Annäherung an die Wahrheit zu genügen. Eine Theorie muß rational u. intersubjektiv kritisierbar sein. Dieser Theoriebegriff der analyt. Wiss.-auffassung des Krit. Rationalismus wendet sich gegen jede Wirklichkeitsmetaphysik u. jeden absoluten Wahrheitsanspruch.

H. Albert (Hg.), Theorie u. Realität, 1964; E. Topitsch (Hg.), Logik der Soz.wiss.en, [10]1980 (1965); Th. W. Adorno u. a., Der P. in der dt. Soziol., [13]1989 (1969); J. Habermas, Zur Logik der Soz.wiss.en, 1970; H. Keuth, Wiss. u. Werturteil, 1989.

Possibilismus (lat.), Lehre u. Strategie des »Möglichen«, Bezeichnung (a) der sozialist. Bewegung für den revisionistisch orientierten polit. Kampf um die schrittweise Durchsetzung größerer Ziele nach Maßgabe polit. Möglichkeiten, u. (b) der Ökologie für sozialgeograph. Lehren, die einen geograph. Determinismus für menschl. Kulturformen leugnen u. an der Natur die versch. Möglichkeiten der Nutzung u. Gestaltung hervorheben, unter denen der Mensch jeweils selbstentscheidend wählen könne.

Postalische Befragung, Sonderform der Befragung, bei der aus Gründen der Kostenersparnis keine Interviewer eingesetzt werden, sondern die Fragebogen auf dem Postwege verschickt u. zurückerbeten werden. Nachteilig ist die oft hohe Ausfallquote, bes. bei geringer Motiviertheit der zu Befragenden u. infolge unbequemer Fragen. Durch zielgruppengerechte Gestaltung der Fragebogen u. durch Anreize (z. B. Mitsenden eines Freiumschlages, Teilnahme an einer Verlosung) wird versucht, die Ausfallquote zu senken. Für die Reprä-

sentativität bleibt problematisch, inwieweit die ausgewählte Person den Fragebogen selber ausgefüllt hat.

K. Eichner u. W. Habermehl, Ergebnisse einer empir. Untersuchung zur Repräsentativität p. B.en, in: KZfSS 34, 1982.

Postfordismus →Fordismus

Postindustrielle Gesellschaft →Nachindustrielle Gesellschaft

Postmaterialismus, von R. →Inglehart eingebrachter Begriff zur Bezeichnung eines Komplexes von Werten (Wertprioritäten) u. Einstellungen, die vorrangig nichtmaterielle Ziele beinhalten: mehr Mitbestimmung am Arbeitsplatz u. im polit. Bereich; Schutz der Meinungs- u. Redefreiheit; Fortschritt zu einer humaneren, weniger unpersönl. Ges., in der Ideen mehr zählen als Geld; Verschönerung der Städte u. ländl. Gebiete. Mit P. ist die Aufwertung der Lebensqualität u. einer kosmopolit. Orientierung verbunden, ferner eine verstärkte Tendenz zu unkonventionellen polit. Handlungen. P. hat sich im Zus.hang mit dem Generationswechsel als Wertwandel im Sinne einer »stillen Revolution« in westl. Industrieges.en herausgebildet, wobei die Erreichung u. Sicherung eines relativ hohen Wohlstandes mitentscheidend waren. P. ist zu einer starken Antriebskraft neuer soz. Bewegungen u. des soz. Wandels geworden.

Postmoderne (lat.), ein unscharfer, mehrdeutiger, in verschiedenen Kultur- u. Soz.wiss.en variantenreich u. z. T. widersprüchl. verwendeter, inzw. zum Modewort gewordener Begriff, der im Kern die gegenwärtig stark beschleunigte Auffächerung, Heterogenisierung

Postmoderne

u. Pluralisierung der mod. Kultur u. Ges. mit ihren verschiedenen Bereichen zum Ausdruck bringt. Der Begriff P. läßt sich auf R. Pannwitz zurückführen (1917), der von einem »postmod. Menschen« sprach. Dieser bezieht sich wiederum auf den »Übermenschen« im Sinne Nietzsches, der die durch Dekadenz u. Nihilismus in die Krise geratene Moderne überwinden soll. Überdies erkannte Nietzsche besonders deutl. die Relativität von »Wahrheit« u. Werten. Damit ist er mit seiner kulturkrit. Philos. der Ahnherr der P. Dieser Begriff breitete sich dann hauptsächl. in der Literaturwiss., Architektur u. Malerei, später auch in der Soziol. u. Philos. aus. Hauptvertreter der philos. Auseinandersetzung mit der P. sind J.-F. Lyotard u. W. Welsch.

Die Interpretation des Phänomens P. hängt von unterschiedl. Orientierungsstandorten, Überzeugungen u. Reflexionsergebnissen ab: Die einen meinen mit P. einen kult. Umbruch oder sogar eine neue Epoche, nachdem das Zeitalter der Moderne – die in umfassender Weise durch Rationalismus, Fortschrittsglauben u. Technokratie bestimmt war bzw. noch ist – in eine tiefe Krise geraten sei (Umwelt- u. Wachstumskrise, Kultur- u. Wertkrise, Scheitern der marxist. Utopie) oder nun zu Ende gehe. Als P.-Kontrahent kritisiert J. Habermas diese Auffassung als Abwendung vom »Projekt der Moderne« u. von dessen Aufklärungsmöglichkeiten. Andere hingegen (Welsch) sehen in der P. weder eine völlig neue Epoche noch eine Antimoderne, sondern die weitergehende, radikale Entfaltung von Elementen, Möglichkeiten u. Versprechen, die in der Moderne bereits angelegt waren. Im Zuge einer solchen Weiterentwicklung sei für die »postmod. Moderne« kennzeichnend: Ablehnung des Absolutheits- u. Totalitätsdenkens, allg. gültiger Leitvorstellungen, von Hegemonie-Anmaßungen u. Monopolen, stattdessen Bejahung von Differenzierung u. Pluralisierung in allen Bereichen, der Vielheit von weltanschaul. Orientierungen, Denkansätzen, Wahrheiten, Wissensformen, Wertsystemen, »kult. Welten«, Sprachstilen, Kunstrichtungen, Maßstäben, Lebensformen u. Handlungsmustern. P. wird dementsprechend als »Verfassung radikaler Pluralität« (Welsch) u. Wirklichkeitsvielfalt aufgefaßt, durch die erst wirkliche Demokratie erreicht werden kann.

In der Soziol. trat der Begriff »postmod. Ges.« erstmals 1968 bei A. Etzioni auf: im Zus.hang mit der sich nun herausbildenden, zur Selbststeuerung fähigen, »aktiven Ges.«, in der die zunehmende Effizienz der Produktionstechnologie für die Verwirklichung von Werten u. für die Befriedigung menschl. Bedürfnisse ausgeschöpft wird. In Überwindung technokrat. Herrschaft ist die aktive, postmod. Ges. autonom, dynam. u. plural bestimmt. Andere Soziologen (D. Riesman, A. Touraine, D. Bell) bedienten sich mehr des Begriffs »postindustriell«, der sich mit jenem der P. überschneidet. Allg. bezeichnet P. in der Soziol. die Gesamtheit gegenwärtiger soziokult. Prozesse, die auf eine zunehmende Differenzierung u. Pluralisierung von weltanschaul. Orientierungen, Wertsystemen, Einstellungen, Lebensstilen, Verhaltensweisen u. Formen soz. Beziehungen hinauslaufen, verbunden mit einer Zunahme von Orientierungsschwierigkeiten, Gegensätzen, Widersprüchen u. Konflikten, aber auch von Möglichkeiten autonom-individ. Lebensgestaltung.

Postulat 684

Nach Bell hat die mod. kapitalist. Ges. eine (postmod. gewordene) Kultur hervorgebracht, die mit ihren wachsenden Widersprüchen den Kapitalismus zunehmend gefährdet. Schließl. dringt der postmod. Pluralismus in die einzelnen Subjekte ein, die dann in konfliktträchtiger Weise mit ganz unterschiedl. Identitäten, Wertorientierungen, Neigungen u. Interessen leben müssen. Kritiker der P. beklagen den Verlust allg. verbindl. Auffassungen u. Werte. Postmodernisten hingegen verteidigen die radikale Pluralität der Lebensmöglichkeiten.

R. Pannwitz, Die Krisis der europ. Kultur, 1917; A. Huyssen u. K. R. Scherpe (Hg.), P., 1986; J.-F. Lyotard, Das p. Wissen, 1986; C. u. P. Bürger (Hg.), P.: Alltag, Allegorie u. Avantgarde, 1987; P. Koslowski, Die p. Kultur, 1987; P. Sloterdijk, Kopernikan. Mobilmachung u. ptolem. Abrüstung, 1987; W. Welsch, Unsere p. Moderne, ⁴1993 (1987); ders., Wege aus der Moderne, 1988; P. Kemper (Hg.), P. – oder der Kampf um die Zukunft, 1988; J. Habermas, Der philos. Diskurs der Moderne, ²1989; G. Eifler u. O. Saame (Hg.), P., 1990; I.-M. Greverus, Neues Zeitalter oder Verkehrte Welt, 1990; A. Scherr, P. Soziol. – Soziol. der P.?, in: ZfS 19, 1990; H. J. Türk, P., 1990; N. Tsiros, Die polit. Theorie der P., 1993.

Postulat (lat.), das »Geforderte«, das »unbedingte Gebot«, in den Sozialwiss.en eine angenommene, zunächst als richtig oder heurist. brauchbar unterstellte Voraussetzung, die nicht oder (nach dem Stande der Forschungstechnik) noch nicht bewiesen werden kann. →Axiom

Potlatch (indian.), Bezeichnung für eine konkurrenzgeprägte, verschwenderische Tauschzeremonie, die insb. bei Indianern an der Nordwestküste Nordamerikas entdeckt worden ist. Die Erhöhung des eigenen Status u. Selbstwertgefühls hängt davon ab, inwieweit im Rahmen der institutionalisierten Austauschvorgänge empfangene Geschenke durch jeweils aufwendigere Gegengeschenke – mit einem möglichst statusgerechten »Aufgeld« – erwidert werden können. Mitunter wurden auch Sklaven verschenkt oder getötet. Die unterlegenen Rivalen bei diesen ruinösen Wettbewerbsveranstaltungen, die oft in Verbindung mit Initiation, Heirat oder Begräbnis stattfanden, waren Ansehensverlust, Spott u. Demütigung ausgesetzt.

R. Benedict, Patterns of Culture, 1934, dt.: Urformen der Kultur, 1955; H. Codere, Fighting with Property, New York 1950.

Prädestination →Askese

Präferenz (lat.), »Vorzug«, »Vorrang«, die graduell unterschiedl. ausgeprägte Wertschätzung oder ggf. auch Abneigung, die ein Individuum gegenüber einer anderen Person, bestimmten soz. Gegebenheiten oder Gütern empfindet. Ökonom. ist bedeutsam, daß P.en hinsichtl. angebotener Güter u. Dienstleistungen oft den Wunsch beinhalten, diese zu erlangen, zu nutzen oder in Anspruch nehmen zu können. Die Vielzahl der P.en eines Individuums ergeben eine P.ordnung, -struktur bzw. ein P.system. Die P.ordnung ist weitgehend Ausdruck internalisierter (verinnerlichter) Werte u. soziokult. formierter Bedürfnisse. Durch das Zus.wirken von Individuen in soz. Einheiten ergeben sich aus individ. kollektive P.en. P.en unterliegen dem soz. Wandel u. in der mod. Ges. zahlreichen Bestrebungen der Einflußnahme, insbes. durch Werbung u. Aufklärung. Sie sind von zentraler Bedeutung für ökonom. u. soziol. Theorien der Wahlhandlungen.

Die Soziometrie ermittelt z. B. P.systeme, indem sie die soz. Beziehungen zw. den zu einer Gruppe gehörenden Menschen als gegenseitige Zu- u. Abneigungsverhältnisse mißt. P.skalen für die emotionalen u. wertenden Beziehungen eines Menschen zu einer soz. Umwelt oder für seine Bedürfnisintensitäten gegenüber der Güterwelt geben die Rangfolge der Zu- u. Abneigungsgefühle gegenüber den betr. Beziehungspersonen oder die Rangfolge der Wichtigkeit versch. begehrter Güter an.

Prämisse (lat.), das »Vorausgeschickte«; wiss.theoret. Bezeichnung für eine als gültig vorausgesetzte oder angenommene Aussage, aus der bestimmte theoret. Schlußfolgerungen gezogen werden. Für den Aufbau sozialwiss. Aussagensysteme spielen »Grundannahmen« als Verhaltens-P.n eine große Rolle, z. B. die Annahme, daß der Mensch Lust-, Gewinn- oder Statusmaximierung erstrebe.

Präskriptiv (lat. »vorschreibend«), eine normative Aussage gilt als p., wenn sie in einem imperativischen, gleichsam befehlenden Sinne verwendet wird. (→Werturteilsfreiheit, →Wiss.stheorie d. Sozialwiss.en.)

Prästabilierte Harmonie (lat.), im voraus festgelegte, vorherbestimmte Harmonie. Zur Rechtfertigung Gottes (Theodizee) vertrat G. W. Leibniz (1646–1716) die spekulative Auffassung, daß gemäß eines von Gott angelegten Gleichklanges alle Bestandteile u. Vorgänge der Welt in harmon. Weise aufeinander abgestimmt sind u. somit die Welt die vollkommenste aller mögl. Welten sei. Nach A. Smith führt der vom Staat möglichst wenig beeinflußte freie Wettbewerb im Wirtschaftsleben zu einer ausgeglichenen Ordnung, die sich mit

der p.n H. deckt. Hinsichtl. des Objektbereichs der Soziol. kommt das Modell der p.n H. in Auffassungen u. Wunschvorstellungen zum Ausdruck, nach denen in vorherbestimmter Weise eine ausgeglichene u. konfliktfreie Ordnung in den Verhältnissen u. Beziehungen zw. den soz. Einheiten besteht. Maßgebend für solche Vorstellungen können eine metaphys.-spekulative Idee oder die log. Konsequenzen der einem theoret. Aussagensystem zugrunde liegenden Prämissen oder Axiome sein.

Prävention (lat.), Vorbeugung, Verhütung, Bezeichnung für vorbeugende Maßnahmen, um allg. unerwünschte Verhaltensweisen, Ereignisse, Vorgänge u. Folgen zu verhindern oder möglichst gering zu halten, insbes. in der Medizin (z. B. Aids-P.), Soz.arbeit (z. B. Sucht-P.), im Strafrecht u. Umweltschutz. Die Präventivwirkung von Normen u. negativen Sanktionen (Strafen) erweist sich vielfach nicht als ausreichend. In der mod., Humanitätsidealen verpflichteten Ges. ist P. zunehmend durch Maßnahmen der Aufklärung, Beratung, Hilfe u. Behandlung gekennzeichnet.

H. Trabandt u. R. Wurr, P. in der soz. Arbeit, 1989; G. Albrecht u. H.–U. Otto (Hg.), Social Prevention and the Social Sciences, 1991.

Pragmatik →Semiotik

Pragmatisches Modell →Technokratisches Modell

Pragmatismus (griech. pragma = Handeln, Ereignis, Wirksamkeit), insbes. in den USA von Ch. S. Peirce (1829–1914), W. James (1842–1910) u. J. Dewey (1859–1952) entwickelte philosoph. Lehre, die im Handeln des Menschen sein Wesen erkennen will u. die das

Praktische Soziologie

Denken u. Entscheiden des Menschen nach dem Nutzen des sich daraus ergebenden Verhaltens beurteilt. Lebensprobleme gelten als Lebensbewältigungsprobleme. Dem Handeln, der prakt. Orientierung (selbst wiss. Tätigkeit), wird gegenüber intellektuell-spekulativer Reflexion der Vorrang zuerkannt. Der Wahrheitsgehalt einer Idee oder Erkenntnis wird nach den Folgen bzw. der Effizienz ihrer prakt. Anwendung bestimmt.

E. Baumgarten, Der P., 1938; J. v. Kempski, Ch. S. Peirce u. der P., 1952; E. Martens (Hg.), Texte der Philos. des P., 1975; H. Stachowiak (Hg.), Pragmatik, 2 Bde., 1986/87; C. S. Peirce, Schriften zum P. u. Pragmatizismus, hg. v. K.-O. Apel, 1991.

Praktische Soziologie, angewandte Soziol., neben der Allg. u. Speziellen Soziol. sowie der Empir. Soz.forschg. der vierte große Bereich der Soziol., in dem schwerpunktartig Möglichkeiten u. Probleme der lebensprakt. Anwendung der Soziol. u. Fragen der Profession der Soziologen behandelt werden: a) Analyse des allg. ges. Nutzens der Soziol., Informations-, Aufklärungs- u. Orientierungsfunktion der Soziol., Beschaffung von Erklärungswissen, Soziol. als krit.-rationale Reflexionsinstanz, wiss. verantwortbare Mithilfe beim Aufbau u. bei der Sicherung einer freiheitl.-humanen Ges., bei der Bewältigung soz. Probleme u. des soz. Wandels; b) Analyse der Widerstände, Vorbehalte u. Vorurteile in ges. Teilbereichen gegenüber den Möglichkeiten einer lebensprakt. Anwendung der Soziol.; c) Untersuchung der Anwendungsmöglichkeiten der Soziol. u. der Berufsmöglichkeiten für Soziologen in verschiedenen ges. Lebensbereichen u. Berufsfeldern, der Nützlichkeit soziol. Wissens im berufl. Alltag; d) Beitrag der Soziol. zur wiss. Politikberatung, zur wiss. Fundierung polit. Entscheidungen, Planung u. Ges.gestaltung, zur Rationalisierung polit. Praxis, Mithilfe bei der Erarbeitung von Szenarien, Prognosen, Folgenabschätzungen u. bei der Vermeidung von Fehlentscheidungen u. -entwicklungen auf der Grundlage soziol. Dauerbeobachtung der Ges.; e) Analyse der Leistungsfähigkeit der Soziol. bei der →Implementation u. →Evaluation polit., soz. u. wirtschaftl. Maßnahmen; f) Untersuchung soziokult. Auswirkungen der Soziol., der Veränderung des Alltagswissens u. -handelns durch Ausbreitung soziol. Wissens; g) selbstkrit. Auseinandersetzung mit Möglichkeiten, Problemen u. Gefahren der Soz.technologie bzw. Soziotechnik, mit eth. u. rechtl. Fragen der Anwendung von Soziol., mit der ges. Verantwortung von Soziologen, Weiterentwicklung u. Durchsetzung einer professionellen (Berufs-)Ethik (→Wiss.sethik); h) Anpassung der Ausbildung von Soziologen an den wiss. Fortschritt u. an Veränderungen im Arbeits- u. Berufsleben, Verbesserung der Berufschancen für Soziologen; i) Öffentlichkeitsarbeit zur Daueraufklärung über den ges. Nutzen der Soziol. u. die Handlungskompetenz von Soziologen in verschiedenen Tätigkeitsfeldern.

A. Touraine, Was nützt die Soziol.?, 1974; A. Bellebaum, Handlungswert der Soziol., 1977; L. Klein, Soz.wiss. Beratung in der Wirtschaft, 1983; P. Höhmann u. a. (Hg.), Die Praxisrelevanz der Soz.wiss.en u. die Handlungskompetenz von Soz.wiss.lern in außeruniversitären Berufsfeldern, 1984; H. Klages (Hg.), Arbeitsperspektiven angewandter Sozialwiss., 1985; G. Lumm (Hg.), Ausbildung u. Berufssituation von Soziologen, 1985; H. Kreutz (Hg.), Pragmat. Soziol., 1988; M. Wingens, Soziol. Wissen u. polit. Praxis, 1988; ders. u. A. Weymann, Die Verwendung soziol. Wissens in der bildungspolit. Diskussion, 1988; C. Lau u. U. Beck, Definitionsmacht u. Grenzen angewandter Soz.wiss., 1989; Über Soziol., in: Soz. Welt 40, 1989, Heft 1/2; H. Korte, Zw. Provinz u. Me-

Praxeologie (griech.), Wiss. (Theorie) vom (rationalen) Handeln, Entscheidungslogik; betrachtet die Probleme des menschl. Handelns unter dem Gesichtspunkt des Nutzens, der Realisierungsmöglichkeiten für beliebige Zwecke. P. untersucht Handlungsalternativen nach der »Logik der rationalen Wahl«, indem auf eine Maximierung der Präferenzen abgestellt wird. Als bes. theoret. Ansatz insbes. in der Wirtschaftswiss. entwickelt. →Grenznutzenschule.

L. v. Mises, Nationalökonomie. Theorie des Handelns u. Wirtschaftens, 1940; ders., Human Action, New Haven 1949.

Praxis (griech.), »Tun«, »Handeln«; in soziol. Bedeutung die Gesamtheit menschl. (individueller wie kollektiver) Aktivitäten zur fortwährenden Reproduktion, Umgestaltung u. Weiterentwicklg. der materiellen u. sozialen Umwelt.

Prejudice →Vorurteil

Presse, die Summe der tägl. oder in regelmäßigen Abständen erscheinenden Zeitungen u. Zeitschriften (Journale, Illustrierten, Magazine, Comics u. a.), die als Massenmedien die öffentl. Meinung beeinflussen. Die P. übt soziale Funktionen aus, indem sie a) als wichtiges Medium der im Rechtsstaat verfassungsmäßig garantierten Meinungsfreiheit eine unabdingbare Institution polit. Öffentlichkeit herstellt, b) in ges. Teilbereichen u. abgrenzbaren Gemeinden die kulturelle Integration fördert u. soziale Konflikte offenlegen hilft, c) die kooperativen Strukturen der Ges. kurzfristig mit aktuellen u. allg. benötigten Informationen

versorgt, d) die in einer Ges. allg. anerkannten, umstrittenen u. neu sich entwickelnden Werte, Ziele, Interessen u. Meinungen artikuliert u. zur Diskussion stellt, u. d) soziale Bedürfnisse nach Unterhaltung, Belehrung, Zerstreuung u. Entspannung absättigt. In erster Linie ist die P. Forschungsgegenstand der Publizistik bzw. der Zeitungswiss.

Die Soziol. der P. befaßt sich mit dem Verhältnis von P.einfluß u. sozialen u. polit. Gruppen-, Organisations- u. Gemeindeintegration (bzw. -desintegration). Sie erforscht mit Hilfe von Inhalts- u. Leser-Analysen die Zus.hänge von Einstellungen, soz. Schichtung u. polit. Willensbildung. Mit soz.psycholog. Wirkungsanalysen versucht sie neben den rein kognitiv-informator. auch die psych. u. polit. Funktionen der P. zu erfassen. Sie analysiert den Zus.hang von Lesegewohnheiten, sozialen Verhaltensformen u. Ges.sbildern versch. Ges.sgruppen. Sie fragt nach den Funktionen, die dem Journalisten, dem Redakteur, dem Herausgeber oder dem Verleger bei der Selektion, der Filterung u. Modifizierung von Informationen zukommen. Ferner untersucht sie folgenreiche Prozesse ökonom. Konzentration im Bereich der P.

→Massenkommunikationsmittel u. M. Janowitz, The Communication Press in an Urban Setting, Glencoe 1950; E. Dovifat, Zeitungslehre I, 1955; U. de Volder, Soziol. der Zeitung, 1959; H. Bauer, Die P. u. die öffentl. Meinung, 1965; H. Holzer, Illustrierte u. Ges., 1967; G. Kunz, Unters. über Funktionen u. Wirkungen von Zeitungen in ihrem Leserkreis, 1967; J. Aufermann u. a. (Hg.), P.konzentration, 1971; P. Jordan, P. u. Öffentlichkeit, 1970; R. Zoll (Hg.), Manipulation der Meinungsbildung, 1971; W. Nutz, Die Regenbogenp., 1971; J. Alberts, Massenp. als Ideologiefabrik, 1972; C. Ossorio-Capella, Der Zeitungsmarkt in der BRD, 1972; W. R. Langenbucher, O. B. Roegele u. a., Manager der Kommunikation, 1974; dies., Pressekonzentration u. Journalistenfreiheit, 1974; W. A. Fuchs, P. u. Organisationen im

Pressefreiheit

lokalen Kommunikationsraum, 1984; U. Nussberger, Das P.-Wesen zw. Geist u. Kommerz, 1984; G. Hagelweide, Literatur zur dt.-sprachigen P., 1985ff.; M. Schenk u. a. (Hg.), Medienökonomie, 1989.

Pressefreiheit, ein sich aus der bes. Verantwortlichkeit der Presse gegenüber der Ges. ergebendes Postulat, nach dem die Pressemedien möglichst frei sein sollen von äußerem (staatl. oder wirtschaftl.) u. innerem (z. B. Journalisten gegenüber Verleger) Druck. Die Freiheit vor ungesetzl. Eingriffen des Staates ergibt sich aus Art. 5 GG. Den Gefahren für die P., die sich aus der Marktabhängigkeit der Presseerzeugnisse (von Inseraten- u. Werbungserlösen, Auflagenhöhen usw.) ergeben, soll durch Presseselbstkontrolle u. durch Herausbildung einer krit. Leserschaft begegnet werden.

M. Löffler (Hg.), Selbstkontrolle von Presse, Funk u. Film, 1960; M. Rehbinder, Die öffentl. Aufgabe u. rechtl. Verantwortlichkeit der Presse, 1962; F. Schneider, P. u. polit. Öffentlichkeit, 1966; P. Schneider, P. u. Staatssicherheit, 1968; K.-D. Funke, Innere P., 1972; E. Noelle-Neumann, Umfragen zur Inneren P., 1977; R. Ricker, Freiheit u. Aufgabe der Presse, 1983; V. Wiedemann, Freiwillige Selbstkontrolle der Presse, 1992.

Pressure Group (engl.), »Druck-Gruppe«, aus dem Amerikan. stammende Bezeichnung für Interessenverbände oder sonstige organisierte bzw. zu sozial solidar. Handeln fähige Interessengruppen, die gegenüber Regierung, Parlament, Parteien u. Öffentlichkeit »Druck« ausüben, um ihre Interessen durchzusetzen. Das Netz der außerverfassungsmäßigen u. insbes. der außerparlamentar. polit. Kräfte wird in der Polit. Soziol. mitunter als »pressure system« bezeichnet. Die Techniken u. Mittel der Druckausübung reichen von offener oder versteckter Bestechung über unmittelbare Kontaktaufnah-

me (Lobby) mit den Gesetzgebungs- u. Verwaltungsinstanzen bis zur agitator. Mobilisierung großer Wählergruppen bzw. der Öffentl. Meinung für spez. Forderungen u. organisierten Massenstreik. Je nach weltanschaul. Prämissen bei der Beurteilung demokratisch-polit. Funktionssysteme werden p. g.s entweder als Degenerationserscheinungen polit. Moral u. demokrat. Ordnung, oder als funktionsnotwendige Bestandteile eines komplexen polit. Willensbildungsprozesses betrachtet. Eine relative Einigkeit besteht jedoch darüber, daß im Falle der Koppelung wirtschaftl. Macht mit publizist. Monopolen die demokrat. Ordnung durch p. g.s gefährdet wird u. daß darum polit. u. rechtl. Maßnahmen erforderl. werden, die ein Höchstmaß an Durchsichtigkeit u. Öffentlichkeit des Interessendrucks gewährleisten.

Th. Eschenburg, Herrschaft der Verbände?, 1955; W. Hirsch-Weber, Politik als Interessenkonflikt, 1969; K. v. Beyme, Interessengruppen in der Demokratie, [5]1980 (1969); U. v. Alemann, Organisierte Interessen in der Bundesrep., 1987; H. d. Rudder u. H. Sahner (Hg.), Herrschaft der Verbände?, 1988; T. Märtz, Interessengruppen u. Gruppeninteressen in der Demokratie, 1990.

Prestige, Sozialprestige, Ansehen, soz. Anerkennung, Wertschätzung, die einer Person entweder aufgrund ihrer soz. Position u. Rolle oder wegen ihrer indiv. Leistungen in dieser Position durch andere Personen zuerkannt wird. Neben dieser Form des personalisierten P. wird auch ein P. ges. wirksam, das – unabhängig von bestimmten Personen – spezif. ges. Positionen selbst zugerechnet wird. Die Faktoren oder »Dimensionen«, nach denen P. beurteilt u. zuerkannt wird, sind a) der Beruf (mit den an ihn geknüpften Einflußchancen u. Herrschaftsansprüchen sowie sozio-ökon. Privilegien), b) die zur Ausübung ges. Positionen erforderliche Bildung, c) die damit verbundenen Einkommens- u. Vermögensbildungschancen sowie d) die Bedeutung der Position hinsichtl. der Verwirklichung allg. anerkannter kultureller Werte u. Ziele.

L. Leopold, P., 1916; H. Kluth, Soz.p. u. soz. Status, 1957; H. Kreikebaum u. G. Rinsche, Das P.motiv in Konsum u. Investition, 1961; R. M. Emge, Zum Soz.p. der Lebensalter, 1978; B. Wegener, Gibt es Soz.prestige?, in: Zs. f. Soziol. 14, 1985; ders., Kritik des P.s, 1988.

Prestigeorientierung, Einstellung u. Verhaltensweise gegenüber anderen Personen, Institutionen oder Organisationen nach Maßgabe des bei diesen vermuteten oder am Verhalten Dritter erkannten Prestige.

Prestigeskala (vgl. →Skala), Meßinstrument zur Feststellung von Kategorien u. Ordnungsgesichtspunkten der Selbst- u. Fremdeinschätzung. Die P. wird benutzt, um in empir. Untersuchungen zur sozialen Schichtung die Kategorien u. Kriterien der individuellen Vorstellungen vom vertikalen Aufbau der Sozialstruktur, vom sozialen Höher- oder Tieferstehen zu erfragen. Entweder werden den Interviewpartnern vorher fixierte Skalenelemente (z. B. übl. Ordnungsmodelle der Ges. oder ausgewählte Positionsbezeichnungen) zur Beurteilung u. Einstufung vorgelegt, oder man läßt die Betreffenden ihre eigenen Vorstellungen entwickeln. Ferner kann ein Beobachter Verhaltens- u. Kommunikationsbesonderheiten unter Angehörigen versch. sozialer Gruppen u. Kollektive registrieren, um von den beobachteten Phänomenen auf dahinter stehende Wertschätzungen zu schließen. Die Ergebnisse der meisten Untersu-

chungen lassen erkennen, daß dem Beruf als Einschätzungskriterium bes. Bedeutung zukommt. In einschlägigen Studien ist man bemüht, die mit der Vorstellung von best. Berufsinhalten u. -funktionen verbundenen Wertungsgesichtspunkte (wie etwa Macht, Verantwortung, Bildungsstand, Einkommen, angenehme Arbeit usw.) zu erforschen.

P. K. Hatt, Occupation and social stratification (Am. Journal of Sociology 55, 1950); J. A. Kahl, J. A. Davis, A comparison of socio-economic status (Am. Soc. Review 20, 1955); R. Mayntz, Gedanken u. Ergebnisse zur empir. Feststellung soz. Schichten (KZfSS, Sonderheft 1, 1956); B. Barber, Social Stratification, New York 1957; M. Janowitz, Soz. Schichtung u. Mobilität in Westdtl. (KZfSS 10, 1958); H. Moore, G. Kleining, Das soz. Selbstbild der Ges.schichten in Dtl. (KZfSS 12, 1960); M. Alestalo u. H. Uusitalo, Prestige and Stratification, Helsinki 1980.

Pretest (engl.), Vortest oder Probemessung, ein Meßverfahren zur Überprüfung der Gültigkeit u. Verständlichkeit eines Untersuchungsinstruments (z. B. Fragebogen oder Skala) vor der geplanten Hauptuntersuchung. Um kostspielige u. zeitraubende Forschgs.-umwege zu vermeiden, sind gerade bei komplizierten Untersuchungen, die bisher unzureichend erforschte Problemfelder erschließen sollen, P.s notwendig. Der P. wird mit einer kleineren, möglichst repräsentativen Auswahl von Fällen oder Personen durchgeführt, die der endgültigen Stichprobe (→Auswahlverfahren) strukturell entsprechen sollte.

Priestertruglehre, Priestertrugtheorie, eine von F. →Bacon angedeutete u. von T. →Hobbes, insbes. von den Aufklärungsphilosophen C. A. →Helvétius u. P. H. D. →Holbach entfaltete ideologiekrit. Auffassung, nach der im Zus.hang von Kirche u. Staat Prie-

Primärbedürfnis

ster aus Machtinteressen gezielt religiöse Ideen, Glaubensvorstellungen u. Wahngebilde in der Bevölkerung ausbreiten u. festigen. Der dadurch gegebene vernunftwidrige Vorurteilszus.hang dient der Sicherung bestehender Macht- u. Herrschaftsverhältnisse zugunsten des miteinander verbündeten Adels u. Klerus. Die Herausbildung einer vernunftgemäßen, freiheitl. u. gerechten Ges. fordert demnach die Kritik u. Überwindung der Religion. Durch die beabsichtigte Entlarvung der Interessenbedingtheit u. machtpolit. Abhängigkeit religiöser Ideen bildet die P. einen bedeutenden Impuls für die Entfaltung der Ideologiekritik u. für die Vorbereitung der Wissenssoziol.

Primärbedürfnis →Bedürfnis

Primärerfahrung, durch soziale Zugehörigkeit, Miterleben u. engagierte Alltagsbetrachtung gewonnene Kenntnisse des Sozialwissenschaftlers über die im interessierenden Gegenstände oder Zus.hänge. Durch systemat. Anwendung wiss. Forschungsmethoden (Bildung von Hypothesen u. empir. Überprüfung) gilt es, die ursprüngl. voreingenommene Einstellung des Wissenschaftlers zum Untersuchungsobjekt zugunsten einer »entsubjektivierten« Beziehung zw. Forscher u. Untersuchungsobjekt abzulösen, um bei der wiss. Arbeit u. bei wiss. Aussagen nicht Gesichtspunkte persönl. Beteiligung, sondern in erster Linie die Sache selbst zur Geltung kommen zu lassen. Es handelt sich dabei letztl. um einen Prozeß der Dekomposition u. der Überführung von P. in sog. wiss. Sekundärerfahrung.

H. Schelsky, Ortsbestimmung der dt. Soziol., 1959.

Primärerhebung, Bezeichnung der Empir. Sozialforschung für empir. Untersuchungen, bei denen zur Bearbeitung einer bestimmten Fragestellung die erforderl. »Daten« durch eigene Erhebungen gewonnen werden. →Sekundäranalyse.

Primäre Sozialisation, Bezeichnung für das erste große Stadium der →Sozialisation eines Menschen, das sich in der Regel vorrangig in der Primärgruppe Familie oder einer ähnl. Lebensgemeinschaft vollzieht u. den Aufbau der Grundpersönlichkeit (→Basic personality structure) ermöglicht. Die p. S. umfaßt die ersten Lebensjahre eines Individuums, spätestens bis zum Schuleintritt. Grundlegend für das Gelingen der p.n S. ist die allererste, sich etwa mit dem ersten Lebensjahr deckende Phase der →Soziabilisierung.

D. Claessens, Familie u. Wertsystem, [4]1979 (1962).

Primärgruppe (engl. primary group, face-to-face group), nach C. H. →Cooley im Unterschied zu →Sekundärgruppen solche Kleingruppen, die durch relativ stabile, persönl. vertrauensvolle, intime u. gefühlsgeladene Beziehungen sowie durch direkte Kommunikation zw. den Gruppenangehörigen gekennzeichnet sind. In der Regel ist das Wir-Bewußtsein bzw. -Gefühl stark ausgeprägt u. verhaltensrelevant. Durch gegenseitige Beeinflussung bilden sich innerhalb einer P. ähnliche Auffassungen, Wertvorstellungen, Verhaltensweisen u. ein gruppenspezif. Sprachstil heraus. Klass. Beispiele sind die Familie, Freundschafts- u. Nachbarschaftsgruppe sowie die kleine ländl. Gemeinde. Solche Gruppen sind von primärer Bedeutung für die frühe

Sozialisation des Individuums (primäre Sozialisation), insbes. die Familie. Innerhalb von Organisationen können zielorientiert geschaffene Kleingruppen oder ungeplant entstandene informelle Gruppen infolge der Herausbildung persönl.-emotionaler Beziehungen die Eigenart einer P. annehmen. Gemäß der →Zweistufenhypothese der Kommunikation hängen die Ausbreitungschancen massenmedialer Botschaften maßgebl. von P.n ab. Die P. deckt sich großenteils mit der →Gemeinschaft im Sinne von F. →Tönnies.

Primärkommunikation (lat.), Bezeichnung für den Austausch v. Informationen innerhalb kleiner Gruppen, insb. Primärgruppen. Gemäß der →Zweistufenhypothese der Kommunikation werden viele Adressaten erst im Rahmen der P. über Meinungsführer v. »Botschaften« der Massenmedien erreicht. Aufgrund der persönl. Beziehungen in Primärgruppen ist der Einfluß der P. häufig wirkungsvoller als jener der Sekundärkommunikation mittels Massenmedien.

Primärstatus, Bezeichnung für einen grundlegenden zugeschriebenen Status einer Person, der aus angeborenen, aber ges. bewerteten Eigenschaften u. Merkmalen (z. B. Geschlecht, Körpergröße, Schönheit) resultiert. Der jeweilige P. des einzelnen beeinflußt die Möglichkeiten, in das ges. System unterschiedl. bewerteter u. attraktiver Statuspositionen bzw. Rollen hineinzukommen.

Primitive Gesellschaften (lat.), »urzuständl.«, »urtüml.«, d. h. vergleichsweise noch unterentwickelte, »einfache« Ges.en, auch als »Naturvölker« bezeichnet. Die Cha-

rakterisierung »p.« beinhaltet vom Standpunkt ethnozentr. orientierter Beobachter aus Industrieges.en mitunter eine negative Wertung. Objektiv struktursoziol. bedeutet »p.«: gering entwickelte Differenzierung der sozialen Beziehungen bei einfachen Produktionstechniken; Schriftlosigkeit bzw. gering strukturierte Informations- u. Kommunikationstechniken; das Fehlen von kulturell spezif. u. organisator. abgegrenzten Institutionen polit., wirtschaftl., religiöser u. pädagog. Art; kurzfristige, von Natureinflüssen bestimmte Lebensplanung; z. T. komplizierte Verwandtschaftssysteme innerhalb überschaubarer ges. Gruppierungen u. Größenverhältnisse; myth. Orientierungen u. überwiegend charismat. Herrschaftsverhältnisse; fast ausschließl. naturalwirtschaftl. Austauschverhältnisse, →Kulturanthropologie.

A. Montagu (Hg.), The Concept of the Primitive, New York u. London 1968.

Privateigentum →Eigentum

Privatheit, Gegenbegriff zu Öffentlichkeit, bezeichnet jenen Bereich sozialer Beziehungen u. individueller Lebensgestaltung, der noch Möglichkeiten der Selbstdarstellung, eigenen Interessenentfaltung u. »ungezwungener« Kontakte bietet. Bes. Chancen für P. werden in Primärgruppen (Familie, Freundschaft) erwartet. Theorien angewandter sozialwiss. Forschg., die von der Prämisse weitgehender Unabhängigkeit von P. u. Öffentlichkeit ausgehen, entwickeln (z. B. städtebaul. u. familienorganisator.) Vorschläge dazu, wie in hochentwickelten Industrieges.en die P. vor der sich ausweitenden Öffentlichkeit »gerettet« werden kann.

H. P. Bahrdt, Die mod. Großstadt, 1961.

Privileg (lat.), »Vorrecht«, Ausnahmebestimmung oder Sonderrecht, das bestimmte Personen oder Personenkategorien einer Ges. begünstigt, indem es ihnen bevorzugt bes. begehrte Positionen, Güter, Rechte u. Lebenschancen zuteilt. P.ien können ein Äquivalent für erbrachte Leistungen oder das Ergebnis vorausgegangener Kämpfe um Herrschaft sein. In jedem Falle schaffen sie in den betr. Ges.ordnungen ein mehr oder weniger ausdifferenziertes Gefüge sozialer Abhängigkeitsverhältnisse u. widersprechen darum den Grundwerten der mod. westl. Ges.

Probabilistisch, »wahrscheinlich«, nicht sicher gültig, sondern nur mehr oder minder wahrscheinlich zutreffend, gültig, (als Ereignis) eintreffend. P.e Aussagen erlauben keine genauen Prognosen wie strenge Kausalaussagen.

Proband (lat.), Bezeichnung für Versuchsperson (Abkürzung: Vp) in psychol. u. gruppensoziol. Forschgs.situationen, in denen meist unter Laboratoriumsbedingungen (→Experiment) bestimmte Verhaltensreaktionen untersucht werden.
R. H. Bay, Zur Psychologie der Versuchsperson, 1981.

Probeabstimmung, Bezeichnung der Empir. Sozialforschg. für unsystemat. Versuche von Journalisten, Schriftstellern u. a., durch Straßeninterviews oder Befragung bestimmter Personenkreise zu aktuellen, allg. interessierenden Problemen oder Streitfragen die öffentl. Meinung zu erkunden.

Probebefragung, Verfahren der Empir. Sozialforschg.; ein der eigentl. (Haupt-)Befragung vorausgehender Test, der die Wirkung bestimmter Frage-Alternativen auf die befragten Personen erkunden soll. So werden mit der P. z. B. die (sozialschichtenspezif.) Verständlichkeit bzw. die evtl. Suggestivwirkung einzelner Fragen oder die Reaktionen auf bestimmte Frageabfolgen geprüft.

Problemgruppe →Randgruppe

Produktionsgenossenschaft, eine in sozialist. Ländern wirtschaftsstrukturell zentrale landwirtschaftl. u. handwerkl. Betriebsform. P.en sind aufgrund der aus sozialist. u. kommunist. Ideologien abgeleiteten Notwendigkeit der Aufhebung des Privateigentums an Produktionsmitteln überwiegend durch staatl. erzwungene »Kollektivierungen« oder z. T. durch freiwilligen Zus.schluß entstanden. Je nach dem Grad der vollzogenen Kollektivierung, d. h. nach dem Umfang des genossenschaftl. Eigentums u. nach der Verteilung der gemeinsamen Einkünfte, werden versch. Typen der P.en unterschieden.

Produktionsmittel, mit dem Marxismus populär gewordene Bezeichnung für die Gesamtheit der Gegenstände, die als Bodenschätze, techn. nutzbare Naturbedingungen, Werkzeuge, Aggregate, Maschinen, Werkstoffe, Energiequellen usw. die Voraussetzungen für die Arbeit des Menschen zur Erzeugung seiner Existenzmittel bilden. Die existentielle Bedeutung der P., insbes. aber ihre begrenzte Verfügbarkeit im Vergleich zu den menschl. Produktions- u. Konsumerwartungen, läßt immer wieder die sozialen Probleme der Verfügbarkeit u. Verteilung der P. relevant werden. →Produktionsverhältnisse, →Produktivkräfte.

Produktionsverhältnisse, Bezeichnung des →Marxismus für die Verhältnisse, die die Menschen – entspr. dem jeweiligen Entwicklungsstand ihrer →Produktivkräfte – bei der ges.-wirtschaftl. Produktion ihrer Existenzmittel eingehen. Die P. ergeben sich in den Beziehungen der Menschen als Eigentums- u. entsprechend ausgeprägte Herrschaftsverhältnisse im Produktionsprozeß, darüber hinaus als Verhältnisse des Austausches der Arbeitstätigkeiten u. der Arbeitsergebnisse sowie als Verteilungsverhältnisse. Die P. gelten als die für Aufbau, Ablauf u. weitere Entwicklung einer Ges. grundlegenden Verhältnisse. In allen ihren bisherigen Formen seien sie Verhältnisse der Ausbeutung u. Unterdrückung eines Teiles der Ges. durch die jeweils ökonom. u. polit. herrschende Minderheit gewesen. Die zentrale Bedeutung der P. ergibt sich nach marxist. Theorie daraus, daß von der gesch. jeweiligen Art u. Weise, wie sich die ges. Produktion vollzieht, auch die Beschaffenheit aller übrigen ges. Erscheinungen u. Beziehungen abhängt. In der Weise, wie die Menschen ges. produzieren, leben sie ges. In der Weise, wie sie durch ihre Produktion die Umwelt u. damit die weiteren Bedingungen ihrer Produktion verändern, verändern sie sich auch selbst.

D. Lösch, Produktionsmitteleigentum u. Wirtschafts- u. Ges.system, 1978.

Produktivgenossenschaft, Kollektivwirtschaft, von versch. Theoretikern des Sozialismus propagierte u. in sozialist. Ländern auch praktizierte Form gemeinschaftl. Produktion u. Verteilung des Produktionsergebnisses, die zu höherer individuell-menschl. Entwicklung u. zu mehr Gerechtigkeit führen soll. Ch. Fouriers Phalangen, L.

Blancs (1811–1882) Entwurf der »staatsgeschützten Genossenschaftswerkstätten« u. F. Lassalles Plan der Einrichtung von staatsfinanzierten »Produktivassoziationen« verfolgten in unterschiedl. Akzentuierung die Ziele: (a) inhuman wirkende Tendenzen frühindustrieller Arbeitsteilung zu überwinden, (b) den arbeitenden Menschen den vollen Genuß ihrer Arbeitsergebnisse zu garantieren, (c) die Herrschaft von Menschen über Menschen im ges. Arbeitsprozeß, d. h. die Fremdbestimmungen u. Abhängigkeiten, abzubauen u. damit die Entscheidungsrechte über Art u. Ziel der Produktion zu kollektivieren, (d) die durch das kapitalist. Privateigentum an Produktionsmitteln bewirkten sozialen Gegensätze aufzuheben. →Kibbuz, →Produktionsgenossenschaft.

Produktivkräfte, Bezeichnung des →Marxismus für die Gesamtheit der materiellen u. personellen Faktoren, die die Produktion, d. h. den Stoffwechsel u. die Stoffveränderungen zw. Mensch u. Natur, gewährleisten. Die zentralen P. sind die Menschen, deren Kenntnisse u. Fähigkeiten der Naturbeherrschung die Produktion u. die weitere Entwicklung der P. schöpferisch bestimmen. →Produktionsverhältnisse.

Professionalisierung (lat., engl. »professionalization«), Prozeß der Verberuflichung handwerkl. u. insbes. geistiger Tätigkeiten, mit der Tendenz zur Konsolidierung bereits bestehender oder Herausbildung neuer Berufe. In der mod. Ges. beinhaltet P. großenteils eine zunehmende Verwissenschaftlichung u. Akademisierung. Wesentlich sind die Systematisierung u. Fortentwicklung des jeweils berufl.

Profit 694

wichtigen Fachwissens, die Einrichtung von Ausbildungswegen sowie die Einf. von Prüfungen, die zugleich als Zugangskontrolle hinsichtl. der Ausübung des betreffenden Berufs fungieren. Die P. ist ferner gekennzeichnet durch die Herausbildung berufsspezif. Wertauffassungen u. Verhaltensstandards (Berufsethos bzw. -ethik) u. durch verbandsmäßige Organisation der Berufsangehörigen. Motivierende Ziele sind die Verbesserung von Berufs- u. Erwerbschancen sowie die Steigerung des ges. Ansehens (Soz.prestige).

H. Daheim, P., in: G. Albrecht u. a. (Hg.), Festschr. f. R. König, 1973; B. Hardin, The Professionalization of Sociology, 1977; H. u. M. Hartmann, Vom Elend der Experten: zw. Akademisierung u. Dep., in: KZfSS 34, 1982; D. Grühn u. a. (Hg.), Wider das Krisengerede in den Soz.wiss.en, 1985; G. Lumm (Hg.), Ausbildung u. Berufssituation von Soziologen, 1985; B. Schach, P. u. Berufsethos, 1987; A. Wetterer (Hg.), Profession u. Geschlecht, 1992; K. Burmeister, Die P. der Politik, 1993.

Profit (lat.), »Nutzen«, »Gewinn«, »Vorteil«; im engeren (wirtschaftl.) Sinne Einkünfte aus Erwerbskapital. Zentraler Begriff der ökonom. Lehren des Marxismus. Hiernach ist P. der durch Aneignung von Mehrwert erzielte Gewinn des Kapitaleigentümers. Die P.rate (als Meßzahl) ergibt sich aus dem Verhältnis des in einer Produktionsperiode genutzten Gesamtkapitals zu dem dabei erzielten Mehrwert. In der nachfolgenden Politischen Ökonomie wurden die von K. Marx formulierten Gesetze »vom tendenziellen Fall der P.rate« u. vom »Ausgleich der P.raten« (unter den beteiligten Kapitaleigentümern) auf die neuen wirtschaftsstrukturellen Verhältnisse des sozialen »Monopolkapitalismus« bezogen u. z. T. grundlegend revidiert.

P. A. Baran u. P. M. Sweezy, Monopolkapital, 1967; J. M. Gillman, Das Gesetz des tendenziellen Falls der P.rate, 1969.

Prognose (griech.), »Vorhersage«, »Voraussage«, Begriff der Wissensch.theorie, aus einer Theorie abgeleitete Aussage über den zukünftigen Zustand oder die zukünftige Entwicklung eines Sachverhaltes, auf den sich die betr. Theorie bezieht. Die log. Struktur der P. ist prinzipiell die gleiche wie die der Erklärung eines Phänomens oder der Prüfung einer Theorie. Eine P. wird ebenso zur empir. Überprüfung einer Theorie wie in prakt.-techn. Absicht aus einer Theorie abgeleitet. Da Theorien im Prinzip nicht die totale Realität, sondern ledigl. Ausschnitte der Realität erklären, muß bei jeder P. auf die Spezifizierung der Randbedingungen geachtet werden, die die Anwendungsbereiche bzw. -fälle einer Theorie bestimmen. Im Hinblick auf das handlungsprakt. Interesse an der Möglichkeit wiss. P.n unterscheidet man »nicht-technolog.« u. technolog. P.n. Bei nicht-technolog. P. kann der Handelnde die Anwendungsfälle der zugrunde liegenden Theorie in der Realität nicht beeinflussen, sondern sich nur – sofern er der P. traut – auf die vorhergesagte Entwicklung der Realität einstellen. Technolog. P.n beziehen sich auf eine Realität, die partiell bis total vom Handelnden durch seine Entscheidung beeinflußbar ist. Sein eigenes Entscheiden u. dementspr. Handeln gehört zu den kausalrelevanten Umständen. Damit entfalten P.n – insbes. aus dem Bereich sozialwiss. Theorien – eine gewisse Eigendynamik, d. h. sie treffen ein bzw. treffen gerade darum nicht ein, weil sie aus einer Theorie abgeleitet u. bekannt gemacht wurden, u. nicht allein darum, weil die betr. Theorie tatsächl. richtige Hypothesen über die Realität enthielt. P.n wirken sich demnach auf soziale Tatbestände u. Zus.hänge aus, auf die sie sich selbst beziehen. Dadurch beeinflussen sie (gemäß R. K. →Merton) ihre eigene Geltung, entweder im Sinne einer Selbstbestätigung (engl. »self-fulfilling prophecy«) oder Selbst-Widerlegung (engl. »self-destroying prophecy«).

R. K. Merton, Social Theory and Social Structure, New York 1968 (1949); H. Albert (Hg.), Theorie u. Realität, 1964; A. Kühn, Das Problem der P. in der Soziol., 1970; H. Honolka, Die Eigendynamik soz.-wiss. Aussagen, 1976; B. Brocke, Technol. P.n, 1978; H. G. Knapp, Logik der P., 1978; M. Hüttner, P.verfahren u. ihre Anwendung, 1986; W. Steiger, Wahrscheinlichkeiten von Planungen u. P.n, 1987.

Projektion (lat.), »Hinausverlegung«, »Darstellung«, allg. im psycholog. Sinne das Wiederhinausverlegen von psych. Innenvorgängen in die verursachende oder an den Vorgängen völlig unbeteiligte Außenwelt. Bei der P. werden individuelle Wahrnehmungsgehalte als objektive Ereignisse oder Gegenstände der äußeren Umwelt gesehen. Bes. wichtig ist, daß bei P.vorgängen subjektiv-emotionale Qualitäten in die wahrgenommenen Phänomene der Außenwelt eingehen bzw. auf diese verlagert werden. So lehrt die psychoanalyt. orientierte Sozialpsychol., daß Menschen im soz. Kontext ihre Affekte, unbewußten Triebwünsche, ihre Schuldgefühle u. Aggressionen auf andere übertragen. P. wirkt hier als Abwehrmechanismus.
L. Feuerbach (1804–1872) entwickelte die religionskrit. Theorie vom projektiven Charakter religiöser Vorstellungsgehalte. Die Vorstellung eines allmächtigen u. gütigen Schöpfergottes z. B. sei nur eine anthropomorphe P. in dem Sinne, daß die Quelle des Gottesglaubens in der universellen Tendenz des Menschen zur Verleiblichung seiner geheimsten Wünsche u. Sehnsüchte in ein überird. Sub-

jekt gesehen wird. Wie bei jedem P.vorgang bliebe auch hier dem Gläubigen der P.mechanismus verborgen. Ihm erscheinen die Produkte seiner Phantasie als mit realen Kräften ausgestattete Wesen, denen er sich selbst wiederum unterwirft. Vgl. auch den marxist. Begriff der Verdinglichung.

L. Feuerbach, Das Wesen des Christentums, 1841; S. Freud, Totem u. Tabu, 1913; W. Hochheimer, Über P., in: Psyche, 1955.

Prolet, eine vom Begriff →Proletariat abgeleitete umgangssprachl. Bezeichnung für Menschen mit rauhen, ungehobelten Umgangsformen, primitivem u. mitunter obszönem Sprachstil u. wenig gepflegtem oder unkultiviertem Erscheinungsbild. Mit der Abschwächung überkommener bürgerl., z. T. standesbewußter Lebens- u. Umgangsformen sowie durch Erschütterung soziokult. »Selbstverständlichkeiten« im Zuge beschleunigten gesellschaftl. Wandels haben sich Tendenzen zum P.entum erhebl. ausgebreitet u. somit den Prozeß der kulturellen Höherentwicklung (im Sinne von N. Elias) z. T. unterbrochen.

Proletariat (von lat. proles = »Nachkommenschaft«), ursprüngl. ledigl. die Bezeichnung für die unterste Ges.schicht. In der röm. Ges. die zur Klasse der Nicht-Steuerfähigen zählenden Bürger, die dem Staat nur ihre Nachkommenschaft zur Verfügung stellen konnten. Als erster hat Franz v. Baader (1765–1841) 1835 den Begriff »Proletairs« in die dt. Sprache eingeführt. L. v. Stein bezeichnete mit P. jene große soz. Klasse, deren Angehörige nur Arbeitskraft besitzen u. eine ges. Besserstellung fordern. Das P. im Sinne des Marxismus entstand mit dem Kapitalismus als Arbeiterklasse. Es ist die in ihrer ökonom., polit. u. kulturellen Situation von der Bourgeoisie »erzeugte« Ges.klasse. Das Verhältnis von P. u. Bourgeoisie bestimmt sich nach dem Besitz u. Nichtbesitz von Produktionsmitteln. In der bürgerl.-kapitalist. Ges. ist das P. wohl rechtl. frei, aber aufgrund der Eigentumsverhältnisse sind die Angehörigen des besitzlosen P.s zum Verkauf ihrer Arbeitskraft an die Bourgeoisie gezwungen, die das P. ökonom. u. sozial ausbeutet, polit. unterdrückt u. ideolog. manipuliert.

P. u. Bourgeoisie bilden – durch den fundamentalen Gegensatz ihrer objektiven ökonom. u. polit. Interessen – die beiden Grundklassen, aus deren Verhältnissen zueinander die Bewegungs- u. Entwicklungsgesetze der kapitalist.-bürgerl. Ges. hervorgehen. Das P. ist der »natürl.« Gegner der Bourgeoisie, dessen Existenz Voraussetzung der Lohnarbeit u. damit der kapitalist. Produktionsweise ist. Mit dem Wachstum des Kapitalismus ist das zahlenmäßige Anwachsen des P. untrennbar verbunden. Als unterdrückte u. in ihrer phys. u. psych. Existenz leidende Klasse ist das P. zugleich die revolutionäre Klasse, deren Aktionen (Klassenkampf) das durch den Klassengegensatz geschaffene Verhältnis der Entfremdung der Menschen zugunsten wahrer menschl. (d. h. klassen- u. herrschaftsloser) Ges. überwinden werden.

Die Situation u. die histor. Aufgabe des P. ändert sich mit der proletar. Revolution, d. h. mit dem Übergang des Kapitalismus zum Sozialismus. Nunmehr wird das P. die ges. u. polit. führende Klasse; sie leitet – mit dem Ziele der objektiven u. subjektiven Aufhebung der Bedingungen der Klassenges. – Wirtschaft u. Staat (Diktatur des Prole-

tariats). Der Marxismus lehrte, daß sich die klassenüberwindenden polit. Ideen u. Aktionen des P.s mit der Zuspitzung der ökonom. Gegensätze verstärken würden.

Die Voraussage von K. Marx, das P. würde im Sinne einer gesch. Gesetzmäßigkeit revolutionär den Aufbau einer kommunist.-klassenlosen Ges. ermöglichen, ist nicht eingetreten: Mit der Weiterentwicklung des Kapitalismus u. mit der Herausbildung demokrat.-soz.staatl. verfaßter, aus breiten Mittelschichten bestehender Wohlstandsges.en hat sich das Phänomen P. zunehmend abgeschwächt. In den mittlerweile gescheiterten staatssozialist.-totalitären Ges.en ist das P. bzw. die Arbeiterklasse durch die diktator. herrschende Elite der Parteifunktionäre unterdrückt worden. Vorübergehend tauchte der Begriff des P. noch einmal im Zus.hang mit der neomarxist. Protest- u. Studentenbewegung Ende der 1960er Jahre u. im Hinblick auf unterdrückte u. ausgebeutete Bevölkerungsteile in Entwicklungsländern auf. Hinsichtl. mod., hochentwickelter Ges.en ist P. weitgehend zu einer hist. Kategorie verblaßt.

W. Sombart, Das P., 1906; G. Briefs, Das gewerbl. P. (Grundriß der Soz.ökonomik 9, 1926); G. Lukács, Gesch. u. Klassenbewußtsein, 1968 (1923); H. Marcuse, Der eindimensionale Mensch, [7]1969; W. Hofmann, Ideengesch. der soz. Bewegung der 19. u. 20. Jh.s, [4]1971; P. Gorsen u. E. Knödler-Bunte, Proletkult, 3 Bde., 1974; Th. Meyer, Der Zwiespalt in der Marxschen Emanzipationstheorie. Studie zur Rolle des proletar. Subjekts, 1973; O. Rühle, Illustrierte Kultur- u. Sittengesch. des P.s, 1 Bd. [2]1971 (1930), 2. Bd. 1977; B. Mahnkopf, Verbürgerlichung, 1985; A. Gorz, Abschied vom P., 1988.

Promiskuität (lat.), »Vermengung«, Geschlechtsverkehr mit wechselnden Partnern ohne eingrenzende Normen für die Partnerwahl, ursprüngl. von der Ethnologie bei Naturvölkern angenommen. P. wäre jedoch mit dem in versch. Ausprägungen überall vorfindbaren Inzesttabu nicht vereinbar. Sexualität kommt in keiner Kultur völlig unreguliert, d. h. P. nicht als anerkannter Zustand vor, aber die sexuellen Wahlgrenzen erfolgen nicht allein von der Institution der Ehe aus, sondern werden meist von anderen sozialen Faktoren abgeleitet.

Mit der Aufwertung von Individualismus u. Hedonismus u. mit der Auflockerung überkommener Moralauffassungen u. Normen, die Sexualität auf die Ehe eingrenzen, haben sich in der mod. Ges. Tendenzen zur P. breitgemacht.

Propaganda →Agitation

Property rights (engl.), Eigentumsrechte, Bezeichnung für einen theoret. Ansatz in der Wirtschaftswiss., der sich auf die Erforschung der normativ-rechtl. Voraussetzungen eines geordneten, berechenbaren wirtschaftl. Handelns u. der Entfaltung der Marktwirtschaft bezieht. Hierbei stehen Eigentums-, Verfügungs-, Handlungs- u. Nutzungsrechte im Mittelpunkt. Diese können auf Traditionen, Sitten, Konventionen, Rechtsnormen u. Verträgen beruhen. Die jeweilige Ausgestaltung der Eigentumsordnung beeinflußt erhebl. die wirtschaftl. Kooperation, das Marktgeschehen u. die Wohlstandsentwicklung. Dementsprechend wird nach der vorteilhaftesten, kostengünstigsten Rechts- u. Wirtschaftsordnung gefragt. Die Weiterentwicklung dieses institutionellen Rahmens beinhaltet die Einbeziehung der externen Effekte des Wirtschaftens (Auswirkungen auf die Ges. u. natürl. Umwelt) gemäß des Verursacherprinzips.

A. Schüller (Hg.), P. R. u. ökonom. Theorie, 1983.

Prophetie (griech.), »göttl. Weissagung«, (a) wiss.theoret. Vorwurf erfahrungswiss. Theoretiker gegen Doktrinen des Historismus, die nach dem natur- u. sozialphilos. Prinzip der Evolution gesamtges. Entwicklungstendenzen u. Zukunftszustände spekulativ vorhersagen würden; (b) Aussagen von Propheten, welche Hoffnungen erwecken, indem sie weissagen, daß eine glückl. Zukunft bevorstehe (Eschatologie), in der es keine Not, fremde Herrschaft oder Unglück mehr gebe. P.n werden eingeleitet, indem sich die Propheten als Wundertäter (Krankenheilungen, Hellsehen) charismat. ausweisen. Bei Naturvölkern treten Propheten durch neue Beschwörungsformeln, ekstat. Tänze u. sonstige Zeremonien hervor. In allen P.n geht es um den glückseligen zukünftigen Friedenszustand, der erreicht wird, wenn alles Böse unschädl. gemacht worden ist.

Prophezeiungen u. Visionen, die ein Forschgs.objekt der Parapsychologie bilden, können starke Antriebskräfte für kollektives Verhalten, soz. Bewegungen u. Entwicklungen stimulieren. Dadurch können – je nach Wertstandort einzelner Betroffener oder Betrachter – Verbesserungen oder Verschlechterungen eintreten, mitunter auch Katastrophen.

Prosoziales Verhalten, umfaßt zugunsten eines stabilen soz., gemeinschaftl. Zus.lebens Verhaltensweisen, die möglichst weitgehend durch Altruismus, Vertrauen, Verantwortung, Mitleid, Anteilnahme, Hilfsbereitschaft, Freigebigkeit, Gemeinwohlorientierung u. ähnl. Werte, moral. Standards u. soz. Tu-

Prosperität

genden bestimmt werden. Die Steigerung des p. V.s setzt voraus, daß der einzelne in einer entsprechend sozialisierenden Umwelt eine möglichst hohe Stufe der individuellen Moralentwicklung erreicht. P. V. fordert vom einzelnen die Bereitschaft, trotz gewisser persönl. Kosten u. Risiken seines altruistischen Handelns ggf. auf angemessene Belohnung zu verzichten. Vertreter des p.n V.s erwarten durch Verminderung von Egoismus, soz. Ungerechtigkeit, Ungleichheit u. Aggressivität eine Verbesserung des allg. Wohls.

Es ist wiss. schwer zu klären, inwieweit p. V. durch stammesgesch. herausgebildete, genet. verfestigte Determinanten vorgebahnt ist – wie insbes. von der →Ethologie betont wird. Von grundlegend prägender Kraft ist die weltanschaul. Orientierungen, das Wertsystem, das Ausmaß von Rivalitäts- u. Konkurrenzverhältnissen sowie Erziehungsziele u. -praktiken in der jeweiligen Kultur u. Ges. Unterschiedl. Grade der Intensität des p.n V.s – trotz gleicher soziokult. Lebensverhältnisse – deuten auf den Einfluß vorgegebener individueller Persönlichkeitsmerkmale hin.

H. E. Lück, P. V., 1975; ders. (Hg.), Mitleid – Vertrauen – Verantwortung, 1977; P. H. Mussen u. N. Eisenberg-Berg, Helfen, Schenken, Anteilnehmen, 1979; E. Staub, Entwicklung p.n V.s, 1982.

Prosperität

(lat.), »Gedeihen«, »Vorankommen«, in der Konjunkturforschg. Bezeichnung für die Phase des wirtschaftl. Aufschwungs, in der Wirtschaftssoziol. für die Entfaltung einer Wohlstandsges.

E. Zahn, Soziol. der P., 1960; B. Lutz, Der kurze Traum immerwährender P., 1984.

Pross,

Helge, 14. 7. 1927 Düsseldorf – 2. 10. 1984 Gießen, 1950 Dr. phil., 1952–59 Auslandsstudien u.

wiss. Ass.tätigkeit, 1963 Habil. f. Soziol. Frankfurt, 1965–76 o. Prof. f. Soziol. Univ. Gießen, seit 1976 Univ. Siegen.

H. P. trat mit großenteils empir. fundierten Analysen über soz. u. wirtschaftl. Probleme hervor, insbes. über Familie, Geschlechtsrollen, Unternehmer u. Wertwandel.

Schr.: Die akadem. dt. Emigration nach den Vereinigten Staaten 1933–1941, 1955; Manager u. Aktionäre in Dtl., 1965; Über die Bildungschancen von Mädchen in der BRD, [5]1976 (1969); Professoren in der Provinz (mit Boetticher u. Laubsch), 1970; Manager des Kapitalismus (mit Boetticher), [2]1972 (1971); Kapitalismus u. Demokratie, 1973; Gleichberechtigung im Beruf?, 1973; Die Wirklichkeit der Hausfrau, [2]1976 (1975); Die Familienhaushalte im wirtschaftl. u. soz. Wandel (mit v. Schweitzer), 1976; Die Männer, 1978; (Hg.) Familie – wohin?, 1979; Was ist heute dt.?, 1982; (Hg.) Soziol. der Masse (mit E. Buß), 1984.
R. Theis, Partizipation u. Demokratie. Die Soziol. von H. P., 1989.

Protektionismus

(lat.), »Schutz« bzw. »Förderung« der inländ. Produktion (im ganzen oder spez. Produktionszweige) gegen die ausländ. Konkurrenz, und zwar durch Schutzzoll- u. Kontingentspolitik bzw. durch steuer- u. finanzpolit. Maßnahmen. Ziele des P. sind insbes. die Entwicklg. u. Erhaltung inländ. Industriezweige sowie die Vermeidung von binnenges. Strukturkrisen, die sich als partielle Arbeitslosigkeit auswirken können.

H. Weck-Hannemann, Polit. Ökonomie des P., 1992.

Protestantische Ethik,

nach Max Webers berühmter Schrift »Die p. E. u. der Geist des Kapitalismus« die ethisch-religiöse Grundlage der Wirtschaftsgesinnung, die eine der entscheidenden Voraussetzungen zur Entwicklung des Kapitalismus darstellte. Aus der p. E., insbes. aus bestimmten Glaubensvorstellungen (z. B. Prädestinationslehre) u. Lebensvorschriften des Calvinismus (→Askese), leitete M. Weber den Sinn des für rationale kapitalist. Produktion u. Marktorientierung fundamentalen Gewinnstrebens ab. Dieses Streben unterschied sich von früheren egoist. Handlungsmotivationen durch seine auf längere Fristen u. Planung ausgerichtete »Bändigung« u. »Temperierung«.

M. Weber, Gesammelte Aufsätze zur Rel.ssoziol. 1, ⁹1988 (1920); S. N. Eisenstadt, Die p. E. u. d. Geist des Kapitalismus. Eine analyt. u. vergleich. Darstellung (KZfSS 22, 1970); R. Parsler (Hg.), Capitalism, Class and Politics in Scotland, 1980.

Protestbewegungen, Sammelbezeichnung für versch. Gruppierungen u. Bewegungen, die sich in Reaktion auf Gefahren, Krisen u. Probleme der mod. Industrieges. sozialkritisch engagiert, aktiv u. z. T. revolutionär gegen Verharschungserscheinungen der etablierten Sozialstruktur u. Herrschaftsordnung wenden, welche nicht mit den verinnerlichten Idealen u. oft propagierten Ansprüchen einer freiheitl.-humanen Ges. zu vereinbaren sind. Zu den Initiatoren u. maßgeblichen Trägern zählen insbes. Intellektuelle, Studierende, Jugendl. u. kritische Bürger mit gesteigertem Betroffenheits-Gefühl u. Problembewußtsein. Die Vielfalt der spezif. Verhaltensweisen u. Aktivitäten (vom drogenseeligen Quietismus der Hippies bis zum anarchist. Bombenterror der Großstadt-Guerillas) entspricht den mannigfaltigen ideolog. Tendenzen. Fernöstl. orientierte Mystik (z. B. Zen-Buddhismus) u. primitiver technikfeindl. Romantizismus stehen neben krit.-rationalem Marxismus, Neomarxismus, Anarchismus, ideolog. Substraten des Faschismus sowie der Alternativ- u. Ökologiebewegung.

Die »antiautoritäre Bewegung« (insbes. unter den Studenten u. Oberschülern) Ende der 1960er Jahre schlug den Weg der Konfrontation mit den Trägern u. Repräsentanten autoritärer Strukturen u. Institutionen ein. Diese würden nach den Ergebnissen entspr. ges.polit. Analysen ledigl. wirtschaftl. Verwertungsinteressen u. polit. Machterhaltungsansprüchen dienen u. die Entwicklung von Sensibilität u. krit. Bewußtsein der Allgemeinheit gegenüber kulturellen Phrasen, Ritualen u. Tabus verhindern. Die allg. Verdächtigung jegl. institutionalisierten Autorität u. Organisiertheit als Quelle von geistiger Manipulation u. sozialer Über- u. Unterordnung wurde auch auf die eigenen Kampfformen der Bewegung bezogen. Eine streng marxist.-leninist. orientierte »sozialrevolutionäre Bewegung« versuchte, die spontanen u. manifesten Protestler in der Organisationsfrage wieder auf eine revolutionär-theoret. Grundlage zurückzubringen u. dabei vor allem das Verhältnis von Arbeiterschaft u. Akademikern für einen erfolgreichen Kampf gegen die bürgerl. Ges. neu zu klären. Die Kerngruppen der neuen Bewegung (»Spartakus«, Rote Zellen) folgten dabei strikt dem Leninschen Prinzip der Kaderpartei. Student. Kader sollten die Arbeiterbewegung ideolog. u. prakt., durch Aufklärungshilfe wie durch Beteiligung an u. Führung von gemeinsamen Aktionen unterstützen. In Auswertung der Fehler u. Niederlagen der »Antiautoritäten« galt die Einsicht, daß polit. Macht nur durch bewußte solidarisierte Gegenmacht begegnet werden kann, daß sich die Stärke u. Geschlossenheit der Organisation an der organisator. Kraft des kapitalist.-bürgerl. Gegners zu orientieren habe.

Protokollsatz

Nach der Abschwächung bzw. dem Scheitern einseitig theoret.-ideolog. ausgerichteter Bestrebungen haben sich neue Erscheinungen der P. herausgebildet, die nicht mehr vorrangig eine tiefgreifende gesamtges. Systemveränderung anstreben, sondern in engagiert-praktischer Weise die Bewältigung konkreter Problemlagen: →Bürgerinitiativen, Umwelt- u. Naturschützer (→Ökologiebewegung), Gegner der Atomenergie u. Großtechnologie, »Hausbesetzer« (bekämpfen den spekulationsbedingten Abriß alter Wohngebäude), Friedensbewegung, Frauenbewegung, Dritte-Welt-Initiativen (fordern den Abbau der Verschwendung in den Industrieges.en zugunsten der Entwicklung der Dritten Welt), Anhänger alternativer Lebensstile (→Alternativbewegung). →Beat-Generation, Gammler, →Jugendbewegung, →Kommune, Neue soz. Bewegungen, →Provo, →Radikalismus.

E. K. Scheuch (Hg.), Die Widertäufer der Wohlstandsges., 1968; H. Baier (Hg.), Studenten in Opposition, 1968; J. Habermas, Protestbewegung u. Hochschulreform, 1969; R. Ahlberg, Akad. Lehrmeinungen u. Studentenunruhen in der Bundesrepublik, 1970; S. Kleemann, Ursachen u. Formen der amerikan. Studentenopposition, 1971; H. Pross, Protest, 1971; G. Langguth, Pen, 1983; K.-D. Opp u. a., Soz. Probleme u. Protestverh., 1984; H. Volkmann u. J. Bergmann (Hg.), Soz. Protest, 1984; L. Rolke, P. in der Bundesrepublik, 1987; M. Bock u. a., Zw. Resignation u. Gewalt, 1989; H. Bude u. M. Kohli (Hg.), Radikalisierte Aufklärung, 1989; K.-D. Opp u. W. Roehl, Der Tschernobyl-Effekt, 1990; L. Voigt, Aktivismus u. moral. Rigorismus, 1991; V. Brand, Jugendkultur u. jugendl. Protestpotential, 1993.

Protokollsatz, Begriff der Wiss.stheorie: Satz oder Aussage in einem wiss. »Protokoll«, das über die Ergebnisse einer nach bestimmten (erfahrungswiss.) Methoden u. Aufzeichnungsverfahren vorgenommenen Beobachtung der Realität angefertigt wurde. Da auch wiss. Beobachtungen immer das Ergebnis subjektiver Wahrnehmungen der betr. Forscher sind, muß zur Entscheidung über die »Wahrheit« oder die »Objektivität« der P.e das Problem ihrer »intersubjektiven Nachprüfbarkeit« gelöst werden.

Prototypen (griech.), »Muster«, »Urbilder«, in der Soziol. (a) grundlegende, für den einzelnen Menschen im Erziehungsprozeß wie im alltägl. sozialen Dasein Orientierung bietende Verhaltensmuster, soziale Gebilde, Systeme (oder Lebensprobleme), von denen (oder von deren Lösung) aus er auf das Funktionieren anderer Bereiche schlußfolgern kann; (b) in einer an techn. Lösung sozialer Praxisprobleme orientierten Erfahrungswiss. »bewährte« Erklärungen für bestimmte soziale Interdependenzen, die auf andere Bereiche übertragen werden können.

(a) A. McClung Lee, Prototyp. Gruppen, in: W. Bernsdorf (Hg.), Wb. d. Soziol., ²1969. (b) H. L. Zetterberg, Theorie, Forschung u. Praxis in der Soziol., in: R. König (Hg.), Hdb. d. empir. Soz.forschg. I, 1967.

Proudhon, Pierre Joseph, 15. 1. 1809 Besançon – 19. 1. 1865 Paris, Journalist, autodidakt. sozialist. Theoretiker. Von einer Kritik des bürgerl.-kapitalist. Großeigentums ausgehend, forderte P. eine Wirtschaftsges. der Kleinproduzenten, in der sich Besitz u. Verfügungsrechte ausschließl. von eigener Arbeit ableiten. Zur Überwindung der bestehenden Großeigentumsordnung ist eine Veränderung der polit. Herrschaftsordnung notwendig. Mit dieser These wurde P. zum theoret. Mitbegründer des Anarchismus, weil er eine ges. Ordnung (jenseits des Staates) forderte, in der gleichsam als ökonom. System der ausgewogenen, herrschaftslosen Gegenseitigkeit die Kleinproduzenten ihre Beziehungen über selbstorganisierte »Tauschbänke« regeln. P. gehört zu den Wegbereitern der Kunstsoziol.

Schr.: Qu'est-ce que la propriété?, 1840 (dt.: Was ist das Eigentum?, 1895); Système des contradictions économiques ou philosophie de la misère, 1846 (dt.: Phil. der Staatsökonomie oder Notwendigkeit des Elends, 2 Bde., 1847); Das Recht auf Arbeit, das Eigentumsrecht u. die Lösung der soz. Frage, 1849; Bekenntnisse eines Revolutionärs, hg. G. Hillmann, 1969; Du principe de l'art et de sa destination sociale, 1865, dt.: Von den Grundlagen u. der soz. Bestimmung der Kunst, 1988; Über das Föderative Prinzip u. die Notwendigkeit, die Partei der Revolution wieder aufzubauen, Teil 1 1989, Teil 2 1992.
K. Marx, Das Elend der Philosophie (1847), in: K. Marx. Die Frühschriften, hg. S. Landshut, ⁶1971; M. Buber, Pfade in Utopia, 1950; K. Löwith, Weltgesch. u. Heilsgeschehen, 1952; P. Heintz, Die Autoritätsproblematik bei P., 1957; A. Camus, Der Mensch in der Revolte, 1964; G. Gurvitch, P., Paris 1965; G. Landauer, Aufruf zum Sozialismus, 1967.

Provo, jugendl. Protestierer gegen die Sozialstrukturen der bürgerl. Industrieges., der im Gegensatz zu den Gammlern oder Hippies nicht nur impulsiv, sondern bewußt u. rational die sozialen u. polit. Verhältnisse attackiert. Überzeugt davon, daß revolutionierende Akte angesichts eines bürgerl. Konservatismus u. einer Erstarrung des polit. Denkens z. Zt. nicht erfolgreich sein könnten, wollten die P. (seit 1965 insbes. in den Niederlanden) die Ges. wenigstens aufrütteln. Mit großer Einbildungskraft, unkonventionellen Mitteln und paradox erscheinenden Verhaltensformen konnten Rituale der alltägl. Politik u. Administration sowie selbstverständl. erscheinende soziale u. polit. Tabus durchbrochen oder zumindest wieder in die öffentl. Diskussion gerückt werden. Das Kampfmittel der P. ist die Provokation als begrenzte u. meist genau kalkulierte Regelverletzung, als Störung des

öffentl. Verkehrs oder als Bloßstellung etablierter Autoritäten.

R. v. Duyn, P. – Einleitung ins provozierende Denken, 1966; D. van Weerlee, Wat de P.'s Willem, Amsterdam 1966; T. Tuynman, Ich bin ein P., 1967; M. Kosel, Gammler, Beatniks, P., 1967; Ch. Vassart, A. Racine, P.s et Provotariat, Brüssel 1968.

Provokation (lat.), »Herausforderung«, »Aufreizung«, im soziol. Sinne die bewußte Inszenierung von abweichendem Verhalten u. damit von Störungen im Ablauf sozialen Geschehens, um die Verhaltenspartner auf problemat. oder umstrittene soziale Strukturverhältnisse aufmerksam zu machen oder sie sogar zu neuen Rollen-Definitionen u. entspr. abgeändertem Handeln zu zwingen.

R. Paris, Der kurze Atem der P., in: KZfSS 41, 1989.

Prozeß- und Figurationstheorie →Figurations- u. Prozeßtheorie

Prüfbarkeit, nach erfahrungswiss. Wiss.verständnis ein notwendiges Kriterium jeder »guten« Hypothese oder Theorie. Die Formulierung eines Aussagensystems muß zunächst die Prüfung ihrer (1) inneren Beschaffenheit, d. h. der log. Beziehungen zw. den Elementen des Systems, möglich machen. (2) Die infrage kommende Theorie muß sodann mit der realen Problemsituation in Zus.hang gebracht werden, um zu prüfen, ob sie Relevanz hat für die angesprochenen Probleme. (3) Es muß geprüft werden, ob die Theorie überhaupt informativen Gehalt hat, d. h. ob sie sich auf bestimmte (konforme) Fälle bezieht u. andere (konträre) ausschließt. (4) Ihre empir. Prüfbarkeit verlangt, daß sie anhand der Tatsachen, auf die sie sich bezieht, Widerlegungsversuchen

Pseudo-Theorie 702

(Falsifikation) ausgesetzt werden kann.

K. R. Popper, Logik der Forschung, ⁹1989 (1935).

Pseudo-Theorie →Quasitheorie

Psychoanalyse (griech.), »Seelenzergliederung«, theoret. System zur Erforschung der Struktur des psych. Apparats u. Heilverfahren zur Behebung von psych. Krankheitszuständen (Neurosen, Psychosen u. a.), von S. Freud entwickelt u. bis in die Gegenwart von versch., sich differenzierenden Lehrmeinungen weitergeführt.
Nach der P. besteht die menschl. Psyche aus drei miteinander, aber u. U. auch durch- u. gegeneinander arbeitenden Systemen oder Schichten: dem Es, Über-Ich u. Ich, d. h. den unbewußten, elementaren Triebregungen, ferner der daneben als »Gewissen« kritisierenden, wertenden, auswählenden u. dirigierenden Instanz, sowie einer Art bewußter u. vorbewußter Energie, die zw. den Ansprüchen des Trieblebens u. denen der krit. Instanz zu vermitteln hat. Die Instanz des Über-Ich entwickelt sich als Produkt der Anpassung an Zwängen der Außenwelt, die z. B. durch kulturell verbindl. Werte u. Normen, Vorbilder, Ideale, aber auch durch die von Erziehern, Eltern, Gruppen ausgehenden Forderungen u. Leitbilder repräsentiert werden. Das Über-Ich, durch Identifizierung von einer äußeren zu einer inneren soz. Kontrolle geworden, verlangt oft Verzicht auf Triebbefriedigung, insbes. im Bereich sexueller Triebenergie (Libido). Die P. untersucht das Verhältnis von phasenhaft vorgestellter Triebentwicklung (orale, anale, phallische, genitale Phase) des Menschen u. äußeren, die Trieberlebnisse u. Triebenergien begren-

zenden, einengenden Einflüssen, d. h. die Dynamik der Beziehungen von Es, Über-Ich u. Ich. Wenn die natürl. Triebhaftigkeit mit den äußeren kulturellen Begrenzungen in Konflikt gerät bzw. Triebentwicklungsphasen nicht »erlebt«, nicht »bewältigt« werden dürfen, dann kommt es zu Fehlentwicklungen im Verhältnis der psych. Schichten (vgl. →Regressionen, →Verdrängung, →Sublimierung). Diese Fehlentwicklungen beruhen im wesentlichen darauf, daß das Ich gegen unliebsame Regungen u. gegen äußeren Druck psych. Abwehrmechanismen »aufbaut«, die seine Beziehungen zur Umwelt beeinflussen.
In der Soziol. ist es zu einer Rezeption der P. durch versch. theoret. Richtungen gekommen, insbes. in der Strukturell-funktionalen Theorie, Theorie der Sozialisation, Polit. Soziol. u. der Krit. Theorie. Die letztere hat erkannt, daß die P. Einblicke in die psych. Mechanismen verschafft, die durch kulturellen Zwang erzeugt werden, daß sie den Menschen zeigen kann, wie ihre psych. Leiden, ihre verdrängten, abgespaltenen Motive als Ergebnisse ges. erzwungenen (aber u. U. gar nicht mehr legitimierbaren) Verzichts verstanden werden können. Die Krit. Theorie hat ferner gezeigt, wie z. T. Abwehrmechanismen ges. bewußt als Mittel polit. wirksamer Herrschaftstechniken vermittelt sind. Die P. hat zur Emanzipation beigetragen, weil sie den Menschen von undurchschaubaren, unbewußt wirkenden Abhängigkeiten befreien kann, indem sie verdrängte Teile seiner eigenen psychischen Erzeugnisse dem Bewußtsein wieder zuführt, verfügbar, reflektierbar macht.

E. Fromm, Die ges. Bedingtheit d. psychoanalyt. Theorie (Zs. f. Sozialforschg. 4, 1935); Th.

W. Adorno, Zum Verhältnis von P. u. Ges.theorie (Psyche 6, 1952); H. Meng, S. Freud u. die Soziol., 1955; D. Rapaport, Zur Struktur der psychoanalyt. Theorie, 1970 (1961); T. Parsons, Social Structure and Personality, New York 1964 (dt.: Sozialstruktur u. Persönlichkeit, 1968); H. Nolte, P. u. Soziol., 1970; A. Lorenzer u. a., P. als Sozialwiss., 1971; H.-U. Wehler (Hg.), Soziol. u. P., 1972; J. A. Caruso, Soz. Aspekte der P., 1972; H. Künze, Soziolog. Theorie u. P., 1972; R. Wiegand, Ges. u. Charakter, 1973; M. Robert, Die Revolution der P., 1986; T. Leithäuser u. B. Volmerg, P. in der Soz.forschung, 1988; J. Bendkower, P. zw. Pol. u. Rel., 1991; B. W. Reimann, Der Ges.sbezug der P., 1991.

Psychodrama (griech.), Methode der Gruppenpsychotherapie: eine oder mehrere Personen übernehmen frei gewählte soziale Rollen u. stellen dabei ihre Konflikte u. seel. Spannungen dar. Dem Therapeuten wird es dadurch ermöglicht, Symptome u. deren Ursachen aus dem »gespielten« sozialen Zus.hang oder der Rollen-Selbstdarstellung zu erkennen u. zus. mit den Patienten Lösungsmöglichkeiten zu erschließen. Zur Ermittlung von »Wahlen« auch von der Soziometrie benutztes Verfahren →Soziodrama.

J. L. Moreno, Gruppenpsychotherapie u. P., 1959; L. Yablonsky, P., 1978; H. Petzold (Hg.), Dramatische Therapie, 1981; F. Buer (Hg.), Morenos therapeut. Phil., 1989.

Psychologismus (griech.), krit. Bezeichnung für philos. u. soz.wiss. Bestrebungen, jenseits der Psychologie in anderen Wiss.en bestimmte Sachverhalte, Zus.hänge u. Vorgänge vorrangig oder ausschließl. psychol. erklären zu wollen, obgleich jeweils fachspezif. Denkansätze, Begriffssysteme, Theorien u. Methoden angemessener wären. P. tendiert damit zur Aufwertung der Psychologie zur allg. Grundwiss. So wird z. B. der Verhaltenstheoret. Soziol. P. vorgeworfen, weil in ihr versucht wird, im Sinne eines Reduktionismus soz. Verhalten u. hier-

aus resultierende soz. Phänomene durch Rückgriff auf psycholog. Hypothesen über Emotionen, Motivationen u. Kognitionen zu erklären.

G. C. Homans, Elementarformen soz. Verhaltens, 1968 (1961); A. Malewski, Verhalten u. Interaktion, 1967; H. J. Hummell, Psycholog. Ansätze zu einer Theorie soz. Verhaltens, in: R. König (Hg.), Hdb. der empir. Soz.forschg. II, 1969; ders. u. K.-D. Opp, Die Reduzierbarkeit von Soziol. auf Psychol., 1970; O. Marquard, Transzendentaler Idealismus, Romantische Naturphilos., Psychoanalyse, 1987.

Psychosomatik (griech.), psychosomat. Medizin: zus.fassende Kennzeichnung derjenigen Forschungsrichtungen u. patientenbezogenen Handlungen in der Medizin, die den Zus.hang von »Leib« u. »Seele« betreffen. Während die traditionelle P. unter psychoanalyt. Einfluß einige wenige »klass.« p. Krankheitsbilder als Ausdruck frühkindl. Konfliktlagen untersuchte, orientiert sich die moderne P. an interdisziplinärer Grundlagenforschung, deren Kernstück die sog. Neurowiss.en sind. Bahnbrechende neuere Erkenntnisse haben gezeigt, daß viele endokrine u. immunolog. Antworten des Körpers durch das Zentralnervensystem gesteuert werden u. damit der direkten Beeinflussung durch Emotionen u. Einstellungen unterliegen. Damit erhält eine überwiegende Zahl von →Krankheiten, die sich als Fehlsteuerungen im Organismus manifestieren, eine psychosomat. Komponente. Zugleich werden die soz. Einflusse auf Emotion u. zentralnervöse Erregung zu einem wesentl. Gegenstand soziopsychosomat. Forschung. Letztere wird von den Disziplinen →Medizinsoziol. u. Sozialepidemiol. erbracht. Unter dem Einfluß von System- u. Informationstheorie werden gegenwärtig neue Lösungen des p. Kardinalproblems, wie Gehirn u. Bewußtsein, Erfahrung u. neuronale Aktivität aufeinander bezogen sind, entwickelt. P. bedeutet nicht nur Krankheitstheorie, sondern auch Praxis der Krankenbetreuung. In ihr wird der Patient als Subjekt ins Zentrum gestellt, wobei ärztl. Handeln der Form nach selbstreflexiv u. dem Inhalt nach bio-psycho-sozial ausgerichtet sein soll. Das Gespräch mit dem Kranken u. die Teamarbeit erhalten vorrangige Bedeutung. Von einer p. orientierten Handlungsweise sind auch fruchtbare Anstöße zur Änderung der Arbeitsorganisation im Krankenhaus u. in der ärztl. Praxis ausgegangen. Die P. hat es jedoch schwer, sich gegenüber der fortschreitenden Spezialisierung u. Technisierung der modernen Medizin zu behaupten.

A. Mitscherlich, Krankheit als Konflikt, 1966; K. R. Popper, J. C. Eccles, Das Ich u. sein Gehirn, 1982; T. v. Uexküll (Hg.), Psychosomatische Medizin, 1986; ders. u. W. Wesiack, Theorie der Humanmedizin, ²1991 (1988); E. Oeser u. F. Seitelberger, Gehirn, Bewußtsein u. Erkenntnis, 1988; D. Hesch (Hg.), Endokrinologie, 2 Bde., 1989.

Pubertät (lat.), Zeit der »Geschlechtsreifung« (durchschnittl. vom 12., bei Mädchen etwa vom 11. Lebensjahr an), psych. Stadium starker Erregbarkeit, Phantasie, Gefühlsambivalenz; soziol. die krit. Phase, in der das neu herausgebildete Sexualvermögen mit der Notwendigkeit zunehmend bedeutsam werdender sozialer Anpassung an die Kultur u. Ges. der Erwachsenen in Konflikt gerät. Die Diskrepanz, daß bei physiol. Sexualreife ein geordnetes und sozial anerkanntes Geschlechtsleben noch nicht erfolgen kann, schafft eine solche Spannung, daß der pubertierende Mensch sich selbst, seine Umwelt u. ihre Ordnungen infrage zu stellen beginnt u. nach Sicherheit bietenden Werten, nach Erlebnistiefe, Prinzipien, purist. Lösungen sucht. Konsequenz dieser entwicklungspsycholog. »Zerrissenheit u. Ambivalenz« ist eine äußerlich gezeigte Protesthaltung gegen die Erwachsenenwelt. Damit es zu einer bruchlosen u. produktiven Aussöhnung elementarer Triebansprüche mit den sozial diktierten Verzichten kommen kann, darf jener Haltung nur mit geeigneten Formen kulturellen Angebots u. erzieherischer Autorität begegnet werden. Da das Individuum in der P. Identität für sich selbst, seinen Platz in der Ges. u. damit Orientierung in der Ges. überhaupt zu suchen beginnt, können Störungen in der psycho-sexuellen Entwicklung dieser Phase als spätere Störungen der Soziabilität, z. B. als Herrschsucht oder Unterwürfigkeit (autoritärer Charakter) in Erscheinung treten.

S. Bernfeld, Die heutige Psychol. der P., 1927; A. Mitscherlich, P. u. Tradition, in: L. v. Friedeburg, Jugend in der mod. Ges., 1965; E. W. Müller (Hg.), Geschlechtsreife u. Legitimation zur Zeugung, 1985.

Public goods →Öffentliche Güter

Public opinion (engl.) →Öffentliche Meinung

Publikum (lat.), »teilnehmende Öffentlichkeit«, die Teilnehmer einer Veranstaltung, Besucher von öffentl. Einrichtungen. Als Grundbegriff der Publizistik der Kreis der Rezipienten, der tatsächl. von einem Massenmedium erfaßt wird oder der ledigl. innerhalb des techn. u. sozialen Streuungsbereiches solcher Medien die Chance der Nutzung hat.

Publizität (lat.), »Offenkundigkeit«, Grundbegriff der Publizistik

u. der Polit. Soziol. Das Prinzip der P. verlangt die allg. Zugänglichkeit zu Nachrichten, Vorgängen u. zu Institutionen, soweit sie das öffentl. Leben betreffen u. für die Verwirklichung der demokrat. Bürgerrechte bedeutsam sind. P. ist – gegenüber dem Herrschaftssystem absolutist. u. totalitärer Staaten – ein Hauptprogrammpunkt des polit. Liberalismus u. demokrat. Sozialismus.

Puritanismus, (engl.), die insbes. von M. Weber in seiner Analyse des Zus.hanges von Protestant. Ethik u. dem Geist des Kapitalismus gewürdigte bibl. ausgerichtete Geisteshaltung u. sittenstreng-asket. Lebensführung der Puritaner.
Puritaner waren stark kalvinist. geprägte Anhänger der theolog. Protest- u. Reformbewegung innerhalb der Kirche von England, die seit der Mitte des 16. Jh.s katholisierende Tendenzen in der anglikan. Kirche ablehnten. Unter dem Druck staatl. u. kirchl. Verfolgung wanderten Puritaner, die sich für das auserwählte Volk Gottes hielten, seit 1620 in die Niederlande u. nach Nordamerika aus, wo sie die soziokult., insbes. wirtschaftl. Entwicklung stark beeinflußten.
Nach M. Weber war es für die Entfaltung des mod. Kapitalismus entscheidend, daß die innerweltl. Askese der Puritaner in einer bürgerl., ökonom. rationalen Lebensführung zum Ausdruck kam. Die dem Menschen durch Gottes Gnade anvertrauten Güter u. Besitztümer sollen nicht für einen triebhaften, unbefangenen Luxuskonsum u. Lebensgenuß verwendet, sondern durch rastlose, rational organisierte Berufsarbeit zu Gottes Ruhm vermehrt werden. Sport als Genußmittel sowie Tanz, Theater u. ä. m. wurden abgelehnt. Die religiös-

eth. Rechtfertigung einer Entfesselung des erfolgsorientierten Erwerbsstrebens führte in Verbindung mit asketischem Lebensstil u. Sparzwang zu einer expansiven Kapitalbildung (Anlagekapital für produktive Zwecke). →Protestant. Ethik.

M. Weber, Gesammelte Aufsätze zur Rel.ssoziol., Bd. I, ⁹1988 (1920).

Qualität des Lebens (engl. quality of life) →Lebensqualität

Qualitätszirkel (engl. quality-circle), nach japan. Vorbild bewußt arrangierte kleinere Mitarbeitergruppen in einem Betrieb, deren Mitglieder wiederholt oder sogar in regelmäßigen Abständen zus.kommen, um gemeinsam möglichst engagiert, kreativ u. konstruktiv betriebl. Fragen, insbes. Effizienz- u. Qualitätsprobleme im eigenen Arbeitsbereich zu behandeln u. die Umsetzung von Lösungsvorschlägen zu kontrollieren: Verbesserung der Arbeitsplätze, Arbeitssicherheit, des Produktionsablaufes, der Produktqualität, des Dienstleistungsangebots, der Kundenbetreuung u. Absatzmöglichkeiten. Die unter Ltg. geschulter Moderatoren tätigen Q. sind damit zugleich Ausdruck einer Managementtechnik. Q. sollen das kreative Potential der Mitarbeiter ausschöpfen helfen, neue Ideen freisetzen, Problemlösungen beschleunigen, das Kosten- u. Qualitätsbewußtsein sowie Verantwortung steigern, die Einstellung zum Betrieb bzw. Unternehmen u. zu Kollegen verbessern, die Kooperation auf unteren Ebenen der betriebl. Hierarchie fördern, u. zugunsten

Qualitative Sozialforschung

von Arbeitsfreude u. Leistungsbereitschaft das Gefühl des Mitarbeiters stärken, sinnvolle Arbeit zu verrichten. Die Q.-Bewegung begünstigt die betriebl. Dezentralisierung u. Mitbestimmung sowie die Humanisierung der Arbeit.

M. E. Strombach u. G. Johnson, Q. im Unternehmen, 1983; K. J. Zink u. G. Schick, Quality Circles, 1984; N. Bergemann u. A. L. J. Sourisseaux: Q. als betriebl. Kleingruppen, 1988; C. H. Antoni, Q. als Modell partizipativer Gruppenarbeit, 1990; J. Deppe, Quality circle u. Lernstatt, ²1990; R. Greifenstein u. a., Gemanagte Partizipation, 1993.

Qualitative Sozialforschung,

eine Strömung innerhalb der Empir. Soz.forschg., die in Abkehr von der naturwiss. orientierten, dem Exaktheitsideal unterworfenen, mit quantitativen Methoden arbeitenden klass. Empir. Soz.forschg. auf die möglichst umfassende u. tiefgreifende Erforschg. ganzheitl.-komplexer, jeweils einmalig ausgeprägter »Forschungsobjekte« (bestimmte soz. Probleme, Gebilde sowie Individuen bzw. Subjekte) ausgerichtet ist. Solche »Forschungsobjekte« sollen nicht zu bloßen Quellen für die standardisierte Erhebung einzelner Daten reduziert werden, die für ein Forschungsprojekt belangvoll sind u. ansonsten im Rahmen großer, stichprobenartig-repräsentativ ausgewählter Personenzahlen bei der Ermittlung von statist. Durchschnittswerten untergehen. Q. S. strebt unter dem Einfluß des →Interpretativen Paradigmas (Symbol. Interaktionismus, Phänomenolog. Soziol., Ethnomethodologie) eine weitestgehende Annäherung an die alltägl. Lebenswelt an. Dementsprechend sollen die intersubjektiv u. sinnvoll handelnden Individuen mit ihrer eigenen Auffassung von der Wirklichkeit im Forschungsprozeß angemessen berücksichtigt werden. In Verbindung mit Handlungsforschg. (→Action Research, →Aktionsforschg.) beabsichtigt Q. S. darüber hinaus, im Zuge von Forschungsprozessen Individuen zur Bewältigung soz. Probleme u. zur Verbesserung ihrer Lebenssituation zu motivieren.

Q. S. wird in ihrer bevorzugten Hinwendung zu einzelnen Fällen in gesteigertem Maße der Ganzheitlichkeit, Einmaligkeit u. den jeweils charakterist. Eigenschaften eines soz. Phänomens, Problems oder einer individ. Person gerecht. Im Gegensatz zu einer voreiligen Isolierung von Teilaspekten versucht Q. S. Handlungsabläufe in ihrem gesch.-situativen Lebenszus.hang zu erhalten, einzelne Fälle u. Prozesse bis ins Detail zu erfassen u. zu tiefer liegenden Gegebenheiten vorzudringen. Sie dient nicht nur der Exploration (Erkundung, Voruntersuchung) u. als Hypothesenlieferant für quantitativ betriebene Forschg., sondern über statist. gewonnene Daten hinaus zur Vertiefung von Forschungsprozessen unter besonderer Berücksichtigung individ. Ganzheiten. Vor allem aus der Sicht der quantitativen Soz.forschg. gelten die geringe oder fehlende Repräsentativität ausgewählter Fälle, die herabgesetzte wiss. Kontrolle qualitativer Forschungsprozesse u. die geringe oder nicht gerechtfertigte Generalisierbarkeit (Verallgemeinerungswürdigkeit) gewonnener Forschungsergebnisse als problematisch u. nachteilig. Erhebliche Verzerrungen können durch subjektive Einflüsse entstehen, die vom Forscher u. Interviewer ausgehen, z. B. durch Verlust notwendiger Distanz u. Neutralität, Verstärkung von Sympathie oder Antipathie gegenüber untersuchten Personen. Q. S. verlangt von Forschern u. Interviewern einen hohen soz.wiss. Ausbildungsstand, zur Eindämmung method. störender subjektiver Einflüsse einen hohen Grad der Selbsterkenntnis u. -disziplin, Methodenflexibilität, Aufgeschlossenheit, Fähigkeit u. Bereitschaft zum Verstehen.

Methoden der Q. S.: verschiedene Formen des qualitativen Interviews (wenig festgelegt oder sogar unstruktiert), z. B. offenes Interview, narratives Interview, Intensivu. Tiefeninterview, ferner Einzelfallstudie, biograph. Methode, teilnehmende Beobachtung, Gruppendiskussion, qualitative Inhaltsanalyse, hermeneut. Verfahren (→Hermeneutik).

Eine weitere erfolgreiche Entfaltung der Empir. Soz.forschg. erfordert, daß sich die qualitative u. quantitative Soz.forschg. nicht als konträre Forschungsströmungen gegeneinander abgrenzen, sondern sich gegenseitig ergänzen u. befruchten.

G. Kleining, Umriß zu einer Methodologie q.r S., in: KZfSS 34, 1982; A. Witzel, Verfahren der q. S., 1982; H. Moser u. P. Zedler (Hg.), Aspekte q.r S., 1983; R. Girtler, Methoden der q.n S., 1984; J. Reichertz, Probleme q.r S., 1986; T. Heinze, Q. S., 1987; S. Lamnek, Q. S., 2 Bde., 1988–89; T. Leithäuser u. B. Volmberg, Psychoanalyse in der Soz.forschung, 1988; W. Spöhring, Q. S., 1989; R. Bohnsack, Rekonstruktive Soz.forsch., 1991; U. Flick u. a. (Hg.), Hdb. Q. S., 1991; D. Garz u. K. Kraimer (Hg.), Qualitativ-empir. S., 1991.

Quantifizierung, wiss. Verfahren zur »Übertragung« von zunächst in qualitativer Form ermittelten Untersuchungsmaterialien in zähl-, meß- oder wägbare Datenmengen. Diese müssen als Variablen u. Dimensionen, kausal oder relationistisch analysiert, mittels spezif. Rechenoperationen ausgewertet werden können.

H. Best u. R. Mann (Hg.), Quantitative Methoden in der hist.-soz.wiss. Forschg., 1977.

Quantität/Qualität, Quant. ist eine Bezeichnung für eine meßbare u. numerisch ausdrückbare Eigenschaft der Größe oder Intensität, Qual. eine Bezeichnung für die metrisch nicht unterscheidbaren Eigenschaften v. Phänomenen, Gefühlen oder Begriffsinhalten. Von den qualitativen Begriffen (die eine Klassenbildung ermöglichen) über die komparativen (die eine Ordnungsrelation begründen) zu den quantitativen (die eine math. Darstellung als Vielfaches einer Einheit erlauben) kommt es zu einer Verschärfung der Begriffsbildung. In der Empir. Sozialforschg. werden qualitative Methoden, die nicht streng standardisiert sind (freies Interview, qualitative Inhaltsanalyse, biograph. Methode usw.) u. quantitative Methoden, die auf einer kontrollierbaren u. meßbaren Informationsermittlung beruhen (Auszählungen der Häufigkeit best. Merkmale, →Korrelationen, →Faktorenanalyse usw.), unterschieden.

D. Lerner, Quantity and Quality, Glencoe 1961; W. Stegmüller, Probleme u. Resultate der Wiss.theorie u. Analytischen Phil., Bd. II, 1970; G. Böhme, Quantifizierung-Metrisierung, in: Zs.f. allg. Wiss.theorie 7, 1976; H. D. Lasswell, Das Qualitative u. das Quantitative in pol. u. rechtswiss. Unters., in: E. Topitsch (Hg.), Logik der Soz.wiss.en, ^{12}1993 (1965).

Quartil (lat.), »Vierteiler«, statist. Streuungsmaß für Häufigkeitsverteilung; bezeichnet die Zahlenwerte, die sich ergeben, wenn die Gesamtheit aller ermittelten Zahlenwerte einer Verteilung in vier gleich große Teile geteilt wird.

Quasi-Gesetz →Gesetz

Quasi-Gruppe (lat.), »Sozusagen«-Gruppe, Begriff der soziol. Herrschafts- u. Konflikttheorie, die davon ausgeht, daß (a) jede Organisation (Betrieb, Staat u. a.) als

Herrschaftsverband zwei Aggregate von Herrschaftspositionen besitzt (Herrschende u. Beherrschte), (b) die Träger dieser Positionen entspr. ihrem Verhältnis zur Herrschaft unterschiedl. Interessen u. Zielvorstellungen entwickeln (z. B. Herrschaftskonsolidierung u. -legitimation gegen Herrschaftswechsel u. -übernahme), u. daß (c) diese Interessen zunächst ledigl. latente sind, weil noch kein gemeinsames Bewußtsein u. keine Organisation zur Durchsetzung dieser Interessen entwickelt worden ist. Diese Aggregate latenter, gleichgerichteter Interessen als Q.-G.n können unter bestimmten Umständen »echte«, strateg. Gruppen mit kollektiver Identität u. manifesten u. organisierten Interessen werden.

R. Dahrendorf, Soz. Klassen u. Klassenkonflikt in der industr. Ges., 1957.

Quasi-Theorie (lat.), Aussagensystem, das sich ausdrückl. oder stillschweigend nur auf eine bestimmte Epoche oder Zeitspanne, einen bestimmten Kulturkreis, eine nach bestimmten (geograph., sozialen, rassischen) Merkmalen abgegrenzte Personengesamtheit bezieht u. damit keine raum-zeitl. unbeschränkte Gültigkeit anstrebt. Wiss.smethodolog. ist umstritten, ob solche Q.-T. ledigl. als Provisorien, d. h. als Zw.-Instanzen zu generellen Aussagensystemen zu betrachten sind, oder ob die gesch. u. kulturell spezif. Prägung der von den Sozialwiss. analysierten Phänomene ohnehin eine prinzipielle Beschränkung auf Q.-T.n erforderl. machen.

H. Albert, Theorie u. Prognose in den Soz.wiss., in: E. Topitsch (Hg.), Logik der Soz.wiss.en, [12]1993 (1965).

Querschnittsuntersuchung, synchrone Analyse, eine (oft methodenpluralist. durchgeführte) Forschungsarbeit, bei der im Unterschied zur →Längsschnittuntersuchung eine bestimmte – ggf. repräsentativ ausgewählte – Anzahl von Untersuchungseinheiten (Personen, soz. Gebilde, Regionen) hinsichtl. festgelegter Themen nur einmal, zu einem bestimmten Zeitpunkt untersucht (beobachtet, befragt, analysiert) wird.

K. Daumenlang, Querschnitt- u. Längsschnittmethoden, in: E. Roth (Hg.), Soz.wiss. Methoden, [2]1987.

Quételet, Lambert Adolphe Jacques, belg. Mathematiker, Astronom u. Statistiker, 29. 2. 1796 Gent – 17. 2. 1874 Brüssel, Prof. in Gent u. Brüssel, Dir. des Brüsseler Observatoriums, führte 1846 die erste belg. Volkszählung durch.

Q. strebte eine umfassende Wiss. vom Menschen an, in deren Mittelpunkt eine Soziol. steht, die als »soziale Physik« (physique sociale) zur Biologie u. Psychol. hin offen ist.

Naturwiss. beeinflußt, bevorzugte er mathemat.-statist. Methoden, einschließl. Wahrscheinlichkeitsrechnung. Mit Hilfe dieser Methoden sollen auf empir.-induktivem Wege die Gesetze des Sozialen erforscht werden. Q. hat wesentl. zur Entwicklg. der Statistik u. Demographie beigetragen u. sich ferner mit Kriminologie befaßt. Er gilt als Begründer der Soz.statistik.

Schr.: Essai sur l'homme et le développement de ses facultés ou Essai de physique sociale, 2 Bde. Paris 1835, dt.: Soz. Physik, 1869; Du système social et des lois qui le régissent, Paris 1848.

Quietismus (lat.), Lebenshaltung der »Ruhe«, Verzicht auf aktives, produktives Gestalten der sozialen Daseinsbedingungen; myst.-kontemplativer Standpunkt der völlig passiven, affektlosen u. ledigl. rezipierenden Hinnahme eines fremden Willens, verbunden mit Weltflucht, bedingungsloser Unterwerfung.

M. Bendiscioli, Der Q. zw. Häresie u. Orthodoxie, 1964.

Quintil (lat.), »Fünfteiler«, statist. Streuungsmaß für Häufigkeitsverteilungen; bezeichnet die Zahlenwerte, die sich ergeben, wenn die Gesamtheit aller ermittelten Zahlenwerte einer Verteilung in fünf gleich große Teile geteilt wird.

Quotaverfahren →Auswahlverfahren

Radcliffe-Brown, Alfred Reginald, engl. Ethnosoziologe, 17. 1. 1881 Birmingham – 24. 10. 1955 London, Studium an der Univ. Cambridge, 1908 dort Fellow, 1909 Lecturer der Ethnologie Univ. London, Prof. der Sozialanthropologie Univ. Kapstadt (1921–25), Sydney (1929–31), Chicago (1931–37) u. Oxford (1937–46). R. zählt neben B. Malinowski zu den Begründern des Funktionalismus in der sozialwiss. Theorie. Auch er ging von empir. Analysen der Ethnologie aus, legte aber seiner funktionalist. Theorie der menschl. Ges. eine gewisse Analogie zw. dem sozialen u. dem organ. Leben zugrunde. Demgemäß definierte er die Ges. als Funktionszus.hang einer sozialen Struktur. Jede wiederkehrende Tätigkeit u. jedes Kulturelement übt im Rahmen des ges. Ganzen eine Funktion aus u. leistet einen Beitrag zur Beständigkeit der sozialen Struktur. Mit seiner funktionalist. Auffassung des ges. Strukturzus.hangs hat R. großen Anteil

an der Entwicklung der Strukturell-funktionalen Theorie.

Schr.: The Social Organization of Australian Tribes, 1931; The Andaman Islanders, 1933 (1922); Structure and Function in Primitive Society, 1952; A Natural Science of Society, 1957.
G. Dombrowski, Soz.wiss. u. Ges. b. Durkheim u. R.-B., 1976; A. Kuper (Hg.), The Social Anthropology of R.-B., London 1977.

Radikalismus (lat.), »auf die Wurzel (radix) gehende« Haltung, Einstellung oder Bewegung; entschiedene, auf grundsätzl. Umgestaltung bestehender Denk-, Orientierungs- u. Handlungsweisen sowie ges. Strukturen ausgerichtetes System von Auffassungen u. Aktionen. In zugespitzter Form ist R. als Extremismus hinsichtl. der Vorstellungen u. Maßnahmen zur Lösung polit. oder theoret. Fragen des soz. Lebens intolerant, kompromiß- u. konzessionslos gegenüber Andersdenkenden. →Linksradikalismus, →Rechtsradikalismus.

H. Bütow, Radikale Demokratie oder Demokratie der Radikalen, 1969; T. B. Bottomore, Radikales Denken, 1969; E. Richert, Die radikale Linke von 1945 bis zur Gegenwart, 1969; H. Grebing, Links-R. gleich Rechts-R., Eine falsche Gleichung, ²1973 (1971); M. Greiffenhagen (Hg.), Kampf um Wörter, 1980.

Rätedemokratie, aus der Kritik an der bürgerl.-parlamentar. Demokratie entwickelte Vorstellung einer polit. Herrschaftsform zur Realisierung konkreter Demokratie. Die R. soll sowohl die zugunsten der besitzenden Klassen sich auswirkende formal-demokrat. polit. Praxis im bürgerl. Staat als auch die autoritär-bürokrat. Herrschaftsformen der Partei u. ihrer Machtapparate im stalinist. Sozialismus ersetzen. Im Unterschied zu anderen Systemen der Delegation und Repräsentation sieht die R. über die Besetzung aller Führungspositionen durch Wahlen hinaus auch eine jederzeitige Abberufung

Randbedingungen 710

der Gewählten durch ihre Wahl-
körperschaften u. das Prinzip der
öffentl. Verhandlung u. Willensbildung der Räte vor. Auf diese Weise
soll eine fortdauernde Kontrolle
der an Wähleraufträge gebundenen
Räte u. der polit. Entscheidungsprozesse gewährleistet werden. Als
Kampforgane spielten rätedemo-
krat. Einrichtungen in Revolu-
tionszeiten, z. B. in der Pariser
Kommune u. in der dt. Revolution
von 1917/18, eine wichtige Rolle.
Auf der Grundlage sozialist. Produktionsverhältnisse sah die erste
sowjet. Verfassung von 1918 Räte
als Lenkungsorgane des gesamten
polit. Gemeinwesens vor.

W. Tormin, Zw. Rätediktatur u. soz. Demokratie, 1954; P. v. Oertzen, Betriebsräte in der No-
vemberrevolution, 1963; W. Gottschalch, Parlamentarismus u. R., 1968; H. Roggemann,
Das Modell der Arbeiterselbstverwaltung in
Jugoslawien, 1970; P. Kevenhörster, Das Räte-
system als Instrument zur Kontrolle polit. u.
wirtschaftl. Macht, 1974; U. Bermbach, Theorie u. Praxis der direkten Demokratie, 1973;
R. Rürup, Arbeiter- u. Soldatenräte im rhein.-
westfäl. Industriegebiet, 1975.

Randbedingungen, präzise Angabe der Bedingungen einer bestimmten gesch., sozialen Situation
(»bes. Satz«), unter denen ein »allg.
Satz« (Hypothese) gelten soll.
Demgemäß kann aus dem »allg.
Satz« mit Hilfe der R. der »bes.
Satz« deduziert werden. Wenn die
R. in gewissen Grenzen manipu-
lierbar sind, kann der »allg. Satz«
verwendet werden, um alternative
Prognosen in bezug auf prakt.
Handlungsmöglichkeiten (unter
bestimmten R.) festzustellen u. daran die prakt. Entscheidungen zu
orientieren.

K. R. Popper, Logik der Forschung, [9]1989
(1935).

Randgruppe, eine Kategorie mitunter locker oder fester organisierter Personen, die ein niedriges Ni-

veau der Anerkennung allg. verbindl. soziokult. Werte u. Normen
sowie der Teilhabe an ihren Ver-
wirklichungen u. am Sozialleben
der »Kernges.« erkennen lassen. Je
toleranter, freiheitl. u. pluralist. eine
Ges. ausgeprägt ist, um so größer ist
die Chance der Entstehung von
partiellen R.n. Die R.n bzw. die
Zugehörigkeit zu ihnen beruhen
auf vorausgegangener Störung,
Unterbrechung oder Rückent-
wicklung von Sozialisations- oder
Integrationsprozessen bzw. auf
mißglückten Kulturkontakten. Das
soz. Verhalten der R. kann sich in
offener Rebellion oder Flucht aus
den Widersprüchen der erlebten
Situation durch Rückzug aus der
Ges., aber auch in Überkonformität u. Konventionalisierung des
Verhaltens zeigen. Die R.n sind
Ausweis sozialen Wandels u.
gleichzeitig Repräsentanten »ab-
sterbender« wie neuer, avantgardist.
Lebensformen. In soz. Krisensituationen für das einzelne Individuum
sind sie Mittel der soz. Selbstbehauptung.

F. Fürstenberg, R.n in der mod. Ges. (Soz. Welt
16, 1965); G. Iben u. a., R.n der Ges., [3]1974;
H. Abels u. B. Keller, Obdachlose, 1974; L.
Vaskovics, Segregierte Armut, 1975; H. Essin-
ger, Soz. Rand- u. Problemgruppen, 1977; J.
Bader u. a. (Hg.), Problemgruppen in Berufs-
erziehung u. Beruf, 1978; L. Vaskovics u. W.
Weins, Stand der Forschg. über Obdachlose u.
Hilfen f. Obdachlose, 1979; W. Nickolai u. a.,
Erlebnispädagogik mit R.n, [2]1991; K. v. Chasse
u. a. (Hg.), R.n 2000, 1992.

Random (engl. at random = zufällig) →Auswahlverfahren

Randomisierung (engl. rando-
mization), Bezeichnung für die v.
Zufallsprinzip gesteuerte Verteilung der Personen auf die Experi-
mental- u. Kontrollgruppe. Dadurch wird eine maximale Zufalls-
streuung bzw. eine entsprechende
Kontrolle aller bekannten u. unbe-

kannten Kausalfaktoren bewirkt, die einen verzerrenden Einfluß auf die Ergebnisse des Experiments haben könnten (→matching).

Randpersönlichkeit, engl. marginal man, Individuum, das in bestimmter Beziehung zw. versch. Kulturen, Gruppen oder Organisationen steht, so daß diese Zw.stellung sowohl Anpassungsprobleme im Verhalten nach den berührenden Rollenerwartungen als auch innerpsych. Konflikte hervorruft. Die Summe der Personen, die im soziol. Sinne als R.en gelten können, nimmt mit wachsender regionaler u. sozialer Mobilität u. sozialem Wandel zu. Die R. manifestiert sich: (a) wenn eine Person gleichzeitig mehreren Gruppen angehört, zw. diesen Gruppen aber große Wert- u. Normendifferenzen bestehen, die von der Persönlichkeit des Betreffenden nicht integriert, »verarbeitet«, werden können; (b) wenn eine Person (aufgrund eigener Entscheidung oder, weil der soziale Wandel sie dazu zwingt) einen Wechsel seiner Gruppenzugehörigkeit vornimmt, dabei aber einerseits die bisherige soziale Orientierung der alten Bezugsgruppe noch nicht ganz hat aufgeben können, andererseits in der neuen, angestrebten Gruppe noch keine völlige Aufnahme oder Integration gefunden hat. Inwieweit eine Person R. wird bzw. das R.sein überwinden kann, hängt weitgehend von den Persönlichkeitsprägungen vorausgegangener Sozialisation ab. Eine Häufung von R.en ist dort zu beobachten, wo unzureichende Ich-Identität u. autoritäre Persönlichkeit eine innerpsych., »selbstbewußte« Lösung äußerer sozialer Konflikte, d. h. eine Stellungnahme zu äußeren sozialen Kontrollen durch eine innere Kon-

trollinstanz, verhindern. Entspr. Desorientierung u. unauflösbare Widersprüchlichkeiten führen zu Angst u. Unsicherheit, begünstigen Abwehrmechanismen, die als Konformismus, Konventionalisierung des Verhaltens u. Auslieferung an Scheinorientierung bietende Vorurteile u. Stereotype in Erscheinung treten.

Häufig untersuchte Beispiele für die R. sind: der Immigrant; das Mischblut; durch sozialen Wandel vertikal deklassierte oder »hochgekommene« Gruppen wie der Parvenü, »Neureiche«; die Frau im Wandel von der Hausfrau zur Berufstätigkeit; der Land-Stadt-Wanderer; der Werkmeister als man-in-the-middle; der Intellektuelle im Konflikt zw. traditionalen u. (seiner Überzeugung nach) rationalen Wertvorstellungen der Ges.; Lehrer zw. den Ausbildungszielen der versch. ges. Interessengruppen, →Außenseiter.

R. E. Park, Human Migration and the Marginal Man (Am. Journal of Sociology 33, 1928); E. V. Stonequist, The Marginal Man, New York 1961 (1937); D. E. Wray, Marginal Men of Industry; the Foreman (Am. Journal of Sociology 54, 1949); A. Autonowski, Toward a Refinement of the »Marginal Man« Concept (Social Forces 35, 1956); H. S. Becker, Outsiders, New York 1963, dt.: 1981; P. Heintz, R., (in: ders., Einf. in die soziol. Theorie, 1968); H. Hess, A. Mechler, Getto ohne Mauern, 1973; H. Abels, H. B. Keller, Obdachlose, 1974; A. Bellebaum, H. Braun (Hg.), Reader Soziale Probleme, 2 Bde., 1974; L. Vaskovics u. W. Weins, Stand der Forschg. über Obdachlose u. Hilfen f. Obdachlose, 1979.

Rang, Position in der vertikalen Struktur der Über- u. Unterordnung eines sozialen Systems, aus der bestimmte Verhaltensrechte u. -pflichten in bestimmten Situationen gegenüber sozialen Kontaktpersonen abgeleitet werden können. R. ergibt sich aus den für bestimmte Positionen gültigen Bewertungen, Verhaltensnormierun-

Rangordnungsverfahren

gen u. Kommunikationsregeln. R. definiert insbes. die Weisungsbefugnisse gegenüber niederem und die Unterordnung gegenüber höherem R. (→Hierarchie). R.ordnungen u. die jeweilige R.stellung in ihnen werden der Verdeutlichung halber in der Regel durch für alle Beteiligten erkennbare u. deutbare R.abzeichen oder R.symbole unterstrichen.

Die der R.ordnung zugrunde liegenden personalen oder sozialen Eigenschaften bestimmen sich nach der sozialen Bedeutsamkeit. In vormod., in Existenznot oder feindl. Umwelt befindlichen sozialen Systemen wird R. nach Maßgabe physischer Stärke, Kampfgeschicklichkeit, Treffsicherheit u. ä. vergeben. Komplexere u. wiss. entwickelte Ges.systeme bestimmen R. nach Bildungsqualitäten, Spezialwissen, d. h. nach technolog. Funktionstüchtigkeit. Ein bes. soziol. Problem ergibt sich aus dem weit verbreiteten Phänomen, daß errungener (höherer) R. u. die ihm zugrunde liegende Legitimation dazu benutzt wird (Autorität, Herrschaft), durch ges. Wandel bewirkte Bedeutungs- u. damit Bewertungsverschiebungen von Eigenschaften nicht wirksam werden zu lassen (→Macht).

In der Allg. Soziol. ist umstritten, inwieweit R.unterschiede für den Bestand u. das »Funktionieren« von ges. Systemen unabdingbar sind. Experimente der Tierverhaltensforschung (Ethologie) vermitteln immer wieder den Eindruck einer Universalität von R.unterschieden bei allen Lebewesen (Hackordnung). Theorien zur Demokratisierung verweisen demgegenüber auf den Abbau von R.unterschieden mit zunehmendem wiss.-techn. Fortschritt u. damit auf einen Zus.hang zw. den Bedingungen

menschl.-ges. Produktion u. Existenzsicherung einerseits u. ges. R.ordnung andererseits.

Rangordnungsverfahren →Skalierungsverfahren

Rassenfrage, die Gesamtheit der kulturellen, sozialen u. polit. Probleme, die sich aus dem Zus.leben bzw. Zus.stoßen von Menschenmengen versch. erbbiolog. Konstitution ergeben, welche als Rassenunterschiede gedeutet werden. Dabei ergibt sich die soziol. Relevanz der R. insbes. aus der Tatsache, daß bestimmte Menschenmengen wegen ihrer angebl. rassischen Minderwertigkeit von anderen Bevölkerungsteilen in allg. sozialer Diskriminierung, aber auch in spezif. polit. u. rechtl. Hinsicht benachteiligt u. unterdrückt werden.

Der Begriff »Rasse« wird bisher nur in der Zoologie als streng wiss. Begriff zur Bestimmung von versch. Tierarten allg. anerkannt. Seine Übertragung auf den Menschen, um dann bestimmte Kategorien nach bestimmten äußeren oder sogar Charaktermerkmalen abzugrenzen u. entspr. differenzierte Fähigkeiten u. Dispositionen für Lebensführung u. Kultureigenart zu diagnostizieren, bereitet große Schwierigkeiten: es kann nicht eindeutig nachgewiesen werden, inwieweit bes. vererbte Merkmale zu bes. Lebensformen führen, oder in welchem Ausmaße gesch.-soziale Umweltprägungen die Besonderheiten der scheinbar an Erbfaktoren gebundenen Eigenarten menschl. individuellen wie sozialen Daseins bewirken.

Rassenideologien entwickelten sich in ihrer polit. u. sozialen Bedeutung erst als negative Folge der Ideen bürgerl. Aufklärung von Freiheit, Gleichheit u. Brüderlichkeit unter den Menschen. Diese Ideen machten es unmögl., die Unterdrückung u. Ausbeutung anderer Völker u. Nationen als naturgegebene Zustände zu interpretieren u. die darum alle an der Aufrechterhaltung solcher Verhältnisse interessierten Inhaber von Herrschafts- u. Ausbeutungspositionen zwangen, neue, wiss. verbrämte Rechtfertigungsideologien zu entwickeln (Sozialdarwinismus). Fortan deduzierten Völker und Nationen gegenüber anderen Völkern aus ihrem bes. Blut, ihrer Sprache u. bestimmten phys.-psych. Eigenarten ihre Höherwertigkeit. Der Rassismus wurde eine wichtige ideolog. Basis internat. Konkurrenz u. Machtkämpfe. Es setzte sich die Überzeugung durch, daß die biolog. Mischung zw. Menschen unterschiedl. Rassen – wegen der angebl. engen Verbindungen zw. erbbiolog.-genet. u. soziokult-moral. Daseinsbedingungen – zur Degeneration der »höheren« Rassen führe. Deshalb seien Schutz- u. Vorsichtsmaßnahmen gegen solchen Verfall vorzunehmen (→Antisemitismus, →Apartheid). Daneben erfüllten nationale u. ethn. gebundene Rassenideologien (Nationalsozialismus) die sozialpsycholog. Funktion der »Abfuhr« aller Schuld an schlechten wirtschaftl. oder sozialen Zuständen auf die minderwertigen rassischen Minderheiten (Sündenbocktheorie). Auf diese Weise konnten Rassenideologien von objektiven Herrschaftskonflikten zw. den Angehörigen der hochbewerteten Rasse selbst ablenken.

Obwohl die prakt. Bedeutung rassischer Unterschiede – ebenso wie diejenige geschlechts- u. altersspezif. Differenzen – mit fortschreitender Zivilisation u. stärkerer Unabhängigkeit des Menschen von der Natur zurückgedrängt wird, hat andererseits die zunehmende räuml. Mobilität unter den Völkern auch die rassisch begründeten Konflikte zunehmen lassen. Wiss. Aufklärung, Rationalität, antirassist. Verfassungen, Bildungspolitik u. Bürgerrechtsbewegungen können hartnäckige rass. Vorurteile nur schrittweise eindämmen u. abbauen, wobei sich bisher immer wieder Rückschläge ergeben haben.

W. E. Mühlmann, Rassen, Ethnien, Kulturen, 1964; R. Italiaander (Hg.), Rassenkonflikte in der Welt, 1966; A. Rose, Rassenvorurteile, 1966; R. Breitling, Die nationalsozialist. Rassenlehre, 1971; J. Baldwin, M. Mead, Rassenkampf – Klassenkampf, 1974; P. v. zur Mühlen, Rassenideologien, 1977; R. Hampel u. B. Krupp, Die Bedeutung kult. u. polit. Rahmenbedingungen f. das Rassenvorurteil, in: KZfSS 30, 1978; E. E. Cashmore u. B. Troyna, Introduction to Race Relations, London 1983; C. Klingemann (Hg.), Rassenmythos u. Soz.wiss.en in Dtl., 1987; E. Becker, Zur Gesch. der Rassenhygiene: Wege ins Dritte Reich, 1988; P. Weingart, J. Kroll, K. Bayertz, Rasse, Blut u. Gene, 1988; F. Thieme, Rassentheorien zw. Mythos u. Tabu, 1988.

Rassismus, Bezeichnung für ein Bündel von Auffassungen, Überzeugungen, Einstellungen u. Verhaltensweisen, die durch den Glauben an eine unterschiedl. Wertigkeit der menschl. Rassen geprägt sind. Im Falle rassist. Tendenzen werden meistens im Gegensatz zu einer hohen Bewertung der eigenen Rasse andere Rassen u. deren Angehörige gering, abschätzig oder negativ bewertet. Mitunter kann sich jedoch bei Angehörigen einer negativ bewerteten Rasse oder rass. Minderheit kollektiver →Selbsthaß herausbilden, der dann eine entsprechende Abwertung der eigenen Rasse beinhaltet.

Die Bezeichnung R. kam in den 1930er Jahren in der Auseinandersetzung mit dem Nationalsozialismus auf u. verdrängte weitgehend den älteren Begriff »Rassenhaß«. In der UNO-Erklärung der Men-

Rassismus 714

schenrechte vom 10.12.1948 wurde der R. polit.-moral. geächtet. Auf dieser Grundlage haben insbes. die antirassist. Aktivitäten der UNESCO zur weltweiten Ausbreitung des R.begriffs beigetragen. Je nach den Umständen äußert sich R. in verschiedenen Formen der Diskriminierung, Benachteiligung u. Unterdrückung, in Verachtung u. Ausgrenzung, in Versklavung, Vertreibung oder sogar in phys. Ausrottung der Angehörigen einer unterbewerteten, abgelehnten Rasse. R. führt zur Benachteiligung solcher Personen bei der Suche nach einem Arbeitsplatz oder einer Wohnung, bei Restaurantbesuchen oder in Geschäften. Er erscheint in ablehnenden, feindseligen Blicken, Gesten, verbalen Äußerungen u. mitunter sogar in tätl. Angriffen. Institutionelle u. gesetzl. Formen der Diskriminierung machen das Wahlrecht von der Hautfarbe abhängig u. schränken Grund- bzw. Menschenrechte ein, z. B. das Recht auf freie Wahl des Berufs, Ehepartners oder des Wohngebiets (→Apartheid).

Je weniger das Alltagswissen durch erfahrungswiss. haltbare, seriöse Erkenntnisse über das histor.-polit. belastete, dementsprechend problemat., umstrittene u. teilweise tabuierte Forschungsgebiet der menschl. Rassen beeinflußt ist, um so mehr können sich pseudowiss. Rassentheorien u. rassenideolog. Vorurteile ausbreiten. Die kulturspezif. Ausprägung rassist. Tendenzen hängt von den jeweiligen weltanschaul.-ideolog. Strömungen, von polit., wirtschaftl. u. soz. Strukturen u. Lebensverhältnissen ab. Je weniger der R. erfolgreich bekämpft wird, um so mehr werden entsprechende Auffassungen, Einstellungen u. Verhaltensweisen durch die Sozialisation den nach-

rückenden Generationen einer Ges. weitervermittelt u. somit »fortgepflanzt«. Nach T. W. Adorno u. a. neigen autoritär erzogene, ichschwache Personen verstärkt zum R. (→autoritäre Persönlichkeit). Rassist. Tendenzen werden in Ges.en mit Bevölkerungsteilen u. Einwanderern, die anderen Rassen angehören bzw. zugerechnet werden, oft durch wirtschaftl. u. soz. Krisen gesteigert. Es können dann zahlreiche Ängste ausgelöst oder bereits vorhandene verstärkt werden: Zuspitzung der Konkurrenz um (begehrte) Arbeitsplätze, Wohnungen u. Lebenschancen, Verlust von Privilegien, zunehmende Gefahr des soz. Abstiegs, Verschlechterung von Aufstiegschancen. Solche Ängste u. hieraus resultierende rassist. Tendenzen wachsen um so mehr, je mehr die anderen Rassen angehörenden Bevölkerungsteile u. Einwanderer hochmotiviert u. aufstiegsorientiert sind. Verschärfte oder übertrieben wahrgenommene wirtschaftl.-soz. Konkurrenz kann wiederum Ängste vor einer ethnisch-kult. Überfremdung antreiben. Mitunter kommt sexuelle Konkurrenz hinzu.

In der tagespolit. Auseinandersetzung über Einwanderung, multikult. Ges. u. Aufrechterhaltung der eigenen Ethnie ist die Bezeichnung R. zu einem Schlagwort geworden, das oft in undifferenzierter Weise zur moral. Verurteilung von unterschiedl. ausgeprägten Anzeichen der sog. »Fremdenfeindlichkeit« u. des Ausländerhasses eingesetzt wird. Dabei wird ignoriert, daß »rassist.« diskriminierte u. abgelehnte Fremde u. Ausländer großenteils der eigenen Rasse angehören. Diese Überdehnung der Bezeichnung R. ist mitbedingt durch die Schwierigkeit, Rassen der Menschheit unterscheiden u. gegenseitig abgrenzen zu können. Überdies wird die seriöse Abschätzung der Einflußkraft rassisch bzw. entsprechend genetisch vorgegebener Determinanten (Bestimmungsgründe) – soweit es solche überhaupt gibt – des soz. Verhaltens u. Zus.lebens dadurch (unlösbar) erschwert, daß der durch außergewöhnl. große Lernfähigkeit u. psych. Formbarkeit ausgezeichnete Mensch in seiner Persönlichkeit u. in seinem Verhalten großenteils das Ergebnis kulturspezif. Einflüsse seiner Ges. u. seiner engeren soz. Umwelt (Milieu, ggf. Subkultur) ist.

A. Memmi, R., 1987; I. Geiss, Gesch. des R., 1991 (1988); O. Autrata u. a. (Hg.), Theorien über R., 1989; G. L. Mosse, Die Gesch. des R. in Europa, 1990; C. Butterwegge u. S. Jäger (Hg.), R. in Europa, 1992.

Rational-Choice-Ansatz bzw. -Theorie

(engl.), Theorie der rationalen Wahl (von Handlungsalternativen), eine theoret. Perspektive bzw. Richtung innerhalb des Methodolog. Individualismus, die unter besonderer Berücksichtigung der Fähigkeit des Menschen zu rationalen Entscheidungen u. Handlungen allg. Erklärungen für gesch. u. ges. bedingte soz. Prozesse liefern soll. Diese Prozesse beinhalten das Handeln von individ. u. kollektiven Akteuren. Trotz der modelltheoret. Ausprägung des R.-C.-A.es wird berücksichtigt, daß Menschen kreativ u. initiativ sind. Bei der Rationalität handelt es sich nicht um eine vermeintl. »objektive«, sondern um eine solche aus der Sicht des jeweiligen Akteurs. In Annäherung an reale Lebensverhältnisse ist der R.-C.-A. mit einer »Methode der abnehmenden Abstraktion« verbunden (Technik der schrittweisen Lockerung von modelltheoret. Annahmen). So werden z. B. die eingeschränkten Fähigkeiten der Informationsverarbeitung

(»bounded information processing capacity«) berücksichtigt. Überdies wäre es viel zu kostenaufwendig u. somit rational nicht vertretbar bzw. irrational, wenn der Akteur stets nach vollständiger Information streben würde. Im Alltagsleben ist es oft eher rational, in Bahnen bewährter Gewohnheiten u. Routine zu handeln. Eine herausragende Variante des R.-C.-A.es ist die →Wert-Erwartungs-Theorie. Der Anwendungsbereich des R.-C.-A.es vergrößert sich mit fortschreitender Individualisierung u. Rationalisierung in einer weitgehend ökonomisch geprägten Ges.

V. Vanberg, Die zwei Soziol.n, 1975; W. Raub u. T. Voss, Individ. Handeln u. ges. Folgen, 1981; K.-D. Opp, Die Entstehung soz. Normen, 1983; H. Todt (Hg.), Normengeleitetes Verhalten in den Soz.wiss.en, 1984; T. Voss, Rationale Akteure u. soz. Institutionen, 1985; J. S. Coleman, Individual Interest and Collective Action, Cambridge 1986; ders., Grundlagen der Soz.theorie, Bd. 1, 1991; J. Elster (Hg.), Rational Choice, Oxford 1986; H. Esser, Alltagshandeln u. Verstehen, 1991.

Rationalisierung

(lat. ratio = Vernunft), (1) soziol. im weitesten Sinne alle Prozesse der Ablösung von zufälligen, planlosen, traditions- und brauchtumsgebundenen durch überlegte, mittel-zweckorientierte, kalkulierte u. entsprechend organisierte, systemat. geplante Handlungsformen. Ziel jeder R. ist die Gewinnung klarer Vorstellungen über die im Zus.hang mit den Problemen menschl. Daseins auftretenden Handlungsziele u. über die optimalen Wege u. Mitteleinsätze zur Zielrealisierung sowie die Umsetzung dieser Vorstellungen in kooperative Systeme materieller Technik u. soz. Verhaltens. Hinzu kommt das Streben nach Vermeidung bzw. Minimierung unerwünschter Folgen.

In der universalhistor. angelegten

Rationalisierung

Soziol. M. Webers wird die R. in ihrer okzidentalen bzw. abendländ. Ausprägung als entscheidender Prozeß für die Herausbildung der mod. kapitalist. Ges. hervorgehoben. Der »wichtigste Bruchteil« dieser R. im weitesten Sinne ist der »wiss. Fortschritt«. Die »zunehmende Intellektualisierung aller Lebensgebiete« hat dazu geführt, daß es »prinzipiell keine geheimnisvollen unberechenbaren Mächte« mehr gibt, »daß man vielmehr alle Dinge – im Prinzip – durch Berechnen beherrschen könne. Das aber bedeutet: die Entzauberung der Welt«. Der Prozeß abendländ. R. beinhaltet einen wiss.soorientierten Fortschritt der Technik, die Ausbreitung der Zweck-Mittel-Rationalität, einer rationalen, erfolgsorientierten Wirtschaftsweise, des formalen Rechts u. der bürokrat. Verwaltung sowie einer rationalen Lebensführung.

Maßnahmen zur R. haben sich folgenden Problemen zu stellen: Es müssen für eine aktive Anpassung an die dem Wandel unterliegende materielle u. soz. »Umgebung« fortwährend die adäquaten Ziele des Handelns formuliert u. in eine Wertrangordnung gebracht sowie die Angehörigen einer Ges. auf die Erreichung dieser Ziele hin organisiert werden. Ferner müssen die Mittel für die Erreichung der hierarch. gegliederten Vielfalt der Ziele eingeschätzt u. bereitgestellt, ein Minimum an Solidarität unter den handelnden Angehörigen einer Ges. gesichert u. der Beitrag der Handelnden zur Zielerreichung kontrolliert werden.

R. ist zwangsläufig verbunden mit Arbeitsteilung, Normierung u. Standardisierung, Organisation u. Bürokratisierung. Mit der Entwicklung zur mod. Industrieges. hat die R. techn., ökonom. u. soz.

Handlungsstrukturen eine in der Soziol. intensiv diskutierte Ambivalenz erkennen lassen. In der mit R. verbundenen Beherrschung der Natur u. der soz. Lebensbedingungen durch den Menschen wird einerseits eine Bedingung für menschl. Freiheit erkannt. Andererseits bedeutet R. durchgängige Systematisierung, Aufbau von relativ stabilen (horizontalen u. vertikalen) Beziehungsgefügen zw. den Elementen (Personen u. Sachen) von Organisationen, verbindl. Regeln u. Verfahrensweisen, Anweisung u. Befolgung, Abhängigkeit, Unterordnung u. Fremdbestimmung. R. muß darum bei Anerkennung aller Vorzüge u. Verbesserungen für die materielle Daseinsversorgung des Menschen immer auch die psych. u. soz. Komponenten bzw. Mechanismen beachten, die das Leben des Menschen in komplexen Organisationen beeinflussen. Ökonom. u. techn. R. wirkt immer auch als Veränderung der soz. Beziehungen, so daß beachtet werden muß, welche Spannungen zw. den individuellen Lebensbedürfnissen der Menschen u. den neuen Systemnormen von R.prozessen durch welche R.fortschritte erkauft werden. Hauptproblem einer im Sinne von mod. Humanitätsvorstellungen fortschrittl. R. ist darum die Verbindung optimal wirksamer Kooperationssysteme mit einer optimalen Erhöhung der subjektiven Befriedigungserlebnisse der beteiligten Personen.

(2) R. im engeren ökonom. Sinne ist darauf ausgerichtet, durch Ausschöpfung techn. u. organisator. Innovationen u. Verbesserungsmöglichkeiten die Produktivität zu steigern u. Kosten zu senken. Infolge steigender Arbeitskosten – insbes. aufgrund gewerkschaftl. erkämpfter Einkommenserhöhungen u.

Arbeitszeitverkürzungen – läuft die betriebstechn. R. vor allem auf die fortdauernde Ersetzung menschl. Arbeitskraft durch Mechanisierung, Automatisierung, Nutzung der Informatik u. durch organisator. Veränderungen hinaus. Folgen dieser R. sind neben der Erhaltung oder Verbesserung der Wettbewerbsfähigkeit erhöhte Anforderungen an die Flexibilität der Arbeitskräfte u. ggf. wachsende Arbeitslosigkeit. Dementsprechend unterliegen R.sanstrengungen zunehmend der Forderung nach Soz.verträglichkeit.

(3) Nach S. →Freud bezeichnet R. als psychoanalyt. Begriff einen oft unbewußt wirkenden Abwehrmechanismus des Individuums, der bestimmte Handlungen, die triebhaften, irrationalen, affektuellen Antriebskräften entsprungen sind, gegenüber (dem eigenen Ich u.) der soz. Umwelt mit rationalen, soz. gebilligten Motiven zu begründen versucht. Solche R. kann vor allem eintreten, wenn eigenes Handeln zu Fehlanpassung, Versagen, Mißerfolg, Unglück oder zu Irritationen u. Verärgerung bei Mitmenschen geführt hat. R. kann somit vor inneren negativen Sanktionen (»schlechtes Gewissen«, Schuldgefühle, Selbstanklage) schützen. In ähnlicher Weise hat V. →Pareto in seiner Theorie der menschl. Motivationen den psych. Mechanismus der R. hervorgehoben.

(1) M. Weber, Wiss. als Beruf, 1919; ders., Gesammelte Aufsätze zur Religionssoziol., Bd. 1, ⁹1988 (1920); ders., Wirtschaft u. Ges., ⁵1980 (1921); T. Parsons, Essays in Sociological Theory, Glencoe 1953; W. Schluchter, Die Entwicklg. des okzidentalen Rationalismus, 1979; G. Schöllgen, Max Webers Anliegen, 1985.
(2) F. W. Taylor, The Principles of Scientific Management, New York u. London 1911, dt.: Die Grundsätze wiss. Betriebsführung, 1983 (1913); U. Briefs, Arbeiten ohne Sinn u. Perspektive?, 1980; M. Schumann u. a., R., Krise,

Arbeiter, 1982; U. Berger, Wachstum u. R. der industr. Dienstleistungsarbeit, 1984; M. Hartmann, R. im Widerspruch, 1984; H. Kern u. M. Schumann, Das Ende der Arbeitsteilung?, ⁴1991 (1984); M. Baethge u. H. Oberbeck, Zukunft der Angestellten, 1986; J. Bergmann u. a., R., Technisierung u. Kontrolle des Arbeitsprozesses, 1986; A. Gorz, Kritik der ökonom. Vernunft, 1989; H. Minssen, Die Rationalität von R., 1992.

Rationalismus

Rationalismus (lat.), Geisteshaltung bzw. wiss.theoret. Basis, die allein die Vernunft (ratio) des einzelnen Menschen als Erkenntnisquelle anerkennt u. die Forderung nach einer unbeschränkten Autorität der durch Vernunftanwendung gewonnenen Erkenntnisse bei der Einrichtung u. Gestaltung der menschl. Lebensverhältnisse fordert. Jegliche Metaphysik wird abgelehnt. Der R. ist von dem Optimismus beherrscht, über die im Prinzip unbeschränkte menschl. Erkenntniskraft die »objektiv« vorhandene »Ordnung« der Dinge, die »Wahrheit«, entdecken u. »subjektiv«, d. h. »vernünftig« danach leben zu können. Der moderne R. entwickelte sich in enger Verbindung mit den Emanzipationsbestrebungen des Bürgertums im 17./19. Jh., das nach dem fragwürdig gewordenen mittelalterl. Weltbild u. den brüchigen feudalabsolutist. Autoritäten eine neue geistige, die Freiheit des Individuums legitimierende Orientierung benötigte (Liberalismus).

Der Gefahr eines rationalist. Dogmatismus wirkt der →Krit. R. entgegen (→Popper, →Albert). Wiss. u. damit auch prakt. Problemlösungsversuche sollen von einem absoluten Rechtfertigungsinteresse für best., als unbezweifelbar »wahr« ausgegebene Lösungen befreit werden. An Stelle dessen wird ein selbstkrit. Engagement für rationales Denken u. für die unvoreingenommene Suche nach der (immer

Rationalität   718

nur vorläufigen) Wahrheit u. damit
nach »offenen« Problemlösungen
gefordert. Wahrheitssuche wird im
wesentl. zu einem Problem der Bewährung von Hypothesen u.
Theorien über die Realität. Wiss.
Fortschritt wird durch Pluralismus
u. Konkurrenz der Ideen u. theoret.
Entwürfe über mögliche Wahrheit
erreicht; sie wird als ein kritisches
Raten, als ein Netz von Vermutungen u. Widerlegungen (→Falsifi-
zierbarkeit) verstanden.

K. R. Popper, Conjectures and Refutations,
London ³1969 (1963); H. Albert, Traktat über
krit. Vernunft, ²1969; ders., Plädoyer für krit.
R., 1971; ders., Konstruktion u. Kritik, 1972;
W. Schluchter, R. der Weltbeherrschung, 1980;
G. Böhme, Wirkungsgesch. des Humanismus
im Zeitalter des R., 1988.

Rationalität, Orientierungsprin-
zip für individuelles u. soz. Handeln. Nach den Idealtypen des soz.
Handelns von M. Weber handelt (a)
wertrational, »wer ohne Rücksicht
auf die vorauszusehenden Folgen
handelt im Dienst seiner Überzeugung von dem, was Pflicht, Würde,
Schönheit, religiöse Weisung, Pietät, oder die Wichtigkeit einer ›Sache‹ gleichviel welcher Art ihm zu
gebieten scheinen«; (b) zweckrational, »wer sein Handeln nach
Zweck, Mitteln u. Nebenfolgen
orientiert u. dabei sowohl die Mittel gegen die Zwecke, wie die
Zwecke gegen die Nebenfolgen,
wie endlich auch die versch. mögl.
Zwecke gegeneinander rational
abwägt« (d. h. weder affektuell-
emotional noch durch Tradition
gesteuert handelt). Während wert-
rationales Handeln einer →Gesin-
nungsethik entspringen kann, verweist zweckrationales Handeln auf
Verantwortungsethik.
Wiss. Modelle für rationales Handeln sind der →homo sociologicus,
der →homo oeconomicus sowie
die versch. Entscheidungstheorien.

Diese »Konstruktionen« rationaler
Verhaltenstypen ermöglichen die
isolierte Analyse bestimmter Verhaltensantriebe bzw. -motive u. das
Verstehen der Abweichungen der
sozialen Wirklichkeit von solchen
(meist histor. oder ges. als typisch
betrachteten) Modellen.
R. zählt zu den Grundlagen der
mod. Industrieges., in der als Leistungsgesellschaft die weitere Entwicklung u. Vervollkommnung der
R. zu einem Eigenwert geworden
ist. R. als Voraussetzung für Wiss. u.
Technik hat mit der Entfaltung naturwiss. Wissens zu einer weitgehenden Beherrschung der Natur
durch den Menschen geführt. Die
Möglichkeiten des sozialtechn.
Einsatzes sozialwiss. Erkenntnisse
zur Beherrschung von Menschen
durch (besser informierte) Menschen sowie die theoret. denkbaren
u. prakt. polit. bereits erfahrenen
Diskrepanzen zw. partiellen R.en u.
gesamtges. Irrationalität haben in
der Soziol. die Probleme des Verhältnisses von Wiss. u. Ges. u. von
Wiss. u. Politik zu neuer Bedeutung geführt. Zunehmende R. in
einzelmenschl., organisator. u. gesamtges. Orientierung, die daraus
sich ergebenden rational organisierten sozialen Beziehungsverhältnisse sowie die als Folge solcher
Verhältnisse langfristig sich verfe-
stigenden Strukturen u. Institutionen haben die Dialektik der R. of-
fenbar werden lassen. R., zur Eliminierung von Irrationalität u. damit
zur Entfaltung menschl. Entscheidungsfähigkeit u. -freiheit entwikkelt u. propagiert, läßt eine Tendenz zur Versachlichung, zur Entideologisierung zugunsten von
Technokratie u. Anpassung erkennen. Damit besteht die paradoxe
Situation, daß diejenigen Orientierungen, die den Prozeß zunehmender R. in Gang brachten, eben

durch denselben Prozeß aufgelöst werden können.

Die Vergrößerung u. Verzahnung der ges. Handlungsräume, die daraus sich ergebenden Notwendigkeiten zur Verarbeitung von immer vielfältiger werdenden Informationen sowie die unabdingbare Beachtung von nach vielen Seiten hin verflochtenen u. in der Planung immer länger werdenden Handlungsketten haben rationale Orientierung schwieriger werden lassen. Die Bewältigung von Aufgaben u. Problemen in der mod. Ges. erfordert nicht nur eine weitergehende Erforschung u. Umsetzung der techn., formalen Zweck-Mittel- bzw. Verfahrens-R., die oft auf die partielle R. einzelner soz. Gebilde (bürokrat. Organisationen, Unternehmungen) beschränkt bleibt. Unter angemessener Berücksichtigung gesamtges.-ökolog. Verantwortung sowie von Ethik u. Moral ist vielmehr die Erarbeitung u. überzeugende Durchsetzung einer substantiellen, materialen, auf Überlebenssicherung u. allg. Lebensqualität ausgerichteten R. der Wertentscheidungen u. Zielsetzungen zu einer Existenzfrage der Menschheit geworden.

M. Weber, Soziol. Grundbegriffe, ²1966; J. Habermas, Theorie u. Praxis, ⁵1969 (1963); ders., Technik u. Wiss. als »Ideologie«, ⁴1970; H. Marcuse, Der eindimensionale Mensch, 1970 (1964); D. Claessens, R. revidiert, (in: ders., Angst, Furcht u. ges. Druck, 1966); R. Dahrendorf, Markt u. Plan, Zwei Typen der R., 1966; H. Klages, R. u. Spontaneität, 1967; G. Hartfiel, Wirtschaftl. u. soz. R., 1968; N. Luhmann, Zweckbegriff u. Systemr., 1968; H. Albert, Traktat über rationale Praxis, 1978; H. Schnädelbach (Hg.), R., 1984; G. Schöllgen, Handlungsfreiheit u. Zweckrationalität, 1984; P. Ullrich, Transformation der ökonom. Vernunft, 1986; H. Schnädelbach, Vernunft u. Gesch., 1987; J. Habermas, Nachmetaphys. Denken, 1988; K. Homann, R. u. Demokratie, 1988; N. Rescher, R., 1993; H. A. Simon, Homo rationalis, 1993.

Ratioskala →Skala

Ratzenhofer, Gustav, 4. 7. 1842 Wien − 8. 10. 1904 auf der Rückreise v. Amerika nach Europa, nach Uhrmachermeisterprüfung Laufbahn in der österr. Armee, 1872 Mitgl. des Generalstabs, 1878 Dir. des Armee-Archivs, 1898 als Feldmarschalleutnant Präs. des Militärobergerichts, Selbststudium der Phil. u. Soziol., enger Kontakt mit →Gumplowicz.

Unter dem Einfluß v. Comte, Darwin u. Spencer war R. Vertreter einer sozialdarwinistisch ausgerichteten Evolutionstheorie (→Sozialdarwinismus, →Evolutionismus). Antriebskraft des sozialen Handelns sind angeborene Interessen, die zunächst zu Feindseligkeit, Gruppenkämpfen, Unterwerfungen u. zum Erobererstaat führen. In dem auf einer höheren Entwicklgs.stufe liegenden Kulturstaat sind dann die sozialen Beziehungen kulturell u. wirtschaftl. geprägt. Schließlich kommt es in der Zivilisation zu einem Interessenausgleich. Soziol. als Wiss. v. den menschl. Wechselbeziehungen faßte er gemäß seines »positivist. Monismus« als Teil der Phil. auf. Durch Erforschung der Gesetzmäßigkeiten des ges. Zus.lebens mit naturwiss. Methoden soll zur Lösung sozialer Probleme u. zum Interessenausgleich beigetragen werden. R. hat insb. A. W. →Small beeinflußt.

Schr.: Wesen u. Zweck der Pol., 3 Bde., 1893; Die sociolog. Erkenntnis: Positive Phil. des soz. Lebens, 1898; Der positive Monismus u. das einheitl. Princip aller Erscheinungen, 1899; Positive Ethik: Die Verwirklichung des Sittlich-Seinsollenden, 1901; Die Kritik des Intellekts: Positive Erkenntnistheorie, 1902; Soziol.: Positive Lehre v. den menschl. Wechselbeziehungen, hg. v. seinem Sohn, 1907.

O. Gramzow, G. R. u. seine Phil., 1904.

Raumplanung, die Gesamtheit der insbes. von staatl.-öffentl. Seite angestellten u. von sozialwiss. Analysen u. Prognosen unterstützten

Reaktion

Überlegungen u. Entscheidungen zur sozialökonom. Nutzung u. Entwicklung bestimmter Gebiete. R. umfaßt Landschafts- u. Regionalplanung ebenso wie Städtebau- u. Siedlungsplanung. R. wird von bestehenden sozialen Leitbildern über »normales«, »ausgewogenes« oder »gesundes« Leben in flächen- u. sozialschwerpunktmäßig »richtig« zu verteilenden u. zu ordnenden Strukturverhältnissen bestimmt. Ihre Ergebnisse u. Entscheidungen führen, wenn sie strukturpolit. durchgesetzt werden, wiederum zu einer Vorfixierung zukünftiger soz. Strukturverhältnisse u. nehmen damit denjenigen Generationen die Möglichkeit der Selbstentscheidung, für die geplant wurde.

In interdisziplinär betriebener Forschg. ermitteln die Sozialwiss.en für die R. u. a.: Tendenzen wirtschaftl. Entwicklung u. Schwerpunktbildung; Prozesse der Agglomeration u. Ausbreitung im Siedlungswesen; zukünftige Verkehrsbedürfnisse u. -verhältnisse; städtebaul. Voraussetzungen für urbane Lebensformen, Nachbarschaft u. Gemeinwesenarbeit; Strukturveränderungen in den Stadt-Land-Beziehungen; Minimal- u. Optimalforderungen an eine durch öffentl. Leistungen zu erstellende regionale u. städt. Infrastruktur; Erfordernisse des Umweltschutzes; Wandel des Freizeitverhaltens u. Möglichkeiten der Verbesserung von Freizeitgestaltungsangeboten; die Zus.hänge von Raumnutzung, Sozialstruktur u. kommunal- bzw. regionalpolit. Entscheidungseinheiten; Mitwirkungsmöglichkeiten für betroffene Bürger.

K. Freisitzer, Soziol. Elemente in der Raumordnung, 1965; P. Drewe, Ein Beitrag der Soz.forschg. zur Regional- u. Stadtplanung, 1968; H. P. Bahrdt, Humaner Städtebau, 1968; B. Schäfers, R. u. Öffentlichkeit, 1970; ders.,

Öffentlichkeits- u. Interessenstrukturen in Planungsprozessen, 1970; P. Atteslander (Hg.), Soziol. u. R., 1976; F.-X. Kaufmann (Hg.), Bürgernahe Gestaltung der soz. Umwelt, 1977; G. Zipp, Ziele u. Zielfindungsprozesse in der Raumordnungspol., 1977; F. Naschold, Alternative Raumpol., 1978; W. Bruder u. T. Ellwein (Hg.), Raumordnung u. staatl. Steuerungsfähigkeit, 1980; D. Bökemann, Theorie der R., 1982; H. Priebe, Leben in der Stadt oder auf dem Land, 1982; D. Petersen, Verstärkte Bürgerbeteiligung bei R.en, 1984; H.-P. Meier-Dallach u. a., Soz. Strukturen u. räuml. Bewußtsein, 1985; W. Hillenbrand u. a. (Hg.), Stadt- u. Regionalplanung, 1986.

Reaktion (engl. reaction, →response), Bezeichnung für die Verhaltensantwort eines Organismus, die durch äußere Reize ausgelöst worden ist (→Behaviorismus, →Lerntheorien, →Verhaltenstheoret. Soziol.)

Realdefinition, Umschreibung eines Begriffs durch Aussagen über die Beschaffenheit der von ihm bezeichneten Gegenstände oder über die Art seines Gebrauchs.

Realfaktoren, Faktoren des ges. Seins (marxist.: der Basis) wie z. B. die spezif. Körperlichkeit des Menschen, die natürliche Gegebenheiten, der Stand der Technik, die ges. Macht- u. Klassen-Verhältnisse. →Scheler, M.

Realitätsbezug →Hypothese

Realtyp →Typ

Rebellion (lat.), »Kriegserneuerung«, Aufruhr, Widerstand, Empörung, in der Theorie abweichenden Verhaltens von R. K. Merton ein Handeln, das versucht, sowohl die soziokult. Werte u. Ziele als auch die normativ zugelassenen Möglichkeiten der Zielverwirklichung (Mittel) zugunsten anderer, eigener Vorstellungen zu verändern (→Radikalismus).

Recht, im jurist.-dogmat. Sinne eine ordnungsschaffende u. -erhaltende Instanz, die innerhalb eines räuml. u. zeitl. abgegrenzten Geltungsbereiches für alle Beteiligten die ihnen zukommenden Stellungen dadurch definiert, daß sie für bestimmte Situationen Richtmaße für bestimmtes Verhalten aufstellt, bestimmte Befugnisse gewährt, bestimmte Pflichten zuweist. Ferner hält sie Einrichtungen bereit, die motivierend, gebietend, verbietend u. sanktionierend die Beachtung u. Geltung des R.s garantieren sollen. R. gilt in diesem Sinne abstrakt u. absolut, d. h. unabhängig davon, ob es im Einzelfall oder gar in der Mehrzahl der Fälle tatsächl. befolgt wird. Jurist. wird seine Vereinbarkeit mit der Verfassung oder mit jeweils umfassenderen bzw. anderen R.sätzen u. (rechtsphilos.) mit der Idee der Gerechtigkeit geprüft. Soziolog. interessiert nicht so sehr die Sollgeltung des R.s als vielmehr sein Charakter als ges. Realität, d. h. inwieweit es als Ursache von realem sozialen Handeln wirkt. Von anderen Formen sozialer Normen unterscheidet sich das R. durch seine bes. Institutionalisierung als »gesatztes« R.

T. Bechtler, Der soziol. R.sbegriff, 1977; H. Haferkamp, Herrschaft u. Strafrecht, 1980; H. Schelsky, Die Soziologen u. das R., 1980; H. A. Hesse, Das R. der BR Dtl., 1984; W. Krawietz, R. als Regelsystem, 1984; N. Luhmann, Die soziol. Beobachtung des R.s, 1985; U. Wesel, Frühformen des R.s in vorstaatl. Ges.en, 1985; I. Maus, R.stheorie u. Polit. Theorie im Industriekapitalismus, 1986; R. Voigt (Hg.), R. als Instrument der Politik, 1986; G. Teubner, R. als autopoietisches System, 1989; W. Kargl, Handlung u. Ordnung im Strafrecht, 1990; H. J. Berman, R. u. Revolution, 1991.

Recht auf den vollen Arbeitsertrag, auf der Arbeitswerttheorie basierendes sozialkritisches Postulat zur Einkommensverteilung in der bürgerlich-kapitalist. Wirtschaftsordnung. Diese Forderung wurde erstmals von R. Owen (1771–1858) zur Lösung der Kaufkraftprobleme in der frühindustr. Ges. erhoben. Die Unterkonsumtion u. damit die Absatz- u. Wirtschaftskrisen würden sich hiernach aus dem ungerechtfertigten Lohnabzug vom vollen Arbeitsertrag des Arbeiters ergeben, d. h. aus dem Unternehmergewinn als vorenthaltenem Lohn. F. Lassalle stellte als (sozialist.) polit. Forderung das R. a. d. v. A. dem im Kapitalismus gültigen u. von ihm so bezeichneten → ehernen Lohngesetz gegenüber.

Rechtspositivismus, gegen Konzeptionen des Naturrechts gerichtete Auffassung, die jegl. metaphys.-philos., »überpositiven«, »objektiven« oder allg.gültigen Kriterien für rechtl. Grundentscheidungen verwirft u. Recht ledigl. als menschl. Willensakt versteht. Der R. lehrt, daß es keine Möglichkeit gebe, die Geltung einer rechtl. Norm über den subjektiven Willen u. Standpunkt desoder derjenigen hinaus, die sie »gesetzt« haben, zu beweisen. Eine Norm sei nur darum legitim u. verbindl., weil sie eine ges. vereinbarte oder eine aus Herrschaftsverhältnissen heraus oktroyierte sei.

H. Kelsen, Aufsätze zur Ideologiekritik, hg. E. Topitsch 1964; W. Kaupen, Naturrecht u. R., in: KZfSS 18, 1966; W. Maihofer (Hg.), Naturrecht oder R.?, [3]1981; E.-J. Lampe, Grenzen des R., 1988; W. Ott, Der R., [2]1992.

Rechtsradikalismus (lat.), »bis auf die Wurzel gehende«, von übermäßig gesteigerten konservativen u. teilweise gesch. rückwärts gewandten Ideen, Wertvorstellungen, Einstellungen u. Meinungen geprägte, mannigfaltig ausgeformte weltanschaul.-polit. Strömung, die unter Einsatz rigider Mittel u. Maßnahmen vorrangig auf die Bewahrung oder sogar Stärkung des eigenen

Rechtsradikalismus

Volkes u. Nationalstaates ausgerichtet ist, ggf. zum Nachteil anderer Völker u. Staaten. R. beinhaltet somit in seinem Kern Nationalismus u. Chauvinismus. Zentral ist die Leitvorstellung von einer idealisierten »Volksgemeinschaft«, die ethn., kult. u. polit. möglichst homogen sein soll (Antipluralismus). Volk, Staat u. Nation werden höher bewertet als das Individuum (Antiindividualismus). Ähnl. wie beim Linksradikalismus wird Gleichheit angestrebt (Egalitarismus), aber beschränkt auf das eigene Volk. Die Einwanderung von Menschen wird um so engagierter abgelehnt, je mehr sie sich in rassischer u. kult. Hinsicht von dem eigenen Volk unterscheiden (Tendenzen zum Rassismus u. zur Ausländerdiskriminierung). Neben dem marxist. Sozialismus gilt der Linksliberalismus als Hauptgegner. Gegenüber der pluralist.-permissiven Ges. werden insbes. Hierarchie, Autorität, Ordnung u. strenge Strafen angestrebt, wobei auf frühere Herrschafts- u. Ges.sordnungen Bezug genommen wird. Je nach gradueller Ausprägung des R. wird die freiheitl.-demokrat. Grundordnung bekämpft, abgelehnt, kritisiert oder (mit Einschränkungen) bejaht. Insbes. im Rahmen einer wehrhaften Demokratie unterliegt der R. dem Druck, sich hinsichtl. demokrat. Institutionen zu arrangieren. In seiner übersteigerten Form hebt sich der R. deutlich von dem national bzw. patriotisch orientierten Konservatismus u. dem Nationalliberalismus ab. Es ist insofern sachl. nicht gerechtfertigt u. irreführend, wenn diese gemäßigten Strömungen aus dem linken Lager heraus als angebl. »rechtsradikal« oder sogar »rassist.« eingestuft, diffamiert u. stigmatisiert werden.

Der polit. Begriff der Rechten stammt seit dem 1. Drittel des 19. Jh. aus der Sprache der franz. Kammern. Er bezeichnete hier ursprüngl. die konservativen Abgeordneten, die vom Präsidentenstuhl her auf der rechten Seite des Parlaments saßen.

Rechtsextremismus ist die angemessene Bezeichnung für nicht mehr überbietbare Steigerungen des R. Extremist. Ausprägungen des R. sind gekennzeichnet durch einen überzogenen Nationalismus, aktiv-kämpfer. Ablehnung der freiheitl.-demokrat. Ges.ordnung, Verherrlichung des Faschismus u. Nationalsozialismus, Rassismus u. Ausländerdiskriminierung (bis hin zur Feindseligkeit), autoritäre, militante u. aggressive Umgangsformen, verstärkte Neigung zur Gewaltanwendung u. zum Terrorismus (Neofaschismus, »Neonazismus«).

Der R. bildet soz. strukturell u. organisator. keineswegs ein einheitl. Lager. Anführer u. Anhänger rekrutieren sich aus allen soz. Schichten. In Orientierung an unterschiedl. akzentuierten »rechten« Ideen, Wertvorstellungen u. Meinungen u. unter dem Einfluß zeitgesch. Umstände hat sich der R. je nach dem Grad der Radikalität zu einer Vielzahl von z. T. miteinander im Konflikt liegenden Organisationen, Parteien u. Gruppierungen aufgefächert.

Tendenzen zum R. werden begünstigt durch: a) negativ wahrgenommene soziokult. Auflösungs- u. Zerfallserscheinungen, die als belastend u. bedrohl. empfunden werden, durch einen Mangel an Gemeinschaftsbindung mit der Folge zunehmender Vereinzelung; b) durch eine sich ausbreitende Kultur-, Sinn- u. Orientierungskrise (beschleunigter Wertwandel, Fehlen allg. anerkannter u. klarer Orientierungsvorgaben, Tradi-

tionsverlust, Desorientierung, Verhaltensunsicherheit); c) polit. Umbrüche; d) wirtschaftl. Krisen, Verschärfung des ges. u. wirtschaftl. Konkurrenzkampfes, (drohende) Arbeitslosigkeit, (befürchteter) soz. Abstieg, Verschlechterung der Aufstiegschancen u. des Wohlstandes, wachsende Wohnungsnot; e) Ängste u. Bedrohungsgefühle hinsichtl. der Einwanderung von Arbeitsmigranten (zunehmende Konkurrenz um Arbeitsplätze u. Wohnungen), Asylbewerbern u. Armutsflüchtlingen aus den verschiedensten Kulturkreisen (Ablehnung der ethn.-kult. →Überfremdung), zunehmende Ausländerkriminalität; f) wachsende Unzufriedenheit.
Die Bewältigung des R. ist eine Voraussetzung für das friedl., kulturell mannigfaltige u. kooperativ erfolgreiche Zus.leben der Menschen in einer Zeit weltges. Entwicklungsmöglichkeiten. Statt bloßer moral. Verurteilung, Stigmatisierung, berufl. Benachteiligung u. Strafverfolgung ist insbes. die weitestgehende Berücksichtigung der Ursachen des R. aussichtsreich.

M. R. Lepsius, Extremer Nationalismus, 1966; I. Fetscher u. a., R., 1967; W. Benz (Hg.), Rechtsextremismus in der Bundesrep., 1984 (1980); 5 Mill. Deutsche, »Wir sollten wieder einen Führer haben …« (SINUS-Studie), 1981; W. Kreutzberger, R. in der Bundesrep., 1983; P. Dudek u. H.-G. Jaschke, Entstehung u. Entwicklung des Rechtsextremismus in der BR Dtl., 2 Bde., 1984; R. Stöss, Die extreme Rechte in der Bundesrep., 1989; T. Assheuer u. H. Sarkowicz, Rechtsradikale in Dtl., 1990; F. Greß u. a., Neue Rechte u. Rechtsextremismus in Europa, 1990; S. Mantino, Die »Neue Rechte« in der »Grauzone« zw. Rechtsextremismus u. Konservatismus, 1992; W. Billing u. a. (Hg.), Rechtsextremismus in der BR Dtl., 1993; C. Leggewie, Druck von rechts, 1993; H.-U. Otto u. R. Merten (Hg.), Rechtsradikale Gewalt im vereinigten Dtl., 1993.

Rechtssoziologie, zunächst von jurist. Seite entwickelte Teil-Disziplin u. spezielle Soziol., die sich empir.-erfahrungswiss. (u. nicht dogmat.-normativ) mit der Gesamtheit der Wertungen, der normativen Regelungen u. der dahinter stehenden, von einem spezifischen »Rechtsstab« gehandhabten Sanktionsmechanismen befaßt, welche menschl. Sozialverhalten »kanalisieren« u. damit in sozialen Beziehungen für die Beteiligten vorhersehbar u. berechenbar werden lassen. Insbes. beschäftigt sich R. mit dem Verhältnis der »positiven«, gesatzten Rechtsordnungen zu den sonstigen sozialen Regeln (z. B. Brauch, Sitte), durch die soziale Strukturen regel-gemäßen gegenseitigen Verhaltens entstehen. Für die R. gilt der Grundsatz, daß das positive Recht nur einen kleinen Ausschnitt aus dem Ordnungsmechanismus ges. Lebens darstellt. Bes. wichtig ist ihr darum die Beziehung der jurist. Rechtsnormen auf ges. Leitbilder, Wertvorstellungen, Symbole u. kollektive Ideale. Da aber diese Wertvorstellungen u. a. immer auch mit sozialen Interessenlagen zus.hängen, betrachtet die R. die Rechtsnormen auch im Zusammenhang mit den Ges.aggregaten, für die sie gelten (bzw. gelten sollen), in denen u. auf die sie angewendet werden. Der dynam. Aspekt der R. konfrontiert das Recht u. die mit ihm »umgehenden« Personen u. Institutionen mit dem sozialen Wandel u. stellt Fragen nach den Entstehungsbedingungen u. Verfallserscheinungen von Recht.
Für (»entwickelte«) Ges.en, in denen die Normierung komplexen sozialen Verhaltens einen hohen Grad der jurist. Institutionalisierung erreicht hat, vermitteln die Forschungsergebnisse der R. über Wechselwirkungen von Rechtssystemen u. sonstigen soziokulturellen Normensystemen dem Juristen u. dem Gesetzgeber Aufklärung

über die Durchsetzbarkeit, Praktikabilität u. die Legitimierungschancen von Gesetzen. Auch decken sie die Grenzen u. Lücken der tatsächl. oder mögl. Geltungsbereiche auf. R. bemüht sich damit immer auch um die Erweiterung eines nur rechtsdogmat. orientierten jurist. Sachverstandes, der die bedenkl. Vorstellung nährt, das Rechtssystem sei – unbeschadet einzelner Mängel – die Rechtsvernunft selbst u. nicht die macht- u. interessenbedingte Verfestigung u. gesch.-spezifische (u. damit wandelbare) Objektivation bestimmter sozialer Verhältnisse.

Von bes. Aktualität in einer hochdynam., im kumulativen Wandel u. damit vor allem in Herrschaftskonflikten sich befindenden Ges. sind Forschungen der R., die den Justizapparat u. die Einrichtungen der Rechtsetzung nach ihrem sozialen Zus.hang u. nach ihren ges. Werten, Leitbildern u. Traditionen analysieren. Die Forderung nach rationaler, objektiver Rechtsfindung läßt nach den außerrechtl. Einflüssen auf jurist. Entscheidungsprozesse fragen. Mit Hilfe der Rollentheorie wird der Einfluß von ges. Bezugsgruppen u. deren Erwartungen gegenüber jurist. Entscheidungsträgern untersucht. Die soziol. Theorie der Institutionen erforscht die Beziehungen zw. der Justiz u. den sie umgebenden sozialen u. polit. Systemen. Soziol. Herrschaftstheorien analysieren die determinierenden Einflüsse ges. Gruppen u. staatl. Stellen auf den Justizapparat. Die Schichtentheorie durchleuchtet die soziale Verbundenheit (Herkunft, Personalunion u. Interessenharmonie) der rechtsanwendenden u. -interpretierenden Ges.gruppen zu bestimmten sozialen Subkulturen oder sozialen Schichten. Eine psychoanalyt. orientierte R. be-

müht sich um die Aufdeckung von organisator. oder persönlichkeitserzieherisch begründetem Versagen der dem Rationalitätsideal verpflichteten jurist. Gruppen, das z. B. (unbewußt) in Reflexionsverdrossenheit, Argumentationsdefizit u. emotionalen Störungen bei Rechtsfindungsprozessen zum Ausdruck kommt. In diesen Zus.hängen impliziert R. einen weiten Begriff von jurist. Rechtspraxis. Dieser umfaßt neben der Praxis richterl. Entscheidungen z. B. auch die Vorarbeit von Ministerialbeamten vor der parlamentar. Beratung einer Gesetzesvorlage, die prakt. (rechtsanwendende) Verwaltungsarbeit, Aktionen u. Reaktionen der Polizei, die Tätigkeit der Anwälte (Erfassung u. Interpretation von Mandanteninteressen), die Ausbildungsinhalte u. -methoden für den jurist. Nachwuchs u. nicht zuletzt die Ansichten u. Lehrmeinungen des jurist. Lehrbetriebes an Universitäten.

E. Ehrlich, Grundlegung der Soziol. des Rechts, [4]1989 (1913); ders., Recht u. Leben, hg. v. M. Rehbinder, 1967; ders., Gesetz u. lebendes Recht, hg. v. M. Rehbinder, 1986; Th. Geiger, Vorstudien zu einer Soziol. des Rechts, [4]1987 (1947); M. Weber, R., hg. v. J. Winckelmann, [3]1973 (1960); E. E. Hirsch, Das Recht im soz. Ordnungsgefüge, 1966; ders., R. für Juristen, 1984; A. Nussbaum, Die Rechtstatsachenforschg., hg. v. M. Rehbinder, 1968; H. Wüstendörfer, Zur Methode soziol. Rechtsfindung, hg. v. M. Rehbinder, 1971; N. Luhmann, R., [3]1987 (1972); J. Carbonnier, R., 1974; H. Ryffel, R., 1974; E. Blankenburg (Hg.), Empir. R., 1975; J. Stone, Lehrbuch der R., 3 Bde., 1976; K. N. Llewellyn, Recht, Rechtsleben u. Ges., hg. v. M. Rehbinder, 1977; M. Rehbinder, R., [3]1993 (1977); H. Haferkamp, Herrschaft u. Strafrecht, 1980; H. Schelsky, Die Soziologen u. das Recht, 1980; R. Zippelius, Ges. u. Recht, 1980; L. M. Friedman, Das Rechtssystem im Blickfeld der Soz.wiss.en, 1981; N. Luhmann, Ausdifferenzierung des Rechts, 1981; S. Breuer u. H. Treiber (Hg.), Zur R. Max Webers, 1984; L. Kissler, Recht u. Ges., 1984; Th. Raiser, R., 1987; K. F. Röhl, R., 1987; H. Rottleuthner, Einf. in die R., 1987; G. Calabresi, Ideale, Überzeugungen, Einstellungen u. ihr Verhältnis zum Recht, 1990.

Rechtsstaat, im zeitgemäßen Sinne die verfassungsmäßige Ordnung eines Staates, in dem alle Staatsorgane an die von demokrat. strukturierten Gremien verabschiedeten Gesetze gebunden u. der richterl. Kontrolle unterworfen sind. Gegenüber älteren Staatstheorien, die Staat u. Recht identifizieren u. damit jeden Staat ohne Rücksicht auf den sachl. Inhalt seiner Gesetze zu einem R. erklärten, steht der Begriff R. heute für einen Staat, in welchem dem Recht der Primat zukommt u. die Staatsmacht eben gerade durch das Recht (zugunsten der Sicherung der bürgerl. Freiheiten) eingeschränkt wird.

In diesem Sinne hat sich der R. (unter dem Einfluß von Aufklärung u. Liberalismus) als Antithese des absoluten (feudalen, aristokrat.-monarch.) Polizeistaates entwickelt. Dessen polit. Willkür hat der R. mit dem Grundsatz der Gesetzmäßigkeit aller staatl. Eingriffe in Freiheit u. Eigentum u. mit der grundgesetzl. Garantie bestimmter individueller Grund- u. Menschenrechte sowie mit der Unabhängigkeit der richterl. Gewalt u. mit dem staatsorgan. Prinzip der Gewaltenteilung überwunden.

Der formale R. liberaler Prägung war aber unfähig zur Lösung der großen sozialen Konflikte in der Ges. u. konnte sich – unverbunden mit den polit.-ges. Kräften – nicht gegen sein erneutes Abgleiten in staatl. Rechts- u. Machtmißbrauch (Nationalsozialismus) schützen. Die liberale, dem 19. Jh. zuzurechnende R.idee ist darum um die Forderung nach einem »demokrat.« u. »sozialen« R. materiell erweitert worden. Die Formel vom »sozialen R.« besagt, daß über die weiterhin gültigen liberalen Prinzipien nunmehr Freiheit nicht nur als Freiheit vom Staate, sondern als

Freiheit im Staate, und zwar immer in bezug auf die sich verändernden Lebens- u. Existenzbedingungen der zugrunde liegenden Ges., zu realisieren sei. Dem sozialen R. wird neben der Garantie der Gleichheit aller Bürger vor dem Gesetz auch die Verwirklichung der sozialen Gerechtigkeit für alle Bürger zur Pflicht gemacht. Der Staat wird ein bürgerl. Freiheiten gewährender, aber auch die Wahrnehmung dieser Freiheitsrechte verbürgender Staat, indem er als leistender u. verteilender die materiellen Grundlagen für Selbstbestimmung u. Selbstverantwortung seiner Bürger bereitstellt (Sozialstaat).

H. Heller, R. oder Diktatur?, 1930; K. A. Bettermann, Freiheit unter dem Gesetz, 1962; E. Forsthoff, R. im Wandel, 1964; ders. (Hg.), R.lichkeit u. Soz.staatlichkeit, 1968; W. Schluchter, Entscheidung für den soz. R., H. Heller u. die staatstheoret. Diskussion in der Weimarer Republik, 1968; R. Wassermann, Justiz im soz. Rechtsstaat, 1974; M. Tohidipur (Hg.), Der bürgerl. R., 2 Bde., 1978; F. Hase u. K.-H. Ladeur, Verfassungsgerichtsbarkeit u. polit. System, 1980; U.-J. Heuer u. G. Riege, Der R. – eine Legende?, 1992; D. Basta u. a. (Hg.), R. – Ursprung u. Zukunft einer Idee, 1993; C. Müller u. I. Staff (Hg.), Der soz. R. Gedächtnisschr. f. H. Heller, 1984.

Rechtstatsachenforschung, ein Spezialgebiet der Rechtssoziol., das auf die empir. Erforschung der Rechtswirklichkeit (im Unterschied zum schriftl. festgelegten Recht) ausgerichtet ist: Zwecke, Formen u. Wirkungen der tatsächl. Rechtsanwendung. Die R. soll insbes. für die Rechtspolitik Tatsachenmaterial erarbeiten.

A. Chiotellis (Hg.), R., 1985; B. Schulin u. a. (Hg.), Soz.rechtl. R., 1987.

Redistribution (lat.), »Wiederverteilung«, die einkommensumverteilenden Maßnahmen des Staates, der durch seine Steuer- u. Staatsausgabenpolitik die Ergeb-

Reduktion 726

nisse der wirtschaftl. Einkommensverteilung nach Maßgabe sozialer Gerechtigkeitsvorstellungen korrigiert.

I. Stolz, Einkommensumverteilung in der BR Dtl., 1983; K. Aigner, Einkommensverteilung u. Einkommensumverteilung, 1993.

Reduktion (lat.), »Zurückführung«, Bezeichnung der Wiss.theorie für das Zurückführen der Aussagensysteme einer spez. (mitunter ledigl. histor. gewachsenen u. abgegrenzten) Wiss. für spezif. Aspekte oder Probleme eines »Gegenstandes« auf allgemeinere, in ihrem Aussagenanspruch sich weiter erstreckende Theorien. Unter Reduktionismus wird z. B. die Gesamtheit der Bemühungen verstanden, für alle Sozialwiss.en einen verhaltenstheoret. Unterbau, d. h. eine allg. Verhaltenstheorie, zu entwickeln. →Verhaltenstheoret. Soziol.

A. Malewski, Verhalten u. Interaktion, 1967; G. C. Homans, Elementarformen soz. Verhaltens, 1968; H.-J. Hummell, K.-D. Opp, Die Reduzierbarkeit von Soziol. auf Psychol., 1971; W. L. Bühl (Hg.), R.istische Soziol., 1974; G. Eberlein, Psychologie statt Soziol.?, 1977.

Reduktion von Komplexität, (a) Rückführg. komplexer Sachverhalte auf ihre wesentl. Momente, um sie überschaubar zu machen für Entscheidungsprozesse; (b) durch R. v. K. entstehen – in Abgrenzung zu komplexer, unstrukturierter Umwelt – ges. Systeme (N. →Luhmann).

K. W. Deutsch u. B. Fritsch, Zur Theorie der Vereinfachung, 1980.

Redundanz (lat.), »Überfluß«, Begriff der Informationstheorie, Eigenschaft einer Information. R. liegt vor, wenn die Summe der zur Artikulation bzw. Übertragung einer Information benutzten Zeichen verringert werden kann, ohne daß ein Verlust an Informationen

eintritt. Eine Sprache bzw. ein anderes systematisiertes Informationsmittel kann über R. verfügen, wenn die in ihr ausgebildeten Wörter nicht alle benötigt werden, um die Gesamtheit der überhaupt mögl. Informationen abzubilden oder zu übertragen.

Reference Group →Bezugsgruppe

Reflexion (lat.), »Zurückwurf«, intensives »Zurückwenden« der Aufmerksamkeit nach »innen«, gedankl. Verarbeiten der mittels Erfahrung in der Außenwelt gesammelten Eindrücke, »tiefsinniges« Nachdenken. In den Sozialwiss. die bes. krit. Überprüfung der Theorieansätze u. Problemdefinitionen sowie ihre Rückbeziehung auf beteiligte soziale Interessenlagen u. Erfahrungsgehalte. →Reflexive Soziol.

In der Systemtheorie von N. Luhmann bezeichnet R. die Fähigkeit psych. u. soz. Systeme, sich selbst zu beobachten, zu thematisieren u. zu beschreiben. Der R. liegt die Unterscheidung von System u. Umwelt zu Grunde. »Auf der Ebene der R. bestimmt das System seine eigene Identität im Unterschied zu allem anderen« (N. Luhmann).

H. Willke, Systemtheorie, ⁴1993 (1982); N. Luhmann, Soz. Systeme, ²1985 (1984).

Reflexive Soziologie, Bezeichnung für einen v. A. W. Gouldner entworfenen Ansatz der Soziol. Im Gegensatz zur vermeintlich gefühllos-distanziert forschenden traditionellen »Schulsoziol.« u. insb. zur Strukturell-funktionalen Systemtheorie v. T.Parsons versteht sich die R. S. als eine moral., radikale, hist. sensible, herrschaftskrit. u. prakt. engagierte Soziol. Unter dem Einfluß der Wissenssoziol. u. der Neuen Linken wird gefordert, daß sich die Soziol. krit.-reflexiv selbst betrachtet u. somit durch eine »Soziol. der Soziol.« fundiert wird. Soziologen sollten demgemäß ihre Bewußtheit darüber vertiefen, daß sich ihr Standort in einer bestimmten umfassenden Ges. nicht nur auf ihre private Existenz, sondern auch auf ihre berufl. Rolle verzerrend auswirkt. Sie sollten erkennen, daß sie mit ihrer v. eigenen Interessen, Überzeugungen u. Absichten getragenen Forschgs.arbeit auf andere Menschen u. Gruppen einwirken, die wiederum reagieren. R. S. ist sich insb. der Gefahr bewußt, daß Soziologen im Gegensatz zu den höchsten Idealen der Soziol. v. herrschenden Eliten mit Hilfe der Ausnutzung des ges. vermittelten Karrierestrebens u. durch Gewährung materieller Belohnungen zur ideologisch-technokratischen Verfestigung der bestehenden ungerechten Ges. mißbraucht werden können. Gegenüber der korrumpierten »Management- bzw. Sonnenschein-Soziol.«, die sich im Widerspruch zum Ideal der Objektivität v. herrschenden »Militär-Industrie-Wohlfahrts-Komplex« abhängig gemacht hat, widersetzt sich die R. S. zugunsten wiss. Kreativität Tendenzen einer routinehaften Standardisierung u. Beherrschung des wiss. Lebens. Die R. S. fordert vielmehr die persönliche Risikobereitschaft, für eine Idee u. für ein Engagement Karrierenachteile hinzunehmen. Als radikale Soziol. sollte die R. S. nicht nur die Mängel der Gegenwartsges. kritisieren, sondern zugleich »positive Entwürfe neuer Ges.en« anbieten, »in denen die Menschen besser leben können«. Die Anhänger der R. S. haben sich weniger durch Kritik an fernen Weltproblemen zu bewähren, sondern vielmehr durch muti-

gen Widerstand gegen irrationale Autoritäten u. behebbare Mißstände, die vor allem in der jeweils eigenen unmittelbaren Alltagswelt anzutreffen sind. Neben einer »neuen Soziol.« ist zugleich eine »neue Praxis« zu schaffen. Der Bedeutungszuwachs der R. S. erklärt sich daraus, daß die traditionelle Soziol. im Zus.hang mit der Krisenhäufung der modernen Industrieges. selbst in eine Krise hineingeraten ist.

A. W. Gouldner, The Coming Crisis of Western Sociology, New York u. London 1970, dt.: Die westl. Soziol. in der Krise, 2 Bde., 1974.

Reform (lat. »Umgestaltung«), bezeichnet als Gegenbegriff zu Revolution die bewußt-planmäßig, insb. durch staatl. Maßnahmen u. Gesetze betriebene allmähliche Verbesserung u. Neuordnung der ges. Lebensverhältnisse. Diese schrittweise Anpassung an neue Technologien, Auffassungen u. Ansprüche soll dem Anwachsen v. Unzufriedenheit, Unruhe u. revolutionärem Potential entgegenwirken.

C. Graf v. Krockow, Reform als polit. Prinzip, 1976; M. Greiffenhagen (Hg.), Zur Theorie der R., 1978; S. Papcke, Der Revisionismusstreit u. die polit. Theorie der Reform, 1979; C. Curth, Soziol. als Programm soz. R., 1986; H. Kleinewerfer, R.en für Wirtschaft u. Ges., 1985.

Reformismus (lat.), Bewegung zur Neuordnung, Umgestaltung, Verbesserung des Bestehenden. Im Rahmen der sozialist. Ideen u. Strategien zur Überwindung des Kapitalismus jede Position, die den Gedanken u. den Weg der Revolution, der gewaltsamen Eroberung der polit. Gewalt durch das Proletariat, damit den militanten Klassenkampf u. die Diktatur des Proletariats ablehnt. Stattdessen sollen sich die polit. Aktionen der abhängigen Ges.klassen darauf beschränken,

Regel, soziale

dasjenige zu verbessern u. zu verwirklichen, was in der bestehenden ges. Ordnung schon angelegt ist.

Karrenberg-Stegmann (Hg.), Gesch. d. soz. Ideen in Dtl., 1970; W. Hofmann, Ideengesch. der soz. Bewegung, ⁴1971; P. Glotz, Der Weg der Sozialdemokratie. Der histor. Auftrag des R., 1975.

Regel, soziale →Norm

Regelkreis, Bezeichnung der Kybernetik für ein bestimmtes Strukturschema von Systemen der verschiedensten, auch sozialen Bereiche der Wirklichkeit, deren Elemente, Glieder, Einheiten u. a. durch das Prinzip der Rückkopplung zu einem geschlossenen, das System dynam. selbstregulierenden Wirkungskreis verbunden sind. Der R. besteht aus zwei Hauptteilen: der Regelstrecke bzw. dem zu regelnden Objekt u. dem Regler. Der Regler hat die Aufgabe, eine bestimmte veränderl. Größe, die Regelgröße, gegenüber störenden Einwirkungen aus der Systemumwelt oder aus dem System selbst gemäß einer ihm vorgegebenen Funktion, der »Führungsgröße« oder dem »Zielwert«, zu variieren. Seine »Maßnahmen« erfolgen über die »Stellgröße«. Auf diese Weise kann der Regler (aufgrund der ihm selbst vorgegebenen »Zielwerte« die Regelstrecke mittels der »Stellgröße« bestimmen, die Ergebnisse der »Regelstrecke« über die »Regelgröße« auswerten (z. B. Störungen erkennen) u. wiederum regulierende Maßnahmen einleiten.

Regelungstechnik →Regelkreis

Regierbarkeit, bezeichnet die Möglichkeiten zentraler staatl. Institutionen (insb. Parlament u. Regierung) moderner demokrat. Industrieges.en, die Gesamtges. polit. steuern u. gestalten zu können.

Wachsende u. konfligierende Ansprüche an den Staat, Verteilungskonflikte, polit. Protestverhalten, Bürgerinitiativen, Parteien- u. Staatsverdrossenheit, labile Mehrheitsverhältnisse, zunehmende Bürokratisierung, staatl. Finanzkrise u. Schrumpfung der Autorität staatl. Institutionen signalisieren die schwieriger gewordene R., die z. T. bereits als »Unregierbarkeit« mod. pluralist. Ges.en gesehen wird. Ursachen sind die fortgeschrittene soziale Differenzierung, die pluralist. Wert-, Interessen- u. Machtstruktur, die erschwerte Konsensbildung, gestiegene Verbandsmacht, die Verflechtung polit.-staatl. Entscheidungsprozesse mit partikularen sozioökonom. Interessen, steigende Legitimitäts- und Partizipationsansprüche besser informierter Bürger.

W. Hennis, P. Graf Kielmansegg u. U. Matz (Hg.), R., 1977/79; Lehner, E., Grenzen des Regierens, 1979; J. Heidorn, Legitimität u. R., 1982; Schweizer. Vereinigung für Polit. Wiss. (Hg.), R. – Gouvernabilité, 1983.

Region (lat.), allg. ein durch bestimmte geograph., soziokult., polit. oder administrative Merkmale gekennzeichnetes, größeres Gebiet, das eine gewisse Einheit bildet u. sich gegenüber anderen, umgebenden Gebieten abgrenzt bzw. abgrenzen läßt. Hinsichtl. der flächenmäßigen Ausdehnung weist der Bedeutungsinhalt des Begriffs R. zwei Schwerpunkte auf: 1) R. als mittelgroßes, für Verwaltung, Planung u. Entwicklungsbestrebungen wichtiges Gebiet, das einerseits zahlreiche Gemeinden, mehrere Kreise, mitunter auch Teile von Regierungsbezirken oder Bundesländern umfassen kann, andererseits Teil eines umfassenderen Staatsgebietes ist. Mit zunehmender internat. Kooperation bilden sich R.en heraus, die Teile mehrerer benachbarter Staaten umfassen. 2) R. im Sinne eines geograph. weit ausgedehnten, weltwirtschaftl. bedeutsamen Raumes (z. B. Europ. Union, Andenpakt, nordamerik. Freihandelszone, südostasiat. Wirtschaftsraum) oder eines Kulturkreises (z. B. die durch die chines. Kultur geprägte R. Ostasiens).

R.alismus bezeichnet Tendenzen zu einer verstärkten oder vorrangigen Orientierung der jeweiligen Bewohner an der eigenen Region (im Sinne von 1), mit entsprechend verringertem Interesse für den umfassenderen Lebenszus.hang (Staat, Kulturkreis, Kontinent u. ä. m.). R.alismus ist um so mehr ausgeprägt, je mehr die jeweilige R. mit einer spezif. Kultur (R.kultur) verbunden ist oder hauptsächl. bzw. gänzl. von einer ethn. oder nationalen Minderheit bewohnt wird. Er verstärkt sich mit wachsendem Interesse an der Wiederbelebung, Pflege u. ggf. Durchsetzung der eigenen kult., ethn. u./oder nationalen Identität. Unterdrückung solcher R.en in kultureller, religiöser, polit. u. wirtschaftl. Hinsicht führt erfahrungsgemäß zu verstärkten Bestrebungen nach Autonomie oder sogar Separatismus (Anspruch auf Bildung eines eigenen Staates oder auf den Anschluß an einen anderen bestehenden Staat).

J. Blaschke (Hg.), Hdb. der westeurop. R.albewegungen, 1980; W. Lipp (Hg.), Industrieges. u. R.alkultur, 1984; M. Bassand u. F. Hainard, R.ale sozio-kult. Dynamik, 1985; D. Gerdes, R.alismus als soz. Bewegung, 1985; R. Kreckel u. a., R.alist. Bewegungen in Westeuropa, 1986; P. Centlivres u. a., R.ale Identität u. Perspektiven: fünf soz.wiss. Ansätze, 1986; D. Gerdes u. a., R.en u. R.alismus in Westeuropa, 1987; Landeszentrale für polit. Bildung (Hg.), R.en u. R.alismus in Westeuropa, 1987; R. Münch, Das Projekt Europa, 1993.

Regionalplanung →Raumplanung

Regress (lat.), »Rückkehr«, Rückgriff oder Zurückgehen (prinzipiell) ins Unendliche in Verfolgung der Ursachen oder Entstehungsbedingungen eines gegebenen bzw. wiss. untersuchten Sachverhalts.

Regression (lat.), »Zurückbewegung«, psychoanalyt. Begriff für ein Zurückfallen der Persönlichkeit auf bereits durchlaufene Phasen der personalen Entwicklung. R. tritt in Situationen erhöhter psych. Belastung durch innere oder sozial verursachte Konflikte (Repression, stress) auf, insbes. bei Personen, die im Verlauf ihrer Sozialisation nur einen ungenügenden Aufbau von Ich-Identität u. Affektkontrolle erfahren haben. R. äußert sich als Wiederaufnahme primitiver, infantiler Reaktions- u. Verhaltensweisen, soziol. als abweichendes Verhalten in bedrängenden u. nur mehrdeutig u. komplex zu interpretierenden sozialen Situationen bzw. Rollen. Für die Psyche der betreffenden Personen hat die R. die Funktion eines Abwehrmechanismus.

M. Balint, Therapeutische Aspekte der R., 1973.

Regressionsanalyse, statist. Verfahren zur Herstellung einer Beziehung zw. zwei statist. verbundenen, zufällig variablen Daten oder Erscheinungen, so daß der Wert der einen Variablen durch die Kenntnis der anderen Variablen mit einer bestimmten Wahrscheinlichkeit vorausgesagt werden kann.

K. Holm (Hg.), Die Befragung, Bd. 5, 1977; E. Förster u. B. Rönz, Methoden der Korrelations- u. R., 1979; M. Küchler, Multivariate Analyseverfahren, 1979.

Rehabilitation (lat.), »Wiedereinsetzung«, »Wiedereingliederung«; die Gesamtheit der Maßnahmen (öffentl. Fürsorge ebenso wie psy-

Reifen 730

chotherapeut. u. medizin. Betreuung) zur sozialen Wiedereingliederung psych. u. körperl. behinderter oder durch langwährende Isolierung geschädigter Personen. Der Beitrag der Soziol. zur Erforschg. von R.-Prozessen besteht in der Analyse des Zus.hanges der betr. Personen mit ihren früheren soz. Umweltbereichen (z. B. soziale Schicht, Beruf, Betrieb, Wohnumwelt) u. den das normative Verhalten u. die Vorstellungen umprägenden Einflüssen der Institutionen u. Prozesse der R. selbst.

G. Deimling, Sozialisation u. R., 1973; G. W. Jansen (Hg.), Soz.wiss. Aspekte der R., 1977; F. Landwehrmann, Auswirkungen der berufl. R. auf die Familie, 2 Bde., 1979; R. Lotze u. U. Schoch (Hg.), R. 2000, 1987; M. Walger, Ökonomie der R. Behinderter, 1993.

Reifen, Bezeichnung der Entwicklungspsychol. für die Gesamtheit der genet. bedingten Wachstums-, d. h. phys. u. psych. Entwicklungsprozesse, die in ihrem Verlauf präformiertes – immer zugleich soziokult. beeinflußtes – Verhalten freisetzen. R. führt im Zus.hang mit einzelnen Phasen des individ. Lebenslaufes zur Herausbildung von bestimmten Verhaltens- u. Leistungsformen. Die Theorie der Sozialisation lehnt die These von der Entwicklung menschl. Verhaltens aus reinen Reifevorgängen ab u. betont vielmehr den Zus.hang von Reifebedingungen als Voraussetzung für Lernprozesse einerseits u. den Einfluß vorausgegangener Lernprozesse u. -erfahrungen auf weitere Stadien des R.s andererseits. Diese Überzeugung von der gegenseitigen Beeinflussung von R. u. Lernen führte zu einem »dynam.« Begriff von Begabung.

H. Roth (Hg.), Begabung u. Lernen, ²1969.

Reifikation, die Interpretation eines wiss. Begriffs oder einer Aussage in dem Sinne, daß von ihm bzw. von ihr die gemeinte Wirklichkeit als abgebildet unterstellt wird, d. h. daß Begriffe oder Aussagen Teile der Realität darstellen.

Reimann, Horst, *29. 11. 1929 Halle/S., 1957 Dr. phil. Heidelberg, 1966 Priv.doz. f. Soziol. u. 1967 Lt. der Abtl. Kommunikationsforschg. im Inst. für Soziol. Heidelberg, 1968 Visiting Prof., 1969 Adj. Assoc. Prof. Univ. of Pittsburgh, seit 1970 o. Prof. Augsburg, Dir. Inst. für Sozioökonomie, 1971–73 Vors. der Dt. Ges. für Publizistik- u. Komm.wiss. – Hauptarbeitsgebiete: Kommunikationsforschg. (ausgerichtet auf eine integrative Kommunikationstheorie), Entwicklgs.- u. Kultursoziol., Soziale Probleme.

Schr.: Wahlplakate, 1961; Soziol. als Beruf (mit K. Kiefer), ²1969 (1962); Kommunikations-Systeme, ²1974; (Hg.) Entwicklg. u. Fortschritt. Festgabe f. W. E. Mühlmann (mit E. W. Müller), 1969; mit Helga Reimann Hg. der Reihe Soz. Probleme: Das Alter, ³1992 (1974); Die Jugend, ²1987 (1975); Psych. Störungen, 1975; Gastarbeiter, ²1987 (1976); Medizin. Versorgung, 1976; Information, 1977; Weiterbildung, 1977; Federal Republic of Germany, in: R. E. Krane (Hg.), Intern. Labor Migration in Europe, 1979; Siziliens kleines Volkstheater, 1982; Sizilien (mit Helga Reimann), 1985; (Hg.) Soziol. u. Ethnologie, 1986; (Ed.) Research on Malta, 1991; Basale Soziol. (mit anderen), ⁴1991 (1975); (Mithg.) Heidelberger Sociologica, Bibliogr. 1956–89, 1989; (Hg.) Transkult. Kommunikation u. Weltges., 1992; (Hg.) Probleme mod. Ges.en (mit H. P. Müller), 1994.

Reinforcement (engl.) →Verstärkung

Reiz-Reaktions-Schema, aus der Lerntheorie in eine soziol. Verhaltenstheorie übernommenes Erklärungsmodell für das Auslösen u. den Ablauf von individuellem u. sozialem Verhalten sowie für die Herausbildung von Verhaltensbereitschaften u. Gewohnheiten. Es wird angenommen, daß die Stärke der Verbindung u. zukünftigen Korrelation zw. einem bestimmten Reiz u. der vom Individuum daraufhin vorgenommenen Reaktion zunimmt, wenn die Reaktion einen Befriedigung schaffenden Zustand herbeiführt. Solcherart »Belohnung« führe zum Anwachsen der Wahrscheinlichkeit, daß bei einem Wiederauftreten des Reizes mit der gleichen Reaktion »geantwortet« wird. Reaktionen, die die Funktion einer Bedürfnisbefriedigung (Reizstillung) erfüllen, werden bekräftigt.

Reizüberflutung, ein von A. Gehlen geprägter anthropolog.-soziol. Begriff zur Charakterisierung von Einflüssen der zivilisator. Verhältnisse hochentwickelter Industrieges.en auf den Menschen. Ausgehend von dem anthropolog. Grundtatbestand, daß der Mensch (gegenüber dem im Prinzip triebu. instinktgesteuerten Tier) von Natur aus einer für ihn unstrukturierten Umwelt ausgesetzt ist u. sich erst mittels seiner Kultur seine »Welt« u. damit geordnete u. »Bedeutungen« tragende Reiz-Reaktions-Systeme aufbauen muß, wird die zunehmende Komplexität materieller u. sozialer Lebensverhältnisse mit den begrenzten organ. Möglichkeiten ihrer Bewältigung verglichen. Beherrschung seiner Welt u. Einschränkung der existentiell bedrohenden R. mache »Entlastung« durch den Aufbau von rahmengebenden u. verhaltensnormierenden Institutionen u. Symbolen erforderl.

A. Gehlen, Der Mensch, [8]1966 (1940); ders., Die Seele im techn. Zeitalter, 1957 (1949).

Rekrutierung (lat.), aus der militär. Sprache in die Soziol. übernommene Bezeichnung für die herkunftsmäßige Zus.setzung der Mitgliedschaft bzw. Personengesamtheit einer Gruppe, Organisation, soz. Schicht. R.-Untersuchungen werden insbes. zur Analyse der vertikalen Mobilitäts-Vorgänge in einer Ges. vorgenommen.

Relation (lat.) →Beziehung

Relative Deprivation →Deprivation

Relativismus (lat.), »Beziehungslehre«, philos.-erkenntnistheoret. Auffassung, die ledigl. die Erkenntnis der Beziehungen u. Verhältnisse zw. Dingen bzw. (darüber wiss. entwickelten) Begriffen für mögl. hält u. die Entdeckung einer objektiven, vom erkennenden Subjekt unabhängigen Wahrheit über das (An-sich-)Sein der Realität bestreitet. In der Ethik führt der R. zur Ablehnung allg.gültiger, verbindl. moral. Normen u. sittl. Werte. →Kultureller R.

P. Feyerabend, Irrwege der Vernunft, 1989; H. J. Wendel, Mod. R., 1990.

Relevanz (lat.), »Wirklichkeit«, »Erheblichkeit«, (a) Eigenschaft von theoret. Variablen, Hypothesen oder Theorien in der Soziol. in dem Sinne, daß ihr Verhältnis zu bestimmten Problemen der sozialen Wirklichkeit geprüft wird. Relevante Variablen für eine Theorie sind solche, die als wesentl. für den Verursachungszus.hang angesehen werden können, über den eine solche Theorie Aussagen macht. Relevante Theorien sind solche, mit deren Hilfe menschl. Einwirkungsu. Problemlösungsmöglichkeiten »kanalisiert« werden können, um Antworten auf prakt. Fragen zu gewinnen; (b) Eigenschaft von kulturellen Werten in dem Sinne, daß diese sich für das einzelne Ges.mit-

Relevanzstruktur   732

glied je nach Position nur auf einen bestimmten R.bereich, d. h. auf eine abgrenzbare Interessensphäre der für es bedeutungsvollen Gegebenheiten beziehen. Für das einzelne Individuum ist der R.bereich eine wertbestimmte Präferenzordnung der Gegebenheiten u. Verhaltensweisen im Hinblick auf ihre relative Bedeutung für ein bestimmtes Handlungsinteresse.

Relevanzstruktur (lat.), in der phänomenologischen Soziol. v. A. →Schütz leiten R.en die Selektivität v. Erfahrungen u. Handlungen. Unterschieden wird dabei zw. thematischen, interpretativen u. motivationsmäßigen Relevanzen, die – miteinander verflochten – an der Konstitution (Zus.setzung) der Erfahrung, der Aktivierung des schon vorhandenen Wissensvorrats u. der Sedimentierung v. Erfahrungen (Ablagerungen in der Erinnerung u. im Bewußtsein) mitwirken.

A. Schütz u. Th. Luckmann, Strukturen der Lebenswelt, 1975.

Reliabilität →Zuverlässigkeit

Religionssoziologie, eine auf die empir. Erforschung der in soziokult. Lebenszus.hänge eingebundenen religiösen Weltanschauungen, Institutionen (Kirche, Gemeinde, Sekte u. s. w.) u. Verhaltensweisen ausgerichtete spezielle Soziol. R. untersucht – in Abgrenzung von anderen Religionswiss.en – (a) das Verhältnis von Religionsentwicklung u. allg. ges. Entwicklg., (b) das auf Religion bezogene soz. Handeln in seiner Verbindung mit anderen menschl. u. ges. Verhaltensbereichen, (c) die bes. sozialen Strukturen religiöser Gruppierungen u. Organisationen, (d) die sinnstiftenden, normativen u. integrativen Funktionen der Religion für soziale Gebilde und gesamtges. Zus.hänge ebenso wie deren Bedeutung für die Entstehung sozialer Konflikte, (e) die unterschiedl. Formen der Beziehungen zw. religiösem Glauben u. seiner Manifestation in religiöser Symbolik u.-Ritualisierung sowie insbes. in sog. »Kirchlichkeit«, (f) das Verhältnis von sozial organisierter »Kirchlichkeit« zu den Aufbau- u. Ablaufsprinzipien anderer ges. Organisationen.

Je nach dem weltanschaul.-theoret. Hintergrund der Analyse erstreckt sich die soziol. Interpretation der Religion über ein breites Spektrum: Einerseits die (kulturanthropolog.) Auffassung, daß Religion die Funktionen habe, unlösbare Probleme des einzelmenschl. u. sozialen Lebens, die eine Gefahr für den Bestand der Ges. bedeuten (Tod, Unglück u. a.), emotional erträgl. zu gestalten u. die Symbole zu entwickeln, an denen sich die »Einheit« der Ges. überhaupt ausmachen läßt. Andererseits die marxist.-ideologiekrit. These von der apologetisch-verschleiernden Funktion der Religion gegenüber den bestehenden ges. Herrschaftsverhältnissen. Entsprechend einer mehr idealist. oder materialist. Betrachtungsweise wird Religion teils als Ursache ges. Ordnungsvorstellungen u. -zustände, teils als nachträgl. Rationalisierung u. Ideologisierung für schon bestehende ges. Entwicklungszustände u. Interessenlagen eingeschätzt.

Kirchl. Sozialforschg. u. organisationssoziol. Untersuchungen bemühen sich um die Aufdeckung der sozialen »Gesetzmäßigkeiten«, nach denen in kirchl. Gemeinden, Sekten u. gesamtkirchl. Strukturen Glaubensinhalte entwickelt, in religiöse Handlungsmuster u. Symbole »übersetzt« u. damit erhalten, gepflegt, verbreitet, kontrolliert u. im sozialen Wandel den sonstigen sozialen Lebensformen angepaßt werden. Andere religionssoziol. Analysen widmen sich den Zus.hängen von allg. kultureller Entideologisierung u. Säkularisierung der Ges. u. erforschen die Beziehungen zw. den religiösen Glaubensinhalten u. vertikalen sozialen Gemeindestrukturen einerseits u. der religiösen Sanktionierung ges. Schichtungsgefüge andererseits. Polit.-soziol. Betrachtungen verfolgen die Prinzipien der Besetzung u. Kompetenzzuordnung von kirchl. Herrschaftspositionen u. daran anschließend die Verbindungen zw. den Zielsetzungen der Kirche u. ihren ges.-, rechts- u. staatspolit. Einflußnahmen. Studien über Entkirchlichung in der Gegenwartsges. verfolgen an Phänomenen religiöser Passivität u. gemeindl. Feminisierung, Vergreisung und »Verkindung« die Probleme einer zeitgemäßen Gestaltung u. Umsetzung religiöser Gläubigkeit in den soz. Daseinsbedingungen insbes. urbaner Gesellschaftlichkeit.

M. Weber, Gesam. Aufsätze zur R., 3 Bde., 1988 (1920); P. Honigsheim, R., in: G. Eisermann (Hg.), Die Lehre von der Ges., 1958; Th. Luckmann, Das Problem der Religion in der mod. Ges., 1963; J. Matthes, Einf. in die R., 2 Bde., 1967–69; D. Savramis, R., 1968; F. Fürstenberg (Hg.), R., [2]1970; H. Bosse, Marx-Weber-Troeltsch, R. u. marxist. Ideologiekritik, [2]1971; Internat. Jb. der R., 1966 ff.; A. Hahn, Religion u. der Verlust der Sinngebung, 1974; W. Stark, Grundriß der R., 1974; N. Luhmann, Funktion der Rel., 1977; K.-F. Daiber u. T. Luckmann (Hg.), Religion in den Gegenwartsströmungen der dt. Soziol., 1983; P. Koslowski (Hg.), Die religiöse Dimension der Ges., 1985; A. Kreiner, R. zw. Theorie, Apologie u. Kritik der Religion, 1986; F. Wagner, Was ist Religion?, 1986; A. Felling u. a., Religion im Vergleich, 1987; F.-X. Kaufmann u. B. Schäfers (Hg.), Rel., Kirche u. Ges. in Dtl., Sonderheft 5 Gegenwartskunde, 1988; G. Kehrer, Einf. in die R., 1988; H. Meyer, Religionskritik, R. u. Säkularisation, 1988; F.-X.

Kaufmann, Religion u. Modernität, 1989; T. Luckmann, Die unsichtbare Religion, 1991.

Renegat (lat.), (Glaubens-)Abtrünniger.

Rente, (a) in der älteren (klass.) Volkswirtschaftslehre (A. Smith, D. Ricardo) das Einkommen aus Grundbesitz. Später allg. Bezeichnung für bestimmte, nicht auf in derselben Zeit erbrachter persönl. Arbeitsleistung des Beziehers beruhende Einkommen. Dementspr. können, je nach der der R. zugrunde liegenden Quelle, R.nformen unterschieden werden. Die Sozial-R., gezahlt von staatl. Fürsorge- oder Versorgungseinrichtungen, sichert die Lebenshaltung des Bürgers im Falle des Einkommensverlustes bei Invalidität u. altersbestimmter Arbeitsunfähigkeit; der Rentier bezieht R. aus Kapital-, Boden- oder sonstigem Eigentum. Infolge der Markt- u. Preisbildungsgesetze in einer liberal-kapitalist. Wirtschaftsordnung entstehen R.n (a) als Differenzial-R., wenn bei einheitl. Preisbildung einige Produktionsmittelbesitzer infolge besserer natürl. Grundausstattung oder qualitativer Überlegenheit ihrer Produktionsfaktoren höhere Gewinne haben als andere; (b) als Lage-R., wenn manche Anbieter von Waren ihre Standortvorteile auf dem Markt realisieren können; (c) als städt. Grundr., wenn Großstadtentwicklung u. Agglomeration die Einkommen der städt. Grundbesitzer ohne deren wirtschaftl. Aktivität infolge steigender Bodenpreise u. entspr. steigender Mieten u. Pachtzinsen steigen lassen. Mitunter werden von der Wirtschaftstheorie nicht verausgabte Einkommensteile als Konsumenten-R. dann bezeichnet, wenn jemand Waren zu einem

Rentier 734

niedrigeren Preis als den, den er zu zahlen bereit gewesen wäre, kaufen kann. Produzenten-R. entsteht nach solchen »subjektivist.«, an Diskrepanzen zw. ökonom. Erwartungen u. Realitäten orientierten Interpretationen dann, wenn ein Produzent auf dem Markt einen höheren Preis erzielt als denjenigen, zu dem er kalkulierte u. verkaufen wollte.

W. Hofmann, Einkommenstheorie, 1965.

Rentier (franz.), Person, die ihren Lebensunterhalt aus Einkommen bestreitet, das nicht als Gegenleistung für in derselben Zeit geleistete Arbeit bezogen wird. Einkommensquellen des R.s sind Kapital-, Boden-, Rechtstitelbesitz. Sein Einkommen besteht aus vereinnahmten Pachtzinsen, Kapitalzins, Bodenrenten usw.

Repräsentation (lat.), »Vertretung«, »Darstellung«, Bezeichnung (a) für die symbolhafte Darstellung u. Wiedergabe von bestimmten Werten u. Verhaltensformen; (b) für die personelle oder organisator. Vertretung bzw. polit.-fakt. Anmeldung von Interessen, Ideen, Zielvorstellungen u. a. Mitunter wird der Begriff R. ledigl. für Einrichtungen oder Instanzen zugelassen, in denen gegenüber einer Vielfalt von individuellen Interessen die allg. bzw. die gemeinsamen Interessen (Gemeinwohl) vertreten werden sollen (Leibholz).
Verfassungsrechtl. u. verfassungsreal gehört das Prinzip der R. zu den fundamentalen Konstitutionsprinzipien des repräsentativen Staates bzw. der vom Parlamentarismus gekennzeichneten repräsentativen Demokratie. Demnach ist das Volk Träger der Staatsgewalt, übt sie aber in seiner Gesamtheit nicht selbst aus. Die polit. R. soll in einem System sich wechselseitig kontrollierender Gewalten (→Gewaltenteilung) die Willensbildung, Entscheidungen u. damit die polit. Steuerung innerhalb der mod. Groß- u. Massenges. ermöglichen. Die R. ist jedoch nicht an bestimmte staatsrechtl. oder polit.-herrschaftsstrukturelle Formprinzipien gebunden. Durch R. wird bei der polit. Willensbildung die Teilnahme abwesender, aber beteiligter u. berechtigter Kräfte u. Ideenträger realisiert. Die Hauptproblematik der R. liegt darum im Verhältnis zw. Repräsentanten u. Repräsentierten. Die Privilegien der Repräsentanten führen oft zur Herausbildung von Eliten u. sich verselbständigenden Oligarchien. Gegenüber der eigentl. polit. R. beschränkt sich die »darstellende« R. einer Staatseinheit oder einer Nation durch Staatsoberhäupter oder Diplomaten auf die symbol., in Amt u. Autorität zum Ausdruck kommende Wiedergabe eines polit. Strukturzustandes.

J. H. Kaiser, Die R. organisierter Interessen, 1956; G. Leibholz, Das Wesen der R. u. der Gestaltwandel der Demokratie im 20. Jh., ³1966; D. Sternberger, Studien über R., 1971; P. Kevenhörster, Das imperative Mandat, 1975; W. Röhrich, Die repräsentative Demokratie, 1981; B. Guggenberger u. a. (Hg.), Bürgerinitiativen u. repräsentatives System, ²1984; T. Ellwein u. J. J. Hesse, Das Regierungssystem der BR Dtl., ⁶1987; B. Haller, R., 1987.

Repräsentativität, Repräsentanz (lat.), »stellvertretende Darstellung«, Begriff der Empir. Sozialforschung. R. der Ergebnisse einer Untersuchung ausgewählter Fälle (Personen, soz. Einheiten) liegt dann vor, wenn zw. der Struktur der untersuchten Teilmenge u. der der Grundgesamtheit Übereinstimmungen bestehen, die eine Verallgemeinerung der Ergebnisse zulassen. →Auswahlverfahren

Repression (lat.), »Hemmung«, »Unterdrückung«, sozialwiss. u. ges.kritischer Begriff zur Umschreibung psych. u. sozialnormativer Auswirkungen von bestimmten ges. Herrschaftsverhältnissen (z. B. Rechts- u. Erziehungsverhältnissen).

Nach H. Marcuse beinhalten Kultur u. Ges. bisher ein System repressiver Funktionen, die im Interesse der Erhaltung u. Entwicklung des Menschen einen Triebverzicht des einzelnen erzwingen. Triebverzicht ist gleichbedeutend mit Abnahme der augenblickl. Befriedigung, Beschneidung der Selbstentfaltung u. Autonomie, Verkürzung des Freiheitsspielraumes, also Einschränkung menschl. Glücks. Die der R. gegenübergestellte Utopie einer nichtunterdrückenden Kultur ist die Verknüpfung der sozialen mit der individuell-psych. Idee der Emanzipation. Freiheit von materieller Not u. von Existenzangst, von äußerem Zwang wird verbunden mit Freiheit von innerem Zwang (Verdrängung) u. von Triebverzicht. Die Realisierung dieser Kultur- u. Daseinssituation ist jedoch ein Problem der Entwicklung der Produktivkräfte, der Befreiung des Menschen von der Herrschaft der Natur u. der Kultur der Sorge. Auf dem Weg zu dieser Situation ist deshalb Befreiung von R. nicht einfach Eliminierung ges. Autoritätsverhältnisse, sondern das Bewußtsein des Menschen von sich selbst als von einem Wesen, das die Möglichkeit hat, die jeweilige Diskrepanz zw. dem Stand der Entwicklung der Produktivkräfte u. der Produktionsverhältnisse (bzw. Sozialstruktur) zu begreifen u. zu ihrer Überwindung tätig zu werden.

H. Marcuse, Triebstruktur u. Ges., 1955; ders., Der eindimensionale Mensch, 1967; H. P.

Dreitzel, Die ges. Leiden u. das Leiden an der Ges., 1968.

Reproduktion (lat.), »Wiederherstellung«, insb. zentraler Begriff der (marxist. orientierten) Politischen Ökonomie, den die gesamtges. Produktionsprozeß (von Gütern u. von Menschen als Arbeitskräften) in seiner längerfristigen Kontinuität immer auch als R.prozeß betrachtet. Im Bereich der materiellen Güterproduktion berührt das Problem der R. die Prozesse der Investition, d. h. der Kapitalbereitstellung für zukünftige Produktionsphasen u. des Kapitalersatzes für Verschleiß. Die R. der menschl. Arbeitskraft macht die Bereitstellung einer best. Menge von Produkten zur Kompensation von phys. u. psych. Verschleiß u. darüber hinaus die Einrichtung des. Institutionen u. Mittelfonds für die Qualifikation (Erziehung u. Ausbildung) der Menschen als Arbeitskräfte der nächsten Generation notwendig.

Reservearmee, industrielle, marxist. Bezeichnung für den (infolge des rentabilitätsorientierten Kapitalverwertungsprozesses) immer wieder u. immer stärker »produzierten« Überschuß an beschäftigungslosen Menschen, die als freie, disponible Arbeitskraft jederzeit auf dem Arbeitsmarkt zur Verfügung stehen u. dadurch die wirtschaftl. (Lohn-)Situation der Beschäftigten noch weiter schwächen.

Residualkategorie (lat.), »restl.«, »übriggebliebener« Aspekt oder Teil einer Sache. R. ist somit eine Restkategorie für alle Objekte, Aspekte, Perspektiven, Teile, Antworten u. ä. m., die in einer Klassifikation (z. B. vorgegebene Antwortmöglichkeiten) geordnet werden sollen, sich aber nicht eindeu-

Residuum 736

tig einer bestimmten Kategorie zuordnen lassen. R. umschließt ferner die von einer wiss. Theorie nicht erfaßten Teile des jeweiligen Objektsbereichs, weil sie aufgrund der Fragestellung u. Problemeinschätzung für unwichtig oder nebensächl. gehalten werden.

Residuum →Derivation

Resozialisierung (lat.), »Wieder-Vergesellschaftung«; Bezeichnung für die (in Strafanstalten oder Heimen vollzogenen) Prozesse, die (a) Menschen zum Zustand der Sozialisiertheit (vor ihrem abweichenden bzw. kriminellen Verhalten) zurückverhelfen u. (b) ihnen, nach ihrer Entlassung, eine konfliktfreie Einpassung in die Ges. ermöglichen sollen.

K.-D. Opp (Hg.), Strafvollzug u. R., 1979; H. Ortner, Mitbestraft, 1983; R. Ortmann, R. im Strafvollzug, 1987; M. Stentzel, Berufserziehung straffälliger Jugendlicher u. Heranwachsender, 1990; H.-J. Kerner (Hg.), Straffälligenhilfe in Gesch. u. Gegenwart, 1990.

Response (engl. »Antwort«), Abkürzung: R, im →Behaviorismus, in den Lerntheorien u. in der Verhaltenstheoret. Soziol. Bezeichnung für die äußerlich wahrnehmbare Verhaltensreaktion eines Organismus, die durch einen Stimulus bzw. äußeren Reiz ausgelöst worden ist.

Ressentiment (franz.), Groll, Haß, Rachegefühl. In der Untersuchung der Entstehung von Moral durch F. Nietzsche deckt sich R. mit dem →Neid, ohnmächtigen Haß u. mit aufgestauten Rachegefühlen der »Mißratenen«, »Schlechtweggekommenen«, Schwachen, Kranken, Mittelmäßigen, Abhängigen, Beherrschten, Sklaven, Unfreien, Gedrückten u. »An-sich-Leidenden« gegenüber den »vornehmen Men-

schen«, »Hochgesinnten«, Mächtigen, Herrschenden u. Aristokraten. Das R. wird »selbst schöpferisch«, indem es Werte einer →»Sklavenmoral« hervorbringt. – Nach M. Scheler handelt es sich beim R. um »das wiederholte Durch- u. Nachleben einer bestimmten emotionalen Antwortreaktion gegen einen anderen«, die durch ein stark ausgeprägtes Gefühl der Ohnmacht gegenüber dem anderen bestimmt ist. – R. kann zur Entstehung von Aggression, Gewalt, Konflikt u. Revolution beitragen.

F. Nietzsche, Sämtl. Werke. Krit. Studienausgabe in 15 Bd.en, hg. v. G. Colli u. M. Montinari, 1980 (insbes. Bd. 5, Zur Genealogie der Moral); M. Scheler, Der Formalismus in der Ethik u. die materiale Wertethik, ⁵1968 (1913–16).

Ressourcen (franz.), Sammelbezeichnung für die Hilfsquellen, die der Mensch je nach Entwicklgs.niveau seiner Ges. in unterschiedl. Umfang als Mittel zum Leben benötigt. Die Verknappung v. R., z. B. die Erschöpfung nicht-regenerierbarer (nicht-erneuerbarer) natürl. Rohstoffe, kann das wirtschaftl. Wachstum (Wachstumstheorie), die Entwicklg. u. Stabilität einer Ges. beeinträchtigen u. zu Konflikten führen.

H. Gruhl, Ein Planet wird geplündert, 1975; R. Pethig, Die Knappheit natürl. R., in: Jb. f. Soz.wiss. 30, 1979; H. Siebert, Ökonom. Theorie natürl. Ressourcen, 1983; H. Barsch u. a., Naturressourcen der Erde u. ihre Nutzung, 1988.

Restauration (lat.), »Wiederherstellung« vorrevolutionärer oder histor. bereits abgeschlossener, vergangener ges. oder polit. Strukturen u. Zustände in der gesamten Ges. oder in einzelnen ihrer Subsysteme, Institutionen u. Organisationen. Als histor. Begriff bezeichnet R. die Epoche nach dem Wiener Kongreß (1815), als die Herrschenden versuchten, die ges. u.

737 **Revolution**

polit. Verhältnisse aus der Zeit vor der Franz. Revolution (1789) wiederaufzubauen. Nach dem II. Weltkrieg dient der Begriff R. als ges.krit. Bezeichnung für Tendenzen in Wirtschaft, Verwaltung, Justiz u. im Bildungs- u. Hochschulbereich der BR Dtl. zur Re-Formierung alter Besitz- u. Herrschaftsverhältnisse sowie obrigkeitsstaatl. autoritärer Traditionen. Allg. bezeichnet R. die Gesamtheit aller gegen Prozesse der Demokratisierung u. des soz. Fortschritts gerichteten sozialen Kräfte u. Tendenzen.

D. Langewiesche, Europa zw. R. u. Revolution 1815–1849, ³1993.

Restringierter Kode →Soziolinguistik

Resultante (lat.), »Ergebnis« der Wirkung einer oder mehrerer Determinanten nach Maßgabe einer wiss. Aussage über den Kausalzusammenhang wiss. konzipierter Größen. Die R. ist in einer Aussage die abhängige, die Determinante die unabhängige Variable.

Revisionismus (lat.), Bewegung zur Änderung eines bestehenden Zustandes oder einer Lehre; Bestrebungen innerhalb der dt. Sozialdemokratie im 19. Jh., die marxist. Lehren an jeweils veränderte Bedingungen der bürgerl.-kapitalist. Ges.ordnung anzupassen. Der R. war zunächst nicht so sehr eine neue theoret. als vielmehr eine polit.-prakt. Version des Marxismus, die sich am Problem der Fixierung von Zeiträumen entzündete, mit denen die sozialist. Bewegung des 19. Jh. bis zur proletar. Revolution noch zu rechnen hätte. Dabei wurden die prognost. Lehren von Marx den neuen prakt. Verhältnissen des frühen 20. Jh. gegenübergestellt u. von führenden

Sozialdemokraten (→Bernstein, 1850–1932) eine neue, für den sozialdemokrat. Kampf angebl. realistischere Sicht der Wirtschaftsdynamik des Kapitalismus entwickelt. Die Konzentrations-, Krisen-, Proletarisierungs-, Verelendungstheorien von Marx u. Engels werden als Aussagen über die zerrüttenden Vorbedingungen der proletar. Revolution in Zweifel gestellt. Damit wird der Weg in die vermeintl. sozialist. Zukunftsges. im Gegensatz zu ursprüngl. Erwartungen als viel länger interpretiert u. die strateg. Schlußfolgerung abgeleitet, daß die Lehre vom Klassenkampf und von der Diktatur des Proletariats zu revidieren wäre. Optimist. wurde festgestellt, daß als Folge erstarkender Arbeiterbewegungen der Kapitalismus auf evolutionärem, »friedl.« Wege in den Sozialismus hineinwachse und darum militante Theorien des Marxismus »unnützer Ballast« wären. Es käme für die Arbeiterbewegung darauf an, sich reformist. in den bestehenden Verhältnissen einzurichten, d. h. die ideolog. Orientierung an »endzeitl.« Hoffnungen zugunsten realist. Tagespolitik zurückzustellen.

B. Gustafsson, Marxismus u. R., 1972; E. Bernstein, Texte zum R., 1977; H. Grebing, Der R., 1977; S. Papcke, Der R.streit u. die polit. Theorie der Reform, 1979.

Revolution (lat.), »Umwälzung«; bes. drast., zu schwerwiegenden u. tiefgreifenden sozialen u. polit. Strukturveränderungen führender Prozeß sozialen Wandels, »der von einem Kollektiv getragen wird mit dem Ziel, in Widerspruch zu den als ›legal‹ definierten Normen die bestehende Gesamtsituation durch eine alternative ›neue‹ zu ersetzen. Der Wandel dokumentiert sich auf dreifacher Ebene: in einer Veränderung der Ges.struktur; der Herr-

Reward 738

schaftsstruktur; in einer Neubesetzung der Herrschaftsposition« (A. Gehring). Voraussetzung einer R. ist eine negative Situationsbewertung bei einer größeren Anzahl sozialer u. polit. tatkräftiger Handlungssubjekte, die aus objektiven Interessenlagen u./oder subjektivem polit. Wollen Träger des revolutionären Prozesses sein können. In materialist.-marxist. orientierten R.stheorien wird das Zustandekommen dieses Prozesses als Ergebnis vorausgegangener Zuspitzung ges. Interessengegensätze (zw. Herrschenden u. Beherrschten) u. dahinter stehender ges. Strukturwidersprüche erklärt.

Vertreter der Konflikt- u. Friedensforschung erörtern die Möglichkeiten u. Strategien »gewaltfreier Aufstände« in sozialen u. polit. Situationen, die eine Brechung konservierender u. fortschrittshemmender Herrschaft erfordern.

Um histor. u. strukturell bes. auffallende Veränderungen in der ges. Ordnung, im Verhältnis der ges. Kräftegruppen zueinander oder in den kulturell bedeutsamen Werten, Techniken u. Handlungsmustern einer Ges. zu umschreiben, wird die Bezeichnung R. häufig in einem umfassenden u. dadurch höchst unscharfen Sinne benutzt (z. B. »industrielle«, »techn.«, »wiss.« R.).

C. Brinkmann, Soziol. Theorie der R., 1948; Ch. Johnson, R.theorie, 1966; K. Griewank, Der neuzeitl. R.sbegriff, 1969; Th. Ebert, Gewaltfreier Aufstand, 1970; A. Gehring, Zur Theorie der R. (KZfSS 23, 1971); Th. Schieder (Hg.), R. u. Ges., 1973; K. Lenk, Theorien der R., ²1981 (1973); K. v. Beyme, Empir. R.forschung, 1974; U. Jaeggi, S. Papcke, R. u. Theorie, 1974; D. Käsler, R. u. Veralltäglichung, 1977; A. Nitschke, R.en in Naturwiss. u. Ges., 1979; F. Seibt, R. in Europa, 1984; R. Dahrendorf, Betrachtungen über die R. in Europa, 1990; M. Hettling (Hg.), R. in Dtl.?, 1789–1989, 1991; C. Tilly, Die europ. R.en, 1993.

Reward (engl.), Belohnung →Gratifikation

Rezeption (lat.), »Aufnahme«, »Übernahme« von Wissen, Werten, Normen, Verhaltensmustern u. Lebensstilen anderer Kulturen.

E. Hirsch, R. als soz. Prozeß, 1981; H. Heuermann, P. Hühn u. B. Röttger, Werkstruktur u. R.sverh., 1982.

Rezipient (lat.) →Adressat

Reziprozität (lat.), »Wechselseitigkeit«, eine für die Theorie der soz. Rolle u. des soz. Handelns wichtige anthropolog. bzw. log. Grundvoraussetzung. Danach begeben sich Menschen in soz. Beziehungen als ges. Wesen, als aufeinander bezogene Handlungspartner mit gegenseitigen Einschätzungen u. Erwartungen. R. beinhaltet insbes. das soz. stabilisierend wirkende Prinzip der möglichst weitgehenden Ausgewogenheit von Leistung u. Gegenleistung (→Austauschtheorie). Selbst die Identität des einzelnen ist großenteils das Ergebnis der prägenden Einflüsse anderer, erschließt sich aus der soz. Umwelt u. wirkt auf diese zurück.

Nach T. Litt (1880–1962) kann das soz. Zus.leben von Individuen nicht mit Begriffen wie »Beziehung« oder »Wechselwirkung« verständl. gemacht werden. Sie erwecken den Anschein, als könnte zw. einem substantialisierten Einzelwesen u. einer in Relationen aufgelösten, funktionalisierten Ges. unterschieden werden. Angesichts der weitgehenden inneren, geistigpsych. Beteiligung der Individuen am soz. Geschehen ist das Begriffspaar »R. der Perspektiven« angemessener.

T. Litt, Individuum u. Gemeinschaft, ²1924 (1919).

Riehl, Wilhelm Heinrich von, 6. 5. 1823 Biebrich (heute Wiesbaden-

Biebrich) – 16. 11. 1897 München, zunächst Publizist, 1859 Prof. für Staats-, Ges.- u. Wirtschaftswiss., Kultur- u. Staatengesch. Univ. München, gleichzeitig Generalkonservator der bayer. Altertümer, 1885 Direktor des Bayer. Nationalmuseums.

R. gilt als »realist. Nachkomme der Romantik«, der sich um eine wiss. Grundlegung der Volkskunde bemühte. Sein soziol. Denken war auf das nach Stamm, Sprache, Sitte, Siedlung u. Stand gegliederte Volk ausgerichtet. Die Ges. besteht aus gesch. gewachsenen Ständen. Er unterschied zw. statisch-konservativen (Bauern, Aristokratie) u. dynam.-fortschrittl. Ständen (Bürgertum u. vierten Stand bzw. Proletariat). R. setzte sich mit jenen Gefahren für den Volkskörper auseinander, die mit der Herausbildung des Proletariats entstehen. Proletarier waren für ihn der »Inbegriff aller derjenigen, die sich losgelöst haben oder ausgestoßen sind aus dem bisherigen Gruppen- u. Schichtensystem der Ges.«. Fabrikarbeit wirkt sich nachteilig auf die proletar. Familie aus. Dadurch wird in diesem Bereich der Ges. die Pflege der nationalen Bildung u. Sitte beeinträchtigt. Der Proletarier soll wieder in den Sozialkörper eingegliedert werden. In seinen sozialpolit. Überlegungen bewertete R. die Familie u. die Genossenschaft als tragende Säulen der anzustrebenden Sozialordnung. Er forderte den genossenschaftl. Zus.schluß der Arbeiter. R. unterschied zw. der sozialen Armut (Massenarmut des Proletariats) u. der natürl. Armut (in versch. Landschaften u. Wirtschaftszweigen). Die soziale Frage war für ihn vor allem ein sozial-ethisches Problem.

Schr.: Die bürgerl. Ges., 1851; Land u. Leute, 1853; Die Familie, 1855; Naturgesch. des Volkes als Grundlage einer dt. Soz.politik, [2]1881–92 (1853–69); Die dt. Arbeit, 1861.
V. v. Geramb, W. H. R., 1955.

Riesman, David, amerikan. Soziologe, *22. 9. 1909 Philadelphia, zunächst Studium der Biochemie u. dann der Rechtswiss. an der Harvard-Univ., Rechtsanwalt, 1937–41 Prof. der Rechtswiss.en Univ. Buffalo, widmete sich zunehmend den Sozialwiss.en, 1946 Lehrer der Sozialwiss.en an der Univ. Chicago, 1949–58 daselbst o. Prof. für Sozialwiss.en, 1958–81 o. Prof. Harvard-Univ.

R. untersucht insbes. den Zus.hang zw. der Herausbildung der mod. Industrie- u. Konsumges. einerseits u. dem Wandel der sozialen Verhaltenssteuerung andererseits, wobei er die Bevölkerungsentwicklg. besonders berücksichtigt. In Anlehnung an die Methode des Idealtypus M. Webers unterscheidet er zw. drei Typen der Verhaltens-Lenkung, die jeweils mit einem bestimmten Charakter- bzw. Menschentypus verbunden sind. In den relativ stabilen Agrarges.en früherer Epochen dominierte der Typus der Traditions-Lenkung. Das Verhalten des traditionsgeleiteten (tradition-directed) Menschen wurde in allen Einzelheiten von überkommenen Traditionen, Sitten u. Bräuchen gesteuert. Mit der Industrialisierung bildete sich die →Innen-Lenkung des Verhaltens heraus. Der innengeleitete (inner-directed) Mensch hat während der Kindheit bestimmte grundlegende Werte verinnerlicht, die zwar während seines späteren Lebens nahezu unverändert bleiben, aber in bezug auf neue Situationen Spielraum für eigenständiges Verhalten offenlassen. Schließlich breitet sich in den hochindustrialisierten Ges.en immer mehr der Typus der →Außen-

Rigidität 740

Lenkung aus. Der bes. stark nach sozialer Anerkennung strebende u. vom Konsumdenken beherrschte außengeleitete (other directed) Mensch orientiert sich ständig an seinen Mitmenschen u. an Informationen der Massenmedien. Er will möglichst hohes Soz.prestige erlangen. Der Gefahr des Konformismus kann der einzelne nur entweichen, wenn er sich in bestimmten Bereichen dem Prinzip der Außen-Lenkung entzieht u. somit partiell Autonomie verwirklicht. Nach R. gibt es in den hochindustrialisierten Ges.en keine Machtelite mehr, sondern nur noch Vetogruppen. Macht ist heute situationsgebunden u. wechselhaft.

Schr.: Civil Liberties in a Period of Transition, 1942; zus. mit R. Denney u. N. Glazer, The Lonely Crowd, 1950 (dt.: Die einsame Masse, 1958); Vaces in the Crowd, 1952; Thorstein Veblen, 1953; Individualism Reconsidered and Other Essays, 1954 (dt.: Freud u. die Psychoanalyse, 1965); Constraint and Variety in American Education, 1956; Abundance for What?, 1964 (dt.: Wohlstand wofür?, 1966); Conversations in Japan, 1967; zus. mit C. Jencks, The Academic Revolution, 1968; Academic Values and Mass Education (mit anderen), Garden City, N. Y. 1970; On Higher Education, 1980. Culture and Social Character. The Work of D. R. Reviewed, hg. v. S. M. Lipset u. L. Lowenthal, New York 1961.

Rigidität, Starrheit, die eingeschränkte Fähigkeit einer Person, Einstellungen, Meinungen u. Verhaltensweisen aufgrund neuer Erfahrungen u. Anpassungserfordernisse zu ändern.

Risiko, Begriff, der auf Entscheidungssituationen mit fehlender oder unvollkommener Information angewandt wird. In der Spiel- u. Entscheidungstheorie wird dabei das Risiko (bei dem die Wahrscheinlichkeitsverteilung der Ergebnisse möglicher Handlungen bekannt ist) von Unsicherheit (bei der dies nicht der Fall ist) unter-

schieden. Diese normativ-rationale Definition differiert oft v. tatsächlichen Risikowahrnehmungen und -urteilen. In diese gehen subjektive Kriterien u. Wertvorstellungen (etwa die persönl. Erfahrung mit entspr. Risikosituationen, die Unterscheidung von natürl. u. techn. Katastrophen, die prakt. Vorstellbarkeit bestimmter Risiken, die persönl. Beeinflußbarkeit des Ausgangs usw.) ein, die den ›objektiven‹ Risikoniveaus nicht entsprechen.

O. Renn, R.wahrnehmung der Kernenergie, 1984; C. Perrow, Normale Katastrophen, 1987; A. Evers u. H. Nowotny, Über den Umgang mit Unsicherheit, 1988; C. Lau, R.diskurse, in: Soz. Welt 40, 1989; G. Bechmann (Hg.), R. u. Ges., 1991; J. Halfmann u. K. P. Japp (Hg.), Riskante Entscheidungen u. Katastrophenpotential, 1990; M. Schüz (Hg.), R. u. Wagnis, 2 Bde., 1990; N. Luhmann, Soziol. des R.s, 1991, S. Femers, Information über techn. Risiken, 1993.

Risikogesellschaft, eine mit dem gleichnamigen Buch von U. →Beck eingeführte u. allg. bekannt gewordene Bezeichnung für die hochentwickelte Industrieges., in der Risiken die Dimension einer globalen Gefährdung des Lebens erreicht haben u. zunehmend die ges. Verhältnisse u. Entwicklung beeinflussen.

In früheren Epochen waren Gefährdungen sinnl. wahrnehmbar u. haben als persönl. Risiken keineswegs das Überleben der Menschheit bedroht. Heute hingegen hat im Zuge bisheriger Modernisierungsprozesse eine eigenmächtig gewordene techn.-wirtschaftl. Entwicklung ungewollt »Nebenfolgengefährdungen« u. »Selbstgefährdungspotentiale« hervorgebracht, die das Leben auf der Erde in all seinen Erscheinungsformen bedrohen. Die sich dem unmittelbaren menschl. Wahrnehmungsvermögen entziehenden, das

Überleben gefährdenden Risiken (atomare, chem., ökolog., gentechn. Gefahren) sind 1) örtl., zeitl. u. soz. nicht mehr eingrenzbar, 2) nicht zurechenbar nach geltenden Regeln von Kausalität, Schuld u. Haftung, 3) weder kompensierbar noch versicherungsfähig. Durch die globalen Gefährdungslagen sind auch die Reichen u. Mächtigen betroffen. In der R. sind Verteilungskonflikte der (früheren) Mangel- u. Klassenges.en durch das Problem der Bewältigung der Überlebensgefahren verdrängt oder zumindest abgeschwächt worden.

Mit der Herausbildung der R. ist eine weitergehende Individualisierung verbunden: infolge abnehmender Einflußstärke überkommener Traditionen, Sitten, Lebensgemeinschaften, Kontrollen u. Sicherheiten ist das Individuum verstärkt den Chancen u. Risiken einer eigenverantwortl. Gestaltung seines Lebens ausgeliefert.

Mit wachsender Information über die globalen Risiken bestimmt in der R. das Bewußtsein das Sein. Die Bewältigung der Überlebensgefahren setzt voraus, daß die R. u. der Modernisierungsprozeß reflexiv werden, d. h. sich selbst zum Thema u. Problem machen (Überprüfung bisher geltender Auffassungen, Werte, Normen, Konventionen u. Verhaltensmuster, Modernisierungskritik). Letztl. ist entscheidend, wie schnell u. effektiv durch entsprechenden Wandel von Bewußtsein, Werten, Institutionen u. Verhalten eine ökolog. Politik der Selbstbegrenzung die notwendige Macht u. Durchsetzungsfähigkeit gewinnen kann.

K.-H. Hillmann, Umweltkrise u. Wertwandel, ²1986 (1981); U. Beck, R., ⁸1991 (1986); N. Luhmann, Ökolog. Kommunikation, 1986; U. Beck, Gegengifte, 1988; C. Zöpel (Hg.), Techniknkontrolle in der R., 1988; W. R. Dom-browsky, Katastrophe u. Katastrophenschutz, 1989; J. J. Hesse u. a. (Hg.), Zukunftsoptionen – Technikentwicklg. in der Wiss.- u. R., 1989; M. Schmidt (Hg.), Leben in der R., 1989; M. Schüz (Hg.), Risiko u. Wagnis, 2 Bde., 1990; U. Beck, Politik in der R., 1991.

Ritual (lat.), »Übung«, »Brauchtum«, expressiv betonte Handlung mit großer Regelmäßigkeit des Auftretens in gleicher Situation u. mit immer gleichem Ablauf. R.e sind zumeist traditional »festgefahren«. Beim Auftreten oder bei der Annäherung entspr. Situationen tendieren die Verhaltenspartner spontan bzw. ohne bes. Entscheidung u. ohne Nachdenken über Funktion u. damit »Sinn« ihres Tuns zum R.

J. H. S. Bossard, Ritual in Family Life, Philadelphia ²1956; M. Douglas, R., Symbolik u. Tabu, 1974; W.-D. Bukow, R. u. Fetisch in fortgeschrittenen Industrieges.en, 1984; R. E. Wiedenmann, R. u. Sinntransformation, 1991; H.-G. Soeffner, Die Ordnung der R.e, 1992.

Ritualisierung, bezeichnet die Herauslösung von bestimmten Handlungsmöglichkeiten aus umfassenden Sinnstrukturen u. ihre Verselbständigung zu zeremoniell, unreflektiert ausgeführten Verhaltensmustern.

Ritualismus, bei R. K. Merton eine Form des abweichenden Verhaltens, die dadurch gekennzeichnet ist, daß trotz Ablehnung vorherrschender soziokult. Werte u. Ziele die für die Zielverwirklichung institutionalisierten Normen u. Mittel (pedantisch) genau eingehalten werden.

Rodbertus, Carl, 12. 8. 1805 Greifswald – 6. 12. 1875 Jagetzow, Kr. Demmin, 1823–26 Studium der Rechtswiss. in Greifswald u. Berlin, 1826–32 im preuß. Staatsdienst, dann Privatgelehrter, ab 1826 Landwirt u. Politiker, 1848 als

Role-set

Führer des linken Zentrums Mitgl. der preuß. Nationalversammlung. R. stellte das »Gesetz der fallenden Lohnquote« auf. Um es zu brechen, forderte er die Aufhebung des privaten Eigentums am Boden u. am Kapital. Da seinerzeit die Arbeiterschaft nicht dazu in der Lage war, die wirtschaftl. u. polit. Leitungsfunktionen zu übernehmen, sollte zw. zeitl. der Staat die Arbeiterlöhne regulieren. Neben Studien zur Lage der Arbeiterschaft hat R. agrarpolit. Untersuchungen u. wirtschaftsgesch. Forschungen vorgelegt. Seine Lehren beeinflußten insbes. den →Kathedersozialismus.

Schr.: Die Forderungen der arbeitenden Klassen, 1839; Zur Erkenntnis unserer staatswirtschaftl. Zustände, 1845; Der Normal-Arbeitstag, 1871; Zur Beleuchtung der soz. Frage, 2 Bde., 1875–85; Kl. Schriften, hg. v. M. Wirth, 1890; Schriften, hg. v. A. Wagner u. a., 4 Bde. 1899; Neue Briefe über Grundrente, Rentenprinzip u. soz. Frage, hg. v. R. Michels, 1926; Dt. Staat u. Sozialismus, hg. v. H. Wagenführ, 1935.

G. Adler, R., der Begründer des wiss. Sozialismus, 1883; K. Michaelis, Die Staatstheorie des C. R. u. ihre Stellung in der Soz.phil. des 19. Jh., 1926; P. A. Becker, Vergleich der Lohntheorien von Marx u. R., 1931.

Role-set (engl.) →Rollensatz

Rolle, soziale, ein zentraler Grundbegriff der Soziol., der allg. die Summe der Erwartungen u. Ansprüche von Handlungspartnern, einer Gruppe, umfassenderer soz. Beziehungsbereiche oder der gesamten Ges. an das Verhalten u. das äußere Erscheinungsbild (R.n-Attribute) des Inhabers einer soz. Position bezeichnet.

Die soz. R. ist zunächst unabhängig vom tatsächl. R.nhandeln des Positionsinhabers oder R.nträgers zu begreifen. Auf diese Weise kann die Ges. mit ihren soz. Gebilden als ein komplexes Gefüge von funktional u. hierarch. aufeinander bezogenen R.n betrachtet werden.

Normative Erwartungen (R.nerwartungen) als Elemente einer Rolle sind positionsbezogene Konkretionen u. Spezifikationen soz. Normen, die wiederum in sinnhafter Weise durch soziokult. Werte gerechtfertigt werden. Die Ausprägung einer Rolle hängt somit von der jeweils zugrunde liegenden soz. Position u. deren Funktion sowie vom ges. Werte- u. Normensystem ab. Grundlegend für die Stabilität u. das Funktionieren von Ges., soz. Gebilden u. soz. Handeln ist die Komplementarität der R.nerwartungen: den Pflichten eines R.ninhabers entsprechen Rechte seiner R.npartner u. umgekehrt. Inwieweit das Verhältnis von Rechten u. Pflichten zw. R.npartnern ausgewogen oder ungleichgewichtig ist, hängt von den jeweiligen Macht- u. Herrschaftsverhältnissen ab.

Das Lernen soz. Rollen bildet einen zentralen Aspekt der Sozialisation des Individuums zu einer soz. handlungsfähigen Persönlichkeit, wobei insbes. in frühen Entwicklungsphasen R.nerwartungen internalisiert (verinnerlicht) werden. Die persönlichkeitsstrukturelle Verankerung soz. R.n ermöglicht eine weitgehende Gleichförmigkeit, Regelmäßigkeit u. damit auch Berechenbarkeit u. Voraussagbarkeit der soz. Handlungsbeiträge aller am ges. Zus.leben beteiligten Personen. R.nkonformes Verhalten gewährt damit dem Ges.sangehörigen ein hohes Maß an Entlastung hinsichtl. eigener Anpassung u. Entscheidungen sowie der Erwartbarkeit des Verhaltens anderer (Entlastungseffekt).

Soz. Handeln wird je nach dem Entwicklungsstand einer Ges. u. nach Eigenart einzelner Ges.sbereiche u. soz. Positionen in unterschiedl. Maße durch R.n im voraus normiert. Insbes. in der mod., dynam.-pluralist. Ges. beinhalten viele R.n größere Spielräume für eigenständige Verhaltensentscheidungen u. damit individ.-schöpfer. Handlungsbeiträge der jeweiligen R.ninhaber. Mitunter wird sogar eine indiv. Ausgestaltung der R. erwartet. Überdies werden von einer wirklichkeitsnahen R.ntheorie neben der Normen- u. R.norientierung auch alle anderen, von der Persönlichkeit oder von der menschl. Natur des Rollenträgers ausgehenden Entscheidungs- u. Verhaltensantriebe berücksichtigt. Damit werden die Probleme der Differenzen zw. normativ erwartetem u. tatsächl. Handeln, d. h. der Freiheit u. R.ngebundenheit der Person sowie des abweichenden Verhaltens, berührt.

Je weniger die Internalisierung von R.nerwartungen ausreicht, um R.nkonformität zu gewährleisten u. abweichendes Verhalten zu verhindern, um so mehr ist der Einsatz von →Sanktionen erforderlich – insbes. in der mod. Ges. mit zunehmender Aufklärung u. Individualisierung. Nach der Schärfe solcher Sanktionen läßt sich der Grad der Verbindlichkeit von R.nerwartungen für den R.nträger bestimmen: Muß-Erwartungen decken sich mit Gesetzesnormen, deren Verletzung mit gerichtl. oder polizeil. verhängten Strafen sanktioniert wird. Soll-Erwartungen decken sich weitgehend mit Sitten, durch deren Einhaltung Sympathie gewonnen werden kann. Die Mißachtung dieser Erwartungen zieht zwar »nur« außergerichtl. Sanktionen nach sich, die aber sehr einschneidend sein können, z. B. soz. Ausschluß. Kann-Erwartungen decken sich mit bestimmten Gewohnheiten u. Verhaltensmöglichkeiten (z. B. verstärktes Engagement, »ein Übriges tun«), deren

Einhaltung u. Verwirklichung zu positiven Sanktionen (Belohnungen) führen: Anerkennung, Wertschätzung.

Erfahrungsgemäß steht die R. dem R.nträger nicht nur als ein Bündel von fremden, äußeren Verhaltenszumutungen gegenüber, sondern R.nhandeln beinhaltet auch einen Komplex von Emotionen, Identifikationen u. soz. Engagement, der nicht erzwingbar ist. Je weniger dieser soz.psycholog. bedeutsame Verflechtungszus.hang von soz. Rollen u. individ. Persönlichkeitsstruktur berücksichtigt wird, um so größer ist die Gefahr, daß aus einer wirklichkeitsfernen idealist. Philosophie heraus das Lernen u. »Spielen« von R.n einseitig als Prozesse der Entfremdung, Entindividualisierung, Entpersönlichung u. Fremdbestimmung beklagt werden (R. Dahrendorf). Aus einer solchen Sicht erscheint der Mensch nicht als ein ganzes, einmaliges, freies Wesen, sondern als ein homo sociologicus im Sinne eines zerstückelten, unfreien, determinierten Aggregats von R.n. In Wirklichkeit kann der Mensch erst durch Sozialisation u. damit durch das Lernen von R.n zu einer autonomen, lebenstüchtigen Persönlichkeit werden, wobei dessen Individualität auch mit einer je einmaligen Kombination übernommener u. individuell ausgestalteter R.n zus.hängt. Im Hinblick auf die Zuordnung von Mensch u. R. wird im Anschluß an R. Linton zw. »zugeschriebenen« (engl. ascribed) u. »erworbenen« (engl. achieved) R.n unterschieden. Bestimmte zugeschriebene R. erhält der einzelne insbes. aufgrund biolog. bedeutsamer Merkmale (Geschlecht, Lebensalter) oder infolge der Geburt an einem bestimmten Ort, demzufolge z. B. die R. des »Deutschen«

Rollenambiguität

(kulturelle, nationale R.). Erworbene R.n sind solche, die der einzelne erst durch bestimmte Aktivitäten oder sogar Erfolgsnachweise erlangt hat, in der mod. Ges. insbes. begehrte Berufsr.n. Im Zus.hang mit dieser Unterscheidung, aber daneben auch zur Analyse der zeitl. Abläufe der Übernahme von soz. R.n im Sozialisationsprozeß, grenzt man Basis- oder Primär-R.n (z. B. Alters-, Geschlechts-, kulturelle R.) von Sekundär-R.n (z. B. Berufs-, Freizeit-R.) ab. Der unterschiedl. Grad der Bedeutung einer R. für die soz. Lebensgestaltung einer Person führt zur Einteilung in fundamentale u. periphere R.n. – Widersprüche zw. einzelnen R.n oder zw. Elementen einer R. bedingen →R.nkonflikte.

In der mod., dynam.-pluralist. u. gegenüber anderen Kulturen geöffneten Ges. unterliegen R.n einem beschleunigten Wandel, insbes. unter Einflüssen des wiss.-techn. Fortschritts, der wirtschaftl. Entwicklung, Akkulturation (Kulturaustausch), des Wandels von Auffassungen, Wert- u. Moralvorstellungen, Anspruchshaltungen, Normen u. Lebensstilen. Betroffen sind vor allem Berufsr.n, durch das Emanzipationsstreben vieler Frauen auch die Geschlechtsr.n.

G. H. Mead, Mind, Self and Society, Chicago 1934, dt.: Geist, Identität u. Ges. aus der Sicht des Sozialbehaviorismus, ⁷1988 (1968); R. Linton, The Study of Man, New York 1936, dt.: Mensch, Kultur, Ges., 1979; T. Parsons, The Social System, London 1951; N. C. Gross, W. S. Mason, A. W. McEachern, Explorations in Role Analysis, New York 1958; R. Dahrendorf, Homo sociologicus, ¹⁵1977 (1959); F. H. Tenbruck, Zur dt. Rezeption der Rollentheorie, in: KZfSS 13, 1961; J. Habermas, Theorie u. Praxis, 1963; H. Popitz, Der Begriff der soz. R. als Element der soziol. Theorie, 1967; G. Hartfiel, Wirtschaftl. u. soz. Rationalität, 1968; D. Claessens, R. u. Macht, 1968; H. P. Dreitzel, Die ges. Leiden u. das Leiden an der Ges., ³1980 (1968); U. Gerhardt, R.nanalyse als krit. Soziol., 1971; H. Joas, Die gegenwärtige Lage der soziol. R.theorie, ³1978 (1973); F. Haug,

Kritik der R.theorie, 1972; H. M. Griese u. a. (Hg.), Soz. R., 1977; G. Wiswede, R.ntheorie, 1977; O. Ullrich, Soz. R. in der Industrieges., 1978; J. A. Schülein, R.ntheorie revisited, in: Soz. Welt 40, 1989; G. Eisermann, R. u. Maske, 1991.

Rollenambiguität (lat.), Rollen-»Doppelsinnigkeit«, -»Zweideutigkeit«, betrifft das Verhältnis einer Person zu a) den ihr von außen zur bloßen Übernahme angebotenen u. oktroyierten Rollen u. b) den eigenen Vorstellungen u. Entwürfen für eine persönl. befriedigende Teilnahme am sozialen Rollenspiel. R. liegt vor, wenn die Person ein ausgewogenes Verhältnis zw. Rollenanpassung u. – zum Zwecke der Selbstdarstellung u. Selbstdurchsetzung – dem eigenen Rollenentwurf finden kann.

Rollendiffusion (lat.), Rollen-»Verschmelzung«, mangelnde institutionell-normative Klarheit über die Abgrenzung u. die relative Bedeutung von Rollen in einem soz. Handlungszus.hang. R. bezeichnet auch die Unfähigkeit einer Person, sich über die auf sie entfallenden Rollen zur eigenen Orientierung Klarheit zu verschaffen.

Rollendistanz, ein von E. Goffman stammender Begriff, der den Sachverhalt bezeichnet, daß der Träger einer Rolle ein ambivalentes, krit., zweifelndes Verhältnis zu seiner Rolle haben kann. R. beinhaltet das In-Frage-Stellen der Legitimität oder des handlungsprakt. Sinns der die Rolle kennzeichnenden Erwartungen. Durch R. muß es nicht zu abweichendem Verhalten kommen. Sie meint sowohl globale oder partielle innere Ablehnung der gespielten Rolle als auch eine gewisse Souveränität des Rollenträgers gegenüber seiner Rolle. Wenn Rollenerwartungen einen bestimmten Handlungsverlauf nicht ausreichend normieren, verlangt ein situationsadäquates »Rollenspiel« sogar eine gewisse R., weil die betreffende Person dann eine eigene, normative Lücken ausfüllende oder »überspielende« Produktivität im Verhalten zu entwickeln hat.

R. kann sich insbes. hinsichtl. von Rollen ergeben, die das Individuum relativ spät, im Verlauf der sekundären Sozialisation gelernt u. weniger tiefgreifend internalisiert (verinnerlicht) hat. R. wird begünstigt durch die Zunahme von Aufklärung, krit. Denken u. Individualismus in einer pluralist. Ges.

E. Goffman, Role Distance (in: Encounters, Two Studies in the Sociology of Interaction, Indianapolis, 1961); R. L. Coser, Role Distance (Am. Journal of Sociology 72, 1966).

Rollenidentifikation (lat.), die Übereinstimmung einer Person mit einer Rolle, u. zwar mit den Tendenzen, daß die betreffende Rolle bejaht u. positiv bewertet sowie engagiert »gespielt« wird. R. begünstigt die Internalisierung (Verinnerlichung) einer Rolle, so daß sie als »selbstverständl.«, unproblemat., als Bestandteil der eigenen Persönlichkeit empfunden wird. Der Rolleninhaber verhält sich demzufolge aus eigenem Antrieb heraus, unterbewußt-gewohnheitsmäßig, gleichsam automat. rollenkonform. Fehlende R. erleichtert die krit.-reflexive Distanz zu einer Rolle u. läßt diese eher als etwas Fremdes, Zwanghaftes erscheinen.

Rollenkonflikt, Sammelbezeichnung für unterschiedl. ausgeprägte Konflikte, denen ein Träger soz. Rollen aufgrund inkompatibler bzw. widersprüchl. Rollenerwartungen ausgesetzt ist. Beim Intra-

R. beinhaltet bereits eine einzige Rolle widersprüchl. Erwartungen. Diese stammen von verschiedenen Rollenpartnern u. verdichten sich in Rollensektoren, die eine widerspruchsvolle, konfliktgeladene Rolle ergeben. So stehen z. B. bei der Rolle des Werkmeisters in einem Betrieb die Erwartungen der untergebenen Mitarbeiter in einem gewissen Gegensatz zu jenen der Vorgesetzten. Beim Inter-R. befindet sich der Träger von zwei oder mehr Rollen in der Situation, daß zw. verschiedenen Rollen Widersprüche oder Unvereinbarkeiten bestehen. So befinden sich in der mod. Ges. viele Frauen in einem Inter-R., die der komplexen Rolle der Hausfrau u. Mutter gerecht werden wollen u. zugleich im Rahmen ihrer Berufsrolle Karriereerfolg anstreben. Ein Inter-R. ist oft mit →Rollenüberlastung verbunden. Beim Person-Rolle-Konflikt besteht für den Träger einer Rolle ein Spannungsverhältnis zw. seinen Fähigkeiten, Bedürfnissen, Interessen, Wünschen u. seinem Selbstverständnis einerseits u. bestimmten Rollenerwartungen andererseits, die er als äußere Zumutungen, Zwänge u. Belastungen auffaßt.

Ursachen u. Bedingungen der R.e sind der gegenwärtig beschleunigte soz. Wandel, insbes. der Wertwandel, ges.liche Strukturveränderungen, die Differenzierung u. Pluralisierung der Ges., die Herausbildung u. gegenseitige Durchdringung (→Interpenetration) ges.licher Subsysteme, die Formalisierung bzw. rechtl.-organisatorische Festlegung von Rollen, aber auch die abnehmende Prägnanz von Erwartungen bzw. Elementen einzelner Rollen.

Begünstigt durch rationale Reflexion u. Lebensgestaltung können R.e allg. dadurch gelöst oder abge-

Rollensatz 746

schwächt werden, daß der Rollenträger unter Berücksichtigung seiner Wertvorstellungen,Bedürfnisse, Interessen, Wünsche sowie der mit Rollenerwartungen verbundenen Sanktionen versucht, einzelne Sektoren einer Rolle räuml.-zeitl. voneinander abzugrenzen oder zumindest optimal auszugleichen, bestimmte Rollen anderen vorzuziehen, ggf. einzelne Rollen aufzugeben.

G. Wiswede, Rollentheorie, 1977.

Rollensatz, Rollenmenge, Rollenset (engl. role-set), synonyme Bezeichnungen für die Gesamtheit aller speziellen Rollenbeziehungen bzw. sich ergänzender Teilrollen (Komplementärrollen), die mit einer bestimmten sozialen Position verbunden sind oder sein können. So hat z. B. der Inhaber der Position eines Studienrats den Rollen des Lehrers, Kollegen u. Beamten gerecht zu werden, vielleicht auch noch den zusätzlich übernommenen Rollen des Kollegiumssprechers, Personalratsmitgliedes u. Lehrbeauftragten. Alternativ zu diesem rollentheoret. Ansatz v. R. K. Merton werden die mit einer sozialen Position verknüpften Rollenbeziehungen zu verschiedenen Personengruppen oder -kategorien, z. B. Schüler, Kollegen, Eltern, Vorgesetzte, als Sektoren einer einzigen Rolle aufgefaßt. Die im R. bzw. in einer sektoral aufgebauten Rolle enthaltenen unterschiedl., z. T. gegensätzl. Rollenerwartungen können zu Rollenkonflikten führen.

N. C. Gross, W. S. Mason u. A. W. McEachern, Explorations in Role Analysis, New York 1958; R. K. Merton, Der Rollen-Set: Probleme der soziol. Theorie, in: Mod. amerik. Soziol., hg. v. H. Hartmann, 1967; R. Dahrendorf, Homo sociologicus [15]1977 (1959); G. Wiswede, Rollentheorie, 1977.

Rollensektor (engl. role-sector), nach Neal Gross ein ausschnittartiger Teil einer Rolle, der auf die Erwartungen einer bestimmten Kategorie von Rollenpartnern ausgerichtet ist, z. B. jener Teil oder Sektor der Unternehmerrolle, dem Erwartungen seiner Kunden zugrunde liegen. Jede Rolle, die sich aus unterschiedl. Erwartungen verschiedenartiger Bezugspersonen u. -bereiche ergibt, besteht somit aus mehreren R.en. →Rollenkonflikt, →Rollensatz.

N. C. Gross, W. S. Mason u. A. W. McEachern, Explorations in Role Analysis, New York 1958.

Rollenspiel, eine Methode in der Empir. Soz.forschg., bei der zwei oder mehr Personen dazu veranlaßt werden, mit dem eigenen Verhalten möglichst einfühlsam, engagiert u. lebensnah bestimmte soz. Rollen darzustellen (→Psychodrama, →Soziodrama). Durch die Ausrichtung des eigenen Verhaltens der R.er auf die freiwillig übernommene u. vorübergehend dargestellte Rolle unterscheidet sich das R. von der Gruppendiskussion, bei der die Teilnehmer jeweils als ganze Persönlichkeiten u. somit als Inhaber mehrerer soz. Rollen mitwirken können. Das R. dient der Erforschg. komplexer Interaktionsprozesse in alltägl. Lebenssituationen. In der Gruppenpsychotherapie wird es für diagnost. u. therapeut. Zwecke eingesetzt. Im pädag.-didakt. Bereich trägt das R. zur aktiven Teilnahme von Lernenden u. zur Einübung soz. Kompetenz bei. Zur Vermeidung begriffl. Unklarheiten u. Mißverständnisse sollte die bewußt eingesetzte Methode des improvisierten R.s von dem tatsächl. Rollenverhalten bzw. -handeln im Alltagsleben unterschieden werden.

Rollentheorie, Sammelbezeichnung für eigenständige oder in umfassendere Theorien (Handlungs-, Verhaltens- oder Systemtheorie) eingebundene theoret. Ansätze, in denen mit Hilfe des Konzepts der soz. →Rolle Hypothesen u. Modelle für die Erklärung von soz. Verhaltensweisen u. Konflikten in verschiedenartigen Interaktions- bzw. Beziehungssystemen formuliert u. konstruiert worden sind. Im Mittelpunkt dieser Ansätze steht der Begriff der soz. Rolle, der mit zahlreichen analyt. fruchtbaren Unterbegriffen verbunden ist: Rollenerwartung, -sektor, -partner, -konflikt u. a. m. Im Hinblick auf bestimmte Aspekte der Rollenhaftigkeit des ges. Zus.lebens sind →Theorien der mittleren Reichweite entwickelt worden, z. B. Theorien über Rollenlernen, -differenzierung, -konflikte u. -stress (→Rollenüberlastung). Je nach weltanschaul.-wiss.stheoret. Orientierung der Theoriekonstrukteure sind rollentheoret. Ansätze mehr erfahrungswiss.-analytisch oder philosophisch-sozialkrit. ausgerichtet.

R. Dahrendorf, Homo sociologicus, [15]1977 (1958); G. Wiswede, R., 1977.

Rollenüberlastung (engl. role overload), Rollendruck, Rollenstress, Zustand der Überforderung eines Trägers soz. Rollen, der die verschiedenartigen, ggf. widersprüchlichen Erwartungen seiner Rollenpartner zeitl. kaum oder nur in gesundheitsbelastender Weise erfüllen kann, z. B. die außerhäusl. hauptberufl. tätige Mutter u. Hausfrau oder der Manager mit zahlreichen Ehrenämtern u. Positionen in Aufsichtsgremien. R. kann durch die individ. Auffassung von Rollen als äußere, fremdbestimmende Zwänge, durch un-

scharfe, sich beschleunigt wandelnde Rollenerwartungen verstärkt werden. Ursächlich relevant ist der Grad der Ausprägung einer Ges. zur Leistungsges., sind ferner individ. Ansprüche, Ziele u. die Intensität des persönl. Rollenengagements. Die subjektive Empfindung der R. hängt von der individ. Belastbarkeit ab. R. kann subjektiv durch Vorteile u. positive Wirkungen des Besitzes vieler, insbes. privilegierter Rollen verringert werden: Statuserhöhung, Macht- u. Einflußzuwachs, Bereicherung der Persönlichkeit, Steigerung des Selbstwerterlebens. R. kann durch Aufgabe einzelner Rollen, durch Delegation bestimmter Rollenpflichten u. durch Herabsetzung des Rollenengagements reduziert werden.

W. J. Goode, A Theory of Role Strain, in: American Sociological Review 25, 1960.

Rollenverhalten, das Verhalten des Inhabers einer soz. Rolle gegenüber seinen Rollenpartnern. Das R. hängt ab von a) der Art der jeweiligen Rolle (z. B. Eltern- oder Berufsrolle), b) den (normativen) Erwartungen der Rollenpartner, c) den Sanktionen (Strafen u. Belohnungen), die mit den Rollenerwartungen verbunden sind, d) der Enge oder Weite des Spielraumes für eine individ. Ausgestaltung der einzelnen Rolle, e) der Wahrnehmung u. Interpretation einer Rolle durch den Rolleninhaber, f) dem Grad der Identifikation oder inneren Distanz des Rolleninhabers mit bzw. gegenüber der jeweiligen Rolle. Manchmal wird der Begriff R. mit jenem des Rollenspiels gleichgesetzt, der aber in erster Linie der Bezeichnung bewußt arrangierter u. improvisierter Rollenspiele in den Bereichen Forschung, Psychotherapie u. Bildung dient. Trotz des

Bestrebens, sich dem Alltagsleben anzunähern, vollziehen sich solche Rollenspiele in »künstl. Situationen«. Überdies ist unter dem Druck von äußeren Zumutungen, Zwängen u. drohenden negativen Sanktionen das alltägl. R. weitaus eher ein ernstes als ein spielerisches Geschehen.

E. Goffman, Rahmen-Analyse, 1977.

Rosenstock-Huessy, Eugen, Kulturphilosoph, Rechtswiss. u. Soziologe, 6. 7. 1888 Berlin – 23. 2. 1973 Norwich (Vt.), 1912 Priv.Doz. für Rechtswiss., später in der Industrie tätig, 1923 Priv.Doz. für industr. Betriebsprobleme TH Karlsruhe, 1921 Gründer u. Leiter der »Akademie der Arbeit« Frankfurt/M., 1923–33 o. Prof. für Rechtswiss. Univ. Breslau, seit 1928 Lehrauftrag für Soziol., 1933 Emigration in die USA, lehrte u. a. an der Harvard Univ.

Zu den Hauptarbeitsgebieten von R.-H. zählte neben der Rechtsphilosophie, Kultur- u. Geistesgesch., Sprachtheorie u. Erwachsenenbildung die Soziol. Als sozialpolitisch engagierter Vorläufer der Industrie- u. Betriebssoziol. setzte er sich für eine Umgestaltung des industr. Bereiches ein. Im sozialromant. Sinne sollten durch »Werkstattaussiedlung« (Ansiedlung von Betrieben in ländl. Gebieten, Schaffung neuer »Werksgemeinschaften«) mitmenschl. Beziehungen u. Kleingruppen in der industr. Arbeitssphäre einen größeren Entfaltungsspielraum erlangen. Damit sollte Erscheinungen der Entfremdung u. Konflikten entgegengewirkt werden.

Schr.: Werkstattaussiedlung, 1922; Soziol., 1958/59 (1925); Die europ. Revolutionen u. der Charakter der Nationen, 1953 (1931); Der unbezahlbare Mensch, 1955; Die Sprache des Menschengeschlechts, 2 Bde., 1963–64.

Ross, Edward Alsworth, amerikan. Soziologe u. Sozialreformer, 12. 12. 1866 Virden, III. – 22. 7. 1951 Madison (Wis.), Schüler von L. F. Ward, zunächst Prof. für Nationalökonomie Cornell Univ., dann Prof. für Soziol. Stanford Univ., Univ. of Nebraska u. seit 1906 Univ. of Wisconsin, 1914–16 Präs. der American Sociological Society. R. zählt zu den Pionieren der amerikan. Soziol. Er befaßte sich als einer der ersten mit dem Problem der sozialen Kontrolle. Das mitmenschl. Verhalten wird im Rahmen von Gruppen nicht nur durch »äußere Kontrollen« (Rechtsnormen u. -instanzen, öffentl. Meinung), sondern auch durch »innere K.« gesteuert. Diese entstehen dadurch, daß infolge von Internalisierung (Verinnerlichung) Gruppennormen zu Bestandteilen der Persönlichkeitsstruktur des Einzelmenschen werden. Somit sind die Antriebe des einzelnen zum großen Teil Ausdruck soziokultureller Einflüsse. R. lehnte das Prinzip der Wertfreiheit ab u. vertrat die Auffassung, daß die Soziol. der Verbesserung der mitmenschl. Beziehungen zu dienen hat.

Schr.: Social Control, 1901; The Foundations of Sociology, 1905; Social Psychology, 1908; The Principles of Sociology, 1930 (1920); The Russian Soviet Republic, 1923; The Social Trend, 1922; Civic Sociology, 1925; New Age Sociology, 1940.

Rousseau, Jean Jacques, 28. 6. 1712 Genf – 2. 7. 1778 Ermonville, Wanderjahre in Italien, Frankreich, der Schweiz, ab 1738 lit. Studien, 1743 Sekretär des franz. Gesandten in Venedig, wurde 1750 bekannt mit einer preisgekrönten Schrift der Akademie von Dijon, bis 1756 in Paris, reiste zw. 1762 u. 1770, dann wieder in Paris.

Im kulturkrit. Bezug auf den moral. Verfall der Rokoko-Ges. vertrat

R. die These, daß der Mensch von Natur aus »gut« ist u. erst durch Ges. »böse« werde. Im Naturzustand sind die Menschen frei, gleich u. glücklich. Seine Frage ist darum, wie der ges. Mensch zur Ausgeglichenheit des natürl. Menschen geführt werden kann. Die Antwort besteht in der Forderung nach Rückkehr und Urdemokratie u. zu einer bes. Erziehung. – Ungleichheit ergibt sich aus der Institution des Privateigentums, die das Entstehen von Ges. u. Staat bewirkt. Das Eigentumsrecht der bürgerl. Ges. führt zur Trennung in Arme u. Reiche u., darauf gründend, durch Einsetzung obrigkeitl. Gewalt in Schwache u. Mächtige. R. wandte sich gegen eine polit. Führung u. erklärte die Bürgerversammlung zum Souverän, der seine Gewalt nicht auf einzelne übertragen kann. Der Gesellschaftsvertrag (contrat social) soll das Zus.leben so ordnen, daß es den Idealen der Freiheit u. Gleichheit nahe kommt. In ihm soll der »Gemeinwille« (volonté générale) die allein verbindlich Recht setzende Instanz sein. Dieser bildet sich aus den übereinstimmenden Elementen der Einzelwillen einer von Sonderinteressen befreiten Ges., repräsentiert das Gemeinwohl u. wird durch unmittelbare Volksabstimmungen ermittelt. R. forderte eine »freie«, nichtautoritäre Erziehung ohne soziale Abhängigkeit u. affektive Bindungen (»Erziehung durch Dinge«), damit der Erwachsene von der Ges. unabhängig bleibt u. den Willen zum Gemeinwohl entwickelt. Das Interesse des Kindes wird gelenkt durch den Umgang mit der sachl. Welt, um später »geduldig die Notwendigkeiten der Sachen zu ertragen, nicht aber den bösen Willen des Nächsten«. Bes. beeinflußt hat R. die Franz. Revo-

lution, den dt. Idealismus, den wiss. Sozialismus.

Schr.: Discours sur les sciences et les arts, Genf 1750, dt.: Von der Akademie zu Dijon im Jahre 1750 preisgekrönte Abhandlung über die von dieser Akademie aufgeworfene Frage, ob die Wiederherstellung der Wiss.en u. der Künste zur Läuterung der Sitten beigetragen haben, 1989 (1752); Discours sur l'origine et les fondemens de l'inégalité parmi les hommes, Amsterdam 1755, dt.: Abhandlung über den Ursprung u. die Grundlagen der Ungleichheit unter den Menschen, 1989 (1756); Lettre à d'Alembert sur les spectacles, Amsterdam 1758, dt.: Brief an d'Alembert über das Schauspiel, 1978; Lettres de deux amans, habitans d'une petite ville au pied des Alpes, Amsterdam 1761, dt.: Julie oder Die neue Heloise. Briefe zweier Liebender aus einer kleinen Stadt am Fuße der Alpen, 1978 (1761); Du contrat social ou principes du droit politique, Amsterdam 1762, dt.: Vom Ges.vertrag oder Prinzipien des Staatsrechts, 1989 (1763); Emile ou de l'éducation, Den Haag 1762, dt.: Emile oder Von der Erziehung, 1979 (1762); Profession de foi du vicaire Savoyard, Den Haag 1762, dt.: Glaubensbekenntnis des savoyischen Vikars, 1908 (1796); Lettres écrites de la montagne, Amsterdam 1764, dt.: Briefe vom Berge, 1989 (1782); Dictionnaire de musique, Paris 1768, dt.: Wtb. der Musik, Teilübs. in: J.-J. R., Musik u. Sprache, 1984; Rousseau juge de Jean-Jacques, London 1780, dt.: Eindrücke aus Afrika, 1980; Les confessions, Genf 1782, dt.: Bekenntnisse, 1985 (1782); Les rêveries du promeneur solitaire, Genf 1782, dt.: Die Träumereien des einsamen Spaziergängers, 1985 (1782).
W. Ziegenfuß, J. J. R., 1952; I. Fetscher, R.s polit. Philos., ³1981 (1960), W. Ritzel, J. J. R., ²1974; G. Holmsten, J.-J. R., 1989; W. Böhm u. a. (Hg.), J.-J. R. u. die Widersprüche der Gegenwart, 1991; K. H. Fischer, J.-J. R., 1991.

Rückkoppelung, Begriff der Kybernetik, allg. Steuerungsprinzip kybernet. Regelkreise, bei dem die Wirkung einer auf ein bestimmtes Funktionensystem einwirkenden Ursache wieder auf die Ursache zurückwirkt. Negative R. wird ein Effekt genannt, durch den die Stabilität des Funktionensystems im Zeitablauf erhalten und jede störende Einwirkung entkräftet wird. Bei positiver R. verstärkt die Rückwirkung des Systemeffekts die erzeugenden Ursachen.

Rücksendequote →Ausfallquote

Rüstow, Alexander, Soziologe u. Volkswirtschaftler, 8. 4. 1885 Wiesbaden – 30. 6. 1963 Heidelberg, 1908 Promotion in Erlangen, bis 1911 Verlagsarbeit in Leipzig, 1911–14 Univ. München, 1914–19 im Kriegseinsatz, 1919–24 Referent für Kartellfragen im Reichswirtschaftsministerium, 1924 bis 1933 Syndikus, formulierte 1932 die Prinzipien der »neoliberalen« Schule, 1933–49 Prof. Univ. Istanbul, 1949–55 Prof. Univ. Heidelberg, seit 1955 Vorsitzender der »Aktionsgemeinschaft Soziale Marktwirtschaft«.

Seine Kultursoziol. behauptet als Zentralereignis der Gesch. die Überlagerung von friedl. seßhaften Bauernvölkern durch krieger. Nomaden, woraus die Beherrschung u. Ausbeutung einer Mehrheit durch eine Minderheit resultiert. Gestützt auf F. Oppenheimers »soziol. Staatstheorie«, wandte R. gegen die klass. Wirtschaftslehre ein, daß diese die sozialen u. institutionellen Randbedingungen der rationalen Marktgesetze nicht mitbedacht u. damit zum Versagen des wirtschaftl. Liberalismus beigetragen habe. Er wurde zum Mitbegründer des →Neoliberalismus.

Schr.: Der Lügner, 1910; Das Versagen des Wirtschaftsliberalismus, [2]1950 (1945); Zwischen Kapitalismus u. Kommunismus, 1949; Ortsbestimmung der Gegenwart, 3 Bde., 1951–57; Die Kehrseite des Wirtschaftswunders, 1961; Wirtschaftspolitik u. Moral, 1962; Zielgemeinschaft tut not, 1962.
Wirtschaft u. Kultursystem, hg. v. G. Eisermann, 1955; Rede u. Antwort, hg. v. W. Hoch, 1963.

Rüstung, Gesamtheit aller Maßnahmen eines Staates oder einer Gruppe verbündeter Staaten zur Schaffung der militär., techn., wirtschaftl. u. psycholog. Voraussetzungen für die Führung eines Krieges bzw. für die erfolgreiche Abwehr eines äußeren Angriffs. Polit.-ökonom. Analysen untersuchen die Zus.hänge zw. R.sausgaben u. wirtschaftl. Konjunkturverläufen, die Abhängigkeit der allg. technolog. Entwicklung von der militär. Waffentechnik sowie den polit. Einfluß von Kräften der R.swirtschaft auf den Staat. Gesamtges. u. organisationssoziol. Strukturuntersuchungen der R. erforschen die vom Militär ausgehenden Prägungen der ges. Mentalitäten, Einstellungen u. Verhaltensweisen.

Aufgrund des wechselseitigen Hochschaukelns v. Feindbildern u. Bedrohungsvorstellungen war im Zus.hang mit einer rasanten Entwicklung der R.stechnologie während des sog. »Kalten Krieges« bis Ende der 1980er Jahre zw. der NATO u. dem ehemalig. Warschauer Pakt eine irrationale Dynamik des Wettrüstens entstanden, die zuungunsten der Sicherheit eine wachsende Gefahr der gegenseitigen Massenvernichtung (→Overkill) beinhaltete. Diese zu einer Überlebenskrise gewordene R.sspirale wurde durch die Auflösung der UdSSR u. des Warschauer Paktes sowie durch die Annäherung der sich nunmehr demokratisierenden osteurop. Ges.en an den »Westen« durchbrochen. Zunehmend gefährl. bleibt dagegen die z. T. mit ideolog.-polit. Fanatismus verbundene Aufrüstung in Entwicklungs- u. Schwellenländern, die in starkem Maße die wirtschaftl. Entwicklung, Bekämpfung von Massenarmut u. Umweltzerstörung sowie die allg. Wohlstandssteigerung behindert. Zu den Gegenmaßnahmen zählen die polit.-prakt. Verwertung v. Ergebnissen der Friedens- u. Konfliktforschung, Aufklärung, internat. Verhandlungen, vertrauensbildende Maßnahmen, Kooperation u. Sicherheitspartnerschaften, die Stärkung der UNO, die Verringerung v. Wohlstandsunterschieden, ferner eine Entwicklungspolitik der wohlhabenden Länder, die den Mißbrauch von Entwicklungshilfe für R.ausgaben verhindert.

Abrüstung beinhaltet die mit wirtschaftl. u. soz. Problemen (insbes. die Umsetzung von Arbeitskräften) verbundene R.konversion: die Umwandlung der R.produktion u. -güter auf zivile Produktion u. Nutzungsmöglichkeiten. →Friedensforschg., →Militärsoziologie, →Militarismus, →Militärisch – industr. Komplex.

G. Hallgarten, Das Wettrüsten, 1967; D. Senghaas, Zur Pathologie des R.swettlaufs, 1970; ders., R. u. Militarismus, 1971; J. Rattinger, R.sdynamik in intern. System, 1975; K.-D. Schwarz (Hg.), Sicherheitspol., 1978; G. Krell u. D. S. Lutz (Hg.), Nuklearrüstung im Ost-West-Konflikt, 1980; P. M. Kennedy, Aufstieg u. Fall der großen Mächte, 1989; U. Nerlich u. T. Rendtorff (Hg.), Nukleare Abschreckung – polit. Interpretationen einer neuen Realität, 1989; K. G. Zinn, Kanonen u. Pest, 1989; L. Köllner u. a. (Hg.), Abrüstung u. Konversion, 1990; P. Hug u. R. Meier, R.skonversion, 1992.

Rundfunk, ein Massenmedium zur Fernübertragung von akust. Aussagen mittels elektr. Wellen an eine unbegrenzte Öffentlichkeit. In Ländern mit demokrat. Regierungsformen wird der R. entweder staatl. beaufsichtigt bzw. als Körperschaft des öffentl. Rechts geführt u. einer überparteil. Aufsicht unterstellt oder durch Werbemaßnahmen finanzierten Privatunternehmen überlassen. Soweit eine Lizenzpolitik oder eine Funkhoheit des Staates besteht, kann dieser sich entscheidende Einflußmöglichkeiten auf Art u. Umfang der Berichterstattung u. damit der Nachrichten- u. Meinungsbildung sichern (→Agitation). Neben den Problemen der öffentl. Kontrolle über den R. interessiert in der Soziol. der Massenkommunikation die Haltung der Bevölkerung gegenüber der Funkwerbung u. den versch. Programmtypen. Zahlreiche empir. Studien haben ergeben, daß zw. R. u. anderen Medien (insbes. Presse) keine Substitutionskonkurrenz besteht, sondern daß (von versch. sozialen Schichten unterschiedl.) diese Medien komplementär oder kumulativ benutzt werden. In Primärreaktion auf bestimmte Programminhalte differenziert sich die R.hörerschaft nach Hörergruppen, sog. »Sonoritätsgruppen« (Silbermann). In Vergleichsstudien zu Programminhaltsanalysen u. Hörerpräferenzen wird erforscht, inwieweit u. zu welchen Problemen das Medium R. eine »überredende«, bekräftigende oder meinungs- u. einstellungsändernde Wirkung hat.

P. F. Lazarsfeld, H. Field, The People Look at Radio, Chapel Hill 1946; P. F. Lazarsfeld, P. Kendall, Radio Listening in America, New York 1948; F. Lenz, Soziol. des R., 1952; F. Eberhard, Der R.hörer u. sein Programm, 1962; A. Silbermann (Hg.), Reader: R., 1977; J. Aufermann u. a. (Hg.), Fernsehen u. Hörfunk in der Demokratie, 1979; H. Bausch (Hg.), R. in Dtl., 5 Bde., 1980; H. J. Kleinsteuber, R.-Politik in der Bundesrep., 1982; T. Krummenacher, R.-Freiheit u. R.-Organisation, 1988; A. Hesse, R.-Recht, 1990; W. A. Mahle (Hg.), Medien im vereinten Dtl., 1991.

Sachverständiger →Experte

Sachzwang, techn. u. kulturellinstitutionell bestimmte Unfreiheit des Menschen in bes. Bereichen oder in der Gesamtstruktur der mod. Industrieges. Ursache ist die Entwicklung von komplexen und indifferent erscheinenden »Superstrukturen«, in denen der einzelne keine Chance mehr hat, die Kausalketten und Vorgänge hinreichend zu begreifen, u. die Ges. keine Möglichkeit mehr hat, aufgrund neuer polit. Zielvorstellungen –

Säkular 752

ohne die »Superstrukturen« durcheinanderzubringen – tiefgreifende Änderungen vorzunehmen. In den vom S. beherrschten Ges.en ist die Abhängigkeit zw. Bewußtseinshalten u. ges. Vorgängen weitgehend aufgehoben. →Entideologisierung.

K. Schubert, Pol. in der »Technokratie«, 1981; H.-E. Treu, S., 1985; W. Sauer (Hg.), Der dressierte Arbeiter, 1983.

Säkular (lat.), engl. secular, nach H. Becker die Bezeichnung für einen Typ v. Ges., in der das Wertsystem, die Muster sozialen Handelns u. die Persönlichkeiten durch ein hohes Maß der Empfänglichkeit gegenüber Wandel u. Innovationen gekennzeichnet sind. Vorherrschend ist das Neuheitserlebnis. Die Entwicklg. zu einer völlig s.n Ges. beinhaltet die Gefahr des Normenzerfalls u. der ges. Desintegration (Auflösung).

Säkularisierung (lat.), »Verweltlichung«, (a) Prozeß der zunehmenden Lösung u. Verselbständigung der Individuen, ges. Organisationen u. des Staates gegenüber Religionsgemeinschaften u. kirchl. Einflüssen; (b) die Aufhebung der Identität von religiösen u. allg. sozialen Strukturen, d. h. die zunehmende Abtrennung ges. Werte, Normen u. Handlungsmuster von den traditionellen religiösen Glaubensinhalten, Moralvorstellungen, Sanktionsmechanismen, Verhaltensweisen. Innerhalb der Kirche mitunter Bezeichnung für die Schrumpfung echter religiöser Gläubigkeit auf bloße Rituale kirchl. u. gemeindl. Verhaltens- u. Mitwirkungsweisen; Verdrängung der Jenseits- durch eine Diesseitsorientierung.

H. Lübbe, S., Gesch. eines ideenpolit. Begriffs, 1965; J. Morel (Hg.), Glaube u. S., 1972; H.-H. Schrey (Hg.), S., 1982; W. Kerber (Hg.),

S. u. Wertewandel, 1986; H. Zinser (Hg.), Der Untergang von Religionen, 1986; H. Meyer, Religionskritik, Religionssoziol. u. Säkularisation, 1988.

Saint-Simon, Claude Henri de Rouvroy, Comte de, franz. Sozialreformer, 17. 10. 1760 Paris – 19. 5. 1825 ebd., Teilnahme am amerikan. Unabhängigkeitskrieg, bekannte sich zur Franz. Revolution, erwarb durch Bodenspekulation großes Vermögen, Beziehungen zu zahlreichen Gelehrten, Politikern, Industriellen u. Bankiers, seit 1805 völlig verarmt.

Beeinflußt von der Aufklärung u. dem Konservatismus beschäftigte sich S.-S. als Sozialkritiker u. -reformer mit Problemen der sich herausbildenden mod. Ges., die er bereits als »Industrieges.« charakterisierte. Die ges. Entwicklung ist gekennzeichnet durch ständigen Wechsel von »organ.« u. »kritischen« Zeitaltern. Während in den ersteren ges. Integration vorherrscht, dominieren in den letzteren Wertrelativismus, Konflikte u. Auflösungserscheinungen. S.-S. wollte Fortschritt u. Ordnung miteinander verbinden u. die Ges. neu organisieren. Die künftige Ges. soll organisiert u. industriell sein. Die ges. Probleme, insbes. die Arbeiterfrage, sollen durch moral.-religiöse Erneuerung gelöst werden. S.-S. hoffte, daß die Fabrikanten freiwillig auf die Ausbeutung der Arbeiter verzichten werden (nach K. Marx u. F. Engels ein »utop. Sozialismus«). Regierung u. Verwaltung sollen nicht mehr von Politikern bestimmt werden, sondern von »Industriellen« (Fabrikanten, Ingenieuren, Wissenschaftlern und Künstlern). Er plädierte ferner für eine planende Wirtschaftslenkung. S.-S. zählt zu den Begründern der Wirtschaftssoziol. Vom histor.-realist. Standpunkt aus kritisierte er insbes. den abstrakten Charakter der klass. Nationalökonomie. S.-S. hat vor allem seinen Schüler A. Comte beeinflußt, der von ihm zahlreiche Gedanken u. Konzepte übernahm, so das Drei-Stadien-Gesetz.

Schr.: Mémoire sur la science de l'homme, 1810; De la réorganisation de la société européenne, 1814 (hg. v. A. Pereire, 1925); De l'industrie, ou discussions politiques ...,1817–18; Le Politique, 1819; L'Organisateur, 1819–20; Du Système industriel, 1821–22; Catéchisme des industriels, 1823–24; Nouveau Christianisme, 1825 (dt.: 1911); Le Producteur, 1825–26.
R. P. Fehlbaum, S.-S. u. die S.-Sisten, 1970; T. Petermann, C.-H. de S.-S.: Die Ges. als Werkstatt, 1979; R. M. Emge, S.-S. als Wissens- u. Wiss.soziol., in: KZfSS Sonderheft 22, 1980; ders., S.-S., 1987.

Sakral (lat. »heilig«), engl. sacred, nach H. Becker die Bezeichnung für einen Typ v. Ges., in der das Wertsystem, die Muster sozialen Handelns u. die Persönlichkeiten durch eine starke Abneigung gegenüber allen Veränderungen u. Innovationen gekennzeichnet sind. Das Streben nach Sicherheit mit traditional-nichtrationalen Mitteln ist vorherrschend.

Sammlerkultur, Ges. mit einfacher Sozialstruktur, deren »Produktion« u. Existenzmittelbeschaffung sich auf das Sammeln von frei u. wild wachsenden Feld- u. Waldfrüchten oder relativ einfach beschaffbarer Nahrung beschränkt. Die S. verfügt nicht über nennenswerte Techniken der Bearbeitung, Pflege, systemat. Behandlung oder nützl. Umgestaltung der für sie wichtigen »Güter« der Natur. Sie ist – nach mod. Maßstäben – das ärmste u. wahrscheinl. auch das älteste menschl. soziale System. Sie ist überall dort anzutreffen, wo – bei fehlendem techn. Wissen – karge Böden (Wüste, Steppe, Savanne) oder üppiger, unzugängl. Pflanzen-

wuchs (Urwald) die Entwicklung höherer Produktionsformen hemmen.

Sample, Sampling (engl.) »Stichprobe«, »Stichprobenverfahren« →Auswahlverfahren.

Sanierung, städtebaul. Maßnahmen zur Verbesserung der Wohn- u. Lebensbedingungen städt. Bevölkerungsteile, d. h. Um- u. Neubauten, im Einzelfall wie über ganze Stadtviertel sich erstreckend, zur menschenwürdigen Gestaltung der Wohnkultur insbes. unterer Ges.schichten. Um die Zerstörung hist. Bausubstanz, gewachsener Sozialstrukturen u. Nachbarschaften u. die Entwurzelung v. Menschen zu vermeiden, hat gegenüber der Total- bzw. Kahlschlags. (großflächiger Abriß u. mod. Neubauten) die Objekts. (S. u. Erhaltung einzelner Gebäude) zunehmende Bedeutung gewonnen.

K. Zapf, Rückständige Viertel, 1969; H. P. Bahrdt, Humaner Städtebau, 1968; R. R. Grauhan u. a., Politik der Verstädterung, 1974, →Stadtsoziologie

Sanktion, soziale, (lat.) »Heiligung«, konkrete Zeichen oder Aktionen der Billigung oder Mißbilligung, die eine Person aufgrund ihrer Eigenschaften oder ihres Verhaltens von anderen Personen erfährt. Sie sollen normengerechtes Verhalten stimulieren u. verstärken sowie als Gegenkräfte zu abweichendem Verhalten wirken. Sie sind verbunden mit einer an Werten, Interessen u. Zielen ausgerichteten Ges., deren sozialer Handlungszusammenhang durch ein System von sozialen Normen realisiert wird. Der Grad der Verbindlichkeit von Normen als den in bestimmten Situationen u. in sozialen Rollen an Personen gerichteten

Satellit

Verhaltenserwartungen (Muß-, Soll-, Kann-Erwartungen) wird von versch. soziol. Theoretikern nach der Schärfe der S.en beurteilt, die auf die Verletzung oder bes. zufriedenstellende Erfüllung der Erwartungen stehen. Negative S.en (Bestrafungen) entziehen der Person begehrte materielle oder immaterielle Güter (Freiheits- u. Geldstrafen, Mißbilligung, Degradierung, Ansehensverluste, soz. Ausschluß). Positive S.en (Belohnungen) verschaffen Vorteile, sozialen Aufstieg, Prestige. In jedem Falle beruht eine S. auf der Möglichkeit persönl. Einflusses oder überindividueller ges. Herrschaftsinstanzen. S.en sind um so gravierender, je umfassender sie sich auf die soziale Position der betr. Person beziehen u. je größer der Kreis der Bezugspersonen u. Institutionen ist, der wirkungsvoll sanktionieren kann. Für die Wirksamkeit einer S. ist von Bedeutung, wie sich die Handlungsabsicht sanktionierender Personen zu dem Gefühl der Betroffenen, sanktioniert zu werden, verhält. Die als soziale Kontrolle von außen wirkenden S.en werden in dem Maße überflüssig, wie die durch Prozesse der Internalisierung erreichte u. in Ich-Leistungen der Person zum Ausdruck kommende Innen- oder »Selbst«-Kontrolle zu einer intentionalen u. stabilen Ausrichtung des individuellen Verhaltens an sozialen Erwartungen, Normen u. Rollen geführt hat.

E. Durkheim, Erziehung, Moral u. Ges., 1984 (1973, Vorlesung an der Sorbonne 1902/03); T. Parsons, The Social System, London ²1991 (1951); R. Dahrendorf, Homo sociologicus, ¹⁵1977 (1959); F. Tenbruck, Zur dt. Rezeption der Rollentheorie (KZfSS 13, 1961); G. C. Homans, Social Behavior. Its Elementary Forms, London 1961, dt.: Elementarformen soz. Verhaltens, 1968; N. Johnston, L. Savitz, M. E. Wolfgang, The Sociology of Punishment and Correction, New York 1962; G. Spittler,

Norm u. S., 1967; H. P. Dreitzel, Die ges. Leiden u. das Leiden an der Ges., 1968; G. Hartfiel, Wirtschaftl. u. soz. Rationalität, 1968; K. F. Schumann, Zeichen der Unfreiheit. Zur Theorie u. Messung soz. S.en, 1968; J. Le Goff, Die Geburt des Fegefeuers, 1984.

Satellit (lat.), »Trabant«, »Gefolgsmann«; nach dem II. Weltkrieg übl. gewordene Bezeichnung für die von den Großmächten beherrschten u. abhängigen Staaten mit nur noch formal bestehender Souveränität.

Satellitenstadt, städtebaul. abgegrenztes Wohngebiet in der Umgebung einer größeren Stadt, das sich infolge der berufl., wirtschaftl., kulturellen u. verkehrsmäßigen Verbindungen seiner Bewohner in hochgradiger Abhängigkeit vom großstädt.-urbanen Zentrum befindet. Das Konzept der oft aus größeren mod. Wohngebäuden bestehenden S., die z. T. sogen. »Schlafstädte« sind, ist zugunsten des Eigenheimbaus u. der Sanierung gewachsener Altstadtviertel abgewertet worden.

H. Becker u. K. D. Keim (Hg.), Gropiusstadt: Soz. Verhältnisse am Stadtrand, 1977.

Schäffle, Albert Eberhard Friedrich, Wirtschafts- u. Finanzwiss. sowie Soziologie, 24. 2. 1831 Nürtingen/Württ. – 25. 12. 1903 Stuttgart, Studium in Tübingen, 1860 dort o. Prof. für Nationalökonomie, 1868 Univ. Wien, 1871 Österr. Handelsminister.

S. zählt zu den Hauptrepräsentanten der Organismustheorie in der Soziol. Darüber hinaus gilt er als idealist. orientierter Sozialphilosoph u. als Vertreter des Kathedersozialismus. Er wurde beeinflußt von Hegel, Schelling, Comte, Darwin u. Spencer. Im Gegensatz zur individualist.-mechanist.-atomist. Ges.auffassung betrachtete er das soziale Ganze als einen Körper, als einen Organismus. Gemäß dieser Grundanschauung gab er dem ges. Ganzen den Vorrang gegenüber den Teilen. Er unterschied zw. gesunden u. kranken Teilen der Ges. u. strebte eine Pathologie u. Therapie der sozialen Gegebenheiten an. Später schränkte S. seinen organizist. Standpunkt ein. Die zw.menschl. geistigen Wechselwirkungen bildeten dann für ihn das Haupterkennungsobjekt der Soziol.

Schr.: Das ges. System der menschl. Wirtschaft, ³1873 (1867); Die Quintessenz des Sozialismus, 1874; Bau u. Leben des soz. Körpers, 4 Bde., ²1896 (1875–78); Abriß der Soziologie, 1906.

Scham, ein mit Angstempfindungen u. Selbstwertzweifeln verbundenes Gefühl, das sich im Individuum infolge der Verletzung bestimmter Moralvorstellungen u. soz. Normen (Verbote, Sitten) bemerkbar macht. S. beinhaltet die Angst davor, Achtung, Wertschätzung u. Liebe von Mitmenschen zu verlieren, Mißbilligung u. negative Beurteilung hervorzurufen u. eventuell soz. degradiert zu werden. Diese Angst erhält nach N. Elias um so stärker den Charakter der S., je mehr sich äußere soz. Zwänge in »Selbstzwänge« umwandeln. Mit der kulturellen Höherentwicklung u. entsprechenden Zivilisierung des menschl. Antriebslebens u. Verhaltens (psych. Transformation) ist die S.- u. Peinlichkeitsschwelle bzw. -grenze weit vorgerückt. Dadurch haben sich einerseits die direkten Ängste vor den Sanktionen von Mitmenschen verringert u. andererseits die inneren Ängste u. Zwänge, die das Individuum auf sich selbst ausübt, verstärkt. In neuerer Zeit hat infolge krit.-reflexiver Relativierung von Werten u. Normen, der Auf-

lockerung u. Geltungsverluste überkommener Moralvorstellungen u. Sitten, einer weniger rigiden u. autoritären Sozialisation sowie einer nahezu schrankenlos gewordenen Medienberichterstattung die Intensität der S. erheblich abgenommen.

N. Elias, Über den Prozeß der Zivilisation, Bd. 2, ²1969 (1939); H. P. Duerr, Nacktheit u. S., ²1988; L. Wurmser, Die Maske der S., 1990; S. Neckel, Status u. S., 1991; M. Lewis, S., 1993.

Schamane (sanskr.), »Zauberpriester«, »Weisheitsmann«; in Nordeurasien, Zentral- u. Hochasien, bei den Eskimos u. nordamerikan. Indianern ein für den Umgang mit Geistern u. myth. Kräften bes. befähigter, begabter u. geübter Stammesangehöriger.

H. Kalweit, Traumzeit und innerer Raum, 1984; A. Stolz, S.n, 1988; H. Findeisen u. H. Gehrts, Die S.n, ²1989.

Schattenwirtschaft →Informelle Wirtschaft

Scheinkorrelation, ein Problem b. der Auswertung empir. erhobener Daten: weitergehende Analysen zeigen, daß die zunächst festgestellte Korrelation zw. zwei Variablen keinen Kausalzus.hang zum Ausdruck bringt, sondern auf das Wirken einer dritten Variablen zurückzuführen ist. Durch das Aufdecken v. S.en können (folgenreiche) Fehlinterpretationen vermieden werden.

Scheler, Max, Philosoph u. Soziologe, 22. 8. 1874 München – 19. 5. 1928 Frankfurt/M., 1907–1910 Priv. Doz. in München, 1910 freier Schriftsteller in Berlin, 1919 o. Prof. für Philos. u. Soziol. Köln, 1928 Frankfurt/M.
Beeinflußt durch die Phänomenologie E. Husserls, zählt S. zu den Begründern der philosoph. An-

Schelsky 756

thropologie u. der Wissenssoziol. Den Menschen betrachtete er als ein »weltoffenes« u. dualist. Wesen, eingebunden in das Spannungsverhältnis v. Geist u. Leben (Natur u. Triebleben). Entsprechend diesem Dualismus unterschied S. zw. zeitlos gültigen Idealfaktoren u. den in einer bestimmten gesch. Situation gegebenen Realfaktoren (»Blut, Macht, Wirtschaft« bzw. grundlegende Antriebskräfte u. darauf aufbauende ges. Strukturverhältnisse). Die jeweils vorherrschenden Realfaktoren entscheiden darüber, welche Gehalte der Sphäre des Geistes (Idealfaktoren) sich jeweils in der ges. Wirklichkeit entfalten können. Aus dieser Selektionsfunktion der Realfaktoren resultiere die ohnmächtige Position des Geistes. Besondere, von Realfaktoren bestimmte Wissensformen sind das »Bildungswissen« (auf die Person bezogen), »Erlösungswissen« (auf Gott fixiert) u. das auf Objekte u. ihre Beherrschung ausgerichtete »Leistungs- bzw. Herrschaftswissen«, das für den neuzeitl., durch Technik geprägten Menschen typisch sei. Dem ethischen Formalismus Kants, der mit seinem kategorischen Imperativ keine konkreten, spezif. Ziele sittl. Handelns angibt, u. dem Wertrelativismus Nietzsches stellte S. eine materiale Wertethik gegenüber. Die materialen Werte als »Urphänomene« der Ethik befinden sich in einem eigenen »Reich« jenseits v. Wirklichkeit u. Bewußtsein. Die verschiedenen Normensysteme der einzelnen Völker bringen Teile jenes »Wertreiches« zum Ausdruck. Der Zugang zu den Werten vollziehe sich nicht über den Verstand, sondern über das Emotionale (intuitives »Wertfühlen«).

Schr.: Wesen u. Formen der Sympathie, [5]1968 (1913); Der Formalismus in der Ethik u. die materiale Wertethik, [5]1968 (1913–16); Vom Umsturz der Werte, 1919; Vom Ewigen im Menschen,[3]1933 (1921); Schriften zur Soziol. u. Weltanschauungslehre, 4 Bde., [2]1963 (1923–24); Die Formen des Wissens u. die Bildung, 1925; Die Wissensformen u. die Ges., [2]1960 (1926); Die Stellung des Menschen im Kosmos, [6]1962 (1928); Mensch u. Gesch., [3]1968 (1929); Ges. Werke, 13 Bde., 1954–87. W.L. Bühl, M.S., in: Klassiker des soziol. Denkens, Bd. II, hg. v. D. Käsler, 1978; M. Wittmann, M.S. als Ethiker, 1973 (1923); M.S. Frings, Zur Phänomenologie der Lebensgemeinschaft, 1971; W. Mader, M.S., 1980.

Schelsky, Helmut, 14. 10. 1912 Chemnitz – 24. 2. 1984 Münster, 1935 Dr. phil., 1939 Habil. Univ. Königsberg, 1943–44 Prof. in Straßburg, 1948 o. Prof. für Soziol. Akademie für Gemeinwirtschaft Hamburg, 1953 o. Prof. Univ. Hamburg, 1960–70 o. Prof. Univ. Münster, Direktor der Sozialforschg.stelle Dortmund, 1965 Planungsauftrag für Univ. in Ostwestfalen, 1967 Vors. des Planungsbeirates Nordrhein-Westfalen für die Entwicklung der Hochschulwesens, 1970 o. Prof. Univ. Bielefeld, 1973 Prof. für Rechtssoziol. Univ. Münster, 1978 em., 1979 Hon.prof. Univ. Graz.

S. widmete sich nach dem II. Weltkrieg zunächst umfassenden »Bestandsaufnahmen« zur Situation der Familie, der Jugend u. des Alters u. veröffentlichte erste, für die Wiederentwicklung der dt. Soziol. wichtige einführende u. grundlegende Beiträge zur Arbeits-, Betriebs- u. Bildungssoziol. Mit seinen schichtungstheoret. Arbeiten griff er kritisch in die Debatte um die Aussagekraft marxist. Thesen für die Analyse moderner Industrieges. ein. Seine wiss.theoret. Untersuchungen gelten der Abgrenzung der von ihm vertretenen Soziol. als (phänomenolog. orientierter) »Gegenwartsanalyse auf Dauer« gegenüber positivist. u. kritisch-dialekt.soziol. Theorie. In Arbeiten über das Verhältnis von Wiss. u. Ges. wird die zunehmende Determinierung der industrieges. Strukturen durch »Sachzwänge« bzw. die Abhängigkeit »wiss.-zivilisierten« menschl. Zusammenlebens von »Institutionen« hervorgehoben. Seine von einem liberalen Standpunkt ausgehenden bildungs-, universitäts- u. schulsoziol. Beiträge melden Skepsis u. Bedenken gegenüber sozialist. geprägten pädagog. Theorien u. Schulmodellen an. In späteren Arbeiten setzte sich S. z. T. kritisch mit der Rechtssoziol., mit der Entwicklg. der neueren dt. Soziol. u. mit den Intellektuellen bzw. »Betreuern, Beratern u. Beplanern« auseinander, die er als Nutznießer einer forcierten Reformpol. ansah. Engagiert beschäftigte er sich mit der Frage, inwieweit der ausgebaute Sozial- u. Wohlfahrtsstaat an Stelle v. Selbstbestimmung, eigenverantworteter Lebensplanung, Initiative u. Selbsthilfe des Menschen immer mehr Betreuung, forderndes Anspruchsdenken, Passivität u. Entmündigung produziere – letztlich zu Lasten des Lebenssinns der Individuen.

S. hat die dt. Nachkriegssoziol. maßgebl. beeinflußt u. einen großen Schülerkreis hervorgebracht (»S.-Schule«).

Schr.: Thomas Hobbes. Eine polit. Lehre, 1981 (1940); Wandlungen der dt. Familie in der Gegenwart, ⁴1961 (1953); Soziol. d. Sexualität, 1955; Arbeiterjugend – gestern u. heute (Hg.), 1955; Industrie- u. Betriebssoziol. (in: A. Gehlen, H. S., Hg., Soziol., 1955); Die soz. Folgen der Automatisierung, 1957; Schule u. Erziehung in der industr. Ges., 1957; Die skept. Generation, ⁴1963 (1957); Ortsbestimmung der dt. Soziol., ³1967 (1959); Anpassung oder Widerstand? Soziol. Bedenken zur Schulreform, ²1961; Der Mensch in der wiss. Zivilisation, 1961; Einsamkeit u. Freiheit, Idee u. Gestalt der dt. Univ. u. ihrer Reformen, 1963; Auf der Suche nach Wirklichkeit, gesam. Aufsätze, 1965; Grundzüge einer neuen Univ., 1966; Abschied von der Hochschulpolitik, 1969; Zur Theorie der Institution (Hg.), 1970;

Systemüberwindung, Demokratisierung u. Gewaltenteilung, ³1974; Die Arbeit tun die anderen – Klassenkampf u. Priesterschaft der Intellektuellen, 1975; Der selbständige u. der betreute Mensch, 1976; Die Hoffnung Blochs, 1979; Die Soziologen u. das Recht, 1980; Rückblicke eines »Anti-Soziologen«, 1981; Funktionäre, 1982.

H. Baier (Hg.), Freiheit u. Sachzwang. Beiträge zu Ehren H. S.s, 1977; R. Pohlmann (Hg.), Person u. Institution, H. S. gewidmet, 1980; Rechtswiss.liche Fak. der Univ. Münster (Hg.), Recht u. Institution (Gedächtnissymposium), 1985; O. Weinberger u. W. Krawietz (Hg.), H. S. als Soziologe u. polit. Denker (Gedächtnisschrift), 1985; H. Baier (Hg.), H. S. – ein Soziologe in der Bundesrep. (Gedächtnisschrift), 1986.

Schelting, Alexander von, 14. 3. 1894 Odessa – 4. 11. 1963 Montreux; 1931 Redakteur des Archivs für Sozialwiss.en und Sozialpolit., 1933 Habil. Heidelberg, 1936–40 Prof. Columbia Univ., New York, 1948–53 Mitarbeit in der UNESCO, 1953 Lehrauftrag in Zürich. S. trat mit Arbeiten über methodolog. Probleme soz.wiss. Erkenntnisse hervor u. setzte sich in Anlehnung an die Kultursoziol. von A. Weber mit der Wissenssoziol. auseinander. Er befaßte sich ferner mit dem Messianismus im russ. Gesch.sdenken des 19. Jh.s, der später die bolschewist.-stalinist. Ideologie erheblich beeinflußt hat.

Schr.: Einf. in die Methodenlehre der Nationalökonomie, 1925; Zum Streit um die Wissenssoziol., in: Arch. f. Soz.wiss. u. Soz.polit. 62, 1929; Max Webers Wiss.slehre, 1934; Das log. Problem der histor. Kulturerkenntnis, 1934; Die Grenzen der Soziol. des Wissens, 1934; Rußland u. Europa im russ. Gesch.denken, 1948.

Scheuch, Erwin K., *9. 6. 1928 Köln, 1950 B.A., 1953 Dipl.-Volksw., 1956 Dr. rer. pol., 1959–60 Stipendiat der Rockefeller-Foundation (Columbia, Michigan, Chicago, Berkeley), 1961 Priv.doz. für Soziol. Köln, anschließend Harvard Univ., seit 1964 o. Prof. für Soziol. Univ. Köln, 1965 Gründung u. Ltg. des Inst. für verglei-

Schicht 758

chende Sozialforschg., 1970–71 Vors. der DGS, 1970–78 Vors. der Arbeitsgemeinschaft Sozialwiss. Inst.e, seit 1974 Dir. des Inst. für angewandte Sozialforschg. u. des Zentralarchivs für empir. Sozialforschg. Köln, zahlr. Ämter in intern. Organisationen, Gastprofessuren in Paris, Princeton, Philadelphia, Stockholm, Auckland. S. bemühte sich um Rezeption u. Weiterentwicklung der in der amerikan. Soziol. benutzten Methoden und Techniken empir. Sozialforschg., insbes. der Umfrageforschg., der Skalierungstechniken u. der (z. T. elektron.) Dokumentations- u. Analyseverfahren. Neben wiss.-theoret. Arbeiten (eines krit.-positivist. Standorts) veröffentlichte er zahlr. Beiträge zur polit. Soziol., Massenkommunikation, Gemeinde-, Freizeit-, Familien- u. Schichtungssoziol. Auf allen Gebieten liegt sein Interesse bes. bei Problemen der internat. vergleichenden Forschg., später der Verbindung von Mikro- u. Makrosoziol.

Schr.: (Hg. u. Mitautor) Zur Soziol. der Wahl, Sonderheft 9 KZfSS, ²1965; (Mitautor) Hdb. der empir. Soz.forschg., Bd. I, hg. v. R. König, 1973; (Hg.) Die Wiedertäufer der Wohlstandsges., ²1968; Haschisch u. LSD als Modedrogen, ³1971; (Hg.) Soziol. der Freizeit, 1972; Die zweite Republik, 1974; Grundbegriffe der Soziol. (mit T. Kutsch), ²1975; Kulturintelligenz als Machtfaktor, 1974; Wird die Bundesrepublik unregierbar? 1976; (Hg.) Das Forschgs.inst. (mit v. Alemann), 1978; Die Selbständigen im Mittelstand, 1978; (Hg.) Datenzugang u. Datenschutz (mit anderen), 1980; (Hg.) Historical Social Research (mit J. Clubb), 1980; Gesundheitspol. zw. Staat u. Selbstverwaltung (mit anderen), 1982; Infrastruktur für die Soz.forschg. (mit E. Mochmann), 1987; China u. Indien (mit U. Scheuch), 1987; Volkszählung, Volkszählungsprotest u. Bürgerverhalten (mit anderen), 1989; Wie dt. sind die Dt.? 1991; Muß Sozialismus mißlingen? 1991; (Hg.) La Sociologie Contemporaine en Allemagne, 1991; German Sociology in Encyclopedia of Sociology (Hg. E. Borgatta), 1991; Data Bank for Social Sciences, in: Japanese Journal of Public Opinion Research 63, Tokyo 1990 (veröffentl. in japan., engl., franz., span.); Perspectives des sciences sociales en Allemagne aujourd'hui, 1991; Cliquen, Klüngel und Karrieren (mit U. Scheuch), 1992; USA – ein maroder Gigant? (mit U. Scheuch), 1992; (Hg.) Empir. Soz.forschg. über Entwicklungsländer (mit C. Reichert u. H. D. Seibel), 1992.

Schicht, soziale, ein soziol. Grundbegriff der allg. eine Kategorie von Ges.sangehörigen bezeichnet, die hinsichtl. der vertikalen Soz.struktur bzw. der soz. Ungleichheit gemeinsame Merkmale aufweisen: insbes. gleiche oder ähnl. sozioökonom. Lage (Stellung im Berufsleben, Einkommens- u. Vermögenssituation), Lebenschancen u. soz. Anerkennung (Soz.prestige). Je nach gesch. Entwicklung einer Ges. sind soz. S.en als Kasten, Stände, Klassen oder als schwer abgrenzbare Statusballungen (S.en der mod. Ges.) ausgeprägt.

Im engeren Sinne wird der Begriff der soz. S. vorrangig für die Analyse der soz. S.ung der mod., hochdifferenzierten u. sich beschleunigt wandelnden Ges. eingesetzt. Hierbei werden als S.merkmale auch Angleichungen der ges. Machtstellung u. Einflußmöglichkeiten, der Auffassungen, Werte, Einstellungen, Meinungen, Verhaltensweisen, der Erziehungsziele u. -stile (schichtenspezif. Sozialisation), des Konsums, der Freizeitgestaltung u. des polit. Verhaltens berücksichtigt. Wesentl. für die Lage einer S. im Rahmen der vertikalen Soz.struktur ist das Verhältnis zur ges. eingelebten Rangordnung der Berufe, zur Einkommens- u. Vermögensverteilung u. zur Ungleichheit der Bildungs- u. Ausbildungsabschlüsse. Unter dem bestimmenden Einfluß der jeweiligen sozioökonom. Lage führen eigene u. fremde Einschätzungen u. Bewertungen dazu, daß die Angehörigen einer soz. S. gegenüber anderen Ges.sangehörigen höher oder niedriger eingestuft werden. Das Selbstverständnis der Angehörigen einer soz. S. kann Tendenzen zu einer Solidarisierung innerhalb der eigenen S. u. zu Abgrenzungen gegenüber oberen u. insbes. unteren S.en beinhalten. Im Unterschied zu gesch. anders ausgeprägten Formationen der vertikalen Soz.struktur (Kasten-, Stände- u. Klassenges.) sind soz. S.en der mod. Ges. weniger eindeutig u. dauerhaft festgelegt u. umgrenzt. Im Zus.hang mit verstärkter vertikaler soz. Mobilität sind diese soz. S.en mit ihren unscharfen Grenzbereichen u. fließenden Übergangszonen in hohem Maße gegenseitig durchlässig. Überdies unterliegen sie dem beschleunigten soz. Wandel. Dementsprechend sind soz. S.en heutzutage schwieriger identifizierbar, gegenseitig abgrenzbar u. in einem theoret. Modell der soz. S.ung darstellbar. Die Ermittlung soz. S.en hängt maßgebl. von der jeweiligen theoret. Perspektive u. eingesetzten Forschungsmethode ab, insbesondere von der Auswahl bestimmter Merkmale, die für soz. S.en kennzeichnend sind.

Schichtung, soziale, ein makrosoziol. Begriff, der allg. das vertikale Gefüge der Bevölkerung einer Ges. bezeichnet. In Abhängigkeit von der Eigenart der jeweiligen Ges. umschließt soz. S. zwei oder mehr große Personenkategorien bzw. soz. Schichten, deren Angehörige hinsichtl. der soz. Ungleichheit gemeinsame oder ähnliche Merkmale aufweisen. Im weiteren Sinne kommt die soz. S. in den vertikalen Soz.strukturen gesch. unterschiedl. ausgeprägter Ges.en zum Ausdruck: Kasten-, Stände- u. Klassenges. Im engeren Sinne bezeichnet soz. S. die vertikale Struktur der mod., aus zahlreichen aufgelockerten u. schwer abgrenzbaren Schichten bestehenden Ges.

Die S. einer Ges. kann aufgezeigt werden a) nach sog. »objektiven« Merkmalen wie Arbeitssituation, Berufszugehörigkeit, Einkommen, Vermögen, Bildungsstand, oder b) nach sog. »subjektiven« Faktoren wie Prestige, Anerkennung. Angehörige einer sozialen Schicht sind Personen, die sich nach einem oder mehreren Merkmalen von anderen Personengruppen unterscheiden lassen, wobei die Wahl des Maßstabes der Differenzierung u. Schichtgrenzen nach der Fragestellung oder nach der ges. Orientierung des Forschers erfolgt. Im Falle der Bevorzugung »subjektiver« S.kriterien ist es übl., Personen zu einer Schicht zu zählen, die sich untereinander als gleichwertig u. gegenüber anderen Personen als höherbzw. geringerwertig einschätzen. Ein bes. Problem für die S.theorie besteht darin, daß in einschlägigen Analysen jeweils mehrere Kriterien gleichzeitig berücksichtigt werden müssen, man also u. U. primäre (meist dominante) u. sekundäre (abgeleitete) Einstufungskriterien unterscheiden muß. Vergleiche der »objektiven« S.lage mit den »subjektiven« Wertungen u. Einschätzungen der Betreffenden selbst (Selbsteinschätzung) oder durch Angehörige anderer Schichten (Fremdeinschätzung) ermöglichen aufschlußreiche Erkenntnisse über den Zus.hang von soz. Lage u. subjektiver Reflexion über diese Lage bzw. über die Bestimmung der sozialen Lage durch Festhalten u. Orientierung an starren Werthaltungen u. Selbst- oder Fremdeinschätzungen.

Die S.lage nach sowohl »objektiven« als auch »subjektiven« Kriterien bestimmt die Entscheidungs-, Lebens- u. Sprachgewohnheiten,

Schichtung   760

damit den Umfang, die Qualität, Art u. auch die Barrieren der Kommunikation mit anderen Positionsinhabern oder Gruppen der Ges. Schichtspezif. Unterschiede wurden festgestellt in der polit. Einstellung, im Wahlverhalten (Wahlsoziol.), in der Kindererziehung (Sozialisation), Berufswahl, im Konsum- u. Freizeitverhalten. Schichtzugehörigkeit bestimmt weitgehend die sozialen Chancen des Individuums. Soziol. beobachtet darum intensiv die Verteilung der Angehörigen einer Ges. auf die unterscheidbaren soz. Schichten, die Prägung der Persönlichkeit durch ihre Schichtzugehörigkeit u. insbes. die intergenerative (z. B. Vater-Sohn-Berufsvergleich) bzw. intragenerative (Lebenslauf) soziale Mobilität der Angehörigen verschiedener Schichten. Daneben werden der Sozialcharakter u. das Gesellschaftsbild der Angehörigen einzelner Schichten untersucht, um Aufschlüsse über die versch. sozialen u. polit. Interessen u. Motivationen sowie deren Entstehungsursachen zu gewinnen. Untersuchungen über Konflikte u. Kämpfe sozialer Schichten um Anteil an oder Ausschluß von polit. oder sozialer Herrschaft leiten über zu soziol. Analysen, die für ähnl. Problemstellungen die Begriffe Klasse u. Klassengesellschaft bevorzugen. Marxist. orientierte Studien sehen in Aussagen über die soziale Sch. einer Ges. die Tendenz zu soziol. Oberflächenorientierung, die von den eigentl. relevanten Konfliktursachen u. Antinomien in der vertikalen Ges.struktur ablenke u. die mit ihren integrativ angelegten Thesen überdies sogar ges.apologet. Herrschaftszielen diene. In der amerikan. Soziol. wird seit den vierziger Jahren die Möglichkeit einer allg. Theorie der sozialen Sch.

diskutiert – im Gegensatz zur europ. sozialwiss. Tradition, die soziale Rangunterschiede in der Regel als histor. Phänomen verstand. Dabei wird Sch. als funktionale Notwendigkeit für alle menschl. Ges.n gesehen, weil die versch. sozialen Positionen (je nach ihrer Wichtigkeit, Schwierigkeit, Begehrtheit) mit versch. Entschädigungen (den Merkmalen der S.) verbunden sein müssen, um eine leistungsadäquate Besetzung dieser Positionen mit geeigneten Personen zu garantieren.

In vereinfachten Modellen der soz. S. der mod. Ges. wird häufig zw. einer relativ dünnen, die verschiedenen Eliten umfassenden Oberschicht, mehreren stark besetzten Mittelschichten u. einer Unterschicht differenziert, die oft wiederum unterteilt wird. Ggf. wird noch ein sog. »Bodensatz«, eine Schicht der »soz. Verachteten« ausgewiesen (Gelegenheitsarbeiter, Handlanger, Obdachlose). Vor allem angesichts des großen Bedeutungszuwachses der Mittelschichten (»nivellierte Mittelstandsges.« nach H. Schelsky) gilt für die graph. Veranschaulichung der soz. S. nicht mehr die Pyramide, sondern die Zwiebelform als angemessen.

In jüngerer Zeit haben techn. Fortschritt, wirtschaftl. Entwicklung u. beschleunigter soz. Wandel, insbes. akkulturative Prozesse (Austausch zw. Kulturen), Wertwandel, Wanderungen, verstärkte soz. Mobilität, neue soz. Bewegungen, Wandel der Geschlechtsrollen, Ausbreitung von Subkulturen u. neuen Lebensstilen, zunehmende Individualisierung der Lebensgestaltung eine weitgehende Entdifferenzierung u. Auflockerung der überkommenen soz. S. bewirkt. Diese wird dementsprechend zunehmend mehrdimensionaler, komplexer, komplizierter, schwerer überschaubar u. darstellbar.

Th. Geiger, Die soz. S. des dt. Volkes, 1932; T. Parsons, An Analytical Approach to the Theory of Social Stratification, in: Am. Journal of Sociol. Rev. 45, 1940; K. Davis u. W. E. Moore, Some Principles of Stratification, in: Am. Soc. Rev. X, 1945; R. Bendix u. S. M. Lipset (Hg.), Class, Status and Power, Glencoe 1953; B. Barber, Social Stratification, New York 1957; R. Dahrendorf, Soz. Klassen u. Klassenkonflikt, 1957; M. Janowitz, Soz. S. u. Mobilität in Westdtl., in: KZfSS 10, 1958; H. Moore u. G. Kleining, Das soz. Selbstbild der Ges.sschichten in Dtl., in: KZfSS 12, 1960; D. W. Glass u. R. König, Soz. S. u. soz. Mobilität, in: KZfSS, Sonderheft 5, ²1965 (1961); M. M. Tumin, S. u. Mobilität, 1968; E. Wiehn, Theorien der soz. S., ²1974 (1968); G. Lenski, Macht u. Privileg. Eine Theorie der soz. S., 1973; K. M. Bolte u. S. Hradil, Soz. Ungleichheit, ⁶1989 (1974); S. Kirchberger, Kritik der Schichtungs- u. Mobilitätsforschung, 1975; T. B. Bottomore u. a., Soz. S. u. Mobilität, in: R. König (Hg.), Hdb. der empir. Soz.forschg. Bd. 5, 1976; S. Hradil, Soz. S. in der Bundesrepublik, 1977; G. Hartfiel, Soz. S., hg. v. U. Schwartz, 1978; M. Haller, Theorie der Klassenbildung u. soz. S., 1983; R. Kreckel (Hg.), Soz. Ungleichheiten, Sonderbd. 2 Soz. Welt, 1983; H. Zwicky, Konsequenzen soz. S., in: KZfSS 37, 1985; R. Geißler (Hg.), Soz. S. u. Lebenschancen in der BR Dtl., 1987; S. Hradil, Soz.strukturanalyse in einer fortgeschrittenen Ges., 1987; V. Bornschier (Hg.), Das Ende der soz. S.?, 1991.

Schismogenese (griech.) Auseinanderentwicklung (Schisma = Spaltung), von W. E. Mühlmann in die Kulturanthropologie eingeführter Begriff zur Analyse von Inter-Gruppenprozessen. Es wird beobachtet, wie die Binnenkonsolidierung einer Gruppe in Abhängigkeit von ihrer Differenzierung zur Fremdgruppe verläuft. Sch. meint die wachsende Kontrastierung zw. den Gruppen durch gegenseitiges Andersseinwollen u. Sichabheben. Im Extremfall führt die Sch. zu Gruppennormen, -zielen u. -strukturen, die nicht mehr um des eigenen Zieles willen, sondern nur noch als Symbole des Andersseins gepflegt werden.

W. E. Mühlmann, Chiliasmus u. Nativismus, 1961.

Schmitt, Carl, 11. 7. 1888 Plettenberg (Westf.) – 7. 4. 1985 ebd.; Staats- u. Völkerrechtler sowie polit. Denker, nach Studium in Berlin, München u. Straßburg, 1910 jurist. Promotion u. 1916 Habil. in Straßburg, 1921 o. Prof. in Greifswald, 1922 Bonn (Schüler u. a. E. Forsthoff), 1928 Handelshochschule Berlin, 1933 Univ. Köln, 1933–45 (vorzeitige Entlassung) Univ. Berlin. Mit seinen vor 1933 verfaßten Schriften erreichte er bis heute internat. Wirkung. Als Verfechter eines starken Staates wandte er sich 1933 der nationalsozialist. Bewegung zu.

Ausgehend vom Rechtsstaats-Ideal untersuchte S. die Funktions- u. Legitimitätsbedingungen des parlamentar. Gesetzgebungsstaates. In der Weimarer Republik sah er die Auflösung des Staates in den Pluralismus parteiischer Mächte, einen Zustand kalten Bürgerkrieges, in dem ihm die Wendung zum Führerstaat als Ausweg erschien. Die Abkehr von parlamentar. Demokratie u. Liberalismus zeigt zugleich S. Widerspruch gegen die Ideologie der Emanzipation u. Aufklärung. Er änderte den Ansatz vom Primat des Rechts vor dem Staat zur Lehre von der Notwendigkeit polit. Macht des Staates, um Entscheidungen zu treffen u. durchzusetzen. Das System des plebiszitär-autoritären Führerstaates ist imstande, die Heterogenität des Volkes zu unterdrücken, doch vermag es nicht, diese Unterschiede zu überwinden. Seine Alternative »Anarchie oder Autorität« führte zur Rechtfertigung des unkontrollierten Totalstaates.

Schr.: Gesetz u. Urteil, 1912; Der Wert des Staates u. die Bedeutung des einzelnen, ²1917 (1914); Polit. Romantik, ⁵1991 (1919); Die Diktatur, ⁵1989 (1921); Polit. Theologie, Bd. I, ⁶1993 (1922); Die geistesgesch. Lage des heutigen Parlamentarismus, ⁷1991 (1923); Röm.

Schmoller 762

Katholizismus u. polit. Form, 1923; Der Begriff des Politischen, [3]1991 (1927); Verfassungslehre, [8]1993 (1928); Der Leviathan in der Staatslehre des Thomas Hobbes, 1928; Der Hüter der Verfassung, 1931; Legalität u. Legitimität, [5]1993 (1932); Staat, Bewegung, Volk, [3]1935 (1933); Über die drei Arten des rechtswiss. Denkens, [2]1993 (1934); Die Wendung zum diskriminierenden Kriegsbegriff, [2]1988 (1938); Völkerrechtl. Großraumordnung, 1991 (1939); Positionen u. Begriffe, [2]1988 (1940); Der Nomos der Erde im Völkerrecht des Jus Publicum Europaeum, [3]1988 (1950); Hamlet oder Hekuba, 1956; Verfassungsrechtl. Aufsätze aus den Jahren 1924–1954, 1985 (1958); Theorie des Partisanen, [3]1992 (1963); Polit. Theologie, Bd. II, [3]1990 (1970); Theodor Däublers »Nordlicht«, 1991; Glossarium, Aufzeichnungen der Jahre 1947–1951, hg. v. E. Freiherr v. Medem, 1991.
J. Fijalkowski, Die Wendung zum Führerstaat, 1958; Chr. Graf v. Krockow, Die Entscheidung, 1958; V. Neumann, Der Staat im Bürgerkrieg, 1980; J. Taubes (Hg.), Der Fürst dieser Welt, 1983; K. Hansen u. H. Lietzmann (Hg.), C. S. u. die Liberalismuskritik, 1988; H. Quaritsch, Positionen u. Begriffe C. S.s, [2]1991 (1989); V. Holzhauser, Konsens u. Konflikt, 1990; N. Sombart, Die dt. Männer u. ihre Feinde, 1991; A. Adam, Rekonstruktion des Polit., 1992; H. Hofmann, Legitimität gegen Legalität, [2]1992; R. Mehring, C. S., 1992; D. van Laak, Gespräche in der Sicherheit des Schweigens, 1993.

Schmoller, Gustav von (seit 1908), 24. 6. 1838 Heilbronn – 27. 6. 1917 Bad Harzburg, Nationalökonom, Prof. in Halle, Straßburg, ab 1882 in Berlin, seit 1899 Mitglied des preuß. Herrenhauses. Mitbegründer des »Vereins für Socialpolitik« (1872) u. Hg. der Jahrbücher für Gesetzgebung, Verwaltung und Volkswirtschaft, »Schmollers Jahrbuch« genannt (seit 1881).
S. gilt als Hauptvertreter der jüngeren Historischen Schule der Volkswirtschaftslehre. Sein Eintreten für die Berücksichtigung von sozialethischen Prinzipien in der Wiss. (→Kathedersozialismus) führte zum Werturteilsstreit mit Max Weber u. Werner Sombart, der die Methodenentwicklung der Sozialwiss.en stark beeinflußt hat (→Werturteilsfreiheit). S. betonte

den Zus.hang zw. wirtschaftl. u. sozialen Veränderungen u. forderte eine soziol. Vertiefung der Nationalökonomie. Er hat gegen Treitschkes Schrift »Der Sozialismus u. seine Gönner« (1875) die Notwendigkeit einer Sozialreform begründet u. als Politiker die Sozialpolitik der dt. Regierung unterstützt. Soziol. ausgerichtet sind seine Studien über Arbeitsteilung u. soziale Klassenbildung (»neuer Mittelstand«).
Im wirtschaftswiss. Methodenstreit mit C. Menger (1840–1921) stritt S. gegen die individualist. →Grenznutzenschule, Rationaltheorie u. gegen vorschnelle Verallgemeinerungen im Sinne sog. »Gesetze«. Stattdessen forderte er gründl. histor. u. wirklichkeitsnahe Forschg., die interdisziplinär u. unter Einsatz der Statistik betrieben werden sollte. Erst auf dieser Grundlage können Entwicklungsgesetze des Wirtschaftslebens erkannt werden.

Schr.: Die Gerechtigkeit in der Volkswirtschaft, 1880; Zur Social- u. Gewerbepolitik der Gegenwart. Reden u. Aufsätze, 1890; Über einige Grundfragen der Soz.polit. u. Volkswirtschaftslehre, 1898; Grundriß der allg. Volkswirtschaftslehre, 2 Bde., (1900–04); Die soz. Frage, 1918.
G. Schmoller in seiner Zeit, hg. v. P. Schiera u. F. Tenbruck, 1989; M. Bock, H. Homann u. P. Schiera (Hg.), G. S. heute: die Entwicklung der Soz.wiss.en in Dtl. u. Italien, 1990; J. G. Backhaus (Hg.), G. v. S. u. die Probleme von heute, 1993.

Schütz, Alfred, 13. 4. 1899 Wien – 20. 5. 1959 New York, Studium der Rechtswiss., Ökonomie u. Soziol. Univ. Wien, hauptberufl. als Finanzjurist im intern. Bankbereich tätig, daneben Priv.gelehrter, umfangreicher Dialog mit anderen Wiss.lern, 1939 Emigration in die USA, Vorstandsmitgl. der International Society of Phenomenology, 1941 Mithg. der Zs. Philosophy and Phenomenological Research, seit 1943 Lehrtätigkeit an der Graduate Faculty der New School for Social Research, 1944 Gastprof., 1952 Prof. für Soziol. u. Sozialpsychologie ebd.

Unter dem besonderen Einfluß von M. Weber, E. Husserl, M. Scheler u. H. Bergson strebte S. eine philos.-phänomenologische Fundierung der Sozialwiss.en an, insb. der Soziol. als einer empir., verstehenden Wiss. Deren Aufgabe ist die unvoreingenommene deskriptive Analyse der von Menschen sinnhaft geschaffenen und interpretierten Strukturen der alltäglichen Lebenswelt. Diese aus menschl. Handlungen, Erfahrungen, Sinnsetzungen u. -deutungen resultierende Alltagswelt ist jeder sozialwiss. Reflexion vorausgegeben u. steht daher dem eigenständigen Sinnbereich der wiss. Theorie gegenüber. Den vom Sozialwiss.ler gebildeten theoret. Konstrukten (Konstruktionen zweiter Stufe) liegen somit Strukturen u. Typisierungen des Alltagslebens zugrunde (Konstruktionen erster Stufe). Durch einen Sprung von der natürl. zur wiss. Einstellung wird der Zustand des bloßen Dahinlebens im Strome des Alltagslebens verlassen u. die Position der theoret. Reflexion über diese Lebenswelt eingenommen. Zu den Grundgegebenheiten der alltägl. Lebenswelt zählen die Phänomene der Intersubjektivität, d. h. das Hineingeborensein des Menschen in eine Welt des »Wir«, die Bezogenheit von ego auf alter ego, auf den als Du erlebten Mitmenschen, die Reziprozität bzw. Wechselseitigkeit der Perspektiven, also bis zu einem gewissen Grade die Austauschbarkeit der individuellen Standorte. Diese Intersubjektivität durchformt das gesamte Erkennen, Denken, Handeln u. Erleben der in der Lebens-welt sinnhaft-konstruktiv tätigen Menschen. Das methodol. grundlegende Werk von S. konnte nur allmählich Einfluß entfalten u. wurde zum Ausgangspunkt der Phänomenologischen Soziol.

Schr.: Der sinnhafte Aufbau der soz. Welt, 1974 (1932); Phenomenology and the Social Sciences, Cambridge 1940; Reflections on the Problems of Relevance, hg. 1970, dt.: Das Problem der Relevanz, 1973; Gesammelte Aufsätze, 3 Bde., hg. v. A. Brodersen, 1971–72; The Structures of the Life-World (mit T. Luckmann), 1973, dt.: Die Strukturen der Lebenswelt, 1975; Zur Theorie soz. Handelns. Ein Briefwechsel (mit T. Parsons), hg. v. W. Sprondel, 1977; Strukturen der Lebenswelt (ausgearbeitet v. T. Luckmann, 2 Bde., 1979/84; A. S. – Aron Gurwitsch: Briefwechsel 1939–1959, hg. v. R. Grathoff, 1985.
R. Grathoff, A. S., in: Klassiker des soziol. Denkens, Bd. II, hg. v. D. Käsler, 1978; W. M. Sprondel u. R. Grathoff (Hg.), A. S. u. die Idee des Alltags in den Soz.wiss.en, 1979; E. List u. I. Srubar (Hg.), A. S., 1988; I. Srubar, Kosmion, 1988.

Schule, (lat.: schola, griech.: scholé), nach H. Schelsky eine »bürokrat. Zuteilungsapparatur v. Lebenschancen«. In der S. werden Erziehungs- und Sozialisationsprozesse unter Zugrundelegung von ges. Werten u. Normen institutionalisiert. Die S. ist eine spezialisierte Sozialisationsinstanz, die entscheidende Selektionsleistungen zur Verteilung ges. Rollen erfüllt (Parsons), sie ist eine »Agentur der Gesellschaft« (M. Horkheimer). Die hist. Entwicklg. des Bildungswesens zeigt, welche Rollenumverteilung und Verflechtungen zw. Sozialstruktur, Herrschaftssystem u. S. stattgefunden haben. So sind wesentl. Erziehungsaufgaben v. der Familie u. Kirche in die polit.-staatl. kontrollierte S. verlagert worden. In der Diskussion um neue S.formen (Ganztags., Gesamts.) bemüht man sich, soziale Ungleichheit, die durch die S. bisher z. T. noch verstärkt wurde, abzubauen (Einflüsse der Mittel-

Schulen der Soziologie

schichtorientierung der Lehrer, schichtenspezifischer Sprachstile u. der sozialen Herkunft). Diesem Ziel dient auch die kompensatorische Erziehung. Durch ihre Selektionsfunktion in der aufstiegsorientierten Leistungsges. werden in der S. Konkurrenz, Streß u. Frustration gesteigert. Diesen sozial desintegrativ wirkenden Belastungserscheinungen soll durch Humanisierung der S. u. durch verstärkte Erziehung der Schüler zu solidarischen, demokrat. engagierten Persönlichkeiten entgegengewirkt werden. →Pädagogische Soziologie.

H. Schelsky, S. u. Erziehung in der industr. Ges., [3]1965 (1957); P. Heintz (Hg.), Soziol. der S., 1959; G. Biermann (Hg.), Kinder im Schulstreß, 1977; H. Fend, Schulklima: Soz. Einflußprozesse in der Schule. Soziol. der Schule III, 1977; H. P. Henecka u. K. Wöhler, Schulsoziol., 1978; D. Goldschmidt u. P. M. Roeder (Hg.), Alternative Schulen?, 1979; T. Parsons, Soz.struktur u. Persönlichkeit, [3]1979; B. Schön u. K. Hurrelmann (Hg.), Schulalltag u. Empirie, 1979; F. Wellendorf, Schulische Sozialisation u. Identität, 1979; H. Fend, Theorie der S., 1980; H.-G. Rolff, Soziol. der Schulreform, 1980; U. Menzemer, Leiden an der S., 1981; H. Kury u. H. Lerchenmüller (Hg.), S., psych. Probleme u. soz.abweichendes Verhalten, 1983; G. Lenhardt, S. u. bürokrat. Rationalität, 1984; J. M. Niederberger, Organisationssoziol. der S., 1984; B. Hamann, Gesch. des S.wesens, 1986; R. Pekrun u. H. Fend (Hg.), S. u. Persönlichkeitsentwicklung, 1991.

Schulen der Soziologie, in Verbindung mit bestimmten Orten u. herausragenden, einflußreichen Soz.wiss.lern besonders ausgeprägte Richtungen u. Strömungen der Soziol., die sich durch bestimmte weltanschaul. (u. polit.), wiss.- u. fachtheoret., methodolog. u. method. Orientierungen (u. Fixierungen), Interessen- u. Arbeitsschwerpunkte auszeichnen. Grundlegende Einflüsse u. Prägungen sind von »Gründungsvätern« ausgegangen, die große Schülerkreise hervorgebracht haben. Diese haben wiederum zur Ausbreitung der jeweiligen Schulen beigetragen, z. T. mit der Tendenz zur Erlangung von dominierenden Positionen innerhalb der Profession (der Soziologen) eines Landes u. mitunter auch darüber hinaus. S. d. S. sind intern durch eine intensive Kommunikation u. starke Kohärenz (Zus.halt) bestimmt. Nach außen auftretende Erscheinungen der Ablehnung anderer Schulen u. Richtungen, der Abschottung u. Immunisierung sowie persönl. Aversionen u. Diffamierungen beeinträchtigen die wiss. Kommunikation. Dadurch wachsen Gefahren der Erstarrung, »Inzucht« u. Dogmatisierung.

Vor dem II. Weltkrieg sind insbes. die Durkheim- u. die →Chicago-Schule bekannt u. einflußreich geworden. Die Durkheim-Schule entfaltete sich mit einem großen Schülerkreis von E. →Durkheim, zu dem M. Mauss u. M. Halbwachs zählten. Kennzeichnend für diese Schule war die verstärkte Hinwendung zur Ethnologie u. zur Erforschung vormod. Ges.en, die durch kollektive Austausch- u. Verpflichtungsordnungen bestimmt sind. Von der Durkheim-Schule führt eine Entwicklungslinie zum Strukturalismus.

Zur Schulenbildung kam es insbes. nach dem II. Weltkrieg in Westdtld. im Verlaufe des zunächst auf einige Univ.en beschränkten (Wieder-) Aufbaus der Soziol., wobei sich stark divergierende Orientierungen der jeweiligen »Gründungsväter« in spezif. Weise prägend auswirkten. Neben der →Frankfurter Schule entstand in Köln um R. König eine Schule d. S., die maßgeblich zur Rezeption der amerik., engl. u. franz. Soziol. (Durkheim) beitrug, die empir. Soz.forschg. vorantrieb u. sich von Philos. abgrenzte (Kölner Schule). Zunächst in Hamburg, dann in Münster u.

Dortmund (Soz.forschungsstelle) brachte H. Schelsky eine Schule mit philos.-phänomenolog. Hintergrund hervor, in der Soziol. als »empir. Wirklichkeitswiss.« (H. Freyer) betrieben wurde (Schelsky-Schule). Hierbei sollte eine Synthese von Theorie u. empir. Überprüfung erreicht werden. An der FU Berlin entfaltete sich gleichfalls in den 50er Jahren mit der Einrichtung eines Dipl.-Studienganges für Soziol. eine Schule um O. Stammer u. H. J. Lieber, die durch eine histor.-empir. Orientierung u. eine intensive Berücksichtigung der Polit. Soziol., Ideologiekritik u. Wissenssoziol. gekennzeichnet war (Berliner Schule). Durch D. Claessens kam die Verknüpfung mit der Kulturanthropologie hinzu.
Im Verlaufe der weiteren Entwicklung der Soziol. in Dtl. (Ausbau des Faches im Hochschulbereich, starkes Wachstum der Profession, Generationswechsel, neue Orientierungen, Richtungen u. Strömungen) schwächten sich die Konturen u. Einflüsse der Nachkriegsschulen ab. Zw. der Frankfurter Schule u. dem Krit. Rationalismus kam es um 1960 zum Positivismusstreit. Jene Schule trug erheblich dazu bei, daß die Soziol. in den 60er Jahren großenteils eine neomarxist. Ausrichtung erfuhr. Die spätere Abschwächung dieser Strömung war mit einer stärkeren Hinwendung zur empir. (Projekt-)Forschung verbunden. Die Aufsplitterung der theoret. Orientierung setzte sich fort, wobei die Ausbreitung von phänomenolog. beeinflußten Theorie- u. Forschungsansätzen sowie von ökonom.-rationalen Erklärungskonzepten (methodolog. Individualismus, ökonom. Paradigma) Anzeichen neuer Schulenbildungen erkennen lie-

ßen, die nicht mehr auf einzelne Universitäten konzentriert sind. Darüber hinaus hat die Zahl jener Fachvertreter stark zugenommen, die sich für schulenunabhängig halten.

J. Matthes, Soziol. in der Bundesrep., in: Gegenwartskunde 2, 1972; ders., Einf. in das Studium der Soziol., 1981 (1973); R. Kreckel, Soziol. Denken, 1975; G. Lüschen (Hg.), Dt. Soziol. seit 1945, Sonderheft 21 KZfSS, 1979; H. Holzer, Soziol. in der BRD, 1982.

Schumpeter, Joseph Alois, 8. 2. 1883 Triesch (Mähren) – 8. 1. 1950 Taconic, Conn., 1906 Dr. jur., anschließend Tätigkeit am Internat. Gerichtshof Kairo, 1909 Habil. für Wirtschaftswiss., a. o. Prof. Czernowitz, 1911 o. Prof. Graz, 1918/19 Sachverständiger der dt. Sozialisierungskommission Berlin, 1919 österr. Finanzminister, 1922 Bankpräsident in Wien, 1925 Prof. für Finanzwiss. Bonn, 1930 Gastprof., 1932 o. Prof. Harvard, USA.
S. hat sich in erster Linie mit dogmenhistor., kreislauf- u. entwicklungstheoret. Problemen der Wirtschaftswiss. beschäftigt. Seine soziol. Analysen sind den Fragen des Werdens u. Vergehens des Kapitalismus gewidmet, dem eine Tendenz zur Selbstzerstörung innewohne. Die im Kapitalismus zum Ausdruck kommende, zykl. verlaufende wirtschaftl. Entwicklung stellt sich als ein »Prozeß der schöpferischen Zerstörung« dar. Die entscheidende Antriebskraft bilden – im Gegensatz zu den sich bloß anpassenden »Wirten« – dynam. Unternehmer, die im Wirtschaftsleben Innovationen bzw. Neuerungen durchsetzen: a) neue Produkte oder Produktqualitäten, b) Einf. neuer Produktionsverfahren, c) Erschließung neuer Absatzmärkte, d) Erschließung neuer Beschaffungsmärkte, e) Änderung der Organisation. Mit der Herausbildung marktbeherrschen-

Schwarzer-Kasten-Methode

der Großunternehmungen u. mit fortschreitender Bürokratisierung wird der dynam. Unternehmer durch bürokrat. Planer verdrängt. Schließl. wird der Kapitalismus durch staatl. Planwirtschaft u. Sozialismus abgelöst, der mit einer demokrat. Staatsform vereinbar sei. Dieser Sozialismus bedarf dann auch der sachverständigen (Funktions-)Eliten, die in einem Konkurrenzkampf um die Zustimmung des Volkes bestellt werden. Demokratie ist demnach eine von ökonom. u. ideolog. Basis unabhängig vorzustellende Form der staatl. Herrschaftsbestellung, d. h. ein polit. Instrumentarium zur Regeln der Herrschaftsbestellung u. -ablösung.

Schr.: Theorie der wirtschaftl. Entwicklung, [8]1993 (1912); Epochen der Dogmen- u. Methodengesch., [3]1925 (1914); Business Cycles, 2 Bde., 1939, dt.: Konjunkturzyklen, 2 Bde., 1961; Capitalism, Socialism and Democracy, 1942, dt.: Kapitalismus, Sozialismus u. Demokratie, [6]1987 (1946); Imperialism and Social Classes, 1951; Aufsätze zur ökonom. Theorie, 1952; Aufsätze zur Soziol., 1953; History of Economic Analysis, 2 Bde., 1954, dt.: Gesch. der ökonom. Analyse, 2 Bde., 1965; Dogmenhistor. u. biograph. Aufsätze, 1954; Das Wesen u. der Hauptinhalt der theoret. Nationalökonomie, 1970; Das Wesen des Geldes, 1970; Aufsätze zur Wirtschaftspolitik, 1985; Beiträge zur Soz.ökonomik, 1987.
R. Schaeder, S., in: Hdwb. der Soz.-wiss.en 9, 1956; G. Eisermann, J. S. als Soziologe, in: Kyklos 18, 1965; E. Schneider, J. A. S., 1970; J. Osterhammel, J. A. S. u. das Nicht-Ökonom. in der Ökonomie, in: KZfSS 39, 1987; R. Swedberg, J. A. S., 1994.

Schwarzer-Kasten-Methode
→black-box-Methode

Schwarzfahrer-Problem
→Trittbrettfahrer

Schweigespirale,
eine von E. Noelle-Neumann herausgestellte Bezeichnung für einen Wandel der öffentl. Meinung bzw. des »Zeitgeistes«, bei dem wie in einem Spiralprozeß ein Teil der Bevölkerung – unter dem Einfluß von Massenmedien – immer mehr öffentl. tonangebend wird u. dominiert, während die übrige Bevölkerung mit anderen oder entgegengesetzten Auffassungen, Wertorientierungen, Einstellungen u. Meinungen zunehmend in Schweigen verfällt u. sich zurückzieht. Dieser Rückgang trägt dann dazu bei, daß die ersteren stärker erscheinen, als sie wirklich sind, und die anderen schwächer. Dadurch bleiben die tatsächl. Mehrheits- u. Stärkeverhältnisse weitgehend verborgen.
Mitunter kommt noch verstärkend hinzu, daß von der öffentl. vorherrschend gewordenen Meinungsströmung abweichende Bevölkerungsteile sich durch gezielte Stigmatisierung (→Stigma) in Außenseiterpositionen oder in (vermeintl.) radikalere Randlagen abdrängen u. »mundtot« machen lassen.
E. Noelle-Neumann, Die S., 1980; dies., Öffentl. Meinung, 1991; M. Schenk u. a., Medienwirkungsforschg., 1987; H. Scherer, Massenmedien, Meinungsklima u. Einstellung, 1990.

Science Fiction
(engl.), »Wissenschafts-Erdichtung«; nach dem I. Weltkrieg übl. gewordene Bezeichnung für eine Literaturgattung, die in utop.-phantast. Entwürfen die Auswirkungen neuer (vermuteter) wiss. Entdeckungen für die Grundlagen u. sozialen Strukturen menschl. Daseins u. Zus.lebens darzustellen versucht. Dabei werden in Gedankenexperimenten u. in schreckenden bzw. schockierenden Darstellungen von »Übermenschen«, »Robotern« u. außerweltl. Befehlszentralen sowohl das zukünftige Verhältnis des Menschen zu der immer weiter fortschreitenden, sich verselbständigenden u. ihn u. U. bedrohenden Technik als auch Möglichkeiten des Einsatzes natur- u. sozialwiss. Technologien für die Entfaltung u.

Sicherung neuer Ges.- u. Herrschaftsverhältnisse »durchgespielt«. Soziol. Inhaltsanalyse versucht, die in S. F. enthaltenen sozialen u. polit. Gegenwartsprobleme, Gesellschaftsbilder u. (für Ideologien u. weltanschaul. Eschatologien bedeutsamen) Zukunftserwartungen zu erforschen.

M. Schwonke, Vom Staatsroman zur S. F., 1957; V. Graf, Homo Futurus. Eine Analyse mod. S. F., 1971; W. Biesterfeld, Die literar. Utopie, ²1982; D. Wuckel, Illustrierte Gesch. der S.-f., 1986; H. J. Alpers u. a., Lexikon der S.-f.-Literatur, 1990.

Scientific management (engl.) →Betriebsführung, wissenschaftliche

Scientismus (lat.), Auffassung, daß alle sinnvollen Probleme mit wiss. Methoden lösbar seien. Als krit. Bezeichnung ist S. gegen den Positivismus u. Behaviorismus u. damit gegen alle diejenigen wiss.theoret. Tendenzen gerichtet, die das Studium sozialer, polit. u. kultureller Phänomene mit ausschließl. naturwiss. orientierten Methoden für mögl. halten.

Score (engl.), Bezeichnung für den zahlenmäßigen Punktwert (Maßzahl), der die Leistung einer Versuchsperson b. der Anwendung eines Testes oder einer Skala zum Ausdruck bringt. Der zus.gesetzte s. resultiert aus mehreren Einzelleistungen einer Versuchsperson. Der Summens. ergibt sich aus der Summierung der einzelnen Leistungsmaße.

Sedimentation (lat.), Sedimentbildung, Ablagerung, ursprüngl. ein geolog. Begriff. Die Begriffsvariante Sedimentierung stammt von E. Husserl u. wurde von A. Schütz in die Soziol. eingeführt. S. bezeichnet demzufolge in der phänomenolog.

beeinflußten Soziol. die Festsetzung von Erfahrungen im Bewußtsein. Nur ein geringer Teil der Gesamtheit menschl. Erfahrungen erstarrt so zur Erinnerung. Intersubjektive S. ergibt sich, wenn mehrere Menschen einen gemeinsamen Lebenslauf haben u. sich ihre Erfahrungen in einem gemeinsamen Wissensbestand ablagern. Eine solche S. ist ges., wenn ihre Objektivation bzw. »Vergegenständlichung« mit Hilfe einer Sprache erfolgt. Es bestehen dann Chancen dafür, daß gemeinsame Erfahrungen von Generation zu Generation u. von Ges. zu Ges. überliefert werden.

P. Berger u. T. Luckmann, Die ges. Konstruktion der Wirklichkeit, 1977 (1969, engl. 1966).

Segmentäre Gesellschaft, ein Ges.typ, der strukturell durch das Nebeneinander gleichartig aufgebauter u. funktionierender unabhängiger, in sich abgeschlossener Soz.gebilde (Klane, Dorfgemeinschaften, Stämme) gekennzeichnet ist. Die einzelnen segmentären Einheiten sind demnach nicht durch Kooperationszwänge u. notwendige Austauschbeziehungen miteinander verbunden. Sie können ohne Bezug zu ihrer soz. Umwelt überleben. Infolge ihrer geringen oder fehlenden Spezialisierung ist die Leistungsfähigkeit der Einheiten sowie der Ges. insgesamt stark herabgesetzt. Der Ausfall einzelner Einheiten führt kaum oder überhaupt nicht zu Störungen der Ges., sondern nur zu deren Verkleinerung. Bei E. Durkheim wird die s. G. als »primitiver« Typ der mod., arbeitsteilig organisierten, komplexen u. zentralisierten Ges. gegenübergestellt.

E. Durkheim, Über soz. Arbeitsteilung, ²1988 (franz. 1893); C. Sigrist, Regulierte Anarchie, 1967; J. Stagl, Die Morphologie s. G., 1974.

Segmentation

Segmentation (lat.), Prozeß der Herausbildung strukturell u. funktional gleichartiger soz. Einheiten. Diese sind im Gegensatz zu Elementen einer arbeitsteilig differenzierten Ges. kaum spezialisiert u. relativ wenig leistungsfähig, aber weitgehend autonom.

Segmentierung (lat.), »Gliederung«, »Aufspaltung« einer soz. Rolle oder eines Handlungsbereichs in Handlungsfelder, etwa nach Maßgabe der normativen Erwartungen von Rollen- bzw. Interaktionspartnern oder nach räuml. u. zeitl. abgrenzbaren Handlungseinheiten. Durch Ethnizität, Regionalismus u. Lokalismus kann die S. einer Ges. vorangetrieben werden, zu Lasten gesamtges. Solidarität.

Segregation (lat., engl.), »Ausscheidung«, »Absonderung«, isolierte, abgesonderte Lebensweise von Bevölkerungsteilen (Minderheit) bestimmter ethn. oder nationaler Herkunft. In den USA z. B. die rassische S. der Farbigen im Gegensatz zur Integration anderer Bevölkerungsteile oder die ethn. S. der Juden, Italiener (Sizilianer), Griechen, Polen, Iren u. a. →Gastarbeiter.

H.-J. Hoffmann-Nowotny u. K.-O. Hindrich (Hg.), Ausländer in der BR Dtl. u. in der Schweiz, 1981.

Sein, gesellschaftliches →Marxismus/Marxistische Soziologie

Seinsverbundenheit des Denkens →Standortgebundenheit, →Mannheim, K.

Sekte (lat.), »Befolgte Lehre«, religiöse oder polit. Gemeinschaft, die sich von einem größeren soz. Gebilde (Kirche, Partei) in Opposition zu diesem abgespalten hat. Sozialpsycholog. ist eine S. charakterisiert durch ein verstärktes Wir-Gefühl, hohe Emotionalität, Kultivierung eines aktiven (weltverbesserischen) oder passiven (Leiden, Armut) Ethos unter den Mitgliedern. Da die ideolog. bzw. weltanschaul. Zielsetzungen u. binnenstrukturellen Beziehungen der Mitglieder sich von den allg. kulturellen Werthaltungen u. Verhaltensmustern abheben, ist mit S.nzugehörigkeit in der Regel eine soziale Statusdiskriminierung verbunden (die durch höheren Binnenstatus u. Gemeinschaftsgefühle ausgeglichen wird). S.n bringen ges. Anomie in religiöser »Verkleidung« zum Ausdruck. Die soziale Isolierung infolge S.nzugehörigkeit korrespondiert sehr oft mit individuellem Leistungs- u. Erfolgsstreben. Zentrale Lebensziele der S.nmitglieder sind Protest u. Überzeugungsarbeit gegen bestehende Ordnungen nach Maßgabe absoluter Wahrheiten u. utop. Heilslehren. Aus S.n können sozial anerkannte Institutionen oder in die völlige soziale Isolierung zurückfallende u. passiv-resignierende Randgruppen der Ges. werden. →Jugendsekte

M. Weber, Die protestant. S.n u. der Geist d. Kapitalismus (in: Gesam. Aufsätze zur Religionssoziol. Bd. 1, ⁹1988, 1920); J. M. Yinger, Religion, Society and the Individual, New York 1957; D. Goldschmidt u. J. Matthes (Hg.), Probleme der Religionssoziol., 1962; K. Hutten, Seher, Grübler, Enthusiasten, ¹⁰1966; O. Rammstedt, S. u. soz. Bewegung, 1966; F.-W. Haack, S.n, ⁵1986; A. Davids, S.n, 1988; O. Egenberger, Kleine S.nkunde, 1991; F.-W. Haack, Europas neue Religion: S.n, Gurus, Satanskult, 1991; H. Gasper, J. Müller u. F. Valentin (Hg.), Lexikon der S.n u. Weltanschauungen, ⁴1992.

Sektierer (lat.), Anhänger einer Sekte, im kommunist. Sprachgebrauch »Linksabweichler« von der verbindl. Parteilinie, die auch dann die revolutionären Prinzipien u.

Strategien rein erhalten u. verfolgen wollen, wenn die Parteiführung u. Parteimehrheit eine Bündnispolitik mit linksbürgerl. oder sonstigen als »progressiv« erkannten Gruppen oder Bevölkerungsschichten für nötig oder opportun ansieht.

Sektor, primärer, sekundärer, tertiärer →Fourastié, Jean

Sekundäranalyse (lat.), »Zweitanalyse«, das Auswerten von Daten oder Materialien, die von anderen Personen u. Institutionen oder zu anderen Problembereichen bereits gesammelt wurden, d. h. die Nutzung bereits vorliegender Forschungsergebnisse unter einem neuen Frageansatz u. theoret. Bezugssystem. Eine wichtige Rolle spielt in der soziol. Forschung die S. der vorliegenden systemat. Datensammlungen, z. B. von öffentl. Statistiken u. Archiven. Eine Aufgabe von sozialwiss. Dokumentationsstellen u. Datenbanken besteht darin, das Material abgeschlossener Umfragen u. empir. Untersuchungen einer größeren wiss. Öffentlichkeit zur Neuaufbereitung zur Verfügung zu halten.

Sekundärbedürfnis →Bedürfnis

Sekundärerfahrung →Primärerfahrung

Sekundäre Sozialisation →Sozialisation

Sekundärgruppe (engl. secondary group), nach C. H. →Cooley soz. Gruppen, Gebilde u. Systeme, die nicht den Charakter einer →Primärgruppe haben. S.n sind organisator. aufgebaute u. ggf. bürokrat. funktionierende Großgruppen, die mehr dem Organisationsbegriff als dem an der Kleingruppe orientierten soziolog. Gruppenbegriff entsprechen. S.n sind in ausgeprägtem Maße ziel-, zweck- u. interessenorientiert. Ihr Rollengefüge ist weitgehend formalisiert. Die Beziehungen der Gruppenangehörigen untereinander sind aufgabenbezogen, in der Regel eher affektiv-neutral, unpersönl.-sachl. Der Öffentlichkeitsgrad ist relativ hoch. Zu den S.en zählen Vereine, Unternehmungen, Interessenverbände, polit. Parteien. Das auf die S. ausgerichtete Wir-Bewußtsein ist im Vergleich zur Primärgruppe meistens erhebl. abgeschwächt. Innerhalb einer S. können organisator. geschaffene Kleingruppen oder ungeplant entstandene informelle Gruppen infolge der Herausbildung u. Verstärkung persönl.-emotionaler Beziehungen die Eigenart einer Primärgruppe annehmen. →Informelle Beziehungen üben einen großen Einfluß auf das soz. Klima u. auf die Leistungsfähigkeit einer S. aus. Die S. deckt sich großenteils mit dem Begriff der Ges. bei F. →Tönnies. Der soz. Wandel von der traditionalen zur mod. Ges. ist mit einer fortschreitenden Schwerpunktverlagerung von Primärgruppen zu S.n verbunden.

Selbst (von german. selb, derselbe, dieselbe, dasselbe, engl. self), allg.: auf die eigene Person bezogen. Soziol.-soz.psychol. bezeichnet das S. den mit der →Identität u. mit der psych. Instanz des →Ich(s) verflochtenen Komplex von Auffassungen, Vorstellungen, Einstellungen u. Bewertungen eines Individuums im Hinblick auf die eigene Person. Je nach Eigenart u. Entwicklungsniveau einer Kultur u. eines Individuums ist das Bestreben des einzelnen unterschiedl. stark ausgeprägt, die eigene Person zu

Selbstbeobachtung

erkennen, zu deuten u. zu verstehen (S.erkenntnis u. -verständnis). Die Gesamtheit der Sichtweisen, Vorstellungen u. Bewertungen eines einzelnen hinsichtlich der eigenen Persönlichkeitsmerkmale, Fähigkeiten, Wünsche, Interessen, Verhaltensweisen u. ä. m. ergibt das S.bild bzw. S.konzept (Autostereotyp).

Das S. eines Individuums bildet sich erst im Verlaufe der Sozialisation durch Interaktionen mit anderen Personen heraus. Bereits W. James (1842–1910) unterschied zw. einem »reinen Ich« (Innenperspektive des »I«, engl) u. einem soz. S. (Außenperspektive des »me«, engl.), das wesentl. durch Bezüge auf Eindrücke von Interaktionspartnern bestimmt ist. 1902 führte C. H. →Cooley als Ausdruck der soz. Bedingtheit des S. den Begriff des Spiegel-S. (engl. looking-glass self) bzw. des reflektierten S. (engl. reflected self) ein: Die Herausbildung des S. einer Person bedarf der Widerspiegelung der eigenen Handlungen in den Reaktionen der Handlungspartner. Diese Reaktionen bilden gleichsam ein Spiegelbild, in dem sich die betreffende Person s. sieht u. mit dem sie sich auseinandersetzt. Im Verlaufe dieser psych. tiefgreifend wirkenden Interaktion formt das Spiegelbild das S. des Sozialisanden (die zu sozialisierende Person). Das Spiegel-S. ähnelt dem Begriff des »Mich« (engl. me) bei G. H. →Mead, mit dem er ebenso wie W. James die soz. Komponente des S. bezeichnete. Das »Mich« entsteht durch die Übernahme der auf die betreffende Person gerichteten Haltungen u. Erwartungen der Interaktionspartner. Das »Mich« ergibt sich somit aus der Vorstellung des einzelnen davon, wie er (vermutlich) von seinen Interaktionspartnern gesehen

u. eingeschätzt wird. Erst durch die Fähigkeit des Individuums, »diese Haltungen der anderen einzunehmen, . . . wird er sich seiner Identität bewußt« (Mead). Das »Mich« ist zugleich der Repräsentant von Ges. im Individuum. Ähnlich wie W. James stellte Mead eine weitere Komponente des S. heraus: Das »Ich« (engl. I) als jener Teil des S. eines Individuums, der spontan auf eine ges. Situation u. auf die Haltungen sowie Erwartungen der Interaktionspartner gegenüber der eigenen Person reagiert. »Das ›Ich‹ liefert das Gefühl der Freiheit, der Initiative« (Mead). Es ermöglicht s.-bewußtes Handeln. Mit dem »Ich« ist zugleich eine Stufe der Reflexivität erreicht, die eine (kritisch-distanzierte) Auseinandersetzung mit dem »Mich«, mit soz. Rollen u. ges. Forderungen eröffnet. Das phänomenale bzw. persönl. S. bezeichnet im →Symbolischen Interaktionismus die Fähigkeit des einzelnen, sich trotz des Wechsels von einer soz. Rolle in eine andere als gleichbleibende individuelle Persönlichkeit zu erleben.

W. James, Principles of Psychology, Bd. 1, New York 1890; C. H. Cooley, Human Nature and the Social Order, New York 1922 (1902); G. H. Mead, Mind, Self and Society, Chicago 1934, dt.: Geist, Identität u. Ges., ⁷1988 (1968); S. H. Filipp, S.konzept-Forschung, 1979; H.-G. Vester, Die Thematisierung des S. in der postmod. Ges., 1984; A. Hahn u. V. Kapp (Hg.), S.thematisierung u. S.zeugnis, 1987; W. Helsper, S.krise u. Individuationsprozeß, 1989.

Selbstbeobachtung →Introspektion

Selbstbild, die Gesamtheit der Vorstellungen, Urteile, Bewertungen einer Person über sich selbst. →Autostereotyp

S.-H. Filipp (Hg.), Selbstkonzept-Forschung, 1979.

Selbsteinschätzung, Selbsteinstufung, Selbstzurechnung, empir. Verfahren zur Ermittlung von sozialer Schichtung nach »subjektiven« Kriterien in dem Sinne, daß die befragten Mitglieder einer Ges., entsprechend ihren persönlichen Vorstellungen, sich selbst einer – entweder von der Befragung alternativ vorgegebenen oder von den Befragten selbst zu bestimmenden – Schicht zuordnen können. →Fremdeinschätzung

Selbstentfremdung →Entfremdung

Selbsthaß, Bezeichnung der Erscheinung, daß Angehörige diskriminierter Minderheiten die auf sie gerichteten negativen Vorurteile der vorherrschenden Bevölkerungsmehrheit (Majorität) zuungunsten des eigenen Selbstwertelebens übernehmen. Fehlende Möglichkeiten des Protests, der Auflehnung u. der Abkapselung sowie eine weitgehende Identifizierung mit der Majorität bilden wesentl. Bedingungen für das Entstehen von S. (K. Lewin). Tendenzen zum kollektiven S. können sich auch in Ges.en breitmachen, z. B. infolge eines verlorenen Krieges, moral. Versagens oder großer wirtschaftl. Schwierigkeiten u. Versorgungsprobleme. Zu den Folgen zählen gesteigerte Aggressivität in den mitmenschl. Beziehungen, verminderte Solidarität u. ges. Stabilität (→autoaggressive Ges.).

T. Lessing, Der jüd. S., 1984; K. Lewin, Die Lösung soz. Konflikte, ³1968 (1953, amerik. 1948).

Selbsthilfe, im Gegensatz zur staatl. Hilfe »von oben« die durch Eigeninitiative, Selbstgestaltung u. Solidarität geprägte Bewältigung von Problemen, Aufgaben, Krisen, Unglücken u. Katastrophen durch soz. Gruppen, überschaubare Lebensgemeinschaften u. Personenkreise mit gleicher Betroffenheit. In der traditionellen, vormod. Ges. hatte die S. für das soz. Zus.leben u. für die gemeinsame Lebensbewältigung existentielle Bedeutung. In den ländl. Siedlungen u. in den Städten dienten die Verwandtschaft, Nachbarschaft, religiöse Gemeinschaften, Genossenschaften, Berufs- u. Altersgruppen der auf Gegenseitigkeit beruhenden S.-Prozesse der Industrialisierung, des Bevölkerungswachstums, der Land-Stadt-Wanderung, der Urbanisierung u. des Wachstums großer Industriestädte, gesteigerten soz. Mobilität u. Individualisierung führten zur Abschwächung oder sogar Auflösung primärer soz. Netze u. damit zu Einbußen überkommener Formen der S. Der dadurch in mod. Massenges.en notwendig gewordene Aufbau eines soz.staatl. Sicherungssystems machte das Individuum u. die mod. Kernfamilie (Eltern u. Kinder) von traditionellen Formen der S. unabhängiger u. beschleunigte deren Auflösung. Nachdem der Ausbau des Soz.- u. Wohlfahrtsstaates an Finanzierungsgrenzen gestoßen ist, werden im Sinne des Prinzips der →Subsidiarität auf Freiwilligkeit, Eigeninitiative u. Gegenseitigkeit beruhende Bestrebungen zur S. zunehmend gefördert. Zugunsten der ges. Integration hat sich eine S.bewegung herausgebildet, die in S.organisationen u. -gruppen zum Ausdruck kommt. Dadurch wird zugleich Tendenzen der Bürokratisierung, der Fremdbestimmung u. »Entmündigung« des Individuums entgegengewirkt. Es besteht aber auch die Gefahr, daß die S.bewegung zum übermäßigen Abbau des

Selbsthilfegruppe

Soz.staates mißbraucht werden könnte.

Das Streben nach S. hatte maßgeblichen Anteil bei der Entstehung der Arbeiterbewegung, Gewerkschaften, Genossenschaften, Gemeinwirtschaft u. zahlreicher Verbände u. Vereine. In der mod. Ges. hat sich die Möglichkeit der S. in vielen Lebensbereichen entfaltet: medizin., (soz.)therapeut. u. karitativer Bereich (S.gruppen, alternative Gesundheitsläden, therapeut. Wohngemeinschaften), Arbeits- u. Wirtschaftsleben (informelle Wirtschaft bzw. »Schattenwirtschaft«, Nachbarschaftshilfe beim Eigenheimbau, selbstverwaltete Betriebe, Arbeitsloseninitiativen), Wohnen (Wohngemeinschaften, Wiederbelebung der Nachbarschaft, Mieterorganisationen), Kultur (selbstorganisierte Freizeitunternehmungen u. Kulturzentren, freie Schulen), natürl. Umwelt (Umwelt- u. Naturschutzinitiativen, -gruppierungen u. -verbände), bestimmte Personenkategorien (autonome Jugendzentren, Frauengruppen u. -zentren, Alteninitiativen). Die Neubelebung u. Entfaltung der S. begünstigt in der mod. Ges. die Entwicklung u. Ausbreitung freiheitl.-demokrat. u. solidarisch-kooperativer Einstellungen, Verhaltensweisen u. Lebensformen.

Die Förderung der S. kann in Entwicklungsländern zur Bewältigung des Konflikts zw. »westl.« geprägter Modernisierung einerseits u. dem Streben nach kult. Identität u. nationalstaatl. Eigenständigkeit andererseits beitragen.

B. Badura u. C. v. Ferber (Hg.), Soziol. u. Soz.pol., Bd. 1: S. u. Selbstorganisation im Gesundheitswesen, 1981; P. Gross, Der Wohlfahrtsstaat u. die Bedeutung der S.bewegung, in: Soz. Welt 33, 1982; W. H. Asam u. M. Heck (Hg.), Subsidiarität u. S., 1985; C. Reis u. H. Dorenburg (Hg.), S., 1985; H. Klingemann (Hg.), S. u. Laienhilfe, 1986; F. Vilmar u. B. Runge, Auf dem Weg zur S.ges.?, 1986; J. Hu-

ber, Die neuen Helfer, 1987; B. Runge u. F. Vilmar, Hdb S., 1988; M. v. Hauff, Neue S.bewegung u. staatl. Soz.pol., 1989.

Selbsthilfegruppe, der freiwillige Zus.schluß von Menschen, die durch ein gleiches Problem oder Anliegen betroffen sind. Die entscheidende Triebfeder für die Gründung u. Aufrechterhaltung einer S. ist somit die persönl. Betroffenheit der Gruppenangehörigen. Diese erwarten, daß sie trotz fehlender professioneller Ausbildung u. oft auch ausbleibender staatl.-ges. Unterstützung mit der S. leichter ihr jeweiliges Problem oder Anliegen bewältigen können. S.n sind zunächst in den USA entstanden u. haben sich in den 1970er Jahren auch in Westeuropa ausgebreitet. S.n bestehen für chron. u. psych. Kranke, Behinderte, für Personen mit chron. kranken oder behinderten Familienangehörigen, für Süchtige (Alkoholiker, Drogen- u. Medikamentensüchtige, Mager- u. Eßsüchtige), für diskriminierte u. benachteiligte Menschen (Homosexuelle, Obdachlose, Ausländer, Straffällige), für Geschiedene, Alleinerziehende, verwaiste Eltern, vereinsamte Mitmenschen u. a. m. Die Angehörigen einer S. treffen sich regelmäßig u. interagieren ohne formellen Leiter nach demokrat. Grundsätzen. Im Mittelpunkt stehen offene u. intensive Gespräche über das gemeinsame Problem oder Anliegen. Diese Kommunikation beinhaltet gegenseitige Anteilnahme, den Austausch von Informationen, Erfahrungen u. Ratschlägen, insbes. hinsichtl. medizin., therapeut., soz.staatl., bürokrat. Hilfsmöglichkeiten. Gespräche mit Betroffenen, die ihr Schicksal gemeistert haben, können erhebl. zur Stärkung des Selbstwertgefühls u. Selbstvertrauens beitragen. Positive

Wirkungen sind außerdem: die gegenseitige Stärkung des Lebensmutes, der Abbau von Einsamkeit u. psych. Belastungen, die Stärkung von Selbstverantwortung u. Eigeninitiative, lebensprakt. Unterstützung u. Hilfeleistung untereinander, wirkungsvollere Interessenvertretung u. Öffentlichkeitsarbeit, Entlastung von Ärzten, sonstigen Experten u. von soz.staatl. Einrichtungen, insgesamt eine erhebl. Verbesserung der Lebensqualität der Betroffenen u. des soz. Zus.lebens. Infolge zunehmender Anerkennung der positiven Wirkungen von S.n werden diese z. T. durch soz.staatl. Einrichtungen unterstützt u. gefördert: Hilfe bei der Gründung einer S., kommunale u. staatl. Unterstützungsprogramme, Beratung durch Fachkräfte (Angehörige von Gesundheitsberufen, Pädagogen, Soz.arbeiter, sonstige professionelle Helfer), Angebot von Weiterbildung.

Im Unterschied zu lokal gebundenen u. relativ kleinen S.n sind Selbsthilfeorganisationen Gruppierungen mit großen Mitgliederzahlen, mit Führungspositionen (Vorsitzender, Geschäftsführer), bürokrat. Apparat u. regionaler Gliederung (z. B. Landes- u. Ortsverbände), z. B. die Rheuma-Liga, Multiple-Sklerose-Ges. u. der Diabetikerbund. Sie setzen sich für die Verbesserung der Lebensumstände ihrer Mitglieder ein, geben Informationsschriften heraus u. stellen medizin., techn. u. rechtl. Hilfen bereit.

H. E. Richter, Die Gruppe, 1972; A. Windhoff-Héritier, Selbsthilfe-Organisationen, in: Soz. Welt 33, 1982; W. Nelles u. W. Beywl, Selbstorganisation: Alternativen für Verbraucher, 1984; W. H. Asam u. a., Hilfe zur Selbsthilfe, 1989; E. v. Kardoff (Hg.), Selbsthilfe u. Krise der Wohlfahrtsges., 1989.

Selbstmord, Suizid (franz. suicide), ein im Zus.hang mit der von E.

Durkheim entwickelten Theorie der Anomie zentral gewordenes soziales Phänomen. Durkheim versuchte, die relative Irrelevanz versch. S.faktoren gegenüber kollektiven, aus der Sozialstruktur sich ergebenden Verursachungsmechanismen nachzuweisen. Er führte z. B. den »altruist.« S. auf Normenkonflikte des Individuums in Ges.en mit extremer Gruppenkohäsion, d. h. mit absolutem Vorrang der Gruppenwerte gegenüber den individuellen Bedürfnissen, zurück. Der »egoist.« S. häuft sich seiner Ansicht nach in Ges.en, in denen eine soziale Kontrolle weitgehend fehlt u. dem Individuum eine stabilisierend wirkende emotionale Bindung an sozialen Normen fehlt. Der »anom.« S. tritt in Zeiten außergewöhnl. Ges.- u. Wirtschaftsentwicklung (Depression, Hochkonjunktur) auf, wenn den Individuen die Orientierung an einem gewohnten Verhältnis von Zielen u. Mitteln zu ihrer Realisierung verloren geht.

Das S.versuchsrisiko nimmt mit fortschreitendem Lebensalter ab. Dagegen steigt bei älteren Menschen das S.risiko. Zu den Ursachen zählen: Mangel an dauerhaften mitmenschl. Beziehungen, Verlust der Partnerin bzw. des Partners, soz. Isolierung, Vereinsamung, Gefühle der Nutzlosig- u. Überflüssigkeit, vermindertes Selbstwertgefühl, Kränkungen u. Enttäuschungen durch andere Menschen, schwere Krankheiten. Stärker s.gefährdet sind ledige Personen, Geschiedene u. insbes. alleinstehende alte Männer.

E. Durkheim, Le suicide, Paris 1897, dt.: Der S., 1968; M. Halbwachs, Les causes du suicide, Paris 1930; H. Pohlmeier, S. u. S.verhütung, 1978; U. Singer, Massenselbstmord, 1980; S. Gessulat, S.verhalten, 1983; W. T. Haesler u. J. Schuh (Hg.), Der Selbstmord/Le Suicide, 1986; M. Haller (Hg.), Freiwillig sterben –

Selbstreferenz

freiwillig? 1986; A. Schmidtke, Verhaltenstheoret. Erklärungsmodell suizidalen Verhaltens, 1988; C. Lindner-Braun, Soziol. des S.s,
1990.

Selbstreferenz (lat.), ein durch
die Neurophysiologie angeregter,
sehr allg. gefaßter Begriff in der Systemtheorie von N. Luhmann. Er
»bezeichnet die Einheit, die ein
Element, ein Prozeß, ein System
für sich selbst ist«, d. h. »unabhängig
vom Zuschnitt der Beobachtung
durch andere«. Eine solche Einheit
muß erst zustandegebracht werden
u. ist nicht immer schon im voraus
gegeben. Ein System ist selbstreferentiell, wenn es die Elemente, aus
denen es besteht, als Funktionsein-
heiten selbst begründet. Außerdem
muß das System in allen Beziehungen zw. den Elementen eine Ver-
weisung auf die Selbstkonstitution
mitlaufen lassen. Selbstreferentielle
Systeme besitzen »die Fähigkeit,
Beziehungen zu sich selbst herzustellen u. diese Beziehungen zu differenzieren gegen Beziehungen zu
ihrer Umwelt«. Sie operieren notwendigerweise im Selbstkontakt.
Auf der Ebene dieser selbstreferentiellen Organisation sind sie nach
Luhmann geschlossene Systeme.
Die These der Rekurrenz bzw. der
indirekten S. der Elemente besagt,
daß die Elemente »eine über andere Elemente laufende Rückbeziehung auf sich selbst« ermöglichen,
z. B. eine über die »Erwartung anderen Handelns laufende Hand-
lungsbestimmung«. Systeme verfügen über eine grundlegende S.,
wenn sie infolge ihres Zus.hanges
mit jedem Prozeß auf andere eigene Prozesse u. dabei auf sich selbst
Bezug nehmen.

N. Luhmann, Soz. Systeme, 1984.

Selbstrekrutierung, Positionen-
bzw. Zugehörigkeits-Nachfolge in
einer sozialen Schicht, Gruppe, Organisation durch »Abkömmlinge«
des eigenen »Mitglieder«-Kreises.
S. kann bei empirisch. Messungen
der »intergenerativen« Mobilität (z.
B. Vater-Sohn-Beruf) festgestellt
werden. Hohe S.raten sind ein
Zeichen für eingeschränkte soziale
Mobilität, begrenzte Aufstiegsbar-
rieren u. Chancengleichheit ebenso wie für die soziale Determinierung des Lebensweges durch Abstammung u. soziale Herkunft.

Selbststeuerung →Regelkreis,
→Kybernetik

Selbstverständlichkeit, soz.wiss.
Begriff zur Kennzeichnung überkommener soziokult. Elemente des
soz. Zus.lebens, insbes. Ideen, Auffassungen, Werte, Tabus, Normen,
Institutionen u. alltägl. Verhaltensmuster, die gleichsam als »natürl.«
gelten u. allg. unreflektiert-auto-
mat. befolgt werden. S.en tragen
wesentl. zu einer stabilen Struktur
der soz. Alltagswelt bei. Vor allem in
vormod. u. traditionsbestimmten
Ges.en werden der Sinn u. die Geltung von S.en nicht bezweifelt u.
kritisiert. Sie werden den nachwachsenden Individuen in frühen
Phasen der Sozialisation vermittelt.
Je tiefgreifender diese soziokult.
Elemente internalisiert (verinnerlicht) werden, um so mehr werden
sie als Bestandteile der eigenen
Persönlichkeit bzw. als S.en empfunden. Es besteht dann kein Bewußtsein für die gesch.-kult. Entstehung u. Relativität der (vermeintl.) S.en. Unter dem Einfluß
soz.wiss. Erkenntnisse u. des Intellektualismus breiten sich in der
mod. Ges. die Einsicht in die kult.
Relativität sowie die kritisch-refle-
xive In-Frage-Stellung der S.en
aus. Dadurch werden der soz. Wandel u. die Ausweitung des indiv.
Verhaltensspielraumes begünstigt.

Zugleich wird aber auch die Entstabilisierung der indiv. Verhaltensorientierung u. des ges. Zus.lebens angetrieben.

A. Gehlen, Urmensch u. Spätkultur, 1956; P. R. Hofstätter, Einf. in die Soz.psychologie, ⁵1973 (1954); D. Claessens, Familie u. Wertsystem, ³1972 (1962); W. Blankenburg, Der Verlust der natürl. S.en, 1971; K. H. Hillmann, Wertwandel, ²1989 (1986).

Selbstwertgefühl, Bezeichnung für die gefühlsgeladene Selbstbewertung u. -einstufung der eigenen Person im Rahmen des sozialen Lebenszus.hangs. Diese Einstellung gegenüber sich selbst kann sowohl positiv (Selbstachtung) wie auch negativ (Minderwertigkeitsgefühl) ausgeprägt sein. Das S. eines Individuums hängt mit der frühkindl. Sozialisation, Höhe des eigenen ges. Status u. mit der Wertschätzung durch die soziale Umwelt zus. (Prestige). Unzureichendes S. beeinträchtigt die psych. Gesundheit, das erfolgreiche Handeln u. die sozialen Beziehungen. Das Bedürfnis nach S. verstärkt das Streben nach Erfolg, höherem Status, Prestige u. Geltungskonsum.

E. H. Erikson, Identität u. Lebenszyklus, ⁹1985 (1966); L. Krappmann, Soziol. Dimensionen der Identität, 1971; H.-E. Richter, Flüchten oder Standhalten, 1976.

Selektion (lat.), »Auslese«; vom →Sozialdarwinismus bevorzugte Bezeichnung für ein grundlegendes Entwicklungs- u. Entfaltungsprinzip menschl. u. sozialen Lebens, nach dem sozialer Wandel sich als Ergebnis des Kampfes u. der Konkurrenz um die beste Leistung gestalte u. die Tüchtigeren gegenüber den weniger »Begabten« bzw. Geeigneten sich »durchsetzen« (W. G. →Sumner, →Siebung).
In der mod. Ges. bildet insbes. die →Schule eine S.sinstanz, wobei sich ein Spannungsverhältnis zw. dem Leistungsprinzip u. dem Anspruch einer »humanen« Gestaltung des Schullebens ergeben hat. Der S.sdruck in der Ges. wird um so größer, je mehr es mit der Expansion des Bildungswesens zu einem Überangebot hochqualifizierter Arbeitskräfte kommt (verschärfte Rivalität um attraktive Positionen, Verdrängungswettbewerb von oben nach unten).

M. Kopp u. M. Schmid, Individuelles Handeln u. strukturelle S., in: KZfSS 33, 1981; P. Windolf, Formale Bildungsabschlüsse als S.skriterium am Arbeitsmarkt, in: KZfSS 36, 1984.

Self-Destroying-Prophecy (engl.), »Sich-selbst-zerstörende-Prophezeiung«, nach R. K. Merton eine Vorhersage, die ihr Eintreffen durch ihr Bekanntwerden u. eine dadurch beeinflußte Reaktion verhindert. So kann z. B. die Prognose wirtschaftl. bedingter Umweltzerstörungen dazu führen, daß zur Abwehr solcher Gefahren umweltgerechtes Handeln verstärkt wird.

Self-Fulfilling-Prophecy (engl.), »Sich-selbst-erfüllende-Prophezeiung«; von R. K. Merton geprägte Bezeichnung für das Phänomen, daß Prognosen der Sozialwiss.en über zukünftige Handlungsabläufe im Falle ihres Bekanntwerdens bei den betreffenden Handelnden die vorhergesagte Entwicklung noch bestärken. So kann z. B. die Voraussage steigender Preise eine Nachfragesteigerung bewirken, die dann wiederum die Preise steigen läßt.

Semantisches Differential (engl. semantic differential), Bezeichnung für →Polaritätsprofil

Semiotik (griech.), die Lehre von den Zeichen u. Ausdrücken bzw. den Zeichen- u. Ausdrucksverbindungen, die als Mittel menschl. Ver-

Sender 776

ständigung dienen (Kommunikation). S. ist für die Soziol. bedeutsam, weil alles soziale Leben als Kooperation von Individuen auf Medien angewiesen ist, die den Austausch, die Verarbeitung u. die Speicherung von Informationen über Gegenstände u. Sachverhalte ermöglichen. Damit gehören zum Inhalt u. zur Entwicklung sozialer Beziehungen immer auch die Erzeugung u. der Umgang mit Zeichen, ist die Analyse sozialer Strukturen u. a. auch über eine Analyse der Zeichenstrukturen möglich. Die S. wird in mehrere Teildisziplinen untergliedert: a) Die Syntaktik untersucht die Beziehungen und die Verknüpfungen zw. den Zeichen u. Ausdrücken, d. h. die Regeln, die z. B. bestimmen, wie zus.gesetzte Ausdrücke aus einfachen hergestellt werden u. in welcher Weise Zeichen, in einer Zeichenreihe aufeinanderfolgend, versch. Zeichenklassen zuzuordnen sind. b) Die Semantik analysiert die Beziehungen zw. den Zeichen u. dem, was sie bezeichnen oder bedeuten. c) Die Pragmatik befaßt sich mit den Beziehungen zw. den Zeichen oder Ausdrücken u. der Funktion, die sie für ihre Schöpfer, Sender oder Empfänger haben. Hierbei interessiert das Zeichen nicht nur als Träger u. Übermittler von Informationen u. Bedeutungen vom Sender auf den Empfänger, sondern auch als Medium der Gefühlserregung u. der Reaktionsauslösung beim Empfänger. Die Sigmatik (insb. von der marxist. S. entwickelt) untersucht die Beziehungen zw. den Zeichen u. den damit bezeichneten Objekten der Widerspiegelung (Abbildtheorie). Sie geht von der Grundannahme aus, daß es einen materialist. zu interpretierenden Zus.hang zw. der Struktur der objektiven Realität u.

den Strukturen der sie »abbildenden« Zeichen u. Ausdrücke gibt.

M. M. Lewis, Language in Society, New York 1948; Ch. Morris, Signs, Language, and Behavior, New York 1955; A. Schaff, Introduction to Semantics, Warschau–Oxford 1962 (dt.: Einf. in die Semantik, 1969); E. C. Cherry, Kommunikationsforschung – eine neue Wiss., 1963; G. Klaus, S. u. Erkenntnistheorie, 1963; S. I. Hayakawa, Semantik, Sprache im Denken u. Handeln, [3]1969; H. J. Heringer, Einf. in die Prakt. Semantik, 1977; M. Krampen u. a. (Hg.), Die Welt als Zeichen, Klassiker der mod. S., 1981; R. Barthes, Das semiolog. Abenteuer, 1988 (franz. 1985); C. S. Peirce, Semiot. Schriften, Bd. 1, hg. v. C. Kloesel, 1986; H. Stachowiak (Hg.), Pragmatik, 2 Bde., 1986–87; U. Eco, S., 1987.

Sender →Adressant

Senioritätsprinzip, in Organisationen (Betrieben, Behörden, Parteien) häufig angewandte Grundregel für die Verteilung von Chancen für den Aufstieg u. von Herrschaftspositionen nach dem Kriterium des Lebensalters der infrage kommenden Bewerber. Mitunter wird das S. mit dem Anciennitätsprinzip verbunden.

Sensibilität (franz.), Empfindlichkeit, soziol. bedeutsamer Begriff zur Bezeichnung der Erscheinung, daß Menschen in Abhängigkeit v. ihrem Bildungs-, Aufklärungs- u. Informationsgrad fähig sind, bestimmte Lebensverhältnisse, Probleme, Krisen, Gefahren sowie geeignete Lösungsmöglichkeiten zu erkennen. Die Sensibilisierung großer Personenmengen ist eine entscheidende Voraussetzung für die Durchsetzbarkeit notwendiger Problemlösungen.

Sensualismus (lat.), »Empfindungslehre«; erkenntnistheoret. Bezeichnung für eine Auffassung, die alle Erkenntnisse aus Sinnesempfindungen (-wahrnehmungen) ableitet.

Sentiment (franz./engl.) →Gefühl

Sequenzanalyse (lat.), »Abfolge«-Analyse; Bezeichnung der Empir. Sozialforschg. für ein Auswahlverfahren, bei dem die Anzahl der zu untersuchenden ausgewählten Fälle zunächst unbestimmt bleibt u. aus der betr. Gesamtheit nacheinander jeweils relativ kleine Auswahlmengen solange entnommen werden, bis durch einen Vergleich der kumulierten Einzelergebnisse über die Gesamtheit eindeutige Aussagen mögl. sind.

Sexismus (lat., engl. sexism), Bezeichnung für die vorurteilsgeladene, aus bestimmten weltanschaul.-ideolog. Orientierungen, Herrschaftsverhältnissen u. kult. »Selbstverständlichkeiten« resultierende Diskriminierung, Unterdrückung, Zurücksetzung, Benachteiligung u. Ausbeutung von Menschen aufgrund ihrer Geschlechtszugehörigkeit. S. wird von überkommenen Auffassungen getragen, nach denen infolge natürl. vorgegebener Unterschiede das eine Geschlecht leistungsfähiger u. wertvoller sei als das andere u. somit höhere Positionen, Lebens- u. Entfaltungschancen beanspruchen könne. Da viele, insbes. die okzidentalen u. mod. Ges.en patriarchal. ausgeprägt sind, bezeichnet S. in der Regel diskriminierende Auffassungen, Vorurteile, Einstellungen, Meinungen u. Verhaltensweisen gegenüber Frauen sowie die Herrschaftsansprüche, Verherrlichung u. Bevorzugung des männl. Geschlechts. Analog zum Begriff Rassismus entstand jener des S. in den 1960er Jahren in den USA bei der Herausbildung der neuen Frauenbewegung.

D. Spender, Frauen kommen nicht vor, 1981; E. Beck-Gernsheim, Das halbierte Leben, 1990; M. Mies u. a., Frauen, die letzte Kolonie, 1992.

Sexualproportion (lat.), »Geschlechterverhältnis«, Bezeichnung der Bevölkerungstheorie für das quantitative Verhältnis der männl. u. weibl. Angehörigen einer Ges. Die S. wird bestimmt durch die geschlechtsspezif. Geburtenverhältnisse, Sterbefälle, Wanderungen u. sonstigen polit. oder sozial bedingten »Bewegungen« in einer Bevölkerungsmasse. Die S. der Geborenen beträgt im Durchschnitt 100 Mädchen zu 104–106 Knaben. Aufgrund geschlechtsspezif. Absterbeordnungen (→Sterbetafel) wird eine ausgeglichene S. (unter normalen sozialen Bedingungen) erst in den Altersklassen zwischen 45–50 Jahren erreicht.

Sexualsoziologie (lat.), »Geschlechter«-Soziol., untersucht als spezielle Soziol. (a) die Beziehungen zw. sexueller Triebhaftigkeit des Menschen u. seiner Sozialisation durch bestimmte ges. Strukturverhältnisse, Moral- u. Wertvorstellungen, (b) die Funktionen der Sexualität für Aufbau, Stabilität u. Wandel sozialer Systeme, (c) die kulturellen u. sozialen Faktoren, die in den versch. Ges.en u. in den Schichten u. Gruppen von Ges.en zu unterschiedl. geschlechtl. Verhaltensweisen führen, (d) die Zus.hänge zw. Sexualerziehung u. Geschlechterrollen-Vermittlung. Die Entwicklung der S. ist entscheidend bestimmt worden durch: (1) psychoanalyt. Studien über die Auswirkung sexueller Triebhaftigkeit auf Charakterbildung, geistige Situation u. soziale Beziehungen (insbes. Konflikte) des Menschen u. über die Zus.hänge zw. seiner sexuellen, ges. u. polit. Emanzipation sowie

Shils 778

zw. sexueller Unterdrückung u. Aggressionsbereitschaft (S. Freud, W. Reich, H. Marcuse); (2) kulturanthropolog. u. ethnolog. Untersuchungen über die ges. Vermitteltheit der Geschlechterrollen in versch. Ges.en sowie über die funktionalen Einflußfaktoren, die zur Entstehung solcher Geschlechterrollen führen (M. Mead, B. Malinowski, F. A. Beach); (3) Beiträge der Verhaltensforschg. u. Humanmedizin über die körperl. Bedingungen u. über ges. Praktiken sexuellen Verhaltens (N. Tinbergen, A. C. Kinsey); (4) Forschungen der philos. Anthropologie über die Zus.hänge von Sexualtrieb, Kultur u. Moral (M. Scheler, H. Plessner, D. Claessens); (5) Beiträge der Familiensoziol., Jugendsoziol. u. Bevölkerungstheorie über Beziehungen zw. sog. »generativem« Verhalten u. Bevölkerungsentwicklung im allg. u. über den Einfluß der Sexualität auf das Verhältnis der Generationen u. auf die Stabilität bzw. Instabilität ges. Institutionen.

S. Freud, Drei Abhdlg.en zur Sexualtheorie (Gesam. Werke, 5. Bd., 1949); M. Mead, Geschlecht u. Temperament in primitiven Ges.en, 1959 (amerik. 1936); dies., Mann u. Weib, 1955 (engl. 1950); W. Reich, Die sexuelle Revolution, ⁵1970 (1936); H. Schelsky, Soziol. der Sexualität, 1955; A. C. Kinsey, Das sexuelle Verhalten des Mannes, 1964 (amerik. 1948); Das sexuelle Verhalten der Frau, 1963 (amerik. 1953); B. Malinowski, Geschlechtstrieb u. Verdrängung bei den Primitiven, 1962; H. Marcuse, Triebstruktur u. Ges. 1965; F. A. Beach, Sex and Behavior, New York 1965; W. Reich, Der Einbruch der sex. Zwangsmoral, 1972; L. Tiefer, Die menschl. Sexualität, 1981; P. Ariès u. A. Béjin (Hg.), Die Masken des Begehrens u. die Metamorphosen der Sinnlichkeit, 1984; H. Kentler (Hg.), Sexualwesen Mensch, 1984; R. Lautmann, Der Zwang zur Tugend, 1984; V. Sigusch, Die Mystifikation des Sexuellen, 1984; ders.: Vom Trieb u. von der Liebe, 1984; U. Clement, Sexualität im Wandel, 1986; I. L. Reiss, Journey into Sexuality, 1986; A. Schuller u. N. Heim, Vermessene Sexualität, 1987; R. Gindorf u. E. J. Haeberle (Hg.), Sexualitäten in unserer Ges., 1989; A.-A. Guha, Die ungeliebte Lust, 1990.

Shils, Edward Albert, amerikan. Soziologe, ★1911 USA, Prof. für Soziol. an der Univ. Chicago.
S. ist neben T. Parsons maßgebl. am Aufbau der Strukturell-funktionalen Theorie beteiligt. Zu seinen weiteren Hauptarbeitsgebieten zählen die Kleingruppenforschg. (Primärgruppen, informale Gruppen), Militärsoziologie (Bedeutung von Primärgruppen im Rahmen militär. Einheiten u. Vorgänge), Soziol. der Intellektuellen, Unternehmer u. polit. Führer, ferner Entwicklungsländer.

Schr.: The Present of American Sociology, Glencoe 1948; zus. mit Parsons, Hg., Toward a General Theory of Action, New York 1962 (1951); zus. m. Parsons u. R. Bales, Hg., Working Papers in the Theory of Action, Glencoe 1953; The Torment of Secrecy, 1958; Political Development in the New States, 1962 (1960); zus. m. Parsons u. a. Hg., Theories of Society, New York ²1965 (1961); The Intellectual Between Tradition and Modernity: the Indian Situation, Den Haag 1961; The Intellectuals and the Powers and other Essays, Chicago 1972; Center and Periphery. Essays in Macrosociology, Chicago u. London 1975; The Calling of Sociology, Chicago 1980; The Constitution of Society, Chicago 1982.
Culture and its Creators. Essays in Honor of E. S., hg. v. Ben-David u. T. N. Clark, Chicago 1977.

Sicherheit, soziale, mehrdeutige Bezeichnung für ges.polit. Zielsetzungen u. Programme sowie für ein ges. Wertsymbol im Sinne von Geborgenheit, Verläßlichkeit, Risikolosigkeit, Gewißheit. S. meint Status-S. ebenso wie Absicherung der ges. Situation des einzelnen Menschen oder der gesamtges. Strukturverhältnisse durch steigende Sozialleistungen, Rechts-S., mehr Ordnung durch Institutionalisierung der Konfliktlagen oder Transparenz u. Berechenbarkeit sozialer Beziehungen. Objektive soziale S. muß vom subjektiven Gefühl sozialer S. unterschieden werden. In liberal orientierten Ges.en besteht ein gewisser Zielkonflikt zw. dem allg. Streben nach S. u. der Forderung persönl. Freiheit.

Während sich innere S. auf die Eindämmung von Kriminalität bezieht, meint äußere S. vorrangig die militär. Abwehrfähigkeit eines Staates gegenüber potentiellen Aggressoren. Zunehmend wichtiger wird die Erhöhung der S. in Bezug auf Gesundheits- u. Umweltgefahren bzw. -risiken der modernen Großtechnologien (chem. Industrie, Atomenergie u. a.).

F.-X. Kaufmann, S. als soziol. u. soz.polit. Problem, 1970; M. Murck, Soziol. der öffentl. S., 1980; A. Evers u. H. Nowotny, Über den Umgang mit Unsicherheit, 1987; U. Beck, Gegengifte, ³1990 (1988); N. Luhmann, Soziol. des Risikos, 1991.

Sicherheitsbereich bzw. **-intervall** →Konfidenzintervall

Siebung, von R. Thurnwald (1924) in die soziol. Forschung eingeführter Begriff für soziale Selektionsprozesse in Abgrenzung zum Begriff »Auslese« für biolog. Selektion. S. wird durch kulturell bestimmte Wertungen u. Differenzierungen hervorgerufen. Gruppen, Schichten usw. grenzen sich ab u. »reinigen« sich nach Vorstellungen über Dazugehörigkeit oder Anderssein, gleichviel worauf diese Vorstellungen oder die sie prägenden objektiven Faktoren beruhen. Von bes. soziol. Bedeutung sind Prozesse der (vertikalen) S. nach Qualitätsunterschieden, die Eliten entstehen lassen. Jede vertikal bzw. hierarch. gegliederte Ges. wählt (siebt) die Kandidaten für gehobene Positionen aus nach (kulturell versch. definierten) Qualifikationen, Leistungsmerkmalen, Fähigkeiten. Ges.polit. entscheidend ist, wer durch Definition dessen, was Qualifikation u. Leistung ist, den Zugang nach »oben« kontrolliert. Die Vorgänge der S. bestimmen die Möglichkeiten u. Grenzen sozialer Mobilität. Ebenso wie dem Zugang zu qualitätsbewußten u. sozial scharf abgegrenzten Eliten u. Führungsgruppen gehen auch der Zugehörigkeit zu »auserwählten« religiösen u. polit. Zirkeln, Sekten, Bünden, Führungsgruppen (z. B. Avantgarde) Prozesse der S. voraus. Von der sozialen, d. h. auf das Lebensschicksal von Individuen oder Gruppen in einer Ges.struktur bezogenen S. wird die kulturelle S. unterschieden, die Auswahl-, Übernahme- oder »Absterbe«-Prozesse beim Zus.treffen u. bei der Akkulturation von Kulturen betrifft.

R. Thurnwald, Zur Kritik der Ges.s.biologie, in: Archiv f. Soz.wiss. u. Soz.politik 52, 1924; W. E. Mühlmann, Zur Theorie der soz. S. (Jb. f. Sozialwiss. 1, 1951); ders., Homo creator, 1962; K. V. Müller, Begabung u. soz. Schichtung in der hochindustrialisierten Ges., 1956.

Siedlungssoziologie →Gemeindesoziologie, →Stadtsoziologie

Sigmatik →Semiotik

Signifikanz (lat.), »Bedeutsamkeit«; wichtiges Kriterium empirischer Sozialforschung für die Gültigkeit quantitativer Untersuchungsergebnisse. S. bezeichnet die Wahrscheinlichkeit des Zutreffens einer Aussage über ein Merkmal einer Stichprobe im Verhältnis zur (oft nur theoret.) Grundgesamtheit der Untersuchung, auf die entspr. geschlossen werden kann. Ein signifikanter Unterschied zw. zwei Gruppen (Stichproben) besagt, daß bei Wahl eines bestimmten konventionellen Sicherheitsniveaus mit statist. hinreichender Sicherheit sich die beiden Gruppen nicht zufällig oder aufgrund von Stichprobenfehlern, sondern im Hinblick auf die hypothet. Aussage unterscheiden. Als S.test dient die

Simmel

Überprüfung der →Nullhypothese, die im Falle eines signifikanten Untersuchungsergebnisses als verworfen gilt.

Simmel, Georg, Philosoph u. Soziologe, 1. 3. 1858 Berlin – 26. 9. 1918 Straßburg, 1885 Priv.Doz. für Philosophie an der Univ. Berlin, 1901 Prof. ebd., 1914 o. Prof. in Straßburg.
Insbes. von Kant beeinflußt, hat S. als Begründer der formalen Soziol. entscheidend zur Herausbildung der Soziol. zu einer selbständigen Einzelwiss. beigetragen. Während die versch.artigen Inhalte der ges.-gesch. Wirklichkeit Objekte anderer Sozialwiss.en sind, bilden die allgemeinen, im Verlaufe der Gesch. gleichbleibenden Formen der Vergesellschaftung den Gegenstand der formalen bzw. reinen Soziol. Die unterschiedl. ges. Formen sind ebenso wie die Ges. als Ganzes gekennzeichnet durch Wechselwirkungen zw. Menschen. Die mod. arbeitsteilige Ges. bietet dem Einzelmenschen zunehmend die Chance, »im Schnittpunkt« versch. »sozialer Kreise« zu existieren, wodurch sich zugleich die Möglichkeiten individueller Entfaltung vergrößern. Andererseits sah S. die Gefahr, daß die Kluft zw. der Entwicklung der Gesamtkultur u. jener des Einzelmenschen immer größer wird. Der »vergegenständlichte« Geist der Ges., der sich in materiellen Schöpfungen u. Organisationen darstellt, gerät zunehmend in Widerspruch zu den Individuen. Mittel erlangen z. T. die Qualität von Endzwecken, z. B. Geld. Der Mensch unterliegt der Herrschaft der Kulturobjekte, seiner eigenen Produkte. S. zählt auch zu den Begründern der soziol. Konflikttheorie. Im Hinblick auf diesen Problembereich versuchte er reine Formen herauszuarbeiten: Opposition, Wettbewerb, Eifersucht, Neid.

In seiner Gesch.sphilosophie lehnte S. wegen der Nichtberechenbarkeit des menschl. Individuums die Gleichsetzung von gesch. u. Naturgesetzen ab, ferner alle Versuche, gesch. Prozesse auf das Wirken eines einzigen Faktors (z. B. ökonom. Determinismus) zurückzuführen. S. hat kein geschlossenes System seiner soziol. Erkenntnisse hinterlassen. Dennoch hat er großen Einfluß ausgeübt, vor allem auf Vierkandt, v. Wiese, Sombart u. auf amerikan. Soziologen.

Schr.: Über sociale Differenzierung, 1890; Die Probleme der Gesch.philos., ⁵1923 (1892); Einleitung in die Moralwiss., 2 Bde., ³1911 (1892–93); Philos. des Geldes, ⁷1977 (1900); Die Religion, ²1912 (1906); Soziol., ⁵1968 (1908); Philos. Kultur, ⁴1983 (1911); Grundfragen der Soziol., ⁴1984 (1917); Der Konflikt der mod. Kultur, 1926 (1918); Schriften zur Soziol., hg. v. H.-J. Dahme u. O. Rammstedt, 1983; Das Individuum u. die Freiheit, 1984; Schriften zur Phil. u. Soziol. der Geschlechter, hg. v. H.-J. Dahme u. K. C. Köhnke, 1985; Gesammelte Schriften zur Religionssoziol., hg. v. H. J. Helle, 1989; G. S. Gesamtausgabe, 24 Bde., hg. v. O. Rammstedt, 1989 ff.
M. Landmann u. K. Gassen, Buch des Dankes an G. S., 1958; F. H. Tenbruck, G. S., in: KZfSS 10, 1958; L. Coser (Hg.), G. S., Englewood Cliffs 1965; H. Becher, G. S. 1971; P. Christian, Einheit u. Zwiespalt, 1978; H.-J. Dahme, Soziol. als exakte Wiss., 2 Bde., 1981; S. Hübner-Funk, G. S.s Konzeption v. Ges., 1982; R. Mahlmann, Homoduplex, 1983; H.-J. Dahme u. O. Rammstedt (Hg.), G. S. u. die Moderne, 1984; A. M. Bevers, Dynamik der Formen bei G. S., 1985 (niederl. 1982); H. J. Helle, Dilthey, S. u. Verstehen, 1986; F. Pohlmann, Individualität, Geld u. Rationalität, 1987; H. J. Helle, Soziol. u. Erkenntnistheorie bei G. S., 1988; O. Rammstedt (Hg.), S. u. die frühen Soziologen, 1988; M. Ulmi, Frauenfragen – Männergedanken, 1989; P. U. Hein (Hg.), G. S., 1990; W. Jung, G. S., 1990.

Simulation (lat.), »Vortäuschung«, »Verstellung«, Teil der Spieltechnik. S. bezeichnet eine vor dem eigentl. Handeln eingeschobene Reflexionsphase, die die erwartete Wirklichkeit dadurch vorwegnimmt, daß sie sie fiktiv durchspielt, d. h.

daß sie die komponierenden Variablen u. ihre Wirkungen aufeinander nach erwarteten bzw. angenommenen Gesetzmäßigkeiten erprobt.

Simulationsmodell, ein Operationsmodell von Vorgängen in einem sozialen System, die in einem Computer nachgebildet werden, so daß dynam. Prozesse in allen Einzelheiten reproduziert werden können. Voraussetzung für das S. ist eine Reihe von Annahmen (Hypothesen) oder empir. bereits ermittelten Fakten über das Zus.wirken versch. Faktoren im Zeitablauf. Diese Zus.hänge werden mit Hilfe des Codes einer Maschinensprache in Symbole für die Einheiten u. Merkmale u. in ein Operationsprogramm für die Vorgänge (die Veränderung der Merkmale) übersetzt. Nach diesem Operationsprogramm simuliert der Computer. Soziol. Hauptzweck des S. ist die qualitative Einsicht in einen komplizierten, sich aus sehr vielen versch. Faktorenzus.hängen ergebenden Mechanismus eines sozialen Systems. S.e finden vor allem in der Wahlsoziol., in der Bürokratie- u. Konfliktforschung Anwendung.

R. Mayntz, Formalisierte Modelle in der Soziol., 1967; H. Klages, Vorstudien zur soz.wiss. Computersimulation, 1972; J. W. Forrester, Der teuflische Regelkreis, 1973; S. Harbordt, Computersimulation in den Soz.wiss.en, 2 Bde., 1974; R. Ziegler (Hg.), Anwendung v. Simulationsverfahren in den Soz.- u. Wirtschaftswiss.en, 1976; E. Zwicker, Simulation u. Analyse dynam. Systeme in den Wirtschafts- u. Soz.wiss.en, 1981; R. Schnell, Computersimulation u. Theoriebildung in den Soz.wiss.en, in: KZfSS 42, 1990; K. G. Troitzsch, Modellbildung u. Simulation in den Soz.wiss.en, 1990; H. Kreutz u. J. Bacher (Hg.), Disziplin u. Kreativität, 1991.

Single (engl., von lat. singulus »einzeln«), eine Person, die ohne feste Bindung an einen Partner bzw. an eine Partnerin im eigenen Haushalt lebt (Einpersonenhaushalt).

Zu den S.s im weiteren Sinne zählt die große Zahl alleinlebender älterer Menschen, die großenteils verwitwet sind u. mit Problemen wie Armut, Einsamkeit, Alkoholismus, Krankheit u. mangelnde Kompetenz im Umgang mit Behörden fertig werden müssen.

S.s im engeren, eigentl. Sinne sind die den verschiedenen, insbes. den jüngeren u. mittleren Generationen angehörenden Langzeit-S.s, die in besonderer Wertschätzung persönl. Freiheit u. Ungebundenheit eine eigenständige, neue soz. Lebensform bilden. Sie sind stark auf Beruf u. Freizeitkonsum ausgerichtet. Ehe u. Elternschaft werden – zum Nachteil der ges. Reproduktion – abgelehnt u. stattdessen Freundschaften gepflegt. Mit dem Trend zu einer »S.-Ges.« hat die Zahl der Einpersonenhaushalte immer mehr zugenommen u. damit auch die Nachfrage nach Wohnungen (eine Ursache für Wohnungsknappheit) u. nach Konsumgütern. S.s werden Neigungen zum Narzißmus u. Ich-Kult unterstellt. Statist. haben S.s eine geringere Lebenserwartung als die in festen Partnerschaften, Ehe u. Familie lebenden Individuen. Ges. Ursachen der wachsenden Zahl der S.s sind: Wandel von Wert- u. Moralvorstellungen, Abschwächung von überkommenen Institutionen, Familienbindungen u. soz. Kontrolle, erhöhte soz. Mobilität, Urbanisierung (Verstädterung).

R. Bachmann, S.s, 1992.

Sinn (Herkunft unsicher, Zus.hang mit lat. sensus), ein inhaltl. vielschichtiges, begriffsdefinitor. schwer faßbares Wort, das sowohl in der Alltagssprache sowie auch in verschiedenen Geistes- u.

Sinn 782

Soz.wiss.en häufig verwendet wird. In physiolog.-psycholog. Hinsicht bezeichnet S. die Fähigkeit von Lebewesen, bestimmte Reize der Außenwelt oder des eigenen Organismus mit Hilfe spezialisierter S.esorgane wahrzunehmen u. die dadurch ausgelösten Erregungen über Nervenbahnen den S.eszentren des Gehirns zuzuleiten. Sprachwiss. bezieht sich S. auf den Zus.hang zw. dem Bedeutungsinhalt bestimmter Wörter u. Zeichen einerseits u. den bezeichneten Phänomenen andererseits. In der Philos. steht der S.begriff im Mittelpunkt grundlegender Fragen nach dem Ziel u. Zweck des Lebens, nach dem Selbstverständnis des Menschen.

In der Soziol. bezieht sich der S.begriff allg. auf die für das alltägl.-soz. Zus.leben grundlegende Tatsache, daß für Angehörige eines Kollektivs u. für einzelne Individuen bestimmte Gegebenheiten wert- u. bedeutungsvoll, wichtig, interessant, erstrebenswert u. dementsprechend sinnvoll sind.

Wie insbes. Nietzsche u. M. Weber erkannten, sind aus krit.-rationaler Sicht die Welt an sich, die Unendlichkeit des Weltgeschehens u. die verschiedenartigen Gegebenheiten der Wirklichkeit keexwegs von vornherein mit S. verbunden. Endliche Ausschnitte aus dem Weltgeschehen u. jeweils bestimmte Gegebenheiten haben erst durch u. für Menschen spezif. S. zuerkannt bekommen. S.orientierungen haben sich in enger Verflechtung mit soziokult. Werten im Verlaufe der Entstehung u. Gesch. von Kulturen herausgebildet, u. zwar infolge von Interaktionen, Verständigung, Konsensbildung u. mitunter auch durch Herrschaftsausübung. Die soziokult. Werte einer Kultur (makrosoziol. Ebene), die während der So-

zialisation dem Kulturangehörigen vermittelt werden, bestimmen weitgehend die miteinander verwobenen Wert- u. Sinnvorstellungen der in Interaktionsgeflechten handelnden Persönlichkeit (mikrosoziol. Ebene). Während Wertvorstellungen breiter ausgelegt sind, beziehen sich Sinnvorstellungen spezifischer auf bestimmte Gegebenheiten. Die in einer Kultur dominierenden Werte u. Sinnorientierungen prägen in rechtfertigender Weise die soz. Normen, Rollen, Institutionen u. Verhaltensmuster der zugehörigen Ges. Gemeinsam internalisierte (verinnerlichte), geteilte (u. anerkannte) Wert- u. Sinnvorstellungen bilden eine stabile Grundlage für die wechselseitige Erwartungssicherheit u. Berechenbarkeit des soz. Handelns, für das gegenseitige Verstehen u. für eine erfolgreiche kooperative Lebensbewältigung. Da Wert- u. Sinnvorstellungen nicht angeboren werden u. somit auch nicht in artspezifischer Weise fixiert sind, sondern sich im Sinne der →Kontingenz als kult. relativ, gesch. variabel u. ggf. bewußt veränderbar erweisen, sind sie im Vergleich zu Instinkten instabil, tragen aber maßgebl. zur großen Anpassungsfähigkeit des Menschen bei. Mit zunehmender soziokult. Differenzierung u. Individualisierung vermehren u. vergrößern sich die Unterschiede zw. den Wert- u. Sinnorientierungen ges. Subsysteme, soz. Gebilde u. der Individuen.

S. ist insbes. in Ansätzen der Verstehenden Soziol. ein Grundbegriff, der die weitgehend soziokult. vermittelten, intersubjektiv geteilten u. subjektiv bedeutsamen Relevanz-, Zweckmäßigkeits- u. Zielvorstellungen von Angehörigen einer Kultur u. bestimmter soz. Gebilde bezeichnet. Handlungen sind als sinnvoll gerechtfertigt, wenn die Zwecke u. das übergeordnete Ziel mit persönl. Wertvorstellungen u. soziokult. Werten vereinbar sind bzw. aus diesen resultieren. Zw. subjektiven Sinn- u. Zielvorstellungen von Individuen einerseits u. Sinnorientierungen u. Zielen von soz. Gebilden andererseits können Unterschiede, Gegensätze u. Konflikte auftreten. Hinzu kommen derartige Divergenzen zw. soz. Gebilden, auch wenn sie Teile größerer soz. Systeme sind.

Nach M. Weber ist Handeln – im Unterschied zu reaktivem Sichverhalten – dadurch gekennzeichnet, daß »der oder die Handelnden mit ihm einen subjektiven S. verbinden«. Im Unterschied zu dogmat. wird in den empir. Wiss.en vom Handeln (Soziol. u. Gesch.) der subjektiv gemeinte S. erforscht u. nicht irgendein objektiv »richtiger« oder ein metaphys. ergründeter »wahrer« S. Subjektiv für absolut gültig gehaltene S.orientierungen können sich allerdings als besonders stabil u. einflußstark erweisen. Aufgabe der Soziol. ist es, »die sinnhaft orientierten Handlungen deutend zu verstehen«.

In Weiterentwicklung des Ansatzes von M. Weber rückte A. Schütz von dem subjektiv gemeinten S. ab. Er unterschied zw. S.setzung (S) u. S.deutung (S'), wobei S. nicht subjektiv, sondern vielmehr intersubjektiv gemeinter S. ist. Hinzu kommt nach Schütz noch die wiss. S.setzung u. -deutung (S'').

Gemäß dem von G. H. Mead begründeten Symbolischen Interaktionismus ist S. gleich Bedeutung. Der S. entstammt den soz. Wechsel- u. Austauschbeziehungen (Interaktion) zw. verschiedenen Subjekten. S. ist der »zentrale Faktor« bei der gegenseitigen Anpassung der Handlungen von Interaktionspart-

nern. Die Ethnomethodologie versucht darüber hinaus, den unbewußten S., d. h. tiefsitzende eingespielte (signifikante) Symbole zu entschlüsseln.

Auch in der Systemtheorie von N. Luhmann nimmt der S.begriff einen hohen Stellenwert ein. S. ist eine Errungenschaft der miteinander verschränkten Evolution von psych. u. soz. Systemen. In der durch hochgradige Komplexität gekennzeichneten Welt dient S. der Selektion, aber auch dem Offenhalten von Möglichkeiten. S. ist grundlegend dafür, »daß Kommunikation immer ein selektives Geschehen ist«, daß gewählt werden muß. Die Grenzen eines Systems zur jeweiligen Umwelt sind S.grenzen. S. ermöglicht also die Bewältigung der hohen Komplexität u. der damit gegebenen Vielzahl der Möglichkeiten des Erlebens u. Handelns. »Ohne S. würde die Ges., würde jedes Soz.system aufhören zu existieren.«

Mit der Herausbildung u. Entfaltung der mod. Ges. sind überkommene soziokult. Wertsysteme relativiert u. erschüttert worden, haben sich Traditionen abgeschwächt oder aufgelöst, haben viele Kulturelemente u. »soz. Tatsachen« ihren Selbstverständlichkeitscharakter eingebüßt. Die allg. S.orientierung ist dadurch entstabilisiert u. verunsichert worden. Für absolut gültig gehaltene Wert- u. S.vorstellungen unterliegen der Erosion durch krit.-rationale Reflexion. S.verluste erschweren das soz. Zus.leben u. führen zu psych. Problemen (Depression, neurot. Störungen). Die Pluralisierung u. Relativierung der S.-angebote beinhalten nicht nur die Gefahr einer folgenreichen S.krise, sondern für die nach Autonomie strebenden Individuen die Chance, weitge-

Sinnadäquanz 784

hend selber den eigenen Lebensweg sinnvoll zu gestalten (Tendenz zur Verlagerung der S.produktion auf das Individuum).

M. Weber, Wirtschaft u. Ges., ⁵1980 (1921); ders., Soziol., Weltgesch.liche Analysen, Pol., 1956; A. Schütz, Der sinnhafte Aufbau der soz. Welt, ²1981 (1932); G. H. Mead, Geist, Identität u. Ges., 1968; P. L. Berger u. T. Luckmann, Die ges.liche Konstruktion der Wirklichkeit, 1969; W. Weier, S. u. Teilhabe, 1970; J. Habermas u. N. Luhmann, Theorie der Ges. oder Soz.technologie, 1971; W. L. Brühl (Hg.), Verstehende Soziol., 1972; Arbeitsgruppe Bielefelder Soziologen (Hg.), Alltagswissen, Interaktion u. ges.liche Wirklichkeit, 1973; J. Schülein, Zur Konzeptualisierung des S.begriffs, in: KZfSS 34, 1982; N. Luhmann, Soz. Systeme, ²1985 (1984); E. Zimmer, Die Frage nach dem S., 1985; R. Hitzler, S.welten, 1988; V. E. Frankl, Der Mensch vor der Frage nach dem S., ⁸1990; P. Tiedemann, Über den S. des Lebens, 1993.

Sinnadäquanz, ein handlungstheoret. Begriff M. Webers, demzufolge ein zus.hängend ablaufendes Verhalten in dem Grade »sinnhaft adäquat« ist, wie es mit einem Sinnzus.hang übereinstimmt, der aufgrund »durchschnittl. Denk- u. Gefühlsgewohnheiten« als typisch bzw. als »richtig« gilt. Dagegen ist ein Aufeinanderfolgen von Vorgängen in dem Grade »kausal adäquat«, wie erfahrungsgemäß die Chance besteht, daß es stets in gleicher Weise abläuft. – In seiner Auseinandersetzung mit M. Weber gelangte A. Schütz zu dem Ergebnis, daß die beiden Begriffe Sinn- u. Kausaladäquanz »ineinander überführbar« sind. Keine sinnadäquate Deutung ist möglich, welche nicht zugleich kausaladäquat wäre u. umgekehrt.«

M. Weber, Wirtschaft u. Ges., ⁵1980 (1921); A. Schütz, Vom sinnhaften Aufbau der soz. Welt, ²1981 (1932).

Sinnprovinz, in der phänomenolog. beeinflußten Soziol. Bezeichnung für Bereiche bzw. »Wirklichkeiten« mit umgrenzten, abgeschlossenen Sinnstrukturen, die sich als »Enklaven« von der »Wirklichkeit der Alltagswelt« abheben, aber zugleich in die »oberste Wirklichkeit« eingebettet sind. Solche S.en sind z. B. die »Wirklichkeit der Träume« u. der theoret. Physik, die »Welt des Spiels« der Kinder sowie der Erwachsenen, das Theater, der Bereich der Mystik. Für diese »anderen Welten« mit eigener Sinneinheit, mit eigenen Gesetzen, Bedeutungs- u. Erfahrungsweisen ist eigentümlich, daß sie die Aufmerksamkeit von der Alltagswelt ablenken. Überbrückungen der Grenzen zw. Alltagswelt u. S.en werden durch die Sprache ermöglicht (Übergewicht der Umgangssprache) u. dadurch, daß die Träumer, Physiker, Spieler, Mystiker u. a. m. auch in der Wirklichkeit der Alltagswelt leben.

P. L. Berger u. T. Luckmann, Die ges. Konstruktion der Wirklichkeit, 1969 (amerik. 1966).

Sinnzusammenhang bezeichnet die schritt- bzw. phasenweise sich vollziehenden Akte des Handelns einer Person, die insgesamt auf die Erfüllung eines Zweckes oder Erreichung eines Zieles ausgerichtet u. insofern sinnhaft miteinander verbunden sind.

Nach M. Weber ermöglicht die Berücksichtigung des jeweiligen S.es ein »erklärendes Verstehen« einzelner Handlungen. Das Holzhacken kann z. B. nicht nur aktuell, sondern auch »motivationsmäßig« verstanden werden, wenn man weiß, daß der Holzhacker entweder gegen Lohn oder für seinen Eigenbedarf oder zu seiner Erholung oder zur Abreaktion einer Erregung diese Handlung vollzieht. »Erklären« erfordert somit »für eine mit dem Sinn des Handelns befaßte Wiss.« die »Erfassung des S.s, in den, seinem subjektiv gemeinten

Sinn nach, ein aktuell verständl. Handeln hineingehört.«

Nach A. Schütz können sich aus Handlungen, die selbst jeweils einen S. bilden, durch phasenweisen Aufbau neue Synthesen bzw. Sinnzus.hänge (höherer Ordnung) ergeben. Inbegriff aller Sinnzus.hänge einer Person ist der Erfahrungszus.hang (oberster S.), der mit jedem neuen Erlebnis wächst. Sinnzus.hänge sind weitgehend im Rahmen verschiedener soziokult. Lebensbereiche (ges. Subsysteme) überindivid. u. als allg. geltend vorgegeben. Sie zählen in Verflechtung mit Werten u. Normen zu den Grundlagen dafür, daß soz. handelnde Personen sich wechselseitig verstehen u. mit hinreichender Erwartungssicherheit interagieren können. Infolge beschleunigter Prozesse des soz. Wandels, der Differenzierung u. Pluralisierung in der mod. Ges. sind viele überkommene Sinnzus.hänge veraltet, aufgelockert oder sogar entwertet worden. Im Spannungsfeld zw. Chance u. Belastung erfordert die »Produktion« neuer Sinnzus.hänge die verstärkte Teilhabe der Individuen.

M. Weber, Wirtschaft u. Ges., ⁵1980 (1921); A. Schütz, Der sinnhafte Aufbau der soz. Welt, ²1981 (1932).

Sippe, Gruppe von Menschen, deren Zus.gehörigkeitsgefühl u. statusverbindende Verhaltensbeziehungen sehr stark durch mutmaßl. oder erwiesene Blutsverwandtschaft (Abstammung) bzw. Heiratsverhältnisse bestimmt werden. Für die S. ist – im Gegensatz zum verwandtschaftl. Großfamilienverband – charakterist., daß ihre Mitglieder in der Regel an versch. Orten leben.

C. A. Schmitz, Grundformen der Verwandtschaft, 1964.

Sit-in (engl. to sit = sitzen), von amerikan. Hochschulen übernommene Form des Protestes der linksorientierten, gegen verzögerte Hochschulreformen u. innen- wie außenpolit. Mißstände agitierenden u. polit. Kampfmaßnahmen anwendenden Studentenbewegung der 1960er u. 70er Jahre. Das S. ist eine in oder vor geschlossenen Räumen praktizierte demonstrative Protestform, bei der während länger andauernder Sitzstreiks Formen unmittelbarer Demokratie angewendet werden, indem die versammelte Menge zum inkriminierten Gegenstand oder Problem diskutiert u. Resolutionen oder Beschlüsse faßt. Mitunter dienen solche spontanen Versammlungen auch der gesteuerten protestierenden u. agitierenden Diskussion einer Gruppe von ideolog.»Führern« auf einem Forum mit den zu überzeugenden bzw. zu polit. Aktionen zu ermunternden Teilnehmern (Teach in; englisch to teach = lehren). Das Sprengen von Sitzungen repräsentativer Organe bzw. der demonstrative Besuch von Versammlungen, Veranstaltungen, Ausstellungen, Festakten durch größere Gruppen von protestierenden Studenten wird als Go-in (engl. to go = gehen) bezeichnet.

Sitte, eine umfangreiche Kategorie von eingelebten, tradierten soz. Normen, die als Soll-Normen mit entsprechendem Verbindlichkeitsgrad hinsichtl. soz. Situationen von den handelnden Personen jeweils bestimmte Verhaltensweisen fordern. S.en tragen somit – insbes. in traditionalen u. vormod. Ges.en – dazu bei, daß in einer bestimmten Situation ein gleichförmiges, wiederkehrendes u. daher erwartbares soz. Verhalten weitgehend gewährleistet ist. Infolge Internalisierung

Sittengesetz

(Verinnerlichung) werden S.n in der Regel unreflektiert, gewohnheitsmäßig u. routinehaft befolgt. Sie zählen dann zu den »kulturellen Selbstverständlichkeiten«. S.n hängen mit Glaubensvorstellungen, Werten, eth. Überzeugungen u. moral. Grundsätzen zus. S.ngerechtes Verhalten wird zusätzlich durch Sanktionen abgestützt, wobei die negativen überwiegen. Durch korrekte u. vorbildliche Einhaltung von S.n können ggf. Sympathien bei Mitmenschen gewonnen werden. Die Verletzung von S.n wird in der soz. Umwelt mit negativen Sanktionen geahndet, die gleichsam »jedermann« einsetzen kann u. die sehr einschneidend sein können: Mißbilligung, Demonstration von Enttäuschung, Verärgerung u. Empörung, Einschränkung oder Abbruch der Beziehung, soz. Ausschluß. Etl. Rechtsnormen u. mitunter auch die Rechtsprechung weisen Bezüge zu sogen. »guten S.n« auf. Normative Lücken durch Erschütterungen u. Verbindlichkeitsverluste überkommener S.n sind in der mod. Ges. zunehmend durch Rechts- bzw. Muß-Normen ausgefüllt worden (Verrechtlichung).

W. G. Sumner, Folkways, 1907; F. Tönnies, Die S., 1970 (1909); N. Elias, Über den Prozeß der Zivilisation, 2 Bde., 1969 (1939); W. Oelmüller u. a., Diskurs: Sittliche Lebensformen, [2]1980.

Sittengesetz, moral. Gesetz, »kategorischer Imperativ« (I. Kant), Wertkanon, der – ablösbar vom Bereich des einzelmenschl. Wollens u. Wertens – als untrennbar mit der Welt des lebendigen Seins vorgestellt wird. Unabhängig vom gerade gültigen oder (mittels Herrschaft oder Macht) durchgesetzten Recht ist das S. ein die ges. Ordnung ebenso wie das persönl. Wollen mitbestimmender »natürl.«

Orientierungsgrund. →Naturrecht.

Situation, soziale, zentraler Begriff einer soziol. Theorie des Handelns, die Handeln als menschl. Aktivität zum Zwecke der materialen oder sozialen Zustandsveränderung betrachtet. S. ist nach Dreitzel ein »raum-zeitl. strukturierter u. von einem Horizont von Mitgegebenheiten begrenzter Komplex von objektiven Bestimmungen eines sozialen Beziehungsgefüges, soweit u. insofern sie dem handelnden Subjekt in einem aktuell sich vollziehenden Verhalten gegeben wird«.

Eine Handlungstheorie, die Handeln als »Übergang von einer S. zu einer anderen« definiert (v. Kempski), hat festzulegen, (a) wer als Aktor (Handelnder) betrachtet werden soll: der einzelne, »atomist.« funktionierende Mensch oder gesch.-soziale Kräfte, Ganzheiten oder organisierte soziale Gebilde; (b) welches die Ziele u. Attitüden sind, die den Aktor bestimmen, handelnd die Anfangs-S. in eine neue S. zu überführen; (c) die Elemente, die eine S. (abgrenzend) von anderen trennen, und zwar nach ihrem Charakter als »Bedingungen« oder als (verfügbare) »Mittel« für den Aktor. Soziol. Handlungstheorie hat überdies zu klären, (d) von welcher persönlichkeits- oder organisationsstrukturellen Prägung des Aktors sein Handeln motivationell bestimmt wird; (e) welche ges. Strukturverhältnisse die S. u. die Deutung der S. durch den Aktor bestimmen; u. (f) welche aufeinander bezogenen sozialen Orientierungen der Handelnden (Erwartung, Norm, Rolle) vorliegen müssen, damit S.en überhaupt als sozial gelten können. Vor allem W. I. Thomas hat hervorgehoben, daß das Verhalten der Soz.persönlichkeit weitgehend von soziokult. ausgeprägten S.en abhängt. Hierbei ist es wesentl., wie eine S. vom Handelnden aufgefaßt wird (Thomas – Theorem).

T. Parsons, The Structure of Social Action, New York [2]1961 (1937); W. I. Thomas, Social Behavior and Personality, New York 1951, dt.: Person u. Soz.verhalten, 1965; H. P. Dreitzel, Die ges. Leiden u. das Leiden an der Ges., 1968; G. Hartfiel, Wirtschaftl. u. soz. Rationalität, 1968; J. Markowitz, Die soz. S., 1979; H.-P. Buba, S., 1980; E. D. Lantermann, Interaktionen, S. u. Handlung, 1980; K.-H. Arnold, Der S.begriff in den Soz.wiss.en, 1981; W. Sofsky, Die Ordnung soz. S.en, 1983; R. Hitzler u. A. Honer, Lebenswelt – Milieu – S., in: KZfSS 36, 1984; T. Parsons, Aktor, S. u. normative Muster, 1986.

Skala, Meßinstrument, mit dem nach bestimmten Verfahren (Skalierungsverfahren) die relative Größe bzw. Position oder das Vorhanden- oder Nichtvorhandensein einer wiss. relevanten Einheit (→Dimension) auf einem Kontinuum zahlenmäßig bestimmt werden kann. S.n messen stets nur wiss. begriffl. festgelegte Eigenschaften von Phänomenen, aber nicht die konkreten Phänomene selbst. In der Empir. Sozialforschung werden S.n zur Messung von gewöhnl. als »qualitativ« verstandenen Eigenschaften benutzt, wie z. B. Meinungen, Einstellungen, Präferenzen, Werthaltungen, Persönlichkeitsmerkmale. Diese Messungen können sich auf Objekte der Umwelt der Untersuchungseinheit beziehen (Wertschätzung einer Ware durch den Befragten) oder Dimensionen der Untersuchungseinheit selbst erfassen (autoritärer Charakter des Befragten) oder das Verhältnis von Untersuchungseinheiten zueinander betreffen (Kohäsionsgrad einer Gruppe von Befragten). Nach der Meßeigenschaft einer S. unterscheidet man a) Nominal-S. (zahlenmäßige Bezeichnung dis-

kontinuierl. Folgen von Tatbeständen, wobei die Zahlenwerte keine quantitative Aussage erlauben u. allein der Bezeichnung sich gegenseitig ausschließender Kategorien dienen), b) Ordinal-S. (numerische Aussagen über die Rangfolge von Tatbeständen zw. Extrempunkten), c) Intervall-S. (Angabe numerischer Werte für die einzelnen Abstände in der Rangfolge von Tatbeständen), d) Ratio- oder Relations-S. (mit absolutem Nullpunkt und damit der Möglichkeit, die Abstandswerte zueinander quantitativ in Beziehung setzen zu können).

Skalierungsverfahren, Meßverfahren mittels Skala für eine hypothet., latente oder theoret. Dimension eines untersuchten Phänomens. In der Soziol. u. Sozialpsychol., in der Einstellungen, Meinungen, Beziehungskonstellationen u. ä. problematisiert werden, spielen Dimensionen, die sich – im Gegensatz zu manifesten Daten wie Körpergröße, Alter, Einkommen – einer direkten, naturwiss. orientierten Messung entziehen, eine große Rolle. Um dennoch zu Meßergebnissen zu kommen, werden auf dem Wege der Operationalisierung theoret. relevanter Begriffe oder Dimensionen Indikatoren z. B. in Form von Fragen festgelegt u. ferner Antwortkategorien bestimmt, um die Reaktionen der Befragten auf diese Indikatoren festzustellen. Die Ergebnisse dieser Erhebungstechnik werden dann als die an Objekten beobachteten Eigenschaften mittels einer intersubjektiv konstanten u. kontrollierbaren Vorgehensweise auf einem Kontinuum plaziert. Hierbei wird ein vom Forscher bestimmtes Modell der Verteilungsgesetze für die Indikatoren zugrundegelegt. Über dieses Modell wird nach Maßgabe

Skandal 788

des vorliegenden Beobachtungsmaterials entschieden. Skalierung ist demnach der Versuch, »nach einem Modell ein in Beobachtungsdaten latent vorhandenes Kontinuum aufzudecken« (Scheuch).

Das einfachste S. ist das Rangordnungsverfahren. Es werden einer Person eine Anzahl von Objekten (z. B. Berufsbezeichnungen) mit der Bitte um rangmäßige Beurteilung u. – nach vorgegebener oder selbst zu entwickelnder Rangstufenfolge – Einstufung vorgelegt. Je größer die Zahl der vorgelegten Objekte ist, um so schwerer wird dem Befragten die Beurteilung, da mehrere Vergleichskriterien miteinander konkurrieren u. sich mitunter sogar paralysieren. Solche Bewertungsinkonsistenzen können aufgedeckt werden mit der Methode des Paarvergleichs, bei der einer Versuchsperson der Reihe nach nur jeweils zwei Objekte zum Vergleichen vorgelegt u. die Ergebnisse der einzelnen Paarvergleiche später aufeinander bezogen, d. h. zu Präferenzordnungen verdichtet werden. Die verbreitete Methode des semant.-psychologisch angelegten →Polaritätsprofils versucht, Eindrücke, die Umweltobjekte auf befragte Personen machen, nach drei Dimensionen (»Bewertung«, »Stärke«, »Aktivität«) quantitativ zu erfassen, indem Assoziationen beim Befragten zu einem Stimulus durch Rangordnungsskalen für erfragte Gegensatzpaare gemessen werden. Zur Erforschung von Einstellungen wird die →Thurstone-Methode eingesetzt, bei der zur Skalenerstellung zunächst eine Vielzahl von Behauptungen über ein bestimmtes Objekt sog. »sachverständigen« Versuchspersonen zur Beurteilung und Ranganordnung vorgelegt wird. Häufig u. mit geringen Streuungen an einer bestimmten Stelle der Ranganordnung auftretende Behauptungen werden für das definitive Einstellungs-Meßinstrument, d. h. für Fragebogen ausgewählt. Die →Likert-Methode u. die →Guttman-Methode, modernere Meßtechniken zur Einstellungsforschung, verzichten bei der Skalenentwicklung auf Voruntersuchungen mit »Sachverständigen«. Hier entscheiden die Befragten mit ihren Antworten selbst, welche Behauptungen als Meßwerte in die Skalen aufgenommen werden. An die Formulierung u. Auswahl von Indikatoren schließt sich bei vielen S. die Überprüfung der Meßeigenschaften von Indikatoren im Hinblick auf Gültigkeit u. Zuverlässigkeit an.

O. E. Osgood, G. F. Suci, P. H. Tannenbaum, The Measurement of Meaning, Urbana 1957; A. L. Edwards, Techniques of Attitude Scale Construction, New York 1957; E. K. Scheuch, S. in der Sozialforschung, in: R. König (Hg.), Hdb. d. empir. Sozialforschg. I. 1967; R. Mayntz, K. Holm, P. Hübner, Einf. i. d. Methoden d. empir. Soziol., ²1971; H. Berger, Untersuchungsmethode u. soz. Wirklichkeit, 1974; J. van Koolwijk u. M. Wieken-Mayser (Hg.), Techniken der empir. Sozialforschg., Bd. 5, 1976; I. Borg, Anwendungsorientierte Multidimensionale Skalierung, 1981; ders. u. T. Staufenbiel, Theorien u. Methoden der Skalierung, 1989.

Skandal (franz. aus lat.), ein öffentl. bekannt gewordenes oder enthülltes Vorkommnis, das infolge der Verletzung allg. anerkannter Idealwerte, Moralvorstellungen u. soz. Normen durch Angehörige von Eliten u. oberen Soz.schichten oder durch bestimmte Institutionen u. Organisationen in der Öffentlichkeit als anstößig, empörend u. sanktionsbedürftig verurteilt wird. Die Empörung ist um so größer, je mehr sich die wert- u. normverletzenden Akteure stets als Garanten der moral. Ordnung herausgestellt haben.

Gesch.-ges. Bedingungen u. Voraussetzungen für die Ausprägung von S.n sind: Trennung von privater u. öffentl. Sphäre (Verbot der Korruption), Entstehung einer bürgerl. Öffentlichkeit, Herausbildung unabhängiger Massenmedien, demokrat.-rechtsstaatl. regulierte Verfahren im polit. Bereich, gesteigerte Sensibilität insbes. benachteiligter Bevölkerungsteile gegenüber skandalösen Wert- u. Normverletzungen, zunehmende soz. Konflikte, Verschärfung der Konkurrenz um attraktive Positionen. In der mod. Ges. werden skandalträchtige Vorkommnisse erst durch die enthüllende Berichterstattung von Massenmedien zu aufsehenerregenden Ärgernissen. Erhöhte Sensibilität besteht gegenüber polit. S.n, die insbes. aus dem Mißbrauch polit. Macht u. öffentl. Ämter für persönl. Vorteile resultieren. Inwieweit bestimmte Vorkommnisse als skandalös eingestuft werden, hängt von den unterschiedl. soz. Standorten, weltanschaul. Orientierungen, Wertvorstellungen u. Graden moral. Sensibilität der Ges.angehörigen ab. Im Sinne Durkheims kann die Ausweitung einer moral. Verfehlung zu einem Skandal zur Bekräftigung von Werten u. Normen beitragen. In diktator.-totalitären Herrschaftssystemen werden S.e planmäßig von oben her inszeniert, um die »empörte Masse« gegenüber bestimmten Minderheiten, Regimegegnern u. anderen Staaten aufzuhetzen.

R. Ebbighausen u. S. Neckel (Hg.), Anatomie des polit. S.s, 1989; H. Moser (Hg.), L'Éclat c'est moi, 1989; D. Käsler u. a., Der polit. S., 1991.

Skills, social (engl.) →social skills

Skinhead (engl.), Angehöriger einer aus Jugendlichen u. jungen Erwachsenen bestehenden Subkultur, die durch kurzgeschorene Haare oder Glatzköpfigkeit, durch militantes Aussehen u. Auftreten, Betonung von Männlichkeit, durch Tendenzen zu aggressivem Verhalten u. oft auch zum Rechtsradikalismus gekennzeichnet ist. S.s kamen in den 1970er Jahren in engl. Industriestädten auf u. entstammten unteren Soz.schichten u. Milieus, die besonders durch Arbeitslosigkeit u. →Deprivation betroffen sind. Die Subkultur der S.s hat sich dann auch in anderen hochentwickelten Ges.en herausgebildet.

W. Heitmeyer u. a. (Hg.), Jugend – Staat – Gewalt, 1989; K. Farin u. E. Seidel-Pielen, S.s, 1993.

Skinner, Burrhus Frederic, amerikan. Psychologe, 20. 3. 1904 Susquehanna, Penns. – 18. 8. 1990 Cambridge, Mass.; 1937 Prof. an der Univ. Minnesota, 1945–48 Indiana Univ. (Bloomington), 1948 Harvard Univ., Dir. des Psychol. Inst. ebd.
Als Vertreter des Behaviorismus u. der mod. Lerntheorie betrachtete S. den Menschen als ein Bündel von Verhaltensmustern, die in ihrer Ausprägung von äußeren Einflüssen abhängig sind u. somit manipuliert werden können. Durch eine lerntheoret. fundierte Technologie der Verhaltenssteuerung kann menschl. Verhalten zugunsten der Konfliktbewältigung u. neuer Formen des Zus.lebens umgestaltet werden. Für die Verhaltensänderungen sind »Verstärkungen« (reinforcement) wichtig, d. h. die Belohnung erwünschter Verhaltensweisen. S. gilt als Pionier des »Programmierten Lernens«, der »Lehrmaschine« u. der Verhaltenstherapie. In seinem Roman »Walden Two« hat er die Vision einer durch kontrollierte Verhaltens-

Skinner-Box 790

steuerung aggressionsfreien Ges. entfaltet.

Schr.: The Behavior of Organisms, 1938; Walden Two, New York 1948 (dt.: Futurum Zwei, 1970); Science and Human Behavior, New York ⁴1958 (1953); Verbal Behavior, 1957; The Technology of Teaching, 1968, dt.: Erziehung als Verhaltensforschg., 1971; zus. m. W. Correll, Denken u. Lernen, 1968; Beyond Freedom and Dignity, New York 1971, dt.: Jenseits v. Freiheit u. Würde, 1973; Die Funktion der Verstärkung in der Verhaltenswiss., 1968; About Behavior, New York 1974; About Behaviorism, New York 1975, dt.: Was ist Behaviorismus, 1978; Particulars of my Life, 1976; Recent Issues in the Analysis of Behavior, 1989.
Festschr. for B. F. S., hg. v. P. B. Dews, New York 1970; I. Vogt, Ohne Freiheit u. Würde. Anmerkungen zu B. F. S.s Lernmodell, in: KZfSS 27, 1975.

Skinner-Box, Problemkäfig; von B. F. Skinner konstruierter Experimentierkäfig zum Studium des Lernens bei Tieren als Ergebnis von »Verstärkungen«. Vorrichtungen (z. B. Hebel), die von den Tieren (lernend) betätigt werden können, bewirken Futterzufuhr.

Sklavenmoral, von F. Nietzsche geprägter Begriff zur Bezeichnung der Werte, die im Sinne eines »Sklavenaufstandes in der Moral« aus dem →Ressentiment der Schwachen, Leidenden u. Beherrschten gegenüber den Vornehmen, »Hochgesinnten« u. Herrschenden hervorgehen. Die S. entspringt nicht einem aktiven Werteschaffen, sondern einer affektgeladenen Reaktion auf die bereits bestehende →Herrenmoral, die einer vom »Herdeninstinkt« geleiteten Umwertung unterworfen wird (»Umwertung aller Werte«). Die S. ist durch Tendenzen zum Pessimismus u. zur Lebensverneinung, durch Ablehnung der Herrenmoral, durch Rechtfertigung der Nivellierung, durch eine Mitleidsethik u. Nützlichkeitsmoral gekennzeichnet. »Gut« ist das, was den Schwa-

chen, Leidenden u. Kleingeistigen das Dasein erleichtert. Den Gegensatz bildet nicht »schlecht«, sondern »böse«, mit dem der Vornehme, Mächtige u. Herrschende ins Negative umgewertet wird. Das »Böse« wird nicht verachtet als das Geringe, sondern gefürchtet u. gehaßt als das Gefährliche. In allen höheren u. »gemischteren Kulturen« gibt es Versuche der Vermittlung von S. u. Herrenmoral, aber auch gegenseitiges Mißverstehen u. bisweilen ihr hartes Nebeneinander, bis hinein in die einzelnen Menschen.

F. Nietzsche, Sämtl. Werke. Krit. Studienausgabe, hg. v. G. Colli u. M. Montinari, Bd. 5 (Jenseits von Gut u. Böse; Zur Genealogie der Moral), 1980.

Sleeper-Effekt (engl.), »Schläfer«-Effekt; Bezeichnung der Kommunikationsforschg. für einen Wirkungseffekt übermittelter Aussagen, der besagt, daß Aussagen unglaubwürdiger Nachrichtengeber nach einer gewissen Zeit als glaubwürdig akzeptiert u. andererseits Aussagen von zunächst als glaubwürdig eingeschätzten Nachrichtengebern mit der Zeit angezweifelt werden. Dieses Phänomen des »Einschlafens« der kritischen Rezeption von Nachrichten beruht auf dem experimentell nachgewiesenen Vorgang, daß die Herkunft von Aussagen oder Nachrichten mit zunehmendem zeitl. Abstand von der ersten Übermittlung vergessen werden.

Slum (engl.), »schmutzige Gasse«, Elendsquartier, ein städt. Wohngebiet mit überbauter Fläche, verfallener Bausubstanz, unzureichender sanitärer Ausstattung und hygien. Grundmängeln. Soziol. interessieren die Zus.hänge zw. solchen Wohnverhältnissen u. einer bestimmten sozialen Lage u. Lebenshaltung der Bewohner. Die S.s sind in der Regel die Wohnstätten (→Ghettos) der untersten Schichten ges. Minderheiten u. unterprivilegierter Bevölkerungsteile (z. B. Neueinwanderer, Farbige). Sozial verursachter moral. Verfall, unzureichendes Bildungsniveau, Arbeitslosigkeit sowie eine weitgehende soziale Isolierung u. Chancenlosigkeit führen in S.s zu einer überdurchschnittl. Kriminalitätsrate. Andererseits bieten die labilen sozialen Verhältnisse zuströmenden Kriminellen einen günstigen Nährboden.

In der Dritten Welt führen die »Bevölkerungsexplosion« u. Landflucht zum weitgehend unkontrollierten Wachstum von S.s in ausufernden Stadtlandschaften.

B. S. Rowntree, Poverty. A Study of Town Life, London ⁴1962; D. Hampel u. a., Wohnen in der Dritten Welt, 1981; D. Baldeaux, Entwicklungspotentiale in S.gebieten, 1983; H.-G. Semsek u. G. Stauth, Lebenspraxis, Alltagserfahrung u. soz. Konflikte, 1987.

Small, Albion Woodbury, amerikan. Soziologe, 11. 5. 1854 Buckfield, Maine – 25. 3. 1926 Chicago; studierte zunächst Theologie u. dann in Berlin u. Leipzig Sozialwiss.en, Prof. für Gesch. u. Wirtschaftswiss. am Colby College, 1892 Prof. für Soziol. Univ. Chicago, dort Gründer u. Leiter des Department of Sociology, 1895 Begründer u. Hg. des »American Journal of Sociology«, 1912–14 Präs. der American Sociological Society.

S. hat die Entwicklung der Soziol. zu einer akadem. Disziplin entscheidend vorangetrieben. Die sozialen Erscheinungen führte er auf die naturgegebenen »Interessen« u. gefühlsbedingten Handlungen von Individuen zurück. Ges. besteht somit aus versch. Einzelmenschen, die bestimmte Interessen verfolgen

u. sich mit Konflikten auseinandersetzen müssen. Im Verlauf der ges. Evolution werden die Konflikte von Harmonie verdrängt. S. interpretierte die Aufgabe der Soziol. pragmat.: sie soll durch Aufstellen wiss. Gesetze über das menschl. Verhalten zur Beschleunigung des sozialen Fortschritts beitragen.

Schr.: zus. mit G. E. Vincent, Introduction to the Study of Society, 1894; General Sociology, 1905; Meaning of Social Science, 1910; Origins of Sociology, 1924.

Smelser, Neil Joseph, amerikan. Soziologe, ★22. 7. 1930 Kahoka (USA), Studium an der Harvard Univ. u. in Oxford (Engl.), 1962–65 Hg. der »American Sociological Review«, seit 1962 Prof. für Soziol. Univ. of California in Berkeley. Er war Vizepräs. der American Sociological Association.

Unter bes. Berücksichtigung der Strukturell-funktionalen Theorie widmet sich S. der Problematik des sozialen Wandels. Als Wirtschaftssoziologe betont er die wechselseitigen Beziehungen zw. ökonom. u. nichtökonom. Aspekten der Ges. Um der vielschichtigen ges. Verflechtung des Wirtschaftslebens gerecht zu werden, faßt er zus. mit Parsons die Wirtschaft als ein Subsystem bzw. Teilbereich der Gesamtges. auf, das mit anderen Subsystemen verbunden ist, z. B. mit dem kulturellen, polit. u. dem Schichtungssystem. Das Subsystem Wirtschaft ist vor allem auf die Mittelbeschaffung ausgerichtet. S. befaßt sich ferner mit dem kollektiven Verhalten u. mit sozialen Bewegungen. Er weist in diesem Zus.hang auf die Bedeutung unterschiedl. Typen von allg. Überzeugungen u. Glaubensvorstellungen für die Mobilisierung von Menschen hin.

Smith

Schr.: zus. mit T. Parsons, Economy and Society, London [4]1966 (1956); Social Change in the Industrial Revolution, London 1959; Theory of Collective Behavior, London 1962, dt.: Theorie des kollektiven Verhaltens, 1972; The Sociology of Economic Life, Englewood Cliffs [2]1976 (1963), dt.: Soziol. der Wirtschaft, 1968; Hg., zus. mit W. T. Smelser, Personality and Social Systems, New York u. London 1963; Readings on Economic Soziology, Englewood Cliffs 1965; zus. mit S. M. Lipset, Social Structure and Mobility in Economic Development, 1966; Hg., Sociology, New York u. London 1967; Essays in Sociological Explanation, Englewood Cliffs 1968; Sociological Theory, New York 1971; Public Higher Education in California (mit G. Almond), Berkeley 1974; Comparative Methods in the Social Sciences, Englewood Cliffs, N. J. 1976; The Changing Academic Market (mit Robin Content), Berkeley 1980; Themes of Work and Love in Adulthood (mit E. H. Erikson), London 1980; (Hg.) Handbook of Sociology, Newbury Park 1988.

Smith, Adam, Nationalökonom u. Philosoph, 5. 6. 1723 Kirkcaldy (Schottld.) – 17. 7. 1790 Edinburgh, 1737–46 Philosophiestudium in Glasgow u. Oxford, hielt 1748 Vorlesungen über Ästhetik in Edinburgh, 1751–62 Prof. der Logik u. später der Moralphilosophie in Glasgow, längerer Aufenthalt in Frankreich, hatte später zahlreiche öffentl. Positionen inne, 1778 Beamter der obersten Zollbehörde von Schottland, 1787 Rektor der Univ. Glasgow.

S. gilt als Begründer der klass. Nationalökonomie, als Verfechter des Liberalismus u. als Vorläufer der Soziol. Die treibende Kraft in der Wirtschaftsges. ist der »natürl. Hang« des einzelnen, seine eigene Lage zu verbessern. Dieses Streben nach individuellem Glück wird eingegrenzt von mitmenschl. Sympathiegefühlen u. von »Spielregeln« der Gerechtigkeit. Durch eine göttl.-natürl. »unsichtbare Hand« (»invisible hand«) werden die aus dem Selbstinteresse resultierenden Handlungen der Individuen so gelenkt, daß sie zugleich die Steigerung des gesamtges. Wohlstandes u.

Fortschrittes ermöglichen. Entscheidende institutionelle Voraussetzungen dieser Fortschrittsdynamik sind die sich zunehmend verfeinernde Arbeitsteilung u. der Markt, auf dem sich Angebot u. Nachfrage automat. ausgleichen. Der Markt ermöglicht somit die gegenseitige Abstimmung zw. den Interessen u. Bedürfnissen der Einzelmenschen. Der vom Staat möglichst wenig tangierte freie Wettbewerb führt zu einer natürl. Harmonie in der Wirtschaftsges.

Schr.: The Theory of Moral Sentiments, 2 Bde., London [6]1790 (1759), dt.: Theorie der eth. Gefühle, 2 Bde., 1926, nhg. 1949; An Inquiry into the Nature and Causes of the Wealth of Nations, 2 Bde., London 1776, dt.: Natur u. Ursachen des Volkswohlstandes, 4 Bde., 1846–47, nhg. 1933; Neuausgabe unter dem Titel »Wohlstand der Nationen«, hg. v. H. C. Recktenwald, 1974.

F. X. Kaufmann u. H.-G. Krüsselberg (Hg.), Markt, Staat u. Solidarität b. A. S., 1984; H. C. Recktenwald (Hg.), Ethik, Wirtschaft u. Staat, 1985; M. Trapp, A. S. – polit. Phil. u. polit. Ökonomie, 1987; D. D. Raphael, A. S., 1991.

Snob (engl.), Bezeichnung für eine Person, die aufgrund gesteigerten Geltungsstrebens Lebensformen u. Konsumstile höherer sozialer Schichten nachahmt, sich v. anderen Schichten absetzt u. gegebenenfalls die eigene Herkunft verleugnet (Snobismus).

Snob-Effekt, bezeichnet die Erscheinung, daß die Nachfrage nach einem Konsumgut abnimmt, weil es zu einem Massenkonsumgut geworden ist u. somit für den snobist. Verbraucher den Reiz der Exklusivität verloren hat. Grundlegend ist das Streben des Snobs, anders zu sein als die »große Masse«.

H. Leibenstein, Mitläufer-, S- u. Veblen-Effekte in der Theorie der Konsumentennachfrage, in: Konsum u. Nachfrage, hg. v. E. u. M. Streissler, 1966.

Social engeneering (engl.), »Sozialingenieurstum«, Bezeichnung für Verfahren, die zur Lösung sozialer Entwicklungs-, Planungs- u. Organisationsprobleme – analog der physikal. Technologie – zielgerichtet u. regelhaft manipulative Mittel einsetzen, z. B. soziale Leistungsanreize, system. Training sozialer Rollen, Beeinflussung durch Massenmedien. Die Kritik am s. e. hebt die Tendenz zur Verschleierung von Konflikten u. irrationalen, nicht mehr legitimierbaren Herrschaftsverhältnissen hervor.

U. Beck (Hg.), Weder Soz.technologie noch Aufklärung?, 1989.

Social lag →Cultural lag

Social skills (engl.), soziale Fertigkeiten, bezeichnet allg. die Fähigkeiten der Persönlichkeit, durch angemessene Einschätzung u. Beeinflussung des Verhaltens anderer Personen in den verschiedenen sozialen Situationen erfolgreich handeln zu können. In der sich beschleunigt wandelnden pluralist. Ges. ist die notwendige Steigerung der s. s. zunehmend vom sozialen Lernen abhängig.

SOFI, Abk. für Soziologisches Forschungsinstitut an der Univ. Göttingen, ein Zentrum für industriesoziol. Forschung (D-37085 Göttingen, Friedländer Weg 31).

Solidarität (lat.), »Zusammengehörigkeit«, Übereinstimmung, enge Verbundenheit, Gemeinschaftsbewußtsein, gemeinsames Handeln, ein Orientierungs- u. Verhaltensprinzip, das je nach weltanschaul.-ges.polit. Grundorientierung einen anderen Sinn erhält: Nach dem Standpunkt des Liberalismus u. der bürgerl. Ethik ist S. entweder als Interessen-S. die bloß »äußerl.«, zum Zwecke der Durchsetzung gemeinsamer, gleichgerichteter individueller Interessen zustande gekommene Absprache, Vereinigung, Einigung, oder als Gemeinschafts-S. die auf »innerer« Verbundenheit, Wir-Gefühl u. Gesinnung beruhende Einheit des Wollens, Fühlens u. Handelns. Gegenüber einem extremen Egoismus u. Individualismus, der in sozialen Beziehungen den menschl. Handlungspartner als bloßes Objekt zur Realisierung eigener Interessen betrachtet u. »benutzt«, wird mit dem S.prinzip auf die Notwendigkeit verwiesen, die Ges. in erster Linie auch als Gefüge gegenseitiger Abhängigkeiten der sie konstituierenden Subjekte zu betrachten. Die individuelle Freiheit des Handelns ist darum nach Maßgabe der Grenzen gemeinsamer Bedürfnisse einzuengen. Wo durch einseitige u. individuelle Stärke u. Überlegenheit das Gleichgewicht u. die soziale Harmonie gefährdet sind, soll u. muß mittels der S. der Schwächeren eine systemstabilisierende Gegenkraft aufgerichtet werden. Nach marxist. Auffassung ergibt sich aufgrund der ökonom. Entwicklung des Kapitalismus, d. h. im Zuge der Prozesse von Ausbeutung, Akkumulation, Verelendung, gleichsam determinist. die Entfaltung von Klassen-S. als Voraussetzung für den Kampf der Arbeiterklasse zum Sturz u. zur Überwindung der Klassenges. Die S. ist darum ebenso das Ergebnis objektiver ökonom. Prozesse wie Inhalt sozialist. Moral u. Erziehungsgrundsätze. Die evangel. u. kathol. Soziallehren leiten das Prinzip der S. aus Grundannahmen über die menschl. Natur ab. Sie postulieren z. B. die grundsätzl. Ergänzungsbedürftigkeit des für sich allein lebensunfähigen Individuums durch die Gemeinschaft oder die Erschaffung des Menschen als dialog. u. damit auf perso-

Solipsismus 794

nale Korrespondenz angewiesenes Wesen. Hieraus werden sozialethische Konsequenzen für die Gestaltung der Ges.- u. Rechtsordnung abgeleitet.

In der erfahrungswiss. orientierten Soziol. wird der Begriff S. seit den Analysen E. Durkheims »über die Arbeitsteilung« (1893) zur Charakterisierung der Voraussetzungen u. Inhalte von Ges. als soziale Einheit benutzt. Hierbei wird die in »primitiven« Ges.en auf Ähnlichkeit bzw. Gleichheit der Individuen beruhende »mechan.« S. von der in industrialisierten Ges.en aus sozialer Verschiedenheit u. Spezialisierung sich ergebenden »organ.« S. unterschieden. Es ist umstritten, ob es gemäß Durkheim tatsächl. mit zunehmender Arbeitsteilung zu einer Schwächung des »Kollektivbewußtseins«, d. h. des kollektiven sozialen »Gewissens«, der, S., kommt, woraus wiederum begünstigende Tendenzen für Anomie u. abweichendes Verhalten abzuleiten wären.

Als Gegenströmung zu den leitenden Kultur- u. sozialen Orientierungswerten der mod. Ges. wird der Begriff S. zum Symbol für »Befreiung vom Zwang zu hektischer Leistungsaktivität, zu permanenter Gefühlsunterdrückung u. zu expansiver Rivalität« (H. E. Richter). Mehr S. soll Konkurrenz u. Egoismus einschränken. In der Diskussion der Grundwerte zählt S. zu den zentralen Werten.

E. Durkheim, De la division du travail, Paris 1963 (1893), dt.: Über die Teilung der soz. Arbeit, 1977; G. Gundlach, »S.« (Hdwb. d. Soz.wiss., 1953); I. v. Reitzenstein, S. u. Gleichheit, 1961; H. E. Richter, Lernziel S., 1974; M. Schlei u. J. Wagner, Freiheit – Gerechtigkeit – S., 1976; H. Hoefnagels, Die neue S., 1979; R. Pieper, Die Neue Soz.physik, 1989; M. Schmid, Arbeitsteilung u. S., in: KZfSS 41, 1989; C. Gülich, Die Durkheim-Schule u. der franz. Solidarismus, 1991; K. O. Hondrich, S. heute, 1992.

Solipsismus (lat.), Lehre vom »Alleinsein des Ich«, extremer erkenntnistheoret. Standpunkt des Subjektivismus, der die Auffassung vertritt, daß nur dem individuellen Ich u. seinen psych. Zuständen u. Prozessen (Empfindungen, Vorstellungen, Wahrnehmungen) tatsächl. Existenz zukomme, d. h. daß die Außen- u. Umwelt nur in der Vorstellung des Ich vorhanden sei. Der S. leugnet die Möglichkeit einer Existenz der bewußtseinsunabhängigen Materie u. damit auch ihre Einwirkung auf die menschl. Sinneswahrnehmungen.

Soll-Erwartung →Rolle

Sombart, Werner, Nationalökonom u. Soziologe, 19. 1. 1863 Ermsleben (Harz) – 18. 5. 1941 Berlin, Studium der Nationalökonomie in Pisa u. Berlin, 1888 Dr. phil., Syndikus der Handelskammer Bremen, 1890 a. o. Prof. der Wirtschaftswiss. Univ. Breslau, 1906 o. Prof. an der Handelshochschule Berlin, Vorstandsmitglied der 1909 gegründeten »Dt. Ges. f. Soziol.«, 1917 o. Prof. für Nationalökonomie Univ. Berlin, 1931 em., 1932 Vorsitzender des »Vereins für Socialpolitik«.

Als Vertreter der →Historischen Schule u. als Verfechter des Prinzips der Werturteilsfreiheit nahm S. einen kulturwiss. Standpunkt ein. Die soziokulturellen Erscheinungen in ihrer gesch. Besonderheit u. Einmaligkeit – zugleich Ausdruck der Schöpfermacht des »Geistes« u. des »freien Willens« des Menschen – lassen strengen »Gesetzen« oder »Gesetzmäßigkeiten« keinen Raum. S. hob daher im Gegensatz zu materialist. u. positivist. Auffassungen die Methode des Verstehens als Erkenntnisinstrument der Sozialwiss.en hervor. S., der den

Menschen vor allem als geistiges Wesen betrachtete, entwarf eine sog. »Noo-Soziol.«, die insbes. die Rolle des Geistes im ges.-kulturellen Bereich berücksichtigt. Im Gegensatz zu den »Einzel-Soziologien« stufte er die »Allg. Soziol.« als »Grundwiss.« aller Geistes- u. Kulturwiss.en ein. Als Wirtschaftssoziologe ging S. davon aus, daß sich die Wirtschaft immer nur im Rahmen der Ges. verwirklichen kann. Aufgrund ihrer »sozialen Natur« ist die Nationalökonomie zugleich Soziol. Die ges. Vorgänge werden von dem jeweiligen »Wirtschaftssystem« einer Epoche stark beeinflußt. S. unterschied zw. Früh-, Hoch- u. Spätepoche. Sein bes. Interesse galt dem Kapitalismus, den er als gesch. Individuum betrachtete. S. befaßte sich histor.-systemat. mit jenen Kräften, die zur Herausbildung der Kulturerscheinung »moderner Kapitalismus« geführt haben. Während S. zunächst dem Marxismus nahe stand, rückte er von diesem immer mehr ab u. entwickelte ein eigenes Konzept des Sozialismus. Im Mittelpunkt seines »Dt. Sozialismus« steht der Mensch, der keineswegs zum bloßen Mittel erniedrigt werden darf.

Schr.: Sozialismus u. soz. Bewegung, 1896; Sozialismus u. soz. Bewegung im 19. Jh., 1896 (nhg. unter dem Titel: Der proletar. Sozialismus, 2 Bde., [10]1924); Technik u. Wirtschaft, 1901; Wirtschaft u. Mode, 1902; Der mod. Kapitalismus, 3 Bde., 1987 (1902–1908); Warum gibt es in den Vereinigten Staaten keinen Sozialismus, 1969 (1906); Die Juden u. das Wirtschaftsleben, 1911; Luxus u. Kapitalismus, [2]1922 (1912, nhg. unter dem Titel: Liebe, Luxus u. Kapitalismus, 1967); Krieg u. Kapitalismus, 1912; Der Bourgeois, 1987 (1913); Grundlagen u. Kritik des Sozialismus, 1919; zus. mit H. L. Stoltenberg, Soziol., 1923; Die Ordnung des Wirtschaftslebens, [2]1927 (1925); Die drei Nationalökonomien, [2]1967 (1930); Nationalökonomie u. Soziol., 1930; Die Zukunft des Kapitalismus, 1932; Dt. Sozialismus, 1934; Soziol., Was sie ist u. was sie sein sollte, 1936; Vom Menschen, [2]1956 (1938); Noo-Soziol., 1956.

C. Brinkmann, Wirtschaftsformen u. Lebensformen, 1950; B. vom Brocke (Hg.), S.s »Moderner Kapitalismus« – Materialien zur Kritik u. Rezeption, 1987.

Sorel, Georges, 2. 11. 1847 Cherbourg – 28. 8. 1922 Boulogne-sur-Seine; Ecole Polytechnique, Ingenieur im Staatsdienst, nahm 1882 seinen Abschied u. wirkte als Schriftsteller, Philosoph u. als Agitator für den revolutionären Syndikalismus.

S. beklagte die Dekadenz seiner Zeit, den Kulturzerfall der Moderne, einem Schicksal wie dem der Antike. Sein pessimist. Menschenbild ließ ihn Fortschritt – abgesehen vom techn. Bereich – als Illusion bezeichnen. Sozialismus ist nicht durch das Erleben proletar. Not geformt, sondern durch den moral. Zerfall der herrschenden Klassen. Aus letzterem folgte für S., daß zur Erneuerung der Ges. die Zerstörung demokrat. Institutionen nötig ist, weil polit. Parteien nur den materiellen Profit bestimmter Gruppen erstreben. S. ermunterte die Arbeiterschaft zur »direkten Aktion«, denn nur die Gewalt ist Triebkraft der Gesch. Der Generalstreik wird zum Symbol des Kampfes der Arbeiterschaft. Andererseits meinte er, daß die industrielle Ges. die Interessen der Unternehmer u. Proletarier verbindet. Um die Massen gegen die vom Finanzkapitalismus bewirkten Schwierigkeiten aufzubringen, wollte er »Mythen« verwenden. Hier zeigt sich sein Anti-Intellektualismus. Fanatisierte Massen sollen unter Gewaltanwendung die Dekadenz brechen u. die Herrschaft des Proletariats errichten.

Schr.: La ruine du monde antique, 1898; L'avenir socialiste des syndicats, 1898; Décomposition du marxisme, 1906 (dt.: Die Auflösung des Marxismus, 1930); Réflexions sur la violonce, 1908 (dt.: Über die Gewalt, 1928);

Marche au socialisme, 1920; De l'utilité du pragmatisme, 1921.
H. Barth, Masse u. Mythos, 1959; H. Berding, Rationalismus u. Mythos, 1969; M. Freund, G. S., ²1971; L. Protis, S., 1983.

Sorokin, Pitirim Alexandrowitsch, russ.-amerik. Soziologe, 21. 1. 1889 Touria (Rußland) – 10. 2. 1968 Winchester (Mass.), studierte in Petersburg, 1917–18 journalist. u. polit. Tätigkeit, Mitglied der Kerenski-Regierung, 1922 von den Bolschewisten zum Tode verurteilt, dann zur Verbannung begnadigt, 1923 Emigration in die USA, 1924–30 Prof. für Soziol. Univ. of Minnesota, 1930–55 Harvard Univ., dort Leiter des Zentrums für Altruismusforschg.

S. verstand Soziol. als Wiss. v. den soziokult. Erscheinungen, die durch Wechselwirkungen (interactions, Interaktion) gekennzeichnet sind. Die Systeme Persönlichkeit, Ges. (wert- u. normorientierte soziale Gruppen) u. Kultur (Gesamtheit v. Werten, Normen u. Produkten menschl. Tätigkeit) befinden sich in wechselseitiger Beziehung. Hinsichtl. der Kulturdynamik unterschied er zw. drei verschiedenen »Grundsystemen« (supersystems): im sensuellen (sensate) dominieren Sinneswahrheit, Materialismus, Empirismus u. Hedonismus, im ideationellen (ideational) Glaubenswahrheit, Ideen, Gesinnungs- u. Liebesethik, im idealist. (idealistic) Vernunftwahrheit. In den verschiedenen hist. Kulturen herrsche jeweils ein Grundsystem vor. Die kulturelle Dynamik schwinge – allerdings nicht regelmäßig u. streng zyklisch – insb. zw. sensuellen u. ideationellen Kulturen, wobei immer wieder neue Kombinationen der mannigfaltigen Kulturelemente auftreten. Mit skept. Blick auf die Ges. der Gegenwart, in der die vorherrschende sensuelle Kultur ihren Höhepunkt schon überschritten habe, wies S. auf die Notwendigkeit der Altruisierung der Menschen hin. In seinem Konzept der Mobilität unterschied er zw. sozialer (Bewegungen v. Personen durch Positionswechsel) u. kultureller Mobilität (Wandel kultureller Elemente wie Ideen, Wörter u. Geräte). – S. war einer der einflußreichsten Soziologen in den USA.

Schr.: Sociology of Revolution, 1925 (dt.: Die Soziol. der Revolution, 1928); Social and Cultural Mobility, Glencoe ²1959 (1927); Contemporary Sociological Theories, New York u. London 1928 (dt.: Soziol. Theorien im 19. u. 20. Jh., 1931); Principles of Rural-Urban Sociology, 1929; Social and Cultural Dynamics, 4 Bde., ²1962 (1937–41); Time Budgets of Human Behavior, 1939; Sociocultural Causality, Space, Time, ²1964 (1943); Society, Culture, and Personality, New York u. London ²1962 (1947); The Reconstruction of Humanity, 1948; Social Philosophies of an Age of Crisis, 1950 (dt.: Kulturkrise u. Ges.philosophie, 1953); Fads and Foibles in Modern Sociology and Related Sciences, Chicago 1956; Sociological Theories of Today, New York u. London 1966; Basic Trends of our Time, New Haven 1964.
P. J. Allen (Hg.), P. A. S. in Review, Durham, N. C., 1963.

Souveränität (lat.), »Überlegenheit«, Hoheitsgewalt; höchste u. umfassende Gewalt des Staates, die von keiner anderen (höheren) Gewalt abgeleitet ist. Ursprüngl. bezeichnet S. die unabhängige Machtvollkommenheit eines Souveräns (Fürst, König, Kaiser). Mit der Entstehung der Nationalstaaten (18. u. 19. Jh.) ist S. zu einem bedeutsamen Prinzip für die Gestaltung der Beziehungen zw. Staaten (Selbstbestimmungsrecht, Nichteinmischungsprinzip) geworden. Nach dem II. Weltkrieg wurde das internat.-rechtl. formale Prinzip der S. der Staaten durch die Notwendigkeit politisch-militär. Blockbildung u. wirtschaftl. u. kultureller Zus.arbeit der Staaten real stark eingeschränkt. Mehr u. mehr S.rechte werden auf zw.staatl.

oder supranationale Einrichtungen übertragen.

H. Heller, Die S., 1927; O. Kirchheimer, Zur Frage der S. (in: ders., Politik u. Verfassung, 1964); O. Czempiel (Hg.), Die anachronist. S. (Sonderheft 1 Pol. Vierteljahresschr., 1969); H. Quaritsch, S., 1986; A. Singer, Nationalstaat u. S., 1993.

Soziabilisierung (lat.), Prozeß des »Gesellschaftsfähig-Machens«, Basisprozeß der Sozialisation des Menschen, emotionale Fundierung, Vermittlung grundlegender Weltverständnis-Kategorien, erste soziale Fixierung, durch die dem menschl. Nachwuchs überhaupt erst die (bereits latent vorhandene) Möglichkeit erschlossen wird, als soziokulturelle Persönlichkeit menschl. Eigenschaften zu entwickeln, kulturspezif. Werte, Normen u. Kontrollen zu verinnerlichen u. soziale Rollen zu übernehmen.

D. Claessens, Familie u. Wertsystem, ⁴1979 (1962).

Sozial (lat. »die Gesellschaft betreffend«), in der Soziol. allg., wertneutrale Bezeichnung für prozeßhafte zw.menschl. Beziehungen (Interaktionen), für wechselseitig orientiertes Handeln v. Menschen (M. Weber) u. für Gebilde, die aus relativ dauerhaften zw.menschl. Beziehungen hervorgehen. Diese Beziehungen, Handlungen u. Gebilde, die in den Gesamtzus.hang der Ges. eingelagert sind, beinhalten sowohl Kooperation wie auch Konflikt.
In der Alltagssprache wird mit dem Wort s. mehr wertend ein bestimmtes Verhalten bezeichnet, das im Gegensatz zum unsozialen Verhalten menschenfreundlich-gemeinnützig geprägt ist.

C. Souto, Allgemeinste wiss. Grundlagen des S.en, 1984; H. Bude, Auflösung des S.en, in: Soz. Welt 39, 1988.

Sozialaggregat →Aggregat, soziales

Sozialanthropologie →Ethnologie, →Kulturanthropologie

Sozialarbeit, Sozialfürsorge, Bezeichnung für alle Maßnahmen zur Verbesserung der sozialen Lage der unterprivilegierten Ges.gruppen (Arme, Behinderte, Randgruppen, Obdachlose, unvollständige Familien, Drogensüchtige, Strafentlassene u. a.). Während zunächst unter den Bezeichnungen »Sozialfürsorge« oder »Wohlfahrtspflege« eher auf eine Hilfe u. »Eingliederung« des Einzelnen hingearbeitet wurde, ist mod. S. an Methoden u. Strategien orientiert, die zu kollektiver Situationsverbesserung betroffener Bevölkerungsteile führen. Dieser Ansatz hat zu einer engen Kooperation von S. mit soziol. u. psychol. Theorien zur Sozialstruktur, zur sozialen Schichtung u. zum sozialen u. indiv. Handeln beigetragen u. auch ihre wiss. Öffnung zur (Sozial-) Pädagogik bewirkt.

H. Maòr, Soziol. der S., 1975; H. Kreutz u. a. (Hg.), Empir. S.sforschg., 1978; W. Knapp (Hg.), Die wiss.lichen Grundlagen der S. u. Soz.pädagogik, 1980; A. Schwendtke (Hg.), Wb. der S. u. Soz.pädagogik, ²1980; U. Leitner, S. u. Soziol. in Dtl., 1981; M. Ehling, Theoret. Ansätze in der S., 1982; H. Eyferth u. a. (Hg.), Hdb. zur S./Soz.pädagogik, 1987 (1984); A. Bellebaum, H. J. Becher u. M. T. Greven (Hg.), Helfen u. helfende Berufe als soz. Kontrolle, 1985; C. W. Müller (Hg.), Einf. in die soz. Arbeit, 1985; C. Mühlfeld u. a. (Hg.), S. mit alten Menschen, 1986; T. Olk u. H.-U. Otto (Hg.), Soz. Dienste im Wandel 1, 1987; R. Greca, Handlungsmuster in der S., 2 Bde., 1989; K. Possehl, Methoden der S., 1993.

Sozialberichterstattung, Bezeichnung f. die regelmäßige, umfangreiche u. sozialwiss. fundierte Information über ges.- u. sozialpolit. bedeutsame Lebensbedingungen in der sich beschleunigt wandelnden mod. Ges. Aufgrund der

Sozialbilanz 798

Unvollständigkeit einseitig ökonomisch bestimmter Informationssysteme (z. B. volkswirtschaftl. Gesamtrechnung) versucht die mod. ges. S. mit Hilfe eines differenzierten Systems objektiver u. subjektiver sozialer Indikatoren zuverlässige Informationen über Zustände u. Entwicklungen in allen wichtigen Lebensbereichen (Gesundheit, Bildung, Arbeit, Freizeit u. a.) zu gewinnen. Mit den objektiven Indikatoren werden sachliche Gegebenheiten quantitativ festgestellt, z. B. die Anzahl v. Einwohnern pro Arzt; mit den subjektiven Indikatoren werden darüber hinaus individuelle Bedürfnisse u. Grade der Zufriedenheit ermittelt (Lebensqualität). Die S. soll als Grundlage rationaler polit. Planungen u. Entscheidungen dienen (SPES, d. h. Sozialpolit. Informations- u. Entscheidungssystem).

W. Zapf, S., 1976; H. J. Krupp u. W. Zapf, Soz.-pol. u. S., 1977; C. Leipert, Ges. Berichterstattung, 1978; H.-J. Hoffmann-Nowotny (Hg.), Ges.liche Berichterstattung zw. Theorie u. polit. Praxis, 1983; H.-J. Krupp u. J. Schupp (Hg.), Lebenslagen im Wandel: Daten 1987, 1988; W. Müller u. a. (Hg.), Blickpunkt Ges., 1990.

Sozialbilanz, Ausdrucksform einer ges.sbezogenen Rechnungslegung, mit der insbes. Großunternehmungen gegenüber einer krit. gewordenen Belegschaft u. Öffentlichkeit die ges. u. ökolog. bedeutsamen Auswirkungen der eigenen wirtschaftl. Tätigkeit darzustellen versuchen. Die Darstellung der Auswirkungen auf die Mitarbeiter, Lieferanten, Kunden, Kapitalgeber, Gemeinde, natürliche Umwelt u. Ges. soll möglichst exakt die nützlichen u. schädlichen Effekte einer zunehmend ges. verantwortungsbewußten Unternehmertätigkeit aufweisen. In der »Ökobilanz«, einer speziellen Va-

riante der S., sollen die Auswirkungen auf die natürl. Umwelt u. bestimmte Ökosysteme sowie die auf Umweltschutz ausgerichteten Anstrengungen ausgewiesen werden. Zur Demonstration soz. Verantwortung werden in der S. insbes. die (freiwilligen) betriebl. Soz.leistungen für die Mitarbeiter zum Ausdruck gebracht. Die Quantifizierung einschlägiger Daten ist bei der Erstellung von S.en weitaus schwieriger als bei der tradit. kaufmännischen Bilanzierung. Zuungunsten der Vergleichbarkeit werden mitunter bestimmte Vorgänge (z. B. Arbeitsplatzgestaltung) nur verbal dargestellt. Drängende Aufgaben sind die Erarbeitung u. allg. Durchsetzung eines einheitl. Konzeptes der S.ierung.

M. Dierkes, Die S., 1974; K. v. Wysocki, S.en, 1981; K. Schredelseker u. a., Publizität u. Unternehmensverfassung, 1986.

Sozialbrache, Bezeichnung der Landsoziologie für landwirtschaftl. (u. im weiteren Sinne für siedlungsmäßig oder städtebaul. brauchbare) Nutzflächen, die aus versch. Motiven ihrer Eigentümer (z. B. Spekulation, Sicherheitsdenken) als Brachland zurückgehalten u. damit der sozialen Nutzung vorerst entzogen werden.

Sozialcharakter, ein für bestimmte Bevölkerungsteile oder Schichten einer Ges. oder für eine ganze Ges. typ. Komplex von spezif. Werthaltungen, Einstellungen u. Verhaltensweisen. S. meint den für eine danach abzugrenzende Menge von Individuen typischen Teil der Persönlichkeit, der nicht durch Anlage u. Vererbung, sondern durch soziale Prägung u. Erfahrung bestimmt ist u. im sozialen Rollenverhalten manifest wird. Es wird in der Soziol. sowohl nach dem Inhalt des S. als auch nach den Methoden u. Formungseinflüssen gefragt, die den S. erzeugen. Die Grunderfahrungen u. Lebensstile der Angehörigen einer Ges. oder einer sozialen Schicht werden über die Sozialisationsinstanzen (Familie, Schule, Kirche, Betrieb, Massenmedien) an die folgenden Generationen weitergegeben. In vormod., traditionsbestimmten Ges.en stabilisieren sich der S. u. die Soz.struktur sowie Kultur gegenseitig. In der mod. pluralist. Ges. bedingen steigende Bildungsniveaus u. die fortschreitende Individualisierung eine Aufspaltung u. Abschwächung des jeweils überkommenen S.s. Es setzen sich verstärkt unterschiedl. individ. Persönlichkeitstypen u. mannigfaltige Lebensstile durch.

D. Riesman, Die einsame Masse, 1958 (amerik. 1950); H. H. Gerth u. C. W. Mills, Person u. Ges., 1970 (amerik. 1953); E. Fromm, Der mod. Mensch u. seine Zukunft, 1960.

Sozialdarwinismus, eine in der zweiten Hälfte des 19. Jh. durch den von Charles Darwin (1809–1882) gelehrten universellen biolog. Evolutionismus (mit dem Lebensprinzip des »Kampfes ums Dasein«) beeinflußte soziol. Theorienrichtung (H. Spencer, W. G. Summer, L. F. Ward, L. Gumplowicz). In den Erklärungsprinzipien des S. für menschl.-ges. Handeln wird der aus der Aufklärung stammende Gedanke, daß die ges. Ordnung u. Integration von den Handlungen u. von der Rationalität einzelner Menschen her zu erklären sei, fallengelassen. Anstelle dessen wird eine gegebene Objektivität ges. Entwicklungsnotwendigkeiten (zunächst in biolog., später in völkischen u. rassischen Kategorien) als Bewegungsprinzip der Ges. erkannt. Es sei ein sozialer Auslese- u.

Anpassungsprozeß (dem einzelnen Menschen sich als Kampf ums Dasein darstellend), der den ges. Gesamtorganismus weiterentwickelt. Hinter der ges. Entwicklung stehe kein allg. geistiges oder moral. Fortschrittsprinzip, sondern eine quasi biolog. Notwendigkeit, die bedingt sei durch fortschreitende Differenzierung der ges. Talente, Institutionen usw. sowie durch das Streben, innerhalb dieser Differenzierungen immer wieder ein neues Gleichgewicht zu schaffen. Die Tüchtigen führen u. die weniger Talentierten ordnen sich unter. Was tüchtig ist, bestimmen nicht moral. Wertideen, sondern die Fähigkeiten, sich (im kosmolog. interpretierten »Interesse« einer Weiterentwicklung der Ges.) durchsetzen zu können. Der Lebenskampf als soziale Grundform zw. menschl. »Beziehungen« gilt sowohl für Verhältnisse zw. Individuen wie zw. Gruppen, versch. Ges.en, Völkern, Rassen.

R. Hofstadter, Social Darwinism in American Thought, Boston [10]1965 (1944); H. W. Koch, Der S., 1973; G. Jones, Social Darwinism and English Thought: The Interaction Between Biological and Social Theory, Brighton, 1980; G. Altner (Hg.), Der Darwinismus, 1981; E. K. Francis, Darwins Evolutionstheorie u. der S., in: KZfSS 33, 1981; P. E Becker, S., Rassismus, Antisemitismus u. Völk. Gedanke, 1990.

Soziale Bewegung →Bewegung

Soziale Demokratie, bezeichnet eine insbes. vom revisionist. orientierten Neomarxismus u. vom Sozialismus beeinflußte ges. Ordnungsvorstellung, nach der es – bezogen auf krit. Analysen der bürgerl.-kapitalist. Gegenwartsges. – darum geht, die verfassungsrechtl. (formalen) Grundsätze eines »demokrat. u. sozialen Rechtsstaates« durch ges. Reformen inhaltl. zu realisieren. Zentrale Forderung ist

Soziale Differenzierung

die Ergänzung der verfassungsmäßig verbürgten liberalen Freiheitsrechte (Grundrechte) durch eine ges. prakt. Ausgestaltung der Zielvorstellungen des Sozialstaates, damit die (im großen u. ganzen) bereits verwirklichte polit. Demokratie in eine s. D. transformiert werden könne.

W. Abendroth, Antagonist. Herrschaft u. polit. Demokratie, 1967.

Soziale Differenzierung →Differenzierung

Soziale Distanz-Skala (engl. social distance scale) bzw. Bogardus-Skala, eine v. →Bogardus entwickelte einfache Beurteilungsskala zur Messung der sozialen Nähe oder Ferne, die Personen zu Mitgliedern anderer Bevölkerungsteile (insb. Minderheiten) u. Nationen empfinden.

Soziale Erwünschtheit (engl. social desirability effect), soz. erwünschtes Antwortverhalten, Ja-Sager-Effekt, Bezeichnungen für eine Tendenz von Befragten u. Testpersonen (Probanden), unter dem Einfluß soziokult. Lebensverhältnisse, der jeweiligen Befragungssituation u. vermeintl. Erwartungen des Interviewers bzw. Forschers bewußt oder unterbewußt unaufrichtig zu reagieren. Dieses method. Problem führt insbes. bei brisanten, heiklen, umstrittenen, unangenehmen oder sogar tabuierten Themen (z. B. polit. Radikalismus, Minderheitenprobleme, Sexualität, Aggressivität, Suchtverhalten) zu Antwortverzerrungen, Beschönigungen, zum Verschweigen eigener Meinungen, Absichten u. Verhaltensweisen, zur »Meinungslosigkeit« oder zur Verweigerung von Antworten. Zugunsten des soz. Ansehens beim Interviewer tendieren Befragte dazu, hinsichtl. solcher Fragen in einer vermeintl. soz. erwünschten, gebilligten u. vernünftig erscheinenden Weise zu antworten. Vor allem Befragte mit schwachem Selbstbewußtsein versuchen, beim Interviewer einen guten Eindruck zu gewinnen oder vorzutäuschen, (vermeintl.) Mehrheitsmeinungen zu vertreten, nicht als Außenseiter oder Extremist zu erscheinen. Je weniger freiheitl. eine Ges. ausgeprägt ist u. je härter soz. Kontrollen sind, um so mehr tendieren Befragte zur Einschränkung befürchteter negativer Konsequenzen zum soz. u. polit. erwünschten Antwortverhalten. In der Befragungssituation können sich große Unterschiede zw. dem Befragten u. dem Interviewer hinsichtl. Geschlecht, Lebensalter, Status u. ethn. Zugehörigkeit antwortverzerrend auswirken. Die Neigung zum soz. erwünschten Antwortverhalten kann auch durch die Anwesenheit »Dritter« verstärkt werden. Je mehr dieser Anpassungseffekt Umfrageergebnisse verzerrt, um so unsicherer sind die hieraus abgeleiteten Prognosen über tatsächl. Verhalten. Zur Kontrolle der Tendenz zum soz. erwünschten Antwortverhalten wurde eine spezielle Testskala (Crowne u. Marlowe) entwickelt. Auch werden →Kontrollfragen eingesetzt, die allerdings den Befragten irritieren können. Als hilfreich gilt die Schaffung einer möglichst entspannten Befragungs- bzw. Testsituation.

A. L. Edwards, The Social Desirability Variable in Personality Assessment and Research, New York 1957; D. P. Crowne u. D. Marlowe, The Approval Motive, New York 1964; H. Meulemann u. K.-H. Reuband (Hg.), Soz. Realität im Interview, 1984.

Soziale Frage, weitgehend identisch mit der sog. Arbeiterfrage, die insb. in der 2. Hälfte des 19. Jh. in sich entfaltenden Industrieges.en West- u. Mitteleuropas ihren Höhepunkt erreichte. Die so bezeichnete Krisensituation war gekennzeichnet durch einen wachsenden Gegensatz zw. kapitalist. orientierten Unternehmern u. abhängig beschäftigten Lohnarbeitern, durch Tendenzen einer zunehmenden Ausbeutung u. Verelendung der Lohnarbeiterschaft (Proletariat) u. durch die steigende Gefahr einer revolutionär-sozialist. Umwälzung der Ges. Unter dem Einfluß verschiedenartiger Motive u. ges. Kräfte ist die s. F. im Zuge ges. Reformen u. der Entwicklg. zur sozialstaatl. organisierten Ges. des Massenwohlstandes entschärft worden.

Gegenwärtig ist zunehmend v. einer sog. neuen s. F. die Rede, die zu Lasten der allg. Lebensqualität u. künftiger Überlebenschancen durch den fortschreitenden Widerspruch zw. einem ges. unzureichend gesteuerten techn.-wirtschaftl. Wachstum u. einer ausufernden Umweltkrise geprägt ist. Mit dem Wort neue s. F. wird in Anlehnung an die Hypothese der Disparität der ges. Lebensbereiche auch die Auffassung verbunden, daß in der mod. Industrieges. bisher unzureichend organisierte, mehr wirtschaftsferne Personalkategorien (Frauen, alte Menschen, Behinderte, Schüler) im Verteilungskampf benachteiligt sind. Durch Förderung der eigenen Interessenwahrnehmung und Organisationsfähigkeit sowie durch staatl. Maßnahmen sollen die Lebenschancen jener Bevölkerungsteile verbessert werden.

Ferner wird eine neue s. F. auch in dem sog. Nord-Süd-Gefälle bzw. -Konflikt zw. den Industrieges.en u. Entwicklgs.ländern gesehen.

F. Tönnies, Die Entwicklung der s. F. bis zum Weltkriege, 1989 (⁴1926, 1907); G. Brakelmann, Die S. F. des 19. Jh.s, ⁵1975; H.-U. Wehler (Hg.), Mod. dt. Soz.gesch., 1966; W. Dettling u. a., Die Neue S. F. u. die Zukunft der Demokratie, ²1977 (1976); H. P. Widmaier (Hg.), Zur Neuen S. F. 1978; E. I. Kouri, Der dt. Protestantismus u. die s. F. 1870–1919, 1984.

Soziale Identität →Identität

Soziale Indikatoren (engl. social indicators), Bezeichnung für ein systematisch angelegtes, differenziertes Meßinstrumentarium, mit dem auf der Grundlage des Konzepts der Lebensqualität der Gesamtzustand u. die Entwicklungsvorgänge einer Ges. möglichst quantitativ exakt ermittelt u. mit anderen Ges.en verglichen werden sollen. Die für ein solches gesamtges. Informationssystem entwickelten Systeme s. I. sind nicht nur auf die Darstellung objektiver Lebensbedingungen in den verschiedenen Ges.bereichen ausgerichtet, sondern auch auf die Ermittlung unterschiedl. Grade subjektiver Zufriedenheit (Wohlergehen). Die Anwendung v. Systemen s. I. soll der Verbesserung der wohlfahrtsorientierten Planung u. Steuerung insb. auch in nichtwirtschaftl. Lebensbereichen dienen. →Sozialberichterstattung.

W. Zapf (Hg.), S. I.-IV, 1974–76; M. Dierkes, Soz. Daten u. Polit. Planung, 1975; H.-J. Hoffmann-Nowotny (Hg.), S. I. V., 1977; W. Zapf (Hg.), Lebensbedingungen in der Bundesrepublik, ²1978 (1977); C. Leipert, Ges. Berichterstattung, 1978; M. Peters u. P. Zeugin, S. I.forschg., 1979; H.-J. Hoffmann-Nowotny (Hg.), S. I. im intern. Vergleich, 1980; ders. (Hg.), Soz.bilanzierung, 1981; H. Berger u. E. Priller (Hg.), I. in der soziol. Forschg., 1982.

Soziale Kompetenz, allg. die Fähigkeit einer Person, mit anderen gut interagieren zu können. Je nach Situation zeigt sich s. K. darin, inwieweit ein Akteur mit anderen Menschen (z. B. mit Untergebe-

Soziale Kontrolle 802

nen, Kollegen, Kunden) konstruktiv, konfliktbewältigend, motivierend, erfolgreich umgehen kann. S. K. beinhaltet Empathie bzw. Einfühlungsvermögen, Verantwortungsbewußtsein, Selbstdisziplin, Gerechtigkeitsempfinden, Fairneß, Offenheit, Urteilsvermögen, Teamfähigkeit, rhetor. Fähigkeiten u. ä. m. Die Entfaltung s.r K. beim einzelnen hängt grundlegend vom individ. Persönlichkeitstyp u. in starkem Maße von den jeweiligen Sozialisationsbedingungen ab. Der Aufbau s.r K. kann gezielt weiterbetrieben werden durch entsprechende Schulung, wobei soz.wiss Erkenntnisse u. Methoden eingesetzt werden (z. B. Rollenspiel). Da die Wettbewerbsfähigkeit von Unternehmungen u. die erfolgreiche Tätigkeit sonstiger Organisationen von hochmotivierten Mitarbeitern abhängen, ist s. K. neben der fachl. Qualifikation zu einem hochrangigen Kriterium bei der Personalauswahl, insbes. bei der Auslese u. Förderung von Führungskräften geworden.

K. H. Anton u. D. Wieland, S. K., 1993.

Soziale Kontrolle →Kontrolle

Soziale Kosten (engl. social costs), Bezeichnung für ökologisch-ges. schädliche Auswirkungen (insb. Umweltbelastungen) privatwirtschaftl. Tätigkeit, die bisher nicht oder nur ansatzweise in dem unternehmerischen Rechnungswesen berücksichtigt wurden u. somit v. der Ges. zu tragen waren (z. B. Einsatz v. Steuergeldern für staatl. Umweltschutzmaßnahmen). Die Einschränkung der externen Effekte des Wirtschaftens wird gemäß des Verursacherprinzips auf marktwirtschaftl. Wege durch Einbindung der s. K. in das unternehmerische Informations-, Entschei-

dungs- u. Rechnungslegungssystem (→ges. bezogenes Rechnungswesen, →Sozialbilanz) angestrebt.

K. W. Kapp u. F. Vilmar (Hg.), Sozialisierung der Verluste?, 1972; K. W. Kapp, S. K. der Marktwirtschaft, 1978; F. Beckenbach u. M. Schreyer (Hg.), Ges.liche Folgekosten, 1988; C. Leipert, Die heiml. Kosten des Fortschritts, 1989.

Soziale Marktwirtschaft, auf A. Müller-Armack (1901–1978) zurückgehende Bezeichnung für die v. Ordo-Liberalismus (Neoliberalismus) geprägte Form der Marktwirtschaft (→Konkurrenz), in der durch einen hinreichend starken Staat eine dauerhafte Wettbewerbsordnung geschaffen worden ist, die mit Gerechtigkeit, Leistungsprinzip u. mitmenschl. Verantwortung zu vereinbaren ist. Dadurch sollen die Tendenzen der vom klass. Liberalismus propagierten reinen Marktwirtschaft überwunden werden, daß sich die stärksten Unternehmungen u. Individuen zunehmend durchsetzen u. die Konzentration wirtschaftl. Macht zu ungunsten allg. gerechter Lebenschancen den Leistungswettbewerb aufhebt. Zur Ergänzung der rechtsstaatl. Demokratie wird eine Synthese von Markteffizienz u. soz. Ausgleich angestrebt. Auf dem Boden des staatl. gesicherten Leistungswettbewerbs sollen nach L. Erhard »persönl. Freiheit, wachsender Wohlstand u. soz. Sicherheit in Einklang« gebracht werden.

Zu den Quellen der s.n M. zählen die christl. Soz.lehre u. Bestrebungen zur Erhaltung des soz. Friedens. L. Erhard (1897–1977), »Vater des dt. Wirtschaftswunders«, hat als erster Bundeswirtschaftsminister der BR Dtl. die weitgehende Verwirklichung der s. M. durchgesetzt.

A. Müller-Armack, Wirtschaftslenkung u. Marktwirtschaft, 1947; ders., Studien zur s.n

M., 1960; L. Erhard, Wohlstand für alle, 1957; G. Ambrosius, Die Durchsetzung der sozialen Marktwirtschaft in Westdtl. 1945–1949, 1977; L. Erhard-Stiftung e. V. (Hg.), Sicherung u. Fortentwicklung der S.n M., 1979; F. Pilz, Das System der S.n M., [2]1981; C. Heusgen, Ludwig Erhards Lehre von der S.n M., 1981; D. Grosser u. a., S. M. 1988; L.-Erhard-Stiftung (Hg.), Bibliographie zur S.n M., 1989; O. Schlecht, Grundlagen u. Perspektiven der S.n M., 1990; J. Kremer, Reform der S.n M., 1993.

Soziale Mobilität →Mobilität, soziale

Soziale Physik

(franz. physique sociale), v. →Saint-Simon u. zunächst auch v. A. →Comte benutzter Begriff, den Comte später durch den Begriff der Soziol. ersetzte. Die Bezeichnung S. P. verdeutlicht, daß damals die entstehende Soziol. unter dem Einfluß der Naturwiss.en weithin als eine Erfahrungswiss. aufgefaßt wurde, die mit naturwiss. Methoden Gesetzmäßigkeiten im ges. Lebensbereich aufzudecken habe.
Später haben G. Lundberg u. O. Neurath versucht, die Soziol. als S. P. naturwiss. auszurichten.

R. Pieper, Die Neue Soz.physik, 1989.

Soziale Probleme

(engl. social problems), aktuelle ges. Zustände, die v. größeren Bevölkerungsteilen als unerwünscht empfunden u. z. T. als überwindbar angesehen werden. S. P. bilden seit langem insb. in der pragmatisch-anwendungsbezogenen amerik. Soziol. bevorzugte Forschgs.objekte: Armut, Arbeitslosigkeit, Obdachlosigkeit, Prostitution, Entfremdung durch Arbeit, Diskriminierung v. Behinderten, Minderheiten u. der Frau, Isolation u. Vereinsamung älterer Menschen, abweichendes Verhalten, Sucht u. Drogenkonsum, psych. Erkrankungen, polit. Extremismus u. religiöser Fanatismus, Kriminalität, Gewalt, Terrorismus, Zerfall der

großen Städte, Umweltzerstörung u. a. S. P. hängen bes. mit Strukturen soz. Ungleichheit u. mit dem beschleunigten soz. Wandel, mit der Krise der Wert- u. Normenorientierung, mit steigenden Anspruchshaltungen u. mit Grenzen des wirtschaftl. Wachstums zus. Oft gewinnen s. P. erst durch soz. Bewegungen ges. Brisanz und Beachtung. In ihrer Bedrohung der ges. Stabilität bilden s. P. einen Prüfstein für die Bewährung der Soziol. als einer praxisrelevanten Erfahrungswiss.

R. K. Merton u. R. A. Nisbet (Hg.), Contemporary Social Problems, New York 1976 (1961); A. Bellebaum (Hg.), S. P., 2 Bde., 1974; H. u. H. Reimann (Hg.), Schriftenreihe S. P., 1974 ff.; Th. Kutsch u. G. Wiswede (Hg.), Schriftenreihe »S. P. der Gegenwart«, 1978 ff.; R. E. Roberts, Social Problems – Human Possibilities, St. Louis 1978; M. S. Weinberg u. a., The Solution of Social Problems, New York [3]1981; G. Albrecht u. M. Brusten (Hg.), S. P. u. soz. Kontrolle, 1982; S. Staub-Bernasconi, S. P. – Dimensionen ihrer Artikulation, 1983; A. Weymann (Hg.), Staatl. Antworten auf S. P., 1986; H. Haferkamp, Theorie s.r P., in: KZfSS 39, 1987; J. Nowak, S. P. u. soz. Bewegungen, 1988; G. Albrecht u. F. Stallberg (Hg.), S. P., 1991; G. Albrecht u. a. (Hg.), Zs. »S. P.«, 1990 ff.

Sozialer Kreis,

nach G. Simmel eine Anzahl von Personen, eine Gruppe oder sonstige soz. Vereinigung, der ein einzelner angehört. Die Zahl der verschiedenen K.e, in denen der einzelne Mensch steht, »ist einer der Gradmesser der Kultur«. So war z. B. in der mittelalterl. Ges. die Möglichkeit des Menschen, verschiedenen K.en anzugehören, sehr stark eingeschränkt, insbes. durch großen Einfluß der Gilden u. Zünfte. Ein besonders radikales Mittel zur Einschränkung der s. K.e des einzelnen ist der Zölibat des Katholizismus (Heiratsverbot für Geistliche). In der mod. Ges. hat die Zahl der s. K.e des Individuums erheblich zugenommen, u. zwar zugunsten seiner In-

Sozialer Prozeß   804

dividualität. Mit dieser Zunahme verringert sich nämlich die Wahrscheinlichkeit dafür, daß noch andere Personen die gleiche Kombination der Gruppenzugehörigkeiten (»individuelle Kreuzung der s. K.e«) aufweisen. Durch die Vielzahl der soz. Zugehörigkeiten u. infolge mannigfaltigerer Gruppeninteressen, die in das Individuum hineinwirken, entstehen »Konflikte äußerer u. innerer Art«. Zugleich wird sich aber das Individuum in einer solchen Situation der Kreuzung s. K.e verstärkt seiner »personalen Einheit« bewußt.

G. Simmel, Soziol., ⁶1983 (1908).

Sozialer Prozeß, Sammelbezeichnung für dynamische Vorgänge der sozialen Beziehung u. Interaktion, wobei das Verhalten zw. zwei oder mehr Personen sowohl konjunktiv (verbindend) als auch disjunktiv (trennend) wirken kann. Darunter fallen z. B. Konsens, Kooperation, Assimilation, Konflikt u. Konkurrenz.

Sozialer Wandel →Wandel, sozialer

Soziale Schichtung →Schichtung

Soziales Handeln →Handeln

Soziale Tatsache →Tatsache

Sozialethik →Christliche Soziallehren

Soziale Ungleichheit →Ungleichheit

Sozialforschung →Empirische Sozialforschung

Sozialgebilde →Gebilde, soziales

Sozialgeschichte, ein Spezialgebiet (eine Teildisziplin) der Gesch.swiss., das auf die Erforschg. der gesch. Dimension soz. Strukturen, Institutionen, Handlungen u. Prozesse ausgerichtet ist u. insofern eine besondere Nähe zur Soziol. aufweist. Einerseits wird versucht, S. gegenüber anderen Teilgebieten der Gesch.swiss. abzugrenzen (Wirtschaft- u. Kulturgesch., polit. Gesch.). Andererseits erfordert die histor. Erforschung ganzer Ges.en (→Ges.sgesch.) eine verstärkte Kooperation zw. diesen Teildisziplinen u. auch mit der Soziol. Im einzelnen beschäftigt sich die S. mit der Gesch. ges. Strukturen u. Formationen (vertikale Soz.struktur, soz. Ungleichheit, soz. Schichtung), von Institutionen (Familie, Unternehmung, Verband), von soz. Beziehungen (Verwandtschaft, Geschlechterverhältnis, Arbeitsverhältnis), von ges. Prozessen (Industrialisierung, Verstädterung, Wanderungen, Mobilität), von Mentalitäten u. Verhaltensweisen. Bei einzelnen Forschungsproblemen überschneidet sich die S. zwangsläufig mit der Wirtschafts- oder Kulturgesch.
Der Begriff S. kam im 19. Jh. auf, als unter dem besonderen Eindruck der sich verschärfenden »soz. Frage« u. der anwachsenden Arbeiterbewegung die bis dahin vorherrschende polit. Gesch. der Ergänzung durch soz.gesch. Forschungen bedurfte, die auch das Alltagsleben berücksichtigen. Durch M. Weber erhielt die S. universalhistor. Konturen. In neuerer Zeit ist die weitere Entfaltung der S. durch Erweiterung der Methodenvielfalt begünstigt worden, wobei auch quantifizierende Methoden einbezogen wurden.
Die Kooperation mit der S. ist für die Soziol. fruchtbar hinsichtl. ei-

ner angemessener Berücksichtigung der gesch. Dimension des soz. Zus.lebens der Menschen, insbes. bei einer wirklichkeitsnahen u. gehaltvollen Erforschung des soz. Wandels.

M. Weber, Gesammelte Aufsätze zur Soz.- u. Wirtschaftsgesch., ²1988 (1924); H.-U. Wehler (Hg.), Mod. dt. S., 1966; ders. (Hg.), Gesch. u. Soziol., 1972; P. C. Ludz (Hg.), Soziol. u. S., 1972; W. Conze u. M. R. Lepsius (Hg.), S. der BR Dtl., 1983; F. Braudel, S. des 15.–18. Jh.s, 3 Bde., 1985–86 (franz. 1979); G. Ambrosius u. W. H. Hubbard, Soz.- u. Wirtschaftsgesch. Europas im 20. Jh., 1986; J. Kocka, S., ³1986; W. A. Boelcke, Wirtschafts- u. S., 1987; J. Kocka (Hg.), S. im internat. Überblick, 1989.

Sozialingenieur, umstrittener Experte für die oft v. einseitigen Interessen gesteuerte Lösung sozialer Probleme im Sinne des →Social engeneering.

Sozialisation, (engl. socialization), Bezeichnung für die Gesamtheit aller Vorgänge, in deren Verlauf der Einzelmensch zu einem aktiven Angehörigen einer Ges. u. Kultur wird. Durch Prozesse der S. gewinnt das Individuum seine Identität als eine in Ges. handlungsfähige Persönlichkeit. S. ist zugleich a) »Vergesellschaftung« des Menschen im Sinne der Übernahme u. Internalisierung (»Verinnerlichung«) von soziokult. Werten, Verhaltenserwartungen u. sozialen Rollen als auch b) Personalisation des Menschen im Sinne von »Besonderung« seiner individuell bestimmten Auseinandersetzung mit den Angeboten u. Einflüssen seiner Ges. Die soziol. Theorie der S. widmet sich dementspr. den Mechanismen der Vermittlung von Mensch u. Ges. Sie benutzt dabei in erster Linie das Konzept der Rollentheorie, das S. als einen Vorgang der Integration des instinktreduzierten Menschen in das bestehende ges. Rollensystem u. darum als

die zweite, die »sozio-kulturelle Geburt« des Menschen betrachtet (R. König). Der »sozialisierte« Mensch ist nach diesem Konzept Träger von Rollen, ein »homo sociologicus« (R. Dahrendorf). Soziales Handeln beinhaltet somit eine Komplementarität gegenseitiger Verhaltenserwartungen. Da Rollen-Lernen fast ausschließl. in einem von Rollenkonflikten gekennzeichneten sozialen System abläuft u. überdies die an Prozessen der S. beteiligten Personen unterschiedl. Persönlichkeitsstrukturen aufweisen, muß der rollentheoret. Ansatz in der S.forschung durch Konzepte der Lerntheorien u. der Psychoanalyse ergänzt werden. Erst diese Konzepte vermögen die Spannungen u. Konflikte zw. den sozialen Verhaltenserwartungen u. ges. institutionalisierten Werten einerseits u. den Bedürfnisdispositionen der Individuen andererseits aufzudecken. Sie zeigen, inwieweit das im sozialen Verhalten zum Ausdruck kommende Akzeptieren u. Erfüllen von sozialen Erwartungen ledigl. unter Zwang zur Konformität zustande kommt, oder wann es tatsächl. auf voller Identifikation von Normen u. Bedürfnispositionen, d. h. auf totaler Internalisierung beruht. Diese Konzepte können darüber hinaus auch aufzeigen, welche spezif. sozialen u. kulturellen Einflüsse in welchen Phasen der Reifung des Menschen welche (z. T. irreversiblen) Persönlichkeitsprägungen hervorrufen.

Es wird zw. primärer, sekundärer u. tertiärer S.phase unterschieden. In der ersten wird dem neugeborenen Menschen zunächst die subjektive Handlungsfähigkeit im Rahmen seiner sozialen Umwelt vermittelt (→Sozialibilisierung). In der zweiten Phase lernt das bereits handlungsfähige Subjekt in der Schule

Sozialisationsinstanzen

u. durch Eintritt in das Berufs(-leben) neue Rollen hinzu (Entfaltung der Basic Personality Structure). Da in Ges.en mit beschleunigtem sozialen Wandel S. zu einem lebenslangen Lernprozeß geworden ist, hat die tertiäre Phase, die weitergehende S. des erwachsenen Ges.angehörigen an Bedeutung gewonnen, insb. durch Weiter- bzw. Erwachsenenbildung u. durch Massenmedien.

Gegenüber dem Begriff →»Erziehung« ist S. als Oberbegriff aufzufassen, denn er umschreibt neben den von speziellen Personen u. Institutionen formal u. intentional vorgenommenen pädagog. Prozessen auch alle sonstigen Mechanismen der Beeinflussung u. Persönlichkeitsbildung. Nach den Ergebnissen der S.forschung ist es für die Entwicklung der »sozio-kulturellen Persönlichkeit«, für ihr Verhältnis zur u. ihrem Verhalten in Ges. entscheidend, welche Werte u. Rollen, Erziehungsstile (Disziplinierungstechniken) u. Sprachstile von den S.instanzen (Familie, Schule, Betrieb u. a.) im S.prozeß vermittelt bzw. angewandt werden.

Für die Lebenschancen des einzelnen ist maßgeblich, in welcher sozialen Schicht er sozialisiert worden ist (schichtenspez. S.). Antizipatorische S. bezeichnet das Lernen von Werten, Normen u. Lebensstilelementen einer höher bewerteten Gruppe oder sozialen Schicht, zu der ein einzelner aufgrund seines Status- u. Prestigestrebens aufsteigen möchte (→Bezugsgruppe). Die wachsende Komplexität der mod. Ges. u. die Herausbildung von Alternativbewegungen, Sub- u. Gegenkulturen verringert zu Lasten ges. Integration, aber zugunsten der Individuation u. des sozialen Wandels die Möglichkeit, daß S. einen weitgehend einheitl. Persönlichkeitstyp (Sozialpersönlichkeit) hervorbringt (abweichendes Verhalten). →Polit. S.

E. Durkheim, Erziehung, Moral u. Ges., 1984 (Vorlesung an der Sorbonne 1902/1903); T. Parsons, R. F. Bales, Socialization and Interaction Process, London ³1960 (1956); E. H. Erikson, Kindheit u. Ges., ¹⁰1991 (1957); ders., Identität u. Lebenszyklus, 1966; Th. Scharmann (Hg.), Schule u. Beruf als S.faktoren, 1966; H.-G. Rolff, S. u. Auslese durch die Schule, ⁹1980 (1967); T. Parsons, Sozialstruktur u. Persönlichkeit, 1968; G. Wurzbacher (Hg.), Die Familie als S.faktor, ²1977 (1968); D. Claessens, Familie u. Wertsystem, ⁴1979 (1962); W. Gottschalch, M. Neumann-Schönwetter, S.forschung, ⁹1975 (1972); B. Bernstein, Studien zur sprachl. S., 1972; H. Walter, S.forschg., 3 Bde., 1973; G. Wurzbacher, S. u. Personalisation, 1974; F. Neidhardt (Hg.), Frühkindl. S., ²1979 (1975); K. Hurrelmann (Hg.), S. u. Lebenslauf, 1976; U. Bronfenbrenner, Ökolog. S.sforschg., 1976; D. Geulen, Das vergesellschaftete Subjekt, 1989 (1977); M. Zängle, Einf. in die polit. S.forschg., 1978; R. Nave-Herz (Hg.), Erwachsenens., 1981; H. Bertram, Soz.struktur u. S., 1981; C. Ernst u. N. v. Luckner, Stellt die Frühkindheit die Weichen?, 1985; W. Gottschalch, S., 1985; H. J. Schulze, Autonomiepotentiale familialer S., 1985; K. Hurrelmann, Einf. in die S.theorie, ³1990 (1986); K.-J. Tillmann, S.theorien, 1989; G. Trommsdorff (Hg.), S. im Kulturvergleich, 1989; K. Hurrelmann u. a. (Hg.), Neues Hdb. der S.forschg., ⁴1991 (1980).

Sozialisationsinstanzen, Sozialisationsagenten (engl. agencies of socialization), Sozialisationsmedien, synonyme Bezeichnungen für ges. Gruppen (Familie, Peer Groups), Organisationen (Kindergarten, Schulen, Hochschulen, Betriebe) u. Medien (Massenmedien), die durch Vermittlung v. Sprache, Werten, Normen, Wissen u. Fertigkeiten maßgeblich zur Sozialisation der Persönlichkeit beitragen. Die primäre Sozialisation vollzieht sich vorrangig in Primärgruppen, insb. Familie, die sekundäre u. tertiäre hauptsächlich in sozialen Sekundärsystemen (Organisationen).

T. Scharmann (Hg.), Schule u. Beruf als Sozialisationsfaktoren, 1968; J. Hüther, Sozialisation durch Massenmedien, 1975; A. Görlitz, Polit. Sozialisationsforschg., 1977; P. Pawelka, Polit.

Sozialisation, 1977; G. Wurzbacher (Hg.), Die Familie als Sozialisationsfaktor, [2]1977 (1968); P. Liliensiek, Bedingungen u. Dimensionen militärischer Sozialisation, 1979; E. Mayer u. a., Betriebl. Ausbildung u. ges. Bewußtsein, 1981; K. Plake, Die Sozialisationsorganisationen, 1981; P. Windolf, Berufl. Sozialisation, 1981; L. A. Vaskovics (Hg.), Umweltbedingungen familialer Sozialisation, 1982.

Sozialisierung (lat.), »Vergesellschaftung«, (a) Überführung der im Privatbesitz befindl. Produktionsmittel in Formen des Gemeineigentums, Volkseigentums oder der staatl. Verfügungsgewalt: (b) Forderung der Arbeiterbewegung u. des Marxismus zur Lösung des Grundwiderspruchs zw. ges. Produktionsweise u. privater Aneignungsweise in kapitalist. organisierten Ges.en. (c) Mitunter Bezeichnung für Sozialisation.

H. Ströbel, Die S., ihre Wege u. Voraussetzungen, 1921; F. Naphtali, Wirtschaftsdemokratie, 1966 (1929); K. Korsch, Schriften zur S., 1969; N. Konegen u. G. Kracht (Hg.), Sozialismus u. S., 1975.

Sozialismus (lat. socialis = gesellig), Bezeichnung (a) für die Gesamtheit der Theorien u. Ideen zur Überwindung der durch die kapitalist. Industrialisierung geschaffenen Situationen ges. u. polit. Ungleichheit u. Klassenverhältnisse; (b) für polit. Bewegungen, die eine Wirtschafts- u. Ges.ordnung nach Maßgabe sozialist. Ziel- u. Ordnungsvorstellungen anstreben (z. B. Arbeiterbewegung); (c) für den von sozialist. Ideen erstrebten Ordnungszustand.

Theorien u. Ideen des S. unterscheiden sich voneinander dadurch, daß sie den S. entweder in erster Linie als automat. Konsequenz des gesch. Prozesses oder vor allem als erstrebenswertes Ziel menschl. Aktionen, also determinist. oder aktionist. interpretieren. Da sich der S. in dialekt. Auseinandersetzungen mit den Ideen des Liberalismus u. den vom industrieges. Bürgertum geschaffenen sozialen u. wirtschaftl. Ordnungszuständen entwickelte, waren seine Hauptangriffspunkte das bürgerl. Eigentum u. das Prinzip der bürgerl. Freiheit bzw. die mit der Emanzipation des Bürgertums (seit der Franz. Revolution) nicht eingelösten humanen Idealwerte der »Gleichheit« u. »Brüderlichkeit« aller Menschen. Der frühe S. (erste Hälfte des 19. Jh. in England u. Frankreich), in der Regel ideengesch. vom sog. »wiss.« S. abgehoben, entwickelte Vorstellungen über eine im Vergleich zur bestehenden Ordnung bessere Ges. bzw. über die Wege dahin, ohne systemat. auf die polit. u. ges. Bedingungen einzugehen, unter denen seine Ideen verwirklicht werden sollten. Er glaubte, entweder dem humanen Appell an aufgeschlossene Mitglieder der herrschenden Bürgerklasse oder der polit. Ausstrahlungskraft der von ihm vorgelegten ges. Modellvorstellungen vertrauen zu können, oder er erhoffte sich von konspirativen Staatsstreichen die Realisierung seiner Ideen.

Die Vertreter des frühen S. erkannten, jeweils woanders, an einem Punkt der ges. Ordnungszustände den Hebel für Veränderungen. Der Agrarsozialismus machte die Bodenbesitzverhältnisse auf dem Lande für die sozialen Probleme des Industriesystems verantwortlich. Ch. Fourier (1772–1837) erblickte im Parasitismus des Handels die Wurzel allen sozialen Übels u. wollte durch die Wiedervereinigung von Erzeugung u. Verbrauch in seinen Phalangen die soziale Gerechtigkeit herstellen. R. Owen (1771–1858) versprach sich von staatl. Soz.politik, allg. Nationalerziehung u. dadurch ermöglichter Selbsthilfe eine menschenwürdige

Sozialismus

Ges. (vgl. auch Kathedersozialismus). Saint-Simon (1760–1825) propagierte angesichts der polit. Verhältnisse der nachrevolutionären feudalen Restauration die Bekämpfung vorindustr. Ges.mächte u. die polit. Herrschaft der »industriellen Klasse« als solidar. Einheit von Fabrikanten, Gelehrten, Arbeitern u. Künstlern. P.-J. Proudhon (1809–1865) kritisierte die sozialen Auswirkungen des industr. Großeigentums u. meinte, in einer von Staats wegen geförderten Ges. vieler Kleinproduzenten, die ihre Waren nach dem Prinzip gerechter ökonom. Gegenseitigkeit auf einer Tauschbank gewinnlos austauschen, könnte Ausbeutung vermieden werden.

Der von K. Marx (1818–1883) u. F. Engels (1820–1895) begründete sog. »wiss. S.« versuchte demgegenüber, eine umfassende Erklärung der ges. Kräfte zu geben, die nach gesch. Gesetzmäßigkeiten der Entwicklung ges. Produktionsweise, ges. Bewußtsein u. polit. Aktion den S. als Vorstufe des Kommunismus herbeiführen. Bereits F. Lassalle (1825–1864) hatte einen parlamentar. orientierten Weg zum S. propagiert, wonach (über eine Umwandlung des Staates durch das allg. Wahlrecht für die arbeitende Bevölkerung u. über eine staatl. Finanzierung von Produktivgenossenschaften) das Ungerechtigkeit schaffende →eherne Lohngesetz durch das Recht auf den vollen Arbeitsertrag abzulösen war. Aus diesen Überlegungen entwickelte sich im Zuge sukzessiver Wahlrechtsreformen zugunsten der Industriearbeiterschaft u. unter dem Eindruck der Erfolge der Gewerkschaften eine Idee u. Strategie des S., die bereit war, den Kampf um die Emanzipation des Proletariats u. um mehr soziale Gleichheit innerhalb des parlamentar.-verfassungsmäßigen Rahmens zu führen u. die dem Gedanken einer gewaltsamen sozialist. Revolution skept. bis ablehnend gegenüberstand (Fabianismus, Revisionismus).

Im 20. Jh. trug der demokrat. u. reformorientierte S. mit entsprechend ausgerichteten Gewerkschaften u. mit einflußstark gewordenen Arbeiterparteien in westl. Industriestrateen maßgebl. dazu bei, daß mehr soz. Gerechtigkeit u. der Aufbau eines Soz.staates durchgesetzt wurden. In Osteuropa hingegen kristallisierte sich unter dem prägenden Einfluß des Bolschewismus, Leninismus u. Stalinismus ein repressiv-bürokrat. Staatssozialismus heraus, der durch eine Synthese von totalitärer Herrschaft u. rigider Zentralverwaltungswirtschaft gekennzeichnet war. Dieser sog. »Realsozialismus« (»real existierender S.«) wurde von der im II. Weltkrieg siegreichen, inzw. untergegangenen UdSSR ausgebreitet. In ihrem Herrschaftsbereich wurden bis in die 1980er Jahre hinein Ansätze zur Verwirklichung eines freiheitl.-humanen S. (»mit menschl. Antlitz«) unterdrückt. Die starke Stellung des Militärs als entscheidende Stütze des Herrschaftssystems bewirkte eine einseitige Förderung der Rüstungsindustrie zuungunsten anderer Wirtschafts- u. Ges.bereiche, insbes. des Konsumbereiches u. Umweltschutzes. Die für ges. Modernisierung, wirtschaftl. Entwicklung u. Konkurrenzfähigkeit unentbehrl. individ. Initiative, Kreativität u. Leistungsbereitschaft sowie Innovationen blieben weitgehend blockiert, so daß schließl. infolge zunehmender Erstarrung, Inflexibilität u. Stagnation der diktator.-totalitäre Staatssozialismus insbes. wirtschaftl.

scheiterte u. Ende der 1980er Jahre die UdSSR mit dem »Warschauer Pakt« u. ihrem Wirtschaftsblock RGW (Rat für gegenseitige Wirtschaftshilfe) auseinanderbrachen. In der Volksrep. China versucht eine diktator. herrschende Elite von Sozialisten einen totalitären Staatssozialismus ökonom. mit Hilfe einer begrenzten, marktwirtschaftl. ausgerichteten Modernisierung aufrechtzuerhalten. Es ist sehr fraglich, ob S. ohne Demokratie Zukunft hat.

I. Fetscher u. a., Der S., Vom Klassenkampf zum Wohlfahrtsstaat, 1968; R. Supek, Soziol. u. S., 1970; E. Grassi (Hg.), Die Frühsozialisten, 1970; H. Dahm, Demokrat. S., 1971; R. Löwenthal, S. u. aktive Demokratie, 1974; G. u. A. Schwan, Sozialdemokratie u. S., 1974; R. Bahro, Die Alternative, 1977; S. N. Eisenstadt u. Y. Azmon (Hg.), S. u. Tradition, 1977; G. Meyer, Bürokrat. S., 1977; O. K. Flechtheim, V. Marx bis Kolakowski, 1978; R. Ahlberg, S. zw. Ideologie u. Wirklichkeit, 1979; R. Bambach, Der franz. Frühs., 1984; W. Süss, Die Arbeiterklasse als Maschine, 1985; J. Juchler, Die sozialist. Ges.sformation, 1986; T. Meyer u. a., Lexikon des S., 1986; K. Ziemer (Hg.), Sozialist. Systeme, 1986; A. Schaff, Perspektiven des mod. S., 1988; W. Theimer, Gesch. des S., 1988; W. Euchner (Hg.), Klassiker des S., 2 Bde., 1991; L. Gentsch, Realsozialismus u. Karl Marx, 1992; J. Juchler, Ende des Sozialismus – Triumph des Kapitalismus?, 1992; A. M. Thomas, Das Ende des Mythos S., 1993; R. Faber (Hg.), S. in Gesch. u. Gegenwart, 1994.

Sozialkategorie →Kategorie, soziale

Sozialkritik →Gesellschaftskritik

Soziallehre →Christliche Soziallehre

Sozialmedizin →Medizinsoziologie

Sozialökologie (engl. social-human-ecology), v. R. E. →Park u. E. W. →Burgess (1921) geprägter Begriff für eine ökolog. Betrachtungsweise menschl. Ges. (→Ökologie). Allg. werden die Beziehungen Mensch – Umwelt v. der S. analysiert 1. im Hinblick auf die räuml. Verteilung u. Strukturierung der Bevölkerung, 2. im Hinblick auf die friedl. oder aggressive Interaktion v. Mensch u. Umwelt, 3. die Folgewirkungen der so veränderten Umwelt. In empir. Untersuchungen werden insb. Fragen der räuml. Verteilung u. Strukturierung der Bevölkerung aufgegriffen. Darunter fallen z. B. Fragen nach den Ballungen der Bevölkerung (Gradient), die zudem in Beziehung gesetzt werden zur Häufigkeit v. Verbrechen, Bodenpreisen, Verteilung der Bevölkerung während des Tages etc. Diese Forschungen erstrecken sich vor allem auf amerikan. Großstädte. In Analogie zur biolog. Ökologie werden Siedlungsformen beschrieben. So hat R. T. McKenzie differenziert in Sukzessionsphasen, v. der Pionierbesiedlung bis hin zur Periode der Zentralisierung u. Ausbildung eines metropolitanen Gebietes (Metropole). Die einzelnen Perioden werden jeweils von charakterist. Bevölkerungsverteilungen geprägt. Ein wichtiges Forschungsfeld bilden Fragen der Organisation der Stadt in fortgeschrittenen Ges.en. Herausragende Phänomene sind in diesem Zus.hang die abnehmende Stadtkonzentration, die Organisation u. Ausübung von Macht in städt. Organisationen u. der städt. Regionalismus. Hinzu kommen Überlegungen auf dem Gebiet der Sozialisationsforschung, insb. die Frage, wie Umwelt in Psychisches übersetzt wird (abweichendes Verhalten, Etikettierung). →Stadtsoziologie.

H. u. M. Sprout, Ökologie: Mensch – Umwelt, 1971; A. H. Hawley u. Ch. Hill, N. C., Theorie u. Forschung in der S., in: R. König (Hg.), Hdb. der empir. Soz.forschung, Bd. 4, ³1974; H. P. Bahrdt, Umwelterfahrung, 1974; H. Walter, Sozialisationsforschung, Bd. III, S.,

Sozialökonomie

1975; B. Hamm, Aktuelle Probleme soz.öko-log. Analyse, in: KZfSS 36, 1984.

Sozialökonomie, ebenso wie Nationalökonomie u. z. T. auch Polit. Ökonomie eine ältere Bezeichnung für die Volkswirtschaftslehre, die früher verstärkt soziol. bedeutsame Fragestellungen berücksichtigt hat. Mitbedingt durch die Verselbständigung der Soziol. zu einer eigenständigen Fachdisziplin ist die S. als Volkswirtschaftslehre weitgehend zu einer reinen Wirtschaftswiss. geworden, die insbes. durch die klass.-neoklass. Wirtschaftstheorie zum Nachteil ihres Realitätsbezuges u. ihrer Praxisrelevanz den soziokult. Rahmen der Wirtschaft u. des ökonom. Handelns vernachlässigt oder sogar ausklammert. Die für eine realitätsnahe u. problembezogene Erforschg. des Wirtschaftslebens notwendige Berücksichtigung des Verflechtungszus.hanges von Wirtschaft u. Ges. ist zu einem vorrangigen »Objekt« der Wirtschaftssoziol. geworden.

H. Arndt, Irrwege der Polit. Ökonomie, 1979.

Sozialordnung →Gesellschaftsordnung

Sozialpädagogik, in Überschneidung mit der →Sozialarbeit jener Bereich des Soz.wesens, in dem unter Ausschöpfung soz.wiss. Erkenntnisse mit präventiven, beratenden pädagog. u. therapeut. Dienstleistungsangeboten versucht wird, ges. benachteiligten u. persönl. beeinträchtigten Menschen bei der möglichst selbstverantwortl. Lebensbewältigung u. bei der Integration in die Ges. behilfl. zu sein. Die S. entstand im 19. Jh., um erzieherisch insbes. Kindern u. Jugendlichen zu helfen, die unter den soz. Auswirkungen der Industrialisierung u. Verstädterung (Verände-

rung von Lebensformen, Herausbildung der isolierten Kernfamilie) zu leiden hatten. Wichtige Einrichtungen waren Kindergärten, Jünglings- u. Gesellenvereine. Der Begriff S. stammt von A. Diesterweg (1850).

H. Thiersch, Die Erfahrung der Wirklichkeit, 1986; T. Olk u. H.-U. Otto (Hg.), Soz. Dienste im Wandel, Bd. 2, 1989; K. Mollenhauer, Einf. in die S., ⁹1991; P. Thiesen, S. lehren, 1991.

Sozialpartner →Partnerschaft

Sozialphilosophie, alle gedankl. Systeme, Theorien oder Hypothesen über ges. Phänomene, die (a) zum »Wesen« oder »wirkl. Sein« dieser Phänomene Aussagen machen wollen; (b) die ges. Entwicklung als Ergebnis des in eine bestimmte Richtung weisenden gesch. Prozesses interpretieren (Geschichtsphilosophie); (c) die ges. Prozesse als Ergebnis eines fundamentalen, alles bestimmenden Prinzips betrachten (z. B. des Widerspruchs der Lust-Unlust-Spannung, der organ. Abhängigkeiten); (d) bestehenden ges. Realitäten nach Maßgabe der Gerechtigkeitsidealen reformerisch-utopische Gegenentwürfe gegenüberstellen; (e) bestimmte »Wirklichkeitskonstellationen« bzw. »Interessenlagen« in der Ges. als Erkenntnissysteme ausgeben (R. König), – d. h. Aussagensysteme, die für eine erfahrungswiss. orientierte Soziol. nicht zu systemat. überprüfbaren Aussagen führen.

J. Habermas, Theorie u. Praxis, ⁵1988 (1963); M. Horkheimer, Soz.philos. Studien, ²1981 (1972); L. Landgrebe, Der Streit um die Grundlagen der Ges.theorie, 1975; H. Jonas, Das Prinzip Verantwortung, 1979; H. Zeltner, S., 1979; L. Nagl, Ges. u. Autonomie, 1983; J. P. Arnason, Praxis u. Interpretation, 1988; M. Forschner, Mensch u. Ges., 1989.

Sozialpolitik, eine angewandte Soz.wiss. sowie staatl. u. betriebl.

Sozialpolitik

Praxis, die auf die Erforschung bzw. Bewältigung des Problemkomplexes ausgerichtet sind, wie sich durch geeignete Maßnahmen soz. Gerechtigkeit u. Chancengleichheit verwirklichen lassen, weitgehend soz. Sicherheit gewährleistet werden kann u. soz. Härtefälle vermieden werden können.

Die neuzeitl. S. reicht bis in die erste Hälfte des 19. Jh.s zurück. Die Notwendigkeit von S. stieg mit dem Bevölkerungswachstum, der Land-Stadt-Wanderung, Industrialisierung, Urbanisierung (Verstädterung), mit Auflösungserscheinungen überkommener soz. Lebensgemeinschaften (Großfamilie, Verwandtschaft, Gutshof, Dorfgemeinschaft), mit der Zuspitzung der »soz. Frage« u. mit Gefahren polit. Radikalisierung u. Revolution. S. wurde angetrieben von der Arbeiterbewegung, von Gewerkschaften, Arbeiterparteien u. vom demokrat. Sozialismus, von der christl. Soz.lehre, vom soz. (Links-)Liberalismus u. auch von Konservativen, die Radikalisierungs- u. Revolutionsgefahren abwehren wollten. Es breitete sich die Einsicht aus, daß in der mod. Massenges. soz. Ausgleich durch S. für die Bewahrung des soz. Friedens u. für die ges. Stabilität unerläßlich ist. Das Ausmaß an S. in einzelnen Ges.en hängt von den jeweils vorherrschenden Weltanschauungen u. Werten ab. Starke Einflüsse der christl. Ethik u. des Sozialismus sowie eine hohe Wertschätzung von Gerechtigkeit, Solidarität u. Gleichheit begünstigen S. Vorherrschender (Wirtschafts-)Liberalismus u. Soz.darwinismus sowie eine hohe Bewertung persönl. Freiheit, Tüchtigkeit u. Verantwortung wirken der S. eher entgegen. Sie hat sich von dem reinen Arbeiter-

schutz im 19. Jh. über die staatl. Soz.versicherung u. das Arbeiterschutzgesetz immer mehr zu einer umfassenden Ges.politik entfaltet, die Arbeitsmarkt-, Beschäftigungs-, Wohnungs-, Familien-, Bildungspol. etc. umfaßt. Im Zus.hang mit Bestrebungen zur weiteren Demokratisierung, Dezentralisierung u. Individualisierung des Lebens in der mod. Ges. gewinnen gemäß des Subsidiaritätsprinzips lokalkommunal u. bürgernah organisierte Formen der S. zunehmende Bedeutung, die den Betroffenen größere Mitwirkungsmöglichkeiten gewähren. Zur Entlastung des an Finanzierungsgrenzen gestoßenen Soz.staates ist die Förderung kollektiver Selbsthilfe (Selbsthilfegruppen, »kleine soz. Netze«) u. der Selbstverantwortung u. Eigenleistung (individ. Vorsorge) zu einer soziol. besonders wichtigen Aufgabe gegenwärtiger S. geworden.

Betriebl. S. wurde z. T. von christ.-moral. Orientierung einzelner Unternehmer geleitet, großenteils aber insbes. von pragmatischen Erwägungen: Erhaltung einer leistungsfähigen Belegschaft, Einschränkung von Fluktuation u. Absentismus, Leistungssteigerung, Verbesserung des (öffentl.) Ansehens der Unternehmung.

Mit zunehmender globaler Kommunikation u. internation. Verflechtung ist zur Entschärfung friedensgefährdender Wohlstandsunterschiede zw. größeren Regionen (Nord-Süd- u. West-Ost-Gefälle) u. zur Bewältigung stark angewachsener interkult. Wanderungen immer mehr eine entsprechend umfangreich betriebene internat. S. erforderlich geworden. Die Überwindung des Bevölkerungswachstums in den Entwicklungsländern setzt eine S. voraus, die die Alters-

Sozialprestige 812

sicherung von der Anzahl eigener Kinder unabhängig macht.

M. Weber, Gesamm. Aufsätze zur Soziol. u. S., ²1988 (1924); B. Badura u. P. Gross, Soz.pol. Perspektiven, 1976; C. v. Ferber u. F. X. Kaufmann (Hg.), Soziol. u. S., KZfSS Sonderheft 19, 1977; A. Burghardt, Kompendium der S., 1979 (1966); F. X. Kaufmann (Hg.), Bürgerna-he S., 1979; M. Ebling, Theoret. Ansätze in der S., 1982; H. G. Schachtschabel, S., 1983; B. Schäfers (Hg.), S. in der BR Dtl., Sonderheft 4 Gegenwartskunde, 1983; S. Leibfried u. R. Müller, Soz.polit. Bilanz, 1985; B. Blanke u.a.: Die zweite Stadt, 1986; J. Krüger u. H. Strasser (Hg.), Soz. Ungleichheit u. S., 1986; K. Blessing, Die Zukunft des Soz.staats, 1987; J. Frerich, S., 1987; M. Schmidt, S. in der Krise, 1987; M. v. Hauff, Neue Selbsthilfebewegung u. staatl. S., 1988; B. v. Maydell u. W. Kannengießer (Hg.), Hdb. S., 1988; M. G. Schmidt, S., 1988; P. Rosenberg, Das soz. Netz vor der Zerreißprobe?, 1990; R. Vaubel, S. für mündige Bürger: Optionen für eine Reform, 1990; H. Lampert, Lehrbuch der S., ²1991; F. Nullmeier u. F. W. Rüb, Die Transformation der S., 1993.

Sozialprestige →Prestige, →Schichtung

Sozialprodukt, gemäß der volkswirtschaftl. Gesamtrechnung die Wertschöpfung (rechner. erfaßte produzierte Güter sowie Dienstleistungen) einer Volkswirtschaft in einer bestimmten Periode, in der Regel ein Jahr. →Bruttoinlandsprodukt, →Bruttosoz.produkt.

Sozialpsychiatrie (lat./griech.), sozialwiss. orientierte Teildisziplin der Psychiatrie, die sich mit sozialen Aspekten der Verursachung, Heilung u. Verhütung v. psych. Störungen u. psychotischen Erkrankungen beschäftigt, z. B. Einflüsse bestimmter Sozialisationsbedingungen, Familien- u. Arbeitsverhältnisse, soziale Diskriminierung, Organisations- u. Behandlungsformen der psychiatr. Betreuung. Ein zentrales Problem bildet die Stigmatisierung psych. gefährdeter Personen zu Geisteskranken u. vermeintl. »Verrückten« durch eine unaufgeklärte, intolerante soziale Umwelt, wodurch es zu Verfestigungen der Störungen u. zur Verstärkung der sozialen Isolation u. des Leidensdrucks kommen kann. Eine humane u. wirkungsvolle Therapie erfordert den Abbau solcher Stigmatisierungstendenzen, die Überwindung psych. krank machender Lebensbedingungen u. verstärkte Bemühungen um eine Integration des Klienten in die Ges.

K. Dörner u. U. Pflug (Hg.), S., 1972; E. Goffman, Asyle, 1972; R. Bastide, Soziol. der Geisteskrankheiten, 1973; J. Gleiss u. a., Soz. Psychiatrie, 1973; Soziol. u. Psychiatrie, KZfSS 25, Heft 2, 1973; R. Wiegand, Ges. u. Charakter, 1973; H. u. H. Reimann (Hg.), Psych. Störungen, 1975; R. Battegay u. a., Grundlagen u. Methoden der S., 1977; W. Burisch, Der Irre u. Wir – Zur Einf. in die S., 1979; H. Strotzka, Einf. in die S., ²1981 (1965); T. Keller (Hg.), S. u. systemat. Denken, 1988; H. Berger u. U. Schirmer (Hg.), Soz.psychiatr. Dienste, 1992; G. Kruse, Praxisratgeber S., 1992.

Sozialpsychologie, Teilgebiet der Psychologie, das sich mit dem Verhalten u. Erleben des Menschen im soz. Kontext befaßt. Dabei geht es einmal um die Erklärung soz. bedingter Verhaltensweisen (z. B. soz. Lernen u. Sozialisation), zum anderen um das Studium soz. orientierter Handlungen (z. B. Kommunikations- u. Interaktionsprozesse). In beiden Problemfeldern überschneidet sich die S. mit der Mikrosoziol. Wichtige Problemfelder, wie Kleingruppenforschung, Rollentheorie, Sozialisationsforschung u. a. werden gemeinsam von beiden Disziplinen bearbeitet u. es sind vielfach Zufälligkeiten der histor. Entwicklung u. Schwerpunktlegung, welche Forschungsbereiche eher der Mikrosoziol. u. welcher eher der S. zugerechnet werden. Will man Unterschiede systemat. Art aufdecken, so läßt sich allenfalls aussagen, daß die soziol. Betrachtungsweise einen weiteren soz. Kontext des zu analysierenden Sachverhalts einbezieht, also in stärkerem Maße auf das soz. Bedingungsgefüge des Handelns konzentriert ist. Obgleich die S. ursprüngl. als Spaltprodukt aus der Soziol. entstanden ist, ist das Verhältnis zw. Soziol. u. S. zumal in Dtl. durch Entfremdungstendenzen gekennzeichnet. Dies gilt einmal für die theoret. Orientierung: Während in der Soziol. vorwiegend »grand theories« im Sinne von Forschungsparadigmen diskutiert werden, arbeitet die S. verstärkt mit Theorien mittlerer Reichweite (z. B. Balance-Theorie, Theorie kognitiver Dissonanz, Reaktanztheorie, Attributionstheorie), die z. T. empir. gut bestätigt sind, allerdings vielfach eklekt. verwendet werden. Die Entfremdung gilt zum anderen auch für methodolog. Fragen: Während die Mikrosoziol. sich verstärkt einer phänomenologisch-interaktionist. Perspektive zugewandt hat, ist die S. viel dichter an »härteren« u. quantifizierbaren Methoden der empir. Soz.forschung orientiert, wobei sie in method. Hinsicht insbesondere das Laborexperiment zum Königsweg erklärt hat. Dessen Vorteile bestehen vor allem darin, daß abhängige u. unabhängige Variablen manipuliert u. kontrolliert, kausale Hypothesen daher direkt überprüft werden können. Nachteile des Laborexperiments werden (oftmals zu pauschal) in der Künstlichkeit der Laborsituation gesehen, die zu Forschungsartefakten führe u. die verstärkte interne Gültigkeit zu Lasten externer Validität erkaufe. Strategien der schrittweisen Annäherung an die Realsituation (bis hin zum Feldexperiment) sowie die Kombination mit anderen Erhebungsmethoden entschärfen die genannte Kritik.

Des weiteren hat innerhalb der S. eine Schwerpunktverlagerung stattgefunden. Die vorwiegend soziol. Variante der S. (mit dem Kerngebiet Kleingruppenforschung) gerät in den Hintergrund zugunsten einer Forschungsperspektive, die sich überwiegend mit der Kognition soz. Sachverhalte befaßt. Dabei profitiert die S. insbes. vom Forschungsstand der kognitiven Psychologie, die verstärkt auf soz. Sachverhalte angewendet wird. Dies hat auch in ein »klass.« Gebiet der S., nämlich die Einstellungsforschung, neue Bewegung gebracht. Schwerpunktthemen sind dabei Prozesse der Urteilsbildung, Vorgänge des »information processing« in soz. Zus.hängen sowie das zw.zeitl. stark angewachsene Feld der Attributionsforschung, das sich aus früheren Konzepten zur soz. Wahrnehmung heraus entwickelt u. mittlerweile zu einer »Psychologie der Kausalität« ausgeweitet hat. »Soziologischer« orientierte Soz.psychologen kritisieren an dieser Ausrichtung eine Entfernung der S. von der eigentlich soz. Dimension menschl. Verhaltens.

M. Irle, Lehrbuch der S., 1975; M. Bornewasser u. a., Einf. in die S., [3]1986 (1976); H. Brandstätter, S., 1983; D. Frey u. S. Greif (Hg.), S., 1983; S. G. West u. R. A. Wicklund, Einf. in soz.psychol. Denken, 1985; W. Herkner, Einf. in die S., 1986; J. Schultz-Gambard (Hg.), Angewandte S., 1987; W. Stroebe u. a. (Hg.), Introduction to Social Psychology, 1988, dt.: S.: Eine Einf., 1990; E. H. Witte, Grundlagen der S., 1990.

Sozialstaat, verfassungsmäßige Ordnung der Beziehungen zw. Ges., Bürgern u. Staat, die – entgegen dem Staatsverständnis etwa des 19. Jh. – die Gestaltung der sozialen, wirtschaftl. u. kulturellen Ordnung des Gemeinwesens nicht mehr allein den ges. Kräften überläßt, sondern zur Herstellung sozialer Sicherheit u. Gerechtigkeit

Sozialstruktur

ein initiierendes u. aktives Eingreifen staatl. Organe u. Institutionen vorsieht. Art. 20 I GG der BR Dtl. (S.postulat, S.klausel) bestimmt die verfassungsmäßige Ordnung des »sozialen Rechtsstaates«.

Die Probleme der Definition u. des konkreten Inhalts des S. ergeben sich aus der schillernden, ideolog. wie histor. mehrdeutigen Bezeichnung »sozial«. Allg. wird darunter die Ermächtigung des Staates zu sozial gestaltender Tätigkeit, zu Aktivitäten mit dem Ziele sozialer Integration verstanden. Dementspr. wird der S. von konkreten Eingriffen u. Maßnahmen der Wirtschafts-, Finanz-, Arbeitsmarkt-, Familien-, Bildungs-, Kultur-, Wohnungs- u. allg. Sozialpolitik geprägt. Die damit verbundenen Zielvorstellungen sind unterschiedl., je nach der Interpretation des »Sozialen« als Gemeinschaftsbindung gegenüber den Auswirkungen individuell freier Gestaltungsrechte. Im Hinblick auf das Verhältnis des S. zu seinen Bürgern wird der S. einerseits nur als Rechtsgrundlage für Forderungen des einzelnen gegen den Staat, andererseits auch (darüber hinaus) als Ansatzpunkt für Ansprüche der staatl. Gesamtheit gegen den einzelnen betrachtet.

Es wird kontrovers diskutiert, inwieweit ein stark vorangetriebener Ausbau des S.es in Verbindung mit weitgehenden Prozessen der Nivellierung die individ. Initiative, Eigenverantwortung sowie Leistungsbereitschaft u. damit die wirtschaftl. Leistungskraft der Ges. – auch zu Lasten der Finanzierbarkeit des S.es – schwächt. Hierbei wird geltend gemacht, daß die weitgehende soz.staatl. institutionalisierte Befriedigung gestiegener Sicherheits- u. Gerechtigkeitsansprüche maßgebl. zur Erhaltung des soz. Friedens u. zur ges. Stabili-

tät beiträgt, die zugleich wichtige Voraussetzungen für eine erfolgreiche wirtschaftl. Entwicklung bilden. Der stark bürokratisierte S. ist mit seinen z. T. unzureichend aufeinander abgestimmten Transferleistungen derartig komplex u. unübersichtl. geworden, daß ein Umbau durch Vereinfachung, Dezentralisierung u. durch verstärkte Verwirklichung des Subsidiaritätsprinzips notwendig ist. Zur Entlastung des an Grenzen der Finanzierbarkeit gestoßenen S.es müssen zwangsläufig die kollektive Selbsthilfe in »kleinen soz. Netzen« u. die individ. Eigenvorsorge gefördert werden. →Sozialpolitik.

H. Heller, Rechtsstaat oder Diktatur, 1930; W. Schluchter, Entscheidung für den soz. Rechtsstaat, 1968; E. Forsthoff (Hg.), Rechtsstaatlichkeit u. Sozialstaatlichkeit, 1968; H. H. Hartwich, S.postulat u. ges. status quo, ³1978 (1970); C. Offe u. W. D. Narr (Hg.), Wohlfahrtsstaat u. Massenloyalität, 1975; H. Schelsky, Der selbständige u. der betreute Mensch, 1976; P. Koslowski, P. Kreuzer u. R. Löw (Hg.), Chancen u. Grenzen des S.s., 1983; M. Spieker, Legitimationsprobleme des S.s, 1986; K. Blessing, Die Zukunft des S.s, 1987; R. G. Heinze u. a. (Hg.), S. 2000, 1987; M. Opielka u. I. Ostner (Hg.), Umbau des S.s, 1987; R. G. Heinze, T. Olk u. J. Hilbert, Der neue S., 1988; J. Seuferle, Grundlegung einer Theorie des S.s, 1988; J. Alber, Der S. in der Bundesrepublik 1950–1983, 1989; G. A. Ritter, Der S., ²1991 (1989); L. Leisering, S. u. demograph. Wandel, 1992; B. Wehner, Der Neue S., 1992.

Sozialstruktur, ein soziol. Grundbegriff, der den relativ dauerhaften u. stabilen, gefügeartigen u. im Zuge kult. Evolution zunehmend komplexer gewordenen Aufbau des ges. Wirkungszus.hanges bezeichnet, der aus der existentiell notwendigen Kooperation von Menschen hervorgegangen ist. Abstrakt-analyt. bezeichnet S. den stat. Aspekt des ges. Lebenszus.hanges, soz. Wandel den dynam. Aspekt.

Der weit gefaßte Begriff der S. umfaßt sowohl den Begriff der

Ges.sstruktur wie auch jenen der S. im mikrosoziol. Sinne.

Der Begriff der Ges.sstruktur bezeichnet unter besonderer Berücksichtigung der jeweiligen Gesamtges. den makrosoziol. bedeutsamen Aufbau eines ges. Lebenszus.hanges: ges. Funktionsbereiche u. Subsysteme, u. zwar in Überschneidung mit der Wirtschaftsstruktur, ferner sozioökonom. unterscheidbare Bevölkerungskategorien bzw. die soz. Ungleichheit (vertikale S., →Schichtung), Herrschaftsstruktur, Siedlungsstruktur, Altersaufbau der Ges. (Altersstruktur, -schichtung bzw. -gliederung der Bevölkerung), regionalkult. u. ggf. die religiöse, sprachl., ethnische u. nationale Struktur (multikult. Ges., Vielvölkerstaat).

Der Begriff der S. im mikrosoziol. Sinne bezeichnet unter besonderer Berücksichtigung der direkten Kommunikation u. Interaktionen die Figurationen unmittelbarer soz. bzw. mitmenschl. Beziehungen in kleinräumigen Umweltbereichen: aus soz. Positionen u. Rollen bestehende Netzwerke, soz. Institutionen, primärgruppenhafte Lebensgemeinschaften, sonstige Kleingruppen, ferner Organisationen sowie unpersönl., stark versachlichte, affektiv neutrale Interaktionsformen.

Welche der zahlreichen Dimensionen der S. mod. Ges.en besonders herausgestellt werden, hängt von weltanschaul. u. wiss. Orientierungen, von den Problemstellungen u. Präferenzen einzelner Soz.wiss.ler, »Schulen« u. Richtungen ab. Bedeutungsvoll ist das Verhältnis der unterschiedl. Elemente einer S. zueinander sowie ihre Beiträge zum Funktionieren u. Erscheinungsbild der jeweiligen Ges. Aufgrund bestimmter dominierender Merkmale der S. (evolutionäres

Entwicklungsniveau, Herrschaftsordnung, Grad der Verfestigung der vertikalen S., Bedeutung einzelner Wirtschaftssektoren) können unterschiedl. Ges.stypologien konstruiert werden: traditionale bzw. vormod. oder mod. Ges., autokrat., diktatorisch-totalitäre oder freiheitl.-demokrat. Ges., geschlossene oder offene Ges., Kasten-, Stände-, Klassenges., geschichtete oder mobile Ges., Agrar-, Industrie- oder Dienstleistungsges.

Die Stabilität oder der Wandel einer S. hängen stark von den jeweiligen weltanschaul. Orientierungen, Wertsystemen u. Herrschaftsverhältnissen ab. In sakralen, traditionalen, vormod. Ges.en werden überkommene Strukturen in der Regel als »gottgewollt«, »natürl.« u. selbstverständl. empfunden u. fatalist. akzeptiert. Herrschende Eliten u. Oberschichten versuchen Ideologien u. Ges.sbilder aufrechtzuerhalten, die den für sie vorteilhaften ges. status quo gerechtfertigt erscheinen lassen. Techn.-wirtschaftl. Entwicklungssprünge, Einflüsse fremder Kulturen (Akkulturation), die Ausweitung des Wissens, neue Weltanschauungen, Wertorientierungen u. -dominanzen sowie soz. Bewegungen sind wiederholt starke Antriebskräfte für den (beschleunigten oder sogar revolutionären) Wandel der S. gewesen. Gegenwärtig tragen insbes. die weitergehende Individualisierung, neue Lebensformen u. -stile zur fortschreitenden Auflockerung der S. bei, die demzufolge immer mehr durch Unübersichtlichkeit gekennzeichnet ist.

F. Fürstenberg, Die S. der BR Dtl., ⁶1978 (1972); F. U. Pappi (Hg.), S.analysen mit Umfragedaten, 1979; H. Tegtmeyer (Hg.), Soz.Strukturen u. indiv. Mobilität, 1979; S. Hradil (Hg.), S. im Umbruch, 1985; ders., S.analyse in einer fortgeschrittenen Ges., 1987; D. Holtmann, S., in: Zs. f. Soziol. 19,

Sozialtechnik

1990; B. Schäfers, Ges. Wandel in Dtl., ⁵1990 (1976); R. Geißler, Dt. S. im Wandel, 1991; ders., Die S. Dtl.s, 1992; W. Glatzer (Hg.), Entwicklungstendenzen der S., 1992.

Sozialtechnik, (a) prakt. Anwendung z. B. pädagog., psycholog. oder soziol. Forschungsergebnisse zur systemat. Beeinflussung sozialen Verhaltens u. damit (je nach prakt. Zielvorstellungen) entweder zur Konsolidierung oder zur (gewünschten) Veränderung bestehender Verhältnisse, (b) ein System zielunabhängiger u. damit allg. anwendbarer Regeln u. Methoden der Zus.stellung u. des Einsatzes von Mitteln für polit. Handeln.

Sozialtechnologie, kritische Bezeichnung für eine Soziol., die ihrer erkenntnistheoret. Grundhaltung u. ihrem ges. Selbstverständnis nach sich auf die wiss. Erklärung u. Berechnung von statischen oder variablen Datenkonstellationen sozialen Verhaltens u. sozialer Zus.hänge beschränkt. Außerdem stellt diese Soziol. die Ergebnisse ihrer Forschungen der übrigen Ges. (für die sie mitunter interessengesteuert »im Auftrag« arbeitet) ohne ein bes. Interesse oder eine Verpflichtung für die Art u. Weise des Anwendens bzw. Benutzens dieser Ergebnisse sowie der daraus sich ergebenden Folgen zur Verfügung.

O. Helmer, Social Technology, New York 1966; B. Schäfers (Hg.), Thesen zur Kritik der Soziol., 1969; W. R. Glaser, Soz. u. instrumentales Handeln, 1972; U. Beck u. a. (Hg.), Weder S. noch Aufklärung?, 1989.

Sozialutopie (griech.), ges. »Nirgendland«; seit Th. Morus' Roman »Utopia« Bezeichnung für literar. u. sozialreformer. Entwürfe von (im Vergleich zu kritisierten zeitgenöss. Zuständen) idealen Ges.ordnungen. S.n sind insofern »abstrakt«, wie sie ohne direkte Beziehung zu

den vorhandenen ges. Tendenzen u. Möglichkeiten entwickelt werden. In der Regel skizzieren sie darum ihr soziales Modell als einen geschlossenen, von einer andersartigen Außenwelt nicht berührten Strukturzustand, in dem es die an der Gegenwart kritisierten sozialen Beziehungsmerkmale nicht mehr gibt (z. B. »früher« Sozialismus), in dem der »Traum von der wahren u. gerechten Lebensordnung« (Horkheimer) verwirklicht ist. In Abhebung von solch »wirklichkeitstranszendenter« Orientierung, die entweder ohne Aktionsbezug zur gesch. Realität oder sogar im Widerspruch zum realen Ges.zustand entworfen wird, versuchen »konkrete« S.n, mögliches Zukünftiges aus den in der Gegenwart angelegten Tendenzen abzuleiten u. in seinen strukturellen Konsequenzen auszuleuchten.

K. Mannheim, Ideologie u. Utopie, ⁵1969 (1929); A. Neusüss (Hg.), Utopie. Begriff u. Phänomen des Utopischen, 1968; E. Bloch, Freiheit u. Ordnung, Abriß der S.n, 1969; A. Hahn, Soziol. der Paradiesvorstellungen, 1976; J. H. Knoll u. J. H. Schoeps (Hg.), Von kommenden Zeiten, 1984; H.-G. Haupt u. a. (Hg.), Soz. Bewegungen, 1985; A. Neusüss (Hg.), Utopie, 1986; J. Strasser, Leben ohne Utopie?, 1990; H. Jenkis, S.n – barbarische Glücksverheißungen?, 1992; R. Saage (Hg.), Hat die polit. Utopie eine Zukunft?, 1992.

Sozialverträglichkeit, Bezeichnung für eine Anforderung, Planungen, Entscheidungen, Maßnahmen u. Handlungen, deren Auswirkungen über enge Ziel- u. Handlungsbereiche hinausreichen, so zu treffen u. auszurichten, daß Ablehnung, Widerstand, soz. Konflikte u. Probleme weitestgehend vermieden werden u. stattdessen in betroffenen Personenkreisen oder in der gesamten Bevölkerung eine möglichst hohe Akzeptanz erreicht wird. Das Verlangen nach S. hat mit wachsenden Risiken (Umweltbela-

817 **Soziobiologie**

stung, Gesundheitsgefahren) groß-
techn. Anlagen (z. B. Kernkraftwer-
ke, Chemiewerke) u. soz. Folgen
des beschleunigten techn. Fortschritts (z. B. Arbeitslosigkeit infolge betriebstechn. Rationalisierung)
zugenommen. In der freiheitl.-de-
mokrat. Ges. ist mit steigenden Bil-
dungs- u. Aufklärungsniveaus sowie mit zunehmendem Risikobewußtsein (Sensibilisierung) großer
Bevölkerungsteile S. immer mehr
zu einem wichtigen, oft unumgeh-
baren Entscheidungskriterium geworden. S. kann insbes. durch
→Technikfolgenabschätzung u.
-bewertung, Aufklärung u. Information, Mitwirkungsmöglichkeiten für die betroffene Bevölkerung
u. durch Flexibilität der Entscheidungsgremien angestrebt werden.

G. Endruweit, Die S. von Energiesystemen,
1987; H. Wiesenthal, Ist S. gleich Betroffe-
nenpartizipation?, in: Soz. Welt 41, 1990.

Sozialwissenschaften (engl. social sciences), Sammelbezeichnung
für jene theoret. Erfahrungswiss.en,
die im Gegensatz zu den Natur-
wiss.en u. spekulativ-dogmatischen
Lehren reale Erscheinungen des
ges. Zus.lebens systematisch erforschen. Der Begriff S. hat sich
gegenüber den z. T. synonymen
Bezeichnungen wie Geistes-, Kul-
tur- u. Ges.wiss.en zunehmend
durchgesetzt. Als grundlegende S.
erforscht die Soziol. insb. in Verbindung mit der Kulturanthropologie
u. Sozialpsychologie allg. die Ges.,
die ges. Systeme, Strukturen u. Prozesse sowie das soziale Handeln.
Teilweise in Überschneidung mit
Speziellen Soziol.n sind die
Forschgs.objekte anderer S. auf
einzelne Funktionsbereiche oder
Problemaspekte des ges. Zus.lebens
spezialisiert: Ethnologie, Wirt-
schaftswiss.en, Rechtswiss., Politologie, Pädagogik, Gesch.wiss. (insb.

Sozial- u. Kulturgesch.), Sprachwiss. (insb. Soziolinguistik). Die S.
werden ergänzt durch Teildisziplinen überwiegend naturwiss. orientierter Wiss.en (Biologie, Ökologie,
Psychologie, Medizin, Geographie): Tier- u. Pflanzensoziol., Sozialökologie, Sozialpsychologie,
Sozialmedizin, Sozialgeographie.
Die systemat. Erforschg. komplexer ges. Probleme erfordert zunehmend eine multidisziplinäre
Zus.arbeit verschiedener S.

E. Topitsch (Hg.), Logik der S., [12]1993 (1965);
N. Mac Kenzie (Hg.), A Guide to the Social
Sciences, London 1966, dt.: Führer durch die
S., 1969; K. Alewell u. a., Die S., 1969; J. Ha-
bermas, Zur Logik der S., 1985 (1970); K.-D.
Opp, Methodologie der S., [2]1976 (1970); K.
Acham, Philos. der S., 1983; K. W. Kapp, Er-
neuerung der S., 1983; D. Bell, Die S. seit
1945, 1986; G. Zacharias, Studienführer S.,
1986; R. Prim u. H. Tilmann, Grundlagen ei-
ner krit.-rationalen Soz.wiss., [6]1989; D. R.
Gerstein u. a. (Hg.), S. für morgen, 1990; P.
Wagner, S. u. Staat, 1990; M. Dierkes u. B.
Biervert (Hg.), European Social Science in
Transition, 1992.

Sozietät (lat. societas = Gesellschaft), spezifizierender Begriff der
Gemeindesoziol. für »Gesellschaft«,
der eine durch soziale Normen u.
Zus.gehörigkeitsvorstellungen abgrenzbare Menge von Menschen
bezeichnet, die nicht in einem bestimmten Gebiet angesiedelt sind
u. damit keine relativ regelmäßigen
Beziehungen zu einer konstanten
Umwelt haben.
In anderem Zus.hang ist mit dem
Begriff S. der (erfolglos gebliebene)
Versuch gemacht worden, für die
im dt. Sprachbereich ideologisier-
ten Begriffe »Gemeinschaft« u.
»Gesellschaft« einen neutralen Ersatz zu finden.

Soziobiologie, eine Forschg.s-
richtung, die sich mit der systemat.
Erforschung der biolog. Grundlage
jeglicher Formen des Sozialverhaltens bei allen Arten v. Organismen

Soziodrama

einschließlich des Menschen befaßt. Sie erhebt den Anspruch, über die Vergleiche u. Analogien der Ethologie hinaus den Inhalt der Sozialwiss.en neu zu deuten u. beispielsweise tiefergreifende Erklärungen v. Territorialverhalten, Polygamie, Nepotismus, sexueller Bindung, Altruismus u. Religion zu liefern.

Rudolf Goldscheid, Höherentwicklg. u. Menschenökonomie. Grundlegung der Sozialbiologie, 1911; E. G. Wilson, Sociobiology: The New Synthesis, 1975; D. P. Barash, S. u. Verhalten, 1980; P. Meyer, S. u. Soziol., 1982; H. Hemminger, Der Mensch – eine Marionette der Evolution?, 1983; P. Koslowski, Evolution u. Ges., 1984; F. M. Wuketits, Gene, Kultur u. Moral, 1990; Voland, Grundriß der S., 1993.

Soziodrama (lat./griech.), nach J. L. →Moreno eine im Rahmen seiner Soziometrie entwickelte Methode, die – nach dem Muster des Stegreiftheaters – Mitgl.er einer Gruppe dazu anhält, spielerisch-spontan soziale Rollen zu übernehmen u. auszuleben, um die dabei auftretenden Verhaltensweisen u. Beziehungsstrukturen für diagnostische und therapeutische Zwecke zu analysieren.

J. L. Moreno, Die Grundlagen der Soziometrie, ²1967; ders., Gruppenpsychotherapie u. Psychodrama, 1960.

Soziogenese (griech./lat.), »ges. Ursprung«, Begriff insbes. der Sozialpsychiatrie: Entstehung u. Entwicklung von Geisteskrankheiten durch Lebensumstände, die aus einer bestimmten ges. Verfassung herrühren.

S. ist ferner ein zentraler Begriff bei N. Elias zur Bezeichnung der Herausbildung bestimmter soziokult. Erscheinungen oder umfangreicher Entwicklungsprozesse (z. B. Staat, Steuermonopol, Feudalismus, abendländ. Zivilisation) aus vielschichtigen gesch.-ges. Verflechtungszus.hängen.

N. Elias, Über den Prozeß der Zivilisation, 2 Bde., ¹⁵1990 (1939).

Soziogramm (lat.), graph. Darstellung sozialer Verhältnisse zw. Personen in Gruppen aufgrund von Ergebnissen der Soziometrie, die die ermittelten positiven u. negativen Beziehungen, Präferenzen oder Sympathie- u. Antipathieverhältnisse zw. Gruppenmitgliedern abbildet. Für Personen stehen Kreise, die durch unterschiedl. gezeichnete, Wahlen u. Ablehnungen markierende Linien mit Richtungspfeilen verbunden werden. Die Stärke oder die Anzahl der Verbindungslinien verdeutlicht die Intensität oder die Anzahl der auf eine Person entfallenden oder von einer Person ausgehenden Wahlen u. Ablehnungen. Mit dem S. können auch tatsächliche soziale Beziehungen nach Intensität u. emotionaler Substanz dargestellt werden.

W. D. Oswald, Grundkurs S., 1977.

Soziographie (lat.), »ges. Beschreibung«, von dem holländ. Soziologen Sebald Rudolph Steinmetz (1862–1940) 1913 begründete sozialwiss. Sonderdisziplin, die als Gegenposition gegen die damals einseitig theoret.-abstrakt oder histor. arbeitende Soziol. verstanden wurde. S. soll soziale Gegenwartstatsachen in ihrer »vollen Komplexität« abbilden. Unabhängig von theoret. Erörterungen über den ges. Gesamtzus.hang u. über wesentl. allg. soziale Prozesse ist es das Anliegen der S., geograph. zus.hängende soziale Gebilde (Dörfer, Städte, Regionen) »in ihrer konkreten Eigenheit« zu untersuchen. S. ist jedoch als theorieloser Empirismus nicht möglich, da die Auswahl der Objekte u. untersuchten Variablen (Eigenschaften der

Objekte) u. die Problemstellungen solcher Untersuchungen von der soziol. Theorie abhängen. Da es nach neueren wiss.theoret. Überzeugungen nicht möglich ist, eine rein deskriptive Wiss. von einer rein begriffl.-theoret. Arbeit zu trennen, u. in der soziol. Forschung ein integratives Zus.wachsen von spekulativ-sozialphilos. u. empir.methodolog. Analyse zu beobachten ist, hat der Begriff S. an Bedeutung stark eingebüßt.

S. R. Steinmetz, Die S. in der Reihe der Geisteswiss., in: Arch. f. Rechts- u. Wirtschaftsphilosophie 6, 1913; R. Heberle, S., in: A. Vierkandt (Hg.), Hwb. der Soziol. 1931; H. D. De Vries Reilingh, S., in: R. König (Hg.), Hdb. d. empir. Sozialforschg. I, 1967.

Soziokulturell (engl. sociocultural), eine aus der amerikan. Soziol. stammende Wortkombination, die begriffl. von vornherein zum Ausdruck bringt, daß die soz. u. kult. Elemente der ges. Wirklichkeit einen engen, nur abstrakt-analyt. aufspaltbaren Verflechtungszus.hang bilden.

Soziokultureller **Wandel**
→Wandel, sozialer

Soziolinguistik (lat.), »Ges.-Sprachwissenschaft«, soziol. orientierte Analyse des Sprachverhaltens u. der Zus.hänge zw. Sprach- u. Ges.struktur. Ausgehend von den Erkenntnissen der Psycholinguistik wird in der S. die Sprache insbes. als Grundlage u. Medium sozialer Informations- u. Kommunikationsprozesse betrachtet. Sprache als »linguist. Kode« (Bernstein) erscheint in dieser Sicht als Ausdruck, Resultat u. Regulator bestimmter Formen sozialer Beziehungen. Im Zus.hang mit Diskussionen um die Reform des Bildungssystems sind die Beziehungen zw. schichtenspezif. Bedingungen der Sozialisation u. dem Sprachverhalten in das Zentrum der S. gerückt. Sprachverhalten (in seiner ges.-strukturell bes. Verursachung u. Formung) wird als bedeutsames Medium der die gesamte soziokulturelle Persönlichkeit bestimmenden Lernprozesse erkannt. Die frühen (kindl.) Formen des Spracherlebens u. -verstehens u. des sich anschließenden Sprachgebrauchs legen den Modus fest, in dem in einer weitgehend symbolisierten Umwelt soziale Beziehungen angeknüpft, interpretiert u. wertend erlebt werden.

Die »linguist. Kodes« lassen sich auch innerhalb einer Ges. mit einheitl. Sprache nach ihrer Bindung an u. Verwendung durch bestimmte soziale Schichten unterscheiden. Niveau u. Komplexität dieser Kodes werden von den sozio-ökonom. Lebensverhältnissen dieser sozialen Schichten geformt. In den Unterschichten herrscht der sog. »restringierte Kode« bzw. die »öffentliche Sprache« vor, die sich bes. stark begrenzter eigentl. Sprachstruktur auf den sog. »expressiven Symbolismus« beschränken, d. h. auf soziale Verständigung mittels nicht-verbaler Formen oder zumindest verkürzter, etikettenhafter Redensarten. Die Mittel- u. Oberschichten benutzen demgegenüber einen »formalen« bzw. »elaborierten Kode«, der infolge weit entwickelter sprachl. Differenzierungen viele Möglichkeiten des individuellen Erlebens, Mitteilens u. Kommentierens sozialer Umwelt bietet. Aus solcher unterschiedl. Beherrschung u. Ausprägung von Sprache resultiert zwangsläufig eine unterschiedl. Erlebnisweise u. Teilhabe an Ges., wie andererseits erlebte ges. Erfahrungen (insbes. in Arbeit u. Beruf) wiederum die praktizierten u. in Prozessen der Sozialisation weitervermittelten Sprachformen bestimmen.

S. beobachtet nicht nur den Komplexitätsgrad u. damit die »Ausdruckskraft« von Sprache, sondern unterscheidet daneben noch den »analyt.« vom »reflexiven« Sprachgebrauch. Der analyt. Sprachgebrauch ist den isolierbaren sozialen Verhaltensmustern zweckrationalen Verhaltens zugeordnet. Er dient der Verfügbarmachung techn. Prozesse u. kann grundsätzl. formalisiert werden. Seine Leistung ist die analyt. Differenzierung u. Objektivierung von Sachverhalten u. Beziehungen zw. Sachverhalten oder deren Eigenschaften. Der reflexive Sprachgebrauch bezieht sich auf Verständigungsmuster über Kommunikationsformen zw. handelnden Individuen, d. h. auf sprachl. vermittelte Interaktionen in sozialen Rollensystemen. Er leistet durch Verbalisierung die Auflösung von Mehrdeutigkeiten in Handlungssituationen dadurch, daß sich die Beteiligten mit ihm über Individuelles in allg. Kategorien verständigen können.

B. Bernstein, Studien zur sprachl. Sozialisation, 1972; B. L. Whorf, Sprache – Denken – Wirklichkeit, 1963; E. Sapir, Die Sprache, 1961; U. Oevermann, Sprache u. soz. Herkunft, ²1972; B. Badura, Sprachbarrieren, 1971; W. Niepold, Sprache u. soz. Schicht, ²1971; R. Kjolseth, F. Sack (Hg.), Soziol. der Sprache, Sonderheft 15 KZfSS, 1971; A. Schaff, Sprache u. Erkenntnis, 1974; B. Bernstein (Hg.), Sprachl. Kodes u. soz. Kontrolle, 1975; F. Schütze, Sprache soziol. gesehen, 2 Bde., 1975; U. Ammon, Probleme der S., ²1977 (1973); H.–U. Bielefeld u. a. (Hg.), S u. Empirie, 1977; S. Jäger u. a., Vom Nutzen der S., 1977; W. Wildgen, Kommunikativer Stil u. Sozialisation, 1977; U. Quasthoff (Hg.), Sprachstruktur – Sozialstruktur, 1978; M. Hartig, S. f. Anfänger, 1980; M. Hartig (Hg.), Perspektiven der angewandten S., 1986; E. W. B. Hess-Lüttich, Angewandte Sprachsoziol., 1987; U. Ammon u. a. (Hg.), Sociolinguistics, S., 1988.

Soziologe, Soziologin, infolge zunehmender Professionalisierung der Soziol. Berufsbezeichnungen für Akademiker u. Akademikerinnen, die an einer wiss. Hochschule Soziol. als Hauptfach studiert u. mit dem Erwerb eines einschlägigen akad. Grades abgeschlossen haben. Da das Studium der Soziol. in der Regel mit anderen Soz.wiss.en als Nebenfächer kombiniert wird (z. B. Polit.Wiss., Wirtschaftswiss.en, Gebiete der Rechtswiss., Pädagogik, Soz.psychol., Gesch.wiss.) bezeichnen sich S.n oft auch als Soz.wiss.ler.

Je nach Ausrichtung des Soziol.studiums, Fächerkombination, Spezialisierung u. berufsprakt. Orientierungen kommen S.n für Tätigkeiten im Hochschul- u. Weiterbildungsbereich, in der Soz.- u. Marktforschung, Wirtschaft (Personalwesen, Marketing, Verbandswesen), Politik, Verwaltung, Soz.arbeit, Massenkommunikation, im Archiv- u. Dokumentationswesen, Strafvollzug u. a. m. in Frage. Ursachen für Schwierigkeiten beim berufl. Einsatz von S.n sind: das Fehlen überkommener exklusiver Laufbahnen für S.n, relativ weitgehende Austauschbarkeit u. dementsprechend große Konkurrenz mit Absolventen anderer Soz.wiss.en (»Juristenmonopol«, Wettbewerbsvorteile von Absolventen mehr praxisnah ausgerichteter Disziplinen, z. B. Betriebswirtschaftslehre, z. T. Konkurrenz mit Fachhochschulabsolventen, insbes. für Soz.arbeit u. -pädagogik), zu einseitig theorielastige u. praxisferne Ausbildung, Vernachlässigung der lebensprakt. Anwendungsmöglichkeiten der Soziol., Imageschäden der Soziol. durch einseitiges ideolog., ges.skrit. u. polit. Engagement einzelner S.n oder großer Teile der Profession, Vernachlässigung der Wirtschaftssoziol., unzureichende Öffentlichkeitsarbeit über den (potentiellen) ges. Nutzen der Soziol.

Die Berufschancen für S.n steigen mit dem Erwerb berufsrelevanter u. nachgefragter Zusatzqualifikationen: Informatik, Fremdsprachen (insbes. »Wirtschaftssprachen« wie Engl. u. Span.), Rhetorik, Managementtechniken, Führungsfähigkeiten u. a. m. Die Ausweitung der Berufsmöglichkeiten hängt vor allem davon ab, daß in möglichst vielen Berufsbereichen u. Praxisfeldern die Nützlichkeit der Soziol. für die jeweilige Aufgabenbewältigung überzeugend u. ggf. gewinnbringend unter Beweis gestellt wird.

Von besonderem Interesse sind Fragen, aus welchen soz. Schichten u. mit welchen Studieninteressen Studierende zur Soziol. stoßen u. inwieweit bzw. in welche Richtung ihre Persönlichkeit, ihre Ges.sbilder u. ihre soz. u. polit. Ambitionen durch soziol. Studien beeinflußt werden. Ferner sind empir. Dauererhebungen darüber nützl., in welchen Berufsbereichen bisherige Absolventen der Soziol. untergekommen sind u. inwieweit sie Karriere machen konnten.

Für das Selbstverständnis u. für die Arbeitsweise von S.n ist von besonderer Bedeutung, daß sie als Forschungssubjekte ihrem Forschungsobjekt, der Ges., selbst angehören.

Angesichts der mannigfaltigen – großenteils indirekten – Auswirkungen der Soziol. auf die Ges. u. den soz. Wandel unterliegen S.n der Anforderung, einer entsprechend großen ges.-moral. Verantwortung u. einer hieraus entspringenden Berufsethik (→Wiss.s-ethik) gerecht zu werden: Grenzen der Forschung, Abwehr von Gefahren des manipulativen Mißbrauchs soziol. Forschungsergebnisse, Verantwortung hinsichtl. der Verwendung von Forschungsergebnissen. 1993 ist ein »Ethik-Ko-

dex der DGS u. des Berufsverbandes Dt. S.n« in Kraft gesetzt worden (DGS-Informationen 1/93).

S. Groenman, Die Berufsmöglichkeiten des S.n, in: KZfSS 14, 1962; D. Claessens, Soziol. als Beruf, in: Soz. Welt 14, 1963; U. Jaeggi, Der S., 1966; E. Bodzenta (Hg.), Soziol. u. Soziol.studium, 1966; U. Schlottmann, S.n im Beruf, in: KZfSS 20, 1968; H. Reimann u. K. Kiefer, Soziol. als Beruf, [2]1969; K. M. Bolte, Soziol., in: K. Alewell u. a., Die Soz.wiss.en, 1969; Konstanzer S.nkollektiv, Berufe des S.n, 1971; Artikel zur Ausbildung u. Berufspraxis des S.n seit 1974 in »Soziologie«, Mitteilungsblatt der DGS; B. Hardin, The Professionalization of Sociology, 1977; W. Bernsdorf u. H. Knospe (Hg.), Intern. S.nlexikon, 2 Bde., 1980 u. 84 (1959); D. Grühn, Soz.wiss.ler in der Grauzone des Arbeitsmarktes, 1984; G. Lumm (Hg.), Ausbildung u. Berufssituation von S.n, 1985; I. N. Sommerkorn (Hg.), Lehren u. Lernen in der Soziol. heute, 1990; Bundesanstalt für Arbeit (Hg.), Soz.wiss.ler/Soz.wiss.lerin, 1991.

Soziologie (lat. socius = Gefährte,
Geselle, Mitmensch; griech. logos = Rede, Wort, Vernunft), eine selbständige Einzelwiss., die als Soz.-wiss. auf die empir.-theoret. Erforschung des soz. Verhaltens, der soz. Gebilde, Strukturen u. Prozesse ausgerichtet ist. Da das soz. Zus.leben der Menschen insgesamt u. nicht nur bestimmte, inhaltl. umgrenzte Bereiche u. Aspekte (Politik, Recht, Wirtschaft, Bildung u. a. m.) das Forschungsobjekt der S. darstellt, bildet sie die grundlegende Soz.wiss.

Die Bezeichnung S. wurde von A. Comte eingeführt, weil nach seiner Auffassung der von Saint-Simon übernommene u. zunächst verbreitete Begriff »Soziale Physik« (»Physique sociale«) durch A. Quetelet im Titel einer 1835 erschienenen Schrift »mißbraucht« worden sei, in der es höchstens »um einfache Statistik« geht.

Je nach weltanschaul.-wiss.stheoret. u. method. Orientierung, nach Problemstellung u. Gegenstandsabgrenzung wird S. unterschiedl. aufgefaßt u. definiert: als eine nichtnormative, werturteilsfreie, rein empir. bzw. »objektive« Wiss. (Erfahrungswiss.), theoret.-systemat. Fachwiss., Reflexionswiss., »Krisenwiss.«, problemorientierte, ges.skrit., emanzipator. wirkende Wiss. (Emanzipationswiss.), »Oppositions-« oder sogar »Revolutionswiss.«, Planungs- u. Ordnungswiss., Wiss. vom soz. Verhalten bzw. Handeln, verstehende, geisteswiss. ausgerichtete Disziplin, Wiss. von soz. Systemen, Strukturen u. Prozessen, Ges.slehre, Gegenwartswiss., histor. orientierte Disziplin. Großenteils hat sich die Auffassung durchgesetzt, daß die S. eine problemorientierte Erfahrungswiss. ist, die bei intensiver Wechselwirkung zw. Empirie u. Theoriearbeit möglichst werturteilsfreie Forschung zu leisten hat. Als Wiss. vom soz. Zus.leben der Menschen ist die S. eng mit der gesch. Entwicklung u. Veränderung der sich aus dem ges. Dasein ergebenden Ideen, Werte, Bedürfnisse, Interessen, Herrschaftsformen, Konflikte u. Lebensprobleme verbunden. Inhalt, Erkenntnisinteressen u. Arbeitsschwerpunkte der S. ergeben sich somit aus den jeweiligen soz. Strukturen u. Prozessen sowie dem jeweiligen Verständnis von Ges. Die →Gesch. der S. als Wiss. ist demzufolge als Widerspiegelung der Gesch. der soz. Probleme zu betrachten.

Immer schon hat sich – bis auf die griech. u. röm. Staatstheorie u. auf mittelalterl.-theolog. Ges.interpretationen zurückverfolgbar – das Interesse an einer system. Erörterung ges. Probleme an Krisensituationen sozialer Ordnungszustände, am Unbehagen über die Brüchigkeit u. die Radikalität neuer Ordnungsideen oder am menschl. Leiden unter bestehenden ges. Verhältnissen entzündet. Soziol. Denken diente

mithin der geistigen Erklärung u. prakt. Bewältigung von Möglichkeiten entweder einer ges. Stabilisierung u. Konservierung bestehender (Herrschafts-, Interessen-, Ordnungs-) Verhältnisse oder ihrer oppositionellen Veränderung. Solange jedoch die menschl. Gesch. als Bereich des Willkürl., Zufälligen oder des von myst. interpretierten Mächten Gemachten u. Vorbestimmten verstanden wurde u. ges. »Gesetze« als Manifestationen von »sittl.« verpflichtenden Ordnungsprinzipien galten, mußten die Interessen an der Entdekkung von prakt. verwertbaren u. Orientierung schaffenden wiss. Kausalaussagen über Struktur u. Entwicklung der Ges. begrenzt u. unsystem. bleiben.

Die Herausbildung u. Entfaltungschancen der S. hängen nicht nur von dem Vorhandensein drängender soz. Probleme ab. Darüber hinaus sind der Aufklärungsgrad u. die Herrschaftsverhältnisse in einer Ges. wesentl. mitentscheidend. Die Entfaltungschancen der S. wachsen mit der Freiheitlichkeit einer Ges. u. mit der Ausbreitung von Einsicht in Möglichkeiten einer rationalen, aktiven Bewältigung soz. Probleme. Mit steigender Nachfrage nach soziol. Erkenntnissen (Erklärungswissen) u. Prognosen gerät die S. zugleich unter einen entsprechend anwachsenden Bewährungsdruck. Allerdings ist bis zur Gegenwart – zum Nachteil ihrer öffentl. Anerkennung u. Förderung – die ges. Nützlichkeit der S. nicht so offenkundig u. direkt erkennbar geworden wie bei vorrangig lebensprakt. ausgerichteten Disziplinen, z. B. Betriebswirtschaftslehre, Rechtswiss., Ingenieurwiss.en.

Hauptproblembereiche der S. sind: a) »Wie ist ges. Ordnung möglich?«, b) das Problem der soz. Un-

Soziologie

gleichheit, c) der soz. Wandel (insbes. als Prognoseproblem), d) die Erklärung des soz. Verhaltens bzw. Handelns. Auf die ersten drei Hauptproblembereiche sind makrosoziol. Forschungsanstrengungen ausgerichtet, auf den letzten mikrosoziol. Die S. gliedert sich in →Allg. u. →Spezielle S., →Empir. Soz.forschung u. →Praktische bzw. Angewandte S. Die Allg. S. beinhaltet die Gesch., Begriffe (insbes. →Grundbegriffe der S.), allg. Hypothesen u. Theorien (→soziol. Theorien) der S. Die Spezielle S. umschließt eine Vielzahl von speziellen S.n, die auf Teilbereiche des ges. Lebenszus.hanges ausgerichtet sind. Hierzu zählen z. B. die Familien-, Wirtschafts-, Stadt-, Kunst- u. Medizinsoziol. Bei speziellen S.n können sich engere Verknüpfungen u. interdisziplinäre Kooperation mit einschlägigen Fachwiss.en ergeben. Die Empir. Soz.forschung dient insbes. als Überprüfungsinstrumentarium für Hypothesen u. Theorien der Allg. u. Speziellen S. sowie anderer Soz.wiss.en. Bei der Prakt. S. geht es um die ges. Nützlichkeit der S., um lebensprakt. Anwendungsmöglichkeiten, um Ausbildung, Berufschancen u. ges.-moral. Verantwortung von Soziologinnen u. Soziologen, Berufsethik, Öffentlichkeitsarbeit für die S. Infolge ihres umfangreichen Forschungsobjekts weist die S. mit ihren zahlr. speziellen S.n besonders viele Nachbarwiss.en auf, zu denen vor allem die anderen Soz.wiss.en zählen: Kulturanthropologie, Soz.psychologie, Polit. Wiss., Pädagogik, Wirtschafts- u. Rechtswiss.en u. a. m. Die Bewährung der S. bei der Erforschung soz. Probleme hängt großenteils von der Bereitschaft u. Fähigkeit zur inter- bzw. multidisziplinären Koopera-

tion ab. Hierbei können sich immer wieder befruchtende Impulse für die Weiterentwicklung der S. ergeben. Überdies unterliegt die S. als grundlegende Soz.wiss. der Herausforderung, unter Einbeziehung von Erkenntnissen inhaltl. mehr spezialisierter Nachbarwiss.en in synthetisierender Weise umfassende (gesamtges. orientierte) Analysen u. Darstellungen zu erarbeiten. Angesichts dieser Herausforderung befindet sich die gegenwärtige S. in der Bewährungsprobe, das Problem der weit vorangeschrittenen Spezialisierung, Aufspaltung u. Fragmentierung des Faches durch verstärkte Anstrengungen zur Synthese zu bewältigen. Überdies hängen die künftigen Möglichkeiten der S. auch davon ab, inwieweit es gelingt, diese Disziplin – ohne Preisgabe ihrer möglichst unabhängigen Position in einer Lebenswelt widerstreitender Ideologien, Werte u. Interessen – für zahlreiche Praxisfelder nützlich zu machen u. die Ges. permanent über den mannigfaltigen Nutzen der S. aufzuklären. →Gesch. der S.

(insbes. Einf.en); H. P. Bahrdt, Wege zur S., [4]1969 (1966); P. L. Berger, Einladung zur S., [3]1982 (1969); N. Elias, Was ist S.?, [6]1991 (1970); E. M. Wallner, S., [6]1979 (1970); J. Wössner, S., [9]1986 (1970); F. Fürstenberg, S., [3]1978 (1971); A. Bellebaum, Soziol. Grundbegriffe, [11]1991 (1972); P. L. u. B. Berger, Sociology – A Biographical Approach, New York u. London 1972, dt.: Wir u. die Ges., 1976; A. Burghardt, Einf. in die Allg. S., [3]1979 (1972); J. Matthes, Einf. in das Studium der S., [3]1981 (1972); W. Fuchs-Heinritz u. a. (Hg.), Lexikon zur S., [3]1994 (1973); A. Hahn u. H. Braun, Wiss. v. der Ges., 1973; R. Kreckel, Soziol. Denken, [2]1976 (1974); A. Touraine, S. als Handlungswiss., 1974; H. Doer u. G. W. Schneider, Soziol. Bausteine, [11]1991 (1975); H. Grau, Einf. in die S., [6]1980 (1973); V. Vanberg, Die zwei S.n, 1975; D. u. K. Claessens, Ges. – Lexikon der Grundbegriffe, 1992 (1976); G. Kiss, Steckbrief der S., 1976; E. Buß u. M. Schöps, Kompendium f. das wiss. Arbeiten in der S., [3]1990 (1979); H. Reimann u. a., Basale S., 2 Bde., [4]1991 (1975); P. Stromberger u. W. Teichert, Einf. in soziol. Denken, [3]1992 (1978); P. Zeugin, S. – Ihre wichtigsten Begriffe u. Forschg.stechniken, 1979; P. L. Berger u. H. Kellner, Für eine neue S., 1984; H. Kerber u. A. Schmieder (Hg.), Hdb. S., 1984; D. Grühn u. a. (Hg.), Wider das Krisengerede in den Soz.wiss.en, 1985; H.-P. Henecka, Grundkurs S., [4]1993 (1985); M. Wehrspaun, Konstruktive Argumentation u. interpretative Erfahrung, 1985; G. Wiswede, S., [2]1991 (1985); H. Abels u. H. Stenger, Ges. lernen, [2]1989 (1986); G. Mikl-Horke, S., [2]1992 (1988); G. Endruweit u. G. Trommsdorff (Hg.), Wb. der S., 3 Bde., 1989; Soz. Welt 40, 1989 (Über S. Jubiläumsheft zum 40. Jg.); F. Afshar u. a., Der Kampf mit dem Drachen, 1990; M. Prisching, S., 1990; I. N. Sommerkorn (Hg.), Lehren u. Lernen in der S. heute, 1990; H. Kerber u. A. Schmieder (Hg.), S.: Arbeitsfelder, Theorien, Ausbildung, 1991; G. Reinhold (Hg.), S.-Lexikon, 1991; R. Boudon u. F. Bourricaud, Soziol. Stichworte, 1992; H. Esser, S., 1993; E. Buß, Einf. in die S., 1994.

Soziologie der Lebewesen,

im Zus. mit der Überlebens- u. Umweltkrise Ansatz einer speziellen Soziol., die sich unter Berücksichtigung interdisziplinärer Forschungsergebnisse mit den Beziehungen des Menschen zu anderen Lebewesen, insb. mit Voraussetzungen u. Möglichkeiten der Mensch-Tier-Beziehung befaßt (Verständigung, Sozialverhalten, moralanaloges Verhalten, kollektive u. indiv. Beziehungen). Zu den Forschungsschwerpunkten zählen ferner das Verhältnis des Menschen zur Pflanzenwelt, Formen u. Auswirkungen des inhumanen Umgangs mit Tieren, ethische Fragen u. Probleme des Tier- u. Pflanzenschutzes.

G. M. Teutsch, S. u. Ethik d. L., [2]1978 (1975).

Soziologische Theorien,

unterschiedl. fundierte, ausgerichtete u. entfaltete Aussagensysteme mit hohem Allg.grad u. oft auch auf hohem Abstraktionsniveau, die sich mit ihrem umfangreichen Objektbereich auf soziokult. Verflechtungszus.hänge, Strukturen, Prozesse u. soz. Verhalten beziehen. S. T. mit gesamtges. Orientierung oder mit einer Ausrichtung auf umfas- sende Problem- u. Gegenstandsbereiche des soziokult. Lebenszus.hanges (soz. Ungleichheit, soz. Wandel, soz. Handeln u. a. m.) bilden auf der Grundlage soziol. Begriffe u. im Rahmen der Gesch. des Faches den Kern der Allg. Soziol. Daneben haben sich in speziellen Soziologien zahlr. theoret. Ansätze mit unterschiedl. großen Gegenstandsbereichen herausgebildet.

Die Vielzahl s.r T. u. Theorieansätze läßt erkennen, daß bisher in der Soziol. noch keine hinreichend ausgereifte Theorie zustande gekommen ist, die den Objektbereich des Faches umfaßt u. von der Profession (der Soziologen) akzeptiert wird. Die Herausbildung einer solchen allg. Theorie wird in der Soziol. von vornherein durch den besonders umfangreichen Objektbereich erschwert, der sich durch hochgradige Komplexität u. in der Gegenwart durch beschleunigten soz. Wandel auszeichnet. Hinzu kommt, daß sich die Entstehung u. Weiterentwicklung einzelner s.r T. unter den prägenden Einflüssen bestimmter weltanschaul. u. wiss.stheoret. Orientierungen, soziokult. Wertsysteme, zeitgeusch. Strömungen, soz. Standortgebundenheiten u. Interessen vollziehen. Überdies ist die persönl. Vorliebe u. Entscheidung für eine bestimmte theoret. Richtung mit einem Entlastungseffekt im Sinne der »Reduktion von Komplexität« verbunden. Wiederholt haben sich einzelne s. T. verzweigt u. neue Theorieansätze hervorgebracht. Mitunter ist es zu Annäherungen, Überschneidungen u. gegenseitigen Befruchtungen gekommen, aber auch zu Kontroversen, Konflikten, gegenseitigen Abgrenzungen u. Diffamierungen. Im Zus.hang mit s.n T. sind auch »Schulen« der Soziol. entstanden.

Soziologische Theorien

Aus wiss.theoret. Sicht haben einzelne s. T. unterschiedl. Reifegrade erreicht: von deskriptiven (Gesamt-)Darstellungen u. Begriffssystemen zu hochentwickelten Theoriegebäuden, die aus empir. gehaltvollen u. überprüfbaren Hypothesen bestehen, die wiederum möglichst zuverlässige Prognosen ermöglichen sollen. Andere Theorien zeichnen sich durch einen hohen Grad der Formalisierung, Mathematisierung u. durch exakt anmutende Modellkonstruktion aus – mit entsprechender Entfernung von der soz. Wirklichkeit.
Angesichts der großen Schwierigkeiten auf dem Weg zu einer allg. soziol. Theorie hat R. K. Merton empfohlen, zunächst →Theorien der mittleren Reichweite zu erarbeiten.
S. T. können aufgrund unterschiedl. Ausgangspositionen, Ausrichtungen, Schwerpunktbildungen, method. Orientierungen, Zielsetzungen u. a. m. kategorisiert werden: mikro- oder makrosoziol. orientiert, vorrangig auf das Individuum oder auf die Ges. ausgerichtet, akteur- oder strukturtheoret. ausgeprägt, theoret.-abstrakt (bis hin zum »Modell-Platonismus«) oder alltagsweltl.-empir., nomolog. bzw. nomothet. (Formulierung von »Gesetzen«) oder histor.-ideograph. (Darstellung gesch. u. individ. einmaliger Ereignisse), Erklären oder Verstehen als Ziel. Phänomene als Ziel der Theoriekonstruktion, streng soziol. (oder sogar soziologist.) oder multidisziplinäre oder sogar reduktionist. (auf andere Wiss.en zurückgehende) Theoriearbeit, normative u. soz.krit. oder werturteilsfreie Ausrichtung, evolutionär-dynamische oder gegenwartsbezogene (statische) Orientierung.
Ältere soziol. (bedeutsame) Theo-

rieansätze sind: geschichts- u. moralphilos. Ansätze (A. Ferguson, A. Comte), Marxismus, Evolutionstheorie (H. Spencer), Organismustheorie, instinkttheoret. Ansatz, Formale Soziol. (G. Simmel), Beziehungslehre (L. v. Wiese), Funktionalismus, neue soz. Physik (G. Lundberg, O. Neurath).
Neuere s. T. u. Theorieansätze sind: a) handlungstheoret. Ansätze, Verstehende Soziol. (M. Weber), Phänomenolog. Soziol. (A. Schütz), Symbol. Interaktionismus (G. H. Mead), Ethnomethodologie; b) struktur- u. systemtheoret. Ansätze, Strukturell-funktionale Theorie (T. Parsons, Überschneidung mit Handlungstheorie), als krit. Gegengewicht die Konflikttheorie (R. Dahrendorf), Funktional-strukturelle Theorie bzw. Systemtheorie (N. Luhmann), Strukturalismus (C. Lévi-Strauss); c) neuere marxist. Ansätze, Krit. Theorie (Frankfurter Schule), Weiterentwicklung unter Berücksichtigung der Klassiker der Soziol. die Theorie des kommunikativen Handelns (J. Habermas); d) vom methodolog. Individualismus ausgehende Theorien u. Erklärungsansätze, Verhaltenstheoret. Soziol. u. Austauschtheorie (G. C. Homans), ökonom. Paradigma, theoret. Ansätze der ökonom.-rationalen Erklärung des soz. Verhaltens (starke Einflüsse der Wirtschafts- u. Spieltheorie), Rational-choice-Ansatz, Wert-Erwartungs-Theorie, Nutzentheorie, Neue polit. Ökonomie; e) stark biolog. ausgerichtete Ansätze, insbes. die Soziobiologie; f) der histor. angelegte, theoret. Gegensätze (Mikro-Makro, Individuum-Ges.) überwindende Figurations- u. prozeßtheoret. Ansatz von N. Elias.

K.-D. Opp, Methodologie der Soz.wiss.en, ²1976 (1970); G. Singer, Person, Kommunikation, soz. System, 1976; H. Sahner, Theorie u.

Soziologismus 826

Forschung, 1982; F. Eberle u. H. Maindok, Einf. in die soziol. Theorie, 1984; G. Hauck, Gesch. der soziol. Theorie, 1984; A. Honneth, Kritik der Macht, 1985; V. Meja u. a. (Hg.), Modern German Sociology, 1987; G. Mikl-Horke, Soziol., 1989; J. Morel u. a., Soziol. T., 1989; J. S. Coleman, Grundlagen der Soz.theorie, 3 Bde., 1991 f., amerik.: Foundations of Social Theory, 1990; K.-D. Opp u. R. Wippler (Hg.), Empir. T.nvergleich, 1990; H. Reimann u. a. (Hg.), Basale Soziol.: Theoret. Modelle, ⁴1991.

Soziologismus (lat.), Überbewertung des Sozialen, Tendenz in der Soziol., alle geistigen u. kulturellen Formen des individuellen u. des sozialen Lebens als durch ges. Umstände allein verursacht zu erklären; Reduzierung aller Denkprozesse auf soziale Prozesse, Leugnung aller apriorischen Begrifflichkeit u. Kategorienbildung, totale Relativierung aller Erkenntnis u. allen Wissens zugunsten allein nur anerkannter sozialperspektiv. »Wahrheiten«.

S. Landshut, Kritik der Soziol., 1929; Th. Litt, Denken u. Sein, 1948; H.-J. Lieber, Wissen u. Ges., 1952.

Soziomarketing (engl. social marketing), Bezeichnung für Aktivitäten von nichtkommerziellen Institutionen und Organisationen (non-profit organizations, nicht erwerbswirtschaftl. geführte Betriebe), die mit dem Einsatz von Marketingtechniken verbunden sind. Der Kreis Marketing betreibender Einrichtungen u. Organisationen ist zunehmend größer geworden: öffentl. Verwaltung, staatl. Körperschaften, gemeinnützige Unternehmungen, Theater, Bildungseinrichtungen, Forschungsinstitute, Museen, polit. Parteien, Kirchen, Glaubensgemeinschaften, Gewerkschaften, Unternehmer-, Verbraucher- u. Umweltschutzverbände, Industrie- u. Handelskammern, soz. Organisationen wie Rettungsdienste u. freie Wohlfahrtspflege,

Sport- u. Freizeitvereine. Je nach angestrebtem Ziel u. organisator. Ausprägung setzen diese Gebilde Marketingtechniken für die Verbreitung bestimmter Ideen, Dienstleistungen, öffentl. sowie immaterieller Güter ein. Sie versuchen dadurch Mitglieder, Klienten, Benutzer, Besucher, Wähler u. Spender zu gewinnen u. zu halten. S. deckt sich z. T. mit Öffentlichkeitsarbeit. Zur Veränderung soz., ökolog. u. (volks-)gesundheitl. schädl. Verhaltensweisen (Verschwendungskonsum, Suchtverhalten) beinhaltet S. ein sog. Demarketing bzw. Reduktionsmarketing, mit dem die Verringerung der Nachfrage nach bestimmten Gütern (z. B. Einwegverpackungen, Suchtmittel) angestrebt wird.

Soziomatrix (lat.), graph. Darstellung sozialer Verhältnisse zw. Personen in Gruppen aufgrund von Ergebnissen der Soziometrie, die tabellar. die ermittelten positiven u. negativen Beziehungen, Ab- u. Zuneigungen, Präferenzen, »Wahlen« zw. Gruppenmitgliedern aufzeichnet. In die einzelnen Felder der Reihen u. Spalten (die die »Wähler« u. die »Gewählten« darstellen) der S. werden die jeweils nach Intensität (Rangziffern) u. Art (Ab- oder Zuneigung als Minus- oder Plus-Zeichen) festgestellten psych. »Wahlen« oder tatsächl. sozialen Beziehungen zw. den Gruppenmitgliedern eingetragen. Die Summenfelder der Reihen u. Spalten lassen den »soziometr. Status« der einzelnen Gruppenmitglieder erkennen, d. h. z. B. »Stars« oder »Außenseiter«.

Soziometrie (lat.), Meßverfahren zur quantitativen Erforschung u. Beschreibung bestimmter Aspekte zwischenmenschl. Beziehungen in der Gruppe, die gewöhnl. mittels Soziogramm oder Soziomatrix dargestellt werden. Durch Befragung oder Beobachtung werden dabei entweder Richtung u. Intensität von »Wahlen«, Präferenzen, Ab- u. Zuneigungen, Sympathien, Antipathien, d. h. von psych. Beziehungen, oder Anzahl, Intensität u. Substanz tatsächl. sozialer Verhaltensbeziehungen ermittelt. Die S. hat sich überall dort bewährt, wo Spannungen zw. formal vorgeschriebenen, für die betr. Mitglieder zwangsweise oder organisator. vorgegebenen Gruppenbeziehungen einerseits u. zw. diesen Mitgliedern daneben spontan u. freiwillig, d. h. »informal«, entstehenden Gruppenstrukturen andererseits sich entwickeln. Die S. ist ursprüngl. von der sozialtherapeut. Intention ausgegangen (Moreno), solche Spannungen nach dem Ergebnis soziometr. Untersuchungen abzubauen, indem bei der bürokrat.-organisator. Zuweisung von Menschen zu Gruppen u. Gruppenpositionen mehr Rücksicht auf die sozialen Beziehungswünsche der Beteiligten genommen wird. Die Betriebssoziol. u. pädagog. Bereiche haben die S. übernommen, um in Zwangsverbänden wie Werkstätten, Büros oder Schulklassen die Bedeutung informaler Kommunikations-, Informations- u. Autoritätsprozesse für das allg. Gruppen-»Klima« wie für die Leistung der Gruppe u. einzelner Mitglieder in der Gruppe zu erforschen.

J. L. Moreno, Who shall survive?, New York 1953 (dt.: Die Grundlagen der S., ²1967); ders., (Hg.), The Sociometric Reader, Illinois 1960; G. Bastin, Die soziometr. Methoden, 1967; J. Nehnevajsa, S., in: R. König (Hg.), Hdb. d. empir. Sozialforschg. I, 1967; O. Engelmayer, Das Soziogramm in der mod. Schule, ⁵1970; R. Dollase, Soziometrische Techniken, 1973; F. Buer (Hg.), Morenos therapeut. Philos., 1989.

Spätkapitalismus, Endstadium des Kapitalismus, in dem die allg. Krise des ökon. u. polit. Systems erwartet wird, weil – durch die Zuspitzung des Widerspruchs zw. Produktivkräften u. Produktionsverhältnissen – der fortschreitende Prozeß der Vergesellschaftung der Produktion zur Überwindung der privaten Aneignungsformen u. Verwertungsprinzipien drängt. Kennzeichen des Sp. sind der hohe Entwicklungsstand der (automatisierten) Produktionstechnologien; die internationale (über Staatsgrenzen hinausreichende) Zentralisation des Kapitals (multinationale Konzerne); die Außerkraftsetzung von Markt- (Angebot-Nachfrage-) Gesetzen durch marktanteilsichernde Großwerbung der Konzerne; Staatsinterventionismus in die Wirtschaft u. infrastrukturelle Entwicklung zugunsten der Konsolidierungsinteressen von regional beherrschenden Großunternehmen; Neokolonialismus gegenüber Entwicklungsländern; wohlfahrtsstaatliche Maßnahmen zur sozialen Integration der abhängig Erwerbstätigen in die kapitalist. Ges.organisation; Zuspitzung der Klassengegensätze.

P. A. Baran, P. M. Sweezy, Das Monopolkapital, 1967; E. Mandel, Der S., 1972; A. Shonfield, Geplanter Kapitalismus, 1967; J. Habermas, Legitimationsprobleme im S., ³1974; C. Offe, Strukturprobleme des kapitalist. Staates, 1972; K. H. u. M. Tjaden, Klassenverhältnisse im S., 1973; R. Ebbighausen (Hg.), Monopol u. Staat, 1974.

Spann, Othmar, österr. Soziologe, Philosoph u. Nationalökonom, 1. 10. 1878 Altmannsdorf b. Wien – 8. 7. 1950 Neustift (Burgenland), 1908 Priv.doz. TH Brünn, 1909 a. o., 1911 o. Prof. ebd., 1919 o. Prof. für Polit. Ökonomie u. Ges.slehre Univ. Wien, 1938 amtsthoben. In Anlehnung an Platon, Aristoteles, die kathol. Soziallehre, den Idealismus u. an die Romantiker vertrat S. im Gegensatz zum Individualismus u. Materialismus die Lehre vom Universalismus, in deren Mittelpunkt das Phänomen der →Ganzheit steht. Ges. faßte er nicht als bloße Summe von Individuen oder als Naturtatsache auf, sondern als ein geistiges Gesamt-Ganzes. Der einzelne Mensch kann sich nur als Glied von Gemeinschaften u. Gruppen geistig entfalten, die als überindividuelle Ganzheiten wiederum Teile des ges. Ganzen sind. Ein wesentl. Aspekt der mit Ideen, Werten u. Normen verknüpften gesamtges. Gliederung ist die Über- u. Unterordnung, die im System der unterschiedl. bewerteten ges. Stände u. in dem Ständestaat als dem »wahren Staat« zum Ausdruck kommt. S., der das ständestaatl. Ordnungsprinzip vor allem im Hinblick auf die moderne pluralist. Ges. betonte, hat im polit. Bereich kathol.-faschist. Bewegungen mitbeeinflußt.

Schr.: Wirtschaft u. Ges., 1907; Die Haupttheorien der Volkswirtschaftslehre, [27]1967 (1911); Ges.slehre, [3]1930 (1914); Der wahre Staat, [4]1938 (1921); Tote u. lebendige Wiss., [4]1935 (1921); Kategorienlehre, [2]1939 (1924); Ges.sphilosophie, [2]1968 (1928); Die Irrungen des Marxismus, [3]1931 (1929); Gesch.sphilosophie, 1932; Kämpfende Wiss., 1934; Gesamtausgabe, hg. v. W. Heinrich u. a., 21 Bde., 1963–79.

Spannungsausgleich, engl. »tension management«, von T. Parsons eingeführte Bezeichnung für die Anforderung an ein relativ stabiles Verhältnis zw. dem Bedürfnissystem eines Individuums u. dem System der sozialen Rollen, die es zu »spielen« hat. S. meint ein gewisses Gleichgewicht zw. den für das Individuum affektiv neutralen u. den emotional befriedigenden Rollen. Für den integrierenden u. vermittelnden S. ist auf der personalen Ebene ein Minimum an entwickelter Ich-Identität, auf der institutionellen Ebene eine gewisse Einsicht der fordernden sozialen Bezugsgruppen (insbes. Familie) in die Grenzen der psych. Belastbarkeit des einzelnen Rollenträgers erforderlich.

T. Parsons u. a., Family, Socialization and Interaction Process, Glencoe 1955.

Spencer, Herbert, 27. 4. 1820 Derby – 8. 12. 1903 Brighton, Lehrer, dann Ingenieur, Aktivität in der Chartistenbewegung, 1848 Redakteur in London, ab 1853 Privatgelehrter.

Die Analogie von Ges. u. Organismus führte S. zu Begriffen wie System, Struktur, Funktion. Eingebunden in eine »synthet. Philosophie«, erstrebte S. eine Soziol. auf naturwiss. Grundlage. Hier verbinden sich Vorstellungen der Biologie u. Psychol. mit dem Darwinismus. Gestützt auf völkerkundl. Material, entwickelte er aus soziograph. Studien die deskriptive Analyse u. die vergleichende Methode. – In der sozialen Entwicklung sah S. einen Trend von ungegliederter Vielheit zu gegliederter Einheit. Die soziale Evolution bezog er auf eine Abfolge militär.-despot. u. industriell-friedl. Ges.systeme, die sich aus einer anarchist.-freiheitl. Ges. bilden. Die ursprüngl. homogene soziale Masse differenziert sich zum Gegensatz zw. Herrschenden u. Beherrschten, im Einüben von Sitten u. Gebräuchen, die diese Differenzierung sichern u. fördern u. diese zur Ausbildung von polit. Systemen u. religiösen Institutionen führen. Diesem Trend sind die Prozesse der Arbeitsteilung zuzuordnen, die schließl. die industr. Organisation der Ges. bewirken u. gleichzeitig die Abhängigkeit der in ihren Funktionen be-

Spieltheorie

gründeten Gruppen voneinander stärken. Diese Differenzierungsformen sich zu Subsystemen aus, die bei S. im Begriff der Institution münden. Im utop. Endzustand würde dann nach S. jedes Individuum nach seinen Fähigkeiten u. Verdiensten sein persönl. Glück anstreben können.

Schr.: Social Statistics, London 1850; First Principles, London 1862 (dt.: Grundlagen der Philosophie, 1875); Descriptive Sociology, 13 Bde., London 1867–1919; The Study of Sociology, London 1872 (dt.: Einleitung in das Studium der Soziol., 1875); The Principles of Sociology, 3 Bde., London 1876–1896 (dt.: Die Prinzipien der Soziol., 1877–97); The Man Versus the State, London 1884; The Factors of Organic Evolution, New York 1887; Works, 18 Bde., New York u. London 1910. P. Barth, Die Philosophie der Gesch. als Soziol., 1897; L. v. Wiese, Zur Grundlegung der Ges.lehre, 1906; J. Rumney, H. S.'s Sociology, London 1934; L. v. Wiese, H. S. Einf. in die Soziol., 1960; P. Kellermann, Kritik einer Soziol. der Ordnung, 1967; J. Peel, H. S. The Evolution of a Sociologist, New York 1971; K.-D. Curth, Zum Verhältnis von Soziol. u. Ökonomie in der Evolutionstheorie H.S.s, 1972; M. Kunczik, Elemente der mod. Systemtheorie im soziol. Werk v. H. S., in: KZfSS 35, 1983.

SPES, Abkürzung für »Sozialpolitisches Entscheidungs- u. Indikatorensystem für die Bundesrepublik Dtl.« →Soz. Indikatoren, →Sozialberichterstattung.

Spezielle Soziologie, Bezeichnung für die Gesamtheit der speziellen oder sogenannten Bindestrich-Soziologien, die unter Anwendung der Begriffe u. Theorien der Allg. Soziol. u. der Methoden der Empir. Sozialforschg. auf die Erforschg. einzelner sozialkultureller Bereiche (Wirtschaft, Familie, Bildung u. a.) ausgerichtet sind. Dadurch sind spezielle Soziol.n wie die Wirtschafts-, Familien- u. Bildungssoziol. entstanden, die je nach der Komplexität ihres Gegenstandsbereiches u. je nach ihrem wiss. Entwicklg.sniveau z. T. wiederum in spezielle Soziol.n aufgefächert sind. So beinhaltet die Wirtschaftssoziol. die Arbeits-, Berufs-, Industrie-, Betriebs-, Agrar-, Markt-, Konsumsoziol. u. a. m. Die speziellen Soziol.n überschneiden sich z. T. mit eigenständigen Sozialwiss.en, die auf den jeweils gleichen Forschgs.bereich ausgerichtet sind, z. B. Polit.Soziol. u. Polit. Wiss. bzw. Politologie. Oft folgt die Entfaltung einer speziellen Soziol. erst verspätet dem angestiegenen Problemdruck in dem betreffenden Lebensbereich.

O. Nigsch (Hg.), Hauptgebiete der Soziol., 1978; H. Korte u. B. Schäfers (Hg.), Einf. in S. S.n, 1993.

Spezifität – Diffusität →Pattern Variables

Spiegel-Selbst (engl. lookingglass self) →Cooley, Charles Horton, →Selbst

Spieltheorie, Theorie der strateg. Spiele, mathemat.-kybernet. Theorie zur Auswahl u. Bestimmung optimaler Entscheidungen (u. damit auch optimalen Verhaltens) von sozialen Systemen, Organisationen oder Personen aus einer Menge mögl. Entscheidungen in Konfliktsituationen. Die S. unterscheidet sich in ihrer sozialwiss. Bedeutung von anderen Theorieansätzen vor allem darin, daß sie nicht mehr von einer Tendenz zu einer Interessenkonvergenz aller Beteiligten ausgeht, sondern daß sie Entscheidungssubjekte annimmt, (a) deren Zielsetzungen divergieren, (b) deren Zielerreichungsaktivitäten jedoch gemeinsamen »Spielregeln« unterliegen, u. (c) die darum in ihren Planungs- u. Entscheidungsprozessen die Existenz u. die (möglichen bzw. anzunehmenden) Aktionen ihrer Entscheidungs-»Part-

Spill-over-Effekt

ner« einkalkulieren müssen. S. ermöglicht eine über intuitive Einschätzungen hinausgehende rationale Berechnung u. Abschätzung eigener u. fremder (beteiligter) »Positionen« in Konkurrenzsituationen. Die S. ist kein Ersatz für sozialwiss. Theorienbildung, weil sie mit Maximen u. Prämissen arbeitet, deren erfahrungswiss. Relevanz u. Gültigkeit von den betr. Sozialwiss.en nachzuweisen sind. →Gefangenendilemma

J. v. Neumann, Zur Theorie der Ges.spiele, 1929; O. Morgenstern, J. v. Neumann, Theory of Games and Economic Behavior, New York [2]1955, dt.: S. u. wirtschaftl. Verhalten, [3]1973; M. Shubik (Hg.), S. u. Soz.wiss.en, 1965; E. Burger, Einf. in die Theorie der Spiele, [2]1966; O. Morgenstern, S. u. Wirtschaftswiss.en, [2]1966; M. D. Davis, S. f. Nichtmathematiker, [2]1993 (1972); T. Voss, Rationale Akteure u. soz. Institutionen, 1985; H. Kliemt, Antagonistische Kooperation, 1986; R. Axelrod, Die Evolution der Kooperation, [2]1991 (1987); U. Mueller (Hg.), Evolution u. S., 1990; U. Rellstab, Ökonomie u. Spiele, 1992.

Spill-over-Effekt (engl. to spill over »überlaufen«, »umschlagen«), Bezeichnung für beabsichtigte oder unbeabsichtigte, erwünschte oder unerwünschte, positive oder negative Wirkungen bestimmter Entscheidungen, Maßnahmen, Handlungen u. Prozesse außerhalb des jeweiligen Ziel-, Handlungs- u. Lebensbereiches. So kann sich z. B. steigende Arbeitszufriedenheit positiv auf die Lebenszufriedenheit auswirken. In der Wirtschaftswiss. werden Auswirkungen des Wirtschaftslebens auf die außer-ökonom. Umwelt als →externe Effekte bezeichnet. Große Beachtung findet die S.-o.-E. in der Unternehmenspolitik u. im Marketing, z. B. die Frage der Auswirkung von Werbung einer Unternehmung für eigene Produkte auf die Absatzentwicklung von Konkurrenzunternehmungen.

Split-ballot-Verfahren (engl.), Bezeichnung für das Verfahren einer gegabelten bzw. aufgespaltenen Befragung, bei der zwei oder mehr Stichproben aus einer Grundgesamtheit mit verschiedenen Versionen einer Frageformulierung oder eines Fragebogens befragt werden. Dadurch können alternative Frageformulierungen hinsichtlich ihrer Gültigkeit u. Verständlichkeit überprüft werden.

Split-half-Verfahren (engl.), bezeichnet eine Methode zur Ermittlung der Zuverlässigkeit v. Tests oder Skalen, wobei eine fertige Skala in zwei gleiche Hälften aufgespalten wird. Die items bzw. Elemente der Skala werden so aufgeteilt, daß jede Hälfte als eine Zufallsauswahl (Auswahlverfahren) aus der Gesamtheit aller einschlägigen items angesehen werden kann. Die Korrelation der Meßergebnisse beider Hälften ergibt dann den Grad der Zuverlässigkeit.

Sportsoziologie, eine empir. orientierte spezielle Soziol., die die soz. Strukturen u. das soz. Verhalten im Sport sowie die Beziehungen zw. Sport u. anderen Subsystemen untersucht. Sie bedient sich dabei der Methoden, Begriffssysteme u. Theorieansätze der allg. Soziol. S. entwickelte sich in den 60er Jahren zunächst als ein eigenständiges Teilgebiet innerhalb der Soziol.; heute ist sie zugleich spez. Soziol. wie auch spez. Sportwiss. Ihr Ziel ist es, die derzeit noch bestehende Diskrepanz zw. der soz. Bedeutung der Teilkultur Sport u. ihrem Stellenwert in der Wiss. zu mindern. Darüber hinaus wird der S. die Funktion zugewiesen, durch wiss.liche Analysen Hilfestellungen bei der prakt. Bewältigung der Probleme des Sports zu geben.

Der Konzeptualisierungsprozeß der S. ist noch nicht abgeschlossen. Heinemann (1983, S. 358) gliedert z. B. die S. in 1. eine Soziol. soz. Systeme, die die vielfältigen Abhängigkeiten u. Prägungen des soz. Handlungsfeldes Sport von kulturellen Wertsystemen u. sozialstrukturellen Gegebenheiten in einer Ges. untersucht sowie die Handlungsanforderungen u. Interaktionen innerhalb des Sports zum Gegenstand sportsoziol. Forschung macht. Desweiteren befaßt sich diese mit den Wirkungen u. den ges. Funktionen des Sports; 2. eine Soziol. von Sozialfiguren, die den agierenden Sportler bzw. den Trainer, Schiedsrichter, Verbandsfunktionär usw. in das Zentrum ihrer Analysen stellt – hier wird u. a. Fragen nach der soz. Rekrutierung von Sportlern oder dem Verlauf von Sportkarrieren nachgegangen; 3. eine Soziol. von Sachzus.hängen u. Sachzwängen, die z. B. den technolog. Fortschritt im Sportstättenbau u. in der Sportgeräteentwicklung sowie in den Massenmedien in seinen Auswirkungen auf das Sportverhalten untersucht.

Das breite Themenspektrum der S. läßt sich inhaltlich darüber hinaus folgenden soziol. Forschungsbereichen zuordnen: Kultursoziol. (Sport u. Körper, Sport im interkulturellen Vergleich, Sport im Zivilisationsprozeß); Polit. Ökonomie (Sport u. Arbeit, Verhältnis zw. Sport, Staat u. Wirtschaft); Sozialstrukturforschung (soz. Schichtung im Sport); Organisationssoziol. (Organisationen u. Institutionen im Sport, z. B. Sportvereine u.-verbände, Schulsport, System staatl. Sportförderung); Freizeitsoziol. (Sport in der Freizeit); Sozialisationsforschung (Sozialisation zum, im u. durch Sport); Kommunikationsforschung (Interaktionen in Sportgruppen, Sport in den Massenmedien); Frauenforschung (Geschlechterrollen im Sport); Soziol. abweichenden Verhaltens (Sport u. soz. Probleme, z. B. Gewalt im Sport, Doping); Sozialpädagogik (Sport in der Sozialarbeit, u. a. Sport mit Arbeitslosen, Ausländern, Strafgefangenen); Sozialpolitik (Sport u. Gesundheit); Sozialökologie (Sport u. Umwelt).

H. Risse, Soziol. des Sports, 1979 (1921); K. Hammerich u. K. Heinemann (Hg.), Texte zur Soziol. des Sports, ²1979 (1975); K. Heinemann, Einf. in die Soziol. des Sports, ²1983 (1980); T. Kutsch u. G. Wiswede (Hg.), Sport u. Ges., 1981; B. Rigauer, S., 1982; N. Elias u. E. Dunning, Sport im Zivilisationsprozeß, 1984; H. Eichberg, Die Veränderung des Sports ist ges., 1986; K. Cachay, Sport u. Ges., 1988; G. Norden u. W. Schulz, Sport in der mod. Ges., 1988; E. Frogner, Sport im Lebenslauf, 1991; D. Voigt, S., 1991; J. Winkler u. K. Weis (Hg.), Soziol. des Sports in der BR Dtl., 1991.

Sprachbarriere, Bezeichnung der Erscheinung, daß Angehörige unterer Schichten oder eingewanderter Minderheiten aufgrund ihres Sprachverhaltens (Wortschatz, Stil, Ausdrucksweise), das von jenem mittl. u. gehobener Schichten abweicht, in ihren Aufstiegsmöglichkeiten behindert sind. Da die oft an regionale Dialekte gebundenen »linguist. Kodes« der unteren Schichten von den mittl. u. gehobenen Schichten negativ diskriminiert werden, wirken S.n wie Aufstiegssperren. Durch den bisher gehobenen Sprachstil der Lehrer wirken S.n bereits in der Schule der Chancengleichheit entgegen. S.n werden abgebaut, wenn verschiedenartige Sprachstile u. Dialekte aufgewertet oder Kinder aus bisher benachteiligten Schichten frühzeitig an den Sprachstil gehobener Schichten herangeführt werden.

Sprache →Soziolinguistik

Sprachzerstörung, neurotisch bedingte Privatsprache mit persönlichkeitsspezifischen Bedeutungsanteilen und damit verbundenen Störungen im Symbolgefüge. Mit Hilfe einer dialektisch-hermeneutisch verfahrenden Psychoanalyse ist es nach A. Lorenzer möglich, die Privatsprache/S. (Pferd = Pferd + Vater) in das allg. Sprachverhalten überzuleiten (Pferd = Pferd, Vater = Vater).

A. Lorenzer, Sprachzerstörung und Rekonstruktion, 1973.

SPSS, Abk. für Superior Performing Software Systems, früher Statistical Package for the Social Sciences, ein weltweit verbreitetes Programmsystem der angewandten Statistik für die computergestützte Datenverwaltung u. -analyse. Es ist für verschiedene Rechner u. Betriebssysteme verwendbar u. ermöglicht den Datenaustausch mit anderen Programmsystemen.

W.-M. Kähler, SPSS für Anfänger, 1986; R. Wittenberg u. H. Cramer, Datenanalyse mit SPSS, 1992.

Staatsmonopolistischer Kapitalismus – Stamokap, marxist. Einschätzung des Spätkapitalismus, wonach nur noch die enge Verflechtung des Staates mit den Monopolen die Existenz des Kapitalismus weiter garantieren kann. Die Verschmelzung von Staat u. großen Monopolkapitalen (kleine Kapitale werden ausgeschlossen) ist mit einer Ausdehnung der ökonom. Tätigkeit des Staates verknüpft. Der Staat wird in die internationale Monopolkonkurrenz einbezogen, die Außenpolitik wird zum Instrument der Kapitalinteressen.

R. Ebbighausen, Monopol u. Staat, 1974; H. A. Winkler (Hg.), Organisierter Kapitalismus, 1974; Greven/Guggenberger/Strasser, Krise des Staates?, 1975; H. Adam, S. K. oder soz. Demokratie, 1980; H. Jung, Deformierte Verges.ung, 1986.

Staatssoziologie, eng mit der Polit. Soziol. verbundene spezielle Soziol., die – in Abgrenzung zur verfassungs- u. öffentl.-rechtl. orientierten Staatslehre – von dem Grundsatz ausgeht, daß Ges. u. Staat interdependente Bereiche der soziokult. Wirklichkeit darstellen. S. analysiert den Staat nicht als ein »über« oder »außerhalb« der Ges. stehendes, aus bes. Ideen, anthropolog. Grundkräften oder unabdingbaren Ordnungsnotwendigkeiten abgeleitetes u. darum schlechthin legitimiertes Gebilde. Sie prüft vielmehr die Zus.hänge zw. ges. u. polit. Kräftekonstellationen einerseits u. den daraus hervorgehenden staatl. Institutionen andererseits. S. will erkennen, wie sich der Staat als »Herrschaftsgefüge, das die ges. Akte auf einem bestimmten Gebiet in letzter Instanz ordnet« (H. Heller), aus den spezif. gesch. Ges.verhältnissen entwickelt. Im einzelnen werden die jeweiligen staatl. Verfassungen mit den ges.-staatl. Wirklichkeiten konfrontiert. Dabei werden die Diskrepanzen zw. Norm u. Realität sowohl deskriptiv-empir. ermittelt wie auf ihre Ursachen hin, nämlich als Folgen eines Struktur- u. Funktionswandels des Staates unter Bedingungen sozialen Wandels, untersucht. Typisierende Bezeichnungen wie »Klassenstaat«, »Wirtschaftsstaat«, »Parteienstaat«, »Verwaltungsstaat«, »Verbändestaat«, »Wohlfahrtsstaat«, »Sozialstaat«, »Rechtsstaat« deuten die Ergebnisse von umfassenden Analysen an, in denen man bestimmte zentrale, ges.gestaltende Funktionen oder organisator. Funktionsbedingungen oder ges. Herrschaftsgrundlagen des mod. Staates glaubte feststellen zu können. In jedem Falle versucht die S., metaphys. Vorstellungen von einer absoluten Priorität des Staates gegenüber der Ges. mit dem grundlegenden Denkansatz zurückzudrängen, wonach auch der Staat als polit. Herrschafts-, Ordnungs- u. Gestaltungsverband einer spezif. gesch.-ges. Situation zunächst aus den Werten, Normen, Institutionen u. Ideologien zu erklären sei, die das gesamtges. Gefüge bestimmen.

M. Weber, Gesamm. Polit. Schriften, [5]1988 (1921); H. Kelsen, Der soziol. u. der jurist. Staatsbegriff, [2]1928; O. Stammer, Ges. u. Politik, in: Hdb. der Soziol., hg. v. W. Ziegenfuß, 1956; H. Heller, Der Staat, in: Hwb. der Soziol., hg. v. A. Vierkandt, 1959; ders., Staatslehre, 1961; ders., Gesam. Schriften, hg. v. M. Draht u. a., Bd. 2 u. 3, 1971; M. Weber, S., hg. v. J. Winckelmann, 1956; Th. Eschenburg, Staat u. Ges. in Dtschld., 1965; R. Dahrendorf, Ges. u. Demokratie in Dtschld., [2]1968; E. Forsthoff, Der Staat der Industrieges., [2]1971; O. Kirchheimer, Funktionen des Staates u. der Verfassung, 1972; M. Draht, Rechts- u. Staatslehre als Soz.wiss., 1977; K. Lenk, Staatsgewalt u. Ges.theorie, 1980; H. Willke, Entzauberung des Staates, 1983; M. Jänicke, Staatsversagen, 1987; H. Willke, Ironie des Staates, 1992; R. Voigt (Hg.), Abschied vom Staat – Rückkehr zum Staat?, 1993.

Stab, ursprüngl. militär., nunmehr allg. sozialwiss. Bezeichnung für Positionen in einem hierarch. nach Autoritätsstufen gegliederten sozialen System (Organisation). Die Inhaber solcher Positionen besitzen selbst keine Entscheidungs- u. Durchführungsrechte, sondern sind ledigl. als Beratungs-, Informationenauswertungs- oder Planungsgruppen leitenden Positionen (Linie) beigeordnet. Als Sachverständige u. insb. durch Vorbereitung von Entscheidungen können S.angehörige indirekten Einfluß ausüben.

M. Irle, Macht u. Entscheidung in Organisationen, 1971.

Stadt, in Industrieges.en im Vergleich zur Landgemeinde eine Gemeinde, deren soziale u. ökonom. Strukturen sich durch folgende Merkmale bestimmen lassen: die Bevölkerungszahl ist so groß, daß allseitige persönl. Beziehungen u. zumindest Bekanntschaften untereinander ausgeschlossen sind u. soziale Distanz u. Anonymität vorherrschen; daraus folgt eine starke Polarisierung von privater u. öffentl. Sphäre im Leben der Bürger; der Lebensinhalt wird in der Regel mit nicht-landwirtschaftl. Arbeit verdient; Einkaufsstätten decken den größten Teil des Bedarfs der innerstädt. u. umliegenden Bevölkerung; die Produktionsstätten arbeiten überwiegend für auswärtige Nachfrage; Dienst-, Handels-, Vermittlungs- u. öffentl. Leistungen werden nicht nur von der städt. Bevölkerung in Anspruch genommen; ein Verkehrsnetz verbindet alle Wohn- u. Arbeitsstätten, so daß relativ schnelle räuml. Mobilität zw. den Bürgern ermöglicht wird; Wohn- u. Arbeitsstätten sind in der Regel getrennt; die Bevölkerung lebt in kleinen Haushalten: Zwei-Generationen-Familie bzw. Kernfamilie mit kleiner Kinderzahl (abgesehen von Entwicklungsländern), Ein-Elternteil-Familie (Alleinerziehende), eheähnl. Partnerschaft, Single; es überwiegt eine rationale Lebenseinstellung, so daß es häufig zu technolog. u. sozialen Innovationen kommt; es besteht eine hohe soziale Mobilität – vertikal u. horizontal – der Berufs- u. Bildungspositionen zw. den Generationen.

Die soziol. Definition der S. muß von der verwaltungsrechtl. Definition unterschieden werden. Je nach den überwiegenden Merkmalen der sozialökonom. Struktur der S. unterscheidet man Konsumtions-, Produktions-, Wohn-, Residenz-, Garnisons-, Verwaltungs-, Hafen-, Handels-, Industriestadt. Nach der Größe der Bevölkerung werden Land-S. (2–5000), Klein-S. (5-

20 000), Mittel-S. (20–100 000) u. Groß-S. (über 100 000 Einw.) unterschieden. Im Zeichen der zunehmenden Agglomeration u. der Intensivierung der funktionalen Beziehungen zw. S. u. ländl. Umgebung bzw. zw. Städten sind soziol. die Begriffe der S.region (S.-Land-Einheit) u. der Flächenstadt bzw. Megalopolis (mehrere ineinander übergehende Städte) relevant geworden. Die Tendenz zur Groß-S. ließ die Beziehungen der S.-Viertel oder S.-Teile unterschiedl. Prägung bedeutsam werden.

L. Mumford, Die S., 1963; A. Mitscherlich, Die Unwirtlichkeit unserer Städte, 1965; H. Glaser (Hg.), Urbanistik, 1974; J. Friedrichs (Hg.), Die Städte in den 80er Jahren, 1985; L. Benevolo, Die Gesch. der S., ⁷1993; S. Kostof, Die Anatomie der S., 1993.

Stadtsoziologie, ist als eine spezielle Soziol. darauf ausgerichtet, die Zus.hänge zw. der soz., ökonom. u. technolog. Entwicklung in einer Ges. einerseits, der räuml. Entwicklung u. dem Verhalten von Individuen in räuml. Einheiten andererseits zu untersuchen. Die räuml. Einheiten sind z. B. Regionen, Agglomerationen, Städte, Stadtteile oder Häuserblocks. Meist sind es Großstädte (Städte über 100 000 Einwohner), die untersucht werden.
Dementsprechend richten sich die stadtsoziol. Untersuchungen auf unterschiedliche Aggregatebenen bzw. Kollektive: die Stadt, ein Stadtviertel, Individuen, sowie die Zus.hänge zw. diesen Ebenen. Je größer die räuml. Einheiten sind, wie z. B. bei der empir. Analyse ganzer Städte u./oder je größer der Verstädterungs- (»Urbanisierungs«-)grad einer Ges. ist, desto eher wird die S. auch zu einer Analyse der Ges.
Die Entwicklung von Städten kann als ein phasenhafter Verlauf beschrieben werden. Durch Zuwanderung u. anfängl. hohe Geburtenraten steigt die Einwohnerzahl. Die Stadt dehnt sich in ihr Umland aus u. wird zu einer Stadtregion: Kernstadt (Stadt in ihren administrativen Grenzen) plus Umland. Innerhalb der Stadt findet eine räuml. Reorganisation statt: In der Innenstadt verdrängen tertiäre Nutzungen (Einzelhandel, Verwaltung) zunächst die Produktionsstätten u. dann die Wohnbevölkerung. Aufgrund der gestiegenen Bodenpreise u. der mangelnden Expansionsmöglichkeiten wird die Produktion meist an den Rand der Stadt oder in das Umland verlagert. Die Wohnstandorte der Bevölkerung befinden sich nun ebenfalls in von der Stadtmitte entfernten Zonen. Die Verlagerung von Nutzungen bei räuml. Reorganisation der Stadt wird als »Suburbanisierung« bezeichnet. Neue Großwohnanlagen entstehen am Rand der Städte, aber noch innerhalb der Kernstadt. Die Handels- u. Dienstleistungseinrichtungen folgen den neuen Wohnvierteln am Rand der Stadt u. im Umland. Es kommt zur Bildung sekundärer (Stadtteil-)Zentren, die Funktionen der Innenstadt übernehmen u. mit ihr in ökonom. Wettbewerb stehen; aus der monozentr. Stadt wird eine polyzentr. In der folgenden Phase steigt die Bevölkerungszahl im Umland, während der die Kernstadt sinkt. In diese Phase fallen auch zwei Veränderungen in den innerstädt. Wohngebieten: zunächst Maßnahmen der (meist kommunalen) Sanierung von Altbausubstanz, danach der Aufwertung durch private Investoren, z. B. Umwandlung von Miet- in Eigentumswohnungen, u. das Eindringen einkommensstärkerer Haushalte. Der letztgenannte Wandel von innerstädt. Altbau-

Wohnvierteln (»Aufwertung« oder »gentrification«) wird durch die Zunahme »neuer« Haushalte (u. a. Alleinstehende, unverheiratet Zus.lebende) begünstigt. Inzw. sind in den Großstädten über die Hälfte der Haushalte Einpersonenhaushalte.

Die klass. Stadtforschung hat sich vor allem auf Themen wie den Verstädterungs- (Urbanisierungs-)Prozeß, die Analyse von Wanderungen sowie die Verteilung von Bevölkerungsgruppen über die städt. Teilgebiete gerichtet. Überwiegend waren dies Analysen von Sachverhalten auf der Makroebene, z. B. der Verteilung von Kriminalitätsraten, Selbstmordraten, Anteilen einer Minorität oder der Angehörigen einer soz. Schicht über die städt. Teilgebiete, die beschrieben u. durch Merkmale der Teilgebiete (u. a. Bausubstanz) erklärt wurden.

Zu diesem Typ der Makroanalysen gehören auch Studien über die Auswirkungen des demograph. Wandels auf die Städte, z. B. des steigenden Anteils von jüngeren Einpersonenhaushalten oder des steigenden Anteils älterer Menschen. Beides hat Einfluß auf die Wohnstandorte u. die von diesen Gruppen jeweils geforderte Infrastruktur (Schulen, Geschäfte, Freizeiteinrichtungen). Ferner gehören hierzu Studien über die Auswirkungen des ökonom. Wandels, z. B. des Niedergangs einzelner Industrien wie Bergbau, Schiffbau, Textilien auf die Arbeits- u. Lebensbedingungen in den Städten. Hieran zeigt sich auch die enge Verbindung der S. zur Ökonomie u. Wirtschafts- u. Sozialgeographie.

Ein weiteres Problem sind die Auswirkungen neuer Informations- u. Kommunikationstechnologien auf die Wohnstandorte, die Lage der Arbeitsplätze u. das Verkehrsaufkommen in der Stadt. Ein letzter Makrobereich ist die vergl. Stadtforschung. Hier geht es um Regelhaftigkeiten in der Struktur von Städten u. ihrer phasenhaften Entwicklung, um die regionalen Ungleichgewichte in einem Land, die durch den wirtschaftl. Strukturwandel entstanden sind, die Frage nach den Ursachen für den Niedergang u. den (Wieder-)Aufstieg von Städten, sowie die nat. und internat. Hierarchie der Städte.

Demgegenüber wird in Studien auf der Mikro- oder Individualebene das Verhalten von Stadtbewohnern untersucht. Typ. Beispiele sind Studien zur Stadt-Umland-Wanderung, den Lebensbedingungen von ethn. Minoritäten und deren soz. Integration, zu Formen städt. Nachbarschaft, den Lebensbedingungen in Großsiedlungen, sowie den soz. Netzwerken u. den Eliten in einer Gemeinde. In solchen Mikrostudien wird z. B. die ungleiche Verteilung der Stadtbewohner über die städt. Teilgebiete durch die soz. Ungleichheit (Einkommen) u. die Lebensstile räuml. nahe beieinander Wohnender erklärt.

Die Theorien der S. entstammen unterschiedl. Forschungstraditionen. Die Hauptströmung ist bis heute die Human- oder Sozialökologie, die in den 1920er Jahren in Chicago entwickelt u. seitdem mehrfach erweitert wurde. Ihre zentralen Annahmen sind, daß sich menschl. Gemeinden in einem Wettbewerb um knappe Ressourcen (z. B. Boden) an die jeweilige Umwelt anpassen u. diese durch neue Technologien u. normative Regelungen verändern. Den Ausgangspunkt bildet die Arbeitsteilung oder allg.: die »Subsistenzorganisation« einer Ges. Im Rahmen

Ständegesellschaft

dieser Theorie sind u. a. Modelle der Stadtstruktur u. -entwicklung formuliert worden. Die Sozialökologie hat allerdings einige Dimensionen in ihren Analysen vernachlässigt, vor allem die Einflüsse der Bodenspekulation u. der Politik. Sie wiederum sind der Ansatzpunkt marxist. orientierter Richtungen in der Stadtforschung u. a. der »New Urban Sociology«. Hierbei geht es um die staatl. Eingriffe in den Wohnungsmarkt u. die Bodennutzung, die Verbindung von staatl. oder kommunalen Planungen u. unterschiedl. wirtschaftl. Interessen, sowie die Auswirkungen einer internat. Arbeitsteilung u. Kapitalverwertung (wie die Verlagerung von Produktionsstätten in Länder der Dritten Welt) auf die Stadtentwicklung. Erwähnt seien schließlich individualist. Theorien, die auf G. Simmel u. Louis Wirth zurückgehen, ferner Modelle, die der Geographie (z. B. Diffusionstheorie) u. der Ökonomie (z. B. Nutzentheorie) entlehnt sind.

M. Weber, Die Stadt, in: ders., Wirtschaft u. Ges., Bd. 2, ⁵1980 (1921); E. W. Burgess (Hg.), The Urban Community, 1926; ders. u. D. J. Bogue, Contributions to Urban Sociology, Chicago 1964; H. P. Bahrdt, Die mod. Großstadt, 1961; H. Oswald, Die überschätzte Stadt, 1966; E. Pfeil, Großstadtforschung, ²1972; P. Atteslander u. B. Hamm (Hg.), Materialien zur Stadt- u. Siedlungssoziol., 1974; U. Herlyn (Hg.), Stadt- u. Soz.struktur, 1974; W. Pehnt (Hg.), Die Stadt in der Bundesrep., 1974; J. Friedrichs, Stadtanalyse, ³1983 (1977); P. Saunders, Soziol. der Stadt, 1987 (engl. 1981); U. Herlyn u. a., Stadt im Wandel (Wolfsburg), 1982; G. A. Theodorson (Hg.), Urban Patterns, 1982; C. S. Fischer, The Urban Experience, ²1984; P. Hall, World Cities, ³1984; J. Friedrichs (Hg.), Stadtentwicklungen in West- u. Osteuropa, 1985; H. Korte, S., 1986; H. Häußermann u. W. Siebel, Neue Urbanität, 1987; M. Dogan u. J. D. Kasarda (Hg.), The Metropolis Era, 2 Bde., 1988; J. Friedrichs (Hg.), Soziol. Stadtforschung, Sonderheft KZfSS, 1988; W. P. Frisbie u. J. D. Kasarda, Spatial Processes, in: N. J. Smelser (Hg.), Handbook of Sociology, Newbury Park 1988; P. Franz, Stadtentwicklung von unten, 1989; R. Lindner, Die Entdeckung der Stadtkultur, 1990.

Ständegesellschaft, Bezeichnung für die insb. im europ.-mittelalterl. Feudalismus vorherrschende Sozialstruktur, die in ihrem vertikalen Aufbau durch eine religiös-rechtl. verfestigte Über- u. Unterordnung verschiedener Stände gekennzeichnet ist. Die Grenzen zw. den einzelnen Ständen (Adel, Klerus, Bürgertum, freie Bauern, Unfreie) sind wenig durchlässig, die Aufstiegschancen entsprechend gering. Die Zugehörigkeit zu einem bestimmten Stand wird durch das Geburts- bzw. Herkunftsprinzip u. nur selten durch das Leistungsprinzip reguliert. Die Stellung des Individuums in der S. ist zugunsten seiner sozialen Geborgenheit u. in Fällen der Unterprivilegierung zu Lasten der Mobilitäts- u. Entfaltungschancen durch hohe Statuskonsistenz u. -sicherheit gekennzeichnet.

K. Bosl, Die Ges. in der Gesch. des Mittelalters, 1966; K. Bosl u. E. Weis, Die Ges. in Dtl. I, 1976.

Stamm, eine ethn. Einheit, die durch sprachl. u. kulturelle Homogenität, durch ein ausgeprägtes Kollektivbewußtsein u. Zus.gehörigkeitsgefühl sowie durch gemeinsames Siedeln oder Wandern gekennzeichnet ist. Wesentl. sind gemeinsame Symbole, stabile Traditionen u. vorherrschendes Gemeinschaftshandeln. In Schwarzafrika vollzieht sich ges. Zus.leben noch immer großenteils im Rahmen von Stämmen. Aus der Kolonialzeit herrührende, in ethn. Hinsicht willkürl. gezogene Staatsgrenzen zählen zu den Ursachen für Konflikte zw. Stämmen, die innerhalb einzelner Staaten um Macht u. Vorteile rivalisieren.

R. Thurnwald, Die menschl. Ges. in ihren ethnosoziol. Grundlagen, Bd. 4, 1935; W. E. Mühlmann, Gesch. der Anthropologie, ⁴1986 (1948).

Stammer, Otto, 3. 10. 1900 Leipzig – 12. 9. 1978 Berlin, 1924 Dr. rer. pol. Leipzig, journalist., erwachsenenpädagog., polit. u. leitende industr. Tätigkeit, 1949 Habil. für Soziol. FU Berlin, 1951 a. o. Prof., 1955–69 o. Prof. für Soziol. u. Polit. Wiss. FU Berlin, 1954–69 wiss. Lt. Inst. für polit. Wiss. Berlin, 1954 Gastprof. Columbia Univ. New York, 1959–63 Vors. der DGS, Hg. mehrerer wiss. Schriftenreihen.

S. war Mitbegründer der Polit. Soziol. als einer hist.-empir. fundierten Teildisziplin. Er analysierte Zus.hänge zw. Ges.struktur u. Herrschaftsordnung, Probleme der Fundamentaldemokratisierung u. Eliten, der Willensbildung in Interessen- u. Parteiorganisationen, der Ideologienbildung u. Gesetzesentstehung. S. trug zur Etablierung der Soziol. als einer empir.-praxisbezogenen Wiss. bei u. brachte einen großen Schülerkreis hervor (»Berliner Schule der Soziol.«).

Schr.: Ges. u. Pol., in: Hdb. der Soziol., hg. v. W. Ziegenfuß, 1955; Polit. Soziol., in: Soziol., hg. v. A. Gehlen u. H. Schelsky, 1955; Polit. Soziol. u. Demokratieforschg., Gesam. Aufsätze, 1965; Verbände u. Gesetzgebung (mit anderen), 1965; (Hg.) Max Weber u. die Soziol. heute, Vhlg. des 15. Dt. Soziologentags, 1965; Polit. Soziol. Parteiensysteme, Parteiorganisationen u. die neuen polit. Bewegungen, 1968; Polit. Soziol. (mit P. Weingart), 1972.
J. Fijalkowski (Hg.), Politologie u. Soziol., O. St. z. 65. Geburtstag, 1965.

Stamokap, schlagwortartige Abkürzung für →Staatsmonopolistischer Kapitalismus

Stand, sozialwiss. mehrdeutige Bezeichnung für (a) allg. die einem Menschen innerhalb einer ges. Ordnung zukommende bes. Lage, die durch bestimmte Vorrechte, eigenen Lebensstil, sittl. Verhaltensweisen u. (von anderen) sich abgrenzende Selbst- u. Fremdinter-

pretation (Mittelstand, Status) charakterisiert ist; (b) in Abgrenzung von Klasse, Schichtung u. Kaste insbes. im Feudalismus die Gesamtheit der Angehörigen einer (vertikal, d. h. nach Herrschafts- u. Privilegienmerkmalen bedeutsamen) Sozialkategorie, die gekennzeichnet ist durch (Geburts-)Herkunftszugehörigkeit u. durch einen bestimmten, von Recht u. Gesetz gestützten u. mit spezif. Pflichten, Privilegien u. ges. Funktionen (Beruf) ausgestatteten ges. Rang. In einer nach Ständen aufgebauten (vertikalen) Ges.struktur gelten nicht die allg. Grundsätze der Demokratie, weil sich die Beteiligung an öffentl. Angelegenheiten nach den relativ festen u. für das einzelne Individuum nur schwer zu überwindenden Standeszugehörigkeiten u. nach hierarch. gegliederten Standesinteressen bestimmt.

Die soziale u. polit. Bedeutung der Ordnungskategorie S. ist mit der Industrialisierung u. mit den durch das Bürgertum eingeleiteten ges. Strukturwandlungen fast völlig aufgehoben worden.

P. E. Fahlbeck, Die Klassen u. die Ges., 1922; M. Weber, Wirtschaft u. Ges., ⁵1980 (1921); F. Lütge, Dt. Wirtschafts- u. Soz.gesch., ³1966.

Standard (engl.), allg. oder vereinbarter Maßstab, Qualitätstyp, auch im Sinne von durchschnittl. oder häufigstem Wert (z. B. Lebenshaltungs-, Verhaltens-, Erwartungs-S.).

Standardabweichung →Streuungsmaße

Standardisierung, bezeichnet in der Empir. Sozialforschg. die graduell unterschiedl. mögliche Festlegung eines Untersuchungs- oder Meßverfahrens, z. B. die S. der Beobachtung mittels eines festgelegten Schemas v. Beobachtungskategorien (standardisierte Beobachtung). Beim Interview ist der Grad der S. am höchsten, wenn ein Fragebogen mit ausschließlich geschlossenen Fragen eingesetzt wird u. der Interviewereffekt weitestgehend ausgeschaltet werden kann (standardisiertes Interview). Mitunter wird zw. Strukturierung (Festlegung der Fragethemen u. -anordnung) u. S. (Festlegung der Frageformulierung) unterschieden. Die S. verstärkt die Kontrolle der Untersuchungs- bzw. Befragungssituation, erhöht die Quantifizierbarkeit u. Vergleichbarkeit der Daten u. erleichtert die Auswertung. Die S. ist ungünstig, wenn eine Untersuchungssituation möglichst wenig künstlich sein soll u. wenn ein bisher unzureichend erforschtes Problemfeld mittels einer Leitstudie zu explorieren (vorzuuntersuchen) ist.

Standortgebundenheit, Begriff der Wissenssoziol. (K. →Mannheim) zur Bezeichnung der (unaufhebbaren) Abhängigkeit des Denkens, Erkennens, Wissens u. Bewußtseins aller Menschen v. ihren jeweiligen Standorten in gesch.geprägten, mit bestimmten Werten, Interessen u. Selbstverständlichkeiten verbundenen Sozialstrukturen (»Seinsverbundenheit des Denkens«). Aufgrund ihrer Herkunft v. verschiedenen sozialen Standorten können Intellektuelle als »sozial freischwebende Intelligenz« noch am ehesten die S. ihres Denkens bis zu einem gewissen Grade neutralisieren.

K. Mannheim, Ideologie u. Utopie, ⁶1978 (1929).

Stark, Werner, 2. 12. 1909 Marienbad – 4. 10. 1985 Salzburg, Studium der Rechts-, Wirtschafts- u. Soz.wiss.en, 1934 Dr. rer. pol.

Hamburg, 1936 Dr. jur. Prag, 1937 Doz. Hochschule für Polit. Wiss. Prag, 1939 Emigration nach Engl., 1942 Gastdoz. Cambridge, 1945 Diätendozentur Edinburgh, 1951 a. o. Prof. Univ. Manchester, 1963–75 o. Prof. für Soziol. Fordham Univ. New York, ab 1974 Hon. Prof. Univ. Salzburg, zahlr. Ehrungen.

Aus breiter Orientierung heraus u. mit tiefgreifenden Analysen hat S. bedeutende Beiträge zur Wissens- u. Religionssoziol. sowie zur gesamtges. Analyse u. systemat. Grundlegung der Soziol. erarbeitet. Über die Untersuchung der soz. Grundlagen des ökonom. Denkens gelangte er zu einer wissenssoziol. fundierten Ideengesch. Er setzte sich insbes. mit der Epoche der Aufklärung u. Revolutionen auseinander, die er als entscheidenden Übergang zur Moderne ˙würdigte. Unter dem Eindruck destruktiver Erscheinungen seiner Zeit befaßte sich S. mit soziol. vernachlässigten Problemen wie die Auflösung soz. Bindungen u. die Kulturzerstörung.

Schr.: Ursprung u. Aufstieg des landwirtschaftl. Großbetriebes in Böhmen, 1934; The Ideal Foundations of Economic Thought, 1976 (London 1943); The History of Economics in its Relation to Social Development, London 1944, dt.: Die Gesch. der Volkswirtschaftslehre in ihrer Beziehung zur soz. Entwicklung, Dordrecht 1960; America: Ideal and Reality, Westport, Conn. 1974 (London 1947); The Sociology of Knowledge, London 1958, dt.: Die Wissenssoziol., 1960; Social Theory and Christian Thought, London 1959; Montesquieu: Pioneer of the Sociology of Knowledge, London 1960; The Fundamental Forms of Social Thought, London 1962; The Sociology of Religion, 5 Bde., London u. New York, 1966–72; Grundriß der Religionssoziol., 1974; The Social Bond, 6 Bde., New York 1980–88.

M. H. Engel, The Sociological Writings of W. S. (Bibliographie), New York 1975.

Statement (engl.), Bezeichnung für verschiedene Behauptungen (z. B. »Die Menschen müssen zur

Energieeinsparung gezwungen werden«) zu einem bestimmten Problembereich (z. B. Energiekrise), die in ihrer möglichst mannigfaltigen Vielzahl für die Konstruktion v. Skalen herangezogen werden (→Skalierungsverfahren).

Statik, soziale (griech.), bezeichnet nach A. Comte im Gegensatz zum Begriff der sozialen Dynamik jenen Teil der Soziol., der Probleme ges. Ordnung u. Strukturzus.hänge zu untersuchen hat.

Statistik (lat.), wiss. Hilfsdisziplin, die eine Vielzahl v. math. Verfahren zur Erfassung und Analyse v. Daten und zur Beschreibung von Beziehungen zwischen Merkmalen beinhaltet. Die deskriptive, beschreibende S. erfaßt, ordnet u. stellt Daten dar, die schließende, inferentielle S., die auf der Wahrscheinlichkeitsrechnung u. Stichprobentheorie beruht, stellt die Beziehungen zw. den Eigenschaften einer Stichprobe und denen der Grundgesamtheit dar. Für die Empir. Sozialforschung sind statist. Verfahren unentbehrlich.
Der Begriff S. entstammt dem Wort statisticus bzw. »staatswiss.« Statist. Erhebungen wurden bereits in Hochkulturen des Altertums durchgeführt, insbes. in Ägypten u. im Röm. Reich (Volkszählungen). Die wiss. S. (»Univ.-S.«) wurde 1660 von H. Conring begründet u. im 18. Jh. von G. Achenwall weitergeführt. Ein Entwicklungsschub ergab sich durch die Verbindung mit der Polit. Arithmetik, die in Engl. Mitte des 17. Jh. von J. Graunt u. W. Petty begründet u. in Dtl. im 18. Jh. durch J. P. Süssmilch vertreten worden war. In der Mitte des 19. Jh. trug insbes. L. A. J. Quetelet maßgebl. zur Verbreitung der S. bei.

M. Rassem u. J. Stagl (Hg.), Quellen u. Abhandlungen zur Gesch. der Staatsbeschreibung u. S., Bd. 1, 1980; S. Maass, S. für Wirtschafts- u. Soz.wiss.ler I, 1983; P. Bohley, S., [2]1987 (1985); J. Bortz, Lehrbuch der S., [2]1985; E. Hölder, Durchblick ohne Einblick, 1985; W. J. Patzelt, Einf. in die soz.wiss. S., 1985; M. Rutsch, S. 1 u. 2, 2 Bde., 1986; W. Voss, Statist. Methoden u. PC-Einsatz, 1988; J. Graff, Soziolog. S., 1989; G. Kennedy, Einladung zur S., [2]1993; W. Rose, Zur Gesch. der S., in: Österr. Zs. f. Soziol. 18, 1993; E. Schaich u. a., S. f. Volkswirte, Betriebswirte u. Soziologen, [4]1993; M. Rassem u. J. Stagl (Hg.), Gesch. der Staatsbeschreibung, 1994.

Status, sozialer, Lage, Position einer Person, die sie im Hinblick auf bestimmte sozial relevante Merkmale im Verhältnis zu anderen Personen einer Ges. einnimmt. Der S. ist insbes. Ausdruck der sozialen Wertschätzung bzw. des Ranges oder des Prestiges, die einer Person aufgrund der von ihr innegehabten Positionen in einem sozialen System zugeordnet werden. Diese Wertschätzung wird wiederum durch die mit den entspr. Positionen oder sozialen Rollen verbundenen Privilegien, Rechte u. Pflichten, Fähigkeiten u. Autoritätsbefugnisse bestimmt. Aus Unterschieden in der gegenseitig zugeordneten Wertschätzung resultieren verhaltensrelevante Differenzierungen in den sozialen Beziehungen, die soziol. Probleme der sozialen Schichtung aufwerfen. Je nach dem Kriterium, das für die S.bestimmung entscheidend ist, wird unterschieden z. B. Abstammungs-, Berufs-, Einkommens-, Konsum-, Bildungs-S. Da die aus den Rechten u. Pflichten u. Merkmalen einer Position ableitbaren gegenüber den tatsächl. Verhaltensweisen einer Person differieren, unterscheidet die Soziol. den Positionss. vom persönlichkeitsbestimmten S. Große theoret. Schwierigkeiten bereitet die Bestimmung des ges. Gesamt-S. einer

Status, erworbener

Person als Summe ihrer Teil-S. in den versch. sozialen Beziehungsgefügen, denen sie angehört, weil hierzu die soziale Relevanz der einzelnen Teil-S. verglichen u. gewichtet werden muß. In der mod. Ges. spielt der Berufs. eine hervorragende Rolle. Kann festgestellt werden, daß die versch. S. bestimmenden Kriterien sehr stark korrelieren (wenn z. B. eine bestimmte Position in der Hierarchie der Abstammungs-S. einen ähnl. Rang einnimmt wie in der S.ordnung der Berufe u. der Einkommen), dann zeichnet sich eine S.kristallisation oder S.konsistenz ab. Sozialer Aufstieg ist gleichbedeutend mit S.gewinn, sozialer Abstieg bedeutet S.verlust.

Die mit dem Wandel von ständ. zu industriellen Ges.formen einhergehende Zunahme sozialer Mobilität läßt u. a. erkennen, daß für den einzelnen Menschen immer mehr Möglichkeiten bestehen, aufgrund eigener Verhaltensinitiative u. Leistung einen angestrebten S. zu erwerben. Andererseits verlangt jedoch die durch sozialen Wandel verursachte Veränderung des sozialen Positionsgefüges bzw. Systems fortwährend risikovolle Anpassungs- u. Orientierungsleistungen an wechselnde S.strukturen. Je größer u. komplizierter u. damit je unübersichtlicher eine Ges. für den einzelnen wird, um so stärker wird das Verhalten u. die soziale Wertschätzung anderen Personen u. Positionen gegenüber von einer oberfläch.-globalen Orientierung an sog. S.abzeichen, S.symbolen (z. B. Titeln, Besitzgegenständen, Konsumgewohnheiten) bestimmt, u. um so größer wird dadurch die Gefahr der Auslieferung an S.vorurteile. Gesamtges. Analysen versuchen festzustellen, inwieweit sich eine S.struktur untergliedern läßt u. wie stark diese Untergliederungen in der Ges. repräsentiert sind. Eine Ges. mit stark ausgeprägten Untergliederungen u. fließenden S.übergängen, d. h. mit einem S.kontinuum, kann auf diese Weise von einer sog. Klassengesellschaft unterschieden werden. Zur empir. Ermittlung von S., S.differenzierungen u. S.strukturen sind versch. Techniken entwickelt worden: der »objektive Ansatz« bevorzugt die Feststellung u. sozialstatist. Erhebung u. Messung von sozialen Kriterien, die Wertschätzung u. Verhaltensdifferenzierung gegenüber anderen Personen bestimmen. Der »subjektivist. Ansatz« ist nicht so sehr an den »realen« (Größen bzw. Mengen-) Verhältnissen der S.bestimmenden Kriterien interessiert, sondern ermittelt mit Befragungen die Vorstellungen der Menschen über ihre soziale Umwelt u. über ihre eigene Stellung, indem er die Selbst- u. Fremdeinschätzungen bzw. die Urteile über ein soziales Höher- oder Tieferstehen erhebt u. zu Prestigeskalen zusammenfügt.

→Schichtung; R. Linton, The Study of Man, New York 1936, dt.: Mensch, Kultur u. Ges., 1979; H. Kluth, Sozialprestige u. soz. S., 1957; V. Packard, The Status Seekers, 1959, dt.: Die unsichtbaren Schranken, 1959; D. Claessens, S. als entwicklungssoziol. Begriff, 1968; H.-J. Helle, Soziol. u. Symbol, 1969; R. Ziegler (Hg.), Anwendung math. Verfahren zur Analyse des S.zuweisungsprozesses, 1975; R. Girtler, Die feinen Leute, 1989.

Status, erworbener →erworbene Position

Statusinkonsistenz (lat. »Unstimmigkeit«), Statusinkongruenz, Statusdiskrepanz, synonyme Begriffe zur Bezeichnung der ges. Lage einer Person, deren Statusmerkmale (z. B. ethn. Zugehörigkeit, Bildungsgrad, Berufsposition, Einkommenshöhe) mit stark unterschiedl. ges. Ranghöhen verbunden sind. Die Feststellung des Gesamtstatus wird noch mehr erschwert, wenn die einzelnen Statusmerkmale in verschiedenen Ges.bereichen uneinheitlich bewertet werden. S. erhöht Einstufungs- u. Orientierungsschwierigkeiten u. ist für relativ offene, mobile Ges.en kennzeichnend.

P. Heintz u. V. Bornschier, S. u. Schichtung, in: KZfSS 29, 1977; E. Zimmermann, S. in der BR Dtl., in: KZfSS 32, 1980; W. S. Landecker, Class Crystallization, New Jersey 1981; H. Meulemann, S. u. Soz.biographie, in: KZfSS 37, 1985; P. Kerschke-Risch, S., in: Zs. f. Soziol. 19, 1990.

Statuskonsistenz (lat.), Statuskristallisation →Status

Statussymbol (lat./griech.), Bezeichnung für Objekte (z. B. Büroausstattung, Auto), Verhaltensweisen (z. B. aufwendige Reisen), Titel u. sonstige wahrnehmbare Zeichen (z. B. Orden), die aufgrund ihrer soziokult. Bewertung den relativen Rang eines Status innerhalb der hierarchisch strukturierten Ges. zum Ausdruck bringen. Insb. in unüberschaubaren Großges.en wird versucht, den erreichten oder erwünschten höheren Status mit S.en zu demonstrieren (→Geltungskonsum), um zugunsten des Selbstwertgefühls soziales Prestige zu gewinnen.

R. Girtler, Die feinen Leute, 1989.

Status, zugeschriebener →zugeschriebene Position

Stein, Lorenz von, 15. 11. 1815 Barby b. Eckernförde – 23. 9. 1890 Weidlingen b. Wien, 1840 Dr. jur. Kiel, 1846 a. o. Prof. Kiel, 1851 aus polit. Gründen entlassen, 1855 Prof. für Nationalökonomie Wien. S. wollte die Gesetze der Ges. erforschen, um soziale Krisen steuern zu können. Beeinflußt von Hegel,

übernahm er weitgehend dessen Gesch.-, Staats- u. Ges.konzeption. Polit. Ziel ist die Verwirklichung der persönl. Freiheit im Rahmen einer bürgerl. Ges., die von der über den Sonderinteressen stehenden Staatsgewalt kontrolliert u. mittels sozialer Reformen gelenkt wird. S. betonte sowohl die persönlichkeitsprägende Kraft der Arbeit als auch die vom persönl. Eigentum an den Produktionsmitteln ausgehenden Abhängigkeiten, die die Ges. in zwei Klassen spalten. Die daraus folgenden ges. Spannungen soll der Staat mindern. S. sprach in diesem Zus.hang von einem »Königtum der soz. Reform« (»soz. Königtum«). Er verwendete bereits den Begriff »soz. Demokratie«. Die bes. Arbeitsaufgabe bestimmt mit der Stellung zum Eigentum an den Produktionsmitteln den sozialen Status. Je nach der Position des Mannes erzieht die Familie die Kinder, schafft sie die Voraussetzungen für deren Chancen in der Ges.ordnung, reproduziert sie die väterl. Statusverhältnisse.

Schr.: Gesch. der soz. Bewegung in Frankreich, 1921 (1842); Proletariat u. Ges., 1970 (1848); System der Staatswiss., 2 Bde., 1852–56; Lehrbuch der Volkswirtschaft, 1858; Lehrbuch der Finanzwiss., 1860; Die Verwaltungslehre, 7 Teile, 1865–68; Das ges. Labyrinth. Texte zur Ges.- u. Staatstheorie, hg. v. K. H. Fischer, 1992.
D. Blasius u. E. Pankoke, L. v. S., 1976; R. Schnur (Hg.), Staat u. Ges., 1978; H. Taschke, L. v. S.s nachgelassene staatsrechtl. u. rechtsphilos. Vorlesungsmanuskripte, 1985; S. Koslowski, Die Geburt des Soz.staates aus dem Geist des Dt. Idealismus, 1989; C. Quesel, Soziol. u. Soz. Frage, 1989.

Sterbetafel, zus.fassende Betrachtung der altersspezif. Sterbewahrscheinlichkeiten. Die Zahlenzus.stellung geht von der Frage aus, wie eine Ausgangsmasse gleichzeitig Geborener »absterben« würde, wenn sie im Laufe ihres Lebens in den einzelnen Altersjahren unter

Sterbeziffer 842

Sterbeverhältnissen stehen würde, die in einem bestimmten Zeitraum in einer Bevölkerung beobachtet u. nach Sterbewahrscheinlichkeiten gemessen wurden. Auf diese Weise kann für jeden neuen Jahrgang eine Absterbeordnung errechnet werden, die für die Prognose der zukünftigen Bevölkerungsentwicklung sehr wertvoll ist.

Sterbeziffer, Maßzahl, die die Zahl der Sterbefälle auf die mittlere Bevölkerung eines Jahres bezogen angibt (= allg. S.). Geschlechts- oder altersspezif. S. berechnen die Sterbefälle nach Geschlecht bzw. nach Altersgruppen. Als Ausdruck für den Stand des Medizinalwesens u. der zivilisator.-sozialhygien. Entwicklung einer Ges. wird mit bes. ges.polit. Interesse die Säuglingssterbeziffer (Säuglingssterblichkeit) verfolgt.

Sterblichkeit, Begriff der Bevölkerungswiss. Die statist. feststellbaren alters- u. geschlechtsspezif. durchschnittl. S.en (→Sterbeziffer, Sterbetafel) sind neben Geburtenhäufigkeiten (Fruchtbarkeit) u. Wanderungen wichtige Daten für Prognosen über die zukünftige Entwicklung der Bevölkerung eines bestimmten Gebietes. Die Bevölkerungswiss. beschränkt sich nicht auf das Messen, Zählen, Sammeln u. Analysieren entspr. statist. Angaben, sondern versucht in Zus.arbeit mit der Soziol., die Determinierung bzw. Beeinflussung dieser Daten durch soziale Faktoren (Schichtzugehörigkeit, Arbeitsbedingungen, Konsum- u. Freizeitverhalten) aufzuklären.

A. Oppolzer, Wenn Du arm bist, mußt Du früh sterben, 1986.

Stereotyp (griech.), »Feststehendes«, aus der Druckersprache (hier

starr verbundene Druckzeilen im Gegensatz zu bewegl. Lettern) entlehnter Begriff der Sozialpsychol.: schematisierte, auf relativ wenige Orientierungspunkte reduzierte, längerfristig unveränderte u. trotz neuer oder sogar gegenteiliger Erfahrungen starre, verfestigte Vorstellung (→Vorurteil) über spezif. Wesens- u. Verhaltensmerkmale anderer Menschen oder Menschengruppen, Organisations- u. sonstiger sozialer Beziehungsformen, Zus.hänge oder Verursachungsfaktoren. Derart »geordnete« Vorstellungen, Welt- u. Ges.bilder bestimmen weitgehend die späteren Erfahrungen u. eigenen Verhaltensreaktionen. In sozialen Situationen großer Komplexität u. Unüberschaubarkeit, unberechenbaren Risikos u. entspr. Unsicherheit sowie in allg. als Bedrohung empfundenen Konfliktsituationen erfüllt das S. als anschaul. u. einprägende Beurteilungshilfe eine Funktion psych. Entlastung, indem es (scheinbare) Klarheit über die eigene Position im Vergleich zu derjenigen der (scheinbaren) »Freunde«, Gleichgesinnten, Fremden u. »Feinde« verschafft. Zur Festigung u. (in Zweifelsfällen) zur Unterstreichung u. Präzisierung des persönl. oder sozialen Eigenwertes entwickelt das S. scharfe Gegensätzlichkeiten meist zu sozial schwächeren Randgruppen oder Minoritäten der Ges. Bekannt sind in diesem Zus.hang zahlreiche rassische, ethn., religiöse u. berufl. Stereotype, die z. T. soweit gehen, daß sie charakterl. Qualitäten u. damit soziale Wertzuschreibungen nach äußeren Merkmalen oder Verhaltensgewohnheiten bemessen. Für die Entstehung des S. spielt die Reihenfolge der über ein Subjekt, Objekt oder Komplex der Beurteilung gewonnenen Kenntnisse u.

Erfahrungen sowie die Autorität der personalen Quellen solcher Kenntnisse eine große Rolle. Für solche Autoritäten ist es gewöhnl. leichter, ein schon latent vorhandenes, aber noch nicht fundiertes S. durch Anknüpfen an aktuelle Probleme aufzurichten, als bereits fixierte u. Wahrnehmung u. Verhalten dirigierende S.e abzuwandeln oder gar aufzuheben. Mit der Aufdeckung von S.en befassen sich insbes. die Meinungsforschung u. die Inhaltsanalyse.

→Vorurteil u. W. Lippmann, Public Opinion, New York, [12]1949 (dt.: Die öffentl. Meinung, 1964); P. Hofstätter, Das Denken in S.en, 1960; ders., Einf. in die Sozialpsychol., [4]1966; F. W. Dröge, Publizistik u. Vorurteil, 1967; W. Manz, Das S., 1968; V. Tholey u. F. Hoeth, Soz.stereotype, 1983; K. H. Stapf u. a., Amerikaner über Dtl. u. die Deutschen, 1986.

Stichprobe →Auswahlverfahren

Stiftung, die Widmung eines Vermögens (Geld, Liegenschaften, Wertgegenstände, Anrechte) für einen vom Stifter (Privatpersonen, Unternehmungen, Staat) festgesetzten Zweck, der in der Regel hinsichtl. der gegebenen Wertordnung als besonders positiv gilt. S. bezeichnet darüber hinaus die aus einem solchen Willensakt hervorgegangene Einrichtung, die häufig den Charakter einer Korporation, eines Bundes oder Vereins hat.

M. Rassem, S. u. Leistung, 1979.

Stigma (lat.), »Brand-, Schandmal«, phys., psych. oder soziales Merkmal, durch das eine Person sich von allen übrigen Mitgliedern einer Gruppe (oder der Ges.) negativ unterscheidet u. aufgrund dessen ihr soziale Deklassierung, Isolation oder sogar allg. Verachtung droht (Stigmatisierung). Zumindest eingeschränkte soziale Kommunikation u. Akzeptierung erlei-

den z. B. Blinde, Vorbestrafte, psych. Kranke, Angehörige radikaler oder als radikal eingestufter Glaubensgemeinschaften, Parteien oder Subkulturen, mitunter auch (je nach vorherrschender weltanschaul.-polit. Strömung) Vertreter abweichender Auffassungen, Wertorientierungen, Meinungen u. Zielvorstellungen.

E. Goffman, S., Über die Techniken der Bewältigung beschädigter Identität, 1971; M. Brusten u. J. Hohmeier (Hg.), Stigmatisierung, 2 Bde., 1975; S. G. Shoham u. G. Rahav, The Mark of Cain, New York 1982; W. Lipp, S. u. Charisma, 1985.

Stimulus (lat.), »Antrieb«, Reiz.

Stinchcombe, Arthur L., *16. 5. 1933 Clare County, Michigan, 1960 Ph. D. (Soziol.) Univ. of California, 1967 Assoc. Prof. für Soziol. Univ. Berkeley, 1975 Prof. Univ. Chicago, 1980 Univ. of Arizona, seit 1983 Prof. für Soziol., Polit. Wiss. u. Organisationsverhalten an der Northwestern Univ. in Evanston, Illinois; Gastprof. an der Univ. Essex (England) u. in Bergen (Norwegen), Sorokin-Prize for constructing social theories.
S. zählt zu den vielseitigsten amerik. Soziologen der Gegenwart. Sein Hauptarbeitsgebiet ist die Organisationssoziol., insbes. die Organisationstheorie, die Analyse von Organisationssystemen u. die Erforschg. von Beziehungen zw. Organisationen u. umfassenden Strukturen der Ges. Weitere vorrangige Arbeitsgebiete sind die Wirtschaftssoziol., der soz. Wandel u. Methoden.

Schr.: Rebellion in a High School, Chicago 1964; Constructing Social Theories, Chicago 1987 (New York 1968); Creating Efficient Industrial Administrations (mit anderen), New York 1974; Theoretical Methods in Social History, New York 1978; Dakota Farmers Evaluate Crop and Livestock Surveys (mit anderen), Chicago 1979; Crime and Punishment in Public Opinion (mit anderen), San Francis-

Stochastisch

co 1980; Economic Sociology, New York 1983; Organization Theory and Project Management (mit C. A. Heimer), Bergen (Norwegen) 1985; Stratification and Organizations, Cambridge 1986; Information and Organizations, Berkeley 1990.

Stochastisch (griech.), »zufällig, zufallsbedingt«, bezeichnet in der Statistik die Erscheinung, daß ein bestimmtes Ereignis oder ein bestimmter Vorgang nur mit einer gewissen (berechenbaren) Wahrscheinlichkeit auftritt.

Stouffer, Samuel Andrew, 6. 6. 1900 Sac City, Iowa – 24. 8. 1960 Cambridge, Mass., 1923 M. A. in Harvard, 1930 Ph. D. Chicago, 1931–34 Doz. Univ. Wisconsin, 1935–41 o. Prof. Univ. Chicago, 1941–46 Leiter der Sozialforschung des US-Heeres, 1946–60 o. Prof. für Soziol. u. Statistik in Harvard, 1952/53 Präs. der American Sociological Society.
Aus sozialpsycholog. Ansatz entwickelte S. Verfahren empir. Forschg. als Voraussetzung für soziol. Theorien. Seine Beiträge zur Methodologie beschäftigten sich vorrangig mit der Theorie des Interviews, des Experiments, mit Skalierungsverfahren u. Auswahlverfahren. Wichtig für die Entfaltung empir. Sozialforschg. sind S.s Arbeiten auf dem Gebiet der Militärsoziol. (»American Soldier«). Untersucht wurden Aspekte der Anpassung der Soldaten an ihre Rolle, die Wirkung von Führungsstilen u. Gruppenstrukturen, die Bedeutung kleiner Gruppen für das Kampfverhalten sowie die Motivationsproblematik. Das alles dient dazu, versch. psych. u. soziale Variablen zu isolieren u. in ihren Beziehungen zu erforschen, um ihren Einfluß auf die Effektivität einer Gesamtorganisation zu untersuchen.

Schr.: An Experimental Comparison of Statistical and Case History Methods of Attitude Research, Chicago 1930; (Hg.) Studies in Social Psychology in World War II (American Soldier), 4 Bde., Princeton 1949–50, bes. Bd. 4: Measurement and Prediction, Princeton, 1949; Continuities in Social Research (mit R. K. Merton u. P. Lazarsfeld), 1950; Communism, Conformity and Civil Liberties, Garden City 1955; Social Research to Test Ideas, Glencoe 1962.

Strafe →Sanktion

Stratifikation (engl.) →Schichtung

Streik (engl. to strike = die Arbeit mit Nachdruck niederlegen), Kampfmittel der Arbeiterbewegung u. Gewerkschaften zur Verbesserung der Arbeitsbedingungen oder zur Sicherung u. Ausweitung der polit. Rechte für die Arbeitnehmer.
Für den klass. Marxismus ist der S. ein Mittel im »unvermeidl. Kleinkrieg« der Gewerkschaftsbewegung zur materiellen Behauptung der Arbeiterklasse im Kapitalismus (S. für höhere Löhne, kürzere Arbeitszeit, Sicherheit des Arbeitsplatzes, Schutz der menschl. Arbeitskraft usw.) u. gleichzeitig insbes. »Kriegsschule« zur Vorbereitung der Arbeiterklasse auf die polit.-revolutionäre Beseitigung des Kapitalismus. Der Syndikalismus interpretiert den S. als Kampfmittel zur Zerschlagung der ökonom. Macht der bürgerl. Eigentümerklasse u. zur Durchsetzung von Arbeitermitverwaltung u. (später) -selbstverwaltung in den Betrieben. Er erkennt im S. gleichzeitig – beeinflußt vom Anarchismus – ein Medium zur Vermittlung der Fähigkeit zu spontanem revolutionärem Handeln bei den breiten Massen. Der sozialist. Revisionismus betrachtet insofern jeden S. als polit. S., wie sich durch materielle

S.erfolge die Rechtsverhältnisse faktisch ändern u. durch größere S.aktionen die polit. Organe eines Staates − um Krisensituationen zu vermeiden − zu ges. u. polit. Reformentscheidungen gezwungen werden. Die (liberale) Gewerkschaftstheorie des S. betont die defensive Funktion des S. als Manifestation von wirtschaftl. Gegenmacht u. Gegensolidarität zur Beeinflussung der Lage auf dem Arbeitsmarkt.

Je nach dem Motiv, der strateg.-takt. Situation u. nach dem Initiator u. Träger von S.aktionen werden unterschieden: Solidaritäts-, Sympathie-, Warn-, Protest-, Demonstrations-, Erzwingungs-, Schwerpunkt-, Teil- u. Voll-S. sowie spontane bzw. »wilde« S.s. →Arbeitskampf, →Generalstreik, →Massenstreik.

H. Grote, Der S., Taktik u. Strategie, 1952; A. Weber, Der Kampf zwischen Kapital u. Arbeit, ⁶1954; J. H. Kaiser, Der polit. S., 1955; D. Schneider (Hg.), Zur Theorie u. Praxis des S., 1971; Th. Ramm, Der Arbeitskampf u. die Ges.ordnung des Grundgesetzes, 1965; R. Lison, Interessendurchsetzung u. S.formen, 1972; W. Dzielak u. a., Belegschaften u. Gewerkschaften im S., 1978; K. Tenfelde u. H. Volkmann (Hg.), S., 1981; F. Karlhofer, »Wilde« S.s in Österreich, 1983; R. Lison, Gesellenboykott, Maschinensturm, Arbeitskampf, 1984; G. Müller, Arbeitskampf u. Recht, 1987.

Stress (engl.), »Druck«, »Austragung«, »Belastung«, in der Medizin u. Psychologie zus.fassende Bezeichnung für alle extremen körperl. u. psych. Belastungs-, Spannungs-, oder Schädigungssituationen, die das Gefühl des Wohlergehens, die Integrität des Organismus bzw. das Verhältnis der betroffenen Persönlichkeit zur sozialen Umwelt stören. Psych. S. ist in der Regel mit Frustrations-Erlebnissen verbunden. S.-Situationen veranlassen das Individuum zu Anpassungsreaktionen (erhöhte Anspannung, Resistenzverhalten, Mobilisierung von Reserveenergien). Der soziale Druck dichtmaschiger, persönl. Selbstdarstellung u. Entwicklung erstickender Vorschriften, Normen oder Rollen kann S. bewirken. Die psych. Belastung u. Beanspruchung durch eine soziale Rolle wächst mit der Anzahl fremder, zugemuteter u. mitunter divergierender Rollen-Erwartungen. Der Rollenträger sieht sich z. B. gezwungen, selbständig zw. versch. Erwartungen einen Ausgleich zu finden, ohne immer über die dazu nötige Distanz u. das Engagement gegenüber seiner Rolle zu verfügen. Seine Integrationskraft kann überfordert werden. Er reagiert dann eventuell neurot. oder fehlangepaßt, wird deshalb soz. sanktioniert u. ggf. isoliert. Die zusätzl. Belastung kann die Störung des Rollenverhaltens weiter verstärken. S.-Abwehrstrategien der betreffenden Person sind entweder Rebellion, Ritualismus, Konformismus oder partielle Rollenidentifizierung (→Anomie, →abweichendes Verhalten).

H. Selye, S. beherrscht unser Leben, 1958; ders., S. u. Altern, 1964; L. Levi, S., 1964; H. P. Dreitzel, Das ges. Leiden u. das Leiden an der Ges., 1968; A. Troch, S. u. Persönlichkeit, 1979; B. Badura u. H. Pfaff, S., ein Modernisierungsrisiko? in: KZfSS 41, 1989; H. Pfaff, S.bewältigung u. soz. Unterstützung, 1989.

Streuungsmaße, mathemat. Ausdrücke zur Kennzeichnung der Streuung von Beobachtungswerten um ihren Mittelwert. (1) Die Variationsbreite oder Spannweite bezeichnet die Differenz zw. dem größten u. dem kleinsten Beobachtungswert. (2) Der halbe oder mittlere Quartilsabstand gibt Auskunft über die Hälfte desjenigen Bereiches einer Verteilung von Beobachtungswerten, innerhalb dessen die mittleren 50% der Beobachtungen liegen. (3) Die durch-

Struktur 846

schnittliche Abweichung errechnet sich als arithmet. Mittel aller Abstände der einzelnen Fälle von ihrem arithmet. Mittel. (4) Die Varianz ist die Summe aller quadrierten Abweichungen der Einzelbeobachtungswerte von ihrem arithmet. Mittel, dividiert durch die Anzahl der Einzelbeobachtungen. (5) Die Quadratwurzel der Varianz ist die Standardabweichung.

Struktur (lat.), »Ordnung«, »Bauart«, ein relativ stabiles, bestimmten Gesetzmäßigkeiten unterliegendes Gefüge im Aufbau u. Ablauf der Beziehungen zw. theoret. unterscheidbaren Elementen eines aufgrund dieser Beziehungen nach »außen« hin abgrenzbaren Systems. Der Begriff S. bezieht sich immer auf einen Zus.hang von variablen Elementen, die nur (theoret.) ausgewählte Ausschnitte der Wirklichkeit repräsentieren. Damit zwingt er die Analyse zu einer systemat. Entscheidung über Bereich, Inhalt u. Interdependenzen, die gerade interessieren.

In der Soziol. bezeichnet S. das Gefüge der Erwartungen, Normen, Positionen, Rollen, Gruppen, Organisationen, Institutionen, Schichten oder Klassen, aus deren Vorschriften, Rechten, Verpflichtungen, Zugehörigkeiten u. Mitgliedschaften sich Regelmäßigkeiten u. Funktionszus.hänge, aber auch Konflikte, Störungen u. Wandel der sozialen Beziehungen ergeben. Der S.begriff ermöglicht es, den Einfluß u. die Wirkung von sozialen Elementen versch. Größenordnung u. theoret. Abstraktion (s. o.) auf Entstehung, Bestand u. Weiterentwicklung einer sozialen S. zu analysieren. Er ermöglicht ferner, auch die strukturelle Determinierung der (statischen) Einordnung u. der (dynam.) »Lebensweise« von sozialen Elementen einer bestimmten S. zu untersuchen.

E. Durkheim benutzte erstmals den Begriff systemat., um den Zus.hang von »normalen« (allg., die überwiegende Mehrheit der Angehörigen einer Ges. betreffenden u. relativ konstanten) u. »patholog.« (vorübergehenden, nur für Minoritäten feststellbaren) sozialen Erscheinungen u. die gesamtstrukturellen Einflüsse bei der Entstehung von sozialen Institutionen u. Handlungsmustern aufzuzeigen. Dieser Ansatz ist später von der Kulturanthropologie (Sozialanthropologie) aufgegriffen worden (Thurnwald, Malinowski, Mühlmann), um herauszuarbeiten, daß die einzelnen kulturellen Errungenschaften nicht für sich allein, sondern nur aus ihren Beziehungen zu anderen Elementen einer kulturellen S. erklärt werden können. In Verbindung mit dem Begriff der Funktion ist es das zentrale Forschungsziel der Strukturellfunktionalen Theorie (Parsons, Merton), die Relevanz bzw. die Konsequenzen einzelner Handlungsbeiträge der Elemente einer S. – und zwar unabhängig von den Handlungsabsichten der Elemente für sich selbst u. für ihre Beziehungen zu speziellen anderen Elementen – für die S. als Ganzes festzustellen. Wichtigstes Ergebnis dieser theoret. Bemühungen ist die Erkenntnis, daß in bezug auf S. zw. den Absichten u. Motiven des Handelns sozialer Elemente u. den tatsächl. Auswirkungen bzw. objektiven funktionalen Konsequenzen deutl. unterschieden werden muß.

→Funktion, →Strukturell-funktionale Theorie u. E. Durkheim, Les règles de la méthode sociologique, Paris 1895 (dt.: Die Regeln der soziol. Methode, ²1965); R. Thurnwald, Die menschl. Ges. in ihren ethno-soziol. Grundlagen, 1931–35; B. A. Malinowski, Scientific Theory of Culture and Other Essays, Chapel

Hill 1944 (dt.: Eine wiss. Theorie der Kultur, 1949); R. K. Merton, Social Theory and Social Structure, New York 1968 (1949); S. F. Nadel, The Theory of Social Structure, London 1957; T. Parsons, Structure and Process in Modern Societies, Glencoe, 1960; R. Dahrendorf, Ges. u. Freiheit, 1961; W. L. Bühl (Hg.), Funktion u. S., 1975; P. Blau (Hg.), Theorie soz. Systeme, 1978; P. Heintz, Einf. in die s.theoret. Analyse, 1981; N. Luhmann, Soz. Systeme, 1984.

Strukturalismus, insbes. von dem franz. Soziologen Lévi-Strauss entwickelte Theorie über die Beziehungen zw. der Struktur der Sprache u. der Kultur einer Ges., die davon ausgeht, daß »Kulturerscheinungen in einer anderen Ordnung der Wirklichkeit Phänomene vom gleichen Typus wie die sprachlichen« sind. Dieser Ansatz eröffnet die Möglichkeit, bestimmte Beziehungen zw. der Sprache als dem Benennungssystem u. dem System der menschl. Werthaltungen u. Einstellungen gegenüber natürl. Phänomenen herauszuarbeiten. Die Soziol. kann dementsprechend untersuchen, inwieweit die unterschiedl. Ausgliederung von Bedeutungsbereichen u. Meinungsfeldern innerhalb einer Sprache auf unterschiedl. Lebensformen u. Interessenlagen sozialer Gruppen, Institutionen oder Klassen, aber auch Generationen einer Ges. zurückgeführt werden kann. Ebenso kann von den strukturellen Formen einer Sprache auf das Zus.spiel sozialstruktureller Beziehungen u. – so in erster Linie in der Theorie der Sozialisation – auf die Möglichkeiten der Entwicklung von menschl. Selbst- u. Wirklichkeitsverständnis durch Übernahme von Sprache geschlossen werden. In Auseinandersetzung mit den entwicklungsgesch. Postulaten des Marxismus hat der S. die Diskussion um die Dialektik von Überbau u. Unterbau neu belebt.

C. Lévi-Strauss, Das Ende des Totemismus, 1965; ders., Strukturale Anthropologie, 1967; U. Jaeggi, Der S. als Methode u. Mode, 1968; W. Lepenies, Der franz. S. – Methode u. Ideologie (Soz. Welt 19, 1968); ders. u. H. H. Ritter (Hg.), Orte des wilden Denkens, 1970; G. Schiwy, Der franz. S., 1969; H. Gallas (Hg.), S. als interpretatives Verfahren, 1971; J. M. Broekman, S., 1971; A. Dumasy, Restloses Erkennen, Die Diskussion über den S., 1972; W. D. Hund, S., 1972; A. Reif (Hg.), Antworten der Strukturalisten, 1972; ders., S. u. Zeichensysteme, 1973; J. Piaget, Der S., 1973; E. Leach (Hg.), Mythos u. Totemismus, 1973; R. Boudon, S., 1974; K.-H. Berner, Wissen, Wirklichkeit u. Wahrheit, 1983.

Strukturanalyse →Strukturell-funktionale Theorie

Strukturell-funktionale Theorie, von dem amerikan. Soziologen T. Parsons u. a. entwickeltes Schema sozialwiss. Kategorien zur Analyse sozialer Phänomene. Dabei stehen die Begriffe Struktur u. Funktion im Mittelpunkt. Es wird versucht, die soziale Realität Gesellschaft aus den Beiträgen der sie konstituierenden Elemente, der sozialen Handlungen, abzuleiten, bzw. die sozialen Beziehungen als ein sich selbst regulierendes soziales System der Wechselwirkungen aufeinander bezogener Handlungen zu begreifen. Die ständige, systemat. Rückbeziehung jedes sozialen Problems auf den Zustand des sozialen Systems als Ganzes ist der leitende Gedanke dieser Theorie. Jede Handlung wird auf ihren strukturellen Stellenwert im u. ihren funktionalen Beitrag für das System analysiert. Die Bedeutung der S.-f. T. liegt vor allem darin, daß sie in ihren entwickelten Formen Möglichkeiten zur Integration versch. sozialwiss. Ansätze für eine allg. Theorie des Handelns eröffnet. Um die Probleme des Verhältnisses von motivorientiertem Handeln der Person einerseits u. überindivid. normativer Orientierung andererseits sowie die aus einem Pro-

Strukturell-funktionale Theorie

zeß des Aufeinandereinwirkens sich ergebenden Strukturen realen Handelns analyt. darstellen zu können, wird zw. »personalem«, »kulturellem« u. »sozialem« System unterschieden. Die fundamentale Eigenschaft jedes dieser Systeme ist die postulierte Interdependenz der Systemeinheiten oder Variablen. Im Hinblick auf die wechselseitige Abhängigkeit der Systemeinheiten werden Strukturen in den Beziehungen zw. den Komponenten des jeweiligen Systems aufgezeigt, wobei solche Ordnungen eine Tendenz zur Selbsterhaltung aufweisen.

Das kulturelle System ist das System von kognitiven, expressiven u. vor allem von Wertsymbolen, die für den Handelnden die in einer Situation mögl. Handlungen beschränken u. damit erst das soziale Handeln, das einander »verstehende« Kommunizieren von Personen möglich machen. In der Abstraktionssprache der S.-f. T. können solche kulturellen Symbole darum ein System bilden, weil sie generelle, interpersonale Orientierungselemente sind. Das personale System ist ein System von »Bedürfnis-Dispositionen«, organisiert in einem Individuum u. zustandegekommen durch eine Vermittlung von organ.-psych. Bedürfnislage u. kultureller Umweltprägung. Diese Vermittlung wird durch Internalisierung (Verinnerlichung) der Elemente des kulturellen Systems in das handelnde Individuum erreicht. Dieses tendiert nunmehr als »enkulturiertes« Wesen dahin, in bezug auf die Objekte (Personen oder Sachen) seiner Handlungssituation sich in einer bestimmten, gleichbleibenden Weise zu orientieren, zu handeln u. wiederum bestimmte Folgen aus diesem Handeln zu erwarten. Wenn derart

wechselseitige Erwartungen das Handeln in einer Situation immer wieder bestimmen, dann besteht die Tendenz, daß durch Institutionalisierung zu festen Beziehungsmustern ein soziales System entsteht. Das geschieht in der Weise, daß Orientierungs-Standpunkte der interagierenden Personen sich zu Positionen verfestigen. Die handelnde Person wird bei der Analyse des sozialen Systems nur noch als Träger einer Rolle erfaßt. Die Struktur u. damit die Grenzen eines sozialen Systems werden dementsprechend als ein relativ stabiles Gefüge von Beziehungsmustern zw. Handelnden in ihrer Eigenschaft als Rollenträger definiert. Für die S.-f. T. kommt es insbes. darauf an, die Prozesse der Integration der drei von ihr abstrahierten Systeme zu beobachten, d. h.: das als »Internalisierung« bezeichnete Eindringen des kulturellen in das personale System; das als »Institutionalisierung« bezeichnete Eindringen des kulturellen in das soziale System; sowie die mit dem Begriff »Sozialisation« umschriebene Auseinandersetzung des personalen mit dem sozialen System.

Kritiker der S.-f. T. haben auf den mit diesem Begriffssystem verbundenen Informationsverlust u. auf die Ideologieträchtigkeit der hier benutzten Kategorien hingewiesen. Das auf Gleichgewicht, Integration u. Stabilität der Elemente u. damit auf Konfliktlosigkeit u. normativen Konsensus angelegte Schema macht es unmögl., ausreichend die Probleme der Herrschaft u. des sozialen Wandels zu erfassen, u. beinhalte die Gefahr, daß Soziol. einen Begriff von Ges. bevorzuge, die ihr Prinzip einzig in der Erhaltung von Stabilität u. Funktionalität der je bestehenden ges. Strukturen hat.

In seinem Spätwerk hat T. Parsons die S.-f. T durch das Konzept der →Interaktionsmedien ergänzt. Außerdem hat er unter stärkerer Berücksichtigung histor. Analysen die S.-f. T. mit neo-evolutionist. Aspekten verknüpft. R. K. Merton hat insbes. im Zus.hang mit seinem Begriff Dysfunktion vermehrt Probleme des soz. Wandels, der Anomie u. des abweichenden Verhaltens einbezogen.

→Funktion, →Struktur u. T. Parsons, Systemat. Theorie in der Soziol. (in: Beiträge zur soziol. Theorie, hg. D. Rüschemeyer, 1963, engl. 1945); R. K. Merton, Social Theory and Social Structure, New York 1968 (1949); T. Parsons, The Social System, Glencoe 1951; ders., E. A. Shils, Toward a General Theory of Action, Glencoe 1951; ders., R. F. Bales, E. A. Shils, Working Papers in the Theory of Action, Glencoe 1953; ders., Social Structure and Personality, Glencoe 1964 (dt.: Sozialstruktur u. Persönlichkeit, 1968); R. Dahrendorf, Struktur u. Funktion (KZfSS 7, 1955); T. Parsons, Societies, Englewood Cliffs, N. J. 1966, dt.: Ges.en, 1975; J. E. Bergmann, Die Theorie des soz. Systems von T. Parsons, 1967; P. Kellermann, Kritik einer Soziol. d. Ordnung, 1967; H. Hartmann, Mod. amerikan. Soziol., 1967; T. Parsons, The System of Modern Societies, Englewood Cliffs, N. J. 1971, dt.: Das System mod. Ges.en, 1972; S. Jensen, Talcott Parsons, 1980; R. Münch, Theorie des Handelns, 1982; H. Wenzel, Die Ordnung des Handelns, 1990.

Strukturgleichheit →Isomorphie

Strukturierung →Standardisierung, →Beobachtung, →Interview

Studentenbewegung →Außerparlamentarische Opposition →Protestbewegungen

Subjekt (lat.), »das Unterliegende«, in der Erkenntnistheorie der aktive Träger des Erkenntnisvermögens u. der Erkenntnisfunktionen. Für die Sozialwiss. ist das S. der ges., gesch.-konkrete u. in sozialen Beziehungen geistig u. körperl. tätige Mensch S. Das Verhältnis des S. zu der es prägenden u. von ihm ge-

prägten sozialen u. materiellen Umwelt wird entspr. den Problemen des Begriffs Objekt philos. unterschiedl. gedeutet. Dadurch, daß das S. zur Befriedigung seiner Lebensbedürfnisse auf die materielle u. soziale Umwelt einwirkt, verändert es diese u. damit sich selbst u. seine Lebensbedürfnisse. Das sich hieraus ergebende S.-Objekt-Problem, insbes. der »objektive« Einfluß der von S.en zur Befriedigung ihrer »subjektiven« Bedürfnisse geschaffenen sozialen Gebilde, Institutionen u. Organisationen auf die Entwicklung der Bedürfnisse, ist zum zentralen Grundlagenproblem der Soziol. geworden.

Für den soziol. Erkenntnisprozeß spielt das S.-Objekt-Problem dahingehend eine entscheidende Rolle, daß der Soziologe als Erkenntnissubjekt, geprägt von der sozialen Umwelt, seinem Erkenntnisobjekt, der Ges., selbst angehört, d. h. die Wiss. Soziologie in bes. Weise Teil ihres eigenen Forschungsgegenstandes ist.

Das reduktionist. S.modell des Behaviorismus vernachlässigt hinsichtl. des menschl. S.s Autonomie, Reflexivität u. Kommunikationsfähigkeit. Im epistemolog. S.modell wird das menschl. S. als reflexives Individuum aufgefaßt.

M. R. Vogel, Ges.liche S.ivitätsformen, 1983; R. Leschke, Metamorphosen des S.s, 2 Bde., 1987; H. Nagl-Docekal u. H. Vetter (Hg.), Tod des S.s?, 1987; M. Frank u. a. (Hg.), Die Frage nach dem S., 1988.

Subjektivismus (lat.), Lehre vom Primat des Subjekts; erkenntnistheoret. die Auffassung, daß der Ausgangs- u. Bezugspunkt wiss. Fragens durch die Probleme des Einzelmenschen, d. h. durch seine Vorstellungen vom Nutzen u. Vorteil des Erkennens u. Problemlösens bestimmt werden. Überhaupt

Subjektivität 850

sei der Anstoß für alle sozialen Prozesse u. Entwicklungen im Willen u. Entschluß des durch seine Triebstruktur oder individuelle Vernunft gesteuerten (abstrakt vorgestellten) Individuums zu suchen (→Eudämonismus, →Hedonismus, →Individualismus, →Utilitarismus). Konsequenz dieser Auffassung ist mitunter die Überzeugung, daß die ges. Strukturverhältnisse u. Entwicklungstendenzen entscheidend vom subjektiven Willen einzelner »starker« Persönlichkeiten oder kulturell produktiver u. darum »wertvoller« Gruppen abhängig seien (Elite). Der S. wird in der Soziol. von theoret. Ansätzen repräsentiert, die den Begriff Ges. (a) auf die Summe der zw. Individuen tatsächl. ablaufenden Verhaltensbeziehungen, (b) oder auf die Summe der Vorstellungskomplexe einzelner beteiligter Individuen über diese Beziehungen, (c) oder auf die kollektiv einheitl. ideolog.-normativen Wertvorstellungen einer sich regel-gerecht oder abweichend verhaltenden Menge von Menschen beziehen. Dabei wird nicht nach den »objektiven« Verursachungsfaktoren für die Entwicklung solcher kollektiven Orientierungen gefragt.

Subjektivität (lat.), die Eigenständigkeit u. Besonderheit einzelmenschl. Erkenntnis; persönl. gefärbte, durch Gefühle, Werthaltungen mitbestimmte Auffassung; individuelle Einseitigkeit der Ansichten, Auffassungen, Erkenntnis. Gegenteil von →Objektivität, →Evidenz, →Werturteilsfreiheit.
C. Daniel, Theorien der S., 1981.

Subkultur (lat.), »Unter-Kultur«, Bezeichnung für die Lebensform eines Personenkreises oder Bevölkerungsteiles mit bestimmten Auffassungen, Werten, Normen, soz. Strukturen u. Verhaltensweisen (Lebensstil), die von jenen der jeweiligen Mehrheitskultur oder dominanten Kultur erhebl., deutl. u. ggf. in konfliktträchtiger Weise abweichen. Die Entstehung von S.en wird durch bestimmte gemeinsame Merkmale von Personen begünstigt, z. B. Alter, Geschlecht, Beruf, ethn. Zugehörigkeit, Weltanschauung, soz. Schicht. Der Sprachgebrauch hat dazu geführt, daß mit S. nicht nur die kult. Dimension bezeichnet wird, sondern gerade auch der betreffende Personenkreis. S.en können sich leichter in mod. pluralist. u. hochdifferenzierten Ges.en herausbilden u. in diesen ein relatives Eigenleben führen. Sie tragen zur weitergehenden Pluralisierung der Ges. bei, mitunter auch zur Desintegration u. zur Ausbreitung von abweichendem Verhalten u. von Konflikten.
Die S. verleiht dem einzelnen ein höheres Maß an Identifikationsmöglichkeiten, weil sie zumeist die spez. Lebensprobleme u. sozialen Daseinsbedingungen besser berücksichtigt. Sie schafft dadurch höhere Verhaltenssicherheit als die abstrakten, anonymen Muster der Gesamtkultur. Das verstärkt die Solidarität zur Eigengruppe, impliziert jedoch die Gefahr von Konflikten zw. den Gruppen. Die Analyse von S.en hat bes. Bedeutung im Bereich sozial diskriminierter u. isolierter Minderheiten.
Im gesamtkulturellen Rahmen werden folgende Arten von S.en unterschieden (Downes): (a) solche, die der vorherrschenden Kultur vorangehen oder außerhalb ihres Einflusses gebildet wurden (z. B. durch Einwanderung); (b) solche, die aus der dominierenden S. stammen, entweder als positive Reaktionen auf Forderungen von sozia-

len Strukturen (z. B. Berufe oder Altersgruppen), oder als negative Reaktionen (Verbrecher, Eiferer, Extremisten). S.en können sich unter bestimmten Umständen zu Gegenkulturen ausprägen u. soziale Bewegungen hervorbringen, z. B. die Alternativbewegung, die den sozialen Wandel vorantreiben.

R. K. Merton, Social Theory and Social Structure, New York 1968 (1949); M. Yinger, Contraculture and Subculture, in: American Sociological Review 25, 1960; D. M. Downes, The Delinquent Solution, London 1966; R. Schwendter, Theorie der S., ³1981 (1971); F. Sack, Die Idee der S., in: KZfSS 23, 1971; D. Baacke, Jugend u. S., 1972; R. Girtler, Vagabunden der Großstadt, 1980; M. Brake, Soziol. der Jugendl. S.en, 1981; G. Cremer, Jugendl. S., 1984.

Sublimierung (lat.), »Verfeinerung«, »geistige Erhöhung«, psychoanalyt. Begriff für einen Abwehrmechanismus, durch den das Individuum psych. Konflikte unbewußt zu lösen versucht, die durch Antriebs- bzw. Erregungsstauungen oder (im Vergleich zu sozial zugelassenen Verhaltensweisen) -überschüsse entstehen. S. meint vor allem die Umwandlung sexueller Energien u. Strebungen auf nichtsexuelle, »kulturelle«, d. h. sozial akzeptierte Handlungsziele. Der Begriff findet aber auch allg. zur Bezeichnung für Umsetzungsprozesse von primitiven Impulsen in »höhere«, als »wertvoll« oder »geistig« deklarierte Strebungen Anwendung. Ein bes. Problem ist die S. von Aggressions-Potentialen in sozial erträgliche Verhaltensweisen.

G. Naegeler, S.skonzept u. Komplementaritätsprinzip, in: KZfSS 40, 1988.

Subsidiaritätsprinzip (lat.), sozialethisches »Unterstützungs-« Prinzip, wonach alle ges. Hilfstätigkeit für ein Individuum oder für eine Kategorie von Personen erst dann einsetzen soll, wenn die Kräfte zur Selbsthilfe nicht mehr ausreichen. Das S. wird in diesem Sinne auch auf das Verhältnis kleinerer sozialer Gemeinschaften zu jeweils größeren bezogen oder sogar von Regionen u. einzelnen Ländern zu übergeordneten Zus.schlüssen (z. B. Europ. Union). Hier verleiht es der kleineren Gemeinschaft das Recht, unbegründete Hilfe (aber auch Eingriffe) der größeren abzuweisen, wie es andererseits die größeren verpflichtet, der jeweils kleineren Gemeinschaft bei der Entfaltung ihrer Kräfte u. Selbsthilfemöglichkeiten zu unterstützen. S. ist ein sozialethisches Grundprinzip insbes. der kathol. Soziallehre.

O. Kimminich (Hg.), Subsidiarität u. Demokratie, 1981; L. Schneider, Subsidiäre Ges., 1983; W. H. Asam u. M. Heck (Hg.), Subsidiarität u. Selbsthilfe, 1985; E.–U. Huster, Subsidiarität – Histor. u. systemat. Aspekte zu einem Leitprinzip in der Sozialpolitik, in: WSI-Mitteilungen 38, 1985; R. G. Heinze (Hg.), Neue Subsidiarität: Leitidee für die zukünftige Soz.pol.?, 1986.

Subsistenzwirtschaft (engl. subsistence »Versorgung«), eine von techn. niedrig entwickelter Land- u. Hauswirtschaft getragene Wirtschaftsweise, die vorrangig oder ganz auf die Sicherung des materiellen Lebensunterhalts durch Selbstversorgung ausgerichtet ist. Dadurch werden die Produktion von Überschüssen, die Entfaltung einer Marktwirtschaft u. die sozioökonom. Entwicklung stark behindert. S. ist kennzeichnend für vormod. Agrarges.en u. für wirtschaftl. rückständige Gebiete in Entwicklungsländern.

Substitut (lat.), »Ersatz«; z. B. Ersatz der Funktion einer Institution durch eine andere (funktionale Äquivalente), Ersatz eines Gutes durch ein anderes (substitutive Güter), Ersatz eines unerreichbaren

Subsystem   852

oder nicht mehr gewünschten Zieles durch ein neues.

Subsystem (lat./griech.), Bezeichnung für einzelne Bereiche eines größeren, umfassenderen Systems, die gleichfalls Systemeigenschaften, insb. einen eigenen Strukturzus. aufweisen. Die Auffächerung eines Systems in mehrere S.e hängt mit der Notwendigkeit der Erfüllung unterschiedl. Funktionen zus. So besteht insb. die mod. Ges. aus verschiedenen S.en: z. B. wirtschaftl. (Produktion u. Verteilung knapper Güter u. Dienstleistungen), polit. (Willensbildung, Normensetzung, Gewährleistung innerer u. äußerer Sicherheit) u. familiäres S. (primäre Sozialisation, gefühlsbetonte Konsum- u. Lebensgemeinschaft). Zw. den einzelnen ges. S.en bestehen Interdependenzen u. Austauschbeziehungen. Durch Herausbildung spezif. Wertsysteme, Sprachstile (Bereichssprachen) u. Verhaltensmuster können sich S.e zu Subkulturen ausformen. Die zunehmende Differenzierung u. Komplexität einer Ges. begünstigt das Entstehen v. S.en.

T. Parsons u. N. J. Smelser, Economy and Society, London 1966 (1956); N. J. Smelser, Soziol. der Wirtschaft, 1968; R. Mayntz u. a., Differenzierung u. Verselbständigung, 1988; U. Schimank, Ges. Teilsysteme als Akteurfiktionen, in: KZfSS 40, 1988.

Suburbanisation (engl. suburbia = Vorstadt), Prozeß der Dezentralisation in der Stadtentwicklung durch die zunehmende bevölkerungsquantitative u. insbes. funktionale Bedeutung der Satellitenstädte im Verhältnis zum (ursprüngl.) zentralen Stadtkern.

Suburbia (engl.), amerik. Ausdruck für ausgedehnte Wohnvororte am Rande v. Großstädten.

Während im engeren Bereich der Großstadt farbige Minderheiten u. untere soziale Schichten überrepräsentiert sind, haben sich in die s. mittlere u. höhere Sozialschichten mit ihrem eigenen Lebensstil zurückgezogen. Die Herausbildung der s. hat somit zur sozialstrukturellen Polarisation der großen Städte beigetragen.

Sucht (althochdt. suht = Krankheit), Bezeichnung für den Zustand einer psych. oder körperl.-psych. Abhängigkeit vom wiederholten (periodischen) Konsum bestimmter Rauschmittel (Alkohol, Medikamente, »weiche« Drogen wie Haschisch u. »harte« wie Heroin). Bei Naturvölkern waren Rauschmittel meist nur in Verbindung mit magischen Bräuchen u. zeremoniellen Ritualen verbreitet. Durch massenhafte Verbreitung sind Alkoholismus u. Drogenkonsum zu sozialen Problemen der mod. Ges. geworden: Selbstschädigung der Süchtigen, Drogenkriminalität, Bedrohung des ges. Leistungszus.hanges. Der Drogenkonsum weitete sich insb. v. Bohemiens u. Studenten auf Schüler u. deklassierte Jugendl. aus. Neben dieser »Verjüngung« der Drogenkonsumenten ist das »Umsteigen« v. weichen zu harten Drogen bes. problematisch. Erfolgreiche, präventive (vorbeugende) Suchtbekämpfung setzt die Berücksichtigung soziol. bedeutsamer Ursachen voraus: unzureichende Sozialisationsbedingungen, gestörte Familienverhältnisse, übermäßig restriktive Arbeitsbedingungen, Verharmlosung v. Rauschmitteln, Neugier u. Nachahmung, Anpassung an bestimmte Normen v. Gruppen, in denen Rauschmittelkonsum betrieben wird (Drogensubkultur). Tieferliegende Ursachen sind der beschleunigte Wertwandel u. -zerfall (Anomie, Nihilismus), die zunehmende ges. Differenzierung u. Pluralisierung sowie indiv. Desorientierung. Zu den Randbedingungen zählen auch die Nüchternheit, weitgehende Rationalisierung u. Anonymisierung der mod. Ges., die fortgeschrittene Desillusionierung, unzureichende Entfaltungsmöglichkeiten für Leidenschaften, Begeisterung u. Ekstase. Präventiv bedeutsam ist insb. die Einbettung gefährdeter Individuen in stabile Gruppen mit realist. Wert- u. Normensystemen.

R. Wormser, Drogen: Erfahrung u. Erkenntnis, 1973; J. Schenk, Droge u. Ges., 1975; K.-H. Reuband (Hg.), Rauschmittelkonsum, 1976; T. Kutsch u. G. Wiswede (Hg.), Drogenkonsum, 1980; D. J. Lettieri u. R. Welz (Hg.), Drogenabhängigkeit – Ursachen u. Verlaufsformen, 1983; F. Matakas u. a., Alkoholismus als Karriere, 1984; O. Stein, Trinkgewohnheiten, 1985; J. M. Niederberger, Rauchen als soz. erlerntes Verhalten, 1987; W. Feuerlein, Alkoholismus: Mißbrauch u. Abhängigkeit, ⁴1989; A. Schuller u. J. A. Kleber (Hg.), Gier, 1993; K. Stosberg, Sozialisation u. Drogen, 1993.

Sündenbocktheorie, im Zusammenhang mit der Frustrations-Aggressions-Hypothese entwickelte These, nach der unter bestimmten Voraussetzungen eine Person, eine Gruppe oder eine ganze Ges. im Falle der Nichterreichung bzw. Vereitelung von Wunsch- u. Zielvorstellungen oder von Triebbefriedigungen nicht bereit ist, dafür sich selbst, die eigenen Entscheidungen u. Handlungen, verantwortl. zu machen. Vielmehr wird dann gemäß einem stereotypen, meist monokausalen Erklärungsklischee die Schuld dafür bei einer ohnehin mit negativen Vorurteilen betrachteten u. meist sozial schwächeren Fremdgruppe erblickt (→Verschwörertheorie).

G. W. Allport, Treibjagd auf Sündenböcke, 1951.

Suggestivfrage (lat.), Bezeichnung für eine Frage im Interview, die aufgrund ihrer Formulierung (»Sie meinen doch auch, daß . .«) u. gegebenenfalls durch den Tonfall des Interviewers dem Befragten eine bestimmte (erwünschte) Antwort nahelegt. Da sich S.n verzerrend auf Befragungsergebnisse auswirken können, wird ihnen durch Standardisierung des Interviews u. durch Schulung sowie Kontrolle der Interviewer entgegengewirkt. Eventuell können S.n gezielt im »harten« Interview (Verhörtechnik) eingesetzt werden.

Suizid (engl. u. franz. suicide), synonyme Bezeichnung für →Selbstmord, →Durkheim, Emile.

Sumner, William Graham, 30. 10. 1840 Paterson, New Jersey – 12. 4. 1910 Englewood, New Jersey, studierte Theologie, Soz.wiss.en u. Sprachen an der Yale Univ., in Oxford, Genf u. Dtl., 1866 Lektor für Mathematik u. Griech. Yale Univ., 1870–72 Geistlicher, 1872 Prof. für Politikwiss., Polit. Ökonomie u. Soziol. Yale Univ., 1909 Präs. der American Sociol. Society.
S. ist, von T. Malthus, C. Darwin, H. Spencer u. L. Gumplowicz beeinflußt, Hauptvertreter des →Sozialdarwinismus. Der Kampf um Lebenschancen bestimmt die ges. Entwicklg. Damit sich die Tüchtigsten durchsetzen können, soll der Wettbewerbs- u. Ausleseprozeß nicht durch humanitär gestimmte Reformmaßnahmen u. staatliche Sozialgesetzgebung beeinträchtigt werden. In diesem von Konkurrenz geprägten Ges.prozeß fungieren die Bräuche (folkways) u. Sitten (mores) als Ausleseinstrumente, durch die die Tüchtigsten ausgewählt werden. Die Bräuche u. Sitten, die als lang erprobte Mittel des

Super-Ego 854

ges. Überlebens anzusehen sind, zwingen den einzelnen zur Anpassung. Sie sind zugleich Merkmale einzelner, konkurrierender Gruppen. Die Auseinandersetzungen zw. Eigengruppen (in-groups) u. Fremdgruppen (out-groups) begünstigen den sozialen Wandel. Die Überschätzung der Eigengruppe u. die vorurteilsgeladene Abwertung von Fremd- bzw. Außengruppen führt zu der Erscheinung des Ethnozentrismus bzw. Gruppenegoismus.

Schr.: Problems in Political Economy, 1885; Folkways, 1907; War and other Essays, 1913; The Challenge of Facts, 1914; The Science of Society (zus. mit A. G. Keller), 4 Bde., 1927.

Super-Ego →Über-Ich

Supersystem (engl. supersystem) →Sorokin, Pitirim Alexandrowitsch

Survey (engl.), Bezeichnung für Überblicksstudien in der empir. →Meinungsforschung.

Survival of the fittest (engl. »Überleben des Besten«), bezeichnet die Grundauffassung des Sozialdarwinismus, nach der im Kampf ums Dasein die bestangepaßten, tüchtigsten Individuen überleben u. sich durchsetzen. Zugunsten der ges. Entwicklg. soll dieser Prozeß der Auslese nicht behindert werden (H. Spencer, W. G. →Sumner).

Sustainable development (engl. »haltbar«), Bezeichnung für eine dauerhafte, erhaltend wirkende soziokult., insbes. wirtschaftl. Entwicklung, die in Bewältigung der gegenwärtigen Umweltkrise eine langfristige Sicherung der Existenzgrundlagen für künftige Ge-

nerationen ermöglicht. Entscheidend ist die Überwindung eines ökolog. zerstörer. wirkenden Wachstums- bzw. Mehrungsdenkens u. -strebens durch Wertwandel u. Verhaltensänderung, wobei Aufklärung, subjektive Betroffenheit, Verantwortungsethik, polit. Druck, institutioneller u. struktureller Wandel sowie staatl. Maßnahmen verstärkend wirken können. Wesentlich sind ferner die Beendigung des Bevölkerungswachstums u. die Herausbildung einer sustainable society bzw. →Überlebensges.

H.-J. Harborth, Dauerhafte Entwicklung statt globaler Selbstzerstörung, 1991; D. u. D. Meadows, Die neuen Grenzen des Wachstums, 1992.

Symbol (griech.), »Zusammengelegtes«, Zeichen, Sinnbild; soziol. jede wahrnehmbare Einheit, die im Rahmen einer Kultur als stellvertretendes Zeichen für bestimmten Sinn, Sinnzus.hang, Bedeutung, Wert usw. fungiert.
Nach E. Cassirer (1874–1945) sind sämtl. Tätigkeiten des Menschen durch S.systeme vermittelt. S.e markieren somit wesentl. den Unterschied zw. dem menschl. u. subhumanen Leben.
S.e wirken in sozialen Beziehungen informierend, Unsicherheiten absorbierend, antizipator. Kenntnisse vermittelnd, Handlungen auslösend. S.systeme sind die kulturelle Voraussetzung für Systeme sozialer Interaktionen. Als S.e wirken Elemente der Sprache u. der Verhaltensweisen ebenso wie bestimmte Farben, Formen u. Anordnungen materieller Gegenstände. S.e werden für ges. Verkehr um so wichtiger, je weniger der einzelne Mensch (in hochkomplizierten u. regional umfassenden sozialen Systemen) in der Lage ist, soziale Wirklichkeit unmittelbar zu erle-

ben. Zwischengeschaltete S.systeme werden insbes. von den Massenmedien entwickelt u. vermittelt.

G. H. Mead, Mind, Self and Society, Chicago 1934, dt.: Geist, Identität u. Ges., 1968; E. Cassirer, An Essay on Man, 1944, dt.: Versuch über den Menschen, 1990; ders., Wesen u. Wirken des S.begriffs, 1956; C. G. Jung, Der Mensch u. seine S.e, ¹³1993 (1968, engl. 1964); H. D. Duncan, Symbols in Society, London 1968; H. J. Helle, Soziol. u. S., ²1980 (1969); P. Bourdieu, Zur Soziol. der symbol. Formen, 1970; A. Lorenzer, Kritik des psychoanalyt. S.begriffs, 1970; A. Honneth, Die zerrissene Welt der s.ischen Formen, in: KZfSS 36, 1984; H. Biedermann, Knaurs Lexikon der S.e, 1989; W. Bauer u. a., Lexikon der S.e, ⁸1992; G. Heinz-Mohr, Lexikon der S.e, ¹¹1992.

Symbolidentifikation, seit E. Durkheim Bezeichnung für Prozesse der sozialen Integration von Menschen zu Gruppen oder Gemeinschaften, bei denen über gemeinsame Werte, Normen, Verhaltensziele u. Wir-Gefühl hinaus noch eine vereinende Wirkung von den für alle Beteiligten »wertvollen«, Bedeutung tragenden materiellen Gegenständen, Zeichen oder Zeichenabläufen (z. B. Fahnen, Wappen, Emblemen, Gesängen, Tänzen) ausgeht.

Symbolischer Interaktionismus, von H. →Blumer stammende Bezeichnung für einen auf G. H. →Mead zurückgehenden, durch Sozialpsychologie, Sozialphilosophie u. Phänomenologie beeinflußten mikrosoziol. Forschgs.ansatz: Der Mensch lebt nicht nur in einer natürl., sondern zugleich in einer symbolisch vermittelten Umwelt. Die mit jeweils bestimmten Bedeutungen verbundenen Symbole (z. B. Wörter u. Gesten), die v. den innerhalb einer Kultur lebenden Menschen weitgehend gemeinsam geteilt werden, ermöglichen die Definition bzw. Redefinition sozialer Situationen u. ein wechselseitig orientiertes, soziales Handeln (Interaktion). Diesen Definitionsprozessen entstammen die für geregelte Interaktionen unentbehrl. sozialen Positionen u. Rollenmuster, z. B. für Mutter, Vater u. Kind. Die symbolisch vermittelten Interaktionen können sich verändernd auf die Symbol- u. Rollensysteme auswirken.

Die sich im Rahmen v. Interaktionen vollziehende Sozialisation des Individuums zu einer sozial handlungsfähigen bzw. interaktiv kompetenten Persönlichkeit wird als Prozeß des Lernens v. Symbolen u. Rollen aufgefaßt. Hierbei lernt der einzelne mit Hilfe der übernommenen Symbolsysteme, sich in die Rollen anderer zu versetzen (roletaking), Erwartungen u. mögliche Reaktionen anderer zu antizipieren (innerlich vorwegzunehmen), zu interpretieren u. bei der Steuerung des eigenen Handelns zu berücksichtigen. Er lernt ferner, sich selbst aus der Perspektive anderer zu sehen – ein für den Aufbau des eigenen Selbst (→Mead, G. H.) unentbehrl. interaktiver Lernprozeß. Im Verlaufe der Interaktionen mit bestimmten Rollenpartnern, mit »signifikanten Anderen«, hat der einzelne schließl. gelernt, die zahlreichen Rollenerwartungen seiner eigenen sozialen Umwelt zus.fassend u. verallgemeinernd als die eines »generalisierten Anderen« (generalized other) antizipierend zu berücksichtigen.

Der s. I. hat fruchtbar zur Erforschg. der Sozialisation, Persönlichkeitsentstehung, Symbolsysteme u. des sozialen Handelns beigetragen, allerdings unter Vernachlässigung der polit. Dimension des ges. Zus.lebens.

G. H. Mead, Mind, Self, and Society, Chicago 1934, dt.: Geist, Identität u. Ges., 1968; A. M. Rose (Hg.), Human Behaviour and Social

Symmetrie 856

Process, London 1962; ders., Systemat. Zus.fassung der Theorie der symbol. Interaktion, in: Mod. amerik. Soziol., hg. v. H. Hartmann, 1967; H. Blumer, Symbolic Interactionism, Englewood Cliffs, 1969; Arbeitsgruppe Bielefelder Soziologen (Hg.), Alltagswissen, Interaktion u. ges. Wirklichkeit, 2 Bde., 1973; H. Steinert (Hg.), Symbolische Interaktion, 1973; H. J. Helle, Verstehende Soziol. u. Theorie der Symbol. Interaktion, ²1991 (1977); C. Lindner, Kritik des s. I., in: Soz. Welt 30, 1979; H. Joas, S. I., in: KZfSS 40, 1988.

Symmetrie (griech.), »Gleichmaß«, »Ebenmaß«; die gleichmäßige Anordnung von Werten bzw. Datengrößen gegenüber einem mittleren Wert oder einer sozialen »Achse« der S.

Syndikalismus (franz. syndicat = Gewerkschaft), insbes. zw. 1890 u. 1914 wirksame soziale Bewegung innerhalb der Arbeiterbewegung, die sich gegen einen kompromißbereiten Revisionismus u. Reformismus ebenso wie gegen einen theoret.-intellektuellen Marxismus stellte. Der S. lehnte den polit. Kampf für sozialen Fortschritt auf parlamentar. Wege ab u. distanzierte sich damit gleichzeitig von polit. Parteiarbeit. An Stelle dessen erkannte er in den Gewerkschaften die entscheidende Kraft für den antikapitalist. Kampf, den er glaubte wirtschaftl., d. h. mittels (Massen-)Streik, Boykott, Sabotage u. Fabrikbesetzung, führen zu müssen. In Anbetracht dieser strateg.-takt. Grundsätze entwickelten sich Beziehungen zum Anarchismus (→Anarchosyndikalismus). Durch (notfalls gewaltsame) Übernahme der Betriebe u. damit der ökonom. Macht sollten auch die polit. Mächte der kapitalist. Ges. gestürzt werden. Der S. strebte eine föderativ organisierte Ges. von Produktionsgemeinschaften mit Arbeiterselbstverwaltung an. →Sorel. Durch den S. sind die Entwicklungen zur betriebl. Mitbestimmung

u. zum gewerkschaftl. Industrieverbandsprinzip (ein Betrieb – eine Gewerkschaft) entscheidend gefördert worden.

G. Briefs, Zw. Kapitalismus u. S., 1952; W. Abendroth, Soz.gesch. der europ. Arbeiterbewegung, 1965; W. Röhrich, Revolutionärer S., 1977.

Syndrom (griech.), das »Zusammenlaufen«, im medizin. Sinne ein durch das Zus.treffen versch. charakterist. Symptome zu kennzeichnendes Krankheitsbild; davon abgeleitet soziol. die Konstellation mehrerer beteiligter u. unterscheidbarer Faktoren zu einem (gegebenen oder angenommenen) Zus.hang.

Synergetik (griech.), ein von dem Physiker H. Haken 1969 eingeführter Begriff für das von ihm begründete interdisziplinäre, weitgehend mathematisierte Forschungsgebiet, das sich mit selbstorganisierten Änderungen offener, komplexer Systeme befaßt. Diese können dadurch neue Strukturen u. Qualitäten hervorbringen. Selbstorganisation heißt, daß solche Änderungen ohne spez. Eingriffe von außen erfolgen.
In der Soziol. sind theoret. Konzepte u. Methoden der S. für die Erforschung unterschiedl. soz. Prozesse geeignet, die (in evolutionärer Weise) neue (stabile) Zustände der Ges. oder sonstiger soz. Systeme hervorbringen. So kann eine Revolution dazu führen, daß im Zuge einer vorübergehenden Erschütterung der Ges. ein diktatorisches durch ein demokrat. Herrschaftssystem abgelöst wird.

H. Haken, S. Eine Einf., ³1990; W. Niegel u. a. (Hg.), Aspekte der Selbstorganisation, 1992.

Synergie (griech.), »Mitarbeit«, allg. das Zus.wirken verschiedener Kräfte oder Teile in einer Richtung

oder zu einer abgestimmten Gesamtleistung.
In der Soz.psychologie u. Mikrosoziol. bezeichnet Gruppen-S. die Gesamtheit der Antriebskräfte (Motivationen) u. Aktivitäten der Gruppenmitglieder, die auf gemeinsame Problemlösungen u. den Gruppenzus.halt ausgerichtet sind.
Im Wirtschaftsleben werden durch geschickte Kombination von Produktionsfaktoren (Arbeit, Kapital) oder durch den Zus.schluß von Unternehmungen (S.- bzw. Verbundeffekte in möglichst vielen Funktionsbereichen der (vergrößerten) Unternehmung angestrebt: bessere Auslastung dieser Bereiche, vermehrte Innovationen in der Forschg. u. Entwicklung, Effizienzsteigerung in der Produktion, größere Marketingerfolge.

Synkretismus (griech.-lat.), Verschmelzung, Mischung verschiedener Religionen, philos. Lehren, Weltanschauungen, Wertorientierungen u. Kulte.

Synopse (griech.), »Zusammenschau«; gesch.- u. sozialphilosoph. Analysen, die in Auswertung zahlreicher Materialien u. Forschgs.ergebnisse aus versch. Sozialwiss.en eine zusammenfassende u. Gesamtorientierung verschaffende Übersicht, »Betrachtung« u. Deutung eines »Zeitalters«, einer Ges.epoche zu geben versuchen.

Syntaktik (logische Syntax) →Semiotik

Synthese (griech.), »Zusammenfassung«, »Verknüpfung«; Erkenntnisverfahren, das die gedankl. Verbindung einzelner (durch Analyse gewonnener u. erklärter) Elemente zu einem »Ganzen« vornimmt, indem es z. B. von der konkreten Einzelerscheinung zum Abstrakten, Allg., von der partiellen Mannigfaltigkeit zur generalisierenden »Einheit« vorzudringen versucht.

System (griech.), »Zusammenstellung«, »Gliederung«, einheitl. geordnetes Ganzes. S. ist ein Grundbegriff der Soziol. zur Analyse der Wechselwirkungen aufeinander bezogenen (interdependenten) Handelns mehrerer Individuen, Gruppen oder Organisationen. Ein S. besitzt ein gewisses Maß von Integration u. Geschlossenheit im Verhältnis seiner Elemente zueinander (Struktur), eine es von anderen S.en, d. h. von der Umwelt, abhebende Grenze, eine gewisse Ordnung in den Beziehungen mit anderen S.en, eine gewisse Kontinuität u. Regelmäßigkeit in den Beziehungen zw. den Elementen des S.s →Systemtheorie.

Systemdifferenzierung (lat., »Unterscheidung«), im Rahmen der Systemtheorie v. N. Luhmann die wiederholte Systembildung innerhalb eines bestehenden Systems. S. kann sich als segmentäre Differenzierung vollziehen, d. h. ein System teilt sich in gleiche Untersysteme, oder aber als funktionale Differenzierung, bei der Ungleichheit der Untersysteme bei gleichzeitig zunehmender Komplexität des Gesamtsystems führt.
N. Luhmann, Soziol. Aufklärung, [3]1972 (1970); ders., Soz. Systeme, 1984.

Systemrationalität, ergibt sich aus der Übertragung des Begriffs des Rationalen aus einer einfachen, zweckgerichteten Handlungsrationalität in eine komplexere, umfassende S. Zweckorientierung in sozialen Systemen ist dann als Reduktion von Komplexität zu verstehen, die das System in einer veränderli-

Systemtheorie

chen u. komplexen Umwelt erst handlungsfähig macht.

N. Luhmann, Zweckbegriff und Systemrationalität, 1968.

Systemtheorie, insbes. von N. Luhmann als Weiterentwicklung der Strukturell-funktionalen Theorie verstandener soziol. Forschgs.ansatz, der ein System nicht nur nach den funktionalen Leistungen der Elemente des Systems zur Erhaltung, Stabilisierung u. Reproduktion des Systems analysiert, sondern die grundlegende Frage nach der Funktion der Differenzierung des Systems in Elemente stellt. Die S. interpretiert das System nicht nur als ein Mehr des Ganzen gegenüber seinen Teilen, sondern thematisiert mit dem Systembegriff gleichzeitig die Außenwelt des Systems. Danach wird das System als eine Identität begriffen, »die sich in einer komplexen u. veränderl. Umwelt durch Stabilisierung einer Innen/Außen-Differenz erhält«. Ein System entsteht durch Grenzziehung u. Konstituierung einer Differenz von Außen u. Innen, durch die Schaffung von Bereichen unterschiedl. Komplexität, durch »Reduktion von Komplexität«. Durch Selektion von Möglichkeiten der äußeren Weltkomplexität wird diejenige Innen/Außen-Differenz geschaffen, ohne die menschl. Handeln nicht möglich wäre. Diese Reduktion der äußeren Weltkomplexität auf ein Format, das Erleben, Sichentscheiden u. Handeln überhaupt erst gewährleistet, wird bei allen sozialen Systembildungen durch Sinn gesteuert.

Systembildung heißt darum, eine einmal getroffene Sinnentscheidung gegenüber einer komplexen u. sich weiterhin verändernden Umwelt durchzuhalten, eine Ord-

nung des Handelns gegenüber der Umwelt relativ einfach u. konstant zu halten. S. untersucht die (Selektions- u. Entscheidungs-)Prozesse sowie die Zweckprogramme, die ein System innerhalb der Grenzen seiner Autonomie in die Lage versetzen, Umweltkomplexität zu reduzieren, um sich zu erhalten, um sich (systemsinngemäß) in der realen Welt »rational« zu verhalten.

Durch Einbeziehung neuerer Entwicklungen der allg. S. hat Luhmann im Sinne eines Paradigmenwechsels maßgebl. zur Entfaltung einer Theorie der selbstreferentiellen Systeme (→Selbstreferenz) beigetragen, wobei er insbes. das Konzept der →Autopoiesis berücksichtigt.

T. Parsons, The Social System, New York 1968 (1951); ders., Das System mod. Ges.en, 1972; ders., Zur Theorie soz. Systeme, 1973; N. Luhmann, Soziol. Aufklärung, ²1971; J. Habermas, N. Luhmann, Was leistet die Systemforschung, 1971; M. Th. Greven, S. u. Ges.analyse, 1974; R. Prewo u. a., Systemtheoret. Ansätze in der Soziol., 1973; R. Münch, Theorie soz. Systeme, 1976; H. R. Maturana, Erkennen: Die Organisation u. Verkörperung von Wirklichkeit, 1982; H. Willke, S., ⁴1993 (1982); H. Geser, Strukturformen u. Funktionsleistungen soz. Systeme, 1983; S. Jensen, S., 1983; N. Luhmann, Soz. Systeme, 1984; G. Kiss, Grundzüge u. Entwicklung der Luhmannschen S., ²1990 (1986); H. Willke, S. entwickelter Ges.en, 1989; P. Fuchs, N. Luhmann – beobachtet, 1992; W. Krawietz u. M. Welker (Hg.), Kritik der Theorie soz. Systeme, 1992; A. Nassehi, Niklas Luhmanns Theorie soz. Systeme, 1993.

Szenarium (lat.), Begriff der Futurologie zur Bezeichnung hypothetisch-systematisch entworfener alternativer Zukunftsbilder hinsichtlich möglicher künftiger Entwicklungen u. Ereigniszus.hänge. Szenarien vertiefen die Einsicht in die netzartigen Wechselwirkungen der mannigfaltigen Einflußkräfte komplexer ges. u. natürl. Systemzus.hänge. Durch die Antizipation unterschiedl. positiver u. negativer Folgen bzw. Auswirkungen einzel-

ner Alternativen soll möglichst frühzeitig erkennbar gemacht werden, welche Prozesse verhindert, gefördert oder in eine andere Richtung gelenkt werden sollten, welche u. Planungen, Entscheidungen u. Handlungen schon heute notwendig sind.
Die Szenariotechnik wurde als Methode bedingter Voraussagen um 1960 von dem amerik. Zukunftsforscher H. Kahn (1922–1983) entwickelt.

H. Kahn u. A. J. Wiener, The Year 2000, 1967, dt.: Ihr werdet es erleben, 1968; H. Bossel, Bürgerinitiativen entwerfen die Zukunft, 1978; U. v. Reibnitz, Szenariotechnik, ²1992.

Szientismus →Scientismus

Tabellierung →Tabulierung

Tabu, Taboo (polynes.), »stark Gezeichnetes«, Unberührbares, Bezeichnung für ein auf mag. Ritus, höheren Befehl oder allg. Konsens beruhendes Verbot, bestimmte Handlungen zu vollziehen, bestimmte Gegenstände zu berühren oder zu benutzen, bestimmte Örtlichkeiten zu betreten oder bestimmte sprachl. Symbole auszusprechen oder aufzuschreiben. Durch T.s wird das soziale Handeln kanalisiert, werden Extreme u. Radikalismen definiert, bilden sich zentrale Orientierungsmuster u. Verhaltensbegrenzungen heraus, die mitunter gar nicht mehr als äußere, einengende Regeln u. Verbote, sondern als »Selbstverständlichkeiten« empfunden werden. Nach S. Freud erfüllt das T. für die Person die entlastende Funktion der »Feststellung« ambivalenter Affektvorstellungen. Es institutionalisiert »kritische Situationen« im Sinne vielfäl-

tiger sozialer Distanzabstufungen bis hin zur absoluten Distanzgrenze: berühren verboten (Gehlen). Als »Enttabuisierung« werden Prozesse bezeichnet, in denen unter Berufung auf die in rationalen Ges.en geforderte fortwährende Legitimation von Autoritäten Verbote u. Handlungsbeschränkungen abgebaut werden, weil die sie begründenden Werte »sinnlos« oder »bedeutungslos« geworden sind.

S. Freud, Totem u. T., 1913; F. R. Lehmann, Die polynes. T.-Sitten, 1930; A. Gehlen, Urmensch u. Spätkultur, 1956; P. R. Hofstätter, Einf. in d. Sozialpsychol., ⁴1966; M. Douglas, Ritual, Tabu u. Körpersymbolik, 1974.

Tabulierung, Tabellierung, Erstellen von Tabellen in einer empir.-soziol. Untersuchung, u. zwar nach Maßgabe eines sich aus dem Forschungsproblem ergebenden Auszählplans. Hierbei werden die erhobenen Daten nach bestimmten Merkmalen, Merkmalskombinationen, Größenordnungen oder Größenklassen sortiert u. tabellar. zus.gefügt. In der Regel beginnt die Aufbereitung (Auswertung) der erhobenen Daten mit der Erstellung einfacher, eindimensionaler Tabellen, die z. B. erkennen lassen, wie sich die ermittelten Daten auf die verschiedenen Kategorien (bzw. Antwortmöglichkeiten) der Fragen eines Fragebogens verteilen. Eindimensionale Grundtabellen mit absoluten Zahlen liefern erste Eindrücke von der Größenordnung untersuchter Phänomene. Prozentwerttabellen verdeutlichen die relative Größe von zwei oder mehr Zahlenangaben für bestimmte Datenkategorien. Die gleichzeitige u. kombinierte Auszählung des erhobenen Materials nach zwei oder mehr Merkmalen liefert zwei- oder mehrdimensionale Tabellen, die erste Einblicke in die Zus.hänge der Größenordnungen oder Kategorien der kombinierten Merkmale eröffnen. Mit Hilfe eines dritten Merkmals (bzw. mehrerer Merkmale) ist es insbes. möglich, den scheinbar bestehenden (oder scheinbar nicht bestehenden) Zus.hang zweier bereits kombiniert ausgezählter Merkmale zu prüfen.

D. Böhning u. a., Kreuztabellenanalyse, in: Soz. Welt 33, 1982.

Tarde, Gabriel (de), franz. Soziologe, 12. 3. 1843 Sarlat (Dordogne) – 12. 5. 1904 Paris, studierte in Toulouse u. Paris Rechtswiss., seit 1869 im Justizdienst, 1875–94 Richter, Kontakte zu bekannten Kriminologen, 1894 Leiter der kriminalstatist. Abt. im Justizministerium, 1896 Lehre an der Ecole des Sciences Politiques u. am Collège libre des Sciences sociales, 1900 o. Prof. für Philosophie der Neuzeit am Collège de France.
T. faßte die Soziol. als eine »Interpsychol.« auf, die sich der Erforschung von Gesetzmäßigkeiten im zw.menschl. Bereich widmet. Er wies alle Theorien von einem Kollektivbewußtsein zurück u. vertrat gegenüber Durkheim die Auffassung, daß Soziol. nicht von der Gruppe, sondern von Individuen auszugehen hat. Die zw.menschl. Beziehungen, die Ges. überhaupt erst begründen, unterliegen den Gesetzen der Nachahmung u. Wiederholung. T. betonte insbes. die auf Suggestion beruhende gegenseitige Imitation als entscheidendes Fundament sozialer Gleichförmigkeiten. Da die Erkenntnisgegenstände der Wiss.en Wiederholungen einschließen müssen, ermöglicht die Existenz sozialer Gleichförmigkeiten die Soziol. als Wiss. Die Ges. befindet sich aber nicht in einem permanenten Gleichgewichtszustand, sondern wird von den »Innovationen« (Erfindungen, neue Ideen, Glaubensvorstellungen u. Verhaltensformen) schöpfer. Menschen, die sich vorübergehend aus dem gleichsam hypnot. Zustand der Ges. herauslösen, in Bewegung versetzt. Die ideale Ges. der Zukunft beinhaltet, daß die Individuen in interessenfreier Liebe einander nachahmen u. ohne Zwang zus.leben.

Schr.: La criminalité comparée, Paris ⁵1902 (1886); La philosophie pénale, Lyon ⁵1900 (Paris 1890); Les lois de l'imitation, Paris ⁵1907 (1890); Etudes pénales et sociales, Paris 1892; Les transformations du droit, Paris ⁸1922 (1892); La logique sociale, Paris ⁴1913 (1893); Essais et mélanges sociologiques, Lyon u. Paris 1895; L'opposition universelle, Paris 1897; Les lois sociales, Paris ⁸1921 (1898), dt.: Die soz. Gesetze, 1908; Etudes de psychologie sociale, Paris 1898; Les transformations du pouvoir, Paris 1899; L'opinion et la foule, Paris 1901; La psychologie économique, 2 Bde., Paris 1902.

Tatsache, Tatbestand, soziale (franz.: fait social); von E. Durkheim geprägte Kategorie zur Entwicklung einer eigenständigen (insbes. von der Psychol. abgrenzbaren) soziol. Theorie. Soziale T.n sind soziale Regelmäßigkeiten, Gleichförmigkeiten, sofern sie aufgrund der den Menschen einer Gruppe oder einer Ges. gemeinsamen Glaubens- u. Wertvorstellungen zustande kommen. Diese sind ihrerseits im durchschnittl. Bewußtsein der betr. Menschen lebendig u. können als von »außen« wirkend gedacht werden. Dabei spielt es keine Rolle, ob diese verhaltenssteuernden sozialen T.n tatsächlich von den betr. Menschen als etwas »Äußeres« empfunden werden oder ihnen als subjektives Wollen, Bedürfnis usw. erscheinen.

E. Durkheim, Les Règles de la méthode sociologique, Paris 1895, dt.: 1961.

Tausch, aus kulturanthropolog.-soziol. Sicht ein Grundtatbestand

des soz. Zus.lebens von Menschen, der durch die Wechselseitigkeit von Geben u. Nehmen gekennzeichnet ist. T. bildet einen wesentl. u. unverzichtbaren Aspekt stabiler Soz.beziehungen, der Kooperation u. gemeinsamer Lebensbewältigung, kann allerdings durch soz. Ungleichheit u. Machtunterschiede zu Lasten der Gerechtigkeit verzerrt u. eingeschränkt werden. In vormod. Ges.en u. in außerökonom. Lebensbereichen beinhaltet der von Kulturanthropologen besonders gewürdigte rituelle bzw. reziprozitäre T. den von verwandtschaftl., traditionalen, religiösen oder anderen Bindungen getragenen Austausch von Geschenken zw. Partnern, Familien oder Stämmen. T. trägt zum inneren u. äußeren Frieden bei. Der stumme T. dient der Einschränkung von Feindseligkeit, wobei verfeindete Personen, Gruppen oder Stämme direkten Kontakt vermeiden u. deshalb Geschenke an bestimmten Orten hinterlegen. Ferner gibt es noch den zeremoniellen T. mit rein symbol. Charakter. In weitgehend ökonomisierten, insbes. marktwirtschaftl. geprägten Ges.en u. Lebensbereichen hat der T. die Form von Handelsbeziehungen angenommen. Auf der Grundlage der Institution des Marktes stellt T. eine sozioökonom. Handlungsweise dar, wobei die T.partner einen angemessenen (Wertausgleich) oder sogar möglichst großen eigenen Vorteil oder Nutzen erreichen wollen.
Nach der Krit. Theorie ist T. bzw. T.werterzeugung ein Organisationsprinzip kapitalist. Ges.en. An die Stelle der Äquivalenzideologie des freien T.s tritt eine Ersatzprogrammatik, die das Moment der bürgerl. Leistungsideologie mit dem Versprechen auf Wohlfahrt

verbindet. Durch eine vermehrte Staatstätigkeit wird versucht, die Dysfunktionen des freien T.verkehrs auszugleichen.

J. Habermas, Kultur u. Kritik, 1973; ders., Legitimationsprobleme im Spätkapitalismus, 1973; L. Claussen, T., 1978; M. Mauss, Die Gabe, ³1984; J. Görlich, T. als rationales Handeln, 1992.

Tauschbank, von Vertretern eines »frühen« Sozialismus (Owen, Proudhon) entwickelte Idee einer Institution, die das Prinzip der »ökonom. Gegenseitigkeit«, des direkten Austausches von Waren, realisieren u. damit den für soziale Ungerechtigkeit u. Verteilungskonflikte verantwortl. gemachten Handelsprofit ausschalten sollte.

Tauschwert, im Marktgeschehen sich herausbildende Wertbestimmung eines Gutes im Hinblick auf seine Eigenschaft, im Gütertausch eine bestimmte Menge anderer, begehrter Güter zu erlangen. In der entwickelten Tauschwirtschaft wird der T. zum Preis (als Geldausdruck des T.es).

Tautologie (griech.), »Doppelbezeichnung«, Wortverbindung, in der das Attribut kein Mehr u. kein Anderes ausdrückt, als das, was bereits mit dem Substantiv ausgesagt ist. Im weiteren Sinne ein Satz, der durch irgendwelche Umformungen aus anderen Sätzen gewonnen wurde, ohne daß er etwas Neues oder etwas anderes aussagt, als das, was in den anderen Sätzen bereits enthalten war.

Tawney, Richard Henry, engl. Wirtschaftshistoriker u. Soziologe, 30. 11. 1880 Kalkutta – 16. 1. 1961 London, widmete sich zunächst der Erwachsenenbildung, 1931–49 Prof. für Wirtschaftsgesch. London School of Economics.

Ausgehend von wirtschafts- u. sozialgesch. Forschungen analysierte T. die kapitalist. Ges. (Entstehung des Kapitalismus, Ungleichheit des Eigentums u. der Chancen, Analyse der Klassenstruktur). Nach seiner Auffassung hat M. Weber den Einfluß des calvinist. Protestantismus auf den Frühkapitalismus überschätzt. Die Entstehung des Kapitalismus resultiert weitgehend daraus, daß im wirtschaftl. Bereich Religiosität dem ökonom. geprägten Denken (Herrschaft des Prinzips der wirtschaftl. Zweckmäßigkeit) weichen mußte. In der kapitalist. »Erwerbsges.« begünstigen individuelles Recht u. formelle Freiheit die ungerechte Verteilung des Privateigentums. Im Gegensatz zur ungerechten kapitalist. »Erwerbsges.« soll in der »funktionalen Ges.« die Belohnung individueller Leistungen davon abhängen, inwieweit sie zum Wohle des ges. Ganzen beitragen.

Schr.: English Economic History, 1914; The Acquisitive Society, 1921; Religion and the Rise of Capitalism, 1926, dt.: Religion u. Frühkapitalismus, 1946; Equality, 1938 (1931); Land and Labour in China, 1932; The Attack and Other Papers, 1953.

Taxonomie (griech.), »Ordnungsgesetzlichkeit«, systemat. Einordnung von Größen oder Gegenständen in ein Ordnungsschema aufgrund wiss. festgelegter gemeinsamer Merkmale (→deskriptives Schema).

O. Opitz, Numerische T., 1980.

Taylor, Frederick Winslow, 20. 3. 1856 Germantown, USA – 3. 3. 1915 Philadelphia, vom Arbeiter über Selbststudium zum Oberingenieur, 1906 Ehrendoktor Univ. Philadelphia.
T. entwickelte mittels Zeit- und Bewegungsstudien ein System der »Wiss. Betriebsführung« (Scientific Management). Die Arbeitsplätze u. der Arbeitsablauf sollen so gestaltet werden, daß der Arbeiter mit möglichst geringem gesundheitl. Schaden ein maximales Arbeitsprodukt bei maximaler Arbeitsproduktivität erzeugt u. so maximalen Lohn erreicht. In dieser Arbeitsorganisation sieht T. einen Ausgleich der Interessen von Arbeitnehmern u. Arbeitgebern. Voraussetzung dafür ist die techn.-organisator. Anpassung der Maschinen an die Leistungsmöglichkeiten der Arbeiter. T. beeinflußte stark die Arbeitswissenschaft u. die betriebl. Organisation. →Betriebsführung, wiss.

Schr.: Shop Management, New York 1903 (dt.: Die Betriebsleitung insbes. der Werkstätten, 1909); The Principles of Scientific Management, New York u. London 1911 (dt.: Die Prinzipien wiss. Betriebsführg., ²1983 (1913). H. Drury, Scientific Management, New York 1915 (dt.: Wiss. Betriebsführung, 1922); F. v. Gottl-Otlilienfeld, Fordismus? Von F. W. T. zu H. Ford, 1925; L. Urwick, The Life and Work of F. W. T., London 1957.

Taylorismus →Taylor, F. W., →Betriebsführung, wiss.

Teach-in →Sit-in

Team (engl.), Gruppe von Individuen, die bei gegenseitiger Anerkennung u. Ausschöpfung der einzelnen fachl. u. personalen Spezialisierungen ihr kooperatives Potential für die Erreichung eines gemeinsamen Zieles oder einer gestellten Aufgabe einsetzen. Besondere Merkmale des sozialen Struktur des T. sind: demokratisch-partnerschaftl. Kooperation; Verteilung u. Anerkennung der Autorität nach Leistungskriterien u. nicht nach Amtsbefugnissen; hohes Maß personaler Eigenständigkeit u. gegenseitiger Toleranz; intensive Ziel- u. Methodendiskussionen u. damit differenzierte u. nach allen Seiten hin offene Urteilsbildung; große

Koordinations- u. Kooperationsbereitschaft der Mitglieder bei zugelassener gegenseitiger Kritik, Korrektur u. Ergänzung u. ständige Kommunikation.

Teamfähigkeit →Teamwork

Team-Teaching (engl.), Lernen u. Lehren in der Gruppensituation; eine Organisationsform von Unterricht, in der zwei oder mehr Lehrende, die untereinander zus.arbeiten, den gesamten Unterricht bei der gleichen Gruppe von Lernenden verantwortl. u. weitestgehend in intern auszudiskutierender Selbstbestimmung (u. mitbestimmender Beteiligung der Lernenden) übertragen bekommen. T. soll personale u. sachl. Stereotype dadurch abbauen helfen, daß wechselseitig (Lehrer-Lehrer, Lehrer-Schüler, Schüler-Schüler) über fortwährend anzuregende Reflexion u. Überprüfung die Ichvorstellungen u. Fremdeinschätzungen geändert werden, damit es zu einer allseitigen Rationalisierung der Unterrichtsaufgaben u. -situation kommen kann.

J. T. Shaplin u. H. T. Olds, Jr. (Hg.), T.-T., New York 1964; H. S. Davis, E. Tompkins, How to Organize an Effective T. T.program, Englewood Cliffs 1966; K. Spangenberg, Chancen d. Gruppenpädagogik, 1969; W. Christian, E. Schneider, T. T. u. polit. Bildung, 1970.

Teamwork (engl.), Gruppenarbeit, kooperatives Arbeitsgefüge einer als Team bezeichneten Gruppe. Soziol. Fragestellungen richten sich auf die Leistungsfähigkeit (Effektivität) u. auf die sozial u. individuell erzieher. Funktion des T. Gegenüber hierarch.-amtsautoritativ organisierten Kooperationsformen werden die bes. Anpassungsfähigkeit des T. an von »außen« gestellte neue Probleme u. Aufgaben sowie die Entwicklung u. Förderung sog.

»partizipativer Verhaltensstile« im Binnenbereich des Teams erkannt. Die Effizienz des T. hängt weitgehend ab von der Teamfähigkeit der Mitglieder, die von folgenden Faktoren bestimmt wird: (1) Kommunikationsfähigkeit, d. h. die Fähigkeit, die verbalen u. nichtverbalen Stimuli sowie deren semant. u. affektiven Bezug angemessen zu deuten sowie die eigenen Kommunikationsbeiträge angemessen zu artikulieren; (2) gewisse kognitive Fähigkeiten zur Generalisierung von Problemen u. zur analyt. Beobachtung; (3) Kreativität als die Fähigkeit, neue Probleme auf unkonventionellen Wegen anzugehen u. alte Bezugsfelder umzustrukturieren; (4) kooperative Spontaneität ohne emotional verursachte Sperrungen gegen andere Personen; (5) Kenntnisse über die dem Gruppengeschehen zugrunde liegenden sozialen Prozesse. Letztl. ist nachgewiesenermaßen Teamfähigkeit u. damit effizientes T. abhängig von Erziehungsnormen u. Umgebungseinflüssen aus anderen, voru. nebengelagerten Lebensbereichen (Kindheit, Familie, Politik), insbes. von allg. anerkannten Definitionen der die Arbeitsstrukturen bestimmenden soz. Rollenverhältnisse.

P. R. Hofstätter, Gruppendynamik, 1957; Bornemann, Heitbaum u. a., Gruppenarbeit u. Produktivität, 1958; H. P. Bahrdt, H. Krauch, H. Rittel, Die wiss. Arbeit in Gruppen, in: KZfSS 12, 1960; D. Claessens, Forschungsteam u. Persönlichkeitsstruktur (KZfSS 14, 1962); R. Mayntz, Soziol. der Organisation, 1963; U. Perle, Arbeiten im Team, 1969; S. Bernstein u. L. Lowy (Hg.), Untersuchungen zur sozialen Gruppenarbeit in Theorie u. Praxis, [2]1971.

Technik, (griech. techné) »Kunst«, Fertigkeit, in ihrer rationalen Ausprägung die Erzeugung von Gütern, Vorrichtungen und Verfahren im Produktionsprozeß, ein Kön-

Technikfolgenabschätzung 864

nen überhaupt (H. Freyer). T. ist in der mod. Ges. neben der Wiss. zur ersten Produktivkraft geworden (J. Habermas), mit entsprechend starkem Einfluß auf die ges. Lebensverhältnisse, Sozialstruktur u. den sozialen Wandel (W. F. →Ogburn). Die ges. Akzeptanz des weitergehenden techn. Fortschritts hängt immer mehr von einer humanen, soz.- u. umweltverträgl. T.gestaltung ab. →Mittlere, angepaßte Technik.

H. Freyer u. a. (Hg.), T. im techn. Zeitalter, 1965; J. Habermas, T. u. Wiss. als Ideologie, [7]1974; L. Mumford, Mythos der Maschine, 1977; H. Sachsse, Anthropologie der T., 1978; V. v. Borries, T. als Soz.beziehung, 1980; W. Bühl, Die Angst des Menschen vor der T., 1983; T. Petermann, T. u. menschl. Zivilisation, 1984; J. H. J. van der Pot, Die Bewertung des Techn. Fortschritts, 2 Bde., 1985; U. v. Alemann u. H. Schatz, Mensch u. T., 1986; M. Held u. W. Molt (Hg.), »T.« von gestern für die Ziele von morgen?, 1986; T. Pirker u. a. (Hg.), T. u. industr. Revolution, 1987; E. Senghaas-Knobloch u. B. Volmerg, Techn. Fortschritt u. Verantwortungsbewußtsein, 1990; D. Jaufmann u. E. Kistler (Hg.), Einstellungen zum techn. Fortschritt, 1991.

Technikfolgenabschätzung

(engl. Technology Assessment, Abkürzung: TA) u. Technikfolgenbewertung, Bezeichnung für die Gesamtheit der Bestrebungen u. Verfahren, die auf das Abwägen v. Chancen u. Risiken, Nutzen u. Kosten, Vor- und Nachteilen technol. Möglichkeiten u. Neuerungen ausgerichtet sind.

Zunächst sind im Sinne einer Früherkennung durch Wirkungs- u. Vorsorgeforschg. die Chancen u. Risiken neuer techn. Möglichkeiten abzuschätzen, um insbes. unerwünschte Folgen zu vermeiden: Umwelt- u. Gesundheitsschäden, nachteilige Auswirkungen auf Arbeitsbedingungen u. den Arbeitsmarkt, soz. Konflikte, Gefahr zunehmender Technikfeindlichkeit. In einem zweiten Schritt sind vor einer eventuellen wirtschaftl. Nutzung die abgeschätzten Folgen im ges. Rahmen zu bewerten (Technikfolgenbewertung) u. ggf. Alternativen sowie notwendiges polit. Handeln aufzuzeigen. Dadurch sollen möglichst ökologisch-gesamtges. verantwortungsbewußte, zukunfts- u. folgenorientierte Entscheidungshilfen für Politiker, Unternehmer u. Praktiker geschaffen werden, die über die Nutzung v. techn. Innovationen letztlich zu entscheiden haben. Die zunehmend gefährlicher werdenden ökolog., sozialen u. wirtschaftl. Auswirkungen von Entscheidungen, denen eingeengte Perspektiven, Wertorientierungen u. Interessenstandorte in Verbindung mit unvollständiger Information zugrunde liegen, sollen vermieden werden.

T. kann sich dem eigenen Anspruch gemäß nur als multidisziplinärer (Berücksichtigung natur- u. sozialwiss. Aspekte), pluralist. (Berücksichtigung der öffentl. Meinung, Anhörung v. Verbänden u. Bürgerinitiativen) u. partizipatorischer (Bürgerbeteiligung) Prozeß bewähren. Durch eine – zugleich künftigen sozialen Wandel berücksichtigende – T. kann die Akzeptanz von Entscheidungen über die Nutzung techn. Neuerungen u. die Sozialverträglichkeit des techn. Fortschritts erhöht werden.

Die Forschungsrichtung der T. wurde in den 1960er Jahren durch den amerik. Wiss. Erich Jantsch begründet. 1973 wurde beim Kongreß der USA das »Office of Technology Assessment« (OTA) eingerichtet. Diesem folgte 1989 in Dtl. die Einrichtung des Büros für Technikfolgen-Abschätzung beim Dt. Bundestag (TAB).

H. Haas (Hg.), Technikfolgen-Abschätzung, 1975; G. Metze, Grundlagen einer allg. Theorie u. Methodik der Technologiebewertung,

1980; W. Schlaffke u. O. Vogel, Industrieges. u. technol. Herausforderung, 1981; M. Dierkes u. a. (Hg.), Technik u. Parlament: T.-A., 1986; K. M. Meyer-Abich u. B. Schefold, Die Grenzen der Atomwirtschaft, 1986; W. Bungard u. H. Lenk (Hg.), Technikbewertung, 1988; G. Müller-Brandeck-Bocquet, Technologiefolgenabschätzung – ein gangbarer Weg aus der »Risikoges.?«, in: Soz. Welt 39, 1988; Westphalen, R. Graf v. (Hg.), T. als polit. Aufgabe, 1988; D. Garbe u. K. Lange (Hg.), T. in der Telekommunikation, 1991; T. Rautenberg, Möglichkeiten einer arbeitnehmerorientierten Konzeption der »Technologiefolgenabschätzung« (Technology Assessment), 1991; T. Petermann (Hg.), T. als Technikforschg. u. Politikberatung, 1992.

Techniksoziologie, eine spezielle Soziol., die sich mit soziokult. Bedingungen, Reichweiten u. Folgewirkungen von Technisierungsprozessen (insbes. in mod. Industrieges.en) befaßt.

Technisierung ist die Übertragung von Gestaltungselementen des soz. Lebens auf techn. Apparate, Maschinen u. Technostrukturen. Das betrifft u. a.: Sinnzuschreibungen des soz. Handelns; →Normen u. andere soz. Regeln; Vermittlung u. Darstellung von →Prestige; Mittel zur Erlangung od. Bewahrung von →Macht u. Herrschaft; Formen u. Instrumente der →Kommunikation; Emotionen; Rituale, Mythen u. Kulturmanifestationen. National, regional, wirtschaftlich oder kulturell unterschiedl. strukturierte Ges.en (u. deren Teilsysteme) weisen verschiedene Grade, Formen u. Schwerpunkte der Technisierung auf. Neben der Arbeitswelt untersucht die T. die Entfaltung soziotechn. Systeme im Alltag u. Privatleben, in der Freizeit, in spez. Lebensbereichen (z. B. Wissenschaft, Politik), mögliche alternative Ges.s- u. Technikentwürfe sowie weitere Fragen im Zus.hang mit dem »Prozeß der Zivilisation« (N. Elias).

Klass. Ansatzpunkte der Analyse sind manche zentrale Probleme der Soziol., insbes. Arbeitsteilung, Entfremdung u. die vielfältigen ges. Veränderungen seit der industr. Revolution. Renaissance u. Aufklärung haben maßgeblich die Entwicklung der Industrieges. u. der damit entstandenen mod. Technik mitgestaltet. Mittels Technik u. Wiss. sollten vollkommene Ges.ordnungen geschaffen werden (F. Bacon). Die Verbindung dieser technokrat. Grundhaltung mit der Idee einer freien Ordnung auf der Basis bürgerl. Emanzipation reicht von C. H. de Saint-Simon bis zu J. Burnham, A. Gehlen u. H. Schelsky: In der wiss.-techn. Zivilisation würde Herrschaft letztl. auf die notwendige Verwaltung von Sachen u. Sachzwängen reduzierbar sein. Anders akzentuiert untersucht die traditionale Denkrichtung (L. v. Stein, H. Freyer) insbes. Probleme des techn. Fortschritts in mod. Ges., wobei Auswirkungen auf traditionelle Werte u. einfache Sozialsysteme bes. Beachtung finden. Die dialekt. T. versucht (von K. Marx, F. Engels bis zur Frankfurter Schule), insbes. den kapitalist. Verwertungsprozeß von Technik aufzuweisen. Das Hauptinteresse des kulturtheoret. Ansatzes gilt dem Verhältnis einzelner Kulturelemente: G. Simmel bemerkte das Auseinandertreten objektiver u. subjektiver Kultur; W. Ogburn formulierte die Theorie der kult. Phasenverschiebung (→cultural lag).

Trotz dieser verschiedenen Theorietraditionen wurde bis vor kurzem die T. nicht als eigenständige spez. Soz. betrachtet. Erst nach 1980 entstanden die ersten Versuche, T. überblicksmäßig bzw. theoret. begründet darzustellen (R. Jokisch, J. Hochgerner). Im Zuge der allg. Diskussion über neue Technologien u. Technikfolgen gewinnt die T. an Relevanz. Dabei gehen die

Technizismus 866

meisten zeitgenöss. Studien von einem endogenen Konzept der Technikentwicklung aus: Technik gilt demnach als ges. Projekt (H. Marcuse), ist Teil der ges. Entwicklung. →Mittlere, angepaßte Technik, →Nachindustr. Ges.

G. Simmel, Die Philos. des Geldes, 1900; M. Horkheimer u. T. W. Adorno, Dialektik der Aufklärung, 1947; H. Freyer, Theorie des gegenwärtigen Zeitalters, 1957; A. Gehlen, Die Seele im techn. Zeitalter, 1957; H. Schelsky, Der Mensch in der wiss. Zivilisation, 1961; H. Linde, Sachdominanz in Soz.strukturen, 1972; O. Ullrich, Technik u. Herrschaft, 1979; R. Jokisch (Hg.), T., 1982; W. Rammert, Soziale Dynamik der techn. Entwicklg., 1983; J. Hochgerner, Arbeit u. Technik, 1986; D. Urban, Technikentwicklung, 1986; B. Joerges (Hg.), Technik im Alltag, 1988; R. Ost, Die Krisen des Homo technologicus, 1988; U. v. Alemann u. a., Ges., Technik, Pol., 1989; J. Hochgerner u. A. Bammé (Hg.), Technisierte Kultur, 1989; B. Lutz (Hg.), Technik in Alltag u. Arbeit, 1989; P. Weingart (Hg.), Technik als soz. Prozeß, 1989.

Technizismus (griech.), von techn. Kategorien u. Vorstellungsinhalten beherrschte Anschauungsweise, Interpretation u. Artikulation wiss. u. prakt. Probleme. T. erkennt im techn. Fortschritt den Hauptfaktor des soz. Wandels, identifiziert ihn (in der Regel) mit sozialem u. humanem Fortschritt.

Technokratie (griech.), »Herrschaft der Technik«; eine gesamtges. oder polit.-staatl. Situation, in der der Sachzwang der techn. Mittel u. Systeme, die von Menschen unter der Maxime einer optimalen Funktions- u. Leistungsfähigkeit bedient werden, alle Beteiligten der Fragen u. Probleme enthebt, was, warum, wann u. von wem mit welcher Sinnbeziehung geschehen soll. T. läßt Politik u. damit auch Demokratie überflüssig werden, weil polit. u. Sinnfragen sowie Willensbildungsprozesse u. Willensrepräsentation durch sachlog., von Fachleuten vorbereitete u. vom Sachverstand als unbedingt notwendige Entscheidungen ersetzt werden können. Voraussetzung der T. ist eine weitgehende Verwiss.lichung u. Entideologisierung der Ges.

H. Schelsky, Der Mensch in der wiss. Zivilisation, 1961; J. Habermas, Technik u. Wiss. als »Ideologie«, [15]1991 (1968); C. Koch, D. Senghaas, Texte zur T.diskussion, 1970; H. D. Bahr, Kritik der »polit. Technologie«, 1970; L. Kofler, Technolog. Rationalität im Spätkapitalismus, 1971; H. Krauch, Computer-Demokratie, 1972; J. Hirsch, Wiss.-techn. Fortschritt u. polit. System, 1970; W. Glaser, Soz. u. instrumentales Handeln, Probleme der Technologie bei A. Gehlen, J. Habermas, 1972; H. Lenk (Hg.), T. als Ideologie, 1973; ders. (Hg.), T. u. Ges.kritik, 1973; K. Schubert, Pol. in der »T.«, 1981; U. Beck, Gegengifte, 1988.

Technokratisches Modell, Vorstellung v. der Beziehung zw. Wissenschaftler u. Politiker, derzufolge prakt. Fragen so rationalisierbar sind, daß polit. Entscheidungen auf die techn. Auswahl der besten Lösung in Situationen der Unsicherheit reduziert werden können. Der techn. Fortschritt u. die zunehmende wiss. Erkenntnis haben einige Theoretiker dazu veranlaßt, einen abnehmenden Entscheidungsspielraum polit. Instanzen (J. Ellul) oder die Selbstaufhebung der Demokratie (H. Schelsky) vorauszusagen. Dem t. M. steht das dezisionistische Modell gegenüber, das von einer vollständigen Arbeitsteilung zw. Sachverständigen u. Politikern ausgeht. Hierbei wird die Rationalität der Mittelwahl bei Irrationalität der Zielbestimmung unterstellt. Das pragmatische Modell beruht auf einem kritischen Wechselverhältnis zw. Wiss. u. Politik u. fortgesetzten Lernprozessen der Beteiligten.

H. Schelsky, Auf der Suche nach der Wirklichkeit, 1965; J. Habermas, Technik und Wiss. als ›Ideologie‹, [15]1991 (1968); J. Ellul, Die Technokratie, in: H. Maier, K. Ritter, U. Matz (Hg.), Politik u. Wiss., 1971.

Technologie (griech.), die Lehre von der Gesamtheit der techn. Möglichkeiten u. Verfahrensweisen zur Umwandlung naturgegebener Materie in die für menschl. u. ges. Bedürfnisse benötigten Stoffe, Güter, Apparate, Aggregate usw.

Technology-Assessment
→Technikfolgenabschätzung

Teilerhebung →Erhebung

Teilkultur, ein Personenkreis oder Bevölkerungsteil, der sich hinsichtl. zentraler Ideen, Werte, Normen, Einstellungen u. Verhaltensweisen u. s. w. von der umgebenden Gesamtges. soweit abhebt, daß er dieser gegenüber ein soz. bedeutsames Maß an Eigenständigkeit u. Selbstkontrolle besitzt. Angehörige einer T. identifizieren sich mit ihrer Ges. weitgehend indirekt, über ihre T. Die innerkulturelle Dynamik wird u. a. von den Konkurrenzen der versch. T.en um gesamtges. Einfluß bestimmt. →Gegenkultur, →Subkultur.

Teilsystem →Subsystem

Teleologie (griech.), Lehre von der geistig-ideellen Zweckbestimmung aller Prozesse. Im Gegensatz zur erfahrungswiss. Soziol. sind soz.philos. Konzepte mit teleolog. Charakter darauf ausgerichtet, soziokult. Entwicklungsprozesse nicht kausal, sondern final zu erklären. Dementsprechend wird angenommen, geglaubt oder behauptet, daß sich solche Prozesse in göttl., metaphys. oder gesch.gesetzl. festgelegter Weise auf bestimmte Zwecke, Ziele oder ideale Endzustände (z. B. »Reich der Freiheit«, »klassenlose Ges.«) zubewegen.

M. Schramm, Natur ohne Sinn?, 1985; J.-E. Pleines (Hg.), T., 1994.

Tenbruck, Friedrich H., 22. 9. 1919 Essen – 9. 2. 1994 Tübingen, Dr. phil., 1957 Ass.-Prof. Hobart and W. Smith Colleges N. Y. (USA), 1961 Univ.Doz. Freiburg, 1963 o. Prof. Univ. Frankfurt/M., 1967 o. Prof. f. Soziol. Univ. Tübingen. Hauptarbeitsgebiete: Soziol. Theorie, Handlungstheorie, gesch. Prozesse, Wiss.-, Rel.- u. Kultursoziol.

Schr.: Zur dt. Rezeption der Rollentheorie, in: KZfSS 13, 1961; Jugend u. Ges., ³1971 (1962); Zur Kritik der planenden Vernunft, 1972; Der Fortschritt der Wiss. als Trivialisierungsprozeß, in: Sonderheft 18 KZfSS, 1975; Das Werk Max Webers, in: KZfSS 27, 1975; Die Glaubensgesch. der Moderne, in: Zs. f. Pol. 23, 1976; Wahrheit u. Mission, in: Freiheit u. Sachzwang, hg. v. H. Baier, 1977; Abschied v. »Wirtschaft u. Ges.«, in: Zs. f. die gesamte Staatswiss. 133, 1977; Zur Anthropologie des Handelns, in: Handlungstheorien – interdisziplinär, Bd. II, hg. v. H. Lenk, 1978; Dt. Soziol. im intern. Kontext, in: Sonderheft 21 KZfSS, 1979; Die unbewältigten Soz.wiss.en, 1984; Gesch. u. Ges., 1986; Die kult. Grundlagen der Ges., 1989; Ges.gesch. oder Weltgesch.?, in: KZfSS 41, 1989.
H. Braun u. A. Hahn (Hg.), Kultur im Zeitalter der Soz.wiss.en. F. H. T. zum 65. Geb., 1984.

Terror (lat.), terrere = zum Zittern bringen, erschrecken; im polit. Handlungsbereich die Anwendung von Herrschaftsinstrumenten (phys. u. psych. Methoden der Gewalt u. Brutalität) zum Zwecke der Einschüchterung oder um Schrecken, Verunsicherung u. Angst-Einstellungen auszulösen oder zu fördern. →Terrorismus.

F. Hacker, T., 1973; E. Kogon, Der SS-Staat, 1974; M. Rock, Anarchismus u. T., 1977; D. Suter, Rechtsauflösung durch Angst u. Schrecken, 1983.

Terrorismus, illegale Gewaltakte, die durch Schrecken polit. wirken u. einem polit. Ziel dienen. Im Hinblick auf die polit. Zielsetzung kann T. unterschieden werden in 1. irredentistischen T. (O-Brian): unterdrückte ethnische Minderheiten streben nach polit. u. kultureller Autonomie (z. B. IRA, ETA, Kurden etc.), 2. bewaffnete Befreiungsbewegungen in Entwicklungsländern oder Guerillakrieg, z. B. Mao Tse-Tung, Ho Chi Minh, Che Guevara, 3. ideolog. T., der in Dtl., Italien u. a. westl. Ges.en v. relativ machtlosen polit. Gruppen getragen wird, die die bestehende bürgerl.-demokrat. Ges.ordnung mit Hilfe des bewaffneten Kampfes radikal verändern wollen. Im Gegensatz zu den beiden anderen Erscheinungsformen des T. fehlt dem ideolog., z. B. der RAF (»Rote Armee Fraktion«), die Unterstützung seitens der überwiegenden Bevölkerungsmehrheit. Die weitgehende Ablehnung verstärkt vielmehr die Tendenz des ideol. T., mit Gewaltakten auf die eigenen polit. Ziele aufmerksam zu machen. Während bundesdt. Terroristen des linken Spektrums weit überproportional Familien mit hohem Bildungs- u. Karriereehrgeiz entstammen, kommen jene des rechtsextremist. Lagers überwiegend aus unteren sozialen Schichten. Linke Terroristen weisen demgemäß ein überdurchschnittl. hohes Bildungsniveau auf. Grundlegende Ursachen des ideolog. T. hängen gerade bei linken Terroristen mit dem individ. Sozialisationsschicksal, überstarkem anerzogenen Aufstiegsbegehren, Scheitern des Erfolgsstrebens (hohe Abbrecherquote u. Mißerfolgsbelastung), Abkehr von bisherigen sozialen Bindungen, Neigung zu polit. Fanatismus u. militantem Weltverbesserungseifer, nicht hingegen mit wirtschaftl. Not zus. Schließlich erfolgt der Anschluß an terrorist. Gruppen, die im Gegensatz zur individ. Mißerfolgsbelastung das Gefühl vermitteln, als Angehöriger einer schlagkräftigen Bewegung an gesamtges. bedeutsamen Veränderungen mitzuwirken. Mit der Einschränkung des soziokulturellen Umfeldes ergibt sich eine verstärkte Neigung zu radikalem Freund-Feind-Denken. Das zentrale Ziel des T. ist die Abschaffung bestehender Herrschaftsverhältnisse u. die revolutionäre Etablierung radikaler Alternativen. Neben dem Gebrauch schlagwortartiger polit. Leerformeln wird insbes. mit terrorist. Aktionen versucht, prominente Repräsentanten der Herrschaftselite zu beseitigen bzw. »hinzurichten« u. das Herrschaftsgefüge zu erschüttern.

C. Schmitt, Theorie des Partisanen, 1963; M. Funke (Hg.), T., 1977; F. Wördemann, T. – Motive, Täter u. Strategien, 1977; H. Lübbe, Endstation Terror, 1978; Bundesministerium des Innern (Hg.), Analysen zum T., 4 Bde., 1981–84; M. Horn, Soz.psychol. des T., 1982; U. Backes u. E. Jesse, Totalitarismus, Extremismus, T., ²1985 (1984); W. Laqueur, T., 1987; H. Hess u. a., Angriff auf das Herz des Staates, 2 Bde., 1988; U. Backes, Bleierne Jahre, 1991; B. Peters, RAF, 1991; P. Waldmann (Hg.), Beruf: Terrorist, 1993.

Tertiärer Sektor, neben Landwirtschaft u. Rohstoffgewinnung (primärer S.) sowie Produktion (sekundärer S.) die Arbeits- u. Berufsbereiche des Handels, des Verkehrs u. der Dienstleistungen (einschl. →Öffentliche Verwaltung). →Fourastie, J. Aus dem starken Wachstum des t. S.s ist die These von der Ablösung der Industrieges. durch eine nachindustr. Ges. abgeleitet worden.

T. Rasmussen, Entwicklungslinien des Dienstleistungssektors, 1977; A. Gartner u. F. Riessman, Der aktive Konsument in der Dienstleistungsges., 1978.

Test, in der Soziol. Verfahren zur empir. Überprüfung einer Aussage über die kausalen Beziehungen zw. Variablen, die einen sozialen Tatbestand oder Prozeß bestimmen. Der T. versucht, die Größe bzw. den Beeinflussungsgrad der betr. Variablen zu messen.

E. Schaich, Schätz- u. Testmethoden f. Soz.wiss.ler, 1977.

Thanatologie (griech.), auf den Problemkomplex Sterben u. →Tod ausgerichteter multidisziplinärer Forschungsbereich. →Euthanasie.

Theorem (griech.), »Lehrsatz«; aus den Axiomen eines wiss. Aussagesystems mittels logischer Ableitung gewonnener Schlußsatz.

Theoretisches Konstrukt (lat.), »Aufgebautes«, ein wiss. Begriff, der für etwas nicht direkt Beobachtbares eingeführt wird, wenn aus der gedankl. Verbindung von Beobachtungen (Protokollsatz) Hypothesen, Gesetze oder Theorien abgeleitet werden. Das t. K. dient der Überführung einer Beobachtungssprache in eine sog. theoret. Sprache. T. K. in der Soziol. sind z. B. »Prestige«, »Autorität«, »Anlage«, »Umwelt«, »Bildung«, »Kultur«.

Theorie (griech. theorein = »schauen«), allg. jede wiss. Wissenseinheit, in der in einem bestimmten Zus.hang u. mit bestimmten Grenzen eine Anzahl von Hypothesen über die Beziehungen u. Wirkungen von »Tatsachen« zus.-gefaßt sind. Ziel der T.nbildung ist es, eine befriedigende Erklärung zu finden für alles, was einer Erklärung zu bedürfen scheint. Eine Erklärung ist eine Klasse von Sätzen, von denen die einen Sachverhalte beschreiben, die erklärt werden sollen (das explicandum), während die anderen (explicans) Aussagen darstellen, die das Bestehen bzw. Entstehen solcher Sachverhalte zu erklären haben. Eine T. als ein System untereinander durch Ableitbarkeitsbeziehungen verbundener Aussagen u. Sätze muß: (a) logisch konsistent u. widerspruchslos sein; (b) informativ sein, d. h. ihre Sätze müssen so formuliert sein, daß sie einen bestimmten Realitätsbezug

haben u. darum an den Tatsachen überprüft werden können; (c) bestimmten Korrespondenzregeln angeben, nach denen die Operationalisierung ihrer Postulate, d. h. die Übersetzung ihrer in den Hypothesen verwendeten Grundannahmen u. Begriffe in Beobachtungs-(Experiments-) Operationen ermöglicht werden kann.

Keine T. ist in der Lage, die gesamte Realität zu erklären. Darum befindet sich jede T. in einem ganz bestimmten Bezug zur Realität.

In den Soz.wiss.en hat sich weitgehend der maßgeblich vom →Kritischen Rationalismus mitgeprägte empir.-nomolog. T.begriff durchgesetzt. Dieser lehnt jegliche Orientierung an normativen oder realitätskrit. Erkenntnisabsichten ab u. beruht auf einem strengen Wiss.-Begriff. Sein Ziel ist, nomolog. (d. h. einer bestimmten »Lehre von den Gesetzmäßigkeiten« entsprechende) Aussagen zu gewinnen, die bei Vorliegen eindeutig identifizierbarer Ausgangsbedingungen das Eintreten gewisser Ereignisse, Zustände, Verhaltensweisen in der Realität (zumindest mit angebbarer Wahrscheinlichkeit) erklären bzw. voraussagbar machen, die jedoch in Konfrontation mit den Tatsachen ständig korrigierbar sind (falsifizierbare Wenn-Dann-Aussagen). Das Prinzip der stets nur vorläufigen Geltung einer T. u. eine bes. Auffassung vom Verhältnis von T. u. Empirie (Erfahrung) führt zu einer relativierenden Einschätzung von Deduktion u. Induktion. Weder wird eine unmittelbare (a priori) allg. Vernunfteinsicht für möglich gehalten, von der man, unabhängig von den erfahrbaren Tatsachen, durch Deduktion zu den Tatsachenwahrheiten kommen könnte, noch verspricht man sich wiss. Aufklärung durch unmittel-

bare, th.lose Wahrnehmung (Empirismus), von der durch Induktion zu den allg. Wahrheiten fortgeschritten werden könnte.
Nomolog. T.n erstreben eine Allgemeinheit der Aussage, die eine Einschränkung auf ein best. Raum-Zeit-Gebiet ausschließt. Da aber alle wiss. Aussagen selektiv, d.h. Abstraktionen sind u. nur bestimmte Aspekte der Wirklichkeit erfassen, betrifft die Allgemeinheit einer T. immer eine bestimmte Dimension, eine Anzahl von (wiss. »komponierten« u. konstruierten) Variablen der Wirklichkeit. Nach welchen Wert- oder Bedeutungsgesichtspunkten wiss. T.n zur Selektion von Problembereichen u. Fragestellungen kommen, gilt als Frage lediglich der Forschungspsychol. Die Relevanz von T.n entscheiden nicht Wertgesichtspunkte bei der T.nbildung, sondern einzig u. allein die kontrollempir. Bewährung der T. an der Realität. Wertungen gelten als Störungen für den wiss. Erklärungsprozeß u. darum als außerwiss. Angelegenheiten (Prinzip der Werturteilsfreiheit).
In der Soziol. wird an der Konstruktion von T.n gearbeitet, die zur Erklärung u. Prognose von sozialem Geschehen in bestimmten ges. Bereichen, wie Staat, Politik, Wirtschaft, Religion, Familie, Kleingruppe, Organisation, Schichtung, Massenmedien usw., führen sollen (→T.n mittlerer Reichweite). Endziel ist eine umfassende ges. Totalt., zu erreichen durch eine Reduktion aller Teilergebnisse (zus. auch mit Resultaten der Psychol., Kulturanthropol. u. anderer Sozialwiss.en) auf eine allg. T. des menschl. Verhaltens. Entsprechend dem Prinzip der Werturteilsfreiheit wird das Verhältnis von T. u. Praxis gesehen: Erklärende u. prognostizierende Sätze der T. gel-

ten immer nur unter den vorliegenden Anwendungsbedingungen. Wenn die Anwendungsbedingungen vom Handelnden selbst beeinflußt werden können, dann sind technol. Prognosen möglich. Sozialwiss. T. ist darum entweder als »unbeteiligte« Voraussage oder als »Instrument« der Sozialtechnik verwendbar. Es ist jedoch ein außerwiss. Problem, warum welche T.n über welche Phänomene entwickelt u. geprüft werden, oder ob überhaupt u. wie die handelnden Menschen einer Ges. ihre die T. anwendenden moral. bzw. polit. Wertentscheidungen rechtfertigen (→Dezisionismus).   →Soziol. Theorie

K. R. Popper, Logik der Forschung, ⁹1989 (1935); H. Albert (Hg.), T. u. Realität, 1964; E. Topitsch, Logik der Soz.wiss.en, ¹⁰1980 (1965); W. Leinfellner, Die Entstehung der T., 1966; H. L. Zetterberg, T., Forschg. u. Praxis in der Soziol., in: R. König (Hg.), Hdb. der empir. Soz.forschg., Bd. I, 1967; H. Seiffert, Einf. in die Wiss.st., 2 Bde., 1969/70; K.-D. Opp, Methodologie der Soz.wiss.en, 1976 (1970); G. Eberlein, Theoret. Soziol. heute, 1971; R. Ziegler, T. u. Modell, 1972; H. Albert u. a., Forschungslogik der Soz.wiss.en, 1974; W. Balzer, Empir. T.n, 1982; U. Druwe, T.ndynamik u. wiss. Fortschritt in den Erfahrungswiss.en, 1985.

Theorie des kommunikativen Handelns,

ein von J. Habermas in eigenständiger Weiterentwicklung der →Krit. Theorie entfalteter theoret. Ansatz, der auf der Grundlage einer Analyse der allg. Strukturen verständigungsorientierten Handelns eine Ges.stheorie begründen soll, »die sich bemüht, ihre krit. Maßstäbe auszuweisen«. Die Ausarbeitung dieses Ansatzes resultiert großenteils aus theoriegesch. Untersuchungen, wobei sich Habermas insbes. auf die Werke der Klassiker M. Weber, E. Durkheim, G. H. Mead u. T. Parsons bezieht. Substantiell setzt er sich vorrangig mit dem Problem der Rationalität, mit Webers Theorie der Rationalisierung, mit der instrumentellen Vernunft, der Systemtheorie, Moderne u. mit dem Verhältnis der modellhaft unterscheidbaren ges. Dimensionen (»Bezugswelten«, Perspektiven) »System u. Lebenswelt« auseinander.

Für die »Lebenswelt« ist kommunikatives Handeln kennzeichnend, das sich auf die Interaktion von mindestens zwei sprach- u. handlungsfähigen Subjekten bezieht, die eine interpersonale Beziehung eingehen. In diesem Handlungsmodell nimmt die Sprache einen hohen Stellenwert ein. Die Aktoren bzw. Handlungspartner erkennen sich wechselseitig als autonome, gleichberechtigte Subjekte an. Ihnen wird Rationalität (»kommunikative Rationalität«) unterstellt. Maßgeblich ist die Überzeugungskraft des besseren Arguments. Es geht nicht um den Einsatz von Mitteln zur Erreichung vorgegebener Zwecke, sondern um einen »herrschaftsfreien Diskurs« zur Erzielung von Konsens bzw. Übereinstimmung. »Die Aktoren suchen eine Verständigung über die Handlungssituation, um ihre Handlungspläne u. damit ihre Handlungen einvernehmlich zu koordinieren.«
In der Bezugswelt des »Systems« vollzieht sich dagegen erfolgsorientiertes, zweckrationales Handeln (»Arbeit«), das der Beherrschung der Natur u. der materiellen Reproduktion der Menschheit dient. In diesem Bereich, der sich weitgehend mit dem Wirtschaftsleben deckt, dominiert die »instrumentelle Rationalität« (Zweckrationalität).
Die evolutionäre Herausbildung der mod. Ges. ist zunächst mit einer »Entkoppelung« u. Ausdifferenzierung von »System u. Lebenswelt« verbunden. Die Systemebene verselbständigt sich gegenüber der »Lebenswelt« u. gewinnt mit der Wirtschaft u. dem Staat eine Eigendynamik. Schließl. dringen in der Moderne Systemmechanismen immer mehr in den Bereich der »Lebenswelt« ein. Infolge dieser »Kolonialisierung der Lebenswelt durch das System« breiten sich die Medien Geld u. Macht aus, dominiert eine starke Wachstumsdynamik der Wirtschaft, werden kommunikativ strukturierte Lebenszus.hänge verdinglicht, Traditionen aufgezehrt, zerfallen lebensweltl. Gesamtdeutungen, somit auch Ideologien u. Klassenbewußtsein. Es brechen individ. u. kult. Krisen hervor (Kultur- u. Legitimationskrise), die wiederum Protest u. neue soz. Bewegungen entstehen lassen. Diese durch Systemausbreitung entstandenen »Soz.pathologien« bilden den Gegenstand einer krit. Ges.stheorie der Gegenwart, die selber als kommunikatives Handeln Aufklärung zu leisten hat. Das Ziel ist die Verwirklichung einer unverkürzten Rationalität.

J. Habermas, T. d. k. H., 2 Bde., 1981.

Theorie mittlerer Reichweite

(engl.: middle range theory), von R. K. Merton geprägte Bezeichnung für Theorien, die ihrem Geltungsumfang nach mehr als nur erklärende Aussagen über einzelne, raumzeitl. eng begrenzte empir. Regelmäßigkeiten versuchen, die andererseits aber keine umfassenden, komplexen ges. Totaltheorien sind. Beispiele: Theorie der Bezugsgruppe, soz. Mobilität, Anomie, relativen Deprivation, des Rollenkonflikts u. a. m.

R. K. Merton, Social Theory and Social Structure, New York, 1968 (1949).

Thomas, William Isaac, amerikan. Soziologe, 13. 8. 1863 Russell

Thurnwald 872

County, Virg. – 5. 12. 1947 Berkeley, Calif., studierte u. lehrte zunächst Sprachen u. engl. Literatur, wandte sich an der Univ. von Chicago der Soziol. zu, dort bis 1918 Prof. für Soziol., 1923–28 New School of Social Research in New York, 1927 Präs. der American Sociological Society, 1936–37 Gastprof. Harvard Univ.

T. zählt zu den Hauptvertretern der Interaktionstheorie (»Chicagoer Schule« u. zu den Begründern der Empir. Sozialforschg. Er betonte die gegenseitige Verflechtung von Kultur, Ges. u. Persönlichkeit. Der Mensch ist weniger Naturwesen, sondern vielmehr das Ergebnis sozialer Beziehungen innerhalb einer bestimmten soziokulturellen Umwelt. Dem menschl. Verhalten liegen vier Wünsche zugrunde: nach 1) neuen Erfahrungen, 2) Anerkennung, 3) Herrschaft, 4) Sicherheit. Darüber hinaus hängt das Verhalten des einzelnen von soziokulturell definierten Situationen ab, in denen sich zugleich eine Verknüpfung von ges. Werten u. individuellen Einstellungen bzw. Handlungsbereitschaften vollzieht. Der Grad der Übereinstimmung von Werten u. Einstellungen wirkt sich auf die Struktur u. auf Störungen der Persönlichkeit aus. T. befaßte sich eingehender mit Personen, die ges. nicht hinreichend angepaßt u. assimiliert sind (z. B. Einwanderer), deren basale Wünsche (s. o.) daher oftmals keine ausreichende Befriedigung erfahren. Die zus. mit Znaniecki durchgeführte empir. Unters. über poln. Bauern in Polen u. Amerika, die von einem umfangreichen Material (autobiograph. Aufzeichnungen, Briefe, persönl. Dokumente) getragen wird, hat die empir. Forschg. in der amerikan. Soziol. entscheidend stimuliert.

Schr.: Sex and Society, 1907; Source Book for Social Origins, 1909; The Polish Peasant in Europe and America, zus. m. F. Znaniecki, 5 Bde., 1918–21; The Unadjusted Girl, 1923; The Child in America, zus. mit D. S. Thomas, 1932; Primitive Behavior, 1937; Social Behavior and Personality, hg. E. Volkart, New York 1951, dt.: Person u. Soz. verhalten, 1965.

Thurnwald, Richard, Ethnologe u. Soziologe, 18. 9. 1869 Wien – 19. 1. 1954 Berlin, ausgedehnte Expeditionen u. ethnolog. Feldforschungen (Melanesien, Mikronesien, Neuguinea, Ostafrika), 1923 Habil. in Halle/S., 1924 a. o. Prof. für Ethnologie, Völkerpsychol. u. Soziol. Univ. Berlin, Gastprof. an amerikan. Univ.en, 1935 Honorar-Prof. in Berlin, lehrte nach dem Kriege zunächst an der Humboldt-Univ. u. dann an der Freien Univ. Berlin.

Als Vertreter einer »funktionellen Soziol.«, die eng mit der Ethnologie verbunden ist, forderte T., daß bei der Konstruktion theoret. Verallgemeinerungen alle Kulturen u. Ges.en berücksichtigt werden sollten. Der formalen Soziologie stand er kritisch gegenüber. Was in einer Ges. als gut oder böse gilt, hängt von dem spezif. Normen- u. Wertsystem dieser Ges. ab. T. bezeichnete als einer der ersten den durch direkten Kontakt unterschiedl. Ges.en hervorgerufenen Kulturwandel mit dem Begriff Akkulturation. Auch wies er bereits darauf hin, daß sich in einer Ges. die versch. kulturellen Erscheinungen mit unterschiedl. Tempo entwickeln. T. zählt zu den Hauptbegründern der dt. Ethnosoziol.

Schr.: Ethno-psychol. Studien an Südseevölkern, 1913; Völkerpsycholog. Charakterstudien, 1927; Die menschl. Ges. in ihren ethnosoziol. Grundlagen, 5 Bde. 1931–35; Soziol. von heute (Hg.), 1932; Koloniale Gestaltung, 1939; Des Menschengeistes Erwachen, Wachsen u. Irren, 1951; Grundfragen menschl. Gesellung, 1957.

Thurstone-Methode, von L. L. Thurstone entwickeltes Skalierungsverfahren bei der Erforschung von Einstellungen zu bestimmten Ereignissen, sozialen Gebilden oder Handlungsabläufen. Zunächst wird sog. »Sachverständigen« eine große Anzahl von »statements« (Behauptungen) über den infrage stehenden Gegenstand zur Beurteilung vorgelegt. Dann werden ihre Urteile zum einzelnen statement auf einer Skala (von positiv über neutral bis negativ) eingetragen. Für das eigentl. Forschungsvorhaben werden dann nur diejenigen statements als Einstellungs-Meßinstrument ausgewählt, die bei den »Sachverständigen« eine relativ eindeutige (geringe Streuung aufweisende) Beurteilung erfahren haben.

Tiefeninterview, eine besondere Variante des →Intensivinterviews, bei der der Interviewer nur das Erhebungsziel zu berücksichtigen hat u. ansonsten bei weitgehend freier, flexibler Gestaltung des Gesprächs (unter Ausschöpfung tiefenpsycholog. Erkenntnisse u. Verfahren) versucht, möglichst tief in die Persönlichkeitsstruktur des Befragten »einzudringen«. Durch entsprechend geschickte Gesprächsführung sind die Bewußtseinsebene u. Abwehrmechanismen zu »durchstoßen« u. die »hinter« den Antworten existierenden Wertorientierungen, Motive, Einstellungen zu erkunden. Die Durchführung von T.s setzt eine besonders anspruchsvolle Auslese von Interviewern u. eine umfangreiche, intensive Interviewschulung voraus. Durch E. Dichter hat das T. insbes. in der →Motivforschg. prakt. Bedeutung gewonnen. Durch die fehlende Standardisierung u. den großen Aufwand ist das T. nicht als Quelle für Massendaten geeignet.

E. Dichter, Hdb. der Kaufmotive, 1964.

Tiersoziologie, bes. Forschgs.bereich der Zoologie u. der Ethologie, der nach Erklärungen für regelmäßige, artspez. Formen des »sozialen« Zus.lebens von Tieren sucht. Dabei geht es um die Entdeckung erbl. (instinktiv) vorbereiteter Beziehungsformen ebenso wie um die tier. Möglichkeiten des Erwerbens (Lernen, Nachahmung) bereits vorhandener Verhaltensweisen. Im einzelnen werden z. B. erforscht: die geschlechtl. bestimmten Beziehungen beim Paarungs-, Fortpflanzungs- u. Brutpflegeverhalten; innerhalb von Schwärmen, Rudeln, Herden die funktionale (horizontale) Zuordnung versch. Aufgaben u. die (damit verbundenen oder von dieser unabhängigen) »Rangordnungen«.

A. Portmann, Das Tier als soz. Wesen, 1978 (1953); K. Lorenz, Über tier. u. menschl. Verhalten, 2 Bde., 1965; G. Tembrock, Verhaltensforschg., Einf. in die Tier-Ethologie, [2]1964; N. Tinbergen, Tiere untereinander, 1975; R. Schenkel u. a., Biologie von Soz.strukturen bei Tier u. Mensch, 1983.

Tocqueville, Alexis de, 19. 7. 1805 Verneuil-sur-Seine – 16. 4. 1859 Cannes, Rechtsstudium u. Richter in Versailles, 1831/32 Reise in die USA, 1839–48 Mitglied der National-Versammlung, 1841 Mitglied der Académie Française, 1848 Mitglied der Verfassungskommission, 1849 Außenminister.
Am Beispiel der USA analysierte T. die demokrat. Ges. des Massenstaates. In der durch die Industrialisierung geförderten Staatsmacht sah T. sowohl eine Chance für die soziale Gleichheit als auch eine Gefahr für die individuelle Freiheit. Die zunehmende Zentralisierung der Staatsgewalt erlaubt deren Ein-

Tod 874

dringen in Privatangelegenheiten u. in den wirtschaftl. Bereich. Damit wird sie zur Gefahr für die Freiheit. Zu deren Sicherung wies er gegengewichtige institutionelle Bedingungen auf, die die soziale Gleichheit erhalten u. die Machtkonzentration abwehren sollen. – In der Entpersonalisierung erkannte er die negative Konsequenz der Gleichheit, aber auch die Voraussetzung der Massenges. – Als Ges.sanalytiker begriff er die Franz. Revolution als Auswechseln nicht nur der polit., sondern vor allem auch der sozialen Ordnung zu einer neuen, die die Gleichheit aller als Staatsbürger voraussetzt. Die polit. Erneuerung kann kurzfristig durchgesetzt werden; sie ist jedoch nur von Bestand, wenn langfristig die soziale Ordnung darauf abgestimmt wird. Da Louis Napoléon zu dieser Konsequenz nicht bereit war, entzog sich T. öffentl. Ämtern.

Schr.: De la Démocratie en Amérique, Paris 1835–40, dt.: Über die Demokratie in Amerika, 2 Bde., 1987; L'ancien Régime et la Révolution, Paris 1856 (dt.: Der alte Staat u. die Revolution, 1978); Œuvres complètes, Paris 1864–67; Souvenirs, Paris 1893 (dt.: Erinnerungen, 1954); Autorität u. Freiheit, Auswahl, hg. v. A. Salomon, 1935; Das Zeitalter der Gleichheit, Auswahl, hg. v. S. Landshut, 1967 (1954); Werke u. Briefe, hg. v. J. P. Mayer, 1959 ff.

H. Barth, Die Idee der Freiheit u. der Demokratie bei A. d. T., 1953; J. P. Mayer, A. d. T. Prophet des Massenzeitalters, 1954; J. Feldhoff, Die Politik der egalitären Ges., 1968; J. Geiss (Hg.), T. u. das Zeitalter der Revolution, 1972; K. Pisa, A. de T., 1984; M. Hereth, T., 1991; A. Jardin, A. de T., 1991.

Tod (indogerman. dheu, griech. thanatos, lat. mors), ist als das Ende der Lebensäußerung eines Menschen nicht nur ein mediz. Problem, sondern mit schwerwiegenden sozialen u. kulturellen Aspekten verbunden. Lebenserwartungen, T.esursachen, die soz. Situation und Umstände des Sterbens, die weltanschauliche Interpretation des T.es, Trauerriten u. Bestattungsformen, insb. die Fähigkeit, die Tatsache des T.es aufgrund vorgegebener Deutungsmuster u. sozialer Beziehungen psych. verarbeiten zu können, sind gesch.-soziokult. unterschiedlich ausgeprägt. Innerhalb komplexer Ges.en treten schichtenspezifische u. regionale Variationen dieser sozialen Phänomene hinzu. Die soziokulturell-psych. Bewältigung des T.es hängt von den religiösen Glaubensvorstellungen, vom Wertsystem, Wohlstandsniveau u. v. der Struktur einer Ges. ab.

Religiöse Jenseitsorientierung, der Glaube an ein Weiterleben nach dem T.e, eine starke Integration des Menschen in soziale Gemeinschaften, bestimmte Rituale haben in früheren Mangelges.en die Bewältigung des T.es erleichtert. Andererseits war die Angst vor Strafen im Jenseits als Sanktionsdrohung für die Absicherung von Handlungsmustern im Diesseits von großer Bedeutung. Viele fürchteten sich vor einem »jähen T.«, weil ein solcher keine Zeit für die Sterbevorbereitung ließ.

Im Zuge der Rationalisierung, Säkularisierung u. Individualisierung der mod. abendl. Ges. hat der T. ein Sinngebungsdefizit u. einen Realitätsverlust erfahren. Im Rahmen einer dynam., diesseitsorientierten Ges., die durch Individualismus, Aktivismus, enge affektive familiäre Bindungen, Hedonismus u. materiellen Wohlstand gekennzeichnet ist, wird der T. hinsichtl. der eigenen Person u. der näheren soz. Umwelt als sinnlos u. absurd aus dem Bewußtsein verdrängt (Tabuisierung). In der westl. Kultur hat sich der Glaube an ein individ. Fortleben nach dem T.e großenteils aufgelöst. Sterben u. T. werden allenfalls aus persönl. distanzierter Sicht als dramat. oder rührselige Elemente der Unterhaltung durch Massenmedien, insbes. Film u. Fernsehen, registriert. Das tatsächl. Sterben vollzieht sich als medizintechn. Problem weitgehend im Verborgenen arbeitsteilig, affektiv neutral funktionierender Krankenhäuser, Alten- u. Pflegeheime (»Hospitalisierung« bzw. Auslagerung von Sterben u. T.). Die medizintechn. mögliche Lebensverlängerung ist oft nur noch Sterbensverlängerung. Durch minimale (mitmenschl.-) pfleger. Zuwendung erfolgt häufig vor dem phys. bereits ein »soz. Tod«. Neben einem langen beschwerdefreien Leben wünschen sich viele Menschen einen plötzl. T. u. ggf. eine Abkürzung des Sterbens (selbstbestimmtes, humanes Sterben, Sterbehilfe, →Euthanasie). Sterbebegleitung kann nicht allein von Spezialisten erfüllt werden. Deren Aufgabe besteht vor allem darin, Angehörige u. Klinikpersonal im Umgang mit Sterbenskranken zu unterstützen. Hinsichtl. Sterben u. T. ist der Höhepunkt der Tabuisierung überschritten worden. Dieser Problemkomplex ist zunehmend zum Gegenstand von Forschg. u. öffentl. Diskussion geworden. Das verstärkte Einfließen biolog. Wissens in weltanschaul. Orientierungen erleichtert die Akzeptanz von Sterben u. T. als unaufhebbare Elemente des Lebens bzw. des Werdens u. Vergehens. Angesichts der Steigerung der Lebenserwartung in der mod. Ges. wird insbes. der T. jüngerer Menschen als trag. empfunden.

A. Hahn, Einstellungen zum T. u. ihre soz. Bedingtheit, 1968; W. Fuchs, T.esbilder in der mod. Ges., 1969; C. v. Ferber: Der Tod, in: KZfSS 22, 1970; B. G. Glaser u. A. Strauss, Interaktion mit Sterbenden, 1974; J. Ziegler, Les vivants et la mort, 1975, dt.: Die Lebenden u. der T., 1977; P. Ariès, L'homme devant la mort, Paris 1977, dt.: Gesch. des T.es, ²1985; J. Wittkowski, T. u. Sterben, 1978; A. Hahn, T. u. Individualität, in: KZfSS 31, 1979; A. E. Imhof, Die gewonnenen Jahre, 1981; N. Elias, Über die Einsamkeit der Sterbenden in unseren Tagen, 1982; J. M. Eddy u. W. F. Alles, Death Education, St. Louis (Missouri) 1983; R. Winau u. H. P. Rosemeier (Hg.), T. u. Sterben, 1984; G. Schmied, Sterben u. Trauern in der mod. Ges., 1985; H. Stubbe, Formen der Trauer, 1985; P. Grubbe, Warum darf ich nicht sterben?, 1986; H. Schnoor u. K. Sendzik, Die Bedeutung des T.es für das Bewußtsein vom Leben, 1986; D. Sich u. a. (Hg.), Sterben u. T., 1986; J. Howe, Das Sterben als Gegenstand psychosoz. Alternsforschung, ²1989 (1987); A. E. Imhof, Die Lebenszeit, 1988; A. Nassehi u. G. Weber, Verdrängung des T.es, in: Soz. Welt 39/1988; B. Buchmayer, T.esspuren, 1989; A. Nassehi u. G. Weber: T., Modernität u. Ges., 1989; J. Wittkowski, Psychol. des T.es, 1990; A. Leist (Hg.), Um Leben u. T., 1991.

Tönnies, Ferdinand, 26. 7. 1855 Riep b. Tönning – 11. 4. 1936 Kiel, Studium der Gesch., alten Sprachen, Philosophie u. Soz.wiss.en, 1881 Habil. für Philosophie in Kiel, 1910–33 Präs. der »Dt. Ges. für Soziol.«, 1909 a. o. Prof., 1913 o. ö. Prof. für wirtschaftl. Staatswiss.en in Kiel, 1916 em., 1921–33 Lehrtätigkeit für Soziol. in Kiel.

T. zählt in Dtl. neben M. Weber u. G. Simmel zu den Begründern der Soziol. als einer selbständigen Einzelwiss. Der Gegenstand der Soziol. sind die sozialen Verbindungen oder »Wesenheiten«. Während sich die theoret. oder »reine Soziol.« begriffl.-systemat. mit den »sozialen Wesenheiten« befaßt, bemüht sich die histor. oder »angewandte Soziol.« auf deduktivem Wege um die Erklärung der ges. Entwicklung. Die empir. Soziol., die sich weitgehend mit Soziographie u. empir. Sozialforschg. deckt, bedient sich der induktiven Methode. Die »sozialen Wesenheiten« resultieren aus dem menschl. Wollen u. »Zusammenwollen«. Sie stehen den verbundenen Individuen gleichsam objekthaft als Gebilde ihres Wollens gegenüber u. werden als

»Tatsachen« empfunden. Die »reine Soziol.« befaßt sich nur mit positiven bzw. konfliktfreien Sozialbeziehungen. Konflikte, Streit u. Feindschaft, die soziale Beziehungen infrage stellen, sind Gegenstand der empir. Soz.psychol. Die beiden zentralen u. zugleich gegensätzlichen Grundbegriffe seiner »reinen Soziol.« sind »Gemeinschaft« u. »Gesellschaft«. Die »Gemeinschaft« (z. B. Familie, Nachbarschaft und Freundschaft) wird von gefühlsmäßigen, innigen sozialen Beziehungen gekennzeichnet u. resultiert aus dem »Wesenwillen« der jeweils Beteiligten. Diese Willensart ist stark emotionsgeladen u. unterliegt nicht dem rationalen Zweck-Mittel-Denken. Die »Ges.« hingegen (z. B. Aktienges., Politik, Großstadt) wird von individuellen Interessen u. lockeren Sozialbeziehungen geprägt. Sie dient der Erreichung bestimmter Zwecke u. resultiert aus dem »Kürwillen«, in dem rationales Zweck-Mittel-Denken von Einzelmenschen zum Ausdruck kommt. Die beiden Grundbegriffe »Gemeinschaft« u. »Ges.« stellte T. zugleich in den Mittelpunkt seiner Theorie der gesch.-ges. Entwicklung: Das Zeitalter der »Gemeinschaft« ist von jenem der »Ges.« abgelöst worden, das durch Pluralismus u. Interessenkämpfe krisenanfälliger ist. Das Ziel der weiteren Entwicklung sah T. in einer Ges., in der ein genossenschaftl.-gemeinschaftl. Sozialismus verwirklicht ist.

Schr.: Gemeinschaft u. Ges., 1991 (⁸1935, 1887); Thomas Hobbes' Leben u. Lehre, ³1925 (1896); Philos. Terminologie in psychol.-soziol. Ansicht, 1906; Die Entwicklg. der soz. Frage, 1989 (⁴1926, 1907); Die Sitte, 1909; Menschheit u. Volk, 1918 (ngh. unter dem Titel: Wege zu dauerndem Frieden?, 1926); Marx. Leben u. Lehre, 1921; Kritik der öffentl. Meinung, 1922; Soziol. Studien u. Kritiken, 3 Bde., 1925–29; Fortschritt u. soz. Entwicklg., 1926; Einf. in die Soziol., ²1981 (1931); Geist

der Neuzeit, 1935; F. Tönnies – H. Höffding – Briefwechsel, hg. v. C. Bickel u. R. Fechner, 1989; Der Nietzsche-Kultus. Eine Kritik, hg. v. G. Rudolph, 1990.
Beiträge von R. König, H. Plessner, L. v. Wiese, G. Wurzbacher u. a. über F. T. (in: KZfSS 7, 1955); R. Heberle, Das soziol. System von F. T. (Schmollers Jb. 75, 1955); A. Bellebaum, Das soziol. System von F. T., 1966; E. G. Jacoby, Die mod. Ges. im soz. wiss. Denken von F. T., 1971; L. Clausen u. a. (Hg.), T. heute, 1985; C. Schlüter u. L. Clausen (Hg.), Renaissance der Gemeinschaft?, 1990; J. Spurk, Gemeinschaft u. Modernisierung, 1990; C. Bickel, F. T., 1991.

Toleranz (lat.), ein für das Zus.leben in weltges. Bezügen zunehmend wichtiger werdender Ideal- u. Grundwert u. eine entsprechende Werthaltung, denen zufolge über die jeweils eigene soziokult. Umwelt hinaus auch andere Kulturen, Völker u. Nationen sowie deren Anschauungen, Wertsysteme, Normen u. Verhaltensweisen als gleichwertig anerkannt werden sollten.
Repressive T. ist eine von H. →Marcuse propagierte Bezeichnung für die letztlich Freiheit u. Widerspruch einschränkende Wirkung polit. praktizierter T. in modernen liberal-demokrat. Ges.en. Aufgrund seiner stabilen Herrschaftsstrukturen kann das polit. System solcher Ges.en alle Ideen u. polit. Aktionen billigen u. damit alles als nicht-systemgefährdend immunisieren. Kritik u. Protest werden integriert. Polit. wirksame Aktivität kann darum als systemändernde Kraft nur noch von »außen« kommen.

I. Fetscher, T., 1990.

Topitsch, Ernst, *20. 3. 1919 Wien, 1946 Dr. phil., 1951 Habil., 1956 apl. Prof. Wien, 1962 o. Prof. für Soziol. Heidelberg, 1969 o. Prof. für Phil. Graz, 1989 em. Mit erkenntnistheoret., weltanschauungsanalyt. u. ideologiekrit. Arbeiten im Grenzbereich zw. Philos. u. Soziol. geht es T. um eine aufklärende Zurückweisung sowohl eines »abendländ.« wie »marxist.« Dogmatismus. Gleichzeitig weist er aber auch auf die Gefahren eines soziol. Empirismus hin, der sich (ohne eigene sozialphilosoph. Reflexionen) unkrit. beliebigen wiss.-fremden Instanzen u. ges. Kräften zur Verfügung stellt.

Schr.: Vom Ursprung u. Ende der Metaphysik, 1958; Soz.phil. zw. Ideologie u. Wiss., [3]1971 (1961); (Hg.) Logik der Soz.wiss.en, [12]1993 (1965); Die Soz.phil. Hegels als Heilslehre u. Herrschaftsideologie, [2]1981 (1967); Die Freiheit der Wiss. u. der polit. Auftrag der Univ., [2]1969; Mythos – Phil. – Pol. Zur Naturgesch. der Illusion, [2]1969; Gottwerdung u. Revolution, 1973; Erkenntnis u. Illusion, [2]1988 (1979); Stalins Krieg, [3]1990; Heil u. Zeit, 1990; Werturteilsstreit (m. H. Albert), [3]1990; Die Voraussetzungen der Transzendentalphilos., [2]1992 (1975).

Totalität (lat.), »Gesamtheit«, »Vollständigkeit«; zentrale Kategorie der Krit. Theorie; bezeichnet den gesamtges. Lebenszus.hang einer bestimmten gesch. Entwicklungsstufe, der auch die soziol. Forschung über ihn noch bestimmt u. damit die (vom Positivismus unterstellte) vermeintl. freie Wahl der wiss. Kategorien u. Modelle im Hinblick auf eine wirkl. sach- u. problemadäquate Aufklärung über die Ges. einschränkt. Das wiss. Vorverständnis des Forschers von der T. verhindert Gleichgültigkeit gegenüber dem Untersuchungsgegenstand, stimuliert Überlegungen zur »Angemessenheit« der benutzten wiss. Kategorien an den Forschungsgegenstand. Es vermittelt zw. Forschungssubjekt u. -objekt in der Weise, daß im Besonderen der untersuchten ges. Gegenwart immer schon das Allg. einer vernunftgemäßen »befreiten« Ges. mitgedacht wird. Es läßt eine Verdinglichung der einzelnen ges. Forschgs.objekte zu einem Material für distanziertes, entsubjektivier-

tes techn.-kausalwiss. Erkenntnisinteresse nicht zu. Der Begriff T. hat keine erkenntnistheoret. Beziehungen zur →Ganzheit. →Theorie.

Th. W. Adorno u. a., Der Positivismusstreit in der dt. Soziol., 1969.

Totalitarismus (lat.), »alles umfassendes System«, sowohl deskriptiv-analyt. als auch von vornherein krit. u. negativ wertend gefaßter Begriff der Politischen Wiss. zur Kennzeichnung von polit. Herrschaftssystemen, denen wegen versch. Tendenzen zur Zentralisierung, Uniformierung u. einseitigen Reglementierung des gesamten polit., ges. u. kulturellen Lebens fundamentale Struktureigenschaften einer Demokratie fehlen. Die versch. Interpretationen von T. sind darum genauso versch. wie die Ansichten über Ideal u. Realität von Demokratie.

Begriffsgeschichtl. ist T. zunächst als krit. Gegenbegriff gegen das polit.-staatl. Selbstverständnis u. die Realität des Faschismus u. Nationalsozialismus entwickelt worden. Der T.begriff bezieht sich auf Ideologien, nach denen durch ein Totalwerden des Staates über die Ges. – bei gleichzeitiger revolutionärer Überwindung von ges. Pluralismus u. seinen polit. Ausdrucksformen – auf der Basis sog. Volksgemeinschaft die Antagonismen u. Probleme mod. bürgerl. Industrie-, Klassen- u. Konkurrenzges. gelöst werden könnten. Später diente der Begriff T. auch zur Analyse u. Kritik sowjet. bzw. kommunist. Herrschaftssysteme, deren Elemente, Ursprünge, Funktionsstruktur u. Entwicklungstrends mit ihm beschrieben werden sollten. Als wesentl. Züge u. Charakteristika eines totalitären Regimes wurden erkannt (C. J. Friedrich, Z. K. Brze-

Totem 878

zinski): (a) eine verbindl., unumschränkte Loyalität der Bürger fordernde u. alle ges. u. polit. Aktivitäten auf die Erreichung eines ges. Zielzustandes ausrichtende Ideologie, (b) eine von einem einzigen Mann geführte, hierarch.-bürokrat. ausgerichtete Einheitspartei als polit. Massenbewegung u. oberstes staatl. Führungsinstrument, (c) eine mit allen Befugnissen ausgerüstete terrorist. Geheimpolizei, (d) ein Nachrichten- u. Massenkommunikationsmonopol, (e) ein Waffenmonopol zur Ausschaltung jegl. offenen polit. Widerstandes u. (f) eine zentral gelenkte u. verwaltete Wirtschaft.

Gegenüber dem T.begriff wird kritisch bemerkt, daß er versch. polit. Systeme mit ihren Ideologien u. Herrschaftsrealitäten unter einen Begriff subsumiert u. dadurch das Spezifische jedes Phänomens in seinem gesch. Ursprung u. seiner ges. Entfaltung unterschlägt zugunsten äußerer u. relativ formaler Analogien in Herrschaftsaufbau u. Herrschaftstechnik (Jänicke, Lieber, Ludz, Stammer).

H. Arendt, Elemente u. Ursprünge totaler Herrschaft, 1955; Z. K. Brzezinski, The Permanent Purge, Cambridge, Mass. 1956; ders., Ideology and Power in Soviet Politics, New York 1962; C. J. Friedrich, Totalitäre Diktatur, 1957; P. C. Ludz, Entwurf einer soziol. Theorie totalitär verfaßter Ges. (in: Studien u. Materialien zur Soziol. der DDR, Sonderheft 8 der KZfSS, 1964); O. Stammer, Aspekte der T.forschung (in: Polit. Soziol. u. Demokratieforschung, 1965); H.-J. Lieber, T.-Aspekt eines Begriffs (in: Philosophie, Soziol., Ges., 1965); M. Jänicke, Totalitäre Herrschaft, 1971; M. Greiffenhagen u. a., T., 1972; E. Fraenkel, Der Doppelstaat, 1974; Inst. f. Zeitgesch. (Hg.), T. u. Faschismus, 1980; U. Backes u. E. Jesse, T., Extremismus, Terrorismus, ²1985 (1984); K. Löw (Hg.), T., ²1993; K. Hornung, Das totalitäre Zeitalter, 1993.

Totem, (einer nordamerikan. Indianersprache entstammende) Bezeichnung für eine Verwandtschaftsgruppe, zu der nicht nur die Blutsverwandten u. die toten Ahnen, sondern auch bestimmte Tierarten oder Pflanzen, mitunter sogar anorgan. Dinge (Steine, Himmelskörper) gezählt werden. Der T.kult (T.ismus) führt zu bes. Einstellungen u. Verhaltensweisen gegenüber den T.objekten (Tötungsverbote, Eßverbote, Vermehrungssitten).

Touraine, Alain, *3. 8. 1925 Hermanville-sur-Mer (Dép. Calvados), Frankreich, Studium an der Ecole Normale Supérieure, Forschungen am Centre d'Etudes Sociologiques, Lehramt am Inst. des Sciences Sociales du Travail u. am Inst. d'Etudes Politiques, seit 1966 Prof. in Nanterre.

T. untersucht die Einstellung der Arbeiter zur Arbeit, die Beziehung zw. Arbeitssituation u. Technik, die Relation von Beruf u. Entscheidungshandeln. Betriebe begreift er als soziale Systeme nicht nur allg. unter dem Aspekt der Kommunikation, sondern zugleich als Herrschaftsräume. Seine Studien zur Betriebssoziol. übergreifend, beschäftigt sich T. mit der Klassensituation der Arbeiter in einer hochdifferenzierten Ges. Er konstatiert »lags« zw. techn. Wandel u. polit. Entwicklung, die sich den Aktionen der Arbeiter, abgesehen von grundsätzl. Fragen (Industriedemokratie), entgegenstellen. Ferner hat er sich mit dem Übergang der Industrieges. zur post- bzw. →nachindustr. Ges. befaßt.

Schr.: L'évolution du travail ouvrier aux usines Renault, Paris 1955; Ouvriers d'origine agricole (mit O. Ragazzi), Paris 1961; Sociologie de l'action, Paris 1965 (dt.: Soziol. als Handlungswiss., 1974); Workers' Attitudes to Technical Change (mit anderen), Paris 1965; La conscience ouvrière, Paris 1966; Le mouvement de mai ou le communisme utopique, Paris 1968; Industrie- u. Betriebssoziol., in: Hdb. der empir. Soz.forschg., Bd. II, hg. v. R. König, 1969; La société post-industrielle, Paris 1969 (dt.: Die postindustrielle Ges., 1972); Le communisme utopique, Paris 1972; Université et société aux Etats-Unis, Paris 1972; Production de la société, Paris 1973; Vie et mort du Chili populaire, Paris 1973; Pour la sociologie, Paris 1974 (dt.: Was nützt die Soziol., 1976); Les sociétés dépendantes, Paris 1976; Lettres à une étudiante, Paris 1976 (dt.: Briefe an eine Studentin. Verfall u. Wiederaufbau einer Ges., 1976); La Société invisible, Paris 1977; Un Désir d'histoire, Paris 1977; La voix et le regard, Paris 1978; Mort d'une gauche, Paris 1979; La prophétie anti-nucléaire (mit anderen), 1980, dt.: Die antinukleare Prophetie, 1982; Mouvements sociaise d'aujord'hui, 1982; Le mouvement ouvrier (mit anderen), Paris 1984.

Tourismus (franz. »tour« = Fahrt), Fremdenverkehr, Reisewesen; ist durch Arbeitszeitverkürzung (»langes Wochenende«), längere Urlaubszeiten, höheren Lebensstandard u. mod. Verkehrstechnik in entwickelten Industrieges.en zum sozialen Massenphänomen geworden. Die partielle Herauslösung aus den normalen sozialen Beziehungen durch Ortsveränderung, der Kontakt mit fremden (ausländ.) Verhaltensmustern u. organisierter Massent. haben versch., sowohl für die Wahl des Reiseziels wie für die Erlebnisformen u. -wünsche des Reiseurlaubs Richtung weisende Tour.normen u. T.kulturen entstehen lassen.

Durch Reisen werden Distanz zum Alltags- u. Berufsleben, Entspannung u. Erholung, Lebensgenuß, sportl. Aktivitäten, Abwechslung, neue Eindrücke u. Kontakte, das Kennenlernen anderer Kulturen, Kunstgenuß, Erlebnisse, Abenteuer u. mitunter sogar extreme Herausforderungen angestrebt. Je nach Art der Reise (Erholungs-, Studien-, Abenteuerreise u. a. m.) wird zw. unterschiedl. Typen von Touristen differenziert.

Die weltweite Ausbreitung des Massent. hat Prozesse der →Akkulturation u. insbes. des Wertwandels verstärkt. Hierbei hat sich die zunächst erhoffte Völkerverständi-

gung in engen Grenzen gehalten. Vielmehr haben in armen Ländern wohlhabende Touristen zu Erschütterungen der überkommenen Kultur, der Ges.sstruktur u. Herrschaftsordnung beigetragen. Zu den mitbedingten Folgen zählen z. B. zunehmende Kriminalität, Prostitution u. Mobilität (Wanderung zu den »Wohlstandsges.en«). Wachsende Bedeutung hat der »sanfte T.« (Alternativ-T.) gewonnen: umweltverträgl. T. (Schonung der Natur, möglichst wenig Landschafts- u. Ressourcenverbrauch, umweltschonende Abfallentsorgung, landschaftsgerechter Bau von Hotelanlagen u. Feriendörfern), weitestgehende Rücksichtnahme auf die einheimische Bevölkerung u. Respektierung ihrer Kultur u. Besonderheiten.

H.-J. Knebel, Soziol. Strukturwandlungen im mod. T., 1960; H.-W. Prahl u. a. (Hg.), T., 1992 (1981); H. Fischer, Warum Samoa, 1984; H. Wahrlich, T. – eine Herausforderung für Ethnologen, 1984; N. Ropers, T. zw. West u. Ost, 1986; E. Roth, Lokomotive T., 1986; P. Hasslacher (Hg.), Sanfter T., 1989; H. W. Opaschowski, T.forschg., 1989; K. Ludwig u. a. (Hg.), Der neue T., ²1990; H. Bausinger u. a. (Hg.), Reisekultur, 1991; A. Steinecke (Hg.), T. – Umwelt – Ges., ²1992.

Trade Unions (engl.) →Gewerkschaften

Tradierung (lat.), im Sinne einer kulturellen Vererbung die Weitergabe soziokult. Elemente (Ideen, Werte, Normen, Symbole, Sprache, Verhaltensmuster u. ä. m.) an die nachwachsenden Generationen. Die vermittelnden Prozesse sind die Sozialisation u. Enkulturation. In der mod. Ges. unterliegt die T. einem starken Veränderungsdruck infolge des beschleunigten soz. Wandels.

Tradition (lat.), »Überlieferung«, »Gewohnheit«; die Gesamtheit der

Traditional

von vorausgegangenen Kulturen u. Generationen überlieferten Wertvorstellungen, Verfahrensweisen, Verhaltensmuster, Orientierungsweisen, Vorurteile u. Legitimitätsmaßstäbe sowie der dadurch bewirkten spezif. individuellen u. sozialen Beziehungen zur materiellen Kultur. T. bezeichnet gegenüber Rationalität (als dem Ergebnis des eigenen, immer wieder neuen Entscheidens) das über längere Zeiträume fortdauernde Festhalten an (bereits von anderen) erprobten, bewährten, für angemessen gehaltenen kulturellen Formen u. Inhalten. T. festigt Ordnung. Der mit ihr verbundene Mensch erhält Entlastung von Informationshandlungen u. von Entscheidungsdruck. Andererseits beschränkt T. die theoret. Entfaltung u. die prakt. Durchsetzung von Alternativen, Innovationen u. neuen Problemlösungen, verhindert sie die Anpassung von Institutionen, Organisationen u. Autoritätsformen an neue, durch sozialen Wandel bewirkte funktionale Erfordernisse. T. fördert die Zufriedenheit lethargischer u. intellektuell anspruchsloser Massen ebenso, wie sie kreative, aber unduldsame u. perfektionist. orientierte Kräfte an einer elitären Durchsetzung neuer Ideen (Utopien) behindert. In einer »verwissenschaftlichten«, »emanzipierten« u. damit selbstbewußten Ges. gilt T. als fortschrittsfeindl. u. darum zu überwindende kulturelle Haltung. T. sgeleitete Ges. en zeigen demgegenüber: eine verhältnismäßig langsame Entwicklg., ein Dominieren familien- u. sippengebundener Sozial-Organisation, ein dichtes Netz sozialer (z. T. tabuierter bzw. verabsolutierter) Wertsetzungen, fatalist. Lebensorientierungen mit transzendentalen Symbolen (Jenseitsorientierung), mangelhafte

Naturbeherrschung (u. dadurch geringe Produktivität). →Konservatismus

A. Gehlen, Urmensch u. Spätkultur, 1956; H. Freyer, Theorie des gegenwärtigen Zeitalters, 1958; J. Pieper, Über den Begriff der T., 1958; S. N. Eisenstadt, T., Wandel u. Modernität, 1979 (amerik. 1973); E. Shils, T., Chicago 1981; K. Mácha (Hg.), Kultur u. T., 1983.

Traditional, nach M. Weber ein Begriff zur Kennzeichnung eines sozialen Verhaltens u. eines Herrschaftsverhältnisses, die durch eingelebte Gewohnheit u. durch den Glauben der Handelnden an die Heiligkeit altüberkommener Ordnungen bestimmt sind (→Tradition). Das weitgehend t. geprägte Alltagshandeln liegt oft jenseits des »sinnhaft« orientierten Handelns.

M. Weber, Wirtschaft u. Ges., ⁵1980 (1921).

Traditionslenkung, Traditionsleitung, D. →Riesman

Transformation (lat.), »Überleitung«, Bezeichnung aus der Theorie sozialen u. polit. Wandels für den Prozeß des Überganges eines definierbaren Systems von einem Ausgangszustand in einen angebbaren (theoret. prognostizierten) Folgezustand unter best. Übergangserscheinungen.
T. bezeichnet insbes. die – oft mit verschärften Anpassungsproblemen, Konflikten u. Krisen verbundene – tiefgreifende u. grundlegende Umwandlung einer Ges. u. Kultur in ein neues, anderes soziokult. Gesamtsystem, z. B. Übergang von der Agrar- zur Industrieges., Moderne zur Postmoderne, Industrieges. zur nachindustr. Ges. (Dienstleistungs- u. Informationsges.), vom Staatssozialismus zur pluralist. Demokratie. T. beinhaltet die Umwandlung von Weltanschauung, Wertsystem, Herrschaftsordnung, Wirtschaftssystem,

Soz.struktur, Verhaltensweisen u. Lebensstilen. T. bildet somit eine soziokult. Zäsur (Einschnitt) u. läßt oft eine neue Epoche beginnen.

J. Fourastié, Die große Hoffnung des 20. Jh.s, 1954; W. W. Rostow, Stadien wirtschaftl. Wachstums, 1960; S. Rosner, Ges. im Übergang?, 1990.

Transitorisch (lat.), vorübergehend, nur kurz andauernd.

Transzendenz (lat. transcendere = hinübersteigen); seit E. Kant die philos. Bezeichnung für alles, was eine mögl. Erfahrung überschreitet. Transzendentale Erkenntnis beschäftigt sich nicht mit erfahrbaren Gegenständen, sondern mit der Erkenntnisart von Gegenständen, soweit wie diese apriori (vor jeder Erfahrung) mögl. sein soll.

Trend (engl.), »Richtung«, »Strömung«; statist. Bezeichnung für die Entwicklung, d. h. für die zukünftige Grundrichtung der Veränderung einzelner Variablen oder der Beziehungen zw. ihnen. Die sozialwiss. T.analyse stellt eine bestimmte Anzahl von Untersuchungsergebnissen zeitlicher Querschnitte nebeneinander u. vergleicht die Zu- oder Abnahme gemessener absoluter oder relativer Werte.

Trennschärfe, bezeichnet 1) die Fähigkeit eines statist. Tests, falsche Hypothesen zurückzuweisen. 2) Bei Skalen bezieht sich die T. auf die Eindeutigkeit u. klare gegenseitige Abgrenzbarkeit der einzelnen →Items (Aussage, Behauptung, statement, Indikator).

Trial-and-Error-Methode (engl.), »Versuch-und-Irrtum-Methode«; die Methode selektiven Lernens (oder Forschens), bei der aus der Menge relativ planlos bis zufällig vorgenommener Verhaltensweisen (bzw. Experimente u. ä.) die »erfolgreichen« (bzw. neue Erkenntnisse bringenden) ausgewählt u. bewahrt werden.

Tribalismus (engl. tribe = Stamm, Sippe), Bezeichnung für eine ges. u. polit. folgenreiche Grundeinstellung, aus der heraus die Interessen des Stammes oder eines ähnl. Kollektivs höher bewertet werden als jene des Staates. Zunehmende Ausprägung von T. kann die Kohäsion u. territoriale Integrität eines Staates gefährden: wachsende Rivalität einzelner Stämme um Macht, Einfluß, Lebenschancen u. Ges.gestaltung, verstärktes Streben nach Autonomie, schließlich Bürgerkrieg, Separatismus u. Sezession (Abtrennung von Staatsgebieten), Zerfall des bisherigen Staates.

Trieb, nicht eindeutig von →Instinkt abgrenzbare Bezeichnung (a) für eine angeborene (jedoch durch Umwelteinflüsse in bestimmter Weise sublimierbare) psychophys. Antriebsdynamik tier. u. menschl. Lebewesen, die den Organismus dazu »antreibt«, ein bestimmtes Bedürfnis zu befriedigen; (b) für einen hypothet. Zustand des Organismus (wodurch auch immer verursacht), der sich in der Veränderung der Häufigkeit des Auftretens bestimmter Verhaltensweisen äußert. Solche Veränderungen (u. die dahinter vermuteten qualitativen u. quantitativen Veränderungen der T.stärken) können bewirkt werden durch Deprivation, durch Umweltveränderungen u. durch Veränderungen der biolog.-hormonalen Organismussituation.

Trittbrettfahrer, Schwarzfahrer, Freifahrer (engl. free rider), insbes.

Troeltsch

in der Wohlfahrtsökonomie verbreitete Bezeichnung für Personen, die das Angebot →öffentl. Güter u. Dienstleistungen (aus)nutzen, ohne deren Finanzierung (angemessen) mitzutragen; ggf. sind sie nur indirekt als Steuerzahler zwangsläufig beteiligt. Das T.problem wächst mit der Größe ges. Lebenszus.hänge, weil dann zugleich die primärgruppenhafte Kontrolle u. der informelle Druck auf den einzelnen zur Einhaltung einer moral.-solidar. Handlungsorientierung tendentiell abnehmen (»Dilemma der großen Zahl«, J. Buchanan). T. werden vor allem zu einem Problem bei der Verteilung von Nutzen u. Lasten im (halb)öffentl. Sektor der mod. organisierten Massenges. So sind z. B. Arbeitnehmer, die nicht einer Gewerkschaft angehören, aufgrund des Prinzips der Nichtausschließbarkeit T. bzw. Nutznießer gewerkschaftl. erkämpfter Einkommenserhöhungen, Arbeitsverbesserungen u. Arbeitszeitverkürzungen. Das Phänomen der T. beinhaltet hinsichtlich der Beitragszahler ein Problem der Ungerechtigkeit sowie die Gefahr einer Schrumpfung der Mitgliedschaft. Im Hinblick auf staatl. angebotene Kollektivgüter u. -dienste ergibt sich bei zunehmender individualist.-egoist. Orientierung die Tendenz, solche Angebote übermäßig auszunutzen. Der Niedergang moral.-solidar. Handlungsorientierung durch eine zunehmende Zahl von T.n verstärkt sich infolge wachsender Verunsicherung der Sinnhaftigkeit eines moral. ausgerichteten Handelns. Die noch solidar. Handelnden fühlen sich durch T. immer mehr ausgebeutet. Aus individuell-rationaler Sicht erscheint es vernünftiger, sich gleichfalls als T. zu verhalten.

T.verhalten tritt auch zw. Generationen, Regionen u. Wirtschafts-

sektoren auf, wenn die Rollen des Nutznießers, Zahlenden, Anbieters u. Entscheidungsträgers nicht jeweils in einer Person vereint sind, sondern auf unterschiedl. Personenkategorien verteilt sind. So genießen z. B. Nachwuchskräfte lange Ausbildungszeiten u. ältere Arbeitnehmer streben einen möglichst frühen Eintritt in den Ruhestand an, wirtschaftsschwache Regionen u. gegen den Strukturwandel resistente Sektoren wie die Landwirtschaft lassen sich dauerhaft durch prosperierende Regionen u. Sektoren subventionieren. Ist die Erhebung von Zwangsbeiträgen möglich, dann wird zwar das Trittbrettfahren aufgehoben, aber das Problem der Ausnutzung von Anrechten u. der Überbeanspruchung verstärkt.

A. de Jasay, Social Contract, Free Ride: A Study of the Public Goods Problem, Oxford 1989.

Troeltsch, Ernst, 17. 2. 1865 Haunstetten – 1. 2. 1923 Berlin, ab 1884 Studium der Theologie, Philosophie u. Gesch., 1891 Habil. für Theologie in Göttingen, 1892 a. o. Prof. Bonn, 1894 o. Prof. Heidelberg, seit 1915 Prof. für Philosophie Univ. Berlin, 1919–21 Unterstaatssekretär im Kultusministerium, Berlin.

Um das Verhältnis von Religion u. Ges. zu bestimmen, analysierte T. die Wechselwirkungen zw. soz. Bestrebungen der christl. Kirche u. polit. Faktoren. Soziol. hat er als typenbildende Einzeldisziplin aufgefaßt. Er übernahm Max Webers religionssoziol. Typen, denen er mittels histor. Studien zusätzl. Dimensionen erschloß. – T. betonte die Bedeutung des nicht rational Erfaßbaren u. sah darin das Bes. der Religion. Die Ethik gliederte er in die Typen der Individual-, Menschheits- u. Staatsmoral, die in ständiger Spannung zueinander stehen.

Schr.: Die Absolutheit des Christentums u. die Religionsgesch., 1902; Polit. Ethik u. Christentum, 1904; Die Bedeutung des Protestantismus für die Entstehung der mod. Welt, 1904; Die Soz.lehren der christl. Kirchen u. Gruppen, 1912; Gesam. Schr.en, 4 Bde., 1912–25; Der Historismus u. seine Überwindung, 1924; Gesam. Aufsätze zur Geistesgesch. u. Religionssoziol., 1924.
W. Köhler, E. T., 1941; H. Bosse: Marx, Weber, T., 1970; F. W. Graf u. H. Ruddies (Hg.), E. T.-Bibliographie, 1982; H.-G. Drescher, E. T., 1991.

Two-step flow of communication →Zweistufenhypothese der Kommunikation

Typ, Typus (griech.), »Grundform«, »Vorbild«, »Beispiel«, »Urbild«, in der Wissenschaftstheorie unterschiedl., und zwar nach den Bedingungen seines Zustandekommens u. nach den Anwendungsabsichten interpretiertes Erkenntnismittel. Man unterscheidet zunächst T.en nach ihren beschreibenden (deskriptiven) u. erklärenden Funktionen. Deskriptiv wird in den Sozialwiss. der T.-Begriff verwendet, wenn ledigl. Sachverhalte (Gegenstände, Vorgänge oder Beziehungen zw. Gegenständen oder Vorgängen) nach ihren beobachtbaren Merkmalen festgestellt u. klassifiziert werden. Je mehr Merkmale u. je mehr Werte der versch. Merkmale in unterschiedl. Kombinationen registriert werden, um so komplizierter wird die T.enbildung. Tritt eine gewisse Häufung bzw. ein »regelmäßiges« Zus.fallen oder Fehlen bestimmter Eigenschaften auf, können »typ.« Eigenschaftskombinationen festgestellt werden. Solche »Realtypen« als (Eigenschaften) ordnende Schemata werden von den »Idealtypen« unterschieden, die aus gedankl. isolierten u. (entspr. ihrer theoret. Relevanz) willkürl. zus.gefügten Elementen der realen Erscheinungen konstruierte T. sind. Der Ideal-T. ist ein »Gedankenbild, welches nicht die histor. Wirklichkeit oder gar die ›eigentl.‹ Wirklichkeit ist, ... sondern die Bedeutung eines rein idealen Grenzbegriffes hat, an welchem die Wirklichkeit zur Verdeutlichung bestimmter bedeutsamer Bestandteile ihres empir. Gehaltes gemessen, mit dem sie verglichen wird« (M. Weber). Der Ideal-T. hat demnach eine erklärende Funktion bzw. eine instrumentale Bedeutung für die Bildung von Hypothesen über die kausal-genet. Zus.hänge der Realität. →Phänomenolog. Soziol.

M. Weber, Gesam. Aufsätze zur Wiss.slehre, [7]1988 (1922); C. G. Hempel u. P. Oppenheim, Der T.begriff im Lichte der neuen Logik, 1936; H. Haller, T. u. Gesetz in der Nationalökonomie, 1950; J. Janoska-Bendl, Methodol. Aspekte des Idealt., 1965; E. Topitsch (Hg.), Logik der Soz.wiss.en, [12]1993 (1965); W. Sodeur, Empir. Verfahren zur Klassifikation, 1974.

Überbau →Basis u. Überbau

Überbevölkerung, im Vergleich zu den vorhandenen Existenzmittelfonds, natürl. Entsorgungskapazitäten oder den wirtschaftl. Entwicklungsmöglichkeiten eines bestimmten Gebietes zu große Bevölkerungsmenge. Ü. erzwingt eine überhöhte konsumtive Verwendung des Sozialproduktes bzw. schränkt die Möglichkeit der Investitionen u. des techn. (u. damit wirtschaftl.) Fortschritts ein. Andererseits erzwingt Ü. regionale Mobilität u. Suche nach neuen ökonom. Existenzgrundlagen (→Industrialisierung).
Ü. durch Bevölkerungsexplosion ist gegenwärtig ein vorherrschen-

Überflußgesellschaft

des Problem der Entwicklungsländer. Zu den Ursachen zählen überkommene religiöse Vorstellungen u. Traditionen (Fruchtbarkeitskult, Prestige, billige Arbeitskräfte u. Altersversorgung durch große familiäre Kinderzahl), die der Modernisierung der Ges. u. einer rationalen Geburtenkontrolle entgegenwirken. Neben Aufklärungsbemühungen wird eine rigide staatl. Familienplanung zunehmend wichtiger.

P. R. Ehrlich, Die Bevölkerungsbombe, 1971; P. R. u. A. H. Ehrlich, Bevölkerungswachstum u. Umweltkrise, 1972.

Überflußgesellschaft (engl. = affluent society), von dem amerikan. Sozialwiss. Galbraith geprägter Begriff für den strukturellen Zustand u. für die sozialen Probleme einer hochentwickelten Industriegesellschaft. Die Ü. hat, bewirkt durch eine rationalisierte Massenproduktion u. ein ausgebautes Dienstleistung-, Handels- u. Verkehrssystem, einen so hohen Versorgungsstand ihrer Bevölkerung erreicht, daß zur Erhaltung ihres Wirtschaftskreislaufes durch immer neue Werbekampagnen für neuartige Konsumgüter fortwährend auch neue Bedürfnisse u. damit Konsumgüternachfrage »produziert« werden muß. Nicht mehr die Deckung eines bestimmten Bedarfs mit relativ unzureichenden Bedarfsdeckungsmöglichkeiten, sondern die Entwicklung des Bedarfs entsprechend den kreislaufmäßigen Produktionsnotwendigkeiten ist das wirtschaftl. Hauptproblem der Ü. Das soziale Problem der Ü. ist die Diskrepanz zw. »privatem Reichtum« (z. B. Massenkonsum an Kraftfahrzeugen) u. »öffentlicher Armut« (z. B. unzureichende Verkehrswege), die Veranlassung gibt, das zukünftige Verhältnis von privater Wirtschafts- u. öffentl. Staatstätigkeit

neu zu überdenken. Durch das Erreichen ökologisch bedeutsamer Grenzen des wirtschaftl. Wachstums (→Umweltkrise), begrenzte Rohstoff- u. Energiequellen, wirtschaftl. Wachstumskrisen (Inflation, Stagnation, Arbeitslosigkeit, Finanzkrisen) u. durch Abschwächung der berufl. Leistungsmotivation ist gegenwärtig die weitere Herausbildung der Ü. abgebremst worden. Die Rückkehr des Mangels trägt zur Verschärfung sozialer Probleme u. Verteilungskonflikte bei.

J. K. Galbraith, The Affluent Society, 1958, dt.: Ges. im Überfluß, 1959; H. C. Binswanger u. a. (Hg.), Der NAWU-Report: Wege aus der Wohlstandsfalle, 1978; K. H. Hillmann, Umweltkrise u. Wertwandel, ²1986 (1981).

Überfremdung, Veränderung eines soziokult. Bereichs (Gemeinde, Region, Nation, Kulturkreis) durch Einwirkungen anderer bzw. fremder Bereiche. Ü. wird beschleunigt durch verstärkte Migration (Wanderungen), Kommunikation u. →Akkulturation. Ü. beinhaltet exogene Ursachen des soz. Wandels. Hinsichtl. des Stadt-Umland-Verhältnisses bezeichnet Ü. die Veränderung ländl. Soz.strukturen u. Lebensformen durch ausstrahlende Einflüsse der Stadt (Urbanisierung des Umlandes), wobei mitunter desintegrierende Wirkungen befürchtet werden oder sogar eintreten. Vor allem Verfechter einer Bewahrung der ethn.-kulturellen Eigenart der eigenen Ges. befürchten eine Ü. durch Einwanderung von Menschen aus fremden Kulturen. Die Ablehnung von Ü. führt zu Bestrebungen, Einwanderung zu verhindern u. das Eindringen soziokult. Elemente fremder Kulturen einzuschränken oder durch Abschottung weitestgehend zu erschweren. Befürworter der Einwanderung u. einer multikulturellen Ges. lehnen den Begriff Ü. als ein angstbesetztes Schlagwort von Konservativen u. Rechtsradikalen ab.

Über-Ich, Super-Ego, ursprüngl. psychoanalyt., von der Soziol. (T. Parsons) übernommene Bezeichnung für die durch Sozialisation u. Internalisierung in der Struktur der Persönlichkeit verankerten kulturellen u. moral. Grundnormen der umgebenden u. Autorität darstellenden Ges. Das Ü. wirkt als Kontrollinstanz gegenüber den Ansprüchen u. Strebungen des →Es. Im Falle abweichenden Verhaltens macht es sich als Schuld- u. Angstgefühl bemerkbar (»Gewissen«). Ein zu starkes Ü. unterbindet die Entfaltung von →Ich-Identität, →Psychoanalyse.

Überkonformität (engl. overconformity), Bezeichnung für die übermäßige Anpassung (Konformität, Konformismus) einer Persönlichkeit an Werte, Normen u. Rollenerwartungen, die ohne krit. Nachdenken überkorrekt befolgt werden (→Rollendistanz). Ü. resultiert aus strengem Erzieherverhalten (Übersozialisation), starkem Über-Ich, schwacher Ich-Identität u. einem verunsicherten Streben nach höherem Status u. Prestige.

Überlagerung, Überschichtung; allg. die »Unterdrückung« oder Auflösung einer Kultur oder Sozialstruktur durch eine neu hinzukommende, sich ausbreitende stärkere u. leistungsfähigere (z. B. Verstädterung ehemals ländl. Gebiete). Im herrschaftssoziol. Sinne die gewaltsame Unterwerfung eines Volkes durch ein später in das betr. Territorium siegreich eindringende. Die Ü.theorie ist in der Staatssoziol. zu einem universalen Erklä-

rungsprinzip für die Entstehung von Staaten u. den mit diesen verbundenen Hochkulturen entwickelt worden (F. Oppenheimer, L. Gumplowicz, Alfred Weber, A. Rüstow).

L. Gumplowicz, Die soziol. Staatsidee, ²1902; F. Oppenheimer, System der Soziol., 2. Bd., Der Staat, 1926; A. Rüstow, Ortsbestimmung der Gegenwart, 3 Bde., 1951–57; H. Kammler, Der Ursprung des Staates, Eine Kritik der Ü.slehre, 1966; C. Giordano, Die Betrogenen der Gesch., 1992.

Überlebensgesellschaft, eine von K. H. Hillmann 1992 (Vortrag an der TU Chemnitz-Zwickau) geprägte Bezeichnung für einen in nächster Zukunft notwendigerweise zu realisierenden Ges.styp mit globaler Ausbreitung, der mit seiner Kultur, seinen Strukturen, Institutionen, Handlungsabläufen u. Entwicklungsprozessen vorrangig auf die langfristige Sicherung des Überlebens der Menschheit u. der belebten Natur ausgerichtet ist. Der kult. Kern der Ü. ist durch eine ökolog. fundierte Weltanschauung u. durch ein Wertsystem bestimmt, welche neben der Bewahrung der Menschenwürde u. einer freiheitl. Ges.sordnung der Überlebenssicherung höchste Priorität einräumen. Normensysteme u. Verhaltensmuster sind dann aufgrund permanenter Aufklärung u. ökolog. Einsicht mit hoher Akzeptanz durch alltägl.-selbstverständl. gewordene u. notfalls gesetzl. sanktionierte Umwelt- u. Naturschutznotwendigkeiten bestimmt. In Überwindung der gegenwärtigen Verschwendungs- u. Risikoges. sowie der hieraus resultierenden expansiven Umweltkrise (Naturzerstörung, Überlebenskrise) hängt die rechtzeitige Durchsetzung der Ü. entscheidend vom Wachstum u. erfolgreichen Handeln einer möglichst einflußstark werdenden weltweiten Umweltschutzbewegung ab, die sich aus allen Bevölkerungskreisen rekrutiert. Die Untersuchung der Möglichkeiten u. Probleme der Herausbildung der Ü. bildet eine Bewährungsprobe für die Soziol. Dieser Aufgabe kann sich die Soziol. mit werturteilsfreier Forschung stellen, da die Verwirklichung der Ü. als existentielle Notwendigkeit keiner wiss. Rechtfertigung bedarf.

K. H. Hillmann, Umweltkrise u. Wertwandel, [2]1986 (1981); ders., Die »Ü.« als Konstruktionsaufgabe einer visionären Soziol., in: Österr. Zs. f. Soziol. 18, 1993.

Überschichtung   →Überlagerung

Übersichtsstudie (engl. social survey), in den 1920er Jahren in den USA aus kommunalpolit. Interessen entstandene Untersuchungsmethode der Empir. Sozialforschg. Für die Ü. wurde umfassendes Material über bestimmte soziale Variablen, Eigenschaften u. Beziehungszus.hänge im Bereich von Gemeinden (Gemeindestudie) gesammelt, um Ausgangsinformationen für pädagog. karitative Entscheidungen zur Abhilfe von sozialen Übelständen bereitzustellen.

Umfrageforschung   →Meinungsforschung

Umgangsformen, unter den prägenden Einflüssen der jeweils bestehenden soziokult. Verhältnisse die traditional überkommenen, eingelebten, relativ stabilen oder sich beschleunigt wandelnden Muster des soz. Verhaltens von Menschen in verschiedenen Bereichen u. Situationen des alltägl. Zus.lebens: Begrüßung u. Verabschiedung, Sichvorstellen u. -bekanntmachen, gemeinsames Arbeiten, Essen u. Trinken, Einladung, Besuch, Gespräch bzw. Unterhaltung, Gesellichkeit, Feiern, Schenken, Tauschhandlungen, Sport, Spiel u. Tanz, Begegnung von Frauen u. Männern, Kindern u. Erwachsenen, Verhandlungen, Bewältigung soz. Konflikte u. von Schicksalsschlägen, Trauer, dazu Bekleidung u. Selbstdarstellung.

U. sind Ausdruck der weitgehenden normativen Standardisierung u. Regulierung der Interaktionen zw. zwei oder mehr Personen, des Miteinander-Umgehens der Interaktionspartner. Die jeweiligen soz. Normen (Regeln, Pflichten, Vorschriften, Gebote, Empfehlungen, Verbote, Tabus u. ä. m.) werden von der existentiellen Notwendigkeit einer soziokult. Regulierung des soz. Zus.lebens der Menschen getragen u. in sinngebender Weise durch gemeinsame weltanschaul. Orientierungen u. Wertvorstellungen gestützt. U. sind um so stabiler u. dauerhafter, je mehr sie in eine traditional gefestigte, stat. Ges. eingelagert sind. Es besteht ein enger Zus.hang mit den jeweiligen Macht- u. Herrschaftsverhältnissen in der Ges. u. in einzelnen soz. Gebilden. Je nach Eigenart einer Ges. sind U. mehr autoritär, militär. u. aggressiv oder partnerschaftl., kollegial, fürsorglich u. einfühlsam, mehr egozentr. oder prosoz., mehr sachlich, nüchtern u. affektiv neutral oder gefühlsbestimmt, affektiv u. leidenschaftl. ausgeprägt bzw. akzentuiert.
I. Eibl-Eibesfeldt führt in seiner empir.-kulturvergleichenden Verhaltensforschg. Ähnlich- oder Gleichartigkeiten bestimmter, elementarer U. u. Riten (z. B. Kontaktaufnahme, Grußverhalten, Aggressionshemmung, Beschwichtigung) in verschiedenen Kulturen auf »Vorprogrammierungen« des

menschl. Verhaltens durch stammesgesch. Anpassungen u. genetische Faktoren zurück. Die Kultur- u. Ges.sgesch., die Vielzahl der Kulturen u. der gegenwärtige soz. Wandel lassen jedoch eine Mannigfaltigkeit der U. erkennen, die nicht allein etholog. bzw. mit Hilfe einer biolog. orientierten Verhaltensforschg. erklärt werden kann. Insbes. in höheren Kasten, Ständen oder Schichten von Hochkulturen haben sich zur Eindämmung oder Unterdrückung spontaner, triebhafter, aggressiver, aufdringlicher u. affektueller Verhaltensmöglichkeiten verfeinerte U. herausgebildet. Gemäß N. Elias wurden im europ. Mittelalter ritterl.-höf. Kreise zu Schrittmachern kultivierter U., die insbes. Verhaltensvorschriften für das gemeinsame Speisen u. Trinken (Tischsitten) beinhalteten u. sich in Regelbüchern u. Manierenschriften niederschlugen. Mit der Entfaltung der bürgerl. Ges. kristallisierten sich zahlreiche Anstandsregeln, Höflichkeitspflichten, Regeln der feinen Sitte, des guten Tons u. Benehmens, des schickl. u. korrekten Verhaltens (→Etikette) heraus, die insbes. in höheren soz. Schichten die U. weitgehend bestimmten u. nahezu ritualisierten. Durch Einhaltung der Vorschriften des »guten Benehmens« kann gegenüber Mitmenschen Höflichkeit, Rücksichtnahme, Respekt, Wertschätzung, Hilfsbereitschaft, Anteilnahme (→Prosoz. Verhalten) bekundet werden. Gute U. werden aber auch bewußt oder unterbewußt als Fassade mißbraucht, hinter der sich Egoismus, Mißgunst, Gehässigkeit, Intrigantentum u. ä. m. verbergen können (unaufrichtige U., geheuchelte Höflichkeit).
Besonders in der mod. pluralist. Ges. unterliegen U. in den verschiedenen ges. Bereichen, Subkulturen, soz. Schichten u. Milieus Modifikationen u. Variationen. Auch ist der Einfluß von Regeln des guten Benehmens in soz.struktureller Hinsicht unterschiedl. stark ausgeprägt. Sozialist. Strömungen, Prozesse der Demokratisierung, ges. Umwälzungen u. Tendenzen zum Massenkonsum haben zur Enthierarchisierung der Anstandsregeln beigetragen. Eine folgenreiche Auflockerung tradierter Normengebundenheit der U. erfolgte durch die kultur-revolutionäre Protestbewegung soz.krit. Intellektueller, Studenten u. Jugendlicher in den 1960er Jahren, die für antiautoritäre »Erziehung« u. U., für ein »natürl.«, ungezwungenes, legeres Soz.verhalten eintraten u. teilweise vorlebten. Autorität u. die Ehrfurcht vor älteren Menschen erfuhren eine erhebl. Abwertung (bis hin zur Respektlosigkeit). Normen des guten Benehmens unterlagen einem beschleunigten Wandel. Ihre rituelle Strenge nahm ab. Übertriebene Höflichkeit wurde zum Stigma des Altmodischen. Vorschriften hinsichtl. der Körperhaltung haben sich gelockert. Standards für Sauberkeit u. Hygiene haben sich verschärft. Wertwandel, eine gewisse Entfesselung der Sexualität u. Abschwächung von Moralvorstellungen verdrängten überkommene Sittenstrenge im Umgang der Geschlechter. Vergrößerte Spielräume für die individuelle Ausgestaltung von U. kommt nicht nur prosoz. Verhalten zugute, sondern wird auch für rücksichtsloses, respektloses, unhöfliches, rüdes, aggressives u. gewalttätiges Verhalten ausgenutzt (Verschlechterung der Qualität des soz. Zus.lebens).
In der Leistungsges. mit verschärfter Konkurrenz um attraktive Positionen hängen Karriere- u. Aufstiegschancen auch vom sicheren u.

Umschichtung

korrekten Auftreten durch Beherrschung zeitgemäßer Anstands- u. Höflichkeitsregeln ab. Für Nachwuchskräfte aus Milieus u. ges. Kreisen, in denen antiautoritär erzogen wurde oder Regeln des guten Benehmens vernachlässigt werden, erfordert der Ausgleich schlechterer Wettbewerbschancen ein nachträgl. Verhaltenstraining. Hochkultivierte, rituell strenge U. werden insbes. in der Diplomatie u. in bestimmten höheren Ges.kreisen aufrechterhalten. Ansonsten breiten sich gegenwärtig unter dem besonderen Einfluß der nordamerik. Ges. unkomplizierte, legere, partnerschaftl. u. z. T. kumpelhafte U. aus (Tendenzen einer Internationalisierung der U. in Verbindung mit einer Reduzierung von Status- u. Autoritätsunterschieden).

A. F. v. Knigge, Über den Umgang mit Menschen, 1788; N. Elias, Über den Prozeß der Zivilisation, 2 Bde., [13]1990 (1939); K. Graudenz u. E. Pappritz, Das Buch der Etikette, 1957; I. Eibl-Eibesfeldt, Liebe u. Haß, 1970; ders., Die Biologie des menschl. Verhaltens, 1984; H.-V. Krumrey, Entwicklg.sstrukturen v. Verhaltensstandarden, 1984; K. Mitralexi, Über den Umgang mit Knigge, 1984; K. Nestele, Die neue Höflichkeit, [2]1987; H. Commer, Der neue Manager-Knigge, 1993.

Umschichtung, durch massenhafte Positions- oder Status-Veränderungen (Mobilität) bewirkte Verlagerung im Gefüge der Sozialstruktur oder der sozialen Schichtung einer Ges. U. ist eine Folge von techn. oder ökonom. bedingten Veränderungen der Berufsstruktur oder von grundlegenden Prozessen sozialen Wandels (wie z. B. Industrialisierung).

Umverteilung →Redistribution

Umwelt, neben Anlage u. Begabung der wesentl. Wirkfaktor für die phys. u. psych. Prägung von Lebewesen. Die Erforschung der tierischen U. hat ergeben, daß Lebensmöglichkeiten für die versch. Tierarten nur in bestimmten U.en gegeben sind, weil die ererbten Anlagen des tier. Organismus nur bestimmte Ausschnitte aus der U. in »Erlebnisse« verwandeln u. durch dafür vorgebildete »Werkzeuge« darauf reagieren können. Fehlende artspezif. U. ist darum gleichbedeutend mit Lebensunfähigkeit. Der Mensch als Kultur- u. Soz.wesen ist demgegenüber ungebunden, »weltoffen«, paßt sich seiner U., seinen Existenzbedürfnissen an. Andererseits wird seine Lebensweise durch seine natürl. U.faktoren (z. B. geograph., klimat. Art) begrenzt. Die Entwicklung seiner Persönlichkeit u. seiner Erlebnis-, Einstellungs-, Entscheidungs- u. Handlungsweisen wird geprägt durch das Milieu, in dem er »erzogen« wird, seine sozialen Erfahrungen macht, d. h. »soziokulturell« beeinflußt u. »geformt« wird.

In der Systemtheorie bezeichnet U. alles das, was nicht zu einem bestimmten System gehört. Sie ist für jedes System eine andere. U. selbst ist kein System. Jede Änderung eines Systems ist zugleich eine Änderung der U. anderer Systeme.

In der Phänomenolog. Soziol. von A. Schütz bezeichnet U. die vom Individuum unmittelbar erfahrene nähere Umgebung, die zugleich im Zus.leben mit anderen Menschen (»Mitmenschen«) eine »soz. U.« beinhaltet. Jenseits dieser soz. U. liegt die »soz. Mitwelt«, die durch »Nebenmenschen« existiert.

A. Schütz, Der sinnhafte Aufbau der soz. Welt, [2]1981 (1932); J. v. Uexküll, Kompositionslehre der Natur, hg. v. T. v. Uexküll, 1980; L. Kruse u. R. Arlt, Environment and Behavior, 2 Bde., 1984; N. Luhmann, Soz. Systeme, 1984.

Umweltforschung →Ökologie, →Futurologie

Umweltkrise, Bezeichnung für die zunehmend zerstörerisch wirkende Beeinträchtigung natürl. Umweltsysteme durch umweltschädl. Folgen des Bevölkerungs- u. Wirtschaftswachstums sowie des dynamischen Konsumverhaltens. Im Gegensatz zu Umweltbelastungen menschl. Tätigkeit in früheren Epochen bedroht die gegenwärtige U. die künftigen Überlebensmöglichkeiten des Menschen, insb. durch gesundheitl. u. genetische Schäden, neue Mängellagen u. Verteilungskonflikte um knapper werdende Ressourcen. Zu den Erscheinungen der U. zählen: Luft-, Boden- u. Wasserverschmutzung, Lärm, Verknappung nicht-regenerierbarer Rohstoffe u. Energie, Landschaftsverbrauch, Rückgang der Artenvielfalt, Waldsterben, Bodenerosion, Zerstörung der Ozonschicht, Gefährdung des globalen Klimas (Klimakatastrophe). Hinzu kommen Krisenerscheinungen in der sozialen Umwelt: Konflikte, soziale Probleme, Anomie, abweichendes Verhalten, Wert-, Sinn- u. Kulturkrise, ges. Desintegration u. indiv. Desorientierung. Die Einschränkung des Wirtschaftswachstums u. der Konsumausweitung durch die U. verschärft die soziale Ungleichheit. Die Überwindung der U. kann nur durch umfangreichen präventiven (vorbeugenden) Umweltschutz gelingen, der gesamtges. getragen wird. Entscheidend sind hierbei unter Berücksichtigung soziokult. Ursachen der U. (religiöse Einflüsse, Protestantische Ethik, quantitatives Wachstumsdenken, Leistungsmotivation, verschwenderischer Geltungskonsum, »Gefälligkeitsdemokratie« u. a.) grundlegende u. allg. Umwertungen u. Verhaltensänderungen sowie gleichzeitiger Wandel von Institutionen, Rollen u. Normen. Die Durchsetzung umweltgerechter Politik, Wirtschaftsweise, Konsum- u. Freizeitformen setzt entsprechend erfolgreiches Engagement einer weltweiten einflußstarken Umweltschutz- bzw. →Ökologiebewegung voraus. →Überlebensges., →Wachstumstheorie.

R. Carson, Silent Spring, 1962, dt.: Der stumme Frühling, 1990; P. R. u. A. H. Ehrlich, Bevölkerungswachstum u. U., 1972; D. Meadows u. a., Die Grenzen des Wachstums, 1972; H. Gruhl, Ein Planet wird geplündert, 1975; K. H. Hillmann, U. u. Wertwandel, ²1986 (1981); M. Jänicke u. a. (Hg.), Wissen für die Umwelt, 1985; U. Beck, Risikoges., 1986; P. C. Mayer-Tasch (Hg.), Die Luft hat keine Grenzen, 1986; V. v. Prittwitz, Das Katastrophenparadox, 1990; B. Verbeek, Die Anthropologie der Umweltzerstörung, 1990; E. U. v. Weizsäcker, Erdpolitik, 1990; M. G. Huber, U. – Eine Herausforderung an die Forschung, 1991; A. Gore, Wege zum Gleichgewicht, 1992; D. u. D. Meadows, Die neuen Grenzen des Wachstums, 1992.

Umweltschutzbewegung →Ökologiebewegung

Unbewußtes, dem denkenden, entscheidenden u. handelnden Individuum nicht bewußte psych. Vorgänge, Prägungen, Antriebe, Motive, die sowohl seine eigene Erlebniswelt als auch seine Aktionen u. Reaktionen in sozialen Beziehungen mitbestimmen. Die Psychoanalyse deutet das U. als Ergebnis u. a. der Verdrängung.

M. Erdheim, Die ges. Produktion von Unbewußtheit, 1984.

Underground (engl.), »Untergrund«; Gesamtheit der polit. u. künstler. Protestbewegungen der Gegenwart, die gegenüber der Leistungsgesellschaft u. ihrem Establishment sowie dem bürgerl. Kultur-»Betrieb« eine Subkultur darstellen, von der alle den reinen, ungehemmten Lebensgenuß behindernde Institutionen u. Organisationen abgelehnt u. mit Mitteln des provozierenden abweichenden

Unfallforschung

Verhaltens bekämpft werden. Hauptthemen der (in erster Linie dokumentativen u. massenkommunikativen) Aktionen des U. sind in negativer wie positiver Darstellung: Leistungszwang, Umweltkrise, Verschwendungskonsum, Rüstungswirtschaft, begrenzte aktuelle Kriege sowie Sex u. Drogen. Von polit.-anarchist. Untergrundbewegungen unterscheidet sich der U. dadurch, daß er nicht in der Illegalität lebt, z. T. sogar »salonfähig« geworden u. als »Kellergeschoß« der Ges. institutionalisiert u. ökonom. ausgewertet worden ist. →Aussteiger, →Beat-Generation, →Gammler, →Hippie, →Provo.

Unfallforschung, untersucht das Unfallgeschehen am Arbeitsplatz, im Haushalt u. Verkehr unter Berücksichtigung techn. Versagens und menschl. Fehlverhaltens, das sowohl psych. als auch soziale Ursachen haben kann. Ziel ist eine Optimierung sicherheitsfördernder Maßnahmen.

O. Neuloh u. Mitarbeiter, Der Arbeitsunfall und seine Ursachen, 1957; H. Thomae, Arbeitsunfall und seel. Belastung, 1963; O. Neuloh u. Leisewitz, Problemgruppe Jugendl. im Straßenverkehr, 1980; C. Perrow, Normal Accidents, New York 1984.

Ungleichgewicht →Gleichgewicht, →Konflikt

Ungleichheit, soziale; allg. das Ergebnis der unterschiedl. Bewertung, Anerkennung, Privilegierung, Rechte-Pflichten-Situation, Einkommens- oder Vermögenslage einzelner Menschen in der Ges. U. ist die Voraussetzung für die vertikale Soz.struktur.

Die theoret. Versuche, Entstehung u. ges. Wirksamkeit von U. zu erklären (u. daraus entspr. ges.polit. Maßnahmen zur Überwindung dieses seit der Ideologie des Bürgertums immer wieder kritisierten Zustandes abzuleiten), sind vielfältig u. widersprüchl. Einerseits wird – wie bereits von der klass. griech. Ges.lehre (Aristoteles) – soziale U. als Ergebnis einer natürl. U. der Menschen ausgegeben (Anlage, Begabung). Im Anschluß an die bürgerl. Sozialphilosophie, die von der Annahme einer natürl. Gleichheit der Menschen ausging, wird soziale U. als Produkt ges. Entwicklungen u. menschl. Strebungen (nach Überwindung des Naturzustandes bzw. Abschluß des Ges.svertrages) erkannt u. damit als prinzipiell überwindbar erklärt. Zahlreiche soziol. Theorien versuchen, die ges. Funktion von U. zu klären. In diesem Sinne wird sie als unvermeidbare Begleiterscheinung der für den ges. Fortschritt unabdingbaren Arbeitsteilung oder als notwendiger Stimulus für die adäquate personelle Besetzung der nach Schwierigkeitsgraden, Qualifikationsvoraussetzungen usw. differenzierten (Berufs-)Positionen der Ges. betrachtet. Hier wird U. eng mit den ges. Phänomenen des Rechts, der sozialen Sanktionen u. der Herrschaft gekoppelt. U. wird damit zu einem unabdingbaren Bestandteil von Ges. überhaupt. Soziol. bedeutsam sind U.en zw. Regionen, Nationen, ferner im Hinblick auf (diskriminierte, benachteiligte, unterdrückte) ethnische u. religiöse Minderheiten.

R. Dahrendorf, Über den Ursprung der U. unter den Menschen, 1961; K. H. Hörning (Hg.), Soz. U., 1976; G. Hartfiel, Soz. U., hg. v. U. Schwartz, 1978; W. Zingg u. G. Zipp, Basale Soziol.: Soz. U., 1979; H. Schoeck, Das Recht auf U., ²1980 (1979); M. Haller, Theorie der Klassenbildung u. soz. Schichtung, 1983; P. H. Hartmann, Die Messung soz. U.en, 1985; H. Strasser u. J. H. Goldthorpe (Hg.), Die Analyse soz. U., 1985; H.-W. Franz, W. Kruse u. H.-G. Rolff (Hg.), Neue alte U.en, 1986; H. Friedrichsmeier, Soz. U., 1987; B. Giesen u. H. Haferkamp (Hg.), Soziol. der soz. U., 1987; K. M. Bolte u. S. Hradil, Soz. U. in der BR Dtl.,

[6]1988; D. Krause u. G. Schäuble, Jenseits von Klasse u. Schicht, 1988; B. Wegener, Kritik des Prestiges, 1988; F. Rothenbacher, Soz. U. im Modernisierungsprozeß des 19. und 20. Jh.s, 1989; Soz. Welt, Sonderbd. 7, hg. v. P. A. Berger u. S. Hradil, 1990; W. Glatzer u. H.-H. Noll (Hg.), Lebensverhältnisse in Dtl., 1992; R. Kreckel, Polit. Soziol. der soz. U., 1992.

Unilinearität →Monismus, →Multilinearität

Unilokal →Neolokal

Universalien, evolutionäre (lat.), nennt T. Parsons einen Komplex von Strukturen u. Prozessen, die die Anpassungskapazität v. Systemen erhöhen u. im Hinblick auf Sozialsysteme die Voraussetzungen soz.kultureller Entwicklg. bilden (Religion, Bürokratie, Geld, Marktwirtschaft, universalistische Normen u. Rechtssystem, Demokratie).

T. Parsons, Evolutionäre Universalien der Ges. (1964), in: W. Zapf (Hg.), Theorien des soz. Wandels, [3]1971.

Universalismus – Partikularismus →Pattern Variables

Unterbau →Basis und Überbau

Unterentwickelte Länder →Entwicklungsländer, →Dritte Welt

Unterlassen, ein von M. Weber in seiner Definition des Handelns erwähnter Aspekt des menschl. Verhaltens, der sich auf das universell verbreitete u. soz. folgenreiche Phänomen bezieht, daß individ. u. kollektive Akteure bewußt oder unterbewußt, freiwillig oder erzwungenermaßen in verschiedenen Situationen bestimmte Handlungsmöglichkeiten ungenutzt lassen oder meiden.

Ein friedl., geordnetes, kooperatives u. für alle vorteilhaftes Zus.leben der Menschen innerhalb einer Ges. setzt voraus, daß der einzelne nicht in anarch. Weise u. rücksichtslos gegenüber anderen alle seine – instinktiv nicht festgelegten – Verhaltensmöglichkeiten ausleben kann. Ges. Ordnung setzt vielmehr voraus, daß unter dem prägenden Einfluß der jeweiligen Kultur grundlegend feststeht u. allg. akzeptiert wird, welche Verhaltensmöglichkeiten aus dem biolog. einmalig großen Verhaltensrepertoire des Menschen erlaubt sind, gefordert, belohnt oder mißbilligt werden, verboten oder sogar tabuiert sind. In traditionalen Ges.en erfolgt das U. soz. unerwünschter Verhaltensmöglichkeiten weitgehend durch Internalisierung (Verinnerlichung) von Verbotsnormen u. Tabus. Das U. funktioniert dann unterbewußt von innen heraus, gleichsam automat. In normativ erschütterten u. mod., aufgeklärten Ges.en mit Individualisierungstendenzen sind von außen her zwingend wirkende, mit negativen Sanktionen verbundene Verbotsnormen zunehmend notwendig geworden, die eher als äußere Zumutungen u. Restriktionen aufgefaßt werden. Zu den Einschränkungen, die zum U. von Verhaltensmöglichkeiten beitragen, zählen ferner Zeitknappheit sowie wirtschaftl. Gegebenheiten (konjunkturelle Lage, Arbeitsplatzsicherheit, disponibles Einkommen, Preise). Demzufolge sind insbes. Angehörige unterer Soz.schichten mit unsicheren Arbeitsplätzen u. geringer Kaufkraft zum U. vieler Kaufhandlungen, aufwendiger Konsumformen u. Freizeitgenüsse gezwungen.

Unterlassungen können ebenso wie aktive Handlungen als Mittel zur Erreichung bestimmter Ziele eingesetzt werden. Hierbei kommt es auch zum U. soz. gebilligter

Handlungsmöglichkeiten, z. B. aus Karrieregründen der Verzicht auf angemessene Abwehrhandlungen gegenüber einem unfair handelnden Vorgesetzten. Bequemlichkeit, Ängstlichkeit, Mangel an Zivilcourage, opportunist. Feigheit u. Streben nach persönl. Vorteilen können zum U. moral. u. rechtl. gebotener Handlungen u. somit zur Duldung einer unmoral. (totalitären) Herrschaftsordnung beitragen.

In mod., rechtsstaatl. geordneten Ges.en kann das U. von Hilfeleistungen in bestimmten Notsituationen (Unfälle, Katastrophen, Verbrechen, Kindesmißhandlung) strafrechtl. sanktioniert werden.

Beschleunigter soziokult. Wandel, insbes. wiss. u. techn. Fortschritt, wirtschaftl. Entwicklung, Wandel von eth. Orientierungen, Wertvorstellungen u. Moralauffassungen, kann zu vermehrten Forderungen nach U. bestimmter Handlungen bzw. Handlungsmöglichkeiten führen: z. B. umweltzerstör. wirkende Produktionsweisen u. Konsumformen, bestimmte medizin. Maßnahmen äußerster Lebensverlängerung, viele Tierversuche, Förderung risikoreicher Forschungsprojekte. Für das Funktionieren sowie für die Stabilität u. weitere Entwicklung einer Ges. ist das U. dringender bzw. notwendiger Gesetzesarbeit, polit. Entscheidungen u. Reformen besonders folgenreich.

H. Geser, Elemente zu einer soziol. Theorie des U.s, in: KZfSS 38, 1986.

Unternehmenskultur →Organisationskultur

Unternehmer, in soz.ökonom. Hinsicht (J. Schumpeter) der wirtschaftl. schöpfer. Neuerer in der liberal-kapitalist. Marktwirtschaft, der durch Aufspüren von ges. Be-

dürfnislagen u. in Kenntnis techn. u. wirtschaftl. Produktions- u. Organisationsmöglickeiten die wirtschaftl. Entwicklung einer Ges. weitertreibt. Organisationssoziol. ist in einer Wirtschaftsunternehmung der U. Inhaber der Position mit der höchsten formalen Autorität. Mit dem Vordringen von Großunternehmen ist der Typus des Eigentums-U. mehr u. mehr vom Angestellten-U. (Manager) abgelöst worden, in der kooperativen, nach rationalen Entscheidungskriterien (u. nicht intuitiv-»wagemutig«) arbeitenden Führungsgremien tätig ist. Untersucht wird, ob mit diesem Wandel auch ein Wandel der Ziel- u. Zweckorientierungen des U.verhaltens einhergegangen ist (H. Pross). Die Vorstellung des Wirtschaftsliberalismus, nach der der U. als Garant u. Zentralfigur wirtschaftl. Fortschritts u. polit. Stabilität gilt (u. daraus auch seine sozialethische Legitimation abzuleiten sei), wird in Anbetracht wirtschaftl. →Konzentration zunehmender wirtschaftspolit. Verbands- u. Organisationseinflüsse sowie steigender Anteile staatl. Aktivitäten im Wirtschafts- u. Verteilungsprozeß z. T. unrealistisch. Vor allem hinsichtl. der größeren Unternehmungen werden vom U. in wachsendem Maße ökolog.-ges. Verantwortung, Aufgeschlossenheit für den soz. Wandel, internat. Orientierung, Kommunikationsfreudigkeit u. ein auf die Mitarbeiter motivierend wirkender Führungsstil erwartet.

J. Schumpeter, Der U. (Hdwb. der Staatswiss. 8, ⁴1928); H. Hartmann u. a., Der dt. U.: Autorität u. Organisation, 1959; ders. u. a., Die Unternehmerin, Selbstverständnis u. soz. Rolle, 1968; K. W. Boetticher, U. oder Manager?, 1963; R. Redlich, Der U., 1964; H. Pross, Manager u. Aktionäre in Dtl., 1965; B. Biermann, Die soz. Struktur der U.schaft, 1971; G. Schmölders (Hg.), Der U. im Ansehen der Welt, 1971; ders., Der U. in Wirtschaft u. Ges.,

1973; F. Fürstenberg, Soz. Unternehmenspol., 1976; R. Koehne, Das Selbstbild dt. U., 1976; K. T. Schröder, Soz. Verantwortung in der Führung der Unternehmung, 1978; H. Pross, Der Geist der U., 1983; V. Berghahn, U. u. Pol. in der Bundesrepublik, 1985; D. Bögenhold, Die Selbständigen, 1985; W. Wittmann, Der U., 1986; M. Bruhn, Sozio- u. Umweltsponsoring, 1990.

Unternehmersoziologie, in Überschneidung mit der Marktsoziol. eine spezielle Soziol. innerhalb der Wirtschaftssoziol., die sich mit soziokult. Aspekten der Stellung, Rolle u. des Verhaltens der Unternehmer beschäftigt: Kritische Analyse des wirtschaftstheoret. Unternehmermodells, empir. Erforschg. der soziokulturellen Bestimmungsgründe des Unternehmerhandelns, die Entstehung der industr. Unternehmerwirtschaft, Unternehmer u. sozialer Wandel, soziale Rolle des Unternehmers (insb. Beziehungen zu Arbeitnehmern, Gewerkschaften u. Verbrauchern), Unternehmertypen, der Unternehmer in verschiedenen Ges.systemen, Stellung u. Prestige des Unternehmers in der Ges., ökolog.-ges. Verantwortung des Unternehmers.

K. G. Specht, Soziol. im Blickpunkt der Unternehmensführung, 1974; K. H. Hillmann, Allg. Wirtschaftssoziol., 1988.

Unterschicht →Schichtung

Untersuchungseinheit, Bezeichnung für die (ausgewählten) Einheiten oder Elemente einer Gesamtheit v. Individuen oder Objekten, die in einer empir. Untersuchung befragt, beobachtet oder gemessen werden. Soziale U.en sind Individuen (z. B. die Beschäftigten eines Großbetriebes), materielle u. immaterielle Produkte menschl. Handelns (z. B. Häuser u. Wertvorstellungen) u. soziale Gruppen, Organisationen u. Kollektive. In der Regel werden die U.en nicht in ih-

rer ganzen Vielschichtigkeit untersucht, sondern nur hinsichtlich der für das Forschgs.ziel wichtigen Eigenschaften oder Merkmale, die als Variablen dargestellt werden. In vielen Untersuchungen deckt sich die U. mit der Erhebungseinheit (einer Stichprobe zugrunde liegende Einheiten) u. mit der Aussageneinheit (Einheiten, auf die sich die Untersuchungsergebnisse beziehen). Mitunter umfaßt aber eine Erhebungseinheit (z. B. Haushalt) mehrere U.en (z. B. Haushaltsangehörige).

Urbanisierung (Verstädterung) →Stadt, →Stadtsoziologie

Urbanität (lat.), »städt.« Lebensweise u. Organisation der sozialen Beziehungen. →Stadt, →Stadtsoziologie.

Urhorde →Horde

Urkommunismus, von sozialist. u. kommunist. Theoretikern geprägte Bezeichnung für diejenigen (primitiven) Stufen wirtschaftl. Entwicklg., die noch keine Verfügung von Nicht-Produzenten über Produktionsmittel u. damit noch keine Ausbeutung kannten, in denen also die arbeitenden, produzierenden Menschen noch voll über ihre Arbeitsergebnisse verfügen konnten. Der U. unterscheidet sich vom Kommunismus entscheidend darin, daß in ihm noch keine objektive (techn.) Notwendigkeit zu ges. organisierter Arbeit besteht.

Urvertrauen, von E. H. Erikson geprägte Bezeichnung für eine bereits dem Säugling durch soziale Umgebungseinflüsse vermittelte positive, vertrauensvolle Haltung zur sozialen Umwelt, die relativ irreversibel das gesamte soziale Da-

Utilitarismus

sein einer Person bestimmt. U. entsteht durch fürsorgliche, zärtliche u. regelmäßig-gleichbleibende Zuwendung von Dauerpflegepersonen gegenüber dem Säugling.

Utilitarismus (lat.), auf J. Bentham u. J. St. Mill zurückgehende sozialphilos. Lehre, die im »Nützlichen« den Maßstab für sittl.-moral. Verhalten erkennt. In ökonom. u. soziol. Theorien (→homo oeconomicus, →homo sociologicus) geht der U. von der Prämisse aus, daß jeder Mensch »von Natur aus« durch sein Verhalten die größtmögl. Befriedigung gegen das geringstmögl. Opfer erreichen will, d. h. nach Gewinn-, Lust-, Statusmaximierung strebt. Aufgrund der Annahme von der »Harmonie« u. optimalen soz. Gleichgewichtssituation bzw. Identität zw. der Durchsetzung der versch. Einzelinteressen u. der Realisierung des ges. Gesamtinteresses entwickelte der Liberalismus aus dem U. das polit. Ideal der staatsfreien Wirtschaftsges.

A. Bohnen, Die utilitarist. Ethik als Grundlage der mod. Wohlfahrtsökonomik, 1964; G. Hartfiel, Wirtschaftl. u. soz. Rationalität, 1968; B. Williams, Kritik des U., 1979; B. Brühlisauer, Moral u. Konvention, 1988; U. Gähde u. W. H. Schrader (Hg.), Der klass. U., 1992.

Utopie →Sozialutopie

Utopischer Sozialismus, eine von K. Marx stammende Bezeichnung für Werke einzelner Frühsozialisten (Saint-Simon, C. Fourier, R. Owen), die aufgrund eth. Wertorientierungen u. Motive angesichts der Verelendung breiter Massen Ideen von einer besseren künftigen Ges. entwickelten, hierbei aber die Analyse der polit. u. soz. Bedingungen für eine erfolgreiche Verwirklichung derselben vernachlässigten. Zu den Quellen des

u. S. zählen chiliast. Hoffnungen auf ein »ird. Himmelreich«, die allerdings auch in der Marxschen Utopie einer künftigen »klassenlosen Ges.« zum Ausdruck kommen. Vertreter des u. S. vertrauten auf die Überzeugungs- u. Anziehungskraft ihrer Ideen u. auf die Einsicht der Herrschenden. Marx hat demgegenüber eine Revolution für notwendig gehalten, deren Träger in vorherbestimmter Weise das Proletariat sei.

Valenz (lat.), Wertigkeit, →Aufforderungscharakter, Begriff in der sozialpsychol. →Feldtheorie v. K. →Lewin.

Validität →Gültigkeit

Vanberg, Viktor, ★12. 8. 1943 Aachen, 1968 Dipl.-Soz. Univ. Münster, 1974 Dr. phil. TU Berlin, 1981 Dr. phil. habil. u. Priv.doz. Mannheim, 1983 Visiting Prof. Center for Study of Public Choice, George Mason Univ., Virginia, seit 1985 Prof. für Ökonomie ebd.
V. bemüht sich in seinen Schriften um eine theoret. Soziol. auf individualist. Grundlage. Beeinflußt durch den Krit. Rationalismus geht es ihm darum, das Erkenntnisinteresse der Soziol. an soz. Regeln u. Institutionen mit dem vom Individualverhalten ausgehenden Denkansatz der klass. – auf die Schottische Moralphilos. (A. Smith, D. Hume) zurückgehenden – wirtschaftswiss. Theorietradition zu verbinden. Auf der Grundlage solcher Beiträge wie G. C. Homans verhaltenstheoret. Soziol., F. A. Hayeks Theorie spontaner soz. Ordnung, J. S. Colemans Theorie

korporativer Akteure u. J. M. Buchanans ökonom. Verfassungstheorie sucht V. einen integrativen soz.theoret. Ansatz zu entwickeln, der zum Verständnis der allg. Rolle von Verhaltensregeln ebenso wie zur Erklärung der besonderen Charakteristika marktl. Institutionen u. organisationaler Strukturen beitragen kann.

Schr.: Wiss.sverständnis, Soz.theorie u. polit. Programmatik, 1973; Die zwei Soziol.n. Individualismus u. Kollektivismus in der Soz.theorie, 1975; Markt u. Organisation, 1982; Rules and Institutions in Economic Perspective, London 1993.

Variable (lat.), »Veränderliche«, wiss. konzipierte, von Problemen oder Fragestellungen des Forschers bestimmte Aspekte eines Forschungsgegenstands. Hypothesen oder Theorien postulieren Kausalaussagen über konstante Beziehungen zw. zwei oder mehreren V.n, zw. Determinanten (unabhängigen V.n) u. Resultanten (abhängigen V.n). Diese Beziehungen können als deterministisch, d. h. als stets vorhanden, oder als stochastisch, d. h. als wahrscheinl. vorhanden, postuliert werden. Als intervenierende (»sich einmischende«, dazwischen liegende) V. gelten Aspekte eines Forschungsgegenstandes, die den postulierten Kausalzus.hang zw. unabhängigen u. abhängigen V.n beeinflussen, aber von der wiss. Aussage nicht näher erfaßt werden, weil sie nicht kontrolliert werden können oder sollen.

Varianz →Streuungsmaße

Varianzanalyse (lat.), »Veränderlichkeitsanalyse«, Verfahren bei multidimensionalen, mehrfaktoriellen Untersuchungen, die so angelegt sind, daß gleichzeitig mehrerer Faktoren variiert u. jeweils für sich wie in ihrem Verhältnis zueinander analysiert werden können. Die V. ermittelt hier das relative Gewicht mehrere Kausalfaktoren am Zustandekommen einer bestimmten Wirkung. Da ein bes. Studium einzelner Faktoren durch ihre systemat. Isolierung im sozialwiss. Experiment nur selten mögl. ist, muß die V. auf mathemat.-statist. Verfahren der Isolierung zurückgreifen.

E. Eimer, V., 1978; W. Glaser, V., 1978; A. Linder u. W. Berchtold, Statistische Methoden 2, 1981.

Vaterrecht, →Patriarchat, Ausdruck der Ethnologie für den rechtl. privilegierten Einfluß des Mannes in Ges.en, in denen z. B. die Vererbung von Sachen u. Status vom Vater auf den Sohn erfolgt, der Wohnsitz der Familien sich nach der Herkunft des Vaters bestimmt, die Männer über strittige Fragen des ges. Zus.lebens entscheiden.

Veblen, Thorstein, amerikan. Nationalökonom u. Soziologe, 30. 7. 1857 Cato Township, Wisc. – 3. 8. 1929 Palo Alto, Calif., 1892 Dozent der Nationalökonomie Univ. Chicago, 1906 aus dieser Stellung entlassen, 1906–09 Lehrtätigkeit an der Stanford Univ., 1911–18 Univ. von Missouri, 1919–26 New School of Social Research.

Von K. Marx, Spencer u. der dt. Historischen Schule beeinflußt, gilt V. als Vertreter des Institutionalismus. Im Gegensatz zu der von wirklichkeitsfernen u. konstanten Prämissen ausgehenden klass. Nationalökonomie betonte V., daß das jeweilige Wirtschaftsleben von sozialen, polit., rechtl. u. ökonom. Institutionen bestimmt wird, die wiederum dem gesch.-ges. Wandel unterworfen sind. Die Institutionen bilden sich als ges. vorherrschende Denkgewohnheiten u.

Veblen-Effekt 896

Verhaltensformen im Verlauf der Auseinandersetzung des Menschen mit sich verändernden materiellen Umwelteinflüssen heraus. Die in einer bestimmten gesch.-ges. Situation sich vollziehenden Prozesse der Arbeit u. Lebensbewältigung überformen das instinktive Antriebsleben des Menschen u. bestimmen insbes. den Modus der Triebverwirklichung u. das Denken. In seiner Entwicklungstheorie hob V. als entscheidenden Bruch die Ablösung der früheren Zeit der »friedfertigen Wilden« durch das Stadium der Raubkriege u. Ausbeutung hervor. Er unterschied zw. dem räuber. Instinkt der Oberklasse u. dem Streben der Unterklasse nach nützl.-produktiver Arbeit. Als Sozialkritiker analysierte er das übertriebene Prestigestreben der Oberklasse, insbes. der Neureichen, das im demonstrativen Konsum (»conspicuous consumption«, Geltungskonsum) u. Müßiggang zum Ausdruck kommt. Ähnl. wie Saint-Simon hoffte V., daß sich durch die Industrie u. die Arbeiterbewegung mehr Vernunft in der Ges. durchsetzen wird.

Schr.: The Theory of the Leisure Class, New York ²1912 (1899) (dt.: Theorie der feinen Leute, 1971, 1958); The Theory of Business Enterprise, New York 1904; The Instinct of Workmanship and the State of the International Arts, New York 1914; Imperial Germany and the Industrial Revolution, New York ⁴1954 (1915); The Higher Learning in America, 1918; The Vested Interests and the State of the Industrial Arts, New York 1919; The Place of Science in Modern Civilization and Other Essays, New York 1961 (1919); The Engineers and the Price System, New York ¹⁰1954 (1921); Absentee Ownership and Business Enterprise in Recent Times, New York ⁴1954 (1923).
→Institutionalismus, u. T. Adorno, V.s Angriff auf die Kultur, 1941 (in: ders., Prismen, 1969, 1955); D. Riesman, T. V., New York u. London 1953; J. Dorfman, T. V. und His America, New York, ⁵1961.

Veblen-Effekt, bezeichnet in Anlehnung an die sozialkritische Analyse des Geltungskonsums durch T. Veblen die der klass. Wirtschaftstheorie entgegenstehende Erscheinung, daß zugunsten des demonstrativen, auffälligen Konsums die Nachfrage nach einem Konsumgut mit steigendem Preis zunimmt.

H. Leibenstein, Mitläufer-, Snob- u. V.-E.e in der Theorie der Konsumentennachfrage, in: Konsum u. Nachfrage, hg. v. E. u. M. Streissler, 1966.

Vektoren-Netz, stellt in den Naturwiss.en »gerichtete Kräfte« als Pfeile dar (z. B. Geschwindigkeit eines Körpers). In den Sozialwiss.en wird dieses Verfahren zur Darstellung des Beziehungsgeflechts ges. Kräfte benutzt. Ein V.-N. zeigt graphisch Strukturen von gleich- u. gegengerichteten Kräften, z. B. in demokratischen Entscheidungsprozessen.

Ventilsitten, ges. Regeln für individuelle, gruppenmäßige oder gesamtges. Verhaltensformen, deren Sinn u. Funktion darin besteht, aufgestaute, die ges. Ordnung bedrohende Spannungen aufzulösen, »abzufahren«, zu neutralisieren. V. sind dort notwendig, wo die soziale Ordnung durch eng gezogene, die Menschen überall verpflichtende Normen allg. keine oder zu wenig Möglichkeiten gewährt, Triebregungen u. Begehren zu realisieren, oder wo wirtschaftl., polit. oder andere Abhängigkeitsverhältnisse soziale Druck von oben nach unten erzeugen. Durch soz. Ursachen aufgestaute psych. Spannungen (Aggression, Frustration) werden durch V. meist auf ges. Bereiche abgelenkt, die mit ihrer Verursachung gar nichts oder wenig zu tun haben. Die Funktion von V. erfüllen z. B. Feste, Fasching, Karneval, Witze, Kampfspiele, Sportveranstaltungen, die Prostitution, oder bloße intellektuelle Auseinandersetzungen mittels Massenmedien (wenn polit. Herrschaftsverhältnisse die prakt.-polit. Umsetzung oppositioneller Ideen nicht zulassen). →A. Vierkandt

E. Le Roy Ladurie, Karneval in Romans, 1982; D.-R. Moser, Fastnacht – Fasching – Karneval, 1986.

Verantwortungsethik →Gesinnungsethik

Verbandsforschung →Interessenverbände

Verbrauch →Konsumsoziologie

Verbürgerlichung, Bezeichnung für den Prozeß der Übernahme bürgerl. (Mittelschichten – gemäßer) Denk-, Urteils-, Einstellungs- u. Verhaltensstile durch die Arbeiter der mod. Industrieges. V. wird als Folge von Einkommensnivellierung zugunsten breiter Bevölkerungsschichten, von Statusanhebung durch bessere Konsumchancen u. Bildungszugänge u. von veränderten Arbeitsbedingungen betrachtet.

B. Mahnkopf, V., 1985.

Verdinglichung, vom Marxismus stammender Begriff, meint allg. die Verselbständigung der Objekte oder Vorstellungsinhalte (Theorien) gegenüber der menschl. Aktivität, die diese Objekte u. a. erst hervorgebracht hat. Im engeren Sinne bezeichnet V. die Verselbständigung der ökonom. Prozesse (in der ökonom. Theorie wie in der wirtschaftl. Praxis des Kapitalismus) in der Weise, daß die wirtschaftl. Beziehungen nicht als Beziehungen zw. ges. produzierenden Menschen, sondern als Verhältnisse zw. Sachen, Waren, Dingen interpretiert u. erlebt werden. Diese V. des

ökonom. Bewußtseins beruht nach K. Marx auf der »Fetischisierung« des Tauschwertes der Waren. Diese entsteht dadurch, daß der Marktsphäre jene wertbildenden Kräfte zugeschrieben werden, welche in Wahrheit der ges. Produktion der Güter zukämen (»Warenfetischismus«). Dadurch, daß die Marktbeziehungen im Bewußtsein der wirtschaftenden Menschen über die Produktionsbeziehungen, d. h. über die Phänomene ges. Arbeit, triumphieren, erschienen den Beteiligten die ges. Verhältnisse der Menschen ledigl. als ges. Verhältnisse der Sachen (Waren).

In zahlreichen Untersuchungen einer kritisch orientierten Soziologie wird diese Verselbständigung des Ökonomischen als paradigmat. für die Verselbständigung auch anderer sozialer Beziehungen betrachtet. Danach gäbe es nicht nur fetischisierte Waren, sondern auch fetischisierte Macht, Sexualität, fetischisierten Status usw., die Ergebnisse einer verdinglichenden (positivist. orientierten) Polit. Wiss., Soziologie u. Psychologie wären.

G. Lukács, Gesch. u. Klassenbewußtsein, 1968 (1923); P. L. Berger u. S. Pullberg, V. u. die soziol. Kritik des Bewußtseins (Soz. Welt 16, 1965); L. Goldmann, Dialekt. Unters.en, 1966.

Verdrängung, psychoanalyt. Begriff für psychodynam. Prozesse, durch die das Individuum Konflikten des Luststrebens mit trieb- u. befriedigungshemmenden Ansprüchen bzw. Widerständen der sozialen Umwelt zu entgehen versucht. V. ist ein Abwehrmechanismus, der Triebansprüche, Reizüberflutungen, überhöhte u. nicht erfüllbare soziale Ansprüche oder mit der allg. Weltorientierung des Individuums unvereinbare Vorstellungen, Erlebnisinhalte aus dem Bereich des bewußten Erlebens abdrängt u. »vergessen« läßt. Obgleich vom Individuum bewußt nicht mehr verfügbar, wirken diese in das Unbewußte verlagerten »Eindrücke« weiterhin als psych. Antriebs- u. Verhaltensenergie, die sich in sog. Ersatzhandlungen, Fehlleistungen oder sogar in Hysterien, Zwangsneurosen oder Psychosen entlädt. Die V. als Ursache für Fehlanpassung kann zu abweichendem Verhalten führen.

Verein, eine dauerhafte, auf bestimmte Ziele oder Zwecke ausgerichtete freiwillige Vereinigung einer Vielzahl v. Personen mit eigenem Namen (V.sname), Satzung (V.srecht) u. organisatorisch regulierter Willensbildung. Der V. ist v. einem nicht allzu starken Mitgliederwechsel unabhängig. Sein Funktionieren setzt keine häufigen Zus.künfte der Mitglieder voraus. V.e mit idealen Zielen werden durch Eintragung in das beim Amtsgericht geführte Vereinsregister rechtsfähig (eingetragener Verein: e. V.). V.e mit wirtschaftl. Zielen erlangen ihre Rechtsfähigkeit durch staatl. Verleihung. Das priv. Vereinsrecht ist grundsätzlich im Bürgerl. Gesetzbuch geregelt. V.e tragen maßgeblich zum Funktionieren u. zur Stabilität einer verstärkt auf Selbsthilfe beruhenden freiheitl. Ges. bei u. begünstigen die →Integration des Individuums in die Ges.

K. Schlagenhauf, Sportv.e in der Bundesrepublik Dtl., Teil I, 1977; R. Richter, Soziokult. Dimensionen freiwilliger V.igungen, 1985.

Verein für Socialpolitik, eine Vereinigung von Wirtschaftswiss.lern u. -praktikern, gegründet 1872 (formal 1873) in Eisenach mit dem Ziel, durch Vorschläge für eine reformer. Soz.politik u. durch Appelle an die soz. Verantwortung des Staates zur Bewältigung soz. Fragen beizutragen. Gründer waren Vertreter der histor. Schule der Nationalökonomie (→Kathedersozialismus), insbes. G. v. →Schmoller, ferner L. Brentano u. A. H. G. Wagner.

Zu den Veröffentlichungen des V.s f. S. zählt die Studie M. Webers über »Die Verhältnisse der Landarbeiter im ostelbischen Dtl.«. Dieser verließ im Zus.hang mit dem Werturteilsstreit (→Werturteilsfreiheit) den V. f. S. u. war 1909 maßgeblich an der Gründung der DGS beteiligt.

Seit 1905 war der V. f. S. eine wiss. Forschungsges. für Wirtschaftstheorie u. -politik. 1936 wurde er aufgelöst, 1948 neu gegründet u. 1956 in »Ges. für Wirtschafts- u. Soz.wiss.en – V. f. S., gegr. 1872« umbenannt. Hg. werden die Schriften des V.s f. S. sowie die wiss. Diskussionen auf den Vereinstagungen.

I. Gorges, Soz.forschg. in Dtl. 1872–1914, 1980.

Vereinsamung →Einsamkeit

Verelendung, vom →Marxismus geprägter u. bevorzugter Begriff zur Umschreibung der Lage der arbeitenden Klasse in der bürgerl.-kapitalist. Ges. Die materielle V. ist hiernach eine Folge der Tendenz wachender Akkumulation des Kapitals. Diese wiederum führt über das Auswechseln entbehrl. werdender Arbeitskräfte durch arbeitssparende Maschinen zunächst zur Freisetzung eines Teiles der Arbeiterschaft, damit zu einer →industriellen Reservearmee u. zu Lohndruck bis zum Existenzminimum. »Die Akkumulation von Reichtum auf dem einen Pol ist also zugleich Akkumulation von Elend, Arbeitsqual, Sklaverei, Unwissenheit, Brutalität u. moral. Degradation auf dem Gegenpol, d. h. auf Seite der Klasse, die ihr eigenes Produkt als Kapital produziert« (Marx). Aus diesem geht hervor, daß im Marxismus neben dem materiellen noch ein allg.-kultureller bzw. psych. Begriff von V. eine Rolle spielt. Die Entfremdung des Arbeiters im kapitalist. Produktionsprozeß bewirkt, daß der objektive, materielle Tatbestand der durch Ausbeutung erreichten V. sich auch im subjektiven Arbeitserlebnis u. im allg. ges. Bewußtsein wiederholt. Angesichts der zunehmend verbesserten Einkommens- u. materiellen Lebenssituation der Arbeiter wird vom späteren Marxismus die Deutung der V. nicht mehr an der Entwicklung des Reallohnes vorgenommen, auch nicht mehr nur auf den Unterschied von »absoluter« u. »relativer« V. hingewiesen, sondern unter Berücksichtigung aller Bedingungen des Arbeitslebens u. der vom Arbeits- u. Berufserlebnis geprägten sonstigen Lebens- u. Persönlichkeitsumstände versucht.

Verfassung, bezeichnet die in neuerer Zeit schriftl. festgelegte staatl. Grundordnung, in der die Grundrechte des Bürgers u. die Institutionen u. Vorgänge polit.-staatl. Handelns sowie der Rechtsprechung fundamental verankert sind. Im Mittelpunkt dieser grundlegenden normativen Regulierung des polit.-ges. Zus.lebens steht der Schutz des Individuums vor Machtmißbrauch u. Willkür insbes. des Staates. Die V. bringt Weltanschauungen u. idealist. Grundwerte einer Ges. zum Ausdruck. Die tatsächlich dominierenden Wertorientierungen, Interessenstrukturen, Herrschaftsverhältnisse u. Verhaltensweisen verhindern im Zus.hang mit einer verfestigten sozialen Ungleichheit die vollkommene ges. Verwirklichung der V.sgrundsätze. Die dadurch gegebene Kluft zw. V. u. V.swirklichkeit führt bei zunehmender Sensibilisierung benachteiligter Bevölkerungsteile zu Frustration, Forderungen nach Reform, radikalen Tendenzen u. polit.-ges. Instabilität.

W. Hennis, V. u. V.swirklichkeit, 1968; H. Hildebrandt (Hg.), Die dt. V.en des 19. u. 20. Jh.s, [11]1979; F. Benseler, Lebendige V., 1981; J. M. Buchanan, Die Grenzen der Freiheit, 1984; U. K. Preuß, Polit. Verantwortung u. Bürgerloyalität, 1984; E.-W. Böckenförde, Staat, Verfassung, Demokratie, 1991; D. Grimm, Die Zukunft der V., 1991.

Verfassungswirklichkeit →Verfassung

Vergleich →Cross-Cultural-Survey, →Cross-Polity-Survey

Verhalten (engl. behavior), allg. Begriff, der in umfassender Weise die Gesamtheit aller mögl. Aktivitäten u. Unterlassungen v. Organismen bezeichnet. Der Behaviorismus unterscheidet zw. offenem (overt behavior) u. verborgenem bzw. verdecktem V. (covert behavior), das nur indirekt durch Meßapparate ermittelt werden kann. Die moderne V.sforschg. untersucht nicht nur das offene, direkt wahrnehmbare V., sondern auch das nicht-sichtbare, insbes. das mentale V. Dementsprechend werden V.sweisen eines Organismus nicht nur durch äußere Reize (Stimuli), die für jeweils bestimmte Mangelzustände oder Bedürfnisse bedeutsam sind, ausgelöst, sondern auch durch innere, mentale Reize. Im Gegensatz zu früheren Annahmen über die vermeintl. zentrale Rolle angeborener Reflexe im V., faßt die moderne, durch Kyberne-

Verhaltenserwartung

tik u. Systemforschg. beeinflußte V.sforschg. den Organismus vielmehr als ein hochgradig aktives System auf, das sich Reizen zuwendet, diese aktiv verarbeitet u. auf die Umwelt verändernd einwirkt. Insbes. beim Menschen wird aufgrund seiner »Offenheit«, »Instinktreduktion« (A. Gehlen, →Instinkt) u. »Plastizität« das V. in starkem Maße durch Lernen beeinflußt u. verändert. Die durch das Lernen (Internalisierung) kultureller Symbol- u. Wertsysteme sowie sozialer Normen u. Fertigkeiten überformten u. differenzierten Antriebskräfte führen in Verbindung mit hochentwickelten kognitiven Fähigkeiten dazu, daß sich der Mensch nicht nur spontan, reflexartig u. impulsiv verhält, sondern gerade im Rahmen sozialer Interaktionen wert-, ziel-, sinn- u. zweckorientiert handelt. →Handeln bildet somit eine bestimmte Weise des V.s sozialisierter Menschen.

G. C. Homans, Elementarformen soz. V.s, 1968 (engl. 1961); B. Berelson u. G. A. Steiner, Menschl. V., 2 Bde., 1964/71; B. F. Skinner, Wiss. u. menschl. V., 1973 (engl. 1965); A. Malewski, V. u. Interaktion, 1967; K. Foppa, Lernen, Gedächtnis, V., ³1968; K. W. Mayer, Dynamik soz. V.s, 1975; G. Wiswede, Sozial. konformen V., 1976; U. Mees u. H. Selg (Hg.), V.sbeobachtung u. V., 1977; K. Kaufmann-Mall, Kognitiv-hedonist. Theorie menschl. V., 1978; K.-D. Opp, Individualist. Soz.wiss., 1979; I. Eibl-Eibesfeldt, Die Biologie des menschl. V.s, 1984.

Verhaltenserwartung, Annahme einer Person, Gruppe oder Organisation über das voraussichtl. Verhalten (Agieren, Reagieren) eines oder mehrerer Handlungspartner in einer bestimmten sozialen Situation. V.en beeinflussen bzw. steuern als Elemente sozialer Rollen das soziale Handeln.

Verhaltensforschung →Ethologie, →Handeln

Verhaltenstheoretische Soziologie, weit verbreiteter sozialwiss. Forschgs.- u. Theorieansatz, in dessen Mittelpunkt unter Bezugnahme auf sozialpsychol. Lerntheorien (Behaviorismus, Skinner), klassische Wirtschaftstheorie u. den Kritischen Rationalismus die empir.-kausale Erklärung u. Voraussage des beobachtbaren Verhaltens v. interagierenden Menschen stehen. Bedeutende Pioniere dieser Richtung sind G. C. Homans u. K.-D. Opp. Ausgangspunkt ist die Behauptung, daß menschl. Verhalten überwiegend gelernt u. unter dem Einfluß variierbarer Umweltstimuli bzw. -reize veränderbar ist. Durch empir. Überprüfungen konkurrierender Theorien u. Hypothesen soll geklärt werden, inwieweit soziol. bezeichnete Tatbestände mit lerntheoret. Aussagen erklärt werden können u. somit die Lerntheorien für die Weiterentwicklg. der Soziol. geeignet sind. Da die Lerntheorien unter dem Begriff der Verhaltenstheorie zus.gefaßt werden, hat sich für die hier gewürdigte Forschgs.richtung die Bezeichnung V. S. (behavioral sociology) durchgesetzt.

Grundlegend ist die Auffassung, daß die von äußeren oder inneren (→mental) Stimuli (Reize) ausgelösten Lernvorgänge u. Verhaltensänderungen davon abhängen, inwieweit sie durch Belohnungen (Abbau v. Mangel- u. Spannungszuständen, v. Deprivationen, Befriedigung gelernter Bedürfnisse) verstärkt oder durch Bestrafungen (Wunschversagung, Deprivationen, negative Sanktionen) unterdrückt werden (→Verstärkung). Auch die Verminderung v. Belohnung kann als Bestrafung wirken.

Zum Zweck der Erklärung v. Verhalten sind zahlreiche Hypothesen über allg. Gesetzmäßigkeiten formuliert worden, die u. a. folgende Aussagen enthalten: Je eher ein bestimmtes Verhalten belohnt wird u. je höher die Belohnungen in der Präferenzhierarchie bzw. Bewertungsordnung einer Person bewertet werden, um so eher u. stärker wird dieses Verhalten auftreten. Mit dem Begriff Transfer wird die Übertragung jener gelernten Verhaltensreaktionen auf andere Situationen mit ähnlichen Reizen u. Belohnungen bezeichnet. Dadurch ergibt sich eine Verhaltens- oder Reaktionsgeneralisierung. Je öfter eine Person eine bestimmte Belohnung erhalten hat, um so geringer bewertet sie jede zusätzliche Belohnungseinheit (Entbehrungs-Sättigungs-Hypothese). Nach der Frustrations-Aggressions-Hypothese kann das Ausbleiben gewohnter Belohnungen oder das unerwartete Eintreten v. Bestrafungen entsprechend starke aggressive Reaktionen (z. B. Wut, Empörung) hervorrufen. Je häufiger u. stärker ein bestimmtes Verhalten bestraft wird, um so schneller wird es ausgelöscht (Extinktion). Beim Aufbau bestimmter Verhaltensreaktionen sind Belohnungen meist wirksamer als Bestrafungen. Im Konfliktfall wird aufgrund der eigenen Bewertungsrangordnung unter Abwägung möglicher Belohnungen (Gewinne) u. Einbußen (Kosten, Verzichte, Nachteile, Bestrafungen) jene Verhaltensalternative angestrebt, die den günstigsten Nettowert (Belohnungen abzüglich Einbußen) ermöglicht.

Mit dem Einsatz ökonom. Begriffe u. Modellvorstellungen werden Interaktionen zw. Personen v. Homans als Austauschprozesse analysiert. Unter Berücksichtigung innerer psych. Zustände (sentiments) behauptet Homans, daß sich Inter-

aktionshäufigkeiten u. positive Gefühlseinstellungen wie Zuneigung zw. Interaktionspartnern wechselseitig verstärken.

Auf dem Wege zu kognitiven, mentalist. Verhaltenstheorien wird die Bedeutung mentaler Faktoren anerkannt, die sich innerhalb der Person vollziehen. Die Beziehungen zw. den verschiedenen mentalen Faktoren (z. B. Motive, Vorstellungen, Überzeugungen) können Spannungen hervorrufen, die wiederum zu tendenziell spannungslösendem Verhalten führen.

Forschungsziel der V. S. ist nicht nur die Erklärung des individuellen Verhaltens u. der kleingruppenhaften Interaktionen, sondern die Anwendung verhaltenstheoret. Aussagen bei der Analyse komplexer sozialer Situationen u. größerer sozialer Systeme (z. B. Strafvollzug, soziale Schichtung, Theorie der Bezugsgruppen). Kritiker meinen, die V. S. sei reduktionistisch, weil sie soziale Tatbestände auf psych. Vorgänge zurückführe u. soziol. Aussagen durch psychol. Hypothesen ersetze. Der Mensch werde zu wenig als ein geistiges, konstruktiv handelndes Individuum gewürdigt, das in einer jeweils hist. einzigartig ausgeprägten Kultur lebt.

F. J. Stendenbach, Soz. Interaktion u. Lernprozesse, 1963; A. Malewski, Verhalten u. Interaktion, 1967; G. C. Homans, Elementarformen soz. Verhaltens, 1968; H. J. Hummell, Psychol. Ansätze zu einer Theorie soz. Verhaltens, in: R. König (Hg.), Hdb. der empir. Soz.forschg., Bd. 2, 1969; K.-D. Opp u. H. J. Hummell, Die Reduzierbarkeit v. Soziol. auf Psychologie, 1971; G. C. Homans, Grundfragen soziol. Theorie, 1972; K.-D. Opp, V. S., 1972; ders. u. H. J. Hummell, Soz. Verhalten u. soz. Systeme, 2 Bde., 1972; K.-D. Opp, Die Entstehung soz. Normen, 1983.

Verifikation (lat.), »Bewahrheitung«; erfahrungswiss. Prozeß der Überprüfung des Wahrheitsgehaltes einer wiss. Aussage (Hypothese)

Verinnerlichung 902

oder →Theorie an Hand der Tatsachen, auf die sich diese Aussage usw. bezieht. Voraussetzung einer befriedigenden V. ist demnach eine genaue Spezifizierung desjenigen Bereiches der Realität, der von der zu verifizierenden Aussage usw. erfaßt werden soll. Nach den strengen Maßstäben des Kritischen Rationalismus können wiss. Aussagen nicht endgültig verifiziert werden. Vielmehr lassen sie sich durch möglichst viele empir. Überprüfungen (→Falsifizierbarkeit) nur vorläufig bestätigen.

W. Lenzen, Theorien der Bestätigung wiss. Hypothesen, 1975.

Verinnerlichung →Internalisierung

Verkehrssoziologie, eine spezielle Soziol., die die sozialen Determinanten u. Konsequenzen moderner Verkehrstechnik analysiert. Verkehrswege u. Verkehrsmittel (Auto, Eisenbahn, Flugzeug) werden in ihrer Bedeutung als »Kanäle« u. Medien sozialer Information, Kommunikation, Akkulturation u. Mobilität betrachtet, die sowohl die pluralist. Trennung u. Entfaltung einzelner Lebensbereiche wie die gleichzeitige Teilnahme des Menschen an mehreren dieser Bereiche ermöglichen. In Zus.arbeit mit der →Stadtsoziologie u. der Soziol. der Freizeit u. der Arbeit wird der Straßenverkehr u. der Reise- u. Fernverkehr (Tourismus) als Spiegelbild u. Ausdruck ges. Möglichkeiten u. Verhältnisse betrachtet. Dabei interessieren das Verkehrsverhalten als Ausdruck u. kulturelles Medium von sozial bezogenem Konkurrenz-, Aggressions- oder Anpassungsverhalten ebenso wie die Verkehrsmittel als soziale Symbole für Status, Macht, Leistung u. Vermögen. Studien der Wirtschaftssoziologie u. Ökologie bereichern die V. im Hinblick auf Fragen nach der Abhängigkeit ökonom. Wachstums u. ökonom. Gleichgewichts von der Nachfrage nach Verkehrsmitteln u.-leistungen oder nach den Zus.hängen von Verkehrsintensität u. Umweltgefährdung.

D. Claessens, Zur Soziol. des Straßenverkehrs, Verkehr auf der Straße als Anpassungsproblem, Soziol. u. soz.psychol. Aspekte des Fahrens im Verkehrsfluß (in: ders., Angst, Furcht u. ges. Druck, 1966); P. C. Mayer-Tasch u. a. (Hg.), Transit – Das Drama der Mobilität, 1990; D. Seifried, Gute Argumente: Verkehr, 1990; H. Monheim u. R. Monheim-Dandorfer, Straßen für alle, 1991; J. Fiedler, Stop And Go, 1992; E. Lang u. K. Arnold (Hg.), Der Mensch im Straßenverkehr, 1993.

Verläßlichkeit →Zuverlässigkeit

Vermassung →Masse, →Massengesellschaft

Vermittlung, von der Philosophie Hegels in den Sprachschatz dialekt.-kritischer Soziologie übernommene Bezeichnung für die fruchtbare u. zu neuen Erkenntnissen führende intellektuelle Verbindung gegensätzl. oder »auseinandertretender« Begriffe, Anschauungen oder Auffassungen. Dies geschieht in einer Weise, daß die bestehenden Widersprüche aufgelöst, rationales Begreifen mögl. gemacht u. das Denken auf eine »höhere Stufe seiner selbst« geführt werden kann.

Vernunft →Rationalität

Verrechtlichung, die zunehmend detailliertere Regulierung aller Lebensbereiche der mod. Ges. durch neue, zusätzl., ergänzende Rechtsnormen. Ursachen sind: beschleunigter soz. Wandel, Pluralisierung u. wachsende Komplexität der Ges., Erschütterung u. Relativierung soziokult. Wertsysteme, Abschwächung oder Verfall von Traditionen, Sitten, sonstigen gemeinschaftseth. Normen u. von moral. Prinzipienfestigkeit, Ausbreitung des ökonom. Individualismus (u. Egoismus), durch mod. Technik zunehmend gefährlichere Auswirkungen des Handelns, Erfordernis einer stabilen Berechenbarkeit desselben. Folgen der V. sind: zunehmende Bürokratisierung, Orientierung an äußeren Verhaltenseinschränkungen, vermehrte Rechtsstreitigkeiten u. Ausnutzung von Gesetzeslücken.

Versäulung (niederländ. verzuiling), bezeichnet in Anlehnung an J. P. Kruijt u. W. Goddijn die Eigenart einer Ges., in der sich unter dem starken Einfluß verschiedenartiger weltanschaul. Orientierungen, religiös-konfessioneller oder ethn. Zugehörigkeiten mehrere vertikal integrierte Teil-Ges.en bzw. »Säulen« herausgebildet haben. Der verstärkte Zus.schluß der Angehörigen einer weltanschaul.-polit., religiösen oder ethn. Minderheit innerhalb einer »Säule« wird durch Diskriminierungen u. Repressionen seitens anderer Bevölkerungsteile vorangetrieben. Die relative Eigenständigkeit u. Geschlossenheit der einzelnen »Säulen« nehmen mit der Herausbildung eigener Organisationen u. Anstalten (Vereine, Verbände, polit. Parteien, Medien, Bildungseinrichtungen usw.) zu. Die Ges.sangehörigen rechnen sich demzufolge nicht nur einer bestimmten soz. Schicht, Klasse oder Region zu, sondern (womögl. vorrangig) einer »Säule«. Zunehmende Toleranz im Verhältnis der »Säulen« zueinander festigt die gesamtges. Integration. Das theoret. Konzept der V. ergab sich aus der Analyse der niederl. Ges., in der eine kath., protestant. u.

sozialist. »Säule« festgestellt wurden. Durch Prozesse fortschreitender Säkularisierung u. Entideologisierung kann sich wiederum eine Entsäulung ergeben.

J. P. Kruijt u. W. Goddijn, V. u. Entsäulung als soz. Prozesse, in: J. Matthes (Hg.), Soziol. u. Ges. in den Niederlanden, 1967; R. Steininger, Polarisierung u. Integration, 1975; N. Lepszy, Regierung, Parteien u. Gewerkschaften in den Niederlanden, 1979; O. Meggeneder, Hypothesen zur V. u. Entsäulung – dargestellt an den polit. Parteien der Niederlande, in: Österr. Zs. f. Soziol. 6, 1981.

Verschleiß →Obsoleszenz

Verschlüsseln (engl. encoding), bezeichnet den Vorgang der Übersetzung bedeutungsgeladener Informationen in jeweils geeignete Zeichen (z. B. Wörter, Zahlen, Gesten) durch den Adressanten (Sender). Nach der Übermittlung der verschlüsselten Informationen über ein Medium oder Kanal (z. B. Zeitung, Telefon) erfolgt das Entschlüsseln (engl. decoding) durch den Adressaten (Empfänger), um durch diese Rückübersetzung die Bedeutungsgehalte der mitgeteilten Informationen erfassen zu können (Kommunikation). Kodierung bezeichnet das V. in der Empir. Sozialforschg.

Verschwörertheorie, Konspirationstheorie, von polit. Autoritäten in Zeiten glückloser Maßnahmen oder wachsender Schwierigkeiten entwickelte Argumentation, nach der die negativen Tendenzen in der aktuellen Situation durch angebl. Akte von Subversion u. Destruktion hintergründiger, die gesamte Ges. bedrohender Cliquen erklärt werden. Darüber hinaus fungiert die V. auch als prinzipielle Entlastungsthese für alle Fälle, in denen auf eine bestimmte polit. Ideologie (als Handlungsanweisung) verpflichtete Machthaber nicht die

Versorgungsklasse

hieraus als sicher abgeleiteten Erfolge oder Siege erringen konnten. Mit Hilfe der V. werden bestimmte Weltanschauungen, geschichtsphilos. Prognosen u. polit. Rezepte im Falle offenkundigen Versagens oder Nichteintreffens gegenüber direkter Kritik immunisiert. Zu schuldigen u. Unheil verursachenden Verschwörern werden Personenkreise oder Minderheiten stilisiert, gegen die bei der Mehrheit der Bevölkerung ohnehin ein latentes oder manifestes Vorurteil besteht. →Sündenbocktheorie.

Versorgungsklasse, von M. R. Lepsius geprägter Begriff für Bevölkerungsteile, die infolge einer weitgehend soz.staatl. ausgebauten Umverteilung (→Redistribution) zum großen Teil oder gänzlich von Transfereinkommen leben.

H.-U. Wehler (Hg.), Klassen in der europ. Soz.gesch., 1979; J. Alber, V.n im Wohlfahrtsstaat, in: KZfSS 36, 1984.

Verstaatlichung →Sozialisierung

Verstädterung →Stadt, →Stadtsoziologie

Verstärkung (engl. reinforcement), auf E. L. Thorndike (1898) zurückgehender u. von C. L. Hull u. B. F. Skinner insbes. für die behaviorist. orientierte Lerntheorie benutzter Begriff zur Charakterisierung bestimmter Zus.hänge zw. äußeren Reizen u. darauf folgenden Verhaltensänderungen (Lernen). Ein Reiz wirkt als V. eines bestimmten reaktiven Verhaltens, wenn dieses Verhalten als Reaktion auf denselben Reiz in der Vergangenheit dem Organismus bereits Triebreduktion oder Bedürfnisbefriedigung eingebracht hat. V. meint höhere Intensität oder Häufigkeit des entspr. Verhaltens. Gelernt wird da-

mit ein solches reaktives Verhalten, das dem Organismus einen befriedigenden Zustand verschafft, wohingegen irritierende Zustände die Wiederholungswahrscheinlichkeit des reaktiven Verhaltens sinken lassen (Verstärker-Hypothese).

Verstehen, eine objektgebundene Methode des wiss. Erkennens u. Analysierens von Problemen der Gesch. u. der Kultur- u. Soz.wiss.en (in Abgrenzung von den Naturwiss.en). Entgegen der Beschäftigung mit »geistlosen« Gegenständen in den Naturwiss.en bestehe für den Sozialforscher die Möglichkeit, sich in seinen Objektbereich »einfühlend hineinzuversetzen«, diesen »erlebend nachzuvollziehen«, ihn der »inneren Erfahrung« zugängl. zu machen. Für die Vertreter der Methode des V.s bilden soziale Phänomene u. Prozesse nicht nur Wirkungszus.hänge zw. einzelnen Variablen u. Quantitäten, sondern sie stellen gleichzeitig immer auch Sinnzusammenhänge dar. Diese sind in ihrer Einmaligkeit »bündig« zu erfassen u. mit dem Ordnungs- u. Wertgefüge der übrigen erlebten Welt in Beziehung zu setzen. Das sei nur mögl. dadurch, daß sie als Objektivationen eines fremdseel. Gestaltungsprozesses gedeutet werden, den man »von innen her«, durch Introspektion u. Erlebnisse der nachempfindenden Evidenz, »erfassen« muß. →Hermeneutik.

M. Weber, Über einige Kategorien der verstehenden Soziol., in: ders., Gesam. Aufsätze zur Wiss.lehre, [7]1988 (1922); A. Schütz, Der sinnhafte Aufbau der soz. Welt, [2]1960 (1932); S. Kade, Methoden des Fremdv.s, 1983; R. L. Selmann, Die Entwicklung des soz. V.s, 1984; G. Schurz (Hg.), Erklären u. V. in der Wiss., 1988; W. L. Schneider, Objektives V., 1991.

Verstehende Soziologie, eine Strömung soziol. Forschg. u. Theoriebildung, in deren Mittelpunkt die Methode des →Verstehens liegt.

Als der naturalistische Positivismus im 19. Jh. auf die Geistes- u. Sozialwiss.en überzugreifen begann, setzte die Kritik antinaturalistischer »Autonomisten« ein, welche die Möglichkeit, den Gegenstand dieser Wiss.en mit naturwissenschaftlicher Methodol. adäquat erfassen zu können, grundsätzlich bestritten. W. Dilthey stellte den erklärenden Naturwiss.en die verstehenden Geisteswiss.en gegenüber. Der Dualismus der Neukantianer W. Windelband u. H. Rickert unterschied zw. idiographischen Ereignis- oder Kulturwiss.en u. nomothetischen Gesetzes- oder Naturwiss.en.

In die Soziol. wurde die Methode des Verstehens insb. v. G. Simmel u. M. Weber eingeführt. Letzterer entwickelte die Grundlagen einer V. S., welche soziales Handeln unter Berücksichtigung des subjektiv gemeinten Sinns der Handelnden deutend verstehen u. dadurch in seinem Ablauf u. seinen Wirkungen ursächlich erklären will. Indem die Rekonstruktion v. Sinnzus.hängen (»Sinnadäquanz«) durch das Kriterium der Regularität solcher Zus.hänge (»Kausaladäquanz«) ergänzt wird, vermied Weber die Reduktion der Soziol. auf die Methode des Verstehens, welche vielmehr im Rahmen einer Typenlehre (»Idealtypus«) fruchtbar gemacht werden soll. Dabei wird (a) die Beschränkung des Verstehens auf individualisierende Einführungen in singuläre Sinnwelten überwunden u. (b) im Hinblick auf die soziol. Begriffsbildung die Forderung nach Klarheit dem Postulat des reichen Realitätsgehaltes übergeordnet.

Webers V. S. bildet den Ausgangspunkt einer allg. soziol. Handlungstheorie (z. B. bei T. Parsons), auch wirkt sie in phänomenologisiertem Gewand bei A. Schütz u. a. weiter. Als Hauptrichtungen der V. S. sind der Symbolische Interaktionismus u. die Ethnomethodologie zu nennen, die jedoch – im Gegensatz zu Weber – dazu tendieren, den Erklärungsanspruch der Soziol. zu vernachlässigen bzw. zu eliminieren.

M. Weber, Über einige Kategorien der V.S., in: ders., Gesam. Aufsätze zur Wiss.slehre, [7]1988 (1922); ders., Soziol. Grundbegriffe, [6]1984; A. Schütz, Der sinnhafte Aufbau der soz. Welt, [2]1960 (1932); W. L. Bühl (Hg.), V. S., 1972; H. J. Helle, V. S. u. Theorie der Symbolischen Interaktion, 1977; K. Allerbeck, Zur formalen Struktur einiger Kategorien der v.n S., in: KZfSS 34, 1982; R. Twenhöfel, Handeln, Verhalten u. Verstehen, 1985; H. J. Helle, Dilthey, Simmel u. Verstehen, 1986; P.-U. Merz, Max Weber, Heinrich Rickert, 1990.

Versuchsperson →Proband

Verteilung, bezeichnet 1. im Zus.hang mit dem Problem der sozialen Ungleichheit die Aufteilung v. Lebenschancen (Macht, Positionen, Geld, Güter, Prestige) innerhalb der Ges. (Distribution). Durch Umverteilung (Redistribution) wird eine Entschärfung sozialer Ungleichheit angestrebt. 2. In der Statistik angewandtes Verfahren, um Streuungsmaße, Standardabweichungen bzw. Durchschnittswerte zu bestimmen. Einkommens-, Macht-, Status-V. können so z. B. ermittelt u. quantitativ dargestellt werden.

R. Mayntz, K. Holm u. P. Hübner, Einf. in die Methoden der empir. Soziologie, [3]1972; M. Pfaff (Hg.), Grenzen der Umverteilung, 2 Bde., 1978; M. Olson, Aufstieg u. Niedergang von Nationen, 1985 (amerik. 1982).

Verteilungskoalition →Olson, Mancur

Vertragstheorie, Kontraktualismus, Sammelbezeichnungen für

Vertrauen 906

theoret. Ansätze, die von der An- nahme ausgehen, daß Menschen aus Einsicht u. rationalen Erwä- gungen freiwillig eine (gleichsam) vertragl. vereinbarte ges. Ordnung u. Kooperation anstreben u. auf- rechterhalten, weil sie durch eine solche normativ-institutionelle Regulierung u. Absicherung der Interaktionen mehr persönl. Vor- teile (Freiheits-, Friedens- u. Wohl- standssicherung) erlangen können als im Falle eines rein individuell- einzelkämpfer., soz. rücksichtslosen Strebens nach Vorteilsmaximie- rung.

Grundlegend ist das Streben von Menschen nach Verbesserung der eigenen Lebensbedingungen. Da die hierfür notwendige ges. Ord- nung u. Kooperation nicht durch instinktive Grundlagen ermöglicht u. gewährleistet werden, müssen je- ne soziokult. Voraussetzungen durch Einigung (Konsens) u. nor- mativ-institutionelle Absicherung zustandekommen. Dadurch wer- den zugleich Gefahren eines aus- ufernden Soz.darwinismus ge- bannt, die das Individuum im Da- seinskampf überfordern, die Le- bensqualität verschlechtern u. das Überleben bedrohen würden. Er- fahrungsgemäß rächt es sich sehr schnell, andere Individuen zu übervorteilen. Aufgrund von Er- fahrung, Einsicht u. Lernprozessen sind die Ges.sangehörigen viel- mehr an normativ-institutionell regulierten, langfristig stabilen u. ertragreichen Interaktionen inter- essiert. Diese längerfristige Per- spektive erleichtert den Verzicht auf kurzfristig erreichbare Vorteile, die zu Lasten anderer Individuen gingen.

Eine zentrale Frage der V. richtet sich auf die Entstehung institutio- neller Regelungen, die von den Ges.sangehörigen trotz soz. Un-

gleichheit u. verschiedener Interes- sen möglichst weitgehend akzep- tiert werden. Im Mittelpunkt ste- hen das Rechtssystem u. insbes. die Eigentumsrechte. Mitunter wird die Gerechtigkeit als Leitidee einer vertragsgemäßen Ordnung des ges. Zus.lebens herausgestellt. Aus öko- nom. Sicht (J. M. Buchanan) ist auch zw. soz. Ungleichen ein beiderseits vorteilhafter Vertrag möglich.

Die V. wurde fundiert durch T. Hobbes, schott. Moralphilosophen (A. Smith), die klass. polit. Ökono- mie u. franz. Verfechter einer Idee des →Ges.vertrages. In neuerer Zeit wurden Ansätze der V. unter dem Einfluß der Neuen Polit. Ökonomie (J. M. Buchanan), der Theorie der Eigentumsrechte (→Property rights) u. der Spiel- theorie weiterentwickelt.

J. M. Buchanan, Die Grenzen der Freiheit, 1984; L. Kern u. H.-P. Müller (Hg.), Gerech- tigkeit, Diskurs oder Markt?, 1986; R. Axelrod, Die Evolution der Kooperation, ²1991 (1987).

Vertrauen, zentraler Begriff der Systemtheorie zur Klärung sozial- anthropolog. Grundtatbestände sozialen Handelns. Es wird ausge- gangen von der Begrenztheit menschl. Erlebnis-, Informations-, Entscheidungs- u. Orientierungs- fähigkeit, die eine »Reduzierung der Komplexität« von Umwelt u. von Erwartungsalternativen nötig macht. In diesem Sinne werden durch V. gewisse potentielle Ent- wicklungsmöglichkeiten ausge- schlossen, Risiken u. Gefahren übersichtlicher u. berechenbarer, Umwelt-»bilder« vereinfacht, Orientierung an Symbolen (für sinnhaft aufeinander bezogenes Handeln oder für Erwartungsmu- ster) ermöglicht, psych. Entlastun- gen u. soziale »Kanalisierungen« geschaffen. Damit werden interne soziale Systemordnungen gegenüber einer komplexen sozialen Umwelt (nicht zuletzt durch Freisetzung von Handlungsenergien nach außen) stabilisiert.

V. bildet ferner ein zentrales Element in Konzepten eines prosozialen Verhaltens.

N. Luhmann, V., Ein Mechanismus der Reduktion soz. Komplexität, 1968; H. E. Lück (Hg.), Mitleid, V., Verantwortung, 1977.

Vertrauensbereich bzw. -intervall →Konfidenzintervall

Verwahrlosung, sozialpädagog. Bezeichnung für einen Zustand der Persönlichkeit eines Menschen u. seines Verhaltens, der eine minimale Ordnung, Struktur, Regelmäßigkeit u. sozialnormative Angepaßtheit an die Erwartungsmuster der ges. Umwelt vermissen läßt. Der Begriff V. ist eng verbunden mit der jeweiligen sozialen Definition des »Normalen«, psych. u. sozial »Gesunden«, von der aus erst bestimmt werden kann, was – wie in psychol. Definitionen der V. erklärt wird – »eine abnorme seelische Erlebnisreaktion«, »ein abgesunkener Zustand der Persönlichkeit«, »ein moral. abwegiges Verhalten«, »charakterl. Ungebundenheit u. Bindungsunfähigkeit« usw. sein soll. In der Literatur u. prakt. Anwendung des Begriffs V. herrscht dementspr. die Tendenz vor, jeweils Beliebiges als V. zu bezeichnen, je nachdem, was dem Betrachter als negativ beurteilte Diskrepanz zw. dem realen sozialen Verhalten eines Menschen u. dem ihm in spezif. sozialer Situation Aufgegebenen, Zugemuteten erscheint.

K. Mollenhauer, V., (in: A. Flitner, H. Scheuerl, Hg., Einf. in päd. Sehen u. Denken, 1967); J. Schwarzmann, Die V. des weibl. Jugendlichen, 1971; H. C. Dechêne, V. u. Delinquenz, 1975; N. Herriger, V., ²1987 (1979); L. Gehrig, Verwahrloste Jugend – verwahrloste Ges., 1991 (1983); A. Aichhorn, Verwahrloste Jugend, ¹⁰1987.

Verwaltung, mehrdeutig benutzter Begriff, der (1) – als öffentl. V. – einen staatl. Tätigkeitsbereich bzw. eine staatl. Behördenorganisation meint, die – in ihren Zielen durch die Rechtsordnung u. innerhalb dieser durch die polit. Entscheidungen der Regierung bestimmt – konkrete Maßnahmen zur Gestaltung der Sozialordnung durchführen. (2) Als »Industrie-« oder »Verbandsv.« umschreibt V. diejenigen Teile einer Organisation, die durch rationale Planung, Vorbereitung, Koordination u. Kontrolle die versch. Leistungsbeiträge der Mitglieder einer Organisation auf die Verwirklichung eines übergeordneten Organisationszieles (Gewinnmaximierung, Produktivitätssteigerung, Umsatzerhöhung, polit. Einflußsteigerung u. a.) ausrichten. Die öffentl. V. hat im gesch.-ges. Wandel vom feudal-aristokrat.-monarch. Absolutismus über die konstitutionelle Monarchie zum liberalen Rechtsstaat u. mod. Sozialstaat einen weitgehenden Funktionswandel erfahren: Zur ursprüngl. Ordnungs- u. Eingriffsverwaltung, die die öffentl. V. in erster Linie als Herrschaftsinstrument erscheinen ließ, ist mit fortschreitender Industrialisierung u. Urbanisierung die »Leistungsverwaltung« der Daseinsvorsorge, u. in neuerer Zeit (durch die Erfordernisse der Raumplanung) die planende u. damit immer »politischer« werdende öffentl. V. hinzugekommen.

In der Literatur zur V.ssoziol. ist es in Anbetracht der Vielzahl aller unter dem Begriff V. zus.gefaßten Staatstätigkeiten umstritten, ob eine umfassende soziol. Theorie der V. möglich ist. Die Polit. Soziol. stellte in Forschungen über Parlamentarismus eine zunehmende Verlagerung des Einflusses bei der Gesetzgebung vom Parlament zur ursprüngl. nur mit rein exekutiven Aufgaben betrauten öffentl. V. fest. Organisationssoziol. Studien lehnten sich vor allem an Begriff u. Problematik der Bürokratie an u. versuchten, Aufbau- u. Ablaufprinzipien von V. seinrichtungen nach überall vorfindbaren Gemeinsamkeiten oder spezif. Besonderheiten zu analysieren. Unter Effizienz- u. Effektivitätsgesichtspunkten wurde auf die Diskrepanz zw. hierarch., traditionellen V.sfunktionen entspringender Arbeitsstruktur der öffentl. V. u. den Funktionserfordernissen einer soz. mod. V. in einer Ges. kumulativen soz. Wandels hingewiesen. In ablauforganisator. Perspektive steht zunehmend das Entscheidungshandeln bzw.-verfahren von V.sorganisationen im Vordergrund u. damit Begriffe wie Information, Kommunikation, Steuerung u. Planung. Arbeits- u. berufssoziol. Untersuchungen beschäftigen sich mit Karrieremustern, Selektionsverfahren, Autoritätsformen u. Führungsstilen. Sie prüfen die Auswirkungen mod. Nachrichten-, Informations- u. Entscheidungstechniken auf Arbeitsplatzstrukturen u. innere Organisation der Behörden sowie auf Berufsbilder, Berufsinhalte u. Ausbildungserfordernisse der öffentl. Beamten u. Angestellten.

G. Hartfiel u. a., Beamte u. Angestellte in der V.spyramide, 1964; N. Luhmann, Theorie der V.swiss., 1966; R. Mayntz u. N. Luhmann, Personal im öffentl. Dienst, 1973; F. Hegner, Das bürokrat. Dilemma, 1978; D. Grunow, F. Hegner u. F. X. Kaufmann, Bürger u. V., 1978; R. Mayntz, Soziol. der öffentl. V., ³1985 (1978); C. Böhret u. a. (Hg.), Herausforderungen an die Innovationskraft der V., 1987; D. Grunow, Bürgernahe V., 1988; B. Becker, Öffentl. V., 1989; H. Klages u. a., Führung u. Arbeitsmotivation in Kommunalv.en, 1989; K. Dammann u. a. (Hg.), Die V. des Polit. Systems, 1993.

Verwaltungssoziologie, eine spezielle Soziol., die sich mit der zunehmenden Bedeutung formaler Organisationen im öffentl. u. priv. Bereich entwickelt hat. Sie befaßt sich mit Motiven, Werten, Einstellungen u. Qualifikationen des Verwaltungspersonals (Mikroebene), den Strukturen von Verwaltungseinheiten (Mesoebene) u. den Außenbeziehungen der öffentl. Verwaltung (Makroebene). Die V. muß der Tatsache Rechnung tragen, daß die Verwaltungsorganisationen mit der soz. u. technolog. Dynamik einem Wandel ihrer Aufgabenstellungen u. Verfahrensweisen ausgesetzt sind. Sie müssen daher z. B. in der mod. Industrieges. zunehmend herkömml. Routineaufgaben mit einer flexiblen Leistungserbringung vereinen sowie ihre exekutiven Funktionen mit ihrer auf Sachkompetenz beruhenden Machtausübung verbinden. Insbes. im Bereich der staatl. Verwaltung führen solche Veränderungen zur Frage nach administrativer Rationalität oder Ineffizienz bürokrat. Orientierungsmuster u. struktureller Regelungen sowie zur Ambivalenz der Rolle der Verwaltung als polit. steuerbares Herrschaftsmittel oder als eigenständiger Machtfaktor.

M. Weber, Wirtschaft u. Ges., ⁵1980 (1921); M. Albrow, Bürokratie, 1972; W. Schluchter, Aspekte bürokrat. Herrschaft, 1972; E. Pankoke u. H. Nokielski, V., 1977; F. Hegner, Das bürokrat. Dilemma, 1978; R. Mayntz, Soziol. der öffentl. Verwaltung, ³1985 (1978).

Verwaltungsstaat, polit. Herrschaftssystem, in dem die staatl.-öffentliche Verwaltung für die allg. ges. Willensbildung u. Entscheidungsfindung von zentraler Bedeutung geworden ist u. dadurch sogar die (verfassungsmäßig vorgesehenen) Rechte der legislativen u. juridischen »Gewalten« beschnitten werden. In modernen, hochkomplexen Ges.en ist – als Ergebnis eines »sachverständigen«

Zus.wirkens von Partei- u. Interessenverbandsfunktionären mit hohen Verwaltungsstäben der Ministerialbürokratie – eine Tendenz zum V. unverkennbar.

Verwandtschaft (engl. kinship), Bindungen zw. mehreren Personen aufgrund gemeinsamer Abstammung bzw. Vorfahren (Eltern, Großeltern usw.) u. infolge von Eheschließungen. Vor allem die engere V. bildet eine erweiterte Familie.
Die Struktur v.licher Verhältnisse variiert in Ausmaß u. Zus.setzung mit der jeweiligen Ges.struktur. Nach Murdock kann ein V.ssystem festgelegt werden nach den jeweils geltenden Heiratsregeln (Exogamie, Endogamie), dem Strukturmuster der Gattenwahl, der Abstammung (Blutsv., Abstammungsges.), der Wohnsitzregelung, der nominellen Zuordnung u. nach den Formen familialer Sozialisation. Der zentrale Stellenwert der V. insbes. in vorhochkulturellen Ges.formationen (J. Habermas) hat zunehmend in der mod. Ges. an Bedeutung verloren. Das mod. V.ssystem wurde vor allem durch die Herausdifferenzierung der Berufsrolle aus ihrer Einbettung in umgreifende V.sstrukturen geprägt (T. Parsons). Die Folge ist eine Schwächung u. ein Funktionsverlust v. V.s-Beziehungen. So ist heute z. B. nur noch in Krisenzeiten u. -situationen eine v.liche Solidarität zu finden (H. Schelsky). Ansonsten erstrecken sich v.liche Kontakte auf gesellige Treffen u. eingeschränkte Leistungskontakte im »engsten V.skreis« – allerdings sind hier schichtenspezif. Unterschiede des V.snetzwerkes zu berücksichtigen. Der Funktionsverlust des v.lichen Sozial- u. Leistungszus.hanges hat zwar einerseits zu größerer individ.

Freiheit u. zum Abbau v. sozialen Zwängen geführt, aber andererseits trägt er auch zur Desintegration der Kernfamilie u. zum Wachstum des bürokrat. Sozial- u. Wohlfahrtsstaates bei.
Durch die abgesunkene Geburtenrate, vermehrte Ehescheidungen, Zunahme alternativer Lebensgemeinschaften u. -formen (wechselnde Partnerschaften, Single, Alleinerziehende, Wohngemeinschaften), steigenden Anteil unehel. geborener Kinder sowie durch stark zugenommene horizontale Mobilität werden V.ssysteme allg. kleiner, z. T. komplizierter oder sie laufen sogar aus.

G. P. Murdock, Social Structure, 1949; H. Schelsky, Wandlungen der dt. Familie in der Gegenwart, 1953; T. Parsons, Das V.ssystem in den Vereinigten Staaten, in: ders., Beiträge zur soziol. Theorie, 1964; E. Pfeil, Die Familie im Gefüge der Großstadt, 1965; G. Lüschen u. E. Lupri (Hg.), Soziol. der Familie, KZfSS Sonderheft 14, 1970; J. Habermas, Legitimationsprobleme im Spätkapitalismus, 1973; F. Neidhardt, Die Familie in Dtl., 1975; G. Ruipérez, Die strukturelle Umschichtung der V.sbezeichnungen im Deutschen, 1984; I. Meyer-Palmedo, Das dörfl. V.system, 1985.

Verzerrung →Interviewer, →Interviewereffekt

Vetogruppe (lat. »verhindern«), Bezeichnung für Gruppen, Minderheiten u. Organisationen, insbes. Interessenverbände, die aufgrund rechtl. Zusicherungen, ihrer Macht u. Einflußchancen bestimmte Entscheidungen u. Maßnahmen aufschieben (suspensives Veto) oder endgültig verhindern können (absolutes Veto).

Vico, Giambattista (Giovanni Battista), 26. 6. 1668 Neapel – 21. 1. 1744 ebd., italien. Gesch.- u. Kulturphilosoph, lehrte seit 1698 an der Univ. Neapel Rhetorik, 1734 Hofhistoriograph des Königs von Neapel.

Vierkandt

Gegenüber dem Aufstieg des math.-naturwiss. Denkens hat V. in seinen Werken die Gleichberechtigung der histor. Betrachtungsweise zu begründen versucht. Den Menschen hat er als gesch.-ges. Wesen gesehen. V. hat die vergleichende Methode in die Gesch.swiss. eingeführt. Nach seiner Auffassung entwickeln sich die einzelnen Völker aus endogenen, vor allem geistigen Kräften heraus parallel zueinander, also ohne gegenseitigen Austausch u. wechselseitige Durchdringung der Kulturen. Den Verlauf der Gesch. der Völker u. Kulturen hat er kreislauftheoret. untersucht: der primitive Anfang u. das barbar. Zeitalter werden durch kulturelle Verfeinerung von einem humanen Zeitalter bzw. Reifestadium abgelöst. Korruption, Schwächung der Lebenskraft u. innerer Verfall zerstören die Blüte u. lassen das Volk in Barbarei zurücksinken. Schließlich beginnt dieser Zyklus von neuem (»Corso e ricorso!«). V. wurde damit zu einem bedeutenden Pionier der Kulturzyklentheorie u. zu einem Vorläufer der Gesch.s- u. Kultursoziol.

Schr.: De nostri temporis studiorum ratione, 1708, dt.: Von Wesen und Wert geistiger Bildung, 1947; Principj di una scienza nuova d'intorno alla commune natura delle nazioni, per la quale si retruovano i principj di altro sistema del diritto naturale delle genti, Neapel, 1725, dt.: Prinzipien einer neuen Wiss. über die gemeinsame Natur der Völker, 1990 (1924); Seconda Scienza Nuova, 1744; Autobiografia, hg. 1911; Gesamtausgabe, I–VIII, Bari 1914–41.
O. Klemm, G. V. als Gesch.sphilos. u. Völkerpsychologe, 1906; B. Croce, La filosofia di G. V., Bari 1911, dt.: Die Philos. G. V.s, 1927; R. W. Schmidt, Gesch.sphilos. G. B. V.s, 1962; P. Burke, V., Oxford 1985, dt. 1987; S. Otto, G. V., 1989; N. Erny, Theorie u. System der Neuen Wiss., 1994.

Vierkandt, Alfred, 4. 6. 1867 Hamburg – 24. 4. 1953 Berlin, 1885–90 Studium der Naturwiss. u. Philosophie in Leipzig, 1890– 1900 Gymnasiallehrer, 1894 Habil. für Erdkunde TH Braunschweig u. 1900 für Völkerkunde in Berlin, 1904 Lehrauftrag für psychol. Probleme der Völkerkunde, 1909 Mitbegründer der DGS, 1913 apl. Prof. in Berlin, 1921 a. o. Prof. für Soziol. ebd., 1925 o. Prof., 1934 em. (Vorlesungsverbot), 1946 Wiederaufnahme der Lehrtätigkeit für Soziol. an der Univ. Berlin.

Obgleich kulturwiss. vielseitig orientiert, zählt V. zu den Vertretern der formalen (bzw. »reinen«) Soziol. Er betonte zwar den überindividuellen Charakter ges. Tatsachen, lehnte aber eine substantiale Auffassung der Ges. ab. Die Eigenart der Sozialverhältnisse wird gekennzeichnet durch Gegenseitigkeit u. Resonanz beim Mitmenschen. Die Gegenseitigkeit kann selbst durch Macht nicht dauerhaft aufgehoben werden, da diese mit einem Anerkennungsverhältnis verknüpft ist. Einseitige Gewaltverhältnisse bestehen meist nur vorübergehend. Unter dem Oberbegriff Sozialverhältnis u. in Anlehnung an Tönnies unterschied V. zw. »Gemeinschaft«, »gemeinschaftsnahen« u. »-fernen« Verhältnissen. Im Mittelpunkt seiner Ges.slehre steht die Gruppe. Dieses soziale Gebilde beinhaltet eine »innere Einheit«, ein »Wirbewußtsein« der Mitglieder, ein spez. »Eigenleben«, bestimmte Überzeugungen, Wertvorstellungen, Normen u. Ziele. Obwohl die Gruppe von Einzelmenschen getragen wird, ist sie aufgrund ihres überindividuellen Gebildecharakters mehr als die Summe von Individuen u. behält in der Regel beim Wechsel von Personen ihr »Eigenleben«. Im sozialen Bereich dienen →»Ventilsitten« dem Abbau aufgestauter Triebspannungen. Die gegenwärtige Kultur wird geprägt

Vision

von Rationalismus, Kapitalismus, Individualismus, Machtmißbrauch, Sachlichkeit, Normenzerfall u. Verkümmerung des Seelenlebens. V. glaubte, daß sich künftig gemeinschaftl.-genossenschaftl. Formen des Zus.lebens durchsetzen werden.

Schr.: Natur- u. Kulturvölker, 1896; Die Stetigkeit im Kulturwandel, 1908; Machtverhältnisse u. -moral, 1916; Staat u. Ges. in der Gegenwart, ³1929 (1916); Die soz.päd. Forderung der Gegenwart, 1920; Der Dualismus im mod. Weltbild, 1923; Ges.lehre, ²1928 (1923); (Hg.), Hdwb. der Soziol., 1959 (1931); Familie, Volk u. Staat in ihren ges. Lebensvorgängen, 1936 (nhg. u. d. Titel: Kleine Ges.lehre, 1949).
G. Eisermann, A. V., in: ders., Bedeutende Soziologen, 1968.

Vierte Welt →Dritte Welt

Vierter Stand, von W. H. Riehl geprägte Bezeichnung für die soziale Kategorie der lohnabhängigen Arbeiter (deren soziale Situation u. Probleme erst durch die ökonom. u. polit. Aktivitäten des Bürgertums, des »dritten Standes« erwachsen sind). Die Bezeichnung ist gleichzeitig Ausdruck sozialreformerischer Programme, die eine Überwindung der sozialen Labilität bzw. Heimat- u. Standortlosigkeit der breiten Arbeitermassen durch ihre ges. Wiedereingliederung als V. S. anstrebten.

C. Jantke, Der v. S., 1955.

Vision (lat. visio = Gesicht, Schau, Erscheinung), im engeren, psycholog. (u. psychiatr.) Sinne eine mit dem opt. Wahrnehmungsvermögen zus.hängende Sinnestäuschung oder ein als wirkl. Phänomen empfundenes Vorstellungsbild (Gesichtshalluzination). Im weiteren, vor allem parapsycholog. u. religionswiss. Sinne sind V.en Vorstellungsbilder (»innere Gesichte«), die sich entweder auf örtl. oder zeitl. entfernte Ereignisse beziehen (Hellsehen, Prophezeiungen) oder für Offenbarungen aus einem göttl. Jenseits gehalten werden. V.en werden oft auch als Vorahnungen u. Anlaß von Entdeckungen oder als Ursprung für schöpferische Akte betrachtet. Sie treten häufig in Zuständen gesteigerter geistiger Tätigkeit, der Erregung oder Ekstase hervor. Das Sendungsbewußtsein u. Mitteilungsbedürfnis vieler V.äre zeigen, daß V.en oft auf Kommunikation ausgerichtet sind u. dann ein soz. Phänomen bilden, das soziokulturell folgenreich sein kann: V.en als Ursprung neuer Ideen, Weltanschauungen, soz. Bewegungen, revolutionärer Umwälzungen u. schubartiger Wandlungsprozesse. Dementsprechend ist über religionswiss. u. parapsycholog. Eingrenzungen hinaus der Begriff der V. inhaltl. auch soziol. interessant: Vorstellungsbilder im Hinblick auf künftige ges. Entwicklungen, Gestaltungsmöglichkeiten, Ziele, Zustände, Strukturen. V.en können als Ziele in starkem Maße soz. u. kollektives Handeln motivieren u. lenken. V.en, die von vielen Menschen anerkannt u. befolgt werden, können grundlegend zu ges. Veränderungen oder zur Entstehung einer neuen Ges. beitragen, z. B. die V. von einer freiheitl., gerechten, kommunist. oder ökolog. angepaßten Ges. In neuerer Zeit werden insbes. in Phasen der Stagnation u. Erstarrung von Wirtschaftsführern, Unternehmern u. Politikern V.en erwartet, die als Ziele u. Handlungsimpulse Entwicklungsschübe auslösen. Voraussetzung für eine ausgeweitete Produktion von V.en ist die Aufbrechung einer verkrampften Einschnürung von Phantasie, Vorstellungsvermögen, Wunschdenken u. (Tag-)Träumen.

Völkerkunde

H. Ahlenstiel u. R. Kaufmann, V. u. Traum, 1962; E. Benz, Die V., 1969; G. Schallenberg, V.äre Erlebnisse, 1975.

Völkerkunde →Ethnologie

Volitiv (lat.), gewollt, vom Willen getragen.

Volk, unterschiedl. definierter Begriff. Er bezeichnet (a) die Bevölkerung auf einem abgrenzbaren Kulturgebiet, (b) eine ethn. spezif. Einheit von Menschen, (c) eine polit. Kollektivpersönlichkeit, die sich als ideelle Einheit manifestiert, (d) in demokrat. Verfassungen die Gesamtheit aller Staatsbürger, (e) in Abgrenzung von den ges. Eliten u. Oberschichten die breite Masse der »einfachen« Mitglieder einer Ges., (f) im histor.-epochalen Sinne eine Form vornationaler Gemeinschaftsbildung u. (g) nach marxist. Interpretation alle jene Klassen u. Schichten der Ges., die daran interessiert u. objektiv dazu fähig sind, den ges. Fortschritt zu verwirklichen (V.smassen). Diese Unbestimmtheit der Begriffsbildung prädestiniert die Bezeichnung V. für demagog., polit. zwiespältige Aussagen, Programme u. Forderungen. In den Sozialwiss.en ist aufgrund kulturanthropolog. Forschungsergebnisse die insbes. aus der dt. Romantik herrührende Auffassung aufgegeben worden, daß sich aus biolog.-blutsbedingten Kräften eines V.es soziale Gesetzmäßigkeiten ableiten u. darauf beruhende polit. Strebungen legitimieren lassen. Es handelte sich hier um ein Vorurteil, das auf Verallgemeinerung europ. Geschichtsergebnisse beruhte. Das V. gilt heute als polit. u. kulturell zustande gekommene Einheit, als Gesamtheit aller Menschen, die entweder durch gemeinsame Sprache oder durch gemeinsame Abstammung u. Kultur (Brauchtum, Sitte, Symbolik im profanen oder sakralen Bereich) miteinander verbunden sind u. aus dieser tradierten Verbundenheit zu gemeinsamer Orientierung u. Handlungsbereitschaft gelangen (→Nation).

G. Leibholz, V., Nation u. Staat im 20. Jh., 1958; W. E. Mühlmann, Rassen, Ethnien, Kulturen, 1964; E. K. Francis, Ethnos u. Demos, 1965; F. Heckmann, Ethn. Minderheiten, V. u. Nation, 1992.

Volkscharakter, Begriff einer älteren psycholog. Sonderdisziplin, der Völkerpsychologie, zur Umschreibung der Gesamtheit aller in einem Volk das gemeinsame Denken u. Handeln bestimmenden kulturellen Determinanten wie Sprachinhalte u. -eigenheiten, Mythos, Religion, Kunst, Recht, Gesch. u. a. In mod., soziol. Ausdrucksweise ist V. durch die Bezeichnungen »kulturelle Rolle« (als Prägungsmuster der basic personality) u. – soweit es um die Erforschung von schichtenspezif. Prägungen der Persönlichkeit innerhalb einer Ges. geht – Sozialcharakter abgelöst worden.

H. Wiesbrock, Über Ethnocharakterologie, in: KZfSS 9, 1957.

Volksdemokratie, nach 1945 geprägter, insbes. für die damals neuen Staats- u. Ges.ordnungen der von den sowjet. Truppen eingenommenen Länder Ost- u. Mitteleuropas gültiger polit. Begriff. Für die V. waren folgende Merkmale charakterist.: 1. Die Vergesellschaftung der Produktionsmittel; 2. eine zentralgelenkte Wirtschafts- u. Ges.planung; 3. das Herrschaftsmonopol einer sozialist.-kommunist. Parteielite, gestützt durch einen umfangreichen Polizei- u. Militärapparat.
Mit der propagandist. Verwendung der ideolog. Formel der V. sollte ei-

ne vermeintliche Einheit von polit. Führung u. Volk vorgetäuscht werden, die angesichts der real bestehenden autoritär-bürokrat. Herrschaftsverhältnisse nicht gegeben war.

Z. K. Brzezinski, Der Sowjetblock, 1962; S. Mampel, Die volksdemokrat. Ordnung in Mitteldtl., 1963; P. Ch. Ludz, Soziol. der DDR, Sonderheft 8 der KZfSS, 1964.

Volksfront, von marxist. Theoretikern entwickelte Bezeichnung für eine bestimmte Strategie beim Aufbau u. bei der Entwicklung des Sozialismus. Es wird davon ausgegangen, daß nicht Persönlichkeiten, sondern alle aufgrund ihrer objektiven Stellung fortschrittl. handelnden Klassen u. Schichten (Volksmassen) die grundlegenden qualitativen Veränderungen in einer Ges. vollziehen. Demzufolge kommt es für das Proletariat u. seine Führer darauf an, bei der Erringung der polit. Macht oder in der früheren Aufbauphase des Sozialismus Interessenbündnisse mit traditionellen bürgerl. oder intellektuellen Gruppen einzugehen. Die V. ermöglicht u. U. die (parlamentar.-demokrat. legale oder revolutionäre) proletar. Machtübernahme auch dort, wo der entspr. kapitalist. Reifegrad dafür noch nicht erreicht ist.

Volkskapitalismus →Miteigentum

Volkskultur, unter Berücksichtigung der gesch. Dimension, regionaler Unterschiede u. der unteren soz. Schichten (sogen. »einfache« bzw. »kleine Leute«) die Gesamtheit der kulturellen Ausdrucks- u. Lebensformen eines Volkes, Stammes oder einer ethn. Minderheit: weltanschaul. Orientierungen, Glaubensvorstellungen, Werte, Normen (Traditionen, Sitten, Volksrecht), Statusordnung u. Herrschaftsverhältnisse, Formen des soz. Zus.lebens, Bräuche, Feste, Feiern u. Tanz, Volkskunst (Erzählungen, Volksdichtung u. -musik), Sprache u. Mundarten, Handwerkskunst, Hausbau u. Hausrat, Kleidung u. Trachten, Eß- u. Trinkgewohnheiten, Arbeitsverhältnisse, Produktionsweisen u. Tauschbeziehungen.

R. van Dülmen (Hg.), Kultur der einfachen Leute, 1983; ders. u. N. Schindler (Hg.), V., 1984; H. Bausinger, V. in der techn. Welt, 1986; P. Dinzelbacher u. H.-D. Mück (Hg.), V. des europ. Mittelalters, 1987.

Volkskunde, eine im Überschneidungsbereich von Ethnologie, Soziol., Geographie, Gesch.s- u. Sprachwiss. liegende Fachwiss., die unter Anwendung mannigfaltiger Methoden (aus benachbarten Disziplinen) auf die Erforschung von →Volkskulturen ausgerichtet ist, wobei dem Alltagsleben besonderes Interesse gilt. Wichtige Aspekte sind die Ursprünge, Eigenart, relative Beständigkeit u. gegenwärtig zunehmend der Wandel der Ausdrucks- u. Lebensformen der jeweils zu untersuchenden u. zu beschreibenden Kultur. Das Fach V. ist insbes. in der Ausbildung von Lehrern einbezogen worden. Pioniere der V. waren J. G. v. Herder (1744–1803), J. Grimm (1785–1863) u. W. H. →Riehl, der 1858 ihre soz.wiss. Richtung betonte.

Forschungsfelder der V. sind u. a. mündliche Überlieferungen des Erzählens (Sage, Märchen, Legende, Schwank, Witz, Rätsel, Sprichwort), des Singens (Volkslied), des Glaubens und Aberglaubens, der materiellen Kultur (Wohnen und Wirtschaften, Kleidung, Essen) und von Bräuchen.

H. Bausinger, V., Von der Altertumsforschg. zur Kulturanalyse, o. J.; H. Gerndt, Kultur als

Forschg.sfeld, 1981; R. W. Brednich (Hg.), Grundriß der V., 1988; A. Lehmann u. A. Kuntz (Hg.), Sichtweisen der V., 1988.

Volkspartei, Plattformpartei, »Allerweltspartei« (O. Kirchheimer), Omnibuspartei, eine Partei, die mit breit angelegtem Programm u. Zielkatalog um Mitglieder u. Wähler in allen Teilen der Bevölkerung wirbt u. den Anspruch erhebt, möglichst viele Interessen des ganzen Volkes zu vertreten. Den Gegensatz bilden Parteien, die auf eine bestimmte Weltanschauung, Ideologie (Weltanschauungspartei, z. B. christl., liberale, sozialist. oder faschist. Parteien) oder Klientel (z. B. Landwirte, selbständiger Mittelstand) fixiert sind. V.en wollen u. können zur polit. u. soz. Integration pluralist. Ges.en beitragen (Integrationspartei). In diktator.-totalitären Herrschaftssystemen dient die monopolartig gestellte Staatspartei (Einparteiensystem bzw. -staat mit totalitärer Monopolpartei) der »Gleichschaltung« u. Beherrschung des Volkes.

A. Mintzel, Die V., 1984.

Volkssouveränität (lat.), »höchste Herrschaftsgewalt durch das Volk«. V. bezeichnet somit den Grundsatz, nach dem bei der Organisation polit.-staatl. Herrschaft der Zweck der Herrschaft nicht bei den Herrschenden, sondern bei den Beherrschten liegt. Nicht das Volk ist das Mittel der Herrschaft, sondern die staatl. Herrschaft, eingesetzt vom Volk, hat nur Mittel-Charakter.

P. Graf Kielmansegg, V., 1977.

Volkstümler, russ. Narodniki, seit den 60er Jahren des 19. Jh.s eine Gruppe junger sozialrevolutionärer Intellektueller im Zarenreich, die »ins Volk gingen«, um dieses durch intensive Einzelaufklärung über sein objektives Elend »bewußt« zu machen u. zur polit. Tat zu bringen. Die V. hatten eine starke Affinität zum Anarchismus.

Vollerhebung →Erhebung

Vollstelle, sozio-ökonom. Position in ländl.-agrarwirtschaftl. strukturierten Ges.en, die dem Inhaber eine »volle« standesgemäße Ernährung, Lebensführung u. Familiensicherung garantiert (z. B. Bauernstelle, Handwerkerstelle). Eheschließung u. Familiengründung ist hier an die Erlangung bzw. den Nachweis einer V. gebunden.

Volonté générale (franz.) →Rousseau, Jean Jacques

Voraussage →Prognose

Vorstudie →Leitstudie

Voruntersuchung →Leitstudie

Vorurteil, für die Einstellung u. das Verhalten gegenüber Gegenständen, Sachzus.hängen, Personen, Kollektiven verbindl. u. damit starres, längerfristig Orientierung abgebendes Urteil, ohne daß der urteilenden Person die objektiv bereits vorhandenen Informationen u. Erklärungen über die beurteilten Phänomene ausreichend bekannt sind bzw. von ihr entspr. berücksichtigt werden. Nicht die Tatsache, daß das V. ein falsches, in seinem Wahrheitsanspruch relativ leicht abweisbares sowie voreiliges u. unzulässig generalisierendes Urteil ist, sondern daß gegenüber rationaler Erfahrung u. angebotener Information an ihm festgehalten wird, hat es zu einem erstrangigen Forschungsproblem der Soziol. werden lassen. Diese untersucht, welche Formen der Sozialisation, der sozialen Lage u. der Gruppenzugehörigkeiten des Menschen die Bildung u. Fixierung von V.en begünstigen u. wie sich die Entwicklung der sozialen Beziehungen, insbes. der dadurch unvermeidbaren sozialen Konflikte, durch den Einfluß u. die Entwicklung von sozialen V.en gestalten.

Der Inhalt des V.s ist in der Regel wertend-moral., indem der Urteilende sich selbst u. seiner Eigengruppe gegenüber positive V.e, anderen Personen u. Fremdgruppen gegenüber negative V.e entwickelt. Das V. hat hier die Funktion, durch Generalisierung der eigengruppeninternen Verständigungskategorien den Binnenkonsensus zu stärken u. gleichzeitig durch Abwertung u. Diskriminierung von Fremdgruppen das Selbstwertgefühl u. die Vorstellungen von der moral. Integrität u. damit Überlegenheit der Eigengruppe zu verstärken. In der Regel wird dabei auch das Gefühl des persönl. oder eigengruppenhaften Ungenügens in der Weise kompensiert, daß man es auf die zu Feinden stilisierten Fremdgruppen projiziert. Diese werden darüber hinaus auch für Unsicherheit u. Risiko, schlechte Lebensverhältnisse u. eigenen sozialen Mißerfolg als die eigentl. schuldigen, aber schwer erkennbaren u. greifbaren Elemente (Verschwörertheorie) verantwortl. gemacht. In diesem Zus.hang spielt die Erforschung der Entstehung u. sozialer u. polit. Auswirkungen von rassischen, ethn., nationalen u. weltanschaul. fixierten V.en insbes. gegenüber sozialen Minderheiten eine große Rolle.

Das V. ist definitionsgemäß nicht in erster Linie ein kognitives Problem, weil vom Urteilenden eine informator. Konfrontation mit dem beurteilten Phänomen nicht sonderl. erstrebt, zumeist sogar bewußt vermieden wird. Weil es in entspr. komplizierten Situationen vielmehr zur »handl.«, apodikt. u. somit von schwierigen Informationshandlungen entlastenden Interpretation der eigenen Stellung in der Ges. u. ihrer persönl. relevanten Teilbereiche dient, hat bei der Aufdeckung der Entstehungsfaktoren des V. die soziol. Analyse der sozialen Lage des Urteilenden eine vorrangige Bedeutung.

B. Bettelheim u. M. Janowitz, Social Change and Prejudice, New York ^{3}1966 (1950); K. S. Sodhi u. R. Bergius, Nationale V., 1953; G. W. Allport, The Nature of Prejudice, Cambridge, Mass. 1954 (dt.: Die Natur des V., 1971); P. Heintz, Soz. V.e, 1957; M. Rokeach, The Open and Closed Mind, New York 1960; M. Horkheimer, Über das V., 1963; H. E. Wolf, Soziol. der V.e, in: R. König (Hg.), Hdb. d. empir. Sozialforschg. II, 1969; É. Barres, V.e, ^{5}1984 (1977); H. E. Wolf, Kritik der V.sforschung, 1979; B. Estel, Soz. V.e u. soz. Urteile, 1983; K. H. Stapf, W. Stroebe u. K. Jonas, Amerikaner über Dtl. u. die Deutschen, 1986.

Vorverständnis, eine Auffassung (Verständnis) als plausibel erscheinende Erklärung eines Sachverhaltes oder der Zus.hänge zw. beobachtbaren u. erlebten Sozialfaktoren, die sich vor der eigentl., systemat.-analyt. Beschäftigung mit dem problematisierten Gegenstand bildet. In der Regel bezieht diese Erklärung ihre Verständniskategorien aus der Beschäftigung mit anderen, als histor. oder phänomenal ähnl. bzw. vergleichbar angesehenen Sachverhalten.

Wachstumstheorie, Teilbereich der Wirtschaftstheorie, der sich großenteils modelltheoret.-math. der Erforschung der ökonom. Bedingungen u. »Gesetze« des quantitativen Wirtschaftswachstums widmet, das eine möglichst kontinuierl. Ausweitung der Unternehmungen, Einkommen, öffentl. Haushalte, des Bruttosozialprodukts u. des allg. Wohlstandes bewirken soll. Im Zuge der tendenziellen Herausbildung einer Überflußges. ist unter unreflektierter Gleichsetzung v. Wirtschaftswachstum u. Steigerung ges. Wohlfahrt quantitatives Wachstum zunehmend als Selbstzweck u. zentraler Wert aufgefaßt worden. Die gleichfalls wachsenden außer-wirtschaftl. Folgen negativer Art (externe Effekte, soziale Kosten) wurden zunächst weitgehend ignoriert.

Die Wirtschaftssoziol. hat zur Erforschung der soziokult. Voraussetzungen des Wirtschaftswachstums beigetragen (Industrialisierung, Leistungsmotivation, Protestantische Ethik).

Die zum Überlebensproblem gewordene Umweltkrise hat zur Aufhebung der Selbstverständlichkeits- u. »Fetischcharakters« des Wirtschaftswachstums geführt (Wachstumskritik). Die brisant gewordenen natürl. »Grenzen des Wachstums« haben zus. mit wirtschaftl. Problemen (übermäßige Steigerung der Rohstoff- u. Lohnkosten, Inflation, Arbeitsplatzverluste durch Rationalisierung, Absatzkrisen, öffentl. Finanzkrise, zunehmende Arbeitslosigkeit) eine komplexe Wachstumskrise entstehen lassen, die ihrerseits durch Frustration dynamischer Wohlstandserwartungen die Gefahr einer ges. Systemkrise beinhaltet. Zur Verbesserung der Lebensqualität wird die Ablösung des quantitativen Wirtschaftswachstums durch ein qualitatives Wachstum angestrebt, das vorrangig auf Umweltschutz, Rohstoffeinsparung, Humanisierung der Arbeit, Entwicklungshilfe, Aus-

bau sozialer Dienstleistungen u. des Bildungsbereichs ausgerichtet sein soll. Diese Umstrukturierung des Wachstums setzt Aufklärung, tiefgreifende Umwertungen, polit. Entscheidungen u. Verhaltensänderungen voraus, denen wiss. nur eine multidisziplinäre Wachstumsforschung gerecht werden kann.

W. A. Lewis, Die Theorie des wirtschaftl. Wachstums, 1956; W. W. Rostow, Stadien wirtschaftl. Wachstums, [2]1967 (1960); D. Meadows u. a., Die Grenzen des Wachstums, 1972; M. Mesarovic u. E. Pestel, Menschheit am Wendepunkt, 1974; G. Bombach, B. Gahlen u. A. Ott, Ausgewählte Probleme der Wachstumspol., 1976; K. v. Beyme u. a., Wirtschaftl. Wachstum als ges. Problem, 1978; M. Stoffel, »Die Grenzen des Wachstums«, Beurteilung der Kritik, 1978; K. H. Hillmann, Umweltkrise u. Wertwandel, [2]1986 (1981); K. Rose, Grundlagen der W., [6]1991; B. Weßels, Erosion des Wachstumsparadigmas, 1991; D. u. D. Meadows, Die neuen Grenzen des Wachstums, 1992.

Wagner, Adolph, 25. 3. 1835 Erlangen − 8. 11. 1917 Berlin, 1857 Dr. phil. Göttingen, 1858−63 a. o. Prof. Wien, 1864 o. Prof. Univ. Dorpat, 1868 Freiburg, 1870 Berlin.

Untersuchungen über die volkswirtschaftl. Auswirkungen finanzwirtschaftl. Maßnahmen führten ihn zum »Gesetz der wachsenden Staatsausgaben«. W. unterschied zwei Kreise: den privat-wirtschaftl. u. den zwangsgemeinwirtschaftl. Bereich. Aufgabe des letzteren ist es, Härten des ersteren auszugleichen (»Korrektivdienst«) u. für die Befriedigung der Gemeinbedürfnisse (»Ersatzdienst«) zu sorgen. Als Kritiker des Kapitalismus wie des Marxismus forderte er eine finanzwirtschaftl. Umgestaltung unter sozialpolit. Gesichtspunkt. Die Besteuerung erstrebt auch die Veränderung der im privat.-wirtschaftl. Bereich entstehenden Einkommens- u. Vermögensrelationen (Programm des »Staatssozialismus«), u. zwar zur Sicherung des

Existenzminimums für jeden Bürger, zur Minderung der Ungleichheiten u. zur allg. Lohnerhöhung zugunsten der Arbeitseinkommen.

Schr.: Beiträge zur Lehre von den Banken, 1857; Die Ordnung des österr. Staatshaushaltes, 1863; Rede über die soz. Frage, 1872; System der Zettelbankpolitik, 1873; Die akadem. Nationalökonomie u. der Sozialismus, 1895; Unternehmergewinn u. Arbeitslohn, 1897; Allg. u. Theoret. Volkswirtschaftslehre, 1901. W. Schneider, A. W. Beziehung zum Sozialismus, 1921; L. Storch, K. Rodbertus u. A. W. als Staatssozialisten, 1930; E. Polanz-Dudzus, A. W. Theorie der Deckung des Staatsbedarfs, 1938; B. Lehner, Die Lehre A. W. von den obersten Grundsätzen der Besteuerung, 1950; P. Cohnen, Unters.en zu A. W. »Gesetz des wachsenden Staatsbedarfs«, 1954.

Wahlsoziologie, untersucht mit Methoden der Empir. Soz.forschung die institutionellen, organisator., kommunikativen u. individ. Einflußgrößen für das Zustandekommen von Ergebnissen bei polit. Wahlen in freiheitl. verfaßten Demokratien.

Die W. hat sich von einer auf die Erklärung individ. Wahlverhaltens bei einer spezif. Wahl ausgerichteten Teildisziplin immer mehr zu einer umfassend den legitimatorischen Prozeß erforschenden Polit. Soziol. entwickelt. Durch die in vielen Ländern inzw. institutionalisierte Datenerhebung mit Umfragen bei repräsentativen Querschnitten der Wahlbevölkerung im Zus.hang zumindest mit den nationalen Hauptwahlen existieren nunmehr längsschnittl. Datenbestände, welche der W. schon fast den Status auch einer zeitgesch. Forschungsrichtung geben. Diese Datenbestände sind für Wiss.ler über die nationalen Datenarchive (in Dtl.: Zentralarchiv für Empirische Sozialforschung an der Univ. Köln) u. deren internat. Verbund bei nur geringen Kosten für Sekundäranalysen zugänglich.

Im Mittelpunkt der Forschung steht die Frage nach den Bestimmungsgründen für das Wahlverhalten des einzelnen Bürgers, wenn auch die Antworten auf diese Frage aus immer komplexeren theoret. Problemstellungen u. längsschnittl. orientierten empir. Forschungsansätzen gesucht werden, so z. B. unter systemat. Berücksichtigung der Rolle der Massenmedien u. der Einbindung des Einzelnen in Beziehungsnetzwerke. Daneben werden weiter traditionell bedeutsame Themen behandelt: von der Analyse von Kandidatennominierungen über Inhaltsanalysen von Parteiprogrammen, die Strukturierung der Themen der öffentl. Diskussion durch die Massenmedien bis hin zur Rolle institutioneller Faktoren wie des Wahlsystems für das Wahlergebnis.

Die Fortschritte der W. dokumentieren sich vor allem in der Verbindung der Analyse des Wahlverhaltens u. der Entwicklung von Parteiensystemen. Die Gültigkeit der aus den 1960er Jahren stammenden These der »eingefrorenen« Parteiensysteme, nach der in der Frühphase der Demokratisierung dominante sozialstrukturelle Spannungslinien (cleavages) über Organisationsverflechtungen u. Wertgemeinschaften auf Dauer gestellt worden waren, ist inzw. unter den Etiketten von Aufweichung (dealignment) u. Neustrukturierung (realignment) nachhaltig in Frage gestellt worden. Insofern behandelt die aktuelle W. internat. vergleichend zum einen das Problem, unter welchen Bedingungen angesichts eines ganz außerordentl. tiefgreifenden u. schnellen soz. Wandels etablierte Bindungen zw. ges. Großorganisationen (z. B. Gewerkschaften, Kirchen) u. polit. Parteien weiterhin Bestand haben können. Zum anderen wird untersucht, ob

Wahrnehmung

neue Spannungslinien entstehen (z. B. Ökonomie vs. Ökologie, alte vs. neue Werte), die in der Sozialstruktur oder anderweitig verankert sind, in welchem Umfang solche Spannungslinien politisiert werden u. entweder ihre Umsetzung in neue Parteien erfahren oder von etablierten Parteien aufgenommen werden. Mit der Behandlung von Fragen, ob u. in welchem Umfang die Bindungen der Wähler an polit. Parteien (Wechselwählerproblematik) bzw. an das polit. System insgesamt (Wahlbeteiligungsproblematik) nachlassen bzw. ob die Institution der Wahl allg. an Bedeutung z. B. gegenüber unverfaßten Beteiligungsformen verliert, konstituiert sich die W. in einem übergeordneten Sinne auch als Demokratieforschung.

S. M. Lipset u. S. Rokkan, Party Systems and Voter Alignments, 1967; E. K. Scheuch u. R. Wildenmann (Hg.), Zur Soziol. der Wahl, Sonderheft 9 der KZfSS, ²1968; M. Kaase (Hg.), W. heute, 1977; D. Nohlen, Wahlsysteme der Welt, 1978; D. Oberndörfer (Hg.), Wählerverhalten in der BR Dtl., 1978; S. Rokkan u. L. Svasand, Zur Soziol. der Wahlen u. der Massenpolitik, in: R. König (Hg.), Handb. der empir. Sozialforschg., Band 12, ²1978; W. Kaltefleiter u. P. Nißen, Empir. Wahlforschung, 1980; M. Kasse u. H.-D. Klingemann (Hg.), Wahlen u. polit. System, 1983; R. J. Dalton, S. C. Flanagan u. P. A. Beck (Hg.), Electoral Change in Advanced Industrial Democracies. Realignment or Dealignment, 1984; D. Oberndörfer u. a. (Hg.), Wirtschaftl. Wandel, religiöser Wandel u. Wertewandel, 1985; H.-D. Klingemann u. M. Kaase, Wahlen u. polit. Prozeß, 1986; R. v. Voss u. K. Friedrich (Hg.), Die Jungwähler, 1986; W. Bürklin, Wählerverhalten u. Wertewandel, 1988; R. J. Dalton, Citizen Politics in Western Democracies, 1988; J. W. Falter u. a. (Hg.), Wahlen u. polit. Einstellungen in der BR Dtl., 1989; M. Kaase u. H.-D. Klingemann (Hg.), Wahlen u. Wähler, 1990; H.-J. Veen u. E. Noelle-Neumann (Hg.), Wählerverhalten im Wandel, 1991; H. G. Wehling (Hg.), Wahlverhalten, 1991; K. Starzacher u. a. (Hg.), Protestwähler u. Wahlverweigerer, 1992; O. W. Gabriel u. K. G. Troitzsch (Hg.), Wahlen in Zeiten des Umbruchs, 1993.

Wahrnehmung, soziale; die Eigenarten des Wahrnehmens sozialer Phänomene, Gebilde, Beziehungspartner. Inhalte u. Grenzen der sozialen W. werden bestimmt (a) durch die Persönlichkeitsstruktur des Wahrnehmenden, (b) durch die spezif. Erfahrungen u. entspr. Vorprägungen des Individuums, (c) durch die Interessen, zu deren Realisierung Wahrnehmungsinhalte als Orientierung verschaffende Informationen »gesammelt« werden, (d) durch die Informations- u. Kommunikationsstrukturen, innerhalb derer Wahrnehmungsinhalte erfaßt u. vermittelt werden, (e) durch die sozialen Positionen, Rollen, Statuslagen, von denen aus Individuen ihre Umwelt (selektiv) erleben, (f) durch Einstellungen, Vorurteile u. ideolog. »Befangenheit«, (g) durch das Gefüge »institutionalisierter« Orientierungsschemata wie Symbole, Werte, Stereotype, Denk-Modelle. W.smängel u. W.sstörungen sind Hauptursachen sozialer Desintegration u. Konflikte. Zum Zwecke der Einfluß- u. Herrschaftssicherung werden W.sprozesse mittels Manipulation bewußt in bestimmte Richtungen u. Grenzen gelenkt.

G. M. Murch u. G. L. Woodworth, W., 1978; W. Stroebe (Hg.), Soz.psychologie, Bd. I, Interpersonelle W. u. soz. Einstellungen, 1978; D. Hoffmann-Axthelm, Sinnesarbeit, 1984; M. Borg-Laufs u. L. Duda, Zur soz. Konstruktion v. Geschmacksw., 1991.

Wahrscheinlichkeit, (a) die mathemat. Bezeichnung für die Voraussage eines Ereignisses aus dem Verhältnis von günstigen u. möglichen Fällen; (b) statist. Bezeichnung für eine (nach w.stheoret. Modellen vorgenommene) Aussage über den Grad der Bestätigung einer Hypothese; (c) die Abschätzung von Erfolgs- oder Risikoerwartungen aufgrund subjektiven Abwägens bereits gesammelter Erfahrungen über das Eintreffen oder

Wandel

Nichteintreffen bestimmter Situationen.

B. de Finetti, W.stheorie, 1981.

Wahrscheinlichkeitsauswahl
→Auswahlverfahren

Wandel, sozialer, Veränderung der quantitativen u. qualitativen Verhältnisse u. Beziehungen zw. den materiellen u. normativ-geistigen Zuständen, Elementen u. Kräften in einer Sozialstruktur.
Die zahlreichen soziol. Theorien zum sozialen W. versuchen, für eine Ges. u. ihre versch. Teilbereiche bzw. für das Verhältnis mehrerer Ges.en zueinander die Ursachen u. Entwicklungstendenzen für Prozesse der Herausbildung neuer sozialer Eigenschaften u. höherer Grade der Kompliziertheit, Organisiertheit u. Disparität oder Integration zu ermitteln. Es konkurrieren partielle u. globale Analysen, die wertfreie Aussagen über bestehende soziale Strukturverhältnisse u. die in ihnen angelegten Kräfte zur Veränderung erstreben, mit Theorien, von denen in geschichtsphilos. Grundorientierung sozialer W. als Weg der menschl. Ges. zu höheren, humaneren Existenzformen betrachtet wird. Die Ergebnisse beider theoret. Richtungen werden weitgehend bestimmt entweder durch die soziol. Begriffsapparaturen zur Erfassung bestehender Sozialstrukturen oder durch die ges.polit. Entscheidung für einen bestimmten sozialen Zielzustand bzw. für die theoret. Bevorzugung bestimmter, als unabhängige Variablen betrachteter sozialer Akteure, Institutionen u. Kräfte. Da weitgehend Einigkeit darüber besteht, daß man – um Wandlungsursachen, -potentiale u. -richtungen zu erkennen – zunächst auch die Stabilitätsbedingungen einer Ges. zu er-

forschen hat, wird mitunter zwischen sog. »wiss.« Soziologen im engeren Sinne u. Sozialphilosophen unterschieden. Hierbei ist entscheidend, ob sie sozialen W. durch finale Entwicklungsgesetze, oder kausal als Folge endogener Wandlungskräfte u. exogener Störungen zu erklären suchen.
Heute sind die klass. Ein-Faktor-Theorien des sozialen W.s etwa von Marx (Entwicklung der Produktivkräfte u. Widersprüche zu den Produktionsverhältnissen), Ogburn (technische Erfindungen, cultural lag), Pareto (Zirkulation der Eliten) u. dem Sozialdarwinismus (Umweltveränderungen) weitgehend durch mehrdimensionale u. am sozialen W. in sozialen Teilstrukturen orientierte Theorien verdrängt worden. Alle Theorien gehen jedoch von der Überzeugung aus, daß soziale Spannungen (durch partielle Entwicklungsrückstände, Interessengegensätze, Konflikte) das vorantreibende, sozialen W. belebende Element darstellen u. demgegenüber Institutionalisierung als Verfestigung u. Erstarrung sozialer Normen u. Verhaltensbeziehungen für sozialen W. Reibungswiderstand bedeutet.
Mit den Methoden der Emp. Sozialforschung wird versucht, Meßdaten für sozialen W. zu erarbeiten, um abgesicherte Aussagen über den Intensitätsgrad (z. B. Reform oder Revolution, Rate der Mobilität oder Durchsetzungsfristen von Vorgängen der Akkulturation u. Diffusion) u. über die Ablaufformen (geradlinig, stufenförmig, verzweigt, zykl.) des sozialen W.s machen zu können.
Im Zuge der sich entwickelnden Theorien über Modernisierung, Ges.planung, Ges.sprognose u. Futurologie wird geprüft, inwieweit sozialer W. – um Friktionsstö-

rungen im Verhältnis versch. sozialer Sektoren zueinander oder zw. mehreren Ges. zu vermeiden – institutionalisiert werden kann. Die Sicherung der Überlebensbedingungen sowie einer freiheitl.-gerechten Ges.ordnung erfordert es, daß soz. W. nicht mehr als gleichsam »naturwüchsiger« Prozeß sich selbst überlassen bleibt, sondern in bewußt-rationaler u. demokrat. Weise gesteuert wird.

W. F. Ogburn, Social Change, New York 1922; P. Sorokin, Social and Cultural Dynamics, New York 1937; N. Elias, Über den Prozeß der Zivilisation, [15]1990 (1939); B. Malinowski, Die Dynamik des Kulturwandels, 1951; R. Dahrendorf, Soz. Klassen u. Klassenkonflikt in d. industriell. Ges., 1957; N. J. Smelser, Social Change in the Industrial Revolution, London 1959; B. F. Hoselitz u. W. E. Moore (Hg.), Industrialization and Society, Den Haag 1963; A. Etzioni, Studies in Social Change, New York 1966; W. E. Moore, Strukturwandel d. Ges., 1967; H. P. Dreitzel (Hg.), Soz. W., 1967; W. Zapf (Hg.), Theorien des soz. W., [4]1979 (1969); T. Hanf u. a. (Hg.), Soz. W., 2 Bde., 1975; G. Wiswede u. T. Kutsch, Soz. W., 1978; S. N. Eisenstadt, Tradition, Wandel u. Modernität, 1979; H. Strasser u. S. C. Randall, Einf. in die Theorien des soz. W.s, 1979; Ch. Lau, Ges.liche Evolution als kollektiver Lernprozeß, 1981; M. Schmid, Theorie soz. W.s, 1982; R. Boudon, Theories of Social Change, Cambridge/Oxford 1986; K. H. Hillmann, Wertwandel, [2]1989 (1986); V. Bornschier, Westl. Ges. im W., 1988; ders. u. a. (Hg.), Diskontinuität des soz. W.s, 1990; W. L. Bühl, Soz. W. im Ungleichgewicht, 1990; B. Schäfers, Ges. W. in Dtl., [5]1990.

Wanderungen (engl. migration), Migration, Prozesse regionaler Mobilität innerhalb einer Ges. oder zw. versch. Ges.en u. ihren geograph. u. kulturellen »Lebensbereichen«. Es wird unterschieden zw. (1) Binnen-, Ein- u. Ausw., (2) freiwilligen oder erzwungenen W., (3) zeitl. begrenzten oder dauernden W.

Von der Soziol. werden als Ursachen wie Folgen von W. u. a. untersucht: die soziale u. demograph. Struktur der von Zu- u. Abw. erfaßten Ges.en (Bevölkerungstheo-

rie), Wirtschaftsstrukturen u. -entwicklungen sowie Wohlstandsunterschiede; polit. Systeme; internationale Beziehungen; Bildungs- u. (berufl.) Aufstiegschancen; Vorzüge u. Mängel von Infrastrukturen als Basis sozialer Chancen; berufsstrukturelle Entwicklungen, Wandlungen u. Friktionen; soziale Bedingungen der Integration u. Akkulturation; soziale Konflikte, Vorurteile u. Diskriminierungen; Veränderungen in den Herrschafts- u. Privilegienstrukturen; verwandtschaftl. Bindungen; zw.ges. Gleichgewichts- u. Machtverlagerungen. Bes. Interesse finden Prozesse der Arbeitskräftebewegungen (Gastarbeiter), der (in bezug auf Ausbildung u. berufl. Leistungsfähigkeit) qualitativen Zu- u. Abströme in Entwicklungsländern, Land-Stadt-Bewegungen sowie die ges. Folgen polit. verursachter Zwangsw.

Der beschleunigte Ausbau weltweiter Kommunikation u. Verkehrssysteme, ferner Menschenrechtsorientierungen in Aufnahmeländern begünstigen verstärkte, großenteils interkontinentale W. von Arbeitsmigranten u. Armutsflüchtlingen aus ärmeren, durch Bevölkerungswachstum belasteten Ges.en zu den wirtschaftl. hochentwickelten (Wohlstands-)Ges.en. →Multikulturelle Gesellschaft.

G. Albrecht, Soziol. der geograph. Mobilität, 1972; H. Esser u. a., Arbeitsmigration u. Integration, 1979; ders., Aspekte der Wanderungssoziol., 1980; K. J. Bade (Hg.), Auswanderer – Wanderarbeiter – Gastarbeiter, 2 Bde., [2]1985 (1984); M. Frantzioch, Die Vertriebenen, 1987; M. Wagner, Räuml. Mobilität im Lebensverlauf, 1989; H. Esser u. J. Friedrichs (Hg.), Generation u. Identität, 1990; A. Treibel, Migration in mod. Ges.en, 1990; M. A. Kilgus u. K.-H. Meier-Braun (Hg.), Die neue Völkerwanderung, 1993; B. Winkler (Hg.), Zukunftsangst Einwanderung, [3]1993.

Ward, Lester Frank, amerikan. Soziologe, 18. 6. 1841 Joliet, Ill. – 18.

4. 1913 Washington, in Armutsverhältnissen aufgewachsen, Selbststudium der Biologie, Tätigkeit als Regierungsangestellter, 1906–08 Präs. der American Sociological Society, 1912 Prof. für Soziol. Brown Univ.

Beeinflußt von Comte u. Spencer zählt W. zu den Begründern der amerikan. Soziol. Im Gegensatz zum Sozialdarwinismus bezweifelte er, daß soziale Evolution automat. durch unkontrollierten Wettbewerb um Lebenschancen im Sinne des laissez-faire zustandekommt. Vielmehr soll der soziale Fortschritt durch angewandte Wiss., ges. Planung, Reformen u. staatl. Eingriffe bewußt vorangetrieben werden. Das Ziel des manipulierten u. beschleunigten sozialen Wandlungsprozesses ist die »Soziokratie«, in der Armut u. Ausbeutung abgeschafft sind.

Schr.: Dynamic Sociology, 1883; The Psychic Factors of Civilization, 1893; Outlines of Sociology, 1898; Pure Sociology, 1903; Soziol. von heute, 1904; zus. mit Dealy, Textbook of Sociology, 1905; Applied Sociology, 1906.

Ware, Bezeichnung für die Ergebnisse menschl. Produktionstätigkeit (Arbeit), die nicht zum Verbrauch durch die betreff. Produzenten, sondern die für Austausch- bzw. Kauf- u. Verkaufsprozesse auf dem Markt bestimmt sind. W.n werden darum in erster Linie wegen ihres Tauschwertes (u. nicht wegen ihres Gebrauchswertes für den Hersteller) produziert.

Warenfetischismus →Verdinglichung

Warner, William Lloyd, 26. 10. 1898 Redlands, Calif. – 1. 6. 1970 Chicago, 1925 B. A. Univ. of California, 1930–35 Ass. Prof. in Harvard, 1935–59 Prof. Univ. Chicago, 1959 Prof. Michigan State Univ.

Von der Kulturanthropologie ausgehend, untersuchte W. ethn. Minoritäten. Diese Studien bereichern das analyt. Konzept der Familiensoziol. Die empir. Beiträge zur Gemeindesoziol. führten zur Kritik der Klassenstruktur Amerikas, gemessen an den Idealen einer Entfaltung individ. u. soz. Fähigkeiten jenseits polit. Zwänge. Der Einfluß der Bürokratisierung verstärkt die Ausbildung autoritärer Persönlichkeiten, die sich den Verfassungsidealen gegenüber indifferent verhalten u. so einer Verharschung der soz. Schichtung Vorschub leisten.

Besonders bekannt geworden ist W. durch sein Sechs-Schichten-Modell, wobei er jede Schicht ausführlich beschrieb: 1. obere u. 2. untere Oberschicht, 3. obere u. 4. untere Mittelschicht, 5. obere u. 6. untere Unterschicht. Die untere Mittelschicht u. obere Unterschicht bilden die Ebene des Common Man. Der von ihm benutzte Begriff class ist mit dem dt. Schichtbegriff bedeutungsgleich. Empir. Grundlage seiner Modellbildung waren jahrelange Untersuchungen der Soz.struktur der Stadt Newburyport in Mass. (pseudonym Yankee City genannt) mit zahlreichen Interviews.

Schr.: A Black Civilization, 1958 (1937); Color and Human Nature (mit B. Junker u. Adams), 1941; The Social Life of a Modern Community (mit P. S. Lunt), 1941; The Status System of a Modern Community (mit P. S. Lunt), 1943; The Social System of American Ethnic Groups (mit L. Srole), 1945; The Social System of a Modern Factory (mit J. O. Low), 1947; Social Class in America (mit M. Meeker u. K. Eells), 1960 (1949); Democracy in Jonesville, 1949; American Life: Dream and Reality, 1953; Occupational Mobility in American Business and Industry (mit J. C. Abegglen), 1955; Big Business Leaders in America (mit J. C. Abegglen), 1955; The Corporation in the Emergent American Society, New York 1962; The American Federal Executive, New Haven 1963. D. Herzog, Klassenges. ohne Klassenkonflikt?, 1965.

Watson, John Broadus, amerikan. Psychologe, 9. 1. 1878 Greenville (USA) – 25. 9. 1958 New York, 1908–20 Prof. an der John Hopkins-Univ. in Baltimore.

W. zählt zu den Begründern des Behaviorismus. Die Methoden der Selbstbeobachtung u. des Verstehens lehnte er als »subjektive« Verfahren der Verhaltensinterpretation ab. Das menschl. Verhalten soll auf der gleichen Ebene wie tier. Verhalten nur von außen beobachtet u. »objektiv« erforscht werden. W. hat insbes. die Lerntheorien beeinflußt.

Schr.: Psychology as the Behaviorist Views it, 1913; Behavior, New York 1967 (1914); Psychology from the Standpoint of a Behaviorist, 1919; Behaviorism, 1925; The Battle of Behaviorism, zus. mit McDougall, 1928.

Weber, Alfred, 30. 7. 1868 Erfurt – 2. 5. 1958 Heidelberg, Bruder Max Webers, 1899 Habil. in Berlin, 1904–07 o. Prof. Prag, ab 1907 Heidelberg.

W. legte Arbeiten zur Wirtschaftstheorie, Sozialpolitik u. Kultursoziol. vor. Er gliederte die Gesch. in die drei Prozesse der Ges., Zivilisation u. Kultur. Der ges. Bereich umfaßt die Sozialstruktur einschließl. ihrer Bewegungen u. polit.-sozialen Ordnungsversuche. Der zivilisator. Bereich meint die wiss. Entdeckungen samt ihren techn. u. wirtschaftl. Anwendungen. Der kulturelle Bereich umfaßt die Ausformungen der Mythen, Religion, Kunst u. Philosophie. Die »Zivilisation« appelliert an die Vernunft u. ist daher in andere Ges.en übertragbar. Sie führt zur Rationalisierung der menschl. Existenz. Der »Kulturprozeß« ist dagegen nicht übertragbar. Er ist eine spezif. Schöpfung von Ausdruckswerten, zugleich ein bestimmter Entwurf des »Menschseins«. Der Kulturprozeß sucht die Ges.ordnung u. den Zivilisationsbereich zu beleben, eine Identität herzustellen bzw. auf diese hinzudeuten, ferner der »Welt« einen Sinn u. analoge Ausdrucksformen zu verleihen. Die Kultur der Ges.en prägt Menschen, die W. in Typen zu erfassen sucht. Keiner der drei Teilbereiche ist Ursache der gesch. Entwicklg.; keiner gehorcht allein immanenten Gesetzen. Die Wirksamkeit von Ereignissen wird aus einer histor.-soziol. Faktoren-Konstellation erklärt. Für die mod. Industrieges. konstatierte W. die Verselbständigung des Zivilisationsprozesses, die – von der Kultursphäre getrennt – zur Auflösung der sozialen »Gehalte«, zur psych. »Heimatlosigkeit« des »zerstückelten«, sog. »vierten Menschen«, damit zur sozialen Krise des rationalen Zeitalters führte.

Schr.: Reine Theorie des Standorts, 1922 (1909); Religion u. Kultur, 1912; Dtl. u. die europ. Kulturkrise, ²1924 (1924); Die Krise des mod. Staatsgedankens in Europa, 1925; Ideen zur Staats- u. Kultursoziol., 1927; Kulturgesch. als Kultursoziol., 1960 (1935); Das Tragische u. die Gesch., 1959 (1943); Abschied von der bisher. Gesch., 1946; Prinzipien der Gesch.s- u. Kultursoziol., 1951; Der dritte oder der vierte Mensch, 1953; Haben die Deutschen nach 1945 versagt? Ein Lesebuch, hg. v. C. Dericum-Pross, 1979.
E. Salin (Hg.), Synopsis, Festgabe für A. W., 1948; K. A. Fischer, Kultur u. Gesellung, 1950; V. Willi, Das Wesen der Kulturhöhe u. die Kulturkrise in der kultursoziol. Sicht W., 1953; R. Eckert, Kultur, Zivilisation, Ges., 1970; E. Demm (Hg.), A. W. als Politiker u. Gelehrter, 1986; ders., Ein Liberaler in Kaiserreich u. Republik, 1990; V. Kruse, Soziol. u. Gegenwartskrise, 1990.

Weber, Max, 21. 4. 1864 Erfurt – 14. 6. 1920 München, nach Studien in Heidelberg u. Straßburg 1892 Habil. f. römisch. u. Handelsrecht Univ. Berlin, 1894 o. Prof. f. Wirtschaftswiss. Freiburg, 1897 Heidelberg, 1903 Einstellung der Lehrtätigkeit infolge Krankheit u. Überarbeitung, seitdem o. Hon. Prof., 1903 Hg. des Arch. f. Sozialwiss.en u. Sozialpolitik, 1909 Mitbegründer der DGS, im I. Weltkrieg als Hauptmann der Reserve Lt. der Lazarette in Heidelberg, 1918 Gastprof. in Wien, Teilnahme am Verfassungsausschuß, Rednertätigkeit für die Dt. Demokrat. Partei, 1919 Mitglied des Sachverständigengremiums der dt. Friedensdelegation in Versailles, o. Prof. Univ. München (Nachfolger v. Lujo Brentano).

Ausgehend von vielfältigen intensiven (insb. rechts-)histor. Forschungsergebnissen entwickelte W. seine Methode u. seine Studien zu einer »verstehenden« Soziol. Danach gibt es in den Kulturwiss.en, zu denen W. die Soziol. zählte, kein unmittelbares Objekterfassen u. keine Möglichkeit, eindeutige Kausalfaktorenzus.hänge zu bestimmen. Die (insb. marxist.) Vorstellung, gesch.-soziale Entwicklungsverläufe u. ges. Regelmäßigkeiten auf »letzte«, determinierende Faktoren (z. B. ökon.) zurückführen zu können, wird verworfen. W. sah die »Welt« als ein heterogenes Kontinuum, das sich in Gänze dem wiss. Verstehen entzieht, das sich aber aus best. (wechselnden) Perspektiven des jeweiligen kulturellen Interesses in seinen wiss. konstruierten Teilbereichen »deutend« erschließen läßt: z. B. Wirtschaft, Religion, Staat, Herrschaft, Recht. Mit der Konstruktion von »Idealtypen« sollen in »bewußt einseitiger Weise« aus der »Fülle von diffus vorhandenen Erscheinungen« »widerspruchslose Gedankengebilde« zus.gefaßt werden, an denen die Wirklichkeit gemessen u. beurteilt werden kann. So hat er z. B. in seiner soziol. Kategorienbildung drei Idealtypen der legitimen →Herrschaft konstruiert: rationale (legale), traditionale u. charismat. Herrschaft.

W.s wiss. theoret. Arbeiten sind insb.

dem Problem der →Werturteilsfreiheit der Wiss. gewidmet. Er suchte nach einer klaren Trennung von Aussagen über Sein u. Sollen, von Existenzurteil u. Werturteil, schließlich von Wiss. u. Moral bzw. Wiss. u. Politik. Alle Versuche, indiv.-subjektive Wertauffassungen u. prakt.-polit. Handeln mit soziol. Erkenntnissen fundamental zu begründen, wies er zurück. Die Unmöglichkeit, wiss. Werturteile zu fällen, hängt mit den Grenzen wiss. Erkenntnismöglichkeiten zus. (s. o.). Wiss. kann lediglich angeben, mit welchen Mitteln (u. welchen Neben-Folgen) best. Ziele erreicht werden können. Überdies kann sie das Bewußtsein über das Gewollte erhellen, jedoch niemals verbindlich entscheiden, was gewollt werden sollte.

Alles Handeln unterliegt demnach Wert- u. Zielwahlen, ist »sinnhaft orientiert«. Als empir. Wiss. soll Soziol. sich darauf beschränken, »soziales Handeln, dem ein von den Handelnden subjektiv gemeinter Sinn unterliegt, deutend (zu) verstehen u. dadurch in seinem Ablauf u. seinen Wirkungen ursächl. (zu) erklären«.

Idealtypisch unterschied er – mit abnehmendem Grad der Rationalität – zw. zweckrationalem, wertrationalem, traditionalem u. affektuellem Handeln. Während die Verantwortungsethik auf zweckrationales Handeln ausgerichtet ist, bezieht sich die →Gesinnungsethik auf das wertrationale Handeln.

Welches Handeln, welche durch Regelmäßigkeiten des Handelns entstandenen Institutionen in welchen Bereichen oder histor. Entwicklungsphasen der Ges. jeweils untersucht werden, entscheidet das Interesse des Forschers, das wiederum durch die kulturelle Bedeutsamkeit der problematisierten Phä-

Wechselwähler 924

nomene bedingt ist. Kulturvergleichende Unters.en führten W. zu bedeutsamen soziol.-grundbegrifflichen Definitionsversuchen, die das »Idealtypische« an verschiedenen Formen z. B. von »Staat«, »Recht«, »Wirtschaft«, »Herrschaft«, »Religion« herausarbeiten. In seinen inhaltl. Arbeiten galt sein primäres Interesse den Zus.hängen von religiösen Wertideen (z. B. puritan. Ethik) u. ges. Ordnungssystemen (Kapitalismus). Den gesch. Prozeß der Industrialisierung, Rationalisierung, Bürokratisierung u. Verwiss.lichung begriff W. als einen ambivalent einzuschätzenden Trend zur »Entzauberung der Welt«. Dieser eröffnet einerseits Möglichkeiten zur Beherrschung u. aktiven Gestaltung der dinglichen Welt u. befreit dadurch von bislang als Schicksal gedeuteten Zwängen. Andererseits fördert er aber auch soziale Rationalisierung, d. h. Berechnung u. organisator. Institutionalisierung von sozialen Beziehungen, mithin »Gehäuse neuer Hörigkeit«. Diese Gefahr sei um so größer, je stärker spezialisierte »Fachmenschen« mit partieller Arbeits- u. Berufs-»Ethik« herangebildet u. von den sozialen Strukturen begünstigt werden. Sie trachten allein nach der Schaffung neuer u. der Vervollkommnung bestehender Technologien u. sehen ihr Handeln kaum mehr als »Kulturmenschen« unter universal orientierten Wertbeziehungen u. Ideologien gestellt.

Schr.: Gesammelte Aufsätze zur Religionssoziol., Bd. I ⁹1988, Bd. II ⁷1988, Bd. III ⁸1988 (1920); Wirtschaft u. Ges. Grundriß der verstehenden Soziol., ⁵1980 (1921); Gesammelte Polit. Schriften, ⁵1988 (1921); Gesammelte Aufsätze zur Wiss.slehre, ⁷1988 (1922); Gesammelte Aufsätze zur Soz.- u. Wirtschaftsgesch., ²1988 (1924); Gesammelte Aufsätze zur Soziol. u. Soz.politik, ²1980 (1924); Jugendbriefe 1876–1893, hg. v. Marianne Weber, 1936; Staatssoziol., hg. v. J. Winckelmann, ²1966 (1956); Rechtssoziol., hg. v. J. Winckelmann, ²1967 (1960); Soziol. Grundbegriffe, ⁶1984

(1960); Soziol. – Universalgesch. Analysen – Politik, hg. v. J. Winckelmann, ⁶1992 (1956); M. W. Gesamtausgabe (MWG), hg. v. H. Baier u. a., 1984 ff.

A. v. Schelting, M. W. Wiss.slehre, 1934; M. W. Ein Lebensbild, ²1950 (1948); D. Henrich, Die Einheit der Wiss.slehre M. W.s,1952;J.Winckelmann, Legitimität u. Legalität in M. W.s Herrschaftssoziol., 1952; ders., Ges. u. Staat in der verstehenden Soziol. M. W., 1957; R. Bendix, M. W.,An Intellectual Portrait, New York 1960, dt.: M. W., Das Werk, 1964; W. Mommsen, M. W. u. die dt. Politik 1890–1920, 1960; M. W. zum Gedächtnis, hg. v. R. König u. J. Winckelmann, KZfSS, Sonderheft 7, ²1985 (1964); M. W. u. die Soziol. heute, hg. v. O. Stammer, Verhandlg.en des 15. Dt. Soziologentages, 1965; W. Mühlmann, M. W. u. die Rationale Soziol., 1966;W.Schluchter,Wertfreiheit u. Verantwortungsethik, 1971; D. Käsler (Hg.), M. W. Sein Werk u. seine Wirkung, 1972; W. Mommsen, M. W., Ges., Politik u. Gesch., 1974; D. Käsler, M.-W.-Bibliographie, in: KZfSS 27, 1975; J. Weiß, M. W.s Grundlegung der Soziol, ²1992 (1975); C. Seyfarth u. G. Schmidt, M. Weber Bibliographie, 1977; D. Käsler, Einf. in das Studium M. W.s,1979; R. Prewo, M. W.s Wiss.programm, 1979; W. Schluchter, Die Entwicklg. des okzidentalen Rationalismus, 1979; ders., Rationalismus der Weltbeherrschung, 1980;W. M. Sprondel u. C. Seyfarth (Hg.), M. W. u. die Rationalisierung soz. Handelns, 1981; A. Zingerle, M. W.s hist. Soziol., 1981; W. Schluchter (Hg.), M. W.s Studie über Konfuzianismus u. Taoismus, 1983; ders. (Hg.), M. W.s Religionssoziol., in: KZfSS 36, 1984; ders. (Hg.), M. W.s Studie über Hinduismus u. Buddhismus, 1984; H. N. Fügen, M. W. in Selbstzeugnissen u. Bilddokumenten, 1985; W. Schluchter (Hg.), M. W.s Sicht des antiken Christentums, 1985; G. Schöllgen, M. W.s Anliegen, 1985; J. Kocka (Hg.), M. W., der Historiker, 1986; K. H. Nusser, Kausale Prozesse u. sinnerfassende Vernunft, 1986; J. Winckelmann, M. W.s hinterlassenes Hauptwerk: Die Wirtschaft u. die ges. Ordnungen u. Mächte, 1986; W. Hennis, M. W.s Fragestellung, 1987; G. Roth, Polit. Herrschaft u. persönl. Freiheit, 1987; W. Schluchter (Hg.), M.W.s Sicht des Islams, 1987; K. Jaspers, M. W., 1988 (1958); W.J.Mommsen u. W.Schwentker (Hg.), M. W. u. seine Zeitgenossen, 1988; W.Schluchter, Religion u. Lebensführung, 2 Bde., 1988; ders. (Hg.), M. W.s Sicht des okzidentalen Christentums, 1988;J.Weiß (Hg.),M.W.heute, 1989; V. Heins, M. W., 1990; S. Breuer, M. W.s Herrschafts-Soziol., 1991.

Wechselwähler →Floating vote

Wechselwirkung, Grundkategorie der formalen Soziologie (G. Simmel) zum Verständnis der »Aufbau«-Gesetze des Sozialen. Danach setzt sich Ges. zusammen aus einer

Weltgesellschaft

Vielzahl dauerhaft gleichbleibender, verfestigter Beziehungsformen zwischen Individuen, die mit ihrem Handeln – bei versch. Interesseninhalten – gegenseitig aufeinander einwirken.

G. Simmel, Grundfragen der Soziol., ³1970 (1917).

Wehrsoziologie →Militärsoziologie

Weltanschauungsanalyse, Lehre v. den Typen u. Faktoren der Systeme menschlichen Selbst- und Weltverständnisses. Weltanschauliche Systeme haben – entspr. den kognitiven, emotiven u. volitiven Funktionen der psych. Ausstattung des Menschen – eine dreifache Wirkung: sie informieren, sie rufen eine affektive Beziehung zu bestimmten lebensbedeutsamen Gegebenheiten hervor, sie bewirken eine motivationale Einstellung u. ein entsprechendes Verhalten. Zw. der im Umkreis des hermeneutischen Historismus sowie der vergleichenden Ethnologie der Jahrhundertwende entstandenen W. besteht einerseits zur Wissenssoziol., andererseits zur vergleichenden Verhaltensforschg. ein enger Zus.hang.

H. Gomperz, Weltanschauungslehre (nur Bd. 1 ersch.), 1905; W. G. Sumner, Folkways, 1906; W. Dilthey, Weltanschauungslehre, 1931; K. Mannheim, Wissenssoziol., 1964; K. Lorenz, Die Rückseite des Spiegels, 1973; E. Topitsch, Erkenntnis u. Illusion, ²1988 (1979); E. Topitsch, Heil u. Zeit, 1990; M. Svilar u. S. Kunze (Hg.), Weltbilder, 1993.

Weltgesellschaft, eine Bezeichnung, die sich trotz der Unbestimmtheit des Weltbegriffs (Kosmos, Erde, umfassende Aspekte wie z. B. Arbeitswelt, Welt der Technik) immer mehr als Inbegriff von Tendenzen zu globalen Prozessen, (Austausch-)Beziehungen, Interdependenzen, Kooperationen, Orientierungen, Werten, Normen u. Institutionen im soz. Zus.leben durchgesetzt hat. Zutreffender wären Bezeichnungen wie Erd- oder Menschheitsges. Erschwerend kommt noch der problemat. gewordene Ges.sbegriff hinzu (beschleunigter Wandel des mit Ges. bezeichneten Phänomens, zunehmende Schwierigkeit der Abgrenzung von einzelnen Ges.en). Somit beinhaltet der Begriff W. fakt. insbes. die gegenwärtig beschleunigte u. z. T. bewußt vorangetriebene Herausbildung globaler Kommunikation u. soziokult. Zus.hänge.

Nach N. Luhmann ist die W. das umfassendste System menschl. Zus.lebens, das gesamte lebende Menschheit u. alle menschl. Kommunikationen umschließt. Im Gegensatz zu einzelnen, gesch. überkommenen Ges.en besitzt W. keine ges. Umwelt mehr. Sie hat »dadurch völlig eindeutige Grenzen«.

W. ist noch kein Weltstaat, dessen Herausbildung durch das Weiterbestehen von Einzelstaaten behindert oder blockiert wird, die großenteils ihre Souveränität u. Autonomie (ggf. sogar militär.) verteidigen. Infolge mannigfaltiger soziokult. Globalisierungsprozesse u. Zus.hänge ist W. mehr als die Summe der Einzelstaaten, die in ihrem Rahmen bestehen u. notwendige Funktionen erfüllen. W. umschließt zugleich die Gesamtheit der bestehenden unterschiedl. Kulturen. In ihr erreicht die multikult. Ges. den höchsten Grad der Heterogenität. W.liche Entwicklungstendenzen werden angetrieben u. begünstigt durch: verstärkte Prozesse der Akkulturation (Kulturaustausch), Ausbreitung mod. Wiss. u. Technik, Ausbau von Kommunikations- u. Verkehrssystemen, erdumspannende Information mit Hilfe der Mas-

Weltoffenheit

senmedien, Herausbildung einer Weltwirtschaft mit internat. Arbeitsteilung, Kapitalverflechtungen durch multinat. Konzerne, Tourismus, verstärkte internat. Migration bzw. Wanderung, Ausbreitung liberal-humaner Grundwerte, der Menschenrechte u. des Völkerrechts (Tendenz zu einer universalen Wertegemeinschaft, zu einer wert- u. normbestimmten Weltordnung), durch die steigende Notwendigkeit globaler Kooperation zur Friedenssicherung u. zur Bewältigung der Massenarmut, des Bevölkerungswachstums u. der Umweltkrise. Die massenmediale Berichterstattung über diese Weltprobleme läßt zugunsten der Herausbildung einer w.lichen Orientierung die Betroffenheit aller Menschen durch die Folgen ihrer Handlungen erkennen. Kerne der W. sind internat. Institutionen wie die Vereinten Nationen (UNO) mit ihren Unterorganisationen, der Internat. Gerichtshof in Den Haag, die Weltbank, der Internat. Währungsfonds u. die Welthandelskonferenz.

Tendenzen, Kräfte u. Probleme, die den Entwicklungsprozeß zur W. erschweren u. behindern, sind: das verstärkte Streben nach Wiederbelebung u. Festigung ethn., kult. u. nationaler Identität, Verteidigung der nationalstaatl. Souveränität, Nationalismus, Ethnozentrismus, Fundamentalismus, Fanatismus u. Intoleranz, die vorrangige Ausrichtung des Wir-Gefühls auf untere ges. u. soz. Integrationsebenen (Gruppe, Kommune, Region), die zunehmende globale sozioökonom. Ungleichheit (starkes Wohlstandsgefälle, Nord-Süd-Konflikt), Egoismus u. Ignoranz.

N. Luhmann, Soziol. Aufklärung, Bd. 2, 1975; P. Heintz, Die W. im Spiegel von Ereignissen, 1982; R. Streit, Das individ. Bild v. außernatio-

nalen Bereich, in: KZfSS 34, 1982; W. Röhrich, Politik u. Ökonomie der W., 1983; K. Oliva, Teilnahme ohne Teilhabe, 1985; D. Ruloff, Weltstaat oder Staatenwelt, 1988.

Weltoffenheit, (a) Bezeichnung der philos. Anthropologie für die spezif. menschl. Potenz (aber auch Lebensnotwendigkeit), sich gegenüber der »Welt« selbst zu orientieren bzw. die »Welt« auf sich u. die eigenen Bedürfnisse zu beziehen. Als »instinktreduziertem« Wesen sind dem Menschen seine »Bedürfnisse« keine festgestellten, unabänderl. Triebe auf bestimmte Ziele. W. versetzt den Menschen prinzipiell in die Lage, beliebig variable Antriebe u. Strebungen zu entwickeln. Da er aber nicht ständig alle mögl. Ziele zu ständigen Zielen seines Verhaltens machen kann, muß durch Kultur eine Selektion unter den dort W. mögl. Strebungen u. »Welt«-Interpretationen erfolgen. →Scheler, M.
(b) Bezeichnung für eine überregionale, vielfältige u. aus versch. Richtungen Informationen verarbeitende Aufgeschlossenheit u. Zugänglichkeit des (toleranten, allseitig interessierten) Menschen, der dadurch relativ immun ist gegen Stereotype, Vorurteile u. Klischees des Denkens, Entscheidens u. Handelns.

Werbung, die planmäßige Beeinflussung von Personenkategorien mit dem Ziel, zum Zwecke des Absatzes von Produkten u. Dienstleistungen oder der Erringung bzw. Konsolidierung polit. Herrschaftsverhältnisse best. Kauf- oder Wahlhandlungen zu stimulieren. Der W. gehen häufig Markt- u. Motivforschung voraus.
In der durch Massenproduktion u. -konsum gekennzeichneten mod. Ges. ist die wirtschaftl. W. für Konsumgüter nicht nur Mittel zur Ver-

größerung allg. Marktübersicht (Informationsfunktion der W.), sondern sie zählt auch zu den Antriebskräften der ständigen Konsumausweitung, die in einem engen, zugleich problematischen Zus.hang zum wirtschaftl. Wachstum (→Wachstumstheorie) steht. Um in der sog. »Überflußges.« (Galbraith) die wachsenden Gütermengen absetzen zu können, müssen die Unternehmen mit Hilfe einer psychol.-soziol. raffinierten W. in zunehmendem Maße erst entspr. Bedürfnisse »produzieren« (»künstl.« bzw. »falsche Bedürfnisse«, H. Marcuse).

Im polit. Bereich unterliegt W. vorrangig der Aufgabe, mit Hilfe suggestiver Methoden emotional-irrationale Antriebskräfte des Bürgers zu aktivieren, um polit. Einstellungen u. Wahlentscheidungen steuern zu können. Diese z. T. inhaltl. entleerte (weil Stereotype, Images, Vorurteile u. Personalisierungen von komplizierten Sachproblemen bevorzugende) W. orientiert sich methodisch weitgehend an der wirtschaftl. W., die auf den passiven Konsumenten ausgerichtet ist. Die wirtschaftl. u. polit. W. fungieren als Mittel, den Einzelmenschen derartig zu beeinflussen, daß er den über ihn ausgeübten Einfluß möglichst wenig bemerkt u. zugleich glaubt, über einen großen eigenen Entscheidungsspielraum zu verfügen (Beeinflussungs- u. Steuerungsfunktion der W.).

Entscheidende Voraussetzungen für die Wirksamkeit von W. sind die Plastizität u. Formbarkeit der Motivationskräfte, die dem menschl. Verhalten zugrundeliegen. Durch die soziokult. Bestimmtheit menschl. Motive u. Verhaltensweisen hängt der Erfolg der W. davon ab, inwieweit sie die aus dem sozialen Umfeld des Einzelmenschen resultierenden Verhaltensdeterminanten berücksichtigt, z. B. die Werte der Ges., Normen von Gruppen, Bezugsgruppen u. soziale Rollen. Bilden diese sozialen Verhaltensdeterminanten einerseits eine Barriere zw. dem Umworbenen u. der Flut der Werbebotschaften, so werden sie andererseits in die Gestaltung von W. einbezogen. Dementspr. wird z. B. durch W. versucht, konsumhemmende Wertorientierungen (z. B. Sparsamkeit) zugunsten solcher abzubauen, die die Konsumdynamik begünstigen (z. B. Erfolg, Status, Geltungskonsum). Die zielgruppenspezif. W. dient der Ansprache u. Beeinflussung der Werte, Anspruchs- u. Geschmacksnormen best. Gruppen. Die meist mit Hilfe der Massenmedien (Werbeträger) durchgeführte W. spricht die Zielgruppenmitglieder unterschiedlich an. Gemäß der Zweistufenhypothese der Kommunikation (E. Katz, Lazarsfeld) hängt der Werbeerfolg von sog. Meinungsführern u. Konsumpionieren ab, die in ihren Gruppen andere Mitglieder stark beeinflussen.

Da in der dynamisch-pluralist. Industrieges. die Konsumgüter- u. Dienstleistungsmärkte u. die polit. Entscheidungsprozesse nur schwer überschaubar sind, hat die neutral-sachlich informierende W. für den Freiheits- u. Entscheidungsspielraum des einzelnen große Bedeutung gewonnen. Die Position des Verbrauchers bzw. Bürgers bleibt aber stark eingeengt, wenn er nicht zugleich durch eine soziol.-psycholog. fundierte Konsumentenaufklärung bzw. durch polit. Bildung gegenüber der manipulativ-suggestiven W. (»unterschwellige W.«, Packard) u. ihre Methoden immunisiert wird.

Zwecks Bewältigung der Umweltkrise wird die ökolog.-ges. verant-

Werkmeister 928

wortungsbewußte W. für energie-
sparende u. umweltschonende
Konsumverhaltensweisen zunehmend wichtiger. Mit zunehmender
Bedeutung der Exportwirtschaft u.
der weltwirtschaftl. Verflechtung
wird die Internationalisierung der
W. notwendig, wobei in der Wer-
begestaltung kulturelle Unterschiede angemessen zu berücksichtigen sind.

E. Katz u. P. Lazarsfeld, Personal Influence,
Glencoe (Ill.) 1955, dt.: Persönlicher Einfluß
u. Meinungsbildung, 1962; V. Packard, The
Hidden Persuaders, 1957, dt.: Die geheimen
Verführer, 1970 (1958); L. Clausen, Elemente
einer Soziol. der Wirtschaftsw., 1964; G. Bergler, W. u. Ges., 1965; R. König, Soziol. Orientierungen, 1965; C. Möller, Ges. Funktionen
der Konsumw., 1970; C. Hundhausen (Hg.),
W. im Wandel, 1972; H. Abromeit, Das Politische in der W., 1972; H. W. Brandt, Die Legende v. den »geheimen Verführern«, 1978; K. G.
Grunert u. E. Stupening, W. – ihre ges. u. ökon.
nom. Problematik, 1981; G. Schweiger u. G.
Schrattenecker, W., ²1989 (1986); F. W. Ner-
dinger, Lebenswelt »W.«, 1990.

Werkmeister →Man-in-the-
middle

Wert, soziokultureller, aus soziol.
Sicht eine grundlegende, zentrale,
allg. Zielvorstellung u. Orientie-
rungsleitlinie für menschl. Handeln
u. soz. Zus.leben innerhalb einer
Subkultur, Kultur oder sogar im
Rahmen der Menschheit (→Welt-
ges.). Nach soziol.-erfahrungswiss.
Auffassung entstammen W.e nicht
einem überird. Reich ewiger W.e u.
reiner Ideen oder dem Geist eines
Individuums, sondern werden als
Ergebnisse komplexer gesch.-so-
ziokult. Entwicklungs- u. Wandlungsprozesse interpretiert (Wertwandel). W.e sind demnach gesch.
entstanden, kulturell relativ, wan-
delbar u. somit auch bewußt gestaltbar. Sie sind kulturspezif. typisiert u. wiederum maßgebl. an der
Prägung der Eigenart der jeweiligen Kultur beteiligt. W.e wirken als

Standards selektiver Orientierung
für die Richtung, Ziele, Intensität u.
für die Auswahl der Mittel des
Handelns von Angehörigen einer
bestimmten Kultur u. Ges. (Orien-
tierungs- u. Steuerungsfunktion).
Sie sind als Vorstellungen des
»Wünschenswerten« (C. Kluckhohn) »die entscheidenden Elemente einer Kultur« (W. Rudolph).
Ihr »objektives Kriterium ist Bedeutsamkeit im kulturellen W.sy-
stem«, ihr »subjektives Kriterium
ist Bedeutung in der individ. Persönlichkeitsstruktur« (W. Rudolph).
W.e bestimmen weitgehend, was
für Individuen u. für kollektive Akteure bedeutungsvoll, sinnhaft u.
erstrebenswert ist (→Sinn). Sie tragen damit grundlegend in entla-
stender Weise zur Kompensation
der »Instinktreduktion« des Menschen (A. Gehlen) u. der hieraus resultierenden Verhaltensunsicherheit bei (Kompensations- u. Entlastungsfunktion).
W.e fundieren u. rechtfertigen in
sinnhafter Weise die weitaus zahl-
reicheren u. mehr konkret ausgeprägten soz. Normen, die für ein
gegenseitig abgestimmtes, berechenbares Verhalten der Ges.sange-
hörigen in den mannigfaltigen Situationen des Alltagslebens unerläßlich sind (Legitimationsfunk-
tion). Durch die Verbindung soz.
Normen mit Sanktionen (Belohnungen u. Strafen) sind W.e zugleich soz. indirekt sanktioniert. Sie
werden als weltanschaul.-ideolog.
Legitimationsinstrument auch zur
Erlangung, Absicherung oder für
den Abbau von Herrschaft eingesetzt.
W.e sind maßgebl. an der Determination bzw. Bestimmung der Herausbildung u. Gestaltung von soz.
Institutionen u. kulturellen Objektivationen (Produktionsverfahren,
Gebäude, Siedlungen, Landschafts-

gestaltung, Verkehrssysteme, Konsumgüter, Kunstwerke u. ä. m.) beteiligt, die wiederum stabilisierend oder ggf. auch verändernd auf W.e zurückwirken.

Die während der Sozialisation vom Individuum im Zus.hang mit Normen u. Rollen internalisierten (verinnerlichten) W.e kommen in persönl. W.orientierungen u. -vorstellungen zum Ausdruck, die wiederum die konkreteren, lebensprakt. ausgerichteten Einstellungen, Interessen, Sinnvorstellungen, Präferenzen u. Wünsche stark beeinflussen. Infolge dieser Internalisierung u. Verflechtung ist sich der einzelne gemeinhin nicht der Tatsache bewußt, daß seine eigenen individ.-subjektiven Zielvorstellungen u. persönl. Motivationen großenteils durch gelernte W.e geprägt worden sind. Aufgrund dieser weit verbreiteten lebensalltägl. »W.bewußtlosigkeit« wird die tatsächl. Einfluß- u. Steuerungskraft der W.e meistens unterschätzt oder ignoriert.

Die W.e einer Kultur u. Ges. bilden ein – bisher – nicht rational u. präzis festgelegtes System, mit Anzeichen einer hierarch. Struktur. Die höchsten, obersten W.e (Ideal- u. Grundwerte) decken sich mit den »terminal values« (M. Rokeach) bzw. Terminalwerten, die auf letzte Ziele u. angestrebte Endzustände der menschl. Existenz ausgerichtet sind, z. B. ein angenehmes Leben, eine friedl. Welt, Gleichheit. Auf darunter liegenden Systemebenen befinden sich »instrumental values« bzw. instrumentelle W.e, die als Sollvorstellungen auf Mittel u. Handlungsweisen zur Erreichung von Terminalwerten gerichtet sind. Die sich mit moral. W.en u. Tugenden deckenden instrumentellen W.e sind weniger abstrakt u. umfassend, z. B. ehrgeizig, fähig, log., hilfreich, verantwortl. Eine weitere

Kategorie von W.en bilden jene objektgerichteten Wertschätzungen, die sich mehr auf konkrete Aspekte u. Bereiche des soziokult. Lebenszus.hanges beziehen, z. B. Gesundheit, Umweltschutz, Familie.

Im Alltagsleben üben instrumentelle W.e wie z. B. berufl. Leistung, betriebl. Effizienz u. wirtschaftl. Wachstum – die der Verwirklichung der Terminalwerte dienen müßten – im Zus.hang mit verfestigten Interessen u. Anspruchshaltungen oftmals den stärkeren Einfluß auf das tatsächl. Verhalten aus. Insbes. das Vorherrschen ökonom. ausgeprägter W.e in der mod. Leistungs- u. Wohlstandsges. trägt maßgeblich dazu bei, daß oft proklamierte Ideal- u. Grundwerte keineswegs anspruchsgerecht vorgelebt u. verwirklicht werden: Unterschied bzw. Widerspruch zw. dem proklamierten W.system auf der verbal-ideellen Ebene u. dem verhaltensbestimmenden W.system auf der Ebene alltägl. Lebenspraxis. In der mod. Ges. ist das gesamtges. W.system durch unterschiedl. ges. Subsysteme, Sub- u. Gegenkulturen, Regionen, soz. Schichten, soz. Bewegungen, ethn. Minderheiten, Lebensstilgruppen, Milieus sowie durch verstärkte Bestrebungen nach individ. Autonomie u. Persönlichkeitsentfaltung in hohem Maße pluralist. u. z. T. antagonist. aufgefächert. Dementsprechend ist es schwierig, empir.-analyt. ein gesamtges. bedeutsames W.system identifizieren zu können. Da das dominante u. zugleich sub- oder sogar kontrakult. kritisierte W.system selbst innerhalb der (mittelschichtgeprägten) Mehrheitskultur bereichsspezif., soz.strukturell u. individ. mannigfaltig variiert wird, kann ein zentrales W.system allenfalls auf kognitiver Ebene als ein

Wertbeziehung

abstrakter Durchschnittstypus dargestellt werden. Mit der Zunahme von Pluralismus, Widersprüchen u. Zerfallserscheinungen des W.systems wachsen demgemäß Spannungen, Konflikte u. desintegrative Prozesse in der Ges. sowie Orientierungsschwierigkeiten u. psych. Belastungen der Persönlichkeit. Um so größer wird dann die Notwendigkeit der Herausbildung eines Minimalkonsens hinsichtl. allg. akzeptabler u. verpflichtender Grundwerte.

C. Kluckhohn, Values and Value-Orientations in the Theory of Action, in: Toward a General Theory of Action, hg. v. T. Parsons u. E. A. Shils, New York u. Evanston 1962 (1951); T. Parsons, The Social System, New York ⁴1968 (1951); W. Rudolph, Die amerik. »Cultural Anthropology« u. das W.problem, 1959; D. Claessens, Familie u. W.system, ⁴1979 (1962); R. Lautmann, W. u. Norm, 1969; M. Rokeach, Beliefs, Attitudes, and Values, San Francisco u. a. 1972; ders., The Nature of Human Values, New York 1973; P. Kmieciak, W.strukturen u. W.wandel in der Bundesrepublik Dtl., 1976; M. Scholl-Schaaf, W.haltung u. W.system, 1975; K. H. Hillmann, Umweltkrise u. W.wandel, ²1986 (1981); ders., W.wandel, ²1989 (1986); G. Steege, Ges. W.e u. Ziele, 1986; G. Maag, Ges.liche W.e, 1991; H. Klages u. a. (Hg.), W.e u. Wandel, 1992.

Wertbeziehung →Kulturwertidee

Wertelite, ein je nach den ges. Verhältnissen offener oder geschlossener Kreis von Personen, die aufgrund ihrer soz. Stellung u. Einflußmöglichkeiten dazu in der Lage sind, Werte zu stabilisieren, zu interpretieren, zu verändern oder neue Werte zu setzen u. diese zumindest in erhebl. Maße ges. durchsetzen zu können. Das Ansehen u. der Einfluß einer W. sind um so größer, je mehr sich deren Angehörige durch besondere, allg. hochgeschätzte geistige, moral.-sittl., polit. u. soz. Qualitäten auszeichnen u. sich mit eigenem Verhalten entsprechend vorbildl. er-

weisen. Demgemäß wird W. mit den Sachverständigsten, Kompetentesten u. oft auch mit Aristokraten, mit den »Besten« gleichgesetzt. Die W. einer Ges. kann mit der jeweiligen Macht- u. Leistungselite ident. sein, sich mit dieser großenteils decken oder sich in einer krit.-distanzierten Gegenposition befinden. In freiheitl.-pluralist. Ges.en kann es mehrere, unterschiedl. Wertsysteme repräsentierende W.n geben, die ihren demokrat. Charakter durch Offenheit gegenüber allen Teilen der Bevölkerung unter Beweis stellen können. Angesichts der zentralen Stellung von Werten in Kultur u. Ges. kann eine W. insbes. durch Überzeugung großen Einfluß auf die Ausprägung, das Funktionieren u. die Entwicklung einer Ges. ausüben.

K. H. Hillmann, W. aus liberaler Sicht, in: liberal 25, 1983.

Wert-Erwartungs-Theorie, ein theoret. Konzept, das den Kern ökonom.-rationaler Ansätze zur Erklärung individ. Entscheidungen u. Handlungen bildet (→Nutzentheorie, →Rational-choice-Ansatz). Die W.-E.-T. unterstellt, daß sich die rational handelnde Person in bestimmten Situationen für jene Handlungsalternativen entscheidet, deren Konsequenzen (Folgen, Wirkungen) 1) mit einem möglichst hohen persönl. Nutzen (Belohnungswert) verbunden sind, 2) aufgrund subjektiver Erwartung mit möglichst hoher Wahrscheinlichkeit eintreten werden (Erwartungswahrscheinlichkeit, Grad der »Erwartungssicherheit«). Demgemäß wird z. B. ein Arbeitnehmer berufl. um so mehr leisten, je höher er Karriere bewertet u. je zuversichtl. er die Erreichung seiner Aufstiegsziele erwartet.

J. S. Coleman, Individual Interest and Collective Action, Cambridge 1986.

Wertforschung, Bezeichnung für eine interdisziplinäre sozialwiss. Forschgs.richtung, die möglichst unabhängig v. spekulativen Vermutungen u. idealist.-ideolog. Bestrebungen das komplexe Problem der Werte theoret.-empir. untersucht. Beschleunigter Wertwandel, Krise u. Verfall tradierter Werte, dadurch verstärkte Desorientierung der Persönlichkeit u. Desintegration der Ges. bilden aktuelle Forschgs.impulse. Der bisherige Selbstverständlichkeitscharakter soziokultureller Werte, die philosoph.-theol.»Belastung« des uneinheitl. Wertbegriffs, die Abwertung der Werte zu weltfremden, irrationalen Nebensächlichkeiten durch eine materialist. geprägte Wiss., mißverständliche Auslegungen der zu eng verstandenen Forderung nach Werturteilsfreiheit der Sozialwiss.en (»Berührungsängste«), einseitiger Fachegoismus u. ferner der Widerstand v. Herrschenden haben die W. bisher stark behindert. Zentrale Fragen der W. sind die Definition der Werte, die Stellung der Werte innerhalb der Bestimmungsgründe menschl. Verhaltens, Ursachen, Bedingungen u. Folgen des Entstehens u. Wandels v. Werten, vergleichende Analyse verschiedener Wertsysteme, Zus.hang zw. Werten u. der gegenwärtigen Überlebenskrise, Möglichkeiten u. Probleme eines planmäßig gesteuerten Wertwandels. Zu den fruchtbarsten Methoden der W. zählen die Befragung (insbes. Intensivinterview), Skalen u. Inhaltsanalyse.

M. Rokeach, The Nature of Human Values, New York 1973; P. Kmieciak, Wertstrukturen u. Wertwandel in der Bundesrepublik Dtl., 1976; H. Klages u. P. Kmieciak (Hg.), Wertwandel u. ges. Wandel, [3]1984 (1979); K. H. Hillmann, Umweltkrise u. Wertwandel, [2]1986 (1981); ders., Wertwandel, [2]1989 (1986); H. O.

Luthe u. H. Meulemann (Hg.), Wertwandel – Faktum oder Fiktion, 1988; H. Klages u. a. (Hg.), Werte u. Wandel, 1992.

Wertidee →Kulturwertidee

Wertrationalität →Rationalität

Werturteil →Werturteilsfreiheit

Werturteilsfreiheit, nach modernen sozialwiss. Wiss.sinterpretationen – zurückgehend auf die hierzu epochalen Arbeiten Max Webers – die Forderung nach Objektivität, nach interesseloser, reiner Wirklichkeitsaussage, nach sauberer Trennung von Seins- u. Sollens-Aussagen in der sozialwiss. Forschg. u. Theoriearbeit.

Das Prinzip der W. ist für die Mehrzahl der soziol. Theoretiker ein Bestandteil metawiss. Grundlagen ihrer Arbeit. Es gehört zu einer methodolog. Konzeption, die auf intersubjektiver Überprüfbarkeit wiss. Aussagen besteht. Danach habe der Wissenschaftler streng zw. persönl. Wertung u. Evidenzerlebnis einerseits u. wiss. Bestätigung andererseits zu unterscheiden. Da sich subjektiv wertende Aussagen einem entspr. Kontrollverfahren entziehen, können sie als »wiss.« nicht zugelassen werden. Seins- u. Werturteil gehören zwei versch. menschl. Orientierungsbereichen an. Der mitunter anzutreffende Versuch, im Namen von Wiss. Wertungen auszusprechen, bedeutet nicht Kompetenzgewinn für die Wiss., sondern umgekehrt Hineinnahme der Wiss. in jenen Bereich, wo die persönl. (wiss. irrationale) Entscheidung ihren Ort hat.

W. bedeutet allerdings nicht, daß Werte als Erkenntnisobjekt vom sozial-wiss. Forschungsprozeß ausgeschlossen sind. Im Gegenteil, ohne die Beschäftigung mit soziokult.

Werturteilsstreit 932

Werten als »Seinsqualitäten« wäre Soziol. nicht denkbar. Entsprechend dem Prinzip der W. zu forschen heißt auch nicht, daß der Forscher kein individuelles Wertsystem haben darf. Seine Werte steuern u. begrenzen seine Themenwahl, erzeugen sein Interesse an bestimmten problemat. Phänomenen u. bestimmen seine Kategorien- u. Theorienbildung, weil der Wissenschaftler an einem Gegenstand (der erst durch begriffl. Komposition zu einem wiss. Gegenstand wird) nur das »sieht«, was er – wertgesteuert – »sehen« will u. nur »sehen« kann. Das Prinzip der W. verlangt ledigl. die Ausschaltung wertdogmat. zustande gekommener Aussagen u. – damit verbunden – die Reflexion über eigene Wertorientierungen, Interessen u. das persönl. Engagement. Dadurch soll erreicht werden, daß soziale Tatsachen u. Vorgänge ledigl. zum Zwecke ihrer Erklärung (u. nicht zum Zwecke ihrer Bewertung) beobachtet u. analysiert werden.

Angesichts kumulativ wachsender Auswirkungen moderner Wiss. auf die Überlebensmöglichkeiten des Menschen (Fortschritte der Rüstungstechnologie, Gefahren der Gen-Forschg., Umweltbelastungen u. Gesundheitsgefahren durch industr. Großtechnologien, herrschaftstechn.-manipulative Verwertung der Sozialwiss.en u. a.) wird gegenüber dem Postulat der Werturteilsfreiheit wiss. Aussagen die engagierte Verantwortung des Wiss.lers bezüglich der ökolog.-ges. Folgen seiner Arbeit existentiell zunehmend wichtig.

M. Weber, Die »Objektivität« sozialwiss. u. sozialpolit. Erkenntnis, u. Der Sinn der »Wertfreiheit« der soziol. u. ökonom. Wiss.en, in: ders., Gesam. Aufsätze zur Wiss.-Lehre, [7]1988 (1922); G. Myrdal, Das Wertproblem in der Sozialwiss., 1965; ders., Objektivität der Sozialforschung, 1971; Ch. v. Ferber, Der Wert-

urteilsstreit 1909/1959, u. H. Albert, Wertfreiheit als method. Prinzip, in: E. Topitsch (Hg.), Logik der Sozialwiss.en, [12]1993 (1965); H. Albert u. E. Topitsch (Hg.), Werturteilsstreit, [3]1990 (1971); H. Keuth, Wiss. u. Werturteil, 1989; K. O. Apel u. M. Kettner (Hg.), Mythos Wertfreiheit, 1993.

Werturteilsstreit →Werturteilsfreiheit

Wertwandel, Bezeichnung für die Veränderung von soziokult. Werten u. Wertsystemen sowie von Wertvorstellungen, die in der mod. Ges. beschleunigt abläuft u. zu einem folgenreichen Schlüsselproblem geworden ist.

Je traditionsbestimmter, sakraler u. statischer eine Ges. ausgeprägt u. nach außen abgeschottet ist, um so geringer sind die Chancen für das Zustandekommen von W. Die mod., dynam., weitgehend säkularisierte u. fortschrittsorientierte Ges. ist dagegen wesentl. durch einen beschleunigten W. mitbestimmt, der wiederum auf die Wandlungsfaktoren stimulierend zurückwirkt.

In Verflechtung mit soziokult. Wandlungen verändern sich individ. Einstellungen u. Bewertungen leichter u. schneller als Wertvorstellungen bzw. -orientierungen (Wertdominanzen bzw. -prioritäten) u. diese wiederum weitaus eher als soziokulturelle Werte. Diese können im Zus.hang mit bestimmten Weltanschauungen, Herrschaftsverhältnissen u. soz. Strukturen ein erhebl. Beharrungsvermögen aufweisen.

W. hängt mit Veränderungen materieller Lebensverhältnisse (marxist. Erklärungsansatz, Basis-Überbau-Modell), mit der Ausweitung des Wissens, mit dem Wandel von Weltanschauungen, Ideologien u. Herrschaftsverhältnissen, mit der Wirkung einflußreicher (charismat.) Persönlichkeiten, von Eliten, engagierter Vorhutgruppen u. soz. Bewegungen sowie mit Prozessen der Akkulturation (Eindringen oder Übernahme von Elementen fremder Kulturen) zus.

Histor. Vergleiche mit früheren Epochen, die Begegnung mit Wertsystemen anderer Kulturen u. die sich ausbreitende Einsicht in das gesch. Gewordensein sowie in die Relativität u. Veränderbarkeit der Werte führen zu einer Erschütterung des Selbstverständlichkeitscharakters u. der verhaltenssteuernden Kraft überkommener Werte. Dieser tiefgreifend-einschneidende Wandel des Verhältnisses von Menschen zu Werten u. Wertorientierungen hat maßgebl. zur Freisetzung einer Tendenz zu einer allg., schließl. nihilist. gesteigerten Wert-, Sinn- u. Kulturkrise beigetragen, deren Heraufkunft bereits von Nietzsche erkannt wurde (→Nihilismus). Der tendenzielle Wandel vom traditionell eingelebten Wertempfinden zu einem rational-aufgeklärten Wertverständnis bildet einen Prozeß, der wesentlich fundamentaler, umfassender u. folgenreicher ist als die von R. →Inglehart empir. ermittelte Schwerpunktverlagerung von den »materialist.« zu den sogen. »postmaterialist. Wertprioritäten« in den westl. Wohlstandges.en oder als der von H. Klages hervorgehobene »Wertwandlungsschub« um 1970. Damals wurden »Pflicht-u. Akzeptanzwerte« (Disziplin, Gehorsam, Pflichterfüllung, Treue, Unterordnung, Fleiß, Bescheidenheit u. ä. m.) bis zu einem gewissen Grade durch »Selbstentfaltungswerte« (Emanzipation, Partizipation, Individualismus, Autonomie, Hedonismus u. ä. m.) zurückgedrängt.

Die Herausbildung u. Ausbreitung einer rational-reflexiven Einstellung gegenüber Werten sind mit Orientierungsproblemen verbunden: Verlust »absoluter«, allg. verbindl. erscheinender Werte, Orientierungskrise, Verhaltensunsicherheit. Diese Prozesse erhöhen aber zugleich die Chancen für die Autonomie des Individuums u. für eine bewußt-rationale, folgenorientierte Setzung neuer Werte oder Wertdominanzen, die entscheidend zur Bewältigung gegenwärtiger Probleme u. Krisen beitragen könnten.

W. verläuft nicht streng linear, im Sinne einer aufwärts oder abwärts gerichteten geradlinigen Entwicklung. Vielmehr vollzieht er sich unter dem Einfluß von progressiven u. retardierenden Kräften, von Tendenzen u. Gegentendenzen, von Innovatoren u. Konservativen, von begünstigenden Umständen u. starken Widerständen je nach dem Einzelfall ungleichmäßig, schubartig, wellenförmig oder zykl. Im Zuge solcher Wandlungen sind viele »neue Werte« in Wirklichkeit wiederentdeckte, remobilisierte »alte Werte«, mit veränderter Interpretation u. Rangstellung im jeweils umfassenden Wertsystem. Infolge der zentralen Stellung u. überragenden Einflußkraft der Werte im soziokult. Lebenszus.hang führt beschleunigter W. zu folgenreichen u. mitunter umwälzenden Veränderungen in den verschiedensten Bereichen: im Wirtschaftsleben Veränderungen der Berufswahl, Leistungsmotivation, des Erfolgsstrebens, Konsumverhaltens, der Wachstums- u. Entwicklungsprozesse; im polit. Subsystem Wandel der kollektiven Orientierung, des Engagements, Wählerverhaltens, der Wehrbereitschaft; im gemeinschaftl.-soz. Lebensbereich Wandel der Bindungsbereitschaft, des Geschlechterver-

Wesenwille 934

hältnisses, des generativen Verhaltens, der Erziehungsziele u. -stile, des Lebensstils u. Freizeitverhaltens; im religiösen Bereich Wandel weltanschaul. Orientierungen, von Glaubensvorstellungen, der Einstellung gegenüber religiösen Institutionen, von religiös-moral. ausgerichteten Verhaltensweisen.

P. Kmieciak, Wertstrukturen u. W. in der BR Dtl., 1976; R. Inglehart, The Silent Revolution, Princeton, N. J. 1977; H. Klages u. P. Kmieciak (Hg.), W. u. ges. Wandel, [3]1984 (1979); K.-H. Hillmann, Umweltkrise u. W., [2]1986 (1981); H. Pross, Was ist heute deutsch?, 1982; W. Jaide, Wertewandel?, 1983; H. Klages, Wertorientierungen im Wandel, [2]1985 (1984); K.-H. Hillmann, W., [2]1989 (1986); H. Klages, Wertedynamik, 1988; H. O. Luthe u. H. Meulemann (Hg.), W. – Faktum oder Fiktion?, 1988; R. Inglehart, Kult. Umbruch, 1989; H. Klages u. a. (Hg.), Werte u. Wandel, 1992.

Wesenwille →Tönnies, Ferdinand

Wettbewerb →Konkurrenz

White Collar (engl.), »Weißer Kragen«; amerikan. Bezeichnung für Angestellte (vgl. »Stehkragenproletarier«), im weiteren Sinne für Mittelschicht. Im Unterschied dazu blue collar bzw. »blauer Kragen« für Arbeiter.

C. W. Mills, W. C., New York 1951, dt.: Menschen im Büro, 1955.

Widerstand, die Gesamtheit aktiver oder passiver Maßnahmen einzelner Bürger oder polit. Gruppen gegen Regierende, Staatsorgane u. sonstige polit.-ges. Kräfte, welche in verfassungswidriger Weise ihnen übertragene oder selbst angeeignete Herrschaftsrechte mißbrauchen u. damit eine Situation entstehen lassen, in der die Grundordnung selbst gefährdet ist.
Die Begründung des Rechtes zum W. hängt von der Begründung der Herrschaft ab, gegen die sich W. richtet. Sie reicht von: a) umfassenden naturrechtl.-ethischen Interpretationen (die W. um der Wahrung höherer Freiheitswerte willen jedem Bürger sogar zur Pflicht erklären) über b) polit.-rationale Konsequenzen bestimmter Staatstheorien (die sich etwa aus den Prinzipien der Lehren vom Ges.svertrag, von den Grundrechten der Menschen, der Demokratie oder der Volkssouveränität ergeben) bis c) zu Ableitungen aus bestimmten (inhaltl. umstrittenen) Verfassungsgrundsätzen (z. B. in der BR Dtl.: W.recht gegen Kräfte, die die »freiheitl.-demokrat. Grundordnung« beseitigen wollen). Die Schwierigkeiten bei der genauen Bestimmung legaler Herrschaftsausübung u. verfassungskonformer ges. u. polit. Ordnungszustände haben die positiv-rechtl. Einbeziehung des W.rechts in demokrat. Staatsordnungen bisher nur unvollkommen mögl. gemacht. W. ist damit letztl. eine Angelegenheit individueller Gewissensentscheidung u. polit. Kräfteverhältnisse geblieben.
Gewaltsamer W. geht davon aus, daß einer unrechtmäßig gewordenen Herrschaft, die ihre Machtusurpation durch Gewalt absichert, nur mit Gegengewalt begegnet werden kann. Analysen der polit. Kampfbedingungen in hochentwickelten u. funktional empfindl. strukturierten Industrieges.en haben jedoch zu einer neuen (positiven) Einschätzung der Wirkungsmöglichkeiten passiven, gewaltfreien W.s geführt.

F. Kern, Gottesgnadentum u. W.recht im frühen Mittelalter, [4]1967 (1915); E. Bloch, Naturrecht u. menschl. Würde, 1961; P. C. Mayer-Tasch, Th. Hobbes u. das W.recht, 1965; Th. Ebert, Gewaltfreier Aufstand. Alternative zum Bürgerkrieg, 1970; A. Kaufmann (Hg.), W.recht, 1970; S. Papcke, Progressive Gewalt, 1972; C. Fleck, Koralmpartisanen, 1986; R. Mann, Protest u. Kontrolle im Dritten Reich, 1987; G. van Roon, W. im Dritten Reich,

⁵1990; H. Engel (Hg.), Dt. W. – Demokratie heute, 1992.

Wiener Kreis, ein von M. Schlick (1882–1936) in den 20er Jahren begründetes Privatseminar positivist.-empirist. ausgerichteter Philosophen, Erkenntnis- u. Wiss.stheoretiker, die jegliche Metaphysik ablehnten. Philosoph. Fragen, die sich nicht streng erfahrungswiss. u. intersubjektiv kontrollierbar behandeln lassen, wurden als »Scheinprobleme« zurückgewiesen. Es wurde zw. Wiss. u. Nicht-Wiss. unterschieden. Die einzige u. sichere Grundlage des wiss. Wissens sollten Protokollsätze sein, die von Forschern bei Beobachtungen u. Experimenten aufgestellt werden. Mit Aufklärungsbestrebungen wurde versucht, dem Mißbrauch von Wiss. durch Ideologien entgegenzuwirken. Der W. K. hat die analyt., log.-empir. Wiss.theorie (logischer Empirismus bzw. →Neopositivismus) hervorgebracht, von der sich der Krit. Rationalismus K. R. →Poppers abhebt, der nicht diesem Diskussionskreis angehörte.

Der W. K. wurde fundiert u. beeinflußt durch den engl. Empirismus des 18. Jh.s, den Positivismus von A. Comte u. J. S. Mill, unmittelbar durch den Empiriokritizismus u. durch B. Russel. Zu den bedeutendsten Mitgliedern des W. K. gehörten R. Carnap, L. Wittgenstein, H. Reichenbach, V. Kraft u. O. →Neurath. 1929 erschien die Programmschrift »Wiss. Weltauffassung – der W. K.«, ferner wurde die eigene Zs. »Erkenntnis« gegründet. Nach dem Anschluß Österreichs an das Dt. Reich wurde der W. K. aufgelöst. Die meisten seiner Mitglieder emigrierten nach England u. in die USA, wo sie maßgebl. zur Entfaltung der analyt. Philos. u. mod. Wiss.stheorie beitrugen.

V. Kraft, Der W. K., 1950; E. Kaiser, Neopositivist. Philos. im 20. Jh., 1979; H.-J. Dahms (Hg.), Philos., Wiss., Aufklärung, 1985.

Wiese, Leopold von, 2. 12. 1876 Glatz – 11. 1. 1969 Köln, 1902 Dr. phil. Berlin, 1904 Habil., 1908–11 Prof. TH Hannover, 1914 Handelshochschule Köln, 1919 o. Prof. Univ. Köln, 1935 Gast-Prof. Harvard, Begründer u. Hg. der seit 1948 unter dem Titel »KZfSS« erscheinenden Vierteljahreshefte.

In Auseinandersetzung mit H. Spencer u. in Anlehnung an G. Simmel entwickelte W. eine Beziehungs- u. Gebildelehre, die der formalen Soziologie zuzurechnen ist. Ihn interessierte, wie sich Menschen in der Ges. verhalten. Dazu untersucht die Soziol. »soziale Prozesse«, die sich in einem »sozialen Raum« abspielen, der die Individuen in bestimmten »sozialen Abstand« zueinander bringt. Verfestigte Beziehungen führen zu »sozialen Gebilden«. – Die Kategorie des sozialen Abstandes läßt offen, ob das Resultat der Beziehung der Individuen Vereinigung, Konkurrenz, Opposition oder Konflikt ist. Dabei werden die Einflüsse der Individuen aufeinander ohne kulturelle Bezüge studiert. – Seine Theorie der sozialen Gebilde beschäftigt sich mit den Phänomenen der Gruppe, der Beziehungen zw. den Gruppen u. den Körperschaften. W. wollte aus den sozialen Prozessen den »Charakter« der zu untersuchenden Körperschaften bestimmen. Dieses formale, abstrakte Konzept erlaubt, nahezu beliebige Inhalte aufzunehmen. Es soll Zugang eröffnen auch zu den Fragen der Ungleichheit, Herrschaft, Schichtung, Auslese u. a. Der Ansatz ist eher deskriptiv als erklärend. Sein Ergebnis ist eine Klassifikation von Sozialprozessen. – In zeitgesch.

Wir-Bewußtsein 936

Stellungnahmen hat sich W. um anthropolog. Begründungen für seine Forderung bemüht, den einzelnen gegen die totale Inanspruchnahme durch den Staat zu sichern.

Schr.: Zur Grundlegung der Ges.lehre, 1906; Das Wesen der polit. Freiheit, 1911; Gedanken über Menschlichkeit, 1915; Staatssozialismus, 1916; Liberalismus, 1917; System der Allg. Soziol., [3]1955 (1924–28); Soziol. Gesch. u. Hauptprobleme, [9]1971 (1926); Soz., geistig, kulturell, 1936; Homo sum, 1940; Ges., Stände u. Klassen, 1950; Das Soz. im Leben u. im Denken, 1956; Ethik der soz. Gebilde, 1961; Wandel u. Beständigkeit der soz. Leben, 1964; Der Mensch als Mitmensch, 1964; Das Ich u. das Kollektiv, 1967; Der Mitmensch u. der Gegenmensch im soz. Leben der nächsten Zukunft, 1967; Gleichheit u. Ungleichheit im zw.menschl. Leben, 1967.
L. Geck u. a. (Hg.), Studien zur Soziol., 1948; K. G. Specht (Hg.), Soziol. Forschg. in unserer Zeit, 1951.

Wir-Bewußtsein →Wir-Gefühl

Wir-Gefühl, Bezeichnung der Gruppensoziol. für die gegenseitige Orientierung u. Verantwortungsbereitschaft, psych. Verbundenheit u. geistig-ideelle Homogenität der Mitglieder einer Gruppe. Das W.-G. garantiert: ein Minimum an integrativen Tendenzen in der Gruppe, Identifikationsbereitschaften der Mitglieder mit ihrer Gruppe sowie Solidarität u. Festigkeit der Gruppe gegenüber konfliktträchtiger bzw. feindl. Umwelt.
→Vierkandt, Alfred

Wirkungsforschung, bezeichnet in Überschneidung mit dem Begriff der Evaluation Forschungsbemühungen, die mit weitgehendem Einsatz des Experiments versuchen, mögl. Wirkungen u. Risiken größerer ges.polit. Programme (z. B. für Bereiche wie Strafvollzug, Sozialhilfe, Umschulung) in kleineren repräsentativen Gruppen oder Bevölkerungsteilen vorzutesten.
Im Bereich der Massenkommunikation bezeichnet W. die Forschungsansätze zur Ermittlung der Auswirkungen v. massenmedial verbreiteten Informationen auf Wissen, Wertorientierungen, Einstellungen u. Verhalten des Publikums oder spezieller Zielgruppen.

J. Feick, W. in den USA, in: Soz. Welt 31, 1980; M. Kunczik, Gewalt u. Medien, 1987; M. Schenk, Medienw., 1987; W. Schulz, Medienwirkungen, 1992.

Wirtschaftsdemokratie, Ende der 1920er Jahre von einigen den damaligen dt. Gewerkschaften nahestehenden Sozialwiss.lern (F. Naphtali, F. Baade, J. Marschack, H. Sinzheimer, R. Hilferding) entwickelte Ordnungskonzeption für eine grundlegende Demokratisierung der Ges. Ausgehend von der Überzeugung, daß polit. Demokratie bei einer Beibehaltung wirtschaftl. Privilegien nicht zur Überwindung der Gegensätze zw. Herrschenden u. Beherrschten führen könne, wurde eine Umwandlung der leitenden Organe der Wirtschaft aus Organen der kapitalist. Interessen in solche der Allgemeinheit gefordert. Die dazu erforderl. Mitbestimmung wurde jedoch nicht als ein privatwirtschaftl.-innerbetriebl., sondern als überbetriebl.-gesamtes. Problem empfunden. W. wurde nur in einer durch Mitbestimmung gekennzeichneten Gestaltung des betriebl. u. gesamtges. Wirtschaftsgeschehens gesehen. Hierbei soll anerkannt u. institutionell berücksichtigt werden, daß die Verhältnisse im einzelnen Betrieb nicht nur Privatsache der unmittelbar beteiligten Unternehmer u. Arbeiter, sondern auch von Bedeutung für die polit. u. ges. Zielsetzungen der Allgemeinheit sind. W. verlangt »planmäßige Wirtschaftsführung im Interesse der Allgemeinheit«, »Organisation der Wirtschaft auf der Grundlage des Sozialismus an Stelle der privatkapitalist. Gewinnsucht«. Der Weg dazu führt »über die Übernahme der lebenswichtigen Betriebe durch die öffentl. Hand, über die Erweiterung der öffentl. Wirtschaft, über die Durchsetzung der planwirtschaftl. Regelung u. über die Wandlung des Eigentumsrechts mit dem Ziel, das Privileg des Besitzes aufzuheben« (Naphtali). Durch das Scheitern staatssozialist. Zentralverwaltungswirtschaften verbleibt als aussichtsreiche Möglichkeit für eine fortschreitende Demokratisierung des Wirtschaftslebens der Ausbau der Mitbestimmung u. -beteiligung innerhalb von Unternehmungen u. Betrieben.

F. Naphtali, W., ⁴1969 (1928); G. Erdmann, W. u. Mitbestimmung, 1964; J. Block, Beziehungen zw. dem normativen u. dem produktiven Aspekt einer Demokratisierung der Wirtschaft, 1977; J. Huber u. J. Kosta (Hg.), W. in der Diskussion, 1978; F. Vilmar u. K.-O. Sattler, W. u. Humanisierung der Arbeit, 1978; H. Heseler u. R. Hickel (Hg.), W. gegen Wirtschaftskrise, 1986.

Wirtschaftsethik, mehrdeutige Bezeichnung für ein Problemgebiet im Überschneidungsbereich von Ökonomie, Philos., Theologie u. Soziol., in dem es je nach weltanschaul.-wiss. Position normativ oder empir. um grundlegende Werte, Ideale, Ziele u. Normen des ökonom. Handelns sowie der Wirtschaftsordnung u. -entwicklung geht.
Bei strikter Trennung der Begriffe Ethik u. Moral bilden die Orientierungsstandards (Werte, Normen) für ökonom. Handeln u. Gestalten den Inhalt der Wirtschaftsmoral, die wiederum auf einer höheren Ebene der Reflexion, Analyse u. eventueller Rechtfertigungsversuche das Objekt der W. darstellt. Im Sprachgebrauch werden aber die Begriffe Ethik u. Moral oft synonym bzw. bedeutungsgleich verwendet.
W. im Sinne überkommener Philos. u. Theologie ist auf die Frage nach dem moral.-sittl. guten Wirtschaftshandeln ausgerichtet. Aus einem solchen normativen Ansatz heraus wird von den wirtschaftl. Akteuren gefordert, daß sie in ihrem Handeln bestimmte Werte, Prinzipien, Ziele u. Normen einhalten: Sicherung des Überlebens, Steigerung des Wohlergehens u. Glücks der Menschen, möglichst gute Versorgung mit Gütern, Einsatz knapper Mittel zugunsten weitestgehender Bedürfnisbefriedigung, Verbesserung des Wohls der Ges. oder Nation, erfolgreiches Wirtschaften zum »Ruhme Gottes« u. für die Verwirklichung des Seelenheiles, Herstellung soz. Gerechtigkeit, Ermöglichung individ. Selbstentfaltung, Verbot betrüger., ausbeuter. u. rücksichtsloser Handlungsmöglichkeiten u. ä. m. So haben den christl. Kirchen innerhalb der Kath. Soz.lehre u. der Evangel. Soz.ethik wirtschaftseth. Konzepte u. Forderungen (z. B. nach soz. Gerechtigkeit) hervorgebracht, die z. T. erhebl. Einfluß auf die Politik u. Wirtschaftsgestaltung gewinnen konnten.
Unterschiedl., z. T. gegensätzl. u. konflikterzeugende wirtschaftseth. Positionen traten mit den großen säkularen Weltanschauungsströmungen des Liberalismus, Sozialismus u. Konservatismus hervor. Während der Liberalismus die Sicherung des Leistungswettbewerbs als Voraussetzung für die Entfaltungschancen erfolgsorientierter Individuen u. für die Steigerung des allg. Wohlstandes forderte, propagierte der marxist. geprägte Sozialismus eine durch revolutionäre Abschaffung des Privateigentums

Wirtschaftssoziologie 938

an Produktionsmitteln eintretende kommunist., aus »assoziierten Individuen« bestehende Wirtschaftsges. Durch Auffächerung u. Weiterentwicklung dieser Weltanschauungsströmungen ergaben sich auch Annäherungen wirtschaftseth. Auffassungen, z. B. des Neoliberalismus u. -konservatismus.

In der vom Liberalismus u. →Utilitarismus beeinflußten Wirtschaftswiss. hat sich mit zunehmender Einengung der Theorie auf eine vermeintl. reine Ökonomie ein stark reduziertes Menschenbild herauskristallisiert, mit dem im Sinne einer verborgenen W. das streng ökonom.-rationale Handeln des Wirtschaftssubjekts (ökonom. Rationalprinzip) als Voraussetzung für eine effiziente u. scheinbar berechenbare Wirtschaft postuliert wird. Mit diesem immanenten wirtschaftseth. Ansatz hat die Wirtschaftswiss. in normativer Weise zur Rechtfertigung u. Verstärkung eines auf Gewinn- bzw. Nutzenmaximierung ausgerichteten Individualismus beigetragen. In der Soziol. kommt die Ethik ökonom. Rationalität in verschiedenen Varianten der ökonom. Erklärung soz. Phänomene zum Ausdruck, z. B. in der →Nutzentheorie.

Seit der wegweisenden Untersuchung von M. Weber über die →Protestant. Ethik u. den Geist des Kapitalismus ist die W. im weiteren Sinne ein wichtiges Forschungsfeld der Soziol., insbes. der Wirtschafts- u. Religionssoziol. Als werturteilsfrei forschende Erfahrungswiss. kann aber Soziol. nicht in normativer Absicht bestimmte wirtschaftseth. Forderungen erheben u. als wiss. gerechtfertigt erscheinen lassen. Dementsprechend beschränkt sie sich auf die Erforschg. der Zus.hänge zw. eth. Überzeugungen, Rechtfertigungen u. Forderungen (Werte u. Normen) einerseits u. bestimmten Wirtschaftsges.en, -bereichen, -gebilden, Verhaltensweisen von Wirtschaftsmenschen, , sowie der wirtschaftl. Entwicklg. andererseits. Hinsichtl. verschiedener Bereiche u. Aspekte des Wirtschaftslebens wird zw. Arbeits-, Unternehmens- u. Konsumethik unterschieden.

Wirtschaftseth. bedeutsame Werte u. Normen beeinflussen u. prägen auf der individ. Ebene die Wirtschaftsgesinnung. Diese wertbestimmte Grundeinstellung wirkt sich wiederum steuernd auf die Motivationen u. Handlungen der Wirtschaftsmenschen aus.

Wirtschaftl. bedingte Probleme u. Krisen (Konzentration wirtschaftl. Macht, Arbeitslosigkeit, Verbrauchermanipulation, Umweltkrise u. a. m.) verstärken das Interesse für W. Diese wird insbes. durch die Frage herausgefordert, wie der tendenziell einseitig ökonom.-rationale, mit zunehmend weniger akzeptierten Nebenwirkungen verbundene Handlungsstil vieler Wirtschaftsakteure durch angemessene Einbeziehung ges.-ökolog. Verantwortung, Gemeinwohlorientierung u. humane Wertvorstellungen zugunsten der Überlebenssicherung u. Verbesserung der Lebensqualität verändert werden kann.

F.-X. Kaufmann u. H.-G. Krüsselberg (Hg.), Markt, Staat u. Solidarität bei Adam Smith, 1984; W. Lachmann, Wirtschaft u. Ethik, 1987; B. Bernet, Management, Macht u. Moral, 1988; H. Hesse (Hg.), Wirtschaftswiss. u. Ethik, 1988; P. Koslowski, Prinzipien der Eth. Ökonomie, 1988; H. Thomas (Hg.), Ethik der Leistung, 1988; B. Molitor, W., 1989; H. G. Nutzinger (Hg.), Wirtschaft u. Ethik, 1991; M. Hollis u. W. Vossenkuhl (Hg.), Moral. Entscheidung u. rationale Wahl, 1992.

Wirtschaftssoziologie, eine spezielle Soziol., die nach A. Burghardt neben der Allg. W. eine Vielzahl spezieller W.n enthält: sektorale (z.

Wirtschaftssoziologie

B. Agrar- bzw. Landsoziol., Industriesoziol.), funktionale (z. B. Arbeits-, Berufs-, Konsum- u. Unternehmersoziol.) u. histor. W.n (Soziol. früherer Wirtschaftsepochen). Unter Einbeziehung der Empir. Sozialforschg. untersucht die W. soziokulturelle Aspekte wirtschaftl. Phänomene, soziale Determinanten (Bestimmungsgründe) des wirtschaftl. Handelns, den Verflechtungszus.hang v. Wirtschaft u. Ges., Wechselwirkungen zw. dem ökonom. u. anderen ges. Subsystemen, soziokulturelle Voraussetzungen u. Probleme der wirtschaftl. Entwicklg. (→Wachstumstheorie). Von bes. Bedeutung ist das Verhältnis der W. zur Wirtschaftstheorie. Verhaltensprämissen u. theoret. konstant gehaltene Bedingungen der ges. Wirklichkeit, die die Aussagen u. Modelle der Wirtschaftstheorie bestimmen u. begrenzen, werden von der W. auf ihre reale soziale Bedeutung u. situative Geltung hin überprüft. Auf diese Weise verhindert W. eine ahistor.-ideolog. Verallgemeinerung wirtschaftswiss. Thesen u. Theorien u. arbeitet die spezif. institutionellen Muster kulturellen u. polit. Lebens heraus, von denen wirtschaftl. Handeln beeinflußt wird.

Die grundlegenden theoret. Ansätze u. Hypothesen der W. (im weitesten Sinne) über das Verhältnis v. Wirtschaft, Ges. u. Kultur sind bisher widersprüchl. geblieben. Der Marxismus erklärte die ökonom. Struktur einer Ges. als Basis sozialer Prozesse u. kultureller Überbauphänomene (Basis u. Überbau). Andere Sozialwiss.ler (insbes. M. Weber) haben unter bes. Berücksichtigung der Wechselwirkungen zw. Kultur u. Wirtschaft »ideelle« (religiös-ethische) Einflüsse auf das reale Wirtschaftsgeschehen analysiert (→Protestantische Ethik). Die

Strukturell-funktionale Theorie betrachtet die Wirtschaft als ein ges. Subsystem, das durch Austauschbeziehungen mit anderen verbunden ist (T. Parsons, N. J. Smelser). Für zahlreiche Theoretiker des sozialen Konflikts sind die sozialen Ungleichheits- u. Herrschaftsverhältnisse (als Eigentumsverhältnisse) in der Wirtschaft Ausgangspunkt sozialdynam. Entwicklungs- u. Revolutionsprozesse. Theoretiker der sozialen Integration erblicken demgegenüber gerade in institutionalisierten Möglichkeiten freier wirtschaftl. Entwicklung des Individuums die wichtigste Voraussetzung für sozialen Ausgleich u. fruchtbaren sozialen Wettbewerb. Ideologiekritische Analysen der W. versuchen den Zus.hang von bestimmten Wirtschaftsfunktionslehren mit den ges. Verhältnissen aufzuzeigen, aus denen sie entwickelt werden. Unter Bezugnahme auf interkulturelle u. ethnolog. Vergleiche bemüht sich W. um eine Relativierung des Postulats der ökonom. Rationalität des Menschen, d. h. der wirtschaftstheoret. Grundannahme, daß das Streben nach Befriedigung seiner phys. Bedürfnisse die einzige (bzw. zentrale) Antriebsquelle des Menschen sei (homo oeconomicus).

Ein grundlegendes Forschg.sproblem der W. ist die Überwindung einer individualist. Interpretation wirtschaftl. Verhaltens durch Analyse der zahlreichen institutionalisierten (organisierten) Sozialbeziehungen (Betriebe, Haushalte, soziale Schichten) u. ihrer Kräfteverhältnisse (Marktstruktur, Konzentration) in der Wirtschaft. Mit der Herausbildung von wirtschaftl. Großorganisationen u. mannigfaltigen, divergierenden Interessenverbänden, die mittels ihrer Ideologien u. Aktionen die Bedeutung individuellen ökonom. Handelns u. Planens weitgehend abgelöst haben, finden die sozialen Gebilde, in u. zw. denen sich Wirtschaftsprozesse vollziehen u. an deren Werten, Zielen u. Normen sie orientiert sind, immer stärkere Beachtung.

Ein zentrales Forschg.sproblem ist auch die Aufdeckung der Zus.hänge zw. der Entwicklg. ökonom. Lebensverhältnisse, polit. Ideologien u. Herrschaft sowie kultureller Ideen- u. Wertsysteme. Insbes. die Probleme der Entwicklg.sländer haben zahlreiche Studien über soziokulturelle (materielle u. ideelle) Determinanten wirtschaftl. Wachstum angeregt.

Der staatl. Strukturwandel zum Sozial- u. Wohlfahrtsstaat fand seinen Ausdruck auch in Untersuchungen der W. über den Einfluß öffentl. Finanz-, Wirtschafts- u. Sozialpolitik auf die gegenwärtige u. zukünftige Gestaltung gesamtges. Strukturen u. indiv. Statuslagen. Im Zus.hang mit der gegenwärtigen Wachstums- u. Finanzkrise wird die Analyse der Auswirkungen des ausgebauten Sozialstaates auf die indiv. Leistungsmotivation zunehmend wichtiger. Insb. die Rohstoff-, Energie- u. Umweltkrise stellen die W. vor neue Aufgaben: Erforschg. der Verwirklichungschancen eines Wirtschaftssystems, das sich mit den natürl. Umweltsystemen im Gleichgewicht befindet u. den Menschen weitgehende Entfaltungsmöglichkeiten eröffnet (ökolog. angepaßte u. soz. verträgl. Wirtschaft).

M. Weber, Die protestant. Ethik u. der Geist des Kapitalismus, in: ders., Gesam. Aufsätze zur Religionssoziol., Bd. I, ^{9}1988 (1920); ders., Wirtschaft u. Ges., ^{5}1980 (1921); D. M. Goodfellow, Grundzüge der ökonom. Soziol., 1954; G. Eisermann, Wirtschaftstheorie u. Soziol., 1957; F. Lenz, W. (in: G. Eisermann, Hg., Die Lehre von der Ges., 1958); G. Katona, Das Verhalten der Verbraucher u. Unternehmer, 1960; T. Parsons u. N. J. Smelser, Economy and Society, London 1964; J. A. Schumpeter, Gesch. der ökonom. Analyse, 2 Bde., 1965; H. Albert, Marktsoziologie u. Entscheidungslogik, 1967; G. Hartfiel, Wirtschaftl. u. soz. Rationalität, 1968; N. J. Smelser, Soziol. der Wirtschaft, 1968; K. Heinemann, Grundzüge einer Soziol. des Geldes, 1969; F. Fürstenberg, W., ^{2}1970; A. Burghardt, Allg. W., 1974; O. Neuloh, Soziol. f. Wirtschaftswiss.ler, 1980; T. Pierenkemper, W., 1980; K.-H. Hillmann, Umweltkrise u. Wertwandel, ^{2}1986 (1981); E. Buß, Lehrbuch der W., 1985; T. Kutsch u. G. Wiswede, W., 1986; K. Heinemann (Hg.), Soziol. wirtschaftl. Handelns, Sonderheft 28 KZfSS, 1987; K. Türk, Einf. in die Soziol. der Wirtschaft, 1987; K.-H. Hillmann, Allg. W., 1988; N. Luhmann, Die Wirtschaft der Ges., 1988; G. Reinhold, W., 1988.

Wissenschaftsethik, in Überschneidung mit Wiss.stheorie u. Methodologie ein Teilgebiet der Ethik, in dem Ideale, Maßstäbe, Postulate, Normen u. Vorschriften für die Durchführung wiss. Arbeit (Forschg. u. Lehre) sowie hinsichtl. der Verantwortung der Wiss. aufgestellt, begründet bzw. abgeleitet u. diskutiert werden. Grundlegend sind Auseinandersetzungen mit Fragen nach dem Zweck u. Nutzen u. nach Gefahren der Wiss. Bereits in der antiken griech. Philos. (Platon, Aristoteles) kam die Forderung auf, daß Forschg. u. Lehre dem Streben nach wahrheitsgerechtem Wissen zu dienen haben (Wahrheitskriterium der Wiss.). An der Wende zur Neuzeit setzte sich F. →Bacon für das Ideal einer von Spekulation, Trugbildern (Idole) u. Vorurteilen losgelösten, nur noch empir.-induktiv arbeitenden Wiss. ein, die eine bessere Befriedigung menschl. Bedürfnisse u. ein friedl. Zus.leben ermöglichen soll. Die nachfolgende Philos. der Aufklärung trug mit ihrem religions- u. ideologiekrit. Rationalismus entscheidend zu einer vernunftgesteuerten, fortschrittsorientierten Entfaltung mod. Wiss. bei, die zum Aufbau einer humanen Ges. hinführen sollte. Die Verknüpfung der beiden Forderungen nach einer empir. Erforschung der Gesetzmäßigkeiten in der Realität u. nach einer wiss. fundierten Zukunftsgestaltung erreichte in dem einflußreichen Positivismus von A. Comte einen Höhepunkt.

Zugunsten der »Objektivität« der sich zu eigenständigen Disziplinen entwickelnden Soz.wiss.en forderte M. Weber eine strikte Trennung von erfahrungswiss. Aussagen (Seins- bzw. Wirklichkeitsaussagen) einerseits u. persönl.-subjektiven Werturteilen, Evidenzerlebnissen, Interessen u. Sollensaussagen andererseits (Postulat der Werturteilsfreiheit). In der Folgezeit setzte sich weitgehend die Auffassung durch, daß erfahrungswiss. Forschg. möglichst unabhängig von persönl.-subjektiven, ideolog. u. polit. Einflüssen sowie von partikularen Interessen durchgeführt werden sollte. Dementsprechend sollten Forschungsergebnisse u. wiss. Aussagen grundsätzlich intersubjektiv überprüfbar sein (Forderung nach →Intersubjektivität).

Da nach Auffassung von K. R. Popper im Gegensatz zum klass. Rationalismus der Mensch keine endgültig wahren (verifizierten) Aussagen gewinnen könne (Fallibilismus), fordert er mit seinem Krit. Rationalismus die Falsifizierbarkeit wiss. Aussagen. Diese sollen dementsprechend zur Abwehr absoluter Wahrheitsansprüche u. ges.spolit. gefährl. Dogmatisierungsbestrebungen so ausgerichtet u. formuliert werden, daß sie empir. überprüft u. ggf. als widerlegt (falsifiziert) zurückgewiesen werden können.

Da die Auswirkungen der Entfaltung mod. Wiss. in Verbindung mit techn. Fortschritt u. wirtschaftl. Wachstum zunehmende Gefahren für das Überleben der Menschheit u. zahlr. anderer Lebensformen beinhalten, ergibt sich als existentielle Notwendigkeit die wiss.seth. Forderung, daß Wiss.ler über ihre Spezialgebiete u. Fachgrenzen hinaus zugunsten der Überlebenssicherung Verantwortung für die ökolog. u. soz. Folgen ihrer Arbeit übernehmen. Demgemäß besteht die Pflicht, die Öffentlichkeit u. Entscheidungsträger, insbes. Politiker über Gefahren u. Risiken der Anwendung bzw. prakt. Verwertung bestimmter Forschungsergebnisse u. wiss. Erkenntnisse aufzuklären.

Die Ausübung ökolog.-ges. Verantwortung setzt voraus, daß der Wiss.ler sich 1) für die Aufrechterhaltung der Freiheit der Wiss. einsetzt, 2) um eine krit.-rationale Haltung gegenüber herrschenden ges. Strömungen u. polit. Kräften bemüht, 3) nicht aus egoist. Motiven durch Herrschende für Manipulationszwecke u. für die Verfestigung partikularer Interessen u. ungerechter Lebensverhältnisse korrumpieren u. mißbrauchen läßt, 4) daß er ethisch unverantwortbare Forschungsaufträge ablehnt, 5) eine strikte Trennung von wiss. Arbeit u. polit. Engagement durchhält, 6) für die öffentl. Aufklärung notwendige Forschungsergebnisse allg. verständl. darstellt.

Zeitgemäße W. verbietet Experimente mit Menschen (Humanexperimente), die Grundwerte verletzen (Würde, Freiheit, Autonomie u. Unversehrtheit des Menschen). Hinzu kommen die Einhaltung des Datenschutzes u. die Respektierung des persönl. u. Intimbereiches.

Zur eth. verantwortungsvollen Kanalisierung wiss. Arbeit dienen in einzelnen Fachwiss.en jeweils ein Ethik-Kodex u. eine darüber wachende Ethik-Kommission. Die

Wissenschaftssoziologie

DGS hat zus. mit dem Berufsverband Dt. Soziologen 1993 einen Ethik-Kodex eingeführt. Dieser soll dem Schutz der Objektivität der Forschg. sowie der Rechte der Untersuchten dienen, bezieht sich auf Publikationen u. Begutachtung, auf den berufl. Umgang mit Studierenden, Mitarbeitern u. Kollegen (beiderlei Geschlechts) u. beinhaltet Sanktionsmöglichkeiten der Ethik-Kommission.

M. Weber, Gesammelte Aufsätze zur Wiss.slehre, ⁷1988 (1922); K. R. Popper, Logik der Forschg., ⁹1989 (1935); H. Jonas, Forschg. u. Verantwortung, 1983; Max-Planck-Ges. (Hg.), Verantwortung u. Ethik in der Wiss., 1984; E. Ströker (Hg.), Ethik der Wiss.en, 1984; H. F. Spinner, Das »wiss. Ethos« als Sonderethik des Wissens, 1985; E. Braun (Hg.), Wiss. u. Ethik, 1986; A.-A. Guha u. S. Papcke (Hg.), Entfesselte Forschung, 1988; Ethik-Kodex der DGS u. des Berufsverbandes Dt. Soziologen, in: DGS-Informationen 1993/1.

Wissenschaftssoziologie, eine spezielle Soziol., die Zus.hänge zw. ökonom., religiösen, polit. u. allg. kulturellen Faktoren einer Ges. u. ihrer Wiss. als bes. soziales System untersucht. Es wird gefragt, wie das Tempo u. die Richtung des wiss. Fortschritts, die Arbeits- u. Kooperationsformen, Methoden u. grundlegenden Werthaltungen der an der Wiss. Beteiligten durch allg. sozial-ökonom., berufl. u. sonstige sozialstrukturelle Gegebenheiten u. Gesetzmäßigkeiten beeinflußt werden. Andererseits wird beobachtet, welche ges. Wandlungsprozesse u. Umschichtungen, sowohl der relativen Nützlichkeit u. der Prioritäten von Arbeitstechniken als auch von sozialen Abhängigkeitsverhältnissen, durch die prakt.-techn. Umsetzung neuer wiss. Erkenntnisse ausgelöst werden.

Wiss. als Gesamtheit des systematisierten menschl. Wissens über die Wirkungszus.hänge in Natur u. Ges. sowie als institutionalisierter u. kulturell abgrenzbarer Prozeß der Gewinnung neuer Erkenntnisse hat im Laufe der gesch. Entwicklung immer mehr menschl. Lebensbereiche erfaßt u. sie einer intellektuell-rationalen Durchdringung u. Orientierung unterworfen. Im gegenwärtigen »Zeitalter der Wiss.« gehen von den wiss. Systemen der Erkenntnisse über die Gesetzmäßigkeiten der Natur, der Ges. u. des menschl. Denkens Prägungen des ges. Bewußtseins u. der sozialen Verhaltensweisen aus, die Wiss. zur zentralen Produktivkraft u. zur Grundlage für ges. Planung u. polit. Führung werden ließen. Diese Entwicklung hat eine Fülle neuer erkenntnistheoret., logischer, polit. u. auch soziol. Fragen aufgeworfen.

Im Mittelpunkt stehen die Spannungen u. Konflikte zw. tradierten Bildungs- u. Wiss.sidealen u. den Orientierungs- u. Prognoseansprüchen einer auf systemat. Nutzung wiss. Erkenntnisse angewiesenen Ges. mit hohem Verges.sgrad u. umfassender gegenseitiger Abhängigkeit ihrer versch. Elemente u. Teilstrukturen. Die prakt. Umsetzung wiss. Erkenntnisse beim Aufbau neuer Produktions- u. Lebensformen, die Differenzierung zahlreicher wiss. Teilsysteme zu Einzelwiss. en für spezielle Bereiche u. Probleme, hat auch auf die Strukturen wiss. Arbeit selbst zurückgewirkt. Angesichts der breit ausgebauten Verwendung von wiss.-techn. Hilfsmitteln u. Instrumenten, ferner der problemorientierten gegenseitigen Abhängigkeit u. Ergänzung sowie der dadurch erforderl. gewordenen Reorganisation von Anlage, Planung u. Leitung wiss. Arbeit müssen neue Kooperationsformen entwickelt werden.

H. Schelsky, Der Mensch in der wiss. Zivilisation, 1961; ders., Einsamkeit u. Freiheit, Idee u. Gestaltung der dt. Univ. u. ihrer Reformen, 1963; B. W. Barber u. W. Hirsch, The Sociology of Science, New York 1962; J. Habermas, Theorie u. Praxis, 1963; ders., Technik u. Wiss. als »Ideologie«, ⁴1970; E. Topitsch, Die Freiheit der Wiss. u. der polit. Auftrag der Universität, 1968; J. Habermas, Erkenntnis u. Interesse, 1968; G. H. Wolkow, Soziol. d. Wiss., 1970; R. Eckert, Wiss. u. Demokratie, 1971; H. P. Bahrdt, W. – ad hoc, 1971; P. Weingart, W., 2 Bde., 1974; E. Stölting, Wiss. als Produktivkraft, 1974; W. L. Bühl, Einführg. in die W., 1974; N. Stehr u. R. König (Hg.), W., Sonderheft 18 KZfSS, 1975; K. D. Knorr u. H. Strasser (Hg.), Wiss.ssteuerung: Soz. Prozesse der Wiss.entwicklung, 1976; P. Weingart, Wissensproduktion u. soz. Struktur, 1976; E. Zilsel, Die soz. Ursprünge der neuzeitl. Wiss., 1976; T. S. Kuhn, Die Entstehung des Neuen, 1977; E. K. Scheuch u. H. v. Alemann (Hg.), Das Forschg.sinstitut, 1978; W. van den Daele, W. Krohn u. P. Weingart, Die Geplante Forschung, 1979; M. Brusten u. a., Freiheit der Wiss. – Mythos oder Realität?, 1981; K. Fischer, Das Erklärungskonzept der W., in: KZfSS 34, 1982; K. Knorr-Cetina, Die Fabrikation von Erkenntnis, 1984; R. Mayntz, Forschungsmanagement, 1985; R. K. Merton, Entwicklung u. Wandel von Forschungsinteressen, 1985; R. Kreibich, Die Wiss.sges., 1986; R. Breithecker-Amend, Wiss.sentwicklung u. Erkenntnisfortschritt, 1992; K. U. Mayer (Hg.), Generationsdynamik in der Forschung, 1992.

Wissenschaftstheorie der Sozialwissenschaften,

im Unterschied zur Wiss.sgesch., Wiss.spsychol. u. Wiss.ssoziol., denen es in jeweils spezif. Art um die Genese u. Verwertung wiss. Erkenntnisse geht, hat es die W. als ein anderer Zweig der Wiss.slehre mit der log. Rechtfertigung wiss. Aussagen, mithin auch mit deren ontolog., erkenntnistheoret. u. werttheoret. Voraussetzungen zu tun. Die W. d. S. nimmt vor allem auf die Wirtschaftswiss.en, die Politikwiss., Psycholog., Ethnolog., Anthropogeographie u. Demographie, Soziolog. u. Soziolinguistik Bezug, die Grenze zu den histor. Disziplinen ist dabei oft unscharf.
Ontologie: Im Unterschied zu den Vertretern einer positivist. »Sozialphysik« (A. Quetelet, A. Comte) bildet für die »verstehende Soziol.« (M. Weber) nicht das reaktive Verhalten im Sinne des radikalen Behaviorismus u. Physikalismus (J. B. Watson, O. Neurath), sondern das soz. Handeln den eigentl. Gegenstand der Analysen, das seinem subjektiven Sinn nach auf das Verhalten u. die Erwartungen anderer bezogen ist. Ferner gehört es zur Spezifik der Sozialwiss.en, daß deren Befunde über Formen u. Resultate des soz. Handelns wiederum in den Handlungszus.hang jener Individuen eingehen können, deren Verhalten Gegenstand der Analyse war. Daher muß der Soz.wiss.ler, wie etwa auch der Arzt, die Wirkungen seiner eigenen Handlungen in einer für selbstreferentielle Strukturen typischen Weise reflexiv mit in den Situationsbefund einbeziehen (N. Luhmann). Im Anschluß an W. I. Thomas hat vor allem bereits R. K. Merton verschiedene Formen der Reflexivität soz.wiss. Aussagen erörtert.
Die Kontroverse darüber, was von den subjektiven Intentionen der soz. Akteure der Natur zuzuschreiben u. was als soziale Konvention anzusehen sei, dauerte bis in die jüngste Zeit an u. wurde vor allem zu einem Konfliktfeld einerseits für Soziobiologen (K. Lorenz, E. O. Wilson), andererseits für Sozialisationstheoretiker u. Soz.philosophen (R. Laing, P. Winch). Eine andere Kontroverse betrifft den ontolog. Status von Teil u. Ganzem, in der einander Vertreter des Individualismus u. des Holismus gegenüberstehen und die heute vor allem zw. Vertretern der Lerntheorie u. der rationalen Entscheidungstheorie (G. C. Homans, J. Coleman, G. Becker) auf der einen, verschiedener Varianten des Strukturalismus (E. Durkheim, B. Malinowski, C. Lévi-Strauss, L. Althusser) auf der

Wissenschaftstheorie der Sozialwissenschaften

anderen Seite ausgetragen wird. Während die Individualisten meso- u. makrosoz. Sachverhalten den ontolog. Primat absprechen u. diese als Aggregate auffassen, welche auf Eigenschaften von Individuen u. deren Beziehungen zueinander reduziert werden können, begreifen Holisten Individuen als vorgängig schon durch ges. Institutionen geprägte Geschöpfe.

Epistemologie: Die Individualismus-Holismus-Kontroverse hat auch in der Epistemologie eine Entsprechung. Einerseits handelt es sich darum, besser zu begreifen, wie allg. Sätze auf partikulare Fälle anzuwenden sind, andererseits darum, wie komplexe Vorgänge höherer Ebene durch die theoret. Analyse von Vorgängen auf der nächst tieferen Stufe zu erfassen sind. Letzteres kann nicht heißen, daß etwa ein Soziologe arbeiten soll wie ein Biologe oder gar ein Physiker, um mit Hilfe des Reduktionismus systemtheoret. Ansätze (L. v. Bertalanffy, T. Parsons, W. Buckley) abzublocken. Die Umgebung eines Systems ruft die Eigenschaften desselben erst ab. Daher reicht auch das Begreifen der Wirkungsweise eines isolierten Systems unter Normalbedingungen nicht aus, um das Verhalten des Einzelsystems in komplexen Zus.hängen zu erklären.

Im allg. werden in der Epistemologie der Soz.wiss.en dichotom. aufgefaßte Begriffspaare einander gegenübergestellt, mit denen zumeist auch bestimmte forschungstechn. Orientierungen verknüpft sind: Erklären u. Verstehen, quantitative u. qualitative Methode, determinist. u. probabilist. Gesetze. Es gibt aber auch vermittelnde Positionen. So vertritt M. Weber eine den Positivismus (J. S. Mill) u. die Hermeneutik (W. Dilthey) integrierende Auffassung; jenseits der strengen Aufspaltung von quantitativ-erklärender u. qualitativ-verstehender Soz.wiss. ist er bestrebt, »aktuelles Verstehen« durch »erklärendes Verstehen« zu ergänzen. Viele Autoren sind ihm darin gefolgt, Sinnanalyse u. Umstandserklärung zueinander in Beziehung zu setzen.

Soz.wiss.ler sind in ihrem Tun maßgebl. durch vorempir., metaphys. Annahmen geleitet, die ihre Aufmerksamkeitsrichtung steuern, mögen sie nun dem Zufall oder der Notwendigkeit, dem Voluntarismus oder dem Determinismus als ihrem Forschungsprinzip anhängen. So hat man z. B. das eine Mal alle soz.wiss. Gesetze als bloße Strukturbeschreibungen veränderbarer, derzeit versteinerter ges. Verhältnisse oder Konventionen angesehen (R. Luxemburg), das andere Mal hat man stochast. Prozesse u. die ihnen korrespondierenden Gesetze als (wegen unseres derzeit beschränkten Wissens) nur unvollständige determinist. aufgefaßt (H. T. Buckle, J. B. Watson). Wie gezeigt wurde, ist für die Bereitschaft, derartige Prinzipien zu vertreten, meistens eine bestimmte ideolog.-polit. Einstellung oder auch eine praxeolog. Erwartung maßgebl. (S. Ossowski). Mögen auch darauf beruhende Spekulationen mitunter heurist. fruchtbar sein, so müssen sie sich dennoch, wie etwa K. R. Popper fordert, der Möglichkeit einer Falsifikation stellen. Daher wird jede wiss.stheoret. Rechtfertigung von Erkenntnisansprüchen auf Fragen der Messung u. Validität, der Replikation u. Reliabilität, sowie der Modellbildung einzugehen haben (P. Lazarsfeld, H. Blalock, H. Simon).

Wertlehre: Soz.wiss. Wissen sei, wie man häufig sagt, wegen der unaufhebbaren Verschränkung von Tatsachenaussagen u. Werturteilen ein

Amalgam von Erkenntnis u. – naturrechtl. oder gesch.sphilos. begründbarem – Interesse (L. Strauss, J. Habermas). Im Unterschied dazu wird Objektivität in der Wiss. landläufig so verstanden, daß die Möglichkeit bestehen muß, trotz unterschiedl. normativer Orientierungen bezüglich dessen übereinzustimmen, was man beobachtet oder erklärt, u. wie man dies tut. Durch Vorschläge, wonach durch die intersubjektive Validierung von »Erkenntnisinteressen« der Wahrheitswert von wiss. Aussagen in fakt. u. normativer Hinsicht zu sichern wäre, wird nicht selten ledigl. bewirkt, daß Wiss.en das Selbstverständnis der Weltanschauungen, u. Weltanschauungen die Form der Wiss.lichkeit annehmen (H. Kelsen, E. Topitsch).

Nachdem durch A. Comte die in der Physiologie geläufige Beschreibung von Normalität u. Pathologie zum Muster für die Soziol. genommen worden war, u. seit soz. Normalität durch A. Quetelet u. E. Durkheim eine Umdeutung dahingehend erfahren hat, daß die statist. Norm mit der Sollens-Norm identifiziert wurde, sind die Soz.wiss.en Tummelplatz verschiedener Ideologien. Ähnliches galt für gewisse Versuche einer »wiss. Politik«. Anstatt in der Soz.politik – etwa im Sinne des »negativen Utilitarismus« (K. R. Popper) – danach zu trachten, vermeidbares Leid zu minimieren, war man so z. B. wiederholt bestrebt, das »Glück der größten Zahl« zu maximieren, nachdem man dieses zuvor definitor. festgelegt hatte.

Da in den Soz.wiss.en immer wieder Wunschvorstellungen u. Erlösungsbedürfnissen die Aura der Wiss.lichkeit verliehen wurde, gewinnt die z. B. auch von W. L. Wallace als Metatheorie bezeichnete Forschungsintention innerhalb der W. d. S. an Gewicht. Angesichts der Tatsache, daß z. B. die Soziol. der Gegenwart über keine gemeinsame Sprache verfügt, welche es gestatten würde, die Gegenstände ihrer Betrachtung klar zu bestimmen u. darauf bezügl. Erkenntnisse systemat. zu sammeln, sind Vertreter dieser Orientierung bemüht, die konzeptuelle Integration der Disziplin gleichermaßen voranzutreiben, wie die innovative Konstruktion von Theorien in ihr. Auch in anderen Soz.wiss.en machen sich Ansätze bemerkbar, der konstatierten Fragmentierung der einzelnen Disziplinen sowie dem Verlust ihrer intellektuellen Kohärenz entgegenzuarbeiten.

H. Rickert, Kulturwiss. u. Naturwiss., [8]1986 (1899); M. Weber, Gesam. Aufsätze zur Wiss.slehre, [7]1988 (1922); A. Kaplan, The Conduct of Inquiry, 1964; E. Topitsch (Hg.), Logik der Soz.wiss.en, [12]1993 (1965); W. H. Dray (Hg.), Philosophical Analysis and History, 1966; H. Albert, Marktsoziol. u. Entscheidungslogik, 1967; M. Brodbeck (Hg.), Readings in the Philosophy of the Social Sciences, 1968; G. C. Homans, Was ist Soz.wiss.?, 1969; L. I. Krimerman (Hg.), The Nature and Scope of Social Science, 1969; J. Habermas, Zur Logik der Soz.wiss.en, [3]1974 (1970); J. O'Neill (Hg.), Modes of Individualism and Collectivism, 1973; S. Ossowski, Die Besonderheiten der Soz.wiss.en, 1973; A. Ryan, Die Philos. der Soz.wiss.en, 1973; S. Lukes, Essays in Social Theory, 1977; F. A. v. Hayek, Mißbrauch u. Verfall der Vernunft, [2]1979; B. Barry u. R. Hardin (Hg.), Rational Man and Irrational Society?, 1982; R. Keat u. J. Urry, Social Theory as Science, 1982; K. Acham, Philos. der Soz.wiss.en, 1983; W. L. Wallace, Principles of Scientific Sociology, 1983; H. M. Blalock, Jr., Basic Dilemmas in the Social Sciences, 1984; D. Hausman (Hg.), The Philosophy of Economics, 1984; R. Trigg, Understanding Social Science, 1985; J. S. Coleman, Individual Interests and Collective Action, 1986; H. Lenk, Zw. W. u. Soz.wiss., 1986; M. Hollis, The Cunning of Reason, 1987; A. Rosenberg, Philosophy of Social Science, 1988; I. Hacking, The Taming of Chance, 1990; P. Abell (Hg.), Rational Choice Theory, 1991; W. Deppert u. a. (Hg.), Wiss.stheorien in der Medizin, 1992.

Wissenssoziologie, erforscht als spezielle Soziol. die Beziehungen zw. Wissen, Bewußtsein bzw. den Vorstellungen von materiellen u. sozialen Zus.hängen einerseits u. den sozialen Strukturen u. Prozessen, in denen solches Wissen entsteht, andererseits. Damit bemüht sie sich um das allg. Problem der Seinsverbundenheit des Denkens genauso wie um die soziale Bedingtheit der Entstehung u. Vermittlung von Ideologien, Weltanschauungen, deren Konsequenzen für das ges. Leben, sowie schließl. um die sozialhistor. Motive, die sozialen Verhältnisse (Klasse, Organisation, Gruppe) u. Kooperationsbedingungen, die die Menschen zum Wissen führen. Eng verbunden mit der W. ist die Wiss.ssoziol. Soweit die W. den Zus.hang von Wissen u. sozialem Sein nicht nur punktuell, sondern in seiner grundsätzl. u. sozial umfassenden Bedeutung erhellen will, wird sie oft zu einer Soziol. der Soziol., weil sie auch die soziale Bedingtheit soziol. Prämissen, Forschungsansätze, Begriffe u. Theorien problematisiert u. hier Verfälschungen u. Verzerrungen festhalten will, die sich aus der Stellung u. Rolle des soziol. Wissenschaftlers in seiner Ges. ergeben.

Die Entwicklung der W. ist eng mit der Gesch. der Analyse u. Kritik von Ideologien verbunden, von der sie sich aber insbes. dadurch abhebt, daß sie nicht mehr an Ideologiekritik als Mittel der ges. Aufklärung gegen irrationale, bewußtseinsverhüllende Herrschaft interessiert ist, sondern ihren »totalen Ideologieverdacht« gegen das Denken aller sozialen Schichten, Gruppierungen u. objektiven Lagen anmeldet (→Mannheim). Selbst die Frage nach der Möglichkeit von Wahrheit u. Objektivität insbes. ges. bedeutsamen Wissens stellend, hat die W. die Theorie von der »sozial-frei-

schwebenden Intelligenz« entwikkelt, welche sich über die allg. Relativität des Wissens dadurch erheben kann, daß sie eine Synthese u. Vermittlung der zahlreichen extremen, seinsbezogenen Standpunkte zu einer umfassenden Orientierung und verläßl. Entscheidung ermöglichenden »Zeitdiagnose« je spezifischer gesch. Realität vornimmt.

Die jüngere Entwicklung der W. ist gekennzeichnet durch theoret. u. auch empir. Untersuchungen über die Funktion u. Verflechtung von Ideensystemen (Philosophie, Religion, Kunst) mit bestimmten Sozialsystemen. Es wird auf die soziale Integrationsfunktion von gemeinsamen Wert-, Glaubens- u. Wahrheitsvorstellungen über die Wirklichkeit verwiesen u. betont, daß erst aus bestimmten sozialen Kooperationsformen heraus (die auf solchen gemeinsamen Vorstellungen u. kulturellen Traditionen beruhen) der kumulative Aufbau u. die Weiterentwicklung von Wissen möglich werden (Parsons). Andererseits findet in sozialpsycholog. orientierten Beiträgen das Phänomen Beachtung, daß bei den Beteiligten die bloße Gemeinsamkeit von Ansichten u. Vorstellungen schon als Beweis für Wahrheit u. Richtigkeit genommen wird (Festinger).

Unter dem Einfluß der Phänomenolog. Soziol. (A. Schütz, P. Berger, T. Luckmann) hat sich die W. verstärkt der Erforschung des Alltagswissens zugewandt.

M. Scheler, Die Wissensformen u. die Ges., ²1960 (1926); E. Grünwald, Das Problem der Soziol. d. Wissens, 1934 (Nachdruck 1966); F. Znaniecki, The Social Role of the Man of Knowledge, New York 1940 (Reprint 1965); T. Parsons, The Social System, Glencoe 1951; K. Mannheim, Ideologie u. Utopie, ⁷1987 (1929); ders., W., ²1970; H.-J. Lieber, Wissen u. Ges., 1952; J. Schaaf, Grundprinzipien der W., 1956; R. K. Merton, Social Theory and Social

Structure, New York 1968 (1949); L. A. Festinger, Theory of Cognitive Dissonance, Evanston 1957, dt.: Theorie der kognitiven Dissonanz, 1978; W. Stark, Die W., 1960; K. H. Wolff, Versuch zu einer W., 1968; G. W. Remmling, W. u. Ges.splanung, 1969; P. L. Berger u. T. Luckmann, Die ges. Konstruktion der Wirklichkeit, 1969 (amerik. 1966); K. Lenk, Marx in der W., 1972; M. Krüger, W., 1981; N. Stehr u. V. Meja (Hg.), W., KZfSS-Sonderheft 22, 1981; V. Meja u. N. Stehr, Der Streit um die W., 2 Bde., 1982; R. K. Merton, Entwicklung u. Wandel von Forschungsinteressen, 1985; S. Woolgar, Knowledge and Reflexivity, London 1989.

Wohlfahrtsstaat, ein Staat, der seinen Bürgern über Rechtssicherheit hinaus auch einen (nach soziokult. Werten unterschiedl. bestimmten) minimalen Versorgungsstand mit materiellen Gütern garantiert. Einerseits wird aus humanitären Gründen die Entwicklung zum W. begrüßt, andererseits wird vermerkt, daß sie Leistungsbewußtsein, Eigeninitiative, Selbst- u. soziale Verantwortung des einzelnen Bürgers, das Selbsthilfepotential u. die Kontrollfunktion der verwandtschaftl.-nachbarlichen Netzwerke u. letztl. auch die Wirtschaftskraft schwäche. →Sozialstaat.

H. L. Wilensky, The Welfare State and Equality, Berkeley 1975; M. Janowitz, Social Control of the Welfare State, New York 1976; H. Schelsky, Der selbständige u. der betreute Mensch, 1978; H. Klages, Überlasteter Staat – verdrossene Bürger?, 1980; H. A. Henkel, Das wohlfahrtsstaatl. Paradoxon, 1981; N. Luhmann, Polit. Theorie im W., 1981; J. Alber, Vom Armenhaus z. W., 1982; A. Wagner, W. Schweiz, 1985; H. Klages u. a., Soz.psychologie der Wohlfahrtsges., 1987; S. R. Graubard, Die Leidenschaft für Gleichheit u. Gerechtigkeit, 1988; C. Sachße u. H. T. Engelhardt (Hg.), Sicherheit u. Freiheit, 1990; R. Hujer u. a. (Hg.), Herausforderungen an den W. im strukturellen Wandel, 1992; A. de Swaan, Der sorgende Staat, 1993.

Wohlstandsgesellschaft
→Überflußgesellschaft

Wohlstandskriminalität, Sammelbezeichnung für strafrechtlich eingestufte Formen des abweichenden Verhaltens in der Wohlstandsges. (Überflußges.), die nicht durch phys. Armut u. existentielle Not bedingt sind. Zu den Ursachen der W. zählen die durch Werbung gesteigerten konsumtiven Anspruchsniveaus, unzureichende Möglichkeiten der Konsumteilhabe größerer Bevölkerungsteile u. Minderheiten, Geltungsverfall überkommener Werte u. Moral, Protest gegen Leitbilder u. Normen der Überflußges., der Aufforderungscharakter des Warenangebots, mitunter auch Kleptomanie (zwanghafter Drang zum Diebstahl). Mit wachsendem Wohlstand haben insbes. Diebstähle (Autos, in Verkaufsgeschäften) zugenommen.

Wohlstandstheorie, von der Grenznutzenschule beeinflußte Aussage über den Zus.hang zw. Bevölkerungsmenge u. wirtschaftl. Lebensbedingungen, wonach zunehmender Wohlstand die Menschen veranlasse, weniger Kinder zu haben. Da alle menschl. Genüsse miteinander in Konkurrenz stünden, auf niedriger Versorgungsstufe stehende Gesellschaften sich aber im wesentl. auf den sexuellen Genuß beschränken müßten, würde die Mannigfaltigkeit der Bedürfnisbefriedigungsmöglichkeiten wohlhabender Ges.en zu verringerter Kinderzeugung führen (→Armutstheorie, →Gesinnungstheorie).

L. Brentano, Die Malthus'sche Lehre u. die Bevölkerungsbewegung der letzten Dezennien, 1909.

Wohngemeinschaft →Kommune

Wohnsoziologie, spezielle Soziol., die sich allg. mit dem Verhältnis v. Wohnen u. Ges. beschäftigt. Wohnstrukturen sind Anzeiger ges.

Worms 948

Strukturen (Elias). Wohnen ist eine Form der Existenzbewältigung des Menschen, eine biolog. Herausforderung u. Notwendigkeit aufgrund seiner phys. Unspezialisiertheit u. seiner Weltoffenheit (A. Gehlen). Wohnweise u. Wohnformen werden ges. vermittelt u. kulturell überformt (Riesman). Wohnen ist erst im Zuge der Industrialisierung u. Verstädterung (Trennung v. Arbeit u. Wohnen) zu einer eigenständigen Kategorie geworden, in der sich nicht zuletzt soziale Ungleichheit manifestiert. Der Wohnbereich ist heute identisch mit Privatheit u. Intimität. Das Alltagsleben der Familie u. sonstigen Privathaushalte, die Geselligkeit u. ein großer Teil der Freizeit vollziehen sich in der eigenen Wohnung.

Im einzelnen befaßt sich die W. mit dem Wandel des Wohnens im Zus.hang mit der Entwicklung von Städten u. Gemeinden u. mit Veränderungen gemeinschaftl. Lebensformen (Verkleinerung von Familien, Zunahme eheähnl. Partnerschaften u. der Einperson-Haushalte, alternative Wohnformen) sowie der Nachbarschaftsbeziehungen, mit Veränderungen der Ansprüche (Lage, Größe, Komfort der Wohnung bzw. des Eigenheimes), mit Ursachen u. Folgen der Wohnraumknappheit, mit dem Wohnen im Hochhaus, dem Wohnraum für Kinder, dem Wohnumfeld, mit der Wohnversorgung soz. Problemgruppen, dem Zus.leben unterschiedl. Bevölkerungsteile (soz. Schichten u. Kategorien, Minderheiten, Einwanderer, Gastarbeiter, Ausländer) in einzelnen Wohngebieten, mit integriertem u. segregiertem Wohnen (Wohnviertel mit hohen Anteilen von Einwanderern aus bestimmten Ländern, Problem der Ghettobildung).

A. Silbermann, Vom Wohnen der Deutschen, 1966; I u. U. Herlyn, Wohnverhältnisse in der BRD, 1976; E. Bodzenta u. a., Wo sind Großstädter daheim?, 1981; G. Barbey, WohnHaft, 1984; L. Franke (Hg.), Menschlich wohnen, 1985; B. Hauser-Schäublin (Red.), Bauen u. Wohnen, 1987; A. Schildt u. A. Sywottek (Hg.), Massenwohnung u. Eigenheim, 1988; A. Silbermann, Neues vom Wohnen der Dt. (West), 1991; H. Mair u. J. Hohmeier (Hg.), Wohnen u. soz. Arbeit, 1993; G. Selle, Die eigenen vier Wände, 1993; A. Silbermann, Das Wohnerlebnis in Ostdtl., 1993.

Worms, René, franz. Soziologe, 8. 12. 1861 Rennes – 1926 Paris, lehrte 1897–1901 in Caen Agrarökonomie, 1901 Inst. Commercial in Paris, seit 1907 an der Ecole des Hautes Études sociales in Paris Gesch. der Soziol., seit 1913 Ecole des Hautes Études Commerciales, 1919 dort Lehrstuhl für Handelsphilosophie.

W. war zunächst Vertreter einer soziol. Organismustheorie in Frankreich, von der er sich später distanzierte. Er hatte großen Anteil an der wiss. Institutionalisierung der franz. Soziol. 1892 Hg. der »Revue Internationale de Sociologie«, 1893 Gründung des Inst. International de Sociologie.

Schr.: La sociologie et l'économie politique, 1894; Organisme et société, Paris 1896; La science et l'art en économie politique, 1896; Psychologie collective et psychologie individuelle, 1899; Les principes biologiques de l'évolution sociale, 1910; La sociologie, sa nature, son contenu, ses attaches, Paris 1921; Wesen u. Methode der Soziol., 1991 (in lat. Sprache Paris 1896).

Wünsche →Thomas, William Isaac

WZB, Abk. für das »Wissenschaftszentrum Berlin für Sozialforschung«, 10785 Berlin, Reichpietschufer 50.

Xenophobie (griech.) →Fremdenfeindlichkeit

Zeit, ein für die Menschen in der mod. Ges. besonders bedeutungsvolles, aber nur schwer begreifbares, erklärbares Wort, das sich hinsichtlich der soziokult. Lebenswelt in seinem Bedeutungsinhalt auf die Erscheinungen bzw. Aspekte der Dauer, des Nacheinander u. Ereignisstromes, der Veränderungen u. Vergänglichkeit bezieht. Nach N. Luhmann muß jede »realitätsbezogene Systemtheorie davon ausgehen, daß nicht alles so bleibt, wie es ist«. In Systemen gibt es »Spezialsensibilisierung für Änderungen«. Es »gibt daher für einige Systeme Z. im Sinne eines Aggregatbegriffs für alle Änderungen«. Was Z. »ist«, kann nicht »ohne Systemreferenz festgelegt werden«.

Aufgrund seines hochentwickelten Bewußtseins u. seiner großen kognitiven Fähigkeiten ist der Mensch als »instinktreduziertes«, »weltoffenes« u. konstruktiv handelndes Wesen nicht in eine relativ enge Gegenwart eingebunden, sondern zugleich auf Vergangenheit u. Zukunft ausgerichtet. Durch sein Gedächtnis u. Gesch.sbewußtsein, in denen sich vergangene Erfahrungen u. Ereignisse abgelagert haben, ist er psych. mit der Vergangenheit verbunden. Da seine Lebensbewältigung Planung u. vorsorgendes Handeln erfordert, ist er notwendigerweise zukunftsorientiert. Durch Sprache ist der Mensch wiederum dazu imstande, auf geistiger Ebene das »Hier u. Jetzt« zu überspringen u. eine Fülle von Phänomenen zu »vergegenwärtigen« (Berger u. Luckmann).

Vor allem in Hochkulturen u. mod. Ges.en haben sich unter dem Eindruck natürl. Rhythmen (Abfolge von Jahreszeiten, Tag-Nacht-Rhythmus, physiolog. Rhythmen des menschl. Organismus) eine Einteilung u. Strukturierung der Z. ergeben (Entstehung des Kalenders u. der Uhrzeiten). Eine sprunghafte Steigerung der Präzision ges. arrangierter Zeiteinteilung wurde durch die massenhafte Ausbreitung der mechan. Uhr ermöglicht. Das koordinierte, insbes. kooperativ erfolgreiche Handeln von zwei oder mehr Akteuren setzt das Befolgen einer soziokult. vorgegebenen Strukturierung von Z. u. die Einigung auf jeweils bestimmte Z.punkte u. -abschnitte für gemeinsames Handeln voraus. Dies gilt besonders für mod., techn.-ökonom. hochentwickelte Leistungsges.en mit großen Anforderungen hinsichtl. Pünktlichkeit u. Zuverlässigkeit. Die »Z.struktur der Alltagswelt« hat für das Individuum eine »Faktizität«, mit der es rechnen muß, auf die eigene Absichten abgestimmt werden müssen. Es erlebt »Z. in der Alltagswelt sowohl als fortlaufend wie auch in Abschnitten«. Das Leben des einzelnen »ist wie eine Episode in einem regulierten u. kanalisierten Strom der Z. Die Z.struktur der Alltagswelt mit ihren vorarrangierten Reihenfolgen legt sich« über seinen »gesamten Lebenslauf« (Berger u. Luckmann). Das Individuum kann zwei oder mehrere, insbes. verschiedene Handlungen nicht in der unmittelbaren Gegenwart, augenblicklich vollziehen, sondern nur nacheinander. Die Verwirklichung bestimmter Ziele setzt oft voraus, daß die Erreichung anderer Ziele in die Zukunft hinausgeschoben wird (→deferred gratification pattern).

Zeit

Z.gefühl u. -bewußtsein, -einteilung u. -struktur, die Einstellung gegenüber Vergangenheit, Gegenwart u. Zukunft sowie der Umgang mit Z. hängen maßgebl. von dem soziokult. Entwicklungsniveau, von der Eigenart der jeweil. Kultur, Subkultur, soz. Umwelt u. individ. Existenz ab. Das mod., mit Fortschritts- u. Wachstumsdenken verbundene lineare Z.bewußtsein unterscheidet sich von dem besonders stark auf natürl. Rhythmen ausgerichteten zykl. Z.gefühl vormod., traditionsbestimmter Ges.en. Die durch die protestant. Ethik u. kapitalist. Gesinnung geprägte mod. Leistungsges. ist durch verstärkte Zukunftsorientierung u. durch einen ökonom.-rationalen Umgang mit Z. gekennzeichnet. Die protestant. Ethik beinhaltet ein Gebot der Vermeidung von Z.verschwendung. Folgen sind Z.knappheit u. -druck, Terminzwänge, beschleunigtes Arbeitstempo, Geschwindigkeitsrausch, Mangel an Muße, eine gehetzte Lebensweise – mit entsprechend restriktiven Auswirkungen auf die Qualität der mitmenschl. Beziehungen, z. B. Familienleben. Dagegen wird in Ges.en mit »südländ.« Kulturen – abgesehen von »westl.« geprägten Wirtschaftszentren – noch die Gegenwart relativ höher bewertet (»heute, hier u. jetzt«). Während Ober- u. Mittelschichten der Leistungsges. mehr zukunftsorientiert sind (größere Spannweite des Zukunftsbezugs, längere Z.perspektive), leben die Angehörigen der unteren Schichten mehr gegenwartsbezogen. Dabei sind die jeweiligen schichtspezifischen Werte u. Sozialisationsbedingungen maßgebl. In der Leistungsges. wächst allg. die Z.knappheit mit der Höhe des soz. Status, insbes. der Berufsposition. Vor allem Inhaber von Spitzenpositionen u. Multifunktionäre sind auf Z.management angewiesen. Das Wissen um die Unausweichlichkeit des eigenen Todes macht dem Individuum klar, daß ihm für die Verwirklichung seiner Wünsche, Projekte u. Erwartungen nur ein begrenzter, ungewisser Vorrat an Z. zur Verfügung steht (Berger u. Luckmann). Diese individ. Lebensspanne erweist sich immer mehr als unzureichend hinsichtl. der in der mod., weltoffenen Ges. beschleunigt expandierenden Fülle an Erfahrungs-, Lebens- u. Genußmöglichkeiten. Mit diesem Weltüberangebot wachsen die Z.not u. die Angst, etwas zu versäumen. Mit fortschreitender Individualisierung u. Aufwertung einer persönl. autonomen Lebensgestaltung hat sich das Streben nach individ. Z.souveränität herausgebildet u. verstärkt: Anspruch auf flexiblere Arbeitszeiten, auf mehr »Eigenzeit« bzw. »Ich-Z.« für die Selbstentfaltung, Pflege soz. Beziehungen u. für eine entspannte, gesunde Lebensweise (»Entdeckung der Langsamkeit«). »Z.pioniere« u. »-rebellen« sind bereit, für kürzere Arbeitszeiten geringere Einkommen u. materielle Konsumeinbußen hinzunehmen. Die langfristige Sicherung der Überlebensmöglichkeiten für Menschen u. spätere Generationen setzt die Herausbildung einer entsprechend langen Z.perspektive u. einer handlungsbestimmenden Zukunftsverantwortung voraus, insbes. bei einflußreichen Entscheidungsgremien u. -trägern.

P. L. Berger u. T. Luckmann, Die ges. Konstruktion der Wirklichkeit, 1980 (1969); W. Bergmann, Die Z.strukturen soz. Systeme, 1981; ders., Das Problem der Z. in der Soziol., in: KZfSS 35, 1983; N. Elias, Über die Z., ²1988 (1984); N. Luhmann, Soz. Systeme, 1984; G. Schmied, Soz. Z., 1985; K.-G. Tismer, Z.perspektive u. soz. Schichtzugehörigkeit, in: KZfSS 37, 1985; H. Blumenberg, Lebenszeit u. Weltzeit, 1986; H. Burger (Hg.), Z., Natur

u. Mensch, 1986; R. Wendorff, Der Mensch u. die Z., 1988; G. Dux, Die Z. in der Gesch., 1989; H. Nowotny, Eigenzeit, 1989; O. Rammstedt, Aspekte zum Problem des Z.bewußtseins, in: Schweiz. Zs. f. Soziol. 15, 1989; K. H. Hörning u. a., Z.pioniere, 1990; G. J. Whitrow, Die Erfindung der Z., 1991; H.-G. Brose u. a., Soz. Z. u. Biographie, 1993; P. Burger, Die Einheit der Z. u. die Vielfalt der Z.en, 1993; M. Gronemeyer, Das Leben als letzte Gelegenheit, 1993; W. C. Zimmerli u. M. Sandbothe (Hg.), Klassiker der mod. Z.philos., 1993.

Zeitbudget-Forschung, Studien zur detaillierten Bestimmung der quantitativen u. qualitativen Anteile menschl. Aktivitäten während einer best. Zeiteinheit. Z.-F. ermöglicht mit ihren – über Beobachtung, Interview u. Eigenprotokolle der untersuchten Personen ermittelten – Daten Übersichten über die Art u. Weise, wie Menschen ihre (freie oder durch ges. Rollenverpflichtungen gebundene) Zeit verbringen. Daraus lassen sich wiederum Rückschlüsse auf indiv. u. ges. Interessen sowie auf ges. »Eingebundensein« best. Personengruppen ableiten.

P. A. Sorokin u. C. Q. Berger, Time-Budgets of Human Behavior, Cambridge, Mass. 1939; M. Clar u. a., Zeitbudget u. Aktionsräume v. Stadtbewohnern, 1979; W. Blass, Z.-F., 1980; H.-G. Krüsselberg, Verhaltenshypothesen u. Familienzeitbudgets, 1986.

Zeitgeist, mehrdeutige Bezeichnung der Geschichtsphilosophie u. Kultursoziol.: entweder für die spezif. Inhaltlichkeit, den Sinnzus.hang u. das Problembewußtsein der bes. Leistungen herausragender kultureller, wiss. u. polit.-ges. Persönlichkeiten einer bestimmten Epoche oder für die bei der Mehrzahl der Zeitgenossen einer bestimmten Epoche festzustellenden soziokulturellen Werthaltungen, Einstellungen, Denkstile. Dementspr. wird der Z. als Manifestation teils der Elite-, teils der Massenkultur untersucht. Ehemals ledigl. mit wiss. Methoden des Verstehens durchgeführte Betrachtungen des Z. (Herder, Dilthey) werden z. B. in der Literatursoziol. u. in der Soziol. der Massenkommunikation von modernen Techniken der Inhaltsanalyse ergänzt.

Zelle, polit. Bezeichnung für die kleinste, aus wenigen Personen bestehende, funktionsfähige Organisationseinheit einer Partei, polit. Bewegung, Geheimorganisation usw., die in einer feindl. oder sich ablehnend verhaltenden sozialen Umgebung ein von außen schwer durchschaubares Zentrum propagandist.-agitator., Informationen sammelnder oder verteilender u. die strateg. u. takt. Ziele der »Zentrale« durchsetzender Aktivitäten bildet. Die Mitglieder von Z.n interpretieren ihre Arbeit in der Regel missionarisch, avantgardist., elitär. Von ihrer sozialen Umwelt werden sie (in Anbetracht ihrer auf »Unterwanderung« u. radikale Veränderung ausgerichteten Pläne u. ihrer »bündlerisch«-geheimnisvollen sozialen Selbstisolierung) meist als Kräfte der Zerstörung betrachtet.

Zensus (lat.), »Zählung«, für einen bestimmten Zeitpunkt vorgenommene Erfassung statist. Bestandsmassen (z. B. der Personen, Familien, Haushalte, Gewerbebetriebe) in einem abgegrenzten Bevölkerungsgebiet.

Zentralisierung (lat.), Vereinigung, Zus.fassung zu einem (»Mittel«-)Punkt; regionale oder funktional-organisator. Konzentration vorher (dezentral) auf mehrere versch. Schwerpunkte oder zahlreiche Stellen verteilter techn., ökonom., sozialer oder polit. Kräfte. Z. entwickelt sich entweder

Zentralismus

zwangsläufig aufgrund neuer (produktions-, informations- oder kommunikations-)techn. Erfordernisse oder wird zum Zwecke der Machtkonzentration u. effizienten Einflußgewinnung sowie der Standardisierung, Einheitlichkeit u. reibungslosen Planung bewußt herbeigeführt. Z. begünstigt die Entwicklung von Bürokratismus. →Dezentralisierung.

Zentralismus, demokratischer; Bezeichnung der sozialist. Staatstheorie für die sozialist. Herrschaftsform, die der Diktatur des Proletariats folgt. In enger (demokrat.) Verbindung mit den werktätigen Massen der Arbeiter, Bauern u. Intelligenz übernimmt eine zentrale polit. Administration die gesamte Leitung, Planung u. Entwicklung der Aufbauphase des Sozialismus. Demokrat. Z. bedeutet: Konzentration aller ges. Kräfte auf die Lösung der sich aus den Perspektivplänen ergebenden volkswirtschaftl., pädagog.-kulturellen u. polit. Hauptaufgaben durch zentrale Leitung der gesamtstaatl. Angelegenheiten; Unterordnung der örtl. u. regionalen Entscheidungseinheiten unter die Richtlinien der zentralen Leitungsgremien. In den ehemalig. staatssozialist. Ländern hatte der Z. im Gegensatz zu seinem demokrat. Anspruch den Zwangscharakter einer autoritärbürokratischen Herrschaft angenommen.

Zentralverwaltungswirtschaft, oft auch als →Planwirtschaft benannt, ein von W. Eucken (1891–1950) geprägter Begriff zur Bezeichnung eines Wirtschaftssystems, in dem im Gegensatz zur Marktwirtschaft das gesamte Wirtschaftsgeschehen von einer zentralen Planungsbehörde nach einem einheitl. Plan (Zentralplan) geleitet u. gelenkt wird.

Ansätze zu Vorstellungen einer zentralen Planwirtschaft reichen bis in das 18. Jh. zurück u. traten bereits bei den sogen. »utop. Sozialisten« auf. Der I. Weltkrieg brachte in einigen beteiligten Ländern infolge blockadebedingter Verknappungen von Rohstoffen und Lebensmitteln planwirtschaftl. Maßnahmen hervor, die insbes. in Dtl. zu einer staatl. geregelten u. kontrollierten Kriegswirtschaft (staatl. Bewirtschaftung kriegswichtiger Rohstoffe, Rationierung der Lebensmittel, »Zivildienstpflicht«) hinführten. Die Z. wurde zuerst von der totalitär herrschenden KPdSU in der ehemaligen UdSSR verwirklicht: Verstaatlichung der Produktionsmittel, Kollektivierung der Landwirtschaft, beschleunigte Industrialisierung zugunsten der Schwer- u. Rüstungsindustrie; totale zentrale u. imperative Planung des Wirtschaftslebens durch den von der KPdSU beherrschten Staatsapparat, insbes. durch die staatl. Plankommission (langfristige Perspektivpläne, Mehrjahrespläne, Jahrespläne); planbürokratisch festgelegte Verrechnungspreise, die keine Knappheitssituationen im Wechselspiel von Angebot u. Nachfrage widerspiegeln; staatl. Festlegung der Produktionsmengen u. Regulierung des Lohnsystems, planmäßige Steuerung der individuellen Karriere- u. Lebenschancen im Zus.hang mit der diktator.-totalitären Herrschaftsordnung. Die Z. staatssozialist. Prägung wird hinsichtlich der befehlsartigen Anordnungen u. rigiden Zwangsmaßnahmen auch als Kommandobzw. Befehlswirtschaft bezeichnet. Nach dem II. Weltkrieg wurde dieser Typ von Z. weitgehend in den von der UdSSR beherrschten oder stark beeinflußten Staaten durchgesetzt.

In der mit einer diktator.-totalitären Herrschaftsordnung verbundenen Z. werden die Entfaltung der wirtschaftl. Kräfte u. die Effizienz des Wirtschaftslebens in starkem Maße durch fehlenden Wettbewerbsdruck, durch das starre Preis- u. Lohnsystem, durch eine zentralist. ausgerichtete, unflexibel u. schwerfällig funktionierende Planungs-, Lenkungs- u. Kontrollbürokratie sowie durch eine ideolog.-parteipolit. ausgerichtete Personalpolit. behindert. Folgen sind: stark eingeschränktes u. wenig qualifiziertes Management; zur Resignation neigende Untertanenmentalität, Leistungszurückhaltung; unzureichende, lückenhafte Befriedigung der im Wandel befindl. Verbraucherwünsche (notor. Unterversorgung, gravierende Versorgungsmängel), privilegierte Lebensverhältnisse der herrschenden Elite, Ausweitung des informellen Wirtschaftslebens (Versorgung mittels persönl. Beziehungen, gegenseitige Hilfeleistungen u. Gefälligkeiten, »Schwarze Märkte«, »Nebenkapitalismus«, Devisen als inoffizielle Leitwährung), Korruption, zunehmende allg. Unzufriedenheit u. Gefährdung der ges. Stabilität.

Das Scheitern der Z. staatssozialist. Prägung führt zwangsläufig zu Reformanstrengungen in Richtung westl. Demokratie u. Marktwirtschaft: Einführung des Marktmechanismus u. Wettbewerbsprinzips, Dezentralisierung, Reprivatisierung, mod. Management, Leistungsprinzip, freie Preisbildung. Der Übergang zur Marktwirtschaft wird behindert durch die eingelebte Untertanenmentalität u. durch den Widerstand von Nutznießern der ideologisch-totalitär bestimmten Z. (Parteifunktionäre, Bürokraten, Militärs).

W. Gumpel, Sozialist. Wirtschaftssysteme, 1983; H.-H. Höhmann (Hg.), Die Wirtschaft Osteuropas u. der VR China zu Beginn der achtziger Jahre, 1983; P. Gey u. a. (Hg.), Sozialismus u. Industrialisierung, 1985; H. Leipold, Wirtschafts- u. Ges.ssysteme im Vergleich, ⁴1985; P. Dobias, Die Wirtschaftssysteme Osteuropas, 1986.

Zentralwert →Median

Zentrum/Peripherie, nach theoret. Konzepten über Entwicklungsländer das Gefälle (an Macht, Reichtum) oder der Abstand zw. Industrie- u. Entwicklungsländern. Als Z. gelten die Industrieländer (Z. wirtschaftl. Macht), als Peripherie die abhängigen Entwicklungsländer. →Dependencia-Theorien

Zielgruppe, Ansprechgruppe, eine Kategorie von Personen mit spezif. Merkmalen, auf die schwerpunktartig bestimmte Informationsaktivitäten, Aufklärungsbemühungen, Bildungsmaßnahmen, Werbe- u. Verkaufsanstrengungen (Marketing) ausgerichtet sind. Z.n verändern sich mit dem Wandel der Soz.struktur u. fächern sich insbes. mit der Pluralisierung der mod. Ges. auf.

Zielkonflikt liegt vor, wenn ein Akteur (Individuum, Gruppe, Organisation) mit seinem Verhalten u. dem Einsatz der ihm zur Verfügung stehenden Mittel die Realisierung mehrerer Ziele anstrebt, das Handeln u. der Einsatz von Mitteln zur Realisierung eines Zieles jedoch der Erreichung eines anderen oder mehrerer anderer Ziele abträgl. ist. Innerorganisator. Z.e liegen vor, wenn versch. Mitglieder oder Gruppen von Mitgliedern aus ihren versch. Positionen, Rollen, Statuslagen heraus das gemeinsame

Zielwandel 954

Organisationsziel u. ihren jeweiligen eigenen Handlungsbeitrag dazu versch. interpretieren. Infolge bestimmten Verhaltens einer der Partner wird dann ggf. die Handlungssituation der anderen so beeinflußt, daß diese ihren Handlungsbeitrag leichter oder (in der Regel) schwerer realisieren können. Voraussetzungen innerorganisator. u. gruppenbestimmter Z.e sind eine relative Unbestimmtheit u. Auslegungsfähigkeit der für alle verpflichtenden Organisations- oder Gruppenziele sowie Unklarheiten über die An- u. Zuordnung der beteiligten Handlungsbeiträge (Funktionen) zum Gesamtziel.

Zielwandel, infolge von Interessenverschiebung, partieller oder totaler Zielrealisierung, binnenstruktureller Einflußverschiebungen (in Organisationen) oder äußerer Einflüsse eintretende Neu- u. Umorientierung des Handelns. Als Ursachen für Z. haben empir. Untersuchungen der Organisationsziol. ermittelt: einseitig akzentuierte Leistungskontrollen, die die Aufmerksamkeit für sonstige Organisationsprozesse abnehmen lassen; vage Zieldefinitionen u. dezentralisierte Entscheidungsbefugnisse, die Einflußkämpfe, Statuskonkurrenzen u. Zielkonflikte hervorrufen; große Außen-Abhängigkeit der Organisationen von Klienten, Kunden, Publikum; erfolgreiche Zielerreichung durch einen intakten u. geschlossenen Verwaltungsapparat, der sich im Interesse am Fortbestand der Organisation neue Ziele sucht.

Zirkulation der Eliten →Elite

Zivilisation (lat. civis = Bürger); in den Sozialwiss.en mehrdeutig u. überwiegend wertgeladen benutz-

te Bezeichnung für (a) die (insbes. von engl.-amerikan. u. franz. Wiss.lern) auch als Kultur bezeichneten Phänomene; (b) die Summe der von zahlreichen Generationen (über primitive Verhältnisse zur Natur hinaus) angesammelten, bewahrten u. lebensprakt. eingesetzten Kenntnisse u. Fertigkeiten; (c) die Gesamtheit der (gegenüber der »höheren«, dem »Geist« näherstehenden Kultur) »niederen« techn.-prakt. u. sozialen, von bloß materiellen Motiven geprägten Lebensinteressen; (d) die menschl. Lebens- u. Sozialbereiche des Techn.-Mechanischen (gegenüber der organ.-lebendigen Kultur); (e) die »äußerl.- oberflächl.« u. darum trügerische u. nur vorgezeigte Ordentlichkeit u. Gesittung affektbeherrschter, rational gebändigter Menschen (gegenüber »wahrer« kultureller Tugend u. Moralität).

Kulturphilos. wird die Z. einerseits als höhere, über primitive Vorstadien hinausgehende Entwicklungsstufe der Kultur gebildeter, naturbeherrschender, industriges. Menschen interpretiert; andererseits wird sie als eine durch materiellen Wohlstand, techn. Komfort u. bloße instrumentell-praktische Rationalität bewirkte Verfallsphase einer im Untergang befindl. Hochkultur gedanken-, problem- u. perspektivenlos gewordener u. damit degenerierter Menschen gedeutet.

O. Spengler, Der Untergang des Abendlandes, 1918; A. Weber, Kulturgesch. als Kultursoziol., ^{3}1963 (1935); N. Elias, Über den Prozeß der Z., 2 Bde., 1977 (1936); A. J. Toynbee, Der Gang der Weltgesch., ^{5}1952; A. Rüstow, Ortsbestimmung der Gegenwart, 3 Bde., 1951–57; H. Freyer, Theorie des gegenwärtigen Zeitalters, 1955; R. Löw u. a. (Hg.), Fortschritt ohne Maß, 1981; H. P. Duerr, Nacktheit u. Scham, ^{3}1988; A. Bogner, Z. u. Rationalisierung, 1989; H. Kuzmics, Der Preis der Z., 1989; ders. u. I. Mörth (Hg.), Der unendl. Prozeß der Z., 1991.

Znaniecki, Florian, 15. 1. 1882 Swiatniki Górne (Polen) − 23. 3. 1958 Champaign, Ill., Soziol.studium in Paris u. Genf bei Durkheim u. Fouillée, 1914 folgte er einer Einladung von W. I. Thomas nach Chicago, um am Projekt »Polish Peasant« zu arbeiten; 1917−18 Vorlesungen an der Univ. Chicago, 1920 Prof. für Soziol. Univ. Posen, gründete dort 1921 das Soziol. Inst., Gastprof. Columbia Univ., seit 1940 Prof. für Soziol. Univ. Illinois.

Z. hat großen Anteil an der Grundlegung einer kulturwiss. Theorie des sozialen Handelns. Die zus. mit W. I. Thomas durchgeführte Untersuchung über die poln. Bauern in Europa u. Amerika, der die Auswertung eines umfangreichen autobiograph. Materials zugrundeliegt, hat die empir. Forschg. innerhalb der Soziol. entscheidend vorangetrieben. Hinsichtl. der Anpassungsprobleme von Einwanderern gelangte er zu dem Ergebnis, daß der Anpassungsprozeß ein Gruppen- u. nicht ein individ. Prozeß ist.

Schr.: The Polish Peasant in Europe and America, zus. mit W. I. Thomas, 5 Bde., Chicago 1918−20; Cultural Reality, Chicago 1919; Einf. in die Soziol., 1922; The Laws of Social Psychology, Chicago 1925; Erziehungssoziol., 2 Bde., 1928−30; The Method of Sociology, New York 1936; Social Actions, 1936; The Social Role of the Man of Knowledge, New York 1940; Cultural Sciences, Urbana 1952; Modern Nationalities, Urbana 1952. Z. Dulczewski, F. Z., Poznan 1984.

Zufallsauswahl bzw. -stichprobe (engl. random sample) →Auswahlverfahren

Zugeschriebene Position (engl. ascribed status), im Vergleich mit dem wörtlich übersetzten Begriff zugeschriebener Status die umfassendere Bezeichnung für soziale Position (→Rolle), die dem Individuum insbes. aufgrund biologisch bedeutsamer Merkmalsunterschiede u. ohne Bezug auf persönliche Leistungen (erworbene Position) durch die soziale Umwelt zugewiesen werden, z. B. Frau, Mann, Kind, Erwachsener.

R. Linton, The Study of Man, New York 1936, dt.: Mensch, Kultur, Ges., 1979.

Zugeschriebener Status →zugeschriebene Position

Zukunftsforschung →Futurologie

Zukunftsorientierung →Gegenwartsorientierung

ZUMA, Abkürzung für das empir.-sozialwiss. Forschungsinstitut »Zentrum für Umfragen, Methoden u. Analysen« in Mannheim.

Zunft, (mittelhochdt. zumpft, »was sich ziemt«, »Regel«), in wirtschaftl. Hinsicht eine genossenschaftl. organisierte u. obrigkeitl. anerkannte Vereinigung von freien Handwerkern u. Handeltreibenden, die den Z. angehörigen die Ausübung eines bestimmten Gewerbes rechtl. gewährleistet, ihnen jedoch dabei gleichzeitig qualitative u. quantitative Beschränkungen auferlegt. Polit. ist die Z. eine städt. Organisation, die genossenschaftl. an der Ausübung polit. Rechte beteiligt ist.

Die Entwicklg. der Z. ist histor. eng. mit derjenigen der Stadt u. der nach Ständen strukturierten Ges. des Mittelalters verbunden. Der Grundgedanke der Z. ist die Idee der ausreichenden Einkünfte u. der geordneten u. gesicherten »standesgemäßen« Lebensführung. Hieraus ergeben sich für die Z. ordnungen verbindl. Regeln: z. B. (a) über geforderte Kenntnisse u.

Zuverlässigkeit   956

Fähigkeiten für die versch. Positionen (Lehrling, Geselle, Meister, Z.meister) u. ihre sozialen Beziehungen zueinander; (b) über eine Angleichung der Arbeits- u. Handelsbedingungen der Z.genossen; (c) über gemeinsame u. gegenseitige Qualitätskontrollen; (d) über Maßnahmen zum Schutz vor »äußeren«, Unsicherheiten u. Risiken bringenden Marktkräften.

Die Z. verstand sich nicht nur als wirtschaftl. (u. z. T. polit.) Zweckverband, sondern war darüber hinaus auch Lebensgemeinschaft, Familienverband, der für Beruf u. »Feierabend« ein vielgestaltiges kulturell verbindl. System von Arbeits-, Verbands- u. Feierbräuchen entwickelte.

Industrialisierung, Merkantilismus und das vom Liberalismus durchgesetzte marktpolitische Prinzip der Gewerbefreiheit haben den Niedergang der Zunft bewirkt. An die Stelle der Zünfte sind später – in stark abgeschwächter Form – Innungen getreten: freiwillige Vereinigungen selbständiger Handwerker. Vorübergehend gab es auch Pflicht- oder Zwangsinnungen.

W. Fischer, Handwerksrecht u. Handwerkswirtschaft um 1800, 1955; M. Rumpf, Dt. Handwerksleben, 1955; F. Lütge, Dt. Soz.- u. Wirtschaftsgesch., ³1966.

Zuverlässigkeit, Reliabilität, Begriffe der Empir. Sozialforschung zur Beurteilung der wiss. Brauchbarkeit eines Forschungsinstruments. Bei der Überprüfung der Z. eines Instruments wird festgestellt, ob es unter sonst gleichen Bedingungen immer die gleichen Resultate liefert. Z. betrifft also immer nur den Grad der formalen Genauigkeit von empir. ermittelten Daten, ohne Rücksicht auf ihre theoret. Brauchbarkeit (Gültigkeit). Die Z. eines Verfahrens oder Instruments der Empir. Sozialforschung hängt ab von der Genauigkeit u. Präzision, mit der es mißt bzw. Daten bestimmt, u. von der Objektivität, mit der es vom Forscher benutzt werden kann. Unter sonst gleichen Bedingungen festgestellte Unterschiede in den Ermittlungsergebnissen müssen sich nach dem Maßstab der Z. immer als Veränderungen in der ermittelten Sache u. nicht als Folgen der Veränderungen der Ermittlungsinstrumente herausstellen. Dennoch gilt die Reproduzierbarkeit der Ergebnisse in mehreren Erhebungsverfahren nur dann als Ausweis der Z. eines Forschungsinstruments, wenn nachgewiesen werden kann, daß sich der Forschungsgegenstand in der Zeit zw. den Anwendungen des Instruments nicht verändert hat. In der Interview-Technik versucht man Präzision u. Objektivität als Voraussetzung für Z. durch weitgehende Standardisierung der Forschungsinstrumente zu erreichen. Verfahren zur Messung der Z. sind z. B. Wiederholungsuntersuchungen am gleichen Material oder bei der gleichen Personengruppe, Parallel- oder simultane Teilgruppen-Untersuchungen.

Zwang, sozialer, in Abgrenzung zu phys. Zwang (Gewalt, Macht, Unterwerfung) die Gesamtheit der soziokulturellen Kräfte, die das Verhalten des Individuums in einer von der sozialen Umwelt (Gruppe, Organisation, Ges.) gewünschten oder geforderten Richtung formen u. bestimmen. Hierzu gehören (a) determinierende Prozesse der Sozialisation, in denen tradierte Werte u. Normen auf die Überzeugungen u. Handlungen des einzelnen einwirken, (b) kollektiver u. institutionalisierter Z., den Gruppen oder Organisationen auf den einzelnen ausüben, um ein bestimmtes Verhalten zu erreichen oder zu unterbinden.

E. Durkheim, Die Regeln der soziol. Methode, 1961 (franz. 1895).

Zwangsmodell, zur wirklichkeitsgerechten Ergänzung des Gleichgewichtsmodells eine modellhafte Sichtweise des sozialen Zus.lebens, nach der die infolge v. Konflikten (Konfliktmodell) sich wandelnde Ges. durch die Ausübung v. Zwang seitens der Herrschenden stabilisiert wird. Die beherrschten, mit dem status quo unzufriedenen Ges.angehörigen streben einen Wandel desselben an. Demgemäß deckt sich das Z. mit dem in unteren Sozialschichten vorherrschenden dichotomischen Ges.sbild, das die Ges. als antagonist. Zweiklassenges. darstellt (Gegensatz v. Herrschenden u. Beherrschten).

R. Dahrendorf, Ges. u. Freiheit, 1961.

Zweckrationalität →Rationalität

Zweidrittel-Gesellschaft, vergröberndes, im polit. Tageskampf eingesetztes Schlagwort zur Kennzeichnung der mod. Gegenwartsges., in der die überwiegende Bevölkerungsmehrheit durch (relativ) sichere Arbeitsplätze u. durch mittlere oder höhere Einkommen im Wohlstand leben kann, während eine große Bevölkerungsminderheit infolge ungünstiger, benachteiligter Lebensverhältnisse (Arbeitslosigkeit, unsichere Tätigkeiten auf niedrigen Niveaus, Ausbildungssituation, Behinderung, Armut durch niedrige Altersversorgung, soz. Diskriminierung, Abhängigkeit von Soz.hilfe u. ä. m.) von der Mehrheit durch Umverteilung mitgetragen wird u. mit re-

lativ niedrigen Versorgungsniveaus zufrieden sein muß. Die Z.-G. ist demgemäß eine gespaltene G. In Wirtschaftsunternehmungen spiegelt sich die Z.-G. teilweise in der Aufspaltung von Stamm- u. Randbelegschaft wider. Wesentl. Ursachen sind: Vor allem durch techn. Fortschritt bedingte steigende Arbeitsplatzanforderungen, denen nicht alle Arbeitskräfte gewachsen sind; Zunahme dauerhafter Massenarbeitslosigkeit, da im Rahmen weltwirtschaftl. Konkurrenz Lohnkostensteigerungen (infolge gewerkschaftl. Einkommens- u. Umverteilungspolitik) durch betriebl. Rationalisierung, Arbeitsplatzabbau u. durch Verlagerung von Arbeitsplätzen in Billiglohnländer aufgefangen werden. Vor allem ältere Dauerarbeitslose fallen berufl. zurück, neigen oft zur Resignation u. sind zunehmend schwerer vermittelbar (Verfestigung der Arbeitslosigkeit u. berufl. Ausgrenzung). Die verbleibenden Arbeitsplatzinhaber sind wiederum – insbes. auf höheren Positionen – einem steigenden berufl. Leistungs- u. Erfolgsdruck unterworfen.

E. Natter u. A. Riedlsperger (Hg.), Z., 1988.

Zweistufenhypothese der Kommunikation (engl. two-step flow of communication), bezeichnet die Erscheinung, daß die v. Massenmedien verbreiteten Informationen oftmals zunächst v. Meinungsführern (opinion leader) aufgenommen werden, die dann im Rahmen v. Klein- oder Primärgruppen ihre weniger aufgeschlossenen Mitmenschen informieren. Die Beeinflussung der Einstellungen u. des Verhaltens der Adressaten mit Hilfe der Massenmedien (Agitation, Werbung) hängt somit weitgehend davon ab, inwieweit die jeweiligen Meinungsführer die mas-

Zyklentheorie 958

senkommunikativ ausgestreuten Informationen filtern, interpretieren u. verstärken. Hinsichtlich der verschiedenen Massenmedien ist die Zweistufigkeit der Kommunikationsausbreitung unterschiedl. stark ausgeprägt (beim Fernsehen weniger als bei anspruchsvollen Zs.en).

E. Katz u. P. Lazarsfeld, Personal Influence, 1955, dt.: Persönl. Einfluß u. Meinungsbildung, 1962; M. Schenk, Medienwirkungsforschg., 1987.

Zyklentheorie →**Kulturzyklus**

Anhang I: Präsidenten bzw. Vorsitzende der Deutschen Gesellschaft für Soziologie

3. Januar 1909 Gründung der Deutschen Gesellschaft für Soziologie in Berlin

Der Aufruf zur Gründung wurde unterstützt durch: Paul Barth, Eduard Bernstein, Ladislaus von Bortkiewicz, Kurt Breysig, Karl Bücher, Hermann Cohen, Rudolf Goldscheid, Edgar Jaffé, Georg Jellinek, Hermann Kantorowicz, Georg von Mayr, Paul Natorp, Franz Oppenheimer, Alfred Ploetz, Georg Simmel, Werner Sombart, Ferdinand Tönnies, Ernst Troeltsch, Alfred Vierkandt, Alfred Weber, Max Weber u. a.

Ausschußvorsitzender: Kurt Breysig (dessen Wahl wurde von Ferdinand Tönnies angefochten)

1910	erster Vorstand der DGS: gleichberechtigte Vorsitzende waren Friedrich Herkner (wurde bald darauf durch Werner Sombart ersetzt), Georg Simmel und Ferdinand Tönnies, Schriftführer: Hermann Beck, »Rechner«: Max Weber, ferner Alfred Ploetz, Philipp Stein und Alfred Vierkandt
1912	der Vorsitz verbleibt bei Ferdinand Tönnies, »Erster Schriftführer«: Leopold von Wiese
1922–1933	Ferdinand Tönnies (Präsident), Leopold von Wiese (»Erster Schriftführer« und zugleich Geschäftsführer)
1933	Werner Sombart ist von Juni bis Dezember geschäftsführender Vorsitzender
1933–1945	Hans Freyer (1934 hat er die Arbeit der DGS eingestellt, blieb aber bis 1945 formell im Amt)
1946	die DGS wird von Leopold von Wiese neu ins Leben gerufen
1946–1955	Leopold von Wiese (Präsident)
1955–1959	Helmut Plessner
1959–1963	Otto Stammer
1963–1967	Theodor W. Adorno
1967–1970	Ralf Dahrendorf (gibt den Vorsitz wegen Übernahme politischer Ämter ab)
1970–1971	Erwin K. Scheuch (geschäftsführend, nachgerückt als stellvertretender Vorsitzender)
1971–1974	M. Rainer Lepsius
1974–1978	Karl Martin Bolte
1979–1982	Joachim Matthes
1983–1986	Burkart Lutz
1987–1990	Wolfgang Zapf
1991–1992	Bernhard Schäfers
1993	Lars Clausen

Anhang II: Soziologinnen und Soziologen an Universitäten in Deutschland, Österreich und der Schweiz

Abels, Heinz, *2. 4. 1943, Dr. rer. soc., Dr. paed., Prof., Fernuniv. Hagen, Arbeitsschwerpunkte: Sozialisation, Biographie, Interaktion, Wissen, Erinnerung.

Acham, Karl, *15. 11. 1939, Dr. phil., Habil., Prof., Univ. Graz, Arbeitsschwerpunkte: Soziol. Theorie, Gesch. der Soziol., Wiss.lehre der Soz.wiss.en, Gesch.- u. Soz.phil., Ethik u. Werttheorie, Polit. Soziol., Kultursoziol., histor. Soziol.

Albrecht, Günter, *7. 1. 1943, Dr. phil., Prof., Univ. Bielefeld, Arbeitsschwerpunkte: Soz.strukturanalyse, Soziol. abweichenden Verhaltens und soz. Kontrolle, Mobilitätsforschg., Medizinsoziol.

Allerbeck, Klaus, *18. 11. 1944, Dr. phil., Prof., Univ. Frankfurt/M., Arbeitsschwerpunkt: Soz. Wandel.

Badura, Bernhard, *12. 2. 1943, M.A., Dr. rer. soc., Habil., Prof., Univ. Bielefeld, Arbeitsschwerpunkte: Emotionssoziol., Streßforschg., Soz.epidemiologie, Gesundheitssystemforschg., Gesundheitsförderung.

Baier, Horst, *26. 3. 1933, Dr. med., Habil., Prof., Univ. Konstanz, Arbeitsschwerpunkte: Wiss.soziol., Erkenntnis- u. Wiss.theorie, Soz.struktur Dtls. u. Westeuropas, Soz.pol. u. Medizinsoziol.

Balla, Bálint, *1928, Prom., Habil., Prof., TU Berlin, Arbeitsschwerpunkte: Soziol. der Organisationen u. Soz.struktur, vergl. Ges.analyse, Soziol. Osteuropas, Gesch. der Soziol. u. soziol. Theorie, Kultursoziol.

Bellebaum, Alfred, *25. 7. 1931, Dipl.-Vw., Dr. rer. pol., Prof., Univ.

Koblenz, Arbeitsschwerpunkte: Allg. Soziol., Soz. Probleme, Soziol. u. Praxis.

Benseler, Frank, *22. 9. 1929, Dr. jur., Prof., Univ. Paderborn, Arbeitsschwerpunkte: Literatursoziol., Gesch. der Soziol., Soziol. der Revolution.

Berger, Johannes, *7. 2. 1939, Dr. phil., Prof., Univ. Mannheim, Arbeitsschwerpunkte: Soziol. Theorie, Ges.theorie, soz. Wandel in Industrieges.en, Wirtschaftssoziol.

Bergmann, Joachim, *13. 7. 1933, Dipl.-Soziol., Dr. phil., Prof., TH Darmstadt, Arbeitsschwerpunkte: Polit. Soziol., Soziol. der Gewerkschaften u. Industriesoziol.

Bergmann, Jörg R., *30. 11. 1946, Dipl.-Psych., Dr. rer. soc., Habil., Prof., Univ. Gießen, Arbeitsschwerpunkte: Sprach-, Wissens- u. Kultursoziol., Methodologie qualitativer Soz.forschg., Ethnomethodologie, Konversationsanalyse, Analyse kommunikativer Gattungen.

Bertram, Hans, *8. 7. 1946, Dr. phil. habil., Prof., HU Berlin, Arbeitsschwerpunkte: Soziol. der Familie, Sozialisation, Moralentwicklung u. soz. Ungleichheit.

Bornschier, Volker, *22. 3. 1944, Dr. phil., Habil., Prof., Univ. Zürich, Präs. der World Society Foundation, Arbeitsschwerpunkte: Aufbau u. Wandel mod. Ges.en aus globaler Perspektive, Wirtschaftssoziol., Schichtungssoziol., Technik, Staats- u. Bildungssoziol.

Brand, Karl-Werner, *4. 8. 1944, Dipl.-Soziol., Dr. rer. pol., Dr. phil. habil., Priv.-Doz., TU München, Arbeitsschwerpunkte: Polit. Soziol., soz. Wandel, Ges. u. Ökologie, Kultursoziol.

Braun, Hans, *17. 8. 1941, Dipl.-Soziol., Dr. phil., Habil., Univ. Trier, Arbeitsschwerpunkte: Alterssoziol., Soz.politik, Wohlfahrtsforschg.

Brunkhorst, Hauke, *24. 10. 1945, Dr. phil., Priv.-Doz., Univ. Duisburg, Arbeitsschwerpunkte: Polit. Theorie u. Ideengesch., Demokratietheorien, Philos. u. Soziol. der Kultur, philos. Grundlagen der Soz.wiss.en.

Brusten, Manfred, *29. 6. 1939, Dipl.-Soz., Dr. soz.wiss., Prof., Univ.-GH Wuppertal, Arbeitsschwerpunkte: Soziol. abweichenden Verhaltens u. soz. Kontrolle, Soziol. der Schule u. der Polizei, Holocaust-Forschg.

Bühl, Walter Ludwig, *1. 1. 1934, Dr. phil., Habil., Prof., Univ. München, Arbeitsschwerpunkte: Soziol. Theorie, soz. Wandel, Wissenssoziol.

Clausen, Lars, *8. 4. 1935, Dipl.-Kfm., Dr. sc. pol., Habil., Prof., Univ. Kiel, Präs. der Ferdinand-Tönnies-Ges., 1993 Vors. der DGS, Arbeitsschwerpunkte: Wirtschafts-, Kultur- u. Katastrophensoziol.

Daele, Wolfgang van den, *10. 9. 1939, Dr. jur., Habil., Prof., FU Berlin, Arbeitsschwerpunkte: Technikfolgenabschätzung, Umweltsoziol.

Daheim, Hansjürgen, *16. 12. 1929, Dipl.-Kfm., Dr. rer. pol., Habil., Prof., Univ. Bielefeld, Arbeitsschwerpunkte: Berufs- u. Wirtschaftssoziol., histor. Soziol.

Deichsel, Alexander, *23. 2. 1935, Dr. phil., Prof., Univ. Hamburg, Arbeitsschwerpunkte: Gestaltsoziol., Soziol. der Kultur, des Marktes u. der Massenpublizistik, Markentechnik.

Deimling, Gerhard, *23. 4. 1934, Dr. phil., Prof., Univ.-GH Wuppertal, Arbeitsschwerpunkte: Rechts- u. Kriminalsoziol., Soz.pädagogik.

Diekmann, Andreas, *31. 7. 1951, Dr. rer. pol., Habil., Prof., Univ. Bern, Arbeitsschwerpunkte: Methoden/Statistik, Soz.struktur u. Bevölkerung, Experimentelle Spieltheorie, Umweltsoziol.

Dreitzel, Hans Peter, *3. 1. 1935, Prom., Habil., Prof., FU Berlin, Arbeitsschwerpunkte: Elitentheorien, soz. Wandel, Analyse der Pathologie des ges. Rollenverhaltens, Theorie u. Praxis der Gestalttherapie, soz.psychol. Probleme der Zivilisations- u. Umweltentwicklg.

Dubiel, Helmut, *30. 6. 1946, Dr. phil., Habil., Prof., Univ. Gießen, Arbeitsschwerpunkte: Kultursoziol., Polit. Soziol., krit. Gesellschaftstheorie.

Dux, Günter, *1933, Dr. jur., Habil., Prof., Univ. Freiburg/Brsg., Arbeitsschwerpunkte: Allg. Theorie, Rechts-, Polit. u. Kognitive Soziol.

Ebbighausen, Rolf, *2. 3. 1937, Dr. rer. pol., Habil., Prof., FU Berlin, Arbeitsschwerpunkte: Staats-, Parteien- u. Verbändeforschg., Gesch. der Soziol. u. Politikwiss.

Eberlein, Gerald L., *5. 5. 1930, Dr. phil., Habil., Prof., TU München, Arbeitsschwerpunkte: Wiss.theorie u. interdisziplin. Wiss.forschg., Analyse soz. Systeme, Soz. Indikatoren.

Eckert, Roland, *12. 10. 1937, Dr. phil., Prof., Univ. Trier, Arbeitsschwerpunkte: Jugend u. Familie, Medien, innergesellschaftl. Konflikte, Gewalt u. Politik.

Endruweit, Günter, *24. 7. 1939, Dr. jur., Habil., Prof., Univ. Kiel, Arbeitsschwerpunkte: Allg. Soziol. u. empir. Soz.forschg., Entwicklgs.-, Gemeinde-, Industrie-, Organisations-, Planungs- u. Agrarsoziol.

Feldhoff, Jürgen, *26. 8. 1936, Dr.

phil., Habil., Prof., Univ. Bielefeld, Arbeitsschwerpunkte: Polit. Sozialisation, Soziol. der Schule, Lehrerbildung.

Freisitzer, Kurt, *20. 1. 1928, Dr. phil., Habil., Prof., Univ. Graz, Arbeitsschwerpunkte: Soziolog. Aspekte der Raumplanung, Erwachsenenbildung, Freizeit, Wohnungssoziol., Verfahrensfragen der Politikberatung in komplexen Entscheidungssituationen.

Friedeburg, Ludwig v., *21. 5. 1924, Dipl.-Psych., Dr. phil., Habil., Prof., Univ. Frankfurt/M., Arbeitsschwerpunkte: Industrie-, Jugend- u. Bildungssoziol.

Friedrichs, Jürgen, *2. 11. 1938, Dr. phil., Prof., Univ. Köln, Arbeitsschwerpunkte: Methoden der empir. Soz.forschg., Stadtforschg., Soz.ökologie, Theorie des Zus.hangs v. soz. u. räuml. Organisation.

Fuchs-Heinritz, Werner, *24. 12. 1941, Dipl.-Soziol., Dr. phil., Prof., Fernuniv. Hagen, Arbeitsschwerpunkte: Soziol. des Todes, Jugendsoziol., Biographieforschg.

Geißler, Rainer, *8. 5. 1939, Dr. phil., Prof., Univ.-GH Siegen, Arbeitsschwerpunkte: Soz.strukturanalyse Dtl.s, Erziehungssoziol., polit. Sozialisation, Soziol. der Massenkommunikation.

Gerhardt, Uta, *11. 6. 1938, Dipl.-Soziol., Dr. rer. soc., Prof., Univ. Heidelberg, Arbeitsschwerpunkte: Soziolog. Theorien u. Theoriegesch., qualitative Soz.forschg. (typolog. Analyse), institutionelle u. interaktionelle Aspekte des Gesundheitswesens, gesellschaftl. Umbruch 1945.

Geser, Hans, *26. 3. 1947, Dr. phil., Prof., Univ. Zürich, Arbeitsschwerpunkte: Gemeinden, Parteien, Kleinstaaten, Organisationssoziol., Berufssoziol.

Geulen, Dieter, *19. 1. 1938,

Dipl.-Soziol., Dr. phil., Prof., FU Berlin, Arbeitsschwerpunkte: Sozialisationsforschg., Theorie soz. Handelns.

Giesen, Bernhard, *20. 5. 1948, M.A., Dr. rer. pol., Habil., Prof., Univ. Gießen, Arbeitsschwerpunkte: Soziol. Theorien, nationale u. kult. Identität.

Giordano, Christian, *27. 10. 1945, Dr. phil., Habil., Prof., Univ. Fribourg, Arbeitsschwerpunkte: Ethnosoziol., Entwicklgs.soziol., Polit. Soziol., Bauernges.en, Informelle Ökonomie als kult. Erscheinung, Verhältnis zw. Soziol., Ethnologie u. Gesch., Kultursoziol.

Girtler, Roland, *31. 5. 1941, Dr. phil., Prof., Univ. Wien, Arbeitsschwerpunkte: "Verstehende Soziol.", Soziol. des Alltags (insb. Symbole u. Rituale), Ethnosoziol., Soziol. der Randgruppen, qualitative Soz.forschg.

Glatzer, Wolfgang, *15. 9. 1944, Dipl.-Soziol., Dr. phil., Prof., Univ. Frankfurt/M., Arbeitsschwerpunkte: soz.struktureller u. kult. Wandel, Lebensqualität, Haushaltsproduktion, Technikforschg.

Gleichmann, Peter Reinhart, *2. 3. 1932, Dipl.-Ing. Arch., Dr.-Ing., Habil., Prof., Univ. Hannover, Arbeitsschwerpunkte: Hist. Soziol. u. Psychol., Zivilisierungstheorien, Architekturtheorien.

Goetze, Dieter, *29. 10. 1942, Dr. phil., Habil., Prof., Univ. Regensburg, Arbeitsschwerpunkte: Entwicklgs.soziol. (insb. Lateinamerika u. Spanien), Allg. soziol. Theorie, Polit. Soziol. (insb. Theorien charismat. Führung), Agrarsoziol., Ethnosoziol. u. Kulturanthropologie.

Grathoff, Richard Helmut, *30. 8. 1934, M.A., Ph. D., Habil., Prof., Univ. Bielefeld, Arbeitsschwerpunkte: Phänomenologie u. Soziol., insb. Theoriegesch. u. Emigration, Milieu-Analysen, poln.

Wert- u. Verhaltensforschg., soz. Wandel, ökolog. Soziol., Wirtschaftssoziol.

Höpflinger, François, *6. 6. 1948, Dr. phil., Habil., Prof., Univ. Zürich, Arbeitsschwerpunkte: Demographie, Familiensoz., Altersforschg.

Hörning, Karl Heinz, *19. 10. 1938, Dipl.-Kfm., Dr. rer. pol., Habil., Prof., TH Aachen, Arbeitsschwerpunkte: Soziol. Theorie, Industrie- u. Wirtschaftssoziol., soz. Schichtung, Technik u. Zeitforschg.

Hoffmann-Nowotny, Hans-Joachim, *17. 3. 1934, Dipl.-Vw., Dr. phil., Habil., Prof., Univ. Zürich, Arbeitsschwerpunkte: Internat. Migration, Minderheiten, demograph. Prozesse, Lebensformen u. -stile, Familie, Theorie der ges. Dynamik.

Hondrich, Karl Otto, *1. 9. 1937, Dipl.-Vw., Dr. rer. pol., Habil., Prof., Univ. Frankfurt/M., Arbeitsschwerpunkte: Soz.wiss. Theoriebildung im interdisziplinär. Vergleich, Ges.analyse.

Hopf, Christel, *27. 10. 1942, Dipl.-Soziol., Dr. phil., Habil., Prof., Univ. Hildesheim, Arbeitsschwerpunkte: Sozialisationsforschg., Soz.psych., Polit. Soziol., Empir. Soz.forschg., insb. qualitative Methoden.

Hradil, Stefan, *19. 7. 1946, M.A., Dr. phil., Habil., Prof., Univ. Mainz, Arbeitsschwerpunkte: Soz.strukturanalyse fortgeschrittener Industrieges.en, insb. soz. Ungleichheit, Milieu- u. Lebensstilanalyse, Machtforschg.

Hurrelmann, Klaus, *10. 1. 1944, Prom., Habil., Prof., Univ. Bielefeld, Arbeitsschwerpunkte: Sozialisations-, Bildungs-, Jugend- u. Gesundheitsforschg.

Joas, Hans, *27. 11. 1948, Dipl.-Soziol., Dr. phil., Habil., Prof., FU

Berlin, Arbeitsschwerpunkte: Soziolog. Theorie u. Theoriegesch., Soziol. des Krieges u. der Gewalt, Soziol. Nordamerikas, Bildungssoziol.

Käsler, Dirk, *19. 10. 1944, Dipl.-Soziol., Dr. rer. pol., Dr. rer. pol. habil., Prof., Univ. Hamburg, Arbeitsschwerpunkte: Max Weber-Forschg., Gesch. u. Theorien der Soziol., Wiss.soziol., Polit. Soziol., Ethik der Soz.wiss.en.

Kaufmann, Franz-Xaver, *22. 8. 1932, lic. oec., Prom., Habil., Prof., Univ. Bielefeld, Arbeitsschwerpunkte: Grundlegung anwendungsbezogener soziol. Forschg. u. eine soziol. fundierte Theorie der Soz.politik, Religions-, Wirtschafts- u. Familiensoziol., Bevölkerungswiss.

Kellermann, Paul, *16. 8. 1937, Dipl.-Soziol., Dr. oec. publ., Prof., Univ. Klagenfurt, Arbeitsschwerpunkte: Hochschulforschg., Interdependenz v. Arbeit u. Bildung, Unternehmenssoziol., Gesch. der Soziol.

Kern, Horst, *29. 9. 1940, Dipl.-Soz.wirt, Dr. disc. pol., Prof., Univ. Göttingen, Präs. des Soziol. Forschgs.inst. (SOFI), Arbeitsschwerpunkte: Arbeits- u. Industriesoziol., Empir. Soz.forschg., Gesch. der Soziol.

Kiss, Gabor, *21. 8. 1931, Dr. phil., Prof., Univ. Dortmund, Arbeitsschwerpunkte: Vergleich soziol. Theorieansätze, Systemtheorie.

Kißler, Leo, *8. 1. 1949, Dr. jur. utr., Dr. rer. pol., Habil., Prof., Univ. Marburg, Arbeitsschwerpunkte: Pol. Soziol., Parlamentarismus, Industrielle Beziehungen, Policy-Forschg. im dt.-franz. Vergleich.

Klages, Helmut, *15. 4. 1930, Dipl.-Vw., Dr. rer. pol., Habil., Prof., Hochschule f. Verwaltgs.wiss.en Speyer, Arbeits-

Nachbarschaften (Schwerpunkt Florian Znaniecki), Internationalisierung der Soziol., Hg. der Zs. »International Sociology«.

Greca, Rainer, *8. 3. 1947, Dr. phil., Dr. phil. habil., Prof., Univ. Eichstätt, Arbeitsschwerpunkte: Soz.arbeitsforschg., Regionalentwicklg., Organisations- u. Wirtschaftssoziol., Wiss.theorie.

Gross, Peter, *3. 10. 1941, Dr. rer. pol., Habil., Prof., Hochschule St. Gallen, Arbeitsschwerpunkte: Wirtschaftssoziol., insb. Arbeitszeitflexibilisierung, Managementprobleme, Weiterbildung, Schattenwirtschaft, Soziol. der Dienstleistungen.

Häußermann, Hartmut, *6. 7. 1943, Dipl.-Soziol., Dr. rer. pol., Prof., HU Berlin, Arbeitsschwerpunkte: Stadt- u. Regionalentwicklg., Wohnsoziol., lokale Politik.

Hagemann-White, Carol, *15.8. 1942, Dr. phil., Habil., Prof., Univ. Osnabrück, Arbeitsschwerpunkte: Frauenforschg., theoret. Grundlagen von Frauenpolitik, Sozialisation, Interaktion u. Gewalt im Geschlechterverhältnis.

Hahn, Alois, *28.7.1941, Dr.phil., Habil., Prof., Univ. Trier, Arbeitsschwerpunkte: Kultur-, Religions-, Familiensoziol., Gesundheit.

Haller, Max, *13. 3. 1947, Dr. phil., Habil., Prof., Univ. Graz, 1986–89 Präs. der Österr. Ges. f. Soziol., Arbeitsschwerpunkte: internat. vergl. Analyse von Soz.struktur u. Wertorientierungen fortgeschrittener Ges.en, Berufs-, Familien-, Bildungs- u. Wiss.soziol.

Hamm, Bernd, *5. 8. 1945, Schriftsetzer, lic. rer. pol., Dr. rer. pol., Prof., Univ. Trier, Vors. des Fachausschusses Soz.wiss.en der Dt. UNESCO-Kommission, Arbeitsschwerpunkte: Siedlungs-, Umwelt- u. Planungssoziol.,

Soz.struktur, europ. Ges., Ost-West-Kooperation, UNESCO.

Heckmann, Friedrich, *6. 3. 1941, M.A., Dr. rer. pol., Habil., Prof., Univ. Bamberg, Arbeitsschwerpunkte: Migration u. interethn. Beziehungen, Sozialisationsforschg., Gesch. der Soziol.

Heinemann, Klaus, *15.10.1937, Dipl. (Techn. Vw.), Dr. rer. pol., Habil., Prof., Univ. Hamburg, Arbeitsschwerpunkte: Wirtschafts-, Organisations-, Sportsoziol.

Heinz, Walter, *21. 11. 1939, Dipl.-Psych., Dr. phil., Prof., Univ. Bremen, Arbeitsschwerpunkte: Sozialisationsforschg., Arbeitsmarkt- u. Berufsforschg., Biographieforschg.

Heinze, Rolf G., *19. 11. 1951, Dipl.-Soziol., Dr. soz.wiss., Habil., Prof., Univ. Bochum, Arbeitsschwerpunkte: Wirtschaftssoziol., Verbändeforschg., Soziol. der Soz.politik, Polit. Soziol., soz. Wandel.

Helle, Horst Jürgen, *19. 7. 1934, Dipl.-Kfm., Dr. phil., Habil., Prof., Univ. München, Arbeitsschwerpunkte: Familien- u. Religionssoziol., soziol. Theorie des Symbols u. der Symbol. Interaktion.

Herlyn, Ulfert, *19. 1. 1936, Dipl.-Soziol., Dr. disc. pol., Prof., TU Hannover, Arbeitsschwerpunkte: Stadt- u. Regionalsoziol., Empir. Soz.forschg.

Hettlage, Robert, *24.7.1943, Dr. rer. pol., Dr. phil., Habil., Prof., Univ. Regensburg, Arbeitsschwerpunkte: Grenzbereich Soziol.-Soz.phil., Wirtschafts-, Organisations-, Verbands-, Agrar-, Familien-, Wissens- u. Kultursoziol., Soziol. der Entwicklgs.länder, Partizipationsforschg.

Hillmann, Karl-Heinz, *14. 6. 1938, Dipl.-Soziol., Dr. rer. pol., Dr. phil. habil., Prof., Univ. Würzburg, Arbeitsschwerpunkte:

schwerpunkte: Soz. Wandel, gegenwärtige Wertforschg., Polit. Soziol. (insb. neue Problemlagen im Verhältnis v. Staat u. Ges.), Soziol. der öffentl. Verwaltung, Organisationssoziol.

Klönne, Arno, *4. 5. 1931, Dr. phil., Prof., Univ. Paderborn, Arbeitsschwerpunkte: Polit. Soziol. des Nationalsozialismus, Soz.struktur der BR Dtl., Soziol. der Arbeiterbewegung.

Knorr–Cetina, Karin, *19. 7. 1944, Dr. phil., Habil., Prof., Univ. Bielefeld, Arbeitsschwerpunkte: Wiss.-, Technik-, Kultur- u. Organisationssoziol., Soziol. Theorie, Methoden u. Methodologie, Wissens- u. Technikanwendung.

Kohli, Martin, *8. 5. 1942, Dr. rer. pol., Habil., Prof., FU Berlin, Arbeitsschwerpunkte: Lebenslaufforschg., Altern, Arbeit, qualitative Methoden.

Korte, Hermann, *28. 3. 1937, Dipl.-Soziol., Dr. sc. pol., Prof., Univ. Hamburg, Arbeitsschwerpunkte: Stadt u. Region, Migration, Zivilisationstheorie, Gesch. der Soziol.

Krause, Detlef, *19. 8. 1940, Dipl.-Soz.wiss., Dr. rer. pol., Prof., Univ. Bremen, Arbeitsschwerpunkte: Wirtschaftssoziol., Empir. Soz.forschg.

Kreckel, Reinhard, *20. 11. 1940, Dr. phil., Prof., Univ. Halle-Wittenberg, Arbeitsschwerpunkte: Soziolog. Theorie, soz. Ungleichheit, Staat, Nation u. Region, Soziol. des Geschlechterverhältnisses.

Kreutz, Henrik, *14. 11. 1938, Dr. phil., Habil., Prof., Univ. Erlangen-Nürnberg, Arbeitsschwerpunkte: Methoden der Empir. Soz.forschg., interkult. vergl. Forschg., soz.wiss. Computersimulation u. Methodologie der Pragmat. Soziol., Arbeits-, Betriebs- u. Jugendsoziol.

Krüger, Marlis, *13. 3. 1940,

Dipl.-Soziol., Prom., Prof., Univ. Bremen, Arbeitsschwerpunkte: Wissenssoziol., Ges.- u. Wiss.theorie, Feminist.Theorie.

Krysmanski, Hans-Jürgen, *27. 10. 1935, Dr. phil., Habil., Prof., Univ. Münster, Arbeitsschwerpunkte: Soziolog. Theorie, Friedens- und Konfliktforschg., Kultursoziol., Elektron. Medien.

Kutsch, Thomas, *12. 5. 1943, Dipl.-Vw., Dr. rer. pol., Prof., Univ. Bonn, Arbeitsschwerpunkte: Wirtschafts-, Haushalts- u. Konsum-, insbes. Ernährungssoziol., Soziol. der Freizeit, Agrarsoziol., Arbeits- u. Berufssoziol., Entwicklgs.soziol., soz.Wandel.

Lachenmann, Gudrun, *16. 2. 1941, M. A., Dr. rer. soz., Habil., Prof., Univ. Bielefeld, Arbeitsschwerpunkte: Entwicklungssoziol., -politik, Frauen in Entwicklungsländern, Transformationsprozesse, Westafrika.

Lamnek, Siegfried, *3. 10. 1943, Dipl.-Soziol., Dr. rer. pol., Dr. rer. pol. habil., Prof., Kath. Univ. Eichstätt, Arbeitsschwerpunkte: Methodologie der Soz.wiss.en (einschl. Soz.forschg.), Soziol. des abweichenden Verhaltens (insb. Kriminalsoziol.), Ausbildung u. Professionalisierung von Soziologen.

Landwehrmann, Friedrich, *29. 4. 1934, Dipl.-Kfm., Dr. rer. pol., Habil., Prof., Univ. Mainz, Arbeitsschwerpunkte: Industrie-, Betriebs-, Regional-, Stadt- u. Mediensoziol.

Lange, Elmar, *30. 9. 1943, Dipl.-Soziol., Dr. soz.-wiss., Habil., Prof., Univ. Bielefeld, Arbeitsschwerpunkte: Soz.strukturanalyse, Wirtschafts- u. Berufssoziol., Methoden empir. Soz.forschg.

Lautmann, Rüdiger, *22. 12. 1935, Dr. jur. utr., Dr. phil., Prof., Univ. Bremen, Arbeitsschwerpunkte: Geschlechter- u. Sexualforschg., soz. Kontrolle u. Rechtssoziol.

Lenk, Hans, *23. 3. 1935, Dr. phil., Habil., Prof., Univ. Karlsruhe, Arbeitsschwerpunkte: neben Philos. (insb. Erkenntnistheorie, Moral- u. Soz.philos.) Wiss.theorie, Techniku. Sportsoziol., Soz.psychol.

Lepenies, Wolf, *11. 1. 1941, Dr. phil., Habil., Prof., Rektor Wiss.kolleg Berlin, Arbeitsschwerpunkte: Wiss.gesch. u. -soziol., Gesch. der Soziol.

Lipp, Wolfgang, *21. 12. 1941, Dr. rer. soc., Habil., Prof., Univ. Würzburg, Arbeitsschwerpunkte: Allg. Soziol., soziol. Theorie, Kultursoziol., Regionalkulturforschg., Organisationssoziol.

Littek, Wolfgang, *28. 11. 1937, Dr. oec. publ., Prof., Univ. Bremen, Arbeitsschwerpunkte: Angestelltensoziol., Dienstleistungsarbeit.

Loviscach, Peter, *26. 5. 1935, Dr. phil., Prof., FH Dortmund, Arbeitsschwerpunkte: Soz.arbeit, -pädagogik u. -planung.

Lucchini, Riccardo, *29. 1. 1938, Dr. rer. pol., Habil., Prof., Univ. Fribourg, Arbeitsschwerpunkte: Soziol. des Faschismus, Soz. Marginalität u. abweichendes Verhalten, Drogenabhängigkeit, Entwicklungssoziol., Soziol. der Massenkommunikation.

Lüdtke, Hartmut, *25. 5. 1938, Dr. phil., Prof., Univ. Marburg, Arbeitsschwerpunkte: Lebensstile, Freizeit, Jugend, Räuml. Soziol., Methoden.

Lüscher, Kurt, *6. 7. 1935, Dr. rer. pol., Habil., Prof., Univ. Konstanz, Arbeitsschwerpunkte: Familie, Medien, Sozialisation u. Kultur.

Menne, Ferdinand W., *6. 4. 1941, Dr. phil., Habil., Prof., Univ. Dortmund, Arbeitsschwerpunkte: Soz.-pädagogik, Gemeinwesen-, Gruppenarbeit, Probleme von Minderheiten.

Meulemann, Heiner, *26. 10. 1944, Dipl.-Soziol., Dr. phil., Prof., Univ. Düsseldorf, Arbeitsschwerpunkte: Bildungssoziol., soz. Wandel, Methodenlehre der Soziol.

Mikl-Horke, Gertraude, *6. 8. 1944, Dr. rer. comm., Habil., Prof., Wirtschaftsuniv. Wien, Arbeitsschwerpunkte: Wirtschafts- u. Arbeitssoziol., Gesch. u. Soziol.

Mintzel, Albrecht (Alf), *18. 4. 1935, Dipl.-Soziol., Dr. phil., Habil., Prof., Univ. Passau, Arbeitsschwerpunkte: Polit. Soziol., insbes. Parteienforschg., Kultursoziol., Soziol. der Geschlechter, Gesch. der Soziol., europ. Ges.vergleich.

Morel, Julius, *17. 12. 1927, Prom., Habil., Prof., Univ. Innsbruck, Arbeitsschwerpunkte: Allg. Soziol., Werte u. Normen, Religionssoziol., Inhaltsanalyse.

Mühlfeld, Claus, *10. 11. 1940, Dr. phil., Dr. rer. pol., Habil., Prof., Univ. Bamberg, Arbeitsschwerpunkte: Soziolog. Theorie, Familiensoziol., Sozialisationsforschg., Soziol. der Soz.arbeit.

Müller-Doohm, Stefan, *13. 11. 1942, Dr. phil., Prof., Univ. Oldenburg, Arbeitsschwerpunkte: Soziolog. Theorie, Interaktions-, Kommunikationstheorien, Medien- u. Kulturforschg., Gesundheitsforschg.

Müller-Jentsch, Walther, *28. 11. 1935, Dr. rer. pol., Prof., Univ. Bochum, Arbeitsschwerpunkte: Industrie-, Organisations- u. Wirtschaftssoziol., Industrielle Beziehungen.

Nauck, Bernhard, *27. 8. 1945, Dr. phil. habil., Prof., TU Chemnitz, Arbeitsschwerpunkte: Soziol. der Familie, Lebensalter u. Bevölkerung, Soz.strukturanalyse, Interkultureller Vergleich.

Nave-Herz, Rosemarie, *29. 3. 1935, Dipl.-Hdl., Dr. rer. pol., Prof., Univ. Oldenburg, Arbeitsschwerpunkte: Bildungs- u. Familiensoziol.

Nedelmann, Birgitta, *26. 10. 1941, Dipl.-Soziol., Dr. phil., Dr. phil. habil., Prof., Univ. Mainz, Arbeitsschwerpunkte: Polit. Soziol., insb. Konflikttransformation, Korporatismus u. soz. Bewegungen; Soziol. Theorie u. Klassiker der Soziol., insb. G. Simmel (Mitgl. der »G. Simmel Gesamtedition«).

Negt, Oskar, *1. 8. 1934, Dipl.-Soziol., Dr. phil., Prof., Univ. Hannover, Arbeitsschwerpunkte: Bildungssoziol., Marxismus.

Neidhardt, Friedhelm, *3. 1. 1934, Dipl.-Vw., Dr. rer. pol., Habil., Prof., Wiss.zentrum Berlin f. Soz.forschg. u. FU Berlin, Arbeitsschwerpunkte: Allg. Soziol., Wiss.-, Gruppensoziol., soz. Bewegungen, Öffentlichkeit.

Neuendorff, Hartmut, *30. 1. 1940, Dr. phil., Prof., Univ. Dortmund, Arbeitsschwerpunkte: Arbeits- u. Industriesoziol., Wissens- u. Kultursoziol., Strukturwandel des Ruhrgebiets.

Offe, Claus, *16. 3. 1940, Dipl.-Soziol., Dr. rer. pol., Habil., Prof., Univ. Bremen, Arbeitsschwerpunkte: Theorie des Wohlfahrtsstaates, Polit. Soziol., polit. Theorie, Soz.struktur u. soz. Wandel.

Ostner, Ilona, *1947, M.A., Dr. phil., Habil., Prof., Univ. Göttingen, Arbeitsschwerpunkte: Arbeits-, Berufs- u. Industriesoziol., Frauenforschg., Soz.pol.

Pankoke, Eckart, *24. 6. 1939, Dr. rer. soc., Habil., Prof., Univ. Essen, Arbeitsschwerpunkte: Gesch. der Soziol., soz. Wandel, Kultur- u. Wertwandel, Soz.politik.

Papcke, Sven, *18. 11. 1939, Dr. rer. soc., Prof., Univ. Münster, Arbeitsschwerpunkte: Polit. Soziol., Internat. Arbeiterbewegung, Kultursoziol., Soz. Wandel, Gesch. der Soziol., Europ. Einigung.

Pappi, Franz Urban, *10. 3. 1939, Dr. phil., Habil., Prof., Univ. Mannheim, Arbeitsschwerpunkte: Polit. Soziol., Wahlsoziol., vergl. Policy-Forschg.

Rammstedt, Otthein, *26. 1. 1938, Dr. phil., Prof., Univ. Bielefeld, Arbeitsschwerpunkte: Gesch. der Soziol., soz. Bewegungen, Hg. der Georg Simmel-Gesamtausgabe, 1989 ff.

Rassem, Mohammed H., *27. 4. 1922, Dr. phil., Habil., Prof., Univ. Salzburg, Arbeitsschwerpunkte: Kultur- u. Wissenssoziol., theoret. Soziol., Politikwiss.

Rehberg, Karl-Siegbert, *2. 4. 1943, Dr. phil., Habil., Prof., TU Dresden, Arbeitsschwerpunkte: Soziolog. Theorie u. Theoriegesch., Kultursoziol., Gehlen-Edition, Philosoph. Anthropologie u. Soz.theorie.

Rehbinder, Manfred, *22. 3. 1935, Dr. jur., Habil., Prof., Univ. Zürich, Arbeitsschwerpunkt: Rechtssoziol.

Reimann, Helga, *6. 7. 1937, Dipl.-Vw., Dr. phil., Habil., Prof., Univ. Augsburg, Arbeitsschwerpunkte: Entwicklgs.soziol., Soz. Probleme (bes. Gastarbeiter, Alter), Medizinsoziol. (insb. Soziol. der Psychiatrie), Kultursoziol.

Ritsert, Jürgen, *7. 7. 1935, Dipl.-Soziol., Dr. rer. pol., Prof., Univ. Frankfurt/M., Arbeitsschwerpunkte: Wiss.theorie, Ideologiekritik, Soz.philos., Theorie u. Empirie gesamtges. Analysen.

Rohde, Johann Jürgen, *20. 4. 1929, Dr. phil., Habil., Prof., Medizin. Hochschule Hannover, Arbeitsschwerpunkt: Medizinsoziol.

Rolff, Hans Günter, *19. 10. 1939, Dipl.-Soziol., Dr. rer. pol., Prof., Univ. Dortmund, Arbeitsschwerpunkte: Schulentwicklg., Bildungssysteme u. soz.kulturelle Reproduktion, Sozialisationsforschg.,

Planungsforschg., Schule als Organisation.

Sack, Fritz, *26. 2. 1931, Dipl.-Kfm., Dr. rer. pol., Habil., Prof., Univ. Hamburg, Arbeitsschwerpunkte: Kriminologie, abweichendes Verhalten.

Sahner, Heinz, *23. 10. 1938, Dr. rer. pol. habil., Prof., Univ. Halle, Arbeitsschwerpunkte: Strukturanalyse mod. Ges.en, Methoden der empir. Soz.forschg., Wiss.soziol., Vereine u. Verbände, Stadt- u. Gemeindesoziol.

Schäfers, Bernhard, *26. 2. 1939, Dr. sc. pol., Habil., Prof., Univ. Karlsruhe (TH), 1991-92 Vors. der DGS, Arbeitsschwerpunkte: Stadtsoziol., Soz.strukturanalyse, Allg. Soziol. u. Gruppensoziol.

Scheuringer, Brunhilde Maria, *29. 3. 1944, Mag. rer. soc. oec., Dr. rer. soc. oec., Habil., Prof., Univ. Salzburg, Arbeitsschwerpunkte: Soz.strukturanalyse, Gemeindesoziol., Flüchtlings- u. Ausländerproblematik.

Schluchter, Wolfgang, *4. 4. 1938, Dipl.-Soziol., Dr. rer. pol., Habil., Prof., Univ. Heidelberg, Arbeitsschwerpunkte: Gesch. der Soziol. (soz. u. polit. Ideen), Polit. Soziol., Organisationssoziol., Mithg. der MWG.

Schmid, Michael, *3. 10. 1943, M.A., Dr. phil., Dr. rer. pol. habil., Prof., Univ. der Bundeswehr Neubiberg/München, Arbeitsschwerpunkte: Wiss.theorie, Soziol. Theorie.

Schmidt, Gert R., *30. 3. 1943, Dipl.-Soziol., Dr. rer. pol., Habil., Prof., Univ. Erlangen-Nürnberg, Arbeitsschwerpunkte: Soziolog. Theorie und Theoriegesch., Industrie-, Arbeits-, Organisationssoziol., Methoden internat. vergleichender Soziol.

Schrader, Achim, *12. 8. 1934, Dipl.-Vw., Dr. rer. pol., Habil.,

Prof., Univ. Münster, Arbeitsschwerpunkte: Lateinamerika, Methoden der Empir. Soz.forschg., Bildungssoziol.

Schülein, Johann August, *19. 2. 1947, Dr. phil., Habil., Prof., Wirtschaftsuniv. Wien, Arbeitsschwerpunkte: Mikrosoziol., Soziol. u. Ökologie, Soziol. u. Psychoanalyse.

Schütze, Yvonne, *8. 8. 1940, Dr. phil., Habil., Prof., HU Berlin, Arbeitsschwerpunkte: Familien- u. Jugendsoziol., Sozialisationsforschg., Soz. Beziehungen.

Schulz, Wolfgang, *10. 7. 1940, Dr. phil., Habil., Prof., Univ. Wien, Arbeitsschwerpunkte: Medizinsoziol., insb. Alkoholismus, Familiensoziol., Frauenrolle, Soz. Indikatoren, Lebensqualität, Stadtsoziol.

Schumann, Michael, *24. 2. 1937, Dr. disc. pol., Prof., Univ. Göttingen, Arbeitsschwerpunkte: Arbeits- u. Industriesoziol.

Schumm, Wilhelm, *27. 12. 1937, Dipl.-Soziol., Dr. rer. pol., Prof., Univ. Frankfurt/M., Arbeitsschwerpunkte: Industrie- u. Techniksoziol., Soziol. industr. Ges.en.

Schumm-Garling, Ursula, *20. 3. 1938, Dr. phil., Prof., Univ. Dortmund, Arbeitsschwerpunkte: Industrie- u. Organisationssoziol., Verwaltungsorganisation.

Schwanenberg, Enno, *1. 10. 1938, Dr. phil., Prof., Univ. Frankfurt/M., Arbeitsschwerpunkt: Affektive Regulationen des soz. Verhaltens.

Senghaas, Dieter, *27. 8. 1940, Dr. phil., Prof., Univ. Bremen, Arbeitsschwerpunkte: Intern. Friedens- u. Konfliktforschg., Theorie der Ges. Entwicklungsforschg.

Siegrist, Johannes, *6. 8. 1943, Dr. phil., Habil., Prof., Univ. Marburg, Arbeitsschwerpunkte: Soz.epidemiologie, Soziol. klin. Prävention.

Sigrist, Christian, *25. 3. 1935, Dr. phil., Prof., Univ. Münster, Arbeitsschwerpunkte: Anthropol., Ges.-theorie, Entwicklgs.-, Agrar- u. Familiensoziol., Soziol. der Herrschaft (z.B. Polizei), Feldforschg. in Afghanistan u. Guiné-Bissau.

Sodeur, Wolfgang, *27. 9. 1938, Dipl.-Kfm., Dr. rer. pol., Prof., Univ. GH Essen, Arbeitsschwerpunkte: Strukturen u. Prozesse in kleinen Gruppen, Analyse soz. Netzwerke; Mikroprozesse u. Makrostrukturen, Typologien u. Klassifikationen.

Soeffner, Hans-Georg, *16. 11. 1939, Dr. phil., Habil., Prof., Univ. Konstanz, Arbeitsschwerpunkte: Wissenssoziol., Kultur-, Religionssoziol., Soziolog. Theorie u. Theoriegesch.

Sommerkorn, Ingrid, *3.5.1936, Dipl.-Soziol., Ph. D., Prof., Univ. Hamburg, Arbeitsschwerpunkte: Lehren u. Lernen in der Soziol., Sozialisation in der Hochschule, Arbeit von Frauen, Berufstätigkeit von Müttern, Frauen im Wiss.betrieb.

Spittler, Gerd, *4.4.1939, Dr.phil., Habil., Prof., Univ. Bayreuth, Arbeitsschwerpunkte: Herrschafts-, Rechts- u. Entwicklgs.soziol., Bauern u. Nomaden in Afrika, Arbeit u. Bedürfnisse in vorindustr. Ges.en, Hungerkrisen.

Sprondel, Walter M., *28. 3. 1938, Dr. phil., Habil., Prof., Univ. Tübingen, Arbeitsschwerpunkte: Soziolog. Theorie, Kultursoziol., Modernisierung, Massenkommunikation.

Srubar, Ilja, *6. 8. 1946, Dr. phil. habil., Prof., Univ. Erlangen-Nürnberg, Arbeitsschwerpunkte: Soziol. Theorie u. Theoriegesch., Wissenssoziol., Soziol. Osteuropas.

Stagl, Justin, *9. 1. 1941, Dr. phil., Habil., Prof., Univ. Salzburg, Arbeitsschwerpunkte: Kultursoziol., Polit. Anthropol., Geistes- u. Wiss.gesch., insb. Frühgesch. der Soz.forschg.

Steinkamp, Günther, *3. 4. 1935, Dipl.-Kfm., Dr. rer. pol., Habil., Prof., Univ. Bielefeld, Arbeitsschwerpunkte: Sozialisationstheorie, Medizinsoziol., Soz. Gerontologie.

Stieglitz, Heinrich, *14. 3. 1932, Dipl.-Kfm., Dr. rer.pol., Prof., Univ. Regensburg, Arbeitsschwerpunkte: Gesellschaftsphilos., Allgemeine Soziol., Soziol. der Erziehung.

Strasser, Hermann, *28. 11. 1941, Dipl.-Vw., Dr. rer. oec., Ph. D., Habil., Univ. Duisburg, Arbeitsschwerpunkte: Soziol. Theorie, Gesch. der Soziol., Theorie u. Analyse der soz. Ungleichheit u. des soz. Wandels, Wissens-, Wiss.- u. Bildungssoziol.

Thurn, Hans Peter, *5. 8. 1943, Dr. phil., Habil., Prof., Kunstakademie Düsseldorf, Hochschule f. Bildende Künste, Arbeitsschwerpunkte: Kultursoziol. u. -gesch., Kunst- u. Literatursoziol.

Titscher, Stefan, *2. 1. 1945, Dr. phil., Habil., Prof., Wirtschaftsuniv. Wien, Arbeitsschwerpunkte: Erhebungsmethoden Organisationssoziol., Gruppenforschg., Intervention, Außenpolitik.

Trappe, Paul, *12. 12. 1931, Dr. phil., Habil., Prof., Univ. Basel, Arbeitsschwerpunkte: Wirtschafts-, Rechts-, Entwicklgs.- (spez. Genossenschafts-) Soziol., vergl. Soz.strukturforschg.

Trotha, Trutz, *1946, Dr. phil., Habil., Prof., Univ.-GH Siegen, Arbeitsschwerpunkte: Herrschaftssoziol., Kultur- u. Soz.anthropologie, Rechts-, Familien- u. Jugendsoziol., Rechtsethnologie.

Urban, Dieter, *25. 10. 1951, Dipl.-Soziol., Dr. soz.wiss., Habil., Prof., Univ. Stuttgart, Arbeitsschwerpunkte: Empir. Soz.forschg., statist. Auswertungsmodelle, Arbeit u. Technik/ Wissenschaft, Umweltsoziol.

Vaskovics, Laszlo, *19. 6. 1936, Dr. phil., Habil., Prof., Univ. Bamberg, Dr. h.c. oec. Wirtschaftsuniv. Budapest, Arbeitsschwerpunkte: Familien-, Stadt- u. Regionalsoziol., Randgruppenforschg.

Voigt, Dieter, *29. 6. 1936, Dr. phil., Prof., Univ. Bochum, Arbeitsschwerpunkte: empir. orientierte Arbeits-, Industrie-, Sport- u. Medizinsoziol. sowie Dtl.- u. Migrationsforschg.

Vonderach, Gerd, *24. 6. 1941, Dipl.-Soz.wirt, Dr. disc. pol., Prof., Univ. Oldenburg, Arbeitsschwerpunkte: Arbeits- u. Berufssoziol., Land- u. Agrarsoziol., qualitative Biographieforschg.

Voss, Thomas, *11. 7. 1955, Dipl.-Soz.wiss., Dr. rer. pol., Habil., Prof., Univ. Leipzig, Arbeitsschwerpunkte: Soziolog. Theorie, Organisationssoziol., Methodologie der Soz.wiss.en.

Waldmann, Peter, *22. 3. 1937, Dr. jur., Habil., Prof., Univ. Augsburg, Arbeitsschwerpunkte: Kriminal-, Organisations-, Polit. u. Entwicklgs.soziol., insb. Lateinamerika, in jüngerer Zeit insb. polit. Aufstands- u. Unterdrückungsgewalt, Inflationsfolgen, Anomie.

Weede, Erich, *4. 1. 1942, Dipl.-Psych., Dr. phil., Habil., Prof., Univ. Köln, Arbeitsschwerpunkte: Internat. Ges.vergleich einschl. Entwicklgs.länder, krit. Auseinandersetzung mit Dependenztheorien, Determinanten v. Wirtschaftswachstum u. Einkommensverteilung in Industrie- u. Entwicklgs.ländern, Konfliktforschg., »rational choice«.

Weingart, Peter, *5. 6. 1941, Dipl.-Soziol., Dr. rer. pol., Prof., Univ. Bielefeld, Arbeitsschwerpunkte: Wiss.soziol., Kommunikationsmuster in der Wiss., Institutioneller Wandel, Wiss.indikatoren, Wiss.politik.

Weiß, Johannes, *3. 7. 1941, M.A., Dr. phil., Habil., Prof., Univ. GH Kassel, Arbeitsschwerpunkte: Soziol. Theorie u. Theoriegesch., philos. Grundlagenprobleme der Soz.wiss.en, Kultursoziol.

Weymann, Ansgar, *25. 10. 1945, Dr. phil., Prof., Univ. Bremen, Arbeitsschwerpunkte: Soziol. Theorie, Bildung u. Beschäftigung, Lebenslaufforschg.

Wiehn, Erhard R., *1. 8. 1937, M.A., Dr. rer. soz., Habil., Prof., Univ. Konstanz, Arbeitsschwerpunkte: Allg. Soziol., Ungleichheit, Holocaustforschg. u. Judaica.

Wiswede, Günter, *6. 6. 1938, Dipl.-Kfm., Dr. rer. pol., Habil., Prof., Univ. Köln, Arbeitsschwerpunkte: Verhaltenstheorie, abweichendes u. konformes Verhalten, Rollentheorie, wirtschaftl. Verhalten.

Zapf, Wolfgang, *25. 4. 1937, Dipl.-Soziol., Dr. phil., Habil., Prof., FU Berlin, Präs. des Wiss.zentrums Berlin f. Soz.forschg., 1987-90 Vors. der DGS, Arbeitsschwerpunkte: Polit. Soziol., soz. Wandel u. Modernisierung, Soz.indikatoren u. Soz.-pol.

Zapotoczky, Klaus, *22. 3. 1938, Dr. jur. Lic.soc., Habil., Prof., Univ. Linz, Arbeitsschwerpunkte: Vergleichende gesamtges. Analysen, Soziol. der Entwicklungsländer, Polit. Soziol.

Ziegler, Jean, *19. 4. 1934, Dr. jur., Habil., Prof., Univ. Genf, Arbeitsschwerpunkte: Entwicklgs.-Soziol. u. gesamtges. Analysen.

Ziegler, Rolf, *22. 7. 1936, Dipl.-Vw., Dr. rer. pol., Habil., Prof., Univ. München, Arbeitsschwerpunkte: Organisationssoziol., Netzwerkanalyse, Anwendung math. Modelle.

Zingerle, Arnold, *30. 5. 1942, Dr. rer. soc., Habil., Prof., Univ. Bayreuth, Arbeitsschwerpunkte: Theoret. u. methodolog. Grundlagen histor.-vergl. Soziol., europ. Soziol. der Jahrhundertwende (insb. M. Weber), Kultursoziol.

Zoll, Ralf, ★10. 3. 1939, Dr. phil., Prof., Univ. Marburg, Arbeitsschwerpunkte: öffentl. Verwaltg., Massenkommunikation, kommunale Pol.forschg., polit. Verhalten, Militärsoziol.

Zsifkovits, Valentin, ★1. 1. 1933, Dr. theol. et. rer. pol., Habil., Prof., Univ. Graz, Arbeitsschwerpunkte: Kath. Soz.lehre u. Friedensforschg.

Zündorf, Lutz, ★23. 12. 1945, Dipl.-Vw., Dr. sc. pol., Prof., Univ. Lüneburg, Arbeitsschwerpunkte: Wirtschafts-, Industrie-, Betriebsu. Organisationssoziol., histor. Soziol.

AUS DEM VERLAGSPROGRAMM

J. Monar, N. Neuwahl, P. Noack (Hgg.)
Sachwörterbuch zur Europäischen Union
1993. XVIII, 385 Seiten. Leinen
ISBN 3-520-42601-3 (KTA 426)

Das Sachwörterbuch orientiert mit ca. 1000 Stichwörtern und Artikeln über grundlegende politische Ziele der Europäischen Gemeinschaften wie etwa ihre Wirtschafts-, Kultur- oder Energiepolitik, über die zentralen Institutionen wie Kommission, Gerichtshof oder Rat der EG, über bestehende Einrichtungen wie das Agrarpreissystem oder das Europäische Währungssystem bis hin zu spezifischen Fachbegriffen.

H. C. Recktenwald, K.-D. Grüske
Wörterbuch der Wirtschaft
12., erw. Aufl. 1994. XXVI, 730 Seiten, 188 Graphiken und Tabellen, 1 Zeittafel. Leinen
ISBN 3-520-11412-7 (KTA 114)

Dieser »Klassiker der Marktwirtschaft« vermittelt in einer dem Fachmann wie dem ökonomisch und politisch interessierten Laien gleichermaßen zugänglichen Weise den Wissensstoff, den heute ein modern ausgebildeter Volks- und Betriebswirt beherrschen sollte.

Winfried Böhm
Wörterbuch der Pädagogik
14. Auflage 1994. X, 759 Seiten. Leinen
ISBN 3-520-09414-2 (KTA 94)

Von »Abaelard« bis »Zweiter Bildungsweg« enthält das Wörterbuch 2300 Stichwörter über pädagogische Grundprobleme und Grundbegriffe, Richtungen und Disziplinen der Erziehungswissenschaft, didaktische und methodische Fragen der Unterrichtsfächer, Überblicke über das Bildungswesen der wichtigsten Länder und Staaten unter Berücksichtigung der neuesten Entwicklungen.

AUS DEM VERLAGSPROGRAMM

Horst Claus Recktenwald (Hg.)
Geschichte der Politischen Ökonomie
Eine Einführung in Lebensbildern. 1971. 640 Seiten, 23 Bildtafeln.
Mit Zeittafel und Register. Leinen
ISBN 3-520-42701-X   (KTA 427)
24 Einzeldarstellungen großer Nationalökonomen von Quesnay über
Smith und Marx bis Keynes und Schumpeter aus der Feder
namhafter Fachgelehrter.

Robert Michels
Zur Soziologie des Parteiwesens in der modernen Demokratie
Hrsg. und eingel. von F. R. Pfetsch. 4. Aufl. 1989. LVI, 520 Seiten.
Leinen
ISBN 3-520-25004-7   (KTA 250)
Michels klassische Darstellung liefert in brillanter Analyse den
Nachweis der zwangsläufigen Bürokratisierung und »Verkrustung«
repräsentativ-demokratischer Organisationen.

Platon
Der Staat
Deutsch von A. Horneffer. Eingel. von Prof. K. Hildebrandt.
Nachdr. der 10. Aufl. 1982. 413 Seiten. Leinen
ISBN 3-520-11110-1   (KTA 111)
Platons »Staat«, die Krone unter seinen Werken, wird hier in voll-
ständiger Übersetzung und mit reichen Erläuterungen dargeboten.

Niccolò Machiavelli
Discorsi
Gedanken über Politik und Staatsführung.
Deutsche Gesamtausgabe, übers. und erl. von R. Zorn.
2. Aufl. 1977. LXIX, 472 Seiten. Leinen
ISBN 3-520-37702-0   (KTA 377)
Das zweite Hauptwerk des berühmten Staatsdenkers, die »Discor-
si«, wird hier in einer vollständigen und ausführlich kommentierten
Übersetzung dargeboten.

AUS DEM VERLAGSPROGRAMM

Niccolò Machiavelli
Der Fürst

Vollständige Ausgabe. Übersetzt und erläutert von R. Zorn.
6. Aufl. 1978. XXXII, 152 S. Leinen
ISBN 3-520-23506-4 (KTA 235)

»Il Principe« (1513/1532), das berühmteste Buch Machiavellis, ist
Weltliteratur geworden. In diesem Traktat kommt es Machiavelli
auf die kraftvolle Herrscherpersönlichkeit an, die imstande ist,
einen Staat zu gründen und zu ordnen. Ihr erteilt Machiavelli
Ratschläge, und jedes Jahrhundert hat diese anders ausgelegt.

Georg Wilhelm Friedrich Hegel
Recht, Staat, Geschichte

Eine Auswahl aus seinen Werken. Hrsg. und erl. von Prof. Dr. F.
Bülow. Nachdr. der 7. Aufl. 1981. VIII, 519 Seiten. Leinen
ISBN 3-520-03907-9 (KTA 39)

Die hier gebotene Auswahl aus den Werken des großen Philosophen hat die Anerkennung aller bedeutenden Hegelforscher gefunden. Sie sucht das Verständnis für Hegel zu erschließen, indem sie
die Entfaltung seines philosophischen Systems aufzeigt, und bietet
allen, die sich um ein wirkliches Verständnis der Hegelschen
Philosophie bemühen, eine gut zugängliche Einführung.

Karl Marx
Das Kapital

Kritik der politischen Ökonomie.
Im Zusammenhang ausgew. und eingel. von Dr. B. Kautsky.
6. Aufl. 1969. L, 755 Seiten. Leinen
ISBN 3-520-06406-5 (KTA 64)

Kein Buch der Welt hat die ökonomische Theorie und Wirklichkeit
so entscheidend beeinflußt wie dieses Hauptwerk des
wissenschaftlichen Sozialismus. Unsere Ausgabe gibt den Text in
seinem vollständigen gedanklichen Zusammenhang mit
Fremdwörterverzeichnis, erläuterndem Namens- und Sachregister
und Nachweis der ausgelassenen Stellen wieder.

AUS DEM VERLAGSPROGRAMM

Karl Marx
Die Frühschriften

Von 1837 bis zum Manifest der Kommunistischen Partei 1848.
Hrsg. von Prof. Dr. S. Landshut. 6. Aufl. 1971. LX, 588 Seiten.
Leinen
ISBN 3-520-20906-3 (KTA 209)

Gerade die Schriften des jungen Marx, die seine geistige Entfaltung
bis zum »Kommunistischen Manifest« aufzeigen, haben in der
Marxismus-Diskussion der letzten Jahre eine immer größere
Bedeutung erlangt. Die Texte der vorliegenden Ausgabe sind
ausführlich erläutert und damit allgemein verständlich.

Gustave Le Bon
Psychologie der Massen

Mit einer Einführung von Prof. Dr. P. R. Hofstätter. 15. Aufl.
1982. XLII, 156 Seiten. Leinen
ISBN 3-520-09915-2 (KTA 99)

Das in alle Weltsprachen übersetzte Buch des französischen Arztes
und Soziologen erschließt die Gesetzesmäßigkeiten des Ablaufs von
Massenbewegungen und die Möglichkeiten, darauf Einfluß zu
nehmen.

Max Weber
Soziologie, Universalgeschichtliche Analysen, Politik

Herausgegeben von J. Winckelmann, eingel. von E. Baumgarten.
6. Aufl. 1992. XXXVI, 588 Seiten. Leinen
ISBN 3-520-22906-4 (KTA 229)

Die kultur- und herrschaftssoziologischen, wissenschaftstheoreti-
schen und politisch-ethischen Hauptkapitel werden unverkürzt
wiedergegeben. Die Ausgabe ist mit zahlreichen Texterläuterungen,
ausführlichem Register und Schriftenverzeichnis ausgestattet.

AUS DEM VERLAGSPROGRAMM

Lexikon der philosophischen Werke

Hrsg. von F. Volpi und J. Nida-Rümelin. Redakt. verantw. Mitherausgeber M. Koettnitz und H. Olechnowitz. 1988. XVI, 863 Seiten. Leinen
ISBN 3-520-48601-6 (KTA 486)

Das »Lexikon der philosophischen Werke« gibt in 1147 Artikeln Auskunft über die bekanntesten und wirkungsgeschichtlich bedeutsamsten Werke der Philosophie.

Wolfgang Stegmüller
Hauptströmungen der Gegenwartsphilosophie

Band I, 7. Aufl. 1989, LV, 736 Seiten. Leinen
ISBN 3-520-30807-X (KTA 308)

Band II, 8. Aufl. 1987, XX, 564 Seiten. Leinen
ISBN 3-520-30908-4 (KTA 309)

Band III, 8. Aufl. 1987, XXI, 351 Seiten. Leinen
ISBN 3-520-40908-9 (KTA 409)

Band IV, 1. Aufl. 1989, XV, 524 Seiten. Leinen
ISBN 3-520-41501-1 (KTA 415)

Bd. I: Philosophie der Evidenz, Methodische Phänomenologie, Angewandte Phänomenologie, Existenzialontologie, Existenzphilosophie, Kritischer Realismus, Moderner Empirismus, Wittgenstein.

Bd. II: Sprachphilosophie, Hermeneutik und Wissenschaftstheorie, Phänomenologie und Analytische Philosophie, Philosophische Logiken, Holistischer Naturalismus, Mögliche Welten, Interner Realismus, Strukturalismus.

Bd. III: Evolution des Kosmos, Theorie der Materie, Evolution des Lebens, Evolution des Wissens.

Bd. IV: Kripkes Wittgenstein, Empiristischer Vorstoß ins Normative und Transzendente (Moralphilosophie ohne Metaphysik. Mackies Wunder des Theismus).

Stand Sommer 1996.
Verlangen Sie unser Gesamtverzeichnis.